Código de Processo Penal Comentado

C669   Código de processo penal comentado / org. Marcus Vinicius Boschi; Aramis Nassif ... [et al.] – Porto Alegre: Livraria do Advogado Editora, 2008.
695 p.; 25 cm.

ISBN 978-85-7348-521-9

1. Processo penal. 2. Código de processo penal. I. Boschi, Marcus Vinicius, org. II. Nassif, Aramis.

CDU – 343.1

Índice para o catálogo sistemático:
Processo penal
Código de processo penal

(Bibliotecária responsável: Marta Roberto, CRB-10/652)

Marcus Vinicius Boschi
organizador

Código de Processo Penal Comentado

Aramis Nassif
Átilo Antonio Cerqueira
Ângelo Roberto Ilha da Silva
Cesar Antonio da Silva
Charles Emil Machado Martins
David Medina da Silva
Delmar Pacheco da Luz
José Antonio Paganella Boschi
José Carlos Teixeira Giorgis
Márcio André Keppler Fraga
Marcus Vinicius Boschi

livraria
DO ADVOGADO
editora

Porto Alegre, 2008

©
Aramis Nassif
Átilo Antonio Cerqueira
Ângelo Roberto Ilha da Silva
Cesar Antonio da Silva
Charles Emil Machado Martins
David Medina da Silva
Delmar Pacheco da Luz
José Antonio Paganella Boschi
José Carlos Teixeira Giorgis
Márcio André Keppler Fraga
Marcus Vinicius Boschi
2008

Revisão
Rosane Marques Borba

Capa, projeto gráfico e diagramação
Livraria do Advogado Editora

Direitos desta edição reservados por
Livraria do Advogado Editora Ltda.
Rua Riachuelo, 1338
90010-273 Porto Alegre RS
Fone/fax: 0800-51-7522
editora@livrariadoadvogado.com.br
www.doadvogado.com.br

Impresso no Brasil / Printed in Brazil

Sumário

Apresentação ... 7

Átilo Antonio Cerqueira
Disposições Preliminares e Inquérito Policial (arts. 1º a 23) ... 11

José Antonio Paganella Boschi
Ação Penal (arts. 24 a 62) ... 29

Marcus Vinicius Boschi
Ação Civil (arts. 63 a 68) ... 79

Delmar Pacheco da Luz
Competência (arts. 69 a 91) ... 83

Ângelo Roberto Ilha da Silva
Incidentes Processuais (arts. 92 a 154) ... 127

Charles Emil Machado Martins
Prova (arts. 155 a 250) ... 159

Átilo Antonio Cerqueira
Sujeitos do Processo (arts. 251 a 267) ... 227

Marcus Vinicius Boschi
Sujeitos do Processo (arts. 268 a 281) ... 235

Marcus Vinicius Boschi
Prisões Cautelares (arts. 282 a 350) ... 243

David Medina da Silva
Citações e Intimações (arts. 351 a 372) ... 279

Interdição de Direito e Medidas de Segurança
(arts. 373 a 380) revogados pela Lei 7.210/84 ... 291

David Medina da Silva
Sentença (arts. 381 a 393) ... 293

José Carlos Teixeira Giorgis
Instrução Criminal (arts. 394 a 405) ... 305

Aramis Nassif e Márcio André Keppler Fraga
Júri (arts. 406 a 497) ... 331

José Carlos Teixeira Giorgis
Procedimentos (arts. 498 a 562) ... 419

José Antonio Paganella Boschi
Nulidades (arts. 563 a 573) 443

Cesar Antonio da Silva
Recursos e Ações de Impugnação (arts. 574 a 667) 509

(arts. 668 a 733) e (arts. 734 a 742) revogados pela Lei 7.210/84 645

Marcus Vinicius Boschi
Reabilitação (arts. 743 a 750) 645

(arts. 751 a 779) revogados pela Lei 7.210/84 647

Ângelo Roberto Ilha da Silva
Relações Jurisdicionais com Autoridade Estrangeira (arts. 780 a 790) 649

David Medina da Silva
Disposições Gerais (arts. 791 a 811) 659

Índice sistemático 669

Apresentação

Na realidade veloz, cambiante, tipicamente virtual, do mundo contemporâneo, em que as informações relativas a tudo e todos surgem e desaparecem em segundos, como águas em cascata, há um consenso absoluto entre os operadores do direito de que os ordenamentos jurídico-positivos não conseguem bem responder a todas as demandas, mesmo estando o legislador atento e atualizado.

Como disse Alberto Spota,[1] a tendência das leis é de eternização no tempo e de enfraquecimento como poderosos mecanismos de controle e satisfação das demandas da sociedade, aspectos que bem realçam, de um lado, o papel que juízes e tribunais exercem contra essa tendência de esclerotização do direito, de modo a que as leis não se transformem no "círculo rígido que oprime a sociedade e a impede de desenvolver-se em procura do bem comum", mas, de outro, permite-nos relembrar a preocupação de Kirchmann[2] – originalmente endereçada ao legislador, qual seja, a de que uma penada poderia por abaixo bibliotecas inteiras, em prejuízo de um mínimo de segurança jurídica e não raro dos direitos e das liberdades fundamentais.

É verdade que o Código de Processo Penal deve sim ser visto como a fonte que legitima e disciplina a atividade de persecução Estatal. Não é menos verdade, todavia, que os seus princípios e regras voltam-se também à proteção de todos os cidadãos em geral e dos acusados em particular, prevenindo os riscos de abusos no exercício do *jus persequendi in juditio*. Só por equívoca compreensão da histórica função do Judiciário na República, Juízes e Tribunais jamais podem ser parceiros dos outros Poderes no reclamado "combate" ao crime e à violência!

Como foi dito alhures, o Estado tem o dever de proteger a sociedade contra o crime, mas, também tem o dever de proteger o criminoso contra os abusos, como condição para poder cumprir o pacto social e reafirmar as vantagens da civilização sobre a barbárie.

Infelizmente, o Direito Processual Penal (também sob essa perspectiva) não tem merecido dos doutrinadores a atenção por eles dedicada a outras áreas do Direito. Não raro, muitos casos são enfrentados e resolvidos pelos Tribunais amparados em precedentes constitucionalmente descontextualizados, pendentes, portanto, de apropriada e urgente filtragem constitucional.

Integradas, assim, à denominada crise do direito em geral e do processo penal em particular, essas questões não ficaram à margem das análises feitas pelos conhecidos e

---

[1] SPOTA, Alberto G., *O juiz, o Advogado e a Formação do Direito Através da Jurisprudência*, Porto Alegre, Fabris, 1987, p.31.

[2] KIRCHMANN, Julius Hermann, *La Jurisprudência no es Ciência*, Centro de Estúdios Constitucionales, Madrid, 1983, p. 14 e seguintes.

respeitáveis Co-Autores desta obra, todos com sólida formação acadêmica e larga experiência no magistério superior, na advocacia ou nas carreiras jurídicas de Estado da Magistratura, da Polícia e do Ministério Público, a saber:

Aramis Nassif, é Desembargador do Tribunal de Justiça do Rio Grande do Sul, Mestre em Direito e Professor da Escola Superior da Magistratura.

Átilo Antonio Cerqueira, é Ex-Delegado da Polícia Federal, Mestre em Ciências Criminais, Professor na PUC-RS e advogado militante.

Ângelo Roberto Ilha da Silva, é Procurador da República, Doutor em Direito, Professor da ULBRA, da Escola Superior do Ministério Público da União e da Escola Superior da Magistratura Federal.

Cesar Antonio da Silva, é Promotor de Justiça do Estado do Rio Grande do Sul aposentado e ex-Professor Universitário.

Charles Emil Machado Martins, é Promotor de Justiça, Mestre em Direito, Professor da UNISINOS.

David Medina da Silva, Promotor de Justiça no Rio Grande do Sul, Pós-Graduado em Direito Público e Professor da Escola Superior do Ministério Público.

Delmar Pacheco da Luz, é Procurador de Justiça, Especialista em Processo Penal, Professor da Escola Superior do Ministério Público.

José Antonio Paganella Boschi, é Ex-Promotor de Justiça, ex-Desembargador, Mestre em Ciências Criminais, Professor da PUC e da Escola Superior da Magistratura e Advogado criminalista.

José Carlos Teixeira Giorgis, Desembargador aposentado e professor da Escola Superior da Magistratura do Rio Grande do Sul.

Márcio André Keppler Fraga, é Juiz de Direito, Mestre em Direito e Professor da Escola Superior da Magistratura.

Cada um escolheu os Capítulos para os respectivos comentários conforme critérios de preferência, proximidade e especialidade com a matéria, de modo a poderem bem atender as expectativas dos leitores e profissionais do direito nos campos teórico e prático, simultaneamente.

Por razões didáticas, os comentários foram escritos segundo a rigorosa ordem crescente dos artigos do CPP, embora precedidos de breves "notas doutrinárias" sobre a evolução histórica dos respectivos institutos e sobre a principiologia incidente e capaz de sustentar interpretações e conclusões quanto ao sentido normativo dos dispositivos legais.

A posição pessoal dos Autores aparece bem clara nos textos que focaram com plena liberdade acadêmica e profissional.[3] Entre todos está bem presente o entendimento de que incumbe à doutrina influir no processo de criação do Direito através da jurisprudência, e não propriamente o contrário.

Queremos em nome de todos registrar os agradecimentos aos que, de um modo ou de outro, contribuíram valiosamente para com nascimento desta obra, em especial, à Livraria do Advogado Editora, pela corajosa determinação de associar seu festejado nome

---

[3] A responsabilidade de cada autor está restrita aos comentários relativos ao(s) capítulo(s) escolhido(s) segundo a especialidade e gosto pessoal, incumbindo ao signatário, na condição de Organizador, a responsabilidade pela Coordenação dos trabalhos, formatação dos textos e gestões com a Editora com vistas à publicação.

a este Projeto, que, agora, com a publicação e a divulgação para todo o País, chega à fase final.

Agradecimento especial deve ser endereçado antecipadamente aos leitores, com o registro de que estes *Comentários* certamente não responderão a todas as perguntas formuláveis (mesmo porque a realidade é muito mais rica do que a imaginação, por mais criadora que seja). Será com a crítica séria que a Obra poderá cumprir a sua destinação histórica em favor das letras jurídicas, do aprimoramento do Direito e da realização da Justiça em nosso País.

Porto Alegre, setembro de 2007.

Marcus Vinicius Boschi
Mestre em Ciências Criminais, Professor da ULBRA, da FARGS
e da Escola Superior da Defensoria Pública. Advogado.
Organizador.

Disposições Preliminares e Inquérito Policial
(arts. 1º a 23)

Átilo Antonio Cerqueira
Delegado de Polícia da Polícia Federal inativo, Professsor na PUC/RS e advogado militante.

1. Primórdios do Processo Penal. O processo penal inicialmente era de espécie meramente inquisitorial, não se reconhecendo a imprescindível separação entre as funções de julgar, acusar e investigar. Tais atribuições encontravam-se, então, enfeixadas nas mãos de uma só pessoa: o juiz inquisidor. A tal período histórico, que abrange desde os primórdios da civilização atravessando a alta idade média e findando em torno do século XVIII, corresponde um processo penal do terror, no qual se admitia desde a submissão do condenado aos mais refinados métodos de tortura como instrumento científico de investigação, até o emprego de penas de suplício e de morte, essas aplicadas da forma mais cruel possível.

Caracteriza, sobremodo, essa fase histórica do processo penal a imposição da pena sobre o corpo do condenado, conforme admiravelmente leciona Foucault,[1] e o exemplo do suplício empregado em praça pública tornava o processo penal mais desumano do que as próprias práticas delituosas a que visava impedir. Refere Basileu Garcia[2] que nem mesmo o réu morto antes da aplicação da pena era isentado do castigo corporal.

A confissão do suspeito coroava a investigação, constituindo-se na mais importante das provas. Para obtê-la, todos os métodos eram moral, jurídica e socialmente aceitos, desde o embuste, a delação, a mentira, a ameaça e a imposição de cruéis torturas, nas quais o juiz/investigador/carrasco refinava métodos em causar dor e, a um só tempo, manter viva o mais tempo possível sua vítima, o suspeito/traído/acusado/endemoninhado.

1.2. A transmutação do processo penal: de instrumento de dominação a instrumento assecuratório da liberdade. O assim reconhecido moderno processo penal foi fruto de notáveis mudanças de concepção de mundo e, sobretudo, do significado da vida humana, advindo de séculos de construção de idéias revolucionárias e de ideais libertários que culminaram na transformação até mesmo da concepção de Estado e de suas finalidades.

Essa lenta e tortuosa revolução – e é de revolução, e não de evolução que se trata com respeito a essa transmutação, conforme observa Touraine[3] – teve por vertente o pensamento humanitário gestado nas entranhas de uma religião que converteu em cristãos, a pouco e pouco, bárbaros soberanos europeus. Além disso, mais tarde, novas concepções colocaram o homem no centro do universo e desaguaram na Revolução Francesa, marco da afirmação de um processo penal assecuratório das garantias da liberdade individual.

Esse moderno processo penal teve por base a concepção de inúmeros princípios entre os quais destacam-se: o princípio do devido processo legal, da reserva legal, da ampla defesa, do juiz natural, da humanidade e da proporcionalidade das penas. Além do que, de um lado, a absoluta separação entre crime e pecado – direito e moral – e, de outro, o imprescindível divórcio entre as pessoas do julgador, do acusador e do investigador, ou seja, a separação de poderes distribuídos entre aqueles atores. Essa divisão de poderes consiste não apenas em um modelo de processo penal acusatório, substituto

---
[1] FOUCAULT, Michel. *Vigiar e Punir*. 29 ed. Rio de Janeiro: Editora Vozes, 2004, p. 9-29.

[2] GARCIA, Basileu. *Instituições de Direito Penal*. São Paulo: Max Limonad, V. IV, 1971, p. 15-17.

[3] TOURAINE, Alain. *Crítica da Modernidade*. Rio de Janeiro: Editora Vozes, 1995, p. 9-29. Distingue os conceitos de evolução social e revolução na medida em que a última, produzida por meio da violência, não se torna atrativa aos olhos do povo como a evolução, conduzida de forma suave.

do modelo inquisitório, como espelha a essência do Estado Democrático, construído com base naqueles ideais revolucionários e, por fim, materializados no emprego da teoria de freios e contrapesos. Buscava-se, assim, impedir que um só indivíduo detivesse todo o poder, impossibilitando-se, por esse modo, o arbítrio.

Porém, as transformações não se detiveram nesse ponto. A partir do alvorecer do século XX, aqueles princípios que informam o sistema penal e processual penal passaram a ser recepcionados pelas constituições dos modernos Estados, conforme observado por Ferrajoli,[4] adquirindo *status* de garantia dos direitos do homem, consagrados na Declaração Universal, e que pela vez primeira haviam sido defendidos pelos patriotas na revolução norte-americana e cidadãos na francesa.

O processo penal passou, então, a instrumento garantidor daqueles direitos fundamentais, protegendo o réu contra a vingança pública e a vingança privada. O corpo do acusado passou a ser admitido como *res sacra*, não mais podendo sobre ele ser aplicada a pena, banindo-se os castigos corporais, as penas humilhantes e, na maioria dos casos, a própria pena capital.

Transformou-se o réu em ator principal do processo, suplantando a vítima, doravante substituída pelo Estado na relação jurídica. O processo penal foi, assim, transmutado de ferramenta de opressão e crueldade em instrumento de proteção do réu, inicialmente contra a vingança do príncipe e da vítima. Nos dias de hoje, cogita-se que o processo penal venha a ser empregado para proteger o réu até da exposição ao *mass media*. Vige, agora, o princípio do *favor rei*, informador de todo o processo penal.

Não obstante, embora o emprego disseminado da pena privativa da liberdade em substituição aos suplícios físicos, ou seja, de *humanização* da imposição da pena, o que agora se observa é que as marcas causadas pela aplicação dos castigos são invisíveis, pois o sofrimento é suportado pela alma do condenado.

Ora, tal *revolução* não poderia deixar de atingir os métodos de investigação criminal. A confissão, outrora rainha das provas, por exemplo, cedeu passo inicialmente à prova testemunhal e, posteriormente, na medida em que avançou a tecnologia, à intitulada prova técnica. Por esse motivo, o emprego da tortura foi, inicialmente, abandonado nas investigações para, mais tarde, vir a ser criminalizado. Atualmente, torna-se indiscutível a utilidade da chamada polícia científica, ou seja, cada vez mais são valorizadas as provas produzidas através dos meios tecnológicos de tal sorte que, na prática, na maioria das investigações criminais, elas são decisivas.

CÓDIGO DE PROCESSO PENAL
(Decreto-Lei nº 3.689, de 03 de outubro de 1941)

O PRESIDENTE DA REPÚBLICA, usando da atribuição que lhe confere o artigo 180 da Constituição, decreta a seguinte Lei:

LIVRO I
DO PROCESSO EM GERAL
TÍTULO I
DISPOSIÇÕES PRELIMINARES

Art. 1º O processo penal reger-se-á, em todo o território brasileiro, por este Código, ressalvados:

I – os tratados, as convenções e regras de direito internacional;

II – as prerrogativas constitucionais do Presidente da República, dos ministros de Estado, nos crimes conexos com os do Presidente da República, e dos ministros do Supremo Tribunal Federal, nos crimes de responsabilidade (Constituição, arts. 86, 89, § 2º, e 100);

III – os processos da competência da Justiça Militar;

IV – os processos da competência do tribunal especial (Constituição, art. 122, nº 17);

V – os processos por crimes de imprensa.

Parágrafo único. Aplicar-se-á, entretanto, este Código aos processos referidos nos nºs IV e V, quando as leis especiais que os regulam não dispuserem de modo diverso.

1. Princípio da territorialidade. Nosso Código de Processo Penal adota, para definir seu âmbito de atuação, o princípio da territorialidade, compreendendo todo o território do país desde seu subsolo, o espaço aéreo e a faixa de mar territorial, além das definições a respeito contidas nos §§ 1º e 2º do artigo 5º e no artigo 7º do Código Penal, exercitando, por essa forma, a soberania do Estado brasileiro na medida em que regulamenta o processo de punição de criminosos. Excetua, porém, os crimes praticados por agentes abrangidos pelo gozo de imunidade diplomática, ressalvando os crimes que o Brasil se compromete a apurar, na forma dos tratados, convenções e regras do direito internacional.

---

[4] FERRAJOLI, Luigi. *Derecho y razón. Teoría del garantismo penal.* Madrid: Trotta, 1998, p. 21-22; 851 e 852.

2. **Crimes de responsabilidade e *impeachment*.** Assim, é através das previsões do Código de Processo Penal que se regulam os processos dos intitulados crimes comuns, vez que a própria lei, em consonância com a Carta Constitucional, afasta também a apuração dos crimes de responsabilidade praticados por agentes políticos ao citar: Presidente da República, os Ministros de Estado, por conexão com os de responsabilidade do Presidente, e os dos ministros do Supremo Tribunal Federal.

3. **Justiça Militar, crimes de imprensa e a legislação especial.** Além desses, aqueles cuja competência para apuração e processo é da Justiça Militar e os sujeitos a procedimento especial em vista de prerrogativa de função concedida ao réu, ou por crime de imprensa, quando as leis que os regulam não contiverem disposições em contrário. Por outro lado, é preciso lembrar ainda que outros crimes têm seus procedimentos regulados em legislação extravagante, como é o caso dos delitos de tóxicos e os eleitorais.

Art. 2º A lei processual penal aplicar-se-á desde logo, sem prejuízo da validade dos atos realizados sob a vigência da lei anterior.

1. **A lei processual no tempo.** No artigo primeiro, o Código regulamenta a aplicação da lei processual no espaço e, no artigo segundo, passa a tratar de sua incidência no tempo. Para tanto, emprega o princípio da aplicação imediata da lei processual, ou seja, admite a aplicação da lei nova aos processos em andamento, pois o réu tem direito a um *devido processo legal*, o que não significa direito ao processo que vigia à época da ocorrência do delito. Eis aí questão delicada: é preciso considerar que a regra utilizada em nosso Direito Penal não admite a retroatividade da lei nova, senão na hipótese de ser mais benigna ao réu na comparação com a anterior, ou seja, em geral a lei nova não é aplicada ao ato delituoso praticado antes de sua entrada em vigor, o que não sucede com relação à norma processual, tida como *neutra*. Isto é, presume a lei que, ao modificar a realização de atos processuais na relação jurídica em andamento, como ocorre em relação a prazos para realização de certos atos, a lei que entra em vigor incide no processo, e não no ato delituoso, não prejudicando o réu, a não ser que atinja direito adquirido, ato jurídico perfeito ou a coisa julgada. Entretanto, essa presunção se torna absurda levando-se em consideração que mesmo o Código de Processo Penal contém normas de direito substantivo, ou *material*, como as relativas à imposição de pena, tratando-se de normas mistas, ou seja, que possuem caráter de normas processuais e materiais.

Além disso, há que se considerar as regras a respeito de privação da liberdade contidas no CPP, como a prisão preventiva, que embora consideradas meramente *cautelares* ou *processuais*, causam ao réu a imposição antecipada de um castigo. Nessa hipótese, as disposições da lei nova, quando mais severas ao réu em relação à anterior, também não devem incidir sobre o processo em andamento, por analogia com o princípio que rege a aplicação da lei penal em caso semelhante. Dessarte, tratando-se a privação da liberdade imposta ao réu de cruel antecipação da pena, há que se observar os princípios que regem a aplicação da lei penal no tempo, como irretroatividade da lei maligna e ultratividade da lei mais benigna.

Art. 3º A lei processual penal admitirá interpretação extensiva e aplicação analógica, bem como o suplemento dos princípios gerais de direito.

1. **Emprego da analogia.** O Código prevê rudimentos a respeito de exegese da lei processual penal. Embora mencione apenas a interpretação extensiva, também é usual o emprego de interpretações declaratória e restritiva, normalmente empregadas com respeito à interpretação de normas de direito adjetivo. Refere o texto a possibilidade de emprego da analogia como suprimento de lacuna da previsão legal quando não for taxativa, qualidade essa que deve presidir a construção do tipo processual penal. Ressalte-se, porém, que a utilização da analogia exige que paradigma e lacuna possuam, além de semelhança, idêntico valor jurídico e igualdade de razão.

2. **Emprego dos princípios gerais de direito.** Por fim, encontra-se a permissão do emprego dos princípios gerais de direito como forma de complementar eventuais inadequações ou imprevisões da lei com relação ao caso concreto. Tais princípios são aqueles sobre os quais se edifica todo sistema jurídico, conferindo-lhe vitalidade, encontrando-se plasmados não apenas na Carta Constitucional (o direito à vida, à liberdade e à igualdade), mas também no *ethos* e na cultura de um povo. Em apertada síntese, trata-se de instrumento que possibilita a integração da lei processual a todo o sistema jurídico pátrio.

1. Considerações iniciais a respeito do inquérito policial

1.1. O modelo de investigação criminal previsto no CPP. Conforme o teor da Lei de Introdução ao Código de Processo Penal, o nosso sistema processual penal é misto, havendo sido eleito o modelo que melhor se adaptaria às características próprias de uma nação de território de dimensões continentais, cujos problemas gerenciais são gigantescos, visto que constituída por regiões díspares sob os enfoques econômico e social, tanto assim que não poucos estudiosos se referem há coexistência de vários *Brasis*. Vige, portanto, um sistema misto, ou seja, a um só tempo inquisitório e acusatório. Por isso é dividido em duas partes absolutamente distintas: uma, a denominada fase pré-processual, nitidamente de natureza inquisitorial, composta pelo instituto do inquérito policial. Outra, chamada processual, que se inicia pelo oferecimento da denúncia ou queixa, de matiz francamente acusatório.

Na primeira fase, concernente ao inquérito policial, o modelo ora utilizado procura assegurar a ampla possibilidade de investigação criminal por parte do Estado. Nela vigora a característica inquisitorial, pois não há previsão legal de defesa e tampouco da efetivação do contraditório. As atividades realizadas são de natureza administrativa, não incidindo nulidades sobre os atos praticados e tampouco sendo possibilitada argüição de exceção de competência. Busca-se, sobretudo, preservar a celeridade da atividade investigatória, por isso que o legislador evitou, nesta fase, a adoção do princípio do contraditório, o que se tem revelado iniciativa salutar como adiante se mencionará.

Com respeito à segunda fase, a do processo penal propriamente dito, ela é essencialmente acusatória, aplicando-se todos os princípios do moderno direito processual que visam proteger a liberdade individual. Procura-se, em estreita síntese, a proteção do indivíduo contra a vingança pública e/ou privada. Esta fase não é inspirada pela celeridade, mas sim pela certeza da aplicação de boa justiça.

1.2. A necessidade de preservação do inquérito policial ante o surgimento de uma nova criminalidade. Os avanços tecnológicos em geral e especialmente os obtidos nas áreas da comunicação e transportes são fatores que contribuíram, nas últimas décadas, para a sofisticação da criminalidade. Mas não apenas eles: a própria transformação política e econômica mundial, com o surgimento do fenômeno alcunhado de globalização, redundou em que ações criminosas outrora regionalizadas alcançassem, rapidamente, níveis transnacionais produzindo, por exemplo, mercados produtores e consumidores de drogas situados em continentes diversos e, também, a possibilidade de *lavagem* de ativos provenientes dessas e de outras atividades criminosas.

A propósito, não se pode olvidar do significado da crescente escalada mundial de atos terroristas, o aumento da beligerância no Oriente Médio e a ocupação, tanto sob o aspecto militar quanto econômico, de Nações pobres. Muito embora possa parecer reducionismo, num primeiro momento, comparação entre acontecimentos díspares como os mencionados, a verdade é que se tem verificado que na esteira deles ocorre verdadeira avalancha de atos criminosos das mais diversas espécies, como recente ataque de *hakers* ao sistema de computadores do Pentágono, atentados contra o meio ambiente e até mesmo o aumento da prática de crimes de disseminação de pandemias no continente africano.

Não há mais dúvidas de que certas atividades criminosas se transformam em autêntico pesadelo, na medida em que se sofisticam a cada dia, culminando no surgimento de uma *nova criminalidade* a respeito da qual já se teve oportunidade de estabelecer contornos, inserções numa sociedade pós-moderna, bem como o resultado de suas ações produzidas a um *direito penal de garantias*.[5]

Diante dessa dura realidade, a busca por segurança é prontamente desejada e uma providência sempre é posta em prática, qual seja, o aumento e sofisticação dos meios investigatórios colocados à disposição do Estado. Ocorre, entretanto, que tal medida encerra um dilema: como aprimorar os meios de defesa social sem que se enfraqueça a proteção aos direitos individuais, tão arduamente conquistados ao longo de séculos? Ora, uma das possíveis respostas se evidencia na manutenção do inquérito policial, ao possibilitar investigação do ato delituoso contando-se com a proteção, de parte do magistrado, dos direitos e garantias fundamentais, na medida em que o juiz acompanha as investigações e tem, pois, a possibilidade de coibir eventuais abusos.

Por isso se tem afirmado que tal instituto impede a imposição de um regime de terrorismo de Estado, a maximização da *inquisitorialidade*, equilibrando melhor a imperiosa necessidade de investigação criminal com a inafastável proteção aos direitos e garantias do acusado.

É preciso lembrar que sendo a vítima a parte frágil quando da prática de um crime, quando posta em marcha poderosa máquina investigatória do Estado e, após, deflagrado o processo criminal, quem passa a merecer proteção é o réu.

Com respeito a essas observações o emprego do inquérito policial pode satisfazer a necessidade de promoção da defesa social com a acolhida dos direitos individuais, particularmente em nosso país, conforme, aliás, bem observou Francisco Campos[6] ao lavrar a exposição de motivos do Código de Processo Penal fazendo referência à realidade brasileira.

---

[5] CERQUEIRA, Átilo Antonio. *Direito Penal Garantista e a Nova Criminalidade.* Curitiba: Juruá, 2002, p. 49-74.

[6] MIRABETE, Julio Fabbrini. *Código de Processo Penal Interpretado.* 3. ed. São Paulo: Atlas, 1995, p. 17.

Em que pesem tais fatos, entre nós alguns juristas têm defendido, até arduamente, a abolição do inquérito policial e, pois, a desconstrução de nosso sistema misto de processo penal. Segundo propõem, é suficiente a segunda fase para verificação da existência de crime e sua autoria, pois, afinal de contas, os elementos probatórios coligidos no transcurso do inquérito devem ser repetidos *processualmente*, quando sujeitos ao contraditório, o que se constituiria em perda de tempo, conspirando contra a celeridade da aplicação da justiça criminal.

A par disso argumentam, em franco exagero, que certos atos processuais praticados pelo julgador criminal na fase do inquérito, decorrentes do exercício de poderes anômalos concedidos pela lei ao juiz criminal, descaracterizariam o modelo acusatório e que, portanto, nosso sistema misto se reduziria, em certos aspectos, a um modelo meramente inquisitorial.

Infelizmente, os que assim pensam não apresentam o modelo substitutivo, a grande solução para a questão proposta anteriormente, confinando-se a atuação deles à crítica ao modelo atual, impossibilitando cotejo entre o que se possui e o que pretendem.

1.3. O termo circunstanciado. Uma nova política criminal introduzida através da Constituição Federal de 1988 acarretou profundas transformações em nosso sistema processual penal, visando a proporcionar celeridade, tendo em vista a recepção de um modelo tipicamente anglo-saxão.

Esse modelo, regulamentado através da Lei nº 9.099/95, entre outras profundas transformações, mitigou a indisponibilidade da ação penal por parte do Ministério Público, admitiu transação (negociação) em matéria penal, além da criação de uma nova espécie de delitos denominada *crimes de menor potencial ofensivo* (de acordo com o inc. I, do art 98 da C.F.), para a qual passou a ser exigida representação para oferecimento de denúncia e foi dispensada a realização de inquérito policial.

Conforme disposto no art. 61 da mencionada Lei, modificado pelas disposições da Lei nº 10.259/01, através da qual foram criados os Juizados Especiais Criminais Federais, os delitos cujas penas máximas sejam de até dois anos, não importando qual a espécie da pena, ou multa, bem como todas as contravenções penais não serão apuradas através de inquérito policial, nem mesmo em caso de flagrante delito, substituído que foi pelo simples registro da ocorrência através do intitulado termo circunstanciado (art. 69 da Lei nº 9.99/95).

Assim, à luz do que determinam as mencionadas leis, nas hipóteses nelas previstas, o simples registro do ato delituoso pela polícia, seja a judiciária ou a chamada preventiva, mediante apreensão dos instrumentos empregados para a prática do crime, se houver, e diante do compromisso de seu possível autor de que comparecerá à presença do juiz criminal quando citado, resta dispensada a lavratura do auto de prisão em flagrante.

Saliente-se que o registro de ocorrência mencionado é o mais simplificado possível, semelhante a um boletim de ocorrência, podendo ser lavrado por policiais tripulando uma viatura ostensiva ou em qualquer outro local.

A par disso, a recente Lei de Tóxicos – Lei nº 11.343, de 23 de agosto de 2006 – confirma, nos §§ 1º e 2º do art. 48, o propósito de política criminal de distinção – e conseqüente tratamento legal – entre os crimes de maior e menor potencial ofensivo, ao reafirmar que ao usuário e ao experimentador de drogas não se imporá prisão em flagrante, mas sim se elaborará *termo circunstanciado* e que os mesmos serão processados e julgados na forma dos arts. 60 e seguintes da Lei nº 9.099/95, que dispõe sobre os Juizados Especiais Criminais.

TÍTULO II
DO INQUÉRITO POLICIAL

Art. 4º A polícia judiciária será exercida pelas autoridades policiais no território de suas respectivas circunscrições e terá por fim a apuração das infrações penais e da sua autoria.

Parágrafo único. A competência definida neste artigo não excluirá a de autoridades administrativas, a quem por lei seja cometida a mesma função. (Redação dada pela Lei nº 9.043, de 9.5.1995)

1. A instituição polícia judiciária. Nosso sistema processual reserva a uma fase anterior ao processo, denominada inquérito policial, a apuração de delitos e de sua autoria. Tais investigações são realizadas pela chamada polícia judiciária, também intitulada polícia repressiva, que se distingue da polícia preventiva, pois age preferencialmente depois de ocorrido o delito. A polícia judiciária é instituição de direito público, integrante do Poder Executivo, muito embora exerça função auxiliar do juiz – daí a razão de seu reconhecimento como polícia *judiciária*. É responsável direta pela aplicação de políticas públicas de segurança da população em geral, não apenas da realização de inquérito policial. Entretanto, o inquérito policial é o repositório de providências adotadas visando a possibilitar à acusação, seja pública ou privada, a avaliação de condições, ainda que mínimas, para o oferecimento da ação penal. Possibilita, por esse modo, a formação da *opinio delicti* por parte do acusador. É o que se intitula, também, de verificação da justa causa para proposição do processo penal. Além disso, através do inquérito policial, são colhidos indícios e provas da ocorrência de um delito. Para tanto, exige-se celeridade, pois muitos deles devem ser obtidos e examinados tão logo praticado o crime, por serem perecíveis. Essa característica impossibilita, muitas vezes, a repetição de exames periciais. É importante, nesse aspecto, que se recorde que nossa legislação obriga a realização do exame de corpo de delito quando a infração deixar vestígios (art. 158 do CPP). Assim, muito embora se trate o inquérito policial de um *procedimento* administrativo, tendo em vista que a autoridade policial que o preside não emite nenhum julgamento ao seu final, na prática, assume cada vez mais importância distinguida, especialmente em razão dos avanços tecnológicos que transformam a chamada prova técnica – elaborada pela polícia técnica – em um elemento decisivo para o deslinde do processo criminal, embora não se possa considerar, modernamente, a existência de uma hierarquia de provas.

2. **O inquérito policial.** Ademais, conforme preconiza o art. 9º do CPP, o inquérito policial tem a forma de um processado, cujas peças são escritas e rubricadas pela autoridade, bem de acordo, aliás, com o nosso modelo de processo penal que é essencialmente escrito, e não oral. Além do que, a fim de permitir controle administrativo, o inquérito deve ter sua instauração registrada e datada em livro oficial e próprio mantido no cartório da repartição policial, denominado de *livro tombo*. Esse controle é sumamente importante e, nesse livro, cujas páginas são numeradas e contém termo de abertura e de encerramento, são registrados, se conhecidos, os nomes dos autores e das vítimas, além da razão das instaurações dos inquéritos e a tipificação dos delitos. Modernamente, esse registro é realizado, também, com emprego da informática que permite, inclusive, o acompanhamento da evolução da investigação.

De outra banda, por se tratar de uma fase anterior ao processo criminal, eventuais vícios não são passíveis de nulidade e nem tampouco se conectam à ação penal.

3. **Autoridade policial.** Os trabalhos de investigação realizados pela polícia judiciária são presididos pela autoridade policial. De acordo com o previsto na Constituição Federal, no capítulo destinado à segurança pública – art. 144 – autoridade policial é o delegado de polícia de carreira, e as polícias judiciárias (estadual e federal) são instituições públicas organizadas em carreira. Infelizmente, em nosso país, a anomia de há muito instalada, no que tange à segurança pública – que jamais recebeu a atenção necessária – ocasiona, em algumas Unidades da Federação, absurdos como a possibilidade de livre nomeação de autoridade policial ao sabor da vontade do governante de plantão, sem a necessidade de que o candidato se submeta a concurso público, e nem ao menos de que o nomeado possua formação jurídica.

4. **Atribuição.** O legislador emprega, no *caput* do artigo, o termo *circunscrição* e, neste parágrafo, se refere à *competência*. A rigor, competência é pertinente tão-somente à atividade jurisdicional, advinda do poder de "dizer o direito", sendo própria apenas do juiz. Assim, diz-se que a autoridade policial possui atribuição. Essa se encontra dividida em circunscrições, permitindo melhor distribuição de tarefas próprias da administração pública. Por isso, nada impede que a autoridade policial lotada em determinada circunscrição empreenda investigações em outra, conforme permissivo legal (art. 22 do CPP). A mesma regra vale com referência a outro município (comarca) ou, até mesmo, à unidade da Federação diversa daquela em que se encontre lotada, como sói ocorrer com delegados da Polícia Federal. Com isso, concede-se mobilidade à autoridade policial, visando o atendimento ao princípio da celeridade, no qual se estriba o inquérito policial.

5. **Valoração do inquérito policial.** Por outro lado, as peças vestibulares do processo penal, a denúncia ou a queixa, não serão, necessariamente, embasadas em inquérito policial ou qualquer outra espécie de processo administrativo. Poderão, ainda que hipótese remota, Ministério Público e querelante dispor de informações, indícios ou provas que permitam, desde logo, a propositura da ação penal. A propósito, a polícia judiciária não detém o monopólio da investigação criminal. Recorde-se que averiguações com respeito a ocorrências criminais são levadas a termo até mesmo por integrantes do Poder Legislativo, através das conhecidas Comissões Parlamentares de Inquérito – CPIs – ou, então, por Órgãos públicos outros como as Secretarias Estaduais de Fazenda e a Secretaria da Receita Federal através de processos administrativos próprios.

Portanto, o inquérito policial não é imprescindível à instauração de ação penal criminal, como, aliás, encontra-se previsto expressamente o § 5º do art. 39 e, igualmente, o estatuído no § 1º do art. 46, ambos do CPP. Porém, tais previsões não reduzem sua importância, mormente nos dias em que correm.

Art. 5º Nos crimes de ação pública o inquérito policial será iniciado:

I – de ofício;

II – mediante requisição da autoridade judiciária ou do Ministério Público, ou a requerimento do ofendido ou de quem tiver qualidade para representá-lo.

§ 1º O requerimento a que se refere o nº II conterá sempre que possível:

a) a narração do fato, com todas as circunstâncias;

b) a individualização do indiciado ou seus sinais característicos e as razões de convicção ou de presunção de ser ele o autor da infração, ou os motivos de impossibilidade de o fazer;

c) a nomeação das testemunhas, com indicação de sua profissão e residência.

§ 2º Do despacho que indeferir o requerimento de abertura de inquérito caberá recurso para o chefe de Polícia.

§ 3º Qualquer pessoa do povo que tiver conhecimento da existência de infração penal em que caiba ação pública poderá, verbalmente ou por escrito, comunicá-la à autoridade policial, e esta, verificada a procedência das informações, mandará instaurar inquérito.

§ 4º O inquérito, nos crimes em que a ação pública depender de representação, não poderá sem ela ser iniciado.

§ 5º Nos crimes de ação privada, a autoridade policial somente poderá proceder a inquérito a requerimento de quem tenha qualidade para intentá-la.

1. **Procedimento do inquérito policial.** Torna-se necessário assinalar que o legislador, a partir do art. 5º do CPP, estrutura o procedimento do inquérito policial em quatro fases distintas, quais sejam: fase de instauração; fase de instrução e indiciação; fase de conclusão e remessa e, por fim, as disposições a respeito da retomada da investigação, quando necessário. Pois bem, várias são as mazelas e atecnias encontradiças no CPP, conforme é sabido, e algumas delas se localizam no instituto do inquérito policial, sobremodo, na redação desordenada dos artigos, de sorte que não guardam co-relação com o que seria o lógico desenvolvimento de um trabalho investigativo, acarretando dificuldades de leitura, aplicação e interpretação dos diversos dispositivos. Assim, a primeira fase, a da instauração acha-se prevista nos artigos 5º e 8º. Ora, considerando-se que a autuação em flagrante delito do delinquente é uma das modalidades de instauração do inquérito, deveria ela encontrar-se incluída nas disposições do artigo 5º, muito embora tratando-se de espécie de prisão *ad cautelam*. Além disso, os comandos jurídicos a respeito da fase instrutória e de indiciação acham-se dispersos pelos artigos 6º, 7º, 14, 15 e 22. Idêntico fenômeno ocorre com respeito à fase de conclusão e remessa dos autos, cujas previsões foram divididas entre os artigos 10, e seus §§ 1º, 2º e 3º, 11, 17, 19 e 23. Por último, com referência à fase em que se prevê a necessidade de retomada das investigações, após conclusão pela autoridade policial, o CPP as distribui, confusamente, pelos artigos 18, 13 (inc. II) e 16. Por esses motivos, proceder-se-á, a seguir, a uma análise dos mencionados artigos no âmbito da fase do inquérito a que pertençam, e não em conformidade com a ordem em que se encontram previstos no Código.

2. **Instauração do inquérito policial.** O inquérito policial pode ter sua fase de instauração inaugurada de diversas maneiras: por determinação da autoridade policial, por iniciativa do juiz ou do representante do Ministério Público ou, ainda, mediante requerimento da vítima, sem que se olvide da possibilidade de ocorrência de prisão em flagrante delito. A iniciativa da autoridade policial, do juiz e do Ministério Público restringe-se à hipótese de investigação a respeito de crime de ação penal pública. No caso de iniciativa da autoridade policial, é comum a instauração de inquérito através de simples Portaria de sua lavra, tendo por base investigação realizada pelos agentes da autoridade policial acerca da ocorrência de um delito ou, ainda, quando recebe informação, verbal ou por escrito, de "qualquer pessoa do povo". A respeito, convém sublinhar que todo aquele que tem conhecimento da prática de um delito, em função do exercício de cargo público, está obrigado a comunicá-lo à autoridade competente É curial que a polícia judiciária realize investigações com relação à prática de atividade criminal, ainda que esteja ela em fase preparatória, e que se poderá transformar em inquérito propriamente dito. Por outro lado, conforme previsto no § 3º do inciso II deste artigo, igualmente se torna necessária a investigação tendo em vista a necessidade de confirmar a informação de prática delituosa recebida de "qualquer do povo", essa chamada *notitia criminis*. Essas duas espécies de investigações, que antecedem a instauração do inquérito policial, costumam receber a denominação de averiguação policial ou de investigação policial preliminar.

3. **Requisição de instauração.** O próprio juiz e o membro do Ministério Público (art. 129, inc. VIII da C.F.) poderão requisitar à autoridade policial a instauração de inquérito. Isso ocorrerá quando tiverem conhecimento da ocorrência de prática delituosa e, nesse caso, embora não haja qualquer vínculo hierárquico entre juiz, representante do Ministério Público e a autoridade policial, a princípio deverá essa última acolher tal requisição por força da determinação legal contida no inciso II deste artigo. É necessário, a respeito, considerar que tal requisição não obrigará a autoridade policial a instaurar inquérito quando se tratar, v.g., de hipótese não tipificada como crime ou quando verificar já ocorrida a prescrição. Assim, em certos casos, não tendo certeza a respeito da ocorrência de delito comunicado pelo juiz ou pelo representante do *parquet*, ou ainda como medida de eco-

nomia processual, nada obsta que a autoridade policial, por cautela, solicite maiores informações junto ao autor da requisição ou determine a realização de investigação policial preliminar, tendo em vista o princípio da legalidade segundo a qual ninguém estará obrigado a cumprir ou fazer cumprir determinação manifestamente ilegal, ou seja, que não em virtude da lei. Por essa razão, é comum que o juiz e o membro do Ministério Público, ao requisitarem instauração de inquérito à autoridade policial, encaminhem juntamente documentos ou qualquer elemento ao menos indicativo da ocorrência do delito e da necessidade de sua apuração.

4. **Representação da vítima.** Ainda com referência às hipóteses de instauração de inquérito policial visando à apuração de crimes de ação penal pública, é necessário que se atente à vedação contida na regra do § 4º, inciso II, deste artigo, a qual impede o início do inquérito sem a representação da vítima ou de seu representante legal, nos crimes que a exigem. Destarte, em se tratando de requisição de instauração de inquérito por parte de quem detenha tal poder, ou em se tratando de *notitia criminis* por parte da vítima, imprescindível torna-se a comunicação por escrito ou a representação.

5. **Instauração de inquérito policial concernente a crimes de ação privada.** Já a hipótese prevista no inciso II, *in fine*, c/c a regra contida no § 5º do artigo ora sob comento, diz respeito aos crimes de ação privada. Nesses, só se permitirá a instauração de inquérito mediante requerimento da vítima ou de seu representante legal, ou seja, de quem tenha qualidade para representá-la. É preciso, porém, ressaltar que, em se tratando de crime de ação penal privada personalíssima não se admite a substituição processual.

Além da autorização inequívoca para a instauração de apuratório criminal, o requerimento deverá conter a narração do fato, se possível com todas as suas circunstâncias e com a indicação de quem seja o autor ou provável autor da infração, ou seus sinais característicos que possam levar a sua identificação, as razões da convicção ou de presunção de ser o mesmo o autor, ou os motivos pelos quais o requerente está impossibilitado de fazê-lo. Havendo testemunha do fato delituoso, a indicação de seu nome, profissão e endereço, quando possível.

Por outro lado, se for hipótese de lavratura de auto de prisão em flagrante em decorrência da prática de delito de ação exclusivamente privada, a autoridade policial não poderá elaborá-lo sem que disponha do requerimento da vítima ou de seu representante legal.

6. **Indeferimento do requerimento de abertura de inquérito policial.** Consoante previsão contida no § 2º, o requerimento de instauração de inquérito policial poderá ser indeferido, mediante despacho que deverá ser fundamentado pela autoridade policial. De fato, verificando, por qualquer razão, a impossibilidade ou o descabimento de instauração de inquérito, a autoridade policial deverá indeferir o requerido pela vítima, cabendo, nesse caso, recurso administrativo ao chefe de polícia, ou seja, ao administrador da repartição policial, hierarquicamente superior. Poderá, ainda, a vítima ou seu representante legal ingressar com requerimento junto ao juiz competente ou ao representante do Ministério Público, os quais, entendendo cabível a instauração, requisitarão tal providência para a autoridade policial.

Por fim, é necessário que se considerem, nesse particular, as previsões dos artigos 339 e 340 do Código Penal, cometidos, em tese, por quem pratica denunciação caluniosa ou comunicação falsa de crime ou contravenção, causando a atuação desnecessária de autoridade pública.

7. **Instauração de inquérito policial mediante auto de prisão em flagrante.** Poderá, ainda, o inquérito policial vir a ser instaurado mediante auto de prisão em flagrante, de acordo com as previsões do artigo 8º em combinação com os artigos 301 a 310, todos do CPP, hipótese essa que será abordada mais adiante, quando comentarem-se as disposições a respeito da prisão em flagrante, suas circunstâncias e conseqüências.

Art. 6º Logo que tiver conhecimento da prática da infração penal, a autoridade policial deverá:

I – dirigir-se ao local, providenciando para que não se alterem o estado e conservação das coisas, até a chegada dos peritos criminais; (Redação dada pela Lei nº 8.862, de 28.3.1994) (Vide Lei nº 5.970, de 1973)

II – apreender os objetos que tiverem relação com o fato, após liberados pelos peritos criminais; (Redação dada pela Lei nº 8.862, de 28.3.1994)

III – colher todas as provas que servirem para o esclarecimento do fato e suas circunstâncias;

IV – ouvir o ofendido;

V – ouvir o indiciado, com observância, no que for aplicável, do disposto no Capítulo III do Título VII, deste Livro, devendo o respectivo termo ser assinado por 2 (duas) testemunhas que lhe tenham ouvido a leitura;

VI – proceder a reconhecimento de pessoas e coisas e a acareações;

VII – determinar, se for caso, que se proceda a exame de corpo de delito e a quaisquer outras perícias;

VIII – ordenar a identificação do indiciado pelo processo datiloscópico, se possível, e fazer juntar aos autos sua folha de antecedentes;

IX – averiguar a vida pregressa do indiciado, sob o ponto de vista individual, familiar e social, sua condição econômica, sua atitude e estado de ânimo antes e depois do crime e durante ele, e quaisquer outros elementos que contribuírem para a apreciação do seu temperamento e caráter.

1. **Instrução do inquérito policial.** Embora não conste expressamente da redação do artigo 6º, seu conteúdo é concernente à fase de instrução e indiciação do inquérito policial, mencionando atividades investigatórias a serem desenvolvidas diante da hipótese de ocorrência de um delito, muito embora as providências nele elencadas não exauram a matéria, tratando-se, assim, de um conjunto de medidas exemplificativo. A ordem em que se encontram previstas no CPP não exige rigoroso cumprimento pela autoridade policial, pois conforme já mencionado, a sua seqüência é ilógica e inobservada não redunda em nulidade, vez que em se tratando o inquérito policial de procedimento administrativo, ou pré-processual, não está sujeito à incidência das regras que regem as nulidades dos atos processuais.

A investigação criminal por parte dos representantes do Estado incumbidos de tal mister deve ser prontamente iniciada, mormente levando-se em consideração a possibilidade de perecimento de elementos probatórios ou indiciários de altíssima relevância. Por essa razão, a autoridade policial, ao tomar conhecimento da ocorrência de um crime, deverá dirigir-se ao local do acontecimento e providenciar seu isolamento, imediato de sorte a não permitir que se alterem o estado e a localização dos objetos constantes da cena, sendo também assim considerado o cadáver.

A expressão "autoridade policial", neste caso, não deve ser interpretada apenas como a representante da polícia judiciária, mas, igualmente, a responsável pela polícia preventiva, mesmo a guarda municipal, a qual, em função de suas atribuições costuma chegar ao local do crime mais rapidamente do que a primeira mencionada, devendo, igualmente por isso zelar pelo estado e conservação do chamado "local de crime", mantendo-o em completo isolamento desde seu perímetro, até a chegada dos peritos criminais.

A polícia de investigações deverá, também, apreender naquele local todos os objetos que tiverem pertinência com o evento criminoso, após os exames iniciais realizados por peritos que poderão ser oficiais ou nomeados pela autoridade policial, exames esses que incluem, se possível, a obtenção de fotos e colheita de vestígios, como impressões digitais, entre outros, lavrando-se respectivo termo. Tal apreensão de objetos irá compor os autos do inquérito policial a ser instaurado a propósito do evento, permitindo a elaboração de futuros exames mais aprofundados e/ou contra-provas constituindo-se, conforme já se teve oportunidade de referir, em peças de suma importância para a consecução da justiça criminal. Assim, a colheita de provas e realização desses primeiros exames e verificações, ainda no local onde se desenrolou a ação delituosa, conforme determina o inciso III, poderá se tornar decisiva para a determinação da autoria e circunstâncias em algumas espécies de delitos, em particular o homicídio, devendo, por isso, o investigador oficial – a autoridade de polícia judiciária – não se furtar a comparecer ao local de crime, acompanhando as conclusões iniciais dos responsáveis pelos trabalhos periciais.

A apreensão de objetos ligados ao crime e, em geral, a colheita e produção da prova não se conformam apenas ao local da ocorrência do delito. Poderão ser obtidas além e alhures, em momentos posteriores e até antes da consumação da prática delituosa, como soe ocorrer com o emprego das interceptações telefônicas e de ligações entre computadores através da rede internet. Na hipótese vertente, deverão ser observadas as rígidas normas que regulamentam a produção da prova, justamente para que não seja ela contaminada por ilicitude em sua origem, resultando imprestável.

A princípio, a autoridade policial está obrigada a empreender diligências visando ao esclarecimento da autoria e circunstâncias de um crime, porém sua atuação encontra limites definidos no art. 5º da Constituição Federal, na proteção dos direitos e garantias individuais, como é o caso do direito à liberdade e à privacidade que só poderão ser mitigados mediante ordem judicial, observado, em todo o caso, o princípio constitucional da proporcionalidade.

Justamente esse aspecto releva a utilidade da qual hoje se reveste o inquérito policial: permitir equilibrar a imprescindível atribuição estatal de realização de amplas investigações com a necessária proteção aos direitos individuais, vez que permite ao magistrado o controle sobre a atuação dos representantes do Estado-investigador, de forma a coibir práticas abusivas, conforme anteriormente comentado.

2. **Busca e apreensão.** Dessa forma, a realização de interceptações de ligações telefônicas ou quaisquer outros meios de comunicação, agora largamente empregadas como meios de produção de provas, bem como buscas e apreensões, dependem da obtenção prévia de mandado judicial, o qual deve-se cumprir em seus exatos termos, não se tolerando excessos. Nesse particular merece destaque, também, a polêmica que envolve o conhecimento prévio da interceptação: deverá ser qualificada como lícita aquela

em que um dos interlocutores tem conhecimento de que a ligação está sendo gravada, ainda que sem autorização judicial.

Por seu turno, a expedição de mandado exige instauração anterior de inquérito policial que contemple, ao menos, indícios da prática delituosa investigada. Assim, buscas domiciliares, realizadas em escritórios de empresas e quaisquer outras que exijam competente mandado apenas são admitidas à luz do dia, devendo ser realizadas conforme disciplinam os artigos 240 a 250 do CPP, ao passo em que as desenvolvidas em locais em que advogados exerçam atividades laborais exigem, além disso, acompanhamento por parte de representantes da OAB. Buscas realizadas em hotéis e cômodos de habitação coletiva ou mesmo as empreendidas em instalações de pessoas jurídicas também exigem expedição prévia de mandado judicial. Já nas buscas realizadas em veículos tipo *reboque*, ou naqueles conhecidos como *motor home*, destinados à prática de *camping*, exige-se mandado prévio se estiverem *ancorados*, ou seja, empregados na função de casa, ainda que temporariamente.

De outra banda, é preciso mencionar que a apreensão de objetos encontrados após realização de buscas se denomina auto de busca e apreensão. Entretanto, nem sempre objetos ligados ao crime são apreendidos em razão de buscas efetuadas pela autoridade policial, podendo ocorrer que testemunhas, ou mesmo o indiciado, os entreguem espontaneamente, ocasião em que será lavrado auto de entrega e apreensão. Por fim, pode suceder que a autoridade policial encontre mencionados objetos, devendo, então, ser lavrado auto de arrecadação e apreensão.

2.1. Apreensão de bens móveis e imóveis ou valores produtos de crimes previstos na Lei de Tóxicos. Consoante o disposto nos arts. 60 e seguintes da Lei nº 11.343/06, mediante representação da autoridade de polícia, ouvido o Ministério Público, no curso do inquérito policial, o juiz poderá decretar a apreensão e outras medidas assecuratórias relacionadas aos bens móveis e imóveis ou valores consistentes em produtos de crimes previstos no mencionado Diploma Legal, autorizando a utilização, pela autoridade policial, de veículos, embarcações, aeronaves e objetos de qualquer natureza, à exceção de armas, na apuração e repressão a crimes de tráfico de drogas. Determina, ainda, que tais objetos ficarão sob custódia da autoridade de polícia judiciária, até a decisão final, quando, então, poderão ser encaminhados à União, através da SENAD.

3. Inquirição. Se possível, deverá a autoridade policial ouvir prontamente a vítima e eventuais testemunhas, pois a prova testemunhal também se acha condicionada ao transcurso do tempo, procedendo, no que couber, de acordo com o previsto nos artigos 201 a 225 do CPP. Os testemunhos são tanto mais confiáveis quanto mais rapidamente colhidos, pois as lembranças recentes são as que mais detalhes contêm. Mas não apenas o fluir do tempo conspira contra a prova testemunhal como também as emoções e os fenômenos psíquicos: na verdade, essa espécie de elemento probatório, muitas vezes, se torna o de mais difícil produção não só em virtude do envolvimento emocional da testemunha ou da vítima com os acontecimentos, como também dependendo da pessoa que testemunha, cogitando-se, aqui, da hipótese de obtenção de depoimento de crianças, recomendando-se que nesse caso seja assistida por profissional especializado. A propósito, saliente-se que em se tratando de testemunho de criança ou pessoa que possua desenvolvimento mental incompleto ou retardado, ao mesmo deverá ser atribuído peso relativo, devendo ser tratado como informação, a teor do art. 208 do CPP.

À exceção das pessoas mencionadas nos artigos 206 e 207 do CPP, todas que tiverem conhecimento de fato relacionado à prática de crime estão obrigadas a testemunhar sobre o que souberem. A exemplo do procedimento judicial, a autoridade policial também poderá remeter carta precatória à outra, com finalidade de obter a inquirição de testemunha, vítima ou autor que resida ou que se encontre em outra Comarca ou, ainda, realizar diligência em outra circunscrição ou Comarca, de acordo com a previsão contida no artigo 22 do CPP.

4. Interrogatório. Deverá, ainda, se possível, inquirir o indiciado. Recomenda-se, entretanto, que o interrogatório do imputado seja a última providência adotada no que tange à colheita da prova, tendo em vista ser desejável que a oitiva do mesmo se realize quando já estejam esclarecidas, por outros meios, autoria e circunstâncias do fato, sobretudo levando-se em consideração que eventual confissão só terá relevância se confortada por outras provas.

O interrogatório será realizado, no que lhe for aplicável, na forma prevista dos artigos 185 a 196 do CPP, devendo-se levar em consideração os termos da Lei nº 10.792/03, a qual alterou significativamente o interrogatório judicial. No entanto, por se tratar de peça inquisitorial, não há necessidade da presença de defensor para que o mesmo seja efetivado, sendo preciso, porém, que seja assinado por duas testemunhas de leitura. Também não está obrigado o interrogado a responder ao que lhe for perguntado pela autoridade policial, tendo direito ao silêncio, conforme previsão constitucional regulamentada pela Lei nº 10.792/03, o que não redundará em qualquer prejuízo ao indiciado.

5. **Interrogatório de relativamente incapaz.** Por outro lado, tratando-se de indiciado com idade entre 18 e 21 anos não há mais necessidade de assistência de curador, conforme dispunha o art. 15 do CPP, pois a Lei nº 10.792/03, ao revogar expressamente o art. 194 do CPP, modificou, conseqüentemente, a previsão do mencionado art. 15, considerando-se que se aplicam ao inquérito policial, no que couber, normas procedimentais relativas ao processo penal.

6. **Indiciado analfabeto.** Além disso, não sabendo o imputado assinar o interrogatório ou não podendo fazê-lo, a autoridade deverá providenciar testemunha, brasileira, maior de idade, alfabetizada, identificada civilmente, que assinará o auto a rogo do interrogado, depois de havê-lo lido.

7. **Reconhecimentos.** É comum que haja, no transcurso da investigação, a necessidade de realização de reconhecimento de pessoas e coisas (objetos). Para tanto, a autoridade procederá conforme previsto nos arts. 226 a 228 do CPP, providenciando que a testemunha descreva, inicialmente, o mais minudentemente possível, o objeto ou a pessoa a ser reconhecida e, só após, se efetive o reconhecimento propriamente dito. Em se tratando de objetos, o reconhecedor deverá apontar, entre vários objetos semelhantes dispostos na sua presença, aquele que identifique como instrumento ou relacionado à prática delituosa investigada. No caso de reconhecimento de pessoas, a testemunha deverá apontar, num grupo de indivíduos fisicamente semelhantes, aquele que identifique como envolvido na ação criminosa. Para tanto, a fim de se evitar temores e constrangimentos, que poderão influir no ânimo de quem reconhece, convém que a autoridade policial providencie local apropriado de forma que a testemunha possa ver perfeitamente bem aqueles indivíduos, sem que seja vista por eles. De tudo deverá ser lavrado auto respectivo.

8. **Acareação.** No que tange à realização de acareações, muito embora previstas como providência obrigatória quando ocorrem importantes discrepâncias entre afirmações prestadas a respeito de um mesmo fato, vêm sendo abandonadas, tendo em vista que geralmente resultam infrutíferas, pois raras são as oportunidades em que, acareadas, testemunhas ou indiciados mudem seus depoimentos anteriormente prestados. Com relação à acareação, a autoridade policial deve observar o disposto nos artigos 229 e 230 do CPP.

9. **Reconstituição de crime.** Poderá a autoridade policial, ainda, com a finalidade de bem instruir os autos do inquérito com esclarecimento minucioso dos atos praticados pelo imputado, determinar a realização de reprodução simulada dos fatos, providência essa denominada, tecnicamente, de reconstituição de crime. De acordo com o comando do artigo 7º, tal providência está limitada pela manutenção da moralidade e da ordem pública, expressões eivadas de subjetividade. De qualquer forma, são por demais conhecidas as dificuldades que certos crimes apresentam para a elucidação de sua autoria e circunstâncias, sendo sua reconstituição ferramenta utilíssima e comumente empregada pela autoridade policial com a finalidade de dirimir dúvidas.

Para a realização dessa diligência, é necessário inicialmente que o suspeito apresente, de forma detalhada, sua versão de todo o ocorrido e, após, se procure reconstituir seus atos tais quais mencionados, se possível no local onde ocorreu o crime. Havendo possibilidade de perturbação da ordem em razão da presença do suspeito em público, o mesmo deverá ser substituído por outrem. Assim se procede, também, se o mesmo se recusar a participar da reconstituição, não estando obrigado a fazê-lo. De tudo se deve lavrar auto circunstanciado e, na medida do possível, procede-se a obtenção de fotos e filmagem para posteriores averiguações e explanações, por exemplo, diante do Júri. Nada impede, também, que a reconstituição seja acompanhada pelo defensor do imputado.

10. **Exames periciais.** No exercício da presidência do inquérito, a autoridade policial tem o dever de fazer submeter aos necessários exames periciais os objetos apreendidos, relacionados com o evento criminoso, aplicando-se, no que couber, as previsões dos artigos 158 *usque* 184 do CPP. Esses exames são realizados por expertos oficiais – servidores públicos – ou, na sua ausência ou impossibilidade, por indivíduos detentores de profundos conhecimentos a respeito da matéria objeto dos mesmos, nomeados e compromissados especialmente para esse fim pela autoridade policial, tendo por base as respostas à quesitação formulada pela mesma.

Nada obsta, por outro lado, que a vítima, ou seu representante legal, e o próprio indiciado requeiram ao presidente dos autos a realização de questionamentos a propósito daqueles exames, ou diligências outras, na forma do art. 14 do CPP. Ocorre que a multiplicidade de perícias criminais se constitui, modernamente, em decisivo conjunto probatório, em função de inegáveis avanços tecnológicos que lhes outorgam valor exponencial, conforme já se teve oportunidade de asseverar, de sorte que a qualidade de uma investigação criminal se pode aferir, agora, pela precisão da produção da prova técnica. Embora prevejam as disposições desse artigo que a autoridade policial não está obrigada a atender aos requerentes, em virtude do caráter inquisitorial de que se reveste a investigação policial e mesmo levando-se em consideração o aspecto de celeridade que a preside, já é tempo de se afastar do inquérito o exagerado ranço medieval herdado de um conjunto de leis penais de matiz nitidamente facista. De fato, diante de um viés garantista de processo penal, que autoriza uma releitura do sistema penal e processual pátrio, nada depõe contra possíveis contribuições da vítima e do próprio imputado na busca pela verdade real e, enfim, pela consecução do ideal de justiça. Toda a colaboração é preciosa e, a rigor, não se constituindo em excessos, não há razão para que não sejam acolhidas diligências ou quesitos encaminhados pela vítima ou pelo eventual suspeito.

11. **Tradutores e intérpretes**. Da mesma forma que nomeará, havendo necessidade, peritos não-oficiais, a autoridade policial deverá nomear tradutores e/ou intérpretes na eventual necessidade de inquirição de estrangeiros ou de tradução para o vernáculo de documentos grafados em outros idiomas. Ressalte-se a propósito, os serviços oferecidos pelos chamados tradutores juramentados, os quais geralmente trabalham em Universidades públicas e particulares.

12. **Indiciação. Identificação datiloscópica**. Além do mais, deve a autoridade policial ordenar a identificação datiloscópica do indigitado autor, se possível, e fazer juntar aos autos sua folha de antecedentes e apurar sobre sua vida pregressa. A essas três providências por parte da autoridade com relação ao suspeito se intitula, tecnicamente, *indiciação*. Conforme revela a própria expressão, indiciar significa indicar alguém, apontar alguém, nesse caso, como autor ou provável autor de um delito.Ressalte-se que a indiciação do suspeito por parte da autoridade policial é ato oficial, por isso só deve se concretizar quando da presença de indícios ou provas da prática de crime e de sua autoria. Ou seja, ela deve encerrar a fase de instrução, e a indiciação deve se constituir em conseqüência dela.

13. **Indiciação indireta**. Porém, encontrando-se ausente o suspeito, ou em local incerto ou não sabido, tal não obsta sua indiciação a qual, nessa hipótese, se fará de forma indireta. Para tanto, a autoridade policial, impossibilitada de proceder à identificação direta do mesmo, recorrerá às informações que reunir a seu respeito podendo, até mesmo, recorrer ao chamado *retrato falado*, realizado a partir de descrições fornecidas por terceiros, acrescentando os dados possíveis a respeito dele como a filiação, a possível localização no exterior, o apelido, entre outros, obtidos através de testemunhos e até de informações de parentes do mesmo.

14. **O civilmente identificado**. Com respeito, ainda, à identificação criminal do imputado, com fins a sua indiciação, convém advertir que a previsão contida no inc.LVIII, do art. 5º da Constituição Federal vetou-a àquele que já se encontre civilmente identificado. Esta garantia foi regulamentada através da Lei nº 10.054/00, prevendo esta não apenas a identificação pelo processo datiloscópico como também pelo fotográfico sempre que, na ocasião da indiciação, o imputado não possua a cédula de identidade civil, ou ainda, quando houver praticado algum ou alguns dos crimes nela previstos, ou havendo dúvidas razoáveis acerca da sua identidade.

Não ocorrendo essas hipóteses, basta que sejam juntada aos autos do inquérito a cópia da cédula de identidade civil do indiciado.Mencione-se, ainda, que esse sistema de identificação, já amplamente superado em outros países, entre nós nem ao menos possui um banco de dados confiável ou que se possa acessar de forma satisfatória, não havendo sequer integração entre os arquivos das inúmeras instituições policiais, por isso devendo ser objeto de reforma por parte da administração pública, visando a torná-lo condizente com a mais atualizada tecnologia, como a identificação humana através da íris.

15. **Apuração da vida pregressa**. No que tange à apuração a respeito da vida pregressa do indiciado (inc. IX do art. 6º do CPP), deve ela ser encetada diretamente pelos subordinados da autoridade policial, para que melhor traduza as condições socioeconômicas e psicológicas do autor, e não da forma como costuma ser empreendida. Por falta de condições materiais e de pessoal, geralmente a averiguação estatuída se restringe ao preenchimento do intitulado boletim de vida pregressa do indiciado, tendo por base as informações por ele mesmo prestadas.

Cabe observar-se, ainda, que tal providência bem revela que o modelo processual penal pátrio, desde as primeiras iniciativas, quando ainda sequer se acha instaurado o processo, busca na subjetividade, ou seja, na personalidade do delinqüente os elementos que justifiquem a dosagem da pena. Decorre daí o entendimento de que tais dados objetivam a individualização da pena; outros entendem, porém, que esse subjetivismo caracteriza aplicação de um direito penal dirigido ao autor, e não ao ato criminoso por ele eventualmente praticado.

Art. 7º Para verificar a possibilidade de haver a infração sido praticada de determinado modo, a autoridade policial poderá proceder à reprodução simulada dos fatos, desde que esta não contrarie a moralidade ou a ordem pública..

Vide comentários ao art. 6º, nº 7.

Art. 8º Havendo prisão em flagrante, será observado o disposto no Capítulo II do Título IX deste Livro.

Vide comentários ao art. 5º, nº 7.

Art. 9º Todas as peças do inquérito policial serão, num só processado, reduzidas a escrito ou datilografadas e, neste caso, rubricadas pela autoridade.

1. **Forma do inquérito policial.** Conforme se infere da regra estatuída no art. 9º, o inquérito policial deve ser escrito – manualmente, de forma datilografada ou digitada – não sendo aceita a forma oral. Além do mais, deve a autoridade policial determinar a numeração seqüencial das páginas, apondo sua rubrica em cada uma delas.

Art. 10. O inquérito deverá terminar no prazo de 10 (dez) dias, se o indiciado tiver sido preso em flagrante, ou estiver preso preventivamente, contado o prazo, nesta hipótese, a partir do dia em que se executar a ordem de prisão, ou no prazo de 30 (trinta) dias, quando estiver solto, mediante fiança ou sem ela.

§ 1º A autoridade fará minucioso relatório do que tiver sido apurado e enviará autos ao juiz competente.

§ 2º No relatório poderá a autoridade indicar testemunhas que não tiverem sido inquiridas, mencionando o lugar onde possam ser encontradas.

§ 3º Quando o fato for de difícil elucidação, e o indiciado estiver solto, a autoridade poderá requerer ao juiz a devolução dos autos, para ulteriores diligências, que serão realizadas no prazo marcado pelo juiz.

1. **Prazos.** Encerrada a fase instrutória e de indiciação, a autoridade policial deve concluir o inquérito policial e remetê-lo ao juiz competente, observados os prazos previstos no *caput* deste artigo, excetuando-se a hipótese de prática de crime previsto na Lei de Tóxicos, cujo prazo é de 90 dias, caso esteja o indiciado em liberdade (Lei nº 11.343/06, art. 51), podendo o mesmo ser duplicado pelo juiz, mediante pedido justificado da autoridade de polícia judiciária, ouvido o Ministério Público.

2. **Prorrogação de prazo para conclusão do inquérito policial.** Ademais, em razão de extrema complexidade que apresentam certas investigações, especialmente aquelas que envolvem atos praticados por uma nova criminalidade,[7] torna corriqueiro o fato de que as mesmas não sejam concluídas satisfatoriamente dentro do exíguo prazo de trinta dias, quando solto o réu, e mormente quando preso, situação essa que reduz drasticamente o lapso temporal determinado para sua conclusão. Dependem elas, muitas vezes, da obtenção de provas a serem coligidas até em outros continentes.

Assim, considerando-se as dificuldades das diligências a serem encetadas buscando a colheita, ao menos, de indícios de prática delituosa e de sua autoria, achando-se solto o imputado, deve a autoridade policial requerer ao juízo a dilação do prazo, na forma prevista no § 3º. Diante desses óbices, tem se constituído em prática corrente que o magistrado, consultado o representante do Ministério Público, conceda prorrogação para conclusão da investigação por prazo superior até mesmo ao contido no *caput* deste artigo. Nessa ocasião, pode o juiz determinar a realização de diligências, ou o agente ministerial requerer ao juiz a adoção de providências julgadas cabíveis à elucidação dos fatos e a sua autoria as quais, deferidas pelo magistrado, devem ser cumpridas pela autoridade policial de acordo com o comando do inc.II do art. 13 do CPP.

3. **Prazo em inquérito realizado pela Polícia Federal – indiciado preso.** A respeito, ainda, dos prazos para conclusão do inquérito e estando preso o indiciado, tratando-se de investigação elaborada pela polícia judiciária federal, o mesmo será de quinze dias, prorrogável por mais quinze a pedido fundamentado da autoridade policial ao juiz competente, de acordo com previsão da lei que regulamentou o funcionamento da Justiça Federal (Lei nº 5.010/66), devendo, nesse caso, o indiciado ser apresentado ao Juiz Federal.

4. **Prazo em inquérito policial por crime de tóxicos – indiciado preso.** Por seu turno, na hipótese de réu preso, o prazo para conclusão de inquérito policial previsto na Lei de Tóxicos (Lei nº 11.343/06) é de trinta dias, podendo ser duplicado pelo juiz, ouvido o Ministério Público, mediante pedido justificado da autoridade de polícia judiciária (art. 51).

5. **Formas de contagem dos prazos.** Os prazos mencionados devem ser contados conforme a regra do § 1º do art. 798 do CPP, por se tratarem de prazos processuais. Todavia, se constituindo em procedimento administrativo, a contagem do prazo para conclusão do inquérito policial difere da realizada no transcurso do processo criminal. Inicia a fluir a partir do dia imediato da prisão, porém se encerra no último dia da contagem, não se prorrogando independentemente do fato de que esse último dia recaia em feriado, sábado ou domingo. Portanto, o inquérito deve ser aforado mesmo naquelas datas, para tanto havendo sido organizados serviços de plantões nos diversos foros. Ademais, esses prazos devem ser rigorosamente cumpridos, sob pena de caracterizar-se a restrição ilegal da liberdade individual, permitindo o ajuizamento de *habeas corpus*.

---

[7] CERQUEIRA, Átilo Antonio. *Direito Penal Garantista e a Nova Criminalidade*. Curitiba: Juruá, 2002, p. 49-74.

6. **Indicação de localização de testemunhas.** Por outro lado, visando à preservação da celeridade do apuratório, um de seus mais importantes princípios conforme já exposto, permite o § 2º, por estar preso o indiciado em razão de prisão em flagrante, preventiva ou temporária (Lei nº 7.960/89), que a autoridade policial indique no relatório o paradeiro de eventuais testemunhas cuja oitiva, por várias razões, seria por demais demorada, causando malefício injustificável a quem perdeu a liberdade. Entretanto, achando-se o indiciado solto, é preciso considerar o valor desses testemunhos no contexto da investigação, evitando-se que seja remetida ao juízo de forma incompleta.

7. **Relatório.** A investigação é concluída mediante elaboração de minucioso relatório de tudo o que tiver sido apurado no transcurso da mesma, na conformidade do § 1º. Esse relatório deve ser elaborado objetivamente, ou seja, de forma impessoal, evitando-se conclusões pessoais e emissão de juízos de valor.

8. **Relatório na hipótese de crime de tóxicos.** Cumpre ressaltar que, em se tratando de inquérito a respeito de crimes de tóxicos, previsto na Lei nº 11.343/06, o relatório assume importância destacada com vistas ao procedimento processual que dele defluirá, devendo a autoridade policial, por isso, fundamentar as razões que a levaram à classificação do delito, referindo quantidade e natureza da droga apreendida, o local em que se desenvolveu a ação criminosa e as circunstâncias da prisão, a conduta, a qualificação e os antecedentes do agente (art. 52).

9. **Representação pela prisão preventiva ou temporária.** Além disso, se for necessário, no relatório, pode a autoridade policial representar ao juiz pela decretação da prisão preventiva do indiciado, de acordo com a previsão contida no inc. IV do artigo 13 do CPP. Nada obsta, porém, que o faça em qualquer outro momento anterior do inquérito, quando necessário, havendo pelo menos indícios da prática de crime e de sua autoria, ou que represente pela determinação de prisão temporária do suspeito ao juiz, no decorrer da investigação, na forma da Lei nº 7.960/89.

10. **Solicitação de ingresso no Programa de Assistência a Vítimas e Testemunhas.** De igual sorte, adquire relevância o relatório na medida em que se constitui na oportunidade, se já não providenciado em outra fase do inquérito, para que a autoridade policial solicite ingresso de testemunha, vítima ou mesmo de indiciado no Programa Federal de Assistência a Vítimas e a Testemunhas Ameaçadas, conforme dispõe a Lei nº 9.807/99 (art. 5º, inc. III), indicando ao juiz a respeito da necessidade de adoção de eventuais medidas excepcionais para proteção de pessoas, ou, se for o caso, informando a respeito do conteúdo do art. 14 da mencionada lei.

11. **Assistência à mulher em situação de violência doméstica e familiar.** A Lei nº 11.340/06, que busca prevenir e reprimir a prática de violência doméstica e familiar contra a mulher, comete várias atribuições à autoridade policial no que diz respeito a tal mister, providências em sede de direito administrativo e processual penal. Assim, cabe à autoridade de polícia judiciária, no atendimento à mulher em situação de violência doméstica ou familiar, garantir-lhe proteção policial, encaminhar a ofendida ao hospital e posto de saúde a ao Instituto Médico-Legal, fornecer-lhe e a seus dependentes transporte para abrigo ou local seguro, quando houver risco de vida. Além disso, quando necessário, acompanhar a ofendida para assegurar a retirada de seus pertences do local da ocorrência ou do domicílio familiar, entre outras providências, dentre as quais se destaca a remessa ao juiz, no prazo de 48 horas, de expediente em apartado dos autos do Inquérito Policial contendo o pedido da ofendida para a concessão de medidas protetivas de urgência (art. 12 da Lei nº 11.340/06).

12. **Arquivamento de autos de inquérito policial.** Encerrado e relatado, é vedado à autoridade policial o arquivamento dos autos, por força do estatuído no art. 17 do CPP, devendo ser remetido ao juiz competente ainda que haja resultado na constatação de não haver ocorrido crime, ou pela inexistência do fato apurado, ou, ainda, se não houver sido possível determinar sua autoria. Entretanto, deve a autoridade policial sugerir, no relatório, o arquivamento da investigação se for o caso, mas essa decisão cabe ao juiz competente, uma vez requerido pelo Ministério Público.

Convém lembrar, por oportuno, que a autoridade policial, conforme já exposto, não deve instaurar inquérito quando verificar sua inutilidade, porém, uma vez instaurado não pode arquivá-lo, tendo em vista que as atribuições da polícia de investigações são de natureza auxiliar do Poder Judiciário. Além disso, o titular da ação penal e, por isso, a quem é destinado o trabalho de investigação, é o acusador, seja público ou privado.

13. **Remessa de dados acerca do indiciado.** Deverá, ainda, a autoridade policial, quando da remessa dos autos, encaminhar, mediante ofício ao Instituto de Identificação e Estatística, informações a respeito dos dados do indiciado, da infração penal e do juízo ao qual foi enviado o inquérito (art. 23 do CPP). Tais dados, em virtude da locomoção de delinqüentes, se constituem em fonte importantíssima para a consecução da segurança pública, assumindo papel de destaque no controle das atividades criminosas, e devem

ser informatizados e disponibilizados para todas as instituições policiais do país, facilitando-se o acesso aos mesmos.

Art. 11. Os instrumentos do crime, bem como os objetos que interessarem à prova, acompanharão os autos do inquérito.

1. Destino dos objetos apreendidos nos autos de inquérito policial. Ao remeter os autos do inquérito ao juiz competente, a autoridade policial deve encaminhar, também, os instrumentos do crime e demais objetos que interessarem à prova, lá permanecendo à disposição da Justiça. Ou seja, encaminha os objetos apreendidos ao longo da investigação e que foram alvo de exames periciais e que interessem à produção da prova no transcurso de eventual processo criminal. Hodiernamente, a remessa de todos os objetos arrecadados não é rigorosamente observada por questões práticas como dificuldades de transporte, entraves burocráticos e falta de espaço físico nos fóruns e depósitos judiciais. Assim, a polícia judiciária tem encaminhado, quando possível, apenas amostras de mercadorias, como drogas, entre outras, permanecendo a maior parte desses objetos – veículos (carros, aviões, embarcações), armas, equipamentos de informática, etc. – em depósitos da polícia, de particulares ou de outros Órgãos públicos, como do Ministério da Fazenda e Secretarias Estaduais de Fazenda, responsabilizando-se a autoridade policial pela guarda e conservação dos mesmos. Porém, essa solução não é recomendável, pois acresce à já imensa carga de atribuições da autoridade policial resolução de problemas próprios de outros níveis de decisão da administração pública, e se tem constituído em fonte de graves questões de ordem ética e de moralidade administrativa.

A propósito, a Lei de Tóxicos (Lei 11.343/06), em seus arts. 60 e seguintes, prevê a destinação de bens apreendidos, tais como veículos, embarcações e aeronaves, além de outros objetos, por se tratarem de produtos obtidos através de ação delituosa, podendo ser empregados pela autoridade policial na apuração e repressão à produção e ao tráfico de drogas, mesmo no curso de inquérito policial, determinado, ainda, a custódia de tais bens pela autoridade policial judiciária até a decisão final, quando, então, poderão ser destinadas à União através da SENAD.

Art. 12. O inquérito policial acompanhará a denúncia ou queixa, sempre que servir de base a uma ou outra.

1. Destino do inquérito policial. Muito embora não sendo obrigatória a realização de inquérito policial para a constatação de prática delituosa, de sua autoria e circunstâncias, podendo ser apuradas através de documentos obtidos por outras formas ou informações alcançadas ao agente do Ministério Público e ao querelante, além de sua dispensa como, v. g., previsto na Lei de Falências (Lei nº 11.101/05) ou nos crimes de responsabilidade do Presidente da República e outros agentes políticos, toda a vez em que a denúncia ou a queixa tiver por base o inquérito policial, esse a deve acompanhar.

Na hipótese de instauração de ação penal privada, os autos do inquérito permanecem em juízo, aguardando-se a iniciativa do ofendido ou de seu representante legal pelo prazo definido no próprio CPP, sendo facultado ao querelante requerer cópia do inquérito ao juiz para que obtenha dados necessários à elaboração da queixa, de acordo com as previsões do art. 19 do CPP.

Art. 13. Incumbirá ainda à autoridade policial:
I – fornecer às autoridades judiciárias as informações necessárias à instrução e julgamento dos processos;
II – realizar as diligências requisitadas pelo juiz ou pelo Ministério Público;
III – cumprir os mandados de prisão expedidos pelas autoridades judiciárias;
IV – representar acerca da prisão preventiva.

1. Demais atribuições cometidas à autoridade policial. A qualquer momento, embora já concluído e remetido o inquérito, a autoridade policial pode ser acionada pelo magistrado para realização de diligências ou para aprestar informações pertinentes à instrução e julgamento de processos, estando obrigada a cumpri-las, desde que não revestidas de manifesta ilegalidade.

De igual sorte, deve cumprir os mandados de prisão expedidos pelas autoridades judiciárias, como os relativos à decretação de prisões cautelares (preventiva, temporária, etc.), como também aqueles concernentes a condenações irrecorríveis, informando aos magistrados a respeito de tais cumprimentos. Cumpre ressaltar, ainda, que esses mandados de prisão devem ser cumpridos com fiel observância ao disposto nos artigos 282 a 300 do CPP, como também com zelo pela manutenção dos direitos e garantias individuais assegurados no art. 5º da Constituição Federal.

Art. 14. O ofendido, ou seu representante legal, e o indiciado poderão requerer qualquer diligência, que será realizada, ou não, a juízo da autoridade.

1. Diligências requeridas pela vítima ou pelo indiciado. Eventuais buscas de provas e outras diligências podem ser requeridas pela vítima ou pelo próprio indiciado, porém seu deferimento não é obrigatório porque o inquérito policial é de natureza inquisitorial, de acordo com comentários anteriores.

Art. 15. Se o indiciado for menor, ser-lhe-á nomeado curador pela autoridade policial.

1. Indiciado relativamente incapaz. Conforme já anteriormente comentado, em se tratando de indiciado relativamente incapaz não há mais necessidade de a autoridade policial nomear-lhe curador (vide art. 6°, n° 4).

Art. 16. O Ministério Público não poderá requerer a devolução do inquérito à autoridade policial, senão para novas diligências, imprescindíveis ao oferecimento da denúncia.

1. Vista do inquérito policial ao Ministério Público. Encerrado o inquérito, relatado e remetido ao juízo competente, o magistrado oportuniza vista do mesmo ao representante de *parquet*, titular da ação penal, objetivando que exponha a sua *opinio delicti*.

Do zelo do constituinte pela manutenção dos direitos fundamentais do cidadão decorre a remessa do inquérito policial ao magistrado, a quem foi atribuído competência de verificar o fiel cumprimento dos direitos individuais no transcurso da atividade investigatória, não se confundindo, assim, com a previsão contida no inc. VII, do art. 129 da Constituição Federal.

Por seu turno, opinando pela necessidade de complementação da investigação, o representante do Ministério Público só poderá requerer a devolução dos autos à autoridade policial para a realização de novas diligências que sejam essenciais ao oferecimento da denúncia. Porém, em consideração ao princípio da celeridade, não basta apenas apontá-las, mas também justificá-las de modo a comprovar a imprescindibilidade delas, as quais, acolhidas pelo juiz, deverão ser cumpridas pela autoridade policial no prazo para tanto concedido. Não sendo possível realizá-las naquele prazo, a autoridade policial deve solicitar ao Juiz a dilação do mesmo.

Art. 17. A autoridade policial não poderá mandar arquivar autos de inquérito.

Vide comentários ao art. 10, n° 11.

Art. 18. Depois de ordenado o arquivamento do inquérito pela autoridade judiciária, por falta de base para a denúncia, a autoridade policial poderá proceder a novas pesquisas, se de outras provas tiver notícia.

1. Novas diligências realizadas após o arquivamento de inquérito policial. Emitido parecer do agente ministerial pela insuficiência de provas ou por concluir pela inexistência de crime ou do fato investigado, é requerido o arquivamento dos autos do inquérito policial sendo que, concordando o juiz mediante despacho, o inquérito será arquivado na sede do juízo.

Entretanto, tomando conhecimento da existência de novos indícios ou provas a respeito do ilícito apurado, não tendo ocorrido o arquivamento em vista de atipicidade, a autoridade policial deverá retomá-lo, conforme já decidido pelo STF (RT 570/429), iniciando nova fase do inquérito policial. Para tanto deve comunicar ao juiz e ao representante do Ministério Público a respeito das diligências, as quais, se resultam na obtenção de novas provas, ou seja, de elementos probatórios cujo conteúdo modifique substancialmente a interpretação anterior a respeito dos fatos apurados, poderão conduzir o juiz à decisão de desarquivamento do inquérito para o oferecimento de denúncia ou queixa.

2. Retomada de inquérito policial já arquivado. A retomada das investigações sujeita a autoridade policial ao cumprimento de diligências na forma do inc. II do art. 13 do CPP, além das empreendidas de ofício. Se necessário nessa nova fase a autoridade policial deve ordenar a realização de exames periciais e, de tudo o que for apurado, ao final, elaborar minucioso relatório com remessa ao juiz competente dos instrumentos e objetos relacionados com o crime.

Art. 19. Nos crimes em que não couber ação pública, os autos do inquérito serão remetidos ao juízo competente, onde aguardarão a iniciativa do ofendido ou de seu representante legal, ou serão entregues ao requerente, se o pedir, mediante traslado.

1. Remessa de inquérito policial na hipótese de crime de ação penal privada. Em se tratando de ação penal privada, o querelante ou seu representante legal dispõe do prazo de 6 (seis) meses, contados a partir do dia em que tiver conhecimento inequívoco da identidade do autor do delito para a intentá-la, sob pena de decadência do direito de queixa (art. 38 do CPP). Nessa hipótese, os autos do inquérito policial permanecem em sede do juízo competente à espera da manifestação do ofendido ou de seu representante legal, à exceção de ação privada personalíssima, que só poderá ser intentada pela vítima, conforme já anteriormente comentado.

Art. 20. A autoridade assegurará no inquérito o sigilo necessário à elucidação do fato ou exigido pelo interesse da sociedade.
Parágrafo único. Nos atestados de antecedentes que lhe forem solicitados, a autoridade policial não poderá mencionar quaisquer anotações referentes a instauração de inquérito contra os requerentes, salvo no caso de existir condenação anterior. (Incluído pela Lei nº 6.900, de 14.4.1981)

1. **Sigilo do inquérito policial.** Evidentemente que a investigação policial, para que seja bem sucedida, deve se revestir de discrição, não sendo admitida a divulgação antecipada das providências e diligências adotadas com a finalidade de ser apurada a ocorrência de um crime, suas circunstâncias e autoria, até para evitar-se eventual destruição de provas. Porém, o sigilo não deve impedir que a mídia tenha acesso a informação necessária à divulgação de fatos que sejam do interesse público, para que suspeição não recaia sobre a atividade investigatória.

No entanto, determina a lei o emprego do sigilo necessário no interesse da sociedade, não sendo possível precisar o que se deva entender por tal expressão. O certo é que é dever da autoridade policial preservar os sigilos bancário e fiscal, financeiro e eleitoral, bem como zelar pela observação do direito à privacidade garantido constitucionalmente ao suspeito por fatos que venha a ter conhecimento no transcurso da investigação, sob pena de responsabilidade.

Por outro lado, a autoridade policial não pode alegar sigilo para impedir a atividade profissional de defensor do indiciado, ainda que o crime praticado cause clamor público ou comoção, ou mesmo diante da hipótese de decretação, por parte do juiz, de sigilo da investigação a teor do Estatuto da Advocacia e da OAB (Lei nº 8.906/94) e de acordo com decisão proferida pelo STF no Habeas Corpus nº 82.354/04, 1ª Turma, sendo relator o Exmo Sr. Ministro Sepúlveda Pertence.

2. **Sigilo no fornecimento de atestados de antecedentes criminais.** Além disso, nos atestados de antecedentes que fornecer, a autoridade policial não pode mandar fazer constar anotações de inquéritos instaurados, a menos que o requerente registre condenação anterior, ou seja, somente poderá fazer constar eventuais condenações criminais do interessado. De qualquer forma, essa vedação não se aplica às requisições de informações emanadas do juiz ou do representante do Ministério Público, visando à instrução e ao julgamento de processos, conforme dispõe o inc.I, do art. 13 do CPP.

Art. 21. A incomunicabilidade do indiciado dependerá sempre de despacho nos autos e somente será permitida quando o interesse da sociedade ou a conveniência da investigação o exigir.
Parágrafo único. A incomunicabilidade, que não excederá de 3 (três) dias, será decretada por despacho fundamentado do juiz, a requerimento da autoridade policial, ou do órgão do Ministério Público, respeitado, em qualquer hipótese, o disposto no art. 89, III, do Estatuto da Ordem dos Advogados do Brasil (Lei nº 4.215, de 27 de abril de 1963). (Redação dada pela Lei nº 5.010, de 30.5.1966)

1. **Incomunicabilidade do indiciado.** Prevê a lei processual penal a possibilidade de decretação, pelo juiz, da incomunicabilidade do indiciado, a requerimento da autoridade policial ou do representante do Ministério Público, desde que não ultrapasse o prazo de três dias. Além dessa condição, requer ela, evidentemente, o cumprimento de mandado de prisão cautelar do indiciado e que seja decretada quando exigido pelo interesse da sociedade ou por conveniência do inquérito. Busca, assim, a lei impedir ou dificultar ao indiciado que se comunique com eventuais comparsas ou partícipes, trazendo embaraço às atividades investigatórias. Entretanto, é preciso destacar que as expressões empregadas pelo legislador para definir as condições legitimadoras da decretação da incomunicabilidade, quais sejam, "interesse da sociedade" e "conveniência da investigação policial", não são claras, mas antes, absurdamente obscuras, afrontando o princípio constitucional da taxatividade, decorrente do princípio da legalidade, o qual exige que os tipos penais sejam precisos, impedindo interpretações subjetivas.

2. **Inconstitucionalidade da decretação da incomunicabilidade.** Assim, e já por isso, a previsão contida no *caput* do artigo é inconstitucional. Mas não é só. Considerando-se os comandos legais dos incisos LXII e LXIII do artigo 5º da Constituição Federal, os quais determinam que o preso tem direito a que seja comunicada sua prisão e o local onde se encontra detido, além do juiz, também a familiar ou à pessoa que indique, tendo direito, igualmente, à assistência da família e de seu advogado, entende-se que também por isso esteja revogado o dispositivo do artigo de lei ora comentado, quanto mais não seja por perda do objeto, pois simplesmente se tornou impossível a efetivação da recomendada incomunicabilidade.

Ademais, a Constituição Federal proíbe taxativamente a incomunicabilidade do preso, de acordo com a regra do inc. IV do § 3º, do art. 136, mesmo na hipótese de decretação de estado de defesa. Ora, sendo inadmissível a incomunicabilidade, embora advento de situação excepcional, não se pode prestigiá-la no transcurso da normalidade democrática. Assim sendo, por contrariar o texto constitucional, resta inegavelmente revogado o artigo 21 e seu parágrafo único.

Art. 22. No Distrito Federal e nas comarcas em que houver mais de uma circunscrição policial, a autoridade com exercício em uma delas poderá, nos inquéritos a que esteja procedendo, ordenar diligências em circunscrição de outra, independentemente de precatórias ou requisições, e bem assim providenciará, até que compareça a autoridade competente, sobre qualquer fato que ocorra em sua presença, noutra circunscrição.

1. **Mobilidade da autoridade policial.** A regra do artigo 22 se encontra em perfeita consonância com o princípio da celeridade do inquérito policial, já anteriormente comentado (vide art. 6º, nº 1, e as observações a respeito do modelo de investigação criminal previsto no CPP), como também jungida às necessidades de divisão das atribuições.

2. **Avocação de inquérito policial.** Não apenas pode a autoridade policial empreender diligências e investigações necessárias em outra circunscrição policial, diversa daquela em que exerça suas atribuições, mesmo em se tratando de outra unidade da Federação – hipótese que costuma ocorrer com relação às atividades próprias da polícia judiciária federal – como também no que concerne à avocação, pela autoridade administrativa hierarquicamente superior, de inquérito em andamento, embora apenas diante da necessidade de aprimoramento do serviço público, tendo em vista os princípios da moralidade e da impessoalidade, devendo ser, em qualquer caso, fundamentada.

Art. 23. Ao fazer a remessa dos autos do inquérito ao juiz competente, a autoridade policial oficiará ao Instituto de Identificação e Estatística, ou repartição congênere, mencionando o juízo a que tiverem sido distribuídos, e os dados relativos à infração penal e à pessoa do indiciado.

Vide comentários ao art. 10, nº 12.

Ação Penal
(arts. 24 a 62)

José Antonio Paganella Boschi

Desembargador aposentado do Tribunal de Justiça do RS. Foi Promotor de Justiça e Procurador de Justiça, Presidente da Associação do Ministério Público, Diretor da Revista da AJURIS e da Escola da Magistratura da AJURIS. É autor dos livros Persecução Penal, Ação Penal, Das Penas e seus Critérios de Aplicação e co-autor dos Comentários à Lei de Execuções Penais. É Mestre em Ciências Criminais e professor da Faculdade de Direito da PUC e da Escola Superior da Magistratura do RS.

1. Comentários gerais. O direito comumente se realiza sem a intervenção das agências oficiais, porque as obrigações são normalmente satisfeitas na vida em sociedade. Quando isso não ocorre, as pessoas podem vir a ser compelidas a responder perante o Poder Judiciário (Estado-Jurisdição) pela quebra dos seus deveres de civilidade (lide civil) ou pelas ofensas aos bens penalmente tutelados.

A ação está associada a esse quadro de desrespeito ao ordenamento jurídico como um todo, por ser, graças a ela, que o interessado (no cível) ou o Estado-Administração (no crime) consegue por em "ação" o Poder Judiciário, para solver suas expectativas e restabelecer o equilíbrio rompido.

É bastante antiga a história da ação, aparecendo com o surgimento das primeiras normas de regulação social, embora as variações no tempo quanto ao órgão competente para apreciá-la, à titularidade, ao sujeito passivo, etc. Assim, quanto ao órgão competente convém lembrar que nem sempre foi do Poder Judiciário a missão de conhecer e definir a procedência ou não das acusações. Sócrates, por exemplo, foi acusado, julgado e condenado pelos membros do Senado grego; aliás, o parlamento é ainda hoje o competente para apreciar os crimes políticos (caso Collor, p. ex.); quanto à iniciativa, outrossim, é bem recente a exclusividade do MP para a ação pública. A legislação do Império, por exemplo, conferia legitimidade ao particular para ação e o processo, do mesmo modo como ainda hoje no Chile; quanto ao réu, legislações mais antigas, por último, admitiam que animais e coisas pudessem figurar nessa condição. Hoje, só por crimes ambientais, a legislação brasileira, rompendo com o paradigma clássico, admite a punibilidade da pessoa jurídica.

A existência da ação, na perspectiva instrumental aqui colocada, se expressa como extraordinária vantagem da civilização sobre a barbárie. Conforme propõe a teoria do pacto social, os indivíduos, ou porque reconheceram a própria incapacidade para resolverem pacificamente os litígios, ou porque cansaram de fazer justiça pelas próprias mãos, em certo momento, abdicaram de parcelas da própria liberdade e criaram o homem artificial (o Estado), ao qual outorgaram a incumbência de dar atendimento às demandas individuais ou coletivas.

Legitimado por todos ao exercício do poder de exigir o respeito às ordens legais, sobressaindo-se a Lei Maior – que é a Constituição – o Estado, normatizou, então, a vida em sociedade, e ao tornar-se credor do dever de obediência, assumiu *ipso facto* a condição de devedor de planejamento e de execução de políticas voltadas ao atendimento das necessidades da população, dentre elas as relacionadas à segurança e à Justiça.

O poder estatal de punir não alcança, por óbvio, aquelas "transgressões" autorizadas pelo Direito, sempre que faltar ou falhar a proteção Estatal devida. Nada justificaria que os cidadãos, titulares de bens relevantes como a vida, a integridade física, a propriedade, devessem permanecer inertes nas situações de risco não provocadas, à espera da incerta intervenção pública, bastando lembrar o artigo 25 do Código Penal e o artigo 1.210, § 1º, do Código Civil, que admitem a autodefesa.

A autodefesa, nas excepcionalíssimas situações apontadas, encontra supedâneo no *jus naturalis*. Como disse Ihering, a luta pelo direito e pela justiça é dever que cada um tem para consigo próprio e também para com a coletividade, pois é graças à resistência a todas as formas de arbítrio que o direito se realiza e a Justiça se reafirma como valor exponencial.[1]

---

[1] IHERING, Rudolf Von. *A Luta pelo Direito*. 12.ed., Rio de Janeiro: Forense, p. 19.

2. Os órgãos estatais de representação. Sendo criatura artificial, o Estado, para cumprir os deveres pactuados, na esfera do direito repressivo, faz-se representar por instituições adrede criadas e dirigidas por homens de carne e osso, todas com atribuições ou competências delimitadas em lei.

Na primeira fase da *persecutio*, a fase pré-processual, o Estado se movimenta, em regra, por meio da Polícia Judiciária, embora possa fazê-lo também por intermédio de outras autoridades não-policiais (par. único do art. 4º do CPP.), para reunir provas sobre a autoria e a materialidade do fato ilícito.

Apuradas as provas, o Estado dará o segundo passo e poderá provocar a jurisdição, ou seja, o órgão constitucionalmente legitimado a apreciar o pedido de punição. É o momento em que se abre, por impulso do Ministério Público, como regra, a fase judicial da persecução.

Ordinariamente legitimado para essa missão, o Ministério Público, que surgiu, primeiro, para defender os interesses do Rei, alcançou, na atualidade, o *status* de Instituição da sociedade.

Diferentemente do Ministério Público, que é um Órgão ativo, o Estado-Juiz, destinatário da ação, conforma-se como Órgão passivo, isto é, que só agirá se for provocado pela parte (o M.P. ou o Querelante, este na ação de iniciativa privada).

Polícia Judiciária, Ministério Público e Juiz são, portanto, os órgãos estatais que atuam na ação penal pública, cada qual com incumbências específicas.

Na ação de iniciativa privada, é o próprio ofendido quem intervém como parte-autora, representado por advogado, se desprovido de capacidade postulatória. Os advogados falarão, sempre, em nome dos acusados, salvo defesas em causa própria.

Por isso eles compartilham com os órgãos oficiais a sublime missão de defender a estabilidade da ordem jurídica, da democracia, do Estado de Direito Democrático e de todos os valores fundantes da sociedade, sobressaindo-se o valor Justiça.

3. Os sistemas inquisitivo e acusatório. Como dito antes, a jurisdição é inerte. A inércia assegura as condições para a isenção do juiz.

Nem sempre foi assim todavia.

Houve época em que os juízes agiam *de ofício*, isto é, iniciavam a acusação. Essa foi a regra durante a Idade Média, nos Tribunais da Inquisição.

Por isso mesmo denominado de *inquisitivo*, o sistema tinha por característica fundamental a concentração na mesma pessoa das funções de acusar e julgar. O controle sobre a prova e seus modos de produção era absoluto. A confissão era a meta, e a função da defesa era ajudar o Inquisidor a obtê-la, mesmo sob tortura.

Esse sistema vigorou em nosso meio, embora desvestido da atrocidade medieval. O artigo 531 do CPP, com efeito, conferia ao juiz poderes para acusar e, depois, julgar o autor de contravenção penal (e, mais tarde, também, por crime culposo no trânsito).

O procedimento foi felizmente expungido da ordem normativa pela Constituição Federal de 1988, ao reservar ao MP a exclusividade de iniciativa por crime de ação pública (art. 129, I).

Sistema oposto é o denominado de *acusatório*.

Esse sistema tem por característica o exercício das distintas funções de acusar, julgar e defender, por pessoas diferentes.

Ao acusador, incumbe o poder-dever de impulsionar o Estado-Juiz (nas ações de iniciativas privadas o ônus é do ofendido) e, por causa do princípio da presunção de inocência, o encargo de provar os fatos alegados.

Ao réu, a prerrogativa de impugnar a pretensão acusatória, pessoalmente, se habilitado ou por meio de advogado.

Ao juiz, isento, como o terceiro da comunidade, o dever de definir a controvérsia, aplicando o Direito e procurando fazer a Justiça do caso concreto.

Por juiz isento não há entender-se juiz neutro, porque a vida humana é um contínuo valorar, isto é, um contínuo eleger, orientada pelo plexo de valores da sociedade em que o indivíduo está inserido. Ora, os juízes, sendo homens, vivendo em sociedade, cultuando valores, projetam sua visão de mundo nas sentenças que proferem.

Aliás, etimologicamente, o termo *sentença* propõe essa idéia, pois sentença vem de *sentire* (sentimento), a indicar que, com a sentença, o juiz exterioriza o seu próprio sentimento sobre o caso em julgamento. Daí por que alguns juízes considerados "liberais" e outros "severos".

Sem embargo da adoção do sistema acusatório em nossa Carta Política, remanescem no CPP dispositivos de nítida feição inquisitiva e que há muito deveriam ter sido expurgados.

Com efeito, o artigo 5º, inciso II, prevendo a requisição de inquérito policial pelo juiz; o art. 156, permitindo que ele determine diligências probatórias, independentemente de requerimento das partes; o art. 311, autorizando a edição, de ofício, de decreto de prisão preventiva; o art. 373, propiciando interdição provisória de direitos, sem qualquer provação das partes; os artigos 411, 574, II e 746, dispondo sobre os recursos de ofício; o artigo 616, permitindo que os tribunais convertam em diligência os recursos, em fase de julgamento, são, dentre outros, bons exemplos do que estamos afirmando.

4. **Ação como poder-dever e ação como direito.** Diante das considerações expendidas, é então possível afirmar que a ação penal pública, no sistema acusatório, revela-se como um *poder-dever* do Estado-Administração (representado pelo M.P.) de retirar o Estado-Juiz da inércia, para que ele venha cumprir com o dever pactuado de apreciar a pretensão punitiva deduzida na inicial acusatória.

A definição de ação como *direito subjetivo público* é apropriada naqueles casos em que a iniciativa é do ofendido. O Estado não transfere o *jus puniendi* ao ofendido, mas só o autoriza a provocar o movimento da jurisdição para a defesa simultânea de dois interesses: o interesse social na punição e o interesse particular do querelante na reparação patrimonial. O ofendido, portanto, é titular do *direito de queixa*, sendo dele exclusivamente a decisão em iniciar ou não o processo mediante ação.

Não há sentido em definir a ação pública como *direito subjetivo público de ação, data venia*.

O direito *subjetivo* está associado à idéia de *sujeito*, isto é, da palavra *indivíduo*, como expressão da modernidade, do Estado Moderno.

Norberto Bobbio,[2] em suas magníficas lições, dizia que, ao contrário do Estado Medieval, o Estado Moderno privilegia o indivíduo, sendo ele um valor em si mesmo, porque é ele que *vem em primeiro lugar*, isto é, que vem antes do Estado ... No Estado Medieval, com efeito, o Estado era a razão de ser das pessoas. No Estado Moderno, são os *indivíduos* (titulares dos direitos que as *pessoas* não tinham) a razão de ser do Estado.

Não é por nada que, em matéria penal, o acusado deve figurar no centro do drama penal e que as atividades acusatórias não podem destoar um milímetro dos comandos de garantia inerentes ao devido processo legal.

A ação, nessa perspectiva, conquanto instrumentalize o exercício do *jus puniendi*, acaba, com o processo, atuando como eficiente freio contra os excessos, tanto que o Estado para poder impor a pena e exigir o seu cumprimento precisa primeiro submeter a sua pretensão ao público e aberto confronto com a pretensão de liberdade do infrator, presumivelmente inocente (art. 5°, inc. LVII).[3]

O sistema punitivo então conforma-se simultaneamente como fonte de legitimidade para a punição e barreira de contenção contra os excessos nessa atividade oficial de defesa do direito de punir.

As leis penais, realmente, não só fornecem os meios para a imposição e a execução da pena. Elas também protegem os indivíduos contra os abusos. Essa função protetiva dos códigos é realçada por Paulo Cláudio Tovo, ao dizer que cada dispositivo do CPP "(...) constitui um verdadeiro escudo ... Nem mesmo as normas processuais aparentemente restritivas, no âmbito pessoal ou patrimonial, fazem exceção a essa verdade. Pois sua finalidade última é apontar os limites até onde pode ir o poder persecutório estatal".[4]

O discurso não é retórico, como registra Gomes Filho, ante a "(...) progressiva *positivação* e, mais precisamente, a *constitucionalização* do direito ao processo, com a correspondente explicação, cada vez mais completa e analítica, das garantias do processo nos textos constitucionais", destacando-se a do *due process of law* (art. 5°, inciso LIV), que converte o esquema processual num instrumento de *participação do indivíduo nas próprias decisões dos órgãos do poder que possam afetá-lo*".[5]

Enfim: o Estado protege a sociedade. Mas também tem o dever de proteger o réu. Daí a dimensão da função do Ministério Público: o Promotor há de ser combativo sem esquecer que a grandeza do *Parquet* está em defender ao mesmo tempo a sociedade e o réu contra toda espécie de injustiças...

Não é outra a idéia que se extrai do texto Constitucional, declarando que ao Ministério Público incumbe defender os interesses sociais e individuais indisponíveis!

5. **Teorias sobre a natureza da ação.** Foram intensos os debates travados, ao longo da história,

---

[2] BOBBIO, Norberto. *A Era dos Direitos*. São Paulo: Editora Campus, 1992, p. 60 e 61.

[3] Conforme o modelo processual vigente em nosso país, a efetivação do *jus puniendi* passa por distintas fases:
A primeira, pré-processual, correspondente à do inquérito, em que não há defesa e contraditório. O professor Aury Lopes Jr. (*Sistemas de Investigação Preliminar no Processo Penal*. Rio : Lumem Juris, 2001) advoga a introdução na legislação brasileira de sistema de investigação preliminar, obrigatória para os delitos graves e facultativa para os de menor potencial lesivo e complexidade, assegurado ao sujeito passivo, todavia, "o exercício do direito de defesa, como uma resistência ao poder de perseguir do Estado" (p. 334). No sistema do Projeto de Reforma do CPP, cuja Comissão é presidida por ADA GRINOVER, o artigo 8° e seu § 1° asseguram ao suspeito, na fase pré-processual, coleta de interrogatório com expressa observância das garantias constitucionais e legais. O Projeto, entretanto, ainda não foi apreciado pelo Congresso Nacional.
A segunda: a do processo, em que o suspeito passa à condição de titular de direitos, amparado pelas garantias constitucionais, na forma inversamente proposta por Kafka (KAFKA, Franz. *O Processo*. São Paulo: Nova Época, 1963).

[4] TOVO, Paulo Cláudio. *Introdução à Principiologia do Processo Penal Brasileiro*. Estudos de Direito Processual Penal (org). Porto Alegre: Livraria do Advogado, 1995, p. 14.

[5] GOMES FILHO, Antonio Magalhães. *A Motivação das Decisões Penais*. São Paulo: RT, 2001.

acerca da natureza jurídica da ação, dividendo-se os juristas em três correntes básicas,

A primeira, a dos *civilistas* ou *concretistas*, sustentava que a ação era o próprio *direito material* em movimento, isto é, em pé de guerra. Bom exemplo é o texto do artigo 75 do anterior Código Civil brasileiro que declarava corresponder a todo direito uma ação. Principais defensores dessa teoria foram Savigny e, entre nós, Clóvis Bevilacqua, Câmara Leal, João Monteiro, Espínola Filho.

A segunda, em posição extrema, a dos *abstratistas* (ou abstrativistas), hoje maioria, sustenta que a ação é um direito autônomo, separado e independente do direito material.[6]

Graças a essa corrente, pode-se entender o fenômeno da sentença de improcedência e, desse modo, resolver a grande dificuldade enfrentada e não superada pelos civilistas, que, por identificarem o direito de ação com o próprio direito material e não perceberem que a sentença é um pronunciamento sobre a *pretensão* deduzida por meio de ação, não conseguiam contornar o paradoxo da sentença que julga improcedente a ação ... no curso da ação !

Em um ponto intermediário ficaram os *ecléticos*, os quais reconhecem, de um lado, que a ação é, efetivamente, direito autônomo, independente e separado do direito material, como os abstratistas dizem, mas, de outro, condicionam o seu exercício à satisfação de certos requisitos prévios por eles denominados como *condições da ação*.

O mais importante teórico dessa corrente foi Enrico Túlio Liebman, que fez seguidores em nosso país e que inspirou Alfredo Buzaid, seu discípulo, a inserir a regra do artigo 267 em nosso vigente CPC.

A teoria eclética não resiste a crítica, conforme demonstraremos, amparados em boa doutrina, ao comentarmos o artigo 43, apontado pelos processualistas penais como a sede legal das condições da ação.

6. Ação, jurisdição e processo. Considera-se proposta a ação com o oferecimento da denúncia. Nesse momento haverá *jurisdição* e *processo*, vinculando-se o acusador ao *juiz*.

Como *actus trium personarum* o processo, entretanto, só se completará, no momento em que o sujeito passivo da ação (e ativo do crime) for citado para poder exercer, se quiser, o direito de reagir, em defesa de sua própria e específica pretensão: a pretensão de liberdade.[7]

Sendo essa a regra, há exceções.

Nos Juizados Especiais Criminais, a ação, a jurisdição e o processo surgem, excepcionalmente, *antes* do oferecimento da denúncia ou da queixa. Isso se dá quando o juiz, na presença do autor do fato, da vítima, de seus advogados, e do órgão do MP, na audiência "preliminar", atua, provocado, coordenando atos destinados à eventual composição dos danos (na ação de iniciativa privada ou pública condicionada) ou celebração da transação (na ação penal pública incondicionada).

Há ação e processo, também, embora sem réu, nas ações de revisão criminal, de hábeas corpus, de reabilitação criminal.

7. Ação e pretensão. Ação e pretensão são categorias inconfundíveis.

A primeira expressa o poder-dever (ou direito subjetivo público na ação de iniciativa privada) de mover a jurisdição. A segunda se identifica com o conteúdo do pedido formulado pelo autor.

Essa distinção – que não foi percebida pelos adeptos da teoria contratualista ou civilista – permite entender com facilidade como o autor consegue exercer, em toda sua plenitude, o direito de ação ainda quando a sentença de mérito lhe for desfavorável, consoante explicamos páginas atrás.

8. Classificação da ação penal. A doutrina classifica a ação penal em ação pública e ação de iniciativa privada, cada qual com suas subdivisões.

A primeira compreende a ação pública incondicionada e ação pública condicionada à representação, à requisição do Ministro da Justiça e às condições objetivas de punibilidade.

A ação pública é *incondicionada* na imensa maioria dos casos, ante a natureza predominantemente pública dos bens protegidos pelos nossos Códigos e leis penais.

Daí se explica o dever do Ministério Público (e do Delegado) de agir independentemente de provocação da parte interessada ou de terceiros.

Como a abertura do inquérito pelo Delegado e o oferecimento da denúncia pelo Ministério Público, pelas mais variadas razões, pode ficar, entretanto, na dependência a) do consentimento da vítima ou b) da requisição do Ministro da Justiça, conforme deflui dos arts. 100, § 1º, do Código Penal e 24 do Código de Processo Penal, diz-se, então, que a ação pública *é condicionada*.

Eventualmente a ação (pública ou de iniciativa privada) ainda pode estar condicionada à satisfação

---

[6] GOMES, Fábio Luiz, *Teoria Geral do Processo Civil*, Porto Alegre: Letras Jurídicas, 1983, p. 89-128, escrita em co-autoria – ponto V).

[7] A afirmação pressupõe aceitação incondicional de que o processo criminal é litigioso, porque, na doutrina, Carnelutti, por exemplo, nega essa possibilidade. Para ele a lide é civil (porque os *cives*, sem a necessária civilidade, pressupõem de um terceiro, que é o juiz, para resolver a pendência). Isso não ocorreria no crime, eis que o Estado tem o dever de apurar o fato e de responsabilizar o criminoso, como decorrência da proibição imposta aos particulares de fazerem a Justiça.

de condições objetivas de punibilidade, porque, integrando o tipo, fornecem a base para a afirmação da "criminalidade" do fato, de que são exemplos a decisão administrativa (irrecorrível) reconhecendo a existência do imposto a pagar como condição para a punição por crime de sonegação fiscal.

Se a ação for proposta sem a satisfação das exigências prévias inerentes às condições de procedibilidade ou objetivas de punibilidade, a conseqüência será a nulidade absoluta do processo, embora sem o efeito da coisa julgada material, eis que possível a reiteração do pedido (art. 43 e seu parágrafo único do CPP).

A segunda abrange todas as formas de ação de iniciativa da vítima, abaixo discriminadas.

Funda-se a ação de iniciativa privada no preponderante interesse da vítima (o qual é aferido pela tenuidade/particularidade da ofensa) e só subsidiariamente no interesse público.

Por isso o Estado transfere ao particular não o *jus puniendi* e sim o *jus persequendi in judicio*, de modo que o ofendido, ao optar pelo oferecimento da queixa, age como substituto processual, pois em nome próprio defende *também* o interesse do Estado na punição do criminoso.

Subdivide-se a ação de iniciativa privada em três outras espécies: *a*) a ação penal de iniciativa privada principal (ou propriamente dita ou genuína); *b*) a ação penal de iniciativa privada personalíssima (art. 240, § 1°, do CP); e *c*) a ação penal de iniciativa privada subsidiária da pública (arts. 29 do CP e 5°, inc. LIX, da CF).

Para sabermos quando uma ação é pública ou de iniciativa privada há um caminho infalível: se após definir o crime o Código Penal declarar que se procede *mediante queixa* é porque a iniciativa será do ofendido. Se, após definir o crime, declarar que a ação *dependerá* de representação ou requisição (ou ainda de certa condição objetiva de punibilidade, como, p. ex., a decisão administrativa definitiva sobre tributo a pagar, sonegado, como condição objetiva do crime de sonegação fiscal), a ação será pública *condicionada*; se, por último, o Código Penal for silente quanto a esses aspectos, a ação pública será *incondicionada*.

Examinemos rapidamente cada uma das espécies de ação de iniciativa privada.

A primeira é a ação penal privada denominada de genuína.

É a mais conhecida, sendo também denominada de "principal". Como acentuam Cernicchiaro e Costa Jr.,[8] razões de política criminal, deixando ao ofendido o juízo de conveniência para formular a queixa, atendem a circunstâncias especiais, quase sempre de natureza pessoal. Com efeito, a persecução penal pode eventualmente trazer ao ofendido mais prejuízos morais, em razão da publicidade dos atos do processo, do que seu silêncio, mesmo irresignado, como também acentuou Osvaldo Hamilton Tavares.[9] Por isso a lei transfere a ele a decisão sobre a propositura ou não da queixa.

A ação penal de iniciativa privada é denominada de personalíssima, por outro lado, porque, além dos motivos já referidos, a queixa só pode ser oferecida pelo Ofendido, não incidindo a regra do art. 31 do CPP de que é exemplo a ação nos crimes de induzimento a erro essencial (art. 236 do CP) e era exemplo a ação pelo revogado crime de adultério (§ 2° do art. 240 do CP).

A ação penal de iniciativa privada subsidiária, por último, viabiliza a *persecutio criminis* em situação de risco ante a inércia do M.P. Nessa medida, é importante mecanismo de controle instituído pela Lei em favor da vítima.

Inicialmente prevista só no artigo 29 do CPP, a ação penal privada subsubsidiária está agora regulada também no inciso LXI do art. 5° da CF. Maiores informações sobre essa espécie de ação podem ser encontradas nos comentários ao art. 29, para onde remetemos o leitor.

A classificação acima exposta é válida sob o ponto de vista exclusivamente didático e isto porque a ação é *ontologicamente uma*, isto é, não é divisível, variando, unicamente, o *conteúdo* da pretensão (que pode ser de direito civil, penal, administrativo, eleitoral, etc.).

9. Sujeitos da ação. Sujeito ativo da ação penal pública é com exclusividade o órgão do Ministério Público,[10] nos exatos termos do inciso I do art. 129 da CF.

Daí ter afirmado Paulo Cláudio Tovo, a propósito da Instituição do MP, que a sua independência deve ser "preservada como algo precioso à segurança de todos (...) pois, se o Promotor de Justiça estiver sujeito a injunções, os inocentes estarão em perigo".[11]

Nos crimes sexuais, muito embora a intensa lesividade do bem protegido, a ação penal, outrossim, está entregue, como regra, à iniciativa do ofendido.

---

[8] CERNICCHIARO, Luiz Vicente e COSTA JR., Paulo José da. *Direito Penal na Constituição*. São Paulo: RT, 1990, p. 149.

[9] TAVARES, Osvaldo Hamilton, Da *Ação Penal*. Justitia, 80, p. 45.

[10] A afirmação não é excludente da legitimidade conferida pela lei aos membros do legislativo para denunciarem fatos políticos definidos como crimes de responsabilidade (Lei 1.079/50 e Dec. 201/67).

[11] TOVO, Paulo Cláudio. *Apontamentos e Guia Prático sobre a Denúncia no Processo Penal Brasileiro*. Porto Alegre: Fabris, 1986, p. 24.

Só será pública, isto é, de iniciativa do Ministério Público, nos casos indicados pelo § 1º do artigo 225 (se a vítima ou seus pais não puderem prover as despesas do processo, sem privar-se de recursos indispensáveis à manutenção própria ou da família; se o crime for cometido com abuso de pátrio poder, ou da qualidade de padrasto, tutor ou curador). No primeiro deles, a iniciativa ministerial dependerá, todavia, de representação da vítima.

Nos crimes sexuais cometidos com emprego de violência real, a ação será pública incondicionada, consoante o enunciado 608 da Súmula do STF.

A Súmula vem vendo questionada porque a ação por lesões corporais (elemento do estupro com violência real) é pública, mas agora depende de representação do ofendido, conforme a Lei 9.099/95.

Os Tribunais, sem embargo da polêmica, vem reafirmando a plena vigência da Súmula.

Em nosso meio, Lenio Streck, invocando a lei dos crimes hediondos (8.072/90) foi mais além para sustentar não existir mais "qualquer justificativa" para manter as modalidades de estupro e de atentado violento ao pudor "no rol dos crimes nos quais somente se procede mediante queixa (sic) ou representação".[12]

A nova definição desses fatos como hediondos determinaria a necessária intervenção do MP em todos eles, independentemente de consentimento prévio do ofendido, concluiu o ilustre professor.

A tese é nova e, embora sua importância, ainda não foi suficientemente debatida nos Tribunais.

Em relação aos crimes contra a honra cometidos contra servidor público no exercício das funções, a jurisprudência pacífica vem afirmando que a ação penal é pública, mas que o servidor-vítima, sem embargo disso, detém legitimidade concorrente com o MP. para, se quiser, deduzir a queixa-crime. Fundamenta essa orientação o direito constitucional à honra e à intimidade. É claro que o ofendido nada poderá fazer se a denúncia já tiver sido oferecida, salvo entrar no processo como Assistente do MP, direito que é assegurado a ele independentemente da natureza do crime ou da espécie de pena.[13]

Sendo fato de ação de iniciativa exclusivamente privada, a titularidade será do ofendido, seu representante ou sucessor.

Sujeito passivo da ação, por último, é o Estado, porque é dele o dever de realizar a Justiça. Sendo devedor de Justiça, o Estado (como sujeito passivo da ação) não pode deixar de responder a todas as demandas por Justiça, mesmo que seja para declarar ao autor que ele não tem o direito que alega, independentemente de quem seja o autor, independentemente do conteúdo da pretensão deduzida por meio da ação !

É impróprio dizer, portanto, que a ação foi ajuizada *contra* o réu Fulano de tal...

Insta repetir que, rigorosamente, pode existir ação, jurisdição e processo *sem réu*, de modo que, para conformar-se como tal, o processo nem sempre exige o sujeito passivo, conforme anotamos páginas atrás.

10. **As condições da ação.** O exercício do poder-dever (ou do direito subjetivo público) de ação está condicionado, segundo propõe a teoria *eclética*, à satisfação, pelo autor, de certas condições prévias, denominadas como *condições da ação*.

Caso não consiga fazê-lo, o juiz não apreciará o mérito e o declarará carecedor do direito de ação (arts. 267 e 301 do CPC).

As condições da ação vêm sendo muito questionadas, sob o argumento de que não é possível o juiz afirmar, *no curso da ação*, que o réu é *carecedor do direito de ação*. A final, é no processo que tudo se resolve !

A questão, também sob a perspectiva do processo penal, será melhor apreciada mais além, quando dos comentários ao artigo 43 e seus incisos, para onde remetemos o leitor, a fim de evitarmos tautologia.

11. **Os princípios jurídicos.** Em sentido profano, "princípio" é o que se mostra na origem ("No princípio, Deus criou o céu e a terra"),[14] no começo de qualquer coisa,[15] no início de algo,[16] ou seja, o que vem antes, a causa primeira ou primária, o elemento

---

[12] STRECK, Lenio, Constituição e Bem Jurídico: *A ação penal nos crimes de estupro e atentado violento ao pudor – o sentido hermenêutico – constitucional – do art. 225 do Código Penal*, Revista do Ministério Público do RS, vol. 55, p. 139 e seguintes.

[13] Excetuada a hipótese da ação penal privada subsidiária, a vítima, outrossim, não é parte na ação pública, embora possa atuar como auxiliar do MP (art. 271 do CPP). Aduziu-se, contudo, que a figura do Assistente do Ministério Público teria desaparecido de nosso sistema processual por causa das novas disposições constitucionais que conferem ao Ministério Público, em crimes de ação pública, a exclusividade de iniciativa (art. 129, I) (STRECK, Lenio Luiz. *Tribunal do Júri, Símbolos e Rituais*. 2.ed., Porto Alegre: Livraria do Advogado, p. 147, e NASSIF, Aramis. *Júri, Instrumento da Soberania Popular*. Porto Alegre: Livraria do Advogado, 1996, p. 101, ambos referindo-se ao artigo de Marcellus Polastri Lima, publicado pelo Livro de Estudos Jurídicos, 3/257.) A tese, entretanto, ainda não encontrou o suficiente respaldo na jurisprudência, não se constituindo, portanto, em novo paradigma.

[14] Gênesis, capítulo I, versículo I.

[15] TUCCI, Rogério Lauria. *Princípios e Regras Orientadoras do Novo Código de Processo Penal Brasileiro*, Rio de Janeiro: Forense, 1986, p. 4.

[16] FERREIRA, Aurélio Buarque de Hollanda. *Pequeno Dicionário Brasileiro da Língua Portuguesa*. 11.ed., São Paulo, 1972.

que "predomina" na constituição de um corpo orgânico, de um preceito.[17]

Em direito, diz Paulo Tovo que eles estão por detrás das leis, formando um "mundo invisível", regendo-as, tocando ao jurista decifrá-los, como enunciações normativas de valor genérico que condicionam e orientam a compreensão do ordenamento jurídico, quer para a sua aplicação e integração, quer para a elaboração de novas normas.[18]

Assim, de um lado, como propõe a hermenêutica tradicional, os princípios são simples diretrizes destinadas a orientar o intérprete ou aplicador da lei na determinação do sentido dos textos legislativos.

De outro, como espécies do gênero "normas", os princípios, no papel de *lex,* e não apenas de *ratio legis,* no dizer de Edílson Farias,[19] apoiado em Alexy e Dworkin, são utilizados para preencher os vazios do ordenamento jurídico e também para solucionar conflitos ou colisões de normas (isto é, de regras), hoje tão freqüente nos ordenamentos jurídicos, devido à expansão dos direitos fundamentais e a outros valores constitucionais relevantes.[20]

Conforme Alexy, os princípios, nessa perspectiva normativa, são *mandados de otimização,* por veicularem ordens para que "(...) algo seja realizado na maior medida possível, dentro das possibilidades jurídicas e reais existentes".[21]

Destarte, eles reuniriam aptidão para arredar a incidência até mesmo das regras positivadas na determinação da solução de *fattispecie* certa e precisa.[22]

Dizendo de outro modo, os princípios são mandados de otimização, ou categorias deontológicas, porque eles propõem deveres gerais. Ao contrário das regras, que são sempre específicas, os princípios – como ensina Bobbio, citando Crisafulli – são generalíssimos[23] e dotados de elevado grau de abstração.[24]

Distinguem-se, ainda, das regras, pelo modo como são resolvidos os conflitos internos. Assim, quando duas normas conflitaram, a solução há de ser encontrada, segundo Dworkin, pela lógica do "tudo-ou-nada" (valendo uma e não valendo a outra). Todavia, quando o conflito for entre princípios, o critério determinante será o da *ponderação dos interesses em jogo.*[25] Um dos princípios incidirá no caso concreto, sem que isso implique a eliminação do outro (diferentemente da solução para o conflito entre regras), o que mostra que a diferença entre eles é qualitativa.

Os princípios estão contidos, implícita ou explicitamente, no ordenamento jurídico, do mesmo modo como, no dizer de Carnelutti, o álcool está contido no vinho,[26] e todos, formando uma totalidade, convivem em estreita dependência ou complementaridade na *produção,* na *interpretação,* na *integração do direito*[27] e na efetivação do Direito.

São *explícitos* os princípios suscetíveis, como qualquer outra norma, de apreensão imediata.[28]

Em nível constitucional, podemos considerar, nos incisos do art. 5º da CF, os princípios da individualização das penas (LXVI); da irretroatividade da lei penal, salvo a mais benigna (XL); do devido processo legal (LIV); da ampla defesa e do contraditório (LV); da presunção de inocência (LVII); da liberdade de pensamento (IV); do livre exercício de cultos (inciso VI); da inviolabilidade de correspondência (XII); da legalidade dos crimes e das penas (XXXIX).

Em outros dispositivos da Constituição encontramos o princípio explícito da publicidade dos atos do processo (art. 93, IX), o da legalidade tributária (art. 150, inciso I), o da oficialidade da ação penal pública

---

[17] TUCCI, Rogério Lauria. Ob. cit., mesma página.

[18] TOVO, Paulo Cláudio. *Introdução à Principiologia do Processo Penal Brasileiro.* Estudos de Direito Processual Penal. (org) Porto Alegre: Livraria do Advogado, 1995, p. 12.

[19] FARIAS, Edilson Pereira, *Colisão de Direitos, a Honra, a Intimidade, a Vida Privada e a Imagem versus a Liberdade de Expressão e Informação,* Porto Alegre: Fabris, 1996, p. 42.

[20] O 4º Grupo do Tribunal de Justiça do RS, em decisão recente, amparado no princípio constitucional da igualdade, admitiu efeito retroativo à atual jurisprudência penal, mais benigna, para permitir, em caso já julgado, a progressão a regime mais liberal a autor de estupro sem lesões corporais ou morte, como é aceito em todos os tribunais do país, na atualidade. Conforme se depreende da decisão, não só a lei, mas, agora, também a jurisprudência passou a ser aceita como fonte capaz de permitir a modificação de sentenças definitivas. O princípio foi aplicado, portanto, com função de lei!

[21] ALEXY, Robert. *Teoria de Los Derechos Fundamentales.* Madrid: Centro de Estudios Constitucionales, 1997, p. 83.

[22] ALPA, Guido, et alii, *Tratato di Diritto Civile,* Torino: UTET, 1999, p. 354.

[23] Idem, mesma página.

[24] CANOTILHO, José Joaquim Gomes. *Direito Constitucional.* 6.ed. Coimbra: Almedina, p. 167.

[25] DWORKIN, Ronald, *Levando os Direitos a Sério,* São Paulo: Martins Fontes, 2002, p. 39-40.

[26] MEDEIROS, Flávio Meirelles. *Princípios de Direito Processual Penal,* Porto Alegre, Ciências Jurídicas, 1984, p. 4.

[27] GUASTINI, Riccardo. *Led Fonti del Diritto e L'Interpretazione. Trattato di Diritto Privato.* Milão: Giuffrè, 1993, p. 458-459.

[28] GUASTINI, Riccardo. *La Regola Del Caso.* Milão: Cedam, 1995, p. 126.

(art. 129, inciso I), o da pessoalidade da pena e da intranscendência da ação (art. 5º, inciso XLV), dentre muitos outros.

Os princípios são aferíveis *explicitamente* também em escala infraconstitucional, como, por exemplo, o princípio da liberdade de apreciação da prova, no artigo 157; o da concretude da acusação, no artigo 41; o da congruência entre acusação e sentença, no artigo 383; o da presunção de inocência, no art. 186; o da supremacia do fundo em detrimento da forma do ato processual, no art. 563; o do interesse como pressuposto de admissibilidade do recurso, no parágrafo único do art. 577, o da vulnerabilidade do consumidor (artigo 4º, inciso I, da Lei 8.078/90), etc.

Os princípios são *implícitos*, outrossim, quando suscetíveis de identificação ou apreensão no contexto do processo de interpretação e de efetivação do ordenamento jurídico, como explica Guastini.[29]

Aliás, por constituírem enunciados gerais, denominadas por Bobbio de "espírito do sistema",[30] seria bastante curioso, conforme disse o eminente pensador, que existisse alguma norma referindo ou autorizando sua aplicação,[31] pois, nesse caso, o princípio, simplesmente, deixaria de ser implícito...

No exemplo dado por Ingo Sarlet,[32] a proibição da tortura é um princípio implícito que decorre do dever de respeito ao princípio constitucional da dignidade da pessoa humana (art. 1º, inciso III, da CF). Mesmo que inexistisse em nosso país lei específica punindo a tortura, ainda assim a prática seria inadmissível por afrontar esse princípio reitor do Estado Democrático de Direito.

Implicitamente, na mesma escala, podemos citar, ainda, como exemplos, os do *in dubio pro reo* (art. 386, VI) e o da *confiança*, que regula as relações no tráfego viário e segundo o qual quem realiza uma atividade arriscada, como a de dirigir veículos nas vias urbanas, "pode confiar que quem participa junto com ele na mesma atividade se comportará corretamente, de acordo com as regras existentes".[33]

Às duas classes de princípios (explícitos e implícitos) agrega-se uma terceira, que reivindica origem para além do sistema de direito positivo e que Edilson Farias denomina de suprapositivos ou extra-sistêmicos. "Comumente respaldados numa ordem fora do ordenamento jurídico: no Direito Natural, na Constituição Material, etc. Conforme observa Luis P. Sanchís, constituem mais elaboração teórica do que prática (jurisprudencial) porque decorrem de uma argumentação política ou moral assaz complexa que freqüentemente não se encontra nas motivações de sentenças judiciais. Com efeito, esta concepção de princípios extra-sistêmicos parece próxima da expendida por K. Larenz ao considerar os princípios jurídicos como pautas gerais de valoração ou preferências valorativas referentes à idéia de direito".[34]

Se a fluída *ratio* dos princípios possibilita a solução dos mais variados casos concretos, isso não significa, entretanto, que a *praxis* hermenêutica e/ou judiciária possa ser exercitada em sua amplitude sempre ou independentemente das regras.

Um Estado que privilegiasse só os princípios potencializaria resultados inaceitáveis, pois, como lembra Canotilho, a indeterminação e a inexistência de regras precisas, a coexistência de princípios opostos, a dependência do "possível" fático e jurídico conduziriam à insegurança jurídica e à incapacidade de redução da complexidade do próprio sistema.[35]

Pelo reverso, diz o eminente professor, um Estado que desprezasse os princípios e privilegiasse, mesmo em grandes codificações, só as regras, não prescindiria de racionalidade prática, própria de "(...) *disciplina legislativa exaustiva e completa*",[36] sem que isso eliminasse as lacunas e as imprevisões decorrentes da fecunda realidade da vida, como demonstraram as inexitosas experiências realizadas nesse sentido, em 1794, por Frederico, o Grande, ao codificar em 1794, com 19.000 artigos o conjunto do direito[37] e em 1833, por Nicolau I, Czar da Rússia, ao editar com 60.000 artigos o Corpo de Leis do Império.[38]

Se é certo, como disse Jeremias Bentham, o teórico inglês da codificação,[39] que os Códigos são ne-

---

[29] GUASTINI, Riccardo. *La Regola Del Caso*. Milão: Cedam, 1995, p. 127.

[30] BOBBIO, Norberto. *A Era dos Direitos*. São Paulo: Editora Campus, 1992, p. 159.

[31] Idem, p. 160.

[32] SARLET, Ingo Wolfgang. *Dignidade da Pessoa Humana e Direitos Fundamentais*. Porto Alegre, Livraria do Advogado, 2001, p. 109.

[33] CALLEGARI, André Luís. *O Princípio da Confiança no Direito Penal*. Revista da Ajuris, vol. 75, p. 159 e seguintes.

[34] FARIAS, Edilson Pereira. *Colisão de Direitos, a Honra, a Intimidade, a Vida Privada e a Imagem versus a Liberdade de Expressão e Informação*, Porto Alegre: Fabris, 1996, p. 40.

[35] CANOTILHO, José Joaquim Gomes. *Direito Constitucional*, 6a. ed. Coimbra, Almedina, p. 169.

[36] CANOTILHO, José Joaquim Gomes, Obra e página citadas.

[37] Idem, p. 450.

[38] LOSANO, Mário G., *I Grandi Sistemi Giuridici*. Torino: Giulio Einaudi Editores, 1978, p. 139.

[39] GILISSEN, John. *Introdução Histórica ao Direito*. Lisboa: Fundação Calouste Gulbenkian, 1979, p. 456.

cessários para que as leis possam ser conhecidas por todos,[40] não é menos certo que, no mundo moderno, veloz, cambiante, nenhum sistema de direito positivo sobrevive por tempo razoável, em sua própria clausura, pretensamente imune às influências dos valores e das novas demandas do mundo cada vez mais virtual.

Por último, os princípios são relativos, tanto assim que ao juiz ou Tribunal é facultado ponderar os interesses em jogo para determinar ou não a incidência deste ou daquele princípio ao caso concreto.

Observe-se que os tribunais admitem a flexibilização até mesmo de princípios de altíssima densidade – como o da dignidade da pessoa humana – em situações-limite, de intenso risco, como o que pode gerar a não-localização da bomba de armada por terrorista, recém preso, em local público.

Essa flexibilização, inclusive em países de notória tradição democrática, como os EEUU, sob o pretexto de que é preciso impedir o avanço do terrorismo, está gerando inquietações na comunidade jurídica internacional

Sem embargo da relatividade dos princípios e afastada a crença de que o ordenamento jurídico pode prever soluções para todos os conflitos futuros, é inegável que é graças *também* aos princípios, como ferramentas mais maleáveis e duradouras, que os operadores do direito conseguem neutralizar ou atenuar os efeitos do envelhecimento dos códigos e superar as crises de legalidade.[41]

12. **Os princípios da ação.** Diversos princípios – alguns explícitos, outros implícitos – regem a ação penal.

A *"indivisibilidade"* e a *"intranscendência"* são princípios comuns à ação pública e à ação de iniciativa privada. Específicos da primeira, contudo, são os da *"obrigatoriedade"*, da *"oficialidade"* e da *"indisponibilidade"*. Específicos da última, outrossim, são os princípios da *"oportunidade"* e da *"disponibilidade"*.

Um princípio novo – o da *discricionariedade vinculada* – foi instituído pela Lei 9.099/95, que dispõe sobre as infrações de menor potencial ofensivo, da competência dos Juizados Especiais Criminais.

Mais adiante, quando dos comentários aos dispositivos constantes deste capítulo do Código, voltaremos a discorrer sobre eles, para evitarmos redundâncias.

TÍTULO III
DA AÇÃO PENAL

Art. 24. Nos crimes de ação pública, esta será promovida por denúncia do Ministério Público, mas dependerá, quando a lei o exigir, de requisição do Ministro da Justiça, ou de representação do ofendido ou de quem tiver qualidade para representá-lo.

§ 1º No caso de morte do ofendido ou quando declarado ausente por decisão judicial, o direito de representação passará ao cônjuge, ascendente, descendente ou irmão. (Parágrafo único renumerado pela Lei nº 8.699, de 27.8.1993).

§ 2º Seja qual for o crime, quando praticado em detrimento do patrimônio ou interesse da União, Estado e Município, a ação penal será pública. (Incluído pela Lei nº 8.699, de 27.8.1993).

1. **A ação pública e o princípio da obrigatoriedade.** Sem repetir os termos do artigo 100 do Código de Processo Penal do RS, de 15/08/1898, que declarava ser o Ministério Público "obrigado" a oferecer denúncia, nos casos em que coubesse ação pública, o citado dispositivo, entretanto, pode ser perfeitamente dado como a fonte do princípio da obrigatoriedade da ação penal pública, em plena consonância com os enunciados dos arts. 5º, I, 24, 27, 28, 42 e 578 do CPP.

Discorrer sobre a obrigatoriedade da ação penal pública é discorrer sobre a proibição de pedidos de arquivamento de inquéritos ou peças de informação fundados em critérios ideológicos, de conveniência ou de mera utilidade social.[42] A relevância dos bens juridicamente protegidos, afetados pelo crime, não autoriza outra medida que não a do o início do pro-

---

[40] Tradução livre da frase "The principle of justice is, that law should be known by all; and, for its being know, codification is absolutely essencial".

[41] CARVALHO, Amilton Bueno de. *Lei Para Quem?* Doutrina, Instituto de Direito, vol. 11, p. 303.

[42] Precedentes de tribunais brasileiros admitindo, em casos especiais, a incidência da bagatela não compromete essa afirmação, porque como princípio a bagatela atua no plano da determinação da tipicidade, de modo que os fatos considerados bagatelares, não sendo típicos, não são consequentemente puníveis. Não agridem, também, o princípio da obrigatoriedade, os acordos que o MP pode realizar com o autor do fato e seu advogado, antes do oferecimento da denúncia, por fatos da competência dos Juizados Especiais Criminais e, ante a permissão da Lei 10.409, de 2002, por fatos definidos como crime na Lei de Entorpecentes (6.368, de 1976). É que tais acordos estão vinculados, por expressa disposição de lei, ao cumprimento pelo autor do fato de certas condições, como a disposição de pagar multa ou cumprir pena restritiva de direitos, no JEC, para a transação, ou de delatar participante de grupo organizado de narcotraficantes, para o sobrestamento do processo. Daí falarmos em princípio da discricionariedade vinculada, nesses casos.

cesso, desde que presentes, por óbvio, as condições da ação e a justa causa.

A ação penal pública é obrigatória mesmo estando o órgão do MP em estado de dúvida quanto à autoria ou à materialidade do crime. Aliás, na fase inicial do processo o sentimento que domina o espírito de todos é o da dúvida, considerando-se que não há controle da defesa na coleta da prova policial.

Como acentuou Pierangeli, após reproduzir ensinamentos de Goldschmidt, Florian e de Mársico, a regra da obrigatoriedade foi sendo adotada aos poucos e, na atualidade, é aceita em quase todos os países.[43] Nesse sentido, é também a lição de Afrânio Silva Jardim, lembrando que, à exceção da França, os países de origem latina inseriram esse princípio em seus Códigos.[44]

Com efeito, enquanto os países da *Common Law* e os influenciados diretamente por eles tendem para a oportunidade, os países da família romano-germânica tendem a adotar, embora com alguns temperos, princípio da obrigatoriedade, preocupados, conforme ensina Miranda Coutinho, em evitar "(...) qualquer manipulação por parte do órgão acusador e, de outra parte, eventuais pressões que possa sofrer".[45]

Embora relacionado à ação, o princípio da obrigatoriedade atua também como princípio do processo, porque orienta as atividades de todos os personagens envolvidos com a *persecutio criminis*.

Observe-se que o Delegado de Polícia tem o dever jurídico de instaurar o inquérito – de ofício, isto é, independentemente de provocação (art. 5º, inc. I do CPP), se o crime for de ação pública incondicionada. Os órgãos auxiliares da Justiça estão obrigados a cumprir as diligências determinadas, sob pena de prevaricarem. O Ministério Público é obrigado a denunciar e ao magistrado incumbe o dever de coordenar, sem interrupções ou delongas injustificadas, a prática de todos os atos do processo, não lhe sendo facultado invocar o *non liquet*, para deixar de julgar a causa.

O artigo 24 declara que o MP, em certas ações, não pode denunciar sem a prévia autorização do ofendido ou do Ministro da Justiça.

Daí a representação e a requisição terem natureza de *condições específicas de procedibilidade*. Sem elas, nem o inquérito policial não pode ser instaurado (arts. 5º, § 5º, e 24). Se o for, pode ser trancado por hábeas-córpus. Sem elas, como emana do texto supra, a ação não pode ser iniciada. Se o for, haverá nulidade do processo (art. 43, III e art. 564, II), passível de ser invocada, também, em razão da relevância e da urgência, em hábeas-córpus e, mesmo depois do trânsito em julgado da sentença condenatória, em revisão criminal (arts. 621 e seguintes).

Nada impede que, oferecidas (a requisição, a qualquer tempo e a representação antes de ocorrer o prazo decadencial a que se refere o artigo 38), a marcha do processo venha a ser reencetada.

2. **A representação**. Conforme Marcelo Fortes Barbosa, a representação constitui, nos moldes da "(...) 'plainte' dos franceses e da 'querela' dos italianos", "... direito que tem o ofendido óu seu representante legal de, em certos crimes, requerer ao Estado que promova a ação penal contra o autor do crime, por intermédio do Ministério Público".[46]

Ela se justifica porque, segundo lembra Fernando A. Pedroso, "por vezes, o crime trazido à realização, a par de lesar interesses sociais, fere também interesses individuais, de tal forma que, em dados casos, a persecução em tais delitos vulneraria mais sua própria vítima do que a punição do seu ofensor. O *strepitus judicii* ou *strepitus fori*, isto é, a repercussão do fato face ao caráter publicístico da ação e processo penais, poderá ser mais prejudicial à vítima do crime do que a persecução penal de seu autor". Como enfatizou o saudoso Nelson Hungria, "em certos casos, a ofensa é como imundície de gato: quanto mais revolvida, mais fétida".[47]

Na base do direito subjetivo público da vítima de concordar ou não com a instauração do inquérito (artigo 5º do CPP) ou do processo (art. 24 do CPP), está, por conseguinte, a séria e fundada preocupação do legislador com a intimidade e a honra da mesma, suscetíveis de abalo em razão da publicidade das audiências e das manchetes às vezes escandalosas dos jornais.

Fernando Pedroso,[48] em seu excelente trabalho, lembrou, de outra parte, que a representação pode ser oferecida também por pessoa que tenha só a guarda ou vigilância da vítima, consoante decisões que reconheceram a iniciativa da tia da vítima, do padrasto, do irmão ou irmã, do avô, em suma, daquele que assiste ou dispensa carinho e afeto a esta.[49]

---

[43] PIERAGELI, José Henrique, *Exceções aos Postulados Básicos do Direito Processual Penal*, in Justitia, vol. 136, p. 23 e ss.
[44] JARDIM, Afrânio da Silva. *Ação Penal Pública...*, Rio de Janeiro: Forense, 1988, p. 120.
[45] COUTINHO, Jacinto Nelson de Miranda. *Introdução aos Princípios Gerais do Direito Processual Penal Brasileiro Revista de Estudos Criminais* – ITEC – Porto Alegre: Notadez, vol. 1, 2001, p. 41.
[46] BARBOSA, Marcelo Fortes, *Ensaio Sobre a Ação Penal*, in Justitia, vol. 92, p. 97 e ss.
[47] PEDROSO, Fernando Almeida, *Ação Penal Pública Condicionada*, Justitia, vol. 100, p. 61.
[48] Obra citada, p. 68.
[49] Habeas Corpus nº 693003345, 1ª Câmara Criminal do TJRS, Porto Alegre, Rel. Des. Guilherme Oliveira de Souza Castro, j. 17.02.1993.

3. A representação em caso de morte ou declaração judicial de ausência do ofendido. O direito de representação não se extingue com a morte do ofendido. Estarão legitimados a oferecê-la para abertura de inquérito ou oferecimento de denúncia o cônjuge, o ascendente, o descendente ou o irmão, nessa ordem.

É essa a disposição constante do § 1°.

Entende-se que a ordem é exemplificativa,[50] tendo-se admitida como válida a representação materna, durante o exercício do pátrio poder,[51] em oposição ao pensamento de Borges da Rosa, para quem a pessoa mais próxima em grau de parentesco excluirá a mais remota, na ordem estabelecida.[52]

O exercício do direito de representar pelos sucessores estará também subordinado ao mesmo prazo decadencial que o artigo 38 assinala para o ofendido: 6 meses. Se o ofendido era civilmente maior e capaz e veio a falecer, conhecendo a identidade do autor do fato, antes da fluência integral do aludido prazo de seis meses, duas serão, parece-nos, as soluções possíveis: se as pessoas indicadas pelo parágrafo *também* conheciam a identidade do criminoso, poderão representar dentro do *saldo* do prazo decadencial em curso; todavia, se apuraram a identidade do criminoso só depois da morte do ofendido, maior e capaz, terão os seis meses de prazo para representar.

Essa interpretação é a que melhor se ajusta, a nosso ver, ao enunciado do verbete 594 da Súmula do STF.

Quando há prática de crime em prejuízo de bens, interesses ou serviços da União, Estados ou Municípios, quem acaba sendo lesada é, em última análise, a sociedade como um todo, ou seja, a destinatária dos serviços. Daí o sentido da previsão legal de iniciativa da ação pelo Ministério Público.

Nos artigos subseqüentes, agregaremos outras informações sobre a representação.

4. A requisição. A requisição corresponde, no Direito italiano, à *richiesta de procedimento*, aparecendo em nosso sistema normativo pela primeira vez no Decreto n° 4.743, de 31/10/23, cujo artigo 22 dispunha que em crimes contra a honra do Presidente da República, a ação dependia de requisição do Ministro da Justiça.

Consoante o Código Penal, os crimes cuja ação depende de requisição são aqueles a) cometidos por estrangeiro contra brasileiro fora do Brasil (art. 7°, § 3°, letra "b", do CP); *b*) contra a honra do Presidente da República ou de Chefe de Governo estrangeiro (art. 141, I, combinado com o art. 145, parágrafo único, do CP); praticados pela imprensa contra a honra de Chefe de Governo ou de Estado estrangeiro, ou seus representantes diplomáticos, ou Ministros de Estado, segundo se lê no art. 40, inc. I, "a", combinado com o art. 23, inciso I, da Lei 5.250, de 09/02/67.

Diferentemente da representação – que está associada à idéia de preservação da honra e da intimidade da vítima – a requisição fundamenta-se em razões políticas. Naqueles crimes cometidos contra altas personalidades nacionais ou estrangeiras, cabe ao Ministro da Justiça, após madura avaliação dos riscos, consentir com a denúncia, isto porque a ação e o processo podem eventualmente acarretar transtornos às políticas governamentais.

Lembra Marcelo Fortes Barbosa que, pela sua função condicionadora, ela "assemelha-se à representação penal, mas dela difere pela sua natureza. Com efeito, a requisição ou aviso é uma espécie de ato administrativo, por via do qual um órgão estatal manifesta a vontade do Estado, sujeito passivo do crime, no sentido de ver concretizados a sua função punitiva ou o seu próprio direito de punir".[53]

A requisição possui características bem específicas.

A primeira: só Ministro da Justiça, em nome do Governo, poderá subscrevê-la, embora outrem seja o ofendido.

A outra: A requisição não é retratável, como o é a representação, sem embargo da opinião em contrário de Marcelo Fortes Barbosa, invocando a omissão da lei.[54]

Não é a nossa opinião. Se o legislador quisesse, poderia, efetivamente, ter previsto, expressamente, a retratação da requisição, nos moldes adotados para a representação.

Ainda: o oferecimento da requisição não está limitado temporalmente, podendo acontecer a todo tempo, enquanto não se extinguir a punibilidade.

Recebida a requisição, deve o Ministério Público oferecer obrigatoriamente a denúncia? Alguns juristas italianos, segundo lembra Marcelo Fortes Barbosa,[55] dentre eles Vannini e Manzini, sustentam que a requisição representaria uma ordem ao Ministério Público para denunciar.

---

[50] PEDROSO, Fernando de Almeida, art. cit., p. 68.
[51] RJTJRS, vol. 16, p. 139.
[52] ROSA, Inocêncio Borges da, *Processo Penal Brasileiro*, Porto Alegre, Globo, 1942, vol. 1, p. 142.
[53] BARBOSA, Marcelo Fortes, *Ensaio Sobre a Ação Penal*, in Justitia, vol. 92, p. 107.
[54] Ibidem, p. 108.
[55] BARBOSA, Marcelo Fortes, *Ensaio Sobre a Ação Penal*, in Justitia, vol. 92, p. 108.

Entre nós, tem entendimento contrário Jorge Alberto Romeiro, que afirma: "É livre o Ministério Público de promover ou não a ação penal após a expedição da requisição do Ministro da Justiça. Esta é apenas uma autorização ao exercício da ação penal, como o é a representação do ofendido, não obrigando necessariamente a ele",[56] com o que concorda, inteiramente, Frederico Marques.[57]

Assim também pensamos, pois se a requisição fosse cogente, haveria vulneração dos princípios da exclusividade da ação penal pública e da independência funcional. É nesse sentido a jurisprudência do STF.[58]

Art. 25. A representação será irretratável, depois de oferecida a denúncia.

1. **A irretratabilidade da representação**. O *oferecimento* corresponde ao ato de entrega da denúncia em cartório, momento em que ela se torna documento público. Enquanto isso não acontecer, o ofendido poderá *voltar atrás* e *revogar* a autorização (representação).

Oferecida a denúncia, entretanto, o processo continuará até sentença, por passar a predominar o interesse da sociedade na apuração do fato e na responsabilização do autor, ainda que ofendido e autor do fato se conciliem, por exemplo.

2. **A retratação da retratação**. Se o ofendido, *antes* do oferecimento da denúncia, se retratar, isto é, retirar a autorização para que o Ministério Público vá adiante e denuncie o criminoso, nada impedirá que, no futuro, ele *volte a representar* pelo mesmo fato, desde que ainda não tenha se esgotado o prazo decadencial a que se refere o artigo 38, que flui contínuo, peremptório, sem suspensões ou interrupções.

Enquanto a denúncia não for oferecida, o ofendido, com base no mesmo artigo 24, poderá *retratar-se novamente*.[59]

Interposta a retratação e não sendo oferecida nova representação, em tempo hábil, ao Ministério Público não sobrará outra saída senão a de requerer ao juiz, fundamentadamente, o arquivamento do inquérito ou peças de informação (art. 28 do CPP).

Como o enunciado 594 da Súmula do STF assegura a duplicidade do direito de representação, pode-se concluir, então, que a retratação efetuada pelo representante legal do ofendido não propicia que este, ao alcançar a idade de 18 anos, promova a retratação, para que o processo possa ter andamento. Não fosse assim, os direitos de um poderiam ser anulados pelo outro, no dizer de Tourinho Filho.[60]

3. **Colisão de interesses**. Colidindo os interesses do representante legal com os interesses do ofendido-representado, entendemos possível aplicar, por paridade de motivos, a mesma *ratio* do artigo 33 do CPP: O Juiz, a requerimento de qualquer interessado ou do próprio Ministério Público, nomeará Curador especial para avaliar, dentro do prazo decadencial, a conveniência de representar.

4. **A requisição e a retratação**. Admissível a retratação da representação, nada diz a lei quanto à possibilidade ou não de retratação da *requisição*.

Como o legislador fez questão de omitir esse aspecto relativamente à requisição, deduz-se que ela é irretratável, mesmo porque o pressuposto é o de que a iniciativa do Ministro da Justiça é precedida de madura avaliação do Governo quando da requisição, aspecto igualmente salientado por Tourinho Filho e Tornaghi.[61]

Art. 26. A ação penal, nas contravenções, será iniciada com o auto de prisão em flagrante ou por meio de portaria expedida pela autoridade judiciária ou policial.

1. **Revogação**. O dispositivo não mais está em vigor, por duas razões básicas.

A primeira, porque com o advento do inciso I do artigo 129 da CF, a ação pública passou à exclusividade de iniciativa do Ministério Público. Inviável deduzi-la mediante portaria ou auto de prisão em flagrante, portanto.

A segunda, embora de menor relevo, porque as contravenções, independentemente de estarem ou não previstas em lei especial, passaram à condição de infrações de menor potencial ofensivo, da competência dos Juizados Especiais Criminais, conforme estatui o artigo 61 da Lei 9.099/95, com o novo alcance determinado pela Lei 10.259/01, que criou os Juizados Especiais Criminais Federais.

---

[56] Ob. cit., p. 166.
[57] ROMEIRO, Jorge Alberto, *Curso*, vol. III, p. 354.
[58] Habeas Corpus nº 68242/DF, 1ª Turma do STF, Rel. Min. Celso de Mello, j. 06.11.1990, DJU 15.03.91, p. 2648.
[59] DELMANTO, Celso, *Código Penal Comentado*, art. 102.
[60] TOURINHO FILHO, Fernando da Costa Tourinho, *Processo Penal*, São Paulo, Saraiva, 1997 p. 341.
[61] TORNAGHI, Hélio, *Compêndio de Processo Penal*, 1967, II, p. 459.

Art. 27. Qualquer pessoa do povo poderá provocar a iniciativa do Ministério Público, nos casos em que caiba a ação pública, fornecendo-lhe, por escrito, informações sobre o fato e a autoria e indicando o tempo, o lugar e os elementos de convicção.

1. **Iniciativa pública.** A lei outorga a todo o cidadão legitimidade para notificar, por escrito, ao Ministério Público, a existência e/ou autoria de crime de ação pública, para que, em razão do interesse público prevalente, sejam tomadas as medidas cabíveis.

A notificação deve ser feita circunstanciadamente, sendo compreensível essa exigência em primeiro lugar para agilizar as investigações ou providências e depois para evitar-se riscos de denunciações caluniosas, que, se provadas, sujeitarão seus responsáveis às penas da lei.

Se a notificação vier acompanhada de elementos de prova constitutivos de justa causa, o MP poderá, desde logo, oferecer a denúncia. Do contrário, requisitará a abertura de inquérito policial (art. 5º, inc. II).

O disposto no artigo em comento não alcança fatos de ação privada ou que dependam de representação ou requisição, porque, como vimos antes, a lei reserva ao ofendido e ao Ministro da Justiça, respectivamente (artigo 5º, par. 5º, c.c. o art. 24), o direito de avaliar sobre a conveniência na abertura do inquérito e do processo.

Consoante a redação do Código, a *notitia criminis* é *faculdade* assegurada aos cidadãos. Os funcionários do Estado que atuam na área da segurança, outrossim, têm o dever de encaminhar à polícia ou ao MP os papéis ou documentos que veiculem crime e/ou autoria, muito embora o texto do artigo 40 ponha em realce somente os Juízes e os Tribunais. O princípio da obrigatoriedade a ação pública não autoriza entendimento diverso (haja vista, p. ex., o disposto no inciso I do art. 5º).

Art. 28. Se o órgão do Ministério Público, ao invés de apresentar a denúncia, requerer o arquivamento do inquérito policial ou de quaisquer peças de informação, o juiz, no caso de considerar improcedentes as razões invocadas, fará remessa do inquérito ou peças de informação ao procurador-geral, e este oferecerá a denúncia, designará outro órgão do Ministério Público para oferecê-la, ou insistirá no pedido de arquivamento, ao qual só então estará o juiz obrigado a atender.

1. **As alternativas do MP ao receber os autos do inquérito ou peças de informações.** Sendo obrigatória a ação penal pública, segue-se que o representante do Ministério Público só poderá postergar o oferecimento da denúncia se depender de outras provas sobre a autoria ou a materialidade do fato (art. 16), se entender que não é titular de atribuições para atuar no caso, por ser incompetente o juízo (hipótese muito comum quando há dúvidas sobre o lugar da infração), se considerar que o *Parquet* não é parte legítima para a ação (inciso III do art. 43), ou se entender que depende da satisfação de condição de procedibilidade ou de condição objetiva de punibilidade (inc. III, 2ª parte, art. 43) para a ação e o processo.

2. **O arquivamento.** Se concluir, todavia, que o fato não tem configuração típica (inc. I do art. 43, ou que o inquérito ou peças de informações, depois de esgotadas todas as diligências investigatórias, não contém o *fumus boni juris*, isto é, aquele conjunto mínimo de provas constitutivo da justa causa, o Ministério Público requererá o arquivamento do inquérito.

Então, o arquivamento do inquérito ou peças de informações (fenômeno distinto da remessa dos autos do inquérito policial ao arquivo do *Forum*) não pode ser determinado de ofício pelo juiz.

Como dissemos acima, o requerimento deverá ser fundamentado (no art. 28, o Código faz referência a "razões invocadas", sobre, obviamente, às condições da ação ou à justa causa), sendo compreensível a exigência legal porque no Estado Democrático de Direito os agentes estatais (que falam em nome do Estado) se explicam perante os cidadãos.

Não tem feição jurídica, portanto, a figura do *arquivamento implícito* do inquérito ou peças de informações. A inércia do MP autorizará, vencido o prazo para a denúncia, a propositura da ação privada subsidiária (art. 29) pelo ofendido.

Embora possa afetar seus interesses civis na órbita da reparação patrimonial, a vítima não detém legitimidade para questionar a decisão de arquivamento. Dessa decisão não cabe recurso voluntário, havendo contudo previsão de recurso de ofício na excepcionalíssima hipótese prevista no art. 7º da Lei 1.521/51.

3. **O desarquivamento.** Arquivado o inquérito ou peças de informações, a decisão não fará coisa julgada material, de modo que, a qualquer tempo, enquanto não ocorrer causa extintiva da punibilidade, poderá haver o *desarquivamento,* que se expressa, em termos concretos, com o ato de apresentação da denúncia em cartório (oferecimento), lastreada nas provas novas (art. 18 e Súmula 524 do STF).

Daí a importância em ressaltar que o desarquivamento não é precedido de requerimento e de decisão do magistrado nesse sentido, verificando-se, como já acentuamos, com o ato em si de oferecimento da denúncia, lastreada em provas novas.

Como o desarquivamento está associado a existência de provas novas isso significa dizer que, depois de arquivado por atipicidade, a questão não mais poderá ser reaberta, nem investigações devem ser reencetadas, porque fato atípico jamais se transformará em fato típico. Lei posterior que vier a tipificar a conduta não terá incidência retroativa, como é do conhecimento de todos.

4. A continuidade das investigações. Porque a decisão de arquivamento do inquérito ou peças de informações *fundada na ausência de provas* não impedirá o oferecimento de denúncia, no futuro, se amparada em provas novas (art. 18 e Súmula 524 do STF), segue-se que, após o arquivamento do inquérito ou peças de informações, a autoridade policial poderá continuar reiniciar ou continuar as investigações sobre o fato e a autoria. Como dissemos acima, a possibilidade não alcança arquivamento fundado na atipicidade do fato.

5. Declaração da extinção da punibilidade. Se antes do oferecimento da denúncia incidir causa extintiva da punibilidade a hipótese será resolvida diferentemente. Nesse caso, ao invés de pedir o arquivamento, o Ministério Público deverá requerer o reconhecimento da mesma, com a conseqüente remessa dos *autos ao* arquivo do Fórum.

A decisão versará sobre condição genérica da ação (art. 43, II do CPP) e fará coisa julgada material.

6. Divergência judicial quanto ao arquivamento. O juiz pode eventualmente discordar das razões aduzidas pelo Ministério Público em seu pleito de arquivamento. Deverá, por óbvio, fazê-lo, também, fundamentadamente e nessa situação remeter os autos ao controle do Procurador-Geral da Justiça.

O chefe da Instituição do MP., em típica atitude de correição, tem a prerrogativa de discordar da posição adotada pelo Promotor de Justiça, oferecendo ele próprio a denúncia ou designando outro agente da instituição para fazê-lo em seu nome. O agente ministerial designado não poderá recusar a designação porque estará agindo como se fosse o Procurador-Geral.

Se o Chefe do Ministério Público, pelo reverso, entender que o juiz está equivocado, insistirá, então, no arquivamento deduzido pelo Promotor de Justiça, não havendo para o magistrado outra alternativa senão a de acolher o pedido e ordenar que os autos do inquérito ou peças de informação sejam remetidos para o arquivo do Fórum. Observe-se que a última palavra sobre o assunto é do *Parquet*, e não do Judiciário.

O artigo 28, em comento, dá ao juiz, portanto, legitimidade para controlar a inércia do MP. Se de um lado é salutar a existência do mecanismo, de outro, o dispositivo enseja ingerência nas atividades acusatórias, em desprezo ao modelo acusatório puro.

Dizendo de outro modo, ao recusar o pedido de arquivamento e criar as condições para que o Procurador-Geral ou o Promotor por ele designado ofereça a denúncia, o magistrado, em última instância, acaba sendo, mesmo indiretamente, o responsável pelo início da persecução criminal, ao estilo dos juízes inquisidores.

7. Arquivamento de inquérito por fato da competência originária de Tribunal. Tratando-se de inquérito ou peças de informações versando sobre fato praticado por pessoa com direito a foro especial, a Câmara, Turma ou Tribunal terá que aceitar o pedido de arquivamento formulado pelo Procurador-Geral.[62]

Sendo assim, não há, rigorosamente, impedimento legal a que o Procurador-Geral determine o arquivamento do inquérito na órbita interna da Procuradoria, cuidando para que se processem as anotações e publicações necessárias.

8. O artigo 28, a suspensão do processo e a Transação. A fórmula do artigo 28 vem sendo aplicada, por criação pretoriana (enunciado nº 696 da Súmula do STF), nas divergências entre o MP e o juiz quanto à incidência dos institutos despenalizadores da suspensão condicional do processo[63] e da transação.[64]

Essa solução é equívoca, porque as situações são distintas (pedido de arquivamento e negativa em propor a transação ou a suspensão do processo). No pedido de arquivamento, com efeito, há opção ministerial pela inércia; na decisão de não transacionar ou de suspender condicionalmente o processo, há opção ministerial pela continuidade do processo.

Em síntese: os precedentes não consideram que a diversidade de situações não permite o emprego dos recursos da analogia e da aplicação extensiva.

---

[62] Questão de Ordem na Ação Penal nº 371/MG, Tribunal Pleno do STF, Rel. Min. Sepúlveda Pertence. j. 12.05.2004, unânime, DJU 04.06.2004.

[63] Recurso Especial nº 613492/SP (2003/0179945-5), 5ª Turma do STJ, Rel. Min. José Arnaldo da Fonseca. j. 17.06.2004, unânime, DJ 23.08.2000.

[64] Habeas Corpus nº 31597/SP (2003/0200615-3), 5ª Turma do STJ, Rel. Min. José Arnaldo da Fonseca. j. 23.06.2004, unânime, DJ 30.08.2004 e Habeas Corpus nº 29438/SP (2003/0129881-1), 6ª Turma do STJ, Rel. Min. Paulo Medina. j. 16.09.2003, unânime, DJU 06.10.2003, p. 332, dentre outros jugados.

Art. 29. Será admitida ação privada nos crimes de ação pública, se esta não for intentada no prazo legal, cabendo ao Ministério Público aditar a queixa, repudiá-la e oferecer denúncia substitutiva, intervir em todos os termos do processo, fornecer elementos de prova, interpor recurso e, a todo tempo, no caso de negligência do querelante, retomar a ação como parte principal.

A ação penal privada subsidiária – agora prevista também no inciso LXI do artigo 5º da CF – é cabível no caso em que o MP deixa de oferecer a denúncia no prazo legal (cinco dias, se o indiciado estiver preso, e quinze dias, se estiver solto – artigo 46), salvo por crime militar, à falta de previsão no CPPM.[65]

1. Origem da ação subsidiária. Vivaldo Jorge de Araújo e Geraldo Batista de Siqueira[66] dizem que Nelson Hungria foi o artífice da ação penal privada subsidiária, em nosso meio, embora, mais tarde, no art. 98 de seu anteprojeto de Código Penal, culminasse por propor a supressão do instituto, argumentando que, "na prática, quase sempre deixa de atender ao interesse da Justiça, para somente servir a sentimento de vindita, quando não a objetivo de chantagem".

Já existente no Código austríaco de 1837, no norueguês de 1887 e no húngaro de 1896, também figura nos Códigos de Processo Penal da Suécia, de 1942, e de Portugal.[67]

2. Princípios da ação penal privada subsidiária. Embora denominada de *ação privada*, essa espécie de ação é pública e está regida pelos sés princípios.

Seu pressuposto é a inércia do agente ministerial, entendendo-se como tal só aquela do decurso do prazo legal para o oferecimento da denúncia. Não haverá inércia, portanto, se o Promotor requerer a redistribuição do IP ou peças de informações, suscitar conflito de atribuições, requerer a produção de novas provas ou manifestar-se explicitamente pelo arquivamento do Inquérito ou peças de informações, etc.

Ao propor a queixa, ocupando o lugar do MP, o ofendido atua como substituto processual, pois passa a defender o interesse estatal na persecução (embora, indiretamente, defenda, também, seu interesse privado em obter a sentença condenatória, para obter o ressarcimento civil dos danos causados pela infração).

Embora substituído, o Ministério Público tem o direito de ser intimado para desde o início acompanhar a ação penal, sob pena de nulidade relativa, cominada na letra *d* do inciso III do art. 564 do CPP.

Inobstante o Código declare que a nulidade é por falta de *intervenção,* há entender-se, em verdade, que o que causa o vício é a falta da *intimação.*

3. Titular da ação penal privada subsidiária. Titular dessa espécie de ação é o ofendido, conforme se depreende do § 3º do art. 100 do CP e dos arts. 29 e 38 do CPP.

O art. 80 do Código do Consumidor confere a entidades de direito público a titularidade para intentar a ação penal subsidiária, parecendo-nos, todavia, que, nesse particular, o citado Código extrapolou os limites assinalados pelo inciso LIX do art. 5º da CF.

A nova lei de falências ampliou o texto do parágrafo único do artigo 108 da Lei 7.661, de 21/04/45, para admitir no parágrafo único do artigo 183 a possibilidade de ação penal privada subsidiária por qualquer credor ou pelo administrador judicial da falência.

Parece claro que deduzida a queixa por um dos credores, os demais não poderão instaurar novos processos. Se estiverem interessados na punição, poderão habilitar-se como litisconsortes na demanda instaurada.

4. Razões da constitucionalização explícita da ação privada subsidiária. O motivo pelo qual a ação subsidiária foi inserida no texto da Lei Maior, como direito individual, foi a outorga pelo constituinte, no inciso I do artigo 129, do monopólio da ação pública ao MP.

Tendo a CF previsto a regra sobre a ação penal era preciso que a mesma Lei Fundamental apontasse a exceção, pena de revogação, por incompatibilidade vertical, do texto do artigo 29 do CPP.

5. A intervenção do MP na ação subsidiária. O Ministério Público deverá ser intimado para intervir na ação penal privada subsidiária, no prazo de três dias (arts. 46, § 2º e 600, § 2º). O prazo correrá do dia em que for aberta a vista dos autos, consoante dispõe o § 2º do artigo 800 do CPP.

Ingressando no processo, o Ministério Público terá várias alternativas.

Poderá, em petição escrita, *repudiar* a queixa. O repúdio está associado à demonstração de inépcia (art. 41), de carência das condições da ação (art. 43) ou de ausência de justa causa.

Não detectando óbices, poderá também o Ministério Público, pela mesma forma, oferecer *aditamento,* isto é, promover acréscimos à queixa-crime, para realização de correções (relacionadas, por exemplo, à descrição do fato, à classificação, às circunstâncias

---

[65] STJ, RHC 0003957, DJ de 28/11/1994, p. 32.642, Rel. Min. Luiz Vicente Cernicchiaro.
[66] ARAÚJO, Vivaldo Jorge e SIQUEIRA, Geraldo Batista, *Do Trancamento da Ação Penal Subsidiária*, Justitia, 1998, p. 105 e ss.
[67] PIERANGELI, José Henrique. *Exceções aos Postulados Básicos no Direito Processual Penal*, vol. 136, Justitia, p. 28.

espaciais e temporais, espécie de instrumentos empregados pelo agente, etc).

O aditamento será *pessoal* se o MP, velando pelo princípio da indivisibilidade da ação (art. 48), perceber que o querelante deixou de incluir na queixa coautor ou participante. Com o aditamento, o Promotor de Justiça descreverá o fato e o associará ao terceiro omisso, que deverá ser citado para integrar o processo como sujeito passivo.

Será *real*, se o agente do *Parquet* constatar que o querelante deveria ter imputado, também, ao acusado (querelado), outro fato conexo ou continente com aquele descrito na queixa. Para evitar o inconveniente da abertura de outro processo e preservar o princípio da unidade de processo e de julgamento, o Promotor, com a petição de aditamento, descreverá o novo fato e o imputará ao querelado, que terá o direito de ser novamente citado, para exercer defesa, sob pena de nulidade absoluta.

O querelante, de qualquer modo, não perderá a qualidade de acusador principal.

Tendo em vista que o Ministério Público preserva a titularidade da ação pública, inobstante a inércia inicial, faculta-lhe a lei, outrossim, oferecer *denúncia substitutiva*. Há entender-se, todavia, que essa hipótese está condicionada à absoluta imprestabilidade da queixa, pois o Ministério Público inerte não pode, sem motivo justificável, afastar da ação o ofendido diligente, isto é, atuante e cuidadoso.

Nessa mesma perspectiva, a previsão legal de retomada pelo MP da ação como parte principal, afastando o querelante do pólo ativo, pressupõe demonstração da desídia deste último na condução do processo, v.g., desinteressando-se do feito, não comparecendo às audiências, etc.

O Ministério Público poderá, ao intervir na ação subsidiária, ainda, fornecer ao juízo elementos de prova (p. ex., juntar documentos), indicar testemunhas para completar o número legal, requerer a requisição de perícias, e, naturalmente, interpor todos os recursos cabíveis, sem prejuízo daqueles assegurados pela lei ao querelante.

Art. 30. Ao ofendido ou a quem tenha qualidade para representá-lo caberá intentar a ação privada.

O dispositivo explicita a legitimidade do ofendido ou de quem o represente para o exercício da ação penal privada, independentemente da espécie.

O ofendido poderá exercer pessoalmente o direito de queixa se tiver, no mínimo, 18 anos, porque com essa idade é maior e capaz (arts. 5º do CC e 27 do CP). Se ainda não tiver alcançado essa idade, será considerado menor e então o exercício do direito ocorrerá por interposta pessoa, no caso pai, mãe, tutor ou curador, detentor, titular de guarda, etc.

É claro que o ofendido (se for maior) ou seu representante legal (se aquele for menor) precisará constituir advogado para poder subscrever a queixa e acionar o ofensor, a não ser que, sendo maior de idade, o ofendido tenha se graduado em direito e se habilitado na OAB.

Nessa situação, o ofendido, além de legitimado para a causa, estará legitimado a postular pessoalmente em juízo.

Art. 31. No caso de morte do ofendido ou quando declarado ausente por decisão judicial, o direito de oferecer queixa ou prosseguir na ação passará ao cônjuge, ascendente, descendente ou irmão.

Parte legítima para a ação de iniciativa privada é o ofendido, mas o direito de oferecer a queixa, salvo pouquíssimas exceções, transfere-se, em caso de morte comprovada, ou de declaração judicial de ausência, ao cônjuge, ascendente, descendente ou irmão.

Na doutrina, Paulo Rangel sustenta que o companheiro ou companheira, por interpretação teleológica, tem a mesma prerrogativa do cônjuge para suceder processualmente o ofendido.[68]

O dispositivo é, nesse ponto, análogo ao do § 1º do artigo 24, que assegura às mesmas pessoas o direito de oferecer a representação, em caso de morte do ofendido.

Por conseguinte, remetemos o leitor às considerações desenvolvidas em torno do citado parágrafo, para evitarmos repetição indesejável.

Art. 32. Nos crimes de ação privada, o juiz, a requerimento da parte que comprovar a sua pobreza, nomeará advogado para promover a ação penal.
§ 1º Considerar-se-á pobre a pessoa que não puder prover às despesas do processo, sem privar-se dos recursos indispensáveis ao próprio sustento ou da família.
§ 2º Será prova suficiente de pobreza o atestado da autoridade policial em cuja circunscrição residir o ofendido.

1. O direito de acesso ao Poder Judiciário. O dispositivo guarda consonância com aquele que assegura a assistência judiciária integral e gratuita aos

---

[68] RANGEL, Paulo, *Direito Processual Penal*, Lumen Juris, Rio, 2005, p. 235.

que comprovarem insuficiência de recursos (art. 5º, inciso LXXIV, da CF).

O direito de acesso ao Judiciário (inc. XXXV do art. 5º da CF) seria transformado em letra morta se não existisse a possibilidade da assistência judiciária às pessoas sem dinheiro suficiente para custear as despesas do processo (Lei nº 1.060/50).

Essa atividade é exercida ainda hoje em muitas cidades interioranas por advogados privados, eis que os serviços estatais da Defensoria Pública não foram ainda providos em todas as comarcas.

Aos advogados nomeados, o Estado deve providenciar remuneração justa, conforme tabela da OAB (Lei 8.906/94, art. 22, § 1º), sendo admissível a condenação na própria sentença penal, embora forte o entendimento de que a sede, para a fixação da verba honorária, é o juízo cível,[69] de modo a resguardar-se o contraditório.

2. **A pobreza, na acepção legal**. Pobre, para os efeitos legais, é a pessoa que, embora possuindo algum patrimônio, não possui capacidade financeira para prover as despesas do processo, salvo tendo que se privar dos recursos indispensáveis ao sustento pessoal ou da família.

3. **A prova da miserabilidade**. A prova da miserabilidade é realizada, em regra, por meio de atestado fornecido pela autoridade policial.

Todavia, na jurisprudência, tem-se admitido essa prova por simples declaração verbal ou escrita,[70] solução mais consentânea, aliás, com o sentido da Lei 1.060/50, cujo § 1º do artigo 4º reconhece a presunção de pobreza, até prova em contrário, daquele que afirmar essa condição. O ideal é ampliar, e não restringir o acesso ao Judiciário, sem descuidar-se dos riscos de abuso.

Questão a ser deslindada no juízo criminal diz com as consequências da afirmação falsa da pobreza para obtenção do atestado.

Embora possa encontrar subsunção no artigo 299 do CP, parece-nos que a conduta é atípica, não se configurando o fato como falsidade ideológica.

A não ser assim, todo questionamento subseqüente sobre a miserabilidade, baseado em evidências recolhidas, teria que determinar processo e pena, independentemente do dolo, o que nos parece absurdo.

Art. 33. Se o ofendido for menor de 18 (dezoito) anos, ou mentalmente enfermo, ou retardado mental, e não tiver representante legal, ou colidirem os interesses deste com os daquele, o direito de queixa poderá ser exercido por curador especial, nomeado, de ofício ou a requerimento do Ministério Público, pelo juiz competente para o processo penal.

1. **Ofendido menor**. Sendo o ofendido menor de 18 anos, mentalmente enfermo ou retardado mental, a queixa-crime será oferecida em seu nome por seu representante legal, isto é, por pai, mãe, tutor, curador ou pessoa que exerça poder de fato ou de direito sobre ele (art. 30).

2. **Hipóteses de colidências de interesse**. Os interesses do ofendido, menor ou mentalmente incapaz, podem colidir com os interesses de seu representante legal ou curador.

Câmara Leal, estudando a questão, enumerou as hipóteses de colidências: "*a*) o crime contra o qual deve ser exercido o direito de queixa pelo incapaz foi cometido por seu representante legal; *b*) embora não tenha sido praticado o crime, o representante legal do incapaz teve nele uma certa participação material ou moral; *c*) foi o crime perpetrado por pessoa a que o representante legal do ofendido esteja ligado por estreitos laços de parentesco ou subordinação, havendo a presunção de interesse favorável ao indiciado; *d*) o representante legal do ofendido mantém com o autor do delito relações de íntima amizade e deu provas inequívocas de interesse pela sua sorte; *e*) há evidentes indícios de que o representante legal do ofendido recebeu promessas de recompensa do autor do crime para abster-se de intentar a ação penal contra ele".[71]

Quando isso vier a acontecer, qualquer pessoa poderá comunicar o fato ao Ministério Público e solicitar encaminhamento de petição pleiteando a nomeação de Curador especial (art. 33)

É certo que o dispositivo regula a matéria na órbita da ação de iniciativa privada, pois alude à *queixa*. Entretanto, lembra-nos Antonio Acir Breda,[72] não haverá a menor dúvida de que, na situação ventilada, a "(...) nomeação de curador especial também poderá ocorrer para o exercício do direito de representação",

---

[69] Apelação-Crime nº 70002372860, 8ª Câmara Criminal do TJRS, Canela, Rel. Des. Tupinambá Pinto de Azevedo. j. 11.02.2004, unânime, e Apelação-Crime nº 70006902464, 8ª Câmara Criminal do TJRS, Santa Vitória do Palmar, Rel. Des. Roque Miguel Fanck. j. 15.10.2003, e Apelação-Criminal nº 70004124533, 1ª Câmara Criminal do TJRS, Venâncio Aires, Rel. Des. Manuel José Martinez Lucas. j. 07.08.2002, dentre outras decisões.

[70] Recurso Especial nº 223584/SC (1999/0063258-3), 5ª Turma do STJ, Rel. Min. Laurita Vaz. j. 18.11.2003, unânime, DJU 15.12.2003.

[71] LEAL, Câmara, *Comentários ao Código de Processo Penal Brasileiro*, 1942, vol. 1, p. 166.

[72] BREDA, Antonio Acir, *O Exercício do Direito de Queixa ou de Representação por Curador Especial*, in Revista de Direito Penal, vol. 17/181, p. 67.

em lição seguida pela jurisprudência do país,[73] conforme anotamos anteriormente.

3. **Deveres do Curador nomeado.** Cumpre salientar que o curador especialmente nomeado não está obrigado a oferecer a queixa ou a representar, pois, como esclarece Magalhães Noronha, o que lhe cabe "é apreciar a conveniência de mover ou não a ação. O Código, dizendo 'poderá ser exercido', foi mais preciso que o Código Penal italiano que, no art. 121, diz que *il diritto di querela è esercitato de un curatore speciale,* dizeres que ensejam dúvidas quanto ao 'poder' ou 'dever' desse curador".[74]

A norma do art. 33 é importantíssima frente às dificuldades ínsitas ao direito de queixa ou representação nas agressões físicas cometidas no recesso do lar, a maioria delas alcançadas pela Lei 9.099/95.

4. **A prevenção.** Ao deferir o pedido de nomeação do curador especial, ou nomeando-o de ofício, o juiz tornar-se-á prevento, por ter-se antecipado à medida inerente ao processo, mesmo antes do oferecimento da queixa (art. 83).

Crítica possível ao dispositivo diz com a previsão de atuação de ofício pelo magistrado. Melhor seria deixar ao MP ou eventualmente ao próprio Conselho Tutelar a legitimidade para a provocação do juízo, como forma de preservar-se a pureza do modelo acusatório.

Art. 34. Se o ofendido for menor de 21 (vinte e um) e maior de 18 (dezoito) anos, o direito de queixa poderá ser exercido por ele ou por seu representante legal.

1. **A maioridade e o novo código Civil.** Assim como a penal, a maioridade civil, em nosso país, é alcançada, hoje, com 18 anos completos, momento em que cessa a representação legal do pai, mãe, tutor ou curador, a teor do artigo 5º do novo Código Civil/2002.

Perdeu o sentido, portanto, o dispositivo supra transcrito, dispondo sobre a menoridade "entre vinte e um e dezoito anos".

Por *menor,* então, há entender-se agora só o indivíduo com idade inferior a 18 anos, cujo direito de queixa poderá ser exercido por intermédio de representante legal, dentro do prazo decadencial de 6 meses (art. 38) ou por curador especial, se houver colidência de interesses, como destacamos antes.

As conclusões acima são extensivas à representação, pela mesma *ratio.*

Art. 35. (revogado pela Lei nº 9520, de 27-11-1997).

Esse dispositivo dispunha que a mulher casada não podia exercer o direito de queixa sem o consentimento do marido, salvo quando dele estivesse separada, ou quando a queixa fosse contra ele.

O citado dispositivo, contudo, foi revogado pela Lei nº 9.520, de 27.11.1997, DOU de 28.11.1997, em vigor desde sua publicação.

Por opção do legislador, o artigo 35 continua integrando o Código, embora desprovido de força normativa.

Art. 36. Se comparecer mais de uma pessoa com direito de queixa, terá preferência o cônjuge, e, em seguida, o parente mais próximo na ordem de enumeração constante do art. 31, podendo, entretanto, qualquer delas prosseguir na ação, caso o querelante desista da instância ou a abandone.

Como visto anteriormente (parágrafo único do art. 24), a legitimidade para representar o ofendido em caso de morte ou declaração judicial de ausência é, nessa ordem, do cônjuge, ascendente, descendente ou irmão (art. 31).

O dispositivo supratranscrito indica a ordem de preferência (em caso de morte ou declaração judicial de ausência do ofendido será primeiro do cônjuge, depois do ascendente, após do ascendente e, por fim, do irmão, a legitimidade para deduzir a queixa) e prevê, ainda, que qualquer das pessoas indicadas possa prosseguir na ação, se houver desistência ou abandono.

O regramento visa a neutralizar a inércia, que atua como causa de extinção da punibilidade pela perempção.

Art. 37. As fundações, associações ou sociedades legalmente constituídas poderão exercer a ação penal, devendo ser representadas por quem os respectivos contratos ou estatutos designarem ou, no silêncio destes, pelos seus diretores ou sócios-gerentes.

1. **As pessoas jurídicas e o exercício da ação.** Como é evidente, a pessoa jurídica, por não ser capaz

---

[73] Habeas Corpus nº 76311-7/SP, 1ª Turma do STF, Rel. Min. Octávio Gallotti, j. 28.04.1998; Processo nº 01397508886, Turma Recursal dos Juizados Especiais Criminais/RS, Tristeza, Rel. Fernando Braff Henning Júnior, j. 18.08.1997; Embargos de Declaração na Apelação-Crime nº 19980410047638 DF (122946), 2ª Turma Criminal do TJDFT, Rel. Getúlio Pinheiro, j. 17.02.2000, Publ. DJU 05.04.2000, p. 46 e Habeas Corpus nº HBC652494/DF (71540), 1ª Turma Criminal do TJDFT, Rel. A. Rosa de Farias, j. 09.06.1994, Publ. DJU 08.09.1994, p. 10.73.

[74] NORONHA, Edgar Magalhães, *Curso de Processo Penal,* São Paulo: Saraiva, 1972, p. 31.

de valorar, não pode cometer crimes, salvo a excepcional hipótese prevista na Lei 9.605/98 (art. 3º), que dispõe sobre as sanções administrativas e penais derivadas de condutas e atividades lesivas ao meio ambiente.[75]

Não podendo ser sujeito ativo, a pessoa jurídica pode vir a ser vítima de crime, por ser titular de interesses juridicamente protegidos, como o bom nome, a boa fama, o prestígio comercial ou institucional.

Necessitando promover a ação penal privada, a pessoa jurídica será então representada por quem o contrato ou estatuto social indicar, ou, no silêncio, pelos diretores ou sócios-gerentes.

Importante acostar à queixa os documentos que atestem a legitimidade da representação.

Art. 38. Salvo disposição em contrário, o ofendido, ou seu representante legal, decairá no direito de queixa ou de representação, se não o exercer dentro do prazo de 6 (seis) meses, contado do dia em que vier a saber quem é o autor do crime, ou, no caso do art. 29, do dia em que se esgotar o prazo para o oferecimento da denúncia.
Parágrafo único. Verificar-se-á a decadência do direito de queixa ou representação, dentro do mesmo prazo, nos casos dos arts. 24, parágrafo único, e 31.

1. **Prazo para a queixa e a representação**. O direito de queixa ou representação pode ser exercido pessoalmente pelo ofendido (se com idade igual ou superior a 18 anos), por seu representante legal (se menor de 18 anos) – arts. 30 e 39 – por curador especial (quando houver prova de colidência de interesses, art. 33) ou pelas pessoas indicadas no artigo 31, em caso de morte ou ausência judicialmente declarada, *dentro do prazo decadencial de 6 meses*.

É importante não confundir a *queixa* (peça privativa do querelante mediante a qual exercita o direito de ação) com a simples *delatio criminis* (comunicação de crime efetuada pelo ofendido à autoridade policial, independentemente da espécie de ação correspondente).

A *delatio*, embora expresse o queixume do prejudicado, e, em face dele, legitime a expedição da portaria instauradora do inquérito, não suspende ou interrompe o prazo decadencial. Do mesmo modo, não o suspendem ou interrompem as providências preparatórias, como interpelações ou pedidos de explicações, etc.

Se o prazo global de seis meses (que é contínuo e peremptório, não suscetível de suspensão ou interrupção) estiver na iminência de se completar, o recomendável é o ofendido, na pendência de inquérito ou das medidas preparatórias reclamadas, oferecer a queixa-crime com os elementos disponíveis, requerendo a posterior juntada do inquérito aos autos do processo, prevenindo-se contra eventual declaração de extinção da punibilidade pela decadência (art. 107, inc. IV do CP).

2. **O início do prazo**. O dispositivo acima transcrito declara que o início do prazo para o oferecimento da queixa ou representação começa a correr da data do conhecimento da autoria do crime. Da data do conhecimento da *autoria* do crime, repetimos, porque sendo *penal* o prazo, não incide o princípio processual que proíbe a inclusão na contagem do *dies a quo* (art. 798 e seguintes do CPP).

Não raro, o autor pratica mais de um crime, em continuação. Como é que se determina o *dies a quo* quando desde logo a vítima ou seu representante legal identificam o criminoso? Considerando-se que na continuidade delitiva os crimes da série são ficcionalmente considerados como mera desdobramento do crime inicial, há entendimento de que o *dies a quo* deva corresponder ao da data da prática do último fato.

Em que pese esse respeitável posicionamento, parece-nos que a interpretação mais favorável, consentânea com o instituto da continuidade delitiva, é a que identifica como dia do começo do prazo para representar ou oferecer queixa o do primeiro fato (desde que, também, nesse dia tenha havido a identificação da autoria), considerando-se que em caso de condenação será a pena deste (se iguais as infrações) a base para os posteriores acréscimos.

O *quantum* da exasperação, aliás, não é considerado para os efeitos da determinação do lapso prescricional indicado pela pena imposta, conforme o enunciado 497 da Súmula do STF.

Se o crime for permanente, não restará dúvida de que o prazo decadencial começará a fluir da data em que cessar a permanência, pois, nessa modalidade de crime, a vítima *permanece* em estado de consumação.

3. **O exercício do direito de queixa ou representação pelo ofendido e por seu representante legal. Prazos**. Na doutrina se discute *se há um único direito e dois titulares* do direito de queixa ou de representação (o ofendido, de um lado, e o representante legal ou a pessoa na ordem indicada pelo

---

[75] A hipótese, sem embargo da previsão legal, vem sendo questionada por doutrinadores, que apontam dificuldades processuais (como realizar o interrogatório, p. ex. ?) e penais (eis que o sistema normativo está assentado na culpabilidade pelo fato, não sendo possível sua aferição na órbita da pessoa jurídica).

artigo 31, de outro) ou se *cada um dos legitimados* (o ofendido e os demais) detém direito próprio de representar ou de oferecer a queixa.

A discussão ganhou os pretórios, até que o Supremo Tribunal Federal, ainda quando vigente a anterior redação do artigo 34 do CPP., editou o enunciado da Súmula 594, afirmando que o direito de queixa ou de representação pode ser exercido *independentemente* pelo ofendido ou por seu representante legal.

Assim, embora respeitáveis opiniões em contrário de Tourinho Filho,[76] Paulo Lúcio Nogueira[77] Damásio De Jesus[78] e Paulo Rangel,[79] dentre outros, a teor da Súmula, *dois são os titulares, e dois são os prazos para representar ou intentar a ação penal privada*.

Desse modo, durante a menoridade, o representante legal do ofendido (ou as pessoas já citadas como sucessoras) poderão representar ou ajuizar a queixa dentro do prazo a que se refere o artigo 38.

Se, embora conhecendo a autoria do crime, elas deixarem passar em branco o prazo decadencial, o ofendido, ao alcançar a maioridade, poderá, dentro do prazo legal, exercer o seu direito de queixa ou representação,[80] pois o prazo não corre durante a menoridade.

Se o prazo de seis meses fluir em parte durante a menoridade e em parte depois do implemento da idade de 18 anos, o representante legal terá o direito de deduzir a queixa ou a representação até o último dia do prazo decadencial globalmente considerado.

Imagine-se que o representante legal identifique a autoria do crime quando o ofendido possui 17 anos e 10 meses. Nesse caso, poderá exercer o direito de queixa ou representação até o dia em que o referido ofendido completar 18 anos e 4 meses. O ofendido, por seu turno, poderá representar ou oferecer queixa, independentemente desse detalhe, até o dia em que completar 18 anos e 6 meses.

Segue-se então que enquanto não completar os 18 anos de idade, o ofendido jamais ficará prejudicado pela decisão de seu representante legal de deixar passar intencionalmente em branco o prazo decadencial.

O enunciado da Súmula ajusta-se perfeitamente à previsão do parágrafo único do artigo 50, este declarando que a renúncia ao direito de queixa ou de representação pelo representante legal do menor de 18 anos, não privará o último do direito de oferecer a queixa dentro do respectivo prazo decadencial. Como dois são os direitos e dois também são os titulares, a renúncia do último não excluirá o direito de queixa exercitado em concreto pelo primeiro.

4. Ausência de prazo para a requisição. O artigo 38, como visto, faz referência explícita à queixa e à representação. Nada diz quanto à requisição, que funciona, nos moldes desta última, como condição de procedibilidade.

Nada dispondo, possível concluir que a requisição pode ser encaminhada pelo Ministro da Justiça a todo tempo, enquanto não ocorrer causa extintiva da punibilidade (art. 107 do CP).

5. Prazo para a ação privada subsidiária. Na parte final do dispositivo, há previsão da contagem do prazo para o ofendido ou seu representante propor a ação penal privada subsidiária: seis meses, contados do dia (isto é, desde o dia, incluído o dia) em que se esgotar o prazo aberto ao Ministério Público para o oferecimento da denúncia (cinco dias se o indiciado estiver preso, quinze dias se estiver solto). Mais uma vez o lembrete: na contagem do prazo penal o dia do começo integra o prazo.

É claro que esgotado o prazo decadencial para o ofendido ou seu representante legal, o Ministério Público *permanecerá* investido da titularidade para promover a ação, mediante denúncia, a qualquer tempo, desde que não extinta a punibilidade por qualquer de seus modos.

6. Prazo para os sucessores do ofendido. O parágrafo único explicita que o cônjuge, o ascendente, o descendente ou irmão também são alcançados pela regra do artigo 38.

A lei não fornece indicações seguras sobre se o *dies a quo* do prazo decadencial de seis meses, se correspondente ao da data da morte, ao da data da decisão declaratória da ausência ou da data do conhecimento da autoria do crime pelos sucessores.

Coerente com o enunciado da Súmula 594 do STF e tendo em vista as dificuldades para eventual comprovação do conhecimento da autoria pelos sucessores, parece-nos possível sustentar, em nome do interesse na apuração dos fatos criminais, que o prazo comece a fluir a partir da data do falecimento.

Se o ofendido for declarado incapaz ou ausente, o *dies a quo* começará a correr da data em que for declarada a ausência, porque, antes dela, as pessoas enumeradas no artigo 31 não tinham legitimidade para representar ou oferecer queixa.

---

[76] TOURINHO FILHO, Fernando da Costa, *Processo Penal*, São Paulo: Saraiva, 1997, p. 349.
[77] NOGUEIRA, Paulo Lúcio, *Questões Controvertidas*, Sugestões Literárias, 1979, p. 39.
[78] JESUS, Damásio Evangelista de, *Código Penal Comentado*, nota ao artigo 103.
[79] RANGEL, Paulo, *Direito Processual Penal*, Rio de Janeiro: Lúmem Júris, 2005, p. 242 e seguintes.
[80] HC 75.697-DF, rel. Min. Carlos Velloso, 3.2.98.

Art. 39. O direito de representação poderá ser exercido, pessoalmente ou por procurador com poderes especiais, mediante declaração, escrita ou oral, feita ao juiz, ao órgão do Ministério Público, ou à autoridade policial.

§ 1º A representação feita oralmente ou por escrito, sem assinatura devidamente autenticada do ofendido, de seu representante legal ou procurador, será reduzida a termo, perante o juiz ou autoridade policial, presente o órgão do Ministério Público, quando a este houver sido dirigida.

§ 2º A representação conterá todas as informações que possam servir à apuração do fato e da autoria.

§ 3º Oferecida ou reduzida a termo a representação, a autoridade policial procederá a inquérito, ou, não sendo competente, remetê-lo-á à autoridade que o for.

§ 4º A representação, quando feita ao juiz ou perante este reduzida a termo, será remetida à autoridade policial para que esta proceda a inquérito.

§ 5º O órgão do Ministério Público dispensará o inquérito, se com a representação forem oferecidos elementos que o habilitem a promover a ação penal, e, neste caso, oferecerá a denúncia no prazo de 15 (quinze) dias.

1. **A representação por procurador.** A representação poderá ser oferecida pessoalmente pelo ofendido capaz (com idade igual ou superior a 18 anos) ou por quem o represente legalmente, se menor ou incapaz. Um e outro poderão fazê-lo, ainda, por interposta pessoa, no caso, um procurador, investido de poderes especiais, seja advogado ou não.

2. **Requisito essencial do instrumento de mandato.** O instrumento do mandato deverá registrar os poderes especiais outorgados. Sugerimos, nos moldes da exigência legal estabelecida para a ação penal privada (art. 44), que dele conste, mesmo resumidamente, o fato, para que o ofendido fique protegido dos eventuais excessos de mandato.

O instrumento do mandato deverá integrar os autos do inquérito ou peças de informações, para controle posterior da legitimidade do procurador.

3. **Destinatários da representação.** Os destinatários da representação são: o Delegado de Polícia, o Promotor e o Juiz da Comarca, independentemente da ordem aqui consignada. A nosso ver o Código deveria reservar essa função ao Delegado de Polícia e ao Ministério Público, de modo a preservar-se o sentido proposto pelo modelo acusatório.

4. **Formas da representação.** O parágrafo reafirma o *caput* do artigo 39, quanto às formas de representação (a oral e a escrita) e quanto aos seus destinatários: o Delegado (a hipótese mais comum – art. 5º, § 4º), o Promotor e o Juiz.

Dirigida à autoridade policial, será peça vestibular do inquérito (art. 5º, § 4º, do CPP).

Encaminhada ao magistrado, será, por ordem sua, após ser reduzida a termo, enviada ao Delegado, para ensejar a abertura do inquérito (§ 4º).

Se não estiver autenticada a assinatura do ofendido, de seu representante legal ou procurador, a representação será reduzida a termo pelo Delegado ou Juiz, conforme tenha sido a indicação do destinatário.

Quando enviada ao Ministério Público, ela deverá ser oferecida na presença do representante da Instituição, podendo este, se lastreada em documentos constitutivos de justa causa, dispensar o inquérito, e, assim, oferecer a denúncia. Sendo feita oralmente, a representação será reduzida a escrito pelo agente ministerial, coletando a assinatura do ofendido, daquele que o representar ou do procurador com poderes especiais.

Quanto escrita, a representação *dispensa* forma sacramental. Toda e qualquer manifestação que traduza desejo do ofendido ou de seu representante em favor da abertura do inquérito e da propositura da ação pelo Ministério Público poderá e deverá ser interpretada como exercício regular do direito de representar. Suficiente, portanto, o mero registro da ocorrência acompanhado de pedido expresso de providências ao Delegado, por exemplo.

5. **Conteúdo da representação.** O ofendido, seu representante legal ou procurador, mediante a representação, outorgam consentimento para a abertura do inquérito (art. 5º, § 4º) e para o início da ação penal.

Por isso essa peça deve ser construída em condições de poder bem repassar ao seu destinatário todas as informações que o ofendido possuir sobre o fato em si e sua autoria, desde que conhecida, de modo a facilitar o trabalho das autoridades encarregadas da *persecutio criminis,* nas fases administrativa e judicial.

Se a identidade do autor do fato não for conhecida, nem por isso o ofendido ficará impedido de exercer o direito de representar.

6. **A representação e o controle sobre a atribuição da autoridade policial.** O oferecimento à autoridade policial de representação escrita ou oral, nesse caso, produzirá a abertura do inquérito policial (art. 5º, § 4º), como registramos antes.

O Delegado tem o dever (e não a faculdade) de abrir o inquérito porque a obrigatoriedade é o princípio que rege a ação pública dependente de representação. O referido princípio impõe condutas não só ao Ministério Público, mas a todos os que intervêm na persecução penal, nas fases administrativa e judicial.

Pode suceder que ao abrir a investigação em face da representação oferecida pelo ofendido ou por seu representante legal, a autoridade policial perceba que não é titular de *atribuições* – art. 4º do CPP. Por exemplo: em razão da matéria ou do lugar da infração, o inquérito deve tramitar em outra Delegacia da mesma ou de outra circunscrição judiciária.

Nesse caso, deverá enviar os autos do inquérito à autoridade com atribuições, para que ela dê prosseguimento ao trabalho investigativo. Os atos praticados serão válidos, eis que por situados na fase administrativa, incapazes de afetar a relação jurídico-processual, sendo pacífica no país a jurisprudência de que eventuais defeitos do inquérito, ante sua natureza inquisitiva, não comprometem a higidez do processo.

7. O juiz como destinatário da representação. Consignamos linhas acima que o juiz pode ser destinatário da representação, independentemente da forma utilizada.

Enviada ao magistrado, dispõe a lei que a representação, após redução a termo (quando for oferecida oralmente) deverá ser remetida à autoridade policial, para que esta proceda a inquérito.

Estão presentes, mais uma vez, também aqui, as razões já destacadas no parágrafo anterior, ínsitas ao princípio da obrigatoriedade da ação penal pública.

É claro que, embora a redação dada ao parágrafo, inexiste impedimento para que o magistrado, se a representação vier acompanhada de elementos de prova relativos à autoria e à materialidade, a encaminhe imediatamente ao órgão do Ministério Público, que, nesse caso, poderá desde logo oferecer a denúncia. Se o agente ministerial entender necessária a obtenção de mais informações sobre o fato ou a autoria, poderá então redirecionar o expediente à autoridade policial para que esta abra o inquérito e promova as diligências pertinentes.

8. A representação e as provas constitutivas de justa causa. O desencadeamento da ação penal depende de evidências mínimas que permitam concluir que a imputação não é resultado da criação mental do acusador.

Quando a representação vier acompanhada dessas evidências, consoante dissemos acima, o Ministério Público poderá desde logo oferecer a denúncia no prazo de 15 dia se o autor do fato estiver solto e de 5 dias, se estiver preso (art. 46).

Se a representação for encaminhada à autoridade policial para realização de investigações o prazo para denunciar começará a fluir só depois do recebimento do expediente com vista, em juízo.

Art. 40. Quando, em autos ou papéis de que conhecerem, os juízes ou tribunais verificarem a existência de crime de ação pública, remeterão ao Ministério Público as cópias e os documentos necessários ao oferecimento da denúncia.

1. Obrigatoriedade da notícia de crime de ação pública. O dispositivo confere aos órgãos do Poder Judiciário o dever de noticiar ao órgão do Ministério Público de crime de ação pública (com ou sem o conhecimento da autoria) cuja existência promane de autos de processo, documentos ou papéis avulsos.

O dever é restrito aos casos de ação pública incondicionada, porque, consoante examinado nos dispositivos anteriores, a abertura do inquérito e o oferecimento de denúncia por crime de ação pública condicionada à representação e à requisição, dependem de manifestação expressa dos respectivos titulares (o ofendido – ou quem o represente – e o Ministro da Justiça).

É óbvio que o convencimento quanto à propositura da ação será exclusivamente do representante do Ministério Público (art. 129, I da CF), muito embora o poder conferido legalmente aos órgãos do Poder Judiciário para provocar sua iniciativa.

O dever não alcança fatos de ação privada, porque a *persecutio criminis* nesse caso é de exclusiva iniciativa do ofendido.

Art. 41. A denúncia ou queixa conterá a exposição do fato criminoso, com todas as suas circunstâncias, a qualificação do acusado ou esclarecimentos pelos quais se possa identificá-lo, a classificação do crime e, quando necessário, o rol das testemunhas.

O artigo 41, acima transcrito, aponta os requisitos *integrativos* da inicial acusatória, que é uma *peça essencial do processo*. Eles regem também o aditamento, embora a ausência de menção a essa espécie de inicial, comum à ação pública e à ação de iniciativa privada.

Como alguns deles *são não-essenciais*, é indispensável examiná-los mesmo rapidamente, porque quando a falta for de *requisito essencial*, haverá nulidade absoluta.

A previsão do inciso IV do art. 564 do CPP só tem pertinência à ausência de requisito *não essencial*, geradora de nulidade relativa, dependente, portanto, de argüição tempestiva e de eficaz demonstração do prejuízo.

1. A descrição do fato com suas circunstâncias. Esse requisito – que *é essencial* – encontra supedâneo no princípio da reserva legal, insculpido no inciso XXIX do artigo 5º da CF.

Sem a descrição de *fato certo* subsumido em norma penal prévia,[81] não haverá criminalidade a punir, independentemente da correspondente espécie de ação.

Tema em discussão é o que diz com a possibilidade de oferecimento de denúncia ou queixa por fatos alternativos,[82] aceita por Mirabete,[83] apoiado em Afrânio Jardim e por Damásio, citando lição de Frederico Marques e julgados,[84] embora o exemplo fornecido por Frederico Marques diga respeito, em verdade, à figura da *classificação* alternativa,[85] em tudo distinta da *imputação alternativa*.

A hipótese é todavia rejeitada por Ada Grinover, Scarance Fernandes e Gomes Filho, sob o argumento de que a acusação alternativa contrariaria, de regra, o preceito a que deve se referir com precisão o fato certo e determinado,[86] de quem discorda Greco Filho, sob o argumento de que não há problema em aceitar a idéia de que o acusado se defenda de mais de um fato, "ainda que alternativa ou subsidiariamente".[87]

Como demonstrou Afrânio Jardim,[88] a imputação alternativa não é estranha ao nosso direito, bastando leitura rápida do parágrafo único do art. 384 do CPP, que propõe ao juiz o dever de apreciação na sentença do que foi narrado na denúncia *e também* do que foi narrado no aditamento. Na sentença, o magistrado poderá julgar procedente a denúncia e improcedente o aditamento (ou vice-versa) e, ainda, absolver o acusado das imputações deduzidas em ambas as peças!

A imputação alternativa já foi admitida pelo extinto Tribunal de Alçada Paulista[89] e pelo extinto Tribunal do Alçada do RS,[90] inclusive em julgamento de que fomos, à época, o Relator,[91] sob o principal argumento de que "oferecida uma ação penal alternativa atribuindo ao réu uma determinada conduta, ao definir juridicamente a imputação, o julgador acatará uma delas, ficando automaticamente rejeitada a outra, sem que a sentença tenha que dar procedência em parte do pedido, julgando, concomitantemente, improcedente o tipo não adequado ao fato criminoso.

É que, sendo alternativo o articulado vestibular, o acolhimento de um dos pedidos exclui o outro, gerando a procedência da ação penal na sua integralidade e não parte dela", em resguardo pleno ao princípio da congruência que deve existir entre a denúncia e a sentença.

A matéria, contudo, não é pacífica.

Então, redigida no tempo pretérito, na forma direta, imputativa, clara, na terceira pessoa do singular, a denúncia ou queixa precisará refletir a convicção do signatário (agente do MP ou querelante) de que o fato descrito configura-se como crime (ou crimes) a punir.

Embora válida, não atende a boa técnica a denúncia ou queixa que se limita a reproduzir o relatório lançado pelo Delegado de Polícia nos autos do Inquérito ou que se mostre vacilante, ao estilo do "consta que", ou, "segundo se lê no inquérito" o de-

---

[81] Excepcionando a regra, os tribunais vem dispensando nos crimes societários a exigência da descrição minuciosa e individualizada da conduta de cada acusado, embora visível flexibilização da garantia da ampla defesa, conforme se infere com facilidade.

[82] Na denúncia ou queixa por fatos alternativos o acusador não tem certeza quanto ao fato verdadeiramente cometido pelo agente e, assim, atribui a ele a autoria de um ou de outro. No exemplo: motorista na direção de carro furtado ou foi autor do furto ou é receptador, por ter recebido o carro das mãos daquele que o furtou. Na classificação alternativa, o fato narrado tem, inequivocamente, configuração típica, embora possa enquadrar-se numa ou noutra classificação jurídica, segundo a ótica do acusador. Exemplo: em crime contra a honra, há incerteza quanto à sua configuração como difamação ou como injúria ...

[83] MIRABETE, Julio Fabbrini. *Processo Penal*. São Paulo: Atlas, 1991, p. 123.

[84] JESUS, Damásio Evangelista de, *Código de Processo Penal Anotado*, art. 41.

[85] RT 528/361.

[86] GRINOVER, Ada et alii, *As Nulidades no Processo Penal*. São Paulo: Malheiros, p. 79.

[87] GRECO FILHO, Vicente. *Manual de Processo Penal*, São Paulo: Saraiva, 1991, p. 114. Favorável à tese, Mirabete alertou que "os juízes do Tribunal de Alçada do Estado de São Paulo, reunidos sob a coordenação da Professora Ada Pellegrini Grinover, discutindo a questão da correlação entre acusação e sentença, chegaram à seguinte conclusão: 'A acusação deve ser determinada, pois a proposta a ser demonstrada há de ser concreta. Não se deve admitir denúncia alternativa, principalmente quando haja incompatibilidade lógica entre os fatos imputados'" – *Processo Penal*, São Paulo: Atlas, 1991, p. 123.

[88] Ob. cit., p. 100, e RTJ 104/1047.

[89] TRaCrim-SP, acc. Rel. Jarbas Mazzoni, Jutacrim 81/334). No mesmo sentido: Jutacrim 81/442 (in Alberto Franco, Código Penal Interpretado, p. 2.284). Contra: Jutacrim 82/225, Rel. Riccardo Andreucci (ob. cit., p. 2.285).

[90] O acórdão está publicado na Revista Julgados do TARS, vol. 97, p. 31, sendo Relator o eminente Juiz Léo Einloft Pereira.

[91] "RECEPTAÇÃO. ACUSAÇÃO ALTERNATIVA. Aditando a denúncia intentada por receptação dolosa imprópria para descrever novo fato e atribuir ao réu o crime de receptação culposa o procedimento ministerial configura acusação alternativa, possível em direito, desde que, como na espécie dos autos, não haja prejuízo ao devido processo legal, garantia em que se incluam a ampla defesa e o contraditório. Prova da culpabilidade dos réus. Apelações desprovidas. Unânime" (Apelação-Crime nº 297003238, 3ª Câmara Criminal do TARS, j. 26.03.1997).

nunciado (ou querelado) "teria ou poderia ter feito isso ou aquilo (...)", pois, como estamos a insistir, a peça (e aditamento) deve conter imputação categórica e clara de fato típico.

Daí ter João Mendes ensinado que a denúncia ou queixa precisa ser *narrativa* e *demonstrativa*: "*Narrativa*, porque deve revelar o fato com todas as suas circunstâncias, isto é, não só a ação transitiva, como a pessoa que a praticou (*quis*), os meios que empregou (*quibus auxilii*)**,** o malefício que produziu (*quid*), os motivos que a determinaram a isso (*cur*), a maneira por que a praticou (*quomodo*), o lugar onde o praticou (*ubi*), o tempo (*quando*). *Demonstrativa*, porque deve descrever o corpo de delito, dar as razões de convicção ou sanção e nomear as testemunhas e informantes".[92]

Só desse modo é que o acusador atenderá a exigência do inciso I do art. 43, sede legal doutrinariamente indicada da primeira condição da ação, qual seja, a possibilidade jurídica do pedido, sem a qual, a pretensão punitiva há de ser sumariamente rechaçada, em típico julgamento antecipado da lide, por ressentir-se a descrição de *criminalidade a punir*.

Por constituir o fato *típico* o ponto central em torno do qual o processo gira e o réu se defende, até na superior instância, pois, como ensina Paulo Cláudio Tovo, na via recursal o acerto ou o equívoco da sentença é discutido sempre sob a perspectiva do fato articulado na inicial,[93] dessa realidade é que se extraem as *proibições ao juiz e tribunal de condenarem por fato diverso daquele descrito*, ou de extrapolarem o pedido expressamente formulado pelo acusador, a não ser, é claro, que, antes da sentença, este tenha oferecido o indispensável aditamento fundado no art. 384 e parágrafo, do CPP.[94]

Na denúncia ou queixa, o acusador deverá agregar ao fato descrito as respectivas *circunstâncias*[95] (art. 41), isto é, todos os aspectos que estão em torno, em círculo, ao redor, do fato propriamente dito dia, hora, local, meios empregados, modo de execução, con-

quanto a falta de descrição possa configurar-se como um indiferente ao capítulo das nulidades.

O mesmo não acontecerá se o acusador omitir referência às *circunstâncias qualificadoras* ou às *elementares* porque essas espécies de *circunstâncias* integram a definição típica.

As agravantes (previstas no CP nos artigos 61 e 62) embora também constituam espécies de circunstâncias não precisam estar descritas na denúncia ou queixa, conquanto isso devesse ser o recomendável, para maximizar a garantia da ampla defesa, pois integram a individualização da pena.

Sendo a denúncia ou queixa uma peça imputativa de crime, compreende-se o porquê não devam constar nessa peça descrições de fatos constitutivos de atenuantes ou de causas especiais de diminuição de pena, as quais podem ser reconhecidas de ofício.

2. A qualificação do acusado. A denúncia deve imputar o fato e suas circunstâncias a alguém em particular (e a *todos os que nele se envolveram direta ou indiretamente,* como autores, co-autores ou participantes, por ser cada qual responsável, nos limites da própria culpabilidade (art. 29 do CP).

O requisito *é também essencial*.

Como lembra Paulo Tovo,[96] é fundamental que haja um denunciado fisicamente identificado, não se podendo intentar a ação contra o "homem da capa preta" ou a "dama de vermelho".

O erro de identificação que produza a convocação ao processo de pessoa que não a verdadeira autora do crime autoriza o trancamento da ação por ilegitimidade de parte[97] e em caso de condenação definitiva dá base a pedido de revisão da sentença,[98] não sendo teratológica a hipótese do *habeas corpus* com conteúdo revisional.

O artigo 259 do CPP declara que "a impossibilidade de identificação do acusado com seu verdadeiro nome ou outros qualificativos não retardará a ação penal, quando certa a identidade física".

Não dispondo o MP da qualificação do autor do fato, a nossa recomendação é que insira na denúncia

---

[92] MENDES, João, *Código de Processo Penal Anotado*. Rio de Janeiro: Freitas Bastos, 1943, 1º vol., p. 382.
[93] TOVO, Paulo Cláudio. *Introdução à Principiologia do Processo Penal Brasileiro*. Estudos de Direito Processual Penal (org). Porto Alegre: Livraria do Advogado, 1995, p. 30.
[94] Não se inclui na proibição a previsão do artigo 383 do CPP que autoriza o juiz a dar ao fato descrito nova classificação jurídica (entendida como tal à indicação na sentença do artigo da lei dado como violado pelo acusado em relação ao fato descrito corretamente na denuncia ou queixa). Fundamenta essa possibilidade o conhecido adágio de que ao juiz se dá o fato para que ele pronuncie o direito.
[95] Circunstância vem de *circum* e de *stare*. As circunstâncias são, portanto, todos os aspectos periféricos, laterais, inerentes ao fato, ao réu, à vítima, aos meios, modos de execução, motivos, etc., que integram a tipicidade ou funcionam como fator de cálculo da pena.
[96] TOVO, Paulo Cláudio, *Apontamentos e Guia Prático Sobre a Denúncia*. Porto Alegre: Fabris, 1986, p. 24.
[97] Habeas Corpus nº 2000.010.00.90108-0/MG (00105069), 3ª Turma do TRF da 1ª Região, Rel. Juiz Cândido Ribeiro, j. 12.09.2000, Publ. DJ 07.12.2000, p. 378.
[98] Revisão Criminal 78180600, Juíza Conv. Sônia Regina de Castro, 2º Grupo de Câmaras Criminais do TAPR, j. 26.04.2000, Ac.: 892, publ. 02.06.2000.

o apelido, os sinais físicos próprios do denunciado, como as cicatrizes, os defeitos físicos ou tatuagens, dentre outros. É o quanto bastará. A qualquer tempo, no curso do processo, do julgamento ou da execução da sentença, se for descoberta a sua qualificação, far-se-á a retificação, por termo nos autos, ou aditamento, sem prejuízo da validade dos atos precedentes.

No concurso de agentes, a impossibilidade de identificação de co-réu não constitui óbice à instauração do inquérito ou ao oferecimento da denúncia contra o autor conhecido e identificado.

Apurada a identidade do co-réu, a qualquer tempo, enquanto não se extinguir a punibilidade, o MP poderá aditar a inicial ou oferecer nova denúncia contra ele.

O aditamento será possível independentemente de nova representação – se o crime for de ação pública condicionada – porque com ela o ofendido dá o consentimento *para que o processo seja instaurado* independentemente de quem ou de quantos sejam os autores do fato.

3. **A classificação do crime.** Classificar o crime significa apontar na petição acusatória – depois da narrativa do fato – o correspondente artigo da lei penal incriminadora supostamente "violado" pelo denunciado.

Esse requisito *não é essencial*.

A denúncia ou queixa pode omitir a classificação porque é na sentença que *o fato descrito* será juridicamente classificado ou qualificado (art. 383 do CPP).

Estando o ato *bem descrito* e *erroneamente classificado* a correção do erro pelo juiz permitirá que aplique pena mais elevada do que aquela prevista no tipo erroneamente indicado pelo acusador.[99] Essa orientação é absolutamente correta porque, como reconhecem, ao acusador incumbe apresentar ao juiz o fato para que ele declare o direito na sentença.[100]

Em sendo assim, nada impede que o Ministério Público ou o querelante, no curso do processo, percebendo o erro na classificação, ingressem com aditamento retificador.[101] Nesse caso, não é necessário abrir prazo à defesa, para resposta, por não versar o aditamento retificação sobre o fato narrado e sim sobre a sua classificação jurídica.

Essa disciplina jurídica sobre a classificação não dispensa o Juiz ou Tribunal do dever de corrigir de ofício ou mediante provocação (inclusive mediante hábeas-córpus) o erro de classificação – *ainda na fse inicial da persecutio criminis* – se ficar evidenciado que, em razão do erro, o acusado padece de ilegalidade ou de abuso de poder.

O erro na classificação em denúncia que descrever fato inequivocamente constitutivo de posse de entorpecente para uso próprio e que apontar como violado o artigo 12 da Lei 6368 precisa ser urgentemente corrigido pelo juiz ou Tribunal, haja vista as conseqüências processuais nas acusações por tráfico (proibição da liberdade provisória, p. ex.), bem mais graves que nas acusações de posse de drogas para consumo.

Em recente hábeas corpus que impetramos discutimos essa questão jurídica, tendo o Tribunal de Justiça do RS, ainda na fase inicial do processo, promovido a correção da classificação para afirmar que o fato descrito estava previsto como contravenção na Lei das Contravenções Penais, e não como crime na Lei dos Agrotóxicos.

Com a correção da classificação, o Tribunal, em acórdão de que foi relator o emin. Des. José Eugênio Tedesco, declarou extinta a punibilidade pela prescrição da pretensão punitiva e evitou que o constrangimento se reproduzisse até a data da correção da classificação na sentença e da conseqüente declaração de extinção da punibilidade.

Portanto, embora a ausência ou erro na classificação não invalide a denúncia e o processo, o controle judicial sobre a classificação do fato descrito é mais do que justificável, pelos riscos apontados, dentre outros.

4. **O rol de testemunhas.** Como é notório, o acusador, amparado pelo princípio da liberdade de provar, pode demonstrar a existência do fato e a da sua autoria baseado em outros elementos de prova, como os periciais, os indiciários, os documentais, etc.

Por isso, o rol de testemunhas *não é requisito essencial da denúncia ou queixa* – haja vista a expressão "quando necessário" constante do art. 41 – muito embora a prova testemunhal seja a mais usualmente empregada nos processos criminais.

As partes têm liberdade para provar os fatos alegados, mas esse direito não é absoluto. Há, com efeito, limitações, como as inerentes ao tempo no processo.

---

[99] RHC 43957, DJ de 05/04/67, p. 797, Rel. Min. Evandro Lins e Silva.

[100] Decidiu o STF que "o réu defende-se do fato que lhe é imputado na denúncia ou na queixa e não da classificação jurídica feita pelo Ministério Público, ou pelo querelante" (HC 61.617, j. 30/03/84, in DJU de 04/05/84, p. 6.677, Rel. Min. Alfredo Buzaid). No mesmo sentido: RECR 114794, Rel. Min. Néri da Silveira, j. em 1989, 1ª T., DJ de 14/02/92, p. 1.167. Ver ainda: HC 56874, HC 63357, RHC 63891, do mesmo colendo Tribunal.

[101] STF, RHC 32299, DJ de 28/12/53, Rel. Min. Luiz Gallotti; Habeas Corpus nº 67997/DF, Tribunal Pleno do STF, Rel. Min. Celso de Mello, j. 29.06.1990, DJU 21.09.90, p. 9783.

Assim, ao MP incumbe requerer a prova na denúncia e à defesa nas alegações preliminares (art. 384).

O número de testemunhas está limitado a oito, em processo por crime sujeito ao procedimento comum das reclusões; a cinco, quando o ilícito for sancionado com a pena de detenção, e a três, na órbita do Juizado Especial, por fato contravencional, não se computando, em qualquer caso, no número legal, aquelas que não prestam o compromisso de falar a verdade,[102] como os menores, os doentes e os deficientes mentais, as pessoas referidas nos depoimentos e aquelas que nada souberem que interesse à decisão da causa (arts. 398, parágrafo único, 539, 208 e 209, §§ 1º e 2º, do CPP).

Não se incluem no número legal, ainda, as pessoas que o magistrado, quando entender relevante para o deslinde da causa, decidir chamar à audiência, suprindo omissão das partes (art. 209). Já tivemos a oportunidade de criticar esse dispositivo, seja porque permite invasão do juiz no espaço constitucionalmente assegurado às partes, seja porque, em essência, agride ao sistema acusatório, adotado pelo legislador constituinte, que pressupõe separação de funções de acusar, julgar e defender.

Para o Ministério Público ou Querelante, o número máximo de testemunhas a arrolar independe do número de denunciados ou de Querelados[103] e/ou da quantidade de fatos descritos.[104] Ao Assistente do MP é facultada a produção de prova (art. 271 do CPP) e daí entender o colendo Supremo Tribunal Federal poder ele arrolar testemunhas,[105] desde que respeitado o número máximo de testemunhas da acusação.

Cada acusado, de seu turno, tem o direito de arrolar o número máximo de testemunhas.[106]

A terceira limitação ao direito de produzir prova testemunhal diz com a proibição imposta pela lei penal às pessoas que "em razão da função, ministério, ofício ou profissão, devam guardar segredo, salvo se, desobrigadas pela parte interessada, quiserem dar o seu testemunho". Não há impedimento para que o Ministério Público, na denúncia, arrole o padre ou o psiquiatra para colher eventuais informações prestadas pelo criminoso quanto ao fato pelo qual está sendo acusado. Todavia, não deverá se surpreender se, no dia da audiência, essas pessoas, em razão do ministério e da profissão, se negarem a depor, mesmo liberados pelo acusado.

Há outras pessoas a quem a lei faculta o direito de não prestar o testemunho, quais sejam, as enumeradas no artigo 206 do CPP. A regra reconhece a tendência natural de cooperação entre os membros de uma família que faz com que "aquele que estivesse constrangido a depor em processo em que figurasse como acusado seu parente se inclinasse pelo caminho do coração, em vez da razão, falseando a verdade para favorecer o seu ente querido (...) quanto mais estreitos forem os laços consangüíneos ou afins, maior será a tendência de ajudar o acusado em detrimento da verdade, pois é muito mais forte o dever de mentir do que a obrigação para com a solidariedade comunitária".[107]

A lei autoriza, excepcionalmente, a substituição de testemunha arrolada e não encontrada, desde que haja requerimento expresso e a providência não tenha por camufle propósito de violar a regra que subordina a produção da prova aos momentos indicados (denúncia, queixa, defesa prévia, libelo e contrariedade, arts. 41, 397, 417, § 2º, e 421 do CPP).

Por conseguinte, é ilegal e nada ético o oferecimento na denúncia, na defesa prévia, no libelo ou na contrariedade de rol de testemunhas fictícias, para ganhar tempo e, depois, "substituir" os nomes arrolados pelas das testemunhas verdadeiras localizadas posteriormente.

5. Forma. Sendo espécie de petição, a denúncia, a queixa e o aditamento se subordinam à forma escrita.

O requisito *é essencial*, salvo no Juizado Especial Criminal, regido pelo princípio da oralidade, cuja lei de regência (arts. 77 e seguintes) prevê denúncia ou queixa orais.

Não há impedimento, entretanto, a que o MP ou o querelante, na audiência, se reporte à peça escrita previamente acostada ou para acostar aos autos.

6. Endereçamento. Sendo peça técnica, a denúncia, a queixa e o aditamento devem conter um endereçamento.

O requisito *não é essencial*, todavia. A omissão implica mera irregularidade e por isso não é fator impeditivo ao recebimento.

---

[102] É o caso dos menores de 18 anos, que, sendo inimputáveis, não podem ser responsabilizados por eventual falso testemunho.
[103] Correição Parcial nº 691025795, 1ª Câmara Criminal do TJRS, Santiago, Rel. Des. Guilherme Oliveira de Souza Castro, j. 08.05.1991.
[104] HC – 1826 nº 99.02.10688-9/RJ, 1ª Turma do TRF da 2ª Região, Rel. Juiz CARREIRA ALVIM, j. 24.08.1999, Publ. DJ 04.11.1999.
[105] HC 72.484, Rel. Min. Ilmar Galvão, DJ de 01/12/95, p. 41.685.
[106] HC nº 72402-7/PA, 2ª Turma do STF, Rel. Min. Marco Aurelio, j. 06.06.1995, DJU 29.09.95, p. 31.903.
[107] AQUINO, José Carlos G. Xavier de. *A Prova Testemunhal no Processo Penal Brasileiro*, 3.ed., São Paulo: Saraiva, 1995, p. 90-91.

7. **Idioma**. A denúncia e a queixa precisam ser redigidas na língua oficial do país.[108]

Este requisito de validade é inquestionável, conquanto não enumerado no artigo 41 do CPP, uma vez que diretamente relacionado à garantia da ampla defesa. Para poder inteirar-se do fato, em toda a sua dimensão, e, assim, exercer a reação defensiva, o acusado tem o direito de ser informado no idioma nacional, e não no de qualquer outro país.

8. **Assinatura**. A inicial deve conter assinatura do representante do Ministério Público ou do querelante.

Espínola Filho[109] nega admissibilidade à denúncia apócrifa, mas admite validade dos atos do processo se ficar demonstrado nos autos que ela foi elaborada pelo representante do Ministério Público.

Amparado em jurisprudência do STF, Damásio[110] reafirmou esse entendimento, asseverando inexistir nulidade decorrente da falta de assinatura do promotor na denúncia, desde que, efetivamente, não tenha havido dúvida a respeito "da autenticidade da peça acusatória".

Parece-nos evidente que a lição dos Mestres pressupõe que o defeito seja constado em primeiro grau, com imediatas providências saneadoras.

Não há problema, com efeito, que o Ministério Público ou o querelante, intimados, confirmem a autenticidade da peça, lancem a respectiva assinatura e, desse modo, ratifiquem todos os atos realizados.

Se, entretanto, a falta de assinatura for detectada pelo Tribunal, quando do conhecimento e julgamento da apelação, ou de recurso especial, ao invés da declaração de inexistência do ato, a solução, segundo melhor nos parece atualmente, deve ser a da declaração da inexistência e, por causa dela, a de nulidade de todos os atos do processo, porque esses foram *efetivamente praticados*, como propôs, aliás, o extinto Tribunal de Alçada gaúcho.[111]

A inexistência jurídica do ato do processo nem sempre é um indiferente ao capítulo das nulidades. Por exemplo: se a falta é da sentença, porque a peça foi lavrada e assinada pelo secretário do Juiz, o caso será de mera declaração da sua inexistência, com ordem pelo Tribunal, quando do conhecimento de apelação, de retorno dos autos do processo à origem para que o magistrado a prolate no prazo legal.

Agora, se a falta for da denúncia, seja porque foi redigida e assinada pelo estagiário do MP, seja porque não contém a assinatura do titular da Promotoria, ou, ainda, porque ela não integra como peça do processo os autos respectivos, é claro que o Tribunal afirmará a sua inexistência jurídica ou inexistência física e necessariamente terá que declarar a nulidade dos atos processuais que, embora a ausência jurídica ou física da peça, forem posteriormente praticados e que por isso "existem", embora nulos, no mundo dos fatos e no mundo do direito.

Aludimos antes ao estagiário do MP.

O Decreto nº 32.182, de 20/02/86, que aprovou o Regulamento dos Estagiários Auxiliares do Ministério Público, autoriza que o estagiário assine a denúncia com o MP.

Todavia, decisão da 1ª Câmara Criminal do Tribunal de Justiça[112] proclamou a irregularidade da medida, sob o fundamento de que a peça incoadora é privativa do MP, embora, a nosso ver, nada haja de irregular, pois com a sua própria assinatura o Promotor de Justiça oficializa a presença do Estado na relação jurídico-processual.

9. **Pedido de condenação**. O pedido de condenação é requisito da denúncia ou queixa?

A resposta só pode ser negativa, por não ser na denúncia ou queixa o *lócus* para as demonstrações da responsabilidade do réu, por depender-se da prova a ser produzida, consoante entendimento do STF.[113]

O pedido de condenação, portanto, não é requisito integrativo da denúncia.

Aliás, ninguém desconhece que em razão da natureza das funções institucionais do MP., o Promotor de Justiça deve postular a absolvição do réu quando as provas indicarem que essa é a providência jurídica e justa.

O MP atua sempre defendendo. Defendendo a sociedade contra o crime e defendendo o réu da injustiça, haja vista seu perfil constitucional de instituição permanente encarregada de promover a defesa dos interesses sociais e individuais indisponíveis.

Nem mesmo por crime de ação privada o pedido de condenação integra o rol dos requisitos formais da

---

[108] Rev. Julgados do Tribunal de Alçada, vol. 51, p. 143, e RJTJRS, vol. 57, p. 72.

[109] Ob. cit., p. 390. No mesmo sentido: Habeas Corpus nº 98.03.043356-3/SP (00045850), 2ª Turma do TRF da 3ª Região, Rel. Juiz Célio Benevides, j. 15.09.1998, Publ. DJ 04.11.1998, p. 179).

[110] JESUS, Damásio Evangelista de, *Código de Processo Penal Anotado*, art. 42. Nesse sentido: RT 520/433, Julgados do TACrimSP 64/103 e 51/204 e STF, RTJ 71/844. É também a opinião de Vicente Greco Filho, ob. cit., p. 115. No mesmo sentido: Apelação-Crime nº 68.703-3, TJSP, Rel. Des. Cunha Camargo, j. 19.06.1989.

[111] Apelação-Crime nº 295062814, 4ª Câmara Criminal do TARS, Rel. Vasco Della Giustina, j. 28/02/96, un.

[112] RJTJRS, vol. 104, p. 38.

[113] DJU 164, p. 8.227, de 27/08/90.

queixa. E assim o é efetivamente porque a dúvida é a regra nessa fase de admissibilidade da acusação.[114]

Art. 42. O Ministério Público não poderá desistir da ação penal.

1. A indisponibilidade como princípio da ação pública. O dispositivo supra irradia-se como princípio explícito da indisponibilidade da ação pública, de que é corolário o princípio da indisponibilidade do recurso, previsto no artigo 576.

Iniciada a ação, os atos do processo se desenvolverão até final sentença, ainda que, por exemplo, vítima e denunciado se conciliem e peçam o encerramento das atividades jurisdicionais.

O princípio da indisponibilidade não é absoluto – sendo pacífico, aliás, que todo princípio é relativo. No JEC, a lei autoriza o MP a propor ao autor do fato transação para evitar oferecimento da denúncia e o início do processo. Autoriza, ainda, o oferecimento ao denunciado de proposta de suspensão do processo mediante o cumprimento de determinadas condições (arts. 76, 4º, 77 e 89 da Lei 9.099/90) encerrando, desde logo, a *persecutio criminis*, numa clara manifestação de disponibilidade da ação e do processo.

O princípio em questão não alcança a ação de iniciativa privada, que é regida pelo seu oposto: o da disponibilidade.

Art. 43. A denúncia ou queixa será rejeitada quando:
I – o fato narrado evidentemente não constituir crime;
II – já estiver extinta a punibilidade, pela prescrição ou outra causa;
III – for manifesta a ilegitimidade da parte ou faltar condição exigida pela lei para o exercício da ação penal.
Parágrafo único. Nos casos do n. III, a rejeição da denúncia ou queixa não obstará ao exercício da ação penal, desde que promovida por parte legítima ou satisfeita a condição.

1. Condições da ação. Generalidades. O dispositivo supratranscrito é a sede legal das condições da ação.

Essa nomenclatura, específica do processo civil, é adotada pelos processualistas penais, ante o caráter subsidiário das normas do CPC, bem ainda em face das semelhanças estruturais entre os artigos 267 do CPC e 43, incisos e parágrafo, do CPP.

Embora os longos anos de vigência do CPC, bem como os intensos debates, o tema das condições da ação ainda aguarda por melhor sedimentação, conforme lembrou Tourinho Filho,[115] até mesmo porque os problemas decorrentes não se distanciam daqueles situados na órbita dos pressupostos processuais.

Passemos a examiná-las primeiro na perspectiva do processo civil e depois na do CPP.

2. As condições da ação no processo civil. Natureza. Conforme a doutrina de Enrico Tulio Liebman,[116] processualista italiano, que viveu, lecionou em São Paulo e fez discípulos no Brasil, para poder exercer o direito de ação, o autor deverá, em caráter preliminar, demonstrar ao juiz que o seu pedido é juridicamente possível, que as partes são legítimas e que o autor possui legítimo interesse processual em movimentar o aparelho judicial.

O magistrado, assim, antes do início da ação, na perspectiva dessa teoria, teria que declarar a sua compreensão sobre os citados aspectos, recebendo a inicial se presentes e, assim, dando início à ação e ao processo ou, em sentido contrário, *rejeitando-a* e, desse modo, declarando o autor *carecedor do direito de ação*.

Então, nessa construção, visível em nosso CPP, conforme explicam Nelson e Rosa Maria Nery, "para que o juiz possa aferir a quem cabe a razão no processo, deve examinar questões preliminares que antecedem lógica e cronologicamente a questão principal: o mérito, isto é, o pedido. Este é a última questão que, de ordinário, o juiz deve examinar no processo. Estas questões preliminares dizem respeito ao próprio exercício do direito de ação (condições da ação) e à existência e regularidade da relação jurídica processual (pressupostos processuais)".[117]

Não se contesta mais, outrossim, que o direito de ação é abstrato, autônomo, separado, independente e preexistente ao direito material.[118] De fato, não podemos esquecer que a opção pela oficialização do monopólio de distribuição de justiça gerou para o Es-

---

[114] O pedido de condenação é imprescindível, nas alegações finais, em processos por crime de ação de iniciativa privada, sob pena de pereempção.
[115] TOURINHO FILHO, Fernando da Costa, *Processo Penal*, São Paulo: Saraiva, 1997, p. 471.
[116] Liebman expôs sua concepção da ação em conferência pronunciada na Universidade de Torino, no dia 24/11/49, tendo sido dedicada a Carnelutti.
[117] NERY JR., Nelson e NERY, Rosa Maria de Andrade. *Código de Processo Civil Comentado*, 5.ed., RT, art. 267, inc. VI.
[118] Acerca da ação como direito autônomo, abstrato, separado do direito material, ver o livro de Fábio Luiz Gomes, *Carência de Ação*, antes citado, p. 20-45.

tado o *dever político e jurídico de resolver civilizadamente os litígios*, por meio da ação e do processo.

Destarte, *qualquer ato de recusa ao pronunciamento pretendido* traduz, para o autor e para toda a comunidade, público, aberto e claro *rompimento* desse dever.

Em suma: mesmo sem a proteção do direito material invocada, o autor está processualmente legitimado a exigir que o Estado-jurisdição lhe diga, fundamentalmente, porque não tem aquele direito[119] ...

Eduardo Couture sustentou a inutilidade da discussão sobre as condições da ação sob outra perspectiva,[120] qual seja, a da garantia prevista em todas as Constituições de peticionamento aos órgãos públicos[121] (em nosso país, vê a letra "a", do inciso XXXIV, do art. 5º da CF).[122]

Como ensina Galeno Lacerda, há distinguir-se, entretanto, o direito de petição do direito de ação. Este último é, em essência, distinto do direito constitucional de petição porque, não obstante também possa gerar uma relação jurídica, a relação que daí advém se justifica, apenas, em termos de Direito Constitucional, enquanto aquela que surge do direito de ação se agasalha nas normas do Direito Judiciário.[123]

A polêmica, de qualquer modo, não foi valorizada pelo legislador do Código de Processo Civil, que, no inciso VI do artigo 267 e no inciso X do artigo 301 do CPC optou por não só estabelecer, claramente, que o exercício do direito de ação se subordina, dentre outras condições, à possibilidade jurídica do pedido, ao interesse processual e à legitimidade de partes,[124] como também por cominar conseqüências formais ao inadimplemento dessas exigências.

A teoria de Liebman, adotada, expressamente, pelo legislador do CPC, consistiu em tentativa de conciliar os antagonismos das teorias concreta e abstrata do direito de ação, pois, de um lado, reconhece que a ação é um direito autônomo e independente do direito material, como propõem os adeptos desta última, mas, de outro, condiciona o seu *exercício* à satisfação de requisitos prévios, como advogam os defensores da primeira.

É claro que o insigne pensador italiano sabia que o seu ecletismo precisaria de um ingrediente novo para tentar superar a enorme dificuldade de contornar o problema de alguém ser julgado *carecedor* do direito de ação *no curso da própria ação por ele próprio desencadeada*.

Tentando contornar essa dificuldade, o insigne pensador inseriu no cerne da sua teoria a figura nova do *joeiramento prévio*.[125] Como essa expressão corresponde a limpar, peneirar, filtrar, eliminar impurezas, o juiz, na fase da admissibilidade do pedido, administrativamente, deve promover o peneiramento e "recusar" a ação ao notar que as exigências emanadas das suas "condições" não foram preenchidas ou atendidas pelo autor, sancionado, por isso mesmo, com a declaração de "carência" de ação.

A engenhosa construção foi e ainda continua sendo duramente contestada,[126] por soar absurdo que a *decisão do juiz, extinguindo o processo*, não seja jurisdicional e que o exame sobre a possibilidade jurídica do pedido, o interesse de agir e/ou a legitimidade de partes não tenha a ver com o mérito da causa.[127]

Enfim, entendimento como o proposto por Liebman equivaleria em afirmar que o autor poderia rei-

---

[119] Ugo Rocco, citado por Humberto Theodoro Júnior (Pressupostos Processuais e Condições da Ação no Processo Cautelar, Revista Forense, vol. 292, 1985, pp. 19/29), que esposa o conceito de ação como direito abstrato, afirma ser falso o conceito que subordina o direito à obtenção de uma sentença às "denominadas condições da ação", porque "sempre haverá uma sentença para declarar que tais condições não ocorrem e, dessa forma, o direito de ação estará atendido pelo julgado que declarar a inexistência das supostas condições".

[120] COUTURE, Eduardo. *Introdução ao Estudo do Processo Civil*. Tradução de Mozart Victor Russomano, 3.ed., Rio de Janeiro: Forense, 1998, p. 15.

[121] Afirmando que foi Couture quem levou ao grau máximo de abstratividade o direito de ação, Adroaldo Furtado Fabrício, por exemplo, declarou que não encontrava dificuldade em trabalhar com essa idéia (Condições da Ação: Mérito e Coisa Julgada, Conferência no Curso de Aperfeiçoamento para Juízes, promovido pela ESMRGS, Encadernação da Biblioteca do IJRS). Ver ainda Luiz Machado Guimarães, citado por J.A. Galdino da Costa, As Condições da Ação, Revista Brasileira de Direito Processual, Uberaba, MG, Forense, vol. 49, p. 123.

[122] "A despeito de possivelmente terem uma origem comum, não se pode assimilar el deber de impartir justicia que corresponde, en exclusiva, a los órganos judiciales, con el deber de informar, remover obstáculos administrativos, atender reclamaciones en vía de gestión, oír proposiciones o sugerencias, recibir quejas, que caracteriza la actuación de otros órganos del estado no jurisdiccionales em relación con aquel derecho de petición (cf. José Almagro Nosete, Protección Procesal de los Derechos Humanos en España, RDPrIA, 1973(4):24) – citado por Rogério Lauria Tucci et alii, *Constituição de 1988 e Processo – Regramentos e Garantias Constitucionais do Processo*, São Paulo: Saraiva, 1989, p. 11.

[123] Despacho Saneador, p. 76.

[124] BEDAQUE, José Roberto dos Santos. *Pressupostos Processuais e Condições da Ação*, Justitia, Órgão da AMSP, vol. 156, p. 48 e ss.

[125] Segundo o Pequeno Dicionário da Língua Portuguesa, joeirar é o mesmo que peneirar, ou seja, passar pela peneira, separar o que é bom daquilo que é mau.

[126] BAETHGEN, Walter Eduardo. *As Condições da Ação e o Novo Código de Processo Civil*. Revista Forense, vol. 251, 1975, p. 17.

[127] Análise da teoria de Liebman e do art. 267 do CPC com percuciente crítica é feita por Fábio Luiz Gomes, na excelente monografia, antes citada.

terar indefinidamente o seu pleito ao mesmo órgão jurisdicional, sem falarmos na dificuldade de se explicar como uma *decisão administrativa* poderia ser modificada pela instância *jurisdicional* superior em grau de *recurso!* Dizendo de outro modo: ou a decisão é administrativa e não há falar em uso da via recursal (que tem a ver com a ação e o processo) ou a decisão extintiva do processo é jurisdicional e, portanto, por versar sobre o mérito, fará coisa julgada material, a impedir, com base na mesma *causa petendi*, a renovação da pretensão.

O professor Walter Eduardo Baethgen, professor de Direito da Universidade Federal do Rio Grande do Sul, sempre atento, lembrava, aliás, em suas aulas e escritos, que, uma vez proposta a ação, tudo o que viesse a acontecer teria que ser resolvido "dentro dela". E, como conseqüência da observação, sustentava, divergindo de Liebman, que a decisão haveria necessariamente de se revestir de eficácia plena, própria do ato.[128]

Conforme as suas próprias palavras: "Se ocorrem, ou não, as chamadas 'condições da ação', é algo que o juiz vai decidir dentro do processo formado e sua decisão, conforme o caso, terá a eficácia de determinar o prosseguimento do processo ou a extinção do mesmo. Sempre, porém, com eficácia de ato jurisdicional, de ato emanado do poder jurisdicional do Estado (...)".[129]

Realmente, imaginar que a ação e a relação jurídico-processual só se conformariam – quando o processo fosse extinto *sem julgamento de mérito* e *com a declaração ao autor de carência de ação* – depois do julgamento do recurso ou do recebimento da citação seria ignorar que, com a ação, *o processo se forma e existe*, relativamente ao réu e até em seu detrimento, "antes mesmo de ser ele citado", o que pode ser constatado nas liminares deferidas *inaudita altera pars*.[130]

Com suas assertivas, Liebman, portanto, se expôs à mesma crítica que era dirigida aos adeptos da teoria civilista, os quais consideravam a ação como o direito material em movimento e que, por isso mesmo, não conseguiam explicar adequadamente o que acontecia, quando o pedido era julgado improcedente.

Se o direito processual de ação era o próprio direito material em luta, em pé de guerra, como se dizia, o que haveria (um não-direito?) se a sentença não fosse favorável ao autor?

Mutatis mutandis, se a "carência" de ação é declarável, no bojo do processo (desde que concebido, corretamente, como atividade oficial para compor litígios),[131] que sempre aparece *como resultado do impulso dado à jurisdição*, como admitir que houve e ao mesmo tempo que não houve exercício do direito de ação?

Tendo afastado essas questões do modo como explicamos linhas acima, ou seja, reconhecendo que o autor que *age* não pode ser jamais carecedor do direito de *ação*, a doutrina também vem recusando o enunciado de que o pronunciamento do juiz sobre as condições da ação antecederia, como joeiramento prévio, seria estranho ao mérito da causa.

Observe-se o que ocorre na situação de alguém denunciado por fato atípico: se o processo tramitar até seus ulteriores termos e atos e, na sentença, o juiz absolver o acusado, por atipicidade, ninguém duvidará que a sentença é de mérito e que fará coisa julgada material. Mas, no mesmo exemplo, seria possível afirmar que a decisão que rejeitasse a denúncia pelo mesmo fundamento seria *estranha ao mérito*?

Ainda exemplificando, agora com o interesse de agir: se o juiz rejeitar a denúncia ou queixa sob o fundamento de que o decurso do tempo operou a extinção da punibilidade pela prescrição (art. 43, II, CPP), ou decadência, a decisão não afetaria, diretamente, o poder-dever de punir, isto é, o próprio conteúdo material da pretensão? Sendo evidentemente afirmativa a resposta como negar, também neste tempo, que a decisão sobre o *jus puniendi* é de mérito?

Em relação à parte ilegítima (art. 43, III, CPP), afora ser esta uma categoria tipicamente processual, entendemos que a declaração de ilegitimidade implica afirmação de ausência de vínculos subjetivos entre o autor do pedido e o conteúdo material deste.

Destarte, nas situações ventiladas há pronunciamento de mérito, seja quando a decisão é de rejeição da inicial por impossibilidade jurídica do pedido (tipicidade), por falta de interesse ou por ilegitimidade de parte, seja quando essas questões são apreciadas e decididas na sentença final, pois o que variará é, unicamente, a extensão da cognição.

---

[128] BAETHGEN, Walter Eduardo, *Contra a Idéia de Uma Teoria Geral do Processo*, Revista Interamericana de Direito Processual Penal, ano III, vol. 12, 1978, p. 39.

[129] BAETHGEN, Walter Eduardo. *As Condições da Ação e o Novo Código de Processo Civil*, Rio de Janeiro: Revista Forense, vol. 251, ano 1975, p. 18.

[130] FABRÍCIO, Adroaldo Furtado. Artigo citado, p. 11.

[131] Reportando-se a João Mendes Jr., o professor Frederico Marques explicou que "No direito processual da atualidade, o conceito de "processo" não mais se confunde com o de "procedimento", porque "uma coisa é o processo, outra coisa é o procedimento: "o processo é a direção no movimento; o procedimento é o "modo" de mover e a "forma" em que é movido o ato (Tratado de Direito Processual Penal, 2º vol., São Paulo, Saraiva, 1980, p. 157).

A demonstrar a correção dessas observações na área do processo civil Fábio Gomes[132] trabalha com exemplo referido por Calmon de Passos: o autor de ação de usucapião que declinasse na inicial informação de estar na posse de determinado imóvel há quatro anos, com ânimo de dono, seria declarado carecedor de ação.

Se, entretanto, o mesmo autor afirmasse na inicial que estava na posse da área pelo tempo necessário ao usucapião, mas, depois, a prova indicasse que o mesmo tinha posse efetiva só há quatro anos, a ação, nesse caso, teria seu natural desdobramento, com sentença de improcedência. Tendo havido exame do mérito nas duas hipóteses, delas não se extraem diferenças!

Ora, "quando dizemos que alguém está formulando um pedido juridicamente impossível", ensina Adroaldo Furtado Fabrício, "isto é, um pedido que não pode ser emoldurado dentro do sistema jurídico vigente, um pedido para o qual, usando a palavra clássica e muitas vezes repetida, não existe no sistema jurídico uma previsão em abstrato (...), estamos querendo dizer que o magistrado afirmará 'que o autor não tem direito'. E dizer que o autor não tem direito é dizer que a ação é improcedente, ou, como talvez fosse mais correto tecnicamente, é dizer que o pedido é improcedente".[133]

Dizendo de outro modo, se a questão litigiosa, mesmo no pórtico da relação jurídico-processual é resolvida, sem dúvida, o mérito, como conseqüência da resolução, acaba necessariamente sendo examinado.[134]

Em suma, em apoio aos que criticam a teoria de Liebman, incorporada pelo legislador do Código de Processo Civil e chancelada por processualistas ilustres, a ausência das condições da ação não pode levar à afirmação de não-exercício do direito de ação (pois, ao provocar a jurisdição e dela obter a declaração de que não tem direito, o autor concretiza o direito de movê-la).

O pronunciamento jurisdicional, outrossim, *é de mérito* e apto a produzir coisa julgada material. O pedido, em face disso, não poderá ser reiterado, naturalmente tendo por base a mesma causa de pedir, salvo quando a rejeição da denúncia, queixa ou aditamento tiver por fundamento a ilegitimidade da parte ativa, porque, nessa sua decisão, como parte *legítima* de promover a ação, não poderá ser entendida como renovação da ação proposta pela parte *ilegítima*, conforme se extrai, aliás, da lógica do parágrafo único do art. 43 do CPP.

Não nos impressiona a observação do professor e Desembargador gaúcho, Voltaire Moraes, relacionada ao cível, de que a conclusão acima, a teor dos arts. 267, 268 e 301 do CPC, implica interpretação *contra legem*,[135] porque, como diria Fábio Gomes, citando nosso Pretório Excelso, "a lei não pode transformar o quadrado em redondo", sendo milenar a concepção segundo a qual "a nomenclatura ou as expressões usadas devem ceder passo à essência e à realidade evidentes".[136]

Precisa, destarte, a recomendação de Fábio Gomes, externada na excelente monografia que dá base a essas conclusões: "(...) entendemos restar demonstrada a absoluta impropriedade de se dar validade às condições da ação como categoria pertinente ao plano do Direito Processual, razão pela qual se impõe a supressão das mesmas do nosso Código; enquanto presentes neste, sua apreciação importará exame de mérito, e de natureza jurisdicional será a atividade do juiz ao aferi-las".[137]

Embora nossa resistência à concepção que condiciona o exercício do direito de ação, pois, como já dissemos, o poder-dever do MP (ou o direito subjetivo do querelante) de movimentar o Poder Judiciário encontra sua fonte os deveres do Pacto Social, reconhecemos que o condicionamento, na prática desestimula, eficazmente, demandas desde logo identificadas como inviáveis.

E, ao desestimular o ajuizamento de ações por fatos atípicos, alcançados por causa extintiva da punibilidade, deduzidos por parte ilegítima, etc., o citado condicionamento incrementa o grau da proteção do direito penal moderno, que concilia, de um lado, a necessidade da punição, em nome da defesa social, e, de outro, a proteção das liberdades fundamentais e das garantias do acusado.

Assim, por exemplo, se no cível ninguém imagina que alguém possa levar a sério uma "ação de divórcio" do filho menor que quer se separar dos pais ou então uma ação destinada a escravizar os próprios empregados, também no crime ninguém poderia le-

---

[132] GOMES, Fábio Luiz. *Carência de Ação*. RT, 1999, p. 66.

[133] Conferência citada, pp. 16 e 17. Idem: BATISTA, Ovídio. *Curso de Processo Civil*, 2.ed., Porto Alegre: Fabris, 1991, p. 90). No mesmo sentido: GOMES, Fábio Luiz. *Teoria Geral do Processo Civil*. Letras Jurídicas, 1983, p. 125.

[134] Não é outro o ensinamento de Ovídio Baptista. Curso de Processo Civil, 2.ed., Porto Alegre: Fabris, 1991, p. 90). No mesmo sentido: GOMES, Fábio Luiz. *Teoria Geral do Processo Civil*. Letras Jurídicas, 1983, p. 125.

[135] MORAES, Voltaire Lima de. *Das Preliminares no Processo Civil*. São Paulo: Forense, 200, p. 46.

[136] GOMES, Fábio Luiz. *Carência de Ação*, São Paulo: RT, 1999, p. 62-63.

[137] Idem, p. 70.

var a sério uma denúncia visando a impor a pena do homicídio (art. 121 do CP) ao autor da morte de certo animal silvestre, tudo isto sem a necessidade de acentuarmos o quanto a instauração do processo é fator de constrangimentos e de aflições para o acusado!

Perfilhar a teoria concreta do direito de ação e advogar a existência de condições para o seu regular exercício representa, então, atitude de relevante utilidade prática.

3. As condições da ação no processo penal. Duas são as espécies de condições da ação no processo penal: as condições genéricas e as condições específicas.

As primeiras são assim denominadas porque dizem com todas as espécies de ações.

As últimas, porque são restritas à ação pública condicionada à representação e à requisição e à ação pública e privada cujo fato, para configurar-se tipicamente, pressuponha presença de condição objetiva de punibilidade, conforme explicaremos mais além.

Passemos a examiná-las.

4. A condição genérica da possibilidade jurídica do pedido em matéria penal. O inciso I do art. 43 é a base legal dessa primeira condição genérica da ação.

Na fórmula de Liebman, a possibilidade jurídica do pedido está restrita à previsão em norma substantiva do direito reclamado. É o aspecto positivo dessa condição.

Os processualistas civis que se seguiram, contudo, avançaram mais nessa matéria, admitindo que a ação é também possível mesmo na ausência de norma de direito material expressa amparando o pedido e desde que no ordenamento jurídico não haja norma expressa proibindo o pedido.

Destarte: se o que o autor pleiteia não está juridicamente proibido, significa que está, então, juridicamente permitido! É a condição sob perspectiva negativa.

Explicando como se deu essa evolução, Breno Mussi[138] afirmou que o novo reconhecimento de que a possibilidade jurídica do pedido é identificável em seu duplo aspecto, positivo e negativo, aconteceu graças à particularidade de previsão, na lei brasileira, da inescusabilidade do pronunciamento judicial, mesmo à falta de explícito dispositivo amparando a pretensão do autor, caso em que o magistrado, para resolver a questão, precisa recorrer à analogia, aos costumes ou aos princípios gerais de direito (art. 4º da Lei de Introdução ao CC – Decreto-Lei nº 4.657/42).

E assim é porque o Estado-Jurisdição não pode invocar o *non liquet*, para se negar a prestar jurisdição, a resolver o conflito, mediante argumentação de insuficiência intelectual do julgador, de que a matéria é muito técnica, é complexa, ou, pelo reverso, de que, embora esteja situada no universo jurídico, não há lei material regulando-a, etc.

Sendo perfeitamente válida para o sistema do processo civil, a concepção da possibilidade jurídica do pedido em seu duplo aspecto – positivo e negativo – já o mesmo não se pode dizer quando essa condição da ação tiver que ser apreciada no âmbito penal, pois, nesse setor do direito, por possibilidade jurídica do pedido (de ação criminal para punição do criminoso), há entender-se a demonstração na inicial acusatória de que a conduta do agente foi realizada em plena correspondência à norma incriminadora preexistente.

Dissemos linhas acima "plena correspondência com a norma incriminadora" prévia – e insistimos na declaração – porque, desde Binding,[139] já ninguém mais ignora que o autor do fato não "viola" a norma penal, senão que ele faz, exatamente, aquilo que nela está estabelecido (no homicídio, a conduta do matador corresponde plenamente ao que o legislador inseriu no preceito primário da norma, quando do processo de etiquetamento das condutas: "matar alguém"!).

Essa particularidade exige de nós um pouco de esforço para a identificação do lugar onde se localiza o sentido valioso (lícito) objetivado pela norma que, no exemplo do homicídio, é "não matar", especialmente considerando que as normas não são imperativos categóricos (porque seu enunciado não vem ao estilo do "não matarás"), nem juízos hipotéticos, como queria Kelsen (porque de seu enunciado nem sempre a conseqüência (pena) advém da condição "matar alguém"). As norma penais seriam juízos disjuntivos, como defendeu Carlos Côssio, em sua magnífica Teoria Egológica do Direito, que, nos moldes da Teoria Tridimensional de Miguel Reale,[140] considera fato, valor e norma sempre presentes e correlacionados em qualquer expressão da vida jurídica.[141]

Sintetizando: se no cível o autor pode articular pretensão desde que não exista norma proibindo o "direito" (sentidos positivo e negativo), no crime o pedido só será viável juridicamente quando a inicial

---

[138] MUSSI, Breno. *As Condições da Ação e a Coisa Julgada.* AJURIS, vol. 43, p. 79.
[139] BINDING, Karl. *Die Normen Und Ihere Uebertretungen.* 1872, citado por AFTALIÓN, ob. cit., p. 98.
[140] REALE, Miguel. *Teoria Tridimensional do Direito.* São Paulo: Saraiva, 1968, p. 73.
[141] CÔSSIO, Carlos. *La Teoria Egológica y El Concepto Jurídico de Libertad*, 2ª ed., Buenos Aires: Abeledo-Perret, 1964.

imputar conduta humana *"etiquetada"*, *isto é, previamente definida, em lei como criminosa,* "'contrária ao preceito da norma jurídica", no dizer de Luiz Vicente Cernicchiaro.[142]

Essa é também a lição de Ada Grinover: "Enquanto no processo civil é possível pedir o provimento que a lei expressamente não proíba, no processo penal somente é viável o provimento condenatório que seja expressamente permitido".[143]

No mesmo sentido é o pensamento de Mirabete: haverá possibilidade jurídica do pedido "(...) quando se imputar ao acusado a prática de um fato típico, que se amolde perfeitamente à descrição abstrata contida na lei penal. Se o fato não se revestir de tipicidade, não haverá imputação de crime e a denúncia ou queixa deverá ser rejeitada".[144]

Essa abstração no tipo se concretiza como tipicidade, no preciso instante em que advém o acontecimento efetivo.[145] Por isso, já dizia o grande José Duarte, "não é a denúncia que dá vida à ação penal, mas a 'criminalidade' do fato denunciado".[146]

É claro que a restrição não indica que o juiz deverá rejeitar a denúncia, queixa ou aditamento, alegando impossibilidade jurídica do pedido, sempre que visualizar algum aspecto que o deixe em dúvida quanto ao preenchimento da conduta no tipo penal correspondente. A orientação dos tribunais, aliás, é no sentido de que a persecução penal deve ter seus normais desdobramentos – com a citação e o interrogatório do acusado – quando amparada em inquérito policial ou peças de informação a inicial acusatória descrever fato que, *em tese*, constitua crime,[147] sendo inadmissível o sumário encerramento da persecução.[148]

O preenchimento pelo acusador da condição indicada no inciso I, ora em comento (conduta típica em lei prévia), deflui do princípio da legalidade (art. 1º do Código Penal e do inciso XXXIX do artigo 5º da CF), também conhecido princípio da reserva legal.[149]

O citado princípio – apontado por Luigi Ferrajoli[150] como o primeiro postulado do positivismo jurídico, porque, por meio dele, se identifica o direito vigente como objeto exaustivo e exclusivo da ciência penal, estabelecendo que só as leis (e não a moral ou outras fontes externas) dizem o que é delito – atua como limitador do poder punitivo do Estado, que não pode sancionar por qualquer fato, mas só pelo que estiver previamente estabelecido como lesivo a bem jurídico relevante.

Nessa exata medida, autoriza a afirmação de que o Código Penal, nos moldes propostos por Von Liszt, destacados por Rivacoba, atua como Carta Magna do Delinqüente, funcionando como "baluarte do cidadão contra a onipotência estatal, contra o cego poder da maioria, contra o Leviatã".[151]

Reserva legal, legalidade, tipo e tipicidade, enfim, são conceitos que se equivalem e que, penalmente, cumprem as funções de sistematização e de proteção. De *sistematização*, porque, no dizer de Juarez Tavares, se identifica, por meio deles, os conflitos sociais que se quer regulamentar e de *segurança*, porque, com a exata descrição da conduta criminosa, se evita que o direito penal se transforme "em instrumento arbitrário, orientado pela conduta de vida ou pelo ânimo.

Considerando que a função primeira do direito penal é a de delimitar as áreas do justo e do injusto, mediante um procedimento ao mesmo tempo substancial e informativo, a exata descrição dos elementos que compõem a conduta criminosa serve, (...) ao propósito de sua materialização, quer dizer, sua condição espaço-temporal, e, depois, como instrumento de comunicação entre o Estado e os cidadãos, pelo qual se assinalam as zonas do proibido e do permitido (...)".[152]

Essas funções de sistematização e de proteção são visualizáveis já na primeira fase da individualização da pena, que é a fase legal, ou seja, aquela destinada ao processo de etiquetamento das condutas como cri-

---

[142] CERNICCHIARO, Vicente. *Direito Penal na Constituição*. São Paulo: RT, 1990, p. 11.

[143] GRINOVER, Ada Pellegrini. *As Condições da Ação*. Ed. Símbolo, p. 66.

[144] MIRABETE, Julio Fabbrini. *Processo Penal*, São Paulo: Atlas, 1991, p. 133.

[145] LUISI, Luiz. *Os Princípios Constitucionais Penais*. Porto Alegre: Fabris, 1991, p. 15.

[146] DUARTE, José. *Tratado de Direito Penal*. Rio de Janeiro: Livraria Jacinto, vol. 5, p. 53.

[147] Revista dos Tribunais, 612, p. 397, Rel. Min. Oscar Corrêa.

[148] HC 24.517, Rel. Min. Vicente Cernicchiaro, DJU de 14.6.93, p. 11.791.

[149] A partir da obra de Beccaria e, depois, com o enunciado de Anselm Von Fuerbach, o princípio da legalidade tornou-se conhecido desde 1813, ganhando expressão e hoje podendo ser considerado um patrimônio comum da legislação penal dos povos civilizados, estando, inclusive, presente nos textos legais internacionais mais importantes do nosso tempo.

[150] FERRAJOLI, Luigi. *Derecho y Razón*, Teoria del Garantismo Penal. Editorial Trotta, 1197, p. 374.

[151] LISZT, Franz Von. *La Idea de Fin En El Derecho Penal*. México: UNAM e UVC, 1994, p. 11.

[152] TAVARES, Juarez. *Teoria do Injusto Penal*. Belo Horizonte: Del Rey, 2000, p. 168 e 169.

minosas e da definição das penas e margens penais correspondentes.

O legislador não pode jamais descurar do dever de preservar a técnica de construção dos tipos – quando precisar proceder modificações legislativas –[153] evitando que o intérprete ou aplicador da lei precise apelar à analogia, à interpretação extensiva, aos usos e costumes locais, salvo para beneficiar o acusado.

Como ensina Luiz Luisi, o postulado da determinação taxativa "expressa a exigência de que as leis penais, especialmente as de natureza incriminadora, sejam claras e o mais possível certas e precisas. Trata-se de um postulado dirigido ao legislador, vetando ao mesmo tempo a elaboração de tipos penais com a utilização de expressões ambíguas, equívocas e vagas de modo a ensejar diferentes e mesmo contrastantes entendimentos. O princípio da determinação taxativa preside, portanto, a formulação da lei penal, a exigir a qualificação e competência do legislador, e o uso por este de técnica correta e de uma linguagem rigorosa e uniforme".[154]

É, então, de todo inconveniente às descrições indeterminadas ou abertas, cuja conformação típica fica, não raro, condicionada à "compreensão" do juiz ou aos textos complementares, editados por órgãos do Poder Executivo, como sucede nos crimes culposos em geral e na Lei de Entorpecentes, cujas substâncias proibidas constam de lista editada por esse Poder. No art. 311, o Código de Trânsito criminaliza a conduta de quem trafegar em "velocidade incompatível com a segurança", nas proximidades de escolas, hospitais, estações de embarque e desembarque, etc., com o que deixa ao juiz, caso a caso, o amplo poder de dizer se há ou não infração penal a reconhecer e punir.

Como asseverou José Nabuco Filho, "de nada adianta a observância da legalidade sob o aspecto formal e temporal, se a lei que entra em vigor é indeterminada, porquanto não impede o arbítrio judicial. Ademais, a lei indeterminada não cumpre qualquer função de prevenção geral – posto que o indivíduo não pode saber o que é legalmente permitido – e extrai a base de reprovação (*reproche*) da culpabilidade. A legalidade tem, ainda, como fundamentação o princípio democrático baseado na separação de poderes. Se a lei penal é vaga, imprecisa, existe uma ofensa ao princípio da separação dos poderes, na medida em que o Judiciário, ante a excessiva margem interpretativa, terá de suprir uma atribuição do legislador, com clara usurpação, ao regular, efetivamente, a matéria".[155]

Estruturalmente, os tipos penais são compostos de elementos objetivos, normativos e subjetivos, justificando-se algumas palavras sobre eles para a melhor compreensão do fenômeno da tipicidade, bem presente no momento da formulação da denúncia ou da queixa.

Os elementos *objetivos*, conforme ensina Damásio E. de Jesus, "são os que referem a materialidade da infração penal, no que concernente a sua forma de execução, tempo, lugar, etc. São também chamados descritivos. A fórmula do tipo é composta de um verbo que expressa a conduta. Trata-se, em geral, de um verbo transitivo, com o seu objeto: 'matar alguém', 'ofender a integridade corporal de alguém'".[156]

Segundo o festejado autor, "o homicídio é o melhor exemplo da descrição típica simples e correta: 'Matar alguém'. Nela não se encontra qualquer elemento atinente à antijuridicidade. O tipo só descreve os elementos objetivos, materiais da conduta. Em outros casos, além de conter elementos objetivos, o tipo possui elementos referentes ao estado psicológico do agente e à antijuridicidade. É o que ocorre com os tipos dos crimes dos arts. 130, § 1º, e 153 do CP", *in* obra citada, p. 339".[157]

Compõem também o âmbito dos elementos *objetivos* aqueles cujo conhecimento, segundo Fragoso, se opera "através de simples verificação sensorial, o que ocorre quando a lei se refere a membro, explosivo, parto, homem, mulher, etc. A identificação de tais elementos dispensa qualquer valoração".[158]

Os elementos *normativos*, por sua vez, ainda conforme o mesmo autor, são os que "só podem ser determinados por uma valoração jurídica ou cultural". Exemplos da primeira hipótese encontramos nos casos em que se insere na descrição da conduta punível elementos de natureza jurídica, como cheque, conhecimento de depósito, *warrant*, documento, etc.

---

[153] A inflação legislativa em nosso país, com a edição, reiterada, de leis pontuais, vem causando inquietação nos meios jurídicos, ante a nefasta desconstrução dos código, sendo oportuno lembrar a expressão "reserva de código", cunhada por Ferrajoli, com a pretensão de acentuar os inconveniência de respostas do legislativo contingentes ou emergenciais, ao problema da criminalidade (ver: Salo de Carvalho, *in Pena e Garantias*, Rio de Janeiro: Lúem Juris, 2001, p. 102, aludindo a proposta delineada por Ferrajoli).

[154] LUISI, Luiz. Ob. cit, p. 15.

[155] NABUCO FILHO, José. *O Princípio Constitucional da Determinação Taxativa e os Delitos Ambientais.* Boletim do IBCCrim, ano 9, número 104, p. 2.

[156] JESUS, Damásio Evangelista de. *Comentários ao Código Penal. 1º vol.*, São Paulo: Saraiva, 1985, p. 339.

[157] Idem, p. 340.

[158] FRAGOSO, Heleno Cláudio. *Lições de Direito Penal*, 8.ed. Rio de Janeiro: Forense, p. 163.

Exemplos da segunda existem nos casos em que o tipo se refere a elementos cujo conhecimento exige por parte do juiz recurso a valores éticos no meio cultural e que são, em última análise, valores culturais. É o caso de tipos que se referem: ato obsceno (CP, art. 233), mulher honesta (CP, arts. 215, 216 e 219), perigo moral (CP, art. 245), adultério (CP, art. 240)".[159]

Por fim, os elementos *subjetivos,* conforme lição de Damásio, são aqueles "referentes ao estado anímico do sujeito: fim colimado pelo agente, à sua intenção, ao intuito que o encoraja na execução do fato".[160] Exemplo típico é o elemento subjetivo no tipo que define a prevaricação (art. 319 do CP): retardar ato de ofício para *satisfazer interesse ou sentimento pessoal.* Daí a necessidade de serem devidamente contemplados na narrativa, pois é a partir deles que se consegue determinar a tipicidade. Do mesmo modo em conduta geradora da morte de outrem. Se não houver especificação do elemento subjetivo na denúncia, não se conseguirá saber se o fato tem enquadramento típico como lesões corporais seguidas de morte ou como homicídio doloso, por exemplo.

5. **A condição genérica do interesse de agir em matéria penal**. A segunda condição genérica da ação é a do *interesse processual*, identificado, no crime, na alocução imperfeita, redundante, do inciso II que prioriza a prescrição, embora ela constitua uma dentre diversas outras causas igualmente extintivas da punibilidade. Confundindo-se o interesse com a concreta punibilidade, os comentários a seguir, conquanto o destaque à prescrição, consideram, portanto, as causas extintivas da punibilidade de um modo geral.

O interesse de agir não se confunde com o interesse primário que a parte identifica em norma de direito material. O interesse, processualmente falando, é, já o dizia Liebman, sempre subsidiário e instrumental, pois visa, pelo movimento da jurisdição, à obtenção de provimento (sentença) para garantir o interesse primário.[161]

Humberto Theodoro Jr. é muito esclarecedor, ao dizer que "... quando se viola um direito ou um pretenso direito, o titular dele tem um interesse em fazer cessar essa violação. Mas este interesse é 'primário' e acha-se vinculado diretamente ao direito substancial. Uma vez, porém, que não pode reagir com suas próprias forças, surge a necessidade de valer-se da jurisdição para defender o 'interesse insatisfeito'. Aparece, então, um novo interesse, secundário e instrumental em relação ao primeiro e voltado agora para a relação indivíduo-Estado",[162] uma vez que a parte não está autorizada a fazer a justiça privada, a não ser desrespeitando as regras do Pacto Social.

Em matéria penal, o interesse na movimentação da jurisdição – com vistas ao provimento – não é exclusivamente de alguém em particular, como na lide civil, mas, isto sim, de todos os que integram a comunidade de não-criminosos. Daí dizer-se que o interesse integra o universo das aspirações sociais e públicas e, nessa medida, revela feição mais ampla e indefinida em relação ao restrito e concreto interesse do lesado em assegurar civilmente a satisfação de bem da vida.

Nesse cenário, o interesse, no dizer de ADA GRINOVER, aparece " (...) implícito em toda a acusação, pois a lide penal só nasce com a violação, efetiva ou aparente, da norma de direito material, e somente pode ser solucionada através do processo. O *jus puniendi* do Estado permanece em abstrato, enquanto a lei penal não é violada. É com a prática da infração, caracterizando-se o descumprimento da obrigação pré-estabelecida na lei, por parte do transgressor, que o direito de punir sai do plano abstrato e passa ao concreto. Assim, da violação efetiva ou aparente da norma penal, nasce a lide, caracterizada pela pretensão punitiva do Estado e pela resistência do infrator, cuja pretensão se configura como pretensão à liberdade".[163]

---

[159] FRAGOSO, Heleno Cláudio. *Lições de Direito Penal*, 8.ed. Rio de Janeiro: Forense, p. 163.

[160] Idem, p. 342. Na obra citada, DAMÁSIO fornece o rol dos elementos subjetivos previstos nos tipos do Código Penal: Vejamos alguns: "art. 130, § 1º ('se é intenção do agente'); 131 ('com o fim de'); 134 ('para ocultar desonra própria'); 155, 156 e 157 ('para si ou para outrem'); 158 ('com o intuito de'); 159 ('para apropriar-se'); 161 § 1º, I ('em proveito próprio'); 161, § 1º, II ('para o fim de'); 171 ('para si ou para outrem'); 171, § 2º, V ('com o intuito de') 173 e 174 ('em proveito próprio ou alheio'); 174 ('sabendo ou devendo saber'); 206 e 207 ('para o fim'; 'com fim'); 208 ('por motivo de'); 219 ('para fim libidinoso'); 227, § 3º, 228, § 3º e 331, § 3º ('com o fim de lucro'; 'para fim libidinoso'); 234 ('para fim de comercio'); 235 § 1º ('conhecendo essa circunstância'); 237 ('conhecendo a existência'); 332 ('para si ou para outrem'); 333 ('para'); 339 ('de que o sabe inocente') etc.

[161] LIEBMAN, Enrico Tullio. *Lezioni di Diritto Processuale Civile*. V. I, Nozione Introduttive, Dott. A. Giuffrè Editore, 1951, p. 39. No original: "processuale, sussidiario e strumentale, rispetto all'interesse sostanziale, primario, ed ha per oggetto il provvedimento che si domanda al Magistrato, in quanto questo provvedimento si ravvisi come un mezzo sostitutivo per ottenere il soddisfacimento dell'interesse primario (...)".

[162] THEODORO JR., Humberto, ressupostos *Processuais e Condições da Ação no Processo Cautelar*. São Paulo: Revista Forense, 1985, vol. 292, p. 24.

[163] GRINOVER, Ada Pellegrini. *As Condições da Ação*. São Paulo: Símbolo, 1977, p. 103 e ss.

5.1. Interesse de agir e prescrição pela pena projetada. Confundindo-se com a punibilidade concreta, isto é, com a singularidade de que a prática do crime gera a necessidade da convocação do Poder Judiciário para apreciar a questão e, se for o caso, impor a pena correspondente, doutrina[164] e jurisprudência[165] discutem a possibilidade de rejeição da denúncia ou queixa, por ausência de interesse, quando for possível a projeção de pena em quantidade capaz de determinar a declaração da extinção da punibilidade pela prescrição.

Apoiados no princípio da obrigatoriedade da ação penal e no suposto direito do acusado ao processo, para ver a declaração de sua inocência, há, de um lado, aqueles que afirmam existir interesse de agir, mesmo no caso de prognóstico de condenação à pena indicativa de prescrição.

De outro, há os que sustentam a ausência de utilidade de processo e de sentença condenatória não executável, só agravando um processo natimorto o grau de desconfiança das pessoas na efetividade do Poder Judiciário.

Como a tendência dos juízes e tribunais é fixar pena no mínimo legal, e as partes – nomeadamente quando favoráveis as circunstâncias judiciais – conseguem fazer essa prognose com muita segurança, o que no fundo obstaculiza a consolidação da proposta é a camuflagem de uma disputa ideológica, salientada pelo Juiz Luiz Sérgio Fernandes de Souza, nas seguintes palavras:. "Há argumentos que não são colocados na mesa pelos opositores da tese", pois "temem um afrouxamento da persecução penal. Supõem, com razão, que ela poderia incentivar soluções pouco ortodoxas, ou pragmáticas, na fase do inquérito. Mais que isto, acreditam piamente no fetichismo do Direito. Em outras palavras, crêem que os incômodos de um processo, por si mesmos, já representariam uma expiação de culpa, pelo que pouco importaria considerar se, a final, a sentença efetivamente seria aplicada".[166]

Há muitos anos manifestamos, por escrito, nossa posição em favor da solução reclamada, amparados em princípio singelo de direito administrativo, que reclama moralidade na aplicação do dinheiro público.

Há que se encerrar sumariamente a persecução penal, com efeito, mediante arquivamento e envio dos autos do inquérito ou peças de informação ao arquivo do Fórum, em respeito a esse princípio e ainda para evitar-se gasto inútil de tempo e energia se, no caso concreto, a projeção da pena associada ao tempo (art. 109 do CP) apontar para a prescrição retroativa da pretensão punitiva.

Não fosse por esse, ainda outro argumento poderia ser aduzido à recomendação de arquivamento do inquérito ou peças de informação por ausência de interesse, qual seja, o do manifesto constrangimento em sujeitar indivíduo a processo inútil, quando todos sabemos que as normas processuais funcionam como escudos de proteção e de garantia frente aos abusos no exercício do *jus puniendi*.

5.2. Interesse de agir e excludente de ilicitude. Questão igualmente interessante é a que diz com a existência ou não de interesse na movimentação do Poder Judiciário quando o inquérito ou peças de in-

---

[164] Posicionamento a favor da tese: Antonio Scarance Fernandes, A Provável Prescrição e a Falta de Justa Causa Para a Ação Penal, in Cadernos de Doutrina e Jur. da APMP, nº 6, p. 38; Edison Aparecido Brandão, Prescrição em Perspectiva, in RT. 710/391; Luiz Sérgio Fernandes de Souza, A Prescrição Retroativa e a Inutilidade do Provimento Jurisdiciona, in RT. 680/435, Maurício Antonio Ribeiro Lopes, O Reconhecimento Antecipado da Prescrição (...), in RBCCC, 3, ano 1, conforme referem Carlos Gabriel Tartuce e outros, no artigo Prescrição da Pretensão Punitiva Antecipada, in Boletim de Novembro/95 do IBCCrim; Nilo Batista, Introdução Crítica do Direito Penal Brasileiro, Revam, 1990, p. 116); Mirabete, obra citada, p.40 e Afrânio Silva Jardim, Direito Processual Penal – Estudos e Pareceres, Forense, 1986, p. 58; Dr. Celso Kipper, sentença nos autos do proc. 8902372. No sentido da conclusão do ilustre magistrado, mencionada nas anteriores edições deste livro, já há muitos precedentes, como constam das notas de rodapé. Posicionamento contrário: Damásio, CP Anotado e Prescrição Penal; Mirabete, Manual, Vol. 1, p. 396, Luiz Régis Prado e Cézar Bitencourt, Elementos de Direito Penal, RT, p. 196, Luiz Vicente Cernicchiaro, Prescrição Antecipada, in Correio Brasiliense, Suplemento, nº 219, de 25.9.95, p. 3; Osvaldo Palotti Jr., Considerações sobre a Prescrição Retroativa Antecipada, in RT 709/302; Dotti, A Incapacidade Criminal da Pessoa Jurídica, in Rev. Bras. de Ciências Criminais, nº 11, ano 3, RT, p. 184, Rogério Felipeto, Prescrição Antecipada, Bol. IBCCrim, nº 25, p. 6, consoante anotação de Carlos Gabriel Tartuce, et alii, no art. cit.

[165] Posicionamento a favor: Ac. 3ª Câmara do Tribunal de Alçada do RS, quando do julgamento da Apelação-Crime 295059257, por mim relatado, In Rev. Julgados, vol. 97, p. 144; RT 668/289; RT 669/315; Habeas Corpus nº 4795/SP, 5ª Turma do STJ, Rel. Min. Edson Vidigal, j. 23.09.1996, DJU 29.10.96 p. 41670.
Posicionamento contrário:
STJ, RHC nº 3.140/9-SP, Rel. Min. José Candido, julg. em 08.02.94. No mesmo sentido: RHC, 004391, STJ, 6ª T, Rel. Min. Ademar Maciel, j. 10.04.95, e RHC 00047707, 5ª T, STJ, Rel. Min. Edson Vidigal, j. em 11.09.95; Emb. Infr. 295041891, 1º Grupo Criminal, Rel. Tupinambá Azevedo; Rev. Jur. TJRS, vol. 177, p. 112; Ac. 6ª T, STJ, RHC nº 2.926-PE, de 17.08.93, Rel. Min. Vicente Cernichiaro, DJU de 28.02.94, p. 2.916; Recurso em Sentido Estrito 0070995500, Juiz Conv. Waldomiro Namur, 4ª Câmara Criminal do TAPR, j. 06.10.1994, Ac.: 2222, p. 21.10.1994; Apelação-crime nº 297022840, 1ª Câmara Criminal do TARS, Rel. Marco Antônio Ribeiro de Oliveira, j. 22.10.1997; Apelação-crime nº 695098244, 3ª Câmara Criminal do TJRS, Rel. Aristides Pedroso de Albuquerque Neto, j. 11.04.1996.

[166] SOUZA, Luis Sérgio Fernandes, *A Prescrição Retroativa e a Inutilidade do Provimento Jurisdicional*, Ajuris, vol. 56, p. 225.

formação indicar que o fato foi cometido pelo agente em situação evidente de excludente de ilicitude.

A nosso ver, embora a tipicidade da conduta, a hipótese também autoriza encerramento sumário da persecução penal por falta de interesse. É que, conquanto seja formalmente antijurídica, a conduta de quem age em defesa própria não é materialmente antijurídica. É claro que devem existir provas seguras de conformação da excludente, porque, na dúvida, mesmo pequena, impõe-se a denúncia ou queixa.

5.3. **Interesse de agir e fato bagatelar**. Outra questão interessante é a que diz com a prática de fato bagatelar. A expressão "bagatela", vulgarmente, tem o sentido de "ninharia", de "coisa sem importância", "insignificante". A denúncia pode ser rejeitada, quando a imputação for de autoria de crime definido como "bagatelar" ?

Embora vacilações, há precedentes afirmando a viabilidade ora por impossibilidade jurídica do pedido, ora por ausência de interesse de agir.

Como a *bagatela* atua, no dizer de Odone Sanguiné, como método auxiliar de interpretação e compreensão dos tipos penais, válido e historicamente necessário em situações de 'esclerotização' legislativa, quando os velhos esquemas normativos são dificilmente adequáveis à realidade econômico-social em radical transformação,[167] parece-nos adequado situá-la na órbita da primeira condição da ação.

Como a bagatela, trabalhada por Klaus Tiedman sobre as bases dos princípios da *insignificância* de Roxin e da adequação social de Welzel,[168] está associada à aceitação social, pois, embora formalmente típica, a conduta do autor de fato bagatelar, no caso, não é materialmente reprovada pela sociedade, não vemos óbice, de qualquer sorte, a que o tema seja enfrentado sob a perspectiva dessa condição da ação – a do interesse.

O pronunciamento judicial sobre a falta de interesse de agir – nos moldes do pronunciamento sobre a impossibilidade jurídica do pedido – é também de mérito, com força de coisa julgada material, conquanto o interesse venha apontado como *condição da ação*, porque, segundo ensinamento de Fábio Gomes, embora trabalhando com o processo civil, a "investigação sobre necessidade ou desnecessidade da tutela jurisdicional invocada pelo autor para obter a satisfação do direito alegado implica obrigatoriamente perquirir a respeito da ameaça ou da violação desse direito, ou seja, sobre ponto pertinente à relação substancial".[169]

Não há nada mais evidente para demonstrar o acerto dessa lição que o fato de dizer-se que, com a extinção da punibilidade, desaparece o próprio poder-dever de punir. Em suma: a manifestação judicial extintiva do jus puniendi é de mérito, no mais rigoroso sentido da palavra.

6. **A condição genérica da legitimidade de partes, em matéria penal**. Bem antes de Liebman apontar, no cerne de sua teoria, a legitimidade de partes como condição da ação, o legislador do processo a incluiu ainda na década de 1940, conforme se lê na primeira parte do inciso III do art. 43.

6.1. **A parte ativa**. A tendência da doutrina é considerar, no âmbito da legitimidade de partes, exclusivamente a parte ativa, primeiro porque o demandado não *age,* mas *reage* à pretensão deduzida pelo autor e, depois, porque o artigo 6º de nosso Código de Processo Civil, quanto a esse aspecto, é claro ao dizer "ninguém poderá pleitear, em nome próprio, direito alheio, salvo quando autorizado por lei", perfilhando a teoria concreta da ação, que a vincula ao direito material.

Entretanto, o exame da legitimidade de partes envolve também o sujeito passivo, sem o qual não há processo como *actus trium personarum* – embora possa exigir ação, jurisdição e processo sem réu (ex. ação de revisão criminal).

A propósito, Ada Grinover, transcrevendo trecho dos *Estudos* de Liebman, ensina que a pertinência subjetiva para a ação "há de ser vista em confronto com a outra parte. Não só o autor, como também o réu devem ser reconhecidos pelo ordenamento jurídico, como as pessoas facultadas, respectivamente, a deduzir, em juízo, a pretensão e a resistência. Aquele a quem a lei atribui o poder de dirigir-se ao juiz, e aquele em face de quem o pedido pode ser feito, são as pessoas legitimadas para a causa",[170] aspecto que acentua, como já destacamos antes, a intensa proximidade entre as condições da ação e os pressupostos processuais.

Há que fazer distinção entre a legitimidade das partes para a causa e a legitimidade para o processo, porque enquanto aquela diz com o direito de ação e atua como condição para o seu regular exercício – à luz da teoria de Liebman – esta última está relacio-

---

[167] SANGUINÉ, Odone. *Observações sobre o Princípio da Insignificância*. Fascículos de Ciências Penais, ano 3, vol. 3, p. 36.

[168] PIERANGELLI, José Henrique. Obra citada, p. 44. Ver, também, TOLEDO, Francisco de Assis. *Princípios Básicos*, São Paulo: Saraiva, 1986, p. 121.

[169] GOMES, Fábio. *Carência de Ação*. São Paulo: Revista dos Tribunais, 1999, p. 67.

[170] GRINOVER, Ada. *As Condições da Ação*. São Paulo: Símbolo, Bushatski, 1977, p. 138.

nada à capacidade de estar em juízo sem o qual o processo não poderá ter andamento regular.

Distinção há que fazer, também, entre a legitimidade *da parte* para a causa e a legitimidade do *representante da parte*, no processo. O objeto desta não diz com as condições da ação e sim com os pressupostos de regularidade do feito,[171] nas ações intentadas mediante queixa.[172] Por isso, o instrumento do mandato outorgado pelo ofendido ao seu advogado deverá conter, mesmo resumidamente, a menção do fato criminoso (art. 44 do CPP). Quando isso não acontecer haverá deficiente representação do querelante (vítima) no processo.

A hipótese enseja nulidade, relativa,[173] sanável, portanto, a qualquer tempo, antes da sentença, mediante a outorga de novo instrumento do mandato.[174] O não-atendimento da exigência do art. 44 do CPP implica decadência do direito de queixa e, como conseqüência dela, em declaração de extinção da punibilidade[175] (art. 568 do CPP).[176]

Parte ativa legítima para a causa, em matéria penal, é, exclusivamente, o Estado-Administração, titular que é do *jus puniendi*. Sua representação em juízo para a defesa desse direito é realizada, ordinariamente, pelo órgão do Ministério Público (art. 129, I, e art. 5º, inc. LIX, da CF) e, extraordinariamente, pelo ofendido.

Como já vimos, o Ministério Público tem o dever legal de agir, independentemente de provocação, eis que a ação pública é obrigatória, salvo naqueles casos em que a lei confere ao ofendido e ao Ministro da Justiça direito de representar ou de requisitar.

Na ação de iniciativa privada, é do ofendido em crimes de ação penal de iniciativa privada,[177] pessoa física ou jurídica, a legitimidade para a promoção da queixa (arts. 30 e 31 do CPP).

Sua posição na ação penal e no processo é a de substituto processual, visto que postula, em nome próprio, a defesa do *jus puniendi* estatal, embora, indiretamente, também defenda interesse próprio e direto, no caso, a reparação patrimonial do dano *ex delicto*.

Havia dúvida na doutrina quanto à legitimidade para agir em crimes contra a honra praticados contra servidor público, no exercício das funções. O Supremo Tribunal Federal consolidou sua jurisprudência no enunciado número 714 da Súmula, que reconhece a legitimidade concorrente do ofendido e do Ministério Público.

6.2. **A parte passiva.** Sujeito passivo da ação é sujeito ativo do crime, isto é, o autor do fato típico, a pessoa humana exclusivamente.

Houve um tempo em que as coisas e os seres animais, irracionais, eram suscetíveis de responsabilização criminal. Lembra, com efeito, Walter Coelho, que o livro *Bestie Delinquenti*, de Abdosis, alude a mais de uma centena de processos instaurados contra animais; na Bélgica, no século XVI, executava-se o touro pela morte de um homem, enquanto no Brasil, no século XVIII, frades franciscanos de São Luiz do Maranhão, amparados em regras de Direito Canônico, processaram todos os componentes de um formigueiro que vinham "furtando" da despensa da comunidade eclesiástica.[178]

No livro *O Homem Delinqüente*, Lombroso registra, por exemplo, que nos processos instaurados contra animais, no reinado de Francisco I, "davam-lhes um advogado" e em 1356, em Flaise, "uma porca que havia devorado uma criança foi condenada a morrer pela mão do carrasco".[179]

---

[171] Nesse sentido acórdão por nós relatado no julgamento do Habeas corpus nº 699179057, 7ª Câmara Criminal do TJRS, Caxias do Sul, j. 29.04.1999.

[172] RJTAcrim, vol. 8, out./dez, 1990, p. 21, Rel. Juiz Marrey Neto.

[173] Apelação-Crime nº 698519808, 8ª Câmara Criminal do TJRS, Rel. Marco Antônio Ribeiro de Oliveira, j. 24.04.1999.

[174] Recurso Especial nº 201341/RS (199900051041), 6ª Turma do STJ, Rel. Min. Fernando Gonçalves, j. 06.06.2000, DJU 19.06.2000.

[175] Apelação-Crime nº 699172326, 6ª Câmara Criminal do TJRS, Rel. Alfredo Foerster, j. 13.05.1999.

[176] Identificando-se nessas normas o objetivo de fixação da responsabilidade por denunciação caluniosa no exercício do direito personalíssimo de queixa, o que se verifica, por exemplo, quando ele injuria, calunia ou difama o acusado ou terceira pessoa, carece de sentido, ao nosso ver, que um fato imputável ao advogado possa vir a comprometer os interesses da parte que as ditas normas visam precisamente a proteger! A falta de menção de fato criminoso não poderia gerar, então, qualquer efeito prático no âmbito da ação penal de iniciativa privada, mas, isto sim, só na eventual demanda intentada contra o querelante, pela vítima, pelos excessos do advogado na causa. Nesse caso parece-nos que, por inversão de ônus de provar, ao querelante incumbiria demonstrar a responsabilidade exclusiva de seu constituído pelos excessos. Como anotamos, todavia, não é esse o entendimento doutrinário e jurisprudencial sobre a matéria.

[177] "A pessoa jurídica pode ser sujeito passivo do crime de difamação. Não, porém, de injúria ou calúnia" (STF, Rel. Min. Francisco Rezek, RT 596, p. 421). Na Lei de Imprensa (5.250/67) há previsão expressa no art. 23, inciso III, de majoração de pena quando a calúnia, a difamação ou a injúria é proferida contra "órgão" ou "autoridade" que exerça função de autoridade pública. Nesse caso é admitida a exceção da verdade (art. 21, § 1º, letra "a") quando o crime se tratar de calúnia ou difamação.

[178] COELHO, Walter, *Teoria Geral do Crime*, Porto Alegre: Fabris, 1991, p. 41.

[179] LOMBROSO, César, *O Homem Delinqüente*. Tradução da 2ª edição francesa, por Maristela Bleggi e Oscar Antonio Corbo Garcia, Porto Alegre: Ricardo Lenz Editor, 2001, p. 53.

Esses processos, hoje, soam como algo ridículo.

Nós só os mencionamos por razões históricas, porque na atualidade a ação e a punição pressupõem prática de fato por pessoa humana, a única que reúne capacidade e liberdade moral para optar entre o crime e a conformação da conduta com a ordem jurídica.

Não, evidentemente, *qualquer pessoa*, mas só aquela que provas mínimas e lícitas indicarem como sendo a autora de infração como deflui dos princípios da intranscendência da ação e da pessoalidade da pena.

Também não será parte passiva legítima o autor do crime menor de 18 anos, porque penalmente inimputável. Uma ação deduzida para convocação ao processo de menor de 18 anos não pode ter seguimento e, se tiver, deve ser trancada de ofício ou mediante ordem de *habeas corpus*.

Como todos sabem, os menores, pelos crimes cometidos, ficam sujeitos a um expediente de cunho pedagógico e educativo, impropriamente denominado de processo especial de menor, regulado pelo Estatuto da Criança e do Adolescente. As sanções imponíveis não têm conteúdo penal.

Também não será possível ação penal contra pessoa protegida por imunidade. É o instituto da imunidade que afasta o infrator da órbita processual penal, embora a tipicidade material da conduta.

Quanto às imunidades parlamentares, o art. 53 da CF assim estabelece: "Os deputados e senadores são invioláveis por suas opiniões, palavras e votos" (imunidade parlamentar material), não podendo "ser presos, salvo em flagrante de crime inafiançável, nem processados criminalmente, sem prévia licença de sua Casa" (imunidade parlamentar processual ou formal).

Assim, se o deputado ou senador vier a praticar fato penalmente típico ao emitir opinião, palavra ou voto, desde que relacionado com o exercício de seu mandato, não pode ser sujeito passivo em ação pública, por ter irresponsabilidade penal. Todavia, se o parlamentar irrogar ofensa contra alguém, fora da sua atividade como deputado ou senador, responderá pelo crime como qualquer cidadão, exigindo-se, todavia, para o processo, a licença da Casa a que pertence, na forma estabelecida pelo § 1º do art. 53 do CP.

A imunidade material ou penal, lembra Manoel Gonçalves Ferreira Filho, destina-se a "assegurar ampla liberdade no exercício do mandato", permitindo-se a "crítica e a denúncia de eventuais irregularidades sem a cautela necessária ao cidadão em geral".[180] Essas regras são aplicáveis aos deputados estaduais (art. 55 da Constituição do Rio Grande do Sul).

Em relação aos vereadores, a Carta Federal instituiu, diferentemente da imunidade, a "inviolabilidade (...) por suas opiniões, palavras e votos no exercício do mandato e na circunscrição do Município" (art. 29, inciso VI).[181]

Como já se decidiu, nos termos do art. 29, VI, da Constituição Federal, os vereadores são invioláveis por opiniões, palavras e votos, no exercício do mandato, observado o sentido dado a essa cláusula pela prática constitucional brasileira, o que significa imunidade material não absoluta, dependente de um nexo entre a manifestação do pensamento e as funções de vereador.[182]

Os edis municipais, a partir de 1988, portanto, não são responsáveis penalmente pelas opiniões, palavras e votos proferidos em razão das funções de fiscalização que exercem como vereadores, sujeitando-se a processo, todavia, pelo que disserem ou fizerem fora da tribuna da Câmara ou da circunscrição territorial do Município.

Diversamente do que ocorre com os parlamentares federais e estaduais (arts. 53, § 1º, da CF, e 55 da Constituição Estadual), é dispensável prévia licença da Câmara para a abertura de processo penal contra vereador.

As imunidades diplomáticas são disciplinadas pelo Direito internacional e alcançam os chefes de governo estrangeiros e os representantes diplomáticos acreditados no país. Caso venham a cometer crime no território estrangeiro deverão responder ao processo perante a Justiça de origem, não havendo, por conseguinte, a incidência de jurisdição criminal local.

As imunidades penais patrimoniais, como lembra Damásio, estão previstas no art. 181, I e II, do Código Penal. Fica isento de pena quem comete delito contra o patrimônio em prejuízo de cônjuge, na constância da sociedade conjugal, ou de ascendente ou descendente, seja o parentesco legítimo ou ilegítimo, seja civil ou natural. Trata-se das escusas absolutórias, fundadas em razões de política criminal. Assim,

---

[180] JESUS, Damásio Evangelista de. *Questões Criminais*, cit., p. 175.

[181] "Constitucional e processual penal. Recurso ordinário em habeas corpus. Crime de difamação. Art. 21 da Lei 5250/67. "(...) III – Vereador não é protegido por imunidade parlamentar, mas sim acobertado pela inviolabilidade parlamentar. São institutos que se completam mas que não se confundem. No caso, assegura-se apenas a inviolabilidade por suas opiniões, palavras e votos, condicionada, entretanto, a dois fatores: exercício do mandato e circunscrição do município IV. Recurso improvido" (STJ RHC nº 0003387, SP, Rel. Min. Pedro Acioli) (No mesmo sentido: HC 1633/SP, STJ; RHC 661/GO, STJ; RHC 61993/RS, STF.).

[182] Apelação-Crime 290137082, TARGS, 3ª Câmara Criminal, Rel. Juiz Fernando Mottola.

não responde por furto o filho que subtrai bens do pai.[183]

No inciso I do art. 142, o CP regula os casos de imunidade material na discussão da causa pela parte ou seu procurador; no inciso II, da imunidade judiciária literária, artística ou científica; e no inciso III, da imunidade funcional.

No primeiro caso, a Constituição Federal de 1988 realçou a imunidade material do advogado ao declarar, no art. 133, a inviolabilidade do mesmo por atos e manifestações que vier a cometer no exercício da profissão, nos "limites da lei".

Mas é evidente que a Lei Maior – ao contrário do que se chegou a pensar inicialmente – não pretendeu transformar o *animus defendendi* em licença para o ataque descomedido e desnecessário ao juiz ou à parte contrária, muito embora a sugestiva redação dada ao § 2º do art. 7º da Lei 8.906, de 04.07.94, Estatuto da Advocacia e da Ordem dos Advogados do Brasil.[184]

No inciso II do art. 142 do CP há previsão de imunidade literária.

Conforme Damásio, "Não constitui injúria ou difamação a opinião desfavorável da crítica literária, artística ou científica, salvo quando inequívoca intenção de injuriar ou difamar. Uma crítica prudente, seja de natureza literária, artística ou científica, não traz em si cunho de ilicitude. É comportamento absolutamente normal que escapa à esfera de punição legal".[185]

O conceito desfavorável emitido por funcionário público, em apreciação ou informação que preste no cumprimento de dever de ofício, finalmente configura caso de imunidade funcional (art. 143, III, do CP). Exemplo: "A autoridade policial, no relatório do inquérito, dá informações a respeito dos péssimos antecedentes do indiciado".[186]

6.3. A pessoa jurídica como sujeito passivo da ação. Sendo inquestionável a posição do ser humano como parte ativa e também passiva no processo penal brasileiro, a grande questão continua sendo a que diz com a legitimidade passiva da pessoa jurídica.

Ora, desde os romanos há plena aceitação da conhecidíssima parêmia *societas delinquere non potest*, que sustenta a teoria da ficção, de Savigny, também influenciado pelo pensamento individualista do Iluminismo, segundo o qual a pessoa jurídica não passa de uma abstração, sem vontade própria. Logo, os crimes por ela cometidos o seriam, em realidade, por aqueles que a administram ou representam.

É bastante acalorada entre nós a discussão que começou no exterior[187] sobre a responsabilização penal da pessoa jurídica, envolvendo juristas de nomeada a favor[188] e contra.[189]

Adepto à responsabilidade criminal da pessoa jurídica, Klaus Tiedman, um dos que primeiro enfrentou o tema, lembra que a responsabilidade penal da pessoa jurídica não é excludente da responsabilidade dos seus diretores ou gerentes,[190] gerando, destarte,

---

[183] *Questões Criminais*, São Paulo: Saraiva, 1981, p. 174.

[184] STJ, 5ª T., Rel. Min. Assis Toledo, BIM 197/28, de nov./1993. No mesmo sentido: Recurso em Habeas corpus nº 950003658-4-RO, Rel. Min. Luiz Vicente Cernicchiaro, STJ, DJU 11/09/95, p. 28.861; STJ, 5ª T., Rel. Min. Assis Toledo, DJ de 06/03/95, p. 4.373; STJ, 5ª Turma, Rel. Min. Jesus Costa Lima, DJ de 03/04/95, p. 8.138; Ag. Reg. N. A.I. 53.133-3-DF, 6ª T, Rel. Min. Luiz Vicente Cernicchiaro, DJU de 20/3/95, p. 6.148); Recurso de Habeas Corpus nº 950028442-1-SP, Rel. Min. Jesus Costa Lima, STJ, j. 14/06/95, un., DJU 07/08/95, p. 23054.

[185] JESUS, Damásio Evangelista de. *Código Penal Anotado*, São Paulo: Saraiva, 1991, art. 142, p. 392.

[186] Idem, ibidem.

[187] No estrangeiro, para crimes de natureza diversa, os Estados Unidos da América do Norte, o Japão e a Holanda já aceitam a responsabilidade penal da pessoa jurídica e, no dizer de Luiz Flávio Gomes, todas as resoluções e recomendações do Conselho Europeu vêm sendo editadas nesse sentido (Res. 28 e Rec. 12/82) – GOMES, Luiz Flávio e CERVÍNI, Raul. *O Crime Organizado*. São Paulo, RT, 1995, p. 157 – haja vista a existência de projetos nesse sentido na Suíça, Bélgica e Finlândia – LECEY, Eládio. *A Tutela Penal do Consumidor e a Criminalização da Pessoa Jurídica*. Revista da Ajuris, ed. especial, março de 1998, p. 616. Ver, também, *Responsabilidade Penal da Pessoa Jurídica e Medidas Provisórias e Direito Penal*, coletânea de ensaios, publicada pela editora Revista dos Tribunais, 1999, sob a coordenação de Luiz Flávio Gomes.

[188] SHECAIRA, Sérgio Salomão, SICOLI, José Carlos Meloni, SIRVINSKAS, Luiz Paulo e AZEVEDO, Tupinambá de, em artigos publicados no Boletim 65 do IBCCrim (os três primeiros), e na Revista da Ajuris, volume 72 (o último), com os títulos *A Responsabilidade das Pessoas Jurídicas e os Delitos Ambientais, A Tutela Penal do Meio Ambiente na Lei 9.605, de 13 de fevereiro de 1988, Questões Polêmicas sobre a Responsabilidade Penal da Pessoa Jurídica nos Crimes Ambientais e Da Ação e do Processo Penal na Lei 9.605/98*, proclamaram, com efeito, que, com a nova lei ambiental, se definiu, no Brasil, a responsabilidade penal da pessoa jurídica.

[189] Posicionam-se contrariamente aos autores citados na nota anterior Luiz Régis Prado, Luiz Luisi, René Ariel Dotti, Luiz Vicente Cernicchiaro, Fernando Pedroso, Sheila Jorge Selim de Sales e Érika Mendes de Carvalho, consoante se extrai da obra escrita por esta última, *Tutela Penal do Patrimônio Florestal Brasileiro*, São Paulo: Revista dos Tribunais, 1999, p. 149.

[190] TIEDMANN, Klaus, ilustre professor de direito penal na Alemanha, em declarações prestadas ao Jornal Folha de SP, de 30 de setembro de 1995, afirmou que, na Alemanha, nos Estados Unidos, na Austrália e no Japão, já se admite a responsabilidade penal da pessoa jurídica, sendo que esta "não exclui a das pessoas físicas que dirigem estas empresas. São punidos os dois: a companhia e os seus dirigentes". As pessoas coletivas, sociedades e associações de fato são, em Portugal, penalmente responsáveis pelos

a situação peculiar do que poderíamos denominar de culpabilidade por inferência ou por dedução ...

A Lei 9.605, de 13 de fevereiro de 1998, que define os crimes contra o meio ambiente contém expressa previsão de responsabilidade penal da pessoa jurídica, embora as muitas outras dificuldades técnicas para operacionalizar a previsão, afora as cogitações sobre a própria inutilidade da medida.

Os defensores da responsabilidade penal da pessoa jurídica costumam invocar como principal fundamento regra constitucional supostamente autorizara da medida constante do § 3º do artigo 225. Nesse parágrafo, a Constituição apenas reafirmou o que é do domínio público, ou seja, que as pessoas naturais estão sujeitas às sanções de natureza penal e que as pessoas jurídicas estão sujeitas às sanções de natureza administrativa.

O texto do citado parágrafo é, aliás, inferior em felicidade e clareza ao do § 5º do artigo 173 da mesma Constituição, onde lê-se: "A lei, sem prejuízo da responsabilidade individual dos dirigentes da pessoa jurídica, estabelecerá a responsabilidade desta", sujeitando-a, entretanto, a punições *compatíveis com sua natureza* por atos praticados contra a Ordem Econômica e Financeira e contra a Economia Popular.

Cotejando esses textos a impressão que fica é que o legislador constituinte em momento algum pretendeu redefinir o âmbito de abrangência da imutabilidade penal para alcançar a responsabilidade criminal das pessoas jurídicas.

A nosso ver, no § 3º do art. 225 o legislador constituinte o que quis fazer foi realçar – e de forma desnecessária – a possibilidade legal de aplicação de sanções de conteúdo civil, patrimonial ou administrativo.

Não havendo, contudo, proibição constitucional à punição da pessoa jurídica, parece-nos que, rigorosamente, não se pode inquinar a nova lei ambiental de inconstitucional nessa parte relacionada à responsabilidade da pessoa jurídica pelos crimes nela previstos.

7. As condições específicas em matéria penal. A representação, a Requisição e a Condição objetiva de punibilidade. O inciso III do artigo 43 condiciona ainda o exercício do direito de ação, em determinados casos, à representação do ofendido ou à requisição do Ministro da Justiça (denominadas como condições de procedibilidade) e àquelas condições que integram a tipicidade (denominadas como condições objetivas de punibilidade), sobre as quais já dissertamos páginas atrás e para onde remetemos o leitor, para evitarmos redundância.

É suficiente lembrar que a representação e a requisição são condições de procedibilidade porque sem elas o Ministério Público não está *autorizado* a intentar a denúncia e, assim, iniciar a ação. Ambas são estranhas à tipicidade.

A condição objetiva de punibilidade, outrossim, é um dado estranho à vontade do ofendido e inerente a própria tipicidade, pois sem ela, rigorosamente, não há a criminalidade do fato a ensejar punição.

8. As condições da ação. Decisão e efeitos da decisão relacionada a elas. Para que a denúncia ou queixa possa ser *recebida* o autor deve satisfazer as condições da ação. Da decisão de recebimento não caberá recurso algum (salvo o previsto na Lei 5.250/67), podendo a matéria ser questionada em hábeas-córpus, todavia.

A ausência das condições da ação, outrossim, conduz à decisão de *rejeição* da inicial acusatória.

Nesse caso poderá o acusador interpor apelação (art. 593, III), por ser a decisão de mérito.

Desse modo, rejeitada a denúncia ou queixa por ausência das condições genéricas, se não houver recurso, a decisão fará coisa julgada material e impedirá a reabertura do caso.

Realmente, o fato atípico não se transformará, jamais, em fato típico e a punibilidade extinta, por qualquer de suas causas, não se reavivará jamais, nem mesmo diante da lei nova, conhecido o princípio que proíbe a retroatividade da lei penal mais gravosa.

Há uma particularidade, todavia, quanto à ilegitimidade de partes. A decisão que rejeita a denúncia ou queixa fundada nessa condição terá efeito de coisa julgada material unicamente em relação à parte ilegítima porque, a qualquer momento, a parte legítima, por ela não alcançada, poderá, a teor do parágrafo único do art. 43, promover a demanda.

---

crimes previstos na Lei da Criminalidade Informática (nº 109, de 17 de agosto de 1991), quando cometidos em seu nome e no interesse coletivo pelos seus órgãos ou representantes (artigo 3º, número 1). As penas, consoante a citada lei, são a perda de bens, a caução de boa conduta, a interdição temporária do exercício de certas atividades ou profissões, o encerramento temporário ou definitivo do estabelecimento e a publicidade da decisão condenatória (artigo 11).
Na França, o recente Código Penal, de 1994, consoante esclarecimento de Luiz Régis Prado, também adotou o mesmo princípio, que possibilita a aplicação à pessoa jurídica de penas de multa, interdição, definitiva ou temporária, controle judiciário por cinco anos, fechamento definitivo ou temporário do estabelecimento, exclusão temporária ou definitiva dos mercados públicos, interdição do direito de emissão de cheques, confisco e dissolução, esta última reservada para infrações mais graves, como por exemplo, crimes contra a humanidade, tráfico de drogas, estelionato, terrorismo, etc. (PRADO, Luiz Régis. *Responsabilidade Penal da Pessoa Jurídica, O Modelo Francês*. Revista Brasileira de Ciências Criminais, IBCCrim, nº 46, p. 3).

Daí a lição de Ovídio A. Baptista da Silva, aplicável ao processo penal: "Aquele que teve sua demanda repelida, por considerá-lo o juiz carecedor de ação, estará impedido, em virtude da coisa julgada material, de repropor a mesma demanda; sua ação foi definitivamente julgada. Que a ação do legitimado verdadeiro não haja sido decidida pela sentença, parece uma conseqüência comezinha e óbvia".[191]

A rejeição da inicial por ausência de condição específica (de representação, requisição ou condição objetiva de punibilidade), não impedirá que o acusador, a qualquer tempo, desde que não incidente causa extintiva da punibilidade reapresente o pedido, satisfazendo a condição.

Convém anotar que não é válido afirmar a ilegitimidade do Ministério Público quando faltar a condição de procedibilidade (2ª parte do inciso III do art. 43 do CPP, combinada com o parágrafo único do mesmo artigo), tanto assim que a marcha do processo poderá ser reencetada a qualquer momento, desde que seja satisfeita a condição, isto é, desde que seja dado o consentimento pelo ofendido ou pelo Ministro da Justiça.

Art. 44. A queixa poderá ser dada por procurador com poderes especiais, devendo constar do instrumento do mandato o nome do querelante e a menção do fato criminoso, salvo quando tais esclarecimentos dependerem de diligências que devem ser previamente requeridas no juízo criminal.

Nesse dispositivo, o legislador cuidou de proteger os interesses da vítima de crime de ação de iniciativa privada frente ao seu procurador.

1. Nome do querelado. Por isso é que a lei exige conste do instrumento do mandato o nome do *querelado*. A referência no art. 44 ao "nome do *querelante*" é equivocada, pois é óbvio que este último deve figurar na procuração, por ser o outorgante dos poderes ao mandatário.

2. Menção do fato. É imperioso ainda – aos fins colimados pelo dispositivo – que conste do instrumento do mandato – a procuração – mesmo resumidamente, a menção do fato criminoso, salvo necessidade de esclarecimentos prévios em juízo cível.

Por *menção* do fato criminoso há entender-se a descrição, *mesmo enxuta, sintética, resumida,* do fato em si, para ficar bem caracterizados os limites da acusação a ser veiculada pelo advogado-outorgado em nome do constituinte-outorgante.

Em face dessa providência legal, eventuais excessos cometidos pelo mandatário, no cumprimento do mandato recebido, serão de sua responsabilidade, e não do mandante.

Assim: Se em processo destinado a discutir a prática de calúnia o advogado vier a irrogar outra calúnia à parte contrária,[192] ao seu procurador, ao promotor ou ao juiz, a vítima, na qualidade de mandante, ficará, portanto, resguardada por força dos limites assinalados no mandato.

3. Ausência de menção do fato. Conseqüências. O dispositivo comporta duas observações:

A primeira: com natureza de nulidade relativa (art. 568 do CPP), já que o defeito do instrumento do é passível de correção *a todo tempo pelo outorgante, até a edição da sentença.*

A segunda: construída para proteger o mandante contra os excessos de mandato, a citada exigência, ao fim e ao cabo, acaba se transformando contraditoriamente em fonte de irreparável prejuízo para o querelante-mandante, especialmente considerando que a culpa pelo defeito de representação não é dele e sim de seu advogado, que, por ser técnico em direito, conhece o direito e tem o dever de cumprir as determinações legais.

Então, rigorosamente, o art. 44 deveria ser retirado do corpo do Código de Processo Penal, resolvendo-se os excessos de mandato na sede própria, conforme a regra geral, sem prejuízo da validade do processo criminal.

Art. 45. A queixa, ainda quando a ação penal for privativa do ofendido, poderá ser aditada pelo Ministério Público, a quem caberá intervir em todos os termos subseqüentes do processo.

1. Ação privada e aditamento pelo Ministério Público. Aditar é acrescentar, adicionar, somar, agregar. Assim, embora a titularidade da ação penal seja do ofendido, órgão extraordinariamente legitimado para agir, o Ministério Público deverá ser intimado após o recebimento da queixa para, dentre outras alternativas, intentar aditamento e preservar o princípio da indivisibilidade da ação (art. 48 do CPP).

Como será examinado mais adiante, se a opção da vítima for pela propositura da ação ela não poderá deixar fora do processo co-autor ou participante, pois isso implicará em relação a eles renúncia do di-

---

[191] SILVA, Ovídio Baptista da, *Direito Subjetivo, Pretensão de Direito Material e Ação*. AJURIS, 29, p. 126.

[192] A parte e seu procurador em princípio são imunes relativamente aos crimes de difamação e injúria, conforme dispõe o art. 142, I, do Código Penal.

reito de queixa e, portanto, em extinção da punibilidade em relação ao querelado.

Desse modo, ao intervir em todas as espécies de ação penal de iniciativa privada e constatando que, nos autos, há provas mínimas de justa causa apontando co-autor ou partícipe, o Ministério Público, velando pela indivisibilidade, requererá ao juiz que intime o querelante para este adite a queixa e, com essa providência, traga aos autos o terceiro excluído.

O dispositivo acima transcrito, ao declarar que o Ministério Público poderá aditar a queixa "ainda quando a ação penal for privativa do ofendido", englobou a possibilidade de aditamento pessoal à queixa deduzida também na ação penal privada genuína ou personalíssima.

Embora a segunda parte da letra "d" do inciso III do art. 564 do CPP declare a nulidade relativa especificamente à falta de intervenção do MP na ação subsidiária, é claro que essa norma se estende, por razões teleológicas, às demais espécies de ação de iniciativa privada, haja vista o texto do dispositivo *supra*, que estamos comentando, e, ainda, o texto do artigo 257 do CPP, bem recebido pela vigente Constituição (arts. 127 e seguintes).

Art. 46. O prazo para oferecimento da denúncia, estando o réu preso, será de 5 (cinco) dias, contado da data em que o órgão do Ministério Público receber os autos do inquérito policial, e de 15 (quinze) dias, se o réu estiver solto ou afiançado. No último caso, se houver devolução do inquérito à autoridade policial (art. 16), contar-se-á o prazo da data em que o órgão do Ministério Público receber novamente os autos.

§ 1º Quando o Ministério Público dispensar o inquérito policial, o prazo para o oferecimento da denúncia contar-se-á da data em que tiver recebido as peças de informações ou a representação.

§ 2º O prazo para o aditamento da queixa será de 3 (três) dias, contado da data em que o órgão do Ministério Público receber os autos, e, se este não se pronunciar dentro do tríduo, entender-se-á que não tem o que aditar, prosseguindo-se nos demais termos do processo.

1. Oferecimento da denúncia. Prazos. A denúncia, salvo as hipóteses expressamente previstas em leis especiais deverá ser oferecida em 5 dias se o indiciado estiver preso e em 15 dias se estiver solto ou afiançado, ambos contados da data em que o agente ministerial receber os autos do inquérito com "vista" (art. 800, § 2º).

Caso a autoridade policial seja instada a promover novas diligências imprescindíveis, o prazo ministerial para denunciar voltará a fluir, por inteiro, da data em que o Promotor receber novamente os autos do inquérito com "vista".

2. Intempestividade da denúncia. Conseqüências. A inobservância dos prazos acima referidos constitui mera irregularidade e, por isso, não interessa ao capítulo das nulidades.

Dizendo de outro modo: enquanto a punibilidade não for alcançada pela prescrição (ou, obviamente, por qualquer das outras causas extintivas específicas da ação pública), o oferecimento da denúncia será sempre possível.

O extrapolamento do prazo poderá sujeitar o MP à responsabilidades administrativas na órbita da Corregedoria-Geral do Ministério Público e dar causa à interposição de hábeas corpus, se o indiciado estiver preso.

Os Tribunais, contudo, condicionam a afirmação de ilegalidade da prisão ao vencimento dos prazos globalmente assinalados para o término da instrução e não ao vencimento isolado do prazo assinalado ao Promotor para denunciar, sob o argumento de a demora pode ser compensada e que a instrução pode encerrar-se dentro do prazo global do respectivo procedimento.

3. Acusação lastreada em peças de informações: prazo. A notícia do crime pode ser levada diretamente ao Ministério Público, mediante representação oral ou escrita, como analisamos nos artigos precedentes.

Se a representação vier acompanhada de peças de informação indicando a autoria e a materialidade do crime, o Promotor de Justiça ficará dispensado de requisitar a abertura de inquérito policial e poderá oferecer a denúncia no prazo legal de 5 ou de 15 dias, contado da data do recebimento da representação ou peças, se o suspeito estiver preso ou em liberdade, respectivamente.

4. Prazo para o aditamento ministerial à queixa. O Ministério Público poderá aditar a queixa por crime de ação de exclusiva iniciativa da vítima ou por crime de ação pública intentada mediante queixa (ação penal privada subsidiária).

O prazo será de três dias e começará a fluir a contar da intimação – se a ação for de iniciativa exclusivamente privada – por ser esta a forma usual de contagem prazos no processo penal (art. 798, § 5º, letra a).

Todavia, sendo a ação privada subsidiária, a fluência do prazo começará na data em que o MP tiver vista dos autos, haja vista norma especial prevista no par. 2º do 800 do CPP.

Se o Ministério Público não aditar a queixa, no prazo, há entender-se que não considera necessário promover acréscimos à inicial.

Não promovendo aditamento, o querelante poderá suprir a omissão do MP dentro do prazo de seis meses, contado da data da identificação da autoria do crime (art. 38). Caso fique comprovado que o querelante já conhecia a identidade do co-autor ou participante na data da intimação do MP para intervir no processo, o prazo que aquele terá, para aditar corresponderá ao saldo do prazo global de seis meses, a que refere o art. 38 do CPP., pois, não há suspensões ou interrupções na decadência.

É importante conhecer esses aspectos porque a omissão do querelante ensejará extinção da punibilidade pela renúncia ao direito de queixa, quando o aditamento (pessoal) for imprescindível para salvaguarda do princípio da indivisibilidade (arts. 49 e 49).

Na ação pública e na ação penal privada subsidiária, esta regida pelos princípios que informam a ação pública, tanto o MP quanto o querelante poderão aditar a denúncia a qualquer tempo, porque, como explicamos páginas atrás, enquanto não se verificar a prescrição ou outra causa extintiva da punibilidade específica dessa espécie de ação.

O aditamento ministerial na ação pública condicionada à representação não dependerá de *nova representação*, eis que o consentimento outorgado pela vítima é para a abertura do processo, pouco importando quem ou quantos são os implicados no fato.

Desnecessário lembrar que o MP. detém a prerrogativa prevista na Lei Orgânica de receber intimações pessoalmente.

Art. 47. Se o Ministério Público julgar necessários maiores esclarecimentos e documentos complementares ou novos elementos de convicção, deverá requisitá-los, diretamente, de quaisquer autoridades ou funcionários que devam ou possam fornecê-los.

1. O poder de requisição do M.P. A Constituição Federal atual em seu artigo 129, inciso VIII, veio a conferir ao Ministério Público o poder de requisitar diligências investigatórias e de instaurar inquérito civil, indicando os fundamentos jurídicos de suas manifestações processuais.

A nova Carta, portanto, recepcionou, inteiramente, o artigo 47 do CPP, que já conferia ao MP o poder-dever de requisitar esclarecimentos e documentos perante quaisquer autoridades ou funcionários, para poder, com maior segurança, formar o convencimento em torno de crime ou de sua autoria.

No sentido desses textos é, ainda, o artigo 26, inciso I, letra "b" da Lei 8.625/93 (Lei Orgânica do Ministério Público), explicitando, melhormente, que as autoridades públicas federais, estaduais e os órgãos da administração direta, indireta ou fundacional, de qualquer dos poderes da União, do Estado, do Distrito Federal e dos Municípios podem ser destinatárias da requisição.

Questiona-se, na atualidade, o poder ministerial de *presidir* investigações criminais. Afirma-se que como a polícia trabalha *para* o Ministério Público, destinatário natural das suas investigações, a Instituição deteria o *ínsito* poder de investigar e de coletar diretamente as provas, para poder denunciar. Assim pensamos.

Todavia, sustentamos que essa atribuição depende, ainda, de regulamentação, para poder-se respeitar, de um lado, todas exigências inerentes à legalidade estrita, e, de outro, para que os investigados não venham a correr riscos de prejuízo em seus direitos fundamentais, dentre eles, o de serem ouvidos e de terem acesso às informações obtidas pelo *Parquet*, inclusive por meio de advogado, nos mesmos moldes das prerrogativas asseguradas em nível de inquérito policial.

Aspectos relacionados à produção da prova, em especial, da prova pericial, determinam, também, a necessidade urgente de regulamentação da matéria, como condição para a aceitação da validade das informações unilaterais fornecidas por setores administrativos do MP. que atuam sob ordens do próprio investigador-acusador.

2. Destinatários da requisição ministerial. A requisição, nos dizeres do citado artigo 47, respaldado pela nova Ordem Constitucional, há de ser realizada, exclusivamente, perante órgãos ou autoridades públicas.

Jamais perante particulares, porque, nesse caso, o Ministério Público, por não estar investido do poder de coação direta, dependerá de mandado judicial de busca ou apreensão.

3. Descumprimento à requisição. Conseqüências. O descumprimento da requisição ministerial pelo órgão ou autoridade pública não configurará, nem mesmo em tese, o crime de desobediência porque esse crime só pode ser cometido por particular, contra a administração pública.

Parece-nos que a hipótese, ao menos em tese, pode configurar prevaricação.

4. Requisição e requerimento. Distinção. A requisição tem natureza jurídica distinta da do requerimento. Enquanto este pode ser indeferido, por ventilar uma súplica, a requisição tem natureza de ordem legal a ser necessariamente cumprida, sujeitando o faltoso, como dito acima, às penas do crime do crime de prevaricação.

Conforme se depreende do texto do art. 47, o MP poderá promover a requisição diretamente. Nada impede, contudo, que o faça por intermédio do juiz, pois é dele que recebe os autos do inquérito ou peças de informação.

Estando os autos do inquérito em tramitação legal no fórum, carecem de sentido, *data venia*, decisões judiciais que indeferem os requerimentos ministeriais, sob o argumento de que o *Parquet* é titular do direito de requisição direta.

Art. 48. A queixa contra qualquer dos autores do crime obrigará ao processo de todos, e o Ministério Público velará pela sua indivisibilidade.

1. **A indivisibilidade da ação penal de iniciativa privada**. Já destacamos, nos comentários aos artigos precedentes, que, por equidade e sentimento de Justiça, o querelante, deverá endereçar a queixa contra todos os envolvidos no fato, sejam eles autores, coautores ou meros participantes. A quebra do dever configura-se como renúncia do direito de queixa, extinguindo-se a punibilidade também do querelado.

O acusador privado e o Ministério Público atuam, nessa perspectiva como o primeiro e o segundo guardião do princípio da indivisibilidade.

2. **Prazo para o aditamento ministerial**. Caso o ofendido, pelas mais variadas razões, não apresente o aditamento à queixa, o Ministério Público, no prazo de três dias a contar da data em que for intimado ou, no caso da ação subsidiária, da data em que receber autos do processo com "vista", deverá fazê-lo.

Conforme explicamos linhas acima, por não deter legitimidade ativa na ação penal de iniciativa privada, o Ministério Público, ao ingressar no feito, o que deverá fazer é requerer ao juiz que ordene a intimação do querelante, para que ele promova a convocação do terceiro excluído, sob pena da inércia ser entendida como renúncia.

3. **A indivisibilidade da ação penal pública**. O artigo 45, em exame, é específico da indivisibilidade da ação penal de iniciativa privada (ação penal privada genuína ou personalíssima). Por causa disso há inúmeros precedentes nos Tribunais Superiores afirmando que o princípio da indivisibilidade não se aplica à ação penal pública, *eis que o oferecimento de denúncia contra um acusado não impossibilita posterior acusação de outro envolvido*".[193]

O entendimento pretoriano confunde, *data venia*, a natureza da ação penal pública, que, por ser obrigatória, é essencialmente indivisível, com as diferentes conseqüências da violação do princípio da indivisibilidade.

Na ação penal de iniciativa privada, de um lado, a divisibilidade, como já examinamos, enseja a extinção da punibilidade pela renúncia do direito de queixa em relação a todos os envolvidos no fato.

Já na ação penal pública, a inobservância do princípio *não gera* essa conseqüência e também *não impede* que o Ministério Público, a qualquer tempo, ofereça aditamento, ou intente outra denúncia contra o terceiro. Enquanto não se verificar a prescrição (e desde que, por óbvio, não ocorram qualquer outra das causas extintivas da punibilidade pertinentes à ação pública), o Ministério Público poderá aditar ou denunciar.

Art. 49. A renúncia ao exercício do direito de queixa, em relação a um dos autores do crime, a todos se estenderá.

O dispositivo completa o enunciado do artigo precedente e aponta as conseqüências do não-aditamento à queixa.

1. **Violação do princípio da indivisibilidade na ação privada. Conseqüências**. Então, se o querelante, pelas mais variadas razões, como examinado acima, decidir não trazer ao processo os co-autores ou participante, mesmo após o alerta do Ministério Público, a sua atitude, legalmente possível, será interpretada como renúncia do direito de queixa, isto é, como desinteresse em processar os co-responsáveis pelo fato, estendendo-se os efeitos da renúncia ao querelado, isto é, ao acusado no processo penal em andamento (arts. 104 e 107, inciso V, do CP).

Na ação penal pública, como também destacamos, as conseqüência serão distintas: o aditamento pode ser oferecido a qualquer tempo. Não é demais repetir: sendo obrigatória a ação penal pública, é óbvio que a denúncia deve alcançar todos os envolvidos no fato.

2. **Crimes contra a honra cometidos por meio de advogado. A indivisibilidade**. Problema bastante atual é o que diz com a indivisibilidade da ação penal privada em processos por crimes contra a honra (difamação e injúria) cometidos pelos constituintes por meio de seus advogados, em juízo.

---

[193] Recurso Ordinário em Habeas Corpus nº 14507/SP (2003/0087020-7), 5ª Turma do STJ, Rel. Min. Gilson Dipp. j. 07.10.2003, unânime, DJU 03.11.2003 e Recurso Ordinário em Habeas Corpus nº 13004/SP (2002/0072831-9), 5ª Turma do STJ, Rel. Min. José Arnaldo da Fonseca. j. 05.08.2003, unânime, DJU 01.09.2003, p. 300 e Recurso Especial nº 388473/PR (2001/0173299-9), 6ª Turma do STJ, Rel. Min. Paulo Medina. j. 07.08.2003, unânime, DJU 15.09.2003, p. 411, dentre outras decisões.

De um lado, afirma-se que há ilegalidade na acusação contra os advogados, porque, ao menos em relação aos citados crimes de difamação e de injúria, eles desfrutam de imunidade no processo, isto é, na sustentação da causa (ver art. 142 do CP). A imunidade não alcança a calúnia.

De outro, sustenta-se a legalidade da medida porque a inviolabilidade, como todo e qualquer princípio, não é absoluta, subordinando-se, em caso de conflito com outro princípio, ao critério da ponderação em concreto.

A jurisprudência vem se inclinando no sentido proposto por esta última corrente, por ser o processo o local adequado também para a ampla discussão acerca do elemento subjetivo (*animus narrandi, animus defendendi*).

Se os elementos de prova não permitirem compreensão de que as ofensas foram irrogadas pelos advogados por orientação direta do constituinte, o recomendável é a interpelação judicial e, se for o caso, a ação penal contra todos, prevenindo-se o querelante do risco da extinção da punibilidade pela renúncia do direito de queixa.

Art. 50. A renúncia expressa constará de declaração assinada pelo ofendido, por seu representante legal ou procurador com poderes especiais.
Parágrafo único. A renúncia do representante legal do menor que houver completado 18 (dezoito) anos não privará este do direito de queixa, nem a renúncia do último excluirá o direito do primeiro.

1. **Renúncia. Ato unilaterial.** A renúncia ao direito de queixa é ato unilateral do ofendido. Com a renúncia, o querelante declara não ter mais interesse na propositura da ação penal.

A renúncia pode ser expressa ou tácita.

2. **Renúncia expressa.** Ela é expressa quando o ofendido ou seu representante legal ou procurador firmar documento – público ou particular – nesse sentido.

3. **Renúncia tácita.** Será tácita, quando o querelante ou quem o represente praticar ato incompatível com a posição por ele adotada como autor na demanda. Por exemplo: o ato de sair em férias com o querelado, o de aceitar convite para participar de seu aniversário, o de se associar com ele em empreendimento comercial, etc. Constitui renúncia tácita a decisão do querelante, antes examinada, de não intentar a queixa contra todos os envolvidos no crime.

Art. 51. O perdão concedido a um dos querelados aproveitará a todos, sem que produza, todavia, efeito em relação ao que o recusar.

1. **Perdão. Natureza jurídica.** O perdão é o ato pelo qual o querelante, depois de iniciada a ação penal privada, desiste do seu prosseguimento, independentemente da fase procedimental, encontrando previsão também no artigo 105 do Código Penal.

2. **Perdão. Ato bilateral.** Diferentemente da renúncia (que precede a ação penal), para que o perdão atue como causa extintiva da punibilidade a condição é a sua aceitação pelo querelado. Daí dizer-se que o perdão é bilateral, ao contrário da renúncia, que é ato unilateral.

Há outro importante aspecto que permite distinguir a renúncia do perdão. A primeira pode ser exercitada independentemente da vontade do autor do fato, ao passo que o perdão, para produzir efeitos, depende da aceitação deste último. Só em caso de aceitação é que a punibilidade será declarada como extinta (art. 107, V do CP), não gerando qualquer efeito se o querelado o recusar (artigo 106, inciso I do CP).

3. **Perdão na co-autoria e participação.** Se a ação penal tiver sido intentada contra duas ou mais pessoas, o perdão aceito por um deles, nos mesmos moldes da renúncia ao direito de queixa, beneficiará, extensivamente, todos os co-autores ou participantes.

Se um dos querelados declarar que não deseja ser perdoado, a ação terá prosseguimento em relação a ele, até final sentença.

Basta a anotação: o perdão é instituto exclusivo da ação penal de iniciativa privada. Inexiste perdão (e renúncia) na ação penal pública.

Art. 52. Se o querelante for menor de 21 (vinte e um) e maior de 18 (dezoito) anos, o direito de perdão poderá ser exercido por ele ou por seu representante legal, mas o perdão concedido por um, havendo oposição do outro, não produzirá efeito.

1. **Perda da eficácia normativa.** A norma do artigo 52, contudo, perdeu eficácia, eis que a maioridade, pelo Código Civil, é hoje alcançada aos 18 anos completos, ocasião em que desaparecerá a representação legal até então exercida pelo pai, mãe ou tutor.

Segue-se, então, que desde o dia em que completar os dezoito anos só o ofendido poderá conceder o perdão. Não mais poderá fazê-lo quem o representava legalmente, a não ser até a idade de 18 anos, enquanto em curso a representação, evidentemente.

Art. 53. Se o querelado for mentalmente enfermo ou retardado mental e não tiver representante legal, ou colidirem os interesses deste com os do querelado, a aceitação do perdão caberá ao curador que o juiz lhe nomear.

1. **Perdão e sua aceitação.** Ao contrário da renúncia, o perdão, como dissemos antes, é ato bilateral, que pressupõe o oferecimento por um (o querelante) e a aceitação pelo outro (o querelado).

Pode suceder que o querelado não reúna capacidade para consentir, o que acontece quando padecer de retardo ou de doença mental e não tiver representante legal ou, quando o tiver, seus interesses colidirem com os daquele (por exemplo, o querelado quer aceitar o perdão e o representante é contrário a isso).

Nesses casos, ao juiz incumbirá nomear, de ofício, a requerimento do querelado ou do próprio Ministério Público, um curador especial, investido de legitimidade para examinar e decidir pela conveniência ou pela recusa do perdão oferecido, nos mesmos moldes da regra do artigo 33, que permite nomeação de curador ao querelante-vítima, em situações análogas, para o oferecimento da representação ou queixa.

Art. 54. Se o querelado for menor de 21 (vinte e um) anos, observar-se-á, quanto à aceitação do perdão, o disposto no art. 52.

1. **Aceitação do perdão.** O disposto no presente artigo não mais é eficaz, pelos fundamentos aduzidos nos comentários ao artigo 52, para onde remetemos o leitor, a fim de evitarmos tautologia. Basta apenas registrar que ao atingir a idade de 18 anos o indivíduo é penalmente imputável e, agora, em razão do novo Código Civil, é, também, plenamente capaz para todos os atos da vida civil. Só a ele e a ninguém mais caberá decidir pela aceitação ou recusa à proposta de perdão, excetuadas as hipóteses previstas no art. 53.

Art. 55. O perdão poderá ser aceito por procurador com poderes especiais.

1. **Perdão e Procurador com poderes especiais.** A possibilidade de aceitação do perdão judicial por procurador está associada à capacidade do acusado em constituir mandatário e outorgar poderes especiais. Sendo o acusado capaz, por óbvio, poderá aceitar o perdão pessoalmente ou constituir um procurador (não necessariamente um advogado) para fazê-lo em seu nome, desde que investido de poderes especiais, explícitos no instrumento do mandato.

Art. 56. Aplicar-se-á ao perdão extraprocessual expresso o disposto no art. 50.

1. **Perdão extraprocessual.** O perdão do ofendido é concedido durante o processo, sendo formalizado normalmente nos autos respectivos.

Nada impede, entretanto, que o perdão venha expresso em documento público ou particular, para posterior juntada aos autos do processo, firmado pelo ofendido, por seu representante legal, ou por procurador, com poderes especiais.

A hipótese é denominada como perdão extraprocessual.

Art. 57. A renúncia tácita e o perdão tácito admitirão todos os meios de prova.

1. **Perdão e renúncia tácitas. Meios de prova.** O artigo 57 engloba causas extintivas da punibilidade distintas: de um lado a renúncia e, de outro, o perdão, pois, como vimos antes, a primeira é ato unilateral, enquanto o último pressupõe aceitação da proposta pelo querelado.

Comum a ambas é a forma: expressa, por escrito, particular ou público; tácita, pela prática de ato compatível com a renúncia ou com o perdão, de que são exemplos, já referidos, viagem conjunta do querelante e do querelado; participação conjunta em empreendimento comercial, etc.

Todas as situações de fato que ensejam afirmar a existência de renúncia ou de perdão são suscetíveis de serem demonstradas provadas por todos os elementos de prova admitidos em direito, a saber, testemunhas, documentos, gravações, fotos, cartas, etc.

Art. 58. Concedido o perdão, mediante declaração expressa nos autos, o querelado será intimado a dizer, dentro de 3 (três) dias, se o aceita, devendo, ao mesmo tempo, ser cientificado de que o seu silêncio importará aceitação.

Parágrafo único. Aceito o perdão, o juiz julgará extinta a punibilidade.

1. **Perdão expresso nos autos.** O artigo acima regula a hipótese usual de concessão do perdão por proposta apresentada pelo ofendido nos próprios autos da ação penal privada. Em termos práticos, essa proposta poderá vir consubstanciada em petição firmada pelo procurador do querelante, desde que ele possua poderes especiais.

Ao juiz incumbirá, nesse caso, determinar a intimação do querelado para que se manifeste, em três dias, sobre a proposta, cautela que decorre da bilateralidade do perdão.

Findo o prazo legal, sem oposição, considerar-se-á que a proposta foi aceita pelo querelado.

2. Aceitação do perdão. Conseqüências. A norma do parágrafo é singela. Aceito o perdão proposto pelo querelante, nos autos, incumbirá ao juiz declarar extinta a punibilidade do querelado, com ordem de remessa dos mesmos ao arquivo do fórum, após as intimações da partes e do Ministério Público.

A decisão poderá ser questionada pelas partes ou pelo próprio Ministério Público mediante recurso em sentido estrito (art. 581, VIII), quando, por exemplo, houver demonstração de algum vício de consentimento.

Art. 59. A aceitação do perdão fora do processo constará de declaração assinada pelo querelado, por seu representante legal ou procurador com poderes especiais.

1. **Perdão extraprocessual.** O artigo em comento disciplina a aceitação do perdão extraprocessual, que se concretiza mediante declaração firmada por instrumento público ou particular, pelo querelado, ou por seu representante legal ou procurador, com poderes especiais.

É claro que esse documento precisará ser juntado aos autos, por petição, para que o juiz, à vista dele, possa declarar a extinção da punibilidade e ordenar o envio do expediente ao arquivo do fórum.

Art. 60. Nos casos em que somente se procede mediante queixa, considerar-se-á perempta a ação penal:

I – quando, iniciada esta, o querelante deixar de promover o andamento do processo durante 30 (trinta) dias seguidos;

II – quando, falecendo o querelante, ou sobrevindo sua incapacidade, não comparecer em juízo, para prosseguir no processo, dentro do prazo de 60 (sessenta) dias, qualquer das pessoas a quem couber fazê-lo, ressalvado o disposto no art. 36;

III – quando o querelante deixar de comparecer, sem motivo justificado, a qualquer ato do processo a que deva estar presente, ou deixar de formular o pedido de condenação nas alegações finais;

IV – quando, sendo o querelante pessoa jurídica, esta se extinguir sem deixar sucessor.

A perempção é outra causa extintiva da punibilidade (art. 107, IV do CP), muito próxima da renúncia a direito de queixa, já examinada, porque, em regra, se traduz em ofensa ao dever de fazer.

A perempção, nessa medida, funciona como penalidade explícita imposta pelo Estado ao acusador privado. Ao abrir mão da prerrogativa de promover responsabilização do criminoso por meio do órgão legitimado (o MP), o Estado transfere ao querelante o juízo sobre a conveniência da ação. Todavia, pune-o toda vez que, por desinteresse, ele não atuar com eficiência na missão de conduzir o processo até final sentença.

Abaixo, a discriminação legal.

1. **Perempção pelo não andamento do processo.** A primeira modalidade de perempção se verifica com a decisão do querelante de não promover, por período mínimo de trinta dias, o andamento do processo.

É claro que ficando o processo paralisado por culpa do juízo, ou da parte contrária, não poderá o querelante sofrer a punição.

Então, para que se verifique a hipótese, dois são os pressupostos: o primeiro, consistente na prévia intimação do querelante para que venha praticar de ato de seu cargo e o segundo, o posterior transcurso do período mínimo acima citado sem qualquer iniciativa.

Assim, por exemplo, se intimado para promover o preparo o querelante não recolher em tempo o valor correspondente incumbirá ao juiz promover a declaração da extinção da punibilidade, independentemente da fase em que se encontra o processo.

2. **Perempção por não promoverem os representantes do ofendido morto ou incapaz o andamento do processo.** Morto ou incapacitado mentalmente o querelante, as pessoas que o representam e que estão legitimadas pelo artigo 31 a promover, em seu nome, a própria queixa crime (cônjuge, ascendente, descendente ou irmão), como sucessores, deverão, na ordem assinalada, em 60 dias, comunicar a morte ou a incapacitação ao juiz criminal.

O dispositivo (inciso II) não permite identificar o *dies a quo* do prazo.

Somos de opinião que o prazo de 60 dias só começará a correr da data em que os legitimados antes enumerados forem intimados judicialmente, por não ser possível deduzir com segurança que o cônjuge, o ascendente, o descendente ou o irmão sabiam da existência do processo.

3. **Perempção pela ausência aos atos do processo.** A perempção pelo não comparecimento do querelante aos atos do processo pode suscitar controvérsia.

Assim, a teor do inciso III, haverá perempção quanto o ofendido não comparecer a qualquer ato do processo ou só àqueles em que deva se manifestar pessoalmente?

É tormentosa, na jurisprudência, por exemplo, a conseqüência do não comparecimento do querelante à audiência preliminar no JEC, ou de conciliação em processo por crime contra a honra que deva tramitar em vara criminal ordinária.

Há entendimentos de que a sua ausência será causa de perempção, como há decisões no sentido de que a ausência sinalizará apenas a falta de intenção do acusador em conciliar.

Essa última proposição é para nós a mais consentânea com a natureza da audiência conciliatória, não podendo ser punido com a perempção, por exemplo, aquele que reside em comarca distante, ou em outro Estado, só porque não veio ou não pode vir a juízo para declarar sua opção pelo andamento do feito.

Há discussão, ainda, em torno da configuração ou não da citada causa extintiva da punibilidade quando o querelante não comparecer à audiência de interrogatório do querelado.

Afirmava-se, na jurisprudência, para afastar a penalidade, que o interrogatório constituía ato personalíssimo do juiz e que, portanto, não era útil a presença do querelante.

Acontece que recentes modificações nos dispositivos do CPP, que regem a matéria, ensejam a formulação de perguntas ao acusado pela parte acusadora, incluindo-se, então, nesse caso, a nosso ver, a audiência de interrogatório no elenco dos atos obrigatórios do processo que ensejam a perempção.

Na produção de prova à distância entendemos dispensável a presença do querelante à audiência, por todos os inconvenientes que uma regra impositiva poderia causar.

Aliás, a jurisprudência tem se conformado, na discussão sobre a validade dos atos do processo, com a mera intimação da defesa da data da audiência, conquanto a regra, na perspectiva do princípio do devido processo legal, pudesse ou devesse ser outra.

4. Perempção por ausência de pedido de condenação nas alegações finais. O dispositivo (parte final do inciso III) é injusto, pois pune o querelante quando, em verdade, o responsável pelo pedido é o seu advogado, negligente, imperito ou omisso.

5. Perempção por ausência de sucessor da pessoa jurídica. A pessoa jurídica, salvo por infração à lei ambiental, não pode ser ré no processo criminal.

Pode, no entanto, sendo vítima, oferecer queixa-crime, na qualidade de autora.

O dispositivo acima é claro: a ausência de sucessor da pessoa jurídica corresponde à situação do querelante que morre sem deixar descendência.

Nessas situações, o processo não pode continuar, por ausência de utilidade.

Art. 61. Em qualquer fase do processo, o juiz, se reconhecer extinta a punibilidade, deverá declará-lo de ofício.

Parágrafo único. No caso de requerimento do Ministério Público, do querelante ou do réu, o juiz mandará autuá-lo em apartado, ouvirá a parte contrária e, se o julgar conveniente, concederá o prazo de 5 (cinco) dias para a prova, proferindo a decisão dentro de 5 (cinco) dias ou reservando-se para apreciar a matéria na sentença final.

1. Causa extintiva da punibilidade. Dever judicial de declaração de ofício. Por constituir matéria de ordem pública, qualquer das causas extintivas da punibilidade (pertinentes a fatos de ação pública ou de iniciativa privada, embora o lugar onde o dispositivo foi inserido no Código possa conduzir a falso entendimento em contrário) deverá ser proclamada de ofício pelo juiz, com a extinção do processo, em típica decisão de mérito, com efeito de coisa julgada material.

Não é por outra razão que o inciso II do art. 43 erige a punibilidade concreta como condição para o exercício do direito de ação, conquanto a categoria das condições da ação possa ser questionada no plano teórico, como afirmamos anteriormente.

2. Causa extintiva da punibilidade. Requerimento da parte. O parágrafo disciplina o procedimento incidental para a declaração, a requerimento da parte, da presença da causa extintiva da punibilidade (independentemente da causa e da espécie de ação).

Incumbirá ao interessado (Ministério Publico, querelante, réu – e, por óbvio, ao assistente, por seus procuradores ou defensores), ingressar com o pedido, mediante petição, que será autuada em apartado, de modo a não prejudicar o andamento do processo.

A parte contrária deverá ser intimada para se manifestar, querendo, no prazo de três dias, podendo o juiz, se entender necessário, determinar a realização de prova. Por exemplo: perícia para demonstrar a procedência ou não de falsidade da declaração concessiva do perdão.

Instruído o processo incidental, o magistrado, em cinco dias, proferirá a decisão (melhor seria dizermos a "sentença", porque o pronunciamento é de mérito, como afirmamos antes), da qual caberá recurso em sentido estrito (art. 581, inciso VIII) ou recurso especial, quando for editada proferida em segundo grau.

Na parte final do parágrafo único, o legislador facultou ao juiz o exame da matéria (isto é, da presença ou não da causa extintiva da punibilidade), na sentença final.

A solução merece crítica, porque desconsidera que o acusado não tem o dever de se sujeitar aos evidentes constrangimentos do processo, quando já não mais perdurar o *jus puniendi*.

Art. 62. No caso de morte do acusado, o juiz somente à vista da certidão de óbito, e depois de ouvido o Ministério Público, declarará extinta a punibilidade.

1. **Prova da morte**. As causas extintivas da punibilidade podem ser demonstradas por todos os meios de prova em direito permitidos. No caso de morte do ofendido, porque envolve estado, a prova é a documental.

Ação Civil
(arts. 63 a 68)

Marcus Vinicius Boschi

Mestre em Ciências Criminais pela Pontifícia Universidade Católica do Rio Grande do Sul, Professor dos Cursos de Graduação e Pós-Graduação da ULBRA, da FARGS e da Escola Superior da Defensoria Pública do Rio Grande do Sul e advogado criminalista militante.

TÍTULO IV
DA AÇÃO CIVIL

Art. 63. Transitada em julgado a sentença condenatória, poderão promover-lhe a execução, no juízo civil, para o efeito da reparação do dano, o ofendido, seu representante legal ou seus herdeiros.

1. **Separação das instâncias.** Como forma de estudo da interligação existente entre as esferas cível e criminal, caber referir a possibilidade de adoção de dois grandes sistemas: o da independência total e o da independência relativa ou mitigada. O Sistema processual brasileiro adota o segundo por força do artigo 935 do Código Civil.

À luz dessa sistemática, que vem claramente prevista no artigo 63 do CPP, uma vez decido no âmbito criminal, em sentença passada em julgado, a autoria e a materialidade do delito (crime e contravenção), sobre esses aspectos não mais se discutirá na esfera cível por oportunidade de eventual ação de indenização. Aliás, essa é a dicção do artigo 91, I do Código Penal, ao prever como efeito da sentença penal condenatória o dever de indenizar a vítima ou seus sucessores.

Desta forma, a demanda cível terá por objeto controvertido tão somente o *quantum* a ser pago a título de indenização (liquidação do valor), donde não mais se discutirá se o fato realmente ocorreu ou quem foi o seu autor.

Apurado o valor, nas diversas formas de liquidação, promove-se a execução, nos termos do Código de Processo Civil, onde a sentença penal condenatória funcionará como título executivo judicial (artigo 475, II do CPC).

2. **Legitimidade para propositura da ação cível.** Entendemos que a legitimidade que a lei atribui ao ofendido, seu representante legal ou aos seus herdeiros é sucessiva e não alternativa. Desta forma, pretendendo a vítima propor ação cível de indenização, por óbvio que não se falará de herdeiros ou de representante legal.

3. **Extinção da punibilidade pela prescrição.** Em havendo reconhecimento da prescrição da pretensão punitiva (quer pela pena em abstrato, quer pela pena em concreto), não há que se falar em formação de título executivo, pois ao Estado faleceu o direito de censurar a conduta do acusado. Porém, em havendo extinção da punibilidade pela prescrição da pretensão executória, há a formação do título executivo, pois, nesse caso, embora reconhecida a culpabilidade, tipicidade, autoria e materialidade da infração, ao Estado não se concede apenas e tão somente o direito de aplicar a pena. Esta é a lição de NUCCI.[1]
É essa, ainda, a posição jurisprudencial.[2]

Entendemos em sentido contrário, ante a clareza do artigo 67, II do CPP.

Art. 64. Sem prejuízo do disposto no artigo anterior, a ação para ressarcimento do dano poderá ser proposta no juízo cível, contra o autor do crime e, se for o caso, contra o responsável civil.

Parágrafo único. Intentada a ação penal, o juiz da ação civil poderá suspender o curso desta, até o julgamento definitivo daquela.

---

[1] NUCCI, Guilherme de Souza. *Código de Processo Penal Comentado*. São Paulo: RT, 2005, p. 180.

[2] Apelação Criminal nº 0221884-0 (10247), 3ª Câmara Criminal do TAPR, Jacarezinho, Rel. Sônia Regina de Castro. j. 02.10.2003, DJ 24.10.2003).

1. **Legitimidade passiva para a ação civil.** Como regra, até mesmo para que seja respeitada a pertinência subjetiva para a causa, a ação civil de indenização deverá ser proposta pelas pessoas elencadas no artigo anterior e diretamente contra os causadores do dano e não contra terceiros. É a homenagem à regra primeira de que o dever de indenizar cabe a quem praticou o ilícito.

Mas, diante dessa afirmativa, poderia haver questionamentos no sentido do por quê o dever automático de indenizar não atinge os pais ou o patrão quando os filhos e os empregados são responsabilizados no âmbito criminal, tendo-se em vista a redação do artigo 932 do Código Civil.

Em vista disso, cabe referir que o direito à indenização *originado* da sentença penal condenatória somente poderá ser exigido do causador direto do dano e não de terceiros, ainda que legalmente responsáveis. Assim, tome-se como exemplo o caso do motorista de caminhão que lesiona determinado pedestre. Se condenado na esfera criminal, caberá à vítima, no âmbito cível, apenas a liquidação da sentença para que se apure o valor devido e, posteriormente, o ajuizamento da ação de execução contra ele motorista.

Nesse cenário, não há qualquer possibilidade de que dita execução cível seja endereçada, também, contra o empregador, uma vez que este não participou da ação penal e, por via de consequência, não opôs defesa quando da formação do título, o que agrediria o contraditório e a ampla defesa. A única via possível de se chamar o empregador à responsabilidade, porque terceiro alheio à causa penal, seria ação ordinária de indenização, com fundamento no artigo 186, c/c art. 927, ambos do Código Civil. Nesse sentido também é a posição de NUCCI.[3]

2. **Suspensão da ação civil.** Por comando da própria lei, as esferas criminal e civil são relativamente independentes, o que autoriza que se proponha ação de indenização (não se está referindo a liquidação de sentença ou execução) na pendência da ação criminal. Ou seja, tramitarão, ao mesmo tempo, duas ações distintas que tem por origem o mesmo fato da vida.

Em vista disso, e para se evitar decisões contraditórias, até mesmo porque a sentença criminal, em alguns aspectos, como visto, prevalecerá sobre o decidido pelo juiz do cível, poderá este suspender o trâmite da ação, aguardando o desfecho da causa criminal. Entendemos, diversamente de alguns seguimentos da doutrina, que o prazo de suspensão não está limitado a um ano, nos termos do artigo 265, parágrafo 5º do CPC, isto porque de nada adiantaria a suspensão de um ano, com o restabelecimento do curso normal da ação, se nesse prazo o feito criminal dependesse de sentença. É necessário que se aguarde a jurisdição criminal.

A não ser adotada essa estratégia, imagine-se o transtorno processual criado se o juiz criminal entendesse que o réu não foi o autor do fato (decisão que deve preponderar) e o do cível concluísse pela responsabilidade.

Art. 65. Faz coisa julgada no cível a sentença penal que reconhecer ter sido o ato praticado em estado de necessidade, em legítima defesa, em estrito cumprimento de dever legal ou no exercício regular de direito.

1. **Causas de exclusão da ilicitude.** Estabelece a lei, de maneira clara, que quando o causador do dano age amparado por qualquer das causas de exclusão da ilicitude enumeradas pelo artigo 23 do Código Penal, assim reconhecido na sentença penal, tal decisão faz coisa julgada no cível, sobre ela não mais se perquirindo acerca da incidência ou não de dita excludente. Essa é a redação do artigo 188 do Código Civil que reza: *não constituem atos ilícitos: I – os praticados em legítima defesa ou exercício regular de um direito reconhecido, II – ....* Ora, se não há ato ilícito a punir, não se fala em indenização, muito embora, insista-se, a separação de instâncias em alguns casos.

Ressalva-se essa regra da irresponsabilidade civil quando, ao exercer defesa, o agente atinge pessoa diversa da do ofensor, causando-lhe dano. Imagine-se alguém que, em legitima defesa própria, para repelir a agressão, desfere três disparos que acabam por atingir terceiro alheio à cena. Trata-se de legitima defesa com *aberractio ictus – erro na execução –* (art. 73) do Código Penal tratada pela doutrina.[4]

Nesse caso, embora agindo sob o amparo da excludente, existe o dever de indenizar a vítima, mas com a possibilidade de ação de regresso contra o causador do dano. Essa é a redação do artigo 929 do Código Civil.

Art. 66. Não obstante a sentença absolutória no juízo criminal, a ação civil poderá ser proposta quando não tiver sido, categoricamente, reconhecida a inexistência material do fato.

1. **Reconhecimento da inexistência do fato.** O artigo 66 do CPP deve ser lido sistematicamente com

---

[3] NUCCI, Guilherme de Souza. *Código de Processo Penal Comentado*. São Paulo: RT, 2005, p. 182.

[4] Ibidem, p. 184.

o artigo 935 do Código Civil. Desta forma, em síntese, pode-se concluir que: em sendo reconhecida a autoria e a materialidade da infração no âmbito criminal, a decisão faz coisa julgada no cível, aqui não mais sujeita à discussão. Porém, quando na ação penal não ficar categoricamente reconhecida a inexistência do fato, nos casos em que o juiz apenas absolve réu por falta de provas, tal decisão, embora absolutória, não impede que a discussão sobre a autoria da infração seja reaberta na esfera cível por oportunidade do ajuizamento de ação ordinária de indenização. Aqui haverá independência total entre as instâncias.

2. **Coisa julgada no crime**. Sinteticamente, pode-se concluir que: faz coisa julgada no cível 1. a decisão que absolve o réu por ter ele agido ao abrigo de uma causa de exclusão da ilicitude, 2. quando ficar provado que o fato não existiu (art. 386, I) e, por fim, 3. quando se concluir que o réu não foi o seu autor (art. 386, IV). Nas demais hipóteses, a discussão permanece passível de enfrentamento como, aliás, está a indicar o artigo 67 do CPP.

Questão que a doutrina deixa de debater é a que diz com a possibilidade de apelação de sentença absolutória na qual se pretende ver alterado o fundamento da absolvição a fim de se evitar demanda de indenização.

Assim, se o réu foi absolvido por ausência de prova (art. 386, VI) do CPP, tal decisão não faz coisa julgada no cível, podendo ser ele acionado nessa esfera, com novo e amplo debate sobre a prova. Haverá a total independência das instâncias, com a possibilidade, inclusive, de sentenças contraditórias. Nessa esteira, embora absolvido no crime, entendemos possuir ele interesse recursal para ver alterado pelo Tribunal o fundamento de sua absolvição. Deverá ele, ao interpor recurso de Apelação, postular a incidência do artigo 386, I ou IV, pois estes impedirão a demanda indenizatória.

Art. 67. Não impedirão igualmente a propositura da ação civil:

I – o despacho de arquivamento do inquérito ou das peças de informação;

II – a decisão que julgar extinta a punibilidade;

III – a sentença absolutória que decidir que o fato imputado não constitui crime.

1. **Causas que não impedem a propositura de ação cível**. Em redação seqüencial à do artigo anterior, onde se consignou que a sentença absolutória não impede a propositura de ação civil quando não restar categoricamente reconhecida a inexistência material do fato, consigna a lei que assim também o será quando houver arquivamento do inquérito policial ou das peças de informação, quando for extinta a punibilidade e, por fim, quando se reconhecer, no crime, que o fato imputado não é ilícito.

2. **Despacho de arquivamento do inquérito ou de peças de informação**. Em não havendo justa causa para a ação penal, deverá o Ministério Público requerer o arquivamento do inquérito policial ou, na sua ausência (pois não é ele obrigatório), das peças de informação responsáveis pela formação da *opinio delicti*, arquivamento este que será determinado pelo juiz, se não incidir à espécie o artigo 28 do CPP. A decisão de arquivamento do inquérito policial não faz coisa julgada no cível porque não houve qualquer pronunciamento de mérito acerca da responsabilização do acusado, mas apenas uma decisão que entendeu não haver, no momento, prova da autoria, não significando que efetivamente não exista. Prova disso é que poderá haver, no futuro, em surgindo novas, provas, o desarquivamento (art. 18 do CPP e Súmula 524 do STF). Daí porque ficará o juiz do cível livre para a apreciação da causa indenizatória de maneira ampla.

3. **Decisão que julgar extinta a punibilidade**. Conforme assinalamos linhas acima, a decisão que extingue a punibilidade, pela prescrição da pretensão punitiva ou outra causa, não faz coisa julgada no cível. Não faz coisa julgada no âmbito cível, pois não há julgamento de mérito no processo penal. A extinção da punibilidade implica em reconhecimento de tipicidade, ilicitude e culpabilidade, em que pese a não aplicação da pena.

4. **Decisão absolutória que decidir que o fato imputado não constitui crime**. A decisão criminal absolutória em face da atipicidade da conduta imputada ao denunciado não faz coisa julgada no cível, ou seja, autoriza que a sedizente vítima nesse âmbito rediscuta a matéria e o fato pelas vias ordinárias de indenização e com toda a amplitude probatória própria do processo de conhecimento. Isso de dá, com acerto, porque algumas condutas, embora danosas e passíveis de indenização, são tidas por não criminosas, ou seja, atípicas.

Nesse sentido, veja, por exemplo, a situação em que alguns, dirigindo distraidamente determinado veículo, perde seu controle e colide contra o muro de uma residência, causando dano. Se denunciado o agente, restará absolvido por atipicidade da conduta, pois inexistente a figura delitiva do dano culposo, mas isso por si só não impedirá que a vítima contra ele promova, na esfera cível, a respectiva ação de ressarcimento pelos danos causados.

Art. 68. Quando o titular do direito à reparação do dano for pobre (art. 32, §§ 1º e 2º), a execução da sentença condenatória (art. 63) ou a ação civil (art. 64) será promovida, a seu requerimento, pelo Ministério Público.

1. **Pobreza e legitimidade do Ministério Público.** O conceito de pessoa pobre é normativo, ou seja, quem o dá é a própria lei. Assim, o artigo 32, § 1º, do CPP, em sintonia com a Lei 1060/50 consigna que pobre é quem não pode arcar com os custos do processo sem onerar a sua própria sobrevivência e a de sua família.

Em assim sendo considerada a vítima do delito, nos termos do artigo 68, a execução da sentença penal condenatória (e, evidentemente, também a prévia liquidação de sentença), deverão ser promovidas pelo Ministério Público, mediante requerimento do legitimado. No entanto, na mesma linha da jurisprudência, entendemos, com ressalvas, que, por força do artigo 134 da Constituição Federal de 1988, a legitimidade do Ministério Público somente permanece nos casos em que a Defensoria Pública ainda não está organizada. Isto porque, nos termos do dispositivo citado, a esta instituição cabe a orientação jurídica e a defesa, em todos os graus, dos necessitados, na forma do artigo 5º, LXXIV da própria CF/88.[5]

Concordamos, em vista da ressalva antes feita, com OLIVEIRA quando sustenta que esta orientação tem por objetivo dar uma solução política ao caso, tendo em vista a não implementação total dos quadros da Defensoria Pública. A questão também deve ser lida à luz do controle de constitucionalidade das normas. Nesse sentido afirmou o autor: *do ponto de vista rigorosamente jurídico, a solução não convence, até porque o que seria progressivo seria a revogação e não a inconstitucionalidade, dado que a norma constitucional e posterior à legal.* Segue o autor afirmando, ainda, quanto ao tema que *a solução da Suprema Corte busca, na verdade é unicamente, a acomodação dos diversos interesses em disputa, revelando-se de ordem eminentemente política, função, aliás, à qual não pode ela, em certa medida, jamais renunciar.*

Compreende-se, pois, a solução, por assim dizer temporária sem deixarmos de observar, contudo, as suas inúmeras limitações, no plano da hermenêutica e da aplicação do Direito.[6]

Frise-se, apenas, que não haverá substituição processual, mas mera representação, pois tanto o Ministério Público quanto a Defensoria patrocinarão a causa não em nome próprio, mas sim em nome alheio.

---

[5] Apelação Cível nº 0192662-7 (16246), 7ª Câmara Cível do TAPR, Curitiba, Rel. Antônio Martelozzo. j. 16.04.2003.

[6] OLIVEIRA, Eugênio pacelli de. *Curso de Processo Penal.* Belo Horizonte: Del Rey, 2005, p.167.

Competência
(arts. 69 a 91)

Delmar Pacheco da Luz

Procurador de Justiça do Estado do Rio Grande do Sul, Especialista em Processo Penal, professor da Escola Superior do Ministério Público e conferencista em diversos eventos estaduais e nacionais.

Disposições Preliminares sobre Competência

1. **Conceito de Competência**. Competência é a medida da jurisdição, ou seja, é através dela que se determina a parcela da Jurisdição que cada órgão pode exercer. Ou, dito de outro modo, é a competência que determina a extensão do poder de julgar de cada órgão jurisdicional. Assim, em matéria criminal, o Juiz de Direito de determinada Comarca deve julgar os delitos da competência da justiça estadual, praticados em seu território, conforme dispuser a lei de organização judiciária do respectivo Estado. O Tribunal de Justiça desse mesmo Estado julgará os recursos das decisões de primeiro grau de seus magistrados e, originariamente, as causas e as pessoas que a Constituição Federal estabelecer, bem como as causas e pessoas que a própria Constituição Estadual fixar, como dispõe o art. 125, § 1º, da Carta Federal ("A competência dos tribunais será definida na Constituição do Estado, sendo a lei de organização judiciária de iniciativa do Tribunal de Justiça.").

Já em relação ao Supremo Tribunal Federal (valendo o mesmo em relação aos Tribunais Superiores), a sua competência não sofre as restrições territoriais enfrentadas pelos juízes e tribunais inferiores (incluídos os próprios Tribunais Regionais Federais); sofrerá, no entanto, restrições em relação à matéria (não têm competência para julgar isoladamente o cidadão sem prerrogativa de função acusado de crime comum, por exemplo) e mesmo em relação à pessoa (não lhes compete julgar originária e isoladamente o acusado que tenha foro por prerrogativa de função nos tribunais inferiores).

As regras de determinação da competência estão, em primeiro lugar, na própria Constituição Federal; depois, nas Constituições dos Estados membros e, finalmente, na legislação infraconstitucional. Na verdade, a estrutura fundamental de distribuição da competência foi estabelecida pela Carta Magna de 1988 que, seguindo a nossa tradição, manteve a divisão entre as justiças especiais e comuns e, ao mesmo tempo, firmou novos critérios tendo em conta a matéria e criou novos tribunais como o Superior Tribunal de Justiça e os Tribunais Regionais Federais.

2. **Jurisdição e Competência**. A necessidade da função jurisdicional está ligada à própria organização do Estado. Ainda na mais incipiente organização social dos primórdios da humanidade, quando pela primeira vez o homem admitiu se reunir em sociedade, uma necessidade de pronto se apresentou: a de haver alguém encarregado de resolver os conflitos que, porventura, se estabelecessem entre os cidadãos ou entre estes e a própria comunidade recém organizada.

Foi prontamente percebido que a ausência de um mediador para esses conflitos acabaria levando o grupo à desagregação, na medida em que cada um tivesse que fazer valer pela própria força o seu direito ou, simplesmente, a sua pretensão. Isso faria com que se voltasse imediatamente ao estágio anterior, com a prevalência absoluta do indivíduo mais forte.

Assim, como função própria do Estado organizado, a Jurisdição é una. Em consequência, a prestação jurisdicional é própria e exclusiva do Estado.

É a evolução da organização estatal que leva a distribuir-se a função jurisdicional entre diversos organismos: seja pela extensão do território e pela necessidade de colocar a justiça mais próxima dos cidadãos, seja pela complexidade das diversas matérias, com a consequente necessidade de especializarem-se os órgãos de prestação jurisdicional.

A rigor, não se poderia dividir a jurisdição em civil e criminal, federal ou estadual, militar, eleitoral ou trabalhista. A Jurisdição seria una e corresponderia, pura e simplesmente, ao Poder-Dever do Estado de resolver os conflitos de toda e qualquer natureza, estabelecidos na vida em sociedade.

A doutrina, a lei e a jurisprudência, no entanto, ao longo do tempo, adotaram a praxe de se referir a cada um dos grandes ramos em que se dividiu a função jurisdicional chamando-os de jurisdição: assim, nos referimos à jurisdição civil ou criminal; depois à jurisdição comum ou especial; mais adiante à jurisdição militar, ou eleitoral, ou trabalhista, e assim por diante.

O próprio Código de Processo Penal tem um capítulo inteiro (arts. 113 a 117) tratando do conflito de jurisdição.

A rigor, no entanto, todos os conflitos seriam de competência, ou seja, versariam sobre a parcela da função jurisdicional (Jurisdição) que cada órgão pode exercer. E se poderia repetir aqui o que sempre é afirmado ao se falar sobre o tema: todo Juiz tem Jurisdição, mas nem todo o Juiz tem Competência para determinada causa.

Outros preferem distinguir duas situações: a primeira, quando o conflito é entre juízos, em tese, competentes para a matéria, ter-se-ia simplesmente o conflito de competência; e a segunda, quando o conflito é entre um juízo sem competência para a matéria e outro com competência, quando se teria, então, um conflito de jurisdição. Nesta segunda hipótese, dir-se-á que faltaria ao primeiro juiz jurisdição para apreciar matéria privativa de juiz de outra carreira.

Para estes, o conflito entre o juízo federal e o juízo estadual, ou entre o juízo eleitoral e o juízo comum, ou entre o juízo militar e o juízo comum, seria chamado de conflito de jurisdição, eis que os titulares pertencem a carreiras diferentes.

Enquanto isso, o conflito entre dois juízos estaduais, entre dois juízos federais, ou entre dois juízos eleitorais, seria, este sim, conflito de competência, já que ambos teriam jurisdição para a matéria.

Na verdade, o Código de Processo Penal parece dar a ambas as expressões o mesmo alcance, tanto que diz que haverá conflito de jurisdição "quando duas ou mais autoridades judiciárias se considerarem competentes, ou incompetentes, para conhecer do mesmo fato criminoso" (art. 114, inciso I, do CPP).

A atividade jurisdicional criminal tem por finalidade, como dito acima, resolver os conflitos que se estabelecerem entre os cidadãos, ou entre estes e o próprio Estado, objetivando os dois lados de uma mesma moeda: de um lado, a garantia da ordem na Sociedade e, de outro, a preservação do *jus libertatis* do cidadão.[1] Antepondo-se tanto à autodefesa, quanto ao desregramento da repressão estatal, estabelecendo entre elas o necessário equilíbrio.

3. **Princípios que regem a Jurisdição.** A Jurisdição, como atividade típica do Estado, é regida por princípios, alguns deles inclusive de natureza constitucional, que são identificados pela doutrina. Embora haja alguma divergência entre os doutrinadores, ora separando-os, ora reunindo-os (por considerar que uns são decorrência de outros), parece-nos melhor indicada a classificação adotada por Mirabete.[2]

a) Princípio do Juiz Natural – explicitado na Constituição Federal: "ninguém será processado nem sentenciado senão pela autoridade competente" (art. 5º, inciso LIII). Em reforço a esta regra, outra afirma categoricamente que "não haverá juízo ou tribunal de exceção" (art. 5º, inciso XXXVII). Com isto, quis o constituinte deixar muito claro que para cada delito cometido haverá, previamente estabelecido, um juízo para julgamento do acusado. Mais, significa dizer que a lei processual (que como regra é de aplicação imediata) não pode criar um juízo, depois de ocorrido o fato, para julgá-lo. Como decorrência, também não pode alterar a competência do juízo já existente, para incluir delitos já cometidos. Trata-se de garantia do acusado, por mais rumoroso que seja o fato, de que será julgado pelo juízo previamente determinado.

b) Princípio do devido processo legal – também explicitado no texto constitucional ao estabelecer que "ninguém será privado da liberdade ou de seus bens sem o devido processo legal" (art. 5º, inciso LIV). Assim, o clássico *"nulla poena sine judicio"* foi incorporado ao nosso sistema. Significa dizer que o réu tem direito ao rito processual, que lhe assegurará prazos e momentos para a produção de prova ou apresentação de alegações em seu favor e o juiz não pode, a pretexto de já ter formado o seu convencimento, subtrair ao acusado a oportunidade de produzir prova.

c) Princípio da investidura – a Jurisdição, atributo do Estado organizado, somente pode ser exercida por quem tenha sido regularmente investido no cargo (na forma prevista em lei) e esteja no exercício de suas funções, na afirmação de Capez.[3] A falta de investidura no cargo de juiz determina que a pessoa não tenha Jurisdição e, assim, serão nulos todos os atos praticados por ela em usurpação à função. Alguém que exercer indevidamente a função jurisdicional pratica, inclusive, o delito previsto no art. 328 do Código Penal.

d) Princípio da Indeclinabilidade da Jurisdição – Não pode o Juiz, como regra, subtrair-se ao exercício da sua atividade jurisdicional. É certo que a lei prevê expressamente as hipóteses em que o Juiz poderá dar-se por suspeito ou impedido. Fora disso, não

---

[1] TOURINHO FILHO, Fernando da Costa. *Processo Penal*, 27ª ed. v 2. São Paulo: Saraiva, 2005, p. 48.

[2] MIRABETE, Julio Fabbrini. *Processo Penal*, 14ª ed. São Paulo: Atlas, 2002, p. 163/164.

[3] CAPEZ, Fernando. *Curso de processo penal*. São Paulo: Saraiva, 1997, p 170.

pode o julgador declinar da jurisdição. Desse princípio decorrem dois outros: o da indelegabilidade e o da improrrogabalidade. Pelo primeiro, o Juiz deve exercer pessoalmente a sua função e não pode delegar a outro o exercício da Jurisdição, embora, quando expressamente previsto em lei, possa pedir a outro que pratique determinado ato processual (carta precatória) ou mandar que o pratique (carta de ordem). Pelo segundo, mesmo um eventual acordo das partes não pode determinar a prorrogação da jurisdição a quem não a tiver. O que a lei prevê expressamente, em casos determinados, é a prorrogação da competência, na falta de argüição no momento oportuno, ou mesmo a sua modificação, como nas hipóteses de conexão entre dois ou mais delitos.

e) Princípio da Irrecusabilidade ou da Inevitabilidade – as partes estão sujeitas ao Juiz que o Estado lhes dá, de acordo com as regras legalmente estabelecidas. Só poderão recusá-lo nos casos que a mesma lei prevê, ou seja, impedimento, suspeição ou incompetência do julgador indicado.

f) Princípio da Correlação ou da Relatividade – pelo qual deve, necessariamente, haver correspondência entre a sentença e o pedido. No processo criminal, o pedido está expresso na inicial acusatória, ou, eventualmente, no seu aditamento. Assim, fica determinado o limite da acusação, de tal maneira que, ao julgá-la, não poderá o juiz decidir *extra ou ultra petita*.

g) Princípio da titularidade ou da inércia da Jurisdição – este princípio estabelece que o Juiz criminal não age de ofício, aguardando necessariamente a provocação da parte (*ne procedat judex ex officio*). Há sempre um titular da ação penal, a quem cabe a iniciativa da acusação: seja o Ministério Público nas ações penais públicas, seja o ofendido ou seu representante legal nas ações penais privadas, inclusive a subsidiária.

h) Princípio da unidade da jurisdição – a Jurisdição, como atributo do Estado soberano, é una, só admitindo a sua divisão sob o aspecto prático da prestação estatal, em conformidade com os grandes ramos da função jurisdicional. O fato de se falar em jurisdição civil ou criminal, comum ou especial, militar, eleitoral ou trabalhista, não quebra a idéia de unidade da Jurisdição. Por isso que, como dito anteriormente, a rigor, dever-se-ia falar apenas em competência civil ou penal, em competência da justiça comum ou especial, militar, eleitoral ou trabalhista.

4. Critérios para o estabelecimento das regras de Competência. As regras de determinação da competência aparecem em diversos níveis. As regras básicas estão fixadas na Constituição Federal e levam em conta, ora a matéria, ou seja, a determinação da competência pela natureza da infração, ora a pessoa, ou seja, a determinação da competência pela prerrogativa de função. O local – a determinação da competência pelo lugar da infração – é o terceiro critério utilizado pelo legislador. Só que este se encontra estabelecido na legislação infraconstitucional.

Quando o art. 124 da Carta Magna, por exemplo, diz que "à Justiça Militar (Federal) compete processar e julgar os crimes militares definidos em lei" está estabelecendo uma regra de competência em razão da matéria. Embora remetendo para a lei a definição do que seja crime militar, já está fixando que, uma vez caracterizado o delito como militar, a competência será necessariamente da Justiça Militar (Federal). Outro caso de competência em razão da matéria estabelecida na Carta Magna é a relativa ao Tribunal do Júri, que tem competência constitucional para o julgamento dos crimes dolosos contra a vida.

Tratando-se de competência em razão da matéria estabelecida no texto constitucional, estaremos diante de uma regra de competência absoluta, que somente comportará as exceções previstas na própria Constituição.

É da tradição constitucional brasileira o estabelecimento de foro pela prerrogativa para as pessoas investidas em determinadas funções. Assim, por exemplo, o Presidente da República, o Vice-Presidente, os Deputados Federais e os Senadores da República para o julgamento das infrações penais comuns, têm foro pela prerrogativa no Supremo Tribunal Federal. Detêm igualmente competência para julgar pessoas com foro pela prerrogativa de função o Superior Tribunal de Justiça, os Tribunais Regionais Federais, os Tribunais de Justiça dos Estados e o Tribunal Regional Eleitoral.

A exemplo da competência constitucional em razão da matéria, também a competência em razão da pessoa é absoluta.

Isso significa dizer que, em qualquer destes casos, instaurado processo perante juízo incompetente, não haverá possibilidade de ele vir a tornar-se competente em razão de prorrogação. É que, neste caso, teremos um juízo absolutamente incompetente e, em conseqüência, não poderá haver prorrogação (para torná-lo competente).

O terceiro critério utilizado pelo legislador, como mencionado acima, é o local, ou seja, a determinação da competência pelo lugar da infração. Não é utilizado no texto constitucional, mas é a regra geral de competência estabelecida no Código de Processo Penal, ao dizer que "a competência será, de regra, determinada pelo lugar em que se consumar a infração, ou, no caso da tentativa, pelo lugar em que for praticado o último ato de execução" (art. 70). Este critério serve apenas para determinação do foro competente.

A particularidade é que, quando a competência for determinada pelo lugar da infração, ela admitirá prorrogação, se não for argüida a incompetência do juízo no prazo da defesa. Neste caso, sendo o juízo competente em razão da matéria e da pessoa, a eventual incompetência em razão do lugar não será absoluta, mas relativa, o que significa dizer que a ausência de alegação no momento oportuno será alcançada pela preclusão. Assim, ocorrerá a prorrogação da competência do juízo perante o qual o processo foi instaurado, tornando-o competente.

A matéria está regulada pelo art. 108 do Código de Processo Penal e, quando fala em prazo de defesa, está se referindo à defesa prévia, ou à defesa preliminar, nos procedimentos que a admitem, sob pena de preclusão com a conseqüente prorrogação da competência.

5. Competência e atuação do Ministério Público. Ao receber o inquérito policial ou outras peças de informação, antes de examinar o mérito, deve o membro do Ministério Público verificar se a matéria é da competência do juízo perante o qual atua. Ocorre que, normalmente, o Promotor de Justiça tem atribuição para atuar perante determinado juízo; significa dizer, nos processos que forem da competência deste juízo. Se, eventualmente, o processo não for da competência do juízo perante o qual ele tem atribuição para atuar, não lhe cabe examinar o mérito, mas pura e simplesmente requerer a redistribuição do feito ao juízo competente.

A razão é singela: perante o juízo que for o competente para a causa, haverá um membro do Ministério Público com atribuição para formar a *opinio delicti*. E será ele quem deverá examinar o mérito, oferecendo denúncia ou requerendo o arquivamento.

Assim, o Ministério Público só oferecerá a denúncia ou requererá o arquivamento quando entender que o juízo perante o qual oficia é o competente para o julgamento.

Se, por seu lado, o juiz entender que não é competente para a causa, despachará neste sentido, não recebendo a denúncia.

Situação interessante ocorre quando, discordando da posição adotada pelo promotor que afirma a incompetência do juízo, o juiz entende que é competente para a causa. A solução foi apontada pelo Superior Tribunal de Justiça quando decidiu: "Se o magistrado discorda da manifestação ministerial que, entende ser o juízo incompetente, deve encaminhar os autos ao Procurador Geral de Justiça para, na forma do art. 28 do CPP, dar solução ao caso, vendo-se, na hipótese, um pedido indireto de arquivamento".[4]

6. Quem deve resolver os conflitos de Competência. Quando se verificar um conflito de competência entre dois ou mais juízes ou tribunais (seja ele positivo, quando ambos se dão por competentes para determinada causa; ou negativo, quando ambos se dão por incompetentes), a quem cabe resolvê-lo?

A regra geral é dada pelo art. 105, inciso I, letra *d*, da Constituição Federal ao estabelecer: "Compete ao Superior Tribunal de Justiça: I – processar e julgar originariamente: ... d) os conflitos de competência entre quaisquer tribunais, ressalvado o disposto no art. 102, I, o, bem como entre tribunal e juízes a ele não vinculados e entre juízes vinculados a tribunais diversos".

Observadas as ressalvas feitas no dispositivo acima, compete ao Superior Tribunal de Justiça processar e julgar os conflitos negativos ou positivos de competência entre quaisquer tribunais, entre tribunais e juízes a ele não vinculados e entre juízes vinculados a tribunais diversos.

É possível sintetizar dizendo, enfim, que ao Superior Tribunal de Justiça compete julgar os conflitos de competência entre órgãos da Justiça Militar (com exceção do Superior Tribunal Militar) e da Justiça Comum (com exceção do próprio Superior Tribunal de Justiça); e deles com órgãos da Justiça Eleitoral (com exceção do Tribunal Superior Eleitoral).

O Superior Tribunal de Justiça não julga, entretanto, os conflitos de competência na hipótese expressamente ressalvada do art. 102, I, *o*, que estabelece ser da competência originária do Supremo Tribunal Federal processar e julgar "os conflitos de competência entre o Superior Tribunal de Justiça e quaisquer tribunais, entre Tribunais Superiores, ou entre estes e qualquer outro tribunal". Compete, portanto, à Corte Maior julgar os conflitos entre o STJ e qualquer outro tribunal; entre os Tribunais Superiores (TSE, STM e TST) ou entre estes e os demais tribunais.

Também não compete ao Superior Tribunal de Justiça julgar os conflitos de competência envolvendo juízes vinculados ao mesmo tribunal.

7. Competência da justiça criminal de primeiro grau. A justiça criminal de 1º grau está organizada a partir de regras estabelecidas na própria Constituição Federal e pode ser assim esquematizada:

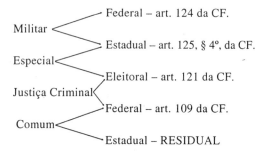

---

[4] STJ, Conflito de Atribuição nº 43/SC, Terceira Seção, Rel. Min. Anselmo Santiago, DJU 04.08.1997.

7.1. Competência da Justiça Militar Federal.

Estabelece o art. 124 da Carta Magna que "à Justiça Militar compete processar e julgar os crimes militares definidos em lei". Parágrafo único. "A lei disporá sobre a organização, o funcionamento e a competência da Justiça Militar." O dispositivo, embora não o diga de modo explícito, refere-se tão-somente à Justiça Militar Federal, já que há uma regra expressa quanto à competência da Justiça Militar Estadual no art. 125, §§ 4º e 5º.

Serão da competência da Justiça Militar Federal os crimes praticados por agentes militares pertencentes às Forças Armadas, vale dizer, Exército, Marinha e Aeronáutica, nas condições estabelecidas no art. 9º do Código Penal Militar, e os crimes praticados contra essas instituições militares.

Mesmo que remeta a definição de crime militar para a legislação infraconstitucional, a Constituição Federal já diz expressamente que os crimes definidos na lei como militares serão da competência da Justiça Militar Federal.

Com isto, a Carta Magna recepcionou o art. 9º do Código Penal Militar (Decreto-Lei nº 1.001/69), onde exatamente estão definidos os crimes militares:

"Art. 9º. Consideram-se crimes militares, em tempo de paz:
I – os crimes de que trata este Código, quando definidos de modo diverso na lei penal comum, ou nela não previstos, qualquer que seja o agente, salvo disposição especial;
II – os crimes previstos neste Código, embora também o sejam com igual definição na lei penal comum, quando praticados:
a) por militar em situação de atividade ou assemelhado, contra militar na mesma situação ou assemelhado;
b) por militar em situação de atividade ou assemelhado, em lugar sujeito à administração militar contra militar da reserva, ou reformado, ou assemelhado, ou civil;
c) por militar em serviço, em comissão da natureza militar, ou em formatura, ainda que fora do lugar sujeito à administração militar, contra militar da reserva, ou reformado, ou assemelhado, ou civil;
d) por militar durante o período de manobras ou exercício, contra militar da reserva, ou reformado, ou assemelhado, ou civil;
e) por militar em situação de atividade, ou assemelhado, contra o patrimônio sob a administração militar, ou a ordem administrativa militar;
f) (revogada).
III – os crimes praticados por militar da reserva, ou reformado, ou por civil, contra as instituições militares, considerando-se como tais não só os compreendidos no inciso I, como os do inciso II, nos seguintes casos:
a) contra o patrimônio sob a administração militar, ou contra a ordem administrativa militar;
b) em lugar sujeito à administração militar contra militar em situação de atividade ou assemelhado, ou contra funcionário de Ministério militar ou da Justiça Militar, no exercício de função inerente ao seu cargo;
c) contra militar em formatura, ou durante período de prontidão, vigilância, observação, exploração, exercício, acampamento, acantonamento ou manobras;
d) ainda que fora de lugar sujeito à administração militar, contra militar em função de natureza militar, ou no desempenho de serviço de vigilância, garantia e preservação da ordem pública, administrativa ou judiciária, quando legalmente requisitado para aquele fim, ou em obediência a determinação legal superior.
Parágrafo único. Os crimes de que trata este artigo, quando dolosos contra a vida e cometidos contra civil, serão da competência da Justiça Comum."

O inciso I trata dos chamados *crimes militares próprios*, ou seja, aqueles previstos apenas na legislação militar ou então lá definidos de modo diverso da lei penal comum. Estão entre os crimes contemplados nesse inciso, por exemplo, os delitos de motim e revolta (art. 149 do CPM), o desrespeito a superior (art. 160 do CPM), a recusa de obediência ou insubordinação (art. 163 do CPM), a insubmissão (art. 183 do CPM), a deserção (art. 187 do CPM), o abandono de posto (art. 195 do CPM) e diversos outros. São todos eles delitos próprios da legislação militar e que não têm correspondente na lei penal comum.

O inciso II, por sua vez, refere-se aos chamados *crimes militares impróprios*, ou seja, aqueles que têm igual definição na lei penal militar e na lei penal comum e que serão considerados crimes militares se forem praticados em uma ou mais das situações elencadas nas diversas letras deste inciso. Deste modo, o homicídio (*Matar alguém*) que tem igual definição na lei penal comum (art. 121 do CP) e na lei penal militar (art. 205 do CPM); a lesão corporal ("Ofender a integridade corporal ou a saúde de outrem" – art. 129 do CP e art. 209 do CPM); a calúnia ("Caluniar alguém, imputando-lhe falsamente fato definido como crime" – art. 138 do CP e art. 214 do CPM); a ameaça ("Ameaçar alguém por palavra, escrito ou gesto, ou qualquer outro meio simbólico, de lhe causar mal injusto e grave" – art. 147 do CP e art. 223 do CPM); o furto ("Subtrair, para si ou para outrem, coisa alheia móvel." – art. 155 do CP e art. 240 do CPM); a apropriação indébita ("Apropriar-se de coisa alheia móvel, de que tem a posse ou detenção." – art. 168 do CP e art. 248 do CPM); e outros crimes, serão considerados militares, quando praticados nas condições deste inciso II do art. 9º do Código Penal Militar.

A letra *a* prevê a hipótese do crime cometido por um militar em situação de atividade (ou, simplesmente, militar da ativa) ou assemelhado, contra outro militar na mesma situação ou assemelhado. Assim, o homicídio praticado por um militar da ativa contra outro, na mesma situação, será da competência da Justiça Militar.

O art. 21 do Código Penal Militar define o assemelhado a que se refere o art. 9º: "Considera-se assemelhado o servidor efetivo ou não, dos Ministérios da Marinha, do Exército e da Aeronáutica, submetido a preceito de disciplina militar, em virtude de lei ou regulamento."

A letra *b* refere-se a crime praticado por militar da ativa ou assemelhado contra militar da reserva, reformado ou civil, em lugar sujeito à administração militar. Assim, o delito de calúnia praticado por militar da ativa contra civil, no interior do quartel, será da competência da Justiça Militar. Como se verá também mais adiante, o art. 9º do Código Penal Militar não distingue o civil do militar reformado ou da reserva, que têm idêntico tratamento, seja quando vítimas, seja quando autores de infrações penais.

Na letra *c* merece destaque a hipótese do delito praticado pelo militar em serviço, contra militar da reserva, reformado, ou civil, mesmo fora do lugar sujeito à administração militar. Assim, a lesão corporal praticada pelo militar em serviço, contra civil, ainda que fora de área sujeita à administração militar, será da competência da justiça castrense.

A letra *d* define como crime militar aquele cometido pelo militar da ativa contra civil, militar da reserva, reformado ou assemelhado, com a única condição de que seja praticado durante o período de manobras ou exercício.

A letra *e* arrola como militar o crime do militar da ativa ou assemelhado contra o patrimônio sob administração militar ou a ordem administrativa militar.

A letra *f*, revogada pela Lei nº 9.299/96, definia como crime militar aquele praticado pelo militar da ativa ou assemelhado que, embora não estando em serviço, usasse armamento militar ou outro material bélico, para a prática do fato. Com isso, não tem mais aplicação a Súmula nº 47 do STJ que reconhecia a competência da Justiça Militar para processar e julgar o crime cometido por militar contra civil, com emprego de arma pertencente à corporação, mesmo não estando em serviço.

O inciso III define como militares os crimes praticados contra as instituições militares, por militar da reserva ou reformado ou civil, sejam eles *próprios* ou *impróprios*, nos casos que relaciona.

A letra *a* prevê o delito contra o patrimônio sob administração militar ou a ordem administrativa militar.

A letra *b* define como militar o crime praticado em lugar sujeito à administração militar, contra militar da ativa, assemelhado, funcionário da Justiça Militar ou de Ministério militar, no exercício de suas funções.

A letra *c* caracteriza o crime praticado contra militar em formatura ou em período de prontidão, exercício, etc.

Por fim, a letra *d* define como crime militar aquele praticado por civil, militar da reserva ou reformado, contra militar em função de natureza militar ou no desempenho de serviço de vigilância ou garantia da ordem pública, mesmo fora de área de administração militar, desde que cumprindo requisição ou determinação legal.

Não há, pois, qualquer vedação ao julgamento de civil perante a Justiça Militar Federal, desde que o crime seja considerado militar.

A alteração da competência trazida pela introdução do parágrafo único, através da Lei nº 9.299/96, se restringe aos delitos dolosos contra a vida quando cometidos contra civil. Segundo o entendimento do Superior Tribunal Militar essa regra não se aplica ao caso dos militares federais, chegando ao pondo de declará-la inconstitucional,[5] embora a posição em contrário do Supremo Tribunal Federal.

O entendimento da Corte Militar é reforçado pela Emenda Constitucional nº 45, que manteve a redação do art. 124 da Constituição Federal e alterou a do art. 125, § 4º, que trata da competência da Justiça Militar Estadual, para estabelecer quanto a esta a ressalva nos crimes da competência do júri, quando a vítima for civil.

7.2. **Competência da Justiça Militar Estadual**. A competência da Justiça Militar Estadual vem determinada no art. 125, § 4º, da Constituição Federal, com a redação que lhe foi dada pela Emenda Constitucional nº 45: "Compete à Justiça Militar estadual processar e julgar os militares dos Estados, nos crimes militares definidos em lei e as ações judiciais contra atos disciplinares militares, ressalvada a competência do júri quando a vítima for civil, cabendo ao tribunal competente decidir sobre a perda do posto e da patente dos oficiais e da graduação das praças".

Quanto à definição do que seja crime militar, vale aqui o que foi dito anteriormente, ao tratarmos da competência da Justiça Militar Federal. A restrição em relação à competência da Justiça Militar Estadual se dá com a inclusão da exigência de que o agente seja militar estadual. Assim, enquanto para a fixação da competência da justiça castrense federal basta que

---

[5] STM, Recurso Criminal nº 1997.01.006449-0, Tribunal Pleno, Rel. Min. Aldo da Silva Fagundes, DJU 22.04.1998.

se tenha crime militar, em relação à estadual, exige-se, além de crime militar, que o seu autor seja militar estadual.

Quis o legislador constituinte restringir a competência da Justiça Militar Estadual ao julgamento dos militares estaduais quando acusados da prática de crime militar, vedando-se a ela, pois, o julgamento de civis.

Assim, a justiça castrense estadual julgará os delitos previstos no inciso I do art. 9º do Código Penal Militar, ou seja, os chamados crimes militares próprios, quando praticados por integrantes das polícias militares.

Julgará também os crimes previstos no inciso II, ou seja, os crimes militares impróprios cometidos pelos militares dos Estados, quando praticados nas condições previstas nas diversas hipóteses aí relacionadas. Assim, o homicídio praticado pelo militar em situação de atividade contra militar na mesma situação; o furto praticado contra civil em lugar sujeito à administração militar; a lesão corporal praticada contra civil estando o militar em serviço; a apropriação indébita praticada contra o patrimônio sob a administração militar, etc.

Não poderá a Justiça Militar Estadual, porém, julgar os crimes cometidos por civis, militar da reserva ou reformado contra as instituições militares, previstos no inciso III, já que neste caso faltará um dos requisitos para determinar a competência da justiça castrense estadual, que é o agente militar.

Aliás, para enfrentar esta restrição, o Superior Tribunal de Justiça adequadamente adotou a solução mencionada na Súmula nº 53: "Compete à Justiça Comum Estadual processar e julgar civil acusado da prática de crime contra instituições militares estaduais".

Observe-se que se um militar estadual da reserva ou reformado praticar um delito contra as instituições militares federais, será julgado na Justiça Militar Federal, que não tem qualquer restrição quanto à pessoa do agente.

Em relação ao crime doloso contra a vida e cometido contra civil, por força da exceção trazida pela atual redação do art. 125, § 4º, deverá ser julgado na justiça comum estadual, vale dizer, no Tribunal do Júri, mesmo que tenha sido praticado em uma das condições previstas no inciso II.

A Emenda Constitucional nº 45 acrescentou ao art. 125 da Constituição Federal o § 5º: "Compete aos juízes de direito do juízo militar processar e julgar, singularmente, os crimes militares cometidos contra civis e as ações judiciais contra atos disciplinares militares, cabendo ao Conselho de Justiça, sob a presidência de juiz de direito processar e julgar os demais crimes militares."

Esta nova redação inicia substituindo a denominação tradicional de 'juiz auditor' pela de 'juiz de direito do juízo militar' (a expressão juiz de direito é tradicional da Justiça Estadual, à qual pertence a Justiça Militar dos Estados). E, o que é mais importante, estabelece a sua competência para julgar, singularmente, os crimes militares cometidos contra civis e as ações judiciais contra atos disciplinares militares.

Isso significa dizer, por exemplo, que o delito de lesão corporal praticado pelo militar estadual, em serviço, contra civil, não mais será julgado pelo colegiado do Conselho de Justiça, mas pelo juízo singular. Ou seja, julgamento monocrático pelo juiz de direito do juízo militar. A competência do Conselho de Justiça passa a ser apenas para o julgamento dos demais crimes militares.

As regras de competência constitucional são de aplicação imediata e forçarão uma adaptação do Código de Processo Penal Militar e da própria lei de organização judiciária dos Estados. Enquanto isso não ocorrer, deverá ser aplicada, subsidiariamente, a lei processual penal comum, como prevê o próprio CPPM (art. 3º).

O juiz de direito do juízo militar passará também a presidir o Conselho de Justiça, em lugar do oficial mais graduado.

Em relação à competência da Justiça Militar alguns aspectos já mereceram súmulas do Superior Tribunal de Justiça, que vale serem aqui lembradas:

Súmula nº 75: "Compete à Justiça Comum Estadual processar e julgar o policial militar por crime de promover ou facilitar a fuga de preso de estabelecimento penal".

Súmula nº 78: "Compete à Justiça Militar processar e julgar policial de corporação estadual, ainda que o delito tenha sido praticado em outra unidade federativa".

Súmula nº 90: "Compete à Justiça Estadual Militar processar e julgar o policial militar pela prática do crime militar, e à Comum pela prática do crime comum simultâneo àquele." Ao alcance desta Súmula voltaremos por ocasião do comentário ao art. 79.

Súmula nº 172: "Compete à Justiça Comum processar e julgar militar por crime de abuso de autoridade, ainda que praticado em serviço." A razão deste enunciado é singela: não há na legislação penal militar o delito de abuso de autoridade que, portanto, não pode ser crime militar; nem próprio, nem impróprio. A Lei nº 4.898/65 é lei penal comum, assim, a competência para o julgamento dos delitos nela previstos só pode ser da Justiça Comum, Federal ou Estadual, conforme o caso.

Súmula nº 192: "Compete ao Juízo das Execuções Penais do Estado a execução das penas impostas a sentenciados pela Justiça Federal, Militar ou Eleitoral, quando recolhidos a estabelecimentos sujeitos à administração estadual." O propósito é que a execução da pena de todos os sentenciados recolhidos ao mesmo presídio estadual tenha idêntico tratamento. Assim, os incidentes da execução serão processados perante o juiz estadual com jurisdição sobre a casa prisional, evitando tratamento diferenciado para apenados em idêntica situação.

A competência recursal nos delitos da competência da Justiça Militar Estadual será do Tribunal de Justiça Militar, onde houver, ou do próprio Tribunal de Justiça do Estado. Ocorre que a Constituição Federal, no § 3º do art. 125, estabelece: "A lei estadual poderá criar, mediante proposta do Tribunal de Justiça, a Justiça Militar Estadual, constituída, em primeiro grau, pelos juízes de direito e pelos Conselhos de Justiça e, em segundo grau, pelo próprio Tribunal de Justiça, ou por Tribunal de Justiça Militar nos Estados em que o efetivo da polícia militar seja superior a vinte mil integrantes". Apenas os Estados do Rio Grande do Sul, São Paulo e Minas Gerais criaram os respectivos Tribunais de Justiça Militar.

7.3. Competência da Justiça Eleitoral. A Carta Maior, em seu art. 121, limitou-se a remeter para a lei infraconstitucional a determinação da competência da Justiça Eleitoral ao dizer simplesmente: "Lei complementar disporá sobre a organização e competência dos tribunais, dos juízes de direito e das juntas eleitorais."

Passados quinze anos da promulgação da Constituição, até agora não foi elaborada uma nova lei dispondo a respeito da competência da Justiça Eleitoral. O certo, de qualquer maneira, é que a Carta Magna recepcionou as regras até então existentes sobre a matéria.

Estabelece o Código Eleitoral (Lei nº 4.737/65) em seu art. 35: "Compete aos juízes: ... II – processar e julgar os crimes eleitorais e os comuns que lhe forem conexos, ressalvada a competência originária do Tribunal Superior e dos Tribunais Regionais."

Assim, compete à justiça eleitoral de primeiro grau processar e julgar os crimes eleitorais, ou seja, aqueles definidos no próprio Código Eleitoral e na legislação eleitoral posterior, bem como os crimes previstos na lei penal comum, desde que conexos com um crime eleitoral. Desse modo, se alguém vota ou tenta votar mais de uma vez, ou em lugar de outrem, comete o delito eleitoral do art. 309 do Código Eleitoral; se, em razão dessa sua atitude, entra em conflito com os mesários e acaba ofendendo a integridade corporal de alguém, comete o delito comum de lesão corporal, em conexão com o primeiro. A competência para o processo e julgamento dos dois crimes será da Justiça Eleitoral.

Havendo conexão entre crime eleitoral e crime da competência da Justiça Comum Federal, prevalece a Justiça Eleitoral (que, aliás, é jurisdição federal), como já decidiu o Supremo Tribunal Federal,[6] não sendo caso de separação dos processos como, equivocadamente, julgou em ocasião posterior o Superior Tribunal de Justiça.[7] Mesmo porque a competência da Justiça Eleitoral não foi determinada constitucionalmente, mas pela lei recepcionada.

Solução diferente deverá ser a reclamada para a hipótese de conexão entre crime eleitoral e crime doloso contra a vida. Neste caso, é constitucional a competência do Tribunal do Júri para o julgamento do último, não podendo a regra infraconstitucional recepcionada excepcionar a competência do Tribunal Popular. Nesta situação, deverão os delitos ser julgados separadamente. O crime eleitoral, na Justiça Eleitoral, preservando-se a especialidade como em diversos momentos faz a própria Carta Magna; o crime doloso contra a vida, no Júri, resguardando a competência constitucional. Nesse sentido é a conclusão de Aramis Nassif: "Mas, ao respeito dedicado à dogmática da especialização, a solução mais correta é a da destinação do doloso contra a vida para o julgamento coletivo popular, e o eleitoral para o juízo eleitoral".[8]

Sublinhe-se que, quando cabíveis, devem ser aplicados na Justiça Eleitoral os institutos da transação e da suspensão condicional do processo, previstos na Lei dos Juizados Especiais, sem que ocorra, no entanto, o deslocamento da competência.

7.4. Competência da Justiça (Comum) Federal. A Justiça Federal é justiça comum, cuja competência foi fixada no art. 109 da Constituição Federal, ao determinar: "Aos juízes federais compete processar e julgar: ..."

Misturando matéria cível e criminal, o citado dispositivo, em seu inciso IV, estabeleceu uma espécie de regra geral para a competência penal da Justiça Federal: "IV – os crimes políticos e as infrações penais praticadas em detrimento de bens, serviços ou interesse da União ou de suas entidades autárquicas ou empresas públicas, excluídas as contravenções e ressalvada a competência da Justiça Militar e da Justiça Eleitoral."

Destaca-se, inicialmente, a ressalva feita pela própria Constituição em relação às chamadas justiças

---

[6] STF, Conflito de Competência nº 7.033/SP, Tribunal Pleno, Rel. Min. Sydney Sanches, DJU 29.11.96).
[7] STJ, Conflito de Competência nº 39357/MG, Terceira Seção, Rel.. Min. Laurita Vaz, DJU 02.08.2004.
[8] NASSIF, Aramis. *O júri objetivo*. 2ª ed. Porto Alegre: Livraria do Advogado, 2001, p. 31.

especiais, tanto a Militar quanto a Eleitoral. A matéria pode dizer respeito a bens, serviços ou interesse da União; porém, se for militar ou eleitoral, irá para a justiça especial correspondente e não para a comum.

Destaque-se, ainda, a vedação expressa para que a Justiça Federal julgue contravenções, mesmo quando cometidas contra bens, serviços ou interesse da União. O objetivo é afastar do julgamento pela Justiça Federal os delitos menores, como o legislador considera as contravenções. Tal regra tem sido interpretada com tal rigor, que mesmo presente o interesse da União e havendo conexão com outro crime da competência federal, ainda aí não haverá unidade de processo, sendo a contravenção julgada na Justiça comum Estadual.[9]

Crimes políticos são os crimes praticados contra a organização do Estado e de suas instituições. Nesse sentido abrange os crimes previstos na Lei de Segurança Nacional. Será, portanto, da competência da Justiça Federal, por exemplo, processar e julgar alguém acusado de "tentar desmembrar parte do território nacional para constituir país independente" (art. 11 da Lei nº 7.170/83). Observe-se que, até a promulgação da Constituição de 1988, esses delitos eram da competência da Justiça Militar. Uma particularidade é que da decisão de primeiro grau nos crimes políticos cabe recurso ordinário para o Supremo Tribunal Federal (art. 102, II, *b*, da Constituição Federal).

As infrações penais praticadas em detrimento de bens, serviços e interesse da União, de suas entidades autárquicas ou empresas públicas: desse modo, a subtração de bens, pertencentes à União, às suas entidades autárquicas ou empresas públicas, a fraude contra a Receita Federal ou a Previdência Social, enfim, qualquer ação delituosa que atinja os interesses dessas entidades públicas, será da competência da Justiça Federal.

A jurisprudência de nossos Tribunais Superiores tem entendido como contrário ao interesse da União o delito cometido contra o servidor público, desde que relacionado com o exercício da função. Nesse sentido, a Súmula 147 do Superior Tribunal de Justiça: "Compete à Justiça Federal processar e julgar os crimes praticados contra funcionário público federal, quando relacionados com o exercício da função".

Em atenção a esse entendimento, o mesmo Superior Tribunal de Justiça já decidiu que compete à Justiça Federal de primeiro grau processar e julgar crime comum praticado contra juiz de direito no exercício da jurisdição eleitoral.[10]

Na mesma linha, o Supremo Tribunal Federal reconheceu a competência da Justiça Federal para o julgamento do servidor público federal quando este comete delito contra qualquer cidadão, no desempenho de suas funções. Identificando-se o interesse público pelo exercício da atividade estatal no momento do crime.[11]

No inciso V, fixa a competência para julgar "os crimes previstos em tratado ou convenção internacional, quando, iniciada a execução no país, o resultado tenha ou devesse ter ocorrido no estrangeiro, ou reciprocamente". Duas são as condições para determinar a competência da Justiça Federal: primeiro, que o delito esteja previsto em tratado ou convenção internacional; depois, que sua execução se desdobre entre o território brasileiro e território estrangeiro, ou seja, execução iniciada no Brasil para produzir resultado fora, ou execução iniciada fora para produzir resultado no território brasileiro. Preenchem essas duas condições os delitos de tráfico internacional de drogas e de tráfico internacional de pessoas.

Acrescentado pela Emenda Constitucional nº 45, o inciso V-A diz respeito às "causas relativas a direitos humanos a que se refere o § 5º deste artigo". A matéria será objeto de apreciação logo adiante sob o título "Alteração da Competência da Justiça Federal na Emenda Constitucional nº 45".

O inciso VI trata da competência da Justiça Federal para processar e julgar "os crimes contra a organização do trabalho e, nos casos determinados por lei, contra o sistema financeiro e a ordem econômico-financeira". A primeira parte restringe-se aos delitos contra a organização do trabalho previstos nos arts. 197 a 207 do Código Penal, desde que ofendam o sistema de órgãos e institutos que preservam coletivamente os direitos do trabalho, e não os crimes que são cometidos contra determinados trabalhadores.[12] A segunda parte trata dos crimes contra o sistema financeiro e a ordem econômico-financeira, quando a lei expressamente prever a competência da Justiça Federal. Veja-se que, neste caso, diferentemente dos demais, houve uma mera autorização do constituinte para que o legislador infraconstitucional possa determinar a competência da Justiça Federal, nos delitos dessa espécie. Nessas condições estão os delitos previstos na Lei nº 7.492/86, que define os crimes contra

---

[9] STJ, Conflito de Competência nº 40646/MT, Terceira seção, Rel. Min. Gilson Dipp, DJU 28.06.2004.

[10] STJ, Conflito de Competência nº 7431, Terceira Seção, Rel. Min. Vicente Leal, DJU 27.03.1995.

[11] STF, Habeas Corpus nº 79044/RJ, Tribunal Pleno, Rel. Min. Nelson Jobim, DJU 30.06.2000.

[12] DELMANTO, Celso; DELMANTO, Roberto; DELMANTO JÚNIOR, Roberto *et al. Código Penal Comentado*, 5ª ed. Rio de Janeiro: Renovar, 2000, p. 396.

o Sistema Financeiro Nacional, porquanto em seu art. 26 está expressamente prevista a competência da Justiça Federal.

O inciso VII estabelece a competência da Justiça Federal para julgar "os habeas corpus, em matéria criminal de sua competência ou quando o constrangimento provier de autoridade cujos atos não estejam diretamente sujeitos a outra jurisdição". A competência aqui é supletiva, sempre que o constrangimento provier de autoridade que não esteja sujeita a outra jurisdição. A finalidade é cobrir eventual falha na legislação.

No inciso IX se determina a competência da Justiça Federal para processar e julgar "os crimes cometidos a bordo de navios ou aeronaves, ressalvada a competência da Justiça Militar". Em primeiro lugar, são excluídos, de plano, os delitos da competência da Justiça Militar, ou seja, os crimes praticados a bordo de navios ou aeronaves militares, cuja competência será da justiça castrense. A expressão navio exclui da competência federal os delitos praticados a bordo de outras embarcações de pequeno porte (lanchas, barcas, botes, etc.), que serão da competência da Justiça Comum Estadual. Em relação às aeronaves não se faz distinção quanto ao seu porte, entretanto, o Brasil é signatário da Convenção de Tóquio que, como se verá ao comentar o art. 90, restringe a aplicação da lei brasileira.

Compete também à Justiça Federal processar e julgar os crimes de ingresso ou permanência irregular de estrangeiro no território nacional (inciso X do art. 109 da CF), previstos na Lei nº 6.815/80.

À Justiça Federal compete, ainda, processar e julgar "*a disputa sobre direitos indígenas*" (inciso XI), o que não significa que deva julgar todos os delitos praticados por ou contra índios, mas apenas aqueles que envolvam um conjunto de indivíduos, como grupo étnico, como é o caso do crime de genocídio, previsto na Lei nº 2.889/56.[13] Assim, conforme já assentou o Superior Tribunal de Justiça: "Compete à Justiça Comum Estadual processar e julgar crime em que o indígena figure como autor ou vítima." (Súmula nº 140). Significa dizer que sendo o crime praticado contra índio como indivíduo determinado, e não contra o grupo indígena, a competência será da Justiça Estadual,[14] mesmo que o delito ocorra no interior de reserva indígena.[15]

Além das súmulas já mencionadas, o Superior Tribunal de Justiça editou outras súmulas que merecem ser lembradas (seja aquelas que afirmam a competência federal, seja as que a negam).

Afirmando a competência da Justiça Federal:

Súmula nº 122: "Compete à Justiça Federal o processo e julgamento unificado dos crimes conexos de competência federal e estadual, não se aplicando a regra do art. 78, II, a, do Código de Processo Penal." Ver comentários ao art. 78, inciso IV.

Súmula nº 151: "A competência para o processo e julgamento por crime de contrabando ou descaminho define-se pela prevenção do Juízo Federal do lugar da apreensão dos bens."

Súmula 165: "Compete à Justiça Federal processar e julgar crime de falso testemunho cometido no processo trabalhista." A razão óbvia é que a jurisdição trabalhista é jurisdição federal. Nessa linha, também o falso testemunho cometido perante a Justiça Eleitoral (que também é jurisdição federal) deve ser julgado na Justiça Federal.

Súmula nº 192: "Compete ao Juízo das Execuções Penais do Estado a execução das penas impostas a sentenciados pela Justiça Federal, Militar ou Eleitoral, quando recolhidos a estabelecimentos sujeito à administração estadual." A partir do momento que tivermos presídios federais, passará para a competência do juízo das execuções da Justiça Federal a execução das penas que forem cumpridas nesses estabelecimentos.

Súmula nº 200: "O Juízo Federal competente para processar e julgar acusado de crime de uso de passaporte falso é o do lugar onde o delito se consumou."

Súmula nº 208: "Compete à Justiça Federal processar e julgar prefeito municipal por desvio de verba sujeita a prestação de contas perante órgão federal." É importante lembrar que, neste caso, o prefeito municipal será processado perante o Tribunal Regional Federal face à prerrogativa de função (Súmula nº 702 do STF).

Negando a competência da Justiça Federal, ao afirmar a competência da Justiça Estadual:

Súmula nº 38: "Compete à Justiça Estadual Comum, na vigência da Constituição de 1988, o processo por contravenção penal, ainda que praticada em detrimento de bens, serviços ou interesse da União ou de suas entidades."

Súmula nº 42: "Compete à Justiça Comum Estadual processar e julgar as causas cíveis em que é parte sociedade de economia mista e os crimes praticados em seu detrimento."

Súmula nº 62: "Compete à Justiça Estadual processar e julgar o crime de falsa anotação na Carteira

---

[13] STJ, Recurso Especial nº 222653, Quinta Turma, Rel. Min. Jorge Scartezzini, DJU 30.10.2000.
[14] STJ, Habeas Corpus nº 33392/RS, Quinta Turma, Rel. Min. Jorge Scartezzini, DJU 02.08.2004.
[15] STJ, Conflito de Competência nº 35073/PR, Terceira Seção, Rel. Min. Vicente Leal, DJU 30.09.2002.

de Trabalho e Previdência Social, atribuída à empresa privada."

Súmula nº 73: "A utilização de papel-moeda grosseiramente falsificado configura, em tese, o crime de estelionato, da competência da Justiça Estadual."

Súmula nº 104: "Compete à Justiça Estadual o processo e julgamento dos crimes de falsificação e uso de documento falso relativo a estabelecimento particular de ensino."

Súmula nº 107: "Compete à Justiça Comum Estadual processar e julgar crime de estelionato praticado mediante falsificação das guias de recolhimento das contribuições previdenciárias, quando não ocorrente lesão à autarquia federal."

Súmula nº 209: "Compete à Justiça Estadual processar e julgar prefeito por desvio de verba transferida e incorporada ao patrimônio municipal."

7.5. Competência da Justiça (Comum) Estadual. A competência da Justiça Comum Estadual é residual, ou seja, tudo o que não for atribuído às demais, será da sua competência. Chega-se, portanto, à competência da Justiça Estadual por exclusão. Não sendo a infração penal atribuída às demais (seja originalmente, seja em razão de atração pela conexão), será da competência da Justiça Estadual.

8. Delegação de Competência da Justiça Federal. A Constituição Federal, em seu art. 109, § 3º, determina que matéria cível expressamente mencionada (questões previdenciárias) da competência da Justiça Comum Federal seja delegada à Justiça Estadual, se a comarca não for sede de vara do juízo federal. E, na mesma condição (comarca que não é sede de vara federal), permite a delegação pela legislação infraconstitucional de outras matérias (tanto cível quanto criminal).

A regra é ampla, permitindo à lei delegar para a Justiça Comum Estadual o processo e julgamento de qualquer delito da competência federal. Não há hoje, no entanto, casos dessa delegação. No passado, foi a hipótese do art. 27 da Lei nº 6.368/76 (hoje revogada), recepcionado pela Constituição Federal, que estabelecia: "O processo e o julgamento do crime de tráfico com o exterior caberão à justiça estadual com interveniência do Ministério Público respectivo, se o lugar em que tiver sido praticado for município que não seja sede de vara da Justiça Federal, com recurso para o Tribunal Federal de Recursos."

A matéria hoje está regulada pelo art. 70 e seu parágrafo único, da Lei nº 11.343, de 23 de agosto de 2006, que estabelece a competência da Justiça Federal para o processo e julgamento dos delitos previstos nos arts. 33 a 37 da referida lei, quando caracterizado o ilícito transnacional. Houve o cuidado de explicitar que não há mais delegação de competência ao dizer no parágrafo único que "os crimes praticados nos Municípios que não sejam sede de vara federal serão processados e julgados na vara federal da circunscrição respectiva".

Vale ressaltar que a competência decorrente da delegação é relativa, como já teve oportunidade de decidir o Supremo Tribunal Federal.[16] Significa dizer que, iniciado o processo criminal perante o juízo federal com competência territorial para o local, não sendo alegada sua incompetência no prazo da defesa prévia (art. 108 do CPP), prorroga-se (de volta) a competência, não se podendo alegar a incompetência da Justiça Federal, face à regra constitucional que permite a delegação. Isso porque a jurisdição prestada neste caso por juiz estadual é jurisdição federal, embora excepcional, e a incompetência territorial do juízo federal é relativa, razão pela qual, não sendo alegada no prazo legal, fica sanada pela preclusão.

9. Alteração da Competência da Justiça Federal na Emenda Constitucional nº 45. Relevante alteração da competência da Justiça Federal ocorreu com a Emenda Constitucional nº 45, que introduziu no art. 109 da Constituição de 1988 o inciso V-A, para incluir na competência dos juízes federais, processar e julgar "as causas relativas a direitos humanos a que se refere o § 5º deste artigo". O referido § 5º, acrescentado ao texto constitucional, estabelece: "Nas hipóteses de grave violação de direitos humanos, o Procurador-Geral da República, com a finalidade de assegurar o cumprimento de obrigações decorrentes de tratados internacionais de direitos humanos dos quais o Brasil seja parte, poderá suscitar, perante o Superior Tribunal de Justiça, em qualquer fase do inquérito ou processo, incidente de deslocamento de competência para a Justiça Federal."

A redação adotada indica a aplicação da regra aos inquéritos e processos criminais, inclusive aqueles que já se encontram em andamento.

Este dispositivo estabelece que praticado delito da competência da Justiça Comum Estadual se, a juízo do Procurador-Geral da República, ele configurar "grave violação de direitos humanos", este deverá suscitar perante o Superior Tribunal de Justiça o incidente de deslocamento de competência para a Justiça Federal.

Fica assim autorizado, após a prática da infração penal, e mesmo depois de instaurado o próprio processo, que haja deslocamento da competência para outra Justiça, violando assim o princípio do juiz (talvez fosse melhor dizer 'do juízo') natural. Este princípio corresponde a uma garantia individual defini-

---

[16] STF, Habeas Corpus nº 70627/PA, Primeira Turma, Rel. Min. Sydney Sanches, DJU 18.11.1994.

tivamente estabelecida no art. 5º, inciso LIII ("ninguém será processado nem sentenciado senão pela autoridade competente."), reforçado pelo inciso XXXVII ("não haverá juízo ou tribunal de exceção."), da Constituição Federal.

Como afirma Tourinho Filho, "Juiz natural, ou Juiz constitucional, ou que outra denominação tenha, é aquele cuja competência resulta, no momento do fato, das normas legais abstratas".[17] Significa dizer que, praticado um fato delituoso, a determinação da competência deverá ser feita pela norma então vigente, não se permitindo, como regra, o deslocamento dessa competência, principalmente quando ela fica subordinada a um juízo de valor de qualquer autoridade, seja o Procurador-Geral da República que suscita, seja o Superior Tribunal de Justiça que acolhe ou não.

Observe-se que, em se tratando de violação de garantia individual, nos termos do art. 60, § 4º, IV, a matéria não poderia sequer ser objeto de deliberação, pela sua condição de cláusula pétrea.

Seria possível objetar-se que já era admissível, mesmo antes da emenda, o deslocamento da competência quando o autor do fato assumisse função pública que lhe assegurasse foro pela prerrogativa. Por exemplo, o cidadão está sendo processado perante o juízo de primeiro grau da Justiça Comum Estadual e assume como Prefeito Municipal. Essa circunstância determina a remessa do processo ao Tribunal de Justiça, já que para esta Corte desloca-se a competência. A diferença é que, neste caso, o deslocamento é previsto na lei e é obrigatório, não dependendo de juízo ou iniciativa de quem quer que seja.

De qualquer sorte, tendo sido promulgada e até que eventualmente possa ser afastada pelo Supremo Tribunal Federal, a regra deve ser aplicada, como já se destacou, inclusive no caso de processos em andamento.

Cabe ao Procurador-Geral da República, por sua própria iniciativa, ou mediante provocação de qualquer cidadão, entendendo que o delito implicou grave violação de direitos humanos, suscitar o incidente perante o Superior Tribunal de Justiça. Cabe a esta Corte, então, verificar se estão presentes os requisitos exigidos para o deslocamento da competência, determinando-o, se for o caso.

O foro e o juízo competentes na Justiça Federal serão fixados de acordo com as regras gerais, como se o processo fosse originalmente da sua competência, mesmo no caso de prerrogativa de função. Por exemplo, havendo deslocamento de processo envolvendo Prefeito Municipal, a competência será do Tribunal Regional Federal, órgão da Justiça Federal com competência para julgá-lo.

10. **Competência absoluta e competência relativa.** Com freqüência a doutrina e a jurisprudência fazem a distinção entre competência absoluta e competência relativa. Como a relevância da distinção é para as conseqüências que se produzem em relação ao processado perante o juízo incompetente, talvez fosse melhor falar-se em incompetência absoluta e incompetência relativa.

Os casos de (in)competência absoluta são aqueles que não admitem prorrogação. Como já mencionamos no nº 4, a incompetência resultante da inobservância da regra em razão da matéria (*ratione materiae*), prevista constitucionalmente, não comporta prorrogação, ou seja, se o processo for iniciado perante juízo incompetente, não há como ele possa tornar-se competente. A conseqüência será a anulação do processo, que pode alcançar a própria denúncia, tendo em vista a falta de atribuição do representante do Ministério Público com atuação perante o órgão jurisdicional incompetente. Por exemplo, iniciada ação penal perante a Justiça Comum Estadual, por interpretação equivocada do Promotor de Justiça e do Juiz de Direito, verificado posteriormente que, na verdade, o processo é da competência da Justiça Eleitoral, o juiz, de ofício ou mediante provocação da parte reconhecerá a incompetência absoluta, remetendo o processo para o juízo competente (art. 109 do Código de Processo Penal).

É paradigmática a decisão do Supremo Tribunal Federal que acolheu esse entendimento: "Em se verificando, porém, que há processo penal, em andamento na Justiça Federal, por crimes eleitorais e crimes comuns conexos, é de se conceder 'Habeas Corpus' de ofício, para sua anulação, a partir da denúncia oferecida pelo Ministério Público Federal, e encaminhamento dos autos respectivos à Justiça Eleitoral de 1ª instância, a fim de que o Ministério Público, oficiando perante esta, requeira o que lhe parecer de direito".[18]

O mesmo tratamento haverá em relação à incompetência em razão da pessoa (*ratione personae*), quando um ou alguns dos autores tem foro pela prerrogativa de função. Se, por exemplo, for iniciado no primeiro grau da Justiça Comum Estadual processo por infração praticada por Prefeito Municipal (cuja condição era ignorada), ao se verificar essa condição, estaremos diante de um juízo incompetente em razão da pessoa e que em hipótese alguma poderá ter sua competência prorrogada. O resultado será o reconhecimento pelo juiz da incompetência absoluta,

---

[17] TOURINHO FILHO, Fernando da Costa. *Processo Penal*, 27ª ed. v 2. São Paulo: Saraiva, 2005, p. 62.
[18] STF, Conflito de Competência nº 7033/SP, Tribunal Pleno, Rel. Min. Sydney Sanches, DJU 19.11.1996.

com a conseqüente remessa do processo ao Tribunal de Justiça. A nulidade, neste caso, alcançará inclusive a denúncia, já que o Promotor de Justiça não tem atribuição para deflagrar ação penal de competência originária do Tribunal de Justiça.

Fica claro que, nessas situações, a competência é fixada levando em conta primordialmente o interesse público, razão pela qual a lei não autoriza a sua prorrogação.

Porém nos casos de competência fixada em razão do lugar, também chamada territorial ou de foro, o legislador atende principalmente ao interesse da parte, de tal forma que sua inércia levará à prorrogação da competência, tornando competente um juízo que inicialmente não o era. É a chamada incompetência relativa, ou seja, o juízo é competente, em tese, em relação à matéria e à pessoa, mas não é competente, em princípio, em relação ao lugar. A lei admite nestes casos que, não havendo alegação da parte por ocasião da defesa prévia ou preliminar, ocorra a prorrogação, tornando o juízo relativamente incompetente, competente para conhecer do processo.

Tome-se como exemplo o crime da competência da Justiça Comum Estadual, praticado no território da Comarca A; por razões desconhecidas, a investigação é conduzida pela polícia da Comarca B e, remetido o processo a juízo, sem atentar para essa circunstância, o Promotor de Justiça oferece denúncia e o Juiz de Direito a recebe. O réu é citado e interrogado. Se, no prazo da defesa prévia, não apresentar a exceção de incompetência do foro, ocorrerá a prorrogação. Com isso o juízo da Comarca B passa a ser competente em detrimento da Comarca A e a matéria não poderá mais ser discutida.

11. Competência Funcional. Como diz Tourinho Filho: *"A competência funcional é fruto da especulação da moderna ciência processual"*.[19] Corresponde à distribuição feita pela lei entre diversos juízes da mesma instância ou de instâncias diversas para, em um mesmo processo ou fase de seu desenvolvimento, praticar determinados atos.

É o mesmo autor quem apresenta um quadro sinóptico da competência funcional, classificando-a da seguinte forma:[20]

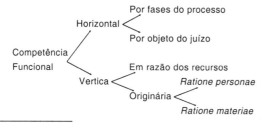

11.1. Competência funcional horizontal por fases do processo. Ocorre quando, na mesma instância, dois ou mais órgãos jurisdicionais são chamados a praticar determinados atos. O exemplo comumente apresentado é o do procedimento do júri, quando a lei de organização judiciária local prevê a figura do "juiz preparador", que conduz o processo do recebimento da denúncia até o oferecimento das alegações do art. 406. Após, os autos serão enviados ao juiz-presidente do júri, que o levará da pronúncia até o julgamento em plenário.

11.2. Competência funcional horizontal por objeto do juízo – novamente dois ou mais órgãos jurisdicionais de mesma instância são chamados a praticar, no mesmo processo, atos determinados. O exemplo vamos encontrar novamente no procedimento do júri, especificamente, no plenário de julgamento. Aí os jurados são chamados a decidir o mérito da causa, através da votação dos quesitos; enquanto o juiz-presidente decide as questões de direito e lavra a sentença, ainda que, necessariamente, de conformidade com a decisão dos jurados. A sentença não será, nesta parte, fundamentada (arts. 492 e 493 do CPP).

11.3. Competência funcional vertical em razão dos recursos. Decorre da adoção na legislação infraconstitucional, como regra, do princípio do duplo grau de jurisdição: para cada órgão jurisdicional de primeiro grau, haverá o órgão recursal correspondente, de segundo grau, com competência para reexaminar todos os aspectos de fato e de direito do processo (desde que a matéria não tenha sido alcançada pela preclusão). Assim, o Tribunal de Justiça do Estado é o órgão recursal das decisões dos juízes estaduais. O Tribunal Regional Federal é o órgão recursal da Justiça Federal de primeiro grau e é, ainda que excepcionalmente, o órgão recursal da Justiça Estadual de primeiro grau, nos casos de competência delegada, na forma do § 3º do art. 109 da Constituição Federal.

A competência recursal está distribuída da seguinte forma:

Supremo Tribunal Federal – nos termos do art. 102, inciso II, letras *a* e *b*, compete ao Supremo Tribunal Federal julgar em recurso ordinário: o *hábeas corpus*, o mandado de segurança, o *habeas data* e o mandado de injunção decididos em única instância pelos Tribunais Superiores, se denegatória a decisão; e os crimes políticos.

Compete, ainda, à Corte Suprema julgar mediante recurso extraordinário, nos termos do art. 102, inciso III, letras *a*, *b*, *c* e *d*, as causas decididas em única ou última instância, quando a decisão recorrida: a) con-

---

[19] TOURINHO FILHO, Fernando da Costa. *Processo Penal*, 27ª ed. v 2. São Paulo: Saraiva, 2005, p. 229.
[20] Ibidem, p. 231.

trariar dispositivo da Constituição; b) declarar a inconstitucionalidade de tratado ou lei federal; c)julgar válida lei ou ato de governo local contestado em face da Constituição; e d) julgar válida lei local contestada em face de lei federal.

Superior Tribunal de Justiça – nos termos do art. 105, inciso III, letras *a*, e *b*, compete ao Superior Tribunal de Justiça julgar em recurso ordinário: os *hábeas corpus* decididos em única ou última instância pelos Tribunais Regionais Federais ou pelos Tribunais de Justiça dos Estados e do Distrito Federal, quando denegatória a ordem; os mandados de segurança decididos em única ou última instância pelos mesmos tribunais, quando a decisão for denegatória.

Compete, ainda, ao Superior Tribunal de Justiça, nos termos da letra *c* do mesmo dispositivo, julgar em recurso especial as causas decididas em única ou última instância pelos Tribunais Regionais Federais ou pelos Tribunais de Justiça dos Estados e do Distrito Federal, quando a decisão: contrariar tratado ou lei federal, ou negar-lhes vigência; julgar válido ato de governo local contestado em face de lei federal; der a lei federal interpretação divergente da que lhe houver dado outro tribunal.

Superior Tribunal Militar – compete-lhe apreciar em grau de recurso as decisões de 1° grau da Justiça Militar Federal, nos termos do art. 6° da Lei n° 8.457/92 (Lei de Organização Judiciária da Justiça Militar da União).

Tribunal Superior Eleitoral – são, em princípio, irrecorríveis as decisões dos Tribunais Regionais Eleitorais, salvo, nos termos do art. 121, § 4°, da Constituição Federal, em que cabe recurso para o Tribunal Superior Eleitoral, quando: forem proferidas contra disposição expressa de lei; ocorrer divergência na interpretação de lei entre dois ou mais tribunais eleitorais; versarem sobre inelegibilidade ou expedição de diplomas nas eleições federais ou estaduais; anularem diplomas ou decretarem a perda de mandatos eletivos federais ou estaduais; denegarem *hábeas-córpus*, mandado de segurança, *hábeas data* ou mandado de injunção.

Das decisões proferidas contra expressa disposição da Constituição Federal cabe recurso extraordinário para o Supremo Tribunal Federal, nos termos do art. 102, inciso III, letra *a*, da Carta Maior.

Tribunais Regionais Federais – na forma do art. 108, inciso II, compete-lhe julgar em grau de recurso as causas decididas pelos juízes federais e pelos juízes estaduais no exercício da competência federal (nas hipóteses de competência delegada – art. 109, § 3°, da Constituição Federal) da área de sua jurisdição.

Tribunais Regionais Eleitorais – compete-lhe, nos termos do art. 29, inciso II, da Lei n° 4.737/65 (Código Eleitoral), recepcionado pela Constituição Federal, julgar os recursos interpostos dos atos e decisões proferidas pelos juízes e juntas eleitorais e as decisões dos juízes eleitorais que concederem ou denegarem *hábeas corpus* e mandado de segurança.

Tribunais de Justiça dos Estados e do Distrito Federal – compete-lhes julgar em grau de recurso as decisões dos juízes de primeiro grau da Justiça Estadual, nos termos das respectivas constituições estaduais, conforme previsto no art. 125, § 1°, da Constituição Federal.

Tribunais de Justiça Militar dos Estados – existentes apenas nos Estados de São Paulo, Minas Gerais e Rio Grande do Sul, têm competência para julgar em grau de recurso as decisões da Justiça Militar Estadual de primeiro grau. Nos Estados que não dispõem de Tribunal de Justiça Militar, a competência será do próprio Tribunal de Justiça Estadual, na forma do art. 125, § 3°, da Constituição Federal.

11.4. Competência funcional vertical originária *ratione personae*. Das regras de competência em razão da pessoa trataremos nos comentários aos arts. 84 a 87, ao examinarmos a competência pela prerrogativa de função.

11.5. Competência funcional vertical originária *ratione materiae* – A competência vertical originária em razão da matéria se dá quando certas matérias devem ser conhecidas originariamente por determinado Tribunal.

Ao Supremo Tribunal Federal, por exemplo, compete processar e julgar originariamente *hábeas-córpus* quando o paciente for o Presidente da República, o Vice-Presidente, Deputados Federais, Senadores, o Procurador-Geral da República e os seus próprios Ministros; mandado de segurança contra ato do Presidente da Repúblicas, das mesas da Câmara e do Senado, do Tribunal de Constas da União, do Procurador-Geral da República e do próprio Supremo Tribunal Federal; a revisão criminal de seus julgados, etc.

Ao Superior Tribunal de Justiça compete processar e julgar originariamente *hábeas-córpus* quando o coator ou paciente for Governador do Estado ou do Distrito Federal, Desembargadores dos Tribunais de Justiça, membros dos Tribunais Regionais Federais, Eleitorais e do Trabalho, membros do Ministério Público da União que oficiem perante tribunais; quando o coator for tribunal sujeito à sua jurisdição, Ministro de Estado ou comandante das forças armadas; a revisão criminal de seus julgados; etc.

Compete ao Superior Tribunal Militar, entre outros casos, processar e julgar originariamente o mandado de segurança contra atos do próprio Tribunal, de seu Presidente e de outras autoridades da Justiça

Militar; a revisão criminal dos processos findos da Justiça Militar Federal.

Ao Tribunal Superior Eleitoral compete processar e julgar originariamente os *hábeas corpus* e mandados de segurança quando a autoridade coatora ou o paciente for Ministro de Estado ou membro dos Tribunais Regionais Eleitorais.

Compete aos Tribunais Regionais Federais, nos termos do art. 105, inciso I, processar e julgar originariamente os *hábeas corpus* quando a autoridade coatora for juiz federal; as revisões criminais de seus julgados e dos juízes federais de sua região, etc.

Aos Tribunais Regionais Eleitorais compete processar e julgar os *hábeas corpus* e mandados de segurança contra atos dos juízes eleitorais, etc.

A competência originária em razão da matéria dos Tribunais de Justiça de cada Estado vem estabelecida na respectiva Constituição.

12. **Conclusão**. De posse dessas informações, é possível iniciar a determinação da competência para o julgamento de cada processo criminal.

É de Ada Grinover, Scarance Fernandes e Antônio Magalhães a afirmação de que através do estudo dos diversos tópicos da competência "é possível determinar os passos da caminhada através da qual a jurisdição sai do plano abstrato e chega à realidade concreta da atribuição do seu exercício a determinado juiz, com referência a determinado processo".[21]

Sintetizam os autores, este processo, alinhando as sucessivas perguntas que devem ser respondidas até se chegar à determinação do juiz da causa:

"São as seguintes as fases desse iter, cada qual representando uma questão a ser resolvida:

a) competência de jurisdição (qual a Justiça competente?);

b) competência hierárquica (competente o órgão superior ou inferior?);

c) competência de foro (qual a comarca, ou seção judiciária, competente?);

d) competência de juízo (qual a vara competente?);

e) competência interna (qual o juiz competente?);

f) competência recursal (competente o mesmo órgão ou um superior)".[22]

Já vimos até aqui a resposta à primeira e à última das questões levantadas, sendo que esta já escapa ao primeiro grau de jurisdição.

A resposta às demais perguntas será dada através dos comentários aos dispositivos do Código de Processo Penal, inclusive a competência hierárquica aplicável nas hipóteses de foro pela prerrogativa de função.

TÍTULO V
DA COMPETÊNCIA

Art. 69. Determinará a competência jurisdicional:
I – o lugar da infração;
II – o domicílio ou residência do réu;
III – a natureza da infração;
IV – a distribuição;
V – a conexão ou continência;
VI – a prevenção;
VII – a prerrogativa de função.

1. **Critérios de fixação da competência**. Após a determinação da "Justiça" competente, de acordo com as regras constitucionais examinadas na parte introdutória, passa-se agora ao exame dos dispositivos específicos do Código de Processo Penal sobre a matéria.

O art. 69 relaciona os critérios de fixação da competência escolhidos pelo legislador.

Como iremos observando ao longo dos comentários a cada artigo, ora teremos regras de determinação do foro competente; ora regras apenas de determinação do juízo (após já conhecido o foro); ora critérios que importam na modificação do foro ou do juízo anteriormente fixado.

CAPÍTULO I
DA COMPETÊNCIA PELO LUGAR DA INFRAÇÃO

Art. 70. A competência será, de regra, determinada pelo lugar em que se consumar a infração, ou, no caso de tentativa, pelo lugar em que for praticado o último ato de execução.

§ 1º Se, iniciada a execução no território nacional, a infração se consumar fora dele, a competência será determinada pelo lugar em que tiver sido praticado, no Brasil, o último ato de execução.

§ 2º Quando o último ato de execução for praticado fora do território nacional, será competente o juiz do lugar em que o crime, embora parcialmente, tenha produzido ou devia produzir seu resultado.

§ 3º Quando incerto o limite territorial entre duas ou mais jurisdições, ou quando incerta a jurisdição

---
[21] GRINOVER, Ada Pellegrini; FERNANDES, Antonio Scarance; GOMES FILHO, Antonio Magalhães. *As nulidades no processo penal*, 7ª ed. São Paulo: Revista dos Tribunais, 2001, p. 44.

[22] GRINOVER, Ada Pellegrini; FERNANDES, Antonio Scarance; GOMES FILHO, Antonio Magalhães. *Ob cit*, p. 44.

por ter sido a infração consumada ou tentada nas divisas de duas ou mais jurisdições, a competência firmar-se-á pela prevenção.

1. **Regra geral**. O Código de Processo Penal consagra, como se observa, a teoria do resultado, ao fixar como 'lugar da infração' o lugar da consumação.

Esta é, portanto, a regra geral para determinação do foro competente e foi adotada por duas razões fundamentais: a primeira, é o caráter de prevenção geral que o processo criminal deve ter, considerando-se o efeito pedagógico que deve exercer sobre o conjunto dos cidadãos (algo como uma advertência a todos do que acontecerá se violarem as normas criminais); a segunda, muito mais de caráter prático, visa a facilitar a produção da prova (no lugar da infração residirão, normalmente, as testemunhas que devem ser ouvidas; se for necessário levantamento do local, lá será realizado; a eventual busca e apreensão de instrumentos do crime, como regra, se dará naquele local).

Apesar da regra aparentemente clara deste dispositivo referir o "lugar em que se consumar a infração", a jurisprudência tem procurado através de uma interpretação finalística da norma, dar-lhe flexibilidade para priorizar, em muitos casos, o lugar da ação em detrimento do lugar do resultado. A ponto de Paulo Lúcio Nogueira afirmar que o lugar da infração é o local onde o agente esgotou sua atividade criminosa para conseguir o objetivo desejado, e não o local onde ocorreu o resultado desejado.[23]

Embora alguns autores como Tourinho Filho e Mirabete defendam a aplicação literal do disposto neste artigo, fixando-se, portanto, a competência pelo lugar da consumação, como referido acima, a jurisprudência tem definido como foro competente o do local onde se esgotou a potencialidade ofensiva do agente.

Especialmente nos crimes de homicídio, tanto na forma dolosa quanto culposa, tem sido considerado competente o lugar da ação, ainda que o resultado venha a se verificar tempos depois em outra comarca ou circunscrição judiciária, para onde a vítima foi levada a fim de obter atendimento médico.[24]

2. **Crimes qualificados pelo resultado**. A mesma posição é adotada em relação aos crimes qualificados pelo resultado (como o estupro seguido de morte, o roubo seguido de morte, a lesão corporal seguida de morte), quando os mesmos argumentos são utilizados para determinar a competência pelo lugar da ação e não pelo lugar do resultado qualificador.

Ainda se tem adotado igual entendimento em relação ao crime de aborto, tanto na forma simples, quando a expulsão do feto se der em outro lugar que não o que a mulher foi submetida às manobras abortivas, quanto quando o aborto é qualificado pelo resultado morte da vítima em outro local. Lugar da infração será o lugar do procedimento abortivo, independentemente de seus desdobramentos.

3. **Cheque sem fundos**. Em relação ao cheque sem fundos há duas situações com tratamento distinto. Se a hipótese for pura e simplesmente a do art. 171, § 2º, inciso VI (fraude no pagamento por meio de cheque), a competência será determinada pelo lugar da recusa do pagamento, ou seja, pelo lugar da agência bancária que recusou o desconto do cheque. Nesse sentido, tanto a Súmula nº 521 do STF ("O foro competente para o processo e julgamento dos crimes de estelionato, sob a modalidade de emissão dolosa de cheque sem provisão de fundos, é o do local onde se deu a recusa do pagamento pelo sacado.") como a Súmula nº 244 do STJ ("Compete ao foro do local da recusa processar e julgar o crime de estelionato mediante cheque sem provisão de fundos.").

4. **Cheque como meio fraudulento**. Se tivermos, porém, o caso do cheque utilizado como meio fraudulento para a prática da figura do "caput" do art. 171, ou seja, do estelionato na modalidade básica, seja porque se trata de cheque de conta de terceiro, seja porque se trata de cheque de conta já encerrada, ou ainda quando se trata de cheque falsificado. Em qualquer destas situações, o foro competente será o do lugar onde o agente obteve a vantagem ilícita. Nesse sentido, a Súmula nº 48 do STJ: "Compete ao juízo do local da obtenção da vantagem ilícita processar e julgar crime de estelionato cometido mediante falsificação de cheque".

5. **Saque bancário com uso de senha e cartão**. No caso de estelionato cometido por meio de saque em conta bancária, mediante o uso de senha e cartão magnético, o Supremo Tribunal Federal já decidiu que lugar da infração é o local onde o dinheiro foi retirado.[25]

6. **Lugar da infração na Lei de Imprensa**. Nos crimes previstos na Lei de Imprensa (Lei nº 5.250/67), há uma regra específica no art. 42, determinando que "o lugar do delito, para determinação da competência territorial, será aquele em que for impresso o jornal ou periódico, e o do local do estú-

---

[23] NOGUEIRA, Paulo Lúcio. *Curso completo de processo penal*, 4ª ed. São Paulo: Saraiva, 1990, p. 93.
[24] STJ, Conflito de Competência nº 17112/PR, Terceira Seção, Rel. Min. Anselmo Santiago, DJU 17.08.1998.
[25] STF, Habeas Corpus nº 78969/AM, Primeira Turma, Rel. Min. Sydney Sanches, DJU 18.02.2000.

dio do permissionário ou concessionário do serviço de radiodifusão, bem como o da administração principal da agência noticiosa". Essa regra, contudo, não é absoluta; no caso de haver um caderno de circulação restrita (embora em um jornal de circulação nacional), por exemplo, considera-se lugar da infração não aquele onde foi impresso o caderno, mas o território restrito da circulação do caderno ou do anexo. Da mesma forma, no caso de um jornal impresso em um lugar para circular em outro; o foro competente será o do local onde o jornal irá circular.

7. **Crimes à distância**. Os §§ 1º e 2º do art. 70 tratam dos chamados crimes à distância, ou seja, crimes com ação no Brasil para produzir resultado no exterior, e crimes com ação no exterior para produzir resultado no Brasil. Em primeiro lugar, é de sublinhar-se que o Brasil se dá por competente para julgar qualquer das duas situações; seja quando o último ato de execução for praticado no território nacional, seja quando apenas o resultado tenha se produzido ou devia se produzir no território brasileiro.

No caso do § 1º, o foro competente será o do lugar em que for praticado, no Brasil, o último ato de execução. O delito praticado através da carta bomba postada na Comarca de Vacaria com destino a Buenos Aires, onde, ao ser aberta, provoca lesão corporal no destinatário, será julgado no foro daquela Comarca.

Na situação enfocada no § 2º, quando a carta bomba é postada na Capital Argentina, com destino à Comarca de Vacaria, onde, ao ser aberta pelo destinatário, provoca ofensa à sua integridade física, o foro competente será o da comarca do interior gaúcho.

Aqui se aplica a teoria da ubiqüidade adotada pelo art. 6º do Código Penal ao estabelecer que se considera praticado o crime no lugar em que ocorreu a ação ou omissão, no todo ou em parte, bem como onde se produziu ou deveria produzir-se o resultado. Essa regra, no entanto, não revoga o *caput* do art. 70, já que visa especificamente à aplicação da norma penal no espaço quando o delito se iniciou no Brasil para produzir resultado em outro país ou vice-versa.

8. **Prevenção e incerteza quanto ao limite territorial**. No § 3º o legislador trata pela primeira vez (e voltará a fazê-lo em outros dispositivos), da prevenção como critério de determinação do foro ou do juízo competente. Assim, sempre que em uma situação de fato, duas ou mais jurisdições concorrerem em condições de igualdade pelas demais regras, a competência se dará pela prevenção.

A primeira hipótese contempla o caso de incerteza quanto ao limite territorial de duas ou mais "jurisdições" (ou seja, de duas ou mais unidades judiciárias – como, por exemplo, incerteza quanto ao exato limite de duas ou mais comarcas da justiça estadual, tornando impossível determinar em qual delas o delito de fato ocorreu). Na dúvida, resolve-se pela prevenção (art. 83 do CPP); significa dizer que a competência se fixará na primeira comarca que praticar algum ato jurisdicional, excluindo-se as demais.

9. **Prevenção e infração cometida na divisa de duas ou mais jurisdições**. A segunda hipótese trata da infração consumada ou tentada nas divisas de duas ou mais 'jurisdições', impossibilitando, no caso concreto, a determinação exata do local do delito. Como no caso anterior, também aqui o legislador manda determinar a competência pelo local em que for praticado o primeiro ato jurisdicional, ou seja pela prevenção.

10. **Prevenção e ato de autoridade judiciária**. Sublinhe-se que, como competência é matéria jurisdicional, a prevenção só pode se dar por ato de autoridade judiciária. Significa dizer: eventual providência administrativa, como nos atos da autoridade policial, determinando a instauração, por exemplo, de inquérito, não pode, naturalmente, prevenir competência.

Art. 71. Tratando-se de infração continuada ou permanente, praticada em território de duas ou mais jurisdições, a competência firmar-se-á pela prevenção.

1. **Crime continuado**. No caso de continuidade delitiva que se estenda pelo território de duas ou mais 'jurisdições', como na hipótese de delitos continuados praticados em área abrangida por duas ou mais comarcas da justiça estadual, o foro competente será determinado pela prevenção. Há razões de ordem técnica e prática determinando a unidade de processo e julgamento nessas situações. Ocorre que, por uma ficção jurídica criada pelo legislador, havendo dois ou mais crimes da mesma espécie, quando praticados em condições de tempo, lugar, maneira de execução e outras semelhantes, devem os subseqüentes ser havidos como continuação do primeiro (art. 71 do CP), caso em que se aplicará a pena de somente um deles, se idênticas, ou a do mais grave, se diversas, aumentada de um sexto a dois terços. Embora a continuidade possa ser reconhecida mesmo na fase da execução da pena, parece claro que o recomendável é que ela já venha do processo de conhecimento.

2. **Crime permanente**. Na hipótese do crime permanente, não se está diante de uma simples ficção jurídica, mas de conduta única que se protrai no tempo. Os exemplos clássicos do seqüestro e do cárcere privado, em que a consumação se alonga no tempo e, em conseqüência pode alcançar o território de duas ou

mais comarcas (como na hipótese de troca do local de cativeiro do seqüestrado). O delito é único e a determinação do foro competente será feita pela prevenção.

CAPÍTULO II
DA COMPETÊNCIA PELO DOMICÍLIO OU RESIDÊNCIA DO RÉU

Art. 72. Não sendo conhecido o lugar da infração, a competência regular-se-á pelo domicílio ou residência do réu.

§ 1º Se o réu tiver mais de uma residência, a competência firmar-se-á pela prevenção.

§ 2º Se o réu não tiver residência certa ou for ignorado o seu paradeiro, será competente o juiz que primeiro tomar conhecimento do fato.

1. **Foro supletivo**. Caso não seja conhecido o lugar da infração, a competência será definida supletivamente pelo domicílio (lugar onde a pessoa estabelece a sua residência com ânimo definitivo – art. 70 do Código Civil) ou residência do réu (lugar onde a pessoa habita, embora sem o caráter de permanência).

É importante sublinhar que esta regra, até pela sua natureza supletiva, só será aplicada quando não for possível determinar-se o lugar da infração, até porque, uma vez determinado o local da infração, a competência será fixada pela regra geral do art. 70.

O exemplo clássico é o do cadáver com marcas de violência que aparece boiando no rio que corta duas ou mais Comarcas, vinte quilômetros rio abaixo de onde a vítima foi vista pela última vez. É possível que se tenha elementos de suspeita suficientes para fundamentar uma denúncia (a apreensão de objetos de uso pessoal da vítima, como relógio, aliança, etc. em poder do indiciado, que nega a autoria), sem ser possível, entretanto, determinar o local do homicídio. Assim, competente será o foro do domicílio ou residência do réu.

2. **Réu com mais de um domicílio ou residência**. Considerando a possibilidade de que o réu tenha mais de um domicílio, a competência será determinada entre eles pela prevenção, a exemplo do que estabelece o § 1º para a hipótese do réu ter mais de uma residência. A prevenção será o critério utilizado, ainda, na hipótese de co-autoria de infração cujo lugar não é conhecido e os co-denunciados tenham domicílio ou residência diferentes: dentre eles, o juízo que primeiro praticar qualquer ato jurisdicional ficará prevento para o julgamento do processo.

3. **Réu sem residência conhecida**. Segundo a regra do § 2º, não sendo conhecido o lugar da infração e não tendo o réu, ou os réus, residência certa, ou sendo desconhecido os seus paradeiros, competente será o primeiro juiz que tomar conhecimento do fato.

Art. 73. Nos casos de exclusiva ação privada, o querelante poderá preferir o foro de domicílio ou da residência do réu, ainda quando conhecido o lugar da infração.

1. **Foro alternativo**. A regra é aplicável apenas às hipóteses dos delitos de exclusiva ação penal privada, não se aplicando, portanto, aos casos de ação penal privada subsidiária da pública. Nesses casos em que a ação penal é originalmente pública (seja condicionada ou incondicionada) a competência se define pela regra geral do lugar da infração.

Trata-se de hipótese de foro alternativo, oferecido à escolha do querelante, que pode optar entre o foro do lugar da infração ou o foro do domicílio ou residência do querelado. O querelado, por seu lado, não teria aí qualquer ônus suplementar, eis que a alternativa é colocada entre a regra geral do art. 70 (o lugar da infração) e a própria residência ou domicílio do réu (o que até facilitaria a produção da sua defesa).

2. **Réus com domicílios ou residências diversos**. Hipótese interessante ocorreria com o delito de exclusiva ação penal privada praticado em co-autoria, em determinado local, por réus domiciliados ou residentes em locais diversos: a competência seria determinada alternativamente, por escolha do querelante, entre o lugar da infração e o domicílio ou residência de qualquer um dos querelados, na linha de pensamento já exposta para a hipótese de co-autoria de delito cujo lugar não é conhecido, tendo os co-réus domicílio ou residência em lugares diversos.

CAPÍTULO III
DA COMPETÊNCIA PELA NATUREZA DA INFRAÇÃO

Art. 74. A competência pela natureza da infração será regulada pelas leis de organização judiciária, salvo a competência privativa do Tribunal do Júri.

§ 1º Compete ao Tribunal do Júri o julgamento dos crimes previstos nos arts. 121, §§ 1º e 2º, 122, parágrafo único, 123, 124, 125, 126 e 127 do Código Penal, consumados ou tentados. (Redação dada pela Lei nº 263, de 23.2.1948)

§ 2º Se, iniciado o processo perante um juiz, houver desclassificação para infração da competência de outro, a este será remetido o processo, salvo se

mais graduada for a jurisdição do primeiro, que, em tal caso, terá sua competência prorrogada.

§ 3º Se o juiz da pronúncia desclassificar a infração para outra atribuída à competência de juiz singular, observar-se-á o disposto no art. 410; mas, se a desclassificação for feita pelo próprio Tribunal do Júri, a seu presidente caberá proferir a sentença (art. 492, § 2º).

1. **Competência pela lei de organização judiciária.** O *caput* deste artigo 74 autoriza a lei de organização judiciária, que, no caso da Justiça Comum Estadual, é lei estadual, a estabelecer regras de competência em razão da matéria, com a ressalva em relação à competência do Júri, já que esta é competência estabelecida no art. 5º, XXXVIII, *d*, da Carta Magna. Aliás, vale observar que, mesmo que o presente dispositivo não excepcionasse a competência do Tribunal Popular, ela estaria naturalmente excepcionada pela Constituição Federal.

Havendo mais de uma vara criminal, a lei de organização judiciária determinará qual delas jurisdicionará o Tribunal do Júri, com sua competência constitucional.

Este dispositivo permite, portanto, que a legislação estadual crie varas especializadas (juízos privativos) para o julgamento de determinados delitos, com a observância, naturalmente, do foro já fixado pelas regras anteriormente examinadas.

Assim o Superior Tribunal de Justiça, na Súmula nº 206, já teve oportunidade de estabelecer: "A existência de vara privativa, instituída por lei estadual, não altera a competência territorial resultante das leis de processo".

Significa dizer que o foro competente (a Comarca, na Justiça Comum Estadual) será determinado pela lei processual (de âmbito federal), enquanto o juízo competente poderá ser determinado pela lei de organização judiciária (no caso, de alcance estadual), já que expressamente autorizada pelo dispositivo ora enfocado.

Naturalmente, a lei de organização judiciária da Justiça Comum Federal, poderá também criar varas especializadas para matérias determinadas.

O legislador está, aqui, autorizado a utilizar critério de sua escolha, ou seja, poderá criar vara com competência para crimes ou contravenções; para delitos contra o patrimônio ou contra a pessoa; para crimes determinados como os de trânsito ou tóxico; para delitos dolosos ou culposos, etc.

2. **Competência pela natureza da infração na Constituição Federal.** A competência pela natureza da infração (*ratione materiae*), quando fixada pela Constituição Federal, será regra de competência absoluta, não comportando alterações pela legislação infraconstitucional. Assim, a competência da Justiça Militar, tanto federal quanto estadual, é para o julgamento dos crimes militares definidos em lei. Igualmente a competência da Justiça Eleitoral é definida em razão da matéria, ou seja, para o processo e julgamento dos crimes eleitorais e, como regra geral, também dos crimes comuns que lhe forem conexos (ver exceções em Competência da Justiça Eleitoral).

3. **Competência do Tribunal do Júri.** O § 1º relaciona os crimes da competência do Júri, em obediência ao disposto na letra *d* do inciso XXXVIII do art. 5º da Constituição Federal. São eles, simplesmente, os previstos no capítulo I do título I da Parte Especial do Código Penal, na sua forma dolosa. Esta é, na verdade, uma competência mínima, já que o constituinte tratou de assegurá-la para o julgamento dos crimes dolosos contra a vida, não ficando o legislador infraconstitucional impedido de ampliá-la através simplesmente da inclusão de outros delitos neste § 1º.

4. **Competência do Júri e crimes conexos.** É o que acontece a partir da regra geral determinando que a conexão importe unidade de processo e julgamento (art. 79 do CPP) e da regra de prevalência do Júri sobre outro órgão da jurisdição comum em caso de concurso entre eles (ver art. 78, inciso I, do CPP).

Isso significa dizer que hoje o Tribunal do Júri pode julgar qualquer crime da competência do juiz singular comum, desde que conexo com um doloso contra a vida. Se nós exemplificarmos com o crime doloso contra a vida praticado para conseguir impunidade em relação ao crime anterior (art. 76, inciso II), concluiremos que, qualquer que seja este, deverá ser julgado pelo Tribunal Popular. Assim, desde que conexos com um crime doloso contra a vida, o Júri pode julgar furto, roubo, estelionato, tráfico de drogas, abuso de autoridade, estupro, etc. Até mesmo o latrocínio, em princípio da competência do juiz singular (Súmula nº 603 do STF), poderá ser julgado pelo Júri, desde que conexo com um crime doloso contra a vida.

5. **Exceções à competência do Júri.** De qualquer forma, é importante observar que a competência do Júri para os crimes dolosos contra a vida não é absoluta. Significa dizer que esta regra constitucional comporta exceções que deverão estar, naturalmente, no próprio texto constitucional.

A primeira exceção diz respeito às pessoas que tenham foro pela prerrogativa de função na própria Constituição Federal. Como já decidiu o STJ, neste caso, a regra de competência específica prevalece sobre a genérica.[26] Não excepcionará a competência do

---

[26] STJ, Habeas Corpus nº 28738, Quinta Turma, Rel. Min. Jorge Scartezzini, DJU 24.05.2004.

Júri, entretanto, o foro pela prerrogativa de função previsto somente na Constituição Estadual (Súmula 721 do STF: "A competência constitucional do Tribunal do Júri prevalece sobre o foro por prerrogativa de função estabelecido exclusivamente pela Constituição estadual."). No caso do Rio Grande do Sul, têm prerrogativa de foro exclusivamente na Constituição Estadual o vice-governador, os deputados estaduais, os secretários de estado e o Procurador-Geral do Estado (art. 95, incisos X e XI, da CE). Apesar de a Carta Estadual mencionar inclusive as infrações dolosas contra a vida, estas não terão competência no foro especial, mas no Tribunal Popular, conforme o entendimento da súmula do Supremo Tribunal Federal.

A segunda exceção é para o crime doloso contra a vida que, pela condição em que foi praticado, deva ser considerado crime militar (impróprio) e não esteja excepcionado pelo art. 125, § 4º, da Constituição Federal, que exclui da Justiça Militar Estadual os crimes da competência do júri, quando a vítima for civil. Observe-se que a mesma ressalva está prevista no parágrafo único do art. 9º Código Penal Militar ("Os crimes de que trata este artigo, quando dolosos contra a vida e cometidos contra civil, serão da competência da Justiça Comum."). Dessa forma, considera-se da competência da Justiça Militar o crime doloso contra a vida, praticado por militar em situação de atividade, contra militar, na mesma situação, ainda que fora do recinto da administração militar, mesmo por razões estranhas ao serviço, como já decidiu o pleno do Supremo Tribunal Federal.[27] Neste caso, pois, a competência não será do Tribunal Popular.

6. Tribunal do Júri e justiças especiais. É importante sublinhar que o Tribunal do Júri existe apenas na Justiça Comum, seja ela Estadual ou Federal. Não existe nem na Justiça Militar, nem na Justiça Eleitoral. A competência será do Júri Federal quando o crime doloso contra a vida for praticado contra o funcionário público federal e estiver relacionado com o exercício de suas funções (Ex: a tentativa de homicídio praticada contra o policial federal por ocasião da realização de uma diligência investigatória) ou, quando for praticado pelo funcionário federal no desempenho de suas funções. Como já decidiu o Supremo Tribunal Federal, nesse caso, o interesse da Administração Pública Federal é evidenciado pelo exercício da atividade estatal no momento do crime.[28]

Aos julgamentos da Justiça Militar, embora tenha forma colegiada, não são aplicáveis as regras processuais do Júri e nem os seus princípios constitucionais, como a plenitude da defesa, o sigilo das votações e a soberania dos veredictos. Não há, portanto, como confundir-se o julgamento da Justiça Militar com o julgamento do Tribunal do Júri.

7. Desclassificação e remessa dos autos ao juízo competente. O § 2º prevê a hipótese de, após o processo ser iniciado perante um determinado juízo, haver desclassificação para delito da competência de outro, caso em que a este deverão ser remetidos os autos. A exceção fica por conta da parte final do dispositivo que prevê a prorrogação da competência se o primeiro juízo for mais graduado. Tourinho Filho citava, como único caso de prorrogação, o que acontece no Rio Grande do Sul, onde junto à Vara Criminal pode estar classificado um Pretor (antigos juízes de investidura temporária que adquiriram estabilidade a partir do art. 21 do Ato das Disposições Constitucionais Transitórias), cuja competência é restrita para os crimes apenados com detenção e/ou multa (art. 87 do Código de Organização Judiciária do Estado). Se o juiz que recebeu o processo, porque o fato era apenado com reclusão, entender de desclassificá-lo para outro apenado com detenção, não precisará remetê-lo ao Pretor, já que sua competência é mais abrangente, ainda que não se possa dizer, a rigor, que se trate de competência mais graduada (ambas são de primeiro grau).

8. Desclassificação na fase da pronúncia. O § 3º trata de duas hipóteses de desclassificação no curso do processo, ambas aplicáveis ao procedimento do Júri.

A primeira parte cuida da desclassificação operada pelo Juiz na Fase da Pronúncia. Entre as alternativas possíveis nesta fase, além da pronúncia, impronúncia e absolvição sumária, está a possibilidade da desclassificação, regulada pelo art. 410. Trata-se da desclassificação de um crime capitulado inicialmente como doloso contra a vida, para outro, não doloso contra a vida. Dois exemplos podem ser colacionados: o primeiro, quando o delito imputado ao réu for homicídio doloso e o juiz, ao final do *judicium accusationis*, entender que não se trata dessa figura penal (por exemplo, o réu foi acusado de homicídio com dolo eventual no trânsito e o juiz entende que se pode afastar, neste momento, a forma dolosa – embora não lhe caiba dizer qual é o delito remanescente, ele entende que não é doloso contra a vida, bastando afastar a incidência, no caso concreto, do dolo eventual); o segundo exemplo envolve réu denunciado por homicídio na forma tentada, quando o juiz entende que não está presente o *animus necandi* e, com isso, afasta a tentativa (sem mencionar o delito remanescente, que poderá ser lesão corporal, em suas diversas for-

---

[27] STF, Conflito de Competência nº 7071/RJ, Rel. Sydney Sanches, Tribunal Pleno, DJ 01.08.2003.
[28] STF, Habeas Corpus nº 79044/RJ, Segunda Turma, Rel. Min. Nelson Jobim, DJU 30.06.2000.

mas – leve, grave ou gravíssima – ou exposição a perigo de vida – no caso de tentativa branca).

A desclassificação neste caso importará em remessa do processo ao juiz competente (quando, por exemplo, se tratar de vara privativa do Júri ou que, de qualquer forma, não tenha competência para o delito remanescente). No caso da pequena Comarca com um único juiz, a este caberá, após o trânsito em julgado da decisão desclassificatória, a competência para o julgamento do crime remanescente.

Esta desclassificação não pode ser confundida com aquela prevista no at.408, § 4º, do Código de Processo Penal ("O juiz não ficará adstrito à classificação do crime, feita na queixa ou denúncia, embora fique o réu sujeito à pena mais grave, atendido, se for o caso, o disposto no art. 410 e seu parágrafo."), que trata da hipótese de desclassificação de um crime doloso contra a vida para outro, também doloso contra a vida (por exemplo, induzimento, instigação ou auxílio a suicídio para homicídio; ou infanticídio para homicídio). Nesses casos há, na verdade, pronúncia do réu por esse outro crime.

9. Desclassificação no plenário de julgamento. A segunda parte refere-se à desclassificação operada no plenário, pelo próprio Conselho de Sentença. Duas são as hipóteses: a primeira, quando o Conselho de Sentença, no homicídio consumado, acolhe a tese de negativa de dolo; a segunda, quando o mesmo Conselho, no homicídio tentado, nega a tentativa. Ambas correspondem à chamada desclassificação própria, cujo acolhimento determina a cessação da competência do Júri para o seu julgamento, passando a matéria, em princípio, para a competência do juiz presidente.

Operada essa desclassificação, duas situações podem ocorrer: a primeira, quando o delito remanescente (resultante da desclassificação) não comportar a aplicação dos institutos da Lei nº 9.099/95 (transação ou suspensão condicional do processo). Neste caso, cabe ao presidente do Tribunal do Júri proferir imediatamente a sentença de mérito, condenando ou absolvendo o réu, na forma do art. 492, § 2º (por exemplo, se o juiz diante do acolhimento da tese de negativa de dolo no homicídio consumado entende que o delito remanescente é o de lesão corporal seguida de morte,[29] ou negada a tentativa entende que o delito remanescente é o de lesão corporal gravíssima – art. 129, § 2º, do CP).[30]

A segunda ocorrerá quando o delito remanescente comportar a aplicação de um dos citados institutos da Lei 9.099/95. Neste caso, o juiz presidente deverá lançar um despacho registrando o ocorrido e encerando os trabalhos do Júri, a ser lido no plenário. Após, aguardará o trânsito em julgado da decisão. Se houver recurso, procederá normalmente e aguardará, de qualquer forma, o trânsito em julgado. Transitada em julgado a decisão, considerando o crime remanescente, remeterá o processo ao juízo competente (Juizado Especial Criminal, inclusive, ou Vara Criminal), onde deverão ser examinados pelo Ministério Público o cabimento da transação ou da suspensão condicional do processo (e, se cabíveis, deverá propô-las), tomando o procedimento o curso normal, como se fosse um fato novo, com todas as garantias do contraditório e ampla defesa.

Embora essas posições continuem sendo objeto de divergência na doutrina, como no caso da aplicação da suspensão condicional do processo quando ele está praticamente terminado, a verdade é que as Câmaras Criminais do Tribunal de Justiça do Rio Grande do Sul têm majoritariamente adotado esta solução, na busca de compatibilizar a regra do Código de Processo Penal que determina o julgamento imediato, com a aplicação dos referidos institutos da Lei nº 9.099/95. Algumas decisões recentes, no entanto, têm voltado a aplicar prontamente o § 2º do art. 492, ou seja devendo o juiz presidente, em qualquer caso de desclassificação própria, prolatar imediatamente a sentença de mérito. Esta última solução parece ser a mais correta, com o encerramento do processo ao final do plenário, como ocorria antes do advento da Lei nº 9.099/95.

CAPÍTULO IV
DA COMPETÊNCIA POR DISTRIBUIÇÃO

Art. 75. A precedência da distribuição fixará a competência quando, na mesma circunscrição judiciária, houver mais de um juiz igualmente competente. Parágrafo único. A distribuição realizada para o efeito da concessão de fiança ou da decretação de prisão preventiva ou de qualquer diligência anterior à denúncia ou queixa prevenirá a da ação penal.

1. Distribuição como critério de fixação do juízo competente. Quando, após definido o foro competente, na mesma circunscrição judiciária (vale dizer, na mesma comarca da Justiça Comum Estadual, por exemplo) houver mais de um juiz competente em razão da matéria, a distribuição fixará, entre aqueles em tese competentes, o que terá a competência para o caso determinado.

A distribuição, portanto, não será critério de fixação do foro, mas apenas da vara competente. A dis-

---

[29] TJRGS, Apelação Crime nº 70002501443, Primeira Câmara Criminal, Rel. Des. Ranolfo Vieira, DJulg 12.09.2001.

[30] TJRGS, Apelação Crime nº 699084034, Primeira Câmara Criminal, Rel. Des. Ranolfo Vieira, DJulg 29.09.1999.

tribuição, porém, obedece a regras previamente estabelecidas, de maneira que a determinação do juiz competente não possa ser critério arbitrário do distribuidor. Até porque há aqui um princípio constitucional a ser observado, qual seja, o princípio do juiz natural, que, neste caso, deve ser determinado aleatoriamente. A distribuição, portanto, mais do que simples critério de repartição do serviço entre os juízes, é critério de fixação do juiz natural da causa.

2. **Distribuição de medida preparatória e prevenção do juízo**. Por força do parágrafo único, a distribuição realizada para efeito de fiança (nos casos em que somente o juiz pode arbitrá-la) ou da decretação de prisão preventiva, ou de qualquer outra diligência preparatória da ação penal (quebra de sigilo bancário, telefônico ou fiscal, por exemplo) previne a distribuição desta quando ingressar em juízo. Significa dizer que o inquérito (nos Estados em que ele ingressa através do fórum) deverá seguir a distribuição já realizada anteriormente. O mesmo ocorrerá nos Estados em que o inquérito policial, vindo através da Central de Inquéritos do Ministério Público, já chega a juízo com denúncia ou pedido de arquivamento formulado pelo Promotor de Justiça.

CAPÍTULO V
DA COMPETÊNCIA POR CONEXÃO OU CONTINÊNCIA

Art. 76. A competência será determinada pela conexão:

I – se, ocorrendo duas ou mais infrações, houverem sido praticadas, ao mesmo tempo, por várias pessoas reunidas, ou por várias pessoas em concurso, embora diverso o tempo e o lugar, ou por várias pessoas, umas contra as outras;

II – se, no mesmo caso, houverem sido umas praticadas para facilitar ou ocultar as outras, ou para conseguir impunidade ou vantagem em relação a qualquer delas;

III – quando a prova de uma infração ou de qualquer de suas circunstâncias elementares influir na prova de outra infração.

1. **Conexão como causa determinante da modificação da competência**. Neste dispositivo, o legislador optou por determinar quais são os casos de conexão, sobre os quais incidirão as regras dos arts. 78 e 79. Conexão significa liame, ligação, nexo entre duas ou mais infrações.

A conexão não é causa determinante da fixação da competência do foro (a exemplo do lugar da infração ou do domicílio do réu) ou da vara (como pode ser a natureza da infração ou a distribuição), mas é causa determinante da sua modificação (na medida em que pode atrair para a competência de determinado foro ou vara, delito que, em princípio, seria da competência de outro foro ou de outra vara).

Se não existissem as regras para os casos de conexão de infrações, a cada uma delas deveria corresponder um processo, perante o foro e o juiz originariamente competentes. A unidade de Processo entre duas ou mais infrações dar-se-á por força dessas regras e tem em conta dois objetivos: primeiro, a economia pela produção conjunta da prova de dois ou mais fatos; segundo, a segurança e coerência do julgamento de dois ou mais delitos pelo juiz único, evitando decisões eventualmente contraditórias, que contribuiriam para o desprestígio do aparelho jurisdicional.

A conexão, portanto, determinará a reunião de duas ou mais infrações em um único processo, com a conseqüente modificação ou prorrogação da competência em relação a uma ou mais delas, naquilo que se chama *simultaneus processus*.

2. **Classificação da conexão**. A doutrina classifica as diversas hipóteses de conexão na forma do quadro abaixo:

1) Intersubjetiva (art. 76, I)
 a) Por simultaneidade
 b) Por concurso
 c) Por reciprocidade

2) Objetiva (art. 76, II)

I – Material ou Substantiva

II – Processual, Instrumental ou Probatória (art. 76, III)

3. **Conexão material ou substantiva**. A conexão material ou substantiva (I) será intersubjetiva (1) ou objetiva (2). A conexão material intersubjetiva (1), prevista no art. 76, I, por seu lado poderá ser (a) por simultaneidade, (b) por concurso e (c) por reciprocidade.

Por simultaneidade: o que determina a conexão é o fato das duas ou mais infrações serem praticadas ao mesmo tempo e por várias pessoas ocasionalmente reunidas. O exemplo clássico é o dos diversos torcedores, insatisfeitos com o resultado de seu time que, ao final do jogo, fazem manifestações e acabam agredindo os seguranças, produzindo lesão corporal em dois ou mais deles.

Por concurso: quando duas ou mais infrações forem praticadas por várias pessoas em concurso, embora diverso o tempo e o lugar. Aqui, as infrações cometidas em situação de tempo e lugar diferentes, o que, em princípio, afastaria a ligação entre elas, são praticadas por várias pessoas em concurso, estabelecendo o liame entre as mesmas, levando à unidade de processo e julgamento. Como exemplo, podemos apontar a atuação do grupo criminoso que pratica assaltos ao longo de uma rodovia, alcançando o território de duas ou mais Comarcas. Identificada a conexão material intersubjetiva por concurso, as duas ou mais infrações serão julgadas no mesmo foro e juízo, a serem determinados na forma do art. 78.

Por reciprocidade: quando duas ou mais infrações forem praticadas por várias pessoas, umas contra as outras. O exemplo clássico é o do grupo de torcedores de uma equipe que, na saída de um jogo, se confronta com um grupo de torcedores da equipe adversária, restando dois ou mais deles com lesões corporais. Normalmente não haverá dificuldade para a determinação do foro competente, já que o lugar é o mesmo. Não se pode confundir com a rixa que, embora reunindo diversas pessoas, é delito único.

Das hipóteses de conexão material objetiva trata o art. 76, II, relacionando quatro situações em que o legislador reconhece a existência do liame a determinar unidade de processo e julgamento:

a) Quando ocorrendo duas ou mais infrações houver(em) sido uma(s) praticada(s) para facilitar a(s) outra(s). Exemplo deste caso seria a agressão contra o segurança (na qual este restou lesionado) para facilitar a realização do seqüestro da pessoa visada. Haverá conexão entre os delitos de lesões corporais e seqüestro, determinando unidade de processo e julgamento, ainda que o seqüestro, como delito permanente, se estenda pelo território de duas ou mais comarcas.

b) Quando ocorrendo duas ou mais infrações houver(em) sido uma(s) praticada(s) para ocultar a(s) outra(s). Exemplifica-se com o caso do encarregado do almoxarifado que subtraiu material do depósito e, ao perceber que há suspeita sobre o desaparecimento da mercadoria, provoca incêndio no prédio, buscando ocultar as evidências da subtração. Haverá conexão entre a subtração anterior e o incêndio criminoso, devendo as infrações serem objeto de um único processo.

c) Quando ocorrendo duas ou mais infrações houver(em) sido uma(s) praticada(s) para conseguir impunidade em relação à(s) outra(s). É exemplo clássico o homicídio da única testemunha do crime anterior, que poderia reconhecer o agente, para obter impunidade em relação ao crime antecedente. A ligação entre os delitos decorre do fato de o segundo ser praticado para conseguir impunidade em relação ao primeiro, o que recomenda a unidade de processo e julgamento para ambos.

d) Quando ocorrendo duas ou mais infrações houver(em) sido uma(s) praticada(s) para conseguir vantagem em relação à(s) outra(s). Exemplo claro temse no caso do agente que mata o co-autor de crime patrimonial anterior para não ter que dividir com ele o produto do crime. Ainda que praticados em Comarcas diferentes, haverá unidade de foro e de juízo, por força das regras dos arts. 78 e 79.

4. **Conexão processual, probatória ou instrumental**. A conexão processual, probatória ou instrumental (II), está prevista no art. 76, III, e ocorre quando a prova de uma infração ou de qualquer de suas circunstâncias elementares influir na prova de outra infração. São, na verdade, infrações que têm como pressuposto a existência de uma infração anterior. A receptação de objeto anteriormente furtado: se julgada improcedente a acusação de furto, por exemplo, por insuficiência de prova de sua ocorrência, não poderá o juiz reconhecer o delito de receptação, que tem como pressuposto que o agente saiba que a coisa receptada é produto de crime. Outros exemplos são o favorecimento pessoal (art. 348 do CP – auxiliar a subtrair-se à ação de autoridade pública autor de crime) e o favorecimento real (art. 349 – prestar a criminoso auxílio destinado a tornar seguro o proveito de crime). A conexão, aqui, se determina pela questão fundamental do reconhecimento da existência do delito anterior, impondo a unidade de processo e julgamento.

Art. 77. A competência será determinada pela continência quando:
I – duas ou mais pessoas forem acusadas pela mesma infração;
II – no caso de infração cometida nas condições previstas nos arts. 51, § 1º, 53, segunda parte, e 54 do Código Penal.

1. **Continência como causa determinante da modificação da competência**. São casos em que uma causa está 'contida' na outra, não sendo recomendável a cisão do processo e julgamento.

Tal qual a conexão, a continência não é causa determinante da fixação da competência do foro ou da vara, mas é causa determinante da sua modificação, na medida em que pode determinar a atração para a competência de um tribunal, foro ou juízo do processo e julgamento de certo delito ou certa pessoa que, em princípio, seria da competência de outro.

Se não existissem as regras para os casos de continência, a exemplo do que ocorre com a conexão, para cada pessoa e para cada infração corresponderia a um processo, perante o foro e o juiz originariamente competentes. A unidade de processo e julgamento é estabelecida em atenção às peculiaridades do caso, levando-se em conta a mesma economia pela produção conjunta da prova, além da segurança e coerência do julgamento que se tem como objetivo nas hipóteses de conexão. Deve haver, portanto, o mesmo *simultaneus processus*.

A doutrina classifica os casos de continência da seguinte forma:

Continência
1) por cumulação subjetiva (art. 77, I)
2) por cumulação objetiva (art. 77, II)

2. Continência por cumulação subjetiva. A continência por cumulação subjetiva, prevista no art. 77, inciso I, dar-se-á quando duas ou mais pessoas forem acusadas pela mesma infração. São os casos de co-autoria ou participação na prática de uma única infração, quer se trate de co-autoria necessária (nos delitos que exigem a participação de duas ou mais pessoas), quer se trate de co-autoria eventual.

Tratando-se do mesmo fato, teremos a mesma causa de pedir, o que recomenda a existência de processo único, facilitando a prova e garantindo a coerência do julgamento.

A questão assume relevância quando se trata de concurso de pessoas envolvendo alguém que tem foro pela prerrogativa de função e outrem que não o possui. Ocorre que, neste caso, a questão da determinação do foro competente pela regra geral do lugar da infração, cede espaço para a regra do foro pela prerrogativa de função. Assim, se alguém com prerrogativa de função e outro sem essa prerrogativa cometem um delito em concurso, a prevalência de foro será determinada tendo em conta, como regra, o disposto no art. 78, inciso III ("III – no concurso de jurisdições de diversas categorias, prevalece a mais graduada;"), a ser examinada logo adiante.

Mesmo a continência por cumulação subjetiva não determinará, necessariamente, a unidade de processo e julgamento. Haverá a separação em casos como, por exemplo, o concurso de pessoas com e sem prerrogativa de função na prática de crime doloso contra a vida. Nesse caso, como já decidiram tanto o Supremo Tribunal Federal[31] quanto o Superior Tribunal de Justiça,[32] teremos a separação dos processos e julgamentos, sendo assegurado à pessoa que tem foro pela prerrogativa de função na Constituição Federal o julgamento nesse foro, enquanto aquele que não o possuir será julgado perante o Tribunal do Júri do lugar da infração. Assim, respeitam-se as duas regras de competência constitucionalmente estabelecidas.

3. Continência por cumulação objetiva. A continência por cumulação objetiva, prevista no art. 77, inciso II, ocorrerá quando a infração for cometida nas condições previstas nos arts. 70, 73 (segunda parte) e 74 (segunda parte) do Código Penal. São casos em que o agente, com uma única conduta, produz dois ou mais resultados delituosos, que merecem na lei penal um tratamento diferenciado, não se aplicando a cumulação das penas previstas para o chamado concurso material de crimes.

A primeira hipótese é exatamente a do concurso formal: "quando o agente, mediante uma só ação ou omissão, pratica dois ou mais crimes, idênticos ou não, aplica-se-lhe a mais grave das penas cabíveis ou, se idênticas, somente uma delas, mas aumentada, em qualquer caso, de um sexto até metade" (art. 70 do CP).

São casos em que a uma única conduta corresponde uma pluralidade de resultados. O exemplo mais comum se dá nos delitos de trânsito, quando o agente, com uma única manobra imprudente, ofende a integridade corporal de duas ou mais pessoas. Na verdade ele, com uma só ação, praticou dois ou mais delitos de lesão corporal, que deverão ser objeto de um único processo e julgamento, até para que se assegure a correta aplicação das regras do concurso formal, escapando à aplicação cumulada das penas, e aumentando-as na forma do referido art. 70 do Código Penal.

O segundo caso é a chamada *aberratio ictus* com duplo resultado, ou seja, quando o agente, por erro na execução, atinge pessoa diversa da que pretendia atingir, atingindo, porém, também a pessoa visada. Dessa hipótese trata a segunda parte do art. 73 do Código Penal, determinando que se aplique a regra do art. 70. O exemplo é o do agente que efetua diversos disparos contra seu desafeto (vindo a atingi-lo), sendo que um deles desvia-se do alvo e vem atingir terceiro que passava pelo local, matando a ambos. Haverá unidade de processo e julgamento dos dois homicídios, para que ao acusado seja aplicada a pena somente de um deles, aumentada na forma do art. 70 do CP, e não as penas cumuladas na forma do art. 69 do mesmo diploma legal. É de se destacar, conforme a lição de Tourinho Filho,[33] que mesmo que o agente assuma o risco em relação ao resultado não desejado (caso em que as penas deverão ser cumuladas), continuamos diante de um caso de continência, sujeito, portanto, às regras aqui examinadas.

A terceira hipótese é a *aberratio criminis*, também com duplo resultado. Ocorre quando o agente, fora dos casos de *aberratio ictus*, além do resultado pretendido, obtém resultado diverso do pretendido. Responderá, em relação ao último resultado, por culpa, se o fato for previsto como crime culposo. Na forma

---

[31] STF, Habeas Corpus nº 73235, Segunda Turma, Rel. Min. Néri da Silveira, DJU 18.10.1996.
[32] STJ, Habeas Corpus nº 36844, Quinta Turma, Rel. Min. Laurita Vaz, DJU 01.08.2005.
[33] TOURINHO FILHO, Fernando da Costa. *Processo Penal*, 27ª ed. v 2. São Paulo: Saraiva, 2005, p. 205.

do art. 74 (segunda parte) do Código Penal também se aplica o art. 70. O exemplo clássico é o do agente que, com o propósito de destruir a vitrine de uma loja, arremessa uma pedra contra ela, quebrando-a efetivamente; só que esta pedra que provocou o dano, ultrapassando o vidro, acaba atingindo um funcionário que estava no interior da loja, ofendendo-lhe a integridade corporal. Responderá pelos delitos de dano e lesão corporal culposa, devendo as penas serem aplicadas em conformidade com a regra do concurso formal, em um único processo face à continência.

Art. 78. Na determinação da competência por conexão ou continência, serão observadas as seguintes regras: (Redação dada pela Lei nº 263, de 23.2.1948)

I – no concurso entre a competência do júri e a de outro órgão da jurisdição comum, prevalecerá a competência do júri; (Redação dada pela Lei nº 263, de 23.2.1948)

II – no concurso de jurisdições da mesma categoria: (Redação dada pela Lei nº 263, de 23.2.1948)

a) preponderará a do lugar da infração, à qual for cominada a pena mais grave; (Redação dada pela Lei nº 263, de 23.2.1948)

b) prevalecerá a do lugar em que houver ocorrido o maior número de infrações, se as respectivas penas forem de igual gravidade; (Redação dada pela Lei nº 263, de 23.2.1948)

c) firmar-se-á a competência pela prevenção, nos outros casos; (Redação dada pela Lei nº 263, de 23.2.1948)

III – no concurso de jurisdições de diversas categorias, predominará a de maior graduação; (Redação dada pela Lei nº 263, de 23.2.1948)

IV – no concurso entre a jurisdição comum e a especial, prevalecerá esta. (Redação dada pela Lei nº 263, de 23.2.1948)

1. **Regras de determinação da competência prevalente.** Verificando-se, nos termos dos artigos anteriores, a ocorrência de conexão ou continência, deveremos ter unidade de processo e julgamento, segundo a regra geral do art. 79.

Este dispositivo estabelece as regras a serem observadas, considerando a modificação da competência que se verificará, em função de que uma ou algumas das infrações deverão ter a sua competência alterada, para possibilitar o *simultaneus processus*. É claro que não haverá qualquer dificuldade se as infrações ou os seus autores tiverem originariamente o mesmo foro e juízo competentes, caso em que simplesmente determinar-se-á a unidade de processo e julgamento, sem qualquer outra indagação.

Quando, porém, as infrações ou seus autores tiverem foro ou juízo originariamente diferentes, será necessário fixar qual o foro ou juízo prevalente, o que determinará a alteração da competência em relação às demais infrações ou a seus autores.

2. **Prevalência do tribunal do júri.** O inciso I estabelece a prevalência da competência do júri sobre qualquer outro órgão da jurisdição comum de primeiro grau. Em primeiro lugar, cumpre esclarecer que, diferentemente do que alguns autores sustentam, este dispositivo não significa que se deva considerar o Tribunal do Júri como órgão do Poder Judiciário, ainda que seja um órgão da jurisdição comum de primeiro grau. Até porque o constituinte optou por colocá-lo no título "Dos Direitos e Garantias Fundamentais" e, ao arrolar os órgãos do Poder Judiciário no art. 92, nele não incluiu o Tribunal Popular. Não há qualquer dúvida de que o Tribunal do Júri exerce parcela da função jurisdicional, porém, sem integrar o Poder Judiciário. Trata-se, na verdade, de um órgão jurisdicional constitucional *sui generis*, sem paralelo na nossa organização judiciária.

Como já ficou destacado anteriormente, a competência assegurada constitucionalmente ao Tribunal do Júri para o julgamento dos crimes dolosos contra a vida (art. 5º, inciso XXXVIII, letra *d*, da Constituição Federal) é competência mínima, comportando a sua ampliação pela legislação infraconstitucional. Tal ampliação pode ser feita; seja através de lei determinando a inclusão de outros delitos na competência do Júri, seja através de uma regra geral como a presente, simplesmente determinando a atração para processo e julgamento perante o tribunal popular em casos de conexão ou continência com crime originariamente da competência do Júri.

Esta regra estabelece, portanto, que qualquer delito originariamente da competência da justiça comum de primeiro grau possa ser julgado pelo Júri, desde que verificada a conexão com um crime doloso contra a vida. Assim, pode o tribunal popular ser chamado a julgar furto, roubo, estelionato, lesão corporal, tráfico de drogas, etc. Se considerarmos que, justamente, uma das hipóteses de conexão se dá quando a infração é cometida para conseguir impunidade em relação a outra anteriormente praticada, é possível verificar-se que, qualquer que seja a infração antecedente, se for seguida de um crime doloso contra a vida para obter impunidade em relação a ela, esta deverá ser julgada perante o Tribunal do Júri.

É claro que o delito conexo deverá ser objeto de denúncia (ou, eventualmente, aditamento) e ser reconhecido na pronúncia para que acompanhe o crime doloso contra a vida no julgamento em plenário.

Entretanto, caso tenha havido cisão do julgamento e o Conselho de Sentença tenha julgado o crime doloso contra a vida (condenando ou absolvendo) firmando, assim, a sua competência, deve-se ter presente a possibilidade de o Júri reunir-se para julgar separadamente o crime conexo.

Desse modo, havendo conexão entre um roubo praticado na Comarca A e um homicídio cometido na Comarca B, ambos os delitos deverão ser julgados perante o Tribunal do Júri da Comarca B, lugar da infração prevalente. Se os dois delitos forem praticados na mesma Comarca, serão julgados perante o Tribunal do Júri desta.

3. Competência do júri e infração de menor potencial ofensivo. A Lei nº 11.313, de 28 de junho de 2006, deu nova redação aos arts. 60 e 61 da Lei nº 9.099, de 26 de setembro de 1995, estabelecendo a competência dos Juizados Especiais Criminais para o julgamento e a execução das infrações de menor potencial ofensivo, respeitadas as regras de conexão e continência e determinando expressamente que a reunião dos processos se dê perante o tribunal do júri. Estabeleceu, ainda, que, nessa hipótese, aí sejam aplicados os institutos da transação penal e da composição dos danos civis. A nova lei resolveu, assim, controvérsia estabelecida na doutrina e jurisprudência com opiniões que sustentavam a necessária separação dos processos no caso de conexão do crime da competência do Tribunal do Júri com infração de menor potencial ofensivo (reconhecendo ao Juizado Especial Criminal uma competência constitucional). No sentido da prevalência do tribunal popular já sustentava o Prof. Tael Selistre.[34] É preciso considerarmos que a regra do art. 98, inciso I, da Constituição Federal, que prevê a criação dos juizados não é uma regra constitucional de competência, tanto que a própria Lei nº 9.099/95, no parágrafo único do art. 66, determina a remessa das peças existentes ao juízo comum, quando o acusado não for encontrado para ser citado. Este já era o entendimento do Tribunal de Justiça do Rio Grande do Sul.[35]

4. Competência e jurisdições da mesma categoria. O inciso II cuida das hipóteses de concurso de jurisdições da mesma categoria, ou seja, do mesmo grau hierárquico, e que tenham competência, em razão da matéria, para o processo e julgamento das infrações conexas ou das pessoas acusadas. É o caso, por exemplo, de dois juízes de primeiro grau da Justiça Estadual ou de dois juízes de primeiro grau da Justiça Federal. As três hipóteses mencionadas no inciso tratam da fixação do foro competente (considerando o lugar da infração) para a tramitação do *simultaneus processus* determinado pela conexão:

a) Preponderará o foro do lugar da infração à qual for cominada a pena mais grave – para a determinação do lugar da infração, considerar-se-á a "unidade judiciária" da respectiva Justiça; por exemplo, a comarca, quando se tratar da Justiça Estadual, ou a "circunscrição judiciária", quando se referir à Justiça Federal. A circunstância de a comarca ser de entrância inicial, intermediária ou final, não estabelece qualquer graduação entre elas.

Assim, ocorrendo duas ou mais infrações conexas em comarcas distintas, o foro competente será determinado pelo lugar do delito mais grave. A gravidade do delito é medida sucessivamente pela natureza da pena (reclusão é mais grave do que detenção, que é mais grave do que prisão simples, que é mais grave do que multa); depois, pela "maior" pena máxima cominada às infrações e, por fim, pela "maior" pena mínima fixada.

Assim, ocorrendo os delitos de roubo, cometido na comarca A, e receptação simples, cometido na comarca B, reconhecida a existência de conexão entre eles, prevalecerá a comarca A, eis que lugar da infração mais grave (ambas apenadas com reclusão, porém sendo a pena máxima do roubo – 10 anos – superior à da receptação – 4 anos). A mesma solução será adotada caso tenhamos dois crimes da competência do Tribunal do Júri, cometidos em lugares distintos, sendo um deles (homicídio qualificado) praticado em uma comarca e o outro (homicídio simples) praticado em outra. Prevalecerá o foro do lugar do mais grave, sendo ambos julgados pelo Tribunal do Júri dessa comarca.

b) Preponderará o foro do lugar em que houver ocorrido o maior número de infrações, se elas forem de igual gravidade – não sendo possível a determinação do foro, no caso de infrações cometidas em conexão, pelo critério anterior face a terem o mesmo apenamento, o critério a ser aplicado sucessivamente é este do maior número de infrações.

Por esta regra, cometidos dois furtos simples (pena – reclusão de 1 a 4 anos, e multa) na comarca A e uma receptação simples (pena de 1 a 4 anos, e multa) do produto desses dois furtos na comarca B, prevalecerá na determinação do foro competente, a comarca A, lugar do maior número de infrações. Na situação inversa, ou seja, um furto simples na comarca A e duas receptações simples (a aquisição por duas pessoas distintas do produto do delito anterior) na comarca B: determinar-se-á o foro competente pelo lugar do maior número de infrações, ou seja, na comarca B.

---

[34] SELISTRE, Tael João. *Competência dos juizados especiais criminais*. Revista da Ajuris, junho/99, p. 199-205.
[35] TJRGS, Conflito de Competência nº 70005595319, Segunda Câmara Criminal, Rel. Des. Walter Jobim Neto, DJ 27.02.2003.

c) Determinar-se-á a competência pela prevenção, nos demais casos – não se podendo decidir o foro competente pelos critérios anteriores, volta o legislador a chamar a prevenção (o que primeiro tomar conhecimento do feito), espécie de critério de plantão, para resolver as dúvidas na fixação da competência.

Embora as referências ao lugar das infrações, o que indica critério de determinação do foro (comarca, no caso da Justiça Estadual) competente, a mesma regra será utilizada para determinação da vara competente, se tivermos, por exemplo, varas especializadas para delitos apenados, respectivamente, com reclusão e detenção, prevalecendo a vara competente originariamente para o delito mais grave.

As mesmas regras terão aplicação também no concurso entre o Juizado Especial Criminal e a Vara da Justiça Comum, caso em que esta prevalecerá, nos termos do art. 60 e seu parágrafo único da Lei nº 9.099, com a redação determinada pela Lei nº 11.313, de 28 de junho de 2006, aí sendo aplicados os institutos da transação penal e da composição dos danos civis. Nesse sentido, aliás, já era a jurisprudência do Tribunal de Justiça do Rio Grande do Sul.[36]

5. Competência e jurisdições de categorias diversas. Refere-se o inciso III aos casos de conexão ou continência entre jurisdições de diversas categorias, isto é, envolvendo jurisdições de graus diversos, hipótese em que prevalecerá a mais graduada.

A alteração da competência aqui determinada, a exemplo do que ocorre nas hipóteses anteriormente examinadas, não viola o princípio do juiz natural, constitucionalmente estabelecido, até porque é a própria Constituição Federal que em várias oportunidades remete à legislação infraconstitucional a fixação das regras de competência, observados, naturalmente, os critérios já estabelecidos na própria Carta Magna. Nesse sentido a Súmula 704 do Supremo Tribunal Federal: "Não viola as garantias do juiz natural, da ampla defesa e do devido processo legal a atração por continência ou conexão do processo do co-réu ao foro por prerrogativa de função de um dos denunciados."

Assim, havendo conexão entre delitos praticados por pessoa com foro pela prerrogativa de função e outra sem esse foro; ou, simplesmente, co-autoria na prática de um único delito entre alguém com prerrogativa de foro e outro sem, prevalecerá o foro da prerrogativa, neste caso sempre mais graduada que o foro originariamente competente para julgar a pessoa sem tal direito.

Tenha-se presente que o Supremo Tribunal Federal é mais graduado do que qualquer outro; o Superior Tribunal de Justiça é mais graduado do que os Tribunais Regionais Federais ou os Tribunais de Justiça dos Estados; e que este são, respectivamente, mais graduados que os juízes de primeiro grau das Justiças Federal e Estadual. Embora não se desconheça a posição divergente de parte da doutrina que não admite a atração pelo Supremo Tribunal Federal e pelo Superior Tribunal de Justiça em relação ao co-réu cuja competência originária seja dos Tribunais Regionais Federais, dos Tribunais de Justiça ou da Justiça Federal ou Estadual de primeiro grau, a jurisprudência, inclusive da Corte Suprema (um dos casos tratava de concurso de pessoas envolvendo Desembargador e Promotor de Justiça, quando reconheceu a competência do STJ para o julgamento de ambos)[37] tem reiteradamente admitido a atração para os tribunais superiores.

Em caso que ganhou notoriedade nacional, envolvendo juiz de direito e pessoas sem prerrogativa de função pela prática em concurso de pessoas de delito contra bem, serviço ou interesse da União (fraudes contra a previdência social), o Supremo Tribunal Federal assegurou o julgamento do magistrado pelo Tribunal de Justiça do respectivo Estado, eis que o art. 96, III, da Constituição Federal, excepciona apenas a competência da Justiça Eleitoral. E, face à continência, reconheceu a competência do Tribunal de Justiça para julgar os demais envolvidos, eis que este Tribunal é mais graduado que a Justiça Federal de primeiro grau (onde deveriam ser originariamente julgados), ainda que o crime fosse, em princípio, da competência federal.[38]

Quando o delito é originariamente da competência do juiz singular, tendo um dos autores foro pela prerrogativa de função, ambos deverão ser processados e julgados perante o foro da prerrogativa. Exemplifique-se com o caso em que o Prefeito Municipal, em concurso com seu irmão, praticam um delito de furto – a competência para o julgamento de ambos será do Tribunal de Justiça do Estado.

Há, porém, uma exceção a esta regra: quando houver crime doloso contra a vida, cometido por cidadão sem foro pela prerrogativa, conexo com crime da competência do juiz singular, cometido por detentor da prerrogativa; ou, então, quando houver continência, pelo concurso de pessoas, na prática de delito da competência originária do Tribunal do Júri, envolvendo pessoa com prerrogativa de função e outra, sem esse direito. Em qualquer dessas situações nós

---

[36] TJRGS, Apelação nº 70003470085, Sétima Câmara Criminal, Rel. Des. Luís Carlos Ávila de Carvalho Leite, DJ 12.06.2003.

[37] STF, Habeas Corpus nº 84465/PI, Segunda Turma, Rel. Min. Carlos Velloso, DJU 26.11.2004.

[38] STF, Habeas Corpus nº 68846/RJ, Tribunal Pleno, Rel. Min. Ilmar Galvão, DJU 09.06.1995.

teremos a cisão dos processos, respondendo a pessoa com prerrogativa perante o tribunal correspondente, enquanto a pessoa sem prerrogativa será julgada perante o Tribunal Popular. Nesse sentido já decidiram os tribunais superiores,[39] sob o fundamento de que, tratando-se de duas competências constitucionalmente estabelecidas, uma não deve prevalecer sobre a outra, sendo lógico que se preservem as regras constitucionais que originariamente fixam a competência para cada um dos acusados.

Se tivermos concurso entre um Promotor de Justiça e um cidadão sem prerrogativa de foro na prática de um delito de homicídio, nós teremos o membro do Ministério Público estadual sendo julgado perante o Tribunal de Justiça de seu Estado, enquanto o co-réu será julgado perante o Tribunal do Júri do lugar da infração.

Apesar dessa posição histórica, mais recentemente, a segunda turma do Supremo Tribunal Federal decidiu pela prevalência da competência do Superior Tribunal de Justiça sobre o Tribunal do Júri, devendo julgar conjuntamente, em crime doloso contra a vida, desembargador e co-réus sem prerrogativa de função.[40]

6. Jurisdição especial prevalece sobre a comum. O inciso IV enfoca o concurso entre a jurisdição comum e a especial, para estabelecer que esta última prevalecerá. Como vimos na introdução deste capítulo, a Justiça Especial é militar (federal ou estadual) ou eleitoral, enquanto a comum é federal ou estadual. Quanto ao concurso de qualquer das jurisdições comuns com a jurisdição militar, ao examinarmos o art. 79, que estabelece a regra geral da unidade de processo e julgamento, veremos que esse mesmo dispositivo excepciona o concurso entre as duas jurisdições, para estabelecer, em conseqüência, a separação necessária dos processos.

Restam, portanto, as hipóteses de concurso entre as jurisdições comuns (federal ou estadual) e a jurisdição eleitoral.

Vimos, também, que a Constituição Federal limitou-se a remeter para a lei complementar a regulamentação da competência dos órgãos da Justiça Eleitoral, o que até agora não foi feito. Assim, a Carta Magna recepcionou as regras até então existentes.

Com isto, a determinação da competência contida no art. 35 do Código Eleitoral (Lei nº 4.737/65) foi recepcionada: "Compete aos juízes: ... II – processar e julgar os crimes eleitorais e os comuns que lhe forem conexos, ressalvada a competência originária do Tribunal Superior e dos Tribunais Regionais."

Como se observa, seja aplicando a regra de competência do Código Eleitoral, que fixa a competência da justiça especial para os crimes eleitorais e os comuns conexos, seja aplicando este dispositivo, que estabelece a prevalência da justiça especial sobre a comum, em caso de conexão, a solução será a mesma: a Justiça Eleitoral (especial e por isso prevalente) julgará os delitos eleitorais e os comuns que lhe forem conexos. Convém sublinhar que a jurisdição especial prevalece sobre a comum, seja estadual ou federal.[41]

Portanto, cometido o delito de votar ou tentar votar mais de uma vez ou em lugar de outrem (art. 309 do Código Eleitoral), em conexão com o delito de lesão corporal, levará a competência para a Justiça Eleitoral onde correrá o *simultaneus processus*.

Como já tivemos oportunidade de examinar, se a conexão se der entre crime eleitoral e crime doloso contra a vida, a solução deverá ser a da separação dos processos, com a preservação das competências constitucionalmente estabelecidas, pela mesma lógica desenvolvida ao comentarmos o inciso anterior; ou seja, não pode a norma recepcionada excepcionar regra de competência explícita do texto constitucional.

7. Súmula nº 122 do STJ. É relevante notar que na hipótese de concurso das Justiças Federal e Estadual, não cabe invocar-se a aplicação deste inciso, eis que ambas são jurisdições comuns. Nem se poderia dizer que a Justiça Federal seja especial em relação à Estadual, até porque há um conceito de justiça especial que não comporta tal afirmativa. Não cabe, ainda, aplicar-se o inciso anterior, eis que uma não é mais graduada do que a outra (ambas são de primeiro grau).

Deve-se buscar explicação para o entendimento do Superior Tribunal de Justiça, consagrado na Súmula nº 122: "Compete à Justiça Federal o processo e julgamento unificado dos crimes conexos de competência federal e estadual, não se aplicando a regra do art. 78, II, *a*, do Código de Processo Penal." Não se trata de novidade na jurisprudência pátria, eis que posição nesse sentido já fora adotada, letras e vírgulas, na Súmula nº 52 do antigo Tribunal Federal de Recursos.

O fato, porém, é que, na ausência de regra legal, não se justificaria a prevalência da competência da Justiça Federal sobre a Estadual. Nem mesmo o ar-

---

[39] STF, Habeas Corpus nº 69325/GO, Tribunal Pleno, Rel. Min. Néri da Silveira, DJU 04.12.1992; STJ, Habeas Corpus nº 1999/MG, Rel. Min. Edson Vidigal, DJU 20.09.1993.
[40] STF, Habeas Corpus nº 83583/PE, Segunda Turma, Rel. Min. Ellen Gracie, DJU. 07.05.2004.
[41] STF, Conflito de Competência nº 7033/SP, Tribunal Pleno, Rel. Min. Sydney Sanches, DJU 19.11.1996.

gumento de que a competência federal é estabelecida explicitamente na Carta Constitucional, enquanto a competência estadual é residual, poderia fundamentar semelhante conclusão.

Não obstante isso, nos casos de conexão entre delito originariamente da competência da Justiça Federal e outro originariamente da competência Estadual, a jurisprudência dos nossos tribunais superiores é tranqüila no sentido da prevalência da Justiça Federal, onde correrá o *simultaneus processus*.

Esse entendimento, porém, não alcança a hipótese de conexão entre crime da competência federal e contravenção penal, ainda que contra bem, serviço ou interesse da União,[42] caso em que haverá separação dos processos. Ocorre que o inciso IV do art. 109 da Constituição Federal, expressamente exclui as contravenções da competência da Justiça Federal. A propósito, a Súmula nº 38 do Superior Tribunal de Justiça: "Compete à Justiça Estadual Comum, na vigência da Constituição de 1988, o processo por contravenção penal, ainda que praticada em detrimento de bens, serviços ou interesse da União ou de suas entidades".[43]

Art. 79. A conexão e a continência importarão unidade de processo e julgamento, salvo:

I – no concurso entre a jurisdição comum e a militar;

II – no concurso entre a jurisdição comum e a do juízo de menores.

§ 1º Cessará, em qualquer caso, a unidade do processo, se, em relação a algum co-réu, sobrevier o caso previsto no art. 152.

§ 2º A unidade do processo não importará a do julgamento, se houver co-réu foragido que não possa ser julgado à revelia, ou ocorrer a hipótese do art. 461.

1. **Regra geral nos casos de conexão ou continência.** A regra geral determina a unidade de processo e julgamento nos casos de conexão ou continência. Como dito anteriormente, se esta regra não existisse, cada infração e cada pessoa seriam sempre processadas perante o foro e o juízo originariamente competentes. A unidade de processo dar-se-á por força deste dispositivo e tem em conta dois objetivos: primeiro, a economia pela produção conjunta da prova de dois ou mais fatos; segundo, a segurança e coerência do julgamento de dois ou mais delitos ou duas ou mais pessoas pelo juiz único, evitando decisões eventualmente contraditórias, que contribuiriam para o desprestígio do aparelho jurisdicional.

2. **Separação entre jurisdição comum e militar.** O inciso I trata da primeira exceção a essa regra geral: quando houver concurso entre a jurisdição comum e a militar. O texto constitucional, por seu lado, tanto ao tratar da Justiça Militar Federal, quanto ao tratar da Justiça Militar Estadual, confere a ambas a competência para julgar os crimes militares. A exceção aqui estudada trata de afirmar que no concurso entre a competência da jurisdição comum e da jurisdição militar, haverá sempre a separação dos processos. Significa dizer que a jurisdição militar não se mistura: ela não atrai os crimes comuns, ainda que conexos, ao mesmo tempo em que os crimes militares, ainda quando conexos, não podem ser atraídos para a jurisdição comum.

A separação dos processos nessas hipóteses é pacificamente reconhecida na jurisprudência, a ponto de o Superior Tribunal de Justiça haver consagrado esse entendimento na Súmula nº 90: "Compete à Justiça Estadual Militar processar e julgar o policial militar pela prática do crime militar, e à Comum pela prática do crime comum simultâneo àquele".

Significa dizer que, mesmo nos casos de conexão entre crime militar e crime comum, bem como de continência na prática de infração única (que possa ser considerada de natureza militar) tendo como co-réus um militar e um civil, haverá sempre a separação dos processos e julgamentos.

Para exemplificar: o policial militar, em serviço, que, durante o atendimento de uma ocorrência, se envolve em conflito com civis, sendo indiciado pela prática dos delitos de lesão corporal contra a vítima A e abuso de autoridade contra a vítima B. Embora seja possível identificar um caso de conexão, o policial militar responderá a dois processos distintos, sendo a lesão corporal contra civil, praticada em serviço, da competência da Justiça Militar Estadual, enquanto o abuso de autoridade será da competência da Justiça Comum Estadual. Não se pode esquecer que o delito de abuso de autoridade, não tendo previsão na legislação militar, será sempre da competência da Justiça Comum (Súmula nº 172 do STJ).

A segunda hipótese envolve um policial militar e um policial civil acusados da prática, em concurso de pessoas, do delito de lesão corporal contra um civil, no atendimento de ocorrência policial (portanto, em serviço). Embora a continência identificada pelo concurso de pessoas na prática de uma única infração, deveremos ter a separação dos processos, correndo o do policial militar na Justiça Militar, enquanto o policial civil responderá na Justiça Comum.

---

[42] STJ, Conflito de Competência nº 40646, Terceira Seção, Rel. Min. Gilson Dipp, DJU 28.06.2004.

[43] STJ, Habeas Corpus nº 27692, Sexta Turma, Rel. Min. Paulo Medina, DJU 06.12.2004.

Assim, em nenhuma hipótese a Justiça Militar Estadual julgará civil, nem a Justiça Comum julgará militar por crime militar.

3. Separação entre jurisdição comum e da infância e juventude. Trata o inciso II da hipótese de conexão entre infração atribuída a pessoa responsável penalmente e outra inimputável, nos termos do art. 228 da Constituição Federal ("São penalmente inimputáveis os menores de dezoito anos, sujeitos às normas da legislação especial.") e art. 27 do Código Penal ("Os menores de 18 (dezoito) anos são penalmente inimputáveis, ficando sujeitos às normas estabelecidas na legislação especial."). Dessa forma, não haverá unidade de processo, até porque apenas o imputável fica sujeito ao processo criminal, ficando o inimputável submetido ao procedimento estabelecido no Estatuto da Criança e do Adolescente.

4. Cisão do processo por superveniência de doença mental. O § 1º prevê o fim da unidade, com a conseqüente cisão do processo, sempre que em relação a algum dos co-réus sobrevier a hipótese do art. 152 ("Se se verificar que a doença mental sobreveio à infração o processo continuará suspenso até que o acusado se restabeleça, observado o § 2º do art. 149."). O dispositivo prevê a cisão do processo já instaurado contra os co-réus, sempre que sobrevier doença mental a um deles e até que ele se restabeleça. A cisão aqui decorre da impossibilidade de o processo seguir normalmente contra alguém a quem sobreveio doença mental e tem como objetivo permitir o curso e o encerramento do processo contra o co-réu sadio.

Vale sublinhar, como o faz Mirabete, que aqui não se trata de portador de doença mental por ocasião do fato, caso de inimputabilidade a ser verificada através do incidente próprio, mas apenas da hipótese de doença mental que sobreveio ao fato.

5. Cisão do julgamento do réu revel. O § 2º trata de duas situações em que haverá a cisão do julgamento, sem a necessidade de cisão do processo. Essas duas hipóteses somente podem ocorrer no procedimento do júri. A primeira, é a hipótese de co-réu foragido que não possa ser julgado à revelia. Nos termos do art. 451, § 1º, somente é possível o julgamento à revelia em plenário quando se tratar de crime afiançável. Ao contrário, se for o caso de crime inafiançável, não comparecendo um dos co-réus, será determinada a cisão do julgamento. Não se deve confundir este caso com o do art. 366, em que o co-réu não foi citado pessoalmente, nem compareceu, nem constituiu advogado, quando se terá em relação a ele a suspensão e, em conseqüência, a cisão do processo. Também não se confunde com a necessidade de intimação pessoal da pronúncia nos delitos inafiançáveis, mesmo porque a cisão de que estamos falando se dará em momento posterior – no plenário. Portanto, após o trânsito em julgado da pronúncia.

6. Cisão do julgamento pela recusa de jurados. A outra hipótese de cisão apenas do julgamento ocorrerá se não houver coincidência na aceitação de jurado pelas defesas de cada um deles, devendo ser julgado o co-réu cuja defesa aceitou o jurado, desde que o Ministério Público também o aceite. Diz o art. 461: "Se os réus forem dois ou mais, poderão incumbir das recusas um só defensor; não convindo nisso e se não coincidirem as recusas, dar-se-á a separação dos julgamentos, prosseguindo-se somente no do réu que houver aceito o jurado, salvo se este, recusado por um réu e aceito por outro, for também recusado pela acusação."

Em primeiro lugar, é de se observar que os co-réus podem acordar em que somente um defensor efetue a recusa por ambos. Nesse caso, segundo Marrey,[44] ele terá três recusas imotivadas para o conjunto dos réus e não haverá possibilidade de cisão. Se o defensor de cada co-réu, porém, fizer as suas recusas, havendo aceitação por algum deles e recusa por outros, desde que o Promotor de Justiça aceite também o jurado, haverá a separação do julgamentos, prosseguindo-se apenas em relação ao co-réu que o aceitou. O Promotor de Justiça pode evitar a cisão, recusando também o jurado, neutralizando, assim, a recusa da defesa. Ocorre que, como se forem dois co-réus com suas respectivas defesas, eles terão seis recusas (se forem três, serão nove recusas, e assim sucessivamente). Já o Promotor de Justiça, tem sempre apenas três; ou seja, neste caso, não haveria como evitar cisão do julgamento, neutralizando as recusas das defesa. Seria possível, entretanto, a escolha, pelo membro do Ministério Público, de qual dos co-réus seria julgado primeiro. Para isso, bastaria ficar atento à manifestação da defesa do co-réu escolhido, acompanhando-a sempre.

Art. 80. Será facultativa a separação dos processos quando as infrações tiverem sido praticadas em circunstâncias de tempo ou de lugar diferentes, ou, quando pelo excessivo número de acusados e para não lhes prolongar a prisão provisória, ou por outro motivo relevante, o juiz reputar conveniente a separação.

1. Separação facultativa dos processos. Mesmo nos casos de conexão ou continência este dispositivo faculta ao juiz a separação dos processos quando as

---

[44] MARREY, Adriano; FRANCO, Alberto Silva; STOCO, Rui. *Teoria e Prática do Júri*. 7ª ed. São Paulo: Revista dos Tribunais, 2000, p. 330.

infrações tiverem sido praticadas em circunstâncias de tempo ou de lugar diferentes, ou quando houver um grande número de réus e para não lhes prolongar a prisão provisória, ou por outro motivo relevante.

A expressão final deste dispositivo indica com clareza uma enumeração meramente enunciativa, cabendo ao magistrado, no caso concreto, identificar o motivo que recomende a separação dos processos.

A primeira situação verifica-se tanto na hipótese de conexão material intersubjetiva por concurso, como também nos casos de conexão material objetiva quando uma das infrações pode ser cometida em situação de tempo e lugar diferente, podendo dar-se, ainda, na hipótese de conexão probatória.

Na segunda situação, o juiz determinará a separação dos processos como providência para evitar o prolongamento da prisão de alguns dos co-réus quando, em face do número de acusados, for razoável supor que o encerramento do processo possa demorar tempo superior ao prazo permitido para a prisão provisória.

A terceira situação é genérica, permitindo a separação do processo por outro motivo relevante, a juízo do magistrado. Fica a critério do juiz da causa determinar a separação dos processos tendo em conta as peculiaridades do caso concreto, como, por exemplo, a produção de determinada prova que interesse a apenas um dos acusados; ou, ainda, o número excessivo de réus, embora nenhum deles esteja preso, que pudesse acarretar a demora demasiada do processo.

2. Separação dos processos e competência para o julgamento. É evidente que o juiz que determinar a separação continuará competente para o julgamento de todos os processos dela resultantes. Assim, havendo co-réu que responda por um único delito cuja competência seria originariamente de outro foro (mas que foi atraído em razão da conexão), a separação facultativa do processo não implica na devolução da competência àquele foro. Em conclusão, o juiz ou tribunal que determinar a separação dos processos continuará competente para julgar todas as infrações e todas as pessoas que integravam o *simultaneus processus*.[45]

Art. 81. Verificada a reunião dos processos por conexão ou continência, ainda que no processo da sua competência própria venha o juiz ou tribunal a proferir sentença absolutória ou que desclassifique a infração para outra que não se inclua na sua competência, continuará competente em relação aos demais processos.

Parágrafo único. Reconhecida inicialmente ao júri a competência por conexão ou continência, o juiz, se vier a desclassificar a infração ou impronunciar ou absolver o acusado, de maneira que exclua a competência do júri, remeterá o processo ao juízo competente.

1. Perpetuação da jurisdição. Este dispositivo trata da chamada *perpetuatio jurisdictionis*, que significa que, como regra, uma vez determinada a competência por conexão ou continência, o foro ou o juízo que exercer a força atrativa terá a sua competência fixada até o final julgamento do processo.

Figure-se a hipótese em que o Prefeito Municipal e o seu irmão, que não exerce qualquer função, praticam, em concurso, uma infração, em razão da matéria, da competência do juiz de direito. Face à prerrogativa de função constitucionalmente fixada para o primeiro, sendo caso de continência, ambos deverão ser julgados pelo Tribunal de Justiça. Ainda que este Tribunal decida pela absolvição do Prefeito, continuará competente para julgar o seu irmão.

Exemplo para o caso de desclassificação é mencionado por Tourinho Filho:[46] as lesões corporais graves são, na cidade de São Paulo, da competência dos Foros Regionais, as lesões gravíssimas, não. Se A e B praticaram lesões graves e C praticou lesões gravíssimas, conexas com aquelas, a competência, na forma do art. 78, II, *a*, para o *simultaneus processus*, será uma das varas do Foro Central. Se o juiz vier a desclassificar o delito de lesões gravíssimas para lesões graves, não deverá remeter o processo ao Foro Regional, mas julgá-las conjuntamente na Vara Criminal do Foro Central face à regra da *perpetuatio jurisdictionis* aqui estabelecida.

2. Perpetuação da jurisdição e tribunal do júri. Esta regra aplica-se também ao Tribunal do Júri quando este absolver o acusado do crime doloso contra a vida, eis que ao julgar (absolvendo ou condenando) o delito de sua competência originária, o Conselho de Sentença firma a competência para julgar os delitos atraídos pela conexão.

Não se aplica, porém, na hipótese de desclassificação própria operada no plenário do Júri, pelo Conselho de Sentença. A desclassificação própria ocorre quando o júri nega a existência de crime doloso contra a vida (seja no homicídio consumado, ao acolher a tese de negativa de dolo, seja no homicídio tentado, ao negar a tentativa), afastando, com isso, a competência do Tribunal Popular, não apenas em relação ao remanescente, mas também em relação aos conexos, não dolosos contra a vida, levados ao Júri por força

---

[45] STJ, Recurso Ordinário em Habeas Corpus nº 17377, Quinta Turma, Rel. Min. Arnaldo Esteves Lima, DJU 10.10.2005.
[46] TOURINHO FILHO, Fernando da Costa. *Processo Penal*, 27ª ed. v 2. São Paulo: Saraiva, 2005, p. 220/221.

da conexão. O fundamento é a competência constitucional do Júri para os crimes dolosos contra a vida, cuja força atrativa opera sobre os delitos conexos. Não havendo crime doloso contra a vida, não há razão para a prevalência do Tribunal Popular e a competência volta para o Juiz-Presidente (art. 492, § 2º).

É relevante notar que o mesmo raciocínio não se aplica nos casos de desclassificação imprópria operada pelo Conselho de Sentença, já que esta é desclassificação com condenação, ainda que por outro delito que não o tipificado na denúncia. Os casos mais comuns de desclassificação imprópria são o reconhecimento pelo Júri do chamado excesso culposo (condenação à pena do delito na forma culposa) e da participação dolosamente distinta (condenação pelo crime menos grave de que o réu quis participar). Nessas hipóteses, o Conselho de Sentença firmou a sua competência e naturalmente continuará julgando, inclusive os eventuais delitos conexos.

3. **Desclassificação do art. 410 do CPP.** O parágrafo único deste art. 81 trata também do afastamento do crime doloso contra a vida levado a efeito, não pelo Conselho de Sentença, mas pelo Juiz em sua decisão na fase da pronúncia. Uma vez reconhecida inicialmente a competência originária do Júri (o que ocorre com o recebimento da denúncia por crime doloso contra a vida), extensiva aos demais nos casos de conexão ou continência. Se o juiz desclassificar, impronunciar ou absolver naquele, deverá remeter o processo ao juízo competente para o remanescente e os conexos. Como está claro, esta regra é aplicável apenas à decisão do juiz, encerrando a fase do *judicium accusationis*.

> **Art. 82.** Se, não obstante a conexão ou continência, forem instaurados processos diferentes, a autoridade de jurisdição prevalente deverá avocar os processos que corram perante os outros juízes, salvo se já estiverem com sentença definitiva. Neste caso, a unidade dos processos só se dará, ulteriormente, para o efeito de soma ou de unificação das penas.

1. **Avocação dos processos pelo juízo prevalente.** Se, apesar da conexão ou continência forem instaurados processos diferentes, caberá ao juiz prevalente avocar os processos que corram perante outros juízes. A prevalência será determinada pelas regras estabelecidas na lei. Ressalva-se a hipótese em que algum desses processos já tenha sentença. Embora o dispositivo fale em sentença definitiva, evidentemente que não está querendo se referir a sentença transitada em julgado, até porque basta que o processo tenha sentença 'final' (de mérito) para que o juiz prevalente não possa alterá-la, não fazendo sentido, assim, a avocação. Foi o que o Superior Tribunal de Justiça quis aclarar com a Súmula nº 235: "A conexão não determina a reunião dos processos, se um deles já foi julgado".

2. **Remessa do processo pelo juízo não prevalente.** Se, por um lado, o juiz prevalente pode avocar os demais processos, antes da sentença; de sua parte, é claro que o juiz perante quem tramita o crime conexo poderá tomar a iniciativa de remetê-lo ao magistrado prevalente. Na hipótese de evidenciar-se nessas providências um conflito, positivo ou negativo, caberá ao segundo magistrado suscitá-lo perante o tribunal competente.

No caso de crimes da competência do júri, a avocação pode ocorrer mesmo após a pronúncia, eis que esta não é sentença 'final'. Caberá ao juiz proferir uma nova decisão de admissibilidade da acusação, incluindo os delitos objeto dos processos avocados, como aponta Mirabete.[47]

Se houver algum processo já julgado, enquanto outros ainda estão em tramitação, apenas estes poderão ser avocados, reservando-se os demais para as providências da segunda parte deste artigo.

3. **Unidade dos processos após o julgamento.** No caso dos processos já julgados, a unidade só se dará posteriormente para efeito de soma ou de unificação das penas e o juízo competente será o da execução, nos termos do art. 66, III, *a*, da Lei de Execução Penal. Ocorre que, neste caso, os diversos juízes que julgaram isoladamente os processos, evidentemente, não apreciaram as questões que serão objeto de decisão na fase da execução. Ou seja, o juiz da execução é quem vai decidir sobre a ocorrência de concurso material entre os crimes (hipótese em que haverá a simples soma das penas) ou de concurso formal ou continuidade (casos em que deverá ser aplicada a pena de um deles, o mais grave, se houver, aumentada, conforme o caso, de um sexto até metade – art. 70 do CP – ou um sexto a dois terços – art. 71 do CP).

CAPÍTULO VI
DA COMPETÊNCIA POR PREVENÇÃO

> **Art. 83.** Verificar-se-á a competência por prevenção toda vez que, concorrendo dois ou mais juízes igualmente competentes ou com jurisdição cumulativa, um deles tiver antecedido aos outros na prática de algum ato do processo ou de medida a este

---

[47] MIRABETE, Julio Fabbrini. *Processo Penal*. São Paulo: Atlas, 2003, p. 183.

relativa, ainda que anterior ao oferecimento da denúncia ou da queixa (arts. 70, § 3º, 71, 72, § 2º, e 78, II, c).

1. **Prevenção é matéria jurisdicional.** É conveniente recordar que competência é matéria afeta à jurisdição, portanto, apenas atos jurisdicionais podem preveni-la. A eventual instauração de inquérito policial, por exemplo, é ato administrativo e, como tal, jamais poderá prevenir a competência. Observe-se que o dispositivo fala em juiz que anteceder aos demais na prática de algum ato, não tendo relevância para a definição da competência os atos praticados no inquérito pela autoridade policial [48]

Prevenir significa tomar conhecimento primeiro, antecipar-se aos demais. Ocorre, portanto, a prevenção quando um juiz se antecipa a outro também competente, praticando algum ato no processo. A hipótese mais cristalina de prevenção ocorre quando um juiz recebe a denúncia ou queixa. O dispositivo, porém, permite que o juiz já fique prevento com a prática de ato do processo ou medida a este relativa, ainda que anterior ao oferecimento da inicial acusatória.

2. **Medidas que previnem a competência.** São medidas que já previnem a competência: decretação de prisão preventiva ou temporária; arbitramento de fiança; deferimento de diligência que dependa de autorização judicial, como a busca e apreensão, quebra de sigilo fiscal, bancário ou telefônico; pedido de explicações em juízo, nos crime contra a honra; pedido de busca e apreensão nos crimes contra a propriedade imaterial; exame da regularidade do flagrante, etc. Embora algumas críticas da doutrina, essas são medidas que têm sido reconhecidas pela jurisprudência como aptas a tornar prevento o juízo que as despachar.

A prevenção é critério de fixação da competência sempre que concorrerem dois ou mais juízes igualmente competentes (há na comarca dois ou mais juízes com idêntica competência criminal, tanto no que diz respeito à matéria, quanto no que se refere ao lugar – ex: os juízes A, B e C têm competência para os delitos em geral), ou quando houver dois ou mais juízes com jurisdição cumulativa (praticados delitos da competência do juiz singular e de igual gravidade em comarcas distintas, dois ou mais juízes terão competência para apreciar as infrações – ex: nas Comarcas A, B e C foram praticados delitos conexos de igual gravidade, e no mesmo número, razão pela qual o juiz de qualquer delas será, em tese, competente). Nos dois exemplos, o juiz que primeiro praticar algum ato do processo ou medida a ele relativo, terá sua competência preventa para o *simultaneus processus*.

3. **Outras hipóteses de fixação da competência pela prevenção.** Além destas hipóteses, a prevenção é estabelecida expressamente pela lei processual penal como critério para a fixação da competência: quando houver incerteza quanto ao limite territorial de duas ou mais jurisdições, ou incerteza da jurisdição por ter sido a infração praticada na divisa de duas ou mais jurisdições (art. 70, § 3º); nos casos de infração continuada ou permanente (art. 71); quando o réu tiver mais de uma residência (art. 72, § 1º); se não puder se determinar a competência pelas regras do art. 78, II, *a* e *b* (art. 78, II, *c*); quando incerta a competência e não se determinar de acordo com as regras dos arts. 89 e 90 (art. 91).

É claro que havendo regra expressa, como nos casos em que deve prevalecer o lugar da infração mais grave, ou o lugar do maior número de infrações, não há que se cogitar da aplicação da prevenção.

Trata-se de critério, como regra, supletivo ou para resolver dúvidas resultantes da situação de fato, que só poderá ser aplicado quando a lei expressamente o prever. Significa dizer que mesmo que o juiz incompetente pratique algum ato do processo, antecedendo ao efetivamente competente, não há que se falar em prevenção. Será pura e simplesmente um ato de juiz incompetente devendo ser, conforme o caso, reconhecida a sua nulidade absoluta ou relativa.

O Supremo Tribunal Federal já teve oportunidade de decidir que a prevenção fixa também a competência se dois inquéritos sobre o mesmo fato forem distribuídos a juízes diferentes,[49] bem como se for proposta ação em que há conexão ou continência, com outra já em andamento.

4. **Competência por prevenção: nulidade relativa.** A mesma Corte Maior já assentou através da Súmula nº 706 o seu entendimento: "É relativa a nulidade decorrente da inobservância da competência penal por prevenção". Importa dizer que a nulidade aí reconhecida deve ser alegada no prazo da defesa (defesa prévia ou preliminar), sob pena de preclusão, prorrogando-se a competência do juiz que recebeu a denúncia ou queixa.

Nos casos em que o ato seja praticado na condição de juiz de plantão, este não ficará prevento. Embora o despacho do juiz plantonista possa tornar prevento o foro para o processo, na medida em que despachado o feito em uma comarca, ficará esta preventa para o processo. Exemplificamos: um grupo organiza e executa o seqüestro de alguém. Levado a efeito na

---

[48] MIRABETE, Julio Fabbrini. *Processo Penal*. São Paulo: Atlas, 2003, p. 184.
[49] STF, Habeas Corpus nº 62245/MG, Segunda Turma, Rel. Min. Aldir Passarinho, DJU 03.05.1985.

comarca A, os seqüestradores posteriormente transferem o cativeiro para a comarca B e daí para a comarca C. Tratando-se de crime permanente, a competência deve ser determinada pela prevenção. Se na comarca A, o juiz de plantão deferir a quebra de sigilo telefônico dos envolvidos, ele não estará prevento, mas o foro já estará, definindo-se a competência da comarca A.

5. **Prevenção e *hábeas-córpus*.** O julgamento pelo juiz de *habeas corpus* impetrado contra ato do Delegado que preside o inquérito também não previne a competência, sendo procedida normalmente à distribuição quando o inquérito vier a juízo, pois trata-se de ação de natureza constitucional, que não pode ser equiparada a outras medidas relativas ao processo. O mesmo se diz em relação à Câmara Criminal do Tribunal que, mesmo julgando *habeas corpus*, nem por isso ficará preventa em relação a eventual recurso do processo.

Já, se a Câmara do Tribunal decidiu algum recurso anterior, sobre o mesmo fato, em princípio, será competente para os próximos recursos. A inobservância dessa circunstância, porém, importa em nulidade relativa, que não argüida no momento oportuno (antes da sessão de julgamento), levará à prorrogação da competência.

CAPÍTULO VII
DA COMPETÊNCIA PELA PRERROGATIVA DE FUNÇÃO

Art. 84. A competência pela prerrogativa de função é do Supremo Tribunal Federal, do Superior Tribunal de Justiça, dos Tribunais Regionais Federais e Tribunais de Justiça dos Estados e do Distrito Federal, relativamente às pessoas que devam responder perante eles por crimes comuns e de responsabilidade.
§ 1º A competência especial por prerrogativa de função, relativa a atos administrativos do agente, prevalece ainda que o inquérito ou a ação judicial sejam iniciados após a cessação do exercício da função pública.
§ 2º A ação de improbidade, de que trata a lei 8.429, de 2 de junho de 1992, será proposta perante o tribunal competente para processar e julgar criminalmente o funcionário ou autoridade na hipótese de prerrogativa de foro em razão do exercício de função pública, observado o disposto no § 1º.

1. **Foro por prerrogativa de função.** Como ficou dito na introdução aos comentários deste Título V, é da tradição constitucional brasileira o estabelecimento de foro pela prerrogativa para as pessoas investidas em determinadas funções.

Embora o objetivo reconhecido pelo constituinte seja preservar, não a pessoa, mas a função das eventuais influências que possam surgir no processo, em favor ou contra os interesses do acusado, não há como não levantar dúvidas sobre a verdadeira intenção de tal regra. Mesmo admitindo que há razões ponderáveis para o estabelecimento do foro por prerrogativa de função, outras existem que não o recomendariam. A magistratura brasileira é profissional e qualificada e hoje não há, por exemplo, qualquer fundamento para se levantar dúvidas sobre a imparcialidade do juiz de primeiro grau, cujas decisões, aliás, ficam sujeitas, em grau de recurso, à reapreciação, como regra, dos próprios tribunais competentes pela prerrogativa de foro.

Cumpre salientar que, nos casos da pessoa que está no exercício da função, a prerrogativa não se aplica somente aos delitos relacionados com a função, mas a qualquer outro. Assim, se o Prefeito Municipal pratica um delito de lesão corporal culposa no trânsito, sem nenhuma relação com a função, ainda assim será julgado perante o Tribunal de Justiça do respectivo Estado.

O Supremo Tribunal Federal durante muito tempo adotou o entendimento expresso na Súmula nº 394: "Cometido o crime durante o exercício funcional, prevalece a competência especial por prerrogativa de função, ainda que o inquérito ou a ação penal sejam iniciados após a cessação daquele exercício".

De acordo com esse entendimento, cometido o crime enquanto a pessoa se encontrava no exercício da função, garantia-se o foro pela prerrogativa até o final julgamento da causa, independentemente de o fato imputado ter ou não relação com a atividade funcional.

O mesmo Supremo Tribunal, porém, em 25 de agosto de 1999, em decisão unânime proferida no Inquérito nº 687/SP, revogou o enunciado da Súmula nº 394. Com o novo entendimento, restou afastado o foro pela prerrogativa para os ex-exercentes de cargos públicos. Significa dizer que, a partir de então, com a cessação do exercício funcional, passou a cessar também o foro pela prerrogativa. Em todos os tribunais com foro pela prerrogativa, algumas centenas de processos foram devolvidos aos juízes de primeira instância, reconhecidos agora como competentes.

Alguns integrantes da classe política não se conformaram com a nova postura da Corte Maior e passaram a tentar incluir na legislação regra expressa pela permanência do foro da prerrogativa. A primeira tentativa foi feita durante a tramitação na Câmara dos Deputados da emenda constitucional chamada de

Reforma do Judiciário. Não lograram, porém, êxito, tendo a proposta sido rejeitada pela Câmara.

2. **Histórico do dispositivo**. Merece um registro para a história a tramitação do projeto que se converteria na Lei nº 10.628/2002.

No final do mês de junho de 2002, a Comissão de Constituição e Justiça da Câmara dos Deputados aprovou, em caráter terminativo, o projeto que deu a atual redação ao art. 84 e nele introduzindo dois parágrafos. Essa aprovação, em caráter terminativo, dispensava a passagem do projeto pelo Plenário da Câmara, a menos que houvesse "recurso" (pedido de votação) para garantir a ida do projeto ao plenário, com a assinatura de, pelo menos, dez por cento dos integrantes da Casa.

A Associação Nacional dos Membros do Ministério Público – CONAMP tomou a iniciativa de recolher (junto, basicamente, aos parlamentares de oposição de então) as assinaturas necessárias para garantir a passagem pelo plenário, encaminhando o pedido à Presidência da Casa. Porém, por determinação desta, a matéria não foi publicada logo no Diário do Congresso. Até a publicação, era possível a retirada das assinaturas pelos parlamentares. Foi o que aconteceu, a partir da eleição do candidato da oposição à Presidência da República, quando vários Deputados retiraram as suas assinaturas, deixando o pedido sem o mínimo necessário para levá-lo ao plenário. Com isto, o texto foi considerado aprovado e remetido ao Senado da República, onde, convergindo interesses da situação de então (que passaria a ser oposição) e da oposição (que passaria a ser situação), foi aprovado sem maiores dificuldades. O projeto foi sancionado pelo Presidente da República, resultando na referida Lei nº 10.620, publicada no DOU de 26 de dezembro de 2002.

A mesma Associação Nacional dos Membros do Ministério Público – CONAMP ajuizou Ação Direta de Inconstitucionalidade dos dois parágrafos acrescentados ao art. 84, patrocinada pelo eminente Dr. Aristides Alvarenga Junqueira, sob o fundamento principal de que a repartição da competência jurisdicional, especialmente da competência originária para o processo e julgamento dos crimes comuns, é fixada expressa e exaustivamente na Constituição Federal, não podendo o legislador infraconstitucional ampliá-la. Destaca que o § 1º é uma tentativa de transformar o Poder Legislativo em intérprete do texto constitucional, em confronto com o entendimento já adotado pela própria Corte Maior, quando qualquer modificação só poderia ocorrer por emenda constitucional. Sublinha, em relação ao § 2º, que a improbidade administrativa, embora possa ter também consequências penais, é originariamente infração político-administrativa e, para estas, a Constituição Federal não admite, em nenhuma hipótese, foro pela prerrogativa de função, não podendo, portanto, a legislação infraconstitucional introduzi-la no ordenamento jurídico – o que de qualquer forma só poderia ser feito através de emenda constitucional.

O Supremo Tribunal Federal, porém, não concedeu a medida liminar pleiteada para a suspensão da aplicação dos dispositivos e, em decorrência, reafirmou a vigência dos mesmos enquanto não houvesse julgamento da ADI nº 2797. Segundo decidido pelo plenário da Corte, até o julgamento da referida ADI, a nova redação deste art. 84 integrou o ordenamento jurídico e permaneceu em vigor em razão do indeferimento do pedido de medida cautelar formulado.

Em 15 de setembro de 2005, entretanto, a Corte Maior finalmente julgou a ADI 2797, juntamente com a ADI 2860, e reconheceu a inconstitucionalidade dos parágrafos 1º e 2º do art. 84.

3. **Casos de foro pela prerrogativa de função**. A atual redação do *caput* deste artigo, que não foi atingida pela argüição de inconstitucionalidade, limita-se a informar que a prerrogativa de função é do Supremo Tribunal Federal, do Superior Tribunal de Justiça, dos Tribunais Regionais Federais e Tribunais de Justiça dos Estados e do Distrito Federal, conforme o disposto no texto da Constituição Federal. O apressado legislador, porém esqueceu-se de relacionar os Tribunais Regionais Eleitorais e o próprio Superior Tribunal Militar (de acordo com a Lei Orgânica da Justiça Militar Federal) que, como veremos, também exercem competência pela prerrogativa funcional:

Supremo Tribunal Federal – Ver comentários ao art. 86 e seus incisos.

Superior Tribunal de Justiça – a) nos crimes comuns (inclusive os eleitorais): os Governadores dos Estados[30] e do Distrito Federal; b) nos crimes comuns e de responsabilidade: os desembargadores dos Tribunais de Justiça dos Estados e do Distrito Federal, os membros dos Tribunais de Contas dos Estados e do Distrito Federal, os dos Tribunais Regionais Federais, dos Tribunais Regionais Eleitorais e do Trabalho, os membros dos Conselhos ou Tribunais de Contas dos Municípios e os do Ministério Público da União que oficiem perante tribunais (art. 105, I, *"a"*, da Constituição Federal).

Superior Tribunal Militar – os oficiais-generais das Forças Armadas, nos crimes militares definidos em lei (art. 6º, da Lei nº 8.457, de 04.09.1992, com a redação dada pela Lei nº 8.719, de 19.10.1993).

---

[50] STF, Conflito de Jurisdição nº 6971, Tribunal Pleno, Rel. Min. Paulo Brossard, DJU 21.02.1992.

Tribunais Regionais Federais – nos crimes comuns e de responsabilidade: os juízes federais da área de sua jurisdição, inclusive os da Justiça Militar e da Justiça do Trabalho; os membros do Ministério Público da União, ressalvada a competência da Justiça Eleitoral (art. 108, I, *a*, da Constituição Federal).

Tribunais Regionais Eleitorais – nas infrações eleitorais: juízes de primeiro grau e Promotores de Justiça; Prefeitos Municipais (Súmula nº 702 do Supremo Tribunal Federal: "A competência do Tribunal de Justiça para julgar Prefeitos, restringe-se aos crimes de competência da Justiça comum estadual; nos demais casos, a competência originária caberá ao respectivo tribunal de segundo grau.").

Será da competência também do Tribunal Regional Eleitoral o julgamento, nos crimes eleitorais, das autoridades que detêm prerrogativa de função no Tribunal de Justiça, ainda que estabelecida somente na própria Constituição do Estado. No caso do Estado do Rio Grande do Sul, por exemplo, serão julgados no TRE os crimes eleitorais praticados pelo Vice-Governador, Deputado Estadual, Secretário de Estado e Procurador-Geral do Estado.[51]

Tribunais de Justiça dos Estados e do Distrito Federal – ver art. 87.

4. Foro pela prerrogativa de função e cessação do exercício da função pública. O § 1º, cuja inconstitucionalidade foi reconhecida, estabelecia a prevalência do foro pela prerrogativa de função, relativa a atos administrativos do agente, até o final julgamento da causa, ainda que a investigação ou a ação penal fossem iniciadas após a cessação do exercício da função pública.

Com o reconhecimento da inconstitucionalidade, segundo foi julgado pelo Supremo Tribunal Federal, conforme as circunstâncias, haverá a aplicação das regras da prerrogativa de função:

a) Quando a autoridade encontra-se no exercício da função, será julgada perante o foro da prerrogativa, não apenas no caso de infração cometida durante o seu exercício, como também no caso de delitos praticados anteriormente. No último caso, são válidos os atos processuais, praticados à época, perante o órgão judiciário originariamente competente.[52]

b) Se deixar a função antes do julgamento da infração cometida anteriormente à sua investidura, o acusado perde a prerrogativa e o processo volta para o juízo de primeiro grau, anteriormente competente.[53] [54]

c) No caso de o réu vir a ser investido em outra função, que lhe assegure foro pela prerrogativa em órgão jurisdicional mais graduado, para este será deslocada a competência. Exemplo: o Prefeito Municipal que está respondendo processo perante o Tribunal de Justiça e, no curso do mandato, é eleito Deputado Federal, terá a competência deslocada para o Supremo Tribunal Federal, para onde deverá ser remetido o processo. Se a nova função lhe assegurar prerrogativa em órgão jurisdicional de menor graduação, a competência pela prerrogativa desloca-se para este.

d) Se deixou o exercício da função e o crime foi cometido durante o exercício funcional, a competência será deslocada para o juízo de primeiro grau, observada a competência originária de acordo com a legislação ordinária, com a perda da prerrogativa para qualquer crime, independentemente de este estar ou não relacionado com o exercício da função.

Não há que se falar em prerrogativa de função no caso de infração cometida após o agente havê-la deixado. Nesse sentido, a Súmula nº 451 do Supremo Tribunal Federal: "A competência especial por prerrogativa de função não se estende ao crime cometido após a cessação definitiva do exercício funcional."

5. Foro pela prerrogativa de função e ação de improbidade. O § 2º, cuja inconstitucionalidade também foi reconhecida, havia trazido para dentro do Código de Processo Penal uma regra de competência versando sobre matéria não penal, o que, por si só, já não recomendava a sua introdução aqui. Ele estabelecia, para a ação de improbidade administrativa promovida contra o funcionário ou a autoridade pública, o mesmo foro pela prerrogativa de função que teriam direito em matéria criminal.

Os fundamentos da inconstitucionalidade reconhecida começam pelo fato dos atos de improbidade não serem infrações penais, mas ilícitos de natureza civil, administrativa e política. Aliás, isso se evidencia no exame do § 5º do art. 37 da Constituição Federal: "Os atos de improbidade administrativa importarão a suspensão dos direitos políticos, a perda da função pública e o ressarcimento ao erário, na forma e graduação previstas em lei, sem prejuízo da ação penal cabível." Não há, portanto, qualquer dúvida sobre a natureza não penal das ações de improbidade, o que, aliás, foi reconhecido pelo legislador, quando mandou aplicar às ações de improbidade a mesma regra prevista para as ações penais. Reafirmou-se, assim, que a matéria da improbidade não é

---

[51] STF, Recurso de Habeas Corpus nº 69773, Tribunal Pleno, Rel. Min. Moreira Alves, DJU 12.02.1993.
[52] STF, Questão de Ordem no Inquérito nº 526, Tribunal Pleno, Rel. Min. Sydney Sanches, DJU 06.05.1994.
[53] STF, Habeas Corpus nº 65406, Tribunal Pleno, Rel. Min. Moreira Alves, DJU 16.10.1987.
[54] STJ, Questão de Ordem na Ação Penal nº 211, Corte Especial, Rel. Min.. Antônio de Pádua Ribeiro, DJU 01.12.2003.

matéria criminal; do contrário, a regra seria totalmente desnecessária.

Não há no nosso sistema constitucional precedente de foro pela prerrogativa de função para matéria não penal. Nessa linha, o Supremo Tribunal Federal já decidiu que a sua competência é de direito estrito e decorre da Constituição, que a restringe aos casos enumerados no art. 102 e seus incisos.[55]

O Superior Tribunal de Justiça, igualmente, afastou a própria competência para julgar autoridade detentora, em matéria criminal, de prerrogativa de função, por atos de improbidade administrativa, sob o fundamento da falta de previsão expressa na Constituição Federal para matéria de natureza civil.[56]

Foi com esses argumentos, que apontam para a inconstitucionalidade da norma que prevê foro pela prerrogativa de função para ações de improbidade, como já foi dito a propósito do § 1º, que o Supremo Tribunal Federal, ao examinar o mérito, reconheceu a inconstitucionalidade dos parágrafos 1º e 2º do art. 84, ora em exame.

Art. 85. Nos processos por crime contra a honra, em que forem querelantes as pessoas que a Constituição sujeita à jurisdição do Supremo Tribunal Federal e dos Tribunais de Apelação, àquele ou a estes caberá o julgamento, quando oposta e admitida a exceção da verdade.

1. Foro por prerrogativa de função e exceção da verdade. É necessário observar, em primeiro lugar, que embora o dispositivo faça referência a "querelantes", o que nos levaria a pensar que a sua aplicação se daria tão somente nos casos de ação penal privada, não é o que efetivamente quis dizer. Segundo, praticamente, toda a doutrina, não é apenas quando o ofendido promove a ação penal que esta regra tem aplicação. Também se aplica nos casos da ação penal pública condicionada à representação prevista no parágrafo único do art. 145 do Código Penal, quando o ofendido é funcionário público e o delito é cometido em razão de suas funções. Valendo lembrar aqui que segundo o entendimento consagrado pelo Supremo Tribunal Federal e expressado na Súmula nº 714: "É concorrente a legitimidade do ofendido, mediante queixa, e do Ministério Público, condicionada à representação do ofendido, para a ação penal por crime contra a honra de servidor público em razão do exercício de suas funções."

Ao fazer menção aos casos em que o ofendido tem foro pela prerrogativa de função no Supremo Tribunal Federal e nos Tribunais de Apelação (Tribunais de Justiça dos Estados e do Distrito Federal) o legislador atendeu a hipóteses então previstas no texto constitucional. Como nós já examinamos, hoje a Constituição Federal estabeleceu foro especial em outros tribunais, como o Superior Tribunal de Justiça, os Tribunais Regionais Federais e os Tribunais Regionais Eleitorais.

A regra aplica-se a todos os tribunais com prerrogativa de função.

O entendimento majoritário é no sentido de que o dispositivo aplica-se também nos casos em que a prerrogativa de função for instituída exclusivamente pela Constituição Estadual.

A exceção da verdade é uma forma de defesa, consistente na prova da ofensa irrogada contra alguém, admitida expressamente pela legislação penal nos casos de calúnia (art. 138, § 3º, do Código Penal – com as restrições alinhadas em seus incisos I, II e III) e em algumas hipóteses de difamação (art. 139, parágrafo único do Código Penal – quando o ofendido é funcionário público e a ofensa é relativa ao exercício de suas funções). A *exceptio veritatis* é admitida também na Lei de Imprensa, nos mesmos casos de calúnia (art. 20, §§ 1º e 2º, da Lei nº 5.250/67 – com as restrições aí mencionadas) e de difamação (art. 21, § 1º, da Lei nº 5.250/67 – quando o crime é cometido contra funcionário público em razão das funções, ou contra órgão ou entidade que exerça funções de autoridade pública ou, então, quando o ofendido permite a prova).

2. Processamento da exceção da verdade. Devendo ser apresentada no prazo da defesa prévia,[57] apesar de opiniões que, à falta de prazo expressamente previsto na lei, a admitem em qualquer momento processual,[58] a *exceptio veritatis* consiste na manifestação, por parte do réu, do propósito de provar os fatos imputados ao ofendido.

A exceção da verdade será examinada pelo juiz do processo original que decidirá sobre a sua admissibilidade (suspendendo o processo principal, se a admitir, já que ela é prejudicial ao julgamento do mérito da ação principal), determinando a intimação do autor para contestá-la, e procederá à instrução, produzindo as provas requeridas pelas partes. Encerrada a instrução, com o oferecimento das alegações finais apenas em relação ao incidente, o processo será re-

---

[55] STF, Agravo Regimental na Petição nº 693, Tribunal Pleno, Rel. Min. Ilmar Galvão, DJU, 01.03.1996.
[56] STJ, Reclamação nº 591, Corte Especial, Rel. Min. Nilson Naves, DJU 15.05.2000.
[57] NUCCI, Guilherme de Souza. *Código de processo penal comentado*. 3ª ed. São Paulo: Revista dos Tribunais, 2004, p. 798.
[58] MIRABETE, Júlio Fabbrini. *Processo Penal*. 14ª ed. São Paulo: Atlas, 2003, p. 566.

metido ao foro pela prerrogativa de função do ofendido, onde será julgado.[59]

Na prática, com a admissão da exceção da verdade, é como se o acusador passasse a acusado. Essa inversão dos pólos da relação, com o acusador, que tem foro pela prerrogativa de função, passando a acusado é que vai determinar a fixação da competência para o julgamento da *exceptio*. Esse julgamento se dará exatamente no foro da prerrogativa assegurado para o acusador que se transformou em acusado.

3. Julgamento da exceção. Sendo julgada improcedente a exceção, o processo voltará ao juízo originariamente competente, onde o processo inicialmente suspenso será retomado, com a sua instrução e julgamento. A improcedência da *exceptio* não produz como efeito a condenação do acusado do processo originário, até porque outros elementos de defesa podem ser produzidos e levar à absolvição por outro fundamento.[60]

Julgada procedente a exceção, a decisão é prejudicial de mérito e o réu do processo original está absolvido. Isso, evidentemente, não importa em condenação automática do excepto. Ele só poderá ser condenado após o devido processo legal. Caberá ao tribunal remeter os autos (ou cópia deles) ao agente do Ministério Público com atribuição perante a Corte, que deverá, se for o caso, oferecer denúncia.

O Supremo Tribunal Federal tem decidido que o deslocamento da competência para o julgamento da exceção da verdade ocorre tão somente nos casos de calúnia, excluindo-se as hipóteses de difamação que também a admitem.

No caso de denúncia ou queixa (quando o ofendido tem foro pela prerrogativa da função) pelos delitos de calúnia e difamação contra servidor público, em razão das funções, a exceção, após admitida e instruída no juízo de origem, deverá ser remetida ao Tribunal da prerrogativa. Este julgará a exceção apenas quanto ao crime de calúnia, devolvendo ao juízo de origem para o julgamento da *exceptio* relativamente ao delito de difamação, pois esta não desloca a competência.[61]

Por exemplo, se o Prefeito Municipal está processando um cidadão sem qualquer função que o acusou de haver praticado o delito de emissão de cheque sem provisão de fundos, este poderá oferecer defesa consistente na prova do fato imputado, através da exceção da verdade. Admitida e processada a exceção pelo juiz de direito perante o qual corre o processo, com a produção da prova requerida pelas partes, os autos serão remetidos ao Tribunal de Justiça onde a *exceptio veritatis* será julgada. Sendo julgada improcedente, o processo retorna ao juízo de origem, onde prosseguirá. Se for julgada procedente, o réu estará absolvido, e o Tribunal de Justiça remeterá os autos ao Procurador-Geral de Justiça, que detém as atribuições de Ministério Público perante a Corte, para que este, se for o caso, ofereça a competente denúncia.

Exemplo aparentemente mais complicado se teria no caso de ação penal por crime de calúnia movido por Governador do Estado contra Deputado Estadual. Considerando que este último tem foro pela prerrogativa de função no Tribunal de Justiça do Estado, aí deverá ser processado. Oferecida exceção da verdade, cabe ao Tribunal de Justiça decidir pela sua admissibilidade, instruindo-a com a produção das provas requerida pelas partes. Após, remeterá ao Superior Tribunal de Justiça, foro competente para julgar a exceção, tendo em vista que o excepto é Governador do Estado e aí tem foro pela prerrogativa de função. Julgada improcedente a exceção, o processo contra o Deputado continuaria perante a Corte Estadual. Julgada procedente, o réu estaria absolvido, e os autos iriam ao Ministério Público com atribuições junto ao Superior Tribunal de Justiça para que este, entendendo ser o caso, ofereça denúncia contra o Governador pelo fato imputado.

Art. 86. Ao Supremo Tribunal Federal competirá, privativamente, processar e julgar:

I – os seus ministros, nos crimes comuns;

II – os ministros de Estado, salvo nos crimes conexos com os do Presidente da República;

III – o procurador-geral da República, os desembargadores dos Tribunais de Apelação, os ministros do Tribunal de Contas e os embaixadores e ministros diplomáticos, nos crimes comuns e de responsabilidade.

1. Matéria constitucional. A matéria objeto deste dispositivo está tratada, e de modo diverso, no próprio texto da Constituição Federal de 1988. O exame, portanto, deve ser à luz dos dispositivos constitucionais vigentes.

Segundo o art. 102, inciso I, *b* e *c*, da Constituição, compete ao Supremo Tribunal Federal processar e julgar originariamente: 1) nas infrações penais comuns (inclusive as eleitorais): o Presidente da República, o Vice-Presidente, os membros do Congresso Nacional, seus próprios Ministros e o Procurador-

---

[59] STF, exceção da verdade nº 522, Tribunal Pleno, Rel. Min. Carlos Velloso, DJU 03.09.1993.

[60] STF, Inquérito nº 1754, Tribunal Pleno, Rel. Min. Sydney Sanches, DJU 14.12.2001.

[61] STF, segunda questão de ordem na ação penal nº 305, Tribunal Pleno, Rel. Min. Celso de Mello, DJU 10.09.1993; STF, exceção da verdade nº 601, Tribunal Pleno, Rel. Min. Paulo Brossard, DJU 08.04.1994.

Geral da República; 2) nas infrações penais comuns e nos crimes de responsabilidade: os Ministros de Estado e os Comandantes da Marinha, do Exército e da Aeronáutica, salvo no caso de conexão com crime da mesma natureza praticado pelo Presidente ou pelo Vice-Presidente da República (quando a competência, então, é do Senado Federal – art. 52, I, da CF), os membros do Tribunais Superiores, os do Tribunal de Contas da União e os chefes de missão diplomática de caráter permanente.

A expressão 'infração penal comum' está aqui utilizada em oposição a crimes de responsabilidade. O sentido, portanto, de crime comum abrange todos os que não puderem ser classificados como crimes de responsabilidade. Assim, crimes comuns incluem também os crimes eleitorais e militares.

Portanto, o membro do Congresso Nacional que responda por crime comum, inclusive eleitoral ou militar, será processado e julgado perante o Supremo Tribunal Federal.

No caso das autoridades mencionadas na alínea 'b', quando acusadas por crime de responsabilidade (previstos no art. 85 da Constituição Federal e na Lei 1.079/50), responderão perante o Senado Federal.

Art. 87. Competirá, originariamente, aos Tribunais de Apelação o julgamento dos governadores ou interventores nos Estados ou Territórios, e prefeito do Distrito Federal, seus respectivos secretários e chefes de Polícia, juízes de instância inferior e órgãos do Ministério Público.

1. **Novas regras constitucionais.** A matéria objeto deste artigo vem tratada, e de modo diverso, na Constituição Federal. O exame da matéria, portanto, será feito à luz das novas regras constitucionais:

Aos Tribunais de Justiça dos Estados e do Distrito Federal compete processar e julgar, nos crimes comuns e de responsabilidade, ressalvada a competência da Justiça Eleitoral: os juízes estaduais (juízes de direito, juízes auditores da Justiça Militar Estadual e juízes do Tribunal de Justiça Militar do Estado) e do Distrito Federal e membros do Ministério Público estadual da área de sua jurisdição (art. 96, III, da Constituição Federal) e os Prefeitos Municipais do seu Estado (art. 29, X, da Constituição Federal).

Além disso, há a possibilidade de que a própria Constituição dos Estados estabeleça foro pela prerrogativa de função para as suas autoridades (art. 125, § 1º, da Constituição Federal): o Rio Grande do Sul, por exemplo, estabeleceu foro pela prerrogativa de função perante o Tribunal de Justiça: a) nos crimes comuns, para o Vice-Governador (art. 95, X, da Constituição Estadual); b) nos crimes comuns e de responsabilidade, os deputados estaduais, o Procurador-Geral do Estado e os secretários de estado, ressalvado quanto aos últimos os casos de crime de responsabilidade conexos com crime da mesma natureza praticado pelo Governador e pelo Vice-Governador do Estado.

A competência do foro pela prerrogativa de função, constitucionalmente prevista, excepciona inclusive a regra geral da competência do Tribunal do Júri para os crimes dolosos contra a vida. Significa dizer que se um juiz de direito ou um promotor de justiça cometer um crime doloso contra a vida, ele será julgado no Tribunal de Justiça de seu Estado, foro competente em razão de sua função. Observe-se, porém, que sendo caso de concurso de pessoas na prática de crime doloso contra a vida (continência – art. 77, I) uma tendo foro pela prerrogativa de função e outra não tendo esse direito, pelo respeito à coexistência das duas regras constitucionais, haverá a separação dos processos, sendo as autoridades julgadas pelo Tribunal da prerrogativa, enquanto o cidadão sem foro pela prerrogativa será julgado perante o Tribunal do Júri, no foro definido pelas regras gerais de competência.

2. **Foro por prerrogativa da função prevista na Constituição Estadual.** Caso o foro pela prerrogativa de função não esteja previsto na Constituição Federal, mas apenas na Constituição do respectivo Estado, o autor de crime doloso contra a vida será julgado no Tribunal do Júri. Isso porque, não pode a Carta Estadual excepcionar regra geral constante da Carta Federal. Embora na vigência das Constituições anteriores se admitisse a exceção à regra geral com base na Constituição Estadual, desde que observada a simetria da função estadual com outra federal, a interpretação agora adotada pelo Supremo Tribunal Federal foi expressa na Súmula nº 721: "A competência constitucional do Tribunal do Júri prevalece sobre o foro por prerrogativa de função estabelecido exclusivamente pela Constituição estadual."

3. **Foro por prerrogativa da função e justiça federal.** Os juízes estaduais e membros do Ministério Público estadual serão julgados perante a Corte dos respectivos Estados, ainda que a infração penal seja da competência da Justiça Federal,[62] eis que o art. 96, III, ressalva apenas a competência da Justiça Eleitoral. Serão, ainda, julgados perante o Tribunal de Justiça do seu Estado, mesmo que o delito seja praticado em outra unidade da Federação.

As demais autoridades que têm foro pela prerrogativa de função no Tribunal de Justiça do Estado, se processados por crime originariamente da competên-

---

[62] STF, Habeas Corpus nº 68846, Tribunal Pleno, Rel. Min. Ilmar Galvão, DJU 02.10.1991.

cia da Justiça Federal, responderão perante o Tribunal Regional Federal com jurisdição no lugar da infração.

4. Foro por prerrogativa da função e justiça eleitoral. Todos os que detêm foro pela prerrogativa de função nos Tribunais Estaduais, mesmo que previsto apenas na Carta Estadual, em caso de crime eleitoral, terão foro pela prerrogativa de função no Tribunal Regional Eleitoral.

CAPÍTULO VIII
DISPOSIÇÕES ESPECIAIS

Art. 88. No processo por crimes praticados fora do território brasileiro, será competente o juízo da Capital do Estado onde houver por último residido o acusado. Se este nunca tiver residido no Brasil, será competente o juízo da Capital da República.

1. **Casos de extraterritorialidade.** O dispositivo trata dos crimes praticados fora do território brasileiro, ou seja, ação e resultado no estrangeiro. É preciso não confundir com a situação regrada nos §§ 1º e 2º do art. 70, que se referem a hipóteses distintas em que a execução foi apenas iniciada no Brasil, para produzir resultado no exterior; ou, então, o último ato de execução foi praticado no exterior, para produzir resultado no Brasil.

Diz o art. 7º do Código Penal: "Ficam sujeitos à lei brasileira, embora cometidos no estrangeiro:

I – os crimes:

a) contra a vida ou a liberdade do Presidente da República;

b) contra o patrimônio ou a fé pública da União, do Distrito Federal, de Estado, de Território, de Município, de empresa pública, sociedade de economia mista, autarquia ou fundação instituída pelo Poder Público;

c) contra a administração pública, por quem está a seu serviço;

d) de genocídio, quando o agente for brasileiro ou domiciliado no Brasil.

II – os crimes:

a) que, por tratado ou convenção, o Brasil se obrigou a reprimir;

b) praticados por brasileiro;

c) praticados em aeronaves ou embarcações brasileiras, mercantes ou de propriedade privada, quando em território estrangeiro e aí não sejam julgados.

§ 1º Nos casos do inciso I, o agente é punido segundo a lei brasileira, ainda que absolvido ou condenado no estrangeiro.

§ 2º Nos casos do inciso II, a aplicação da lei brasileira depende do concurso das seguintes condições:

a) entrar o agente no território nacional;

b) ser o fato punível também no país em que foi praticado;

c) estar o crime incluído entre aqueles pelos quais a lei brasileira autoriza a extradição.

d) não ter sido o agente absolvido no estrangeiro ou não ter aí cumprido a pena;

e) não ter sido o agente perdoado no estrangeiro ou, por outro motivo, não estar extinta a punibilidade, segundo a lei mais favorável.

§ 3º A lei brasileira aplica-se também ao crime cometido por estrangeiro contra brasileiro fora do Brasil se, reunidas as condições previstas no parágrafo anterior:

a) não foi pedida ou foi negada a extradição;

b) houve requisição do Ministro da Justiça."

São as hipóteses da chamada extraterritorialidade adotada pela legislação penal nacional, pela qual os crimes, mesmo cometidos no exterior, ficam sujeitos à lei brasileira.

Ao exame deste art. 7º do Código Penal, verificam-se duas situações distintas: uma é a extraterritorialidade incondicionada aplicada nos casos do inciso I, quando a aplicação da lei brasileira não fica subordinada a qualquer condição; e, a outra, é a extraterritorialidade condicionada dos casos do inciso II, quando a aplicação da lei brasileira fica sujeita à realização das condições mencionadas nos §§ 2º ou 3º, conforme o caso.

2. **Competência em razão da matéria.** Ocorrendo um crime praticado no estrangeiro que fique sujeito à lei brasileira, em primeiro lugar, cumpre determinar qual será a Justiça competente (*ratione materiae*). Na hipótese de um crime contra o patrimônio da União, por exemplo, a competência será da Justiça Federal, pela regra geral do art. 109, IV, da Constituição Federal. Assim, praticando alguém um delito de furto na embaixada brasileira em Montevidéu, a competência será da Justiça Federal. Praticado um delito eleitoral na cidade de Artigas (Uruguai), a competência será da Justiça Eleitoral. Praticado um delito militar em Passo de los Libres (Argentina), a competência será da Justiça Militar.

Sublinhe-se que o simples fato de um delito ser praticado no exterior não leva a competência para a Justiça Federal. O procedimento a ser adotado é o mesmo da hipótese de crime praticado no território nacional, ou seja, verifica-se primeiro qual é a Justiça competente, se uma das especiais ou a Justiça Federal, ou então, por exclusão, a Justiça Comum Estadual.

3. **Foro da Capital do Estado**. Definida a Justiça competente, será determinado o foro competente com a aplicação da regra aqui estabelecida, ou seja, o foro será o da Capital do Estado onde por último houver residido o acusado ou, se nunca houver residido no Brasil, o foro será o da Capital da República. O juízo, ou seja, a vara competente, será determinada pela lei de organização judiciária.

4. **Foro da Capital da República**. Há um foro comum, na Capital do Estado onde por último houver residido o acusado e outro supletivo, na Capital da República se ele nunca residiu no Brasil. A ressalva fica por conta da Justiça Militar, já que o Código de Processo Penal Militar no seu art. 91, fixa expressamente a competência em Auditoria da Capital da República para os crimes cometidos fora do território nacional.

A extraterritorialidade aplica-se apenas aos crimes cometidos no exterior, não tendo aplicação nos casos de contravenções.

Art. 89. Os crimes cometidos em qualquer embarcação nas águas territoriais da República, ou nos rios e lagos fronteiriços, bem como a bordo de embarcações nacionais, em alto-mar, serão processados e julgados pela justiça do primeiro porto brasileiro em que tocar a embarcação, após o crime, ou, quando se afastar do País, pela do último em que houver tocado.

1. **Crimes cometidos a bordo de embarcações**. Este artigo trata da competência no caso de infração cometida a bordo de embarcações. É importante recordar que, em se tratando de navio (embarcação de grande porte) a competência, nos termos do art. 109 IX, da Constituição Federal, será da Justiça Federal. Ressalva-se apenas a competência da Justiça Militar Federal, caso se trate de navio militar. Na hipótese de crime cometido a bordo de pequenas embarcações (iates, balsas, chalanas, canoas, jangadas, etc.) a competência será da Justiça Comum Estadual.

Sendo os crimes cometidos nas águas territoriais brasileiras ou nos rios e lagos fronteiriços a competência será da justiça brasileira, não importando se o navio é nacional ou estrangeiro. A exceção aqui fica por conta do navio de guerra estrangeiro pois, neste caso, em virtude de convenção internacional, o Brasil reconhece a competência da justiça do país sob cuja bandeira estiver. Na hipótese de embarcação privada estrangeira que esteja apenas cruzando as águas territoriais brasileiras e o crime não tenha produzido reflexos no país aplica-se a chamada passagem inocente ("É reconhecido aos navios de todas as nacionalidades o direito de passagem inocente – art. 3º da Lei nº 8.617/93), que importa em o Brasil abster-se de aplicar a sua legislação, deixando por conta do país sob cuja bandeira a embarcação navegar.

No caso do crime cometido a bordo de embarcações brasileiras, em alto-mar, a competência será sempre da justiça brasileira. O mesmo se diga em relação às embarcações de natureza pública ou a serviço do governo, mesmo em águas ou portos estrangeiros.

O foro competente será determinado pelo primeiro porto em que a embarcação tocar, após o crime. Se eventualmente o local não for sede de vara da Justiça Federal, será competente o juízo federal com jurisdição sobre ele. Assim, cometido crime em alto-mar, atracando o navio no porto de Rio Grande, a competência será da vara federal aí sediada.

Se a embarcação estiver se afastando do país, a competência será determinada pelo último porto brasileiro que tiver tocado. Naturalmente, como na hipótese anterior, a competência será da vara federal com jurisdição sobre o local. Zarpando o navio brasileiro de Santos com destino ao estrangeiro, a competência será da vara federal com sede nesta cidade.

Havendo, na circunscrição judiciária, mais de um juiz em tese competente, a determinação da competência para o caso concreto será feita segundo as regras comuns aplicáveis. Exemplifica-se com o caso do homicídio cometido à bordo de embarcação brasileira, em alto-mar, e que vem a atracar no porto do Rio de Janeiro: a competência será do Tribunal do Júri, na vara federal perante a qual este funcione.

2. **Competência da Justiça Militar**. No caso de competência da Justiça Militar Federal o foro é definido nos termos do art. 89 do Código de Processo Penal Militar: "Os crimes cometidos a bordo de navio ou embarcação sob comando militar ou militarmente ocupado em porto nacional, nos lagos e rios fronteiriços ou em águas territoriais brasileiras, serão, nos dois primeiros casos, processados na Auditoria da Circunscrição Judiciária correspondente a cada um daqueles lugares; e, no último caso, na 1ª Auditoria da Marinha, com sede na Capital do Estado da Guanabara."

Cometido o crime a bordo de navio militar, em porto brasileiro, nos lagos ou rios fronteiriços, a competência será da Auditoria da Circunscrição Judiciária respectiva. Adequando-se a regra à atual organização judiciária militar, no caso do crime cometido a bordo de embarcação em águas territoriais brasileiras, a competência será da 1ª Circunscrição Judiciária Militar, sediada no Rio de Janeiro.[63]

---

[63] STM, Recurso Criminal nº 1988.01.005851, Rel. Min. Ruy de Lima Pessoa, DJU 03.03.1989.

Em relação ao crime cometido a bordo de navio militar em alto-mar ou em águas territoriais de país estrangeiro (art. 5º, § 1º, do Código Penal manda aplicar a lei brasileira nestes casos, considerando as embarcações extensão do território nacional), portanto fora do território nacional, a competência será da Auditoria da 11ª Circunscrição Judiciária Militar, da Capital da República, nos termos do art. 91 do Código de Processo Penal Militar.

Art. 90. Os crimes praticados a bordo de aeronave nacional, dentro do espaço aéreo correspondente ao território brasileiro, ou ao alto-mar, ou a bordo de aeronave estrangeira, dentro do espaço aéreo correspondente ao território nacional, serão processados e julgados pela justiça da comarca em cujo território se verificar o pouso após o crime, ou pela da comarca de onde houver partido a aeronave.

1. **Crimes cometidos a bordo de aeronaves.** Trata-se de regra para determinação da competência nos casos dos crimes praticados a bordo de aeronave nacional. Não se pode esquecer, em primeiro lugar, que a competência para esses delitos é da Justiça Federal, nos termos do art. 109, IX, da Constituição Federal, excepcionada apenas a hipótese do crime praticado a bordo de aeronave militar, quando a competência será da Justiça Militar.

Essa regra aplica-se apenas quando a aeronave esteja em vôo, nos termos da Convenção de Tóquio, ou seja, "considera-se que uma aeronave está em vôo desde o momento em que se aplica a força motriz para decolar, até que termina a operação de aterrissagem". Caso o delito seja simplesmente praticado no interior de uma aeronave, que não se encontra em vôo, a competência será determinada pelas regras gerais, não tendo aplicação o art. 109, IX, da Constituição Federal.

No caso dos crimes cometidos a bordo de aeronaves brasileiras de natureza pública ou a serviço do governo, ainda que no espaço aéreo correspondente a país estrangeiro, ficam sujeitos à lei brasileira. (art. 5º, § 1º, do Código Penal).

Cometidos os crimes, a bordo de aeronave brasileira, dentro do espaço aéreo correspondente ao território brasileiro ou ao alto mar, a competência será determinada pela Circunscrição Judiciária Federal em cujo território verificar-se o pouso, após o crime.

Destinando-se a aeronave ao exterior, a competência será da Circunscrição Judiciária Federal de onde houver decolado.

Havendo, na aludida Circunscrição, mais de um juiz em tese competente, a determinação da competência, no caso concreto, será feita segundo as regras adotadas para os delitos em geral. Cometido um furto a bordo de aeronave que vem a aterrissar em São Paulo, a competência será de uma das varas federais da capital paulista, a ser determinada pela Lei de Organização Judiciária Federal.

2. **Competência da Justiça Militar.** No caso de aeronave militar a competência será determinada na forma do art. 90 do Código de Processo Penal Militar: "Os crimes cometidos a bordo de aeronave militar ou militarmente ocupada, dentro do espaço aéreo correspondente ao território nacional, serão processados pela Auditoria da Circunscrição em cujo território se verificar o pouso após o crime; e se este se efetuar em lugar remoto ou em tal distância que torne difíceis as diligências, a competência será da Auditoria da Circunscrição de onde houver partido a aeronave, salvo se ocorrerem os mesmo óbices, caso em que a competência será da Auditoria mais próxima da 1ª, se na Circunscrição houver mais de uma."

No caso, portanto, de crime cometido a bordo de aeronave militar, dentro do espaço aéreo brasileiro, a competência será da Auditoria com jurisdição sobre o local onde se verificar o pouso, após o crime. Ressalva-se a hipótese de pouso em lugar remoto ou distante, de tal forma que torne difícil a produção da prova, caso em que a competência será da Auditoria com jurisdição sobre o local de onde partiu a aeronave. Se o mesmo se der em relação à última, a competência será da Auditoria mais próxima da primeira.

No caso de crime cometido a bordo de aeronave militar brasileira dentro do espaço aéreo correspondente ao alto mar ou do espaço aéreo de país estrangeiro (o art. 5º, § 1º, do Código Penal, considerando a aeronave de natureza pública uma extensão do território brasileiro, manda aplicar a lei nacional), portanto fora do território nacional, a competência será da Auditoria da 11ª Circunscrição Judiciária Militar, da Capital da República, nos termos do art. 91 do Código de Processo Penal Militar.

3. **Passagem inocente.** Na hipótese de crime cometido a bordo de aeronave estrangeira, que esteja simplesmente passando pelo espaço aéreo brasileiro e se a infração aqui não produzir qualquer efeito, aplica-se a Convenção de Tóquio, da qual o Brasil é signatário, caso em que "o Estado de matrícula da aeronave será competente para exercer jurisdição sobre infrações e atos praticados a bordo."

Art. 91. Quando incerta e não se determinar de acordo com as normas estabelecidas nos arts. 89 e 90, a competência se firmará pela prevenção. (Redação dada pela Lei nº 4.893, de 9.12.1965).

1. **Regra supletiva: a prevenção.** Da prevenção tratamos especialmente nos comentários ao art. 83.

Ela pode ser, quando expressamente prevista em lei, critério tanto para determinação do foro, como do juízo competente. Acrescente-se, ainda, que ela é, na maioria das vezes, critério supletivo, ou seja, quando as regras anteriormente previstas não forem suficientes para definir a competência, o legislador chama a prevenção.

Este dispositivo significa que, não se conseguindo definir a competência pelas regras dos arts. 89 e 90, até aqui examinadas, essa definição será feita pelo foro ou juízo que primeiro praticar algum ato jurisdicional no processo, ainda que seja anterior ao oferecimento da denúncia ou da queixa.

2. **Aplicação do foro pela prerrogativa de função** – segundo Tourinho Filho: "Uma observação que se impõe: em todos esses casos a que se referem os arts. 88, 89 e 90, se o agente for uma daquelas pessoas com foro 'privilegiado', aplicar-se-ão as regras pertinentes à determinação do foro pela prerrogativa de função.[64]

---

[64] TOURINHO FILHO, Fernando da Costa. *Processo Penal*, 27ª ed. v 2. São Paulo: Saraiva, 2005, p. 175.

Incidentes Processuais
(arts. 92 a 154)

Ângelo Roberto Ilha da Silva

Doutor pela Faculdade de Direito da USP. Procurador da República.
Professor do Programa de Pós-Graduação daUlbra/Canoas, Professor da Unisinos (1998 a 2004)
Professor da PUC/RS (2004 a 2005). Porfessor da Escola Superior da Magistratura Federal (ESMAFE).
Professor da Escola Superior do Ministério Público da União (ESMPU) e Ex-Coordenador do núcleo estadual no Rio Grande do Sul da Escola Superior do Ministério Público da União.
Membro da Associação Nacional de Ciências Penais (ANPCP).

Considerações doutrinárias acerca dos Incidentes Processuais

1. **Considerações introdutórias.** No decorrer da marcha processual, por meio de seus diversos procedimentos, poder-se-ia imaginar ou conceber um desfecho ideal, em que, após a instauração da instância, tudo viesse a transcorrer de modo uniforme e padronizado, como se a vida, e as vicissitudes da vida que venham a migrar para o processo, não viessem neste repercurtir.

Com efeito, o trâmite processual, não raro, vê-se na contingência de submeter-se à influência de certas questões autônomas ao processo principal, mas que, ora impedem o julgamento da causa, ora o dilatam, as quais se traduzem, na linguagem do CPP, nas *questões* e nos chamados *processos incidentes*.

A instabilidade permeia todas as facetas da vida. GAUER – tratando da história da ciência – afirma que "o Devir sobrepujou o Ser, tornando-se numa categoria (talvez mesmo na categoria) fundamental do pensamento ocidental moderno".[1] A seu passo, LOPES JR. refere-se à *epistemologia da incerteza*, ressaltando que o "futuro é verdadeiramente contingente, indeterminado, o instante é verdadeiramente instantâneo, suspenso, sem seqüência previsível ou prescrita".[2] Na verdade, já os gregos haviam assim percebido, como se vê em HERÁCLITO: "Nos mesmos rios entramos e não entramos, somos e não somos, ou seja, não podemos entrar duas vezes no mesmo rio porque suas águas não são mais as mesmas e nós não somos os mesmos".[3] O que se busca evidenciar, recorrendo-se a essas breves passagens – se bem que em outros contextos, mas não incompatíveis com os objetivos aqui propostos –, é a idéia do devir permanente, ou seja, a idéia de que "o mundo é um fluxo ou mudança permanente de todas as coisas".

As vicissitudes esboçadas na realidade da vida nos possibilitam fazer um paralelo com o processo penal e concluir que ele não está imune a sobressaltos. Sob o título "Das questões e processos incidentes" – Título VI, arts. 92 a 154 –, trata o CPP das mais diversas controvérsias, as quais podem refletir diretamente no mérito, desfigurando a tipificação (assim as questões, que no caso de virem a prosperar operam a atipicidade) ou, ainda, impedir ou protelar o julgamento (caso dos procedimentos ou "processos" incidentes). Os processos incidentes são episódios, discussões que não obedecem, necessariamente, a uma ordem lógica, abarcando *controvérsias tipicamente preliminares*, cuidando da validade/possibilidade do processo (exceçoes de suspeição, impedimento e incompetência de juízo, de litispendência, de ilegitimidade de parte, de coisa julgada, além do conflito de jurisdição), *de natureza acautelatória* (ou seja, a tutela cautelar *real*) e aquelas *relativas a prova*, no plano da capacidade de delinqüir (incidente de insanidade mental) e da materialidade (incidente de falsidade documental). Ademais, cuida o estatuto

---

[1] GAUER, Ruth M. Chittó. *Conhecimento e aceleração (mito, verdade e tempo).* In: A qualidade do tempo: para além das aparências históricas. Organização: Ruth M. Chittó Gauer. Rio de Janeiro: Lumen Juris, 2004, p. 2.

[2] LOPES JR., Aury,. *Introdução crítica ao processo penal (fundamentos da instrumentalidade garantista).* Rio de Janeiro: Lumen Juris, 2004, p. 57.

[3] CHAUÍ, Marilena. *Introdução à história da filosofia: dos pré-socráticos a Aristóteles.* V. 1. São Paulo: Brasiliense, 1994, p. 67.

processual das chamadas "questões prejudiciais, que não são tratadas como processos 'incidentes', no sentido formal atribuído a eles".[4]

2. Dos processos incidentes. Os processos incidentes, portanto, agrupam-se, de forma mais genérica e segundo os objetivos mais ou menos comuns, na forma supra-indicada, sendo que ao lado deles estão as questões prejudiciais, cuja natureza não é de "processo" ou procedimento incidente propriamente dito, ao menos em um sentido mais estrito. Assim, há que se buscar estabelecer uma certa ordem estrutural – consoante se envidou lograr no parágrafo anterior, de modo mais sintético e segundo um critério teleológico – e conceitual para se facilitar a compreensão de nosso diploma processual penal. O Título VI do CPP, agora o enunciamos de forma mais específica, organiza-se nos seguintes termos: os incidentes processuais, ou – melhor – processos incidentes, estão para gênero do qual seriam espécies as exceções, os conflitos de competência (de jurisdição, linguagem do CPP), a restituição de coisas apreendidas, as medidas assecuratórias, o incidente de falsidade e o incidente de insanidade mental, os quais, doravante, se passa a trazer uma melhor noção. As questões previstas nos arts. 92 e 93 não constituem processo incidente naquele sentido de controvérsia com trâmite em *autuação* própria vinculado ao juízo da causa principal, consoante temos alertado, já que gozam de total autonomia, podendo ocorrer independentemente da existência do próprio processo penal de conhecimento. Porém, em um sentido amplo, podem ser consideradas como um incidente, na medida em que essas questões podem *sobrevir* ao processo principal e de forma tão fulminante que podem até mesmo desfazer o delito em razão do qual o processo principal foi instaurado, ou seja, possuem o condão de excluir a tipicidade delituosa, e, assim, incidirem, no processo penal podendo, até mesmo, extingui-lo.

Incidir, segundo o dicionário AURÉLIO, advém do latim *incidere*, significando recair, refletir-se, pesar, acometer, atacar. O dicionário HOUAISS define, além de outros significados menos pertinentes ao nosso estudo, o vocábulo como precipitar-se, refletir-se sobre, cair, bater, estender-se a, pesar sobre, recair, atingir, afetar ou ter efeitos sobre, acometer, recair, sobrevir. Com efeito, o incidente é algo que, gozando de certa autonomia ou existência mais ou menos independente em relação ao que incide, sobrevém. TORNAGHI afirma que a mesma noção encontra-se no verbo alemão "einfallen (auf)" e no inglês "to incide" e "to fall in", ou seja, *"cair em cima"*.[5] Na lição do autor, "Questões incidentes são, portanto, as controvérsias que surgem em meio ao processo acerca de assunto estranho ao mérito[6] e que são resolvidas de passagem, 'incidenter tantum', isto é, sem que a decisão faça coisa julgada e somente para o fim de passar adiante. Tais questões chamam-se, pelas razões expostas, 'incidentes' ou 'questões incidentais'. Os alemães as denominam questões intermediárias ou controvérsias intermediárias, ou intercorrentes ('Zwischenstrein'), porque elas surgem em meio ao processo ou, como se dizia antigamente, 'inter causae principium et finen', e também no decorrer do processo devem ser decididas. Aparece, ainda, na literatura a palavra 'Inzidenzstreit'".[7] Em suma, os incidentes – em sentido amplo, incluindo, portanto, as prejudiciais – são controvérsias que devem ser solucionadas – seja em autos apensos, seja em processo apartado da competência de juízo diverso do da causa principal, como é o caso das prejudiciais – antes da decisão definitiva para o escorreito exercício da jurisdição penal.

3. Das questões prejudiciais. Trata o Capítulo I do Título VI do CPP, "Das Questões Prejudiciais", as quais, não obstante situarem-se topograficamente no referido título, não constituem, como já se disse, num sentido estrito e formal, "processos incidentes", visto que estes possuem como característica o seu trâmite em autos apensos – em regra – aos autos principais, sendo necessário um prévio desfecho a cargo do juízo, ou seja, um pronunciamento acerca da questão incidente antes da sentença definitiva[8] (sentença de mérito), diversamente do que ocorre com as questões prejudiciais, que, em certos casos, sequer é permitido que o juiz da causa criminal se pronuncie em relação a seu desfecho, a não ser reconhecer a decisão do juiz competente, consoante será melhor esclarecido ao longo da exposição.

"A questão prejudicial", no dizer sempre preciso de GRECO FILHO,[9] "é uma infração penal ou uma relação jurídica civil cuja existência ou inexistência condiciona a existência da infração penal que está sob julgamento do juiz. O problema das questões prejudiciais insere-se não só no poder, mas também

---

[4] OLIVEIRA, Eugênio Pacelli de. *Curso de processo penal.* 3ª ed. Belo Horizonte: Del Rey, 2004, p. 285.
[5] TORNAGHI, Hélio. *Instituições de processo penal.* 2ª ed. V. 4. São Paulo: Saraiva, 1978, p. 267-268.
[6] Nesse ponto, discordamos do ínclito professor, porquanto as questões são matéria estritamente de mérito, tanto que podem infirmar a figura típica.
[7] TORNAGHI, Hélio. *Instituições de processo penal.* 2ª ed. V. 4. São Paulo: Saraiva, 1978, p. 268.
[8] Não se confunda sentença definitiva, ou seja, sentença de mérito, com a sentença transitada em julgado.
[9] GRECO FILHO, Vicente. *Manual de processo penal.* 5ª ed. São Paulo: Saraiva, 1998, p. 171.

na necessidade que tem o juiz de, para julgar o fato punível sob sua jurisdição, apreciar ou examinar outro fato punível ou uma relação jurídica que não é objeto do processo, mas o condiciona". Exemplo clássico de prejudicial tem-se naquela situação em que o réu é acusado de bigamia e opõe como matéria de defesa a nulidade de seu casamento anterior, porque, uma vez confirmada a invalidade de suas primeiras núpcias, o pretenso crime de bigamia não subsiste. Ocorre que o estado de solteiro abrange todas as facetas da vida. Não se admite possa alguém ser solteiro no âmbito do direito civil, e, a um tempo, casado para os fins penais. É evidente que para se imputar a alguém o crime de bigamia, deve estar comprovado de forma perene o fato de que ele esteja casado no momento da alegada prática delituosa.

As prejudiciais remontam ao Direito Romano. As prejudiciais, que depois foram chamadas de prejudiciais em sentido próprio, eram autônomas e possuíam eficácia *erga omnes*, além de serem julgadas pelos mais altos magistrados. Ensina MANZINI[10] que as prejudiciais propriamente ditas compreendiam tão-somente o estado das pessoas, sendo prejudiciais por excelência, porquanto seu objeto era de tal delicadeza e importância que não podia perdurar na incerteza. Acrescente-se que a definição quanto ao estado das pessoas era particularmente relevante em um Estado como a antiga Roma composto de bem delimitadas castas sociais.[11] Ilustrativa também é a referência que faz TORNAGHI: "Quando os romanos exigiam a solução da prejudicial antes da prejudicada era, muitas vêzes, porque aquela versava sôbre o estado das pessoas e dêste dependia sua capacidade para acusar em juízo ('legitimatio ad processum')".[12] Ao lado das prejudiciais em sentido próprio, havia aquelas em sentido impróprio, que diziam respeito a controvérsias que não relativas ao estado da pessoa.

Não se confundem as questões prejudiciais com as preliminares. As primeiras constituem matéria que repercutirá diretamente no mérito, reverberando na própria constituição do fato delituoso, como é o caso do exemplo já dado de atribuir-se o crime de bigamia ao agente e este vir a opor a invalidade do casamento anterior como matéria de defesa, fato que, uma vez confirmado, desconfigura o crime de bigamia. Já as preliminares não dizem respeito *propriamente* ao mérito – ao menos de forma direta podendo, sim, impedir ou dilatar o julgamento da causa –, dizem respeito a pressupostos processuais, ou seja, a requisitos ao escorreito exercício da ação penal, tais como suspeição ou impedimento do juiz, repercutindo na viabilidade do processo, podendo-se apenas as conceber como preliminar de mérito no caso das causas extintivas da punibilidade.[13]

Além dessa, vislumbra-se uma segunda distinção ao observar-se que a questão prejudicial é essencialmente autônoma, possui vida própria, digamos assim, como é o caso, que novamente serve de exemplo por sua clareza, da discussão acerca da validade do casamento anterior do réu acusado de bigamia. A discussão no plano cível pode existir independentemente de ocorrência ou não de um segundo casamento e de seus reflexos penais, ou seja, a discussão acerca da nulidade das núpcias não existe em função do processo penal. A seu turno, as preliminares só existem em função do processo principal. Assim, eventual controvérsia sobre a competência do julgador, por exemplo, só terá vez após a instauração da instância.

Pode-se divisar, em terceiro lugar, o fato de que as questões prejudiciais são, por vezes, necessariamente julgadas pelo juízo cível, e, noutras, não necessariamente, ou seja, apenas existe a possibilidade de que o julgamento seja no juízo cível, sendo que, ainda, há situações em que a prejudicial deve ser obrigatoriamente julgada no juízo criminal, como no exemplo do crime de "lavagem de dinheiro", o qual exige, para sua configuração, um crime antecedente dentre algum dos elencados no rol taxativo dos incisos do art. 1º da Lei nº 9.613, de 3 de março de 1998.[14] Assim, por exemplo, se o agente delituoso for acusado de "lavar dinheiro" oriundo do tráfico de drogas, o crime de "lavagem" poderá subsistir, visto que o tráfico ilícito de entorpecentes é suscetível de lavagem consoante eleição do legislador, na dicção

---

[10] Consulte-se MANZINI, Vincenzo. *Le questioni pregiudiziali di diritto civile, commerciale ed amministrativo nel processo penale.* Firenze. Casa editrice Libraria "Fratelli Cammelli", 1899, p. 13 e ss.

[11] Sobre as características mencionadas, consulte-se: MIRANDA, Jorge. *Manual de direito constitucional..* 6ª ed. Tomo I. Coimbra: Coimbra Editora, 1997, p. 56. Também: DALLARI, Dalmo de Abreu. *Elementos de teoria geral do Estado.* 19ª ed. São Paulo: Saraiva, 1995, p. 55.

[12] TORNAGHI, Hélio. *Comentários ao código de processo penal.* V. I, tomo 2º. Rio de Janeiro: Forense, 1956, p. 212.

[13] E, assim mesmo, apenas para aqueles que entendem tratar-se de fenômenos relativos ao mérito. Nesse sentido, por exemplo, é o entendimento de Vicente Greco Filho, para quem as causas extintivas de punibilidade constituem preliminares de mérito. GRECO FILHO, Vicente. *Manual de processo penal.* 5ª ed. São Paulo: Saraiva, 1998, p. 172. Porém, penso que aqui se trata de questão de mérito mais num sentido formal do que substancial, visto que, afinal, a declaração da prescrição ou a morte do acusado, dentre outros exemplos, faz mais impedir a discussão da causa do que propriamente enfrentá-la.

[14] Consulte-se: CALLEGARI, André Luís. *Lavagem de dinheiro.* Barueri: Manole, 2004, p. 85 e ss.

do referido artigo, em seu inciso I.[15] Porém, se a imputação pelo delito de "lavagem de dinheiro" tiver como crime antecedente a sonegação fiscal, por exemplo, resultará infrutífera, porquanto este último delito não se encontra no rol do art. 1º da lei referida.[16] A seu turno, as preliminares são sempre decididas pelo juízo criminal.

Não obstante, as prejudiciais e preliminares possuem, ao lado das distinções, também traços comuns. Ensina OLIVEIRA que, assim como a preliminar, deve a prejudicial ser examinada "preliminarmente", além de que, segundo o autor, "uma questão 'preliminar' ostenta também uma certa carga de 'prejudicialidade' em relação ao mérito, ao menos no que se refere ao plano da lógica, já que uma (preliminar) é antecedente à outra (mérito)".[17]

Cumprida a tarefa de delimitar-se as noções de prejudiciais e preliminares – noções não oferecidas pelo diploma processual, mas imprescindíveis para a compreensão da matéria –, cumpre passarmos à classificação doutrinária das questões prejudiciais. A doutrina classifica as questões prejudiciais em homogêneas e heterogêneas. As questões prejudiciais homogêneas são aquelas relativas à matéria penal, ou seja, neste caso a questão prejudicial é de natureza penal, cujo exemplo clássico é o da receptação, crime cuja configuração depende da ocorrência de um crime anterior. Assim, para excogitar-se a tipificação da receptação há que se averiguar a ocorrência do crime que constitui seu elemento: furto, roubo, descaminho, etc. As questões prejudiciais heterogêneas dizem respeito a controvérsias fora do âmbito penal. A discussão acerca da nulidade de um casamento, que poderá influir na ocorrência ou não do crime de bigamia, é exemplo de questão prejudicial heterogênea. Também no caso em que se debate sobre a tipificação do crime de apropriação indébita e surge a discussão sobre a posse ou propriedade da coisa configura-se a hipótese de questão prejudicial heterogênea.

Por sua vez, as questões prejudiciais heterogêneas dividem-se em, segundo terminologia doutrinária que entendemos equivocada, em obrigatórias e facultativas. Na verdade, não existe prejudicial obrigatória. *A prejudicial é sempre eventual. O que se torna obrigatório é a suspensão do processo nas situações do art. 92 do CPP*, que trata da controvérsia acerca do estado civil das pessoas, por ser imposição não só legal, mas também da própria lógica. Porém, não se diga que a questão seja obrigatória. Assim, quando se imputa a um agente o crime de bigamia não há nenhuma imposição de que se instaure uma discussão acerca da validade do casamento anterior. Pelo contrário, esta discussão será sempre eventual e oportuna, jamais obrigatória. Porém, se tal discussão vier à tona impor-se-á a suspensão do processo. Portanto, como alerta o percuciente GRECO FILHO, "o que é obrigatório é a suspensão e não a própria prejudicial".[18] Já o art. 93 do CPP trata das prejudiciais ditas facultativas. Tais questões transferem ao juiz da causa principal a suspensão ou não do processo, a seu prudente e discricionário alvitre. Mas, registre-se que facultativa é a suspensão do processo, pois a prejudicial pode ou não existir, e isso não se confunde com uma situação de faculdade, mas de ocorrência ou não no plano dos fatos. Agora, uma vez ocorrida a dúvida e trazida ao juiz da causa, aí sim é a ele facultado segundo seus critérios suspender ou não o processo criminal. Exemplo desta última prejudicial, a qual preferimos denominar *de suspensão facultativa*, é a da controvérsia sobre a posse, no juízo cível, antes da decisão sobre o crime de esbulho, tipificado no art. 161, § 1º, II do CP.

4. Das exceções processuais. O Capítulo II do Título VI do CPP trata "Das Exceções" – arts. 95 a 111 – as quais desdobram-se em exceções de suspeição, de incompetência do juízo, de litispendência, de ilegitimidade de parte e de coisa julgada. As exceções constituem matéria de defesa oposta à relação processual. Trata-se de autêntico procedimento incidental, cujo trâmite se dá mediante a formação de autos apartados – isso no caso de o juiz não acolher a exceção –, seguindo-se o procedimento previsto pelo CPP. Trata-se, portanto, de matéria de defesa indireta, oposta à própria realização do processo.

A exceção de suspeição busca afastar algum sujeito da relação processual. No caso do juiz, por exemplo, significa dizer que a parte que opõs a exceção entende que o magistrado não têm aptidão para julgar, por faltar-lhe o atributo da imparcialidade no caso concreto. A exceção de incompetência do juízo tem o desiderato de afastar o juiz do julgamento do feito para o qual não possui competência. A exceção de litispendência tem o escopo de evitar a duplicidade de processo contra a mesma pessoa em razão da prática do mesmo fato. A exceção de ilegitimidade

---

[15] Art. 1º Ocultar ou dissimular a natureza, origem, localização, disposição, movimentação ou propriedade de bens, direitos ou valores provenientes, direta ou indiretamente, de crime:
I – de tráfico ilícito de substâncias entorpecentes ou drogas afins; (...).
[16] Consulte-se artigo de minha autoria: SILVA, Ângelo Roberto Ilha da. Crimes de lavagem de dinheiro e sonegação. *Boletim do IBCCrim*. Nº 107, p. 19-20, out. 2001, ano 9.
[17] OLIVEIRA, Eugênio Pacelli de. *Curso de processo penal*. 3ª ed. Belo Horizonte: Del Rey, 2003, p. 289.
[18] GRECO FILHO, Vicente. *Manual de processo penal*. 5ª ed. São Paulo: Saraiva, 1998, p. 174.

de parte serve para opor ao julgador o fato de figurar em um dos pólos da relação processual sujeito sem o devido respaldo jurídico. Tal situação ocorre, por exemplo, quando o membro do Ministério Público venha ofertar denúncia em crime de ação penal de iniciativa privada. Por fim, a exceção de coisa julgada tem o objetivo de encerrar o caso pela fato de a matéria posta em julgamento já ter sido anterior e definitivamente julgada.

5. Incompatibilidades e impedimentos. O Capítulo III do Título VI do CPP trata "Das Incompatibilidades e Impedimentos", composto apenas do art. 112, o qual estabelece que o juiz, o órgão do Ministério Público, os serventuários ou funcionários da justiça e os peritos ou intérpretes abster-se-ão de servir no processo, quando houver incompatibilidade ou impedimento legal, que declararão nos autos. Se a abstenção não se fizer de forma voluntária, a incompatibilidade ou impedimento poderá ser argüido pelas partes, observando-se o procedimento estabelecido para a exceção de suspeição.

Oportuna é a lição de Espinola Filho: "Não é somente quando ocorrem motivos de suspeição (já examinados nos ns. 234, 250, 247 e 249), que se criam, pelas relações existentes com as partes, incompatibilidades, para funcionamento, no processo, do juiz, dos jurados, dos órgãos do Ministério Público, dos peritos, intérpretes, funcionários e serventuários da justiça. Outras incompatibilidades se originam, em razão de relações, que existem entre esses órgãos e auxiliares da justiça, uns com os outros, impedindo que, no mesmo processo, intervenham os que estão ligados por esses laços íntimos, que se reputam capazes de afetar os requisitos extremos de independência, que de todos se devem exigir. Então, refere-se que há impedimento para funcionamento, na mesma causa, de tais pessoas, impondo-se o afastamento de uma e de outras".[19]

6. Jurisdição e competência. O Capítulo IV do Título VI do CPP trata "Do Conflito de Jurisdição" – arts. 113 a 117 –, o qual, segundo parcela da doutrina, reclama uma adequação terminológica, visto que melhor seria falar-se em *conflito de competência*.[20] Para TORNAGHI, "'conflito de jurisdição' em sentido próprio, só é possível entre unidades federadas (Estados, Distrito Federal, Territórios) ou entre a União e qualquer delas".[21] Esclarece o autor que "Verdadeiro 'conflito de competência' existe quando um ou mais juízes, 'pertencentes à mesma jurisdição e contemporaneamente', se dão por competentes para a prática dos mesmos atos (conflito positivo) ou cada um dêles entende que o competente é um dos outros (conflito negativo)".[22]

7. Restituição de coisas apreendidas. O Capítulo V do Título VI do CPP trata "Da Restituição das Coisas Apreendidas" – arts. 118 a 124 –, procedimento que tem por escopo restituir a quem de direito objeto apreendido no curso no curso de diligência policial ou judiciária e que não mais interesse ao processo penal. As coisas apreendidas referidas no Capítulo V são as que sejam relevantes ao esclarecimento do crime e de sua autoria, constituindo tanto material probatório quanto, eventualmente, objetos destinados a confisco, em razão do que dispõe o art. 91, II do CP. Se não for este o caso e não interessando mais o objeto apreendido ao processo, o juiz poderá determinar seja restituído a quem de direito.

8. Medidas assecuratórias. O Capítulo VI do Título VI do CPP trata "Das Medidas Assecuratórias" – arts. 125 a 144 –, as quais versam sobre medidas constritivas reais. Enquanto as prisões cautelares se traduzem em atos de coerção pessoal, as medidas ora tratadas constituem atos de coerção real, ou seja, que recaem sobre coisas. Assim, não obstante o sujeito passivo da investigação preliminar ou instrução criminal seja o destinatário dos atos de coerção estatal, existem medidas que atingem a liberdade da pessoa, mas também há medidas que se dirigem à disponibilidade do indiciado, no inquérito, ou do réu, no processo, de certas coisas.[23] Essas medidas se fazem necessárias em razão de que o inquérito policial e o processo principal são, sabidamente, morosos, podendo, não raro, eventual medida que recaia sobre certas coisas, tornar-se inócua, caso não seja providenciada com brevidade. As medidas assecuratórias previstas no capítulo em epígrafe são: o seqüestro, o arresto e a especialização de hipoteca legal.

O seqüestro é a medida assecuratória que tem por objetivo a retenção da coisa litigiosa, móvel ou imóvel, adquirida pelo indiciado ou acusado com os proventos da infração penal, para resguardá-la, ainda que já tenha sido transferida a terceiro, até que seja decidido o processo principal, e, assim, se possibilite possa ela garantir as reparações e pagamentos devi-

---

[19] ESPINOLA FILHO, Eduardo. *Código de processo penal brasileiro anotado*. 2ª ed. V. II. Rio de Janeiro/São Paulo: Freitas Bastos, 1945, p. 271-272.
[20] Por exemplo: GRECO FILHO, Vicente. *Manual de processo penal*. 5ª ed. São Paulo: Saraiva, 1998, p. 180. LIMA, Marcellus Polastri. *Curso de processo penal*, v. 2. Rio de Janeiro: Lumen Juris, 2004, p. 35.
[21] TORNAGHI, Hélio. *Comentários ao código de processo penal*. V. I, tomo 2º. Rio de Janeiro: Forense, 1956, p. 316.
[22] Id. ibid., p. 317.
[23] ARAGONESES ALONSO, Pedro. *Instituiciones de derecho procesal penal*. Madrid: MESBAR, 1976, p. 228.

dos pelo condenado. À decretação do seqüestro, basta a existência de indícios veementes da proveniência ilícita dos bens. Diferentemente do seqüestro, a especialização de hipoteca legal, como medida assecuratória, independe do fato de ser o bem litigioso, recaindo sobre bens imóveis. Por fim, a doutrina indica dois casos de arresto previstos no CPP, impropriamente, referidos como seqüestro. TOURINHO FILHO esclarece: "Arresto. Duas situações devem ser vistas: a) A parte interessada que a especialização e inscrição da hipoteca legal, entretanto o bem 'especializado' é de valor inferior à estimativa da responsabilidade civil. Nesse caso, para fortalecer a garantia, havendo bens imóveis, podem ser arrestados. b) O réu não é possuidor de nenhum imóvel. Desde que possua móveis, estes poderá ser arrestados. Evidente também que esses bens arrestáveis não são produtos de crime nem adquiridos com os proventos da infração. Para estes as medidas são outras: a busca e apreensão e o seqüestro a que se referem os arts.125 e 132 do CPP. Os bens de que trata o artigo em exame e que podem ser arrestados não são os de ilícita proveniência".[24]

9. Incidente de falsidade. O Capítulo VII do Título VI do CPP trata "Do Incidente de Falsidade" – arts. 145 a 148 –, cujo objetivo é aferir a legitimidade de determinado documento oferecido como prova no processo, ou seja, averiguar se o documento increpado de falsidade realmente o é, ou ao revés, reveste-se de autenticidade. Por certo que aqui não se trata do próprio documento que constitui objeto material do delito – arts. 297 (falsidade de documento público), 298 (falsidade de documento particular), dentre outros –, mas outros tendentes ao convencimento do julgador.

10. Insanidade mental do acusado. Por fim, o Capítulo VIII do Título VI do CPP intitula-se "Da Insanidade Mental do Acusado" – arts. 149 a 154 –, incidente que busca apurar se o suspeito/indiciado ou acusado possui no interregno do inquérito ou processo, ou possuía ao tempo do fato capacidade de discernimento para a consecução delituosa, diante de dúvida em relação a isso, surgido no desenvolvimento do inquérito ou processo. Segundo a doutrina normativa pura, amplamente adotada pelos autores pátrios, conforme escrevemos noutro momento, "a culpabilidade, hoje, confunde-se com um juízo de reprovação levado a efeito pelo julgador e que recai sobre o agente capaz que detinha no momento em que praticou o fato delituoso ao menos a possibilidade do conhecimento do penalmente proibido, sendo que sobre ele se poderia exigir um comportamento conforme a vontade da norma".[25] REALE JÚNIOR[26] vai além, entendendo que a imputabilidade constitui pressuposto da própria ação. Assim, o sujeito só poderá responder pelo crime se tinha capacidade de entender o fato delituoso ou de determinar-se de acordo com esse entendimento (CP, art. 26, *caput*), ou responder ao processo se estiver no gozo de suas faculdades mentais que lhe possibilitem compreender a realidade. Disso cuida o incidente de insanidade mental.

Vistos, ainda que de forma breve, os conceitos relativos ao presente título, cabe salientar a feição garantista que deve revestir os institutos tratados. É cediço que nosso sexagenário diploma processual penal não é exatamente "filho" de uma Constituição de cunho democrático. Porém, isso não é óbice a que se faça uma leitura atualizada do CPP, sob o filtro das garantias constitucionais elencadas na Constituição de 1988, pois, como anota FERNANDES, no desenvolver da relação indivíduo-Estado, "houve necessidade de normas que garantissem os direitos fundamentais do ser humano contra o forte poder estatal intervencionista. Para isso, os países inseriram em suas Constituições regras de cunho garantista, que impõem ao Estado e à própria sociedade o respeito aos direitos individuais (...)".[27] Com efeito, acentua MIRANDA que "no ocidente, a Constituição destina-se essencialmente a garantir direitos fundamentais dos cidadãos e a limitar o poder do Estado".[28]

Isso amolda-se ao que propugna FERRAJOLI, que oferece um conceito de garantismo, segundo uma dentre três acepções que formula, como sendo "*um modelo normativo de direito:* precisamente no que respeita ao direito penal, o modelo de 'estrita legalidade' SG próprio do *Estado de direito,* que no plano epistemológico se caracteriza como um sistema cognitivo ou de poder mínimo, no plano político como uma técnica de tutela idônea a minimizar a violência a maximizar a liberdade, e no plano jurídico como um sistema de vínculos impostos à potestade punitiva do Estado em garantia dos direitos dos cidadãos".[29] Ou, em termos mais sintéticos, "um modelo

---

[24] TOURINHO FILHO, Fernando da Costa. *Código de processo penal comentado.* 5ª ed. V. 1. São Paulo: Saraiva, 1999, p. 332.
[25] SILVA, Ângelo Roberto Ilha da. *Dos crimes de perigo abstrato em face da Constituição.* São Paulo: Revista dos Tribunais, 2003, p. 134.
[26] REALE JÚNIOR, Miguel. *Instituições de direito penal.* V. I. Rio de Janeiro: Forense, 2002, p. 207-209.
[27] FERNANDES, Antonio Scarance. *Processo penal constitucional.* São Paulo: Revista dos Tribunais, 1999, p. 11.
[28] MIRANDA, Jorge. *Manual de direito constitucional.* 6ª ed. Tomo I. Coimbra: Coimbra Editora, 1997, p. 113.
[29] FERRAJOLI, Luigi. *Diritto e ragione. Teoria del garantismo penale.* 4ª ed. Roma: Laterza, 1997, p. 891.

de ordenamento dotado de meios de invalidação de todo exercício de poder em contraste com normas superiores postas para a tutela dos direitos fundamentais".[30] Assim, ainda que não se possa afirmar ter sido o diploma processual penal pátrio editado sob desígnios democráticos, liberais – não no sentido do liberalismo econômico, mas no sentido das liberdades básicas do cidadão[31] – ou, ainda, garantistas, impende salientar que toda a interpretação atinente aos institutos, cujos conceitos vimos de acorrer, deverá atender aos reclamos constitucionais, notadamente no que tange aos direitos e garantias fundamentais. Nesse passo, superada a incumbência de delinearmos a sistemática das questões e dos processos incidentes no direito processual penal, passamos a ressaltar algumas das implicações constitucionais atinentes ao binômio direitos/garantias fundamentais que devem ser concretizadas em face dessas categorias.

Consideremos, mais uma vez, os incidentes – em sentido amplo, ou seja, abrangendo as questões e os processos incidentes – de forma agrupada, por identidade de matéria, delineando, como acima expusemos, nos seguintes termos: a) questões prejudiciais; b) questões tipicamente preliminares, acerca da validade/possibilidade do processo (exceções de suspeição, impedimento e incompetência de juízo, de litispendência, de ilegitimidade de parte, de coisa julgada, além do conflito de jurisdição), c) medidas assecuratórias (seqüestro, individualização de hipoteca e arresto) e d) questões relativas a prova (incidente de falsidade documental e incidente de insanidade mental). Todos esses pontos demandam uma leitura constitucional.

Em primeiro lugar, as questões prejudiciais traduzem uma necessidade de proceder-se a um julgamento, cujo sujeito passivo da relação processual seja, efetivamente, autor de um delito. Não se pode condenar alguém pela prática de um fato sobre o qual sequer há a certeza de que configure crime. Ocorre que nas questões prejudiciais o que está em causa é o fato de saber se um elemento constitutivo do crime se configurou, seja em razão da necessidade de se averiguar o estado civil da pessoa que possibilitará a ocorrência da infração penal que ensejou o processo, seja em razão da necessidade da existência de um delito anterior (crime de receptação, por exemplo), e isso repercute no mais básico dos princípios penais, qual seja, o *princípio constitucional da legalidade*.[32]

Também as questões atinentes à validade/possibilidade do processo, tais como as exceções de suspeição, impedimento e incompetência de juízo, de litispendência, de ilegitimidade de parte, de coisa julgada, além do conflito de jurisdição, constituem meios de defesa, ainda que indiretos, em perfeita consonância com a garantia constitucional do *juiz natural e imparcial*, da *coisa julgada*, da *ampla defesa*. Quanto ao princípio da imparcialidade do juiz, JARDIM entende-o – ao lado do princípio do contraditório – constituir-se um dos dois mais importantes princípios reitores do processo penal, esclarecendo que o "princípio do *Juiz Natural*, relativo à jurisdição, tem como escopo assegurar adredemente a imparcialidade dos órgão jurisdicionais".[33]

Mesmo as medidas assecuratórias devem ser vistas sob um quadrante garantista. As referidas medidas, enquanto medidas de coerção patrimonial que são, devem atender à garantia do *devido processo legal*, a qual, segundo TUCCI, "especificada ao processo penal (*devido processo penal*), reclama, para sua efetivação, como visto, que o procedimento em que este se materializa observe, rigorosamente, todas as formalidades em lei prescritas, para o perfeito atingimento de sua finalidade solucionadora de conflito de interesses socialmente relevantes, quais sejam o *punitivo* e o de *liberdade*".[34] E isso não se põe em contradição com as necessidades próprias de defesa social. Conforme JARDIM,[35] "um código democrático há de ser informado pela necessidade de tutelar os direitos e garantias individuais, sem descurar, entretanto, da defesa social (g.n.)". Ressalta ainda o autor que "a questão da liberdade deve ser considerada precipuamente sob uma perspectiva social e não política, num falso dualismo – Estado contra o indivíduo",[36] concluindo que "a supressão da liberdade de um pode ser a afirmação da liberdade de muitos. Isto fica mais claro nos chamados crimes econômicos".[37] De lembrar-se, por derradeiro, que as medidas assecuratórias, como o seqüestro, por exem-

---

[30] FERRAJOLI, Luigi. *Diritto e ragione. Teoria del garantismo penale*. 4ª ed. Roma: Laterza, 1997, p. 922.

[31] E tal distinção, como faz Ricardo Freitas, não é de ser olvidada. FREITAS, Ricardo de Brito A. P. *As razões do positivismo penal no Brasil*. Rio de Janeiro: Lumen Juris, 2002, p. 7.

[32] Sobre o princípio da legalidade, vide, dentre outros: LUISI, Luiz. *Os princípios constitucionais penais*. 2ª ed. Porto Alegre: Fabris, 2003, p. 17 e ss.

[33] JARDIM, Afrânio Silva. *Direito processual penal*. 11ª ed. Rio de Janeiro: Forense, 2003, p. 40.

[34] TUCCI, Rogério Lauria. *Direitos e garantias individuais no processo penal brasileiro*. 2ª ed. São Paulo: RT, 2004, p. 83.

[35] JARDIM, Afrânio Silva. *Direito processual penal*. 11ª ed. Rio de Janeiro: Forense, 2003, p. 307.

[36] Id. ibid., p. 309.

[37] Id. ibid., p. 310.

plo, devem ser utilizadas quando houver fortes indícios de um ilícito típico a que se possa vincular, ainda que não definitivamente, um agente delituoso. Ademais, medidas como o seqüestro de bens possuem um prazo máximo de subsistência, seja no CPP,[38] seja em leis especiais, como a Lei nº 9.613/98,[39] por exemplo, que tipifica os crimes de lavagem de dinheiro. Isso, de certa forma, atende ao mandamento constitucional acrescentado pela Emenda Constitucional nº 45, na dicção do inc. LXXVIII do art. 5º, segundo o qual "a todos, no âmbito judicial e administrativo, são assegurados a razoável duração do processo e os meios que garantam a celeridade de sua tramitação".

As questões relativas a prova – incidente de falsidade e incidente de insanidade mental – constituem matéria relativa à lisura do feito e à capacidade do agente, ou melhor, a necessária imputabilidade como requisito da culpabilidade. No que diz com o incidente de falsidade, pode-se vislumbrar, em primeiro lugar, reclamos da garantia da *ampla defesa* e, também, o atendimento ao *devido processo legal*, visto que não se compreende possa haver um devido processo arrimado na lei, instruído com documentos falsos ou com dúvidas acerca de sua legitimidade. Quanto ao incidente de insanidade, é de ver-se que se estará prestigiando ou buscando-se não se afrontar, sobretudo, o *princípio da culpabilidade*, o qual, segundo o magistério de LUISI, encontra suporte constitucional no art. 5º, inc. XVII da Constituição, segundo o qual "ninguém será considerado culpado até o trânsito em julgado de sentença penal condenatória" e no inc. XLVI, que consagra a individualização da pena, e que, segundo o autor, "tem como base fundamental a culpabilidade".[40] De invocar-se, ainda, a lição de PRADO, ao tratar do fundamento material da culpabilidade, o qual, segundo aponta, advém da *dignidade da pessoa humana*, como um dos fundamentos da República Federativa do Brasil, enquanto Estado democrático de direito (Constituição, art. 1º, III), a ensejar um conceito de culpabilidade "normativo e não metafísico" considerando-a [a pessoa humana] "como um ser livre e responsável, valores imanentes à sociedade democrática".[41]

Por derradeiro, cabe ainda ressaltar que uma vez aferida a inimputabilidade, e imposta a medida de segurança ao autor de fato penalmente tipificado, há necessidade de se rever o tratamento dispensado ao submetido à referida medida, que, não raro, faz as vezes de verdadeiro *ergastolo*, o qual, em confronto com o apenamento do imputável, possui significativos prejuízos, porquanto vários direitos reservados a este não o são ao inimputável, como bem ensina, e propondo uma série de avanços neste campo, REALE FERRARI.[42]

**TÍTULO VI
DAS QUESTÕES E PROCESSOS INCIDENTES
CAPÍTULO I
DAS QUESTÕES PREJUDICIAIS**

**Art. 92. Se a decisão sobre a existência da infração depender da solução de controvérsia, que o juiz repute séria e fundada, sobre o estado civil das pessoas, o curso da ação penal ficará suspenso até que no juízo cível seja a controvérsia dirimida por sentença passada em julgado, sem prejuízo, entretanto, da inquirição das testemunhas e de outras provas de natureza urgente.
Parágrafo único. Se for o crime de ação pública, o Ministério Público, quando necessário, promoverá a ação civil ou prosseguirá na que tiver sido iniciada, com a citação dos interessados.**

1. **Prejudicial heterogênea.** Cuida o artigo da *questão prejudicial heterogênea*, a qual distingue-se da prejudicial homogênea, visto que a primeira refere-se à matéria não penal, como no exemplo da dúvida acerca da validade do casamento anterior no tocante ao crime de bigamia, ao passo que esta refere-se à matéria penal, como acontece na controvérsia acerca da posse em face do possível cometimento do crime de esbulho. De notar-se que o dispositivo enfatiza que a controvérsia deve ser séria e fundada. Nesse ponto, Tornaghi assevera: "É preciso que a dúvida surgida seja ponderável, não seja apenas um meio chicanista para dilatar o processo ou provocar tumulto".[43]

2. **Prejudicial referente ao estado civil das pessoas e suspensão obrigatória do processo penal.**

---

[38] Art. 131. O seqüestro será levantado: I – se a ação não for intentada no prazo de 60 (sessenta) dias, contado da data em que ficar concluída a diligência; (...).

[39] Art. 4º (...): § 1º As medidas assecuratórias previstas neste artigo serão levantadas se a ação penal não for iniciada no prazo de 120 (cento e vinte) dias, contados da data em que ficar concluída a diligência; (...).

[40] LUISI, Luiz. *Os princípios constitucionais penais*. 2ª ed. Porto Alegre: Fabris, 2003, p. 37.

[41] PRADO, Luiz Regis. *Curso de direito penal brasileiro*. 4ª ed. V.1. São Paulo: RT, 2004, p. 404/405.

[42] Veja-se nesse sentido, sobretudo p. 167 e ss.: FERRARI, Eduardo Reale. *Medidas de segurança e direito penal no Estado democrático de direito*. São Paulo: RT, 2001.

[43] TORNAGHI, Hélio. *Comentários ao código de processo penal*. V. I, tomo 2º Rio de Janeiro: Forense, 1956, p. 230.

Consoante visto na introdução, quando a prejudicial tiver por objeto o estado civil das pessoas impõe-se, necessariamente a suspensão do processo, situação que a doutrina em geral designa, equivocadamente, de prejudicial obrigatória, quando, na realidade, obrigatória é apenas a suspensão do processo na eventualidade de vir à tona a prejudicial. Assim, não é ela mesma obrigatória, mas se presente traz, sim, uma conseqüência de caráter obrigatório que é a suspensão do processo criminal, fato que não subtrai a possibilidade de se proceder às provas de caráter urgente, como a inquirição de testemunhas, por exemplo. O prazo da suspensão do processo criminal é indefinido, vinculado se à solução da controvérsia sobre o estado da pessoa no juízo cível, a qual, uma vez dirimida, faz com que o trâmite do processo criminal seja retomado. A decisão que determina a suspensão do processo desafia o recurso em sentido estrito (art. 581, XVI, do CPP), não havendo previsão de recurso para a decisão que não acata o pedido de suspensão, podendo ensejar uma inconsistência tal da ação penal, passível de ser atacada por *habeas corpus*, com fundamento no artigo 648, I, ou seja, por ausência de justa causa.

3. **Suspensão da prescrição**. A suspensão obrigatória aqui prevista tem o condão de suspender a prescrição da pretensão punitiva estatal, nos moldes do que preceitua o artigo 116, I, do CP, perdurando enquanto perdurar a suspensão do processo.

4. **Propositura da ação civil pelo Ministério Público**. Prevê o artigo a possibilidade de o Ministério Público promover a ação própria no juízo cível para solução do caso acerca do estado da pessoa ou prosseguir na já eventualmente iniciada, sempre que necessário, ou seja, por reclamos do interesse público, já que sendo poder/dever do Estado a aplicação da lei penal, por intermédio do processo penal, é mister se valer dos meios necessários para afastar controvérsias que venham a acarretar óbice ao regular andamento do processo penal, como é o caso das questões referentes ao estado das pessoas.

Art. 93. Se o reconhecimento da existência da infração penal depender de decisão sobre questão diversa da prevista no artigo anterior, da competência do juízo cível, e se neste houver sido proposta ação para resolvê-la, o juiz criminal poderá, desde que essa questão seja de difícil solução e não verse sobre direito cuja prova a lei civil limite, suspender o curso do processo, após a inquirição das testemunhas e realização das outras provas de natureza urgente.

§ 1º O juiz marcará o prazo da suspensão, que poderá ser razoavelmente prorrogado, se a demora não for imputável à parte. Expirado o prazo, sem que o juiz cível tenha proferido decisão, o juiz criminal fará prosseguir o processo, retomando sua competência para resolver, de fato e de direito, toda a matéria da acusação ou da defesa.

§ 2º Do despacho que denegar a suspensão não caberá recurso.

§ 3º Suspenso o processo, e tratando-se de crime de ação pública, incumbirá ao Ministério Público intervir imediatamente na causa cível, para o fim de promover-lhe o rápido andamento.

1. **Questões diversas das relativas ao estado da pessoa**. Também aqui, trata-se de questão prejudicial heterogênea, ou seja, de controvérsia a ser resolvida no juízo cível, desde que não se refira ao estado da pessoa. Em confronto com o artigo anterior, o presente possui natureza residual, abarcando todas as questões cíveis diversas das relativas ao estado da pessoa, no sentido amplo da expressão, abarcando tanto questões de direito privado – civil, comercial, etc. – como questões de direito público – constitucional, administrativo, etc. –, sendo elucidativo o exemplo da ação anulatória de lançamento tributário que tenha ensejado representação criminal embasadora de ação penal por crime contra a ordem tributária.

2. **Inteligência do dispositivo**. Há quatro requisitos para que o juiz possa suspender o curso do processo penal: a) que a questão seja diversa ao estado da pessoa; b) que tenha sido proposta a ação própria para resolvê-la; c) que seja de difícil solução; d) que não haja limitação quanto à prova pela lei civil. Sobre a primeira hipótese, pode-se afirmar que a amplitude do artigo compreende todas as questões que não sejam criminais, já que fala em *competência do juízo cível*, bem como as questões discutidas no juízo cível que não versem sobre o estado da pessoa, consoante se extrai da dicção do artigo: *questão diversa da prevista no artigo anterior*. Numa palavra: a questão da competência do juízo cível diversa daquela que tenha como objeto o estado da pessoa. Conforme afirmado no item anterior, incluem-se na hipótese tanto questões de direito privado quanto de direito público. O segundo requisito requer que tenha sido ajuizada a ação própria no juízo cível para resolver a questão, excluindo-se, portanto, discussões em procedimento administrativo. Em terceiro lugar, cumpre que a questão seja de difícil solução. Não se trata aqui da situação prevista no artigo anterior, o qual se refere à controvérsia que o juiz repute *séria* e *fundada* – a qual, conforme esclarecemos, tem como escopo excluir meios chicanistas para dilatar o processo ou provocar tumulto –, mas a *questão de difícil solução*, assim entendida, não constitui a que resulte de um juízo de mero arbítrio ou discricionário, e sim a

controvérsia que seja de "resolução difícil", "de alta indagação, que demanda uma investigação doutrinária ou jurisprudencial relativamente profunda, pela discrepância reinante sobre a matéria; ou que exige instrução probatória mais ou menos complexa, com perícias técnicas e assim por diante".[44] Em quarto lugar, não deve haver limitação quanto à prova pela lei civil, ou seja, a legislação não penal não pode impor qualquer restrição quanto à prova, caso contrário, a suspensão do processo criminal torna-se inviabilizada. Exemplo de restrição probatória, dentre outras, encontramos no art. 227 do Código Civil (Lei nº 10.406, de 10.01.2002), ao estatuir que: "Salvo os casos expressos, a prova exclusivamente testemunhal só se admite nos negócios jurídicos cujo valor não ultrapasse o décuplo do maior salário mínimo vigente no País ao tempo em que forem celebrados". Atendidas as mencionadas condições e havendo suspensão do processo criminal, o prazo de vigência ficará a critério do magistrado competente para julgar a causa penal. Por fim, acrescente-se que as questões aqui tratadas não necessitam aguardar um pronunciamento do juízo cível, podendo ser solucionadas *incidenter tantum* pelo juízo criminal, mas sempre com o risco de proporcionar decisões contraditórias entre um e outro juízo.

Art. 94. A suspensão do curso da ação penal, nos casos dos artigos anteriores, será decretada pelo juiz, de ofício ou a requerimento das partes.

1. **Suspensão *ex officio* ou a requerimento das partes.** Prescreve o artigo a possibilidade de a suspensão do curso da ação penal poder ser decretada tanto de ofício pelo julgador, em atenção ao princípio do impulso oficial, como também em atendimento a requerimento das partes.

CAPÍTULO II
DAS EXCEÇÕES

1. **Conceito de exceção.** As exceções, na perspectiva do significado utilizado no Capítulo II do CPP, são defesas indiretas que podem ser ofertadas no escopo de prolongar o curso da marcha processual – *exceções dilatórias* – ou de encerrar a instância – *exceções peremptórias* –, ou seja, de por fim ao processo.

Art. 95. Poderão ser opostas as exceções de:
I – suspeição;
II – incompetência de juízo;
III – litispendência;
IV – ilegitimidade de parte;
V – coisa julgada.

1. **Conceito de exceção.** As exceções, na perspectiva do significado utilizado no Capítulo II do CPP, são defesas indiretas que podem ser ofertadas no escopo de prolongar o curso da marcha processual – *exceções dilatórias* – ou de encerrar a instância – *exceções peremptórias* –, ou seja, de por fim ao processo.

2. **Suspeição e impedimento.** Refere-se o inciso I à exceção de suspeição – em sentido amplo, ou seja, abarcando a exceção de impedimento –, assim entendida a que vise ao afastamento do julgador supostamente parcial, seja em razão de uma vinculação sua a alguma das partes ou com o assunto objeto do feito, podendo ser chamada de *exceção de suspeição propriamente dita* (art. 254), seja em razão de o magistrado possuir qualquer vínculo com o processo por ter nele atuado, como ocorrido num exemplo de um caso concreto no qual em julgamento em umas das Turmas do Tribunal Regional Federal da 4ª Região, um dos componentes declarou-se impedido, visto que tendo ingressado no Tribunal em razão da previsão constitucional que reserva um quinto da composição dos tribunais a membros do Ministério Público e a advogados, referido magistrado escusou-se de participar do julgamento, em razão de ter atuado no processo objeto da causa, na condição de Procurador da República, tratando-se este último exemplo de *impedimento* (arts. 252 e 253), ao qual, se não reconhecido de ofício, poder-se-á opor exceção.

3. **Incompetência de juízo.** Para o escorreito decurso do trâmite processual, conforme a segunda hipótese do artigo, também é mister seja o réu julgado por quem tenha competência para tanto, sob pena de ser afrontado o princípio do juiz natural, consagrado no art. 5º, LIII, da Constituição, segundo o qual *"ninguém será processado nem sentenciado senão pela autoridade competente"*.

4. **Litispendência.** Diz-se haver litispendência quando o litígio pende de julgamento, ou seja, o litígio já foi ajuizado, estando o processo ainda em curso, fato que, à evidência, impede a inauguração de uma nova relação processual sobre o mesmo caso, sob pena de concorrerem dois processos a resolverem a mesma causa.

5. **Ilegitimidade de parte.** São de duas ordens, segundo entendimento corrente, as exceções de ilegi-

---

[44] SILVEIRA, Euclides Custódio da. Da prejudicialidade jurídica heterogênea no processo penal. In: *Estudos de direito processual in memoriam do Ministro Costa Manso*. São Paulo: Revista dos Tribunais, 1965, p. 209.

timidade previstas no inciso IV do art. 95, o qual compreenderia a ilegitimidade *ad processum* e também a ilegitimidade *ad causam*, ao que se insurge Tornaghi: "Por mais autorizada que seja qualquer opinião diferente, entendendo que a lei não se refere aqui à *legitimatio ad causam*. Esta é condição do exercício da ação, não é pressuposto processual. E as exceções de que fala o art. 95, sem qualquer sombra de dúvida, são pressupostos processuais".[45] Porém, o dispositivo aqui não faz distinção, não assistindo dessa forma razão ao saudoso mestre.

6. **Coisa julgada.** Por fim, prevê o inciso V do art. 95, a exceção de coisa julgada, oponível quando a matéria posta em causa já foi definitivamente julgada anteriormente, sem qualquer possibilidade de recurso. Se assim não fosse ter-se-ia lugar um inusitado *bis in idem* a ensejar novo julgamento daquilo que já foi julgado.

Art. 96. A argüição de suspeição precederá a qualquer outra, salvo quando fundada em motivo superveniente.

1. **Precedência da argüição de suspeição e de impedimento.** Devem as exceções de suspeição e impedimento serem opostas antes de qualquer outra, salvo quando o motivo que ocasionou a situação for superveniente. Conforme afirmamos na introdução, ao enunciarmos o cunho garantista que deve revestir o processo, em prol dos direitos fundamentais do acusado, o princípio da imparcialidade do juiz constitui-se num dos mais importantes princípios reitores do processo penal, possibilitando um julgamento genuíno, razão por que as exceções em comento devem ser apresentadas prioritariamente. A exceção prevista dá-se nos casos em que o motivo for superveniente. Exemplo disso ocorreria no caso de o juiz enamorar-se com a defensora durante o curso do processo penal.

Art. 97. O juiz que espontaneamente afirmar suspeição deverá fazê-lo por escrito, declarando o motivo legal, e remeterá imediatamente o processo ao seu substituto, intimadas as partes.

1. **Declaração de suspeição *ex officio*.** Ao magistrado que se declara suspeito sem provocação, determina o artigo que o faça por escrito declarando o motivo legal, com a ulterior remessa dos autos a seu substituto legal, intimando-se as partes. A indicação dos motivos é medida salutar, visto que, em última análise, cuida de não subverter o princípio do juiz natural, atendendo-se, ademais o preceito segundo o qual todas as decisões judiciais devem ser fundamentadas, consoante art. 93, IX, da Constituição. Nos casos em que a suspeição se dê por razões de foro íntimo, ensina Nucci[46] que "deve ser comunicado o motivo ao Conselho Superior da Magistratura, reservadamente, para que o órgão disciplinar aprove ou não a razão invocada".

2. **Discordância do substituto e suscitação de conflito.** Pode o magistrado que vier a receber os autos como substituto legal daquele que se declarou suspeito entender infundadas as razões indicadas por seu colega, devendo, neste caso, suscitar conflito de competência negativo, sem prejuízo de eventual representação em face daquele que se furta a proceder à prestação jurisdicional. Nesse ponto, caso o tribunal julgar procedente o conflito, determinando a remessa dos autos ao juiz natural – que se auto julgava suspeito –, poderá resultar uma situação inusitada, obrigando-se ao magistrado original que julgue um caso, quando ele está convicto de ser incapaz de julgar pela ausência da necessária imparcialidade, fato que pode gerar um inconformismo tal que possa vir a influenciar no julgamento, visto que o juiz é ser humano. Por isso, mister que o tribunal tenha o máximo de cuidado e de cautela ao submeter o caso ao julgador que não se julga capaz de julgar, a menos que o artifício da suspeição seja algo que reste cristalino no caso concreto.

3. **Cabimento da declaração de suspeição durante o inquérito policial.** É perfeitamente cabível a declaração de suspeição durante o curso do inquérito policial. Não se compreende um juiz parcial despachando em inquérito policial que poderá embasar futura ação penal que o terá como futuro julgador face às normas de prevenção de competência, considerando-se ainda a série de medidas constritivas que podem advir em desfavor do suspeito ou indiciado, mesmo antes do início da ação penal.

Art. 98. Quando qualquer das partes pretender recusar o juiz, deverá fazê-lo em petição assinada por ela própria ou por procurador com poderes especiais, aduzindo as suas razões acompanhadas de prova documental ou do rol de testemunhas.

1. **Recusa do juiz pelas partes.** Caso o próprio julgador não se dê por suspeito, qualquer das partes poderá fazê-lo por meio de exceção, na qual deve constar o motivo da recusa, de acordo o rol taxativo

---

[45] TORNAGHI, Hélio. *Comentários ao código de processo penal.* V. I, tomo 2º Rio de Janeiro: Forense, 1956, p. 269.

[46] NUCCI, Guilherme de Souza. *Código de processo penal comentado.* 3ª ed. São Paulo: RT, 2004, p. 267.

elencado no art. 254 do CPP. A exceção, dirigida ao juiz, poderá ser ofertada pela própria parte ou por seu procurador com poderes especiais. Nos crimes de ação pública, evidente que o membro do Ministério Público sempre o fará pessoalmente. Nos crimes de ação penal de iniciativa privada, poderá o querelante pessoalmente apresentar a petição ou por meio de procurador com poderes especiais, não sendo suficiente, assim, a procuração *ad judicia* genérica. O mesmo se diga em relação ao réu, que poderá ele mesmo apresentar a exceção ou por procurador com poderes especiais. O assistente do Ministério Público também está legitimado a proceder à recusa, visto que em matéria de se proporcionar um julgamento imparcial deve-se adotar um posicionamento mais flexível em relação a quem possa estar legitimado, sempre na busca de um processo escorreito.

2. **Recusa dirigida ao juiz**. A recusa é dirigida ao juiz, e não ao juízo, ou seja, não à Vara Criminal onde ele está lotado. Assim, deve o juiz argüido, caso reconheça a procedência da exceção, encaminhar os autos a seu substituto. Em caso contrário aplicar-se-á o disposto no art. 100.

3. **Número de testemunhas**. O artigo não é expresso quanto ao número de testemunhas que podem ser arroladas na petição, havendo quem entenda ser possível arrolar até três para cada fato, por analogia ao que dispõe o parágrafo único do art. 407 do CPC, bem como quem entenda que o número deva ficar a critério da parte que apresenta a exceção, de acordo com a necessidade do caso concreto. Pensamos ser correto este último entendimento, devendo o juiz zelar para que não haja eventual excesso, sobretudo se for procrastinatório.

Art. 99. Se reconhecer a suspeição, o juiz sustará a marcha do processo, mandará juntar aos autos a petição do recusante com os documentos que a instruam, e por despacho se declarará suspeito, ordenando a remessa dos autos ao substituto.

1. **Reconhecimento da suspeição pelo juiz**. Aceitando desde logo as razões invocadas na petição que imputa a suspeição contra si, o juiz determinará a juntada aos autos da petição do recusante, com os documentos que a instruam, declarando-se suspeito por meio de despacho, com a subseqüente remessa dos autos ao juiz substituto.

2. **Recurso**. Da decisão que reconhece a suspeição não cabe recurso, consoante disposto no art. 581, III. Pode, no entanto, dar-se o caso de o juiz que vier a receber os autos para presidir o trâmite e julgar o processo não concordar com seu antecessor, por entender insubsistentes as razões elencadas no art. 254 do CPP, devendo suscitar o conflito negativo de competência.

Art. 100. Não aceitando a suspeição, o juiz mandará autuar em apartado a petição, dará sua resposta dentro em 3 (três) dias, podendo instruí-la e oferecer testemunhas, e, em seguida, determinará sejam os autos da exceção remetidos, dentro em 24 (vinte e quatro) horas, ao juiz ou tribunal a quem competir o julgamento.

§ 1º Reconhecida, preliminarmente, a relevância da argüição, o juiz ou tribunal, com citação das partes, marcará dia e hora para a inquirição das testemunhas, seguindo-se o julgamento, independentemente de mais alegações.

§ 2º Se a suspeição for de manifesta improcedência, o juiz ou relator a rejeitará liminarmente.

1. **Trâmite da exceção de suspeição**. Se o juiz não aceitar a suspeição, a exceção será autuada em apartado. Após a autuação, o juiz terá o prazo de 3 (três) dias para responder, podendo instruir sua resposta com provas de que dispuser e oferecimento de testemunhas, determinando, em 24 (vinte e quatro) horas, a remessa dos autos da exceção ao tribunal competente. No tribunal, o julgamento se faz em duas partes: *juízo de prelibação* e *juízo de essência*.[47] O juízo de prelibação consiste em o tribunal apreciar a relevância da argüição, ou seja, se a exceção está fundada em algum dos motivos do art. 254 do CPP. O juízo de essência diz respeito ao mérito, isto é, entendendo o tribunal tratar-se de argüição relevante passa a verificar se é procedente.

2. **Manifesta improcedência da suspeição**. O § 2º do artigo cuida da argüição de suspeição manifestamente improcedente, hipótese em que o relator não leva o feito ao tribunal para que aprecie, rejeitando liminarmente a argüição.

Art. 101. Julgada procedente a suspeição, ficarão nulos os atos do processo principal, pagando o juiz as custas, no caso de erro inescusável; rejeitada, evidenciando-se a malícia do excipiente, a este será imposta a multa de duzentos mil-réis a dois contos de réis.

1. **Procedência da suspeição**. Julgando procedente a argüição de suspeição, os atos do processo principal são nulos, a teor do que dispõe o art. 564, II, segunda parte, do CPP. No caso de o juiz não aceitar a

---

[47] TORNAGHI, Hélio. *Comentários ao código de processo penal*. V. I, tomo 2º Rio de Janeiro: Forense, 1956, p. 288.

suspeição, a exceção será autuada em apartado. Após a autuação, o juiz terá o prazo de 3 (três) dias para responder, podendo instruir sua resposta com provas de que dispuser, com oferecimento de testemunhas, determinando, em 24 (vinte e quatro) horas, a remessa dos autos da exceção ao tribunal competente. No tribunal, o julgamento se faz em duas partes: *juízo de prelibação* e *juízo de essência*.[48] O juízo de prelibação consiste em o tribunal apreciar a relevância da argüição, ou seja, se a exceção está fundada em algum dos motivos do art. 254 do CPP. O juízo de essência diz respeito ao mérito, isto é, entendendo o tribunal tratar-se de argüição relevante passa a verificar se é procedente. Em caso de o excepiente ter agido com malícia que se mostre evidente, deve o juiz impor-lhe multa.

Art. 102. Quando a parte contrária reconhecer a procedência da argüição, poderá ser sustado, a seu requerimento, o processo principal, até que se julgue o incidente da suspeição.

1. **Sustação do processo principal por requerimento da parte contrária.** Prevê o artigo a possibilidade de o processo ser sustado em razão de requerimento da parte contrária. Tratando-se de requerimento, não está o magistrado obrigado a sustar o curso do processo, mas tal medida mostra-se plausível, visto que ambas as partes estão a entender que o juiz *não pode julgar*.

Art. 103. No Supremo Tribunal Federal e nos Tribunais de Apelação, o juiz que se julgar suspeito deverá declará-lo nos autos e, se for revisor, passar o feito ao seu substituto na ordem da precedência, ou, se for relator, apresentar os autos em mesa para nova distribuição.
§ 1º Se não for relator nem revisor, o juiz que houver de dar-se por suspeito, deverá fazê-lo verbalmente, na sessão de julgamento, registrando-se na ata a declaração.
§ 2º Se o presidente do tribunal se der por suspeito, competirá ao seu substituto designar dia para o julgamento e presidi-lo.
§ 3º Observar-se-á, quanto à argüição de suspeição pela parte, o disposto nos arts. 98 a 101, no que lhe for aplicável, atendido, se o juiz a reconhecer, o que estabelece este artigo.
§ 4º A suspeição, não sendo reconhecida, será julgada pelo tribunal pleno, funcionando como relator o presidente.
§ 5º Se o recusado for o presidente do tribunal, o relator será o vice-presidente.

1. **Aplicação da regra ao STF e aos demais tribunais.** O Supremo Tribunal Federal, era ao tempo da edição do CPP, e continua a ser, o órgão de cúpula do Poder Judiciário. Já os Tribunais de Apelação a que se refere o CPP, não mais existem. No entanto, a regra aplica-se a todos os Tribunais previstos pela Constituição, além do próprio Supremo Tribunal Federal, com exceção, é claro, dos Tribunais Regionais do Trabalho, que não possuem jurisdição penal. São eles: o Superior Tribunal de Justiça, os Tribunais Regionais Federais, os Tribunais Regionais Eleitorais, os Tribunais Militares e os Tribunais de Justiça dos Estado e do Distrito Federal (Constituição, art. 92).

2. **Declaração de suspeição *ex officio* de membro de tribunal.** O disposto no *caput* do artigo determina o juiz – *lato sensu*, abrangendo os Ministros de Tribunais Superiores e os Desembargadores dos demais Tribunais –, que se julgar suspeito o declare nos autos, devendo, no caso de ser o revisor, passar o feito a seu susbstituto com observância da ordem de precedência, ou, tratando-se do relator, apresentar os autos em mesa para a nova distribuição. Não se tratando do relator ou do revisor, prevê o § 1º a manifestação oral do integrante do tribunal que se julgar suspeito, na própria sessão de julgamento. De acordo com o § 2º, se a suspeição for reconhecida pelo presidente do tribunal, o seu substituto será o vice-presidente, o qual designará dia para julgamento e presidi-lo.

3. **Argüição da suspeição pelas partes.** Na hipótese de o membro do tribunal não reconhecer por iniciativa sua a própria suspeição, poderão as partes argüirem, tal como ocorre em relação aos juízes de 1ª instância, aplicando-se as regras dos arts. 98 a 101, no que for aplicável, consoante determina o § 3º. Se o argüido concordar com a exceção a ele oposta, aplicam-se os §§ 1º e 2º. Ao contrário, não sendo reconhecida a suspeição, o julgamento desta será feito pelo tribunal pleno, tendo como relator o seu presidente, no caso de ele mesmo não ser o suspeito, por óbvio, sendo que em tal caso a relator passa a ser o vice-presidente, nos termos do § 5º.

Art. 104. Se for argüida a suspeição do órgão do Ministério Público, o juiz, depois de ouvi-lo, decidirá, sem recurso, podendo antes admitir a produção de provas no prazo de 3 (três) dias.

1. **Suspeição do órgão do Ministério Público.** Cuida o artigo da hipótese de suspeição do órgão do

---
[48] TORNAGHI, Hélio. Ob. cit. p. 288.

Ministério Público. As razões que tornam o membro do Ministério Público suspeito ou impedido são as mesmas relativas ao julgador, dispostas no art. 258 c/c os arts. 252 e 254 do CPP.

2. **Julgamento**. Oposta a exceção, deve o juiz encaminhá-la ao membro do Ministério Público para que oferte sua resposta. Se concordar com a argüição e se abstiver de continuar oficiando no feito, os autos serão encaminhados ao seu substituo legal. No entanto, se não concordar com as razões a ele opostas, deve a exceção ser julgada, segundo um entendimento pelo próprio juiz de primeira instância que preside o processo principal. Porém, este entendimento não está em consonância com a Constituição, a qual prevê prerrogativa de função no que tange a julgamento de integrantes do Ministério Público da União (Constituição art. 102, I, "b", art. 105, I, "a" e art. 108, I, "a"), sendo que a mesma regra é seguida, até mesmo por questão de simetria, pelas Constituições dos Estados. Assim, entendemos que os autos exceção de suspeição devam ser encaminhados ao tribunal competente, o qual determinará – ou não – o afastamento do membro do Ministério Público.

Art. 105. As partes poderão também argüir de suspeitos os peritos, os intérpretes e os serventuários ou funcionários de justiça, decidindo o juiz de plano e sem recurso, à vista da matéria alegada e prova imediata.

1. **Suspeição dos peritos e outros auxiliares do juízo**. Tal como os juízes e membros do Ministério Público, os peritos intérpretes e os serventuários ou funcionários da justiça deverão intervir no processo com a lisura e impessoalidade necessários. Na dicção do art. 280, "é extensivo aos peritos, no que lhes for aplicável, o disposto sobre suspeição dos juízes", prevendo o art. 281 que os intérpretes são, para todos os efeitos, equiparados aos peritos. No caso de ser oposta a exceção, o juiz decidirá de plano, sem possibilidade de recurso.

Art. 106. A suspeição dos jurados deverá ser argüida oralmente, decidindo de plano do presidente do Tribunal do Júri, que a rejeitará se, negada pelo recusado, não for imediatamente comprovada, o que tudo constará da ata.

1. **Exceção de suspeição dos jurados**. A exceção de suspeição dos jurados que compõem o Tribunal do Júri, dá-se na sessão de julgamento, de forma oral, decidindo o presidente do tribunal, o juiz togado, de plano, rejeitando, se negada pelo recusado, não for comprovada pelo argüente, fazendo constar em ata.

Os jurados são juízes de fato, cabendo a eles decidir sobre o destino do réu que responda por um crime doloso contra a vida. Assim sendo, é natural que as causas de suspeição e impedimento dos magistrados alcancem também os jurados. Além da incidência dos arts. 252 e 254, há previsão expressa, com incidência específica aos jurados, segundo a qual são impedidos de servir no mesmo conselho marido e mulher, ascendentes e descendentes, sogro e genro ou nora, irmãos, cunhados, durante o cunhadio, tio e sobrinho, padrasto ou madrasta e enteado.

Art. 107. Não se poderá opor suspeição às autoridades policiais nos atos do inquérito, mas deverão elas declarar-se suspeitas, quando ocorrer motivo legal.

1. **Suspeição das autoridades policiais**. O CPP veda expressamente a oposição de exceção de suspeição às autoridades policiais nos atos do inquérito policial. Isso porque o inquérito constitui um procedimento administrativo meramente preliminar, que poderá ensejar, ou não, futura ação penal. No entanto, ocorrendo algum motivo legal, deve a própria autoridade declarar-se suspeita. Não obstante, a inexistência da possibilidade de ser oposta exceção de suspeição em face de autoridade policial, recomenda o bom direito sejam oportunizadas alternativas a quem se julgar prejudicado pela ausência da possibilidade de oferecer exceção. Imagine-se um caso em a vítima de algum crime qualquer, lesões graves, por exemplo, se depare com a instauração de inquérito policial em que a autoridade que irá presidir o inquérito seja cônjuge do agente delituoso. Evidente que se a autoridade não se declarara suspeita, pode e deve a vítima recorrer à instância correicional da instituição policial.

2. **Suspeição do membro do Ministério Público que atuou na fase investigativa**. Os membros do Ministério Público, Promotores de Justiça, no âmbito estadual, e Procuradores da República, na esfera federal, participam, dirigindo ou de outro modo contribuindo, comumente, da atividade investigativa, sem que isso signifique impedimento ou suspeição do membro, a teor do que dispõe a Súmula nº 234 do Superior Tribunal de Justiça: "A participação de membro do Ministério Público na fase investigatória criminal não acarreta o seu impedimento ou suspeição para o oferecimento da denúncia".

**Art. 108. A exceção de incompetência do juízo poderá ser oposta, verbalmente ou por escrito, no prazo de defesa.
§ 1º Se, ouvido o Ministério Público, for aceita a declinatória, o feito será remetido ao juízo competen-**

te, onde, ratificados os atos anteriores, o processo prosseguirá.

§ 2º Recusada a incompetência, o juiz continuará no feito, fazendo tomar por termo a declinatória, se formulada verbalmente.

1. **Exceção de incompetência**. A exceção de incompetência também é proposta ao próprio juiz da causa, no objetivo de que ele decline ao juiz competente para que este assuma a condução e ulterior julgamento do feito. O artigo prevê a possibilidade de que a exceção seja feita oralmente, mas, na prática, a exceção é oposta comumente por escrito. Determina, ainda, o dispositivo seja a exceção ofertada no prazo da defesa. Entenda-se, como regra, o prazo da defesa o estipulado no art. 395, ou seja, o prazo das alegações preliminares, também chamada defesa prévia, que se dá no tríduo que segue ao interrogatório do réu. Porém, há casos em que a primeira oportunidade para a defesa técnica tem lugar antes mesmo do recebimento da denúncia, como nas hipóteses do art. 514 do CPP e do § 1º do art. 38 da Lei nº 10.409/2002 (Nova Lei de Tóxicos), por exemplo. Nesses casos, o acusado poderá oferecer sua defesa antes do recebimento da denúncia e, se for o caso, está poderá, eventualmente, até mesmo não ser recebida. Se for feita uma petição especifica para a exceção, será autuada em apartado (art. 111), o mesmo ocorrendo no caso de a exceção ser deduzida na mesma peça que constituir as alegações preliminares do art. 395, com a diferença de que nesse caso, far-se-á um traslado para a formação dos autos apartados, ou seja, a defesa prévia será autuada nos autos principais, sendo que a sua cópia autenticada servirá para a formação dos autos da exceção.

2. **Intervenção do Ministério Público**. Após receber a exceção, o juiz deve abrir vista para que o órgão do Ministério Público se manifeste, a teor do que dispoe o § 1º do art. 108. Se o membro do Ministério Público apresentar seu parecer, de forma contrária à exceção, afirmando que o juiz é competente, mas o juiz entender que não é competente, dispõe o órgão ministerial do recurso em sentido estrito, previsto no art. 581, III, cuja instrução se faz nos próprios autos da exceção, os quais devem subir ao tribunal para julgamento da exceção (CPP, art. 583, II). Por outro lado, se o Ministério Público manifestar o entendimento de que o juiz não é competente, mas este discordar, permanecendo na condução do processo, não há recurso previsto pelo CPP, visto que o art. 581, III, refere-se – exceto no caso das suspeições – somente às decisões que julgam procedentes as exceções. Tourinho Filho[49] pensa ser cabível, nesse caso,

a apelação, por seu caráter de recurso supletivo no sistema do CPP, forte no art. 593, II c/c o art. 3º do CPP e com o art. 146 do CPPM, diploma militar que prevê recurso em tais casos, valendo a admissão expressa do CPP da aplicação analógica (art. 3º). A nosso ver, a solução apontada pelo autor não enfrenta óbice legal. Pelo contrário, pode-se perfeitamente invocar o art. 3º. Porém, no caso de a incompetência ser de caráter absoluto, melhor e mais célere caminho será a utilização do *habeas corpus*, com fundamento no art. 648, VI, pois, tratando-se de incompetência absoluta, o processo torna-se manifestamente nulo.

3. **Reconhecimento da incompetência pelo juiz**. Aceitando as razões invocadas na exceção de incompetência, o juiz determinará a juntada aos autos da petição, com os documentos que a instruam, declarando-se incompetente por meio de despacho, com a subseqüente remessa dos autos ao juiz competente.

4. **Juiz que recebe os autos também não reconhece ser competente**. Se o juiz a quem foram encaminhados os autos entender que o caso não é de sua competência, há dois caminhos a seguir. Primeiro, simplesmente encaminha os autos ao que for competente. Por exemplo, um juiz criminal da cidade de Novo Hamburgo encaminha os autos ao juiz de São Leopoldo, visto que o fato delituoso supostamente teria ocorrido nesta última cidade. Porém, o juiz criminal de São Leopoldo percebe que o delito ocorreu, na realidade, em Sapucaia, ainda que perto do limite entre as duas cidades. Nesse caso, desde logo poderá encaminhar o caso para a Vara Criminal de Sapucaia. Segundo, diferentemente do caso anterior, o juiz que recebeu os autos entende ser competente o próprio juiz que lhe encaminhou, julgando-se incompetente. Nesse caso, deve o magistrado suscitar o conflito negativo de competência, consoante o disposto no art. 113.

5. **Exceção intempestiva**. Poderá ser a exceção de incompetência ser ofertada intempestivamente, ou seja, depois do prazo da defesa, comportando solução diversa, conforme seja a incompetência absoluta ou relativa. Se incompetência for absoluta, deve o juiz declinar para o competente, ainda que intempestiva a oposição, visto que a incompetência absoluta gera nulidade absoluta. Exemplo temos no caso de roubo à Caixa Econômica Federal, cujo feito deve ser julgado pela Justiça Federal, jamais pela estadual, sob pena de nulidade. Por outro lado, se incompetência for apenas relativa – *ratione loci*, por exemplo – e sendo a exceção intempestiva, ocorrerá a preclusão temporal.

---

[49] TOURINHO FILHO, Fernando da Costa. *Código de processo penal comentado*. 5ª ed. Vol. 1. São Paulo: Saraiva, 1999, p. 278.

6. Recurso. Da decisão que reconhece a incompetência cabe recurso em sentido estrito, consoante disposto no art. 581, II. Por outro lado, a decisão que julga improcedente a exceção de competência, também admite o recurso em sentido estrito, forte no art. 581, III.

> **Art. 109.** Se em qualquer fase do processo o juiz reconhecer motivo que o torne incompetente, declará-lo-á nos autos, haja ou não alegação da parte, prosseguindo-se na forma do artigo anterior.

1. Reconhecimento da incompetência *ex officio*. Estabelece o artigo a possibilidade – em caso de incompetência relativa – ou a imposição – em caso de incompetência absoluta – de o juiz declinar da competência para aquele a quem entender competente. No caso de a incompetência ser relativa, há mera possibilidade de declinação ao juiz competente, porquanto, se o juiz não declinar da competência, os atos que praticar – incluindo a sentença – serão válidos, como no exemplo de um juiz criminal que julga um feito cujo fato tenha ocorrido em comarca contígua, em local próximo a municípios limítrofes, e que, por essa razão, veio a ser apurado pela Autoridade Policial da cidade vizinha, com ulterior remessa dos autos de inquérito ao juízo a que se vinculava. Isso porque, nas grandes metrópoles, há cidades urbanas, cujos limites, por vezes, restam quase imperceptíveis. Em um tal caso, após presidir toda a instrução criminal e, somente, ao final perceber que se tratava de fato ocorrido em outra cidade, sem ser incompetente em razão da matéria ou em razão de diversidade de justiças – federal e estadual –, por exemplo, revela-se recomendável que o juiz que instrui o feito também o julgue, mesmo podendo declinar. Todavia, tratando-se de incompetência absoluta, como na hipótese de um juiz criminal estadual conhecer de matéria atinente à Justiça Federal, aí, sim, a declinação é impositiva, sob pena de macular o processo de nulidade insanável.

> **Art. 110.** Nas exceções de litispendência, ilegitimidade de parte e coisa julgada, será observado, no que lhes for aplicável, o disposto sobre a exceção de incompetência do juízo.
>
> **§ 1º** Se a parte houver de opor mais de uma dessas exceções, deverá fazê-lo numa só petição ou articulado.
>
> **§ 2º** A exceção de coisa julgada somente poderá ser oposta em relação ao fato principal, que tiver sido objeto da sentença.

1. Exceções de litispendência, ilegitimidade de parte e coisa julgada. Consoante visto nos comentários ao art. 95, ocorre *litispendência* quando o litígio pende de julgamento, ou seja, o litígio, tratando do mesmo fato e possuindo as mesmas partes, encontra-se em pleno trâmite, ainda não encerrado, fato que impede o ajuizamento ou a continuidade de uma nova e idêntica ação penal, sob pena de dar-se ensejo a um *bis in idem*. A *ilegitimidade de parte* de que trata o artigo compreende tanto a ilegitimidade *ad processum* como também a *ilegitimidade ad causam*, buscando-se afastar, na primeira hipótese, quem não tenha legitimidade processual, como no exemplo do menor de 18 anos que pretenda constituir advogado para ofertar queixa-crime, visto que tal faculdade só poderá ser exercida por seu representante legal, consoante se extrai dos arts. 24, 33 e 34 do CPP. Já a *ilegitimidade ad causam* diz respeito ao vínculo com o direito material que a parte deve ter. Assim, se o ofendido por crime contra a honra for José, v.g., mas este não se sente ofendido, não poderá seu irmão, ajuizar a queixa-crime. Por fim, a exceção de coisa julgada ocorrerá quando a matéria posta em causa já foi definitivamente julgada anteriormente, sem qualquer possibilidade de recurso, sob pena de, tal como se dá na litispendência, ensejar um inusitado *bis in idem* a ensejar novo julgamento daquilo que já foi julgado.

2. Aplicação do disposto sobre a exceção de incompetência do juízo para os casos de litispendência, ilegitimidade de parte e coisa julgada, *mutatis mutandis*. Reza o *caput* do artigo que às exceções nele prevista observarão, *mutatis mutandis*, ou seja, no que for aplicável, as regras relativas à exceção de incompetência. Em suma, aplicam-se as seguintes regras, de forma comum a todas às situações ora tratadas: a) poderão serem opostas pelas partes ou reconhecidas *ex officio*; b) podem ser feitas de forma escrita ou oral, sendo, neste caso, reduzidas a termo; c) a parte contrária deve ser ouvida; d) os autos são autuados em apartado; e) não há suspensão do feito principal. Não obstante, impende salientar que, diferentemente do que ocorre no reconhecimento da incompetência – se bem que apenas na relativa –, os atos anteriores jamais podem ser ratificados, visto que nas hipóteses de litispendência, ilegitimidade de parte e coisa julgada, o processo sequer poderia existir, salvo nos caso da ilegitimidade, e, mesmo assim, somente quando se fizer figurar as partes devidamente legitimadas a tanto.

3. Oposição de duas ou mais exceções. O § 1º é auto explicativo, tal é a clareza, ao estabelecer que, no caso de o excipiente oferecer mais de uma exceção, deverá fazê-lo em uma só petição.

4. Delimitação do objeto da exceção de coisa julgada. Na dicção do § 2º, a exceção de coisa julgada abrange tão-somente o fato principal, excluindo-se, portanto, fatos apreciados incidentalmente, mas que não configuravam objeto da causa posta em juízo propriamente dito, tais como questões prejudiciais e argumentos aduzidos na parte demonstrativa da sentença, que podem ser objeto de um novo processo, sem dar lugar à exceção de coisa julgada.[50]

Art. 111. As exceções serão processadas em autos apartados e não suspenderão, em regra, o andamento da ação penal.

1. **Processamento em autos apartados.** Determina o artigo sejam as exceções processadas em autos apartados, isso em razão do fato de que as exceções não suspendem, em regra, o processo principal, prosseguindo, portanto, cada qual no seu próprio trâmite. No entanto, há duas exceções; a primeira, no caso de reconhecimento da suspeição pelo magistrado, em que sustará o andamento do feito (art. 99); a segunda, no caso de a parte contrária reconhecer a procedência da exceção, hipótese em que poderá o órgão julgador da exceção sustar o processo principal (art. 102).

CAPÍTULO III
DAS INCOMPATIBILIDADES E IMPEDIMENTOS

Art. 112. O juiz, o órgão do Ministério Público, os serventuários ou funcionários de justiça e os peritos ou intérpretes abster-se-ão de servir no processo, quando houver incompatibilidade ou impedimento legal, que declararão nos autos. Se não se der a abstenção, a incompatibilidade ou impedimento poderá ser argüido pelas partes, seguindo-se o processo estabelecido para a exceção de suspeição.

1. **Incompatibilidades e impedimentos.** O vocábulo impedimento expressa a idéia daquilo que é proibido, de algo que não se pode fazer, ao passo que incompatibilidade nos remete à noção de coisas ou pessoas que não possam ter mútua convivência entre si. Assim, pode-se afirmar que os casos de impedimento ou suspeição possuem necessariamente conteúdo de incompatibilidade. As hipóteses de impedimento são aquelas arroladas nos arts. 252 e 253. As de suspeição estão previstas no art. 254. Por fim, deve-se entender os casos de incompatibilidade do art. 112 como sendo todos aqueles não incluídos nos casos expressamente previstos pelo CPP de impedimento e de suspeição, ou seja, uma cláusula aberta que terá sua solução, no que diz com o enquadramento (ou não) em situação de incompatibilidade, no caso concreto.

2. **Declaração de incompatibilidade e impedimento.** A declaração de incompatibilidade e de impedimento deve ser declarada nos autos, podendo a argüição ser feita pelas partes, caso não ocorra a declaração de ofício por um daqueles arrolados no rol do artigo.

CAPÍTULO IV
DO CONFLITO DE JURISDIÇÃO

Art. 113. As questões atinentes à competência resolver-se-ão não só pela exceção própria, como também pelo conflito positivo ou negativo de jurisdição.

1. **Resolução do conflito de jurisdição ou de competência.** O que o Código, na ementa do Capítulo IV, denomina conflito de jurisdição, designa, na realidade, a discordância existente acerca da fixação da competência. Há quem entenda que verdadeiro conflito de jurisdição dar-se-ia no caso de duas autoridades judiciárias ou mesmo de tribunais de justiças diversas – estadual e federal, ou comum e especial, por exemplo – reputarem-se competentes para o julgamento do mesmo caso – conflito positivo – ou, ao revés, julgarem-se incompetentes – conflito negativo –. Por outro lado, o conflito de competência ocorreria no caso de dois juízes vinculados à mesma justiça – à justiça estadual de determinado Estado-membro, por exemplo – se julgarem, a um tempo, competentes – ou não – para o julgamento do mesmo caso. A designação conflito de competência, quiçá se mostra mais adequada por ser mais genérica, visto que, em última análise, pode-se afirmar que ao juízo que padeça de ausência de jurisdição, será um juízo incompetente. Na dicção do artigo as questões atinentes à competência podem ser resolvidas por exceção ou pela suscitação de conflito, positivo ou negativo. A exceção de incompetência foi tratada nos comentários ao art. 108, sendo que, consoante se viu, constitui instrumento a ser oposto pelas partes. Já o conflito de competência é feito pelo próprio juiz, com ou sem provocação, visto que tanto poderá fazê-lo a partir de manifestação do Ministério Público em tal sentido ou do pedido do acusado, bem como *sponte sua* (art. 115).

---
[50] TORNAGHI, Hélio. *Comentários ao código de processo penal.* V. I, tomo 2º Rio de Janeiro: Forense, 1956, p. 311.

Art. 114. Haverá conflito de jurisdição:
I – quando duas ou mais autoridades judiciárias se considerarem competentes, ou incompetentes, para conhecer do mesmo fato criminoso;
II – quando entre elas surgir controvérsia sobre unidade de juízo, junção ou separação de processos.

1. **Ocorrência do conflito de jurisdição ou de competência.** Mais uma vez o Código utiliza a expressão conflito de jurisdição, quando, na realidade, o conflito poderá ser tanto o de jurisdição, consoante observação feita nos comentários ao artigo anterior, como conflito de competência. O inciso I descreve o conflito positivo, quando duas ou mais autoridades se considerarem competentes, e o conflito negativo, quando a controvérsia tenha como objeto a afirmação de incompetência de duas ou mais autoridades judiciárias. O inciso II cuida do conflito de jurisdição ou de competência quando entre elas, segundo locução do Código, surgir controvérsia sobre unidade de juízo, junção ou separação de processos. A hipótese refere-se à regra do art. 77 e a do art. 79, que dispõem sobre continência e conexão e sobre a unidade de processo e julgamento, que poderão acarretar o conflito de competência. Exemplifica-se: determinado motorista perde o controle do automóvel que invade uma parada de ônibus e atropela quatro pessoas na cidade de São Caetano. Uma pessoa morre no local e outras três restam gravemente feridas e são levadas à Capital, São Paulo, para serem internadas. Essas três últimas, não resistindo aos graves ferimentos também vêm a falecer. É instaurada ação penal na Vara Criminal de São Caetano, entendo o juiz criminal, deva haver unidade de processo para julgar o réu também pelas mortes ocorridas na Capital. Por sua vez, o juiz da Capital entende deva haver unidade de processo, mas de sua competência, com base no art. 77, II. Nesse caso teremos um conflito positivo de competência, consoante disposto no art. 114, II.

Art. 115. O conflito poderá ser suscitado:
I – pela parte interessada;
II – pelos órgãos do Ministério Público junto a qualquer dos juízos em dissídio;
III – por qualquer dos juízes ou tribunais em causa.

1. **Suscitação do conflito.** Prevê o dispositivo, em seu inc. I, a possibilidade de o conflito ser suscitado pelas partes, ou seja, pelo Ministério Público, nos crimes de ação penal pública, bem como pelo réu, representado, evidentemente, por seu defensor. Nos crimes de ação penal de iniciativa privada, o conflito tanto poderá ser suscitado pelo querelante, por meio de seu procurador, advogado habilitado, quanto pelo querelado, por meio de seu defensor. De notar-se que a doutrina é praticamente unânime em aceitar que o conflito seja suscitado pelo assistente do Ministério Público, não obstante, a omissão do art. 271. Tal entendimento mostra-se adequado, visto o conflito de competência visa ao cumprimento, sobretudo, dos princípios do juiz natural e do devido processo penal. No inc. II, a previsão do Ministério Público não é despicienda, já que o inc. I já o abrange, na condição de parte, sujeito ativo ativo da relação processual. Isso porque o inc. II tratou de deixar claro que poderá o órgão suscitar conflito mesmo nos feitos em que não for parte, na condição de *custos legis*. Por fim, na dicção do inc. III, poderão formular a suscitação os juízes que atuarem no feito, bem como os tribunais em causa.

Art. 116. Os juízes e tribunais, sob a forma de representação, e a parte interessada, sob a de requerimento, darão parte escrita e circunstanciada do conflito, perante o tribunal competente, expondo os fundamentos e juntando os documentos comprobatórios.
§ 1º Quando negativo o conflito, os juízes e tribunais poderão suscitá-lo nos próprios autos do processo.
§ 2º Distribuído o feito, se o conflito for positivo, o relator poderá determinar imediatamente que se suspenda o andamento do processo.
§ 3º Expedida ou não a ordem de suspensão, o relator requisitará informações às autoridades em conflito, remetendo-lhes cópia do requerimento ou representação.
§ 4º As informações serão prestadas no prazo marcado pelo relator.
§ 5º Recebidas as informações, e depois de ouvido o procurador-geral, o conflito será decidido na primeira sessão, salvo se a instrução do feito depender de diligência.
§ 6º Proferida a decisão, as cópias necessárias serão remetidas, para a sua execução, às autoridades contra as quais tiver sido levantado o conflito ou que o houverem suscitado.

1. **Suscitação do conflito de competência por representação e por requerimento.** Tanto pode o conflito de competência ocorrer em razão de representação feita por juiz ou tribunal envolvido, bem como por requerimento da parte. O juiz ou tribunal não requer, mas representa, ou seja, expõe suas razões encaminhando o caso ao tribunal competente para resolver o conflito, com a respectiva solicitação em tal sentido. Já a parte, segundo o *caput*, apresenta requerimento ao tribunal competente. No entanto, na

prática, é comum as partes dirigirem seus requerimentos ao juiz da causa, pleiteando que esse suscite o conflito perante o tribunal.

2. Intervenção do Ministério Público. Após receber a exceção, o juiz deve abrir vista para que o órgão do Ministério Público se manifeste, a teor do que dispõe o § 1º do art. 108. Se o membro do Ministério Público apresentar seu parecer, de forma contrária à exceção, afirmando que o juiz é competente, mas o juiz entender que não o é, dispõe o órgão ministerial do recurso em sentido estrito, previsto no art. 581, III, cuja instrução se faz nos próprios autos da exceção, os quais devem subir ao tribunal para julgamento da exceção (CPP, art. 583, II). Por outro lado, se o Ministério Público manifestar o entendimento de que o juiz não é competente, mas este discordar, permanecendo na condução do processo, não há recurso previsto pelo CPP, visto que o art. 581, III, refere-se – exceto no caso das suspeições – somente às decisões que julgam procedentes as exceções. Tourinho Filho[51] pensa ser cabível, nesse caso, a apelação, por seu caráter de recurso supletivo no sistema do CPP, forte no art. 593, II c/c o art. 3º do CPP e com o art. 146 do CPPM, diploma militar que prevê recurso em tais casos, valendo a admissão expressa do CPP da aplicação analógica (art. 3º). A nosso ver, a solução apontada pelo autor não enfrenta óbice legal. Pelo contrário, pode-se perfeitamente invocar o art. 3º. Porém, no caso de a incompetência ser de caráter absoluto, melhor e mais célere caminho será a utilização do *habeas corpus*, com fundamento no art. 648, VI, pois, tratando-se de incompetência absoluta, o processo torna-se manifestamente nulo.

3. Reconhecimento da incompetência pelo juiz. Aceitando as razões invocadas na exceção de incompetência, o juiz determinará a juntada aos autos da petição, com os documentos que a instruam, declarando-se incompetente por meio de despacho, com a subseqüente remessa dos autos ao juiz competente.

4. Juiz que recebe os autos também não reconhece ser competente. Se o juiz a quem foram encaminhados os autos entender que o caso não é de sua competência, há dois caminhos a seguir. Primeiro, simplesmente encaminha os autos ao que for competente. Por exemplo, um juiz criminal da cidade de Novo Hamburgo encaminho os autos ao juiz de São Leopoldo, visto que o fato delituoso supostamente teria ocorrido nesta última cidade. Porém, o juiz criminal de São Leopoldo percebe que o delito ocorreu, na realidade, em Sapucaia, ainda que perto do limite entre as duas cidades. Nesse caso, desde logo poderá encaminhar o caso para a Vara Criminal de Sapucaia. Segundo, diferentemente do caso anterior, o juiz que recebeu os autos entende ser competente o próprio juiz que lhe encaminhou, julgando-se incompetente. Nesse caso, deve o magistrado suscitar o conflito negativo de competência, consoante o disposto no art. 113.

5. Exceção intempestiva. Poderá ser a exceção de incompetência ser ofertada intempestivamente, ou seja, depois do prazo da defesa, comportando solução diversa, conforme seja a incompetência absoluta ou relativa. Se incompetência for absoluta, deve o juiz declinar para o competente, ainda que intempestiva a oposição, visto que a incompetência absoluta gera nulidade absoluta. Exemplo temos no caso de roubo à Caixa Econômica Federal, cujo feito deve ser julgado pela Justiça Federal, jamais pela estadual, sob pena de nulidade. Por outro lado, se incompetência for apenas relativa – *ratione loci*, por exemplo – e sendo a exceção intempestiva, ocorrerá a preclusão temporal.

6. Recurso. Da decisão que reconhece a incompetência cabe recurso em sentido estrito, consoante disposto no art. 581, II. Por outro, dá decisão julga improcedente a exceção de competência, também admite o recurso em sentido estrito, com base no art. 581, III.

Art. 117. O Supremo Tribunal Federal, mediante avocatória, restabelecerá a sua jurisdição, sempre que exercida por qualquer dos juízes ou tribunais inferiores.

1. Avocatória e reclamação. Não há suscitação de conflito entre o Supremo Tribunal Federal e qualquer outra corte. Em primeiro lugar, a *avocatória* pode ocorrer de ofício, como no exemplo oferecido por Tourinho Filho[52] em que "se o STF tiver conhecimento de que um Deputado está sendo processado por Juiz da inferior instância ou qualquer Tribunal, imediatamente fará valer sua competência privativa, avocando o respectivo processo, porquanto lhe cabe, privativamente, processar e julgar membros do Congresso Nacional, consoante a regra do art. 102, I, b, da CF". Há também a possibilidade de o processo ser avocado mediante provocação, por meio de *reclamação*, consoante art. 102, I, *l*, da Lei Maior, que tem por escopo restabelecer a competência do Pretório Excelso, havendo previsão idêntica tendente a restituir a competência ao Superior Tribunal de Justiça, nos termos do art. 105, I, *f*, da Constituição. O procedimento da reclamação é estabelecido pela Lei nº

---

[51] TOURINHO FILHO, Fernando da Costa. *Código de processo penal comentado.* 5ª ed. Vol. 1. São Paulo: Saraiva, 1999, p. 278.

[52] TOURINHO FILHO, Fernando da Costa. Ob. cit., p. 310/311.

8.038/90, que "institui normas procedimentais para os processos que especifica, perante o Superior Tribunal de Justiça e o Supremo Tribunal federal", que em seu art. 13 dispõe: "Para preservar a competência do Tribunal ou garantir a autoridade de suas decisões, caberá reclamação da parte interessada ou do Ministério Público". Por sua vez, o Regimento Interno do Supremo Tribunal Federal estabelece: "Art. 161. Julgando procedente a reclamação, o Plenário poderá: I – avocar o conhecimento do processo em que se verifique usurpação de sua competência; II – ordenar que lhe sejam remetidos, com urgência, os autos do recurso para ele interposto; III – cassar decisão exorbitante de seu julgado, ou determinar medida adequada à observância de sua jurisdição".[53]

CAPÍTULO V
DA RESTITUIÇÃO DAS COISAS APREENDIDAS

Art. 118. Antes de transitar em julgado a sentença final, as coisas apreendidas não poderão ser restituídas enquanto interessarem ao processo.

1. **Restituição de coisas apreendidas.** Não permite o código sejam as coisas apreendidas restituídas enquanto interessarem ao processo. Na dicção do art. 6º, II, do CPP, cabe a autoridade policial, apreender os objetos que tiverem relação com o fato, após terem sido liberados pelos peritos criminais. Segundo o art. 175 do CPP, os instrumentos do crime devem ser periciados, para se lhes verificar a natureza e a eficiência. Outrossim, o valor do produto do crime pode trazer conseqüências variadas, devendo ser avaliado para delimitar-se o dano. Assim é que o acusado poderá desfrutar de benefício legal, quando o valor for de pequena monta, como se dá nos casos dos arts. 155, § 2º, 168-A, § 3º, II, 170, 171, § 1º e 180, § 3º, 337-A, § 1º, II. Ao contrário, o valor apurado também poderá servir para majorar a pena, como acontece nos crimes contra a ordem tributária em que haja grave dano à coletividade, que, noutras palavras, significa sonegação de quantias vultosas (Lei nº 8.137, art. 12, I). As coisas que podem ser apreendidas são aquelas relacionadas no art. 240, § 1º, *b*, *c*, *d*, *e*, *f*, e *h*. Quanto às cartas, há que se observar o disposto no art. 5º, XII, da Constituição. Por derradeiro. Frise-se que não podem ser restituídas as coisas relacionadas no art. 91, II, *a* e *b*, do CP, consoante também estabelece o artigo seguinte.

Art. 119. As coisas a que se referem os arts. 74 e 100 do Código Penal não poderão ser restituídas, mesmo depois de transitar em julgado a sentença final, salvo se pertencerem ao lesado ou a terceiro de boa-fé.

1. **Coisas que não podem ser, em regra, restituídas.** A remissão feita pelo artigo aos arts. 74 e 100, tinha em conta a antiga Parte Geral do CP. Com a reforma empreendida pela Lei nº 7.209/84, deve-se considerar o art. 91, II, e não mais os artigos referidos no CPP. Segunda a regra do art. 119 do CPP c/c o art. 91, II, *a* e *b*, do CP, mesmo após o trânsito em julgado da sentença condenatória, ressalvado o direito do lesado ou de terceiro de boa fé, não podem ser restituídos: a) os instrumentos do crime, desde que consistam em coisas cujo fabrico, alienação, uso, porte ou detenção constitua fato ilícito; b) o produto do crime ou de qualquer bem o valor que constitua proveito auferido pelo agente com a prática do fato criminoso. Isto porque constituem objeto de perda em favor da União. Do primeiro caso, figure-se como exemplo um crime contra a vida com fuzil objeto de contrabando. Nesse caso, mesmo que o autor do crime seja absolvido por insuficiência de provas, com base in *dubio pro reo*, a arma não será restituída, devendo ser destinada à União. Já com relação ao produto do crime, a não restituição dependerá forçosamente de sentença condenatória, sendo ainda tal produto objeto de seqüestro (art. 121 do CPP). Ressalva o art. 91 do CP, o direito de terceiro. Assim, se a arma utilizada no crime pertencer ao Exército brasileiro, por exemplo, será a este restituída.

Art. 120. A restituição, quando cabível, poderá ser ordenada pela autoridade policial ou juiz, mediante termo nos autos, desde que não exista dúvida quanto ao direito do reclamante.

§ 1º Se duvidoso esse direito, o pedido de restituição autuar-se-á em apartado, assinando-se ao requerente o prazo de 5 (cinco) dias para a prova. Em tal caso, só o juiz criminal poderá decidir o incidente.

§ 2º O incidente autuar-se-á também em apartado e só a autoridade judicial o resolverá, se as coisas forem apreendidas em poder de terceiro de boa-fé, que será intimado para alegar e provar o seu direito, em prazo igual e sucessivo ao do reclamante, tendo um e outro 2 (dois) dias para arrazoar.

§ 3º Sobre o pedido de restituição será sempre ouvido o Ministério Público.

§ 4º Em caso de dúvida sobre quem seja o verdadeiro dono, o juiz remeterá as partes para o juízo cível, ordenando o depósito das coisas em mãos de

---

[53] Mais detalhes vide: DANTAS, Marcelo Navarro Ribeiro. *Reclamação constitucional no direito brasileiro.* Porto Alegre: Fabris, 2000, p. 267 e ss.

depositário ou do próprio terceiro que as detinha, se for pessoa idônea.

§ 5º Tratando-se de coisas facilmente deterioráveis, serão avaliadas e levadas a leilão público, depositando-se o dinheiro apurado, ou entregues ao terceiro que as detinha, se este for pessoa idônea e assinar termo de responsabilidade.

1. **Restituição feita pela autoridade policial.** Na fase do inquérito policial, a restituição poderá ser feita pela própria autoridade policial. Tratando-se de bem restituível e não havendo interesse para o processo, ela poderá fazê-lo quando não haja controvérsia em relação à coisa, visto que, se duvidoso o direito, há que se autuar o pedido em autos apartados, cabendo ao juiz criminal julgar o incidente. Sendo o caso de restituição, a autoridade dará seu despacho nos autos, ordenando a lavratura do termo de restituição.

2. **Restituição feita pela autoridade judicial.** Em juízo, a restituição é sempre decidida pelo juiz criminal. No caso de não haver dúvida quanto ao direito do requerente, possibilita o artigo a restituição por simples termo nos autos. Porém, havendo dúvida e apresentado o requerimento, o juiz determina a autuação em apartado, abrindo vista ao reclamante para que em cinco dias faça prova de seu direito. Com a resposta, o juiz decidirá, após ouvir ao Ministério Público. Se houver interesse de terceiro, este será intimado para que possa comprovar seu direito, também no prazo de cinco dias, sucessivamente ao reclamante, tendo ambos dois dias para arrazoar. Se a dúvida for de monta mais significativa, o juiz encaminhará os autos para que o juízo cível possa resolver, ordenando sejam a coisa depositada com o próprio terceiro que a detinha ou de outra pessoa que seja idônea.

3. **Coisas deterioráveis.** As coisas facilmente deterioráveis, segundo o § 5º, serão avaliadas e levadas a leilão público, com o depósito do dinheiro auferido, podendo, ainda, haver a entrega ao terceiro que a detinha, desde que seja pessoa idônea.

4. **Intervenção do Ministério Público.** Cabe ao Ministério Público, como fiscal da lei, sempre intervir no incidente de restituição, velando para que eventual restituição se dê de forma escorreita. Deve o órgão ministerial atentar para os negócios dissimulados, muito comuns entre os criminosos. Por vezes, o criminoso adquire determinado bem, mas utilizando-se de um "laranja", a quem pretende fazer crer ser um terceiro de boa-fé, quando na realidade é um terceiro de *má-fé*, apenas emprestando seu nome para que o agente delituoso para usufruir do produto de seu crime. Nesses casos, uma investigação criteriosa poderá esclarecer possíveis conluios estabelecidos com "contratos de gaveta" ou outros meios dissimuladores. Acrescente-se que a oitiva do Ministério Público é sempre anterior à decisão, já que o § 3º prescreve sua ouvida quanto ao pedido de restituição.

Art. 121. No caso de apreensão de coisa adquirida com os proventos da infração, aplica-se o disposto no art. 133 e seu parágrafo.

1. **Coisas adquiridas com os proventos da infração.** Os bens adquiridos com o produto da infração em regra não são objeto de apreensão, mas sim de seqüestro. Assim, se o assaltante de banco adquire automóveis com o produto do crime, por exemplo, esses devem ser seqüestrados. No entanto, tratando-se das hipóteses do art. 240, § 1º, letras *c*, *d*, *e* e *h* e § 2º, os bens móveis adquiridos com os proventos do crime podem ser apreendidos. Dispõe ainda o artigo que se aplica o disposto no art. 133 e seu parágrafo, querendo com isso indicar que as coisas apreendidas adquiridas com os proventos da infração não são restituídas, devendo, após o trânsito em julgado da sentença condenatória serem avaliadas e levadas a leilão público, sendo o dinheiro apurado recolhido ao Tesouro Nacional, o que não couber ao lesado ou a terceiro de boa-fé. No entanto, se não se tratar de coisas apreendidas no termos do art. 240 e seus parágrafos, antes mencionados, mas sim de seqüestro, deverão elas serem restituídas, no caso de o seqüestro ser levantado.

Art. 122. Sem prejuízo do disposto nos arts. 120 e 133, decorrido o prazo de 90 (noventa) dias, após transitar em julgado a sentença condenatória, o juiz decretará, se for caso, a perda, em favor da União, das coisas apreendidas (art. 74, II, *a* e *b*, do Código Penal) e ordenará que sejam vendidas em leilão público.

Parágrafo único. Do dinheiro apurado será recolhido ao Tesouro Nacional o que não couber ao lesado ou a terceiro de boa-fé.

1. **Destinação dos bens de que trata o art. 91 do Código Penal.** A remissão que o artigo faz ao art. 74, II, *a* e *b*, sofreu alteração legislativa em razão da Lei nº 7.209/84, que deu nova redação à Parte Geral do Código Penal, correspondendo hoje ao art. 91, II, *a* e *b*. A regra do art. 122 estabelece um limite de 90 dias, após o trânsito em julgado da sentença condenatória, para que o interessado requeira a restituição do bem que pretenda reaver, após o que o juiz decretará a perda em favor da União, com a ulterior venda em leilão público. Evi-

dente que se após a venda em leilão aparecer algum lesado, seja vítima, seja terceiro de boa-fé, fará *jus* ao valor auferido com a venda. Porém, há casos em que não se recomenda seja feito leilão. Imagine-se a hipótese em que o bem que deva ir a leilão seja de valor ínfimo. Neste caso, parece ser mais plausível destinar-se o próprio objeto a algum órgão governamental para que o utilize, e não despender recursos levando-o a leilão. Por fim, ressalta-se que a franca antinomia entre o art. 122 e o art. 124 do CPP, cuja solução se procurará apontar quando dos comentários a este último artigo.

Art. 123. Fora dos casos previstos nos artigos anteriores, se dentro no prazo de 90 (noventa) dias, a contar da data em que transitar em julgado a sentença final, condenatória ou absolutória, os objetos apreendidos não forem reclamados ou não pertencerem ao réu, serão vendidos em leilão, depositando-se o saldo à disposição do juízo de ausentes.

1. **Destinação dos bens lícitos.** Cuida o artigo da hipótese de destinação de bens ou objetos de natureza lícita, portanto, fora dos casos do art. 91, II, *a* e *b*, do CP. Não sendo o objeto reclamado e transcorrido o prazo de 90 dias, será vendido em leilão, depositando-se o saldo à disposição do juízo de ausentes, observando-se o que estabelecem os arts. 1.159 e seguintes do CPC. Indiferente que a decisão tenha sido condenatória ou absolutória, ou mesmo de arquivamento.

Art. 124. Os instrumentos do crime, cuja perda em favor da União for decretada, e as coisas confiscadas, de acordo com o disposto no art. 100 do Código Penal, serão inutilizados ou recolhidos a museu criminal, se houver interesse na sua conservação.

1. **Instrumentos do crime.** Como já referido, a antinomia entre o art. 122 e o presente, é flagrante. Naquele se estabelece que os instrumentos do crime têm como destino a perda em favor da União, sendo levados a leilão (art. 122 do CPP c/c art. 91, II, *a*, do CP). Neste, que serão inutilizados ou recolhidos a museu criminal, havendo interesse em conservá-los. A melhor solução parece ser aquela indicada por Tornaghi,[54] ao preconizar uma interpretação conciliatória, deixando-se a critério do juiz qualquer das três soluções.

CAPÍTULO VI
DAS MEDIDAS ASSECURATÓRIAS

Art. 125. Caberá o seqüestro dos bens imóveis, adquiridos pelo indiciado com os proventos da infração, ainda que já tenham sido transferidos a terceiro.

1. **Seqüestro.** Entende-se por seqüestro a medida assecuratória mediante a qual se retém a coisa adquirida com os proventos da infração, bem imóvel (art. 125) ou móvel (art. 132), no escopo de resguardá-la até que a causa principal seja decida, para o "fiel desempenho do art. 91 do CP".[55]

Art. 126. Para a decretação do seqüestro, bastará a existência de indícios veementes da proveniência ilícita dos bens.

1. **Indícios veementes.** Na dicção do CPP, considera-se indício a circunstância conhecida e provada, que, tendo relação com o fato, autorize, por indução, concluir-se a existência de outra ou outras circunstâncias (art. 239). Quando se trata de restringir direitos fundamentais, seja por medidas constritivas pessoais ou mesmo patrimoniais, como é o caso do seqüestro, a proporcionalidade constitui princípio reitor, numa relação de causa e efeito, em que aquela possua suficiente consistência para gerar este. Dessa forma, exige o dispositivo a exigência de indícios veementes, ou seja, indícios contundentes, significativos da proveniência ilícita dos bens, de modo a evitar seja o suspeito atingido pela medida assecuratória sem uma forte base de verossimilhança.

Art. 127. O juiz, de ofício, a requerimento do Ministério Público ou do ofendido, ou mediante representação da autoridade policial, poderá ordenar o seqüestro, em qualquer fase do processo ou ainda antes de oferecida a denúncia ou queixa.

1. **Legitimidade ativa e delimitação temporal.** Confere o dispositivo uma ampla legitimidade para que se proceda ao seqüestro: ao Ministério Público, sem distinção da espécie de ação penal (pública ou de iniciativa privada, neste caso como *custos legis*), ao ofendido, por representação da autoridade policial, e, ainda, de ofício pelo juiz. A medida pode ser ordenada tanto na fase pré-processual como durante o interregno da ação penal já em curso.

---

[54] TORNAGHI, Hélio. *Comentários ao código de processo penal.* V. I, tomo 2º Rio de Janeiro: Forense, 1956, p. 336.

[55] NASSIF, Aramis. *Direito penal e processual penal: uma abordagem crítica.* Rio de Janeiro: Lumen Juris, 2002, p. 184.

2. Seqüestro *ex officio* e sistema acusatório.

Com a promulgação da Constituição de 1988, consagrando de forma definitiva o sistema do acusatório (art. 129), está-se que a regra do dispositivo que permite ao juiz que ordene o seqüestro *sponte sua* foi, neste ponto, revogada pela Lei Maior. Como ensina Lopes Jr.,[56] a "figura do *juiz espectador* em oposição à figura inquisitória do juiz ator *é o preço a ser pago para termos um sistema acusatório (...)*". Na mesma linha leciona Jardim:[57] "Assim, o princípio da demanda ou da inciativa das partes, próprio do sistema acusatório, decorre da indispensável neutralidade do órgão julgador. Sem ela, toda a atividade jurisdicional restará viciada". Da lição de Prado,[58] pode-se chegar a idêntica conclusão: "Não se diga que o juiz penal dispõe de um poder geral de cautela, que o autoriza a, *ex officio*, promover as providências cautelares que entenda pertinentes, pois tal poder, como no processo civil, não se exercita sem provocação da parte no feito cautelar, compreendendo-se como especial permissão para prover, na tutela dos processos principais, atuais ou potenciais, medidas a rigor não previstas na casuística típica das cautelares".

Art. 128. Realizado o seqüestro, o juiz ordenará a sua inscrição no Registro de Imóveis.

1. **Inscrição no registro de imóveis**. O registro público é providência que visa a "constituir formalidades, essenciais ou não, para a validade do ato em si mesmo, ou apenas para sua eficácia perante terceiros (*erga omnes*)".[59] Adequadamente, Tornaghi[60] descreve um elenco mais amplo de funções do registro, tais como a de "*documentar* atos jurídicos, acautelando-lhe a autenticidade e cercando-os da fé pública, da credibilidade que o Estado empresta a tudo qunato passa pelo crivo de uma verificação formal; a *assegurar a validade* de certos atos; *a permitir o conhecimento por terceiros*, fazendo, inclusive, que certos direitos valham *erga omnes*". A medida constritiva ganha desde logo vida já com a determinação judicial, mas deve ser tornada pública o quanto antes, com o registro, para que possa oferecer a segurança e (melhor) eficácia perante terceiros.

2. **Registro do seqüestro de bem que não esteja formalmente em nome do imputado**. Há casos em que o agente delituoso se vale de "laranjas" que emprestam seu nome para que, assim, façam as vezes de proprietários, quando, na realidade, apenas se procura subtrair o bem do verdadeiro dono da ação da Justiça. Exemplo tivemos em caso concreto em que o agente delituoso adquiriu um imóvel e o colocou em nome de pessoa próxima, firmando um "contrato de gaveta" a lhe conferir certa garantia sobre o bem. Não obstante, era o agente delituoso quem morava e desfrutava totalmente do imóvel, já que era ele o verdadeiro proprietário. Tal circunstância dissimuladora não deve ser óbice ao registro do seqüestro, tal como não foi no exemplo relatado. Consoante assevera Nassif,[61] ao escrever sobre *Seqüestro cautelar cível e penal: a importância da distinção*, "a concepção individualista no tratamento das cautelares, em qualquer dos ramos do direito processual, não mais satisfaz as exigências de cobertura segura, ágil e eficaz dos interesses em jogo e trazidos ao conhecimento do judiciário".

Art. 129. O seqüestro autuar-se-á em apartado e admitirá embargos de terceiro.

1. **Autuação em apartado e embargos de terceiro**. O seqüestro não se efetiva nos autos da ação principal, exigindo autuação em separado, como estabelece o dispositivo. Porém, deve ser apensado aos autos principais, visto o seqüestro só pode existir em função de uma causa principal a que se vincula. A medida comporta embargos de terceiro, de que cuida o artigo seguinte.

Art. 130. O seqüestro poderá ainda ser embargado:
I – pelo acusado, sob o fundamento de não terem os bens sido adquiridos com os proventos da infração;
II – pelo terceiro, a quem houverem os bens sido transferidos a título oneroso, sob o fundamento de tê-los adquirido de boa-fé.
Parágrafo único. Não poderá ser pronunciada decisão nesses embargos antes do passar em julgado a sentença condenatória.

1. **Legitimação ativa para opor-se os embargos de terceiro**. Prevê o dispositivo a possibilidade de opor embargos às seguintes pessoas: a) ao acusado;

---

[56] LOPES JR. Aury. *Introdução crítica ao processo penal (Fundamentos da instrumentalidade garanstista)*. Rio de Janeiro: Lumen Juris, 2004, p. 86.
[57] JARDIM, Afrânio Silva. *Direito processual penal*. 11ª ed. Rio de Janeiro: Forense, 2003, p. 40.
[58] PRADO, Geraldo. *Sistema acusatório*. 2ª ed. Rio de Janeiro: Lumen Juris, 2001, p. 206.
[59] BATALHA, Wilson de Souza Campos. *Comentários à lei de registros públicos*. 3ª ed. Rio de Janeiro: Forense, 1984, p. 27-28.
[60] TORNAGHI, Hélio. *Comentários ao código de processo penal*. V. I, tomo 2º Rio de Janeiro: Forense, 1956, p. 352-353.
[61] NASSIF, Aramis. *Direito penal e processual penal: uma abordagem crítica*. Rio de Janeiro: Lumen Juris, 2002, p. 176.

b) ao terceiro. Relativamente ao acusado, delimita o inciso I o único foco possível de discussão, qual seja, que a aquisição de bens deu-se sem a utilização dos proventos da infração. No que diz respeito aos embargos oferecidos por terceiro, há duas situações distintas: primeiro, a do terceiro possuidor; segundo, a do terceiro de boa-fé. A primeira hipótese, extrai-se da leitura conjunta do art. 129 e art. 130, I, e consiste na situação em que terceiro proprietário ou mesmo possuidor não detenha qualquer vinculação com a infração penal que tenha ensejado o seqüestro, tenha ele adquirido o bem a título oneroso ou não. Já a segunda hipótese configura o caso em que o titular do bem o tenha adquirido a título oneroso, cuja discussão restringir-se-á à legitimidade da aquisição, ou seja, ao fato de a aquisição ter ocorrido sob o manto da boa-fé.

2. **Oportunidade da decisão**. No caso do art. 129, em que o terceiro embargante não possua nenhuma relação com a prática da infração, o seqüestro deve ser julgado o quanto antes, sem aguardar o trânsito em julgado da sentença condenatória. Figure-se o caso de uma mulher que tenha adquirido um apartamento por direito sucessório e que tenha residido neste durante um certo período com seu namorado, o qual vem a se envolver em alguma prática delituosa. Suponha-se que durante o inquérito policial, o acusado tenha afirmado – por erro, em razão de estar nervoso em seu interrogatório, ou mesmo de forma mendaz – ser o proprietário do imóvel. Por certo que, não tendo a proprietária do imóvel se envolvido em crime, e só pelo fato de ter tido um relacionamento amoroso, não poderá ver restringido indefinidamente seu direito em razão disso. Por outro lado, nas situações específicas do art. 130 a decisão dos embargos deverá aguardar o trânsito em julgado da sentença de mérito. Muito embora o parágrafo único refira apenas a sentença condenatória, é certo que a sentença absolutória e também a que extingue a punibilidade são de fundamental importância, visto que, uma vez tornadas irrecorríveis, têm o condão de proporcionarem o levantamento do seqüestro (art.. 131, III, e art. 141). Por fim, transitada em julgado a sentença condenatória, a decisão sobre o seqüestro deverá ser pronunciada.

Art. 131. O seqüestro será levantado:

I – se a ação penal não for intentada no prazo de 60 (sessenta) dias, contado da data em que ficar concluída a diligência;

II – se o terceiro, a quem tiverem sido transferidos os bens, prestar caução que assegure a aplicação do disposto no art. 74, II, b, segunda parte, do Código Penal;

III – se for julgada extinta a punibilidade ou absolvido o réu, por sentença transitada em julgado.

1. **Levantamento do seqüestro**. Segundo o artigo, são três as hipóteses ensejadoras de levantamento do seqüestro. A primeira, dá-se nos casos em que o seqüestro se efetiva antes do início da ação penal e esta não é ajuizada no prazo de sessenta dias, contado da data em que a diligência é concluída, data que não se confunde com registro, que é ato posterior. De notar-se que a regra do CPP convive com outras semelhantes, previstas em leis especiais. Refira-se os seguintes exemplos. A Lei nº 9.613/98, comumente chamada Lei dos Crimes de Lavagem de Dinheiro, prevê, em seu art. 4º, § 2º, um prazo de cento e vinte dias para o ajuizamento da ação penal, no caso de o seqüestro ser concluído antes da instauração do processo penal. Já o Dec.-Lei nº 3.240/41,[62] que sujeita a seqüestro os bens de pessoas indiciadas por crimes de que resulta prejuízo para a Fazenda Pública, prevê como prazo fatal para o início da ação penal, para as situações por ele abrangidas, noventa dias, consoante art. 2º, § 1º c/c art. 6º. Outro exemplo é o da Lei nº 8.429/92, que, apesar de não se tratar de diploma penal, dispõe sobre sanções aplicáveis aos agentes públicos nos casos de enriquecimento ilícito no exercício do mandato, cargo, emprego ou função na Administração Pública direta, indireta ou fundacional, em que o prazo para ajuizar-se a ação principal esgota-se em trinta dias, consoante art. 17, da citada lei. A segunda hipótese que leva ao levantamento do seqüestro ocorre quando o terceiro adquirente de boa-fé presta caução, possibilitando, assim, ad cautelam, que não se fruste o disposto no art. 91, II, b, parte final, ou seja, a perda em favor da União de qualquer bem ou valor que constitua proveito auferido pelo agente com a prática do delito. Em terceiro lugar, também será levantado o seqüestro após transitar em julgado a decisão que juiz julgar extinta a punibilidade ou a que absolver o réu. Isso porque, se é certo que a decisão condenatória da qual não caiba mais recurso torna certa a obrigação de indenizar o dano causado pelo crime, a perda em favor da União, dos instrumentos do crime, nas condições do art. 91, I, do CP, bem como a perda do produto do crime ou de qualquer valor que constitua proveito auferido

---

[62] A vigência do antigo Decreto-Lei nº 3.240/41, é confirmada pelo Superior Tribunal de Justiça, consoante se observa da seguinte ementa: – PENAL. SEQÜESTRO DE BENS. CRIME DE SONEGAÇÃO FISCAL. DECRETO-LEI Nº 3.240, DE 1941. APLICAÇÃO. – A teor de orientação já firmada na sexta Turma do STJ, não está revogado, pelo Código de Processo Penal, o Decreto-lei nº 3.240, de 1941, no ponto em que disciplina o seqüestro de bens de pessoa indiciada por crime de que resulta prejuízo para a Fazenda Pública. – Recurso Especial conhecido e provido (Recurso Especial nº 132.539-SC, Rel. Min. William Patterson, DJU 09.02.98, p. 48).

pelo agente, também não é menos certo que a decisão extintiva de punibilidade ou a absolutória, deixam a questão em aberto. Assim, o caminho será a propositura da ação civil no juízo cível, e mesmo assim dependendo do fundamento da absolvição.

Art. 132. Proceder-se-á ao seqüestro dos bens móveis se, verificadas as condições previstas no art. 126, não for cabível a medida regulada no Capítulo XI do Título VII deste Livro.

1. **Seqüestro de bens móveis adquiridos pelo agente delituoso com os proventos da infração.** Estabelece o artigo, relativamente ao seqüestro de bens móveis, seja a medida assecuratória levada a efeito, desde que presentes indícios veementes da proveniência ilícita desses, a teor do que estipula o art. 126, ainda que os bens tenham sido alienados a terceiros. Caso o móvel não constitua provento da infração, mas for ele próprio produto da infração, não será seqüestrado, e sim apreendido, nos termos do art. 240, § 1º, b a d, "autorizando busca, para apreensão das coisas achadas ou obtidas por meios criminosos, dos objetos falsificados ou contrafeitos, das armas, dos instrumentos destinados a fim delituoso".[63] Outrossim, com exceção do registro perpetrado no Registro de Imóveis, aplicam-se ao seqüestro de bens móveis o mesmo procedimento aplicável aos bens imóveis.[64]

Art. 133. Transitada em julgado a sentença condenatória, o juiz, de ofício ou a requerimento do interessado, determinará a avaliação e a venda dos bens em leilão público.

Parágrafo único. Do dinheiro apurado, será recolhido ao Tesouro Nacional o que não couber ao lesado ou a terceiro de boa-fé.

1. **Trânsito em julgado da sentença condenatória e venda dos bens seqüestrados.** Encerrado o processo criminal com sentença condenatória da qual não caiba mais recurso, determina o artigo ordene o juiz, *ex officio* ou sob provocação do interessado sejam os bens avaliados e vendidos em leilão público. A diligência, embora haja alguma controvérsia, à evidência é ordenada pelo próprio juiz criminal proporcionando, assim, um desfecho ao procedimento de seqüestro que presidiu.

Art. 134. A hipoteca legal sobre os imóveis do indiciado poderá ser requerida pelo ofendido em qualquer fase do processo, desde que haja certeza da infração e indícios suficientes da autoria.

1. **Hipoteca legal.** A hipoteca legal não se confunde com o seqüestro do qual se tratou. A primeira tem como objetivo garantir o ressarcimento do dano ao ofendido e ao pagamento das custas processuais, cabendo ao seqüestro, a par disso, também resguardar o direito de terceiro de boa-fé, destinando-se eventual excedente ao Erário da União. Também aqui há necessidade de certeza da infração e de indícios razoáveis de autoria. Não empregou bem aqui o legislador o termo indiciado, como se apenas sobre bens deste coubesse a constrição. Na verdade a hipoteca legal tanto tem lugar sobre os bens do indiciado quanto sobre os bens do acusado, até porque o próprio artigo refere-se a qualquer fase do processo. Não passou de um lapso em que incorreu o legislador.

2. **Legitimação.** Afirma o artigo que a hipoteca legal deve ser requerida pelo ofendido. Porém, também estão legitimados a pleitearem a medida: o seu representante legal (quando o ofendido for incapaz), os herdeiros do ofendido (no caso de sucessão), consoante art. 1.489, III, do Código Civil. Ademais, o pedido será feito pelo Ministério Público no caso de o ofendido ser pobre, desde este tenha requerido ao órgão ministerial, e também na hipótese de haver interesse da Fazenda Pública.

Art. 135. Pedida a especialização mediante requerimento, em que a parte estimará o valor da responsabilidade civil, e designará e estimará o imóvel ou imóveis que terão de ficar especialmente hipotecados, o juiz mandará logo proceder ao arbitramento do valor da responsabilidade e à avaliação do imóvel ou imóveis.

§ 1º A petição será instruída com as provas ou indicação das provas em que se fundar a estimação da responsabilidade, com a relação dos imóveis que o responsável possuir, se outros tiver, além dos indicados no requerimento, e com os documentos comprobatórios do domínio.

§ 2º O arbitramento do valor da responsabilidade e a avaliação dos imóveis designados far-se-ão por perito nomeado pelo juiz, onde não houver avaliador judicial, sendo-lhe facultada a consulta dos autos do processo respectivo.

§ 3º O juiz, ouvidas as partes no prazo de 2 (dois) dias, que correrá em cartório, poderá corrigir o ar-

---
[63] ESPINOLA FILHO, Eduardo. *Código de processo penal brasileiro anotado*. 2ª ed. V. II. Rio de Janeiro: Freitas Bastos, 1945, p. 349.
[64] ESPINOLA FILHO, Eduardo. Ob. cit., p. 349-350.

bitramento do valor da responsabilidade, se lhe parecer excessivo ou deficiente.

§ 4º O juiz autorizará somente a inscrição da hipoteca do imóvel ou imóveis necessários à garantia da responsabilidade.

§ 5º O valor da responsabilidade será liquidado definitivamente após a condenação, podendo ser requerido novo arbitramento se qualquer das partes não se conformar com o arbitramento anterior à sentença condenatória.

§ 6º Se o réu oferecer caução suficiente, em dinheiro ou em títulos de dívida pública, pelo valor de sua cotação em Bolsa, o juiz poderá deixar de mandar proceder à inscrição da hipoteca legal.

1. **Especialização da hipoteca.** A especialização da hipoteca consiste na individualização e estimativa do valor do imóvel ou dos imóveis que ficarão hipotecados para atender aos reclamos da responsabilidade civil, a qual será estimada inicialmente pela parte. A responsabilidade civil, neste caso, não fica vinculada ao fato de o bem ser litigioso, em razão de suposta ou comprovadamente o bem ter sido adquirido com os proventos do crime, como se dá nas situações ensejadoras do seqüestro. Na verdade, o objetivo da especialização da hipoteca é diverso, visando a assegurar uma situação de solvência por parte do devedor responsável, podendo, portanto, recair sobre qualquer bem imóvel do imputado. Havendo comprovada materialidade e indícios suficientes de autoria, a especialização de hipoteca poderá ser requerida pelo ofendido, por seu representante ou pelo Ministério Público (vide comentário ao art. 134, supra), em qualquer fase do processo, ou mesmo antes, na fase pré-processual. No mesmo sentido é a opinião de Oliveira,[65] ao afirmar que "a simples referência a *indícios de autoria e certeza da infração* está a indicar que a medida poderá ser tomada mesmo antes da ação penal, já que, uma vez recebida a denúncia ou queixa, a existência dos indícios já estaria implícita". O dispositivo não estipula prazo para ajuizamento da ação penal, na hipótese de a constrição se efetivar antes da instauração da instância. Isso porque, aqui, a medida recairá, sempre, sobre os bens imóveis do suspeito ou indiciado (já que estamos falando em fase pré-processual), ao contrário do que acontece no seqüestro, cuja constrição pode atingir bem de terceiros de boa-fé. No entanto, deve o juiz velar para que não haja um prolongamento demasiado, a partir de um juízo feito com base no caso concreto. Após receber o pedido de especialização com o valor estimado pelo ofendido ou algum outro legitimado a fazê-lo (estimativa feita com os elementos que o requerente dispuser), o juiz, após colher, ainda que de forma sumária, os elementos que se fizerem necessários, arbitrará o valor provisório da futura responsabilidade civil (responsabilidade que deverá ser confirmada quando do desfecho da ação penal), determinando a avaliação do imóvel. Poderá ainda o réu obstar seja o imóvel inscrito em hipoteca, desde que preste caução suficiente a fazer frente à sua responsabilidade (art. 135, § 6º). Sobrevindo sentença condenatória com trânsito em julgado, os autos da hipoteca serão encaminhados ao juízo cível, para que seja promovida a execução, a teor do que estabelece o art. 63. Ao revés, se o réu for absolvido ou for extinta sua punibilidade, a hipoteca não subsiste, sem que isso seja impeditivo de uma discussão no cível, tudo a depender do fundamento da decisão. Isso porque se o réu for absolvido por estar provada a inexistência do fato (art.366, I), nada mais há a discutir no juízo cível, ao passo que se o fundamento deixar a questão em aberto, como o de não haver prova da existência do fato (art. 386, II), por exemplo, a demanda poderá ser perfeitamente deduzida no juízo cível, o qual, em relação ao criminal, é bem mais abrangente, quando se trata de estabelecer responsabilidades.

Art. 136. O arresto do imóvel poderá ser decretado de início, revogando-se, porém, se no prazo de 15 (quinze) dias não for promovido o processo de inscrição da hipoteca legal.

1. **Seqüestro, arresto ou pré-cautela relativa à hipoteca legal: a controvérsia terminológica.** O que o dispositivo denominava originariamente de seqüestro, tratava-se, na realidade, e na opinião da doutrina majoritária, de arresto, pois o seqüestro recai apenas sobre bens adquiridos com o provento do crime, ao passo que o arresto pode incidir sobre qualquer bem do devedor. O que pretende a norma é resguardar bens passíveis de especialização, tornando-se possível que se proceda à hipoteca legal, cujo processo deve ser providenciado em quinze dias, sem o que o arresto será revogado. No magistério de RAMOS, "tendo em vista os danos que podem causar a alienação antes de inscrita a hipoteca, idealizou a lei processual penal um instrumento preordenado à garantia da eficácia do procedimento de especialização da *hipoteca penal*. É o assim chamado *arresto prévio*, regulado pelo artigo 136 do Código de Processo Penal, que o chama, indevidamente, de *seqüestro*".[66] A seu turno, Tucci[67] diverge da doutrina dominante, designando a medida prevista no presente artigo como

---

[65] OLIVEIRA, Eugênio Pacelli de. *Curso de processo penal*. 3ª ed. Belo Horizonte: Del Rey, 2004, p. 314.
[66] RAMOS, João Gualberto Garcez. *A tutela de urgência no processo penal brasileiro*. Belo Horizonte: Del Rey, 1998, p. 304.

"pré-cautela relativa à hipoteca legal", consoante se extrai de sua lição: "Há que se ter presente, todavia, que os institutos moldados no âmbito do processo civil nem sempre (e, na realidade, em inúmeras situações) se adequam aos talhados as legislação processual penal, em que assumem contornos próprios. Assim, além de serem excogitáveis as hipóteses previstas no Código de Processo Civil, e referidas neste mesmo número, letra *a*, supra, para a determinação de um 'arresto' penal, verifica-se que a estatuída no transcrito art. 136 é, por assim dizer, uma 'pré-cautela relativa à hipoteca legal', cuja finalidade 'é restrita a evitar o perigo que poderá advir com a não inscrição' desta (cf., paradoxalmente que seja Romeu Pires de Campos Barros, *Processo penal cautelar*, cit., p. 429) (...). Por via de conseqüência, inconcebível resta, com o devido respeito dos doutos que se ocuparam do tema, a afirmação de que a medida prevista no artigo 136 consiste em arresto, dirigido indiscriminadamente, a todo e qualquer bem integrante do patrimônio do indiciado ou acusado: tanto quanto no pedido de especialização (hipoteca), se quiser precedê-lo do de seqüestro penal, o ofendido deverá indicar, expressamente, o bem ou os bens sobre os quais ele deverá recair". Não obstante, como já advertimos, a doutrina amplamente majoritária (Tornaghi, Greco Filho, Tourinho Filho, João Gualberto Ramos, dentre outros) vislumbra neste art. 136 um arresto (e não seqüestro equivocadamente nominado pelo CPP, até o advento da Lei nº 11.435, de 28 de dezembro de 2006), devendo recair sobre bens imóveis não litigiosos do imputado, no escopo de assegurar a eficácia da especialização da hipoteca legal. Importante não olvidar que se no prazo de quinze dias não for deflagrado o processo de inscrição de hipoteca legal, a medida constritiva perderá sua eficácia.

2. **Alteração legislativa**. Com a Lei nº 11.435, de 28 de dezembro de 2006, veio o legislador a dar guarida à crítica corrente na doutrina[68] segundo a qual o dispositivo não tratava propriamente de seqüestro, e sim de arresto. Equívoco que foi sanado pela substituição da expressão "seqüestro" por "arresto".

Art. 137. Se o responsável não possuir bens imóveis ou os possuir de valor insuficiente, poderão ser arrestados bens móveis suscetíveis de penhora, nos termos em que é facultada a hipoteca legal dos móveis.

§ 1º Se esses bens forem coisas fungíveis e facilmente deterioráveis, proceder-se-á na forma do § 5º do art. 120.

§ 2º Das rendas dos bens móveis poderão ser fornecidos recursos arbitrados pelo juiz, para a manutenção do indiciado e de sua família.

1. **Arresto subsidiário**. Mais uma vez aqui o legislador afastara-se da boa técnica, porquanto na versão original referia-se a seqüestro, de forma indevida, porquanto, como visto, semelhante medida atinge bem advindo de provento do crime. Não é o caso de que cuida dispositivo, mas, sim, de arresto. Outrossim, como há muito já alertava Espinola Filho,[69] não é possível hipoteca de bens móveis, consoante a lei civil, salvo de navios [e também aeronaves]. Portanto, trata-se de arresto, assim explicitado por Ramos: "Cabe à lei lançar mão de mecanismos apropriados, que equivalham ao da *hipoteca penal*. O instrumento escolhido foi, então, um *arresto*, dessa vez não prévio, que procura substituir a garantia existente no caso de imputado sem bens imóveis suficientes".[70] Consoante pondera Barros, "outra solução não se encontra senão a de reconhecer como casos de 'arresto' e não de 'seqüestro', as medidas cautelares previstas nos arts. 136 e 137. É que o objetivo usado por tais normas não é assegurar determinados bens do indiciado ou réu, mas sim os necessários para garantir a futura indenização pelo fato ilícito penal, praticado por aquele, tendo a segunda dessas medidas finalidade supletiva e complementar, uma vez que a lei é expressa (...), não restando qualquer dúvida de que a indenização dos danos e o pagamento de eventuais penas pecuniárias e custas, resultantes da condenação, são encargos que podem justificar a imposição dessa medida cautelar".[71] Em suma: trata-se de arresto, e não de hipoteca legal sobre móveis, tendo lugar em situações em que o indiciado ou acusado não possua bens imóveis ou os possua, mas em valor insuficiente. O arresto subsidiário deve recair sobre bens móveis que sejam suscetíveis de penhora, no escopo de assegurar o cumprimento da responsabilidade civil. Se os bens móveis forem fungíveis e facilmente deterioráveis, deve o juiz de-

---

[67] TUCCI, Rogério Lauria. Seqüestro prévio e seqüestro no CPC distinção. *Revista brasileira de ciências criminais*. São Paulo, nº 5, p.137-147, jan./mar. 1994, p. 145.

[68] Também perfilhavamos a doutrina que fazia a mencionada crítica. Os originais destes comentários já estavam entregues à publicação quando adveio a alteração legislativa, que também defendíamos, fato que nos oportunizou atualizar os comentários já com o dispositivo com redação mais apropriada.

[69] ESPINOLA FILHO. Eduardo. *Código de processo penal brasileiro anotado*. 2ª ed. Vol. II. Rio de Janeiro: Freitas Bastos, 1945, p. 365.

[70] RAMOS, João Gualberto Garcez. *A tutela de urgência no processo penal brasileiro*. Belo Horizonte: Del Rey, 1998, p. 308.

[71] BARROS, Romeu Pires de Campos. *Processo penal cautelar*. Rio de janeiro: Forense: 1982, p. 428. No mesmo sentido: LIMA, Marcellus Polastri. *A tutela cautelar no processo penal*. Rio de Janeiro: Lumen Juris, 2005, p. 176 e ss.

terminar sejam avaliados e levados a leilão, com o ulterior depósito bancário do valor apurado com a venda, a teor do que dispõe o § 5º do art. 120. Se dos bens arrestados advierem rendas, é dado ao juiz arbitrar valores necessários à manutenção do imputado e de sua família. A Lei nº 11.435, de 28 de dezembro de 2006, veio corrigir o equívoco terminológico, substituindo a expressão "seqüestro" por "arresto", constante no *caput*.

Art. 138. O processo de especialização da hipoteca legal e do arresto correrão em auto apartado.

1. **Autuação em apartado da hipoteca legal e do arresto**. O dispositivo simplesmente reafirma a regra segundo a qual os incidentes relativos às medidas assecuratórias possuem autuação e trâmite em apartado.

2. **Alteração legislativa**. Também aqui a Lei nº 11.435, de 28 de dezembro de 2006, procedeu à correção terminológica, substituindo a expressão "seqüestro" por "arresto".

Art. 139. O depósito e a administração dos bens arrestados ficarão sujeitos ao regime do processo civil.

1. **Aplicação do Código de Processo Civil**. Remete o artigo ao regime do Código de Processo Civil, devendo-se aplicar, *in casu*, o disposto nos arts. 148, 149 e 150, do referido diploma.

2. **Alteração legislativa**. O dispositivo, originalmente, também referia-se, como os anteriores, ao seqüestro, quando deveria referir-se ao arresto, equívoco sanado com a edição da Lei nº 11.435, de 28 de dezembro de 2006.

Art. 140. As garantias do ressarcimento do dano alcançarão também as despesas processuais e as penas pecuniárias, tendo preferência sobre estas a reparação do dano ao ofendido.

1. **Extensão do ressarcimento do dano**. O ressarcimento do dano, viabilizado pelas medidas assecuratórias – seqüestro, hipoteca legal e arresto –, não se restringe, como deixa claro o artigo, ao dano imposto à vítima, se bem que prioritário, devendo abranger também as despesas acarretadas com o processo, é dizer, as despesas inicialmente suportadas pelo Estado com o custo proporcionado com o processo penal, e também as penas de caráter pecuniário. Por penas pecuniárias entenda-se não só a multa como também a prestação pecuniária e a perda de bens e valores, ainda que se trate de penas alternativas.

Art. 141. O arresto será levantado ou cancelada a hipoteca, se, por sentença irrecorrível, o réu for absolvido ou julgada extinta a punibilidade.

1. **Levantamento do arresto e cancelamento da hipoteca**. Os comentários feitos ao art. 131, mais especificamente ao inc. III, aplicam-se ao presente dispositivo, estendendo-se à hipoteca o que se afirmou relativamente ao arresto.

2. **Alteração legislativa**. Procedeu-se aqui a mesma alteração legislativa acima vista supra, substituindo a Lei nº 11.435, de 28 de dezembro de 2006, a expressão "seqüestro" pela expressão "arresto".

Art. 142. Caberá ao Ministério Público promover as medidas estabelecidas nos arts. 134 e 137, se houver interesse da Fazenda Pública, ou se o ofendido for pobre e o requerer.

1. **O Ministério Público como sujeito ativo nos procedimentos incidentes de hipoteca e arresto**. Havendo interesse da Fazenda Pública, caberá ao Ministério Público, *sponte sua*, promover a especialização da hipoteca legal e do arresto previsto nos arts. 136 e 137. Nos casos em que o ofendido for pobre e mediante requerimento deste, também é outorgada ao Ministério Público a promoção das medidas aludidas.

Art. 143. Passando em julgado a sentença condenatória, serão os autos de hipoteca ou arresto remetidos ao juiz do cível (art. 63).

1. **Remessa dos autos de hipoteca ou arresto ao juízo cível**. Com o trânsito em julgado da sentença condenatória, o juiz que presidiu o processo criminal fará remeter os autos da hipoteca e do arresto ao juiz do cível.

2. **Alteração legislativa**: nesse derradeiro artigo, a Lei nº 11.435, de 28 de dezembro de 2006, por fim e forma correta, também substituiu a expressão "seqüestro" por "arresto".

Art. 144. Os interessados ou, nos casos do art. 142, o Ministério Público poderão requerer no juízo cível, contra o responsável civil, as medidas previstas nos arts. 134, 136 e 137.

1. **Responsabilidade civil e responsabilidade penal**. Como advertiu Tornaghi, não se trata de interessados, e sim de legitimados: "Ainda uma vez não foi feliz o Código na expressão empregada. O *interêsse* não se confunde com a *legitimidade*. Para requerer e obter alguma coisa é preciso, mas não é su-

ficiente, ter interêsse. O devedor do acusado tem o maior interêsse possível em que lhe seja ressarcido o dano. Mas não é aceitável que o Código tenha querido dar-lhe legitimidade para pedir qualquer das providências previstas nos arts. 134, 136 e 137. Deveria ter falado em ofendido (ou lesado), seus representantes, substitutos ou sucessores".[72] Também prevê o artigo a possibilidade de os legitimados requererem as medidas no juízo cível. A disciplina da responsabilidade civil deverá observar os ditames do art. 932 do Código Civil de 2002.

CAPÍTULO VII
DO INCIDENTE DE FALSIDADE

Art. 145. Argüida, por escrito, a falsidade de documento constante dos autos, o juiz observará o seguinte processo:
I – mandará autuar em apartado a impugnação, e em seguida ouvirá a parte contrária, que, no prazo de 48 (quarenta e oito) horas, oferecerá resposta;
II – assinará o prazo de 3 (três) dias, sucessivamente, a cada uma das partes, para prova de suas alegações;
III – conclusos os autos, poderá ordenar as diligências que entender necessárias;
IV – se reconhecida a falsidade por decisão irrecorrível, mandará desentranhar o documento e remetê-lo, com os autos do processo incidente, ao Ministério Público.

1. **Incidente de falsidade.** Preocupa-se o CPP em conferir legitimidade ao processo do ponto de vista da própria constituição dos autos. Assim é que o art. 232 estabelece a necessidade de que o documento que venha a ser trazido aos autos seja original ou constitua cópia autenticada deste. Portanto, o incidente de falsidade busca a constatar a legitimidade de documento quando argüido de falso. Porém, não se trata de documento que consista no próprio objeto material do delito, e sim de outros que componham a totalidade do material probatório. Se o documento increpado de *falsum* for o próprio objeto material do delito, deverá ser simplesmente periciado – salvo os casos de falso ideológico, em que não há perícia –, sem resultar em incidente de falsidade.

2. **Processamento.** A argüição de *falsum* documental será feita, sempre por escrito, pelo Ministério Público, como parte, na ação penal pública, ou como *custos legis*, na ação penal de iniciativa privada, podendo também ser deduzida pelo acusado, querelante, querelado e, ainda, pelo assistente de acusação. Tratando-se de "processo" incidente, o incidente de falsidade será formado em autos próprios, distintos dos autos principais. A parte contrária poderá ofertar resposta em 48 horas. Se a argüição for feita pelo Ministério Público em ação de iniciativa privada, deve-se entender por parte contrária, a que apresentou o documento, ou seja, se documento foi juntado a pedido do querelante, a este cabe responder. Se o documento foi juntado por ter sido apresentado pelo querelado, este último terá que se desincumbir da resposta. Evidentemente que a mera alegação de falsidade não é suficiente para que o documento seja considerado ilegítimo. Assim, o juiz assinará o prazo de três dias para que o argüente faça prova do alegado, ao cabo do qual idêntico prazo dar-se-á ao legitimado a redargüir, sem que se faça restrição probatória (art. 155), a não ser à prova ilícita, por óbvio. Conclusos os autos, decidirá o juiz dobre a falsidade do documento increpado, e, reconhecendo o *falsum*, determinará o magistrado sejam os autos do processo incidente encaminhados com vista ao Ministério Público, para que se apure o crime de falso.

Art. 146. A argüição de falsidade, feita por procurador, exige poderes especiais.

1. **Argüição feita por procurador com poderes especiais.** O causídico que representar a parte no juízo criminal só poderá argüir a falsidade de documento se poderes expressos a tal lhe forem conferidos, salvo se o constituinte assinar a petição em conjunto com o procurador.

Art. 147. O juiz poderá, de ofício, proceder à verificação da falsidade.

1. **Incidente de falsidade *ex officio*.** Segundo a doutrina, o princípio da verdade real – melhor talvez seja falar-se em verdade dos autos – autoriza ao próprio julgador tomar a iniciativa na formação do incidente.

Art. 148. Qualquer que seja a decisão, não fará coisa julgada em prejuízo de ulterior processo penal ou civil.

1. **Limites da decisão.** A decisão tomada no incidente de falsidade, ainda que tenha sido considerada no julgamento do processo principal criminal, nenhuma eficácia terá frente a outros processos penais ou no âmbito cível.

---

[72] TORNAGHI, Hélio. *Comentários ao código de processo penal*. V. I, tomo 2º Rio de Janeiro: Forense, 1956, p. 387.

CAPÍTULO VIII
DA INSANIDADE MENTAL DO ACUSADO

Art. 149. Quando houver dúvida sobre a integridade mental do acusado, o juiz ordenará, de ofício ou a requerimento do Ministério Público, do defensor, do curador, do ascendente, descendente, irmão ou cônjuge do acusado, seja este submetido a exame médico-legal.

§ 1º O exame poderá ser ordenado ainda na fase do inquérito, mediante representação da autoridade policial ao juiz competente.

§ 2º O juiz nomeará curador ao acusado, quando determinar o exame, ficando suspenso o processo, se já iniciada a ação penal, salvo quanto às diligências que possam ser prejudicadas pelo adiamento.

1. **Incidente de insanidade mental do imputado.** O incidente de insanidade visa a averiguar a imputabilidade do agente, ou seja, se o suspeito/indiciado ou acusado possuía, ao tempo do fato delituoso, doença mental ou desenvolvimento mental incompleto ou retardado, de modo a levá-lo à incapacidade de compreensão completa ou relativa do caráter delituoso do fato ou à incapacidade de determinar-se de acordo com esse entendimento, porquanto, a confirmar-se idêntica situação, resultará em isenção, com imposição de medida de segurança[73] (art. 26, *caput*, do CP c/c art. 386, V, e parágrafo único, III), ou redução de pena (art. 26, parágrafo único, do CP), conforme o caso (incapacidade, no primeiro, e diminuição da capacidade, no segundo). O escopo do exame não é apenas apurar eventual inimputabilidade ou imputabilidade diminuída ao tempo do crime, mas também verificar inimputabilidade em momento ulterior à infração penal ou até mesmo ulterior à instauração da ação penal, cuja conseqüência é a suspensão do processo penal. Incluem-se aqui os inimputáveis (ou com a imputabilidade diminuída) em razão de dependência de álcool ou substância análoga (arts. 26, *caput*, e parágrafo único do CP), ou seja, embriaguez patológica, e em virtude de dependência de substância entorpecente ou que determine dependência física ou psíquica, em face do disposto no art. 19, *caput*, e parágrafo único, da Lei de Tóxicos (Lei nº 6.368/76), os quais, na hipótese do *caput* – sofrendo absolvição imprópria –, ficam sujeitos a tratamento (art. 29 da citada lei).[74] Utilizando-se a fórmula com a qual os italianos sintetizam o conceito de imputabilidade, pode-se afirmar imputável aquele que tenha capacidade de entender e de querer.[75] Se essa capacidade estiver ausente no momento do fato delituoso ou diminuída, o sujeito suportará a medida de segurança ou a pena diminuída, conforme o caso. Se a capacidade for ulterior ao fato repercutirá no processo, que ficará suspenso, enquanto a saúde mental não se restabelecer. De notar-se ainda que, na hipótese do parágrafo único do art. 26 do CP, em que o agente que possui a imputabilidade diminuída fica sujeito a uma pena diminuída, porém, necessitando o condenado de especial tratamento curativo, a pena privativa de liberdade pode ser substituída pela internação, ou tratamento ambulatorial (art. 98 do CP).

2. **Processamento.** O incidente, que é formado em autos apartados, será argüido por escrito, podendo ser deduzido na fase pré-processual ou após a instauração da ação penal, sendo ordenado pelo juiz de ofício ou a requerimento do Ministério Público ou de qualquer legitimado indicado no *caput*, sujeitando-se o imputado a exame pericial. Na fase do inquérito policial, o exame poderá ser deflagrado por representação da autoridade policial, mas, evidentemente, passando por prévio crivo do Ministério Público. Após nomear curador ao imputado, desde que já iniciado, o processo principal ficará suspenso, até que se decida o processo incidente de insanidade mental, sem prejuízo de que se proceda às diligências imprescindíveis, de caráter urgente.

Art. 150. Para o efeito do exame, o acusado, se estiver preso, será internado em manicômio judiciário, onde houver, ou, se estiver solto, e o requererem os peritos, em estabelecimento adequado que o juiz designar.

§ 1º O exame não durará mais de 45 (quarenta e cinco) dias, salvo se os peritos demonstrarem a necessidade de maior prazo.

§ 2º Se não houver prejuízo para a marcha do processo, o juiz poderá autorizar sejam os autos entregues aos peritos, para facilitar o exame.

1. **Internação do imputado.** Na hipótese de o imputado estar preso, deverá ser, nas palavras do artigo, internado em manicômio judiciário, onde houver, estabelecimento hoje denominado hospital de custódia

---

[73] Sobre o tema, leia-se o percuciente trabalho de FERRARI, Eduardo Reale. *Medidas de segurança e direito penal no Estado democrático de direito*. São Paulo: Revista dos Tribunais, 2001.

[74] GRECO FILHO, Vicente. *Tóxicos: prevenção-repressão: comentários à lei nº 6.368, de 21-10-1976, acompanhados da legislação vigente e de referência jurisprudencial, acrescida de novas ementas*. 11ª ed. São Paulo: Saraiva, 1996, p. 124 e ss.

[75] E isso está expresso no *Codice Penale*, a ver-se: "Art. 85. (Capacità d'intendere e di volere). Nessuno può essere punito per un fatto preveduto dalla legge come reato, se, al momento in cui lo ha commeso, non era imputabile. *È imputabile chi há capacità d'intendere e di volere*" (g.n.).

e tratamento psiquiátrico. Recomendável o preceito, visto que se trata de exame de caráter eminentemente complexo, não constituindo melhor solução a permanência do suposto inimputável no presídio. Se estiver solto, prevê o dispositivo a possibilidade de internação mediante requerimento dos peritos. O prazo para a feitura do exame deverá ser, em regra, de até 45 dias, salvo concreta demonstração da parte dos peritos de necessidade de um maior prazo, devendo o juiz atender aos critérios de proporcionalidade em conferir elasticidade ao prazo, sem o que poderá infligir injustificado constrangimento ao imputado. Também é franqueado ao julgador determinar a entrega dos autos aos peritos, no escopo de facilitar o exame, desde que não haja prejuízo para marcha do processo, podendo-se deduzir tal hipótese apenas no que diz respeito às medidas urgentes, visto que o processo principal permanece suspenso enquanto não houver desfecho do incidente, salvo as providências de caráter urgente.

Art. 151. Se os peritos concluírem que o acusado era, ao tempo da infração, irresponsável nos termos do art. 22 do Código Penal, o processo prosseguirá, com a presença do curador.

1. **Inimputabilidade ao tempo da infração.** Se o laudo firmado pelos peritos atestar a inimputabilidade do agente no momento da infração, deve o processo seguir seu curso. Se, ao final, ficar comprovado que o agente foi o autor do fato, sem nenhuma excludente de tipicidade, ilicitude ou excludente outra de culpabilidade – que não seja a própria inimputabilidade – ficará sujeito à medida de segurança, mediante prolação de sentença absolutória imprópria (art. 386, V, e parágrafo único, III, do CPP).

Art. 152. Se se verificar que a doença mental sobreveio à infração o processo continuará suspenso até que o acusado se restabeleça, observado o § 2º do art. 149.

§ 1º O juiz poderá, nesse caso, ordenar a internação do acusado em manicômio judiciário ou em outro estabelecimento adequado.

§ 2º O processo retomará o seu curso, desde que se restabeleça o acusado, ficando-lhe assegurada a faculdade de reinquirir as testemunhas que houverem prestado depoimento sem a sua presença.

1. **Inimputabilidade superveniente.** A conseqüência da inimputabilidade superveniente ao tempo da infração não será a prolação de sentença absolutória imprópria, e sim a suspensão do processo principal enquanto perdurar a condição de inimputabilidade do réu.

Art. 153. O incidente da insanidade mental processar-se-á em auto apartado, que só depois da apresentação do laudo, será apenso ao processo principal.

1. **Autuação em apartado.** Os autos do incidente de insanidade são constituídos em separado dos autos principais, devendo ser apensados somente após a feitura do laudo, isso para não criar uma situação de tumulto processual.

Art. 154. Se a insanidade mental sobrevier no curso da execução da pena, observar-se-á o disposto no art. 682.

1. **Inimputabilidade ocorrida no curso da execução penal.** Caso a inimputabilidade do sentenciado advenha em pleno curso da execução penal, há duas situações possíveis. A primeira, quando a situação de inimputabilidade é efêmera, aplica-se o art. 41 do CP. A segunda, no caso em que a condição de inimputabilidade se prolonga, caso em que a pena será convertida em medida de segurança, de ofício, pelo juiz, ou atendimento a requerimento do Ministério Público ou da autoridade administrativa, a teor do que estabelece o art. 183 da Lei nº 7.210/84, visto que a execução penal não é mais regida pelo CPP, e sim pela aludida lei de execuções.

Prova
(arts. 155 a 250)

Charles Emil Machado Martins

Promotor de Justiça no Estado do Rio Grande do Sul, Mestre em Direito pela UNISC (Santa Cruz do Sul). Leciona na Universidade do Vale dos Sinos (UNISINOS).

Considerações preliminares acerca da Prova Criminal

1. A importância da prova. O aumento da criminalidade é fenômeno que se verifica em todos os quadrantes do país. Para além da abismal desigualdade social e da crise de valores éticos morais difundida na sociedade brasileira, a sensação de impunidade que campeia em todos os seus estamentos é um dos principais fatores no incremento desse nefasto fenômeno contemporâneo. Nesse contexto, como diz Mittermaier,[1] já no intróito de seu consagrado Tratado, ao contrário das leis rigorosas, a única consideração que pode suspender o braço do homem resolvido ao crime, a única e verdadeira garantia que, por conseguinte, se pode dar à sociedade, é a certeza que deve ter o delinqüente de que ele não escapará à reprimenda penal, sendo que, para estabelecer essa conseqüência, o festejado doutrinador destaca a fundamental importância da prova no processo criminal. Aos legisladores e governantes brasileiros caberia refletir sobre essas sábias palavras e, ao contrário de tentar simplificar a solução do problema criminalidade com o aumento das penas ou com "hediondas" alterações na sua forma de cumprimento, deveriam lançar um breve olhar sobre a lamentável realidade da maioria dos órgãos policiais e de perícia, envidando esforços para melhorar e qualificar seus meios de investigação. É simplesmente inadmissível que, em pleno século 21, a maioria dos órgãos de investigação criminal não disponha de mínimos meios probatórios técnicos, ficando a justiça à mercê, nos crimes comuns, da sempre falível e fugaz prova testemunhal, isso sem falar nos denominados "crimes do colarinho branco", em que se verifica a quase que total falta de meios de investigação por parte da polícia judiciária.[2] Como refere Capez,[3] é a prova que viabiliza o olhar do processo para o mundo da vida, constituindo-se o principal fundamento sobre o qual se ergue a dialética processual. Sem provas idôneas e válidas, qualquer outra controvérsia jurídica não produzirá resultado profícuo dentro do processo. Portanto, efetivamente, há que concordar com Antônio Magalhães Gomes Filho[4] quando diz que a prova é "a alma do processo", tanto pelo seu valor na análise do caso concreto, como instrumento para correta

---

[1] MITTERMAIER. C. J. A. *Tratado da Prova em Matéria Criminal.* 3ª ed. Campinas: Bookseller, 1996, p. 11.

[2] Sobre essa realidade, Guilherme de Souza Nucci observa: "É fato que a justiça criminal em muitos Estados da Federação é pobre e sem recursos – incluindo-se aí a polícia judiciária, que cuida da investigação do delito logo de início –, não possuindo viaturas ou verba suficiente para combustível, a fim de localizar uma testemunha ou promover o levantamento de local do crime. Faltam recursos para fotografar o cadáver, para promover a reconstituição do delito, para custear exames periciais avançados e mesmo básicos (dactiloscópico, sangue, balística etc.), enfim, até a falta de funcionários para investigar forma quadro dramático de grande parte do sistema judiciário brasileiro. O processo penal, com isso, diferentemente do que ocorre em países ricos e desenvolvidos, conta quase que exclusivamente com a prova testemunhal para fazer vingar condenações. Não há, via de regra, outro sustentáculo. A importantíssima prova pericial, comum à maioria das nações privilegiadas economicamente, é colocada em segundo plano no Brasil. Se um acurado exame de DNA pode determinar o autor de um homicídio, com quase absoluta precisão, para que ouvir dezenas de testemunham que 'ouviram dizer' que foi o autor do delito? Se o exame dactiloscópico pode servir de prova concludente em muitos casos, por que continuar obrigando o réu a confessar a força? Tudo porque faltam recursos e, assim acontecendo, surge a desculpa – infundada, frise-se – de garantir a "segurança social" (NUCCI, Guilherme de Souza. *O valor da confissão como meio de prova no processo penal.* São Paulo: Revista dos Tribunais, 1999, p. 184).

[3] CAPEZ, Fernando. *Curso de Processo Penal.* 12ª ed. São Paulo: Saraiva, 2005, p. 260.

[4] GOMES FILHO, Antônio Magalhães. *Direito à prova no processo penal.* São Paulo: Revista dos Tribunais, 1997, p. 13.

convicção do magistrado, quanto pelo seu valor psicossocial, pois serve como elemento legitimador da jurisdição, por meio "do qual a atividade processual assimila valores e símbolos vigentes na sociedade, propiciando, em contrapartida, a adesão do grupo ao pronunciamento resultante". Vale dizer, por meio da prova idônea e válida, o processo, a par de instrumento de realização da justiça, transforma-se em garantia de que a liberdade do indivíduo somente será restringida quando houver fundamentação constitucionalmente adequada, o que, ao fim e ao cabo, revela-se uma garantia de pacificação social.

2. **O conceito de prova.** originada do latim *proba*, a palavra prova significa "Aquilo que atesta a veracidade ou a autenticidade de alguma coisa; demonstração evidente".[5] Nessa esteira, na doutrina jurídico-processual verifica-se que há vários sentidos para a palavra prova, que pode significar o *ato* de provar, pelo qual a parte busca convencer que as suas alegações correspondem aquelas que melhor se ajustam à realidade histórica, buscando produzir no espírito do julgador a convicção correspondente; prova como *instrumento* utilizado pela parte para demonstrar a falsidade ou veracidade de uma alegação ou fato e, finalmente, prova como *resultado*, ou seja, como convencimento do juiz, manifestado em sentença. A partir desses contributos, pode-se conceituar *prova* como sendo o complexo de meios que, produzindo *certeza* (moral) sobre fatos ou alegações, auxiliam a reconhecer e estabelecer uma *verdade* (processual), necessária ao pronunciamento final do juiz sobre a procedência, ou não, da proposição acusatória.

3. **O alcance possível da prova (da certeza, da verdade e da justiça no processo penal).** Os significados de prova, verdade e certeza no processo penal não são tão singelos como podem parecer em um primeiro *approach*. Malatesta,[6] um dos principais doutrinadores que se dedicou à matéria, com forte carga filosófica, concluiu que prova é o meio pelo qual "o espírito humano se apodera da verdade", evidenciando que a certeza que serve de base ao juiz só pode ser aquela de que ele tem posse, "a certeza como seu estado de alma", que mais não é do que uma afirmação intelectual da conformidade entre sua idéia e a realidade. Esta afirmação, por ser humana e falível, não pode ter a pretensão de ser absoluta, pois não exclui as possibilidades em sentido contrário, as quais, contudo, o juiz rejeita por não demonstrarem força em persuadi-lo. "Neste caso, não se deixa de estar diante da certeza, porque se está sempre diante da afirmação da conformidade entre a noção ideológica e a realidade ontológica". Extrai-se, pois, dessa lição de Malatesta, que a única "verdade" que se pode obter no processo é a conformidade da noção ideológica (subjetiva) com a realidade (objetiva), enquanto que a "certeza" dele decorrente é a sincera e fundamentada crença nessa conformidade, ainda que essa crença não espelhe a verdade objetiva. A prova, nesse contexto, passa a ser considerada "un hecho supuestamente verdadero que se presume debe servir de motivo de credibilidad sobre la existencia o inexistencia de otro hecho".[7] Vale dizer, é preciso dar tento que, ao contrário do entendimento que se tem apodíctico, a prova coletada no processo penal jamais poderá nos conduzir a uma "certeza absoluta",[8] pois a única "certeza" dele decorrente é aquela que se cunhou com a expressão "certeza moral" (que por ser subjetiva é relativa), decorrente da "verdade apurada processualmente". Logo, também nessa esteira, há que se ter em mente que no processo penal é impossível atingir-se a decantada "verdade material",[9] pois o que se obtém é a certeza que "está em nós", a verdade, por sua vez, "está nos fatos". Nesse toar, o Des. Marcelo Bandeira Pereira, em julgamento paradigmático, após reconhecer a falibilidade humana de todo julgador, teve oportunidade de consignar que: "A verdade na coisa, é a coisa mesmo. Sempre que há a representação humana acerca da coisa, entra em cena a possibilidade do erro, por isso que, conquanto buscando a verdade, haveremos de ter a consciência de que as soluções judiciais repousam na "certeza moral", e não, necessariamente, na verdade".[10] Vale dizer, a verdade dos fatos está nos próprios fatos, em decorrência, os operadores do direito devem dar-se

---

[5] FERREIRA, Aurélio Buarque de Holanda. *Novo Dicionário Aurélio da Língua Portuguesa*, 3ª ed. Rio de Janeiro: Nova Fronteira, 1999, p. 1656.

[6] MALATESTA, Nicolò Framarino Dei. *A lógica das provas em matéria criminal.* 2ª ed. São Paulo: Conon, 1995, V I, p. 22. No mesmo sentido, MITTERMAIER, Ob. cit. p. 64 e seguintes.

[7] BENTHAM, Jeremías. *Tratado de Las Pruebas Judiciales.* Buenos Aires: EJEA, 1971, p. 21.

[8] Nesse sentido, por todos, o seguinte julgado: Apelação Criminal nº 2002.010041-8, 2ª Câmara Criminal do TJSC, Florianópolis, Rel. Des. Sérgio Paladino. j. 13.08.2002.

[9] Isso não quer dizer que a "verdade material" deva ser compreendida como um "mito", como reiteradamente tem-se propagado, mas esse é um debate será enfrentado nos comentários ao poder instrutório do Juiz (artigo 156 do CPP).

[10] Nesse sentido: Apelação-Crime nº 70001542133, 2ª Câmara Criminal do TJRS, Rel. Des. José Antônio Hirt Preiss. j. em 09/11/2000. Salienta-se, o conscientizar-se que não existe "a verdade", mas "uma verdade processual" não quer dizer que os operadores do Direito trabalham com base na probabilidade, o que é inadmissível à ótica de garantia dos direitos individuais. Com relação à palavra verossimilhança, consagrada por Calamandrei, desde que vista como correlação interna entre a firmação intelectual e a realidade histórica reproduzida nos autos, não se vêem maiores óbices ao seu uso. A respeito: GOMES FILHO, Antônio Magalhães. *Direito à prova no processo penal.* São Paulo: Revista dos Tribunais, 1997, p. 46 e seguintes.

conta que deles, os fatos, nós só conhecemos como eles nos aparecem e não como são em si. A derradeira conclusão que se extrai dessas premissas é que "a justiça processual é uma justiça humana" e, por conseguinte, imperfeita, pois pode chegar a um resultado que não condiz com a realidade, sendo um culpado absolvido e vice-versa.[11] Nessa perspectiva, antes de visar uma "verdade a qualquer preço", quiçá inalcançável, o juiz deve garantir aos litigantes um processo mais justo possível, o que está intimamente ligado com a idéia de observância do devido processo legal. Assim, ciente de suas limitações, o juiz deve estar comprometido, antes de tudo, com a Constituição, a fim de que possa realmente interpretar os fatos e a lei em conformidade com os anseios da sociedade, sempre procurando alcançar a decisão mais próxima possível do que se convencionou denominar "justiça".

4. **O objetivo da prova**. O objetivo da prova é evidenciar ao juiz que a noção de verdade, que uma das partes sustenta, corresponde, da forma mais próxima possível, à realidade histórica. Logrando êxito, a parte – acusação ou defesa – convencerá o magistrado que "a sua verdade" é a que melhor corresponde à "verdade real", conforme as evidências colhidas no processo, ou seja, é sua a verdade processual, também denominada "verdade judiciária". Em resumo, a prova visa formar a convicção do magistrado, justificando a sua decisão.

5. **O direito à prova e a sua natureza jurídica**. Conforme destaca Antônio Magalhães Gomes Filho,[12] o direito à prova no processo penal tem dignidade constitucional, pois representa a garantia das cláusulas do contraditório e da ampla defesa, bem como do devido processo legal (art. 5º, incisos LV e LIV, da CF).[13] Nessa mesma ordem de idéias, há que se concordar com Paulo Rangel[14] quando diz que a prova, por ser inerente ao direito de ação e defesa, constitui-se em verdadeiro "direito subjetivo de índole constitucional", na medida em que, por ser um ônus, como adiante será visto, enquadra-se perfeitamente à idéia de manifestação da vontade na tutela de interesse "juridicamente protegido". O indeferimento do pedido de prova, portanto, deve ser motivado, mas não constitui cerceamento de defesa, porquanto a conveniência e oportunidade na produção de determinada prova ficam adstritas ao prudente poder discricionário do juiz que deve indeferir aquela prova que entende protelatória e indiferente para o esclarecimento do fato. Essa decisão não comporta recurso, somente podendo ser combatida pela via do mandado de segurança, se presentes os requisitos específicos dessa ação autônoma, ou, então, em preliminar do recurso em sentido estrito ou de apelação, conforme o caso, quando a parte poderá demonstrar ao juízo *ad quem* a conveniência ou necessidade da prova perseguida.

6. **Objeto da prova**. A doutrina costuma estabelecer como objeto da prova (*thema probandum*) o fato criminoso e suas circunstâncias. Essa proposição é correta, porém, em sendo importada do processo civil, parece insuficiente no processo penal, pois também deve ser objeto da prova as alegações defensivas, nomeadamente as relativas às excludentes da tipicidade, ilicitude e culpabilidade, as quais, por vezes, são precedentes à infração penal (imagine-se a insignificância da *res furtiva*) ou posteriores a ela (superveniente insanidade mental do agente), não podendo ser consideradas meras circunstâncias. Assim, por englobante, é preferível dizer que os objetos da prova são o *crime* e as circunstâncias penalmente relevantes à decisão da ação penal, que devem ser apreciados pelo juiz para que possa dar uma solução correta à causa. Esse conceito parece mais preciso que o de Alcalá-Zamora, citado por Tourinho Filho, quando diz que, em matéria processual, "é fato o que não é direito".[15] Esse conceito é impreciso, pois nem todos os fatos podem ser objeto da prova. Nesse sentido, a doutrina pontua: a) os fatos notórios, aqueles conhecidos por todo o cidadão de cultura média em uma determinada sociedade. Não se confundem com a dita *vox populi*, a qual nem sempre representa algo verdadeiro. Nesta categoria podem ser enquadrados os *fatos evidentes* (*notoria vel manifesta non egent probatione*) e os *fatos intuitivos*, aqueles decorrentes da experiência empírica ou da lógica (exemplo: vítima dilacerada por atropelamento, despiciendo osten-

---

[11] RAWLS, John. *Uma teoria da justiça*. São Paulo: Martins Fontes, 2000, p. 86.

[12] Em suas palavras: "No Estado democrático de direito, em que a liberdade individual é reconhecida como premissa fundamental para a justa organização da sociedade, é evidente que as decisões penais, que incidem exatamente sobre o *status libertatis* do cidadão, só podem ser legitimadas por um saber resultante de procedimentos que permitam esclarecer os fatos sob a dupla ótica da sociedade e do indivíduo: é preciso que as hipóteses acusatórias sejam verificadas, pois sem a existência de provas concludentes não se poderá superar a presunção de inocência do acusado; mas é igualmente necessário que essas mesmas provas sejam produzidas com a participação e o controle da defesa, e, ainda, que possa haver contra prova." (GOMES FILHO, Antônio Magalhães. *Direito à prova no processo penal*. São Paulo: Revista dos Tribunais 1997, p. 13.)

[13] Op. cit. p. 61. Contudo, evidentemente que esse direito de produzir provas que possam influenciar a decisão judicial não é absoluto, sendo restringido pela proibição da utilização das provas ilícitas ou ilegítimas, como adiante se demonstrará.

[14] RANGEL, Paulo. *Direito Processual Penal*. 10ª ed. Rio de Janeiro: Lumen Juris, 2005, p. 418.

[15] TOURINHO FILHO, Fernando da Costa. *Processo Penal*. 25ª ed. São Paulo: Saraiva, 2003, V. 3, p. 216.

ta-se provar a causa morte), bem como os *fatos impossíveis*, aqueles que baseiam alegações que afrontam a inteligência meridiana. Tourinho também coloca ao lado dos fatos notórios as *máximas da experiência*, que nada mais são que a "experiência comum", extraída da vivência do dia-a-dia em que os sujeitos processuais estão inseridos. Por esta experiência, o juiz poderá distribuir de modo diverso o ônus da prova. Assim, mesmo quando as alegações da parte não foram por ela provadas, mas estão de acordo com as regras de experiência, sendo verossímeis e não sendo contrariadas pela parte *ex adversa*, elas podem preponderar na convicção do magistrado, conforme autoriza o art. 3º do CPP, pois o julgador estará aplicando o princípio da razoabilidade; b) as presunções legais absolutas, por sua vez, não comportam prova em contrário, como a inimputabilidade penal dos menores de 18 anos de idade (vide comentários ao art. 239); c) fatos inúteis ou impertinentes, aqueles que não influenciam na solução da causa. De outra banda, conquanto seja excepcional, o direito também pode ser objeto da prova, nos termos do art. 337 do CPC. Ao ocaso, insta consignar que os fatos incontroversos também podem ser objeto da prova, pois no processo penal, ao contrário do que estabelece o CPC (art. 334, II), a confissão do réu não conduz necessariamente à procedência da ação, pois ela deve ser confortada por outros meios de prova, ou, pelo menos, não deve afrontar as "regras de experiência comum" (vide comentários ao art. 197).

**TÍTULO VII
DA PROVA**

**CAPÍTULO I
DISPOSIÇÕES GERAIS**

Art. 155. No juízo penal, somente quanto ao estado das pessoas, serão observadas as restrições à prova estabelecidas na lei civil. Vide: art. 5º, LVI, CF. art. 92, 158, 167, 243, § 2º, 406, § 2º, e 475 CPP, art. 1543, do CC e Súmula 74, STJ.

1. **Meios de prova**. São todas as coisas ou ações utilizadas pelos sujeitos processuais (partes e juiz), direta ou indiretamente, para pesquisarem ou demonstrarem a verdade que procuram estabelecer no processo. O CPP não traz um rol taxativo das provas admissíveis no processo penal, pois é perfeitamente possível a produção de outras provas não especificadas em seu bojo, como a interceptação telefônica, a quebra de sigilo bancário e fiscal, entre outras provas ditas inominadas.

2. **Classificação da prova**. De um modo geral, as provas assim podem ser divididas; a) quanto ao *objeto*: prova direta, desde que se refira ao próprio fato imputado, sem a necessidade qualquer ilação (testemunha "de visu"). Já a prova indireta é aquela que, por meio de raciocínio lógico, leva à consideração do fato probando (indício); b) quanto ao *sujeito*: pode ser pessoal, ou seja, aquela que vem aos autos por meio da afirmação de uma pessoa (réu, vítima, testemunha ou informante). Já a prova real é aquela que emerge do próprio fato (exame de corpo de delito), da(s) coisa(s) utilizadas para o seu cometimento (a arma do crime) ou dos vestígios deixados pelo crime (resquícios de pólvora na mão do acusado); c) quanto à *forma*: a prova pode ser oral (interrogatório, palavra da vítima, depoimento de testemunhas e informantes) documental (cártula original, nota fiscal de venda, contrato, etc.) ou material, que geralmente é aquela que afirma a existência do delito e auxilia na formação da convicção sobre a autoria (apreensão da *res furtiva*). Por fim, há que se notar que um meio de prova pode estar inserido em mais de uma classificação, o depoimento da testemunha *de visu*, por exemplo, quanto ao objeto é prova direta, quanto ao sujeito é prova pessoal e quanto à forma é prova oral.

3. **Prova emprestada**. É aquela colhida em um processo e posteriormente transportada, por cópia (é, pois, prova documental), para outro, com a finalidade de, neste, produzir efeitos. Para que tenha algum valor, é necessário que ela tenha sido produzida em processo formado entre as mesmas partes ou, no mínimo, em processo em que tenha figurado como parte aquele contra quem se pretende fazer valer a prova, observados os princípios constitucionais do contraditório e ampla defesa (vide comentários ao art. 157 do CPP). Além disso, tem-se entendido que condenação não pode se fulcrar, exclusiva ou substancialmente, em prova emprestada.[16]

4. **Prova policial**. É a prova produzida no inquérito policial, também denominada prova inquisitorial. Sobre o valor da prova oral produzida em seu bojo, existem três grandes correntes: a) a primeira corrente, que pode ser denominada de obstativa, prega a invalidade absoluta da prova oral produzida extrajudicialmente, a qual serve apenas como subsídio informativo ao oferecimento da denúncia pelo Ministério Público, não sendo válida para justificar a prolação de sentença pelo Poder Judiciário. Nesse sentido, o Des. Amilton Bueno de Carvalho afirma: "valor algum se dá à prova oral coletada na polícia porquanto ausentes mínimas garantias do processo

---
[16] Nesse sentido: Habeas Corpus nº 23721/SP (2002/0091816-1), 6ª Turma do STJ, Rel. Min. Hamilton Carvalhido. j. 02/03/2004.

penal democrático: contraditório, ampla defesa, autoridade eqüidistante, espaço público. Valorar aqueles elementos – utilidade? Instrumental para o Estado-Acusação possa oferecer denúncia e nada mais – é recuperar o medieval inquisitório desde muito superado pela modernidade".[17] E o Des. Aramis Nassif complementa: "Não existe prova policial. As informações colhidas na fase inquisitorial, não reproduzidas judicialmente, são imprestáveis para amparar conclusão condenatória. O inquérito é instaurado com a finalidade de incriminação e jamais para provar a inocência do indiciado. Comprometido, pois, com sua teleologia".[18] É posicionamento minoritário. b) a segunda corrente, que pode ser classificada como permissiva, admite a utilização de prova exclusivamente policial para julgar o acusado. Nesse sentido, Espínola Filho diz que o juiz: "se pela ação dispersiva do tempo decorrido, pelo desaparecimento ou mudança dos fatos materiais de que puder dispor, pela invencível má vontade ou pelas grandes falhas das pessoas a cuja colaboração tiver de recorrer, não vir coroado de êxito os seus mais denodados esforços no sentido de alcançar, produzida no sumário, a prova de que necessita para proclamar a boa razão da defesa ou a procedência da acusação, nada obsta, antes tudo aconselha, a que, sem a menor reserva, se valha da prova existente apenas no inquérito, com o convencimento de ser ela a verdadeira, e que não foi anulada por fato ou circunstância mais fidedignos na instrução criminal".[19] Nesse mesmo sentido, o Des. Marco Antônio Barbosa Leal consignou: "A probação policial não vale quando não convence; quando, isolada, ou contrariada, deixa entrever possibilidade de distorções. Modo induvidoso, sua produção unilateral não afronta o princípio constitucional do contraditório uma vez que atravessa a fase de dilação instrutória, possibilitando ao interessado demonstrar seus desvios. O pressuposto constitucional não implica em que deva a prova ser produzida perante as partes. Impõe, isso sim, a necessidade de que, em algum momento processual, a prova possa ser discutida e contrariada. Prova policial é prova judicializada na medida em que atravessa a instrução processual, sujeitando-se ao contraditório".[20] É posicionamento minoritário. c) já a corrente intermediária sustenta que a prova policial terá valor probatório hábil à formação da convicção do magistrado somente se possuir respaldo em outros adminículos judicializados. Segundo essa corrente, a prova policial inquisitória só deve ser desprezada como elemento válido e aceitável de convicção, quando totalmente ausente prova judicial que lhe confirme ou quando desmentida, contrariada ou nulificada pelos elementos probantes colhidos em juízo. Desse modo, havendo prova produzida no contraditório, ainda que menos consistente, a prova policial pode e deve ser considerada e chamada para, em conjunto, compor quadro probante suficientemente nítido e preciso. Esse é o entendimento majoritário no âmbito doutrinário e jurisprudencial, com respaldo do STF[21] e do STJ.[22] Nesse sentido, Mirabete[23] sustenta: "de acordo com o princípio do livre convencimento que informa o sistema processual penal, as circunstâncias indicadas nas informações da polícia podem constituir elementos válidos para a formação do convencimento do magistrado. Certamente, o inquérito serve para a colheita de dados circunstanciais que podem ser comprovados ou corroborados pela prova judicial e de elemento subsidiário para reforçar o que for apurado em juízo". Note-se, contudo, que as provas periciais produzidas no inquérito policial têm sido aceitas plenamente, pois, como pondera Mirabete: "embora praticadas sem a participação do indiciado, contêm em si maior dose de veracidade, visto que nelas preponderam fatores de ordem técnica que, além de mais difíceis de serem deturpados, oferecem campo para uma apreciação objetiva e segura de suas conclusões. Nessas circunstâncias têm elas valor idêntico ao das provas colhidas em juízo".

5. O princípio da liberdade probatória. No seu objetivo de realizar justiça, tentando chegar o mais próximo possível da denominada "verdade real", não existem limitações aos meios de prova no processo penal, portanto, tudo o que lícito for, idôneo será como prova, consagrando-se, assim, o princípio da liberdade nos meios de prova colocados à disposição dos sujeitos processuais. Entretanto, esse princípio não é absoluto, pois o artigo em comento estabelece restrições quanto às provas sobre o "estado das pessoas", que devem ser aquelas estabelecidas na lei civil. Assim, o casamento celebrado no Brasil prova-se pela certidão de registro (art. 1.543 do CC), para provar a morte é necessária certidão do oficial de registro, extraída após a lavratura do assento de óbito (art.

---

[17] Apelação-Crime nº 70005968151, 5ª Câmara Criminal do TJRS, Rel. Des. Amilton Bueno de Carvalho. j. em 30/06/2004.
[18] Apelação-Crime nº 70008369027, 5ª Câmara Criminal do TJRS, Rel. Des. Aramis Nassif. j. em 11/08/2004.
[19] ESPÍNOLA FILHO, Eduardo. *Código de Processo Penal brasileiro anotado*. Rio de Janeiro: Borsoi, 1965, V. I, p. 253.
[20] MIRABETE, Julio Fabbrini. *Código de Processo Penal Interpretado*. 7ª ed. São Paulo: Atlas, 2000, p. 79.
[21] Nesse sentido: Habeas Corpus n° 82622 / SP, 2ª Turma do STF, Rel. Min. Carlos Velloso. j. 08/04/2003.
[22] Nesse sentido: Habeas Corpus n° 37550 / RJ, 5ª Turma do STJ, Rel. Laurita Vaz. j. 23/08/2005.
[23] MIRABETE, Julio Fabbrini. *Código de Processo Penal Interpretado*. 7ª ed. São Paulo: Atlas, 2000, p. 79.

77 da Lei nº 6.015/73). No mesmo toar é a Súmula 74 do STJ, pela qual somente a certidão de nascimento (ou cópia devidamente autenticada) constitui documento hábil para atestar a menoridade do réu. Portanto, mesmo que o fato seja incontroverso entre as partes, há que se buscar a prova determinada pela lei civil. O art. 155, todavia, não estabelece todas as restrições previstas em lei, sendo possível encontrar outras restrições no próprio CPP. No título em análise, verifica-se que os artigos 158 e 167 estabelecem que os crimes que deixam vestígio precisam de prova material, via prova pericial, direta ou indireta. O dever de sigilo profissional, instituído para assegurar a confiança da sociedade em determinadas profissões, mereceu dupla atenção do legislador, pois, além de estar proibido pelo CPP o depoimento de profissional que importe na violação do segredo (art. 207), a hipótese configura o crime previsto no art. 154 do CP. No mesmo diapasão, o art. 243, § 2º, do CPP proíbe a busca e apreensão de documento em poder do defensor, proibição, todavia, que não é absoluta, como adiante se verá. Ainda no CPP, ao disciplinar as denominadas questões prejudiciais, as quais devem ser solucionadas previamente, porque são questões que se ligam ao mérito da questão principal, verifica-se que, nas prejudiciais obrigatórias, aquelas relativas ao estado da pessoa, o art. 92 do CPP estabelece que, quando suscitadas, "o curso da ação penal ficará suspenso até que no juízo cível seja a controvérsia dirimida por sentença passada em julgado". Cita-se, como exemplos de questão prejudicial obrigatória, a referente à anulação de casamento na esfera civil, no crime de bigamia, e a de anulação de registro de nascimento inexistente, no crime de parto suposto. Nesses casos, há evidente restrição à avaliação da prova por parte do juiz criminal, que estará necessariamente vinculado ao que for decidido na esfera cível. Outras restrições ao direito de prova existem nos processos dos crimes da competência do Tribunal do Júri, em que nenhum documento poderá ser juntado aos autos na fase de alegações finais do *jus accusationes*, conforme inteligência do art. 406, § 2º, do CPP. Sendo que, no mesmo rito, há a proibição de leitura, em plenário do júri, sem aviso à parte contrária, de documentos não juntados aos autos até o prazo constante no art. 475 do CPP. Para além disso, Capez,[24] argumentamente, estabelece que a liberdade probatória está condicionada aos requisitos de que a prova perseguida seja *possível*, o que muitas vezes não é, como no rito sumário do mandado de segurança criminal e no *habeas corpus*. Que a prova seja *pertinente*, ou seja, relacione-se aos fatos e circunstâncias em julgamento, bem como que seja *concludente*, vale dizer, que permita uma conclusão sobre a questão debatida. Entretanto, a principal restrição à liberdade probatória é, efetivamente, ser a prova *admissível*, vale dizer, lícita, legítima e aceita pelos costumes judiciários. Todavia, a inadmissibilidade das provas ilícitas e/ou ilegítimas, em virtude da sua importância, por estarem intimamente ligadas à garantia de proteção da dignidade humana, inerente ao Estado Democrático de Direito, bem como em virtude do dissenso doutrinário e jurisprudencial que causa, merece uma análise à parte.

6. As provas ilícitas, ilegítimas e irregulares. Conforme a doutrina tradicional, *irregulares* são aquelas provas que, muito embora permitidas pelo ordenamento jurídico pátrio, em determinado caso concreto foram obtidas em desobediência às formalidades legais. Como exemplo, pode-se citar o reconhecimento pessoal feito sem observância das formalidades previstas no artigo 226 do CPP. Dependo do grau de defecção dessa prova, ela poderá ser valorizada, ou não, como elemento de convicção. Assim, na hipótese de reconhecimento pessoal, a jurisprudência majoritária tem entendido que o cerimonial previsto no referido dispositivo do CPP deve ser observado quando possível, pois, em tema de reconhecimento, o que importa é que ele seja seguro, não devendo se atribuir desmesurada importância à forma, de molde a sobrepô-la ao próprio conteúdo.[25] *Ilegítimas*, por sua vez, são as provas obtidas com infringência às leis processuais penais. Como exemplo, pode ser citada a tentativa de comprovar o casamento do réu por meio de prova testemunhal, ou até mesmo pela sua confissão quanto a essa circunstância. Não adianta, o CPP exige certidão de registro do matrimônio, ou sua cópia autêntica. Já as provas *ilícitas*, são aquelas produzidas em afronta às leis de direito material penal. Nesse sentido, é ilícita a prova obtida mediante tortura, pois a CF (artigo 5º, LVI) e, no mesmo diapasão, a Lei 9.455/97, proclamam a tortura como crime. Outro exemplo é a prova obtida mediante violação de correspondência, em virtude do que dispõe o art. 151 do CP. A respeito dessa divisão, Nuvolone[26] diz que a diferença entre prova ilícita e prova ilegítima se faz em dois planos. No primeiro, a distinção diz com a natureza da norma infringida ou violada sendo este de caráter material, a prova será ilícita; sendo de caráter processual, a prova será ilegítima. No segundo

---

[24] CAPEZ, Fernando. *Curso de Processo Penal*. 12ª ed. São Paulo: Saraiva, 2005, p. 262.

[25] Nesse sentido: Apelação Criminal nº 0241341-6 (10597), 4ª Câmara Criminal do TAPR, Rel. Lauro Augusto Fabrício de Melo. j. 29.04.2004. Ainda: Apelação Criminal nº 70004293221, 8ª Câmara Criminal do TJRS, Rel. Des. Roque Miguel Fank. j. 19.06.2002.

[26] *Apud* GRINOVER, Ada Pellegrini et al. *As Nulidades no Processo Penal*. 6ª ed. São Paulo: Malheiros, 1992, p. 131.

plano, a distinção é estabelecida quanto ao momento em que se dá a violação, isso porque a prova será ilícita, infringindo, portanto, norma material, quando for 'colhida' de forma que transgrida regra posta pelo direito material; será, ao contrário, ilegítima, infringindo norma de caráter processual, quando for 'produzida' no processo, em violação à regra processual. Particularmente, partindo do exposto por Tourinho,[27] entende-se que, sobre o assunto, a classificação das provas deveria ser resumida à *prova ilegal*[28] e à *prova ilícita*. Ilegal é aquela prova que está em desconformidade simplesmente com a lei, seja processual ou material. Ilícita, por sua vez, é a prova que contraria o ordenamento jurídico como um todo, notadamente a Constituição e os princípios nela positivados ou imanentes (princípio da ampla defesa, princípio da proporcionalidade, etc.),[29] de modo a causar lesão ou expor a perigo o bem jurídico tutelado, pois esse é o conceito de ilicitude consagrado nos compêndios de direito penal.[30] Somente esse entendimento é capaz de justificar a aparente aporia que determinados julgados consagram ao admitir uma prova por eles reconhecida como "ilícita". Em verdade, nesses casos, muitas vezes verifica-se que, conquanto a prova tenha sido obtida de modo *ilegal*, ela é conjurada em virtude do princípio da ampla defesa do réu (a prova era necessária para a defesa do réu), o qual deve sobrepor, tornando-a *lícita*, conforme já julgou o STF.[31] Ou seja, o Direito é uno e uma prova não pode ser considerada lícita e ilícita ao mesmo tempo, o que parece consagrar o entendimento até o momento vigente na doutrina e jurisprudência pátria.

7. Da inadmissibilidade da prova ilícita. O procedimento probatório tem quatro fases. a) *proposição* da prova pela parte interessada; b) *admissão*, pelo juiz, da prova proposta (note-se que, quando a prova é determinada pelo juiz, à evidência, os dois primeiros momentos fundem-se em um só); c) *produção* da prova admitida; e d) *valoração* da prova. A prova ilícita pode até ser produzida, porém não deve ser admitida pelo juiz em face da explícita previsão constitucional de sua proscrição processual (art. 5º, LVI, da CF). Nada obstante, se for admitida, a prova ilícita deve ser desentranhada dos autos antes de ser valorada na sentença, evitando que, de qualquer modo, contamine a atividade de convicção, ainda que inconscientemente.[32] Se isso não for feito e a prova ilícita for valorada por decisão condenatória, está deverá ser reformada, a não ser que no processo estejam anexados outros elementos probatórios dela independentes.[33] Nessa última hipótese, a rigor, a sentença deveria ser anulada, para que outra fosse prolatada sem levar em consideração a prova ilícita, assegurando-se o duplo grau de jurisdição ao réu. Assim, segundo a melhor orientação, se a prova ilícita foi fundamental na condenação, a sentença deve ser reformada, absolvendo-se o réu por insuficiência de prova, e não anulada, como se vê em alguns julgados, pois isso afronta o artigo 617 do CPP e a Súmula 160 do STF, que proíbem o reconhecimento de nulidade, em desfavor do réu, que não for não argüida pela acusação.[34] O raciocínio aqui delineado parte do pressuposto de que a prova ilícita foi utilizada em desfavor do réu, uma vez que, como adrede exposto, tem-se que a prova, conquanto ilegalmente produzida, dês que favoreça o acusado, não pode ser epitetada de ilícita no momento da sua valoração, na medida em que legitimada pela cláusula constitucional da ampla defesa, conforme explicado no final da nota anterior.

8. A (in)admissibilidade da prova lícita derivada da prova ilícita. A possibilidade de utilização da prova lícita conseqüente da prova ilícita comporta

---

[27] TOURINHO FILHO, Fernando da Costa. *Processo Penal*. 25ª ed. São Paulo: Saraiva, 2003, V. 3, p. 327.

[28] Discorda-se, portanto, do entendimento de que ilegal é o gênero de que são espécies as provas adjetivadas de ilegítimas e ilícitas.

[29] Conforme, Antônio Magalhães Gomes Filho: "no confronto entre uma proibição de prova, ainda que ditada pelo interesse de proteção a um direito fundamental e o direito à prova da inocência parece claro que deva este último prevalecer, não só porque a liberdade e a dignidade da pessoa humana constituem valores insuperáveis, na ótica da sociedade democrática, mas também porque ao próprio Estado não pode interessar a punição de um inocente, o que poderia significar a impunidade do verdadeiro culpado; é nesse sentido, aliás que a moderna jurisprudência norte-americana tem afirmado que o direito à prova de defesa é superior" (*Direito à prova no processo penal*. São Paulo: Revista dos Tribunais, 1997, p. 106).

[30] TOLEDO, Francisco de Assis. *Princípios básicos de Direito Penal*. 5ª ed. São Paulo: Saraiva, p. 163.

[31] Habeas Corpus nº 74197/RS, 2ª Turma do STF, Rel. Min. Francisco Rezek. j. 26/11/1996. Ainda, admitindo prova clandestina em favor do réu: AI nº 503617 Agr./PR, 2ª Turma do STF, Rel. Min. Carlos Velloso. j. 01/02/2005.

[32] Nesse sentido: Recurso Especial nº 143520/SC, 6ª Turma do STJ, Rel. Min. Luiz Vicente Cernicchiaro. j. 14.04.1998. Essa é, outrossim, a previsão do artigo 157 do Projeto de Lei nº 4.205/01, que propõe reforma do CPP, na parte referente à prova.

[33] Nesse sentido: Recurso Ordinário em Habeas Corpus nº 5944/PR, 6ª Turma do STJ, Rel. Min. Fernando Gonçalves. j. 25.02.1997.

[34] Nesse sentido, invocando esses e outros argumentos: GOMES FILHO, Antônio Magalhães. *Direito à prova no processo penal*. São Paulo: Revista dos Tribunais, 1997, p. 168. Ainda: RT 670/273 e Apelação Crime nº 70008822470, 5ª Câmara Criminal do TJS, Rel. Aramis Nassif. j. 25/08/2004. Em sentido contrário: RANGEL, Paulo. *Direito Processual Penal*. 10ª ed. Rio de Janeiro: Lumen Juris, 2005, p. 425., e Apelação Criminal nº 97.02.34655-0/RJ, 2ª Turma do TRF da 2ª Região, Rel. Juiz Castro Aguiar. j. 26.04.2000. Ainda: Habeas Corpus nº 14216/RS (2000/0087281-4), 6ª Turma do STJ, Rel. Min. Vicente Leal, j. 16.10.2001.

severo dissídio doutrinário, podendo-se identificar três correntes que tratam a questão: a) a corrente obstativa, que considera essa prova "ilícita por derivação", assim conceituada e conhecida em virtude da aplicação da "teoria dos frutos da árvore venenosa" (*the fruits of the poisonous tree theory*), que teve origem na Suprema Corte norte-americana em 1920, no caso *Silverthorne Lumber Co. v. United States* (251 US 385; 40 S.Ct. 182; 64 L.Ed. 319). Essa é a teoria que foi adotada pelo STF na última vez em que se pronunciou sobre o tema, oportunidade em que considerou inadmissível a prova lícita originada daquela obtida por meio ilícito, afirmando que a prova ilícita não comporta temperamentos ou ponderações, devendo ser sempre desconsiderada, por eivada de nulidade, na medida em que foi a própria Constituição que ponderou os valores contrapostos e optou – em prejuízo, se necessário, da eficácia da persecução criminal – pelo valor fundamental da dignidade humana, pilar do Estado Democrático de Direito, onde a violação do direito de um indivíduo é uma ameaça ao direito de todo a sociedade. Nesse diapasão, por emblemática, deve-se ler ementa do STF.[35] Na doutrina pátria, esse entendimento é sustentado por Ada Pellegrini Grinover e outros;[36] b) já para a corrente permissiva, a prova lícita derivada de outra obtida ilicitamente deve sempre ser reconhecida no ordenamento jurídico como válida e eficaz, porquanto a inadmissibilidade, constitucionalmente prevista, restringe-se às prova ilícitas, não tendo aplicação, pois, na espécie, o art. 573, § 1º, do CPP. Assim, a ilicitude na obtenção da prova original não deve ter força de retirar o valor que possui a prova lícita dela originada, visto que o ilícito refere-se ao meio de obtenção da prova e não ao conteúdo, restando, aos responsáveis pela obtenção ilícita, as conseqüências oriundas de seu ato ilegal, sem que isso interfira no valor ou validade da prova derivada. Nesse sentido, Mirabete[37] é pela admissibilidade da prova ilícita por derivação, afirmando que "como a lei ordinária não prevê expressamente a cominação de inadmissibilidade ou nulidade das provas ilícitas por derivação, prevalece a eficácia do dispositivo constitucional que veda apenas a admissibilidade da prova colhida ilicitamente, e não a que dela deriva". Na mesma esteira, Paulo Rangel[38] sustenta que é admissível no processo a prova obtida licitamente, ainda que originada daquela colhida ilicitamente, "pois onde a lei (Constituição) não distingue, não cabe ao intérprete distinguir. A Constituição não tratou da prova deri-

---

[35] Confira-se: *Habeas Corpus*: cabimento: prova ilícita. 1. Admissibilidade, em tese, do *habeas corpus* para impugnar a inserção de provas ilícitas em procedimento penal e postular o seu desentranhamento: sempre que, da imputação, possa advir condenação a pena privativa de liberdade: precedentes do Supremo Tribunal. II. Provas ilícitas: sua inadmissibilidade no processo (CF, art. 5º, LVI): considerações gerais. 2. Da explícita proscrição da prova ilícita, sem distinções quanto ao crime objeto do processo (CF, art. 5º, LVI), resulta a prevalência da garantia nela estabelecida sobre o interesse na busca, a qualquer custo, da verdade real no processo: conseqüente impertinência de apelar-se ao princípio da proporcionalidade – à luz de teorias estrangeiras inadequadas à ordem constitucional brasileira – para sobrepor, à vedação constitucional da admissão da prova ilícita, considerações sobre a gravidade da infração penal objeto da investigação ou da imputação. III. Gravação clandestina de "conversa informal" do indiciado com policiais. 3. Ilicitude decorrente – quando não da evidência de estar o suspeito, na ocasião, ilegalmente preso ou da falta de prova idônea do seu assentimento à gravação ambiental – de constituir, dita "conversa informal", modalidade de "interrogatório" sub-reptício, o qual – além de realizar-se sem as formalidades legais do interrogatório no inquérito policial (C.Pr.Pen., art. 6º, V) –, se faz sem que o indiciado seja advertido do seu direito ao silêncio. 4. O privilégio contra a auto-incriminação – *nemo tenetur se detegere* –, erigido em garantia fundamental pela Constituição – além da inconstitucionalidade superveniente da parte final do art. 186 C.Pr.Pen. – importou compelir o inquiridor, na polícia ou em juízo, ao dever de advertir o interrogado do seu direito ao silêncio: a falta da advertência – e da sua documentação formal – faz ilícita a prova que, contra si mesmo, forneça o indiciado ou acusado no interrogatório formal e, com mais razão, em "conversa informal" gravada, clandestinamente ou não. IV. Escuta gravada da comunicação telefônica com terceiro, que conteria evidência de quadrilha que integrariam: ilicitude, nas circunstâncias, com relação a ambos os interlocutores. 5. A hipótese não configura a gravação da conversa telefônica própria por um dos interlocutores – cujo uso como prova o STF, em dadas circunstâncias, tem julgado lícito – mas, sim, escuta e gravação por terceiro de comunicação telefônica alheia, ainda que com a ciência ou mesmo a cooperação de um dos interlocutores: essa última, dada a intervenção de terceiro, se compreende no âmbito da garantia constitucional do sigilo das comunicações telefônicas e o seu registro só se admitirá como prova, se realizada mediante prévia e regular autorização judicial. 6. A prova obtida mediante a escuta gravada por terceiro de conversa telefônica alheia é patentemente ilícita em relação ao interlocutor insciente da intromissão indevida, não importando o conteúdo do diálogo assim captado. 7. A ilicitude da escuta e gravação não autorizadas de conversa alheia não aproveita, em princípio, ao interlocutor que, ciente, haja aquiescido na operação; aproveita-lhe, no entanto, se, ilegalmente preso na ocasião, o seu aparente assentimento na empreitada policial, ainda que existente, não seria válido. 8. A extensão ao interlocutor ciente da exclusão processual do registro da escuta telefônica clandestina – ainda quando livre o seu assentimento nela – em princípio, parece inevitável, se a participação de ambos os interlocutores no fato probando for incindível ou mesmo necessária à composição do tipo criminal cogitado, qual, na espécie, o de quadrilha. V. Prova ilícita e contaminação de provas derivadas (fruits of the poisonous tree). 9. A imprecisão do pedido genérico de exclusão de provas derivadas daquelas cuja ilicitude se declara e o estágio do procedimento (ainda em curso o inquérito policial) levam, no ponto, ao indeferimento do pedido. (Habeas Corpus nº 80.949-9-RJ; 1ª Turma, Rel. Min. Sepúlveda Pertence. j. 30/10/2001)

[36] GRINOVER, Ada Pellegrini *et alii*. *As Nulidades no Processo Penal*. 6ª ed. São Paulo: Malheiros, 1992, p. 135.

[37] MIRABETE, Julio Fabbrini. As provas ilícitas e o sigilo bancário: *Livro de Estudos Jurídicos*. Rio de Janeiro: IEJ, V. 5, 1989, p. 173.

[38] RANGEL, Paulo. *Direito Processual Penal*. 10ª ed. Rio de Janeiro: Lumen Juris, 2005, p 430.

vada". Sendo que Fernando de Almeida Pedroso, a respeito do assunto, relembrou o entendimento inicial do STF, guiado pelo Ministro Cordeiro Guerra, que assim declarou "...não creio que entre os direitos humanos se encontre o direito de assegurar a impunidade dos próprios crimes, ainda que provados por outro modo nos autos, só porque o agente da autoridade se excedeu no cumprimento do dever e deva ser responsabilizado. Nesse caso, creio que a razão assiste à nossa jurisprudência: pune-se o responsável pelos excessos cometidos, mas não se absolve o culpado pelo crime efetivamente comprovado";[39] c) o entendimento intermediário, por sua vez, fulcrado no princípio da proporcionalidade, admite a prova derivada da prova ilícita, topicamente, em casos excepcionais. É o entendimento da jurisprudência do Tribunal Constitucional Alemão. Em solo pátrio, é a orientação acolhida pelo STJ[40] e, na doutrina, por Barbosa Moreira e Camargo Aranha, dentre outros. Essa corrente tenta equilibrar as posições antagônicas de admissibilidade e inadmissibilidade da prova lícita derivada da prova ilícita, quando coexista um outro interesse maior. Assim, por exemplo, nos delitos constitucionalmente considerados como de maior gravidade[41] (conforme o art. 5º, XLII, por exemplo), seria um direito estatal prevalecer a ordem social em detrimento de direitos individuais, já que o interesse coletivo justifica tal opção. Segundo Camargo Aranha,[42] "para tal teoria intermediária propomos uma nova denominação a do interesse preponderante. Em certas situações, a sociedade, representada pelo Estado, é posta diante de dois interesses fundamentais relevantes, antagônicos e que a ela cumpre preservar: a defesa de um princípio constitucional e a necessidade de perseguir e punir o criminoso. A solução deve consultar o interesse que prevalecer e que, como tal, deve ser preservado". Nada obstante, o STF, como visto anteriormente, somente admite o princípio da proporcionalidade, em relação à prova ilícita *pro reo*, nunca *pro societate*. José Carlos Barbosa Moreira, entretanto, é contrário à adoção do princípio da proporcionalidade somente *pro reo*, argumentando que "... dificilmente se contestará a premissa da superioridade de armas da acusação. Pode suceder, no entanto, que ela deixe de refletir a realidade em situações de expansão e fortalecimento da criminalidade organizada, como tantas que enfrentam as sociedades contemporâneas". E conclui: " Seja como for, o essencial aqui é pôr em realce o caráter relativo que por força se tem de atribuir ao princípio constitucional atinente à inadmissibilidade das provas ilicitamente adquiridas".[43] Entende-se que, por ser mais equilibrada, ao permear entre a teoria obstativa e a teoria permissiva, a teoria intermediária é a que melhor resolve a *vexata quaestio* da admissibilidade da prova lícita derivada de prova ilícita. Com efeito, a teoria permissiva tem um grave senão, pois admitiria a prova lícita derivada da ilícita em qualquer situação, o que não nos parece escorreito. Por exemplo, tem-se que jamais se poderá admitir uma prova originada de tortura, pois nesses casos não basta a punição do torturador, é preciso que fique assente, em qualquer quadra e de todos os modos, de que nada, absolutamente nada, que advier da tortura será admitido em um Estado realmente Democrático e de Direito, que tem como pressuposto a preservação da dignidade da pessoa humana. Também a teoria obstativa, dada vênia do respeitável entendimento em contrário, não parece razoável em determinadas situações, em que consagraria a impunidade de delitos gravíssimos. De qualquer modo, é de todo pertinente a crítica de José Carlos Barbosa Moreira, quando, ao tratar da "teoria dos frutos da árvore envenenada", diz que não se deve importá-la de maneira passiva e acrítica, indagando: "Será ela adequada à realidade do Brasil de hoje? Ampliar em tal medida, para os infratores atuais e potenciais – sobretudo na área constantemente em expansão, da

---

[39] PEDROSO, Fernando de Almeida. *Prova Penal*. Rio de Janeiro: Aide, 1994, p. 171.

[40] Por todos, cita-se o seguinte precedente: Constitucional e processual. Mandado de segurança. Escuta telefônica com ordem judicial réu condenado por formação de quadrilha armada, que se acha cumprindo pena em penitenciária, não tem como invocar direitos fundamentais próprios do homem livre para desentranhar prova (decodificação de fita magnética) feita pela polícia. O inciso LVI do art. 5º da Constituição, que fala que são inadmissíveis as provas obtidas por meio ilícito, não tem conotação absoluta. Há sempre um substrato ético a orientar o exegeta na busca de valores maiores na construção da sociedade. A própria Constituição Federal Brasileira, que é dirigente e programática, oferece ao Juiz, através da atualização constitucional (*verfassungsaktualisierung*), base para o entendimento de que a cláusula constitucional invocada é relativa. A jurisprudência norte-americana, mencionada em precedente do Supremo Tribunal Federal, não é tranquila. Sempre é invocável o princípio da razoabilidade (*reasonsableness*). O princípio da exclusão das provas ilicitamente obtidas (*exclusionary rule*) também lá pede temperamentos.Recurso ordinário improvido. Decisão: Por unanimidade, negar provimento ao recurso. (Recurso Ordinário em Mandado de Segurança nº 6129/RJ, 6ª Turma do STJ, Rel. Min. Adhemar Maciel. j. 06.02.1996)

[41] Porém, os adeptos da teoria obstativa obtemperam que, segundo a teoria intermediária, só existiriam direitos fundamentais protegidos em delitos de médio e menor potencial ofensivo, o que seria uma intolerável discricionariedade que dá azo ao arbítrio policial.

[42] CAMARGO ARANHA, Adalberto José Q. T. de. *Da Prova no Processo Penal*. 5ª ed. São Paulo: Saraiva, 1999, p. 49.

[43] MOREIRA, José Carlos Barbosa. A Constituição e as provas ilicitamente obtidas. *Revista Forense*. Rio de Janeiro: Forense, nº 337: 125-134, jan./fev./mar. 1997.

criminalidade organizada – ... devemos confessar, de resto, com absoluta franqueza, a enorme dificuldade que sentimos em aderir a uma escala de valores que coloca a preservação da intimidade de traficantes de drogas acima do interesse de toda a comunidade nacional (ou melhor: universal), em dar combate eficiente à praga do tráfico que, diga-se de passagem, é também um valor constitucional".[44] Aliás, note-se que até mesmo nos EUA, atualmente a jurisprudência tem colocado limitações à chamada "teoria da árvore dos frutos envenenados", conforme precedentes jurisprudenciais, confira-se:[45] 1ª) a limitação da fonte independente (*The independent source limitation*), segundo a qual, se os fatos apurados por meio de prova ilícita poderiam ser provados por outra fonte lícita, independente, não haveria o porquê de obstar tal prova, desprovendo-a de sua função integrante do processo; 2ª) a limitação da descoberta inevitável (*The inevitable discovery limitation*), pela qual a prova ilícita pode ser aceita, desde que fique comprovado que o fato seria, inevitavelmente, descoberto pela polícia por outros meios, que não aquele maculado. É indispensável avaliar se o fato seria hipoteticamente descoberto por meios jurídicos disponíveis; 3ª) limitação da descontaminação (*The urged taintl limitation*), com ela, não obstante ilícito o meio de obtenção da prova, poderá ocorrer no curso do processo um acontecimento capaz de purgar o "veneno", imunizando os respectivos frutos conquistados. Este fato teria o condão de tornar secundária a ligação da prova lícita com a prova ilícita. Dessa forma, a intervenção de um ato independente, como a posterior confissão válida, idônea e espontânea, quebrariam o nexo de causalidade com a árvore venenosa; 4ª) limitação da boa-fé (*The good faith exception*), ocorre quando os órgãos de investigação realmente acreditam que sua diligência havia observado as disposições legais e constitucionais, obrando, de certa forma, em erro de proibição.

Art. 156. A prova da alegação incumbirá a quem a fizer; mas o juiz poderá, no curso da instrução ou antes de proferir sentença, determinar, de ofício, diligências para dirimir dúvida sobre ponto relevante. Vide arts. 407, 502 e 538, CPP e arts. 130, 333 e 334, CPC.

1. **Ônus da prova**. A palavra alegação é derivada do latim *allegatione*,[46] significando argumento, arrazoado, prova, explicação ou justificativa. O artigo em comento, ao determinar que a prova da alegação incumbe a quem a fizer, estabelece a divisão do "ônus da prova" no processo penal. As regras sobre o ônus da prova e sua distribuição constituem consequência do princípio dispositivo, pelo o qual o juiz não pode levar em conta, no julgamento da causa, fatos que não foram alegados pelas partes, nem formar sua convicção com meios probatórios que não foram propostos pelos litigantes ou que não foram produzidos com observância das leis. A palavra ônus provém do latim *onus* e, para o processo penal, significa encargo, gravame,[47] ou seja, não tem o sentido de dever, pois o descumprimento de um dever implica numa sanção, o que não ocorre em matéria probatória. Portanto, provar um fato ou circunstância não é uma obrigação, e, sim, um encargo da parte, em seu interesse próprio de ganhar a causa, visando convencer o juiz de que suas alegações procedem. Vale dizer, a produção probatória sobre determinado fato ou circunstância, no tempo e na forma prescritos no ordenamento jurídico, é um ônus de quem os alega, sendo que a sua ausência não implica numa sanção, pois não configura um dever, mas, sim, numa situação de desvantagem processual. Segundo clássica lição de Mittermaier,[48] no processo penal o ônus da prova é precipuamente do autor (*actori incumbit probatio*), a quem compete fornecer ao juiz provas dos fatos ilícitos que imputa ao réu. Assim, o encargo de comprovação plena dos elementos que dão suporte à acusação penal recai, por inteiro, com exclusividade, sobre o acusador, o qual deve exercê-lo com denodo e competência, sendo essa uma garantia jurídica do estado de inocência (art. 5º, LVII, da CF) e do próprio Estado de Democrático de Direito. Esse é o princípio que vigora no processo penal. Em consequência, não cabe ao réu demonstrar a sua inocência, podendo, inclusive, ficar inerte, quando verificar que o acusador não se desvencilhou, a contento, do seu ônus probatório, porquanto, nesse caso, lhe favorecerá o longevo princípio *in dubio pro reo*. Entretanto, em algumas vezes o réu terá que chamar a si o interesse de provar. Isso acontece quando, por exemplo, for necessário destruir provas adversas,

---

[44] MOREIRA, José Carlos Barbosa. A Constituição e as provas ilicitamente obtidas. *Revista do Ministério Público do Rio de Janeiro*, nº 4, 1996, p. 113-114. No mesmo sentido: RAUBER, Marcos Eduardo. A admissibilidade processual da prova ilícita pro societate com base na aplicação do princípio da proporcionalidade. *Revista do Ministério Público do Rio Grande do Sul*, nº 50, 2003. p. 189.

[45] GRINOVER, Ada Pellegrini *et alii*. *As Nulidades no Processo Penal*. 6ª ed. São Paulo: Malheiros, 1992, p. 136 e seguintes.

[46] FERREIRA, Aurélio Buarque de Holanda. *Novo Dicionário Aurélio da Língua Portuguesa*. 3ª ed. Rio de Janeiro: Nova Fronteira, 1999, p. 90.

[47] Idem, p. 1447.

[48] MITTERMAIER. C.J.A. *Tratado da Prova em Matéria Criminal*. Traduzido por Herbert Wüntzel Heinrich. 3ª ed. Campinas: Bookseller, 1996, p. 12.

produzidas pelo acusador, ou, excepcionalmente, quando, a acusação prova o fato delituoso, e o réu alega, em seu benefício, fatos que extingam, modifiquem, ou, de qualquer modo, impeçam a improcedência da proposição acusatória, como ocorre, por exemplo, com as excludentes da ilicitude. É o que em doutrina denomina-se de "inversão do ônus da prova".

2. Inversão do ônus da prova (excludentes do crime). Na medida em que o acusador logra provar a materialidade e a autoria do crime imputado ao réu, eventuais excludentes da tipicidade, ilicitude e culpabilidade assumem a condição de fato modificativo do direito de punir do Estado, e, portanto, cabe ao acusado prová-las. Esta é uma situação excepcional em que há "bipartição do ônus da prova", pois, como acima exposto, via de regra, cumpre exclusivamente ao acusador o encargo de provar os fatos no processo penal. Essa excepcionalidade não significa, todavia, que a falta de comprovação plena da excludente alegada implique, automaticamente, na condenação do réu, tal como se verifica em alguns julgados e em parte da doutrina,[49] pois a defesa pode limitar-se a produzir provas de probalidade, que, com credibilidade, gerem dúvida, que também nesse caso haverá de militar a favor do acusado, em virtude do *in dubio pro reo*, ao reverso do que se dá com a acusação, que somente pode ser procedente com provas "plenas". Portanto, desde que não tenha sido uma mera alegação, sem adminiculo probatório algum, a invocação da excludente pode até não ser acolhida, mas pode conduzir à absolvição em virtude da dúvida sobre a existência do crime, nos termos do art. 386, VI, do CPP. Afinal, como diz Manuel Cavaleiro Ferreira: "Os fatos ou elementos impeditivos nada mais são que elementos negativos dos fatos constitutivos ou extintivos. Por isso, a dúvida sobre a existência daqueles é também uma dúvida sobre a existência destes. A dúvida sobre a existência de legítima defesa é também necessariamente uma dúvida sobre o fato penalmente ilícito, sobre a ilicitude".[50]

3. Inversão do ônus da prova (álibi). Conforme o dicionário, a palavra álibi, do latim *alibi*, significa "noutro lugar". É o meio de defesa que o réu apresenta alegando sua presença, no momento do crime, em outro lugar diferente daquele em que esse foi cometido.[51] É do réu o ônus de provar o álibi que invoca. Entretanto, essa alegação não possui o condão de excluir peremptoriamente o ônus da acusação em provar, modo induvidoso, a materialidade e autoria. Também nessa seara, não se exige do acusado prova plena do álibi, bastando que ele não configure mera alegação, sem suporte probatório algum, pois havendo dúvida razoável, a absolvição, por insuficiência de provas, é o corolário lógico-jurídico.

4. Inversão do ônus da prova (flagrante). Do latim "flagrante", que significa ardente, acalorado, diz-se do ato que a pessoa é surpreendida a praticar.[52] No flagrante de delito também ocorre a inversão do ônus da prova, de modo que é encargo do acusado provar qualquer alegação tendente a afastar a presunção que a situação flagrancial naturalmente gera.[53] Entretanto, evidentemente, os elementos de convicção trazidos pelo flagrante devem ser confirmados pela prova colhida em juízo, cabendo, pois, ao acusador comprovar, durante a instrução criminal, a ocorrência do crime e a sua autoria.[54]

5. Inversão do ônus da prova (apreensão da *res furtiva*). Conforme iterativa jurisprudência, a apreensão da *res furtiva*, em poder do acusado, gera presunção de responsabilidade na subtração, ocorrendo, assim, uma inversão do ônus da prova, mormente se a justificativa que ele apresente é inverossímil e não encontra respaldo na prova produzida. Vale dizer, o ordinário presume-se, o extraordinário é que deve ser provado. A apreensão da *res furtiva* em poder de alguém, mormente logo após o delito, conforme a experiência ordinária, diz por si mesmo, revelando-se altamente incriminadora. A situação, diz a jurisprudência, assemelha-se a do álibi invocado e não demonstrado, fazendo com que o réu seja havido como confesso, ou, pelo menos, corra o risco de sê-lo, dês que os demais dados probatórios transformem em certeza a presunção gerada pela justifi-

---

[49] MESSIAS, Irajá Pereira. *Da Prova Penal*. Campinas: Bookseller, 1999, p. 181. No mesmo sentido: "Para ser reconhecida, a excludente de ilicitude tem que se apresentar com clareza estreme de dúvidas. E se dúvida inexiste quanto a sua inocorrência, o decreto condenatório é medida que se impõe." (Apelação Criminal nº 1.0441.03.900298-1/001, 1ª Câmara Criminal do TJMG, Muzambinho, Rel. Tibagy Salles. j. 04.05.2004, unânime, Publ. 11.05.2004).

[50] FERREIRA, Manuel Cavaleiro de. *Curso de Processo Penal*. Lisboa: Danúbio, 1956, p. 312.

[51] FERREIRA, Aurélio Buarque de Holanda. *Novo Dicionário Aurélio da Língua Portuguesa*, 3ª ed. Rio de Janeiro: Nova Fronteira, 1999, p. 98.

[52] Idem, p. 912.

[53] Nesse sentido: Apelação Criminal nº 2003.030566-1, 2ª Câmara Criminal do TJSC, Itajaí, Rel. Des. Irineu João da Silva. j. 04.05.2004.

[54] Nesse sentido: Apelação Criminal nº 2000.04.01.023251-5/PR, 8ª Turma do TRF da 4ª Região, Rel. Juiz Volkmer de Castilho. j. 29.10.2001.

cativa dúbia ou inverossímil.[55] Esse entendimento, contudo, deve ser aplicado com cautela, em atenta análise do caso concreto, pois o receptador, muitas vezes, por motivos intuitivos, apenas não quer delatar o autor do roubo ou furto, o que não pode autorizar, por si só, a sua condenação pela subtração.

6. Inversão do ônus da prova (revisão criminal). A revisão criminal constitui ação penal autônoma, que se destina a desconstituir a autoridade da coisa julgada da sentença penal condenatória. Em sede de ação revisional, incumbe ao autor que a promove o *onus probandi*, competindo-lhe fornecer ao juízo competente os elementos instrutórios indispensáveis à comprovação dos fatos que argúi no intuito de destruir a presunção de veracidade e de certeza que decorre da sentença penal condenatória transitada em julgado.[56]

7. O poder instrutório do juiz. No processo penal, por versar sobre direitos indisponíveis, ao lado do princípio dispositivo, vigora o princípio inquisitivo. Assim, o juiz tem o poder de iniciativa probatória para a apuração dos fatos postos pelas partes, como fundamento de suas alegações. Esse é o comando da parte final do art. 156 CPP, pelo qual o juiz não fica vinculado a julgar *secundum allegata et probata a partibus,* podendo livremente buscar provas ou indagar sobre a verdade dos fatos colocados pelos litigantes, toda vez que se defrontar com inércia intolerável ao seu sentimento de justiça. Ou seja, quando o *thema probandum* apresenta-se incerto dentro do processo, abre-se para o juiz duas alternativas: a) ele prescinde de clarear a situação obscura e declara o *non liquet*; b) ele tenta resolvê-la, utilizando o seu poder instrutório. Essa segunda alternativa, conquanto excepcional, afina-se com o princípio de que o processo penal dever chegar o mais próximo o possível da verdade real, autorizando no juiz, em determinadas ocasiões, um sentimento de inconformidade com a prova lhe é apresentada pelas partes. Afinal, estando em conflito interesses públicos importantíssimos, como a liberdade física e até mesma honra de um indivíduo e a segurança pública, deve o juiz abster-se da cômoda passividade. Nesse toar, o Capítulo VII da Exposição de Motivos do Código de Processo Penal, relativo às provas, refere "o juiz deixará de ser um espectador inerte da produção de provas. Sua intervenção na atividade processual é permitida, não somente para dirigir a marcha da ação penal e julgar a final, mas também para ordenar, de ofício, as provas que lhe parecerem úteis ao esclarecimento da verdade. Para a indagação desta, não estará sujeito a preclusões. Enquanto não estiver averiguada a matéria da acusação ou da defesa, e houver uma fonte de prova ainda não explorada, o juiz não deverá pronunciar o *in dubio pro reo* ou o *non liquet*. É nesse contexto que Rogério Lauria Tucci[57] sustenta a inquisitoriedade de toda a *persecutio criminis*. Entretanto, nos últimos anos, alguns autores, após constatarem que a verdade material não existe, concluíram que ela é um "mito" e que não deve ser perseguida pelo juiz.[58] Nada obstante, sem a pretensão de simplificar ou esgotar o complexo assunto, é preferível entender-se que a "verdade material" é uma "utopia necessária", ou seja, o inverso do mito, pois a utopia é a representação da luta por um ideal, no caso a verdade, intimamente ligada com a idéia de justiça. Assim, enquanto "O mito ilude o homem e retarda a História. A utopia alimenta o projeto de luta e faz a História".[59] Parafraseando Eduardo Galeano,[60] tem-se que, tal qual a utopia, a verdade material deve estar no horizonte do processo, como o farol que guia o juiz, o qual, por mais que a persiga, jamais a alcançará. Para que serve então a busca dessa decantada "verdade material"? Serve precisamente para isso, para permitir o processo ir adiante, em direção da justiça. Sustentar-se que a "verdade material" é um "mito" conduz o intérprete, nomeadamente o juiz, à lamentável condição de mero "ordenador" de um

---

[55] Nesse sentido: "Em crimes de furto, a apreensão da coisa subtraída em poder do acusado, aliada a outros indícios, entre eles antecedente desabonador, gera presunção da prática delitiva, que somente cede ante a justificação razoável da posse, pois quem afirma um álibi deve comprová-lo, sob pena de, não o fazendo, ser nenhum o valor probatório da negativa de autoria" (Apelação Criminal nº 98.000141-2, 1ª Câmara Criminal do TJSC, Rel. Des. Paulo Gallotti. j. 26.05.1998).

[56] Portanto: "A possibilidade jurídico-processual da conversão do julgamento da revisão criminal, em diligência, e o reconhecimento de poderes instrutórios deferidos ao relator da própria ação revisional, não constituem circunstâncias que possam ser invocadas pelo peticionário para dispensá-lo e exonerá-lo do ônus de provar as suas alegações. O peticionário da revisão criminal, especialmente nos casos em que desatende ao imperativo do ônus de provar, não possui direito público subjetivo ao exercício, pelo órgão julgador, dos poderes instrutórios que o ordenamento positivo a este confere, e nem dispõe da prerrogativa de constrangê-lo, nas atividades que se submetem a sua livre e discricionária apreciação, a pratica de tais atribuições." (Habeas Corpus nº 68437/DF, 1ª Turma do STF, Rel. Min. Celso de Mello. j. 19.02.1991).

[57] TUCCI, Rogério Lauria. *Indispensabilidade de contraditório em procedimento recursal. Persecução penal, prisão e liberdade* São Paulo: Saraiva, 1980, p. 199.

[58] BAPTISTA, Francisco das Neves. *O mito da verdade real na dogmática do processo penal.* Rio de Janeiro/São Paulo: Renovar, 2001, p. 9. Com sentido semelhante: STRECK, Lenio Luiz. *Hermenêutica e(m) crise.* Porto Alegre: Livraria do Advogado, 2000, p. 33.

[59] HERKENHOFF, João Baptista. *Direito e Utopia.* Porto Alegre: Livraria do Advogado, 1999, p. 11.

[60] GALEANO, Eduardo. *As Palavras Andantes.* Porto Alegre: LPM, 1994, p. 310.

processo penal "liberal-absenteísta", restando reduzido a uma função totalmente "burocrática" de "administrador do processo", tão criticada por Lenio Streck em outros contextos.[61] Essa crença na "mitologia" da verdade material somente desprestigia o Poder Judiciário, pois alimenta o mito (esse sim, verdadeiro) do "Juiz neutro, técnico/aplicador do Direito positivo", a quem não importa a compreensão das pessoas, mas sim a tipificação de suas condutas, de modo a enquadrá-las nas hipóteses normativas, tal como denunciado, com veemência, em solo pátrio, por José Eduardo Faria.[62] Em perspectiva diversa, porém no mesmo diapasão, outros autores, sob o argumento de que a Constituição albergou o princípio do acusatório puro, sustentam que o juiz não tem poder algum para investigar os fatos, sequer podendo fazer perguntas para as testemunhas(!).[63] Segundo essa corrente doutrinária, os poderes instrutórios do juiz são resquícios do sistema inquisitorial, não albergado pela nova ordem constitucional. Além disso, entendem que ao juiz não cabe a missão de procurar a verdade dos fatos alegados pelas partes, pois, se assim o fizer, comprometerá a sua "imparcialidade". Sem embargo desse respeitável entendimento, o primeiro ponto a se destacar é que, ao contrário do que essa corrente verbera, o ordenamento jurídico brasileiro não adotou o "sistema acusatório puro", e sim o "sistema acusatório misto". Esse sistema, de origem anglo-francesa, permeia entre o "sistema acusatório", nascido nos países da *common law*, como Inglaterra e E.U.A., e o "sistema inquisitivo", cujas raízes deitam-se no solo do Direito Romano, com cume em praticamente toda a Europa durante a Idade Média. Note-se que no sistema puramente acusatório, em matéria de produção probatória há um verdadeiro "jogo" entre os litigantes, os quais têm ampla liberdade para provar o que estão alegando, cabendo ao magistrado apenas acompanhar os debates e garantir que a produção das provas se dê dentro *due process of law*, não podendo ter iniciativa de investigar fontes de prova não indicadas pelas partes. Porém, esse sistema possui forte participação popular e os julgamentos são feitos "por íntima convicção", sendo escassa a possibilidade de apelação,[64] contexto que se assemelha ao Tribunal do Júri brasileiro. Já no sistema inquisitivo medieval, a colheita da provas cabia precipuamente ao juiz, pois seu objetivo era descobrir a verdade de forma absoluta. Entretanto, nele o julgador estava adstrito ao regime "da prova legal ou axiomática", ou seja, as provas eram previamente tarifadas com valores determinados, sendo, por exemplo, a confissão a "rainha das provas" e um único testemunho inválido para fundamentar uma decisão (*testis unus testis nullus*).[65] Entretanto, paulatinamente, os países de tradição romano-germânica, como Portugal, Espanha e Brasil, foram abandonando o "sistema inquisitório", enveredando para o "sistema acusatório misto", em que os papéis de acusar, defender e de julgar estão entregues a agentes distintos. Neste sistema o que se objetiva é o esclarecimento da chamada "verdade material", daí o fato dele ser informado pelo "princípio da investigação", pelo qual a perseguição do material fático não pertence exclusivamente às partes, tanto assim que o juiz também pode determinar de ofício a produção de provas que entenda necessárias ao esclarecimento da verdade, como se pode ver em vários dispositivos do CPP (artigos 156, 407 e 502), pois, para que haja condenação, é necessário que se restabeleça, tanto quanto humanamente for possível, a verdade dos fatos, tudo de molde a se obter a solução mais justa possível do litígio, pois este é o fim a que se destina o processo penal de em um Estado realmente Democrático e de Direito. Note-se, por outro lado, que a pretensa incompatibilidade entre a imparcialidade e os poderes instrutórios do juiz já foi rechaçada, magistralmente, por José Carlos Barbosa Moreira, do qual extrai-se dois pontos considerados irrefutáveis:[66] a) no que diz respeito à alegação de que a iniciativa probatória do juiz compromete sua

---

[61] STRECK, Lenio Luiz. *Jurisdição Constitucional e Hermenêutica – Uma Nova Crítica do Direito.* Porto Alegre: Livraria do Advogado, 2002, p. 47.

[62] FARIA, José Eduardo. *As Transformações do Judiciário em face de suas responsabilidades sociais.* In: *Direitos Humanos, Direitos Sociais e Justiça.* São Paulo: Malheiros Editores, 1994, p. 58.

[63] Nesse sentido: RANGEL, Paulo. *Direito Processual Penal.* 10ª ed. Rio de Janeiro: Lumen Juris, 2005, p. 19 e seguintes. JARDIM, Afrânio Silva. *Direito Processual Penal.* 9 ed., Rio de Janeiro: Forense, 2000, p. 182 e seguintes.

[64] NUCCI, Guilherme de Souza. *O valor da confissão como meio de prova no processo penal.* São Paulo: Revista dos Tribunais, 1999, p. 149.

[65] Alguns doutrinadores que sustentam que o ordenamento jurídico brasileiro adotou o sistema acusatório puro: PRADO, Geraldo. *Sistema acusatório. A Conformidade Constitucional das Leis Processuais Penais.* Rio de Janeiro: Lumen Juris, 2005. RANGEL, Paulo. Direito Processual Penal, p. 45-66. Rio de Janeiro: Lumen Juris, 2005. Em sentido contrário: NUCCI, Guilherme de Souza. *O valor da confissão como meio de prova no processo penal.* Revista dos Tribunais, 1999, p. 147 e seguintes. GOMES FILHO, Antônio Magalhães. *Direito à prova no processo penal.* São Paulo: Revista dos Tribunais 1997, p. 29 e seguintes.

[66] BARBOSA MOREIRA, José Carlos. *O Juiz e a Prova.* In: Revista de Processo, n° 35. São Paulo: RT, 1984a. p. 178-184 *apud* O Mito da Neutralidade do Juiz. Laércio Alexandre Becker Disponível em: http://www.acta-diurna.com.br/biblioteca/doutrina/d19990628010.htm. Acesso em: 09 jul. 2005.

imparcialidade, pois beneficia uma das partes, Barbosa Moreira obtempera que magistrado não é dotado de poderes sobrenaturais de previdência, portanto não pode prever o resultado dessa prova nem a quem ela beneficiará, no momento em determina a sua produção. Mas a não produção da prova também beneficia um dos litigantes. Diante das duas hipóteses, o mestre sustenta que é preferível que o Juiz seja parcial atuando do que se omitindo, porque ao menos estaria tentando aproximar-se da verdade real; b) ao juiz verdadeiramente imparcial não deve importar quem vencerá o litígio, mas, sim, que vença quem tem a razão do seu lado, e nesse ponto não pode haver neutralidade ("Ao juiz, como órgão do Estado, interessa, e diria que a ninguém interessa mais do que a ele, que se faça justiça, isto é, que vença aquele que efetivamente tenha razão"). Com esse procedimento, não somente a parte será beneficiada pela iniciativa do juiz, mas o próprio Poder Judiciário crescerá em legitimidade social, pois como diz Cândido Rangel Dinamarco,[67] o juiz deve ser um ser vivente na sociedade de onde vêm os fatos e pretensões que irá examinar, há de ser o porta-voz dos sentimentos que ali preponderam e, portanto, interessado em soluções condizentes com eles. Portanto, renovada a vênia, não parece escorreito o vezo de se importar teorias e doutrinas alienígenas que vêem no processo uma espécie de jogo,[68] uma vez que estão em descompasso com as necessidades da sociedade brasileira, que não mais admite um judiciário apático e passivo, exigindo, ao reverso, um poder forte, atuante e voltado para a solução dos problemas que abraçam a nação, dentre os quais, sem ressaibos de dúvida, destaca-se a impunidade. Não se está a defender, evidentemente, um juiz torquemadesco, inquisidor, mesmo porque a própria lei estabelece que a iniciativa probatória é supletiva, configurando uma faculdade do julgador. O que se assevera é que, conquanto excepcional, tal atividade é necessária toda vez que o magistrado encontre-se em estado de perplexidade em face de provas confusas, ou toda vez que se defrontar com inércia probatória das partes, em nível intolerável ao seu sentimento de justiça. Nesse sentido, já se pronunciou o Tribunal gaúcho, em julgamento paradigmático.[69]

Art. 157. O juiz formará sua convicção pela livre apreciação da prova.

Vide: arts. 182, 184, 197, 200 e 381, III, CPP.

1. Da análise da prova. O código adota o princípio do livre convencimento, portanto, o juiz não fica adstrito a um critério de hierarquia entre as provas, previamente determinado pelo legislador, podendo formar sua convicção por meio de livre apreciação da prova. Entretanto, é importante salientar que não basta a certeza subjetiva, formada na consciência do julgador, é necessário que na sentença ele expresse como procedeu ao exame crítico e racional da prova, indicando os elementos objetivos encartados nos autos nos quais fundamenta sua decisão, é o que a doutrina denomina de "livre convencimento motivado" ou de "persuasão racional", no qual, como diz Figueiredo Dias,[70] há uma discricionariedade na apreciação da prova, que se revela em uma "liberdade de acordo com um dever – o dever de perseguir a chamada verdade material". Esse princípio está, pois, de acordo com o "sistema acusatório misto", conforme mencionado na nota anterior. Além do princípio do livre convencimento motivado, a análise da prova deve ser guiada por outros princípios, dentre os quais se destacam: a) o princípio da comunhão da prova, o qual estabelece que cumpre aos litigantes propor os meios de prova a juiz, enquanto destinatário da prova, a quem cabe sindicar-lhes a oportunidade e conveniência, podendo indeferir aqueles que entender desnecessários à formação de sua convicção. Entretanto, a partir do momento em que a prova é admitida pelo julgador, ela passa a ser do processo, servindo a todos os sujeitos processuais (juiz e partes) e ao in-

---

[67] DINAMARCO, Cândido Rangel. *A Instrumentalidade do Processo*. 4ª ed. São Paulo: Malheiros, 1994, p. 341.

[68] Apelação-Crime nº 70008219909, 5ª Câmara Criminal do TJRS, Rel. Des. Amilton Bueno de Carvalho. j. em 12/05/2004.

[69] Do voto da relatora, extraem-se as seguintes passagens: "Ao contrário do que afirmam os impetrantes, a decisão impugnada não viola qualquer dos preceitos constitucionais suscitados. Ao contrário, busca aproximar da verdade, o quanto mais possível, os fatos trazidos ao crivo judicial, o que, em última análise, vem a beneficiar o próprio paciente, que se diz certo da sua inocência. Outrossim, diversamente do que consta na respeitável jurisprudência colacionada, o processo não é um 'jogo', em que as partes se digladiam na busca da solução favorável aos seus interesses, mas instrumento da realização da Justiça, que na esfera penal deve ser sempre almejada, sobremodo em virtude dos interesses nela envolvidos... E, para que o juiz possa realizar sua função primordial, que é caracterizada pela decisão imparcial dos conflitos jurídicos concretos, a lei lhe atribui uma série de poderes referentes à produção da prova que estão previstos nos arts. 156, 209, 425 e 502 do CPP. Afinal, ninguém melhor do que o juiz, a quem está afeto o julgamento, para decidir sobre a necessidade de produzir determinada prova. Em outras palavras, as regras processuais referentes à distribuição do ônus da prova destinam-se apenas a possibilitar o desenvolvimento normal da relação processual, mas não podem prevalecer sobre o poder-dever do juiz de tentar esclarecer os fatos, aproximando-se o tanto quanto possível da verdade, pois sua missão é pacificar com justiça." (Habeas Corpus nº 70004678249, Câmara Especial Criminal do TJRS, Rel. Des. Maria da Graça Carvalho Mottin. j. em 08/10/2002).

[70] DIAS. J. Figueiredo. *Direito Processual Penal*. Coimbra: Coimbra, 1974, V. I, p. 202/203.

teresse da justiça. Portanto, para que haja desistência de uma determinada prova aceita, é preciso a concordância de todos; b) o princípio da auto-responsabilidade das partes, como conseqüência natural do reconhecimento da prova como um ônus e não um dever das partes, restando os litigantes responsáveis pela sua inércia, omissão ou erro em matéria probatória; c) princípios do contraditório e da ampla defesa, os quais estão intimamente ligados e possuem igual espeque constitucional (art. 5º, LV, CF). O princípio do contraditório determina que as partes devem ter a oportunidade de se manifestar sobre a prova produzida e de apresentar contraprova. Note-se que, por vezes, o crivo do contraditório é diferido, ou seja, postergado no tempo para o momento da *valoração da prova*, sendo a *produção da prova* feita sem o conhecimento do réu, pois do contrário ela restaria inócua (ex. interceptação telefônica). Entretanto, após a colheita do material probatório, ele deve ser obrigatoriamente submetido ao conhecimento do réu, oportunizando-lhe contraprova e argumentos críticos sobre a sua legalidade e idoneidade, visto que, como princípio constitucional, inclusive por alguns, elevado à condição de "direito natural",[71] o contraditório é indeclinável. Destaca-se, ainda, que o contraditório, dentro de uma perspectiva procedimentalista, contribui no relevante papel de legitimar a decisão proferida no processo judicial, na medida em que a perspectiva de influenciar no resultado da demanda conduz os litigantes a um prévio compromisso de aceitação com a futura e incerta decisão, imunizando o sistema contra descontentamentos, a par de adquirir a coesão social.[72] Já o princípio da ampla defesa talvez seja o mais genuíno dos direitos do indivíduo no processo penal, pois não se pode conceber a prevalência dos direitos humanos (art. 4º, II, da CF) sem garantir ampla e eficaz defesa da vida, liberdade, propriedade e segurança do indivíduo (art. 5º, *caput*, da CF), bens supremos do homem. Por tal motivo, sempre que em um processo judicial um desses bens é colocado em discussão, a defesa deles deve ser assegurada "com todos os meios e recursos a ela inerentes", d) o princípio da publicidade, também com dignidade constitucional (artigos 5º, LX, 37, *caput*, e 93, IX, da CF), vigora em todos atos processuais e, por conseguinte, também com relação à produção das provas. Esse princípio destina-se a evitar abusos dos órgãos estatais responsáveis pela persecução criminal, mediante o controle dos litigantes e de toda a sociedade sobre os atos do Poder Judiciário, Ministério Público e Polícia Judiciária. Todavia, também nessa seara ocorre o fenômeno da colisão de princípios fundamentais, nomeadamente entre o princípio da publicidade dos atos processuais e o princípio da supremacia do interesse público na eficaz apuração dos atos delituosos. Isso ocorre mais especificamente na fase investigatória, quando se colhem os primeiros elementos a respeito da infração penal e sua autoria, e o sigilo, por vezes, é essencial para o esclarecimento dos fatos, implicando, inclusive, restrição no acesso de advogados ao inquérito policial, com a aplicação do denominado "regime de segredo de justiça", que o próprio Estatuto da Ordem reconhece como necessário, excepcionalmente (art. 20 do CPP, combinado com o art. 7º, § 1º, "1").[73] De outra parte, note-se que o princípio da publicidade dos atos processuais também deve ser relativizado para evitar o *sensacionalismo* nos meios de comunicação de massa, mediante desnecessária exposição da intimidade do investigado, atingido por medidas excepcionais de invasão da sua privacidade, como a interceptação telefônica e a quebra dos sigilos bancário e fiscal,[74] uma vez que, quando tais medidas são deferidas, em homenagem à supremacia do interesse público, a indevida publicidade delas, não raro, provoca uma estigmatização do indivíduo, giza-se, quando, na mais das vezes, por ocasião da divulgação desse material probatório sequer existe o recebimento da denúncia e muito menos juízo condenatório. É a própria Constituição Federal (artigo 5º, X) que estabelece como regra a inviolabilidade da intimidade do indivíduo. Portanto, tais atos de sensacionalismo, mormente quando oriundos dos órgãos de investigação estatal, devem ser coibidos mediante mandado de segurança, sem prejuízo da indenização pelo dano material ou moral decorrente da violação.[75] Salienta-se, por fim, que tais atos de sensacionalismo, além de violarem indevidamente a intimidade do indivíduo investigado, são prejudiciais ao próprio interesse público, na medida em que alertam outros delinqüentes sobre meios de investigação criminal mais apurados, de modo que, atualmente,

---

[71] PERROT, Roger, *apud* GOMES FILHO, Antônio Magalhães. *Direito à prova no processo penal*. São Paulo: Revista dos Tribunais 1997, p. 135.

[72] LUHMANN, Niklas, *apud* GOMES FILHO, Antônio Magalhães. *Direito à prova no processo penal*. São Paulo: Revista dos Tribunais 1997, p. 136.

[73] Nesse sentido: Recurso Ordinário em Mandado de Segurança nº 13010/PR (2001/0035665-6), 5ª Turma do STJ, Rel. Min. Gilson Dipp. j. 03.12.2002.

[74] Note-se que em relação à quebra do sigilo bancário e fiscal, ignora-se completamente a Lei Federal 105/2001, que em seu art. 3º estabelece "seu caráter sigiloso mediante acesso restrito às partes, que delas não poderão servir-se para fins estranhos à lide".

[75] Nesse sentido: Petição nº 2001.04.01.070153-2/RS, 4ª Seção do TRF da 4ª Região, Rel. Juiz Fábio Rosa. j. 21.11.2001.

somente os mais desavisados não tomam precauções ao utilizar o telefone celular no planejamento ou prática dos seus delitos; e) o princípio da oralidade, segundo Fernando Capez,[76] também vigora no processo penal o princípio da oralidade e os seus subprincípios (imediatidade e concentração), os quais favorecem que o julgamento das ações penais seja mais célere e, por conseguinte, efetivo.[77] Nada obstante, como bem observa Mirabete,[78] a aplicação desses princípios não é sensível na prática cotidiana do processo penal brasileiro, na qual, infelizmente, há, com freqüência, a substituição dos procedimentos orais por procedimentos escritos e demorados, como a substituição dos debates previstos nos ritos sumários (art. 538, §2º, CPP e art.20, § 2º, da Lei 6.368/76) e sumarísimo (art. 81 da Lei 9.099/95) pela apresentação de memoriais escritos ou alegações finais, previstas somente no rito ordinário.

CAPÍTULO II
DO EXAME DO CORPO DE DELITO, E DAS PERÍCIAS EM GERAL

Art. 158. Quando a infração deixar vestígios, será indispensável o exame de corpo de delito, direto ou indireto, não podendo supri-lo a confissão do acusado.

1. **Exame de corpo de delito e perícias em geral**. A palavra perícia, tem sua origem no vocábulo latino *peritia*, significando habilidade, saber, capacidade. A perícia criminal é aquela que examina todo material sensível relativo às infrações penais, visando à determinação da existência do delito e a verificação de provas da autoria. Para alguns autores a perícia é meio de prova, para outros representaria um elemento subsidiário na valorização da prova. Vale dizer, a perícia não seria prova, mas "iluminaria" a prova. De outra parte, conquanto nosso CPP não faça a distinção, o jurista português Maia Gonçalves, ao comentar a respeito das provas periciais, diferencia exame de perícia, dizendo que "exame é um meio de obtenção da prova que se limita à mera observação, no sentido de verificar se existem vestígios que possam ter deixado a prática do crime e todos os indícios relativos ao modo como e ao lugar onde foi praticado, às pessoas que o cometeram ou sobre as quais foi cometido". Já, "as perícias são meios de prova em que a percepção ou a apreciação dos factos recolhidos exigem conhecimentos técnicos, científicos ou artísticos de especialidade".[79] Aliás, esse, de certa forma, também é o entendimento de Altavilla,[80] ao afirmar que matérias extremamente simples admitem o improviso na "perícia". Essa distinção vem sendo observada com razoabilidade pelo TJRS.[81]

2. **Corpo de delito e exame de corpo de delito**. Conforme o léxico,[82] vestígio significa sinal, rastro, marca. Note-se que a expressão "corpo de delito" (*corpus delicti*) está originalmente ligada ao cadáver da vítima no delito de homicídio, entretanto, ao longo do tempo, passou a indicar todo elemento sensível que tenha relação com qualquer fato delituoso. Quando a infração criminal deixa esses sinais (*delicta facti permanentis*), é necessário o exame de corpo de delito, isto é, a comprovação dos vestígios materiais por ela deixados. Em suma, corpo de delito é o conjunto de elementos sensíveis (vestígios materiais) deixados pelo crime. Já o exame de corpo de delito é a verificação desses vestígios que comprovam a materialidade do crime. O exame de corpo de delito direto é aquele realizado por peritos, ou seja, pessoas que têm determinados conhecimentos técnicos, científicos, artísticos ou práticos acerca dos fatos, e o indireto é aquele em que a prova da materialidade do crime é obtida por outros meios de prova, como a prova testemunhal, fotografias etc.

3. **Exame de corpo de delito e a confissão**. Segundo Mittermayer,[83] o corpo de delito pode ser pro-

---

[76] CAPEZ, Fernando. *Curso de Processo Penal*. 12ª ed. São Paulo: Saraiva, 2005, p. 277.

[77] Há que se registrar, entretanto, a existência de precedente jurisprudencial afirmando explicitamente que o princípio da oralidade, salvo nos debates do Júri, é inaplicável no processo criminal onde todos os atos são reduzidos a termo, referindo ser essa a orientação dominante do STF, a qual confirmaria que o nosso CPP não adotou a oralidade e o princípio da identidade física do juiz, sendo que, para afastar esse inconveniente, o estatuto adjetivo (art. 502) prevê que o juiz que irá julgar pode proceder diligências, interrogar novamente o réu, etc. Essa providência, contudo, raramente é aplicada nos casos de sucessão na judicância. (Apelação Criminal nº 1998.050.02845, 3ª Câmara Criminal do TJRJ, Rel. Des. Joaquim Mouzinho. j. 27.06.2000, que cita como precedente o acórdão do STF inserto na RT nº 574/456)

[78] MIRABETE, Julio Fabbrini. *Código de Processo Penal Interpretado*. 7ª ed. São Paulo: Atlas, 2000, p. 414.

[79] GONÇALVES, M. Maia. *Código de Processo Penal*. 7ª ed. Coimbra: Almedina, 1996, p. 355.

[80] ALTAVILLA, Enrico. *Pisicologia judiciária*. Coimbra: Armênio Amado, 1981, Vol. V, p. 28.

[81] Nesse sentido: Apelação Crime nº 70006443592, 8ª Câmara Criminal do TJRS, Rel. Des. Roque Miguel Fank. j. 03.03.2004, unânime.

[82] FERREIRA, Aurélio Buarque de Holanda, *Novo Dicionário Aurélio da Língua Portuguesa*, 3ª ed. Rio de Janeiro: Nova Fronteira, 1999, p. 2066.

[83] MITTERMAIER. C. J. A. *Tratado da Prova em Matéria Criminal*. 3ª ed. Campinas: Bookseller, 1996, p. 338.

vado pela confissão do indiciado, desde que seja uma confissão perfeita em relação às condições de credibilidade requeridas (vide comentários ao art. 197). Em sentido contrário é o entendimento de Malatesta.[84] Entre nós, o Ministro Luiz Vicente Cernicchiaro, em célebre decisão do STJ, concluiu não mais prevalecer a cláusula final do art. 158 do CPP, ou seja, a confissão não ser considerada idônea para demonstrar o corpo de delito, ao argumento de que no processo penal moderno não há hierarquia de provas, nem provas especificas para determinado caso. Tudo que lícito for, idôneo será para projetar a verdade real. Mirabete escolta esse entendimento, citando outra lição de Cernicchiaro, ao objurgar o disposto nos art. 158 e 563, II, *b*, do CPP: "Constata-se, então, esta curiosa situação. Falha do condutor do inquérito ou do processo (sem considerar eventual malícia) deixa de materializar aqueles indícios. Interpretação literal dos dispositivos mencionados leva, inexoravelmente, à conclusão de não serem considerados os outros meios de prova, embora idôneos, claros, insofismáveis, esclarecedores do fato. Tem-se, então, curiosa e perplexa conclusão: o feitichismo dos meios de prova supera o próprio valor dos meios probatórios, reduzindo a instrução criminal a um jogo formal de dados, quando não a um jogo bem sucedido de interesses escusos".[85] Note-se, contudo, que existe entendimento em contrário, Guilherme de Souza Nucci,[86] por exemplo, entende que a vedação legal é correta, e a confissão, por ser uma prova relativa e frágil, continua sem possibilidade de formar, sozinha, corpo de delito na hipótese de *delicta facti permanentis*.

Art. 159. Os exames de corpo de delito e as outras perícias serão feitos por dois peritos oficiais. (Redação dada pela Lei nº 8.862, de 28.3.1994)

§ 1º Não havendo peritos oficiais, o exame será realizado por duas pessoas idôneas, portadoras de diploma de curso superior, escolhidas, de preferência, entre as que tiverem habilitação técnica relacionada à natureza do exame. (Redação dada pela Lei nº 8.862, de 28.3.1994)

§ 2º Os peritos não oficiais prestarão o compromisso de bem e fielmente desempenhar o encargo.

1. **Peritos oficiais e peritos leigos**. Peritos oficiais funcionam independentemente de nomeação feita pela autoridade policial ou pelo juiz, pois a investidura de tais técnicos promana da lei, tanto assim que o artigo não exige que prestem o compromisso de bom desempenho do encargo. Nesse sentido, ensina Nucci: "Perito é o especialista em determinado assunto. Considera-se o oficial quando é investido na função por lei e não pela nomeação feita pelo juiz. Normalmente, são pessoas que exercem atividade por profissão e pertencem a órgão especial do Estado, destinado exclusivamente a produzir perícias. Note-se que a lei exige a realização da perícia por dois profissionais, que são considerados, para todos os efeitos, auxiliares da justiça (art. 275 do CPP), submetendo-se às mesmas causas de suspeição dos magistrados (art. 280 do CPP)".[87] Já os peritos não oficiais, conhecidos por "peritos leigos", antes da Lei nº 8.862/94, eram escolhidos entre pessoas idôneas, de preferência as que tivessem habilitação técnica. Agora, na ausência de peritos oficiais, cumpre à autoridade nomear duas pessoas idôneas, "portadoras de diploma de curso superior", escolhidas, "de preferência", entre as que tiverem habilitação técnica relacionada à natureza do exame, as quais devem prestar o compromisso de bem e fielmente desempenhar o cargo. Observe-se que no Processo Penal as partes não podem indicar assistentes, tampouco intervir na nomeação do perito que é procedimento privativo da autoridade policial ou judicial (art. 276 do CPP).

2. **Necessidade de dois peritos**. Em 1963, o STF proclamou em sua Súmula nº 361: "No processo penal, é nulo o exame realizado por um só perito, considerando-se impedido o que tiver funcionado, anteriormente, na diligência de apreensão." O enunciado referia-se, à época, aos peritos leigos, estando de acordo com a antiga redação do artigo em comento. Daí que formou-se entendimento de que não é nulo laudo pericial assinado por apenas um perito oficial, o qual se repete até hoje.[88] Entretanto, atualmente, em virtude da coeva dicção legal, a súmula deveria servir para qualquer caso. Vale dizer, a elaboração do exame por um só perito, seja leigo ou oficial, é irregular e, a princípio, deve ser refeita (art. 181 do CPP). Entretanto, mesmo após a alteração feita pela Lei nº 8.862/94, o próprio STF, em várias oportunidades, foi temperando a exigência legal, ao decidir que em virtude do dever de lealdade consagrado no

---

[84] MALATESTA, Nicolò Framarino Dei. *A lógica das provas em matéria criminal*. 2ª ed. São Paulo: Conon, 1995, V II, p. 153.
[85] MIRABETE, Julio Fabbrini. *Código de Processo Penal Interpretado*. 7ª ed. São Paulo: Atlas, 2000, p. 416.
[86] NUCCI, Guilherme de Souza. *Código de Processo Penal Comentado*. 3ª ed. São Paulo: Revista dos Tribunais, 2004. p. 341.
[87] *Op. cit.* p. 343.
[88] Nesse sentido: Apelação Criminal nº 2004.009166-4, 2ª Câmara Criminal do TJSC, Rel. Des. Irineu João da Silva. j. 25.05.2004, unânime. Ainda: Apelação Criminal nº 2004.003969-7, 2ª Turma Criminal do TJMS, Rel. Des. José Augusto de Souza. j. 26.05.2004, unânime.

art. 565 do CPP, não pode a defesa alegar a nulidade da perícia feita por perito único e não integrante da instituição oficial de criminalística, se, ciente de sua designação, sem protesto, ofereceu quesitos e discutiu as conclusões do laudo.[89] Depois, também aceitou perícia feita por perito único, quando corroborada pelo restante da prova, bem como quando não provado o prejuízo, ou a nulidade não for invocada nas oportunidades aludidas em lei (art. 571, c/c art. 564, IV, e 572, I, todos do CPP).[90] Aliás, de tal sorte tem procedido a flexibilização da lei, que recentemente a excelsa Corte conclui no sentido da validade do laudo pericial assinado por um único perito oficial, em qualquer hipótese.[91]

Art. 160. Os peritos elaborarão o laudo pericial, onde descreverão minuciosamente o que examinarem, e responderão aos quesitos formulados. (Redação dada pela Lei nº 8.862, de 28.3.1994)
Parágrafo único. O laudo pericial será elaborado no prazo máximo de 10 (dez) dias, podendo este prazo ser prorrogado, em casos excepcionais, a requerimento dos peritos. (Redação dada pela Lei nº 8.862, de 28.3.1994).

1. **Laudo pericial.** É a conclusão da perícia, elaborada de forma pormenorizada. O laudo geralmente é dividido em preâmbulo (com o nome dos peritos, o objeto da perícia, etc.); exposição (descrição do que foi constatado); discussão (análise crítica do constatado, expondo os argumentos que informam a conclusão) e conclusão (síntese da discussão e resposta dos quesitos). Quesitos são questões pertinentes que versam sobre pontos que devem ser esclarecidos por meio das respostas dos peritos. Como na maioria das vezes as perícias criminais são feitas na fase inquisitorial, de regra os quesitos são feitos pela autoridade policial, que geralmente se vale de formulários impressos e adredemente preparados para as várias modalidades de perícia (necropsia, conjunção carnal, arrombamento, etc.), mas nada impede que os quesitos sejam formulados pelas partes e, quando julgar necessário, pelo próprio juiz (art. 176 do CPP). As respostas aos quesitos devem esclarecer de maneira objetiva e exaustiva o perguntado. Respostas subjetivas ou lacônicas poderão macular o laudo, por impedir a ampla defesa.

Art. 161. O exame de corpo de delito poderá ser feito em qualquer dia e a qualquer hora.

1. **Momento da realização do exame.** Em alguns casos há a possibilidade dos vestígios do delito desaparecerem rapidamente, motivo pelo qual o artigo em comento visa garantir a perícia, autorizando que o exame de corpo de delito seja feito em qualquer dia e a qualquer hora, evitando que se tenha de lançar mão do denominado exame de corpo de delito indireto. O artigo faz menção ao exame de corpo de delito, mas, como ensina Tourinho Filho,[92] nada impede que, por analogia, qualquer outra perícia seja feita em qualquer dia e a qualquer hora se necessário, dependendo do caso concreto.

Art. 162. A autópsia será feita pelo menos 6 (seis) horas depois do óbito, salvo se os peritos, pela evidência dos sinais de morte, julgarem que possa ser feita antes daquele prazo, o que declararão no auto.
Parágrafo único. Nos casos de morte violenta, bastará o simples exame externo do cadáver, quando não houver infração penal que apurar, ou quando as lesões externas permitirem precisar a causa da morte e não houver necessidade de exame interno para a verificação de alguma circunstância relevante.

1. **Autópsia.** Ou necropsia é o exame pericial feito das partes internas do cadáver para se verificar a *causa mortis*, mas também poderá constatar outras informações importantes (como o número de disparos, orifícios de entrada e saída e a trajetória dos projetis de arma de fogo), em especial no plenário do Tribunal do Júri. O artigo estabelece um "período de segurança" de seis horas após a morte para a realização da necropsia, em virtude dos denominados "fenômenos de morte aparente", nos quais aqueles sinais comuns de vida, como a respiração e as batidas cardíacas, são tão imperceptíveis que se tem a impressão de que a pessoa morreu. Entretanto, não haverá necessidade de aguardar esse período se, além da ausência daqueles sinais de vida, existam sinais evidentes de morte, tais como o relaxamento dos esfíncteres, o resfriamento cadavérico, o livor e a rigidez cadavéricos, a mancha esclerotical, etc. Nos casos de morte violenta, como o atropelamento, não há necessidade desse exame interno do cadáver, dês que a morte não seja fruto de infração penal, como a morte acidental,

---

[89] Habeas Corpus nº 75793 / RS, 1ª Turma do STF, Rel. Min. Sepúlveda Pertence. j. 31/03/1998.
[90] Habeas Corpus nº 79973 / MG, 2ª Turma do STF, Rel. Min. Nelson Jobim. j. 23/05/2000.
[91] Habeas Corpus nº 86888 / SP, 1ª Turma do STF, Rel. Min. Eros Grau. j. 08/11/2005.
[92] TOURINHO FILHO, Fernando da Costa. *Código de Processo Penal comentado*. 5ª ed. São Paulo: Saraiva, 1999, p. 368.

ou quando as lesões externas permitirem precisar a causa da morte.

Art. 163. Em caso de exumação para exame cadavérico, a autoridade providenciará para que, em dia e hora previamente marcados, se realize a diligência, da qual se lavrará auto circunstanciado.
Parágrafo único. O administrador de cemitério público ou particular indicará o lugar da sepultura, sob pena de desobediência. No caso de recusa ou de falta de quem indique a sepultura, ou de encontrar-se o cadáver em lugar não destinado a inumações, a autoridade procederá às pesquisas necessárias, o que tudo constará do auto.

1. **Exumação**. É o desenterramento do cadáver, que poderá ser necessário para realização da autópsia, quando houver, posteriormente à inumação (sepultamento), dúvida sobre a causa da morte ou, até mesmo, sobre a identidade do cadáver. A medida poderá, outrossim, servir para ratificar ou retificar a necropsia anteriormente feita, quando lhe for impugnada por qualquer uma das partes. A exumação somente poderá ser providenciada pela autoridade competente que é a policial (art. 6°, VII, do CPP), como, aliás, deixa claro o parágrafo único do artigo em comento, quando refere que a autoridade procederá às pesquisas necessárias no caso de recusa ou de falta de quem indique a sepultura, ou quando se encontrar o cadáver em lugar não destinado a inumações. Evidentemente que isso não impede que a exumação seja providenciada pela autoridade policial por determinação judicial. Feita a exumação, a autoridade policial procederá às pesquisas necessárias e tudo fará constar em auto circunstanciado.

Art. 164. Os cadáveres serão sempre fotografados na posição em que forem encontrados, bem como, na medida do possível, todas as lesões externas e vestígios deixados no local do crime. (Redação dada pela Lei nº 8.862, de 28.3.1994)

1. **Fotografias do cadáver**. Às vezes são fundamentais para elucidação da morte, por isso é incumbência da autoridade policial manter a posição do cadáver inalterada até a chegada dos peritos (art. 6°, I, do CPP), pois ela poderá indicar se houve homicídio, suicídio ou apenas um acidente. Depois de fotografada a posição do cadáver, os peritos devem tirar fotografias das suas lesões externas e dos vestígios deixados em seu redor, que poderão evidenciar circunstâncias úteis à convicção daqueles que, posteriormente, irão analisar a perícia.

Art. 165. Para representar as lesões encontradas no cadáver, os peritos, quando possível, juntarão ao laudo do exame provas fotográficas, esquemas ou desenhos, devidamente rubricados.

1. **Esquemas e desenhos**. Além das fotografias mencionadas no artigo anterior, devem ser utilizados pelos peritos, sempre que possível, para facilitar a compreensão do local em que o cadáver foi encontrado, a localização das lesões externas, bem como para indicar outras particularidades ou vestígios interessantes na elucidação da morte.

Art. 166. Havendo dúvida sobre a identidade do cadáver exumado, proceder-se-á ao reconhecimento pelo Instituto de Identificação e Estatística ou repartição congênere ou pela inquirição de testemunhas, lavrando-se auto de reconhecimento e de identidade, no qual se descreverá o cadáver, com todos os sinais e indicações.
Parágrafo único. Em qualquer caso, serão arrecadados e autenticados todos os objetos encontrados, que possam ser úteis para a identificação do cadáver.

1. **Identificação do cadáver exumado**. Poderá ser feita no caso de dúvida sobre a sua identidade. O reconhecimento será feito pelo Instituto de Identificação e Estatística ou repartição congênere, que poderá se valer de métodos mais sofisticados, como análise das impressões digitais e da arcada dentária, ou até mesmo o simples reconhecimento por testemunhas, dependendo do estado de putrefação. Em qualquer caso, deve ser lavrado um auto minucioso no qual se descreverá o cadáver, com todos os sinais e indicações que levaram ao seu reconhecimento e identidade. Sempre que existentes, também devem ser arrecadados e autenticados todos os objetos encontrados junto ao cadáver, que, eventualmente, possam ser úteis para a sua identificação.

Art. 167. Não sendo possível o exame de corpo de delito, por haverem desaparecido os vestígios, a prova testemunhal poderá suprir-lhe a falta.

1. **Corpo de delito indireto**. Supre o exame de corpo de delito direto, quando desaparecidos os vestígios sensíveis da infração penal. Ele é formado por outros elementos probatórios existentes nos autos, nomeadamente os de natureza testemunhal ou documental. Alguns julgados, isolados, sustentam que, se era possível a realização do exame de corpo de delito direto, ou se não justificada a sua impossibilidade, este não pode ser suprido pelo exame de corpo de de-

lito indireto.[93] Entretanto, o entendimento majoritário é que o CPP sempre admite o exame de corpo de delito indireto, desde que desaparecido os vestígios.[94] Há um certo vacilo na jurisprudência sobre a necessidade de exame direto nos casos de falsidade documental. Alguns precedentes entendem que ele é imprescindível,[95] porém prevalece o entendimento em contrário.[96]

Art. 168. Em caso de lesões corporais, se o primeiro exame pericial tiver sido incompleto, proceder-se-á a exame complementar por determinação da autoridade policial ou judiciária, de ofício, ou a requerimento do Ministério Público, do ofendido ou do acusado, ou de seu defensor.
§ 1º No exame complementar, os peritos terão presente o auto de corpo de delito, a fim de suprir-lhe a deficiência ou retificá-lo.
§ 2º Se o exame tiver por fim preciso a classificação do delito no art. 129, § 1º, I, do Código Penal, deverá ser feito logo que decorra o prazo de 30 (trinta) dias, contado da data do crime.
§ 3º A falta de exame complementar poderá ser suprida pela prova testemunhal.

1. **Exame complementar**. Deve ser feito se a autoridade policial ou judiciária determinar, de ofício, ou a requerimento das partes, sempre que haja necessidade de maiores esclarecimentos ou para suprir omissões ou deficiências encontradas. O exame complementar deve ser feito à luz do primeiro exame de corpo de delito, não havendo impedimento que ambos sejam feitos pelos mesmos peritos. Se o exame tiver por fim preciso a classificação do delito no art. 129, § 1º, I, do CP, é obrigatório o exame complementar, que deverá ser feito logo que decorra o prazo de 30 (trinta) dias. A jurisprudência não tem aceitado que o primeiro laudo realizado ateste a incapacidade para as ocupações habituais por mais de 30 (trinta) dias, mormente quando não circunstancia as lesões de modo a autorizar a essa conclusão, pois isso configuraria um "mero prognóstico". Também é considerado inidôneo o exame complementar que vier a ser efetivado muito depois do decurso do prazo de 30 (trinta) dias, exceto quando a vítima ainda se encontre inabilitada para as suas ocupações habituais na época da serôdia realização da perícia. Para que se reconheça a lesão corporal qualificada em questão, o exame complementar não pode responder o quesito específico de modo monossilábico, apenas dizendo "sim" ao quesito específico. Ao reverso, os peritos devem, *quantum satis*, fundamentar as bases em que assentam a sua conclusão, descrevendo as lesões sofridas, bem como as suas repercussões na vida normal do ofendido. Inexistindo prova pericial complementar, o artigo em comento admite o exame indireto, reafirmando a orientação do artigo anterior.

Art. 169. Para o efeito de exame do local onde houver sido praticada a infração, a autoridade providenciará imediatamente para que não se altere o estado das coisas até a chegada dos peritos, que poderão instruir seus laudos com fotografias, desenhos ou esquemas elucidativos. (Vide Lei nº 5.970, de 1973)
Parágrafo único. Os peritos registrarão, no laudo, as alterações do estado das coisas e discutirão, no relatório, as conseqüências dessas alterações na dinâmica dos fatos. (Incluído pela Lei nº 8.862, de 28.3.1994)

1. **Preservação do local da infração penal**. Deve ser determinada pela autoridade policial (art. 6°, I, do CPP), até a chegada dos peritos criminais. O exame do local do crime é providência importante na apuração de diversos delitos, pois o conjunto de elementos de convicção ali encontrados, nomeadamente no delito de homicídio, forma importante fonte de prova para o processo. Entretanto, até o advento da Lei nº 8.862/94, a preservação do local do crime não era considerada obrigatória pelo CPP, apenas "conveniente". Quiçá mercê desse entendimento, até hoje, lamentavelmente, as autoridades policiais nem sempre cumprem a determinação legal, motivo pelo qual, não raro, o lugar do crime é alterado, às vezes de tal modo que o torna inviável a realização da perícia. Aliás, as alterações no local do crime podem mudar completamente o resultado de um processo penal. Assim, se elas forem percebidas pelos peritos, devem ser registradas e discutidas no relatório do laudo, bem como as conseqüências delas na apreciação dos fatos, levantando-se as hipóteses possíveis e demonstrando as conclusões delas decorrentes, de modo a auxiliar na correta avaliação do local do cri-

---

[93] Nesse sentido: Apelação Criminal nº 02.000455-3, 2ª Câmara Criminal do TJSC, Rel. Des. Sérgio Roberto Baasch Luz. j. 19.03.2002. Ainda: Recurso em Sentido Estrito nº 20010810004109 (153623), 2ª Turma Criminal do TJDFT, Rel. Des. Mário Zam Belmiro. j. 21.02.2002.
[94] Nesse sentido: Habeas Corpus nº 25097/RS (2002/0140322-0), 6ª Turma do STJ, Rel. Min. Paulo Medina. j. 15.05.2003.
[95] Nesse sentido: Habeas Corpus nº 15446/SP (200303000448460), 1ª Turma do TRF da 3ª Região, Rel. Juiz Ferreira da Rocha. j. 14.10.2003, unânime, DJU 24.10.2003.
[96] Apelação Criminal nº 000.243.854-7/00, 1ª Câmara Criminal do TJMG, Rel. Des. Edelberto Santiago. j. 30.04.2002.

me. Sempre que possível, os peritos deverão instruir seus laudos com fotografias, desenhos ou esquemas elucidativos.

Art. 170. Nas perícias de laboratório, os peritos guardarão material suficiente para a eventualidade de nova perícia. Sempre que conveniente, os laudos serão ilustrados com provas fotográficas, ou microfotográficas, desenhos ou esquemas.

1. **Perícias de laboratório.** São os exames realizados em locais destinados à aplicação dos conhecimentos científicos, com o objetivo prático de contribuir na elucidação do delito e suas circunstâncias. Como exemplo, tem-se o exame toxicológico nos crimes de tóxicos (art. 58 da Lei 11.343/06), o exame de dosagem alcoólica (art. 277, *caput*, do CTB), etc. Nesses casos, o artigo determina que peritos guardem material suficiente para a contraprova, ou seja, de nova perícia para confirmar a primeira. O artigo não faz menção sobre o tempo em que esse material deve ficar guardado, motivo pelo qual é conveniente que o seja até a prolação da sentença. Ainda, quando for possível e os peritos entenderem conveniente, devem ilustrar seus laudos com fotografias, desenhos ou esquemas.

Art. 171. Nos crimes cometidos com destruição ou rompimento de obstáculo a subtração da coisa, ou por meio de escalada, os peritos, além de descrever os vestígios, indicarão com que instrumentos, por que meios e em que época presumem ter sido o fato praticado.

1. **Destruição, rompimento e escalada.** São circunstâncias que qualificam o delito de furto (art. 155, § 4º, I e II do CP). A destruição e o rompimento do obstáculo sempre deixam vestígio, daí que necessário o exame direto do local, que excepcionalmente pode ser suprido por outros elementos de prova, que configuram o denominado exame de corpo de delito indireto (art. 167 do CPP). Como dito anteriormente, não é razoável exigir-se que o exame da destruição ou rompimento do obstáculo seja feito por dois peritos oficiais, ou que na inexistência destes o exame seja feito por duas pessoas idôneas "portadoras de diploma de curso superior" "que tiverem habilitação técnica relacionada à natureza do exame". Será realmente necessário dois engenheiros para verificar a destruição ou rompimento de uma porta ou janela? É evidente que nesses casos basta o auto de verificação e descrição do local do delito, assinado pela autoridade policial e por dois funcionários policiais, mormente quando corroborado pelo restante da prova. Nesse sentido, é firme a jurisprudência gaúcha,[97] a qual, inclusive, tem repercutido em outros tribunais da federação, conquanto persistam julgados em sentido em contrário.[98] Já o delito de furto qualificado mediante escalada muitas vezes não deixa vestígios, sendo possível seu reconhecimento pela própria descrição dos fatos feitas no referido auto de verificação.[99] O dispositivo em análise refere-se especificamente ao delito de furto, mas nada impede que seja aplicado a outra figura típica similar, como o delito de dano (art. 163 do CP).

Art. 172. Proceder-se-á, quando necessário, à avaliação de coisas destruídas, deterioradas ou que constituam produto do crime.
Parágrafo único. Se impossível a avaliação direta, os peritos procederão à avaliação por meio dos elementos existentes nos autos e dos que resultarem de diligências.

1. **Laudo de avaliação.** Das coisas que constituam produto do crime é necessário muitas vezes para se verificar as hipóteses de "furto privilegiado" (art. 155, § 2º, do CP) ou "estelionato privilegiado" (art. 171, § 1º, do CP). Aliás, a avaliação inclusive poderá indicar a atipicidade da conduta quando, a partir da aplicação do princípio da insignificância, se verifica que o valor ínfimo da "res furtiva" não representou qualquer repercussão no patrimônio da vítima. Para além dos objetos do crime, a avaliação das coisas destruídas e deterioradas durante a prática delitiva poderá ser importante no caso de eventual reconhecimento do "arrependimento posterior" (art. 16 do CP) ou outros benefícios legais, como o livramento condicional (art. 83, IV, do CP), a reabilitação (art. 94, III, do CP), etc. A avaliação poderá ser feita diretamente sobre a coisas destruídas, deterioradas ou que constituam produto do crime. Se essas coisas desaparecerem, é possível a denominada "avaliação indireta", por meio de infor-

---

[97] Nesse sentido: Apelação Crime nº 70012017885, 8ª Câmara Criminal do TJRS, Rel. Roque Miguel Fank. j. 27/07/2005. Em sentido contrário: Apelação Criminal nº 00.002664-6, 2ª Câmara Criminal do TJSC, Rel. Des. Nilton Macedo Machado. j. 25.04.2000.
[98] Nesse sentido: Apelação Criminal nº 0247650-4 (11836), 2ª Câmara Criminal do TAPR, Rel. Laertes Ferreira Gomes. j. 29.04.2004. Ainda: Apelação Criminal nº 2004.011124-0, 2ª Câmara Criminal do TJSC, Rel. Des. Sérgio Paladino. j. 15.06.2004. Em sentido contrário: Apelação Criminal nº 2002.003618-9, 1ª Turma Criminal do TJMS, Rel. Des. Rui Garcia Dias. j. 25.06.2002. Ainda: Apelação Criminal nº 2001.050.01492, 8ª Câmara Criminal do TJRJ, Rel. Des. Flavio Magalhães. j. 25.04.2002.
[99] Nesse sentido: Habeas Corpus nº 18962/MS (2001/0137769-0), 5ª Turma do STJ, Rel. Min. José Arnaldo da Fonseca. j. 18.12.2001.

mações obtidas do ofendido ou comparações do preço delas no mercado.

Art. 173. No caso de incêndio, os peritos verificarão a causa e o lugar em que houver começado, o perigo que dele tiver resultado para a vida ou para o patrimônio alheio, a extensão do dano e o seu valor e as demais circunstâncias que interessarem à elucidação do fato.

1. **Perícia no caso de incêndio**. O delito de incêndio está previsto no art. 250 do CP, possuindo a modalidade culposa (§ 2º), motivo pelo qual é de extrema importância apurar-se a sua causa ou modo pelo qual teve início, o que poderá indicar se o crime foi doloso, culposo ou se o incêndio foi fruto de caso fortuito ou força maior, hipóteses que excluem o delito. Note-se que as alíneas constantes no inciso II do § 1º do art. 250 do CP preveem diversas circunstâncias que precisam ser checadas pela perícia, pois podem aumentar a pena cominada. Além disso, a perícia poderá, inclusive, indicar a ocorrência de outra hipótese delitiva, pois dependendo das circunstâncias e forma como foi praticado o incêndio, poder-se-á vislumbrar apenas o crime de dano (art. 163, parágrafo único, inciso II, do CP), se da prática criminosa não resultou perigo à integridade física de alguém ou ao patrimônio de outrem, ou até mesmo o delito de homicídio qualificado (art. 121, § 2º, III), dependendo da intenção do agente.

Art. 174. No exame para o reconhecimento de escritos, por comparação de letra, observar-se-á o seguinte:
I – a pessoa a quem se atribua ou se possa atribuir o escrito será intimada para o ato, se for encontrada;
II – para a comparação, poderão servir quaisquer documentos que a dita pessoa reconhecer ou já tiverem sido judicialmente reconhecidos como de seu punho, ou sobre cuja autenticidade não houver dúvida;
III – a autoridade, quando necessário, requisitará, para o exame, os documentos que existirem em arquivos ou estabelecimentos públicos, ou nestes realizará a diligência, se daí não puderem ser retirados;
IV – quando não houver escritos para a comparação ou forem insuficientes os exibidos, a autoridade mandará que a pessoa escreva o que lhe for ditado. Se estiver ausente a pessoa, mas em lugar certo, esta última diligência poderá ser feita por precatória, em que se consignarão as palavras que a pessoa será intimada a escrever.

1. **Perícia grafotécnica**. Ou caligráfica é aquela que busca identificar a autoria de escritos por comparação entre a letra existente no documento examinado e outras fontes específicas e não específicas. É fonte não específica as anotações e manuscritos feitos pelo suspeito antes do fato em investigação, o quais podem ser obtidos mediante requisição, para o exame, de documentos que existirem em arquivos ou estabelecimentos públicos (material escolar, por exemplo). Já o material específico é aquele em que a autoridade manda que o suspeito escreva o que lhe for ditado. O material não específico é mais fiel à comparação, visto que aquele cuja coleta é específica tende a sofrer modificações por ação do suspeito, com a intenção de dificultar ou impedir a identificação da autoria do escrito. A perícia grafotécnica é um dos exames mais delicados, no qual, conforme o perito Sebastião Edison Cinelli,[100] além do cruzamento de traços, outros aspectos devem ser analisados, como o calibre e o espaçamento das letras, momentos da escrita (se a pessoa escreveu a palavra num só jato ou se levantou o instrumento gráfico uma ou duas vezes antes de terminar de escrever a palavra), inclinação axial (se a pessoa escreve voltada para a direita, esquerda ou de maneira retilínea), a gênese gráfica (se a pessoa tem uma maneira peculiar de escrever) e, por fim, o traçado (apreciação do traço/escrita). Ainda, conforme o referido experto, existem vários tipos de falsificação da letra: a) falsificação livre ou exercitada, quando o falsário faz prévio treinamento de uma assinatura ou manuscrito até conseguir reproduzi-lo a contento e sem necessidade de modelo; b) falsificação sem imitação, quando a pessoa falsifica a escrita de outra sem se preocupar em reproduzi-la com exatidão ou perfeição, ou seja, sem procurar copiá-la ou imitá-la; c) falsificação por imitação de memória, quando a pessoa tenta produzir a assinatura ou escrita de outra com base apenas na memória; d) falsificação por imitação servil, a pessoa reproduz a assinatura ou escrita de outra mediante cópia, isto é, com modelo à vista; e) falsificação por decalque, quando a reprodução de uma assinatura/escrita é feita por meio de sua figura ou imagem, vista por transparência ou por debuxo (marcas, contornos obtidos por carbono, grafite etc.). Conquanto o Código não discipline a perícia datilográfica, as regras do art. 174 podem lhe ser aplicadas, no que couberem, por analogia (art. 3º do CPP).

Art. 175. Serão sujeitos a exame os instrumentos empregados para a prática da infração, a fim de se lhes verificar a natureza e a eficiência.

---

[100] CINELLI, Sebastião Edison. in www.cinelli.com.br.

1. **Exame dos instrumentos do crime.** É feito para verificar-lhes a natureza (espécie e qualidade) e eficiência (eficácia para produzir o resultado a que se destina). Assim, por exemplo, em uma tentativa de homicídio incruenta, é indispensável a realização de perícia para comprovar a potencialidade ofensiva da arma de fogo apreendida, para verificar as suas condições de funcionamento, pois a conclusão do exame é capaz de conduzir à hipótese de crime impossível, por absoluta ineficácia do meio (art. 17 do CP). Outras vezes, examinando-se a arma do crime é possível encontrar-se importantes elementos de convicção, como digitais que poderão indicar quem a empunhou, etc. Conforme remansosa orientação doutrinária e jurisprudencial, inclusive do STF, a falta de exame pericial no instrumento do crime não enseja nulidade da ação penal, o que somente poderá ocorrer com a falta do exame do corpo de delito (art. 564, III, "b", do CPP), sobretudo diante do princípio do livre convencimento (art. 157 do CPP).[101] Note-se que em relação ao delito de porte de arma de fogo, o Tribunal de Justiça do Rio Grande do Sul tem entendido imprescindível perícia para caracterizar a eficácia lesiva da arma,[102] essas decisões, contudo, têm sido reformadas pelo STJ.[103]

Art. 176. A autoridade e as partes poderão formular quesitos até o ato da diligência.

1. **Oferecimento de quesitos.** Pela autoridade policial ou judicial e partes poderá ser feito até o momento da perícia. Conforme já decidiu o STF, o indeferimento de quesitos pertinentes viola o princípio da ampla defesa e importa na nulidade da perícia e da decisão que nela se fundamenta.[104] Entretanto, a excelsa Corte tem decidido que o direito do acusado de oferecer quesitos somente existe quando se trata de perícia a ser feita na fase judicial e não, necessariamente, naquelas feitas na base do inquérito. Argumenta-se que a perícia criminal pode ser feita em qualquer dia e a qualquer hora (art. 161 do CPP), e, por isso, nem sempre é possível marcar-se com exatidão o instante em que será realizada. Portanto, as partes não têm direito a um pré-aviso acerca do momento em que os peritos vão realizá-la e nenhuma nulidade se configura no fato de o réu não haver sido intimado para presenciar a perícia. Em resumo, no tocante a prova pericial feita na fase policial, o contraditório resta diferido, e a discussão será feita na fase judicial, não tendo a parte o direito de intervir no exame técnico.[105] Sem embargo, Guilherme de Souza Nucci[106] sustenta que, em sendo possível e o acusado desejando, poderá oferecer quesitos ainda na fase inquisitorial, em homenagem ao princípio da ampla defesa, mormente tratando-se daquelas perícias definitivas, que não admitem contraprova.

Art. 177. No exame por precatória, a nomeação dos peritos far-se-á no juízo deprecado. Havendo, porém, no caso de ação privada, acordo das partes, essa nomeação poderá ser feita pelo juiz deprecante. Parágrafo único. Os quesitos do juiz e das partes serão transcritos na precatória.

1. **Exame por precatória.** Será feito quando a perícia deva ser realizada fora da circunscrição da autoridade policial ou da jurisdição da autoridade judicial. Os peritos serão nomeados pela autoridade deprecada. Excepcionalmente, no caso de ação privada (art. 30 do CPP), havendo acordo das partes, essa nomeação poderá ser feita pelo juiz deprecante. Nada impede que o artigo em comento seja aplicado pela autoridade policial, por analogia (art. 3º do CPP). Em qualquer caso, os quesitos da autoridade deprecante e das partes, se existentes, devem acompanhar a precatória.

Art. 178. No caso do art. 159, o exame será requisitado pela autoridade ao diretor da repartição, juntando-se ao processo o laudo assinado pelos peritos.

1. **Requisição do exame de corpo de delito aos peritos oficiais.** Será feita pela autoridade ao diretor da repartição[107] (Instituto de Criminalística, Instituto Médico Legal, Instituto Psiquiátrico Forense etc)

---

[101] Nesse sentido: Habeas Corpus nº 72833-2/RS, 2ª Turma do STF, Rel. Min. Maurício Corrêa. j. 22.08.1995.

[102] Nesse sentido: Apelação-Crime nº 70010458743, 5ª Câmara Criminal do TJRS, Rel. Des. Aramis Nassif. j. 16/02/2005.

[103] Nesse sentido: REsp 708327 / RS (2004/0172830-0), 5ª Turma do STJ, Rel. Min. José Arnaldo da Fonseca. j. 04/08/2005.

[104] Habeas Corpus nº 59425 / SP, 1ª Turma do STF, Rel. Min. Clovis Ramalhete. j. 04/12/1981.

[105] Nesse sentido: Habeas Corpus nº 54614 / SE, Pleno do STF, Rel. Min. Antonio Neder. j. 17/11/1976.

[106] NUCCI, Guilherme de Souza. *Código de Processo Penal comentado*. 3ª ed. São Paulo: Revista dos Tribunais, 2004. p. 177.

[107] Com o advento da CF/88 e das sucessivas Constituições Estaduais, os órgãos coordenadores das perícias oficiais começaram a ser desvinculados das dos órgãos policiais, conquanto a maior parte permaneça no interior da estrutura organizacional dos órgãos de segurança pública dos Estados, o que, muito embora ainda não seja o ideal, sem dúvida possibilita que o trabalho seja mais imparcial e, portanto, com maior credibilidade.

a que estejam sujeitos. Posteriormente o laudo assinado pelos peritos será juntado ao processo.

Art. 179. No caso do § 1º do art. 159, o escrivão lavrará o auto respectivo, que será assinado pelos peritos e, se presente ao exame, também pela autoridade.
Parágrafo único. No caso do art. 160, parágrafo único, o laudo, que poderá ser datilografado, será subscrito e rubricado em suas folhas por todos os peritos.

1. **Exame de corpo de delito por peritos leigos.** Terá o respectivo laudo lavrado pelo escrivão de polícia e será assinado pelos peritos e, se presente ao exame, também pela autoridade policial. O laudo poderá ser manuscrito, mas geralmente é datilografado, subscrito e rubricado em suas folhas pelos dois peritos.

Art. 180. Se houver divergência entre os peritos, serão consignadas no auto do exame as declarações e respostas de um e de outro, ou cada um redigirá separadamente o seu laudo, e a autoridade nomeará um terceiro; se este divergir de ambos, a autoridade poderá mandar proceder a novo exame por outros peritos.

1. **Divergência entre peritos.** Deverá constar na parte da "discussão" do laudo e determinará que na "conclusão" constem as respostas de cada um deles. Se os peritos acharem mais conveniente, cada qual elaborará laudo separado, dando as razões que fundamentam suas respostas e o motivo da divergência. Na hipótese de divergência entre os dois peritos, o juiz deve agir como determina o artigo, nomeando um terceiro perito, denominado "desempatador". Somente se este divergir de ambos, a autoridade "poderá" mandar proceder a novo exame por outros peritos. Entretanto, Guilherme de Souza Nucci[108] sustenta que a nomeação do terceiro perito também é uma faculdade do magistrado, pois em virtude do sistema liberatório. adotado pelo Código (art. 182 do CPP), ele tem inteira liberdade de apreciação do laudo, podendo aceitá-lo ou rejeitá-lo no todo ou em parte, de acordo com o princípio do livre convencimento (art. 157 do CPP).

Art. 181. No caso de inobservância de formalidades, ou no caso de omissões, obscuridades ou contradições, a autoridade judiciária mandará suprir a formalidade, complementar ou esclarecer o laudo. (Redação dada pela Lei nº 8.862, de 28.3.1994)
Parágrafo único. A autoridade poderá também ordenar que se proceda a novo exame, por outros peritos, se julgar conveniente.

1. **Laudos ineptos, omissos ou contraditórios.** Se houver inobservância de formalidade legal, isso poderá determinar a nulidade do laudo (art. 564, IV, do CPP). Já omissões, obscuridades ou contradições podem torná-lo incompreensível e, por conseguinte, imprestável como meio de prova. Em qualquer dessas hipóteses, o juiz mandará suprir a formalidade, complementar ou esclarecer o laudo, conforme o caso. Porém se a defectividade for de tal quilate que comprometa por inteiro a perícia, a autoridade poderá ordenar que se proceda a novo exame, por outros peritos. Em virtude da redação dada pela Lei nº 8.862/94, essas providências somente podem ser determinadas pelo juiz, o que é lamentável, pois geralmente as perícias são feitas na fase policial, o que tende a burocratizar o procedimento de correção de laudos ineptos, omissos ou contraditórios.

Art. 182. O juiz não ficará adstrito ao laudo, podendo aceitá-lo ou rejeitá-lo, no todo ou em parte.

1. **Apreciação da prova pericial.** É feita à luz do sistema liberatório, não estando o julgador adstrito às conclusões do laudo. Evidentemente que decidir com base na perícia oficial é o que mais acontece, afinal o juiz carece de conhecimentos técnicos para apurar os fatos de percepção própria do perito. Entretanto, restando claro que a conclusão estabelecida no laudo pericial destoa do restante do conjunto probatório que emerge dos autos, o juiz poderá desconsiderá-lo, fundamentadamente, como corolário do princípio do livre convencimento motivado (art. 157 do CPP).

2. **Laudo pericial em crime de ação penal privada.** Serão juntados aos autos do procedimento investigatório e remetidos ao juízo competente, onde aguardarão a iniciativa do ofendido ou de seu representante legal, ou serão entregues ao requerente, se o pedir, mediante traslado.

Art. 183. Nos crimes em que não couber ação pública, observar-se-á o disposto no art. 19.

1. **Perícia no caso de exclusiva ação penal privada.** Nos crimes em que não couber ação penal pública, o inquérito policial, após ser concluído, é re-

---
[108] NUCCI, Guilherme de Souza. *Código Processo Penal Comentado*. 3ª ed. São Paulo: Revista dos Tribunais, 2004. p. 180.

metido ao juízo competente, onde aguardará a iniciativa do ofendido ou de seu representante legal, pelo prazo decadencial, nos termos do art. 38 do CPP, podendo ser entregue, mediante traslado, ao requerente. Da mesma forma, a perícia juntada ao inquérito policial poderá ser entregue, por traslado, ao requerente.

Art. 184. Salvo o caso de exame de corpo de delito, o juiz ou a autoridade policial negará a perícia requerida pelas partes, quando não for necessária ao esclarecimento da verdade.

1. **Indeferimento de perícia.** Deve ser motivado e não constitui cerceamento de defesa, porquanto a conveniência e oportunidade na produção de determinada prova ficam adstritas ao prudente poder discricionário do juiz que, portanto, deve indeferir aquela prova que entende protelatória e indiferente para o esclarecimento do fato. Essa decisão não comporta recurso, somente podendo ser combatida pela via do mandado de segurança, se presentes os requisitos específicos dessa ação autônoma, ou, então, em preliminar do recurso em sentido estrito ou de apelação, conforme o caso, quando a parte poderá demonstrar ao juízo *ad quem* a conveniência ou necessidade do exame pericial requerido.

CAPÍTULO III
DO INTERROGATÓRIO DO ACUSADO

Art. 185. O acusado que comparecer perante a autoridade judiciária, no curso do processo penal, será qualificado e interrogado na presença de seu defensor, constituído ou nomeado. (Redação dada pela Lei nº 10.792, de 1º.12.2003)
§ 1º O interrogatório do acusado preso será feito no estabelecimento prisional em que se encontrar, em sala própria, desde que estejam garantidas a segurança do juiz e auxiliares, a presença do defensor e a publicidade do ato. Inexistindo a segurança, o interrogatório será feito nos termos do Código de Processo Penal. (Incluído pela Lei nº 10.792, de 1º.12.2003)

§ 2º Antes da realização do interrogatório, o juiz assegurará o direito de entrevista reservada do acusado com seu defensor. (Incluído pela Lei nº 10.792, de 1º.12.2003)

Vide: art. 5º, LIII, LIV e LV, CF; arts. 6º, V, 304, 394, 395 e 465, CPP e art. 8º, nº 1, Dec. 678/1992 (Pacto de São José da Costa Rica).

1. **O interrogatório e a sua natureza jurídica.** O interrogatório é o ato processual de extrema importância, pois configura oportunidade singular de o acusado produzir sua autodefesa, diretamente ao juiz, refutando os fatos e circunstâncias que lhe são imputados pela acusação ou indicando outros fatos e circunstâncias que justifiquem (em sentido lato) a sua conduta, bem como indicando provas que entender pertinentes à sua defesa. A doutrina diverge severamente sobre a natureza jurídica do interrogatório, para uns é "meio de prova",[109] para outros "meio de defesa",[110] e para outros tantos "é meio de prova e meio de defesa".[111] Sem dúvida, essa última posição é a que mais se harmoniza com o ordenamento jurídico pátrio, pois, no mínimo em virtude da sua posição geográfica, não há dúvida de que o CPP o trata como meio de prova, entretanto, ontologicamente, o interrogatório é um momento de defesa imediata do réu.

2. **Obrigatoriedade do interrogatório.** O artigo em comento consagra a obrigatoriedade do interrogatório, que pode ser feito em qualquer momento do processo, se não tiver sido possível, por qualquer motivo, fazê-lo na fase prevista, que é após a citação e antes da defesa prévia (art. 394 CPP). Se o processo estiver no Tribunal e o acusado ainda não tiver sido interrogado, o próprio relator pode ouvi-lo ou determinar que o juízo *a quo* tome a providência. Todavia, se o réu for revel, ou se apresentou ao processo após a sentença, não há que se falar em nulidade por falta de interrogatório.[112] Caso contrário, a falta de interrogatório configura nulidade (art. 564, III, "e", do CPP), porém relativa, ou seja, a par de ser condicionada à demonstração de prejuízo, se tem por sanada, à míngua de argüição *opportuno tempore* (art. 572, I, do CPP).[113] Em sendo obrigatório o interrogatório, o réu pode ser conduzido coercitivamente para ser interrogado? Fernando de Almeida Pedroso[114] entende

---

[109] Por todos: CAMARGO ARANHA, Adalberto José Q. T. de. *Da Prova no Processo Penal.* 5ª ed. São Paulo: Saraiva, 1999, p. 72. Na jurisprudência: Habeas Corpus nº 77226 / PR, 2ª Turma do STF, Rel. Min. Maurício Corrêa. j 30/06/1998.
[110] Por todos: TOURINHO FILHO, Fernando da Costa. *Processo Penal.* Vol. 3. 25ª ed. São Paulo: Saraiva, p. 265 e seguintes. Na jurisprudência: Habeas Corpus nº 68129 / RS, 1ª Turma, Rel. Min. Sepúlveda Pertence. j. 02/10/1990, em caso de crime de imprensa.
[111] Por todos: PEDROSO, Fernando de Almeida. *Prova Penal.* Rio de Janeiro: Aide, 1994, p. 19 e seguintes. Na jurisprudência: Apelação Crime nº 70004439212, 6ª Câmara Criminal do TJRS, Rel. Des. Sylvio Baptista Neto. j. 22.08.2002.
[112] Nesse sentido: Habeas Corpus nº 69225/RJ, 1ª Turma do STF, Rel. Min. Ilmar Galvão. j. 16.06.1992.
[113] Habeas Corpus nº 77226 / PR, 2ª Turma do STF, Rel. Min. Maurício Corrêa. j. 30/06/1998. Em sentido contrário: STF *in* RTJJ 71/29.

que sim, colacionando antigos julgados (RT 205/86 e RT 482/357), já Guilherme de Souza Nucci[115] sustenta que o acusado somente pode ser submetido coercitivamente ao ato quando não é conhecido do juízo, na medida em que, conquanto ele tenha o direito constitucional de ficar calado (art. 5º, LXIII, da CF), o direito ao silêncio não atingiria o momento da qualificação (art. 187 CPP), anterior ao interrogatório propriamente dito, evitando-se, assim, que seja processada pessoa errada. A jurisprudência mais recente, por sua vez, tem estabelecido que o investigado (portanto, na fase extrajudicial) tem o dever de comparecer no interrogatório, sob pena de condução coercitiva e incursão no art. 330 do CP, conquanto seja-lhe garantido o direito ao silêncio,[116] o que, de certo modo, tem sido referendado pelo STF, nomeadamente quando tem decidido acerca de convocações para depor em CPI.[117] Na fase judicial, entretanto, o STJ recentemente decidiu que o comparecimento do réu aos atos processuais, em princípio, é um direito e não um dever, portanto não está obrigado a comparecer ao interrogatório, mesmo porque as respostas às perguntas formuladas fica ao seu alvedrio, sem embargo da possibilidade de sua condução coercitiva, caso necessário, por exemplo, para audiência de reconhecimento.[118]

3. **Interrogatório por precatória**. Na jurisprudência e doutrina há severa divergência sobre a possibilidade e conveniência do interrogatório por precatória. O CPP não deixa dúvidas de que o interrogatório deve ser feito pelo juiz do processo, e assim, via de regra, deve ser, pois, sendo uma oportunidade singular de autodefesa, o ato está intimamente vinculado ao princípio constitucional da ampla defesa, sendo importante que o magistrado que irá julgar o réu tenha oportunidade imediata de ouvir sua versão, captar sua personalidade e, no mesmo passo, auferir a credibilidade que a palavra dele transparece, pois, como diz Bentham,[119] nesse momento o julgador "pode conhecer por suas próprias observações esses caracteres da verdade tão relevantes e tão naturais que se manifestam na fisionomia, no som da voz, na firmeza, na prontidão, nas emoções de medo, na simplicidade da inocência, no embaraço da má-fé". No mesmo diapasão, a importância do interrogatório do réu pelo próprio juiz que o julgará é destacada por Tourinho Filho: "É pelo interrogatório que o Juiz mantém contato com a pessoa contra quem se pede a aplicação da norma sancionadora. E tal contato é necessário, porque propicia ao julgador o conhecimento da personalidade do acusado e lhe permite, também, ouvindo-o, cientificar-se dos motivos e circunstâncias do crime, elementos valiosos para a dosagem da pena. E o legislador quer que o julgador ouça o acusado não só para que se tenha certeza de que ele é, realmente, a pessoa contra quem se propôs a ação penal, como também para que o Juiz conheça sua personalidade, saiba em que circunstâncias ocorreu a infração – porque ninguém melhor que o acusado para sabê-lo – e quais os seus motivos determinantes. Por outro lado, durante o interrogatório, colhe o Juiz elementos para o seu convencimento, atentando para as reações do acusado, para as perguntas que ficaram sem respostas, para as respostas firmes, convincentes, para a sua atitude ante uma pergunta formulada etc. ... É o Juiz quem vai julgá-lo. É natural, pois, a necessidade desse contato entre julgador e imputado".[120] Sem embargo desse entendimento, os Tribunais compreendem que, em determinadas situações, especialmente quando o acusado reside em localidade longínqua daquela onde está sendo processado, não é razoável (princípio da razoabilidade afastando a letra fria da lei) a exigência do comparecimento do réu no juízo processante, sob pena de potencial prejuízo para a defesa, pois isso pode implicar em grandes gastos, não raro superiores à punição prevista para o delito imputado, o que poderia, inclusive, levá-lo a não comparecer nesse ato de extrema importância. Nesse sentido, destacando que o Direito Processual Penal brasileiro adotou os princípios da celeridade e economia processual, não adotando o princípio da identidade física do juiz, o STJ tem proclamado que é defeso ao juízo deprecado negar o cumprimento de carta precatória, salvo nos casos do art. 209 do CPC.[121] Assim, pode o acusado ser citado e interrogado na co-

---

[114] PEDROSO, Fernando de Almeida. *Prova Penal*. Rio de Janeiro: Aide, 1994, p. 33 e seguintes.

[115] NUCCI, Guilherme de Souza. *O valor da confissão como meio de prova no processo penal*. São Paulo: Revista dos Tribunais, 1999, p. 225.

[116] Nesse sentido: Habeas Corpus nº 11764/SP (200103000270236), 2ª Turma do TRF da 3ª Região, Rel. Juiz Souza Ribeiro. j. 21.05.2002. Ainda: Habeas Corpus nº 27547, Câmaras Criminais Reunidas do TJPA, Rel. Werther Benedito Coelho. j. 04.09.1995.

[117] Nesse sentido: Habeas Corpus nº 83357 / DF, Pleno do STF, Rel. Min. Nelson Jobim. j. 03/03/2004.

[118] Recurso Especial nº 346677/RJ, 6ª Turma do STJ, Rel. Min. Fernando Gonçalves. j. 10.09.2002.

[119] BENTHAM, Jeremías. *Tratado de Las Pruebas Judiciales*. Buenos Aires: EJEA, Vol. II, p. 197.

[120] TOURINHO FILHO, Fernando da Costa. *Processo Penal*. 25ª ed. São Paulo: Saraiva, Vol. 3, p. 265.

[121] "Art. 209 – O juiz recusará cumprimento à carta precatória, devolvendo-a com despacho motivado: I – quando não estiver revestida dos requisitos legais; II – quando carecer de competência em razão da matéria ou da hierarquia; III – quando tiver dúvida acerca de sua autenticidade."

marca onde se encontra domiciliado,[122] entretanto, o próprio STJ já teve a oportunidade de esclarecer que a opção do interrogatório por precatória deve ser feita com extrema parcimônia.[123] Além disso, a referida Corte tem destacado que o interrogatório por precatória é causa de nulidade relativa, estando, pois, sujeita à demonstração de prejuízo e da alegação em tempo oportuno.[124] De outra banda, nota-se que, nas mais das vezes, o defensor é constituído no interrogatório, entretanto, se nos autos já houver advogado constituído, ele deve ser intimado da expedição da carta precatória, sendo recomendável, outrossim, que seja intimado da data do interrogatório pelo juízo deprecado. No entanto, essa última providência não é imprescindível, conforme já consolidou o STJ, pois, após ser intimado, é dever do causídico acompanhar o andamento da *deprecata* (Súmula 273 do STJ). Inclusive, tendo como parâmetro a Súmula 155 do STF ("É relativa a nulidade do processo criminal por falta de intimação da expedição de precatória para inquirição de testemunha"), tem-se entendido que se configura relativa a nulidade pela falta de intimação do defensor da expedição da carta precatória para interrogatório do réu, estando sanada se não for demonstrado o prejuízo, com influência na apuração da verdade substancial e reflexo na decisão da causa (art. 566 do CPP) ou se não for argüida no tempo oportuno (art. 572, II, do CPP). Realizado o interrogatório por precatória, o tríduo legal para a defesa prévia flui da juntada da carta ao processo.

4. **O interrogatório da pessoa jurídica**. Em que pese os renitentes e arcaicos entendimentos em contrário, a partir da Lei 9.605/98 (Lei dos Crimes Ambientais) tornou-se possível a imputação de crime à pessoa jurídica, dando-se densidade legislativa ao princípio estabelecido no art. 225, § 3º, da CF.[125] Entretanto, não houve previsão legal de como se deve proceder o interrogatório da pessoa jurídica acusada, que, como visto anteriormente, para alguns doutrinadores é ato considerado obrigatório, constituindo-se, de qualquer modo, um direito subjetivo de todo o acusado. Conforme ensina Tupinambá Pinto de Azevedo,[126] quando a França passou pela mesma alteração de paradigma, "houve o cuidado de elaboração da denominada "lei de adaptação" (Lei. 92-1336/1992), introduzindo inovações legais coerentes com o novo Código Penal, contendo disposições de processo penal, no intuito de harmonização entre o sistema até ali vigente e o novo." Nesse toar, no modelo francês: "A ação penal será proposta contra a pessoa jurídica, considerado o representante legal na época *das investigações*, e não do delito. O mesmo representará a pessoa moral em todos os atos do processo. Entretanto, quando a persecução pelos mesmos fatos ou conexos forem dirigidas contra o representante legal, o presidente do Tribunal de Grande Instância designará um assistente judiciário (*mandatário de justiça*) para representar a pessoa moral. A pessoa jurídica pode, igualmente, ser representada por qualquer pessoa indicada conforme a lei ou seus estatutos, através de delegação de poderes para esse efeito. A pessoa encarregada de representar a pessoa moral deve dar a conhecer sua condição à jurisdição, por correspondência com aviso de recepção. O mesmo ocorre no caso de mudança do representante legal no curso do procedimento. Na ausência de pessoa habilitada a representar a pessoa moral, nas condições previstas, o presidente do tribunal designará, a pedido do Ministério Público, do juiz de instrução ou da parte civil, um assistente judiciário para representá-la (tais disposições estão no art. 706-43). Segundo o art. 706-44, o representante da pessoa jurídica não pode,

---

[122] Nesse sentido: Recurso Ordinário em Habeas Corpus nº 14083/SP (2003/0024243-0), 5ª Turma do STJ, Rel. Min. Felix Fischer. j. 27.05.2003, unânime. No mesmo diapasão, o Provimento nº 06/2002 – Consolidação Normativa Judicial do Rio Grande do Sul – dispõe no art. 713 quo: Quando o réu estiver fora do território da jurisdição do Juiz processante, será citado por precatória. § 1º – Fica autorizado o interrogatório do réu por carta precatória, condicionada à conveniência do juiz processante, baseado na busca da verdade real e na presunção da amplitude defensiva. § 2º – A recusa do cumprimento pelo juízo deprecado, fora dos casos permitidos em lei, caracteriza negativa do jurisdição.

[123] Confira-se a seguinte ementa: "Processual penal. Interrogatório mediante carta precatória.1. Por se tratar de um dos meios de prova da defesa, convém que o interrogatório do réu seja realizado pelo próprio Juiz que preside a causa, devendo ser admitida a sua realização mediante carta precatória somente em casos excepcionais, quando o réu encontrar-se preso ou efetivamente impossibilitado financeiramente de comparecer perante o juiz natural. 2. Pedido de Habeas Corpus conhecido, mas indeferido." (Habeas Corpus nº 18969/RS (2001/0137858-6), 5ª Turma do STJ, Rel. Min. Edson Vidigal. j. 05.02.2002).

[124] Nesse sentido: Recurso Ordinário em Habeas Corpus nº 2853/RJ, 6ª Turma do STJ, Rel. Min. Vicente Leal. j. 06.12.1994. No TJRS há entendimentos discrepantes. Entendendo que o interrogatório por precatória deve ser reservado somente para os casos excepcionais: Conflito de Competência nº 70011482619, 7ª Câmara Criminal do TJRS, Rel. Des. Sylvio Baptista Neto. j. 02/06/2005. Em sentido contrário, entendendo que pode ser feito por precatória toda vez que o acusado residir fora do território de jurisdição do juízo processante: Conflito de Competência nº 70007860141, 2ª Câmara Criminal do TJRS, Rel. Des. Antônio Carlos Netto de Mangabeira. j. 02/09/2004.

[125] Reconhecendo a responsabilidade penal da pessoa jurídica: REsp 628637/SC 2004/0012312-7, 5ª Turma do STJ, Rel. Min. Gilson Dipp. j. 02.06.2005.

[126] AZEVEDO. Tupinambá Pinto de. *Pessoa jurídica: ação penal e processo na lei ambiental*. Revista Direito Ambiental, ano 3, out-dez 1998, nº 12, p. 120.

nessa qualidade, sofrer qualquer restrição diversa da aplicável à testemunha".

Entretanto, como não existe semelhante disciplina na legislação brasileira, não resta ao intérprete outra alternativa senão a sua integração, com a aplicação da analogia e a utilização dos princípios gerais do direito. Nesse toar, Tupinambá propugna que o interrogatório da pessoa jurídica, no processo penal, seja feito mediante a aplicação analógica da CLT, que no § 1º do seu art. 843, estabelece que ao reclamado é facultado fazer-se *substituir* ("em verdade, fazer-se *representar*") pelo gerente, ou qualquer outro preposto que tenha conhecimento do fato, e cujas declarações obrigarão o proponente. Esse entendimento, todavia, não foi acolhido pelo TRF da 4ª Região, quando teve oportunidade de se manifestar sobre o mérito da questão.[127] Concorda-se, entretanto, com a posição intermediária de Eladio Lecey,[128] para quem a pessoa jurídica, via de regra, deve ser interrogada por meio da pessoa física de seu representante legal. No entanto, será possível a indicação de um preposto, quando o representante legal também for réu no mesmo processo e houver colisão de defesa ou quando o preposto for melhor conhecedor dos fatos em questão, tudo em homenagem à ampla defesa.

5. O interrogatório de réu preso. O § 1º do art. 185 foi introduzido pela Lei 10.792/03. Desde então, de regra, o interrogatório do réu preso deveria ser efetuado no estabelecimento prisional em que se encontra recolhido, dês que estejam garantidas a segurança do juiz e auxiliares, a presença do defensor e a publicidade do ato. Os principais fatores da modificação são a falta de segurança na maioria dos fóruns brasileiros e o alto custo para o deslocamento de réus de alta periculosidade, em virtude do sempre presente perigo de resgate. A solução encontrada, com o devido respeito do entendimento em contrário, revela-se pouco viável e distante da realidade da maioria das comarcas brasileiras, pois é bem sabido que nos presídios brasileiros não existem as garantias exigidas pela lei, pois eles não têm salas de interrogatório seguras e com acesso livre a qualquer um do povo, como exige o princípio da publicidade, isso sem se falar na necessidade de deslocamento dos magistrados processantes, quase sempre assoberbados de serviço. Ademais, os mesmos fatores que indicaram a mudança também estão presentes na audiência de instrução e julgamento, não sendo, portanto, afastados por completo tais inconvenientes. Portanto, o que deveria ser regra, por força da realidade, certamente será exceção.

6. A necessidade de defensor e a sua entrevista com o réu, antes do interrogatório. Antes das modificações introduzidas pela Lei 10.792/03, a jurisprudência majoritária, inclusive do STF,[129] consagrava o entendimento de que a ausência de defensor no interrogatório do réu não dava azo a nulidade, ou, quando muito, reconhecia-se a nulidade relativa, sempre pendente de demonstração de prejuízo e alegação no momento oportuno. O argumento utilizado era de que o interrogatório do réu é um ato pessoal do magistrado processante, que não comportava intervenção, nem do Ministério Público, nem do advogado do réu. Entretanto, diante da nova dicção legal, é indispensável a presença do advogado no interrogatório, portanto, convém que seja determinado ao oficial de justiça que, no momento da citação, pergunte ao réu se possui defensor constituído, pois, caso contrário, o magistrado deverá providenciar a intimação da Defensoria Pública ou de advogado dativo. Se o acusado disser que possui defensor constituído, mas comparecer sem o profissional, obrigatória será a nomeação de advogado *ad hoc*. Em hipótese alguma, pois, deve haver interrogatório sem advogado. Nesse diapasão, também é imprescindível que o juiz dê ao réu oportunidade de se entrevistar, reservadamente, com o advogado que irá lhe acompanhar durante o interrogatório, para que tenha condições de avaliar as conseqüências das suas declarações ou de seu silêncio. Convém notar que a hipótese prevista no § 2º do artigo em comento, consagrada no Pacto de San José da Costa Rica, do qual o Brasil é signatário, é primordialmente destinada aos defenso-

---

[127] Confira-se o seguinte excerto da ementa: "Tratando-se de interrogatório de pessoa jurídica, quem tem esse poder? Logicamente, aquele que se posicionou como o centro de decisão na ocasião dos fatos ou que ocupa a função contemporaneamente ao processo. Só essa pessoa tem a capacidade de esclarecer e explicar a motivação da conduta, que importa para a imputação da pessoa jurídica. Obviamente, se houver colidência de interesses entre as defesas da sociedade e do diretor, este não poderá representá-la no ato de interrogatório. Todavia, nunca poderá atribuir-se a preposto o direito de ser interrogado em nome da empresa. Acaso haja incompatibilidade entre as defesas do diretor do qual emanou a ordem e da pessoa jurídica, por certo nesse processo a sociedade não será interrogada, a não ser que exista outro administrador integrante do colegiado, que não tenha sido acusado."(Habeas Corpus nº 200204010138430 –PR, 7ª Turma do TRF da 4ª Região. j. 10/12/2002).

[128] Texto publicado em "Paisagem, Natureza e Direito", Anais do 9º Congresso Internacional do Instituto o Direito por um Planeta Verde. Organização de Antonio Herman Benjamim. São Paulo: Imprensa Oficial, 2005.

[129] Nesse sentido: Habeas Corpus nº 83041/SP, 2ª Turma do STF, Rel. Min. Carlos Velloso. j. 30.05.2003, unânime. No TJRS, todavia, antes mesmo da alteração da lei, vários julgados proclamaram que a ausência de defensor no interrogatório importava em nulidade absoluta, uma vez que a ausência do profissional afeta a ampla defesa e o contraditório. Nesse sentido, por todos: Apelação Criminal nº 70002362291, 6ª Câmara Criminal do TJRS, Rel. Des. Sylvio Baptista Neto. j. 28.06.2001.

res públicos, dativos e ad hoc, porquanto, por suposto, o advogado constituído já terá tomado tal providência antes do ato. A alteração legal, sem ressaibos de dúvida, rende louvável homenagem ao princípio da ampla defesa, atendendo anseios de doutrina timoneira.[130]

Art. 186. Depois de devidamente qualificado e cientificado do inteiro teor da acusação, o acusado será informado pelo juiz, antes de iniciar o interrogatório, do seu direito de permanecer calado e de não responder perguntas que lhe forem formuladas. (Redação dada pela Lei nº 10.792, de 1º.12.2003)
Parágrafo único. O silêncio, que não importará em confissão, não poderá ser interpretado em prejuízo da defesa. (Incluído pela Lei nº 10.792, de 1º.12.2003)

Vide: art. 5º, LXIII, CF e art. 8º, nº 2, *b*, Dec. 678/1992 (Pacto de São José da Costa Rica).

1. **Qualificação**. Antes de ser interrogado, o réu deve ser qualificado, momento em que deve fornecer informações sobre seus dados de identificação, tais como nome, estado civil, profissão, idade, filiação, residência e naturalidade. Há divergência na jurisprudência e doutrina se, neste momento processual, o réu teria direito de calar ou mentir. A maioria dos tribunais[131] entende que incorre nas penas do art. 307 do CP (falsa identidade), o réu que mente sobre a sua qualificação, atribuindo-se identidade que não a sua, para, por exemplo, se livrar de responsabilidade de outro crime que cometeu ou para impedir o conhecimento de seus péssimos antecedentes criminais. Sustenta-se que a Constituição (art. 5º, LXII), ao proteger o silêncio, não autoriza o réu a delinqüir, sob a alegação de autodefesa, concluindo que o direito de calar sobre o fato delituoso não abrange o de mentir sobre a própria identidade. O entendimento contrário sustenta que a Constituição não fez distinção e onde a norma não distingue, vedado é ao intérprete distinguir, implicando indisfarçável sofisma o raciocínio no sentido de que se admite a mentira quanto ao mérito, mas não sobre a identificação.[132] O STJ, por sua vez, tem vacilado sobre a tipificação, ou não, do delito de falsa identidade na hipótese.[133] Já STF, ao apreciar questão semelhante, compreendeu restar tipificado o crime de falsa identidade, quando o agente, ao ser preso, identifica-se com nome falso, com o objetivo de esconder seus maus antecedentes.[134]

2. **O direito ao silêncio**. Representa um dos avanços mais notáveis da humanidade, que, em iluminado momento histórico, insurgiu-se contra os métodos inquisitoriais dos tribunais eclesiásticos, na busca da verdade a qualquer preço (inclusive com a tortura). É um genuíno direito humano considerado fundamental pela CF, que em seu art. 5º, LXIII, estabelece que ao "preso será informado de seus direitos, entre os quais o de permanecer calado, sendo-lhe assegurada a assistência da família e de advogado". Uma interpretação açodada e puramente literal poderia levar a crer que o preceito do *nemo tenetur se detegere*, consagrado no dispositivo constitucional, somente estaria resguardado ao "investigado preso", o que evidentemente fere o princípio da razoabilidade, pois ele alcança todo e qualquer investigado. E mais, o direito a não auto-incriminação, está assegurado a todas pessoas em geral, investigadas ou não, pois foi estabelecido pelo Pacto de São José da Costa Rica (art. 8º, 'g': "Toda pessoa tem o direito de não ser obrigada a depor contra si mesma, nem a declarar-se culpada") e expressamente ratificado no Brasil pelo Decreto nº 678/92. Portanto, é remansoso o entendimento doutrinário e jurisprudencial, de que não se incriminar é um direito público subjetivo, assegurado a qualquer indivíduo, seja ele investigado, indiciado, réu, testemunha, informante ou vítima. Além disso, o direito de não se incriminar pode ser exercido por qualquer pessoa em qualquer instância estatal, inclusive não penal, seja perante órgão do Poder Legislativo, Executivo ou Judiciário.[135] Por outro lado, note-se que o preceito *nemo tenetur se detegere* ultrapassa a noção de "não se declarar culpado" ou do "direito de permanecer em silêncio", pois configura a prerrogativa da pessoa não produzir qualquer prova contra si mesmo, não sendo obrigada a colaborar, por exemplo, com provas técnicas.[136]

---

[130] CARVALHO Amilton Bueno de. *Nós Juízes, Inquisidores (ou, Da presença do advogado no interrogatório)*. Direito Penal e Direito Processual Penal: Uma visão Garantista. Org. BONATTO, Gilson. Rio de Janeiro: Lumen Juris, 2001, p. 1-11.

[131] Nesse sentido: Embargos Infringentes nº 0225059-3/01, 2º Grupo de Câmaras Criminais do TAPR, Rel. João Kopytowski. j. 14.04.2004.

[132] Nesse sentido: Apelação Criminal nº 2000.050.04306, 7ª Câmara Criminal do TJRJ, Rel. Des. Nildson Araújo da Cruz. j. 13.03.2001.

[133] Entendendo que ocorre o crime de falsidade: RESP nº 666003SP, 5ª Turma do STJ, Min. José Arnaldo da Fonseca. j. 22/03/2005. Em sentido contrário, na mesma turma: RESP nº 689011SP, 5ª Turma do STJ, Min. Laurita Vaz. j. 22/03/2005.

[134] Habeas Corpus nº 72377/SP, 2ª Turma do STF, Rel. Ministro Carlos Velloso. j. de 30/06/95.

[135] Nesse sentido, na jurisprudência, por todos: Habeas Corpus nº 83357/DF, Pleno do STF, Rel. Min. Nelson Jobim. j. 03.03.2004, unânime. Na doutrina, por todos: FERNANDES, Antonio Scarance. *Processo penal constitucional*. 3ª ed. São Paulo: Revista dos Tribunais, 2003, p. 278 e seguintes.

[136] Habeas Corpus nº 71373/RS, Pleno do STF, Rel. Min. Francisco Rezek. Rel. p/Acórdão Min. Marco Aurélio. j. 10.11.1994.

3. **Conseqüências do silêncio.** Com o advento da Lei 10.792/03, foi modificado o *caput* do artigo em comento, sendo-lhe introduzido um parágrafo único, o qual, em sintonia com a doutrina majoritária, estabelece: "O silêncio, que não importará em confissão, não poderá ser interpretado em prejuízo da defesa". A antiga redação do art. 186, em sua parte final, previa exatamente o contrário, pois admitia que o silêncio pudesse ser interpretado em desfavor do acusado, previsão que era alvo de divergência, pois alguns doutrinadores entendiam que a Constituição não havia tornado írrita aquela disposição processual, na medida em que, ao dispor que o preso deve ser informado de que poderá ficar calado, a norma constitucional apenas preveniu eventuais atos de coação na fase inquisitorial, não significando que o juiz tivesse que se abster de alertar o réu para o "ônus" de seu silêncio.[137] Entretanto, a maioria dos doutrinadores consideravam-na não recepcionada pela nova ordem constitucional, na medida em que a Constituição não faz nenhuma ressalva ao direito de ficar calado,[138] ademais, aquele dispositivo violaria o princípio da presunção de não-culpabilidade, conforme o disposto no art. 5º, LVII, da CF, que repudia presunções contrárias ao imputado. Esse era o entendimento acolhido pelo STF,[139] intérprete último da Constituição, o qual, inclusive, teve a oportunidade de decidir pela nulidade de interrogatório em que não houve informação do direito ao silêncio.[140] Note-se, contudo, que no artigo 198 do CPP ainda consta que: "O silêncio do acusado não importará confissão, mas poderá constituir elemento para a formação do convencimento do juiz.", o que precisa ser corrigido para harmonizar a legislação em vigor.[141]

4. **O direito ao silêncio no Tribunal do Júri.** Por vários motivos, certamente o Conselho de Sentença, no Tribunal do Júri avaliará negativamente o mutismo, a reticência ou os "lapsos de memória" do acusado. Nesse sentido, escreve Guilherme do Souza Nucci: "Diante do Tribunal Popular, como explicar devidamente aos jurados, leigos que são, tal direito constitucional, fazendo-os entender o sentido amplo e profundo dessa proteção, quando poderão fazer uso do surrado dito popular "quem cala, consente"? Diante desse raciocínio, quando o réu invocar, no Tribunal do Júri, o direito ao silêncio, deve o juiz presidente alertar os jurados para que não levem isso em conta, pois se trata do exercício de um direito constitucional, do qual não deve advir qualquer conseqüência negativa, muito menos a esdrúxula idéia de ter havido um "confissão tácita".[142]

5. **Direito de mentir.** A questão é verdadeiramente complexa. Alguns doutrinadores, como Ada Pel-

---

[137] Nesse sentido, por todos: PEDROSO, Fernando de Almeida. *Prova Penal*. Rio de Janeiro: Aide, 1994, p. 34. Segundo o referido autor, também pensam da mesma forma Hélio Tornagui, Camargo Aranha e Paulo Lúcio Nogueira.

[138] Por todos: GRINOVER, Ada Pellegrini et al. As *Nulidades no Processo Penal*. 6ª ed. São Paulo: Malheiros, 1992, p.135. Escoltam esse posicionamento Tourinho Filho, Mirabete e Paulo Rangel.

[139] Confira-se: "Interrogatório. Acusado. Silêncio. A parte final do artigo 186 do Código de Processo Penal, no sentido de o silêncio do acusado poder se mostrar contrário aos respectivos interesses, não foi recepcionada pela Carta de 1988, que, mediante o preceito do inciso LVIII do artigo 5º, dispõe sobre o direito de os acusados, em geral, permanecerem calados." (Recurso Extraordinário Criminal nº 199570/MS, 2ª Turma do STF, Rel. Min. Marco Aurélio. j. 16.12.1997). No mesmo sentido: Habeas Corpus nº 80949 / RJ, 1ª Turma do STF, Rel. Min. Sepúlveda Pertence. j. 30/10/2001.

[140] Nesse sentido: Habeas Corpus nº 82463/MG, 1ª Turma do STF, Rel. Min. Ellen Gracie. j. 05.11.2002.

[141] Com a máxima vênia, resguardamos, nessa nota, nosso entendimento contrário a essa orientação. Com efeito, conquanto seja um direito constitucional sagrado, que a pessoa deve fazer uso da melhor forma que lhe aprouver, é evidente que o silêncio, frisa-se, poderá trazer um ônus para o acusado, pois o interrogatório judicial é um momento singular de autodefesa, oportunidade em que ele poderá explicar diretamente ao magistrado a sua versão, negando o fato imputado ou justificando-o. Concordamos, pois, com Fernando de Almeida Pedroso quando sustenta que o silêncio garantido constitucionalmente não tem o alcance e o sentido vislumbrado pela orientação majoritária. De fato, se o acusado se calar, talvez o magistrado jamais tenha acesso ao que se passou ou se passa na sua cabeça, compreendendo-o enquanto ser humano e, por conseguinte, falível, o que pode lhe beneficiar em seu julgamento. É preciso anotar, ainda, que a orientação brasileira está na contramão da tendência mundial. Conforme ensina Nucci, na Inglaterra, em 1994, por meio do *Criminal Justice and Public Order Act* (CJPOA), foram revistas algumas garantias do réu no processo penal britânico. "O direito ao silêncio, que era praticamente absoluto, foi restringido, de modo que agora, pode o juiz, em várias situações descritas na referida norma, extrair conclusões prejudiciais ao acusado, caso este prefira ficar calado." Na Itália, depois da reforma do CPP, conquanto permaneça o direito ao silêncio, cada pergunta não respondida pelo acusado deverá ser consignada e poderá servir como elemento de convicção, provocando, pois, consequências negativas ao réu. Por fim, conquanto o direito seja importante instrumento de transformação da realidade, ele não pode ter a pretensão de modificar a essência humana. O silêncio, máxime em juízo, quando não há nenhuma coação a temer, é, por plúrimas razões, em especial pela lógica, naturalmente mal interpretado, pois é ínsito ao ser humano, injustamente acusado, protestar e querer ter a oportunidade de contraditar a acusação perante a pessoa que vai lhe julgar. Quanto mais não fosse, a expressão "quem cala consente" e outras semelhantes estão impregnadas no inconsciente coletivo, essa poderosa rede de energias mentais/psíquicas oriundas de nossa educação, do nosso meio social, e de muito outros sítios, inclusive em nível genético, transmitido de nossos ancestrais, de tal modo que, mesmo que o magistrado (que não é imune a isso) se autopolicie, tentando não interpretar o silêncio em desfavor do acusado, naquele estrato mais profundo do seu inconsciente pessoal, essa conduta, gizo novamente, poderá lhe parecer indiciária de que o acusado tem algo a esconder. Entretanto, evidentemente, essa conclusão não lhe impedirá de ter o discernimento de que é o acusador que tem que provar plenamente, por outros meios, a imputação feita.

[142] NUCCI, Guilherme de Souza. *O valor da confissão como meio de prova no processo penal*. São Paulo: RT, 1999, p. 122.

legrini Grinover, compartilham do entendimento de que o investigado tem o direito de mentir em sua defesa.[143] Entende-se, entretanto, que não há esse direito, pois o que a Constituição consagra é o direito de calar e não o direito de mentir, o que, afora malabarismos retóricos, não é a mesma coisa. Portanto, não se pode concordar com David Teixeira de Azevedo,[144] quando diz que mentir equivale a silenciar sobre a verdade. De fato, tanto não é assim que, por exemplo, se o acusado for pego em uma mentira sobre álibi, isso será, sim, interpretado em seu desfavor, conforme remansosa jurisprudência,[145] o que não poderia ocorrer se fosse equivalente ao silêncio. Note-se, para além disso, que o TJRS[146] já decidiu que o acusado, no sistema penal brasileiro, não tem direito absoluto à mentira, pois a cláusula de não auto-incriminação é limitada, deixando de alcançar casos de denunciação caluniosa, calúnia, auto-acusação falsa, corrupção de testemunha e fraude processual. Fora dessas hipóteses, contudo, todo investigado é livre para tentar mentir. Sem embargo, e esse o ponto nodal da questão, nada impede que o legislador brasileiro tipifique o delito de perjúrio, tal como existe no sistema norte-americano, incriminando, a conduta do acusado que, extrapolando o direito de calar, venha a mentir.

Art. 187. O interrogatório será constituído de duas partes: sobre a pessoa do acusado e sobre os fatos. (Redação dada pela Lei nº 10.792, de 1º.12.2003)

§ 1º Na primeira parte o interrogando será perguntado sobre a residência, meios de vida ou profissão, oportunidades sociais, lugar onde exerce a sua atividade, vida pregressa, notadamente se foi preso ou processado alguma vez e, em caso afirmativo, qual o juízo do processo, se houve suspensão condicional ou condenação, qual a pena imposta, se a cumpriu e outros dados familiares e sociais. (Incluído pela Lei nº 10.792, de 1º.12.2003)

§ 2º Na segunda parte será perguntado sobre: (Incluído pela Lei nº 10.792, de 1º.12.2003)

I – ser verdadeira a acusação que lhe é feita; (Incluído pela Lei nº 10.792, de 1º.12.2003)

II – não sendo verdadeira a acusação, se tem algum motivo particular a que atribuí-la, se conhece a pessoa ou pessoas a quem deva ser imputada a prática do crime, e quais sejam, e se com elas esteve antes da prática da infração ou depois dela; (Incluído pela Lei nº 10.792, de 1º.12.2003)

III – onde estava ao tempo em que foi cometida a infração e se teve notícia desta; (Incluído pela Lei nº 10.792, de 1º.12.2003)

IV – as provas já apuradas; (Incluído pela Lei nº 10.792, de 1º.12.2003)

V – se conhece as vítimas e testemunhas já inquiridas ou por inquirir, e desde quando, e se tem o que alegar contra elas; (Incluído pela Lei nº 10.792, de 1º.12.2003)

VI – se conhece o instrumento com que foi praticada a infração, ou qualquer objeto que com esta se relacione e tenha sido apreendido; (Incluído pela Lei nº 10.792, de 1º.12.2003)

VII – todos os demais fatos e pormenores que conduzam à elucidação dos antecedentes e circunstâncias da infração; (Incluído pela Lei nº 10.792, de 1º.12.2003)

VIII – se tem algo mais a alegar em sua defesa. (Incluído pela Lei nº 10.792, de 1º.12.2003)

Vide: arts. 261, 263 e 394, CPP.

1. **Interrogatório de individualização ou interrogatório subjetivo**. Com a modificação introduzida pela Lei 10.792/03, o interrogatório ficou dividido em duas partes, a primeira enfoca a pessoa do acusado, proporcionando que o juiz tenha uma aproximação da vida do ser humano que está sendo processado, o que irá auxiliá-lo, se for o caso, na individualização da pena. Note-se que, como já se está numa fase do interrogatório, o acusado poderá silenciar, não respondendo às perguntas efetuadas pelo magistrado. Será tolerado também que minta, desde que não incorra em crime, conforme exposto anteriormente (comentário ao art. 186). O juiz deve perguntar ao réu sobre: a) sua residência: como sabido, residência é uma relação de fato, que se traduz na presença constante da pessoa no local em que habita. Já o domicílio é uma relação de direito que incorpora o conceito de residência e lhe agrega o elemento subjetivo de "ânimo definitivo", conforme estabelece o art. 70 do CC. Pode haver mais de um domicílio e mais de uma residência, conforme deixam explícitos os artigos 71 e 72 do CC, portanto, o juiz deve perguntar ao acusado onde ele está morando e se ele disser que não tem residência fixa, deve ser questionado sobre os locais em que pode ser encontrado; b) meios

---

[143] GRINOVER, Ada Pellegrini. *O Processo em sua unidade*. São Paulo: Saraiva, 1984, p. 111.

[144] AZEVEDO, David Teixeira de. *O interrogatório do réu e o direito ao silêncio*. Atualidades no Direito e processo penal. São Paulo: Método, 2001, p. 133.

[145] Nesse sentido: Apelação Criminal nº 0178770-2, 3ª Câmara Criminal do TAPR, Rel. Juiz Conv. Renato Naves Barcellos. j. 04.12.2001.

[146] Apelação Criminal nº 70000892877, 8ª Câmara Criminal do TJRS, Rel. Des. Tupinambá Pinto de Azevedo. j. 31.10.2001.

de vida ou profissão: o direito não define o que é profissão, segundo o léxico[147] ela é a atividade especializada – manual, técnica, científica, artística –, que pressupõe determinado preparo. No passado, a expressão tinha uso restrito, referindo-se, especificamente, ao exercício de atividades que encerravam determinado prestígio pelo caráter social ou intelectual (medicina, direito, etc.), porém, atualmente, seu significado é mais abrangente e inclui todas as ocupações remuneradas que exigem treinamento e institucionalização, sendo isso o que diferencia do "meio de vida", conceito amplo e genérico, que engloba justamente a atividade informal, praticada sem a necessidade de um melhor preparo, ou as tarefas ocasionais que permitam o sustento da pessoa e/ou a da sua família (biscate); c) oportunidades sociais: evidentemente, a pergunta terá que ser "traduzida" para significativa parcela da clientela da justiça penal. Por meio dela, o magistrado deve, com linguajar acessível, tentar aferir se o acusado teve acesso à educação, ao trabalho institucionalizado, qual a sua estrutura familiar, local onde mora, etc. Por meio dessas perguntas será possível melhor traçar o perfil do acusado, fundamental no momento da análise da sua personalidade e, eventualmente, para se apurar os motivos do crime; d) vida pregressa: outra questão que deve ser convertida para linguagem coloquial, pois se trata de um termo específico para o Direito, que significa os fatos anteriores, de índole criminal *lato senso*, pelos quais o interrogado eventualmente se viu acusado. Sem embargo da celeuma doutrinária e jurisprudencial se inquéritos e processos em andamento ou arquivados podem ser considerados como maus antecedentes, o artigo determina que seja questionado ao réu se foi preso ou processado alguma vez e, em caso afirmativo, qual o juízo do processo, se houve suspensão condicional ou condenação, qual a pena imposta, bem como se a cumpriu; e) outros dados familiares e sociais: aqui, novamente, o magistrado deve ter em mira o art. 59 do CP, procurando obter elementos que possibilitem aquilatar a personalidade do acusado e a sua inserção na vida social. É conveniente, no mínimo, perguntar se possui dependentes e se os mantém, dado que poderá ser útil na fixação de pena pecuniária.

2. **Interrogatório de mérito ou interrogatório objetivo**. Após proceder a individualização do acusado, na primeira parte do interrogatório, o juiz procederá ao tradicional interrogatório de mérito, A partir daí, o juiz tem a responsabilidade de fazer ao acusado perguntas sobre tudo aquilo que se constitui fundamento da acusação, oportunidade em que, mais do que nunca, deve utilizar termos acessíveis ao nível de entendimento do interrogado. O roteiro de perguntas a ser seguido é o seguinte: a) se é verdadeira a acusação que lhe é feita: É essencialmente nesse momento que o interrogado tem a possibilidade de calar ou, como inexiste o delito de perjúrio no Brasil, de mentir. Esse é um marco que orientará o prosseguimento do restante do interrogatório, pois, se o interrogado admitir a acusação, cumpre ao magistrado perquirir os requisitos intrínsecos necessários à admissibilidade da confissão (vide comentários ao art. 197); b) não sendo verdadeira a acusação, se tem algum motivo particular a que atribuí-la: se o interrogado negar a imputação, o juiz deve perguntar-lhe por qual motivo acredita que está sendo acusado, o que lhe possibilitará, posteriormente, durante a instrução probatória, explorar e investigar a linha de defesa proposta pelo réu; c) se conhece a pessoa ou pessoas a quem deva ser imputada a prática do crime e se com elas esteve antes da prática da infração ou depois dela; na mesma linha, o juiz deve instigar o interrogado a apontar o(s) verdadeiro(s) autor(es) do crime, se acaso souber. Se isso acontecer, o que é raro na lida forense, estar-se-á diante de uma situação semelhante à delação, devendo ser analisada com cautela para ter credibilidade, uma vez que é natural que o acusado procure afastar a própria responsabilidade, inculcando-a a terceiro(s); d) onde estava ao tempo em que foi cometida a infração e se teve notícia desta: esse é o momento de apresentação do álibi (vide comentário ao art. 186); e) as provas já apuradas: o juiz deve perguntar ao interrogado se ele tem conhecimento das provas que foram apuradas contra ele, oportunizando-lhe refutá-las. Conquanto possa contrapor a prova produzida na fase extrajudicial com as declarações do acusado, o magistrado deve ter o cuidado para não pressioná-lo a confessar, valorizando, antecipadamente, a credibilidade da prova; f) se conhece as vítimas e testemunhas já inquiridas ou por inquirir, e desde quando, e se tem o que alegar contra elas: essa é a oportunidade que o interrogado tem para indicar ao magistrado os motivos pelos quais eventualmente considera a(s) vítimas e/ou testemunha(s) já inquiridas ou por inquirir suspeitas ou indignas de fé, o que posteriormente poderá ser utilizado pelas partes no momento próprio para contradita-las (vide comentários art. 214); g) se conhece o instrumento com que foi praticada a infração, ou qualquer objeto que com esta se relacione e tenha sido apreendido: salvo nos delitos de homicídio, a providência de apresentar ao interrogado os objetos apreendidos é raramente adotada na rotina forense brasileira, mesmo porque geralmente esses

---

[147] FERREIRA, Aurélio Buarque de Holanda. *Novo Dicionário Aurélio da Língua Portuguesa*. 3ª ed. Rio de Janeiro: Nova Fronteira, 1999, p. 1644.

objetos não ficam no cartório e sim em depósito judicial. O que sói acontecer é o magistrado ler o(s) auto(s) de apreensão e questionar ao interrogado se tem conhecimento e qual a sua relação com os objetos relacionados. Entretanto, por exemplo, pode ser de interesse da defesa explicar por qual motivo determinado objeto, relacionado ao crime, foi apreendido com o acusado. Nessa e em outras hipóteses semelhantes, as partes devem ficar vigilantes e requerer que o magistrado apresente efetivamente o objeto ao interrogado, favorecendo-lhe a explicação; h) todos os demais fatos e pormenores que conduzam à elucidação dos antecedentes e circunstâncias da infração: se houver confissão, o magistrado deve buscar detalhes que lhe dêem certeza da efetiva atuação do interrogado no delito, evitando manobra diversionista tendente, por qualquer motivo, a afastá-lo da realidade factual, levando-o ao erro judiciário. Nesse diapasão, o juiz deve perguntar ao interrogado sobre os fatos que aconteceram antes e depois do crime, bem como as suas circunstâncias, ou seja, os fatos periféricos ao delito (instrumentos utilizados, hora da prática delitiva, etc.), de modo que possa confrontar suas declarações com o restante da prova, para conferir-lhe a veracidade. i) se tem algo mais a alegar em sua defesa: essa é a denominada indagação residual, verdadeira cláusula de encerramento que oportuniza ao interrogado toda e qualquer explicação que não tenha sido objeto das perguntas anteriores. Muitas vezes relegado ao olvido, trata-se questionamento muito importante, pois o magistrado não pode ter a pretensão de esgotar todas as dúvidas naquela oportunidade em que, não raro, é a primeira vez que se detém ao fato denunciado. Ademais, é uma oportunidade singular do interrogado expor sentimentos de motivação ou arrependimento da prática delitiva, que poderão lhe favorecer no momento da fixação da pena.

3. **Procedimento do interrogante**. Conforme bem destaca Nucci,[148] interrogar é uma arte. O juiz deve evitar que o interrogatório seja maculado por sua conduta, devendo, pois, agir com imparcialidade e sobriedade, esforçando-se para deixar de lado suas idéias preconcebidas, ou sentimentos de comiseração com o acusado ou de indignação com o ato praticado. Deve ter paciência, evitando interromper o raciocínio do interrogado com perguntas açodadas, a não ser que perceba que ele está divagando ou tergiversando. Deve ser claro em suas perguntas e fidedigno às respostas do acusado, sempre que possível consignando as palavras exatas dele. Sobretudo, não pode ter a postura de um inquisidor, que visa obter a confissão de qualquer modo, seja por meio de intimidação, seja por meio de ciladas e confrontações que levem o acusado a confessar o que não quer.

Art. 188. Após proceder ao interrogatório, o juiz indagará das partes se restou algum fato para ser esclarecido, formulando as perguntas correspondentes se o entender pertinente e relevante. (Redação dada pela Lei nº 10.792, de 1º.12.2003)

1. **Esclarecimentos solicitados pelas partes**. Essa é uma das mais festejadas inovações introduzidas pela Lei nº 10.792/03 no ato do interrogatório. Antes dela, o interrogatório era considerado ato pessoal e privativo do juiz, nele não podendo intervir ou influir, de qualquer modo, acusação ou defesa. O ato não estava, pois, submetido ao crivo do contraditório, conforme proclamado pelo STF.[149] Nessa esteira, seguia-se o entendimento sobre a desnecessidade de presença de defensor no interrogatório.[150] Agora, esse entendimento, *ictu oculi* pouco garantista, não é mais admissível, estando o ato submetido ao contraditório e sendo obrigatória a presença de advogado. Portanto, após a indagação residual que deve fazer ao interrogado, o juiz deve permitir que ambas as partes, por meio de questionamento indireto, obtenham esclarecimentos do acusado, afastando, no mesmo passo, a violação ao princípio da isonomia processual que a antiga redação do art. 187 do CPP continha, ao vedar a intervenção do defensor, sem fazer menção ao Ministério Público, no interrogatório. Note-se, porém, que o legislador foi comedido e equilibrado na alteração que procedeu, uma vez que as partes não estão autorizadas a intervir ou influir diretamente nas perguntas feitas pelo magistrado ou nas respostas apresentadas pelo acusado. O que é permitido é solicitar, com a interferência do magistrado, "esclarecimentos" ao acusado, portanto as partes somente podem enfocar pontos omissos ou confusos de seu interrogatório. Por conseguinte, o juiz deve impedir que o defensor insista em perguntas já feitas, buscando respostas mais convenientes, ou que acusador busque um re-interrogatório, pretendendo provocar, mediante retórica capciosa ou intimidativa, uma confissão que não houve no interrogatório de mérito. Ainda, no seu poder discricionário de presidente do processo e na condição de destina-

---

[148] NUCCI, Guilherme de Souza. *O valor da confissão como meio de prova no processo penal*. São Paulo: Revista dos Tribunais, 1999, p. 122 e seguintes.
[149] Recurso Extraordinário Criminal nº 136239-1/SP, 1ª Turma do STF, Rel. Min. Celso de Mello. j. 07.04.1992. No mesmo sentido: Recurso Especial nº 511329/RS, 5ª Turma do STJ, Rel. Min. Laurita Vaz. j. 18.09.2003, unânime.
[150] Nesse sentido, por todos: Habeas Corpus nº 83041/SP, 2ª Turma do STF, Rel. Min. Carlos Velloso. j. 30.05.2003, unânime.

tário primordial da prova, o juiz deve indeferir as perguntas que considerar irrelevantes ou impertinentes. Mas qual em que ordem deve-se dar a palavra às partes para esses pedidos de esclarecimentos? Como o interrogatório, em que pese também seja meio de defesa, para o CPP é meio de prova, deve-se dar a palavra primeiramente ao acusador, assegurando-se oportunidade ao contraditório e à ampla defesa.

Art. 189. Se o interrogando negar a acusação, no todo ou em parte, poderá prestar esclarecimentos e indicar provas. (Redação dada pela Lei nº 10.792, de 1º.12.2003)

1. **Indicação de provas.** A rigor, o artigo é desnecessário, uma vez que a possibilidade de prestar esclarecimentos e indicar provas, como visto anteriormente, já está implícita ou explicitamente inserida nas perguntas do interrogatório de mérito (art. 187, § 2º, inc. II, III, e VII). Nada obstante, o artigo consolida a oportunidade do interrogado ajudar o Poder Judiciário a desvendar o delito investigado, conquanto negue a imputação, no todo ou em parte. As provas indicadas pelo acusado podem ser perseguidas pelo juiz, ainda que desprezadas pela defesa técnica, em virtude do poder instrutório que lhe é inerente (vide comentário ao artigo 156).

Art. 190. Se confessar a autoria, será perguntado sobre os motivos e circunstâncias do fato e se outras pessoas concorreram para a infração, e quais sejam. (Redação dada pela Lei nº 10.792, de 1º.12.2003)

Vide arts. 200 e 318, CPP.

1. **Motivos da confissão.** Outra pergunta desnecessária, uma vez que está inserida, implícita ou explicitamente, naquelas previstas no interrogatório de mérito (art. 187, § 2º, VII). Novamente, o CPP induz o juiz a buscar do interrogado pormenores na sua confissão, no objetivo de poder conferir sua credibilidade, afastando a possibilidade de auto-incriminação e ocultação do verdadeiro autor do delito. Note-se, de resto, que somente a confissão espontânea, completa e sincera, demonstrando arrependimento, tem força de atenuante obrigatória (art. 65, III, *d*, CP), conforme leciona Mirabete,[151] em entendimento escoltado pelo STJ e STF.[152]

2. **Delação.** Originada do latim *delatione*, conforme o léxico,[153] significa o ato de denunciar, acusar ou revelar. No processo penal, a delação recebe um sentido mais específico, qual seja, é a acusação ou revelação feita por um acusado sobre a participação de co-réu na empreitada criminosa. Por isso, na doutrina e na jurisprudência, a delação também é denominada de "chamada do co-réu". Todos os doutrinadores recomendam extrema cautela na valoração dessa fonte, pois é bem possível que o réu a faça, falsamente, apenas no objetivo de isentar-se de responsabilidade pelo delito ou buscar atenuar a reprovabilidade do seu ato, tentando ser visto com "bons olhos" pelo julgador, atenuando a sua pena, por ter "exposto a sua culpa" e "contribuído" com a realização da justiça. Outras vezes, a chamada de co-réu pode ser feita por sentimento ainda menos nobre, como vindita contra pessoa que, por exemplo, não quis participar do delito, ou até mesmo por ódio ou ciúme, quando o acusado não titubeia em tentar arrastar para o processo outra pessoa completamente inocente. Em virtude desses perigos, Cristiano Fragoso e José Carlos Fragoso descartam totalmente o valor da chamada de co-réu, argumentando que ninguém pode ser, simultaneamente, no mesmo processo, "acusado e testemunha", colacionando jurisprudência do Supremo Tribunal Alemão e invocando o disposto no art. 197 do CPP Italiano.[154] Essa, contudo, não foi a opção do legislador brasileiro que, como se vê no artigo em comento, incentiva a delação, sendo que, em alguns casos, inclusive a premia com redução significativa da pena (vide, por exemplo, a Lei nº 9.807/99). Seguiu-se, portanto, a orientação de Mittermaier,[155] quando disse que o legislador "despojar-se-ia gratuitamente de um meio, único em mais de um caso, de chegar a convencer o verdadeiro culpado, renitente em negar os fatos, se recusasse absolutamente todo valor ao

---

[151] MIRABETE, Julio Fabbrini. *Código de Processo Penal Interpretado*. 7ª ed. São Paulo: Atlas, 1999, p. 468.

[152] Habeas Corpus nº 76938/RJ, 2ª Turma do STF, Rel. Min. Maurício Corrêa. j. 05.05.1998. Ainda: Habeas Corpus nº 16006/RJ (2001/0018006-0), 5ª Turma do STJ, Rel. Min. José Arnaldo da Fonseca, j. 21.06.2001.

[153] FERREIRA, Aurélio Buarque de Holanda. *Novo Dicionário Aurélio da Língua Portuguesa*. 3ª ed. Rio de Janeiro: Nova Fronteira, 1999, p. 616.

[154] *In* FRAGOSO, Cristiano e José Carlos Fragoso. *Apontamento sobre a confissão e a chamada de co-réu*. Disponível em: www.fragoso.com.br. Acesso em: 24 de setembro de 2005. Do referido texto extraiu-se o precedente do Tribunal Alemão: "Em um processo penal, ninguém pode ser, ao mesmo tempo, acusado e testemunha" (decisão do Reichsgericht, RGSt, vol. 52, p.138), bem como dispositivo do Código de Processo Penal Italiano: "art.197. Incompatibilità con l'ufficio di testimone – 1. Non possomo essere assunti come testimoni: a) i imputati Del mdesimo reato o lê persone imputate in um procedimento connesso a norma dell' articolo 12, ance se nei loro confronti sai stata pronunciata sentenza di non luogo procedere, di proscioglimento o di condanna, salvo Che la sentenza de prossioglimento sai divenuta irrevocabile".

[155] MITTERMAIER. C.J.A. *Tratado da Prova em Matéria Criminal*. 3ª ed. Campinas: Bookseller, 1996, p. 260.

depoimento do cúmplice, e é com razão que no Direito Comum da Alemanha é admitida esta espécie de prova, quando todas as circunstâncias da causa destroem os motivos de suspeição, que de ordinário contra ela se levantam". No mesmo sentido, segue Altavilla[156] ao sustentar que a chamada de co-réu "quando não se destina a melhor a situação processual de quem a faz ou a realizar uma vingança, é indício sempre aproveitável", daí por que referido doutrinador condiciona a aceitação da delação aos seguintes requisitos: a) confissão da própria responsabilidade criminal daquele que efetua a delação; b) que não haja motivos para se suspeitar que a delação foi feita por despeito, vindita etc; c) que não tenha como mote escuso ocultar atenuar a responsabilidade penal de quem quer que seja. Essa orientação doutrinária encontra ressonância na jurisprudência dos Tribunais da federação, que, para além desses requisitos, "recomendam" que a delação esteja de acordo com o restante do mosaico probatório.[157] Entretanto, os Tribunais superiores são mais rígidos na admissão dessa fonte de prova, "exigindo" que ela não seja isolada e que, portanto, encontre respaldo nas demais provas coligidas.[158]

Art. 191. Havendo mais de um acusado, serão interrogados separadamente. (Redação dada pela Lei nº 10.792, de 1º.12.2003)

1. **Pluralidade de interrogandos.** A antiga redação do artigo em comento determinava que o juiz deveria consignar as perguntas que o réu deixasse de responder e as razões que invocasse para não fazê-lo. Tourinho Filho[159] acoimava tal determinação de inconstitucional, em face do princípio do *nemo tenetur se detegere* (art. 5º, LXIII, da CF), afirmando que ela configurava uma "ameaça velada" ao direito do acusado em permanecer em silêncio, como se fosse uma retaliação do Juiz. Mirabete,[160] em sentido contrário, sustentava a constitucionalidade do artigo, pois a consignação das perguntas e das razões do silêncio poderia demonstrar que havia sido dado ao interrogando a possibilidade da mais ampla defesa, pois ele poderia apresentar uma razão compreensível para a sua recusa em responder, inclusive apagando a má impressão causada pelo seu sintomático silêncio. Aparentemente, o legislador acolheu o escólio de Tourinho, suprimindo a necessidade de consignação das perguntas não respondidas e de eventuais razões apresentadas para o seu silêncio. Em seu lugar, foi colocado dispositivo desnecessário, pois evidentemente que, na hipótese de mais de um acusado, o interrogatório será feito separadamente, como sempre foi, sem necessidade de disposição legal nesse sentido. A medida que já era adotada na praxe, e que agora vem determinada pela lei, visa, primeiramente, evitar que o interrogatório de um réu influencie no interrogatório do outro, impedindo que os acusados se beneficiem mediante a construção de versões que supram as deficiências ou contornem as falhas das declarações do(s) interrogado(s) antecedente(s). Por outro lado, a medida também evita que um acusado sinta-se pressionado pelo outro, sendo levado a mentir ou assumir uma responsabilidade que não possui. Ainda, a medida garante a espontaneidade do interrogatório, evitando que o(s) próximo(s) interrogado(s) seja(m) influenciado(s), por qualquer motivo, a mudar suas declarações, o que inclusive pode lhes trazer prejuízos, pois não haveria espaço para consultar adequadamente a defesa técnica sobre a mudança de rumo adotada de chofre.

Art. 192. O interrogatório do mudo, do surdo ou do surdo-mudo será feito pela forma seguinte: (Redação dada pela Lei nº 10.792, de 1º.12.2003)

---

[156] ALTAVILLA, Enrico. *Psicologia judiciária*. Coimbra: Armênio Amado, 1981, Vol. I, p. 131 e seguintes.

[157] Nesse sentido: "Prova. Delação. Valor Probatório. A imputação que o co-réu faz a seu comparsa tem valor condenatório, desde que o faça em conjunto com sua confissão de participação no evento criminoso e que não se revele motivo escuso para tanto. Este valor probatório cresce de importância, quando recebe o apoio de outros elementos colhidos no contraditório. No caso, a delação foi feita pelo adolescente envolvido no roubo que, em declarações detalhadas, admite seu envolvimento no crime e aponta os recorrentes como os outros autores da subtração do malote portado pela vítima. Esta chamada serve de lastro condenatório, pois, além de convincente, ela está apoiada em inúmeros indícios em desfavor dos apelantes."(Apelação Crime nº 70010709392, 7ª Câmara Criminal do TJRS, Rel. Des. Sylvio Baptista Neto. j. 23/06/2005).

[158] Confira-se: "Penal. Sentença condenatória. Prova. Delação de co-réu. Insuficiência para a condenação. Habeas-Corpus. O juízo de condenação penal deve fundar-se em prova idônea, demonstrativa da existência real do fato delituoso e de sua verdadeira autoria. Não contém validade jurídica a sentença condenatória que tem como único embasamento a delação de co-réu, que não consubstancia prova isenta, demonstrativa da verdade substancial, sob pena de ofensa ao princípio constitucional do contraditório (CF, art. 5º,LV)." (Habeas-corpus nº 9850 / SP 1999/0053944-3, 6ª Turma do STF, Rel. Ministro Vicente Leal. j. 18/10/1999). Ainda: "A delação, de forma isolada, não respalda qualquer condenação. Porém, é elemento válido de convencimento quando aliada a outros indícios seguros de envolvimento dos recorrentes no delito que restou apurado." (REsp 337570/MS, 5ª Turma do STJ, Rel. Min. José Arnaldo da Fonseca. j. 15.10.2002).

[159] TOURINHO FILHO, Fernando da Costa. *Código de Processo Penal comentado*. 5ª ed. São Paulo: Saraiva, p. 396.

[160] MIRABETE, Julio Fabbrini. *Código de Processo Penal Interpretado*. 7ª ed. São Paulo: Atlas, 1999, p. 502.

I – ao surdo serão apresentadas por escrito as perguntas, que ele responderá oralmente; (Redação dada pela Lei nº 10.792, de 1º.12.2003)

II – ao mudo as perguntas serão feitas oralmente, respondendo-as por escrito; (Redação dada pela Lei nº 10.792, de 1º.12.2003)

III – ao surdo-mudo as perguntas serão formuladas por escrito e do mesmo modo dará as respostas. (Redação dada pela Lei nº 10.792, de 1º.12.2003)

Parágrafo único. Caso o interrogando não saiba ler ou escrever, intervirá no ato, como intérprete e sob compromisso, pessoa habilitada a entendê-lo. (Redação dada pela Lei nº 10.792, de 1º.12.2003)

Vide: art. 281, CPP.

1. **Interrogatório de surdos, mudos, e surdo-mudos**. Se os referidos deficientes forem alfabetizados, o procedimento de seus interrogatórios configura uma exceção ao princípio da oralidade, pois as perguntas e/ou as repostas devem ser feitas por escrito, como deixa claro o artigo. Caso contrário, deve ser compromissada como intérprete pessoa idônea e habilitada a entender o interrogado. Guilherme de Souza Nucci não admite a nomeação de parente como intérprete de interrogado surdo e/ou mudo analfabeto.[161] Discorda-se desse entendimento, pois muitas vezes, nesses casos, somente os parentes sabem entender os sinais utilizados pelo acusado, e se não forem eles os intérpretes não se terá como tomar o interrogatório. Portanto, nesses casos, a não ser que seja detectado prejuízo para o acusado, o bom-senso recomenda que se aceite a intervenção de parentes. A Língua Brasileira de Sinais (LIBRAS), utilizada pela comunidade surda, também não pode ser utilizada pelo magistrado, pois impediria as partes de sindicar-lhe a imparcialidade, portanto, também nessa hipótese, é necessário intérprete, como determina o art. 193 CPP.

Art. 193. Quando o interrogando não falar a língua nacional, o interrogatório será feito por meio de intérprete. (Redação dada pela Lei nº 10.792, de 1º.12.2003)

Vide art. 281, CPP.

1. **Utilização de intérprete**. É obrigatória se o interrogado não falar ou não entender o nosso idioma. Se o interrogado estrangeiro entender razoavelmente o idioma nacional, cabe ao magistrado que o interroga auferir se há necessidade ou não de intérprete. Na falta de intérprete do idioma do interrogado, o STJ[162] já entendeu que nada impede que o ato se desenrole em língua a ele acessível, que lhe permita entender as perguntas, ter ciência de sua situação e fornecer respostas. O intérprete deve prestar compromisso legal e tem os mesmos impedimentos dos peritos (art. 281 do CPP). Não pode o juiz, mesmo sendo conhecedor do idioma estrangeiro, atuar como intérprete, pois não é perito e esse procedimento impediria as partes de sindicar-lhe a imparcialidade.[163]

Art. 194. (Revogado pela Lei nº 10.792, de 1º.12.2003)

O artigo revogado dispunha o seguinte: "Art. 194. Se o acusado for menor, proceder-se-á ao interrogatório na presença de curador."

1. **Outros incapazes**. O artigo revogado poderia ter sido alterado para incluir as hipóteses de outras pessoas consideradas incapazes (art. 4º do CC), como, por exemplo, os índios não integrados à comunhão nacional (art. 7º Lei nº 6.001/73) e os doentes mentais (art. 26 do CP), afinal não é apenas o menor, mas todo o incapaz que deve ser protegido e orientado por alguém capaz. Entretanto, essa questão pode ser superada com a nomeação do próprio advogado como curador, o que é mais recomendável, por ser um técnico na matéria. Nesse sentido, *mutatis mutandis* a Súmula 352 do STF ("Não é nulo o processo penal por falta de nomeação de curador ao réu menor que teve a assistência de defensor dativo").

Art. 195. Se o interrogado não souber escrever, não puder ou não quiser assinar, tal fato será consignado no termo. (Redação dada pela Lei nº 10.792, de 1º.12.2003)

1. **Redução a termo**. A antiga redação do artigo 195 determinava que as respostas do acusado deveriam ser ditadas pelo juiz ao oficial escrevente ou escrivão para serem reduzidas a termo. Agora, a alteração viabiliza a aplicação analógica do disposto nos artigos 170, 279 e 417 do CPC ("É lícito o uso da taquigrafia, da estenotipia, ou de outro método idôneo, em qualquer juízo ou tribunal"), conforme autoriza o art. 3º do CPP. Aliás, a estenotipia já era utilizada largamente no processo penal, sem embargo da anterior disciplina legal. A alteração legal também tor-

---

[161] NUCCI, Guilherme de Souza. *Código penal comentado*. 3ª edição. São Paulo: Revista dos Tribunais, 2004, p. 388.
[162] Recurso Ordinário em Habeas Corpus nº 7229/SP, 6ª Turma do STJ, Rel. Min. Fernando Gonçalves. j. 19.03.1998.
[163] Nesse sentido: Apelação Criminal nº 1998.050.02396, 7ª Câmara Criminal do TJRJ, Rio de Janeiro, Rel. Des. Motta Moraes. j. 25.05.1999.

na desnecessário que o escrevente leia o interrogatório antes de ser assinado pelo interrogado, procedimento que, de resto, quase não era observado antes da reforma. Após o término do interrogatório, o termo deve ser assinado por todos os presentes. Se algum dos presentes não quiser assiná-lo, isso deve constar em ata.

Art. 196. A todo tempo o juiz poderá proceder a novo interrogatório de ofício ou a pedido fundamentado de qualquer das partes. (Redação dada pela Lei nº 10.792, de 1º.12.2003)

Vide: arts. 502, parágrafo único, e 616, CPP.

1. **Novo interrogatório**. Antes da alteração, o artigo somente previa a possibilidade de novo interrogatório por iniciativa do juiz e não a pedido das partes. Conforme já julgou o STJ,[164] o indeferimento de pedido de novo interrogatório não enseja reconhecimento de nulidade, tendo em vista que se trata de uma faculdade do julgador, como destinatário precípuo da prova. Exemplo de situação que pode levar a novo interrogatório é o caso de ser o juiz sentenciante diverso daquele que presidiu o ato durante a instrução, parecendo-lhe necessário ouvir novamente o acusado para melhor formar a sua convicção (art. 502 do CPP), seja porque o primeiro interrogatório é lacônico, seja porque surgiu elemento ou fato novo, desconhecido quando ele foi realizado.

**CAPÍTULO IV
DA CONFISSÃO**

Art. 197. O valor da confissão se aferirá pelos critérios adotados para os outros elementos de prova, e para a sua apreciação o juiz deverá confrontá-la com as demais provas do processo, verificando se entre ela e estas existe compatibilidade ou concordância.

1. **Conceito**. É o meio de prova pelo qual o acusado (ou suspeito, no âmbito do IP) admite a procedência, total ou parcial, dos fatos que lhe são imputados. Para ser admitida, a confissão deve atender alguns requisitos formais. Nesse sentido, ela deve ser voluntária, ou seja, deve ser um ato de vontade do confitente, não sendo, pois, válida se for obtida por indução ao erro, por coação ou por intermédio de qualquer outro método constrangedor ou capcioso. A respeito, destaca-se o art. 8º, 3, do Pacto de São José da Costa Rica – Convenção Americana sobre Direitos Humanos, de 22 de novembro de 1969, incorporado em nosso ordenamento jurídico por força do Decreto nº 678/92: "a confissão do acusado só é válida se feita sem coação de nenhuma natureza". Note-se que alguns doutrinadores e julgados[165] diferenciam a confissão voluntária da confissão espontânea, afirmando que somente essa última faz jus a atenuante prevista no art. 65, III, *d*, do CP. A confissão seria voluntária quando, nada obstante feita pela vontade do confitente, é motivada por fatores que lhe são externos, como a confrontação com prova cabal de autoria,[166] ou seja, seria uma conseqüência inevitável ante a inutilidade da negativa. Já a confissão espontânea seria aquela de iniciativa íntima do autor do crime, movido por um motivo moral, altruístico, em desafogo da consciência. Outro requisito da confissão é que o confitente tenha plena saúde física e mental, bem como que a tenha manifestado de modo expresso e a termo, pessoalmente, diante da autoridade competente, pois não se admite confissão, no Processo Penal, feita por mandatário ou preposto. Esses requisitos, todavia, não são indeclináveis, devendo ser sopesados no momento de avaliação da prova, quando se estabelecerá a credibilidade da confissão feita sem a presença de algum deles.

2. **Espécies de Confissão**. Afora a mencionada distinção entre confissão voluntária e confissão espontânea, a doutrina e a jurisprudência ainda distinguem a confissão quanto ao local em que foi efetuada. Assim, a confissão será extrajudicial quando realizada perante autoridades policiais, parlamentares ou administrativas; em oposição à confissão judicial, que é aquela produzida em juízo, a qual, por sua vez, pode se dividir em judicial própria, quando realizada perante a autoridade judicial competente para julgar o confitente; e judicial imprópria, que é realizada na presença de qualquer outra autoridade judicial. Divide-se, ainda, a confissão em relação a sua extensão, podendo ser simples, que se dá pelo reconhecimento de uma infração penal imputada; e complexa, quando se admite a prática de diversos fatos; ainda, a confissão pode ser pura, sem qualquer tipo de alegação que possa beneficiar o confitente; e qualificada, quando, a par de admitir a acusação, o confitente alega outras circunstâncias que podem excluir o crime ou atenuar sua pena. A experiência forense indica que a confissão qualificada freqüente-

---

[164] Nesse sentido: Habeas Corpus nº 19749/PR (2001/0191630-8), 5ª Turma do STJ, Rel. Min. Gilson Dipp. j. 13.08.2002.

[165] Nesse sentido: MIRABETE, Julio Fabbrini. *Código de Processo Penal Interpretado*. São Paulo: Atlas, 2000, p. 372. Em sentido contrário: Recurso Ordinário em Habeas Corpus nº 11668/BA (2001/0094073-4), 5ª Turma do STJ, Rel. Min. Gilson Dipp. j. 18.10.2001.

[166] Fazendo a distinção: Habeas Corpus nº 22560/MS (2002/0061298-4), 5ª Turma do STJ, Rel. Min. Jorge Scartezzini. j. 05.12.2002.

mente ocorre quando o acusado é levado a confessar pela força das evidências existentes contra si, procurando, assim, melhorar sua posição, introduzindo circunstâncias falsas em acontecimentos verdadeiros. "Nessa linha de considerações", diz Cordeiro Guerra, "devo lembrar que os acusados não confessam, como foi assinalado, senão aquilo que não podem negar; admitida a autoria, dão a versão catatímica dos fatos, de modo a colocar-se ao abrigo de um eximente legal, e, não sendo isso possível, procuraram justificar moralmente o delito. Quando isso não é possível, postulam a irresponsabilidade penal".[167] Para alguns doutrinadores, a confissão pode, ainda, ser classificada em implícita ou explicita. Diz-se explícita quando o réu reconhece, de modo claro e espontâneo, a procedência da acusação; a confissão seria implícita quando o réu dá a entender que admite a autoria ao, por exemplo, ressarcir a vítima dos prejuízos causados. Entretanto, com a devida vênia do entendimento em contrário, a epitetada "confissão implícita", em verdade, confissão não é, podendo, quando muito, servir de indício, afinal, como adverte Mittermaier: "a transação sobre o crime não é uma confissão tácita, que deva por si só motivar a condenação. Muitas vezes vê-se um homem inocente fazer um sacrifício de dinheiro para tirar-se de uma posição embaraçosa, para evitar uma denúncia que, embora não fundada, pode-lhe causar um grave prejuízo".[168] Conquanto cediço, convém anotar que, ao contrário do Processo Civil, não há no Processo Penal a denominada confissão ficta, provocada pela revelia ou pela falta de contestação específica sobre os fatos, pois não existe no CPP disposição similar àquelas contidas nos artigos 285, 300 e 302, entre outros, do CPC.

3. **O valor probatório da confissão.** Em sua indispensável obra sobre a matéria,[169] Guilherme de Souza Nucci faz uma breve digressão sobre como se encarou a confissão na história da humanidade, especialmente no denominado mundo ocidental. Nesse toar, evidencia que na Grécia antiga havia um sistema processual muito próximo daquele que atualmente denominamos "acusatório" (vide comentários ao art. 157) estando presentes o contraditório, a oralidade e a oportunidade de defesa, conquanto fosse admitido o julgamento à revelia, e se o acusado fosse escravo, inclusive a tortura para obter a confissão. Em Roma, o processo inicialmente teve uma matriz inquisitorial, pois era conduzido por um pretor, com amplos poderes de investigação. Era a *cognitio*. Posteriormente, ainda na República, a acusação foi entregue ao encargo de um voluntário do povo, o *acusatore*, era a *accusatio*, com fortes feições do atual "sistema acusatório" inglês. Assim, o acusado era notificado a comparecer perante o juízo, oportunidade em que poderia confessar, o que provocava sua prisão até o julgamento. Se ele alegasse inocência, deveria prestar caução, uma espécie de fiança, para manter-se em liberdade até a data do julgamento. Nessa data, se não comparecesse seria reconhecido como culpado e condenado ao exílio. Depois, durante o Império, reviveu-se a *cognitio*, agora sob a forma da *extraordinaria cognitio*. As investigações eram feitas por agentes do império e levadas ao magistrado, o qual, paulatinamente, foi interferindo cada vez mais na produção da prova, de molde que se confundiam as atribuições do julgador e do acusador. O acusado não mais podia ser julgado a revelia, assim, se não fosse apresentado ao magistrado, esse deveria tomar providências para preservar as provas, de forma escrita, e descobrir o seu paradeiro. Da necessidade da presença do acusado, passou-se à necessidade de se obter a sua confissão, passando-se a admitir a tortura, inclusive dos homens livres. A tal ponto chegou o valor da confissão em Roma, que se tornou célebre a fala Ulpiano, citada por Tourinho,[170] *in juri confessi pro judicatis habetur*, ou seja, quem confessa em juízo deve ser tido como julgado. Com a invasão dos bárbaros, teve azo a introdução de elementos dos direitos canônico e consuetudinário, reforçando-se o entendimento de que ninguém poderia ser julgado sem ser ouvido. Caso os depoimentos das testemunhas fossem contrários à versão do acusado, ele era submetido às formidáveis ordálias ou juízos de Deus. Já na Idade Média, nomeadamente após o século XVI, a partir do Concílio de Trento e a instituição do denominado Tribunal da Inquisição,[171] onde vigorava o sistema da "prova tarifada", a confissão

---

[167] GUERRA, João Baptista de Cordeiro. *A arte de acusar*. Rio de Janeiro: Forense Universitária, 1988, p. 30.

[168] MITTERMAIER. C.J.A. *Tratado da Prova em Matéria Criminal*. 3ª ed. Campinas: Bookseller, 1996, p. 205.

[169] NUCCI, Guilherme de Souza. *O valor da confissão como meio de prova no processo penal*. São Paulo: Revista dos Tribunais, 1999, p. 136 e seguintes.

[170] TOURINHO FILHO, Fernando da Costa. *Processo Penal*. Vol. 3. 25ª ed. São Paulo: Saraiva, p. 285.

[171] A partir daí, o sistema inquisitorial espraiou-se por todo mundo oriental, inclusive no Brasil, em virtude da notável influência da Igreja Católica, que vigorava à época. Porém, como adverte Nucci: "Não se deve olvidar que, na Inglaterra, editou-se a Magna Carta, em 1251, fonte maior de liberdades individuais, até hoje estudada pela doutrina do mundo todo, de modo que a tempestade de arbítrio e violência que invadiu a Europa medieval não chegou à ilha. Desde logo, compreenderam os ingleses que a tortura não era o caminho ideal para busca da verdade, nem tampouco o interrogatório deveria ser obrigatório, pois o direito de defesa era parte inerente ao *due process of law*."

passou a ter valor absoluto, sendo considerada a rainha das provas (*regina probationum*). Os argumentos utilizados eram as conclusões falaciosas de que ninguém melhor do que o acusado para poder dizer da sua responsabilidade pelo delito e que a condenação de um réu confesso tinha menor probabilidade de ser injusta. Dentre as inúmeras distorções ocorridas nesse período infeliz de nossa história, verificou-se que muitas vezes a pena para o delito cometido infringia *poena* muito menor que a tortura praticada para obter a confissão, de modo que o indivíduo, mesmo inocente, admitia-lhe a autoria, para deixar de ser "objeto da investigação". Em reação a isso, durante o Iluminismo muitos passaram a sustentar uma posição oposta e pré-concebida: o desvalor absoluto da confissão. Afirmavam que a confissão era um meio de prova ilegítimo, ao argumento de que é contrária à natureza humana a admissão da própria culpa. Haveria, por assim dizer, uma inadmissibilidade moral na confissão. Aliás, esse é, ainda, o sentido do *privilege against self-incrimination*, previsto na V Emenda da Constituição norte-americana e imanente ao sistema da *common law* britânico, que parte da concepção de que de um interrogatório não pode emergir uma confissão.[172] Entre esses dois extremos, o ordenamento jurídico brasileiro adotou posição intermediária, pela qual, qualquer que seja a espécie de confissão, voluntária ou espontânea, pura ou qualificada, etc., ela terá sempre valor relativo, auferido pelo juiz, no caso concreto, mediante a verificação da presença dos seguintes requisitos intrínsecos: a) clareza e precisão: a confissão deve ser inteligível, sem contradições ou obscuridades, pois se o juiz tiver que interpretar as palavras do acusado não haverá confissão digna de fé. Para além disso, como bem destaca Mittermaier, não basta simplesmente dizer, sim, "cometi esse delito"[173] é preciso que o acusado dê detalhes acessórios e circunstanciais que acrescentem credibilidade e veracidade à sua confissão; b) verossimilhança: a confissão deve encontrar eco no princípio de razoabilidade lógica ou justificativa racional. Vale dizer, não pode contrariar a natureza das coisas ou o bom senso; c) concordância: esse é um dos elementos mais importantes na avaliação de uma confissão. A confissão deve ser coerente com os demais elementos de convicção, inclusive circunstanciais, coligidos durante a instrução probatória. Porém, como bem obtempera Mittermaier, não é necessário que sempre, e a todo custo, as outras provas demonstrem a veracidade da confissão, pois isso, a par de torná-la supérflua, muitas vezes é impossível, na medida em que muitas vezes o próprio acusado não sabe de detalhes externos do seu crime. O importante é que a confissão não esteja isolada no conjunto probatório,[174] ou que o contrarie; d) perseverança ou uniformidade: certamente quanto maior for o número de repetições de uma mesma confissão, maior será a sua credibilidade, pois as variações graves são fortes indícios de falsidade. Entretanto, não se tem esse requisito como essencial, na medida em que a retratação é comum no meio forense, o que não afasta a credibilidade da confissão feita em outra oportunidade, contradição que há de ser analisada em conjunto com os demais elementos de prova coligidos nos autos. Além disso, algumas contradições relacionadas a circunstâncias acessórias são compreensíveis, o importante é que a essência da confissão seja sempre única. Note-se, ao ocaso, que nem sempre todos esses requisitos estarão presentes, o que será analisado pelo magistrado, com muita cautela, dentro do sistema do "livre convencimento" (vide comentários ao art. 157).

4. **O valor da confissão no Tribunal do Júri**. O mais comum no Tribunal do Júri é a negativa de autoria ou a denominada confissão qualificada, que, como visto, é aquela em que o réu, a par de admitir a acusação, alega circunstâncias que podem excluir o crime ou atenuar sua pena, sendo que a experiência forense indica que a confissão qualificada freqüentemente ocorre quando o acusado é levado a confessar pela força das evidências existentes contra si, sendo impossível negar a autoria. Por isso, é fundamental que acusação e defesa, nos debates, explorem a natureza divisível da confissão, extraindo dela a parte que melhor aproveitar às suas respectivas teses. Entretanto, novamente, há que se ter em mente o ensinamento de Guilherme do Souza Nucci[175] quando diz que, ao contrário do que ocorre perante o juiz togado, diante do Tribunal Popular a confissão costuma ser absorvida como realidade incontestável, com tendência a ter absoluta força de convicção, afinal: "Juízes leigos não se convencem facilmente que a confissão é apenas uma das provas e que, isolada,

---

[172] NUCCI, Guilherme de Souza. *O valor da confissão como meio de prova no processo penal*. São Paulo: Revista dos Tribunais, 1999, p. 149.

[173] MITTERMAIER. C.J.A. *Tratado da Prova em Matéria Criminal*. 3ª ed. Campinas: Bookseller, 1996, p. 199.

[174] Nesse sentido: "A confissão judicial do acusado, isolada, sem qualquer apoiamento no contexto probatório, não constitui sustentáculo suficiente ao veredicto condenatório. Inteligência do art. 197, do Estatuto Procedimental Penal. Apelação ministerial desprovida." (Apelação Crime nº 297027096, 1ª Câmara Criminal do TJRS, Rel. Des. Milton dos Santos Martins. j. 15.10.1997).

[175] NUCCI, Guilherme de Souza. *O valor da confissão como meio de prova no processo penal*. São Paulo: Revista dos Tribunais, 1999.

mesmo em juízo, não pode levar à condenação do réu".

5. Valor da confissão policial. Remetendo o leitor ao tópico que analisa o valor da denominada "prova policial", elaborado na introdução do Título em comento. Nesse contexto, cumpre apenas pontuar que de todos é sabida a violência que, lamentavelmente, ainda campeia na fase policial, notadamente contra os investigados, que não raro são submetidos a métodos humilhantes, quando não medievais e desumanos. Portanto, há que se ter tripla cautela com a confissão obtida nessa fase, pois: a uma, a confissão, seja judicial ou policial, contraria a natureza humana, de tal modo que ela sempre deve ser recebida com reservas, sendo intuitivo que a cautela seja redobrada quando a admissão da culpa seja feita perante aquela autoridade que, queira-se ou não, há que se ter consciência, necessariamente precisa agir, longe da ternura, com certa uma dose de "coerção" com os criminosos (*inquisitio sine coertione, nulla est*), o que não raro tangencia a arbitrariedade, quando não descamba para o abuso do poder e a violência bruta. A duas, no mesmo diapasão, porque nessa fase, em virtude do seu caráter nitidamente inquisitorial, efetivamente há uma tendência a perseguir, por vezes a todo e qualquer custo, a confissão, comprometendo o valor dessa fonte de convicção. A três, porque, tal como todas as provas colhidas na fase policial, o entendimento majoritário é de que a confissão feita na polícia somente valerá se encontrar arrimo no restante da prova, nomeadamente a produzida em juízo.

Art. 198. O silêncio do acusado não importará confissão, mas poderá constituir elemento para a formação do convencimento do juiz.

Sobre o tema, remetemos aos comentários feitos ao artigo 186 do CPP, consignando que a Lei 10.792/2003 falhou ao não alterar a redação do artigo 198, criando, desse modo, uma evidente contradição legal sobre o direito ao silêncio.

Art. 199. A confissão, quando feita fora do interrogatório, será tomada por termo nos autos, observado o disposto no art. 195.

1. Confissão fora do interrogatório. Conquanto o momento oportuno para a realização da confissão seja o interrogatório, ela pode ser realizada a qualquer tempo, observado o disposto no art. 195 do CPP. Assim, sendo informado ao juiz que o réu pretende confessar, este reduzirá a a confissão a termo, em ato com todas as solenidades necessárias.

Art. 200. A confissão será divisível e retratável, sem prejuízo do livre convencimento do juiz, fundado no exame das provas em conjunto.

1. Divisibilidade. A confissão é divisível ou cindível, pois o juiz, ao valorizá-la, pode aproveitá-la por partes. Assim, em confronto com as demais provas, poderá acreditar na confissão relativa à autoria, mas não crer na parte concernente à justificativa apresentada (confissão qualificada), ou seja, levar em conta apenas uma parte, desconsiderando uma outra, pois a confissão é apenas um elemento a mais para o seu livre convencimento. É defeso, no entanto, o juiz "recortar" e "colar" a confissão em porções estanques, quebrando-lhe o sentido e extraindo-lhe do contexto em que foi efetuada, pois isso feriria o requisito da clareza das confissões, adrede mencionado.

2. Retratação. A confissão é absolutamente retratável. Mesmo tendo reconhecido sua responsabilidade em um ato criminoso, o réu poderá desdizer-se. Entretanto, o valor de sua retratação, assim como da própria confissão, é relativo, devendo o juiz sopesá-la com o restante das provas, a fim de constatar se a retratação é ou não procedente. Portanto, tem-se exigido que o acusado apresente justificativa convincente para a negação da confissão anteriormente feita.[176]

CAPÍTULO V
DAS PERGUNTAS AO OFENDIDO

Art. 201. Sempre que possível, o ofendido será qualificado e perguntado sobre as circunstâncias da infração, quem seja ou presuma ser o seu autor, as provas que possa indicar, tomando-se por termo as suas declarações.
Parágrafo único. Se, intimado para esse fim, deixar de comparecer sem motivo justo, o ofendido poderá ser conduzido à presença da autoridade.

1. Ofendido. É a expressão utilizada pelo CPP (art. 5º, II, 14, 19, etc.) para denominar a vítima. É o sujeito passivo da infração penal, titular do bem jurídico lesado ou posto em perigo pelo crime. O legislador brasileiro, com acerto, dedicou capítulo exclusivo às perguntas feitas ao ofendido, deixando claro, assim, que não o considerou como testemunha do fato delituoso. Essa posição traz consequências prá-

---
[176] Nesse sentido: Apelação-Crime nº 70010355949, Sétima Câmara Criminal do TJRS, Rel. Des. Sylvio Baptista Neto. j. 09/06/2005.

ticas, pois o ofendido não é contado no número máximo de testemunhas previsto para cada procedimento (art. 398, 539, etc.), não presta compromisso (art. 203 do CPP) e, portanto, não pode responder por falso testemunho (art. 342 do CP), conquanto possa responder por denunciação caluniosa (art. 339 do CP). Em face da dicção do artigo em comento, Tourinho Filho considera que o juiz tem o dever jurídico de ouvir o ofendido, asseverando: "Pouco importa tenham ou não as partes arrolado o ofendido. Deve o juiz procurar ouvi-lo, se possível, é claro. Se se encontrar lugar incerto, por exemplo, a impossibilidade é manifesta".[177] Esse entendimento tem amparo em precedente do STJ, que considerou obrigatória a ouvida do ofendido.[178] Entretanto, o STF já decidiu que a ausência de audição da vítima somente consubstancia nulidade quando a parte haja formulado requerimento em tal sentido.[179]

2. **Das perguntas ao ofendido**. O CPP é extremamente lacônico ao tratar da audiência do ofendido, apenas referindo que, após ser qualificado (arts. 188 e 203 do CPP), será perguntado sobre as circunstâncias da infração penal, quem seja ou presuma ser o seu autor, as provas que possa indicar, sendo suas declarações reduzidas a termo (vide comentários ao art. 216). Em virtude disso, a doutrina recomenda que, quando cabíveis e necessárias, sejam aplicadas, por analogia, as formalidades contidas nos arts. 210, primeira parte, 212, 215, 217, e 220 a 225 do CPP, que se referem às testemunhas. Cumpre observar, contudo, que, em julgamento antigo (do ano de 1977), o STF decidiu que a audiência do ofendido é ato informal, praticado pelo juiz "ad clarificandun", nele não incidindo o princípio do contraditório, não podendo, pois, as partes lhe fazerem perguntas (RTJ 83/938). Esse precedente é severamente criticado pela doutrina[180] e certamente não seria reafirmado pela excelsa Corte, principalmente em virtude da nova ordem constitucional, que garante o contraditório e a ampla defesa.

3. **Valor probatório da palavra do ofendido**. Sem uma maior reflexão, poderá parecer que as declarações do ofendido merecem especial apreço, afinal "ninguém melhor que a vítima para esclarecer o ocorrido". Entretanto, a doutrina orienta que, tal como a versão do acusado, as declarações da vítima devem ser recebidas com cautela, pois sendo ambos sujeitos da relação jurídica de direito material, situam-se em pólos antagônicos, possuindo, de igual forma, interesse no desfecho do litígio. A própria experiência forense indica que, não raro, a vítima não consegue manter-se isenta e impassível ante a conjuntura do crime e do castigo. Assim, às vezes, as emoções causadas pelo episódio delituoso são tão perturbadoras que o ofendido, mesmo acreditando estar descrevendo os fatos com fidelidade, os desvirtua gravemente. No mesmo diapasão, outras vezes a palavra da vítima é norteada pela indignação ou até mesmo pelo ódio e a vingança, narrando os fatos de forma tendenciosa e infidedigna, no claro afã de inculpar o acusado. Isso não impede, evidentemente, que a versão vitimária seja devidamente aceita e valorada como fonte de prova, devendo, pois, as respostas do ofendido serem apreciadas no caso concreto, em confronto com o restante do conjunto probatório e circunstancial, podendo, inclusive, em muitos casos, conforme a natureza do delito, em muito contribuir para convicção do julgador. Assim ocorre, conforme remansosa doutrina e jurisprudência, nos denominados "crimes clandestinos", como o roubo e os crimes contra os costumes, que são aqueles cometidos, nas mais das vezes, por estranhos, às escondidas, nos quais a palavra da vítima assume especial relevo, autorizando a condenação, pois, sói acontecer, é a única fonte de prova, afinal não se concebe que uma pessoa irá acusar desconhecidos da prática de um delito, quando não há nenhum indicativo de vingança ou qualquer outro motivo escuso. Contudo, alguns julgados exigem, mesmo nesses casos, que a palavra da vítima encontre respaldo em "outros elementos de prova",[181] o que não parece escorreito, pois muitas vezes a palavra do ofendido é a única prova, assim, o que é necessário, conforme já proclamou o STF,[182] é que as suas declarações estejam em harmonia com "elementos de certeza dos autos", o que é bem diferente. Como elementos de certeza podemos destacar a coerência e a perseverança, o que significa ser a palavra do ofendido racional, lógica e sem contradições essenciais. Vale dizer, não se pode constatar qualquer elemento indicativo de que a sua palavra seja fruto da imaginação ou de interesse escuso.

---

[177] TOURINHO FILHO, *Fernando da Costa. Processo Penal.* 25ª ed. São Paulo: Saraiva, 2003, V. 3, p. 294.

[178] Habeas Corpus nº 19911/SP (2001/0194745-8), 6ª Turma do STJ, Rel. Min. Hamilton Carvalhido. j. 26.06.2003, unânime.

[179] Habeas Corpus nº 73888/SC, 2ª Turma do STF, Rel. Min. Marco Aurélio. j. 13.08.1996.

[180] Por todos: TOURINHO FILHO, Fernando da Costa. *Processo Penal.* 25ª ed. São Paulo: Saraiva, 2003, V. 3, p. 294.

[181] Nesse sentido: Apelação Criminal nº 20554-4/213, 2ª Câmara Criminal do TJGO, Rel. Des. Jamil Pereira de Macedo. j. 09.11.2000. Em sentido contrário: Apelação-Crime nº 70007880149, 5ª Câmara Criminal do TJRS, Rel. Des. Amilton Bueno de Carvalho. j. 07.04.2004, maioria.

[182] Habeas Corpus nº 79.850-1, 2ª Turma do STF, Rel.Min. Maurício Corrêa. j. 28.03.2000.

4. Palavra da vítima x versão do acusado. Tirante as hipóteses de roubo e crimes contra os costumes (especialmente o estupro e o atentado violento ao pudor), alguns doutrinadores entendem que quando dos autos extraia-se unicamente o confronto antagônico da palavra da vítima e a palavra do acusado, sem que existam outros elementos de prova, não se poderá dar maior valor a uma palavra do que a outra, pois ambas estariam comprometidas com o deslinde da causa. Nesse quadro, estaria desenhada a dúvida que necessariamente deve ser resolvida em favor do réu. Nesse sentido, Fernando de Almeida Pedroso[183] sustenta que nessas hipóteses sequer há justa causa para oferecimento ou recebimento de petição inicial acusatória, devendo-se arquivar o inquérito policial. Discorda-se dessa orientação, pois nem sempre assim pode ser, afinal, também em outros delitos – nomeadamente as agressões perpetradas em ambientes domésticos – a prova poderá estar circunscrita às palavras da vítima e do acusado. Sem embargo, a denúncia deve, sim, ser recebida, pois do contrário haveria oblíqua e objurgável "absolvição sem processo", para se utilizar a expressão consagrada pelo STF,[184] pois somente durante a instrução processual o julgador poderá pesquisar e analisar os referidos "elementos de certeza" na palavra de cada um dos contendores, bem como a harmonia das versões com o restante do conjunto cirunstancial e indiciário.

CAPÍTULO VI
DAS TESTEMUNHAS

Art. 202. Toda pessoa poderá ser testemunha.

Vide: art. 53, § 5º, CF, arts. 342 e 343, CP e art. 405, § 2º, CPC.

1. Testemunha e informante. Testemunha é a pessoa que, chamada a depor perante o juiz, manifesta a suas percepções sensoriais acerca dos fatos e circunstâncias objetos de determinado processo penal. Geralmente a testemunha diz o que viu (testemunha ocular, de vista ou *de visu*) ou ouviu (testemunha de ouvido ou auricular), mas nada impede que as declarações dela refiram-se o conhecimento lhe transmitido por outros sentidos (tato e olfato). A testemunha presta depoimento com o compromisso de dizer a verdade, sob pena de praticar o ilícito de falso testemunho (art. 342 CP) e é isso o que a diferencia do "informante" ou "declarante", pois este, em virtude de alguma condição especial, como por exemplo, parentesco ou amizade íntima com o acusado, não presta tal compromisso. O CPP não disciplina a inquirição do informante, tampouco faz essa distinção, que é doutrinária e jurisprudencial, portanto, na inquirição do informante deve-se proceder como se fosse uma "testemunha" desobrigada a prestar compromisso, por autorização legal.

2. Testemunha instrumentária. Pessoa chamada a presenciar determinados atos processuais, como, por exemplo, ocorre na lavratura do interrogatório no inquérito policial (art. 6º, V, do CP) ou no auto de prisão em flagrante (art. 304, § 3º).

3. Testemunha de viveiro. Testemunha fabricada ou ensaiada para prestar falso testemunho.

4. Testemunha abonatória ou de antecedentes. Testemunha que nada sabe a respeito do fato criminoso em julgamento, apenas comparece em juízo para abonar a vida do réu, relatando o seu conceito do acusado, os amigos, vizinhança, comunidade, etc., no objetivo de demonstrar ao julgador, por exemplo, que a conduta imputada não é de seu feitio, seja para reforçar a negativa da autoria, seja para favorecer-lhe por ocasião da análise das circunstâncias do art. 59 do CP, se for o caso de condenação. Assemelha-se ao laudator do direito romano.

5. Valor probatório das testemunhas. Nada obstante a sua preponderância no cotidiano forense, a prova testemunhal, pela sua própria natureza, é uma fonte falível e, portanto, de valor relativo, pois é sabido que vários fatores, não raro inconscientes, influem na capacidade humana de percepção dos fatos, isso sem se falar na mendacidade que freqüentemente vicia esse meio de prova, ao ponto da prova testemunhal ter sido cunhada como "meretriz das provas", por Malatesta, seja pela falsidade que lhe é inerente, seja pela sua venalidade, isso sem falar de outros vícios culturais do povo brasileiro.[185] Portanto, como diz Antônio Magalhães Gomes Filho, ao co-

---

[183] PEDROSO, Fernando de Almeida. *Prova Penal*. Rio de Janeiro: Aide, 1994, p. 33 e seguintes.

[184] RE 90697 / PR, Rel. Min. Cordeiro Guerra. j. 05/10/1979.

[185] Nesse sentido, confira-se trecho do voto do Des. Antônio Carlos Netto Mangabeira: "Sabe-se que o nosso povo não é afeito a testemunhar, a não ser quando seja para beneficiar o réu. Não raro por comodismo, porque ir à Polícia dizer algo, e dizer novamente em juízo, significam horas a menos no trabalho ou horas a menos diante de algum programa de televisão ou possível retransmissão de partida de futebol, e cada um procura o seu interesse. É uma característica infelizmente incutida cada vez mais no nosso povo, talvez descrente pelos maus exemplos que a elite dominante fornece. Cada um só pensa em si, e talvez por cada um só pensar em si é que estamos nesta situação. Um País descoberto há mais de 500 anos, com um território enorme, grande população, grande riqueza no subsolo, grande parte do povo na miséria passando fome necessidade, com aquele câncer permanente, pelo visto indefinido, da seca nordestina. Pretender-se a segurança total, na atual conjuntura do aparelhamento do Estado hodierno, na realidade que vivenciamos, é praticamente impossível. Então, nós teremos que partir, diante da dúvida, para a impunidade ante este mal concreto...?" (Apelação-Crime nº 70001542133, 2ª Câmara Criminal do TJRS, Rel. Des. José Antônio Hirt Preiss. j. em 09/11/2000).

letar o depoimento da testemunha, o juiz deve estar atento a dois componentes essenciais, que é a narração do fato e o comportamento do depoente, pois a aquisição da prova testemunhal não se limita à documentação de uma informação, exigindo a participação ativa de quem preside a inquirição, com a concomitante valoração sobre a idoneidade do testemunho.[186] A prova testemunhal deve, portanto, merecer toda a cautela do juiz, não somente quando da sua produção, mas, sobretudo, no momento da sua valoração, quando deve ser verificada se está em consonância com as demais provas coligidas nos autos. Nada obstante essas considerações, não se deve esquecer o que diz Roberto Lyra: "Não há, não pode haver, coincidência nas declarações das testemunhas, que divergem na razão direta de suas diferenciações psicológicas e fisiológicas. As divergências entre os depoimentos são o sinal de sua autenticidade. Cada testemunha fixa, conserva e reproduz os fatos, de acordo com a sua situação no momento do crime ou do depoimento, com as sua reações e os seus vícios individuais....".[187] E ainda: "Por mais idônea e veraz, a testemunha não pode escapar a fenômenos extremados pela conjuntura de crime e do castigo, com o drama vivo no palco da Justiça. A autenticidade deve ser procurada nas diferenças e não nas semelhanças dos depoimentos. A prova verdadeira traz as imperfeições do homem, do meio e da vida...".[188]

6. **Características da prova testemunhal**. a) oralidade: o depoimento deve ser prestado oralmente (art. 204 do CPP); b) objetividade: a testemunha não pode fazer apreciações pessoais sobre os fatos e circunstâncias, apenas deve descrevê-los (art. 213 do CPP); c) retrospectividade: a testemunha somente deve reportar-se a fatos passados, não podendo fazer prognósticos; d) judicialidade: como visto no pórtico desse Título, segundo parcela da doutrina, somente pode ser considerada prova testemunhal a colhida em juízo, portanto o depoimento prestado na fase extrajudicial seria considerado apenas informe e não testemunho. Esse entendimento, contudo, não está de acordo com precedente do STJ,[189] que reconheceu a possibilidade do cometimento de falso testemunho por ocasião de depoimento prestado em inquérito policial.

7. **Quem pode ser testemunha**. O artigo é claro, toda e qualquer pessoa pode ser testemunha, portanto somente poderão ser excluídas dessa condição aquelas pessoas que o próprio CPP prevê (arts. 206 a 208). Entretanto, existem algumas pessoas que, em virtude de sua condição especial, colocam-se como alvo de divergência sobre a credibilidade de seus testemunhos. Nessa situação podem ser destacados: a) o depoimento de policiais: Como leciona Calos Otaviano Brenner de Moraes:[190] "Não são raros os casos da vida forense, especialmente em processos por narcotráfico, nos quais se procura desacreditar a prova oral acusatória, quando constituída unicamente pelos depoimentos dos policiais que participaram da diligência, sob o argumento de que, por haverem dela feito parte, tenderiam a depor no compromisso de confirmarem sua idoneidade. É natural que o partícipe da diligência, quando do depoimento perante o juiz, tenha interesse em demonstrá-la legítima, correta, verdadeira. Faz parte da natureza humana. Por mais idôneo que o policial possa ser, se integrou a equipe policial encarregada da diligência, servindo de testemunha, é de se supor que procure legitimar a própria conduta. E não há nenhum mal nisso, desde que fale a verdade. Caberá ao julgador, em tal hipótese, com a cautela que dele se espera, extrair das declarações todos os aspectos relevantes para o desate da causa, cotejando-os com os demais informes orais, com a prova técnica e outros elementos de informação porventura recolhidos no processado." Esse é o entendimento do STF e do STJ;[191] b) depoimento de menores: os menores de 14 anos devem ser ouvidos como informantes, tal como determina o art. 208 do CPP. O depoimento de crianças e adolescentes deve ser tomado com cautela, em virtude da imaturidade, fantasiosidade e sugestionabilidade que lhes são comuns. Ciente dessa situação inata, Altavilla aconselha que se reduza a quantidade de perguntas, deixando que o menor fale sem ser sugestionado pelo interrogante, o qual, assim como não deve aceitar respostas lacônicas, também não deve instar a criança a complementar sua resposta com muitos pormenores, pois ela pode se ver tentada a utilizar a sua imaginação.[192] Não obstante essas restrições, o certo é que o depoimento infantil não pode ser desprezado *a priori*, como apa-

---

[186] GOMES FILHO, Antônio Magalhães. *Direito à prova no processo penal*. São Paulo: Revista dos Tribunais 1997, p. 151.

[187] LYRA, Roberto. *Teoria e prática da Promotoria Pública*. Posto Alegre: Sérgio Fabris, 1989, p. 141.

[188] LYRA, Roberto. *Como julgar, como defender, como acusar*. Rio de Janeiro: Científica, 1979, p. 90.

[189] Recurso Ordinário em Habeas Corpus nº 229/SC, 5ª Turma do STJ, Rel. Min. Assis Toledo. j. 20.11.1989. No mesmo sentido: Apelação Criminal nº 70003394400, 4ª Câmara Criminal do TJRS, Rel. Des. Constantino Lisbôa de Azevedo. j. 21.03.2002.

[190] BRENNER DE MORAES, Calos Otaviano. *Depoimento de Policiais*. Disponível em: http://www.maxpages.com. /com. Acesso em: 28 jul. 2005.

[191] Nesse sentido: Habeas Corpus nº 76381 / SP, 2ª Turma do STF, Rel. Min. Carlos Velloso. j. 16/06/1998. Ainda: HC 19913 / SP, 5ª Turma do STJ, Rel. Min. Laurita Vaz. j. 08/06/2004.

[192] ALTAVILLA, Enrico. *Psicologia judiciária*. Coimbra: Armênio Amado, 1981,Vol. I, p. 61 e seguintes.

rentemente sugerem alguns julgados,[193] sob pena de se criar um verdadeiro *bill* de impunidade, especialmente em crimes sexuais praticados contra menores. Portanto, ainda que se tenha em mente as cautelas que devem ser seguidas, o depoimento de crianças deve ser aceito, tendo especial validade quando espontâneo, firme e coerente, máxime em acordo com o restante da prova.[194] Aliás, há que se louvar a iniciativa do TJRS, quando instituiu o "Projeto Depoimento sem Dano", no qual o depoimento de crianças e adolescentes é colhido por psicólogas ou assistentes sociais (aptas a detectar fantasiosidades e sugestionabilidades), em um ambiente reservado e especialmente montado com equipamentos de áudio e vídeo de tecnologia avançada que o interligam à sala de audiências, onde o juiz e as partes, pelo denominado sistema de "ponto", têm a possibilidade de enviar perguntas ao técnico que estiver trabalhando como interlocutor. Simultaneamente, é efetivada a gravação de som e imagem em CD, que será anexado aos autos do processo judicial; c) depoimento de pessoas consideradas de má-fama: o magistrado deve despir-se de preconceitos na análise do depoimento de algumas pessoas popularmente consideradas de má reputação (drogaditos, prostitutas, travestis, etc.), pois como disse, certa feita, o Min. Vicente Cernicchiaro,[195] o Poder Judiciário precisa ficar atento para não transformar essas distinções sociais em coisa julgada. O único requisito para uma pessoa ser testemunha compromissada é não evidenciar interesse no desfecho do processo. Somente assim se concretiza o princípio da igualdade, registrado na Constituição da República e no Pacto de San José de Costa Rica. Vale dizer, o testemunho de tais pessoas vale pela credibilidade que possa transmitir, não sendo adequado desprezá-las em virtude de uma situação peculiar a que, não raro, foram levadas por incontornáveis fatores de índole biológica e/ou social; d) depoimento de co-réu: não pode ser levado à conta de testemunha, pois não tem obrigação de falar a verdade, em virtude do preceito *nemo tenetur se detegere* (vide comentário ao art. 186). Se resolver falar a verdade, delatando o comparsa, deve-se permitir que o advogado do delatado lhe solicite esclarecimentos, nos termos do art. 188 do CPP, garantindo que essa fonte de prova seja submetida à clivagem do contraditório (vide comentário ao art. 190). Não há motivo para entender-se de modo contrário com relação ao depoimento do inimputável penalmente, co-autor na empreitada criminosa, o qual deve ser ouvido na condição de informante, porquanto também está ao abrigo do Pacto de São José da Costa Rica (art. 8º, 'g': "Toda pessoa tem o direito de não ser obrigada a depor contra si mesma, nem se declarar culpada"); e) testemunho único: aparentemente, alguns julgados ainda entendem que um só testemunho não faz prova suficiente quando não é corroborado por nenhum outro meio probatório, fazendo reviver a cláusula medieval do *testis unus testis nullus*,[196] porém, como teve oportunidade de salientar o TJRS, o sistema processual moderno não vincula a credibilidade da prova ao número de testemunhas, pois dentro do princípio do livre convencimento motivado, o importante na apreciação da prova é a credibilidade do depoimento, ainda que se trate de um só testemunho;[197] f) testemunho de "ouviu dizer" e a questão dos "confidentes da polícia": a pessoa que "ouviu dizer" algo sobre os fatos e circunstâncias investigados deve ter seu testemunho analisado em conjunto com o restante do mosaico probatório, pois, via de regra, de per si, não autoriza uma decisão, que não pode se basear em informações que não tenham a possibilidade de comprovação, além de correr o risco de se dar crédito a meros boatos. Entretanto, essa é uma situação extremamente comum em processos por narcotráfico, nos quais os depoimentos dos policiais que participaram da investigação não raro se reportam "a informação de populares" ou dos denominados "confidentes da polícia", que não comparecem em juízo por compreensível medo de represálias. A jurisprudência brasileira tem aceitado a revelação desses informes, colocando a questão em nível de valoração (credibilidade em confronto com o restante do arcabouço probatório) dessa prova e não no nível da produção (admissibilidade) de uma fonte de prova que não pode ser contraditada, o que é criticado por Antônio Magalhães Gomes Filho,[198] com judiciosos argumentos.

Art. 203. A testemunha fará, sob palavra de honra, a promessa de dizer a verdade do que souber e lhe for perguntado, devendo declarar seu nome, sua

---

[193] Apelação Criminal nº 1.0000.00.317018-0/000, 1ª Câmara Criminal do TJMG, Rel. Tibagy Salles. j. 02.09.2003.

[194] Nesse sentido: Apelação-Crime nº 70006384291, 8ª Câmara Criminal do TJRS, Rel. Des. Marco Antônio Ribeiro de Oliveira. j. 24.09.2003. Ainda: Apelação Criminal nº 1.0701.02.022960-8/001, 1ª Câmara Criminal do TJMG, Rel. Gudesteu Biber. j. 18.05.2004.

[195] Recurso Especial nº 154857/DF, 6ª Turma do STJ, Rel. Min. Luiz Vicente Cernicchiaro (Voto Vencido). j. 26.05.1998.

[196] Nesse sentido: Apelação Criminal nº 96.04.17492-4/RS (00045447), 1ª Turma do TRF da 4ª Região, Rel. Juiz Gilson Dipp. j. 05.11.1996.

[197] Apelação Criminal nº 70002193480, 1ª Câmara Criminal do TJRS, Rel. Des. Ranolfo Vieira. j. 11.04.2001. No mesmo sentido: Apelação Criminal nº 0226463-1 (9319), 4ª Câmara Criminal do TAPR, Rel. Luiz Mateus de Lima. j. 15.05.2003.

[198] GOMES FILHO, Antônio Magalhães. *Direito à prova no processo penal*. São Paulo: Revista dos Tribunais 1997, p. 60 e seguintes.

idade, seu estado e sua residência, sua profissão, lugar onde exerce sua atividade, se é parente, e em que grau, de alguma das partes, ou quais suas relações com qualquer delas, e relatar o que souber, explicando sempre as razões de sua ciência ou as circunstâncias pelas quais possa avaliar-se de sua credibilidade.

Vide arts. 208 e 342, CP e art. 68, Dec.-Lei 3.688/1941 (Lei das Contravenções Penais).

1. Compromisso de falar a verdade. Verificada a inexistência de impedimento, o compromisso é deferido pelo juiz à testemunha, oralmente, admoestando-a do seu dever de falar a verdade e tornando clara a possível conseqüência ao seu descumprimento, que é a responsabilização pelo crime de falso testemunho (art. 342 do CP). A formalidade independe da aquiescência da testemunha, portanto, mesmo que ela não queira, será compromissada a dizer a verdade e advertida das consequências do crime de falso testemunho. O compromisso é formalidade dispensável ao reconhecimento do crime de falso testemunho, conforme precedentes do STJ e do STF,[199] os quais sustentam que o aspecto formal (prestar compromisso) deve ceder passagem ao aspecto material (buscar a realidade dos fatos). Acolhe-se essa orientação na hipótese de esquecimento da formalidade, mas se o magistrado expressamente dispensa a testemunha de prestar compromisso, entende-se que lhe inexigível a conduta de falar a verdade, sendo impunível o falso.

2. Qualificação da testemunha. Após ser deferido o compromisso, a testemunha deve fornecer seus dados qualificadores, sendo que a sua recusa em prestar essas informações tem sido interpretada[200] como caracterizadora da contravenção do art. 68 da LCP ("Recusar à autoridade, quando por esta justificadamente solicitados ou exigidos, dados ou indicações concernentes à própria identidade, estado, profissão, domicílio e residência"). Entende-se, contudo, que a situação assemelha-se à recusa a comparecer para depor (art. 219 do CPP), prejudicando a atividade apuratória, podendo caracterizar o delito de desobediência (art. 330 do CP). Já o fornecimento de dados de qualificação falsos pode configurar o delito de falsa identidade (art. 307 do CP) ou de falso testemunho (art. 342 do CP), conforme o dolo do depoente, se era apenas falsear a verdade sobre seus dados, por ser, por exemplo, foragido da justiça, ou se era eximir-se de dizer a verdade sobre os fatos ao magistrado.

Art. 204. O depoimento será prestado oralmente, não sendo permitido à testemunha trazê-lo por escrito.

Parágrafo único. Não será vedada à testemunha, entretanto, breve consulta a apontamentos.

Vide: arts. 192 e 221, § 1°, CPP e art. 14, § 1°, Lei 4.898/1965 (Lei do Abuso de autoridade).

1. Depoimento oral. Conseqüência do princípio da oralidade (vide comentário ao art. 155), o depoimento deve ser prestado oralmente, possibilitando ao juiz que identifique no relato da testemunha aquelas expressões espontâneas, sintomáticas da veracidade ou da mendacidade, sobre as quais nos fala Bentahm (vide comentário feito no pórtico desse Capítulo), sendo, contudo, permitido breve consulta a apontamentos, desde que não desnature a essência oral do ato. O CPP prevê exceções nos casos de surdo-mudo (art. 192) e de algumas autoridades (art. 221).

Art. 205. Se ocorrer dúvida sobre a identidade da testemunha, o juiz procederá à verificação pelos meios ao seu alcance, podendo, entretanto, tomar-lhe o depoimento desde logo.

Vide: arts. 307 e 342, CP.

1. Dúvida sobre a identidade da testemunha. Usualmente é solicitado à testemunha documento de identidade (RG, CTPS, CNH, etc.), porém se a pessoa não o tiver e/ou se juiz duvidar da sua identificação, poderá consultar outros meios que lhe estejam ao alcance, como o INFOSEG (Sistema Nacional de Integração de Informações em Justiça e Segurança Pública) o SUSP (Sistema Único de Segurança Pública), etc. Caso não consiga superar a sua dúvida naquele momento, o juiz deve colher os dados de identificação fornecidos, da forma mais precisa e completa possível, pelo depoente, possibilitando que a dúvida seja posteriormente sanada. Verificada a falsa identidade da testemunha, restará configurado o delito de falsa identidade ou falso testemunho, conforme o dolo do depoente.

Art. 206. A testemunha não poderá eximir-se da obrigação de depor. Poderão, entretanto, recusar-se a fazê-lo o ascendente ou descendente, o afim em linha reta, o cônjuge, ainda que desquitado, o irmão e o pai, a mãe, ou o filho adotivo do acusado, salvo quando não for possível, por outro modo,

---

[199] Confira-se: Habeas Corpus n° 20924/SP (2002/0017972-0), 5ª Turma do STJ, Rel. Min. Laurita Vaz. j. 11.03.2003. Ns doutrina, nesse mesmo sentido: MIRABETE, Julio Fabbrini. *Código de Processo Pena Interpretado*. 7ª ed. São Paulo: Atlas, 2000, p. 484. Em sentido contrário: Apelação Criminal n° 59.365/7, 1ª Câmara Criminal do TJMG, Miradouro, Rel. Des. Zulman Galdino. j. 23.04.1996. Ainda: FILHO, Eduardo Espínola. *Código de Processo Penal Brasileiro Anotado*. Rio de Janeiro: Rio de Janeiro, V. 3, p. 99.

[200] MIRABETE, Julio Fabbrini. *Código de Processo Penal Interpretado*. 7ª ed. São Paulo: Atlas, 2000, p. 484.

obter-se ou integrar-se a prova do fato e de suas circunstâncias.

1. **Dever de depor.** É fixado na primeira parte do dispositivo, ao estabelecer que qualquer pessoa arrolada como testemunha tem obrigação de depor. Entretanto, procurando evitar constrangimentos familiares, na segunda parte do seu texto o artigo concede exceções a pessoas que podem se recusar a prestar depoimento: o ascendente ou descendente, o afim em linha reta, o cônjuge, ainda que desquitado, o irmão e o pai, a mãe, ou o filho adotivo do acusado. Esse rol é taxativo e não comporta analogia, excetuando-se a situação dos conviventes, por expressa determinação constitucional (art. 226, § 3º, da CF).[201] Note-se que a lei faculta e não obriga que essas pessoas se abstenham de depor, ao contrário daquelas pessoas elencadas no art. 207 do CPP, as quais estão proibidas de depor, salvo se desobrigadas pela parte interessada. Por fim, em sua terceira parte, o dispositivo em comento estabelece a exceção da exceção, ao dispor que mesmo essas pessoas excetuadas do "dever de testemunhar" terão que depor quando não for possível, por outro modo, obter-se ou integrar-se a prova do fato e de suas circunstâncias, pois a relevância do interesse público (realização da justiça, mediante obtenção da verdade real), sobrepor-se-á aos constrangimentos familiares. De qualquer modo, se os mencionadas parentes do imputado prestarem seu depoimento, não o farão sob compromisso, sendo ouvidos, portanto, na condição de informantes (art. 208 do CPP). Em resumo, a princípio todas as pessoas tem o dever de prestar depoimento, mas algumas têm a faculdade de não fazê-lo (art. 206), enquanto outras estão proibidas de fazê-lo (art. 207).

Art. 207. São proibidas de depor as pessoas que, em razão de função, ministério, ofício ou profissão, devam guardar segredo, salvo se, desobrigadas pela parte interessada, quiserem dar o seu testemunho.

Vide: art. 214, CPP, art. 154, CP, art. 406, CPC e art. 229, I, CC.

1. **Proibição de depor.** Objetiva proteger pessoas que, em razão das suas atividades, devam guardar sigilo. Conforme Tourinho Filho, citando Tornaghi, essas pessoas são aquelas em que a obrigação de guardar segredo advém da lei; dos regulamentos que disciplinam o exercício da profissão; das normas consuetudinárias; ou da própria natureza da função, ofício etc. Note-se que art 202 do CPP impõe a toda pessoa o dever de comparecer e de servir como testemunha, portanto, mesmo as pessoas proibidas de prestar depoimento, não podem se eximir de comparecer, ainda que o façam apenas para alegar nos autos a exceção prevista no artigo em comento. Essas pessoas podem recusar-se a depor no processo, ainda que autorizadas ou solicitado pela parte interessada no sigilo, porquanto é direito delas não informar o que ficaram sabendo no exercício da sua profissão.

Art. 208. Não se deferirá o compromisso a que alude o art. 203 aos doentes e deficientes mentais e aos menores de 14 (quatorze) anos, nem às pessoas a que se refere o art. 206.

Vide: art. 214, CPP e art. 3º, CC

1. **Impedimento de compromisso.** Não se defere compromisso às pessoas mencionadas no artigo, que são reconhecidas como "testemunhas não compromissadas" ou "informantes" pela doutrina e jurisprudência. Essas pessoas não se incluem nas regras que estabelecem o número máximo de testemunhas que podem ser arroladas por cada parte, conforme o procedimento (arts. 398, 417, 421 e 539 do CPP). O deferimento de compromisso à pessoa que não poderia prestá-lo, não vicia a ação penal, configurando mera irregularidade, conforme já julgou o STJ.[202]

2. **Informante e falso testemunho.** Segundo a doutrina mais antiga,[203] o informante também está sujeito às penas do falso testemunho, caso venha a fazer afirmação mendaz, negando a verdade ou a calando. Esse segmento sustenta que o tipo penal do falso testemunho não faz distinção entre as "testemunhas" que prestam compromisso e aquelas que não. Ademais, argumenta-se, se fosse dada aos dispensados de prestar compromisso a possibilidade de eximirem-se do dever de dizer a verdade, inútil seria permitir-lhes ou determina-lhes o depoimento, conforme estabelece o art. 206 do CPP. Porém, atualmente o entendimento jurisprudencial majoritário é no sentido de que o falso testemunho é crime próprio da "testemunha compromissada". Ademais, a lei não pode ter a pretensão de se sobrepor à influência afetiva decorrente da relação de parentesco,[204] pois nes-

---

[201] Apelação Criminal nº 000.305.701-5/00, 1ª Câmara Criminal do TJMG, Rel. Tibagy Salles. j. 06.05.2003.
[202] Habeas Corpus nº 11896/RJ, 6ª Turma do STJ, Rel. Min. Fernando Gonçalves. j. 27.06.2000.
[203] Por todos: HUNGRIA, Nelson. *Comentários ao Código Penal*. 2.ª ed. Rio de Janeiro: Forense, 1959, V. IX, p. 475 e 485.
[204] Recurso Especial nº 76634/MG, 6ª Turma do STJ, Rel. Min. Anselmo Santiago. j. 01.12.1997. No mesmo sentido: Habeas Corpus nº 2002.059.01531, 8ª Câmara Criminal do TJRJ, Rel. Des. Servio Tulio Vieira. j. 16.05.2002).

ses casos verificar-se-ia, no mínimo, a excludente da inexigibilidade de conduta diversa, a afastar conceito de crime no caso de declaração mendaz feita, por exemplo, pelo irmão do acusado, em favor a ele.

Art. 209. O juiz, quando julgar necessário, poderá ouvir outras testemunhas, além das indicadas pelas partes.

§ 1º Se ao juiz parecer conveniente, serão ouvidas as pessoas a que as testemunhas se referirem.

§ 2º Não será computada como testemunha a pessoa que nada souber que interesse à decisão da causa.

Vide: arts. 398, parágrafo único, e 407, CPP.

1. **Testemunha do juízo e testemunhas referidas**. A rigor, todas as testemunhas são do juízo, em virtude do princípio da comunhão das provas (vide comentários ao art. 157), portanto incorreta a nomenclatura "testemunha do juízo" consagrada na doutrina e jurisprudência. Entretanto, o fato é que ouvir testemunhas de ofício é decorrência direta do poder instrutório do juiz e dos motivos que lhe informam, como a busca da verdade real e a realização da justiça humanamente possível (vide comentários ao art. 155). Esse procedimento, contudo, é uma faculdade do magistrado, estando, portanto, sujeito ao seu prudente poder discricionário, devendo-se ter em mente o caráter excepcional da medida, em virtude da bipartição do ônus da prova entre as partes. Mirabete[205] recomenda que essas testemunhas devam ser ouvidas ao término da produção das provas requeridas pelas partes, entretanto discorda-se desse entendimento, pois, sempre que possível, elas devem ser ouvidas após as testemunhas de acusação, permitindo que a prova arrolada pela defesa a contradite ou corrobore. Evidentemente que nem sempre isso será possível, pois as pessoas ouvidas de ofício geralmente são as "testemunhas referidas" pelas outras que já depuseram. Assim, se a pessoa for referida por testemunha arrolada pela defesa, somente poderá ser ouvida de ofício ou a pedido das partes após o término da instrução, antes do julgamento (art. 502 do CPP). De qualquer modo, da testemunha que será ouvida de ofício deve ser dada ciência prévia às partes, para eventual exercício do direito a contradita, sob pena nulidade, acaso demonstrado o prejuízo.[206]

2. **Testemunhas não computadas**. Evidentemente, se a pessoa nada souber que interesse à solução da lide, não pode ser dada à conta de testemunha propriamente dita, não se incluindo, pois, nas regras que estabelecem o número máximo de testemunhas que podem ser arroladas por cada parte, conforme o procedimento que norteia a espécie (arts. 398, 417, 421 e 539 do CPP).

Art. 210. As testemunhas serão inquiridas cada uma de per si, de modo que umas não saibam nem ouçam os depoimentos das outras, devendo o juiz adverti-las das penas cominadas ao falso testemunho.

Vide: art. 40, CPP e art. 342, CP.

1. **Depoimentos separados**. Visa à incomunicabilidade do testemunho (e não da testemunha), garantindo espontaneidade, ao evitar que a testemunha sucessora seja influenciada, por qualquer motivo, a mudar suas declarações em face do conteúdo do testemunho antecedente, preservando-lhe a originalidade. Entretanto, segundo remansosa jurisprudência, a não observância do dispositivo constitui mera irregularidade, incapaz de acarretar a nulidade do processo, salvo se tenha causado prejuízo para as partes.[207]

2. **Advertência à testemunha**. É feita logo após o compromisso de prestar a verdade, sua ausência também é considerada mera irregularidade e a consumação do crime de falso testemunho também não está condicionada à efetiva realização da formalidade (vide comentários ao art. 203).

Art. 211. Se o juiz, ao pronunciar sentença final, reconhecer que alguma testemunha fez afirmação falsa, calou ou negou a verdade, remeterá cópia do depoimento à autoridade policial para a instauração de inquérito.

Parágrafo único. Tendo o depoimento sido prestado em plenário de julgamento, o juiz, no caso de proferir decisão na audiência (art. 538, § 2º), o tribunal (art. 561), ou o conselho de sentença, após a votação dos quesitos, poderão fazer apresentar imediatamente a testemunha à autoridade policial.

Vide: art. 40, CPP e art. 342, CP. O art. 561 foi revogado pela Lei 8.658/1993.

1. **Requisição de inquérito policial por falso testemunho**. É dever do juiz toda vez que, ao senten-

---

[205] MIRABETE, Julio Fabbrini. *Código de Processo Penal Interpretado*. São Paulo: Atlas, 2000, p. 493.

[206] Nesse sentido, *contrario sensu*: Recurso Ordinário em Habeas Corpus nº 1436/SP, 5ª Turma do STJ, Rel. Min. Assis Toledo. j. 02.10.1991.

[207] Nesse sentido: Apelação Criminal nº 2000.05.00.030152-0/PB, 2ª Turma do TRF da 5ª Região, Rel. Des. Fed. Petrucio Ferreira, j. 13.02.2001.

ciar, reconhecer que testemunha faltou deliberadamente com a verdade. Existem três grandes correntes sobre o momento para a propositura da ação penal por falso testemunho: 1ª) sustenta que a ação penal de crime de falso testemunho só poderá iniciar-se após ser proferida sentença no processo em que foi cometido o delito, sem que haja a necessidade de que tenha transitado em julgado. O argumento é que até a sentença a testemunha poderá retratar-se, (§ 3º do art. 342 do CP), conforme antigo precedente do STJ;[208] 2ª) entretanto, decisão mais recente do STJ concluiu que a ação penal pode ser iniciada antes da sentença final no processo em que foi cometido o delito, pois a retratação é causa de extinção da punibilidade, não afastando o cometimento do crime (nesse enfoque, a culpabilidade é vista apenas como pressuposto para a aplicação da pena). Assim, a denúncia pode ser oferecida, mas a condenação pelo falso testemunho não pode ser proferida antes de exaurida a oportunidade de retratação no processo original em que houve o falso testemunho.[209] Ou seja, há uma condição resolutiva da punibilidade e não uma condição de procedibilidade da ação penal. 3ª) semelhante à segunda corrente, é sustentada por Nelson Hungria,[210] apenas preconizando que a ação penal pelo falso testemunho seja processada em conjunto com ação original em que o delito foi cometido, com um só julgamento, em virtude da conexão. Anota-se, por outro lado, que, na hipótese de crime de competência do Tribunal do Júri, alguns julgados entendem que a retratação prevista no § 3º do art. 342 do CP deve ser oferecida até a decisão proferida na fase da pronúncia.[211] Outros entendem que só no julgamento em plenário é que se define se houve ou não o delito, quando os jurados forem questionados a respeito do falso testemunho.[212] Por fim, se o falso testemunho for prestado em depoimento colhido por meio de carta precatória, o STF, em julgamento feito no ano de 1951, decidiu que o competente seria o juízo deprecado. Essa decisão foi criticada por Hungria, o qual, coerente com a sua posição adrede exposta, obtemperou que, conquanto o crime de falso testemunho tenha natureza formal, consumando-se no momento da prestação do depoimento falso, o seu objeto jurídico é a Administração da Justiça, motivo pelo qual deve ser julgado pelo órgão jurisdicional atingido pela conduta criminosa do agente. Tanto é assim, que atualmente é pacífico o entendimento de que compete à Justiça Federal processar e julgar crime de falso testemunho praticado em detrimento da administração da Justiça Eleitoral e Trabalhista (vide Súmula 165 do STJ).[213]

2. **Prisão em flagrante por falso testemunho.** Se o falso testemunho for prestado em processo de competência do juiz singular, este poderá, no caso de proferir decisão na audiência (art. 538, § 2º, do CPP), fazer apresentar imediatamente a testemunha à autoridade policial. A mesma providência poderá ser adotada pelo Tribunal, logo após a sua decisão, se o depoimento falso for prestado em sessão plenária. Se a testemunha depuser falsamente perante o Tribunal do Júri, o falso deverá ser objeto de quesitação ao Conselho de Sentença, para viabilizar a imediata apresentação da testemunha à autoridade policial. Guilherme de Souza Nucci,[214] entretanto, entende que no crime de falso testemunho existe uma condição especial para compor a tipicidade, que é o efetivo prejuízo à administração da justiça, e que, portanto, não seria possível a prisão em flagrante da pessoa cujo testemunho foi dado como falso. Além disso, invocando os magistérios de Adriano Marrey e Alberto Silva Franco, entende que há um interregno razoável entre o falso depoimento e momento da ordem de prisão, o que descaracterizaria a situação de flagrante.

Art. 212. As perguntas das partes serão requeridas ao juiz, que as formulará à testemunha. O juiz não poderá recusar as perguntas da parte, salvo se não tiverem relação com o processo ou importarem repetição de outra já respondida.

Vide: art. 468, CPP e art. 416, CPC.

1. **Perguntas das partes.** Após fazer as perguntas que entender necessárias, o juiz deve permitir que as partes, por meio de questionamento indireto, façam perguntas à testemunha. Primeiramente, faz a pergunta a parte que arrolou a testemunha e depois a parte contrária. A interferência do magistrado nas perguntas visa a impedir que a parte induza a resposta

---

[208] REsp 2452 / SP , 6ª Turma do STJ, Rel. Ministro Carlos Thibau. j. 18/09/1990.

[209] Recurso Ordinário em Habeas Corpus nº 14080 – SC, 5ª Turma do STJ, Rel. Min. Gilson Dipp. j. 22/04/2003.

[210] HUNGRIA, Nelson. *Comentários ao Código Penal*, 8ª ed. Rio de Janeiro: Forense, Vol. V, p. 486.

[211] Nesse sentido: Apelação Criminal nº 20000410022614 (154604), 1ª Turma Criminal do TJDFT, Rel. Des. Natanael Caetano. j. 14.03.2002.

[212] Nesse sentido: Habeas Corpus nº 70000536573, 3ª Câmara Criminal do TJRS, Porto Alegre, Rel. Des. Saulo Brum Leal. j. 17.02.2000.

[213] Nesse sentido: Conflito de Competência nº 35885/SE (2002/0076437-6), 3ª Seção do STJ, Rel. Min. Vicente Leal. j. 13.11.2002.

[214] NUCCI, Guilherme de Souza. *Código de Processo Penal Comentado*. 3ª ed. São Paulo: Revista dos Tribunais, 2004. p. 433.

da testemunha, mediante perguntas impertinentes, capciosas e intimidativas, ou que visem humilhar ou confundir a testemunha. Entretanto, na praxe cotidiana, esse procedimento revela-se burocrático e não raras vezes constrangedor para a testemunha, que, após ouvir a pergunta, tende, naturalmente, a respondê-la à parte questionadora, momento em que é advertida pelo magistrado que não deve responder. Sem embargo, em ato contínuo, o magistrado lhe faz a mesma pergunta, exigindo-lhe a resposta! Melhor seria que, a respeito, fosse dado mais um passo em direção ao sistema acusatório puro, da tradição anglo-americana, no qual, como ensina Antônio Magalhães Gomes Filho,[215] as perguntas são feitas diretamente pelas partes, cabendo ao juiz a tarefa de supervisor, indeferindo as perguntas impertinentes, determinando a reformulação das perguntas sugestionadoras e advertindo as partes para que atentem ao *fair trial*. Esse, aliás, é o procedimento adotado no Procedimento do Júri brasileiro (art. 467 do CPP). O eventual indeferimento de pergunta deve ser feito com extrema parcimônia, pois o magistrado não sabe qual a estratégia da parte, que pode, legitimamente, estabelecer um determinado roteiro de perguntas que visa primeiramente comprometer a testemunha com respostas periféricas para gradualmente fazê-la descortinar a verdade essencial sobre os fatos investigados. Se a parte não se conformar com o indeferimento de pergunta, tem o direito de solicitar que ela seja consignada em ata para, posteriormente, em eventual recurso, suscitar perante o Tribunal o cerceamento de defesa ou de acusação. Na prática cotidiana, geralmente são indeferidas as denominadas reperguntas, por meio da qual a parte, inconformada pela resposta dada pela testemunha a uma pergunta, repete o questionamento de outra forma, tentando induzi-la à resposta desejada.

Art. 213. O juiz não permitirá que a testemunha manifeste suas apreciações pessoais, salvo quando inseparáveis da narrativa do fato.

1. **Objetividade no depoimento**. Mercê da imparcialidade que deve ser o seu mote, a testemunha deve narrar fatos e circunstâncias dos quais tem conhecimento de forma objetiva, evitando expressar sua opinião pessoal ou a sua visão idiossincrática, salvo se isso estiver intrinsecamente ligado ao fato por ela narrado, como se sucede com a denominada "testemunha abonatória" (vide comentário no pórtico desse Capítulo).

Art. 214. Antes de iniciado o depoimento, as partes poderão contraditar a testemunha ou argüir circunstâncias ou defeitos, que a tornem suspeita de parcialidade, ou indigna de fé. O juiz fará consignar a contradita ou argüição e a resposta da testemunha, mas só excluirá a testemunha ou não lhe deferirá compromisso nos casos previstos nos arts. 207 e 208.

Vide: art. 414, § 1º, CPC.

1. **Contradita**. Antes de iniciado o depoimento, será indagado à testemunha sobre sua qualificação, argüindo-lhe a incapacidade, suspeição ou impedimento. Sob pena de preclusão,[216] este é o momento adequado para que a parte contradite a testemunha, pugnando por sua exclusão, por não poder depor (art. 207 do CPP), ou que não preste compromisso, por ser considerada, por lei, apenas informante (art. 208 do CPP). Feita a argüição, está será consignada em ata, abrindo questão incidental que deve ser resolvida na própria audiência. Nesse momento, o juiz deve perguntar à testemunha se a contradita procede, consignando em ata a resposta dada. De imediato, o juiz deve decidir se aceita a contradita. Caso julgue-a procedente, *deve* excluir a testemunha impedida de depor, mas pode ouvi-la informante, sem deferir-lhe o compromisso de falar a verdade. Caso julgue improcedente a argüição, ouvirá a pessoa normalmente, na condição de testemunha, deferindo-lhe o compromisso. Em que pese a contradita geralmente se dê em face de testemunha arrolada pelo adversário, nada impede que a própria parte que a arrolou evidencie ao juiz as circunstâncias ou defeitos, que a tornem suspeita de parcialidade ou indigna de fé.

2. **Parentes da vítima**. Os artigos 206 e 208 do CPP não excluem do dever de testemunhar os parentes do ofendido, que são ouvidos sob compromisso e serão valorizados dentro do contexto probatório, aliás como todos os outros meios de prova. Entretanto, na lida forense, verifica-se que em alguns processos criminais os juízes partem do pressuposto de que os parentes da vítima são suspeitos e não lhe tomam compromisso, praticando indevida interpretação analógica aos referidos dispositivos legais, que somente disciplinam a situação de ascendente ou descendente, afim em linha reta, cônjuge, ainda que desquitado, e irmão, frisa-se, do acusado. Pode-se obtemperar que não influi no convencimento do magistrado o fato do depoimento ser prestado na condição de "testemunha" ou de "informante", pois o que importa é a credibilidade que ele transmite. Sucede que a questão

---

[215] GOMES FILHO, Antônio Magalhães. *Direito à prova no processo penal.* São Paulo: Revista dos Tribunais 1997, p. 139.

[216] Nesse sentido: Apelação Criminal nº 000.282.136-1/00, 3ª Câmara Criminal do TJMG, Rel. Gomes Lima. j. 15.04.2003. Ainda: Habeas Corpus nº 68894 / RS, 2ª Turma, Rel. Min. Marco Aurélio. j. 14/04/1992.

tem importante reflexo na esfera penal, pois o ilegal procedimento adotado poderá impedir a responsabilização por falso testemunho (vide nota ao art. 203). Ademais, prejudica a instrução probatória, pois permite que os parentes da vítima prestem declarações sem compromisso com a realidade dos fatos. Se o parente da vítima for efetivamente indigno de fé, cumprirá à parte contraditá-lo, mas isto não significa que esteja necessariamente impedido de depor como testemunha.[217]

Art. 215. Na redação do depoimento, o juiz deverá cingir-se, tanto quanto possível, às expressões usadas pelas testemunhas, reproduzindo fielmente as suas frases.

1. **Redação do depoimento**. Na grande maioria das comarcas brasileiras, o depoimento da testemunha é ditado pelo magistrado ao escrevente, que o datilografa no termo. Nesse procedimento, o juiz deve ter o especial cuidado de evitar expressões técnicas ou rebuscadas, próprias da linguagem e da lingüística dos juristas, ao reverso, deve procurar manter-se fiel às palavras e expressões da testemunha a ponto de, sempre que possível, reproduzir as frases dela, descendo ao nível coloquial, no intuito de não lhe deturpar o depoimento. Infelizmente, esse cuidado nem sempre é observado, pois, afora os problemas de interpretação do pensamento exposto, alguns juízes – quer na intenção de reproduzir apenas o que lhes "parece essencial", quer em indevida demonstração de erudição, tentando "traduzir" a fala da testemunha para o dialeto dos juristas, o "juridiquês" – acabam por tirar a originalidade do depoimento, não raro prejudicando as partes. Felizmente, os inconvenientes do arcaico método, previsto no artigo em comento, já foram superados em grande parte das comarcas, as quais já estão dotadas dos serviços de taquigrafia ou estenotipia (métodos de escrita abreviada e simplificada, nos quais se utilizam sinais que permitem reproduzir a fala de modo exato e com rapidez), perfeitamente possíveis de serem utilizados no processo penal, uma vez que autorizados pelos arts. 170, 279 e 417 do CPC, conforme autoriza o artigo 3º do CPP.[218]

Art. 216. O depoimento da testemunha será reduzido a termo, assinado por ela, pelo juiz e pelas partes. Se a testemunha não souber assinar, ou não puder fazê-lo, pedirá a alguém que o faça por ela, depois de lido na presença de ambos.

1. **Redução a termo**. É a coleta do depoimento da testemunha, por escrito, em um documento que formaliza o ato processual.

2. **Assinatura do termo**. O termo deve ser assinado por todos os presentes ao ato. A falta de assinatura no termo, de algum dos presentes, não constitui nulidade processual, mas irregularidade que pode ser sanada mediante certidão nos autos, determinada pelo magistrado que colheu o depoimento,[219] se não o for, a omissão da formalidade (art. 564, IV, do CPP) somente anulará o depoimento se for demonstrado o prejuízo (art. 563 do CPP) e se for argüida no tempo oportuno (art. 572, I, do CPP). Se a testemunha recusa-se a assinar o termo de depoimento, tal circunstância deve ser consignada pelo magistrado na ata da audiência, se possível indicando os motivos apresentados. Quando se trata de testemunha analfabeta ou que não tenha, por qualquer motivo, condições de assinar, o artigo determina que outra pessoa lhe assine a rogo, devendo, antes, o termo ser lido na presença de ambos. Na hipótese de uso de taquigrafia ou estenotipia, a requerimento do depoente ou de qualquer das partes, o juiz pode determinar que o taquigrafista ou estenotipista leia o contido no termo, afastando o temor de equívocos involuntários.

Art. 217. Se o juiz verificar que a presença do réu, pela sua atitude, poderá influir no ânimo da testemunha, de modo que prejudique a verdade do depoimento, fará retirá-lo, prosseguindo na inquirição, com a presença do seu defensor. Neste caso deverão constar do termo a ocorrência e os motivos que a determinaram.

Vide: arts. 497, VI, e 796 do CPP.

1. **Retirada do réu da sala de audiências**. É medida excepcional preconizada pelo CPP toda vez que existam indícios ou a testemunha diga que se sente constrangida com a presença do acusado. O procedimento visa a resguardar a verdade material, garantindo que as testemunhas sintam-se à vontade nos depoimentos prestados ao juízo, sem qualquer receio ou temor. A medida não ofende a Constituição, uma vez que o direito à ampla defesa e ao contraditório é devidamente assegurado com a permanência do de-

---

[217] Nesse sentido: Embargos de Declaração em Embargos Infringentes nº 2002.077.00026, 3ª Câmara Criminal do TJRJ, Rel. Des. Indio Brasileiro Rocha. j. 10.09.2002.

[218] Nesse sentido: Habeas Corpus nº 70172/SP, 1ª Turma do STF, Rel. Min. Moreira Alves. j. 23.03.1993, DJU 30.04.93.

[219] Nesse sentido: Recurso Ordinário em Habeas Corpus nº 13719/MA (2002/0161839-5), 6ª Turma do STJ, Rel. Min. Hamilton Carvalhido. j. 20.03.2003, que cita precedente do STF (HC 67.979/GO).

fensor no recinto, o qual, sendo necessário, poderá entrevistar-se com o réu a qualquer momento.[220]

Art. 218. Se, regularmente intimada, a testemunha deixar de comparecer sem motivo justificado, o juiz poderá requisitar à autoridade policial a sua apresentação ou determinar seja conduzida por oficial de justiça, que poderá solicitar o auxílio da força pública.

Vide: arts. 201, parágrafo único, e 453 do CPP e art. 330 do CP.

1. **Intimação regular.** Doutrinariamente, há distinção entre intimações e notificações, muito embora o Código de Processo Penal, vez ou outra, faça uso de ambos os termos como se sinônimos fossem. Nesse diapasão, Capez[221] define intimação como a "ciência dada à parte, no processo, da prática de um ato, despacho ou sentença. Refere-se ela, portanto, ao passado, ao ato já praticado". Para o referido autor, notificação é a "comunicação dada a parte ou a outra pessoa, do lugar, dia e hora de um ato processual a que deve comparecer. Refere-se ao futuro, ao ato que vai ser praticado". A testemunha deve ser intimada como determina a lei, caso contrário não poderá ser conduzida ou sofrer as sanções previstas no artigo 219 do CPP. Como o Código silencia a respeito, a intimação pode ser feita a qualquer hora do dia ou da noite. Entretanto, a praxe, fundada no bom-senso e o sagrado respeito à inviolabilidade do domicílio (art. 5°, XI da CF), determina que, sem consentimento do morador, o ato apenas se realize durante o dia.

2. **Condução coercitiva.** O art 202 do CPP impõe a toda pessoa o dever de comparecer e de servir como testemunha. Mesmo aquelas pessoas proibidas de prestar testemunho (art. 207 do CPP) não podem se eximir de comparecer, ainda que seja para invocar a exceção prevista. Se a testemunha regularmente intimada nao comparecer e não apresentar motivo justificado, o juiz poderá determinar sua imediata apresentação por autoridade policial ou a sua condução coercitiva por oficial de justiça, "sob vara". A expressão surgiu porque na Roma antiga os juízes usavam varas para sinalizar seu poder. Esse costume foi trazido para o Brasil pelos colonizadores portugueses, assim, quando alguém se recusava a atender uma convocação judicial, os juízes ameaçavam os renitentes com o poder de suas "varas". Na prática forense, em virtude do grande número de audiências marcadas para o mesmo dia, há a praxe de determinar-se a condução compulsória da testemunha para outro dia, evitando-se o atraso da pauta.

Art. 219. O juiz poderá aplicar à testemunha faltosa a multa prevista no art. 453, sem prejuízo do processo penal por crime de desobediência, e condená-la ao pagamento das custas da diligência. (Redação dada pela Lei nº 6.416, de 24.5.1977)

1. **Sanções cabíveis à testemunha faltosa.** Além de ser conduzida compulsoriamente, a testemunha faltosa poderá ser condenada a pagar uma multa (na realidade inaplicável, pois não houve atualização do seu valor) e as custas da diligência.

2. **Crime de desobediência.** As sanções previstas nos artigos 218 e 219 do CPP somente são cabíveis quando a ausência ao ato judicial ocorre sem razão alguma. Desse modo, a simples ausência da testemunha na audiência para a qual foi intimada regularmente não representa, *prima facie*, a prática do crime de desobediência. Portanto, é de bom alvitre que o juiz determine a sua condução e, antes de requisitar a instauração de inquérito policial pela desobediência, ouvir as razões que ela tem a oferecer para justificar a ausência, conferindo se efetivamente houve a intenção de menoscabo à ordem judicial. Nesse toar, o TJRS[222] inclusive já decidiu que a testemunha faltosa somente deve ser processada pelo delito de desobediência depois de esgotadas todas as medidas previstas em lei, tais como condução coercitiva e multa. O STJ, contudo, já decidiu que o mero desatendimento à notificação judicial autoriza a instauração de processo penal contra a testemunha faltosa, sendo que eventual ausência de dolo será objeto da investigação criminal.[223]

Art. 220. As pessoas impossibilitadas, por enfermidade ou por velhice, de comparecer para depor, serão inquiridas onde estiverem

Vide: art. 792, § 2° do CPP.

1. **Testemunhas impossibilitadas de comparecer ao fórum.** Em virtude de senilidade e/ou enfermidade comprovadas, devem ser ouvidas no local onde estiverem, para lá se deslocando o juiz, devidamente acompanhado das partes, as quais serão previamente notificadas da providência.

---

[220] Nesse sentido: Habeas Corpus nº 74931-3/SP, 1ª Turma do STF, Rel. Min. Ilmar Galvão. j. 25.03.1997.

[221] CAPEZ, Fernando. *Curso de Processo Penal.* 12ª ed. São Paulo: Saraiva, 2005, p. 555.

[222] Apelação-Crime nº 70005618418, 4ª Câmara Criminal do TJRS, Rel. Des. Gaspar Marques Batista. j. 26.06.2003.

[223] Recurso Ordinário em Habeas Corpus nº 4426/MG, 5ª Turma do STJ, Rel. Min. Edson Vidigal. j. 03.05.1995.

Art. 221. O Presidente e o Vice-Presidente da República, os senadores e deputados federais, os ministros de Estado, os governadores de Estados e Territórios, os secretários de Estado, os prefeitos do Distrito Federal e dos Municípios, os deputados às Assembléias Legislativas Estaduais, os membros do Poder Judiciário, os ministros e juízes dos Tribunais de Contas da União, dos Estados, do Distrito Federal, bem como os do Tribunal Marítimo serão inquiridos em local, dia e hora previamente ajustados entre eles e o juiz. (Redação dada pela Lei nº 3.653, de 4.11.1959)

§ 1º O Presidente e o Vice-Presidente da República, os presidentes do Senado Federal, da Câmara dos Deputados e do Supremo Tribunal Federal poderão optar pela prestação de depoimento por escrito, caso em que as perguntas, formuladas pelas partes e deferidas pelo juiz, lhes serão transmitidas por ofício. (Redação dada pela Lei nº 6.416, de 24.5.1977)

§ 2º Os militares deverão ser requisitados à autoridade superior. (Redação dada pela Lei nº 6.416, de 24.5.1977)

§ 3º Aos funcionários públicos aplicar-se-á o disposto no art. 218, devendo, porém, a expedição do mandado ser imediatamente comunicada ao chefe da repartição em que servirem, com indicação do dia e da hora marcados. (Incluído pela Lei nº 6.416, de 24.5.1977)

1. **Autoridades com audiência ajustada e o depoimento por escrito.** Diante da complexidade e alta relevância dos cargos que ocupam, as autoridades mencionadas no caput do art. 221, quando obrigadas a depor,[224] poderão fazê-lo em local, dia e hora previamente ajustados entre elas e o juiz, de modo que possam compatibilizar as suas agendas com a pauta do magistrado. Já os Chefes de Poderes da União e o Vice-Presidente da República poderão, inclusive, optar pelo "depoimento escrito", em clara exceção ao princípio da oralidade (art. 204 do CPP). Nesse caso, as perguntas formuladas pelas partes, dês que deferidas pelo juiz, serão transmitidas às referidas autoridades mediante ofício. Tourinho Filho censura a forma de depoimento disciplinada pelo § 1º do art. 221, sustentando que ela viola o princípio do contraditório e da ampla defesa, na medida em que falta no depoimento escrito a bilateralidade comunicacional, que é inerente ao contraditório.[225] Aliás, o denominado "depoimento escrito" impede que a espontaneidade e a autenticidade do depoimento sejam conferidas, praticamente impossibilitando, outrossim, as reperguntas pelas partes.

2. **Depoimentos de militares e funcionários públicos.** O juiz, preservando o regime e disciplina castrense, expedirá ofício requisitório diretamente ao superior da testemunha que for militar, que fará chegar a comunicação ao destinatário. O militar superior, salvo por motivo relevante, deve autorizar o comparecimento do subordinado no dia e hora marcados, sob pena de responder por crime de desobediência (art. 330 do CP), pois a requisição é uma ordem judicial. Já o funcionário público será intimado normalmente, contudo, visando a evitar que a falta dele traga danos ao serviço público e também no intuito de possibilitar a sua substituição, deve-se proceder a comunicação de seu superior hierárquico sobre o dia e hora marcados.

Art. 222. A testemunha que morar fora da jurisdição do juiz será inquirida pelo juiz do lugar de sua residência, expedindo-se, para esse fim, carta precatória, com prazo razoável, intimadas as partes.

§ 1º A expedição da precatória não suspenderá a instrução criminal.

§ 2º Findo o prazo marcado, poderá realizar-se o julgamento, mas, a todo tempo, a precatória, uma vez devolvida, será junta aos autos.

Vide: Súmula 155 do STF.

1. **Testemunho por precatória.** Não se deve impor sacrifícios ou sérios incômodos às pessoas chamadas à colaborar com o Judiciário como testemunhas. Por tal motivo, quando arrolada alguma testemunha que resida fora da jurisdição do juiz da causa, ela deve ser ouvida por precatória expedida ao juiz do local em que reside. O juiz fixará o prazo de cumprimento da precatória, entretanto a expedição da carta não suspenderá o andamento do processo. Assim, ainda que passado o prazo para o cumprimento dela, o juiz poderá sentenciar sem o seu cumprimento e devolução. Nessa hipótese, a carta precatória deverá ser juntada posteriormente aos autos. O artigo é claro, quando se expede a carta precatória é necessária a intimação das partes, sendo prescindível a intimação da data em que será realizada a audiência no juízo deprecado (vide Súmula 273 do STJ). E mais, a própria falta de intimação da expedição da carta é considerada nulidade relativa, devendo a parte comprovar o prejuízo, conforme Súmula 155 do

---

[224] Conforme o disposto no § 6º do art. 53 da CF, deputados e senadores "não serão obrigados a testemunhar sobre informações recebidas ou prestadas em razão do exercício do mandato, nem sobre as pessoas que lhes confiaram ou deles receberam informações".

[225] TOURINHO FILHO, Fernando da Costa. *Processo Penal*. 25ª ed. São Paulo: Saraiva, 2003, V. 3, p. 307.

STF. As mesmas regras valem para a carta rogatória e podem ser aplicadas ao inquérito policial.

Art. 223. Quando a testemunha não conhecer a língua nacional, será nomeado intérprete para traduzir as perguntas e respostas.
Parágrafo único. Tratando-se de mudo, surdo ou surdo-mudo, proceder-se-á na conformidade do art. 192.

Vide: art. 193, CPP e arts. 151 a 153, CPC.

1. **Obrigatoriedade do intérprete.** É obrigatória a presença de intérprete no depoimento, se a testemunha não falar ou não entender o idioma nacional. Se a testemunha estrangeira entender razoavelmente o idioma nacional, cabe ao magistrado que interroga auferir se há necessidade ou não de intérprete. Na falta de intérprete do idioma da testemunha, o STJ entendeu, em caso análogo (vide nota ao art. 193), que nada impede que o depoimento se desenrole em língua a ela acessível, permitindo-lhe entender as perguntas, ter ciência de sua situação e fornecer respostas. O intérprete deve prestar compromisso legal e tem os mesmos impedimentos dos peritos (art. 281 do CPP). Não pode o Juiz, mesmo sendo conhecedor do idioma estrangeiro, atuar como intérprete, pois não é perito e esse procedimento impediria as partes de sindicar-lhe a imparcialidade nas perguntas.

2. **Depoimento de surdo-mudo**: vide nota ao art. 192 do CPP.

Art. 224. As testemunhas comunicarão ao juiz, dentro de 1 (um) ano, qualquer mudança de residência, sujeitando-se, pela simples omissão, às penas do não-comparecimento.

Vide: arts. 218, 219, 417, § 2º, 421, parágrafo único, 502, parágrafo único, e 616 do CPP.

1. **Comunicação de mudança de residência.** Como dito anteriormente, residência é uma relação de fato, que se traduz na presença constante da pessoa no local em que habita (vide comentário ao art. 187). Se mudar de residência no período de um ano a contar da data do seu depoimento, a testemunha deve comunicar o juízo, em virtude da possibilidade de ser ouvida novamente no curso do processo (arts. 417, § 2º, 421, parágrafo único, 502, parágrafo único, e 616 do CPP). O alerta sobre a obrigação legal, todavia, não é de praxe na lida forense, e, em não ocorrendo, não sujeitará a testemunha às penas do não-comparecimento (arts. 218 e 219 do CPP), pois não há, na hipótese, razoabilidade em esgrimir com a presunção do conhecimento da lei.

Art. 225. Se qualquer testemunha houver de ausentar-se, ou, por enfermidade ou por velhice, inspirar receio de que ao tempo da instrução criminal já não exista, o juiz poderá, de ofício ou a requerimento de qualquer das partes, tomar-lhe antecipadamente o depoimento.

Vide: art. 202 do CPP e arts. 846 a 851 do CPC.

1. **O depoimento *ad perpetuam rei memoriam*.** Procura afastar o *periculum in mora*, assegurando a eficácia e a efetividade do processo mediante a inquirição prévia da testemunha, quando houver risco de perder a prova no aguardo do momento próprio para produzi-la. Comprovada a necessidade de antecipação da prova, o juiz pode colher o depoimento da testemunha a requerimento das partes ou de ofício. Nessa última hipótese, atuará em evidente demonstração do seu poder geral de cautela.

CAPÍTULO VII
DO RECONHECIMENTO DE PESSOAS E COISAS

Art. 226. Quando houver necessidade de fazer-se o reconhecimento de pessoa, proceder-se-á pela seguinte forma:
I – a pessoa que tiver de fazer o reconhecimento será convidada a descrever a pessoa que deva ser reconhecida;
II – a pessoa, cujo reconhecimento se pretender, será colocada, se possível, ao lado de outras que com ela tiverem qualquer semelhança, convidando-se quem tiver de fazer o reconhecimento a apontá-la;
III – se houver razão para recear que a pessoa chamada para o reconhecimento, por efeito de intimidação ou outra influência, não diga a verdade em face da pessoa que deve ser reconhecida, a autoridade providenciará para que esta não veja aquela;
IV – do ato de reconhecimento lavrar-se-á auto pormenorizado, subscrito pela autoridade, pela pessoa chamada para proceder ao reconhecimento e por duas testemunhas presenciais.
Parágrafo único. O disposto no nº III deste artigo não terá aplicação na fase da instrução criminal ou em plenário de julgamento.

Vide: art. 6º, VI, do CPP.

1. **Natureza jurídica e definição.** É meio de prova, definido como sendo o procedimento pelo qual alguém é chamado para verificar e confirmar a identidade de uma pessoa ou a qualidade de uma coisa, que lhe é apresentada, com outra que teve contato no

passado, ou seja, há a confrontação de uma percepção sensorial presente com outra pretérita. Na maioria das vezes, o reconhecimento é visual, mas nada impede que alguém reconheça uma pessoa pela voz (audição)[226] ou uma coisa pelo cheiro (olfato), conquanto seja um reconhecimento mais frágil que, necessariamente, deve ser corroborado por outros meios de prova. O reconhecimento pode ser "imediato" quando não há necessidade de análise ou exame detido por parte do reconhecedor, que, de pronto, modo conclusivo, reconhece ou não a pessoa ou coisa que lhe é apresentada. Em contraposição, existe o reconhecimento "analítico", em que o reconhecedor necessita examinar detalhes da pessoa ou coisa que lhe é apresentada para, confrontando-os com a suas reminiscências memoriais para chegar a um resultado, que pode ser conclusivo, reconhecendo, ou não, a pessoa ou coisa, ou pode ser hesitante ou inconclusivo, quando apenas tem a impressão de reconhecer a pessoa ou coisa, sem externar certeza. Além disso, o reconhecimento pode ser "direto", quando o reconhecedor tem contato sensorial (vê, ouve, toca, etc.) imediato com a pessoa ou coisa apresentada, ou "indireto", quanto o contato é feito por intermédio de uma foto, vídeo, gravação, etc.

2. Reconhecimento fotográfico. Não é previsto pelo CPP, sendo, portanto, uma prova atípica ou inominada. Sua idoneidade é reconhecida pela doutrina e jurisprudência que, todavia, condicionam o seu valor probante ao reforço por outros elementos de convicção,[227] pois o reconhecimento fotográfico, isoladamente, não autoriza o desfecho condenatório. Embora não tenha disciplina legal, é recomendável que o reconhecimento fotográfico seja feito em conformidade com o artigo 226, I, do CPP, o que lhe acrescentará credibilidade.

3. Reconhecimento formal. Tourinho Filho[228] acoima o reconhecimento de ser o meio de prova mais falho. De fato, a ação do tempo faz com que a memória perca a intensidade (precisão) e a regularidade (harmonia estrutural), isso sem falar nas más condições de observação no momento do crime ou no próprio ato de reconhecimento, nos erros por semelhança ou, o que sempre é possível, no disfarce do acusado (pintando o cabelo, deixando a barba crescer, etc.), para evitar o reconhecimento. Ciente dessas possíveis condicionantes, a lei brasileira determina uma série de cautelas no procedimento do reconhecimento pessoal, tentando evitar enganos. Nesse sentido, preconiza: a) que inicialmente quem se apresente para a prática do ato seja convidado a descrever a pessoa a ser reconhecida. Procura-se, desse modo, avivar a memória do reconhecedor, a par de possibilitar ao juiz e às partes que acompanhem os motivos do resultado do reconhecimento que em seguida será efetuado; b) a pessoa a ser reconhecida deve ser colocada ao lado de outras que com ela guardem semelhança, a fim de que confirme o reconhecimento, ou não. A medida permite que o reconhecedor estabeleça um padrão de confronto que evite o erro causado pela traição da memória ou até mesmo pela má-fé, dando, no mesmo passo, ao juiz e às partes certeza no reconhecimento que efetua. Note-se que essa medida é uma recomendação legal, pois, como o próprio artigo refere, será adotada "se possível", sendo que, nesse diapasão, o STJ[229] já consignou que ela não é essencial ao reconhecimento; c) se houver razão para recear que o reconhecedor, em virtude de intimidação ou outra influência, não dirá a verdade em face da pessoa que deve ser reconhecida, deve ser providenciado para que esta não veja aquele. Atualmente, por motivos óbvios, esse é o procedimento padrão, o qual deve ser afastado apenas se o reconhecedor o dispensar, preservando, desse modo a eficiência da prova; d) lavratura de auto pormenorizado do ato de reconhecimento, com registro das reações do reconhecedor e das sua manifestações, devendo-se, portanto, evitar autos padronizados. O auto deve ser subscrito pela autoridade, pelo reconhecedor e por duas testemunhas instrumentárias. Esse é o denominado reconhecimento formal, que se não for observado rigorosamente não dará azo, por si só, à anulação do ato, conforme precedente do STF,[230] autorizando a condenação, desde que corroborado por outras provas colhidas em juízo.

4. Reconhecimento informal. Se as formalidades previstas em lei não forem observadas minimamente, estar-se-á diante de um reconhecimento denominado "informal", que, a rigor, é uma prova considerada ilegítima pela doutrina majoritária. Entende-se, contudo, que ela pode ser utilizada, desde que subordinada a um juízo constitucional de licitude, proporcionalidade e razoabilidade (nesse sentido, vide comentário sobre a prova ilícita em nota ao art. 155

---

[226] Sobre o reconhecimento pela voz: Apelação Criminal nº 0232566-4, 4ª Câmara Criminal do TAPR, Rel. Juiz Tufi Maron Filho. j. 05.02.2004. Ainda: Apelação Criminal nº 70003715620, 8ª Câmara Criminal do TJRS, Rel. Des. Nereu José Giacomolli. j. 27.03.2002.
[227] Nesse sentido: Habeas Corpus nº 83921/ RJ, 1ª Turma, Rel. Min. Eros Grau. j. 03/08/2004.
[228] TOURINHO FILHO, Fernando da Costa. *Processo Penal*. 25ª ed. São Paulo: Saraiva, 2003, V. 3, p. 332.
[229] Recurso Ordinário em Habeas Corpus nº 10199/SP (2000/0059140-8), 5ª Turma do STJ, Rel. Min. Gilson Dipp, j. 06.03.2001.
[230] Habeas Corpus nº 73839-7/RJ, 2ª Turma do STF, Rel. Min. Carlos Velloso. j. 29.04.1997. Em sentido contrário: Habeas Corpus nº 75331/SP, 2ª Turma do STF, Rel. Min. Marco Aurélio. j. 02.12.1997, DJU 06.03.98.

do CPP). Em favor da posição aqui defendida, invoca-se precedente do STF,[231] no qual concluiu-se que, se as vítimas ou as testemunhas do evento delituoso apontam, com segurança, o acusado presente na audiência judicial, como o autor do delito, essa prova possui eficácia jurídico-processual idêntica aquela que emerge do reconhecimento efetuado com as formalidades prescritas pelo art. 226 do CPP, mormente quando apoiado em outros elementos de convicção. Vale dizer, o reconhecimento feito *tête à tête*, em audiência, tem a mesma validade do reconhecimento formal. Tourinho Filho,[232] entretanto, não considera esse procedimento um "reconhecimento pessoal", propriamente dito, e sim mais uma das respostas dadas pela vítima ou testemunha em audiência.

5. Reconhecimento em juízo e em plenário do júri. O parágrafo único do artigo em comento estabelece que a cautela que determina o isolamento visual entre a pessoa reconhecedora e a pessoa ser reconhecida, evitando a intimidação ou outra influência, não pode ser adotada na fase da instrução criminal ou em plenário de julgamento. O dispositivo visa a garantir os princípios da publicidade dos atos processuais, contraditório e ampla defesa, permitindo que o acusado tenha conhecimento de todas provas contra si produzidas. No entanto, esse artigo não se demonstra razoável diante da atual realidade brasileira, na qual não se pode exigir, por exemplo, que a vítima confronte seu algoz, somente porque a lei assim o determina, pois isso conduziria inexoravelmente à mentira, e possivelmente ao falso testemunho, ou a atos de heroísmo que o Estado não pode exigir do indivíduo. Então, por não ser razoável, revela-se, inconstitucional o parágrafo único, além de ser incompatível com o objetivo do processo penal, que é chegar o mais próximo possível da verdade real.

Art. 227. No reconhecimento de objeto, proceder-se-á com as cautelas estabelecidas no artigo anterior, no que for aplicável.

1. O reconhecimento de coisa. Deve observar as formalidades previstas para o reconhecimento de pessoa, portanto o reconhecedor deve ser convidado a descrever previamente o objeto, depois, se possível, devem ser colocados objetos semelhantes lado a lado, convidando-se o reconhecedor a apontá-lo, por fim, deve ser lavrado o auto pormenorizado, formalizando o ato probatório. Todavia, nota-se que, no cotidiano forense, geralmente o reconhecimento de objeto é feito de modo informal.

Art. 228. Se várias forem as pessoas chamadas a efetuar o reconhecimento de pessoa ou de objeto, cada uma fará a prova em separado, evitando-se qualquer comunicação entre elas.

1. Reconhecimentos separados. Visa à incomunicabilidade das pessoas chamadas a fazer reconhecimento durante o ato, evitando a influência mútua e preservando a originalidade das manifestações.

CAPÍTULO VIII
DA ACAREAÇÃO

Art. 229. A acareação será admitida entre acusados, entre acusado e testemunha, entre testemunhas, entre acusado ou testemunha e a pessoa ofendida, e entre as pessoas ofendidas, sempre que divergirem, em suas declarações, sobre fatos ou circunstâncias relevantes.

Parágrafo único. Os acareados serão reperguntados, para que expliquem os pontos de divergências, reduzindo-se a termo o ato de acareação.

Vide: arts. 6º, VI, 470 e 538, § 4º, do CPP e art. 418, II, do CPC.

1. Conceito e natureza jurídica. Segundo o léxico,[233] acareação é o ato de por "cara a cara", "frente a frente", pessoas cujas declarações não são concordes, para que expliquem as divergências. No processo penal brasileiro, a acareação pode ser feita de ofício ou a pedido das partes, entre acusados; entre acusado e testemunha; entre acusado e vítima; entre vítimas; entre vítima e testemunha; entre testemunhas. Conquanto permaneça a sua natureza de meio de prova, pois, teoricamente, possibilita a elucidação das divergências detectadas, quando houver a retratação ou retificação da prova oral anteriormente coligida, na realidade dos dias atuais a acareação serve muito mais como um ato instrutório destinado a permitir que autoridade valorize a credibilidade das declarações confrontadas. Ou seja, a acareação tornou-se um instrumento na valorização da prova oral, e não e um meio de prova propriamente dito.

---

[231] Habeas Corpus nº 68819/SP, 1ª Turma do STF, Rel. Min. Celso de Mello. j. 05.11.1991. Ainda: Apelação Crime nº 70006530133, 8ª Câmara Criminal do TJRS, Rel. Des. Sylvio Baptista Neto. j. 08.10.2003.
[232] TOURINHO FILHO, Fernando da Costa. *Processo Penal*. 25ª ed. São Paulo: Saraiva, 2003, V. 3, p. 334.
[233] FERREIRA, Aurélio Buarque de Holanda. *Novo Dicionário Aurélio da Língua Portuguesa*. 3ª ed. Rio de Janeiro: Nova Fronteira, 1999, p. 24.

2. Valor probatório. É praticamente unânime na doutrina e jurisprudência o escasso valor probatório da acareação, visto que raramente as pessoas confrontadas se dispõem a elucidar as contradições, pois, na maioria das vezes, isso implica em desdizer o que foi dito anteriormente. Nada obstante, entende-se que, ainda que não haja retratação ou retificação do que foi dito, o ato pode ser útil, pois a autoridade, no seu contato imediato entre os confrontados, pode perceber quem está ocultando a verdade. Nesse sentido é a ensinança de Asenjo:[234] *"Finalmente se comprende, a la vista de las actitudes y reservas, que ambos contradictores mantienen de parte de cuál de los dos está la verdad que se oculta. El contradictor que está seguro de ella, la afirma y proclama con vehemente acometida afirmando hechos, datos, notas que solo quién vivió la realidad puede conocerlo... Por lo contrario, quién miente se encubre en una intransigente y sospechosa negativa de la que no se atreve a salir por carecer de datos que le justifiquen o defiendan o por temor a incurrir en la fácil contradicción"*. Sem embargo, como Tourinho Filho refere, há que se ter em mente que muitas vezes é o homem de bem que fica nervoso e irritado com a desconfiança da autoridade, enquanto que o mendaz, acostumado às velhacarias, consegue disfarçar com serenidade o seu despudorado cinismo, alheio a tudo que se passa ao seu redor...

3. Faculdade judicial. O artigo, ao dizer que a acareação será admitida, deixa a entender que ela pode não ser aceita, pois o juiz tem liberdade na formação de sua convicção, podendo, portanto, em decisão fundamentada, indeferir a acareação, ainda que haja divergência nas declarações colhidas, tendo em vista que é seu o juízo de conveniência quanto à necessidade de realização do ato, enquanto destinatário primordial da prova e presidente do processo.[235]

4. Faculdade do acusado. O acusado não poderá ser obrigado a participar de acareação, em virtude do preceito *nemo tenetur se detegere* (vide comentário ao artigo 186).

5. Pressupostos e procedimento. A acareação pressupõe que as pessoas que devem ser acareadas já foram ouvidas e que exista uma relevante divergência entre suas declarações. Desse modo, elas devem ser colocadas frente a frente e o magistrado, após lhes esclarecer que entre as suas declarações existem contradições importantes para o processo, deverá pedir que as expliquem os pontos divergentes. Nesse momento, não se deve admitir que as pessoas acareadas simplesmente reiterem o que já disseram, pois devem ser reperguntadas de modo que apontem os motivos que fundamentaram os seus ditos anteriores, devendo as perguntas e respostas ser consignadas em auto pormenorizado.

Art. 230. Se ausente alguma testemunha, cujas declarações divirjam das de outra, que esteja presente, a esta se darão a conhecer os pontos da divergência, consignando-se no auto o que explicar ou observar. Se subsistir a discordância, expedir-se-á precatória à autoridade do lugar onde resida a testemunha ausente, transcrevendo-se as declarações desta e as da testemunha presente, nos pontos em que divergirem, bem como o texto do referido auto, a fim de que se complete a diligência, ouvindo-se a testemunha ausente, pela mesma forma estabelecida para a testemunha presente. Esta diligência só se realizará quando não importe demora prejudicial ao processo e o juiz a entenda conveniente.

Vide art. 222 do CPP.

1. Acareação por precatória. Se uma testemunha que deve ser acareada estiver ausente, o juiz deve dar a conhecer à pessoa presente os pontos de divergência, consignando nos autos as reperguntas e as respostas por esta oferecidas. Se essa pessoa presente (que pode ser a vítima ou o acusado, conquanto o artigo fale apenas em testemunha) satisfazer o magistrado com as suas explicações, não há necessidade de outras providências, caso contrário, persistindo a discordância, a autoridade deve determinar a expedição de precatória para o lugar em que se encontra a testemunha ausente, remetendo as declarações da pessoa presente e o seu auto de acareação, a fim de que no juízo deprecado se complete a diligência, ouvindo-se o ausente do mesmo modo como foi ouvido o presente. Em virtude das pessoas não ficarem cara a cara, não há, na hipótese, uma "acareação" propriamente dita, apenas o confronto de declarações no momento da valorização da prova.

CAPÍTULO IX
DOS DOCUMENTOS

Art. 231. Salvo os casos expressos em lei, as partes poderão apresentar documentos em qualquer fase do processo.

Vide: arts. 400, 406, § 2º, e 475 do CPP.

---

[234] *Apud* TOURINHO FILHO, Fernando da Costa. *Processo Penal*. 25ª ed. São Paulo: Saraiva, 2003, V. 3, p. 338.

[235] Nesse sentido: Recurso Ordinário em Habeas Corpus nº 13980/SP (2003/0010979-6), 5ª Turma do STJ, Rel. Min. Gilson Dipp. j. 25.03.2003.

1. **Natureza jurídica e conceito.** Meio de prova por excelência, documento, em sentido estrito, é qualquer escrito que exprima o pensamento ou vontade de alguém ou registre determinados fatos ou circunstâncias juridicamente relevantes. Em sentido amplo, o conceito de documento compreende fotos, esquemas, gráficos, desenhos, em fim, tudo aquilo que possa ser registrado em um papel. Para além disso, o conceito de documento para o processo penal pode ser ainda mais elástico, abrangendo fitas de vídeo ou áudio, CDs, DVDs, entre outros meios de manifestação que não colocados em base de papel (vide comentário ao art. 475).

2. **Valor da prova documental.** Se for original, o documento deve ser apresentado na íntegra, sem rasuras ou emendas, ou seja, livre de defeitos ou vícios que comprometam a sua credibilidade. As fotocópias e outras reproduções mecânicas somente possuem aptidão probatória quando integrais e autenticadas (arts. 365, III, do CPC, e 232, parágrafo único, do CPP), salvo se não houver controvérsia sobre a autenticidade da reprodução, quando caberá ao juiz valorizá-la, dentro do seu livre convencimento.

3. **Juntada de documentos ao processo.** Pode ser feita a qualquer tempo, conforme o dispositivo em comento, que é roborado pelo art. 400 do CPP, devendo sempre ser providenciada ciência às partes, dando-lhes oportunidade de se manifestação.[236] Entretanto, note-se que essa regra não é absoluta, visto que nos processos de crimes da competência do Tribunal do Júri nenhum documento poderá ser juntado aos autos na fase das alegações finais do *jus accusationes*, conforme inteligência do art. 406, § 2º, do CPP. Sendo que, no mesmo rito, há a proibição de leitura, em plenário do júri, sem aviso da parte contrária, de documentos não juntados aos autos até o prazo constante no art. 475 do CPP. Ademais, o juiz pode indeferir o requerimento de juntada de documentos com nítidos propósitos protelatórios e tumultuários. Por fim, o STJ[237] já decidiu que, ao autorizar a juntada de documento em qualquer fase do processo, o art. 231 do CPP não estende tal permissão para além da publicação da própria sentença, mormente em relação a circunstância agravante, cuja existência deve-se provar até o instante processual da dosimetria da pena (art. 387, I, do CPP).

Art. 232. Consideram-se documentos quaisquer escritos, instrumentos ou papéis, públicos ou particulares.

Parágrafo único. À fotografia do documento, devidamente autenticada, se dará o mesmo valor do original.

Vide: art. 237 do CPP; art. 297, § 2º, do CP; arts. 364 a 389 do CPC e arts. 109, 212, II, 215, 219 a 221, do CC.

1. **Espécies de documentos.** Os documentos que não foram feitos com o propósito de servir de prova, mas que vêm, eventualmente, a exercer tal função, são denominados "papéis" (uma carta, por exemplo). Por outro lado, é denominado "instrumento" o documento feito de uma forma específica exigida em lei, destinado a provar a constituição de um determinado ato jurídico relevante (uma escritura, por exemplo). Os documentos são públicos quando expedidos por funcionário público, em razão do seu ofício, na forma prescrita em lei, os quais possuem presunção de legitimidade.[238] Já os documentos particulares são aqueles produzidos de forma privada, sem qualquer intervenção estatal.

2. **Original e cópia.** Original, do latim *originalis*, significa o que vem da origem, é primitivo, é o primeiro. Na linguagem forense, original é o documento em sua forma genuína, o escrito em que inicialmente se lançou o ato. Cópia advém da expressão latina *copiam dare, copiam efficere*, que exprima a permissão para o *describere*, ou seja, a reprodução, de qualquer modo, do documento original. São espécies de cópia o traslado, a certidão, o registro e a denominada pública-forma. O traslado é a cópia textual e autêntica do que está no documento público, é feito pelo funcionário público competente, representando uma duplicata do original. Certidão é a asseveração, feita pelo funcionário público competente, do que consta em determinado documento público. Registro é a cópia do documento lançada em livro de nota, criado especialmente para tal fim. A pública-forma, conforme ensina Mirabete,[239] significa uma antiga forma de reprodução indireta de documento que está caindo em desuso. Atualmente, assim é denominada a autenticação de cópia reprográfica, ou seja, é a cópia de documento feita por método de reprodução mecânico (xerox, scanner, etc.), autenticada por quem detenha fé pública, método que possui ampla utilização na lide forense, pois tem o mesmo valor probante do original.

---

[236] Nesse sentido: Apelação Criminal nº 0203846-2, 4ª Câmara Criminal do TAPR, Rel. Juiz Lauro Augusto Fabrício de Melo. j. 24.10.2002.

[237] Recurso Especial nº 36303/SP, 5ª Turma do STJ, Rel. Min. José Dantas. j. 15.09.1993.

[238] MEIRELLES, Hely Lopes. *Direito Administrativo Brasileiro*. 23ª edição. São Paulo: Malheiros, p.141, 1998.

[239] MIRABETE, Julio Fabbrini. *Código de Processo Penal Interpretado*. 7ª ed. São Paulo: Atlas, 1999, p. 531.

Art. 233. As cartas particulares, interceptadas ou obtidas por meios criminosos, não serão admitidas em juízo.

Parágrafo único. As cartas poderão ser exibidas em juízo pelo respectivo destinatário, para a defesa de seu direito, ainda que não haja consentimento do signatário.

Vide: art. 5º, LVI, da CF e arts. 151 e 152 do CP.

1. **Carta particular.** É todo e qualquer escrito feito por uma pessoa particular no intuito de se corresponder com outra. Já as cartas públicas são os "ofícios" emitidos por funcionários públicos e que, portanto, não possuem o *right of privacy* característico das cartas particulares, conquanto possam ser classificados como sigilosos ou confidenciais.

2. **A interceptação e a violação da correspondência particular.** Interceptar é interromper o curso da carta, impedindo que ela chegue ao destinatário. Já violar tem o sentido de invadir, devassar, ou revelar o conteúdo da correspondência particular dirigida a outrem, pressupondo que ela estivesse anteriormente fechada.[240] As cartas particulares interceptadas ou violadas, a princípio, não podem ser admitidas no processo penal (vide comentários ao art. 155), pois, conforme significativa parcela da doutrina brasileira,[241] em virtude do disposto no inciso XII do artigo 5º da CF, é absoluta a garantia ao sigilo das correspondências e comunicações telegráficas, enquanto são relativas as garantias de transmissão de dados e das comunicações telefônicas, pois somente estas podem ser interceptadas e reveladas, desde que presentes os requisitos legais e haja prévia autorização judicial. Entretanto, outro segmento da doutrina nacional, em sentido contrário, argumenta que não existem garantias ou direitos individuais absolutos, pois todos estão sujeitos a restrições impostas pela convivência com outros direitos de igual dignidade e pelo interesse público, que há de preponderar sobre o interesse particular, sustentando, ademais, que os direitos e garantias individuais existem para assegurar ao homem espaço para o integral desenvolvimento de sua personalidade, sem interferências do Estado, e não para acobertar crimes e comportamentos nocivos à coletividade e a outros cidadãos. Nesse sentido é a lição de Alexandre de Moraes:[242] "Os direitos humanos fundamentais, dentre eles os direitos e garantias individuais e coletivos consagrados no art. 5º da CF, não podem ser utilizados como um verdadeiro escudo protetivo da prática de atividades ilícitas, tampouco como argumento para afastamento ou diminuição da responsabilidade civil ou penal por atos criminosos, sob pena de total consagração ao desrespeito a um verdadeiro Estado de Direito." Concluindo: "apesar de a exceção constitucional expressa referir-se somente à interceptação telefônica, entende-se que nenhuma liberdade individual é absoluta, sendo possível, respeitados certos parâmetros, a interceptação das correspondências e comunicações telegráficas e de dados sempre que as liberdades públicas estiverem sendo utilizadas como instrumento de salvaguarda de práticas ilícitas." Na mesma esteira, José Carlos Barbosa Moreira[243] formula veementes críticas ao entendimento que admite a quebra do sigilo telefônico, mas não admite a quebra dos sigilos da correspondência e das comunicações telegráficas, asseverando que o legislador constituinte revelou estranho amor pelo paradoxo, pois: "Não é fácil perceber a razão de política legislativa capaz de justificar a disciplina heterogênea da matéria no tocante, por um lado, às comunicações telefônicas e, por outro, aos demais tipos de comunicação. Soa extravagante que se possa outorgar ao órgão judicial o poder de autorizar uma interceptação telefônica, e a mesma providência seja, ao contrário, inadmissível no que respeita a uma carta ou a um telegrama. Se dois membros de uma quadrilha conversam por telefone, existirá a possibilidade de escutar o que dizem, sem que eles saibam; mas, se um envia ao outro folha de papel, não haverá meio lícito de descobrir o que nela foi escrito, a menos que o próprio destinatário faça a cortesia de revelá-lo." Esse entendimento é corroborado pelo STF,[244] sendo que, de um modo mais especí-

---

[240] Recurso Ordinário em Habeas Corpus nº 6719/SP, 6ª Turma do STJ, Rel. Min. Fernando Gonçalves. j. 24.11.1997.

[241] GOMES FILHO, Antônio Magalhães. *Direito à prova no processo penal*. São Paulo: Revista dos Tribunais, 1997, p. 122.

[242] MORAES, Alexandre de. *Direito Constitucional*. 9ª ed. São Paulo: Atlas, 2001, p. 78.

[243] MOREIRA, José Carlos Barbosa. *A Constituição e as provas ilicitamente obtidas*. Revista Forense. Rio de Janeiro: Forense, nº 337: 125-134, jan./fev./mar. 1997.

[244] Confira-se: "Não há, no sistema constitucional brasileiro, direitos ou garantias que se revistam de caráter absoluto, mesmo porque razões de relevante interesse público ou exigências derivadas do princípio de convivência das liberdades legitimam, ainda que excepcionalmente, a adoção, por parte dos órgãos estatais, de medidas restritivas das prerrogativas individuais ou coletivas, desde que respeitados os termos estabelecidos pela própria Constituição. O estatuto constitucional das liberdades públicas, ao delinear o regime jurídico a que estas estão sujeitas – e considerado o substrato ético que as informa – permite que sobre elas incidam limitações de ordem jurídica, destinadas, de um lado, a proteger a integridade do interesse social e, de outro, a assegurar a coexistência harmoniosa das liberdades, pois nenhum direito ou garantia pode ser exercido em detrimento da ordem pública ou com desrespeito aos direitos e garantias de terceiros" (Mandado de Segurança nº 23452 / RJ, Tribunal Pleno do STF, Rel. Min. Celso de Mello. j. 16/09/1999).

co, ao tratar de correspondência particular, a excelsa Corte reiterou essa orientação.[245]

3. Exibição de carta particular pelo destinatário. Evidentemente, o destinatário não intercepta, tampouco viola a correspondência particular que recebe. Entretanto, em homenagem à privacidade do remetente da carta, somente poderá exibi-la em juízo com o consentimento deste ou, em não o existindo, quando for necessário para a defesa em juízo. Nessa última hipótese não haverá ilicitude em sua conduta, já que o direito de defesa do destinatário, em provar sua inocência, se sobrepõe ao interesse do signatário em preservar a privacidade da sua correspondência (vide comentário ao art. 155).

Art. 234. Se o juiz tiver notícia da existência de documento relativo a ponto relevante da acusação ou da defesa, providenciará, independentemente de requerimento de qualquer das partes, para sua juntada aos autos, se possível.

Vide: art. 156 do CPP e art. 355 do CPC.

1. Juntada de ofício. É inerente ao poder instrutório do juiz, em busca da verdade real, característica do processo penal (vide comentário ao art. 156). Entretanto, ao usar a expressão "se possível", o artigo evidencia que existem limitações legais a esse poder do magistrado, que não poderá, por exemplo, determinar a juntada de cartas particulares obtidas por meios ilícitos, de documento que importe em revelação de segredo profissional (art. 154 do CP), ou a apreensão de documento em poder do defensor do acusado, salvo quando constituir elemento do corpo de delito (art. 243, § 2º, do CPP).

Art. 235. A letra e firma dos documentos particulares serão submetidas a exame pericial, quando contestada a sua autenticidade.

Vide: art. 174 do CPP e art. 369 do CPC.

1. Autenticidade do documento. Como visto anteriormente (nota ao art. 232), o documento público possui presunção de legitimidade ou veracidade. Em virtude disso, presume-se, até prova em contrário, que o seu conteúdo seja verdadeiro e que tenha sido produzido com observância das normas legais pertinentes. Trata-se, contudo, de presunção relativa (*juris tantum*) que, portanto, admite prova em contrário. O efeito de tal presunção é o de inverter o ônus da prova, ou seja, quem alega a falsidade de um documento público deverá prová-la cabalmente. Já os documentos particulares, em virtude do chamado princípio da verdade documental (art. 225 do CC), também devem ser considerados verdadeiros até que se prove o contrário. Desse modo, a letra e a firma do documento particular deverão ser consideradas autênticas até que sejam contestados e, em seguida, provada sua inautenticidade por intermédio de exame pericial (grafotécnico, por exemplo). Oportuno destacar que os documentos autenticados e/ou com firma reconhecida por oficial público também podem sofrer contestação quanto a sua autenticidade, pois não possuem imunidade que impeça tal alegação e a verificação por intermédio de exames periciais específicos. Nesse caso, entretanto, confirmada a falsidade no reconhecimento de firma ou letra, dever-se-á investigar a possibilidade de ter ocorrido delito (art. 300 do CP).

Art. 236. Os documentos em língua estrangeira, sem prejuízo de sua juntada imediata, serão, se necessário, traduzidos por tradutor público, ou, na falta, por pessoa idônea nomeada pela autoridade.

Vide: arts. 784, § 1º, e 788, V, do CPP; arts. 342 e 343 do CP; art. 157 do CPC e art. 224 do CC.

1. Tradução de documentos em idioma estrangeiro. Deve ser feita por tradutor público, que é aquele que, preenchendo os requisitos legais, é nomeado pela Junta Comercial de cada Estado, a cuja fiscalização fica sujeito, tendo por ofício passar certidões, fazer traduções em língua vernácula de todos os livros, documentos e demais papéis escritos em qualquer língua estrangeira, que tiverem de ser apresentados em juízo, estando equiparado à condição de perito (art. 281 do CPP). Na falta desse profissional na Comarca, a autoridade pode nomear pessoa de comprovada idoneidade para efetuar a tradução. Note-se que é do julgador a discricionariedade de aferir sobre a necessidade de traduzir-se o documento em língua estrangeira. Se for considerada desnecessária a tradução, cumpre à parte a responsabilidade de traduzir o documento, se assim o desejar.

Art. 237. As públicas-formas só terão valor quando conferidas com o original, em presença da autoridade.

---

[245] Confira-se: "A administração penitenciária, com fundamento em razões de segurança pública, de disciplina prisional ou de preservação da ordem jurídica, pode, sempre excepcionalmente, e desde que respeitada a norma inscrita no art. 41, parágrafo único, da Lei 7.210/84, proceder à interceptação da correspondência remetida pelos sentenciados, eis que a cláusula tutelar da inviolabilidade do sigilo epistolar não pode constituir instrumento de salvaguarda de práticas ilícitas." (Habeas Corpus nº 70814, 1ª Turma, Rel. Min. Celso de Mello. j. 01/03/1994.)

1. **Pública-forma**. Significa uma antiga forma de reprodução indireta de documento que está caindo em desuso. Entretanto, atualmente a expressão é utilizada para designar a cópia reprográfica autenticada por oficial público, que na verdade é uma forma de reprodução direta, a qual prescinde da conferência com o original, a não ser se questionada a sua autenticidade (vide comentário ao art. 232).

> **Art. 238. Os documentos originais, juntos a processo findo, quando não exista motivo relevante que justifique a sua conservação nos autos, poderão, mediante requerimento, e ouvido o Ministério Público, ser entregues à parte que os produziu, ficando traslado nos autos.**

1. **Restituição de documentos**. Pode ser feita desde que haja sentença transitada em julgado e que não haja motivo relevante para a sua manutenção no processo. Assim, por exemplo, o documento que serviu como fundamento de uma sentença condenatória não pode ser restituído em virtude da permanente possibilidade de revisão criminal (art. 622 do CPP). Conquanto o artigo refira que o documento restituído será substituído por traslado, nada impede que ele seja substituído por outros métodos de reprodução autenticada.

CAPÍTULO X
DOS INDÍCIOS

> **Art. 239. Considera-se indício a circunstância conhecida e provada, que, tendo relação com o fato, autorize, por indução, concluir-se a existência de outra ou outras circunstâncias.**

Vide: art. 408, caput, do CPP.

1. **Natureza jurídica e conceito**. O indício é considerado uma prova indireta, diferindo da prova direta porque nesta o fato probando apresenta contornos imediatos, enquanto que naquela ele é obtido por meio de raciocínio lógico. Indício, oriundo do latim *indiciu*, significa sinal, vestígio, indicação.[246] Clássica é a sua definição por Mittermaier: "Indício é um fato em relação tão precisa com outro fato que, de um, o Juiz chega ao outro por uma conclusão toda natural. É, pois, preciso que haja na causa dois fatos, um verificado e outro não estabelecido, e que se trata de demonstrar raciocinando do conhecido para o desconhecido".[247] Na prova indiciária há, portanto, um esquema denominado "silogismo judiciário". A "premissa menor" é o indício ou fato indiciante, ou seja, o fato certo e conhecido. A "premissa maior" está baseada em princípios de razão ou regras da experiência consolidadas e confiáveis. Assim, por meio de raciocínio lógico, confrontando a premissa menor com a premissa maior, chega-se a uma "conclusão", que é a demonstração do fato incerto, ou desconhecido, a provar. Exemplo: a partir de denúncias anônimas, a polícia procede a apreensão de significativa quantidade de cocaína na residência do acusado "A", acondicionada na forma de "trouxinhas" de vários pesos, bem como de uma balança de precisão e de significativa quantidade de dinheiro em notas pequenas. Esses são os únicos fatos conhecidos que, todavia, confrontados com a regra de experiência de que todo aquele que se encontra nessa situação está vendendo cocaína, autorizam a seguinte conclusão: "A" é traficante.

2. **Presunção**. Alguns doutrinadores não distinguem indício de presunção, mas há diferença. Presunção não é prova, mas pode ser fonte de certeza judicial. Ela é o conhecimento obtido a partir do que normalmente acontece, seja em virtude da lógica, de leis da natureza ou, até mesmo, de leis humanas que visam dar segurança jurídica em determinadas situações ou estabelecer o ponto de partida para a descoberta da verdade. A presunção pode ser legal (ou jurídica) ou judicial (ou de fato). Denomina-se presunção judicial a operação mental que liga um fato conhecido a outro que se quer conhecer, ou seja, é o raciocínio que o juiz faz a partir de fatos certos e provados para chegar ao fato incerto que se quer provar.[248] Vale dizer, o indício é o fato (ou fatos) que induz a alguma conclusão, a presunção é raciocínio sobre esse fato, do qual se deduz alguma conclusão, formando, ambos, as premissas do denominado "silogismo judiciário". A jurisprudência, por exemplo, entende que, em crimes de furto, a apreensão da coisa subtraída em poder do acusado, aliada a outros indícios, entre eles antecedente desabonador, gera presunção da autoria, que somente cede ante a justificação razoável da posse, pois quem faz uma alegação deve comprová-la.[249] Já a presunção legal é aquela preestabelecida em lei, podendo ser em absoluta (*juris et de jure*) ou relativa (*juris tantum*). A primeira

---

[246] FERREIRA, Aurélio Buarque de Holanda. *Novo Dicionário Aurélio da Língua Portuguesa*. 3ª ed. Rio de Janeiro: Nova Fronteira, 1999, p. 1101.
[247] MITTERMAIER. C.J.A. *Tratado da Prova em Matéria Criminal*. 3ª ed. Campinas: Bookseller, 1996, p. 323.
[248] Habeas Corpus n° 9671 / SP, 6ª Turma do STJ, Rel. Ministro Luiz Vicente Cernicchiaro. j.29/06/1999.
[249] Apelação Criminal n° 98.000141-2, 1ª Câmara Criminal do TJSC, Rel. Des. Paulo Gallotti,. j. 26.05.1998.

não admite prova em contrário, a segunda sim. Exemplo: se alguém estupra uma criança de 10 anos, a lei presume que tenha ocorrido violência, ainda que ela tenha consentido com o ato. É uma presunção absoluta (art. 224, "a", do CP). Hipótese de presunção legal relativa encontra-se na presunção da paternidade do filho havido na constância do casamento, a qual admite prova em contrário (art. 1.597 e 1.598 do CC). Paulo Rangel[250] critica a existência de presunções legais absolutas, afirmando que violam o princípio do livre convencimento. Invoca, em prol de sua argumentação, a decisão do STF no julgamento do Habeas Corpus n° 73.662-9. Essa decisão, entretanto, é isolada, pois o STF, em diversos julgamentos posteriores, proclamou que, nos crimes sexuais, se a vítima não é maior de 14 anos, a presunção de violência tem caráter absoluto, que não é inconstitucional, visto não se tratar de presunção de culpabilidade do agente, mas de afirmação da incapacidade absoluta de menor de até 14 anos para consentir na prática sexual.[251]

3. Ficções jurídicas. Diferem das presunções legais. Como visto, nestas o liame feito pela lei corresponde ao que ordinariamente acontece. Nas ficções, ao reverso, o resultado jurídico é determinado pela lei em contrariedade ao que realmente aconteceu. Vale dizer, a lei altera a realidade dos fatos. Por exemplo, o denominado crime continuado (art. 71 do CP) trata diversos crimes como se fosse um só, o que é uma ficção, uma invenção da lei. Paulo Rangel traz exemplo ilustrativo para diferenciar ficção de presunção, quando lembra que o art. 302 do CPP diz que se considera em flagrante delito o indivíduo que acaba de cometer a infração (II) ou é perseguido, logo após cometê-la, pela autoridade, pelo ofendido ou por qualquer pessoa (III), tratando essas hipóteses como aquela do indivíduo que é surpreendido cometendo a infração penal (I), que é o flagrante verdadeiro. Vale dizer, uma ficção jurídica transforma o não flagrante em flagrante. Entretanto, ao tratar como autor do delito o indivíduo que é encontrado, logo depois da infração, com seus instrumentos, armas, objetos ou papéis (IV), a lei faz uma presunção, relativa a toda evidência.

4. Circunstâncias. Etimologicamente oriunda da palavra latina *circunstare*, que pode ser decomposta em *circum* (ao redor de, em torno de) e de *stare* (estar), para o direito significa aquilo que está em volta do fato principal. Muitos autores e julgados não diferenciam indícios de circunstâncias, asseverando que a soma de indícios forma a prova circunstancial. Pode-se, contudo, a partir da lição de Roque de Brito Alves, dizer que as circunstâncias "derivam, normalmente, de declarações pessoais, das testemunhas ou das partes, ao passo que os indícios são oriundos dos elementos objetivos e subjetivos do próprio fato".[252] As circunstâncias podem ser classificadas em objetivas e subjetivas. Objetivas são as circunstâncias de tempo, lugar e modo de ação; subjetivas são aquelas que se ligam à responsabilidade penal do agente, determinando uma resposta penal mais ou menos severa.

5. O valor probatório dos indícios. A partir de indispensável texto de José Henrique Pierangelli,[253] verifica-se que no Brasil a doutrina e a jurisprudência dividem-se em dois grandes grupos: a) grupo que considera o indício uma prova menor, secundária, sob o argumento de que não conduz a um julgamento de certeza, na medida em que se move no campo das probabilidades. Nesse sentido, refere Roque de Brito Alves: "em ponto essencial, mantemos que a mesma (certeza que tranquiliza o julgador) não poderá surgir ou resultar unicamente dos indícios, que são impotentes para tal finalidade, pois atingem ou podem oferecer uma probabilidade, maior ou menor, conforme o caso". Prosseguindo: "somente se unida à (prova) direta acerca do fato delituoso, é que a prova indiciária pode ser capaz de assegurar tal certeza tranquilizadora".[254] Esse também, aparentemente, é o entendimento de Tourinho Filho, quando diz que um juiz jamais deveria proferir "um decreto contenatório respaldando-se apenas em prova indiciária",[255] orientação que ainda repercute na jurisprudência brasileira;[256] b) a maioria da doutrina, porém, outorga à prova indiciária o mesmo valor que se outorga às outras provas. De fato, como diz José Frederico Marques,[257] o nosso ordenamento não adota hierarquia de provas, logo assim o juiz não fica subordinado a nenhum critério apriorístico no apurar, por intermédio delas, a verdade. Aliás, como destaca

---

[250] RANGEL, Paulo. *Direito Processual Penal.* 10ª ed. Rio de Janeiro: Lumen Juris 2005, p. 446.

[251] Habeas Corpus nº 81268 / DF,1ª Turma do STF, Rel. Min. Sepúlveda Pertence. j. 16/10/2001.

[252] *Apud* PIERANGELLI, José Henrique: Escrito Jurídico-Penais. São Paulo, 1992, p. 251.

[253] *Op. cit.* p. 252.

[254] *Op. cit.* p. 253.

[255] TOURINHO FILHO, Fernando da Costa. *Processo Penal.* 25ª ed. São Paulo: Saraiva, 2004, Vol. 3, p. 353.

[256] Nesse sentido: Apelação-Crime nº 70008656647, 5ª Câmara Criminal do TJRS, Rel. Des. Genacéia da Silva Alberton. j. 30/06/2004.

[257] MARQUES. José Frederico. *Eementos de Direito Processual Penal.* Volume II, p. 374.

Pierangelli, a prova indiciária, conquanto a sua maior complexidade, tem o grande mérito "da autenticidade e da naturalidade" dos fatos objetivamente em si, ao contrário da prova oral, que, não raro, por plúrimos motivos, falseia a verdade. Entretanto, os indícios somente autorizarão a condenação quando dos fatos indiciantes (conhecidos) seja logicamente dedutível uma única conseqüência. Se os fatos indiciantes conduzem a uma pluralidade de fatos ambíguos sem uma univocidade que conduza à certeza lógica da existência do fato a provar, não é possível a condenação. Não existem princípios inflexíveis sobre a valorização da prova indiciária no processo penal, mas a jurisprudência[258] orienta que, para serem idôneos a conduzir à aplicação de uma pena ou de uma medida de segurança, é necessário que os indícios sejam graves, precisos, múltiplos e concordantes, excluindo qualquer hipótese favorável ao acusado. Aliás, o art. 192, § 2º, do CPP italiano, afirma: *"L'esitenza di um fatto non può esser desunta da indizi a meno che siano gravi, precisi e concordanti"*. A gravidade do indício reside na circunstância de o fato conhecido ter uma relevante proximidade lógica com o fato desconhecido. Existe precisão do indício quando o fato conhecido é indiscutível, certo na sua objetividade, pois não se pode, logicamente, chegar a um fato desconhecido se o fato indiciante, por sua vez, é, ele próprio, duvidoso. Por fim, um indício, isolado, não pode autorizar uma condenação, isso seria uma temeridade. Portanto os indícios devem ser múltiplos e concordantes, ou seja, além de precisos na sua essência e logicamente próximos do fato desconhecido, devem ser harmônicos entre si, indicando em uma só direção. Enquanto a precisão e a gravidade são verificadas pelo exame individualizado de cada indício, a concordância valora-se pelo conjunto dos indícios, colocando em evidência as convergências e divergências destes no plano lógico.

CAPÍTULO XI
DA BUSCA E DA APREENSÃO

Art. 240. A busca será domiciliar ou pessoal.

§ 1º Proceder-se-á à busca domiciliar, quando fundadas razões a autorizarem, para:

a) prender criminosos;

b) apreender coisas achadas ou obtidas por meios criminosos;

c) apreender instrumentos de falsificação ou de contrafação e objetos falsificados ou contrafeitos;

d) apreender armas e munições, instrumentos utilizados na prática de crime ou destinados a fim delituoso;

e) descobrir objetos necessários à prova de infração ou à defesa do réu;

f) apreender cartas, abertas ou não, destinadas ao acusado ou em seu poder, quando haja suspeita de que o conhecimento do seu conteúdo possa ser útil à elucidação do fato;

g) apreender pessoas vítimas de crimes;

h) colher qualquer elemento de convicção.

§ 2º Proceder-se-á à busca pessoal quando houver fundada suspeita de que alguém oculte consigo arma proibida ou objetos mencionados nas letras *b* a *f* e letra *h* do parágrafo anterior.

1. **Natureza jurídica e conceito.** A maior parte da doutrina costuma classificar a busca e a apreensão como medidas cautelares, assecuratórias da prova. O código, notadamente em virtude da colocação topográfica que lhes dá, as definiu como meio de prova. Nesse sentido leciona Mirabete: "A fim de que não desapareçam as provas do crime, a autoridade policial deve apreender os instrumentos e todos os objetos que tiverem relação com o delito (art. 6º, II). O art. 240 relaciona ainda objetos e pessoas que podem ser objeto da busca e apreensão tanto pela autoridade policial como pelo juiz, quando fundadas razões a autorizarem. Embora a busca e a apreensão estejam insertas no capítulo das provas, a doutrina as considera mais como medida acautelatória, liminar, destinada a evitar o perecimento das coisas e das pessoas."[259] Tourinho Filho, por sua vez, conceitua a busca e a apreensão de modo amplo, como "diligências", sendo que a busca consiste na procura feita, em pessoas ou lugares, por ordem de autoridade competente para os fins declarados em lei, e a apreensão é a conseqüência da busca, momento em que a autoridade toma a pessoa ou coisa perseguida.[260] Em verdade, "busca" e "apreensão" são medidas de natureza mista, pois tanto podem configurar procedimentos acautelatórios, com a finalidade de preservar direitos, quanto podem significar meios de prova. Nada impede, outrossim, que tenham ambas as funções. Assim é, por exemplo, a busca e apreensão de *res furtiva*, cuja finalidade precípua e restituí-la à vítima, mas que no mesmo passo revela-se importante fonte

---

[258] Nesse sentido: Apelação-Crime nº 70010206035, 7ª Câmara Criminal do TJRS, Rel. Sylvio Baptista Neto. j. em 23/03/2005.
[259] MIRABETE, Julio Fabbrini. *Código de Processo Penal Interpretado*. 7ª ed. São Paulo: Atlas, 2000, p. 535.
[260] TOURINHO FILHO, Fernando da Costa. *Processo Penal*. São Paulo: Saraiva, 2004, Vol. 3, p. 358.

de convicção sobre a autoria, conforme remansosa jurisprudência.[261]

2. Exibição e arrecadação. Quando a coisa procurada é entregue de modo espontâneo à autoridade por quem a detém, costuma-se falar em exibição e arrecadação, e não em busca e apreensão.

3. Oportunidade para realização. As medidas de busca e a apreensão podem ser realizadas antes mesmo da instauração de procedimento policial (vide art. 6º, II, do CPP) ou processo judicial, como podem ocorrer durante a investigação policial ou na instrução processual e até mesmo após a condenação, na fase da execução penal (art. 245 da LEP). O mais comum é que elas ocorram durante o inquérito policial, justamente para evitar o desaparecimento da prova.

4. Busca domiciliar. Conforme ensina Cleunice Pitombo,[262] em obra específica sobre as medidas de busca e apreensão, as constituições brasileiras, em todos os tempos, sempre asseguraram à casa do indivíduo o *status* de asilo inviolável, protegendo-a de eventuais arbítrios dos agentes do Estado ao estabelecer, de modo expresso, os limites das hipóteses que excepcionam essa proteção. Seguindo essa tradição, o art. 5º, XI, da CF proclama: "a casa é asilo inviolável do indivíduo, ninguém nela podendo penetrar sem consentimento do morador, salvo em caso de flagrante delito ou desastre, ou para prestar socorro, ou, durante o dia, por determinação judicial". A doutrina e jurisprudência, de modo pacífico, a partir do disposto no art. 246 do CPP, referem que o conceito de casa, para efeitos de proteção à inviolabilidade do domicílio, não é o conceito restritivo de residência previsto no art. 70 do CC e sim aquele outro, amplo, determinado no artigo 150, §§ 4º e 5º, do CP, ou seja, qualquer compartimento habitado; aposento ocupado de habitação coletiva; compartimento não aberto ao público, onde alguém exerce profissão ou atividade, não se incluindo em tal definição a hospedaria, estalagem ou qualquer outra habitação coletiva, enquanto aberta, bem como a taverna, casa de jogo e outras do mesmo gênero. Ou seja, o local de trabalho do indivíduo também se insere nesse conceito, frisa-se, desde que constitua ambiente fechado ou de acesso restrito ao público. Conquanto antiga e sempre repetida nos textos constitucionais, como ensina Scarance,[263] a garantia da inviolabilidade do domicílio não é absoluta, pois ele pode ser violado, em qualquer momento, quando há suspeita razoável de que nele esteja sendo cometida infração penal, e, no caso de autorização judicial, durante o dia. Fora dessas ressalvas constitucionais, bem como de eventual aplicação tópica dos princípios da proporcionalidade e razoabilidade (vide comentário ao art. 155), ilícita será qualquer prova obtida com violação do domicílio.

5. Rol taxativo ou exemplificativo. Espínola Filho[264] entende que as hipóteses referidas no artigo em comento são exemplificativas, nada impedindo que outras sejam contempladas por leis esparsas. Por outro lado, Fernando Capez[265] sustenta que esse rol é taxativo, visto ser medida de exceção à garantia individual da inviolabilidade do domicílio. O certo é que a alínea "h", ao autorizar a busca e apreensão de "qualquer elemento de convicção", representa verdadeira cláusula de encerramento que abrange todas as coisas que possam ser úteis ao processo penal, não sendo, pois, necessário o uso de analogia para ampliar o rol em questão.

6. Busca e apreensão de cartas. Vários doutrinadores pátrios entendem que, em face do disposto no art. 5º, XII, da CF, está revogada a alínea "f" do parágrafo primeiro do art. 240 do CPP, que permite a interceptação e apreensão de correspondência destinada ao acusado ou em seu poder, quando haja suspeita de que o conhecimento do seu conteúdo possa ser útil à elucidação do fato. De outra parte, significativa parcela da doutrina sustenta a constitucionalidade do referido dispositivo, pois nenhum direito ou garantia constitucional é absoluto, existindo, na esteira desse segundo entendimento, precedente do STF (vide comentários ao art. 233). Geraldo Prado,[266] citando Tércio de Sampaio Ferraz, distingue interceptação de apreensão de cartas, sustentando a inconstitucionalidade de se interceptar a comunicação epistolar, mas a possibilidade de apreensão no destinatário: "Se dois ou mais agentes resolvem por em prática, executar, projeto criminoso, fazendo-o entre si por meio de cartas, estas podem ser apreendidas, uma vez que há justo motivo. É bem verdade que não podem ser interceptadas, pois o processo comunicativo há de ser preservado à luz da Constituição. Não obstante, repousadas em poder do destinatário, poderão ser arrecadadas, desde que haja ordem judicial neste sentido, emanada em verdadeiro pro-

---

[261] Apelação Criminal nº 0251939-9 (10844), 4ª Câmara Criminal do TAPR, Rel. Lauro Augusto Fabrício de Melo. j. 24.06.2004.
[262] PITOMBO, Cleunice. *Da busca e da Apreensão no Processo Penal*. São Paulo: Revista dos Tribunais, 1998, p. 48.
[263] SCARANCE, Antônio Fernandes. *Processo penal constitucional*. 3ª ed. São Paulo: Revista dos Tribunais, 2002. p. 105.
[264] ESPÍNOLA FILHO, Eduardo. *Código de Processo Penal Brasileiro*. São Paulo: Freitas Bastos, 1942, V. I, p. 355.
[265] CAPEZ, Fernando. *Curso de Processo Penal*. 12ª ed. São Paulo: Saraiva, 2005, p. 277.
[266] PRADO, Geraldo Luiz Mascarenhas. *Sistema acusatório*. Rio de Janeiro: Lumen Juris, 1999.

cesso penal cautelar. A proibição da interceptação obedece à intenção clara do legislador de impedir o devassamento irrestrito da nossa intimidade, com os danos morais e patrimoniais que a devassa possa ocasionar, sem prejuízo do uso ilícito e descontrolado das informações. Como se trata de limitação ao exercício de direito fundamental, mandam as boas regras de hermenêutica que a aplicação da providência excepcional seja efetivada com cautela."

7. Fundadas razões e fundadas suspeitas. Para a realização da busca exige-se menos do que indícios e mais do que mera desconfiança, ou seja, é necessária uma razoável suspeita, que é a existência de informações ou fatos concretos que, submetidos ao crivo objetivo de um observador, possam fundamentar um juízo sobre a necessidade da medida. O § 1º do art. 240 fala em "fundadas razões", que na verdade é requisito de motivação do pedido e do seu deferimento, não de comprovação da necessidade da medida. A expressão correta é "fundada suspeita", utilizada pelo parágrafo segundo do referido dispositivo. No entanto, conforme Tourinho Filho, a Tornagui pareceu que as expressões foram empregadas como sinônimas, enquanto para ele, Tourinho, "parece que o legislador quis emprestar à expressão "fundada razão" o sainete de maior gravidade, maior seriedade, atentando para a circunstância de que a busca domiciliar é medida mais drástica e que excepciona a garantia da infranqueabilidade do domicílio".[267]

8. Busca pessoal. O art. 5º, X, da CF, também é claro: "são invioláveis a intimidade, a vida privada, a honra e a imagem das pessoas, assegurado o direito a indenização pelo dano material ou moral decorrente de sua violação". Portanto, a busca em pessoas também é medida de exceção, que deve estar fundamentada na razoável suspeita que exige o artigo em comento. Logo, há que se banir a prática que o STF denominou de "famigeradas batidas policiais", quando cidadãos são revistados aleatoriamente (sendo que, por "coincidência", a *alea* recai, nas mais das vezes, sobre pessoas pobres e/ou negras), sem que haja a mínima demonstração da séria suspeita exigida em lei. Afinal, parafraseando Paulo Rangel,[268] dir-se-ia, a Constituição e as leis foram feitas para serem respeitadas "em todo território nacional e não somente no asfalto e nas áreas nobres das cidades". O desrespeito ao requisito da "fundada suspeita" pode gerar indenização, em razão da responsabilidade objetiva do Estado, consagrada pela teoria do risco administrativo, nos termos do art. 37, § 6º, da CF, conforme acertadamente já decidiu o TJRS,[269] sem prejuízo da responsabilização funcional (infração administrativa) e até mesmo penal, se presente o dolo de abuso da autoridade. A expressão "pessoa" abrange roupas e acessórios (bolsas, pastas, carteiras, etc.), além do próprio corpo da pessoa, sendo sabido que não são raros os casos de a pessoa utilizar cavidades corporais para transportar entorpecente. E mais, a busca pessoal também abrange veículos, a não ser quando utilizados como domicílio do cidadão, como sói acontecer em trailers, barcos, etc.

Art. 241. Quando a própria autoridade policial ou judiciária não a realizar pessoalmente, a busca domiciliar deverá ser precedida da expedição de mandado.

Vide: art. 5º, XI, da CF e art. 150 do CP.

1. Busca domiciliar sem mandado. Somente pode ser feita por autoridade judicial, pois o artigo em comento não foi integralmente recepcionado pela atual ordem constitucional, em face do disposto no suso transcrito art. 5º, XI, da CF, que estabelece a necessidade de "determinação judicial". Exceção, prevista no próprio dispositivo constitucional, é a hipótese de flagrante delito. Assim, consoante remansosa jurisprudência, tratando-se de crime de caráter permanente como, por exemplo, tráfico e receptação, legítima se apresenta a busca domiciliar realizada feita por autoridade policial, sem mandado judicial,[270] porquanto a máxima *my house, my castle*, consubstanciada na garantia de inviolabilidade do domicílio, não pode ser desvirtuada em garantia de impunidade de crimes que em seu interior se praticam. Outra hipótese em que há dispensa do mandado judicial é a do consentimento do morador, também prevista no texto constitucional, não havendo qualquer exigência de que tal consentimento deva ocorrer na presença de testemunhas do povo.[271] Trata-se de autorização que não tem forma específica, podendo ser colhida verbalmente, o melhor, contudo, é que se lavre prévio "termo de consentimento", que deve ser preenchido à mão e assinado no local. Ocorrendo di-

---

[267] TOURINHO FILHO, Fernando da Costa. *Processo Penal*. 25ª ed. São Paulo: Saraiva, Vol. 3, p. 372.
[268] RANGEL, Paulo. *Direito Processual Penal*. 10ª ed. Rio de Janeiro: Lumen Juris 2005, p. 426.
[269] Apelação e Reexame Necessário nº 70011336922, 5ª Câmara Cível do TJRS, Rel. Des. Leo Lima. j. 25/08/2005.
[270] Nesse sentido: Recurso Ordinário em Habeas Corpus nº 12362/MG, 6ª Turma do STJ, Rel. Min. Vicente Leal. j. 19.09.2002.
[271] Habeas Corpus nº 18863/DF (2001/0129889-9), 5ª Turma do STJ, Rel. Min. Gilson Dipp. j. 15.08.2002.

vergência entre moradores presentes, prevalecerá a vontade do proprietário ou locatário.

Art. 242. A busca poderá ser determinada de ofício ou a requerimento de qualquer das partes.

1. **Iniciativa da busca e apreensão.** Atualmente a autoridade policial somente pode determinar busca pessoal (vide comentário ao art. 241). Portanto, a autoridade policial deve requerer mandado de busca e apreensão domiciliar à autoridade judicial. Sucede que, como cediço, a autoridade policial não é parte e, portanto, não poderia fazer esse requerimento, conforme dispõe o artigo em comento. Ademais, ela não tem essa incumbência prevista nos termos do art. 13 do CPP. Nada obstante, essa situação de falta de legitimidade ou atribuição da autoridade policial, originada pela nova ordem constitucional, poderá ser relevada se o pedido for previamente escoltado pela manifestação favorável do Ministério Público, suprindo-se a deficiência da lei. Caso contrário, o pedido há que ser considerado como determinado de ofício pelo juiz, sendo passível da crítica à iniciativa probatória dos juízes (vide comentários ao art. 156). De resto, note-se que o artigo também autoriza que as diligências sejam requeridas pela defesa.

Art. 243. O mandado de busca deverá:
I – indicar, o mais precisamente possível, a casa em que será realizada a diligência e o nome do respectivo proprietário ou morador; ou, no caso de busca pessoal, o nome da pessoa que terá de sofrê-la ou os sinais que a identifiquem;
II – mencionar o motivo e os fins da diligência;
III – ser subscrito pelo escrivão e assinado pela autoridade que o fizer expedir.
§ 1º Se houver ordem de prisão, constará do próprio texto do mandado de busca.
§ 2º Não será permitida a apreensão de documento em poder do defensor do acusado, salvo quando constituir elemento do corpo de delito.

1. **Requisitos do mando de busca domiciliar.** A busca domiciliar poderá ser realizada com mandado ou sem mandado. Se o próprio juiz realizar a diligência, evidentemente não haverá necessidade de mandado (vide comentários aos artigos 241 e 242), fora dessa hipótese, deve ser expedido o competente mandado, o qual deve indicar, da forma mais precisa possível, a casa em que será realizada a diligência, o nome do seu morador, bem assim mencionar o motivo e os fins da diligência, sendo subscrito pelo escrivão e assinado pela autoridade judiciária. A busca pessoal conquanto, na maioria das vezes, independa de mandado (vide comentário ao art. 244), se este for necessário deverá conter, além dos sobreditos requisitos, o nome da pessoa que terá de sofrê-la ou os sinais que a identifiquem.

2. **Busca no escritório do defensor.** O artigo também versa sobre a hipótese de busca e apreensão de documento em poder do defensor do acusado. A primeira questão a ser destacada a respeito é que o escritório ou local de trabalho do advogado, resta equiparado ao domicílio, nos termos do art. 246 do CPP. Nesse mesmo sentido, a Lei nº 8.906/94, art. 7º, II, estabelece, como direito do advogado, "ter respeitada, em nome da liberdade de defesa e do sigilo profissional, a inviolabilidade de seu escritório ou local de trabalho, de seus arquivos e dados, de sua correspondência e de suas comunicações, inclusive telefônicas ou afins, salvo caso de busca ou apreensão determinada por magistrado e acompanhada de representante da OAB". Destaca-se, em segundo lugar, que o artigo em comento utilizou a expressão 'defensor' do acusado e não "advogado", englobando, pois, as hipóteses de defensor público e dativo, sendo que Tourinho conclui que tão plena é essa garantia concedida ao acusado, que se um cidadão, mesmo não sendo bacharel em Direito (provisionado, por exemplo), estiver funcionando em um processo como defensor, a ele se estende a garantia do §2º do artigo 243 do CPP.[272] Note-se que o artigo não permite a apreensão de "documento" em posse do defensor do acusado, não estendendo a proibição a outros objetos, como armas, instrumentos ou produtos de crime, etc. Ademais, até mesmo documentos poderão ser apreendidos, caso constituam "prova da materialidade" do crime, como uma duplicata simulada (art. 172 do CP), contrato que consubstancie o parcelamento irregular do solo (art. 50 da Lei nº 6.766/79), etc. Por outro lado, também será permitida a apreensão de documentos quando o advogado não for defensor do acusado, quando for co-autor do crime ou deter os papéis não em razão de seu ofício. Em resumo, o que não se admite é apreensão de documentos que constituam "prova da autoria" entregues pelo acusado ao seu defensor em razão direta de sua função de patrono da causa, cujo sigilo é inexoravelmente garantido, visto que representa extensão do princípio e direito fundamental da ampla defesa.

Art. 244. A busca pessoal independerá de mandado, no caso de prisão ou quando houver fundada suspeita de que a pessoa esteja na posse de arma

---
[272] TOURINHO FILHO, Fernando da Costa. *Processo Penal.* 25ª ed. São Paulo: Saraiva, 2003, V. 3, p. 375.

proibida ou de objetos ou papéis que constituam corpo de delito, ou quando a medida for determinada no curso de busca domiciliar.

1. **Busca pessoal**. Pode ser realizada com ou sem mandado. A busca pessoal independerá de mandado quando houver fundada suspeita de que a pessoa esteja na posse de arma proibida ou de objeto que constitua corpo de delito (vide nota ao art. 240) no caso de prisão, até por uma questão de segurança dos agentes policiais; ou para revistar o preso na procura de elementos do *corpus delicti* ou de qualquer dos objetos enumerados no § 1º do art. 240; quando for determinada no curso de busca domiciliar, dependendo, é lógico, que o objeto que se procura no domicílio possa estar escondido junto ao corpo da pessoa ou se a revista dela for necessária para a segurança dos agentes policiais. Para além dessas hipóteses, previstas no dispositivo em comento, a doutrina também considera desnecessário mandado quando a própria autoridade, policial ou judiciária, realizar a busca pessoal. Nesse sentido, Tourinho Filho perlustra: "É certo que o Código silencia; entretanto, é de convir que a lei (e a própria Lei das Leis) autoriza o Juiz a proceder à busca domiciliar sem mandado. Se ele pode fazê-lo, em se tratando de busca domiciliar, com muito mais razão pode fazê-lo em se tratando de busca pessoal. Quanto à Autoridade Policial, é de observar ser ela autorizada por lei a fazer expedir os mandados de busca durante a fase das investigações preliminares (menos em se cuidando de busca domiciliar). Se ela pode fazer expedir mandado, é induvidoso possa realizar a diligência sem ele".[273] Fora dessas hipóteses, a busca pessoal somente poderá ser feita com mandado judicial, que deve conter os requisitos do art. 243 do CPP, sendo, portanto, ilícitas as buscas genéricas, aleatórias e imotivadas feitas nas denominadas "batidas policiais", conforme adrede visto (comentários ao art. 240).

Art. 245. As buscas domiciliares serão executadas de dia, salvo se o morador consentir que se realizem à noite, e, antes de penetrarem na casa, os executores mostrarão e lerão o mandado ao morador, ou a quem o represente, intimando-o, em seguida, a abrir a porta.

§ 1º Se a própria autoridade der a busca, declarará previamente sua qualidade e o objeto da diligência.

§2º Em caso de desobediência, será arrombada a porta e forçada a entrada.

§ 3º Recalcitrando o morador, será permitido o emprego de força contra coisas existentes no interior da casa, para o descobrimento do que se procura.

§ 4º Observar-se-á o disposto nos §§ 2º e 3º, quando ausentes os moradores, devendo, neste caso, ser intimado a assistir à diligência qualquer vizinho, se houver e estiver presente.

§ 5º Se é determinada a pessoa ou coisa que se vai procurar, o morador será intimado a mostrá-la.

§ 6º Descoberta a pessoa ou coisa que se procura, será imediatamente apreendida e posta sob custódia da autoridade ou de seus agentes.

§ 7º Finda a diligência, os executores lavrarão auto circunstanciado, assinando-o com duas testemunhas presenciais, sem prejuízo do disposto no § 4º.

Vide: art. 5º, XI, da CF; art. 172 do CPC e arts. 330 e 150, § 3º, do CP.

1. **Do cumprimento da busca domiciliar**. Via de regra, a busca domiciliar é feita em dias úteis, todavia nada impede que seja realizada em domingos e dias feriados, pois, excetuadas as sessões de julgamento, todos os demais atos do processo poderão ser praticados nesses dias, conforme deixa claro o art. 797 do CPP. Com relação à hora, a lei estabelece que as buscas domiciliares serão realizadas de dia. Ou seja, à noite não é possível cumprir mandado de busca e apreensão, salvo se o morador consentir. Na doutrina, há discordância em determinar o espaço de tempo considerado como noite. Tourinho Filho entende que é o horário compreendido entre as 18 e 06 horas,[274] criticando a aplicação analógica, feita por alguns autores, como Mirabete,[275] do art. 172 CPC, que ao disciplinar os atos processuais na esfera cível, permite o cumprimento de mandado de busca das 06 às 20 horas, pois considera que esse último horário não pode mais ser considerado dia. Capez também critica essa analogia, porém entende que noite é período de tempo entre a entrada e saída do sol, vale dizer, entre a aurora e o crepúsculo,[276] critério de índole físico-astronômico, considerado o mais correto, haja vista a dimensão continental do Brasil e as diversas linhas de fuso horário porque é cortado. Antes de penetrarem na casa, os executores devem mostrar e ler o mandado ao morador, ou a quem o represente, intimando-o, em seguida, a abrir a porta, sendo que, em caso de desobediência, a par de possível prisão

---

[273] TOURINHO FILHO, Fernando da Costa. *Processo Penal.*. 25ª ed. São Paulo: Saraiva, Vol. 3, p. 373.

[274] *Ob. Cit*, p. 368.

[275] MIRABETE, Julio Fabbrini. *Código de Processo Penal Interpretado*. 7ª ed. São Paulo: Atlas, 2000, p. 541.

[276] CAPEZ, Fernando. *Curso de Processo Penal*. 12ª ed. São Paulo: Saraiva, 2005, p. 260.

em flagrante (art. 330 do CP), a porta será arrombada e forçada a entrada. Permanecendo a recalcitrância, será permitida violência contra coisas dentro da casa, visando o descobrimento do que se procura, devendo, contudo, não se molestar os moradores mais do que o necessário para o êxito da diligência (art. 248 do CPP). Caso não haja moradores no domicílio onde for cumprido o mandado de busca e apreensão, deverá ser intimado vizinho para assistir a diligência, caso houver e estiver presente, procedendo-se a busca na mesma forma das hipóteses de desobediência e recalcitrância, ou seja, serão permitidos o arrombamento e a violência contra as coisas. Ao final, será lavrado um auto circunstanciado do cumprimento do mandado judicial de busca e apreensão.

Art. 246. Aplicar-se-á também o disposto no artigo anterior, quando se tiver de proceder a busca em compartimento habitado ou em aposento ocupado de habitação coletiva ou em compartimento não aberto ao público, onde alguém exercer profissão ou atividade.

Vide: art. 5º, XI, da CF e art. 150, §§ 4º e 5º, CP.

1. **Locais equiparados ao domicílio.** Vide comentários ao art. 240 do CPP.
2. **Busca em repartição pública.** Conforme expõe Tourinho Filho,[277] os doutrinadores mais antigos, como João Mendes Júnior e Galdino Siqueira, não consideravam possível a realização de buscas e apreensões em repartições públicas, quer por determinação de autoridades policiais, quer por autoridades judiciárias. Entendiam, que havendo a necessidade de tais medidas, a autoridade deveria requisitar ao chefe da repartição pública o que estava sendo procurado, a qual determinaria a seus subalternos que as procedessem. Entretanto, como não há essa previsão na lei, tem-se que são possíveis a busca e apreensão em qualquer repartição pública, não sendo sequer necessário ajuste prévio com o respectivo Ministro ou Secretário, conquanto, sempre que possível, seja recomendável, tal como preconiza Tourinho.

Art. 247. Não sendo encontrada a pessoa ou coisa procurada, os motivos da diligência serão comunicados a quem tiver sofrido a busca, se o requerer.

1. **Comunicação dos motivos da diligência.** Se a busca realizada tiver sido precedida necessariamente de mandado, os motivos que ensejaram o seu deferimento nele devem estar descritos ou, no mínimo, ele deve estar acompanhado de cópia da decisão judicial que determinou a sua expedição, os quais devem ser lidos antes do seu cumprimento (art. 245 do CPP), sendo, portanto, aparentemente, desnecessária a providência aventada no artigo em comento. Entretanto, se a busca não carecer de mandado e se restar infrutífera, como por exemplo, a busca pessoal feita com base nas eximentes de mandado do art. 244 do CPP, os executores deverão declinar os motivos da diligência a quem tiver sofrido a busca, se ele o requerer. Se esse requerimento for feito por escrito, por escrito deverá ser respondido, em virtude do direito de petição aos Poderes Públicos, garantia contra abuso de poder assegurado a todos os cidadãos (Art. 5º, XXXIV, a, da CF e Lei nº 9.051/95), permitindo que a legalidade da diligência seja, posteriormente, sindicada pelo Poder Judiciário.

Art. 248. Em casa habitada, a busca será feita de modo que não moleste os moradores mais do que o indispensável para o êxito da diligência.

Vide art. 5º, XI, da CF e art. 150, §§ 4º e 5º, do CP.

1. **Molestamento indispensável.** A busca domiciliar, de per si, é sempre invasiva da intimidade do indivíduo, devendo, portanto, ser sempre conduzida de modo a não molestar os moradores mais do que o necessário para a realização da medida, tanto no que diz respeito ao tempo de duração da diligência quanto à conduta dos seus executores, tudo em homenagem ao direito assegurado pelo art. 5º, X, da CF.

Art. 249. A busca em mulher será feita por outra mulher, se não importar retardamento ou prejuízo da diligência.

Vide: art. 4º, b, da Lei 4.898/1965 (Abuso de autoridade).

1. **Busca pessoal em mulher.** Será realizada por outra mulher, salvo se isto for retardar ou prejudicar a diligência, hipótese em que se admite a revista feita por homem. O artigo trata da hipótese de busca junto ao corpo da mulher e não busca superficial em coisas sob sua custódia, tais como casacos, bolsas e veículos, também abrangidas pelo conceito de busca pessoal (vide comentários ao art. 240).[278]

Art. 250. A autoridade ou seus agentes poderão penetrar no território de jurisdição alheia, ainda que

---

[277] TOURINHO FILHO, Fernando da Costa. Ob. cit., p. 376.

[278] Nesse sentido: Apelação nº 1.340.523/8, 8ª Câmara do TACrim/SP, Rel. Roberto Midolla. j. 16.01.2003. Ainda: Apelação Criminal nº 326.059-3, 2ª Câmara Criminal do TJSP, Rel. Des. Djalma Lofrano. J. 18.12.2000.

de outro Estado, quando, para o fim de apreensão, forem no seguimento de pessoa ou coisa, devendo apresentar-se à competente autoridade local, antes da diligência ou após, conforme a urgência desta.

§ 1º Entender-se-á que a autoridade ou seus agentes vão em seguimento da pessoa ou coisa, quando:

a) tendo conhecimento direto de sua remoção ou transporte, a seguirem sem interrupção, embora depois a percam de vista;

b) ainda que não a tenham avistado, mas sabendo, por informações fidedignas ou circunstâncias indiciárias, que está sendo removida ou transportada em determinada direção, forem ao seu encalço.

§ 2º Se as autoridades locais tiverem fundadas razões para duvidar da legitimidade das pessoas que, nas referidas diligências, entrarem pelos seus distritos, ou da legalidade dos mandados que apresentarem, poderão exigir as provas dessa legitimidade, mas de modo que não se frustre a diligência.

Vide: arts. 22 e 290 do CPP.

1. **Apreensão em território alheio.** O artigo somente autoriza a apreensão de coisa e pessoa em território alheio e não, frisa-se, a diligência de busca, que deve ser necessariamente cumprida mediante expedição da devida carta precatória. Por isso, o artigo estabelece, nas duas alíneas do seu parágrafo primeiro, o rol de circunstâncias que evidenciam a desnecessidade da busca *lato sensu*: a) quando os executores, tendo conhecimento direto da remoção ou transporte da pessoa ou coisa, a seguirem sem interrupção, ainda que depois a percam de vista; b) ainda que não a tenham avistado, saibam, por informações fidedignas ou circunstâncias indiciárias, que a pessoa ou coisa está sendo removida ou transportada em determinada direção, indo diretamente ao seu encalço. Fora dessas hipóteses de seguimento contínuo à pessoa ou coisa, haverá necessidade de busca que não prescinde da competente carta precatória. De qualquer modo, os executores deverão se apresentar à autoridade local, antes ou depois da apreensão, conforme a urgência da medida, dando ciência do que houve. Se a apreensão for em cumprimento a mandado judicial, a ciência será dada à autoridade judicial local, caso contrário, será dada à autoridade policial. Nada impede que os executores, antes ou durante a diligência, peçam auxílio às autoridades locais, o que é recomendável, em que pese não haja previsão legal que imponha tal providência. O dispositivo dispõe, ainda, as providências e formalidades legais que a autoridade local pode exigir dos executores quando tiver razões sérias para duvidar da legitimidade ou legalidade da diligência.

2. **Imprecisões terminológicas do dispositivo.** O artigo refere que "autoridade ou seus agentes poderão penetrar no território de jurisdição alheia". Ora, via de regra, quem realiza a apreensão são as autoridades policiais, que não possuem jurisdição e sim circunscrição. Se a leitura for no sentido de que o *caput* do artigo referiu-se à autoridade judiciária, ou os agentes por ela determinados, o que fica sem sentido é o § 2º, quando diz que se "as autoridades locais tiverem fundadas razões para duvidar da legitimidade das pessoas que, nas referidas diligências, entrarem pelos seus distritos", pois autoridade judiciária não possui distrito e sim comarca.

Sujeitos do Processo
(arts. 251 a 267)

Átilo Antonio Cerqueira
Delegado de Polícia da Polícia Federal inativo, Professsor na PUC/RS e advogado militante.

O Juiz, o Ministério Público, o Acusado e seu Defensor

1. **Considerações iniciais.** Conforme leciona Tourinho Filho,[1] sujeitos processuais são as pessoas entre as quais se constitui e se desenvolve a relação processual: a que propõe a ação, aquela perante a qual é proposta e, por último, aquela contra quem ela é dirigida (autor, juiz e réu). Tem-se, então, a conhecida figura do triângulo, ou da *triangulação processual*. Mas, além desses intitulados sujeitos principais, a relação processual poderá conter outros, chamados terceiros, como a vítima e o credor do réu, também denominados sujeitos secundários.

Dentre os citados, são partes na relação processual penal (partes processuais e não simplesmente as pessoas da relação jurídico-material, conforme Tourinho Filho)[2] autor (parte ativa) e réu (parte passiva), exigindo-se que, para tanto, além de possuírem a aptidão genérica de ser parte (atribuída a qualquer pessoa, pois todos são, em tese, titulares de direitos e obrigações) que disponham de capacidade para estar em juízo – capacidade processual – (*legitimatio ad processum*) e, igualmente, de *legitimatio ad causam*, ativa ou passiva, ou seja, que tenham interesse na lide.

A capacidade para estar em juízo comporta aptidão para a prática eficaz dos atos processuais, ao passo em que a segunda mencionada é delimitada pela titularidade do direito de ação, pois nosso sistema processual penal permite ao ofendido ou a seu representante legal, em determinadas hipóteses, que exerça o *jus persequendi* através da ação penal privada (*legitimatio ad causam ativa extraordinária*) afastado o Estado o qual, em regra, é o titular da ação penal, ou seja, detentor da *legitimatio ad causam ativa ordinária*.

TÍTULO VIII
DO JUIZ, DO MINISTÉRIO PÚBLICO, DO ACUSADO E DEFENSOR, DOS ASSISTENTES E AUXILIARES DA JUSTIÇA

CAPÍTULO I
DO JUIZ

Art. 251. Ao juiz incumbirá prover à regularidade do processo e manter a ordem no curso dos respectivos atos, podendo, para tal fim, requisitar a força pública.

1. **Poderes do juiz.** Como ator principal e responsável pelo regular desenvolvimento do processo o magistrado reúne poderes especiais, conferidos pela lei, para que possa atuar com fins à prestação jurisdicional. Esses poderes não se resumem aos elencados no presente artigo, que são poderes administrativos, mas possui também aqueles denominados judicantes e, além desses, os *anômalos* podendo recorrer de ofício, requisitar instauração de inquérito policial, entre outras providências.

Para tanto, o juiz conta com garantias outorgadas constitucionalmente: vitaliciedade, inamovibilidade e irredutibilidade de subsídios. Além do que, na qualidade de Poder da República, o Judiciário possui total autonomia funcional e administrativa.

De outra banda, através do Conselho Nacional de Justiça, recém criado por emenda à Constituição, inovou-se buscando o chamado controle externo do Poder Judiciário, medida polêmica, pois, segundo muitos, a mesma coloca em risco a necessária independência política dos juízes.

---

[1] TOURINHO FILHO, Fernando da Costa. *Processo Penal*, 26ª ed. 2º. volume. São Paulo: Saraiva, 2004, p. 437,438.
[2] Ibidem, p. 443-444.

Art. 252. O juiz não poderá exercer jurisdição no processo em que:

I – tiver funcionado seu cônjuge ou parente, consangüíneo ou afim, em linha reta ou colateral até o terceiro grau, inclusive, como defensor ou advogado, órgão do Ministério Público, autoridade policial, auxiliar da justiça ou perito;

II – ele próprio houver desempenhado qualquer dessas funções ou servido como testemunha;

III – tiver funcionado como juiz de outra instância, pronunciando-se, de fato ou de direito, sobre a questão;

IV – ele próprio ou seu cônjuge ou parente, consangüíneo ou afim em linha reta ou colateral até o terceiro grau, inclusive, for parte ou diretamente interessado no feito.

1. **Capacidade do juiz.** Dentre os sujeitos principais releva importância o juiz, ocupando o vértice do triângulo que representa a relação processual penal, tendo em vista tratar-se do presidente do processo e detentor do poder/dever de prestar a jurisdição (dizer o direito no caso concreto), em nome do Estado.

2. **Capacidade subjetiva.** Para tanto, deve o magistrado reunir capacidade subjetiva, também chamada funcional, a qual corresponde à satisfação das exigências legais para o ingresso na magistratura, como condições de saúde física e mental, diploma de bacharel em direito, certidões negativas de antecedentes criminais, haver sido aprovado em concurso de provas e títulos, haver sido nomeado, haver tomado posse e estar em exercício no cargo, entre outras.

3. **Capacidade objetiva.** Mas além da capacidade funcional, deve o magistrado reunir, igualmente, capacidade objetiva, a qual é concernente ao exercício da jurisdição, isto é, não ser *suspeito* e nem *impedido* para presidir o processo e prestar a jurisdição, ou seja, não se verificar quanto a sua pessoa nenhuma das previsões contida nos artigos 252, 253 e 254 seguintes.

4. **Capacidade processual.** Deve, ainda, o juiz possuir capacidade processual, ou seja, tratar-se de juiz competente para presidir e julgar de acordo com as regras estatuídas nas leis orgânicas da magistratura e na Constituição Federal, satisfeito o princípio do *juiz natural*.

5. **Impedimento do juiz.** O dispositivo elenca as hipóteses do impedimento do juiz, seja por parentesco, por desempenho de função ou testemunho, por haver sido juiz em outra instância no mesmo processo ou, ainda, por interesse no feito. Diante dessas previsões não há como se exigir a necessária imparcialidade do magistrado, razões do impedimento.

Anote-se que a hipótese de o juiz haver funcionado no processo no mesmo grau de jurisdição não se constitui em impedimento.

Merece relevância observar-se que, nas hipóteses de impedimento, o magistrado encontra-se afastado de promover a jurisdição no processo, ou seja, acha-se despido da condição de magistrado para aquele processo em concreto, por força de disposição legal. Assim, ato processual praticado por juiz impedido padece de qualquer eficácia, devendo ser considerado como ato processual inexistente.

Art. 253. Nos juízos coletivos, não poderão servir no mesmo processo os juízes que forem entre si parentes, consangüíneos ou afins, em linha reta ou colateral até o terceiro grau, inclusive.

1. **Juízos coletivos.** Trata-se de regra que atende aos mesmos princípios da previsão do inc. I do artigo anterior, buscando revestir os julgados da necessária imparcialidade.

Art. 254. O juiz dar-se-á por suspeito, e, se não o fizer, poderá ser recusado por qualquer das partes:

I – se for amigo íntimo ou inimigo capital de qualquer deles;

II – se ele, seu cônjuge, ascendente ou descendente, estiver respondendo a processo por fato análogo, sobre cujo caráter criminoso haja controvérsia;

III – se ele, seu cônjuge, ou parente, consangüíneo, ou afim, até o terceiro grau, inclusive, sustentar demanda ou responder a processo que tenha de ser julgado por qualquer das partes;

IV – se tiver aconselhado qualquer das partes;

V – se for credor ou devedor, tutor ou curador, de qualquer das partes;

VI – se for sócio, acionista ou administrador de sociedade interessada no processo.

1. **Suspeição do juiz.** A suspeição é concernente apenas às partes e encontram-se taxativamente previstas não admitindo, pois, interpretação extensiva. Sua ocorrência, não sendo reconhecida pelo juiz, poderá redundar na recusa do julgador pela parte prejudicada. Os atos processuais praticados pelo juiz suspeito são absolutamente nulos.

Porém, pode o magistrado apontar razões íntimas que o impedem de julgar com a necessária imparcialidade, constituindo-se essas em hipóteses de suspeição. Poderá fazê-lo, inclusive, ao se considerar amigo íntimo ou inimigo capital do advogado, conforme reiteradamente decidido pelos Tribunais. Não há obrigação de que sejam apontadas publicamente, podendo ser retratadas como motivos de foro íntimo.

Reconhecendo o magistrado a ocorrência de suspeição deve aponta-la e encaminhar o processo imediatamente a seu substituto.

2. Amizade íntima ou inimizade capital. Trata-se de previsão subjetiva, difícil de precisar com exatidão o que se deva entender por amizade íntima e inimizade capital. Contudo, a freqüência à residência, o compadrio, a troca, a miúde, de gentilezas e presentes são comumente apontadas como suficientes para constituir-se em *amizade íntima* do magistrado com a parte.

Por seu turno, sentimentos como amor, paixão e ódio podem ser dissimulados, também dificultando a caracterização da amizade íntima e da inimizade capital. Neste último caso, costuma-se apontar manifestações de arraigada raiva e de vingança como caracterizadores de inimizade capital.

3. Aconselhamento. O aconselhamento aqui previsto é concernente ao processo, redundando na quebra da imparcialidade por parte do julgador. Intolerável que o juiz que esteja a presidir o feito aconselhe a parte sobre os rumos do processo ou o caminho que deva seguir a fim de obter decisão que lhe seja favorável.

Art. 255. O impedimento ou suspeição decorrente de parentesco por afinidade cessará pela dissolução do casamento que lhe tiver dado causa, salvo sobrevindo descendentes; mas, ainda que dissolvido o casamento sem descendentes, não funcionará como juiz o sogro, o padrasto, o cunhado, o genro ou enteado de quem for parte no processo.

1. Dissolução do casamento como término do impedimento e da suspeição. O dispositivo é claro ao apontar a dissolução do casamento do juiz como motivo para que cesse o impedimento e a suspeição a que houver dado causa, excetuando-se a hipótese de que haja descendência. Para tanto não é suficiente a simples separação judicial, exigindo-se a anulação do casamento ou o divórcio.

Por outro lado, ainda que não haja descendência, permanece o impedimento com relação ao sogro, o padrasto, o cunhado, o genro ou enteado, estando afastados da prestação jurisdicional.

Art. 256. A suspeição não poderá ser declarada nem reconhecida, quando a parte injuriar o juiz ou de propósito der motivo para criá-la.

1. Suspeição provocada pela parte. Considerando-se o princípio segundo o qual ninguém poderá obter proveito da própria torpeza (princípio da lealdade), consagrado na lei processual, o magistrado deve abster-se de reconhecer e declarar suspeição quando provocada pela parte buscando situação vantajosa.

CAPÍTULO II
DO MINISTÉRIO PÚBLICO

Art. 257. O Ministério Público promoverá e fiscalizará a execução da lei.

1. O Ministério Público como instituição. O Ministério Público tem origens na Idade Média, encontrando-se referência ao mesmo na legislação francesa datada do século XIV. Ao que revelam pesquisas históricas realizadas na Europa, inicialmente a instituição ocupava-se unicamente da defesa jurídica dos interesses dos soberanos.

Mais tarde, já nos séculos XIX e XX, o Ministério Público é reconhecido genericamente como instituição que promove defesa dos interesses do Estado, estando jungido ao Poder Executivo, além de realizar a persecução criminal em nome do Estado, imprescindível à realização da Justiça.

Atualmente, entre nós, mantendo-se como função essencial no que tange à consecução da Justiça, o Ministério Público recebe novas e importantes atribuições: deixa de se constituir num apêndice do Poder Executivo, encarregado notadamente da defesa dos interesses daquele, conquistando independência funcional e administrativa, passando a exercer a defesa da sociedade em juízo, mais precisamente, dos interesses considerados indisponíveis, da ordem jurídica e do regime democrático, conforme dispõe o art. 127 da Constituição Federal. Daí, pois, tratar-se agora o Ministério Público de um Órgão do Estado, permanente e independente, e não mais uma parte do Poder Executivo, exercendo função de mantenedor do equilíbrio jurídico e social.

Para tanto, foram-lhe alcançadas pelo mencionado dispositivo constitucional as mesmas prerrogativas da Magistratura, quais sejam: inamovibilidade, vitaliciedade e irredutibilidade de subsídios. Encontra-se estruturado de acordo com a Lei nº 8.625/93 (Lei Orgânica Nacional do Ministério Público), de forma que muitos entendem tratar-se de autêntico 4º. Poder da República, quebrada, pois, a vetusta tripartição usualmente empregada.

2. Atribuições do Ministério Público. De acordo com as regras desse dispositivo, no Processo Penal exerce, em nome do Estado, de forma privativa, a promoção da ação penal pública, a acompanha integralmente, além de fiscalizar a aplicação da lei (função de *custos legis*), zelando, inclusive, pela retilínea observação das garantias do acusado.

Administrativamente possui, ainda, outras atribuições conforme disposto no art. 129 da C.F. e na Lei nº 8.625/93, destacando-se a de exercer o controle externo das atividades das polícias civis e militares. Tais funções, entretanto, só podem ser exercidas por integrantes da carreira, cujo acesso se dá mediante concurso público de provas e títulos, estando, por isso, proibida a nomeação de promotores de justiça *ad hoc*, conforme possibilitava a legislação anterior à Constituição Federal de 1.988.

3. Princípios institucionais do Ministério Público.

Conforme Nogueira,[3] O Ministério Público é regido pelos seguintes princípios institucionais:

a) UNIDADE: significa que o Ministério Público é um Órgão só, com uma só chefia exercendo a mesma função. Todos os promotores de numerosas comarcas integram um só Órgão sob direção única;

b) INDIVISIBILIDADE: significa que os membros podem ser destituídos uns pelos outros, não arbitrariamente, mas na forma prevista em lei, sem prejuízo para as funções;

c) INDEPENDÊNCIA FUNCIONAL: quer dizer que o membro da instituição é independente no exercício de suas funções, podendo no processo-crime discordar dos colegas;

d) INDISPONIBILIDADE; como titular da ação penal pública, condicionada ou não, o promotor não pode dela desistir depois de proposta;

e) IRRECUSABILIDADE; o promotor não pode ser recusado, salvo nos casos de impedimento e suspeição (CPP, art. 112);

f) IRRESPONSABILIDADE: os membros da instituição não podem ser civilmente responsáveis pelos atos praticados no exercício da função. Mas o Estado é civilmente responsável pelos atos praticados pelos membros do Ministério Público, e há possibilidade de ação de regresso. Seus membros podem, ainda, ser penalmente responsabilizados desde que haja abuso no exercício do poder;

g) DEVOLUÇÃO: o superior pode exercer a função própria do subordinado. Se o promotor entende que não é o caso de mover a ação penal, o Procurador-Geral não pode forçá-lo a agir, mas, se dele discordar, pode ele próprio oferecer denúncia ou designar outro promotor para oferecê-la;

h) SUBSTITUIÇÃO: consiste na designação de qualquer membro da instituição, mesmo de grau superior, para funcionar em inquéritos ou processos.

Art. 258. Os órgãos do Ministério Público não funcionarão nos processos em que o juiz ou qualquer das partes for seu cônjuge, ou parente, consangüíneo ou afim, em linha reta ou colateral, até o terceiro grau, inclusive, e a eles se estendem, no que lhes for aplicável, as prescrições relativas à suspeição e aos impedimentos dos juízes.

1. Impedimento e suspeição de membros do Ministério Público.

Semelhantemente com o que ocorre com relação aos magistrados, os membros do Ministério Público responsáveis pela persecução criminal encontram-se submetidos às regras previstas nos arts. 252 a 256 *retro*. A argüição de impedimento ou suspeição se dará na forma do art. 104 do CPP.

Por essa forma, é exigida do representante do Ministério Público a imparcialidade em prol da consecução da Justiça, pretensão no mínimo curiosa tendo em vista que o Ministério Público é parte na ação penal, e que tem causado intensa discussão jurídica: o membro do *parquet* tem o dever de agir com imparcialidade no processo criminal? Predomina, hoje, o entendimento que sim, estribado na concepção de que a instituição do Ministério Público deve promover a Justiça e não reduzir sua atuação apenas à acusação cega e, por isso, perseguidora. Porém, diante de tais argumentos, o Ministério Público não pode mais ser caracterizado como parte na relação processual. Tourinho Filho[4] entende que, embora essa qualificação especial do Ministério Público, tal não lhe retira a qualidade de parte, pois, conforme salienta, sem a presença das partes (autor e réu) não é possível a existência do Processo Penal.

Além do que, a dualidade de atribuições cometidas ao Ministério Público (acusador e fiscal da aplicação da lei) lhe outorga tanto a possibilidade de impetrar *habeas corpus*, como, também, de requerer a absolvição do réu e até de recorrer em favor dele.

CAPÍTULO III
DO ACUSADO E SEU DEFENSOR

Art. 259. A impossibilidade de identificação do acusado com o seu verdadeiro nome ou outros qualificativos não retardará a ação penal, quando certa a identidade física. A qualquer tempo, no curso do processo, do julgamento ou da execução da sentença, se for descoberta a sua qualificação, far-se-á a retificação, por termo, nos autos, sem prejuízo da validade dos atos precedentes.

1. O Acusado. O acusado é aquele contra quem é proposta a ação penal. Também chamado de réu, figura no pólo passivo da relação processual penal. Para tanto, necessário se torna que o réu tenha capacidade penal, ou seja, que reúna condições legais para suportar uma acusação e, conseqüentemente, responder a ela em juízo. Assim, não podem ser réus

---

[3] NOGUEIRA, Paulo Lúcio. *Curso Completo de Processo Penal*, 11ª edição, revista, ampliada e atualizada, São Paulo; Saraiva; 2000, p. 250-252.

[4] TOURINHO FILHO, Fernando da Costa. *Ob. cit.*, p. 443-444.

os inimputáveis menores de 18 anos, por expressa determinação contida no art. 27 do Código Penal, bem como aquelas pessoas que gozam de imunidades, sejam parlamentares ou diplomáticas. Por outro lado, convém lembrar que aos inimputáveis por serem portadores de doença mental, desenvolvimento mental retardado ou incompleto, embora não possam sofrer aplicação de pena, lhes poderá ser aplicada medida de segurança.

Além disso, tem sido objeto de acalorados debates entre doutrinadores, a questão introduzida pela Constituição Federal no § 3º do art. 225, dispositivo esse que outorga à pessoa jurídica capacidade de ser ré em processo penal. Apenas e tão-somente ao ser humano é possível a atribuição de culpa, bem como o exame da intencionalidade de seus atos (possibilidade de entendimento do caráter ilícito de seu agir). Portanto, à luz dos princípios que informam o moderno direito penal, resulta impossível a criminalização da pessoa jurídica, ainda que a pena a lhe ser aplicada seja compatível com a sua natureza, conforme já se teve oportunidade de dissertar a respeito.[5]

O réu é sujeito de direitos e garantias que se acham estabelecidas no art. 5º. da Constituição Federal, e que se constituem afirmação de que entre nós vige o Estado Democrático de Direito. Se ao Estado são disponibilizados poderosos meios investigatórios visando a elucidação da autoria e circunstâncias em que ilícitos foram praticados, uma vez instaurado o Processo Criminal o acusado se torna a parte frágil na relação processual, eis que se confronta com o poderio estatal. Diante disso, incumbe ao próprio Estado prover direitos que não podem ser negados ao acusado, garantindo ao réu ao menos a preservação da dignidade de sua pessoa, por tratar-se de um ser humano e, além disso, afastando do Direito Penal a possibilidade de ser reduzido a mera vingança.

2. **Correta identificação do réu**. Para que seja iniciado o Processo Criminal é necessária correta identificação do réu, ou seja, certeza de que o acusado é, verdadeiramente, aquele contra quem é endereçada a ação penal. Para tanto, torna-se necessária certeza quanto à identidade física, podendo sua qualificação ser completada ou corrigida, se for o caso, durante o transcurso do processo ou, até mesmo, mais adiante, no decurso da execução da sentença. Por essa razão, desde o nascedouro da atuação do Estado, exige-se a identificação criminal do acusado, especialmente pelo processo datiloscópico, mesmo ainda em sede de inquérito policial, procurando-se evitar inescusável erro judiciário.

Art. 260. Se o acusado não atender à intimação para o interrogatório, reconhecimento ou qualquer outro ato que, sem ele, não possa ser realizado, a autoridade poderá mandar conduzi-lo à sua presença.

Parágrafo único. O mandado conterá, além da ordem de condução, os requisitos mencionados no art. 352, no que lhe for aplicável.

1. **Condução coercitiva do acusado.** Para garantir a regular instrução do processo, o réu deverá comparecer aos atos que não podem ser realizados sem sua presença, como as hipóteses do interrogatório e do reconhecimento. Negando-se a comparecer, o juiz poderá determinar sua condução coercitiva, cujo mandado conterá, se for possível, os requisitos a que se refere o art. 352.

2. **Decretação de prisão preventiva.** Além disso, se for o caso, tornando-se o réu recalcitrante em cumprir a ordem judicial, por esta forma causando inconveniência à instrução criminal, estando presentes os pressupostos e fundamentos dos arts. 312 e 313, poderá o juiz decretar a prisão preventiva do acusado.

Art. 261. Nenhum acusado, ainda que ausente ou foragido, será processado ou julgado sem defensor.

Parágrafo único. A defesa técnica, quando realizada por defensor público ou dativo, será sempre exercida através de manifestação fundamentada. (Incluído pela Lei nº 10.792, de 1º.12.2003)

1. **O defensor.** Para o exercício do *ius postulandi* exige a lei que a parte possua capacidade, ou seja, que reúna condições para requerer perante o juiz. Atualmente, apenas o advogado (bacharel em direito regularmente inscrito da Ordem dos Advogados do Brasil) possui capacidade técnica para o exercício da defesa do réu em juízo, ou seja, para a realização da intitulada defesa técnica.

Possuem capacidade postulatória prevista em lei, além do advogado, os representantes do Ministério Público e os Defensores Públicos. Por outro lado, embora não recomendável em razão das conseqüências causadas pelo processo criminal no estado anímico do acusado, nada obsta que o réu realize sua própria defesa, e mesmo de co-réu, na hipótese de se tratar de advogado.

A defesa técnica é obrigatória no Processo Penal, não podendo dela dispor o réu, o qual será representado por defensor técnico mesmo contra sua vontade. Caso contrário, tornar-se-á absolutamente nulo todo o processo. O exercício da defesa é pleno e

---

[5] CERQUEIRA, Átilo Antonio. *Direito Penal Garantista e a Nova Criminalidade*. Curitiba: Juruá, 2002, p. 110-115.

eventuais causas de redução se constituem, ao menos em tese, em nulidades absolutas, como, a propósito, mencionado na Súmula n° 523 do STF.

A par da defesa técnica, empreendida por advogado, o réu em sede de Processo Criminal tem condições de exercer sua própria defesa, ou seja, de *falar por si*, pelo menos em dois momentos: quando do interrogatório perante o magistrado, e na hipótese de interposição de recurso. Convém lembrar, ainda, que o pedido de *habeas corpus* poderá ser deduzido em juízo por qualquer cidadão e, até mesmo, pela pessoa jurídica.

2. **Obrigatoriedade da realização de defesa**. Conforme mencionado acima, o réu será sempre representado por defensor, seja contratado ou não, tendo em vista o comando inserido no inc. LV, do art. 5°. da Constituição Federal. Na ausência do acusado ou diante de qualquer impossibilidade de indicar defensor, o juiz determinará que seja representado por defensor dativo, nomeando-o nos Autos. Tratando-se de réu pobre, ou que por qualquer outro motivo não possa se fazer representar, o Estado disponibilizará defensor público para assistir ao acusado.

3. **Defesa técnica**. A atuação do advogado é obrigatória, sendo técnica, ou seja, devendo ser competente. Para tanto, passou a exigir a lei que as manifestações de defesa técnica realizada pelo defensor dativo ou público sejam sempre fundamentadas, ou seja, realizadas no sentido de deduzir em juízo e apresentar todas as provas possíveis que venham a contribuir para a absolvição do réu ou, ao menos, que evitem lhe causar prejuízo desnecessário.

4. **Réu foragido**. Ainda que se trate de réu ausente ou foragido, ou seja, mesmo em se tratando de revel, tem ele direito a nomeação de defensor dativo, a qual será desnecessária na hipótese de que o acusado tenha constituído advogado, portanto, defensor de sua confiança, uma vez que a Constituição assegura a ampla defesa a todos os acusados, não mencionando exceções.

Art. 262. Ao acusado menor dar-se-á curador.

1. **Revogação do art. 194 do CPP**. Anteriormente à vigência do atual Código Civil, entendia-se que a pessoa que contasse entre 18 e 21 anos de idade era considerada relativamente capaz e, assim, a fim de protegê-la o art. 194 exigia que a mesma dispusesse da figura de curador acompanhando a realização de seu interrogatório. No mesmo sentido, o presente dispositivo prevê a necessidade da nomeação de curador para a prática de atos processuais por parte do relativamente capaz, sob pena de nulidade.

Entretanto, com o advento do novo estatuto civil, datado de 10/01/2002, o qual igualou a maioridade civil e penal, a exemplo do que ocorre com relação ao inquérito policial, não há mais necessidade da nomeação de curador visando execução de atos processuais por parte dos menores de 21 anos. Além disso, o art. 10 da lei n° 10.792/03 revogou, expressamente, o art. 194 do CPP.

2. **Acusado declarado relativamente incapaz**. Entretanto, como a capacidade não é concernente apenas à idade cronológica, mas também e, sobretudo, às condições mentais do indivíduo aquele considerado relativamente incapaz em virtude de desenvolvimento mental incompleto ou retardado, constatado através do necessário incidente de insanidade mental (conforme disposto no art. 149 do CPP) ou ainda, ao silvícola não totalmente aculturado, será nomeado curador, sob pena de nulidade até mesmo de todo o processo.

Art. 263. Se o acusado não o tiver, ser-lhe-á nomeado defensor pelo juiz, ressalvado o seu direito de, a todo tempo, nomear outro de sua confiança, ou a si mesmo defender-se, caso tenha habilitação.

Parágrafo único. O acusado, que não for pobre, será obrigado a pagar os honorários do defensor dativo, arbitrados pelo juiz.

1. **Nomeação de defensor dativo**. Todo o acusado tem direito à defesa técnica, sob pena de nulidade absoluta do processo por inobservância do princípio constitucional da ampla defesa. Destarte, quando da ocasião do interrogatório, o magistrado questionará o réu acerca de seu defensor. Não possuindo ou não podendo constituir defensor, por se tratar de réu pobre, o juiz deve nomear-lhe defensor dativo, profissional tecnicamente habilitado e inscrito na OAB.

Ressalte-se, ainda, que o poder público coloca à disposição dos réus pobres os defensores públicos, via de regra, tratando-se de profissionais bem preparados para o exercício da defesa, devendo o juiz evitar, quando possível, a nomeação de defensor dativo, encaminhando o acusado à defensoria pública.

2. **Pluralidade de réus**. Havendo co-réus desacompanhados de defensores, deverá o magistrado nomear defensor dativo para cada um deles, tomando o cuidado de designar profissionais diferentes evitando a ocorrência de defesas conflitantes, fato esse que redundará em nulidade do processo.

Entretanto, em se tratando de defensor constituído, não poderão os réus alegar nulidade em caso de colisão das teses de defesa. Nesse caso caberá ao advogado a renúncia ao mandato ou aos mandatos, em número suficiente para evitar prejuízo aos réus, inclusive constituindo-se em crime tal atuação do defensor, conforme previsto no art. 355 do CP.

3. **Defensor constituído**. Ainda que representado por defensor dativo, o acusado poderá, a qualquer tempo, constituir defensor de sua confiança, mesmo que declarado revel, podendo, ainda, exercer sua própria defesa se habilitado, conforme comentado no item II, acima.

Na hipótese de nomeação de defensor dativo, não sendo pobre o réu, é ele obrigado a arcar com os honorários da defesa a serem arbitrados pelo magistrado, observando-se, para tanto, a previsão contida no art. 30 do Estatuto da OAB. Nesse caso, ainda que o acusado não seja considerado necessitado, sua defesa dativa foi implementada por determinação do art. 261 *retro*, sendo justo, pois, o pagamento de honorários advocatícios.

Art. 264. Salvo motivo relevante, os advogados e solicitadores serão obrigados, sob pena de multa de cem a quinhentos mil-réis, a prestar seu patrocínio aos acusados, quando nomeados pelo Juiz.

1. **Exercício de advocacia dativa**. Os advogados estão obrigados a exercer a advocacia gratuita aos necessitados, uma vez que exercem uma atividade pública. A esse respeito, inclusive, contém previsões o Código de Ética e Disciplina dos Advogados, prevendo aplicação de multa na hipótese de "recusa injustificada". Prevê, igualmente, que tal atividade deverá ser realizada pelo advogado quando da impossibilidade da Defensoria Pública no local da prestação do serviço.

Art. 265. O defensor não poderá abandonar o processo senão por motivo imperioso, a critério do juiz, sob pena de multa de cem a quinhentos mil-réis.
Parágrafo único. A falta de comparecimento do defensor, ainda que motivada, não determinará o adiamento de ato algum do processo, devendo o juiz nomear substituto, ainda que provisoriamente ou para o só efeito do ato.

1. **Abandono do processo por defensor constituído**. A princípio o defensor não poderá abandonar o processo a não ser por motivo relevante, contando com a aquiescência do juiz. Entretanto, em se tratando de defensor constituído, o mesmo poderá deixar a causa bastando comunicação, fazendo constar nos autos, devendo, porém, continuar a prestar serviços ao cliente durante os dez dias seguintes à notificação, conforme prevê o parágr. 3º. do art. 5º. do Estatuto da OAB. Por seu turno, o juiz, nessa hipótese, deve intimar a parte para que constitua novo defensor. Não ocorrendo nova constituição, deverá nomear defensor dativo.

2. **Abandono do processo por defensor dativo**. Já no que tange ao defensor dativo, vige a presente previsão legal, pois, o exercício da advocacia dativa é intransferível, em conseqüência não cabendo substabelecimento. No entanto, ainda assim, embora defensor dativo, se presentes uma ou mais das hipóteses contidas no art. 15 da Lei nº 1.060/50 o advogado poderá renunciar à defensoria dativa.

3. **Nomeação de advogado substituto**. O dispositivo é bem claro. A ausência do defensor do réu não motivará o adiamento do ato a ser realizado, podendo, se for o caso, o magistrado nomear defensor substituto, o qual, por seu turno, poderá assumir a representação do acusado até que o defensor tenha condições de retornar. No entanto, conforme a justificativa apresentada pelo defensor, o juiz poderá adiar a realização do ato.

Art. 266. A constituição de defensor independerá de instrumento de mandato, se o acusado o indicar por ocasião do interrogatório.

1. **Constituição de defensor independentemente de instrumento**. Se no momento do interrogatório, quando indagado pelo juiz, o réu indicar o nome de seu defensor, este será considerado constituído, ainda que sem outorga de procuração. Estando presente, será considerado intimado para os atos subseqüentes do processo.

Art. 267. Nos termos do art. 252, não funcionarão como defensores os parentes do juiz.

1. **Causas de impedimento do defensor**. O art. 252 contém hipóteses de impedimento do juiz. Na presente previsão, os impedimentos dizem respeito ao advogado, o qual não poderá atuar no processo se for parente do juiz nas condições do mencionado art. 252.

A análise conjunta de ambas as normas resulta em que o impedimento será do juiz com relação ao advogado, se ele, advogado, atuar por primeiro; conseqüentemente, o impedimento será do advogado com relação ao juiz na hipótese contrária, ou seja, se ele, magistrado, funcionar antes do advogado.

Por outro lado, o exercício da defesa do acusado por advogado impedido é causa de nulidade do processo. A propósito, o advogado está também proibido do exercício da advocacia nas hipóteses dos arts. 27 e 28 da Lei nº 8.906/94.

Sujeitos do Processo
(arts. 268 a 281)

Marcus Vinicius Boschi

Mestre em Ciências Criminais pela Pontifícia Universidade Católica do Rio Grande do Sul,
Professor dos Cursos de Graduação e Pós-Graduação da ULBRA, da FARGS e da
Escola Superior da Defensoria Pública do Rio Grande do Sul e advogado criminalista militante.

Assistentes, Funcionários da Justiça, Peritos e Intérpretes

Embora pouquíssima controvérsia se possa extrair do tema sujeitos do processo, algumas considerações se fazem necessárias para que se possa bem compreender quem são e de que forma atuam esses verdadeiros agentes da Justiça criminal.

1. Do Juiz. Verdadeiros responsáveis pela condução do feito, o Juiz, em primeiro grau, e os Tribunais, nas causas de competência originária, são os órgãos que detêm a competência para dar solução à lide, sem que aqui se considere as hipóteses de recurso, bem como velar pela correta regularidade e disciplina dos e nos atos processuais.

Aos Juízes, *lato sensu,* bem como aos demais atores do processo, é vedada a atuação nas causas em que se afigure alguma das hipóteses de impedimento ou suspeição (a primeira de ordem objetiva, a segunda, subjetiva), pois são elas verdadeiros instrumentos que velam pela correção moral e imparcialidade da justiça, conforme restará melhor esclarecido quando do comentário dos artigos.

Aos Juízes são asseguradas as garantias da inamovibilidade, vitaliciedade, e independência funcional que correspondem, respectivamente, ao direito que lhes acolhe de não serem removidos compulsoriamente (salvo exceção) de determinada comarca ou Juízo, a impossibilidade de ser demitido do cargo após a confirmação no cargo (salvo por força de decisão administrativa ou judicial passada em julgado) e, por fim, a sua insubordinação à orientações jurídicas, podendo e devendo decidir a causa conforme achar mais adequado e justo sob o ponto de vista jurídico.

Relativamente ao Juiz, ressalte-se que a Constituição Federal contemplou, no artigo 5º, XXXVII, o princípio do "juiz natural" segundo o qual "não haverá juízo ou tribunal de exceção", decorrendo daí que o julgamento de eventuais ilícitos civis ou criminais somente será afeto ao juízo criado anteriormente ao fato. A violação a esse postulado ficou visível quando da criação dos Tribunais de Guerra, a exemplo de Nuremberg ou Ruanda, pois formados após o fato (guerra) e composto por Juízes que representavam os vencedores.

Por fim, cabe referir, ainda que o nosso sistema criminal não conhece o princípio da identidade física do juiz, o qual determina que o magistrado que colhera a prova deva ser aquele que proferirá a decisão, embora fosse a sua adoção positiva, pois traria ao magistrado sentenciante maior conhecimento sobre a acusa e compreensão sobre a prova. A idéia, ao nosso sentir, decorre da aplicação do artigo 502, parágrafo único, do CPP.

2. Dos advogados. Verdadeiro ator jurídico que fala pelos outros e seus direitos defende, o advogado é indispensável à administração da justiça (art. 133 da CF), podendo ser membro dos quadros da Defensoria Pública – responsável pela defesa dos interesses daqueles considerados legalmente como pobres, nos termos da Lei 1060, de 1950), constituído – contratado pelos interessados – e, ainda, dativo, ou seja, advogado não pertencente ao quadro dos servidores públicos *stricto sensu,* mas que, por possuir a confiança do Juízo, é nomeado pela autoridade judiciária que conduz a causa para o patrocínio daqueles que não podem arcar com as respectivas despesas sem que isso lhe ocasione prejuízo próprio ou à sua família.

O advogado, a par da imunidade material que possui, pois alguns de seus atos não constituem crime quando praticados no debate da causa ou em razão dela, passou, por força da Lei 10.792/03, que deu nova redação ao artigo 188 do CPP, a assumir maior importância nos desbobramentos da defesa, na medida em que agora poderá ele realizar perguntas ao defendido, sempre por último, como forma de melhor se garantir o contraditório.

Dentre as inúmeras particularidades que poderiam ser tratadas sobre o tema, importa referir ainda o enunciado da Súmula 523 do STF que, consigna que a falta de defesa (ou seja, a inexistência de defensor atuado no feito), causa nulidade absoluta, ao passo que a sua mera deficiência (inépcia do defensor) causa apenas nulidade relativa que, nos termos já assentes pela jurisprudência, depende de prova firme e concreta do prejuízo sofrido.

Por fim, cabe referir que os Defensores Públicos, por força da Lei Complementar 80, de 1994, possuem prazo em dobro para falar nos autos, benefício esse que não alcança os defensores constituídos ou dativos, embora pensemos que devesse se endereçar a esse último, na medida em que atua ele como se defensor público fosse.

3. Do Ministério Público. O Promotor de Justiça, atuante junto ao primeiro grau de jurisdição, no âmbito estadual, ou o Procurador da República, no âmbito federal, representam, juntamente com os Procuradores de Justiça e Procuradores Regionais da República, a instituição do Ministério Público, que sempre deve atuar nos feitos criminais, seja como parte e fiscal da lei, simultaneamente (nos casos de ação penal pública), seja apenas na qualidade de fiscal (ou comumente denominada de *custos legis*), nos casos de ação penal privada.

São protegidos os membros da instituição pelos mesmos princípios que socorrem os magistrados, acrescentando-se aqui que o princípio da independência funcional determina que não poderá, *v.g.*, o Procurador-Geral de Justiça determinar que dado Promotor postule isso ou aquilo no feito em que atua (artigo 1º, §ú da Lei 8625, 1993). Não importará rompimento a esse princípio, ao nosso ver, contudo, quando, nos termos do artigo 28 do CPP, o chefe da Instituição designar Promotor para o oferecimento de denúncia, pois aí não estará o designado agindo *exponte propria*, mas sim como se o próprio Procurador-Geral fosse, não podendo, portanto, recusar-se à prática do ato.

Sustenta há muito a doutrina que o Ministério Público assume simultaneamente dúplice função, pois é, como dito, parte e fiscal.

Há que se questionar, contudo, a possibilidade lógica de determinado órgão representar, com o devido equilíbrio, a acusação posta ao mesmo tempo em que vela pela correta aplicação da lei. Até que medida a acusação equivocadamente posta pela "parte" autora cederá à análise protetiva do fiscal? A incompatibilidade de cumulação de funções talvez resida nesse ponto.

Mas, ainda que a questão seja complexa e instigante, certo é que se não for reconhecida ao Ministério Público a atribuição de fiscalizar o procedimento (*custos legis*), não há como se legitimar as situações em que a sua intervenção se faz em favor do acusado, quando, por exemplo, a fim de obter a sua soltura, maneja Habeas Corpus que o próprio advogado não se atentou em providenciar (art. 32, I da lei 8625/93).

4. Do Assistente da Acusação. No dia-a-dia forence, é comum verificarmos o advogado que representa a vítima ou os seus sucessores em feito criminal ser tratado como o próprio assistente da acusação. Em verdade, o assistente é a vítima ou os seus sucessores, sendo o advogado mero representante.

Intenso debate tem sido travado pela doutrina no que diz respeito à (in)constitucionalidade do assistente, pois se tem sustentado que, ao prever a Carta Federal, no artigo 129, I, ser a ação penal pública de iniciativa do Ministério Publico, retirou ela qualquer possibilidade de intervenção do assistente. Raciocínio equivocado, ao menos que tange a esse ponto.

A *mens legis* posta pela Carta da República, na redação do artigo 129, I, foi a de abolir a iniciativa dos procedimentos por portaria do Juiz ou do Delegado de Polícia, a exemplo do que ocorria no procedimento sumário (artigo 531 do CPP). Dizendo de outro modo: a intenção do constituinte originário com a redação do artigo 129, I foi apenas a de retirar o Juiz ou da autoridade policial a atribuição de iniciar procedimento penal, mas jamais a de abolir do cenário criminal a figura do assistente da acusação.

A assistência à acusação é possível, por petição, após o recebimento da denúncia pelo magistrado, nos termos do artigo 268 e ss do CPP, tendo como termo final o trânsito em julgado da causa, recebendo-a no estado em que se encontra. Não poderá, por razão temporal, arrolar testemunhas, pois as da acusação, a são juntamente com a denúncia, salvo para completar o número legal.

A função do assistente, ao nosso sentir, diversamente de recentes decisões do Superior Tribunal de Justiça, não é de busca da verdade (pois essa tarefa cabe apenas ao Estado, se impiricamente possível), sendo o seu objetivo no feito criminal lograr uma sentença condenatória a fim de promover a competente execução civil.

Ora, se assim o é, não poderá o assistente praticar todo e qualquer ato, pois, qual seria o efeito prático à formação do título, v.g., se recorresse ele da sentença apenas para aumentar a pena ou ainda recorresse buscando a prisão preventiva doa acusado? Nenhum. Por isso é que os poderes do assistente vêm restritivamente disciplinados no artigo 271 do CPP.

Por fim, entendemos que a admissão do assistente está calcada em critérios objetivos que, se preenchidos, devem levar à sua habilitação nos autos. Assim, sendo o feito de ação pública e requerendo a habilitação a própria vítima ou alguma das pessoas elencadas no artigo 31 do CPP, na ordem do artigo 36 do CPP, o pedido deve ser deferido.

CAPITULO IV
DOS ASSISTENTES

Art. 268. Em todos os termos da ação pública, poderá intervir, como assistente do Ministério Público, o ofendido ou seu representante legal, ou, na falta, qualquer das pessoas mencionadas no art. 31.

O sistema processual penal autoriza que, nos casos de ação penal pública, possa haver intervenção da assistência.

1. **Conceito de assistente**. Na prática forense, muitas vezes vemos referencia ao assistente como sendo ele o advogado que patrocina os interesses da vitima ou de sua família, atuando ao lado do Ministério Publico. No entanto, tecnicamente, assistente à acusação são as pessoas do ofendido ou de seu representante legal, e, na sua ausência, o cônjuge, o ascendente, descendente ou irmão.

2. **Inconstitucionalidade do assistente**. A moderna doutrina vem debatendo a inconstitucionalidade da figura do assistente, o que faz à luz do artigo 129, I da Constituição Federal de 1988.

Entendem alguns que a Carta Magna, ao legitimar para ação penal apenas o Ministério Publico, acabou por extirpar do ordenamento qualquer possibilidade de a vítima ou seus sucessores intervirem no feito buscando a reparação dos danos, na qualidade de assistente.

Entendemos em sentido diverso. Ao nosso ver, quando a Constituição Federal deu legitimidade ao Ministério Publico para a ação penal o fez pretendendo com isso abandonar qualquer possibilidade de o juiz iniciar, *ex oficio*, a ação penal, como, alias, acontecia nos casos de contravenções, forte no artigo 531 do CPP. Ademais, é de ser salientado, ainda, que a iniciativa da ação por parte MP não é incompatível com a figura da assistência, isto porque o MP dará início à ação penal, ao passo que o assistente integrará a relação processual apenas após o oferecimento da denuncia.

3. **Função da assistência**. Sempre pairou na doutrina o entendimento pacifico de que a assistência objetiva, no processo penal, a condenação do acusado a fim de que, com isto, possa executar o titulo no âmbito cível. A nós parece a melhor posição, tendo em vista que a admissão incondicional e irrestrita da assistência acaba por conferir ao processo-crime uma feição privada, nos moldes da lide própria do Processo Civil, o que é descabido, na medida em que o processo penal não se adequa à lide propriamente dita, pois é pautado por principiologia eminentemente pública.

No entanto, ao que parece, a jurisprudência vem conferindo novas atribuições ao assistente, alargando seu âmbito de atuação, sob o fundamento de que ao assistente não cabe apenas a busca do título executivo – sentença condenatória –, mas também a realização da justiça e o desvendar da verdade real.[1]

4. **Possibilidades conferidas ao assistente**. A prevalecer a orientação que vem sendo consolidada e que amplia a sua capacidade postulatória, poderá o assistente, p.ex., recorrer de decisão do Júri por entender manifestamente contrária à prova dos autos decisão dos jurados que não reconhece qualificadora, requerer a prisão preventiva e outras medidas que entender pertinentes. Filiamo-nos, contudo, à corrente que limita a função do assistente, para atribuir-lhe apenas os poderes do artigo 584, § 1º e 598, ambos do CPP.

A verdade real, altamente questionável à luz das novas luzes que clarearam o direito criminal um passado remoto, se cabível, o deverá ser ao Ministério Público, parte em sentido jurídico formal, e não a um ator processual meramente secundário.

Art. 269. O assistente será admitido enquanto não passar em julgado a sentença e receberá a causa no estado em que se achar.

1. **Admissão do assistente**. O assistente somente será admitido enquanto tal após o inicio da ação, ou seja, após o oferecimento da denúncia. Essa é explicação doutrinaria comumente encontrada nos manuais. Entendemos, contudo, que o assistente somente poderá pleitear a sua admissao no feito após o recebimento da denúncia por parte da autoridade judiciária competente. É que, em não havendo recebimento da denúncia, por óbvio, não há que se falar em assistência.

Diz a lei, ainda, que o assistente será admitido enquanto não passar em julgado a sentença e receberá a causa no estado em que se encontra. Disso se infere, então, que poderá o assistente manejar qualquer recurso ou, ainda, arrazoá-lo, mas, por certo, os atos já praticados não serão refeitos.

---

[1] Recurso Ordinário em Mandado de Segurança nº 14751/CE (2002/0053376-5), 5ª Turma do STJ, Rel. Min. Jorge Scartezzini. j. 24.06.2003, unânime, DJU 29.09.2003, p. 281.

Conseqüência daí advinda, também, é a de que o assistente não poderá apresentar rol de testemunha, pois, quando da sua inclusão no feito, o momento processual próprio já terá transcorrido.

Por óbvio, nos casos de ação penal privada, não há que se falar em assistência, pois nesta hipótese, a vítima é a autora da ação. Cabível será a assistência, no entanto, nos casos de ação penal privada subsidiária, quando o Ministério Público repudia a queixa ou retoma a causa como parte. Nesse caso, o até então querelante poderá requerer a sua habilitação como assistente porque inobstante o início da ação por queixa-crime, esta é, em verdade, pública.

2. Assistência no âmbito dos Juizados Especiais Criminais. Entendemos como incabível a assistência no âmbito dos Juizados Especiais, pois são eles estruturados sob os princípios da celeridade e da economia processual, por essência incompatíveis com qualquer intervenção ou assistência. Adotamos como fundamento o artigo 10 da Lei 9.099/95.

Art. 270. O co-réu no mesmo processo não poderá intervir como assistente do Ministério Público.

1. **Intervenção de co-réu.** Estabelece a lei que no mesmo processo não poderá intervir como assistente do Ministério Publico o co-réu. Isto se dá pelo simples fato de que se ambos respondem ao mesmo processo, absurda seria a intervenção de qualquer acusado no intuito de buscar a condenação do remanescente.

Art. 271. Ao assistente será permitido propor meios de prova, requerer perguntas às testemunhas, aditar o libelo e os articulados, participar do debate oral e arrazoar os recursos interpostos pelo Ministério Público, ou por ele próprio, nos casos dos arts. 584, § 1º, e 598.
§ 1º O juiz, ouvido o Ministério Público, decidirá acerca da realização das provas propostas pelo assistente.
§ 2º O processo prosseguirá independentemente de nova intimação do assistente, quando este, intimado, deixar de comparecer a qualquer dos atos da instrução ou do julgamento, sem motivo de força maior devidamente comprovado.

1. **Possibilidades conferidas ao assistente.** O presente dispositivo, de certa forma, já foi comentado por oportunidade da análise do artigo 268. No entanto, cabe referir que, após admitido a figurar como tal, o assistente terá amplas possibilidades postulatórias, tendo em vista que poderá inquirir testemunhas arroladas pela acusação, aditar o libelo e etc. Reiteramos, porém, que a limitação dos poderes do assistente são necessárias. Assim, não poderá ele v.g., apelar tão só objetivando o aumento da pena ou o reconhecimento de agravantes que passaram desapercebidas pelo magistrado, isto porque o título que lhe da base à execução civil já está formado. Ou seja, veda-se o apelo contra sentença condenatória. É bom reiterar-se a advertência feita por OLIVEIRA, no sentido de que "o assistente não é titular da ação e nem tem os mesmos poderes e faculdades que este se reconhece. Sua atividade é eminentemente supletiva daquela atribuída ao Ministério Público. Por isso, como bem referido, ainda, pelo autor, se houver recurso do parquet, ao assistente caberá apenas oferecer também suas razões".[2] Apenas em não havendo recurso ministerial é que se faculta a irresignação da assistência.

2. **Prévia oitiva do Ministério Público.** O Ministério Público será ouvido previamente acerca do requerimento de provas proposto pelo assistente, como indica o parágrafo 1 do artigo ora em comento, o que o faz na qualidade de fiscal.

Ressalva se faz, porém, quanto à produção de prova testemunhal, pois, como referido, ao assistente veda-se a possibilidade de requerê-la.

3. **Dispensa de intimação.** Como pena ou sanção processual, determina a lei, nos termos do artigo 271 § 2º que, em havendo a ausência do assistente a qualquer ato de instrução ou julgamento, deixará ele de ser intimado da realização dos demais atos do processo, justamente por ser ele não parte formalmente entendida, mas sim auxiliar de uma delas. No entanto, cabe referir como sendo necessária a intimação do assistente para que diga os motivos pelos quais deixou de comparecer ao feito, haja vista que a lei o sanciona apenas quando a sua ausência se der sem motivo de força maior devidamente comprovado.

Art. 272. O Ministério Público será ouvido previamente sobre a admissão do assistente.

1. **Prévia oitiva do Ministério Público.** Na qualidade de fiscal da lei, além de ser ouvido previamente acerca da produção de provas requerida pela assistência, caberá ao MP manifestar-se sobre a sua habilitação nos autos. No entanto, preenchendo-se os requisitos, a assistência deverá ser deferida.

Eventual ausência de intimação da acusação sobre o pedido de habilitação configura mera irregu-

---

[2] OLIVEIRA, Eugênio Pacelli de. *Curso de Processo Penal*. Belo Horizonte: Del Rey, 2005, p. 396.

laridade,[3] com o que discordamos, por haver violação ao devido processo legal.

Art. 273. Do despacho que admitir, ou não, o assistente, não caberá recurso, devendo, entretanto, constar dos autos o pedido e a decisão.

1. **Irrecorribilidade da decisão.** Nos termos do artigo em comento, a decisão que admitir ou não o assistente é irrecorrível. Pensamos, no entanto, ser cabível o mandado de segurança, desde que preenchidos seus requisitos próprios de impetração, a exemplo do direito liquido e certo.

CAPÍTULO V
DOS FUNCIONÁRIOS DA JUSTIÇA

Art. 274. As prescrições sobre suspeição dos juízes estendem-se aos serventuários e funcionários da justiça, no que lhes for aplicável.

1. **Extensão das causas de impedimento e suspeição.** Porque exercem funções de relevo para a causa, as causas de impedimento e suspeição arroladas aos juízes (artigos 252 e 254) são aplicadas aos serventuários, a exemplo do escrivão, seu auxiliar, oficial de justiça etc. Com isso, busca-se preservar a lisura, probidade e seriedade do processo e do próprio procedimento criminal, haja vista que tais pessoas, em razão do cargo que exercem, poderiam interferir na marcha normal dos acontecimentos, para não se dizer, no próprio deslinde da causa.

Saliente-se que as causas de suspeição e de impedimento aqui referidas deverão ser lidas conforme o possível grau de influência que determinado servidor poderá ter sobre o feito. Assim, não há dúvida alguma que ao escrivão reclama-se uma impessoalidade maior do que seria exigível de um estagiário responsável pela simples organização material dos autos.

CAPÍTULO VI
DOS PERITOS E INTÉRPRETES

Art. 275. O perito, ainda quando não oficial, estará sujeito à disciplina judiciária.

1. **Sujeição às mesmas regras.** Por exercer as mesmas funções destinadas aos peritos oficiais, os não oficiais estarão submetidos à disciplina judiciária, tais como prazos e atendimento às intimações judiciais. Os peritos não-oficiais são aqueles referidos pelo artigo 159, § 1º do CPP. É assim porque, como explica com maestria OLIVEIRA, "a atividade desenvolvida pelos peritos (e pelos intérpretes) é eminentemente técnica e destina-se à formação do convencimento judicial na apreciação da prova, o que, por si só, é suficiente para dimensionar a sua importância e a necessidade de acautelamento quanto à qualidade e idoneidade do serviço prestado".[4]

Cabe referir, apenas como forma de complementar a informação que no âmbito do Juizado Especial Criminal não há a obrigatoriedade da atuação de peritos oficiais, bastando para a comprovação da materialidade do delito, no caso de lesões corporais, mero laudo particular. Isto se dá porque, conforme referido anteriormente, o Juizado Especial Criminal é pautado pelos princípios da informalidade, celeridade, economia processual e simplicidade, nos termos do artigo 2º da Lei nº 9.099/95. Desobedecer estes critérios, como ocorre na prática forense, por vezes, é desrespeitar a própria estrutura sistemática e principiológica da lei, que não reclama a intervenção da perícia oficial. Daí por que sustentamos a não incidência da Súmula 361 do STF no âmbito do Juizado.

Art. 276. As partes não intervirão na nomeação do perito.

1. **Nomeação do perito.** A designação da perícia é atividade eminentemente estatal, e, portanto, pública, razão pela qual se afasta qualquer possibilidade de intervenção das partes quando da nomeação dos peritos. O que se autoriza à defesa é a designação de assistente técnico por ela contratado para que, paralelamente ao laudo oficial, externe seu convencimento e de alguma forma auxilie a defesa na obtenção do resultado desejado.

Quanto às conclusões lançadas pela assistência técnica auxiliar da defesa, saliente-se que estas receberão do Juiz o valor probante que este entender adequado, homenageando-se, desta forma, o princípio do livre convencimento motivado ou da persuasão racional da prova. A simples circunstância de a assistência ser parcial, não acarreta, por si, sua inidoneidade para a fundamentação de uma sentença absolutória.

---

[3] Recurso em Sentido Estrito nº 70004095048, 3ª Câmara Criminal do TJRS, Santa Vitória do Palmar, Rel. Des. José Antônio Hirt Preiss. j. 09.05.2002.
[4] OLIVEIRA, Eugênio Pacelli de. *Curso de Processo Penal.* Belo Horizonte: Del Rey, 2005, p. 400.

Art. 277. O perito nomeado pela autoridade será obrigado a aceitar o encargo, sob pena de multa de cem a quinhentos mil-réis, salvo escusa atendível.

Parágrafo único. Incorrerá na mesma multa o perito que, sem justa causa, provada imediatamente:

a) deixar de acudir à intimação ou ao chamado da autoridade;

b) não comparecer no dia e local designados para o exame;

c) não der o laudo, ou concorrer para que a perícia não seja feita, nos prazos estabelecidos.

1. Aceitação do encargo de perito. Entendemos que este dispositivo se aplica apenas e tão somente aos profissionais nomeados como peritos pela autoridade judiciária e que não componham os quadros oficiais do Poder Público. Assim nos manifestamos por entender que, em se tratando de peritos oficiais, não há a necessidade de aceitação do encargo ou sequer de tomada de compromisso, pois o encargo e o compromisso decorrem da lei.

2. Aplicação de multa. Prevê a lei que o perito *nomeado* que deixar de aceitar o encargo ou, ainda, incorrer nas situações descritas pelo parágrafo único, deverá pagar multa de cem a quinhentos mil-réis. No que tange à sanção pecuniária, descordamos do processualista NUCCI quando sustenta ser ela inaplicável, por completa ausência de atualização legal.[5] Ora, o simples fato de não existir atualização dos valores lançados neste dispositivo de lei não é razão plausível ou suficiente para negar-lhes a vigência, pois se assim não fosse, certamente os processos judiciais de longa tramitação teriam decisões inexeqüíveis ante a mudança da moeda corrente no país.

Art. 278. No caso de não-comparecimento do perito, sem justa causa, a autoridade poderá determinar a sua condução.

1. Condução do perito. No caso do não comparecimento de peritos nomeados, pois aos oficiais dispensa-se a nomeação, prevê a lei a possibilidade de que o Juiz determine sua condução. Entendemos a vontade da lei como sendo uma busca de respeito ao juízo, nos exatos termos a que estão submetidas as testemunhas. A nomeação do perito e o seu comparecimento, tal com a intimação ás testemunhas para determinado ato, são ordens que devem ser prontamente atendidas, com o que se está saudando o bom funcionamento dos aparelhos do Poder Judiciário.

Art. 279. Não poderão ser peritos:

I – os que estiverem sujeitos à interdição de direito mencionada nos ns. I e IV do art. 69 do Código Penal;

II – os que tiverem prestado depoimento no processo ou opinado anteriormente sobre o objeto da perícia;

III – os analfabetos e os menores de 21 (vinte e um) anos.

1. Impedimento ao exercício das funções de perito. Por força da reforma da parte geral do Código Penal de 1984, a referência que deve ser feita não é mais aos números I e IV do artigo 69 do Código Penal, mas sim aos números I e II do artigo 47, que tratam da chamada interdição temporária de direitos. A interdição temporária de direitos, espécie de pena alternativa à prisão, determina que o Juiz poderá proibir o exercício de cargo, função ou atividade pública, ou ainda, também quando da sentença, a proibição do exercício de profissão, atividade ou ofício que dependam, de habilitação especial, de licença ou autorização do Poder Público. Ora, em sendo o perito, quer nomeado, quer integrante dos cargos do Poder Público, experto que depende de licença e habilitação especial, hipóteses contempladas pelo artigo 47 do CP, em sendo ele condenado, não poderá ser atuar como perito.

Art. 280. É extensivo aos peritos, no que lhes for aplicável, o disposto sobre suspeição dos juízes.

1. Extensão das hipóteses de suspeição. Reza o artigo 280 do CPP que, aos peritos, quer nomeados, quer públicos, são aplicáveis as hipóteses de suspeição destinadas ao Juiz, nos termos do artigo 254 do CPP. Não seria necessário grandes debates ou até mesmo uma simples referência, embora a doutrina o faça, para se chegar à conclusão de que tal regra existe porque os peritos, a exemplo de alguns cargos do Poder Judiciário possuem grande poder de atuação e influência no trâmite e nas conclusões do processo. Daí porque é necessária a lisura do *expert*.

Falhou o legislador ao deixar de prever como aplicável aos peritos, as causas de impedimento dos Juízes, que têm assento no artigo 252 do CPP. Por óbvio que não pode ser perito do feito, aquele que tem relação consangüínea ou afim, v.g., com o advogado ou órgão do Ministério Público, atuante no feito (artigo 252, I do CPP). Pretendeu o legislador, para concluir, a lisura do feito.

---

[5] NUCCI, Guilherme de Souza. *Código de Processo Penal Comentado*. São Paulo: RT, 2005, p. 537.

Art. 281. Os intérpretes são, para todos os efeitos, equiparados aos peritos.

1. **Intérpretes e peritos.** Partindo-se da premissa acima lançada de que o legislador objetivou, ao estender os casos de suspeição aos peritos, a lisura do processo e do procedimento, no artigo ora em comento, fez ele a equiparação dos intérpretes aos peritos, sob a mesma rubrica, qual seja, a idoneidade do feito. Tal como a perícia, os intérpretes exercem significativa influência sob o processo, pois são responsáveis pela tradução dos depoimentos e documentos que compõem o corpo dos autos.

Prisões Cautelares
(arts. 282 a 350)

Marcus Vinicius Boschi

Mestre em Ciências Criminais pela Pontifícia Universidade Católica do Rio Grande do Sul, Professor dos Cursos de Graduação e Pós-Graduação da ULBRA, da FARGS e da Escola Superior da Defensoria Pública do Rio Grande do Sul e advogado criminalista militante.

1. **Considerações iniciais**. Se estampássemos a história da humanidade em uma lousa negra para então discuti-la, desde os seus primórdios até a chamada "era pós-moderna", certamente não seria viável o tracejo de uma linha reta, uniforme e constante como está a indicar aquela que mede o tempo.

Afirma-se isto porque a história da humanidade, assim como a do próprio Direito Criminal, é baseada em avanços e retrocessos; evoluções, mas também decepções, de forma que o estudo desta ciência assim deve ser percebido e enfrentado. A sua instabilidade é a marca, sendo a certeza cronológico-evolutiva uma mera ilusão.

Tome-se como exemplo disso o fato de que anteriormente ao constitucionalismo atual, a legislação era pautada pela firmeza própria do regime militar, como estava a indicar o AI nº 5. Embora os aspectos negativos daí advindos, certo é que ali também se conheceram momentos de lucidez quando, *v.g.*, se realizou a reforma da Parte Geral do Código Penal, se editou a Lei de Execuções Penais e se modificou o art. 594 do Código de Processo Penal para que fosse permitido o apelo em liberdade dos condenados primários e de bons antecedentes assim reconhecidos na sentença. Quanto a este último, é bem verdade, dispositivo editado com o intuito de beneficiar o delegado Fleury.

Como forma de superação ao recrudescimento legislativo até então vivenciado, a Carta de 1988 trouxe em sua alma um sopro de liberdade e o reconhecimento de importantes garantias fundamentais, imprimindo, portanto, um duro golpe à rigidez normativa, pois as prisões, os tipos penais e os procedimentos criminais reclamavam, agora, uma filtragem constitucional que imprimia, com base em novos valores, outra ordem às coisas.

Ao que tudo indicava, portanto, estaria a legislação criminal – quer no âmbito processual, quer no âmbito material – orientada por novas diretivas, por novos núcleos valorativos baseados na racionalização do sistema e na de minimalização das esferas punitivas do Estado. Basta que se verifique a idéia de devido processo, de dignidade da pessoa, da ação penal de iniciativa do Ministério Público e da vedação à prova ilicitamente obtida.

Mas, infelizmente, não foi o que se viu. Em sentido aposto às liberdades estampadas na Carta Política, surgiu a chamada Lei dos Crimes Hediondos (8.072/90), o incremento da idéia de crimes de perigo abstrato, a exemplo dos artigos 306 e 308 da Lei 9503/97, a previsão de contravenções como delitos, o aumento das possibilidades de prisão preventiva (veja-se, *v.g*, a expressão *ordem econômica* constante do art. 312 do CPP) etc., sem que se mencionem aqui os projetos de reforma do Código Penal que aumentam penas, criam figuras típicas e, como a própria exposição de motivos esclarece, buscam um "Direito Penal Eficaz" contra a criminalidade.

Atento a essa evolução (ou seria involução?), foi que CANCIO MELIÁ sustentou que o Direito Penal dos Estados Ocidentais, "se encuentran en un momento de radicales câmbios en 'el clima' político-criminal. En este sentido, dentro de las reflexiones político-criminales de los últimos años, el fenómeno que sin duda alguna merece la calificación de la cuestión central es la evolución en la legislación penal conocida desde una perspectiva crítica como expansión del derecho (...). Con efecto, en el momento actual puede convenirse que el fenómeno más destacado en la evolución de las legislaciones penales del mundo occidental está en la aparición de múltiples nuevas figuras, a veces incluso nuevos sectores de regulación, acompañada de una actividad de reforma de tipos penales ya existentes realizada a un ritmo muy superior al de épocas anteriores".[1]

Por conta deste movimento expansionista e alargador da repressão penal, hoje, inclusive, debatemos as possíveis velocidades do Direito (Silva Sánches) e discutimos a viabilidade de o Direito Criminal, em alguns casos, tratar o suspeito não como um cidadão possuidor de direitos e "membro da estrutura social", mas como alguém que deve ser controlado e temido pelo Estado por não respeitar a ordem normativa. Discutimos, em suma, não mais as bases filosóficas e as brisas libertadoras do iluminismo, mas um verdadeiro "Derecho Penal del Enemigo"[2] (Jakobs), ou seja, um Direito Penal de antecipação quanto ao controle do desvio e de prevenção ao ataque do oponente, donde não se fala em cidadão, mas sim em adversário.

A evolução, como dissemos, é cíclica e, por isso mesmo, sem fim.

Sob a perspectiva de instabilidade jurídico-social e de expansão do âmbito punível, que levam aos avanços e retrocessos antes noticiados (sem que se negue aqui a ocorrência de um processo humanizador do Direito Penal e Processual) é que devemos enfrentar o assunto referente às prisões, em especial no que tange àquelas chamadas cautelares ou processuais. A prisão deve ser vista e compreendida, portanto, dentro desta nova ótica que se imprime ao Direito Criminal, baseada na sua expansão e no trato, a cada dia, do acusado como um inimigo a ser aniquilado.

À luz desse cenário, poderíamos, como ponto de partida, discorrer sobre a evolução histórica das prisões, sejam as cautelares, seja a definitiva, para então concluirmos que os suplícios nas praças públicas, narrados por Michel Foucault no pórtico de Vigiar e Punir, as torturas pregadas abertamente por Nicolau Eymerich e praticadas pelos "emissários de Deus na terra" com o aval irrestrito do Estado laico não mais existem. Mas, disso todos nós sabemos.

2. O possível conflito principiológico. Preferimos iniciar afirmando, contudo, que as prisões ditas cautelares, trazem consigo um elemento indissociável e gerador de enormes conflitos e instabilidades jurídicas. É que a sua discussão implica em um necessário cotejo com os direitos e garantias fundamentais e, porque não se dizer, com a própria idéia de eficácia do sistema criminal. Dizendo de outro modo: tratar acerca das prisões é, ao fim e ao cabo, tratar de choques normativos constitucionais, onde os conflitos principiológicos são visíveis e, não raro, insuperáveis.

Além disso, falar de prisão é falar da própria concepção estrutural a que está submetido o Estado detentor do poder de castigo. Nas precisas palavras de ROXIN, "el orden interno de un Estado se revela en el modo en que está regulada esa situación de conflicto: los estados totalitários, bajo la antítesis errónea Estado-ciudadano, exagerarán fácilmente la importancia del interés estatal en la realización, lo más eficaz posible, del procedimiento penal. En un Estado de Derecho, en cambio, la regulación de esa situación de conflicto no es determinada a través de la antítesis Estado-ciudadano; el Estado mismo está obligado por ambos fines-aseguramiento del orden a través de la persecución penal y protección de la esfera de libertad del ciudadano".[3]

É assim, p.ex., o tema relativo à prisão preventiva e o princípio da presunção de inocência esculpido na Constituição Federal de 1988 em seu art. 5º, LVII. Prender antes do trânsito em julgado, e não raro, na fase da investigação preliminar, como forma de resguardar a eficácia do procedimento, sem que haja para tanto cognição judicial plena sobre a responsabilidade do agente é ou não medida violadora do postulado da inocência presumida? Poderíamos mencionar, ainda, o choque natural que existe entre a necessária preservação das garantias individuais e a efetividade do processo que se dá quando a pena imposta na sentença, ainda que branda, é cumprida pelo condenado.

Como resposta àquela indagação, firmou-se posicionamento no sentido de que a prisão cautelar, em qualquer de suas espécies e independentemente do momento processual em que é decretada pelo juiz, não ofende o princípio constitucional da presunção de inocência, encontrando seu fundamento, ainda que seja medida odiosa, na idéia de necessidade e de manutenção da estrutura social. Nesse sentido é a súmula 09 do STJ.

Nas precisas palavras espanholas lançadas por SANGUINÉ sobre o assunto, jurista pátrio que talvez tenha sido quem melhor comentou o tema, "la doctrina sostiene que la contradicción entre la presunción de inocencia y el debido proceso, por un lado, y las exigencias cautelares, por otro, pueden ser superada simpre que la privación de la libertad

---

[1] CANCIO MELIÁ, Manuel. *Derecho Penal del enemigo y delitos de terrorismo*. In: Revista Ibero-Americana de Ciências Penais. Coordenação: André Luis Callegari, Nereu José Giacomolli e Pedro Krebs. Porto Alegre: Ano 3, nº 5, 2002, p. 201. No mesmo sentido, ver ainda JAKOBS, Günther e MELIÁ, Manuel Cancio. *Derecho Penal del Enemigo*. Madrid: Civitas, 2003.

[2] Ibidem, p. 201.

[3] ROXIN, Claus. *Derecho Procesal Penal*. Tradução de: Gabriela Córdoba e Daniel Pastor. Buenos Aires: Editores del Puerto, 2000, p. 258.

tenga exclusivamente finalidade de caráter cautelar. En abstracto, no hay incompatibilidad entre a ratio de la prisión preventiva y el principio de la presunción de inocencia que conduzca, de inmediato, a la ilegitimidad constitucional de aquélla".[4]

Mas, sem embargo disso e abandonando-se o plano teórico, adverte o autor que, em vista do caso concreto, é possível fala-se em incompatibilidade entre a prisão e o princípio da presunção de inocência. Assim, "ocurre tal situación cuado la aplicación de tal medida de coacción tenga una función de anticipación de la pena, bien como la emisión de cualquier prejuicio de culpabilidad, realidad que se evidencia cuado la prisión preventiva asume una total autonomía en relación al proceso y se impone como medida de seguridad, encontrándose al servicio de fines de prevención general y especial".[5]

Pensamos que a existência de um Estado Democrático de Direito (Estado esse que não está vinculado e adstrito tão-só à norma positivada, mas que deve valer-se, de igual forma, das garantias constitucionais, ainda que implícitas), por ser de sua própria essência, deve ter como regra a liberdade, e a prisão, como mera exceção justificável em casos extremos e imprescindíveis. A idéia não é nada mais do que mera decorrência lógica do princípio da proporcionalidade. Proporcionalidade esta que deve, insista-se, nortear o âmbito de atuação do Estado e, se for necessário, desconstitui seus atos porque inconstitucionais.

Daí por que afirmou, também, o penalista alemão ROXIN que o critério orientador das prisões cautelares deverá ser o da proporcionalidade para que estas sejam limitadas apenas às hipóteses de extrema necessidade,[6] conforme se verá com maior detalhamento quando do estudo dos requisitos constantes dos artigos 310 e 312 do Código de Processo Penal. E sendo a proporcionalidade um dos direitos fundamentais, há que se referir que estes não se constituem em simples barreiras ou instrumentos de resistência utilizados pelo indivíduo contra o Estado, mas sim em elementos valorativos que irradiam seus efeitos por todo o sistema jurídico, vinculando a atuação do legislador, dos magistrados também dos membros do Poder Executivo enquanto "fiscais".

Ou seja: a proporcionalidade é o elemento constitucional que deverá servir de filtro para que se solucione o conflito existente entre a prisão e a liberdade, salientando, novamente, que por decorrência da própria concepção de Estado a que estamos submetidos e porque o valor não está no coletivo, mas sim no individual, é que a regra será sempre e irrestritamente a da liberdade, reservando-se as prisões aos casos de situações extremas e necessárias.

Assim, o tema atinente às prisões cautelares está, indubitavelmente relacionado à forma de Estado por nós adotada; ao grau valorativo e hierárquico que é atribuído às garantias fundamentais e, principalmente à política legislativa adotada por quem de direito detém tal atribuição Aliás, já se disse que é pela via do Direito Criminal que se identifica o grau do comprometimento democrático de uma Estado.

Lançadas estas premissas com as quais trabalharemos ao longo da exposição, cabe-nos, agora, tecer alguns comentários sobre as espécies de prisões existentes no ordenamento nacional, sem que para tanto, e nesse momento, se esgote o tema.

3. **A prisão em fragrante delito**. A prisão em flagrante delito encontra sua disciplina nos artigos 5º, LXI, da Constituição Federal e 301 e seguintes do Código de Processo Penal, podendo ser realizada por qualquer um do povo, mas sendo obrigatória para as autoridades policiais.

Para que possa a situação de flagrância ser caracterizada como tal, ensejando, portanto, a prisão, é necessário que sejam observadas as hipóteses colacionadas nos quatro incisos do art. 302. Não tipificada ali a ação do agente, de flagrante não se trata e, portanto, a ocorrência de eventual prisão deverá ser tida por ilegal, devendo a autoridade judiciária competente relaxá-la, nos exatos termos do art. 5º, LXV da Constituição Federal, pois, como se verá no curso desse trabalho, as prisões cautelares estão submetidas ao princípio da legalidade estrita, a exemplo do que se dá no âmbito do Direito Penal.

Aliás, é de bom alvitre que se deixe consignado, desde já nestas notas introdutórias, que a não observância a qualquer dos dispositivos legais ou constitucionais relativos à prisão em flagrante, como por exemplo, a sua imediata comunicação ao juiz competente (art. 5º, LXII da CF) ou a não-entrega de nota de culpa ao conduzido (art. 306 do CPP), dão ensejo à nulidade do auto de prisão em flagrante e impedem, portanto, sua homologação judicial. Não se trata, saliente-se, de concessão de liberdade provisória, instituto completamente distinto, como oportunamente

---

[4] SANGUINÉ, Odone. *Prisión Provisional y Derechos Fundamentales*. Valencia: Tirant lo Blanch, 2003, p. 438-9.

[5] Ibidem, p.439. No mesmo sentido, ver CAFFERATA NORES, José I. *Limitación Temporal de la Prisión Preventiva y Recepción de los Estándares de la Jurisprudencia Supranacional*. In: CAFFERATA NORES, José I. org) *Eficacia del Sistema Penal y Garantías Procesales*. Argentina: Mediterránea, 2002, p. 59.

[6] ROXIN, Claus. *Derecho Procesal Penal*. Tradução de: Gabriela Córdoba e Daniel Pastor. Buenos Aires: Editores del Puerto, 2000, p. 258.

abordaremos, mas sim de relaxamento da custódia em face da ilegalidade que a contamina.

Apresentado o conduzido à autoridade policial, será este qualificado e ouvido, sendo-lhe garantido, no entanto, o direito ao silêncio, em nome do princípio do *nemo tenetur se detegere*, e por disposição analógica aos artigos. 6º, V, c/c 186, ambos do Código de Processo Penal.

Entendemos que, nesse momento específico, para a oitiva de conduzido menor de 21 anos de idade, está dispensa a nomeação de curador pela autoridade policial, em face das modificações introduzidas pelo novo Código Civil relativamente à da capacidade, não gerando, portanto, qualquer nulidade a sua ausência (art. 564, III, *c* do CPP), até mesmo porque a Lei 10.792/03 revogou o artigo 194 do CPP, que reclamava a sua presença.

Serão ouvidas, ainda, eventuais testemunhas presenciais do fato, tudo como forma de instrumentalizar o auto de prisão em flagrante. Na ausência de testemunhas que presenciaram o fato, deverá o delegado ouvir, ao menos, duas testemunhas de apresentação, ou seja, pessoas que assistiram à apresentação do conduzido à autoridade policial, tudo nos termos do art. 304, § 2º, do CPP.

Após a formalização do *auto* de prisão em flagrante (que não se confunde com a prisão em flagrante em si), o conduzido será encaminhado ao cárcere, salvo nos casos em que se livre solto ou que tenha prestado fiança. Imediatamente, o auto será remetido à autoridade judiciária para fins de homologação, oportunidade em que esta poderá: I) homologá-lo e denegar a liberdade provisória, mantendo-se a prisão, quando houver necessidade para tanto; II) deixar de homologá-lo por ausência de requisito(s) formal(is) e, por via de conseqüência, relaxar a prisão ou, III) deixar de homologá-lo, pelos mesmos motivos, mas decretar, de ofício, se cabível, a prisão preventiva e, por fim, IV) homologá-lo, pois legal, mas conceder liberdade provisória, forte no artigo 310 e parágrafo único do Código de Processo Penal.

Por fim, por disposição normativa expressa, não se impõe prisão em fragrante ao agente que pratica crime de menor potencial ofensivo, pois a Lei 9.099/95, em seu art. 69, parágrafo único nesse sentido é expressa. Não poderia ser de outro modo, tendo em vista que a estrutura principiológica e normativa dos Juizados Especiais Criminais é concebida no sentido de evitar-se a prisão.

4. A prisão preventiva. A prisão preventiva, que recebe disciplina nos artigos 311 e seguintes do CPP, somente poderá ser decreta pelo juiz, de ofício (o que é altamente questionável à luz do sistema acusatório), por representação da autoridade policial ou a requerimento do representante do Ministério Público, nos exatos termos do art. 311 do CPP.

Contudo, para que assim se possa proceder, o agente deve ter praticado crime doloso, e a situação fática se adequar aos termos do art. 313 do CPP. Não se cogita, portanto, de prisão preventiva nos casos de prática de delito culposo. Além disso, somente é legal a custódia preventiva quando presentes os requisitos constantes do art. 312 do CPP, aliados à idéia de sua necessidade concreta. Sobre esse assunto em particular, trataremos melhor quando do comentário ao artigo 312 do CPP.

A prisão em comento, diversamente da Temporária (Lei 7.960/89), não possui prazo certo de duração legalmente estatuído. No entanto, convencionou a jurisprudência, que dita segregação cautelar não poderia perdurar por lapso superior ao de 81 dias, pois é este que resulta da soma isolada de todos os prazos do procedimento das reclusões.

Sem embargo disso, a orientação jurisprudencial uniforme é no sentido de amenizar a regra acima, declinando que o lapso de 81 dias não é absoluto, mas sim relativo, podendo ser alargado em situações como aquelas decorrentes de processos com vários réus ou com inúmeras testemunhas, ou, ainda, quando a própria defesa é a responsável pela demora no trâmite processual. O entrave daí advindo é o de que, em nome da relativização e da proporcionalidade invocada pelas Cortes nacionais (como se a garantia da proporcionalidade, que funciona como freio ao Estado pudesse ser invocada contra o indivíduo, seu beneficiário), não raro vislumbramos prisões preventivas com duração de um ano ou mais. A proporcionalidade é perigosa!

Na linha da concepção jurisprudencial que prega o abrandamento do rigor temporal da prisão antes comentada, há que se mencionar, ainda, a incidência das Súmulas 21 e 52 do STJ, que impedem a alegação da demora de prazo na formação da culpa quando já ultrapassadas fases processuais específicas. Assim, rezam, respectivamente, que "pronunciado o réu, fica superada a alegação de constrangimento ilegal da prisão por excesso de prazo na instrução" e "encerrada a instrução criminal, fica superada a alegação de constrangimento ilegal por excesso de prazo". À luz desta regra impeditiva da soltura, a inércia Estatal no julgamento não poderá ser invocada pelo réu em seu favor, muito embora a doutrina avançada inclua no conteúdo material do devido processo *o derecho a un proceso sin dilaciones injustificadas*".[7] Não seria demasiado referir, ainda, que estas súmulas, até então soberanas a autorizadoras da demora,

---

[7] BERNAR CUÉLLAR, Jaime e MONTEALEGRE LYNETT, Eduardo. *El Proceso Penal.* 4ª ed. Externado de Colômbia: 2002, p. 70.

agora devem ser lidas à luz da Constituição Federal, pois, com a edição da Emenda Constitucional nº 45/2004, incluiu-se no texto do artigo 5º, o inciso LXXVIII, concebendo-se o processo em prazo razoável. Assim, disse que *a todos, no âmbito judicial e administrativo, são assegurados a razoável duração do processo e os meios que garantam a celeridade de sua tramitação*". O alcance das Súmulas 21 e 52 do STF deve ser repensado!

A não ser observada essa regra, a prisão, que detinha função eminentemente cautelar, excepcional e sujeita à idéia de brevidade, passa a ser tida como verdadeira pena, e a terrível advertência feita por SANGUINÉ e antes referida vem à tona e ganha voz para se dizer, então, que a cautela já não é mais legal e sequer legítima, pois visivelmente violadora da idéia de proporcionalidade.

5. A prisão temporária. A prisão temporária, espécie do gênero provisória ou cautelar, encontra previsão em Lei Especial (7960/89) e diferencia-se, substancialmente, da preventiva.

Em seu pórtico, podemos afirmar que a temporária reflete idéia inversa daquilo que se espera das prisões, pois tem como objetivo principal o de prender eventual suspeito para que se possa então investigar a prática do delito que lhe é imputado, quando, em verdade, a lógica autorizaria, ainda que com ressalvas, primeiramente a investigação e, após, se necessária, a prisão. Tem esta medida cabimento, ainda, quando o suspeito não possuir residência fixa. (art. 1º, I e II, da Lei citada).

Além desta característica que lhe é peculiar, há que se mencionar que a prisão temporária somente poderá ser decretada na fase preliminar de investigação e se preenchidos os seus requisitos, quais sejam, a cumulação das hipóteses do inciso I ou II com aquelas contempladas pelo inciso III. É que a prisão temporária somente tem cabimento quando houver *fundadas razões* de que o acusado tenha praticado um dos delitos previstos no inciso III do art. 1º. O rol é, portanto, taxativo.

Característica que ainda está por diferenciá-la da prisão preventiva diz com respeito ao tempo de sua duração. Enquanto na preventiva, como visto, o prazo é de até 81 dias, em regra, *embora plenamente admitida a sua dilação*, na temporária o prazo é de 5 dias ou de 30 dias (nos casos em que os delitos ali previstos sejam tipificado como hediondos), prorrogáveis por igual prazo, 5 ou 30, em caso de *extrema e comprovada necessidade*. Ao final destes lapsos temporais indicados pela lei, deverá o suspeito ser posto em liberdade, salvo se for decretada sua prisão preventiva pelo juiz (artigo 2º, § 7º).

Por ser espécie de prisão que tem por objetivo dar melhores condições à autoridade policial na investigação, o preso à sua disposição deverá permanecer, com a ressalva, ainda, de que será mantido separado dos demais (artigo 3º).

6. A prisão por pronúncia. Conforme se verá detalhadamente quando dos comentários ao artigo 408 do Código de Processo Penal, a decisão de pronúncia não se constituei, em sua acepção técnica, em sentença, pois não está por finalizar o feito, com ou sem análise de seu mérito.

A chamada sentença de pronúncia tem, em verdade, natureza jurídica de decisão interlocutória mista, pois apenas admite em tese a acusação formulada na inicial, finalizando a primeira fase do procedimento do júri (*judicium acusationis*).

Na dicção do art. 408, § 2º, do CPP, quando da prolação da decisão de pronúncia, "se o réu for primário e de bons antecedentes, poderá o juiz deixar de decretar-lhe a prisão ou revogá-la, caso se encontre preso". Ou seja: pela simples leitura do dispositivo em comento, percebe-se que a pronúncia, como regra, ensejaria a prisão automática do pronunciado, se solto, ou sua manutenção no cárcere, se já previamente se encontrasse recolhido. Como exceção, poderia o juiz conceder ao réu o direito de aguardar o julgamento em plenário solto, mas desde de que fosse ele considerado primário e de bons antecedentes.

Contudo, quando do início desta introdução sobre as prisões cautelares, assinalamos, na linha do sustentado pela doutrina, que há que se fazer uma releitura de tal dispositivo.

Diz-se isso porque hoje não mais há que se realizar análise eminentemente processual sobre o tema para, por exemplo, verificar se o réu é ou não primário e de bons ou maus antecedentes. A pergunta que deve ser realizada pelo magistrado ao seu próprio íntimo (evidentemente que se tendo por base os elementos de convicção constantes dos autos do processo) é no sentido de haver ou não necessidade concreta para a custódia pretendida.

Não havendo dita necessidade, muito embora seja o acusado, v.g, de maus antecedentes, poderá ele aguardar o julgamento pelo Tribunal do Júri em liberdade.

7. A prisão por força de sentença condenatória recorrível. Ao prolatar sentença condenatória, nos termos do art. 594 do CPP, poderá o juiz conceder ao réu (e agora condenado) o direito de apelar em liberdade, conforme se verá mais detalhadamente quando do comentário a este dispositivo. Pode-se dizer, pela leitura da norma, que o art. 594 em muito se assemelha ao art. 408, § 2º, porque ambos prevêem a prisão como sendo a regra e a conseqüência automática do pronunciamento judicial, admitindo-se a liberdade nos casos ali previstos, excepcionalmente.

Assim, diz o art. 594 do CPP que "o réu não poderá apelar sem recolher-se à prisão, ou prestar fiança, salvo se for primário e de bons antecedentes, assim reconhecidos na sentença condenatória, ou condenado por crime de que se livre solto".

Contudo, nos moldes do já salientado anteriormente, a prisão cautelar vem recebendo nova interpretação por parte da doutrina e da jurisprudência, donde se afirma, então, que esta somente poderá ser decretada se houver necessidade concreta para tanto.

Além disso, nos casos em que é denegado ao réu o direito de apelo em liberdade (e a prisão passa a ser, por via de conseqüência, pressuposto de admissão do recurso), é necessário que o juiz fundamente as razões da prisão. Caso nada diga quando do ato sentencial, entende-se que foi concedido o direito de apelo em liberdade.

Relativamente a este item, verificamos grave contradição axiológica no que tange ao apelo nos casos de condenação por crime hediondo.

É que a Lei 8.072/90, em seu art. 2º, § 2º, autorizada o magistrado conceder o direito de apelo em liberdade, desde que fundamente suas razões (como se fosse necessário a lei dizer que os juízes devem fundamentar suas decisões quando vigora o art. 93, IX, da Constituição Federal). Contradição porque uma legislação severa impeditiva, de v.g., fiança e liberdade provisória, que imprime prazo de prisão temporária de 30 dias, prorrogáveis por igual prazo, não poderia, *a priori*, autorizar o réu a ver o julgamento de sua apelação em liberdade.

Estas são algumas considerações iniciais sobre as prisões cautelares, onde se pretende deixar claro que somente são viáveis em havendo concreta e comprovada necessidade acautelatória e dentro da legalidade penal, enfatizando-se que o tema será melhor enfrentado quando do comentário aos dispositivos de lei em separado.

TÍTULO IX
DA PRISÃO E DA LIBERDADE PROVISÓRIA

CAPÍTULO I
DISPOSIÇÕES GERAIS

Art. 282. À exceção do flagrante delito, a prisão não poderá efetuar-se senão em virtude de pronúncia ou nos casos determinados em lei, e mediante ordem escrita da autoridade competente.

1. **Prisão cautelar e decisão judicial.** Por ser a prisão medida excepcional como, aliás, já mencionamos nas notas introdutórias deste estudo, pretendeu o legislador que a prisão cautelar dependesse, como regra, de prévia ordem escrita e fundamentada da autoridade judicial competente, como, aliás, determina o próprio artigo 5º, LXI, da Constituição Federal de 1988. Exceção a essa regra são os casos de prisão em fragrante contemplados no artigo 302 do Código de Processo Penal, como se verá, nos quais, por óbvio, a *prévia* decisão judicial resta dispensada. Daí por que prevê a Constituição Federal, em seu artigo 5º, LXI, que "ninguém será preso senão em flagrante delito ou por ordem escrita e fundamentada da autoridade competente, salvo nos casos de transgressão militar ou crime propriamente militar, definidos em lei". Decorrência natural da medida é que o decreto de prisão seja fundamentado, não só porque assim dispõe o artigo 5º, mas também por força da norma posta no artigo 93, IX, da Carta.

2. **Fundamentação.** É necessário que se diga, ainda, que ao fundamentar o decreto de segregação, ao juiz cabe realizar a submissão dos pressupostos da prisão ao caso concreto, não bastando, por isso, que faça referências genéricas à, *v.g.*, *garantia da instrução criminal* ou *aplicação da lei penal*, deixando de apontar os motivos concretos e a necessidade da medida. A prisão, se quer dizer com isso, não pode ser calcada em mera retórica ou em expressões vagas, mas deve estar, antes de qualquer coisa, estribada em necessidade e fundamentos concretos. Não basta o juiz, portanto, a mera repetição dos temos legais, necessitando, sob pena de nulidade da decisão, adequar o discurso às provas constantes dos autos. Dizendo de outro modo: o decreto de prisão cautelar reclama, na linha do disposto no já referido artigo 93, IX, da Constituição Federal fundamentação material ou substancial, e não apenas formal.

Como se vê da redação dada ao artigo 282, tal dispositivo restringiu a necessidade de fundamentação à hipótese de prisão por força de pronúncia (art. 408, §2º do Código de Processo Penal). Correto é, no entanto, incluir a prisão preventiva (artigo 311 do Código de Processo Penal), a Temporária (Lei 7960/89) e a por força de sentença condenatória recorrível (art. 594 do Código de Processo Penal).

Art. 283. A prisão poderá ser efetuada em qualquer dia e a qualquer hora, respeitadas as restrições relativas à inviolabilidade do domicílio.

1. **Momento de execução da ordem de prisão.** A lei processual penal não fixa hora ou momento exato do dia ou da noite para que a prisão seja realizada, mas, ao revés, consigna, expressamente, que a prisão poderá ser efetuada *em qualquer dia e a qualquer ora*. A lei processual civil, diversamente, ao discorrer sobre o tempo dos atos, estabelece que estes serão

realizados no período compreendidos entre as 6 (seis) e as 20 (vinte) horas. Diante desta lacuna do Código de Processo Penal, entendemos, até mesmo como forma de concretização de regras, que tal previsão deve ser utilizada no âmbito criminal, o que se faria em vistas da analogia. Tal entendimento, ao nosso ver, está amparado pela regra permissiva disposta no artigo 3º do Código de Processo Penal. Em sentido contrário, no entanto, é a posição do brilhante NUCCI,[8] sustentando que o dia é compreendido de entre o alvorecer e o anoitecer, algo que poderá acarretar aplicação disforme da lei, tendo-se em vista a vastidão territorial do Brasil.

De qualquer sorte, como o próprio artigo em comento determina que devem ser observadas as restrições relativas à inviolabilidade do domicílio, entendemos que, em tendo sido iniciado o procedimento de busca daquele que deve ser preso no horário autorizado pela lei, qualquer ilegalidade há se a sua prisão ocorrer após o prazo assinalado pela legislação, nos termos do comentário que se segue.

Como exceção à ausência de limitação temporal relativamente à prisão, o próprio dispositivo em comento esclarece que, quando do cumprimento do respectivo mandado judicial, as restrições à inviolabilidade do domicílio deverão ser observadas.

Assim, imprescindível que se realize o cotejo entre normas, pois, nos exatos termos do art. 5º, XI, da Carta Maior, "a casa é asilo inviolável do indivíduo, ninguém nela podendo penetrar sem consentimento do morador, salvo em casos de flagrante delito ou desastre, ou para prestar socorro, ou, durante o dia, por determinação judicial".

Desta forma, parece-nos que, em face da conhecida supremacia constitucional sobre as demais normas, resta parcialmente revogado o artigo 283 do Código de Processo Penal na parte em que autoriza que a prisão seja levada a intento em *qualquer dia e qualquer hora*. Logo, a permissão de ingresso das autoridades na casa poderá ser concedida pelo juiz para cumprimento em *qualquer dia, mas não ha qualquer hora*. Assim, em face da redação constitucional, se o procurado estiver no interior de sua casa (entendida esta de maneira ampla, e não restrita, para, inclusive, abarcar moradia eventual ou esporádica), outra alternativa não resta às autoridade senão a de cercá-la e aguardar a chegada do *dia* (período compreendido entre 6:00 e 20:00h).

2. **Hipótese de flagrante delito**. Evidentemente que, em se tratando de flagrante delito, ou havendo consentimento do morador, a restrição resta afastada, pois, nesse particular, autorizadas estão as autoridades policiais a invadir a casa e a realizar a prisão. A controvérsia que daí poderá se originar é aquela que diz respeito a qual das hipóteses de flagrante estariam contempladas pela Constituição.

Ao nosso ver, a inviolabilidade do domicílio como regra limitadora do ingresso em *casas* para o cumprimento de mandados de prisão somente se justifica nos casos de flagrante próprio, previstos no artigo 302, I e II, do Código de Processo Penal. É que como a norma constitucional em comento inclui-se como um direito fundamental, até mesmo pela sua localização sistemática na Carta Política, nada mais coerente do que a ela emprestar-se alcance limitado, e não amplo, entendimento esse também compartilhado por NUCCI. Em sentido contrário, porém, admitindo todas as hipóteses de flagrância, no entanto, Fernando da Costa Tourinho Filho.[9]

Art. 284. Não será permitido o emprego de força, salvo a indispensável no caso de resistência ou de tentativa de fuga do preso.

1. **Prisão e abuso de força**. A preocupação do legislador ao evitar que as autoridades fizessem uso de força desnecessária, vem disciplinada neste dispositivo. Assim, não se legitima ou até mesmo se autoriza a força policial excessiva ou desproporcional quando da prisão, o que não significa dizer, no entanto, que não possam as autoridades utilizar-se de forte aparato humano e/ou técnico na captura daqueles que devem deter.

2. **Conceituação de preso**. Por preso, quis se referir a lei àquele que contra si teve ordem judicial de prisão expedida ou que se encontra em situação de flagrância. A expressão, portanto, é de interpretação larga.

3. **Tipificação do excesso**. Saliente-se que o autor da prisão responderá por eventuais excessos praticados, donde, *v.g.*, podem surgir lesões corporais ou o abuso de autoridade. Nesse sentido, decidiu o Tribunal de Justiça do Estado do Rio Grande do Sul: "PENAL. PROCESSO PENAL. CONSTITUCIONAL. POLICIAL MILITAR. LESÕES CORPORAIS. ABUSO DE AUTORIDADE. COMPETÊNCIA. Quando como no caso dos autos, o policial militar, a pretexto de praticar ato de ofício, comete lesões corporais contra a pessoa sujeita a revista, fato definido como crime no Código Penal Militar (artigo 209, *caput*), fica ele sujeito exclusivamente a processo e julgamento na justiça militar estadual, nos termos do artigo 125, § 4º da Constituição Federal. O abuso de

---

[8] NUCCI, Guilherme. *Código de Processo Penal Comentado*. São Paulo: RT, 2003, p. 480.

[9] TOURINHO FILHO, Fernando da Costa. *Processo Penal. v. 3*. São Paulo: Saraiva, 2003. p. 408.

autoridade representado pelo atentado a incolumidade física da vítima, definido no artigo 3°, letra *i*, da Lei n° 4.898/65, fica, no caso, absorvido pelo delito mais grave exteriorizado no contexto do crime progressivo perpetrado pelo agente." (Apelação-Crime n° 70005595541, 4ª Câmara Criminal do TJRS, Rel. Des. Vladimir Giacomuzzi. j. 08.05.2003).

Art. 285. A autoridade que ordenar a prisão fará expedir o respectivo mandado.
Parágrafo único. O mandado de prisão:
a) será lavrado pelo escrivão e assinado pela autoridade;
b) designará a pessoa, que tiver de ser presa, por seu nome, alcunha ou sinais característicos;
c) mencionará a infração penal que motivar a prisão;
d) declarará o valor da fiança arbitrada, quando afiançável a infração;
e) será dirigido a quem tiver qualidade para dar-lhe execução.

1. **Requisitos do mandado de prisão.** O artigo supra-mencionado elenca, em cinco alíneas, seis requisitos formais que devem ser atendidos quando da elaboração do mandado de prisão, entendido este como sendo o seu instrumento formal. São eles: a sua lavratura, ou seja, a elaboração pelo escrivão judicial, a assinatura do juiz que decretou a custódia cautelar, a designação (indicação) da pessoa a ser presa, pelo nome, alcunha ou sinais característicos (nos mesmos termos do artigo 41 do Código de Processo Penal), a infração penal (tipo penal aplicável à espécie) em que se achar incurso, *a priori*, o valor da fiança a ser paga, quando afiançável for a infração e, por fim, o endereçamento àquele que tiver as atribuições para cumpri-lo.

2. **Omissão de requisitos.** O mando de prisão constitui-se em mero instrumento formalizador da ordem judicial sobre a cautela decretada, sendo que tem validade não *per si*, mas porque se origina de decisão jurisdicional. Daí que, em havendo omissão de um dos requisitos do mandado, entendermos que isto não causa sua nulidade. O que deve sim observar todos os requisitos, em especial aquele que diz com a necessária fundamentação, é a decisão que determina a prisão. Situação diversa, no entanto, é aquela que diz respeito ao mandado judicial citatório, pois ali haverá ciência ao acusado sobre as imputações que lhe são feitas e contra as quais deverá se defender no curso do processo criminal.

3. **Atribuições para o cumprimento do mandado de prisão.** Conforme ensina José Frederico Marques, a legislação imperial preceituava que o mandado deveria ser dirigido ao oficial de justiça, regra esta que foi alargada pelo Código vigente, pois, agora, destina-se ele a quem tiver qualidade para dar-lhe a execução, pois, segundo o autor, *hoje a execução do mando também costuma incumbir à polícia.*[10] Parece-nos desnecessário falar, assim, que os particulares estão impedidos de dar cumprimento à prisão decretada, salvo nos casos de flagrante delito, conforme se verá adiante, pois a captura, insista-se, é função estatal típica e, desta forma, indelegável.

Art. 286. O mandado será passado em duplicata, e o executor entregará ao preso, logo depois da prisão, um dos exemplares com declaração do dia, hora e lugar da diligência. Da entrega deverá o preso passar recibo no outro exemplar; se recusar, não souber ou não puder escrever, o fato será mencionado em declaração, assinada por duas testemunhas.

1. **Mandado e duplicata.** O mandado de prisão será extraído em duplicata, ou seja, deverão ser expedidas duas vias assinadas pelo juiz contendo os requisitos estabelecidos no artigo anterior. Não entendemos como causa de nulidade ou até mesmo de irregularidade se uma das vias for reproduzida por fotocópia. Importante é que dela constem os requisitos legais, sem embargo da ressalva que fizemos acima quanto à sua eventual nulidade.

A lei prevê a expedição duplicada do mandado justamente porque ao detido (ou preso, nos termos do Código) se entregará uma das vias como forma de cientificação do ato prisional, enquanto na outra, dará ele o recibo à autoridade. Caso o preso se recuse a fornecer o recibo, ou não possa, por qualquer motivo, escrever, cientificará a autoridade o ocorrido, tomando por a assinatura de duas testemunhas que presenciaram a recusa ou a impossibilidade.

2. **Certificação do dia e da hora da prisão.** Além de entregar uma das vias do mandado de prisão ao preso, a autoridade fará constar no instrumento entregue o dia, a hora e o local em que a prisão foi efetuada. Tal dado se mostra relevante, na medida em que as prisões devem estar submetidas ao controle jurisdicional, enfatizando-se, ainda, que a relevância deste proceder é visível nos casos de prisão temporária, onde, nos termos da Lei 7960/89 (art. 2°, § 3°), os prazos são fixos – cinco dias prorrogáveis por mais cinco,[11] ou nos casos de crime hediondo, de 30 dias,

---

[10] MARQUES, José Frederico. *Elementos de Direito Processual Penal, v. IV.* São Paulo: Millennium, 2000, p. 35-36.
[11] NUCCI, Guilherme de Souza. *Código de Processo Penal Comentado.* São Paulo: RT, 2005, p. 547.

prorrogáveis por igual prazo. Não se descarta a sua importância, de igual forma, aos casos de prisão preventiva.

Art. 287. Se a infração for inafiançável, a falta de exibição do mandado não obstará à prisão, e o preso, em tal caso, será imediatamente apresentado ao juiz que tiver expedido o mandado.

1. **Exibição do mandado ao preso.** Por infração penal, gênero, entende-se como espécies os crimes e as contravenções penais (Decreto-Lei 3688/41).

Como regra geral já mencionada nos artigos precedentes, a autoridade que realizar a prisão deverá exibir, ao conduzido, cópia do mandado, dando-lhe ciência da decisão e dos motivos da custódia, além de tomar-lhe a assinatura na outra via do instrumento.

2. **Exibição do mandado em crimes inafiançáveis.** Contudo, estabeleceu o legislador, como exceção a esta regra, que, em se tratando de infração inafiançável, dispensada está a exibição de mandado. É que tais infrações, por serem de gravidade superior às demais, não poderiam restar obstaculizadas, no que tange à prisão, tão-somente pelo fato de o mandado não ser exibido. É evidente, no entanto, que, embora a lei autorize a dispensa de leitura do mandado, imprescindível é que a decisão que decretou a cautela seja prévia à própria prisão, sob pena de ilegalidade manifesta. Dispensa-se, assim, a leitura do mandado, mas não a anterior decisão de prisão.

Cabe salientar que, embora a lei trate de infração penal, pensamos que tal nomenclatura resta prejudicada, na medida em que abarca as contravenções e estas são afiançáveis, não representando a gravidade prevista pelo legislador, máxime quando estão, agora, submetidas ao procedimento do Juizado Especial Criminal com a nova competência imposta pela Lei 10.259/01.

Art. 288. Ninguém será recolhido à prisão, sem que seja exibido o mandado ao respectivo diretor ou carcereiro, a quem será entregue cópia assinada pelo executor ou apresentada a guia expedida pela autoridade competente, devendo ser passado recibo da entrega do preso, com declaração de dia e hora.
Parágrafo único. O recibo poderá ser passado no próprio exemplar do mandado, se este for o documento exibido.

1. **Apresentação do mandado e recibo.** Ao impor a necessidade de que o mandado de prisão seja apresentado ao diretor do presídio como condição necessária para que o preso seja ali recolhido, quis a lei conferir a esta autoridade a função fiscalizatória sobre a legalidade da prisão. Trata-se apenas de cautela que objetiva evitar-se a prisão de pessoa que não era a destinatária direita da ordem.

É necessário que o diretor do estabelecimento prisional, ou alguém a seu rogo, forneça recibo de entrega do preso à autoridade que realizou a prisão, recibo este que poderá ser passado no próprio mandado ou em instrumento apartado. Esta é a dicção do parágrafo único do artigo em comento.

Art. 289. Quando o réu estiver no território nacional, em lugar estranho ao da jurisdição, será deprecada a sua prisão, devendo constar da precatória o inteiro teor do mandado.
Parágrafo único. Havendo urgência, o juiz poderá requisitar a prisão por telegrama, do qual deverá constar o motivo da prisão, bem como, se afiançável a infração, o valor da fiança. No original levado à agência telegráfica será autenticada a firma do juiz, o que se mencionará no telegrama.

1. **Prisão em comarca diversa.** Partindo-se da premissa de que a competência jurisdicional é limitada territorialmente, embora todo o juiz esteja investido de jurisdição, certo é que se o procurado estiver em outra comarca, necessária será a expedição de carta precatória ao juiz competente na qual este deverá exarar seu "cumpra-se". Assim, por ordem direta do juiz deprecante e indireta do juiz deprecado, a autoridade policial a quem incumbir a prisão, de posse de mandado expedido pelo juízo deprecante, efetuará a prisão.

Como bem determina o artigo 289, *in fine*, na carta precatória expedida deverá constar o inteiro teor do mandado e, obviamente, a própria decisão que determinou a cautela.

O dispositivo legal supra faz referência à estada do procurado em outra comarca, pois, se estivesse ele em outro país, os procedimentos para a prisão seriam mais complexos, tais como pedido de extradição.

Por fim, cabe salientar que há imprecisão técnica do legislador ao fazer referência à expressão *réu*, uma vez que este é um conceito jurídico que somente poderá ser invocado após o oferecimento e o recebimento de inicial acusatória, ou seja, após realizada a triangularização do feito. Melhor teria sido se a lei simplesmente mencionasse *procurado*.

2. **Urgência na prisão.** Se houver urgência na prisão a ser realizada em outra Comarca, poderá o juiz dispensar a normal expedição de carta precatória para que, então, seja utilizado o telegrama, como está a indicar a própria lei. Se a infração for afiançável, deverá o valor da fiança ser declinado quando da expedição do mandado de prisão, não podendo este ser arbitrado pelo juízo deprecado, pois a competência para a presidência do feito é do juiz deprecante.

Por óbvio, cabe referir, ainda, que a prisão poderá ser solicitada por *fax*.

Art. 290. Se o réu, sendo perseguido, passar ao território de outro município ou comarca, o executor poderá efetuar-lhe a prisão no lugar onde o alcançar, apresentando-o imediatamente à autoridade local, que, depois de lavrado, se for o caso, o auto de flagrante, providenciará para a remoção do preso.

§ 1º Entender-se-á que o executor vai em perseguição do réu, quando:

a) tendo-o avistado, for perseguindo-o sem interrupção, embora depois o tenha perdido de vista;

b) sabendo, por indícios ou informações fidedignas, que o réu tenha passado, há pouco tempo, em tal ou qual direção, pelo lugar em que o procure, for no seu encalço.

§ 2º Quando as autoridades locais tiverem fundadas razões para duvidar da legitimidade da pessoa do executor ou da legalidade do mandado que apresentar, poderão pôr em custódia o réu, até que fique esclarecida a dúvida.

1. **Pessoa perseguida.** Embora a lei faça referência à palavra *réu*, já referimos que tal compreensão deve ser ampla para, aqui, considerarmos toda e qualquer pessoa procurada, posição também adotada por NUCCI.[12] É que réu é expressão designativa própria da pessoa acusada através de processo penal triangulado, ou seja, tem seu âmbito de compreensão delimitado ao espaço próprio do processo. Daí por que deveria a lei ter feito referência à pessoa perseguida.

2. **Perseguição.** Para que haja perseguição, deve a hipótese amoldar-se aos casos contemplados no § 1º do dispositivo supra.

Desta feita, havendo perseguição por parte das autoridades, podem elas adentrar em território de outra comarca, Município ou Estado da Federação sem que haja qualquer violação às regras de competência ou atribuições, uma vez que estas foram respeitadas quando a ordem de prisão foi expedida.

3. **Apresentação do conduzido.** Obtendo êxito na prisão, as autoridades executoras providenciarão a apresentação do conduzido às autoridade policiais locais (aqui respeitadas, no nosso entender, as regras atinentes às atribuições, *v.,g.*, entre Polícia Federal e Civil). Pensamos, contudo, que tal regramento destina-se somente aos casos de prisão em flagrante, nos quais o respectivo auto será lavrado pela autoridade local. Na hipótese de prisão por força de ordem judicial, no entanto, a apresentação do preso à polícia local resta dispensada, sendo que a remoção do conduzido poderá ser realizada de pronto.

Art. 291. A prisão em virtude de mandado entender-se-á feita desde que o executor, fazendo-se conhecer do réu, lhe apresente o mandado e o intime a acompanhá-lo.

1. **Momento da prisão.** Considera-se realizada a prisão quando o executor da ordem, que, como já vimos, deve ser agente estatal, apresenta cópia do mandado ao conduzido, solicitando-o que lhe acompanhe. É evidente que se trata de mera presunção de prisão, uma vez que se, ao ser-lhe apresentado o mandado, o suspeito evadir-se, de prisão não se trata, mas ao reverso, de fuga.

Art. 292. Se houver, ainda que por parte de terceiros, resistência à prisão em flagrante ou à determinada por autoridade competente, o executor e as pessoas que o auxiliarem poderão usar dos meios necessários para defender-se ou para vencer a resistência, do que tudo se lavrará auto subscrito também por duas testemunhas.

1. **Terceiros e resistência à prisão.** Por terceiros, na hipótese, entende-se todo aquele que não a pessoa a ser conduzida, inclusive os familiares que se opuserem à prisão.

A lei menciona a possibilidade de utilização de força quando houver resistência por parte de terceiros, nada referindo quando dita resistência provém de atos do conduzido. Não há que se olvidar, no entanto, que poderão os executores da prisão empregar o uso de força para minimizar ou eliminar a resistência do preso.

2. **Tipificação da resistência.** O terceiro que impede ou busca impedir (opõe resistência à prisão, seja ela decorrente de mandado ou de situação de flagrância), responde pelo crime tipificado no artigo 329 do Código Penal. Há que se mencionar, no entanto, que se, como forma de resistência, disparos de arma de fogo são efetuados contra policiais, *p.ex.*, a tipificação resta, agora, também subsumida ao artigo 121 do Código Penal. Esta é a dicção do artigo 329, §2º, do Código penal, que pune, em cumulo material, o delito de resistência e aquele correspondente à própria violência.

O próprio indivíduo que deve ser preso também responde pelo delito de resistência em eventual cúmulo material com outra figura delitiva em casos de oposição ao cumprimento da ordem, com a ressalva

---

[12] NUCCI, Guilherme de Souza. *Código de Processo Penal Comentado*. São Paulo: RT, 2005, p. 549.

de que tal questão deverá ser melhor debatida pela doutrina, uma vez que o direito de resistência aos aparelhos de Estado é intrínseco ao homem, fator este que justificaria sua conduta ao menos em situações de menor gravidade.

Art. 293. Se o executor do mandado verificar, com segurança, que o réu entrou ou se encontra em alguma casa, o morador será intimado a entregá-lo, à vista da ordem de prisão. Se não for obedecido imediatamente, o executor convocará duas testemunhas e, sendo dia, entrará à força na casa, arrombando as portas, se preciso; sendo noite, o executor, depois da intimação ao morador, se não for atendido, fará guardar todas as saídas, tornando a casa incomunicável, e, logo que amanheça, arrombará as portas e efetuará a prisão.

Parágrafo único. O morador que se recusar a entregar o réu oculto em sua casa será levado à presença da autoridade, para que se proceda contra ele como for de direito.

1. **Ingresso em casa e prisão.** Quando o executor da ordem de prisão verificar que a pessoa a ser presa adentrou em alguma casa, intimará o morador para que este abra a porta. Se o morador se recusar ao cumprimento da ordem, poderá o executor, fazendo-se acompanhar de duas testemunhas, utilizar-se de força para levar a intento a prisão. No entanto, tal medida excepcional somente poderá ser adotada durante *o dia*, pois, nos termos do artigo 5º, XI, da Constituição Federal, é vedado o ingresso em casa durante a noite, ainda que seja para cumprimento de ordem judicial, ressalvada, por óbvio, as hipóteses de flagrante delito, desastre ou para prestar socorro.

Se a pessoa a ser presa se abrigar em qualquer casa durante a noite, outra alternativa não resta ao executor senão a de realizar o cerco e aguardar a chegada do dia, ou, como preferimos, às 6:00h, isto porque, nos termos do já referido, a Constituição Federal, seus artigo 5º, XI, consignou que ninguém poderá adentrar em casa, salvo durante o dia, por ordem judicial.

2. **Recusa na entrega.** Nos termos do parágrafo único, aquele que se recusar a entregar o foragido que agasalha será detido para que responda criminalmente pela recusa o que, no nosso entender, terá tipificação no artigo 329 do Código Penal.

Art. 294. No caso de prisão em flagrante, observar-se-á o disposto no artigo anterior, no que for aplicável.

1. **Flagrante e ingresso em casa.** *Por força da situação de flagrância*, que será melhor explicitada quando dos comentários aos artigos 301 e seguintes do deste Código, habilitadas estão as autoridades a ingressarem na casa do suspeito ou no local onde este se esconde, mesmo que durante a noite. Obviamente, ressalva há que ser feita no que tange à necessidade de mandado, pois, como já afirmado, a prisão por força de flagrante delito dispensa tal providência, a qual tem cabimento tão-somente nos casos em que a prisão é decretada por prévia ordem judicial.

Art. 295. Serão recolhidos a quartéis ou a prisão especial, à disposição da autoridade competente, quando sujeitos a prisão antes de condenação definitiva:

I – os ministros de Estado;

II – os governadores ou interventores de Estados ou Territórios, o prefeito do Distrito Federal, seus respectivos secretários, os prefeitos municipais, os vereadores e os chefes de Polícia; (Redação dada pela Lei nº 3.181, de 11.6.1957)

III – os membros do Parlamento Nacional, do Conselho de Economia Nacional e das Assembléias Legislativas dos Estados;

IV – os cidadãos inscritos no "Livro de Mérito";

V – os oficiais das Forças Armadas e os militares dos Estados, do Distrito Federal e dos Territórios; (Redação dada pela Lei nº 10.258, de 11.7.2001)

VI – os magistrados;

VII – os diplomados por qualquer das faculdades superiores da República;

VIII – os ministros de confissão religiosa;

IX – os ministros do Tribunal de Contas;

X – os cidadãos que já tiverem exercido efetivamente a função de jurado, salvo quando excluídos da lista por motivo de incapacidade para o exercício daquela função;

XI – os delegados de polícia e os guardas-civis dos Estados e Territórios, ativos e inativos. (Redação dada pela Lei nº 5.126, de 20.9.1966)

§ 1º A prisão especial, prevista neste Código ou em outras leis, consiste exclusivamente no recolhimento em local distinto da prisão comum. (Incluído pela Lei nº 10.258, de 11.7.2001)

§ 2º Não havendo estabelecimento específico para o preso especial, este será recolhido em cela distinta do mesmo estabelecimento. (Incluído pela Lei nº 10.258, de 11.7.2001)

§ 3º A cela especial poderá consistir em alojamento coletivo, atendidos os requisitos de salubridade do ambiente, pela concorrência dos fatores de aeração, insolação e condicionamento térmico adequados à existência humana. (Incluído pela Lei nº 10.258, de 11.7.2001)

§ 4º O preso especial não será transportado juntamente com o preso comum. (Incluído pela Lei nº 10.258, de 11.7.2001)

§ 5º Os demais direitos e deveres do preso especial serão os mesmos do preso comum. (Incluído pela Lei nº 10.258, de 11.7.2001)

1. **Prisão especial e princípio da igualdade.** O presente dispositivo cuida das hipóteses de prisão especial, hoje criticada por alguns seguimentos da sociedade'sob o fundamento de que, por ser destinada somente àqueles que preenchem os requisitos de lei, violaria o postulado constitucional da igualdade.

O postulado da igualdade, de franca inspiração Iluminista, nos termos do artigo 5°, *caput*, da Constituição Federal, comporta dúplice interpretação, qual seja, a igualdade formal e a material.

Sob o viés formal, a igualdade, nas palavras de KONRAD HESS "pede a realização, sem qualquer exceção, do direito existente, sem a consideração da pessoa: cada um é, em forma igual, obrigado e autorizado pelas normalizações do Direito e, ao contrário, é proibido a todas as autoridades estatais, não aplicar direito existente a favor ou à custa de algumas pessoas".[13]

Comentado a faceta formal do postulado ora em análise, ALBERTO SÁNCHEZ, na mesma linha do autor alemão, afirmou que "todos los hombres son destinatários de las mismas normas y que todos están sumetidos a las mismas instituiciones y tribunales; en otras palabras, que todos reciben el mismo tratamiento frente al ordenamiento jurídico".[14]

Portanto, sob a perspectiva da igualdade formal ou igualdade frente à lei, e por ser ela niveladora e impessoal, imagina-se que as pessoas não podem ser legalmente desequiparadas em função de características que lhe sejam próprias ou até mesmo em razão das atribuições que ocupam no interior do corpo social.

Entretanto, no prisma próprio da igualdade material, o debate ruma em sentido outro. A igualdade material, no dizer de KONRAD HESSE, não consiste em um tratamento igual sem que se leve em conta as eventuais diferenciações, senão só naquilo que é igual deve ser tratado igualmente.[15] No mesmo sentido inclina-se JOSÉ AFONSO DA SILVA, para quem o princípio em comento "não pode ser entendido em sentido individualista, que não leve em conta as diferenças entre grupos. Quando se diz que o legislador não pode distinguir, isto não significa que a lei deva tratar todos abstratamente iguais, pois o tratamento igual, esclarece Petzold, não se dirige a pessoas integralmente iguais entre si, mas àquelas que são iguais pelos aspectos tomados em consideração pela norma".[16]

Assim, pode-se dizer que o princípio jurídico da igualdade material veda tratamento disforme para as relações jurídicas, sociais, etc., que sejam uniformes. Dizendo de outro modo: conclui-se que questões ou situações fáticas semelhantes devem receber por parte dos órgãos de Estado trato igualmente semelhantes, ao passo que aquelas que são essencialmente distintas assim devem ser percebidas e enfrentadas.

No caso da chamada prisão especial, entendemos não haver violação expressa ao postulado da igualdade material, já que há justificativa plausível para o trato diferenciado (a própria condição de diferente em razão das atribuições sociais), salientando, desde já, que, após o trânsito em julgado da condenação, a prisão especial não mais tem espaço, o que bem está a demonstrar que, se tal regra violasse o princípio da igualdade, deveria ela também ser aplicada mesmo após a condenação definitiva.

Além disso, admitir que a chamada *prisão especial* a que algumas pessoas estão sujeitas viola a igualdade seria admitir, em essência, que os artigos 102, I, e 105, I, da Constituição Federal também seriam normas violadoras da igualdade, na medida em que concedem foro especial por prerrogativa de função a determinados 'agentes' públicos. Seria um absurdo jurídico sustentar-se a violação do princípio da igualdade quando a própria Carta Política autoriza hipóteses de trato diferenciado. Apenas para complementar o que aqui se afirma, a ser violadora da igualdade material a norma que autoriza prisão especial antes do trânsito em julgado da sentença, o seria também a regra do artigo 53, § 2º, da Constituição Federal que veda a prisão de parlamentares federais após a expedição do diploma, salvo nos casos de crime inafiançável. Por óbvio que aqui não se pretende realizar discussão acerca de eventual inconstitucionalidade dentro da própria Constituição, mas apenas demonstrar que inúmeras "diferenças" de tratamento existem no sistema legislativo, sem que a questão se resuma à prisão especial e que, no entanto, não são debatidas de maneira adequada.

Sem embargo destas ponderações, o artigo ora em comento dispensa, ao nosso entender, maiores co-

---

[13] HESSE, Konrad. *Elementos de Direito Constitucional da República Federal da Alemanha*. 20ª ed. Tradução de Luis Afonso Heck. Porto Alegre: Fabris, 1998, p. 330.
[14] SUÁREZ SANCHES, Alberto. *El Debido Proceso Penal*. 2ª ed. Bogotá: Externado de Colombia, 2001, p. 76.
[15] HESSE, Konrad. *Ob. cit.*, p. 330.
[16] SILVA, José Afonso da. *Curso de Direito Constitucional Positivo*. São Paulo: Malheiros, 1999, p. 219.

mentários ou digressões porque, a ser presa qualquer das pessoas ali referidas, antes do trânsito em julgado da condenação, faz ela *jus* à prisão em estabelecimento diferenciado. Há que se dizer, contudo, que a jurisprudência vem amenizando tal regra para estabelecer, então, que, na ausência de quartel ou prisão especial, basta que o encarcerado fique separado dos demais detentos, não havendo, na hipótese, qualquer constrangimento ilegal.

Art. 296. Os inferiores e praças de pré, onde for possível, serão recolhidos à prisão, em estabelecimentos militares, de acordo com os respectivos regulamentos.

1. **Prisão especial.** O Código, em sua redação do início dos anos 40, estabeleceu, nesse artigo, que os *inferiores e praças de pré*, militares que não fossem oficiais das Forças Armadas, deveriam, quando da prisão provisória, serem recolhidos a estabelecimentos militares e nos termos dos respectivos regulamentos. Diz a Lei, ainda, que tal providência segregatória deveria ser adotada, se possível, o que nos leva a crer que, em não o sendo, não haverá que se falar em constrangimento ilegal nos moldes daquele verificado quando, *p. ex.*, quando magistrados deixam de ser recolhidos a prisão especial.

É bom que se observe, ainda, que, ao dar redação ao artigo 295, o legislador estabeleceu claramente que as pessoas e autoridades ali arroladas deveriam ser recolhidas a quartéis ou prisão especial, providência esta que não foi adotada quando da redação do artigo 296. Em vista disso, poder-se-ia entender, então, que aos inferiores e praças de pré dispensa-se a providência da separação de presos e, por via de conseqüência, como bem adverte NUCCI, poderiam eles conviver com aqueles que possuem condenação provisória.[17] Diz-se provisória porque, nos termos do próprio artigo 295, transitada em julgado a sentença, cessa o direito à prisão especial (estabelecimento diferenciado e separação de presos).

Art. 297. Para o cumprimento de mandado expedido pela autoridade judiciária, a autoridade policial poderá expedir tantos outros quantos necessários às diligências, devendo neles ser fielmente reproduzido o teor do mandado original.

1. **Reprodução de mandados.** Autoriza a Lei Processual Penal que, em sendo deferido mandado de prisão pela autoridade judiciária competente, poderá a autoridade policial expedir tantos outros mandados quantos entender necessários, mas reproduzindo neles todo o teor da via original. Na prática, tal procedimento se dá por mera fotocópia do mandado original.

Quis o legislador, ao autorizar tal providência, dar maior efetividade nas diligências de captura, dando ciência plena àqueles que por ela são responsáveis.

Art. 298. Se a autoridade tiver conhecimento de que o réu se acha em território estranho ao da sua jurisdição, poderá, por via postal ou telegráfica, requisitar a sua captura, declarando o motivo da prisão e, se afiançável a infração, o valor da fiança.

1. **Pessoa em local diverso.** Com a clara finalidade de atribuir efetividade ao trabalho policial de captura daqueles contra quem foram expedidas ordem de prisão, autoriza a lei que, em estando a pessoa em local sujeito às atribuições de autoridade policial diversa, possa esta, de posse do mandado, solicitar a sua captura. Não se adota o procedimento de expedição de carta precatória, pois se contenta a lei, em sede policial, com o mero envio do mandando à autoridade que exerce suas atribuições em outra Comarca ou Circunscrição.

2. **Utilização de qualquer meio hábil de comunicação.** Embora a Lei preveja procedimentos de comunicação não tão céleres, a exemplo do envio de mandado de prisão pelo correio, certamente se pode fazer uso do *fax* ou até mesmo de *e-mail* com instrumento de autenticidade da mensagem ou, ainda, qualquer outro meio eficaz e seguro, pois o Código, por ser de redação antiga, deve ser lido e compreendido à luz dos novos tempos.

Art. 299. Se a infração for inafiançável, a captura poderá ser requisitada, à vista de mandado judicial, por via telefônica, tomadas pela autoridade, a quem se fizer a requisição, as precauções necessárias para averiguar a autenticidade desta.

1. **Prisão especial.** Entendemos que melhor teria sido se o legislador, ao invés de estabelecer o artigo 299 de forma autônoma, o tivesse previsto como um parágrafo do artigo anterior. É que ambos tratam da mesma matéria, qual seja, a prisão de determinada pessoa que se encontra em território sujeito às atribuições de autoridade policial diversa daquela detentora do mandado. Inobstante esta consideração, certo é que, em sendo inafiançável a infração, dada sua presumida gravidade, poderá a captura ser requisitada por via telefônica ou por qualquer outro instrumento que imprima agilidade à providência. Daí

---

[17] NUCCI, Guilherme de Souza. *Código de Processo Penal Comentado*. São Paulo: RT, 2005, p. 558.

por que no artigo anterior, em sua parte final, fala a lei que a requisição de captura deverá obedecer aos trâmites ali previstos quando a infração for afiançável.

Art. 300. Sempre que possível, as pessoas presas provisoriamente ficarão separadas das que já estiverem definitivamente condenadas.

1. **Prisão provisória e separação.** A Lei Adjetiva previu, como regra geral, que as pessoas presas provisória ou cautelarmente devam ficar separadas daqueles com condenação defitiva. Diz-se como regra porque, nos termo do próprio dispositivo, tal providencia será adotada *sempre que possível*.

Inobstante tais considerações, certo é que esta medida estrutura a idéia de prisão porque, a considerar que contra os presos provisórios não há formação da culpa, eventual absolvição não poderia reparar o mal causado se tivessem sido eles misturados àqueles que cumprem pena. Nesse espírito, antes da condenação definitiva, as cautelas relativas à segregação devem ser redobradas.

2. **Prisão temporária.** Apenas para referir, os presos provisórios que estejam detidos por força de Prisão Temporária (Lei 7960/89), além de permanecerem separados dos demais, ficam à disposição da autoridade policial durante o prazo da própria prisão (cinco dias, que podem ser prorrogados por igual prazo, ou, em sendo delito hediondo, 30 dias, prorrogáveis pelo mesmo período – artigos 2º, da Lei 7.960/89 e 2º, § 3º, da Lei 8.072/90, respectivamente), situação esta que não se verifica nas demais prisões processuais. Isto se dá como decorrência da própria finalidade da Prisão Temporária, qual seja, a prender para investigar. Se a investigação depende da participação do próprio acusado, que prestará as informações que entender devam ser prestadas, adequado que a autoridade policial tenha sobre ele livre acesso, com todas as ressalvas que fizemos nas linhas introdutórias deste trabalho.

3. **Separação obrigatória.** Ressalte-se, aqui, no entanto, que a Lei 7.960/89, em seu artigo 3º, consigna que os presos provisórios deverão, necessariamente, permanecer separados dos demais, ainda que presos cautelares. Não cabe referir para esta Lei especial, então, a regra do artigo 300, que prevê a separação, *sempre que possível*.

Desta forma, podemos sintetizar que as pessoas referidas no artigo 295 do CPP, deverão sempre permanecer separadas dos demais presos antes do trânsito em julgado da sentença condenatória, tal como se dá com a prisão temporária. Por outro lado, em se tratando dos demais presos provisórios nessas situações não enquadrados, a separação se dará, se possível, nos termos do artigo 300.

CAPÍTULO II
DA PRISÃO EM FLAGRANTE

Art. 301. Qualquer do povo poderá e as autoridades policiais e seus agentes deverão prender quem quer que seja encontrado em flagrante delito.

1. **Conceito de Flagrante.** A prisão em flagrante vem definida pela doutrina como sendo aquela que se dá no momento em que a prática delitiva está em curso ou, ainda, quando o agente se encontra em situação fática que faça presumi-lo como sendo o autor do ilícito. Diga-se, de pronto, ainda, que não há que se confundir prisão em flagrante com o auto de prisão em flagrante. Aquela ocorre quando o agente encontra-se nas situações previstas no art. 302 do Código de Processo Penal; portanto, é situação de fato, ao passo que o auto consiste na materialização ou documentalização da prisão. O auto é, assim, situação jurídica.

2. **Previsão Normativa.** Tal espécie de prisão, que tem a sua natureza jurídica pautada pela cautelaridade, encontra previsão legal no texto da Carta Magna (artigo 5º, LXI) e, por assim ser, dispensa a prévia expedição de mandado de prisão pela autoridade judicial. Seria ilógico, ante tal premissa, que a autoridade ou o particular, ao se depararem com o desenrolar de determinado delito, tivessem que, para efetuar a prisão do agente, estar de posse de prévio mandado.

3. **Obrigatoriedade.** Com base nisso, cabe salientar, também, que a prisão em flagrante, que tem suas hipóteses taxativamente elencadas no artigo 302 do Código de Processo Penal, é obrigatória para as autoridades policiais, e facultativa aos particulares. Ou seja, ao se deparar com situação de flagrante delito, o particular não está obrigado, por força de lei, a realizar a prisão em flagrante do sujeito ativo do delito. Contudo, tratando-se de agentes de segurança (polícia militar e polícia judiciária, esta última dividida em estadual e federal), a lei os obriga a despender esforços para o êxito da prisão, sob pena de responderem, criminal e administrativamente pela inércia.

4. **Prisão em Flagrante e ação penal privada.** Questão que se mostra interessante e que vem bem retratada pelo processualista NUCCI[18] é a de se perquirir acerca da possibilidade de prisão em flagrante

---
[18] NUCCI, Guilherme de Souza. *Código de Processo Penal Comentado*. São Paulo: RT, 2003, p. 562.

nos casos de infrações que se processam mediante queixa-crime.

A prisão, nesse cenário, é perfeitamente possível. Contudo, entendemos que somente poderá ser levada a efeito se a vítima autorizar tal procedimento. Diz-se isso porque seria ilógico prender-se alguém, de maneira provisória, cautelar e precária se a própria vítima, a quem cabe a propositura da futura ação penal, manifestasse o desinteresse em movimentar a máquina judiciária. Realizada a captura do agente, o auto de prisão em flagrante somente poderá ser lavrado se houver autorização da vítima para tanto. Da mesma forma deverá se proceder quando o delito imputado for de ação penal pública condicionada (artigo 5º, § 4º, do Código Adjetivo).

No entanto, como adverte NUCCI, citando TALES BRANCO, o fato de não ser lavrado o respectivo auto não impede que a autoridade policial tome por termo os depoimentos dos envolvidos no fato criminoso e de eventuais testemunhas porque, embora a vítima não deseje a prisão, poderá ela, no prazo de lei, oferecer queixa-crime.[19]

5. Necessidade de prévio expediente instaurado. Nesse ponto, ousamos discordar do brilhante autor porque, a um, entendemos que os referidos depoimentos somente podem ser tomados pela autoridade judiciária se houver procedimento policial instaurado de maneira formal, o que não há, e, ainda, que para a instauração de inquérito policial em crimes de ação penal privada deverá haver requerimento formal do ofendido nos termos do artigo 5º, § 5º, do CPP. Some-se a isto a idéia de que a recusa por parte da vítima quanto à instauração do procedimento policial implica a renúncia ao direito de queixa-crime, nos exatos termos do artigo 104 do Código Penal, causa extintiva da punibilidade (artigo 107, V, do Código Penal) e que, uma vez reconhecida, faz coisa julgada material, impedindo a reabertura da discussão.

6. Prisão em flagrante em delitos do juizado especial criminal. Outro aspecto que merecer reflexão é o que se refere ao flagrante em delitos de competência do Juizado Especial Criminal. Por estar estribada na despenalização, ainda que formal, a Lei 9.099/95, sob pena de incorrer em lamentável contradição, dispensou a prisão em flagrante do autor do fato que, após o registro de ocorrência ou elaboração do termo circunstanciado, assumir compromisso formal de comparecer à sede do juizado para audiência preliminar (art. 69, parágrafo único). Adota-se aqui, com as devidas adaptações, por óbvio, o princípio da menor gravosidade que informa, inclusive, o procedimento civil de expropriação patrimonial.

7. Flagrante e imunidade material. Além disso, cabe referir, ainda, que a obrigatoriedade da prisão em flagrante imposta aos policiais, como salientado linhas acima, cede frente às imunidades materiais e constitucionais que protegem determinadas pessoas ocupantes de cargos.

Assim, não ficam sujeitos à prisão em flagrante os diplomatas, por força da Convenção de Viena, os Membros do Congresso Nacional, salvo quando se tratar de crimes inafiançáveis (art. 53, §2º), o Presidente da República (art. 86, §3º), os magistrados e membros do Ministério Público, salvo, igualmente, quando se tratar de crimes inafiançáveis. O Presidente da República somente poderá ser preso para cumprimento de pena, leia-se, após o trânsito em julgado, mas jamais em caráter precário ou cautelar.

Art. 302. Considera-se em flagrante delito quem:
I – está cometendo a infração penal;
II – acaba de cometê-la;
III – é perseguido, logo após, pela autoridade, pelo ofendido ou por qualquer pessoa, em situação que faça presumir ser autor da infração;
IV – é encontrado, logo depois, com instrumentos, armas, objetos ou papéis que façam presumir ser ele autor da infração.

1. Flagrante próprio (I). As hipóteses de prisão em flagrante, como salientado supra, estão taxativamente previstas no artigo 302 do Código de Processo Penal de modo que qualquer segregação estribada em situação ali não tipificada implica ilegalidade que deve imediatamente ser relaxada pela autoridade judiciária.

Este dispositivo trata da situação clássica de flagrante delito onde o agente é surpreendido quando está cometendo a infração penal. Se o agente tiver interrompido seu intento em razão da intervenção de terceiros poderá dar azo à tentativa (artigo 14 do Código Penal). Tal situação difere substancialmente da desistência voluntária porque nesta o agente, voluntariamente, i.e., sem qualquer intervenção externa, desiste de prosseguir na execução do delito, quando podia continuar agindo. Responderá, nesse caso, apenas pelos atos praticados nos termos do artigo 15 do Código Penal.

2. Flagrante próprio (II). Existe flagrante próprio nas situações em que o agente é preso quando acabara de cometer a infração sem que tenha, ainda, v.g., abandonado o instrumento do crime, o produto do crime ou, de qualquer maneira, se desvinculado da cena delitiva.

---
[19] NUCCI, Guilherme de Souza. Ob. cit., p. 562.

3. **Flagrante impróprio ou imperfeito (III)**. Poderá ser preso em flagrante o agente que, *logo após* ter praticado a infração, é perseguido pelas autoridades, pela vítima ou qualquer outra pessoa por estar em situação que faça presumi-lo como autor do delito.

Saliente-se que dado causador de intriga é a expressão *logo após* como definidora do espaço temporal para a prisão.

A jurisprudência e a doutrina, no entanto, convergem no sentido de afirmar que dita expressão é significativa de curto espaço temporal, não podendo ser superior a algumas horas. Tal entendimento assim é lançado porque as prisões cautelares, como dito na nota doutrinária do presente trabalho, por serem exceção, como tal devem ser tratadas. Ou seja, as prisões provisórias devem ser percebidas e aplicadas restritivamente e não de maneira larga. Nesse sentido é a orientação do TACRIM de São Paulo.[20]

Assim, *v.g.*, havendo perseguição que tenha se iniciado "logo após" o fato, a prisão em flagrante poderá ocorrer dias após. É imprescindível, no entanto, que dita perseguição seja duradoura e ininterrupta.

4. **Flagrante presumido (IV)**. Embora conste na redação do dispositivo a expressão "que façam presumir ser ele autor da infração", esta espécie de flagrante cuida, tal como com a do inciso III, de *flagrante impróprio*.

Aqui, verifica-se a situação em que o agente da infração é encontrado, logo após o fato, com instrumentos, armas, objetos ou papéis que indiquem, com plausibilidade mínima, ter sido ele autor do delito. Há que se salientar, contudo, que nesse dispositivo não cuidou o legislador da perseguição, como o fez no anterior, de maneira que esta está dispensada para a caracterização da situação de flagrância. Basta a verificação da posse de armas, instrumentos ou objetos relacionados ao delito.

5. **Flagrante preparado**. Embora algumas lições doutrinárias no sentido de se distinguir a preparação do flagrante pela autoridade policial ou por terceiros sob coordenação daquela, certo é que a hipótese cuida da situação em que terceiros, policiais ou não, pretendendo incriminar aquele que é investigado, prepararam determinada situação de flagrância que, se não fosse a intervenção externa, inexistiria.

Para exemplificarmos, imagine-se que conhecido "ladrão" de residências é instigado por policial disfarçado a cometer a subtração de determinados bens, sob pretexto de que teria ele interesse na posterior aquisição. Ao sair da residência por ele violada, depara-se o agente com policiais que lhe dão voz de prisão em flagrante delito em face do furto praticado. Por certo que a situação criminosa somente foi levada a intento em decorrência da instigação das autoridades que, se inexistente, não dariam azo ao delito. Nessa situação, não há crime a punir, pois atípica a conduta.

Situação corriqueira, ainda, é aquela em que as autoridades, travestidas de consumidores, instigam determinado traficante para que este lhes traga a droga a ser adquirida. No ato da entrega, a prisão em flagrante é realizada. Por certo que esta jamais poderá ter como fundamento a *venda ilegal de entorpecente*, tal como prevê o artigo 12 da Lei 6.368/76, pois, quanto a essa conduta humana, preparada foi a situação de flagrância. No entanto, poderá a prisão ser realizada com fundamento na conduta de *ter em depósito* ou *guardar* a substância ilícita, pois tais condutas, precedentes ao ato de venda, não foram preparadas ou de qualquer forma instigadas pela polícia ou terceiro a seu mando. Essa também é a posição de NUCCI a qual se faz referência por respeito à anterioridade da obra, embora retrate exemplo por demais conhecido no meio acadêmico.[21]

Desta forma, no flagrante preparado, não há que se falar em legalidade da prisão e, se eventualmente essa vier a ocorrer, deve a autoridade judiciária deixar de homologar o respectivo auto e relaxar a prisão. Diz-se isso porque, nos termos da súmula 145 do STF, "não há crime quando a preparação do flagrante pela polícia torna impossível a sua consumação".

Além de inexistir situação de flagrância regular e apta a ensejar a prisão, diante destas situações não há que se falar em tentativa, pois esta somente é admitida quando há possibilidade real de consumação da infração. Por certo que, em havendo preparação, o delito jamais poderá ser consumado, haja vista o aparato policial que aguarda pela prisão.

6. **Flagrante esperado**. Situação distinta, contudo, é aquela em que a autoridade policial não interfere no *iter* criminoso ou instiga o agente, mas, ao contrário, apenas observa e aguarda a realização do delito para que então realize a prisão em flagrante. A

---

[20] "PRISÃO EM FLAGRANTE – ACUSADO PRESO MUITO TEMPO APÓS A FINALIZAÇÃO DO DELITO, POR MERO ACASO E SEM PERSEGUIÇÃO – RELAXAMENTO – NECESSIDADE. Deve ser relaxada a prisão em flagrante do acusado de roubo que foi preso muito tempo após a finalização do delito, por mero acaso e sem perseguição, em virtude de os componentes de uma viatura policial terem desconfiado das pessoas que ocupavam o veículo produto do crime, pois o encarceramento não se ajustou a nenhuma das previsões legais de quase-flagrante, já que não ocorreu logo depois do cometimento da infração, mas há muitas horas de sua consumação, tendo como única conexão estabelecida entre eles, a apreensão da res." (Habeas Corpus nº 412.780/8, 10ª Câmara do TACrim/SP, São Paulo, Rel. Márcio Bártoli. j. 26.06.2002, unânime).

[21] NUCCI, Guilherme de Souza. *Ob. cit.*, p. 564.

nota característica dessa espécie é a não-interferência externa no desenrolar causal do crime.

Exemplo ilustrativo é aquele em que as autoridades policiais, sabendo que haverá um carregamento de veículos ou mercadorias subtraídas, apenas aguardam a chegada dos bens e dos responsáveis por sua guarda para que então possam prendê-los. Não houve qualquer interferência, mas apenas a observação, sendo que o fragrante é perfeito.

7. Flagrante retardado ou diferido. Há situações fáticas em que a lei autoriza que a prisão em flagrante seja retardada ou diferida, quer dizer, a autoridade policial, controlando e monitorando o movimento dos suspeitos, aguarda a melhor oportunidade para realizar a prisão, objetivando, com isso, maior sucesso na sua atividade. Esta é a situação contemplada pelas Leis 9.034/95, em seu artigo 2º, II (Lei do Crimes Organizado) e 10.409/02 (Lei de Tóxicos), em seu artigo 33, II. Cabe salientar, no entanto, que a adoção do procedimento retardado implica a permanente vigília e acompanhamento dos suspeitos a fim de que possam eles evadir-se, tudo após prévia autorização judicial, ouvindo-se o Ministério Público.

Como exemplo, tome-se dada situação em que a polícia, sabedora do ingresso de entorpecentes em território nacional, ao invés de realizar a abordagem e a prisão imediata dos transportadores, prefere retardá-las para colher maiores informações e, prudentemente, identificar outros integrantes da organização e, quiçá, identificar os receptadores ou proprietários da droga, quase sempre impunes. Essas situações são tradicionalmente elencadas pela doutrina

8. Flagrante forjado. Há situações de flagrante delito que, infelizmente, são forjadas, ou seja, falsamente construídas e elaboradas pela polícia ou por terceiros. É o caso clássico em que a autoridade, a pretexto de realizar busca pessoal ou no interior de uma residência, ali deposita entorpecentes ou produtos furtados para legitimar a própria prisão. Por óbvio que a prisão realizada em tais circunstâncias é ilegal e deve ser relaxada pela autoridade judiciária. A prova de tal circunstância de fato, contudo, é de extrema dificuldade. Outro exemplo pode ser extraído da situação em que as autoridades policiais, ingressando em certa residência sem o respectivo mandado de busca, nada lá encontram, mas, para furtarem-se à responsabilidade criminal, *encontram* arma com a numeração raspada. Ilegal a prisão realizada nestes termos.

Art. 303. Nas infrações permanentes, entende-se o agente em flagrante delito enquanto não cessar a permanência.

1. Crime continuado. A boa compreensão do disposto no artigo 303 do Código de Processo Penal passa pela sua diferenciação entre os crimes continuado, habitual e permanente.

O crime continuado nada mais é do que uma mera ficção jurídica, ou seja, criação do legislador que pretendeu, ao invés de realizar o somatório das penas correspondentes aos diversos delitos praticados, unificá-las em uma só É, indiscutivelmente, medida de política criminal que tem por finalidade evitar as sanções extremamente elevadas que acabam por retirar do condenado qualquer possibilidade de reingresso social, sem *embargo dos questionamentos que tal afirmativa pode propiciar.*

Desta maneira, o agente que comete dois ou mais crimes da mesma espécie, nos termos do artigo 71 do Código Penal, que por circunstância de tempo, lugar e maneira de execução possam ser tidos um como continuação dos outros, será punido com uma só das penas se iguais, ou a maior, se diversas, em qualquer caso aumentada de um sexto a dois terços.

Assim, percebe-se que o instituto do crime continuado contempla, em verdade, *dois ou mais delitos* que, a princípio, *são autônomos*, mas que por *criação da lei*, passam a ser percebidos e tratados como um só. Prova disso é que o lapso prescricional é contado individualmente para cada delito nos termos do artigo 119 do Código Penal.

É importante anotar, ainda, que para haver continuação, as infrações devem ter sido praticadas em pequeno espaço temporal uma das outras divergindo a jurisprudência nesse aspecto, mas trazendo, como regra, prazo não superior a trinta dias.

2. Crime habitual. O crime habitual, tal como está a indicar sua própria nomenclatura, é aquele em que o agente pratica diversas condutas que indicam seu modo de vida criminoso, seu agir contínuo e estável, mas que, se isoladas, não possuem juízo de censura penal algum. Portanto, crime habitual existe quando o sujeito ativo da infração realiza várias condutas reprimidas pelo ordenamento. Exemplo característico é o crime de curandeirismo tipificado no artigo 284 do Código Penal e referido pela doutrina.

Por ser o delito habitual composto por diversas ações reiteradas, mas que são substancialmente autônomas, por certo é que admitimos a prisão em flagrante somente nas hipóteses do artigo 302 do Código Adjetivo. Não há que se dizer, aqui, que a prisão poderá ocorrer a qualquer tempo, forte no artigo 303, pois, reitere-se: o crime habitual é composto por vários atos distintos, mas que, acima de tudo, possuem efeitos instantâneos, e não permanentes. Ou seja, os atos são múltiplos, mas o delito é único.

3. Crime permanente. O crime permanente diferencia-se substancialmente do crime continuado porque, na *permanência*, o que há é um único delito que tem seus efeitos protraídos, dilatados no tempo. Exemplo disso, fartamente encontrado na doutrina, é a posse de entorpecentes, de armas e a extorsão mediante seqüestro. Entende-se que o agente se encontra permanentemente praticando a infração enquanto *estiver na posse da droga, da arma ou da vítima seqüestrada,* razão pela qual a prisão em flagrante poderá ser efetuada a qualquer momento. Daí por que diz o citado dispositivo que se *entende o agente em flagrante delito enquanto não cessar a permanência.* A prescrição somente tem início após cessada a permanencia, nos termos do comando contido no artigo 111, III do Código Penal.

Art. 304. Apresentado o preso à autoridade competente, ouvirá esta o condutor e colherá, desde logo, sua assinatura, entregando a este cópia do termo e recibo de entrega do preso. Em seguida, procederá à oitiva das testemunhas que o acompanharem e ao interrogatório do acusado sobre a imputação que lhe é feita, colhendo, após cada oitiva suas respectivas assinaturas, lavrando, a autoridade, afinal, o auto.
§ 1º Resultando das respostas fundada a suspeita contra o conduzido, a autoridade mandará recolhê-lo à prisão, exceto no caso de livrar-se solto ou de prestar fiança, e prosseguirá nos atos do inquérito ou processo, se para isso for competente; se não o for, enviará os autos à autoridade que o seja.
§ 2º A falta de testemunhas da infração não impedirá o auto de prisão em flagrante; mas, nesse caso, com o condutor, deverão assiná-lo pelo menos duas pessoas que hajam testemunhado a apresentação do preso à autoridade.
§ 3º Quando o acusado se recusar a assinar, não souber ou não puder fazê-lo, o auto de prisão em flagrante será assinado por duas testemunhas, que tenham ouvido sua leitura na presença deste.

1. **Requisitos formais do auto de prisão em flagrante.** À guisa de introdução, já salientamos linhas acima que a prisão em flagrante delito, situação de fato, difere substancialmente do auto de prisão em flagrante. Este, como a expressão 'auto' está a indicar, nada mais é do que o conjunto de documentos que materializam e formalizam a própria prisão e, enquanto tal, deve atentar ao preenchimento de requisitos constitucionais e legais, sob pena de nulidade.

No pórtico das garantias, a Constituição Federal, em seu artigo 5º, LXII, LXIII e LXV, previu, de maneira indeclinável, requisitos formais para a lavratura do auto de prisão que devem ser observados pela autoridade policial, como se verá.

Como decorrência disso, após realizada a prisão, deve-se imediatamente comunicar a autoridade judiciária competente e a família do preso ou a pessoa por ele indicada. Necessário, ainda, que seja oportunizado ao preso a assistência de advogado para o acompanhamento da elaboração do auto de prisão em flagrante. Note-se que a Carta vai além da mera oportunização ao conduzido de advogado. Estabelece esta que, ao preso, *será assegurada* a assistência de profissional. Portanto, não basta que se oportunize dito direito. Necessário que ele seja efetivado.

Além da observância de tais requisitos, caberá à autoridade, ainda, atentar para os comandos dos artigos 304 e seguintes do Código de Processo, que, por força da Lei 11.113/05, sofreram pequenas alterações de forma, mas não de conteúdo.

2. **Oitivas.** Assim, a autoridade, de regra policial, deverá ouvir o condutor ou condutores, ou seja, as pessoas responsáveis pela prisão e que apresentaram o detido, tomando-se, de igual forma, por termo, suas declarações. Poderá o acusado, em nome do direito constitucional ao silêncio e da vedação à auto-incriminação, permanecer em silêncio, sem que isto implique prejuízo de sua defesa. É a máxima do brocardo *nemo tenetur se detegere.* Deverá a autoridade, ainda, realizar a oitiva de eventuais testemunhas presenciais do fato, nos termos do artigo 304, *caput* do CPP.

No entanto, nos temos do §2º, em não havendo testemunhas presenciais, tal circunstância não se mostra impeditiva da formalização do auto. Nesse caso, deverão assiná-lo, ao menos, duas testemunhas que hajam presenciado a apresentação do conduzido à autoridade. Trata-se de uma forma de controle sobre o ato administrativo policial, embora, na prática, não passe de mera burocracia.

3. **Ordem de inquirição e assinatura.** Particularmente quanto à ordem de inquirição, não foram introduzidas alterações. Pela redação do dispositivo, concordamos com NUCCI no sentido de que devem ser ouvidos, primeiramente, o condutor, após, as testemunhas e, só então, o conduzido.[22] A inobservância da ordem acarretaria a nulidade do auto de prisão, utilizando-se, aqui, idêntico raciocínio aquele dispensado ao procedimento judicial da Lei 9.099/95, no qual o réu é ouvido por último. É bom que se diga, porém, que a referida nulidade não se estenderá à eventual ação penal futura.

No entanto, por força da Lei 11.113/05, agora se tem que, após a inquirição dos condutores, estes devem assinar o termo de imediato, da mesma forma se procedendo com as testemunhas. Há que se referir, ainda, que não mais se mostra necessário, por força

---

[22] NUCCI, Guilherme de Souza. *Código de Processo Penal Comentado.* São Paulo: RT, 2003, p. 501.

do artigo 304, § 3º, do CPP, que a assinatura do auto por duas testemunhas, nas hipóteses em que o conduzido se recusar ou não puder fazê-lo, não mais deverá ocorrer diante das testemunhas do fato e dos condutores, bastando, para tanto, que estejam na presença do acusado. É importante referir, ainda, que a leitura do auto deve ter sido realizada na presença do conduzido.

4. Inobservância aos requisitos formais do auto. Há que se salientar, como afirmado nas notas introdutórias, que o desrespeito às formalidade aqui constantes levam à nulidade do auto de prisão e, por via de conseqüência, na sua não-homologação por parte do magistrado. Por ser nulo o auto em que estão ausentes alguns de seus requisitos, por via de conseqüência, ilegal será a prisão, cabendo à autoridade competente, dessa forma, relaxá-la, nos termos do artigo 5º, LXV. Não se trata do instituto da liberdade provisória, que será enfrentado quando do comentário ao artigo 310, parágrafo único, do CPP.

5. Relaxamento da prisão e observância de condições. Diga-se, ainda, que o relaxamento da prisão em face de sua ilegalidade implica a soltura incondicional do conduzido (salvo se for decretada a prisão preventiva de ofício), ou seja, vedado está ao juiz lhe impor condições a serem cumpridas sob pena de revogação da medida. Infelizmente, na prática forense, verifica-se que muitos magistrados não se apercebem que, se a prisão é ilegal, *ilógico seria condicionar a liberdade ao cumprimento de condições*. O condicionamento, como se verá adiante, tem cabimento nos casos de concessão de liberdade provisória, instituto que em nada se assemelha ao relaxamento da prisão e que pressupõe prisão legal, mas desnecessária.

Por fim, referimos que, em sendo o conduzido menor de 21 anos, não mais necessária se faz intervenção de curador, pois, com a edição do novel Código Civil, a maioridade foi reduzida para os 18 anos de idade.

Art. 305. Na falta ou no impedimento do escrivão, qualquer pessoa designada pela autoridade lavrará o auto, depois de prestado o compromisso legal.

1. Substituição do escrivão. Buscando superar eventual entrave à lavratura do auto de prisão em flagrante, aceitou a lei que, na ausência ou impedimento do escrivão, qualquer pessoa possa lavrar o respectivo auto. Bastará, no entanto, que previamente preste o compromisso de desenvolver a atividade com licitude, zelo e probidade própria do serviço público.

Art. 306. A prisão de qualquer pessoa e o local onde se encontre serão comunicadas imediatamente ao juiz competente e à família do preso ou a pessoa por ele indicada.

§ 1º Dentro em 24h (vinte e quatro horas) depois da prisão, será encaminhado ao juiz competente o auto de prisão em flagrante acompanhado de todas as oitivas colhidas e, caso o autuado não informe o nome de seu advogado, cópia integral para a Defensoria Pública.

§ 2º No mesmo prazo, será entregue ao preso, mediante recibo, a nota de culpa, assinada pela autoridade, com o motivo da prisão, o nome do condutor e o das testemunhas.

1. Nova redação. Por força da Lei 11.449/07, foi modificada a redação do presente artigo para agora, diferentemente do texto primitivo, contemplar-se a necessidade de aviso ao magistrado competente sobre a prisão bem como à família do preso ou pessoa por ele indicada e, ainda, o envio dos autos, após lavratura do flagrante, à Defensoria Pública nas hipóteses em que o conduzido não indicar advogado.

Entendemos que a nova redação tem relevância e razão de ser apenas no que pertine ao envio dos autos, mediante cópia, à Defensoria, porque no que tange à comunicação ao magistrado e à família, o legislador nada mais fez do que repetir o que a Constituição Federal já contempla em seu artigo 5º, LXII.

Quanto à atuação da Defensoria, embora inovador, o texto de lei é, de certa forma, curioso porque determina a remessa de cópia dos autos do flagrante à Defensoria nas hipóteses em que ela, por seus membros, já oficiou no referido ato. Diz-se isso na medida em que, se eventualmente o conduzido não indicar advogado, restará apenas à autoridade policial cientificar a Defensoria Pública para que acompanhe o desenrolar do expediente, na medida em que ilegal é a sua lavratura sem presença de advogado. Ou seja, já terá ela ciência dos desdobramentos do feito, salvo nos casos de nomeação de defensor dativo.

Mas, embora esse particular, louvável foi a preocupação do legislador que, ao prever tal providência, objetivou, ao nosso sentir, que uma melhor análise sobre o cabimento de eventual pedido de relaxamento ou concessão de liberdade provisória pudesse ser feito pelos advogados do Estado.

2. Nota de culpa. Requisitos e prazo. Prevê este dispositivo que o preso em flagrante deverá receber da autoridade policial a nota de culpa em vinte e quatro horas a contar da prisão, ou seja, o documento que tem por fim lhe assegurar o perfeito conhecimento acerca da custódia, devendo dele constar, obrigatoriamente, a assinatura da autoridade responsável pelo auto de prisão em flagrante, a tipificação legal provisória do delito que lhe é imputado (motivo da prisão), bem como o nome do condutor e das testemunhas, quer presenciais do fato, quer de mera apresentação à autoridade. Da referida nota de culpa o preso passará recibo. A nova lei, contudo, não disciplina a situação em que o conduzido recusar-se a dar recibo da nota de culpa.

Assim, deduz-se que, no caso de prisão em flagrante, o respectivo auto não necessita ser formalizado imediatamente, pois sendo um dever da autoridade a entrega da nota de culpa no prazo de vinte e quatro horas, entendemos ser este o prazo para a lavratura do referido auto. No entanto, o retardo no cumprimento desse prazo configura constrangimento ilegal e crime de abuso de autoridade.

3. **Ausência de requisitos da nota de culpa.** A ausência dos requisitos da nota de culpa gera nulidade do auto de prisão em flagrante e, em consequência, o relaxamento da prisão, podendo, é bem verdade, ser decretada a prisão preventiva de ofício, se preenchidos os requisitos do artigo 312 do CPP.

Art. 307. Quando o fato for praticado em presença da autoridade, ou contra esta, no exercício de suas funções, constarão do auto a narração deste fato, a voz de prisão, as declarações que fizer o preso e os depoimentos das testemunhas, sendo tudo assinado pela autoridade, pelo preso e pelas testemunhas e remetido imediatamente ao juiz a quem couber tomar conhecimento do fato delituoso, se não o for a autoridade que houver presidido o auto.

1. **Autoridade condutora.** Sendo o crime praticado na presença da autoridade policial ou contra ela, desde que no exercício de suas funções, a própria autoridade funcionará como 'condutora', pois será ela a responsável pela prisão em flagrante. Do respectivo auto de prisão em flagrante deverá constar, dentre os requisitos que lhe são próprios, a narrativas desta circunstância. Quanto ao mais, as providências serão as antes mencionadas, em especial no que se refere ao imediato envio do procedimento à autoridade judiciária, nos termos do artigo 5º, LXV da Constituição Federal.

Art. 308. Não havendo autoridade no lugar em que se tiver efetuado a prisão, o preso será logo apresentado à do lugar mais próximo.

1. **Apresentação do preso.** Entendemos que o artigo 308 do CPP, pela obviedade de sua redação poderia, inclusive, ser suprimido. É evidente que, em sendo realizada a prisão em flagrante delito em cidade ou local que não conta com polícia judiciária, deverá ser o conduzido (preso) apresentado à autoridade mais próxima. Em vinte e quatro horas, a contar da prisão, deverá ele receber nota de culpa, sob pena de constrangimento ilegal. Assim, por exemplo, se determinado caçador é preso em fragrante delito no interior do município X, com armas e animais abatidos, em não havendo polícia judiciária naquela localidade, deverá o flagrante ser lavrado na localidade mais próxima onde haja.

Art. 309. Se o réu se livrar solto, deverá ser posto em liberdade, depois de lavrado o auto de prisão em flagrante.

1. **Livrar-se solto.** Nas hipóteses de o conduzido ter praticado infração a que se livre solto, nos termos do artigo 309, deverá ser ele imediatamente posto em liberdade, após a lavratura do auto de prisão. Tal hipótese se dá nos delitos referidos pelo artigo 321 do CPP, quais sejam, aqueles em que não for cominada, isolada ou alternativamente, pena de prisão e quando o máximo da pena privativa de liberdade, isolada, cumulada ou alternativamente não exceder a três meses, situação esta que se amolda a alguns delitos de competência do Juizado Especial. Aliás, a própria Lei 9099/95, em seu artigo 69, parágrafo único, prevê que não se imporá prisão em flagrante ao autor do fato que assumir o compromisso de comparecer à sede do Juizado para as providências legais.

Art. 310. Quando o juiz verificar pelo auto de prisão em flagrante que o agente praticou o fato, nas condições do art. 19, I, II e III, do Código Penal, poderá, depois de ouvir o Ministério Público, conceder ao réu liberdade provisória, mediante termo de comparecimento a todos os atos do processo, sob pena de revogação.

Parágrafo único. Igual procedimento será adotado quando o juiz verificar, pelo auto de prisão em flagrante, a inocorrência de qualquer das hipóteses que autorizam a prisão preventiva (arts. 311 e 312).

1. **Remessa do auto ao poder judiciário e decisões possíveis.** Lavrado o auto de prisão em flagrante, deve ele ser remetido imediatamente ao Poder Judiciário. De posse do auto, o juiz poderá, como mencionado nas notas introdutórias do presente trabalho, homologá-lo e manter o conduzido preso por entender pela necessidade da cautela, forte no art. 312 do CPP; deixar de homologá-lo, por vício formal e relaxar a prisão; não homologá-lo e decretar a pri-

são preventiva de ofício, e, ainda, homologar o auto de prisão, mas conceder a liberdade provisória.

Assim, o artigo 310 do CPP, tendo-se em consideração seu *caput* e o parágrafo único, traz duas grandes hipóteses de concessão de liberdade provisória ao preso em flagrante, liberdade esta que pressupõe a prisão válida e auto que tenha atentado para todos os requisitos impostos pela Constituição Federal e pela própria lei Adjetiva.

2. Liberdade provisória. Hipótese I. Nos termos do *caput* do artigo 310, o juiz poderá, após ouvir o Ministério Publico, conceder ao acusado liberdade provisória, mediante o compromisso de este comparecer a todos os termos do processo quando verificar que ele agiu amparado por alguma das causas de exclusão da ilicitude constantes do artigo 23 do CP. Pensamos, no entanto, que para haver a incidência desta hipótese, a situação de exclusão de ilicitude deverá vir suficientemente comprovada, ou seja, deverá haver situação de fato clara que esteja a indicar a incidência do artigo 23 do CP. É que, se houver *fundadas dúvidas* acerca da existência ou não das causas que afastam a antijuridicidade, a prisão deverá ser mantida, fato este que, diga-se, não impede a liberdade posteriormente. O pressuposto indissociável para tal proceder, no entanto, é a existência de necessidade concreta, forte no artigo 312 do CPP.

3. Liberdade provisória. Hipótese II. Igual procedimento, diz a lei, (concessão de liberdade provisória) poderá ser adotado pelo juiz quando se verificar, pelo auto de prisão em flagrante, que não há qualquer requisito da prisão preventiva possível de ser invocada contra o conduzido para mantê-lo preso. Ou seja, nos termos do parágrafo único do art. 310, em não havendo necessidade para a cautela (manutenção da prisão em flagrante), por ausência dos requisitos do art. 312 do CPP, o juiz poderá, ou melhor, deverá, homologar o auto, mas conceder-lhe a liberdade.

4. Liberdade provisória e crimes hediondos. Particularmente, no que se refere aos Crimes Hediondos, a Lei 8.072/90 imprimiu, em seu artigo 2º, II novos contornos ao instituto da liberdade provisória, consignando que tais delitos são *insuscetíveis de fiança e liberdade provisória*. O mesmo se diga aos delitos de terrorismo e tortura. Diga-se: os acusados por crimes desta natureza não deverão ser, necessariamente, presos no curso do processo a que respondem. O que a lei veda é que, nos casos de flagrante delito, lhes seja concedida a liberdade provisória, posição está que até pouco tempo encontrava trânsito livre e aceitação irrestrita nas mais diversas Cortes do País.

Contudo, a moderna orientação do Superior Tribunal de Justiça, relativamente ao tema, vinculada à idéia de que as prisões cautelares estão informadas pela necessidade concreta e pelo seu caráter residual e de exceção, firmou-se no sentido de que, mesmo havendo a prática de crime hediondo, deve o magistrado, quando da homologação do auto de prisão, indicar, fundamentadamente, os requisitos hábeis a denegar a liberdade. Desta feita, a manutenção da custódia não é procedimento ou conseqüência automática da lei, mas sim fenômeno que deve estar indissociavelmente vinculado à idéia de necessidade concreta e fundamentação decisória.[23] Mais recentemente, contudo, a mesma Corte reviu posicionamento para dizer que a liberdade provisória em tais delitos é incabível tão-só pela sua inafiançabilidade. Nesse sentido: RHC 20545-MG.

CAPÍTULO III
DA PRISÃO PREVENTIVA

Art. 311. Em qualquer fase do inquérito policial ou da instrução criminal, caberá a prisão preventiva decretada pelo juiz, de ofício, a requerimento do Ministério Público, ou do querelante, ou mediante representação da autoridade policial.

1. Prisão preventiva. Cabimento. Embora o presente dispositivo faça expressa referência à prisão

---

[23] RHC. PROCESSO PENAL. LIBERDADE PROVISÓRIA. INDEFERIMENTO. HOMICÍDIO QUALIFICADO. AUSÊNCIA DE FUNDAMENTAÇÃO. LEI 8.072/90. INCONSTITUCIONALIDADE. NECESSIDADE DE INDICAÇÃO DOS MOTIVOS. Não foi dado ao legislador ordinário legitimidade constitucional para vedar, de forma absoluta, a liberdade provisória quando em apuração crime hediondo e assemelhado. Inconstitucionalidade do art. 2º, II, da Lei 8.072/90.
A manutenção da prisão em flagrante deve, necessariamente, ser calcada em um dos motivos constantes do art. 312 do Código de Processo Penal e, por força dos arts. 5º, XLI e 93, IX, da Constituição da República, o Magistrado, ao negar a liberdade provisória, está obrigado a apontar os elementos concretos mantenedores da medida. Recurso provido. (Recurso Ordinário em Habeas Corpus nº 15478/MG (2003/0232717-9), 6ª Turma do STJ, Rel. Min. Paulo Medina. j. 06.04.2004, unânime, DJ 10.05.2004) e "PROCESSUAL PENAL. RECURSO ORDINÁRIO EM HABEAS CORPUS. ART. 12 DA LEI Nº 6.368/76, C/C O ART. 329, CAPUT, DO CÓDIGO PENAL. PRISÃO EM FLAGRANTE. LIBERDADE PROVISÓRIA. FUNDAMENTAÇÃO. Na linha de precedentes desta Turma, a qualificação do crime como hediondo não dispensa a exigência de motivação concreta para a denegação da liberdade provisória. (Precedentes). Recurso provido, para conceder a liberdade provisória ao paciente, com a conseqüente expedição do alvará de soltura, se por outro motivo não estiver preso, sem prejuízo que novo decreto prisional possa ser expedido em seu desfavor, desde que devidamente fundamentado. (Recurso Ordinário em Habeas Corpus nº 15703/SC (2004/0014997-7), 5ª Turma do STJ, Rel. Min. Félix Fischer. j. 23.03.2004, unânime, DJ 31.05.2004).

Preventiva, espécie do gênero cautelar, processual ou provisória, imperioso é que se tracem algumas distinções existentes entre esta e a temporária instituída pela Lei 7.960/89. Conforme está a indicar o artigo 311, a prisão preventiva poderá ser decretada, de ofício, por representação da autoridade policial ou por requerimento do Ministério Público, ou ainda do querelante, em qualquer fase do inquérito policial ou da própria ação penal, não tendo prazo de duração pré-fixado, pois a jurisprudência vem abandonando a regra então utilizada que restringia à oitenta e um dias o prazo máximo da cautela para adotar o ilegítimo discurso da *proporcionalidade* em face do caso concreto.

2. **Prisão temporária**. Já a prisão temporária, por seu turno, somente poderá ser decretada a requerimento do Ministério Público ou por representação da autoridade policial, na fase do inquérito e, ainda, por prazo determinado (cinco dias prorrogáveis por mais cinco dias, ou trinta dias prorrogáveis por mais trinta nos casos de crimes hediondos, nos termos do artigo 2º da Lei 7.960/89 e artigo 2º, § 3º da Lei 8.072/90). Igualmente, só cabe nos delitos ali previstos, ao passo que a preventiva poderá incidir em todos os crimes dolosos punidos com reclusão.

Saliente-se, ainda, que a prisão preventiva tem por finalidade específica acautelar o inquérito, o desenvolvimento do processo – ou melhor dizendo, o regular desenvolvimento das etapas procedimentais – e, ainda, a própria sentença, ao passo que a prisão temporária destina-se única e exclusivamente, o que é perverso, a propiciar a colheita de provas para a fase investigativa.

Dizendo de outro modo: a prisão temporária é decreta para que o preso, ficando à disposição da autoridade policial, possa ser interrogado quantas vezes forem necessárias a fim de que esclareça as circunstâncias em que ocorreram os fatos e quem são os seus autores, o que bem demonstra que a regra de que primeiro se investiga para depois se prender, no caso, é ignorada.

Art. 312. A prisão preventiva poderá ser decretada como garantia da ordem pública, da ordem econômica, por conveniência da instrução criminal, ou para assegurar a aplicação da lei penal, quando houver prova da existência do crime e indício suficiente de autoria.

1. **Função**. A prisão preventiva, espécie do gênero processual ou cautelar, como antes referido, tem por função precípua ou objetivo, nas palavras de Claus Roxin, assegurar o comparecimento do acusado a juízo (ao procedimento penal), garantir a investigação dos fatos tidos por ilícitos por parte dos órgãos da persecução estatal e, ainda, assegurar a execução penal.[24] Diante de tais objetivos, que podem coexistir ou não na situação de fato, percebe-se que a prisão está a serviço do próprio processo como instrumento odioso, mas necessário que tem por objetivo assegurar a sua efetividade e realização prática.

2. **Requisitos materiais para a prisão**. O artigo 312 do CPP prevê, taxativamente, os requisitos autorizadores do decreto de prisão preventiva, o que nos permite afirmar, portanto, que eventual fundamentação esposada pelo magistrado que não encontre acolhida expressa nos elementos do artigo 312 do CPP implicará em prisão ilegal, prontamente combatida por *Habeas Corpus*. O rol de causas autorizadoras da custódia é, assim, taxativo, pois, o princípio da legalidade penal, como bem advertiu SANGUINÉ, não se destina apenas e exclusivamente ao legislador quando da elaboração dos tipos penais e da cominação de suas penas (legalidade eminentemente penal), mas também atinge, de igual forma e intensidade, as hipóteses de prisão.[25]

3. **Garantia da ordem pública**. Desta feita, a *garantia da ordem pública*, altamente questionável por ser de cognição aberta, indefinida e, por tanto, violadora da legalidade, está a indicar que a prisão se faz necessária quando a ordem social próxima aos acontecimentos esteja de tal forma abalada que possa ocasionar distúrbios ou a desordem. No entanto, é bom que se saliente, que a *gravidade do delito* como fundamento da prisão, muitas vezes invocada pelos magistrados, em nada guarda relação com ordem pública. A gravidade do fato não afeta, por si só, a ordem pública, pois há fatos extremamente graves que ocorrem diariamente e que muitas vezes sequer chegam ao conhecimento do cidadão, pois a imprensa não tem interesse em noticiar. Ademais, se a gravidade do fato pudesse ensejar o decreto de preventiva, o que se diz apenas para argumentar, ter-se-ia, então, que prender todos os autores de delitos tais como: homicídio, estupro, latrocínio, roubo, extorsão etc, pois crimes indicativos de gravidade e reprovação jurídica.

Com isto, quer se dizer duas coisas: a gravidade do fato, por si só, não é fundamento da prisão preventiva, pois não consta do rol taxativo do artigo 312, e se eventualmente com base nele for decretado, a ilegalidade é manifesta. Quer se dizer ainda, que a ordem pública abala-se ou desestrutura-se quando o corpo social, *per si*, adota sentimento de repulsa em

---

[24] ROXIN, Claus. *Derecho Procesal Penal*. Buenos Aires: Del Puerto, 2000, p. 257.

[25] SANGUINÉ, Odone. *Prisión Provisional y Derechos Fundamentales*. Valencia: Tirant lo Blanch, 2003.

relação ao delito cometido, e não quando elementos externos o instigam a dessa forma se portar.

4. Garantia da ordem econômica. Como segundo fundamento da prisão preventiva, a *garantia da ordem econômica* é invocada nos casos de agentes que constante e insistentemente violam o fisco, como, *v.g*, nos casos de infringência ao disposto o nos artigos 1º e 2º da Lei 8.137/90 ou os dispositivos da Lei 7492/86, embora quanto a esta última, na fase do inquérito, seja possível a Prisão Temporária (artigo 1º, III, *o* da Lei 7.960/89). Assim, tome-se o caso de determinado empresário que, a todo mês, omite ou reduz o recolhimento de tributos. Se em liberdade, tudo está a indicar que a reiteração criminosa será contínua, o que justificaria, em tese, a referida prisão. No entanto, como já salientado, é imprescindível que o magistrado possa apontar nos autos, de maneira concreta, a necessidade da prisão, e que esta necessidade não seja hipotética, especulativa ou mero fruto de sua ideação mental.

5. Conveniência da instrução criminal. Por *conveniência da instrução criminal*, terceiro requisito da prisão preventiva, entende-se a necessária manutenção da ordem quando da colheita da prova. Perceba-se que a menção feita é de "instrução criminal" e não "instrução processual", circunstância esta que nos autoriza a afirmar que tal requisito destina-se tanto a produção probatória do inquérito policial quanto da própria ação. É o caso típico daquele acusado ou réu que ameaça ou constrange as testemunhas da acusação no sentido de intimidá-las para que não o prejudiquem quando de seus depoimentos. Desta forma, se em liberdade, o agente acaba por ter ingerência indesejável sobre o ânimo daqueles que vão a juízo depor, o que está por autorizar a segregação. Com isso, resguarda-se, em síntese, o regular desenvolvimento da fase instrutória.

Inobstante a possibilidade de prisão preventiva nas circunstâncias acima referidas, é importante salientar que, cessado o motivo da prisão, nos termos do artigo 316, deverá ser ela revogada. Na hipótese, colhida a prova acusatória, razão alguma há para que o agente mantenha-se recolhido. Haverá visível ausência de necessidade.

Questão interessante, neste particular, é aquela relacionada ao procedimento do Tribunal do Júri. Lá, decretada a preventiva sobre este fundamento, não poderá o juiz deixar de revogá-la quando a instrução findar, argumentando que as testemunhas poderão ser ouvidas quando do julgamento em plenário e que, solto o réu, poderá ele interferir. É que a oitiva das testemunhas por ocasião do julgamento do plenário do júri depende de prévio e expresso requerimento das partes, nos termos dos artigos 417, § 2º, e 421, parágrafo único, ambos do CPP. Ou seja: a instrução em plenário não é etapa obrigatória do procedimento, tal como o é a instrução que se dá por oportunidade da *judicium acusationis*, pois depende, insista-se, de requerimento expresso das partes.

Portanto, não poderá o réu restar tolhido de sua liberdade, sob o fundamento *incerto, hipotético e futuro* de que as testemunhas que vem ele coagindo poderão depor em plenário.

6. Assegurar a aplicação da lei penal. Por fim, o *asseguramento da aplicação da lei penal* como quarto requisito da prisão preventiva – por sua vez – relaciona-se à necessária observância e cumprimento dos comandos lançados pelo magistrado na sentença penal condenatória. Dessa forma, a aplicação da lei penal encontra-se ameaçada quando sobrevindo decreto de condenação, há indicativos concretos de que o agora sentenciado frustrará a medida que lhe foi imposta na decisão. É o típico caso de fuga quando da condenação, evitando-se, assim, o cumprimento da pena. Assegurar a lei penal é, ao fim e ao cabo, assegurar a efetividade de eventual sentença condenatória, pois é nela que a *lei penal* é reconhecida e aplicada.

Saliente-se que os requisitos acima mencionados devem estar em combinação e concurso com a "existência do crime" e "indícios suficientes de que o réu seja seu autor", pois são eles que darão verossimilhança à pretensão posta pelo Ministério Público ou autoridade policial, sem embargo dos casos de prisão de ofício.

7. Transposição dos requisitos das cautelares do processo civil ao âmbito criminal. A título de conclusão, cabe referir que a doutrina criminal de vanguarda passou a pregar o necessário abandono dos padrões de referência do processo civil, no que tange aos requisitos das cautelares. Os conhecidos *periculum in mora* e *fumus boni iuris* não teriam incidência ao processo penal, uma vez que as prisões não são justificáveis à luz de uma dada "fumaça do bom direito", mas sim à luz da negação do direito, ou seja, do cometimento de uma infração. Seria invocável, desta feita, a fumaça do cometimento de um delito.

Temos reservas em relação a essa moderna orientação na medida em que o indício de cometimento de um delito como fundamento para a prisão não teria cabimento nas hipóteses de custódia para asseguramento da aplicação da lei penal, pois a iminência de fuga não é crime ou negação do direito.

Art. 313. Em qualquer das circunstâncias, previstas no artigo anterior, será admitida a decretação da prisão preventiva nos crimes dolosos:

I – punidos com reclusão;

II – punidos com detenção, quando se apurar que o indiciado é vadio ou, havendo dúvida sobre a sua identidade, não fornecer ou não indicar elementos para esclarecê-la;

III – se o réu tiver sido condenado por outro crime doloso, em sentença transitada em julgado, ressalvado o disposto no parágrafo único do art. 46 do Código Penal.

IV – se o crime envolver violência doméstica e familiar contra a mulher, nos termos da lei específica, para garantir a execução das medidas protetivas de urgência.

1. **Cabimento da prisão preventiva. Espécies de infrações.** A regra, em se tratando de prisão preventiva, é de que esta somente é admitida nos casos de crimes dolosos. Portanto, não se cogita, em hipótese alguma, de prisão preventiva tratando-se de crime culposo. É bem verdade que tal classificação é feita, *a priori*, pelo agente ministerial ou pela autoridade policial quando da representação ou do requerimento de prisão, respectivamente. No entanto, isto não impede que o magistrado, ao apreciar o pedido, dê a correta classificação ao elemento subjetivo do tipo (dolo/culpa) e, consequentemente, ao próprio delito, para que o "poder da prisão" não fique sob o controle de outros órgãos que não o judicial, realizando, ainda que a pré-tempestivamente, verdadeira *emendatio libeli*.

Nos termos deste artigo, como pressuposto à prisão preventiva, é necessário que o crime seja doloso punido com reclusão. Exceção abre-se àqueles punidos com detenção "se o réu tiver sido condenado por outro crime doloso, em sentença transitada em julgado, ressalvado no art. 46, I, do CP".

O inciso II do presente artigo nos parece inconstitucional, porque ninguém pode ser tolhido de sua liberdade por simplesmente adotar meio de vida que não seja o eticamente adequado. Ser vadio ou não é questão alheia ao Direito Penal, repousando no campo da esfera intima, para não dizer na esfera das políticas sociais do governo. A questão tem vínculo com o primado da dignidade da pessoa humana. Além disso, o não fornecimento de dados de identificação não é razão suficiente para ensejar a custódia, haja vista que a identificação dos indivíduos é atribuição do Estado, e não deles próprios.

2. **Lei 11.340/06 (Lei Maria da Penha).** Nos termos da nova legislação, a prisão preventiva é autorizada para que se garanta a execução de medidas protetivas, que, em nosso sentir, mais se relacionam com o afastamento do cônjuge ou companheiro do lar ou morada do casal do que com qualquer outra de ordem penal.

Art. 314. A prisão preventiva em nenhum caso será decretada se o juiz verificar pelas provas constantes dos autos ter o agente praticado o fato nas condições do art. 19, I, II ou III, do Código Penal.

1. **Preventiva e exclusão da ilicitude.** O presente artigo determina que o juiz não decretará a prisão preventiva quando o acusado agiu amparado sob causa de excludente da ilicitude constante no art. 23 do CP. Tal orientação mantém sintonia com o disposto do artigo 310, *caput*, do CPP, pois seria ilógico vedar-se o flagrante, mas autorizar-se a preventiva em tais situações. Aqui, reportamo-nos às observações antes feitas no sentido de que deve haver prova suficiente da excludente de ilicitude, pois, ao inicio da persecução penal, não se aplica a máxima do '*in dubio pro reo*.

Art. 315. O despacho que decretar ou denegar a prisão preventiva será sempre fundamentado.

1. **Prisão e ordem fundamentada.** O presente dispositivo foi recepcionado pela Constituição Federal no art. 93, IX, onde se consignou que todas as decisões judiciais serão fundamentadas, sob pena de nulidade. Esse é o impositivo do Estado Democrático e de Direito que transcende à mera idéia de legalidade para abarcar também a existência e a manutenção das garantias fundamentais.

2. **Fundamentação concreta.** Cabe referir aqui, que a fundamentação a que está vinculado o magistrado não é aquela meramente formal, onde são invocados, genérica e abstratamente, os requisitos do artigo 312 do CPP. É necessário, ao invés, que a decisão constritiva da liberdade seja de índole material, ou seja, suficientemente fundamentada com a indicação concreta da necessidade da prisão. A retórica, por exemplo, da ordem pública como fundamento da cautela cede espaço à demonstração efetiva e real de quais fatos estariam por abalar a dita ordem social. A não ser assim, a prisão é ilegal e, portanto, passível de relaxamento.

Art. 316. O juiz poderá revogar a prisão preventiva se, no correr do processo, verificar a falta de motivo para que subsista, bem como de novo decretá-la, se sobrevierem razões que a justifiquem.

1. **Liberdade provisória e revogação da prisão.** Alerta importante e que deve ser feito é o no sentido e dizer que não se confunde a liberdade provisória com a mera revogação da prisão.

O instituto da liberdade provisória é próprio da prisão em fragrante. Tem lugar, assim, nas hipóteses do artigo 310 "*caput*" e do seu parágrafo único. Será concedida, como reza a própria lei, quando o juiz entender, pela prova colhida sumariamente no auto de prisão em flagrante, que o delito foi praticado ao abrigo de uma das causas de exclusão da ilicitude (*caput*) ou, ainda, quando ausente qualquer dos quatro requisito que autorizariam a prisão preventiva (parágrafo único). A decisão judicial traz como conseqüência, ainda, a imediata liberdade do acusado que, prestará compromisso de comparecer a todos os termos do processo, sob pena de revogação e conseqüente ressurgimento da prisão em flagrante. Não se confunda, ainda, como já mencionado anteriormente, a liberdade provisória com relaxamento da prisão, que pressupõe, esta última, ilegalidade.

Já no que tange à Prisão Preventiva, não há espaço para a concessão de liberdade provisória, pois própria do flagrante. Em não mais subsistindo os motivos e a sua necessidade, caberá ao juiz revogá-la, libertando o acusado. Se os motivos sobrevierem, a cautela poderá ser novamente imposta (art. 316). Ou seja, revogação da prisão implica no reconhecimento de sua legalidade, mas na ausência de motivos.

Da decisão que concede a revogação da prisão, cabe ao órgão da acusação manejar Recurso em Sentido Estrito, com fundamento no artigo 581, V do CPP.

CAPÍTULO IV
DA APRESENTAÇÃO ESPONTÂNEA DO ACUSADO

Art. 317. A apresentação espontânea do acusado à autoridade não impedirá a decretação da prisão preventiva nos casos em que a lei a autoriza.

1. **Apresentação espontânea do acusado e prisão preventiva.** A apresentação espontânea do acusado, quer na fase policial, quer na fase judicial, não elide o decreto de preventiva, pois, em havendo um dos requisitos do artigo 312 do CPP aliado à necessidade concreta da prisão, legitimado estará o magistrado à decretá-la. Da mesma forma, embora ainda se veja impetração de Hábeas Corpus nesses termos, a mera alegação de bons antecedentes, residência fixa e trabalho certo não ilidem o decreto prisional. A questão está estritamente vinculada à necessidade da cautela.

Art. 318. Em relação àquele que se tiver apresentado espontaneamente à prisão, confessando crime de autoria ignorada ou imputada a outrem, não terá efeito suspensivo a apelação interposta da sentença absolutória, ainda nos casos em que este Código lhe atribuir tal efeito.

1. **Apresentação espontânea e apelo em liberdade.** O artigo 318 do CPP deve ser relido à luz do artigo 594 do mesmo diploma. A orientação doutrinária e jurisprudencial hoje dominantes é no sentido de não mais se perquirir acerca da primariedade ou não do acusado, seus antecedentes ou qualquer outro elemento de menor importância. O que importa saber é se, quando da sentença condenatória, há ou não a necessidade da concreta da prisão para apelar. Em não existindo, a apelação terá efeito suspensivo, e o acusado aguardará o julgamento em liberdade. Outro não pode ser o entendimento sobre a sentença absolutória, pois, absolvido o acusado, aguardará ele em liberdade o julgamento de eventual apelação interposta pelo Ministério Público, assistente ou querelante.

CAPÍTULO V
DA PRISÃO ADMINISTRATIVA

Art. 319. A prisão administrativa terá cabimento:
I – contra remissos ou omissos em entrar para os cofres públicos com os dinheiros a seu cargo, a fim de compeli-los a que o façam;
II – contra estrangeiro desertor de navio de guerra ou mercante, surto em porto nacional;
III – nos demais casos previstos em lei.
§ 1º A prisão administrativa será requisitada à autoridade policial nos casos dos ns. I e III, pela autoridade que a tiver decretado e, no caso do nº II, pelo cônsul do país a que pertença o navio.
§ 2º A prisão dos desertores não poderá durar mais de 3 (três) meses e será comunicada aos cônsules.
§ 3º Os que forem presos à requisição de autoridade administrativa ficarão à sua disposição.

1. **Vigência da prisão administrativa.** O artigo em comento trata da prisão administrativa *stricto sensu*. No entanto, cabe salientar que, por força da nova ordem constitucional, a prisão somente poderá ser decretada pela *autoridade judiciária competente*, conforme estabelece o artigo 5°, LXI, da Constituição Federal.

2. **Cabimento da prisão administrativa.** Quanto às hipóteses de incidência de prisão administrativa, entendemos diferentemente de MIRABETTE.[26] Para este autor, embora a prisão não possa mais ser decretada por outra autoridade que não o magistrado,

---
[26] MIRABETTE, Julio Fabbrini. *Código de Processo Penal Interpretado*. São Paulo: Atlas, 1994, p. 384.

suas hipóteses de incidência permanecem vigentes. A leitura constitucional que fazemos, no entanto, é a de que nos termos do art. 5º, LXI da Constituição Federal, a prisão administrativa somente é cabível, como está a indicar o próprio dispositivo, *nos casos de transgressão militar ou crime propriamente militar definidos em lei*. Assim, a própria Constituição Federal restringiu as hipóteses de prisão administrativa às transgressões ditas militares, não fazendo qualquer menção às hipóteses do artigo 319 do CPP.

Portanto, ao nosso entender, foi revogado implicitamente pela Constituição Federal o artigo 319 do CPP.

Art. 320. A prisão decretada na jurisdição cível será executada pela autoridade policial a quem forem remetidos os respectivos mandados.

1. **Execução da ordem de prisão.** Impropriamente prevista no CPP, a prisão civil por dívida contemplada neste artigo deverá ser realizada pela autoridade policial com atribuições para os procedimentos criminais e somente terá cabimento nos casos de débito oriundo de alimentos, pelo prazo máximo de sessenta dias em face do princípio da menor gravosidade que rege a execução e, ainda, nas hipóteses de depositário infiel. Esta é, aliás, a dicção do art. 5º, LXVII, da Carta de 1988. Saliente-se que a prisão civil em decorrência do não cumprimento de obrigação alimentar, poderá ser decretada tantas vezes quantas forem as situações de inadimplemento. Não há que se falar aqui em *bis in idem*, pois há visível alteração da base fática ensejadora da cautela.

2. **Depositário infiel. Divergência jurisprudencial.** Relativamente à possibilidade de prisão do depositário infiel, muito se questionou acerca de sua validade à luz do Pacto de San José da Costa Rica, por se tratar de prisão eminentemente decorrente de dívida. Neste tópico, a orientação dos Tribunais Superiores é particularmente distinta. O Superior Tribunal de Justiça, numa leitura garantista e restritiva do poder punitivo, firmou orientação no sentido de que somente é viável o decreto de prisão por depositário infiel quando houver prévio contrato típico de depósito firmado entre as partes. Não ocorrendo este, inviável o decreto de prisão.[27]

Posição diferente adotou, no entanto, o Supremo Tribunal Federal passando a afirmar numa leitura extensiva que o depositário infiel pode ser, inclusive, aquele nomeado no curso da execução e que tal regramento em nada afronta o supra-referido pacto.[28]

3. **Impugnação da ordem de prisão.** Inobstante a divergência nas Cortes Superiores, entendemos que, em havendo nulidade no decreto de prisão civil, cabível tanto o *Habeas Corpus* quanto o recurso de Agravo de Instrumento do Código de Processo Civil, ambos endereçados ao juízo cível, pois a prisão, embora constante do CPP, é extrapenal. Refira-se apenas que entendemos como cabível a interposição de *Habeas Corpus* quando se pretenda debater a (i)legalidade da prisão, a ser demonstrada de plano, mas jamais nas hipóteses em que se discute a possibilidade de pagamento ou a sua necessidade, pois, nesse casos, o necessário debate probatório é óbice ao remédio heróico.

CAPÍTULO VI
DA LIBERDADE PROVISÓRIA, COM OU SEM FIANÇA

Art. 321. Ressalvado o disposto no art. 323, III e IV, o réu livrar-se-á solto, independentemente de fiança:
I – no caso de infração, a que não for, isolada, cumulativa ou alternativamente, cominada pena privativa de liberdade;
II – quando o máximo da pena privativa de liberdade, isolada, cumulativa ou alternativamente cominada, não exceder a 3 (três) meses.

1. **A Fiança diante do artigo 310 do Código de Processo Penal.** Com o advento do artigo 310, parágrafo único, do CPP, o instituto da fiança restou com sua importância abrandada, haja vista que agora é possível a concessão de liberdade provisória, desvinculada, quando não houver a necessidade da prisão,

---

[27] Habeas corpus. Prisão civil. Depositário infiel. Alienação fiduciária. 1. A jurisprudência deste Tribunal (EREsp nº 149.518/GO, Relator o Ministro Ruy Rosado de Aguiar, DJ de 28/2/2000, e HC nº 11.918/CE, Relator o Ministro Antônio de Pádua Ribeiro, DJ de 10/6/02, ambos da Corte Especial), com ressalva de orientação que adoto diante da jurisprudência consolidada pelo Supremo Tribunal Federal, firmou-se no sentido de não admitir a prisão civil de depositário infiel, vinculada a contrato de alienação fiduciária. *Habeas corpus* concedido. HC 41137/SP. 3ª T., Rel. Min. Carlos Alberto Direito, J. 27.06.2005.

[28] RECURSO EXTRAORDINÁRIO. DECRETO-LEI 911/69. INCOMPATIBILIDADE COM A NOVA ORDEM CONSTITUCIONAL. INEXISTÊNCIA. DEPOSITÁRIO INFIEL. PRISÃO CIVIL. LEGITIMIDADE. 1. O Decreto-lei 911/69 foi recebido pela nova ordem constitucional e a equiparação do devedor fiduciário ao depositário infiel não afronta a Carta da República, sendo legítima a prisão civil do devedor fiduciante que descumpre, sem justificativa, ordem judicial para entregar a coisa ou seu equivalente em dinheiro, nas hipóteses autorizadas por lei. 2. Prisão civil de depositário do bem. Descabimento, em caso de roubo. Não é depositário infiel de um bem alienado fiduciariamente, se este lhe é posteriormente roubado. Precedente. Agravo regimental não provido. RE 350996/ MG, 2ª T., Rel. Min. Mauricio Corrêa. J. 17/12/2002.

uma vez que, incidindo o referido dispositivo legal, que é menos gravoso ao preso, deve ele vigorar.

Inobstante essas considerações, e por atenção didática, necessárias são algumas considerações acerca do referido instituto.

2. **Fiança. Cabimento.** Nos termos do art. 321, será concedida a liberdade provisória desvinculada, ou seja, sem condição, livrando-se, portanto, solto o réu, quando praticar este infração na qual não haja, de qualquer forma, cominação de pena privativa de liberdade. Exemplo desta hipótese são as contravenções apenadas unicamente com pena de multa e algumas hipóteses do Dec-Lei 201/67.

Livra-se solto, ainda, o preso em flagrante quando tenha ele praticado delito em que a pena privativa de liberdade isolada, cumulada ou alternativamente não exceda a três meses. Alguns exemplos estão no art. 137, caput, 150, *caput*, 246, 275, 276, 345 e 348, todos do CP e algumas contravenções, a exemplo das previstas nos artigos 21, 26, 35, 36, 42, 47, 56 e 62 da Lei das Contravenções Penais.[29] Esses dispositivos devem ser analisados conjuntamente com a Lei 9.099/95, que não impõe a prisão em flagrante delito ao agente que assumir o compromisso de comparecer à sede do Juizado para a audiência preliminar.

Saliente-se que a liberdade provisória com ou sem fiança não é um instituto vinculado única e exclusivamente à prisão em flagrante, pois incidente a dicção do artigo 332, que expressamente refere à *prisão por mandado*, ou seja, aquela que decorre de ordem escrita e fundamentada do juiz competente.

Art. 322. A autoridade policial somente poderá conceder fiança nos casos de infração punida com detenção ou prisão simples.

Parágrafo único. Nos demais casos do art. 323, a fiança será requerida ao juiz, que decidirá em 48 (quarenta e oito) horas.

1. **Atribuição para a concessão de fiança.** A concessão da fiança é medida que pode ser, conforme a hipótese, deferida, ou pela autoridade judiciária, ou pela policial. Assim, em se tratando de infração punida com detenção ou prisão simples, a fiança será arbitrada pela autoridade policial, e nos demais casos, pelo juiz, nos termos do parágrafo único. O arbitramento da fiança, saliente-se, deve ser realizado, de ofício, pela autoridade responsável, mas poderá, no caso de omissão, ser requerido por petição, por correição parcial ou até mesmo *Habeas Corpus*.

A fiança pode ser compreendida, em linhas gerais, como uma garantia que o acusado oferece ao juízo para que possa responder ao feito em liberdade. Ou seja, o preso "compra" a sua liberdade provisória, garantindo a sua soltura.

2. **Natureza da fiança.** Cabe referir, por fim, que entendemos que a fiança é um direito subjetivo do acusado, a exemplo da transação penal, embora posições divergentes e da proposta de suspensão condicional do processo (artigo 89 da Lei 9.099), não se revestindo, pois, em mera faculdade das autoridades. Prova do que aqui se afirma, no que tange à suspensão, é o e enunciado da Súmula 696 do STF que determina que, em havendo discordância do magistrado quanto ao não-oferecimento de proposta de suspensão, os autos devem ser encaminhados ao Procurador-Geral, por disposição analógica ao artigo 28 do CPP.

Art. 323. Não será concedida fiança:

I – nos crimes punidos com reclusão em que a pena mínima cominada for superior a 2 (dois) anos;

II – nas contravenções tipificadas nos arts. 59 e 60 da Lei das Contravenções Penais;

III – nos crimes dolosos punidos com pena privativa da liberdade, se o réu já tiver sido condenado por outro crime doloso, em sentença transitada em julgado;

IV – em qualquer caso, se houver no processo prova de ser o réu vadio;

V – nos crimes punidos com reclusão, que provoquem clamor público ou que tenham sido cometidos com violência contra a pessoa ou grave ameaça.

1. **Delitos em que é cabível fiança.** O dispositivo ora em análise estabelece, taxativamente, quais os delitos que não estão submetidos à possibilidade da concessão de fiança, o que faz de maneira genérica. A contrário senso, as hipóteses que aqui não recebem enquadramento são afiançáveis.

2. **Fiança em concurso de crimes.** Questão que se mostra interessante é aquela que se diz respeito à existência de concurso de crimes, onde poderá ocorrer o cúmulo de várias infrações apenadas com detenção, reclusão ou até mesmo prisão simples e, ainda, nas situações em que pelo somatório das penas se ultrapassa os limites indicados para a concessão de fiança.

Havendo concurso de infrações punidas com reclusão e detenção, leva-se em consideração a pena de reclusão, mais grave. Saliente-se, no entanto, que deve haver *concurso* entre as infrações, porque se forem praticadas de maneira independente e isolada, assim serão tomadas para as hipóteses de fiança.

---

[29] MIRABETE, Julio Fabbrini. *Código de Processo Penal Interpretado*. São Paulo: Atlas, 1994, p. 390.

Havendo concurso formal, nos termos do artigo 70, crime continuado, artigo 71, e, ainda, tentativa, artigo 14, II, todos do CP, as respectivas causas de aumento e de diminuição deverão ser quantificadas para efeitos de mensuração da pena final e conseqüente adaptação ao artigo 323 do CPP. Nesse sentido, inclusive, é a orientação do STJ externada na Súmula 81 que estabelece *não se concede fiança quando, em concurso material a soma das penas mínimas cominada for superior a dois anos de reclusão*. Interpretação semelhante faz a jurisprudência e a doutrina quando afirma que as causas de aumento, de diminuição e existência de concurso de crimes devem ser levadas em consideração no que tange à determinação de competência do Juizado Especial Criminal (sobre a pena máxima) e até mesmo para averiguação do cabimento da suspensão condicional do processo (artigo 89 da Lei 9099).

3. **Vedações à fiança e critérios**. Dito isto, cabe salientar, ainda, que o artigo 323 calca as vedações à fiança em critérios baseados na gravidade do fato, pura e simplesmente e/ou na gravidade do fato aliado às características pessoais do agente causador do ilícito. Desta forma, verifica-se que nos incisos I, II e V do citado dispositivo, a garantia real (fiança) está estribada tão só nas infrações ali descritas, sem que se faça referência a qualquer requisito subjetivo do agente.

Já nos incisos III e IV, a lei contempla critérios subjetivos tais como: perda da primariedade (*se o réu já tiver sido condenado por outro crime doloso, em sentença transitado em julgado*) ou ser ele *vadio*.

Relativamente ao inciso III, por uma leitura eminentemente positivista, poder-se-ia sustentar facilmente que a prévia condenação trânsita em julgado por outro crime, seja, em passado remoto, seja em passado próximo, impediria a obtenção da fiança. Contudo, esta não nos parece a melhor orientação, uma vez que, em assim sendo, a proibição não teria jamais um fim e o passado do réu, em função de uma pena que já fora cumprida, seria um eterno óbice ao benefício da garantia fidejussória.

Portanto, entendemos que, expirado o prazo da reincidência, que é de cinco anos a contar do término da pena (artigo 63 do CP), não mais razão existe para que seja mantida a proibição constante do inciso III.

Relativamente ao inciso IV, já nos inclinamos anteriormente pelo repúdio à expressão vadio. Inobstante isso, em dado julgado, o Tribunal de Alçada Criminal de São Paulo entendeu que indivíduo vadio é aquele que não possui domicílio ou profissão certos, nem renda ou meio de subsistência, ignorando, portanto, que, à consolidação desta idéia, grande parte da população brasileira pode ser tida como vadia porque lhe falta o que de mais caro existe na sociedade moderna, a capacidade de produção.[30]

Relativamente ao disposto do inciso V, o que pretendeu prever o legislador não foi a quantidade de pena, a condição subjetiva do acusado ou determinado delito em especial, tal como fez nos incisos anteriores. Pretendeu ele, isto sim, evitar a liberdade dos autuados em flagrante em situações genéricas que provoquem clamor público ou no caso de delitos que tenham sido cometidos com violência contra a pessoa ou grave ameaça. De certa forma, tais hipóteses restam abrandadas e com importância reduzida, pois podem receber enquadramento nos requisitos do artigo 312 do CPP.

4. **Crimes hediondos.** Relativamente aos crimes hediondos, que por lei não se autoriza a concessão de fiança e de liberdade provisória (artigo 2º, II, da Lei 8.072/90), questão que merece destaque é a recente variação de entendimento já referida no sentido. Há bem pouco tempo, era necessário que o magistrado fundamentasse em sua decisão as razões concretas e apontasse os requisitos do artigo 312 do CPP a fim de que a liberdade fosse denegada. Atualmente, a posição inclina-se no sentido de que a liberdade provisória em delitos dessa natureza é vedada pela sua inafiaçabilidade. Tudo isto sem que se mencione a eventual inconstitucionalidade deste dispositivo, na medida em que, conforme estabelece a Constituição Federal, em seu artigo 5, *ninguém será preso nem sentenciado senão por ordem escrita e fundamentada pela autoridade judiciária competente*.

Daí resultar o nosso entendimento de que a prisão obrigatória, *ex vi legis*, por denegar-se a liberdade, quando não resulta de ordem judicial, é inconstitucional.

5. **Demais delitos inafiançáveis.** Fixa a Constituição Federal, ainda, em seu artigo 5º, XLII que *a prática de racismo constitui crime inafiançável e imprescritível, sujeito a pena de reclusão, nos termos da lei*, disposição que, em nosso entender, não vedaria a liberdade provisória, embora exegese essa contraditória. Estabelece a Carta, ainda, agora no inciso XLIV, do mesmo artigo, que *constitui crime inafiançável e imprescritível a ação de grupos armados, civis ou militares, contra a ordem constitucional e o Estado Democrático*.

A Lei 9034/95, em seu artigo 7º, vedou a concessão de liberdade provisória, com ou sem fiança, o que de certa maneira também é contemplado pela Lei 9613/95 (Lavagem de Dinheiro) que, em seu artigo 3º, consigna que *os crimes disciplinados nesta lei são insuscetíveis de fiança e liberdade provisória*.

---

[30] JTACRESP49/389.

Art. 324. Não será, igualmente, concedida fiança:

I – aos que, no mesmo processo, tiverem quebrado fiança anteriormente concedida ou infringido, sem motivo justo, qualquer das obrigações a que se refere o art. 350;

II – em caso de prisão por mandado do juiz do cível, de prisão disciplinar, administrativa ou militar;

III – ao que estiver no gozo de suspensão condicional da pena ou de livramento condicional, salvo se processado por crime culposo ou contravenção que admita fiança;

IV – quando presentes os motivos que autorizam a decretação da prisão preventiva (art. 312).

1. **Hipóteses de não-cabimento de fiança.** O dispositivo em comento, nada mais é do que uma mera seqüência do artigo anterior, no qual estão previstas as hipóteses em que não se autoriza a concessão de fiança.

2. **Quebramento de fiança.** Assim, concedida a fiança em determinado feito, aquele que a quebrar, *ou seja, deixa de comparecer ao processo quando intimado* (artigo 341 do CPP), não poderá receber nova fiança, salvo se demonstrar motivo justo.

3. **Prisão determinada por juiz cível.** Igualmente não se concede fiança quando a prisão é determinada por juiz cível nos casos já mencionados de devedor de alimentos ou de depositário infiel, ou ainda, quando a prisão tiver natureza disciplinar (nos casos de transgressões militares).

4. *Sursis* **e livramento condicional.** Não se concede, ainda, fiança ao acusado que estiver usufruindo do *sursis* (artigo 77 do CP) ou do livramento condicional (artigo 83 do CP), salvo se processado por crime culposo ou por contravenção inafiançável. Esta disposição de lei impeditiva de fiança tem razão de ser porque, tanto na incidência do *sursis,* quanto na do livramento condicional, o pressuposto é o de que haja prévia condenação e não poderia, realmente, aquele que foi condenado e ainda esta em período de prova, obter o benefício da fiança.

5. **Fiança e cabimento de prisão preventiva.** Por fim, não se autoriza, também, a concessão de fiança quando for possível o decreto de prisão preventiva, a teor do artigo 312 do CPP.

Art. 325. O valor da fiança será fixado pela autoridade que a conceder nos seguintes limites:

a) de 1 (um) a 5 (cinco) salários mínimos de referência, quando se tratar de infração punida, no grau máximo, com pena privativa da liberdade, até 2 (dois) anos;

b) de 5 (cinco) a 20 (vinte) salários mínimos de referência, quando se tratar de infração punida com pena privativa da liberdade, no grau máximo, até 4 (quatro) anos;

c) de 20 (vinte) a 100 (cem) salários mínimos de referência, quando o máximo da pena cominada for superior a 4 (quatro) anos.

§ 1º Se assim o recomendar a situação econômica do réu, a fiança poderá ser:

I – reduzida até o máximo de dois terços;

II – aumentada, pelo juiz, até o décuplo.

§ 2º Nos casos de prisão em flagrante pela prática de crime contra a economia popular ou de crime de sonegação fiscal, não se aplica o disposto no art. 310 e parágrafo único deste Código, devendo ser observados os seguintes procedimentos:

I – a liberdade provisória somente poderá ser concedida mediante fiança, por decisão do juiz competente e após a lavratura do auto de prisão em flagrante;

II – o valor de fiança será fixado pelo juiz que a conceder, nos limites de dez mil a cem mil vezes o valor do Bônus do Tesouro Nacional – BTN, da data da prática do crime;

III – se assim o recomendar a situação econômica do réu, o limite mínimo ou máximo do valor da fiança poderá ser reduzido em até nove décimos ou aumentado até o décuplo.

1. **Critérios de fixação da fiança.** O instituto da fiança, como obstáculo a ser transposto para a liberdade, está vinculado estritamente ao critério da situação econômica do acusado, em um verdadeiro e repugnante Direito Penal do Autor. Sem embargo disso, legislou-se amparado nessa idéia para que se propiciasse um sentimento de respeito à Justiça, na medida em que se os valores de fiança fossem irrisórios, facilmente pagáveis, a credibilidade das prisões poderia restar prejudicada. É por isso, inclusive, que o § 1º do artigo 325 autoriza que, a critério da autoridade, possa o valor da fiança ser aumentado ou reduzido.

Nesse particular, cabe a mesma referência que autores dedicados ao estudo da aplicação da pena tecem acerca do pagamento da multa. Tanto a fiança quanto a pena pecuniária, não raro, acabam sendo suportadas por pessoas diversas da do afiançado ou condenado, o que lhes retira todo o caráter repressivo e intimidatório próprio destes institutos. Esse quadro é acentuado em um País que, na grande maioria dos casos, lança às celas pessoas de camadas sociais inferiores.

2. **Crimes inafiançáveis.** Cabe referir ainda que o artigo 5º, LXVI da Constituição Federal, ao prever

que "ninguém será levado à prisão ou nela mantido, quando a lei admitir a liberdade provisória, com ou sem fiança", deixa claro que o direito à fiança é garantia constitucional e, se cabível, deve ser oportunizado ao detido. Porém, conforme se extrai do próprio texto constitucional, em seu artigo 5°, XXLII e XLIII, a prática do delito de racismo (Lei 7.716/89), tortura (Lei 9.455/97), tráfico ilícito de entorpecentes e drogas afins (Lei 6.368/76), terrorismo – delito que ainda pende de tipificação penal – e hediondos (Lei 8.072/90) são inafiansáveis.

3. **Valor da fiança**. Inobstante tais considerações, reza a norma ora em comento que a fiança será fixada em salários mínimos-de-referência, que, segundo bem descreve NUCCI, não mais existe, por ter sido substituído por BTN (Lei 7843/89) que, por sua vez, foi igualmente substituído pela TR (Taxa Referencial).[31]

4. **Redução e aumento do valor**. Observe-se, ainda, por fim, que o aumento referido pelo § 1°, que tem por escopo dar efetividade prática à fiança, somente poderá ser procedido pelo Juiz, ao passo que a redução preconizada pelo mesmo dispositivo poderá ser oportunizada pelo próprio delegado de polícia.

Art. 326. Para determinar o valor da fiança, a autoridade terá em consideração a natureza da infração, as condições pessoais de fortuna e vida pregressa do acusado, as circunstâncias indicativas de sua periculosidade, bem como a importância provável das custas do processo, até final julgamento.

1. **Critérios para fixação da fiança**. O valor arbitrado de fiança será quantificado pela autoridade policial ou judiciária com base em critérios eminentemente subjetivos relacionados ao acusado, à exceção da circunstância *"natureza da infração"*. Assim, tendo-se por base o patrimônio, os rendimentos e o grau de impactação econômica que a medida propiciará ao detido (na medida de prevenção especial positiva ou negativa), valer-se-á a autoridade dos limites indicados no artigo 325 do CPP.

Entendemos que a análise da vida pregressa do acusado está eminentemente relacionada à própria periculosidade a que faz referência a Lei, o que, por si, já seria indesejável *bis in idem*. Afora isto, compartilhamos da orientação de que critérios subjetivos devem ser extirpados ao máximo do processo, por não estar o Estado autorizado a realizar julgamentos ou impedir a obtenção de benefícios apenas com base na maneira de ser, de pensar ou de portar-se do acusado. Estas circunstâncias pessoais estão localizadas no setor do incontrolável pelo Estado-persecução.

Por fim, é importante salientar que a ponderação (proporcionalidade) na fixação do valor de fiança é um imperativo, a fim de não se tornar exígua ou demasiadamente severa, o que implicaria,no primeiro caso, na falta de credibilidade do Estado-jurisdição ou em uma forma travestida de denegação do benefício, na segunda hipótese.

Art. 327. A fiança tomada por termo obrigará o afiançado a comparecer perante a autoridade, todas as vezes que for intimado para atos do inquérito e da instrução criminal e para o julgamento. Quando o réu não comparecer, a fiança será havida como quebrada.

1. **Fiança e comparecimento**. Concedida a fiança, estará o afiançado obrigado a comparecer perante a autoridade concedente todas às vezes que for intimado para tanto, sob pena de ter-se por quebrada a fiança e, como conseqüência, revogada a liberdade provisória, com restabelecimento da prisão.

É, guardadas as proporções, idéia semelhante àquela contemplada no artigo 310, *caput* e parágrafo único do CPP onde, concedida a liberdade provisória, o não-comparecimento do acusado aos demais termos do inquérito ou do processo implicam na sua revogação e no restabelecimento da prisão por força de flagrante. Dizendo de outro modo: a liberdade está condicionada à observância de requisitos por parte daquele que goza do benefício, de forma que a sua inobservância tem por escopo indeclinável o restabelecimento da segregação cautelar.

Saliente-se, no entanto, que a revogação do benefício e a declaração de quebramento da fiança é aconselhável apenas após a intimação do acusado para justificar a sua ausência quando do chamado.

Art. 328. O réu afiançado não poderá, sob pena de quebramento da fiança, mudar de residência, sem prévia permissão da autoridade processante, ou ausentar-se por mais de 8 (oito) dias de sua residência, sem comunicar àquela autoridade o lugar onde será encontrado.

1. **Hipóteses de quebramento fiança**. O artigo em comento estabelece condições as quais deve submeter-se o afiançado, sob pena de quebramento da fiança. Portanto, o art.328 é complementar ao art. 327, ambos do CPP. Assim, não poderá o afiançado, o que dificultaria a sua localização, mudar de resi-

---

[31] NUCCI, Guilherme de Souza. *Código de Processo Penal Comentado*. São Paulo: RT, 2003, pp. 601-602.

dência sem antes comunicar à autoridade processante, ou ainda ausentar-se por mais de oito dias sem igual e prévia comunicação.

2. **Mudança residência.** O juiz, em verdade, não pode impedir que o afiançado mude de residência, o que significa dizer, então, que a *prévia permissão* deve ser entendida como e tão só, e apenas, comunicação à autoridade.

3. **Oitiva defesa.** A decisão que reconhece como quebrada a fiança, por ter feições processuais que implicam no cerceamento da liberdade do afiançado, não pode ser prolatada sem que haja a prévia oitiva e defesa, devendo, ainda, ser fundamentada nos termos do art.93, IX da Constituição Federal, sob pena de nulidade e, por ser interlocutória, contra ela cabe Recurso em Sentido Estrito.

Art. 329. Nos juízos criminais e delegacias de polícia, haverá um livro especial, com termos de abertura e de encerramento, numerado e rubricado em todas as suas folhas pela autoridade, destinado especialmente aos termos de fiança. O termo será lavrado pelo escrivão e assinado pela autoridade e por quem prestar a fiança, e dele extrair-se-á certidão para juntar-se aos autos.

Parágrafo único. O réu e quem prestar a fiança serão pelo escrivão notificados das obrigações e da sanção previstas nos arts. 327 e 328, o que constará dos autos.

1. **Manutenção de registros.** Caberá aos cartórios judiciais ou policiais a manutenção de livros e ou outros registros para o fim específico de averbação de fianças concedidas. São requisitos formais do referido documento seus termos de abertura e de encerramento, bem como a rubrica de todas as suas folhas.

2. **Diligências.** A inexistência do referido livro poderá ensejar pedido de diligências por parte das autoridades, uma vez que para considerar-se como paga a fiança, necessário que se saiba, formalmente, *v.g.*, o valor que fora arbitrado.

Art. 330. A fiança, que será sempre definitiva, consistirá em depósito de dinheiro, pedras, objetos ou metais preciosos, títulos da dívida pública, federal, estadual ou municipal, ou em hipoteca inscrita em primeiro lugar.

§ 1º A avaliação de imóvel, ou de pedras, objetos ou metais preciosos será feita imediatamente por perito nomeado pela autoridade.

§ 2º Quando a fiança consistir em caução de títulos da dívida pública, o valor será determinado pela sua cotação em Bolsa, e, sendo nominativos, exigir-se-á prova de que se acham livres de ônus.

1. **Prestação fiança.** A fiança deverá sempre ser prestada em caráter definitivo, ou seja, não estará sujeita à devolução, ressalvadas as hipóteses do artigos 337 e 338 do CPP. Será ainda prestada em dinheiro, pedras, metais ou quaisquer objetos preciosos, títulos da divida publica, dos entes da federação, ou então, mediante hipoteca nos casos de bens imóveis.

2. **Hipoteca e títulos.** Quando prestada pela via da hipoteca – que deve ser inscrita no álbum imobiliário para prevenir responsabilidades e dar publicidade a terceiros – através de pedras, objetos ou metais, implicará em avaliação imediata realizada por perito nomeado pela autoridade. Quando a referida caução consistir em títulos da dívida pública, a estipulação do seu valor far-se-á mediante cotação em Bolsa, o que no nosso entender não dispensa a avaliação pericial.

3. **Pagamento por qualquer pessoa.** Por fim, cabe salientar que a fiança, embora paga em nome do acusado, pode ser adimplida por qualquer pessoa, o que implica admitir certa ausência de intimação sobre o autor do delito, como, aliás, já fora alertado acima. É forma de constrangimento estatal que nem sempre é suportada por quem de direito.

Art. 331. O valor em que consistir a fiança será recolhido à repartição arrecadadora federal ou estadual, ou entregue ao depositário público, juntando-se aos autos os respectivos conhecimentos.

Parágrafo único. Nos lugares em que o depósito não se puder fazer de pronto, o valor será entregue ao escrivão ou pessoa abonada, a critério da autoridade, e dentro de 3 (três) dias dar-se-á ao valor o destino que lhe assina este artigo, o que tudo constará do termo de fiança.

1. **Destino fiança prestada.** O artigo 331 é claro no sentido de determinar o destino da fiança, assinalando que deverá ela ser recolhida à repartição estadual ou federal, conforme as determinações da competência (ou atribuições), ou entregues, anda, a depositário público, a critério da autoridade, do que se lavrará auto que deve ser juntado ao expediente.

Em não havendo possibilidade de realização imediata do depósito, o valor estipulado como fiança deverá ser entregue ao escrivão ou a outra pessoa abonada. Dentro de três dias, após a entrega do valor, terá ele o destino assinalado no *caput* do presente artigo.

Art. 332. Em caso de prisão em flagrante, será competente para conceder a fiança a autoridade que presidir ao respectivo auto, e, em caso de prisão por mandado, o juiz que o houver expedido, ou a

autoridade judiciária ou policial a quem tiver sido requisitada a prisão.

1. Prisão em flagrante e fiança. Havendo prisão em flagrante, nos termos do artigo 302 e seguintes do CPP, a atribuição para o estabelecimento e quantificação da fiança é da autoridade policial que preside o respectivo expediente. Saliente-se, no entanto, que tal hipótese somente se perfectibiliza quando se tratar de infração punida com detenção ou prisão simples, conforme estabelece o artigo 322 do CPP. Sendo a prisão por delito punido com reclusão, a fixação da fiança fica a cargo do magistrado competente para a futura ação penal.

2. Decreto de prisão e fiança. Em havendo *decreto* de prisão cautelar, a fixação da fiança poderá ser estabelecida tanto pela autoridade judiciária quanto pela autoridade policial que se tiver requisitado a prisão, o que entendemos como indevido, haja vista que diante desta sistemática, o juiz que determinar a prisão poderá vê-la frustrada em face de fiança concedida pelo delegado.

3. Importância da fiança frente ao artigo 310 do Código de Processo Penal. É de referir, ainda, que paira sobre a doutrina consenso no que tange à fiança, afirmando-se que ela perdeu grande parte de sua importância prática, no que se tem razão. Esse fenômeno se deu com o advento da nova redação dada ao artigo 310 do Código de Processo Penal, onde se possibilita, a qualquer crime, com exceção daqueles em que a lei expressamente veda, a possibilidade de conceder-se liberdade provisória desvinculada. Se assim o é, por qual razão atribuir-se fiança?

Logo, diante de determinado delito, sendo o caso de concessão de liberdade provisória sem fiança, assim se procede. Não o sendo, mas sendo a infração afiançável, deve ser ela arbitrada.

Art. 333. Depois de prestada a fiança, que será concedida independentemente de audiência do Ministério Público, este terá vista do processo a fim de requerer o que julgar conveniente.

1. Intimação do Ministério Público. Da leitura a *contrário senso* do artigo ora em comento, percebe-se que desnecessária é a prévia intimação do Ministério Público para efeitos de concessão da fiança.

Observe-se, no entanto, que tal providência mostra-se indispensável nas hipóteses do artigo 310 e parágrafo único do CPP.

Discorrendo a respeito deste tema relacionado à previa intimação Ministerial para a concessão de fiança, Mirabete sustenta que, em nome da celeridade do feito e da liberdade do acusado, dispensa-se a referida providência, no que discordamos integralmente.[32] Não assiste razão ao autor, ao nosso entender, porque a liberdade provisória contida no art. 310 do CPP também é medida que reclama urgência, mas mesmo assim deve haver a oitiva do agente ministerial antes de sua concessão pelo magistrado competente. Entendemos, desta feita, que a dispensa de parecer prévio da acusação nos casos de arbitramento de fiança se deu por mera política legislativa desprovida de qualquer lógica hermenêutica. Daí porque entendemos, em face de uma interpretação mais benéfica, que a própria concessão de liberdade provisória do artigo 310 e seu parágrafo único do CPP, também deve ser decidida pela autoridade judiciária *sem que haja*, necessariamente, a prévia vista ao órgão da acusação.

2. Recurso. Na dicção do artigo ora em analise, concedida a fiança, terá vista do feito o representante do Ministério Público para requerer o que entender pertinente. Poderá assim, a acusação manejar Recurso em Sentido Estrito, nos termos do art. 581, V do CPP. Em havendo assistência da acusação, o que pressupõe o tramite de ação penal, deverá ela igualmente ser intimada da decisão concessiva de fiança, até porque pode arrazoar o recurso ministerial.

3. Ausência de intimação do Ministério Público. Irregularidade. Entendendo como mera irregularidade a ausência de intimação do Ministério Público, manifestou-se o TRF4,[33] entendimento este que restaria fortalecido a prevalecer de que o Ministério Público não deverá assumir a função de fiscal da lei, mas apenas e tão só a de parte, pois essencialmente incompatíveis.

Art. 334. A fiança poderá ser prestada em qualquer termo do processo, enquanto não transitar em julgado a sentença condenatória.

1. Momento de prestação da fiança. Nos termos deste dispositivo, a fiança poderá ser prestada em

---

[32] MIRABETE, Julio Fabbrini. *Código de Processo Penal Interpretado*. São Paulo: Atlas, 1994, p. 401.
[33] LIBERDADE PROVISÓRIA MEDIANTE FIANÇA. OITIVA PRÉVIA DO MINISTÉRIO PÚBLICO. DESNECESSIDADE. Conforme previsto no artigo 333, do CPP, não há necessidade de manifestação prévia do Ministério Público quando a liberdade provisória é concedida mediante o pagamento de fiança. A oitiva anterior do Parquet Federal é prevista nos casos em que o referido benefício é deferido nos termos do parágrafo único, do artigo 310, do Estatuto Penal Adjetivo (sem garantia). Ainda assim, eventual inobservância constituiria mera irregularidade, não ocasionando a nulidade do decreto liberatório. Precedentes. (RSE nº 20047106001339-2/RS, Rel. Dês. Élcio Pinheiro de Castro, J. 27.10.04, DJU, 01.12.04, p. 702).

qualquer fase do inquérito ou do processo, desde a prisão em flagrante até o trânsito em julgado da sentença condenatória. Poderá ela, assim, ser apresentada após a sentença de primeiro grau, objetivando-se com isto o apelo em liberdade, nos termos do art. 594 do CPP. Todavia, quebrada a fiança por *v.g.* fuga do condenado, o restabelecimento da prisão passa a ser conseqüência lógica e necessária.

2. **Restabelecimento da prisão.** Insista-se, todavia, que o quebramento da fiança restabelece a primitiva prisão, sendo incorreto tecnicamente expedir-se decreto de prisão preventiva ou qualquer outra ordem. É que, à luz da liberdade provisória, com ou sem fiança, a prisão estava com sua eficácia suspensa, mas permanecia válida, o que implica, portanto, na desnecessidade de ser decretar a custódia a outro título.

Art. 335. Recusando ou demorando a autoridade policial a concessão da fiança, o preso, ou alguém por ele, poderá prestá-la, mediante simples petição, perante o juiz competente, que decidirá, depois de ouvida aquela autoridade.

1. **Demora no arbitramento da fiança.** O artigo em comento estabelece de maneira clara que a recusa ou demora por parte da autoridade policial na fixação do valor da fiança poderá ensejar o respectivo requerimento ao juiz competente, que decidirá, depois de prestadas as informações pela autoridade apontada como negligente, sem que se exclua, ainda, a eventual falta funcional ou o abuso de autoridade. Além disso, reza o dispositivo que a fiança poderá ser prestada perante o juiz por terceiro alheio à causa, que poderá ser qualquer pessoa interessada na liberdade do preso. É o fenômeno processual atingindo pessoa diversa daquela perseguida pelo Estado-acusação.

**Art. 336. O dinheiro ou objetos dados como fiança ficarão sujeitos ao pagamento das custas, da indenização do dano e da multa, se o réu for condenado.
Parágrafo único. Este dispositivo terá aplicação ainda no caso da prescrição depois da sentença condenatória (Código Penal, art. 110 e seu parágrafo).**

1. **Destino da fiança.** A sentença penal condenatória, nos termos do artigo 63 do CPP, faz coisa julgada no âmbito cível, não se podendo mais discutir acerca da autoria e da materialidade do delito quando estas questões se acharem decididas no crime. Atento a este particular, o legislador previu que os valores dados como fiança serão destinados ao pagamento das custas do processo, (artigo 804 do CPP), ao pagamento da multa e da indenização do dano causado à vítima nos casos de condenação. Poderá a vítima, inobstante a fiança, fazer uso do instituto da hipoteca legal previsto no artigo 135 e/ou, ainda, o arresto contemplado no art. 137 do CPP, como formas de garantir a satisfação do dano que lhe fora causado.

2. **Prescrição.** Importante referir que, em havendo prescrição da pretensão executória (art. 110 do CP), a fiança terá a destinação estabelecida no *caput* do artigo ora comentado, pois com a incidência de tal instituto, houve apenas a impossibilidade de o Estado executar a sanção imposta na sentença, mas se mantiveram íntegros o processo de conhecimento e as disposições da sentença condenatória, ou seja, a pretensão punitiva. Essa é a regra do parágrafo único.

Art. 337. Se a fiança for declarada sem efeito ou passar em julgado a sentença que houver absolvido o réu ou declarado extinta a ação penal, o valor que a constituir será restituído sem desconto, salvo o disposto no parágrafo do artigo anterior.

1. **Restituição da fiança. Hipóteses.** Havendo declaração por parte do magistrado da causa de que a fiança antes prestada para efeitos de concessão de liberdade provisória está sem efeito (porque incabível), ou, ainda, quando absolvido o réu, deverá ela ser devolvida (*restituída* nos termo da lei) sem qualquer desconto. Exceção ocorre, no entanto, quando, embora condenado, a execução deixa de ser levada à intento em razão da ocorrência de prescrição da pretensão executória, nos termos do artigo 336, parágrafo único c/c artigo 337, *in fine*, pois, nesse caso, houve a condenação, embora não executada.

2. **Desconto.** Em que pese o dispositivo ora em comento tratar da restituição sem desconto, com acerto MOSSIM, quando sustenta que sem desconto não significa sem correção monetária.[34] Tal tese se estriba na idéia de que, em não havendo qualquer compensação pelo Estado em face da natural defasagem da moeda, haver-lhe-ia enriquecimento sem causa, o que é vedado.

Art. 338. A fiança que se reconheça não ser cabível na espécie será cassada em qualquer fase do processo.

1. **Cassação da fiança.** Nos termos desse dispositivo, a fiança que for reconhecida como incabível na espécie, será cassada em qualquer fase do processo.

---

[34] MOSSIM, Heráclito. *Comentários ao Código de Processo Penal*. São Paulo: Manole, 2005, p. 672.

2. Recurso. Em que pese tenha o legislador feito usos da expressão *cassar*, certo é que tal agir poderá ser levado a intento pelo juiz que fixou a garantia, em verdadeiro ato revogatório, cabendo da decisão Recurso em Sentido Estrito por parte da acusação, nos termos do artigo 581, V do CPP.

Art. 339. Será também cassada a fiança quando reconhecida a existência de delito inafiançável, no caso de inovação na classificação do delito.

1. **Cassação da fiança. Hipóteses.** A fiança será ainda cassada, em complemento ao disposto no artigo anterior, quando o magistrado reconhecer que, pela narrativa fática lançada na inicial ou em qualquer outra peça de informação, ou, ainda, pela mera correção da tipificação penal, é o delito, em verdade, inafiançável.

Portanto, o magistrado, dando nova definição jurídica ao fato, nos termos do artigo 383 do CPP, poderá, em face da *emendatio libeli*, desclassificar a infração e, por via de conseqüência, cassar a fiança antes arbitrada. Nada impede, ainda, que em razão de circunstância ou elementar não descrita na denúncia e que surge no decorrer da instrução probatória, possa haver alteração do fato criminoso (artigo 384, *caput* e parágrafo único, do CPP) e, por via de conseqüência, alteração da própria infração de afiançável para inafiançável. Nesse caso, tal como na hipótese acima, deverá ser cassada a fiança.

Art. 340. Será exigido o reforço da fiança:
I – quando a autoridade tomar, por engano, fiança insuficiente;
II – quando houver depreciação material ou perecimento dos bens hipotecados ou caucionados, ou depreciação dos metais ou pedras preciosas;
III – quando for inovada a classificação do delito.
Parágrafo único. A fiança ficará sem efeito e o réu será recolhido à prisão, quando, na conformidade deste artigo, não for reforçada.

1. **Reforço da fiança já prestada.** Ao prever o reforço da fiança, em verdade o legislador estabeleceu hipóteses de complemento ou atualização de seu valor, arrolando-as nos incisos do artigo 340, sobre as quais dispensamos maior digressão, ante a sua simplicidade. A conseqüência direta e imediata do descumprimento de eventual reforço determinado pela autoridade é o quebramento da fiança e o pronto recolhimento do acusado à prisão.

2. **Nova classificação do delito.** Hipótese que merece breve explicitação é a referida pelo inciso III, pois diretamente vinculada ao artigo 325 do CPP.

Em havendo nova classificação do delito (entendemos aqui que, seja por força da incidência do artigo 383 do CPP, seja por força do artigo 384 – alteração da acusação e mudança do fato), poderá ser exigido o reforço da fiança. É que, nessas hipóteses, o novo delito poderá ter pena diferenciada daquele constante na acusação primeira, razão pela qual poderá ser alterada a incidência das alíneas do art. 325.

Art. 341. Julgar-se-á quebrada a fiança quando o réu, legalmente intimado para ato do processo, deixar de comparecer, sem provar, incontinenti, motivo justo, ou quando, na vigência da fiança, praticar outra infração penal.

1. **Quebramento da fiança ante o não-comparecimento do acusado aos termos do processo.** O acusado que se encontra na qualidade de afiançado deverá ter, relativamente às etapas processuais, os mesmos cuidados daquele a quem foi concedida liberdade provisória nos termos do artigo 310 do CPP. É que o seu não-comparecimento em juízo, na data marcada, para acompanhamento do feito a que responde, salvo motivo justificável ao juiz da causa, é atitude que importa quebramento da fiança, com a conseqüente ordem de prisão. O mesmo se diga relativamente à prática de novo delito no curso do feito em que foi concedida a fiança. Note-se que Lei menciona o quebramento quando da prática de nova infração penal (gênero), o que implicaria, em tese, tanto o cometimento de crime quanto de contravenção.

2. **Cautelas.** Fica, neste ponto, a ressalva de que, inobstante a clareza do texto de lei, o magistrado deve redobrar as cautelas para decretar o quebramento da fiança porque, quando paira sobre o afiançado a mera acusação da prática de novo delito, sequer formação da culpa há, circunstância essa que reduz a margem de segurança sobre a existência ou autoria do delito apontado.

Art. 342. Se vier a ser reformado o julgamento em que se declarou quebrada a fiança, esta subsistirá em todos os seus efeitos.

1. **Quebramento da fiança e recurso.** Decretada a quebra da fiança, como já referimos linhas acima, poderá o acusado manejar Recurso em Sentido Estrito, com fundamento no artigo 581, VII do CPP. Em havendo retratação do próprio magistrado quando do processamento do feito ou a reforma da decisão por parte do Tribunal competente, a conseqüência que daí advém é a de que será ela restabelecida para todos os efeitos. Inobstante isto, poderá o acusado ser recolhido ao presídio durante a tramitação do recurso

porque este não possui efeito suspensivo, devendo a decisão que declarou quebrada a fiança ser cumprida de pronto.

2. **Juízo de retratação.** Importante referir que, em sede de Recurso *Strictu Iuris*, o juízo de retratação somente poderá ser proferido após o oferecimento de contra-razões por parte do recorrido, ou seja, após a formação do contraditório, dado esse que relevaria a um segundo momento a verificação da adequação ou justiça daquilo que fora decidido. Proferir a retratação antes mesmo de ouvir-se a parte contrária, ao nosso entender, poderá dar ensejo à violação do princípio do contraditório, que não autoriza, como comando normativo que é, a possibilidade de rebate da prova produzida, mas sim a oposição a todas as medidas adotadas pela parte *ex adversus*.

Art. 343. O quebramento da fiança importará a perda de metade do seu valor e a obrigação, por parte do réu, de recolher-se à prisão, prosseguindo-se, entretanto, à sua revelia, no processo e julgamento, enquanto não for preso.

1. **Quebramento fiança. Conseqüências.** A conseqüência direta do quebramento da fiança, como referido no artigo anterior, é o recolhimento do acusado à prisão e a perda de metade do valor dado como fiança. O feito tramitará sem a sua presença (bastando, para tanto, a presença de advogado por ele nomeado ou indicado pelo Juiz). Ou seja, será declarado revel.

Para tanto, porém, aconselhável que o juiz, antes de declarar quebrada a fiança, intime o afiançado para justificar a sua falta, como forma, inclusive, de homenagear a ampla defesa.

Art. 344. Entender-se-á perdido, na totalidade, o valor da fiança, se, condenado, o réu não se apresentar à prisão.

1. **Perdimento da fiança. Apresentação do condenado.** Porém, em complemento ao artigo anterior, se o réu for condenado e não for localizado ou não se apresentar à prisão para cumprimento da pena imposta, o valor da fiança será perdido em sua totalidade. Apresentando-se ao cumprimento da pena, o valor da fiança a ele será devolvido, descontando-se, como afirma NUCCI, "as custas, a indenização da vítima e a multa",[35] tendo em vista a natureza assecuratória do juízo que lhe é própria.

Art. 345. No caso de perda da fiança, depois de deduzidas as custas e mais encargos a que o réu estiver obrigado, o saldo será recolhido ao Tesouro Nacional.

1. **Recolhimento do valor da fiança.** Havendo perdimento da fiança, quando o réu, condenado, deixa de se apresentar à prisão (artigo 344), será o seu valor recolhido ao Tesouro Nacional, em conta bancária, descontados, e nos termos a lei, é bem verdade, as custas e demais encargos a que está sujeito ao condenado.

Art. 346. No caso de quebramento de fiança, feitas as deduções previstas no artigo anterior, o saldo será, até metade do valor da fiança, recolhido ao Tesouro Federal.

1. **Destino do valor da fiança.** Ocorrendo quebramento da fiança por farte do acusado (art. 341), ou seja, deixando ele de comparecer aos atos do processo quando intimado para tanto, o seu valor será destinado ao Fundo Penitenciário, descontados, igualmente, os encargos a que está sujeito o acusado, tais como custas do feito e indenização à vítima.

Art. 347. Não ocorrendo a hipótese do art. 345, o saldo será entregue a quem houver prestado a fiança, depois de deduzidos os encargos a que o réu estiver obrigado.

1. **Restituição da fiança.** Se contra o réu não for declarada a perda da fiança, nos termos do artigo 345, – deixar de recolher-se à prisão após a condenação – o saldo da fiança, abatidos os encargos próprios do processo, serão restituídos a quem houver a prestado. Por encargos, se entenda, aqui, as custas processuais, multa e eventual indenização à vítima.

Art. 348. Nos casos em que a fiança tiver sido prestada por meio de hipoteca, a execução será promovida no juízo cível pelo órgão do Ministério Público.

1. **Fiança hipotecária.** Se o acusado tiver oferecido como fiança hipoteca de bem imóvel, nos termos do artigo 134 do CPP, a sua execução será promovida no âmbito cível e os valores ali apurados, remetidos ao Juiz Criminal para o pagamento dos encargos.

2. **Competência do juízo cível.** No entanto, entendemos que tal procedimento é desnecessário, pois, em sendo a hipoteca medida assecuratória criminal e que nessa esfera deve ser resolvida, caberia

---

[35] NUCCI, Guilherme de Souza. *Código de Processo Penal Comentado*. São Paulo: RT, 2003, p. 611.

ao juiz criminal determinar a avaliação e a posterior venda do bem. Para tanto, basta que se faça uso das regras próprias do seqüestro e da hipoteca, onde se remete o bem à hasta pública (praça ou leilão).

Art. 349. Se a fiança consistir em pedras, objetos ou metais preciosos, o juiz determinará a venda por leiloeiro ou corretor.

1. **Fiança e venda dos bens.** Em nome da idéia de que os bem gravados junto ao processo criminal, nesta esfera devem ser avaliados e vendidos, estabelece o presente artigo que as pedras e demais objetos de valor que tenham sido ofertados como fiança devam ser leiloados para que assim se transforme em moeda corrente hábil ao pagamento de custas e demais despesas do processo. Salientamos, no entanto, que tal providência somente poderá ser adotada pelo juiz após o trânsito em julgado da condenação, pois, em havendo absolvição, as pedras e objetos devem ser restituídos ao réu. Exceção se abriria se os bens dados em garantia (fiança) fossem perecíveis, pois aí estaria autorizada a venda antecipada, com o depósito do produto daí advindo.

Art. 350. Nos casos em que couber fiança, o juiz, verificando ser impossível ao réu prestá-la, por motivo de pobreza, poderá conceder-lhe a liberdade provisória, sujeitando-o às obrigações constantes dos arts. 327 e 328. Se o réu infringir, sem motivo justo, qualquer dessas obrigações ou praticar outra infração penal, será revogado o benefício.

Parágrafo único. O escrivão intimará o réu das obrigações e sanções previstas neste artigo.

1. **Concessão de liberdade provisória sem fiança. Réu pobre.** Com o intuito de não suprimir a liberdade do acusado por mera circunstância monetária ou pessoal, autoriza a lei que, em sendo o réu pobre, possa o magistrado conceder-lhe a liberdade provisória sem o respectivo pagamento de fiança, mas mediante o compromisso a que se referem os artigos 327 e 328 do CPP. Desta feita, deverá o réu comparecer aos autos do inquérito ou do processo todas às vezes que for intimado para tanto, bem como não deixar de comunicar a autoridade eventual alteração de endereço ou sua ausência da Comarca por mais de oito dias. Deverá assumir o termo de compromisso de, ainda, não cometer novo delito, como está a indicar o próprio artigo em comento, na sua parte final. A não observância de tais condições, *em concurso*, implicará na revogação da liberdade e no conseqüente restabelecimento da conseqüente prisão.

2. **Revogação do benefício e prévia justificação.** Porém, ressalte-se que, como a lei prevê a revogação do benefício apenas quando não houver motivo justo para o seu descumprimento, entendemos que deve o juiz, antes da revogação, intimar o acusado para que esclareça as razões pelas quais deixou de cumprir com o pactuado. Em sendo insuficientes os motivos, decreta-se a prisão, mas em caso contrário, permanece em vigor a situação de liberdade.

Citações e Intimações
(arts. 351 a 372)

David Medina da Silva

Promotor de Justiça no Rio Grande do Sul, Pós-Graduado em Direito Público e Professor da Escola Superior do Ministério Público.

Segundo o *Decretus Gratiani*, do direito medieval, era permitido ao juiz condenar alguém sem um julgamento se o crime cometido fosse "manifesto" ou "notório", o que significava que, em não tendo direito de defesa, sequer tinha o réu o direito de ser informado acerca do processo.[1] Modernamente, Franz Kafka imortalizou a insólita situação de Joseph K., personagem da obra "O Processo", que foi preso, processado, julgado e condenado sem jamais ter conhecimento da acusação.

É fácil imaginar, em nossos dias, a absoluta falta de legitimidade de um processo, culminando com a aplicação de pena criminal, sem que as partes (o réu, especialmente) tenham sido informadas do seu andamento ou da necessidade de praticar atos de sua atribuição. Não se concebendo condenação sem processo e processo sem defesa, o direito de conhecer o teor da acusação e o andamento do processo é essencial, portanto, às garantias da ampla defesa e do devido processo legal.

Enquanto a vida cotidiana concebe infinitas formas de cientificação, dentro do processo há apenas três: citação, intimação e notificação. A *citação* comunica o réu de que há uma acusação contra ele e o convoca a respondê-la. É a mais importante forma de comunicação processual. A *notificação* comunica a parte ou outra pessoa (testemunha, perito, etc.) de algo que deve realizar no processo (prestar depoimento, apresentar arrazoado ou documento, etc.), ao passo que *intimação* dá ciência de algo que já ocorreu (decisão, desistência, etc.).

Assim, há uma diferença marcante entre as três formas de ciência: a citação destina-se exclusivamente ao réu, ao passo que notificação e intimação destinam-se ao réu ou qualquer pessoa que deva intervir no processo; enquanto a citação destina-se a dar ciência da acusação, notificação e intimação servem para comunicar qualquer outra ocorrência ou dever processual; finalmente, enquanto a notificação refere-se ao futuro (algo a ser realizado pela pessoa notificada), a intimação refere-se ao passado (algo que já se realizou).

Atente-se, contudo, para o fato de que a legislação pátria não exprimiu rigor científico ao tratar das notificações e intimações. Com efeito, o Capítulo II do Título X engloba ambas as formas de ciência sob o título "Das Intimações". Não se confundem as notificações e intimações com a abertura de "vista". A "vista" é uma forma especial de notificar ou intimar determinadas pessoas, mediante entrega dos autos, como ocorre, por exemplo, com os membros do Ministério Público (Lei nº 8.625/93, art. 41, IV).

TÍTULO X
DAS CITAÇÕES E INTIMAÇÕES

CAPÍTULO I
DAS CITAÇÕES

Art. 351. A citação inicial far-se-á por mandado, quando o réu estiver no território sujeito à jurisdição do juiz que a houver ordenado.

1. Observância contraditório e ciência acusação. Para efetivação do contraditório e da ampla defesa (Constituição Federal, art. 5º, LV), é imprescindível que o acusado tenha conhecimento pleno da acusação, o que ocorre por meio da citação, que consiste no meio pelo qual o réu é formalmente informado dos termos da ação penal e chamado a integrar a relação processual, o que faz desse ato requisito essencial do processo, cuja falta acarreta nulidade

---

[1] KEMMERICH, Clóvis Juarez. *O Direito Processual da Idade Média*. Porto Alegre: Sergio Antonio Fabris, 2006, p. 114-115.

(CPP, art. 564, III, "e"), por não se completar o *actum trium personarum*.

Nem sempre, porém, a ciência da acusação ocorre mediante a citação. Nos crimes funcionais afiançáveis, por exemplo, a lei prevê notificação antecedente ao recebimento da denúncia e, conseqüentemente, à própria citação (art. 514 do Código de Processo Penal).

A citação válida deve cumprir perfeitamente as duas finalidades do ato: dar ciência da acusação (e, conseqüentemente, do processo) e chamar o réu para comparecimento em oportunidade determinada pelo juiz da causa. Tal ciência não precisa abranger as provas reunidas contra o imputado, apenas os termos inseridos na acusação, vale dizer, na denúncia ou na queixa. Por outro lado, deve esclarecer a data, o horário, o local e a finalidade do comparecimento.

A citação é indispensável no processo de conhecimento (ação penal condenatória), embora não seja exigível no processo de execução, salvo em relação à pena de multa. Assim, não supre a ausência de citação o conhecimento da imputação por parte do advogado do réu ou pelo próprio acusado, quando a lê, por exemplo, num jornal ou é informado por um vizinho. Mas é verdade, também, que a chamada *citação circunducta*, isto é, inexistente ou defeituosa, pode ser sanada pelo comparecimento do acusado, nos termos do art. 570 do Código de Processo Penal. Nesse caso, não pode o réu ser surpreendido, devendo o juiz suspender ou adiar o ato judicial em que se operou o comparecimento, se entender que poderá haver arranhão à ampla defesa. É corrente o entendimento de que o réu não pode ser citado no dia marcado para o interrogatório, dado que isso surpreende o réu e limita suas possibilidades de defesa.

2. **Forma**. Quanto à forma, a citação pode ser pessoal (citação real) ou por edital (citação ficta ou editalícia). A citação pessoal ocorre por mandado, por carta precatória, por carta rogatória, ou por forma especial. A citação por edital ocorre em todos os casos em que é impossível a citação pessoal. Obedece a formalidades especiais a citação de militares, funcionários públicos e réus presos. No processo penal, vigora o princípio de que a citação tem de ser feita pessoalmente.[2]

Ocorre citação negativa quando não se consegue efetivar a citação por nenhuma das formas citadas acima. Não se confunde com ausência de citação, pois esta, como se viu, implica nulidade processual. Mais correto, tecnicamente, falar-se em citação pessoal negativa, já que a citação se positivará de qualquer modo, ainda que seja, em casos extremos, mediante edital.

Considera-se revel o réu contumaz, ou seja, que injustificadamente deixa de comparecer aos atos processuais ou muda de endereço sem comunicação ao juízo (ver comentários ao artigo 367).

O mandado de citação consubstancia uma ordem do juiz ao oficial de justiça para que proceda à citação do acusado. A lei estabelece a citação por mandado como regra, devendo ocorrer na pessoa do próprio réu, sempre que este se encontrar no território sujeito à jurisdição do juiz processante.

Art. 352. O mandado de citação indicará:

I – o nome do juiz;

II – o nome do querelante nas ações iniciadas por queixa;

III – o nome do réu, ou, se for desconhecido, os seus sinais característicos;

IV – a residência do réu, se for conhecida;

V – o fim para que é feita a citação;

VI – o juízo e o lugar, o dia e a hora em que o réu deverá comparecer;

VII – a subscrição do escrivão e a rubrica do juiz.

1. **Requisitos**. O mandado de citação deve conter o nome do juiz e, no caso de ação penal privada, o nome do acusador, sendo despiciendo o nome do advogado que o representa. Além disso, deve constar o nome do réu ou os seus qualificativos individualizadores, tal como prevê o artigo 41 do Código de Processo Penal em relação à denúncia, e sua residência, se for conhecida, o que não impede que o réu seja citado em outro lugar, pois o que importa é que o ato atinja a sua finalidade. Ainda, deve o mandado consignar a finalidade da citação, que diz não só com o teor da denúncia ou da queixa,[3] mas com o objetivo do comparecimento, que é, em regra, o interrogatório. Além disso, deve figurar no mandado o lugar do juízo, a data e a hora do comparecimento. Por fim, o mandado deve conter a subscrição do escrivão e a rubrica do juiz. A ausência de qualquer dos requisitos elencados implicará nulidade da citação sempre que esta não atingir os seus objetivos de ciência e chamamento, o que, por conseguinte, implica nulidade do processo.

Art. 353. Quando o réu estiver fora do território da jurisdição do juiz processante, será citado mediante precatória.

1. **Carta precatória**. A carta precatória constitui uma solicitação de um juiz (deprecante) a outro (de-

---

[2] ESPÍNOLA FILHO, Eduardo. *Código de processo penal anotado*. V. III. 2ª ed. Rio de Janeiro: Livraria Editora Freitas Bastos, p. 574.

[3] Não importa a capitulação da denúncia ou da queixa, mas os fatos atribuídos ao réu.

precado), de comarca distinta, para que proceda a realização de algum ato processual. Assim, quando o processo corre numa comarca e o réu está em outra, o juiz do processo manda expedir carta precatória de citação, a ser cumprida pelo juiz da comarca onde está o réu. Nesse caso, ao invés de mandar expedir mandado de citação, o juiz deprecante pode determinar que a própria carta precatória, se estiver em ordem, sirva de mandado, evitando demasiada burocracia. Cumprida a diligência, com a respectiva certidão do oficial de justiça, a carta precatória é devolvida e juntada aos autos do processo.

Nada obsta que, em havendo distância entre as comarcas, seja deprecado também o interrogatório do réu, conforme já decidiu o Tribunal de Justiça do Rio Grande do Sul.[4]

Art. 354. A precatória indicará:

I – o juiz deprecado e o juiz deprecante;

II – a sede da jurisdição de um e de outro;

III – o fim para que é feita a citação, com todas as especificações;

IV – o juízo do lugar, o dia e a hora em que o réu deverá comparecer

1. **Requisitos da carta.** O artigo trata dos requisitos formais da carta precatória, que deve conter, em primeiro lugar, o juiz deprecante e o juiz deprecado, com as respectivas sedes, não importando o nome da autoridade, mas o cargo, pois pode ocorrer a remoção ou a promoção do juiz deprecante ou deprecado no curso da tramitação da deprecata. Ademais, é imprescindível alusão ao fim para que é feita a citação, com todas as especificações, bem como o juízo do lugar, o dia e a hora em que o réu deverá comparecer.

Art. 355. A precatória será devolvida ao juiz deprecante, independentemente de traslado, depois de lançado o "cumpra-se" e de feita a citação por mandado do juiz deprecado.

§ 1º Verificado que o réu se encontra em território sujeito à jurisdição de outro juiz, a este remeterá o juiz deprecado os autos para efetivação da diligência, desde que haja tempo para fazer-se a citação.

§ 2º Certificado pelo oficial de justiça que o réu se oculta para não ser citado, a precatória será imediatamente devolvida, para o fim previsto no art. 362.

1. **Trâmite da precatória.** No juízo deprecado, a carta precatória, depois de registrada e autuada, recebe do juiz o seguinte despacho: "CUMPRA-SE". Segue-se, então, a expedição de mandado de citação, nos moldes do artigo 352 do Código de Processo Penal. É comum o juiz determinar que a própria precatória sirva de mandado, quando satisfeitos os requisitos deste.

Por razões de economia processual, a precatória tem caráter itinerante. Isso significa que não precisa ser devolvida à origem se o oficial de justiça certificar que o réu se encontra em outra comarca. Basta, nesse caso, que o juízo deprecado encaminhe diretamente a deprecata ao juízo da comarca onde, segundo a certidão do oficial de justiça, o réu pode ser encontrado.

Realizada a citação, ou não tendo sido possível realizá-la por qualquer motivo, o juiz lançará despacho mandando devolve-la à origem, ou seja, ao juízo deprecante, especialmente se o caso for daqueles em que o réu se oculta para não ser citado, o que ensejará a citação do réu com edital aprazado em cinco dias, nos termos do artigo 362 do Código de Processo Penal.

Art. 356. Se houver urgência, a precatória, que conterá em resumo os requisitos enumerados no art. 354, poderá ser expedida por via telegráfica, depois de reconhecida a firma do juiz, o que a estação expedidora mencionará.

1. **Expedição por outros meios.** Em caso de urgência, a lei expressamente autoriza que a carta precatória seja expedida por via telegráfica, o que enseja interpretação consentânea com a defasagem do texto codificado em relação aos avanços tecnológicos posteriores. Com efeito, nada obsta, antes recomenda, que a expedição ocorra por outros meios, como fax, telefone e, até mesmo, correio eletrônico. Aliás, o próprio Código de Processo Civil assim admite (Art. 205).

Art. 357. São requisitos da citação por mandado:

I – leitura do mandado ao citando pelo oficial e entrega da contrafé, na qual se mencionarão dia e hora da citação;

II – declaração do oficial, na certidão, da entrega da contrafé, e sua aceitação ou recusa.

1. **Requisitos da citação por mandado.** O mandado de citação, tratando-se ou não de ato deprecado,

---

[4] "FURTO QUALIFICADO. INTERROGATÓRIO POR PRECATÓRIA. Embora não seja a forma regular de interrogar o réu, porque não está prevista em texto legal, vem sendo admitida pelos tribunais, dadas as dificuldades de locomoção do réu, inocorrendo nulidade, mormente quando o denunciado, ao ser interrogado, negou os fatos. Sem prejuízo, não se decreta nulidade (art. 563, CPP) (Apelação Crime Nº 70003881687, Sétima Câmara Criminal, Tribunal de Justiça do RS, Relator: Luís Carlos Ávila de Carvalho Leite, Julgado em 11/09/2003)."

deve ser cumprido por oficial de justiça, não se admitindo que o escrivão o faça. O ato de citação é revestido de solenidade, prevendo a lei que o oficial de justiça não só proceda a leitura do mandado ao réu, como entregue a *contrafé*, que consiste na cópia integral do mandado, assinada pelo oficial de justiça, onde há de constar, precisamente, o dia e a hora da citação.

Após proceder à leitura e à entrega da contrafé, o oficial de justiça lavrará certidão consignando a realização da diligência, fazendo constar, expressamente, a entrega da contrafé e se esta foi aceita ou recusada pelo citando. Essa certidão é a prova da realização do ato, nada obstando que o oficial de justiça registre nela eventuais incidentes ocorridos durante a diligência, se os reputar relevantes para a causa. É o que ocorre, por exemplo, se o réu, ao ser citado, apresenta ao servidor seu irmão gêmeo até então desconhecido, alegando ser ele o verdadeiro autor do crime. Embora isso não tenha relevância para o ato de citação em si, o certo é que poderá influenciar o andamento do feito, revelando-se útil que o servidor, sendo autêntica *longa manus* do juiz, contribua com o andamento do feito e com a justiça de futura decisão, desde que o faça no limite de sua atuação funcional.

A fé pública do oficial de justiça significa que suas certidões têm presunção de veracidade, que só sucumbe diante de consistente prova em contrário. É a fé pública, justamente, que garante a veracidade da citação certificada, dispensando a colocação de "ciente" pelo citando, o que constitui, no cotidiano forense, uma cautela dos servidores, e não uma exigência legal. Cumpre lembrar que a certidão vale pelo que ela contém, não abrangendo fatos e circunstâncias que tenha omitido. Assim é que não se presume, por exemplo, a entrega da contrafé se esta não foi expressamente mencionada na certidão.

Registre-se que a citação pode ser realizada em qualquer dia e horário, inclusive domingos e feriados, de dia ou mesmo à noite. Não existe no processo penal a citação com hora certa, prevista no Código de Processo Civil.

2. Não-localização do réu. Caso não encontre a pessoa a ser citada, o oficial de justiça certificará no mandado as diligências que realizou para encontrá-la e a constatação de que o réu se encontra em local incerto e não sabido. Se for possível, porém, seguir informações a respeito do réu, impõe-se ao oficial fazê-lo, empreendendo esforços para ultimar a citação, evitando realizá-la no mesmo dia designado para o comparecimento, pois, nesse caso, não haverá real possibilidade de o réu preparar a sua defesa pessoal.

Art. 358. A citação do militar far-se-á por intermédio do chefe do respectivo serviço.

1. **Citação de militar.** A citação do policial militar é especial porque, respondendo perante a justiça comum, tem ele a prerrogativa de ser citado não por intermédio de oficial de justiça, mas por seu superior hierárquico, a quem o juiz fará dirigir ofício com os mesmos requisitos do mandado, requisitando que o réu seja cientificado da acusação e encaminhado a juízo no dia, hora e local designados para seu interrogatório.

Se o militar servir em comarca diversa, a esta será expedida carta precatória, cumprindo ao juiz deprecado expedir o respectivo ofício. Somente quando informado, pelo superior, que o policial militar está em lugar incerto e não sabido, é que pode o juiz determinar a citação editalícia, não bastando tratar-se de desertor.

O não-comparecimento do militar ao interrogatório implica revelia, a menos que não tenha sido autorizado pelo seu superior, caso em que novo ofício será expedido, podendo o superior ser responsabilizado.

Art. 359. O dia designado para funcionário público comparecer em juízo, como acusado, será notificado assim a ele como ao chefe de sua repartição.

1. **Citação de funcionário público.** A citação do funcionário público é feita por mandado, mas deve ser comunicado o chefe do órgão em que o réu estiver lotado, a menos que o réu esteja afastado da repartição. A providência existe para que possam ser tomadas as medidas relativas à continuidade do serviço público, de modo que sua omissão, desde que haja a citação e o efetivo comparecimento do acusado, não implica nulidade. Se o acusado for membro do Ministério Público, a comunicação será dirigida ao Procurador-Geral de Justiça; se Magistrado, ao Presidente do Tribunal respectivo.

Art. 360. Se o réu estiver preso, será pessoalmente citado. (Redação dada pela Lei nº 10.792, de 1º.12.2003)

1. **Citação de réu preso.** Antes da Lei n° 10.792/03, que deu nova redação ao artigo 360 do CPP, orientou-se a jurisprudência, inclusive dos Tribunais Superiores, pela dispensa do mandado de citação, desde que observada a devida requisição do acusado. Consoante o Supremo Tribunal Federal, "a discussão em torno da necessidade de citação por mandado do réu preso, requisitado à direção do presídio, perde relevo

se o denunciado compareceu ao interrogatório sem argüir nulidade de seu chamamento a juízo".[5] Na mesma esteira, decidiu o Superior Tribunal de Justiça que "a teor do art. 570, do CPP, a presença do réu para o interrogatório afasta o vício da nulidade citatória, principalmente se inexistiu prejuízo de qualquer espécie, para o exercício da sua defesa".[6]

Assim, consolidou-se nos tribunais a prática de validar a simples requisição, quando atendidas as finalidades da citação: informação e chamamento. Também já adotou tal entendimento o Tribunal de Justiça do Rio Grande do Sul.[7]

Em nosso sentir, tal orientação jurisprudencial não prevalece diante da nova redação do artigo 360 do CPP, que expressamente determina a citação pessoal do réu preso. Aliás, referida alteração veio, justamente, para pôr cobro à praxe judiciária de somente requisitar o réu preso para o interrogatório, de modo totalmente prejudicial ao direito de defesa. Assim, é imprescindível, atualmente, a citação pessoal, não bastando a simples requisição.

Art. 361. Se o réu não for encontrado, será citado por edital, com o prazo de 15 (quinze) dias.

1. **Citação por edital**. O edital é forma fictícia de comunicação de atos solenes. No caso de citação, ocorre nas hipóteses em que o réu não é encontrado, oculta-se para não ser citado, está em lugar inacessível ou for incerta a pessoa a ser citada.

Quando não se localizar o réu para citação pessoal, deve ser citado por edital, com prazo de 15 dias. Trata-se de providência excepcional, que só deve ser adotada depois de esgotados todos os meios para localização do acusado. Eventuais erros no mandado ou mesmo negligência policial ou do oficial de justiça não podem prejudicar o acusado, cuja citação editalícia, nessas condições, será viciada.

O réu deve ser procurado em todos os endereços indicados no inquérito policial. Assim, mesmo que ele não tenha sido encontrado durante a investigação, deve ser expedido mandado de citação para todos os seus endereços, inclusive profissionais. Além disso, se algum endereço for fornecido ao oficial de justiça, neste o réu deve ser procurado para citação. Cumpre ao oficial de justiça, portanto, esgotar os meios para citação do réu. Apenas diante de certidão negativa do oficial de justiça é possível haver citação editalícia.

É desnecessária, contudo, a realização de diligências extraordinárias, como a busca em entidades públicas e privadas (TRE, companhias de água, luz e telefone etc.). A certidão do meirinho dando o réu como em lugar incerto tem fé pública, mas essa presunção de veracidade não é absoluta.

Em se tratando de réu preso, consolidou-se no Supremo Tribunal Federal o entendimento de que "é nula a citação por edital de réu preso na mesma unidade da Federação em que o Juiz exerce a sua jurisdição" (Súmula 351). Assim, estando o réu preso no Estado em que tramita o processo, ainda que em regime aberto, deve ser citado pessoalmente, sob pena de nulidade. Não há nulidade, a *contrario sensu*, se o réu está preso em outra unidade da Federação, quando o Juiz desconhece esse fato. Também não há nulidade se o réu está preso com nome falso. Todavia, se o réu está preso com vários nomes, o que não é incomum, e todos são informados nos autos, é nula a citação por edital enquanto não for tentada a citação em relação a todos os nomes. Então, em caso de citação editalícia, todos os nomes devem constar no edital.

2. **Prazo edital**. O prazo do edital de citação do réu não localizado é de 15 dias. Tal prazo é de direito processual, sujeito ao artigo 798, § 1°, do CPP, excluindo-se o dia do começo, ou seja, da publicação, e incluindo-se o último dia. Assim, considera-se realizada a citação após o transcurso desse prazo, isto é, no dia seguinte ao *dies a quo*. Portanto, nula é a citação se o interrogatório foi designado para dia anterior ao término do prazo do edital. Comparecendo o acusado no fluxo do prazo, deve ser citado pessoalmente.

Art. 362. Verificando-se que o réu se oculta para nao ser citado, a citação far-se-á por edital, com o prazo de 5 (cinco) dias.

1. **Ocultação**. Havendo fundados indícios de que o réu tenta despistar o oficial de justiça, mudando de endereço, ausentando-se deliberadamente da sua residência, ignorando avisos do meirinho etc., pode o juiz, diante da certidão negativa do oficial de justiça, determinar a citação por edital.

---

[5] RT 665/369.

[6] JSTJ 12/203.

[7] "CRIME DE TÓXICO. CITAÇÃO DO RÉU PRESO. NULIDADE REJEITADA. VÁLIDA É A CITAÇÃO DO RÉU PRESO, ATRAVÉS DE REQUISIÇÃO, À AUTORIDADE CARCERÁRIA, DESDE QUE CONTENHA O OFÍCIO REFERÊNCIA AO FIM E À AÇÃO PENAL DE QUE SE TRATA, E ESTEJA COMPROVADO QUE O REU TEVE CONHECIMENTO ANTERIOR DA ACUSAÇÃO. MÉRITO. PROVA SUFICIENTE PARA A CONDENAÇÃO. APELO IMPROVIDO. (Apelação-Crime N° 689044162, Segunda Câmara Criminal, Tribunal de Justiça do RS, Relator: João Ricardo Vinhas, Julgado em 31/08/1989)".

A certidão do oficial de justiça deve circunstanciar as diligências realizadas e frustradas, motivando a conclusão de que o réu se oculta. Daí que o oficial de justiça deve empenhar-se na localização do acusado, realizando insistentes tentativas de cumprimento do mandado citatório, para, só então, se for o caso, concluir que o réu se oculta.

A lei estabelece prazo diferenciado para o edital de citação do réu que procura ocultar-se: 5 dias, observando-se as mesmas regras de contagem (vide comentários ao artigo anterior).

Art. 363. A citação ainda será feita por edital:
I – quando inacessível, em virtude de epidemia, de guerra ou por outro motivo de força maior, o lugar em que estiver o réu;
II – quando incerta a pessoa que tiver de ser citada.

1. **Outras hipóteses de citação por edital.** Além da não-localização e da ocultação do acusado, prevê a lei outras hipóteses de citação por edital quando se mostre impossível a citação pessoal por inacessibilidade do lugar ou por incerteza quanto à pessoa a ser citada.

Assim, desde que se trate de lugar inacessível, em virtude de epidemia, de guerra ou outro motivo de força maior, poderá o juiz determinar a citação editalícia. Por outro lado, é totalmente infeliz a redação do dispositivo em comento ao permitir a citação por edital "quando incerta a pessoa a ser citada", já que o processo penal não admite incerteza quanto ao sujeito passivo da relação processual. Dado que a ação penal não pode ser proposta contra pessoa indeterminada, o dispositivo trata da pessoa determinada, cuja identidade real é conhecida, sendo, contudo, citada por edital porque, "não se lhe tendo feito a completa qualificação, não é possível chamá-la senão mencionando os sinais individuais característicos com a consequência lógica de ignorar-se onde é ou pode ser achada",[8] nos termos do que faculta o artigo 41 do Código de Processo Penal para a denúncia ou queixa.

Art. 364. No caso do artigo anterior, nº I, o prazo será fixado pelo juiz entre 15 (quinze) e 90 (noventa) dias, de acordo com as circunstâncias, e, no caso de nº II, o prazo será de 30 (trinta) dias.

1. **Inacessibilidade.** No caso de inacessibilidade do local onde deva ocorrer a citação, o juiz poderá fixar entre 15 e 90 dias o prazo do edital, atendendo às circunstâncias do caso e à maior ou menor gravidade da situação determinante da inacessibilidade. No caso de "incerteza" quanto à pessoa, o prazo deve ser de trinta dias.

Art. 365. O edital de citação indicará:
I – o nome do juiz que a determinar;
II – o nome do réu, ou, se não for conhecido, os seus sinais característicos, bem como sua residência e profissão, se constarem do processo;
III – o fim para que é feita a citação;
IV – o juízo e o dia, a hora e o lugar em que o réu deverá comparecer;
V – o prazo, que será contado do dia da publicação do edital na imprensa, se houver, ou da sua afixação.
Parágrafo único. O edital será afixado à porta do edifício onde funcionar o juízo e será publicado pela imprensa, onde houver, devendo a afixação ser certificada pelo oficial que a tiver feito e a publicação provada por exemplar do jornal ou certidão do escrivão, da qual conste a página do jornal com a data da publicação.

1. **Requisitos do edital.** Este dispositivo trata dos requisitos do edital de citação, que deverá conter o nome do juiz que a determinar e, em que pese o silêncio do dispositivo, o cargo que ocupa, bem como o nome do acusado ou os elementos identificadores, não havendo nulidade na omissão do endereço do citando, mesmo quando conste nos autos, já que a não-localização do réu é, justamente, a causa da citação editalícia. Além disso, o edital deve conter o fim da citação, reportando-se, obviamente, à infração penal imputada, podendo consignar a síntese da denúncia ou da queixa ou a simples capitulação do crime, pois, consoante o Supremo Tribunal Federal, "não é nula a citação por edital que indica o dispositivo da lei penal embora não transcreva a denúncia ou queixa ou não resuma os fatos em que se baseia" (Súmula 366).

Deve constar, ainda, de modo inequívoco, o juízo, o local e a hora do comparecimento, embora não haja nulidade pela não-indicação do endereço do fórum, consoante já decidiu o Supremo Tribunal Federal, desde que o prédio seja identificável (RT 577/437, 496/367). Finalmente, é fundamental a indicação do prazo do edital, que será contado a partir do dia da publicação do edital na imprensa ou da sua afixação.

2. **Publicação.** Com efeito, publicação e fixação são as formas pelas quais se dá conhecimento do edital ao público e, especialmente, ao interessado, ou seja, ao citando. A afixação consiste na sua exposi-

---
[8] FILHO, Eduardo Espínola. *Op. cit.*, p. 609.

ção em local apropriado à porta do edifício onde funcionar o juízo, ao passo que a publicação consiste na sua veiculação em órgão de imprensa.

A jurisprudência do Supremo Tribunal Federal orientou-se no sentido de que só é obrigatória a publicação do edital no órgão de imprensa oficial (Diário da Justiça), não havendo nulidade se, por falta de veículo oficial, deixa de haver publicação em jornal particular.[9] Suficiente, assim, em não havendo imprensa oficial na Comarca, a afixação do edital, devidamente certificada pelo oficial que a tiver feito, nada impedindo que tal providência seja adotada pelo escrivão ou outro servidor do Poder Judiciário.

Há decisões do Superior Tribunal de Justiça declarando válido o edital não afixado, mas devidamente publicado, desde que não tenha havido prejuízo,[10] contrariando orientação do Supremo Tribunal Federal, que diz que "a citação por edital, para ser válida, requer, além da publicação pela imprensa, onde houver, a afixação do edital à porta do edifício onde funcionar o juízo".[11]

Art. 366. Se o acusado, citado por edital, não comparecer, nem constituir advogado, ficarão suspensos o processo e o curso do prazo prescricional, podendo o juiz determinar a produção antecipada das provas consideradas urgentes e, se for o caso, decretar prisão preventiva, nos termos do disposto no art. 312. (Redação dada pela Lei nº 9.271, de 17.4.1996)

§ 1º As provas antecipadas serão produzidas na presença do Ministério público e do defensor dativo. (Incluído pela Lei nº 9.271, de 17.4.1996)

§ 2º Comparecendo o acusado, ter-se-á por citado pessoalmente, prosseguindo o processo em seus ulteriores atos. (Incluído pela Lei nº 9.271, de 17.4.1996)

1. **Revelia.** A Lei nº 9.271/96 alterou o artigo 366 do Código de Processo Penal, eliminando a revelia em caso de réu citado por edital e impedindo o prosseguimento do processo contra ele. Trata-se de medida absolutamente salutar, há muito reclamada no direito brasileiro, pois, ante a natureza puramente fictícia da citação por edital, tornaram-se comuns as condenações sem defesa efetiva e, pior, de réus que sequer tinham conhecimento das imputações, reproduzindo, na vida real, a insólita alegoria de Franz Kafka, em "O Processo".

Embora fosse prevista a nomeação de defensor ao réu nessas condições, tratava-se de uma providência demagógica, sem nenhuma efetividade, tal a falta de compromisso que naturalmente impera na relação entre um profissional da defesa e alguém ausente e incógnito. Para compensar a suspensão do processo contra o acusado citado por edital, evitando o "sumiço premiado", a nova lei estabeleceu a suspensão da fluência prescricional e a possibilidade de produção antecipada de provas urgentes, sem prejuízo da decretação da prisão preventiva, situações a que convém um exame em separado.

2. **Suspensão do processo.** Uma vez que o réu, citado por edital, não compareça nem constitua advogado, haverá obrigatória suspensão do processo, consagrando-se o princípio de que ninguém pode ser julgado sem ser ouvido (*nemo inauditus damnari potest*). Se o réu, não comparecendo, constituir advogado para defendê-lo, terá decretada sua revelia, prosseguindo a marcha processual.

Não corre a prescrição durante o período em que estiver suspenso o processo. Comparecendo o acusado, ou sendo ele capturado, o processo retoma o seu curso, no mesmo dia em que a prescrição volta a fluir, devendo o prazo prescricional começar de onde parou, por se tratar de suspensão e não de interrupção, caso em voltaria ao começo. Impende registrar, ainda, que a prescrição só pode ser suspensa pelo prazo previsto no artigo 109 do Código Penal, observada a pena máxima cominada para a infração penal, orientação predominante, que visa a evitar a imprescritibilidade vedada constitucionalmente, ressalvadas as hipóteses expressamente previstas na Carta Magna (art. 5º, XLII e XLIV).[12]

A despeito da suspensão processual operada, pode o juiz realizar atos instrutórios reputados urgentes. Cuida-se da produção de provas *ad perpetuam rei memoriam*, referindo-se, pois, a qualquer prova que

---

[9] RT 663/376.
[10] JSTJ 38/276, 42/92.
[11] RT 475/303.
[12] "RECURSO EM ENTIDO ESTRITO. Citação por edital. Não comparecimento do réu ao processo. Decretação da revelia. Aplicação do art. 366 do CPP: suspensão simultânea do processo e da fluência do prazo prescricional aplicável à espécie típica denunciada. No entanto, o lapso temporal da suspensão da prescrição (e do processo) fica adstrito, pela pena em abstrato aplicável à espécie, aos prazos do art. 109 do CPB. Eventualmente decorrido em branco este período de suspensão do lapso prescricional, o prazo deverá voltar a fluir normalmente balizado na pena em abstrato e nos termos do art. 109 do CPB, pois o art. 366 do CPP não tem o condão de instituir regime de imprescritibilidade dos delitos. RELATOR VENCIDO EM PARTE. RECURSO PARCIALMENTE PROVIDO. (Recurso em Sentido Estrito Nº 70009838988, Sexta Câmara Criminal, Tribunal de Justiça do RS, Relator: João Batista Marques Tovo, Julgado em 24/03/2005)".

se possa prejudicar pelo decurso do tempo inerente à suspensão do processo (*periculum in mora*), como o desaparecimento de vestígios passíveis de perícia, o abalo de saúde de uma testemunha etc. A jurisprudência tem ampliado a noção de urgência quando se trata de prova testemunhal, dada a fragilidade inerente a esse meio de prova, altamente perecível à ação do tempo, sujeitando-se, amiúde, à perda de detalhes importantes e que devem ser preservados.[13]

Trata-se de medida que pode ser determinada de ofício ou a requerimento do Ministério Público. No caso de determinar a medida, deve o juiz nomear defensor dativo, sendo obrigatório o acompanhamento dos atos instrutórios pelo defensor e pelo órgão do Ministério Público.

2. Prisão preventiva. O dispositivo autoriza, ainda, a prisão preventiva do acusado, para garantia da aplicação da lei penal, desde que estejam presentes os demais requisitos da custódia cautelar, pois, conforme já se decidiu, *a decretação da revelia do réu, por si só, não justifica pedido de prisão preventiva*.[14] Tal medida é especialmente recomendável nos casos em que o réu se oculta para não ser citado, embora não seja necessário, nesse caso, esperar a suspensão processual, podendo haver decretação da custódia assim que o juiz tomar conhecimento da certidão do oficial de justiça.

Uma vez que o réu compareça, voluntariamente ou por captura, será imediatamente interrogado, prosseguindo o processo em seus ulteriores termos.

3. Aplicação parcial da lei. É bem de ver que a Lei 9.271/96 possui natureza híbrida, pois prevê efeitos de ordem material (suspensão da prescrição) e de ordem processual (suspensão do processo). A suspensão do processo favorece o acusado, garantindo-lhe o direito de ser ouvido no processo, enquanto a suspensão do curso da prescrição lhe é desfavorável, por ampliar a punibilidade. Disso decorreu a discussão sobre a possibilidade de aplicação parcial da lei aos processos em curso quando da entrada em vigor da nova lei, já que a parte processual tem imediata aplicação aos processos em andamento, enquanto a matéria afeta à prescrição, sendo desfavorável, não poderia retroagir em prejuízo do réu. Pretendeu-se, então, aplicação parcial da lei, isto é, apenas no tocante à suspensão processual, sem o respectivo efeito de suspensão da prescrição. Não vingou, entre nós, essa idéia, orientando-se nossos tribunais pela impossibilidade de aplicação parcial da lei, considerando que ela tem essência processual e que a suspensão da prescrição constitui situação meramente incidental e incapaz de impedir a integral aplicação do novo artigo 366.[15]

4. Impugnação pela via recursal. Outra questão importante diz com a via recursal adequada à matéria. Em nossa posição, o recurso em sentido estrito constitui o meio cabível para impugnar decisões relativas ao artigo 366 do Código de Processo Penal. Não é dado ao legislador criar hipótese de sucumbência sem o respectivo remédio recursal, sob pena de ensejar a rejeição, no tecido processual, do instituto implantado. Não tendo a Lei n° 9.271/96 previsto recurso específico, mas sendo imperiosa sua adaptação à matriz processual preexistente, é de se reconhecer no recurso em sentido estrito a via recursal mais adequada à natureza das decisões correspondentes à suspensão processual. É essa a orientação predominante, embora já se tenha admitido a correição parcial e,

---

[13] "RECURSO EM SENTIDO ESTRITO. DELITO DE INCÊNDIO. REVELIA. ART. 366 DO CPP. PRODUÇÃO ANTECIPADA DE PROVA. PRISÃO PREVENTIVA. PARCIAL PROVIMENTO. Impossível a cisão do art. 366, devendo a norma ser aplicada de forma integral, dada a inexistência de qualquer ressalva no texto nesse sentido. Suspenso o processo, nos termos do art. 366, pertinente a produção antecipada de prova testemunhal, tendo em vista os efeitos da suspensão do processo por lapso temporal indefinido. A decretação da revelia do réu, por si só, não justifica pedido de prisão preventiva. Deve-se fazer prova da presença de alguma das hipóteses do art. 312 do CPP. (Recurso em Sentido Estrito Nº 70009846254, Quarta Câmara Criminal, Tribunal de Justiça do RS, Relator: Gaspar Marques Batista, Julgado em 18/11/2004)."

[14] Recurso em Sentido Estrito nº 70009846254, Quarta Câmara Criminal, Tribunal de Justiça do RS, Relator: Gaspar Marques Batista, Julgado em 18/11/2004.

[15] Nesse sentido: "RECURSO EM SENTIDO ESTRITO. Decisão que suspende o curso do processo em razão da revelia, aplicando o art. 366 do CPP, mas estabelece que não será suspenso o prazo prescricional. Impossível aplicação parcial da norma. Precedentes do STJ e deste Tribunal. Vício de inconstitucionalidade ausente. Decisão parcialmente reformada. RECURSO MINISTERIAL PROVIDO. POR MAIORIA. (Recurso em Sentido Estrito Nº 70008249393, Sexta Câmara Criminal, Tribunal de Justiça do RS, Relator: João Batista Marques Tovo, Julgado em 03/06/2004)."
"RECURSO EM SENTIDO ESTRITO. ART. 366 DO CPP. SUSPENSÃO DO PRAZO PRESCRICIONAL. PRISÃO PREVENTIVA. PROVIMENTO PARCIAL. O art. 366 prevê o sobrestamento tanto do processo como do curso do prazo prescricional, não podendo ser cindido. (Recurso em Sentido Estrito Nº 70010417087, Quarta Câmara Criminal, Tribunal de Justiça do RS, Relator: Gaspar Marques Batista, Julgado em 17/02/2005)."
"REVELIA. ART. 366 DO CPP. SUSPENSÃO DO PRAZO PRESCRICIONAL. OBRIGATORIEDADE. A suspensão do procedimento, estabelecida pelo artigo 366 do Código de Processo Penal, deve ser aplicada em conjunto com a suspensão do prazo prescricional. O texto legal não admite a cisão. Caso contrário, ele restará sem conteúdo e sem finalidade. DECISÃO: Recurso ministerial provido. Unânime. (Recurso em Sentido Estrito Nº 70010277713, Sétima Câmara Criminal, Tribunal de Justiça do RS, Relator: Sylvio Baptista Neto, Julgado em 23/03/2005)."

até mesmo, o recurso de apelação, invocando-se o princípio da fungibilidade recursal.[16]

Art. 367. O processo seguirá sem a presença do acusado que, citado ou intimado pessoalmente para qualquer ato, deixar de comparecer sem motivo justificado, ou, no caso de mudança de residência, não comunicar o novo endereço ao juízo. (Redação dada pela Lei nº 9.271, de 17.4.1996)

1. **Revelia**. A Lei nº 9.271/96 alterou o artigo em comento, que passou a disciplinar o instituto da revelia. Trata-se uma penalidade processual imposta ao réu contumaz, assim entendido o que não comparece ao processo ou muda de endereço sem comunicar o juízo. Decreta-se a revelia do réu contumaz que tenha sido citado ou intimado pessoalmente para qualquer ato processual. Portanto, considera-se revel tanto quem não atende a citação, quanto quem ignora intimação ou muda de endereço sem dar ciência ao juízo. Claro que a revelia não constitui fenômeno automático, dependendo de decisão judicial.

Na idade média, a ausência do acusado em juízo equivalia à confissão de culpabilidade (*contumax habetur pro convicto et confesso*), princípio incorporado ao direito processual civil, mas incompatível o processo penal, em face dos princípios da verdade real e da presunção de inocência. Assim, o único efeito da contumácia, no processo penal, é determinar o prosseguimento do processo independentemente de se dar ao acusado ciência dos atos processuais, com exceção da sentença. O revel pode, inclusive, ser julga-

---

[16] Nesse sentido: "RECURSO. SUSPENSÃO DO PROCESSO POR REVELIA. CABÍVEL RECURSO EM SENTIDO ESTRITO. Como se tem decidido, inclusive em Cortes Superiores, não se pode excluir a possibilidade de interpretação extensiva, bem como da analogia, nos casos que não são evidentemente excluídos pelo rol de hipóteses de cabimento do recurso em sentido estrito, concluindo, assim, que é cabível a interposição de recurso em sentido estrito contra a decisão que determina a suspensão do processo, em razão de interpretação analógica do inciso XVI do artigo 581 do Código de Processo Penal. Recurso conhecido como o Em Sentido Estrito.(Apelação Crime Nº 70006892780, Oitava Câmara Criminal, Tribunal de Justiça do RS, Relator: Sylvio Baptista Neto, Julgado em 12/11/2003)"
"RECURSO EM SENTIDO ESTRITO. 1. O recurso cabível para atacar decisão que determina a suspensão de processo criminal é o recurso em sentido estrito, forte no princípio da especialidade e na interpretação sistemática do C.P.P. (art. 581, inc. XVI) (Recurso em Sentido Estrito Nº 70008130296, Sexta Câmara Criminal, Tribunal de Justiça do RS, Relator: Aymoré Roque Pottes de Mello, Julgado em 13/05/2004)."
"Correição parcial. Imprescritibilidade. Não pode o legislador ordinário estabelecer novas formas de imprescritibilidade. O art. 366 do CPP, com a nova redação dada pela Lei n.º 9.271/96, só pode ser aplicado na parte em que não afronta os princípios da lei maior. Correição indeferida, por maioria. (Correição Parcial Nº 70001977073, Sexta Câmara Criminal, Tribunal de Justiça do RS, Relator: Paulo Moacir Aguiar Vieira, Julgado em 06/11/2003)."
"CORREIÇÃO PARCIAL – ARTIGO 366 DO CÓDIGO DE PROCESSO PENAL. RECURSO CABÍVEL. Embora seja posicionamento da câmara de que o recurso em sentido estrito é a irresignação cabível para a decisão que suspende o processo, sem, contudo, suspender o prazo prescricional, nos termos do art. 366 do Código de Processo Penal, também já se admitiu em algumas oportunidades a interposição de correição parcial, citando-se como exemplo o julgamento da correição parcial nº 698150091, ocorrido em 12/08/1998, da qual fui relator. (Correição Parcial Nº 70007704109, Oitava Câmara Criminal, Tribunal de Justiça do RS, Relator: Marco Antônio Ribeiro de Oliveira, Julgado em 17/12/2003)".
"PROCESSUAL PENAL. APELAÇÃO. CITAÇÃO POR EDITAL. REVELIA. SUSPENSÃO DO PROCESSO E DO PRAZO PRESCRICIONAL. RECURSO CABÍVEL. CONSTITUCIONALIDADE DO ART. 366 DO CPP. PRAZO DE DURAÇÃO DA SUSPENSÃO DA PRESCRIÇÃO. 1. RECURSO CABÍVEL. É cabível, no caso, a correição parcial – embora existam posições em contrário –, porque as hipóteses de recurso em sentido estrito são taxativas, não admitindo ampliação. Entretanto, forte no princípio da fungibilidade dos recursos, admite-se, ainda, o recurso de apelação como se correição parcial fosse. (Apelação Crime Nº 70006858062, Oitava Câmara Criminal, Tribunal de Justiça do RS, Relator: Roque Miguel Fank, Julgado em 10/12/2003)".
"PROCESSUAL PENAL. RECURSO EM SENTIDO ESTRITO. CITAÇÃO POR EDITAL. REVELIA. SUSPENSÃO DO PROCESSO E DO PRAZO PRESCRICIONAL. RECURSO CABÍVEL. CONSTITUCIONALIDADE DO ART. 366 DO CPP. PRAZO DE DURAÇÃO DA SUSPENSÃO DA PRESCRIÇÃO. TERMO INICIAL DA CAUSA IMPEDITIVA DA PRESCRIÇÃO. 1. RECURSO CABÍVEL. É cabível, no caso, recurso em sentido estrito. Entretanto, forte no princípio da fungibilidade dos recursos, admite-se, o recurso de apelação como se recurso em sentido estrito fosse. "CÓDIGO DE PROCESSO PENAL. ART. 366. APELAÇÃO CONHECIDA COMO RECURSO EM SENTIDO ESTRITO. REVELIA. SUSPENSÃO DO PROCESSO SEM QUE SEJA SUSPENSO O PRAZO PRESCRICIONAL. IMPOSSIBILIDADE. RECURSO MINISTERIAL PARCIALMENTE PROVIDO PARA SUSPENDER TAMBÉM O PRAZO PRESCRICIONAL. POR MAIORIA. (Apelação Crime Nº 70006488878, Sétima Câmara Criminal, Tribunal de Justiça do RS, Relator: Ivan Leomar Bruxel, Julgado em 01/04/2004)".
"APELAÇÃO CRIME. 1. Em preliminar. Tratando-se, a decisão recorrida, de interlocutória mista, a apelação também mostra-se hábil para atacá-la no plano recursal (art. 593, inc. II, do C.P.P.), aplicando-se à espécie, de qualquer sorte, o princípio da fungibilidade dos recursos. 2. No mérito. Citação por edital. Não comparecimento do réu ao processo. Decretação da revelia. Aplicação do art. 366 do C.P.P.: suspensão simultânea do processo e da fluência do prazo prescricional aplicável à espécie típica denunciada. No entanto, o lapso temporal da suspensão da prescrição (e do processo) fica adstrito, pela pena em abstrato aplicável à espécie, aos prazos do art. 109 do C.P.B. Eventualmente decorrido em branco este período de suspensão do lapso prescricional, o prazo deverá voltar a fluir normalmente pelo tempo prescricional remanescente, igualmente balizado na pena em abstrato e nos termos do art. 109 do C.P.B., pois o art. 366 do C.P.P. não tem o condão de instituir regime de imprescritibilidade dos delitos. PRELIMINAR CONTRA-RECURSAL REJEITADA. APELO PARCIALMENTE PROVIDO. (Apelação Crime Nº 70006420038, Sexta Câmara Criminal, Tribunal de Justiça do RS, Relator: Aymoré Roque Pottes de Mello, Julgado em 30/09/2004)".

do à revelia, ressalvada a hipótese prevista no § 1° do art. 451 do Código de Processo Penal, que se refere aos crimes inafiançáveis da competência do Tribunal do Júri.

2. Conseqüências. A despeito da revelia, é indispensável a presença de defensor do acusado, conforme preceitua o artigo 261 do Código de Processo Penal. Portanto, a revelia não impede o réu de constituir defensor particular para acompanhar o processo, nem de ser defendido pela Defensoria Pública ou, ainda, em último caso, por defensor dativo, caso não possa ou não queira contratar um advogado. Seja ou não constituído, o defensor do réu deve ser intimado dos atos processuais. É evidente que, tendo havido renúncia do advogado constituído, o acusado, mesmo revel, deve ser intimado para, querendo, constituir outro.

É nulo o processo diante da decretação de revelia sem justa causa, o que ocorre, por exemplo, quando o réu apresenta motivo justificado para o não-comparecimento.

O comparecimento do acusado implica o levantamento da revelia. Nada obsta, porém, seja novamente decretada, se houver nova contumácia.

Art. 368. Estando o acusado no estrangeiro, em lugar sabido, será citado mediante carta rogatória, suspendendo-se o curso do prazo de prescrição até o seu cumprimento. (Redação dada pela Lei nº 9.271, de 17.4.1996)

1. Citação por carta rogatória. A Lei n° 9.271/96 determinou a citação por carta rogatória em qualquer caso de estar o réu no estrangeiro, alterando a disciplina anterior, que admitia a citação por edital quando o crime fosse afiançável. Ante a nova redação, estando o réu em lugar conhecido de país estrangeiro, impõe-se a sua citação pessoal, mediante carta rogatória. A citação editalícia só poderá ocorrer quando desconhecido o paradeiro do réu no exterior.

Art. 369. As citações que houverem de ser feitas em legações estrangeiras serão efetuadas mediante carta rogatória. (Redação dada pela Lei nº 9.271, de 17.4.1996)

1. Citação em legações estrangeiras. Também deve ser feita mediante a expedição de carta rogatória a citação de quem se encontre em edifício de legação estrangeira. Conforme esclarece Basileu Garcia: "Pode tratar-se, por exemplo, de serviçal que ali tenha residência permanente, sem constituir, no exa-to sentido, um agregado. Ou de pessoa que ali se haja asilado".[17]

CAPÍTULO II
DAS INTIMAÇÕES

Art. 370. Nas intimações dos acusados, das testemunhas e demais pessoas que devam tomar conhecimento de qualquer ato, será observado, no que for aplicável, o disposto no Capítulo anterior. (Redação dada pela Lei nº 9.271, de 17.4.1996)

§ 1º A intimação do defensor constituído, do advogado do querelante e do assistente far-se-á por publicação no órgão incumbido da publicidade dos atos judiciais da comarca, incluindo, sob pena de nulidade, o nome do acusado. (Redação dada pela Lei nº 9.271, de 17.4.1996)

§ 2º Caso não haja órgão de publicação dos atos judiciais na comarca, a intimação far-se-á diretamente pelo escrivão, por mandado, ou via postal com comprovante de recebimento, ou por qualquer outro meio idôneo. (Redação dada pela Lei nº 9.271, de 17.4.1996)

§ 3º A intimação pessoal, feita pelo escrivão, dispensará a aplicação a que alude o § 1º. (Incluído pela Lei nº 9.271, de 17.4.1996)

§ 4º A intimação do Ministério Público e do defensor nomeado será pessoal. (Incluído pela Lei nº 9.271, de 17.4.1996)

1. Distinção entre citação e intimação. Tecnicamente, há distinção entre intimação e notificação. A intimação refere-se à ciência de atos processuais praticados, enquanto a notificação insta a parte a praticar determinado ato. A intimação, portanto, refere-se ao passado (atos praticados) e a notificação ao futuro (atos a praticar). O Código de Processo Penal, todavia, desconsidera a distinção; no cotidiano forense, ela não existe. Assim, intimações e notificações são formas de ciência de todos os atos processuais não abrangidos pela citação, que tem finalidade específica.

As intimações e notificações seguem as mesmas formalidades aplicáveis à citação, no que couber. Observam-se, portanto, as particularidades relativas às pessoas residentes em outra comarca (carta precatória) ou no exterior (carta rogatória), bem como militares, funcionários públicos e réus presos. Exige-se, no processo penal, intimação do réu e seu defensor, não bastando a intimação de um ou de outro.

---

[17] GARCIA, Basileu. *Comentários ao código de processo penal.* V. 3. Rio de Janeiro: Revista Forense, 1945, p. 414.

2. **Intimação pela via oficial**. A Lei n° 9.271/96, dando nova redação ao artigo 370 e seus parágrafos, autorizou que a intimação do defensor constituído, do advogado do querelante e do assistente seja feita pelo órgão de publicação oficial existente na comarca, incluindo, sob pena de nulidade, o nome do acusado. Não havendo órgão oficial de publicação, a intimação será feita por mandado ou via postal.

A intimação do réu deve ser sempre pessoal, pois não está abrangida pelo § 1° do art. 370. O réu preso deverá, ainda, ser requisitado ao diretor do estabelecimento penal. Em se tratando de militar, deve ser requisitado ao seu superior. Em se tratando de funcionário público, deverá haver comunicação da sua chefia.

Também a testemunha deve ser intimada pessoalmente. Se estiver presa, sua apresentação será requisitada ao diretor do estabelecimento penal. Em se tratando de militar, a requisição será dirigida ao superior hierárquico. Em se tratando de funcionário público, impõe-se a notificação do chefe da repartição.

O defensor constituído será intimado mediante publicação no órgão oficial, se houver, ou por via postal, com comprovante de recebimento. Em se tratando de defensor dativo ou Defensor Público, a intimação deve ser pessoal, como determina o artigo 5°, § 5°, da Lei n° 1.060/50, acrescido pela Lei n° 7.871/89, sob pena de nulidade.

3. **Intimação do Ministério Público**. Em qualquer processo ou grau de jurisdição, a intimação do membro do Ministério Público deve ser pessoal, com entrega dos autos com vista, conforme estabelece o artigo 41, IV, da Lei n° 8.625/93 (LONMP). Quanto à intimação do Ministério Público, pode haver divergência entre o "ciente" do agente ministerial e a certidão de ciência lavrada pelo cartório. Nesse caso, há três posições: 1) prevalece a data em que houve ciência inequívoca do membro do Ministério Público (HC, 25177, 6ª Turma, Rel. Ministro Paulo Gallotti, 04.11.2003); 2) prevalece a data da efetiva entrega dos autos com vista (STJ, Resp 585356/SP, 5ª Turma, Relator Min. José Arnaldo da Fonseca); 3) prevalece a data do registro de recebimento dos autos no protocolo do Ministério Público (RESP 628621/DF, Corte Especial, Rel. Min. Carlos Alberto Menezes Direito, DJ de 06.09.2004).

A primeira posição é a mais consentânea com o cotidiano dos agentes do Ministério Público, que nem sempre têm condições de examinar os autos no dia em que estes saem do cartório judicial ou que ingressam no serviço da Instituição. Imagine-se que um Promotor de Justiça realize um extenso julgamento pelo Tribunal do Júri, ficando vários dias – do estudo dos autos até o plenário – sem comparecer no seu gabinete. Nesse caso, é evidente que não poderá ter ciência dos autos. O mesmo ocorrerá com um Promotor de Justiça que receba, numa só carga, uma centena de inquéritos policiais para exame, sendo evidente que não terá efetiva vista dos cem inquéritos no mesmo dia. Não se olvide que, em face do princípio da obrigatoriedade da ação penal e do notório crescimento da demanda penal, a sobrecarga de juízes, promotores e defensores públicos é uma inarredável realidade. Assim, a intimação do Ministério Público deve ser considerada a partir de sua ciência efetiva dos autos, sem prejuízo de responsabilização por eventual abuso ou irregularidade.

Admite-se intimação do advogado constituído por carta com aviso de recebimento, quando não houver órgão de publicação oficial, mas não ao acusado.

A intimação pessoal, feita pelo escrivão, dispensa a publicação no órgão oficial, podendo ser feita, inclusive, pela simples leitura, do despacho judicial para a pessoa a ser intimada, devendo o escrivão ou oficial certificar o ocorrido.

4. **Início do prazo**. A jurisprudência diverge se o início do prazo deve fluir da efetiva intimação ou da juntada aos autos do mandado ou da carta precatória de intimação, por analogia com o art. 241 do CPC, com a redação da Lei n° 8.710/93. Posteriormente, em 24.09.2003, o STF aprovou a Súmula 710, com o seguinte teor: "No processo penal, contam-se os prazos da data da intimação, e não da juntada aos autos do mandado ou da carta precatória ou de ordem".[18]

É matéria sumulada, no Supremo Tribunal Federal, que quando a intimação tiver lugar na sexta-feira, ou a publicação com efeito de intimação for feita nesse dia, o prazo judicial terá início na segunda-feira imediata, salvo se não houver expediente, caso em que começará no primeiro dia útil que se seguir (Súmula 310).

Registre-se, ainda, que a lei prevê regras especiais para a intimação da sentença, no artigo 392 do Código de Processo Penal.

Art. 371. Será admissível a intimação por despacho na petição em que for requerida, observado o disposto no art. 357.

1. **Intimação através da própria petição**. Permite a lei que a intimação pessoal, ao invés de ser

---

[18] Nesse sentido: "PROCESSO PENAL. PRAZO. SÚMULA 710 STF. Contam-se os prazos, no processo penal, da efetiva intimação e não da juntada da carta precatória. Precedentes desta Corte. (Embargos Infringentes Nº 70007511728, Segundo Grupo de Câmaras Criminais, Tribunal de Justiça do RS, Relator: Gaspar Marques Batista, Julgado em 12/03/2004)".

feita por mandado, seja feita por despacho do juiz na petição a ele dirigida. Para tanto, o oficial de justiça ou o escrivão fará a leitura da petição e do respectivo despacho à pessoa a ser cientificada, entregando-lhe contra-fé e certificando o cumprimento – ou não – da diligência e eventuais incidentes.

Art. 372. Adiada, por qualquer motivo, a instrução criminal, o juiz marcará desde logo, na presença das partes e testemunhas, dia e hora para seu prosseguimento, do que se lavrará termo nos autos.

1. **Intimação em audiência**. O artigo em comento trata da intimação em audiência, no caso de adiamento de ato instrutório. Com efeito, tendo de ser adiada a inquirição de testemunha, por exemplo, ou o interrogatório do réu, com a designação de nova data, a designação será consignada no termo de audiência, ficando os presentes intimados.

Interdição de Direitos e Medidas de Segurança
(arts. 373 a 380)

Os artigos 373 a 380 estão revogados pelos artigos 147, 171 e 172 da Lei de Execução Penal (Lei nº 7.210/84).

TÍTULO XI
DA APLICAÇÃO PROVISÓRIA DE INTERDIÇÕES DE DIREITOS E MEDIDAS DE SEGURANÇA

Art. 373. A aplicação provisória de interdições de direitos poderá ser determinada pelo juiz, de ofício, ou a requerimento do Ministério Público, do querelante, do assistente, do ofendido, ou de seu representante legal, ainda que este não se tenha constituído como assistente:

I – durante a instrução criminal após a apresentação da defesa ou do prazo concedido para esse fim;

II – na sentença de pronúncia;

III – na decisão confirmatória da pronúncia ou na que, em grau de recurso, pronunciar o réu;

IV – na sentença condenatória recorrível.

§ 1º No caso do nº I, havendo requerimento de aplicação da medida, o réu ou seu defensor será ouvido no prazo de 2 (dois) dias.

§ 2º Decretada a medida, serão feitas as comunicações necessárias para a sua execução, na forma do disposto no Capítulo III do Título II do Livro IV.

Art. 374. Não caberá recurso do despacho ou da parte da sentença que decretar ou denegar a aplicação provisória de interdições de direitos, mas estas poderão ser substituídas ou revogadas:

I – se aplicadas no curso da instrução criminal, durante esta ou pelas sentenças a que se referem os ns. II, III e IV do artigo anterior;

II – se aplicadas na sentença de pronúncia, pela decisão que, em grau de recurso, a confirmar, total ou parcialmente, ou pela sentença condenatória recorrível;

III – se aplicadas na decisão a que se refere o nº III do artigo anterior, pela sentença condenatória recorrível.

Art. 375. O despacho que aplicar, provisoriamente, substituir ou revogar interdição de direito, será fundamentado.

Art. 376. A decisão que impronunciar ou absolver o réu fará cessar a aplicação provisória da interdição anteriormente determinada.

Art. 377. Transitando em julgado a sentença condenatória, serão executadas somente as interdições nela aplicadas ou que derivarem da imposição da pena principal.

Art. 378. A aplicação provisória de medida de segurança obedecerá ao disposto nos artigos anteriores, com as modificações seguintes:

I – o juiz poderá aplicar, provisoriamente, a medida de segurança, de ofício, ou a requerimento do Ministério Público;

II – a aplicação poderá ser determinada ainda no curso do inquérito, mediante representação da autoridade policial;

III – a aplicação provisória de medida de segurança, a substituição ou a revogação da anteriormente aplicada poderão ser determinadas, também, na sentença absolutória;

IV – decretada a medida, atender-se-á ao disposto no Título V do Livro IV, no que for aplicável.

Art. 379. Transitando em julgado a sentença, observar-se-á, quanto à execução das medidas de segurança definitivamente aplicadas, o disposto no Título V do Livro IV.

Art. 380. A aplicação provisória de medida de segurança obstará a concessão de fiança, e tornará sem efeito a anteriormente concedida.

Sentença
(arts. 381 a 393)

David Medina da Silva

Promotor de Justiça no Rio Grande do Sul, Pós-Graduado em Direito Público e Professor da Escola Superior do Ministério Público.

1. Introdução. A palavra "sentença" deriva do latim: *sententia*. Significa "dizer o que sente". Daí que a sentença encerra o sentimento do juiz em relação à causa, sua conclusão. Recaséns Siches enfatiza a importância do sentimento do juiz, pois, ao julgar, o juiz sente e declara o que sente. A sentença é, no sentido processual, o ato processual privativo do juiz, por meio do qual o Estado soluciona uma questão processual ou a própria lide.

Em sentido próprio ou estrito, sentença é a decisão judicial que soluciona a causa, definição que se extrai da legislação processual civil, ao definir sentença como "o ato pelo qual o juiz põe termo ao processo decidindo ou não o mérito da causa"(CPC, art. 162, § 1°). Em sentido amplo, sentença é qualquer manifestação judicial com conteúdo decisório, excluindo-se, portanto, os despachos meramente ordinatórios.

2. Classificação das sentenças em sentido próprio. 1) Quanto ao conteúdo: a) condenatória, quando julga procedente, total ou parcialmente, a acusação; b) absolutória, quando julga improcedente a acusação, subdividindo-se em absolutória própria, que não impõe qualquer sanção ao acusado, e absolutória imprópria, que aplica medida de segurança; b) terminativa de mérito, quando não condena nem absolve, mas, ainda assim, decide o mérito da causa, como a decretação da extinção da punibilidade, por exemplo. 2) Quanto ao sujeito: a) subjetivamente simples: proferida pelo juiz singular; b) subjetivamente plúrima: proferida por órgão colegiado homogêneo, como as câmaras dos tribunais; c) subjetivamente complexa: proferida por órgãos distintos, como ocorre, por exemplo, no Tribunal do Júri, em que os jurados decidem o mérito, e o juiz aplica a pena.

3. Sentença em sentido amplo. É qualquer manifestação judicial com conteúdo decisório, excluindo-se, portanto, os despachos meramente ordinatórios. Não se trata, tecnicamente, de sentença, mas de decisão. Classificação: a) decisões interlocutórias simples: solucionam questões afetas à tramitação processual (recebimento da denúncia, deferimento de busca e apreensão, prisão preventiva etc.); b) decisões interlocutórias mistas: têm cunho decisório mais profundo, podendo extinguir o processo sem julgamento do mérito, como ocorre na impronúncia (*interlocutórias mistas terminativas*), ou extinguir apenas uma etapa do procedimento, o que se verifica, por exemplo, com a pronúncia (*interlocutórias mistas não terminativas*).

TÍTULO XII
DA SENTENÇA

Art. 381. A sentença conterá:
I – os nomes das partes ou, quando não possível, as indicações necessárias para identificá-las;
II – a exposição sucinta da acusação e da defesa;
III – a indicação dos motivos de fato e de direito em que se fundar a decisão;
IV – a indicação dos artigos de lei aplicados;
V – o dispositivo;
VI – a data e a assinatura do juiz.

1. Requisitos da sentença. Os requisitos extrínsecos respeitam aos aspectos pelos quais a sentença manifesta, de forma válida, seu conteúdo decisório. A sentença deve ser escrita ou reduzida a termo, quando proferida em audiência, seja no rito sumário (CPP, art. 538, § 2°) ou nos procedimentos especiais, tal como previsto para os crimes de abuso de autoridade (Lei n° 4.898/65) e de entorpecentes (Lei n° 11.343/06). Nos termos do art. 388 do CPP, a sentença será datilografada (estando autorizada, obviamente, a impressão por computador) e rubricada em todas as folhas, devendo conter, na última lauda, a data e a assinatura do juiz (art. 381, IV). A MP n° 2.200-2, de 24 de agosto de 2001, instituiu o uso da assinatura eletrônica. Quanto ao idioma, a linguagem deve ser escrita no vernáculo, sendo praxe comum a utilização de termos latinos e estrangeiros incorporados ao jargão forense, como *res* e *parquet*, por exemplo. Os requisitos intrínsecos ou formais são o relatório, a fundamentação e a conclusão ou dispositivo.

2. Relatório. Integra o relatório a identificação das partes, bem como o histórico do que ocorreu nos autos. Assim, o juiz fixa os limites subjetivos de sua decisão, ou seja, a quem especificamente a sentença se refere, e demonstra, por outro lado, que tomou integral conhecimento do conteúdo dos autos. Consoante o inciso I do art. 381, deve a sentença conter o nome das partes ou, quando não for possível, as indicações necessárias para identificá-las. A lei consagra a idéia de identidade física, que sujeita ao processo indivíduo bem determinado, ainda que mal identificado formalmente. Assim, erros na identificação do acusado não viciam a sentença se for possível individualizar com precisão a pessoa do réu. Igualmente, não constitui nulidade a ausência do nome da vítima.

Também não se anula a sentença por omissões no relatório, quando tais omissões decorram de má técnica ou simples erro material, sendo essencial verificar se o relatório cumpriu seu objetivo: demonstrar que o juiz tomou conhecimento dos autos. Desde que fique claro, no relatório, que o juiz examinou os autos, não causa nulidade o seu laconismo ou eventual omissão. Assim, não se anula a sentença que não mencionou as alegações das partes no relatório, se, no bojo da decisão, fica claro o exame das teses da defesa e da acusação.

3. Fundamentação. Por imperativo constitucional, todos os julgamentos dos órgãos do Poder Judiciário devem ser fundamentados, sob pena de nulidade (Constituição Federal, art. 93, IX). Assim, estabelece o artigo 381, III, do CPP, que a sentença deve conter "a indicação dos motivos de fato e de direito em que se fundar a decisão". A motivação é, sobretudo, uma garantia das partes e do próprio Estado contra decisões arbitrárias, já que o juiz, ao motivar, demonstra o raciocínio lógico-jurídico adotado na solução da lide, propiciando ao interessado conformar-se com a decisão ou hostilizá-la pela via recursal pertinente. Além disso, a motivação constitui um corolário do *princípio do livre convencimento motivado*, que o CPP estabelece no artigo 157, pelo qual o juiz pode, livremente e sem critérios apriorísticos, valorar os elementos de prova carreados aos autos, optando pela vertente probatória que entenda mais adequada, desde que o faça fundamentadamente.

A fundamentação é tão importante, que a sua falta ou deficiência grave enseja a nulidade da sentença. Por conseguinte, também é nula sentença quando a fundamentação se funda em prova anulada ou se limita a adotar as razões lançadas nos autos por uma das partes. Igualmente, é nula a sentença que simplesmente reproduz fundamentação expendida no mesmo ou em outro processo. Portanto, sob pena de nulidade, a sentença deve ter fundamentação própria, embora possa aludir ou parafrasear trechos de outras decisões e de argumentos das partes. Vale dizer que o ao juiz não é dado, de forma alguma, a pretexto de evitar tautologia, adotar como seus os motivos da acusação ou da defesa.

De outra parte, não é nula a sentença com motivação sucinta ou mesmo deficiente, quando deixa claro que o juiz enfrentou todas as questões e teses suscitadas no processo, inclusive pelo próprio réu, no interrogatório. O importante, como se disse, é que a parte possa conhecer os critérios fáticos e jurídicos que influenciaram a convicção do julgador.

4. Conclusão. A conclusão da sentença nada mais é do que a síntese do juiz em relação ao mérito da causa, estabelecendo "a indicação dos artigos de lei aplicados" (inc. IV) e o "dispositivo" (inc. V). Assim, ao concluir, deve o juiz estabelecer os limites legais do julgamento, indicando os artigos que sustentam a decisão, bem como "dispor" – daí a expressão "dispositivo" – sobre o resultado da ação penal. É no dispositivo, portanto, que o julgador, de modo expresso e direto, "condena" ou "absolve" o acusado, declara extinta a punibilidade pela prescrição ou outra causa, etc.

5. Nulidade da sentença. De um modo geral, é nula a sentença sem relatório, sem fundamentação ou sem dispositivo. Também é nula a sentença em que a conclusão não está de acordo com a fundamentação (*sentença suicida*).[1] Da mesma forma, a falta ou incorreção dos artigos de lei, na conclusão, podem ensejar a nulidade se não for possível compreender, sem esforço, os limites legais da decisão. Nula é a sentença que não examina, ainda que sucintamente, qualquer das teses suscitadas, inclusive pelo réu, pessoalmente, no interrogatório. Também o silêncio quanto a alguma tese subsidiária ou questão preliminar eiva a sentença de nulidade, por configurar cerceamento de acusação ou de defesa. Embora o juiz não esteja vinculado à prova pericial (CPP, art. 182),

---

[1] "Dizendo-se, na fundamentação da sentença, que um dos delitos se apresenta na forma tentada, e não constando a tentativa para qualquer dos crimes, na conclusão, a contradição acarreta nulidade do *decisum*, não se podendo presumir onde o Juiz não esclareceu. Apelo parcialmente provido, para decretar-se a nulidade da sentença" (TJRS, Revista de Jurisprudência 162/112).

deve ele fundamentar a rejeição de laudo técnico, sob pena de nulidade.

Os chamados *erros materiais*, facilmente supríveis por raciocínio elementar, geralmente decorrentes de mera desatenção e incapazes de gerar prejuízos, não dão causa à anulação da sentença, sendo sanáveis a qualquer tempo, inclusive de ofício.

6. **Sentença no Tribunal do Júri**. No Tribunal do Júri, ante o princípio do sigilo das votações, previsto no artigo 5º, XXXVIII, *b*, da Constituição Federal, que é especial em relação ao disposto no artigo 93, IX, do mesmo texto, a sentença do juiz-presidente nao contém fundamentação, limitando-se, após o relatório, a declarar o resultado da votação e, em caso de condenação, aplicar a pena. Excetua-se a hipótese de *desclassificação própria*, em que os jurados negam a prática de crime doloso contra a vida, o que determina a competência plena do juiz-presidente para julgar segundo sua própria convicção, devendo, pois, fundamentar a sentença.

7. **Sentença no JECRIM**. É dispensado o relatório nas sentenças proferidas em processos perante o Juizado Especial Criminal (Lei nº 9.099/95 art. 81, § 3º).

Art. 382. Qualquer das partes poderá, no prazo de 2 (dois) dias, pedir ao juiz que declare a sentença, sempre que nela houver obscuridade, ambigüidade, contradição ou omissão.

1. **Embargos de declaração**. Versa o dispositivo, segundo expressão usual na praxe forense, sobre os chamados "embarguinhos", os quais são oponíveis contra sentenças, já que o art. 619 do CPP disciplina os embargos de declaração relativos a acórdãos. Trata-se da via recursal destinada à correção de erros que comprometem a compreensão da sentença. A lei estabelece as hipóteses de cabimento dos embargos no art. 382 do CPP, a saber: *a) obscuridade*: falta de clareza quanto a um dos aspectos do julgado, como a dúvida em relação à quantidade de pena aplicada, por exemplo; *b) ambigüidade*: quando é possível haver mais de uma interpretação sobre o mesmo aspecto do julgado, como ocorre quando o juiz declara "a perda da arma apreendida em favor do Estado", por exemplo; *c) contradição*: quando há colisão entre aspectos do julgado, como ocorre, por exemplo, quando o juiz estabelece numa sentença absolutória que o réu deve arcar com as custas do processo; *d) omissão*: quando o juiz não se manifesta sobre ponto relevante, como o regime de pena, por exemplo. Embora haja previsão de embargos apenas contra sentença ou acórdão (CPP, art. 619), o recurso é oponível contra outras decisões, enquanto não se operar a preclusão.

2. **Caráter não-infringente**. Os embargos de declaração não modificam o mérito da sentença, servindo, apenas, para aclarar seu conteúdo ou alcance. A correção dos aspectos essenciais da sentença reclama recurso de apelação. Importa salientar, porém, que o efeito infringente pode excepcionalmente ocorrer, quando a correção do erro material implicar substancial modificação do *decisum*.[2] É o que ocorre, por exemplo, quando se corrige contradição na pena-base fixada, modificando-se, por conseguinte, a pena definitiva e o regime carcerário.[3] Já se conferiu efeito infringente a embargos de declaração para fins de reconhecimento de crime continuado e conseqüente alteração da pena aplicada.[4]

3. **Processamento e efeitos**. Os embargos são oponíveis, por simples petição, no prazo de dois dias, contados da intimação da sentença, dispensando a oitiva da parte contrária.

Quanto ao prazo de interposição do recurso principal, há duas posições: 1ª) os embargos de declaração *interrompem* o prazo para interposição do recurso principal, por analogia com o disposto no art. 538 do Código de Processo Civil; 2ª) os embargos declaratórios *suspendem* o prazo para interposição do recurso principal, por analogia com o art. 83, § 2º, da Lei nº 9.099/95. Parece-nos correta a segunda posição (efeito suspensivo dos embargos de declaração), pois as lacunas da lei processual penal devem ser integradas, preferencialmente, com dispositivos processuais penais, buscando uniformidade sistêmica. Com efeito, não se justifica analogia com a esfera cível, se a área criminal provê norma integradora adequada.

---

[2] EMBARGOS DECLARATÓRIOS. PRETENSÃO DE MODIFICAÇÃO DO JULGADO. NÃO-CONHECIMENTO. Sabe-se que os embargos declaratórios podem possuir efeito infringente, mas apenas quando o suprimento da ambigüidade, obscuridade, contradição ou omissão importar, necessariamente, na retificação do julgado. Se, na verdade, o que embargante pretende, através dos embargos, é a mudança da decisão, eles não devem ser conhecidos. Caso a parte não concorde com a decisão, deve dispor de outros recursos, não dos embargos. Embargos não-conhecidos. (Embargos de Declaração nº 70013941513, Oitava Câmara Criminal, Tribunal de Justiça do RS, Relator: Marco Antônio Ribeiro de Oliveira, Julgado em 15/03/2006)

[3] Embargos de Declaração nº 70010203693, Sétima Câmara Criminal, Tribunal de Justiça do RS, Relator: Vanderlei Teresinha Tremeia Kubiak, Julgado em 25/11/2004.

[4] Embargos de Declaração nº 70008701740, Terceira Câmara Criminal, Tribunal de Justiça do RS, Relator: José Antônio Hirt Preiss, Julgado em 20/05/2004).

Acolhidos os embargos, eles não modificam o teor da decisão (*item 2, supra*), limitando-se a sanar o ponto obscuro, ambíguo, contraditório ou omisso.

4. Embargos declaratórios no JECRIM. A Lei n°. 9.099/95, no seu artigo 83 e parágrafos, prevê regras especiais para os embargos declaratórios: prazo de cinco dias e suspensão do prazo do recurso principal, não havendo esse efeito quando se tratar de acórdão.

Art. 383. O juiz poderá dar ao fato definição jurídica diversa da que constar da queixa ou da denúncia, ainda que, em conseqüência, tenha de aplicar pena mais grave.

1. *Emendatio libelli*. O réu defende-se dos fatos narrados e não da capitulação legal atribuída pelo órgão acusador. Isso significa que o juiz, ao sentenciar, deve ater-se aos fatos que foram descritos na peça acusatória, pouco importando os artigos da lei penal mencionados pela acusação: *narra mihi factum dabo tibi jus*, ou seja, narra-me o fato e te darei o direito (*jura novit curia*). Isso expressa, na sentença penal, o chamado *princípio da correlação*, pelo qual a sentença deve ater-se aos fatos constantes na denúncia ou na queixa, não podendo julgar *citra, extra* ou *ultra petita*.

Assim, não pode o juiz, *sponte sua* e sem qualquer aviso às partes, julgar por um crime de menor ou maior gravidade, tampouco incluir na sentença um crime ou circunstância que não foi descrita. Pode o julgador, todavia, corrigir a capitulação dada ao fato, pois, afinal, o juiz conhece o direito. Nesse caso, vislumbrando que o fato narrado não corresponde à capitulação dada pela acusação, ajustando-se, isto sim, a outro dispositivo penal, o juiz pode corrigir a capitulação na sentença, sem qualquer comunicação às partes, ainda que tal correção implique a aplicação de pena mais alta. Não se trata, pois, de uma correção acerca do fato, mas do direito aplicável, o que se denomina *emendatio libelli*. Não há, nesse caso, violação ao princípio da correlação.

2. *Emendatio libelli* **e Desclassificação.** Ensina BASILEU GARCIA:[5] "A mudança de definição jurídica, pela sentença, pode operar-se, pois, para corrigir a que tenha sido errônea ou impropriamente proposta pelo acusador, e também para desclassificar o delito, excluindo algum elemento indicado na denúncia ou queixa (...). Pode o juiz, divergindo da capitulação do crime constante da denúncia ou queixa, impor, em confronto com a solução penal proposta por estas, pena equivalente, maior ou menor. Na última hipótese é que se terá, conforme o sentido usual do vocábulo, uma desclassificação. Nas outras duas, mais exatamente, haverá simples inovação no enquadramento jurídico do fato". Pode o juiz, portanto, desclassificar um crime consumado para um crime tentado, porque este está sempre contido naquele. Todavia, nem sempre poderá desclassificar uma lesão corporal gravíssima para uma lesão de natureza grave, pois é possível que a circunstância qualificadora de lesão grave não conste, sequer implicitamente, na denúncia.

3. **Dispensa de manifestação das partes.** A *emendatio libelli* dispensa manifestação de qualquer das partes, pois constitui correção da matéria jurídica, sem qualquer alteração da matéria de fato da qual o réu se defende.

4. *Emendatio libelli* **na ação penal privada.** Não há vedação à adoção da *emendatio libelli* na ação penal privada.

5. **Descrição implícita.** Admite-se *emendatio libelli* mesmo quando um fato ou circunstância não esteja explícito na peça acusatória, desde que sua presença esteja, ao menos implicitamente, contida na descrição. Por exemplo, o juiz pode reconhecer a majorante de crime praticado em lugar ermo, prevista para o crime de abandono de incapaz (art. 133, § 3°, I, do CP), ainda que a denúncia não descreva nem tipifique tal circunstância, se estiver descrito, por exemplo, que o local do fato foi uma ilha deserta.

6. *Emendatio libelli* **em segundo grau.** Admite-se *emendatio libelli* em segundo grau, salvo se o recurso for exclusivo da defesa e a correção implicar aplicação de pena mais grave, pois é vedada a *reformatio in pejus*.

7. **Nova classificação jurídica do fato e incompetência do juízo.** Vide nota ao art. 384, item 11.

Art. 384. Se o juiz reconhecer a possibilidade de nova definição jurídica do fato, em conseqüência de prova existente nos autos de circunstância elementar, não contida, explícita ou implicitamente, na denúncia ou na queixa, baixará o processo, a fim de que a defesa, no prazo de 8 (oito) dias, fale e, se quiser, produza prova, podendo ser ouvidas até três testemunhas.

Parágrafo único. Se houver possibilidade de nova definição jurídica que importe aplicação de pena mais grave, o juiz baixará o processo, a fim de que o Ministério Público possa aditar a denúncia ou a queixa, se em virtude desta houver sido instaurado o processo em crime de ação pública, abrindo-se, em seguida, o prazo de 3 (três) dias à defesa, que

---

[5] Comentários ao Código de Processo Penal, V. III, Rio de Janeiro: Revista Forense, 1945, p. 500-501.

poderá oferecer prova, arrolando até três testemunhas.

1. *Mutatio libelli*. Em regra, o juiz só pode condenar o réu pelos fatos contidos na denúncia ou na queixa (princípio da correlação). Excepcionalmente, porém, diante de algum elemento trazido ao processo, poderá haver a necessidade de condenação por fato diverso, não contido explícita ou implicitamente na peça acusatória, caso em que o juiz não poderá fazê-lo sem atentar para as formalidades previstas no artigo em comento. É a hipótese de *mutatio libelli*, ou seja, mudança da acusação.

A lei utiliza linguagem imprecisa ao se referir a "circunstância elementar, não contida explícita ou implícitamente, na denúncia ou na queixa". Trata-se, na verdade, de qualquer dado capaz de modificar o tipo penal ou alterar-lhe as conseqüências, podendo, pois, referir-se ao tipo elementar, ao tipo qualificado ou causa de modificação da pena. Importa que se trate de um dado novo, não contido, sequer implicitamente, na denúncia ou na queixa

Quanto às agravantes, o art. 385 autoriza reconhecimento, pelo juiz, independentemente de qualquer alegação.

2. **Distinção entre *mutatio* e *emendatio libelli*.** Conforme consta no item XII da Exposição de Motivos do CPP, há *emendatio libelli* quando "o fato apurado no sumário é idêntico ao descrito na denúncia ou queixa, mas esta o classificou erradamente"; há *mutatio libelli* quando "o fato apurado ocorreu em circunstâncias diversas não contidas explícita ou implicitamente na peça inicial do processo, e estas deslocam a classificação". Em outras palavras, se a classificação se altera em face de capitulação equivocada na denúncia ou queixa, a hipótese é de *emendatio libelli*. Se a nova classificação decorre de alteração dos fatos descritos, afigura-se *mutatio libelli*. Numa, ocorre uma alteração do fato descrito (*mutatio*), enquanto na outra ocorre alteração do direito aplicável, apenas (*emendatio*).

3. ***Mutatio libelli* sem aditamento.** Quando a alteração do fato não implicar a aplicação de pena mais grave, o *caput* do artigo determina que a única providência a ser tomada pelo juiz é a devolução dos autos à defesa, para que se manifeste no prazo de oito dias, podendo arrolar até três testemunhas numerárias. A lei dispensa, neste caso, qualquer manifestação acusatória. Embora se trate da aplicação de pena mais grave, a providência exigida decorre do fato de que o réu não se defendeu da nova circunstância, não podendo, pois, ser condenado por ela sem prévia manifestação.

4. *Mutatio libelli* com aditamento. Quando a pena a ser aplicada, em face da alteração, for mais grave e, portanto, prejudicial ao acusado, o parágrafo único do artigo 384 exige a devolução dos autos ao Ministério Público para aditamento, ou seja, para que o órgão acusador proceda à correção da acusação, acrescentando o dado novo faltante. A seguir, os autos devem ir com vista à defesa, para que se manifeste, podendo arrolar até três testemunhas numerárias. Tal ocorre, por exemplo, quando o juiz entende que o delito praticado é de roubo, e não de furto.

O prazo para o Ministério Público oferecer aditamento é de três dias, por analogia com o art. 46, § 2º, do Código Penal. Caso o Ministério Público recuse-se a apresentar aditamento, o juiz deverá aplicar, por analogia, o art. 28 do CPP, remetendo os autos ao Procurador-Geral.

Nada impede, porém, que o Ministério Público, antecipando-se ao magistrado, ofereça aditamento de ofício, caso em que o juiz, recebendo-o, mandará os autos à defesa, como determina o parágrafo único do art. 384.

Ao oferecer o aditamento, o Ministério Público não pode arrolar testemunhas, pois a prova do fato novo deve ter surgido no curso da instrução.

A lei não exige nova citação ou novo interrogatório, bastando oportunizar à defesa manifestação e rol de testemunhas.

5. **Desclassificação de crime doloso para crime culposo.** A culpa é totalmente estranha ao dolo. Portanto, em caso de desclassificação, deve ser ouvida a defesa, na forma do art. 384, *caput*, do CPP, salvo se a denúncia descreva circunstâncias que configuram culpa, mas tenham sido capituladas como dolo. Neste caso, em que se opera correção da capitulação, apenas, afigura-se a hipótese do art. 383 do CPP.

6. *Mutatio libelli* e *mutatio actionis*. A *mutatio libelli* só é possível para a redefinição do fato em virtude de novas provas, como a alteração de furto para roubo, por exemplo, diante de prova de ter havido violência à pessoa por ocasião da subtração. A lei não autoriza a *mutatio actionis*, que consiste na inclusão de crime novo. A acusação por crime distinto reclama a propositura de nova ação penal, salvo quando se tratar de crime conexo, ante a regra do art. 79 do CPP. Todavia, mesmo no caso de crime conexo, impõe-se a instauração de novo processo, se verificada alguma das hipóteses do art. 80 do CPP.

7. *Mutatio libelli* em segunda instância. Consoante a Súmula 453 do Supremo Tribunal Federal, "não se aplicam à segunda instância o art. 384 e parágrafo único do Código de Processo Penal, que possibilitam dar nova definição jurídica do fato delituo-

so, em virtude de circunstância elementar não contida, explicitamente na denúncia ou na queixa".

8. **Mutatio libelli em ação penal privada**. Em face do princípio da disponibilidade da ação penal privada, nesta só tem aplicação a *mutatio libelli sem aditamento*, pois não pode o juiz obrigar o querelante a aditar. A *mutatio libelli com aditamento* é cabível, todavia, no caso de ação penal privada subsidiária, porquanto regida pelo princípio da indisponibilidade, cumprindo ao Ministério Público promover o aditamento.

9. *Mutatio libelli* **e sentença**. A despeito da *mutatio libelli*, o juiz não fica adstrito à nova definição, podendo condenar de acordo com ela ou com a definição original, ou até mesmo absolver o réu.

10. **Outras hipóteses de aditamento**. O art. 569 do CPP prevê que as omissões da denúncia e da queixa podem ser supridas a todo tempo, antes da sentença final. Assim, independentemente dos artigos 383 e 384 do CPP, o aditamento é admitido até a sentença. Note-se, porém, que o aditamento destina-se, em regra, à correção de erros materiais ou à redefinição jurídica do fato (*mutatio libelli*), sendo vedada a *mutatio actionis*. Assim, a inclusão de fato novo reclama a propositura de nova ação penal (*novatio actionis*).

Em se tratando, contudo, de hipótese de conexão ou continência, o aditamento poderá ser ofertado para incluir o crime conexo, em face da unidade de processo e julgamento estabelecida pelo art. 79 do CPP, ressalvado, evidentemente, o disposto no art. 80, que prevê a separação dos processos para determinados casos. Ora, se houver prejuízo para a marcha do processo previamente instaurado, o caso será, necessariamente, de nova denúncia, a despeito da conexão ou continência.

O aditamento também é possível para a inclusão de participante ou co-autor que tenha sido identificado posteriormente à denúncia.

Nesses casos de inclusão de crimes ou denunciados, como não se trata de simples redefinição jurídica do fato descrito na denúncia, o aditamento será equivalente a uma denúncia, contendo rol de testemunhas e ensejando citação, interrogatório e defesa preliminar, etc.

11. **Nova classificação jurídica do fato e incompetência do juízo**. Salvo nas comarcas de vara judicial única, a nova classificação jurídica do fato pode determinar a incompetência do juízo, como ocorre, por exemplo, no caso de latrocínio desclassificado para homicídio. Nesse caso, o juiz que operou a desclassificação deve esperar o trânsito em julgado da decisão desclassificatória para só então remeter o processo ao juízo competente, onde serão aproveitadas as inquirições e demais provas anteriormente colhidas, porque a incompetência do juízo que as produziu não implica nulidade dos atos instrutórios, conforme se extrai do art. 567 do CPP, ao dispor que "a incompetência do juízo anula somente os atos decisórios".

Art. 385. Nos crimes de ação pública, o juiz poderá proferir sentença condenatória, ainda que o Ministério Público tenha opinado pela absolvição, bem como reconhecer agravantes, embora nenhuma tenha sido alegada.

1. **Pedido de absolvição e sentença condenatória**. Em face do princípio da indisponibilidade da ação penal pública, pode o Magistrado proferir sentença condenatória quando o Ministério Público postula a absolvição. Por outro lado, se o réu for absolvido de acordo com o pedido do Ministério Público, este poderá recorrer da sentença absolutória, pleiteando a condenação.

Diversamente, na ação privada, a falta de pedido de condenação implica peremção (art. 60, III). Portanto, o dispositivo em comento refere-se apenas à ação penal pública e à ação penal privada subsidiária, que são regidas pelo princípio da indisponibilidade.

2. **Agravantes não articuladas**. O dispositivo ainda autoriza o magistrado a reconhecer agravantes não articuladas. Obviamente, a matéria é prejudicial ao acusado e deve ser interpretada restritivamente, não abrangendo, portanto, qualificadoras e causas de aumento de pena, as quais devem constar, ainda que implicitamente, na descrição da denúncia.

Art. 386. O juiz absolverá o réu, mencionando a causa na parte dispositiva, desde que reconheça:
I – estar provada a inexistência do fato;
II – não haver prova da existência do fato;
III – não constituir o fato infração penal;
IV – não existir prova de ter o réu concorrido para a infração penal;
V – existir circunstância que exclua o crime ou isente o réu de pena (arts. 17, 18, 19, 22 e 24, § 1º, do Código Penal);
VI – não existir prova suficiente para a condenação.
Parágrafo único. Na sentença absolutória, o juiz:
I – mandará, se for o caso, pôr o réu em liberdade;
II – ordenará a cessação das penas acessórias provisoriamente aplicadas;
III – aplicará medida de segurança, se cabível.

1. **Hipóteses de absolvição**. O artigo em comento estabelece as hipóteses em que o juiz deve absolver

o acusado, a saber: *I) estar provada a inexistência do fato:* nesse caso, a prova dos autos dá conta de que o fato imputado ao acusado não existiu; *II) não haver prova da existência do fato:* nesse caso, o fato pode ter existido, mas não há prova de sua existência; *III) não constituir o fato infração penal:* nesse caso, embora tenha existido, o fato não se revestiu de tipicidade (fato atípico); *IV) não existir prova de ter o réu concorrido para a infração penal:* embora o fato tenha ocorrido, não há prova de autoria ou participação em relação ao acusado; *V) existir circunstância que exclua o crime ou isente o réu de pena:* trata o artigo das excludentes da ilicitude ou da culpabilidade, fazendo referência à legislação revogada. Assim, a interpretação sistemática impõe correspondência aos dispositivos referentes às causas de exclusão da ilicitude e da culpabilidade previstas na Lei n° 7.209/84, a qual alterou diversos dispositivos da Parte Geral do Código Penal, adotando o sistema finalista e, por conseguinte, a chamada *teoria normativa pura da culpabilidade*, pela qual o dolo e a culpa deixam de pertencer à culpabilidade, migrando para o fato típico. Com efeito, a ausência de dolo e de culpa não corresponde mais a hipóteses dirimentes, mas de atipicidade da conduta; *VI) não existir prova suficiente para a condenação:* constitui expressão máxima do princípio *in dubio pro reo,* ensejando a absolvição em qualquer hipótese, fora das anteriores, em que não for possível extrair, dos elementos de convicção carreados aos autos, juízo de certeza em favor da condenação e contrário ao acusado. Tanto quanto é certo que a dúvida milita em favor do acusado, também é indiscutível que em todo trabalho de reconstrução histórica haverá, inexoravelmente, um contingente de dúvida, ante a falibilidade dos meios de busca da verdade. Assim, a dúvida a que se refere o dispositivo há de repousar em dados essenciais da acusação e não em pontos periféricos. Com efeito, só a dúvida razoável, vale dizer, intransponível em relação à essência do fato em julgamento, autoriza o juiz a absolver em face de *non liquet.* A lei não estabelece critérios convicção, cabendo à consciência do juiz, unicamente, proclamar-se ou não na posse do estado de certeza que conduz à condenação. Consoante o grande catedrático da Universidade de Buenos Aires, ANTONIO DELLEPIANE: "Nesse sentido, se dirá que existe prova ou que não existe. Nessa última hipótese, isto é, na de não existência de prova, não se a entenderá como significando a não existência de elementos de juízo acumulados no processo, nem tampouco que os não hajam produzido os litigantes, senão que esses elementos são insuficientes para determinarem a convicção ou, o que é equivalente, que não existe no magistrado o estado de consciência chamado *certeza*, em razão de haverem sido insuficientes para criá-lo os elementos de juízo acumulados".[6]

2. Sentença absolutória imprópria. Ocorre absolvição imprópria quando o juiz, absolvendo em razão de inimputabilidade (CP, art. 26, *caput*), aplica ao inimputável medida de segurança, que constitui espécie de sanção penal.

3. Menoridade do réu. A inimputabilidade em razão da menoridade penal não constitui hipótese de absolvição, mas de anulação do processo *ab initio*, por falta de ilegitimidade passiva. Seria, a rigor, hipótese de rejeição da denúncia prevista no art. 43, III, cuja inobservância acarreta a instauração de processo nulo. Convém lembrar que a verificação da menoridade penal requesta prova por documento hábil, nos termos da Súmula 74 do STJ.

4. Causas de isenção de pena. As causas de isenção de pena, como as previstas nos artigos 181 e 348, § 2°, do CP, não são hipóteses de absolvição, mas de nulidade do processo, por viciada instauração, haja vista a falta de interesse de agir (art. 43, III).

5. Perdão judicial. Não se trata de absolvição, mas de extinção da punibilidade, nos termos do art. 107, IX, do CP.

6. Efeitos da Sentença absolutória. O parágrafo único do art. 386 do CPP estabelece que o juiz, na sentença absolutória, determine a imediata soltura do réu, se estiver preso. Convém lembrar que a apelação da sentença absolutória não impede que o réu seja imediatamente posto em liberdade (CPP, art. 596). O inciso II do parágrafo único restou revogado pela Lei n° 7.209/84 (Nova Parte Geral do Código Penal). O dispositivo ainda contempla a aplicação de medida de segurança no caso de absolvição imprópria (inc. III), devendo ser observado o art. 127 da LEP, que condiciona a execução das medidas de segurança ao trânsito em julgado e à expedição da guia respectiva.

Com o trânsito em julgado da sentença absolutória, devem ser levantados o seqüestro de bens do acusado (art. 125) e a hipoteca legal (art. 141), bem como restituída a fiança (art. 337). Ademais, a absolvição com trânsito em julgado impede a exceção da verdade nos crimes contra a honra (CP, art. 138, § 3°, III; CPP, art. 523).

7. Conseqüências civis da absolvição. A absolvição com base na falta de provas (incisos II, IV e VI) não obsta ação indenizatória contra o acusado e não enseja ação de regresso ao trabalho do funcionário público. Os demais incisos, ante a natureza da absol-

---

[6] *Nova Teoria da Prova.* 2ª ed. Rio de Janeiro: José Konfino Editor, 1958, p. 20.

vição, impedem a reparação civil e autorizam ação de regresso do funcionário público.

8. Apelação do réu absolvido. O réu absolvido pode apelar para alterar o fundamento da absolvição, haja vista as distintas possibilidades no âmbito das conseqüências civis.

Art. 387. O juiz, ao proferir sentença condenatória:
I – mencionará as circunstâncias agravantes ou atenuantes definidas no Código Penal, e cuja existência reconhecer;
II – mencionará as outras circunstâncias apuradas e tudo o mais que deva ser levado em conta na aplicação da pena, de acordo com o disposto nos arts. 42 e 43 do Código Penal;
III – aplicará as penas, de acordo com essas conclusões, fixando a quantidade das principais e, se for o caso, a duração das acessórias; (Redação dada pela Lei nº 6.416, de 24.5.1977)
IV – declarará, se presente, a periculosidade real e imporá as medidas de segurança que no caso couberem; (Redação dada pela Lei nº 6.416, de 24.5.1977)
V – atenderá, quanto à aplicação provisória de interdições de direitos e medidas de segurança, ao disposto no Título XI deste Livro;
VI – determinará se a sentença deverá ser publicada na íntegra ou em resumo e designará o jornal em que será feita a publicação (art. 73, § 1º, do Código Penal).

1. Sentença condenatória e seus efeitos. Ao julgar procedente a acusação exposta na denúncia, deve o juiz proferir sentença condenatória, observando o disposto no artigo 387, estando revogados os incisos IV, V e VI.

A sentença condenatória tem múltiplos efeitos. Como efeito principal, outorga ao Estado do direito de executar a sanção penal imposta. Portanto, a sentença condenatória constitui *título executivo judicial penal*, que fixa os limites do poder punitivo no caso concreto. A Lei de Execução Penal prevê incidente próprio de *desvio de execução* para as hipóteses em que a forma de cumprimento da pena esteja em desacordo com a sentença condenatória (arts. 185 e seguintes da Lei nº 7.210/84).

A sentença condenatória tem, ainda, efeitos secundários, que podem ser automáticos ou não. São efeitos automáticos da condenação os previstos no art. 91 do CP, a saber: a) *tornar certa a obrigação de indenizar o dano causado pelo crime*; b) a perda, em favor da União, ressalvado o direito do lesado ou de terceiro de boa fé, dos instrumentos do crime, desde que consistam em coisas cujo fabrico, alienação, uso, porte ou detenção constitua fato ilícito, bem como do produto do crime ou de qualquer bem ou valor que constitua proveito auferido pelo agente com a prática do fato criminoso. Dependem de expressa menção na sentença, não sendo, portanto, automáticos, os efeitos previstos no artigo 92 do CP: a) a perda do cargo, função pública ou mandato eletivo, quando for aplicada pena privativa de liberdade por tempo igual ou superior a um ano, nos crimes cometidos com abuso de poder ou violação de dever para com a Administração Pública, ou em qualquer crime praticado, quando for aplicada pena privativa de liberdade superior a quatro anos; b) a incapacidade para o exercício do pátrio poder, tutela ou curatela, nos crimes dolosos, sujeitos à pena de reclusão, cometidos contra filho, tutelado ou curatelado; c) a inabilitação para dirigir veículo, quando utilizado como meio para a prática de crime doloso.

Outros efeitos secundários são a condenação no pagamento das custas e o lançamento do nome do réu no rol dos culpados. Além disso, a condenação impede a naturalização (CF, art. 12, II, *b*), suspende os direitos políticos enquanto durarem seus efeitos (CF, art. 15, III), acarreta a revogação do *sursis* (CP, art. 81, I, e § 1º) e do livramento condicional (CP, arts. 86, I, e 87).

Evidentemente, todos esses efeitos dependem do trânsito em julgado da sentença condenatória.

Independe de trânsito em julgado o efeito previsto no art. 393, I, do CPP, que estabelece que o réu preso seja conservado na prisão. Obviamente que, se o réu estiver solto, poderá recorrer em liberdade, salvo quando ocorrer alguma das hipóteses de prisão preventiva. Por exemplo, se houver elementos convincentes de que o réu pretenda fugir em caso de condenação, pode o juiz, na sentença condenatória, decretar-lhe a prisão preventiva para assegurar a aplicação da lei penal (CPP, art. 312).

Em face da reforma penal de 1984, não tem aplicação o inc. III do art. 387 quanto à fixação da duração das penas acessórias.

2. Princípio da individualização da pena. O princípio da individualização da pena está previsto no art. 5º, XLVI, da Constituição Federal, nos seguintes termos: "A lei regulará a individualização da pena e adotará, entre outras, as seguintes: a) privação ou restrição de liberdade; b) perda de bens; c) multa; d) prestação social alternativa; e) suspensão ou interdição de direitos." O inciso XLVII acrescenta: "Não haverá penas: a) de morte, salvo em caso de guerra declarada, nos termos do art. 84, XIX; b) de caráter perpétuo; c) de trabalhos forçados; d) de banimento; e) cruéis."

Tal princípio constitui uma garantia do indivíduo contra abusos do Estado no exercício do *ius punien-*

di. Além de limitar as penas em quantidade e qualidade, o princípio determina que sejam observadas as particularidades de cada caso, levando-se em consideração o crime praticado, as características do indivíduo e a forma de execução da pena aplicada. Assim, a individualização opera-se em três planos: legal, judicial e executório. No plano legal, estão fixados os limites da pena aplicável. No plano judicial, deve o juiz atender aos critérios de dosimetria da pena. No plano da execução, devem ser consideradas as condições pessoais do apenado durante o curso da execução.

3. **Dosimetria da pena**. A legislação estabelece os critérios para a individualização judicial, adotando o critério trifásico de dosimetria da pena privativa de liberdade. Com isso, a pena deve ser fixada em três etapas.

A primeira etapa, o juiz fixa a pena entre os limites mínimo e máximo previstos no tipo penal, tendo em vista apenas as circunstâncias judiciais previstas no artigo 59 do Código Penal, em se tratando de pena privativa de liberdade. Com tal raciocínio, o juiz fixa a chamada *pena-base,* que deve ser fundamentada, sob pena de nulidade, especialmente quando for fixada acima do mínimo legal. Predomina o entendimento de que a pena-base não pode ser fixada abaixo do mínimo previsto para o crime, em face do teor do art. 59, II, do CP, que determina o estabelecimento da quantidade de pena aplicável *dentro dos limites previstos*. É o que também se depreende da Súmula 231 do STJ,[7] que trata das atenuantes, incidentes na fase seguinte da dosimetria.[8] A pena-base deve permanecer no mínimo quando todas as circunstâncias judiciais forem favoráveis ao réu (mínima reprovação). Quando algumas circunstâncias judiciais forem desfavoráveis, a pena-base deve ficar um pouco acima do mínimo (média reprovação). Finalmente, quando o conjunto das circunstâncias do art. 59 do CP desfavorecer o agente, a pena-base deve aproximar-se do *termo médio*[9] (máxima reprovação).

A segunda etapa da dosimetria constitui a chamada *pena provisória*, na qual o juiz deve fazer incidir as atenuantes e as agravantes aplicáveis ao caso. Prevalece o entendimento de que a incidência de agravantes ou atenuantes não pode elevar a pena além do máximo ou reduzi-la aquém do mínimo legal.[10] Na hipótese de concurso entre agravantes e atenuantes, a pena deve aproximar-se do limite indicado pelas circunstâncias preponderantes, assim entendidas aquelas que resultam dos motivos determinantes do crime, da personalidade do agente e da reincidência. Caso o concurso ocorra entre circunstâncias antagônicas e equivalentes, isto é, com igual peso e em sentido contrário, admite-se a compensação entre elas. Quando presentes duas ou mais qualificadoras, só uma delas deve incidir no cálculo da pena-base, figurando as demais como agravantes, se cabível. Caso não figure como agravante correspondente (ex.: CP, art. 155, § 4°, I a IV), a qualificadora remanescente poderá, aí sim, ser considerada como circunstância judicial desfavorável por ocasião da pena-base.

Por derradeiro, cumpre ao juiz fixar a *pena definitiva*, fazendo incidir as causas de aumento (majorantes) e de diminuição (minorantes) de pena previstas na Parte Geral e na Parte Especial do Código Penal, de acordo com as proporções previstas, devendo o juiz fundamentar a opção por determinado acréscimo ou redução, levando em conta a própria causa de aumento ou diminuição, e não as circunstâncias do crime.[11] Assim, na tentativa, por exemplo, em que a redução vai de um a dois terços (CP, art. 14, parágrafo único). Também devem ser consideradas as alterações decorrentes de concurso formal e continuidade delitiva. Em se tratando de concurso material, a sentença deve especificar a operação relativa a cada um dos crimes. As majorantes e minorantes são insuscetíveis de compensação. A lei estabelece que, no concurso de causas de aumento ou de diminuição previstas na Parte Especial, o juiz pode limitar-se a um só aumento ou a uma só diminuição, prevalecendo, todavia, a causa que mais aumente ou diminua (CP, art. 68, parágrafo único). Tal regra não alcança as majorantes e minorantes previstas na Parte Geral, que devem incidir integralmente. Consoante o art. 68 do Código Penal, as minorantes precedem

---

[7] Súmula 231 do STJ: "A incidência da circunstância atenuante não pode conduzir à redução da pena abaixo do mínimo legal".

[8] *Contra*: "Falsidade documental. Confissão corroborada por prova técnica e prova testemunhal conduzem à manutenção da sentença condenatória. Redimensionamento da pena com o reconhecimento da atenuante da confissão. A Súmula 231 do STJ não impede a aplicação da pena base aquém do mínimo. APELO PARCIALMENTE PROVIDO. (Apelação Crime nº 70005313309, Quinta Câmara Criminal, Tribunal de Justiça do RS, Relator: Genacéia da Silva Alberton, Julgado em 19/03/2003)"

[9] A expressão *termo médio* estava prevista no art. 46, I, do CP, mas não foi adotada pela nova Parte Geral, remanescendo, todavia, seu uso para indicar a quantidade de pena entre os limites mínimo e máximo previstos no tipo penal, quando a maioria das circunstâncias do art. 59 do CP forem desfavoráveis ao agente.

[10] Súmula 231 do STJ.

[11] "Quando as causas de aumento ou de diminuição são previstas em limites ou quantidades variáveis, elas devem ser calculadas pelas circunstâncias da própria causa de aumento ou diminuição, e não pelas circunstâncias do crime, pois estas já foram consideradas no cálculo da penalização" (RJTJERGS 150/186).

as majorantes, mas a inversão dessa ordem não gera nulidade. Registre-se, por fim, que o cálculo da pena definitiva é feito sobre o resultado da pena provisória, e não sobre a pena-base, tratando-se, pois, de operação em cascata.

4. **Fixação da pena de multa**. A pena de multa é fixada segundo o sistema de dias-multa, adotado pelo Código Penal, devendo o juiz considerar, principalmente, a condição econômica do réu (CP, art. 60). Primeiramente, o juiz fixa o número de dias-multa, considerando as circunstâncias do art. 59 do CP, entre o mínimo de dez e, no máximo, trezentos e sessenta dias-multa (CP, art. 49, *caput*). O valor do dia multa é fixado pelo juiz e não pode ser inferior a um trigésimo do maior salário mínimo mensal vigente ao tempo do fato, nem superior a cinco vezes esse salário. Se, diante da situação econômica avantajada do acusado, a pena de multa fixada mostrar-se ineficaz, embora aplicada no máximo, o juiz poderá aumentá-la até o triplo. Os mesmos critérios são observado no caso de multa substitutiva, aplicável em caso de condenação a pena privativa de liberdade não superior a seis meses (CP, art. 60, § 2°).

5. **Penas restritivas de direitos**. As penas restritivas de direitos, previstas no art. 43 do CP, não seguem critério específico de aplicação, porquanto têm caráter substitutivo, nos termos do artigo 44 do CP.

6. **Proibição de *reformatio in pejus***. Significa que a segunda instância não pode agravar a situação do acusado se apenas este interpôs recurso. Da mesma forma, anulada a sentença em razão de recurso exclusivo da defesa, a nova condenação não pode ser superior à que foi imposta na sentença anulada (*reformatio in pejus indireta*), exceção feita às condenações proferidas no Tribunal do Júri, em face da soberania dos veredictos, podendo o veredicto posterior, se for mais gravoso que o anterior, determinar aplicação de pena mais alta, ainda que o segundo julgamento decorra do provimento de recurso interposto exclusivamente pela defesa. Obviamente que, se forem iguais os veredictos, a pena aplicada no julgamento posterior não pode exceder à do júri anulado.

7. **Outras providências**. Na sentença condenatória, deve o juiz fixar o regime inicial do cumprimento de pena (CP, art. 59, III), bem como operar as substituições cabíveis, seja por pena restritiva de direitos ou por medida de segurança, se for o caso, na hipótese do parágrafo único do art. 26 do CP. Convém lembrar que o Supremo Tribunal Federal, em 23/02/2006, no julgamento do HC 82959, considerou inconstitucional o regime integral de cumprimento de pena, previsto no art. 2°, § 1°, da Lei n° 8.072/90. Cumpre ao juiz, ainda, atentar para as hipóteses de suspensão condicional da pena (CP, arts. 77 e ss.) e de eventuais penas acessórias, como as previstas na Lei n° 9.503/97.

Art. 388. A sentença poderá ser datilografada e neste caso o juiz a rubricará em todas as folhas.

1. **Assinatura do juiz**. As sentenças, salvo quando proferidas oralmente, caso em que são transcritas e constam de termo próprio, devem ser datilografadas e rubricadas em todas as folhas, o que se aplica, obviamente, às sentenças impressas por computador. A falta de rubrica constitui nulidade relativa. A última folha deve conter a data e a assinatura do juiz, o que confere autenticidade à sentença.

Art. 389. A sentença será publicada em mão do escrivão, que lavrará nos autos o respectivo termo, registrando-a em livro especialmente destinado a esse fim.

1. **Publicação da sentença**. A publicação é condição de existência da sentença, que antes disso não passa de mero exercício intelectual do juiz. Assim, é só a partir de sua publicação que a sentença começa a produzir efeitos. Não é a data da assinatura, mas da entrega da sentença ao cartório, com o recebimento do escrivão, que confere publicidade a sentença. Portanto, em regra, a sentença é publicada na data de seu recebimento pelo escrivão, produzindo efeitos a partir de então. É essa a data, por exemplo, que deve ser considerada no exame da competência do juiz ou para fins de interrupção da prescrição, no caso de sentença condenatória. A sentença proferida em audiência ou sessão torna-se pública na medida em que vai sendo ditada ou lida pelo juiz. É nula, portanto, a sentença recebida pelo escrivão quando o juiz já não tinha jurisdição, em virtude de remoção, férias, aposentadoria, licença, etc., pouco importando a data da assinatura da decisão.

Salvo nos casos de publicação em audiência, ao receber a sentença, deve o escrivão, de imediato, lavrar o termo de publicação, efetuando o registro em livro próprio.

2. **Imutabilidade e retificação**. A publicação torna a sentença irretratável, não podendo o juiz, portanto, modificá-la. Tal imutabilidade é relativa, pois se admitem embargos declaratórios (CPP, art. 382). Além disso, a qualquer tempo é possível a correção de inexatidões materiais ou erros de cálculo facilmente verificáveis, a requerimento da parte ou *ex officio*. Os erros materiais não geram nulidade da sentença e não transitam em julgado, admitindo correção a qualquer tempo.

Art. 390. O escrivão, dentro de 3 (três) dias após a publicação, e sob pena de suspensão de 5 (cinco) dias, dará conhecimento da sentença ao órgão do Ministério Público.

1. **Intimação do Ministério Público.** A intimação do Ministério Público deve ser feita no prazo de três dias, sob pena de suspensão do escrivão pelo prazo de cinco dias. O membro do Ministério Público deve ser intimado pessoalmente, com entrega dos autos com vista, conforme estabelece o artigo 41, IV, da Lei n° 8.625/93 (LONMP). Quanto à intimação do Ministério Público, pode haver divergência entre o "ciente" do agente ministerial e a certidão de ciência lavrada pelo cartório. Nesse caso, há três posições: 1) prevalece a data em que houve ciência inequívoca do membro do Ministério Público (HC, 25177, 6ª Turma, Rel. Ministro Paulo Gallotti, 04.11.2003); 2) prevalece a data da efetiva entrega dos autos com vista (STJ, Resp 585356/SP, 5ª Turma, Relator Min. José Arnaldo da Fonseca); 3) prevalece a data do registro de recebimento dos autos no protocolo do Ministério Público (RESP 628621/DF, Corte Especial, Rel. Min. Carlos Alberto Menezes Direito, DJ de 06.09.2004).

Art. 391. O querelante ou o assistente será intimado da sentença, pessoalmente ou na pessoa de seu advogado. Se nenhum deles for encontrado no lugar da sede do juízo, a intimação será feita mediante edital com o prazo de 10 (dez) dias, afixado no lugar de costume.

1. **Intimação do querelante e do assistente.** A intimação do querelante e do assistente, se houver, é medida obrigatória, sob pena de nulidade. Mas a lei faculta que o querelante e o assistente sejam intimados pessoalmente ou nas pessoas dos respectivos procuradores. Qualquer das formas é válida. Não sendo possível a intimação pessoal ou por intermédio de advogado, por não se haver localizado nenhum deles na sede do juízo, a intimação deve ser feita por edital com prazo de dez dias.

Art. 392. A intimação da sentença será feita:
I – ao réu, pessoalmente, se estiver preso;
II – ao réu, pessoalmente, ou ao defensor por ele constituído, quando se livrar solto, ou, sendo afiançável a infração, tiver prestado fiança;
III – ao defensor constituído pelo réu, se este, afiançável, ou não, a infração, expedido o mandado de prisão, não tiver sido encontrado, e assim o certificar o oficial de justiça;
IV – mediante edital, nos casos do nº II, se o réu e o defensor que houver constituído não forem encontrados, e assim o certificar o oficial de justiça;
V – mediante edital, nos casos do nº III, se o defensor que o réu houver constituído também não for encontrado, e assim o certificar o oficial de justiça;
VI – mediante edital, se o réu, não tendo constituído defensor, não for encontrado, e assim o certificar o oficial de justiça.
§ 1º O prazo do edital será de 90 (noventa) dias, se tiver sido imposta pena privativa de liberdade por tempo igual ou superior a 1 (um) ano, e de 60 (sessenta) dias, nos outros casos.
§ 2º O prazo para apelação correrá após o término do fixado no edital, salvo se, no curso deste, for feita a intimação por qualquer das outras formas estabelecidas neste artigo.

1. **Intimação do réu e seu defensor.** Em face do princípio da ampla defesa, firmou-se o entendimento de que, em se tratando de réu preso, também o defensor, dativo ou constituído, deve ser intimado da sentença condenatória, não sendo suficiente a intimação pessoal do réu. Embora a lei faculte a intimação do réu solto "ou" de seu defensor, predomina também o entendimento no sentido de que ambos devem ser intimados.[12] Impõe-se lembrar que o defensor dativo ou o Defensor Público deve ser intimado pessoalmente, como determina o artigo 5º, § 5º, da Lei nº 1.060/50, acrescido pela Lei nº 7.871/89. O prazo de recurso contar-se-á da forma mais favorável ao acusado, ou seja, da última intimação.

O réu preso deve sempre ser intimado pessoalmente da sentença condenatória, colocando o devido ciente no mandado de intimação, devendo o oficial de justiça lavrar a certidão respectiva. Se o réu manifestar desejo de recorrer, tal manifestação deve constar na certidão do meirinho. A recusa do réu em assinar, ou sua impossibilidade de fazê-lo, por anal-

---

[12] "TÓXICOS. TRÁFICO DE MACONHA. NECESSIDADE DE INTIMAÇÃO PESSOAL DA SENTENÇA AO DEFENSOR. ANTECEDENTES. INÍCIO DA CONTAGEM DO PRAZO RECURSAL. – A intimação da sentença, seja ela condenatória, seja sentença de pronúncia, deve ser feita ao réu e a seu advogado, pessoalmente, não valendo intimação por nota de expediente, em tal caso. Interpretação dos artigos 370, § 1º, 392, 414 e 415, do CPP. Preliminar de intempestividade do recurso rejeitada. Materialidade e autoria do delito demonstradas. Penas fixadas nos patamares mínimos. regime integralmente fechado para cumprimento das penas por crime do art. 12 da lei antitóxicos decorrente de texto expresso de lei. decisão recente do supremo tribunal federal, declarando incidentalmente a inconstitucionalidade do art. 2º, § 1º da lei nº 8.072/90, que não produz efeitos imediatos *erga omnes*. (Apelação-Crime nº 70013657671, Primeira Câmara Criminal, Tribunal de Justiça do RS, Relator: Ranolfo Vieira, Julgado em 22/03/2006)"

fabetismo ou doença, deve igualmente ser consignada pelo oficial.

Se o réu não for localizado, sua intimação deve ser feita por edital.[13] A intimação editalícia pressupõe que o réu não tenha sido encontrado pelo oficial de justiça para intimação pessoal. A intimação pessoal deve ser tentada ainda que o réu tenha permanecido revel durante o processo. Caso o réu venha a ser preso no curso do edital, deverá ser pessoalmente intimado. O prazo do edital será de 90 dias, quando aplicada pena privativa de liberdade igual ou superior a um ano, e de 60 dias nos demais casos. O prazo recursal começará ocorrer após o término do prazo fixado no edital, a menos que, no curso deste, seja feita a intimação pessoal do réu. Todavia, se a intimação pessoal ocorrer após o término do prazo do edital, já tendo havido trânsito em julgado, não será reaberto o prazo para recorrer.

Também o curador do acusado deve ser intimado da sentença condenatória, salvo quando tenha sido nomeado para o encargo o próprio defensor. Em se tratando de sentença absolutória, não causa nulidade a intimação do defensor, apenas.

A intimação deve conter o inteiro teor da sentença, e não apenas a parte dispositiva.

2. Intimação em audiência. Em caso de sentença proferida em audiência, o réu e seu defensor ficam, desde logo, intimados. Todavia, se a transcrição ocorrer posteriormente, em decorrência de estenotipia ou outro sistema, o prazo recursal passa a correr quando efetivada a transcrição, com a assinatura do juiz.

Art. 393. São efeitos da sentença condenatória recorrível:
I – ser o réu preso ou conservado na prisão, assim nas infrações inafiançáveis, como nas afiançáveis enquanto não prestar fiança;
II – ser o nome do réu lançado no rol dos culpados.

1. **Efeitos da condenação.** Os efeitos da sentença condenatória já foram examinados nos comentários ao art. 387 (item 1). O dispositivo em comento não exaure ditos efeitos, limitando-se a tratar da prisão do réu em virtude da sentença condenatória. Conforme dito alhures, o inc. I do art. 393 deve ser conciliado com o art. 594, o qual permite ao réu apelar em liberdade se for primário e de bons antecedentes. Nada obsta, todavia, a decretação da prisão preventiva nesta fase, desde que presentes os requisitos legais previstos no art. 312 e seguintes. Quanto ao nome do réu no rol dos culpados, tal providência só é possível após o trânsito em julgado da condenação, já que o inc. II do art. 393 não foi recepcionado pela Constituição Federal, ante os princípios da presunção de inocência e do duplo grau de jurisdição.

---

[13] "HABEAS CORPUS. ROUBO MAJORADO. SENTENÇA PENAL CONDENATÓRIA. INTIMAÇÃO POR EDITAL. EXCEPCIONALIDADE. NULIDADE PROCLAMADA 1. A intimação da sentença penal condenatória por edital, por ser medida excepcional, é justificada quando for impossível a cientificação pessoal do réu, após esgotadas as diligências no sentido da localização daquele. 2. É nula a intimação por edital com apoio em certidão de oficial de justiça, que, diligenciando no endereço indicado como de residência do réu, referiu ter encontrado o imóvel fechado, obtendo informação de vizinhos de que o réu mudou-se. Diligências negativas para apuração de novo endereço evidenciam que a mudança não ocorreu, tanto assim que o sentenciado foi preso pela Brigada Militar, em decorrência do cumprimento do mandado expedido pela Vara das Execuções Criminais contendo o mesmo endereço indicado nos autos. Nulidade por falta de intimação nas condições estabelecidas pela lei. Art. 564, III, o, do CPP. Restituição do prazo de apelação. 3. Concessão de liberdade ao réu, situação consagrada na sentença, em face de suas condições subjetivas de primariedade e bons antecedentes. Mandado de prisão que fora expedido pelo juízo da execução, após o trânsito em julgado da sentença. ORDEM CONCEDIDA, ratificada a liminar anteriormente deferida (Habeas Corpus nº 70009712340, Oitava Câmara Criminal, Tribunal de Justiça do RS, Relator: Fabianne Breton Baisch, Julgado em 27/10/2004)"

Instrução Criminal
(arts. 394 a 405)

José Carlos Teixeira Giorgis

Desembargador aposentado do Tribunal de Justiça do Rio Grande dos Sul, Professor da Escola Superior da Magistratura, autor de obras jurídicas e conferencista em diversos eventos jurídicos.

Considerações acerca dos procedimentos

1. **Notas iniciais**. A sociedade humana se distingue pela diversidade de conduta de seus membros, que nem sempre se acomodam aos valores erigidos para uma vida de convivência, acarretando tumulto e colisão de interesses entre as pessoas do grupo.

A forma civilizada de acertar os conflitos intersubjetivos é submetê-los ao comando judiciário através da via processual; e como já evangelizavam os vetustos credos romanos, nenhuma pena pode ser aplicada sem observância da regra instrumental devida.

Ao inaugurar a cinemática criminal, o cometimento da infração faz surgir a força que representa a pretensão punitiva do Estado, que colide com a que busca a preservação da liberdade do agente, tudo desembocando na geratriz do rio do processo, único caudal para a solução, onde os navegantes terão assegurados direitos iguais para provar suas razões, aferidas pelo discernimento judicial ao cair a noite do debate.

A isonomia das partes e a garantia da decisão justa exigem que a missa processual não seja anárquica, desorganizada, mas absolutamente ritual: aí o procedimento.

2. **Processo e procedimento**. Como entidade complexa, o processo compreende duas partes indissociáveis e umbilicais: sua *essência*, que é a relação jurídica que se instaura entre autor, juiz e demandado, e sua *exteriorização*, que é o procedimento composto por uma sucessão ordenada de atos dentro dos modelos legais.

Não há processo sem procedimento e não há procedimento que não se refira a um processo, pois mesmo nos processos nulos ou nos procedimentos incidentais, o procedimento não existe em si mesmo, mas para revelar um processo, ainda que falho.[1]

Na sua função específica de aplicar a lei, o processo é a atividade jurisdicional ou relação jurídica que cria vínculos juridicamente relevantes e disciplinados entre os sujeitos que nele intervêm, relação unitária, mas complexa que perdura e progride do primeiro ao último ato, como dissera Liebman; já o procedimento, conteúdo *formal* do processo, é a seqüência ou concatenação de atos impostos pela lei para a apuração do fato, da autoria e das causas excludentes da culpa ou da antijuridicidade.[2]

A não ser em casos excepcionais, é impossível a instantânea declaração e aplicação do direito invocado, pois a provisão é sempre resultado final de uma longa série de atos que se sucedem uns aos outros e que formam uma unidade em relação ao fim que se busca conseguir.

É possível imaginar três sistemas reguladores do processo, isto é, da qualidade, quantidade e ordem em que os atos se devem concatenar: a) inteira liberdade das partes praticarem aquilo que lhes pareça mais conveniente; b) regulamentação deles pelo juiz que preordenará o procedimento a seguir ou ordenará sua produção à medida de sua necessidade; c) sua ordenação legal prévia, na conformidade de um paradigma para cada tipo de procedimento, obrigatório para as partes e para o órgão jurisdicional, sob pena de nulidade.[3]

Embora simpático, o primeiro sistema não é admitido entre os povos cultos, pois a idéia de uma liber-

---
[1] Greco Filho, Vicente. *Manual de processo penal*. São Paulo: Saraiva, 1998, p. 393; Tornaghi, Hélio. *A relação processual penal*. São Paulo: Saraiva. 1987, p. 242.
[2] Noronha, E.Magalhães. *Curso de Direito Processual Penal*. São Paulo: Saraiva. 1996, p. 232.
[3] Bonumá, João. *Direito Processual Civil*. São Paulo: Saraiva, 1946, v.1, p. 14.

dade degenera facilmente em desordem, favorece as desigualdades de tratamento das partes e priva-se de garantias que um procedimento judicial bem ordenado lhes proporciona; o segundo sistema significa a livre formulação do direito pelo juiz, o que apenas se justifica no caso particular; o terceiro sistema é o da legalidade dos atos processuais, onde desde a petição inicial do autor até a sentença final e sua execução são previstos e regulados na lei de forma vinculatória para as partes e o juiz, desenvolvendo-se o processo em ordem inalterável pelo arbítrio das partes ou do juiz, com prazos, preclusões, formas preestabelecidas, de maneira que o ato só terá efeitos jurídicos quando praticado de acordo com as prescrições legais.[4]

Como se vê, enquanto o processo é um conjunto de atos que buscam solucionar o conflito de interesses entre as partes, o procedimento é a coordenação de tais atividades.

Desta forma, a noção do processo é eminentemente *teleológica*, eis que voltada a uma finalidade a obter-se, e a de procedimento é *formal*, pois traduz a parte mecânica com que se obtém esse resultado.

Como a visão unitária do procedimento enseja concluir que ele também contribui para a eficácia externa do resultado a desejar, parte da doutrina entende que nele transparece também um conteúdo teleológico, pois todos os atos objetivam atingir a meta final, como se o ato derradeiro fosse a soma de todo o procedimento, afastando uma visão meramente processual.[5]

3. Direito ao procedimento. O uso de uma dogmática constitucional ancorada em princípios informadores é um dos discursos que se propõe a dar solução às intrincadas questões ditadas pela Carta Magna, eis que os princípios afetaram de juridicidade e propuseram novos e instigantes aportes aos temas modernos.

Os princípios, normas e regras constitucionais acabaram por estruturar o esqueleto dos direitos fundamentais tornados embriões dos direitos subjetivos, entre os quais se inclui o direito a ações negativas ou positivas do Estado, o que abarca o procedimento.[6]

Haveria, assim, um *direito ao procedimento* alçado à condição de direito fundamental constitucional, além de sua importância processual e legitimação do poder decisório do Estado.

Para que o procedimento instituído obtenha um resultado justo, deve promover a efetivação dos direitos à segurança e à liberdade dos indivíduos, ou seja, um sistema que assegure eficiência com garantismo, que são valores fundamentais do processo penal moderno.[7]

Disso deriva que o julgador não pode assumir as funções reservadas à defesa ou à acusação, sendo a imparcialidade uma diretriz fundamental para os procedimentos modernos; nem se permita a iniciativa do juiz para a ação ou decidir além do que foi pleiteado, devendo a ação penal ser exercida por sujeito distinto do juiz.

Ainda o respeito ao princípio da ampla defesa, com a criação de procedimentos que assegurem ao acusado impedir o seguimento de acusações infundadas, bem como provar suas alegações e delas recorrer, se insatisfeito.

As normas procedimentais devem garantir tratamento isonômico, com ciência dos atos e oportunidade de refutá-los.

Finalmente, constitui ainda importante paradigma procedimental, a adequação dos ritos à realidade subjacente, que impõe a variedade de procedimentos, como alternativas diferenciadas de solução.[8]

4. Competência. A Constituição estabelece a competência *privativa* da União para legislar sobre o direito processual (CF, artigo 22, I), o que significa supremacia sobre os demais entes federativos em vista da relevância das matérias, sem prejuízo de eventual delegação.

Ali também se acentua que compete à União, aos Estados e ao Distrito Federal legislar *concorrentemente* sobre procedimentos em matéria processual (CF, artigo 24, XI).

A União regula tais assuntos de modo geral, tocando aos Estados e Distrito Federal fazê-lo de forma específica, havendo adotado a Carta Magna a *competência concorrente não cumulativa ou vertical*, ou seja, a competência da União está adstrita ao estabelecimento de normas gerais, cabendo aos Estados e ao Distrito Federal especificá-las, através de suas respectivas leis, como verdadeira *competência suplementar dos Estados-membros e Distrito Federal* (CF, artigo 24 § 2°).

A orientação deriva da Constituição de Weimar e consiste em permitir ao governo federal a fixação de normas gerais, sem descer a pormenores, cabendo

---

[4] Bonumá, *Ob. cit.*, p. 14-17.
[5] Fernandes, Antonio Scarance. *Processo penal Constitucional.* São Paulo: RT, 2000, p. 98.
[6] Fernandes, Antonio Scarance. *Teoria Geral do Procedimento e o Procedimento no Processo Penal.* São Paulo: RT, 2005, p. 38.
[7] Idem, p. 40-41.
[8] Idem, p. 39-46.

aos Estados-membros a adequação da legislação às peculiaridades locais.[9]

Em resumo, a competência para legislar sobre direito processual continua reservada com exclusividade à União, enquanto há competência concorrente quanto aos procedimentos em matéria processual, impondo-se, então, estabelecer as diferenças entre norma processual e norma procedimental.

A norma processual diz com os institutos processuais, como a ação, a defesa, competência, instrução e valoração da prova, sentença e seus efeitos, etc., enquanto a norma procedimental regula o modo de se desenvolver os atos processuais, como a oralidade das audiências, os ritos procedimentais, o modo de postular, a estrutura da petição inicial e da contestação, a oportunidade das manifestações posteriores, a suscitação de incidentes, as exceções, a citação, o lugar dos atos e o respectivo tempo, prazos, a maneira do recurso.[10]

Assim, à União toca exclusivamente legislar sobre normas procedimentais; não havendo norma geral da União, aos Estados confere-se a competência plena para legislar mesmo sobre normas gerais, até que a União o faça, caso em que a lei estadual ficará revogada.[11]

A norma geral abrange o território de todo o Estado, correspondente a sua soberania, enquanto a norma particular vigora em certa porção do mesmo. Desta forma a competência do Estado é legislar sobre o âmbito de seu território, desde que as *particularidades* locais assim autorizem o que torna raras as oportunidades, pois limitadas pela necessidade de existirem especificidades locais que, caso inexistentes, deslocam a exclusividade para a União.[12]

Todavia, o que aparenta dizer o constituinte é que a competência da União para legislar sobre procedimentos penais diz com os *princípios elementares do procedimento*, cabendo ao Estado o que restar, desde que respeitados tais princípios e o direito processual, este de exclusiva competência federal; ou seja, a União traçará as regras genéricas do procedimento, que o Estado completará, sem necessidade de apresentar uma particularidade local.[13]

5. **Formas de procedimentos**. A doutrina costuma identificar na bíblia do processo penal um *procedimento comum*, dividido em *solene* (crime punido com reclusão) e *soleníssimo* (crime de competência do Tribunal do Júri); e *procedimentos especiais* (sumário, crimes funcionais, crimes falimentares, etc.).[14]

Ou considerá-los em *procedimentos de foro privativo* (crime comum, Leis n. 8.038/90 e 8.658/93 e crime de responsabilidade, Lei n. 1.079/50 e artigo 52, I e II, CF) e *crimes de foro não-privativo* (crimes apenados com reclusão, detenção e contravenção).

Entre os crimes que prevêem reclusão estão os do rito ordinário (CPP, artigos 394/405 e 498, parágrafo único /502), os de rito sumaríssimo com transação (Leis n. 7.505/86, 8.313/91 e 8.685/93) e os de procedimentos especiais (Júri, entorpecentes, falimentares, funcionais, imprensa, eleitorais e lavagem de capitais).

Alinham-se entre os punidos com detenção os de procedimento sumário (CPP, artigos 539/540 e 538), os de procedimentos especiais (Júri, entorpecentes, falimentares, funcionais, imprensa, eleitorais, economia popular, honra, propriedade industrial, abuso de autoridade e licitação).

Finalmente, nas contravenções se englobam os procedimentos com transação e o sumaríssimo, ambos da Lei 9.099/95, bem como os de procedimentos especiais (jogo de bicho, corrida de cavalos, contravenções florestais e da Lei n. 1.508/51).[15]

Outra sistemática divide os procedimentos em *comuns e especiais*.

Os primeiros se aplicam genericamente às várias espécies de infrações penais e contêm os procedimentos dos crimes apenados com reclusão (CPP, artigos 394/405 e 498/502), crimes punidos com detenção (CPP, artigos 538/540) e contravenções penais (CPP, artigos 531/538).

Os procedimentos especiais referem-se a determinados delitos, como os dolosos contra a vida (CPP, artigos 394/497), falimentares (CPP, artigos 503/521 e hoje Lei 11.101/2005), de responsabilidade dos funcionários públicos (CPP, artigos 513/518), contra a honra (CPP, artigos 519/523) e contra a propriedade imaterial (CPP, artigos 524/530 e 530-A a 530-I).

Ainda há procedimentos especiais descritos em leis extravagantes, como os para os crimes de imprensa (Lei n. 5.250/67), relativos a entorpecentes

---

[9] Moraes, Alexandre. *Direito Constitucional*. São Paulo: Atlas, 2005, p. 278-279.
[10] Bermudes, Sérgio. *Procedimentos em matéria processual*. In: Revista de Direito da Defensoria Pública, Rio de Janeiro, 1991, n/5, p. 160.
[11] Castanho de Carvalho, Luis Gustavo Grandinetti. *O Processo Penal em face da Constituição*. Rio de Janeiro: Forence, 1992, p. 107.
[12] Bermudes, *Ob. cit.*, p. 160.
[13] Castanho de Carvalho, *Ob. cit.* p. 108.
[14] Gomes, Luiz Flávio. *Direito Processual Penal*. São Paulo: RT, 2005, p. 265.
[15] Tourinho Filho, Fernando da Costa. *Manual de Processo Penal*. São Paulo: Saraiva, 2001, p. 491-492.

(Lei n. 11.343/2006), atinentes à fauna (Leis n. 5.197/67 e 7.653/02), abuso de autoridade (Lei n.4.898/65), crimes e contravenções contra a economia popular (Lei n.1.521/65), contravenções de jogo de bicho e apostas em cavalos fora dos hipódromos (DL n. 6.259/44 e Lei n.1.508/51), contravenções florestais (Lei n. 4.771/65) e contravenções de caça (Lei n. 5.197/67).

Acrescente-se que a Lei n. 9.099/95 introduziu o procedimento sumaríssimo para as infrações de menor potencial ofensivo e que a Lei n. 10.259/01, que cuidou dos Juizados Especiais Federais, estabeleceu sua aplicação às infrações daquele tipo cuja pena máxima não excedesse a dois anos, independentemente de estar sujeita a procedimento especial.[16]

Para efeitos didáticos e prevendo outras reformas pontuais que incluam a forma célere dos Juizados Especiais, costuma-se classificar os procedimentos penais em:

PROCEDIMENTOS COMUNS, contendo:

Procedimento *ordinário* (crimes punidos com reclusão, CPP, artigos 394/405; 498/502),

Procedimento *sumário* (crimes apenados com detenção, CPP, artigos 538/540) e

Procedimento *sumaríssimo* (infrações de menor potencial ofensivo, Leis n.9.099/95 e 10.259/01).

PROCEDIMENTOS ESPECIAIS, compostos:

Procedimentos *contidos no CPP*:
- Júri (CPP, artigos 394/497).
- Crimes falimentares (CPP, artigos 503/512; ora a Lei n. 11.101/2005).
- Crimes funcionais (CPP, artigos 513/518).
- Crimes contra a honra (CPP, artigos 519/523).
- Crimes contra a propriedade imaterial (CPP, artigos 524/530 e 530A/530I).

Procedimentos *contidos em leis extravagantes*:
- Entorpecentes (Lei n. 11.343/2006).
- Abuso de autoridade (Lei n. 4.898/65).
- Crimes de imprensa (Lei n. 5.250/67).
- Crimes eleitorais (Lei n.4.737/65).
- Crimes contra a fauna (Leis n. 5.197/67 e 7.653/88).
- Crimes contra a economia popular (Lei n.1.521/65).
- Crimes cometidos por Prefeitos (DL 201/67 e Lei n.8.038/90), e outros.

Importa sublinhar que a redação do atual Código de Processo Penal, ainda de 1941, quando não era firme a ciência processual, alude a *processo comum, processo dos crimes de competência do júri, processos da competência do juiz singular, etc*, o que deve ser lido como *procedimento comum, procedimento dos crimes da competência do júri, procedimentos da competência do juiz singular, etc*, terminologia adequada ao conhecimento jurídico moderno.

6. Critérios para a diversidade de procedimentos. Há uma tendência para uma simplificação dos procedimentos, também como forma de evitar-se a lentidão e o congestionamento forense, sem afetar a segurança e os respeito às garantias consagradas.

A busca de duração razoável, incentivando-se a oralidade com a eliminação de formalidades procrastinatórias, perseguindo-se meios que favoreçam o acesso a justiça, sem comprometer a certeza e justiça das decisões, é tema recorrente nas propostas legislativas encaminhadas nas nações modernas.

Em relação aos processos criminais são apontados como parâmetros para a criação de procedimentos adequados aderentes à realidade social, *gravidade da infração penal*, a *complexidade do fato a ser apurado* e as particularidades relacionadas com o *tipo de crime*.[17]

A *gravidade da infração*, critério que muitos também traduzem como *gravidade da pena*, não é novidade no processo penal, pois de uma ou outra maneira, sempre se utilizou esse dado para a separação entre os procedimentos ordinários e sumários, aplicando-se os primeiros às infrações mais graves e os segundos às mais brandas.[18]

Quando os delitos são graves não se abreviam, mas se respeitam as formas, a fim de proteger a sociedade e assegurar os direitos do acusado, que estará sujeito a sanções rigorosas; mas se os delitos, ao contrário, são menos graves, sujeitos a penas de curta duração, e são mais freqüentes e numerosos, não comportam as mesmas formalidades e delongas, que prejudicariam à Justiça e ao imputado, pelo que há de assegurar-se procedimento mais célere, como o sumário.[19]

Anote-se que a multa não é critério para criação de procedimento, pois não é pena principal, capaz de determinar a feição da infração penal, mesmo quando cumulativa ou alternativamente aplicada.[20]

A *natureza da infração* ou o *tipo de crime* cometido é outro pressuposto que informa a criação de

---

[16] Grinover, Ada Pellegrini; Fernandes, Antonio Scarance e Gomes Filho, Antonio Magalhães. *As nulidades no Processo Penal*. São Paulo: RT, 2004, p. 302-303.

[17] Fernandes, Teoria, *Ob. cit.* p. 55.

[18] Idem, p. 55.

[19] Acosta, Walter P. *O Processo Penal*. Rio de Janeiro: Editora do autor, 1989, p. 412.

[20] Nucci, Guilherme de Souza. *Código de Processo Penal Comentado*. São Paulo: RT, 2005, p. 836.

procedimento especial. Assim os crimes falimentares, os crimes de imprensa, os delitos relacionados aos entorpecentes, o abuso de autoridade têm rito diferenciado.

Nos crimes contra a honra, por incidir a ofensa sobre a reputação, a imagem, a honestidade do lesado, e como forma de evitar a maior publicidade, opera-se uma audiência prévia para buscar-se a reconciliação, capaz de extinguir a queixa, se obtida. Os crimes funcionais, por afetarem a exação e o decoro da função pública, em regra, ensejam uma defesa prévia antes do recebimento da denúncia, para verificar a plausibilidade da acusação e assim não submeter o funcionário a uma longa refrega.

Nessa mesma linha se insere a *função do acusado*, onde a prerrogativa para o procedimento diz com a preservação da dignidade do cargo em que o agente está investido e não um benefício pessoal. Assim como acontece também na competência, funda-se a diversidade de procedimento em razões de utilidade pública, na ordem e na independência dos tribunais. É o caso de processo contra magistrados, agentes do Ministério Público, entes políticos, autoridades públicas, etc.

A *celeridade* é outro fator que influi na diversidade procedimental e que se conjuga com outros critérios já referidos como o tipo de crime, a natureza da infração e a gravidade da pena, lembrando-se a máxima carneluttiana que recomenda a paciência como uma das virtudes necessárias aos juízes e partes, pois se a justiça é segura, não é rápida e, se é rápida, não é segura.[21]

Assim, o procedimento sumaríssimo se caracteriza pela oralidade, pela imediação, pela concentração, pela previsão restrita de recursos quanto às interlocutórias, o que acarreta maior rapidez no deslinde dos fatos submetidos ao Juizado Especial (Lei 9.099/95, artigo 2°).

Recorde-se que recente reforma constitucional estabeleceu, tanto no âmbito do processo judicial quanto do processo administrativo o *direito à razoável duração do processo*, bem como a meios que garantam que sua tramitação se dê de forma célere (CF, artigo 5°, LXXVII).

É que cresce no mundo moderno a preocupação com a *segurança jurídica* e *estabilidade das instituições jurídicas*, e a demora da prestação jurisdicional não apenas é contraproducente, mas vai contra a natureza da tutela, pois a prestação tardia é fator de insegurança, contribuindo para a intranqüilidade do direito dos cidadãos.[22]

O rito dos Juizados Especiais Criminais objetiva tal intenção (Lei n. 9.099/95, artigo 62), como ocorre em outros procedimentos como o sumário, no abuso de autoridade, etc.

Contudo, a resposta célere da Justiça Criminal não pode servir unicamente ao fim produtivo, numérico, utilitário, mas destinar-se à busca do fim precípuo do processo penal, que é a harmonia das relações sociais e/ou jurídicas, através da igualitária proteção dos bens jurídicos. Presta-se, também, para abreviar o tempo de duração do feito, o estigma do processado e a incerteza da solução final do processo ou conteúdo da decisão final.[23]

7. Procedimentos especiais e a Lei 9.099/95. A Lei 9.099/95, em seu primeiro vagido, dirigiu-se à conciliação, julgamento e execução das infrações de menor potencial ofensivo (artigo 60), definidas como contravenções e crimes em que a pena cominada não excedesse a um ano, *excetuados os casos em que a lei preveja procedimento especial* (artigo 61).

Posteriormente, a Lei n.10.259/01 que instituiu os Juizados Especiais Cíveis e Criminais no âmbito da Justiça Federal redefiniu as infrações de menor potencial ofensivo como os crimes a que a lei comine pena máxima não superior a dois anos, ou multa (artigo 2°, parágrafo único), sem excluir os procedimentos especiais de sua abrangência, como o diploma anterior, o que gerou perplexidade e controvérsia.

Alguns, seguindo o que ditara a lei pretérita, deixaram de aplicar a legislação novidadeira às infrações que seguiam procedimento especial; outros, todavia, não acharam entraves para a aplicação imediata, em nome do princípio da isonomia.

Entendeu-se que os benefícios previstos na Lei 9.099/95, especialmente a transação, agora se estendiam às infrações cuja pena máxima não ultrapasse dois anos, havendo ou não multa, cumulativa ou alternativamente cominada, sejam elas da competência da Justiça Estadual ou da Justiça Federal, ambas consideradas Justiça Comum, além de cessar a vedação de uso aos crimes em que a lei previsse procedimento especial.[24]

A lei nova se aplicaria a todos os crimes a que a lei comine pena máxima não superior a dois anos, ainda que atualmente possuam rito especial, aqui também incluídos os crimes de porte de entorpecentes, porte de armas e calúnia (detenção, *e* multa), em-

---

[21] Carnelutti, Francesco. *Derecho y Proceso*. Buenos Aires: EJEA, 1971, p. 177.

[22] Wambier, Luiz Rodrigues; Wambier, Teresa Arruda Alvim e Medina, José Miguel Garcia. *Breves comentários à nova sistemática processual civil*. São Paulo: RT, 2005, p. 25-27.

[23] Giacomolli, Nereu José. *Juizados Especiais Criminais*. Porto Alegre: Livraria do Advogado, 2002, p. 55.

[24] Nucci, *Ob. cit.* p. 838.

bora a multa ali seja alternativa (*ou*), valendo a interpretação pois há uma vírgula separando as sanções, o que faz induzir a incidência.[25]

Desta maneira, a Lei 10.259/01, ao definir os delitos de menor potencial ofensivo, demarcando-os em função da pena, ampliou o âmbito de aplicação do conceito para os casos em que a pena máxima não ultrapasse dois anos, ou multa, e alcança o disposto no artigo 61 da Lei 9.099/95,[26] derrogação que também se assenta na normatividade equivalente das duas leis, do ponto de vista hierárquico.[27]

Ao dirimir questão relativa à competência para o crime de posse de substância entorpecente para uso, cuja pena máxima prevista é de dois anos, disse o Superior Tribunal de Justiça que se cuidava de infração de menor potencial ofensivo, de competência do Juizado Especial Criminal, mesmo diante do advento da Lei 10.409/02. Ali se disse que a Lei 10.259/01 trouxe nova definição de delitos de menor potencial ofensivo, para incluir aqueles para os quais a lei preveja pena máxima não superior a dois anos, "sem fazer qualquer ressalva acerca daqueles submetidos a procedimentos especiais, razão pela qual todas as infrações cujas penas máximas não excedam a dois anos, inclusive as de rito especial, passaram a integrar o rol dos delitos de menor potencial ofensivo, atraindo a competência dos Juizados Especiais".[28]

Na mesma linha, ao resolver conflito de competência entre Tribunal e Turma Recursal, se decidiu que a Lei dos Juizados Especiais *se aplica aos crimes sujeitos procedimentos especiais,* desde que obedecidos os requisitos autorizadores, permitindo a transação e a suspensão condicional do processo inclusive nas ações penais de iniciativa exclusivamente privada.[29]

Ainda em sede de conflito, o Tribunal de Justiça do RS afirmara que, se a Lei n. 10259/01 não ressalvara os delitos submetidos a procedimentos especiais, a superveniência da Lei n. 10.409/02 não exclui a competência do Juizado Especial Criminal para o julgamento do feito, com aplicação subsidiária dos institutos da última,[30] decisão sedimentada na Conclusão n° 31 do Centro de Estudos daquela Corte para quem, no âmbito da Justiça Estadual, em face das duas leis já indicadas, consideravam-se infrações de menor potencial ofensivo as contravenções e crimes a que a lei cominasse pena máxima de dois anos.

É que a lei nova não excluiu de sua abrangência os crimes que obedeciam a procedimento especial, apenas considerando a quantidade de pena para conceituar a infração de menor potencial ofensivo, disciplinando de modo diverso.

Parece claro que o legislador, em não referendar as exceções anteriores, pretendeu alterar o rumo do procedimento especial, quando deslocou a competência.

Advirta-se que está assentada na jurisprudência a compreensão de que não se aplica a Lei n.9.099/95 quando há imputação, em concurso material, de delitos cuja soma das penas máximas previstas para cada um deles ultrapasse dois anos,[31] embora assim não considere o Fórum Permanente dos Coordenadores dos Juizados Especiais Cíveis e Criminais do Brasil.[32]

Agora, a Lei n. 11.313, de 28 de junho de 2006, alterando os artigos 60 e 61 da Lei n. 9.099/95 e artigo 2° da Lei n. 10.259/2001, acabou por harmonizar a dissidência entre os dispositivos, ordenando que o procedimento se aplica às infrações de menor potencial ofensivo, assim consideradas as contravenções e crimes a que a lei comine pena máxima não superior a dois anos, cumulada ou não com multa; ditou, ainda, que na reunião dos processos perante o juízo comum ou o tribunal do júri, decorrente da aplicação das regras de conexão ou continência, respei-

---

[25] Gonçalves, Victor Eduardo Rios. "O novo conceito de infração de menor potencial ofensivo". *Boletim do IBCCrim* n. 111, p.1-2; no mesmo sentido, Gomes, Luiz Flávio."Nova competência dos Juizados Criminais e seus reflexos práticos". *Boletim do IBCCrim* n. 110, p. 6.
[26] STJ, Sexta Turma, RHC 15.355-SP, rel. Min. Paulo Medina, j. 04.05.04.
[27] Giacomolli, *Ob. cit.* p. 41.
[28] STJ, Quinta Turma, REsp 768.969-MG, rel.Min.Gilson Dipp, DJ 24.12.05; no mesmo sentido, REsp 610.142-RJ, DJ 02.08.04, e REsp 527.836-RS, DJ 06.10.03, todos do mesmo relator e Turma.
[29] STJ, Terceira Seção, CC 43.886-MG, rel. Min. Gilson Dipp, DJ 13.10.04.
[30] TJRS, Sexta Câmara Criminal, CC 700012862330, rel.Des. João Batista Marques Tovo, j. 01.12.05; no mesmo sentido, Segunda Câmara Criminal, APCR 70006096648, rel.Des. Marco Aurélio de Oliveira Canosa, j. 21.11.03 e Sexta Câmara Criminal, CC 70005247069, rel. Des. Alfredo Foerster, j. 21.11.02.
[31] STJ, Quinta Turma, HC 3064-RO, rel. Min. Laurita Vaz, DJ 05.04.04; no mesmo sentido, Sexta Turma, HC 28184, rel. Min.Paulo Gallotti, DJ 29.11.04 e CC 051220, rel.Min. Hélio Quaglia Barbosa, j. 21.11.05; em contrário, TJRS, Sexta Câmara Criminal, CC 700012862330, rel. Des. João Batista Marques Tovo, j. 01.12.05 e CC 70011960887, j.30.06.05 e APCR 70008667156, j. 12.08.04, todos da mesma Câmara Criminal.
[32] Enunciado 13: "Não devem ser levados em consideração os acréscimos do concurso formal, do crime continuado para efeito de aplicação da Lei n. 9.099/95".

tam-se os institutos da transação penal e da composição de danos.

8. **Adoção de procedimento diverso.** Os ritos são prescritos consoante a pena fixada e, em regra, são infungíveis, pois o procedimento é matéria de Direito Público indisponível (RT 572/358)

Assim, a adoção do rito sumário em detrimento do ordinário, ainda que com o consenso das partes, constitui restrição inaceitável do direito de defesa, assegurado em lei, sendo causa de nulidade absoluta (STF, RT 579/443, ainda RT 655/270 e 658/317), máxime quando previsto para a espécie um procedimento de maior amplitude e que não pode ser suprimido, com surpresa para a defesa, já que a forma é garantia da parte e direito impostergável do acusado, a que se deve curvar o Estado-Juiz (TACSP, RT 572/358).

Ao contrário, entende-se possível a inobservância do rito previsto por infração a que a lei comina a pena de reclusão, quando não se flagrou qualquer prejuízo à defesa (TJRJ, RT 601/392).

Também se admite a substituição do rito especial pelo procedimento comum, pois este assegura a mais ampla defesa ao acusado (TJPA, RDJTJPA 15/222).

9. **Cumulação de ações com ritos diversos.** Ocorrendo a cumulação, num mesmo processo, de ações penais com ritos especiais diversos, prevalece o que melhor permita a busca da verdade material e assegure a defesa (RDJTACSP 24/322).

E em caso de conexão ou continência entre crimes definidos em legislação especial e comum, o rito processual a ser observado é o da infração mais grave, ressalvados os de competência do Júri e das jurisdições especiais (RT 564/298).

10. **Do procedimento ordinário.** O procedimento ordinário é o que se aplica às ações penais onde, em regra, se comina a pena de reclusão.

É o procedimento paradigma ou modelo, que os antigos praxistas denominavam de *ordinário pleno*, porquanto nele se observam todos os atos, termos e formalidades que na doutrina do processo comum eram tidos como adequados para uma ampla discussão das lides mais destacado vulto e importância, caracterizado pela maior amplitude da discussão e pela maior dilação dos prazos para as provas e para as alegações, reminiscência do processo onde se guardava a ordem solene do juízo.[33]

A persecução criminal se inaugura com a notícia do ilícito, em sede administrativa, e completada a investigação operada pelo inquérito policial, onde se busca apurar a infração e sua autoria, os autos são encaminhados ao foro, seguindo-se a etapa judicial, coma distribuição e remessa ao Ministério Público, em caso de ação pública, o que desencadeará a ação penal, com o recebimento da denúncia, ou da queixa subscrita pelo ofendido, quando de ação de iniciativa privada se tratar.

O procedimento ordinário respeita as seguintes etapas:

Denúncia ou queixa -> Recebimento -> Citação -> Interrogatório -> Defesa prévia -> Audiência para ouvida das testemunhas arroladas -> Diligências -> Alegações finais escritas -> Sentença.

Denomina-se *fase postulatória* a etapa em que as partes apresentam suas pretensões e indicam a maneira de demonstrar a veracidade delas, e que se estende da denúncia ou queixa até o oferecimento da defesa prévia.

A *fase instrutória* é a que enseja o cumprimento das promessas probatórias das partes, compreendendo a parte oral do procedimento (depoimentos), alguns autores aqui incluindo também o interrogatório, eis que ato de defesa, e abarca também a complementação da prova pelas diligências e as razões finais.

Finalmente, o procedimento se encerra com a *fase decisória ou sentencial*, em que o juiz, depois de valorar o contexto probatório, proclama sua dicção.

Denomina-se instrução criminal o espaço onde se exercita a ampla defesa e o contraditório, constituído por um conjunto dos atos praticados a fim de aparelhar o juiz para julgar, constituindo-se, especialmente, em atos probatórios e periciais,[34] e que muitos consideram apenas a *fase oral* do procedimento.

**LIVRO II
DOS PROCESSOS EM ESPÉCIE**

**TÍTULO I
DO PROCESSO COMUM**

**CAPÍTULO I
DA INSTRUÇÃO CRIMINAL**

Art. 394. O juiz, ao receber a queixa ou denúncia, designará dia e hora para o interrogatório, ordenando a citação do réu e a notificação do Ministério Público e, se for caso, do querelante ou do assistente.

1. **Denúncia.** O direito de ação é um direito subjetivo público que assegura acesso ao Poder Judiciá-

---

[33] Marques, José Frederico. *Elementos de Direito Processual Penal*. Rio: Forence, 1961, v. II, p. 116.

[34] Tornaghi, Hélio. *Curso de Processo Penal*. São Paulo: Saraiva, 1989, v. II, p. 192.

rio para buscar a tutela sobre determinada pretensão, e que é dirigido contra o Estado para obter dele decisão sobre o pedido formulado (CF, artigo 5°, XXXV).

A movimentação do aparato judiciário exige assim a iniciativa da parte, daí a censura ao passado procedimento judicialiforme, onde o juiz subscrevia a portaria que dava partida à ação. O juiz não pode invocar-se por tutela alheia, pois estaria solicitando providência para si, desrespeitando o brocardo *ne procedat judex ex officio*.[35]

A denúncia é a petição inicial da ação pública, onde o agente do Ministério Público expõe o fato e suas circunstâncias, apontando o autor e o enquadramento legal da infração, indica as provas e pede que se proceda penalmente contra o acusado.

A tradição costumava referir que a denúncia devia conter o nome da pessoa que praticou o crime (*quis*), os meios empregados (*quibus*), o dano produzido (*quid*), os motivos determinantes (*cur*), a maneira como praticado (*quomodo*), o lugar (*ubi*) e o tempo (*quando*).

O recebimento da denúncia pelo juiz instaura a ação penal, havendo quem entenda que a demanda começa com o *oferecimento* daquela peça, pois a partir daí pode ser pronunciada sentença de mérito ou com força equiparada, o que não se poderia explicar se não houvesse ação em curso[36] e ao fazê-lo o magistrado designa dia e hora para o interrogatório, mandando citar o agente e notificar o Ministério Público e, se for o caso, do querelante ou do assistente.

A denúncia é peça que aparece no ordenamento brasileiro desde o Código Criminal do Império de 1832 (artigo 74), embora esboçada como libelo nas Ordenações Filipinas, ora com berço no artigo 24 do CPP, estando os requisitos catalogados no artigo 41 do catálogo instrumental.

1.1. Exposição do fato criminoso. Como a descrição do fato criminoso é o espelho onde o acusado mira sua defesa, pois não se defende de dispositivo penal, mas da atribuição de uma conduta anti-social, deve a narrativa ser a mais ampla, precisa, cabal e abrangente para permitir o exercício eficaz da garantia constitucional.

Nesse sentido, a Suprema Corte apregoou que o réu se defende dos fatos descritos na denúncia, não acarretando eventual equívoco na capitulação a inépcia da mesma.[37]

É inepta a denúncia, assim, que não descreve pormenorizadamente o fato criminoso, dificultando o exercício da ampla defesa (RT 562/427).

Não se admite uma peça acusatória cujo objeto da acusação fique ambíguo, indefinido e incerto, não podendo alguém ser condenado com base em peça acusatória pobre de clareza e precisão, causando sério prejuízo ao contraditório penal, em virtude de acusação vaga, sem conteúdo, pois não é um arrazoado ou um parecer.[38]

Na articulação da denúncia cumpre ao acusador demonstrar com clareza o ajustamento do fato ao tipo penal, não podendo limitar-se, nessa tarefa, à mera reprodução do texto da lei incriminadora; e assim procedendo, outra coisa não fará senão reproduzir uma conduta em abstrato, cumprindo proceder a essa conversão da norma abstrata de conduta escrita na lei penal em modo concreto de agir, sob pena de não conseguir o necessário enquadramento típico, não preenchendo a possibilidade jurídica do pedido.[39]

A denúncia é inepta quando carece dos elementos fáticos essenciais ou apenas se refere a outra peça dos autos (RSTJ 24/415, RT 532/320), ou faz uma descrição genérica (RT 642/358).

No crime de desacato é imprescindível que descreva exatamente qual foi a expressão ultrajante usada pelo acusado, para verificar-se se a palavra era ou não ofensiva; no crime de falso testemunho, deve apontar a afirmação mentirosa, a verdade negada ou calada; no estelionato, a denúncia deve indicar o erro em que as vítimas foram induzidas, o ardil, o artifício ou o meio fraudulento usado para o proveito (RT 521/432); no crime de imprensa, deve conter as palavras ou locuções injuriosas ou difamatórias empregadas pelo autor dos escritos ou responsável pela publicação; nos crimes culposos deve especificar a natureza da culpa, se o agente agiu com imprudência, imperícia ou negligência; na prevaricação, o fim de agir; na falsidade ideológica a peça deve referir-se ao elemento subjetivo, que consiste no fim de prejudicar direito, criar obrigação ou alterar a verdade; nos crimes tentados, o óbice, alheio à vontade do agente, que o impediu de atingir a meta, consumando a infração.[40]

---

[35] Tourinho Filho, Fernando da Costa. *Processo Penal*. São Paulo: Saraiva, 1997, v.1, p. 51-52.

[36] Greco Filho, *Ob. cit.* p. 132.

[37] STF, Segunda Turma, HC 79.856-RJ, rel. Min. Nelson Jobim, 02.05.2000.

[38] Ribeiro, José do Espírito Santo Domingues. *A denúncia e suas nulidades*. Rio de Janeiro: Aide, 1992, p. 25-26.

[39] Boschi, José Antonio Paganella. *Ação penal*. Rio de Janeiro: Aide, 1993, p. 136.

[40] Ribeiro, *Ob. cit.* p. 27-28, onde se arrolam tais exemplos.

Nos crimes de autoria coletiva, entendia-se fosse necessário que a denúncia descrevesse a conduta de cada um dos participantes, sob pena de inépcia, ou seja, que mencionasse a intervenção real e efetiva de cada um no evento, os meios utilizados, os motivos, o local e tempo (RTJ 49/388 e RT 503/382).

A jurisprudência, contudo, vem se mostrando pendular quando à exigência de descrição minudente da conduta de cada agente nos crimes coletivos, aceitando-se a referência aos elementos essenciais e circunstâncias genéricas em relação a cada autor, embora o Superior Tribunal de Justiça insista que se faz necessário, sem exigir detalhes, a descrição ao menos, do papel de cada um no evento delitivo (RT 733/510), ou pelo menos, o modo como os co-autores concorreram para o crime.[41]

Essa flexibilidade da jurisprudência se manifesta nos crimes societários (RTJ 125/1.63), nos crimes de autoria conjunta ou coletiva (RTJ 100/556) e nos crimes multitudinários (JTACrimSP 84/78).[42]

A jurisprudência do Supremo Tribunal Federal também se orienta no sentido de que é admitida a narração genérica dos fatos, sem discriminação da conduta específica de cada denunciado, quando se trate de crime multitudinário,[43] posição também sustentada nos delitos societários, quando se afirma que não é inepta a denúncia por não descrever a conduta individual de cada um dos sócios denunciados, se a todos, indistintamente, atribui a prática do delito societário, afirmando-lhes a condição de administradores responsáveis pelos atos a eles imputados.[44]

As omissões quanto ao dia, hora e local do crime não tornam a denúncia inepta, desde que suprível por elementos contidos nos autos, eis que eventuais nulidades que possam ocorrer se vinculam a embaraço ou cerceamento de defesa (RT 423/368, 440/372, 537/308, 589/444 e 660/283).

1.2. **Qualificação do agente**. É exigência, em vista do princípio da personalidade, que o agente seja qualificado ou, não sendo possível, que venham esclarecimentos que permitam sua identificação (CPP, artigo 41).

Não se obriga a uma qualificação completa e abrangente, embora seja isso recomendável, sendo suficiente o nome ou sinais característicos, bastando existir um só elemento eficiente para a propositura da ação penal (RT 237/115).

A qualificação também pode ser operada através de alcunha, pseudônimo, apelido, nome artístico ou "nome de guerra", quando as pessoas por eles sejam mais conhecidas que o nome de registro.

Aliás, a lei admoesta que a impossibilidade de identificação do acusado com o seu verdadeiro nome ou outros qualificativos não retardará a ação penal, quando certa a identidade física, eis que a qualquer tempo, descoberta a qualificação, far-se-á a retificação nos autos, sem prejuízo da validade dos atos precedentes (CPP, artigo 259).

Desta maneira, o juiz apenas não receberá a denúncia quando incerta a identidade física daquele contra quem se pretenda a instauração da ação penal, mas o fará se dos autos emergem alguns elementos que possibilitem a identificação deste (RT 549/389).

A omissão do nome do ofendido é irregularidade sanável (RT 616/355).

1.3. **Classificação do crime**. É o enquadramento do fato no dispositivo legal, é a capitulação do evento à regra material, o que importa para o reconhecimento da infração, mas também para definir a competência quanto à distribuição, frente à existência de varas especializadas.

Afirmou-se alhures que a errônea classificação do crime não compromete a denúncia, pois o acusado se defende do fato articulado.

E também o juiz não se vincula à moldura posta pelo Ministério Público, já que a ele cabe a definição final (CPP, artigos 383 e 384),[45] embora não possa acrescer outras circunstâncias às já expostas na denúncia (CPP, artigo 383).

Não cabe ao magistrado, no recebimento da denúncia, discutir a capitulação do delito, o que é atribuição do Ministério Público, sinalizando-se que o momento processual adequado para o juiz dar definição diversa da que consta na denúncia, ou reconhecer a possibilidade de nova definição jurídica do fato é na sentença (RT 607/399 e 647/269); nem mesmo alertar sobre a inconstitucionalidade do diploma em que se sedimentou a denúncia (RT 620/384).

Assim, é inadmissível que o juiz mude a qualificação legal do crime ao receber a denúncia, cabendo impugnar tal decisão através do recurso em sentido estrito (STF, RT 602/451).

Não se afaste a possibilidade de alteração feita no curso do processo através do aditamento pelo Ministério Público (CPP, artigo 569), para corrigir a irre-

---

[41] STJ, Quinta Turma, RHC 7.244-RJ, rel. Min. Edson Vidigal, DJ 31.05.99.

[42] Grinover et alli, Ob. cit. p. 116.

[43] STF, Segunda Turma, HC 73.208-RJ, rel. Min. Maurício Corrêa, DJ 07.02.97.

[44] STF, Primeira Turma, HC 74.813-9-RJ, rel. Min. Sydney Sanches, DJ 29.08.97.

[45] RT 528/361 e 552/356, JTAERGS 92/31.

gularidade da equivocada classificação, que não é causa de nulidade da peça, e que independe de outra citação ou renovação da instrução,[46] salvo quando se inclui fato novo antes não noticiado, quando se impõe outro interrogatório, e abertura de prazo para a defesa prévia (RT 494/369).

1.4. Rol de testemunhas. A indicação de testemunhas ocorre apenas quando necessário (CPP, artigo 41), embora se reitere a importância da prova testemunhal no âmbito criminal, o que não obsta a iniciativa do juiz em ouvir pessoas para suplementar a prova e fortalecer sua convicção (CPP, artigo 156).

No procedimento ordinário, o número máximo que o Ministério Público pode arrolar na denúncia é de oito testemunhas, aqui não se computando as que não prestam compromisso (CPP, artigos 206 e 208), constituindo-se em irregularidade a indicação de mais testemunhas que o número legal, caso ouvidas na instrução (RT 588/307), podendo o excesso ser debitado à conta das diligências de ofício que o magistrado possa determinar (CPP, artigo 156). Os procedimentos especiais, que se instaurem por denúncia, podem prever outro número.

Em caso de omissão, o rol não pode ser ofertado depois do recebimento da denúncia ou no fim da instrução, o que implicaria, neste caso, inversão da ordem da prova e prejuízo à defesa que deve conhecer a prova acusatória antes de produzir a que lhe toca (RT 548/325).

1.5. Outras formalidades da denúncia. Além dos requisitos antes apregoados, a peça inicial também deve conter outros elementos, embora não expressamente obrigados.

Assim, deve referir-se à *autoridade judicial* a quem é remetida, embora isso não acarrete a nulidade da denúncia, sendo irregularidade suprível com a simples remessa ao juízo competente.[47]

O *pedido de condenação*, antes como pressuposto essencial, perdeu sua arrogância com a instrumentalidade do processo, considerando-se que se acha implícito com a propositura da peça, assim como o *pedido de citação*, que a lei não exige para a regularidade formal, estando também presumida na peça acusatória (RT 548/325).

A falta de *assinatura* também é mera irregularidade quando induvidosa a autoria, pois não causa nenhum prejuízo ao acusado (RT 520/433), especialmente se o recebimento for imprescindível para se evitar a prescrição,[48] sendo a irregularidade sanável a qualquer tempo (JTACRIMSP 61/153); também se acha tratar-se de *ato inexistente*, verdadeira petição apócrifa que não é capaz de produzir a interrupção da prescrição, que só detonaria após a renovação do processo e ratificação da peça,[49] posição também assumida quando não há qualquer modo de identificar o membro da instituição.

Em posição mais rígida, entende-se nula a denúncia sem assinatura, mesmo quando identificável o agente do Ministério Público que subscreveu cota nos autos (TARS, RT 728/650), ou quando assinada por estagiário, sem a companhia do Promotor de Justiça,[50] o que não ocorre quando dois agentes do Ministério Público subscrevem a peça.[51]

A denúncia ajuizada por Promotor sem atribuições pode ser ratificada no juízo competente pelo agente que atuar naquele local, embora a necessidade de renovação dos atos procedimentais.[52]

1.6. Prazo para oferecimento da denúncia. O prazo é de cinco dias, se o agente está preso, contado da data que o órgão do Ministério Público receber os autos do inquérito policial, ou de quinze dias, quando o imputado estiver solto ou afiançado (CPP, artigo 46). Havendo prisão, há atividade administrativa vinculada para a autoridade, que não tem margem de conveniência, pois o direito de liberdade do agente se encontra sob coação.

A restituição do inquérito à autoridade policial para novas diligências, estando o indiciado preso, acarreta sua libertação e não a nulidade da ação penal (RT 414/62, 639/304 e RTJ 84/843); embora não deva fazê-lo, quando o juiz indefere o pedido de baixa requerido pelo Ministério Público admite-se a correição parcial (RT 455/402).

Não há invalidade na demora em ofertar a denúncia fora do prazo quando o indiciado está solto, mas mera irregularidade (RT 420/419), pois a ação pode ser proposta até antes de fluir a prescrição do direito de punir do Estado (RT 436/320).

Algumas leis especiais indicam outros prazos para oferecimento da denúncia, como a do abuso de autoridade, eleitoral, imprensa, falência, entorpecentes, etc.

---

[46] Boschi, *Ob. cit.* 145.
[47] STF, RHC 60.126, DJ 24.09.82.
[48] Nucci, *Ob. cit.* p. 151.
[49] Boschi, *Ob. cit.* p. 151 e RT 693/392.
[50] STF, Segunda Turma, RHC 64.701, DJ 22.5.87.
[51] STF, Quinta Turma, 1.465, DJ 16.03.92.
[52] Boschi, *Ob. cit.* p. 150 e RTJ 79/436.

1.7. **Recebimento da denúncia.** Embora a determinação constitucional de que as decisões judiciais devam ser fundamentadas (CF, artigo 93, IX), a doutrina e a jurisprudência entendem que a decisão de recebimento da denúncia constitui decisão interlocutória simples e não precisa motivação por não ter carga decisória; cuida-se de juízo positivo de admissibilidade da ação penal.[53] mesmo por que eventual fundamentação implicaria em antecipação indevida do exame do mérito.[54]

Todavia, parte dos juristas acha que, em vista da ordem constitucional, a fundamentação da denúncia e de toda decisão passou a ser regra cogente, para que se possibilite aos sujeitos processuais através de eventual recurso, a formulação crítica perante o órgão de instância superior.[55]

A fundamentação era expressa apenas para o recebimento da denúncia nos crimes falimentares (DL n. 7.661/45, artigo 109, § 2º, ora revogado pela Lei n. 10.259/01, que nada prevê).

Tratando-se de denúncia contra Prefeito, de competência do Tribunal de Justiça, por força do artigo 29, X, da CF, em que se persegue o rito da Lei n. 8.038/90 o Supremo Tribunal Federal recomenda a necessidade de fundamentação do ato.[56]

Como antes sublinhado, tratando-se a denúncia de uma proposta de condenação com uma definição provisória do crime, descabe ao juiz no recebimento alterar a capitulação, o que só pode fazer na edição da sentença.[57]

Desta forma, o recebimento da denúncia tem natureza de *decisão interlocutória simples,* sem qualquer carga decisória, não gerando preclusão quanto à regularidade da peça exordial acusatória, o que se convalida com o silêncio da lei no tocante a esse ato, que não deve conter incursões sobre o teor da acusação para evitar a emissão de juízo provido de condenação.[58]

Sublinhe-se que o ato do juiz que designa, desde logo, data para o interrogatório do denunciado e ordena-lhe a citação, supõe o *recebimento tácito* da denúncia, pois o ordenamento processual penal brasileiro não repele a formulação, pela autoridade judiciária, de juízo implícito de admissibilidade da denúncia.[59]

A decisão que recebe a denúncia não cogita de recurso, mas impugnação através do *habeas corpus,* o mesmo não ocorrendo com relação ao *não recebimento* e à *rejeição* daquela petição inicial.

A decisão de *não-recebimento* implica desacordo com os requisitos do artigo 41 do estatuto processual, cuidando-se de provimento terminativo e fundamentado onde não se examina o mérito e que faz coisa julgada formal, o que não impede o Ministério Público de reapresentá-la, desde que satisfeitas as condições legais, mas também de insubordinar-se através do recurso em sentido estrito (CPP, artigo 581, I),[60] que, acolhido, obriga ao juiz monocrático a dar seqüência ao procedimento.

A denúncia é *rejeitada* quando não atenda às exigências do artigo 43 do catálogo instrumental (condições da ação), o que extingue a demanda sem julgamento do mérito, por isso decisão terminativa mista, o que impede a reiteração do pedido, e que admite o recurso de apelação (CPP, artigo 593, II).[61]

Cabe agravo em caso de crimes de competência originária dos tribunais superiores (Lei n. 8.038/90, artigo 39) e nos crimes de imprensa, o recurso em sentido estrito, sem efeito suspensivo (Lei n. 5.250/67, artigo 44, § 2º, segunda parte), quando se cuide de não recebimento; e de apelação, quando se trate de rejeição da denúncia em tais procedimentos, segundo prescrições das leis epigrafadas.[62]

O acórdão que provê o recurso contra a rejeição da denúncia vale, desde logo, pelo recebimento dela, salvo quando nula a decisão de primeiro grau (STF, Súmula n. 709).

2. **Queixa.** É a petição inicial da ação de iniciativa privada subscrita pelo ofendido ou quem o represente (CPP, artigo 30), sujeito que também tem a iniciativa quando o Ministério Público deixar de intentar a ação pública no prazo legal (CF, artigo 5º, LIX, e artigo 29, CPP).

---

[53] STF, Primeira Turma, rel. Min. Celso de Mello, DJ 23.09.95).
[54] STJ, Sexta Turma, RHC 8.481- SC, rel. Min. Luiz Vicente Cernicchiaro, DJ 31.05.99.
[55] Boschi, *Ob. cit.* p. 157; no mesmo sentido, Tucci, *Ob. cit.* p. 41, que refere posição de Antonio Magalhães Gomes Filho.
[56] STF, Segunda Turma, HC 75.846-BA, rel. Min. Maurício Corrêa, DJ 20.02.98.
[57] STJ, Sexta Turma, RHC 8.968-RJ, DJ 13.12.99; no mesmo sentido, tribunal e turma, RE 196.117-PB, rel. Min. Fernando Gonçalves, DJ 21.06.99.
[58] STJ, Sexta Turma, RHC 5.634-RS, rel. Min. Vicente Leal, DJ 17.11.97; no mesmo sentido e tribunal, mas da Quinta Turma, ainda dispensando a exigência de motivação, RHC 1.000, DJ 15.04.91.
[59] STJ, Primeira Turma, HC 6.892-MG, rel. Min. Celso de Mello, DJ 28.08.92.
[60] RJTJRS 189/203.
[61] Boschi, *Ob. cit.* p. 161-162 e RJTJRS 189/203.
[62] Capez, Fernando. *Curso de Processo Penal.* São Paulo: Saraiva, 2003, p. 143.

Tem seu nascedouro no Processo Criminal de 1832 (artigo 72) que dava titularidade também ao *senhor*, que apresentava a queixa pelo escravo, também aparecendo a disposição sobre a ação privada no Código Criminal de 1890, vindo depois albergar-se no Código de Processo Penal vigente.

2.1. **Legitimidade**. Cogitando-se de lesão que afeta mais o interesse privado, sem que o Estado também descure da persecução, quando instado, ou na execução da pena imposta, a titularidade é do ofendido ou de quem o represente; quando morto ou ausente por decisão judicial, o direito de oferecer queixa ou prosseguir na ação passará ao cônjuge, ascendente, descendente ou irmão (CPP, artigos 30 e 31).

Se a morte ou incapacidade acontecer depois do ingresso da demanda, e no prazo de sessenta dias, qualquer dos sucessores indicados deverá comparecer a juízo para continuar o processo, sob pena de perempção (CPP, artigo 60, II).

Havendo comparecimento múltiplo, a preferência é do cônjuge e em seguida do parente mais próximo, tanto que o ingresso da primeira pessoa em juízo afasta as demais (RT 466/321).

Como a união estável tem vestimenta constitucional agora, não se despreza a possibilidade da jurisprudência incluir o companheiro (a) também como legitimado para a propositura da queixa, pois nos crimes contra os costumes se admite que a representação possa ser ofertada pela concubina (RT 397/59), embora também se entenda que a enumeração do artigo 31 seja taxativa e não exemplificativa, o que não aceita ampliação (JTARS, 86/154, também RT 466/321).

Não há *transferência* do direito de oferecer a queixa, mas mera *sucessão* de pessoas que assumem a titularidade, diversamente da *substituição processual*, em que alguém exerce em nome próprio direito alheio.[63]

A disposição que obrigava o consentimento do marido para a mulher casada oferecer a queixa, resquício de período de casamento hierárquico, patriarcal e de nítido conteúdo ideológico, foi revogada pela Lei n. 9.520/97.

A ilegitimidade do representante legal do ofendido pode ser sanada a todo o tempo, segundo o artigo 568 dos cânones instrumentais (RTJ 69/720).

Os requisitos da queixa são os mesmos da denúncia com as reservas próprias de uma ação em que prevalece o poder dispositivo ou conveniência do ofendido.

A petição deve estar ancorada num *início de prova escrita* (documentos, pedido de explicação ou inquérito policial, etc.) para que o magistrado verifique não se tratar de medida temerária ou abusiva, além da procuração com *poderes específicos*, onde conste a *menção do fato criminoso* (CPP, artigo 44).

A limitação dos poderes do procurador, para quem é insuficiente a cláusula que autoriza somente para o juízo (*ad judicia*), se prende à limitação das atribuições do mandatário para que não exorbite em sua atividade, eis que sua obstinação pode levar a funestas conseqüências cíveis (dano moral) ou criminais (denunciação criminosa).

Assim, fica vedada propositura de ação que o ofendido não deseja, recaindo a responsabilidade no procurador por excessos cometidos.

Os defeitos da procuração consideram-se sanadas se o ofendido também subscrever a petição inicial, o que isenta o advogado de eventual responsabilidade.[64]

A menção do fato criminoso, antes tida como transcrição literal do acontecimento descrito na queixa sob pena de nulidade, é vista hoje como maior tolerância, bastando a referência ao nome do querelado, aos dispositivos legais endereçados ao agente e a designação do crime cuja autoria se lhe atribui (TARS, RT 572/389).

A pessoa jurídica também possui legitimidade para propor a queixa, sendo representada na forma de seus contratos ou estatutos indiquem, e no silêncio, por seus diretores ou sócios-gerentes (CPP, artigo 37).

2.2. **Exposição do fato criminoso**. Como para a denúncia, a narração do fato imputado deve ser ampla e irrestrita, a fim de ensejar um perfeito exercício da defesa pelo querelado, que se vai basear na descrição do evento, e não da capitulação constante de artigo legal (RTJ 170/187).

Nos crimes contra a honra é imperioso se registrem as palavras ofensivas, que também não podem ser abreviadas (RJTACSP, 40/353 e 41/65).

A descrição defeituosa impede o querelado de exercer com plenitude o seu direito constitucional à ampla defesa e ao contraditório, o que justifica o indeferimento da queixa (TJA, RDJ 7/394), o que também sucede quanto à exposição imprecisa (RJTACSP, 48/411).

2.3. **Qualificação do querelado**. O agente da ofensa deve ser distinguido pelo nome ou identificado por seus sinais característicos, mas a omissão de

---

[63] Tornaghi, *Ob. cit.* I, p. 50.
[64] STJ, RHC 7.762-SP, rel. Min. Edson Vidigal, D.J. 14.09.98.

algum desses danos não inibe o oferecimento da queixa.

É indispensável a comprovação da existência física do autor da infração, cuja incerteza encaminha a falta de justa causa para a ação (RT 741/636), que não é afetada quando se registre algum erro gráfico no sobrenome do agente (RT 763/515).

Não se admite a indicação dos nomes dos responsáveis apenas com suas iniciais (RT 382/103).

2.4. Classificação do crime. Aqui, como na denúncia, impõe-se a indicação no tipo penal em que se abriga o fato, não sendo suficiente a referência ao número do inquérito ou o pedido de explicações em que se sustenta a demanda, lembrando-se que a capitulação não é definitiva, pois se implementará no decreto sentencial.

A omissão da natureza do delito, bem como a falta de enquadramento, pode ser suprida até a sentença (RT 564/406 e JTARS 53/453).

2.5. Outras formalidades da queixa. A queixa deve apontar a autoridade a quem se destina e seu cargo (juiz, desembargador, ministro), embora o equívoco não acarrete invalidade da peça.

Embora também quanto à queixa se entenda que há pedido implícito na propositura, justificando a omissão do pedido de citação (RT 548/325), nesta espécie, em que vigora a disponibilidade e maior interesse do ofendido, esse requisito deve ser considerado para declarar a inépcia da queixa. Assim também se considere com o pedido de condenação, que deve ser expresso, em simetria com a peremção que se declara, quando ausentes as alegações finais (CPP, artigo 60, III).

A assinatura do ofendido, através de seu procurador, embora não seja exigida no artigo 41 do estatuto, deve ser recomendada, embora não constitua nulidade.

2.6. Aditamento da queixa. A queixa poderá ser aditada pelo Ministério Público, que daí em diante intervirá em todos os atos do processo, e no prazo de três dias contados do recebimento dos autos (CPP, artigos 45 e 46, § 2º).

Aditar é somar-se à pretensão do querelante na busca da condenação, o que se dá para incluir na queixa circunstâncias que possam influir na caracterização do crime, na sua classificação ou ainda na fixação da pena; mas não para incluir outros ofensores, além dos existentes, ou atribuir novos crimes aos querelados, pois aí estaria invadindo a legitimidade do ofendido, ficando neste caso ferida a queixa pela renúncia tácita, já que o autor optou em não processar os demais agentes,[65] o que não surgirá quando for desconhecida a identidade.

Pode o Ministério Público, zelando pela indivisibilidade da ação penal, sugerir ao querelante que faça o aditamento, sob pena de implicar em renúncia do direito de queixa contra um deles, o que afetará aos demais,[66] e caso desatenda o magistrado decretará a extinção da punibilidade (CP, artigo 107, V, primeira parte).

Essa posição é contrariada por parte da doutrina e da jurisprudência, para quem o Ministério Público pode aditar a queixa para incluir o co-autor ou partícipe.[67]

Em caso de aditamento, a posição processual do agente do Ministério Público é de um assistente do querelante, sem possibilidade de impedir que o autor da queixa exerça algum de seus poderes dispositivos, inclusive o de desistir, perdoar ou abdicar do procedimento.

2.7. Prazo para oferecimento da queixa. É de seis meses, contados a partir da data em que se souber o autor do crime (CPP, artigo 38; CP, artigo 103), cuidando-se de prazo decadencial, em que a perda do direito de ação implica também na extinção da pretensão punitiva estatal.

O prazo é de natureza penal, com contagem do dia do começo (CP, artigo 10), não admite suspensão ou prorrogação, eis que fatal (RT 631/347), não se interrompe pela instauração do inquérito ou sua remessa a juízo (RT 564/384), ou pela abertura de vista ao Ministério Público (RT 409/74), ou pelo aforamento do pedido de explicações (RT 537/334), ou, ainda, pela distribuição da queixa (RT 435/348).

Nos crimes de imprensa, o prazo é de três meses contados da data da publicação ou da transmissão (Lei n. 5.250/67, artigo 41, § 1º), e nos crimes contra a propriedade imaterial há divergência, se de seis meses contados do conhecimento da infração (RT 587/323), de trinta dias a partir da homologação do laudo pericial (RT 630/319) ou de sua intimação (RT 626/398), o que se discutirá adiante.

A distribuição da queixa obsta a consumação do prazo decadencial, sendo irrelevante o recebimento da queixa pelo juiz, pois se constitui em fato estranho à vontade do autor (RT 585/339), motivo por que o interessado deve buscar o protocolo do plantonista

---

[65] Mirabete, Julio Fabbrini. *Código de Processo Penal Interpretado*. Paulo: Atlas, 2004, p. 239; Capez, *Ob. cit.* p. 139; também, Tovo, Paulo Cláudio. *Apontamentos e guia prático sobre a denúncia no Processo Penal Brasileiro*. Porto Alegre: Fabris, 1986, p.28, cuja manifestação também se acha na Revista da Associação dos Juízes do RS, Ajuris, n. 18, p. 27.

[66] Tucci, *Ob. cit.* p. 166.

[67] Boschi, *Ob. cit.* p. 181.

judicial ou do serventuário em serviço quando o prazo venha a culminar em sábados domingo, feriado ou data sem expediente forense.[68]

Na ação penal privada subsidiária, o prazo é de seis meses contados a partir da data em se esgota a oportunidade para oferecimento da denúncia (CPP, artigos 38 e 29), considerado igual lapso para nos crimes de induzimento a erro essencial e ocultação de impedimento no casamento, computado a partir do trânsito em julgado da sentença que anulou o matrimônio (CP, artigo 236, parágrafo único).

Em caso de crime continuado, há contagem isolada do prazo sobre cada infração, começando a partir do conhecimento da autoria, descartando-se a continuidade delitiva (RT 523/418), como ainda ocorre no crime permanente, em que se despreza o instante em que cessou a permanência, e nos crimes habituais, onde o cômputo se inicia a partir do último ato.[69]

Os remédios e recursos contra o recebimento, não recebimento o rejeição da queixa se assemelham aos medicados à denúncia em situações similares.

Cabe recurso em sentido estrito contra o despacho que reconsidera o recebimento da queixa, e não correição parcial (RT 453/362), como também não se aceita rejeição em decisão posterior ao recebimento da queixa (RT 605/318).

2.8. Indivisibilidade da queixa. A queixa contra qualquer dos autores do crime obrigará todos os agentes ao processo, tocando ao Ministério Público zelar por sua indivisibilidade (CP, artigo 48), evitando-se o facciosismo ou vindita do ofendido.

Consoante aviso anterior, em caso de advertência ao querelante para preencher o pólo passivo quando desconheça algum deles, poderá ele aditá-la com relação ao excluído, ao localizar sua identidade (RT 595/352).

2.9. Reconvenção. Não existe no processo penal a possibilidade de reconvenção, pois o direito de punir é exclusivo do Estado.[70]

2.10. Honorários. A imposição de verba honorária ao vencido não é pacífica, havendo quem a admita (RT 560/336), ou a rejeite (RT 693/357).

2.11. Citação. A citação é o ato que comunica ao agente a existência de uma acusação contra ele proposta, a fim de que se integre na relação processual e possa exercer a garantia constitucional da ampla defesa. É notícia, mas também chamado para vir a juízo.

Como asseverado com propriedade, a citação é o canal de comunicação aberto pelo Estado-juiz em direção ao acusado para noticiá-lo da existência de uma imputação e convocá-lo a contrariá-la, e deve ser efetiva, inquestionável, induvidosa, daí cercada de formalidades que não podem ser postergadas (TACSP, RT 578/364).

Constitui formalidade essencial, sob pena de nulidade absoluta (CPP, artigo 564, III, *e*).

É exigência fundamental ao exercício do contraditório o conhecimento dos processos pelos interessados, pois a efetividade dos diversos atos de comunicação processual representa condição indispensável ao pleno exercício dos direitos e faculdades conferidos às partes, implicando em prejuízo sua falta ou imperfeição.[71]

Os doutrinadores costumam diferenciar *citação, intimação e notificação*.

A primeira, como dito, é a ciência que se transmite a alguém de imputação feita, a segunda, é o conhecimento da prática de atos pretéritos, já operados, e a última a ciência de atos a se realizar.

A citação pode ser real ou ficta.

2.12. Citação real. É a que se materializa na pessoa do acusado, em regra, também denominada citação *pessoal,* ocorrendo através do *mandado* a cumprir pelo oficial de justiça quando o autor da infração se encontre no território sujeito à jurisdição do juiz que a tiver ordenado (CPP, artigo 351), citação que prefere àquela por edital, pois gera a certeza, enquanto que a segunda é ficta.[72]

O mandado contém requisitos internos ou formalidades próprias do documento (CPP, artigo 352), e externas, relativas à forma de execução (CPP, artigo 357).

Quando o réu estiver fora do território da jurisdição do juiz processante, a citação se fará por *carta precatória* (CPP, artigo 353), e quando se encontre no estrangeiro, em lugar sabido, o ato se programa por *carta rogatória*, cumprida pelas vias diplomáticas, com sua remessa ao Ministério das Relações Exteriores (CPP, artigo 38).

A lei estabelece o conteúdo da carta precatória e de seu cumprimento, e quando o acusando não se encontra na comarca de deprecada a peça será reenviada para onde se ache, diligencia denominada *preca-*

---

[68] Giorgis, José Carlos Teixeira. *Prazos no Processo Penal*. Rio de Janeiro: Aide, 2002, p. 68-69.

[69] Capez, *Ob. cit.* p. 130.

[70] TJSP, Quinta Câmara Criminal, QC 312.866-3, rel. Des. Dante Busana, j. 22.02.01.

[71] Grinover *et alli*, *Ob. cit.* p. 121.

[72] STJ, REsp. 54.781-1, rel. Min. Luiz Vicente Cernicchiaro, DJ 26.02.96.

tória itinerante; quando o acusado se ocultar, a circunstancia será certificada pelo meirinho para que na origem se opere a citação por edital. Em caso de urgência, a carta pode ser expedida por telegrama ou fonograma (CPP, artigo 356), como ainda através de fax.

A jurisprudência convalida a citação por linha telefônica, em simetria com a legislação processual civil, quando o ato tenha alcançado sua finalidade e a parte não alegue a nulidade no momento oportuno (RT 457/436), bem como quando houve comparecimento regular do acusado, sem prejuízo à defesa (RT 720/378).

A ausência de expedição da carta precatória para a citação de acusado residente em outra comarca consubstancia nulidade absoluta,[73] bem como é nula a diligência quando efetuada no dia do interrogatório, realizado em localidade diversa (JTACSP, 65/385).

A carta rogatória é o instrumento processual para a citação de réu que se encontre no estrangeiro (RJTJRS, 170/113 e RT 527/421 e 722/518).

2.13. **Citação ficta**. É a que se realiza através de edital, presumindo-se que o acusado tome ciência. O documento é publicado na imprensa de grande circulação ou oficial, mas também no átrio do foro, imaginando-se que alguém leve ao conhecimento do acusado, o que se constitui na ficção legal que caracteriza o chamamento.

Para que o juiz ordene a citação por edital é impositiva a exaustão de todas as atividades para a localização do acusado, devendo o serventuário proceder a *diligências esforçadas*, com pesquisa entre vizinhos, familiares e repartições públicas, a fim de comprovar-se a ausência do agente (RT 609/444 e 645/304).

Destarte, é nula a citação por edital se não esgotadas as diligências necessárias para o chamamento do réu, via mandado, em processo onde se tem notícia de dois endereços,[74] como ainda ocorre quando o indiciado tenha informado novo endereço no interrogatório policial, tendo sido procurado em seu local anterior (JTACSP 64/229).

Ou quando o citando não é procurado em sua residência e local de trabalho (RT 564/427), ou não buscadas informações no órgão de classe, quando profissional liberal (RT 556/347; contra, RT 558/313, pois não se deve pesquisar nos sindicatos, associações de classe ou na Justiça Eleitoral).

A diligência negligente do oficial de justiça inquina de nulidade a citação ficta (RT 432/297), embora a certidão do funcionário, por ter fé pública, somente possa ser elidida por provas convincentes (RT 543/310).

Não é nula a citação por edital que indica o dispositivo da lei penal, embora não transcreva a denúncia ou queixa, ou não resuma os fatos em que se baseia (STF, Súmula 366), mas é nula a citação por edital de réu preso na mesma unidade da Federação em que o juiz exerce a sua jurisdição (STF, Súmula 351, também RT 774/546).

2.14. **Citação militar**. É feita através de ofício ao chefe do acusado, para se respeitar o princípio da hierarquia, paradigma da vida castrense, e evitando-se o ingresso do oficial de justiça nas dependências do quartel em procura do militar (CPP, artigo 358)..

É de praxe que o superior oficie ao magistrado informando sobre o comparecimento do subordinado, ou a impossibilidade em vista de alguma manobra militar.

A citação, notificação ou intimação do militar mediante ofício requisitório ao comandante da Unidade, não consubstancia privilégio ou imunidade processual, mas uma providência legal para atender às condições especiais do serviço e da disciplina castrense.[75]

Contudo, se o ato foi praticado de outra forma, mas atingiu sua finalidade, não se decreta sua nulidade (RT 471/392).

2.15. **Citação do funcionário público**. É acompanhada por ofício de requisição ao superior para que saiba a razão da ausência do servidor no dia agendado para o interrogatório (CPP, artigo 359), o que se constitui em pressuposto que completa o ato citatório, exigindo-se a duplicidade de ciência, sob pena de nulidade (RT 421/309).

A notificação ao chefe da repartição pública busca evitar que a ausência do funcionário resulte em danos aos serviços desempenhados por ele, sem que a não realização de tal ato seja capaz de causar nulidade no âmbito do processo criminal.[76]

2.16. **Acusado preso**. Antes apenas prevista a requisição ao carcereiro, a nova determinação[77] atende as garantias da ampla defesa e do contraditório, de-

---

[73] STJ, Sexta Turma, RHC 11.929, rel. Min. Hamilton Carvalhido, DJ 06.05.00.
[74] STJ, Sexta Turma, HC 7.967- SP, rel. Min. Fernando Gonçalves, DJ 31.05.99; no mesmo sentido, RT 812/664 e 813/548.
[75] STJ, REsp. 69.249, rel. Min. Vicente Leal, DJ 10.06.96.
[76] STJ, Quinta Turma, RHC 11.235, rel. Min. Gilson Dipp, DJ 10.09.01; no mesmo sentido, STF, RHC 49.207, rel. Min. Thompson Flores, DJ 03.12.71.
[77] A nova redação foi ordenada pela Lei 10.792/03.

vendo operar-se com antecedência suficiente para preparar o depoimento e posterior defesa prévia (CPP, artigo 360).

No sistema revogado considerava-se imprescindível a citação do acusado preso (RT 715/467), embora houvesse entendimento de que, estando preso, era suficiente a requisição (RT 772/517).

2.17. **Citação do hanseniano.** É inválida a citação por edital de hanseniano que se encontrava recolhido a hospital estadual, fato somente conhecido em sede revisional (RT 422/318).

2.18. **Citação de incapaz.** É impossível a citação do acusado incapaz, e ao se constara a impossibilidade de fazê-lo, o juiz deve proceder na forma do artigo 218 do CPC, aplicável subsidiariamente, consoante permissão do artigo 3° do CPP; justamente por que tal lei não contém regra específica sobre a citação do incapaz, sob pena de tornar-se o processo absolutamente nulo, como dispõe o artigo 564, III, *e*, do CPP (RT 771/606).

2.19. **Citação de pessoa jurídica nos crimes ambientais.** Ocorre na pessoa do responsável legal da empresa, em caso de denúncia ofertada contra pessoa jurídica, nos termos do artigo 3° da Lei 9.605/98, sendo nula a ciência dada a preposto sem poderes para receber.[78]

2.20. **Citação por hora certa.** Em matéria criminal, a citação somente se coaduna com as formas prescritas na bíblia do processo penal, não sendo possível a citação por hora certa prevista na legislação civil (RT 563/348), que, quando realizada, constitui hipótese de nulidade absoluta (RT 685/337).

2.21. **Comparecimento espontâneo do acusado.** O comparecimento espontâneo do acusado ao interrogatório, embora não cientificado,[79] e mesmo para alegar a invalidade da audiência (TJSP, LEX, 142/325), supre a nulidade, prosseguindo-se a ação penal e dando-se como citado pessoalmente (CPP, artigo 570).

2.22. **Notificação do Ministério Público.** No despacho em que determina a citação do acusado, após receber a denúncia ou a queixa, o juiz ordena a notificação do Ministério Público e do querelante, caso aqui se cuide de ação de iniciativa privada, não havendo referência ao assistente de acusação que apenas se habilita no curso da ação.

Art. 395. O réu ou seu defensor poderá, logo após o interrogatório ou no prazo de 3 (três) dias, oferecer alegações escritas e arrolar testemunhas.

1. **Interrogatório.** É o ato processual que contém as declarações do acusado perante o juiz e onde maneja sua autodefesa.

A ampla defesa constitucional se desdobra em autodefesa (direito de audiência e direito de assistência às solenidades processuais) e defesa técnica operada pelo profissional do Direito (advogado e estagiário).

O interrogatório se distingue em ser um *ato personalíssimo*, pois somente o réu pode ser interrogado, e por ser *ato privativo do juiz*, pois o sistema adotado é o presidencial, em que as perguntas são formuladas pelo magistrado, que também encaminha as reperguntas das partes (CPP, artigo 188).

Também é *ato oral*, embora se admitam as exceções referentes ao mudo e ao surdo-mudo, onde as perguntas são feitas por escrito, ou utilizado um intérprete (CPP, artigos 192/193), que também atua no interrogatório de estrangeiro (CPP, artigo 193).

2. **Natureza jurídica.** A doutrina tem se debruçado sobre as ingerências do interrogatório, seja como *meio de prova* ou como importante *ato de defesa*, ou ambos (RT 491/362).

Quando a Carta Magna erigiu o direito ao silêncio como garantia constitucional, abriu ao acusado a possibilidade de calar-se, sem que tal redundasse em qualquer prejuízo à defesa, mas também de pronunciar-se sobre o fato e sua responsabilidade.

Ora, sendo facultativa a administração do interrogatório pelo acusado, empalideceu-se a condição do ato constituir-se em meio de prova a ser levado em conta pelo juiz para a absolvição ou a condenação, predominando a feição defensiva do interrogatório.

Desta forma, primordialmente, o interrogatório é um ato de defesa e em segundo plano é um meio de prova.[80]

Para outros, o interrogatório é única e exclusivamente um meio de defesa,[81] como forma de contestação da acusação e instrumento para o acusado expor sua versão; somente sendo meio eventual de prova quando o acusado abdica do direito ao silêncio, que se constitui em selo que garante o ato como meio de defesa e que assegura a liberdade de consciência do acusado.[82]

---

[78] TRF 5ª R, Terceira Turma, HC 1.183, rel. Des. Nereu Sampaio, j.15.02.01.
[79] STJ, RHC 5.889, rel. Min. Fláquer Scartezzini, DJ 16.12.96.
[80] Nucci, *Ob. cit.* p. 383.
[81] Romeiro, Jorge Alberto. *Elementos de Direito Penal e Processo Penal*. Editora Saraiva: São Paulo, 1978, p. 99.
[82] Grinover *et alli, Ob. cit.* p. 96.

3. **Obrigatoriedade do interrogatório.** O acusado que comparecer perante a autoridade judiciária de qualquer grau e momento, fora da topografia procedimental, será interrogado, mesmo quando retorne depois da fuga ou da contumácia adotada, sob pena de nulidade (RT 547/328), para alguns, no último caso, uma nulidade relativa em vista da esquiva (JTARS, 102/129).

No retorno, a oportunidade lhe será oferecida, também respeitado o direito de ficar calado.

A falta do interrogatório, quando presente o acusado após o momento próprio, é nulidade relativa, reconhecida quando haja prova do prejuízo, alegado na oportunidade adequada,[83] achando outra corrente que se cuida de nulidade absoluta, por ofensa ao princípio constitucional da ampla defesa, com prejuízo presumido.[84]

Tratando-se de réu preso preventivamente após a revelia, a falta de realização do interrogatório antes da sentença é nódoa que inquina todos os atos praticados, a partir do momento em que o agente devia ser requisitado e interrogado e que constitui nulidade absoluta, pois o interrogatório se situa no capítulo da prova, sendo admitido como meio comprobatório e meio de defesa (RTJRS, 181/54).

4. **Ocasião para o interrogatório.** Embora a lei processual penal não fixe prazo para o interrogatório do réu preso, estabeleceu-se na jurisprudência o critério de que tal solenidade deve ocorrer o quanto antes, considerando-se não ser possível deixar ao alvedrio do juiz e a uma injustificável demora, com evidente constrangimento à defesa do acusado.[85]

Em São Paulo se recomenda que o ato deva realizar-se, no máximo, dentro de oito dias do recebimento da denúncia (RT 234/74), achando-se como coação ilegal sua realização em um mês do acolhimento da peça inicial da acusação (RT 458/311).

Não se permite que o interrogatório se realize logo após a citação, pois o acusado não tem oportunidade de orientar-se sobre a acusação e ouvir seu defensor (RT 768/623), mas não há constrangimento quando efetuado quatro dias antes da data designada, sem apontar-se prejuízo (JTJSP 216/338).

Estando a ação em fase recursal, sendo o interrogatório meio de prova, viola-se a lei quando o acusado não é indagado no período entre a sentença e o julgamento na instância superior, especialmente quando preso naquele período (RJDTACSP, 7/130), entendendo outros que isso é faculdade do órgão recursal que o utilizará somente quando indispensável para esclarecimento do fato (RT 393/371), mas de nenhuma maneira será efetivado depois do trânsito em julgado da sentença (RT 723/537).

Nada obstaculiza a renovação do interrogatório, seja porque o juiz sentenciante não é o mesmo que realizou a primeira indagação ou o magistrado deseja completar sua convicção, como pode ter ocorrido delação, nova prova ou desejo de retratação.

O novo interrogatório, segundo o modelo ditado pela lei retificadora, pode ser determinado de ofício ou deferido a pedido fundamentado das partes (CPP, artigo 196), mas não reabre o prazo para a defesa prévia (STJ, RT 724/591).

5. **Local do interrogatório.** Como os demais atos judiciais, o interrogatório é feito em dependência do foro, o que também acontece em relação ao acusado preso, quando o estabelecimento penal não tiver condições de segurança.

Ao contrário, presentes tais circunstâncias, o interrogatório do preso é cumprido no estabelecimento prisional, em sala própria, presentes o juiz, o Ministério Público, o defensor e os auxiliares da justiça, assegurada a publicidade do ato e garantida a entrevista reservada do prisioneiro com seu advogado (CPP, artigo 185, §§ 1º e 2º),[86] direito que também deve ser reconhecido em qualquer interrogatório.[87]

Aconselha-se que a dependência onde se realize o interrogatório se situe fora das muralhas do presídio, a fim de que qualquer pessoa do povo, desde que devidamente identificada, possa assistir a solenidade, em respeito ao princípio da publicidade.[88]

6. **Interrogatório da pessoa jurídica.** Nas infrações ambientais, em que a pessoa jurídica surge como autora da infração, o interrogatório é efetuado em semelhança ao depoimento do reclamado na justiça trabalhista, à míngua de previsão no processo penal. Embora a citação recaia nas pessoas que exercem a direção ou consoante os contratos e estatutos, para o interrogatório será indicado um preposto, cujo depoimento observa as formalidades do ato processual penal típico, inclusive assegurado o direito ao silêncio.

7. **Direito ao silêncio.** Depois de qualificado e cientificado do inteiro teor da acusação, e antes de

---

[83] Tucci, *Ob. cit.* p. 383.
[84] Capez, *Ob. cit.* p. 285-286.
[85] Giorgis, *Ob. cit.* p. 130 e RT 458/311.
[86] Redação inovadora da Lei 10.792/92.
[87] Grinover *et alli*, Ob. cit. p. 101.
[88] Nucci, Ob. cit. p. 185.

iniciar o interrogatório, o agente será informado pelo magistrado do seu direito de permanecer calado e de não responder perguntas que lhe forem formuladas, silêncio que não importará em confissão e que não pode ser interpretado em desfavor da defesa (CPP, artigo 186 e seu parágrafo único).[89]

O direito de permanecer calado afeiçoa-se à garantia constitucional que assim recomenda em relação à prisão de qualquer cidadão (CF, artigo 5º, LXIII).

Em sintonia com o pensamento estrangeiro, estatuiu-se que as declarações espontâneas perante o órgão estatal somente são válidas desde que tenha havido a admoestação sobre a faculdade de calar.

Resulta que a ausência de informação implica nulidade do interrogatório, o que assume duas dimensões, a mais grave consubstanciada na nulidade de todo o processo se do ato viciado redundou no sacrifício da defesa; e na dimensão mais moderada, pela invalidade do interrogatório com sua necessária repetição, sem contaminar os atos seguintes, se houver verificação que o conteúdo das declarações não prejudicou a defesa como um todo e bem os atos sucessivos.[90]

Segundo lição da Excelsa Corte qualquer indivíduo que figure como objeto de procedimentos investigatórios policiais, ou que ostente, em juízo penal, a condição jurídica de imputado, tem, dentre as várias prerrogativas que lhe são constitucionalmente asseguradas, o direito de permanecer calado (*nemo tenetur se detegere*). Ninguém pode ser constrangido a confessar a prática de ilícito penal, pois o direito de permanecer em silêncio se insere no alcance concreto da cláusula constitucional do devido processo legal, aí se incluindo, até por implicitude a prerrogativa processual de o acusado negar, ainda que falsamente, perante a autoridade policial ou judiciária, a prática da infração penal.[91]

O direito ao silêncio é reconhecido também à testemunha, quando suas respostas impliquem em auto-incriminação,[92] como ainda nas comissões parlamentares de inquérito (STF, RT 779/496), e no procedimento infracional descrito no Estatuto da Criança e do Adolescente.

Todavia, a garantia apenas se apazigua com o *interrogatório sobre os fatos*, antes chamado interrogatório de mérito (CPP, artigo 187 e § 2º), não tendo valia no *interrogatório sobre a pessoa*, onde o agente é qualificado (CPP, artigo 187 e § 1º), e fornecendo, maldosamente dados de terceiros, cria implicações graves, com conseqüências jurídicas relevantes.[93]

A recusa em responder as perguntas sobre a identificação caracteriza desobediência, e quando minta sobre sua pessoa comete o crime de falsa identidade (CP, artigo 307 e JTJSP, 190/334).

8. Presença do Defensor. A modificação obrada no texto do interrogatório pela Lei n.10.792/02 pôs fim à polêmica travada entre os tribunais superiores, que consideravam dispensável a presença do advogado nos atos respectivos, e a massiva doutrina processual e alguns pretórios estaduais que insistiam no comparecimento da defesa, como exercício da plenitude desta garantia.

Agora e em forma enfática, a lei recomenda que o interrogatório seja realizado na presença do defensor constituído ou dativo, bem como prevê reperguntas após o questionamento pelo juiz (CPP, artigos 185 e 188).

A referência a *partes* impõe abrir-se também a mesma possibilidade de formulação de perguntas às defesas de eventuais co-réus, até porque os elementos de prova resultantes do interrogatório podem ser utilizados em relação a estes.[94]

As reperguntas devem ser feitas em primeiro pela acusação e depois pela defesa, em respeito ao contraditório, nada obstando que o juiz possa indeferir algum esclarecimento feito pelas partes, desde que com motivação, escudado na irrelevância da questão suscitada ou no fato de ela já ter sido suficientemente esclarecida com as perguntas anteriores.[95]

9. Presença do curador. A cirurgia operada na antiga redação extinguiu dela a necessidade de presença do curador no interrogatório do réu menor de 21 anos, questão que desembocou em verbete que validava o processo quando a ausência de nomeação do curador houvesse sido suprida pelo defensor dativo (STF, Súmula 352), depois também estendido ao defensor constituído.

O curador tinha a função passiva de assistir o depoimento, zelando para que não houvesse coação sobre o menor, tombada a nomeação em qualquer pessoa maior de 18 anos, alfabetizada, leigo ou advogado, desde que não vinculado à jurisdição onde a ação tramitava.

---

[89] Redação determinada pela Lei n. 10.792/03; também JSTF, 231/359.

[90] Grinover *et alli, ob. cit.* p. 98-99; também STF, Primeira Turma, HC 78.708-SP, RTJ 168/977 e JSTF 251/292.

[91] STF, HC 68.929-9-SP, DJ 28.08.92.

[92] STF, HC 79.812-SP, rel. Min. Celso de Mello, j. 08.11.00.

[93] Tucci, *Ob. cit.* p. 390.

[94] Grinover *et alli, Ob. cit.* p. 102.

[95] Damásio de Jesus. *Código de Processo Penal Anotado.* Editora Saraiva: São Paulo, 2005, p. 178.

Ressalvam-se, em primeiro lugar, o interrogatório de índios não integrados à civilização, que devem também devem também ser assistidos por sua entidade (RT 566/301), o que não se exige de silvícolas aculturados, como os alfabetizados ou alistados como eleitor (STJ, RT 773/538), e depois os doentes mentais já considerados sem higidez psíquica antes do interrogatório.[96]

10. Interrogatório por precatória. A sucessão de episódios peculiares gerou a possibilidade excepcional de se cumprirem interrogatórios por carta precatória, aliados depois a provimento da justiça paulista que autorizou a realização de questionamentos de acusados presos na capital por delitos praticados em comarcas do interior, tido como constitucional pela Suprema Corte (Provimento CXC/84 do Conselho Superior da Magistratura, hoje Provimento n.793/03 e RTJ 116/889) e depois apoiado por arestos do Superior Tribunal de Justiça.[97]

A jurisprudência do Supremo Tribunal Federal admite o interrogatório através de carta precatória, desde que não demonstrado eventual prejuízo que a delegação da colheita das provas tenha causado à parte, posição também secundada pelo Superior Tribunal de Justiça.[98]

Em princípio, o interrogatório do réu deve ser realizado pelo Juiz da instrução do feito, para facultar-lhe o conhecimento de seu caráter, de sua índole, de sua personalidade, admitindo-se excepcional e fundamentalmente seja deprecado tal ato (RJTJRS, 180/99 e 159/39; JTARS 96/33).

O interrogatório mediante carta precatória se justifica quando o acusado é hipossuficiente e não possui recursos suficientes para deslocar-se, sem comprometer sua subsistência ou de sua família ou quando está enfermo em seu domicilio ou hospitalizado na comarca deprecada.

Entre outras hipóteses abonadas pela jurisprudência se encontra a existência de grandes distâncias geográficas entre o lugar da infração e o domicílio do acusado (JCAT 66/447); e o fato do réu encontrar-se preso em outra comarca ou unidade da Federação (RJDTACSP 23/411; em contrário, RT 611/371)).

Em oposição ao interrogatório por precatória argumenta-se que a delegação compromete o contato físico do juiz com o acusado, para perceber suas idiossincrasias, já que o procedimento é deficiente em fornecer maiores elementos sobre a personalidade do agente, o que não corresponde à realidade, pois nem sempre o juiz que interroga é quem produz a instrução ou dita a sentença, aduzindo-se que a inquirição das testemunhas nesta forma não afeta o aproveitamento da prova pelo juiz da causa.

Nesta espécie de interrogatório, o prazo para oferecimento da defesa prévia começa a partir da juntada da precatória cumprida (TJSP, RT 652/280).

11. Interrogatório virtual. A concretização de um interrogatório efetuado por linha telefônica desencadeou enorme celeuma nos nichos processuais, apoiado por quem nele vislumbrava um meio de superar o congestionamento forense com proveito de processo técnico moderno e de garantir a segurança de agentes e presos em deslocamentos urbanos, mas repudiado por expressiva quantidade de juristas que nele viam afronta à defesa e ao contraditório.

Entre os argumentos contrários ao interrogatório a distância alinham-se a quebra da imediação, a banalização do ato, o princípio da imediação do juiz, o comedimento do preso em revelar maus-tratos a uma câmera, a dificuldade em consultar peças dos autos para efetivar indagações nas reperguntas, a impossibilidade de consulta reservada com o defensor, etc.

Com mesma força os argumentos foram abanados quando afluíram os interrogatórios por videoconferência, que ao menos permitiam a visão do acusado através do monitor, todavia somente aceitos quando a saída do preso do estabelecimento prisional acarretasse algum perigo, senão seria inadmissível. (STJ, RT 742/579).

Em vista de o novo texto possibilitar o interrogatório do réu preso no próprio local onde se encontra recolhido, entende-se superada a videoconferência.[99]

12. Interrogatórios especiais. Aos interrogatórios do mudo, surdo e surdo-mudo procede-se na forma estimada na lei, onde se almeja, também, a intervenção de intérprete quando o interrogando não saiba ler ou escrever, ou ainda expressar-se (CPP, artigo 192 e incisos), não sendo possível o interrogatório por mímica (RT 608/331).

O interrogatório de estrangeiro apenas aconselha a participação de intérprete quando o interrogando não conhecer a língua nacional,[100] mas se dominá-la a providência é dispensável.[101]

---

[96] Tucci, Ob. cit. p. 401.
[97] STJ, RHC 5.033, Sexta Turma, DJ 11.11.96; também Sexta Turma, RHC 7.8836, rel. Min. Fernando Gonçalves, DJ 22.03.99.
[98] STF, JSTF 257/277 e 193/344, ainda Segunda Turma, HC 75.838, rel. Min. Carlos Velloso, DJ 13.03.98; STJ, HC 2.148-6-SP, DJ 07.02.94.
[99] Damásio, Ob. cit. p. 176.
[100] STF, Segunda Turma, RHC 54922-RJ, rel. Min. Moreira Alves, DJ 25.03.77.
[101] STF, Primeira Turma, RHC 28.08.87, rel. Min. Oscar Corrêa, DJ 28.08.87.

Mesmo que o juiz conheça o idioma em que dialoga o acusado, é imperativa a indicação de intérprete, eis que as regras processuais não possibilitam a autonomeação.[102]

13. Defesa prévia. Após o interrogatório o juiz abre ao acusado a oportunidade para oferecer alegações preliminares ou *defesa prévia*, no prazo de três dias.

A defesa prévia consta de argumentos escritos onde o acusado deduz as razões de fato e direito que fundamentam sua defesa, além de apontar as provas que pretende produzir e indicar a relação de suas testemunhas.

Ante as peculiaridades do processo criminal, embora tenha semelhança ontológica com a contestação do processo civil, a defesa prévia é uma peça em que a parte não se aprofunda nas razões nem esmiúça ou detalha sua proposta defensiva, sublinhando muitos que se presta apenas para postular diligências e arrolar a prova testemunhal, pois nesta etapa a estratégia pode ser o silêncio respeitoso.

É documento que não observa fórmulas sacramentais, pode ser até brevíssima, quando o acusado não forneça os elementos para sua observação (RT 560/353); ou sucinta, quando o laconismo constitua técnica dos advogados (RT 672/316).

Contudo, a nulidade por incompetência relativa do juízo deve ser argüida nesta oportunidade (RT 560/301), bem como as exceções arroladas no diploma processual.

O prazo para oferecimento da defesa prévia é preclusivo e se não acostada tempestivamente não pode ser ressuscitada, com apresentação de rol posterior, sob pena de tumulto da ação penal (RSTJ 55/306, RT 577/384, 773/581 e 777/694, RJTJRS 191/57, JTARS, 68/101).

Para alguns setores a inobservância do prazo para o oferecimento da defesa prévia é mera irregularidade, admitindo-se a apresentação serôdia do rol que pode ser considerado pelo juiz (RSTJ 140/576, RT 748/693), principalmente quando o rol não fora apresentado pelo primeiro defensor, aplicando-se o princípio da bilateralidade da ação (TARS, RT 653/335); também se aceita a apresentação extemporânea em caso de *força maior* (RT 454/351).

Contra a decisão que recebe a defesa previa intempestiva cabe a correição parcial (RT 577/384).

13.1. Assinatura da defesa prévia. A falta de assinatura na defesa prévia constitui mera irregularidade, e não ato nulo (RT 539/367)

13.2. Obrigatoriedade da defesa prévia. A redação do artigo 395 do credo instrumental não deixa dúvida de se cuida de peça facultativa (.. *poderá*...).

É que se entende que o acusado tem o direito, mas não a obrigação de defender-se, tratando-se do exercício de *ônus imperfeito*, sendo pacífica a jurisprudência de que o dispositivo em comento encerra uma faculdade, e não um dever para o defensor constituído, que não está compelido a oferecer as alegações prévias (TR 239/367, 406/219, 452/451, entre outros arestos).

A ausência da defesa prévia não anula a ação penal (STF, RTJ 54/81, RJTJRS 203/182), pois não se trata de atividade vinculada do defensor, não configurando, por si só, causa de invalidação do processo penal condenatório (STF, RT 755/533); e caso o defensor tenha sido regularmente intimado, trata-se de técnica de livre escolha da defesa, sendo a garantia da defesa apreciada no contexto e não em ato isolado (STJ, RT 722/547).

Em conclusão, não constitui nulidade a falta de defesa prévia se o advogado constituído é intimado e não a apresenta (RT 582/387, 602/400, 685/357, RSTJ 46/437).

Embora isso, não deve ser retirada do acusado o ensejo de oferecê-la, quando não o faz seu defensor dativo, em face da extensão da ampla defesa constitucional, constituindo-se no caso uma nulidade insanável (RT 601/322).

13.3. Nulidade por falta de defesa prévia. Efetuado o interrogatório, o magistrado abre o prazo para o oferecimento da defesa prévia, que como asseverado, é peça facultativa. Na licença para o prazo é que se domicilia o fator de invalidade.

Daí, o que acarreta a nulidade do processo não é a ausência da defesa prévia, mas a abertura do tríduo para a apresentação da defesa preliminar (STF, RT 695/408; TARS, 83/107, RT 568/385 e 660/385), acompanhada da falta de intimação dos defensores respectivos (RT 582/387, 619/296 e 742/737).

Embora dominante, a posição é rechaçada para quem entende que a defesa prévia é imprescindível, não se confundindo a sua ausência com defesa deficiente, aludindo-se que o acusado tem o direito de rebater os fatos articulados pela acusação e trazer os elementos de convicção convenientes (STJ, RT 715/552).

A falta de intimação para a apresentação da defesa prévia é nulidade relativa, devendo ser argüida até a fase das alegações finais (RJDTACSP, 23/284).

14. Intimação do defensor dativo. Se o defensor é nomeado na mesma oportunidade do interrogató-

---

[102] TJRJ, Sétima Câmara Criminal, APC 2.396/98, rel. Dês. Alberto Motta Moraes, j. 25.05.99.

rio, o prazo para a defesa corre a partir dessa data, mas se ausente, como é mais comum, o prazo se abre de sua intimação posterior.

Não há imposição legal para o defensor dativo oferecer defesa prévia, mas a intimação sobre o prazo é necessária (RT 575/367, 568/385, 682/337 e 700/322), salvo quando demonstrado prejuízo para a defesa do acusado revel (RT 570/401).

Em tributo à amplidão da garantia constitucional, caracteriza nulidade absoluta obstar-se ao réu de oferecer a defesa prévia, quando o seu defensor dativo não o faça (RT 601/322).

15. **Intimação do defensor constituído**. Quando o defensor constituído está presente na audiência, não há necessidade de notificação para que ofereça a defesa prévia (RTJ, 72/689).

Pode acontecer que o defensor constituído pelo acusado não esteja presente no interrogatório, dissentindo a jurisprudência sobre o instante que o prazo para a defesa prévia começa a fluir.

Para alguns, o prazo se desencadeia da data do interrogatório, independente de intimação, correndo em cartório, pois cabe ao acusado dar ciência a seu procurador constituído (RT 524/406, 540/325, 566/535), principalmente se o defensor foi alertado sobre o início da instrução (RT 593/367).

Outro entendimento defende que a intimação é de rigor em respeito à ampla defesa, pois o cliente é *jejuno em Direito* e mesmo lembrado pelo juiz, pode não se comunicar logo com seu advogado, não tendo pleno conhecimento da importância da defesa prévia (RT 536/379, 578/445, 582/329 e 593/340).

A necessidade de intimação do defensor constituído para a defesa prévia é majoritariamente acolhida pelos tribunais pátrios (STF, RT 548/428 e 564/405; STJ, RT 709/382; TJSP, RT 559/329; TAMG, RT 606/394; TACSP, 465/303, etc.).

A intimação é obrigatória quando a indicação veio de réu preso (RTJ 75/971, RT 538/347 e 548/428); quando o advogado escolhido desiste da indicação, o prazo deve ser restituído ao agente, antes que se designe defensor dativo (RT 517/356).

16. **Interrogatório por precatória**. O prazo para a defesa prévia começa a fluir da junta da carta devidamente cumprida aos autos do processo original (RT 652/280).

Art. 396. Apresentada ou não a defesa, proceder-se-á à inquirição das testemunhas, devendo as da acusação ser ouvidas em primeiro lugar.
Parágrafo único. Se o réu não comparecer, sem motivo justificado, no dia e à hora designados, o prazo para defesa será concedido ao defensor nomeado pelo juiz.

1. **Testemunhas e outras diligências**. Trata-se de diversos dispositivos que cuidam da prova testemunhal bem como da realização de diligências, além da prova documental.

2. **Ausência do acusado no interrogatório**. A matéria encontra-se deslocada do conteúdo do interrogatório, aparecendo como parágrafo de disposição que já trata da produção da prova testemunhal (CPP, artigo 396, parágrafo único). Como o acusado não justificou sua ausência, o juiz decreta a revelia, nomeando-lhe defensor dativo, e promovendo sua intimação para que ofereça, querendo, a defesa prévia, pena de nulidade, mas não induz revelia o não-comparecimento do acusado ao interrogatório em razão de motivo justificado (STF, RTJ 67/85).

Exaurida a etapa postulatória, cogita-se do início da instrução criminal, ou seja, o momento em que a prova é colhida para apetrechar as pretensões antes postas e que compreende, em regra, a produção das provas testemunhal e pericial, aqui também se incluindo o interrogatório.

Estando o acusado preso em flagrante, constitui constrangimento ilegal a designação do início da instrução para quatro meses depois do interrogatório, sem justificativa plausível e com violação do artigo 401, CPP (RJDTACSP, 40/315).

3. **Presença do acusado na audiência**. Como fora dito, a ampla defesa também se completa com a presença do agente em todas as solenidades processuais, eis que o direito de audiência é uma das emanações da garantia constitucional.

A jurisprudência majoritária considera nulidade absoluta, e assim insanável, a falta de intimação do acusado para a audiência de inquirição das testemunhas (STF, RTJ 79/703 e 80/47 e RT 557/352, 562/346 e 568/287), embora entendimento contrário pense que a falta componha nulidade relativa que deva ser alegada em momento oportuno e demonstrado o prejuízo, ainda que para a inquirição por precatória (STF, RTJ 113/81e STJ, RT694/395).

A ausência do acusado não qualifica nulidade quando haja pedido do defensor (RTJ 172/553, RT 564/372), ou tenha justificado sua ausência (STJ, RT 718/560).

O acusado preso na mesma comarca deve ser requisitado, sob pena de nulidade relativa, sanada se não argüida no momento oportuno (RT 771/618), embora outro entendimento ache que ocorre cerceamento de defesa, o que eiva de nulidade absoluta o ato respectivo (RT 771/618, voto vencido).

4. **Presença do defensor**. O defensor deve ter ciência da inauguração da fase de instrução criminal, pois o conhecimento dos atos atende ao respeito pelo devido processo legal e exercício da ampla defesa,

tendo-se como nulidade relativa falta desta intimação, se não for argüida no respectivo prazo.

Mas a ausência comprovada do defensor à inquirição das testemunhas constitui vício insanável, independente da alegação oportuna ou de prejuízo, pois sua falta, aqui, em importa em falta de defesa e não deficiência dela (JTACSP 38/102).

5. Presença do Ministério Público. A intervenção do Ministério Público em todos os termos da ação é imperativo legal, sob pena de nulidade (CPP, artigo 564, III, *d*).

Como o Ministério Público é parte na relação processual, é indeclinável sua assistência aos termos da ação penal, o que torna nulos os atos de que esteve ausente por ferimento do princípio do contraditório (STF, RT 445/440) embora nulidade relativa que deva ser argüida no prazo pela parte prejudicada (RT 441/427).

Como as funções institucionais somente podem ser exercidas por integrantes da carreira, descabe a nomeação de Promotor *ad hoc* (RT 685/335).

6. Ordem dos depoimentos e inversão da ordem. O dispositivo legal em testilha espelha que as testemunhas de acusação devem ser ouvidas em primeiro lugar e depois as de defesa, pois é princípio processual que o acusado deva ter conhecimento da prova incriminadora para bem manejar sua resistência.

A ordem pode ser alterada com o beneplácito da defesa, salvo se a inversão se revela prejudicial, ainda que consentida (RT 700/361, 747/748, 761/636 e 769/694).[103]

A ouvida de testemunhas, firmada no dispositivo processual, não autoriza o sobrestamento da instrução criminal por haver se expedido precatória para oitiva de uma das testemunhas arroladas pela acusação (TARS, JTARS, 85/51), não sendo nulo o processo em que as testemunhas arroladas pelo Ministério Público foram ouvidas por precatória, após as de defesa, ainda mais se nenhum prejuízo adveio aos acusados, pois se limitaram a abonar as condutas deles (TJRS, RJTJRS 198/139).

Em apoio aos princípios da concentração e da celeridade nada obsta que todas as testemunhas indicadas pelas partes possam ser ouvidas numa mesma audiência (RJDTACSP 12/74), não se admitindo o ressarcimento de custas para cumprimento da diligência em ação pública (RT 606/358).

Pode acontecer que o magistrado deixe de ouvir algum das testemunhas arroladas pelas partes, o que apenas invalidará o processo se demonstrado prejuízo (RT 772/520), mas não pode dispensar alguma delas sob argumento de parcialidade, o que afete a defesa e induza nulidade a partir do ato (RJDTACSP), ou, à revelia do Ministério Público que insiste no depoimento, desistir da inquirição de pessoa arrolada na denúncia (RT 542/368).

A inquirição de testemunha de acusação sucessivamente aos depoimentos de testemunhas arroladas pela defesa não tem o condão de tornar nulo o processo, quando tal inversão não causou nenhum prejuízo ao acusado (RT 761/636), pois a nulidade da inobservância da ordem pressupõe prejuízo, inexistente quando as testemunhas de defesa declaram não conhecer o acusado (STF, Rt 750/545).

7. Comparecimento das testemunhas. A ausência de testemunha arrolada pela defesa para comparecer independentemente de notificação pela oficial de justiça não é causa de nulidade do processo (STJ, RT 787/575).

8. Testemunha inquirida por precatória. As testemunhas que residirem fora da jurisdição do juiz da causa ali serão ouvidas, expedindo-se a carta precatória, a ser cumprida em prazo razoável, intimadas às partes.

A intimação diz com a expedição da carta e não com a designação da data pelo juízo deprecado, mesmo por que a intimação do defensor, do advogado do querelante e do assistente se faz com a publicação em órgão incumbido da publicidade dos atos judiciais (CPP, artigo 370, § 1°).

A expedição da carta precatória sem intimação da defesa constitui nulidade relativa, segundo verbetes dos tribunais superiores,[104] mesmo por que cabe ao defensor precaver-se no juízo deprecado sobre o dia da solenidade (RTJ 95/547 e RT 774/518).

O adiamento da audiência para momento posterior não exige formalidade excepcional (RT 487/294), mas sua antecipação, sem ciência concreta da defesa, por surpreendente, é causa de nulidade (RT 422/260).

A expedição da carta precatória não suspende o curso da ação penal, e findo o prazo firmado, a sentença pode ser ditada, devendo a precatória devolvida, a qualquer tempo, ser encartada nos autos e apreciada, segundo a etapa em que a demanda se encontrar.

---

[103] STF, RHC 58.195, DJ 03.10.80.

[104] STF, Súmula 155: "É relativa a nulidade do processo criminal por falta de intimação da expedição de precatória para inquirição de testemunha". Neste sentido, RTJ 172/904 e RT 776/499. STJ, Súmula 273: "Intimada a defesa da expedição da carta precatória, torna-se desnecessária a intimação da data da audiência no juízo deprecado". Neste sentido, RT 781/536.

Consoante a lei, é dever do juiz fixar o prazo para o cumprimento da precatória (RT 550/299), sendo nulo o julgamento operado antes da juntada da precatória quando não fora assinalado prazo (RT 495/353), mas se houve limitação, a dicção judicial pode ser providenciada (RT 534/436).

Relembre-se incabível a oitiva de testemunha arrolada para depor no plenário do júri, quando resida em local diverso daquele onde tramita a ação penal (RT 755/622).

O controle sobre as formalidades da carta precatória compete ao juízo deprecante, a quem toca a invalidação de atos viciados (RJTJSP, 100/542), mas a falta de assinatura do juiz deprecado nos depoimentos colhidos é mera irregularidade (RT 423/413).

9. **Assinaturas**. A falta de assinatura de qualquer participante em depoimentos colhidos na audiência, quando certa a presença, ante o termo de assentada, constitui mera irregularidade, e desde que não cause gravame às partes não de pronunciar-se sua invalidade (RT 715/450).

Art. 397. Se não for encontrada qualquer das testemunhas, o juiz poderá deferir o pedido de substituição, se esse pedido não tiver por fim frustrar o disposto nos arts. 41, in fine, **e 395.**

1. **Testemunha não encontrada**. A testemunha não localizada depois de diligências continuadas do oficial de justiça pode ser substituída, salvo quando flagrada intenção procrastinatória (STF, RT 660/375), restando evidente que o atendimento ao pedido da parte qualifica mera faculdade do juiz em seu poder discricionário, o que se deduz do verbo empregado (STF, RTJ 49/391).

Em regra, é aceita a substituição da testemunha não localizada (RSTJ 51/492, RT 747/776), falecida (RT 541/397) ou enferma (RJTACSP, 26/136), mas não de testemunha que não foi achada por inexistente (RT 595/377).

Ofende a garantia da ampla defesa a substituição das testemunhas arroladas na denúncia feita por lista do assistente de acusação, sem prévio conhecimento da defesa (STJ, RSTJ 48/266).

Como as testemunhas devem ser qualificadas na denúncia e na defesa prévia com seus endereços, não é cabível que se peça ao juiz as diligências para obtenção dos destinos das pessoas a serem inquiridas (RT 682/330), ou expedição de ofício à autoridade policial, requerido pelo Ministério Público, para localizar as testemunhas não encontradas pelo oficial de justiça (RT 593/266).

Art. 398. Na instrução do processo serão inquiridas no máximo oito testemunhas de acusação e até oito de defesa.
Parágrafo único. Nesse número não se compreendem as que não prestaram compromisso e as referidas.

1. **Número de testemunhas**. As testemunhas, em geral, se classificam em *numerárias* quando arroladas pelas partes de acordo com o número máximo previsto na lei e que prestam compromisso; *extranumerárias* quando excedentes ao número legal, mas ouvidas pelo juiz sob compromisso, se assim entender; *informantes* quando não prestam compromisso, sendo também extranumerárias, como os parentes, por exemplo; e *referidas* quando fotografadas em outros depoimentos e ouvidas por iniciativa judicial ou a pedido de alguma das partes.

No procedimento ordinário podem ser arroladas, no máximo, até oito testemunhas, não se computando no número, daí testemunhas extranumerárias, as que não prestam compromisso (informantes e referidas).

Quando a denúncia descreve dois fatos, o Ministério Público pode indicar até oito testemunhas para cada um deles;[105] quando dois ou mais réus são acusados no mesmo processo e tem o mesmo defensor, cada um pode arrolar, também, até oito testemunhas, o que ainda acontece quando vários acusados participam do mesmo processo e são defendidos por procuradores diferentes (STF, JSTF, 211/327).[106]

A indicação de testemunhas além do número permitido é mera irregularidade (RT 588/307), podendo ser reduzido pelo juiz depois de oportunizar a limitação às partes (STF, JSTF 226/25 e RT 741/531), nada impedindo que ouça as testemunhas excedentes (CPP, artigo 156, segunda parte, e RT 739/570), pois a restrição é para as partes (STF, RTJ 173/885).

O indeferimento da oitiva de testemunhas após o encerramento da instrução não constitui cerceamento de defesa (STJ, RSTJ 34/78).

Art. 399. O Ministério Público ou o querelante, ao ser oferecida a denúncia ou a queixa, e a defesa, no prazo do art. 395, poderão requerer as diligências que julgarem convenientes.

1. **Diligências**. Na denúncia e na defesa prévia podem ser requeridas diligências, além do rol de teste-

---

[105] STF, RHC 65.673, DJ 11.03.88.
[106] STF, HC 72.402, DJ 29.09.95.

munhas, que sejam importantes para o deslinde da controvérsia, cabendo ao magistrado atendê-las ou não, no âmbito do juízo da conveniência processual, o que também pode acontecer no momento do artigo 499, CPP, como se verá.

È possível deferir-se o pedido de diligência sobre a certidão de nascimento do agente, formulado pelo Ministério Público, por que diz com a etapa investigatória e não na judicializada, frente à ampliação das atribuições daquele órgão feita pela Constituição (TJRS, RJTJRS 200/98), como ainda do exame grafotécnico, requerido fora do prazo da defesa prévia, quando demonstrado de quê seja essencial para o esclarecimento da verdade (STJ, RSTJ 34/78).

Art. 400. As partes poderão oferecer documentos em qualquer fase do processo.

1. **Documentos**. As partes podem oferecer documentos em qualquer fase do processo, o que apenas repete o axioma expresso no artigo 231, CPP, com as restrições próprias do procedimento do júri (CPP, artigos 406 § 2° e 475).

Art. 401. As testemunhas de acusação serão ouvidas dentro do prazo de 20 (vinte) dias, quando o réu estiver preso, e de 40 (quarenta) dias, quando solto.
Parágrafo único. Esses prazos começarão a correr depois de findo o tríduo da defesa prévia, ou, se tiver havido desistência, da data do interrogatório ou do dia em que deverá ter sido realizado.

1. **Prazo para audiência das testemunhas**. As testemunhas de acusação serão ouvidas em vinte dias quando o acusado estiver preso, e em quarenta dias quando solto, prazos que correm após o exaurimento do tríduo para a defesa prévia ou do dia do interrogatório, quando tiver havido desistência, ou da data em que deveria realizar-se.

Não há previsão para as testemunhas de defesa, mas por isonomia também devem ser escutadas no mesmo prazo fixado para as testemunhas de defesa (RT 446/354).

2. **prazo para encerramento da instrução**. Há entendimento jurisprudencial de que a instrução criminal deve terminar em 81 dias quando o acusado estiver preso, acarretando constrangimento ilegal a prisão além daquele prazo sem motivo justificado (RT 523/375), considerando-se o tempo entre a prisão em flagrante e o término da instrução, que não pode superar 81 dias (RT 526/362). O Supremo Tribunal concebe, contudo, que os prazos se contam separadamente, não sendo possível considerar-se que o constrangimento ilegal surja apenas quando se fizer excedido o total dos prazos, de modo que o excesso de uns possa ser compensado pela economia de outros (RTJ 99/647).

Assim, o que determina o constrangimento e a soltura do prisioneiro é o excesso injustificado do prazo global de 81 dias (RT 435/341), aqui não se considerando quando o alargamento do lapso se deve à defesa (STF, RTJ 173/594 e RT 539/364), o que já está consagrado em verbete,[107] ou de incidentes processuais não imputáveis ao juiz (STJ, RSTJ 8/236), peculiaridades do feito (RT 687/277), providências imperiosas e impostergáveis para a verdade (RT 580/403), complexidade da causa (RT 737/707), incidente de insanidade (RT 774/630), número de réus, (STF, RT 556/425 e STJ, RSTJ 110/409), etc.

Também se considera o prazo de 101 dias, pois razoável acrescentar-se mais 20 dias referentes à prova testemunhal da defesa, além de que haverá coação ilegal (RJTACSP, 41/360 e RT 604/382), mesmo por que a existência de um prazo fatal para terminar a instrução é criação jurisprudencial, não podendo resultar de mera soma aritmética, devendo o constrangimento ser analisado em cada caso (RJTACSP 42/321, 47/384 e 48/334).

Depois de encerrada a instrução criminal descabe a alegação de constrangimento ilegal por exorbitância de prazo (STF, JSTF 268/321 e STJ, RSTJ 115/499),[108] como também depois de pronunciada a sentença (STF, RTJ 159/874).

Art. 402. Sempre que o juiz concluir a instrução fora do prazo, consignará nos autos os motivos da demora.

1. **Retardamento da instrução**. O juiz deve atestar nos autos as razões sem que concluir a instrução além do prazo estimado na lei, caracterizando-se o constrangimento ilegal apenas quando o retardamento se debite ao magistrado (RT 500/316).

Recorde-se que recente reforma constitucional estabeleceu, tanto no âmbito do processo judicial quanto do processo administrativo o *direito à razoável duração do processo*, bem como a meios que garantam que sua tramitação se dê de forma célere (CF, artigo 5°, LXXVII), pois cresce no mundo moderno a preocupação com a segurança jurídica e a estabilidade das instituições.

---

[107] STJ, Súmula 64: "Não constitui constrangimento ilegal o excesso de prazo na instrução, provocado pela defesa".

[108] STJ, Súmula 52: "Encerrada a instrução criminal, fica superada a alegação de constrangimento ilegal por excesso de prazo".

Podem ser motivo de retardamento algumas causas como a falta de juiz titular, realização de exame de sanidade, complexidade do processo, grande número de acusados, greve dos servidores da Justiça (STJ, RSTJ 29/95, TJRS, RJTJRS, 148/50; RT 529/304, 624/363. 683/348, 739/657).

Mas prolongar indefinidamente o processo de réu preso por culpa exclusiva do emperramento da máquina judiciária constitui constrangimento ilegal (RT 543/426).

Estando o acusado solto não há remédio jurídico para acelerar a produção da prova ou ditado da sentença, mas apenas sanção administrativa, no caso de negligência do magistrado,[109] não se prestando o há beas corpus para corrigir eventual morosidade do processo contra réu solto (RJTJSP, 55/407).

Art. 403. A demora determinada por doença do réu ou do defensor, ou outro motivo de força maior, não será computada nos prazos fixados no art. 401. No caso de enfermidade do réu, o juiz poderá transportar-se ao local onde ele se encontrar, aí procedendo à instrução. No caso de enfermidade do defensor, será ele substituído, definitivamente, ou para o só efeito do ato, na forma do art. 265, parágrafo único.

1. **Enfermidade do acusado ou do seu defensor.** O alongamento da instrução por doença do acusado ou de seu defensor, ou motivo de força maior, não será considerado no prazo para ultimação da fase instrutória.

No caso da enfermidade do réu, e sendo relevante o prosseguimento da instrução, o juiz poderá se deslocar para onde se encontre, para a prática dos atos processuais.

O defensor poderá ser substituído por defensor dativo quando faltar a algum ato por motivo de doença, mas se a moléstia persistir cabe sua substituição.

A soropositividade do acusado não impõe a suspensão do processo, sendo necessária consulta ao médico assistente do réu ou nomeação de perito oficial para atestar a certeza do diagnóstico e efetividade impossibilidade de ser citado e assistir a instrução (RT 642/297).

Art. 404. As partes poderão desistir do depoimento de qualquer das testemunhas arroladas, ou deixar de arrolá-las, se considerarem suficientes as provas que possam ser ou tenham sido produzidas, ressalvado o disposto no art. 209.

1. **Desistência da ouvida de testemunhas.** As partes podem desistir do depoimento de qualquer das testemunhas, caso achem já suficiente o conteúdo probatório produzido ou a se realizar, ressalvada a possibilidade do juiz ouvi-las, como antes acentuado.

A abdicação da oitiva das testemunhas é faculdade do Ministério Público ou da defesa (STF, RTJ 57/29), mas a acusação não pode desistir de testemunha arrolada se houver prejuízo à defesa (STF, RT 564/413 e 744/18), nem a defesa insistir no depoimento de testemunha de que tenha abdicado, não representando cerceamento de defesa a negativa judicial para a renovação do ato (STF, RTJ 159/519 e RT 623/296).

O defensor dativo não pode desistir de testemunha arrolada pelo defensor constituído, eis que atua apenas em determinado ato (RT 711/310), mas pode fazê-lo o defensor público, por ser faculdade atribuída às partes (RT 757/467).

A defesa pode, também, desistir da ouvida de testemunha não localizada, o que não caracteriza falta de defesa prévia (RJTACSP 41/469),

Art. 405. Se as testemunhas de defesa não forem encontradas e o acusado, dentro em 3 (três) dias, não indicar outras em substituição, prosseguir-se-á nos demais termos do processo.

1. **Substituição da testemunha arrolada pela defesa.** A defesa pode substituir a testemunha indicada que não fora localizada na diligência do meirinho, que deflui da data em que deveria ser inquirida a testemunha não encontrada (STF, RTJ 66/68), salvo se o acusado ficou revel embora ciente da solenidade (RT 716/481).

É mais razoável aceitar-se que o prazo correrá da intimação para que haja a troca (RT 318/74), o que pode acontecer na audiência ou em ciência posterior, para assegurar a ampla defesa.

O indeferimento da substituição após o prazo não constitui ilegalidade (STJ, RTST 66/68), mas a redução do prazo pelo juiz constitui nulidade (RT 569/322), bem como quando omita o direito de substituição (RT 673/312 e 715/497).

Há precedente admitindo a substituição fora do prazo quando as circunstâncias induzam a crer que o indeferimento trará mal maior ao esclarecimento da verdade e à realização da Justiça (STF, RTJ 66/68).

---

[109] Mirabete, *Ob. cit.* p. 1072.

Júri
(arts. 406 a 497)

Aramis Nassif

Desembargador do Tribunal de Justiça do Rio Grande do Sul, professor da Escola Superior da Magistratura, Mestre em Direito pela Unisinos e autor de obras jurídicas.

Márcio André Keppler Fraga

Juiz de Direito no Estado do Rio Grande do Sul, Mestre em Direito pela Unisinos e professor da Escola Superior da Magistratura do Rio Grande do Sul.

Nota introdutória

1. **Histórico do júri**. A vista dos objetivos de um código comentado, não cabe aprofundar o estudo em torno de aspectos históricos de uma instituição, o que não impede, porém, de lançarmos rápidas pinceladas acerca da evolução do júri. Aliás, uma breve passada de olhos na doutrina pertinente à origem desta instituição detectará uma total falta de convergência e, por reflexo, uma grande insegurança sobre a matéria. De modo mais remoto, são apontadas ora na legislação mosaica, ora na Grécia e ora ainda no Direito Romano, por um ou outro autor, as origens deste Tribunal. Mais recentemente, buscam alguns sua progênie na Inglaterra, de onde teria se propagado para a Europa continental e para a América.

No entanto, entre os que se debruçaram sobre a temática, cabe destacar Rogério Tucci, que em alentado estudo, buscando traçar um paralelo entre o júri e as várias instituições que surgiram ao longo da história, apontou o embrião do Tribunal Popular no Direito Romano. De acordo com o autor, "a noção de tribunal popular, isto é, de determinação do julgamento de ser humano, integrante da comunidade, por seu pares, reclama, no mínimo, uma certa estruturação, por mais rudimentar que seja; e, também, correlatamente, a observância de regras (poucas, não importa quantas...), previamente estabelecidas. E ela, assim concebida, só teve lugar, induvidosamente, em Roma, com a *quaestio*, órgão colegiado constituído por cidadãos, representantes do *populus* romano, presidido pelo pretor, e cujas constituições e atribuições – assim como os *crimina* determinantes da sua competência, e respectivas penas – eram definidos em *leges*, prévia e regularmente editadas".[1]

De outro lado, a doutrina, agora de modo mais harmônico, conclui também que o Júri, na sua origem moderna, digamos assim, isto é, vinculado a Carta Magna Inglesa de 1215 e a própria Revolução Francesa, surge com o escopo de garantir o cidadão contra decisões que refletissem apenas os interesses do Rei, já que os magistrados, à época, não eram independentes, mas indicados pelo monarca, havendo nítido comprometimento nas decisões por eles proferidas. O júri surge, portanto, como um sinônimo de decisões mais justas e imparciais. Nesta perspectiva, se apresenta como uma garantia do cidadão, que passa a ser julgado pelos seus pares, e não mais por alguém vinculado ao soberano.

No Brasil, por outro lado, o ingresso do Tribunal do Júri ocorreu através de uma Lei de julho de 1882 – portanto, antes mesmo da proclamação da independência – e com competência para julgamento apenas dos crimes de imprensa. Composto por vinte e quatro juízes de fato, das decisões deste Tribunal cabia recurso apenas ao Príncipe Regente.

No plano Constitucional, porém, na Constituição do Império – de 1824 – já havia a previsão do Tribunal do Júri, que foi regulamentado por uma Lei de setembro de 1830 e, posteriormente, pelo Código de Processo Penal do Império. Nesta regulamentação, se estabeleceu a existência de dois júris: o júri de acusação, composto de vinte e três membros, e o Júri

---

[1] TUCCI, Rogério Lauria (Coord.). *Questões polêmicas sobre a pronúncia. Tribunal do Júri: estudos sobre a mais democrática instituição jurídica brasileira.* São Paulo: Revista dos Tribunais, 1999, p. 11-97.

de Sentença, composto de doze membros. A Lei 261, de 1841, porém, extinguiu o Júri de Acusação, que fazia o juízo de admissibilidade da pretensão acusatória, passando-o a um juiz monocrático, que nem sempre era um magistrado, podendo ser inclusive o Chefe de Polícia. A competência do Tribunal, todavia, sofreu, neste período, inúmeras alterações, ora incluindo, ora excluindo delitos de sua apreciação.

Com a primeira constituição republicana, de 1891, se manteve a instituição do Júri, e todas as demais Cartas sempre contemplaram este Tribunal, a exceção da Constituição de 1937, o que gerou dúvidas, na época, quanto a sua permanência, que foram aplacadas com a promulgação do Decreto-Lei 167, que esclareceu que o Tribunal do Júri fora mantido, já que não teriam sido revogadas as leis que contrariassem a Constituição.

Ao cabo, a Constituição de 88, no seu artigo 5º, inciso XXXVIII, de modo categórico não só reconheceu a instituição do júri, como também cristalizou suas características fundamentais, quais sejam: a plenitude da defesa; o sigilo das votações; a soberania dos veredictos e a competência para o julgamento dos crimes dolosos contra a vida.

Como se vê deste rápido apanhado, o Júri já se consolidou como uma tradição no direito pátrio, estando presente em praticamente todas as Constituições de nossa história, além de hoje estar incluído no rol dos direitos e garantias do cidadão e, por conta disso, como cláusula pétrea.

2. Procedimento do júri. Costuma-se dizer que o procedimento dos crimes afetos ao Tribunal do Júri é bifásico ou escalonado. Com isso se querendo dizer que se divide em duas etapas estanques e bem distintas. A primeira, que vai da denúncia até a pronúncia, e que se denomina *judicium accusationis;* a segunda, que se inicia com o libelo e termina no plenário, se intitula *judicium causae.* Essas duas fases, além dos atos processuais específicos que as integram, têm particularidades bem próprias e distintas. No *judicium accusationis* vigora o princípio *in dubio pro societate,* e se examina tão-somente a viabilidade da acusação, enquanto no *judicium causae* o que se decide é o mérito propriamente da ação, vigendo o *in dubio pro reo.*

Sinteticamente e de modo genérico, pode se assim descrever o procedimento dos crimes dolosos contra a vida: o feito, assim como qualquer outro, se inicia com a denúncia e seu recebimento. Em seguida, citado o réu, ocorre o interrogatório e se abre o prazo para defesa prévia. A partir daí se inicia a fase instrutória propriamente, com a coleta das provas requeridas pelas partes, sobretudo a testemunhal, em audiência.

Encerrado, no entanto, esse momento, as partes são intimadas para fins do art. 406 do CPP, ou seja, para apresentarem alegações finais, de sorte que, com essas, se abre, então, ao Juiz a possibilidade de lançar quatro tipos de decisões, quais sejam: pronúncia, impronúncia, absolvição sumária e desclassificação.

Partindo do pressuposto de que foi lançada a decisão de pronúncia – única capaz de dar ensejo ao *judicium causae* – e tendo essa transitado em julgado, os autos vão ao Ministério Público para oferecimento do libelo. Apresentado esse, e recebido, a Defesa é intimada para apresentar contrariedade ao mesmo. Por fim, não havendo nulidades a serem sanadas ou outras providências a serem tomadas, o Juiz designa data para o julgamento em plenário.

No dia designado para Júri, os trabalhos se iniciam com o pregão, que é seguido pelo sorteio dos jurados, tomada de juramento e interrogatório do réu. Após, há a possibilidade de leitura de peças aos jurados e inquirição de testemunhas, caso, evidentemente, tenham efetuado requerimento neste sentido.

Ultimada a instrução em plenário, dá-se início aos debates, nos quais a Acusação, primeiro, e, depois, a Defesa, se manifestam ao longo de duas horas, se for um único réu levado a julgamento, ou três horas, se forem dois ou mais os acusados submetidos a julgamento naquela sessão. Encerrado esse primeiro momento dos debates, a Acusação é questionada se pretende ir à réplica. Em caso positivo, terá direito a meia hora ou uma hora, se forem um ou mais réus, respectivamente. Por fim, a Defesa terá direito a tréplica pelo mesmo período.

Superados os debates, o Juiz Presidente procederá a leitura do questionário, a ser submetido aos jurados, e dará início ao julgamento, em sala secreta, com a votação dos quesitos. De posse do resultado da votação, lavrará a sentença, que será lida, de público, no plenário. Com isso, resumidamente, se conclui o julgamento e todo o procedimento deste tipo de feito.

3. Prós e contras do Júri. A validade da instituição. O júri deve existir, ou melhor, continuar a existir? O júri faz efetivamente Justiça? O júri não é uma instituição anacrônica em épocas em que se busca cada vez mais a especialização?

Por outro prisma, quem, com alguma experiência no plenário do Júri, já não saiu do mesmo com a nítida convicção de que, se o julgamento fosse técnico, o réu deveria ser condenado, mas que essa, talvez, não fosse a solução mais justa. Ou o contrário, que se o julgamento fosse rigorosamente técnico, o melhor seria a absolvição, mas a condenação imposta pelo Conselho de Sentença lhe parece a mais adequada. Ou ainda, que a condenação ou a absolvição efetuada pelo Júri se mostra divorciada de toda a prova e, portanto, injusta.

Essas constatações e aquelas e outras perguntas do mesmo jaez são rotineiramente efetuadas nos bancos acadêmicos e na própria sociedade, de modo geral quando há algum julgamento mais rumoroso e com decisão polêmica.

Todavia, cumpre deixar assente que não há qualquer possibilidade de extinção do Tribunal do Júri: primeiro, porque já está arraigado na tradição jurídico-penal brasileira; segundo, e primordialmente, porque é cláusula pétrea, não podendo ser extirpado nem por reforma constitucional.

Isso não impede, porém, que, à guisa de ilustração, se compila, brevemente, os argumentos dos defensores e dos detratores do Júri.

Entre os últimos, se costuma verificar a seguinte linha de raciocínio, que pode ser resenhada nas seguintes assertivas: o júri se presta as emoções e pantomimas – um circo, se costuma dizer – não fazendo verdadeiramente Justiça, mas se prestando a benevolência, impunidade ou condenações preconceituosas; de regra, o juiz togado – um técnico – é quem julga os crimes de modo geral, porém, de modo paradoxal, quando se está diante do crime capital, do homicídio, se chama o juiz leigo em detrimento do técnico, num nítido despautério; o júri, hodiernamente, se presta a impunidade e, historicamente, perdeu seu sentido, na medida em que, diante da independência dos juízes togados, não se pode mais afirmar que assegure uma decisão imune as pressões do poder constituído, ou melhor, assegura menos ainda.

Com assinala Frederico Marques, "O júri foi apontado, outrora, como instituição democrática destinada a substituir os magistrados profissionais das justiças régias do 'ancien régime', que se curvavam às ordens dos dinastas de que dependiam. No entanto, a independência dos juízes togados no estado de direito, e as transigências dos jurados com os 'senhores do dia' em democracias de pouca vitalidade ou em regimes autoritários mostram que no plano político não há mais razão para a manutenção do Júri".[2] E Carlos Franco Sodi, processualista mexicano que cuidou da extinção do Tribunal do Júri em seu país, citado pelo mesmo Frederico Marques, assim se expressou sobre o tema: "Era um espectáculo, pero no hacía justicia".[3]

A vulnerabilidade e suscetibilidade dos jurados, por essa perspectiva, antes de atingir os objetivos iniciais do Júri – de buscar uma decisão o mais isenta de pressões governamentais, digamos assim atenta contra os mesmos, sem falar na falta de preparo para enfrentar questões técnicas inevitáveis ao longo do julgamento. O Júri, aliás, na sua atual formatação, diante da maneira como são recrutados os jurados, acaba referendando uma justiça de uma determinada classe.

Por conta disso tudo, dentre os argumentos lançados contra o Júri, talvez a frase que melhor condense tal postura é a seguinte: "Entre o julgamento inspirado na lei e na razão, no direito e no conhecimento técnico, e aquele ditado pelo arbítrio e pela intuição cega, não há hesitação possível".[4]

De outro lado, porém, pode se arregimentar, entre os defensores do Tribunal Popular, as seguintes assertivas: o júri, bem ou mal, reflete o critério de justiça de uma determinada sociedade, acomodando, por conseguinte, a ordem pública e eventual sentimento de impunidade ou severidade, ou seja, traz paz social; a falta de conhecimento técnico não significa ou implica em falta de critério de justiça e bom senso; os jurados, de fato, não são neutros e imunes a influências, mas também não o são os juízes togados, pois, como ressalta Streck, desmistificando a neutralidade metafísica do julgador: "juiz e jurados estão inseridos no mundo com e pela linguagem. Juiz e jurados são seres-no-mundo, condenados inexoravelmente a interpretar os fenômenos do mundo. E para interpretar é necessário compreender, sendo que, para compreender, é imprescindível a pré-compreensão. Somos, pois, seres hermenêuticos. Interpretamos a partir da tradição. O sentido já vem antecipado pela compreensão, donde se conclui que o intérprete (juiz ou jurado) não contempla o mundo, para depois lhe dar um sentido. Intérprete e texto, intérprete e fenômeno, estão, desde sempre, jogados na mesma lingüística".[5]

Ainda – esmiuçando a primeira assertiva – entre os defensores do Júri se verifica reiteradamente o destaque da sua condição democrática, de permitir a participação popular na distribuição da justiça criminal, o que, nas palavras de Kátia de Castro, acarreta a seguinte conclusão: "No campo social, ela é justificada pela estreita relação que guarda com a pacificação, pois há uma maior identificação popular com os juízes leigos. Além disso, a presença destes favorece a utilização do critério da reprovabilidade – favorecendo uma maior aproximação do julgamento com a evolução social".[6] E prosseguindo, finalmen-

---

[2] MARQUES, José Frederico. *A instituição do júri*. Campinas: Bookseller, 1997, p. 19.

[3] Idem, p. 21.

[4] Idem, p. 22.

[5] STRECK, Lenio Luiz. *Tribunal do Júri – Símbolos e Rituais*, 2ª ed. Porto Alegre: Livraria do Advogado, 1997, p. 91.

[6] CASTRO, Kátia Duarte de. *O Júri como instrumento de controle social*. Porto Alegre: Sergio Antonio Fabris, 1999, p. 39.

te, a garantia do julgamento pelo Tribunal popular também é representativa para o réu em função do emprego da equidade. Com efeito, os jurados responderão a quesitos relativos ao fato criminoso e a todas as circunstâncias que o cercaram, o que significa uma maior aproximação entre a sentença e a justiça, através do estabelecimento da justa proporção entre os fatores que levaram o réu à conduta típica e a reprovabilidade social daí decorrente".[7]

A propósito, depois de elaborar um interessante estudo em diversas regiões do Rio Grande do Sul, onde se considerou os aspectos socioculturais próprios de cada uma delas, não foi outra a conclusão de Delmar Pacheco da Luz, ao afirmar que "quando a decisão está adequada aos padrões morais da comunidade, não há que se falar em impunidade, ainda que possa ser alto o índice de absolvições. Até porque a impunidade caracteriza-se pelo sentimento popular de que alguém que deveria ser punido não está sendo, o que não é o caso, já que aqui é a própria comunidade que apresenta um maior índice de tolerância a determinadas condutas".[8]

A questão central, porém, diante de tudo que foi trazido acima, pode ser resumida em saber se o Tribunal do Júri faz ou não Justiça. Ou, noutra perspectiva, se as injustiças causadas pelo Conselho de Sentença são em menor número do que aquelas causadas por juízes togados, já que esses, por certo, também o fazem.

Pois bem, qualquer afirmativa, no entanto, num ou noutro sentido, jamais terá dados estatísticos confiáveis a lhe corroborar, até porque nem sempre uma decisão condenatória é justa, assim como nem sempre a absolvição reflete a melhor escolha. De igual sorte, o fato de uma determinada comunidade referendar algumas condutas não se traduz necessariamente em Justiça, pois, se assim o fosse, teríamos que aceitar, passivamente, por exemplo, absolvições por legítima defesa da honra nos casos de homicídios passionais, ou que a morte, como pagamento de uma dívida, é algo aceitável numa região de garimpo. Dito de outro modo, os costumes, a moralidade ou imoralidade de uma determinada comunidade é que ditaria o conceito de Justiça, ao arrepio da lei e de todo um país.

Por outro lado, uma análise criteriosa de todos os julgamentos também não se mostra de modo algum possível. Tampouco se pode afirmar que o número de recursos providos seja um dado seguro, pois não se pode afiançar, de antemão, que apenas a 2ª instância distribui e faz justiça.

Essas constatações, porém, servem para apontar o problema fulcral, que é, em última análise, definir o que seja justo ou injusto num determinado caso. A resposta a tal indagação, que poderia dar algum amparo para uma ou outra vertente, é extremamente difícil e subjetiva, se desconhecendo dados concretos e objetivos que possam lhe dar homogeneidade. Por conta disso, aliás, é que reputo vazias de sentido quaisquer discussões quanto ao grau de certeza e justiça das decisões do Tribunal do Júri, na medida em que sequer se pode aquilatar ou se estabelecer um coeficiente seguro para as decisões dos juízes togados, muito menos, por conseguinte, para aquelas decorrentes dos juízes de fato, em face, repito, da vagueza do conceito de justiça e, sobretudo, quando relacionada ao caso concreto. Enfim, tudo não passa de tradição e de opção histórica por um modelo de justiça, em que há mais impressões do que certezas calcadas em dados estatísticos.

4. **Soberania dos veredictos.** Insculpida na Constituição, a compreensão da substância e alcance da soberania do Júri não é tranqüila.

Conquanto majoritariamente aceita pela doutrina e jurisprudência,[9] a apelação contra decisão do Júri manifestamente contrária a prova dos autos tem recebido críticas por parte de alguns autores, que vêem, nesses casos, flagrante afronta ao princípio da soberania dos veredictos. "Dizer, ou defender, que, em sede de recurso apelatório, o Júri de Fato decidiu contrariamente à prova dos autos, devolvendo a novo julgamento, enquanto se lhe nega violação à soberania de Colegiado legítimo, pode ser tudo, exceto respeito à soberania; é violação, sim! Na situação prática e exegética atual, o Júri no Brasil é falácia de soberania, pois apenas imposta (e numa segunda vez, idem) se coragem restar (ao Tribunal do Povo) para contrariar a ordem judiciária superior do Tribunal competente a repreender-lhe e reduzir a menos".[10]

Argumenta-se, ademais, que a Constituição não após nenhum qualificativo ao termo soberania, não se justificando uma interpretação restritiva, mormente porque, durante a Assembléia Constituinte,

---

[7] CASTRO, Kátia Duarte de. *O Júri como instrumento de controle social.* Porto Alegre: Sergio Antonio Fabris, 1999, p. 47.
[8] LUZ, Delmar Pacheco da. *Júri: um tribunal democrático.* Porto Alegre: Fundação Escola Superior do Ministério Público do Rio Grande do Sul, 2001, p. 90.
[9] RT 663/279 e 664/376.
[10] ALMEIDA, Ricardo Vital de. *Tribunal do Júri – Aspectos constitucionais – Soberania e democracia social – "Equívocos propositais e verdades contestáveis.* CL EDIJUR, Leme/SP, 2005, p. 54.

uma emenda que ressalvava os casos de decisões contrária a prova dos autos foi rejeitada.[11]

Critica-se, outrossim, que tal recurso se presta básica e majoritariamente à acusação, na medida em que, como o réu foi pronunciado, há, no mínimo, alguma vertente probatória a inculpar o acusado, do que se deduz que os recursos da Promotoria acabam tendo reiterado deferimento pelos Tribunais, ao passo que os da Defesa, não.[12]

A par disso, ao acolher o recurso da acusação, o 2º Grau, com sua inegável influência, devido a credibilidade técnica que possui, termina por orientar uma condenação, em face da utilização de argumentos em prol de indicativos da culpa.[13]

Por conta disso, aliás, há também quem sustente que tal recurso só pode ser aceito em prol da Defesa, isto é, a apelação contra decisões do Júri tidas como manifestamente contrária a prova dos autos seriam de exclusividade defensiva. Isso porque entre a soberania e o direito à liberdade, se deveria preferir o último.

De qualquer forma, reitero, o que tem prevalecido é o entendimento de que não há qualquer afronta a Constituição com a possibilidade deste tipo de apelação. Argumenta-se que a "soberania dos veredictos do Júri – não obstante a sua extração constitucional – ostenta valor meramente relativo, pois as manifestações decisórias emanadas do Conselho de Sentença não se revestem de intangibilidade jurídico-processual. A competência do Tribunal do Júri, embora definida no texto da Lei Fundamental da República, não confere a esse órgão especial da Justiça comum o exercício de um poder incontrastável e ilimitado. As decisões que dele emanam expõem-se, em conseqüência, ao controle recursal do próprio Poder Judiciário, a cujos Tribunais compete pronunciar-se sobre a regularidade dos veredictos".[14] Assevera-se, igualmente, que não há violação a soberania, na medida em que o Tribunal não pode reformar a decisão dos jurados, mas apenas provocar nova manifestação do Júri – na hipótese de decisão manifestamente contrária a prova dos autos – que se ratificar a decisão anterior, se torna imutável. A jurisdição que reexamina o veredicto continua sendo do Tribunal Popular. Tal mecanismo, a propósito, se justificaria em virtude dos crimes que este tipo de julgamento cuida e das penas graves que envolvem, além de dar guarida ao princípio do duplo grau de jurisdição, que deve ser interpretado de modo harmônico, tanto no seio da Constituição, como em relação à norma infraconstitucional, a fim de não criar um Tribunal em que a impunidade e a injustiça possam se consolidar pateticamente.

Ao cabo, tudo que aqui se referiu em relação à apelação se aplica integralmente a revisão criminal e ao protesto por novo júri. Ademais, não teria sentido que uma garantia do cidadão-réu, como é o Tribunal do Júri, viesse a lhe prejudicar e impedir institutos que lhe são inegavelmente favoráveis, como são a revisão criminal e o protesto por novo júri.

Ainda sobre este tópico, convém sublinhar que, com flagrante ofensa a soberania dos veredictos, se encontra algumas decisões de Tribunais que, em sede recursal, excluem ou até incluem qualificadoras, sob o pretexto de que dizem respeito a dosimetria da pena, e não ao tipo. Não é esse, porém, o entendimento majoritário, que, aliás, também não admite que se possa submeter alguém a novo julgamento perante o Tribunal do Júri, mas somente para análise da qualificadora, porquanto haveria infringência ao princípio da plenitude defensiva e da *perpetuatio jurisdictionis*.

5. Sigilo das votações. O escopo do sigilo das votações, que tem como corolário a incomunicabilidade entre os jurados, é de preservar os juízes de fato de qualquer tipo de influência ou, até mesmo, de represálias. Todavia, esse objetivo nobre não impediu que se discutisse a recepção ou não da sala secreta pela atual Carta Constitucional, que impõe também a publicidade dos atos processuais e decisórios. Prevaleceu, porém, o entendimento de que não há incompatibilidade entre essas regras, já que a própria Constituição também assegura o sigilo das votações, de sorte que não se pode imaginar que a obrigação de publicidade se estenderia ao Júri, pois, neste caso, se teria que admitir que a Constituição é contraditória e incompatível em seus preceitos, quando, na verdade, cabe ao intérprete lhe dar harmonia.[15]

Um detalhe, porém, merece maior atenção dos operadores do direito. Para se garantir o sigilo das votações, atingido o número de votos vencedores, deve o Magistrado encerrar a contagem, pois, caso

---

[11] A emenda referida é a de nº 29.288 de autoria do deputado José Egreja, consoante STRECK, Lenio Luiz. *Tribunal do Júri – Símbolos e Rituais*, 2ª ed. Porto Alegre: Livraria do Advogado, 1997, p. 163.
[12] TUBENCHLAK, James. *Tribunal do Júri – Contradições e soluções*, 4ª ed. São Paulo: Saraiva, 1994, p. 149.
[13] ALMEIDA, Ricardo Vital de. *Tribunal do Júri – Aspectos constitucionais – Soberania e democracia social – "Equívocos propositais e verdades contestáveis*. CL EDIJUR, Leme/SP, 2005, p. 59.
[14] HC 68658 / DF – DISTRITO FEDERAL – HABEAS CORPUS – Relator(a): Min. CELSO DE MELLO. Julgamento: 06/08/1991 Órgão Julgador: PRIMEIRA TURMA. Publicação DJ 26-06-1992 PP-10105. RTJ, VOL-00139-03 PP-00891.
[15] Ver nota 2 do art. 481.

ocorra a unanimidade, por evidente que não se terá sigilo algum no julgamento.

6. Júri como direito ou garantia individual e plenitude defensiva. De modo amplamente majoritário, a doutrina tem sustentado que o Júri é uma garantia individual, e não um direito individual. Melhor ainda, é uma garantia da garantia, isto é, busca garantir o devido processo legal, que, por sua vez, garante o direito de liberdade.

O Júri não pode ser um direito individual porque não é algo inerente à personalidade humana, mas visa assegurar que um direito, qual seja, de liberdade, seja garantido, o que se dá, primeiro, através do devido processo legal, que, no caso de crimes dolosos contra a pessoa, ocorre através do Tribunal do Júri. Como bem adverte Nucci, não é uma garantia ao direito de liberdade em si, pois não tem por finalidade, obviamente, assegurar a liberdade do réu, caso culpado, pois, do contrário, 'teríamos que admitir ser o júri um escudo protetor do criminoso, que atenta contra a vida humana, o que não pode ser admissível. Além disso, é preciso destacar ser o direito à vida igualmente protegido na Constituição – tanto quanto o direito à liberdade – de forma que o júri não poderia proteger um, em prejuízo do outro".[16] Ademais, noutro viés, não deixa de ser também um direito individual, mas na perspectiva do cidadão que possui o direito de participar, diretamente, como jurado, dos julgamentos do Poder Judiciário.

A plenitude defensiva, por sua vez, também de matriz constitucional, às vezes é confundida com a ampla defesa. Contudo, os termos não são sinônimos, até porque não se pode imaginar que a distinção feita no texto constitucional seja inútil; ao contrário, a plenitude tem uma conotação mais vigorosa, que está atrelada e justificada pela própria forma como se dá o julgamento no Júri, isto é, por juízes leigos e por íntima convicção; daí porque, como enfatiza Nucci, são vários os efeitos desta distinção, dentre os quais pode se destacar, por exemplo, que enquanto nos feitos comuns o Juiz pode acatar tese não suscitada pela Defesa, o mesmo não ocorre no Júri, o que, por conseguinte, determina que o Juiz Presidente tenha uma preocupação maior com a qualidade da Defesa, a tal ponto que está autorizado a dissolver o Conselho de Sentença se entender que o réu se encontra indefeso, assim como não há qualquer óbice de que, na tréplica, a Defesa apresente tese nova, já que deve prevalecer a plenitude defensiva em cotejo com o contraditório.[17]

7. Competência do Tribunal do Júri. A Carta de 88, no seu art. 5º, XXXVIII, alínea d, estabelece uma competência mínima para o Tribunal do Júri, qual seja: julgar os crimes dolosos contra a vida, o que, porém, não impede de julgar outros crimes conexos.

Grassou por um bom tempo, por outro lado, alguma discussão quanto ao conceito de crimes dolosos contra a vida; bastaria haver uma ação dolosa contra a vida para que a competência fosse do Júri? A resposta afirmativa levaria a conclusão de que os crimes de latrocínio, por exemplo, deveriam ser julgados pelo Conselho de Sentença. Aliás, a Constituição não faz qualquer restrição, sendo bastante razoável tal interpretação, até porque se está tratando de uma garantia individual do cidadão que, em princípio, não comporta exegese restritiva.

Todavia, de modo majoritário e hoje pacificado, vingou a interpretação de que crimes dolosos contra a vida devem ser apenas aqueles elencados no Código Penal, mais precisamente no capítulo I – Dos crimes contra a vida – do Título I – Dos crimes contra a pessoa – da Parte Especial. Neste sentido foi inclusive editada a Súmula 603 do STF: "A competência para o processo e julgamento de latrocínio é do juiz singular e não do Tribunal do Júri."

No mesmo diapasão, aliás, recentemente decidiu o STF em relação ao crime de genocídio, afirmando que ao Júri não compete julgar qualquer crime em que haja morte da vítima, ainda que causada dolosamente, mas tão-somente aqueles relacionados no art. 74, §1º, do Código de Processo Penal.

Neste feito, no entanto, que cuidava do denominado "Massacre de Haximú", cometido contra os índios Yanomamis, no Estado de Roraima, havia algumas particularidades que merecem atenção. Discutiu-se naqueles autos, precisamente, se o genocídio abarcava os crimes de homicídio praticados – doze índios foram mortos – e se a competência era do Tribunal do Júri.

Ao longo do julgamento, foi destacado que a Convenção para a Prevenção e Repressão do Crime de Genocídio da ONU – ratificada pelo Decreto nº 30.822/52 – o Estatuto de Roma, que instituiu o Tribunal Penal Internarcional – e, no plano interno, a Lei 2.889/56,[18] definiram o crime genocídio de igual

---

[16] NUCCI. Guilherme de Souza. *Código de Processo Penal Comentado*. 5ª edição. São Paulo. Revista dos Tribunais, 2006, p. 701.

[17] Idem, p. 766.

[18] Art. 1º Quem, com a intenção de destruir, no todo ou em parte, grupo nacional, étnico, racial ou religioso, como tal:a) matar membros do grupo; b) causar lesão grave à integridade física ou mental de membros do grupo; c) submeter intencionalmente o grupo a condições de existência capazes de ocasionar-lhe a destruição física total ou parcial;d) adotar medidas destinadas a impedir os nascimentos no seio do grupo;e) efetuar a transferência forçada de crianças do grupo para outro grupo; Será punido: Com as penas do art. 121, § 2º, do Código Penal, no caso da letra *a*; Com as penas do art. 129, § 2º, no caso da letra *b*; Com as penas do art. 270, no caso da letra *c*; Com as penas do art. 125, no caso da letra *d*; Com as penas do art. 148, no caso da letra *e*;

modo. Extrai-se, aliás, da definição legal que, quando a conduta – seja homicida, seja de lesões, seja de impedir nascimentos ou até mesmo de efetuar a transferência forçada de crianças – tem por escopo destruir, no todo ou em parte, grupo nacional, étnico, racial ou religioso, se está diante de um genocídio. Diante disso, a questão central estava radicada em delimitar o conceito do bem jurídico protegido por esse crime, a fim de se descobrir se incide, ou não, o art. 5º, XXXVIII, letra *d*, da Constituição Federal.

Na resposta a essa indagação, no voto da lavra do Min. Cezar Peluso ficou assente: "O objeto jurídico tutelado imediatamente pelo crime de genocídio há de ser, pois, a existência de um grupo nacional, étnico, racial ou religioso. A lesão à vida, à integridade física, à liberdade de locomoção etc., são apenas meios de ataque ao bem jurídico tutelado, que, nos diversos tipos de ação genocida, se não confunde com os bens primários também lesados por essas ações instrumentais."

E prossegue, mais adiante o Ministro: "Os crimes praticados em concurso contra os bens jurídicos personalíssimos (vida, integridade física, liberdade, etc.), esses remanescem como tais, sem absorção pelo crime de genocídio. A forma de cominação da pena em nossa lei é, aliás, a prova mesma de que o genocídio corporifica crime autônomo contra bem jurídico coletivo, diverso dos ataques individuais que compõem modalidades de sua execução. Ou seja, o desvalor do crime de genocídio não absorve nem dilui o desvalor dos crimes contra bens jurídicos individuais ofendidos na prática dos atos próprios de cada modalidade de execução. Fosse outra a conclusão, à prática do crime mais grave corresponderia – como ocorreu no caso – pena mais branda!.

Conclui, por fim, "havendo concurso entre crimes dolosos contra a vida (os homicídios) e o crime de genocídio, a competência para julgá-los todos seria do Tribunal do Júri, à luz do art.5º, inciso XXXVIII, da Constituição Federal, e do artigo 78, inciso I, do Código de Processo Penal. Mas os recorrentes não foram condenados pelos crimes de homicídio, senão apenas pelo de genocídio. E o recurso é exclusivo da defesa, vedada, pois, a reformatio in pejus. Assim, resta-me tão-só negar-lhe provimento, já que, como visto, o delito de genocídio não é crime doloso contra a vida, mas contra a existência de grupo nacional, étnico, racial ou religioso".[19]

Resumidamente, de tudo que foi reproduzido e exposto se infere o seguinte: o genocídio, por si só, não é da competência do júri. Todavia, como um dos meios de praticá-lo – e mais comum, diga-se de passagem – é através de homicídios – mas não único, como se vê no art. 1º da Lei 2.889/56 – haverá conexão entre esses delitos – que não restam absorvidos – de sorte que a competência para o julgamento será do Tribunal do Júri na imensa maioria das vezes. Apenas, naquele julgamento, por uma particularidade daqueles autos – não houve denúncia por homicídio – se reconheceu a competência do Juiz Singular, já que, repito, de regra, como os genocídios invariavelmente são praticados através de homicídios, ao Júri é que competirá julgar esse tipo de crime.[20]

CAPÍTULO II
DO PROCESSO DOS CRIMES DA COMPETÊNCIA DO JÚRI

SEÇÃO I
DA PRONÚNCIA, DA IMPRONÚNCIA E DA ABSOLVIÇÃO SUMÁRIA

Art. 406. Terminada a inquirição das testemunhas, mandará o juiz dar vista dos autos, para alegações, ao Ministério Público, pelo prazo de 5 (cinco) dias, e, em seguida, por igual prazo, e em cartório, ao defensor do réu.

---

[19] Rec. Extraordinário 351.487-3. Roraima, Relator Cezar Peluso, julgado em 03/08/2006, publicado no diário da justiça em 10/11/2006.

[20] EMENTAS: 1. CRIME. Genocídio. Definição legal. Bem jurídico protegido. Tutela penal da existência do grupo racial, étnico, nacional ou religioso, a que pertence a pessoa ou pessoas imediatamente lesionadas. Delito de caráter coletivo ou transindividual. Crime contra a diversidade humana como tal. Consumação mediante ações que, lesivas à vida, integridade física, liberdade de locomoção e a outros bens jurídicos individuais, constituem modalidade executórias. Inteligência do art. 1º da Lei nº 2.889/56, e do art. 2º da Convenção contra o Genocídio, ratificada pelo Decreto nº 30.822/52. O tipo penal do delito de genocídio protege, em todas as suas modalidades, bem jurídico coletivo ou transindividual, figurado na existência do grupo racial, étnico ou religioso, a qual é posta em risco por ações que podem também ser ofensivas a bens jurídicos individuais, como o direito à vida, a integridade física ou mental, a liberdade de locomoção etc. 2. CONCURSO DE CRIMES. Genocídio. Crime unitário. Delito praticado mediante execução de doze homicídios como crime continuado. Concurso aparente de normas. Não caracterização. Caso de concurso formal. Penas cumulativas. Ações criminosas resultantes de desígnios autônomos. Submissão teórica ao art. 70, *caput*, segunda parte, do Código Penal. Condenação dos réus apenas pelo delito de genocídio. Recurso exclusivo da defesa. Impossibilidade de reformatio in peius. Não podem os réus, que cometeram, em concurso formal, na execução do delito de genocídio, doze homicídios, receber a pena destes além da pena daquele, no âmbito de recurso exclusivo da defesa. 3. COMPETÊNCIA CRIMINAL. Ação penal. Conexão. Concurso formal entre genocídio e homicídios dolosos agravados. Feito da competência da Justiça Federal. Julgamento cometido, em tese, ao tribunal do júri. Inteligência do art. 5º, XXXVIII, da CF, e art. 78, I, cc. art. 74, § 1º, do Código de Processo Penal. Condenação exclusiva pelo delito de genocídio, no juízo federal monocrático. Recurso exclusivo da defesa. Improvimento. Compete ao tribunal do júri da Justiça Federal julgar os delitos de genocídio e de homicídio ou homicídios dolosos que constituíram modalidade de sua execução.

§ 1º Se houver querelante, terá este vista do processo, antes do Ministério Público, por igual prazo, e, havendo assistente, o prazo lhe correrá conjuntamente com o do Ministério Público.
§ 2º Nenhum documento se juntará aos autos nesta fase do processo.

1. **Procedimento do Júri**. A etapa anterior ao que está disposto no art. 406 CPP, até então formalmente comum, realizada nos termos dos arts. 384 a 405 do CPP, nos processos afetos ao tribunal popular é denominada de instrução preliminar, face a possível repetição e ampliação instrutória em plenário, perante, pois, o seu juiz natural, que é o Conselho de Sentença.

Todavia, encerrada aquela fase, abre-se com o art. 406 da lei adjetiva o procedimento exclusivo para julgamento dos feitos de competência do Tribunal do Júri, com a intimação das partes para apresentação de alegações escritas, que deverão ser juntadas no prazo de cinco dias para o MP e Defesa, na ordem. Havendo assistente de acusação, o prazo será comum com o do Promotor de Justiça.

2. **Prazo em cartório**. Conquanto o dispositivo mencione que o prazo fluirá em cartório para a Defesa, tal não pode assim ocorrer, pois, primeiro, haveria quebra de isonomia entre as partes – o Ministério Público é sempre intimado pessoalmente – e, segundo, porque a Defesa não tem ou não teria como saber quando iniciaria, de fato, seu prazo, porquanto sempre ficaria na dependência da devolução dos autos pela Acusação. Isso, porém, não significa que, havendo mais de um réu, o prazo para cada um deles seja de cinco dias. Aplica-se aqui, de modo análogo, a regra do art. 500, § 1º, do CPP, que determina, no procedimento ordinário, nestas hipóteses – de mais de um defensor – que o prazo seja comum. Para Nucci, porém, nada impede que o julgador, diante da complexidade do feito, possa conceder à Defesa prazo separado, isto é, cinco dias, com a possibilidade de retirada dos autos em carga, por cada um dos advogados dos diferentes réus.[21] No entanto, não parece que se possa falar em violação ao princípio da isonomia, na medida em que o Ministério Público, no prazo de cinco dias, independente da complexidade do feito, tem que se manifestar em relação a todos os réus; logo, aí sim, haveria quebra de isonomia, isto é, em se conceder prazo separado para cada um dos defensores. Isso sem falar no risco de uma dilação indesejada nesta fase, atentando contra a celeridade processual, que deve sempre ser almejada.

3. **O querelante no procedimento do júri**. O parágrafo primeiro preconiza que, quando houver querelante, este deve se manifestar antes do Ministério Público. A hipótese cuida daqueles casos de ação penal privada subsidiária da pública, pois, de regra, nos crimes dolosos contra a vida, a ação é pública incondicionada, bem como daquelas hipóteses de ação penal privada conexa com a denúncia, o que justifica a sua intimação antes do Agente Ministerial.

4. **Juntada de documentos**. Deve-se ter presente, outrossim, que nenhum documento poderá ser juntado aos autos neste instante do processo, como dispõe o Art. 406, § 2º, CPP, o que acentua a diferença com os processos comuns, de vez que para estes existe a fase intermediária do Art. 499, CPP, indicada para diligências. A proibição se justifica em virtude da existência de uma segunda fase nos procedimentos do júri, bem como para evitar marchas e contramarchas neste primeiro momento, de mero exame do juízo de admissibilidade da acusação. Todavia, a proibição não pode ser absoluta, pois um documento que possa alterar por completo aquele juízo, por força dos princípios da ampla defesa, da verdade real e inclusive da economia processual, não podem ser desconsiderados e desentranhados dos autos. O que a lei busca evitar é a demora injustificável na conclusão daquela primeira fase do procedimento com a juntada de documentos que poderão ser trazidos posteriormente e que não irão influir no julgamento do juízo de admissibilidade.

5. **Ausência de alegações**. A jurisprudência tem admitido que o defensor não apresente as alegações, sob o argumento de que, entendendo inevitável a pronúncia, estaria apenas identificando a tese defensiva que será futuramente exposta aos jurados, o que permitiria a prevenção da acusação. Dito de outro modo, o silêncio seria técnica defensiva.[22] A questão merece, porém, exame cauteloso ante a necessidade de cumprimento do preceito que obriga a plena defesa. Creio que o bom-senso não autoriza dispensar a juntada desta peça, até porque o silêncio pode ser interpretado como deficiência da defesa. No mínimo, o defensor deve dizer que irá desenvolver suas teses em plenário, o que já assegura que continua na Defesa e permite um exame com maiores dados pelo Juiz-Presidente quanto à plenitude defensiva, que deve ser apreciada num conjunto, num todo, que permita afirmar que o acusado não foi defendido dificilmente, pois o reconhecimento da pronúncia, por si só, não autoriza tal conclusão, mas a omissão e o silêncio se aproximam mais desta situação.[23]

---

[21] NUCCI, Guilherme de Souza. *Código de Processo Penal Comentado*. São Paulo: RT, 2005, p. 706.
[22] RT 570/421, RSTJ 50/398, RJTJERGS 185/120.
[23] NASSIF, Aramis. *O júri objetivo*. Porto Alegre, Livraria do Advogado, 1997, p. 35 e Nucci. Guilherme de Souza, ob. cit., p. 707.

Art. 407. Decorridos os prazos de que trata o artigo anterior, os autos serão enviados, dentro de 48 (quarenta e oito) horas, ao presidente do Tribunal do Júri, que poderá ordenar as diligências necessárias para sanar qualquer nulidade ou suprir falta que prejudique o esclarecimento da verdade inclusive inquirição de testemunhas (art. 209), e proferirá sentença, na forma dos artigos seguintes.

1. **Diligências determinadas pelo Juiz.** Conquanto o procedimento do Júri não preveja um prazo para que as partes requeiram diligências – art. 499 do CPP – isso não significa que não possam surgir preliminares que demandem providências para salvaguardar a higidez do feito, tampouco que não se vislumbre a necessidade de coleta de outras provas para a devida elucidação dos fatos. E é em função disso que o art. 407 permite, excepcionalmente, ao Juiz Presidente do Tribunal do Júri – o Juiz-Presidente é o próprio Juiz de Direito, mormente nas comarcas onde não há vara especializada – que determine a coleta de provas – inclusive inquirição de testemunhas – a intimação de partes, a juntada de documentos, a realização de perícias, enfim, tudo aquilo que for necessário para sanar eventual nulidade do feito e para assegurar a busca da verdade real.

O prazo para essa decisão, por força do art. 800, incisos I e II, do Código de Processo Penal, deve ser de cinco dias, no caso de determinação de diligências – decisão interlocutória – e de dez dias, na hipótese de ser proferida uma das sentenças que a seguir serão analisadas. É óbvio, por outro lado, que, em havendo a determinação de diligências por parte do Magistrado, não poderá ele, de plano, após a realização destas, proferir sentença sem antes dar vista as partes para se manifestarem, pois isso significaria afronta aos princípios do contraditório e da ampla defesa.

Art. 408. Se o juiz se convencer da existência do crime e de indícios de que o réu seja o seu autor, pronunciá-lo-á, dando os motivos do seu convencimento.

§ 1º Na sentença de pronúncia o juiz declarará o dispositivo legal em cuja sanção julgar incurso o réu, recomendá-lo-á na prisão em que se achar, ou expedirá as ordens necessárias para sua captura.

§ 2º Se o réu for primário e de bons antecedentes, poderá o juiz deixar de decretar-lhe a prisão ou revogá-la, caso já se encontre preso.

§ 3º Se o crime for afiançável, será, desde logo, arbitrado o valor da fiança, que constará do mandado de prisão.

§ 4º O juiz não ficará adstrito à classificação do crime, feita na queixa ou denúncia, embora fique o réu sujeito à pena mais grave, atendido, se for o caso, o disposto no art. 410 e seu parágrafo.

§ 5º Se dos autos constarem elementos de culpabilidade de outros indivíduos não compreendidos na queixa ou na denúncia, o juiz, ao proferir a decisão de pronúncia ou impronúncia, ordenará que os autos voltem ao Ministério Público, para aditamento da peça inicial do processo e demais diligências do sumário.

1. **Pronúncia. Natureza.** A decisão de pronúncia encerra o *judicium accusationis* e dá início ao *judicium causae*. Através da pronúncia, o Juiz reconhece a admissibilidade da acusação e determina a submissão do processo ao Tribunal do Júri. Nela o juiz apenas afirma a existência do crime e de indícios contra o acusado, delimitando o âmbito da acusação.

Por ser uma decisão que não tem cunho terminativo e não gera coisa julgada, já que não examina o mérito propriamente, há divergências quanto a sua natureza. Para uns, se trata de sentença,[24] ou sentença processual,[25] enquanto, para outros, de decisão interlocutória mista não terminativa.[26]

Conquanto o código se refira a essa decisão como sentença e, de fato, ela possua aspecto formal de uma – com relatório, fundamentação e dispositivo – a bem da verdade não passa de uma decisão interlocutória, não se amoldando ao conceito estrito de sentença, que implica em extinção do processo – decisão terminativa – e decisão definitiva quanto à pretensão punitiva, julgando-a procedente ou improcedente. A pronúncia, a toda evidência, não faz isso, pois, primeiro, não julga o *meritum causae*, apenas uma questão incidente – a admissibilidade da acusação e, segundo, não põe fim ao processo, mas tão-somente a uma etapa do procedimento. Por conta disso, aliás, é que não gera coisa julgada, mas preclusão – como qualquer decisão interlocutória – de sorte que há certa estabilidade na pronúncia, na medida em que não pode mais

---

[24] ACOSTA, Walter P. *O Processo Penal*, 9ª edição, Rio de Janeiro, Coleção Jurídica Editora do Autor, 1973, p. 457. ROSA, Antônio Miguel Feu. *Júri: comentários e jurisprudência*. Rio de Janeiro. Editora Esplanada, 2000, p.54. LEAL, Saulo Brum. *Júri Popular*. 4ª edição. Porto Alegre, Livraria do Advogado. 2001, p. 38.

[25] MARQUES, José Frederico. *A instituição do júri*. Campinhas. Bookseller, 1997, p. 378. MIRABETE, Julio Frabbrini. *Código de Processo Penal Interpretado*. 10ª edição. São Paulo. Editora Atlas. 2002. p. 1082. MARREY, Adriano. FRANCO, Alberto Silva. STOCO, Rui. *Teoria e prática do júri*. 5ª edição. São Paulo. Editora Revista dos Tribunais. 1993, p. 157.

[26] TUBENCHLAK, James. *Tribunal do Júri – Contradições e soluções*, 4ª ed. São Paulo. Saraiva, 1994, p.57, NUCCI. Guilherme de Souza. *Código de Processo Penal Comentado*. 5ª edição. São Paulo: Editora Revista dos Tribunais, 2006. p. 709. RANGEL, Paulo. *Direito Processual Penal*, 7ª edição, Rio de Janeiro: Editora Lumen Juris, 2003, p. 518.

ser reexaminada, nem alterado seu conteúdo, salvo se verificada circunstância superveniente que modifique a classificação do delito – art. 416. Há preclusão, portanto, não só para as partes, mas também *pro judicato*, ou seja, o Juiz também fica impedido de reexaminar o que foi decidido.[27] Em suma, o que resta inalterável é apenas a declaração de admissibilidade do *jus accusationis*, e não o mérito propriamente, que será examinado pelo Conselho de Sentença.

E como decisão interlocutória que é, a pronúncia deve ser proferida no prazo de dez dias, consoante art. 800, inciso I, do CPP.

2. Linguagem da pronúncia e do acórdão que confirma a pronúncia ou a proclama. Como deve examinar tão-somente a admissibilidade da acusação e preocupados com uma influência indevida que a pronúncia pode exercer sobre o ânimo dos jurados, colhe-se na doutrina e jurisprudência copiosos ensinamentos no sentido de que aquela decisão deve ser lançada em termos sóbrios, comedidos, sem expressar opiniões categóricas e definitivas, sem fazer crítica ou censura à conduta dos pronunciados, evitando-se sobremodo o emprego de adjetivos que possam refletir um pendor condenatório ou absolutório. Por outras palavras, a pronúncia deve apenas demonstrar a admissibilidade da pretensão acusatória de modo objetivo, sem ponderações desnecessárias e que possam, ainda que implicitamente, indicar a convicção do prolator quanto ao mérito, de modo a influir o Conselho de Sentença. Como lembra Nucci, 'os membros do Conselho de Sentença levam em grande conta as palavras proferidas pelo juiz presidente, a pessoa que lhes parece mais imparcial no Tribunal do Júri, razão pela qual a moderação na pronúncia é inafastável, sob pena de se colocar em risco a própria soberania dos veredictos".[28]

Todavia, lançar uma decisão nestes termos nem sempre é tarefa fácil, pois a pronúncia não deixa de ser uma decisão e, como tal, deve ser fundamentada. Logo, deve enfrentar todas as teses suscitadas, mas deve fazê-lo de modo a não rechaçá-las por completo, mas simplesmente demonstrando e evidenciado a viabilidade da acusação, isto é, que por algum viés probatório não se pode refutar por inteiro a pretensão punitiva. Não se trata, portanto, de desaprovar cabalmente as teses defensivas, mas de demonstrar que há espaço no caderno probatório e no direito para uma conclusão em sentido diverso, o que, em suma, é reconhecer a admissibilidade da acusação. Por conta disso é que se afirma que a análise da prova por ocasião da pronúncia não deve ser feita de modo vertical e exaustivo. Há que se buscar, por conseguinte, um equilíbrio entre a necessidade de fundamentar e o cuidado em não influenciar indevidamente o Conselho de Sentença, o que se estende, obviamente, também ao segundo grau de jurisdição. A propósito, na prática, não raro se vê acórdãos – confirmatórios de pronúncia ou que, dando provimento ao recurso, pronunciam o réu – um excesso de linguagem, que termina por ser utilizado em plenário pela acusação. Aliás, por força disso mesmo é que muitos advogados ponderam a conveniência de interpor um recurso em sentido estrito quando as chances de êxito se apresentam duvidosas ou quando, por exemplo, buscam exclusivamente a exclusão de uma qualificadora. Porém, ressalte-se, os mesmos cuidados que são exigidos do Juiz ao proferir a sentença da pronúncia, se estendem ao segundo grau de jurisdição, já que o fim último, de evitar uma influência indevida, com mais razão se justifica em relação aos desembargadores, pois repercute com maior intensidade no plenário uma eventual leitura de um voto de um Desembargador ou Ministro – que a acusação fará questão de destacar que se trata de homem experimentado, culto e acostumado a julgamentos – quando esse voto é lavrado com análise exaustiva da prova, com frases de efeito e com afirmações categóricas quanto a pretensão defensiva. Conveniente, neste particular, a sugestão de Frederico Marques, de que é aconselhável que o julgador 'dê a entender, sempre que surja controvérsia a propósito de elementares do crime, que sua decisão, acolhendo circunstância contrária ao réu ou repelindo as que lhe sejam favoráveis, foi inspirada no desejo de deixar aos jurados o veredicto definitivo sobre a questão, a fim de não subtrair do Júri o julgamento do litígio em todos os seus aspectos".[29]

Caso se verifique excesso de linguagem, a sentença de pronúncia deve ser declarada nula e deverá ser desentranhada dos autos. O mesmo vale para o acórdão que padecer do mesmo vício, que poderá ser atacado via hábeas corpus, a fim de ser anulado e excluído dos autos, para que outro seja proferido.[30]

---

[27] MARQUES, José Frederico. *A instituição do júri*. Campinas. Bookseller, 1997, p. 379.

[28] NUCCI. Guilherme de Souza. *Código de Processo Penal Comentado*. 5ª ed. São Paulo: Revista dos Tribunais, 2006, p. 711.

[29] MARQUES, José Frederico. *A instituição do júri*. Campinas: Bookseller, 1997, p. 381.

[30] NASSIF, Aramis. *O júri objetivo*. Porto Alegre: Livraria do Advogado, 1997, p. 39. Nucci. Guilherme de Souza. *Código de Processo Penal Comentado*. 5ª ed. São Paulo: Revista dos Tribunais, 2006. p. 712, e Tubenchlak, James. *Tribunal do Júri – Contradições e soluções*, 4ª ed. São Paulo: Saraiva, 1994, p. 55. Em sentido contrário, Leal, Saulo Brum. *Júri Popular*. 4ª edição. Porto Alegre: Livraria do Advogado, 2001, p. 58, afirmando que, embora deverá permanecer nos autos, não poderá ser lida em plenário, assim como o acórdão na parte em que destaca o excesso de linguagem.

3. Pressupostos da pronúncia: existência do crime e indícios da autoria. A pronúncia não carrega consigo qualidade decisória mais significativa, pois apenas evidencia a admissibilidade da acusação, estabelecendo seus limites. É nítida, no entanto, a diversa abordagem quanto ao grau de certeza que o legislador exige do julgador no tocante aos seus pressupostos, isto é, em relação à existência do crime e à autoria. No tocante ao primeiro, o legislador estabeleceu que o juiz deve "se convencer da existência do crime" para lançar uma pronúncia, enquanto, em relação à autoria, pode se satisfazer com a presença de indícios.

A prova da existência do crime, em delitos dolosos contra a vida, de regra, se dá através do auto de necropsia ou do auto de exame de corpo delito, pois, na imensa maioria das vezes, deixam vestígios. Por isso, a expressão "prova da existência do crime" é tida, não raras vezes, como sinônimo de prova da materialidade, quando, na verdade, é mais ampla, pois pode ocorrer de um crime doloso contra a vida não deixar vestígios, e isso não representa que não haverá ou não se possa fazer prova de sua existência. Ademais, nada impede que a prova da materialidade se dê por outros meios, inclusive testemunhais, ante o desaparecimento dos vestígios, consoante art. 167 do CPP. Isso, aliás, tem gerado alguma confusão quanto ao grau de certeza da existência do crime, havendo, na doutrina e jurisprudência, quem entenda que não há necessidade de prova incontroversa, de sorte que a dúvida implicaria na pronúncia.[31] A confusão está vinculada, sobretudo, na noção de que a prova da materialidade só se daria por meio do auto de necropsia ou do exame de corpo de delito, o que, como visto, não é de todo verdade. A partir dessa noção equivocada é que muitos acórdãos terminam por afirmar que a dúvida quanto à existência do crime, assim como a autoria, ensejam a pronúncia. Todavia, não se pode olvidar que, quando o dispositivo se refere a "se convencer da existência do crime", esse convencimento não pode ser entendido como mera possibilidade ou passível de dúvida, pois aí não haverá convencimento propriamente. O convencimento deve ser fruto de uma prova segura, que pode se dar por qualquer meio em direito permitido.[32] De qualquer modo, há necessidade de que o Juiz tenha a convicção – juízo de certeza – da existência do crime, o que não quer dizer que isso não possa ser refutado pelo Conselho de Sentença, que poderá valorar as provas de modo distinto.

De outro lado, em relação à autoria, a situação é absolutamente distinta. Aqui, satisfaz-se o legislador com indícios da autoria. Todavia, há uma zona gris, pois a ausência de indícios suficientes enseja a impronúncia – art. 409 – ficando, por conseguinte, a indagação: no que se consubstanciam os indícios capazes de autorizar a pronúncia?

Por certo, não podem ser quaisquer indícios, pois, do contrário, nunca haveria decisão de impronúncia, já que essa tem lugar quando há inexistência de indícios suficientes, o que permite concluir que, nestes casos, alguns indícios existem, apenas eles não são capazes de gerar uma pronúncia. Logo, a existência de indícios, pura e simplesmente, não gera a pronúncia, pois esses podem ser insuficientes.

Bem, mas então volta a questão: quais são os indícios suficientes para a pronúncia?

Frederico Marques se vale de uma distinção entre possibilidade e probabilidade para caracterizar o que sejam indícios suficientes, que só existiriam caso houvesse um juízo de probabilidade, e não de mera possibilidade. "A expressão 'indício suficiente tem o sentido de probabilidade suficiente, e não de simples possibilidade da autoria (...) Se apenas provável a existência do crime, não pode haver pronúncia; e o mesmo se verifica quando tão-só possível a autoria que ao denunciado se atribui".[33]

Todavia, a par de não fazer um traço diferenciador muito preciso do que entende por probabilidade e possibilidade, não creio que se possa afastar do Tribunal do Júri a decisão quando haja um mero juízo de possibilidade, entendido esse como aquele quadro em que, a partir de uma determinada vertente probatória, se mostra possível a condenação. Dito de outro modo, se o caderno probatório apresenta elementos que tornam possível tanto a condenação como a absolvição, deve o réu ser pronunciado, e não impronunciado, porque ausente um juízo de probabilidade, já que esse representaria uma predominância das razões favoráveis ao cometido do crime pelo réu em detrimento de uma outra hipótese, qual seja, por exemplo, de que não teria sido ele o autor. E essa predominância, que caracterizaria a probabilidade, não é exigida pelo legislador, tampouco se pode subtrair do Juízo Competente, que é o Conselho de Sentença, a avaliação categórica e definitiva quanto à adoção desta ou daquela hipótese.

---

[31] Neste sentido, MIRABETE, Julio Frabbrini. *Código de Processo Penal Interpretado*. 10ª edição. São Paulo: Editora Atlas. 2002, p. 1084. e RTJ 63/476, RT 728/630 e 730/463, e RJTJERGS 169/103.

[32] Neste sentido, MAQUES PORTO, Hermínio Alberto. *Júri. Procedimentos e aspectos do julgamento. Questionários*. 9ª edição, São Paulo: Editora Malheiros. 1998, p. 82, NUCCI. Guilherme de Souza. *Código de Processo Penal Comentado*. 5ª edição. São Paulo: Revista dos Tribunais, 2006. p. 710. TUBENCHLAK, James. *Tribunal do Júri – Contradições e soluções*, 4ª ed. São Paulo. Saraiva, 1994, p. 54.

[33] MARQUES, José Frederico. *A instituição do júri*. Campinas: Bookseller, 1997, p. 367.

É claro, no entanto, que mesmo dentro de um juízo de possibilidade, há que se fazer algumas restrições. E creio que o melhor esquema para delimitar o que constituem os indícios suficientes da autoria foi proposto por Vicente Grego Filho. Após sublinhar que a pronúncia só existe porque os jurados julgam por íntima convicção e com soberania, Greco Filho destaca que aquela decisão tem a função, às vezes esquecida, de "evitar que alguém que não mereça ser condenado possa sê-lo em virtude do julgamento soberano, em decisão, quiçá, de vingança pessoal ou social".[34]

A pronúncia, portanto, funciona como uma garantia ao réu, de modo a impedir que alguém seja condenado sem que haja elementos probatórios válidos a ampará-la. Se for possível vislumbrar que uma eventual condenação pelo Tribunal do Júri irá se mostrar absolutamente injusta porque desprovida de lastro probatório legítimo, não deve o juiz pronunciar o acusado. Isso, por outro lado, impede, por exemplo, que um réu seja pronunciado com base em prova exclusivamente inquisitorial.[35] Não se pode imaginar que o princípio *in dubio pro societate*, tantas vezes lembrado pela doutrina como norteador do exame da autoria nesta etapa procedimental,[36] seja absoluto e capaz de ser aplicado de modo indistinto. Se é verdade que a dúvida opera em favor da sociedade, não é menos verdade que a ausência de prova qualificada pelo crivo do contraditório é inválida para sustentação de qualquer condenação por parte do magistrado, de sorte que também não poderá ensejar uma pronúncia, sob pena de se viabilizar uma eventual condenação pelo Tribunal do Júri absolutamente ao arrepio de princípios fundamentais, tais como o devido processo legal, o contraditório, a ampla defesa, etc. Não há base jurídica para admissão de prova exclusiva do inquérito para pronúncia.[37] Deve-se cuidar, porém, que a prova pericial, colhida na fase inquisitorial, tem um contraditório diferido e, por conta disso, pode embasar uma decisão de pronúncia.

4. Pronúncia e qualificadoras. Ao proferir uma sentença de pronúncia as possibilidades que se abrem ao julgador em relação às qualificadoras são de examiná-las com o escopo de mantê-las, excluí-las ou incluí-las, ou, ainda, de sequer examiná-las, e, quanto a isso, há sensíveis divergências na doutrina e jurisprudência.

A primeira questão que se impõe, porém, é se o Juiz deve examinar ou não a viabilidade da qualificadora, isto é, se ela também deve ser alvo do juízo de admissibilidade. Aqueles que crêem desnecessária e indevida tal avaliação asseveram que o Juiz não pode usurpar a competência constitucional do Conselho de Sentença, que, uma vez pronunciado o réu, é quem deve dizer se acata ou não a qualificadora, já que ela seria *essencialis delicti*.[38]

Contudo, cremos que não se pode perder de vista o que acima foi dito em relação aos objetivos da pronúncia, ou seja, de delimitar a acusação, funcionando como uma garantia capaz de minimizar os riscos de uma decisão injusta, que pode ser inclusive apenas no tocante à qualificadora, mas, ainda assim, injusta; daí porque ela também deve ser submetida ao juízo de admissibilidade. Ademais, o juiz, por força do art. 416, deve especificar "todas as circunstâncias qualificativas do crime", o que torna imperioso o seu exame. Isso sem falar que, se o juiz pode rejeitar a denúncia como um todo, impronunciado o réu ou absolvendo-o, é corolário natural que possa rejeitá-la parcialmente, afastando a qualificadora.[39]

Bem, mas em se admitido que as qualificadoras devem ser objeto de exame na sentença de pronúncia, isso autoriza concluir que elas podem ser mantidas ou afastadas. A questão mais problemática, porém, está na possibilidade ou não de incluí-las quando não constantes da peça vestibular. A divergência maior está na jurisprudência, porquanto a doutrina, de

---

[34] GRECO FILHO, Vicente. Questões polêmicas sobre a pronúncia. *Tribunal do Júri: estudos sobre a mais democrática instituição jurídica brasileira.* Rogério Lauria Tucci (Coord.). São Paulo: Revista dos Tribunais, 1999, p. 117-126.

[35] NUCCI, Guilherme de Souza. *Código de Processo Penal Comentado.* 5ª ed. São Paulo: Revista dos Tribunais, 2006, p. 711.

[36] Esse princípio já vem sendo criticado por parte da doutrina. Paulo Rangel, por exemplo, (RANGEL, Paulo. *Direito Processual Penal*, 7ª ed. Rio de Janeiro: Lumen Juris, 2003, p. 83 e 520) entende que o mesmo não deve ser aplicado, porquanto não seria compatível com o Estado Democrático de Direito, já que não se pode admitir que alguém possa ser condenado com base na dúvida. "A desculpa de que os jurados são soberanos não pode autorizar uma condenação com base na dúvida."
Todavia, cremos que o problema não está no princípio, mas na compreensão e utilização que se faz do mesmo. A bem da verdade, o princípio é utilizado como instrumento de retórica para que o juiz não seja categórico e lance uma decisão calcada num juízo de certeza, que iria comprometer a independência e soberania dos jurados. O juiz o utiliza para dizer que tanto uma como outra interpretação do caderno probatório se mostram possíveis e razoáveis, de sorte que a cabe ao júri decidir, e não para afirmar que há uma dúvida insuperável ou uma ausência de elementos probatórios a indicar a autoria por parte do réu. Em resumo, a utilização do princípio é inarredável, na medida em que não se pode lançar uma decisão que exprima certeza.

[37] NASSIF, Aramis. *O júri objetivo.* Porto Alegre: Livraria do Advogado, 1997, p. 38.

[38] RSTJ 114/323 e STF, REsp. 940008789-6-DF, DJU 05/02/96, p. 1.445.

[39] RSTJ 110/428-9.

modo majoritário, afasta a possibilidade de reconhecimento e inclusão de qualificadora não descrita expressa ou implicitamente na denúncia.

O argumento principal daqueles que advogam possível a inclusão da qualificadora não descrita na peça incoativa está relacionado à assertiva de que a acusação em plenário é feita com base no libelo,[40] e não na denúncia, além de compreenderem que o § 4º do artigo em comento, combinado com o art. 416, afastam a necessidade de aditamento à denúncia – art. 384.[41]

Todavia, cremos que isso representaria violação a necessária correlação entre acusação e sentença, sem falar na ampla defesa. No momento em que o Juiz reconhece qualificadora não descrita nem mesmo implicitamente na denúncia, ele não só surpreende a Defesa, que estava sendo feita com base naquilo que constava da peça vestibular, como também se transforma em acusador, violando o art. 129, I, da Carta Maior, que confere o monopólio do Ministério Público para promover a acusação, e não só para dar início ao processo penal. E o § 4º do art.408 não pode ser visto como uma exceção ao art. 384, mas sim como um equivalente ao art. 383, como mais adiante se analisará pormenorizadamente. Na lição de Frederico Marques, "O Juiz não pode pronunciar o acusado por fato estranho à acusação, ou seja, não mencionado na denúncia. A imputação que se contém na denúncia traça o perímetro máximo da pronúncia".[42] Caso a sentença de pronúncia venha a incluir uma qualificadora nessas circunstâncias, isto é, sem um prévio aditamento, cumpre a parte pedir sua exclusão em sede de recurso em sentido.[43]

Ao cabo, o tipo de análise que o juiz deve fazer para manter ou afastar uma qualificadora descrita na denúncia é o mesmo dos indícios da autoria, ou seja, não deve fazer um exame aprofundado, vertical, minudente, mas deve buscar investigar e destacar se há elementos probatórios nos autos a lhe dar respaldo. Destarte, e por conseguinte, só pode afastar as qualificadoras manifestamente improcedentes.[44]

5. Pronúncia e agravantes, atenuantes, majorantes e minorantes. De regra, as agravantes e atenuantes não são objeto da pronúncia, porquanto estão relacionadas à dosimetria da pena, além de poderem ser suscitadas no libelo e em plenário – arts. 417, III, 484, incisos III, IV e parágrafo único, todos do CPP. A par disso, uma análise de tais circunstâncias partiria do pressuposto de uma condenação, o que pode ensejar uma invasão do magistrado na esfera de competência estrita do Conselho de Sentença, sugerindo aos jurados uma circunstância gravosa para o acusado. Na esteira deste entendimento, as situações penais derivadas de concursos de crime (material, continuado ou formal) também não serão objeto de apreciação na sentença de pronúncia.[45]

Tubenchlak, porém, sustenta que, se a agravante estiver descrita na denúncia, como essa examina todo o conjunto probatório em correspondência com os termos da acusação contida na peça vestibular, deve o Juiz examinar sua admissibilidade, assim como o faz no tocante as qualificadoras, podendo o Conselho de Sentença, obviamente, acatá-las ou rejeitá-las posteriormente.[46]

No que toca às majorantes e minorantes, segue-se a mesma linha argumentativa, isto é, como dizem respeito à aplicação da pena, não devem ser assunto da pronúncia.[47] Todavia, há que se fazer uma distinção. Quanto às minorantes, há norma expressa que veda sua inclusão na pronúncia, qual seja, o art. 7º da Lei de Introdução ao Código de Processo Penal.[48] O mesmo, porém, não ocorre com as majorantes. Em relação a essas – além de não haver qualquer vedação legal quanto a serem examinadas na pronúncia – quando específicas, fazem parte do tipo penal – tipo derivado – de sorte que nada justifica a sua exclusão, ou melhor, sua insubmissão a análise da pronúncia, até porque, em alguns tipos, são semelhantes às qualificadoras de outros crimes, que, indiscutivelmente, são objeto da pronúncia. Saulo Brum Leal enfatiza tal similitude e sustenta o exame das causas de aumento de pena descritas na denúncia: "Mais adiante,

---

[40] Neste sentido, ALMEIDA, Ricardo Vital de. *Tribunal do Júri – Aspectos constitucionais – Soberania e democracia social – Equívocos propositais e verdades contestáveis*. CL EDIJUR, Leme/SP, 2005, p. 127.

[41] RT 575/447 e RSTJ 30/456.

[42] MARQUES, José Frederico. *A instituição do júri*. Campinhas. Bookseller, 1997, p. 383.

[43] RT 559/382 e Recurso em Sentido Estrito nº 70000915009 – 1ª Câmara Criminal – Porto Alegre – Rel. Des. Silvestre Jasson Ayres Torres – Julgado em 13-09-2000.

[44] RSTJ 136/436 e 130/430, assim como RJTJERGS 203/134.

[45] NASSIF, Aramis. *O júri objetivo*. Porto Alegre: Livraria do Advogado, 1997, p. 39.

[46] TUBENCHLAK, James. *Tribunal do Júri – Contradições e soluções*, 4ª ed. São Paulo: Saraiva, 1994, p. 74.

[47] MARQUES PORTO, Hermínio Alberto. *Júri. Procedimentos e aspectos do julgamento. Questionários*. 9ª ed. São Paulo: Malheiros, 1998, p. 90.

[48] "O Juiz da pronúncia, ao classificar o crime, consumado ou tentado, não poderá reconhecer a existência de causa especial de diminuição da pena."

o legislador penal, ao tratar da participação em suicídio (art. 122 do CP), diz que a pena é duplicada se o crime é praticado por motivo egoístico, ou se a vítima é menor ou tem diminuída, por qualquer causa, a capacidade de resistência. Não há dúvida de que deve o Ministério Público descrever em que consistiu o motivo egoístico, para ser objeto de exame na instrução do processo e na sentença de pronúncia. Só se for reconhecida no ato pronunciatório é que deve ser objeto do articulado no libelo e questionamento ao júri. Evidente que não poderá o Ministério Público só articular o motivo egoístico por ocasião do libelo, mas deverá prová-lo na instrução criminal, para ser reconhecido na pronúncia. Esta afirmativa tem perfeita analogia com uma qualificadora, por exemplo, do motivo fútil, torpe, ou traição, pois ela é subjetiva e deve haver prova da sua existência no processo, permitindo que o juiz a reconheça na pronúncia. Só assim ela será questionada ao júri".[49]

Com efeito, se a pronúncia, no seu viés garantidor, tem como objetivo não só delimitar o âmbito da acusação, mas também de minimizar decisões injustas por parte do Conselho de Sentença, nada justifica a ausência de submissão das majorantes ao juízo de admissibilidade acusatório.

6. Pronúncia e os crimes conexos aos dolosos contra a vida. De regra, se tem sustentado que os crimes conexos aos da competência do Tribunal do Júri não são objeto de sentença de pronúncia, ou seja, sobre eles não há um juízo de admissibilidade nesta fase.[50] Argumenta-se que a lei não aponta em qualquer parte a necessidade desse exame, assim como se assevera que, se eram absolutamente impertinentes ou até mesmo atípicos eventuais crimes conexos, deveriam ter sido rejeitados por ocasião da denúncia. Se não foram, na pronúncia cumpre tão-somente remetê-los ao exame do Conselho de Sentença, que é o Juiz Natural do feito.[51] Para além disso, se sustenta também que, se fossem objetos da pronúncia, o juízo de admissibilidade feito sobre os mesmos – reconhecendo a existência do fato e indícios da autoria – no caso de crimes que não admitem teses como, por exemplo, de legítima defesa (v.g. estupro), acaba-se por condenar o acusado pela influência que essa decisão exercerá no ânimo dos jurados.[52]

De outro lado, porém, há quem reconheça a necessidade de exame dos delitos conexos por ocasião da pronúncia, utilizando a seguinte linha argumentativa. Não existe, a bem da verdade, vedação legal a que se faça também um juízo de admissibilidade quanto ao crime conexo, além do que seria uma incongruência fazer um exame da viabilidade da acusação em relação ao delito prevalente – da competência originária do Júri – e não fazê-lo no tocante ao crime que só será julgado pelos jurados em virtude da conexão.[53] Se o Juiz pode afastar do Tribunal do Júri o julgamento do crime que constitucionalmente seria de sua competência – casos de absolvição sumária e impronúncia – seria paradoxal que não pudesse fazê-lo quando ocorressem as mesmas situações em relação ao crime que sequer é de sua competência originária, mas sim do Juiz singular, devendo-se, por analogia, se utilizar os arts. 409 e 411 do CPP também para o crime conexo.[54] Para além disso, os jurados julgam por íntima convicção e, por conseguinte, sem um exame de admissibilidade do delito conexo, podem condenar um réu sem a mínima prova. Isso sem falar que a conexão busca evitar julgamentos contraditórios, o que pode ocorrer se não houver um exame quanto à viabilidade da acusação em relação ao crime conexo. Saulo Brum Leal, inclusive, à guisa de ilustração, traz o seguinte exemplo: um réu pode ser pronunciado por homicídio e tráfico de entorpecentes, mesmo não havendo prova da materialidade do último, caso não haja um juízo de admissibilidade do crime conexo. Isso, por conseguinte, pode gerar um quadro teratológico da seguinte ordem: o réu pode acabar absolvido do homicídio – com isso os jurados firmam competência – e condenado pelo tráfico de entorpecentes. E mesmo que se admita que uma apelação por decisão manifestamente contrária a prova dos autos possa ensejar um novo julgamento, ainda assim pode haver renovação da decisão e se terá, por conseguinte, uma decisão absolutamente injusta – já que não caberá nova apelação, por força do art. 593, §3º, do CPP – o que poderia ser evitado com a simples admissão de um juízo de admissibilidade – e, em decorrência disso, impronúncia e absolvição sumária – quanto ao crime conexo.[55]

Com efeito, se a pronúncia tem – no seu viés garantista – por objetivo evitar decisões injustas, não

---

[49] LEAL, Saulo Brum. *Júri Popular*. 4ª edição. Porto Alegre, Livraria do Advogado, 2001, p. 51.
[50] MARREY, Adriano; FRANCO, Alberto Silva. STOCO, Rui. *Teoria e prática do júri*. 5ª ed. São Paulo. Revista dos Tribunais, 1993, p. 163. MIRABETE, Júlio Frabrini. *Código de Processo Penal Interpretado*. 10ª ed. São Paulo: Atlas. 2002, entre outros.
[51] NUCCI. Guilherme de Souza. *Código de Processo Penal Comentado*. 5ª ed. São Paulo: Revista dos Tribunais, 2006, p. 714.
[52] NASSIF, Aramis. *O júri objetivo*. Porto Alegre: Livraria do Advogado, 1997, p. 41.
[53] RANGEL, Paulo. *Direito Processual Penal*, 7ª ed. Rio de Janeiro: Lumen Juris, 2003, p. 522.
[54] TUBENCHLAK, James. *Tribunal do Júri – Contradições e soluções*, 4ª ed. São Paulo: Saraiva, 1994, p. 57.
[55] LEAL, Saulo Brum. *Júri Popular*. 4ª ed. Porto Alegre: Livraria do Advogado. 2001, p. 62-66.

parece lógico que não possa fazer um exame quanto ao delito conexo. Nem se diga que haverá invasão da competência do Juiz Natural, que seria o Tribunal do Júri, porquanto, a regra, é que haja a pronúncia diante da presença de prova da existência do crime e de indícios da autoria, feito nos mesmos termos do delito prevalente. Apenas não se levará ao plenário os casos gritantes, quando, por exemplo, o fato seja atípico, sem mínima prova da materialidade ou da autoria. E não me parece que esse exame possa influir os jurados – se feito corretamente – pois, se isso fosse verdade, teríamos que admitir que haveria sempre a influência quanto se trata de um crime doloso contra a vida, até porque tem crimes desta natureza que igualmente não admitem legítima defesa.

Ademais, é óbvio que a imputação de um crime que, em princípio, digamos, era viável – isso na fase de oferecimento da denúncia, o que determinaria o seu recebimento, e não a rejeição – pode, ao longo da instrução, mostrar-se totalmente insubsistente. Isso é tão verdade que por essa razão é que existem as decisões de impronúncia e absolvição sumária, haja vista que não haveria a mínima necessidade das mesmas, na medida em que é certo que por ocasiãodo recebimento da denúncia já se examina a presença de justa causa – em resumo, indícios da autoria e da existência do crime – o que tornaria a pronúncia sempre inevitável, o que, de outro lado, consabidamente, não é uma verdade.

7. Pronúncia e a interrupção da prescrição. Entre os efeitos da decisão de pronúncia está, inegavelmente, a interrupção da prescrição – art. 117, II, do CP. No entanto, havia discussão quanto à permanência dessa decisão como marco interruptivo quando ocorresse a desclassificação pelo Conselho de Sentença. Digo havia porque hoje existe Súmula do STJ – nº 191[56] – decretando, definitivamente, que a pronúncia é causa interruptiva da prescrição, ainda que o Tribunal do Júri venha a desclassificar o crime. Isso, no entanto, embora reflita a tendência da jurisprudência, não impede que se examine a questão e que se analisem os motivos que ensejaram a discussão.

O argumento central daqueles que advogam a tese de que a pronúncia desaparece como marco interruptivo da prescrição, diante de uma desclassificação, está calcado no fato de que, se o crime pelo qual o réu acabou condenado não era da competência do Júri, não deveria ter ocorrido a pronúncia, ou seja, a capitulação equivocada é que teria ensejado aquela decisão que termina por prejudicar o réu. Equívoco esse para o qual o réu não contribui e que, portanto, não lhe pode ser debitado e causar prejuízos.

Logo, se a desclassificação é para outro crime da competência do Júri, é inegável que a prescrição permanece como marco interruptivo. Deste modo, a discussão só é pertinente se estivermos diante de uma desclassificação própria, já que na imprópria, como o rito do Júri era inevitável, não haveria motivos para se desconsiderar aquela decisão como marco interruptivo.[57] Por outras palavras, há que se fazer, primeiro, uma distinção entre desclassificação própria e imprópria.

Na desclassificação própria, os jurados negam a existência do dolo, afastam o *animus necandi*, de modo que acabam por, sem definir o delito residual, reconhecer sua incompetência para o julgamento. Já na desclassificação imprópria, o que há, na verdade, é uma condenação; daí o termo "imprópria". Nesse tipo de decisão, cujo exemplo clássico é o reconhecimento de excesso culposo nas excludentes da ilicitude, o que acaba ocorrendo é o afastamento da figura penal reconhecida na pronúncia e a condenação por outro tipo penal. Todavia, aqui o Júri admite a sua competência, tanto que condena, o que autoriza a permanência da pronúncia como marco interruptivo. O mesmo, porém, não ocorreria com a desclassificação própria.

No entanto, há que se ponderar que mesmo na desclassificação própria, diante da vigência do princípio *in dubio pro societate,* a pronúncia pode se mostrar inevitável, não se justificando a sua exclusão como marco interruptivo, se o Estado, na busca de satisfazer sua pretensão punitiva, inevitavelmente, pelas regras processuais em vigor, necessitava ultrapassá-la. Não se pode falar, nesse caso, em inércia do Estado de modo a justificar a perda da pretensão punitiva.

8. Pronúncia. Rol dos culpados. Prisão. Fiança. A questão do lançamento do nome do réu no rol dos culpados em decorrência de uma sentença de pronúncia está hoje plenamente superada, pois a Lei (9.033/95) revogou tal obrigatoriedade, que já era inconstitucional – não havia sido recepcionada pela Constituição Federal de 1988 –, por ferir o princípio da presunção de inocência (Art. 5º, LVII, CF). Faz-se aqui esse registro apenas porque didaticamente parece pertinente em virtude do número de obras que tratou do tema e que pode gerar uma certa perplexidade no leitor, caso não houvesse qualquer referência.

Tormentoso é o tema, porém, quanto à prisão em decorrência da pronúncia.

O §2º do art. 408 – sobretudo se combinado com o §1º – sugere a obrigatoriedade da prisão, que só não

---

[56] "A pronúncia é causa interruptiva da prescrição, ainda que o Tribunal do Júri venha a desclassificar o crime."

[57] LEAL, Saulo Brum. *Júri Popular*. 4ª edição. Porto Alegre: Livraria do Advogado. 2001, p. 75.

ocorreria se o réu fosse primário e de bons antecedentes. E mesmo nestes casos, como não poderia deixar de ser, se presentes os requisitos da segregação cautelar, ainda poderá ser decretada a prisão.

Essa obrigatoriedade da prisão quando o réu não possui bons antecedentes e não é primário – que é o ponto nevrálgico deste tema – é aceita de modo tranquilo por boa parte da doutrina e da jurisprudência.[58] No entanto, isso termina por subverter por completo a natureza das prisões antes de uma decisão condenatória definitiva, que só se justificam pela necessidade e utilidade das mesmas como cautelares. Transforma-se, enfim, o que deve ser exceção em regra, violando, por completo, o princípio da presunção de inocência, na medida em que a prisão passa a ser uma antecipação da pena, já que não se justifica enquanto cautelar (arts. 5º, LVII e LXVI, da Carta Constitucional). Tubenchlak, lembrando que o juízo de admissibilidade efetuado pela pronúncia não deve guardar relação de efeito com a segregação cautelar do acusado, adverte: "Afirme-se, inicialmente, que a liberdade processual é a regra, não sendo inválido considerá-la um direito do réu, direito este a transparecer com mais nitidez em relação ao réu primário e de bons antecedentes. A liberdade processual, antes da condenação irrecorrível, não constitui mero favor legal. É direito público subjetivo do réu, por força da própria Constituição. Em situações legais taxativas, de cunho excepcionalíssimo, surge a prisão cautelar, de que são espécies a prisão em flagrante e a prisão preventiva. A custódia em decorrência da decisão de pronúncia, antes obrigatória e hoje felizmente facultativa (desde o advento da Lei Fleury – Lei nº 5.941, de 22.11.73), não guarda características cautelar, por considerar apenas um juízo de admissibilidade da acusação. A pronúncia não deveria produzir qualquer efeito relativamente à situação pessoal do réu no processo".[59]

Por outras palavras, a prisão decorrente da pronúncia não pode ser analisada de modo dissociado dos requisitos da preventiva, que, em última análise, é o centro de toda e qualquer prisão cautelar. A circunstância do réu ser primário, ou não, de possuir bons antecedentes, ou não, por si só, não pode ensejar a segregação cautelar. Apenas quando os requisitos e motivos autorizadores da prisão preventiva estiverem presentes por ocasião da pronúncia é que o Juiz poderá determinar a prisão do réu, bem como a permanência de sua prisão – caso já tenha sido decretada a preventiva – ou a sua soltura – revogação -. Como bem apanhado por Paulo Rangel, "a prisão em decorrência da decisão de pronúncia passa a ser, assim, letra morta da lei. Por si só, sem uma análise dos requisitos que autorizam a prisão preventiva, não poderá ser decretada".[60]

Neste prisma, não tem qualquer sentido o arbitramento de fiança, estipulado pelo §3º do artigo em comento, pois, ou se tem motivos para determinar ou manter a segregação cautelar, ou não se tem e, por conseqüência, o réu deve responder o processo solto, independentemente de fiança, já que não seria lógico – num crime menos grave, que são os afiançáveis – mesmo ausentes os motivos para a prisão, mantê-lo segregado por não possuir condições para pagar a fiança. A fiança, aliás, é um instituto elitista, que não se justifica e que busca relacionar dinheiro com liberdade, valores que não deveriam ser compatibilizados: ou o réu deve permanecer preso – independente de suas condições financeiras – porque estão presentes os requisitos da segregação cautelar, ou deve aguardar em liberdade o julgamento, também independentemente de suas posses.

9. Pronúncia e alteração da classificação do crime descrito na peça vestibular. O princípio *jura novit curia*, consagrado no art. 383 do CPP – *emendatio libelli* – tem inteira aplicação aqui, ou seja, o juiz não pode pronunciar o réu por fato que não esteja descrito na denúncia, mas pode lhe dar definição jurídica diversa, já que a parte se defende do fato que lhe foi imputado e não da classificação jurídica que lhe foi dada. É precisamente isso que o §4º do artigo em comento está a cuidar, não se tratando, pois, de uma exceção ou derivação do art. 384.

10. Pronúncia com alteração dos fatos imputados – para outro doloso contra a vida – sem descrição na denúncia. A questão central aqui está na interpretação que se dá ao §4º do artigo 408, isto é, como uma norma que compreende tanto as hipóteses de *emendatio libelli e mutatio libelli*, sem a necessidade das providências do art. 384[61] – aditamento da denúncia – ou como um equivalente da *emendatio libelli*, sem excepcionar a *mutatio libelli*. Em última análise, o que se examina é o princípio da correlação entre acusação e sentença nos procedimentos do júri,

---

[58] RTJ 115/1002.

[59] TUBENCHLAK, James. *Tribunal do Júri – Contradições e soluções*, 4ª ed. São Paulo: Saraiva, 1994, p. 58.

[60] RANGEL, Paulo. *Direito Processual Penal*, 7ª ed. Rio de Janeiro: Lumen Juris, 2003, 638.

[61] Neste sentido, TOURINHO FILHO, Fernando da Costa. *Processo Penal*, vol. 1. 25ª ed. São Paulo: Saraiva, 2003, p. 52-55: "Entretanto quer-nos parecer que o nosso Código adotou, nos processos da competência do Júri, um caso singular de julgamento ultra petitum (...) não cremos que na hipótese do §4º, do art. 408 haja, simplesmente, uma amplitude do princípio do jura novit curia, mas, sim, um julgamento ultra petitum (...) Dir-se-á que a Defesa ficou coarctada, uma vez que o Juiz não tomou as providências apontadas no art. 384 e seu respectivo parágrafo. Mas, pela leitura do §4º, do art. 408, percebe-se que a sua fórmula compreende tanto a situação prevista no art. 383 quanto aquela referida no art. 384".

que possuem a particularidade de serem escalonados.

O tema foi tratado com acuidade por Gustavo Badaró, que afirmando a correlação nos feitos do júri, esclareceu que nesses, em virtude de sua estrutura bifásica, "entre os extremos da denúncia e da sentença, situam-se a pronúncia e o libelo. A pronúncia deverá estar de acordo com a denúncia; o libelo deverá ser conforme a pronúncia; e a sentença estará limitada ao libelo. A correlação, contudo, continua a ser estabelecida entre a denúncia e a sentença".[62]

Sendo assim, é inarredável que o Juiz não pode reconhecer na pronúncia fatos que não estejam descritos na denúncia, sob pena de se transmudar em acusador e causar surpresa a defesa, violando a plenitude defensiva. Neste caso, para "ir além e reconhecer na pronúncia um fato diverso daquele que consta da imputação, deverá proceder na forma do art. 384 do CPP, baixando o processo a fim de que o Ministério Público adite a denúncia, e abrindo-se vista para que a defesa fale e produza provas de seu interesse".[63]

11. Pronúncia e aditamento da denúncia em relação a co-réus. O §5º cuida da hipótese em que o juiz, ao proferir a sentença de pronúncia ou impronúncia em relação a um réu, percebe, na prova colhida ao longo da instrução, que outros elementos estão envolvidos no fato que se está apurando. Neste caso, deve o Magistrado remeter os autos ao Ministério Público para, se assim entender, aditar à denúncia.

De outro lado, conquanto o dispositivo mencione que isso ocorrerá quando o juiz proferir sentença de pronúncia ou impronúncia, do que se depreende que o surgimento de provas novas capazes de incluir outro indivíduo no pólo passivo da ação não impede a pronúncia do acusado,[64] não parece que seja assim, sendo absolutamente pertinente a crítica efetuada por Saulo Brum Leal, que salienta os riscos de nulidade e os entraves que tal postura poderá acarretar: "Ora, se por ventura surgir a possibilidade de outra pessoa ser denunciada em co-autoria, o primeiro acusado será pronunciado por delito, p. ex., homicídio simples, enquanto o segundo será denunciado por homicídio simples em co-autoria. Só este exemplo já demonstra que o juiz não poderá seguir a determinação legal, pois surgirão problemas com o ofertamento do libelo e maiores problemas quando da formulação dos quesitos, podendo acarretar a nulidade de julgamento. O mais correto, se ocorrer tal hipótese, é o magistrado não prolatar a sentença de pronúncia, mas determinar que se abra vista dos autos ao Ministério Público para possível aditamento... Entretanto, se a notícia do surgimento de outro acusado ou de outro crime aparecer após prolatada a sentença de pronúncia, a solução a ser seguida não é o aditamento, mas o oferecimento de nova denúncia. Em caso de impronúncia, não há problema algum, devendo o magistrado seguir à risca o determinado no art. 408, §5º, do CPP".[65]

Art. 409. Se não se convencer da existência do crime ou de indício suficiente de que seja o réu o seu autor, o juiz julgará improcedente a denúncia ou a queixa.

Parágrafo único. Enquanto não extinta a punibilidade, poderá, em qualquer tempo, ser instaurado processo contra o réu, se houver novas provas.

Vide Art. 6º § 1º, *d*, do Decreto-Lei nº 3.93/41.

1. Impronúncia. Natureza. A impronúncia, assim como a pronúncia, é uma decisão interlocutória mista – a ser proferida em dez dias (art. 800, I, CPP), porém terminativa, pois não só encerra o *judicium accusationis*, como impede o *judicium causae*. Por conseqüência, também suspende a competência do Tribunal do Júri, para os crimes dolosos contra a vida denunciados, e a interrompe, deslocando-a para o Juízo singular, quanto aos delitos conexos.[66]

Na verdade, é a fragilidade probatória que dita essa decisão, lançada pelo Juiz quando ele não se convencer da existência do crime ou de indícios suficientes de que o réu seja seu autor. Cumpre lembrar que esses dois requisitos – existência do crime e indícios suficientes da autoria – numa perspectiva negativa, obviamente, devem ser vistos nos termos definidos no item 3 do artigo anterior, para onde se remete o leitor. Essa decisão acaba por julgar improcedente a denúncia, mas não a pretensão punitiva do Estado, haja vista que não julga o mérito, propriamente dito, e não gera coisa julgada material,[67] mas mera preclusão.

Prolatada, o feito será arquivado e, enquanto não se operar a prescrição, o Ministério Público, diante

---

[62] BADARÓ, Gustavo Henrique Righi Ivahy. *Correlação entre acusação e sentença.* São Paulo: Revista dos Tribunais. 2000. (Coleção de estudos de processo penal Prof. Joaquim Canuto Mendes de Almeida; v. 3), p. 201.
[63] Ibidem.
[64] NUCCI. Guilherme de Souza. *Código de Processo Penal Comentado.* 5ª ed. São Paulo: Revista dos Tribunais, 2006, p. 719.
[65] LEAL, Saulo Brum. *Júri Popular.* 4ª edição. Porto Alegre: Livraria do Advogado, 2001, p. 44.
[66] NASSIF, Aramis. *O júri objetivo.* Porto Alegre: Livraria do Advogado, 1997, p. xx.
[67] NUCCI. Guilherme de Souza. *Código de Processo Penal Comentado.* 5ª ed. São Paulo: Revista dos Tribunais, 2006, p. 720.

de provas novas, poderá oferecer outra denúncia, reabrindo a instrução e a busca de satisfazer a pretensão punitiva do Estado. A essa nova denúncia se agrega os autos arquivados pela impronúncia. Por força disso é que se afirma que a impronúncia produz uma absolvição de instância.

E é precisamente essa ausência de coisa julgada material que tem ensejado severas críticas a impronúncia. Paulo Rangel afirma que essa decisão é inconstitucional e não pode ser aceita num Estado Democrático de Direito, pois "não dá ao acusado a certeza de que o Ministério Público, titular exclusivo da ação penal e do ônus da prova, falecendo no seu mister, pedirá a absolvição... No Estado Democrático de Direito, não podemos admitir que se coloque o indivíduo no banco dos réus, não se encontre o menor indício de que ele praticou o fato e mesmo assim fique sentado, agora, no banco de reserva, aguardando ou novas provas ou a extinção da punibilidade. A decisão de impronúncia é um nada. O indivíduo não está nem absolvido nem condenado".[68]

Já Paulo Rangel sustenta que, também analogicamente, se pode utilizar a revisão criminal – apesar dessa só ser admitida, em princípio, de sentenças condenatórias – a fim de se impedir uma injustiça, que seria admitir provas novas apenas para pretensão punitiva do Estado, e não para a pretensão libertária do réu.[69]

Ainda no tocante à ausência de coisa julgada material da decisão de impronúncia, apesar da agudeza da crítica acima referida, ela continua a ser afirmada de modo majoritário pela doutrina e jurisprudência. No entanto, num outro viés, mas igualmente preocupado com a incerteza que tal decisão acarreta, convém gizar a solução preconizada por Vicente Greco Filho, para quem a impronúncia gera sim coisa julgada material. Para ele, por força do princípio constitucional do *ne bis in idem* e por não haver razão para justificar uma distinção com os crimes de competência do Juiz singular, onde a falta de provas enseja a absolvição com força de coisa julgada, isso também deve se estender aos feitos do júri e, em decorrência, à impronúncia, já que o §único não teria sido recepcionado pela Carta de 1988. "A comparação continua inevitável: se é improcedente a denúncia ou queixa em caso de latrocínio, qualquer que seja o fundamento, e tal sentença transita em julgado, impede novo processo pelo mesmo fato, não vejo como sustentar a possibilidade, em sendo o crime de competência do júri, de que isso possa ser diferente. Lembre-se de que tivemos como de competência do júri os crimes contra a economia popular e de imprensa em passado recente e quase todos os outros em passado mais distante. Será que o procedimento ou composição do órgão julgado podem interferi no princípio constitucional de que ninguém pode ser processado duas vezes pelo mesmo fato?"[70]

Nesta mesma senda, se coloca a questão do surgimento de provas novas, mas em favor do réu, isto é, que demonstre a sua inocência. Como se deve proceder? A lei, evidentemente, é omissa. Mas, por outro lado, é óbvio que o réu deverá ter algum mecanismo processual que permita a sua absolvição sumária, a sua segurança jurídica, de tal modo que não será mais processado. Aramis Nassif sustenta duas saídas para esse imbróglio jurídico: primeiro, admite o desarquivamento do processo se surgirem provas novas capazes de autorizar a absolvição sumária, já que a impronúncia gera uma associação com a perspectiva criminosa do agente, enquanto na absolvição há certeza absoluta de sua inocência;[71] segundo, entende que se pode aplicar, analogicamente, o art. 4º do Código de Processo Civil, ou seja, da ação declaratória para provar e demonstrar sua inocência.[72]

2. Linguagem. Na impronúncia não se coloca o problema da linguagem da decisão, pois, ao encerrar o processo, sem inaugurar o *judicium causae*, não há o risco de influenciar os jurados, mesmo que venha a ocorrer a pronúncia em sede recursal, pois, neste caso, a decisão do Tribunal é que irá obtemperar a questão, demonstrando apenas a viabilidade da acusação.

3. Hipóteses de cabimento e ausência de dolo. A ausência de prova da existência do crime ou de indícios suficiente da autoria, ou de ambos, é que determina a decisão de impronúncia. Discute-se, por outro lado, se a ausência de dolo pode ser compreendida no conceito de ausência de prova do crime, de modo a oportunizar a impronúncia, ou se seria caso de absolvição sumária ou desclassificação.

É inegável que uma absolvição sumária é mais vantajosa para o acusado, porquanto esse tipo de decisão, como se verá adiante, gera coisa julgada material, impedindo a reabertura do feito e toda discussão a respeito das conseqüências da impronúncia.

---

[68] RANGEL, Paulo. *Direito Processual Penal*, 7ª ed, Rio de Janeiro: Lumen Juris, 2003, p. 528.
[69] Idem, p. 530.
[70] GRECO FILHO, Vicente. Questões polêmicas sobre a pronúncia. Tribunal do Júri: estudos sobre a mais democrática instituição jurídica brasileira. Rogério Lauria Tucci (coord.) São Paulo: Revista dos Tribunais, 1999, p. 117-126.
[71] NASSIF, Aramis. *O júri objetivo*. Porto Alegre: Livraria do Advogado, 1997, p. xx.
[72] NASSIF, Aramis. *Direito Penal e Processual Penal: Uma abordagem Crítica*. Rio de Janeiro: Lumen Juris, 2002, p. 95.

De qualquer modo, no que se refere à ausência de dolo, a questão está relacionada à compreensão que se dá ao termo "não se convencer da existência do crime" e do próprio conceito de crime. A se entender a prova da existência do crime como prova da materialidade, dos elementos objetivos do tipo, a ausência de dolo não leva a impronúncia, mas a absolvição sumária[73] – partindo do pressuposto de que não são taxativos os casos elencados na lei, como se verá mais adiante. Do contrário, compreendida como crime em todos os seus aspectos jurídicos, não só material, haverá nova divisão: para quem compreende que o dolo se encontra no tipo – teoria finalista – a sua ausência acarreta a impronúncia, já que não se trata de hipótese de exclusão da ilicitude, tipicidade ou culpabilidade, mas de atipicidade;[74] para quem o coloca na culpabilidade – teoria causal – o caso seria de absolvição sumária, e não de impronúncia.

Para Saulo Brum Leal, no entanto, não se trata nem de impronúncia, tampouco de absolvição sumária, mas sim de desclassificação. "Se o juiz acolhe a tese argüida pela defesa – falta de *animus necandi* – está desclassificando a infração, afirmando estar ausente o dolo de matar, hipótese que será examinada por outro juiz a quem for distribuído o processo, podendo este, com ampla liberdade, absolver ou condenar o acusado".[75]

4. Impronúncia e crimes conexos. Ao lançar a decisão de impronúncia, o Juiz não pode, evidentemente, se manifestar, ou melhor, lançar qualquer tipo de decisão em relação ao crime conexo, pois, enquanto não transitada em julgado – ao menos formalmente – não se pode afirmar a incompetência do Tribunal do Júri para julgar os delitos conexos. Apenas após decorrido o prazo recursal ou improvido o recurso é que o Juiz poderá remeter o delito conexo ao Juiz competente, ou, se for ele próprio, julgá-lo.

No caso de se restabelecer a relação processual, pelo surgimento de provas novas, que autorizem a pronúncia e, por conseguinte, o reconhecimento da conexão, duas possibilidades se abrem diante da anterior cisão do feito: a) se não houve sentença, o Juiz-Presidente poderá avocar o processo (artigo 82, primeira parte); b) se já houver sentença, manter-se-á o respeito à *res judicata*. Neste caso, ainda, se o réu foi condenado nos feitos desdobrados, poderá ocorrer a unificação das penas, nos termos do art. 82, CPP, última parte.[76]

5. Provas novas. Como a impronúncia não gera coisa julgada material, uma visão mais tradicional, digamos assim, mas mera preclusão, como acima já dito, para que o réu seja novamente processado há necessidade de que surjam provas novas. O que se entende por provas novas, porém, é que demanda algum cuidado. Nucci faz uma distinção entre provas novas substancialmente e formalmente. Substancialmente seriam aquelas não conhecidas anteriormente porque ocultas ou ainda inexistentes. Formalmente, aquelas que já eram conhecidas, mas que ganham nova versão. É o caso da testemunha que altera a versão anterior, passando a incriminar o acusado, sem apresentar justificativa para tal oscilação. Neste último caso, não se admite a reabertura do feito, mas tão-somente na hipótese de prova substancialmente nova.[77]

6. Impronúncia e efeitos civis. Por não gerar coisa julgada material, a decisão de impronúncia não impede de modo algum que a vítima ou seus descendentes busquem, na esfera cível, discutir a responsabilidade civil e indenização correspondente do acusado que foi impronunciado. Nessa ação de conhecimento haverá de ser provado o fato, a autoria e os prejuízos sofridos, muito embora na esfera criminal não se tenha vislumbrado indícios suficientes da autoria e prova da existência do crime, não havendo incompatibilidade nisso, até porque no cível é que podem surgir elementos novos, inclusive capazes de reiniciar o feito criminal.

7. Despronúncia. Denomina-se despronúncia a decisão que acaba por impronunciar o réu em sede de recurso em sentido estrito – o que pressupõe a existência da pronúncia, obviamente – seja pelo Juiz, no juízo de retratação, seja pelo Tribunal, ao julgar o recurso propriamente.

Art. 410. Quando o juiz se convencer, em discordância com a denúncia ou queixa, da existência de crime diverso dos referidos no art. 74, § 1º, e não for o competente para julgá-lo, remeterá o processo ao juiz que o seja. Em qualquer caso, será reaberto ao acusado prazo para defesa e indicação de testemunhas, prosseguindo-se, depois de encerrada a inquirição, de acordo com os arts. 499 e segs. Não se admitirá, entretanto, que sejam arroladas testemunhas já anteriormente ouvidas.

---

[73] STF – HC 56.729 – Rel. Min. Cordeiro Guerra, DJU 27.4.79, P. 3380 e RT 531/328.

[74] JESUS, Damásio E. de, *Código de Processo Penal Anotado*. 19ª ed. São Paulo: Saraiva, 2002, p. 327.

[75] LEAL, Saulo Brum. *Júri Popular*. 4ª ed. Porto Alegre: Livraria do Advogado, 2001, p. 70.

[76] NASSIF, Aramis. *O júri objetivo*. Porto Alegre: Livraria do Advogado, 1997, p. xx.

[77] NUCCI, Guilherme de Souza. *Código de Processo Penal Comentado*. 5ª ed. São Paulo: Revista dos Tribunais, 2006, p. 721.

Parágrafo único. Tendo o processo de ser remetido a outro juízo, à disposição deste passará o réu, se estiver preso.

1. **Desclassificação. Natureza.** Quando o juiz estiver convencido, de modo induvidoso, ao final do *judicium accusationis*, que não está diante de um delito doloso contra a vida, deverá lançar a decisão de desclassificação regulada neste dispositivo. Não se trata, portanto, de uma sentença propriamente, mas de uma decisão interlocutória mista, que não põe termo ao processo, mas que o redireciona ao Juiz singular, já que afasta a competência do Tribunal do Júri. Por força disso, ou seja, por ser uma decisão que arreda a competência do Júri, é que o juiz só deve proferi-la quando o caderno probatório não permitir, de modo algum, vislumbrar o *animus necandi*. Cumpre, por conseguinte, agir cautelosamente, a fim de não afastar indevidamente o juiz natural. A propósito, o juiz não deve definir qual seja o delito residual, mas tão-somente asseverar que não se trata de um daqueles arrolados no art. 74, § 1º – dolosos contra a vida. Isso para não vincular o magistrado que irá receber o processo para sentença – se não for ele próprio – e, sobretudo, para não se transmudar em acusador, que é o que ocorreria, se assim não procedesse, já que o crime pelo qual o réu pode vir a ser condenado, teria sido definido, fática e juridicamente, por quem não é titular da ação penal.

2. **Distinção da desclassificação para outro crime doloso contra a vida e da desclassificação em plenário. Desclassificação própria e imprópria.** Desclassificar é alterar, mudar, deslocar, tirar de uma classe ou categoria,[78] enfim é dar nova classificação ao fato delituoso.[79] Logo, ao final do *judicium accusationis*, a desclassificação pode ser tanto para outro crime doloso contra a vida, como para crime da competência do Juiz Singular. A primeira hipótese não é regulada por esse artigo, mas pelo § 4º do art. 408, acima comentado; já a segunda, esta sim é disciplinada pelo dispositivo em comento, que não cuida, evidentemente, de desclassificação operada pelo Conselho de Sentença.

Cumpre fazer essa distinção também porque as denominações desclassificação própria e imprópria recebem, pela doutrina, tratamento nem sempre convergente. De regra, os autores, ao se referirem a essas modalidades de desclassificação, estão se referindo aos tipos de desclassificação que podem ocorrer em plenário: na própria, o Conselho de Sentença, sem dizer qual é o crime residual, simplesmente afasta o dolo e a sua competência; na imprópria, termina por condenar por crime culposo, cujo exemplo clássico é o excesso culposo na legítima defesa.

No entanto, Paulo Rangel, por exemplo, também classifica a desclassificação efetuada pelo Juiz singular, ao final desta primeira fase dos feitos do Júri, em própria e imprópria. Própria "quando o juiz entender tratar-se de crime da competência do juiz singular e, por tanto, não sendo competente, deverá remeter o processo ao juiz que o seja".[80] "E imprópria, quando a desclassificação for para um crime da competência do Tribunal do Júri. "Neste caso, a desclassificação é imprópria porque tem o cunho de uma verdadeira pronúncia, já que o Tribunal do Júri é que deverá julgar o mérito da imputação, que será definida no libelo".[81]

Logo, sob este prisma, o art. 410 cuida da desclassificação própria, enquanto o § 4º do art. 408, da desclassificação imprópria.

3. **Desclassificação e delito conexo.** Ao afirmar a ausência de *animus necandi* em relação ao delito prevalente e operar a desclassificação, não pode o juiz se manifestar quanto ao crime conexo, pois não terá competência para tanto.

A competência, em princípio, por força da conexão ou continência, é do Tribunal do Júri, que só será definitivamente afastada quando a decisão desclassificatória transitar em julgado. Não fosse assim, caso o recurso contra a decisão desclassificatória fosse exitoso, reconhecendo, por conseguinte, a competência do Tribunal do Júri, teria que se reconhecer, igualmente, que haveria uma decisão nula no tocante ao crime conexo, já que proferida por um juiz absolutamente incompetente.

A cautela, portanto, exigida por esse problema de competência, é que determina que não haja exame do crime conexo por ocasião da decisão desclassificatória, mesmo que o juiz seja o único da Comarca.

4. **Desclassificação sem remessa ao Juiz singular.** Pode ocorrer, outrossim, que sejam dois os crimes dolosos contra a vida imputados a um réu – ou um para cada acusado – sendo que, apenas no tocante a um destes crimes, o Juiz se convence de que é caso de desclassificação para crime de competência do Juiz singular. Nesta hipótese, porém, não deve fazer a remessa dos autos, pois o crime residual continua a ser da competência do Tribunal do Júri, em virtude da pronúncia – ainda possível – verificada quanto ao

---

[78] RANGEL, Paulo. *Direito Processual Penal*, 7ª ed. Rio de Janeiro: Lumen Juris, 2003, p. 537.
[79] LEAL, Saulo Brum. *Júri Popular*. 4ª ed. Porto Alegre: Livraria do Advogado. 2001, p. 71.
[80] RANGEL, Paulo, ob. cit., p. 538.
[81] Ibidem.

outro fato doloso contra a vida, que continua a assegurar a competência do Tribunal Popular e faz do delito residual – da outra imputação desclassificada – crime conexo sujeito ao seu julgamento pelo Conselho de Sentença. Aqui, porém, deve o julgador tomar o cuidado, mais uma vez, de não definir o crime residual, mas, em homenagem a ampla defesa, ao sistema acusatório e a titularidade exclusiva da ação penal por parte do Ministério Público, dar vista ao Agente Ministerial, após o transito em julgado da decisão desclassificatória, para que esse adite a denúncia e especifique em todas as circunstâncias o crime residual, a fim de que, só então, venha a ser objeto da pronúncia junto com o crime prevalente.

5. Preclusão e conflito de competência. Controvertida é a preclusão da decisão desclassificatória, isto é, se a classificação da denúncia ou queixa pode ser restaurada mesmo após a anuência das partes, ou mesmo que haja inconformidade destas, se o recurso correspondente não for provido, mantendo-se, assim, a decisão desclassificatória. Dito de outro modo, pode o juiz que receber os autos após a desclassificação, entendendo que é caso de competência do Tribunal do Júri, suscitar o conflito de competência?

Sob o argumento de que a omissão das partes não vincula o juiz e que, estando em jogo um problema de incompetência absoluta – em razão da matéria – o julgador pode a todo instante declará-la, estão aqueles que admitem que o juiz suscite o conflito de competência negativo, não havendo preclusão, portanto, para ele.[82]

De outro lado, porém, se afirma que a coisa julgada ou a concordância das partes não permitem que o julgador, que recebeu o processo, possa restabelecer, via conflito negativo, a classificação da denúncia que, de regra, será mais gravosa. Ademais, a questão passa também pela titularidade exclusiva da ação penal por parte do Ministério Público, pois se ele se conformou com a decisão desclassificatória, não se pode impor uma classificação que não seja produto de sua convicção, já que, neste caso, por via indireta, o Tribunal, ou melhor, o Judiciário é que estará efetuando a acusação. E pior, na maioria das vezes, com prejuízo para a Defesa, já que o crime residual costuma ser menos grave.[83]

6. Reabertura da instrução e providências. Com a desclassificação transitada em julgado, o juiz deve abrir prazo para a Defesa, que poderá arrolar testemunhas para serem ouvidas, desde que já não tenham sido inquiridas. Em seguida, colhida a prova, deverão ser abertos os prazos dos arts. 499 e 500, ambos do CPP, independentemente do crime residual ser apenado com detenção, o que poderia sugerir um procedimento sumaríssimo com debates orais.

No entanto, o procedimento previsto pelo legislador após a decisão desclassificatória, sem fazer inclusive qualquer distinção quanto ao apenamento do delito residual, sofre críticas da doutrina, mormente se cotejado com as providências exigidas nos casos de *mutatio libelli* – art. 384 – sendo pertinente transcrever as ponderações lançadas por Tubenchlak: "Levando-se em consideração que o art. 384 e seu parágrafo contém normas genéricas sobre desclassificação, e que o art. 410 do mesmo diploma, ao regulamentar o tema em questão, refere-se apenas ao procedimento do júri, poderia parecer, ao menos avisado, tratar-se de um concurso aparente de normas, em que se deveria obedecer ao brocardo *lex especialis derogat generali*. Não obstante, atentando-se para o teor das duas normas em confronto, facilmente se constata que a primeira, plantada no art. 384 e seu parágrafo único, é, por assim dizer, mais completa do que a norma do art. 410, *caput*, ao singularizar cada uma das variantes do teor desclassificatório, proclamado, em relação a uma delas, a necessidade de aditamento pelo Ministério Público. Nesta linha de raciocínio, na hipótese de desclassificação de um delito doloso contra a vida, para outro que o seja, e de natureza mais grave, v.g., o homicídio para latrocínio, não é suficiente, como pode parecer à primeira vista, reabertura ao acusado do prazo de defesa, como preceitua o art. 410, caput. Aqui, imprescindível o aditamento pelo Ministério Público, de acordo com a sua *opinio delicti*, pois não se pode admitir – sob qualquer pretexto – a quebra do princípio *ne eat iudex ultra petita*, o que implicaria, iniludivelmente, deplorável 'jurisdição sem ação'".[84]

A propósito, mesmo no caso de desclassificação para crime com pena menor, não me parece que se possa furtar do aditamento à denúncia, na medida em que, por certo, os tipos penais terão elementares absolutamente distintas. A se pensar de modo diverso, terá que se admitir que o réu possa ser condenado por fato não descrito nem implicitamente na peça vestibular, em flagrante afronta ao princípio da congruência e da plenitude defensiva, já que o réu terá sérias dificuldades, inclusive, de saber sobre quais circunstâncias fáticas deve depositar sua atenção defensiva.

---

[82] GRINOVER, Ada Pellegrini et al. *Recurso no processo penal: teoria geral dos recursos, recursos em espécie, ações de impugnação.* 2ª ed. São Paulo: Revista dos Tribunais, 1997, p.175. NUCCI, Guilherme de Souza. *Código de Processo Penal Comentado.* 5ª ed. São Paulo: Revista dos Tribunais, 2006, p. 723 e RT 570-395.

[83] LEAL, Saulo Brum. *Júri Popular.* 4ª ed. Porto Alegre: Livraria do Advogado, 2001, p. 73.

[84] TUBENCHLAK, James. *Tribunal do Júri – Contradições e soluções,* 4ª ed. São Paulo: Saraiva, 1994, p 78.

O próprio Tubenchlak, aliás, reconhece a inconstitucionalidade do *caput* do art. 384, que se aplica inteiramente à parte final do art. 410, quando admite o prosseguimento do feito, sem correção da peça incoativa. "Anote-se, em princípio, a parcial inconstitucionalidade do art. 384, *caput*, ao avaliar, na denúncia e na queixa, a presença de circunstâncias elementares implícitas. Como nos informa Aurélio Buarque de Holanda (Pequeno Dicionário Brasileiro da Língua Portuguesa), o adjetivo 'implícito' significa 'o que está envolvido, mas não de maneira clara'. É induvidoso, portanto, que as acusações implícitas, nebulosas, cerceiam de maneira ímpar o direito de defesa. Aliás, o art. 41, afirmando a obrigatoriedade de a denúncia ou queixa conter 'a exposição do fato, com todas as suas circunstâncias', faz emergir plena certeza quanto à exigência de a acusação ser explícita, em todos os seus termos".[85]

E nem se diga que o fato estará definido na sentença desclassificatória, pois, neste caso, o juiz é que irá se constituir em acusador, afrontando a noção de sistema acusatório que vigora em nosso país.

Art. 411. O juiz absolverá desde logo o réu, quando se convencer da existência de circunstância que exclua o crime ou isente de pena o réu (arts. 17, 18, 19, 22 e 24, § 1º, do Código Penal), recorrendo, de ofício, da sua decisão. Este recurso terá efeito suspensivo e será sempre para o Tribunal de Apelação.

1. **Absolvição sumária. Natureza e constitucionalidade.** Distinta de todas as outras decisões que podem ser lançadas ao final do *judicium accusationis*, a absolvição sumária é, de fato, uma sentença de mérito – julga a pretensão punitiva – e, portanto, encerra o processo, gerando coisa julgada material.

Por outro lado, é bem verdade, termina por subtrair do Tribunal do Júri um fato doloso contra a vida – não um crime, nos casos de exclusão da ilicitude – ou um crime impunível – nas hipóteses de exclusão da culpabilidade – daí porque se afirma que não há inconstitucionalidade neste tipo de sentença, pois não retira do Tribunal Popular sua competência, já que em última análise não há crime a punir – a ausência de *jus puniendi* é que põe fim ao procedimento persecutório – além de homenagear o princípio da economia processual, na medida em que, ao fazer essa filtragem, submete ao Conselho de Sentença apenas os casos em que a acusação se mostra viável, admissível.

Acrescente-se ainda que, a par da competência do Júri, estabelecida na Constituição, a Carta Maior reconhece também o princípio da plenitude defensiva, o qual, interpretado de modo sistemático e harmônico, termina por dar receptividade ao artigo em comento, como leciona Frederico Maques. "Se esse tribunal popular, pela estruturação legal dos procedimentos sobre os delitos de sua competência, somente decide crimes em que se reconhece admissível o direito de acusar, está dentro dos contornos mínimos que lhe deu o mandamento constitucional, atribuir ao réu o direito de pleitear a inadmissibilidade da acusação por ausência de ilicitude ou caráter reprovável da ação típica que lhe imputa a denúncia".[86]

Por força disso, aliás, é que tal decisão só pode ser lançada quando o Juiz entender, diante do caderno probatório, estreme de dúvidas as causas de exclusão da ilicitude e da culpabilidade, como reiteradamente transmitido pela doutrina e jurisprudência.

2. **Hipóteses de cabimento. Causas supra-legais.** A lei estabelece como hipóteses de absolvição sumária os casos de excludentes de ilicitude e de exclusão da culpabilidade que podem ser assim resumidos: estado de necessidade, legítima defesa, exercício regular de direito, estrito cumprimento do dever legal – excludentes da ilicitude previstas no art. 23 do Código Penal, já que as alusões aos dispositivos no artigo são todas anteriores as alterações feitas pela Lei 7.209, o que explica o descompasso dos artigos – erro sobre a ilicitude do fato – art. 21 – coação moral irresistível, obediência hierárquica – art. 22 – inimputabilidade por doença mental, desenvolvimento mental incompleto ou retardado – art. 26 – inimputabilidade por embriaguez fortuita completa – art. 28, § 1º – e também os casos de erro sobre elemento do tipo e descriminantes putativas, os quais, embora excluindo o dolo, e não a culpabilidade propriamente, terminaram, outrossim, arrolados como autorizadores de absolvição sumária, já que a concepção que se tinha à época, antes da reforma do Código Penal, era de que esses eram casos de exclusão da culpabilidade.

De outro lado, questiona-se se a absolvição sumária pode ser reconhecida além destas hipóteses previstas no art. 411. Dito de outro modo, se o dispositivo comporta uma interpretação extensiva e analógica, ou se apresenta um rol taxativo.

Como não poderia deixar de ser, a matéria é controversa e tem consideráveis reflexos práticos. Na doutrina, colhem-se os seguintes exemplos supralegais de absolvição sumária : a) a prova da inexistência material do fato; b) a atipicidade do fato; c) e a comprovação da não autoria ou não participação.[87]

---

[85] TUBENCHLAK, James. *Tribunal do Júri – Contradições e soluções*, 4ª ed. São Paulo: Saraiva, 1994, p 77.
[86] MARQUES, José Frederico. *A instituição do júri*. Campinhas. Bookseller, 1997, p. 404.
[87] LEAL, Saulo Brum. *Júri Popular*. 4ª ed. Porto Alegre: Livraria do Advogado, 2001, p. 91.

Esse alargamento das hipóteses de cabimento, facilmente se percebe, está atrelado ao reconhecimento da coisa julgada material no que concerne à absolvição sumária e a sua ausência na decisão de impronúncia. Com efeito, não parece razoável que o réu, que comprove cabalmente que não é o autor do fato, ou que não participou do mesmo, não obtenha uma sentença absolutória e, por conseguinte, a segurança da coisa julgada, ficando sempre a mercê de vir a responder por aquele fato, pois, frise-se, não se trata aqui de mera ausência de indícios da autoria, mas de prova robusta e irretorquível de que não foi o autor ou não participou do crime que lhe foi imputado. O mesmo ocorre quando se comprova a inexistência material do fato ou que o fato é atípico. E é essa constatação – preocupação – que tem levado a doutrina e a jurisprudência, como já referido, a alargar os contornos da absolvição sumária.

E isso se justifica plenamente se não for reconhecido que a impronúncia também pode gerar coisa julgada material, como preconizado por Vicente Greco Filho, a partir do princípio constitucional do *ne bis in idem* e por não haver razão para justificar uma distinção com os crimes de competência do Juiz singular, consoante abordagem mencionada no item 1 do art. 409.

3. **Absolvição sumária e crimes conexos**. Assim como na impronúncia, os delitos conexos devem aqui ter o mesmo tratamento, ou seja, não são apreciados, pois isso poderia significar usurpação da competência do Tribunal do Júri.

Ao lançar a absolvição sumária em relação ao delito prevalente, nada impede, obviamente, que haja recurso contra essa decisão, que, se exitoso, implicará a pronúncia do réu e restabelecerá, por conseguinte, a *vis atrativa* do Tribunal do Júri, gerando um problema de incompetência. Isso porque, se o juiz tiver absolvido ou condenado o réu no tocante ao delito conexo, terá que se reconhecer a nulidade desta decisão, pois proterida por um juízo absolutamente incompetente. Em resumo, é esse quadro que justifica a necessidade de se aguardar o trânsito em julgado da decisão de absolvição sumária para só então decidir quanto aos crimes conexos, julgando-os ou remetendo-os ao juízo competente.

4. **Recurso de Ofício**. Controvertida é a constitucionalidade do recurso de ofício, havendo quem reconheça nele não um recurso propriamente, mas mero reexame necessário pelo duplo grau de jurisdição obrigatório, como uma condição de eficácia da sentença,[88] enquanto, para outros, não se cogita de sua aplicabilidade, pois não teria sido recepcionado pela Carta de 88.[89]

Para os primeiros, a relevância do Tribunal do Júri, aliada a subtração de competência nos casos de absolvição sumária é que justifica a existência de um duplo grau de jurisdição obrigatório, de sorte que essa decisão só surtirá efeitos depois de submetida ao reexame pelo Tribunal. Busca-se, sinteticamente, evitar um esvaziamento da competência do Júri com decisões que, a rigor, não comportariam absolvição sumária. Coloca-se em dúvida não só o acerto da decisão do Juiz, como também o trabalho do Ministério Público, que se conforma com aquela decisão.

A isso se objeta, por outro lado, que o Tribunal do Júri é uma garantia do cidadão e, no seu procedimento, vigora o princípio da plenitude defensiva – mais que mera ampla defesa – de sorte que, nesta perspectiva, não se pode admitir que haja um duplo grau de jurisdição obrigatório apenas quando a decisão lhe é favorável, o que, aliás, não se amolda à noção de inconformismo, que é ínsita a natureza dos recursos, já que as partes estariam conformes com a decisão.

Para além disso, a adoção de um sistema acusatório – ainda que não seja puro – de titularidade exclusiva da ação penal pelo Ministério Público – art. 129, I, da CF – não pode autorizar que o Juiz se converta em parte e impulsione o processo através de um recurso de ofício, ou seja lá o nome que se dê a isso. O certo é que, se o recurso é uma prolongação do direito de ação e de defesa,[90] não pode o Magistrado, que não dispõe de nenhum desses direitos, se valer de um recurso. Mesmo que se compreenda que não se trata de um recurso, mas de mera condição de eficácia da sentença, ainda assim, como já dito, haveria afronta ao princípio constitucional da plenitude defensiva, que deve nortear o Júri, já que essa condição só se colocaria quando a decisão fosse favorável ao réu.

De igual modo, não se justifica de modo algum, não tendo sido recepcionado pelo texto constitucional, o dispositivo legal que impõe efeito suspensivo ao recurso de ofício, já que evidentemente viola o princípio da presunção de inocência, valendo, por

---

[88] GRINOVER, Ada Pellegrini *et al. Recurso no processo penal: teoria geral dos recursos, recursos em espécie, ações de impugnação*. 2ª ed. São Paulo: Revista dos Tribunais, 1997, p. 35. MIRABETE, Julio Frabbrini. *Código de Processo Penal Interpretado*. 10ª ed. São Paulo: Atlas, 2002, p. 1126. NUCCI, Guilherme de Souza. *Código de Processo Penal Comentado*. 5ª ed. São Paulo: Revista dos Tribunais, 2006, p. 726, entre tantos outros.

[89] RANGEL, Paulo. *Direito Processual Penal*, 7ª ed. Rio de Janeiro: Lumen Juris, 2003, p. 550. MARREY, Adriano; FRANCO, Alberto Silva; STOCO, Rui. *Teoria e prática do júri*. 5ª ed. São Paulo: Revista dos Tribunais. 1993, p. 220.

[90] GRINOVER, Ada Pellegrini. *et al. Recurso no processo penal: teoria geral dos recursos, recursos em espécie, ações de impugnação*. 2ª ed. São Paulo: Revista dos Tribunais, 1997, p. 32.

analogia, o disposto no art. 596 do CPP, que cuida da apelação de decisão absolutória. Nem se diga que o efeito suspensivo seria tão-somente de impedir o prosseguimento do feito enquanto não se realizar o julgamento na superior instância, pois, com a absolvição sumária, não teria como, de fato, dar continuidade ao processo.

5. **Absolvição sumária e efeitos civis.** Decorrência direta da coisa julgada material que a absolvição sumária gera são seus efeitos cíveis. Enquanto nas demais decisões desta fase do *judicium accusationis* não há efeitos cíveis a reconhecer, aqui a coisa julgada os impõe. No entanto, há que se fazer distinções quanto aos motivos determinantes da absolvição sumária. Se em virtude de uma causa justificativa, de uma excludente da ilicitude, como o réu agiu conforme o direito não pode subsistir responsabilidade cível,[91] consoante art. 188 do Código Civil. Aqui, porém, cabe uma ressalva, que ocorre nas hipóteses de *aberratio ictus* nas excludentes, pois, nestes casos, embora o acusado tenha agido conforme o direito, causou danos a terceiro que em nada contribuiu para o evento, remanescendo, para esse, o direito de buscar a indenização, forte nos artigos 927 a 954 do Código Civil.

De outro lado, se a absolvição se deu com fulcro numa excludente da culpabilidade, a situação se mostra absolutamente distinta, pois aqui o comportamento, em princípio, não está conforme o direito, apenas o réu não sofrerá a punição penal, o que permite concluir que a responsabilidade cível se verificará desde que comprovada, evidentemente, a culpa do agente no evento, já que a responsabilidade objetiva só ocorre nos casos expressos em lei. Aqui, inclusive, nos casos de exclusão da culpabilidade, merece especial tratamento e atenção as hipóteses de inimputabilidade do art. 26 do Código Penal, já que a responsabilidade se dará nos termos do art. 932 do Código Civil, que exige a prova da negligência do responsável pela guarda para existir o dever de ressarcimento.[92]

6. **Absolvição sumária imprópria e pronúncia.** Denomina-se absolvição sumária imprópria àqueles casos de inimputabilidade por doença mental, pois, nestas hipóteses, embora absolvido, o réu é submetido à medida de segurança. Por conta disso é que se denomina imprópria, já que, em última análise, acaba se determinando uma segregação da liberdade do acusado, conquanto, é bem verdade, com pressupostos e finalidades distintos da pena.

Nesta situação peculiar do doente mental, porém, o julgador não pode olvidar que ele tem direito a uma absolvição própria, se a mesma se mostrar possível. Deste modo, deve estar atento à circunstância de que, alegada pelo inimputável por doença mental (ou semi-imputável) a tese de excludente da criminalidade ou outra que afaste o caráter criminoso de sua conduta, mesmo que a impressão probatória traduza substancial dúvida a respeito de sua existência, deve pronunciar o agente, a fim de permitir, uma eventual absolvição pelo Conselho de Sentença. Apenas se o Juiz não verificar tal possibilidade, promoverá a absolvição sumária imprópria, com a aplicação de medida de segurança. Se assim não proceder, estará tratando de modo mais rigoroso o inimputável do que o imputável, pois a esse sempre se dará o direito de uma absolvição própria, enquanto ao primeiro, a pretexto de se protegê-lo, se subtrairá tal direito. Com outras palavras, a inimputabilidade não pode determinar de modo obrigatório a absolvição com aplicação de medida de segurança, porquanto isso pode lhe ser prejudicial. A análise casuística pode determinar que a pronúncia, ao final, lhe seja mais benéfica, já que prorrogará o reconhecimento de juízo censório e permitirá mais uma chance, agora pelo Juiz natural, de ver declarada improcedente a postulação acusatória.[93]

Art. 412. Nos Estados onde a lei não atribuir a pronúncia ao presidente do júri, ao juiz competente caberá proceder na forma dos artigos anteriores.

1. **Ausência de varas privativas do Júri.** Esse dispositivo se explica pelo fato de não haver Varas privativas do Júri em todas as comarcas. Por força disso é que se fala em atribuir competência a Juiz que não seja o Juiz presidente. Ocorre, porém, que nas comarcas de vara única, o Juiz presidente é o próprio e único Juiz de Direito da Comarca. Quando há mais de uma vara, no entanto, a questão é resolvida pelas regras de organização judiciária de cada Estado. No Rio Grande do Sul, por exemplo, no COGE – Código de Organização Judiciária – está definida a competência de cada vara, em cada comarca, de acordo com a existência do número daquelas, de sorte que o juiz que colhe a instrução probatória será o mesmo que proferirá a decisão de pronúncia e presidirá os trabalhos do Júri.[94]

---

[91] MARQUES, José Frederico. *A instituição do júri*. Campinas: Bookseller, 1997, p. 401.
[92] RANGEL, Paulo. *Direito Processual Penal*, 7ª ed. Rio de Janeiro: Lumen Juris, 2003, p. 544-547.
[93] NASSIF, Aramis. *O júri objetivo*. Porto Alegre: Livraria do Advogado, 1997, p. 48.
[94] Arts. 76 a 85 da Lei 7.356/80 – Código de Organização Judiciária do Estado do Rio Grande do Sul.

Art. 413. O processo não prosseguirá até que o réu seja intimado da sentença de pronúncia.

Parágrafo único. Se houver mais de um réu, somente em relação ao que for intimado prosseguirá o feito.

1. **Intimação da pronúncia.** Pronunciado o réu, que é a decisão mais comum, até mesmo porque a dúvida opera *pro societate*, e não *pro reo*, deve ser feita a intimação do Promotor de Justiça, do assistente, se houver, e do defensor, sendo que, como particularidade da sentença de pronúncia, o processo não poderá prosseguir sem que o acusado seja intimado. Isso, a propósito, se harmoniza com a necessidade de que o libelo seja entregue pessoalmente ao réu.

Note-se que o dispositivo não comporta exceção, apenas, como se verá adiante, permite que a intimação seja feita por edital quando o crime for afiançável, e ainda assim em apenas algumas hipóteses. Aliás, essa obrigatoriedade da intimação para o prosseguimento do feito traz como conseqüência inclusive a suspensão da análise de eventual recurso da acusação contra uma pronúncia parcial, gerando o que Mirabete denomina de "crise de instância".[95]

2. **Possibilidade de cisão do processo.** Outra conseqüência desta obrigatoriedade de intimação da sentença de pronúncia é a que está prevista no parágrafo único, ou seja, a possibilidade de se cindir o processo, a fim de que prossiga em relação ao acusado que foi intimado da sentença. Tal medida se justifica, sobretudo, nos casos em que o réu intimado se encontra preso, pouco importando que seja ele acusado como partícipe ou mandante do crime, isto é, não há nenhum empecilho legal para que se julgue antes do executor do crime o partícipe ou mandante, embora isso possa eventualmente gerar decisões conflitantes que podem e devem ser solucionadas através dos recursos cabíveis e até de eventual revisão. O que não se pode admitir é que alguém possa ficar preso aguardando a prisão do co-réu para só então vir a ser julgado. Aliás, com o escopo de evitar ou minimizar as chances de decisões conflitantes é que, no momento da intimação, estando o réu solto, não há obrigatoriedade de se dar prosseguimento ao feito em relação a ele, embora o co-réu ainda não tenha sido intimado. Tal medida inclusive pode ser salutar nos casos de mandante e executor, isto é, na hipótese do mandante ter sido o único intimado e se encontrar solto, não se mostra conveniente levá-lo a plenário antes do executor, porque, caso esse venha, por exemplo, a ser absolvido posteriormente em virtude de alguma excludente da ilicitude, ficaria, em princípio, sem sentido uma condenação que o mandante eventualmente tenha sofrido ao ser submetido ao plenário por primeiro. Isso não quer dizer, porém, que não possa assim vir a ocorrer decisões conflitantes, porquanto, mesmo havendo o julgamento, por primeiro, do executor, e, em sendo ele absolvido por alguma excludente da ilicitude, ainda assim deve ser julgado o mandante pelo Conselho de Sentença – por força do princípio do juiz natural – nada impedindo esse Conselho de condená-lo, ficando, obviamente, sujeito a apelação, até porque reina aqui o princípio da soberania do Júri.

Art. 414. A intimação da sentença de pronúncia, se o crime for inafiançável, será sempre feita ao réu pessoalmente.

1. **Intimação por crime inafiançável.** De regra, a intimação da pronúncia é feita pessoalmente, se admitindo, em alguns casos, como se verá adiante, a intimação editalícia. Porém, em sendo o crime inafiançável, há impedimento que a intimação se dê por edital. Nos crimes de homicídio e aborto sem o consentimento da gestante, portanto, que são os crimes inafiançáveis, a intimação inevitavelmente será pessoal. E, embora o dispositivo não mencione o defensor do réu, é óbvio, por força do princípio ampla defesa, que ele deverá também ser intimado, não se exigindo, porém, que seja pessoalmente, mas por nota de expediente – imprensa oficial.[96]

Em não havendo a localização do réu para ser intimado pessoalmente, no caso de crime inafiançável, uma conseqüência praticamente inevitável é a decretação de sua prisão preventiva, haja vista que, no mínimo, será evidente o risco de inaplicabilidade da lei penal.

Art. 415. A intimação da sentença de pronúncia, se o crime for afiançável, será feita ao réu:

I – pessoalmente, se estiver preso;

II – pessoalmente, ou ao defensor por ele constituído, se tiver prestado fiança antes ou depois da sentença;

---

[95] MIRABETE, Julio Frabbrini. *Código de Processo Penal Interpretado*. 10ª ed. São Paulo: Atlas, 2002, p. 1128. Neste sentido, na jurisprudência, Recurso Crime nº 687011866, Segunda Câmara Criminal, Tribunal de Justiça do RS, Relator: Alaor Antônio Wiltgen Terra, Julgado em 07/05/1987.

[96] Em sentido contrário: "(...) A intimação da sentença, seja ela condenatória, seja sentença de pronúncia, deve ser feita ao réu e a seu advogado, pessoalmente, não valendo intimação por nota de expediente, em tal caso." Recurso em Sentido Estrito nº 70011185535, Primeira Câmara Criminal, Tribunal de Justiça do RS, Relator: Ranolfo Vieira, Julgado em 01/06/2005.

III – ao defensor por ele constituído se, não tendo prestado fiança, expedido o mandado de prisão, não for encontrado e assim o certificar o oficial de justiça;

IV – mediante edital, no caso do nº II, se o réu e o defensor não forem encontrados e assim o certificar o oficial de justiça;

V – mediante edital, no caso do nº III, se o defensor que o réu houver constituído também não for encontrado e o assim certificar oficial de justiça;

VI – mediante edital, sempre que o réu, não tendo constituído defensor, não for encontrado.

§ 1º O prazo do edital será de 30 (trinta) dias.

§ 2º O prazo para o recurso correrá após o término do fixado no edital, salvo se antes for feita a intimação por qualquer das outras formas estabelecidas neste artigo.

1. **Intimação no crime afiançável.** Mesmo sendo o crime afiançável, a regra persiste, isto é, a intimação da pronúncia deve, em princípio, ser pessoal: estando o réu preso ou não, como conseqüência lógica da ampla defesa. O artigo apenas obriga a intimação pessoal nos casos de réu preso, pois, se estiver solto, e caso ela não seja possível, o próprio dispositivo legal prevê outras hipóteses para supri-la, o que não ocorre com o réu preso que, inevitavelmente, necessita ser intimado pessoalmente.

É claro que a intimação pessoal ou editalícia, como já dito, não dispensa também a intimação do defensor, porquanto a ampla defesa se exerce, sobretudo, através da defesa técnica.

Quando o réu respondeu o processo solto e não foi possível intimá-lo pessoalmente, o inciso II admite como suficiente a intimação do defensor constituído. Não se trata aqui, porém, do réu foragido, que tem sua intimação disciplinada pelos incisos III e V. Na hipótese do inciso II apenas não se logrou intimar o réu da sentença – seja lá porque motivo for, até por mera dificuldade – mas não tem ele contra si um mandado de prisão, admitindo a lei, por conseguinte, que a intimação se dê através de seu defensor.

No caso do inciso III, que é a hipótese do réu foragido, também admite a lei que a intimação se dê através de seu defensor constituído, até porque ele pode ser julgado em plenário de modo revel.

O inciso V, porém, determina a intimação editalícia, caso o defensor constituído do réu foragido não venha a ser encontrado para ser intimado. Esse dispositivo, contudo, perdeu qualquer sentido, porquanto a intimação do defensor se dá por nota de expediente – pela imprensa – de sorte que sua intimação sempre ocorrerá de modo válido. Aliás, caso se possa suspeitar que o defensor constituído não esteja mais a patrocinar a defesa do réu foragido, o Juiz deve, em nome da ampla defesa, primeiro, intimar o defensor para dizer se continua patrocinando a defesa do acusado e, no seu silêncio, nomear defensor para tanto. Ademais, não fosse assim, não teria lógica se intimar por edital o defensor constituído que não foi localizado de um réu foragido, pois o feito, obviamente, não teria condições de prosseguir, já que nem réu e nem defensor foram localizados. A situação se repete no caso do inciso IV, de sorte que também aqui o correto é nomear um defensor ao réu não localizado, mas que não tem contra si uma prisão cautelar.

Por derradeiro, o inciso VI se esvaziou por completo em virtude da nova redação do art. 366 do Código de Processo Penal. Isso porque cuida da hipótese do réu revel e que não tenha defensor constituído, enquanto o disposto no art. 366 do Código de Processo Penal determina que, já no momento da citação, se o réu não for localizado, não comparecer ao interrogatório – se tornar revel – e não constituir defensor, o feito ficará suspenso, de sorte que, logicamente, não se chegará sequer a fase da sentença de pronúncia, não se cogitando, portanto, de intimação editalícia nestes casos. E mesmo que o réu, sem defensor constituído, mas nomeado, venha a se tornar revel ao longo feito, a intimação deve se dar através do defensor, e não por edital, como acima visto.

De tudo se conclui, portanto, que a intimação por edital da sentença de pronúncia é algo, no mínimo, sem mais viabilidade prática.

Art. 416. Passada em julgado a sentença de pronúncia, que especificará todas as circunstâncias qualificativas do crime e somente poderá ser alterada pela verificação superveniente de circunstância que modifique a classificação do delito, o escrivão imediatamente dará vista dos autos ao órgão do Ministério Público, pelo prazo de 5 (cinco) cinco dias, para oferecer o libelo acusatório.

1. **Vista ao Ministério Público para oferecimento do libelo.** Com o trânsito em julgado da sentença de pronúncia, isto é, decorrido o prazo para recorrer, ou com o retorno dos autos do Tribunal após decidido o recurso em sentido estrito eventualmente interposto, dar-se-á vista para o Promotor de Justiça oferecer o libelo-crime acusatório, o que deverá fazer no prazo de cinco dias.

Discute-se sobre a possibilidade de o Promotor de Justiça oferecer novo libelo ao perceber erro do anterior. Não há, porém, qualquer impedimento, ainda que o primeiro já tenha sido recebido. É que a peça deverá adequar-se obrigatoriamente à sentença de pronúncia e, se erro houve, aquele – o primeiro libelo – já não deveria ter sido recebido pelo magistrado. Deverá, por conseguinte, ser promovida a anulação do recebimento anterior. Em tal ocorrência, obriga-se à renovação dos atos, especialmente a entrega de cópia ao réu, após recebido o libelo substitutivo.

Não deve ser esquecida a possibilidade de que o erro seja percebido tão-somente na sessão de julgamento, o que implicará, obviamente, na suspensão daquela, haja vista a impositiva adaptação desta peça à sentença de pronúncia.

A possibilidade de oferecer novo libelo, aliás, está intimamente ligada à própria possibilidade de surgir circunstância superveniente que modifique a qualificação do delito, sobre o que não há qualquer empecilho, na medida em que a pronúncia não gera coisa julgada material, mas tão-somente formal.

2. Circunstância superveniente que modifica a classificação do crime e o procedimento. A questão mais pungente, neste particular, reside em como proceder quando isso ocorrer. O exemplo mais lembrado de circunstância superveniente que altera a qualificação do delito ocorre quando sobrevém a morte da vítima, após o réu ter sido denunciado e pronunciado por tentativa de homicídio. Conquanto a lei seja omissa, a única alternativa possível, e que não viola o princípio da correlação, tampouco da ampla defesa, está em – diante da nova prova que altere o fato e, por conseguinte, a qualificação do crime – dar vista ao Ministério Público para que esse adite à denúncia, o que pode ocorrer inclusive em plenário – se a superveniência ocorrer durante a sessão – com o que será dissolvido o conselho de sentença para que seja tomada a providência.

Após o recebimento do aditamento, o Juiz deve possibilitar que a Defesa se manifeste, inclusive postulando a produção de outras provas que entenda pertinente – buscando, por exemplo, afastar o nexo causal – a fim de que, só então, seja proferida nova decisão de pronúncia e, consequentemente, novo libelo.

Vale lembrar que, embora o artigo utilize a expressão "passada em julgado a sentença de pronúncia", não se está diante de uma sentença propriamente dita e, por isso mesmo, não gera coisa julgada, mas é uma decisão que está sujeita a preclusão, inclusive *pro judicato*, o que poderia gerar dúvidas quanto à possibilidade de alteração da pronúncia, que, no entanto, não procedem, haja vista que a própria lei excepciona a possibilidade de sua alteração pela verificação de circunstância superveniente que modifique a classificação do delito. Enfim, é a aplicação da cláusula *rebus sic stantibus*, que torna imutável a decisão enquanto não alterado o substrato fático que lhe embasou.[97]

Distinta é a situação – e disso o artigo em comento não cuida – em que não há alteração do fato objeto da denúncia e da pronúncia, mas simples surgimento de um novo aspecto ou de uma nova circunstância que não chega a alterá-lo. E o caso do conhecimento, após a pronúncia, de que o homicídio foi praticado por motivo fútil ou por promessa de recompensa. Gustavo Badaró, após fazer tal distinção, sustenta que nestes casos o réu não poderá ser condenado por homicídio qualificado, já que haveria violação ao princípio da correlação e não se poderia adotar as providências do art. 384 – aditamento à denúncia – pois ofenderia a preclusão da pronúncia. "O principal óbice é a preclusão pro judicato, que impossibilita a alteração da pronúncia e consequentemente do libelo... A descoberta de um novo aspecto ou de uma nova circunstância do fato que originou a pronúncia, posteriormente à preclusão de tal decisão, não poderá ser objeto de julgamento pelo júri ... a única exceção capaz de afastar a imutabilidade da pronúncia é a superveniência de circunstância que modifique o fato, e não a descoberta de um fato novo que já havia ocorrido anteriormente à pronúncia".[98]

Art. 417. O libelo, assinado pelo promotor, conterá:
I – o nome do réu;
II – a exposição, deduzida por artigos, do fato criminoso;
III – a indicação das circunstâncias agravantes, expressamente definidas na lei penal, e de todos os fatos e circunstâncias que devam influir na fixação da pena;
IV – a indicação da medida de segurança aplicável.
§ 1º Havendo mais de um réu, haverá um libelo para cada um.
§ 2º Com o libelo poderá o promotor apresentar o rol das testemunhas que devam depor em plenário, até o máximo de 5 (cinco), juntar documentos e requerer diligências.

1. Conceito e natureza jurídica. O libelo crime-acusatório, ou simplesmente libelo, é uma peça escrita, elaborada e endereçada pelo Ministério Público ao Juiz-Presidente do Tribunal do Júri, na qual se expõe, de forma articulada e por artigos, a acusação que será deduzida em plenário. É, sem qualquer dúvida, em nosso sentir, uma acusação, ainda que não nos

---

[97] BADARÓ, Gustavo Henrique Righi Ivahy. *Correlação entre acusação e sentença*. São Paulo: Revista dos Tribunais, 2000. (Coleção de estudos de processo penal Prof. Joaquim Canuto Mendes de Almeida; v. 3), p. 204.
[98] Idem, p. 205.

moldes clássicos da denúncia ou da queixa-crime. Termina por ser, no dizer de Marrey, o ponto de interseção entre o *judicium accusationis* e o *judicium causae.*

2. Requisitos. Nos termos do artigo ora em comento, o libelo deverá conter o nome do réu – e isso é obvio, na medida em que a acusação *lato sensu* deve ter sempre um destinatário certo e determinado – dispensa a qualificação, pois esta já consta nos autos, a exposição do fato criminoso, *por artigos,* e, o por fim, quando for o caso, a indicação da medida de segurança a ser aplicada.

Por exposição deduzida por artigos entenda-se o desmembramento racional do fato criminoso,[99] de forma a serem eles, em ordem, o atinente à autoria, a materialidade (com seus subdesdobramentos), qualificadoras e eventuais causas de aumento ou diminuição da pena, agravantes e, por fim, medida de segurança. Embora possam sustentar alguns que as causas de diminuição de pena, a exemplo do privilégio da violenta emoção, não devam ser articuladas no libelo, pois interessam apenas à defesa e a ela caberia a argüição e prova, entendemos que o Ministério Público, porque cumula a função de *custos legis*, deve ser o primeiro a defender a sua aplicação, pois, como fiscal, tem o *mister* de proteger a correta aplicação da norma, ainda que seja ela de interesse exclusivo da defesa.

Cumpre destacar, outrossim, que, no tocante as agravantes, não podem elas se confundir com as qualificadoras, pois, neste caso, haverá *bis in idem*.

Havendo mais de um crime imputado ao réu, deverá haver apenas um libelo, mas deduzido em séries, sendo que cada série deverá corresponder a cada crime.

3. Vinculação à decisão de pronúncia. A doutrina comumente afirma que o libelo deve ser o espelho da decisão de pronúncia, na medida em que não poderá ali o Ministério Público incluir fato, circunstância ou qualquer espécie de informação que possa alterar o fato criminoso ou influir na aplicação da pena. Dessa forma, se a pronúncia reconhece a tentativa de homicídio ou o estado puerperal da gestante, ainda que a denúncia tenha sido formulada, em ambas as hipóteses, por homicídio consumado, transitada em julgado sem que haja recurso do MP, ou mesmo que este seja improvido, outra alternativa não restará senão a de apresentar o libelo por homicídio tentado e por infanticídio.

Poderíamos referir como exemplo dessa alegada vinculação, ainda, o fato de alguém ser denunciado por homicídio doloso praticado na direção de veículo automotor, tendo a peça inicial imputado o dolo porque o motorista ou estava em alta velocidade, ou embriagado.

Se o Juiz-Presidente, ao pronunciar o acusado, fizer menção apenas a uma dessas circunstâncias, o libelo deverá apenas a ela se ater e, por via de conseqüência, no dia do julgamento, não poderá o MP suscitar a outra, sob pena de extravasamento da acusação e nulidade. Reconhecida, assim, v.g., a embriagues, e sendo nesses termos libelado o réu, não há qualquer possibilidade de se sustentar o excesso de velocidade. A propósito, convém lembrar que a deficiência ou falta de técnica do libelo não gera nulidade do julgamento, se o Juiz Presidente, ao elaborar os quesitos, afastou os vícios existentes, restando um questionário hígido.[100]

No entanto, pensamos que tecnicamente a afirmação não é exata, na medida em que poderão ser incluídas agravantes no libelo, embora não contempladas na pronúncia, isto porque são consideradas não como fato (como o são as causas de aumento, diminuição e qualificadoras), mas meras circunstâncias de aplicação da pena, que podem, inclusive, ser reconhecidas pelo Juiz, de ofício, nos termos dos artigos 385 e 387, I, ambos do CPP.

4. Aditamento em face de circunstância superveniente. Pronunciado o réu por determinada infração, será ele nos mesmos termos libelado, podendo a pronúncia, e consequentemente o libelo, serem alterados apenas em razão de circunstância superveniente à própria decisão, como, *v.g*, nos casos em que, após a pronúncia e libelo, vem a vítima a falecer em decorrência dos ferimentos praticados pelo réu.

5. Concurso de pessoas e libelo. Nos termos do artigo em comento, havendo dois ou mais réus, deverá haver um libelo para cada um (medida que se justifica, no magistério de Guilherme Nucci), porque poderá haver cisão do julgamento[101] com a possibilidade de existência de autos distintos.

6. Testemunhas. No libelo poderá o Ministério Público apresentar rol de testemunhas que deporão em plenário, perante o Conselho de Sentença. Poderão ser as mesmas já inquiridas no curso da instrução (o que se dá na primeira fase do procedimento, chamada de *judicium acusationis*), ou diversas. Por certo que a doutrina e a jurisprudência vêm entendendo que tal número, seja nos feitos do Júri, seja nos demais, salvo no caso de Juizado Especial, é para cada

---

[99] PORTO, Hermínio Alberto Marques. *Júri.* São Paulo: Malheiros, 1993, p. 100-1.

[100] MARREY, Adriano; FRANCO, Alberto Silva; STOCO, Rui. *Teoria e prática do júri.* 5ª ed. São Paulo: Revista dos Tribunais, 1993, p. 181.

[101] NUCCI, Guilherme de Souza. *Código de Processo Penal Comentado.* São Paulo: RT, 2005, p. 699.

fato e para cada réu, não se tratando, por conseguinte, de rol fixo.[102]

A par disso, poderá requerer diligências e juntar documentos.

7. **Fonte dos quesitos.** O libelo, juntamente com a sua contrariedade e as teses argüidas em plenário pela defesa são as fontes dos quesitos que serão endereçados aos Jurados.

8. **Libelo bifronte.** Essa figura, que não encontrou respaldo na jurisprudência, mas que é citada pela doutrina, pretendia a apresentação do libelo com duas frentes, digamos assim: uma, endereçada aos jurados, com a matéria que lhes compete decidir; outra, ao Juiz-Presidente, relacionada a fixação da pena.

O escopo deste libelo bifronte era uma manifestação do Ministério Público em relação à dosimetria da pena e uma justificação antecipada para eventual apelação por discordância com aquela que viesse a ser aplicada.[103]

Art. 418. O juiz não receberá o libelo a que faltem os requisitos legais, devolvendo-o ao órgão do Ministério Público, para apresentação de outro, no prazo de 48 (quarenta e oito) horas.

1. **Não recebimento do libelo.** Não se encontrando o libelo em consonância com a pronúncia e com os requisitos legais inscupidos no artigo anterior, o Juiz não o receberá, devolvendo ao Agente Ministerial, para que outro seja apresentado no prazo de quarenta e oito horas. Cabe sublinhar que não é possível o recebimento parcial do libelo e que não é qualquer vício que o inquina de nulidade, pois meros erros materiais quanto ao nome, local, e até mesmo capitulação, caso corrigidos no questionário em plenário, não redundam em qualquer prejuízo para a Defesa.

Art. 419. Se findar o prazo legal, sem que seja oferecido o libelo, o promotor incorrerá na multa de cinqüenta mil-réis, salvo se justificada a demora por motivo de força maior, caso em que será concedida prorrogação de 48 (quarenta e oito) horas. Esgotada a prorrogação, se não tiver sido apresentado o libelo, a multa será de duzentos mil-réis e o fato será comunicado ao procurador-geral. Neste caso, será o libelo oferecido pelo substituto legal, ou, se não houver, por um promotor *ad hoc*.

1. **Atraso na apresentação do libelo e recusa em oferecer novo libelo.** De plano, salta aos olhos que dois aspectos do artigo em comento não tem mais aplicabilidade: o primeiro relacionado à multa, que, pela desvalorização da moeda, não tem mais expressão econômica; o segundo, porque, desde a Constituição de 1988, não mais existe a figura do promotor *ad hoc*, pois, consabidamente, o exercício desta função é exclusiva de membros do quadro do Ministério Público.

Mas isso não responde a questão de como proceder quando, após o não recebimento do libelo, o Promotor não oferece outro em seu lugar. Na hipótese de mera desídia do Agente Ministerial, a comunicação ao Procurador-Geral se afigura, em princípio, suficiente, pois esse poderá designar outro Promotor para oferecer o libelo. Aliás, até mesmo a vítima, neste caso, em substituição ao Agente Ministerial, com espeque numa aplicação analógica do art. 29 do Código Penal, poderá oferecer o libelo.

Todavia, quando não há o oferecimento de novo libelo porque o Agente Ministerial não vislumbra qualquer vício ou defeito naquele anteriormente apresentado, é que a questão se mostra mais tormentosa. A decisão que não recebe o libelo, em princípio, não é recorrível, pois não é passível de recurso em sentido estrito – não há previsão no art. 581 – tampouco de apelação – não põe fim a nenhuma etapa ou procedimento. E não há a possibilidade de se aplicar analogicamente o art. 28 do Código de Processo Penal. A situação aqui é tão distinta que não permite o mesmo tipo de resposta. Isso porque, na hipótese do Ministério Público, na figura de seu Procurador-Geral, entender que não é o caso de oferecimento de ação penal – art. 28 – estará ele simplesmente exercendo a atribuição que lhe confere a Constituição – art. 129, I – enquanto, ao não oferecer novo libelo, ratificando a manifestação do Promotor de Justiça, por entender presentes os requisitos legais, estará ou estaria, em última análise, não só obrigando o Juiz a aceitar o libelo anterior, para que o feito tivesse andamento, como a exercer jurisdição, o que não pode ser admitido.

Todavia, nada impede que haja a interposição de correição parcial, porquanto, em última análise, a decisão que não recebe o libelo de modo desproposital do está a tumultuar o feito.

Art. 420. No caso de queixa, o acusador será intimado a apresentar o libelo dentro de 2 (dois) dias; se o não fizer, o juiz o haverá por lançado e mandará os autos ao Ministério Público.

1. **Libelo em casos de queixa.** Falar de libelo nos casos de queixa é algo que, num primeiro momento, soa estranho e surpreendente. Todavia, não se pode

---

[102] RANGEL, Paulo. *Direito Processual Penal*. Rio de Janeiro: Lumen Juris, 2005, p. 572.

[103] PORTO, Hermínio A. Maques. *Júri. Procedimentos e aspectos do julgamento. Questionários*. 9ª ed. São Paulo: Malheiros, 1998, p. 109.

olvidar que há casos de ação penal privada subsidiária da pública – art. 29 do CPP – e de ação penal privada exclusiva por crime conexo ou continente com o da competência do Júri. E é precisamente destas hipóteses que o artigo cuida. Em ambas, o prazo para o querelante oferecer o libelo é de 2 (dois) dias, findos os quais, não sendo apresentado, as conseqüências serão distintas. Na primeira hipótese, isto é, de ação privada subsidiária da pública, a omissão do particular enseja a retomada da titularidade da ação pelo Ministério Público, que, então, oferecerá o libelo. Na segunda, haverá a perempção – art. 60, inciso III, do CPP – e conseqüente extinção da punibilidade no tocante ao crime de ação penal privada exclusiva, prosseguindo, o feito, no entanto, em relação ao crime de ação penal pública. Resumidamente, por força da perempção, há o alijamento do acusador particular do processo na ação penal privada conexa e o oferecimento do libelo pelo Promotor de Justiça na subsidiária.

Art. 421. Recebido o libelo, o escrivão, dentro de 3 (três) dias, entregará ao réu, mediante recibo de seu punho ou de alguém a seu rogo, a respectiva cópia, com o rol de testemunhas, notificado o defensor para que, no prazo de 5 (cinco) dias, ofereça a contrariedade; se o réu estiver afiançado, o escrivão dará cópia ao seu defensor, exigindo recibo, que se juntará aos autos.
Parágrafo único – Ao oferecer a contrariedade, o defensor poderá apresentar o rol de testemunhas que devam depor no plenário, até o máximo de 5 (cinco), juntar documentos e requerer diligências.

1. **Providências posteriores ao recebimento do libelo**. Com o recebimento do libelo, duas providências se impõem: uma, entregar cópia do mesmo ao acusado, o que poderá sê-lo feito não só pelo escrivão, como também pelo Oficial de Justiça; outra, notificar a Defesa para apresentar a contrariedade ao libelo.

A entrega de cópia do libelo ao réu deve ser pessoal, admitindo-se, porém, nos casos de réu que prestou fiança, que a entrega se dê ao seu defensor.

2. **Contrariedade ao libelo**. Não há obrigatoriedade, por outro lado, no oferecimento de contrariedade ao libelo. O que é imprescindível é que se oportunize o seu oferecimento, sob pena de nulidade. A ausência de contrariedade, aliás, pode ser estratégia defensiva com o escopo de não demonstrar à acusação quais serão suas teses.[104] Por isto mesmo que o legislador não relacionou entre as nulidades possíveis sua omissão, com o que fez, todavia, com a peça oficial (Art. 564, III, letra *f*, CPP).

Contudo, é esse o momento derradeiro para a Defesa requerer a produção de provas em plenário e arrolar testemunhas. A peça, inclusive, não exige qualquer rigor formal, conquanto se recomende que tenha as mesmas características de forma que o libelo-crime.

Em relação ao número de testemunhas, que é de no máximo cinco, não se está diante, obviamente, de uma vedação absoluta a que mais testemunhas sejam arroladas e ouvidas em plenário: primeiro, porque o número de testemunhas está vinculado, obviamente, ao número de fatos, ou seja, se uma pessoa está sendo acusada de seis fatos, não pode ser restringido o número de testemunhas a tão-somente cinco; de outro lado, em casos de grande complexidade, não há qualquer empecilho que a Defesa justifique e arrole mais do que cinco testemunhas para serem ouvidas em plenário, podendo o Juiz deferir tal pleito, até porque, acima da lei, está o princípio da ampla defesa, que deve ser assegurada, sobretudo quando se está diante de julgamentos por íntima convicção. No entanto, ultrapassar o número de cinco testemunhas em plenário é algo que deve ser aceito extraordinária e justificadamente.

3. **Ausência de recebimento expresso do libelo**. Caso não haja o recebimento expresso do libelo, mas sendo tomadas as providências acima, não se pode falar em nulidade, porquanto ausente qualquer prejuízo, podendo se falar, porém, de um recebimento tácito. Discute-se, no entanto, as conseqüências da ausência de entrega de cópia do libelo ao acusado. Alguns, veem na espécie nulidade insanável;[105] outros, pelo contrário, exigem a demonstração de prejuízo, que não se reconheceria nos casos de apresentação de contrariedade ao libelo,[106] o que se afigura, a nosso juízo, mais correto.

Art. 422. Se, ao ser recebido o libelo, não houver advogado constituído nos autos para a defesa, o juiz dará defensor ao réu, que poderá em qualquer tempo constituir advogado para substituir o defensor dativo.

1. **Nomeação de defensor dativo ante ausência de advogado após o recebimento do libelo**. A determinação de nomeação de defensor ao réu, caso esse não possua um constituído, ao se iniciar a segunda fase do procedimento do júri, é uma decorrência

---

[104] (RT 427/374).
[105] Neste sentido, RJTERGS 167/109.
[106] RT 587/391 e RJTERGS 177/87.

lógica do princípio da ampla defesa – que se exerce através da defesa pessoal e técnica – e dos próprios arts. 261 e 263 do Código de Processo Penal, de sorte que se afigura dispensável tal determinação e, por conseguinte, o próprio artigo 422 do Código de Processo Penal, que não demanda maiores comentários.

Art. 423. As justificações e perícias requeridas pelas partes serão determinadas somente pelo presidente do tribunal, com intimação dos interessados, ou pelo juiz a quem couber o preparo do processo até julgamento.

1. **Diligências deferidas.** Embora a fase instrutória do processo tenha se encerrado com a apresentação das alegações do art. 406 e, em princípio, só haverá nova produção de provas em plenário – em decorrência das diligências requeridas no libelo e na contrariedade ao mesmo – pode o Juiz ser chamado a decidir sobre a realização de perícias e justificações. E essas só se justificam se decorrerem de prova nova ou de um novo prisma argumentativo, e desde que imprescindíveis para a solução do feito, porquanto nada justificaria as partes requererem perícia ou coleta de prova oral se já tiveram oportunidade de fazê-lo anteriormente.

2. **Justificação.** Em relação à justificação, que não tem disciplina legal no Código de Processo Penal, deve se aplicar por analogia e subsidiariamente as regras do Código de Processo Civil – arts. 861/866 -. Uma característica da justificação, que aqui é efetuada dentro do procedimento especial do Júri, é que Juiz não faz qualquer valoração da prova, devendo, porém, assegurar o contraditório, pois será utilizada, posteriormente, no plenário. Não se admite, aliás, justificação para reinquirição de testemunhas, mas tão-somente para a coleta de novos testemunhos. E mesmo assim apenas nos casos em que não se sabia de sua existência nos momentos anteriores, isto é, quando era o momento próprio para colhê-la.

Art. 424. Se o interesse da ordem pública o reclamar, ou houver dúvida sobre a imparcialidade do júri ou sobre a segurança pessoal do réu, o Tribunal de Apelação, a requerimento de qualquer das partes ou mediante representação do juiz, e ouvido sempre o procurador-geral, poderá desaforar o julgamento para comarca ou termo próximo, onde não subsistam aqueles motivos, após informação do juiz, se a medida não tiver sido solicitada, de ofício, por ele próprio.

Parágrafo único. O Tribunal de Apelação poderá ainda, a requerimento do réu ou do Ministério Público, determinar o desaforamento, se o julgamento não se realizar no período de 1 (um) ano, contado do recebimento do libelo, desde que para a demora não haja concorrido o réu ou a defesa.

1. **Desaforamento. Conceito.** Consoante o artigo 70 do CPP., a competência para o processo e o julgamento será em regra determinada pelo lugar em que se consumar a infração, ou, no caso de tentativa, pelo lugar em que for praticado o último ato de execução.

A norma justifica-se por decorrer, de um lado, do objetivo de assegurar-se a maior facilidade na coleta das provas e, de outro, por atinar com razões de política criminal voltadas à prevenção geral contra a criminalidade, que permeiam o sistema normativo-penal e conferem legitimidade teórica à imposição e execução das penas.

Desde que identificados motivos relevantes, a incidência dessa regra pode ser todavia afastada por ordem de Tribunal, em típica derrogação da competência do juízo originário da causa e simultânea prorrogação da competência do juiz de outro foro mais próximo, com ensinava Frederido Marques.[107]

O sentido etimológico do verbo *des-aforar* reporta-nos, então, a esse fenômeno, qual seja, o de *afastamento*, o de *deslocamento do julgamento do processo* do foro em regra competente para instruí-lo e apreciá-lo em razão do lugar da infração para outro foro estranho ao delito, como propunha Leão Vieira Starling.[108]

2. **Legitimados a requerer o desaforamento.** A medida pode ser solicitada ao Tribunal pelo próprio juiz da causa, de ofício. A prerrogativa de representar constitui resquício do modelo inquisitivo, que permeou a legislação no Brasil Império, nos moldes de outros resquícios ainda detectáveis em diversos capítulos de nosso Código de Processo Penal (v.g. a requisição de inquérito – art. 5°, inc. II a decretação da prisão preventiva de ofício – art. 311 – , as requisições de provas – art. 156), etc.

Melhor seria que ao juiz a lei reservasse a função exclusiva de conduzir o processo bem distante e sem os poderes confiados pela Lei às partes para decidir controvérsias apenas quando fosse por elas provocado, maximizando-se o ideal de isenção e de segurança jurídica, como é próprio do modelo acusatório, reclamado e felizmente plasmado em nossa Constituição.

---

[107] MARQUES, Frederico. *A Instituição do Júri*. São Paulo: Saraiva, 1993, p. 155.

[108] *Apud*, MARQUES, Frederico, ob. cit., p. 154.

Podem requerer o desaforamento também o Promotor de Justiça e o próprio réu (por seu defensor, é óbvio), isto é, os sujeitos parciais do processo, os quais estão envolvidos diretamente na contenda penal, e, por isso, nos moldes do juiz, por também estarem próximos ao local dos fatos, reúnem condições para demonstrar a necessidade da quebra da regra geral sobre competência territorial e assim transferir para outro local o julgamento.

Não é pacífica na doutrina[109] e na jurisprudência, como dimana de precedente do próprio STF,[110] a questão da legitimidade do Assistente do MP para requerer o desaforamento. A nosso ver, a interpretação restritiva desconsidera que a legitimidade está implícita no dispositivo acima reproduzido (quando faz referência às partes). O Assistente, com efeito, quando postula, o faz na condição de parte acusadora auxiliar, não sendo apropriado, outrossim, invocar como óbice a falta de previsão no artigo 271, porque o conteúdo desse dispositivo é meramente exemplificativo.

3. Competência para apreciar e julgar o desaforamento. Procedimento. Independentemente de quem seja o autor do pedido – tenha ele sido deduzido mediante representação do juiz ou petição escrita e assinada pela parte – o desaforamento será apreciado e julgado *sempre em segunda instância*, por Câmara Criminal Isolada, conforme dispõe sobre essa competência funcional a letra "h" do inciso I do artigo 24 do Regimento Interno do Tribunal de Justiça do Estado do Rio Grande do Sul. A expressão Tribunal de Apelação, que aparece no texto do art. 424, tinha sentido ao tempo da edição de nosso Código, em 1942. Hoje não mais.

Os autos do processo de desaforamento, consoante as normas de Organização Judiciária e do Regimento Interno do Tribunal, serão distribuídos e enviados à Secretaria da Câmara Criminal e, daí, ao Relator sorteados.

Caso o desaforamento tenha sido pleiteado por qualquer das partes, o Relator requisitará informações ao Juiz do processo, que poderá confirmar ou não as alegações articuladas na inicial. As informações do magistrado são importantíssimas, porque estando ele no local dos fatos o que disser poderá influir significativamente no convencimento dos integrantes da Câmara julgadora.

Com as informações (ou sem elas, quando o desaforamento for reclamado pelo juiz, mediante requisição), o Relator colherá o parecer do Ministério Público de 2º Grau, que, na época em que o CPP entrou em vigor, era representado pelo Procurador Geral da Justiça. Atualmente a instituição atua, em segundo grau, através dos Procuradores de Justiça previamente classificados nas Câmaras, titulares de cargos que originariamente haviam sido criados para representarem o Procurador-Geral.

Após o parecer do Procurador e independentemente de Revisão, o processo será pautado e julgado. Tendo em vista que o § 11º do artigo 177 do Regimento Interno restringe o direito à sustentação oral nos reexames necessários, nos recursos de ofício, nos agravos de instrumento e regimental, nos recursos em sentido estrito de decisões proferidas em habeas-corpus, nos embargos declaratórios, nos conflitos de competência e nas argüições de suspeição ou de impedimento, poderá o defensor do réu, caso tenha sido ele o autor do pedido, pedir preferência para sustentar o seu pedido[111] na sessão do julgamento.

Caso o desaforamento tenha decorrido de requisição judicial ou de requerimento do órgão do Ministério Público, a Câmara, antes de deliberar, deverá determinar, *ad cautelam*, a intimação da defesa para manifestação escrita, a teor do enunciado n. 712 da Súmula do STF, assim redigido: "É nula a decisão que determina o desaforamento de processo da competência do Júri sem audiência da defesa".[112]

A representação do juiz ou a inicial contendo o pedido de desaforamento deverão ser enviadas ao Tri-

---

[109] LEAL, Saulo Brum, *Júri Popular,* Porto Alegre: Livraria do Advogado, 1992, p. 75.

[110] HC nº 70.767, 1ª. T., rel. Min. Sepúlveda Pertence, publ. No DJU de 6.5.1994 e RTJ nº 56/381.

[111] Os Promotores de Justiça não detém legitimidade para intervir nas sessões orais das Câmaras para postular o deferimento do desaforamento, muito embora, em contraste com a orientação administrativa do MP., em relação aos recursos em sentido estrito e apelações, essa possibilidade encontre supedâneo no parágrafo único do artigo 610 do CPP.

[112] No sentido da Súmula, decidiu o STJ: "...Deve ser cassado o acórdão do Tribunal a quo que julgou o pedido de desaforamento formulado pelo Ministério Público, bem como anulados os atos dele decorrentes, a fim de que o advogado do paciente seja devidamente intimado para se manifestar sobre o pedido de desaforamento, determinando-se que conste da autuação o nome do referido causídico, determinando-se, ainda, a revogação da prisão do paciente, que deverá permanecer em liberdade provisória, mediante condições a serem estabelecidas pelo Juízo de primeiro grau, em decorrência do excesso de prazo para o seu julgamento pelo Tribunal do Júri. Deve ser cassado o acórdão do Tribunal a quo que julgou o pedido de desaforamento formulado pelo Ministério Público, bem como anulados os atos dele decorrentes, a fim de que o advogado do paciente seja devidamente intimado para se manifestar sobre o pedido de desaforamento, determinando-se que conste da autuação o nome do referido causídico, determinando-se, ainda, a revogação da prisão do paciente, que deverá permanecer em liberdade provisória, mediante condições a serem estabelecidas pelo Juízo de primeiro grau, em decorrência do excesso de prazo para o seu julgamento pelo Tribunal do Júri" – HC 43138 / PI, 5ª. T., rel. Min. Gilson Dipp, j. em 11.10.2005, *in* DJ 07.11.2005 p. 320.

bunal com toda a documentação pertinente. Por ser medida excepcional e tendo em vista a singularidade da atuação do Órgão competente para o processo e o julgamento, o desaforamento não comporta instrução perante a Câmara, nos moldes da similar vedação que recai sobre as ações originárias de mandado de segurança, de revisão criminal e de *habeas corpus*.

4. Hipóteses legalmente admitidas para o desaforamento. A lei prevê as situações que autorizam o pedido de desaforamento.

A primeira delas diz com o risco de prejuízo à garantia da *ordem pública*. Como o Estado tem o dever pactuado de assegurar a ordem e a tranqüilidade públicas, sempre que fatos provados indicarem a presença desse risco a própria seriedade do julgamento poderá ser colocada sob risco. Câmara Criminal do Tribunal de Justiça do Rio Grande do Sul deferiu pedido, sob esse fundamento legal, com base em provas de que além de ter o crime causado grande comoção na comunidade, ante a crueldade com que foi praticado e o caráter de vingança entre integrantes do esquema criminoso do narcotráfico da região, durante a instrução processual, testemunhas do processo, bem como a própria representante do Ministério Público, havia sofrido ameaças de morte, fato que alcançou o conhecimento de toda a comunidade, em prejuízo de isenta formação da opinião sobre a responsabilidade dos envolvidos no crime, um deles policial civil.[113]

A alegação de *dúvida sobre a imparcialidade* do júri é outra hipótese excepcional que autoriza a derrogação da competência territorial e a prorrogação da competência do juízo estranho ao delito para o julgamento de acusado de crime doloso contra a vida.

Conforme acertadamente decidiu Câmara do Tribunal de Justiça do RS "não basta simples alegação de dúvida sobre a imparcialidade dos jurados e da segurança do réu, e o interesse da ordem pública, nem mesmo a repercussão do crime, para ensejar o desaforamento. Para o deferimento de um pedido que vulnera o princípio do juízo natural, são necessários elementos concretos e convincentes e que tenham base legal",[114] ou seja, que venham amparados em provas mínimas, lícitas e legítimas, aptas a denotar que a dúvida sobre a imparcialidade do júri não é o resultado da suposição ou criação mental da parte, mas que encontra base em fatos atuais, concretos e convincentes, neles não se incluindo o farto noticiário dos jornais sobre os fatos e a iminência do julgamento, com todas as repercussões previsíveis e decorrentes da liberdade que a imprensa tem de repassar informações ao público leitor.

Em terceiro lugar, prevê a lei a possibilidade do desaforamento quando a *segurança do réu estiver em perigo*. O Código, no dispositivo em comento, é redundante, porque, rigorosamente, a possibilidade do desaforamento ante dúvida fundada sobre as condições de segurança do acusado está abarcada pela previsão legal de desaforamento para garantia da ordem pública.

A redundância, de qualquer modo, é salutar. O Estado, com efeito, tem o dever de proteger a sociedade contra os criminosos, mas também tem o dever de proteger o acusado contra os riscos de vinganças ou represálias. Conforme assinala Borges da Rosa, citado por Frederico Marques,[115] a dúvida sobre a segurança pessoal do réu deve assentar em "atos ou fatos que gerem segura convicção de que o réu corre sério perigo de vida, tais sejam as ameaças, os ódios conhecidos, os preparos de agressão e a afirmação uníssona da voz pública" de que o julgamento não transcorrerá em condições satisfatórias de ordem e de segurança para o acusado.

O desaforamento, por fim, poderá ser deferido para evitar maior retardo na prestação jurisdicional. Desde que tenha transcorrido no mínimo 1 ano da data do recebimento do libelo e a demora não tenha sido causada pelo réu ou pela defesa, a Câmara poderá, perfeitamente, por razões identificadas com o interesse público na celeridade dos feitos e na efetividade da prestação jurisdicional, ordenar a realização do julgamento no foro da comarca mais próxima. As atividades preparatórias e o próprio julgamento serão conduzidos pelo juiz e pelo Promotor da comarca estranha ao delito, mas nada impede que o Procurador-Geral de Justiça designe para atuar em Plenário o mesmo Promotor que vinha cuidando do caso.

5. Desaforamento e produção de provas. Conforme dispõe o *caput* do artigo acima reproduzido, a lei admite o desaforamento do julgamento para a comarca ou termo mais próximo (municípios abrangidos pela jurisdição da comarca, que não possuem Fóruns). Isso significa dizer que no juízo competente por prorrogação (o estranho ao delito) não será possível a produção de provas, não havendo violação à garantia da ampla defesa denegação de pedido nesse sentido. O direito à ampla defesa, como os direitos

---

[113] Desaforamento nº 70001311596, Câmara Especial Criminal, Tribunal de Justiça do RS, Relator: Carlos Cini Marchionatti, Julgado em 31/10/2000.

[114] Desaforamento nº 70001358738, Primeira Câmara Criminal, Tribunal de Justiça do RS, Relator: Silvestre Jasson Ayres Torres, Julgado em 27/09/2000.

[115] MARQUES, Frederico, *A Instituição do Júri*, São Paulo: Saraiva, 1993, p. 155.

em geral, não é absoluto, sofrendo as restrições assinaladas pela lei, dentre elas as relacionadas às fases procedimentais apropriadas para produção de provas.

Embora a previsão de deslocamento para comarca ou termo mais próximo, Câmara do Tribunal do RS, bem interpretando essa cláusula, decidiu que mesmo sendo mais próxima e bastante populosa a comarca, é possível o desaforamento para outra, "mais distante se puderem persistir os motivos do deslocamento da competência original ou então, sendo a de eleição da defesa haja risco de quebra do equilíbrio entre as partes",[116] providência, aliás, consentânea com a natureza e as finalidades visadas pelo desaforamento.

Concedido o desaforamento, o foro substituído torna-se inderrogável e, desse modo, conforme Massari, citado por Frederico Marques,[117] "mesmo que desapareçam as causas que motivaram a alteração da competência", o exame do caso não retornará ao foro originário. Se no novo foro sobrevierem fatos que autorizem o desaforamento, é, em tese, possível, que o Tribunal determine outro desaforamento para outra comarca ou termo.

A denegação do pedido de desaforamento não constitui obstáculo, por outro lado, para nova petição de desaforamento, desde que, é claro, surjam *fatos novos* (e disponha-se de provas correspondentes), suscetíveis de enquadramento destes no dispositivo em comento.

A lei não dispõe expressamente sobre qual foro deva reapreciar os fatos, caso o Tribunal venha a dar provimento à apelação e a determinar a realização de novo julgamento. A nosso ver, com o desaforamento, fixar-se-á a competência do juízo e, desse modo, o novo Júri haverá de realizar-se com a participação de novos jurados da mesma comarca.

Art. 425. O presidente do Tribunal do Júri, depois de ordenar, de ofício, ou a requerimento das partes, as diligências necessárias para sanar qualquer nulidade ou esclarecer fato que interesse à decisão da causa, marcará dia para o julgamento, determinando sejam intimadas as partes e as testemunhas.
Parágrafo único. Quando a lei de organização judiciária local não atribuir ao presidente do Tribunal do Júri o preparo dos processos para o julgamento, o juiz competente remeter-lhe-á os processos preparados, até 5 (cinco) dias antes do sorteio a que se refere o art. 427. Deverão também ser remetidos, após esse prazo, os processos que forem sendo preparados até o encerramento da sessão.

1. Diligências para sanar nulidades ou para esclarecer fato relevante para a decisão do processo. Após oferecida a contrariedade, compete ao magistrado decidir quanto aos eventuais requerimentos de diligências e nulidades suscitas pelas partes, isto é, o magistrado determinará as providências para sanar vícios ou evitá-los, ordenando as providências necessárias para elucidação de fato relevante para o desenlace do feito. Em seguida, cumpridas as diligências, ou seja, depois de dissipadas estas questões, terá o feito como hígido e pronto para ser submetido a plenário, designando, por conseguinte, data para o julgamento, na ordem estabelecida pelo art. 431. O dispositivo, como se vê, é uma decorrência lógica do libelo e contrariedade.

2. Determinação de ofício. Mesmo que as partes não tenham suscitado nenhuma nulidade, vislumbrando o magistrado qualquer vício que possa ensejar futuramente uma alegação deste tipo, não só pode como deve determinar as providências necessárias para garantir a regularidade do feito. O Juiz, por força disso, pode, inclusive, mesmo após recebido o libelo, determinar que ele seja retificado para se coadunar com a pronúncia: por exemplo, para descrever adequadamente a circunstância fática que consubstancia uma qualificadora ou a forma como teria se dado o concurso de agentes.

De igual modo, nada impede o magistrado de determinar, de ofício, a produção de prova, o que se dessume do art.497, inciso XI, até porque não está sujeito a preclusão.

3. Intimações. Ao designar dia e hora para o julgamento, o magistrado, concomitantemente, deve determinar a intimação das partes – Ministério Público, querelante, se for o caso, réu, Defensor, Assistente à Acusação, também se houver – e testemunhas.

No tocante as testemunhas, embora só estejam obrigadas a comparecer em plenário as residentes na Comarca onde ocorrerá o julgamento, nada impede que se intime também – por precatória, obviamente – as residentes noutra Comarca. Aliás, isso não ocasionará nenhum transtorno ou constrangimento ilegal, porquanto, na precatória, deverá constar que a testemunha não está obrigada a comparecer ao julgamento, de modo que o seu comparecimento espontâneo só poderá beneficiar e enriquecer o julgamento, garantindo a busca da verdade real.[118]

---

[116] Embargos de Declaração nº 70014619126, Terceira Câmara Criminal, Tribunal de Justiça do RS, Relator: Elba Aparecida Nicolli Bastos, Julgado em 23/03/2006.

[117] MARQUES, Frederico, *A Instituição do Júri*, São Paulo: Saraiva, 1993, p. 156.

[118] NUCCI, Guilherme de Souza. *Código de Processo Penal Comentado*. São Paulo: RT, 2005, p. 746.

4. Remessa ao Juiz Presidente. A lei prevê a possibilidade de que um outro magistrado, que não o presidente, faça a instrução e preparo do processo. Neste caso, após encerrado o feito e estando ele pronto para o julgamento, deve remetê-lo, até cinco dias antes do sorteio dos vinte e um jurados – art.427 – para o Juiz-Presidente. E mesmo ultrapassado esse prazo, até o final da sessão, aqueles que vierem a ser concluídos.

No Rio Grande do Sul, porém, isso não ocorre, pois o Juiz que colhe a prova e decide acerca das nulidades e diligências requeridas pelas partes, é o mesmo que presidirá o plenário, ou seja, mesmo nas Comarcas onde há vara privativa do Júri, não existe a figura do juiz preparador do processo.

Art. 426. O Tribunal do Júri, no Distrito Federal, reunir-se-á todos os meses, celebrando em dias úteis sucessivos, salvo justo impedimento, as sessões necessárias para julgar os processos preparados. Nos Estados e nos Territórios, observar-se-á, relativamente à época das sessões, o que prescrever a lei local.

1. Reuniões. O Código estabelece que as sessões de julgamentos do Tribunal do Júri, no distrito federal, poderão se dar todos os dias úteis, de modo sucessivo, de todos os meses, deixando, porém, para os demais Estados e Territórios a regulamentação respectiva. No Rio Grande do Sul, o Código de Organização Judiciária do Estado (Lei 7.356/80) estabelece que o Tribunal do Júri se reunirá, ordinariamente, nos meses de fevereiro a dezembro, na Capital, e nos meses de março, maio, julho, setembro, novembro e dezembro nas demais comarcas, podendo, porém, serem determinadas reuniões extraordinárias nos demais meses, caso a demanda assim o exija.[119]

2. Distinção entre reunião e sessão. Uma reunião do Tribunal do Júri tem a duração de um mês, durante a qual podem ocorrer diversas sessões de julgamento. As sessões, na verdade, são os Júris, como popularmente são conhecidos, ou seja, durante uma reunião podem ser submetidos a julgamento diversos processos envolvendo crimes dolosos contra a vida, que se darão em datas distintas, mas ao longo daquele mês, com base no mesmo corpo de jurados, que serão sorteados nos termos do art. 428 do CPP.

Art. 427. A convocação do júri far-se-á mediante edital, depois do sorteio dos 21 (vinte e um) jurados que tiverem de servir na sessão. O sorteio far-se-á, no Distrito Federal, de 10 (dez) a 15 (quinze) dias antes do primeiro julgamento marcado, observando-se nos Estados e nos Territórios o que estabelecer a lei local.

Parágrafo único. Em termo que não for sede de comarca, o sorteio poderá realizar-se sob a presidência do juiz do termo.

1. Convocação do júri. De posse dos processos prontos, o magistrado promoverá o ato inaugural de preparação para o julgamento que será a publicação de edital, indicando dia, local e hora do sorteio dos jurados que servirão na próxima reunião do Tribunal do Júri, com antecedência de dez a quinze dias antes da data designada para primeira sessão da reunião mensal. No Rio Grande do Sul, o sorteio será feito com antecedência de 10 (dez) dias na Capital e 15 (quinze) dias nas demais Comarcas, antes do primeiro julgamento, *ex vi* art. 70, § 3°, do COJE.

Nos termos do artigo 427, combinado com 433, ambos do CPP, serão sorteados 21 jurados para a reunião seguinte. Todavia, conhece-se de providências, salutar e tecnicamente sem restrições, do rol em número superior para evitar o adiamento da sessão pela ausência dos "titulares" convocados. E o STF decidiu que o excesso em relação ao número oficial configura nulidade relativa, a exigir oportuna impugnação pela parte interessada, sob pena de preclusão. Nada impede, porém, que sejam sorteados vários grupos de jurados nas grandes Comarcas, com mais de um Tribunal do Júri.

Art. 428. O sorteio far-se-á a portas abertas, e um menor de 18 (dezoito) anos tirará da urna geral as cédulas com os nomes dos jurados, as quais serão recolhidas a outra urna, ficando a chave respectiva em poder do juiz, o que tudo será reduzido a termo pelo escrivão, em livro a esse fim destinado, com especificação dos 21 (vinte e um) sorteados.

---

[119] Art. 69. Na sede de cada comarca funcionará um Tribunal do Júri, com a organização e as atribuições estabelecidas em lei com jurisdição em todo seu território.
Art. 70. O Tribunal do Júri, em reuniões ordinárias, reunir-se-á: I – na Comarca de Porto Alegre, mensalmente, de fevereiro a dezembro; II – na sede das demais comarcas, nos meses de março, maio, julho, setembro, novembro e dezembro. § 1° Quando, por motivo de força maior, não for convocado o Júri na época determinada, a reunião efetuar-se-á no mês seguinte. § 2° No caso do parágrafo anterior, o Juiz mandará notificar as partes e tornará público, por edital, a não realização da reunião na época prevista. § 3° Nas comarcas do interior do Estado, o sorteio dos jurados far-se-á até quinze (15) dias antes da data designada para instalação dos trabalhos, sendo que, na Capital, este prazo será de dez (10) dias.
Art. 71. Em circunstâncias excepcionais, o Júri reunir-se-á, extraordinariamente, por iniciativa do Juiz de Direito ou por determinação dos Grupos Criminais ou Câmaras Separadas, de ofício ou por provocação do interessado.

1. Sorteio dos 21 jurados. A lei exige que o sorteio seja feito a portas abertas e por um menor de 18 anos de idade. O Ministério Público deve ser intimado pessoalmente da data do ato para dar cumprimento ao mister de *custos legis*. É feito o sorteio mediante a retirada das cédulas, pelo jovem, da urna especial mantida sob a responsabilidade do Juiz. As cédulas correspondem aos nomes dos jurados que integraram a lista geral do ano respectivo (art. 439). Aquelas com os vinte e um nomes que comporão o corpo de jurados serão colocadas em outra urna, cuja chave ficará aos cuidados do magistrado.

Feita a seleção, lavra-se uma ata, expedindo-se, após, o edital de convocação de jurados, que será afixado no Foro e divulgado na imprensa, onde houver. Serão expedidos mandados de notificação dos jurados (art. 429).

Não há qualquer obrigatoriedade que o termo lavrado pelo escrivão, descritivo da solenidade do sorteio, conste dos autos; pelo contrário, deverá constar de livro próprio, como prescreve claramente o dispositivo legal.[120]

2. Inobservância de formalidades no sorteio. O fato do sorteio eventualmente vir a ser realizado por um maior de dezoito anos não gera qualquer nulidade, desde que o ato alcance seu objetivo, consoante art. 572, inciso II, do Código de Processo Penal.[121] A propósito, não se vê qualquer sentido na exigência de um menor para a realização do sorteio, porquanto não se pode afirmar que ele seja mais isento, mormente em relação ao Magistrado que preside o ato, como critica Nucci.[122] Isso sem falar que não possui responsabilidade criminal na eventualidade de alguma fraude. Aliás, qualquer irregularidade no sorteio deve ser imediatamente alvo de protesto, sob pena de preclusão.

Art. 429. Concluído o sorteio, o juiz mandará expedir, desde logo, o edital a que se refere o art. 427, dele constando o dia em que o júri se reunirá e o convite nominal aos jurados sorteados para comparecerem, sob as penas da lei, e determinará também as diligências necessárias para intimação dos jurados, dos réus e das testemunhas.

§ 1º O edital será afixado à porta do edifício do tribunal e publicado pela imprensa, onde houver.

§ 2º Entender-se-á feita a intimação quando o oficial de justiça deixar cópia do mandado na residência do jurado não encontrado, salvo se este se achar fora do município.

1. Publicação do edital. O edital de convocação do júri deve ser publicado na imprensa e afixado à porta do edifício do fórum. Todavia, caso não haja publicação na imprensa, isso não acarreta qualquer nulidade, com a fixação do edital na porta ou no átrio do fórum, atender a sua finalidade, qual seja, de dar ciência às partes para eventual impugnação por impedimento ou suspeição dos jurados no momento oportuno, sob pena de preclusão.[123] E não há qualquer obrigatoriedade de juntada do edital nos autos de cada processo daquela reunião, tampouco de se publicar novo edital em relação aos jurados suplentes, que venham a ser sorteados nos termos do art. 445 do CPP.[124]

2. Convocação dos jurados. Os mandados para intimação e notificação dos jurados, réus e testemunhas, assim como defensores e assistente, quando houver, devem ser expedidos de forma a que sejam cumpridos em tempo hábil, para não impedir o julgamento pelo Júri. Recomenda-se que o sorteio dos jurados seja feito em prazo maior que os mínimos previstos no texto legal. A convocação dos jurados não é apenas para a primeira sessão daquela reunião do Tribunal do Júri, mas para todas que se realizarem ao longo daquele mês.

Os jurados, eventualmente não encontrados, podem ser convocados por "aviso" (Art. 429, § 2º, CPP) a ser deixado no endereço residencial pelo Oficial de Justiça, com eficácia intimatória (presunção jure tantum). Nucci ressalta ainda, neste particular, que, conquanto não se possa utilizar do art. 370, §2º, do CPP, que se dirige aos defensores, tampouco do recurso da analogia com as normas dos arts.273, II, 238, 239 e 412, §3º, do CPC, não há vedação legal para que se tente, num primeiro momento, a intimação dos jurados através do correio, até porque, se vale o aviso deixado na casa do Jurado, com mais razão se for efetuado pelo correio. Claro que, se frustrada a intimação pelo correio, mediante aviso de recebimento, será utilizado o Oficial de Justiça.[125]

---

[120] Neste sentido, RT 498/294.
[121] Igualmente neste sentido, HC 70418-2-RS – DJU de 17/7/94, p. 15.722.
[122] NUCCI, Guilherme de Souza, *Código de Processo Penal Comentado*, 5ª ed. São Paulo: Revista dos Tribunais, p. 747.
[123] Neste sentido, JSTF 170/368, RSTJ 21/479-80 e RT 504/389.
[124] De igual modo, RJTJERGS 149/190.
[125] NUCCI, Guilherme de Souza, *Código de Processo Penal Comentado*, 5ª ed. São Paulo: Revista dos Tribunais, p. 429.

Art. 430. Nenhum desconto será feito nos vencimentos do jurado sorteado que comparecer às sessões do júri.

1. **Proibição de desconto em virtude de serviço público relevante.** O próprio Código de Processo Penal, no art. 437, estabelece que o exercício da função de jurado é serviço público relevante. Logo, não se tolera, nem seria lógico, que houvesse descontos dos seus vencimentos – seja ele empregado privado ou servidor público – pois está contribuindo para a sociedade. Esse é o fundamento da proibição de desconto. Ressalte-se, porém, que tal proibição só ocorre se houver o comparecimento às sessões, mesmo que o jurado não venha a participar do julgamento. E, assim como para a função de mesário, não há remuneração pelo desempenho desta atividade, conquanto já se alinhem vozes pelo pagamento, já que, a bem da verdade, muitas vezes representa a perda de rendimentos, mormente para empregados autônomos, que não possuem vencimentos para serem descontados, o que poderia minimizar a resistência desses em participar do Tribunal do Júri.

Art. 431. Salvo motivo de interesse público que autorize alteração na ordem do julgamento dos processos, terão preferência:
I – os réus presos;
II – dentre os presos, os mais antigos na prisão;
III – em igualdade de condições, os que tiverem sido pronunciados há mais tempo.

1. **Ordem de preferência no julgamento pelo Tribunal do Júri.** Como o legislador não determinou prazo para o julgamento perante o Conselho de Sentença, ele estabeleceu uma regra de precedência para os julgamentos. O dispositivo em comento, por conseguinte, nada mais faz do que instituir critérios para ditar, dentre os feitos conclusos para submissão ao Plenário do Júri, quais tem preferência. E o critério é bastante lógico e simples: primeiro, devem ser julgados os processos com réus presos, sendo que, dentre esses, aqueles com prisão há mais tempo – neste cômputo só incide o período de prisão efetiva, descontada eventual fuga, decorrente do processo do júri; segundo, caso os réus estejam presos em igualdade de tempo, ou em se tratando de processos de réus soltos, devem preferir, dentro de sua categoria, obviamente (réu preso ou réu solto), aqueles com pronúncia há mais tempo.

2. **Critério não é absoluto.** O próprio *caput* do artigo deixa claro que a ordem de preferência não é absoluta, haja vista a ressalva ao interesse público. Ou seja, há situações em que aquela recomendação de precedência de julgamentos pode ser afastada, não se podendo falar, neste caso, em constrangimento ilegal pela inversão daquela ordem. E nem poderia ser diferente, pois compete ao Presidente ao Tribunal do Júri tão-somente reservar na pauta dias para o julgamento de processos de réus presos, haja vista que, do contrário, e dependendo do movimento da vara, nunca haveria julgamento de processos com réus soltos. Aliás, um exemplo clássico em que um processo de réu solto pode preferir a um de réu preso ocorre naquelas hipóteses em que se avizinha a prescrição, isto é, quando se corre o risco de impunidade – pela prescrição – caso o feito do réu solto não seja levado a julgamento. Ademais, a dinâmica de uma Vara não autorizaria retirar de pauta um processo de réu solto, que já está todo cumprido para o plenário, em benefício de um feito de réu preso que recém se encontra concluso para julgamento e para o qual já se tem data prevista para breve; isso geraria enorme transtorno e confusão. Daí porque a ordem de preferência não é absoluta. .

Art. 432. Antes do dia designado para o julgamento, será afixada na porta do edifício do tribunal, na ordem estabelecida no artigo anterior, a lista dos processos que devam ser julgados.

1. **Pauta de julgamento. Edital.** Também pela via editalícia será publicada a pauta de julgamento para a futura reunião mensal. Nada impede que ela seja aditada, com as respectivas providências, para ampliar a relação dos feitos nela constantes. A hipótese tem por fim dar conhecimento ao público, às partes e aos advogados da relação de feitos que serão submetidos a julgamento na próxima reunião, até para verificar se foi obedecida a ordem prescrita no artigo anterior, evitando, com isso, eventual excesso de prazo de prisão para os réus que se encontrem nesta situação, ou seja, estando o processo pronto e em ordem para ser julgados.

SEÇÃO II
DA FUNÇÃO DO JURADO

Art. 433. O Tribunal do Júri compõe-se de um juiz de direito, que é o seu presidente, e de vinte e um jurados que se sortearão dentre os alistados, sete dos quais constituirão o conselho de sentença em cada sessão de julgamento.

1. **Composição do Júri.** O Tribunal do Júri, por expressa disposição legal, é composto do Juiz de Direito Presidente – togado – e vinte e um jurados – jui-

zes leigos – sorteados nos termos dos arts. 427 e 428 do CPP, entre aqueles relacionados na listagem anual e geral do art. 439 do CPP. Na verdade, este é tão-somente o segmento jurisdicional e de decisão do Colegiado Popular, que se integra aos necessários elementos componenciais de acusação e defesa. Aliás, para iniciar a sessão de julgamento se exige a presença de no mínimo quinze jurados, consoante art. 442 do mesmo diploma, dos quais serão escolhidos os sete que comporão o Conselho de Sentença, que atuará em cada sessão e que, por conseguinte, não se confunde com o Tribunal do Júri, que tem uma composição maior, até para poder funcionar nas demais sessões que eventualmente venham a ocorrer ao longo da reunião mensal.

Art. 434. O serviço do júri será obrigatório. O alistamento compreenderá os cidadãos maiores de 21 (vinte e um) anos, isentos os maiores de 60 (sessenta).

1. **Obrigatoriedade do serviço do júri.** A função de jurado é obrigatória, não podendo o cidadão, maior de 21 anos e com menos de sessenta, recusá-la, sob pena de crime de desobediência ou perda dos direitos políticos, nos termos do art. 435, se calcada em crença religiosa, filosófica ou política. Isso, porém, não significa que essa obrigatoriedade não comporte exceções, que devem estar, porém, previstas na própria lei, como ocorre nos casos elencados no art. 436. A sanção de perdas dos direitos políticos e a noção de cidadão, por outro lado, implica no reconhecimento de que só poderão ser jurados aqueles que estiverem no gozo de seus direitos políticos, donde, por conseguinte, estão excluídos os estrangeiros, ressalvado aquele que for naturalizado brasileiro – art. 14 da CF.

2. **Jurado maior de sessenta anos.** A isenção que os maiores de sessenta anos possuem não lhes impede, contudo, de participarem do Tribunal do Júri, já que isenção não é sinônimo de proibição, de sorte que, se uma pessoa, maior de sessenta anos, funcionar como jurado num determinado feito, isso não lhe acarretará qualquer nulidade.

3. **Jurado menor de 21 anos.** Ao estabelecer que só poderão ser alistados os cidadãos maiores de 21 anos, a lei, por óbvio, não está se referindo a maioridade civil, mas sim utilizando um critério cronológico que coincidia com aquela – antes do novo Código Civil – o que, talvez, possa gerar alguma confusão. A propósito, a utilização do critério etário para o exercício de algumas funções não é nenhuma novidade, pois possui expressa previsão na Constituição, que, inclusive, estabelece idades mínimas para Presidente, Senador, Ministro do STF – trinta e cinco anos – Governador – trinta anos – Deputados – 21 anos – etc. (arts. 14, inciso VI e 101, *caput*, da Carta Maior). A proibição está calcada numa presumível maturidade que o exercício da função exige e que só se alcança com determinada idade. Destarte, conquanto a maioridade seja alcançada aos 18 anos, e mesmo já possuindo direitos políticos, persiste a proibição de que menores de 21 anos componham o Conselho de Sentença, ainda que sejam emancipados ou casados.[126]

Todavia, caso, eventualmente, um menor de 21 anos venha a tomar assento no Conselho de Sentença, o julgamento só será anulado se o seu voto influir no resultado final, ou seja, quando estivermos diante de um resultado de quatro a três ao longo da votação dos quesitos.[127] Nucci, porém, sustenta que, mesmo na hipótese de uma decisão de sete votos a zero, o feito deveria ser anulado, haja vista que um outro jurado – que não aquele menor de 21 anos – poderia fazer perguntas, requerer diligências, enfim, com uma participação ativa poderia ter mudado o resultado do julgamento. Nucci pondera também que, muito embora possa se contra-argumentar que se trata de mera probabilidade, também é mera suposição que a manutenção de um menor de 21 anos no júri é irrelevante para o julgamento em virtude do quorum alcançado. Contudo, a se aceitar tal linha de raciocínio, sempre seria possível vislumbrar a nulidade do feito caso fossem outros os jurados, outro o Defensor, ou o Promotor, por exemplo. Erigir tal proibição à condição de nulidade absoluta parece esquecer que a própria justificativa para a proibição de que menores de 21 anos componham o Conselho de Sentença se encontra descontextualizada, pois, como o próprio Nucci adverte, "a evolução dos costumes e o mais rápido e abrangente preparo dos jovens, permitira a revisão dessa idade, pelos menos acompanhando os 18 anos".[128]

4. **Pessoas que não poderão servir como jurados.** O exercício da função de jurado exige alguns atributos para o seu pleno desempenho, razão pela qual não se admite como jurado o analfabeto, o cego, o surdo-mudo e o surdo, salvo, em relação ao último, se possuir aparelho capaz de suprir-lhe a deficiência. A justificativa para tais restrições se encontra na própria oralidade de que se reveste o julgamento em ple-

---

[126] Neste sentido: RT 464/412 e 596/314.
[127] O STF decidiu neste sentido no RECrim 109.719, que se encontra na RT 620/396.
[128] NUCCI, Guilherme de Souza. *Código de Processo Penal Comentado.* São Paulo: RT, 2005, p. 434.

nário e na eventual necessidade do jurado ler os autos para poder lançar o seu veredicto. Isso sem falar que, como o jurado julga por íntima convicção, a maior ou menor credibilidade que ele empresta a um testemunho, ou a própria versão do réu, estão vinculados a maneira como essa pessoa se expressa com gestos, postura, entonação de voz, etc., o que evidencia a necessidade de que o jurado seja capaz de captar tais detalhes para livremente formar sua convicção.

Art. 435. A recusa do serviço do júri, motivada por convicção religiosa, filosófica ou política, importará a perda dos direitos políticos (Constituição, art. 119, letra b).

1. **A sanção de perdas dos direitos políticos.** O texto legal se encontra em perfeita harmonia com o texto constitucional, que prescreve, nos arts. 5º, VIII e 15, IV, CF, a possibilidade de perda dos direitos políticos pela recusa de cumprir obrigação a todos imposta, não se eximindo pela invocação de crença religiosa, filosófica ou política. A norma constitucional permite a ilação óbvia de que o julgador de fato, se não pode se afastar do julgamento, poderá decidir sob a influência dessas convicções, e por certo o fará, ainda mais que seu veredicto é resultante da soma da votação sigilosa dos quesitos e sem qualquer necessidade de fundamentá-la (art. 493, CPP, e art. 5º, XXXVIII, b, c, CF).

O procedimento para a aplicação desta sanção, nestes casos, demanda que o Juiz colha a motivação da recusa do jurado e a remeta ao Presidente do Tribunal, que, por sua vez, a remeterá ao Ministério da Justiça, a quem compete o ato de perda dos direitos políticos.

Art. 436. Os jurados serão escolhidos dentre cidadãos de notória idoneidade.
Parágrafo único. São isentos do serviço do júri:
I – o Presidente da República e os ministros de Estado;
II – os governadores ou interventores de Estados ou Territórios, o prefeito do Distrito Federal e seus respectivos secretários;
III – os membros do Parlamento Nacional, do Conselho de Economia Nacional, das Assembléias Legislativas dos Estados e das Câmaras Municipais, enquanto durarem suas reuniões;
IV – os prefeitos municipais;
V – os magistrados e órgãos do Ministério Público;
VI – os serventuários e funcionários da Justiça;
VII – o chefe, demais autoridades e funcionários da Polícia e Segurança Pública;
VIII – os militares em serviço ativo;
IX – as mulheres que não exerçam função pública e provem que, em virtude de ocupações domésticas, o serviço do júri lhes é particularmente difícil;
X – por 1 (um) ano, mediante requerimento, os que tiverem efetivamente exercido a função de jurado, salvo nos lugares onde tal isenção possa redundar em prejuízo do serviço normal do júri;
XI – quando o requererem e o juiz reconhecer a necessidade da dispensa:
a) os médicos e os ministros de confissão religiosa;
b) os farmacêuticos e as parteiras.

1. **Notória idoneidade.** Requisito fundamental para ser jurado, além de possuir mais de 21 anos e estar no gozo dos direitos políticos, é possuir notória idoneidade, o que, na prática, sobretudo nos grandes centros, se verifica pela simples ausência de antecedentes criminais, até porque, em princípio, todos possuem idoneidade.

2. **Isentos do serviço do júri.** O dispositivo, de modo taxativo, arrola as pessoas que, em decorrência das funções por ela exercidas, se encontram isentas de servirem ao Tribunal do Júri. Tais pessoas deverão requer a sua exclusão da lista ou – se não o fizerem antes, na ocasião do julgamento –, a sua dispensa.

3. **Mulheres com ocupação doméstica.** O inciso IX estabelece a isenção do serviço do Júri as mulheres que, não exercendo função pública, provarem que os trabalhos em Plenário seriam de difícil conciliação com as suas ocupações domésticas. Tal dispositivo, por óbvio, não tem mais sentido, haja vista que na atual sociedade a mulher, além de continuar a exercer uma dupla jornada, não tem mais exclusividade nos serviços domésticos. Dito de outro modo, se os serviços domésticos fossem – por sua dificuldade de cumularem com os trabalhos em plenário – capazes de isentar a mulher, também o teriam que ser em relação ao homem, até para não haver afronta ao princípio da igualdade entre os sexos.

4. **Isenção por um ano.** Aquele que já tiver servido como jurado poderá solicitar a sua dispensa, pelo período de um ano, o que, de certo modo, contribui para a renovação do corpo de jurados, o que é sempre salutar, ante a profissionalização, que já é alvo de críticas e que se verifica em alguns Tribunais. Todavia, além dessa isenção ser por apenas um ano, poderá ser negada pelo Juiz, caso venha a prejudicar o serviço normal do Tribunal do Júri, o que só ocorrerá excepcionalmente e em pequenas cidades, onde pode não se contar com pessoas em número e capacitadas suficientes para integrar o Tribunal.

5. **Médicos, farmacêuticos, parteiras e ministros religiosos.** A lei faculta a dispensa desses pro-

fissionais, o que só ocorrerá casuisticamente, diante dos motivos apresentados pelos mesmos a demonstrar que o tempo que dispensarem ao Tribunal do Júri pode trazer prejuízos sociais pela impossibilidade de exercerem suas funções naquele período.

Art. 437. O exercício efetivo da função de jurado constituirá serviço público relevante, estabelecerá presunção de idoneidade moral e assegurará prisão especial, em caso de crime comum, até o julgamento definitivo, bem como preferência, em igualdade de condições, nas concorrências públicas.

1. **Vantagens conferidas aos jurados.** Concorre em favor do jurado, cujo exercício efetivo do encargo constituirá serviço público relevante:
- a presunção de idoneidade;
- o direito à prisão especial, se acusado de crime comum; para ter direito à prisão especial não basta integrar a lista geral, mas a efetiva integração durante alguma sessão do Tribunal do Júri, no Conselho de Sentença. (STJ, RHC 2.674-5, DJU 24/05/93, p. 10.011).
- a preferência em licitações, o que não inclui concursos públicos;
- a garantia de salário e tempo de serviço enquanto estiver atendendo à convocação (Art. 437, CPP).

Tais vantagens permanecem mesmo que o nome do jurado, pela renovação, não venha mais a integrar a listagem geral.

2. **Efetivo exercício da função.** O que se entende por efetivo exercício da função não encontra unanimidade na doutrina e na jurisprudência. Para uns, tais benefícios só se aplicam ao jurado que tenha funcionado durante uma sessão de julgamento;[129] para outros, basta que o jurado tenha comparecido a sessão, pois, caso ele não tenha sido sorteado ou tenha sido excluído por uma das partes, isso não autorizaria concluir que ele não exerceu a função de jurado, até porque integrou a composição do Tribunal do Júri nos termos do art. 433 do CPP.[130]

Art. 438. Os jurados serão responsáveis criminalmente, nos mesmos termos em que o são os juízes de ofício, por concussão, corrupção ou prevaricação (Código Penal, arts. 316, 317, §§ 1º e 2º, e 319).

1. **Responsabilidade criminal por equiparação dos jurados aos juízes de ofício.** Os jurados são criminalmente responsáveis, nos mesmos termos em que o são os juízes de ofício, por concussão, corrupção ou prevaricação (Código Penal, arts. 316, 317, §§ 1º e 2º, e 319), isto é, por quaisquer crimes praticados por funcionário público, já que se enquadram no conceito penal deste – art. 327 – não se limitando, por conseguinte, aqueles arrolados no dispositivo em comento.. Evidentemente que o crime ou os crimes só serão possíveis se cometidos a partir ou coincidentemente com o exercício efetivo da função de jurado.

Não se investe, porém, o jurado nas garantias outorgadas constitucionalmente aos Juízes de Direito.

SEÇÃO II
DA ORGANIZAÇÃO DO JÚRI

Art. 439. Anualmente, serão alistados pelo juiz-presidente do júri, sob sua responsabilidade e mediante escolha por conhecimento pessoal ou formação fidedigna, 300 (trezentos) a 500 (quinhentos) jurados no Distrito Federal e nas comarcas de mais de 100.000 (cem mil) habitantes, e 80 (oitenta) a 300 (trezentos) nas comarcas ou nos termos de menor população. O juiz poderá requisitar às autoridades locais, associações de classe, sindicatos profissionais e repartições públicas a indicação de cidadãos que reúnam as condições legais.

Parágrafo único. A lista geral, publicada em novembro de cada ano, poderá ser alterada de ofício, ou em virtude de reclamação de qualquer do povo, até à publicação definitiva, na segunda quinzena de dezembro, com recurso, dentro de 20 (vinte) dias, para a superior instância, sem efeito suspensivo.

1. **Confecção da lista geral.** Compete ao Juiz-Presidente do Tribunal do Júri a escolha de pessoas que, preenchidos os requisitos, venham a compor a lista geral de jurados, a qual deve ser renovada anualmente. O dispositivo, além de prescrever como o Juiz deve proceder na busca de nomes – por conhecimento pessoal, indicação fidedigna, requisição de sugestões às associações de classe, sindicatos e repartições públicas – estabelece o número de jurados da listagem, que varia de acordo com o número de habitantes da comarca. A renovação da listagem é decorrência da própria existência do dispositivo em análise e é medita salutar, que tem como objetivo evitar um corpo de jurados profissionais, que, evidentemente, desvirtuaria a própria natureza do Tribunal do Júri. Sabidamente, porém, os jurados são arregimentados entre funcionários públicos, de bancos, aposentados, etc., formando uma massa representativa da classe

---

[129] Neste sentido, NUCCI (p.755) e DAMÁSIO (p. 346) e, na jurisprudência, STJ, RHC 2.674-5, DJU 24/05/93, p. 10.011.

[130] Na jurisprudência, RT 322/97 e, na dourina, Mirabete (fl. 1171)

média, estabelecida no círculo nuclear urbano, estáveis em seus empregos e profissões, sem uma aprofundada visão da sociedade periférica estabelecida nos morros e vilas das cidades. De outro lado, no entanto, se a renovação é impositiva, não deve ser total, pelas dificuldades e prejuízos que um corpo de jurados totalmente inexperiente pode trazer, inclusive com decisões conflitantes e que não representem a sua própria vontade, em face das particularidades da sua forma de julgamento através de quesitos. O que se deve buscar é uma renovação gradual, incorporando, aos poucos, novos jurados a listagem geral. Na prática, contudo, o que se tem visto é uma renovação muito tímida – quando isso ocorre – captando pessoas sempre dos mesmos círculos sociais, de sorte que a busca de jurados em pesquisa aleatória nas listas de entidades oficiais, especialmente dos Tribunais Regionais Eleitorais, seguida de verificação de antecedentes, pode muito bem ser utilizada como forma de tornar o Tribunal do Júri efetivamente mais democrático e representativo da sociedade, sobretudo nos grandes centros, onde o Juiz, por conhecimento próprio, evidentemente não tem condições de compor uma lista geral.

2. Recurso contra a inclusão ou exclusão de jurado. A composição da lista geral não é matéria jurisdicional, cabendo recurso em sentido estrito, nos termos do art. 581, inciso XIV, da inclusão de pessoa inapta ou da exclusão de jurado, não comportando, por conseguinte, correição parcial. O recurso em sentido estrito deve ser interposto no prazo de vinte dias, contados da publicação da lista definitiva na segunda metade de dezembro, estando legitimados, no caso de exclusão, o jurado excluído e, na hipótese de inclusão, qualquer pessoa.

Art. 440. A lista geral dos jurados, com indicação das respectivas profissões, será publicada pela imprensa, onde houver, ou em editais afixados à porta do edifício do tribunal, lançando-se os nomes dos alistados, com indicação das residências, em cartões iguais, que, verificados com a presença do órgão do Ministério Público, ficarão guardados em urna fechada a chave, sob a responsabilidade do juiz.

1. Publicação da lista geral. Para que se possa tomar conhecimento da lista geral e, por conseguinte, ensejar eventuais recursos, a lei prescreve duas formas: a publicação pela imprensa, se e onde houver, ou a afixação de editais no local costumeiramente destinado para tal na sede do foro. A propósito, a bem da verdade, a lista geral de jurados, com seus nomes e profissões, deverá ser publicada duas vezes ao ano. A primeira será feita em novembro. Após, tornada pública, poderão ocorrer impugnações de "qualquer do povo" ou pedidos diretos de exclusão ou inclusão nela, que serão apreciados administrativamente pelo magistrado. Com eventuais alterações, ou sem elas, será feita a segunda publicação, em dezembro.

A par disso, os nomes alistados devem ser colocados em cartões individuais numa urna fechada, a fim de que possam posteriormente ser submetidos ao sorteio que comporão a lista mensal de cada reunião do Tribunal do Júri.

Não há no texto legal sanção para a hipótese de ausência do ato de publicidade, o que permite concluir que ela é mera irregularidade. Com isto, não há nulidade em aproveitar-se o mesmo grupo de jurados do ano anterior para os julgamentos do período em que ocorreu a falha.

Art. 441. Nas comarcas ou nos termos onde for necessário, organizar-se-á lista de jurados suplentes, depositando-se as cédulas em urna especial.

1. Lista de jurados suplentes. Por cautela, a fim de evitar que julgamentos sejam adiados pela ausência de jurados em número necessário – quinze para cada sessão – o que pode ocorrer não só pelo não comparecimento, mas também pelo elevado número de processos ou pela complexidade dos mesmos, a lei prevê uma lista de jurados suplentes, a ser confeccionada nos moldes da lista geral, inclusive com publicação nos termos do art. 440, e depósito de cartões com seus nomes em urna especial, o que permite e garante a ciência das partes.

SEÇÃO IV
DO JULGAMENTO PELO JÚRI

Art. 442. No dia e à hora designados para reunião do júri, presente o órgão do Ministério Público, o presidente, depois de verificar se a urna contém as cédulas com os nomes dos vinte e um jurados sorteados, mandará que o escrivão lhes proceda à chamada, declarando instalada a sessão, se comparecerem pelo menos quinze deles, ou, no caso contrário, convocando nova sessão para o dia útil imediato.

1. Abertura dos trabalhos do Júri em plenário. No dia, hora e local designado para a sessão do Tribunal do Júri, o Juiz-Presidente, de início, determina que, após verificada a urna com as cédulas dos vinte e um jurados sorteados, seja feita a chamada dos mesmos, que estarão já relacionados previamente em folha de presença, anotando-se na mencionada lista a sua presença ou ausência. A sessão só é instalada, porém, se comparecerem no mínimo quinze jurados. Caso não compareçam em tal número, designará nova sessão para o primeiro dia útil imediato, o que, invariavelmente, na prática, não ocorre, pois, de regra, já há audiências ou outros plenários designados. O que ocorre, na verdade, é a designação para outro dia, o mais próximo possível, de pauta livre ou que se possa transferi-la. A expressão dia seguinte, portanto, não deve ser tomada no sentido literal, devendo a nova data adequar-se à pauta da unidade judiciária, com as necessárias cautelas para evitar procrastinações indesejáveis ao interesse das partes, que poderá estar envolvida em outros julgamentos no mesmo dia.

Art. 443. O jurado que, sem causa legítima, não comparecer, incorrerá na multa de cem mil-réis por dia de sessão realizada ou não realizada por falta de número legal até o término da sessão periódica.

§ 1º O jurado incorrerá em multa pelo simples fato do não-comparecimento, independentemente de ato do presidente ou termo especial.

§ 2º Somente serão aceitas as escusas apresentadas até o momento da chamada dos jurados e fundadas em motivo relevante, devidamente comprovado.

§ 3º Incorrerá na multa de trezentos mil-réis o jurado que, tendo comparecido, se retirar antes de dispensado pelo presidente, observado o disposto no § 1º, parte final.

§ 4º Sob pena de responsabilidade, o presidente só relevará as multas em que incorrerem os jurados faltosos, se estes, dentro de 48 (quarenta e oito) horas, após o encerramento da sessão periódica, oferecerem prova de justificado impedimento.

1. **Punição ao jurado faltoso sem justificativa.** Aplica-se a pena de multa, automaticamente, independente de ato do Juiz-Presidente ou termo, tanto ao jurado que deixar de comparecer a sessão de julgamento – realizada ou não – como àquele que se retirar antes de dispensado pelo Juiz-Presidente. A punição, entretanto, não será aplicada caso o jurado apresente motivo relevante, comprovado, para não poder participar ou permanecer na sessão de julgamento, ou caso, após o encerramento desta, dentro de quarenta e oito horas, também ofereça provas de seu impedimento em comparecer.

2. **Motivo relevante para escusa.** Não há, obviamente, definição legal do que seja motivo relevante, ficando, por conseguinte, a critério do prudente arbítrio do magistrado. Todavia, tem se colhido os seguintes exemplos que ilustram o que se tem entendido como tal: doença do jurado ou de familiar próximo que dependa dele, viagem inadiável, bodas, mal súbito, notícia de falecimento de familiar, consulta médica, etc.

3. **Valor e aplicabilidade da multa.** Os valores expressos no dispositivo legal em comento, evidentemente, não tem mais expressão monetária em virtude da inflação e das mudanças de moeda ocorridas em nosso país. Isso tornou, na prática, inaplicável a pena de multa ao jurado faltoso. Conquanto se saiba que alguns magistrados arbitraram o valor da multa ou determinam sua correção, isso acaba por ferir o princípio da legalidade, de sorte que a única forma de punição possível ao jurado faltoso, a exceção do sorteio automático para a próxima reunião – art. 445, §3º – é reconhecer um crime de desobediência ou prevaricação – neste caso, se entendido que, como está equiparado a funcionário público, não poderia cometer o crime de desobediência.

Art. 444. As multas em que incorrerem os jurados serão cobradas pela Fazenda Pública, a cujo representante o juiz remeterá no prazo de 10 (dez) dias, após o encerramento da sessão periódica, com a relação dos jurados multados, as certidões das atas de que constar o fato, as quais, por ele rubricadas, valerão como título de dívida líquida e certa.

Parágrafo único. Sem prejuízo da cobrança imediata das multas, será remetida cópia das certidões à autoridade fiscal competente para a inscrição da dívida.

1. **Procedimento para cobrança da multa.** O dispositivo perdeu significado ante a inexistência de expressão monetária da multa aplicável ao jurado faltoso, como acima referido. Estabelecia, porém, a legitimidade da Fazenda Pública da União para a cobrança e disciplinava o procedimento a ser adotado pelo Juiz-Presidente em relação à remessa de peças para que se iniciasse o processo de cobrança.

Art. 445. Verificando não estar completo o número de 21 (vinte e um) jurados, embora haja o mínimo legal para a instalação da sessão, o juiz procederá ao sorteio dos suplentes necessários, repetindo-se o sorteio até perfazer-se aquele número.

§ 1º Nos Estados e Territórios, serão escolhidos como suplentes, dentre os sorteados, os jurados residentes na cidade ou vila ou até a distância de 20 (vinte) quilômetros.

§ 2º Os nomes dos suplentes serão consignados na ata, seguindo-se a respectiva notificação para comparecimento.

§ 3º Os jurados ou suplentes que não comparecerem ou forem dispensados de servir na sessão periódica serão, desde logo, havidos como sorteados para a seguinte.

§ 4º Sorteados os suplentes, os jurados substituídos não mais serão admitidos a funcionar durante a sessão periódica.

1. **Sorteio de suplentes.** O sorteio de jurados suplentes, que deve ser feito em plenário, tem por objetivo garantir a existência de jurados em número suficiente – vinte e um – para as próximas sessões que vierem ocorrer durante aquela reunião do Tribunal do Júri, ou seja, havendo outros Júris na mesma reunião, devem ser sorteados jurados suplentes para substituírem aqueles que não compareceram na primeira sessão, sendo expedidos mandados de notificação, cujos nomes também serão elencados no registro de comparecimento. Busca-se, assim, evitar e minimizar os riscos de que os próximos julgamentos sejam adiados por ausência de quinze jurados – mínimo para instalar a sessão – ou por estouro de urna – ausência de sete jurados para compor o Conselho de Sentença após as recusas das partes. Logo, caso não haja outra sessão de julgamento naquela reunião do Tribunal do Júri – mês ao longo do qual são realizados os julgamentos de vários processos – não se procederá ao sorteio dos suplentes.

2. **Ausência de jurado, jurado dispensado e sorteio automático para a próxima reunião.** O jurado ou suplente que não comparecer a uma sessão de julgamento recebe como reprimenda, além da possibilidade de vir a responder por desobediência ou prevaricação, caso injustificada a sua ausência, a sua convocação automática para a próxima "sessão periódica" (leia-se reunião). Percebe-se aqui, aquilo que já se mencionou anteriormente, ou seja, uma confusão do legislador quanto aos termos sessão e reunião; utiliza-se do termo sessão como sinônimo de reunião, o que acaba por gerar dúvidas, que são dissipadas quando compreendidas corretamente essas expressões, ou seja, na espécie, o termo "sessão periódica" só pode ser compreendido como reunião do Tribunal do Júri, na medida em que não teria lógica convocar o jurado faltoso, automaticamente, para a próxima sessão de julgamento, até porque os motivos da sua ausência podem ainda persistir até a sessão seguinte, o que iria de encontro aos objetivos do próprio dispositivo legal. De igual modo, quando a lei prescreve que o jurado substituído não será mais admitido a funcionar durante a "sessão periódica", está se referindo a reunião daquele mês em que foi substituído, o que, por certo, não obsta que venha a participar de outras reuniões que venham ocorrer eventualmente ao longo do ano, caso sorteado novamente.

O mesmo ocorre com o jurado que vier a ser dispensado, ou seja, fica automaticamente convocado para a próxima reunião. Aqui, porém, deve ser feita uma correção, pois, se o jurado foi legitimamente dispensado de apenas uma sessão ao longo de toda uma reunião, com, por exemplo, oito, nove júris, não parece razoável lhe impor a mesma sanção disciplinar que é imposta ao jurado desidioso. Se a dispensa não foi para toda a reunião, não se afigura plausível seu sorteio automático para trabalhar na próxima reunião do Tribunal do Júri.

3. **Ausência de jurado faltoso ou dispensado na próxima reunião do Júri.** O sorteio obrigatório e automático para a reunião seguinte, no tocante ao jurado desidioso ou dispensado, sobretudo em relação ao primeiro, é norma meramente disciplinar, razão pela qual não gera nenhuma nulidade a sua inobservância em relação aos julgamentos seguintes, isto é, da próxima reunião, caso não sejam convocados para ela.[131]

4. **Não realização do sorteio dos suplentes no início do julgamento anterior.** Como já referido, não havendo vinte e um jurados, o Juiz-Presidente deve proceder, em plenário, o sorteio dos suplentes até perfazer aquele número, caso haja outras sessões ao longo daquela reunião do Tribunal do Júri. Todavia, se não fizer o sorteio em plenário – por esquecimento ou qualquer outro motivo – ainda assim deverá sortear jurados suplentes para as próximas sessões, devendo, porém, o sorteio ulterior ser revestido de providências que lhe garantam publicidade e ciência às partes, sob pena de nulidade, que deve ser argüida na abertura da sessão de julgamento, pois, do contrário, haverá preclusão.[132]

Art. 446. Aos suplentes são aplicáveis os dispositivos referentes às dispensas, faltas, escusas e multa.

1. **Extensão aos jurados suplentes.** Embora pudesse ser dispensável, já que o suplente não deixa de ser jurado, por expressa disposição legal a ele são aplicáveis os dispositivos dos arts. 434 a 438 e 443 a 445, que se referem a dispensa, faltas, escusas e multas dos jurados.

---

[131] Neste sentido, RT 607/413, 424/345, 407/116 398/107 e 383/85. Contra: RT 556/373.

[132] Assim já decidiu o STF no HC 71.582-6-MG, DJU 09/06/95, p. 17.230.

Art. 447. Aberta a sessão, o presidente do tribunal, depois de resolver sobre as escusas, na forma dos artigos anteriores, abrirá a urna, dela retirará todas as cédulas, verificando uma a uma, e, em seguida, colocará na urna as relativas aos jurados presentes e, fechando-a, anunciará qual o processo que será submetido a julgamento e ordenará ao porteiro que apregoe as partes e as testemunhas.

Parágrafo único. A intervenção do assistente no plenário de julgamento será requerida com antecedência, pelo menos, de 3 (três) dias, salvo se já tiver sido admitido anteriormente.

1. **Pregão do julgamento**. Depois de resolver sobre escusas dos jurados ausentes, ou aplicando-lhe as sanções respectivas, o Juiz-Presidente ordenará que seja feito o pregão – poderá ele mesmo o fazê-lo, embora a praxe seja de que um funcionário da Justiça o faça – depois de verificar se na urna estão apenas os nomes dos jurados presentes. O pregão consiste em apregoar o processo que será levado a julgamento, chamando e anunciado as partes envolvidas no feito. É esse o momento, inclusive, para que sejam suscitadas as nulidades posteriores à pronúncia, sob pena de preclusão, consoante artigos 571, V e 572, I.

2. **Prazo para admissão do Assistente de acusação em plenário**. Se o assistente já estiver habilitado e tenha participado da instrução, não há qualquer prazo para que venha a participar dos trabalhos de plenário. Todavia, se isso não ocorrer, sua intervenção só será admitida caso, três dias antes da sessão, tenha postulado sua habilitação.

Art. 448. Se, por motivo de força maior, não comparecer o órgão do Ministério Público, o presidente adiará o julgamento para o primeiro dia desimpedido, da mesma sessão periódica. Continuando o órgão do Ministério Público impossibilitado de comparecer, funcionará o substituto legal, se houver, ou promotor *ad hoc*.

Parágrafo único. Se o órgão do Ministério Público deixar de comparecer sem escusa legítima, será igualmente adiado o julgamento para o primeiro dia desimpedido, nomeando-se, porém, desde logo, promotor *ad hoc*, caso não haja substituto legal, comunicado o fato ao procurador-geral.

1. **Ausência do Promotor de Justiça**. Ausente o Ministério Público, o Júri será adiado para o primeiro dia desimpedido na pauta, já que, em virtude do volume de processos, não se tem condições de transferi-lo para a sessão seguinte, nem seria razoável, já que, em cascata, desperdiçaria o trabalho de preparo de todos os outros feitos que já se encontrassem em pauta de julgamento naquela reunião.

A ausência sem justificação do parquet, por outro lado, determina que o fato seja comunicado ao Procurador-Geral da Justiça (Art. 448, CPP), estando vedada a nomeação de Promotor *ad hoc* nos termos da LOMIN (Art. 55) e da CF (Art. 129). No máximo, o substituto legal poderá atuar no segundo dia designado para julgamento. E estando esse também impedido, o fato igualmente deve ser comunicado ao Procurador-Geral da Justiça.

2. **Promotor que se retira do plenário**. Hipótese diversa, mas semelhante, é aquela em que o *Parquet* se retira do plenário, depois de iniciados os trabalhos, como forma de protesto, em virtude do indeferimento de alguma diligência que repute importante, ou seja lá porque motivo for. Ainda assim, o Júri não poderá prosseguir,[133] cabendo ao Juiz-Presidente dissolver o Conselho de Sentença, designar nova data para julgamento e comunicar o fato ao Procurador-Geral de Justiça.

Art. 449. Apregoado o réu, e comparecendo, perguntar-lhe-á o juiz o nome, a idade e se tem advogado, nomeando-lhe curador, se for menor e não o tiver, e defensor, se maior. Em tal hipótese, o julgamento será adiado para o primeiro dia desimpedido.

Parágrafo único. O julgamento será adiado, somente uma vez, devendo o réu ser julgado, quando chamado pela segunda vez. Neste caso a defesa será feita por quem o juiz tiver nomeado, ressalvado ao réu o direito de ser defendido por advogado de sua escolha, desde que se ache presente.

1. **Apresentação do réu**. Feito o pregão, o Juiz indaga ao réu seu nome, sua idade e se tem advogado. Essa breve qualificação do acusado tem por objetivo apresentá-lo, digamos assim, aos jurados e ao público, além de identificá-lo corretamente e assegurar-lhe a defesa.

2. **Desnecessidade de curador**. Por força do art. 5º novo Código Civil – "a menoridade cessa aos 18 (dezoito) anos completos, quando a pessoa fica habilitada à prática de todos os atos da vida civil." – não se cogita mais da necessidade de nomear curador ao réu que tenha entre dezoito e vinte e um anos, pois não seria lógico nomear um estranho para proteger e orientar uma pessoa que tem plena capacidade para atos da vida civil e penal. A figura do curador anteriormente, aliás, era algo meramente burocrático,

---
[133] Neste sentido, RT 775/669.

sem qualquer reflexo prático, já que a sua nomeação poderia se dar a qualquer pessoa maior de 21 anos, capaz civilmente, leigo ou advogado, desde que não fosse subordinada administrativamente ao Juiz, ao Promotor ou a autoridade policial, de sorte que veio em boa hora a supressão do curador ao réu menor de 21 anos.

3. **Ausência de advogado**. Diversa é a situação em relação ao defensor, pois sua presença é imprescindível para a lisura do julgamento, de modo a resguardar o princípio da plenitude de defesa. Se indagado o réu e ele informar que não possui advogado, deve o Juiz-Presidente adiar o julgamento para o primeiro dia desimpedido, bem como deverá intimar o acusado para, querendo, constituir advogado para trabalhar em sua defesa, ficando ciente, porém, de que, no seu silêncio, ser-lhe nomeado defensor para tanto. Isso não impede, obviamente, que, no dia designado para o julgamento, apesar do silêncio do réu no prazo assinado pelo Juiz, compareça advogado por ele constituído e faça sua defesa em plenário, ficando dispensado o defensor nomeado.

4. **Adiamento do julgamento por uma vez**. Adotada a providência de intimar o réu para constituir defensor, dando-lhe ciência de que outro será nomeado, caso se quede silente, dificilmente o julgamento, por tal motivo – ausência de defensor – será adiado, que é a preocupação que determinou a edição do parágrafo único do dispositivo em análise. Por conta disso, inclusive, é que, mesmo que compareça um advogado constituído no segundo dia designado para o plenário, não poderá ele postular a transferência do Júri, a pretexto de estudar melhor o caso, porquanto, nesta ocasião, estará presente o defensor nomeado, que estará apto a efetuar os trabalhos de plenário. Todavia, isso não significa que não possa ocorrer hipótese onde se deve, lamentavelmente, transferir o julgamento, mais uma vez, por ausência de defensor; basta supor que o réu, após instado, constituiu um novo defensor, o qual, porém, não se faz presente no dia designado para o plenário, o que levará, inevitavelmente, a novo adiamento, já que não haverá outro advogado apto a efetuar a Defesa em plenário. Para evitar adiamentos sucessivos, nada impede que o Magistrado – diante de indicativos de que se está buscando protelar deliberadamente o julgamento – apesar da existência de um advogado constituído, nomeie um outro para a eventualidade deste não se fazer presente na nova data designada para plenário. Isso, claro, desde que a ausência do advogado constituído não seja motivada, pois o réu, em princípio, tem o direito de se ver defendido por advogado de sua confiança e por ele contratado.

5. **Adiamento a pedido**. Conquanto não previsto legalmente, as partes poderão, motivadamente, pedir o adiamento do julgamento, ficando ao prudente critério do Magistrado o deferimento ou não do pleito, sempre com os olhos postos na lisura e higidez do julgamento.

Art. 450. A falta, sem escusa legítima, do defensor do réu ou do curador, se um ou outro for advogado ou solicitador, será imediatamente comunicada ao Conselho da Ordem dos Advogados, nomeando o presidente do tribunal, em substituição, outro defensor, ou curador, observado o disposto no artigo anterior.

1. **Comunicação a OAB da ausência imotivada do advogado**. Ausente o defensor, como já visto, o Júri deverá ser adiado. Se for injustificada a ausência, o Juiz nomeará advogado ao réu, que deverá atuar na nova data, ressalvado o direito do acusado de ser defendido por quem indicar, desde que esteja presente na próxima sessão, inclusive pelo próprio procurador que não se apresentou na primeira oportunidade. O Juiz, além disso, comunicará a OAB a omissão do defensor do réu. Isso, porém, só ocorre no caso de ausência imotivada. Caso a ausência, porém, seja de Defensor Público, o Juiz deverá comunicar também, a exemplo do que ocorre com o Ministério Público, o Defensor-Geral.

A menção a figura do curador, como já dito, não tem mais sentido, em virtude da entrada em vigor do novo Código Civil, que igualou a maioridade civil a penal, que se alcança aos dezoito anos. De igual modo, em relação ao solicitador, isto é, ao acadêmico de Direito, que já não pode mais atuar em juízo sozinho.

Art. 451. Não comparecendo o réu ou o acusador particular, com justa causa, o julgamento será adiado para a seguinte sessão periódica, se não puder realizar-se na que estiver em curso.

§ 1º Se se tratar de crime afiançável, e o não-comparecimento do réu ocorrer sem motivo legítimo, far-se-á o julgamento à sua revelia.

§ 2º O julgamento não será adiado pelo não-comparecimento do advogado do assistente.

1. **Ausência do réu e suas consequências**. As possibilidades que se abrem diante da ausência do réu à sessão de julgamento podem ser assim esquematizadas: se o crime pelo qual ele está sendo acusado for inafiançável, independentemente de sua ausência ser motivada ou não, o julgamento será transferido; se for afiançável, o julgamento será realizado à sua revelia apenas se o não comparecimento

for injustificado, pois, do contrário, será também transferido para outra data.

2. Ausência do acusador particular e do assistente da acusação. São duas situações distintas. Quando o dispositivo se refere ao acusador particular, está se referindo aos casos de ação penal privada subsidiária da pública e de casos onde há conexão com ação penal privada exclusiva, o que explica o adiamento do julgamento, quando justificada a ausência, já que ele – ausente motivado – é que intentou a ação. Se a ausência, porém, for injustificada, o art. 452 prescreve que a acusação será devolvida e desenvolvida pelo titular original da ação penal, ou seja, o Ministério Público. Isso nos casos, obviamente, de ação subsidiária, havendo perempção com extinção da punibilidade na outra hipótese, isto é, de ação privada exclusiva conexa à ação penal pública.

De outro lado, quando a lei disciplina a ausência do assistente da acusação, independentemente dela ser ou não motivada, não se cogita de adiamento do julgamento, prosseguindo os trabalhos de plenário normalmente.

3. Direito ou não do réu de não comparecer ao julgamento. Como visto, quando a imputação é de um crime inafiançável, a presença do réu na sessão de julgamento é imprescindível, não podendo ser julgado a revelia. Todavia, com os olhos postos no direito penal do fato, e não do agente, e como corolário do direito ao silêncio, tem-se sustentado o direito do réu, se assim o quiser, de não comparecer ao julgamento. Essa linha argumentativa parte do pressuposto de que, como o Tribunal do Júri julga por íntima convicção, aspectos subjetivos quanto à aparência do acusado e inclusive quanto ao seu modo de se expressar podem influenciar negativamente os jurados – o que é verdade – de sorte que, para se preservar de um julgamento com preconceitos, calcado no direito penal do autor, é que se tem preconizado que, se o réu pode se reservar ao direito ao silêncio, também pode não querer estar presente ao julgamento, o que deve ser informado pela defesa técnica,[134] desde que efetuada a intimação pessoal do réu.

4. Ausência do réu e segregação cautelar. Partindo do pressuposto de que o réu não tem direito de não comparecer ao julgamento, e sendo o crime inafiançável, a ausência imotivada do acusado enseja, de acordo com boa parte da doutrina, a sua segregação cautelar, porquanto haveria flagrante risco de inaplicabilidade da lei penal, já que sem a sua presença o julgamento não ocorre.

Art. 452. Se o acusador particular deixar de comparecer, sem escusa legítima, a acusação será devolvida ao Ministério Público, não se adiando por aquele motivo o julgamento.

1. Ausência nos casos de ação penal privada subsidiária da pública. Como já dito, o dispositivo regulamenta exclusivamente os casos onde a vítima ou as pessoas que lhe representam no caso de morte – art. 31 – diante da inércia do Ministério Público no prazo legal, intentam a ação que é pública na essência – art. 29. Precisamente por isso é que o Agente Ministerial a retoma no caso de ausência imotivada do acusador particular à sessão de julgamento. É também por isso que ocorre a extinção da punibilidade, em virtude da perempção, nos casos de ação exclusivamente privada, conexa com crime de ação pública, já que não há como devolvê-la ao Ministério Público, pois esse não tem legitimidade, prosseguindo o julgamento tão-somente em relação ao crime de ação pública.

Art. 453. A testemunha que, sem justa causa, deixar de comparecer, incorrerá na multa de cinco a cinqüenta centavos, aplicada pelo presidente, sem prejuízo do processo penal, por desobediência, e da observância do preceito do art. 218.

Parágrafo único. Aplica-se às testemunhas, enquanto a serviço do júri, o disposto no art. 430.

1. Conseqüências para a testemunha faltosa. Ausente a testemunha devidamente intimada, sem justa causa, à sessão de julgamento, três são as sanções que podem lhe ser aplicadas: multa, processo por crime de desobediência e possibilidade de ser conduzida sob vara – art. 218.

2. Inaplicabilidade da pena de multa. Diante da inflação, da troca de moeda e da ausência de qualquer lei a corrigir os valores de multa insculpidos no dispositivo, não tem qualquer aplicabilidade tal penalidade, já que não há expressão monetária para seus valores, mesmo que fossem convertidos para a moeda atual e corrigidos monetariamente.

3. Processo por desobediência e possibilidade de condução coercitiva. Persistem, portanto, como penalidades à testemunha que, sem motivo plausível, não comparecer a sessão de julgamento do Tribunal do Júri, apenas a condução coercitiva e o crime de desobediência.

Para a apuração e aplicação das sanções correspondentes ao crime de desobediência – desatender ordem

---

[134] Neste sentido, STJ, RHC 2.967, 6ª turma, RT 710/344 e, na doutrina, RANGEL, Paulo. *Direito Processual Penal*, 7ª ed. Rio de Janeiro: Lumen Juris, 2003, p. 514.

legal de funcionário público – pode o Juiz requisitar o inquérito policial ou determinar a extração de peças que entender necessárias, remetendo-as ao Ministério Público, para que esse intente a competente ação penal.

Todavia, seja a condução sob vara, sejam as sanções correspondentes ao crime de desobediência, elas só podem ser aplicadas àquelas testemunhas que residam na comarca onde ocorrerá a sessão de julgamento do Tribunal do Júri, já que aquelas pessoas que não residam na Comarca, primeiro, não podem ser arroladas como testemunhas e, mesmo que o sejam – em homenagem ao princípio da verdade real – não estão obrigadas a se deslocar e comparecer à sessão de julgamento.

4. **Proibição de desconto dos vencimentos.** Assim como ocorre com os jurados – art. 430 – também a testemunha que for arrolada para ser ouvida em plenário não pode ter seus vencimentos descontados, até porque sua presença é obrigatória, sob pena, como visto, de responder por crime de desobediência e sofrer condução coercitiva.

Art. 454. Antes de constituído o conselho de sentença, as testemunhas, separadas as de acusação das de defesa, serão recolhidas a lugar de onde não possam ouvir os debates, nem as respostas umas das outras.

1. **Separação das testemunhas.** Com o escopo de garantir a incomunicabilidade das testemunhas, elas deverão, após consumado o pregão – presentes as condições para continuidade dos trabalhos de plenário – e antes do sorteio do Conselho de Sentença, ser separadas em salas especialmente designadas para tal, não podendo ouvir os debates e inclusive acompanhar a inquirição das demais, mesmo que integrem o mesmo rol.

2. **Quebra da incomunicabilidade.** Sendo essencial para lisura do julgamento, a quebra da incomunicabilidade das testemunhas enseja a nulidade do feito.[135] Todavia, não se pode entender como quebra da incomunicabilidade o contato com terceiros, caso, neste contato, nada seja tratado sob o julgamento. De igual modo, se uma testemunha chegar atrasada, mas nada presenciou dos trabalhos em plenário, nada impede que seja ouvida validamente, já que o que se busca é que ela não tenha ouvido a coleta da prova em plenário, assim como as manifestações da acusação e defesa.

Art. 455. A falta de qualquer testemunha não será motivo para o adiamento, salvo se uma das partes tiver requerido sua intimação, declarando não prescindir do depoimento e indicando seu paradeiro com a antecedência necessária para a intimação. Proceder-se-á, entretanto, ao julgamento, se a testemunha não tiver sido encontrada no local indicado.

§ 1º Se, intimada, a testemunha não comparecer, o juiz suspenderá os trabalhos e mandará trazê-la pelo oficial de justiça ou adiará o julgamento para o primeiro dia útil desimpedido, ordenando a sua condução ou requisitando à autoridade policial a sua apresentação.

§ 2º Não conseguida, ainda assim, a presença da testemunha no dia designado, proceder-se-á ao julgamento.

1. **Ausência de testemunhas e conseqüências para o julgamento.** As testemunhas, ao serem arroladas no libelo e na contrariedade ao mesmo, podem ser ou não qualificadas como imprescindíveis para o julgamento ou não. E isso repercute nas conseqüências de sua ausência no dia designado para a sessão do Tribunal do Júri, que podem ser assim distinguidas: a) se arroladas com o caráter de imprescindibilidade, o julgamento será adiado, salvo se não localizadas no endereço declinado pelo titular do rol; b) se adiado, o adiamento será feito apenas uma vez; c) se intimadas, poderão ser conduzidas; d) se os depoimentos forem disponíveis, e não houver o comparecimento, não haverá adiamento.

Destarte, se a testemunha não for arrolada com o qualificativo de imprescindível, não pode a parte insistir na sua oitiva, saindo o julgamento de qualquer modo, mesmo que a testemunha sequer tenha sido intimada. De outro lado, se arrolada como imprescindível e não comparecer ao julgamento, esse só sairá, no primeiro dia designado, se não for encontrada no endereço declinado nos autos e, no segundo, mesmo que não tenha sido localizada para condução sob vara.

2. **Ausência de testemunha residente fora da comarca e arrolada como imprescindível.** O primeiro aspecto a ser analisado diz respeito à possibilidade de inquirição de testemunhas residentes em Comarcas distintas da do foro do Júri.

De acordo com o Art. 564, III, h, do diploma processual, ocorrerá nulidade, entre outras hipóteses, se faltar a intimação, nos termos estabelecidos em lei, das testemunhas arroladas no libelo e na contrariedade, determinando outros dispositivos (Art. 370, c/c Art. 353, CPP), que a testemunha será intimada por Carta Precatória se não residir no território da Comarca onde se desenvolve o feito criminal.

---

[135] RJTJERGS 199/192.

Decorre, pois, que o ato intimatório é inevitável. Nem poderia ser de maneira diferente, porque ele vai ao encontro dos interesses das partes: o Ministério Público e a Defesa podem exigir a manifestação do órgão judiciário para animar a testemunha relutante com sua presença oficial, inclusive para dar credibilidade à convocação, pois não é exigível que as partes, especialmente a Defesa, quando sua atuação, institucional ou dativa, é gratuita na gestão da causa do réu pobre, submeta-se a gastos para suprir uma obrigação do Estado.

Não há como negar, portanto, a intimação por precatória, de vez que inexiste norma que exclua o ato da sistemática do Juizado Popular.

Todavia, mesmo que a norma não distinga as testemunhas, residentes ou não no território do juízo do processo, é inafastável lembrar que a testemunha que morar fora da jurisdição do Juiz será inquirida pelo Juiz do lugar de sua residência, expedindo-se, para esse fim, carta precatória, com prazo razoável, intimadas as partes (Art. 222, CPP). Logo, a testemunha residente fora da Comarca que for arrolada para ser ouvida em plenário não está obrigada a se deslocar e a comparecer a sessão de julgamento, não podendo, por conseguinte, ser arrolada como imprescindível, tampouco lhe ser aplicado o contido no Art. 455, § 1º, do Código de Processo Penal.

Destarte, pode se resumir assim o ponto: a) a parte tem direito de exigir a expedição de precatória para a testemunha residente fora da Comarca, não importando se seu depoimento é ou não prescindível; b) se não comparecer, não será conduzida; c) não será multada ou acusada de desobediência, nem pagará as custas das diligências; d) por isto mesmo, a carta precatória e o mandado no juízo deprecado deixarão de conter a advertência do Art. 219, CPP; e) o julgamento sai de qualquer modo.

Art. 456. O porteiro do tribunal, ou na falta deste, o oficial de justiça, certificará haver apregoado as partes e as testemunhas.

1. **Certidão do pregão.** Como já referido, o pregão – anúncio do processo que será julgado e chamamento e anúncio das partes e testemunhas – é feito por um funcionário da justiça, que certificará o ato.

Art. 457. Verificado publicamente pelo juiz que se encontram na urna as cédulas relativas aos jurados presentes, será feito o sorteio de sete para a formação do conselho de sentença.

1. **Providência inicial para formação do Conselho de Sentença.** O Juiz-Presidente, depois de verificar que se encontram na urna os nomes do jurados que responderam à chamada, deve anunciar que irá proceder ao sorteio dos sete jurados que irão compor o Conselho de Sentença. O número e, por conseqüência, a imparidade, foram definidos pela lei infraconstitucional (Art. 433, CPP). Registro que a imparidade foi tratada na Carta de 1946, seguindo orientação do Decreto-Lei 167, de 5 de janeiro de 1938 (Art. 2º), emitido para suprir a omissão constitucional de 1937 a respeito do Tribunal do Júri, circunstância que não preocupou os constituintes de 1967, 1969 e 1988.

Art. 458. Antes do sorteio do conselho de sentença, o juiz advertirá os jurados dos impedimentos constantes do art. 462, bem como das incompatibilidades legais por suspeição, em razão de parentesco com o juiz, com o promotor, com o advogado, com o réu ou com a vítima, na forma do disposto neste Código sobre impedimentos ou a suspeição dos juízes togados.

§ 1º Na mesma ocasião, o juiz advertirá os jurados de que, uma vez sorteados, não poderão comunicar-se com outrem, nem manifestar sua opinião sobre o processo, sob pena de exclusão do conselho e multa, de duzentos a quinhentos mil-réis

§ 2º Dos impedidos entre si por parentesco servirá o que houver sido sorteado em primeiro lugar.

Vide Súmula 206, STF.

1. **Impedimentos e incompatibilidades por suspeição.** O magistrado cuidará de recolocar na urna as cédulas dos jurados presentes e os advertirá sobre impedimentos e incompatibilidades por suspeição. O art. 462 define quais são os jurados impedidos, assim como os arts. 252, 253 e 254 esclarecem quais são as incompatibilidades por suspeição, que podem ser assim organizadas e relacionadas. Não poderão atuar no mesmo Conselho de Sentença:

a) marido e mulher; ascendentes, descendentes, sogro e sogra com genro ou nora, irmãos, cunhados, durante o cunhadio, tio e sobrinho, padrasto ou madrasta, e enteado (Art. 462, CPP);

b) parentes, consangüíneos ou afins, em linha reta ou colateral até o 3º grau (Art. 253 do CPP), isto é, ascendente, descendente, o sogro, a sogra, o genro, a nora, o irmão, o cunhado durante o cunhadio, o sobrinho entre dois ou mais jurados;

c) o cônjuge ou parente, consangüíneo ou afim, em linha reta ou colateral até 3º grau de jurados, ou de jurados entre si, do Juiz-Presidente, do Promotor de Justiça, dos Defensores, do Assistente da Acusação, da Autoridade Policial, do Auxiliar da Justiça, do réu ou da vítima (Art. 458, c/c art. 252, I, do CPP);

d) aquele que tiver exercido qualquer função no processo ou foi nele testemunha (Art. 252, II, do CPP);

e) aquele que for, por si, seu cônjuge ou parente – consangüíneo ou afim em linha reta ou colateral até o 3º grau – parte neste processo ou diretamente nele interessado (Art. 252, IV, do CPP);

f) aquele que for amigo íntimo ou inimigo do réu ou da vítima (Art. 254, I, do CPP);

g) aquele que, por si, seu cônjuge, ascendente ou descendente, estiver respondendo a processo por fato análogo ao julgando, e sobre o qual haja controvérsia sobre o caráter criminoso do fato (Art. 254, II, do CPP);

h) aquele que, por si, seu cônjuge ou parente – consangüíneo ou afim em linha reta ou colateral até o 3º grau – sustentar demanda com o réu ou com a vítima, ou responder a processo que tenha de ser julgado por qualquer das partes (Art. 254, III, do CPP);

i) aquele que tiver aconselhado qualquer das partes (Art. 254, IV, do CPP);

j) aquele que for credor ou devedor, tutor ou curador de qualquer das partes (Art. 254, V, do CPP);

k) o sócio, acionista ou administrador de sociedade interessada no processo (Art. 254, VI, do CPP);

l) aquele que tenha tomado parte como jurado no primeiro julgamento, se houve (Arts. 252, III e 607, § 3º, do CPP e Súmula 206 do STF), inclusive de co-réu.

Em relação a essa última incompatibilidade, conquanto o inciso III do art. 252 pudesse gerar alguma dubiedade, já que se refere a "juiz" de "outra instância" – o que não se aplicaria ao jurado – a sua conjugação com o art. 607, § 3º, do CPP tem feito prevalecer a interpretação, consagrada na Súmula 206 do STF,[136] de que se anula o julgamento do Júri, embora o dispositivo se refira ao protesto por novo júri, caso algum jurado que tenha participado no primeiro julgamento – independente do motivo do segundo – volte a compor o Conselho de Sentença, mesmo que o julgamento anterior seja de co-réu no mesmo processo,[137] o que se afigura salutar, mormente quando se busca resguardar a imparcialidade dos jurados, já que aquele que participou da decisão anterior do co-réu, no mínimo, já tem sua convicção formada sobre parte dos fatos.

Cumpre ainda destacar que grassa alguma divergência na doutrina e na jurisprudência quanto a incluir o parentesco com a autoridade policial e auxiliares da justiça como capazes de gerar incompatibilidades por suspeição.[138] Aqueles que a excluem partem do pressuposto de que o art. 252, inciso I, no que tange à autoridade policial e auxiliar da justiça, não tem aplicabilidade, porquanto o art. 458, que se refere aos jurados, de modo taxativo e restritivo, disciplinou a matéria e não inclui aquelas pessoas como capazes de ensejar incompatibilidade por parentesco com os jurados, não podendo, por isso, se estender aos mesmos.[139] De outro lado, porém, não se afigura correto para as pretensões deum Conselho de Sentença composto com transparência e imparcialidade, admitir que os pais, o cônjuge ou o irmão do Delegado que atuou no inquérito, por exemplo, possam integrá-lo.

Ao cabo, caso venha a ser desrespeitada alguma dessas regras de impedimento ou incompatibilidade, conquanto haja alguma oscilação na jurisprudência – ora reconhecendo uma nulidade absoluta, ora não – vem prevalecendo, ao menos no STF, o entendimento de que só se determina um novo julgamento caso evidenciado que a participação daquele jurado impedido ou incompatível tenha influenciado no resultado da votação.[140]

2. Incomunicabilidade dos jurados. Quando a lei proíbe a comunicação dos jurados com outrem e de expressarem sua opinião sobre o processo, primeiro, está buscando resguarda-los de influências estranhas e atender ao princípio do sigilo das votações; segundo, evidentemente, não está vedando os jurados de conversarem entre si ou com outras pessoas, tampouco de fazerem perguntas ao Juiz Presidente ou as testemunhas e ao próprio réu. O que não podem e falar sobre o processo e deixarem transparecer qual a convicção que possuem a respeito dos fatos em julgamento. Por conta disso é que compete ao Juiz Presidente ponderar aos jurados, logo no início dos trabalhos, qual o significado da incomunicabilidade, bem como salientar que podem fazer perguntas, pedir exibição de documentos, leitura de peças, enfim, tudo que for necessário para o esclarecimento de eventuais dúvidas, deixando assente, contudo, que, nessas manifestações, devem tomar o máximo

---

[136] É nulo o julgamento ulterior pelo júri com a participação de jurado que funcionou em julgamento anterior do mesmo processo.

[137] Neste sentido, a decisão do STF publicada em RT 485/376 e RTJ 72/208, assim como do STJ em RSTJ 60/244.

[138] Incluem a autoridade policial e os auxiliares da justiça, por exemplo, NUCCI, Guilherme de Souza, *Código de Processo Penal Comentado*, 5ª ed. São Paulo: RT, 2006, p. 773, e a excluem, MARREY, Adriano; FRANCO, Alberto Silva; STOCO, Rui. *Teoria e prática do júri: doutrina, roteiros práticos, questionários, jurisprudência*. 5ª ed. São Paulo: RT, 1993, p. 290.

[139] RJTJSP 9/605.

[140] RTJ 95/151, 96/250 124/519 e RT 590/437.

cuidado para não deixarem transparecer qual a convicção que estão a formar.

Em resumo, incomunicabilidade não significa isolamento e silêncio absoluto. Os jurados podem conversar entre si e inclusive com outras pessoas, desde que seja assegurado que a conversa não envolva qualquer assunto relacionado ao processo. Daí por que se recomenda a presença do Oficial de Justiça, junto aos jurados, ao longo do almoço, de eventuais lanches, na sala secreta, durante o transporte para um ou outro local e inclusive no hotel, nos casos de júris que perdurarem por mais de um dia. E qualquer contato, digamos, com o mundo exterior, através de telefonemas, mensagens de texto ou mesmo conversa com algum familiar ou amigo que tenha vindo ao plenário – para algum recado urgente – deverá ser comunicado ao Juiz Presidente, que providenciará para que tal comunicação seja fiscalizada previamente pelo Oficial de Justiça, de modo a não haver quebra da regra que se pretende proteger. De igual modo, a presença do Juiz Presidente ao longo dos trabalhos, não podendo se afastar por longo período, está vinculada a essa necessidade de assegurar a incomunicabilidade, pois se algum jurado manifestar alguma dúvida, compete a ele elucidá-la. Comprovada, porém, a quebra da incomunicabilidade, o que compete à parte que alegá-la, o feito será anulado, já que se trata de nulidade absoluta.

Essa é a compreensão que a jurisprudência vem emprestando a incomunicabilidade dos jurados. Todavia, na doutrina, Paulo Rangel, depois de fazer uma análise história do Tribunal do Júri, conclui que a incomunicabilidade é uma forma de controlar as idéias de um povo e que tal vedação, em relação aos jurados, é uma censura que não teria sido recepcionada pela Carta de 88 – não teria passado pela filtragem constitucional – já que não haveria compatibilidade ente a íntima convicção adotada no Tribunal do Júri e o princípio constitucional da motivação das decisões judiciais. Partindo da premissa de que Tribunal do Júri é órgão do Poder Judiciário, e que esse deve lançar decisões fundamentadas, o que é direito da sociedade e do réu, assevera que "os jurados são leigos, mas decidem sobre os fatos e sobre estes, na sala secreta, devem, entre si, sem a presença da defesa e do MP, manifestar-se. A incomunicabilidade é durante o julgamento em plenário, porém, uma vez na sala secreta, devem expor, sem declinar nomes, as razões pelas quais condenam, absolvem ou desclassificam".[141]

A par da questão técnica, numa visão mais pragmática, a experiência tem mostrado que os jurados, não raro, se sentem – em virtude da incomunicabilidade entre si – inseguros, de sorte que muitas vezes terminam por lançar decisões conflitantes e incongruentes com os seus próprios anseios, por temerem, sobretudo no momento da quesitação, externar, através de alguma pergunta, suas convicções. Para além disso, soa estranho que o Ministério Público e a Defesa possam e devam influenciar os jurados, já que o dever deles é convencê-los do acerto de suas teses, mas os jurados, que são juízes em última análise, imparciais, por conseguinte, não possam trocar idéias entre si. O temor de que um jurado – mais articulado, mais culto, mais experiente, mais envolvente – possa influenciar os demais a votar dessa ou daquela maneira talvez traga mais malefícios que a insegurança a que são jogados quando necessitam responder os quesitos sem uma discussão prévia, que possa aclarar eventuais dúvidas ou mesmo sedimentar convicções, enfim, ensejar uma decisão mais madura, mais acertada, que não necessita, obviamente, ser unânime, resguardando-se sempre o sigilo da votação já que apenas os jurados saberiam das posições de uns e outros.

Certo é, porém, que, como a incomunicabilidade é vista como corolário garantidor do sigilo das votações, que está previsto na própria Constituição – art. 5º, inciso XXXVIII, *b* – não se tem visto na jurisprudência questionamento quanto a recepção pelo texto constitucional da incomunicabilidade nos termos aqui desenhados, ou seja, preservando o sigilo das votações, mas permitindo aos jurados se comunicarem entre si, muito embora se saiba que é o texto legal que deve se amoldar a Lei Maior, e não o contrário.

3. Efeitos da quebra da incomunicabilidade em relação aos jurados. A primeira conseqüência da quebra da incomunicabilidade, como já dito, é a dissolução do Conselho de Sentença ou a anulação do julgamento. Mas em relação ao jurado que ensejou a violação da norma, a lei prevê como penalidades a sua exclusão do Conselho e o pagamento de uma multa. Todavia, essa multa, assim como aquela relativa ao jurado faltoso, não tem mais aplicabilidade, pois não foi corrigida legalmente e não tem expressão monetária, caso convertida para a moeda atual, razão pela a única punição possível é a exclusão do Conselho, salvo se a ação for dolosa, o que implicará no reconhecimento de crime de prevaricação, a ser apurado em processo próprio.

Art. 459. Os jurados excluídos por impedimento ou suspeição serão computados para a constituição do número legal.
§ 1º Se, em consequência das suspeições ou das recusas, não houver número para a formação do

---
[141] RANGEL, Paulo. *Direito Processual Penal*, 7ª ed. Rio de Janeiro: Lumen Juris, 2003, p. 452.

conselho, o julgamento será adiado para o primeiro dia desimpedido.

§ 2º À medida que as cédulas forem tiradas da urna, o juiz as lerá, e a defesa e, depois dela, a acusação poderão recusar os jurados sorteados, até três cada um sem dar os motivos da recusa.

1. **Procedimento do sorteio dos jurados.** Depois de conferir a urna com as cédulas dos jurados e de efetuar as advertências quanto aos impedimentos e incompatibilidades, o Juiz-Presidente dará início ao sorteio dos jurados propriamente dito. Para tanto, ele vai retirando aleatoriamente, uma a uma, as cédulas com os nomes dos jurados. Na medida em que vai sorteando, ele apresenta os nomes à Defesa e, em seguida, à Acusação, que podem recusar até três jurados, cada um, sem qualquer motivação, além, obviamente, das recusas motivadas, para as quais não há número limitador. Esse, resumidamente, é o procedimento adotado durante o sorteio.

Convém destacar, ademais, que a lei determina que o Juiz, antes de indagar a Defesa e a Acusação sobre as recusas, lerá o nome do jurado. Alguns autores ainda referem que o Juiz fará a leitura em voz alta, o que não está na lei. Todavia, não há qualquer empecilho em que o Juiz chame as partes e, após retirar a cédula da urna, faça a leitura em voz baixa ou tão-somente a apresente ao Defensor e a Acusação para que tomem ciência e possam, por conseguinte, decidir quanto à recusa ou não do sorteado. Esse procedimento, que não fere a lei e atende seus objetivos, apenas evita uma possível situação constrangedora ao jurado que, após ter lido seu nome em voz alta, é recusado de modo peremptório e imotivado por uma das partes. Isso, aliás, acontece com alguma freqüência naquelas situações em que há várias sessões do Tribunal do Júri, ao longo de um mês, e um jurado é sistematicamente recusado por uma das partes. Não raro, esse jurado acaba sendo alvo de brincadeiras por parte de seus pares que podem melindrá-lo, o que pode ser plenamente evitado com a singela apresentação da cédula às partes sem a leitura em voz alta.

Ainda em relação ao procedimento do sorteio, caso haja inversão na ordem das recusas, isto é, o Juiz Presidente, de modo inadvertido, ao invés de conferir primeiro à Defesa a possibilidade de recusa, o faz à Acusação, isso não gera, no caso de um único réu, qualquer nulidade, pois o direito à recusa foi exercido.[142] O mesmo, porém, não ocorre quando há mais de um acusado, como se verá no comentário ao art. 461.

2. **Recusas.** Como visto, há duas formas de recusas: uma, imotivada, também denominada peremptória, que é limitada a três; outra, motivada, que deve se basear nos casos de impedimento e incompatibilidade por suspeição acima analisados e que, por isso mesmo, não está limitada a número algum.

As recusas não têm fórmula especial, bastando a singela manifestação oral da parte, e serão obrigatoriamente registradas no termo e, depois, na ata final. A recusa motivada, porém, demanda um cuidado a mais, qual seja, registrar as razões da impugnação e da decisão fundamentada deferitória, ou não, do Juiz-Presidente. Gize-se, outrossim, que, se a parte motivar sua impugnação, e sendo ela indeferida, poderá, ainda, recusá-la imotivadamente, caso, evidentemente, não tenha esgotado o número de três.

3. **Estouro de urna.** Assim se denomina os casos em que, por conta das recusas motivadas e imotivadas, não há jurados em número suficiente para a formação do Conselho de Sentença. A hipótese não é tão rara como pode parecer num primeiro momento, já que a sessão é instalada inclusive com a presença mínima de quinze jurados, de sorte que se tivermos três recusas imotivadas de cada parte – seis, portanto – e mais três casos de impedimento ou incompatibilidade – recusas motivadas – já não se tem sete jurados desimpedidos para trabalhar no Conselho de Sentença, o que determina o adiamento do julgamento para o primeiro dia desimpedido na pauta.

É também com o escopo de minimizar os casos de adiamento por ausência de jurados, que o legislador permitiu o computo daqueles que foram excluídos por impedimento ou suspeição – o que já se pode verificar no início da sessão – para perfazerem o número mínimo legal de quinze jurados, necessários para a instalação válida da sessão de julgamento.

Art. 460. A suspeição argüida contra o presidente do tribunal, o órgão do Ministério Público, os jurados ou qualquer funcionário, quando não reconhecida, não suspenderá o julgamento, devendo, entretanto, constar da ata a argüição.

1. **Argüição de suspeição.** A argüição de suspeição pode ser dirigida tanto aos jurados, como ao Juiz Presidente, ao Agente Ministerial ou a qualquer funcionário. O momento em que ocorre a argüição, porém, são distintos. Em relação ao jurado, deve ocorrer logo após o sorteio, enquanto para os demais, no início dos trabalhos. Em qualquer caso, porém, a parte que suscitar a suspeição deve fazer prova de seu alegado, inclusive trazendo testemunhas se necessário, haja vista que o Juiz-Presidente deve decidir de plano o incidente. A propósito, compete ao jurado,

---

[142] RT 494/308.

ao Promotor de Justiça, ao Juiz Presidente e ao funcionário declarar-se suspeito ou impedido, de modo que, se não o fizerem, nada impede – é conveniente e correto inclusive – que reconheçam tal situação no momento da argüição. Em não o fazendo, porém, e não havendo prova do alegado, deverá o Juiz-Presidente rejeitá-la, caso não seja ele o alvo da suspeição, oportunidade em que deverá proceder nos termos do art. 100 do CPP, sem suspensão do julgamento.

Não se suspende o julgamento, por conseguinte, quando não acolhida ou reconhecida a argüição, devendo, porém, tudo constar da ata, ou seja, os motivos da argüição, as provas eventualmente produzidas e a decisão, a fim de que possam ser alvo de reexame em futura apelação. Aliás, o julgamento só será transferido caso seja reconhecida a suspeição do Promotor ou do Juiz Presidente, na medida em que, no tocante ao jurado, se sorteará outro para formar o conselho de sentença, salvo se houver estouro de urna.

Art. 461. Se os réus forem dois ou mais, poderão incumbir das recusas um só defensor; não convindo nisto e se não coincidirem as recusas, dar-se-á a separação do julgamento, prosseguindo-se somente no do réu que houver aceito o jurado, salvo se este, recusado por um réu e aceito por outro, for também recusado pela acusação.

Parágrafo único. O réu, que pela recusa do jurado tiver dado causa à separação, será julgado no primeiro dia desimpedido.

Vide Art. 79, § 2º.

1. Procedimento de sorteio dos jurados quando há co-réus. Existe uma regra decantada entre os mais afeitos ao Tribunal do Júri que diz que, quando há mais de um réu, a Defesa é quem decide se haverá cisão do julgamento, mas é a Acusação quem decide qual será o acusado que irá primeiro a julgamento. E essa regra não só é verdadeira como se explica a partir da sistemática de escolha de jurados.

Quando forem dois ou mais os réus submetidos a julgamento na mesma sessão do Tribunal do Júri, a seleção dos jurados se dá, em princípio, de igual modo, ou seja, o Juiz-Presidente, após extrair da urna o jurado sorteado, apresenta seu nome a Defesa e em seguida a Acusação, tendo as partes, cada uma, três recusas imotivadas. Todavia, havendo mais de um acusado e com defensores diferentes, as recusas, em número de três, não são da Defesa como um todo, isto é, cada Defesa terá direito a três recusas, o que levará inevitavelmente a cisão do julgamento, na medida em que quando uma Defesa aceita um jurado e a outra recusa, só não haverá cisão se a Acusação também recusar o jurado, já que, se aceitá-lo, aquele réu que igualmente aceitou o jurado, será submetido a julgamento, enquanto o outro, não. Dito de outro modo, como a acusação só tem três recusas imotivadas, mesmo que o Ministério Público acompanhe todas as recusas iniciais apresentadas pelas Defesas, ainda assim, em virtude do número de acusados, a Defesa terá outras três recusas – no mínimo, em sendo dois os réus – o que levará inevitavelmente a cisão do julgamento, na medida em que, repito, recusando a Defesa, imotivadamente, um jurado, e não tendo mais a Acusação recusas imotivadas para lançar mão, será submetido a julgamento o réu que aceitou o jurado, enquanto o outro será submetido a julgamento no primeiro dia desimpedido.

Por conta disso, e ciente disso, é que o Ministério Público acaba acompanhando todas as recusas do acusado que ele quer ver submetido a julgamento primeiro, já que sabe, de antemão, que a cisão do julgamento não poderá evitar.[143] Neste caso, portanto, só não haverá cisão de julgamento se a Defesa do co-réu não utilizar mais de suas outras recusas. Também não haverá cisão de julgamento, em caso de co-réus, se a incumbência das recusas, de comum acordo, incumbir a um só defensor, quando, então, terá direito a apenas três recusas peremptórias, imotivadas.

2. Co-réus com o mesmo defensor ou com defensores distintos e número de recusas. Como visto, quando há mais de um réu com defensores distintos, não há dúvidas de que cada defensor, cada acusado, por conseguinte, tem direito a três recusas imotivadas, o que pode levar a cisão de julgamento, como acima visto. Também é certo que, nestes casos, poderão os defensores anuir que um só faça os aceites e recusas, que, neste caso, se limitaram a três, já que o faz em nome de todos. No entanto, havendo mais de um réu com um só defensor desde o início do processo, surge uma pequena querela. A lei possibilita a interpretação de que, nesta hipótese, as recusas imotivadas se limitarão a três, pois a recusa seria do defensor, e não do acusado: o dispositivo, ao estabelecer que as recusas, em caso de mais de um réu, podem ser incumbidas a um só defensor, permite a ilação de que, se há um só defensor desde o início, a ele compete exclusivamente as recusas, que, igualmente, se limitariam a três.[144]

---

[143] Nucci, numa posição pragmática, defende que, nestes casos, as partes, antes da abertura dos trabalhos, podem acordar quem será submetido a julgamento primeiro, registrando em ata a cisão do julgamento por conta da anuência da acusação e da defesa. NUCCI, Guilherme de Souza, *Código de Processo Penal Comentado*, 5ª ed. São Paulo: RT, 2006, p. 777.

[144] Neste sentido, JESUS, Damásio E. de. *Código de Processo Penal Anodato*, 19ª ed. São Paulo: Saraiva, 2002, p. 317.

Contudo, também é plenamente possível a interpretação de que as recusas são do acusado, isto é, da Defesa, e essa se dá individualmente, para cada réu, independente do número de defensores, de sorte que cada acusado terá direito a três recusas imotivadas, mesmo que estejam sob o patrocínio de um único causídico desde o início do feito, o qual, por conseguinte, fará as recusas, isoladamente, em nome de cada um dos seus clientes, o que não o impede, obviamente, se assim for de seu interesse, de informar ao Juiz Presidente que fará os aceites e recusas em conjunto e em nome de todos.[145] Essa interpretação, aliás, nos parece a mais acertada, até porque, se a lei enseja dubiedade, deve se preferir aquela interpretação que atenda melhor as garantias da Defesa como um todo, ou seja, de cada acusado isoladamente.

Art. 462. São impedidos de servir no mesmo conselho marido e mulher, ascendentes e descendentes, sogro e genro ou nora, irmãos, cunhados, durante o cunhadio, tio e sobrinho, padrasto ou madrasta e enteado.

1. **Impedimentos.** O dispositivo enumera as hipóteses de impedimentos por parentesco dos jurados, o que já foi alvo de comentário no artigo 459, para onde remetemos o leitor. Um registro, no entanto, se faz necessário. Conquanto o rol de impedimentos seja taxativo, tem-se admitido, por analogia, o impedimento nos casos de união estável, já que os motivos que levaram o legislador a determinar o óbice entre marido e mulher – evitar pensamentos idênticos, garantir imparcialidade e isenção do júri – por certo podem ser estendidos ao companheiro e companheira.[146]

Art. 463. O mesmo conselho poderá conhecer de mais de um processo na mesma sessão de julgamento, se as partes o aceitarem; mas prestará cada vez novo compromisso.

1. **Mais de um processo julgado na mesma sessão.** Essa hipótese está longe de ser comum; muito pelo contrário, até porque exige que as partes aceitem o mesmo conselho, ou seja, as partes de dois ou mais processos, que serão submetidos a julgamento numa mesma sessão, terão que anuir a todos os jurados. Só assim o mesmo conselho de sentença poderá julgar a todos os processos ali reunidos, devendo, ainda, prestará novo compromisso ao iniciar o julgamento de cada feito.

Embora ainda raro, na prática, isso vem ocorrendo naqueles casos onde o Ministério Público, de antemão e informalmente, comunica que irá pedir a absolvição em plenário, o que tem possibilitado a reunião de dois ou mais feitos a fim de que sejam julgados na mesma sessão, já que nessas hipóteses, diante do afirmado pelo Ministério Público, as Defesas se sentem mais seguras do resultado e se permitem abrir mão de recusas mais particularizadas desse ou daquele jurado.

Art. 464. Formado o conselho, o juiz, levantando-se, e com ele todos os presentes, fará aos jurados a seguinte exortação: *Em nome da lei, concito-vos a examinar com imparcialidade esta causa e a proferir a vossa decisão, de acordo com a vossa consciência e os ditames da justiça.*

Os jurados, nominalmente chamados pelo juiz, responderão: *assim o prometo.*

1. **Tomada de compromisso dos jurados.** Ato formal, que busca enaltecer e chamar a atenção dos jurados para a responsabilidade e relevância do mister que irão exercer, o juramento a que são submetidos deve constar em termo próprio e da ata do júri – art. 495, XIII – devendo ser tomado com todos de pé. O Juiz-Presidente incita os jurados a julgar com imparcialidade, de acordo com suas consciências e ditames de justiça, enquanto esses, nominalmente e em voz alta, respondem que assim o prometem. O efeito produzido pelo juramento tem impressionado de maneira extremamente proveitosa para a lisura do julgamento. Cumpre destacar que os jurados não prometem julgar de acordo com a lei, o que nem poderiam fazê-lo, haja vista que são leigos. O que prometem é julgar de acordo com a consciência e os ditames de justiça, o que demonstra a particularidade deste tipo de julgamento, que se caracteriza por ser popular e calcado, por conseguinte, no senso comum de justiça, e não necessariamente na lei.

Depois de tomado o juramento, o Juiz Presidente deve dispensar os demais jurados, que não foram sorteados, dando-lhes ciência da sessão seguinte, se houver, para a qual já estarão notificados para o comparecimento.

---

[145] Essa é a posição de Adriano Marrey – MARREY, Adriano; FRANCO, Alberto Silva; STOCO, Rui. *Teoria e prática do júri: doutrina, roteiros práticos, questionários, jurisprudência.* 5ª ed. São Paulo: Revista dos Tribunais, 1993, p. 203 – e de Guilherme Nucci – NUCCI, Guilherme de Souza. *Código de Processo Penal Comentado,* 5ª ed. São Paulo: RT, 2006, p. 777.

[146] Neste sentido, RJTJERGS 154/118 e 157/52.

Art. 465. Em seguida, o presidente interrogará o réu pela forma estabelecida no Livro I, Título VII, Capítulo III, no que for aplicável.

1. **Interrogatório.** Formado o Conselho de Sentença, faz-se a qualificação e interrogatório do réu.

O interrogatório em plenário segue a mesma forma do efetuado na fase do *judicium accusationis*, ou seja, com observância dos ditames dos arts. 185 a 196 do CPP, com a ressalva, apenas, de que aqui os jurados também podem fazer perguntas.

Conquanto não haja previsão legal expressa, a condição de juízes de fato dos jurados torna evidente a possibilidade de intervirem no interrogatório fazendo perguntas, até porque ninguém mais do que eles podem sentir a necessidade de dissipar alguma dúvida, esclarecer algum ponto das declarações do acusado, enfim, de sentirem as reações do réu frente a alguma indagação, como forma, inclusive, de extraírem elementos para a formação de suas convicções. Aliás, se os jurados podem fazer perguntas às testemunhas – arts. 467 e 468 – não seria lógico lhes impedir de fazer questionamentos aos réus, pois o que se busca é assegurar a informação mais completa e aproximá-los da verdade real e, via de conseqüência, da realização final da justiça, pois são os destinatários da informação probatória. Até por isso é que não se admite a dispensa do interrogatório ou que o acusado, após leitura do anterior – seja da polícia ou em juízo – pelo Juiz-Presidente, se limite a ratificá-lo, visto que tal procedimento não atenderia os objetivos do interrogatório em plenário, que tem como escopo garantir os princípios da imediatidade, oralidade e identidade física do juiz, o que não significa, no entanto, que o acusado não possa se reservar o direito ao silêncio.[147]

Todavia, como cautela, a fim de preservar a lisura do julgamento, cumpre ao Juiz-Presidente advertir os jurados para que tomem o cuidado de não deixarem transparecer seu convencimento ao fazerem as perguntas, isto é, devem evitar adjetivos, análises e comentários, seja no momento da indagação, seja após a resposta dada pelo acusado.

Em resumo, no interrogatório em plenário, após as perguntas feitas pelo Juiz-Presidente, poderão as partes – primeiro a Acusação e, depois, a Defesa – e, por fim, os jurados fazerem indagações aos acusados, sempre dirigindo-as ao Juiz-Presidente, que deferirá as que entender pertinentes. Aliás, nada impede, pelo contrário, é até recomendável, que as perguntas sejam feitas diretamente, cabendo ao Juiz-Presidente, atento, intervir para indeferir e impedir a resposta daquelas que forem repetitivas, impertinentes ou até mesmo ofensivas. Com isso se evita aquele procedimento caótico e enfadonho de repetição de perguntas pelo Juiz-Presidente, que se torna burlesco quando a vara é provida de estenotipia ou qualquer sistema de gravação.

Havendo mais de um acusado sendo submetido a julgamento na mesma sessão do Tribunal do Júri, o procedimento do interrogatório é idêntico, com a ressalva de que um réu não deve assistir ao interrogatório do outro – art. 191 – podendo, porém, o Defensor de um e de outro fazer indagações aos demais, até porque pode ocorrer alguma delação: o interrogatório de um acusado passa a ser, digamos, um testemunho contra o outro. Caso ocorra de um réu assistir ao interrogatório do outro, haverá, no máximo, nulidade relativa, que demanda a comprovação de prejuízo.[148]

Art. 466. Feito e assinado o interrogatório, o presidente, sem manifestar sua opinião sobre o mérito da acusação ou da defesa, fará o relatório do processo e exporá o fato, as provas e as conclusões das partes.

§ 1º Depois do relatório, o escrivão lerá, mediante ordem do presidente, as peças do processo, cuja leitura for requerida pelas partes ou por qualquer jurado.

§ 2º Onde for possível, o presidente mandará distribuir aos jurados cópias datilografadas ou impressas, da pronúncia, do libelo e da contrariedade, além de outras peças que considerar úteis para o julgamento da causa.

1. **Relatório do Juiz-Presidente.** Encerrado e assinado o termo do interrogatório – que se não assinado não gera qualquer nulidade, até porque o réu pode se negar a assiná-lo[149] – o Juiz-Presidente apresentará oralmente um relatório do processo, destacando seu caminhar cronológico e processual até aquele momento, tomando a cautela de evitar qualquer manifestação que possa influir no ânimo dos juízes de fato. Por isso, aliás, não deverá trazer sua opinião sobre a instrução, sobre testemunhas ou sobre a pessoa do réu, limitando-se a expor os fatos pelos quais o acusado está sendo submetido a julgamento e descrevendo a sua versão e o percorrer daquele feito, sem tecer qualquer análise ou comentário sobre as provas ou sobre as teses de acusação ou defesa. Caso isso venha a ocorrer, a parte deverá

---

[147] Neste sentido, RT 621/352 e 398/365.

[148] RT 458/335.

[149] RTJ 69/688.

protestar e requerer o seu registro em ata, a fim de permitir que tal ponto seja alvo de preliminar de nulidade do julgamento em futura apelação.

2. Leitura de peças. Tanto os jurados como as partes poderão requerer a leitura de peças, que será feita por um servidor da justiça. Todavia, os jurados, de regra, não solicitam a leitura, pois possuem tão pouco conhecimento do feito até aquele momento que se afigura difícil, se não impossível, terem condições de apontarem alguma peça de que gostariam a leitura. Na verdade, as partes é que, na prática, acabam solicitando a leitura aos jurados. No entanto, a pertinência ou não dessa leitura é algo bastante discutível e que só pode ser analisada casuisticamente. Não raro se nota, na solicitação da leitura de um grande número de peças processuais, um objetivo tão-somente de cansar os jurados, os quais, exaustos, acabam por não conseguir captar todos os detalhes necessários para formar uma convicção segura dos fatos e, por conseguinte, terminam por trilhar o caminho mais curto, que é o da dúvida e da absolvição. Outras vezes, porém, diante do volume do feito, do número de pessoas envolvidas nos fatos em julgamento – não necessariamente apenas os réus, mas também vítimas e testemunhas – e das diversas maneiras como são chamadas ao longo do processo – ora pelo primeiro nome, ora pelo apelido, ora pelo sobrenome – a leitura de peças serve para instruir, inteirar e sedimentar o conhecimento dos jurados a cerca das cenas e circunstâncias que serão alvo de análise ao longo dos debates, o que é salutar, pois economiza as partes de fazerem uma exposição pormenorizada da prova, o que poderia comprometer o lapso temporal destinado à sustentação de suas teses.

A leitura, por conseguinte, pode tanto ser utilizada com o intuito de informar os jurados como de deformar a concretização de suas convicções. Por conta disso, apesar da lei não fazer qualquer restrição a quais os documentos que podem ou não ser lidos aos jurados, não soa razoável que as partes tenham direito absoluto a leitura de toda e qualquer peça processual, pois, do contrário, não teria sentido que a leitura fosse feita após "ordem do presidente" e após ter sido "requerida pelas partes". Requerer, em última análise, submete a avaliação da conveniência ou não da leitura ao crivo judicial.

O que se está aqui a dizer, portanto, é que compete ao Juiz-Presidente indeferir a leitura de peças que não tenha nenhuma relevância para o desenlace do feito ou que sejam repetitivas, como, por exemplo, carimbos de juntadas, cabeçalhos de termos, cópias de testemunhos, etc. O Juiz-Presidente, porém, deve tomar todo o cuidado ao limitar essa leitura, porquanto, se por um lado, pode se tornar enfadonha e desnecessária, muitas vezes pode ser absolutamente relevante e necessária para o perfeito conhecimento do processo. De regra, portanto, o Juiz-Presidente só deve indeferir a leitura de peças absolutamente impertinentes para o desfecho da causa, constando na ata a motivação do indeferimento, sob pena de cercear a Defesa ou a Acusação.

3. Distribuição de cópias de peças do processo aos jurados. Muito mais salutar que a leitura de peças seria a entrega aos jurados de cópias reprográficas: denúncia, interrogatório, testemunhos, alegações das partes, pronúncia, libelo, contrariedade, enfim, tudo que realmente seja importante para o julgamento do feito. No entanto, a lei não obriga tal procedimento, deixando tal providência apenas para os locais onde isso for possível. Ora, nos grandes centros, em princípio, isso seria possível. Todavia, diante do grande volume de processos que são submetidos a julgamento – um por dia, ou um a cada dois dias, dependendo da Vara, se possui segundo juizado ou não – tal se torna impraticável. E nas Comarcas menores a própria carência de servidores e de melhores condições materiais acaba inviabilizando a formação desta compilação das principais peças processuais.

No entanto, se o Judiciário não consegue tomar tal providência, não há qualquer óbice em que uma parte extraia cópias dos autos para serem entregues aos jurados. Neste caso, porém, deve o Juiz Presidente tomar o cuidado de examinar as reproduções a serem fornecidas e dar ciência a parte adversa, pois não se admite que sejam repassadas cópias com marcações ou comentários, assim como resenhas ou esquemas que não estejam nos autos, pois representaria burla ao artigo 475 do CPP.

Art. 467. Terminado o relatório, o juiz, o acusador, o assistente e o advogado do réu e, por fim, os jurados que o quiserem, inquirirão sucessivamente as testemunhas de acusação.

1. Inquirição de testemunhas da acusação. Após o interrogatório, relatório do Juiz Presidente e eventual leitura de peças requeridas pelas partes, têm-se início a inquirição de testemunhas. Primeiro, são ouvidas as arroladas pela Acusação e, em seguida, as arroladas pela Defesa. Caso haja testemunhas cuja oitiva tenha sido determinada de ofício pelo Juiz Presidente – arts. 156, 425 e 497, XI – serão ouvidas antes das arroladas pela Acusação.

Na oitiva das testemunhas da acusação, serão inquiridas sucessivamente pelo Juiz-Presidente, pela Acusação – Ministério Público e Assistente à Acusação, se houver – pela Defesa e, por fim, pelos jurados.

2. Forma de inquirição das testemunhas. A única questão, porém, que suscita alguma controvérsia é a forma como essas perguntas serão dirigidas, isto é, se diretamente a testemunha ou se por intermédio do Juiz-Presidente, que as repassará a testemunha. Com outras palavras, se vigora no plenário do Júri o sistema presidencial de inquirição de testemunhas.

Tem prevalecido o entendimento que, diversamente do que ocorre na instrução monocrática, onde o art. 212 do CPP prescreve que as perguntas são requeridas ao Juiz, que as formulará à testemunha, na instrução em plenário não há previsão de tal mediação, pois o artigo em comento determina que as partes e, por fim, os jurados "inquirirão" sucessivamente as testemunhas, de sorte que as perguntas serão feitas diretamente, cabendo tão-somente ao Juiz-Presidente intervir para indeferir as impertinentes, repetitivas, irrelevantes ou ofensivas.[150]

De qualquer modo, caso o Juiz-Presidente não adote tal procedimento e faça as perguntas por seu intermédio, não se tem reconhecido nulidade por total ausência de prejuízo.[151]

A testemunha, depois de ouvida, não será liberada, devendo voltar a sala própria, pois poderá ser reinquirida ou até submetida a acareação. Todavia, nada impede que o Juiz, com a anuência das partes, a dispense. Do contrário, deverá permanecer no local até o final do julgamento.

3. Desistência do depoimento de testemunha. No momento em que a testemunha é arrolada por uma das partes ou indicada pelo Juiz-Presidente para ser ouvida em plenário, ela passa a ser testemunha do processo e, portanto, não pode ser dispensada sem a anuência da parte adversa, que pode, inclusive, não tê-la arrolado precisamente por isso.[152] O mesmo, aliás, pode ser dito em relação à testemunha indicada pelo Juiz-Presidente, caso essa indicação tenha ocorrido antes do libelo e contrariedade, que são os momentos próprios das partes arrolarem as testemunhas que pretendem sejam ouvidas em plenário.

Não se pode perder de mente, outrossim, que os destinatários da prova são os jurados, os quais, portanto – caso o pedido de desistência se dê em plenário – também devem ser consultados se concordam ou não com a desistência da inquirição dessa ou daquela testemunha, mesmo indicada pelo Juiz-Presidente.[153] Se um jurado manifestar o interesse na oitiva, a testemunha deverá ser ouvida. Caso esse procedimento não seja adotado, o feito poderá ser anulado, demandando, porém, a comprovação do prejuízo e o registro em ata da inconformidade, já que se trata de nulidade relativa.[154] Se a parte adversa não protestou contra a dispensa sem a sua anuência ou sem ter sido questionada a respeito, parte-se do pressuposto de que anuiu tacitamente. Em relação aos jurados, caso não sejam consultados, ao afirmarem que se encontram aptos para o julgamento, também se compreende que o testemunho dispensado não era efetivamente necessário.[155]

Art. 468. Ouvidas as testemunhas de acusação, o juiz, o advogado do réu, o acusador particular, o promotor, o assistente e os jurados que o quiserem, inquirirão sucessivamente as testemunhas de defesa.

1. Inquirição de testemunhas de Defesa. A única distinção no tocante a inquirição das testemunhas arroladas pela Defesa está na ordem da formulação das perguntas. Quando a testemunha foi arrolada pela Acusação, após o Juiz, é o Ministério Público e o Assistente de Acusação, se houver, que primeiro perguntarão. Se a testemunha foi arrolada pela Defesa, essa é quem primeiro inquire após o Juiz-Presidente.

Resumidamente, a parte que arrolou a testemunha a inquire primeiro, logo após o Juiz-Presidente, ficando, por último, sempre os jurados.

De resto, tudo que foi dito em relação a forma de inquirição, dispensa e desistência de testemunhas arroladas pela acusação, aplica-se as testemunhas arroladas pela Defesa, pois, repito, depois de arroladas, passam a ser testemunhas do processo, e não da parte.

2. Inquirição de co-réu como testemunha. Situação inusitada pode ocorrer quando há cisão do processo e um acusado arrola como testemunha a ser ouvida em plenário o co-réu. Não há, a bem da verdade, proibição quanto a tal procedimento. Todavia, tem-se decidido que, com o advento da Constituição de 1988, que sufragou o direito do réu ao silêncio e inclusive a mentir, o co-réu não pode ser ouvido como testemunha, já que não tem obrigação de responder as perguntas que eventualmente lhe sejam dirigidas, tampouco se pode lhe tomar o compromisso.[156]

---

[150] Neste sentido, Mirabete, Nucci, Hermínio Marques Porto e Damásio de Jesus, entre outros.
[151] RT 279/161 e 694/325.
[152] RT 444/316 e 768/565; RTJ 65/175; RJTJERGS 169/177.
[153] RT 470/450.
[154] RT 432/304.
[155] RT 581/390.
[156] RT 413/443 e 456/380; RTJ 69/683.

Contudo, pode se objetar que não se deve concluir pela impossibilidade legal do co-réu ser convocado a testemunhar, até porque o direito ao silêncio pode não ser exercido, e a ausência de compromisso não impede ninguém de testemunhar; basta ver os casos do art. 208 do CPP.[157] Mas isso não significa que suas declarações devam ser valoradas como uma testemunha qualquer. A credibilidade de seu relato, evidentemente, será temperada com a sua condição de acusado e, por conseguinte, com o seu direito de mentir. Então mesmo que não se dê o nome de testemunho, o que não se pode é vetar a oitiva, sob pena de cerceamento de defesa.

Art. 469. Os depoimentos das testemunhas de acusação e de defesa serão reduzidos a escrito, em resumo, assinado o termo pela testemunha, pelo juiz e pelas partes.

1. Redução a escrito, em resumo, dos depoimentos. Buscando garantir o exame da prova oral colhida em plenário em caso de eventual recurso e conciliar tal garantia com o princípio da oralidade, vigente no Tribunal do Júri, é que o legislador permitiu que os depoimentos sejam resumidos ao serem reduzidos a escrito. Como o jurado acompanhou a coleta da prova oral, não há necessidade de que o Juiz-Presidente faça a reprodução fiel do que foi dito, mas deve zelar para que o resumo seja leal ao sentido do que foi colhido em plenário, pois só assim o Tribunal, em caso de apelação, poderá apreciar corretamente as questões que vierem a ser suscitadas.

Com a utilização de estenotipia ou sistemas de gravação – comuns nos grandes centros – perde sentido o preconizado no dispositivo, já que esses sistemas reproduzem integralmente tudo o foi dito.

Art. 470. Quando duas ou mais testemunhas divergirem sobre pontos essenciais da causa, proceder-se-á de acordo com o disposto no art. 229, parágrafo único.

1. Acareação no Plenário do Júri. A requerimento das partes, dos jurados ou por determinação de ofício pelo Juiz é permitida a realização de acareação em plenário sempre que houver divergência sobre fato ou circunstância relevante entre duas ou mais testemunhas. Conquanto haja divergências, tem-se decidido que tal providência não é obrigatória, ficando a critério do Juiz-Presidente.[158]

No entanto, no júri, diversamente do que ocorre nos demais procedimentos, a acareação pode ter algum efeito prático. De regra, as testemunhas ratificam o que disseram anteriormente, no Plenário, porém, como os jurados julgam por íntima convicção, a forma e a expressão de uma testemunha, ao longo da acareação, pode surtir no jurado o sentimento de que ela é quem está mentindo, o que, por conseguinte, poderá ser determinante para a sua decisão, pois, repito, não precisa fundamentá-la. Em virtude disso, a prudência determina que, no Júri, não deve o Juiz-Presidente indeferir tal pleito, sobretudo quando feito por um jurado.[159]

Há alguma divergência, por outro lado, se a acareação, realizada no Júri, se restringe as testemunhas, ou se pode ser entre testemunha e réu, entre réus, entre vítima e réu, entre vitimas, enfim, entre quaisquer pessoas. O art. 229 do CPP não faz qualquer restrição; basta que haja divergência entre seus relatos sobre fatos e circunstâncias relevantes para que seja possível. O dispositivo em análise, porém, se refere à divergência entre testemunhas, daí por que alguns sustentam que, em plenário, só pode ocorrer acareação entre testemunhas.[160] A restrição, no entanto, não se justifica, se considerado o princípio da busca da verdade real, que se está diante de juízes leigos e que a interpretação literal não é, consabidamente, a melhor. Aliás, pode-se compreender que a restrição só existe no dispositivo porque estava a se tratar exclusivamente da oitiva de testemunhas em plenário, o que não significa que não se aplique supletiva e subsidiariamente o disposto no art. 229 na sua integralidade.

2. Falso testemunho no Júri. Existe especial discussão doutrinária a respeito de eventual falso testemunho prestado em plenário e as providências a serem tomadas durante o julgamento. Há orientação no sentido de que é questão que deve ser submetida aos jurados em forma de quesito

Não nos parece todavia tratar-se de matéria afeta ao Conselho de Sentença. Os julgadores não podem ser transformados em censores prévios da conduta do agente, por força do caráter criminoso da imputação, de vez que tais circunstâncias, especialmente o desenho típico, deve, obrigatoriamente, passar pelo crivo do contraditório. Mesmo que o resultado da resposta afirmativa ao questionamento gere apenas as provi-

---

[157] Neste sentido, MARREY, Adriano et. al. Teoria e prática do júri: doutrina, roteiros práticos, questionários, jurisprudência. 5ª ed. São Paulo: Revista dos Tribunais, 1993, p. 218.
[158] RT 436/394 e 780/568.
[159] RT 393/377.
[160] RT 746/580.

dências ou conseqüências (*informatio delicti*) inquisitoriais, traz o selo daquela censura e, assim, violado o princípio da presunção de inocência.

Lícito é esperar que o Ministério Público requisite inquérito, ou assim a iniciativa do magistrado, se provocada pela Defesa.

Art. 471. Terminada a inquirição das testemunhas o promotor lerá o libelo e os dispositivos da lei penal em que o réu se achar incurso, e produzirá a acusação.
§ 1º O assistente falará depois do promotor.
§ 2º Sendo o processo promovido pela parte ofendida, o promotor falará depois do acusador particular, tanto na acusação como na réplica.

1. **Leitura do libelo**. Encerrada a fase de instrução em plenário – interrogatório, relatório, leitura de peças, oitiva de testemunhas – o Juiz Presidente dará início aos debates, passando a palavra ao Ministério Público, que deduzirá a acusação. Esse de plano, deverá proceder a leitura do libelo, que inclui os dispositivos legais em que o réu está incurso, haja vista que aquele nada mais é do que a exposição da pretensão acusatória, de modo articulado, dos fatos e circunstâncias que pretende provar ao longo de sua manifestação, bem como dos artigos infringidos pelo réu e que demandam a sua condenação. Com a leitura do libelo, o que se busca é dar ciência aos jurados da acusação e seus limites e, por conseguinte, do que julgarão ao final. Todavia, se por esquecimento ou qualquer outro motivo, o Promotor não proceder a leitura, isso não gera qualquer nulidade, mas se constitui em mera irregularidade, na medida em que não haverá qualquer surpresa para a Defesa, que já tem ciência da acusação, e os jurados acabarão por tomar conhecimento do seu conteúdo, inevitavelmente, ao longo da manifestação do Agente Ministerial.[161]

2. **Pedido de absolvição pelo Ministério Público**. Conquanto existissem opiniões contrárias a tal pleito por parte do Agente Ministerial,[162] hodierna e majoritariamente, com espeque no art. 385, tem-se entendido que é plenamente possível o Ministério Público pugnar pela absolvição do réu, mesmo em plenário e após pedido de pronúncia, porquanto, neste momento, vigora, diversamente do que ocorria na fase inicial, o princípio *in dubio pro reo* e, além disso, não tem o *Parquet* obrigação legal de acusar, mas sim de buscar justiça, que pode estar inclusive no pedido de absolvição.[163] Isso, porém, não impede o assistente à acusação de postular a condenação. Seja como for, os jurados sempre deverão votar os quesitos correspondentes ao libelo e julgar o processo.

O que se discute, no entanto, atualmente, é se os jurados podem condenar o réu havendo pedido de absolvição pelo Ministério Público. Discussão essa que se encontra intimamente vinculada à compreensão do sistema penal adoto pela nossa Constituição. A partir de uma determinada noção de um sistema penal acusatório, Geraldo Prado e Paulo Rangel, entre outros, tem sustentado ser vedado ao Julgador – aí incluídos os jurados, evidentemente – condenar o réu nos casos de pedido de absolvição por parte do Agente Ministerial. O primeiro, assevera que haveria afronta ao princípio do contraditório, haja vista que, ao pedir a absolvição, o "acusador subtrai do debate contraditório a matéria referente à análise das provas que foram produzidas na etapa anterior e que possam ser consideradas favoráveis ao réu".[164] O segundo, assevera que o Juiz Presidente, nestes casos, deveria dissolver o Conselho de Sentença e julgar improcedente o pedido do libelo, pois se o Ministério Público, que é titular da pretensão acusatória, a retira, não podem os jurados exercê-la e condenar o acusado.[165]

O tema suscita grande controvérsia. De qualquer sorte, os posicionamentos acima referidos partem de uma determinada noção de sistema acusatório de estrutura adversarial, cuja adoção pela Constituição é bastante discutível. Por outro lado, não se pode olvidar que só se admite a declaração de inconstitucionalidade ou de não recepção de um texto legal pela Carta Maior quando não haja uma interpretação que lhe dê constitucionalidade, isto é, quando for absolutamente contrária ao texto constitucional, o que não parece ser o caso do problema em questão.

3. **Casos de ação penal privada**. Na hipótese de ação penal privada subsidiária da pública ou de ação penal privada exclusiva, conexa com delito afeto ao Júri, e que por cisão foi levado a julgamento separadamente, primeiro falará o acusador particular e, em seguida, o Ministério Público, que não está obrigado a pedir a condenação, podendo sustentar inclusive a absolvição, como acima visto.

4. **Manifestação do assistente à acusação**. Diversa é a situação nos casos de ação pena pública,

---

[161] RTJ 67/854 e RT 776/564.
[162] MARQUES, José Frederico. *O júri no Direito Brasileiro*, 2ª ed. São Paulo: Saraiva, 1955, p. 186.
[163] RT 496/265.
[164] PRADO, Geraldo. *Sistema Acusatório. A conformidade Constitucional das Leis Processuais Penais*, 3ª ed. Rio de Janeiro: Lumen Juris, 2005, p. 117.
[165] RANGEL, Paulo. *Direito Processual Penal*, 7ª ed. Rio de Janeiro: Lumen Juris, 2003, p. 507.

onde, a par da discussão quanto a constitucionalidade ou não da figura do assistente à acusação, em se a admitindo, deverá ele se manifestar após o representante do Ministério Público.

Art. 472. Finda a acusação, o defensor terá a palavra para defesa.

1. **Apartes**. A lei é omissa quanto aos apartes, apenas disciplina que, após a acusação, falará a defesa. Logo, não há proibição. Deste modo, mesmo sem previsão expressa, faz parte da tradição do Júri os apartes tanto da acusação como da defesa, desde que não impliquem tumulto ou perturbação de qualquer natureza, o que será, evidentemente, coibido pelo Juiz-Presidente. Discute-se, porém, se o aparte necessita ou não da anuência da parte adversa. Como não há propriamente um direito ao aparte e como a intervenção ocorre ao longo da manifestação de um dos contentores – que tem direito aquele tempo – se afigura, no mínimo, razoável exigir a anuência daquele que estiver a fazer uso da palavra, não podendo o Juiz Presidente concedê-lo a sua revelia.[166]

2. **Pedido de condenação por parte do defensor e defesas contraditórias**. Assim como o Ministério Público pode requerer a absolvição, também a Defesa pode requerer a condenação do réu sem que isso implique em qualquer nulidade ao feito. A premissa para tal conclusão está no fato de que nem sempre o pedido de absolvição representa a melhor Defesa possível. Há situações em que o pedido de absolvição pode soar inclusive como deboche, o que pode levar ao reconhecimento, por parte dos jurados, pela animosidade criada, de qualificadoras e agravantes que, no mínimo, se mostravam bastante discutíveis, ou mesmo levar ao afastamento de privilegiadora razoável. Por conta disso é que não há proibição de que o defensor requeira a condenação, desde que isso não signifique concordar com a acusação em todos os termos, isto é, desde que haja concomitantemente pedido de exclusão de qualificadoras, de agravantes, reconhecimento de privilegiadoras, de atenuantes ou até mesmo a desclassificação com conseqüente condenação.

De igual modo, não há vedação que a Defesa apresente teses antagônicas, como negativa de autoria e homicídio privilegiado, desde que o faça de modo alternativo e subsidiário, isto é, em não reconhecendo a negativa de autoria, que se reconheça a privilegiadora.

3. **Depoimento pessoal do advogado**. Situação inusitada ocorre quando o advogado – vale o mesmo para o Ministério Público – ao longo de sua manifestação, presta declarações sobre circunstância fática envolvida no feito em julgamento de que tinha conhecimento pessoal. Dito de outro modo, se torna testemunha, formando um híbrido, defensor-testemunha, sem previsão no nosso ordenamento, que produz, por conseguinte, prova nova, sem que a parte adversa possa contraditá-la ou mesmo fazer perguntas. Por essa razão, aliás, é que se têm anulado julgamentos quando tal ocorre,[167] não se podendo confundir com a hipótese do defensor afirmar acreditar piamente na versão do réu ou que esse tenha lhe confessado ser inocente, pois, nesses casos, não estará prestando um testemunho, mas exercendo seu mister.

4. **Jurado que dorme ao longo dos debates**. Caso ocorra de algum jurado dormir ao longo da manifestação da acusação ou da defesa, tal deve ser registrado em ata, podendo o julgamento ser anulado, caso a decisão se dê por diferença de um único voto.

Art. 473. O acusador poderá replicar e a defesa treplicar, sendo admitida a reinquirição de qualquer das testemunhas já ouvidas em plenário.

1. **Direito à réplica**. Como a réplica é um direito da acusação, que poderá, portanto, não utilizá-lo, é que se costuma dizer que a Defesa não deve guardar cartas na manga para a tréplica, pois essa poderá não acontecer. A prudência, portanto, dita que a Defesa deve, na sua primeira manifestação, fazer a análise de toda a prova e lançar todas as suas teses e argumentos, sob pena de não o fazê-lo mais, deixando o réu com uma defesa mutilada.

Adverte a doutrina que o Ministério Público, ao ser indagado pelo Juiz Presidente se deseja replicar, deverá fazê-lo de modo comedido, sem tecer qualquer comentário sobre o feito, pois, do contrário, isso será compreendido como réplica e, por conseguinte, dará direito à tréplica. Neste caso, o Juiz-Presidente deve dar conhecimento à acusação de seu entendimento, a fim de que prossiga na réplica, se assim entender, pois irá garantir à Defesa o tempo destinado à tréplica.[168] Damásio utiliza como exemplo o fato do Promotor afirmar que não irá a réplica porque está satisfeito com o que disse sobre a culpabilidade do

---

[166] Neste sentido, JCAT 71/397 e PARADA NETO, José. *A defesa no plenário do júri. Tribunal do júri – Estudo sobre a mais democrática instituição jurídica brasileira*. São Paulo: Revista dos Tribunais, 1999, p. 177. Em sentido contrário, NUCCI, Guilherme de Souza. *Código de Processo Penal Comentado*, 5ª ed. São Paulo: Revista dos Tribunais, 2006, p. 785.

[167] RT 780/636, 730/535 e 607/275.

[168] Neste sentido, PORTO, Hermínio Marques, ob. cit., p. 131.

réu,[169] e Nucci se refere a resposta, como capaz de ensejar a tréplica, nos seguintes termos: "não vou à réplica porque já provei que o réu é culpado".[170]

A par da indiscutível autoridade dos renomados autores, deve se obtemperar que não pode ser qualquer acréscimo à resposta negativa que pode ensejar a reabertura dos debates, mormente quando, como nos exemplos acima, não caracterizam nova argumentação, mas mera assertiva da acusação sobre a sua impressão pessoal quanto ao seu trabalho.

2. Direito à tréplica. Assim como compete exclusivamente à acusação decidir se irá se utilizar da réplica, também a Defesa tem a faculdade de não se valer da tréplica, conquanto haja vozes em contrário.

Partindo do pressuposto de que tréplica é um direito da Defesa, não se pode obrigar alguém a fazer uso de um direito, que, nesse caso, não seria mais direito, mas sim um dever. Ademais, assim como não se pode definir quais são os rumos que a Defesa técnica irá tomar, sua estratégia, teses, formas de abordagem, etc, também não se pode obrigá-la a se utilizar da tréplica, pois, como adverte Magalhães Noronha, pode ser vantajoso à Defesa silenciar, deixando patente a impressão de uma réplica infeliz.[171]

3. Réplica do assistente à acusação. Como a réplica é direito do acusador, e não exclusiva do Ministério Público, é que se compreende – admitindo-se a Constitucionalidade do Assistente – que ele poderá replicar, mesmo que o Agente Ministerial não o queira, de sorte que também deverá ser consultado pelo Juiz-Presidente, até porque, como visto, poderá requerer a condenação, apesar do Ministério Público ter postulado eventualmente a absolvição.[172]

4. Reinquirição de testemunha ao longo da réplica e da tréplica. Faculta-se, após o encerramento da primeira fase dos debates, a reinquirição de testemunhas já ouvidas em plenário, no que se inclui, obviamente, inclusive a possibilidade de acareação. Aliás, se admite inclusive a oitiva de pessoas que não tenham sido arroladas e que, portanto, não tenham sido ouvidas, desde que haja anuência das partes.[173]

A questão mais aguda, neste tópico, diz respeito a computar tal oitiva dentro do tempo destinado a réplica ou da tréplica. A lei, conquanto tenha admitido a reinquirição, não especificou nada a respeito. No entanto, se a reinquirição se dá a pedido de uma ou outra parte, e não de um jurado, parece razoável que se compute a oitiva dentro do período destinado a réplica ou tréplica, pois, como anota Nucci, poderia a acusação ou defesa, ao buscar a reinquirição de sua principal testemunha – e com isso avivar fatos relevantes aos jurados – aumentar, injustificadamente, seu tempo de manifestação.

5. Tréplica e tese defensiva nova. Grassa controvérsia na doutrina e jurisprudência quanto à possibilidade da Defesa apresentar tese nova na tréplica. Aqueles que não a admitem asseveram, sobretudo, haver ofensa ao contraditório, a lealdade processual e surpresa para a Acusação, não devendo o Juiz-Presidente formular os quesitos correspondentes aos jurados, sob pena de nulidade do julgamento.[174] De outro lado, porém, se pondera que, nos feitos ordinários, a Defesa, em alegações finais, não só se manifesta por último, como pode apresentar qualquer tese, que sequer foi cogitada pela Acusação, e isso, como é cediço, não demanda nova vista ao Ministério Público, a fim de garantir o contraditório. Deste modo e porque sempre alguém terá que falar por último – natural que seja a Defesa, em virtude da plenitude que lhe é assegurada – é que se tem sustentado que, no tocante a teses jurídicas, não há necessidade de se ouvir sempre a parte contrária, não havendo que se falar em quebra do contraditório. Ademais, não há qualquer vedação legal, e mesmo que houvesse conflito entre princípios, entre o contraditório e a plenitude da defesa – que não há, pois não há violação do primeiro – ainda assim deveria prevalecer o último. Isso sem falar que a Acusação não pode alegar surpresa, pois compete a ela prever os argumentos que a Defesa poderá eventualmente lançar mão, já que se trata de mero exercício de técnica jurídica.[175]

Art. 474. O tempo destinado à acusação e à defesa será de 2 (duas) hora para cada um, e de meia hora a réplica e outro tanto para a tréplica.

§ 1º Havendo mais de um acusador ou mais de um defensor, combinarão entre si a distribuição do tempo, que, na falta de entendimento, será marcado pelo juiz, por forma que não sejam excedidos os prazos fixados neste artigo.

---

[169] JESUS, Damásio de, ob. cit., p. 361.

[170] NUCCI, ob. cit.. p. 785.

[171] NORONHA, Magalhães. *Curso de Direito Processual Penal*, 3ª ed. São Paulo: Saraiva, 1969, p. 294.

[172] RT 468/304.

[173] RT 596/411.

[174] Neste sentido, na doutrina, PORTO, Hermínio Marques, ob. cit., p. 130, MARREY, Adriano, ob. cit., p. 231, NASSIF, Aramis, ob. cit., p. 76, entre outros. Na jurisprudência, RT 485/299 e 602/393.

[175] Neste sentido, na doutrina, MIRABETE, ob. cit., p. 1211, NUCCI, ob. cit., p. 473, entre outros. Na jurisprudência, RT 696/331; 661/269 e 630/303.

§ 2º Havendo mais de um réu, o tempo para a acusação e para a defesa será, em relação a todos, acrescido de 1 (uma) hora e elevado ao dobro o da réplica e da tréplica, observado o disposto no parágrafo anterior.

1. Tempo destinado às partes ao longo dos debates. A duração dos debates depende do número de réus submetidos a julgamento durante uma sessão. Caso seja um único réu, a Acusação terá a sua disposição duas horas, de sorte que a Defesa, em prosseguimento, terá outras duas horas. Na hipótese de haver réplica, a Acusação terá meia hora para desenvolver seu trabalho, enquanto a Defesa, outra meia hora.

Havendo dois ou mais réus em julgamento, os debates têm acrescida uma hora na sua parte inicial e meia hora na parte final, isto é, a Acusação, primeiro, tem a sua disposição três horas, enquanto a Defesa, por óbvio, outras três horas. Se houver réplica e tréplica, às partes terão direito a uma hora cada. E o período de três horas ou uma hora para cada parte independente do número de réus: havendo dois, cinco ou dez, a Acusação deverá ser desenvolvida em três horas, na parte inicial, e em uma hora, na réplica, em relação a todos os réus, de modo que a Defesa, como um todo, também terá três horas e uma hora, independente do número de acusados e advogados. Por conta disso é que se busca, nestes casos, a cisão do julgamento, já que, não raro, em virtude do número de réus e das facetas do julgamento, se torna absolutamente impossível desenvolver qualquer análise mais acurada e individualizada da prova ao longo daquele período, o que redunda em prejuízo para a Acusação, para a Defesa e, por conseguinte, para o julgamento como um todo. Aliás, mesmo que não haja cisão do julgamento ao longo do sorteio dos jurados – que, de regra, ocorre, porque é a Defesa que acaba determinando isso, como acima visto – nada impede que o Juiz Presidente, de ofício ou a requerimento das partes, com fulcro no art. 80 do CPP, determine a cisão do julgamento.

Como o tempo destinado as partes é uma faculdade delas, e não um dever, não estão evidentemente obrigadas a usá-lo integralmente. De igual modo, não há possibilidade de se acrescer no período da Defesa ou da Acusação o tempo que a outra não utilizou, pois não pode aliená-lo.

2. Divisão do tempo no caso de mais de um acusador e mais de um defensor. A regra é que, havendo mais de um acusador – Ministério Público e Acusador Particular: caso de queixa-crime conexa ao feito do júri – ou mais de um defensor, o tempo seja dividido de comum acordo entre eles. Caso isso não ocorra, caberá ao Juiz Presidente fazer a divisão, estabelecendo o tempo de cada parte. Conquanto a lei não diga como se fará essa divisão, de regra deve ocorrer de acordo com o número de partes, isto é, havendo dois defensores, cada um terá direito a uma hora e meia e, no caso de tréplica, meia hora cada. Havendo três, uma hora para cada um e, na hipótese, de réplica, vinte minutos cada. Todavia, nada impede que o Juiz Presidente, por exemplo, nos casos de mais de um acusador – um crime de ação penal privada conexo com outro do júri – estabeleça um maior tempo ao Ministério Público, em virtude da maior complexidade do crime doloso contra a vida. Para isso, porém, deverá justificar a divisão desigual e consigná-la em ata. Dito de outro modo, conquanto, em princípio, a divisão do tempo deva ser em partes iguais – seja entre os acusadores, seja entre os defensores – nada impede que se faça de modo distinto, desde que justificado, já que a lei não explicita critérios para divisão do tempo, ficando ao prudente critério do Juiz-Presidente.

3. Tempo destinado ao Assistente à Acusação. A situação envolvendo o Assistente à Acusação é um pouco distinta, pois ele não é o titular da ação penal posta em julgamento, diversamente do que ocorre nos casos de queixa-crime conexa com outro crime afeto ao Tribunal do Júri. Em virtude disso é que grassa alguma controvérsia a respeito da divisão do tempo entre o Agente Ministerial e o Assistente à Acusação. Sob o argumento de que é direito da vítima ou de seus parentes falarem nos autos, tem-se reconhecido o direito do assistente de acusação se manifestar ao longo dos debates, não cabendo ao Ministério Público utilizar todo o tempo. E não havendo acordo entre o *Parquet* e o Assistente, competirá ao Juiz-Presidente fixar o tempo destinado a manifestação do último.[176] No entanto, pode se objetar que o Assistente à Acusação não exerce direito seu; por isso mesmo é assistente. E como assistente deve se limitar a auxiliar à acusação, de sorte que pode o Ministério Público utilizar todo o tempo, se assim entender mais conveniente para os seus propósitos, o que nos parece mais adequado. Isso sem falar que a própria figura do Assistente tem sua constitucionalidade questionada – por ser um *plus* acusatório, violador da isonomia processual – o que tornaria ainda mais sem sentido conceder-lhe tempo para manifestação ao longo dos debates.[177]

---

[176] Neste sentido, BARBOSA, Marcelo Fortes. *A acusação no plenário do júri. Tribunal do Júri – Estudos sobre a mais democrática instituição jurídica brasileira.* São Paulo: RT, 1999, p. 148 e Nucci, ob. cit., p. 785.

[177] Neste sentido, NASSIF, Aramis. Ob. cit., p. 73 e MARQUES, José Frederico. *Elementos de Direito Processual Penal*, São Paulo: Forense, p. 249.

4. Extrapolação do tempo e conseqüências. De regra, o tempo destinado às partes não deve ser ultrapassado, pois compete ao Juiz-Presidente, dentro do seu poder de polícia e fiscalização, controlá-lo. Todavia, caso ocorra de se extrapolar alguns segundos para que a parte possa concluir sua manifestação, isso não implica em qualquer nulidade, tampouco redunda em prejuízo para a parte adversa, que poderá ter acrescido aqueles segundos ao seu tempo. De igual modo, eventualmente, se poderá aumentar o tempo de uma das partes, caso seja interrompida de modo reiterado e impertinente ao longo de sua manifestação, isto é, quando mesmo não admitindo o aparte e havendo inclusive intervenção do Juiz Presidente para lhe garantir a palavra, esses incidentes acabam por lhe suprimir preciosos minutos. Nestes casos, poderá o Juiz Presidente dilatar o tempo destinado à parte que foi interrompida, de modo a não restar prejudicada.

Art. 475. Durante o julgamento não será permitida a produção ou leitura de documento que não tiver sido comunicado à parte contrária, com antecedência, pelo menos, de 3 (três) dias, compreendida nessa proibição a leitura de jornais ou qualquer escrito, cujo conteúdo versar sobre matéria de fato constante do processo.

1. Conceito de documento. Evitar surpresas, deslealdade processual, garantir o contraditório e permitir a produção de contraprova é o escopo do comando legal, ao exigir a comunicação à parte contrária, com antecedência de três dias, quanto à leitura e apresentação de quaisquer "documentos" que não integrem ainda os autos.[178] No entanto, o conceito de documento, embora previsto legalmente – art. 232 – não tem recebido da jurisprudência a mesma definição, apesar de alguns arestos asseverarem que, por se tratar de preceito restritivo, não pode ter interpretação extensiva.[179] O termo documento, porém, não tem sido reduzido a quaisquer escritos, instrumentos ou papéis públicos ou particulares, como insculpido no art. 232, mas tem sido entendido de modo amplo, incluindo aí quaisquer objetos com os quais se pretenda comprovar um fato ou uma determinada situação, englobando, por conseguinte, a projeção de gravações de áudios, vídeos, gráficos, produções computadorizadas, apresentação de vestes, de armas, etc. Por outras palavras, o termo "documento" tem sido compreendido como qualquer objeto que se constitua em prova nova, pois somente assim se justifica a comunicação com antecedência a parte adversa.[180] Isso impõe, por outro lado, uma distinção, nem sempre fácil de fazer, entre prova nova e elementos de mero apóio aos debates, demonstrativos das alegações das partes, como podem ser cartazes, gráficos e bonecos utilizados para facilitar a explanação das teses.[181] Apenas uma investigação casuística é que poderá definir a situação, porquanto um programa de computador, por exemplo, dependendo do seu objetivo e conteúdo, pode ser tanto um mero auxiliar nos debates – como seria uma powerpoint com um roteiro da apresentação das teses – como uma prova nova – levantamento do local do crime, até mesmo com base em testemunhos, que até então nunca tinha sido feito.

2. Contagem do prazo para a juntada de documentos. A contagem pode se dar tanto do dia do julgamento para trás, como do dia da juntada e ciência em diante, desde que haja um intervalo de três dias, contados nos termos do art. 798, §1º, do CPP, isto é, excluindo-se o primeiro dia, mas incluindo-se o do vencimento, o que acaba por determinar que não haja três dias inteiros. Isto é, se juntou e deu ciência no dia 5, não se computa esse dia, mas o dia 6, 7 e 8, que se inclui, de sorte que, para a juntada ser válida, o Júri poderá se realizar no dia 8 ou seguintes. De igual modo, se o Júri está designado para o dia 8, não computando esse dia, mas tendo por termo inicial o dia 7 e incluindo o último, a comunicação deve ocorrer até o dia 5. Convém lembrar que, se a juntada e ciência se dá na sexta-feira, assim como não se vence prazo em dia em que não há expediente forense – §3º do art. 798 do CPP – também não se tem por termo inicial o sábado, consoante Súmula 310 do STF.[182] A propósito, vale sublinhar que não é a juntada do documento que deve preceder o julgamento em três dias, mas a comunicação à parte adversa,[183] assim

---

[178] RESP – Processual Penal – Júri – Prova – Verdade Real – Apresentação de documento em plenário – O processo penal busca a verdade real. Enseja qualquer meio de prova, desde que não obtido por meio ilícito. Não confundir, porém, exercício do direito de provar com abuso do direito de provar. Impõe-se a lealdade processual. Vedada a apresentação de documentos em plenário do Tribunal do Júri, sem prévia ciência da parte contrária. Implica nulidade evidenciado que, do fato, decorreu prejuízo. STJ – RESP nº 0022953. Rel. Min. Luiz Vicente Cernicchiaro – DJU 31.10.1994 – p. 29528.

[179] RT 504/315, 602/399 e 774/563.

[180] RT 367/49, 440/375 e 588/393.

[181] RJTJERGS 182/162 e 197/181, além de RT 516/298, 546/435, 588/322.

[182] "Quando a intimação tiver lugar na sexta-feira, ou a publicação com efeito de intimação for feita nesse dia, o prazo judicial terá início na segunda-feira imediata, salvo se não houver expediente, caso em que começará no primeiro dia útil que se seguir."

[183] Em sentido contrário, contando o prazo do despacho que determina a intimação e incluindo o dia do começo, RT 702/328 e 837/41. E contantdo da intimação, mas incluído o dia do começo: Apelação-Crime Nº 70015973076, Terceira Câmara Criminal, Tribunal de Justiça do RS, Relator: Elba Aparecida Nicolli Bastos, Julgado em 05/10/2006

como não basta a mera comunicação, desprovida da juntada do documento. Para que não haja surpresa e se assegure o contraditório, a parte deve ter acesso ao documento e ter ciência do mesmo três dias antes do julgamento.

3. **Conseqüências da inobservância da regra.** De modo pacífico tem se reconhecido que a violação do art. 475 gera nulidade relativa, que demanda, portanto, demonstração do prejuízo, além de estar sujeita à preclusão, isto é, há necessidade de se manifestar o inconformismo de imediato, solicitando-se sua consignação em ata.[184]

4. **Jornais, revistas e repertórios de jurisprudência.** Como o objetivo do dispositivo em comento, como acima destacado, é evitar surpresas e deslealdade processual, não se permite apenas a leitura de jornais, revistas ou quaisquer escritos que versem sobre os fatos objetos do julgamento. Não havendo qualquer referência ao processo, não há qualquer vedação a leitura, até porque, neste caso, são de conhecimento geral e podem, no máximo, servir de ilustração para as teses trazidas por uma ou outra parte.[185] O mesmo pode ser dito de livros técnicos e repertórios de jurisprudência.[186]

Art. 476. Aos jurados, quando se recolherem à sala secreta, serão entregues os autos do processo, bem como, se o pedirem, os instrumentos do crime, devendo o juiz estar presente para evitar a influência de uns sobre os outros.

Parágrafo único. Os jurados poderão também, a qualquer momento, e por intermédio do juiz, pedir ao orador que indique a folha dos autos onde se encontra a peça por ele lida ou citada.

1. **Exame dos autos e dos instrumentos do crime pelos jurados.** É facultado aos jurados, ao se recolherem à sala secreta, ter acesso aos autos para examiná-los, assim como aos instrumentos do crime, a fim de que, com tal procedimento, possam ter contado mais direto com a prova e dirimir eventuais dúvidas que porventura ainda tenham ou simplesmente para confirmar uma informação sobre a qual não possuem plena certeza. No entanto, esse procedimento deve ser fiscalizado pelo Juiz-Presidente, de modo a evitar qualquer comportamento – comentário, apontamento – que possa redundar em quebra da incomunicabilidade. Aliás, o acesso aos autos e aos instrumentos do crime deve ser garantido sempre aos jurados e não apenas na sala secreta, pois são os Juízes de fato e só assim poderão formar livremente suas convicções.

2. **Pedido de esclarecimento efetuado pelo jurado à parte.** No seu mister o jurado poderá não só pedir que a parte indique a folha dos autos por ela lida ou citada, como também poderá pedir esclarecimentos sobre um determinado argumentou ou qualquer circunstância em julgamento. Com isso se evita fraudes e se afasta dúvidas. No entanto, deve fazê-lo através do Juiz-Presidente, a fim de que esse, numa filtragem, evite que o jurado, de algum modo, dê demonstrativos de seu voto. Até por isso a advertência quanto a essas intervenções dos jurados deve ser feita antes, isto é, devem ser lembrados que nas suas indagações não deverão deixar transparecer seu veredicto ou a tendência de seu julgamento. Por conta disso é que se exige a presença constante do Juiz-Presidente ao longo dos trabalhos, o que não quer dizer, porém, que não possa eventualmente se afastar por breves instantes, desde que não haja prejuízo para lisura do julgamento. A propósito, a tarefa de garantir a incomunicabilidade é, de regra, delegada aos Oficiais de Justiça, de modo que, sobretudo em julgamentos longos, desde que os jurados não fiquem sozinhos, não há problema algum que o Juiz-Presidente se afaste do plenário ou até mesmo do fórum nos momentos de recesso.[187]

Art. 477. Se a verificação de qualquer fato, reconhecida essencial para a decisão da causa, não puder ser realizada imediatamente, o juiz dissolverá o conselho, formulando com as partes, desde logo, os quesitos para as diligências necessárias.

1. **Verificação de fato essencial para o julgamento e dissolução do conselho de sentença.** Por provocação das partes ou dos jurados, o Juiz-Presidente poderá determinar a realização de diligências para apuração de fato, e não de questão de direito – que compete a ele decidir – cuja necessidade seja patente e imprescindível para o julgamento da causa. De regra se tem compreendido que a necessidade dessa diligência deve surgir ao longo dos trabalhos de plenário, em virtude de elemento novo.[188] E isso, inclusive, é o mais comum. Todavia, não há qualquer impedimento legal que um jurado, por exemplo, re-

---

[184] RJTJERGS 179/120 e 203/157. RT 565/313 e RTJ 98/927.
[185] RT 624/281 e 674/296.
[186] RT 593/460.
[187] RTJ 55/475.
[188] Neste sentido, Damásio de Jesus, ob. cit. p. 364.

queira uma diligência imprescindível para o perfeito desenlace do feito, para apuração de fato que não é novo – não surgido apenas em plenário – e que já poderia ter sido inclusive realizada, mas que, por alguma razão, até mesmo por esquecimento, ninguém tinha se apercebido de sua conveniência e necessidade.

Em relação à natureza dessa diligência, isto é, ao tipo de providência que se terá que tomar para a apuração do fato essencial para o julgamento do processo, também não há qualquer restrição legal, não podendo, portanto, o intérprete fazê-la, de sorte poderá consistir em requisição de documento, busca e apreensão, reinquirição ou inquirição de testemunhas – inclusive não arroladas, mas referida – acareação, inspeção judicial, etc. Ou seja, até mesmo diligências externas, que demandem deslocamento de jurados e servidores poderão ser determinadas. É bem verdade que, como adverte Frederico Marques,[189] as diligências a que se refere o dispositivo em comento deveriam estar relacionadas à prova pericial, já que prescreve que, caso não possam ser realizadas imediatamente, além da dissolução do conselho de sentença, o juiz formulará, desde logo, quesitos para a diligência, o que é próprio da prova pericial. No entanto, o próprio Frederico Marques não exclui a possibilidade de outras diligências, como inquirição de testemunhas, etc. E, nestes casos, embora não haja a formulação de quesitos propriamente, nada impede que o Juiz-Presidente já deixe consignadas as perguntas que serão necessárias para a apuração do fato tido como essencial para o julgamento, e que não pôde ser realizada de plano, determinando a dissolução do Conselho de Sentença e transferência do julgamento. Aliás, tal providência será salutar e prudente, para que não haja nova dissolução do Conselho de Sentença, pois a testemunha que se reputou importante a inquirição pode residir em outra comarca, o que demandará a expedição de precatória para sua oitiva, de modo que no plenário seguinte o novo Conselho de Sentença não poderá lhe fazer perguntas.

Compete ao Juiz-Presidente, obviamente, decidir quanto à pertinência da diligência requerida, não devendo delegá-la aos jurados, até porque pode estar maquiada no pleito de uma das partes a pretensão de dissolução do Conselho de Sentença,[190] mormente quando os jurados, indagados nos termos do art. 478 do CPP, afirmam estar habilitados a proferir a decisão. Todavia, se a diligência for requerida por um jurado, não cabe ao Juiz Presidente indeferi-la,[191] posto que, se o jurado, que é o julgador em última análise, não se encontra em condições de julgar e tem uma diligência como imprescindível, caso o julgamento seja levado a termo, não há como não inquiná-lo de nulo. Neste caso, isto é, quando a diligência é requerida pelo jurado, cabe ao Juiz-Presidente tão-somente esclarecer ao jurado sobre a viabilidade e legalidade quanto à produção daquela prova e sua possível repercussão para o julgamento do feito. Se ainda assim o jurado entender imprescindível a realização da diligência, o único caminho é a dissolução do Conselho de Sentença, caso a diligência não possa ser realizada de plano.

Em resumo, quando a diligência essencial para a decisão do feito não puder ser realizada em tempo razoável, mesmo com a suspensão dos trabalhos – art. 497, inciso VII – não restará alternativa ao Juiz-Presidente, já que a lei não admite solução de continuidade e quebra da incomunicabilidade, que não seja a dissolução do Conselho de Sentença, a fim de que em outra sessão e com outros jurados venha o feito a ser julgado.

2. Realização das diligências e reabertura dos debates. Não há previsão legal de reabertura dos debates após o cumprimento da diligência determinada com fulcro no dispositivo em análise. No entanto, parece curial que, sob pena de afronta ao contraditório, se permita às partes tecerem considerações sobre a nova prova. Hermínio Marques Porto, se referindo exclusivamente a coleta de prova oral após o encerramento dos debates, manifesta que compete ao Juiz-Presidente "reabrir os debates, se assim desejado pelas partes que têm o direito, sob pena de cerceamento, de manifestação, antes da decisão final, sobre prova nova, ficando a critério do Juiz Presidente a determinação do tempo para novas alegações orais pela acusação e pela defesa, tempo este que não mostra conveniência ultrapasse aquele destinado à réplica e à tréplica".[192]

De fato, nada justifica suprimir das partes a oportunidade de trazerem suas conclusões quanto àquela prova e, deste modo, contribuírem para o maior esclarecimento dos jurados. Não é porque não exista previsão legal que se deve concluir por proibida a reabertura dos debates, sobretudo quando, como no caso, se encontra justificada tal medida, que, diga-se de passagem, não traz qualquer prejuízo, já que as partes terão tempos iguais para se manifestarem. E esse procedimento não pode ficar restrito as hipóteses de coleta de prova oral, mas a toda e qualquer di-

---

[189] Ob. cit., p. 115, n. 4.
[190] RT 397/101.
[191] PORTO, Hermínio Marques, ob. cit. p. 132.
[192] Ob. cit., p. 131.

ligência determinada pelo Juiz-Presidente após o encerramento dos debates, competindo-lhe ainda, a seu prudente critério, fixará o prazo que entende razoável para as partes concluírem suas análises.

Art. 478. Concluídos os debates, o juiz indagará dos jurados se estão habilitados a julgar ou se precisam de mais esclarecimentos.
Parágrafo único. Se qualquer dos jurados necessitar de novos esclarecimentos sobre questão de fato, o juiz os dará, ou mandará que o escrivão os dê, à vista dos autos.

1. Consulta aos jurados. Concluídas eventuais diligências e encerrados os debates, o Juiz-Presidente indagará aos jurados se estão habilitados a proferir a decisão. Diante da resposta afirmativa, passará a leitura dos quesitos que serão submetidos a julgamento na sala secreta. Caso a resposta seja negativa, demandando algum jurado maiores esclarecimentos sobre questão de fato, o Juiz-Presidente é obrigado a prestá-los, não podendo se eximir sob a alegação de temer eventual quebra da imparcialidade, sob pena de nulidade do julgamento.[193] Aliás, convém gizar que o esclarecimento é sobre questões de fato, constantes do processo, como testemunhos, perícias, etc., o que explica a possibilidade de que o escrivão, através de leitura de peça dos autos indicada pelo Juiz Presidente, preste as informações necessárias ao jurado.

Ao prestar tais esclarecimentos o Juiz-Presidente deve tomar toda a cautela para não manifestar sua opinião sobre o feito e, assim, influir os jurados, tisnando a higidez do julgamento. Isso significa dizer que o Juiz-Presidente não pode tecer comentários sobre a valoração a ser dada a essa ou aquela prova, ou sobre matéria de direito que demande discussão conceitual ou valorativa. Por outro lado, é perfeitamente lícito e conveniente que o Juiz-Presidente explique aos jurados que a eles compete dar a devida valoração a esse ou aquele elemento de convicção, já que são os julgadores do caso, e que não pode fazê-lo porque, deste modo, estaria externando sua opinião sobre o processo e, por conseguinte, gerando a nulidade do mesmo.

Ao utilizar a expressão "questão de fato" o comando legal pode levar a conclusão de que nenhuma questão de direito poderia ser alvo de esclarecimento por parte do Juiz-Presidente. Contudo, há que se fazer uma distinção, pois o que não se permite é que o Juiz, de algum modo, venha a influir os jurados ou tecer explicações que represente apenas uma das vertentes existentes sobre o tema, pois neste caso estará favorecendo uma ou outra parte. Mas perguntas como qual artigo de lei prevê a legítima defesa e o que está escrito no mesmo, por exemplo, não podem ser encaradas como indagações de direito que estejam vetadas ao Juiz-Presidente responder. O que lhe é vedado é discutir o alcance de expressões que compõem o conceito de legítima defesa, como o uso moderado dos meios necessários para repelir uma agressão, etc. Em suma, o Juiz-Presidente não pode prestar esclarecimentos que impliquem em juízo de valor ou análise da prova.

Excepcionalmente, aliás, já se permitiu que a parte brevemente preste os esclarecimentos, quando a interpelação se referiu ao sentido que emprestou ao proferir uma frase, o que, porém, ocorreu sob a fiscalização do Juiz-Presidente, impedindo a reabertura de debates.[194]

Prestados os esclarecimentos, o Juiz-Presidente indagará novamente se o jurado está satisfeito e apto a proceder ao julgamento. O jurado, evidentemente, não pode se negar a julgar, sob a alegação de que persiste com dúvidas quanto à valoração desta ou daquela prova, já que é precisamente este o seu mister. Porém, se a dúvida suscitada pelo mesmo demanda a produção de alguma prova não constante do processo, mas que pode ser realizada e que se afigura imprescindível, a solução deve ser a mesma do art. 477, qual seja, a dissolução do Conselho de Sentença. Dito de outro modo, caso o Juiz-Presidente não tenha êxito no seu intento porque o esclarecimento demanda a produção de alguma prova não constante dos autos, e o jurado persista afirmando não ter condições de proferir o julgamento, em virtude de dúvida sobre questão de fato, deverá ser dissolvido o Conselho de Sentença.[195]

Art. 479. Em seguida, lendo os quesitos, e explicando a significação legal de cada um, o juiz indagará das partes se têm requerimento ou reclamação que fazer, devendo constar da ata qualquer requerimento ou reclamação não atendida.

1. Leitura dos quesitos que serão levados à votação. De regra, na prática, a leitura dos quesitos – como determina a lei, aliás – é feita em plenário, na presença do público e das partes, enquanto a explicação do significado legal de cada um dos quesitos é realizada na sala secreta. E mesmo que a própria leitura, assim como a explicação, se dê apenas na sala secreta, isso não resulta nulidade alguma, já que au-

---
[193] RT 480/302.
[194] RT 507/363.
[195] Neste sentido, Nucci, ob. cit. p. 479.

sente qualquer prejuízo.[196] O que não pode ocorrer é a omissão da leitura e da conseqüente explicação, sobretudo sem a presença das partes,[197] pois o que se pretende é que elas tenham a oportunidade de, neste momento em que tomam ciência formal do questionário, fazer requerimentos e reclamações quanto a sua redação, que pode apresentar lacunas, imprecisões ou erros técnicos quanto a sua formulação.

2. **Explicação dos quesitos**. Com a explicação dos quesitos o Juiz Presidente está se precavendo quanto a eventuais falhas ou contradições na redação do questionário, haja vista que, não raro, neste momento se nota algum defeito ou omissão. Até por isso é importante se fazer uma explicação genérica, digamos assim, de como as teses estão distribuídas ao longo dos quesitos e, em seguida, de cada um deles isoladamente. A propósito, o conveniente é que se faça essa explicação duas vezes: uma, após a leitura, que permite as impugnações das partes; outra, no momento da votação propriamente, o que permite reavivar a memória e o entendimento de cada um dos jurados a respeito daquilo que estão votando.

Ao longo da explicação, porém, mais uma vez o Juiz-Presidente deve tomar todo o cuidado para não deixar transparecer sua opinião, pois sua condição de julgador profissional, digamos assim, seu conhecimento sobre leis e sua experiência, inevitavelmente, acabam por influir o Conselho de Sentença, ou, na melhor das hipóteses, não se tem como negar que isso possa ter ocorrido e que, inclusive, seria natural.[198]

Com esta preocupação de como deve o Juiz-Presidente proceder, de modo a não influir o Conselho de Sentença ao longo de sua explicação, tem se sustentado que não pode sequer fazer referência às penas previstas em lei, caso o réu seja condenado por esse ou aquele dispositivo legal, sob o argumento de que tudo pode servir de influência na formação da convicção do Juiz Leigo.[199] Todavia, nem sempre é o que o Juiz Presidente diz que pode influir os jurados, mas a forma como diz. Por conta disso é que não se tem vislumbrado óbice algum de que faça referência ao *quantum* da pena, haja vista que "não há proibição de que sejam os jurados suficientemente conscientizados da responsabilidade de julgar",[200] o que há é a vedação de que o Juiz-Presidente deixe transparecer seu posicionamento sobre o fato, o que, como dito, muitas vezes não está no conteúdo do que se diz, mas na sua forma. Não ocorrendo isso, não há nulidade a ser reconhecida.[201] Aliás, não teria sentido suprimir tal informação dos jurados, já que a eles compete julgar e, portanto, devem não só decidir, mas também saber as conseqüências possíveis de sua decisão. O que compete ao Juiz-Presidente, ao fazer referência ao *quantum* da pena mínima e máxima – que inclusive pode decorrer de solicitação de um jurado – é prestar tão-somente a informação, sem deixar transparecer qual é a decisão que reputa acertada, o que, aliás, pode ser feito com simplesmente alusão à justificativa acima referida.

3. **Requerimentos, reclamações das partes e preclusão**. O derradeiro momento para as partes manifestarem seu inconformismo quanto à forma, ordem, modo e conteúdo dos quesitos, e inclusive de postularem inclusão de outros, é após a leitura do questionário e sua conseqüente explicação. Não o fazendo, haverá preclusão,[202] até porque não se pode admitir, sob pena de afronta ao princípio da lealdade, que uma parte silencie sobre alguma nulidade para argüi-la somente quando verificar que a sentença lhe foi desfavorável.[203] Por essa razão é que, se a reclamação ou requerimento não for atendido pelo Juiz-Presidente – se deferir, bastará alterar a redação do quesito ou incluí-lo – deve registrar na ata não só o pedido e seu indeferimento, mas também a fundamentação de um e de outro, a fim de assegurar que a matéria possa novamente ser enfrentada pela instância recursal.

É claro, no entanto, que nem todo o defeito da quesitação estará sujeito à preclusão. Não convalesce o vício que impeça o conhecimento da vontade dos jurados,[204] em virtude da complexidade e dubiedade de sua redação, que gera erro ou decisões contraditórias. Nestes casos, mesmo ausente o protesto, poderá ser suscitada a nulidade do julgamento em apelação.

---

[196] RT 518/348 e 603/400.
[197] RTJ 88/110.
[198] RT 508/408 e 661/271.
[199] Neste sentido, Nucci, ob. cit., p. 794.
[200] RJTJERGS 199/191.
[201] RT 767/672.
[202] JSTF 217/341 e 252/272, e RT 770/520 e 776/678.
[203] RTJ 72/683.
[204] RTJ 107/122.

Art. 480. Lidos os quesitos, o juiz anunciará que se vai proceder ao julgamento, fará retirar o réu e convidará os circunstantes a que deixem a sala.

1. **Anúncio do julgamento.** Lido os quesitos e superadas eventuais questões envolvendo requerimentos ou reclamações, o Juiz-Presidente deverá anunciar que irá proceder ao julgamento e determinara a retirada do réu, assim como mandará evacuar o recinto, a fim de que se possa dar início à votação do questionário. Esse procedimento, de retirada do réu e de esvaziar o auditório, é dispensado nos locais onde haja a sala secreta, que, aliás, nada mais é do que uma sala reservada, Aonde irão se recolher os jurados, as partes e o Juiz-Presidente, além dos serventuários da justiça, para procederem o julgamento propriamente dito.

Art. 481. Fechadas as portas, presentes o escrivão e dois oficiais de justiça, bem como os acusadores e os defensores, que se conservarão nos seus lugares, sem intervir nas votações, o conselho, sob a presidência do juiz, passará a votar os quesitos que lhe forem propostos.
Parágrafo único. Onde for possível, a votação será feita em sala especial.

1. **Presença sem intervenção nas votações.** Permanecem no recinto onde será efetuada a votação dos quesitos tão-somente as partes, o Juiz-Presidente e os servidores da Justiça necessários para o perfeito desenvolvimento dos trabalhos. As partes, porém, não podem intervir na votação, o que significa dizer que não poderão fazer qualquer manifestação de apoio ou repúdio, sequer à guisa de auxiliar no esclarecimento dos quesitos, que é tarefa exclusiva do Juiz-Presidente, tampouco se expressar por gestos ou comportamento que possam de algum modo gerar qualquer tipo de constrangimento aos jurados. Se o fizerem, o Juiz-Presidente, dentro de seu poder de polícia, poderá determinar a retirada da sala daquele que se comportar de modo inconveniente, consoante art. 483 do CPP. Caso isso não ocorra e as intervenções persistam, tal comportamento poderá redundar em nulidade do julgamento.[205]

2. **Sala secreta.** A partir do art. 5º, inciso LX, e art. 93, inciso IX, ambos da Constituição Federal de 1988,[206] houve quem entendesse que a sala secreta não havia sido recepcionada pela Carta Maior.[207] A linha argumentativa utilizada por esses autores, resumidamente, parte do pressuposto de que a garantia constitucional da publicidade dos atos processuais e, por conseguinte, dos julgamentos, teria fulminado a sala secreta, bem como fazem uma distinção entre sigilo das votações – que equivaleria a voto secreto – e sigilo na votação, asseverando que a última, que asseguraria a permanência da sala secreta, não foi abrigada pela Constituição. Hodierna e majoritariamente, no entanto, tem se reconhecido a constitucionalidade da sala secreta,[208] sob o argumento de que a própria Lei Maior, nos artigos acima mencionados, permite restringir e limitar a publicidade dos atos processuais,[209] o que ocorre quando assim exigir a defesa da intimidade, do interesse social ou do interesse público. E o interesse público de que os jurados exerçam sua função com independência, imparcialidade e livre de pressões é patente, mormente quando se constata que, cada vez mais, o Tribunal do Júri é chamado a julgar fatos envolvendo a ação de grupos organizados, fortemente armados e que atacam inclusive agentes do próprio Estado. Aliás, se pode objetar, igualmente, que haveria flagrante quebra do sigilo das votações, no sentido mais restrito, de voto secreto, quando aquela, feita em público, se desse

---

[205] RT 578/331.

[206] "a lei só poderá restringir a publicidade dos atos processuais quando a defesa da intimidade ou o interesse social exigirem"; "todos os julgamentos dos órgãos do Poder Judiciário serão públicos e fundamentadas todas as decisões, sob pena de nulidade, podendo a lei, se o interesse público o exigir, limitar a presença, em determinados atos, às próprias partes e a seus advogados, ou somente a estes."

[207] Neste sentido, SANTOS JÚNIOR, Carlos Rafael. A extinção da sala secreta nos tribunais do Júri. *Revista da Ajuris*, 58/261/278, TUBENCHLAK, James. *Tribunal do Júri – Contradições e soluções*, 4ª ed. São Paulo: Saraiva, 1994, p. 119, STRECK, Lenio Luiz. *Tribunal do Júri – Símbolos e Rituais*, 2ª ed. Porto Alegre: Livraria do Advogado, 1997, DOTTI, Renê Ariel. *A publicidade dos julgamentos e a sala secreta do júri*. Revista dos Tribunais, v. 677, p. 330 e ss., e DJADER, Ricardo Luiz da Costa. O júri segundo as normas da constituição federal de 1988, *Revista da Ajuris*, 58/244.

[208] JSTF 167/368

[209] Neste sentido, PORTO, Hermínio Alberto Marques. *Júri. Procedimentos e aspectos do julgamento.Questionários*. 9ª ed., São Paulo: Malheiros, 1998, p. 331. MARREY, Adriano; FRANCO, Alberto Silva; STOCO, Rui. *Teoria e prática do júri*. 5ª ed. São Paulo: Revista dos Tribunais, 1993, p. 261. RANGEL, Paulo. *Direito Processual Penal*, 7ª ed. Rio de Janeiro: Lumen Juris, 2003, p. 14. MIRABETE, Julio Fabbrini. *Código de Processo Penal Interpretado*. 10ª ed. São Paulo: Atlas. 2002, p. 1224, NUCCI, Guilherme de Souza. *Código de Processo Penal Comentado*. 5ª ed. São Paulo: Revista dos Tribunais, 2006. p. 795. FERNANDES, Antônio Scarance. *Processo penal constitucional*. 4ª ed. São Paulo: Revista dos Tribunais, 2005, p. 180. LOPES, Maurício Antônio Ribeiro. *Do sigilo e da incomunicabilidade do júri*. Tribunal do Júri: estudos sobre a mais democrática instituição jurídica brasileira. Rogério Lauria Tucci (coord.). São Paulo: Revista dos Tribunais, 1999, p. 258-287.

por unanimidade. Deve se proteger, portanto, o cidadão que é chamado a exercer temporariamente a função de julgar, já que não tem as mesmas garantias do juiz togado.[210] E aquela distinção entre sigilo das votações e na votação, não se mostra apropriada, porquanto a Carta não proíbe a sala secreta, tampouco assegura o voto secreto, mas garante o sigilo das votações, que não pode ser interpretada restritivamente, como se votação fosse sinônimo de voto secreto. Votação é o ato de votar, e não só o voto. Por isso é que o ato de votar é que deve ser preservado, sem a presença do público. A propósito, como é comezinho, se há uma interpretação que assegura a constitucionalidade da norma e harmoniza o texto constitucional, ela deve ser preferida.

3. **Presença de estudantes.** É relativamente comum a solicitação de estudantes para assistirem a votação dos quesitos. Com a anuência das partes não há qualquer óbice, desde que, obviamente, permaneçam em silêncio, distantes dos jurados e não intervenham de modo algum ao longo do julgamento, já que a presença dos mesmos, em princípio, não implica em pressão aos jurados ou traz qualquer prejuízo às partes.[211]

Art. 482. Antes de dar o seu voto, o jurado poderá consultar os autos, ou examinar qualquer outro elemento material de prova existente em juízo.

1. **Consulta pelos jurados antes de dar o voto.** Ao longo de toda votação, isto é, antes de qualquer voto, a lei faculta ao jurado, mais uma vez, examinar os autos, assim como instrumentos do crime ou matérias apreendidos, a fim de que não profira sua decisão com qualquer tipo de dúvida. Preserva-se de modo absoluto o direito do jurado não julgar com dúvidas. Aliás, podem também solicitar ao Juiz-Presidente que repita a explicação e especifique as conseqüências de seu voto sim ou não. De qualquer modo, como já dito em outras oportunidades, deve o jurado ser advertido para não deixar transparecer qual é sua intenção de voto ou qual foi o voto que proferiu anteriormente, sob pena de nulidade do julgamento.[212]

Art. 483. O juiz não permitirá que os acusadores ou os defensores perturbem a livre manifestação do conselho, e fará retirar da sala aquele que se portar inconvenientemente, impondo-lhe multa, de duzentos a quinhentos mil réis.

1. **Proibição de interferência das partes.** Como já referido no comentário ao art. 481, é vedado às partes qualquer tipo de manifestação que possa perturbar o livre desempenho pelo Conselho de Sentença de suas funções. Caso alguma parte se comporte de modo impertinente, o Juiz-Presidente, primeiro, deve adverti-la. A persistir o comportamento inconveniente, determinará a sua retirada da sala e lhe imporá a pena de multa. É evidente, por outro lado, que nem toda a manifestação da parte é vetada. O que a lei proíbe é a manifestação ou comportamento que vise turbar o ânimo do Conselho de Sentença. Manifestações que buscam a consignação em ata sobre o comportamento de um jurado, de inconformismo quanto à forma que o Juiz-Presidente está empregando para explicar os quesitos são simples exercício de sua função, cabendo ao Juiz-Presidente registrar as ocorrências em ata, deferindo ou indeferindo o pedido da parte.

2. **Pena de multa.** Evidentemente, como já comentado em tantos outros dispositivos, a multa, pela desvalorização da moeda e inflação do período, não tem hoje expressão monetária, caindo no vazio, por conseguinte.

Art. 484. Os quesitos serão formulados com observância as seguintes regras:

I – o primeiro versará sobre o fato principal, de conformidade com o libelo;

II – se entender que alguma circunstância, exposta no libelo, não tem conexão essencial com o fato ou é dele separável, de maneira que este possa existir ou substituir sem ela, o juiz desdobrará o quesito em tantos quantos forem necessários;

III – se o réu apresentar, na sua defesa, ou alegar, nos debates, qualquer fato ou circunstância que por lei isente de pena ou exclua o crime, ou o desclassifique, o juiz formulará os quesitos correspondentes, imediatamente depois dos relativos ao fato principal, inclusive os relativos ao excesso doloso ou culposo quando reconhecida qualquer excludente de ilicitude;

IV – se for alegada a existência de causa que determine aumento de pena em quantidade fixa ou dentro de determinados limites, ou de causa que determine ou faculte diminuição de pena, nas mesmas condições, o juiz formulará os quesitos correspondentes a cada uma das causas alegadas;

V – se forem dois ou mais réus, o juiz formulará tantas séries de quesitos quantos forem eles. Também

---

[210] RJTJRGS 159/50 e 162/119, RT 679/372 e 658/321.
[211] RT 628/365 e RTJ 120/178.
[212] RT 550/301 e 551/341.

serão formuladas séries distintas, quando diversos os pontos de acusação;

VI – quando o juiz tiver que fazer diferentes quesitos, sempre os formulará em proposições simples e bem distintas, de maneira que cada um deles possa ser respondido com suficiente clareza.

Parágrafo único. Serão formulados quesitos relativamente às circunstâncias agravantes e atenuantes, previstas nos arts. 44, 45 e 48 do Código Penal, observado o seguinte:

I – para cada circunstância agravante, articulada no libelo, o juiz formulará um quesito;

II – se resultar dos debates o conhecimento da existência de alguma circunstância agravante não articulada no libelo, o juiz, a requerimento do acusador, formulará o quesito a ela relativo;

III – o juiz formulará, sempre, um quesito sobre a existência de circunstâncias atenuantes, ou alegadas;

IV – se o júri afirmar a existência de circunstâncias atenuantes, o juiz o questionará a respeito das que lhes parecer aplicáveis ao caso, fazendo escrever os quesitos respondidos afirmativamente, com as respectivas respostas.

1. **Questionário e quesito**. Os quesitos são perguntas dirigidas aos jurados para serem respondidas negativa ou positivamente. A eles são indagadas questões fáticas, e não de Direito, dada a condição de leigos. Por isso mesmo se diz que os jurados são juízes de fato, e não de Direito, de modo que jamais lhe será perguntado se o réu, v.g, agiu em legítima defesa, mas sim os fatos e elementos que possam caracterizar a excludente. É claro, portanto, que, ao responderem questões fáticas, acabam decidindo o Direito pela inevitável conexão e repercussão entre os dois.

Já o questionário nada mais é do que o conjunto de quesitos que são submetidos à votação dos jurados, através do qual decidem sobre a imputação criminosa e as teses defensivas.

2. **Redação e ordem dos quesitos**. Tema de alta relevância, talvez o mais tormentoso do Tribunal do Júri, mereceu do legislador atenção reduzida, sendo tratado num único artigo, que carece, ademais, de melhor técnica legislativa, o que, quiçá, explique o grande número de julgamentos anulados por defeito de quesitação.

De qualquer modo, o que se tem neste artigo 484 é apenas uma orientação, uma diretriz de como devem ser redigidos os quesitos, sem, contudo, ser exaustivo. A doutrina, por sua vez, após analisar o dispositivo legal – devido a sua falta de clareza e imprecisão técnica – procura estabelecer uma ordem de formulação dos quesitos que, com algumas pequenas oscilações, pode ser assim resumida, cabendo ressaltar que cada tópico não representa necessariamente um quesito – pode ser desdobrado – mas a ordem das teses ou dos pontos que necessitam ser submetidos aos jurados, caso, obviamente, existentes no feito: 1º) materialidade e autoria; 2º) nexo de causalidade, isto é, letalidade; 3º) teses de desclassificação; 4º) teses de exclusão da ilicitude; 5º) teses de exclusão de culpabilidade; 6º) causas de diminuição da pena – minorantes – ; 7º) qualificadoras; 8º) majorantes; 9º) e, por fim, agravantes e atenuantes.

Na elaboração destes quesitos o Juiz-Presidente deve estar atento a redação dos mesmos, que deve se apresentar de forma clara, sem ambigüidade, em proposições simples e interrogativas afirmativas, isto é, se evitando perguntas negativas, pois poderão ensejar sérias e insuperáveis dúvidas, haja vista que, em última análise, quando se responde a um "não" com outro "não" sempre ficará a dúvida: quem respondeu pretendia negar ou confirmar, porquanto "não" com "não" também pode significar "sim". Exemplificando: O réu não desferiu tiros contra a vítima?

A resposta "não" estará confirmando a negação da pergunta, ou estará refutando? É precisamente isso, essa perplexidade, que se quer evitar. É por conta disso que a jurisprudência e a doutrina prescrevem que as perguntas devem ser feitas sempre de modo afirmativo.

De igual sorte, colhe-se, como ensinamentos, que se deve evitar o uso da expressão "crime" – salvo nos quesitos relativos a causas de aumento ou diminuição da pena – pois envolve um conceito jurídico que pode se tornar paradoxal quando incluído em teses de exclusão da ilicitude, por exemplo.[213] Deve se evitar, outrossim, o emprego de adjetivos e de perguntas longas, assim como quando o quesito versar sobre circunstância legal de conteúdo genérico – "circunstâncias alheias à vontade do agente" – deve se explicitar no que consiste tal circunstância.[214]

3. **Fato principal**. O inciso I induz a falsa idéia de que o fato principal deve ser alvo de um único quesito. O fato principal, a bem da verdade, inclui tanto a materialidade como a autoria e o nexo causal, o que já torna evidente a impossibilidade de se responder de uma só vez, pois, como adverte Tubenchlak, "se os jurados, instados a responder de uma só vez a duas indagações, uma alusiva à ação ou omis-

---

[213] LEAL, Saulo Brum. *Júri Popular*. 4ª edição. Porto Alegre: Livraria do Advogado, 2001, p. 180.

[214] TUBENCHLAK, James. *Tribunal do Júri – Contradições e soluções*, 4ª ed. São Paulo: Saraiva, 1994, p. 134.

são típica, e a outra, direcionada ao resultado, terão subtraída a possibilidade de negar que o evento não foi causado pela conduta do réu, se assim o entenderem".[215]

Deste modo, na prática, o fato principal termina por ser desdobrado em dois ou três quesitos, dependendo do caso em julgamento. A propósito, como bem destacado por Saulo Brum Leal, a autoria deve ser desmembrada em diversos quesitos quando há mais de um meio sucessivo – porrete, luta corporal, arma de fogo, etc – para a prática das lesões que possam ter gerado a morte da vítima.[216]

Deve-se tomar o cuidado, por outro lado, de se excluir da redação do meio utilizado para a prática das lesões algo que já represente uma qualificadora, pois, neste caso, os jurados estariam respondendo concomitantemente autoria e qualificadora. O exemplo mais claro disso ocorre quando o homicídio é praticado com utilização de fogo, que, como é cediço, qualifica o crime e, portanto, não pode aparecer no quesito relativo a autoria.

4. Quesitos de Defesa. Na formulação dos quesitos correspondente às teses defensivas, que sucedem os relacionados ao fato principal, a primeira questão que se impõe está relacionada à possibilidade de se questionar a tese fruto da Defesa pessoal, caso essa não seja adotada pela Defesa técnica.

Apesar da existência de divergência a respeito, cremos, por força do princípio da plenitude defensiva, ser imperiosa a formulação de quesitos com base no interrogatório do réu, isto é, na sua Defesa pessoal, caso essa, repito, não coincida com a Defesa técnica ou até mesmo com ela colidente.

O inciso III, aliás, que é corolário do referido princípio, impõe tal postura, não havendo, em sua adoção, qualquer prejuízo ao acusado, pois o máximo que os jurados poderão fazer é refutar os quesitos correspondentes, o que, no mínimo, se iguala à situação de quando não são formulados. Além disso, convém sublinhar que "o que pode dar azo à anulação de um Júri não são as proposições antagônicas, e sim as respostas conflitantes dos jurados",[217] sendo perfeitamente possível e adequado, portanto, o questionamento de teses contraditórias, já que, como é curial, são apresentadas de maneira alternativa.

De igual modo e por força do mesmo princípio, não pode o Juiz-Presidente deixar de questionar teses contraditórias[218] e, bem assim, as que correspondam a causas supralegais de exclusão da ilicitude,[219] na medida em que o julgamento efetuado pelo Conselho de Sentença toma por base o ordenamento jurídico como um todo, e não se restringe a lei. Ademais, bem ou mal, as causas de exclusão supralegais encontram amparo na doutrina e na jurisprudência, nada justificando a sua não submissão aos jurados. Para além disso, não compete ao Juiz-Presidente fazer uma triagem restritiva, porquanto constitucionalmente competente para o exame é o Tribunal do Júri. E se eventual tese, digamos, ganhar ares de surrealismos caso acolhida, ao segundo grau é que cabe, por meio da apelação, determinar a realização de novo júri.

Por outras palavras, se a tese não for questionada, corre-se o risco de nulidade por cerceamento de Defesa. Todavia, se submetida aos jurados, estes poderão negá-la – daí não advindo qualquer prejuízo ou risco de nulidade do feito – ou acolhê-la e, conseqüentemente, nesta hipótese, à Acusação é que se abre a possibilidade de requerer novo julgamento por defeito de quesitação ou por decisão manifestamente contrária a prova dos autos. Dito de outro modo, o Juiz-Presidente deve optar pela via que representa menor risco de nulidade para o feito.

O que não se tem tolerado, porém, é que o Juiz-Presidente, de ofício, formule quesitos relacionados à tese que não foi alegada tanto pela Defesa técnica como pela Defesa pessoal.

Outro ponto relevante na elaboração dos quesitos concernentes às teses defensivas está relacionado à ordem de formulação. Independentemente de serem fruto da defesa técnica ou pessoal, de ser apresentada pelo Defensor como tese principal, ou não, primeiro deve ser questionada a tese desclassificatória, pois somente depois de firmada a competência é que os jurados poderão examinar as demais teses, já que, se acolhida a tese de desclassificação, não serão mais competentes.[220] Em seguida, aí sim, deverão ser formulados os quesitos relativos às excludentes da ilicitude, antes de excludentes da culpabilidade, porque as primeiras levam a absolvição própria, enquanto a segunda, nem sempre. Isso sem falar que a primeira impede a ação civil indenizatória, o que não ocorre com a exclusão da culpabilidade.

---

[215] TUBENCHLAK, James. *Tribunal do Júri – Contradições e soluções*, 4ª ed. São Paulo: Saraiva, 1994, p. 119.
[216] LEAL, Saulo Brum. *Júri Popular*. 4ª ed. Porto Alegre: Livraria do Advogado, 2001, p. 176.
[217] TUBENCHLAK, James. *Tribunal do Júri – Contradições e soluções*, 4ª ed. São Paulo: Saraiva, 1994, p. 132.
[218] JSTF 230/371.
[219] JSTJ 18/243 e RJTJRGS 188/107.
[220] Neste sentido, RJTJERGS 150/230 e, em sentido contrário, RJTJERGS 201/155.

Por fim, caso refutadas as teses de exclusão da ilicitude e/ou culpabilidade, serão formuladas as relativas a causas de diminuição de pena, que, inclusive, devem preceder as de aumento eventualmente formuladas pela acusação, sob pena de nulidade.[221]

5. Quesitos sobre excludentes. Como já dito, entre as excludentes, primeiro devem ser questionadas as teses de exclusão da ilicitude e, depois, as de exclusão da culpabilidade. A forma de redação dos quesitos correspondentes, porém, é que suscita algumas controvérsias.

A primeira delas diz respeito à necessidade de desdobramento em vários quesitos ou não.

Tubenchlak advoga a ideia de que não há necessidade de desdobramento, a partir do princípio da simplificação dos quesitos, que, sublinha, não é vedado pelo Código. Assevera ainda que isso facilitaria os julgamentos e evitaria muitas nulidades, pois, acredita, é muito mais difícil aos jurados internalizar os conceitos de agressão injusta, meios necessários e moderação, do que o conceito de legítima defesa como um todo. Isso sem falar que eliminaria discussões, ainda hoje reinantes, quanto ao desdobramento dos quesitos relativos à atualidade ou iminência da agressão, ou sobre o meio necessário e moderado.[222]

A orientação predominante, porém, é que deve haver o desdobramento,[223] sobretudo porque os jurados, vale repetir, são juízes de fato, e não de Direito, sendo bastante questionável a afirmação de que aos jurados é mais fácil internalizar o conceito de legítima defesa como um todo do que de agressão injusta, meio necessário, etc. Aliás, se é difícil a compreensão de uma parte – agressão injusta, por exemplo – por certo a compreensão do todo – legítima defesa – em princípio, será pior, ou, no mínimo, deficitária, o que a formulação num quesito único maquiaria e impediria de se verificar. Por conta disso, é que se afigura mais correto, apesar das dificuldades, o desdobramento em vários quesitos, como é a orientação predominante da Jurisprudência.[224]

Conveniente, por outro lado, trazer à baila algumas questões pontuais deste desdobramento, mormente no que tange a mais corriqueira das excludentes em plenário, qual seja, a legítima defesa, já que é impossível, nos limites deste trabalho, trazer modelos e analisar cada uma delas.

Sendo assim, friso, por exemplo, que tanto a atualidade como a iminência da agressão, como é cediço, são capazes de autorizar uma reação em legítima defesa. Em virtude disso, devem estar reunidas num único quesito, até porque o desdobramento pode trazer prejuízo à Defesa, na medida em que, se três jurados entenderem que o réu estava diante de uma agressão atual, outros três, que era iminente, enquanto, o sétimo e ultimo, que não era atual nem iminente, a separação dos quesitos poderá levar ao afastamento da excludente, quando, na verdade, a maioria dos jurados reconhece presente o pressuposto da atualidade da agressão capaz de autorizar a legítima defesa. Esclarecendo melhor, os três jurados que entenderam que a agressão era iminente, responderam negativamente ao serem indagados se a agressão era atual, e terão acrescidos o voto daquele que entendeu que a agressão não era nem atual nem iminente, o que levará a um placar de quatro votos não contra três votos sim. Já os três jurados que entenderam que a agressão era atual, mas não iminente, poderão responder negativamente ao serem perguntados quanto à iminência da agressão, o que levará a outra negativa por quatro votos não – somado, obviamente, o voto do jurado que entende que a agressão não era nem atual nem iminente – contra três votos sim. Todavia, se aglutinados num único quesito a atualidade e iminência da agressão, a resposta deste Conselho de Sentença imaginário será de seis votos sim contra um voto não. E é essa constatação que justifica a reunião num só quesito sobre a atualidade e iminência da agressão.

De igual modo, quanto ao meio necessário e uso moderado, como envolvem um conceito único – de moderação na repulsa – devem ser alvo de uma única pergunta, de um único quesito.[225]

Ainda em relação à legítima defesa, gize-se que não há qualquer prejuízo para a Defesa de que a atualidade ou iminência da agressão sejam questionada antes da injustiça da agressão. O que deve preceder, porém, é a pergunta relativa à existência da agressão.

Outro ponto controvertido e também merecedor de uma atenção mais pormenorizada é o relacionado ao excesso nas excludentes, que só será alvo de votação – porém obrigatória – se negada a moderação na repulsa.

Uma noção primeira pode levar a conclusão de que, se perguntado o excesso doloso, e negado, é porque o excesso será doloso; ao contrário, se perguntado o excesso culposo, e negado, é porque o excesso será doloso. Em resumo, bastaria indagar uma das

---

[221] Súmula 162 do STF: "É absoluta a nulidade do julgamento pelo júri, quando os quesitos da defesa não precedem aos das circunstâncias agravantes."
[222] TUBENCHLAK, James. *Tribunal do Júri – Contradições e soluções*, 4ª ed. São Paulo: Saraiva, 1994, p 129.
[223] RT 550/301.
[224] RSTJ 92/391.
[225] RT 746/662 e 540/291, e RJTJERGS 179/150.

modalidades de excesso para se chegar à conclusão de qual deles teria sido acolhido pelos jurados.

Todavia, tal forma de questionário acaba por ser prejudicial à Defesa, violando o princípio da plenitude defensiva, na medida em que suprime a possibilidade do denominado excesso exculpante, que, diversamente do excesso doloso e culposo, leva a absolvição, porquanto exclui a culpabilidade. Foi isso, inclusive, que levou a nova redação do inciso III, dada pela Lei 9113/95.

O excesso exculpante, vale destacar, se caracteriza por ser aquele excesso em que, diante das condições de tempo, local e modo da agressão, isto é, pelo medo, pavor, surpresa, etc, não era exigível do réu uma conduta diversa, isto é, que mensurasse criteriosamente o momento em que aquelas cessaram. Como se vê, em última análise, é uma espécie de exclusão da culpabilidade por inexigibilidade de conduta diversa, que, embora seja uma causa supralegal, deve ser questionada ao Conselho de Sentença, como acima visto.

5. Quesitos sobre desclassificação. Quando a tese defensiva for de desclassificação – para homicídio culposo, lesão corporal seguida de morte, etc. – como não poderia deixar de ser, surge o problema relacionado à forma de quesitar: negando o dolo ou perguntando as formas de culpa.

Não há dúvidas de que a segunda maneira, indagando as modalidades de culpa – negligência, imprudência e imperícia – termina por prejudicar o réu, pois o que se terá é uma desclassificação imprópria, que nada mais é do que uma condenação por crime culposo.

Já na primeira hipótese, quando se indaga as formas de dolo – direto e eventual – caso negadas, se terá uma desclassificação própria, que transmite ao Juiz-Presidente a competência para julgar o delito residual, podendo esse condenar, mas também absolver o acusado, o que se constitui numa evidente vantagem, demonstrando o benefício que essa modalidade de quesitação representa ao réu. Afora isso, a quesitação das modalidades de culpa traz a tona um problema de incompetência, na medida em que admite que o Tribunal do Júri possa condenar alguém por crime culposo. Por tudo isso, se prefere a primeira forma de quesitação, isto é, de dolo direto e eventual. A propósito, em relação ao dolo eventual, não basta indagar se o réu assumiu o risco de causar a morte da vítima, pois dolo eventual não é apenas adotar uma conduta de risco, mas também anuir ao resultado. Em razão disso, a pergunta dirigida aos jurados deve incluir esses dois conceitos, ou seja, se o réu assumiu e consentiu no risco de causar a morte da vítima.

Vale lembrar, outrossim, que, em se tratando de tentativa, a discussão perde sentido, na medida em que a resposta negativa ao quesito correspondente ao crime tentado – o réu, assim agindo, deu início ao ato de matar a vítima, o que não se consumou por circunstâncias alheias à sua vontade, qual seja ...? – já se opera a desclassificação própria.

7. Quesitos nos casos de concurso de pessoas e de crimes. Havendo mais de um acusado, o Juiz Presidente deverá formular séries de quesitos distintas para cada um deles. De igual modo deve proceder quando houver acusação de mais de um crime.

No que toca ao concurso de pessoas, deve se tomar o cuidado de que os quesitos relacionados ao fato principal – mais precisamente materialidade e nexo causal – sejam realizados de forma impessoal – "alguém" – a fim de evitar prejulgamentos. Em seguida se partirá para as perguntas relativas às formas de co-autoria e participação específicas de cada acusado. Por outras palavras, não deve a série relativa a um dos réus mencionar o nome do outro. E quando se diz que o Juiz Presidente "em seguida deve passar as formas específicas de co-autoria e participação", o que se está a afirmar é que a quesitação deve indagar aos jurados, precisamente, no que consistiu a co-autoria ou participação imputada aquele réu. Não bastam, portanto, alusões genéricas, muito menos que não estejam em consonância com a pronúncia e com o libelo. E mais, para cada forma de co-autoria ou participação deve haver um quesito específico, não se admitindo a aglutinação, pois representaria nítido prejuízo ao acusado.

Como bem assinala Saulo Brum Leal, "se o quesito co-autoria específica for formulado aglutinadamente e ocorrer resposta afirmativa por seis votos contra um, pode ter ocorrido que três jurados tenham entendido que o réu participou de fato de uma forma (porretadas), e outros três entendam que a participação do réu foi de outra forma (facadas). Com tal resposta, o imputado estará condenado. Se o Conselho de Sentença for questionado de forma separa, o réu pode ter sua participação afastada na co-autoria específica por quatro votos contra três".[226]

A propósito, como lembrado pelo citado autor, a resposta afirmativa a uma das formas específicas de participação ou autoria não impede a votação das demais; pelo contrário, pois o réu pode ter concorrido para o crime de mais de uma maneira, e isso, inegavelmente, tem reflexo na dosimetria da pena.[227]

---

[226] LEAL, Saulo Brum. *Júri Popular*. 4ª ed. Porto Alegre: Livraria do Advogado, 2001, p. 192.

[227] Idem, p. 193.

Ainda nesta senda, não se pode deixar de mencionar o problema atinente ao quesito genérico, sobre o qual ainda grassa divergência.

Boa parte da jurisprudência sobre tema de lunidade entende obrigatória a formulação, após os quesitos específicos de co-autoria e participação, de um quesito genérico com a seguinte redação: "O réu Fulano concorreu, de qualquer modo, para a prática dessas lesões?".

Prendem-se, os que advogam essa tese, ao que diz o art. 29 do Código Penal: "Quem, *de qualquer modo*, concorrer para o crime incide nas penas a este cominada, na medida de sua aplicabilidade." (grifei), assim como asseveram que, muitas vezes, dadas as particularidades do caso, se mostra impossível individualizar a ação de cada um dos réus.

Todavia, não se pode, a pretexto de uma discutível dificuldade, violar os princípios da plenitude defensiva, do contraditório e da correlação entre sentença e acusação. É inegável que o réu tem o direito de saber do que está sendo acusado e, sobretudo, de seus detalhes, dos pormenores que indicam sua participação no delito. Do contrário, evidentemente não terá condições de efetuar uma defesa eficaz; basta imaginar que jamais terá condições de demonstrar que a decisão dos jurados é manifestamente contrária a prova dos autos, pois não saberá jamais qual foi a conduta que os jurados entenderam capaz de ensejar a sua condenação. O fato que lhe é imputado, portanto, deve ser certo e explícito, jamais abstrato e implícito, o que violaria a noção de congruência entre a denúncia e a sentença.

Ademais, a expressão de qualquer modo, inscrita no art. 29, não exime, evidentemente, o Ministério Público de descrever detalhadamente a ação de cada um dos acusados, até porque, quando o artigo refere *na medida de sua culpabilidade*, está pressupondo a identificação da forma de co-autoria ou participação, visto que, do contrário, não se terá elementos para aferir a maior ou menor reprovabilidade do seu agir. Isso sem falar que o quesito genérico impede o reconhecimento, ou ao menos torna paradoxal, da participação em crime menos grave ou de menor importância.[228]

Esses, em resumo, são os argumentos que se colhe na doutrina e jurisprudência, e que nos levam a afirmar a impossibilidade do quesito genérico nos casos de co-autoria e participação.

Por fim, no tocante à pluralidade de crimes, a par da necessidade de séries distintas – uma para cada crime – se coloca a questão da necessidade de quesitos exclusivos e específicos quanto à continuidade ou concurso formal.

De regra, se tem dito que, como tais institutos dizem respeito à aplicação de pena, não devem ser questionados aos jurados, já que serão inevitavelmente objeto de análise por ocasião da dosimetria da pena.

Todavia, se é certo que o Juiz-Presidente pode reconhecer a continuidade delitiva ou o concurso formal independentemente de pedido da Defesa, não menos certo é que ela pode requer a submissão de tais teses ao Conselho de Sentença, a fim de impor sua aplicabilidade caso acatada pelos jurados, não deixando a matéria ao entendimento do Magistrado Presidente. Observo, além disso, que, se os jurados são questionados sobre a existência de agravantes e atenuantes, nada justifica a vedação de que sejam questionados sobre o concurso formal e o crime continuado, o que inclusive melhor se coaduna com os princípios da plenitude defensiva e soberania dos veredictos.[229]

8. Quesitos sobre qualificadoras e causas de aumento ou diminuição da pena. Como já referido no item 2, os quesitos correspondentes as causas de diminuição da pena – minorantes – devem preceder aos relativos as qualificadoras. Tal se justifica porque, primeiro, de regra, a alegação de uma minorante ainda é tese defensiva;[230] segundo, porque pode ocorrer de uma minorante ter a mesma natureza da qualificadora, de sorte que, se essa fosse votada primeiro, acabaria prejudicando a votação daquela, em nítido prejuízo para a Defesa. Isso ocorre, a propósito, nos casos de qualificadoras de índole subjetiva em cotejo com a figura do homicídio privilegiado, que, a par de ser uma minorante, também é de natureza subjetiva. Exemplificativamente, não se pode imaginar um homicídio concomitantemente por motivo fútil e praticado sob o domínio de violenta emoção logo em seguida a injusta provocação da vítima.

Não se deve confundir aqui, porém, as figuras do concurso formal e do crime continuado, que, por serem uma ficção jurídica e por buscarem a pena justa para o processo, e não dos crimes, devem ser aplicadas sobre a pena definitiva destes. Logo, só podem

---

[228] LEAL, Saulo Brum. *Júri Popular*. 4ª ed. Porto Alegre: Livraria do Advogado, 2001, p. 193. RANGEL, Paulo. *Direito Processual Penal*, 7ª ed. Rio de Janeiro: Lumen Juris, 2003, p. 87; STRECK, Lenio Luiz. *Tribunal do Júri – Símbolos e Rituais*, 2ª ed. Porto Alegre: Livraria do Advogado, 1997, p. 156, TUBENCHLAK, James. *Tribunal do Júri – Contradições e soluções*, 4ª ed. São Paulo: Saraiva, 1994, p. 134, entre tantos outros.
[229] NUCCI. Guilherme de Souza. *Código de Processo Penal Comentado*. 5ª ed. São Paulo: Revista dos Tribunais, 2006, p. 804.
[230] Súmula 162 do STF: "É absoluta a nulidade do julgamento pelo júri, quando os quesitos da defesa não precedem ao das circunstâncias agravantes."

ser indagadas aos jurados após o final do questionário, depois inclusive das atenuantes.[231]

9. Quesitos sobre agravantes. Se costuma afirmar que a agravante não necessita estar descrita no libelo para ser submetida aos jurados; basta que o Promotor de Justiça a sustente em plenário e será levada a votação. No entanto, Tubenchlak tece severas críticas a essa faculdade concedida à Acusação, que reputa inconstitucional, porquanto a Defesa ficaria surpreendida e não disporia de tempo razoável para se munir dos argumentos idôneos a refutar algo que poderá elevar a pena em direção ao limite máximo.[232] Apesar da crítica, majoritariamente tem sido aceita a inclusão de agravante no questionário quando alegada ao longo dos trabalhos de plenário.[233]

De qualquer modo, o que não se admite é que as agravantes que conceitualmente correspondam a qualificadoras sejam quesitadas caso essas tenham sido afastadas na pronúncia. E o raciocínio é simples: se não havia elementos mínimos a respaldá-la, por isso foi afastada ao final do *judicium accusationis*, nada justificaria sua submissão aos jurados, até porque se estaria dando azo a uma decisão manifestamente contrária a prova dos autos.

Obviamente, também não poderão ser quesitadas as agravantes correspondentes a qualificadoras aceitas na pronúncia e submetidas aos jurados, já que representariam nítido *bis in idem*.

Para além disso, não se pode admitir que sejam incluídas no questionário agravantes idênticas a qualificadoras, se isso não foi articulado na denúncia, tampouco acolhido pela pronúncia. Neste caso, não pode o Agente Ministerial pleiteá-la em plenário, e muito menos o Juiz-Presidente quesitá-la, visto que significaria burla aos princípios da legalidade, da ampla defesa e do contraditório. Apenas as agravantes sem correspondência com qualificadoras é que poderão ser requeridas em plenário e submetidas à votação.[234] Uma postura desta ordem minimiza as críticas endereçadas ao dispositivo em comento.

Por outro lado, numa perspectiva um pouco diferente, mas também restringindo as agravantes que podem ser submetidas ao Conselho de Sentença, Saulo Brum Leal sustenta que são apenas aquelas que foram articuladas no libelo ou aquelas cuja prova nova surgir em plenário.[235]

10. Quesitos sobre atenuantes. Deve o Juiz-Presidente, sob pena de nulidade do julgamento,[236] fazer o quesito relativo à existência de circunstância atenuante, mesmo que nenhuma tenha sido alegada em plenário.

Caso confirmada a existência de algum atenuante através desta indagação genérica, deverão ser formulados outros quesitos correspondentes aquelas que ao Juiz-Presidente lhe pareçam aplicáveis ao caso. Todavia, não se pode olvidar que o art. 66 do Código Penal prevê o que se denomina atenuante inominada – a pena poderá ser atenuada em razão de circunstância relevante, anterior ou posterior ao crime, embora não prevista expressamente em lei. Logo, se torna absolutamente impossível ao Juiz-Presidente individualizar e questionar os jurados a respeito da existência dessa atenuante genérica.

Tubenchalk, em virtude disso, assevera que o quesito obrigatório diz respeito exclusivamente as atenuantes do art. 65 – nominadas – pois, do contrário, não haveria necessidade do Juiz-Presidente fazer as indagações específicas. Destarte, diante dessa dualidade – atenuantes nominadas e inominadas – termina por sugerir a imprescindibilidade de dois quesitos relativos às atenuantes: um, para as nominadas, a ser complementado; outro, para as inominadas.[237]

Em relação às atenuantes específicas, reconhecidas após o quesito obrigatório, o acolhimento de uma não prejudica, tampouco impede o exame das demais que pareçam pertinentes; pelo contrário, pois o reconhecimento de mais atenuantes terá evidente repercussão na pena.

Pode ocorrer, porém, de ser reconhecida a atenuante no quesito obrigatório e não ser reconhecida nenhuma nos quesitos específicos. Nesta hipótese, deve o Juiz-Presidente sopesar a existência de um atenuante em favor do réu, ainda que se utilizando da noção de atenuante inominada.

A propósito, se o Juiz-Presidente, após a resposta afirmativa ao quesito da atenuante genérica, deixar de fazer os quesitos relativos às atenuantes específicas, mas aplicar na sentença aquelas que entender pertinentes, prejuízo algum terá a Defesa e nulidade alguma poderá ser alegada.[238]

---

[231] TUBENCHLAK, James. *Tribunal do Júri – Contradições e soluções*, 4ª ed. São Paulo: Saraiva, 1994, p. 133.

[232] Idem, p. 134.

[233] RTJ 95/570 e RT 572/395 e 587/391.

[234] NUCCI, Guilherme de Souza. *Código de Processo Penal Comentado*. 5ª ed. São Paulo: Revista dos Tribunais, 2006, p. 806.

[235] LEAL, Saulo Brum. *Júri Popular*. 4ª ed. Porto Alegre: Livraria do Advogado, 2001, p. 254.

[236] Súmula 156 do STF: "É absoluta a nulidade do julgamento do Júri por falta de quesito obrigatório."

[237] TUBENCHLAK, James. *Tribunal do Júri – Contradições e soluções*, 4ª ed. São Paulo: Saraiva, 1994, p. 137.

[238] JSTJ 23/235.

Art. 485. Antes de proceder-se à votação de cada quesito, o juiz mandará distribuir pelos jurados pequenas cédulas, feitas de papel opaco e facilmente dobráveis, contendo umas a palavra *sim* e outras a palavra *não*, afim de, secretamente, serem recolhidos os votos.

1. Distribuição das cédulas. Antes de iniciar a votação propriamente dita, e na medida em que forem votados cada um dos quesitos, o Juiz Presidente deverá determinar a distribuição das cédulas aos jurados. Essas cédulas – duas: uma contendo o voto sim, outra contendo o voto não – deverão estar dobradas e ser confeccionadas em papel opaco. Esse cuidado, de que sejam dobráveis e em papel opaco, está relacionado às precauções que se deve tomar para garantir que ninguém consiga descobrir qual é o voto que cada um dos jurados irá proferir. Em outras palavras, para assegurar o sigilo da votação. Assim, nada impede que o material da cédula seja de plástico, por exemplo, deste que dobrável e que impeça a devassa do voto.

Buscando ainda se resguardar de todas as cautelas para que não haja quebra do sigilo da votação, convém que o Juiz-Presidente chame a atenção dos jurados, a fim de que não deixem que alguém possa perceber qual das cédulas irão escolher para depositar na urna da votação.

Art. 486. Distribuídas as cédulas, o juiz lerá o quesito que deva ser respondido e um oficial de justiça recolherá as cédulas com os votos dos jurados, e outro, as cédulas não utilizadas. Cada um dos oficiais apresentará, para esse fim, aos jurados, uma urna ou outro receptáculo que assegure o sigilo da votação.

1. Procedimento de votação dos quesitos. Distribuídas as cédulas – uma, com o sim, e outra, com o não, para cada jurado – o Juiz Presidente fará a leitura do quesito que será submetido à votação, bem como poderá fazer, uma vez mais, uma breve explicação do que representa o voto sim, e do que representa o voto não. Em seguida, perguntará aos jurados se pode passar a urna do voto e, diante da resposta positiva, determinará que o Oficial de Justiça, com a urna ou receptáculo similar – uma bolsa, um saco, uma caixa, enfim, qualquer recipiente, desde que não transparente – recolha os votos de cada um dos jurados. Prosseguindo, determinará que outro Oficial de Justiça arrecade, noutra urna, o voto de descarga, isto é, as cédulas das sobras, a fim de se preservar o sigilo das votações, na medida em que, se recolhesse diretamente do jurado a cédula sim, de plano, se saberia que teria votado negativamente. Por essa razão, é salutar que o Juiz-Presidente alerte os jurados, antes mesmo de passar a primeira urna, de que serão duas: a primeira, que representa o voto, e a outra, para manter o sigilo da votação. Com esse procedimento se evita inclusive que os jurados possam se confundir no momento de depositarem seu voto, já que, naquela ocasião, onde há grande apreensão e tensão, todo o cuidado é pouco, devendo se evitar ao máximo procedimentos que possam gerar qualquer dubiedade.

Não se reconhece nenhuma nulidade se as urnas forem passadas por um único Oficial de Justiça ou se por qualquer outro servidor da Justiça, já que ausente qualquer prejuízo.[239]

Art. 487. Após a votação de cada quesito, o presidente, verificados os votos e as cédulas não utilizadas, mandará que o escrivão escreva o resultado em termo especial e que sejam declarados o número de votos afirmativos e o de negativos.

1. Contagem e registro dos votos. Após a coleta dos votos, e já com a urna de descarga completa, deve o Juiz Presidente proceder a contagem dos votos. Primeiro, abre a urna e efetua a contagem das cédulas sim e das cédulas não. Em seguida, abre a urna restante para conferir se as cédulas foram distribuídas corretamente, pois se o resultado da votação for cinco votos sim contra dois votos não, na urna das sobras devem restar cinco cédulas não e duas sim. Esse procedimento deve se repetir quesito por quesito, sendo que ao final de cada um o Juiz determinará que o escrivão lance no termo especial, também denominado de termo de julgamento, o resultado da votação, que se dá, de regra, da seguinte forma: responderam afirmativamente por seis votos sim contra zero voto não, ou sim, por 6x1, ou ainda, sim, por seis votos e não, por um voto. Seja como for, o certo é que no termo de julgamento deve constar o número de votos afirmativos e negativos, não havendo obrigação legal de constar o teor de cada quesito, bastando que se reporte a ordem numérica do questionário elaborado pelo Juiz-Presidente.[240] Se não forem tomadas essas providências, porém, o feito pode ser anulado, muito embora já se tenha reconhecido a higidez do feito quando, embora não constante do termo, a ata e a sentença contenham tais informações.[241]

---

[239] RT 535/329.

[240] RT 433/383 e 509/429.

[241] RJTJERGS 140/95.

2. Registro da decisão unânime e sigilo das votações.

A possibilidade de que o resultado da votação se dê de modo unânime e, sobretudo, a necessidade de registro do resultado atinge de modo indelével o sigilo das votações, já que flagrante o conhecimento de como votaram cada um dos jurados. Por conta disso são inúmeras as críticas que o dispositivo recebe, havendo sugestões de que não se registre o número de votos, mas tão-somente se a resposta dos jurados foi afirmativa ou negativa,[242] ou de que não se apure, quando já houver quatro votos num sentido, os demais, pois seriam irrelevantes para o desenlace do feito.[243] De qualquer modo, não se tem conhecimento de nulidade de processos por ter sido consignado no termo de julgamento que um ou todos os quesitos foram julgados de modo unânime.

Art. 488. As decisões do júri serão tomadas por maioria de votos.

1. **Decisão por maioria de votos.** O dispositivo só se justifica para, através do mesmo, se concluir que não se exige unanimidade nas decisões do Conselho de Sentença, porquanto, sendo esse composto de sete jurados – numero ímpar – jamais ocorrerá empate, e as decisões, consequentemente, se darão sempre por maioria. E a forma como se dá essa maioria, se com um, dois ou três votos pouco importa, salvo em relação a possíveis nulidades, que podem não ser reconhecidas se a irregularidade não trouxer repercussão direta no resultado.

Art. 489. Se a resposta a qualquer dos quesitos estiver em contradição com outra ou outras já proferidas, o juiz, explicando aos jurados em que consiste a contradição, submeterá novamente à votação os quesitos a que se referirem tais respostas.

1. **Contradição nas respostas aos quesitos e desvinculação dos votos vencidos.** O Juiz-Presidente, diante de uma resposta dos jurados que se mostre absolutamente incoerente com o já respondido em outro quesito, deverá renovar a votação, após lhes explicar no que consiste precisamente a contradição. O objetivo é evitar a nulidade do feito. No entanto, não é todo e qualquer desacordo que enseja esse procedimento. Como a decisão dos jurados se dá por maioria, apenas quando a resposta dessa mesma maioria se dá de modo incongruente é que se pode renovar a votação daqueles quesitos que tiveram respostas incompatíveis. Por outras palavras, o jurado vencido num ponto não está vinculado ao que decidiu nos quesitos anteriores, podendo aderir – por conformação ou correção, tanto faz – à corrente majoritária. Não se anula o julgamento por incoerência da minoria, já que o relevante é a coerência do todo, isto é, do resultado do julgamento. Pouco importa que em alguns quesitos a votação numérica tenha sido diferente.[244] Nada impede que um jurado tenha votado favoravelmente a tese da defesa, num primeiro momento, e, depois, pelo reconhecimento de uma qualificadora, desde que a maioria sempre tenha se mostrado coerente.[245]

Hermínio Marques Porto, porém, faz uma ressalva, asseverando que o estudo do voto minoritário pode sim demonstrar a incongruência do julgamento e ensejar sua nulidade – não servindo o argumento, forte no art. 488, de que a decisão dos jurados é tomada por maioria – a exceção dos casos em que a alteração do ponto de vista inicial do jurado, aderindo à nova tese, identifique o mesmo objetivo condenatório ou absolutório. Para tanto, se utiliza de dois exemplos. O primeiro, envolvendo um caso publicado na RT 40/115, cujo relator foi Adriano Marrey, em que os jurados, majoritariamente, aceitaram a primeira indagação da legítima defesa, qual seja, se o réu estava se defendo, mas negaram, em seguida, os demais requisitos da excludente, sendo que, ao final, reconheceram a qualificadora do motivo fútil ou surpresa. Nesta hipótese, afirma Porto, há contradição passível de nulidade, porquanto, se o réu estava se defendendo, ainda que sem o pálio da legítima defesa, é porque a vítima tomou antes alguma atitude agressiva, o que impedira o reconhecimento da surpresa ou futilidade.[246]

O segundo exemplo está relacionado à hipótese em que a Defesa apresenta como teses negativa de autoria e legítima defesa, onde a primeira, embora refutada, obtém três votos negando a autoria, enquanto a última é acatada por cinco, seis ou pela unanimidade votos, o que, afirma, não se constituiria em contradição, porque os jurados, "em maioria buscavam – alguns, antes, em um primeiro caminho – a absolvição, com seu sentido geral de improcedência da acusação",[247] de

---

[242] NUCCI, Guilherme de Souza. *Código de Processo Penal Comentado*. 5ª ed. São Paulo: Revista dos Tribunais, 2006, p. 810.
[243] DJADER, Ricardo Luiz da Costa. O júri segundo as normas da constituição federal de 1988, *Revista da Ajuris*, 58/244.
[244] RT 764/528 e 775/365. RJTJERGS 179/150. RTJ 97/782.
[245] RT 585/300.
[246] PORTO, Hermínio Alberto Marques. *Júri. Procedimentos e aspectos do julgamento. Questionários*. 9ª ed. São Paulo: Malheiros, 1998, p. 149, nota 246.
[247] Idem, p. 148.

sorte que o estudo dos votos minoritários, por esse viés, poderia sim demonstrar a incoerência na votação geral, passível, portanto, de anulação do julgamento, ressalvado, repita-se, os casos de alteração do ponto de vista inicial do jurado para, em seguida, adotar a nova tese com igual objetivo, seja ele condenatório ou absolutório, como no segundo exemplo acima referido..

Ao cabo, gize-se que, se mesmo após a renovação da votação, a resposta dos jurados persistir contraditória, o Juiz Presidente não poderá novamente repeti-la, devendo, se não for possível lançar a sentença com base naquele resultado, determinar a dissolução do Conselho de Sentença.

2. Necessidade ou não do preceito. Sob o argumento de que cabe ao Juiz-Presidente controlar as incompatibilidades entre os quesitos e dar por prejudicado aqueles que não se coadunem com as respostas anteriores, impedindo, assim, os jurados de votarem teses ilógicas, bem como porque não se pode obrigá-los a votar novamente por aparentes contradições sem macular o princípio da soberania dos veredictos, Nucci critica o dispositivo em comento e assevera não ser aplicável.[248] Todavia, o próprio autor ressalva posição em contrário do STF, que reconheceu que competia ao Juiz-Presidente submeter os jurados novamente a votação quando condenaram um réu por homicídio e, concomitantemente, negaram o crime de falso testemunho em relação a um indivíduo que testemunhou confirmando o álibi sustentado pelo acusado.[249]

Com efeito, conquanto, de fato, seja atribuição do Juiz-Presidente impedir a votação de quesitos, cuja resposta implique contradição com decisão anterior, a riqueza de situações muitas vezes torna impossível antever a possibilidade de votações antagônicas, que só irão se consolidar no momento da resposta.[250] Destarte, no máximo, o que nos parece mais adequado é afirmar que o dispositivo deve ter aplicação comedida, cautelosa, pois incongruências aparentes não podem admitir nova votação.

Art. 490. Se, pela resposta dada a qualquer dos quesitos, o juiz verificar que ficam prejudicados os seguintes, assim o declarará, dando por finda a votação.

1. Relação de prejudicialidade entre os quesitos. Há entre os quesitos, obviamente, um vínculo de dependência, de sorte que a resposta de um pode dispensar a resposta de alguns ou de todos os demais. Não há deste modo obrigação de que os jurados votem todos os quesitos. Basta lembrar que, se negado o primeiro quesito da legítima defesa – se o réu estava se defendendo – todos os demais ficam prejudicados, pois, se não havia defesa, não se cogita de estar se defendo de agressão injusta, atual ou iminente e de moderação na sua repulsa. O mesmo ocorre quando é negado o quesito relativo à tentativa de homicídio, o que acaba por subtrair do júri a competência para o julgamento, já que os jurados, neste caso, afirmam que não estão diante de um fato doloso contra a vida, lhes falecendo competência para prosseguirem, inclusive quanto ao crime residual.

Conquanto o dispositivo, num primeiro momento, possa dar a noção de que cuida apenas das hipóteses em que a resposta de um quesito implica na prejudicialidade de todos demais, levando ao término da votação – prejudicialidade absoluta, no dizer de Nucci[251] – evidentemente que a expressão "vinda a votação" não significa o encerramento de todo o questionário, mas tão-só do ponto correspondente que restou prejudicado pela resposta de um quesito. Assim, também quando ocorre prejudicialidade relativa, o Juiz-Presidente igualmente deve declarar prejudicados os quesitos correspondentes, prosseguindo em relação as demais, que não foram afetados por essa relação. É o caso, por exemplo, da legítima defesa, acima aventada, onde, negada essa, os jurados continuaram a votar os quesitos correspondentes a outras teses defensivas porventura ainda existentes, assim como eventuais qualificadoras, agravantes e atenuantes.

Art. 491. Finda a votação, será o termo a que se refere o art. 487 assinado pelo juiz e jurados.

1. Assinatura do termo de votação. Tem-se reconhecido ao termo onde são registrados os votos dos jurados – termo de votação – similitude à sentença, o que explica a exigência, como corolário do art. 381, inciso V, da assinatura dos jurados e do Juiz-Presidente. Em virtude disso, a ausência dessa formalidade é causadora de nulidade. A questão controvertida, porém, está no tipo de nulidade, se absoluta ou relativa. O Tribunal de Justiça Gaúcho, por exemplo, em vários precedentes, reconheceu a nulidade

---

[248] NUCCI, Guilherme de Souza. *Código de Processo Penal Comentado*. 5ª ed. São Paulo: Revista dos Tribunais, 2006, p. 811.
[249] HC 85.150/SP, 1ª T., Rel. Marco Aurélio, 03.05.2005, m.v., Informativo 386.
[250] RT 415/84.
[251] NUCCI, Guilherme de Souza. *Código de Processo Penal Comentado*. 5ª ed. São Paulo: Revista dos Tribunais, 2006, p. 489.

absoluta, sob o argumento de que se trata de requisito essencial, assim como a assinatura na sentença.[252]

O STF e o STJ, porém, já decidiram que se constitui em nulidade relativa, sujeita a preclusão e a demonstração de prejuízo.[253] Com efeito, o termo de julgamento é semelhante a sentença, mas não é igual, de modo que a ausência de assinatura do mesmo não pode implicar as mesmas conseqüências, mormente quando ninguém questiona a existência do julgamento, de que aquele de fato é o resultado da votação e que a sentença se encontra em consonância com o mesmo.[254] Aliás, até nos casos de extravio do termo e de falta do mesmo já se reconheceu não haver qualquer nulidade quando a ausência de informação quanto ao resultado é suprida pelo registro na ata ou na sentença.[255]

Art. 492. Em seguida, o juiz lavrará a sentença, com observância do seguinte:

I – no caso de condenação, terá em vista as circunstâncias agravantes ou atenuantes reconhecidas pelo júri, e atenderá, quanto ao mais, ao disposto nos ns. II a VI do art. 387;

II – no caso de absolvição:

a) mandará pôr o réu em liberdade, se afiançável o crime, ou desde que tenha ocorrido a hipótese prevista no art. 316, ainda que inafiançável;

b) ordenará a cessação das interdições de direitos que tiverem sido provisoriamente impostas;

c) aplicará medida de segurança, se cabível.

§ 1º Se, pela resposta a quesito formulado aos jurados, for reconhecida a existência de causa que faculte diminuição da pena, em quantidade fixa ou dentro de determinados limites, ao juiz ficará reservado o uso dessa faculdade.

§ 2º Se for desclassificada a infração para outra atribuída à competência do juiz singular, ao presidente do tribunal caberá proferir em seguida a sentença.

1. Particularidades da lavratura da sentença no Tribunal do Júri. A sentença proferida em decorrência de decisão do Conselho de Sentença não é igual a qualquer outra. Apresenta traços típicos que refletem a circunstância de ser fruto de dois julgadores: um, o Colegiado, que decide sobre o crime; outro, o Juiz-Presidente, que faz a dosagem da pena.

Essa sentença, por exemplo, dentro de suas particularidades, não tem uma fundamentação sobre o crime, na medida em que os jurados julgam por íntima convicção. Há uma fundamentação, porém, no que toca à aplicação da pena, já que essa incumbe ao Juiz-Presidente, como se verá mais detidamente no próximo artigo.

2. Sentença condenatória e aplicação de agravantes e atenuantes. Obrigatoriedade. A regra é de que tanto as agravantes, quanto as atenuantes, sejam alvo do questionário a ser submetido aos jurados. Logo, não pode o Juiz-Presidente se afastar da decisão dos jurados quanto à presença ou não dessas causas de agravamento ou abrandamento da pena, sob pena de violar a soberania do Conselho de Sentença. Em decorrência disso, também não pode reconhecer agravante não questionada aos jurados, assim como não pode deixar de aplicar atenuante, admitida pelo Júri, a pretexto de ser manifestamente contrária a prova dos autos. Isso, aliás, se aplica também a agravantes. Em suma, o que impera é a soberania do veredicto proferido pelo corpo de jurados.

Há julgados, no entanto, que, calcados numa discutível noção de humanização e individualização da pena, reconhecem a atenuante da confissão, mesmo que negada a existência de atenuantes por parte dos jurados.[256]

3. Sentença condenatória e aplicação de minorantes. Obrigatoriedade. Diversamente do que o dispositivo sugere, não há faculdade, mas obrigação do Juiz-Presidente em aplicar as minorantes reconhecidas pelo Conselho de Sentença.

De regra, a doutrina e a jurisprudência interpretam que o "poderá" – a faculdade – se converte em "deverá" quando o réu preenche os requisitos, já que se constituiria num direito subjetivo do acusado, pois, do contrário, não haveria necessidade de requisitos. Com mais razão, portanto, quando o reconhecimento se dá pelo Tribunal do Júri. Do contrário, teria que se admitir que ao Juiz-Presidente é facultado violar o princípio da soberania dos veredictos e, por reflexo, tornaria absolutamente despicienda a quesitação sobre minorantes.

A discricionariedade que se concede ao Juiz está num outro ponto, no quantum que aplicará para a di-

---

[252] RJTJERGS 133/99, 142/81, 149/282, 167/110, 192/172, 194/197 e 199/147. Em sentido contrário, porém, do mesmo Tribunal: (Apelação Crime nº 70001652189, Terceira Câmara Criminal, Tribunal de Justiça do RS, Relator: José Eugênio Tedesco, Julgado em 23/08/2001)

[253] STF HC 61585, DJU 23.3.84, p. 4010, e RSTJ26/507.

[254] Neste sentido também: RT 517/384 e 552/395.

[255] RJTJERGS 140/95 e STF – Rec – Rel. Moreira Alves – DJU 03.06.83, p. 7.882.

[256] RT 782/563.

minuição da pena, e não sobre a sua aplicabilidade propriamente.

4. Sentença absolutória: própria e imprópria. Classifica-se a sentença absolutória em própria e imprópria. Própria quando o réu se livra solto, sem nenhuma sanção, seja por negativa de autoria, seja por qualquer causa de exclusão da ilicitude ou da culpabilidade. Imprópria quando se reconhece a inimputabilidade do acusado e lhe é aplicada uma medida de segurança, a qual, em última análise, apesar de pressupostos e objetivos absolutamente distintos da pena, não deixa de representar uma segregação a liberdade do indivíduo. Ao aplicar a medida de segurança, o Juiz-Presidente deve especificar qual a espécie de medida e o tempo mínimo de sua duração, nos termos do art. 97, § 1º, do Código Penal.

Apesar do dispositivo em comento restringir a algumas hipóteses a colocação em liberdade do réu nos casos de absolvição, evidentemente que isso não pode ser tolerado, vez que flagrante a ofensa ao princípio da presunção da inocência. Se o réu foi absolvido, nada justifica a manutenção de sua segregação cautelar, que, aliás, deve ser exceção, e não regra. Essa parte do dispositivo, portanto, não foi recepcionado pela Constituição. E mais, se encontra inclusive em colidência com o art. 596 do mesmo Código de Processo Penal, que foi alterado pela Lei 5.941/73, e que tem inteira aplicação – já teria revogado, portanto, a alínea "a" do inciso II do presente artigo, por ser lei posterior – quando prescreve que a apelação de sentença absolutória não impede que o réu seja colocado imediatamente em liberdade.

Nos casos de absolvição imprópria, porém, há que se excepcionar a situação do réu perigoso e que teve aplicada medida de segurança de internação – o tratamento ambulatorial não evidencia tal risco. Poderá, nesta hipótese, mesmo absolvido, não ser colocado em liberdade, mas ser encaminhado, de imediato, para o cumprimento da medida.

Ao cabo, ainda no tocante a sentença absolutória, não há que se falar em cessar interdições de direitos que foram provisoriamente impostas, pois não existe mais tal figura.

5. Decisão desclassificatória: própria e imprópria. Reflexo em relação aos crimes conexos. A desclassificação operada em Plenário pode se dar de duas formas: afastando simplesmente o dolo, sem condenar ou absolver, e negando, por conseguinte, a competência do Tribunal do Júri; ou desde já condenando o réu, mas não por delito doloso contra a vida, firmando, deste modo, a competência do Conselho de Sentença para continuar o julgamento. O exemplo sempre mencionado deste último tipo de desclassificação é o denominado excesso culposo nas excludentes da ilicitude, que levará, inevitavelmente, a uma condenação por crime culposo.

Na desclassificação própria, primeira das hipóteses acima, há um deslocamento de competência, passando ao Juiz-Presidente a responsabilidade de decidir sobre o fato levado a julgamento, podendo tanto absolver como condenar por um delito residual, desde que, evidentemente, não doloso contra a vida.

Já na imprópria, como o Tribunal condena o réu, acaba, na verdade, decidindo o mérito, o que significa, por outro lado, que reconhece sua competência para continuar o julgamento, seja em relação às eventuais agravantes e atenuantes, seja no tocante a eventuais crimes conexos. O mesmo vale, aliás, para o caso de absolvição, em que o Júri permanece competente para o julgamento dos demais delitos, aplicando-se inteiramente o art. 81, *caput*, do Código de Processo Penal.

No atinente ainda aos delitos conexos, na desclassificação própria, se o Conselho de Sentença não é mais competente para julgar o delito prevalente, por óbvio não tem a mínima lógica que prossiga julgando crimes que jamais seriam de sua competência, e que só foram levados a sua apreciação por força da conexão. Se o delito que atrai a competência não mais subsiste, nada justifica que julgue os demais crimes.

Deve-se tomar cuidado, no entanto, quando há mais de um crime doloso contra a vida imputado ao mesmo réu, ou a acusados distintos, julgados na mesma sessão. Nestes casos, a desclassificação própria em relação a um dos crimes não desobriga o Tribunal de julgar o outro. E se firmada a competência em relação a esse – seja condenando, seja absolvendo – deve o Juiz-Presidente fazer os quesitos relativos ao crime ou aos crimes residuais referentes à primeira imputação, que volta a ser julgada pelo Conselho de Sentença, já que reconhecida a competência pelo segundo delito. Julga-se aquela primeira imputação, ou melhor, o crime residual daquela primeira imputação como qualquer outro crime conexo não doloso contra a vida.

A par do que acima foi afirmado, não se desconhece e não se pode deixar de consignar que há divergências a respeito.

A questão toda, aliás, gira em torno da aplicação do art. 492, §2º ou do art. 81, ambos do CPP. Parte da doutrina assevera que, havendo desclassificação, prorroga-se a competência, forte no art. 81, cabendo ao Tribunal do Júri julgar os delitos conexos, mesmo nos casos de desclassificação própria. Para estes, o art. 492, §2º, só se aplicaria nas hipóteses de crime único.[257]

---

[257] TOURINHO FILHO, Fernando da Costa. *Processo Penal*, vol. 4. 25ª ed. São Paulo: Saraiva, 2003, p. 123.

Majoritariamente, contudo, prevalece o entendimento de que o art. 492, §2º não se aplica apenas nos casos de crime único: primeiro, porque não faz tal restrição; segundo, porque se pode perfeitamente compreender que o art. 81 não colide com o dispositivo acima referido, posto que, como o Juiz-Presidente é um dos integrantes do Tribunal do Júri, não deixa o Tribunal, por um de seus membros, de continuar competente para julgar os demais crimes.

Para Nucci, no entanto, pouco importa a espécie de desclassificação, pois em qualquer delas a competência para julgar passaria ao Juiz-Presidente, inclusive em relação aos crimes conexos. "Ora, se o crime em análise pelo Tribunal do Júri não é doloso contra a vida, pouco importa como os jurados chegaram a essa conclusão, vale dizer, se própria ou imprópria a desclassificação, sendo importante assegurar o juiz natural da causa, que passa a ser o magistrado togado, presidente do Tribunal Popular".[258]

O referido autor, afirmando que o problema está na forma como os quesitos são elaborados, argumenta que também na desclassificação própria os jurados não deixam de decidir algo – antes de negarem o dolo – e que nem por isso o Juiz-Presidente deixa de poder absolver o réu livremente, inclusive negando os fatos reconhecidos pelos jurados. Deste modo, se é assim em relação à desclassificação própria, de igual modo se deve proceder na imprópria, arremeta.

Todavia, partindo do pressuposto de que não se deve mais indagar as formas de culpa – que são mais prejudiciais ao réu do que uma singela negação de dolo, como referido nos comentários ao art. 484 – as hipóteses de desclassificação imprópria terminam por se restringir aos casos de excesso nas excludentes e participação dolosamente distinta. Ademais, dentro da atual sistemática e, sobretudo, diante do princípio *in dúbio pro societate,* apenas o Tribunal do Júri pode reconhecer tais figuras, de modo que não pode o Juiz-Presidente, reconhecida tal espécie de desclassificação, decidir livremente, pois sequer há o que decidir, ao menos se não quiser violar a soberania do Tribunal do Júri, que, neste ponto, se mostra absolutamente competente. E competente, inclusive, para julgar os crimes conexos. A propósito, em relação ao excesso nas excludentes, bem ou mal, o fato, na essência, é doloso contra a vida, tanto que, na legítima defesa, por exemplo, o réu estava se defendendo, e para isso há que existir vontade.

6. Desclassificação e benefícios da Lei 9.099. Ocorrendo a desclassificação, ao Juiz-Presidente compete, antes de proferir sentença, examinar a possibilidade de aplicação de alguns dos institutos da Lei 9.099/95 em relação ao crime residual. É imperioso que assim proceda, haja vista que aqueles institutos se consubstanciam em benefícios ao réu, que tem direito subjetivo, portanto, aos mesmos, desde que preenchidos os requisitos legais. Não pode uma imputação equivocada e, por vezes, injusta – ao menos dentro dos critérios do Tribunal do Júri – suprimir benefícios processuais que tem evidente conotação material. Não obstante o momento adequado para se propor, por exemplo, a suspensão do processo seja, em princípio, o do recebimento da denúncia – e a transação antes mesmo desta – ocorrendo a desclassificação do delito ou a procedência apenas em parte da exordial acusatória, deve ser suscitada a manifestação do Ministério Público acerca da possibilidade de incidência do instituto como resposta penal.

O Juiz-Presidente, no entanto, deve aguardar o transito em julgado da decisão desclassificatória – pois eventual recurso pode determinar novo julgamento e nulo todos os atos eventualmente relacionados aos tais benefícios da Lei 9.099 – ou havendo desde logo a anuência do Ministério Público com a desclassificação, oportunizar os institutos cabíveis ao caso, que vão desde a composição, a transação, até a suspensão condicional do processo.

A propósito, a recente súmula 337 do STJ vem referendar tal posicionamento.[259]

Questionável, porém, se há que se fazer alguma distinção quanto ao tipo de desclassificação.

Majoritariamente tem se afirmado que apenas na desclassificação própria seria possível a aplicação da Lei 9.099 em relação ao delito residual, já que, na desclassificação imprópria, como já haveria uma condenação, não se poderia falar em composição, transação ou suspender condicionalmente o processo, na medida em que não haveria uma liberdade do réu na anuência ou não destes benefícios, porquanto, se não os aceitasse, ficaria com uma condenação. Sem falar na violação a soberania dos veredictos, já que teria ocorrido, repito, uma condenação.[260]

Creio, porém, que a questão pode ser abordada de outra forma. Vale lembrar que, quando da entrada em vigor da Lei 9.099, inúmeros foram os processos que se encontravam em segundo grau – portanto já com condenação – e que baixaram a origem pra se permitir a aplicação dos institutos mais benéficos e, por conseguinte, de aplicação imediata e retroativa. Na-

---

[258] NUCCI, Guilherme de Souza. *Código de Processo Penal Comentado.* 5ª ed. São Paulo: Revista dos Tribunais, 2006, p. 815.

[259] "É cabível a suspensão condicional do processo na desclassificação do crime e na procedência parcial da pretensão punitiva."

[260] LEAL, Saulo Brum. *Júri Popular.* 4ª ed. Porto Alegre: Livraria do Advogado. 2001, p. 89. Nassif, Aramis. *O júri objetivo.* Porto Alegre: Livraria do Advogado, 1997, p. 108.

quela ocasião, em nenhum momento se utilizou como argumento o fato de já existir uma condenação como óbice para viabilizar a aplicação daqueles benefícios. E nem poderia efetivamente, pois a condenação ainda não é certa, na medida em que não transitou em julgado. O mesmo, portanto, pode ser dito em relação à desclassificação imprópria, que apresenta apenas a particularidade de que as propostas dos institutos cabíveis devem ser feitas antes do trânsito em julgado: seja pelo Ministério Público, antes de transcorrer seu prazo recursal, seja em grau de recurso, como preliminar, antes de se examinar a manutenção ou não da decisão do Conselho de Sentença. Ademais, o Júri está inscrito na Constituição no capítulo dos direitos e garantias do cidadão, e não se pode conceber que um direito e uma garantia venha a prejudicar o acusado.

A súmula acima referida, ademais, dá respaldo a tal linha argumentativa quando assevera que a suspensão condicional do processo é cabível mesmo quando há parcial procedência da pretensão punitiva.

Outro ponto também controvertido estava relacionado ao juízo competente para examinar os benefícios possíveis quando, operada a desclassificação, o delito residual fosse de menor potencial ofensivo. Havia quem entendesse que os autos deveriam ser remetidos ao Juizado Especial Criminal, a fim de que lá se designasse a audiência prevista nos arts. 70 e 76 da Lei 9099 e se ensejasse os institutos da composição e transação.[261] No entanto, digo havia porque, com a nova redação do art. 60, parágrafo único, da Lei 9.099,[262] dada pela Lei 11313/06, a questão, acredito, restou superada, vez que o dispositivo é expresso em afirmar que nos feitos do júri, em havendo conexão, se aplicará os institutos da composição e transação. Logo, não há mais necessidade de se remeter os autos ao Juizado para se viabilizar tais institutos, na medida em que a própria lei admite que sejam aplicados fora do Juizado, o que inclusive se atina e corrobora o entendimento que já havia, isto é, de que prevalecia o "art. 492, §2°, do CPP. Dispositivo esse que, ao contrário do afirmado, não está revogado pela lei especial. E não está pela simples circunstância de que ainda não se sabe a classificação da nova figura penal. Poderá o Juiz Presidente, na condição de Juiz singular, cuja competência é mais graduada do que a dos Juizados, tomar as providências ainda cabíveis determinadas pela lei 9.099/05. E, assim fazendo, não está, obviamente, usurpando a competência dos Juizados Especiais, mesmo porque a sua competência é mais graduada".[263]

Por fim, ainda nos casos de desclassificação, pode surgir o problema da necessidade de representação; de qual seria seu prazo decadencial e, principalmente, se já teria ocorrido decadência por ter sido ultrapassado.

De plano, evidentemente se trata de uma situação anômala e que, diante da omissão do legislador, não pode ter a aplicação singela do prazo de seis meses.[264] No caso, se houver dúvidas a respeito, pois, em princípio o registro de ocorrência seria suficiente para se compreender como uma representação, que não exige, consabidamente, forma sacramental, cabe ao Juiz-Presidente designar uma audiência para que a vítima, nestes casos de desclassificação para lesões leves ou culposas, ratifique a intenção de representação, permitindo a composição e/ou transação.

Art. 493. A sentença será fundamentada, salvo quanto às conclusões que resultarem das respostas aos quesitos, e lida pelo juiz, de público, antes de encerrada a sessão do julgamento.

1. **Fundamentação da sentença de decisões do Tribunal do Júri**. Há que se fazer algumas distinções em relação às decisões proferidas pelo Conselho de Sentença, haja vista que a obrigação de fundamentar imposta ao Juiz Presidente se restringe as suas conclusões que não resultarem das respostas dos jurados. A decisão condenatória, portanto, dispensa fundamentação, que, na verdade, se restringirá a dosimetria da pena, porquanto, em relação ao mérito propriamente dito, a decisão é do Conselho de Sentença, e ao Juiz Presidente cabe tão-somente cumpri-la, sob pena de nulidade, caso se verifique contradição com o termo de votação.[265] A fundamentação, em resumo, nestes casos, é unicamente da pena a ser aplicada.

Se a decisão for absolutória, por outro lado, não há qualquer fundamentação, na medida em que o Júri, consabidamente, não motiva suas decisões e, portan-

---

[261] RT 763/520, RJTJERGS 189/201, 191/174.

[262] "Art. 60. O Juizado Especial Criminal, provido por juízes togados ou togados e leigos, tem competência para a conciliação, o julgamento e a execução das infrações penais de menor potencial ofensivo, respeitadas as regras de conexão e continência. Parágrafo único. Na reunião de processos, perante o juízo comum ou o tribunal do júri, decorrentes da aplicação das regras de conexão e continência, observar-se-ão os institutos da transação penal e da composição dos danos civis."

[263] SELISTRE, Tael. Competência dos Juizados Especiais Criminais. *Revista Ajuris – Edição Especial – Anais do curso de Direito Penal* – julho/99.

[264] NUCCI, Guilherme de Souza. *Código de Processo Penal Comentado*. 5ª ed. São Paulo: Revista dos Tribunais, 2006, p. 818.

[265] RT 569/356.

to, não há apenamento que demande qualquer arrazoado por parte do Juiz-Presidente, salvo em relação à absolvição imprópria, onde, ao aplicar a medida de segurança, ele deverá justificar qual a aplicada entre as possíveis, bem como o seu período mínimo de duração, havendo, neste particular, que ser fundamentada.[266] Aliás, no que concerne à absolvição própria, vale lembrar que não tem aplicação o art. 386 do CPP, pois, como os jurados julgam por íntima convicção, não se tem como descobrir qual a base absolutória, se por insuficiência probatória ou qualquer outro motivo.

Uma particularidade dessas sentenças é que elas dispensam um relatório tradicional, digamos assim, bastando breve referência às ocorrências posteriores à pronúncia.[267]

Ao cabo, quando a decisão do Conselho de Sentença for de desclassificação, sendo ela própria, o Juiz-Presidente lança, na verdade, uma decisão como juízo monocrático, de sorte que deve fazê-la nos termos dos arts.381 e 387, ambos do CPP, isto é, sua fundamentação não irá se limitar a dosimetria da pena, mas fará uma sentença com qualquer outra, com exame de materialidade, autoria, eventuais excludentes da ilicitude e culpabilidade, tudo motivadamente, além, óbvio, de eventual dosimetria, caso conclua pela condenação. Já se a decisão for de desclassificação imprópria, como essa implica numa condenação pelo Júri, será redigida como sentença condenatória deste Tribunal, ou seja, com fundamentação exclusiva no que toca a aplicação da pena.

Por derradeiro, a constatação da desoneração dos jurados de fundamentar suas decisões sofre inquietantes e contundentes críticas de Flávio Boechat Albernaz, que, em excelente artigo, sustenta que o art. 493 não foi recepcionado pela Constituição, em virtude do art. 93, inciso IX, que obriga a motivação de todas as decisões do Poder Judiciário: "a motivação das decisões, como princípio constitucional, constitui limite material negativo ao legislador processual infraconstitucional, o qual não pode produzir norma jurídica cujo conteúdo dispense o juiz de motivar as suas decisões, ou mesmo que o obrigue a deixar de fazê-lo, ou, então, que limite o rol de destinatários da exposição de motivos que ora se prega apenas às partes e aos órgãos jurisdicionais superiores (...) Assim, não há como negar que, tal como estruturado, o Tribunal do Júri ofende a Constituição, quer na parte em que esta impõe ao Judiciário o dever de motivar todos os provimentos jurisdicionais de conteúdo decisório (art. 93, IX, da CF), quer na parte em que ela declara ser o regime político brasileiro estruturado consoante os princípios de Estado Democrático de Direito (art. 1º, da CF)".[268]

De qualquer modo, o próprio autor concorda que a alteração dos veredictos em decisões motivadas demanda alteração legislativa infraconstitucional e não pode ser operada imediatamente.

2. Leitura e publicação na sessão de julgamento. Momento derradeiro da sessão de julgamento perante o Tribunal do Júri ocorre quando o Juiz-Presidente, com todos de pé, faz a leitura em público da sentença, o que se constitui na sua publicação, ficando as partes intimadas da mesma naquele ato, já que estarão presentes. Convém que o Juiz, ao ler a sentença, não informe o placar das votações, como forma de preservar os jurados e o sigilo da votação.

Art. 494. De cada sessão de julgamento o escrivão lavrará ata, assinada pelo juiz e pelo órgão do Ministério Público.

1. Ata do julgamento. Tudo que de relevante acontecer ao longo do julgamento deve constar da ata, que passa a ser o fiel retrato dos trabalhos ocorridos em plenário. A responsabilidade de sua lavratura é do escrivão, que tem dois dias para ultimá-la, nos termos do art. 799 do CPP, devendo dela constar a assinatura do Juiz e do Agente Ministerial. A ausência dessas, porém, se constitui em mera irregularidade.[269] Caso haja inexatidões na ata, cumpre a parte prejudicada peticionar para que o Juiz determine a retificação, bem como fazer prova do alegado, se houver dúvida a respeito.

Art. 495. A ata descreverá fielmente todas as ocorrências e mencionará especialmente:

I – a data e a hora da instalação dos trabalhos;

II – o magistrado que a presidiu e os jurados presentes;

III – os jurados que deixarem de comparecer, com escusa legítima ou sem ela, e os ofícios e requerimentos a respeito apresentados e arquivados;

---

[266] Neste sentido, MIRABETE, Julio Frabbrini. *Código de Processo Penal Interpretado*. 10ª ed. São Paulo: Atlas, 2002, p. 1273. Em sentido contrário, entendendo que compete ao Juiz da Execução, MARREY, Adriano; FRANCO, Alberto Silva; STOCO, Rui. *Teoria e prática do júri*. 5ª ed. São Paulo: Revista dos Tribunais, 1993, p. 273 e ROSA, Antônio Miguel Feu. *Júri: comentários e jurisprudência*. Rio de Janeiro: Esplanada, 2000, p. 259.

[267] MARREY, Adriano; FRANCO, Alberto Silva; STOCO, Rui. *Teoria e prática do júri*. 5ª ed. São Paulo: RT, 1993, p. 280.

[268] ALBERNAZ, Flávio Boechat. O Princípio da motivação das decisões do conselho de sentença. *Revista do IBCCRIM*, nº 19, p. 126-159.

[269] RT 673/371e RJTJERGS 151/176.

IV – os jurados dispensados e as multas impostas;
V – o sorteio dos suplentes;
VI – o adiamento da sessão, se houver ocorrido, com a declaração do motivo;
VII – a abertura da sessão e a presença do órgão do Ministério Público;
VIII – o pregão das partes e das testemunhas, o seu comparecimento, ou não, e as penas impostas às que faltaram;
IX – as testemunhas dispensadas de depor;
X – o recolhimento das testemunhas a lugar de onde não pudessem ouvir os debates, nem as respostas uma das outras;
XI – a verificação das cédulas pelo juiz;
XII – a formação do conselho de sentença, com indicação dos nomes dos jurados sorteados e das recusas feitas pelas partes;
XIII – o compromisso, simplesmente com referência ao termo;
XIV – o interrogatório, também com a simples referência ao termo;
XV – o relatório e os debates orais;
XVI – os incidentes;
XVII – a divisão da causa;
XVIII – a publicação da sentença, na presença do réu, a portas abertas.

1. **Conteúdo da ata do julgamento.** O dispositivo prescreve os requisitos que devem constar da ata. Evidentemente, não se trata de rol exaustivo. Ela deve conter necessariamente cada uma das informações e ocorrências relacionadas entre os incisos I e XVIII, além de todos os incidentes que interessarem ao julgamento do feito e que possam, eventualmente, redundar na nulidade do processo. Deve constar, outrossim, a certidão de incomunicabilidade dos jurados, havendo, porém, divergências quanto a sua omissão: se geradora de nulidade[270] ou de mera irregularidade.[271]

A rigor, a quase totalidade das informações que devem constar da ata são puramente formais, não demandando maior dificuldade, a exceção dos incisos XV e XVI, que exigem uma maior atenção e conhecimento jurídico, já que dizem respeito às teses apresentadas em plenário e aos incidentes decididos ao longo do julgamento, o que, muitas vezes, reclama um resumo nem sempre fácil de fazer dos argumentos dos pedidos e do seu acolhimento ou indeferimento. Por força disso, é que, embora a confecção seja atribuição do escrivão, ao Juiz-Presidente compete fiscalizar e zelar pela fiel descrição de todos as ocorrências, reproduzindo com precisão as questões jurídicas enfrentadas ao longo do julgamento. Não há necessidade de que na ata conste os quesitos, bastando que se reporte a sua existência nos autos e ao termo de julgamento.

A ata, aliás, poder ser aditada pelo escrivão quando se percebe qualquer omissão ou equívoco, como erro quanto ao nome do Juiz Presidente, por exemplo, que, evidentemente, não redunda em qualquer nulidade, pois não gera qualquer prejuízo às partes.[272] A propósito, o que consta da ata seja repelido por uma das partes, cumpre a ela fazer prova de sua incorreção.[273]

2. **Inciso XVII – divisão da causa – erro de redação ou não.** A expressão "divisão da causa" comporta divergências. Num primeiro momento, soa absolutamente estranha, o que induz a conclusão de que se trata de um erro de redação e que a expressão correta seria "decisão da causa".[274] No entanto, pode se compreender como correta a expressão se entendido que a decisão do processo constará da sentença, que não necessita estar transcrita na ata, bastando sua referência, de sorte que a "divisão da causa" estaria aludindo as hipóteses de cisão de julgamento quando haja co-réus.[275] Seja como for, o certo é que tanto a decisão do feito – ainda que resumidamente – como eventual cisão do julgamento deverão constar da ata.

Art. 496. A falta da ata sujeita o responsável a multa, de duzentos a quinhentos mil-réis, além da responsabilidade criminal em que incorrer.

1. **Responsabilidade do escrivão pela falta da ata.** Como é o escrivão o responsável por lavrar a ata, evidentemente que a ausência desta implica na sua responsabilização funcional e criminal. A multa prevista no dispositivo legal, porém, não tem aplicabilidade, haja vista que não foi atualizada monetariamente e, mesmo que fosse convertida para a moeda atual, não teria expressão monetária. Criminalmente, no entanto, o escrivão pode responder pelo crime de

---

[270] RJTJERGS 199/147.
[271] RSTJ 89/460.
[272] RTJ 91/822 e RJTJSP 117/442.
[273] RT 678/399.
[274] NUCCI, Guilherme de Souza. *Código de Processo Penal Comentado*. 5ª ed. São Paulo: Revista dos Tribunais, 2006, p. 821.
[275] MARREY, Adriano; FRANCO, Alberto Silva; STOCO, Rui. *Teoria e prática do júri*. 5ª ed. São Paulo: RT, 1993, p. 281.

prevaricação, se a omissão ou retardo buscava atender interesse ou sentimento pessoal – art. 319 do CP.

SEÇÃO V
DAS ATRIBUIÇÕES DO PRESIDENTE DO TRIBUNAL DO JÚRI

Art. 497. São atribuições do presidente do tribunal do júri, além de outras expressamente conferidas neste Código:

I – regular a polícia das sessões e mandar prender os desobedientes;

II – requisitar o auxílio da força pública, que ficará sob sua exclusiva autoridade;

III – regular os debates;

IV – resolver as questões incidentes, que não dependam da decisão do júri;

V – nomear defensor ao réu, quando o considerar indefeso, podendo, neste caso, dissolver o conselho, marcado novo dia para o julgamento e nomeado outro defensor;

VI – mandar retirar da sala o réu que, com injúrias ou ameaças, dificultar o livre curso do julgamento, prosseguindo-se independentemente de sua presença;

VII – suspender a sessão pelo tempo indispensável à execução de diligências requeridas ou julgadas necessárias, mantida a incomunicabilidade dos jurados;

VIII – interromper a sessão por tempo razoável, para repouso ou refeição dos jurados;

IX – decidir de ofício, ouvidos o Ministério Público e a defesa, ou a requerimento de qualquer das partes, a preliminar da extinção da punibilidade;

X – resolver as questões de direito que se apresentarem no decurso do julgamento;

XI – ordenar de ofício, ou a requerimento das partes ou de qualquer jurado, as diligências destinadas a sanar qualquer nulidade, ou a suprir falta que prejudique o esclarecimento da verdade.

1. Poder de polícia. A relação de atribuições do Juiz-Presidente, evidentemente, não se limita ao disposto neste artigo, mas aqui estão inventariadas as principais prerrogativas e poderes. A primeira delas é o poder de polícia, que se exerce tanto de modo preventivo quanto repressivo, isto é, tanto visando impedir atos que possam tumultuar os trabalhos, limitando o número de pessoas no plenário, por exemplo, como prendeendp ou retirando pessoas do salão do júri que estejam se portando de modo inconveniente. Dentro desse poder de polícia está a possibilidade de requisitar o uso de força pública, que ficará sob seu comando.

2. Uso de algemas. Encontra-se dentro do prudente critério do Juiz Presidente, no exercício do seu poder de polícia. É certo que o uso de algemas, ao longo dos trabalhos, pode gerar alguma animosidade e desconfiança por parte do Conselho de Sentença. Todavia, não menos certo é que em algumas situações – em virtude do local onde o plenário está se realizando, do comportamento do acusado, que já buscou fugir ou agredir pessoas, por exemplo, ou até mesmo da sua conduta impulsiva e violenta revelada anteriormente – tal uso pode se tornar absolutamente necessário para dar e transmitir segurança a todos aqueles que estarão envolvidos no desenvolvimento dos trabalhos.[276] Ademais, não há qualquer regulamentação legal a respeito, o que, por outro lado, permite concluir que não há vedação, de sorte que, como já referido, fica dentro do poder discricionário do Magistrado. Não se pode partir, por outro lado, de um pressuposto de que o uso de algemas é incompatível com o princípio da presunção de inocência e com a imparcialidade de que se deve revestir o julgamento, pois há acusados que pelos atos e atitudes em plenário comprometem muito mais esses princípios e acabam por determinar a necessidade das algemas.[277] O que se deve evitar, portanto, é o uso sistemático e injustificado das mesmas. Ademais, é impossível controlar todos os fatores que de algum modo podem influir emotivamente os jurados. É a necessidade do uso de algemas que vai determinar se essa influência, se justifica ou não. A não ser assim, jamais se poderia, por exemplo, determinar a segregação cautelar, porquanto essa, certamente, iria influenciar muito mais o Conselho de Sentença que o uso de algemas.

3. Regular debates. Nem sempre fácil é a tarefa de regular os debates de modo a resguardar a ordem, o respeito e a lisura do julgamento. Isso em virtude da emoção, nervosismo, medo, paixão e ansiedade que cercam todos os julgamentos, sentimentos esses que terminam por ser aguçados e exacerbados no calor dos debates, mormente diante de apartes e protestos visando assegurar a palavra. O Juiz-Presidente, aliás, ao intervir deve tomar todo o cuidado para, primeiro, não se envolver emocionalmente e não se tornar parte num debate paralelo; segundo, não deve

---

[276] Apelação Crime nº 70016163941, Primeira Câmara Criminal, Tribunal de Justiça do RS, Relator: Ivan Leomar Bruxel, Julgado em 11/10/2006; STJ, RHC 16.808-ES, Quinta Turma, Rel. Min. José Arnaldo da Fonseca, julgado em 15.02.2005; e STF – HC-71195/SP, 2ª Turma, Rel. Min. Francisco Rezek, DJ 04-08-1995, p. 22442.
[277] Em sentido contrário, RT 643/285.

deixar transparecer alguma simpatia ou animosidade com o Agente Ministerial ou com o Defensor, de modo a transmitir parcialidade.

Não raro, porém, no momento do embate de idéias, diante de alguma ironia ou gracejo, se descamba para impropérios e ataques pessoais. Cumpre ao Magistrado, com distanciamento, chamar a atenção dos profissionais e lembrá-los da relevância de suas funções e do respeito que devem aos jurados e a própria sociedade. Caso seja insuficiente, o Juiz Presidente pode suspender os trabalhos para arrefecer os ânimos. Se ainda assim persistirem discursos paralelos, ataques pessoais e desvios injustificados quanto ao real motivo dos debates, poderá o Juiz-Presidente dissolver o Conselho de Sentença e comunicar a OAB e a Procuradoria-Geral da Justiça para que sejam tomadas medidas administrativas e disciplinares contra os profissionais que atuaram no plenário. Aliás, em caso extremo, pode o Juiz-Presidente determinar a prisão por desobediência ou desacato.

4. Questões de incidentes. As questões incidentes que não dependam da decisão do Conselho de Sentença são todas as questões de direito que surgirem ao longo do julgamento, inclusive de extinção da punibilidade em face da prescrição, o que torna despiciendo os incisos XI e X do dispositivo em comento. Como os jurados são juízes de fato, e não de direito, questões exclusivamente dessa natureza, não devem a eles ser submetidas, competindo ao Juiz Presidente enfrentá-las e decidi-las.

5. Réu indefeso e dissolução do conselho de sentença. Constrangedora. Esta é a palavra que melhor define a cena em que o Juiz-Presidente dissolve o Conselho de Sentença por insuficiência defensiva. Todavia, zelar pelo correto desenvolvimento dos trabalhos em plenário significa também zelar pela defesa efetiva do acusado, de modo a dar substância ao princípio da plenitude de Defesa, contemplado no art. 5º, XXXVIII, *a*, da CF. Porém, ingrata é essa tarefa, pois cria uma nódoa, uma pecha profissional indelével ao advogado que deu causa a dissolução do Conselho. No entanto, não se pode aqui ter muita condescendência – embora seja isso que ocorra na prática – porquanto a falta de zelo daquele profissional pode significar a perda de um dos bens mais valiosos do ser humano, que é a sua liberdade, tornando – pior – o Juiz conivente com essa situação.

A avaliação, por outro lado, do que seja uma defesa deficiente não tem como fugir do casuísmo, pois não se tem fórmulas abstratas que possam, com rigor, identificá-la. Basta ver que a utilização do tempo integral ou não dos debates, por exemplo, não tem muito significado, pois se pode utilizar da palavra por todo o tempo sem entrar na análise da prova ou fazer qualquer defesa consistente. De igual modo, muitas vezes um profissional esgota sua manifestação de modo breve, mas o faz de modo firme, vigoroso e consistente, com análise percuciente da prova e conclusão precisa e coerente. A própria apresentação de defesas conflitantes não significa ineficiência defensiva. Pode representar precisamente o contrário, pode demonstrar efetividade, já que representa que o advogado trouxe a lume todas as teses possíveis em favor do acusado. É claro, porém, que deve tomar o cuidado de, nesta apresentação, esclarecer que são teses sucessivas ou alternativas – portanto, lógicas – e que é seu dever levantar todas as hipóteses para que os jurados, de modo soberano, decidam com liberdade. A própria colisão entre a autodefesa e a defesa técnica, ou ainda o acatamento do pedido condenatório, não pode, por si só, representar uma ineficiência defensiva, porquanto pode se constituir no melhor caminho a trilhar para resguardar os direitos do acusado; basta que o advogado, mais uma vez, de modo didático explique aos jurados no que constitui a autodefesa e que a sua tese é alternativa ou sucessiva – devendo ambas ser questionadas – inclusive de abrandamento da pena no caso de anuir ao pedido condenatório.[278]

Em resumo, não são falhas isoladas que terminam por caracterizar uma defesa deficiente, mas a análise do conjunto da obra, digamos assim. E considerar o réu indefeso, que a defesa é ineficiente, não é o mesmo que ausência de defesa, mas deve se assemelhar a essa para se tê-la por caracterizada e reconhecida. Dito de outro modo, não pode o Juiz se arvorar a condição de censor absoluto da qualidade do trabalho do advogado, porquanto, às vezes, o que para uns pode ser uma abordagem equivocada, para outros, pode ser pertinente e se demonstrar, mais adiante, extremamente proveitosa. Ao Juiz compete, portanto, fazer uma análise de todo o trabalho defensivo e só considerar o réu indefeso quando os equívocos e omissões que verificou aproximarem o acusado de uma situação de ausência de defesa, de ausência de abordagem dos aspectos mínimos essenciais para uma defesa efetiva.[279]

Dissolvido o Conselho, o Juiz-Presidente deve marcar nova data para o julgamento e, antes de nomear outro defensor ao réu, deve permitir que ele

---

[278] NUCCI, Guilherme de Souza. *Código de Processo Penal Comentado*. 5ª ed. São Paulo: Revista dos Tribunais, 2006, p. 823-824.

[279] Sobre o tema, ver SZAFIR, Alexandre. Jurisprudência comentada. Deficiência de Defesa. Atuação do defensor que prejudicou o acusado no Júri. Apelação de defesa sem razões recursais. Júri anulado – Algumas considerações sobre a ampla defesa. *Revista do IBCCRIM*, nº 45, p. 293-306.

constitua alguém de sua confiança para atuar no próximo plenário.

6. Ineficiência da acusação. Como corolário do ponto anterior está a indagação quanto ao exame de ineficiência da acusação e suas conseqüências. É claro que é raro e até mesmo difícil de imaginar uma acusação deficiente pela qualidade dos quadros que compõem o Ministério Público. Todavia, não é impossível de ocorrer, de sorte que, neste caso, fica a indagação: pode o Juiz-Presidente dissolver o Conselho de Sentença?

Ponto de partida para essa análise é não identificar e confundir ineficiência da acusação com um pedido de absolvição por parte do Agente Ministerial. Evidentemente que o Promotor de Justiça, porque também exerce uma função de fiscal da lei, pode requerer a absolvição do acusado, como, aliás, já comentado no art. 471. O que se questiona aqui é se, no pedido de condenação ou até mesmo de absolvição, o trabalho desenvolvido pelo acusador se mostrou efetivo, isto é, com análise escorreita da prova e suas conseqüências jurídicas.

A partir do art. 564, inciso III, alínea *l*, do CPP, que prescreve a existência de nulidade por falta de "acusação e defesa, na sessão de julgamento", Frederico Marques e Adriano Marrey sustentam que a deficiência da acusação se igualaria a acusação inexistente e, portanto, poderia o Juiz Presidente dissolver o Conselho de Sentença.[280] Nucci, por sua vez, também conclui como correta tal possibilidade, mas parte de um pressuposto um pouco distinto, afirmando que haveria afronta ao princípio da soberania dos veredictos quando o Promotor deixar de apresentar as provas e informar adequadamente os jurados. "Caso o órgão da acusação apresente devidamente as provas, é natural poder externar a sua opinião pessoal, mesmo sendo pela absolvição do réu, cumprindo postulado que lhe garante independência funcional e uma acusação justa. Em conclusão, cabe ao juiz exercer um efetivo controle, dentro de seu prudente arbítrio, sobre a acusação produzida em plenário, mormente porque dirigida a um Conselho formado por pessoas leigas, embora soberanas no seu decidir".[281]

É inegável, portanto, que pode e deve haver um controle jurisdicional sobre a acusação. A Carta Constitucional ao estabelecer a titularidade privativa do Ministério Público para intentar ações penais públicas não lhe outorgou um direito absoluto, mas também sujeito a controle; basta ver o art. 28 do CPP, que prevê a remessa ao Procurador-Geral da Justiça nas hipótese em que o Juiz não concordar com o pedido de arquivamento. Sendo assim, não é de se estranhar que possa haver controle sobre a acusação em plenário. Todavia, quando se admite a dissolução do Conselho de Sentença por deficiência da acusação acaba ocorrendo um prejuízo ao réu e, como esclarece Ricardo Vidal de Almeida, "há, inevitavelmente, um conflito de normas: por uma, o benefício ao réu, abrindo-lhe mais facilmente o portal da liberdade, que, embora amplo, não pode ser assumido como sem limites, ao menos de moralidade e eficiência pública, inadmissível, ainda, que a invocação do *stauts libertatis* sobreponha-se a todos e quaisquer demais interesses, de modo licencioso; por outra, a contundência da supremacia do interesse público, a dispensar comentários a mais. Em suma, o combate entre o interesse privado, do agente, e o interesse da sociedade. Ademais, o reconhecimento de quadro de acusação inexistente (difere de insuficiente, aí sim não dando causa à dissolução) não massacra a cidadania do réu; ao contrário enaltece, também, a igualdade e valores de vivência cotidiana, como o senso de responsabilidade funcional e a preservação equilibrada das instituições. A proporcionalidade (art. 5º, §2º, da CF) não parece furtar-se em autorizar esse entendimento entre garantias isonômicas à defesa dos interesses do réu e da sociedade, encarregando o juiz de dissolver o Conselho de Sentença sempre que a acusação ou defesa inexistirem, não bastando a este primeiro caso apenas sua deficiência".[282]

7. Retirada do plenário do réu que tumultua os trabalhos. O comportamento desrespeitoso, ameaçador e inconveniente do acusado ao longo do julgamento pode lhe acarretar a retirada do plenário, não havendo qualquer impedimento de que os trabalhos prossigam sem a sua presença, desde que continue a ser assistido por defensor. Essa medida deve ser tomada com parcimônia e apenas após já ter sido advertido, pois algumas manifestações do acusado devem ser relevadas, pois na imensa maioria das vezes é fruto do seu compreensível nervosismo.

O acusado, aliás, pode ser retirado não só nestas hipóteses, mas também nos casos do art. 217 do CPP – que não colide com o presente – ou seja, por ocasião da oitiva de testemunhas, se o Juiz notar que a sua presença pode influir na espontaneidade das de-

---

[280] MARREY, Adriano; FRANCO, Alberto Silva; STOCO, Rui. *Teoria e prática do júri*. 5ª ed. São Paulo: Revista dos Tribunais, 1993, p. 243. MARQUES, José Frederico. *A instituição do júri*. Campinas: Bookseller, 1997, p. 310.
[281] NUCCI, Guilherme de Souza. *Código de Processo Penal Comentado*. 5ª ed. São Paulo: Revista dos Tribunais, 2006, p. 825.
[282] ALMEIDA, Ricardo Vital de. *Tribunal do Júri – Aspectos constitucionais – Soberania e democracia social – "Equívocos propositais e verdades contestáveis*. CL EDIJUR, Leme/SP, 2005, p.168.

clarações daquela, prejudicando a apuração da verdade.[283]

8. Suspensão e interrupção dos trabalhos. Ao Juiz Presidente é facultado suspender e interromper os trabalhos de plenário para execução de diligências imprescindíveis, assim como para garantir o repouso e refeição dos jurados, sempre assegurada a incomunicabilidade dos mesmos. A propósito, aqui não há qualquer impedimento de que o Juiz-Presidente consulte os jurados quanto à necessidade de um intervalo, mesmo ao longo da manifestação de uma das partes, o que, aliás, pode ser absolutamente conveniente, sobretudo quando os debates se iniciam, por exemplo, após o almoço.

9. Determinar diligências para evitar nulidade ou para esclarecimento da verdade. É permitido ao Juiz-Presidente, inclusive de ofício, determinar diligência que entenda necessária para a apuração da verdade ou para sanar eventual nulidade, como, por exemplo, ouvir testemunhas, proceder acareação, etc.[284] É claro que se a diligencia não puder ser realizada em tempo razoável, ocorrerá a dissolução do Conselho de Sentença, como já referido no art. 477.

---

[283] JTJ 183/319.
[284] RSTJ 160/112.

Procedimentos
(arts. 498 a 562)

José Carlos Teixeira Giorgis

Desembargador aposentado do Tribunal de Justiça do Rio Grande dos Sul, Professor da Escola Superior da Magistratura, autor de obras jurídicas e conferencista em diversos eventos jurídicos.

CAPÍTULO III
DO PROCESSO E DO JULGAMENTO DOS CRIMES DA COMPETÊNCIA DO JUIZ SINGULAR

Art. 498. No processo dos crimes da competência do juiz singular, observar-se-á, na instrução, o disposto no Capítulo I deste Título.

1. **Referência**. O presente dispositivo, de maneira desnecessária, apenas reitera que, no tocante ao procedimento de competência do juiz singular, o procedimento a ser adotado é o comum.

Art. 499. Terminada a inquirição das testemunhas, as partes – primeiramente o Ministério Público ou o querelante, dentro de 24 (vinte e quatro) horas, e depois, sem interrupção, dentro de igual prazo, o réu ou réus – poderão requerer as diligências, cuja necessidade ou conveniência se origine de circunstâncias ou de fatos apurados na instrução, subindo logo os autos conclusos, para o juiz tomar conhecimento do que tiver sido requerido pelas partes.

1. **Diligências**. Finda a instrução, com a ouvida da última testemunha, abre-se prazo às partes a fim de integrar a prova ou regularizar a pretensão posta, sem que isso signifique o alargamento da etapa terminada ou reiteração do que fora já colhido, para melhor apuro, etapa que não se admite no procedimento sumário (RT 759/707).

Cuida-se de faculdade das partes, e a ausência de requerimento por parte da defesa não macula o processo, entendendo-se que não houve interesse na realização das diligências (RJDTACSP, 21/342).

Assim, não há espaço para ampla produção de provas, podendo o juiz indeferir as diligências desnecessárias ou inconvenientes (STJ, RSTJ 98/414 e RT 484/296 e 665/271), mas acolher provas que não pareciam cabíveis desde o início do processo (RT 730/526).

2. **Diligências acatadas**. Nos repertórios jurisprudenciais, entre outros pedidos, são aceitos os que postulam novo interrogatório,[1] de audiência para testemunha referida (STF, RT 658/391), de acareação de testemunhas (RJDTACSP, 38/82), de expedição de certidões sobre a vida pregressa postulada pelo Ministério Público (RT 448/389), etc.

Não são acolhidos os pedidos de oitiva de testemunhas não arroladas na defesa prévia, o que não implica cerceamento de defesa (STJ, RSTJ 59/17, RT 741/610 e RJDTACSP 8/140).

3. **Prazo para requerimento de diligências**. O prazo de 24 horas é comum tanto para a acusação (Ministério Público, assistente, querelante), como depois para a defesa (vários defensores), sendo prazo processual computado na forma da bíblia instrumental (CPP, artigo 798, § 1º).

Embora a lei proclame que os prazos para as diligências das partes correm em cartório, independentes de intimação, salvo quanto ao Ministério Público (CPP, artigo 501), o que tem base jurisprudencial (STF, RTJ 62/532 e 70/54, também RT 576/484 e 643/358), é mais consentâneo com a veneração aos predicados da ampla defesa e do devido processo legal, que o defensor seja intimado da abertura do prazo, sob pena de nulidade (STF, RTJ 100/552 e RT 553/435; TARS, JTARS 84/68; e TACSP, RJDTACSP, 19/188), para muitos uma nulidade relativa, que convalesce se não for alegada no momento oportuno (STF, RTJ 104/1006 e 106/146,

---

[1] STJ, RHC 10.801, DJ 12.03.01.

além de RT 576/484 e 643/358; TARS, JTARS 104/134).

Não há nulidade quando comprovado que a parte e seu defensor se esquivaram da intimação, sendo substituídos por advogado dativo que promoveu os atos respectivos (STF, JSTF 164/323).

4. Supressão e omissão do prazo. Constitui nulidade, quando o juiz adianta a etapa do procedimento, suprimindo o direito para a realização de diligências (RT 729/441); ou omite a intimação para os prazos dos artigos 499 e 500, CPP, o que caracteriza nulidade absoluta, por ofensa ao devido processo legal, à ampla defesa e ao contraditório (STF, RT 584/466 e 600/426), salvo se a defesa, antecipadamente alertou que nada pretendia requerer em dita fase processual (RJDTACSP, 10/124).

5. Indeferimento de diligência. O requerimento de diligências pode ser indeferido pelo juiz em sua atividade discricionária quando as entenda dilatórias (STF, RT 692/370; STJ RJSTJ 139/466; RT 560/301), não havendo nulidade no fato de negar o pedido formulado (RJDTACSP, 19/67), salvo se imprescindíveis para a defesa (STJ, RSTJ 122/445 e RT 583/337).

Embora formulado após o esgotamento do prazo, em sua faculdade instrutória o juiz pode deferir o pedido quando seja de interesse para sua convicção e na pesquisa da verdade real (RT 724/633).

O despacho que indefere o pedido de diligências é irrecorrível, não cabendo o recurso em sentido estrito cujo cabimento está prescrito em relação exaustiva (RT 554/349 e 724/633), embora já se tenha notícia de mandado de segurança pela acusação (STJ, RSTJ 114/347) ou *habeas corpus* pela defesa (STJ, RSTJ 122/445).

6. Retirada dos autos do cartório. O advogado tem o direito de retirar os autos do cartório para requerer diligências e oferecer as razões finais, conforme permissivo do Estatuto da Advocacia e da Ordem dos Advogados do Brasil (Lei n. 8.906, de 04.07.94, artigo 7º, XV e XVI).

A recusa à retirada pode ser atacada pelo mandado de segurança (RT 481/299).

7. Instrução criminal invalidada. Caso a instrução tenha sido anulada, reabre-se o prazo para requerimento de diligências (RT 801/581).

Art. 500. Esgotados aqueles prazos, sem requerimento de qualquer das partes, ou concluídas as diligências requeridas e ordenadas, será aberta vista dos autos, para alegações, sucessivamente, por 3 (três) dias:

I – ao Ministério Público ou ao querelante;
II – ao assistente, se tiver sido constituído;
III – ao defensor do réu.
§ 1º Se forem dois ou mais os réus, com defensores diferentes, o prazo será comum.
§ 2º O Ministério Público, nos processos por crime de ação privada ou nos processos por crime de ação pública iniciados por queixa, terá vista dos autos depois do querelante.

1. Alegações finais escritas e diligências. Cumpridos os prazos para requerimento de diligências, as partes terão vista dos autos para expressarem suas razões através de peça escrita.

A ordem não pode ser violada nem invertida por constituir evidente cerceamento do direito de defesa, o que implica em decretação de nulidade absoluta (RT 587/350, 615/348 e 765/647), o que não acontece se oferecida nova oportunidade para a defesa rebater os argumentos da acusação, uma vez que tal irregularidade não gera prejuízo (RJDTACSP 32/482).

Pode ocorrer que após as alegações da defesa, o juiz abra vista para manifestação do Ministério Público para novas razões. Neste caso não poderá pronunciar a sentença, sem antes propiciar retorno dos autos à defesa para derradeira manifestação, pena de nulidade (RT 650/279), como ainda quando de novo memorial do Ministério Público (STF, RT 742/551).

Em caso de apresentação espontânea das razões de defesa pelo advogado antes do prazo do Ministério Público, não invalida o ato, eis que a parte não pode alegar nulidade a que deu causa (TARS, JTARS, 65/125).

A apresentação das alegações por defensor não habilitado ou leigo importa em nulidade absoluta (STJ, RTSJ 30/79 e JSTF 147/329), como ainda se as razões forem subscritas por estagiário.[2]

Por constituir mera irregularidade, e não constar cominação legal, as alegações ofertadas fora de prazo não devem ser desentranhadas (RT 713/345).

2. Conteúdo das razões finais. Embora não se exija que as alegações finais sejam enciclopédicas ou demonstração de cultura e erudição, a peça não pode ser excessivamente concisa ou resumida, mas deve traduzir uma defesa eficiente e adequada, embora uma defesa sucinta possa conter os elementos suficientes, sem indicar deficiência (JTJSP 210/296).

Por óbvio, o defensor não pode concordar com o pedido de condenação formulado pela acusação, pena de nulidade insanável (RT 428/314 e 780/577), ou ele próprio pedir a condenação (STF, RTJ 167/570; também RT 797/554), nem reiterar pedido de libertação antes

---
[2] STF, HC 64.676, DJ 05.06.87.

providenciado, sem outros argumentos (RJTACSP 41/75); ou ainda pedir a absolvição por crime diverso imputado na denúncia, falha técnica que afeta a ampla defesa e o contraditório, também gerando nulidade (RJTACSP 41, 126), como também ater-se à parte da acusação, sem dedicar uma palavra sequer quanto a uma das imputações (JTSP, 182/304).

Há nulidade, ainda, quando o defensor dativo apenas pede justiça, invocando a pobreza do acusado, sem nenhuma análise da prova, o que tipifica inexistência da defesa (TARS, JTARS, 79/110).

Não há nulidade em peça lacônica oferecida por defensor dativo, quando exercido o direito de defesa e não seja deficiente a peça (STF, RT 570/401); ou em documento simplório, onde se alinham fatos a favor do acusado, pedindo a liberdade sem solicitar absolvição (TJRS, RJTJRS, 148/105; contra, entendendo que a peça inexpressiva fere a ampla defesa, TJSP, RT 671/331).

As alegações finais também oportunidade para a argüição das nulidades acontecidas na instrução criminal, sob pena de preclusão (STF, RT 556/418; STJ, JSTJ 43/67; ainda RT 707/322 e 721/493).

3. Falta das alegações finais. A falta das razões finais anteriores ao julgamento do mérito da causa consubstancia um termo essencial do processo penal, razão por que sua ausência implica em nulidade, por afronta aos princípios constitucionais da ampla defesa e do contraditório, eis que nelas é que se desenvolve concretamente a defesa do acusado (STF, RTJ 90/808, RT 623/375 e 687/372; STJ, HC 15.543, DJ 04.06.01 e RHC 10.186-RS, DJ 02.04.01; TJSP, RT 586/308 e 625/269; TACRSP, RT 525/390; TJMS, RT 665/321; TJSC, RT 571/371; TARS, JTARS, 63/79 e 94/77, além de RT 698/412); TARJ, RT 751/681).

Outros arestos destas cortes, no entanto, afirmam que não há nulidade na falta de apresentação das alegações finais, mas na ausência de intimação para seu oferecimento (CPP, artigo 564, III, *e*, parte final), seja quando exista defensor constituído ou dativo (STF, RTJ 52/462 e 54/348, JSTF 180/264 e RT 733/488), TJSP, RT 536/309); TJMG, RT 714/409; TAMG, RT 599/383; TAPR, RT 602/406).

Não há nulidade quando o Ministério Público, devidamente intimado deixa de apresentar razões finais (RT 716/457), e se genéricas ou inexpressivas não acarretam cerceamento de defesa (STF, RT 787/533).

Assim como nos recursos movidos por queixa, sendo ato substancial a apresentação de alegações finais, com pedido de condenação, julga-se perempta a ação privada, se não oferecida (JTACRSP 68/362), como ainda quando deixa de contra-arrazoar o recurso do querelado (JTACSP 29/205).

Lembre-se que a perempção ocorre quando o querelante deixa de formular pedido de condenação nas alegações finais (CPP, artigo 60, III).

4. Falta da assinatura do defensor. Não constitui nulidade, mas simples irregularidade, a falta de assinatura do defensor nas alegações finais, quando não se evidencia prejuízo à defesa (STF, JSTF 213/334).

5. Intimação das partes. A falta de intimação do Ministério Público para apresentar razões finais constitui nulidade absoluta, pois vulnera o princípio constitucional do contraditório (RT 764/668), assim como a intimação do defensor é imprescindível, pois tal providência garante o princípio constitucional da ampla defesa, assegurada pela Constituição Federal (STF, RTJ 59/691, RT 593/462 e 586/429; também TARS, JTARS 84/31).

Pode acontecer que o defensor constituído, devidamente intimado, deixe de apresentar as alegações finais, justificando-se a nomeação de dativo para fazê-lo (STJ, RT 730/485; também RT 752/564), mas antes devem esgotar-se todos os meios intimatórios existentes para comunicar a desídia ao acusado, sob pena de nulidade processual (RT 759/630).

Ainda, não se pode ditar a sentença, sem a intimação do querelante para oferecer razões finais, em respeito ao prazo, cuja desobediência implica nulidade (RT 585/339 e 342).

Quando dois são os defensores constituídos, pertencentes ao mesmo escritório de advocacia, a intimação de um deles dispensa a do outro, por que a responsabilidade defensiva é solidária (RT 752/564).

Se as razões foram apresentadas pelo Defensor Público, descabe ao advogado constituído depois postular a reabertura do prazo, pois deve assumir o processo no estado em que se encontra (TJRS, RJTJRS, 191/108).

6. Retirada dos autos do cartório. Como antes asseverado, é direito do advogado ter vista dos autos fora do Cartório para oferecimento das razões finais (STF, RTJ 63/255), mas não se permite sua remessa para outra comarca (RT 623/264).

Art. 501. Os prazos a que se referem os arts. 499 e 500 correrão em cartório e independentemente de intimação das partes, salvo em relação ao Ministério Público.

1. Nulidade por ausência de intimação. Como atrás noticiado, constitui nulidade absoluta a omissão do juiz em intimar as partes para a abertura dos prazos dos artigos 499 e 500, CPP, por ofensa às garantias constitucionais do devido processo legal, contraditório e ampla defesa (STF, RT 600/426), salvo se a defesa antes tenha expressado sua intenção de nada requerer (TACRSP, RJDTASP, 10/124).

Também se repita que o advogado tem direito de retirar os autos do cartório, para providenciar nas diligências (EOAB, art. 7°, XV e XVI), cabendo o mandado de segurança contra a recusa judicial (RT 481/299)

Art. 502. Findo aqueles prazos, serão os autos imediatamente conclusos, para sentença, ao juiz, que, dentro em 5 (cinco) dias, poderá ordenar diligências para sanar qualquer nulidade ou suprir falta que prejudique os esclarecimentos da verdade.

Parágrafo único. O juiz poderá determinar que se proceda, novamente, a interrogatório do réu ou a inquirição de testemunhas e do ofendido, se não houver presidido a esses atos na instrução criminal.

1. **Diligências. despacho saneador e diligências.** Após o cumprimento dos prazos, os autos serão remetidos ao juiz que, em cinco dias, poderá ordenar diligências para sanar qualquer nulidade ou suprir falta que prejudique o esclarecimento da verdade, podendo, ainda renovar a fase oral (interrogatório e inquirição do ofendido e das testemunhas), se não houver presidido tais atos durante a instrução criminal.

Cuida-se de juízo de conveniência judicial para formar a convicção (STF, RTJ 53/578 e RT 535/322 e 742/610), pois não vigora o princípio da identidade física do juiz no processo penal (STF, RT 737/596; também RT 738/679).

Em caso do acréscimo de prova derivada das diligências ordenadas, as partes devem ser ouvidas, sob pena de violação do princípio constitucional do contraditório (RT 585/313, 596/369) e por prejuízo à defesa quando se acostam antecedentes positivos e desfavoráveis ao acusado (TARS, JTARS, 67/146, 79/95 e RT 665/329).

Finalmente, obedecidas as exigências da prova acrescida, os autos vão conclusos ao juiz para pronunciar a sentença.

TÍTULO II
DOS PROCESSOS ESPECIAIS

CAPÍTULO I
DO PROCESSO E DO JULGAMENTO DOS CRIMES DE FALÊNCIA

Os comentários deste Título desenvolveram-se artigo por artigo para preservar a ordem organizacional da obra, no entanto, tais abordagens não desconsideraram as disposições da Lei 11.313/06, que alterou os artigos 60 e 61 da Lei 9.099/05 e o artigo 2° da Lei 10.259/01, superando a dissidência quanto à competência do Juizado Especial Criminal para o processo e o julgamento dos crimes que tenham procedimento especial, com pena máxima de 2 anos de prisão.

Arts. 503 a 512 (Revogados pela Lei 11.101/2005)

CAPÍTULO II
DO PROCESSO E DO JULGAMENTO DOS CRIMES DE RESPONSABILIDADE DOS FUNCIONÁRIOS PÚBLICOS

Art. 513. Os crimes de responsabilidade dos funcionários públicos, cujo processo e julgamento competirão aos juízes de direito, a queixa ou a denúncia será instruída com documentos ou justificação que façam presumir a existência do delito ou com declaração fundamentada da impossibilidade de apresentação de qualquer dessas provas.

1. **Crimes próprios e impróprios.** Os primeiros somente podem ser cometidos por funcionários públicos, eis que sua tipicidade se fundamenta nessa condição, como a concussão; crimes impróprios são os que podem ser praticados também por particulares, merecendo o enquadramento apenas pela vinculação com o servidor público, pela conexão (peculato/furto).

Não são crimes de responsabilidade, embora a designação constante no capítulo, mas onde se considera a condição de funcionário público de quem os comete.[3]

Há corrente contrária entendendo que não basta que o agente seja funcionário público, para se aplicar o procedimento especial, mas importa que a infração constitua crime de responsabilidade.[4]

2. **Funcionário público.** Para efeitos penais, considera-se funcionário público quem, embora transitoriamente ou sem remuneração, exerce cargo, emprego ou função pública (CP, artigo 327), a ele se equiparando os servidores de entidades paraestatais, como as autarquias (CP, artigo 327, § 1°, RT 490/309).

E por exercerem função pública, são funcionários passíveis da conseqüência penal o presidente da República, do Congresso e dos Tribunais, os senadores, deputados e vereadores, os jurados, os serventuários

---

[3] STF, RHC 73.210-1, DJ 01.12.95.

[4] STJ, Quinta Turma, RHC 9.043-MG, rel. Min. Edson Vidigal, DJ 09.11.99.

da justiça, as pessoas contratadas, diaristas e extranumerários.[5]

A jurisprudência tem feito equivalência na situação, também, do procurador do município ainda não nomeado (RT 443/406), do contador municipal (RT 535/339), do guarda municipal (RT 458/377), do escrivão de cartório não oficializado (RT 533/315), do comissário de menores nomeado (RT 491/334), do perito judicial (RT 556/397), do estagiário de Direito junto à Defensoria Pública (RT 489/427), do funcionário do Banco do Brasil quando em função delegada (STF, RTJ 46/27), do guarda noturno (RT 375/207), do oficial do Exército (RT 471/387); ou, ainda, de quem exerce função pública a título precário (RT 399/296).

Outros julgados não consideram funcionário público, o empregado de sociedade de economia mista (RT 483/312), o empregado da Rede Ferroviária Federal S.A. (RT 449/388), o síndico da falência (RT 480/315), como ainda os tutores e curadores dativos e os concessionários de serviço público,[6] entre outros.

3. **Rito especial**. Após a observância de particularidade ritual, os crimes contra funcionários públicos obedecem ao procedimento ordinário, embora os delitos cominem penas de reclusão e detenção.

Em regra, os delitos funcionais são afiançáveis, daí se submeterem ao procedimento especial; somente o excesso de exação (CP, artigo 316, § 1°) e a facilitação de contrabando ou descaminho (CP, artigo 318) são inafiançáveis, o que os encaminha para o rito ordinário, pois nestes delitos não se aplica o artigo 514, CPP (STF RTJ 66/63).

A inobservância do procedimento prescrito constitui nulidade, por omissão de formalidade essencial, mesmo que nenhum prejuízo seja constatado (RT 644/318), achando outros necessária a reclamação (RT 238/343).

Como sublinhado, o procedimento se dirige apenas aos crimes funcionais típicos, não se aplicando em outros, como em furto cometido por funcionário público (STF, RTJ76/42), estupro e atentado violento ao pudor (STJ, RSTJ 76/43), extorsão (RT 782/585).

Não se olvide a possibilidade de aplicação do rito sumaríssimo da Lei n. 9.099/95, consoante a previsão da Lei n. 11.313/2006.

O procedimento respeita as seguintes etapas:
Oferecimento da denúncia ou da queixa -> notificação do agente para a defesa preliminar, em quinze dias -> recebimento da denúncia ou da queixa -> adoção do procedimento ordinário (citação, interrogatório, etc.)

4. **Inquérito policial e peças de informação**. A denúncia ou queixa, esta quando da ação subsidiária, deve estar acompanhada de prova que forneça os indícios suficientes para a acusação, podendo ser formada por justificações ou outros documentos, como sugere o preceito.

A notificação, de que logo se abordará, é impositiva quando a denúncia se calca em justificações ou em documentos (RT 725/544).

Todavia, isso não significa que se abdique da investigação através do inquérito, que é sempre um procedimento mais completo e que, mais adiante, vai ensejar um melhor exercício do direito de defesa. A omissão do texto legal, assim, não deve ser entendida como possível exclusão do inquérito como fonte para a apuração do crime funcional, embora sua existência possa comprometer a indispensabilidade da notificação prévia, como se dirá.

Não é obstáculo para a ação penal, a declaração de inocência do funcionário no processo administrativo, por falta de provas.[7]

Art. 514. Nos crimes afiançáveis, estando a denúncia ou queixa em devida forma, o juiz mandará autuá-la e ordenará a notificação do acusado, para responder por escrito, dentro do prazo de 15 (quinze) dias.

Parágrafo único. Se não for conhecida a residência do acusado, ou este se achar fora da jurisdição do juiz, ser-lhe-á nomeado defensor, a quem caberá apresentar a resposta preliminar.

1. **Notificação prévia**. Oferecida a denúncia ou a queixa, devidamente instruída com o inquérito ou peças de informações (justificações ou documentos), e nos crimes afiançáveis, o juiz oportuniza a notificação do funcionário público suspeito, em quinze dias, para responder por escrito a imputação feita, e caso não seja encontrado, a resposta preliminar deve ser feita por defensor nomeado pelo juiz, pena de nulidade (TJRS, JTJRS 155/90).

Quando o funcionário responde também por outros crimes comuns, presume-se que houve investigação conjunta através do inquérito policial, que fornece uma boa explanação do acontecimento delituoso; o que torna dispensável a notificação, mesmo quando há apenas o delito funcional (STF, RTJ 66/365 e 110/601, STJ, RSTJ 73/108; RT 742/721; RT 787/669)), ou

---

[5] DELMANTO, Celso. *Código Penal anotado*. Saraiva: São Paulo, 1983, p. 405.
[6] DELMANTO, ob. cit. p. 405.
[7] STF, RHC 56.227, DJ 16.06.78.

quando a queixa foi já instruída com inquérito (RJDTACSP 21/357).

A posição não é pacífica, pois a notificação se mostra indispensável em qualquer ação penal intentada contra o funcionário pelos delitos funcionais, mesmo em conexão com crime comum.[8]

É de ser oportunizada a intimação do acusado para oferecer a resposta prévia, mesmo que a denúncia tenha sido precedida de inquérito policial, pois não há ofensa aos direitos constitucionais da ampla defesa e do contraditório (TJRS, RJTJRS 199/82)

O acusado que não é funcionário público não tem direito à audiência prévia (STF, RTJ 66/67; RJTJSP 232/365, RT 714/461).

Como o funcionário já está bem apetrechado sobre a acusação, quando é indiciado em inquérito, remanesce o entendimento pretorial de que a defesa preliminar é dispensável, quando a denúncia é oferecida com suporte no inquérito policial; e quando imprescindível, sua ausência é apenas causa de nulidade relativa,[9] orientação que não é unânime.

2. **Prazo para a sua concessão**. A redação do texto legal revela-se imperativa quanto à abertura do prazo para que o agente ofereça sua defesa preliminar, razão por que se entende que a falta de concessão caracteriza nulidade absoluta insanável: é que o rito constitui um instituto de Direito Público Constitucional, não se permitindo dispensa de formalidade legal, além de o procedimento facilitar o exercício da ampla defesa, que será prejudicada com a omissão judicial (STF, RTJ 103/157 e RT 572/412; STJ, RSTJ 107/384; TJRS, RJTJRS 142/62 e 185/158; RJTJSP 132/463).

Ao contrário, também respeitáveis arestos propugnam que a inobservância da formalidade acarreta apenas nulidade relativa, que deve ser agitada em tempo oportuno, com demonstração do prejuízo (STF, RTJ 155/859, RT 586/432, RT 628/408, RT 646/346 e RT 766/545; STJ, RJST 100/266 e 124/686; TJRS, RJTJRS 133/124; RT 559/360 e 611/392),[10] o que tem simpatia da doutrina.[11]

Cabe correição parcial da decisão que, inobservando o rito, deixa de conceder a resposta prévia (RT 563/301).

3. **Nomeação de defensor dativo**. A indicação de um defensor pelo juiz é providência que assegura o exercício da ampla defesa, mas que deve ser precedida de diligências para localizar o acusado, que desaparecido arrisca seu cargo e o procedimento, não se recomendando a notificação por edital, por inútil; e quando estiver em outra comarca, a indicação do defensor dativo deve preceder-se da expedição de uma carta precatória,[12] embora a jurisprudência entenda por inadmissível a expedição da carta, em face da expressa e taxativa imposição da lei (RT 609/295)

4. **Acusado que deixa a função**. O direito ao procedimento especial só tem cabimento quando o funcionário ainda estiver no exercício da função pública, o que se liga ao interesse público de evitar que ele seja temerariamente processado em prejuízo as atividade administrativa que desempenha.

Daí que, se não está mais exercendo o cargo, não há mais a objetividade jurídica da resposta preliminar, não havendo a fase da resposta prévia (STJ, 763/527 e 787/669; também RT 816/537), achando-se, todavia, que é irrecusável o direito do funcionário exonerado de ser notificado para a defesa preliminar (RT 566/277).

Os continuados repertórios entendem que a pessoa que não é mais funcionário, não tem direito à defesa preliminar (STJ, RSTJ 87/390 e 115/514; RT 704/310, 782/703, 784/667 e 787/669, entre outros).

Art. 515. No caso previsto no artigo anterior, durante o prazo concedido para a resposta, os autos permanecerão em cartório, onde poderão ser examinados pelo acusado ou por seu defensor.
Parágrafo único. A resposta poderá ser instruída com documentos e justificações.

1. **Localização dos autos**. A lei especifica que os autos permaneçam em cartório durante o prazo da notificação, exatamente para permitir seu manuseio pela defesa, nada obstando que sejam retirados, pois é garantia assegurada ao exercício da advocacia, pelo estatuto da corporação, já sobejamente reconhecido em vários julgados, embora se pense ao contrário (RJTJSP 153/292).

Não acontece nenhuma invalidade quando o funcionário devidamente notificado deixa de apresentar a defesa preliminar, pois se cuida da ato de conveniência, mas não pode argüir sua própria omissão depois (RJTJSP 153/292).

Em respeito ao contraditório, é razoável que o Ministério Público tenha vista dos autos, após a de-

---

[8] TJSP, Sexta Câmara Cível, HC 295.549-3, rel. Des. Lustosa Goulart, j.28.10.99.
[9] STJ, Quinta Turma, RHC 9.067-PR, rel. Min. Felix Fischer, DJ 08.11.99.
[10] STF, Primeira Turma, HC 73.099-SP, rel. Min. Moreira Alves, DJ 17.05.96.
[11] NUCCI, *Ob. cit.* p. 815.
[12] Idem. p. 816.

fesa preliminar, para se manifestar a respeito (RT 578/298).

Art. 516. O juiz rejeitará a queixa ou denúncia, em despacho fundamentado, se convencido, pela resposta do acusado ou do seu defensor, da inexistência do crime ou da improcedência da ação.

1. **Rejeição da denúncia ou da queixa.** A regra explicita que a denúncia ou a queixa será rejeita em despacho fundamentado, quando se convença da inexistência do crime ou da improcedência da ação, após conhecer as razões do acusado ou de seu defensor.

Há um preciosismo em impor a necessidade de motivação para a rejeição da denúncia, eis que o ato implica em aceitação da atipicidade ou de falta de condição para a ação, o que exige a concretude das razões que levaram ao encerramento do processo.

Os tempos modernos exigem atitudes judiciais que limitem o congestionamento forense, daí a iteratividade da defesa prévia anterior ao recebimento da denúncia em alguns procedimentos, o que pode conduzir à extinção de algumas causas penais.

Aqui não se afigura existir um juízo de mérito, a que pode levar o errôneo emprego do termo *improcedência*, mas um equívoco técnico debitado à época em que o código foi redigido, sabidamente inexperiente na ciência jurídica.

Dita palavra parece significar a clara falta de provas sobre a materialidade do fato ou a autoria imposta.[13]

Embora a rejeição da denúncia deva ser motivada, o despacho de recebimento não necessita de fundamentação (RT 510/318 e 610/410), podendo ser atacado via habeas corpus.

Art. 517. Recebida a denúncia ou a queixa, será o acusado citado, na forma estabelecida no Capítulo I do Título X do Livro I.

1. **Notificação prévia.** A notificação do funcionário para oferecer sua defesa preliminar é o conhecimento dado sobre evento futuro que pode comprometer sua liberdade.

Para que tome as medidas defensivas, é necessário que tome ciência concreta e oficial da indigitação, o que se opera pela citação, mesmo por que a etapa anterior ao recebimento da denúncia, para alguns, ainda não é ação penal com resguardo de todas as garantias.

---
[13] NUCCI, *ob. cit.* p. 817.

Art. 518. Na instrução criminal e nos demais termos do processo, observar-se-á o disposto nos Capítulos I e III, Título I, deste Livro.

1. **Rito.** Daí em diante se cumpre o ritual do procedimento ordinário (CPP, artigos 394/405- 498/502), sendo nulo o processo por crime funcional em que se adotou o rito sumário (RT 424/388).

CAPÍITULO III
DO PROCESSO E DO JULGAMENTO DOS CRIMES DE CALUNIA E INJÚRIA, DE COMPETÊNCIA DO JUIZ SINGULAR

Art. 519. No processo por crime de calúnia ou injúria, para o qual não haja outra forma estabelecida em lei especial, observar-se-á o disposto nos Capítulos I e III, Titulo I, deste Livro, com as modificações constantes dos artigos seguintes.

1. **Considerações iniciais.** Para os dicionaristas, a honra é o sentimento de dignidade própria que leva a pessoa a procurar merecer e manter a consideração geral, é o bom nome perante a coletividade, e que reúne uma série de qualidades, como a integridade moral, o decoro, a reputação, a probidade e a virtude.

Nesta linha, crimes contra a honra são aqueles que ofendem a integridade moral da pessoa, compondo-se de uma *honra subjetiva*, que é a estima que cada um tem a seu respeito ou sentimento pessoal da dignidade, e *a honra objetiva*, que é a reputação perante o meio social.

Em Portugal, em 1355, havia um Lei das Injúrias, com o mesmo sentido do Direito Romano, onde a honra era direito público dos cidadãos, legislação que chegou a nosso país através das Ordenações Filipinas.

Seguindo a orientação da legislação bipartida francesa, o Código Criminal do Império apenas distinguia a calúnia e a injúria, ganhando a difamação sua identidade no vigente Código de 1940, nisso residindo a ausência do último crime no capítulo referente ao procedimento dos crimes contra a honra (CPP, artigos 519/523), pois o diploma teve mira na legislação imperial.

Em regra, os crimes são de ação penal privada, havendo alguns que se processam como ação pública incondicionada (crime de injúria real com lesões corporais); outros, como ação penal condicionada à requisição (crime contra a honra do presidente da República ou chefe de governo estrangeiro); ou, ainda, como ação penal condicionada à representação do ofendido (crime contra a honra de funcionário público no exercício de suas funções).

Como antes referido, pertinente o rito do procedimento sumaríssimo, consoante a equalização promovida pela Lei n. 11.313/2006.

O procedimento segue as seguintes fases:

Queixa -> audiência de conciliação -> reconciliação -> assinatura do termo -> arquivamento -> Não-reconciliação -> recebimento da queixa -> procedimento ordinário.

Embora aos crimes contra a honra se estimem pena de detenção, após o cumprimento da especificidade do rito, que é a audiência de conciliação, o procedimento observa o rito ordinário dos delitos punidos com reclusão.

2. Competência. Nas ações penais privadas, o querelante pode oferecer a queixa no foro do domicílio ou residência do querelado, embora conhecido o lugar em que foi perpetrada a infração, preferência assegurada pelo artigo 73 do CPP (RT 664/254).

3. Pessoas com prerrogativa de funções. Os acusados que gozam de prerrogativa de função estão fora da abrangência do procedimento especial dos crimes contra a honra, submetendo-se aos ditames dos ritos próprios do Superior Tribunal de Justiça e do Supremo Tribunal Federal (Lei n. 8.038/90).

4. Difamação contra funcionários públicos. Como dito alhures a ação é pública condicionada à representação (CP, artigo 145, § único), descabendo a propositura de ação privada (STF, RTJ 85/367); mas verbete ensina que é concorrente a legitimidade do ofendido, mediante queixa, e do Ministério Público, condicionada à representação do ofendido, para a ação penal por crime contra a honra de servidor público em razão do exercício de suas funções.[14]

Deixa de provocar a ação do Ministério Público através da representação, devendo ajuizar a competente ação privada através da queixa (STJ, RT 714/418; também RT 743/647).

5. Pedido de explicações. É a interpelação criminal feita pelo ofendido, quando de referência, alusão ou frase, se inferem calúnia, difamação ou injúria (CP, artigo 144).

Segue a forma processual das notificações avulsas, não havendo julgamento (RT 752/627), somente coleta da manifestação do ofensor, constituindo-se em procedimento preparatório para o oferecimento da queixa (RT 467/347 e 558/250), mas se inviável nada justifica tal procedimento (RT 613/341).

Em caso de prerrogativa de função, o pedido deve ser manejado no tribunal competente, a quem cabe conhecer as questões preliminares e preparatórias (RT 452/309).

O pedido de explicações previne a competência (RT 455/398, 514/384 e 625/264).

6. Número de testemunhas. Embora os crimes cominem pena de detenção, as partes podem arrolar até oito testemunhas, pois se persegue o rito ordinário (RT 542/373), que pode ser alterado se houver oposição das exceções da verdade ou de notoriedade (CPP, artigo 523).

Art. 520. Antes de receber a queixa, o juiz oferecerá às partes oportunidade para se reconciliarem, fazendo-as comparecer em juízo e ouvindo-as, separadamente, sem a presença dos seus advogados, não se lavrando termo.

1. **Audiência de conciliação.** Antes de examinar a queixa, e depois de abrir vista ao Ministério Público para aditar a queixa, o juiz enseja a possibilidade de reconciliação, designado uma audiência, chamando as partes, e as ouvindo em separado, sem a presença de seus procuradores, nada registrando no termo. O comparecimento não é obrigatório, não afetando o direito de locomoção (RT 528/383), embora acórdão autorize a condução coercitiva (STF, RTJ 77/411).

A realização da audiência é obrigatória (RT 786/669), sendo sua ausência causa de nulidade relativa (RT 596/386 e 760/637); descabe seu uso na ação penal pública (STF, RTJ 113/560; RT 745/661) e em ação originária do Supremo tribunal Federal.[15]

A solenidade deve se realizar mesmo em caso de dúvida quanto ao recebimento da queixa, pois a conciliação das partes poderá constituir-se em concreta realização do justo, a ser privilegiada se em cotejo com a estrita observância de requisitos formais (RT 771/626), não podendo o juiz suprimi-la, o que implica nulidade do processo (TJRS, RJTJRS 191/183).

A designação da audiência de conciliação não constitui constrangimento ilegal (STF, RT 539/389).

2. Natureza jurídica da audiência. É condição objetiva de procedibilidade especial, enquanto outros atestam ser uma condição objetiva de procedibilidade imprópria, prevalecendo o entendimento de que é uma condição objetiva de prosseguimento da ação penal.[16]

---

[14] STF, Súmula 714.

[15] STF, HC 77.962-SP, DJ 11.12.98.

[16] CAPEZ, ob. cit. p. 578.

Em verdade, a audiência é uma condição de procedibilidade, que condiciona o recebimento da queixa, ato preliminar e indeclinável da ação privada e que deve ser designada, sendo nulo o procedimento em que não se realize (TJRS, RJTJRS 197/101 e 201/95; RT 572/358 e 786/669).

3. **Comparecimento das partes.** Não há uniformidade sobre os efeitos do não comparecimento das partes à audiência de conciliação.

Em relação à ausência do querelado não há maiores discórdias, achando-se que a abstinência pessoal significa a intenção de não se harmonizar com o querelante, restando frustrada a solenidade, embora se admita a possibilidade de condução coercitiva (ver acima), sendo demasia processá-lo por desobediência (TARS, JTARS 84/34).

A ausência do querelante enseja duas opiniões: a) é também demonstração do desejo de não se reconciliar, não podendo ser considerada abandono injustificado da causa, nem desinteresse ou desídia, frente à propositura da queixa, mas demonstração eloqüente de sua recusa, perfeitamente legítima (RT 597/321); b) é causa de perempção, segundo o que prescreve o artigo 60, III, CPP, pois a atitude conflita com a intenção de levar avante a ação (TARS, JTARS 69/59 e 52/151; RT 646/323 e 712/478).

Para o querelante desistir da audiência de conciliação são necessários poderes especiais a seu procurador para tanto, pois a conciliação é importante para ele (TJRS 197/102 e 201/95).

Embora a segunda posição seja dominante, argumenta-se que não acontece a perempção, apenas cabível quando há relação processual instaurada e ação penal em andamento, o que não ocorre, pois não houve o recebimento da queixa, nem a citação, cuidando-se de mero procedimento e não de processo no rigor técnico (RT 597/321).

4. **Queixa inepta.** Quando a queixa é inepta, o juiz deve rejeitá-la desde logo, mesmo antes da solenidade de conciliação (RT 489/369, 609/392 e 687/310), mas se assim não aparenta, o magistrado deve operar a audiência, e conforme seu resultado negativo, examinar a queixa (RT 760/637).

Art. 521. Se depois de ouvir o querelante e o querelado, o juiz achar provável a reconciliação, promoverá entendimento entre eles, na sua presença.

1. **Participação da defesa técnica.** O juiz procura conversar com as partes, isoladamente, sem a presença dos advogados, usando dos meios de sua experiência para obter a reconciliação, e quando sentir o sucesso de sua intermediação deve consagrar o entendimento entre eles.

Art. 522. No caso de reconciliação, depois de assinado pelo querelante o termo da desistência, a queixa será arquivada.

1. **Composição.** Depois de ouvir as partes e obter o congraçamento, afastadas as desavenças fortuitas que levaram ao debate, é feito o registro do acordo, que pode ter algumas cláusulas combinadas entre o ofendido e o ofensor, elaborando-se o termo de desistência que será subscrito pelo autor da queixa, arquivando-se o procedimento, sendo razoável que também decrete a extinção da punibilidade.[17]

Art. 523. Quando for oferecida a exceção da verdade ou da notoriedade do fato imputado, o querelante poderá contestar a exceção no prazo de 2 (dois) dias, podendo ser inquiridas as testemunhas arroladas na queixa, ou outras indicadas naquele prazo, em substituição às primeiras, ou para completar o máximo legal.

1. **Exceção da verdade.** Quando for oferecida a exceção da verdade ou da notoriedade do fato imputado, o ofendido poderá contestá-la em dois dias, podendo ser inquiridas as testemunhas da queixa, facultando-se ao autor indicar outras, substituir alguma do rol ou completar o número legal.

A exceção da verdade é a oportunidade do querelado provar a veracidade de sua ofensa, enquanto a exceção de notoriedade é o ensejo de demonstrar que as afirmações são de domínio público.

É uma questão prejudicial homogênea, pois se refere ao direito material em questão que necessita ser previamente deslindada antes do mérito da ação principal, sustando o andamento do processo até o julgamento do incidente.[18]

A falsidade da imputação é presumida se não oposta exceção da verdade, impondo-se a condenação por crime de calúnia, tanto mais se o ofensor também não prova a falta de intenção de lesar a honra objetiva do querelante (RT 638/311)

2. **Cabimento das exceções.** Na calúnia, que consiste na imputação falsa de um fato definido como crime, eis que possível estabelecer sua veracidade, o que desnatura o delito. Também cabe na difamação contra funcionário público no exercício de suas funções, em vista da supremacia do interesse da admi-

---

[17] NUCCI, *ob. cit.* p. 821.

[18] Ibidem.

nistração pública, mas não na difamação típica, pois nesta o fato pode ser verdadeiro ou falso, pois o crime continuará; todavia, na difamação cabe exceção de notoriedade, pois se o fato era notório, a vítima não foi difamada. As exceções não ocorrem na injúria, onde não se imputa fato, mas qualificativo desairoso.[19]

Não se admite a exceção da verdade se do crime imputado o ofendido já fora absolvido, com sentença transitado em julgado, o que impede a prova da verdade.

3. **Procedimento das exceções.** A exceção é encartada na defesa prévia (RT 664/255) e o querelante será notificado para oferecer sua resposta em dois dias, podendo completar o rol de testemunhas, substituir as testemunhas ou indicar outras, não sendo obrigatório seu defenestramento do ventre do processo para os autos apartados.

Há entendimento de que a exceção pode ser formulada nas razões de apelação, como prova documental (RT 607/307), não se admitindo o julgamento antecipado (RT 747/761).

Após a resposta do querelante e do Ministério Público, o procedimento se ordinariza, ouvindo-se as testemunhas da queixa e da defesa prévia, inclusive as da exceção, colhendo-se a prova em conjunto, pois as causas vão ser solvidas em conjunto, ao final.

A falta de comparecimento do querelante à audiência de inquirição das testemunhas não implica perempção, nem constitui abandono ou desídia, notadamente quando estão presentes seus procuradores, o que torna inócua e inútil a exigência da presença do autor, o que não é reclamado pelo texto legal (TARS, RT 585/370).

O contraditório é imprescindível na exceção de verdade nos crimes contra a honra (RT 621/328)

Caso o querelante tenha foro privilegiado, o juiz remete o processo ao tribunal competente para julgar o querelante (STF, RT 567/388 e RT 664/255; STJ, RT 724/581; TJRS, RJTJRS 166/97; RT 700/349), e caso a exceção seja rechaçada, os autos retornam à origem. Quando excipiente e excepto têm foro privilegiado por prerrogativa de função, a competência é do órgão jurisdicional de maior hierarquia (STJ, RSTJ 17/103).

Assim, se o querelante é desembargador e o querelado, juiz de direito argúi a exceção, cabe ao Tribunal de Justiça do Estado, se admitir a exceção da verdade, processá-la, encaminhando os autos ao STF para julgamento (STF, RT 613/392)

Não é pacífica a imposição de honorários ao advogado vitorioso, havendo quem admita (RT 560/336) e quem não acolha (RT 695/357).

Cabe apelação da decisão que não admite a exceção da verdade.[20]

CAPÍTULO IV
DO PROCESSO E DO JULGAMENTO DOS CRIMES CONTRA A PROPRIEDADE IMATERIAL

Art. 524. No processo e julgamento dos crimes contra a propriedade imaterial, observar-se-á o disposto nos Capítulos I e III do Título I deste Livro, com as modificações constantes dos artigos seguintes.

1. **Considerações iniciais e procedimento.** O Código Penal arrola entre os crimes contra a propriedade imaterial, agora, somente os crimes contra a propriedade intelectual (CP, artigos 184/186), eis que os capítulos referentes aos crimes contra o privilégio de invenção, contra marcas de indústria e comércio e de concorrência desleal foram revogados pela Lei n. 9.279/96, que passou a regular os direitos e obrigações relativos à propriedade industrial.

Entre elas estão as concessões de patentes de invenção e modelo de utilidade, além de registro de marcas, bem como a repressão às falsas indicações geográficas e concorrência desleal, agora incorporados com nova redação e ampliações aos dispositivos penais referidos (Lei n. 9.279/96, artigos 183/244).

A maioria dos crimes contra a propriedade imaterial se processa mediante ação exclusivamente privada, portanto com iniciativa da parte lesada.

Fazem exceção infrações praticadas em prejuízo de entidades de direito público, autarquias, empresas públicas, sociedades de economia mista ou fundações instituídas pelo poder público, violação de direitos autorais e crimes cometidos por meio de marca, título de estabelecimento e sinal de propaganda, consignados tanto no estatuto material como na lei especial.

Relembre-se a possibilidade do uso do procedimento sumaríssimo, segundo receita da Lei n. 11.313/2006, que uniformizou as discrepâncias entre os juizados especiais criminais (Leis nº 9.099/95 e 10.259/2001).

Tanto os delitos de ação privada como os de ação pública observam o rito do procedimento ordinário, que se desdobra nas seguintes fases:

---

[19] CAPEZ, ob. cit. p. 580.

[20] STF, RHC 67.017, DJ 16.02.90); contra RT 581/360, quando não deduzida com observância dos mandamentos legais, daí inexistente.

2. **Crimes de ação privada.** Notícia da infração que deixa vestígio material -> requerimento do ofendido para prova preliminar -> diligência de apreensão do material falsificado -> apresentação de laudo (3 dias) -> homologação judicial do laudo -> oferecimento da queixa (ou denúncia) -> recebimento da queixa (ou denúncia) -> procedimento ordinário.

3. **Crimes de ação pública.** Notícia de infração que deixa vestígio material -> apreensão dos bens pela autoridade policial -> lavratura do auto de apreensão -> realização da perícia -> depósito dos bens e materiais apreendidos -> destruição do material ou manutenção para posterior indenização -> sentença.

O procedimento ordinário, previsto para os crimes apenados com reclusão, é o rito adotado para todos os delitos, sejam de ação privada ou pública, prevejam pena de detenção ou reclusão.

As ações públicas, sejam condicionadas ou incondicionadas, têm o procedimento adaptado a algumas particularidades, segundo os artigos 530-B a 530-H, consoante modificações determinadas pelo Lei 10.695/03.

A denúncia contra diversos integrantes da sociedade industrial não precisa especificar a atividade de cada um nas deliberações, o que os tornaria imunes à persecução criminal (STF, RTJ 68/60).

Art. 525. No caso de haver o crime deixado vestígio, a queixa ou a denúncia não será recebida se não for instruída com o exame pericial dos objetos que constituam o corpo de delito.

1. **Crimes que deixam vestígio.** A doutrina costuma diferenciar os crimes em permanentes ou transeuntes, compreendendo os primeiros infrações que deixam sinais, marcas ou manchas visíveis ou *vestígios*, como no homicídio, no furto com rompimento da coisa, nas lesões corporais ou no material falsificado; e transeuntes os que nada sinalizam, daí desnecessário o exame (STF, RTJ 73/753).

As infrações que deixam vestígios e que instigam os sentidos humanos têm sua materialidade apurada pelo exame do corpo de delito, direto ou indireto (CPP, artigo 158), devendo a perícia ser operada por dois peritos (CPP, artigo 159, §§ 1° e 2°).

O exame direto é o realizado na pessoa ou bem, portanto imediatamente, enquanto que o indireto se socorre de outras provas (atestados, fichas, esquemas, levantamentos), por haverem desaparecido os vestígios.

O exame pericial é indispensável para a prova da materialidade, sob pena de nulidade (CPP, artigo 564, III, *b*), funcionando aqui como verdadeira *condição de procedibilidade* para o exercício da ação penal, pois sua ausência constitui impedimento concreto para o recebimento da queixa ou da denúncia, cabendo ao ofendido formular os quesitos com exclusividade.[21]

A jurisprudência grifa que o exame pericial nos crimes permanentes contra a propriedade imaterial é condição de admissibilidade da queixa (STF, RT 814/566).

Embora eticamente reprovável, não obsta a renovação do pedido de busca e apreensão em Vara diversa daquela onde foi indeferido liminarmente (RT 760/645).

Art. 526. Sem a prova de direito à ação, não será recebida a queixa, nem ordenada qualquer diligência preliminarmente requerida pelo ofendido.

1. **Indícios mínimos e ação penal.** O ingresso temerário de demandas judiciais é mitigado pela exigência de que as peças provocativas da tutela jurisdicional sejam assessoradas por um início de prova escrita, como o inquérito, informações, documentos, certidões, pedido de explicações e outras.

A lei que revogou os dispositivos penais prevê que a ação penal instaurada por crime contra a propriedade imaterial deve sedimentar-se na busca e apreensão do material contrafeito ou que viole dita propriedade, ordenada pelo juiz, e que será efetuada pelo oficial de justiça acompanhado dos peritos.

Flagrado o plágio, as coisas serão apreendidas, como ainda ocorre em relação a marca falsificada, alterada ou imitada onde seja encontre e antes utilizada para fins criminosos, vaticinando-se, ainda, a destruição dos produtos ainda que se danifiquem seus envoltórios. Caso a busca se dê em estabelecimento industrial ou comercial, para não restringir ou prejudicar suas atividades normais, as diligências devem se limitar à vistoria e apreensão dos produtos. A insinceridade ou má-fé da parte que requeira a diligência acarreta a reparação por perdas e danos, frente aos naturais transtornos causados (Lei n. 9.279/96, artigos 201/204).

Desta forma a legitimidade da parte e seu interesse no requerimento da medida são pressupostos para a realização das diligências preliminares (RT 600/433, 711/369, 733/683), e se reconhecido o direito de ação, não se pode indeferir a liminar apenas por indicação deficiente do produto (RT 760/646).

Art. 527. A diligência de busca ou de apreensão será realizada por dois peritos nomeados pelo juiz, que verificarão a existência de fundamento para a

---

[21] JESUS, Damásio de, *ob. cit.* p. 418.

apreensão, e quer esta se realize, quer não, o laudo pericial será apresentado dentro de 3 (três) dias após o encerramento da diligência.

Parágrafo único. O requerente da diligência poderá impugnar o laudo contrário à apreensão, e o juiz ordenará que esta se efetue, se reconhecer a improcedência das razões aduzidas pelos peritos.

1. **Diligências e peritos.** A diligência de busca ou apreensão será executada por dois peritos nomeados pelo juiz, a quem se atribui a verificação discricionária de fundamento para o arresto, podendo deixar de cumpri-la ou não, mas sempre obrigados a entregar o laudo em três dias após o encerramento da diligência.

Os peritos não poderão se exceder na busca e apreensão, retirando objetos mais que necessários para o exame, ofensa a direito líquido e certo corrigida pelo mandado de segurança (RT 451/405), remédio também possível quando não identificado constrangimento à liberdade em apreensão indevida (STF, RT 629/413).

Não se aceitando a apreensão feita por outras pessoas que não os peritos, ou até por oficial de justiça (RT 764/572 e 561/348).

2. **Impugnação do laudo.** O ofendido, que não acompanhou a diligência, poderá impugnar o laudo depois de cientificado da medida, embora a abertura de vista seja facultativa (RT 513/418), e se as razões forem procedentes, o magistrado ordenará a apreensão.

O lesado pode insubordinar-se contra a decisão autorizativa através do mandado de segurança, mas contra o despacho que repele o arresto não cabe recurso.[22]

Não há contraditório (TARS, JTARS 86/98 e RT 730/548).

Art. 528. Encerradas as diligências, os autos serão conclusos ao juiz para homologação do laudo.

1. **Conclusão dos autos ao Juiz.** autos referentes às diligências são conclusos ao juiz para a homologação do laudo, decisão que não repercute na materialidade do delito, e que pode ser retificado no curso do processo, quando respeitados o contraditório e ampla defesa.

A decisão do juiz que fixa estipêndios para o perito é irrecorrível (RT 505/369)

O recurso contra a homologação do laudo é a apelação (RT 471/344, 527/384 e 702/356).

Art. 529. Nos crimes de ação privativa do ofendido, não será admitida queixa com fundamento em apreensão e em perícia, se decorrido o prazo de 30 (trinta) dias, após a homologação do laudo.

Parágrafo único. Será dada vista ao Ministério Público dos autos de busca e apreensão requeridas pelo ofendido, se o crime for de ação pública e não tiver sido oferecida queixa no prazo fixado neste artigo.

1. **Queixa-crime e prazo.** Quando se cuide de ação privada, o que acontece em relação à maioria dos crimes em análise, o ofendido tem o prazo de trinta dias para oferecer a queixa, acostando a petição inicial aos autos da busca e apreensão, que ficam à disposição dele em cartório depois das diligências (RT 495/325)

Recorde-se que a norma instrumental fala no prazo de seis meses para a queixa, detonado da ciência da autoria (CPP, artigo 38), o que representa aparente conflito com a norma especial, gerando controvérsia sobre o termo inicial para o fluxo da decadência, que não se suspende nem se interrompe, como sabido.

Apoiado por boa doutrina, há entendimento lecionando que o direito de queixa deve ser exercitado no prazo de *seis meses* que se seguem ao *conhecimento da autoria* pelo lesado; mas, iniciado o procedimento de apuração, por medida judicial, que objetive estabelecer a prova da autoria e a materialidade do delito, não há que falar na decadência prevista no artigo 105, CP e artigo 38, CPP, devendo a queixa ser oferecida dentro dos *30 dias* fixados pelo artigo 529 do mesmo Código de Processo Penal (STF, RTJ 103/354). Não haveria um prazo decadencial especial para o exercício da queixa, um único que é contado da data em que o ofendido toma ciência da autoria (STF, RTJ 63/34 e RT 552, 573/379 e 587/323).

Outra posição sustenta que o prazo decadencial é de *trinta dias*, contados a partir da *homologação do laudo pericial*, baseado o parecer na redação do artigo 38, CPP, que admite exceções ao termo genérico ali contido (*...salvo disposições em contrário..*), como também se anota nos artigos 236, parágrafo único e 240, §2°, CP, que dão companhia ao artigo 529, CPP (STF, RTJ 62/611 e RT 592/339, 630/319 e 714/436).

Finalmente, um derradeiro juízo doutrinário e jurisprudencial afirma que o prazo é de *trinta dias*, contados a partir da *intimação do ofendido da homologação do laudo pericial*, razão sedimentada em regra instrumental, onde se lê que os tempos defluem

---

[22] NUCCI, *ob. cit.* p. 826.

da intimação (CPP, artigo 798, § 5°; STF, RTJ 93/568, 107/599: RT 394/275, 560/410, 579/345 3 626/398).

Quando a infração não deixa vestígios e não se realiza a busca, não há dúvida que o prazo se deve contar conforme os artigos 103, CP, e 38, CPP, instalando-se o dissenso quando houver sinais da infração.

Pensa-se que o prazo do artigo 529, CPP não dispõe sobre decadência, mas se constitui em impedimento para que o ofendido mantenha em depósito, indefinidamente, os objetos apreendidos, causando injusto prejuízo à parte contrária; daí mais razoável afirmar-se que no período de seis meses o lesado deve requerer a apreensão e o laudo, oferecendo a queixa dentro deste prazo genérico, mas após trinta dias da homologação do laudo. Caso a queixa seja rejeitada e ainda sobre lapso para completar o semestre da ciência da autoria, nova queixa pode ser oferecida.[23]

A discórdia jurisprudencial ainda não se acomodou nos tribunais superiores.[24]

Também se admite a propositura de nova queixa, embora decadência, quando o agente reitera na prática criminosa (STF, RT 602/429; contra, RT 612/346).

Art. 530. Se ocorrer prisão em flagrante e o réu não for posto em liberdade, o prazo a que se refere o artigo anterior será de 8 (oito) dias.

1. **Prisão em flagrante e queixa-crime**. Como a prisão em flagrante pode ser decretada no curso da diligência, caso o agente não seja posto em liberdade, o prazo para o oferecimento da queixa é de oito dias.

Art. 530-A. O disposto nos arts. 524 a 530 será aplicável aos crimes em que se proceda mediante queixa. (Incluído pela Lei nº 10.695, de 1º.7.2003)

1. **Aplicação dos artigos 524 a 530**. Como salientado, quando se trata de ação que se inicia por queixa, segue-se o procedimento dos artigos 525 e seguintes; mas se a ação for pública, a genuflexão se dará ao que dispõe o artigo 530- B a 530- H.

Art. 530-B. Nos casos das infrações previstas nos §§ 1º, 2º e 3º do art. 184 do Código Penal, a autoridade policial procederá à apreensão dos bens ilicitamente produzidos ou reproduzidos, em sua totalidade, juntamente com os equipamentos, suportes e materiais que possibilitaram a sua existência, desde que estes se destinem precipuamente à prática do ilícito. (Incluído pela Lei nº 10.695, de 1º.7.2003)

1. **Intervenção de ofício pela autoridade policial**. A modificação implementada pela reforma autoriza a autoridade policial a agir de ofício, quando se trate de crime de ação pública incondicionada, apreendendo a produção ou reprodução ilícitas, também atuando para que se encerre a atividade criminosa, usando perito oficial para a prova da materialidade.

Isso significa a captura dos equipamentos e outros materiais que permitiram a produção ou a reprodução.

Na locução *produzidos* se enquadram bens elaborados a partir de um modelo protegido pelo direito autoral (imitação de peças de grife) e *reproduzidos* induz a multiplicação ou cópias com base em fonte original, sem autorização do autor (cópias de cds ou dvds *pirateados*).[25]

A divergência jurisprudencial anterior sobre a possibilidade de ação da autoridade policial, independente de ordem judicial, quando se cuidasse de ação pública incondicionada, como na apreensão de fitas de vídeo (RJTJSP 116/440 e RT 682/310), foi eliminada pela redação novidadeira deste dispositivo.

Art. 530-C. Na ocasião da apreensão será lavrado termo, assinado por 2 (duas) ou mais testemunhas, com a descrição de todos os bens apreendidos e informações sobre suas origens, o qual deverá integrar o inquérito policial ou o processo. (Incluído pela Lei nº 10.695, de 1º.7.2003).

1. **Lavratura de termo**. Cogita-se da lavratura de termo de apreensão, assinado por duas testemunhas, além da autoridade e que servirá de base para o inquérito e a ação.

Art. 530-D. Subseqüente à apreensão, será realizada, por perito oficial, ou, na falta deste, por pessoa tecnicamente habilitada, perícia sobre todos os bens apreendidos e elaborado o laudo que deverá

---
[23] JESUS, Damásio de, *ob. cit.* p. 422; também, STF, RTJ 103/354 e RT 569/411.
[24] O STF adota a primeira posição, RT 578/423; e o STJ recomenda a observância do artigo 529, CPP em, HC 12.815, DJ 19.11.01.
[25] NUCCI, *ob. cit.* p. 829.

integrar o inquérito policial ou o processo. (Incluído pela Lei nº 10.695, de 1º.7.2003)

1. **Realização de exame técnico.** Após a apreensão será realizado exame técnico através de um perito, o que abre exceção à regra geral do artigo 159, CPP, possivelmente para facilitar o laudo ou sua celeridade, podendo a análise ser ainda efetivada por pessoa habilitada, com conhecimentos específicos da matéria (perito leigo), quando não haja perito oficial na comarca.

2. **Inexistência de laudo.** A inexistência do exame pericial em crime que deixa vestígio implica ter-se como não provada a materialidade da infração, mas não significa nulidade processual (RT 580/316), achando-se, em contrário, que também constitui invalidade (RJDTACSP 27/156).

Art. 530-E. Os titulares de direito de autor e os que lhe são conexos serão os fiéis depositários de todos os bens apreendidos, devendo colocá-los à disposição do juiz quando do ajuizamento da ação. (Incluído pela Lei nº 10.695, de 1º.7.2003)

1. **Depósito dos bens apreendidos.** Os bens apreendidos ficam em depósito com o ofendido, que deverá restituí-los quando do ajuizamento da ação, medida adequada à possibilidade de perdimento dos bens em favor do lesado, como efeito da condenação (CP, artigo 91, II).

2. **Depositário.** A escolha do depositário é faculdade judicial, não constituindo ofensa a direito líquido e certo (RT 606/331), podendo deixar a coisa apreendida em depósito precário em favor de que já a detenha (RT 536/381).

Art. 530-F. Ressalvada a possibilidade de se preservar o corpo de delito, o juiz poderá determinar, a requerimento da vítima, a destruição da produção ou reprodução apreendida quando não houver impugnação quanto à sua ilicitude ou quando a ação penal não puder ser iniciada por falta de determinação de quem seja o autor do ilícito. (Incluído pela Lei nº 10.695, de 1º.7.2003)

1. **Destruição do corpo de delito.** Como o corpo de delito deverá ser preservado, inclusive face à hipótese de outra perícia, o juiz pode deferir pedido do lesado para que sejam destruídos os produtos falsificados, desde que não tenha havido impugnação sobre sua ilicitude, o que justifica sua permanência em depósito, para posterior encaminhamento.

Art. 530-G. O juiz, ao prolatar a sentença condenatória, poderá determinar a destruição dos bens ilicitamente produzidos ou reproduzidos e o perdimento dos equipamentos apreendidos, desde que precipuamente destinados à produção e reprodução dos bens, em favor da Fazenda Nacional, que deverá destruí-los ou doá-los aos Estados, Municípios e Distrito Federal, a instituições públicas de ensino e pesquisa ou de assistência social, bem como incorporá-los, por economia ou interesse público, ao patrimônio da União, que não poderão retorná-los aos canais de comércio. (Incluído pela Lei nº 10.695, de 1º.7.2003)

1. **Destino dos bens apreendidos.** O artigo prevê o destino dos bens depositados, depois da sentença condenatória, que, com alguns de seus feitos, poderá ordenar a destruição dos produtos e o perdimento dos equipamentos de contrafação em favor da Fazenda Nacional, que os destruir[a ou doará aos Estados, Municípios e Distrito Federal, ou a instituições de ensino e pesquisa ou assistência social, bem como incorporá-los, por economia e interesse público, ao patrimônio federal, que não os pode retornar ao comércio.

Art. 530-H. As associações de titulares de direitos de autor e os que lhes são conexos poderão, em seu próprio nome, funcionar como assistente da acusação nos crimes previstos no art. 184 do Código Penal, quando praticado em detrimento de qualquer de seus associados. (Incluído pela Lei nº 10.695, de 1º.7.2003)

1. **Legitimidade para se figurar como assistente.** A norma aumenta o leque de assistentes, além dos catalogados na legislação instrumental, para outros melhores apetrechados para o exercício do direito autoral, como associações e entidades de classe, o que também contribui para o combate à criminalidade.

Art. 530-I. Nos crimes em que caiba ação penal pública incondicionada ou condicionada, observar-se-ão as normas constantes dos arts. 530-B, 530-C, 530-D, 530-E, 530-F, 530-G e 530-H. (Incluído pela Lei nº 10.695, de 1º.7.2003)

1. **Adoção do procedimento ordinário.** A alteração objetivou alcançar formas procedimentais específicas para os crimes contra a propriedade imaterial, que se acrescem ao procedimento ordinário.

Assim, recebida a denúncia ou da queixa subsidiária, segue-se a citação, interrogatório, defesa prévia, etc.

Artigos 531 a 537 prejudicados pelo artigo 129, I da Constituição Federal.

CAPÍTULO V
DO PROCESSO SUMÁRIO

Art. 531. O processo das contravenções terá forma sumária, iniciando-se pelo auto de prisão em flagrante ou mediante portaria expedida pela autoridade policial ou pelo juiz, de ofício ou a requerimento do Ministério Público.

Art. 532. No caso de prisão em flagrante, observar-se-á o disposto no art. 304 e, quando for possível, o preceito do art. 261, sendo ouvidas, no máximo, três testemunhas. (Redação dada pelo Decreto-lei nº 4.769, de 1º.10.1942)

Art. 533. Na portaria que der início ao processo, a autoridade policial ou o juiz ordenará a citação do réu para se ver processar até julgamento final, e designará dia e hora para a inquirição das testemunhas, cujo número não excederá de três.

§ 1º Se for desconhecido o paradeiro do réu ou este se ocultar para evitar a citação, esta será feita mediante edital, com o prazo de 5 (cinco) dias.

§ 2º Se o processo correr perante o juiz, o órgão do Ministério Público será cientificado do dia e da hora designados para a instrução.

§ 3º A inquirição de testemunhas será precedida de qualificação do réu, se este comparecer, e do respectivo termo deverá constar a declaração do domicílio, de acordo com o disposto no artigo seguinte. Se o réu não comparecer, serão ouvidas as testemunhas, presente o defensor que lhe for nomeado.

§ 4º Depois de qualificado o réu, proceder-se-á à intimação a que se refere o artigo seguinte.

Art. 534. O réu preso em flagrante, quando se livrar solto, independentemente de fiança, ou for admitido a prestá-la, será, antes de posto em liberdade, intimado a declarar o domicílio onde será encontrado, no lugar da sede do juízo do processo, para o efeito de intimação.

Art. 535. Lavrado o auto de prisão em flagrante ou, no caso de processo iniciado em virtude de portaria expedida pela autoridade policial, inquirida a última testemunha, serão os autos remetidos ao juiz competente, no prazo de 2 (dois) dias.

§ 1º Se, porém, a contravenção deixar vestígios ou for necessária produção de outras provas, a autoridade procederá desde logo às buscas, apreensões, exames, acareações ou outras diligências necessárias.

§ 2º Todas as diligências deverão ficar concluídas até 5 (cinco) dias após a inquirição da última testemunha.

Art. 536. Recebidos os autos da autoridade policial, ou prosseguindo no processo, se tiver sido por ele iniciado, o juiz, depois de ouvido, dentro do prazo improrrogável de 24 (vinte e quatro) horas, o órgão do Ministério Público, procederá ao interrogatório do réu.

Art. 537. Interrogado o réu, ser-lhe-á concedido, se o requerer, o prazo de 3 (três) dias para apresentar defesa, arrolar testemunhas até o máximo de três e requerer diligências.

Parágrafo único. Não comparecendo o réu, o prazo será concedido ao defensor nomeado, se o requerer.

Art. 538. Após o tríduo para a defesa, os autos serão conclusos ao juiz, que, depois de sanadas as nulidades, mandará proceder às diligências indispensáveis ao esclarecimento da verdade, quer tenham sido requeridas, quer não, e marcará para um dos 8 (oito) dias seguintes a audiência de julgamento, cientificados o Ministério Público, o réu e seu defensor.

§ 1º Se o réu for revel, ou não for encontrado no domicílio indicado (arts. 533 § 3º, e 534), bastará para a realização da audiência a intimação do defensor nomeado ou por ele constituído.

§ 2º Na audiência, após a inquirição das testemunhas de defesa, será dada a palavra, sucessivamente, ao órgão do Ministério Público e ao defensor do réu ou a este, quando tiver sido admitido a defender-se, pelo tempo de 20 (vinte) minutos para cada um, prorrogável por mais 10 (dez), a critério do juiz, que em seguida proferirá a sentença.

§ 3º Se o juiz não se julgar habilitado a proferir decisão, ordenará que os autos lhe sejam imediatamente conclusos e, no prazo de 5 (cinco) dias, dará sentença.

§ 4º Se, inquiridas as testemunhas de defesa, o juiz reconhecer a necessidade de acareação, reconhecimento ou outra diligência, marcará para um dos 5 (cinco) dias seguintes a continuação do julgamento, determinando as providências que o caso exigir.

1. **Considerações gerais.** É o procedimento relativo aos crimes apenados com detenção, cuja pena máxima exceda a dois anos, eis que as contravenções e as infrações com pena inferior a tal limite observam o rito da Lei n. 9.099/95, que a doutrina considera procedimento sumaríssimo, com a topografia emergente da Lei n. 10.259/01.

Antes da Constituição vigorou o procedimento judicialiforme, criado pela Lei n. 4.611/65, aplicável às contravenções penais e aos crimes de lesão corporal culposa e homicídio culposo (delitos de trânsito), e que começava por denúncia do Ministério Público, mas também por portaria da autoridade policial ou judiciária.

Essa iniciativa para a ação sempre foi rechaçada pelo pensamento jurídico, pois atribuía ao Delegado de Polícia poderes para subscrever peça semelhante à denúncia, inclusive determinando a citação, e ao juiz destinava função de acusador, empalidecendo sua natural imparcialidade.

A Carta de 1988 repôs a normalidade quando deu ao Ministério Público a iniciativa exclusiva para promover a ação penal pública, revogando tão esdrúxulo procedimento (CF, artigo 129, I).[26]

Para muitos, como se viu, algumas infrações descritas em procedimentos especiais, como nos crimes falimentares (DL.7.661/45), crimes funcionais, crimes contra a honra, crimes por abuso de autoridade, crimes contra a economia popular, crimes de imprensa, crimes de entorpecentes, onde se preveja pena de detenção, estariam submetidos ao procedimento sumaríssimo da Lei 9.099/95, assim como ocorre com as contravenções penais.

A aplicação do procedimento sumário estaria restrita a alguns crimes como o homicídio culposo (CP, artigo 121, § 3°), abandono de incapaz (CP, artigo 133), exposição ou abandono de recém-nascido (CP, artigo 134), além da posse irregular de arma de fogo de uso permitido (Lei n. 10.826/03, Estatuto do Desarmamento, artigo 12).

Lembre-se que o infanticídio (CP, artigo 123) e o aborto provocado pela gestante ou com seu consentimento (CP, artigo 124), que cominam pena de detenção, pertencem ao âmbito do Tribunal do Júri (CF, artigo 5°, XXXVIII).

O procedimento sumário, onde se veneram os princípios da celeridade, concentração e oralidade, contém as seguintes fases:

> Denúncia ou queixa -> Recebimento -> Citação -> Interrogatório -> Defesa prévia -> Audiência para ouvida das testemunhas de acusação -> Saneamento do processo -> Audiência de instrução e julgamento: a) inquirição das testemunhas de defesa; b) debates orais, por 20 minutos, prorrogáveis por mais 10 minutos; c) sentença, proferida na audiência ou no prazo de 5 dias.

Há oportunidades diferentes para a ouvida das testemunhas relacionadas, prevê-se a existência de um despacho saneador para remediar as nulidades e ordenar diligências indispensáveis e uma solenidade final, com debates orais e ditado da decisão no ato ou remetida para poucos dias após. As partes podem arrolar, no máximo, cinco testemunhas (CPP, artigo 539).

As regras e argumentos referentes às etapas do procedimento ordinário são estendidas ao presente rito, com as diferenças que serão realçadas em cada uma delas.

2. Adoção do Rito Ordinário em lugar do sumário. A adoção do rito ordinário, ao invés do sumário indicado para o crime culposo, não acarreta nulidade do processo, face à ausência de prejuízo, uma vez que as partes têm a oportunidade de sustentar suas teses em vias mais amplas do que nos debates orais (RT 527/431); isso que não impede o juiz de fazer a correção, depois de concluída a instrução, com a intimação das partes para a audiência de debates e julgamento (RT 542/405).

Contudo, ocorre nulidade insanável em processo de furto, quando o juiz ao dar por encerrada a instrução, resolve colher os debates orais das partes tanto sobre as diligências como substituindo as alegações escritas, subvertendo o devido processo legal (RJDTACSP 17/120).

3. Denúncia. A denúncia conterá a narração do fato e de suas circunstâncias, a classificação do crime e a identificação possível do agente, o rol de testemunhas se necessário, além de outros requisitos já anteriormente expostos.

Considera-se juridicamente idônea a denúncia a peça acusatória que contém a exposição clara e objetiva dos fatos ditos delituosos, com seus elementos essenciais e circunstanciais que lhes são inerentes, permitindo ao agente o exercício pleno da defesa assegurada no ordenamento constitucional (STF, JSTF 235/376).

3.1. Exposição do fato. A descrição do fato deve, em tese, configurar o delito descrito na regra típica, com observação dos requisitos legais almejados, esclarecendo a conduta do acusado e permitindo a garantia da defesa (STJ, RSTJ 137/618).

É inepta a denúncia que faz uma narrativa genérica, resumida, vaga, obscura, confusa ou concisa do fato (STJ, RSTJ 116/392 e 130/483, RT 642/358, 608/445 e 776/613), defeitos que devem ser impugnados até a prolação da sentença, não sendo pertinente a alegação após a decisão monocrática (STF, JSTF 159/361 e RT 737/530).

3.2. Qualificação do acusado. A denúncia pode não qualificar corretamente o acusado, mas deve apontar elementos que possibilitem sua identificação, como características físicas, alcunha, nome artístico, etc.

---

[26] Ficaram mantidos alguns procedimentos especiais previstos para algumas contravenções como "jogo de bicho" e apostas sobre corrida de cavalos fora do hipódromo (Lei 1.508/51, contravenções referentes à flora, Lei 4.771/65, Código Florestal), as últimas também de competência da justiça estadual.

Algum erro ortográfico não é suficiente para tornar inepta a denúncia, pois haverá diversas oportunidades no processo para integrar a qualificação (RT 763/515).

3.3. Classificação do crime. A tipificação incorreta é somente um pecado venial, pois a definição final caberá ao magistrado na sentença, mesmo por que o agente opera sua defesa mirando o fato e não o dispositivo legal onde se ache enquadrado.

Destarte, o erro na capitulação legal do fato não invalida a denúncia, desde que descrita nela, de forma induvidosa a conduta ilícita perpetrada pelo acusado (STJ, RSTJ 90/341).

3.4. Rol de testemunhas. A indicação de pessoas pelo Ministério Público não é obrigatória, como deixa antever a regra legal, mas para a oitiva das testemunhas de acusação é imperativo que constem desta petição inicial, pois o rol extemporâneo não enseja audiência (RT 766/663).

O procedimento cogita de designação de cinco testemunhas nesta peça, mas a relação contendo mais que o número legal é mera irregularidade (RT 588/307), podendo o juiz determinar sua redução, ou fazê-la quando a parte não obedeça.

Há também a possibilidade do magistrado ouvir as testemunhas em excesso, de ofício, para suplementar sua convicção (CPP, artigo 156, última parte).

4. Outros requisitos. A petição inicial da ação penal pública deve ser endereçada à autoridade judiciária competente, mas o erro de destino não afeta a validade da denúncia.[27]

A propositura da ação penal aconselha a citação da parte demandada, pressuposto que não está expresso na lei, mas que se recomenda, embora os tribunais entendam que está sempre implícito na respectiva peça (RT 548/325), o mesmo se dizendo a respeito do pedido de condenação, presumido do ajuizamento da pretensão punitiva pelo Estado.

A falta de assinatura do Ministério Público na denúncia nenhum prejuízo acarreta ao réu (RT 520/433), embora também se considere a peça como inexistente se ausente a subscrição (RT 753/650).

5. Queixa. As formalidades prescritas para a queixa seguem, em regra, os mesmos pressupostos da denúncia, com mudanças atinentes à especificidade da ação onde vigora o princípio da disponibilidade, como a necessidade de procuração com poderes especiais ao mandatário e narrativa resumida do fato neste instrumento.

Quanto à procuração deve conter poderes especiais relacionados com a disponibilidade da queixa, mas a omissão deles pode ser suprida se o querelante assina também a peça inicial (RT 511/440), mas flui o prazo decadencial para correção no curso da demanda (RT 545/378). Já o fato criminoso não necessita ser transcrito na procuração com todas as circunstâncias, bastando sua menção (STF, RTJ 57/544).

Embora a queixa se assessore de provas escritas para evitar a falácia do ajuizamento, o inquérito policial não é imprescindível, desde que exista outra prova indicativa da infração, ou seja, matéria apta a revelar o acontecimento (TARS, JTARS 67/41).

As eventuais omissões da queixa podem ser supridas no prazo de seis meses contados da data em que o ofendido souber quem é o autor da infração (STF, RTJ 57/190).

6. Exposição do fato. Também deve ser expressiva em suas minudências para ensejar um competente manejo da ampla defesa.

A queixa-crime deve descrever os fatos de maneira precisa e completa, para propiciar ao querelado o exercício da ampla defesa, direito de índole fundamental; e ainda que a tipificação esteja incorreta, os fatos devem ser narrados com todas as suas circunstâncias, até para permitir o enquadramento do pretenso delito. Quando o Estado conferiu ao particular o direito de acionar diretamente o infrator também transmitiu o encargo de elaborar peça técnica, tanto que indispensável o profissional dotado de capacidade postulatória (RJDTACSP 31/361).

É inepta a queixa que, embora narre longamente os fatos, não indica precisamente, os termos proferidos pelo acusado que caracterizam algum delito contra a honra do querelado (RJDTACSP 40/353), ou que, na calúnia, não é precisa na indicação do delito, cuja menção é feita de modo vago e indeterminado (RJTACSP 48/411).

7. Qualificação do agente. Como na denúncia o querelado deve ser identificado de forma que permita seu reconhecimento processual, mesmo que para tanto o autor da queixa refira apenas alguns sinais de identidade, suficientes para dar início à persecução criminal, mesmo por que a completude física pode angariar-se no curso da demanda.

8. Classificação do crime. É necessária a indicação do tipo penal onde se subsuma o comportamento atribuído ao querelado, mas eventual equívoco não torna inepta a queixa, pois o requerido vai defender-se do fato exposto na narrativa e não do cânone penal em que se diz estar incurso (RT 552/356).

9. Outros requisitos. A falta de juntada da relação de testemunhas, por si, não constitui motivo para a

---

[27] STF, RHC 60.216, DJ 24.09.82.

rejeição da queixa, pois o fato pode ser provado por outros meios permitidos em lei (STF, RTJ 159/516).

Como não se trata de ação onde não é prevalente o interesse público, há maior rigidez nos pressupostos da queixa em relação ao que se viu sobre a denúncia.

Assim, o pedido de condenação há de ser feito de modo inequívoco, embora não haja necessidade de maior formalismo, pois pedir a aplicação da pena corresponde a uma postulação condenatória (RT 579/346), recordando-se, em simetria com o pedido de condenação das alegações finais que a falta destas induz perempção (CPP, artigo 60, III).

10. **Aditamento da queixa**. Antes já considerado, reiterado o entendimento de que o Ministério Público pode aditar a queixa com o fim de suprir alguma lacuna nela ocorrida, não tendo legitimidade para incluir outro autor do crime, pois ali é mero assistente do querelante (RJDTACSP 2/158).

11. **Audiência de instrução e julgamento**. Escutadas as testemunhas de acusação, é designada audiência de instrução e julgamento, onde se realiza a inquirição das testemunhas arroladas pela defesa, ferem-se os debates orais e o juiz proclama a sentença, caso habilitado para aquele instante, podendo proferir a decisão em cinco dias.

12. **Citação**. Recebida a denúncia ou a queixa e providenciadas as intimações do Ministério Público ou do querelante, o juiz ordenará a citação do acusado.

13. **Citação de véspera**. Impõe-se a anulação do processo e devendo-se chamar o feito à regular tramitação quando as citações são feitas de molde a impedir a apresentação de defesa (RT 601/223).

14. **Requisitos do mandado**. O mandado de citação no procedimento sumário por abuso de autoridade, deve merecer especial cautela. Não deve limitar-se ao que usualmente consta nas ações penais, pois na audiência marcada, além do interrogado, o denunciado deverá prestar depoimento às testemunhas da inicial, além das suas, e porque no ato já se farão os debates julgamento, o que lhe será cientificado (RJDTACSP 8/136).

Art. 539. Nos processos por crime a que não for, ainda que alternativamente, cominada a pena de reclusão, recebida a queixa ou a denúncia, observado o disposto no art. 395, feita a intimação a que se refere o art. 534, e ouvidas as testemunhas arroladas pelo querelante ou pelo Ministério Público, até o máximo de cinco, prosseguir-se-á na forma do disposto nos arts. 538 e segs.

§ 1º A defesa poderá arrolar até cinco testemunhas.

§ 2º Ao querelante ou ao assistente será, na audiência do julgamento, dada a palavra pelo tempo de 20 (vinte) minutos, prorrogável por mais 10 (dez), devendo o primeiro falar antes do órgão do Ministério Público e o último depois.

§ 3º Se a ação for intentada por queixa, observar-se-á o disposto no art. 60, III, salvo quando se tratar de crime de ação pública (art. 29).

1. **Procedimento**. O presente dispositivo é por demais claro, no sentido de prever os desdobramentos do procedimentais do rito sumário, assinalando, em especial, o número de testemunhas passível de arrolamento pelas partes (até 5), a forma oral para as alegações finais, nada impedindo, no entanto, que o magistrado a transforme em escritas, em homenagem à maior possibilidade de defesa etc. Quanto a este particular, nulidade existe, apenas, quando alegações escritas são transformadas e exigidas, pelo juiz da causa, na forma oral, e não o contrário, pois ai há diminuição de prazo e embaralhos procedimentais à defesa.

Art. 540. No processo sumário, observar-se-á, no que lhe for aplicável, o disposto no Capítulo I do Título I deste Livro.

1. **Interrogatório**. O interrogatório deve observar sua nova formatação, com a presença indispensável do defensor e possibilidade de reperguntas, lembrando-se que o acusado preso deve ser indagado no estabelecimento prisional onde se encontre.

2. **Nomeação de defensor dativo**. Não é razoável a nomeação de defensor dativo para o interrogatório, quando o acusado tinha constituído defensor desde a fase policial, deixando de intimar o procurador original (STJ, RT 558/423).

3. **Defesa prévia**. A defesa prévia no processo penal difere da réplica do processo civil, onde se alargam as indagações sobre questões preliminares, não muito comuns na sede criminal, servindo mais como momento para negar a imputação e arrolar as cinco testemunhas e indicar outras provas. A falta de assinatura do defensor, como já visto, é mera irregularidade, pois a ninguém prejudica.

4. **Oportunidade para diligências**. No rito sumário, não há que falar-se em supressão do artigo 499 da lei instrumental, uma vez que o momento oportuno para requerimento de diligências é a fase da defesa prévia, com a produção específica do artigo 538 do mesmo diploma legal (RT 786/704).

5. **Audiência das testemunhas da acusação**. Após o cumprimento das diligências requeridas ou determinados de ofício, bem como depois de sanadas eventuais nulidades, é aprazada solenidade para ouvir as testemunhas do Ministério Público ou do querelante.

6. **Inversão da prova**. A inversão da ordem dos depoimentos não constitui nulidade absoluta e insanável, mas, ao reverso, relativa e sanável, por que a sucessão na produção da prova, primeiro as testemunhas de acusação e depois as de defesa, tem o escopo de garantir o contraditório, inibindo a surpresa dos acusados e permitindo-lhes, assim, a produção de prova em contrário a antes produzida; de modo que, em cada passo, é necessário analisar se houve efetivo prejuízo para a defesa (RJDTACSP 26/53).

7. **Saneamento**. Após a oitiva das testemunhas de acusação, os autos vão conclusos ao juiz para sanar nulidades e ordenar diligências indispensáveis ao esclarecimento da verdade, quer tenham sido requeridas ou não (CPP, artigo 538).

8. **Despacho saneador atípico**. Embora alguns vissem aqui uma espécie de *despacho saneador,* a figura não corresponde a do processo civil, onde no julgamento consoante o estado do processo, o juiz resolve e decide as questões processuais preliminares, bem mais complexas que as do processo penal, o que provoca a preclusão sobre as mesmas, fenômeno que não se dá no âmbito criminal.[28]

9. **Identidade física do juiz**. É remansoso o entendimento de que no processo penal não vige o princípio da identidade física do juiz, podendo a decisão ser proferida por magistrado que não presidiu a instrução, eis que a transcrição das razões da defesa propicia ao prolator inteiro conhecimento das alegações feitas em favor do réu (STF, RTJ 53/652 e 53/652; TARS, JTARS 98/85; RT 688/277), salvo se a decisão foi pronunciada por magistrado diferente do que presidiu os debates orais (TARS, JTARS 58/128).

10. **Audiência de testemunha além do número**. É possível, desde que não cause prejuízo, mesmo por que o magistrado pode se utilizar da prescrição legal (CPP, artigo 538), não havendo nulidade na oitiva além do número legal (STF, RTJ 68/630, TARS, JTARS 26/92, RT 588/307).

11. **Intimação do defensor**. É obrigatória a intimação do defensor do réu para a audiência, pena de anulação do ato (RT 523/420). Descabe, ainda, substituir a defensora não intimada por advogado *ad hoc* e proferir-se decisão, o que traduz cerceamento de defesa, pois a entrega da defesa prévia em cartório não presume certeza sobre a ciência do conteúdo dos autos (TARS, JTARS 85/106; também RT 555/373).

É que o acusado confia em seu advogado constituído, almejando ter sua assistência em todo o processo (STF, RT 612/436), mesmo o revel (RT 545/382).

Todavia, não há invalidade na falta de intimação do acusado e de seu defensor para a data em que foi resignada a audiência, quando o réu foi intimado da primeira solenidade e não compareceu, sendo seu ônus comparecer ali, sob pena de ser decretada a revelia e não mais intimado dos atos processuais (RJDTACSP 38/80).

12. **Presença do Ministério Público**. É indeclinável a assistência do Ministério Público aos termos da ação penal, e sua ausência na instrução torna nulos os atos proferidos, pois fere o princípio do contraditório (RT 445/440), descabendo seja dispensada a inquirição de testemunhas arroladas pela acusação (RJDTACSP 13/88).

A ausência do Ministério Público, embora intimado, constitui desídia funcional que não supre nem justifica a realização do ato sem sua presença,[29] não podendo, quando falte à audiência, ser pronunciada sentença, mesmo condenatória (RJDTACSP 13/117).

Em contrário, considera-se inexistente a nulidade pela ausência, o que não pode ser alegada pela defesa por falta de interesse (TARS, RT 581/385).

13. **Supressão da audiência**. A audiência de instrução, debates e julgamento é formalidade indispensável nos processos por crime a que não é cominada, ainda que alternativa, a pena de reclusão, importando em nulidade a omissão da solenidade RJDTACSP 4/55).

14. **Oportunidade nos debates**. Após as testemunhas, como se viu, as partes apresentam suas razões orais, sendo desnecessária a designação de nova data para colhê-las (TARS, JTARS 26/53).

Caso não seja dada oportunidade ao defensor *ad hoc* para participar dos debates na audiência de instrução e julgamento, afetam-se as garantias constitucionais da ampla defesa e do contraditório, implicando nulidade (RJDTACSP 25/69).

A técnica dos debates orais, como revela a prática forense, consiste em expor ao juiz em forma de alegação discursiva as razões da parte ou do Estado, que a reduz a termo; ou ensejar ditado, reproduzido pelo escrivão.

A modernidade também permite a gravação sonora dos debates e depois sua degravação e respectivo controle, como ainda existe o auxílio da estenotipia.

Assim, na audiência os debates orais são reduzidos a termo, resumidamente, pelo ditado do juiz e não das partes, as quais não têm o direito de fazê-lo diretamente ao escrivão (RJDTACSP 6/13 e 7/166 e RT 659/286).

---

[28] GRECO FILHO, ob. cit. p. 410.
[29] TJDF, RC 20023478, Rel. Des. Everards Mota e Matos, DJ 29.11.00.

Outras vezes, em vista da complexidade da causa ou do número de acusados ou de assistentes, é costume de alguns magistrados designarem data para a entrega de memoriais, observada a ordem do contraditório.

Havendo concordância das partes, não há óbice em substituir as razões orais por memoriais, pois essa determinação judicial não influi na apuração da verdade, nem causa prejuízo às partes, que até são aquinhoadas com vantagens, pois podem examinar os autos com mais calma e têm maior tempo para estudar e oferecer manifestação final (STJ, RT 697/360 e RTJ 157/143, RT 547/392 658/306 e 664/290).

O entendimento não é pacífico, rejeitando-se a entrega de memoriais, mesmo pelo Ministério Público (RT 445/440, 605/334 e 770/583).

15. **Defensor *ad hoc***. O defensor nomeado para o ato de inquirição de testemunhas de defesa, ante a ausência do defensor constituído, tendo havido cisão do julgamento, não pode apresentar memoriais, pois desconhece o conteúdo do processo e o acusado tem direito de ser assistido por seu advogado constituído (RT 724/671 e RJDTACSP 20/54).

O defensor dativo não pode desistir de testemunhas arroladas pelo defensor constituído, pois a nomeação eventual não permite ao bacharel investir-se na órbita de conveniência da inquirição das mesmas, nem cabe ao juiz homologar tal desistência (TARS, JTARS 32/192).

Processo de restauração de autos extraviados ou destruidos

1. **Nota doutrinária**. O formalismo que acompanha o processo exige que o seu conteúdo busque perpetuação, a fim de que as provas e outros elementos possam permitir consultas e investigações, a qualquer tempo. Enquanto no sistema inquisitório o poder procurava resguardar-se no sigilo do contexto escrito, o sistema acusatório que pontua o direito moderno se ancora tanto na oralidade, como acontece nas sumarizações, mas também na escritura a que são reduzidas as principais peças e garantias.

A importância que remanesce desse corpo encontra respaldo na preocupação da lei penal em punir os que afetem o material escrito ou sua substância, como acontece no extravio, sonegação ou inutilização de livro ou documento (CP, artigo 314); na subtração ou inutilização de livro ou documento (CP, artigo 337); ou na sonegação de papel ou objeto de valor probatório (CP, artigo 356).

A última espécie de infração diz com a retenção dos autos por advogado ou procurador, e consiste na vontade deliberada e consciente do profissional em sonegar ou inutilizar partes dos autos, sendo descabida a acriminação de mera conduta negligente, consubstanciada no retardamento ou atraso na restituição do processo (STJ, Sexta Turma, RHC 4794-RS, Rel. Min. Vicente Leal, DJU 18.12.95).

O procedimento objetiva tratativas para a restauração dos autos que tiveram seus escritos destruídos, extraviados, subtraídos ou inutilizados, exatamente para que sua integridade material favoreça a perenização de seus dados e a fácil consulta pelos interessados.

A reprodução obtida, desde que chancelada pelo magistrado, valerá pelo conjunto original, podendo ocorrer que reapareçam as secções primitivas, acostada a parte clonada ao bloco primordial, onde segue o processo.

Importante sublinhar que a sentença condenatória em execução produzirá seu efeito, desde que a guia de recolhimento arquivada no estabelecimento criminal indique a pena ou prova inequívoca de sua existência; e, nesse caso, o agente deverá permanecer recolhido, esperando a decisão que homologue a restauração dos autos destruídos (RT 473/364).

CAPÍTULO VI
DO PROCESSO DE RESTAURAÇÃO DE AUTOS EXTRAVIADOS OU DESTRUÍDOS

Art. 541. Os autos originais de processo penal extraviados ou destruídos, em primeira ou segunda instância, serão restaurados.

§ 1º Se existir e for exibida cópia autêntica ou certidão do processo, será uma ou outra considerada como original.

§ 2º Na falta de cópia autêntica ou certidão do processo, o juiz mandará, de ofício, ou a requerimento de qualquer das partes, que:

a) o escrivão certifique o estado do processo, segundo a sua lembrança, e reproduza o que houver a respeito em seus protocolos e registros;

b) sejam requisitadas cópias do que constar a respeito no Instituto Médico-Legal, no Instituto de Identificação e Estatística ou em estabelecimentos congêneres, repartições públicas, penitenciárias ou cadeias;

c) as partes sejam citadas pessoalmente, ou, se não forem encontradas, por edital, com o prazo de 10 (dez) dias, para o processo de restauração dos autos.

§ 3º Proceder-se-á à restauração na primeira instância, ainda que os autos se tenham extraviado na segunda.

1. Procedimento para a restauração de autos. A restauração será operada na primeira instância, mesmo que os autos tenham sido extraviados no segundo grau, parecendo razoável que nessa última hipótese a recuperação se dê onde as peças desapareceram, até por uma questão de economia.

Citação. É impositiva que a notícia do procedimento será cientificada ao acusado, para que possa acompanhar a reconstrução processual, fiscalizando a autenticidade e a lisura das juntadas, em respeito às garantias do contraditório e da ampla defesa (RT 551/347). O oficial de justiça deve empenhar-se na localização do agente, caso não o encontre logo, efetuando o que a jurisprudência chama de *diligência esforçada*, apenas substituída pela citação ficta quando forem baldados os recursos do serventuário.

A doutrina aconselha o termo *intimação* como o mais recomendado para o conhecimento das partes, eis que se cuida de um procedimento incidental.

Diligências. A reconstituição dos autos se inicia pela ordem judicial de que se realizem medidas eficazes na coleta da matéria antes ventrada, socorrendo-se da memória do escrivão, por quem transitaram os papéis e certidões, e que abonou o ingresso delas; é essencial, aqui, que o servidor ateste o estado em que o processo se encontrava; e depois a consulta aos órgãos públicos que arquivam informações sobre os infratores, como departamentos de estatística e identificação, presídios, cadeias, delegacias e outras repartições envolvidas na política penal ou sua repressão. Aqui tem importância a cópia do inquérito policial, onde estão os passos iniciais para a apuração do ilícito e que serviu de base para a denúncia e, às vezes, para o oferecimento da queixa-crime.

Ao Ministério Público não será difícil encaminhar as cópias da peça inicial, de requerimentos, razões ou recursos; assim também se aguardará do defensor do acusado, também interessado no pronto deslinde do procedimento de restaurações, até mesmo para manejar os remédios adequados à libertação de seu cliente, se preso. A pesquisa dos livros de carga ou a publicação de intimações na imprensa constituem outras sindicâncias que se aconselham.

A primeira etapa é a fase de acumulação de documentos; e assim relevante pela natureza do processo que se aconchega, como sabido, na agenda escrita em que se transcrevem interesses e pretensões.

Entendeu-se não constituir nulidade a omissão em restaurar a denúncia, quando impossível localizá-la, valendo a reconstituição direta ou indireta (STF, RTJ 74/250).

Art. 542. No dia designado, as partes serão ouvidas, mencionando-se em termo circunstanciado os pontos em que estiverem acordes e a exibição e a conferência das certidões e mais reproduções do processo apresentadas e conferidas.

1. **Oitiva das partes.** O segundo instante, até para imitar a jornada da ação penal, é a ouvida das partes, a fim de obter o seu assentimento ou discordância com os empenhos feitos; é a ocasião em que elas podem contribuir com provas de que disponham traslados, em veneração ao princípio solar de que ninguém deve omitir-se em colaborar com a justiça na descoberta da verdade. Mas é também a oportunidade para a impugnação de eventuais transcrições que não tivessem argamassado a versão que se procura arquitetar.

Art. 543. O juiz determinará as diligências necessárias para a restauração, observando-se o seguinte:

I – caso ainda não tenha sido proferida a sentença, reinquirir-se-ão as testemunhas podendo ser substituídas as que tiverem falecido ou se encontrarem em lugar não sabido;

II – os exames periciais, quando possível, serão repetidos, e de preferência pelos mesmos peritos;

III – a prova documental será reproduzida por meio de cópia autêntica ou, quando impossível, por meio de testemunhas;

IV – poderão também ser inquiridas sobre os atos do processo, que deverá ser restaurado, as autoridades, os serventuários, os peritos e mais pessoas que tenham nele funcionado;

V – o Ministério Público e as partes poderão oferecer testemunhas e produzir documentos, para provar o teor do processo extraviado ou destruído.

1. **Diligências.** Ouvidas as partes, segue-se a inquirição das testemunhas, caso ainda não tenha sido proferida a decisão terminativa, fato que não causa estranheza por que a prova oral pode ser repetida quando o juiz não se encontra apto para ditar a sentença (CPP, artigo 502, parágrafo único; STF, RTJ 53/578), eis que, como sublinhado antes, não se abençoa o princípio da identidade física do magistrado no processo penal (STF, RTJ 53/652). Eventuais substituições somente podem acontecer dentro das hipóteses legais e na forma processual.

Acrescentam-se os exames e perícias, de preferência realizados pelos mesmos técnicos nomeados para a demanda primitiva.

A prova documental admite a prova de sua existência por testemunhas, quando impossível a sua reprodução, inquirição que se estende a quem tenha funcionado no processo (autoridades, serventuários, peritos).

As cópias autênticas e as certidões equivalem aos documentos originais (CPP, artigo 232, parágrafo único)

A demonstração do conteúdo dos autos desaparecidos, ainda, pode completar-se com testemunhas arroladas pelas partes ou o Ministério Público, que farão declarações a respeito do conteúdo extraviado.

Art. 544. Realizadas as diligências que, salvo motivo de força maior, deverão concluir-se dentro de 20 (vinte) dias, serão os autos conclusos para julgamento.
Parágrafo único. No curso do processo, e depois de subirem os autos conclusos para sentença, o juiz poderá, dentro em 5 (cinco) dias, requisitar de autoridades ou de repartições todos os esclarecimentos para a restauração.

1. **Prazo.** O prazo para a conclusão das diligências antes referidas é de 20 dias.

Art. 545. Os selos e as taxas judiciárias, já pagos nos autos originais, não serão novamente cobrados.

1. **Pagamento de custas.** Em homenagem ao princípio da celeridade, as diligências devem terminar em vinte dias, tocando ao magistrado, como também ocorre no procedimento comum, determinar outras medidas para o saneamento ou complementação da atividade empreendida.

Como o incidente é uma restauração, e não duplicação do processo, não é comedido que se atribuam novas custas, despesas ou emolumentos.

Art. 546. Os causadores de extravio de autos responderão pelas custas, em dobro, sem prejuízo da responsabilidade criminal.

1. **Responsabilidade.** Como dito no preâmbulo, os autores do extravio, além do ressarcimento pela diligência, cotado em dobro, ainda podem ser submetidos às agruras da persecução criminal.

Art. 547. Julgada a restauração, os autos respectivos valerão pelos originais.
Parágrafo único. Se no curso da restauração aparecerem os autos originais, nestes continuará o processo, apensos a eles os autos da restauração.

1. **Substituição de autos.** Restaurados os autos, valerão eles como se fossem os originais.

Art. 548. Até à decisão que julgue restaurados os autos, a sentença condenatória em execução continuará a produzir efeito, desde que conste da respectiva guia arquivada na cadeia ou na penitenciária, onde o réu estiver cumprindo a pena, ou de registro que torne a sua existência inequívoca.

1. **Restauração e recurso.** Como já acentuado, proferida a decisão que considera os autos recuperados, valem esses pelos originais que, se aparecerem, retomarão sua titularidade, neles seguindo a demanda, ficando os autos suplementares neles engatados.

O recurso contra a decisão que restaura os autos, ou que a denega, é a apelação (CPP, artigo 593, II); e no procedimento não se permite a discussão do mérito da causa, mas apenas as razões da cirurgia reparado.

Arts. 549 a 555, prejudicados pela reformada Parte Geral do Código Penal (Lei 7.209/84).

CAPÍTULO VII
DO PROCESSO DE APLICAÇÃO DE MEDIDA DE SEGURANÇA POR FATO NÃO CRIMINOSO

Art. 549. Se a autoridade policial tiver conhecimento de fato que, embora não constituindo infração penal, possa determinar a aplicação de medida de segurança (Código Penal, arts. 14 e 27), deverá proceder a inquérito, a fim de apurá-lo e averiguar todos os elementos que possam interessar à verificação da periculosidade do agente.

Art. 550. O processo será promovido pelo Ministério Público, mediante requerimento que conterá a exposição sucinta do fato, as suas circunstâncias e todos os elementos em que se fundar o pedido.

Art. 551. O juiz, ao deferir o requerimento, ordenará a intimação do interessado para comparecer em juízo, a fim de ser interrogado.

Art. 552. Após o interrogatório ou dentro do prazo de 2 (dois) dias, o interessado ou seu defensor poderá oferecer alegações.
Parágrafo único. O juiz nomeará defensor ao interessado que não o tiver.

Art. 553. O Ministério Público, ao fazer o requerimento inicial, e a defesa, no prazo estabelecido no artigo anterior, poderão requerer exames, diligências e arrolar até três testemunhas.

Art. 554. Após o prazo de defesa ou a realização dos exames e diligências ordenados pelo juiz, de ofício ou a requerimento das partes, será marcada audiência, em que, inquiridas as testemunhas e produzidas alegações orais pelo órgão do Ministério Público e pelo defensor, dentro de 10 (dez) minutos para cada um, o juiz proferirá sentença.

Parágrafo único. Se o juiz não se julgar habilitado a proferir a decisão, designará, desde logo, outra audiência, que se realizará dentro de 5 (cinco) dias, para publicar a sentença.

Art. 555. Quando, instaurado processo por infração penal, o juiz, absolvendo ou impronunciando o réu, reconhecer a existência de qualquer dos fatos previstos no art. 14 ou no art. 27 do Código Penal, aplicar-lhe-á, se for caso, medida de segurança.

Este Título ficou prejudicado pela superveniência da Lei 8.658/93.

TÍTULO III
DOS PROCESSO DE COMPETÊNCIA DO SUPREMO TRIBUNAL FEDERAL E DOS TRIBUNAIS DE APELAÇÃO

CAPÍTULO I
DA INSTRUÇÃO

Arts. 556-560. (Revogados pela Lei 8.658/93)

CAPÍTULO II
DO JULGAMENTO

Arts. 561 e 562. (Revogados pela Lei 8.658/93)

Nulidades
(arts. 563 a 573)

José Antonio Paganella Boschi

Desembargador aposentado, mestre em Ciências Criminais, Professor dos programas de Graduação e Pós-Graduação da PUC/RS, da Escola Superior da Magistratura. Advogado Criminalista.

1. **Considerações gerais**. A legitimidade do *jus puniendi estatal* provém do Pacto Social, da Constituição e das leis penais infraconstitucionais. Os Códigos cumprem, todavia, outra função, relevante, que não é só a de viabilizarem o projeto punitivo, mas a de estabelecerem limites que o próprio Estado não pode ultrapassar.

Se o Estado de Direito Democrático tem o dever de agir com eficiência na defesa dos cidadãos contra o criminoso, é também correto afirmar que ele tem o dever de proteger a este último contra os riscos de abuso aos seus direitos, partam eles donde partirem, antes, durante ou após o encerramento do processo.

No contexto desses limites, bem expressos em princípios jurídicos conhecidos, aparece, com destaque, a vedação de exercício direto do *jus puniendi*, isto é, sem a intermediação do Estado-Juiz. Destarte, ao constatar a violação da norma penal, o Estado-Administração, amparado em provas mínimas constitutivas de justa causa, para poder efetivar o poder-dever de punir, precisará, antes da aplicação da pena, submeter a sua pretensão ao aberto e público confronto com a pretensão de liberdade do criminoso, o qual é considerado presumivelmente inocente enquanto não for proferida sentença condenatória com trânsito em julgado.

Em suma: aos princípios gerais que limitam a liberdade do legislador na produção legislativa, que dispõem sobre a incidência das regras penais ao caso concreto, agregam-se os princípios do devido processo legal (formal) e de todos os seus consectários, nomeadamente a proibição de provas ilícitas, a ampla defesa, o contraditório, o duplo grau, etc., de modo a assegurar-se no processo o julgamento justo.

Bem interpretando o conjunto de princípios que rege essa realidade normativa, base em que se assenta o próprio Estado Democrático de Direito, Aury Lopes Jr., em excelente livro,[1] relembrou que ao contrário das normas de direito privado, que possuem eficácia direta, pois os cidadãos podem exigir diretamente satisfação das responsabilidades dos obrigados, as normas de direito público, dentre elas as normas penais, não tem atuação nem realidade concreta fora do processo.

Então, nas palavras do autor, "Para que possa ser aplicada uma pena, não só é necessário que exista um injusto típico, mas também que exista previamente o devido processo penal. A pena não é só o efeito jurídico do delito, senão que é um efeito do processo; mas o processo não é efeito do delito, senão da necessidade de impor a pena ao delito por meio do processo".[2]

O processo, nessa perspectiva, repetimos, cumpre dupla função: de um lado, a de instrumentalizar a efetivação do *jus puniendi*, e, de outro lado, a de proteger as pessoas em geral e o acusado em particular, contra aos eventuais abusos, partam donde partirem.

Nas palavras do sempre festejado autor gaúcho, Paulo Cláudio Tovo, cada dispositivo do CPP "(...) constitui um verdadeiro escudo ... Nem mesmo as normas processuais aparentemente restritivas, no âmbito pessoal ou patrimonial, fazem exceção a essa verdade. Pois sua finalidade última é apontar os limites até onde pode ir o poder persecutório estatal".[3] Dissemos antes e repetimos agora: O Estado, criado para proteger a sociedade, contra os riscos do retrocesso histórico, tem, também, o dever de proteger o réu.

---

[1] LOPES JR., Aury, *Introdução Crítica ao Processo Penal (Fundamentos da Instrumentalidade Garantista)*, Rio de Janeiro: Lúmem Júris, 2004.

[2] Ibidem, p. 3.

[3] TOVO, Paulo Cláudio (org). *Introdução à Principiologia do Processo Penal Brasileiro. Estudos de Direito Processual Penal*. Porto Alegre: Livraria do Advogado, 1995, p. 14.

Não é outra a lição de Rogério Lauria Tucci, reproduzindo o pensamento de Hélio Tornaghi: "A lei processual protege os que são acusados da prática de infrações penais, impondo normas que devem ser seguidas nos processos contra eles instaurados e impedindo que eles sejam entregues ao arbítrio das autoridades processantes". Esse, sem dúvida, é o motivo do destaque dado ao processo penal como instrumento de preservação da liberdade jurídica do acusado em geral. Consubstancia-se ele, com efeito, num "precípuo direito, não do Autor, mas do Réu, interessado que este é, em defender sua 'liberdade jurídica', mediante a jurisdição, que testa a legalidade da ação do acusador".[4]

Como decorrência dessa duplicidade de funções do processo – a de legitimar a punição, de um lado (função substancial) e a de proteger os criminosos e também os não-criminosos, de outro (função instrumental), segue-se que o processo, a não ser com o comprometimento dessas funções, não pode ser transformado pelas partes ou pelo juiz em fonte de aflições, de angústias, de tormentos, enfim, de punições antecipadas.

Essa verdade nem sempre é respeitada no dia-a-dia do foro, como indicam decretos de prisão preventiva desprovidos da objetiva demonstração da necessidade da medida, imposições de algemas em pessoas que se entregam, voluntariamente, às autoridades, prisões espetaculares, garantia de exagerada publicidade em buscas e apreensões, inclusive em escritórios de advocacia, tudo isso em desprezo às garantias da proteção da intimidade, inviolabilidade, etc., quebrando-se resistências legítimas, causando-se humilhações, de modo a gerar-se na sociedade atormentada com os altos índices de violência e de criminalidade, a ilusória sensação de que o aparelho estatal é eficiente e que merece integral confiança, de que reúne, enfim, aptidão para reverter o quadro de insegurança e de medo, que é preciso combater o crime com energia, etc. etc.

2. As nulidades no contexto do direito penal de garantias: processo e atos do processo obedientes aos pressupostos processuais. As premissas desenvolvidas linhas acima são inteiramente pertinentes à disciplina legal das nulidades.

Não há, com efeito, outro modo de exercitar-se um direito penal e processual penal de garantias alinhado ao projeto de maior avanço da civilização sobre a barbárie fora dos limitados espaços legalidade estrita, ou seja, das regras e dos princípios constitucionais e legais.

Indispensável, portanto, que a atividade persecutória, desde a fase administrativa (em que o Estado investiga por intermédio das autoridades legalmente autorizadas, via de regra através do inquérito), se desenvolva obediente às normas processuais pré-estabelecidas. São essas normas que dispõem sobre as condicionantes do nascimento e do regular desenvolvimento do processo, como relação jurídica entre sujeitos (os sujeitos parciais e o sujeito imparcial, que é o juiz), até a sentença.

Por conseguinte, as normas de processo, mercê de sua instrumentalidade garantista, consoante a expressão-título do excelente livro de Aury Lopes Jr.,[5] sendo de direito público, não podem ser revogadas ou simplesmente modificadas pelas partes ou pelo juiz. Os atos do processo devem ser celebrados pelos sujeitos que nele intervém (principais e auxiliares) na forma e na oportunidade pré-estabelecidas na lei, sem o que o provimento sentencial não reunirá idoneidade e força (jurídica) executória.

3. Os pressupostos de existência do processo. Para que o Estado-Juiz possa emitir um pronunciamento sentencial legítimo e válido sobre as pretensões articuladas pelos sujeitos parciais (autor e réu),[6] isto é, um pronunciamento executável, cogente, obrigatório, como proposto, a primeira condição é que todos *pressupostos* relativos ao nascimento e à validade formal do processo como *actus trium personarum*[7] sejam preservados.

Voltaire de Lima Moraes, amparado em boa doutrina, ensina, por isso, a seu turno, que os pressupostos processuais constituem "requisitos que devem satisfazer a relação processual para que possa ser considerada válida e ter condições de desenvolver-se de forma regular",[8] propiciando, assim, ao juiz, enfrentar o mérito da causa.[9]

---

[4] TUCCI, Rogério Lauria, *Direitos e Garantias Individuais no Processo Penal Brasileiro*, São Paulo: RT, 2004, p. 33.

[5] LOPES JR., Aury, obra citada, 2004.

[6] Estamos deixando de lado, propositadamente, a discussão aberta por Carnelutti quanto à natureza do processo penal. Para o grande jurista, só se pode falar, verdadeiramente, em partes, em processo, em litígio, na esfera cível, porque o Estado, frente ao crime, tem o dever de apurar responsabilidades sem entrar, propriamente, em "guerra" com o criminoso.

[7] Na doutrina brasileira, desde Hélio Tornaghi, afirma-se que o processo é relação jurídica entre sujeitos: autor, juiz e réu. Daí a expressão antes referida no corpo deste texto. Todavia, convém registrar que o processo, como relação jurídica, pode nascer e se desenvolver, validamente, entre o autor e o juiz, o que se dá, por exemplo, nas ações de hábeas corpus e de revisão criminal. Nessas ações não há um ex adversus no sentido literal da palavra, mas, somente, autor e juiz.

[8] MORAES, Voltaire de Lima. *Das Preliminares no Processo Civil*. São Paulo, Forense, 2000.

[9] Sobre as várias concepções acerca dos pressupostos processuais, recomendamos a leitura do artigo de Antonio Celso P. Albuquerque, publicado *na Revista Justitia*, vol. 112, p. 18, por meio do qual o autor sintetiza o pensamento de Büllow, Goldschmidt, Friedrich Lent, Chiovenda, Calamandrei, Ugo Rocco, Echandia e dos principais doutrinadores pátrios, dentre eles Frederico Marques, Tornaghi, Moacyr Amaral dos Santos e Alfredo Buzaid.

Apoiados na literalidade do art. 267, inciso IV, do CPC, os doutrinadores do processo civil classificam, por isso, os pressupostos processuais em: a) pressupostos de "existência" e b) em pressupostos de "validade".

Os pressupostos de *existência* são classificados também como objetivos porque, sendo essencialmente formais, dizem com a adoção do procedimento correspondente, com a aptidão jurídica da inicial, com a juntada do mandato aos autos, com a inexistência de nulidades, de litispendência, coisa julgada ou compromisso.

Na lição de Theodoro Jr.,[10] os pressupostos de "existência" do processo, correspondem aos requisitos inerentes ao aparecimento da relação processual no mundo jurídico. Seriam eles: o órgão investido de jurisdição, o pedido e as partes em juízo.[11]

Eles se classificam em subjetivos, porque dizem com a competência e a imparcialidade do juiz, não contaminado por suspeição, suborno ou impedimento e ainda com a capacidade das partes, ou seja, com a legitimidade do autor e do réu para o processo e a sua representação por advogado, noutras palavras, com a idoneidade desses sujeitos parciais do processo, no processo.

Segundo ensinamento de Humberto Theodoro Jr., os pressupostos processuais distinguem-se das condições da ação por constituírem "dados reclamados para a análise de viabilidade do exercício do direito de ação sob o ponto de vista estritamente processual", ao passo que "as condições da ação importam o cotejo do direito de ação concretamente exercido com a viabilidade abstrata da pretensão de direito material. Os pressupostos, em suma, põem a ação em contato com o direito processual, e as condições de procedibilidade põem-na em relação com as regras de direito material",[12] muito embora quando da elaboração do atual CPC já houvesse posição doutrinária, especialmente dos alemaes, conforme refere Barbosa Moreira, sustentando que os pressupostos processuais e as condições da ação são fenômenos de uma mesma e única realidade.[13]

Em nosso CPP, não há dispositivo equivalente, mesmo porque é mais antigo que o CPC, não havendo contudo qualquer impedimento ao seu uso em sede penal, como princípio geral de direito integrador associado às regras que dispõem sobre os sujeitos do processo, sua capacidade e representação em juízo (arts. 24 e 568 do CPP), bem como sobre os impedimentos, casos de suspeição e suborno do juiz do juiz (arts. 252, 112 e 254 do CPP).

Portanto, transladando para a sede penal esse referencial teórico, para que a relação processual possa ser instaurada e daí desenvolver-se em todas as fases do procedimento, até a sentença de mérito, é imprescindível (pressupostos de existência) que o juiz tenha investidura regular, seja competente para apreciar ao caso e estejam em condições de exercer a jurisdição, por não haver impedimento, suspeição ou suborno.

As partes, outrossim, devem ser legítimas e precisam estar bem representadas: o Ministério Público, por agente investido regularmente na função; o acusado, pessoa física (salvo crimes ambientais em que há responsabilidade penal da pessoa jurídica), representado por seu advogado, devidamente inscrito na OAB.

4. Os pressupostos de validade. Os pressupostos de "validade" são aqueles que, no "interior da relação jurídica" instaurada entre os sujeitos parciais e o juiz, condicionam a idoneidade e a força executória do provimento sentencial ao indispensável respeito aos prazos, às formas dos atos do processo e as às fases correspondentes (ritos).

Na órbita processual penal há múltiplos procedimentos (p. ex., o comum das reclusões, arts. 394 e seguintes do CPP; o comum das detenções, arts. 538 e seguintes, do CPP; o relativo a fatos de menor potencial ofensivo (Lei 9.099/95), especial do Júri (arts. 406 e seguintes), o especial, para julgamento dos funcionários públicos, por crimes de responsabilidade (arts. 513 e seguintes), o especial para julgamento de crimes de calúnia e injúria, da competência do juiz singular (arts. 519 e seguintes), o especial, previsto no Dec. 201/67, para o julgamento de Prefeitos por crimes de responsabilidade, etc).

Cada procedimento é regido por termos e atos específicos, os quais, reunidos, dão aquele o sentido de totalidade, isto é, de harmonia entre todas as partes que formam o todo. Segue-se, então, que a validade do processo estará sempre na dependência da tipicidade dos atos procedimentais, expressão que indica respeito ao prazo, à forma e ao momento apropriado para a sua prática pelos sujeitos legitimados.

Ora, em sendo assim, parece-nos que é rigorosamente correto dizer que os pressupostos de validade terminam confundindo-se com as regras e princípios que dispõem sobre as nulidades, porque todo processo (aqui entendido como relação jurídica entre sujei-

---

[10] Mesma obra, p. 53.
[11] TOURINHO FILHO, Fernando da Costa. *Processo Penal*, São Paulo: Saraiva, 2003, vol. 4, p. 12.
[12] THEODORO JR., Humberto, *Curso de Direito Processual Civil*. Rio de Janeiro: Forense, 2001, vol. 1, p. 53.
[13] Pressupostos Processuais Subjetivos. O Juiz. Conferência no Curso de Aperfeiçoamento de Magistrados, *AJURIS*, 1984, p. 4.

tos) que não tiver andamento, conforme as fórmulas e os termos correspondentes, não estará em condições de propiciar a edição e/ou a execução do provimento sentencial, salvo quando absolutório, eis que, segundo lembra muito bem Tourinho Filho, quando ela for definitiva, não poderá ser rescindida *pro societate*.[14]

5. A tipicidade dos atos, na órbita dos pressupostos de validade do processo. Nulidade. Conceito. Mestre Tourinho Filho ensina que os atos do processo devem realizar-se conforme a lei, cabendo a esta dispor sobre sua presença conforme o respectivo procedimento e regular-lhes a constituição intrínseca e extrínseca. "É o que se denomina tipicidade do ato processual".[15]

Valendo-se, então, de um termo bem específico do direito penal, segundo o qual típica é a conduta em absoluta consonância com a norma, sem o que não há falar-se em criminalidade a punir, a doutrina nacional[16] e estrangeira[17] realça, portanto, essa singularidade, qual seja, aquela muito bem sintetizada nas palavras do professor e desembargador Aramis Nassif: "atos válidos são os iguais ao modelo legal" e "inválidos são os que dele diferem".[18]

Nessas condições, é possível dizer que as nulidades, como manifestações explícitas ou implícitas de atipicidade constitucional ou legal, configuram-se como sanções[19] ou imperfeições[20] dos atos do processo. Esta última expressão é adotada por Carnelutti[21] e, entre nós, por Paulo Cláudio Tovo e João Batista Marques Tovo, no excelente livro que fornece o lastro à nossa exposição sobre a matéria, *in verbis*: "... nulidade não é sanção, ao menos no processo penal brasileiro. Validade ou nulidade são qualidades do ato jurídico conforme ele se apresente perfeito ou não. Sanção é conseqüência objetiva, nunca qualidade de alguma coisa. Então, não se pode chamar a nulidade de sanção porque ela não é conseqüência objetiva. Conseqüência objetiva é a ineficácia. Daí porque entendemos que nulidade é a falta ou o imperfeição jurídica que pode tornar o processo ineficaz no todo ou em parte".[22]

6. As manifestações de atipicidade. As atipicidades dos atos do processo, conforme apontamentos doutrinários bem conhecidos e repetidos, apresentam-se sob as formas de atos inexistentes, de atos irregulares, de atos anuláveis e de atos nulos de pleno direito.

Examinemos cada uma dessas formas.

7. A inexistência. É a primeira manifestação de atipicidade dos atos do processo.

Ato inexistente é o que sequer faz parte do mundo fenomênico. Por exemplo: acusação em processo sem denúncia (ato do processo a cargo do sujeito parcial do processo, o acusador). Ora, a inexistência material do ato afeta o processo eventualmente instaurado, e não o ato, posto não se poder anular o que não existe, pois, no dizer de Tourinho Filho, amparado em Carnelutti, "... o ato inexistente é, verdadeiramente, um não-ato, isto é, não é um ato perfeito nem imperfeito".[23]

A idéia de inexistência material pode ter brotado do texto do inciso III do art. 564 do CPP, que dispõe sobre a nulidade pela *falta* das fórmulas ou dos termos que especifica.

É também considerado como inexistente o ato do processo com existência material realizado por quem não detém legitimidade legal e constitucional para edita-lo. Por exemplo: processo em que se apura que a denúncia foi assinada exclusivamente pelo auxiliar do Promotor, ou seja, por pessoa não credenciada (e por isso deslegitimada) pela ordem legal e constitucional.

A inexistência, conforme o caso, pode-se constituir ou não em um dado indiferente ao capítulo das nulidades. Por exemplo: se determinado tribunal, apreciando apelação, constatar que a sentença foi assinada pelo auxiliar do juiz, ao invés de declarar a nulidade ordenará, simplesmente, que os autos do pro-

---

[14] TOURINHO FILHO, Fernando da Costa. *Processo Penal*, São Paulo: Saraiva, 2003, vol. 4, p. 16.

[15] Idem, vol. 3, p. 110.

[16] GRINOVER, Ada; FERNANDES, Antonio Scarance; GOMES FILHO, Antonio Magalhães, *As Nulidades no Processo Penal*, São Paulo: Revista dos Tribunais, 2004, p. 23.

[17] CARNELUTTI, Francisco, *Leciones sobre el Proceso Penal*, Ejea, 1950, p. 171 e seguintes.

[18] NASSIF, Aramis, *Considerações sobre Nulidades no Processo Penal*, Porto Alegre: Livraria do Advogado, 2001, p. 18.

[19] É o pensamento de José Frederico Marques (*Tratado de Direito Processual Penal*, Saraiva: São Paulo, 1980) e de Hélio Tornaghi (*Curso de Processo Penal*, São Paulo: Saraiva, 1996).

[20] É a posição de Ada Grinover; Scarance; Gomes Filho, *As Nulidades no Processo Penal*, São Paulo: Revista dos Tribunais, 2004, conforme referência feita por Aramis Nassif, na obra citada, p. 17.

[21] CARNELUTTI, Francisco, *Leciones sobre el Proceso Penal*, Ejea, 1950, p. 171 e seguintes.

[22] TOVO, Paulo Cáudio, *Nulidades no Processo Penal Brasileiro – Novo Enfoque e Coment*ário –Porto Alegre: Sergio Antonio Fabris, 1988, p. 16.

[23] TOURINHO FILHO, Fernando da Costa. *Processo Penal*, São Paulo: Saraiva, 2003, vo. 3., p. 112.

cesso voltem à origem para que a sentença seja proferida por quem tem o dever de fazê-lo.

Noutro exemplo: se vier a acolher alegação de nulidade suscitada pela defesa, por ter havido supressão da fase do artigo 500 do CPP, por exemplo, o tribunal baixará o processo para que o advogado venha arrazoar e, como conseqüência da *falta* da abertura do prazo correspondente, constitutiva de cerceamento de defesa, *tornará sem efeito*, isto é, *declarará a nulidade dos atos subseqüentes à citada fase*.

8. **A irregularidade**. A irregularidade é apontada como outra espécie de atipicidade dos atos do processo.

Irregulares são os atos processuais existentes (no mundo real) e válidos juridicamente, embora impregnados de defeitos de mínima significação, que não comprometem ou afetam a sua essência, de que são exemplos paradigmáticos a denúncia entregue em cartório fora do prazo legalmente estabelecido (art. 46) ou a apelação interposta pelo próprio condenado em monossilábico "quero apelar" consignado no verso do mandado de intimação da sentença, hipótese que está fora, portanto, das clássicas modalidades de interposição dos recursos (a petição e o termo nos autos), conforme dispõe o artigo 798 do CPP. Em apelo defensivo, a jurisprudência vem aceitando essa forma de irresignação, conquanto seja atípica, em nome da garantia constitucional constante do inciso LV do art. 5º da CF.

O Tribunal de Justiça do Rio Grande do Sul, noutro exemplo de irregularidade, apontou a ausência da assinatura no laudo do perito que, em depoimento em juízo confirmou sua participação nos trabalhos e que, por isso, não teria causado prejuízo à defesa.[24]

Fácil perceber, a partir desses singelos exemplos, que a validade jurídica dos atos juridicamente irregulares vem sendo afirmada pelos tribunais simplesmente porque, nesses casos, não concorre o pressuposto que rege as nulidades: a presença do prejuízo (art. 563 do CPP), verdadeira viga-mestra do sistema, como anotaremos mais adiante.

9. **A anulabilidade**. É a terceira espécie de atipicidade. Anuláveis, com efeito, são os atos do processo materialmente existentes, mas impregnados de vícios potencialmente prejudiciais.

Os atos anuláveis, listados em nosso Código de Processo no artigo 572, integram o universo das denominadas nulidades relativas. Se a parte interessada, no caso concreto, dentro de prazo estabelecido em lei (art. 571 do CPP), conseguir demonstrar o prejuízo efetivamente sofrido em razão do defeito do ato (o prejuízo, aqui, será de natureza processual), estará em condições de pleitear e de obter a declaração judicial da nulidade e a de todos os outros atos processuais vinculados ou a ele dependentes (art. 573, § 1º do CPP).

O que caracteriza, portanto, a nulidade relativa é a sanabilidade, isto é, a possibilidade de convalidação do ato defeituoso. A *via sanatrix* se operará pela ausência de postulação da nulidade; pela postulação intempestiva (art. 571); pela postulação tempestiva sem a efetiva demonstração do prejuízo sofrido; ou então, como veremos mais além, quando incidirem causas impeditivas de declaração do vício, nomeadamente por ter o ato defeituoso alcançado a finalidade preconizada pela lei, e, ainda, quando a parte prejudicada tiver aceitado os efeitos produzidos pelo ato, mesmo viciado.

Reportando-se a Bento de Faria, Aramis Nassif lembra existir corrente doutrinária, da qual discorda inteiramente, afirmando que as nulidades relativas não podem ser declaradas de ofício.[25] Tem toda razão na discordância o culto magistrado gaúcho. As normas processuais penais são públicas e público é o interesse consistente na boa aplicação da lei e na realização da Justiça. Desse modo, ao juiz, como presidente do processo, incumbe ordenar a marcha-a-ré do processo, se verificar, antes da sentença, que determinado ato não se reveste de tipicidade. É claro que se não o fizer e nada for alegado pela parte, o ato será considerado válido, limpo e são, ante a natureza das nulidades relativas: a sua convalidação.

A possibilidade de declaração de ofício de nulidade relativa não é estranha, aliás, ao texto de nosso Código, cujo artigo 581, inciso II, dispõe sobre o recurso em sentido estrito da decisão que reconhecer a incompetência de juízo, isto é, da decisão *sponte própria* do magistrado.

A citada possibilidade (a declaração de ofício da nulidade relativa) é admitida pela legislação da Colômbia. Consoante esclarecem Jaime Bernal Cuéllar e Eduardo Montealegre Linnet (este último, o Presidente da Corte Suprema da Colômbia), "El funcionario penal es el supremo guardián de la legalidad del proceso y por tanto puede declarar oficiosamente cualquier clase de nulidad, aun cuando las partes guarden silencio sobre ellas",[26] medida consentânea

---

[24] Apelação-Crime nº 70013218078, Sétima Câmara Criminal, *Tribunal de Justiça do RS*, Relator: Marcelo Bandeira Pereira, Julgado em 24/11/2005.

[25] NASSIF, Aramis, *Considerações sobre Nulidades no Processo Penal*, Porto Alegre: Livraria do Advogado, 2001, p. 23.

[26] CUÉLLAR, Jaime Bernal; LYNETT, Eduardo Montealegre, *El Proceso Penal*, 4ª ed., Colômbia: Universidade Externado, 2002, p. 357.

com a estabilidade e a segurança jurídica no processo.

10. **A nulidade**. Os atos nulos, diferentemente dos anuláveis, são aqueles tão intensamente defeituosos que não podem ser sanados ou convalidados. Nas palavras de Paulo Sérgio Leite Fernandes, "As nulidades absolutas não se curam. Não há remédio que lhes sirva. Matam o ato processual, contagiando todos os atos subseqüentes".[27]

Os atos nulos integram, por isso, o universo das denominadas nulidades absolutas. Quando verificadas, não há outro caminho senão a sua declaração (salvo incidência de impeditiva, como veremos mais além), independentemente de argüição da parte prejudicada ou da demonstração objetiva de prejuízo, mesmo porque este é presumido pelo legislador.

Não estando subordinadas a prazos preclusivos, as nulidades absolutas, em tese, podem ser reconhecidas em qualquer fase, instância ou juízo, inclusive de ofício e em sede de revisão criminal (art. 626 do CPP) ou hábeas corpus (art. 648, I do CPP),[28] desde que, neste último caso, apresentem-se como cristalinas, manifestas, evidentes e, com anotamos antes, não incidam impeditivas de declaração, tema que será aprofundado, mais adiante.

11. **Classificação e fontes das nulidades**. Conforme antecipamos acima, além da inexistência e da irregularidade, a atipicidade dos atos do processo pode conformar-se como anulabilidade ou nulidade. Daí a conhecida classificação doutrinária das nulidades em relativas (atos anuláveis) e absolutas (atos nulos).

Nesse sentido, dissertando por todos, ensina Frederico Marques, apoiado em Couture: "Quando a nulidade do ato processual não pode ser sanada, a nulidade é absoluta; mas quando sanável, ela se diz relativa".[29] Embora questionada por Flávio Meirelles Medeiros,[30] sob o argumento de que "todas as nulidades são sanáveis", a classificação encontra supedâneo na norma do artigo 572 do CPP, assim redigida: "As nulidades previstas no art. 564, III, *d* e *e*, segunda parte, *g* e *h*, e IV, considerar-se-ão sanadas" se não forem argüidas em "em tempo oportuno" (art. 571), se o ato tiver alcançado a finalidade ou se, embora praticado por forma diversa, a parte interessada tiver se conformado.

Mais adiante faremos o questionamento crítico e sugeriremos uma classificação alternativa das nulidades, mais consentânea com o regramento emanado do próprio Código e da orientação – inclusive Sumular – dos Tribunais, já que, para nós, bem apoiados no ensinamento de Paulo Cláudio Tovo, há elementos comuns à declaração das nulidades (independentemente da espécie): os óbices a serem examinados à própria declaração.

12. **Fontes das nulidades**. A classificação apresentada no número anterior, doutrinariamente construída a partir do enunciado do artigo 572, sugere que as nulidades absolutas são apenas aquelas enumeradas, taxativamente, na maioria das letras do inciso III do artigo 564 do CPP.

Verificação mais cuidadosa do sistema normativo brasileiro conduzirá, todavia, à outra conclusão. Antes de atentar contra as regras do CPP., o cerceamento de defesa, por exemplo, ofende a princípios constitucionais explícitos (Inc. LV do art. 5º da CF). Fácil concluir, então, que, bem antes do Código de Processo Penal, a Constituição Federal será a *primeira fonte* das nulidades absolutas a ser estudada. Só depois virá, como *fonte complementar*, o Código de Processo.

A afirmação aqui realizada não deverá, então, causar estranheza, como bem alerta Rogério Lauria Tucci, "A atual Constituição Federal, promulgada em 05.10.1988, a exemplo das precedentes, e de modo igualmente expresso, contém várias preceituações alusivas ao Direito Processual penal, implicativas, inclusive, da orientação determinante da edição de normas disciplinadoras do processo penal".[31]

Essa reconhecida constitucionalização do processo reflete os valores democráticos plasmados em nossa Lei Fundamental, sabendo-se que a democracia é um sistema político-cultural que prioriza o indivíduo frente ao Estado e que, no dizer de Aury Lopes Jr., "se manifesta em todas as esferas da relação Estado-Indivíduo. Inegavelmente, leva a uma democratização do processo penal, refletindo essa valorização do indivíduo no fortalecimento do sujeito pas-

---

[27] FERNANDES, Paulo Sérgio Leite, Nulidades no Processo Penal, São Paulo: Revista dos Tribunais, 1985, p. 27-28.

[28] Nesse sentido acórdão de que fomos relator: *Habeas Corpus*. Conteúdo revisional. É admissível o habeas corpus, com conteúdo revisional, para declarar, em processo findo, a nulidade absoluta do processo, desde que evidente por si mesma. Curador. A coleta de interrogatório de menor, sem a presença de curador, constitui vício insanável, que pode e deve ser proclamado, quando acarretar prejuízo, o que ocorre quando há confissão e a sentença, para condenar, nele se apóia. Concederam a ordem. (Habeas Corpus nº 70000347849, Sétima Câmara Criminal, Tribunal de Justiça do RS, Julgado em 25/11/1999).

[29] MARQUES, José Frederico, *Elementos de Direito Processual Penala*, Campinas: Millenium, 2000, vol. II, p. 496.

[30] MEDEIROS, Flávio Meireles, *Nulidades do Processo Penal*, Porto Alegre: Síntese, 1982, p. 49.

[31] TUCCI, Rogério Lauria, *Direitos e Garantias Individuais no Processo Penal Brasileiro*, 2ª ed. São Paulo: Revista dos Tribunais, 2994, p. 62.

sivo do processo penal. Pode-se afirmar, com toda segurança, que o princípio que primeiro impera no processo penal é o da proteção dos inocentes (débil), ou seja, o processo penal como direito protetor dos inocentes. Esse status (inocência) adquiriu caráter constitucional e deve ser mantido até que exista uma sentença penal condenatória transitada em julgado".[32]

13. A Constituição como fonte das nulidades absolutas. Dissemos antes que as nulidades absolutas decorrem, em primeiro lugar, da Constituição. Será nela que encontraremos um princípio-reitor de extraordinária importância, que rege o nosso tema, mas, antes de apontá-lo e de comentá-lo, precisaremos articular algumas palavras sobre os "princípios".

Etimologicamente, a palavra princípio indica aquilo que está na origem ("No princípio, Deus criou o céu e a terra"),[33] no começo de qualquer coisa,[34] no início de algo,[35] ou seja, aquilo que vem antes, a causa primeira ou primária, o elemento que "predomina" na constituição de um corpo orgânico, de um preceito.[36]

Explicamos, no texto sobre a ação penal, que os princípios jurídicos eram considerados, até pouco tempo, como sendo meras pautas programáticas, ou simples critérios de interpretação das leis e que, graças aos progressos de nova hermenêutica, passaram a ser reconhecidos como espécies do gênero "normas".

Assim, no papel de *lex* e não apenas de *ratio legis*, no dizer de Edílson Farias,[37] apoiado em Alexy e Dworkin, os princípios atuam não só preenchendo os vazios do ordenamento jurídico mas, também, resolvendo colisões entre as regras (antigas "normas"), hoje tão freqüentes, devido à expansão dos direitos fundamentais e aos valores constitucionais relevantes.[38]

Conforme a hierarquia, os princípios podem até mesmo arredar a incidência das regras na busca da solução para *fattispecie* certa e precisa.[39] Por exemplo, se fosse editada lei permitindo ao réu não advogado exercer pessoalmente a sua defesa, essa lei seria inconstitucional e consequentemente inválida, porque colidiria com o princípio da mais ampla defesa, que pressupõe, a intervenção em processos administrativos ou judiciais de bacharel inscrito na OAB, como forma de assegurar-se a paridade de armas com a autoridade que acusa.

Dizendo de outro modo, os princípios são categorias deontológicas porque propõem deveres gerais. Eles são visualizáveis sempre na perspectiva do ordenamento jurídico do País. Eles estão implícitos ou explícitos, mas sempre dentro do ordenamento jurídico, assim como no dizer de Carnelutti, o álcool está contido no vinho.[40] O princípio da dignidade da pessoa humana – veiculando esse importantíssimo valor – acha-se expresso no inciso III do artigo 1º da CF. O princípio da razoabilidade pode ser visualizado, implicitamente, na garantia do devido processo legal (em sentido material), explicitamente previsto no inciso LIV do artigo 5º, de nossa Constituição.

É esse princípio, aliás, o princípio-reitor a que antes nos referimos e que será nas páginas seguintes minuciosamente examinado, para podermos, depois da boa determinação do seu conteúdo, compreendermos, sob a perspectiva de sistema, o capítulo das nulidades.

14. O princípio (reitor) do devido processo legal. É rica a história[41] desse princípio, alinhavado,

---

[32] LOPES JR., Aury, *Introdução Crítica ao Processo Penal, Fundamentos da Instrumentalidade Garantista*, Rio de Janeiro: Lumem Júris, 2004, p. 39.

[33] Gênesis, capítulo I, versículo I.

[34] TUCCI, Rogério Lauria. *Princípios e Regras Orientadoras do Novo Código de Processo Penal Brasileiro*, Rio de Janeiro: Forense, 1986, p. 4.

[35] FERREIRA, Aurélio Buarque de Hollanda. *Pequeno Dicionário Brasileiro da Língua Portuguesa*. 11. ed., São Paulo, 1972.

[36] TUCCI, Rogério Lauria. Ob. cit., mesma página.

[37] FARIAS, Edilson Pereira, *Colisão de Direitos, a Honra, a Intimidade, a Vida Privada e a Imagem versus a Liberdade de Expressão e Informação*, Porto Alegre: Fabris, 1996, p. 42.

[38] O 4º Grupo do Tribunal de Justiça do RGS, em decisão recente, amparado no princípio constitucional da igualdade, admitiu efeito retroativo à atual jurisprudência penal, mais benigna, para permitir, em caso já julgado, a progressão a regime mais liberal a autor de estupro sem lesões corporais ou morte, como é aceito em todos os tribunais do país, na atualidade. Conforme se depreende da decisão, não só a lei, mas, agora, também a jurisprudência passou a ser aceita como fonte capaz de permitir a modificação de sentenças definitivas. O princípio foi aplicado, portanto, com função de lei!

[39] ALPA, Guido, et alii, *Tratato di Diritto Civile*, Torino, UTET, 1999, p. 354.

[40] MEDEIROS, Flávio Meirelles. *Princípios de Direito Processual Penal*, Porto Alegre: Ciências Jurídicas, 1984, p. 4.

[41] Conforme explicam em ADAUTO SUANNES (*Os Fundamentos Éticos do Devido Processo legal*, São Paulo: Revista dos Tribunais, 1999) e ARTURO HOYOS (*El Debido proceso*, Bogotá: Temis, 1998), em 1215 as relações entre o Rei João Sem Terra (o quarto filho de Henrique II e de Leonor de Aquitânea, assim conhecido porque, não sendo o primogênito, não tinha direitos sucessórios) eram muito tensas, por causa da fracassada tentativa do rei de retomar parte das terras ocupadas pela França. Os conflitos geraram mais

originariamente, na Carta Magna de 1215, Diploma que, dentre os documentos medievais, apresenta-se como o de maior importância e transcendência como fonte de limitação do poder e de proteção aos direitos individuais.

Editada para selar o acordo entre o Rei João Sem Terra e os Barões ingleses, que se diziam espoliados, a Carta Magna viria a positivar os direitos primeiramente destes e, depois, por extensão, de todas as pessoas, sendo apontada também, como marco histórico do início do processo de declínio do feudalismo.

O princípio do devido processo legal, com o moderno constitucionalismo, passou a ser reconhecido como um "derecho fundamental, consagrado en um instrumento de derecho público, y cuya titularidad no se limita ya a los miembros de um estamento feudal, sino que se presenta como um derecho de todos los ciudadanos de um Estado e de todos los hombres por el hecho de serlo".[42]

Duas são as faces desse princípio: a material ou substancial e a instrumental ou processual.

Material, ou substancialmente, o devido processo legal propõe limites na órbita da produção legislativa (daí falar-se em *razoabilidade*). O legislador, com efeito, não tem liberdade para fazer as leis que bem entender. O princípio do devido processo legal proíbe-o de editar leis abusivas, iníquas,[43] diferentemente do enunciado repetido por Scholler,[44] segundo o qual o parlamento inglês podia tudo, menos transformar o homem em mulher e a mulher em homem...

Instrumental, ou processualmente, o devido processo legal determina, no dizer de Adauto Suannes, equidade no processo, a qual "compreende fundamentalmente reequilibrar os dois pratos da balança, que, quando do início da ação, pese embora a previsão constitucional da presunção de inocência, estão em desequilíbrio, pois o estado já traz consigo os atos investigatórios que, não em poucos casos, servem de supedâneo para o próprio decreto condenatório".[45]

Nessa perspectiva, o devido processo legal/penal remete-nos à *proporcionalidade*, que, no dizer de Flávia Durso, "tem por objetivo limitar o limite dos direitos fundamentais", operacionalizando-se na "preservação do núcleo essencial e na interpretação judicial concretizante", inclusive mediante incidência dos subprincípios, que aponta: o da "avaliação da necessidade (idéia de que o cidadão tem direito à menor desvantagem possível), adequação (o meio restritivo precisa ser apropriado para obter o fim desejado, sem a possibilidade de outro mais eficaz) e, por fim, a proporcionalidade em sentido estrito das restrições (ponderação de bens no caso concreto).[46]

---

dívidas e tributos a pagar. Por isso, nesse ano, os barões entram marchando em Londres, dizendo-se soldados de exército de Deus e obrigam o Rei João Sem Terra a firmar a Carta, cujo esboço fora feito, ironicamente, pelo Arcebispo de Canterbury (pois não eram boas as relações entre ele e o Rei), a pedido dos Barões, que eram pouco versados em letras... em especial em Latim, o idioma com que foi redigido o documento. Esse era o texto do art. 39: "Nullus líber hommo capitur, vel imprisonetur, aut dissaisiatur, aut utlagetur, aut exultetur, aut aliquo modo destruatur, nec super um ibimus, nec supere um mittmus, nisi per legale judicium parium suorum vel per legem terrae" – ("Nenhum homem livre será preso ou feito prisioneiro, posto fora da lei ou exilado, nem em forma alguma arruinado, nem iremos ou mandaremos fazer nada contra ele, salvo mediante juízo de seus pares ou em face da lei da terra") – tradução livre. O documento foi reeditado em 1225, no reinado de HENRIQUE III e dez anos passou a ser denominado como Carta Magna. Em 1354 a Carta Magna aparece pela primeira vez em inglês, expedida pelo Rei Eduardo III. No artigo 29 (e não mais 39) a expressão legem terrae – lei da terra, law of land – é substituída por due processo of law ou devido processo legal. O texto da Carta de 1354 passou a ser o seguinte: "That no man of what estate or condition that he be, shall be put out of land or tenement, nor taken nor imprisoned, nor disinherited, nor put to death, without being brought in answer by due process of law" – "Nenhuma pessoa, qualquer que seja sua condição ou estamento, será privada de sua terra, nem de sua liberdade, nem deserdada, nem submetido à pena de morte, sem que antes responda às acusações em um devido processo legal" – tradução livre. A carta Magna inspirou, ainda na Inglaterra, o Bill Of Rights, em 1627, preparada pelo genial jurista EDWARD COKE, sendo o documento a origem do HABEAS CORPUS ACT de 1640. Nos Estados Unidos: A Constituição de 1787 não continha a previsão. Em 1789 aprovou-se a 5ª Emenda com a cláusula: "No person shall be ... deprived of life, liberty or property, without due process of law" (Nenhuma pessoa perderá a vida, a liberdade ou a propriedade sem o devido processo legal". A cláusula inspirou o art. 10 da Declaração Universal dos Direitos do Homem de 1948 e o artigo 16 Pacto Internacional de Direitos Civis e Políticos, aprovado pela ONU, em 1966. A primeira dessas normas diz: "Toda pessoa tem o direito, em condições de plena igualdade, a ser ouvida publicamente e com justiça por um tribunal independente e imparcial, para a determinação de seus direitos e obrigações e para o exame de qualquer acusação contra ela em matéria penal". No Brasil, a cláusula integra o rol dos direitos fundamentais (art. 5º, inciso LIV, tendo os constituintes se inspirado na expressão norte-americana (devido processo legal) e não na expressão inglesa (law of land), ambas de sentido idêntico, todavia.

[42] HOYOS, Arturo (*El Debido proceso*, Bogotá, Colômbia: Temis, 1998.

[43] LIMONGI, Celso Luiz, O Devido Processo Legal Substantivo e o Direito Penal, *Revista da Escola Paulista da Magistratura*, v. 2, n. 1, p. 1151/174, jan/jun. 2002.

[44] SHOLLER, Heinrich, O Princípio da Proporcionalidade no Direito Constitucional e Administrativo da Alemanha, *Revista da Ajuris*, vol. 75.

[45] SUANNES, Adauto, *Fundamentos Éticos do Devido Processo Penal*, São Paulo: Revista dos Tribunais, 1999, p. 102.

[46] DURSO, Flávia, O Princípio Constitucional da Proporcionalidade como Hermenêutica no Processo Penal, *Boletim do IBCCrim.*, ano 11, n. 136, março 2004, p. 2.

15. **O devido processo legal e as irradiações na órbita das nulidades absolutas.** O devido processo legal, que Alexandre Bizzotto e Andréia de Brito Rodrigues, apoiados em outros autores, denominam de devido processo legal/penal, configura-se como "um freio constitucional a procedimentos estatais à margem do sistema democrático",[47] incompatibilidade que, em nosso meio, já era denunciada no final dos anos 80 pelo insigne professor Paulo Cláudio Tovo.[48]

A alta abstração e fluidez do princípio em questão (qualidade que é própria dos princípios, bem ao contrário da concretude das regras) não permite neste texto elencar antecipadamente as inúmeras situações por ele alcançadas. Rogério Lauria Tucci, por exemplo, lista as garantias de acesso à justiça criminal, do juiz natural, do tratamento paritário dos sujeitos parciais do processo, da ampla defesa, dos recursos a ela inerentes, da publicidade dos atos, da motivação das decisões, do término da persecução em prazo razoável e da legalidade da execução.[49]

Em seu livro "*Os Fundamentos éticos do Devido Processo Penal*", Adauto Suannes, a seu turno, associa o devido processo legal ao processo justo e aponta como seus corolários a indevida publicidade dos atos investigatórios, a indispensabilidade do advogado, o dever dos órgãos judiciais de fundamentar as decisões, o direito ao silêncio, ao respeito à coisa julgada e à irrelevância dos antecedentes criminais, dentre outros.[50]

Depois de discorrerem sobre a tendência da maioria dos Estados de constitucionalização do processo, "con el fin de impedir que el futuro legislador desconozca los derecyos fundamentales de las personas y, de outra parte, lograr la verdadera materialización de dichos derechos, alcanzando de esta forma la pretendida justicia, reconocida como valor superior de todo ordenamiento juridico", Jaime Bernal Cuéllar e Eduardo Montealegre Lynetti, em comentários a dispositivo da Constituição da Colômbia, de sua vez, afirmam que o devido processo, em matéria penal, "constituye una limitación al poder punitivo del Estado, em cuanto comprende el conjunto de garantias sustanciales y procesales especialmente diseñadas para asegurar la legalidad, regularidad y eficacia de la actividad jurisdicional en la investigación y juzgamiento de los hechos punibles, con miras a la proteccion de la libertad de las personas, o de otros derechos que puedan verse afectados".[51]

Em seguida, os dois insignes juristas apontam o que consideram ser irradiações do devido processo legal: a legalidade, a garantia do juiz natural, a presunção de inocência, a favorabilidade (o favorável de ampliar-se, o odioso restringir-se), a ampla defesa, a coisa julgada.[52]

Embora com pequenas variações, essa é a linha de pensamento articulada pelo professor da mesma Universidade, Alberto Suárez Sanches, que alude, ainda, a proibição do *non bis in idem*, a publicidade dos atos do processo, a proibição da *reformatio in pejus* e a responsabilidade dos poderes, públicos, dentre outras.

16. **O devido processo legal. A casuística das irradiações.** Em acréscimo às proposições doutrinárias, acima comentadas, e ancorados no entendimento de que a normatividade constitui a característica fundamental dos princípios jurídicos, porque, como mandados de otimização, eles transmitem aos operadores do Direito ordens para que "(...) algo seja realizado na maior medida possível, dentro das possibilidades jurídicas e reais existentes",[53] apontaremos e comentaremos, a partir de agora, em termos práticos, as derivações que o princípio do devido processo legal propõe, cujo descumprimento é fonte de nulidades absolutas.

Em muitas das situações o leitor poderá perceber que elas decorrem também de outros princípios específicos de nossa Constituição, redundantemente. Embora o princípio constante do inciso LIV do art. 5º sozinho já dissesse tudo, a redundância, longe de constituir-se em grave defeito, é, pelo contrário, bastante salutar, pois serve para reafirmar o sentido de proteção colimado pela Lei Maior e, ao mesmo tempo, para deixar bem clara a opção política feita pelo legislador constituinte em favor de um sistema constitucional de garantias, em detrimento dos modelos autoritários consubstanciados na Constituição de 1967 e na Emenda Constitucional 1/89.

17. **Primeira irradiação:** *modelo acusatório de processo.* Dois são os sistemas processuais penais

---

[47] BIZZOTTO, Alexandre; Rodrigues, Andreia de Brito, *Processo Penal Garantista*, Goiania: AB Editora, 2003, p. 30.
[48] TOVO, Paulo Cáudio, *Nulidades no Processo Penal Brasileiro – Novo Enfoque e Comentário*. Porto Alegre: Sergio Antonio Fabris, 1988, p. 25.
[49] TUCCI, Rogério Lauria. *Princípios e Regras Orientadoras do Novo Código de Processo Penal Brasileiro*, Rio de Janeiro: Forense, 1986, p. 80 e seguintes.
[50] SUANNES, Adauto, *Os Fundamentos Éticos do Devido Processo Penal*, São Paulo: Revista dos Tribunais, 1999, p. 129 e seguintes.
[51] CUÉLLAR, Jaime Bernal; Lynett, Eduardo Montealegre, *El Proceso Penal*, Bogotá, Colômbia: Universidade Externado, 2002, p. 70.
[52] Idem, ibidem.
[53] ALEXY, Robert. *Teoria de Los Derechos Fundamentales*. Madrid: Centro de Estudios Constitucionales, 1997, p. 83.

conhecidos: o inquisitivo e o acusatório, cada qual regido por princípios específicos.

O sistema inquisitivo, qualificado por Jacinto Coutinho[54] como um "diabólico engenho", foi edificado pela Igreja para assegurar e reproduzir o poder mediante atuação dos conhecidos Tribunais do Santo Ofício.

Conforme Aury Lopes Jr. o processo regido por esse sistema "... poderia começar mediante uma acusação informal, denúncia (de um particular) ou por meio da investigação geral ou especial levada a cabo pelo Inquisidor. Era suficiente um rumor para que a investigação tivesse lugar e com ela seus particulares métodos de averiguação. A prisão era uma regra porque assim o inquisidor tinha à sua disposição o acusado para torturá-lo até obter a confissão. Bastava dois testemunhos para comprovar o rumor e originar o processo s sustentar a posterior condenação".[55] Se o acusado resistisse, seria culpado por estar cometendo o crime de perjúrio,[56] o que significa dizer que nulas eram suas opções.

O sistema acusatório, a seu turno, distingue as funções de acusar, de defender e de acusar e propõe que o seu exercício fique a cargo de diferentes pessoas. Nessa medida, o sistema acusatório enseja controles pela publicidade dos atos do processo, resguarda as garantias fundamentais do acusado e viabiliza condições para o independente pronunciamento do juiz.

Na Constituição brasileira inexiste dispositivo explícito acerca do sistema acusatório, que aparece, contudo, de corpo inteiro, não só nos artigos que tratam das garantias individuais como ainda daqueles que definem as atribuições, competências, deveres e prerrogativas do Ministério Público, da Magistratura, da Advocacia.

Não obstante, os tribunais brasileiros continuam aceitando a validade dos dispositivos do CPP que prevêem a intervenção do juiz como condição para o arquivamento do inquérito policial (art. 28); que conferem poderes a ele para requisitar provas, visando a "dirimir dúvida sobre ponto relevante" (art. 156); para proceder ao re-interrogatório do acusado (art. 196); para determinar a condução da vítima à sala de audiências para prestar depoimento (art. 201, parágrafo único), para ouvir, "quando julgar necessário", quaisquer pessoas além daquelas indicadas pelas partes (artigo 209); para requisitar, de ofício, documentos sobre cuja notícia tiver conhecimento para dirimir "ponto relevante da acusação ou da defesa" (art. 234); para ordenar de ofício busca pessoal (art. 242) ou realizá-la diretamente (art. 241); para decretar a prisão preventiva do acusado, independentemente de provocação (art. 311); para recorrer de ofício quando conceder o *habeas corpus*, para dar ao fato nova definição jurídica (artigo 384 e parágrafo); absolver sumariamente o réu (arts. 574, incisos I e II e 411); acolher pedido de reabilitação criminal (art. 746); declarar o arquivamento do inquérito ou absolver o denunciado por crime definido na Lei 1.521/51, art. 7º, etc. Até mesmo quando do julgamento das apelações permite nosso CPP que Câmaras ou Turmas ordenem novo interrogatório, reinquirição de testemunhas e determinação de outras diligências complementares (art. 616).

Ora, essa realidade normativa não mais se coaduna com a nova ordem constitucional e há muito deveria ter sido reinterpretada. Não é aceitável, *data venia*, a protelação do urgente trabalho de filtragem constitucional, ao nível dos Pretórios, para que a Lei Maior, efetivamente, cumpra sua função dirigente frente à legislação infraconstitucional.

Como é óbvio: são as leis que devem se ajustar à Constituição, e não o contrário.

Rigorosamente, todas as decisões proferidas pelo juiz em indevida substituição às partes não poderiam ser validadas. A ofensa aos princípios inerentes ao sistema acusatório constitue, afinal, ofensa à própria Constituição.

18. Segunda irradiação: *a presunção de inocência*. A presunção de inocência é outra importante emanação do devido processo legal. Ao contrário da anterior, está explicitamente constitucionalizada no inciso LVII do art. 5º.

A extensão, longitude, latitude e profundidade dessa garantia podem ser aferidas em duas regras muito bem apanhadas por Luiz Flávio Gomes e reproduzidas por Alexandre Brizzotto e Andréia de Britto:[57] uma: a regra de tratamento; a outra, a regra probatória.

A primeira (regra de tratamento) indica que as medidas cautelares, em especial as prisões, no dizer de Odone Sanguiné, não podem ser utilizadas jurisdicionalmente como instrumentos para castigos antecipados.[58] Inaceitável, portanto, edição de decreto de

---

[54] COUTINHO, Jacinto, O Papel do Novo Juiz no Processo Penal, in *Crítica à Teoria Geral do Processo Penal*, Rio de Janeiro: Renovar, 2001.
[55] LOPES JR., Aury, *Introdução Crítica ao Processo Penal, Fundamentos da Instrumentalidade Garantista*, Rio de Janeiro: Lumem Júris, 2004, p. 161.
[56] EYMERICH, Nicolau. *Manual dos Inquisidores*. Rio de Janeiro: Rosa dos Ventos, 1993.
[57] BRIZZOTTO, Alexandre; BRITO, Andréia, *Processo Penal Garantista*, Goiânia: AB Editora, p. 51.

prisão cautelar ou condenação só para servir de exemplo aos outros ...

O indivíduo não pode ser preso ou condenado para instrumentalizar políticas públicas de prevenção geral, a não ser negando-se o valor fundamental do Estado de Direito Democrático, qual seja, o valor da dignidade da pessoa humana, que todos nós temos o dever de resguardar e proteger.

Inimaginável a condenação para "exemplar". Bem ilustra esse absurdo, o famoso dito do juiz inglês BURNET, reproduzido por Goldschmidt: "Homem, tu estás sendo enforcado não por que roubaste um cavalo, mas para que os cavalos não sejam roubados".[59]

Embora vedação de imposição de qualquer espécie de sanção antes do trânsito em julgado da sentença, o STF[60] e o STJ[61] continuam exigindo o recolhimento do réu à prisão como condição para o acesso à via recursal extraordinária, amparados na literalidade da lei sobre o efeito só devolutivo desses recursos (§ 2º do artigo 27 da Lei 8038/90).

Essa jurisprudência, data vênia, culmina por admitir cumprimento antecipado da pena e, desse modo, por negar a garantia em questão.

Felizmente, há decisões liminares tanto no STF[62] quanto no STJ[63] admitindo o efeito suspensivo, nas condenações a penas restritivas de direito. Essas decisões – que muito bem poderiam alcançar os condenados ao cumprimento de penas privativas de liberdade – mesmo isoladas – projetam a provável inclinação da jurisprudência desses Tribunais, em favor da supremacia da garantia da presunção de inocência.[64]

Conforme declarou o Min. Cezar Peluso em decisão concessiva de liminar, "o disposto no inc. LVII do art. 5º da Constituição da República não é mera recomendação, mas enunciado claro de garantia contra possibilidade de lei ou decisão judicial impor ao réu, ante do trânsito em julgado de sentença penal condenatória, qualquer sanção ou conseqüência jurídica gravosa que dependa da condição constitucional expressa no trânsito em julgado da mesma sentença. Tal cláusula assegura ao réu, em causa criminal, não sofrer, até o trânsito em julgado da sentença, nenhuma sanção ou conseqüência jurídica danosa, cuja justificação normativa dependa do trânsito em julgado de sentença condenatória, que é o juízo definitivo da culpabilidade".[65]

Sem embargo dessa tendência mais liberal e garantista, ainda remanesce, de outra parte, contraditoriamente, no STF[66] e no STJ[67] o entendimento de que a fuga do réu é causa de deserção da apelação pendente, consoante dispõe o artigo 595 do CPP. Contraditoriamente, dissemos, porque tanto o STF quanto o STJ, conforme destacamos acima, já vem negando validade ao artigo 594 do CPP, cujo texto prevê que só o réu primário e de bons antecedentes pode apelar em liberdade. Se em relação a esse dispositivo ambos os Tribunais perceberam que os princípios que informam as prisões são distintos daqueles que autorizam as prisões cautelares, outro deveria ser, data vênia, o entendimento quanto ao artigo 595 do mesmo Estatuto que dispõe sobre a deserção.

Derivada da garantia da presunção de inocência, a outra regra, a probatória, indica, outrossim, que é da acusação o dever de provar os fatos alegados, de modo que, por seu caráter probatório, e não de presunção em sentido técnico, o direito fundamental à presunção de inocência, desde a perspectiva da teoria clássica das provas, está conectado, no dizer de Odone Sanguiné, "à noção de probabilidade".[68]

---

[58] SANGUINÉ, Odone, *Prisión Provisional y Derechos Fundamentales*, Valência: Tirant, 2003, p. 433.

[59] GOLDSCHMIDT, James, *Princípios Gerais do processo Penal*, Belo Horizonte: Líder, 2002, p. 17.

[60] RHC 85024/RJ, 2ª T., Min. Elen Gracie; RHC 84846/RS, 2ª T., min. Carlos Velloso; HC 79814/SP, 2ª T., rel. Min. Jobim, j. 23/05/2000.

[61] Súmula 267 do STJ e HC 42837/SP 5ª T., rel. Min. Félix Fischer, j. 28/06/2005 e HC 33747/SP, 6ª T., 6ª T., rel. Min. Hamilton Carvalhido.

[62] HC. 857.477, de que foi Relator o emin. Min. Marco Aurélio e do HC. 84.677, 1ª T., rel. Min. Cezar Peluso e HC. 85.289, rel. Min. Sepúlveda Pertence.

[63] HC. 25.310. 5ª T., Relator o emin. Min. Paulo Medina; HC. 28.290, rel. Min. Hamilton Carvalhido.

[64] Parece-nos possível dizer também que o § 2º do artigo 27 da Lei 8.038/90 não se aplicaria ao crime, mas somente ao cível. Essa interpretação dispensa questionamento constitucional, pois sabemos todos que, no cível, é perfeitamente possível a execução antecipada, desde que o requerente caucione a demanda.

[65] HC. N. 84.867, transcrito no Boletim n. 156 por Délio Lins e Silva Jr., em seu artigo "Primeira Turma do Supremo Tribunal Federal: os Ventos Sopram a favor do Direito Penal".

[66] STF: "jurisprudência desta Corte tem fixado o entendimento de que, uma vez empreendida a fuga do sentenciado após a interposição do recurso de apelação, este deve ser julgado deserto, à luz do que dispõem os arts. 594 e 595 do Código de Processo Penal" rel. Min. Ellen, 1ª T., DJ 27-09-2002 PP-00117). Idem: HC nº 71.701, Min. Sydney Sanches e RHC nº 81.742, Min. Maurício Corrêa; HC 82126/PR, 1ª T., Min. Sydney Sanches.

[67] "A fuga do réu, ainda que após a interposição o apelo, é causa bastante ao reconhecimento da deserção" – HC 18511/SP 5ªl. T., rel. Min Edson Vidigal, 02/04/2002.

[68] SANGUINÉ, Odone, *Prisión Provisional y Derechos Fundamentales*, Valência: Tirant, 2003, p. 431.

Sendo do acusador o ônus de provar a culpa, significa dizer, então, que o acusado não tem o dever de confessar os fatos imputados na peça vestibular. Não é válido afirmar, para constranger o réu a depor, o antigo dito de que "quem não tem culpa não teme", como ainda se propala em nosso país. Não sendo da defesa a responsabilidade de provar os fatos desconstitutivos do pedido, como se aprega, mas da acusação demonstrar e provar a culpabilidade, apresenta-se como inconciliável ao direito penal de garantias a orientação pretoriana que confere ao acusado o ônus de provar excludente de ilicitude alegada em defesa pessoal ou técnica.

19. Terceira irradiação. *O direito de não se auto-incriminar*. O acusado não tem o dever de fazer prova contra si (*nemo tenetur se detegere*).

É certo que a Constituição Federal faz alusão expressa ao "preso" (LXIII do artigo 5º). Mas é claro, diz Adauto Suannes, que o nosso legislador constituinte disse menos do que podia ou devia (*minus dixit quam voluit*). Nada na história de tal princípio sugere que haja fundamento para essa aparente restrição. Por que motivo apenas "ao preso" se haverá de assegurar o exercício de um direito que nada tem a ver com o fato da prisão? O direito à intimidade (é isso que o preceito protege) pertence a todas as pessoas, não apenas aos acusados. Menos ainda somente aos que tiveram suprimida sua liberdade.[69]

Esse é, felizmente, o entendimento defluente da jurisprudência dos Tribunais Superiores. Nas palavras do emin. Ministro Marco Aurélio, "O direito natural afasta, por si só, a possibilidade de exigir-se que o acusado colabore nas investigações. A garantia constitucional do silêncio encerra que ninguém está compelido a auto-incriminar-se",[70] embora a visível incompreensão das pessoas comuns do povo com a concessão de hábeas corpus em favor de pessoas notórias, como as investigadas pelas Comissões Parlamentares de Inquérito, para assegurar-lhes o direito de não responder às perguntas potencialmente incriminatórias.

Como acentuou em julgamento de habeas corpus o emin. Ministro Sepúlveda Pertence, o "privilégio contra a auto-incriminação – *nemo tenetur se detegere* –, erigido em garantia fundamental pela Constituição – além da inconstitucionalidade superveniente da parte final do art. 186 CPP. – importou compelir o inquiridor, na polícia ou em juízo, ao dever de advertir o interrogado do seu direito ao silêncio: a falta da advertência – e da sua documentação formal – faz ilícita a prova que, contra si mesmo, forneça o indiciado ou acusado no interrogatório formal e, com mais razão, em "conversa informal" gravada, clandestinamente ou não".[71]

O pensamento no STJ não é diferente. Nesse Tribunal também reconhece-se ao acusado o direito de não produzir prova contra si, nele incluído o direito de permanecer em silêncio, seja na fase inquisitorial, seja na judicial.[72] Por isso, não tem ele o dever de contribuir para com o esclarecimento da verdade (art. 5º, LXII, da CF).[73]

Incompatível com a regra probatória, segundo a qual incumbe ao acusador fazer a prova do alegado, é, então, a orientação da jurisprudência que afirma que o réu que não prova o álibi invocado faz prova contra si.[74] Correta, portanto, a orientação emanada do Tribunal de Justiça do Rio Grande do Sul de que "o acusado nada precisa provar, nem mesmo o álibi", porque "a única presunção acolhida pelo sistema penal – e constitucionalmente – é a da presunção de inocência...".[75]

Em contraste com a mesma regra de tratamento é, ainda, a jurisprudência do STF,[76] embora entendimento minoritário em sentido oposto,[77] afirmando que inquéritos ou processos judiciais em curso maculam a circunstância judicial dos antecedentes e, portanto, ensejam maior censura pelo fato, quando da determinação da pena-base.

No egrégio Superior Tribunal de Justiça, felizmente, já é firme a orientação em sentido oposto, a qual condiciona a declaração dos maus antecedentes à existência de prova documental de condenação definitiva por fato pretérito,[78] salvo a configuração da hipótese como reincidência.

---

[69] SANGUINÉ, Odone, *Os Fundamentos éticos do Devido Processo Legal*, São Paulo: Revista dos Tribunais, 1999, p. 263.

[70] HC 83943/MG – MINAS GERAIS, 1ª T., j. em 27.4.2004, in DJ 17-09-2004, p. 78.

[71] HC 80949/RJ – 1ª Turma, j. em 30.10.2001, DJ 14-12-2001, p. 26.

[72] HC 17121/ES. 6ª T., rel. Min. Hamilton Carvalhido, julgado em 04/09/2001, in DJ 04.02.2002 p. 566.

[73] HC 29232/MS, rel. Min. José Arnaldo da Fonseca, 5ª T., julgado em 4.3.2004, in DJ 05.04.2004 p. 288.

[74] HC 70742/RJ, 2ª T., rel. Min. Carlos Velloso, 16/08/1994, DJ 30-06-2000, p. 39 e HC 68964/SP, 1ª T., rel. Min. Celso de Melo, DJ 22-04-1994, p. 8926.

[75] Apelação n. 7000848376, 5ª Câmara Criminal, Rel. Des. Amilton Bueno de Carvalho.

[76] HC 81759/SP, 2ª T., rel. Min. Maurício Corrêa; HC 74967/SP, 1ª T., rel. Min. Moreira Alves; 2ª T., Min. Celso de Mello, DJ 13-02-2004, p. 17.

[77] HC 79966/SP, 2ª T., Relator min. Marco Aurélio, dentre outros.

20. **Quarta irradiação**. *Direito à tramitação do processo em tempo razoável*. Derivação do devido processo legal é o direito ao processo sem dilações injustificadas, constitucionalizado como princípio pela Emenda Constitucional número 45,[79] independente do conteúdo da matéria, civil, administrativa ou criminal.

O direito à tramitação do processo em tempo razoável apareceu inspirado na Declaração Universal dos Direitos do Homem, de 1948, pioneiramente, segundo parece, na Convenção Européia para Salvaguarda dos Direitos do Homem e das Liberdades Fundamentais, de 1950 (art. 6.1.). Hoje figura na legislação dos países desenvolvidos.

O princípio em questão fundamenta-se – no dizer de Alberto Suárez Sánchez – no dever do Estado de administrar uma Justiça completa e ágil; no direito que o acusado tem de conhecer a solução do caso, por força do caráter publicístico ínsito à questão criminal.[80]

Fundamenta-se, também, no interesse da Justiça em colher a prova sem demoras. Como ensina Aury Lopes Jr., citando André Comte-Sponville, "... A atividade probatória como um todo se vê prejudicada pelo tempo, pois trata-se de juntar os resquícios do passado que estão no presente (na verdade, um presente do passado, que é a memória), e que tendem naturalmente a desaparecer quando o presente do presente (intuição direta) passa à presente do futuro".[81]

Esses ensinamentos são precisos e a eles podemos agregar um outro: o processo é fonte de graves aflições para o réu e seus familiares. Ele não planeja o futuro e todos transformam a causa em centro de preocupações. Carnelutti dizia que mesmo quando o juiz inocentar o réu, será falsa a impressão de que tudo terminou do melhor dos modos: "Desde já, devem compreender que a chamada absolvição do acusado é a falência do processo penal: um processo penal que se resolve com uma tal sentença não deveria ter sido feito, e o processo penal é como um fuzil, que, muitas vezes, masca, quando não solta ao tiro pela culatra".[82] Ora, mais intensa será essa sensação quando a sentença vier só depois de longuíssimo tempo de espera ...

Efetivamente, o sofrimento gerado pela só instauração do processo é tão intenso que pode comprometer o planejamento de vida do acusado. Por isso mesmo, o juiz deveria considerar a demora na definição do processo como fator de redução da pena, na órbita do artigo 59 do CP., em caso de condenação.

Bem identificado o princípio, em sua perspectiva ontológica e teleológica, o grande problema consiste, evidentemente, na quantificação da demora "razoável", sabendo-se, desde Carnelutti, que "Infelizmente, a justiça, se for segura, não será rápida, e, se for rápida, não será segura. É preciso ter a coragem de dizer, pelo contrário, também, do processo: quem vai devagar, vai bem e vai longe. Esta verdade transcende, inclusive, a própria palavra "processo", a qual alude a um desenvolvimento gradual no tempo: proceder quer dizer, aproximadamente, dar um passo depois do outro".[83]

Não há, em razão disso, na doutrina e na jurisprudência, um critério definitivo, que permita identificar a linha divisória do razoável e do não-razoável em relação ao tempo do processo. Muitas são as dificuldades, todas associadas às circunstâncias de cada caso concreto, como por exemplo, a quantidade de acusados, a extensão e complexidade da prova a produzir, o volume de trabalho na Vara ou Comarca, o número de servidores e de Magistrados em atividade, o interesse subliminar das partes em provocar demoras, etc.

Não obstante tais dificuldades, o STF já afirmou, por exemplo, que "extrapola o limite do razoável o não julgamento de recurso de apelação interposto há três anos".[84] No caso concreto, o réu estava prestes a cumprir o total de quatro anos da pena que lhe fora cominada, sem que a sentença condenatória tivesse passado em julgado. Daí ter o egrégio STF afirmado ser urgente revisar o entendimento de que o excesso de prazo deve ser computado somente até a prolação da sentença, por ser necessário impor-se tempo razoável, também, para o julgamento dos recursos, notadamente porque o CPP aponta os prazos correspondentes.

Dentro dessa lógica, não é admissível que após o julgamento do recurso o acusado tenha que ficar

---

[78] REsp 675.463/RS, Rel. Min. JOSÉ ARNALDO DA FONSECA, DJ 13/12/2004, p. 454) e HC 31.693/MS, Rel. Min. PAULO MEDINA, DJ 6/12/2004, p. 368) - in HC 41964/ES, Min. Esteves Lima, 16/06/2005, REsp 717408/RS, 5ª T., Min. Gilson Dipp, 04/08/2005; HC 41986/SP, 5ª T., rel. Min. Félix Fischer, 16/06/2005.
[79] Emenda Constitucional número 45: "Art. 5º, LXXVIII – a todos, no âmbito judicial e administrativo, são assegurados a razoável duração do processo e os meios que garantam a celeridade de sua tramitação.
[80] SÁNCHEZ, Alberto Suárez, *El Debido Proceso Penal*, 2ª ed., Colômbia: Universidade Externado, 2001, p. 291.
[81] LOPES JR., Aury, *Introdução Crítica ao Processo Penal*, Rio de Janeiro: Lúmem Júris, 2004, p. 99.
[82] CARNELUTTI, Fancesco, *Como se Faz um Processo*, Belo Horizonte: Líder, 2001, p. 21.
[83] Idem, p. 18.
[84] HC 84921/SP, 1ª T., Rel. Min. Eros Grau, j. 15/02/2005, DJ 11-03-2005, p. 38.

aguardando por tempo ilimitado a publicação do acórdão para, só então, poder exercer o direito de recurso a uma instância superior, quando for o caso. É de todo inconciliável com a garantia que previne as dilações indevidas, portanto, o enunciado da Súmula número 691 do STF, definidas como "pragas" por Alberto Toron,[85] que veda *habeas corpus* contra indeferimento de liminar em *habeas interposto* perante o STJ. Felizmente, esse enunciado recebeu recente flexibilização quando do julgamento de hábeas corpus interposto em favor do político Paulo Maluf.

A constitucionalização do direito à tramitação do processo em tempo razoável não foi seguida de cominação de sanções pelo seu descumprimento. Como é impensável imaginar que o desrespeito à norma constitucional possa ficar imune de conseqüências, parece-nos que o acusado teria, no mínimo, o direito de pleitear uma indenização do Estado, pelo "injusto" sofrimento advindo do excesso na tramitação do processo.

Em conclusão: não é civilizado que um processo criminal se arraste por anos a fio ou que as prisões cautelares se convertam em fontes de castigo antecipado, mediante invocação de gravidade do fato ou da repercussão social, como se pode extrair da experiência brasileira.

A demora na tramitação do processo não vem sendo reconhecida como fonte de nulidade do processo – conquanto se apresente como autêntica irradiação do devido processo legal a gerar essa conseqüência – ensejando, no máximo, a soltura de quem estiver cautelarmente preso.

21. Quinta irradiação: *Acusação por fato certo e explícito.* A inicial acusatória deve imputar ao denunciado ou querelado fato certo e explícito. Essa exigência é consonante com o princípio da concretude da acusação. Inviável, ainda, que na sentença, o juiz vá além da mera correção na classificação dos fatos descritos (art. 383 do CPP) para condenar o réu por crime definido em tipo penal revestido de elementos normativos, objetivos ou descritivos inteiramente distintos daqueles que informam a tipicidade do fato descrito na denúncia ou queixa.[86]

Com efeito, só a imputação por fato certo, claro, explícito, bem definido e revestido de todas as exigências normativas, é que propiciará condições para o réu aferir a extensão e a profundidade da criminalidade que legitima a acusação. É a ele que a sentença, no modelo acusatório, deve referir-se. E a nenhum outro, salvo aditamento ministerial.

Realmente, no atual estágio de evolução da sociedade humana não é sequer imaginável que alguém possa ser processado, julgado e condenado sem saber os porquês, isto é, sem conhecer o fato e sua repercussão típica, ignorando os limites da acusação quanto à própria participação. A condenação de Josef K, narrada por Kafka,[87] o escritor do absurdo, pode ser aqui apontada como paradigmática em matéria de desrespeito a essas exigências.

Por isso, nas conhecidas palavras de João Mendes, reproduzidas por Espínola Filho, a denúncia há de ser narrativa e demonstrativa: "Narrativa, porque deve revelar o fato com todas as suas circunstâncias, isto é, não só a ação transitiva, como a pessoa que a praticou (*quis*), os meios que empregou (*quibus auxilii*), o malefício que produziu (*quid*), os motivos que a determinaram a isso (*cur*), a maneira por que a praticou (*quomodo*), o lugar onde o praticou (*ubi*), o tempo (*quando*). Demonstrativa, porque deve descrever o corpo de delito, dar as razões de convicção ou sanção e nomear as testemunhas e informantes".[88]

Elaborada, imputativamente,[89] à feição dos imperativos categóricos, segue-se que a denúncia ou queixa deverá dispensar a menção a detalhes sem expressão jurídico-penal, concentrando-se na descrição dos aspectos que dizem com as exigências do tipo penal.

Assim, ao descrever o fato típico, o acusador, para além da mera reprodução do verbo nuclear do tipo,[90] precisará apontar na denúncia ou queixa, isto sim, ainda que com economia de palavras, os elementos constitutivos (sujeito ativo primário, conduta externa, bem jurídico protegido ou tutelado) ou estrutu-

---

[85] Boletim n. 151 do IBCCrim.

[86] Por exemplo: condenar por apropriação indébita fato que se enquadra como estelionato, quando os tipos são distintos. No estelionato o dolo – que integra a tipicidade – é antecedente. Na apropriação indébita, é subseqüente à posse legal da "res".

[87] KAFKA, Franz. *O Processo*. São Paulo: Nova Época.

[88] FILHO, Espínola, *Código de Processo Penal Anotado*. Rio de Janeiro:, Freitas Bastos, 1943, 1º vol., p. 382.

[89] Um dos critérios empregados por Carnelutti para distinguir o processo civil do penal consiste na existência de partes em desacordo no primeiro e na existência do imputado no segundo. Diz o Mestre italiano: "O juiz é soberano; está sobre, no alto, na cátedra. Abaixo, diante dele, está aquele que deve ser julgado. Ele ou eles? Perfilha-se a este propósito uma diferença que parece distinguir o processo penal do processo civil; neste último, aqueles sobre os quais se deve julgar são sempre dois: não pode o juiz dar razão a um deles sem que ela seja negada ao outro, e vice-versa; pelo contrário, no processo penal o juízo toca somente ao imputado..." (CARNELUTTI, Francesco. *Como se Faz um Processo*. Belo Horizonte: Editora Líder, 2001, p. 41).

[90] Nesse sentido: RJTJRS 19/29 e Rev. Julgados do TARS, vol. 89, p. 105.

rais do tipos penal correspondente[91] (isto é, os elementos circunstanciais, normativos e subjetivos, que reclamam juízos de valor ou cognição e fins específicos).[92]

Só desse modo é que a inicial acusatória preencherá a primeira condição para o exercício da ação, legal e doutrinariamente denominada como possibilidade jurídica do pedido, sem a qual a pretensão punitiva haverá de ser sumariamente rechaçada, nos moldes do julgamento antecipado da lide, por faltar a criminalidade do fato.[93]

Destarte, não se coaduna com a exigência emanada do princípio de garantista da concretude da acusação a orientação dos colendos STF[94] e STJ[95] que flexibiliza o dever do acusador de especificar a participação de cada réu nas infrações qualificadas como multitudinárias (cometidas por multidão) e societárias (praticadas pelos representantes das pessoas jurídicas) e aceita narrativa de "participação englobada" da conduta dos autores, co-autores e participantes.

Impõe-se o registro de que na órbita dos dois Tribunais Superiores pode estar se desenhando, entretanto, um novo cenário sobre esse tema.

Em *habeas corpus* de que foi relator o emin. Ministro Celso de Mello o colendo STF declarou que "o sistema jurídico vigente no Brasil impõe ao MP, quando este deduzir determinada imputação penal contra alguém, a obrigação de expor, de maneira individualizada, a participação das pessoas acusadas na suposta prática da infração penal, a fim de que o Poder Judiciário, ao resolver a controvérsia penal, possa, em obséquio aos postulados essenciais do Direito Penal da Culpa e do princípio constitucional do *due process of law*, ter em consideração, sem transgredir esses vetores condicionantes da atividade de persecução estatal, a conduta individual do réu, a ser analisada, em sua expressão concreta, em face dos elementos abstratos no preceito primário de incriminação".[96]

Esse novo cenário é perceptível também em julgamentos isolados no colendo STJ, conforme se extrai de votos proferidos em habeas corpus de que foram relatores os eminentes ministros Edson Vidigal, Gilson Dipp e Nilson Naves.[97]

Exigindo-se na denúncia ou queixa atribuição ao denunciado/querelado de fato típico, certo e explícito, questiona-se, em sedes doutrinária e jurisprudencial sobre a possibilidade de imputação por fatos alternativos. O tema ainda exige aprofundamento doutrinário e só recentemente passou a integrar a pauta dos tribunais, tanto que algumas decisões ainda não distinguem com clareza imputação alternativa de classificação alternativa,[98] conforme registramos quando dos comentários ao capítulo sobre a ação penal, para onde remetemos o leitor para evitarmos tautologia.

22. **Sexta irradiação**. *Juízo natural*. A garantia do juízo natural, como emanação do devido processo legal, condiciona a legitimidade e validade do pro-

---

[91] STJ, HC 0001545, RJ, DJ 24/05/1993, p. 10.018, 6ª T., Rel. Min. Luiz Vicente Cernicchiaro, j. em 24/11/1992 e RJTJRS 122/35.

[92] LUISI, Luiz. Ob. cit., p. 43 e ss.

[93] No texto que escrevemos sobre a ação penal, criticamos as denominadas condições da ação. Para evitarmos tautologia, remetemos o leitor ao capítulo correspondente.

[94] "O STF tem jurisprudência a dizer da tolerância que se impõe à denúncia – nos crimes societários – sobre a eventual impossibilidade de não se encontrar o parquet habilitado, desde o início, para individualizar culpas. Em feitos desta natureza, a impunidade estaria assegurada se se reclamasse do Ministério Público, no momento da denúncia, a individualização de condutas, dada a maneira de se tomarem as decisões de que resulta a ação delituosa. Ordem denegada" (Habeas Corpus nº 73903/CE, 2ª Turma do STF, Rel. Min. Francisco Rezek, j. 12.11.1996, DJU 25.04.97).
No mesmo sentido: REsp nº 179017/SP, 5ª T. do STJ, Rel. Felix Fischer, j. 20.06.2000, Publ. DJU 14.08.2000, p. 00188. Na jurisprudência gaúcha, vide o Habeas Corpus nº 696134725, 3ª Câmara Criminal do TJRS, Rel. Des. José Eugênio Tedesco, j. 08.08.1996, no sentido dos precedentes acima citados.

[95] "Tratando-se de crimes de autoria coletiva, de difícil individualização da conduta de cada participante, admite-se a denúncia de forma mais ou menos genérica, por interpretação pretoriana do art. 41 do CPP. Precedentes" (REsp 694838/SP 5ª T., Min. José Arnaldo da Fonseca, j. 12.4.2005, DJ 16.05.2005 p. 398. No mesmo sentido: HC 41948/SP., 5a. T., rel. Min. Laurita Vaz ; HC 35496/MG, 6ª T., rel. Min. Paulo Medina, j. 17.3.2005, DJ 25.04.2005 p. 366 e HC 30558/RS, 6ª T., julg. 18.12.2003, DJ 22.11.2004 p. 390, rel. Min. Hamilton Carvalhido; HC. 39.360, MG – Min. Gilson Dipp, 5ª Turma).

[96] HC. 73.590, SP. No mesmo sentido: "Reiterada a jurisprudência do STF de que, "nos crimes societários, não se faz indispensável a individualização da conduta de cada indiciado, discriminação essa que será objeto da prova a ser feita na ação penal" (HC 65.369, Rel. Min. Moreira Alves). Precedentes. Tal entendimento vem sendo abrandado, havendo decisões no sentido de exigir-se, na denúncia, a descrição mínima da participação do acusado, a fim de permitir-lhe o conhecimento do que de fato lhe está sendo imputado e, assim, garantir o pleno exercício de seu direito de defesa (cf. os HCs 80.219 e 80.549) – HC 83369, RS., rel. Min. Carlos Britto, j. em 21/10/2003, DJ 28-11-2003, p. 15 EMENT. VOL. 2134-02, p. 302 e HC 84409/SP Min. Joaquim Barbosa, 2ª T., 14/12/2004, DJ 19-08-2005, p. 57 EMENT. VOL. 2201-2, p. 290.

[97] Respectivamente: HC. 4000-9,RJ; HC 35.823 e HC 16135, in RENÉ ARIEL DOTTI, *Movimento Antiterror e a Missão da Magistratura*, 2ª ed., Curitiba: Juruá, 2005, p. 94.

[98] RT 292/707.

nunciamento restritivo das liberdades fundamentais à preexistência ao fato de órgão jurisdicional[99] competente para a apreciação da causa.

Nos Estados Unidos da América do Norte, cogita-se no momento em criar-se tribunal para julgar pessoas supostamente envolvidas com terrorismo e que se encontram, há anos, detidas, sem acusação formal na base militar de Guantánamo, em Cuba. No Iraque, o ex-presidente Sadan Hussein respondeu a processo, foi condenado e executado por genocídio em sentença editada por Tribunal estruturado pelos Estados Unidos, que ocupam aquele País há um bom tempo.

É óbvio que concordamos com a necessidade de eficiente resposta às ações terroristas. Não obstante, rejeitamos a sistemática de criação *post factum*, pelos vencedores, de tribunais para julgar os vencidos. Essa foi a maior crítica articulada contra o famoso Tribunal de Nuremberg, pelo qual foram condenados os nazistas pelo genocídio cometido por ocasião da 2ª Grande Guerra.

Por isso, nosso aplauso ao Tratado de Roma e à feliz criação em julho de 1998 do já conhecido Tribunal Penal Internacional, com sede na Holanda, investido de competência para julgar crimes contra a humanidade. Lamentavelmente muitos países ainda concordaram em se submeter à sua jurisdição, como os Estados Unidos da América do Norte, ao contrário do Brasil, que firmou o Tratado no dia 7 de fevereiro de 2000 e, assim, mostrou ao mundo que a sua vocação sempre foi e continuará sendo pela paz em detrimento do conflito e da barbárie.

Acreditamos que muitas das dificuldades para harmonizar os sistemas constitucionais nacionais com as penas de prisão perpétua e de morte previstas no Tratado de Roma possam estar atuando como um dos sérios entraves para a maior ampliação da jurisdição desse novel Tribunal.[100]

À exigência de tribunal prévio aos fatos não dispensa a exigência de que a investidura dos juízes (singulares ou integrantes de órgãos colegiados), deva dar-se na forma indicada pela lei, ficando seu exercício submetido aos limites legais e constitucionais.

Absolutamente consentânea com essas exigências é a norma do inciso LIII do artigo 5º da CF, dispondo que "Ninguém será processado nem sentenciado senão pela autoridade competente".

Para evitarmos inútil repetição, remetemos o leitor ao inciso I do art. 564, onde criticamos a orientação pretoriana que reconhece como relativa a incompetência em razão do lugar da infração.

23. **Sétima irradiação.** *A proibição do uso de provas ilícitas e ilegítimas*. Considerando-se que, em direito penal, o acusado, enquanto não houver condenação definitiva, deve ser considerado presumivelmente inocente, é ao órgão da acusação, consoante emana também do sistema acusatório, que incumbe o ônus de demonstrar a culpabilidade relativamente aos fatos alegados.

Daí o sentido do termo "provar", que no dizer de Roxin significa "convencer al juez sobre la certeza de la existencia de um hecho",[101] mesmo porque o direito é presumivelmente conhecido do juiz, haja vista a norma do artigo 383 do CPP., conferindo-lhe o poder de dar ao fato a classificação jurídica correta.

Não sendo este o momento ou o local apropriados para aprofundamentos teóricos sobre os meios de prova, suas limitações legais, ou sistemas de valoração, quais sejam, o do livre convencimento e o da íntima convicção, que presidem as atividades do juiz singular e do júri popular, incumbe-nos registrar que a disciplina sobre a prova foi erigida ao nível constitucional em 1988, haja vista a inclusão na Lei Maior brasileira de inciso (o de n. LVI) do artigo 5º, prescrevendo a regra da inadmissibilidade, no processo, das provas obtidas por meios ilícitos, isto é, daquelas ofensivas aos valores fundamentais da sociedade, veiculados sob a forma de princípios, nomeadamente, o da dignidade da pessoa humana.

Como assinalou Heráclito Antonio Mossin, "por mais grave que seja o delito-tipo praticado pelo agente, não se justifica que para sua punição se obtenha prova que não se coaduna com princípios básicos de equilíbrio dos interesses coletivos, aliado que seja a determinados regramentos legais".[102]

Um dos mais discutidos aspectos inerentes ao tema é o que diz com a licitude ou ilicitude das provas dela derivadas, isto é, se são aptas ou não para lastrear sentença condenatória.

---

[99] Em nosso sistema constitucional a garantia do juízo natural não alcança o Ministério Público, pois o Procurador-Geral pode designar Promotores e Procuradores de Justiça e, pela Lei Orgânica do MP., tem prerrogativa para avocar processos. A constitucionalização do princípio do Promotor Natural expressaria aperfeiçoamento institucional e grande avanço constitucional.

[100] O inciso XLVII, *b*, do art. 5º da CF proíbe a prisão perpétua, no Brasil, entraria em confronto com o texto do artigo 77 do Estatuto, que a autoriza. Entende-se que o Brasil poderia ter ratificado o Tratado ante a autorização conferida pelo art. 7º do Ato das Disposições Constitucionais Transitórias, preconizando a criação de um Tribunal Internacional de Direitos Humanos. Já quanto à pena de morte ela é admitida constitucionalmente em crimes de guerra.

[101] ROXIN, Claus, *Derecho Procesal Penal*, Buenos Aires: Editores del Puerto, 2000, p. 185.

[102] MOSSIN, Heráclito Antonio, *Comentários ao Código de Processo Penal*, São Paulo: Manole, 2005, p. 347.

De um lado, sustenta-se que as provas derivadas da prova ilícita reúnem, sim, força probante. Essa concepção flexibiliza a proibição constitucional e propõe que ao Estado incumbe adotar providências para apurar a responsabilidade dos que produziram a prova ilícita originária.

Afinado com esse pensamento é, data vênia, o aresto emanado do colendo STJ: "Escuta telefônica com ordem judicial. Réu condenado por formação de quadrilha armada, que se acha cumprindo pena em penitenciária, não tem como invocar direitos fundamentais próprios do homem livre para trancar ação penal (...) ou destruir gravação feita pela polícia". O inciso LVI do art. 5º da Constituição, que fala que "são inadmissíveis... as provas obtidas por meio ilícito", não tem conotação absoluta. Há sempre um substrato ético a orientar o exegeta na busca de valores maiores na construção da sociedade. A própria Constituição Federal Brasileira, que é dirigente e programática, oferece ao juiz através da "atualização constitucional" (*verfassungsaktualisierung*), base para o entendimento de que a cláusula constitucional invocada é relativa. A jurisprudência norte-americana, mencionada em precedente do Supremo Tribunal Federal, não é tranqüila. Sempre é invocável o princípio da "razoabilidade" (*reasonableness*). O princípio da exclusão das provas ilicitamente obtidas (*exclusionary rule*) também lá pede temperamentos".[103]

De outro lado, advoga-se que toda prova obtida com o sacrifício do direito (a ilícita ou a dela derivada) não pode ser aceita como válida. Essa corrente se consubstancia na conhecida teoria dos frutos da árvore envenenada, segundo qual a ilicitude originária contamina de ilicitude as provas derivadas.

Nossa posição é muito clara. Somos adeptos dessa corrente, porque no Estado Democrático de Direito, segundo Vitorio Denti, citado por Suárez Sánchez, "las pruebas que se definen como ilícitas son tales, em realidad, no porque violen normas procesales, o porque choquen con las exigências de la declaración de certeza de los hechos en el proceso, sino porque fueron obtidas em violación de derechos protegidos por normas diversas y em primer lugar por normas constitucionales".[104]

A perspectiva colocada em muitos arestos, pretendendo corrigir distorções com base no proporcionalidade não autoriza apropriação do princípio em favor da acusação (por ser o indivíduo o seu destinatário) e pode vir a abrir, segundo bem alertam Alexandre Bizzotto e Andréia de Brito Rodrigues "... um canal eivado de vicissitudes, ensejando mecanismos que venham a quebrar, por parte do violador da garantia (acobertado pela momentânea justificativa), a barreira constitucional estabelecida. O uso desmedido da proporcionalidade enfraquece a garantia constitucional da proibição da prova ilícita. Somente para tutelar o ser humano contra os interesses do Estado é que a proporcionalidade tem respaldo constitucional".[105]

A questão aqui posta não abrange a discussão sobre a possibilidade por nós também admitida de condenação com base em provas independentes da prova ilícita, consoante reiterados pronunciamentos nos Tribunais Superiores.

Na lição de Ada Grinover, Scarance Fernandes e Gomes Filhos, "excepcionam-se da vedação probatória as provas derivadas da ilícita, quando a conexão entre umas e outra é tênue, de modo a não se colocarem a primária e as secundárias como causa e efeito: ou, ainda, quando as provas derivadas da ilícita poderiam de qualquer modo ser descobertas por outra maneira. Fala-se, no primeiro caso, em *independent source* e, no segundo, na *inevitable discovery*. Isso significa que se a prova ilícita não foi absolutamente determinante para o descobrimento das derivadas, ou se estas derivam de fonte própria, não ficam contaminadas e podem ser produzidas em juízo".[106]

Foi nesse sentido o julgado no colendo STF, com o qual estamos de acordo: "A prova ilícita, caracterizada pela escuta telefônica, não sendo a única produzida no procedimento investigatório, não enseja desprezarem-se as demais que, por ela não contaminadas e dela não decorrentes, formam o conjunto probatório da autoria e materialidade do delito".[107]

24. **Oitava irradiação.** *Direito contra a indevida publicidade dos atos do processo*. A publicidade dos atos do processo é outra saudável irradiação do devido processo legal, muito cara ao sistema acusatório. Ela está explícita em nossa Constituição no inciso IX do art. 93 da CF, que assegura no Estado de Direito Democrático o controle e a fiscalização das atividades judiciais não só pelas partes como ainda por qualquer cidadão sem interesse direto na causa, bem diferentemente da práxis do sistema inquisitivo. Era inaceitável, portanto, o texto da Lei Federal n. 9.034/95, que dispunha sobre a realização de diligên-

---

[103] STJ. HC. 3982/RJ, 6ª T., rel. Min. Adhemar Maciel, DJ 26.02.96, p. 4084.
[104] SÁNCHEZ, Alberto Suárez, *El Debido Proceso Penal, Universidade Externado*, 2ª ed. Colômbia, 2001, p. 147.
[105] BIZOTTO, Alexandre; RODRIGUES, Andréia de Brito, *Processo Penal Garantista*, Goiânia: AB Editora, 2003, p. 49.
[106] ADA GRINOVER; ANTONIO SCARANCE FERNANDES; ANTONIO MAGALHÃES GOMES FILHO, *As Nulidades no Processo Penal*, 8ª ed. São Paulo: Revista dos tribunais, 2004, p. 162-163.
[107] HC 75497/SP, rela. Min. Maurício Corrêa, 2ª T., julg. em 14.10.97, DJ 09-05-2003, p. 68.

cias pelo juiz em "absoluto segredo de justiça", para apuração de infrações cometidas por organizações criminosas (parte final do § 5º), ao estilo das normas procedimentais dos Tribunais da Inquisição e em contraste com as conquistas da modernidade. Felizmente, o texto foi dado como inconstitucional pelo STF.

A publicidade dos atos do processo não é princípio absoluto, porque com o mesmo objetivo de proteger os superiores interesses do acusado e da vítima, o artigo 792 de nosso CPP, plenamente recepcionado pelo inciso LX do artigo 5º da CF., confere ao magistrado o poder de limitar o número de pessoas à sala de audiências. Nos processos destinados a apuração de crimes patrimoniais e sexuais, a coleta dos depoimentos pode ser realizada em segredo de Justiça, implicando inclusive no afastamento do réu da sala de audiências.

Constituindo-se em direito do acusado e ao mesmo tempo em excelente mecanismo de controle da sociedade sobre o Estado-Jurisdição, segue-se, então, que o direito à publicidade dos atos do processo pode ser também limitado sempre que a publicidade, em si, atuar como fonte de constrangimento ou de modalidade de punição antecipada, sem culpa e sem processo, como ocorre, *verbi gratia*, com as prisões espetaculares de suspeitos de crime, transmitidas em horário nobre, pela TV, bem ainda as imposições, em idênticas circunstâncias, de algemas em pessoas que se entregam às autoridades, sem resistências, e que, por isso mesmo, não apresentam nenhum risco de fuga ou à segurança pública dos agentes policiais ou judiciais que cumprem as ordens da autoridade.

Essa prática foi denunciada, aliás, em 2005, pelo Conselho Seccional da OAB de São Paulo, por fugir aos limites da lei brasileira e por servir apenas para "... 'espetacularizar' a diligência policial para a mídia e submeter à execração pública o cidadão que, embora detido, deve ter sua dignidade preservada, não podendo ser submetido a tal constrangimento irreparável, patrocinado por agentes do Estado, que têm o dever legal de garantir o cumprimento dos princípios constitucionais e da legislação em vigor".

No Superior Tribunal de Justiça existem precedentes admitindo essas práticas, sob o equivocado argumento de que as algemas são utilizadas para diversos fins, inclusive para "proteção do próprio paciente, quando, em determinado momento, pode pretender autodestruição",[108] com o que esse egrégio Tribunal culmina por reconhecer que o Estado não é eficaz no fornecimento da segurança, sequer para as pessoas submetidas ao seu poder.

Nessa ordem de idéias, soa incompreensível que a prisão também possa ser legitimamente imposta a autor de fato criminoso para o fim de "protegê-lo" de represálias, como lemos em decretos de prisão preventiva, em desalinho com os princípios gerais que disciplinam as contenções cautelares, todas condicionadas à garantia da ordem pública, da ordem social, à conveniência da instrução ou para assegurar a efetiva aplicação da lei penal.

Privar o acusado de acompanhar a prática dos atos do processo, de acesso ao processo ou aos autos correspondentes (nesse caso, por meio de advogado), ou, ainda, submetê-lo à indevida publicidade durante a prática de seus atos, são, pois, em diferentes perspectivas, ofensas abertas, diretas, frontais, ao devido processo legal, que bem devem conduzir a declaração de nulidade parcial ou total do processo (conforme o caso).

25. Nona irradiação. *A ampla defesa*. O direito à defesa abrange a autodefesa para repelir agressões injustas, não provocadas e, em termos instrumentais ou processuais, a defesa dos litigantes e dos acusados, nos processos (administrativos ou judiciais).[109]

Substancialmente, o direito de defesa funciona, então, como substitutivo da ausência ou negligência do Estado. A concentração do *jus puniendi* nas mãos do "homem artificial" – na linha de justificação teórica proposta pelo Pacto Social – de um lado priva o particular de fazer justiça pelas próprias mãos, mas, de outro, não o impede de exercer a autodefesa, toda vez que o Estado, criado para protegê-lo, for omisso ou ineficiente.

O sistema normativo não poderia deixar o titular do bem jurídico entregue à própria sorte, bastando lembrar que os artigos 502 do Código Civil e 25 do Código Penal, autorizam o emprego da força e a autodefesa para coibir o esbulho na posse e a agressão injusta e não provocada ao bem jurídico tutelado pela lei penal.

Assim, a autodefesa tem a conformação de um *jus naturalis* – como lembrara Ihering, embora com outras palavras, ao ensinar que a luta pelo Direito e pela Justiça é dever que cada um para consigo e também para com a sociedade, porque é precisamente por meio da luta e da resistência que o primeiro realiza-se.[110]

---

[108] HC 35540/SP, 5ª T., rel. Min. José Arnaldo, j. em 05/08/2004.

[109] "A ampla defesa, como na letra da Constituição de 1988, abrange a autodefesa e a defesa técnica, devendo prevalecer, no caso de recusa do réu, a vontade do defensor quanto à interposição do recurso, detentor que é de conhecimentos técnicos indispensáveis à aferição da melhor medida a ser adotada em favor do imputado Precedentes" (HC 33720/SP, 6ª T., rel. Min. Hamilton Carvalhido, j. em 10.8.2004, DJ 25.10.2004 p. 394).

[110] IHERING, Rudolf Von. *A Luta pelo Direito*. 12. ed., Rio de Janeiro: Forense, p. 19.

Não se passa diferentemente, nas acusações criminais, considerando-se que para efetivar o *jus puniendi*[111] o Estado (representado pelo MP ou pelo Querelante, este extraordinariamente legitimado para agir em seu nome), tem por dever de confrontar sua pretensão com a do acusado, conforme as regras procedimentais.

O discurso garantista não é meramente retórico, nem reflete uma postura ideológica ou filosófica, pois retrata a conscientização dessa nova perspectiva da ordem normativa (de poderes, de deveres e de limites nas esferas do privado e do público), a qual tem sido acompanhada, como registra Gomes Filho, "(...) pela progressiva positivação e, mais precisamente, pela constitucionalização do direito ao processo, com a correspondente explicação, cada vez mais completa e analítica, das garantias do processo nos textos constitucionais",[112] destacando-se a do *due process of law* (art. 5º, inciso LIV), com todas as suas derivações e terminando por converter o esquema processual num instrumento de participação do indivíduo nas próprias decisões dos órgãos do poder que possam afetá-lo.[113]

A defesa, como emana da Constituição, há de ser ampla (*e plena*, no Júri, havendo nítida diferença entre esses termos).

Desse modo, como primeira crítica ao entendimento pretoriano, apontamos aqui a necessidade de urgente revisão, no colendo STF, do enunciado 523 da Súmula, que fundamenta os precedentes que fazem a distinção entre ausência e deficiência de defesa como fontes geradoras de nulidades absoluta e relativa, respectivamente[114] dos atos do processo. Por evidente, defesa deficiente não é defesa ampla.

A ampla defesa apresenta-se sob tríplice perspectiva: falamos em direito de audiência; direito de presença; e, por último, em direito de representação por advogado.

Sendo fonte de prova defensiva,[115] o acusado tem o direito (não o dever) de falar ao juiz e suas informações, quando constitutivas de defesa pessoal, devem ser necessariamente apreciadas pelo magistrado na sentença, sob pena de nulidade. É o direito de audiência. Tão importante que a versão pessoal apresentada quando do interrogatório deve necessariamente ser apreciada pelo juiz, na sentença, ainda que seja colidente com a articulada pela defesa técnica. A omissão constitui grave violação ao dever de apreciação, fundamentalmente, de todos os pontos apresentados pela defesa.

O acusado tem, também, o direito de presença aos atos do processo, pois não haverá ampla defesa se não lhe for assegurada, mediante intimação prévia, a oportunidade de estar, nas audiências, ao lado de seu defensor, para acompanhar a produção da prova, esclarecê-lo e orientá-lo naquilo que for necessário.

Entendemos como afrontoso à Constituição o entendimento que advoga a presença às audiências unicamente do defensor, sob o pretexto de que o acusado não sofre prejuízo algum.[116] Legislação que vier a retirar do acusado o direito à prévia intimação para acompanhar a produção da prova, em audiências públicas, ou que vier a instituir o sistema de depoimento à distância, por vídeo-conferência, será, por certo, muito questionada sob esse aspecto.

A ampla defesa, por último, assegura ao acusado o direito à assistência e representação no processo por advogado regularmente inscrito na OAB, isto é, por um técnico em condições de poder falar em seu nome (*ad vocatus*), como condição para que fique assegurada a paridade de armas com o órgão técnico da acusação. É irrelevante que o réu – formado em direito – detenha capacidade jurídica para promover a autodefesa (p. ex., juiz ou promotor de justiça). Não podendo exercer a advocacia por impedimento profissional ou por falta de inscrição na entidade de classe, a Ordem dos Advogados do Brasil, ainda assim o

---

[111] Conforme o modelo processual vigente em nosso país, a efetivação do jus puniendi passa por distintas fases:
A primeira, pré-processual, correspondente à do inquérito, em que não há defesa e contraditório. O professor Aury Lopes Jr. (Sistemas de Investigação Preliminar no Processo Penal. Rio : Lumem Juris, 2001) advoga a introdução na legislação brasileira do sistema de investigação preliminar, obrigatório para os delitos graves e facultativo para os de menor potencial lesivo e complexidade, assegurado ao sujeito passivo, todavia, "o exercício do direito de defesa, como uma resistência ao poder de perseguir do Estado" (p. 334). No sistema do Projeto de Reforma do CPP, cuja Comissão é presidida por ADA GRINOVER, o artigo 8º e seu § 1º asseguram ao suspeito, na fase pré-processual, coleta de interrogatório com expressa observância das garantias constitucionais e legais. O Projeto, entretanto, ainda não foi apreciado pelo Congresso Nacional.
A segunda: a do processo, em que o suspeito passa à condição de titular de direitos, amparado pelas garantias constitucionais, na forma inversamente proposta por Kafka (KAFKA, Franz. *O Processo*. São Paulo: Nova Época, 1963).
[112] Obra citada, p. 31.
[113] GOMES FILHO, Antonio Magalhães, ob. cit., p. 28.
[114] STF: HC 81964/SP, 1ª T., Min. Gilmar Mendes, 10/12/2002; HC 81353/RJ, 1ª T., Min. Ellen Gracie, j. em 18/06/2002; STJ: REsp 565775/SC, 5ª T., Min. Laurita Vaz, julgado em 23/08/2005 e HC 37368/PR, 6. T., min. Paulo Medina, j. 19/05/2005.
[115] Por exemplo: HC 14668/SP, j. 19.6.2001, DJ 24.09.2001 p. 348 e AgRg na APn 224/SP, Corte Especial, j. em 18/08/2004, DJ 20.09.2004 p. 172.
[116] RHC 16551/SP, 6ª T., j. em 15 de setembro de 2005, in DJ 03.10.2005 p. 331.

réu, nesse caso, precisará da assistência e representação de defensor, sob pena de nulidade absoluta do processo.

Diante desse cenário, soa incompreensível a orientação pretoriana que dá como relativa a nulidade por ausência de prazo à defesa para alegações preliminares nos processos por crimes previstos na lei de tóxicos e por crimes praticados pelo servidor público contra a administração pública.[117]

Incompreensível, também, *data venia*, é o entendimento do STJ que priva o advogado do direito de acesso aos autos na cautelar de seqüestro de bens,[118] sob o argumento de que o sigilo pode ser imposto para "privilegiar a efetividade dos atos jurisdicionais, especialmente em se tratando de ação criminal que coloca em risco a segurança da sociedade e do Estado, na qual deve prevalecer a supremacia do interesse público sobre o interesse privado".

Inadmissível, ainda, o entendimento de que o sigilo decretado na fase do inquérito policial priva o direito do advogado de acesso aos autos respectivos,[119] em contraste também com as normas constantes do Estatuto da OAB (Lei 8.906/94), tudo sob o argumento de que a garantia da ampla defesa não se aplica ao inquérito.[120] Embora não seja direito do acusado ou de seu defensor interferir na condução ou na produção da prova do inquérito, pois, nessa fase, o Estado está a reunir provas para avaliar, futuramente, se o caso autoriza ou determina a ação penal, certo é que, por força da garantia da ampla defesa e ainda como decorrência das prerrogativas do Advogado, o autor do fato ou mero suspeito tem o direito de saber o que já existe contra si, como vem afirmando, felizmente, o colendo Supremo Tribunal Federal, em julgados bem recentes.[121] Inadmissível é ainda o entendimento que não confere à vítima o direito de acesso

---

[117] "É firme a jurisprudência do STJ no sentido de que a defesa preliminar, prevista no art. 514 do CPP é peça facultativa, cuja falta pode configurar nulidade relativa e, como tal, dependente de comprovação de prejuízo, sobretudo quando se trata de ação penal cujo rito prevê defesa escrita posterior ao oferecimento da denúncia (art. 104 da Lei nº 8.666/93)" – HC 31585/MG, 6ª T., rel. Min. Paulo Medina, j. em 19/05/2005.
"A inobservância do art. 38, da Lei nº 10.409/2002, consubstanciada na falta de oportunidade ao acusado de apresentação de defesa preliminar antes do recebimento da peça inicial acusatória, a teor do entendimento firmado pela Colenda Quinta Turma do Superior Tribunal de Justiça, quando do julgamento do HC n.º 26.900/SP, não constitui nulidade absoluta, mas relativa" (STJ, HC 34557/SP , 5ª T., min. Laurita Vaz, 05/10/2004). Idem, REsp 507595/SP, mesma Relatora.
[118] RMS 18673/PR, 5ª T., Min. Gilson Dipp, j. em 16.6.2005, DJ 01.08.2005 p. 479.
[119] STJ – Não é direito líquido e certo do advogado o acesso irrestrito a autos de inquérito policial que esteja sendo conduzido sob sigilo, se o segredo das informações é imprescindível para as investigações. O princípio da ampla defesa não se aplica ao inquérito policial, que é mero procedimento administrativo de investigação inquisitorial. Sendo o sigilo imprescindível para o desenrolar das investigações, configura-se a prevalência do interesse público sobre o privado" (5ª T., RMS 17691/SC Min. Gilson Dipp, j. 22/02/2005; RMS 12754/PR, 2ª T., Min. Franciulli Netto, j. em 11/03/2003; RHC 11124 RS, rel. Min. Hamilton Carvalhido, j. em19/06/2001 DJ:24/09/2001 (unânime).
No mesmo sentido: HC 38219/SP, 5ª T., Rel. Min. Gilson Dipp, j. em 15.3.2005, DJ 04.04.2005 p. 330.
[120] RMS 17691/SC, 5ª T., rel. min. Gilson Dipp, j. em 22.2.2005, DJ 14.03.2005, p. 388.
[121] "EMENTA: I. *Habeas corpus*: cabimento: cerceamento de defesa no inquérito policial. 1. O cerceamento da atuação permitida à defesa do indiciado no inquérito policial poderá refletir-se em prejuízo de sua defesa no processo e, em tese, redundar em condenação a pena privativa de liberdade ou na mensuração desta: a circunstância é bastante para admitir-se o habeas corpus a fim de fazer respeitar as prerrogativas da defesa e, indiretamente, obviar prejuízo que, do cerceamento delas, possa advir indevidamente à liberdade de locomoção do paciente. 2. Não importa que, neste caso, a impetração se dirija contra decisões que denegaram mandado de segurança requerido, com a mesma pretensão, não em favor do paciente, mas dos seus advogados constituídos: o mesmo constrangimento ao exercício da defesa pode substantivar violação à prerrogativa profissional do advogado – como tal, questionável mediante mandado de segurança – e ameaça, posto que mediata, à liberdade do indiciado – por isso legitimado a figurar como paciente no habeas corpus voltado a fazer cessar a restrição à atividade dos seus defensores. II. Inquérito policial: inoponibilidade ao advogado do indiciado do direito de vista dos autos do inquérito policial. 1. Inaplicabilidade da garantia constitucional do contraditório e da ampla defesa ao inquérito policial, que não é processo, porque não destinado a decidir litígio algum, ainda que na esfera administrativa; existência, não obstante, de direitos fundamentais do indiciado no curso do inquérito, entre os quais o de fazer-se assistir por advogado, o de não se incriminar e o de manter-se em silêncio. 2. Do plexo de direitos dos quais é titular o indiciado – interessado primário no procedimento administrativo do inquérito policial –, é corolário e instrumento a prerrogativa do advogado de acesso aos autos respectivos, explicitamente outorgada pelo Estatuto da Advocacia (L 8.906/94, art. 7º, XIV), da qual – ao contrário do que previu em hipóteses assemelhadas – não se excluíram os inquéritos que correm em sigilo: a irrestrita amplitude do preceito legal resolve em favor da prerrogativa do defensor o eventual conflito dela com os interesses do sigilo das investigações, de modo a fazer impertinente o apelo ao princípio da proporcionalidade. 3. A oponibilidade ao defensor constituído esvaziaria uma garantia constitucional do indiciado (CF, art. 5º, LXIII), que lhe assegura, quando preso, e pelo menos lhe faculta, quando solto, a assistência técnica do advogado, que este não lhe poderá prestar se lhe é sonegado o acesso aos autos do inquérito sobre o objeto do qual haja o investigado de prestar declarações. 4. O direito do indiciado, por seu advogado, tem por objeto as informações já introduzidas nos autos do inquérito, não as relativas à decretação e às vicissitudes da execução de diligências em curso (cf. L. 9.296, atinente às interceptações telefônicas, de possível extensão a outras diligências); dispõe, em consequência a autoridade policial de meios legítimos para obviar inconvenientes que o conhecimento pelo indiciado e seu defensor dos autos do inquérito policial possa acarretar à eficácia do procedimento investigatório. 5. Habeas corpus deferido para que aos advogados constituídos pelo paciente se faculte a consulta aos autos do inquérito policial, antes da data designada para a sua inquirição" (HC 82354/PR, 1ª T., julgado em 10/08/2004, DJ 24-09-2004, p. 42).

ao inquérito policial "sob sigilo", quando seu interesse não é outro senão o de ajudar o Estado-Administração (representado pela Polícia Judiciária e pelo Ministério Público) a elucidar os fatos para a imposição das responsabilidades de toda ordem (penais e civis). Privar o direito da vítima ao acesso aos autos do inquérito ou peças de informação acarreta, ainda, de um lado, a eliminação do direito de controle do cidadão sobre os atos da autoridade pública e, de outro, ampliar-se o espaço do risco para procrastinações indevidas ou injustificáveis.

26. **Décima irradiação.** *Direito ao Contraditório*. O contraditório está intimamente associado à ampla defesa, tanto que as duas garantias figuram no mesmo dispositivo, o inciso LV do artigo 5º de nossa Constituição.

Contraditar é contra-aditar, isto é, contrariar, afirmar em sentido contrário, defluindo dessa garantia o porquê do direito da defesa manifestar-se por escrito ou verbalmente sempre depois da acusação, conforme ditam os artigos 406 e 500 do CPP., sendo oportuno lembrar que, no Júri, os debates em Plenário desenvolvem-se também nessa ordem: primeiro a acusação, depois a defesa; réplica pela promotoria e, por fim, tréplica pela defesa.

O que funda a garantia do contraditório é a proibição ética e jurídica de julgamento sem que ao acusado fique assegurada a oportunidade de impugnar a prova acusatória para efetivação, em sentido amplo, da versão defensiva. Conforme assinala Scarance Fernandes, o processo, pela sua natureza, "exige partes em posições opostas, uma delas necessariamente em posição de defesa, e para que no seu desenvolvimento, seja garantia a correta aplicação da Justiça, impõe-se que cada uma tenha o direito de se contrapor aos atos e termos da parte contrária".[122]

Rigorosamente correto, portanto, o entendimento doutrinário e jurisprudencial que deu como nulo por violação da garantia do contraditório o julgamento do recurso de apelação sem que a defesa tivesse sido intimada para apresentar o arrazoado na superior instância, como havia requerido, amparada pelo disposto no § 4º do artigo 600 do CPP.[123]

A garantia do contraditório, portanto, é exclusivamente, garantia de defesa, não sendo adequada sua invocação pelo Ministério Público para dar reforço à a tese acusatória. É claro que o MP, em face do princípio da igualdade das partes, tem o direito de conhecer e de se manifestar sobre a prova produzida pela defesa.

Insta lembrar que nos Tribunais, o Ministério Público intervém depois da defesa, salvo quando for parte em processo da competência originária de Tribunal em razão da prerrogativa de função do acusado.

Convém registrar que situação não agride o princípio do contraditório porque nas Câmaras ou Turmas do Tribunal o *Parquet* atua como *custos legis*, ou seja, sem vínculos preestabelecidos com a acusação, muito embora a experiência cotidiana esteja hoje a demonstrar que os Procuradores de Justiça (e da República) tem adotado a conduta de reforçar, quase invariavelmente. a tese acusatória articulada em primeiro grau, talvez sob a influência dos altos índices de criminalidade, embora a solução para esse grave problema seja predominantemente deva ser buscada predominantemente fora do direito penal, via políticas públicas capazes de conter a prosperidade da violência e do crime. Aliás, há movimentos, no interior da Instituição, sustentando, por isso mesmo, a necessidade de redesenho da função dos Procuradores, para que atuem como partes, no processo, exclusivamente, o que nos parece mais adequado e apropriado às expectativas da sociedade quanto ao modo como o Ministério Público deve exercer sua relevante função.

27. **Décima primeira irradiação.** *A fundamentação das decisões judiciais*. Condição de validade das decisões e sentenças dos órgãos do Poder Judiciário é que sejam fundamentadas, como propõe o inciso IX do artigo 93 da CF.

A fundamentação, desse modo, é outra pedra de toque do Estado Democrático de Direito, que, ao contrário do Estado Totalitário, justifica-se, isto é, explica-se, perante os seus cidadãos.

Em ordem cronológica, a fundamentação precede sempre ao denominado discurso fundamentador, isto é, ao arrazoado logicamente estruturado sob a modalidade de sentença ou acórdão, sobre premissas, até a conclusão acerca do caso concreto, isto porque o julgador, segundo ensinamento de Nilo Bairros de Brum, ao sentenciar, em verdade já decidiu o que fazer, isto é, se condenará ou se absolverá o réu.

O juiz chegará a essa decisão (ou tendência de decidir) por vários "motivos, nem sempre lógicos ou derivados da lei. Muitas vezes, a tendência a condenar está fortemente influenciada pela extensão da folha de antecedentes do réu ou, ainda, pela repugnância que determinado delito (em si) provoca no espírito do juiz".[124] Noutras vezes, a tendência para absolver representará a expressão viva das tendências ideológicas de considerar que o réu é sempre

---

[122] FERNANDES, Antonio Scarance, Processo Penal Constitucional, 2ª ed., São Paulo: Revista dos Tribunais, 2000, p. 255.

[123] HC 29605/PE, 6ª T., julgado em 10.8.2004, in DJ 20.09.2004 p. 335.

[124] Obra citada, p. 72.

uma vítima da inoperância do Estado e da falta de atenção dos outros...

A propósito dessa ordem (decisão, fundamentação e discurso fundamentador ou motivador), Gomes Filho diz ser possível distinguirmos no raciocínio judicial, de um lado, "a atividade mental que se desenvolve com o objetivo de encontrar a solução para o caso trazido a julgamento, na qual pesam não só as premissas de direito e de fato, mas também valores extrajurídicos (morais, políticos, ideológicos etc) do juiz, e, por outro, o produto dessa mesma atividade, apresentando sob a forma de uma sentença, em que se expõem ao público as razões da escolha realizada".[125]

Então, o juiz, em primeiro lugar, precisará identificar as provas e as valorar em conjunto com as alegações das partes para, só depois, poder formar o seu convencimento e, daí, deliberar, decidir, apontar o direito incidente na espécie, socorrendo-se da lei, da jurisprudência, dos princípios gerais, etc.

Realizada a opção (deliberação), ao juiz incumbirá, em termos práticos, ordenar as bases de sustentação da decisão (motivos, fundamentos) para, em derradeiro movimento, detalhar essas bases por escrito (discurso motivador), com indispensável clareza e evitando, tanto quanto possível, que eventuais obscuridades, contradições, ambigüidades ou omissões venham a justificar a necessidade de subseqüente declaração.

Operando com a lógica, o juiz, entretanto, não deve ser, como diz Couture, um "lógico que fabrica silogismos",[126] em que a lei é a premissa maior, o caso concreto é a premissa menor e a sentença a conclusão. Sua missão, ensinava Carnelutti, "é a de transformar a lei ditada em geral para categorias de casos, em uma lei especial para o caso específico",[127] incumbindo-lhe, nessa mediação, "estender uma ponte entre a lei e o fato, como o faz o intérprete de uma partitura musical ao converter em sons os símbolos com os quais o compositor expressou sua idéia".[128]

Por isso, o juiz não pode jamais perder, também, a conexão com os valores da sociedade a que pertence. Conquanto isento, ele não é neutro porque, nas palavras de Rui Portanova, ao julgar ele está assumindo valores de conservação. Todo juiz "tem sempre valores" e "toda sentença é marcada por valores". Enfim, na interpretação dos fatos e na ponderação da prova, o juiz não dissocia sua cultura jurídica das crenças políticas, filosóficas e religiosas, da sua inserção sócio-econômica e de todos os demais fatores que forjaram e integram sua personalidade.[129]

Tão decisivo é esse complexo condicionamento que a primeira necessidade do juiz, lembra-nos Bairros de Brum, é "atender a própria consciência"[130] o que nem sempre é fácil, porque, nas suas palavras, "as aspirações éticas da comunidade jurídica não se apresentam de maneira uniforme e coerente, mas de forma contraditória e conflitante, mormente em épocas de transição social como a que vivemos. Se, de um lado, há os que consideram que a ordem jurídica só contém disposições justas, cuja aplicação pura e simples haverá de conduzir a sociedade ao estágio ideal; por outro lado existem aqueles que vêem no modelo jurídico apenas dispositivos iníquos que servem somente para retardar o aprimoramento dessa sociedade e prolongar um status quo injusto e intolerável".[131]

Resulta fácil perceber, então, que fundamentação da decisão judicial constitui atividade de intensa criação da inteligência e da vontade do juiz, não sendo, portanto, "um pedaço de lógica, nem tampouco uma norma pura"[132] como ensinava Couture.

Nas palavras do festejado jurista Uruguaio, "não se inventou, ainda, ua máquina para produzir sentença". No dia em que for possível decidir os casos judiciais como se decidem as corridas de cavalo, mediante um "olho mecânico que registra fisicamente o triunfo ou a derrota, a concepção constitutiva do processo perderá seu sentido e a sentença será uma mera declaração, como queria Montesquieu".[133]

A ausência ou deficiência na fundamentação, isto é, na apresentação e justificação das bases de sustentação do veredicto, conduz à nulidade absoluta, por quebra do dever estatal de justificação perante os súditos em torno da razão de ser da sua intervenção na esfera dos direitos individuais.

---

[125] Obra citada, p. 112.
[126] Idem, p. 57.
[127] Idem, mesma página.
[128] Idem, mesma página.
[129] PORTANOVA, Rui. *Motivações Ideológicas da Sentença*. Porto Alegre: Livraria do Advogado, 1992, p. 74.
[130] BRUM, Nilo Bairros de. *Requisitos Retóricos da Sentença Penal*, São Paulo: RT, 1980, p. 86/87.
[131] Idem, p. 85.
[132] Idem, p. 57.
[133] Idem, p. 59.

Não obstante, a jurisprudência em nosso país mantém a orientação de que o recebimento da denúncia por depender o juízo de admissibilidade de "confirmação no curso da ação penal"[134] não precisa ser fundamentado.

Há equívocos. O ato judicial não tem natureza de simples despacho de expediente, mas sim de decisão, pois o juiz precisa, para receber a vestibular acusatória, aferir a presença dos pressupostos processuais, das condições da ação e da justa causa. Conforme assinala Tucci, "é absolutamente necessário que o órgão jurisdicional justifique a presença de fundamento razoável da acusação e de legítimo interesse, em consonância e perfeita harmonia com os elementos colhidos nos autos da investigação criminal ou constantes das peças de informação".[135]

Aliás, o maior cuidado na fase da admissibilidade da acusação evitaria o risco de nascimento de processos desde o início fadados ao insucesso, verdadeiramente inúteis, em prejuízo da administração da justiça e do prestígio do órgão acusador.

28. **Décima-segunda irradiação.** *Direito ao duplo grau.* O recurso é direito das partes no processo, mas, em relação ao acusado, configura-se como direito fundamental, previsto, aliás, no mesmo inciso do art. 5º que assegura a ampla defesa e o contraditório.

Então, todo acusado está autorizado a questionar e pleitear a revisão e reforma da decisão ou sentença desfavorável perante instância hierarquicamente superior. Justifica esse direito a falibilidade humana, a natural insatisfação com a primeira decisão e a maior confiança nos órgãos colegiados, constituídos por juízes mais antigos e supostamente mais experientes, dentre outras razões filosóficas.

Sendo direito das partes, a elas cabe decidir pela interposição ou não dos recursos, desalinhando-se, inteiramente, com o sistema acusatório, os denominados recursos de ofício, graças aos quais o reexame da decisão pelo segundo grau, nas absolvições sumárias (art. 411), nas concessões de hábeas corpus em primeiro grau (art. 574, II), nas reabilitações criminais (art. 746) e nos arquivamentos de inquérito ou absolvições por crimes definidos na Lei 1.521/51, é provocado pelo próprio juiz!

A questão já foi outrora debatida em nossa jurisprudência, culminando com a preservação dos textos que dispõem sobre essa prática prevista no antigo direito imperial, cujo juiz, por concentrar enormes poderes inquisitoriais em suas mãos, precisava submeter-se ao controle do Tribunal. Não é mais assim, na atualidade, eis que o direito processual penal brasileiro acha-se regido pelo modelo acusatório.

Sendo direito subordinado aos requisitos ou pressupostos de admissibilidade específicos, não compreendemos, também, como os Tribunais Superiores ainda mantêm o entendimento que condiciona o acesso à via recursal ao prévio recolhimento à prisão (art. 594 do CPP), embora acrescentando o requisito da fundamentação da necessidade da prisão.

Igualmente incompreensível é o entendimento pretoriano que reconhece a constitucionalidade do artigo 595 do CPP, que dispõe sobre a deserção do recurso em caso de fuga do condenado.

Como é fácil perceber, os princípios que regem os recursos são inteiramente distintos daqueles que regem as prisões cautelares, de modo que o condicionamento do recolhimento do acusado à prisão para poder recorrer ou o condicionamento para nela permanecer, quando preso cautelarmente, para que o recurso criminal possa ser conhecido e julgado é, *data venia*, instituir equivocadamente, a prisão, antes do trânsito em julgado da sentença condenatória (só possível em casos de absoluta necessidade e mediante fundamentação apropriada) em outro requisito de admissibilidade, conhecimento e julgamento dos recursos, contra texto expresso em norma constitucional.

29. **Décima terceira irradiação.** *A intangibilidade da coisa julgada.* A intangibilidade da coisa julgada é outra garantia que decorre do devido processo legal. Uma decisão proferida em favor do indivíduo não pode ser revogada, após passar em julgado, mesmo sob o pretexto de erro judiciário. A estabilidade nas relações sociais só pode ser viabilizada, nesse particular, debaixo da proteção do princípio do *ne bis in idem*, por não ser razoável que as pessoas tenham que viver seu cotidiano com a espada de Dâmocles pendurada sobre as próprias cabeças.

Dessa forma, não se compreende a orientação pretoriana que autoriza, em razão de falta grave, a revogação da decisão que, em sede de execução, reconhece o direito à remição da pena.[136]

---

[134] HC 36656/SP, STJ, 6ª T., Min. Hélio Quaglia Barbosa). No mesmo sentido: "O despacho de recebimento da denúncia não contém carga decisória, tendo a natureza de decisão interlocutória simples que, na sistemática processual vigente, dispensa fundamentação, não gerando preclusão quanto a regularidade da peça exordial" (RHC 9353/SP, Min. Vicente Leal).

[135] TUCCI, Rogério Lauria, *Princípios e Regras Orientadoras do Novo Processo Penal Brasileiro*, Rio de Janeiro: Forense, 1986, p. 278-284.

[136] "A dicção do art. 127, da Lei 7.210/85 é clara ao estabelecer que o condenado que cometer falta grave (fuga do cárcere), durante a execução da pena, perderá os dias remidos, motivo pelo qual não há falar em coisa julgada e direito adquirido". (Precedentes) – REsp 478563/SP 5ª T., Min. José Arnaldo da Fonseca, 25/03/2003. Idem: REsp 736907/RS, 5ª T., Min. José Arnaldo da Fonseca, 09/08/2005; REsp 733030/RS, 5ª T., Min. Laurita Vaz, julgado em 09/08/2005; REsp 323940/SP, 6ª T., Min. Paulo Gallotti, j. 26/05/200. STF: HC 84793/SP, 2ª T., Min. Gilmar Mendes, 23/08/2005 e HC 84627/SP, 1ª T., Min. Eros Grau, j. em 14/09/2004.

O condenado que trabalhar tem o direito de abater da pena um dia a cada três dias de trabalho. A decisão do juiz das execuções não tem outra natureza senão a de reconhecer o direito pré-adquirido pelo condenado, em razão do trabalho prestado, fiscalizado e confirmado pelo Diretor da Penitenciária.

Declarar-se a perda dos dias remidos, então, por causa de falta grave cometida *a posterior*, implicará, a nosso ver, ofensa ao direito adquirido e também quebra do princípio da imutabilidade das decisões judiciárias definitivas, implicando ainda em flagrante desestímulo aos condenados que buscam, pela laborterapia, as condições para a reinserção social.

A nosso ver, decisão revogatória dos dias remidos é nula de pleno direito, por agredir a intangibilidade das decisões definitivas, proferidas em favor dos indivíduos.

30. Fonte infraconstitucional das nulidades absolutas. O Código de Processo Penal. Consoante explicamos antes, as nulidades absolutas decorrem em primeiro lugar da força normativa do princípio-garantia do devido processo legal.

As nulidades absolutas aparecem, também, em longa lista, no próprio Código de Processo Penal, conforme se extrai da interpretação conjunta dos artigos 564 e 572., isto é, em normas infraconstitucionais.

Em sendo assim estamos autorizados a dizer que em nosso meio o sistema das nulidades absolutas, no plano normativo, é híbrido, porque estruturado em normas de diferentes hierarquias, ao mesmo tempo, em um princípio aberto e em lista fechada de hipóteses. Expliquemos melhor:

A lei poderia, com efeito, em nome da segurança jurídica, apontar como nulidades absolutas só aqueles atos ou fórmulas do processo taxativamente discriminadas, como fazem os Códigos italiano (art. 177) e português (art. 118, I). Explica Heráclito Antonio Mossin que a opção seria "fator de segurança das partes na relação jurídico-processual, além de elemento de garantia quanto á coisa julgada".[137] Essa opção pela segurança conduziria, entretanto, ao forte engessamento da Justiça... O legislador, sabidamente, não tem o dom de prever tudo. Determinada situação poderia gerar graves prejuízos, na órbita processual, sem a possibilidade da declaração do vício, à falta de previsão explícita.

A lei poderia, também, optar por sistema exclusivamente principiológico, vale dizer, por um sistema amplo, aberto, fluído, em que a identificação ou não da nulidade, no caso concreto, ficasse, sempre e necessariamente, a critério do juiz. Se, de um lado, essa opção propiciaria a vantagem de evitar-se longas discussões nas diversas instâncias judiciais sobre a configuração ou não de certa hipótese como nulidade, ela traria consigo, também, a grande desvantagem de concentrar, nas mãos do juiz, um amplo e ilimitado poder.

Lastreado em um princípio geral de hierarquia constitucional e em lista taxativa em textos de hierarquia infraconstitucional (art. 564, incisos e letras, combinado com o artigo 572 do CPP), o nosso sistema de nulidades, por combinar os dois sistemas, é, portanto, mais vantajoso que qualquer um deles separadamente, pois neutraliza o risco do engessamento e sem prejuízo da segurança jurídica confere ao juiz a possibilidade de solver a situação em concreto amparado em norma reitora de base constitucional.

Examinemos, portanto, a lista das nulidades absolutas, prevista nos dispositivos de nosso CPP.

LIVRO III
DAS NULIDADES E DOS RECURSOS EM GERAL

TÍTULO I
DAS NULIDADES

Art. 563. Nenhum ato será declarado nulo se da nulidade não resultar prejuízo para a acusação ou para a defesa.

1. **Breve referência.** O artigo 563 está sendo referido neste momento apenas para preservarmos a ordem cronológica dos dispositivos do Código de Processo Penal que estão sendo comentados nesta Obra.

Razões didáticas recomendam que a análise sobre o seu conteúdo e alcance só seja realizada mais adiante, quando examinarmos os óbices à declaração das nulidades.

Os comentários sobre esse artigo correspondem aos comentários desenvolvidos sobre a primeira impeditiva de declaração das nulidades, para onde remetemos o leitor para evitarmos redundância.

Art. 564. A nulidade ocorrerá nos seguintes casos:
I – por incompetência, suspeição ou suborno do juiz;
II – por ilegitimidade de parte;
III – por falta das fórmulas ou dos termos seguintes:
a) a denúncia ou a queixa e a representação e, nos processos de contravenções penais, a portaria ou o auto de prisão em flagrante;

---

[137] MOSSIN, Heráclito Antônio, *Comentários ao Código de Processo Penal*, São Paulo: Manole, 2005, p. 1027.

b) o exame do corpo de delito nos crimes que deixam vestígios, ressalvado o disposto no art. 167;

c) a nomeação de defensor ao réu presente, que o não tiver, ou ao ausente, e de curador ao menor de 21 (vinte e um) anos;

d) a intervenção do Ministério Público em todos os termos da ação por ele intentada e nos da intentada pela parte ofendida, quando se tratar de crime de ação pública;

e) a citação do réu para ver-se processar, o seu interrogatório, quando presente, e os prazos concedidos à acusação e à defesa;

f) a sentença de pronúncia, o libelo e a entrega da respectiva cópia, com o rol de testemunhas, nos processos perante o Tribunal do Júri;

g) a intimação do réu para a sessão de julgamento, pelo Tribunal do Júri, quando a lei não permitir o julgamento à revelia;

h) a intimação das testemunhas arroladas no libelo e na contrariedade, nos termos estabelecidos pela lei;

i) a presença pelo menos de 15 (quinze) jurados para a constituição do júri;

j) o sorteio dos jurados do conselho de sentença em número legal e sua incomunicabilidade;

k) os quesitos e as respectivas respostas;

l) a acusação e a defesa, na sessão de julgamento;

m) a sentença;

n) o recurso de ofício, nos casos em que a lei o tenha estabelecido;

o) a intimação, nas condições estabelecidas pela lei, para ciência de sentenças e despachos de que caiba recurso;

p) no Supremo Tribunal Federal e nos Tribunais de Apelação, o *quorum* legal para o julgamento;

IV – por omissão de formalidade que constitua elemento essencial do ato.

Parágrafo único. Ocorrerá ainda a nulidade, por deficiência dos quesitos ou das suas respostas, e contradição entre estas.

O artigo 564 relaciona em seus incisos e parágrafo as nulidades mas nada declara quanto à espécie das mesmas. Tendo em vista, entretanto, que as nulidades apontadas nas letras "d" e "e", segunda parte, "g" e "h", e IV, do mesmo dispositivo, são apontadas no artigo 572 do Código como *sanáveis*, significa dizer, então, que elas são *relativas* e que, *a contrario sensu* todas as outras hipóteses mencionadas no mesmo artigo 564, incisos e correspondente parágrafo único, *devem ser consideradas como absolutas.*

Examinemos, portanto, as diversas hipóteses.

Comecemos pelo inciso I.

1. **A incompetência, a suspeição e o suborno do juiz.** A incompetência figura em primeiro lugar na lista das nulidades absolutas elencadas no inciso I.

É compreensível a prioritária referência a ela, por atuar a competência como condição para que o processo tenha nascimento válido e andamento regular. Daí dizerem Ada Grinover, Scarance Fernandes e Gomes Filho que processo conduzido ou julgado por juiz incompetente é processo inexistente.[138]

Aramis Nassif ensina que a competência pode vir estabelecida ou definida na Constituição (ante a dualidade de justiça, a prerrogativa de função e o Júri, para julgamento dos crimes dolosos contra a vida); em leis federais, apontando critérios e definindo circunscrições territoriais das varas; nas Constituições Estaduais, definindo a hierarquia dos órgãos jurisdicionais, comarcas e varas; no Código de Organização Judiciária, para a definição de varas especializadas, etc.[139]

O tema está associado ao devido processo legal e mais especificamente ao princípio do juízo natural, também dele decorrente.

A doutrina e a jurisprudência classificam a competência em absoluta (em razão da pessoa e da matéria) e relativa[140] (em razão do lugar da infração).

A classificação promana do texto do art. 567 do CPP., explicando Grinover *et alli* que isso tem a ver com as razões da distribuição do exercício da função jurisdicional – ora de interesse público, ora de interesse das partes.[141]

Como conseqüência da classificação proposta, doutrina[142] e jurisprudência, inclusive do Supremo Tribunal Federal,[143] vem afirmando que a incompetência relativa atua como causa de nulidade relativa.

---

[138] GRINOVER, Ada Pellegrini; FERNANDES, Antonio Scarance; GOMES FILHO, Antonio Magalhães, *As Nulidades no Processo Penal*, 8ª ed. São Paulo: Revista dos Tribunais, 2004, p. 58.

[139] NASSIF, Aramis, *Considerações sobre Nulidades no Processo Penal*, Porto Alegre: Livraria do Advogado, 2001, p. 39.

[140] TOURINHO FILHO, Fernando da Costa, *Processo Penal*, São Paulo: Saraiva, 2003, 3º vol., p. 120 e GRINOVER, Ada Pellegrini *et alli*, obra citada, p. 57.

[141] GRINOVER, Ada Pellegrini *et alli*, obra citada, p. 51.

[142] GRINOVER, Ada Pellegrini *et alli*, obra citada, p. 57 e REIS, Alexandre Cebrian Araújo; GONÇALVES, Victor Eduardo Rios Gonçalves, *Processo Penal, Procedimentos, Nulidades e Recursos*, São Paulo: Saraiva, 2002, p. 96.

[143] HC 83563/MS, 1ª T., rel. Min. Carlos Britto, j. em 18.11.2003, in DJ 19-12-2003, p. 55, HC 74275/SP, 1ª T., rel. Min. Moreira Alves, j. em 15.10.96, in DJ 14-11-1996, p. 44472.

Para poder ser declarada será imprescindível exceção, no tríduo da defesa prévia com demonstração de prejuízo, oposição de exceção (art. 108 do CPP).

Com a máxima vênia, parece-nos que o art. 567 e a classificação acima referida não mais se sustentam.

É que a nossa Lei Fundamental erigiu o devido processo legal em princípio reitor, dele decorrendo, segundo vimos, o princípio do juiz natural. Mais: com a declaração de que "ninguém será processado nem sentenciado senão pela autoridade competente" (inciso LIII do art. 5º), o legislador constituinte reafirmou (embora redundantemente) a supremacia do devido processo legal, isto é, do princípio normativo que por ser hierarquicamente superior à regra consubstanciada na lei ordinária faz do texto do art. 567 do CPP letra morta.

Desse modo, nenhum ato do processo poderá ser aproveitado (seja ou não decisório) quando praticado por juiz incompetente, não importando qual o critério de competência violado no caso concreto. Nenhum acusado tem o dever de se sujeitar ao processo ou ao julgamento a não ser perante juiz competente.

A nulidade por incompetência, a nosso ver, será sempre absoluta, podendo e devendo ser declarada de ofício em qualquer fase ou instância, a não ser que o réu tenha sido absolvido, como ensinam Ada Grinover, Scarance Fernandes e Gomes Filho, ante a proteção conferida ao réu pelo princípio do *ne bis in idem*, que, impedindo a revisão em favor da sociedade, salvo existência de recurso da acusação, assume "dimensão de proteção autônoma, sendo reconhecido mesmo naqueles casos em que não se poderia falar, tecnicamente, em coisa julgada".[144]

Do exposto acima deduz-se que as previsões em nosso Código de fase e de prazo para interposição de exceção de incompetência (art. 108) já não mais revestem-se de utilidade prática, em face frente ao novo regramento constitucional, muito embora persistam entendimentos em contrário, na doutrina e na jurisprudência, ao que consideramos, agora descontextualizados.

Haverá nulidade absoluta, ainda no dizer do inciso I, combinado com o artigo 108, *por suspeição*. Os casos em que ela se configura estão discriminados em seis incisos no artigo 254 do CPP.

Juiz *suspeito* é aquele que não satisfaz o requisito da isenção, isto é, que não está eqüidistante da (ou das) partes. Isenção não é sinônimo de neutralidade. Todo indivíduo, por estar inserido na sociedade, pauta sua vida por valores, exercita, portanto, sua ideologia.

Como assevera Rui Portanova, o juiz que não tem valores e diz que o seu julgamento é neutro, na verdade, com essa atitude, está assumindo valores de conservação. "O Juiz tem sempre valores. Toda a sentença é marcada por valores".[145] Na interpretação dos fatos e na valoração da prova, o juiz age condicionado por sua cultura jurídica, suas "crenças políticas, filosóficas e religiosas, sua inserção sócio-econômica e todos os demais fatores que forjaram e integram sua personalidade. Esse complexo condicionamento será decisivo no ato de sentenciar, já que a primeira necessidade do juiz – ser humano que é – constitui-se em atender a própria consciência", como bem explica Bairros de Brum, ao dissertar sobre os requisitos retóricos da sentença (o requisito de verossimilhança fática, o da legalidade da decisão, o da adequação axiológica e o da neutralidade judicial) com que operará para atender aos reclamos de segurança da ordem jurídica.[146]

Como adverte Flávio Meirelles Medeiros, citando Espínola Filho, o Código não faz a distinção entre a suspeição existente inicialmente e a que provém de motivo apurado no curso da ação.[147] Se o juiz já era suspeito desde a fase inicial do processo, sem dúvida a nulidade será *ab ovo*.

Todavia se o motivo for subseqüente, os atos do processo deverão ser reconstituídos a partir dessa fase. Suponha-se que na fase das alegações finais o Ministério Público instaure processo contra o juiz por fato análogo ao do processo antes instaurado contra o réu, sobre cujo caráter criminoso exista controvérsia. É evidente que a nulidade só alcançará os atos praticados a partir dessa fase. Conforme explica Heráclito Mossin: "Nesse caso, a parcialidade do magistrado é contundente, posto que fatalmente ao compor o litígio, seu convencimento será no sentido de que o fato análogo não é criminoso. Nem dele se poderia exigir o contrário".[148]

A suspeição deve ser declarada pelo juiz, de ofício, ou mediante provocação. A argüição precederá qualquer outra, salvo quando fundada em motivo superveniente (art. 96). Da decisão, se afirmativa da suspeição, não cabe recurso (art. 581, III), eis que fundada em razões de foro íntimo.

O *suborno* é tipificado no inciso em comento como outra espécie de nulidade absoluta. Do mesmo

---

[144] GRINOVER, Ada Pellegrini *et alli*, obra citada, p. 59.
[145] PORTANOVA, Rui. *Motivações Ideológicas da Sentença*. Porto Alegre: Livraria do Advogado, 1992, p. 74.
[146] BRUM, Nilo Bairros de. *Requisitos Retóricos da Sentença Penal*, São Paulo: RT., 1980, p. 86/87.
[147] MEDEIROS, Flávio Meirelles, *Nulidades do Processo Penal*, Porto Alegre: Síntese, 1982, p. 67.
[148] MOSSIN, Heráclito Antônio, *Comentários ao Código de Processo Penal*, São Paulo: Manole, 2005, p. 514.

modo que o suspeito, o juiz peitado, comprado, a serviço da parte, não preenche o requisito de isenção, que legitima a intervenção do Estado na esfera dos direitos individuais, para impor através do processo a reprimenda pelo fato cometido.

Aramis Nassif lembra com acerto que o suborno abrange a concussão, a corrupção e a prevaricação do juiz subornado,[149] sujeitando-o a conseqüências administrativas e criminais. O suborno exige, portanto, sempre, a presença do *alter*, isto é, do outro, daquele que quebra as resistências morais do juiz ou membro do Tribunal e, desse modo, exerce um papel fundamental na realização do crime.

O Código não incluiu no inciso I do art. 564 as hipóteses de *impedimento*, elencadas nos artigos 252, 253 e 463 do CPP (este último relativo ao Júri). É que segundo lições doutrinárias bem aceitas,[150] por estar privado de jurisdição, isto é, impedido de atuar e de julgar, os atos do processo que o juiz presidir ou celebrar, deverão ser havidos como inexistentes.

Por último: as regras sobre suspeição e impedimentos são aplicáveis, no que couber, aos membros do Ministério Público (art. 258 do CPP), por identidade lógica e paridade de motivos. O Código silencia quanto ao suborno do agente ministerial. Se o fato for apurado pelo juiz durante o processo quer-nos parecer que poderá e deverá ensejar a anulação do feito, desde o início, com comunicação ao Procurador-Geral, para as providências administrativas e criminais.

Passemos, agora, ao inciso II.

2. A ilegitimidade de parte. A nulidade absoluta, por ilegitimidade de parte *ad causam*, objeto do inciso II, constitui tema que interessa às condições genéricas da ação (inciso III do artigo 43 do CPP).

A pertinência subjetiva para a ação, no dizer de Ada Grinover, transcrevendo trecho dos Estudos de Liebman, "há de ser vista em confronto com a outra parte. Não só o autor, como também o réu devem ser reconhecidos pelo ordenamento jurídico, como as pessoas facultadas, respectivamente, a deduzir, em juízo, a pretensão e a resistência. Aquele a quem a lei atribui o poder de dirigir-se ao juiz, e aquele em face de quem o pedido pode ser feito, são as pessoas legitimadas para a causa".[151]

É do Estado, sempre, como decorrência dos deveres inerentes ao pacto social, a legitimidade para intentar a ação penal (estando na relação processual representado pelo Ministério Público – conforme dispõe o inciso I do artigo 129 da CF.). Doutrinadores de escol sustentam que em face da exclusividade de iniciativa do MP na ação pública a conhecida figura do Assistente a partir de 1988 não mais poderia ser admitido.[152] A tese, todavia, não vem sendo chancelada pelos Tribunais do País, ainda apegados à jurisprudência consolidada, não obstante sua descontextualização constitucional.

A regra da legitimidade da representação ministerial comporta exceções: em caso de inércia do agente público, a representação estatal passará ao ofendido, que poderá desencadear a ação pública mediante queixa (art. 29 do CPP e art. 5º, inc. LIX da CF). Nos crimes contra a honra praticados contra servidor público, desde que no exercício das funções, a ação poderá ser intentada pelo MP ou pelo Ofendido, indistintamente, conforme reiteradas decisões do STF, em face do que dispõe o inciso X do art. 5º da Constituição Federal.[153] O STJ[154] e tribunais estaduais[155] não estão discrepando desse entendimento, sob o argumento, dentre outros, de que o legislador conferiu ao MP o poder de se substituir ao funcionário público para não sobrecarregá-lo com o ônus do processo.

Outrossim, prevê o Dec.-Lei 201/67 mediante denúncia que pode ser apresentado por eleitor (art. 5º), que os Prefeitos devam ser julgados pela Câmara de Vereadores, enquanto, nos termos da Lei 1079/50, o Presidente da República ou Ministros de Estado, os Ministros do Supremo Tribunal Federal ou contra o Procurador Geral da República, por crimes de responsabilidade, cuja principal sanção é o impedimen-

---

[149] NASSIF, Aramis, *Considerações sobre Nulidades no Processo Penal*, Porto Alegre: Livraria do Advogado, 2001, p. 42.

[150] MOSSIN, Heráclito Antônio, *Comentários ao Código de Processo Penal*, São Paulo: Manole, 2005, p. 1029, apoiado em Frederico Marques, por todos os autores.

[151] GRINOVER, Ada. *As Condições da Ação*. São Paulo: Símbolo, Bushatski, 1977, p. 138.

[152] LIMA, Marcellus Polastri, *Ministério Público e Persecução Criminal*, Rio de Janeiro: Lumen Juris, 1998 p. 134 e STRECK, Lenio Luiz, tese: "A Inconstitucionalidade do Assistente de Acusação no Processo Penal em Face da Constituição de 1988, Livro de Teses, Tomo II do IX Congresso do Ministério Público, Salvador, 1992, dentre outros autores.

[153] Agr. Reg. Inq. 726-0, Pleno, julg. 10/11/93, Rel. Min. Sepúlveda Pertence. O acórdão consta do vol. 13, p. 343, da Revista Brasileira de Ciências Criminais. No mesmo sentido: Habeas Corpus nº 76024/RJ, 2ª Turma do STF, Rel. Min. Maurício Corrêa, j. 16.12.1997. No mesmo sentido: HC-64966, RTJ-124/185, HC-74649, RECR-104478, INQA-726, RTJ-154/410.

[154] STJ RHC nº 104, SP, Rel. Min. Jesus Costa Lima, DJ, p. 450, órgão: 5ª T. Decisão: 28/06/1989; Recurso Ordinário em Habeas Corpus nº 7469/RS (199800232796), 6ª Turma do STJ, Rel. Min. Vicente Leal, j. 09.06.1998, DJU 17.08.98; Recurso em HC nº 7516/PR, 5ª T, do STJ, Rel. Felix Fischer, j. 01.09.1998, Publ. DJU 19.10.1998, p. 114, RT vol. 759, p. 564.

[155] Recurso em Sentido Estrito nº 1174777/8, 15ª Câmara do TACrim/SP, Rel. Décio Barretti, j. 16.12.1999, un. Ainda, SER nº 70000825919, 6ª Câmara Criminal, Rel. Des. Sylvio Baptista Netto; Queixa-Crime nº 70001008747, 4ª Câmara Criminal do TJRS, Rel. Constantino Lisboa de Azevedo, j. 19.10.2000.

to para o exercício do cargo, deverão ser julgados pelo Congresso (sendo a Câmara o órgão incumbido de examinar a admissibilidade da imputação e o Senado o órgão competente para o julgamento nas acusações contra o Presidente e os Ministros e o Senado, exclusivamente, nas acusações contra os Ministros do Supremo e o Procurador-Geral). O particular, nessa perspectiva, atua por expressa delegação estatal.

Cumpre distinguir a legitimidade das partes para a causa da legitimidade para o processo, pois, na assertiva de Agrícola Barbi, "aquela diz respeito ao direito de ação", enquanto esta "refere-se ao processo, à relação jurídica processual". É um pressuposto processual, é a capacidade de estar em juízo. Segundo o ensino de Amílcar de Castro, ela "(...) consiste na faculdade de praticar atos processuais válidos, a que sejam atribuídos efeitos jurídicos".[156]

Distinção há que fazer, também, entre a legitimidade da parte para a causa da legitimidade do representante da parte no processo. O objeto desta não diz com as condições da ação e sim com os pressupostos de regularidade do feito,[157] nas ações intentadas mediante queixa,[158] conforme veremos oportunamente, sendo causa de nulidade relativa.

Não é correto afirmar, por último, em ilegitimidade do Ministério Público para a ação quando o seu agente vier a oferecer a denúncia sem a indispensável representação ou requisição, nos crimes de ação pública a ela condicionada, bem ainda sem a prova da condição objetiva de punibilidade, quando a mesma for condição para a configuração do tipo (2ª parte do inciso III do art. 43 do CPP, combinada com o parágrafo único do mesmo artigo).

Não obstante a ausência da representação ou a requisição, o Ministério Público, como Instituição, jamais perderá a ínsita legitimidade para figurar no polo ativo da relação jurídica. Tanto é que, satisfeita a condição de procedibilidade ou objetiva de punibilidade, a qualquer momento poderá requerer o reinício da marcha do processo (par. único do art. 43), salvo advento de causa extintiva da punibilidade. Se a denúncia for oferecida sem a satisfação prévia da condição objetiva de punibilidade (p. ex., a presença de prova atestado que o acusado foi compelido – em decisão administrativa irrecorrível – a pagar o tributo), não há criminalidade a punir, por ser a referida condição um dado inerente à própria tipicidade.

Então nesses casos, não há falar-se em ilegitimidade ministerial para a ação, mas, isto sim, em parte legítima em concreto desprovida das condições básicas para o atuar em juízo: a primeira delas, estranha ao tipo penal (o consentimento do ofendido, (expresso mediante representação); a segunda, inerente à figura típica, resolvendo-se o problema então pela decisão de rejeição da inicial, força do inciso I do artigo 43 do CPP., sem prejuízo da reabertura do caso, desde que seja satisfeita a condição (parágrafo único do artigo 43).

Como sabemos, embora a ação penal seja pública em essência, em certos casos a lei confere o poder de iniciativa, como excepcional representante estatal, ao próprio ofendido ou a quem o represente ou suceda (arts. 30 e 31 do CPP).

Como acentuam Cernichiaro e Costa Jr.,[159] "razões de política criminal, deixando ao ofendido o juízo para formular a queixa, atendem a circunstâncias especiais, quase sempre de natureza pessoal". Essas razões ou decorrem da tenuidade, ou da particularidade da ofensa ou da necessidade de preservação de interesses relevantes relacionados com a intimidade, a honra e a imagem, que podem sofrer abalos com a publicidade negativa do processo.

A interferência da vontade do ofendido na legalidade da *persecutio criminis* quebra a lógica de um ramo do Direito Público, justificando-se, entretanto, por "razões de humanidade". É que em certos casos a publicidade do processo pode trazer ao ofendido mais prejuízos do que o silêncio, mesmo irresignado.

Há argumentos de que a ação penal de iniciativa do ofendido configuraria resquício de vingança privada, ocultando, segundo dizem, predominantes interesses patrimonial, em tudo incompatíveis com os fins da pena, quais sejam, o de prevenção e de recuperação do criminoso.[160]

Os argumentos não são consistentes, em primeiro lugar porque, como dissemos, o interesse perseguido

---

[156] *Comentários ao Código de Processo Civil.* 6.ed., Rio de Janeiro: Forense, 1991, p. 33. A Súmula 365, do STF, por exemplo, declara que "a pessoa jurídica não tem legitimidade para propor ação popular".
[157] Nesse sentido, acórdão por nós relatado no julgamento do Habeas Corpus nº 699179057, 7ª Câmara Criminal do TJRS, Caxias do Sul, j. 29.04.1999.
[158] RJTAcrim, vol. 8, out./dez, 1990, p. 21, Rel. Juiz Marrey Neto.
[159] Luiz Vicente Cernichiaro e Paulo José da Costa Jr., Direito Penal na Constituição, RT, 1990, p. 149.
[160] ROMEIRO, Jorge Alberto. *Da Ação Penal*, Rio de Janeiro: Forense, 1978, p. 200, relacionando não só os argumentos pró e contra a ação penal privada como também os juristas que integram as respectivas correntes. TOURINHO FILHO, Fernando da Costa, *Processo Penal*, 5.ed. Bauru: Jalovi, 1979, p. 413, analisa a doutrina, mostrando que vários escritores consideram que a intervenção do ofendido como acusador faz do processo penal reminiscência da vingança privada, sendo desse entender Velez Mariconde, Sebastian Soler, Ricardo Levene, Maggiore, Binding" (Cernicchiaro e Costa Jr., ob. cit., Nota 1, Capítulo 7, p. 149).

pelo querelante é também público. Depois, porque, para lograr êxito na causa precisará provar os fatos alegados, como é regra geral em matéria penal. Mais: integrando o processo como parte, o ofendido necessariamente ficará submetido aos termos da sentença proferida pelo juiz, que, como sujeito no processo, é um terceiro imparcial.

Poder-se-ia cogitar de modalidade de vingança privada se em substituição ao Estado-Jurisdição o querelante, isto sim, pudesse resolver, unilateralmente, como bem entendesse, a questão litigiosa.

A propósito do tema, parece-nos é bem adequada a resposta de Zamora Y Castillo a essa mesma indagação, dizendo que a mesma revela uma incongruência intrínseca, por não ser possível identificar vingança privada na "(...) conducta de quien, autorizado por la ley dentro de seus cauces, renuncia precisamente a toda actitud de venganza y se limita a pedir a un tercero imparcial, un juez, que aplique al delito el castigo pertinente".[161]

Sujeito passivo na ação penal é o cidadão autor do crime, embora a ação se enderece ao Estado, por ser dele o dever pactuado de prestar a jurisdição. O indivíduo é chamado à Justiça para se inteirar da acusação e poder exercer o direito de "reação".

Se hoje só a pessoa humana pode integrar a relação jurídica como réu, houve época em que as coisas e os seres animais puderam figurar nessa condição. Lembra, com efeito, Walter Coelho, que o livro *Bestie Delinquenti*, de Abdosis, alude a mais de uma centena de processos instaurados contra animais; na Bélgica, no século XVI, executava-se o touro pela morte de um homem, enquanto no Brasil, no século XVIII, frades franciscanos de São Luiz do Maranhão, amparados em regras de Direito Canônico, processaram todos os componentes de um formigueiro que vinham "furtando" da despensa da comunidade eclesiástica.[162]

No *O Homem Delinqüente*, Lombroso registra que nos processos instaurados contra animais, no reinado de Francisco I, "davam-lhes um advogado" e em 1356, em Flaise, "uma porca que havia devorado uma criança foi condenada a morrer pela mão do carrasco".[163]

Esses processos, hoje, soam como algo ridículo.

Nós só os mencionamos por razões históricas, porque na atualidade a ação e a punição pressupõem prática de fato por pessoa humana, a única que reúne capacidade e liberdade moral para optar entre o crime e a conformação da conduta com a ordem jurídica.

É intensa no Brasil e no exterior[164] a discussão sobre a punibilidade da pessoa jurídica, havendo certo consenso de que é preciso encontrarmos uma forma eficaz de reação às condutas deletéria das corporações, planejadas e executadas não propriamente por alguém em particular, mas por um grupo indefinido de pessoas que manobram por detrás das pessoas jurídicas, não só degradando o ambiente, mas enriquecendo graças às grandes fraudes financeiras, à desenfreada corrupção político-administrativa, às licitações e falências fraudulentas, etc.

A punição do representante da pessoa jurídica, isolada, parece que não basta, já que não previne, eficazmente, o cometimento de novos crimes pelo conglomerado, sob a coordenação de outro representante, podendo atuar, até mesmo, como fator de alerta, maior cuidado, orientação e assistência, para que a pessoa jurídica continue praticando ilícitos a salvo de qualquer responsabilidade.

Entre nós, alguns afirmam[165] e outros negam,[166] contudo, que a pessoa jurídica possa ser penalmente responsável, controvérsia que veio a ser espancada,

---

[161] PIERANGELLI, José Henrique. Exceções aos Postulados Básicos do Direito Processual Penal, *Revista Justitia*, vol. 136, p. 27.

[162] *Teoria Geral do Crime*, Porto Alegre: Fabris, 1991, p. 11.

[163] LOMBROSO, César, *O Homem Delinqüente*. Tradução da 2ª edição francesa, por Maristela Bleggi e Oscar Antonio Corbo Garcia, Porto Alegre: Ricardo Lenz Editor, 2001, p. 53.

[164] No estrangeiro, para crimes de natureza diversa, os Estados Unidos da América do Norte, o Japão e a Holanda já aceitam a responsabilidade penal da pessoa jurídica e, no dizer de Luiz Flávio Gomes, todas as resoluções e recomendações do Conselho Europeu vêm sendo editadas nesse sentido (Res. 28 e Rec. 12/82) – GOMES, Luiz Flávio; CERVÍNI, Raul. *O Crime Organizado*. São Paulo: RT, 1995, p. 157 – haja vista a existência de projetos nesse sentido na Suíça, Bélgica e Finlândia – LECEY, Eládio. A Tutela Penal do Consumidor e a Criminalização da Pessoa Jurídica. *Revista da Ajuris*, ed. especial, março de 1998, p. 616. Ver, também, *Responsabilidade Penal da Pessoa Jurídica e Medidas Provisórias e Direito Penal*, coletânea de ensaios, publicada pela editora Revista dos Tribunais, 1999, sob a coordenação de Luiz Flávio Gomes.

[165] SHECAIRA, Sérgio Salomão; SICOLI, José Carlos Meloni; SIRVINSKAS, Luiz Paulo; AZEVEDO, Tupinambá de, em artigos publicados no Boletim 65 do IBCCrim (os três primeiros), e na Revista da Ajuris, volume 72 (o último), com os títulos A Responsabilidade das Pessoas Jurídicas e os Delitos Ambientais, A Tutela Penal do Meio Ambiente na Lei 9.605, de 13 de fevereiro de 1988, Questões Polêmicas sobre a Responsabilidade Penal da Pessoa Jurídica nos Crimes Ambientais e Da Ação e do Processo Penal na Lei 9.605/88, proclamaram, com efeito, que, com a nova lei ambiental, se definiu, no Brasil, a responsabilidade penal da pessoa jurídica.

[166] Posicionam-se contrariamente aos autores citados na nota anterior Luiz Régis Prado, Luiz Luisi, René Ariel Dotti, Luiz Vicente Cernicchiaro, Fernando Pedroso, Sheila Jorge Selim de Sales e Érika Mendes de Carvalho, consoante se extrai da obra escrita por esta última, *Tutela Penal do Patrimônio Florestal Brasileiro*, São Paulo: Revista dos Tribunais, 1999, p. 149.

na órbita dos crimes ambientais, pela Lei n. 9.605, de 13 de fevereiro de 1998, embora com resistências.

É que embora a nossa Constituição declare no § 3º do artigo 225 que as pessoas jurídicas também são suscetíveis de sanções pelas atividades lesivas ao meio ambiente – dando substrato à Lei nº 9.605/98 – pode-se perfeitamente entender que tais sanções se revestiriam de natureza administrativa, como o próprio parágrafo explicita, embora em inferior felicidade e clareza relativamente ao § 5º do artigo 173 da mesma Constituição.

Precisamente por causa disso Miguel Reale Jr., secundado por outros não menos eminentes doutrinadores,[167] sustentou em artigo escrito no Jornal Folha de São Paulo, sob o título A Lei Hedionda dos Crimes Ambientais, a inconstitucionalidade da Lei 9.605/98.

Sua aplicação gera, com efeito, dificuldades de toda ordem, processuais e penais. Como proceder ao interrogatório? E a situação dos diretores da pessoa jurídica, serão culpados por inferência, por dedução? Não seria a pessoa jurídica, em realidade, vítima (e não ré!) dos maus administradores? São perguntas que ainda dependem de boas respostas.

Também não será possível ação penal quando presente a imunidade (art. 142).

No inciso, esse dispositivo regula os casos de imunidade material na discussão da causa pela parte ou seu procurador. A Constituição Federal de 1988 realçou a imunidade material do advogado ao declarar, no art. 133, a inviolabilidade do mesmo por atos e manifestações que vier a cometer no exercício da profissão, nos "limites da lei". Mas é evidente que a Lei Maior – ao contrário do que se chegou a pensar inicialmente – não pretendeu transformar o *animus defendendi* em licença para o ataque descomedido e desnecessário ao juiz ou à parte contrária.[168]

No inciso II, o Código dispôs sobre a imunidade judiciária literária, artística ou científica. Conforme Damásio, "Não constitui injúria ou difamação a opinião desfavorável da crítica literária, artística ou científica, salvo quando inequívoca intenção de injuriar ou difamar. Uma crítica prudente, seja de natureza literária, artística ou científica, não traz em si cunho de ilicitude. É comportamento absolutamente normal que escapa à esfera de punição legal".[169]

A imunidade do inciso III é denominada de funcional. O conceito desfavorável emitido por funcionário público, em apreciação ou informação que preste no cumprimento de dever de ofício configura essa espécie. Exemplo: "A autoridade policial, no relatório do inquérito, dá informações a respeito dos péssimos antecedentes do indiciado".[170]

Imunes são os diplomatas.

A matéria está regulada no Direito internacional e alcança os chefes de governo estrangeiros e os representantes diplomáticos acreditados no país. Caso venham a cometer crime no território estrangeiro deverão responder ao processo perante a Justiça de origem, não havendo, por conseguinte, a incidência de jurisdição criminal local.

Imunes são, também, os parlamentares (art. 53 da CF): "Os deputados e senadores são invioláveis por suas opiniões, palavras e votos" (imunidade parlamentar material), não podendo "ser presos, salvo em flagrante de crime inafiançável, nem processados criminalmente, sem prévia licença de sua Casa" (imunidade parlamentar processual ou formal).

Assim, se o deputado ou senador vier a praticar fato penalmente típico ao emitir opinião, palavra ou voto, desde que relacionado com o exercício de seu mandato, não pode ser sujeito passivo em ação pública, por ter irresponsabilidade penal. Todavia, se o parlamentar ofender alguém, fora da sua atividade de deputado ou senador, responderá pelo crime como qualquer cidadão, exigindo-se, todavia, para o processo, a licença da Casa a que pertencer, na forma estabelecida pelo § 1º do art. 53 do CP.

A imunidade material ou penal do parlamentar, lembra Manoel Gonçalves Ferreira Filho, destina-se a "assegurar ampla liberdade no exercício do mandato", permitindo-se a "crítica e a denúncia de eventuais irregularidades sem a cautela necessária ao cidadão em geral".[171] Essas regras são aplicáveis aos deputados estaduais (art. 55 da Constituição do Rio Grande do Sul).

Em relação aos vereadores, a Carta Federal aludiu não à imunidade e sim à "inviolabilidade (...) por

---

[167] MARQUES, Oswaldo Henrique Duek, *A Responsabilidade da Pessoa Jurídica por Ofensa ao Meio Ambiente* e BITENCOURT, Cézar Roberto, Responsabilidade Penal da Pessoa Jurídica à Luz da Constituição Federal. *Revista Brasileira de Ciências Criminais*, IBCCrim, n. 65.

[168] STJ, 5ª T., Rel. Min. Assis Toledo, BIM 197/28, de nov./1993. No mesmo sentido: Recurso em Habeas corpus nº 950003658-4-RO, Rel. Min. Luiz Vicente Cernicchiaro, STJ, DJU 11/09/95, p. 28.861; STJ, 5ª T., Rel. Min. Assis Toledo, DJ de 06/03/95, p. 4.373; STJ, 5ª Turma, Rel. Min. Jesus Costa Lima, DJ de 03/04/95, p. 8.138; Ag. Reg. N. A.I. 53.133-3-DF, 6ª T, Rel. Min. Luiz Vicente Cernicchiaro, DJU de 20/3/95, p. 6.148); Recurso de Habeas Corpus nº 950028442-1-SP, Rel. Min. Jesus Costa Lima, STJ, j. 14/06/95, un., DJU 07/08/95, p. 23054.

[169] JESUS, Damásio de. *Código Penal Anotado*, São Paulo: Saraiva, 1991, art. 142, p. 392.

[170] Idem, ibidem.

[171] *Apud* JESUS, Damásio de. *Questões Criminais*, cit., p. 175.

suas opiniões, palavras e votos no exercício do mandato e na circunscrição do Município" (art. 29, inciso VI).[172] Conforme o sentido dado a essa cláusula pela prática constitucional brasileira, a "imunidade" do vereador não é absoluta, pois é preciso existir um nexo entre a manifestação do pensamento e as funções por ele exercidas.[173]

Diversamente do que ocorre com os parlamentares federais e estaduais (arts. 53, § 1º, da CF, e 55 da Constituição Estadual), é dispensável prévia licença da Câmara para a abertura de processo penal contra vereador.

A lei dispõe, ainda, sobre as imunidades penais patrimoniais (art. 181, I e II, do Código Penal) que, na lição de Damásio, isentam de pena aqueles que cometem delito contra o patrimônio em prejuízo de cônjuge, na constância da sociedade conjugal, ou de ascendente ou descendente, seja o parentesco legítimo ou ilegítimo, seja civil ou natural. Tratam-se das escusas absolutórias, fundadas em razões de política criminal. Assim, não responde por furto o filho que subtrai bens do pai.[174]

Questão final: a nulidade por ilegitimidade de parte pode suscitada ou proclamada, *no processo*, a qualquer momento.

Não há impedimento que a parte interessada a suscite em processo incidental de exceção (art. 95, inciso IV), no prazo do artigo 108, ante o que dispõe o art. 110, assegurado o direito de recurso em sentido estrito contra a decisão que a acolher (art. 581, III). Se improcedente, não há previsão explícita de recurso.

De qualquer sorte, como a matéria não preclui, pois a característica da nulidade absoluta é a não-convalidação, é possível voltar ao tema nas alegações finais e, se for o caso, em preliminar de apelação, mesmo que a exceção seja desacolhida pelo magistrado.

Examinemos, agora, o inciso III, em que há declaração de nulidade pela falta das fórmulas ou dos termos listados em letras de "a" a "p".

Consoante a técnica empregada pelo legislador, a falta pode expressar a ausência propriamente dita do ato do processo (p. ex., a falta do exame de corpo de delito – letra "c"); pode expressar, ainda, o desrespeito ao conteúdo da norma (p. ex. a ausência de intervenção do MP no processo); ou, ainda, a omissão mesma de formalidade essencial de ato integrativo essencial do processo (p.ex., a falta de descrição do fato delituoso na denúncia, queixa ou aditamento).

No inciso III, o legislador alude ainda às "fórmulas" e "termos" do processo. Na lição de Tourinho Filho, "Entende-se por fórmula a expressão de um preceito, regra. Termo, aí, tem iniludivelmente, o sentido de ato, de auto. No sentido técnico, contudo, a expressão termo serve para precisar os limites do prazo. Este situa-se entre dois termos, o inicial, conhecido por *dies a quo*, e o final, *dies ad quem*. No inciso em apreço, todavia, seu significado é comum: auto, exprimindo a redução de um ato forense a escrito".[175]

3. A falta da denúncia ou queixa e da representação e, nas contravenções penais, da portaria ou do auto de prisão em flagrante. Na letra "a" do inciso III o legislador faz referência à falta da denúncia, da queixa e da representação, primeiramente, e, depois, à falta da portaria ou do auto de prisão em flagrante, no procedimento contravencional.

A referida disposição merece exame cuidadoso.

Em relação à primeira parte do texto (*falta da denúncia ou queixa*) parece-nos que o legislador não quis se referir à ausência propriamente dita da peça, pois, como tentamos explicar anteriormente, inexistente a denúncia ou queixa, no mundo dos fatos, essa particularidade conduzirá à declaração de ausência do próprio processo.

Por isso, a expressão *falta da denúncia ou queixa* há de ser entendida como sinalização da ausência de requisito essencial dessas peças, isto é, de requisito essencial sem o qual as mesmas, embora reais, no mundo dos fatos, não podem ser reconhecidas como *existentes no mundo jurídico*.

Nos comentários ao Capítulo sobre a ação penal listamos, tendo por base o art. 41 do CPP os requisitos integrativos da denúncia ou queixa (endereçamento ao juiz, qualificação do acusado, descrição do fato com suas circunstâncias, classificação do crime, rol de testemunhas, idioma nacional, assinatura) e apontamos quais os que devem ser considerados essenciais e não-essenciais.

---

[172] "Constitucional e processual penal. Recurso ordinário em habeas corpus. Crime de difamação. Art. 21 da Lei 5.250/67. "(...) III – Vereador não é protegido por imunidade parlamentar, mas sim acobertado pela inviolabilidade parlamentar. São institutos que se completam mas que não se confundem. No caso, assegura-se apenas a inviolabilidade por suas opiniões, palavras e votos, condicionada, entretanto, a dois fatores: exercício do mandato e circunscrição do município IV. Recurso improvido" (STJ RHC nº 0003387, SP, Rel. Min. Pedro Acioli) (No mesmo sentido: HC 1633/SP, STJ; RHC 661/GO, STJ; RHC 61993/RS, STF).

[173] Apelação-Crime 290137082, TARGS, 3ª Câmara Criminal, Rel. Juiz Fernando Mottola.

[174] *Questões Criminais*, São Paulo: Saraiva, 1981, p. 174.

[175] TOURINHO FILHO, Fernando da Costa, *Processo Penal*, 25ª ed. 3º volume, São Paulo: Saraiva, p. 122.

Para evitarmos indesejável repetição, pedimos ao leitor que consulte o texto alusivo ao citado Capítulo, antecipando aqui, todavia, a informação de que o endereçamento, a classificação do crime e do rol de testemunhas são havidos como requisitos integrativos não-essenciais, de modo que, embora irregular, isto é, formalmente imperfeita, nesse ponto, a denúncia ou queixa, sendo juridicamente válida, surtirá todos os seus efeitos, devendo ser recebida. Se o juiz não a receber, invocando a irregularidade, o acusador poderá escolher entre reapresentar a inicial com o preenchimento da exigência, ou ajuizar recurso em sentido estrito (art. 581, I) para viabilizar o recebimento em segundo grau.

A razão de ser da nulidade absoluta por falta dos requisitos essenciais apontados e comentados no citado capítulo encontra supedâneo, ainda, no princípio do devido processo legal e de seu corolário: o da ampla defesa.

A letra "a" não faz alusão ao aditamento.

As considerações aqui realizadas são extensivas a ele, todavia, por identidade lógica e paridade de motivos. Mediante peça técnica denominada de aditamento (aditar significa agregar, adicionar, acrescentar), o acusador pode ampliar os limites da acusação deduzida contra o réu, imputando-lhe outro fato, conexo ou continente (aditamento real). Pode ainda através de aditamento promover o endereçamento da mesma acusação contra um terceiro excluído, co-autor ou simples participante (aditamento pessoal) para, desse modo, resguardar o princípio da indivisibilidade da ação penal (pública e de iniciativa privada – art. 48), fundado na idéia de equânime imputação do fato a todos os seus autores para a punição na medida da respectiva culpabilidade (art. 29 do CP).

Alude, ainda, a letra "a" do inciso III *à falta da representação*.

Diferentemente do que dissemos acima, aqui o verbo faltar há de ser literalmente compreendido. O Ministério Público, por lapso, pode vir a articular imputação em denúncia recebida sem prova do prévio consentimento da vítima ou de seu representante legal para o processo.

A nulidade não tem por pressuposto, portanto, ausência de requisito essencial, porque podendo ser oferecida inclusive oralmente, a representação não se subordina a forma sacramental. Os Tribunais consideram, por exemplo, que o comparecimento da vítima à Polícia para lavrar ocorrência e pedir a abertura das investigações tem natureza de representação.[176]

Segue-se, então, que o recebimento da denúncia desacompanhada da representação enseja declaração de nulidade do processo, mas o ofendido poderá a qualquer tempo (desde que não verificada a decadência, art. 38), oferecer a representação e o Ministério Público reiterar os termos da denúncia, segundo emana do parágrafo único do artigo 43 do CPP. Esse ponto também foi exaustivamente comentado no Capítulo sobre a ação penal, para onde rogamos que o leitor se dirija.

Na letra "a", o legislador omitiu referência à requisição do Ministro da Justiça, que, como sabemos, atua, também, em certos casos, como condição de procedibilidade para o processo (art. 24 do CPP). Também não aludiu às condições objetivas de punibilidade que integram a figura típica.

É suficiente mero registro. Embora absoluta a nulidade, nesses casos, a ação poderá continuar, desde que venham aos autos do processo, a qualquer tempo, a requisição e a prova da satisfação da condição objetiva de punibilidade (a teor do parágrafo único do artigo 43).

Por último: a parte final da letra "a", cominando de nulidade pela falta da portaria ou do auto de prisão em flagrante não foi recepcionada pela atual Constituição Federal. Com efeito, ao instituir, no inciso I do artigo 129, o monopólio da ação pública ao Ministério Público, a Lei Maior fez por desaparecer de nosso sistema o antigo e criticado procedimento judicialiforme previsto nos artigos 26 e 531 e seguintes do CPP. Já não mais se cogita hoje de iniciar-se a ação penal mediante portaria ou auto de prisão em flagrante do juiz ou da autoridade policial.

Portanto, sem sentido a existência em nosso Código dessa parte do texto da letra "a", que deve ser considerada como ineficaz.

Passemos à letra "b".

4. A falta do exame do corpo de delito. Nas infrações que deixam vestígios, é indispensável o exame do corpo de delito (que é o rastro deixado pela infração), para aferição da materialidade (ou letalidade) do crime, de modo que a sua falta atua, no dizer da letra "b", como fonte de nulidade absoluta do processo.

Constituindo o exame de corpo de delito a inspeção visual dos vestígios da infração realizada por dois peritos oficiais (e, na sua falta, de duas pessoas idôneas, ambas portadoras de diploma em curso superior – art. 159), essa atividade deve ser formalizada, por escrito, em documento conhecido como "auto de exame de corpo de delito", para que haja a perenização da prova.

---

[176] Por exemplo, dentre muitos outros: Recurso Especial nº 700516/BA (2004/0157183-6), 5ª Turma do STJ, Rel. Min. Gilson Dipp. j. 15.03.2005, unânime, DJ 04.04.2005.

Como em certos casos os vestígios deixados pelo crime podem desaparecer, pelas mais variadas causas. (p. ex., pela cura do ferimento, pelo consumo do bem subtraído, pela ocultação eficiente, etc.) dispõe a lei que a prova da materialidade do crime poderá ser demonstrada (indiretamente) mediante depoimentos (art. 167).

O auto de exame de corpo de delito direto (quanto a inspeção sobre os vestígios for realizada diretamente, pelos peritos) deve acompanhar as provas do inquérito ou peças de informação para compor a justa causa, caso contrário a ação penal pode ser sustada por *habeas corpus*. Produzida, como regra, na fase do inquérito, não há intervenção da defesa na inspeção direta, configurando-se outrossim como prova inquisitorial irrepetível em juízo.

Se a justa causa puder ser demonstrada por outros elementos de prova, nada impede, todavia, que o auto de exame de corpo de delito possa ser acostado aos autos antes da prolatação da sentença.

Já a prova indireta da materialidade (letalidade) será produzida durante a instrução – pois é nessa fase que são tomados os depoimentos das testemunhas da acusação e defesa. Eventualmente documento público ou particular pode também sugerir conclusões no mesmo sentido da prova oral e, desse modo, integrar o conjunto das provas indiretas às quais estamos nos referindo.

O legislador cominou como nulidade absoluta a falta do exame de corpo de delito para evitar que o acusador ficasse impedido de rearticular a imputação, em face do posterior descobrimento das evidências comprobatórias da materialidade, prevenindo-se impunidade por razões formais. .

Embora válida a preocupação, entendemos que a ausência ou deficiência da prova acusatória deverá conduzir à sentença absolutória após o esgotamento da atividade procedimental, como propõe, aliás, o inciso VI do artigo 386 do CPP. Em suma: o princípio do *in dúbio pro reo* há de impor-se também quando não houver a prova da materialidade e não só quando dos autos defluir dúvida invencível sobre a autoria.

5. A falta de nomeação de defensor ao réu presente, que o não tiver, ou ao ausente, e de curador ao réu menor de 21 anos. A parte final da letra "c", qual seja, a que prevê a nulidade pela falta de nomeação ao réu menor de 21 anos não mais vige em nosso meio, em face da do art. 5º do Código Civil, que reduziu para 18 anos a maioridade civil e, também, da Lei nº 10.792, de 01.12.2003, que culminou por revogar expressamente o artigo 194 do CPP.[177]

Em vigor, por conseguinte, só a primeira parte do texto, prevendo a nulidade absoluta por falta de nomeação de defensor ao réu (presente ao processo) ou que vier a ausentar-se (réu ausente). A figura penal em comento encontra supedâneo na garantia constitucional da ampla defesa, segundo a qual, nenhum acusado, presente ou ausente, pode ser validamente processado e sentenciado sem defensor.

Réu presente é aquele que acode ao chamamento citatório (por mandado ou edital) e comparece ao processo para inteirar-se da acusação e oferecer a correspondente impugnação. Se não estiver acompanhado de advogado o magistrado, necessariamente, deverá nomear-lhe defensor público ou dativo, resguardando, desse modo, como guardião da Constituição, a intangibilidade das garantias e das liberdades fundamentais.

O réu pode vir a ser declarado ausente, mediante decreto de revelia, se, no curso do processo, deixar de comparecer, sem justificativa, a qualquer ato para o qual tenha sido previamente convocado. A revelia, contudo, não alcançará a pessoa do advogado, que, por óbvio, sempre deverá ser intimado com a indispensável antecedência. Não fosse assim, haveria visível sacrifício da ampla defesa.

6. A falta de intervenção do Ministério Público na ação penal de sua iniciativa. O Ministério Público é o Órgão constitucionalmente investido de legitimidade para promover em juízo a defesa do *jus puniendi* estatal (inc. I do art. 129 da CF).

Essa função é complexa, porque devendo promover com eficiência e responsabilidade a acusação pública, o *Parquet*, com igual eficiência e responsabilidade, deve promover a fiscalização da aplicação da lei, promovendo a justiça, enfim, com a postulação em favor do réu, se as evidências assim o sugerirem.

Por isso Calamandrei, em passagem famosa de seu livro *Elogio aos Juízes,* disse que, de todos os cargos judiciários, o mais difícil, segundo lhe parecia, era, exatamente, o do Ministério Público, porque como parte deveria atuar com a combatividade e paixão próprias dos advogados e, como fiscal da lei, com o equilíbrio e a isenção dos magistrados.[178]

Não é o número de condenações, então, o que permite identificar a qualidade ou a efetividade da atuação do agente ministerial. A defesa dos interesses sociais consubstancia-se também nos pedidos de absolvição por ele encaminhados ao Poder Judiciário. Pode-se dizer, noutras palavras, que o Ministério

---

[177] A menoridade entre 18 e 21 anos permanece como atenuante genérica, no inciso I do artigo 65 do Código Penal, nos moldes da circunstância de idêntica natureza da maioridade de 70 anos.

[178] CALAMANDREI, Piero. *Eles, os Juízes, Vistos por Nós, os Advogados.* 3.ed., Clássica Editora.

Público, quando atua, defende sempre: ao acusar, desde que convencido, defende a sociedade contra o réu; ao pedir a absolvição, defende a intangibilidade das liberdades fundamentais.

São essas as razões filosóficas e jurídicas que determinam, nos dizeres da primeira parte da letra "d", a necessidade da intervenção do Ministério Público em todos os termos e atos da ação (no dizer do Código, "... por ele intentada"), sob pena de nulidade absoluta do processo.

Há que entender-se, contudo, que a base para a nulidade não será propriamente a falta de intervenção e sim a falta de intimação prévia para capacitar o agente do MP a intervir. Se após a regular intimação o Promotor de Justiça optar por não comparecer ao processo, independentemente das razões que vier a apresentar, os atos realizados deverão ser considerados plenamente válidos, hígidos e sãos.[179]

Na segunda parte, a letra "d" declara que também haverá nulidade pela falta de intervenção do Ministério Público quando a ação penal for *intentada pela parte ofendida*, quando se tratar de crime de ação pública. Como a hipótese tem natureza de nulidade relativa, deixaremos os comentários pertinentes para o momento mais apropriado, para não comprometermos a estrutura deste texto.

O Código nada dispõe sobre as conseqüências da falta de intimação do MP quando sua atuação for como *custos legis* na ação penal de exclusiva iniciativa da vítima.

Não obstante a omissão legal, há reconhecer-se que a hipótese deverá ser considerada também como nulidade relativa.

Careceria de sentido, com efeito, conferir-se caráter absoluto à nulidade nessa hipótese, quando, para fatos mais graves, originariamente apuráveis por ação pública, o legislador entendeu de cominar, pela falta de intervenção do MP., a nulidade como relativa.

7. A falta da citação e do interrogatório do acusado presente. A citação é um dos mais importantes atos do processo, porque através dela a jurisdição noticia ao réu a existência da acusação, em longitude, latitude e profundidade e o convoca à audiência de interrogatório, para que, no contato pessoal com o Juiz, ele possa exercer a defesa pessoal.

A citação será feita por mandado, quando o acusado estiver no território sujeito jurisdição do juiz que a houver ordenado (art. 351); por carta precatória, quando estiver fora (art. 353) ou por carta rogatória, quando estiver no estrangeiro, em lugar conhecido, suspendendo-se, todavia, o prazo da prescrição, até o seu cumprimento (art. 368). Não sendo conhecido o endereço no exterior, a citação deverá ser feita por edital. Carece de sentido, com efeito, a expedição de rogatória para citação do réu em lugar incerto... em Londres ou Paris!

Estando o réu preso, a citação necessariamente será pessoal e por mandado (art. 360) pela óbvia razão de que, no interior das instituições totais, como o são as penitenciárias, não há circulação normal de jornais (contendo editais), em condições efetivas de viabilizar a transmissão das informações.

Sendo ato formal, a validade da citação por mandado está condicionada ao cumprimento dos requisitos essenciais a que aludem os artigos 352 e 357 do CPP.

Se o acusado for procurado em todos os endereços conhecidos,[180] mas não for encontrado, a citação poderá ocorrer por edital, com o prazo de 15 dias (art. 361). Se houver prova de que ele ocultou-se do Oficial de Justiça, o prazo será de 5 dias (art. 362). Em situações excepcionais (epidemia, guerra ou outro motivo de força maior ou incerteza quanto à pessoa as ser citada), o chamamento pode ser realizado, também, por edital (art. 363). Nesses casos o prazo variará entre 15 e 90 dias e na incerta quanto à pessoa será de 30 dias (art. 364). Insta lembrar que se o réu citado por edital não comparecer ao processo, nem fizer-se representar por procurador (só nessa última situação é que o feito terá andamento regular até sentença), nosso Código dispõe, no art. 366, que o juiz deverá declarar a suspensão do andamento processo e também da prescrição, por tempo indeterminado.[181]

O edital deverá atender as exigências enumeradas nos incisos I a V do art. 365, devendo ser afixado à porta do edifício do fórum e ainda publicado pela im-

---

[179] "... Só há nulidade, se não for o agente ministerial intimado. Tal acontecendo, o juízo de conveniência de comparecimento é exclusivo do órgão acusatório, não podendo ser a nulidade invocada pela parte contrária e não demonstrado o prejuízo sofrido.. ... " (Apelação-Crime nº 70009892894, Oitava Câmara Criminal, Tribunal de Justiça do RS, Relator: Luís Carlos Ávila de Carvalho Leite, Julgado em 22/03/2006)

[180] É condição de validade da citação editálica o esgotamento das providências administrativas para a localização do réu, com a procura em todos os endereços existentes no inquérito. Assim: "Se a citação por edital foi efetuada tão logo se mostrou infrutífera a tentativa de localizar o réu num dos endereços fornecidos, sem que se tenha esgotado os demais meios razoáveis para citar pessoalmente o acusado, vale dizer, sem que se tenha procurado nos outros endereços constantes dos autos, configura-se nulidade do ato citatório" (Recurso Ordinário em Habeas Corpus nº 12343/SP (2001/0198834-2), 5ª Turma do STJ, Rel. Min. Felix Fischer. j. 13.03.2002, Publ. DJ 08.04.2002 p. 235).

[181] É polêmica a afirmação de que o processo e a prescrição ficarão suspensos indeterminadamente, havendo entendimento preconizando lapso temporal não superior ao da prescrição em abstrato assinalada no Código Penal para o crime.

prensa. A afixação será certificada nos autos e a publicação comprovada pela juntada de exemplar do Jornal ou certidão do escrivão, da qual conste a página do jornal com a data da publicação.

Classificada, na primeira parte da letra "e", como absoluta a nulidade pela falta da citação do réu, segue-se que os atos do processo que forem realizados sem a sua prévia e regular realização necessariamente serão nulos.

Lembramos que o artigo 570 com indiscutível impropriedade afirma que a falta ou a nulidade da citação ou notificação estará sanada se o acusado comparecer antes do ato consumar-se, mesmo declarando que o faz para o único fim de argüi-la. Com indiscutível impropriedade, repetimos, porque esse dispositivo legal em verdade não está transformando em relativa a nulidade absoluta, como a redação pode estar a sugerir.

Ele em verdade prevê é a *impossibilidade* da declaração da nulidade absoluta (atuando nesse sentido com causa impeditiva, como veremos mais adiante, nos moldes de muitas outras, que também apontaremos, classificaremos e analisaremos na parte final destes comentários), a bem realçar o sistema do Código segundo o qual a natureza absoluta da nulidade não necessariamente determina a proclamação do vício e a conseqüente repetição dos atos do processo. Como dissemos alhures: uma coisa é saber se o vício que identificamos nos autos do processo é ou não constitutivo de nulidade... outra, bem distinta, é saber se a nulidade identificada (seja ela absoluta ou relativa) poderá ou não ser declarada !

Dispõe, ainda, a letra "e", que *a falta do interrogatório* é causa de nulidade absoluta.

Expliquemos melhor:

Caso o réu seja citado mas, no dia assinalado, não quiser falar ao juiz, a falta do interrogatório, por evidente, não poderá ser erigida em causa de nulidade (absoluta ou relativa).

Como é notório, o acusado tem o direito de falar e não o dever de comparecer ao Fórum para confessar o crime ao juiz (*nemo se detegere*).

Se optar pelo silêncio, a conduta do acusado não pode ser interpretada como presunção de culpa (haja vista o conteúdo mandamental do princípio constitucional da presunção de inocência, que impõe ao acusador o dever de provar a responsabilidade criminal).

O interrogatório é ato que compete ao juiz do processo. Os Tribunais vem admitindo, todavia, a possibilidade de coleta do interrogatório à distância, mediante carta precatória, mas só em situações excepcionais. Através do Provimento n. 5, a Corregedoria-Geral do Tribunal Regional Federal da 4ª Região, autorizou a realização do interrogatório do réu por carta precatória, ao Juízo de conveniência e interesse processuais do Juiz do processo, não facultando revisão ou inconformismo pelo Juízo Deprecado.[182] Por paridade de motivos, parece-nos que nada impede que o interrogatório possa ser colhido, também, mediante rogatória, se o acusado estiver vivendo no exterior.

Entendia-se, não faz muito, que, por ser ato privativo do juiz, as partes não podiam intervir, com perguntas, durante a audiência de interrogatório.

Esse entendimento está superado.

A Lei 10.792/2003 veio a conferir nova redação ao artigo 188, para assegurar ao acusador e ao defensor o direito de repergunta ao depoente sobre fatos que dependam de esclarecimento (art. 188).

Embora o silêncio do Código, entendemos que esse direito alcança a audiência de interrogatório do co-réu, denunciado no mesmo ou em outro processo, haja vista as eventuais repercussões das respostas na órbita da defesa do co-autor ou participante.

Essa é a posição de Ada Grinover, Scarance Fernandes e Gomes Filho, para os quais ante "A referência a 'partes' impõe abrir-se também a mesma possibilidade de formulação de perguntas às defesas de eventuais co-réus, até porque os elementos de prova resultantes do interrogatório podem ser utilizados em relação a estes. Trata-se, aliás, de providência preconizada antes mesmo da Lei 10.792/03, com base na garantia do contraditório, uma vez que, nessa situação, o co-réu pode ser testemunha de fato praticado por outro acusado".[183]

Aludindo à questão – doutrinaria e jurisprudencialmente denominada como chamada de co-réu – o juiz Federal Carlos Henrique Borlido Haddad, reportando-se aos direitos alemão e italiano, também sustentou que "havendo indícios de prova contra aquele nominalmente apontado como co-autor ou partícipe da infração penal, independentemente de os acusados estarem sendo processados nos mesmos autos ou em autos desmembrados, mas desde que incida uma das hipóteses de conexão ou continência previstas nos arts. 76 e 77 do Código de Processo Penal, estará caracterizada a chamada de co-réu. Logo, surgirá o direito de requerer esclarecimentos, estando ou não os co-imputados no mesmo processo".[184]

---

[182] Habeas Corpus nº 38795/SC (2004/0142726-2), 6ª Turma do STJ, Rel. Min. Hélio Quaglia Barbosa. j. 24.05.2005, unânime, DJ 27.06.2005 e Conflito de Competência, Processo nº 200404010445360/RS, 4º Seção do TRF da 4ª Região, Rel. Juiz Néfi Cordeiro. j. 31.03.2005, unânime, DJU 18.05.2005.

[183] GRINOVER, Ada, *et alii*, obra citada, p. 102.

[184] HADDAD, Carlos Henrique Borlido, O Novo Interrogatório, *Revista da Ajuris*, Porto Alegre, ano LXXII, setembro de 2005, p. 60.

Será nulo o interrogatório, portanto, se ao defensor do réu ou do co-réu o juiz não oportunizar a formulação das reperguntas.

Na segunda parte da letra "e" prevê o Código declara ser relativa a nulidade pela *falta de abertura dos prazos à acusação e à defesa*. Essa norma não mais tem sentido em face da atual Constituição Federal. O cerceamento das atividades acusatórias e de defesa há de ser entendido como nulidade absoluta, por implicar em limitação abusiva ao direito das partes no processo.

8. A falta da sentença de pronúncia, do libelo e da entrega de cópia ao réu. A pronúncia é uma decisão interlocutória (e não uma sentença), eis que atua como divisor de águas entre as fases da acusação e do julgamento, que estruturam o procedimento especial do Júri.

Com a pronúncia o magistrado afirma que o promotor, nos moldes do sistema norte-americano, "tem um caso" a ser levado à apreciação dos Jurados. Editada, seguem-se os demais atos do processo, até o julgamento em Plenário, todos condicionados à prévia intimação do pronunciado, na forma indicada pelo artigo 414 do CPP.

Essa norma dispondo sobre a paralisação do processo até a sua intimação pessoal tinha, de fato, sentido ao tempo da edição de nosso Código, porque estruturado sob o princípio segundo o qual a prisão constituía um efeito natural da pronúncia. Ela não mais tem sentido atualmente porque em 1973 a Lei 5.491 (conhecida como Lei Fleury) introduziu o § 2º ao artigo 408 e passou permitir que o acusado aguardasse em liberdade o julgamento do seu processo pelo Júri.[185]

É muitíssimo conhecido o princípio de que a pronúncia deve ser prolatada mesmo em caso de dúvida. Convém apontar um aspecto pouco considerado pela doutrina, qual seja, o de que, sendo verdade que o invocação do *in dúbio pro societade* haverá de ser sempre feita toda vez que não ficar inequivocamente demonstrada a presença excludente de ilicitude suscitada pela defesa, pois, nesse caso, a valoração das provas sobre a licitude ou não da conduta do réu, como condição para o veredicto, precisará ser entregue, realmente, aos Jurados, não é menos verdade que a existência de dúvida na prova sobre a autoria ou a própria existência do crime deve conduzir à *impronúncia*, como propõe o mundialmente conhecido princípio do *in dúbio pro reo*.

No direito brasileiro (e também no direito português), a pronúncia há de atuar como importante mecanismo de proteção contra os excessos da acusação, evitando-se o encaminhamento de alguém ao Tribunal Popular – onde impera o princípio da motivação ou convicção íntima – com riscos de condenação sem o apoio de provas suficientes que indiquem a existência de indícios sérios de autoria, conforme ensinamento doutrinário[186] e jurisprudencial.[187]

Daí o paradigmático precedente emanado do Tribunal de Justiça do Rio Grande do Sul, aqui transcrito, pela importância de que se reveste, em julgamento de que foi Relator o Desembargador Manuel José Martinez Lucas, *in verbis*: "Freqüentemente se diz e se repete, até por comodismo e quase sem pensar, que, nos processos da competência do Tribunal do Júri, qualquer mínima dúvida deve ser dirimida pelos juízes leigos, impondo-se a pronúncia do réu, por aplicação do brocardo *in dubio pro societate*, vigente nesta fase do processo. Nem se admite que o juiz singular faça um exame mais aprofundado da prova, em relação a qualquer dos aspectos do feito. Não é isso, data vênia, o que se extrai da própria disposição contida no art. 408, *caput*, do diploma processual penal, nem o que ensina a melhor doutrina e o que proclama a mais refletida jurisprudência. De fato, o citado dispositivo exige, para a pronúncia, que o juiz esteja convencido da existência do crime e de indícios de que o réu seja o seu autor. Ora, para chegar a tal convencimento, é imprescindível um exame mais acurado da prova da materialidade e da autoria e, se concluir pela inexistência de prova daquela e de indícios suficientes desta, forçosamente deverá impronunciar o acusado. Então, quanto a esses dois aspectos cruciais do processo, não vige, mesmo na fase da pronúncia, o princípio *in dubio pro societate, o qual só tem efetivo cabimento quanto à possível exclusão da antijuridicidade ou da culpabilidade*. Tal ponto de vista é sustentado brilhantemente por Evandro Lins e Silva em artigo intitulado 'Sentença de Pronúncia',

---

[185] Habeas Corpus nº 70013600473, Primeira Câmara Criminal, Tribunal de Justiça do RS, Relator: Ivan Leomar Bruxel, Julgado em 21/12/2005.

[186] GRECO FILHO, Vicente. Questões polêmicas sobre a pronúncia. In: TUCCI, Rogério Lauria. Tribunal do Júri: *Estudo sobre a mais democrática instituição jurídica brasileira*. São Paulo: Revista dos Tribunais, p. 117-126, 1999).

[187] "Inexistindo, nos autos, indícios suficientes de que a recorrente e seu companheiro, co-denunciado, seriam os autores do delito que lhes e imputado – homicídio, mas, meras suspeitas e especulações, a impronúncia era medida que se impunha!" (Recurso em Sentido Estrito Nº 70005966882, Terceira Câmara Criminal, Tribunal de Justiça do RS, Relator: Danúbio Edon Franco, Julgado em 10/04/2003) No mesmo sentido o julgamento do recurso em sentido estrito de que foi relator o emin. Des. Délio Spalding de Almeida Wedy: "Inexistindo, nos autos, indícios suficientes de que o recorrido seja o autor do delito que lhe é imputado, mas meras suspeitas e especulações, a impronúncia é medida que se impõe e merece ser mantida. Recurso ministerial improvido. unânime" – RSE n. 70005385331, 2ª Câm., rel., julgado em 15/05/2003).

com apoio em lições doutrinárias e precedentes jurisprudenciais, alinhando argumentos ponderáveis e concluindo que 'quando a dúvida envolve a autoria ou participação no crime impera o princípio *in dubio pro reo*; se a dúvida é quanto a qualquer excludente ou justificativa a solução é *pro societate*." A posição, também foi sustentada pelo então Des. Nilo Wolff no artigo acima mencionado: 'O brocardo *in dubio pro societate*, seguidamente invocado para justificar a pronúncia, somente se aplica à matéria da absolvição sumária, onde a dúvida fica restrita à ilicitude e à culpabilidade. Em se tratando de dúvida pertinente à autoria, vige o princípio *in dubio pro reo* e resultado é a impronúncia'".[188]

Por falta da pronúncia, há entender-se não a sua ausência propriamente dita, do mundo dos fatos, mas, isto sim, a falta de requisito formal essencial de peça (a pronúncia) materialmente existente, pois é essa a condição *sine qua* para a aferição da própria configuração ou não do defeito.

Um dos mais freqüentes vícios constitutivos de nulidade está relacionado ao problema do excesso na fundamentação. Na pronúncia, com efeito, o juiz deve limitar-se a indicar as provas existentes sobre a autoria e a letalidade do crime, sem debate aprofundado ou opção qualitativa dos segmentos de prova existentes.[189] A exigência visa a preservar a liberdade dos Jurados na formação de sua íntima convicção.

Desse modo, o recomendável é que a declaração da nulidade seja acompanhada de ordem de desentranhamento dos autos da peça defeituosa, para preservar-se a finalidade antes anotada.

A letra "f" dispõe também que haverá nulidade absoluta pela falta de entrega do libelo ao réu, *com o rol de testemunhas*. O texto é infeliz ao mencionar o *rol* (porque nem sempre há pedido de produção de prova oral em plenário). É infeliz, também, ao fazer menção ao "processos perante o Tribunal do Júri", porque o libelo, enfim, é apresentável só nesses processos...

O libelo é de exclusiva atribuição do Ministério Público. Por meio dele o representante do *Parquet* explicita, sinteticamente, em artigos, a longitude, a latitude e a profundidade da acusação que produzirá em Plenário do Júri.

A fonte do libelo é a pronúncia, que, nessas condições, fixará os limites daquele.

Estruturalmente, o libelo contém o endereçamento, o preâmbulo e, depois, em artigos independentes, a imputação sobre a autoria, a letalidade, as qualificadoras e as circunstâncias agravantes, conquanto a criticável orientação jurisprudencial de que tais circunstâncias podem ser articuladas pelo acusador apenas em Plenário.

Haverá tantos libelos quantos forem os acusados (art. 417, § 1º do CPP). Se um só for o réu, os artigos do libelo deverão ser redigidos na voz ativa, de modo imputativo, categórico. Se forem dois ou mais, os libelos deverão ser redigidos na voz passiva, com a descrição, no primeiro artigo de autoria incerta de crime; no segundo, da letalidade e só no terceiro da conduta especificamente atribuída na denúncia e reconhecida na pronúncia ao respectivo libelado.

A tradição de imputar ao co-autor participação genérica, em quesito específico, não mais se sustenta, por violentar a garantia da ampla defesa. Se os Jurados afirmarem esse quesito o acusado não terá como questionar a condenação, no Tribunal, pela impossibilidade de identificar a modalidade da participação no fato.

A imputação de dois ou mais crimes conduzirá à redação do libelo em séries distintas de artigos para que, ao responder os quesitos, o Júri possa deliberar sobre cada crime separadamente.

Os rigores formais do libelo justificam-se perfeitamente, porque, a final, o libelo atua como fonte dos quesitos, conquanto a jurisprudência venha flexibilizando a matéria, por validar julgamentos, em processos contendo libelos nulos, sempre que o juiz, em concreto, formular, corretamente, todos os quesitos exigidos pelo caso.[190]

Conforme anotamos antes, a letra "f" prevê também a nulidade do julgamento pela *falta de entrega de cópia do libelo ao réu*. Com a devida vênia, entendemos que a hipótese não está voltada à não-entrega de cópia de qualquer libelo, mas só de cópia da-

---

[188] RJTJRGS, 163/105) – RSE nº 70008967580, 1ª CCR, Julgado em 30/06/2004.

[189] Habeas Corpus nº 84547/MS, 2ª Turma do STF, Rel. Min. Ellen Gracie. j. 01.03.2005, DJU 18.03.2005. No mesmo sentido: "É nula, conforme a jurisprudência consolidada do STF, a pronúncia cuja fundamentação extrapola a demonstração da concorrência dos seus pressupostos legais (Código de Processo Penal, art. 408) e assume, com afirmações apodícticas e minudência no cotejo analítico da prova, a versão acusatória ou rejeita peremptoriamente a da defesa (v.g., HC 68.606, 18.06.91, Celso, RTJ 136/1215; HC 69.133, 24.03.92, Celso, RTJ 140/917; HC 73.126, 27.02.96, Sanches, DJ 17.05.96; RHC 77.044, 26.05.98, Pertence, DJ 07.08.98). 2. O que reclama prova, no juízo da pronúncia, é a existência do crime; não, a autoria, para a qual basta a concorrência de indícios, que, portanto, o juiz deve cingir-se a indicar. A contenção da pronúncia, no ponto, tanto mais é de exigir-se quando, como se dá na espécie, a defesa se haja entrincheirado na negativa da autoria do fato" (Habeas Corpus nº 82294/MT, 1ª Turma do STF, Rel. Min. Sepúlveda Pertence. j. 24.09.2002, unânime, DJU 08.11.2002, p. 41).

[190] Recurso Especial nº 480220/ES (2002/0129888-0), 6ª Turma do STJ, Rel. Min. Hélio Quaglia Barbosa. j. 16.12.2004, unânime, DJ 14.02.2005.

quele que contiver rol de testemunhas, porque nesse caso a omissão poderá prejudicar a defesa, dado que, na contrariedade ao libelo, o réu também tem o direito de postular a produção de prova potencialmente capaz de neutralizar os movimentos da acusação.

Fora dessa hipótese não há sentido nenhum em anular-se o processo pela omissão antes citada. Como dissemos alhures, o libelo é construído a partir da pronúncia e dela não pode desbordar. Ora, como precisa ser pessoalmente intimado da pronúncia para poder ser levado a Júri, o acusado não poderá alegar prejuízo pelo não-recebimento de cópia de peça se a mesma é lastreada em peça técnica (a pronúncia) por ele adredemente conhecida, como dimana do artigo 414.

9. Falta da presença de pelo menos 15 jurados. Na letra "i" o legislador do CPP manifestou a sua preocupação em assegurar o *quorum mínimo* para a Constituição do Conselho de Sentença.

A razão é singela.

De fato, dos 21 Jurados intimados a comparecer ao Plenário, uns poderão deixar de vir ao foro, justificadamente; outros poderão apresentar impedimentos para atuarem (arts. 458, 459 e 462 do CPP); outrossim, três jurados poderão ser recusados pela acusação e outros três pela defesa, sem qualquer motivação...

Considerando-se ainda que as partes podem recusar, motivamente, número ilimitado, fácil ver que eventual previsão de *quorum* inferior a 15 Jurados poderia, assim, inviabilizar o próprio julgamento, com perda de tempo, gasto de energia e de recursos públicos, e, de outro, propiciar o inconveniente da pré-identificação dos Jurados desimpedidos, os quais ficariam expostos às pressões na comunidade, em visível prejuízo da serenidade, da isenção, enfim, da própria Justiça no julgamento.

Daí o sentido da cominação da nulidade.

10. A falta do sorteio dos jurados em número legal e a incomunicabilidade. O Conselho de Sentença é constituído de 7 Jurados, todos eles integrantes da lista de 21 Jurados intimados para a sessão pública de julgamento. A causa da nulidade absoluta está na omissão do sorteio. Nulidade haverá, então, se o juiz, com ou sem a concordância das partes, resolver chamar as pessoas que bem entender para atuarem como Jurados. Ou então, se os Jurados regularmente sorteados, após a finalização do julgamento, forem convidados pelo juiz (mesmo com a concordância das partes) para permanecer em seus lugares, a fim de julgarem outro processo integrante da pauta da Reunião.

A ofensa ao devido processo legal será manifesta nesses casos, pois o Juízo natural, como corolário dessa garantia, é só aquele com investidura regular e com competência para deliberar sobre o caso.

Haverá nulidade insanável, ainda, na inteligência da mesma letra, quando, não obstante a regularidade do sorteio, for descumprido o preceito que regula o *quorum* do Conselho, isto é, o de 7 Jurados.

Diz ainda nosso Código que haverá nulidade quando os Jurados *comunicarem-se entre si*, sobre qualquer aspecto do processo, evidentemente. Bem ao contrário do sistema norte-americano, cujo veredicto só poder ser alcançado por unanimidade, o Júri brasileiro delibera por maioria de votos e mediante a íntima convicção de seus integrantes.

Compreensível portanto que os Jurados após o sorteio não mais possam comunicar-se, ou com o Juiz, com os serventuários, com o Promotor ou o Defensor, sobre qualquer questão posta ou inerente ao julgamento.

Por conseguinte, não deve ser afrouxada a fiscalização, devendo ser registrado na ata o incidente eventualmente constitutivo da nulidade pela quebra da incomunicabilidade, para posterior análise e eventual proclamação das conseqüências legais.

11. A falta dos quesitos e das respectivas respostas. Os Jurados deliberam respondendo a quesitos redigidos em conformidade com o libelo, a contrariedade e com as teses defensivas novas (de defesa), porventura articuladas em plenário.

Compondo o conjunto do questionário, os quesitos, após os debates, deverão ser lidos e explicados pelo Juiz em Plenário. Em seguida, este indagará das partes se tem ou não alguma reclamação ou requerimento a fazer, consignando a manifestação (art. 479). Os Jurados, por óbvio, podem e devem pedir ao magistrado todos os esclarecimentos considerados necessários para a boa identificação das conseqüências das respostas de cada quesito, ao depositarem na urna cédula correspondente, contendo ou a palavra SIM ou a palavra NÃO (art. 485), recebidas por eles, com antecedência, de servidor judiciário, em cumprimento à ordem do Juiz-Presidente.

A votação será, evidentemente, secreta, de modo que nenhum Jurado deverá fiscalizar a atitude do outro, tanto assim que a cédula não utilizada será posteriormente recolhida por oficial de justiça em urna distinta, para ser, depois do escrutínio, devolvido com aquela utilizada, com vistas ao prosseguimento do julgamento (art. 487).

O ideal seria, por isso mesmo, que a deliberação do Júri ocorresse só por maioria de votos. A unanimidade de votos conduzirá ao inevitável conhecimento dos votos proferidos pelos sete Jurados, em comprometimento aberto ao princípio da soberania dos veredictos, voltado à proteção dos jurados contra pressões de toda ordem, antes ou depois da sessão. Bastaria que o juiz-presidente, ao escrutinar o voto decisivo, interrompesse, simplesmente, a votação e anunciasse que a deliberação sobre o quesito havia sido por maioria de votos no sentido tal ou no sentido qual.

Os quesitos serão formulados e respondidos na ordem indicada pelo artigo 484, versando, nessa ordem, sobre autoria, letalidade, privilegiadoras, qualificadoras, teses defensivas e, em caso de condenação, agravantes e atenuantes. Os quesitos sobre as privilegiadoras devem anteceder aos quesitos relativos às qualificadoras subjetivas para evitar-se o risco da nulidade do julgamento por contradição entre as respostas. Assim, em acusação por homicídio qualificado por motivo fútil a alegação defensiva de que o crime foi causado por violenta emoção decorrente de ato injusto da vítima, os quesitos correspondentes ao privilégio constante do § 1º do artigo 121 devem anteceder ao quesito relativo à qualificadora inserida em inciso do § 2º do mesmo artigo, pois o homicídio não pode ser simultaneamente fútil e privilegiado.

Havendo mais de um crime, as séries de quesitos serão apreciadas pelos Jurados separadamente.

Consoante os dizeres da letra "k", o que fundamenta a nulidade é a *falta* do quesito. Várias situações podem ocorrer, todas equivalentes. Assim, haverá nulidade quando o juiz deixa de redigir o quesito; também haverá nulidade quando o quesito integrar o questionário mas não for apreciado pelos Jurados por falta de indagação; haverá nulidade, ainda, quando o Juiz-Presidente submeter aos Jurados o quesito mas, inadvertidamente, deixar de registrar os votos correspondentes às respostas na ata do julgamento.

Em todas essas situações, a razão de ser da nulidade é bem evidente: faltando o quesito (por falta de redação, por falta de submissão ou por falta de registro das respostas) não será possível afirmar que todos os temas a eles submetidos pelas partes receberam a devida apreciação.

Daí enunciar o STF, em sua Súmula, o verbete n. 156 declarando ser "... absoluta a nulidade do julgamento pelo Júri, por falta de quesito obrigatório", à exceção daquele pertinente à circunstância atenuante, quando, a despeito da falta, o juiz vier a reconhecer, na aplicação da pena, o fato determinante d atenuação. O que fundamenta essa orientação é a impeditiva que analisaremos mais adiante recomendando o afastamento do vício sempre que a parte não tiver sofrido prejuízo.[191]

É tão intensa e grave a ausência de quesito obrigatório que a nulidade pode ser, a nosso ver, proclamada pelo Tribunal, de ofício, mesmo quando a apelação defensiva for interposta com fundamento exclusivamente na letra "d" do inciso III do art. 593.

12. Falta da acusação e da defesa na sessão do julgamento. Conquanto inserida essa previsão no elenco das letras do inciso III, que dispõem sobre o Júri, haja vista estar acompanhada da expressão "na sessão do julgamento", é claro que a nulidade por falta da acusação ou defesa é princípio que projeta efeito em todos os processos judiciais.

Não obstante a literalidade do texto, a nós parece claro que a hipótese não diz propriamente com a ausência física do Promotor ou do Defensor na sessão do julgamento.

Não fosse assim, nosso Código não precisaria declarar, no artigo 448, que o julgamento será adiado para o primeiro dia desimpedido, da mesma sessão periódica, ante o não comparecimento do representante do *Parquet*, desde que por motivo de força maior. Do mesmo modo será adiado se a ausência for sem escusa legítima, mas nesse caso o fato será comunicado ao Procurador-Geral da Justiça, para que ele designe outro agente ministerial, eis que não mais é admissível, na atualidade, a nomeação de promotor *ad-hoc*, figura mencionada no do parágrafo único do mesmo art. 448, bem como para que determine providências em nível disciplinar.

Sem defensor, por óbvio, não há como haver julgamento válido, não sendo raros casos em que o Juiz-Presidente interrompe a sessão e marca data para realização de novo júri, em razão de abandono do Plenário por advogado que com essa conduta quer denunciar abusos ou ilegalidades.

Destarte, essas considerações ensejam a afirmação de que a nulidade a que se refere a letra "l" pela falta da acusação ou da defesa deve corresponder ao que Tourinho Filho denomina como falta do ato em si ou de acusar ou de defender[192] e não propriamente com a falta do agente ministerial ou do advogado nomeado ou contratado pelo acusado à sessão do julgamento. Em sua famosa obra, o citado professor fornece bom exemplo sobre o que afirma: "Suponha-se, por exemplo, que o Promotor, após a leitura do libelo, sem qualquer motivo imperioso, saia do plenário, ou, então, sente-se... *Quide inde*? Não deve o Juiz dissolver o Conselho, marcar novo dia para o julga-

---

[191] Recurso Especial nº 218.855/SP, 5ª Turma, Relator Ministro Felix Fischer, in DJ 13/12/99 e Habeas Corpus nº 20273/RJ (2002/0001671-4), 6ª Turma do STJ, Rel. Min. Hamilton Carvalhido. j. 06.05.2003, unânime, DJU 16.06.2003, p. 411.
[192] TOURINHO FILHO, Fernando da Costa, *Processo Penal*, 25ª ed. 3º vol., São Paulo: Saraiva, p. 152.

mento, comunicando o fato ao Procurador-Geral da Justiça, para que se designe outro Promotor?"[193]

E se na sessão faltar o assistente do Ministério Público? A lei, nesse caso, declara expressamente que o julgamento não será adiado (§ 2º do artigo 451). Essa hipótese não corresponde à prevista no *caput* do mesmo dispositivo (art. 451), que regula o adiamento do Júri para a sessão periódica seguinte pela falta de comparecimento, com justa causa, do acusador particular, entendendo-se, como tal, o autor da ação penal privada subsidiária, prevista no artigo 29 do CPP., e não o Assistente do Ministério Público. Inexistente a justa causa, o julgamento será realizado, porque, nos dizeres do Código, nesse caso, "a acusação será devolvida ao Ministério Público".

Outra hipótese, não disciplinada expressamente, é a que diz com a eventualidade da figura do litisconsórcio ativo em matéria penal. No mesmo processo podem simultaneamente atuar o Ministério Público, e o querelante, se conexos crimes de ação pública e de iniciativa privada. Quer nos parecer que por paridade lógica e identidade de motivos, se justificada a falta do acusador particular (e é a ele que o § 1º do artigo 474 se refere, na parte em que ao juiz incumbe distribuir o tempo quando houver no processo "mais de um acusador") o julgamento deverá ser aditado para a sessão periódica seguinte.

Como no caso de ausência injustificada o juiz tecnicamente poderia cindir o processo e convocar nova sessão para apreciação pelos Jurados do crime conexo, razões práticas podem justificar o adiamento para que a acusação pelos fatos alcançados por ações penais distintas seja desenvolvida na mesma oportunidade. É o que recomendamos, aliás, por praticidade, economia de tempo e de dinheiro público.

Estando presente à sessão segue-se, pois, que o agente ministerial deve exercitar o dever de pronunciar a acusação.

No Tribunal do Júri, a acusação vem sintetizada no libelo crime-acusatório. Observe-se a ênfase do artigo 471: "Terminada a inquirição das testemunhas o promotor lerá o libelo e os dispositivos da lei penal em que o réu se achar incurso, e produzirá a acusação". Nosso Código é omisso sobre o modo como deve ser "produzida" a acusação... parecendo que a aprovação no concurso para o MP gera a presunção de que o Promotor está capacitado para exercer o que Cordeiro Guerra denomina de a *arte de acusar* ... embora essa nobre e difícil atividade não dispense domínio da técnica, conhecimento do direito e regras básicas de psicologia para a boa interação e a efetiva comunicação com os Jurados.

Ao dispor sobre a nulidade absoluta pela falta de acusação o Código, na letra "l", estaria proibindo o pedido de absolvição pelo órgão do M.P.?

Leitura desatenta do dispositivo pode até conduzir a essa falsa conclusão. No cinema, no teatro, na literatura, muitas vezes o Promotor de Justiça é mostrado como personagem caricato, com o coração cheio de ódio, cuja preocupação exclusiva é a de colocar as pessoas na cadeia. Nesses cenários o Promotor acusa, sempre!

Esse não é mais, felizmente, o perfil do Ministério Público, cujos agentes a cada dia mais se conscientizam de que a Instituição está a serviço da Justiça. Os membros do Ministério Público atuando como parte e como fiscal da lei representam a sociedade e por isso precisam agir com apaixonada combatividade, mas, na intervenção como *custos legis*, devem atuar com a mesma serenidade e isenção dos magistrados.

Diversa é a posição do advogado, que, no exercício do seu múnus publico, por falar em nome da parte (*ad vocatus*, a voz do outro, a voz que fala pelo outro), necessariamente deve lutar pela absolvição do constituinte ou, no pior cenário, pela imposição de penas brandas, se inevitável o juízo de censura.

O advogado não deve ter vergonha de defender todas as causas e de falar a linguagem da causa. É essa a sua nobre função: a de transmitir ao julgador a posição da parte que o constituiu, reafirmando, com esse proceder, as bases em que se assenta o Estado Democrático de Direito, incompatíveis com acusações ou condenações sem defesa e contraditório.

Como entender, então, a previsão de nulidade por falta de defesa?

Na mesma linha de pensamento articulada anteriormente acerca da intervenção do MP, parece-nos que o dispositivo não diz propriamente com a ausência física do defensor à sessão de julgamento. Aliás, o artigo 450 do CPP é claro quanto à necessidade de adiamento do júri para sessão periódica seguinte, ainda que com comunicação à OAB, se o defensor ou procurador não comparecer ao julgamento, sem escusa legítima. Do mesmo modo e aproveitando o exemplo fornecido por Tourinho Filho, se, na sessão de julgamento pelo Júri, o advogado de defesa decidir abandonar o plenário, o caso não será de anulação e sim de dissolução do Conselho de Sentença, com designação de novo Júri e de designação pelo Juiz de novo defensor.

A nulidade por falta de defesa há de ser entendida, portanto, como sinônimo de falta de efetividade da atuação do advogado. Por exemplo, o profissional subscreve a defesa prévia, mas não requer a produ-

---

[193] TOURINHO FILHO, Fernando da Costa, obra citada, p. 155.

ção de qualquer prova; comparece às audiências, mas não formula uma só pergunta aos depoentes; omite requerimentos de diligências, quando aberto o prazo correspondente e, nas alegações finais, limita-se a pedir, em poucos parágrafos, sem muita convicção, a absolvição do acusado; ou então, em Plenário, gaste praticamente todo o tempo sem aduzir algo útil, em prol do acusado...

Ora, é a Constituição que fornece explicitamente o lastro para que a falta de defesa configure-se como nulidade absoluta.

Visando a evitar impunidades e a chancelar a astúcia, o colendo STF culminou por flexibilizar a garantia constitucional editando o enunciado número 523 de sua Súmula, *verbis*: "No processo penal, a falta de defesa constitui nulidade absoluta, mas a sua deficiência só o anulará se houver prova de prejuízo para o réu".

O enunciado a nosso ver é insustentável. A defesa, no processo penal há de ser sempre e necessariamente ampla e efetiva, salvo volvendo-se, em negação aos avanços da modernidade, ao sistema inquisitivo de processo, algo inadmissível por óbvias razões.

13. A falta da sentença. Conforme ensinam conceituados processualistas, a sentença é a solene manifestação jurisdicional que "conclue o processo"[194] (civil ou penal); é a denominação jurídica do ato do magistrado que após o exame das alegações das partes declara o direito ao caso concreto;[195] é a "afirmação da vontade da lei aplicada ao caso concreto";[196] é, ainda mais operacionalmente simples, "todo o pronunciamento da jurisdição, capaz de acarretar o fim do processo, com ou sem o exame do mérito"[197] ou, em direito penal, especificamente, o ato que "condena ou absolve o réu".[198]

Como pode-se ver, nessas definições seus autores não privilegiam a figura do juiz como o responsável pela construção do veredicto, vendo-o mais como um canal de comunicação entre o ordenamento jurídico e o fato, na medida em que afirmam incumbir-lhe o ajustamento do preceito legal à situação levada pela partes à sua apreciação e julgamento.

Sem retirarmos a utilidade didática das citadas definições, não consideramos exagero dizer que elas de certo modo nos transportam para o século XVIII, época em que o famoso inspirador do positivismo, Montesquieu, certamente influenciado pelos horrores do antigo regime, dizia que os juízes, sendo a boca pela qual a lei se expressaria, tinham o dever de simplesmente aplicá-la, sem esforço hermenêutico, na falsa suposição de que nos Códigos estavam previstos todos os conflitos intersubjetivos e apontadas as correspondentes soluções.

O tempo – e a reação emanada de Escolas como a da Livre Investigação do Direito[199] – haveriam de mostrar a fragilidade dessa presunção de sabedoria ilimitada e de completude do ordenamento jurídico de direito positivo.

Com efeito, a suposição de auto-suficiência dos Códigos é tão frágil como o cristal. Diferentemente do que poderíamos imaginar, não existe em nenhum lugar do planeta, conforme registra Novoa Monreal aquele "(...) legislador atento a essas transformações, e ágil em sua elaboração preceptiva",[200] decidido a evitar os desequilíbrios, "elaborando novas normas que tivessem por finalidade pôr em dia as regras ultrapassadas, para manter sempre um direito viçoso e atualizado".[201] Além disso a vertiginosa velocidade dos câmbios sociais, em todo mundo, agudiza o fenômeno da ruptura entre o direito positivo e a realidade viva, a exigir, cada vez mais, a figura do juiz para resolver o caso concreto à luz de outros paradigmas.

Com sua costumeira precisão, disse Antonio Magalhães Gomes Filho, em seu recente livro, não ser "difícil constatar que o ideal de um ordenamento constituído de prescrições certas, inequívocas e capazes de fornecer soluções adequadas para cada situação – que na verdade sempre foi inatingível – torna-se ainda mais distante nas sociedades contemporâneas, cuja complexidade traz à tona novos atores, conflitos e valores, que demandam a incessante

---

[194] CARNELUTTI, Francesco. *Como se Faz um Processo*. Belo Horizonte: Líder, 2001, p. 95.

[195] NORONHA, Edgard Magalhães, *Curso de Direito Processual*. São Paulo: Saraiva, 1978, p. 210.

[196] SANTOS, Moacyr Amaral, *Primeiras Linhas de Direito Processual Civil*, São Paulo: Saraiva, 1985, p. 11, citado por Bruno Luiz Weiler Siqueira, no art. cit., p. 208.

[197] SIQUEIRA, Bruno Luiz Weiler, A Sentença e seus Requisitos Legais e Constitucionais. *Revista Cidadania e Justiça*, 2º sem./99, p. 207.

[198] FAYET, Ney. *A Sentença Criminal e suas Nulidades*. Rio de Janeiro: Aidê, 1987, p. 243.

[199] Eduardo Garcia Maynez, *Introducción al Estudio del Derecho*. México: Porrua, 1955, p. 349. Afirmou que a Escola do Direito Livre pode ser dividida didaticamente em três fases distintas, sendo que a primeira se inicia em 1840 e finda em 1900, a segunda, impulsionada por Radbruch, K. G. Wurzel e outros, inicia-se em 1900 e perdura até 1906 e a terceira que data entre os anos de 1906 e 1914.

[200] MONREAL, Eduardo Novoa. *O Direito como Obstáculo à Transformação Social*. Porto Alegre: Fabris, 1998, p. 30.

[201] Idem, p. 30-31.

produção de normas, nem sempre coerentes entre si e com o conjunto normativo já existente".[202]

Insatisfeito com as citadas definições de sentença porque ao desprezarem o trabalho judicial de construção da solução reclamada pelas partes elas servem "à conservação do modelo social cristalizado no direito positivo legislado", Nilo Bairros de Brum considerou como mais apropriada à função judicial de criação do direito, atenta à eqüidade e à adequação do jurídico ao social, a definição de sentença dada por Fernando da Costa Tourinho Filho, para quem a palavra expressa sentimento ou sentido, pois deriva de *sententia* que, por sua vez, vem de *sententiando*, gerúndio do verbo "*sentire*", ensejando a idéia de que, por meio dela, o juiz sente e declara o que sente.[203]

O papel do juiz na cena judiciária não é secundário, portanto, como bem sugere o conhecido processualista de São Paulo, mas, como um dos atores principais, aquele que, por sua conta e risco, pronuncia o veredicto.

A sentença, então, é o simples resultado do ajustamento da lei à *fattispecie*, como se extraí das definições reproduzidas no pórtico item, mas como objeto cultural, é uma obra humana, impregnada de valores e de ideologia, enfim, uma "criação da inteligência e da vontade" do juiz, como bem declarou Couture,[204] que integral o rol de seus deveres institucionais e funcionais. Ela integra o conjunto dos deveres políticos assumidos pelo Estado, quando da celebração do pacto social e da institucionalização do monopólio do *jus puniendi*, como forma de prevenir o retorno às armas (*ne cives ad arma veniant*),[205] em detrimento dos avanços da civilização.

Na linha explicativa desenvolvida nos itens precedentes, a declaração do Código, na letra "m" de nulidade absoluta pela falta da sentença não volta-se à ausência propriamente dita da sentença nos autos do processo, nem a sua edição ou subscrição por pessoa desprovida do poder de julgar.

Nesses casos, evidentemente, o que haveria seria a inexistência do ato processual e nada mais. Se eventualmente um Tribunal tivesse que se manifestar sobre as situações aqui ventiladas por certo ordenaria a remessa dos autos do processo à origem para que o juiz titular da vara prolatasse a sentença e assim desse andamento regular ao processo com a intimação das partes para o exercício do direito de recorrer.

Em suma: a previsão legal de nulidade por falta (letra "m") pressupõe sentença existente, lavrada e publicada, sem a observância de algum de seus requisitos essenciais.

São eles:

O primeiro é relativo à forma. A sentença deve ser escrita, manuscrita ou datilografada (em verdade, impressa por qualquer modo), tanto que na dicção do art. 388 do CPP, todas as suas folhas terão que ser rubricadas pelo juiz. A exigência, entretanto, vem sendo abrandada pela jurisprudência, sob o argumento de que "milita em favor dos provimentos judiciais a presunção de autenticidade",[206] especialmente quando não há objeção específica.

O escrito, via de regra, provém do punho (seria melhor dizermos, da máquina de escrever, do computador!) do próprio juiz, mas nada impede que terceiro o faça, desde que mediante ditado do magistrado. Essa fórmula é a prevista no procedimento sumário das detenções, no procedimento especial do Juizado Especial Criminal e também no procedimento por crime definido como de abuso de autoridade, cujos artigos 538, § 2º do CPP, 81, § 2º da Lei 9.099/95 e 24 da Lei 4.898/65, declaram que as sentenças constarão do termo da audiência lavrado pelo Escrivão, mediante ordem do magistrado e supervisão deste e das partes.

Assim como a denúncia, a sentença e o acórdão devem ser redigidos no idioma nacional. Este é um outro requisito integrativo essencial embora seja certo dizer que no CPP não há dispositivo explícito sobre ele.

É mais do que evidente, todavia, que nós, brasileiros, falamos e escrevemos em português, o idioma que nos capacita à transmissão da informação e do conhecimento no território do nosso país.

Seria inimaginável uma sentença lavrada em inglês, grego, russo, cujo conteúdo só aqueles que dominassem o inglês, o grego ou o russo poderiam apreender. A preocupação com a aferição do sentido do texto aparece, aliás, em relação aos documentos juntados ao processo, no artigo 236 do CPP, determinando sua tradução por tradutor público ou na falta por pessoa idônea nomeada pela autoridade.

Outro requisito formal da sentença é o da inserção da data em que foi prolatada (artigo 381, inciso VI). Esse requisito integrativo não é, entretanto, essencial. A ausência tem natureza de mera irregularidade,

---

[202] GOMES FILHO, Antonio Magalhães. *A Motivação das Decisões Judiciais*. São Paulo: Revista dos Tribunais, 2001, p. 132.
[203] BRUM, Nilo Bairros de. *Requisitos Retóricos da Sentença Penal*. São Paulo: Revista dos Tribunais, 1980, p. 7.
[204] COUTURE, Eduardo J., *Introdução ao Estudo do Processo Civil*. São Paulo: Forense, 1998, p. 57.
[205] Idem, p. 14.
[206] STF, 2ª T, Rel. Min. Marco Aurélio, in RTJ 150, p. 557.

pois a sentença só se transformará em documento público na data em que for depositada em mãos do escrivão e daí registrada em livro especial, consoante se extrai do artigo 389 do CPP.[207]

É claro que a sentença precisa ser assinada pelo magistrado. Aliás, nesse sentido é a determinação do inciso VI, segunda parte, do artigo 381 do CPP. Do mesmo modo que uma denúncia sem assinatura, a sentença apócrifa não passa de um trabalho burocrático. Se o problema for constatado pelo magistrado antes do envio dos autos do processo ao tribunal, em razão de recurso interposto, ele o contornará, sem maior dificuldade, lançando sua assinatura e oficializando a autoria da peça.

Todavia, se for notado pelo Tribunal quando do conhecimento do recurso admitido, não haverá outro modo de resolvê-lo senão com a conversão do julgamento em diligência, para que o juiz profira a sentença ou, em nova manifestação, declare que a peça constante dos autos (e agora assinada) é de sua autoria e responsabilidade.

Estruturalmente, a sentença divide-se em três partes distintas, mas entre si conjugadas, formando uma totalidade, conforme se extrai dos incisos I a VI do artigo 381 do CPP.

A primeira corresponde ao relatório, em que o magistrado identificará as partes e a demanda (artigo 381, incisos I e II, do CPP), mencionará todas as intercorrências e apontará as teses aduzidas pela acusação e defesa.

A segunda corresponde à fundamentação, em que o magistrado apontará as bases que o levaram ao veredicto. A atividade de fundamentar pressupõe conhecimento da técnica de elaboração do discurso fundamentador, sobre o qual também dissertaremos no item abaixo.

A terceira corresponde ao dispositivo, em que o juiz declarará a solução ao caso e indicará os artigos de lei pertinentes (artigo 381, incisos IV e V, do CPP), seguindo-se, após, a data e a assinatura (inciso VI). O dispositivo é a síntese legal do pensamento articulado e da própria decisão.

Em razão da importância prática, examinemos tais partes vagarosa e separadamente.

Denomina-se relatório a narrativa sucinta, clara e objetiva do processo e de seus incidentes.

Embora os incisos I e II do artigo 381 do CPP declarem que a sentença conterá os nomes das partes, ou, quando não for possível, as indicações necessárias para identificá-las e a exposição sucinta da acusação e da defesa, sem outras alusões, a verdade é que para bem fazê-lo o juiz necessariamente precisará reportar-se ao fato narrado e aos pontos da impugnação defensiva.

Ninguém ignora, por isso, que todo relatório de sentença criminal começa com a reprodução (ou a síntese) do fato constante na denúncia, queixa ou aditamento.

Só depois de atender a esse item é que o juiz se deterá na modalidade e regularidade da citação; fará os comentários sobre a versão oferecida pelo acusado no interrogatório; aludirá à defesa prévia e aos seus termos; detalhará as exceções ou incidentes suscitados e o modo como foram resolvidos; mencionará as providências determinadas de ofício; com a especificação da prova produzida durante a instrução; indicará o resultado de eventuais diligências requeridas pelas partes e, por último, sintetizará o pensamento articulado por estas nas alegações finais.[208]

Elaborando relatório amplo, assim, embora não necessariamente longo, o juiz demonstrará a quem ler a sentença que estudou detidamente os autos, que não desconhece suas particularidades e que, portanto, dele nada escapou quando da consideração das variáveis possíveis para a decisão.

Por isso, não se admite, sob pena de nulidade, que o juiz, para atender a exigência dos incisos I e II do artigo 381 do CPP, se reporte simplesmente aos relatórios apresentados pelo órgão do Ministério Público[209] e/ou pelo defensor, nas alegações finais.

Como dissemos, no relatório, ante a determinação do inciso II do art. 381, o juiz deverá pronunciar-se sobre os pontos da acusação e da defesa.

Embora a omissão implique desrespeito a requisito integrativo essencial, a jurisprudência vem recusando a alegação de nulidade quando as teses respectivas forem apreciadas na parte reservada à motivação da sentença.[210] Conquanto descumprida a técnica, o juiz resguardará, nesse caso o sentido da exigência: o da vedação de ignorar as teses articuladas no processo.

---

[207] TACRIM, SP, 1ª C., Ap. 932.387, j. 27.7.95, Rel. Juiz Pires Neto, in ALBERTO FRANCO et alii. *Código de Processo Penal e sua Interpretação Jurisprudencial*. São Paulo: Revista dos Tribunais, 1999, p. 2084.

[208] Essa é a ordem dos acontecimentos no procedimento comum das reclusões. É claro que essa ordem variará segundo o procedimento (comum ou especial) inerente à hipótese específica.

[209] TJSP, 4ª C., ap. julgada em 15.7.92, Rel. Cunha Bueno, RT 698, p., 336, in ALBERTO FRANCO et alii, *Código de Processo Penal e sua Interpretação Jurisprudencial*, cit, p. 2056.

[210] Apelação Crime nº 297007676, 1ª Câmara Criminal do TARS, Butiá, Rel. Marco Antônio Ribeiro de Oliveira, j. 30.04.1997. No mesmo sentido: Apelação-Crime nº 697112043, 1ª Câmara Criminal do TJRS, Sapucaia do Sul, Rel. Des. Ranolfo Vieira, j. 10.09.1997, dentre outras decisões.

Sendo a exigência do relatório a regra é ele excepcionalmente dispensado pelo artigo 81, § 3º, da Lei 9.099/95 nas sentenças por fatos de menor potencial ofensivo, da competência dos Juizados Especiais Criminais, não só porque os atos processuais são realizados em audiência única de instrução e julgamento, mas, ainda e principalmente, porque, nesse Juizado, as matérias não são complexas.

O inciso III do artigo 381 do CPP dispõe que na sentença o juiz deverá indicar os motivos de fato e de direito em que se fundar a decisão. Por seu turno, a Constituição Federal, no inciso IX do artigo 93 da CF, pioneiramente, condiciona a validade das decisões dos órgãos do Poder Judiciário à fundamentação, pois, de outro modo, as partes não conseguiriam exercer, pelo recurso, o direito de crítica à decisão junto às instâncias superiores.

As expressões *motivação* e *fundamentação* propõem idêntico sentido, pois motivar ou fundamentar é fornecer os motivos, os fundamentos, as razões, ou seja, os alicerces, as linhas, as bases que sustentam a decisão.

A decisão sempre precede a fundamentação, e esta sempre precede ao discurso motivador, muito embora entre o ato de decidir e o ato de motivar exista uma íntima conexão, como bem registrou o professor Gomes Filho.[211]

Conforme explica Nilo Bairros de Brum, quando afirma que chegado o momento de prolatar a sentença penal o juiz, geralmente, já decidiu se condenará ou absolverá o réu. Chegará essa decisão (ou tendência de decidir) por vários "motivos, nem sempre lógicos ou derivados da lei. Muitas vezes, a tendência a condenar está fortemente influenciada pela extensão da folha de antecedentes do réu ou, ainda, pela repugnância que determinado delito (em si) provoca no espírito do juiz".[212] Noutras vezes, a tendência para absolver representará a expressão viva das tendências ideológicas de considerar que o réu é sempre uma vítima da inoperância do Estado e da falta de atenção dos outros...

A propósito dessa ordem (decisão, fundamentação e discurso motivador), ensina Gomes Filho ser possível distinguirmos, portanto, no raciocínio judicial, de um lado, "a atividade mental que se desenvolve com o objetivo de encontrar a solução para o caso trazido a julgamento, na qual pesam não só as premissas de direito e de fato, mas também valores extra-jurídicos (morais, políticos, ideológicos etc.) do juiz, e, por outro, o produto dessa mesma atividade, apresentando sob a forma de uma sentença, em que se expõem ao público as razões da escolha realizada".[213]

Então, o juiz, primeiro, precisará identificar as provas e as examinará junto com as alegações das partes para poder formar o convencimento e, daí, deliberar, decidir apontar o direito incidente na espécie, socorrendo-se da lei, da jurisprudência, dos princípios gerais, etc. Realizada a opção (deliberação), ordenará mentalmente as bases de sustentação da decisão (motivos, fundamentos). Por último, detalhará essas bases (discurso motivador) com clareza a todos os interessados, conforme a técnica própria, evitando que eventuais obscuridades, contradições, ambigüidades ou omissões, ensejem embargos declaratórios.

Se tivéssemos que apontar, diríamos que o *iter* decisório principia com a análise dos aspectos relacionados com a determinação típica do fato narrado na denúncia ou queixa, uma vez que sem tipicidade é incogitável qualquer juízo de reprovação social; desenvolve-se com o exame da incidência ou não de causas extintivas da punibilidade; segue com a valoração das provas sobre a autoria e a materialidade do crime; completa-se, com o exame das teses jurídicas articuladas pelas partes (negativa de autoria, excludentes, desclassificação, etc.) e exaure-se com a declaração de improcedência ou de procedência da ação – nesse último caso, acompanhada da individualização das penas, do regime e das determinações burocráticas pertinentes aos registros e publicações.

Embora esse itinerário sugira simplicidade de procedimento, a tomada de decisão, todavia, não é tarefa fácil, pois o magistrado, além das questões controvertidas de direito que precisa resolver, se deparará, no tocante à prova, conforme diz Bairros de Brum, com outras questões também "altamente problemáticas (...)", pois os fatos "serão sempre reconstituídos de forma indireta, através de uma atividade probatória que longe está de ser imaculada e isenta".[214]

As provas colhidas no inquérito ou no processo podem, com efeito, refletir a maior ou menor compreensão, repúdio, isenção, parcialidade, de policiais, peritos, órgãos do Ministério Público, sem considerarmos que as partes (institucionalmente parciais), como é óbvio, farão todo o esforço para fazer preponderar no julgamento a sua própria interpretação sobre elas.

Além disso, há outras variáveis objetivas que interferem na produção e na perenização da prova, nomeadamente da testemunhal, que é a mais comum e

---

[211] GOMES FILHO, Antonio Magalhães. *A Motivação das Decisões Penais*. São Paulo: Revista dos Tribunais, 2001, p. 113.

[212] Obra citada, p. 72.

[213] Idem, p. 112.

[214] Idem, ibidem, p. 53.

freqüente, empalidecendo o brilho do conhecido princípio da verdade real.

Não obstante a presunção de que as pessoas, quando depõem, o fazem com o nítido propósito de dizer a verdade e de contribuir para com a boa distribuição da Justiça, o que nos mostra o cotidiano (e nos demonstram os experts em psicologia judiciária) é que elas, quando conseguem lembrar os fatos, nem sempre os narram com clareza e precisão nas audiências. Problemas relacionados a maior ou menor frieza na visualização do acontecimento, a maior ou menor capacidade de retenção do fenômeno ou de seus detalhes, na memória; a maior ou menor capacidade de reproduzi-los verbalmente na delegacia e no fórum, diante de desconhecidos, sob olhares inquisitivos do MP e do defensor; ao decurso do tempo, às naturais imprecisões com datas, distâncias, cores, tipos de roupa, etc., bem evidenciam o quanto à prova, nem sempre, se apresenta aos olhos do juiz livre de perplexidades.

Todos esses aspectos exigem do juiz, portanto, um grande esforço para compreender, valorar e decidir com segurança e convicção, precisando, quase sempre, identificar e desprezar contradições sobre aspectos periféricos (as pequenas contradições, em realidade, atestam a idoneidade e não a indignidade da prova!), sabendo, enfim, que por não serem as provas de plena certeza, sua sentença apontará, na melhor das hipóteses, a alta probabilidade de como os fatos aconteceram – para o efeito de reconhecer ou não a culpabilidade do acusado.

Diferentes perspectivas podem ser mencionadas quanto ao papel a ser desempenhado pelo julgador.

De um lado, o de juiz formalista, para quem o mecanismo da aplicação judicial do direito equivaleria ao silogismo, com lembra Angel Latorre, ao explicar que a premissa maior seria constituída pela norma jurídica abstrata e geral aplicável ao caso concreto submetido a juízo, a premissa menor pelos fatos deste caso, e a conclusão obtida com a subsunção do fato concreto na norma da premissa geral.[215] Essa perspectiva é decorrência do racionalismo do século passado, da rígida aplicação do dogma da separação dos poderes, bem como do resíduo da desconfiança ante o poder discricionário de que os tribunais haviam gozado no antigo regime, como explicou o ilustre jurista.

Ao juiz formalista, portanto, não incumbiriam outros questionamentos senão aqueles relacionados com o processo de subsunção dos fatos à norma: se positivos, por bem o demonstrarem a prova, a sentença terá que ser condenatória, seguindo-se a individualização da pena; se negativos, terá que ser absolutória, preservando-se a garantia constitucional de presunção de inocência do acusado.

De outro, o papel de juiz realista, para quem o que se põe no momento da decisão é o problema da interpretação dos fatos e do direito, seja em face da multiplicidade de variáveis antes referidas, seja porque, mesmo existente a norma jurídica, o que importa é determinar-lhe o seu sentido, no devido momento histórico.

Como disse Latorre, "os tribunais não podem nem devem subtrair-se ao espírito do seu tempo, às novas exigências sociais e econômicas, aos novos critérios de valoração, nem assim fazem na prática. Embora o jurista tenha sido acusado freqüentemente de espírito rotineiro e conservador, o certo é que não lhe pode faltar essa sensibilidade para as necessidades de seu próprio tempo, e muito menos quando tem a missão essencial de aplicar o Direito. Um juiz não vive a sós com a lei. Pesa nele a sua educação jurídica e a sua formação humana em geral, a doutrina dos autores que criticam ou defendem os preceitos legais e a influência geral da sociedade em que vive",[216] ou seja, a influência dos valores.

Diante dessas breves considerações, resulta facilmente perceptível que a motivação ou fundamentação da decisão constitui atividade de intensa criação da inteligência e da vontade do juiz, não sendo, portanto, "um pedaço de lógica, nem tampouco uma norma pura",[217] como ensinava Couture.

Nas palavras do festejado jurista Uruguaio, "não se inventou, ainda, u'a máquina para produzir sentença. No dia em que for possível decidir os casos judiciais como se decidem as corridas de cavalo, mediante um "olho mecânico que registra fisicamente o triunfo ou a derrota, a concepção constitutiva do processo perderá seu sentido e a sentença será uma mera declaração, como queria Montesquieu".[218]

De qualquer sorte, ao decidir, independentemente da perspectiva colocada, o juiz não está dispensado de conhecer e de observar certos mecanismos processuais que atuam como instrumentos de contenção do *jus puniendi* estatal.

Um deles é o princípio da congruência entre o fato descrito e a sentença.

Conquanto ao decidir possa dar ao fato descrito na denúncia ou queixa uma outra classificação jurídica,

---

[215] LATORRE, Angel. *Introdução ao Direito*, Coimbra: Almedina, 1997, p. 102.
[216] Idem, p. 106.
[217] Obra citada, p. 57.
[218] Idem, p. 59.

ainda que isso implique apenamento superior àquele correspondente ao tipo penal equivocadamente apontado pelo acusador – fenômeno conhecido como *emendatio libelli* – (art. 383 do CPP) – certo é que não poderá o magistrado, em razão do princípio acima aludido, conferir ao mesmo fato uma outra definição jurídica, ainda que a pena seja idêntica, sem o prévio aditamento do órgão da acusação e o resguardo à garantia de ampla defesa, como propõe o parágrafo único do artigo 384 e, segundo o nosso entendimento, também o *caput* do mesmo dispositivo legal.[219] A sentença, em suma, não pode extrapolar, ir além ou ficar aquém do pedido. Se violar essa regra, o defeito será manifesto, visível a olho nu.

Conhecidas as variáveis relacionadas com a construção da decisão cumpre-nos destacar agora os aspectos técnicos relacionados com a construção da fundamentação, uma vez que esta, no dizer de Gomes Filho,[220] tem a natureza de um discurso justificativo dirigido a determinado auditório (as partes e o público em geral).

Conforme a técnica, na organização do discurso fundamentador o magistrado deve apreciar antes do exame do mérito todas as questões preliminares suscitadas pelas partes ou por levantadas ele próprio, de ofício (nulidades, exceções, incidentes, etc.). Os articulados relativos às questões preliminares e ao mérito da causa haverão de ser internamente coerentes, no sentido de que entre as diversas premissas e a conclusão final não sobrevenham conflitos, de modo a que, no conjunto, nos moldes de uma totalidade, possa identificar-se a imagem do fenômeno ditado pela prova dos autos.

Segundo dissemos antes, a justificação consiste na ordenação clara dos motivos, dos fundamentos identificados pelo juiz para o lastro da decisão precedentemente tomada.

Assim, o texto motivador, como disse Bruno Siqueira, ao dissertar sobre a sentença cível, precisa revestir-se de clareza, certeza, exaustividade e adequação.[221]

Uma sentença é clara quando o leitor consegue identificar e apreender os fundamentos sem nenhuma dificuldade. Consoante recomenda o ex-ministro do STF, Mário Guimarães, citado por Ney Fayet, deve o juiz, por isso mesmo, empregar termos precisos, usar corretamente os "termos jurídicos; manter a elegância do estilo evitando expressões de gíria ou chulas; usar apenas moderadamente citações de autores, de jurisprudência e de brocardos latinos; fugir dos argumentos capciosos, dos sofismas, das expressões apaixonadas, dos vocábulos rudes".[222]

Mais vale a sentença de poucas laudas, enxuta, clara, com embasamento jurídico parcimonioso, mas seguro, que a sentença longa, falsamente erudita, confusa, sem conexão com os atos, sujeita a embargos declaratórios, inconciliável com os tempos atuais que exigem simplicidade, presteza e eficiência na prestação jurisdicional.

Por isso, ao formular seu raciocínio, recomenda-se ao magistrado que evite os rodeios, que vá direto ao âmago da questão, "expondo-a em poucas palavras e resolvendo-a sem digressões que, às vezes, são reveladoras de cultura, mas estranhas ao julgamento".[223]

Sentença certa, outrossim, é aquela que não deixa fora de apreciação qualquer tema proposto pelas partes. Assim: se o acusado suscitar no interrogatório determinada tese defensiva e o juiz não analisá-la na sentença não haverá a menor dúvida de que o tribunal declarará a nulidade por ofensa à garantia constitucional prevista no inciso LV do artigo 5º.[224] Sendo certa, a sentença deverá ser, por conseqüência, necessariamente exaustiva, embora isso não signifique obrigação do juiz de responder argumento por argumento da parte. Desde que, com motivação adequada, repila os pontos constitutivos da defesa pessoal e técnica nada haverá de irregular.

Diversa será a solução se a matéria for do interesse do acusador. Em acusação por dois crimes conexos o juiz, na sentença condenatória, por exemplo, deixa de analisar a autoria e a materialidade de um deles. Se o problema for constatado pelo Tribunal em razão de recurso intentado pela defesa ou em razão de recurso ajuizado pelo Ministério Público para postular o aumento da pena imposta pelo crime de que redundou a condenação – sem qualquer reclamação em torno do ponto omisso – o tribunal não estará autorizado a declarar a nulidade indiscutivelmente configurada porque isso implicaria *reformatio in pejus indireta*,

---

[219] Na monografia Ação Penal, Denúncia, Queixa e Aditamento analisamos longamente a questão sob a ótica do artigo 384 e seu parágrafo único do CPP.
[220] Obra e página citada.
[221] Artigo citado, p. 214.
[222] FAYET, Ney. Ob. cit., p. 22.
[223] Op. cit., mesma página.
[224] Apelação-Crime nº 699006086, Câmara de Férias Criminal do TJRS, Santana do Livramento, Rel. Sylvio Baptista Neto, j. 23.06.1999, dentre outras decisões.

vedada pelo enunciado 160 da Súmula do STF, voltada à preservação da defesa do acusado.[225]

A última parte da sentença corresponde ao dispositivo. A ele seguem a data e a assinatura do juiz (inciso VI).

O dispositivo contém a síntese da decisão, a indicação dos artigos da lei penal incidentes e a ordem ao servidor judicial para a execução das atividades burocráticas relacionadas aos registros cartorários e estatísticos.

Se condenatória, englobará os artigos correspondentes ao tipo dado como "violado" pelo réu, bem como aqueles que guardarem alguma relação direta ou indireta com ele (p. ex., arts. 29, no concurso de agentes, arts. 70 ou 71, no concurso de crimes). O dispositivo, contendo esses dados, atua como fonte de referência para o desencadeamento da individualização judicial das penas e do regime de execução da pena privativa de liberdade.

Há juízes que seguem inversamente a ordem que acabamos de descrever. Após a afirmação de procedência da inicial – passam à graduação da censura individualizando a pena e o regime para só depois do exaurimento desse processo declararem os artigos de lei pertinentes ao caso em julgamento.

Embora essa alternativa seja juridicamente defensável, a sugestão que fazemos, por nos parecer mais rigorosamente técnica, é de procedimento no sentido inverso: ao declarar a procedência da denúncia ou queixa e a imediata referência aos artigos da lei penal, o juiz estabelecerá, para si, os lineamentos relativos ao processo de individualização da pena e do regime (vale dizer, de quantificação da culpabilidade ou da censura reconhecida), dos quais não poderá afastar-se, reduzindo a chance do erro e precavendo-se das nulidades.

A individualização pena, portanto, integra o dispositivo, independentemente da sua espécie, regendo-se pelos sistemas próprios (o trifásico para a privativa de liberdade e o da multa, para a pecuniária).

Oportuníssima a lembrança e a crítica de Aramis Nassif acerca dos julgados que reconhecem nos vícios pertinentes à individualização da pena só a parcial nulidade da sentença. Como bem ensina, as omissões e os erros nela verificados a contaminam por inteiro.[226]

14. **A falta do recurso de ofício**. São as seguintes as previsões legais de recurso em sentido estrito em nosso sistema normativo: a) a sentença que conceder hábeas corpus (art. 574, I); b) a sentença que absolver sumariamente por crime doloso contra a vida (art. 574, II); c) a decisão que conceder a reabilitação (art. 746); d) a decisão que decretar o arquivamento do inquérito, por crime contra a economia popular ou a saúde pública (Lei 1.521/51 – art. 7°); e) a sentença que absolver o réu da imputação por crime contra a economia popular ou a saúde pública (Lei. 1521/51 – art. 7°) f) as decisões de arquivamento de inquérito por crimes referentes às incorporações imobiliárias (Lei 4591/64, art. 65, § 2°) e g) as sentença que absolver o réu por crime definido na mesma Lei 4591, conforme remissão promovida pelo mesmo § 2° do art. 65 à Lei 1.521/51.

Segue-se, então, que a validade dos atos do processo subseqüentes à própria decisão está condicionada ao conhecimento e desprovimento pelo Tribunal do recurso de ofício. Dizendo de outro modo: a decisão não faz coisa julgada e, portanto, não pode ser executada, enquanto não for confirmada mediante em segundo grau, em sede de recurso de ofício. Por exemplo: a declaração de reabilitação criminal do condenado não ensejará a baixa dos registros cartorários e o restabelecimento da primariedade e dos bons antecedentes do reabilitando, sem antes o Tribunal conhecer e negar provimento ao recurso de ofício.

A disciplina legal dos recursos de ofício merece crítica.

Em primeiro lugar, porque agride ao modelo acusatório[227] de processo, constitucionalmente consagrado em nosso meio, sistema esse que veda ao juiz o exercício de funções típicas de parte. Não foi por outro motivo, aliás, que o procedimento judicialiforme previsto no artigo 531 do CPP, por incompatibilidade explícita, não foi recepcionado pela atual Constituição.

Em segundo lugar, porque os recursos de ofício, rigorosamente, de recursos não se tratam. Sua interposição, admissibilidade, conhecimento e julgamento não dependem do prévio preenchimento dos pressupostos comuns aos recursos: a forma, a adequação, a tempestividade, o interesse, etc.

---

[225] "O órgão julgador, ao apreciar recurso da acusação versando sobre nulidade, está jungido às causas de pedir nele contidas, sendo-lhe defeso considerar ato em relação ao qual se mostre silente. "É nula a decisão do Tribunal que acolhe, contra o réu, nulidade não argüida no recurso da acusação, ressalvados os casos de recurso de ofício" – Verbete de n° 160 que integra a Súmula do Supremo Tribunal Federal. A referência à nulidade direciona a pesquisa não sobre o instituto em si, ou seja, a existência de pleito no sentido de vê-la declarada, mas as causas de pedir veiculadas. Votação: unânime. Resultado: deferido" (Habeas Corpus n° 72677/DF, 2ª Turma do STF, Rel. Min. Marco Aurélio, j. 06.06.1995, DJU 04.08.95, p. 22.448).

[226] NASSIF, Aramis, *Considerações sobre Nulidades no Processo Penal*, Porto Alegre: Livraria do Advogado, 2001, p. 67.

[227] É de posição contrária: Heráclito Antonio Mossin, *Comentários ao Código de Processo Penal à Luz da Doutrina e da Jurisprudência*, São Paulo: Manole, 2005, p. 1084.

Senão vejamos:

O recurso de ofício será interposto no momento em que o juiz proferir a sentença. Ora, o juiz não é parte no processo e portanto não tem interesse na reforma da sua decisão (art. 577, par. único). Aliás, o seu interesse, bem ao contrário, é que o Tribunal confirme o julgado.

Mais: A interposição, por ser *ex vi legis*, não se subordina a nenhuma das conhecidas formas legais de interposição dos recursos: a petição e o termo – art. 578 (*rectius*: por escrito e verbalmente). Com a decisão (por exemplo, absolvendo sumariamente o réu), o recurso é considerado, *ipso facto*, como interposto.

Outrossim, o conhecimento e o julgamento dos recursos de ofício não estão regidos pela tempestividade. Por exemplo: se por esquecimento os autos do processo contendo a sentença de absolvição sumária ficarem retidos em cartório durante meses, assim que forem localizados deverão ser remetidos ao Tribunal, que conhecerá e julgará o recurso de ofício...

Por último: o recurso de ofício não inviabiliza a possibilidade do recurso voluntário. É claro que o provimento do recurso de ofício conduzirá ao não-conhecimento do recurso voluntário – em razão da prejudicialidade.

15. A falta da intimação das partes para ciência de sentenças e despachos recorríveis. A hipótese é de fácil compreensão. Se a decisão ou sentença pode ser questionada mediante recurso, é claro que a notícia de sua existência e o seu conteúdo precisam ser, primeiro, transmitidos formalmente às partes para só depois poder ser executada. Não fosse assim, o sistema recursal poderia tornar-se numa preciosa inutilidade. Então, os atos que forem *efetivamente* praticados antes da intimação das partes, não terão valor algum, por não poder-se descartar a eventualidade da reversão do julgado por instância hierarquicamente superior.

O Código de Processo Penal, a partir do artigo 370, contém as regras gerais sobre a intimação do acusado, do Ministério Público e do Defensor.

O réu é intimado por mandado; o Ministério Público,[228] o Defensor nomeado e o Defensor Público gozam da prerrogativa da intimação pessoal (Lei 1.060/50, com a redação conferida pela Lei 7.871/89).[229] Os advogados podem ser intimados por mandado ou mediante notas de expediente publicadas em jornal autorizado ou no Diário da Justiça (parágrafo primeiro).

Da sentença condenatória deve ser intimado o acusado e seu defensor. O prazo recursal começa a fluir só a partir da segunda intimação, independentemente da ordem delas, consoante entendimento jurisprudencial pacífico, obedecidas as demais regras gerais sobre contagem dos prazos, constantes do art. 798 e seguintes do CPP.[230]

A contagem do prazo se dará tendo-se por referência a data certificada nos autos pelo servidor do cartório, e não a lançada nos autos, pela parte, pelo promotor ou defensor.

Por fim: quando a intimação for por mandado, o curso do prazo recursal começará a correr não da data da sua juntada pelo Oficial de Justiça aos autos e sim a partir da data da efetiva intimação (art. 798, § 5º, letra "a", e enunciado 710 da Súmula do STF).

16. Falta de *quorum* legal no STF e Tribunais de apelação. A letra "o" sanciona com a nulidade absoluta o acórdão proferido no Supremo Tribunal Federal ou nos Tribunais de segundo grau (denominados de Tribunais de Apelação) o julgamento do recurso (ou de processo originário) sem a presença do *quorum* legalmente estabelecido nos respectivos Regimentos Internos.

No STF, o Plenário delibera com no mínimo 6 Ministros (art. 143); no STJ, a Corte Especial se reúne e julga com a presença da maioria absoluta dos seus membros (art. 176).

No Rio Grande do Sul, as Câmaras Criminais do Tribunal de Justiça compõem-se de quatro (4) julgadores, dos quais apenas três (3) participam do julgamento, em sessões presididas pelo Desembargador mais antigo (art. 17).

No Tribunal Regional Federal da 4ª Região, as Turmas se reunirão e deliberarão com a presença de três juízes (art. 143).

Embora não constituam órgãos de Tribunais, as Turmas Criminais dos Juizados Especiais deliberam com três juízes do mesmo grau de jurisdição do autor da decisão ou sentença.

17. *Deficit* dos quesitos ou das respostas e contradição entre estas. No parágrafo único do artigo 564, o legislador, rompendo com a harmonia do Código, voltou a dispor sobre quesitos para cominar

---

[228] Ver a Lei 8.625/93 (Lei Orgânica do Ministério Público).

[229] Habeas Corpus nº 35851/SP (2004/0076715-2), 5ª Turma do STJ, Rel. Min. Felix Fischer. j. 16.12.2004, unânime, DJ 21.02.2005 e Habeas Corpus nº 35280/SP (2004/0062597-1), 5ª Turma do STJ, Rel. Min. Gilson Dipp. j. 14.09.2004, unânime, DJ 18.10.2004, dentre outros julgados.

[230] Por exemplo: Apelação-Crime nº 70010824340, 8ª Câmara Criminal do TJRS, Espumoso, Rel. Des. Marco Antônio Ribeiro de Oliveira. j. 27.04.2005, unânime e Apelação Crime nº 70005741871, Câmara Especial Criminal do TJRS, Agudo, Rel. Vanderlei Teresinha Tremeia Kubiak. j. 02.09.2003, dentre outros julgados.

como nulidade absoluta: a) a deficiência destes; b) a deficiência nas respostas e c) a contradição entre estas.

O parágrafo em verdade foi tardiamente introduzido no Código pela Lei 263/49, o que explica, nesse ponto, a mencionada falta de harmonia, pois a matéria quesitos havia sido disciplinada em letra específica do inciso III (a letra "k").

Os quesitos funcionam como canais de comunicação entre o Juiz-Presidente e os Jurados. Por isso devem ser elaborados com precisão e clareza para que os Jurados possam conhecer, sem margens de dúvida, os aspectos sobre os quais deverão se pronunciar. Assim, por exemplo, na indagação "o réu agiu por motivo fútil" pode-se perceber duas imprecisões: a primeira, consistente na referência a conceito jurídico cuja significação os Jurados não compreenderão, por serem leigos na matéria. A segunda, consistente na falta de referência do fato supostamente constitutivos do motivo fútil... Ou, então, no exemplo dado por Tourinho Filho, de quesito que indagar, simplesmente: 'O réu deu início à execução de um crime de homicídio'", quando se sabe que na tentativa é imperiosa a menção da circunstância alheia à vontade do agente, que atuou como fator impeditivo consumação.[231]

Quesitos *deficientes* não propiciam condições para o conhecimento de todos os aspectos inerentes ao fato em julgamento e, por isso, são irremediavelmente nulos.

Prevê o Código, ainda, a nulidade pela *deficiência nas respostas dadas aos quesitos*.

A previsão é incompreensível. Como os Jurados fornecem respostas monossilábicas, depositando na urna a cédula contendo a palavra SIM ou a palavra NÃO, as referidas respostas culminam por ser, sempre e necessariamente, claras, compreensíveis, enfim, eficientes. Se houver *deficit, será do questionário e não das respostas aos quesitos*.

Haverá, por fim, contradições entre os quesitos e, por causa delas, contradições entre as respostas, quando ficar evidenciado que as respostas fornecidas a um determinado quesito afetarem as respostas dadas a outro quesito. Por exemplo, em um deles os Jurados afirmam um fato. Noutro, o negam, v. g. quando reconhecem a qualificadora do motivo torpe, e, ao mesmo tempo, em resposta ao quesito específico, admitem privilegiadora do motivo do relevante valor social... Como dissemos páginas atrás, é por isso que, na jurisprudência há explícita recomendação de que os quesitos pertinentes às privilegiadoras subjetivas devem ser votados antes dos pertinentes às qualificadoras subjetivas, os quais devem ser dados como prejudicados sempre que essa tese defensiva for aceita pelo Conselho de Sentença.

Para que haja nulidade absoluta por contradição entre quesitos é evidente que o problema deve verificar-se entre os quesitos da mesma série e não entre os de séries diferentes de crimes. Realmente, os Jurados podem, por exemplo, aceitar os quesitos da legítima defesa por um fato e negar os quesitos da mesma tese relativamente ao fato conexo, sem que, nessa situação haja qualquer vício a reconhecer. Do mesmo modo, podem conferir um sentido aos quesitos da tese defensiva articulada por um dos réus e conferir outro sentido à tese suscitada pelo outro réu, já que, na co autoria, as votações das séries ocorrem separadamente, em diferentes momentos.

Constatada a contradição, incumbirá ao magistrado, na sala secreta, apontá-la aos Jurados e, daí, renovar a votação. É imperioso que o faça com extremo cuidado, evitando influir no convencimento dos Jurados.

A existência de contradição entre os quesitos e as correspondentes respostas impede, como dissemos antes, o conhecimento da extensão e profundidade do veredicto. O julgamento não pode, com efeito, ser dado como completo e efetivo. Daí o porquê da cominação como nulidade absoluta.

18. **Fonte das nulidades relativas**. Elenco. Conforme antecipamos, o artigo 572 do CPP. declara, expressamente, que as nulidades cominadas nas letras "d", 2ª parte, "e", 2ª parte, "g" e "h", e no inciso IV do artigo 564, são relativas, ou seja, que dependem, para serem declaradas, da tempestiva argüição e da demonstração do prejuízo pela parte interessada.

Identificadas, então, em letras específicas, e, ainda, aferíveis caso a caso por incidência de princípio geral consubstanciado no inciso IV do art. 564, percebe-se que o nosso CPP, nesse ponto guarda harmonia e coerência com o modo como identificamos as nulidades absolutas (de um lado um princípio de hierarquia constitucional, o devido processo legal e, de outro, uma longa lista de hipóteses identificadas no mesmo artigo 564, incisos e letras).

Examinemos, pois, as nulidades relativas, na ordem acima apontada pelo artigo 572.

18.1. **Falta de intervenção do M.P. na ação penal privada subsidiária**. Na segunda parte da letra "d", identifica-se como nulidade relativa a falta de intervenção do MP na ação intentada pela parte ofendida, por crime de ação pública.

Nos termos do artigo 29 do CPP, o Ministério Público, não obstante a inércia, tem o direito de ser intimado para intervir na ação intentada pelo ofendido

---

[231] TOURINHO FILHO, Fernando da Costa, Processo Penal, 25ª ed. 3º vol. São Paulo: Saraiva, p. 150.

(art. 5º, inc. LIX) da CF e art. 29 do CPP) eis que não perde a legitimidade para aditar ou repudiar a queixa, oferecer denúncia substitutiva, intervir em todos os termos do processo, fornecer elementos de prova, interpor recursos, e, em caso de negligência do querelante, retomar a qualquer tempo a ação como parte principal.

O que não pode é o agente ministerial negligente pretender substituir o ofendido diligente quando ou no momento que bem entender, mas só na situação em que, pela falta de zelo deste último, ficar bem evidenciado prejuízo no andamento do processo.

De qualquer sorte, é bom lembrar que a nulidade cominada na letra "d" – como absoluta na primeira – e como relativa na segunda parte – pressupõe não a falta de intervenção propriamente dita e sim a falta de *intimação prévia e pessoal* do agente do Ministério Público.

Se o Promotor de Justiça, regularmente intimado, optar pelo silêncio, pelas mais variadas razões, não há falar-se em nulidade, seja na ação pública, seja na ação de iniciativa privada. Não há falar-se em nulidade, repetimos, porque embora verificada a atipicidade processual, ante a falta de intervenção do MP, incidirá na espécie regra impeditiva de declaração, qual seja, a prevista no artigo 565 do CPP, 1ª parte, conforme explicaremos mais adiante, ao tratarmos das impeditivas.

A letra "d" do inciso III do art. 564 não dispõe sobre as conseqüências da falta de intervenção do MP. na ação penal de iniciativa privada genuína ou personalíssima. Sem embargo disso, parece-nos que, também nessas ações, a falta de intimação, como condição para a intervenção, ensejará declaração de nulidade relativa, pois o artigo 45 do CPP prevê que a queixa, "ainda quando a ação for privativa do ofendido", poderá ser aditada pelo MP. Ademais, se a lei, como dito antes, comina como relativa a nulidade pela falta de intervenção do MP na ação subsidiária (cujo constitui originariamente crime de ação pública), não teria sentido qualificar como absoluta a nulidade pela falta de intervenção do *Parquet* em processo por crime ação exclusivamente privada.

18.2. **Falta de prazos concedidos à acusação e à defesa**. Na segunda parte da letra "e" o Código aponta a nulidade relativa pela falta (de abertura) dos prazos à acusação e à defesa.

Em que pese a limpidez do texto, a nulidade há de ser tida como absoluta (e não relativa), haja vista a indisfarçável incidência dos princípios gerais do processo, dentre eles o da igualdade das partes, bem como das garantias constitucionais, dentre elas a da ampla defesa.

Como aceitar que a falta de abertura de prazos ao acusador na defesa do interesse público, ou ao acusado, na defesa do seu *status libertatis*, possa configurar-se como nulidade relativa, isto é, como defeito cuja declaração depende de argüição oportuna e de efetiva demonstração do prejuízo? Enfim: como conceber o processo como *actus trium personarum* sem o correspondente direito aos sujeitos parciais de intervirem e de falarem no processo na fase própria, pela forma e tempo prefixados em lei, para tentarem convencer o sujeito imparcial, que é o juiz?

Mestre Tourinho Filho enfrenta a matéria, destacando a polêmica, *in verbis*: "Já fizemos observações a respeito. E acrescentamos: Espínola Filho ensina que a nulidade atinente à não-concessão de prazos à acusação e defesa ou mesmo o encurtamento deles implica nulidade absoluta...".[232] Não é por nada, aliás, que a Suprema Corte, fazendo preponderar as garantias da ampla defesa e do contraditório, firmou o entendimento de que há nulidade absoluta na falta de intimação à defesa para apresentação de alegações finais (e não na ausência destas por opção da própria defesa), garantia que o artigo 501 de nosso Código, em interpretação meramente literal, assegurava só ao MP.[233]

18.3. **Falta de intimação do réu para a sessão do Júri**. Outra nulidade relativa, listada no inciso III do art. 564 é a da letra "g", consistente na falta de intimação do réu para a sessão de julgamento, pelo Tribunal do Júri, quando a lei não permitir o julgamento à revelia.

A disposição é, data vênia, incompreensível.

Sendo dominante o entendimento de que, no processo especial do júri, o réu precisa estar presente na sessão de julgamento, salvo nas acusações por crimes afiançáveis (aborto e infanticídio) – art. 451 e § 1º do CPP – segue-se que sua prévia intimação para esse importante ato é absolutamente imprescindível.

A intimação, como já dissemos, é o meio pelo qual se processa a comunicação entre o juiz e as partes. Então, se faltar a intimação e por desconhecer que o julgamento foi aprazado para determinado dia o acusado não comparecer espontaneamente à sessão, por óbvio, o Júri não poderá sequer reunir-se para deliberar.

Precisa a observação de Aramis Nassif, sobre o tema: "Se o crime for inafiançável, o júri só pode ser realizado na sua presença. Daí se conclui que, sem

---

[232] TOURINHO FILHO, Fernando da Costa, obra citada, mesma página.

[233] Revista Trimestral de Jurisprudência, vol. 106, p. 132. No mesmo sentido: Apelação Criminal nº 70002074797, Câmara Especial Criminal do TJRS, Piratini, Rel. Desa. Maria da Graça Carvalho Mottin. j. 15.01.2002.

intimação, não há comparecimento, e conseqüentemente, não existe julgamento para ser anulado (art. 414 CPP)".[234]

Em suma: a intimação é imprescindível, mesmo nos processos por crime doloso contra a vida que autorize o julgamento à revelia.

Essa imprescindibilidade advém da garantia da ampla defesa, que confere ao réu o direito de presença a todos os atos do processo, para os quais, por óbvio, deve ser previamente cientificado.

18.4. Falta de intimação das testemunhas arroladas no libelo e na contrariedade. Na letra "h", o Código comina como nulidade relativa o julgamento realizado em Plenário do Júri sem a "intimação das testemunhas arroladas no libelo e na contrariedade, nos termos estabelecidos pela lei".

Com efeito, no libelo e na contrariedade ao libelo o Ministério Público de um lado e a defesa, de outro, poderão arrolar até cinco testemunhas para depoimentos de plenário (arts. 417, § 2º, e 421, par. único).

Portanto, as testemunhas arroladas precisam ser procuradas nos endereços fornecidos pelas partes, com suficiente antecedência, para serem comunicadas de que, no dia e hora aprazados, deverão prestar as declarações. Descumprindo o dever de acudir ao chamamento da Justiça, sem justa causa, as testemunhas ficarão sujeitas a multa e a processo penal por desobediência. Além disso, poderão ser conduzidas sob vara à presença do juiz, para a realização do ato colimado (art. 453).

Então se no dia marcado as testemunhas não comparecerem, por falta de intimação, a parte interessada terá o direito de requerer a transferência do julgamento. Se o juiz indeferir o pedido incumbirá a ela na mesma oportunidade argüir a nulidade e demonstrar o prejuízo para, posteriormente, na apelação, poder postular ao Tribunal a declaração da nulidade (art. 571, V e letra "a" do inc. III do art. 593 do CPP), a produção da prova e a realização de novo Júri perante outro Conselho de Sentença.

Não será contudo caso de adiamento – nem de nulidade – o não-comparecimento das testemunhas regularmente convocadas para depor em Plenário. Nesse caso, o julgamento será realizado, a não ser que os depoimentos tenham sido requeridos, no libelo ou na contrariedade, em caráter imprescindível, salvo não tenham sido encontradas nos encontradas nos endereços fornecidos (art. 455 do CPP).

18.5. Falta de formalidade que constitua elemento essencial do ato. No inciso IV do art. 564, o legislador incluiu um princípio geral que, a teor do art. 572 do CPP., orienta o juiz na identificação das nulidades: é o que diz com a omissão de formalidade que constitua elemento essencial do ato em si.

Considerando-se que a expressão "formalidade que constitua elemento essencial" equivale à expressão "requisito integrativo essencial" do ato do processo, isto é, a requisito cujo desprezo gera um *deficit* irreparável ao próprio ato, outra não pode ser a conclusão: sempre que a atipicidade (ou seja, a que decorre da ausência de respeito à formalidade essencial do ato) *disser respeito a ato processual essencial*, a omissão configurará causa de nulidade absoluta, e não nulidade relativa.

Sobre o tema, é lapidar a lição de Paulo Cláudio Tovo, pioneiro na desconstrução crítica e na formulação de novos caminhos para a compreensão das nulidades, em que as impeditivas exercem papel relevante. Nas palavras do Mestre, cujas lições fornecem fornece lastro para os comentários deste Capítulo, inclusive no aspecto terminológico, "Elemento integrativo essencial de algo é aquilo sem o qual este algo não existe, como já foi dito. Nestas condições quando faltar ato integrativo essencial do processo ou elemento integrativo essencial de ato essencial, a nulidade será insanável. Não valendo para o caso a sanação prevista no artigo 572 do Código de Processo Penal. Tal sanação só vigora em se tratando de ato integrativo não essencial, que alguns chamam de acidental, em oposição a essencial".[235]

Exemplificando:

Quando o réu for citado por edital a audiência de interrogatório não pode ser realizada em prazo inferior a quinze dias (art. 361). Desobedecido esse requisito – que é essencial à validade do ato processual essencial, no caso, à citação editalícia – a nulidade por atipicidade será absoluta.[236]

Outro exemplo: se o Tribunal verificar que a sentença não atende o requisito da fundamentação, como exige o inciso IX do art. 93 da CF, certamente

---

[234] NASSIF, Aramis, *Considerações sobre Nulidades no Processo Penal*, Porto Alegre: Livraria do Advogado, 2001, p. 59.

[235] TOVO, Paulo Cláudio Tovo, *Nulidades no Processo Penal Brasileiro, Novo Enfoque e Comentário*, Porto Alegre: Fabris, 1988, p. 61.

[236] "A não observância do prazo legal entre a data da publicação do edital de citação e a do interrogatório do réu acarreta a nulidade do processo, por ofensa ao princípio da ampla defesa. Inteligência dos arts. 361, 365, V, e 564, II, *e*, do CPP. Nulidade declarada" (Revisão Criminal nº 70003279866, 3º Grupo de Câmaras Criminais do TJRS, São Leopoldo, Rel. Des. Alfredo Foerster. j. 19.04.2002). No mesmo sentido: "Entre a publicação da citação editalícia (08/02/93) e a data designada para o interrogatório (16/02/93) não se consumou o prazo de 15 dias exigidos por lei (art. 361 do CPP). Trata-se de procedimento essencial ao próprio direito de defesa do acusado (HC 8.233/SP, Re. Min. Félix Fischer, DJU de 29/03/1999). Ordem concedida para anular todos os atos processuais *ab initio* determinando-se a regular citação do paciente" (Habeas Corpus nº 26661/SC (2003/0009436-5), 5ª Turma do STJ, Rel. Min. Jorge Scartezzini. j. 02.09.2003, unânime, DJU 01.12.2003).

a anulará, ante a essencialidade do requisito desse ato processual essencial, fundamental, culminante do processo.

Nesses exemplos a parte não precisará demonstrar em argüição tempestiva o prejuízo sofrido. Ele é presumido pelo legislador.[237]

Não é diferente o pensamento de Tourinho Filho, ao lembrar que quando a omissão da formalidade for de tal porte que produza uma "desconfiguração" do próprio ato, "de modo impossibilitar-lhe a consecução do seu objetivo, aquele fica tão imprestável que a sanatória se torna absolutamente impossível, e, uma vez reconhecida a nulidade, se não for possível a retificação, a renovação se impõe, a menos também haja total impossibilidade", exemplificando com a *sentenze suicide* (sem fundamentação), com a denúncia em língua estrangeira, com uma peça sem imputação fática, em que a atipicidade é visível a olho desarmado.[238]

Longe de parecer que a tese expressa opção pelo desmedido culto da forma, parece-nos inegável que certas formalidades dizem com a essência dos atos do processo e por isso não podem ser ignoradas, salvo criando-se sérios riscos de insegurança jurídica, de arbítrio, enfim, de *caos* total. Nessa perspectiva, o enunciado normativo do inciso IV do artigo 564 assume o *status* de novo e importante princípio geral infraconstitucional, que, junto com o devido processo legal e com o elenco dos incisos e letras do art. 564, fornece segura indicação para a identificação de nulidades absolutas não elencadas e voltadas ao desprezo às formalidades essenciais do ato igualmente essencial.

Há atos processuais em que a formalidade (por ser não-essencial) não gera tamanhas conseqüências. Por exemplo: a classificação do fato é requisito integrativo não-essencial da denúncia ou queixa, isto é, de ato integrativo essencial do processo, pois, como todos sabem, o réu defende-se do fato narrado e não do dispositivo legal. Daí o sentido do inciso IV do art. 564 fundamentando a declaração das nulidades relativas não elencadas.[239]

Todavia, se a defesa puder demonstrar que o conhecimento da longitude, da latitude e da profundidade da acusação depende do conhecimento da correta classificação jurídica do fato e que a incidência de certos institutos jurídicos está associada a esse seguro conhecimento (p. ex., a prescrição) ela poderá, demonstrando esse prejuízo, argüir a inépcia da inicial, e, como conseqüência, a nulidade do processo.

Em *habeas corpus* recentemente julgado o Tribunal de Justiça do RS adequou o fato narrado à correta classificação jurídica reclamada pelo Impetrante e, desse modo, reconhecendo o prejuízo que o paciente sofria ante a subsunção do fato descrito em tipo impróprio, declarou extinta a punibilidade pela prescrição.[240]

O precedente é de extraordinário valor porque permite afirmar, sim, que o Tribunal deve intervir nessa fase para controlar a classificação feita pelo acusador, prevenindo abusos. Se não pudesse, com efeito, intervir nessa órbita, bastaria a autoridade policial, indiciar ou o MP denunciar o fato, por exemplo, como tráfico de drogas (art. 12 da Lei 6.368), e não como posse de drogas para uso próprio, para impedir a concessão do benefício da concessão da liberdade provisória.

Destarte, o inciso IV do artigo 564 é fonte de princípio de altíssima densidade, comum às nulidades absolutas e relativas não listadas.

19. Por uma nova classificação: nulidades declaráveis e nulidades não-declaráveis. As impeditivas de declaração. Conforme explicamos nas páginas anteriores, os atos processuais atípicos ou defeituosos são classificáveis e agrupáveis ou como nulidades absolutas ou como nulidades relativas. Os constitutivos de nulidade absoluta, face a presunção legislativa do prejuízo, consoante a doutrina, podem e devem ser proclamados como nulidades insanáveis, inclusive de ofício, em qualquer fase, instância, juízo ou Tribunal. Os outros, constitutivos de nulidade relativa, outrossim, para poderem ser declarados, pressupõem argüição tempestiva pelo interessado, mais demonstração de prejuízo, pena de convalidação, de sanação, isto é, de auto-desaparecimento do vício.

Posto assim, o tema parece singelo. A realidade, todavia, indica bem o contrário, a sugerir a necessidade de um redesenho, de uma nova classificação que não desconsidere a *práxis*, pois, atualmente, Juízes e Tribunais, para bem poderem resolver a grande variedade de casos, nem sempre claros, certos, precisos, depois do afastamento das eventuais dúvidas quanto à própria configuração da atipicidade encontrada, como nulidade, para poderem declará-la como tal e daí anunciar as consequências no âmbito do processo, precisarão analisar e afastar a incidência do conjunto de regras impeditivas de declaração, lastreadas em fundamentos morais, jurídicos, de utilidade prática, de efetividade da jurisdição, etc.

---

[237] MEDEIROS, Flávio Meirelles, *Nulidades do Processo Penal*, Porto Alegre: Síntese, 1982, p. 39.
[238] TOURINHO FILHO, Fernando da Costa, *Processo Penal*, 25ª ed, 3º vol. São Paulo: Saraiva, p. 122.
[239] Posição sustentada, dentre outros, por TOURINHO FILHO, obra citada, p. 124.
[240] HC 70013009915, Rel. Des. Eugênio Tedesco, j. 20.10.2005.

Desse modo, parece-nos estar visivelmente prejudicado o conhecido discurso de que as nulidades absolutas, por força do prejuízo presumido em lei, devem ser sempre e necessariamente declaradas, inclusive de ofício, em qualquer instância ou Tribunal.

Esse discurso, *data venia*, não mais corresponde à realidade de nosso sistema e nem reflete a *práxis* dos Pretórios. Como ensina com costumeira precisão o culto professor gaúcho, Paulo Cláudio Tovo, basta que incida uma só das "... impeditivas de declaração ou de argüição de nulidade (expressões de Tornaghi), para que o ato ou atos processuais produzam efeitos como se válidos fossem, ainda que se trate de nulidade dita absoluta ou insanável".[241]

Eis um bom exemplo que bem ilustra o pensamento referido: não obstante configurar-se como nulidade absoluta – por ofensa à garantia constitucional da ampla defesa – a falta de intimação do advogado para falar no prazo do 500 do CPP, um Tribunal poderá deixar de proclamar esse vício como nulidade absoluta se optar por examinar o mérito e decidir, ante a favorabilidade das provas, absolver o réu prejudicado pela omissão. A alternativa indica, então, que o Tribunal está autorizado a anunciar a existência da nulidade sem proclamá-la como tal, para poder, na situação tópica, concreta, específica, em nome da economia e da efetividade das decisões judiciais, dar ao caso a solução jurídica e justa.

Desse modo, não é difícil perceber que uma coisa é a possibilidade de afirmar-se que a hipótese (visualizada nos autos do processo) entra ou não na configuração das nulidades, sejam elas absolutas ou relativas. Outra, bem distinta, é a possibilidade de ser a hipótese em tese constitutiva de nulidade ser em concreto *declarada como tal para determinar a renovação do processo ou de ato processual isolado*.

Passemos, então, a discorrer sobre essa questão central: a que diz com a listagem e comentários das *impeditivas de declaração dos efeitos das nulidades*.

20. Elenco das impeditivas de declaração das nulidades (absolutas e relativas). As regras a seguir – *sempre* à luz do caso concreto – poderão atuar como impeditivas à declaração das nulidades, independentemente da espécie, na medida em que veiculam valores extraordinariamente importantes, relacionados à ética, à equidade, à igualdade das partes no processo, à economia processual, à supremacia do fundo em detrimento da forma, a efetividade do sistema judicial, etc.

Essas impeditivas ou estão previstas expressamente em diversos dispositivos de nossas leis processuais penal (p. ex., arts. 563, 565, 566 e 570) e civil (art. 249, § 2º, por analogia) ou decorrem dos inúmeros precedentes que integram a jurisprudência consolidada em nosso país sobre a matéria e, por isso, assumem a feição de verdadeiros princípios normativos, conquanto a força não-vinculativa dos precedentes em nosso país.

Examinemo-las.

1ª impeditiva: Não é declarável a nulidade se ela não causar prejuízo para a acusação ou para a defesa. É a primeira regra impeditiva de declaração de nulidade (absoluta ou relativa), prevista no art. 563 de nosso CPP, ou seja, do dispositivo que inaugura o capítulo sobre nulidades.

Eis como está lavrado esse dispositivo:

Essa impeditiva inspira-se no conhecido princípio *pas de nulitté sans grief* que rege a matéria, no direito francês: sem prejuízo efetivo para a parte não se declara a nulidade, tendo sido qualificada no item XVII da Exposição de Motivos do CPP. como verdadeira viga-mestra do nosso sistema, eis que revestida da função de fechar o "... respiradouro para o frívolo curialismo, que se compraz em espiolhar nulidades", de modo a que, sem prejuízo para a acusação ou a defesa, a atipicidade constitutiva de nulidade, absoluta ou relativa, não será suscetível de ser declarada como nulidade.

Por exemplo: sendo inequívoco que as partes tem o direito à intimação da juntada de qualquer documento aos autos, resulta também inequívoco que o desrespeito a esse direito pelo juízo não gerará conseqüência alguma no plano da validade dos atos do processo, se o documento (digamos, um laudo pericial), nada contiver de importante ou, ainda, sequer for considerado pelo magistrado como fundamento, principal ou secundário, em seu *decisum*, seja para absolver, seja para condenar. Um outro exemplo: a ausência de quesito obrigatório, conforme comentamos antes, está prevista em nosso Código (letra "k" do inciso III do art. 564) como fonte de nulidade absoluta do julgamento. Os Tribunais em nosso país, sem embargo disso, não anulam os júris se, a despeito da falta do mencionado quesito, o juiz individualizar as penas correspondentes aos crimes dolosos contra a vida nos mínimos legais cominados.[242]

É que embora a presunção legal de prejuízo nenhum prejuízo efetivo alcança a defesa porque, primeiro lugar, a pena, mesmo ante a aceitação do quesito obrigatório da atenuante, não pode ser, conforme

---

[241] TOVO, Paulo Cláudio, *Nulidades no Processo Penal Brasileiro, Novo Enfoque e Comentário*, Porto Alegre: Fabris, 1988, p. 19.

[242] Apelação-Crime nº 70008770075, Segunda Câmara Criminal, Tribunal de Justiça do RS, Relator: Antônio Carlos Netto de Mangabeira, Julgado em 17/02/2005, dentre outros julgados.

entendimento inclusive sumulado no STJ (enunciado n. 231), individualizada abaixo do mínimo legal e, em segundo lugar, porque mesmo que o Júri fosse repetido e a condenação viesse a ser confirmada, o *quantum da pena* fixado na sentença anulada não poderia ser ultrapassado na nova sentença, a não ser em face de inconformidade ministerial deduzida mediante apelação interposta contra a sentença proferida no anterior julgamento.

Então, conquanto a tipicidade dos atos do processo deva ser objetivo permanente, para que as relações entre os sujeitos se desenvolvam em segurança e dentro da ética, é certo que a tipicidade não se converte em valor absoluto, isto é, em um fim em si mesmo, a ponto de justificar ou determinar a declaração formal de ineficácia de ato isolado ou do conjunto dos atos do processo. Se nenhuma das partes sofrer prejuízo processual ou material não haverá sentido nas repetições que só servirão para valorizar a forma e comprometer as finalidades do processo, consistentes em apuração dos fatos e realização da Justiça dentro das possibilidades reais existentes e no menor espaço de tempo possível.

A impeditiva em questão, por sua relevância, fornece lastro para a incidência de outras regras específicas, como o leitor perceberá ao ler as notas seguintes.

O art. 564 (já comentado) não guarda relação direta com as impeditivas. É aqui indicado porque está na ordem cronológica dos artigos em comento – a qual não deve ser sacrificada, por razões didáticas.

Art. 565. Nenhuma das partes poderá argüir nulidade a que haja dado causa, ou para que tenha concorrido, ou referente a formalidade cuja observância só à parte contrária interesse.

Do texto do artigo 565 fácil perceber a existência de *outras três novas regras impeditivas* de declaração das nulidades (absolutas ou relativas), todas muito próximas, praticamente interligadas, já que voltadas ao mesmo objetivo: o de evitar que a parte faça uso de estratagemas para tentar, depois, antieticamente, alcançar algum benefício no processo.

Em razão das especificidades, convém que os comentários sobre essas regras sejam realizados separadamente.

Comecemos com a prevista na primeira parte do art. 565, indicada, cronologicamente, como sendo a segunda impeditiva, para podermos preservar tanto quanto possível a didática na exposição.

2ª impeditiva: Não é declarável a nulidade quando ela for causada pela própria parte (art. 565, 1ª parte). A impeditiva estriba-se, como dito acima, no princípio ético que proíbe à parte beneficiar-se de vícios ou defeitos processuais por ela próprios causados. O direito, que nunca se separou da ética, não admite, por isso, que a relação jurídico-processual possa vir-a-ser sede para armadilhas, chicanas, pseudo-estratégias, gerando benefícios espúrios, maculando o sistema e comprometendo as finalidades da Justiça criminal. Por exemplo: o querelante não poderá alegar a falta de inserção do fato criminoso no instrumento da procuração outorgada ao seu advogado para, aproveitando-se do defeito, pretender anular o processo e, com isso, tentar reverter decisão desfavorável no mérito (art. 44 do CPP).[243]

Outro bom é o referido por Heráclito Mossin[244] e pelo próprio Paulo Tovo,[245] embora o antagonismo de posições, era o do acusado, com idade entre 18 e 21 anos, que, para plantar argüição de nulidade por falta de nomeação de curador (exigência que foi recentemente revogada), escondia do juízo, estrategicamente, a própria menoridade; outro exemplo é o de acusado que mudava deliberadamente de endereço para ocultar-se da Justiça e posteriormente comparecia ao processo para invocar a nulidade em razão da revelia decretada[246] e potencializar a declaração da prescrição pelo decurso do tempo; ou, ainda, do deixava intencionalmente de oferecer alegações finais para poder, mais tarde, se condenado, argüir a nulidade por cerceamento de defesa.[247]

A proibição da declaração de nulidade (mesmo a absoluta) pela parte causadora vem sendo flexibilizada na jurisprudência em nosso país quando em cotejo com a garantia da ampla defesa. Com muita freqüência, o acusado fica entregue à própria sorte, no processo, por desídia ou incompetência do seu defensor. Não são raras, aliás, as apelações subscritas por novo procurador, questionando o proceder do colega e argüindo, com base na Constituição, a nulidade por ausência de defesa...

---

[243] Apelação-Crime nº 70006294433, Quinta Câmara Criminal, Tribunal de Justiça do RS, Relator: Genacéia da Silva Alberton, Julgado em 03/12/2003.

[244] Idem, p. 1092.

[245] Obra citada, p. 20.

[246] Habeas Corpus nº 1102/PR (200404010515142), Turma Especial do TRF da 4ª Região, Rel. Juiz Otávio Roberto Pamplona. j. 12.01.2005, unânime, DJU 26.01.2005.

[247] REsp 613462/ PI; REsp 2003/0214319-1, 5A. T., STJ, rel. Min. Gilson Dipp, j. em 2.2.2.006, DJ 06.03.2006 p. 428.

É um problema sério e complexo, repetimos, porque se, de um lado é impostergável a necessidade de assegurar-se ampla defesa também há, de outro, a necessidade de cuidar-se para que a ausência de defesa não venha a transformar-se no processo criminal como a "melhor das defesas".

Ao magistrado atento, no exercício do poder de polícia, cumpre, por isso, ordenar a repetição do ato e, se for o caso, determinar a intimação do acusado para que, se assim entender, venha promover a substituição do seu defensor.

Ada Grinover, Scarance Fernandes e Gomes Filho,[248] Aramis Nassif[249] e Heráclito Antonio Mossin,[250] dentre outros autores, sustentam que a impeditiva em exame só teria por endereço as nulidades relativas, pois, no seu dizer, o prejuízo, nas nulidades absolutas, está presumido em lei.

Em que pese a autoridade dos mencionados juristas, preferimos, todavia, coerentes com a linha de interpretação antes desenvolvida neste texto, defender posição contrária, em acordo com o pensamento de Paulo Cláudio Tovo, que, em seus estudos, afirmou, corajosa e pioneiramente, que "no processo penal brasileiro, em princípio, nenhuma nulidade é absoluta, pois, por mais flagrante que ela seja, não prevalece contra a impeditiva de argüição ou de declaração",[251] a não ser, como ele próprio reconheceu, naqueles casos em que o defeito atingir a formação da relação jurídica, ou seja, aos seus pressupostos de existência, como a ausência de jurisdição, a incompetência, os impedimentos, as suspeições, ilegitimidade da partes, porque, nesses casos estaríamos "diante da inexistência jurídica do processo e não propriamente diante de sua nulidade, distinção que o Código não faz".[252]

3ª impeditiva: Não é declarável a nulidade para a qual a própria parte tenha diretamente concorrido (art. 565, 2ª parte). A segunda parte da norma do art. 565 proíbe a declaração da nulidade em favor da parte que intencionalmente tiver concorrido para com a sua eclosão. As razões éticas antes referidas presidem, também aqui, a impeditiva em comento.

Uma coisa é, com efeito, o ato de *dar causa ao vício* (hipótese alcançada pela impeditiva anterior) e outra, bem distinta, é a conduta de *aderir, isto é, de concorrer para como seu advento*. Exemplificando: imagine-se que no dia do julgamento pelo Júri o juiz decida excluir do questionário certo quesito, convencido pela defesa de sua impertinência, e que, depois, ante a condenação do cliente, o advogado apele ao tribunal com fundamento na letra "a" do inciso III do art. 593 do CPP, e argua a nulidade do julgamento precisamente pela ausência do quesito dado por ele próprio como impertinente e para cuja exclusão do questionário colaborou ativa e diretamente!

Outro exemplo: sabendo-se que os atos do processo devem ser celebrados no prazo, na forma e no momento procedimental apropriado, eis que a natureza pública das normas processuais não permite a sua modificação pelas partes, suponha-se, a despeito disso, que a defesa concorde com a proposta de inversão da ordem da produção da prova testemunhal. Ora, se o acusado vier a ser condenado será que o seu advogado poderia ética e validamente argüir a nulidade do processo, perante o Tribunal, alegando violação da garantia do contraditório, por terem as suas testemunhas sido ouvidas antes das testemunhas arroladas na denúncia?

Não há a menor dúvida de que a situação é constitutiva de atipicidade processual e, em tese, ofensiva à citada garantia. Entretanto, se considerarmos o conjunto dos óbices que dão nova conformação ao capítulo das nulidades, bem como o entendimento tranqüilo de que os princípios são todos relativos, inclusive os princípios constitucionais, bem na linha da melhor doutrina proveniente de Robert Alexy,[253] Paulo Bonavides,[254] Ingo Sarlet,[255] Lenio Streck,[256] e muitos outros, a resposta à pergunta formulada linhas acima, só poderá ser negativa. Dizendo de outro modo: concorrendo para com o surgimento do vício a parte perde a autoridade moral (e jurídica) para invocá-lo ou dele beneficiar-se mesmo que, substancialmente, a decisão, no processo, lhe seja substancialmente desfavorável.

---

[248] GRINOVER, Ada, *et alii*, obra citada, p. 37.

[249] NASSIF, Aramis, *Considerações sobre Nulidades no Processo Penal*, Porto Alegre: Livraria do Advogado, 2001, p. 59.

[250] MOSSIN, Heráclito Antônio, *Comentários ao Código de Processo Penal*, São Paulo: Manole, 2005, p. 1091.

[251] TOVO, Paulo Cláudio, *Nulidades no Processo Penal Brasileiro, Novo Enfoque e Comentário*, Porto Alegre: Fabris, 1988, p. 21.

[252] Idem, mesma página.

[253] ALEXY, Robert. *Teoria de Los Derechos Fundamentales*. Madrid: Centro de Estúdios Constitucionales, 1997.

[254] BONAVIDES, Paulo. O Princípio Constitucional da Proporcionalidade e a Proteção dos Direitos Fundamentais. *Rev. da Faculdade de Direito da UFMG*, vol. 34, 1994.

[255] SARLET, Ingo Wolfgang. *A Eficácia dos Direitos Fundamentais*. Porto Alegre: Livraria do Advogado, 2001 e *Dignidade da Pessoa Humana e Direitos Fundamentais*. Porto Alegre: Livraria do Advogado, 2001.

[256] STRECK, Lenio Luiz. *Tribunal do Júri – Símbolos e Rituais*. 3ª ed, Porto Alegre: Livraria do Advogado, 1998 e *Hermenêutica Jurídica e(m) Crise*. Porto Alegre: Livraria do Advogado, 2000.

4ª impeditiva: Não é declarável a nulidade referente à formalidade cuja observância só à parte contrária interesse. Na terceira parte, o artigo 565 declara que a parte está impedida de argüir nulidade referente à formalidade cuja inobservância cause prejuízo à parte contrária.

Entenda-se bem: os atos essenciais do processo pressupõem a obediência a requisitos formais. Alguns são essenciais (por exemplo, a publicação do edital como requisito para a validade da citação – par. único do art. 365 do CPP); outros são não-essenciais (por exemplo, a classificação do crime na denúncia ou queixa – art. 41 do CPP).

Segue-se, então, que para configurar-se como nulidade em tese e, daí, ensejar a declaração do vício, a inobservância há de ser de formalidade essencial de ato essencial do processo. Não simplesmente quando a formalidade em si mesma não é essencial (por exemplo, é incogitável aceitação de argüição de nulidade do processo por ausência de representação se a vítima, em seu depoimento, tiver postulado ao Delegado providências para a apuração do fato e a punição do autor, já que a jurisprudência reconhece, pacificamente, que a representação *não se subordina à forma sacramental*).

De qualquer sorte, interessada na argüição e na própria declaração de nulidade só pode ser a parte alcançada, afetada, diretamente prejudicada por ela. No exemplo de réu absolvido em processo cuja citação ficta não tenha sido precedida da regular afixação do edital na porta do edifício onde funcionar o juízo (parágrafo único do art. 365 do CPP), padecerá o acusador de legitimidade para, em recurso de apelação, pretender anular o processo e a sentença com o intuito de viabilizar a renovação do feito e tentar daí alcançar a condenação, pois, como pode-se ver com facilidade, a inobservância do requisito formal na citação editálica prejudica, em tese, exclusivamente, o acusado.

Insta registrar que, em seus abalizados Comentários ao Código de Processo Penal, Heráclito Antonio Mossin afirmou que a impeditiva em comento só seria invocável nos processos por crime de ação de iniciativa privada, porque só nessa espécie de ação a parte poderia em razão do predomínio do interesse privado, demonstrar o "interesse" na observância da formalidade.[257]

Idênticas são as posições de Aramis Nassif[258] e de Ada Grinover.[259]

Em que pese a respeitável doutrina, entendemos que a regra, ante a redação dada ao artigo 565, não comporta limitações.

Art. 566. Não será declarada a nulidade de ato processual que não houver influído na apuração da verdade substancial ou na decisão da causa.

Duas são as regras impeditivas de declaração de nulidade, identificáveis no artigo *supra*, muito semelhantes e próximas. A primeira está relacionada a ato do processo influenciador da apuração da verdade substancial e a outra a ato do processo influenciador da decisão da causa.

Imperioso, portanto, o exame de ambas, separadamente, preservando-se a ordem cronológica.

5ª impeditiva: Não é declarável a nulidade de ato do processo que não houver influído na "apuração da verdade substancial". Um dos mais conhecidos princípios que fornece lastro ao sistema processual penal brasileiro é o da verdade real. Segundo ele, o juiz, no processo, com a sentença, anuncia a verdade, resolve o conflito e pacifica os contendores. A realidade mostra o contrário, todavia, porque, não raro, a verdade sobre os fatos não vem para o interior dos autos e com a sentença a situação de conflito entre as partes pode até mesmo agravar-se.

Daí a boa doutrina, como a do professor Aury Lopes Jr., mostrando que a "verdade real" não passa de um mito, sendo um objetivo " ... inalcançável, até porque a verdade está no todo, não na parte; e o todo é demais para nós. Além de inalcançável, tampouco existem verdades absolutas, como a própria ciência encarregou-se de demonstrar. A verdade jamais pode ser alcançada pelo homem", porque sendo finalidade do processo a reconstituição do fato histórico, isto é, a reconstrução do passado, bem se vê da dificuldade de "equiparar o real ao imaginário, esquecendo que o passado só existe no imaginário, na memória, e que, por isso, jamais será real. Sem falar que a flecha do tempo é irreversível, de modo que o que foi real, num fugaz presente, nunca mais voltará a sê-lo".[260]

Provavelmente por isso, o legislador, no artigo 566, empregou a expressão "verdade substancial", isto é, a verdade anunciada pelo juiz, na sentença, como a verdade possível. Ou seja, como a resultante das alternativas sugeridas pelas *provas*, que, por isso

---

[257] MOSSIN, Heráclito Antônio, *Comentários ao Código de Processo Penal*, São Paulo: Manole, 2005, p. 1091.
[258] NASSIF, Aramis, *Considerações sobre Nulidades no Processo Penal*, Porto Alegre: Livraria do Advogado, 2001, p. 32.
[259] GRINOVER, Ada; FERNANDES, Antonio Scarance; GOMES FILHO, Antonio Magalhães, *As Nulidades no Processo Penal*, 8a. ed. São Paulo: Revista dos Tribunais, 2004, p. 36.
[260] LOPES JR., Aury, *Introdução Crítica ao Processo Penal*. Rio de Janeiro: Lúmen Júris, 2004, p. 262.

mesmo, aponta para os sujeitos do processo meras *probabilidade.*

Essa particularidade confirma e reafirma a perspectiva do juiz no processo, não como mero intermediário entre a suposta "vontade da lei" e o caso concreto, ao estilo do juiz napoleônico "boca-da-lei", mas, bem ao contrário, como alguém que tem a responsabilidade de *construir a solução* para resolver o problema e, se possível, pacificar os contendores e satisfazer as expectativas da sociedade.

Aliás, o grande Couture já advertia que o juiz não é um "lógico que fabrica silogismos",[261] em que a lei é a premissa maior, o caso concreto é a premissa menor, e a sentença, a conclusão. Sua missão, como ensinava também Carnelutti, "é a de transformar a lei ditada em geral para categorias de casos, em uma lei especial para o caso específico",[262] incumbindo-lhe, nessa mediação, "estender uma ponte entre a lei e o fato, como o faz o intérprete de uma partitura musical ao converter em sons os símbolos com os quais o compositor expressou sua idéia".[263]

A *verdade substancial*, então, há de ser entendida como sinônimo de *verdade possível*. Ela atine com a decisão de mérito, isto é, com a sentença que discute o litígio, que vai ao cerne da questão posta em julgamento. Destarte, não há, efetivamente, razão ética, jurídica ou prática para declarar-se, *para atender-se razões puramente formais,* a nulidade de ato processual que não tenha, direta ou indiretamente, contribuído para com a descoberta da solução, isto é, daquilo que, ao fim e ao cabo, o juiz anunciou na sentença como verdade.

A título de exemplo, podemos mencionar as reiteradas decisões que recusam a alegação de nulidade do processo por ofensa ao artigo 226 do CPP. se o reconhecimento do autor do fato, pela vítima ou testemunhas, ocorre em audiência, na fase judicial, com observância das garantias constitucionais.[264]

Em outro exemplo, lembramos que o Tribunal de Justiça do RS acertadamente recusou a alegação de nulidade do processo formulada pela defesa, por falta de intimação da juntada de laudo pericial positivo sobre o funcionamento da arma de fogo, sob o fundamento de configuração da majorante do roubo (isto é, tema de mérito), não depende, necessariamente, da prova pericial e ainda porque no caso em julgamento as conclusões dos peritos sequer haviam sido mencionadas na sentença condenatória.[265]

Outro exemplo: o mesmo Tribunal entendeu corretamente que a nulidade da perícia por falta de qualificação técnica de um dos peritos (sem o curso superior, conforme exige o artigo 159 do CPP), não pode ser erigida em fonte de nulidade do processo, se o juiz, na sentença, decidir a causa, isto é, solver o mérito, para condenar o acusado com base em outros elementos de prova igualmente condenatórios.[266]

Poderíamos exemplificar, ainda, com a hipótese de audiência para coleta do depoimento de certa testemunha, sem a prévia intimação do advogado do réu. Impossível não reconhecer o vício do ato do processo (a audiência, por agressão aberta à garantia da ampla defesa). Contudo, se a testemunha afirmar que nada sabe sobre os fatos e nada disser que comprometa a posição do acusado no processo e, por causa disso, não for sequer mencionada na sentença, construída sobre outros elementos de prova, o tribunal, por certo, não declarará a nulidade, conjugando o artigo 566, 2ª parte com o artigo 563 do CPP.

Como se pode ver, a regra impeditiva em exame culmina por confundir-se com a própria viga-mestra sobre nulidades, objeto do artigo 563 do CPP, segundo a qual não se declara a nulidade que não tenha causado prejuízo (efetivo) para a acusação ou a defesa.

6ª impeditiva: Não é declarável a nulidade de ato do processo que não tenha influído na "decisão da causa". Esta impeditiva é muito semelhante à anterior e, rigorosamente, não precisaria ser destacada no texto. O legislador, ao nosso ver, optou por mencioná-la expressamente por perceber que a causa nem sempre é decidida pelo juiz com apreciação de mérito. Dizendo de outro modo: a sentença de mérito resolve a causa, mas nem toda a sentença que decide a causa o faz com o exame de mérito. É o caso da decisão de impronúncia, mediante a qual o juiz põe fim ao processo sem emitir uma só palavra conclusiva sobre a autoria ou a materialidade do crime doloso contra a vida, a ensejar, por isso mesmo, a reabertura do caso com base em provas novas.

---

[261] Obra citada, p. 57.

[262] Obra citada.

[263] Idem, mesma página.

[264] Apelação-Crime nº 70006866578, Oitava Câmara Criminal, Tribunal de Justiça do RS, Relator: Roque Miguel Fank, Julgado em 24/03/2004.

[265] Apelação-Crime nº 70009932351, Oitava Câmara Criminal, Tribunal de Justiça do RS, Relator: Marco Antônio Ribeiro de Oliveira, Julgado em 24/11/2004.

[266] Apelação-Crime nº 70009019001, Primeira Câmara Criminal, Tribunal de Justiça do RS, Relator: Ranolfo Vieira, Julgado em 27/10/2004.

Então, nenhum ato processual defeituoso haverá de ser qualificado como nulidade se, direta ou indiretamente, não exercer influência na decisão da causa, nos mesmos moldes da impeditiva anteriormente examinada. Assim, por exemplo, se o juiz, em procedimento por crime doloso contra a vida, não assegurar ao advogado do réu o direito de formular na audiência reperguntas à determinada testemunha, é certo que, com sua atitude, estará violando a garantia da ampla defesa e dando causa à nulidade da audiência. Todavia, se, em razão do desdobramento do processo, vier, a final, proferir decisão de impronúncia, que é lastreada, como sabemos, na afirmação de inexistência de provas mínimas sobre a autoria ou a materialidade do crime, a defesa, de um lado, estará impedida de argüir a nulidade, por não mais ter interesse. A acusação, de outro, também não poderá reclama-la, pois o vício, além de só interessar à parte contrária, no exemplo não reveste de aptidão para influir, de qualquer modo, na formação do convencimento do juiz em favor da impronúncia.

Na doutrina, Mossin sustenta que as duas regras impeditivas acima comentadas só alcançariam os atos do processo constitutivos de nulidades relativas.[267] Os reiterados pronunciamentos dos Tribunais sobre a matéria permitem afirmar o contrário porque as impeditivas regem, *data venia*, o sistema das nulidades, sem exceções.

7ª Impeditiva: Não é declarável a nulidade que prejudicar a defesa, salvo prévia argüição da mesma, em recurso da acusação. A base em que se assenta a impeditiva supra é precipuamente jurisprudencial, estando consubstanciada no enunciado 160 da Súmula do Supremo Tribunal Federal, *in verbis*: "É nula a decisão do Tribunal que acolhe, contra o réu, nulidade não argüida no recurso da acusação, ressalvados os casos de recurso de ofício".

Ela tem por endereço os órgãos colegiados dos Tribunais e vem sendo largamente aplicada em nosso meio. Daí o sentido da enfática declaração inicial: "É nula a decisão do Tribunal...". As Turmas Recursais dos Juizados Especiais conquanto não sejam órgãos de Tribunal, também estão submetidas aos termos do citado enunciado, já que exercem competência como órgãos colegiados de segundo grau, isto é, em condições de confirmar ou modificar a decisão ou sentença de primeiro grau.

Embora lastreada em enunciado sumular, a citada impeditiva também tem base legal, pois reproduz o princípio que rege o sistema recursal, qual seja, o de que em recurso exclusivo da defesa o órgão julgador está desautorizado a agravar a condenação, como

propõe também a máxima *ne reformatio in pejus*, para evitar o desestímulo ao recurso.

Será nulo o acórdão, portanto, que vier a promover a *reformatio in pejus*, seja ela direta ou indireta.

Exemplo de *reformatio in pejus direta*: em recurso exclusivo da defesa de réu condenado a cumprir a pena em regime aberto, o Tribunal confirma a sentença e, de ofício, agrava o regime.

Exemplo de *reformatio in pejus indireta*: se, ao apreciar a acusação por vários crimes, o juiz não se pronunciar sobre um dos fatos descritos, será nulo o acórdão do Tribunal que, de ofício, anular a sentença com ordem ao juiz para que outra seja proferida com o exame da integralidade da acusação.

Configurada a *reformatio in pejus* incumbirá à parte nesse caso reclamar – inclusive mediante hábeas corpus – perante a instância constitucionalmente superior a declaração da nulidade (STF ou STF, conforme o caso).

É claro que a interposição de recurso pelo acusador com pedido de declaração da nulidade *liberará* o Tribunal para agravar direta ou indiretamente a decisão proferida pelo juiz. Essa situação nada tem a ver com a proibição da *reformatio in pejus*, por dizer com o efeito natural do recurso interposto pela parte. Contudo, se no recurso o Promotor silenciar quanto a nulidade e limitar-se a pedir agravamento da condenação, pelo mérito, incidirá a impeditiva ora em comento, haja vista o rigor de seus termos: "É nula a decisão do Tribunal que acolhe, contra o réu, *nulidade não argüida no recurso da acusação*, ressalvados os casos de recurso de ofício". Assim, no exemplo antes apresentado: se o juiz deixar de apreciar um dos fatos narrados na denúncia e a acusação ingressar com apelação unicamente para pleitear o aumento das penas impostas pelos outros ilícitos – sem portanto fazer alusão à nulidade – o Tribunal estará autorizado a *reconhecer* mas estará impedido de *proclamar* a nulidade. É mais do que razoável interpretar que o silêncio da acusação quanto ao ponto omisso (a falta de exame na sentença de fato narrado na denúncia) revela a sua concordância com os termos do *decisum*. Não compete ao juiz ou Tribunal, destarte, atuar de ofício, visando a suprir a inércia da parte acusadora, salvo em ofensa ao modelo acusatório, que informa o nosso sistema processual penal.

O enunciado 160, por último, excepciona da proibição, os casos em que a lei prevê a nterposição do recurso de ofício, objeto dos comentários à letra "n" do inciso III do art. 564, para onde remetemos o leitor, a fim de evitarmos redundâncias.

---

[267] MOSSIN, Heráclito Antônio, *Comentários ao Código de Processo Penal à Luz da Doutrina e da Jurisprudência*, São Paulo: Manole, 2005, p. 1093.

Explica-se a exceção. É que em face do recurso de ofício o Tribunal está autorizado a modificar a própria sentença em desfavor da defesa. Por exemplo: absolvido sumariamente o réu por crime doloso contra a vida, poderá o Tribunal, em recurso de ofício, cassar a sentença e pronunciar o acusado, remetendo-o a Júri.

Logo, se o órgão *ad quem* detém competência para inverter a própria sucumbência (transformando o acusado de vencedor em vencido, em aprofundado exame da causa) não haveria sentido em proibi-lo de proclamar a nulidade existente, para que nova sentença venha a ser proferida em processo desprovido de vício.

Por projetar seus efeitos sobre as nulidades, independentemente da espécie, o enunciado 160, no dizer de Aramis Nassif, culmina por desfazer, na mesma linha da nossa exposição sobre a matéria, "a irreal e absurda obediência axiomática da impossibilidade de convalidação quando a nulidade fosse de caráter absoluto", a ponto, no dizer do autor, de abalar o sistema de nulidades brasileiro,[268] tema suscitado, também, nos comentários sobre a anterior impeditiva.

8ª Impeditiva: Não é declarável a nulidade quando o Tribunal puder decidir o mérito em favor da parte prejudicada. Essa impeditiva está prevista no artigo 249, § 2º do CPC. Diz o texto do parágrafo: "Quando puder decidir do mérito a favor da parte a quem aproveite a declaração da nulidade, o juiz não a pronunciará nem mandará repetir o ato, ou suprir-lhe a falta".

Não há, em nosso CPP, regra equivalente. Contudo, a doutrina recomenda que o artigo 249 e seu § 2º sejam aplicados analogicamente ao processo penal (art. 3º do CPP).

Paulo Cláudio Tovo referiu-se a essa impeditiva nos idos de 1988, quando, em livro escrito em parceria como hoje Desembargador Gaúcho, João Batista Marques Tovo, viria a conferir um novo enfoque às nulidades,[269] enfoque já invocado neste capítulo como o pano de fundo de nossa exposição.

O artigo 249 e seu parágrafo também foram apontados e qualificados, mais recentemente, como impeditiva por Ada Grinover, Scarance Fernandes e Magalhães Gomes Filho, com a explicação de que "a decisão de mérito em favor do prejudicado pela irregularidade é um fato novo, que afasta a conveniência de retroceder na marcha procedimental porque, no caso, a finalidade da instituição da forma não chegou a ser comprometida".[270]

A impeditiva em pauta apresenta-se, portanto, como de extraordinária utilidade prática, porque estando fundada no objetivo da economia processual, enseja benefícios de toda ordem, dentre eles, menos gasto de energia, de tempo e de dinheiro e mais rapidez na solução das demandas.

A não ser quando o vício afetar a higidez da própria relação jurídica, como no exemplo da incompetência absoluta, da suspeição da ilegitimidade de parte, fica sem sentido postergar o julgamento do mérito, para que sejam cumpridos requisitos meramente formais. Assim, se o juiz ou Tribunal perceber que não houve a abertura à defesa do prazo para alegações finais pela defesa não haverá a menor dúvida de que poderá e deverá reconhecer a nulidade. No entanto, se considerar, em análise valorativa da prova, que ela é, no mérito, favorável ao réu, poderá *deixar de anunciar a existência da nulidade* e absolver o condenado.

Em processo que relatamos, a 7ª Câmara Criminal do TJRS afirmou que a falta de representação configura nulidade absoluta (eis que cominada na letra "a" do inciso III do art. 564 do CPP). O vício não foi declarado pelo Tribunal, contudo, estribado no permissivo do art. 24 e § 2º do CPC, por entender que as provas, no mérito, autorizavam o provimento do apelo defensivo.[271]

Fácil ver que as impeditivas aqui reproduzidas preservam a natureza das nulidades (absolutas ou relativas) e simplesmente funcionam como óbices à declaração do vício configurado como nulidade.

9ª Impeditiva: não é declarável a nulidade quando o ato, embora praticado de outra forma, tiver alcançado a sua finalidade. A impeditiva acima transcrita realça o princípio da instrumentalidade das formas, que rege o nosso sistema, e, ao mesmo tempo, orienta o intérprete ou aplicador da lei a considerar que "la misión de las nulidades no es el aseguramiento por si de la observância de las formas

---

[268] NASSIF, Aramis, *Considerações sobre Nulidades no Processo Penal*, Porto Alegre: Livraria do Advogado, 2001, p. 34.
[269] TOVO, Paulo Cláudio, *Nulidades no Processo Penal Brasileiro*, Porto Alegre: Fabris, 1988, p. 19.
[270] GRINOVER, Ada *et. alii*, obra citada, p. 39.
[271] Apelação-Crime nº 699389839, Sétima Câmara Criminal, Tribunal de Justiça do RS, Julgado em 19/08/1999.
No mesmo sentido:
Nulidade. Decisao de merito favorável ao apelante. Exame da nulidade prejudicada. Conforme nosso sistema processual "quando, puder decidir do mérito a favor da parte a quem aproveitaria a nulidade, o juiz não a pronunciará, nem mandará repetir o ato, ou suprir-lhe a falta" (CPC, art. 249, § 2º, analogicamente aplicável ao processo penal, art. 3º do CPP. (Apelação-Crime nº 693147829, Primeira Câmara Criminal, Tribunal de Justiça do RS, Relator: Ranolfo Vieira, Julgado em 16/03/1994).

procesales, sino el cumplimiento de los fines a ellas confiados por la ley".[272]

É o que ocorre, por exemplo, no caso de réu citado por carta expedida pelo escrivão do cartório (modalidade não prevista no CPP) e que comparece à audiência no dia designado e submete-se ao interrogatório judicial com observância de todas as formalidades legais (art. 570 do CPP).

Nessa situação, o vício constitutivo da nulidade absoluta, qual seja, o decorrente da inadmissível forma do convocação do acusado ao processo, por meio de carta, poderá ser reconhecido pelo juiz ou tribunal na sentença ou acórdão, mas, em razão do alcance da finalidade preconizada pelo ato viciado, não será declarado como nulidade, para os efeitos de determinar a renovação dos atos do processo.

Embora prevista no inciso II do artigo 572 – sede das nulidades relativas – a citada impeditiva funciona como óbice, também, à declaração das nulidades absolutas.

10ª Impeditiva: não é declarável a nulidade quando a parte aceitar, mesmo tacitamente, os efeitos do ato processualmente defeituoso. Igualmente prevista em inciso (III) do artigo 572 – que dispõe sobre a argüição e a declaração das nulidades relativas – a impeditiva acima transcrita atua, também, na órbita das nulidades absolutas.

A impeditiva em comento (do mesmo mdo que a anteriormente examinada) tem por objetivo proibir a invocação de nulidade e a tentativa de reversão do julgamento desfavorável pela parte que tiver aceito a forma indevida do ato do processo ou, ainda, que não tenha se oposto aos seus efeitos. De fato, as relações no processo devem ser pautadas pela ética, que não se compraz com chicanas, com armadilhas, para vantagem futura.

Na jurisprudência há muitos julgados que rechaçam, por exemplo, o pedido de declaração de nulidade por inversão da ordem dos depoimentos, determinada pelo juiz com a concordância das partes, muito embora a violação aberta e direta não ao inciso II do art. 572 e sim ao princípio do devido processo legal e de seu corolário, o do contraditório, que impõe ao acusador o dever de apresentar e de produzir as suas provas antes da defesa.[273]

Nessas hipóteses, conquanto as atipicidades possam configurar-se como nulidade absoluta, o alcance da finalidade preconizada pelo ato defeituoso impõe, por todas as razões práticas, éticas e jurídicas, a preservação dos atos do processo.

21. Elenco das impeditivas das nulidades relativas. Nosso Código, no artigo 572, enumera, em três incisos, as impeditivas de declaração das nulidades relativas.

Para não quebrarmos a seqüência da análise deste capítulo do Còdigo, faremos os comentários sobre elas no momento apropriado.Rogamos ao leitor, portanto, que agregue às impeditivas antes destacadas mais os comentários ao artigo 572 e incisos, articulados mais abaixo.

Art. 567. A incompetência do juízo anula somente os atos decisórios, devendo o processo, quando for declarada a nulidade, ser remetido ao juiz competente.

1. Alcance das nulidades. O dispositivo supra dispõe sobre o alcance da nulidade relativa por incompetência do juízo, e, ao assim dispor, culmina por reforçar o entendimento da doutrina e da jurisprudência de que a nulidade por violação ao critério de competência do lugar da infração é de caráter relativo. O entendimento já mereceu nossa crítica por ocasião dos comentários ao inciso I do artigo 564 do CPP, quando afirmamos que a posição da jurisprudência nesse ponto[274] agride as normas constitucionais, isto porque, a teor do inciso LIII doa rt. 5º, a nossa Lei Maior veio a declarar que ninguém poderá ser "processado" nem "sentenciado" senão por juiz competente.[275]

Em suma: o artigo 567, para nós, não foi recepcionado pela vigente Constituição, que proíbe, no contexto do devido processo legal, processo e julgamento por juiz competente.[276]

---

[272] CUÉLAR, Jaime Bernal; LYNETT, Eduardo Montealegre, *El Proceso Penal*, 4ª ed. Bogotá: Universidade Externado, 2002, p. 358.

[273] Apelação-Crime nº 70008311722, Segunda Câmara Criminal, Tribunal de Justiça do RS, Relator: Marco Aurélio de Oliveira Canosa, Julgado em 28/07/2005, e Apelação-Crime nº 696162775, Quarta Câmara Criminal, Tribunal de Justiça do RS, Relator: Luiz Armando Bertanha de Souza Leal, Julgado em 09/10/1996.

[274] HC. 16.721-MG, Rel. Min. Moreira Alves, j. 1994/009/13, DJ de 10/03/95, p. 4881. No mesmo sentido: STJ: Rec. Ord. HC 1971, DJ de 13/10/92, Rel. Min. Pedro Acioli; RHC. 3410, DJ de 18/04/94, p. 8.513, Rel. Min. Jesus Costa Lima, e Conflito de Competência nº 9228834-0-DF, Rel. Min. Assis Toledo, STJ, DJU 11/09/95, p. 28777.

[275] É também o pensamento de Ada Grinover, Scarance Fernandes e Gomes Filho, in: *As Nulidades no Processo Penal*, São Paulo: Malheiros, 1992, p. 37.

[276] No mesmo sentido: MOSSIN, Heráclito Antônio, *Comentários ao Código de Processo Penal à Luz da Doutrina e da Jurisprudência*, São Paulo: Manole, 2005, p. 1095, ratificando o posicionamento de Ada Grinover et alii. Aramis Nassif, do mesmo modo, alerta para o problema , embora alertando que "a jurisprudência tem decidido pela declaração de nulidades conforme tratado na lei inferior (CPP)" – obra citada, p. 40.

De qualquer sorte, em face do majoritário entendimento pretoriano, o artigo 568 deve integrar o elenco dos dispositivos relacionados às nulidades relativas.

Assim, o acusado terá que interpor, no prazo do artigo 108 do CPP., exceção de incompetência do juízo, demonstrando que o fato ocorreu em comarca distinta, e, ainda, provando o prejuízo que sofrerá com a tramitação do feito perante juízo incompetente, para visualizar a possibilidade de ser declarada, como deseja, a nulidade com o envio dos autos ao juízo competente.

Art. 568. A nulidade por ilegitimidade do representante da parte poderá ser a todo tempo sanada, mediante ratificação dos atos processuais.

1. **Considerações gerais.** A relação jurídico-processual estruturada como *actus trium personarum* pressupõe a presença de partes parciais com legítimo interesse jurídico, econômico ou moral. É o que em doutrina denominamos de *legitimatio ad causam*, de que é titular todo o indivíduo na órbita civil e as partes que atuam na área do processo criminal: o acusador (Ministério Público ou ofendido, conforme o caso) e o acusado (ou querelado), maior de 18 anos, imputável, não alcançado por imunidades de qualquer espécie. Por crime ambiental, a pessoa jurídica, excepcionalmente, pode figurar na condição de ré.

O objeto do artigo 568 é distinto, todavia, pois diz com incapacidade postulatória, isto é, com a falta de *legitimidade do representante da parte legítima* (na ação de iniciativa privada) para postular em juízo naquela situação concreta e específica.

Assim, na ação de iniciativa privada para que a parte autora possa estar bem representada é imprescindível que no instrumento do mandato haja menção, mesmo resumida, do fato criminoso descrito na queixa, providência voltada à proteção do mandante contra os excessos que porventura o mandatário vier a cometer (art. 44 do CPP).

Enquadrada a hipótese como nulidade relativa, significa dizer que o defeito de representação pode ser sanado a todo momento, antes da sentença, mediante ratificação dos atos do processo,[277] mas desde que respeitado o prazo decadencial,[278] embora precedentes afirmando o contrário, isto é, que a sanação pode ser realizada a qualquer tempo,[279] os quais, a nosso ver, são os mais adequados, porque o defeito de representação não anula a legitimação do autor para a causa.

Art. 569. As omissões da denúncia ou da queixa, da representação, ou, nos processos das contravenções penais, da portaria ou do auto de prisão em flagrante, poderão ser supridas a todo o tempo, antes da sentença final.

1. **Omissões.** A disposição prevendo a possibilidade de suprimento, a todo tempo, das omissões da portaria ou do flagrante nos processos contravencionais deixou de vigorar desde 1988, por não ter sido recepcionada pela atual Constituição, cujo artigo 129, inciso I, ao assegurar ao Ministério Público o monopólio na ação pública, culminou por revogar, diretamente, os artigos 531 a 536 do CPP, que dispunham sobre o procedimento judicialiforme, conforme explicamos nos comentários ao inciso I do art. 564.

Remanesce, do texto, portanto, a possibilidade de aditamento pelo acusador da denúncia ou queixa para suprir meras irregularidades formais (por exemplo, a falta de classificação, a ausência de endereçamento, a falta de especificação de circunstâncias espaço-temporais do fato, etc.) ou até mesmo nulidades absolutas (por exemplo, a falta de identificação do acusado, a falta de descrição apropriada do fato típico, a falta de assinatura) ou de meras.

Remanesce, também, a possibilidade de suprimento pela vítima do *deficit* decorrente da ausência propriamente dita da representação, que compromete a legitimidade da atuação do Ministério Público na ação penal pública condicionada, em curso. Da ausência propriamente dita da representação, repetimos, e não de eventuais defeitos de ordem formal, simplesmente porque, consoante pacífico entendimento doutrinário e jurisprudencial, a representação, podendo ser inclusive oral, *não se subordina à sacramentalidade de forma*.

Insta registrar que o dispositivo é falho, pois deveria prever, a possibilidade de suprimento da falta da requisição, que é a outra espécie de condição de procedibilidade, sem a qual o órgão do MP está desautorizado a promover a denúncia. Razões lógicas e paridade de motivos determinam, por conseguinte, a extensão à requisição da norma constante do artigo

---

[277] Apelação-Crime nº 70005766068, Câmara Especial Criminal, Tribunal de Justiça do RS, Relator: Maria da Graça Carvalho Mottin, Julgado em 17/07/2003.
[278] HC 39047/PE, 5ª T., Min. Arnaldo Esteves Lima, j. em 17/05/2005, DJ 01.08.2005, p. 486, e REsp 67176/SP, 6ª T., rel. Min. Anselmo Santiago, j. 15.9.97, DJ 20.10.1997, p. 53140.
[279] RHC 17005/PA, 5ª T., rel. Min. Gilson Dipp, j. 8.3.2005, DJ 28.03.2005, p. 292, e RHC 3679/MS, 5ª T., rel. Min. Francisco de Assis Toledo, j. 10.8.94, DJ 05.09.1994, p. 23113.

supra. É igualmente falho ao não dispor sobre a possibilidade de suprimento a qualquer tempo, para evitar-se a edição da sentença absolutória por atipicidade, da falta de prova da condição objetiva de procedibilidade. Não obstante, as falhas citadas, o órgão da acusação detém essas alternativas, como bem deflui, aliás, do parágrafo único do art. 43 do CPP, comum às duas condições genéricas da ação penal, a requisição e a condição de punibilidade.

É claro que, nos termos do art. 568, o aditamento e o suprimento das omissões quanto à representação/requisição devem ocorrer *em nível de primeiro grau* haja vista a inserção no texto da condição "antes da sentença final". Aludimos ao primeiro grau porque se o defeito da denúncia, da queixa ou a ausência propriamente dita da representação/requisição for constatado em grau de recurso, não sobrará ao Tribunal outra alternativa senão qualificar o defeito e, se for o caso, declara-lo como nulidade, com o anúncio de sua extensão, salvo a incidência de óbices consubstanciados em regras impeditivas, como já examinamos.

Há julgados que condicionam a validade da decisão ao oferecimento da representação "antes da sentença final e desde que dentro do prazo decadencial". Esses precedentes, contudo, ao nosso ver não espelham a melhor orientação, porque os defeitos de representação da parte, no processo, debitáveis ao seu advogado, não podem reunir tamanha aptidão para comprometer a sua legitimidade no processo, como parte.

Já quanto à requisição, pode ela ser oferecida independentemente de prazo, desde que antes da sentença, porque, ao contrário da representação, não está limitada a prazo decadencial.

Por fim, ausente a prova da condição objetiva de punibilidade a solução será a absolvição e não a declaração de nulidade, pela singela razão de que a citada condição é elemento integrativo do tipo penal. Sem a sua prova não haverá, em termos bem objetivos, a própria criminalidade a punir, o que não ocorre na órbita da representação, por ser esta mero consentimento da vítima ou quem a represente ao Promotor para que ele possa agir em juízo.

Art. 570. A falta ou a nulidade da citação, da intimação ou notificação estará sanada, desde que o interessado compareça, antes de o ato consumar-se, embora declare que o faz para o único fim de argüi-la. O juiz ordenará, todavia, a suspensão ou o adiamento do ato, quando reconhecer que a irregularidade poderá prejudicar direito da parte.

1. **Distinções**. Há diferenças entre a citação, a intimação e a notificação.

A primeira é ato de convocação do acusado ao processo para inteirar-se da acusação e exercer o direito de defesa.

A intimação é comunicação às partes de ato processual realizado ou a realizar.

A notificação, por último, é a notícia às partes de ato processual a ser realizado.

A leitura apressada do artigo 570 e da identificação do termo "sanada" nele contido poderá conduzir à equívoca conclusão de que a falta de citação do acusado é causa de nulidade relativa.

Breve visita aos princípios constitucionais é suficiente para demonstrar que a falta de citação viola irreparavelmente a garantia da ampla defesa, não podendo norma de hierarquia inferior preponderar sobre a norma constitucional do inciso LV do art. 5º.

Não é diferente quando a intimação ou notificação tiver por endereço a defesa – emanando da mesma garantia o fundamento para a afirmação de presença de nulidade absoluta.

Sem embargo dessas considerações, convém repetir, na perspectiva do artigo 570, que a falta da citação, intimação ou notificação (embora constitutiva de nulidade absoluta) não será argüível ou declarável como nulidade (e não propriamente como nulidade sanável) sempre que as finalidades por ela colimadas forem atingidas inteiramente mediante o comparecimento da parte. Por exemplo: se o réu atender ao chamamento telefônico para a audiência de interrogatório e eficientemente falar ao juiz na presença do advogado de defesa, por exemplo, não haverá qualquer sentido na argüição ou proclamação de nulidade do processo sob o fundamento de que a convocação deveria ter acontecido mediante cumprimento de mandado citatório, a cargo de Oficial de Justiça (art. 352 do CPP), e não mediante telefonema do escrivão.

Outro exemplo: se a defesa não for intimada da sentença condenatória, mas, a despeito disso, ingressar com a apelação no prazo legal, a apresentação da inconformidade incapacitará a parte para pleitear a declaração da nulidade, ante o alcance da finalidade por ela preconizada e, daí, a ausência de prejuízo.

O artigo 570, atua, rigorosamente, como norma de duplo efeito: impede a argüição, de um lado, e, de outro, a própria declaração do defeito formalmente demonstrado, pelas razões expostas.

Art. 571. As nulidades deverão ser argüidas:

I – as da instrução criminal dos processos da competência do júri, nos prazos a que se refere o art. 406;

II – as da instrução criminal dos processos de competência do juiz singular e dos processos espe-

ciais, salvo os dos Capítulos V e VII do Título II do Livro II, nos prazos a que se refere o art. 500;

III – as do processo sumário, no prazo a que se refere o art. 537, ou, se verificadas depois desse prazo, logo depois de aberta a audiência e apregoadas as partes;

IV – as do processo regulado no Capítulo VII do Título II do Livro II, logo depois de aberta a audiência;

V – as ocorridas posteriormente à pronúncia, logo depois de anunciado o julgamento e apregoadas as partes (art. 447);

VI – as de instrução criminal dos processos de competência do Supremo Tribunal Federal e dos Tribunais de Apelação, nos prazos a que se refere o art. 500;

VII – se verificadas após a decisão da primeira instância, nas razões de recurso ou logo depois de anunciado o julgamento do recurso e apregoadas as partes;

VIII – as do julgamento em plenário, em audiência ou em sessão do tribunal, logo depois de ocorrerem.

1. **Momentos da declaração**. As nulidades absolutas podem ser argüidas ou declaradas de ofício, em qualquer fase, instância, juízo ou tribunal, se não incidirem causas impeditivas à declaração.

Ao apontar, no art. 571, as fases procedimentais em que podem ser argüidas, o legislador, portanto, voltou-se exclusivamente às nulidades relativas, isto é, às únicas que, para serem declaradas, dependem, em princípio, de argüição oportuna da parte interessada, com demonstração objetiva do prejuízo sofrido.

Em princípio, reiteramos, porque, embora essa disciplina, o juiz, no processo criminal, sendo responsável pela regularidade da relação jurídica, também poderá, de ofício, reconhecê-las, mandando repetir os atos defeituosos e todos aqueles dele dependentes ou conseqüentes. O inciso II do artigo 581 é muito elucidativo, pois assegura ao juiz a competência para, de ofício, declarar a *incompetência do juízo*, que, como já vimos, vem sendo considerada como causa de nulidade relativa ...

Nos incisos I refere-se Código à fase das alegações finais (art. 406), específica do procedimento especial do Júri. Se ocorridas na fase subseqüente, o momento adequado para a argüição das nulidades relativas será aquele indicado pelo inciso V: o da sessão do Júri, depois de anunciado o julgamento e apregoadas as partes; se ocorridas em Plenário do Júri ou em audiência ou sessão de Tribunal (embora a hipótese seja bastante improvável), logo depois de ocorridas (inciso VIII).

É na fase das alegações (art. 500) também o momento apropriado para a argüição das nulidades relativas nos procedimentos por crimes apenados com reclusão (inciso II). É evidente que também nessa fase podem ser argüidas as nulidades absolutas, muito embora o dever do juiz de declara-las de ofício, isto é, independentemente de provocação da parte, em razão da presunção legal do prejuízo, a não ser que, por óbvio, concorram causas impeditivas de declaração, como vimos páginas atrás.

Nos processos por crimes apenados com detenção (capítulo V), a fase própria para a argüição das nulidades relativas é a do artigo 537 do CPP (defesa prévia) ou, se verificadas posteriormente, assim que for aberta a audiência e apregoadas as partes (incisos II e III). Idêntica solução deverá ser adotada no processo especial do JEC para apuração de fato definido como de menor potencial ofensivo, por identidade lógica e paridade de motivos.

É também a fase das alegações finais, prevista no artigo 11 da Lei 8038/90, o momento próprio para a argüição das nulidades relativas nos processos da competência originária dos Tribunais – inciso VI – (Supremo Tribunal Federal, Superior Tribunal de Justiça e Tribunais de Apelação, Estaduais e Federais).

No procedimento especial destinado à aplicação de medida de segurança por ato não-criminoso, o momento próprio corresponde ao da abertura da audiência (art. 554) – conforme disposto no incisos II e IV.

As nulidades ocorridas depois da prolatação da sentença poderão ser argüidas nas razões recursais ou logo depois de anunciado o julgamento do recurso e apregoadas as partes, na Câmara ou Turma do Tribunal (inciso VII).

A ausência de argüição constituirá óbice ao conhecimento e à declaração da nulidade pelo Tribunal mas nada impede, como dissemos e exemplificamos linhas atrás, que o juiz de primeiro grau, nos processos de sua competência, possa fazê-lo, de ofício, assim que verificar a sua ocorrência, mandado repetir o ato.

Art. 572. As nulidades previstas no art. 564, III, d e e, segunda parte, g e h, e IV, considerar-se-ão sanadas:

I – se não forem argüidas, em tempo oportuno, de acordo com o disposto no artigo anterior;

II – se, praticado por outra forma, o ato tiver atingido o seu fim;

III – se a parte, ainda que tacitamente, tiver aceito os seus efeitos.

1. **Rol**. O artigo 572 contém o rol das nulidades relativas, cujas letras do inciso III do artigo 564 já fo-

ram comentadas páginas atrás. Ele faz ainda referência ao inciso IV do mesmo artigo 564, sede de princípio geral sobre nulidades relativas não listadas. Às hipóteses previstas no artigo 572 agregam,-se também aquelas indicadas pelos artigos 567 e 568 – igualmente comentadas.

A existência no artigo 572 da expressão "considerar-se-ão sanadas" permite compreender, sem dificuldades, que o dispositivo tem por objeto só as nulidades relativas, porque, conforme já explicamos exaustivamente, as nulidades absolutas podem ser, em princípio, declaradas em qualquer fase, juízo, instância ou tribunal, independentemente de argüição da parte, ante a ínsita presunção de prejuízo.

É por isso que o inciso I do referido artigo declara com bastante ênfase que a convalidação das nulidades relativas ocorrerá pela não argüição do defeito nos prazos antes referidos. Embora conhecida como *impeditiva de argüição* essa figura do citado inciso I é, em verdade, uma típica impeditiva de *declaração*, porque, sabidamente, mesmo fora dos prazos ou das fases elencadas no artigo 571, sempre será possível a argüição pela parte, mesmo sem a chance do conhecimento e provimento.

Os incisos II e III do artigo 572 faz referência expressa a duas *impeditivas de declaração* consideradas pelos tribunais extensivas às nulidades absolutas. Consoante a primeira delas as nulidades não serão declaráveis se o ato do processo, mesmo praticado por outra forma, tiver alcançado a sua finalidade. Por exemplo: a falta de intimação da testemunha arrolada no libelo que comparecer ao Plenário e prestar o seu depoimento impede a argüição e a declaração do defeito legalmente previsto na letra "h". Consoante a segunda, as nulidades não serão declaráveis se a parte tiver, mesmo tacitamente, aceito os seus efeitos. Por exemplo: se a defesa concordar em realizar o julgamento pelo Júri mesmo diante do não comparecimento das testemunhas arroladas na contrariedade ao libelo perderá a possibilidade de questionar esse tema em sede de apelação, para submeter o réu a novo julgamento, caso seja condenado pelos Jurados.

Art. 573. Os atos, cuja nulidade não tiver sido sanada, na forma dos artigos anteriores, serão renovados ou retificados.

§ 1º A nulidade de um ato, uma vez declarada, causará a dos atos que dele diretamente dependam ou sejam conseqüência.

§ 2º O juiz que pronunciar a nulidade declarará os atos a que ela se estende.

A nulidade relativa tem por característica a convalidação. Se não for argüida tempestivamente ou a parte não for exitosa na demonstração do prejuízo que alega ter sofrido, o vício desaparecerá, tornando-se o ato processual questionado hígido e são.

Consoante o parágrafo primeiro do dispositivo acima transcrito, a nulidade de um ato, uma vez declarada, causará a dos atos que dele diretamente sejam dependentes ou conseqüentes.

A questão consiste, portanto, em identificar, sempre em concreto, quais os atos diretamente dependentes ou conseqüentes do ato defeituoso.

A relembrança dos pressupostos de existência e de andamento do processo, a nosso sentir, é de extraordinária valia para a elucidação do problema.

Assim, quando a nulidade versar sobre os primeiros (pressupostos de existência: jurisdição ou competência do juiz, existência de pedido possível juridicamente e legitimidade das partes,[280] conquanto a intensa proximidade ou confusão dos pressupostos de existência com as condições genéricas da ação), a proclamação da nulidade afetará a própria relação jurídica, desde o seu nascedouro, isto é, *ab ovo*. Impossível pensarmos, com efeito, na possibilidade de aproveitamento de qualquer ato do processo se a ação tiver sido intentada por ou contra parte ilegítima (art. 564, II), se o juiz, embora titular de jurisdição,[281]

---

[280] TOURINHO FILHO, Fernando da Costa. *Processo Penal*, vol. 4, São Paulo: Saraiva, 2003, p. 12.

[281] Imaginemos que o autor encaminhe petição de despejo à apreciação de magistrado já aposentado (ou que o querelante enderece queixa-crime ao Delegado de Polícia, pedindo a citação do querelado para vir responder aos termos da acusação!). É claro que nesses casos os destinatários dos pedidos não estarão em condições de apreciá-los, nos moldes propostos, simplesmente porque desvestidos de legitimidade para dizer o direito e resolver questões litigiosas como as propostas.Ora, óbice relacionado à falta de jurisdição, ao nosso sentir nada tem a ver com o que a doutrina denomina como pressuposto subjetivo para a existência do processo e sim com a circunstância de que, no caso, não há falar sequer em direito de ação, entendido como tal o direito subjetivo da parte (ou o poder-dever em matéria penal) de movimentar a jurisdição, entendida como aquela de que é titular um juiz regularmente investido no cargo e no exercício pleno da função. Sem dúvida, o pleito endereçado a juiz aposentado não difere do pleito que o particular possa enviar a qualquer outro particular – pedindo ajuda para resolver a situação litigiosa – atividade que é em tudo distinta da que corresponde ao direito de ação, assegurado constitucionalmente aos particulares e ao Estado-Administração, na área penal, pelos fundamentos já deduzidos, longamente, nos capítulos anteriores. Se alguém propõe uma demanda (ou seja, pede algo) "a um bispo, que não é órgão do Estado, não há processo", como ensina José Maria Tesheiner, citando Jorge Dall'Agnol, para quem "demanda proposta perante quem não tem investidura jurisdicional, e. g., porque concursado ainda não foi nomeado; ou porque juiz em disponibilidade ou aposentado, não tem idoneidade para ensejar processo (jurisdicional)" (TESHEINER, José Maria. *Pressupostos Processuais e Nulidades no Processo Civil*, São Paulo: Saraiva, 2000, p. 47). No mesmo sentido, dissertando sobre temas de processo penal, é o

não for competente[282] e isento (art. 564, I) ou se o fato narrado pelo acusador não revestir-se da ínsita criminalidade, que determina o interesse estatal na punição (art. 43, I e II do CPP), conforme propõem, aliás, Paulo Cláudio Tovo[283] e Paulo Sérgio Leite Fernandes,[284] dentre outros autores.

Como os pressupostos de andamento se confundem com as exigências de tipicidade dos atos do procedimento para que, desse modo, a relação jurídico-processual revista-se de idoneidade como instrumento civilizado de composição dos litígios, o defeito do ato, quando constitutivo de nulidade declarável (nulidade relativa ou absoluta) causará a invalidade dos atos dele diretamente dependentes ou conseqüentes. Significa dizer que parte do processo haverá de ser considerada sã e outra parte como afetada pelos defeitos, vale dizer, passível de invalidação.

É o que diz, com outras palavras, o mestre Tourinho Filho, "Às vezes a decretação da nulidade faz estender a ineficácia aos demais atos subseqüentes. É o que se denomina ineficácia contagiosa. A propósito, o § 1º do art. 573 do CPP. Assim, por exemplo, se ao proferir a sentença o juiz constatar que o réu não foi citado regularmente deverá ordenar a renovação da citação e de todos os atos da instrução criminal, permanecendo íntegros só os atos precedentes".[285]

Ou então: se não for aberto o prazo à defesa para a apresentação das alegações finais a nulidade atingirá por inteiro a sentença prolatada, sem retroagir para comprometer os atos pretéritos da fase da instrução do processo.

Por tais motivos, nosso Código determina, no § 2º do artigo 573 do CPP ao juiz delimite com precisão quais os atos que devem ser repetidos e quais aqueles que permanecem íntegros.[286] A providência legal é salutar, pois vai ao encontro do objetivo de boa orientação às partes, propiciando segurança jurídica no processo.

Embora a clareza do texto a tarefa de definir o alcance da nulidade no caso concreto nem sempre é tarefa fácil.

Por exemplo: se o interrogatório for anulado por, digamos, ausência de defensor na audiência, deverão ser anulados os atos subseqüentes da instrução? Há relação de dependência ou conseqüência entre o que o acusado pode dizer ao juiz e aquilo que as testemunhas vão afirmar em seus depoimentos em presença do magistrado e das partes?

No STJ entendeu-se, com efeito, que uma vez declarada a nulidade da audiência de interrogatório, a sua renovação poderá ser devidamente realizada sem ensejar a nulificação dos demais atos processuais, vez que o mesmo pode ser realizado a qualquer tempo, para correção de omissões anteriormente praticadas, o que evidencia sua natureza independente.[287]

Indispensável a consideração de todas as singularidades do caso concreto para a definição das repercussões da nulidade reconhecida, portanto.

1. Sedes para a declaração da nulidade: o processo, o *habeas corpus* ou a revisão criminal. As nulidades são proclamáveis nos autos do processo de conhecimento pelo juiz, de ofício ou mediante provocação da parte interessada, independentemente da espécie (absolutas ou relativas).

O processo de conhecimento é, normalmente, então, o *locus* apropriado para a apreciação dos defeitos constitutivos das nulidades.

Quando não forem declaradas de ofício, as partes, de regra, costumam suscitá-las fase das alegações finais (arts. 406 e 500 do CPP) para que sejam apreciadas na pronúncia ou na sentença e, mais tarde, se for o caso, revigoradas nas razões da apelação, com a preparação do caminho para eventual intervenção eventual dos Tribunais Superiores nessa órbita, mediante recursos especial ou extraordinário, sob os fundamentos da negativa de vigência de lei federal; de interpretação da lei federal em divergência com a de outro tribunal e por ofensa à Constituição, respectivamente.

Tratando-se de nulidades evidentes, cristalinas, inequívocas, é possível a sua argüição, também, em ação de habeas corpus (art. 649, inciso VI do CPP),[288]

---

pensamento de Afrânio Jardim em relação a esse pressuposto de existência, quando disse que, sem ele, o processo não chegará sequer a existir no mundo jurídico, não passando de um simulacro de processo (Estudos sobre os Pressupostos Processuais, in *Direito Processual Penal. Estudos e Pareceres*, Rio de Janeiro, Forense, 2.ed., 1987, p. 71).

[282] Tratando-se de juiz impedido (art. 252 do CPP), de nulidade não se tratará, mas sim de declaração de inexistência jurídica do processo.

[283] TOVO, Paulo Cáudio, *Nulidades no Processo Penal Brasileiro – Novo Enfoque e Comentário* –Porto Alegre: Sergio Antonio Fabris, 1988, p. 16.

[284] FERNANDES, Paulo Sérgio Leite, *Nulidades no Processo Penal*, São Paulo: Revista dos Tribunais, 1985, p. 36.

[285] TOURINHO FILHO, Fernando da Costa. *Processo Penal*, vol. 3, São Paulo: Saraiva, 2003, p. 118.

[286] MEDEIROS, Flávio Meireles, *Nulidades do Processo Penal*, Porto Alegre: Síntese, 1982, p. 46.

[287] Habeas Corpus nº 34290/SP (2004/0035500-3), 5ª Turma do STJ, Rel. Min. Laurita Vaz. j. 03.02.2005, unânime, DJ 07.03.2005.

[288] Habeas Corpus nº 70004621710, Câmara Especial Criminal, Tribunal de Justiça do RS, Relator: Vanderlei Teresinha Tremeia Kubiak, Julgado em 10/07/2002.

para que, com a rápida intervenção do Tribunal, haja a cessação do constrangimento ilegal da sujeição do acusado a processo impregnado de defeitos formais.

Pelo mesmo motivo, nosso Código de Processo Penal admite a possibilidade da argüição e proclamação da nulidade absoluta, se inequívoca, após o trânsito em julgado da sentença condenatória, mediante ação de revisão criminal (art. 626 do CPP).

É suficiente lembrar que a hipótese diz com nulidade configurada em prejuízo do condenado.

Evidentemente não poderá o Ministério Público buscar a anulação do processo no qual operou-se o trânsito em julgado da sentença absolutória, mesmo aquela proferida por juiz incompetente, por não contemplar a nossa ordem normativa a revisão *pro societate*.

Recursos e Ações de Impugnação
(arts. 574 a 667)

Cesar Antonio da Silva

Promotor de Justiça do Estado do Rio Grande do Sul (aposentado) e ex-Professor Universitário. Mestre em Ciências Criminais. Advogado.

DA TEORIA GERAL DOS RECURSOS CRIMINAIS

1. Conceito de recurso. As decisões judiciais estão sujeitas a reexame pelo próprio órgão ou autoridade prolatora, do mesmo grau de jurisdição, ou por outro órgão de grau de jurisdição superior. E o meio que se destina a provocar o reexame da decisão, denomina-se recurso interposto por quem tenha legitimidade e interesse, que pode ser para o próprio juízo prolator da decisão, ou para a instância superior.

É do vocábulo latino *recursus*, que significa retornar, retroagir, voltar, ter curso no sentido contrário, ou seja, curso para trás e, posteriormente, ter um novo curso, de onde se originou o recurso hoje existente no direito processual penal.

Enquanto o processo indica movimento para a frente – sucessão de atos legalmente coordenados -; o meio pelo qual é provocado o reexame de uma decisão judicial prolatada no processo – o recurso – significa retorno, ou seja, movimento para trás para, depois, ter um novo curso. Daí se extrai: curso e recurso. Neste, sempre o recorrente busca a proteção de um direito que, sob o seu enfoque, foi desprezado ou violado pelo julgador. Visa, assim, a uma reparação, na tentativa de que haja uma volta, um retorno, àquela situação anterior ao julgamento, desde o início do processo, que lhe fora desfavorável e que lhe acarretara alguma lesão a direito seu.

Na esfera do Direito Processual Penal, recurso significa o meio voluntário que viabiliza a quem tem legitimidade e interesse, provocar o reexame de uma decisão judicial, visando a obter em determinados casos, do mesmo órgão julgador, ou do órgão de superior instância, a reforma, ou modificação daquela decisão anterior.

2. Síntese de jurisdição. A decisão judicial é o pressuposto básico que oportuniza a interposição de recurso, isto é, uma decisão prolatada por juiz competente, isto é, juiz integrante de um dos Poderes do Estado – do Poder Judiciário. Todo juiz é dotado de jurisdição, que significa o poder de julgar que lhe é constitucionalmente conferido. Se não houver lei alguma restringindo esse poder, compete-lhe julgar tudo. Porém, havendo alguma restrição no sentido de que só lhe compete julgar determinadas causas, o exercício da jurisdição fica delimitado pela competência.

É a Carta Magna e as leis infraconstitucionais que atribuem poderes ao Estado para se substituir aos particulares titulares de interesse em conflito, e fazer atuar a vontade concreta da lei, de forma imparcial, em busca de uma solução adequada à controvérsia. E essa função estatal é exercida por juízes, e se concretiza por meio do devido processo legal, que é conduzido de ato a ato, até culminar com uma decisão que poderá provocar a inconformidade da parte legitimamente interessada. A esse poder de conduzir os atos processuais e de decidir, aplicando o direito ao caso concreto, solucionando, a final, um conflito de interesse entre as partes, pode-se definir como jurisdição.

A jurisdição além de ser imprescindível à conservação e aperfeiçoamento do Estado de Direito, tem no âmbito penal outro relevante motivo para ser reservada tão-somente ao Estado, porque o crime, sempre causa dano imediato e mediato, a todos os integrantes da sociedade, isto é, a todos os consórcios da comunhão civil que, dessarte, fazem parte do conflito.[1]

3. Grau de jurisdição, instância, juízo *a quo* e juízo *ad quem*. Existe, em regra, o grau de jurisdição, ou seja, jurisdição de primeiro e de segundo graus. Quando a idéia de jurisdição está relacionada a essa duplicidade de graus, na linguagem técnico-jurídica, diz-se instância.

A essa extensão de instância, com delimitação hierárquica, também recebe a designação de juízo *a quo*

---

[1] TORNAGHI, Hélio. *A relação processual penal*. São Paulo: Saraiva, 1987, p. 81.

e de juízo *ad quem*. Exemplo: recorre-se de decisão de primeira instância ou de primeiro grau, ou de instância inferior, para a segunda instância ou segundo grau, ou instância superior, ou do juízo *a quo* para o juízo *ad quem*.

No Direito pátrio foi adotado o princípio do duplo grau de jurisdição: a) o juízo de primeiro grau, ou de primeira instância ou, ainda, denominado de instância inferior, é constituído pelos juízes singulares das diversas entrâncias, inclusive pelo conselho de sentença do tribunal do júri (juízes leigos coletivos), e pelos juizados especiais, exceto as turmas recursais que, embora não sendo um tribunal, não deixa de ser um segundo grau de jurisdição de caráter recursal; b) o juízo de segundo grau, ou de segunda instância, ou de instância superior, é constituído pelos Tribunais Regionais Federais; Tribunais do Distrito Federal; Tribunais Regionais Eleitorais; Tribunais Regionais do Trabalho; Tribunais Militares Federais; Tribunais de Justiça Estaduais e Tribunais Militares Estaduais.

O juízo *a quo* é o juízo de cuja decisão se recorre; juízo *ad quem* é o juízo para o qual se recorre.

A existência do STF e dos tribunais superiores como o STJ, o TST, o TSE e o STM, com jurisdição em todo o território nacional, não caracteriza a jurisdição de terceiro grau, ressalvada a hipótese prevista art. 105, II, "a", da CF), quando a decisão do Tribunal *a quo*, denegatória de *habeas corpus* for de última instância. Trata-se de hipótese de três instâncias, uma vez que pode ser examinado e denegado pelo juízo de primeiro grau, cabendo dessa decisão, recurso ao Tribunal competente – federal ou estadual – para reexaminar aquela matéria e, por fim, denegado pelo Tribunal, da decisão cabe recurso ordinário constitucional para o STJ, o TST (pendente de regulamentação do § 1º, do art. 111-A, da CF), e o STE. A exposição de motivos do CPP faz referência a essa exceção (três instâncias), indicando o STF como a terceira instância; mas com o advento da CF/1988, a competência passou a ser do STJ. Se, porém, a decisão for concessiva do remedium juris, haverá, apenas, duas instâncias; o mesmo ocorrendo quando a decisão do Tribunal *a quo* for de única instância (art. 105, II, "a", da CF), colocando, nesta hipótese, o STJ na condição de segundo grau de jurisdição. Mas não só o STJ, como também o STF, julga em recurso ordinário, matéria de sua jurisdição, quando a decisão dos Tribunais Superiores (STJ; STM; TSE; TST)[2] denegatória de *habeas corpus*, por exemplo, for de única instância. Nessa hipótese há apenas duas instâncias; colocando-se o STF na condição de segundo grau de jurisdição. São os conhecidos recursos ordinários-constitucionais.

4. **Fundamentos do recurso**. Por ser humano obviamente, o juiz é falível e, por isso, é também suscetível a equívocos assim como está qualquer outra pessoa. O fato de ser juiz não quer significar que as suas decisões sejam absolutamente corretas, perfeitas. A pretensão pode ser esta; mas se sabe que há impossibilidade de que isso venha sempre a acontecer, a se tornar realidade: A perfeição a Deus pertence. Do juiz, sequer pode-se exigir absoluta imparcialidade.

Já é tradicional o reconhecimento à imparcialidade dos juízes, cuja concepção nesse sentido é apregoada por quase a unanimidade de todos aqueles que lidam com o direito; mas essa imparcialidade nem sempre existe, e dificilmente se poderá aferi-la ante a um exame, ainda que aprofundado, de uma decisão, posto que, ao motivá-la, o juiz vai dizer do seu convencimento, num ou noutro sentido. Mas somente após avaliar os elementos probatórios, interpretando-os segundo a sua convicção, isto é, sua livre convicção motivada, assim como a própria lei, num âmbito de alinhamento, que ele mesmo conduz, é que vai extrair desse contexto, a sua verdade.

Por ser predominantemente retórica a atividade dos juízes e ainda que conscientemente se considerem neutros e imparciais, na realidade, por uma série de fatores circunstanciais, também podem se equivocar; daí por que existem diferentes graus de jurisdição.

A neutralidade não existe, assim como também mão existe imparcialidade quando sua própria atividade está circunscrita a uma área de conflito, onde freqüentemente há colisão de valores e interesses. Isso, entretanto, não significa que o magistrado é parcial porque assim deseja; não, é parcial porque é também "sujeito" de um meio de cultura marcada pelo signo da parcialidade que o dotou de pautas valorativas determinadas por outros aspectos culturais, ou determinados condicionamentos de caráter social antagônico, uma vez que a socialização não se produz uniformemente e não evita que numa mesma área de formação social, existam padrões diferentes de justiça.[3]

Se de um lado há um juiz falível, que está em cena, de outro há a necessidade psicológica do sujeito integrante da relação processual, que tem a esperança em ver reconhecido aquele direito que defende. E ninguém se sente conformado com uma decisão que contrarie seus interesses, essencialmente quando há

---

[2] Com a nova redação emprestada ao art. 114 da Constituição Federal, pela Emenda Constitucional nº 45/2004, a justiça do trabalho passou a ter competência para processar e julgar *habeas corpus*, quando o ato questionado envolver matéria sujeita a sua jurisdição.

[3] BRUN, Nilo Bairros. *Requisitos retóricos da sentença penal*. São Paulo: RT, 1980, p. 41.

a pretensão de ser titular de um direito subjetivo que foi negado por uma decisão judicial. Aliás, o próprio processo não teria razão de existir se um dos litigantes desde logo reconhecesse o direito do outro. As partes litigantes se colocam nesta condição, sempre em busca de uma decisão que lhe seja favorável. E o julgamento que a desaponte nessa pretensão, traz a insatisfação e, por via de conseqüência, nasce a disposição de recorrer em busca de outra decisão a ser proferida por pessoas diferentes, mais experientes, talvez, com outra visão, quem sabe, que venham rescindir ou reformar a primeira.

Mas a possibilidade de recorrer também traz outro importante benefício, ou seja, provoca um maior interesse do juiz em se esmerar na atividade judicante final, que é a decisão. Porque sabe de antemão que dificilmente não será ela apreciada pelo segundo grau de jurisdição, composto por juízes juridicamente mais experientes, mais antigos, sem descartar a hipótese, também, de passar pelo crivo de outras instâncias, como o STF e o STJ. E julgador nenhum tem interesse em ver sua decisão reformada. Todos esperam que ela seja confirmada em todos os termos, sem qualquer censura.

5. Natureza jurídica do recurso. A natureza jurídica do recurso é concebida pela doutrina, de forma distinta, ou seja, são adotadas diferentes categorias, a saber: a) como desdobramento do direito de ação que vinha se desenvolvendo até a decisão proferida no processo; b) como uma nova ação dentro de um mesmo processo, e c) como um meio qualquer destinado a obtenção da reforma de uma decisão.

A nosso sentir, o recurso não é um mero desdobramento do direito de ação que vinha se desenvolvendo até a decisão, ainda não trânsita em julgado e que, por este motivo pode ser reativado esse direito, por intermédio do recurso, que dará o impulso necessário, mas como prolongamento da instância, até a apreciação pela instância final, quando for o caso.

Não pode haver nova ação, ou que a ação seja desdobrada, dentro de uma ação que ainda não chegou ao seu desfecho, ou seja, ainda não transitou em julgado a decisão recorrida. A ação continua a mesma, foi apenas reativada e prolongada a instância[4] com o recurso, antes do advento da coisa julgada.

Há que se registrar também que a relação processual continua sendo a mesma, ela não se modifica, ainda que o recorrente seja uma daquelas pessoas indicadas no art. 31 c/c o art. 598, do CPP, posto que também sofreram gravame, o que dá sustentação ao interesse jurídico no litígio, tanto é que se o Ministério Público não apelar, elas poderão fazê-lo, mas sem descaracterizar a ação, que continua a mesma, mas que por força do recurso, a instância terá novo impulso, continuando até decisão final proferida pelo juízo *ad quem*

Ação e recurso não se confundem, a nosso ver. Recurso é meio destinado a modificar ou a reformar uma decisão proferida no processo, em decorrência da ação que fora movida, que agora tem força para reativá-la e prolongar a instância.

Se o recurso fosse desdobramento do direito de ação dentro do mesmo processo, e não um meio de reativar e prolongar a instância, ou se fosse uma nova ação, não poderiam aquelas pessoas indicadas no art. art. 31 c/c o 598 do CPP, recorrerem, uma vez que a ação pública é exclusiva do Ministério Público, nos termos do art. 129, I, da CF.

Sem qualquer demérito a opiniões respeitáveis contrárias, entendemos ser a natureza jurídica do recurso, o meio jurídico com força suficiente para reativar e prolongar a instância e provocar o reexame pela superior instância, via de regra, nos limites da matéria recorrida, em obediência ao princípio *tantum devolutum quantum appellatum*.

PRINCÍPIOS RECURSAIS

1. **Princípios recursais criminais**. Os recursos criminais são informados por princípios balizadores das diversas hipóteses recursais emergentes de manifestações jurisdicionais, objetivando disciplinar os meios necessários à busca de uma nova decisão, total ou parcial, dentro de certos limites que atendam as exigências de segurança jurídica.

São diversos os princípios recursais que se extraem do contexto do Direito Processual Penal, do Direito Constitucional e de Tratados Internacionais a que o Brasil é parte signatária, como, v.g, o Pacto de São José da Costa Rica (Convenção Americana dos Direitos Humanos), que prevê em seu art. 8º, § 2º, "h", o direito de recorrer da sentença a juiz ou tribunal superior.

1.1. **Princípio da taxatividade**. O princípio da taxatividade recursal se vincula intimamente ao pressuposto objetivo da legalidade. Não há recurso sem a devida previsão legal. Há que se observar, porém, que nem sempre a norma prevê com suficiente clareza a hipótese de cabimento de recurso; daí porque, necessário se faz, por vezes, a utilização de interpretação extensiva e aplicação analógica, nos termos do art. 3º do CPP, com maior possibilidade de se verificarem situações dessa natureza, nos casos de recurso em sentido estrito e de agravo na execução.

No que concerne ao recurso em sentido estrito, o art. 581 do CPP enumera as várias hipóteses de ca-

---
[4] RANGEL, Paulo. *Direito processual penal*. Rio de Janeiro: Lumen Juris, 2003, p. 712.

bimento, excetuando-se aqueles casos que passaram a comportar agravo na execução, por força do art. 197 da Lei nº 7.210, de 11.07.1984 – Lei de Execuções Penais (LEP), quando se tratar de decisão prolatada pelo Juízo das Execuções Penais. Todavia, outros casos não enumerados naquela norma, ainda que não haja identificação em sua expressão literal com os casos nela previstos, podem ser considerados, quando se identifique pelo seu espírito, ou seja, quando houver identidade pelos seus fins e efeitos, sob pena de se ver mutilado o princípio da ampla defesa constitucionalmente assegurada aos acusados em geral (art. 5º, LV da CF). Essa posição doutrinária tem perfeita sintonia com as disposições da Lei nº 9.099, de 26.09.1995. Não faria sentido que o Juiz, ante determinada situação concreta decidisse, por exemplo, pela extinção da punibilidade do agente por entender estar implementado o prazo prescricional e, diante da não previsibilidade expressa de recurso em sentido estrito, houvesse a impossibilidade de interposição de recurso por quem legitimado, ainda que demonstrasse ser a decisão absolutamente equivocada. Seria, na hipótese, um meio de restringir a atuação do Ministério Público e, em relação ao réu, de cerceamento de defesa, dependendo do caso, o que viria confrontar com o princípio da ampla defesa. Decisão dessa natureza se identifica pelos seus fins e efeitos, isto é, pelo seu espírito, com a hipótese prevista no inciso VIII do art. 581 do CPP, por se tratar de decisão que decreta a prescrição, julgando extinta a punibilidade. É um típico caso de aplicação analógica do art. 3º do CPP e, mesmo porque, o próprio art. 92 da Lei nº 9.099/95, manda aplicar subsidiariamente as disposições do CPP, em casos omissos, quando não forem com ela incompatíveis. Outra hipótese que também comporta aplicação analógica da norma, ensejando o recurso em sentido estrito, para exemplificar, é a decisão de suspensão do processo com fundamento no art. 366 do CPP, por encontrar sintonia com o disposto no inciso XVI do art. 581 do CPP.

Há, porém, quem entenda que a enumeração das hipóteses do art. 581 do CPP é taxativa, ou seja, que não pode ser ampliada. Essa posição tem como principal lastro de motivação, o fato de que não cabendo recurso em sentido estrito da decisão, por não constar do elenco do art. 581 do CPP, deve caber apelação, nos termos do art. 593 do CPP, uma vez que esta é subsidiária, quando se tratar de decisão definitiva ou com força de definitiva. Por si só, esse argumento é absolutamente inconsistente para afastar a incidência da aplicação analógica da norma, uma vez que o recurso em sentido estrito é mais favorável ao acusado, que pode ser beneficiado, desde logo, pelo princípio do juízo de retratação, ainda na primeira instância e, se não o for, resta-lhe mais uma oportunidade, qual seja, a de seu recurso ser apreciados pela instância superior.

Sem se esgotar a possibilidade dessa via recursal, em face do princípio da taxatividade, não há que se falar em apelação, ainda que se reconheça tratar-se, esta, de recurso subsidiário, quando a decisão for definitiva ou com força de definitiva, além de sentença condenatório ou absolutória (excluída a absolvição com fundamento no art. 411 do CPP), posto que nas hipóteses de decisão definitiva ou com força de definitiva, assim caracterizadas, a apelação, pode-se dizer, sim, que é residual, isto é, só são apeláveis quando não comportarem recurso em sentido estrito, por força do inc.II do art. 593, do CPP, que expressamente consigna que das decisões definitivas, ou com força de definitivas, proferidas por juiz singular, cabe apelação nos casos não previstos no Capítulo anterior. O que equivale dizer que das decisões dessa natureza, quando não se identificarem pelos seus fins e efeitos com aquelas hipóteses elencadas no art. 581, o recurso legalmente previsto é o de apelação.

Hoje não faria sentido, aliás, que decisão dessa ordem, não comportasse impugnação via recursal, tendo em vista a norma constitucional de garantia da ampla defesa dos acusados em geral.

Quanto ao agravo na execução, já houve orientação doutrinária e jurisprudencial no sentido de que, dependendo da decisão do juízo das execuções penais, o recurso cabível era o em sentido estrito e não agravo. É o caso, por exemplo, de unificação de penas, cuja competência para decidir é do Juiz das execuções, prevista no art. 66, III, *a*, da Lei 7.210/84 (LEP). Na realidade, porém, o tema unificação de penas é tratado no art. 13 da Lei de Introdução ao Código de Processo Penal e, também, nos art. 82 e 674, parágrafo único, do CPP. E, por essa ótica, é que correntes doutrinárias e jurisprudenciais entendiam que o recurso em sentido estrito previsto no art. 581, XVII, do Código de Processo Penal, era a via adequado para impugnar decisão referente à unificação de penas. Atinham-se, assim, a uma interpretação da norma, de caráter restritivo.

Prevaleceu, contudo, o entendimento de que, qualquer decisão, desde que prolatada pelo juízo das execuções penais, pode ser impugnada pela via do agravo na execução, dentre as quais, aquela referente à unificação de penas, posto que é considerado o elemento subjetivo como preponderante, no estabelecimento da competência do Juízo das execuções penais, conforme interpretação extensiva da norma, isto é, do art. 66, III, colocando-o, assim, na esfera de abrangência do art. 197 da Lei nº 7.210/84.

1.2. **Princípio da unirrecorribilidade**. Uma única decisão comporta um único recurso, via de regra. Numa sentença em que o réu é condenado por dois ou mais crimes e, com relação a um deles, o Juiz refuta pedido de extinção da punibilidade, por entender inexistente a alegada causa extintiva, se o acusado quiser recorrer terá de se valer da apelação, exclusivamente, e não do recurso em sentido estrito, e muito menos desses dois recursos, simultaneamente, em face dos termos do § 4º do art. 593 do CPP, que se plasma no princípio da unirrecorribilidade, dando à apelação o caráter de recurso exclusivo, absorvendo o recurso em sentido estrito.

No caso do protesto por novo júri, simultâneo à apelação, não há que se pensar em exceção à regra da unirribilidade. Essa situação se verifica, quando condenado o réu, numa mesma sentença, por um crime, cuja pena aplicada satisfaça aqueles requisitos que dão ensejo ao protesto por novo júri, e por outro crime que se afasta dessa possibilidade recursal, isto é, que não se circunscreva na hipótese desse recurso. Por essa outra condenação, na mesma sentença, não se pode suprimir do acusado, o direito ao duplo grau de jurisdição; daí porque, a solução para o caso é a apelação, nos temos do disposto no art. 608 do CPP. Todavia, tratam-se de recursos diferentes para situações diferentes, numa mesma sentença, em capítulos diferentes, o que não desnatura, ao contrário, confirma o princípio da unirrecorribilidade.

Também não pode ser tratado como exceção à regra, a interposição simultânea de recurso extraordinário e especial, quando emergirem da decisão, fundamentos de ordem constitucional e legal, respectivamente, de admissibilidade desses recursos. No mesmo sentido, isto é, não é exceção, o surgimento de uma parte unânime da decisão que possibilite recurso extraordinário ou especial, ou ambos simultaneamente, e outra parte da mesma decisão, não unânime, que comporte embargos infringentes. Tratam-se de decisões objetivamente complexas, com capítulos distintos que, por via de conseqüência, exigem também recursos de categorias distintas para impugná-las.

É assim que entendemos o princípio da unirrecorribilidade, respeitando, todavia, jurídicas opiniões em contrário, que entendem tratar-se de exceção à regra.[5]

1.3. **Princípio da voluntariedade**. A sucumbência no processo penal faz emergir o interesse recursal de quem tiver legitimidade. Mas ainda que haja legitimidade e interesse, tratam-se de meras circunstâncias que se caracterizam como pressupostos recursais voluntários, sem operar obrigatoriedade. Todavia, quem tiver legitimidade e interesse, poderá recorrer, isto é, recorrer se quiser, se pretender reverter a seu favor, total ou parcial, a decisão objeto do recurso. O art 574 do CPP é que estabelece a voluntariedade recursal; mas expressamente, em sua parte final, traz a previsão de exceção, isto é, de recurso obrigatório, interposto de ofício pelo juiz do pleito decisório. (v. Comentários ao art. 574, nº 1, capítulo I, dos recursos em geral)

1.4. **Princípio da compulsoriedade**. Casos há em que a própria autoridade judiciária prolatora da decisão está obrigada a submetê-la a reexame por outro órgão também judiciário de grau hierarquicamente superior. Este procedimento é denominado de recurso de ofício, ou ex-officio, ou reexame necessário, ou recurso obrigatório, previsto em lei, como exceção.

Observe-se, contudo que o denominado recurso de ofício, embora legalmente previsto – e por isso é que com esta denominação vai ser tratado – tecnicamente, recurso não é, posto que não existe qualquer respaldo científico.

A espécie de matéria, cuja decisão judicial é submetida compulsoriamente ao duplo grau de jurisdição, conforme a previsão legal, não se reveste de tão significativa importância de caráter social capaz de tornar imprescindível o reexame obrigatório pela instância superior. (v. Comentários ao art. 574, nº 2, capítulo I, dos recursos em geral)

1.5. **Princípio da fungibilidade**. Esse princípio está contido nas disposições do art. 579 do CPP. Trata-se de princípio que terá de ser rigorosamente observado quando, obviamente, não houver má fé do recorrente e quando, também, houver necessidade de que a fundamentação seja vinculada, mas o recorrente não atendeu a esse requisito, omitindo fundamento específico, como, por exemplo, nas hipóteses previstas nas alíneas a, b, c e d, inciso III, do art. 593, do CPP, ou quando se tratar de recursos extraordinário e especial (arts. 102, III, a, b, e c, 105, III, a, b e c, da CF.

Se observada a fundamentação vinculada, quando for o caso, e se verificada a inexistência de má-fé, nada impede que o magistrado receba um recurso por outro, como no caso de apelação, por recurso em sentido estrito e vice-versa; ou recurso em sentido estrito por agravo na execução, ou este, por recurso em sentido estrito. Porém, estando caracterizado algum

---

[5] CONSTANTINO, Lúcio Santoro de. *Recursos criminais, sucedâneos recursais criminais e ações impugnativas autônomas criminais.* Porto Alegre: Livraria do Advogado, 2004, p. 33; GRECO FILHO, Vicente. Manual de processo penal. São Paulo: Saraiva, 1998, p. 361.

erro grosseiro na interposição do recurso adequado, por outro, fica afasta a adoção da fungibilidade.

O erro grosseiro pode se caracterizar em face da existência de circunstância de caráter objetivo, isto é, quando um recurso, por exemplo, é interposto dentro de determinado prazo mais dilatado, absolutamente incompatível com aquele previsto para o recurso adequado. Nesta hipótese, se ficar clara, inequívoca, a intempestividade do recurso, pode ficar caracterizada a má fé do recorrente e, por conseguinte, fica afasta a possibilidade de adoção do princípio da fungibilidade recursal. (*v. Comentários ao art. 579, nº 1, capítulo I, dos recursos em geral*)

1.6. Princípio da proibição da *reformatio in pejus* direta. A previsão de proibição da reformatio *in pejus*, vem expressa no art. 617, do CPP. É uma conseqüência do sistema acusatório que proíbe o agravamento de determinada pena, sem que haja recurso interposto pela acusação. Só nessas hipóteses, isto é, só quando houver recurso da acusação é que a situação do réu pode ser agravada. Mas quando tão-somente ele recorre, ao contrário, seja qual for o recurso interposto, é vedado o agravamento de sua situação. Nada obsta, porém, ao réu condenado apelar, pleiteando a absolvição e, ao mesmo tempo, também apelar o órgão acusador, pretendendo a reforma da sentença no sentido de que aquela pena aplicada seja majorada, caso em que atendida a pretensão do órgão acusador, não há que se falar em *reformatio in pejus* direta.

O art. 617, do CPP, diz que o tribunal, câmara ou turma atenderá nas suas decisões ao disposto nos arts. 383, 386 e 387, no que for aplicável, não podendo, porém, ser agravada a pena, quando somente o réu houver apelado da sentença.

Embora a norma faça exclusiva referência a sentença, além da apelação, não ficam descartados os outros recursos se somente o réu recorrer, em face de outra decisão; mas, em qualquer caso, sua situação não pode ser agravada. Réu que recorre em sentido estrito, por exemplo, da decisão de pronúncia que o Juiz prolatou, o recurso poderá ser provido para despronunciá-lo, ou melhorar sua situação de outra forma, como a exclusão de uma qualificadora, por exemplo; jamais para incluí-la, agravando sua situação.

Assim, seja qual for o recurso interposto exclusivamente pelo acusado, há proibição da *reformatio in pejus*, inclusive da decisão que acolhe nulidade contra ele, não argüida em recurso interposto pela acusação, ressalvado o caso de recurso oficial. Nesta hipótese, o tribunal *ad quem* aprecia toda a máteria de fato e de direito, que lhe é devolvida por força do recurso de ofício do Juiz *a quo*, podendo confirmar ou reformar a decisão, favorável ou desfavorável ao réu, sem desnaturar, todavia, o princípio da imparcialidade. Não há obstáculo algum de as partes, nesse caso, também recorrerem voluntariamente.

1.7. Princípio da proibição da Reformatio *in pejus* indireta. A *reformatio in pejus* indireta ocorre quando, por exemplo, a superior instância anula a sentença e, na decisão seguinte, a pena aplicada passa a ser mais grave do que a pena anterior. Nessa hipótese, há entendimento também no sentido de proibição de aplicação de pena mais grave; devendo o Juiz ficar vinculado ao máximo da pena que fora anteriormente estabelecida, se obviamente, for a mais favorável, posto que pode ocorrer que o prolator da sentença seguinte entenda de mitigar a pena. A vinculação do Juiz à decisão anterior é tão-somente no que diz respeito à impossibilidade de exacerbação da pena. A *reformatio in pejus* tem íntima relação com o princípio da personalidade da pena.

Assim é o entendimento majoritário da doutrina, em face do direito à ampla defesa do réu, que tem de ser preservado; não o teria, porém, se ao exercê-lo, isto é, se ao apelar com exclusividade, tivesse a sentença anulada e, no julgamento seguinte, fosse surpreendido com nova pena mais severa do que aquela da sentença anterior. Por outro lado, há o argumento de que a sentença já transitou em julgado para o Ministério Público e, além disso, se não pode ser reconhecida nulidade desfavorável ao réu, por força da Súmula 160 do STF, também não pode ele ser prejudicado com a nulidade da sentença, quando for o próprio apelante, para outra ser prolatada com aplicação de pena mais grave.

Todavia, há outra corrente doutrinária, minoritária é verdade, à qual nos filiamos, cujo argumento é no sentido de que o art. 617, do CPP, proíbe a *reformatio in pejus* direta, tão-somente, nos julgamentos de apelação feitos pela segunda instância, quando o recurso for exclusivo do réu; mas não a *reformatio in pejus* indireta.

Para o Juiz de primeiro grau, não há vedação legal no sentido de que outra sentença com pena mais severa seja prolatada. Se não há lei expressamente proibindo, ao Juiz é facultado, segundo sua convicção e independência funcional, a aplicar pena mais grave, se os elementos dos autos assim o permitirem.

Não se pode olvidar que sendo anulada pela superior instância a decisão anterior, resta sem qualquer eficácia aquela pena que fora concretizada. Logo, se ela não mais existe, não há como ser considerada para balizar uma nova decisão. Seria o mesmo que dispensar maior consideração à decisão anterior inexistente no plano concreto, fazendo-a se sobrepor à decisão posterior, com existência real, revestida de eficácia plena. E, por outro lado, não é demais observar que sendo voluntário o recurso de apelação, a parte que recorrer terá de arcar com todas as conseqüências dele decorrente. E, além do mais, se inconformado estiver o acusado com a nova decisão mais gravosa, nada impede venha ele apelar à superior instância, em busca da redução da pena aplicada ou, até mesmo, da absolvição.

Outra situação que não deixa pairar qualquer dúvida quanto à inexistência de proibição da *reformatio in pejus* indireta, ocorre quando for anulado o processo na sua totalidade (e não tão-somente a sentença), já com decisão prolatada, mas por Juiz absolutamente incompetente. Entendemos que está absolutamente excluída, nessa hipótese, qualquer vedação no sentido de que com a decisão nova seja aplicada pena mais severa, até porque todo o processo terá de ser refeito na sua totalidade, inclusive com produção de novas provas, se necessário for. E, da mesma forma, ainda com mais forte motivo ocorre quando a decisão for prolatada por Juiz despido de jurisdição, porque aí não há sequer que se falar em nulidade, mas sim em ato juridicamente inexistente. Também nesse caso é refeito todo o processo, com absoluta liberdade do Juiz para decidir sobre a aplicação da pena, segundo sua convicção.

Também em se tratando de novo julgamento pelo tribunal popular, em razão de ter sido acolhido o recurso de protesto por novo júri, entendemos não haver vedação a apenamento mais grave, uma vez que absolutamente invalidado o julgamento anterior.

Por ser o veredicto do júri popular absolutamente soberano, obviamente que havendo protesto por novo júri, a nova decisão também será soberana, e embora ao juiz-presidente caiba a fixação da pena, não está ele desvinculado das respostas aos quesitos e aos elementos constantes dos autos, no que diz respeito à personalidade do réu, por exemplo.

Pode ocorrer que no novo julgamento o conselho de sentença venha a reconhecer alguma qualificadora, que fora negada pelo júri anterior. Por via de conseqüência, o juiz não só poderá como estará obrigado a fixar a pena, exacerbando-a, por conseguinte, nesse aspecto, uma vez que é elevada pela qualificadora reconhecida pelo júri popular, quando da resposta afirmativa ao quesito que lhe fora apresentado. Assim, entendemos que o magistrado fica vinculado a essa decisão soberana, e se não a levar em consideração estará ferindo a soberania do veredicto; por isso não se sustenta a tese de que não pode o juiz exacerbar a pena no novo julgamento, devendo se limitar ao máxima daquela anteriormente aplicada.[6]

E, é óbvio, não haverá aí *reformatio in pejus*. O que não pode é o juiz ficar limitado em seu poder de dosar a pena, não levando em consideração resposta do tribunal popular a quesito desfavorável ao réu. A soberania do veredicto há que ser preservada, nesse aspecto. Nada impede, todavia, que o magistrado dose a pena na mesma quantidade da anterior e, até mesmo, a reduza, se não for reconhecida, por exemplo, alguma qualificadora. O que não se pode admitir é que o Juiz fique vinculado, de forma absoluta, à quantidade da pena anteriormente aplicada, sem poder ultrapassá-la no segundo julgamento.[7]

1.8. Princípio da proibição da *reformatio in mellius*. A *reformatio in mellius* é a reforma da sentença pela superior instância melhorando a situação do réu, quando tão-somente o Ministério Público recorre da sentença visando à exasperação da pena imposta pelo juízo *a quo*. Nesta perspectiva, parte da doutrina e da jurisprudência tem procurado demonstrar que é juridicamente possível reformar a sentença trânsita em julgado para o acusado que não recorreu, visando a beneficiá-lo, trazendo à baila ponderáveis argumentos, como a não existência de previsão legal de proibição, assim como ocorre com a *reformatio in pejus*, cuja sustentação da proibição vem expressa nas disposições do art. 617, do CPP; que o recurso do Ministério Público devolve à superior instância o exame do mérito e da prova,[8] mitigando, assim, o princípio *tantum devolutum quantum apellatum*; a necessidade de emenda, de imediato, capaz de restabelecer o *jus libertatis*, evitando-se a via da ação revisional, por se tratar de procedimento moroso e, por isso, desaconselhável a esse propósito.

No Pretório Excelso, entretanto, a *reformatio in melius* não é aceita, quando houver recurso exclusivo da acusação pleiteando o aumento de pena imposta ao acusado. As decisões têm se sustentado no princípio *tantum devolutum quantum apellatum*;[9] no disposto no art. 574, do CPP, que atribui igualdade de

---

[6] Nem se poderia argumentar com uma possível ofensa à *soberania* do Tribunal do Júri, pois a limitação diz respeito tão-somente à aplicação da pena, que constitui atribuição do juiz-presidente; os jurados votarão livremente os quesitos formulados, mas a sanção final não poderá ultrapassar o *quantum* estabelecido no julgamento que ensejou o protesto. GRINOVER, Ada Pellegrini; GOMES FILHO, Antonio Magalhães; FERNANDES, Antonio Scarance. *Recursos no processo penal*. São Paulo: RT, 1996, p. 250.

[7] Não há que se falar, aí, em *reformatio in pejus*,porquanto as partes, após esse segundo julgamento, podem interpor apelo à instância superior, e esta, então, poderá, inclusive, diminuir a pena se entender ter sido ela severa. TOURINHO FILHO, Fernando da Costa. *Processo penal, v. IV*. São Paulo: Saraiva, 1997, p. 411.

[8] JSTJ 17/217.

[9] Voto do Rel. Ministro Francisco Rezek no RE 103.865-9-SP RTJ 112/471 (): "... Com efeito, entende o STF que o princípio *tantum devolutum quantum apellatum*, que informa o processo penal brasileiro, é obstáculo à *reformatio in melius* ... Ao réu incumbe, pois,

tratamento às partes para recorrer voluntariamente e, também, na possibilidade de o réu buscar a via da revisão criminal, ação própria para restabelecer o jus libertatis eventualmente violado.

Obviamente que, formalmente, se o réu não apelar da sentença condenatória, quando podia fazê-lo, sem qualquer obstáculo, eventual reforma da sentença pela superior instância para absolvê-lo ou, de qualquer forma, para minimizar sua situação ofende o disposto no art. 574, do CPP, porque a regra contida nessa norma é a da voluntariedade do recurso; as exceções ocorrem nas hipóteses de sentença que conceder *habeas corpus* de ofício, ou quando o réu for desde logo absolvido com fundamento na existência de circunstância que exclua o crime ou o isente de pena, nos termos do art. 411, do CPP. As exceções nestes casos, referem-se a recurso de ofício, que devolve à superior instância o reexame de toda a matéria e da prova; possibilitando, por isso, maior alcance na apreciação feita pelo tribunal. Situação diferente, todavia, entende a Suprema Corte, é quando se trata de recurso voluntário, quer seja de parte do réu, quer seja de parte da acusação, em que deve ser preservado o princípio *tantum devolutum quantum appellatum*; ademais, é lembrada também a intangibilidade da coisa julgada material já implementada em face da ausência de recurso voluntário do réu.

Mas todos os argumentos pela inadmissibilidade da *reformatio in melius* pelo que se pode inferir das correntes doutrinária e jurisprudencial, têm como ponto básico, aspectos de natureza técnico-formal, visando à punição do infrator, sem se preocupar com os aspectos de natureza processual garantista, muito mais relevantes, nos parece, por ter como função precípua a de proteger o inocente.

O recurso exclusivo do Ministério Público pleiteando aumento de pena do acusado, hoje estamos convencidos que leva ao tribunal o conhecimento de toda a matéria de fato e de direito, e o órgão *ad quem* não só pode como tem o dever de reexaminar exaustivamente toda a prova contra e a favor do imputado, devendo, quando for o caso, exasperar a pena; absolvê-lo; manter a condenação; ou minimizar sua situação, sem deixar de lado, evidentemente, os aspectos técno-processuais, que poderão ser favoráveis a ele, devendo, inclusive, de ofício, anular o processo, porque é o processo penal a via capaz de revelar a verdade ou inverdade e, por isso, a liberdade de um inocente punido, uma vez constatada a imposição do apenamento equivocado, terá de ser restabelecida de imediato, ainda que o erro seja aferido pelo tribunal, quando o recurso for exclusivo da acusação. A propósito, lembra Magalhães Noronha:

> "...em assim decidindo, o tribunal apenas adianta ao réu o que fatalmente lhe concederia em revisão. E não há negar que os interesses deste são também sociais, não se devendo submeter a exigências meramente formalísticas".[10]

Não se pode olvidar, também, que ao tribunal compete conceder *habeas corpus* para proteger o acusado de eventual violação de seus direitos individuais, que inequivocamente há que se reconhecer tratar-se também, por extensão, de direitos sociais, posto que ao ser excluído um inocente do convívio social, é uma ameaça feita a toda a sociedade à qual pertence. Por oportuno, cabe destacar a lição de Rogério Schietti Machado Cruz:

> Por derradeiro, vale reiterar a afirmação de que não há propriamente um interesse do Estado "sacrificado" ao emitir-se uma decisão mais favorável ao acusado, pois a tutela dos interesses indisponíveis do réu também é função desse mesmo Estado.[11]

Na verdade, ninguém quer uma injusta condenação do acusado; o que a sociedade deseja e quer é que todos os culpados sejam punidos; mas no Estado de Direito, só interessa a punição aos que forem os verdadeiramente culpados, com justo julgamento, depois de submetido ao devido processo legal.

PRESSUPOSTOS RECURSAIS OBJETIVOS

1. **Previsão legal**. Só pode ser interposto o recurso que estiver previsto em lei. A lei estabelece os tipos de recurso. Na ausência de previsão legal, o recurso não pode prosperar. No entanto, como há o princípio da fungibilidade recursal (art. 579, do CPP), se o recurso interposto for inadequado, mesmo assim será admitido, desde que não haja má-fé e que seja dentro do prazo previsto para aquela hipótese. (*v. Da teoria geral dos recursos criminais, nº 2, fungibilidade do recurso e comentário ao art. 579, nº 1, capítulo I, dos recursos em geral*)

2. **Tempestividade**. Cada recurso tem de ser interposto dentro do prazo previsto em lei. Os prazos são variados, e cada recurso terá de ser interposto no prazo a ele pertinente.

---

valer-se dos meios processuais adequados para corrigir eventual equívoco da sentença. Conheço do recurso e lhe dou provimento ...". Voto do Rel. Ministro Moreira Alves no RE 104.147-1 (RTJ 114/818): "... Ambas as Turmas desta Corte já firmaram entendimento de que decisão que, na ausência de recurso do réu, se utiliza do recurso da acusação tendente a exasperar a pena, para minorá-la, viola o art. 574 do Código de Processo Penal. Recurso Extraordinário conhecido e provido". Mesmo sentido: RTJ 103/398, 105/745, 108/408, 122/409.

[10] NORONHA, E. Magalhães. *Curso de direito processual penal*. São Paulo: Saraiva, 1990, p. 373.

[11] CRUZ, Rogério Schietti Machado. *garantias processuais nos recursos criminais*. São Paulo: Atlas, 2002, p. 112.

O recurso em sentido estrito, em regra, terá de ser observado o prazo de 5 dias (art. 586 do CPP), exceto aquele previsto no art. 581, XIV, que deve ser interposto no prazo de 20 dias (parágrafo único do art. 586 do CPP). Para apelação, o prazo é de 5 dias (art. 593 do CPP), exceto quando a apelação for do ofendido ou de algumas daquelas pessoas indicadas no art. 598, não habilitadas como assistente, em que o prazo é de 15 dias, conforme dispõe o parágrafo único desse mesmo artigo; se, porém, estiver habilitado, o prazo é de 5 dias. Em se tratando de apelação de decisões de rejeição de denúncia ou queixa, e de inconformidade com sentença, proferidas por Juizado Especial Criminal, o prazo é de 10 dias (art. 82, § 1º, da Lei nº 9.099/95); a apelação junto à Justiça Eleitoral, de decisão em processo por crime eleitoral, o prazo é de 10 dias. O protesto por novo júri segue o mesmo prazo para o recurso de apelação, ou seja, de 5 dias (art. 607, § 2º, do CPP). Os embargos infringentes ou de nulidade têm de ser interpostos no prazo de 10 dias a contar da publicação do acórdão (parágrafo único do art. 609 do CPP). Os embargos de declaração serão opostos no prazo de 2 dias (arts. 382 e 619 do CPP). A carta testemunhável terá de ser requerida em 48 horas, seguintes à decisão denegatória do recurso (art. 640 do CPP). Os recursos extraordinário e especial terão de ser interpostos em 15 dias (art. 26 da Lei nº 8.038/90). Para o agravo de instrumento de despacho de presidente de tribunal que não admitir recurso extraordinário ou especial, o prazo é de 5 dias (art. 28 da Lei nº 8.038/90).

A Lei nº 8.950/94 não alterou o prazo nos processos criminais, embora tenha alterado nos processos disciplinados pelo CPC. O recurso ordinário para o STF ou STJ, das decisões denegatórias de *habeas corpus*, é também de 5 dias, de conformidade com o disposto no art. 310 do RI STF, e art. 30 da Lei nº 8.038, de 28/05/90, respectivamente, o prazo para interposição. A correição parcial no Estado do Rio Grande do Sul também está sujeita ao prazo de 5 dias, de conformidade com o art. 195, § 2º, do Código de Organização Judiciária do Estado (COJE). Em se tratando de reclamação, não há previsão legal de prazo; porém tem entendido o Pretório Excelso que pode ser interposta enquanto não transitar em julgado o ato impugnado.

No prazo processual não se computa o dia do começo, incluindo-se, porém, o do vencimento, conforme o disposto no § 1º do art. 798 do CPP,[12] é diferente, portanto, do prazo penal, que se computa o dia do começo (art. 10 do CP). A contagem do prazo é feita pelo calendário comum. Quando o prazo processual terminar em domingo ou dia feriado, considerar-se-á prorrogado até o dia útil imediato (§ 3º do art. 798 do CPP). O término do prazo deverá ser certificado pelo escrivão, mas se houver omissão nesse sentido, o prazo transcorrido é válido, se for comprovado o termo inicial (§ 2º do art. 798 do CPP).

Havendo impedimento do Juiz por força maior, ou por algum obstáculo judicial oposto pela parte contrária, não correrão os prazos (§ 4º do art. 798 do CPP), enquanto não solucionada questão dessa ordem.

O § 5º do art. 798 do CPP estabelece que, salvo os casos expressos, os prazos correrão: a) da intimação; b) da audiência ou sessão em que for proferida a decisão, se a ela estiver presente a parte; c) do dia em que a parte manifestar nos autos ciência inequívoca da sentença ou despacho.

Encerrado o expediente forense antes do horário normal, o termo inicial fica prorrogado para o primeiro dia útil, tendo em vista o disposto no art. 798, § 4º. E quanto à intimação da parte ocorrer numa sexta-feira, o termo inicial também será no próximo dia útil, se houver expediente forense.

Os prazos recursais não se interrompem e nem se suspendem com a superveniência de férias forenses, conforme expressamente estabelece o art. 798, *caput*, do CP e, nem mesmo, em se tratando de recurso interposto quando o réu se encontrar em liberdade; até porque os prazos são contínuos e peremptórios, isto é, contínuos porque não devem ser interrompidos em seu curso; peremptórios, porque são improrrogáveis, são prazos fatais, sem possibilidade de serem dilatados. Aliás, não há mais férias forenses coletivas nos juízos e tribunais de segundo grau, posto que vedadas pelo art. 93, XII, da CF, em face da alteração que sofreu pela Emenda Constitucional nº 45, de 08.12.04, que também criou plantão permanente de juízes, quando não houver expediente forense.

O prazo para Ministério Público e para o Defensor Público (da União, do Distrito Federal e dos Estados), passa a contar da intimação pessoal, nos termos previstos do art. 41, IV, da Lei nº 8.625, de 12.02.93 (Lei Orgânica Nacional do Ministério Público), e arts. 44, VI; 89, I, e 128, I, da Lei Complementar nº 80, de 12.01.94, respectivamente. O § 4º, do art. 370 do CPP, com a redação que lhe emprestou a Lei nº 9.271, de 17.04.96, além de prever a intimação pessoal do Ministério Público, previu também a intimação do defensor nomeado pelo Juiz. Por outro lado, o art. 390 do CPP, estabelece que em se tratando de

---

[12] A Súmula 310 do STF deixa claro o início do prazo, ao estabelecer que, "(...) Quando a intimação tiver lugar na sexta-feira, ou a publicação com efeito de intimação for feita nesse dia, o prazo judicial terá início na segunda-feira imediata, salvo se não houver expediente, caso em que começará no primeiro dia útil que se seguir".

sentença, a intimação pessoal do Ministério Público terá de ser feita pelo escrivão, no prazo de 3 dias após sua publicação, sob pena de suspensão de 5 dias.

Nesses casos, ou seja, quando se tratar de prazo recursal para o Ministério Público, Defensor Público ou defensor nomeado, o termo inicial terá de ser contado do dia em que houver a intimação pessoal, inclusive do réu. Se for intimado por último, o réu, entendemos deva ser novamente intimado o defensor, como garantia da plenitude da defesa esboçada no art. 5º, LV, da CF, e para preservar o consagrado princípio do contraditório.

Quando a sentença for absolutória, e se tratar de advogado constituído, de advogado do querelante e do assistente, a intimação é efetivada pelo órgão oficial, incumbido da publicidade dos atos judiciais da comarca, incluindo o nome do acusado, sob pena de nulidade, conforme o disposto no § 1º do art. 370 do CPP, com a redação dada pela Lei 9.271, de 17.04.96. Nessa hipótese, a data de circulação do órgão de publicação é o marco balizador do prazo, isto é, conta-se o prazo do primeiro dia útil depois da publicação.

Entendemos, todavia, que embora se cuide de advogado constituído, advogado do querelante ou do assistente, sempre que se tratar de sentença condenatória, esteja ou não preso o réu, a intimação deve ser feita pessoalmente ao réu e ao seu defensor; e é dessa intimação que passa a fluir o prazo recursal, sem contar, porém, o dia do começo. (*v. Da teoria geral dos recursos criminais, dos pressupostos recursais objetivos, nº 3*)

Há também que se considerar que nem sempre o ofendido se habilita como assistente do Ministério Público e, no entanto, pode recorrer nas hipóteses previstas nos arts. 584, § 1º, e 598 do CPP.

Mas não se pode tratar do ofendido especificamente sem envolver também aquelas pessoas indicadas no art. 31, ou seja, o cônjuge, ascendente, descendente ou irmão, em caso de sua morte ou ausência.

O ofendido somente é intimado quando atua como assistente devidamente habilitado, ou como querelante. Se não estiver habilitado e quiser recorrer, tem de estar atento para cumprir aquele prazo recursal previsto no parágrafo único do art. 598.

Na realidade, não há necessidade alguma de o ofendido nas ações públicas ser intimado da sentença, quando não estiver habilitado, porque a titularidade do *jus accusationis* é do Ministério Público, que atua no processo em nome do Estado enquanto sociedade, e aí inclui-se, também, o ofendido, que é substituído pelo órgão estatal, e age se quiser, supletivamente, podendo, por vezes, recorrer, desde que demonstrada a sua legitimidade recursal e interesse, quando não recorrer o Ministério Público ou, quando este recorrer, mas não for de todo o julgado.

O ofendido não habilitado tem o prazo de 15 dias para apelar, que passa a fluir do dia em que a sentença transitar em julgado para o Ministério Público, conforme o disposto no parágrafo único do art. 598 do CPP. Quando habilitado, porém, o prazo é de 5 dias (*v. comentários ao art. 598, nº 2, capítulo III, da apelação*)

3. **Intimação**. Intimação é o ato de cientificar as partes de sentença ou decisão proferida no curso do processo.

A intimação cientifica a parte quanto a ato processual já devidamente consumado.

É inquestionável a importância que assume a intimação no processo, uma vez que é a partir dela que é fixado o marco inicial também para a contagem do prazo recursal. Do não cumprimento de determinado ato dentro do prazo estabelecido ocorre a preclusão para as partes, ou seja, elas não podem mais praticar aquele mesmo ato em outra oportunidade, em regra.

O § 1º do art. 798 do CPP, regula os prazos processuais, tendo como termo inicial a intimação, ao estabelecer que "não se computará no prazo o dia do começo, incluindo-se, porém, o do vencimento". Mas "quando a intimação tiver lugar na sexta-feira, ou a publicação com efeito de intimação for feita nesse dia, o prazo judicial terá início na segunda-feira imediata, salvo se não houver expediente, caso em que começará no primeiro dia útil que se seguir".[13] E se o expediente forense for encerrado antes do horário normal, no dia em que o prazo passar a fluir, prorroga-se para o primeiro dia útil, o termo inicial, por aplicação do art. 798, § 4º, que excepciona a regra geral da continuidade dos prazos processuais.

A intimação do Ministério Público e do Defensor Público, por força do art. 41, IV, Lei nº 8.625, de 12.02.93 (Lei Orgânica Nacional do Ministério Público) e arts. 44, VI; 89, I e 128, I, todos da Lei Complementar nº 80, de 12.01.94, respectivamente, é feita pessoalmente.

O § 4º do art. 370 do CPP, com a redação que lhe emprestou a Lei nº 9.271, de 17.04.96, além de prever a intimação pessoal do Ministério Público, previu também a intimação do defensor nomeado pelo Juiz. Por outro lado, o art. 390 do CPP, estabelece que em se tratando de sentença, a intimação pessoal do Ministério Público terá de ser feita pelo escrivão, no prazo de 3 dias após sua publicação, sob pena de suspensão de 5 dias. Nessas hipóteses, a intimação é

---
[13] Súmula 310 do STF.

considerada válida quando o Ministério Público, o Defensor Público ou o defensor nomeado, apor seu ciente ou, quando for o caso, certificar o Escrivão sua recusa à intimação; começando, daí, a fluir o prazo recursal.

Quando, também, se tratar de réu com defensor constituído, ainda que se livre solto ou, sendo afiançável a infração, tiver prestado fiança, a intimação será feita a ele, pessoalmente, e ao defensor por ele constituído (art. 392, II), em face do princípio constitucional da ampla defesa, que terá de ser assegurado (art. 5º, LV, CF). E o prazo recursal somente passa a fluir da última intimação feita, que deve ser da defesa, para se consolidar, efetivamente, a plenitude da defesa do acusado. Dificilmente o advogado interpõe recurso sem antes manter contato pessoal com o réu, até para demonstrar se é ou não conveniente recorrer, naquela hipótese. Por outro lado, sendo antes intimado, terá o réu mais tempo, se entender necessário, para mudar de defensor, antes mesmo que a sentença transite em julgado.

Assim, nas hipóteses previstas no art. 392, II, não mais se admite que seja intimado o réu pessoalmente, ou o defensor por ele constituído, um ou outro, apenas. A intimação, quer seja pessoal ou por edital do réu, isoladamente não tem plena eficácia, da mesma forma que a do defensor constituído ou dativo. Devem sempre ser intimados pessoalmente da sentença, esteja preso ou não o réu, e enquanto a intimação pessoal do réu e da defesa não se consumar, entendemos que a sentença não transita em julgado e nem passa a fluir o prazo recursal.

Também para as demais hipóteses previstas nos incs. III, IV, V e VI, do art. 392, do CPP, estamos convencidos de que a regra é a mesma para a intimação por edital, quando o réu não for encontrado, isto é, a intimação por edital deve ser feita ao réu e também ao seu defensor, se não for encontrado, seja ele constituído ou dativo; e se não tiver defensor, deve o juiz nomear um dativo, a fim de que a defesa do réu seja a mais ampla possível, e se amolde aos parâmetros estabelecidos pelo art. 5º, LV, da CF.

Quanto às intimações por edital, os prazos previstos nos §§ 1º e 2º, do art. 392, permanecem inalterados, ou seja, "o prazo do edital será de 90 (noventa) dias, se tiver sido imposta pena privativa de liberdade por tempo igual ou superior a 1 (um) ano, e de 60 (sessenta) dias, nos outros casos", e "o prazo para apelação correrá após o término do fixado no edital, salvo se, no curso deste, for feita a intimação por qualquer das outras formas estabelecidas neste artigo". Obviamente que todas as ressalvas que se fez acima no que diz respeito à intimação pessoal do réu e do defensor constituído ou dativo aplicam-se também às intimações por edital; o prazo recursal somente passa a fluir da intimação de ambos.

Quando a intimação do réu tiver de ser feita em outra comarca por carta precatória, o prazo recursal somente passa a fluir da data da intimação (do réu e de seu defensor), uma vez que é da essência da alínea *a*, do § 5º do art. 798 do CPP, que fora dos casos expressos em lei, os prazos correrão da intimação.

Ora, na hipótese, não há na legislação processual penal a previsão expressa de que o prazo recursal passa a fluir da data da juntada da precatória aos autos do processo, devidamente cumprida. Logo, em não havendo disposição expressa nesse sentido, nossa posição é de que o prazo recursal correrá da intimação, e não da juntada da precatória aos autos do processo, depois de cumprida,[14] posto que há incidência do disposto na alínea *a*, do § 5º do art. 798 do CPP, com posicionamento já consolidada do STF.[15]

4. Observância das formalidades legais. Quem tiver legitimidade e interesse em face da lesão que entende ter sofrido em seu direito, em razão de uma decisão, por não ter correspondido à expectativa jurídica que concebia como viável, e pretender reverter a situação a seu favor, após convencido da previsibilidade recursal na lei, adequada à espécie, terá de observar a forma pela qual é legalmente autorizada a interposição do recurso. Mas quanto à adequação do recurso, há que se observar o princípio da fungibilidade previsto no art. 579, do CPP, que afasta qualquer prejuízo à parte que interpuser um recurso por outro, desde que de boa fé e no mesmo prazo previsto para o recurso adequado. (*v. Da teoria geral dos recursos criminais, dos princípios recursais criminais, nº 1.5*)

O art. 578 do CPP prevê a interposição de recurso por "petição" ou "por termo nos autos". Porém, nem todos os recursos dessa forma poderão ser interpostos. Para alguns recursos somente a petição é a forma legalmente adequada, como, por exemplo, a carta testemunhável, os embargos infringentes e de nulidade, os embargos declaratórios, o recurso extraordinário, o recurso especial, o agravo de instrumento, o recurso ordinário constitucional, o recurso de apelação previsto na Lei nº 9.099/1995.

---

[14] "Omisso o Código de Processo Penal quanto à contagem do prazo na hipótese de intimação por precatória, deve-se aplicar subsidiariamente e por analogia o que dispõe o art. 241, I, do CPC, segundo o qual o lapso começa a fluir a partir da juntada da carta devidamente cumprida aos autos" (RT 624/287). Mesmo sentido: RT 633/324.

[15] Súmula 710 do STF: No processo penal, contam-se os prazos da data da intimação, e não da juntada aos autos do mandado ou da carta precatória ou de ordem.

O recurso em sentido estrito, a apelação e o protesto por novo júri podem ser interpostos tanto por petição, como por termo nos autos.

As razões de recurso é outra formalidade legal imprescindível, principalmente quando o Ministério Público for o recorrente, pelos motivos expostos nos *comentários ao art. 576, nº 1, capítulo I, dos recursos em geral*, sob pena de nulidade, nos termos do art. 564, III, *d*, do CPP.

5. Inexistência de fatos impeditivos. Para a interposição do recurso previsto em lei hão de ser considerados também fatos que poderão impedi-lo, como por exemplo, a renúncia ao direito de recorrer antes do término do prazo recursal; a preclusão e, de acordo com algumas disposições legais infraconstitucionais, o não-recolhimento do réu para interpor recurso em sentido estrito, conforme dispõe o art. 585 do CPP; quando o juiz o pronunciar, no caso do § 2º do art. 408 do CPP; o não-recolhimento à prisão para apelar, nos termos do art. 594 do CPP. (*v. comentários ao art. 581, nº 19, capítulo II, do recurso em sentido estrito, e comentários ao art. 594, capítulo III, da apelação, nº 1*)

5.1. Renúncia. Renunciar é manifestar expressamente a vontade de não praticar determinado ato. No processo penal, a renúncia também pode significar a disposição consciente de não recorrer.

A renúncia tem relação com o princípio recursal da disponibilidade, exceto para o Ministério Público, que terá de se sujeitar ao princípio da indisponibilidade do direito que tem de recorrer. A renúncia só pode ocorrer antes de interposto o recurso, e dentro do prazo legal previsto; depois de interposto, pode ocorrer a desistência.

Há entendimento na doutrina e na jurisprudência no sentido de que tanto o acusado, quanto o seu defensor poderá renunciar ao direito de recorrer. Mas suscita divergência quando um quer renunciar e o outro se manifesta no sentido contrário.

Alguns entendem que deve prevalecer a vontade do réu porque, na realidade, ele é o titular do direito de recorrer; é ele, portanto, quem tem a disponibilidade desse direito.

Mas não se pode olvidar que a defesa técnica no processo penal se reveste de fundamental importância, uma vez que sem ela, não é possível o exercício da jurisdição e, inclusive, no Juizado Especial Criminal, é imprescindível à tutela dos interesses do acusado. E essa importância é revelada pela própria CF, ao dizer que a advocacia é essencial à administração da justiça (art. 133); essencialidade que se sobrepõe ao acusado, que tem de se subordinar à defesa técnica quando pretende renunciar ao direito de recorrer, sob pena de violar o princípio constitucional da ampla defesa que lhe é assegurado.

Assim, sempre que surgir conflito dessa ordem, há que prevalecer, a vontade do defensor, que tem o dever e a responsabilidade de preservar todos os direitos do acusado, não só em atenção ao consagrado princípio constitucional da ampla defesa, como também para prestar de forma satisfatória, o auxilio que lhe é exigido à administração da justiça

5.2. Recolhimento do acusado à prisão para recorrer. Quanto à exigência de recolhimento do acusado à prisão para recorrer, conforme está esboçado no § 2º do art. 408, 585 c/c o CPP, isto é, quando o juiz o pronunciar, e no art. 594 do CPP, quando for impedido de apelar em virtude de condenação, juízes e tribunais estão se conscientizando de que essas normas estão contaminadas pelo vício da inconstitucionalidade.

Hoje, o entendimento está sendo conduzido mais no sentido de que havendo a interposição de recurso, o efeito suspensivo se impõe por variados e relevantes motivos, como, por exemplo, a existência constitucional do princípio do estado de inocência (art. 5º, LVII), e a impossibilidade de execução provisória da pena, em face da vedação contida no art. 105 da Lei nº 7.210/84 (a chamada LEP), que prevê a expedição de guia para o recolhimento do réu condenado à pena privativa da liberdade, somente depois da sentença condenatória irrecorrível, ou seja, depois da sentença condenatória transitar em julgado. Também leva a essa mesma conclusão, o art. 160 da LEP, ao estabelecer que a audiência admonitória a respeito da suspensão condicional da pena somente pode ser realizada depois do trânsito em julgado da sentença condenatória.

A preservação do princípio do estado de inocência se sobrepõe, não só por se tratar de disposição de ordem constitucional, mas também porque não é por se tratar de uma decisão condenatória, apenas, que pode ser atribuído *status* de condenado a alguém.

Mas há entendimento no sentido de que pode ser mantido preso o acusado para apelar, se preso já estiver, por estarem satisfeitas as condições e requisitos previstos no art. 312 do CPP, que justifiquem a prisão cautelar. Se em liberdade se encontrava até o momento de recorrer, é porque não se justificava a coerção penal.

A justificativa da extrema necessidade da prisão cautelar, tem de se plasmar numa dupla fundamentação, isto é, uma fundamentação que harmonize as disposições no art. 312 do CPP, com o art. 93, IX, c/c o art. 5º, LXI, da CF, para que a decisão se revista de plena eficácia jurídica. Essa solução é a que nos leva a crer ser a mais consentânea com os ditames da justiça, posto que preserva, ainda que precariamente, o jus dignitatis do acusado.

A exigência da prisão do acusado para recorrer, com o abrandamento que teve no decorrer dos últimos tempos, não pode mais ser considerado em sua plenitude. As normas que sempre deram sustentação a esse pressuposto para interposição de recurso podem ser formalmente perfeitas, mas sem validade, por carecerem de suporte constitucional; muito embora não tenham sido ainda desconsideradas pela unanimidade de nossos julgadores. (v. *Comentários ao art. 585, nº 1, capítulo II, do recurso em sentido estrito, e comentários ao art. 597, nº 3, capítulo III, da apelação*)

5.3 Preclusão. A preclusão é a perda de uma faculdade processual que pode ocorrer pelo decurso do tempo: é a preclusão temporal, que impede a interposição de recurso. A preclusão se vincula ao princípio da tempestividade recursal. Esse princípio diz respeito ao prazo legalmente previsto para a interposição do recurso, mas se passar *in albis*, isto é, sem que seja aproveitado pelo recorrente, passa a ser um fato impeditivo para a interposição de recurso, de caráter temporal, o que equivale dizer que o prazo se tornou precluso.

5.4. Desistência. A desistência do recurso é outra causa determinante de extinção anormal, assim como também é a interposição de um recurso por outro, quando ausentes as condições necessárias à adoção do princípio da fungibilidade.

Para alcançar absoluta eficácia, isto é, para produzir os seus efeitos, não é imprescindível a homologação da desistência, tendo em vista tratar-se de ato unilateral. Não depende de anuência da parte contrária. Tendo a parte legitimada a faculdade para recorrer, faculdade também terá para desistir do recurso que interpuser, em decorrência do princípio da voluntariedade do recurso. A lei concede-lhe o direito de recorrer, mas não a obriga. Mas, uma vez efetivada a desistência, não poderá haver revogação.

Ao Ministério Público é vedado desistir do recurso interposto, por imposição legal (art. 576 do CPP), embora não esteja obrigado a recorrer, por força do princípio da voluntariedade recursal. Depois de recorrer, entretanto, a instância é reativada e, por isso, nessa fase, até final julgamento, não está autorizado a desistir, em face de outro princípio que rege a ação penal, contido no art. 42 do CPP.

Quanto ao advogado dativo, há entendimento no sentido de que não pode desistir do recurso interposto. Mas a desistência do recurso quem melhor tem condições de avaliar é o advogado, seja ele dativo ou não.

Embora o réu seja o titular do direito de recorrer, a defesa técnica deve preponderar sobre a autodefesa, uma vez que é o profissional habilitado que melhores condições oferece para avaliar se é ou não conveniente a interposição de recurso.

A defesa técnica está vinculada ao consagrado direito à ampla defesa, por força de disposições constitucionais; não devendo, por isso, condicionar-se à vontade do réu, quer se trate de advogado constituído ou dativo.

Nesses termos deve também ser entendida a vontade preponderante da defesa em desistir ou não do recurso interposto; até porque, há casos em que o recurso pode ser prejudicial à defesa, como, por exemplo, recurso da decisão de pronúncia, quando a defesa técnica já está certa de que vai haver confirmação e cuja motivação poderá acarretar-lhe prejuízo, nos debates em plenário, por ocasião do julgamento, porque para confirmar a decisão, poderão ser abordados aspectos que atinjam o mérito, sendo, por vezes, prejudiciais ao acusado.

Por questão didática, os pressupostos subjetivos são tratados nos comentários ao art. 577, abaixo.

TITULO II
DOS RECURSOS EM GERAL

CAPÍTULO I
DISPOSIÇÕES GERAIS

Art. 574. Os recursos serão voluntários, excetuando-se os seguintes casos, em que deverão ser interpostos, de ofício, pelo juiz:

I – da sentença que conceder *habeas corpus*;

II – da que absolver desde logo o réu com fundamento na existência de circunstância que exclua o crime ou isente o réu de pena, nos termos do art. 411.

1. **Recurso voluntário**. A rigor todos os recursos, por sua natureza, são voluntários, isto é, aquele que tiver interesse e legitimidade a recorrer de uma decisão assim o faz se quiser, no prazo estabelecido em lei. A interposição de recurso é um direito, mas ao mesmo tempo é uma mera faculdade de quem sofreu o gravame, ou seja, a decisão não opera obrigatoriedade. Quem tiver legitimidade e interesse recorre se quiser, se pretender reverter a seu favor, total ou parcial a decisão objeto do recurso.

Este artigo estabelece a voluntariedade recursal; mas expressamente, em sua parte final, traz a previsão de recurso obrigatório, isto é, o chamado recurso de ofício.

O recurso voluntário sempre está na dependência de um juízo de oportunidade, conveniência e interesse da parte. (v. *Da teoria geral dos recursos criminais, dos princípios recursais, nº 6.3*)

2. Recurso de ofício. Há que se consignar, contudo, que o chamado recurso de ofício, ou *ex officio*, ou necessário, ou obrigatório, embora previsto em lei, e por isso é que tem essa designação, recurso no sentido técnico-jurídico não é, por carecer do devido respaldo técnico-científico, sobre o qual se plasmam todos os demais recursos. A espécie de matéria decidida a que é submetida compulsoriamente ao duplo grau de jurisdição, indicada taxativamente em nossa legislação processual penal, não se reveste de significativa importância a ponto de tornar imprescindível o reexame obrigatório pela instância superior.

Se não houver interesse na reforma total ou parcial da decisão, não há que se falar em recurso. Interesse é um dos pressupostos recursais básicos, é a utilidade-necessidade que, para nós, nasce da sucumbência. (*v. comentários ao art. 577, pressupostos básicos nº 2, capítulo I, dos recursos em geral*)

No entanto, no recurso oficial, não existe qualquer interesse – utilidade -necessidade – que motive o julgador à perseguir uma nova decisão que melhor lhe satisfaça. Juiz nenhum prolata decisão com a esperança de que venha ela a ser reformada pela superior instância; ao contrário, sempre que a lei lhe impõe a obrigatoriedade de levar sua decisão a reexame, fica no aguardo de que ela seja mantida em todos os seus termos, pelos seus próprios e jurídicos fundamentos.

O juiz é sujeito processual desinteressado, imparcial, não tem legitimidade e nem interesse para recorrer. Se para quem tem interesse e legitimidade não há compulsoriedade, como poderá o Juiz interpor recurso obrigatório, se ausentes os pressupostos recursais?

O chamado recurso de ofício, nada mais é do que uma condição imposta por lei, objetivando a confirmação de determinada decisão, pela superior instância, para torná-la eficaz, sem a qual não produz os efeitos jurídicos esperados.

O juiz nem precisa dizer por que está recorrendo. É um dever imposto por lei, sem necessidade de fundamentação. Exigir fundamentação seria paradoxal, uma vez que os motivos que formaram sua convicção, estão delineados na própria sentença que prolatou e, às vezes, com muito mais cuidado, para vê-la confirmada, porque há certeza de que irá ser reexaminada pela superior instância. E enquanto esse reexame não ocorrer, a sentença não transita em julgado, não produzindo, portanto, os efeitos esperados. São poucas as hipóteses sujeitas ao recurso de ofício existentes em nosso ordenamento jurídico-processual penal, e longe estão de significar matéria de alta relevância social que a lei procura resguardar, embora esse seja o principal fundamento.

3. Hipóteses legais de recurso de ofício. a) sentença concessiva de *habeas corpus* (art. 574, I, do CPP); b) sentença que absolver desde logo o réu com fundamento na existência de circunstância que exclua o crime ou o isente de pena, nos termos do art. 411 do CPP (art. 574, II do CPP); c) decisão que conceder a reabilitação (art. 746, do CPP); d) decisão que absolver o acusado por crime contra a economia popular ou contra a saúde pública, ou quando determinar o arquivamento dos autos do inquérito policial respectivo (art. 7º da Lei nº 1.521, de 26.12.51). Quanto às decisões em crimes de comércio clandestino de entorpecente, embora se trate de crime contra a saúde pública, não cabe o recurso de ofício, uma vez que o processo nessas hipóteses é disciplinado por leis especiais (Leis nºs 6.368, de 21.10.76 e 10.409, de 11.01.02) e não há essa previsão; e) também sujeitam-se a esta espécie de recurso, as decisões nesse mesmo sentido, referentes aos crimes previstos no Título II, Capítulo IV, da Lei nº 4.591, de 1.12.64 (Incorporações Imobiliárias), por força do disposto no § 2º do art. 65 dessa mesma Lei.

Art. 575. Não serão prejudicados os recursos que, por erro, falta ou omissão dos funcionários, não tiverem seguimento ou não forem apresentados dentro do prazo.

1. O não seguimento ou não apresentação do recurso no prazo legal por falta ou erro do funcionário. A tempestividade do recurso interposto por petição é aferida pela data da entrega em cartório no prazo legal,[16] tendo em vista o disposto neste artigo. Ao recorrente não cabe interferir nas atividades administrativas cartorárias; não podendo, por isso, sofrer qualquer gravame em decorrência de eventual omissão do serventuário ou funcionário judicial, que deixar de dar o devido encaminhamento ao recurso tempestivamente interposto. (*v. Da teoria geral dos recursos, dos pressupostos recursais objetivos, nº 6.10*)

---

[16] Súmula 320 do STF. A apelação despachada pelo juiz no prazo legal, não fica prejudicada pela demora da juntada por culpa do cartório. Com maior alcance, porém, é o enunciado da Súmula 428, também do STF. Não fica prejudicada a apelação entregue em cartório no prazo legal, embora despachada tardiamente. Este enunciado tem aplicação a qualquer recurso, desde que permita a lei seja interposto por petição. Quem tem interesse e legitimidade em recorrer, tem é que observar o prazo estabelecido em lei para interpor o recurso; sem a responsabilidade de estar diariamente controlando os atos do Juiz, isto é, se ele vai ou não despachar dentro do prazo recursal.

Art. 576. O Ministério Público não poderá desistir de recurso que haja interposto.

1. Impossibilidade de desistência do recurso pelo Ministério Público. Também ao Ministério Público se estende o princípio da voluntariedade recursal; todavia, uma vez interposto o recurso, dele não poderá desistir, assim como podem os demais recorrentes, ainda que o recurso tenha sido interposto por outro membro do *parquet*, que não mais tenha atribuição junto ao órgão judicial por onde tramita o processo, o que é comum, uma vez que antes do Juiz despachar o recurso interposto, o órgão do Ministério Público que recorreu pode estar sendo substituído por outro, quando retornar os autos para o oferecimento das razões.

Nesta hipótese, se não houver concordância com o recurso já interposto, entendemos que terá este órgão que se dirigir ao Procurador-Geral, comunicando seu posicionamento contrário ao recurso já interposto, a fim de que o chefe da instituição designe o mesmo órgão do Ministério Público que interpôs o recurso, para também oferecer as razões, ficando preservado, desta forma, o princípio da independência funcional. E não manifestar, apenas, sua inconformidade com o recurso interposto, sustentando os termos da sentença nas razões que oferecer.[17] Opinião da qual discordamos, porque desta forma agindo o órgão do *parquet*, parece-nos que por via oblíqua estará desistindo do recurso interposto, uma vez que estaria alijando a superior instância de reexaminar a decisão recorrida para, se for o caso, condenar o réu, ou agravar, de qualquer modo, sua situação.

Art. 577. O recurso poderá ser interposto pelo Ministério Público, ou pelo querelante, ou pelo réu, seu procurador ou seu defensor.
Parágrafo único. Não se admitirá, entretanto, recurso da parte que não tiver interesse na reforma ou modificação da decisão.

PRESSUPOSTO SUBJETIVOS

1. Pressuposto subjetivos. Os pressupostos sujetivos são aqueles que estão relacionados diretamente a pessoa da qual emerge o interesse em recorrer em decorrência de uma decisão que venha-lhe acarretar frustração à expectativa que tinha a um desfecho favorável no processo. A par do interesse que tem na causa, há que existir outro requisito: a legitimidade.

2. Legitimidade recursal. Entendemos que é com a decisão que surge a sucumbência e, por conseguinte, emerge o interesse jurídico na reforma, na modificação da decisão judicial. Para que a causa possa ser reexaminada é indispensável a provocação por meio de recurso adequado, por quem tenha legitimidade e interesse, junto ao mesmo órgão julgador, quando for o caso, ou à superior instância, visando à reapreciação da matéria, total ou parcialmente, sempre dentro dos limites da pretensão que lhe fora negada pelo julgador. Somente há interesse quando há sucumbência, isto é, quando a decisão não acolher a pretensão objeto da expectativa do sucumbente. (*v. Comentário ao art. 577, dos recursos em geral, neste capítulo I, pressupostos básicos nº 2*)

Este artigo indica quem está legitimado a recorrer: Ministério Público; querelante; réu; seu procurador ou seu defensor. Melhor seria se esse regramento incluísse em seu texto, também, o ofendido ou qualquer das pessoas enumeradas no art. 31. Mas, de qualquer forma, não existe prejuízo nesse sentido, porque complementam-no os arts. 584, § 1º, e 598 do CPP; possibilitando a interposição de recurso também por essas pessoas, ainda que não se tenham habilitado como assistentes do Ministério Público.

2.1. Legitimidade do Ministério Público. O Ministério Público uma vez interposto o recurso dele não poderá desistir, preceitua o art. 576 do CPP. Este dispositivo traz em si o princípio da indisponibilidade, o mesmo que rege também a ação penal.

No processo penal o Ministério Público pode desempenhar, simultaneamente, atividades distintas: a função de acusar e a de fiscal da aplicação da lei, de *custos legis*. Essa duplicidade de função exercida pelo Ministério Público está expressa no art. 257 do CPP.

O Ministério Público, como fiscal da correta aplicação da lei, é de absoluta imparcialidade. Se assim não fosse, fiscal não seria, uma vez que fiscalizar quer significar preservar a lisura, a seriedade, a retidão com que são praticados determinados atos por outrem, com o fim de atingir seus essenciais objetivos. Fiscaliza, ou não fiscaliza, mas numa ou noutra hipótese não pode haver parcialidade. Pode, isto sim, haver inércia, negligência etc., mas a atividade em si é imparcial.

---

[17] É possível, no entanto, que um promotor apresente a petição de interposição do apelo, abrindo-se, depois, vista a outro representante do Ministério Público para oferecer as razões. Este último, não concordando com o recurso em andamento, dele não pode desistir, mas suas razões podem espelhar entendimento diverso do que seria compatível com o desejo de recorrer. Trata-se da independência funcional do Ministério Público. NUCCI, Guilherme de Souza. *Código de processo penal comentado*. São Paulo: RT, 2005, p. 880.

Como acusador – função essencial no sistema acusatório – a postura é diferente, tendo em vista o princípio do contraditório, age, inicialmente, com parcialidade. Mas ante à prova produzida no processo, pode o Ministério Público se convencer da inocência do acusado e, por conseguinte, postular a absolvição, o que não vem descaracterizar o sistema acusatório, nem desmerecer a acusação inicial, nascida com a denúncia, porque essa circunstância não retira do juiz o poder de apurar a verdade acerca da acusação constante da denúncia, e de condenar o réu, caso entenda seja culpado.

Mas à condição de parcialidade que é conduzido o Ministério Público, quando promove a ação penal, é sempre visando a um interesse maior comum, que é, em última análise, o interesse social: age em defesa do Estado enquanto sociedade. E é na defesa desse interesse social que se fundamenta a acusação no processo, como parte do contraditório, em busca sempre da verdade dita real, para que a lei seja corretamente aplicada, na medida adequada ao comportamento do acusado, com relação ao caso concreto, que pode ensejar o pedido de absolvição.

Com essa postura que assume no processo, aquela posição de parcialidade inicial do Ministério Público, vai se transmudando no curso da instrução, até chegar a um juízo de convencimento de culpa ou de inocência do acusado, cedendo lugar, por fim, à imparcialidade que vai se afeiçoar com a verdadeira justiça. Fundem-se, aí, aquelas duas atividades do Ministério Público – de acusador e de fiscal da execução da lei –, fazendo com que prevaleça o interesse social, ao qual também se insere o interesse do acusado.

O fim último perseguido pelo Ministério Público, não é a condenação de um inocente ou de um possível inocente, mas a aplicação correta da lei para alcançar a verdadeira justiça.

Mas esse caráter de imparcialidade que chega a alcançar o Ministério Público ao final do contraditório não vai desnaturar a sua qualidade de parte no processo. Obviamente que não assume condição de uma parte comum, como se fosse um particular, o réu, por exemplo, atuando no processo como parte.

Participar do contraditório, como sujeito integrante da relação processual, é que confere ao Ministério Público a qualidade de parte. É aquele que toma parte ou que faz parte de um todo. É aquele que participa sem jurisdição (só o Juiz tem jurisdição) do contraditório instaurado perante o juiz, com direitos, obrigações, ônus, como sujeito ativo ou passivo, parcial ou imparcial, como titular ou não do direito material e como *custos legis*.

A posição do Ministério Público como parte não se restringe a sua atuação como titular da ação penal, tão-somente; vai além, até mesmo quando atua como custos legis no processo instaurado em razão de crime de ação privada. Neste caso, porém, poder-se-á dizer que é parte secundária na relação processual.

Como titular da ação penal, o Ministério Público tem legitimidade e interesse para recorrer de qualquer decisão judicial, desde que, obviamente, estejam presentes os pressupostos recursais. Poderá recorrer inclusive de sentença condenatória visando a absolvição do acusado, se um decreto absolutório se impuser, segundo a sua convicção, e desde que tenha se manifestado favorável nesse sentido. E pode recorrer para favorecer o réu porque sempre tem interesse na correta aplicação da lei.

Não teria sentido prático algum dizer que o Ministério Público "é órgão da lei e fiscal da sua execução" se diante de uma decisão no processo em que houvesse error *in judicando* ou *error in procedendo*, prolatada contra o réu, não lhe fosse reconhecidos legitimidade e interesse recursal para corrigi-la, ainda que favorecendo o acusado, se tiver, oportunamente, se manifestado pela nulidade do processo, ou pela absolvição. Não, porém, se o juiz acolheu integralmente seu pedido e condenou o réu. Nessa hipótese, não há sucumbência, a decisão não lhe acarretou qualquer gravame; ao contrário, sua pretensão foi satisfeita, segundo sua convicção e expectativa.

O Ministério Público tem legitimidade e interesse para recorrer inclusive quando atua em processo de ação privada exclusiva ou subsidiária. Não, porém, quando o querelado for absolvido em crime de ação privada exclusiva, cuja legitimidade e interesse recursal é do ofendido, apenas, ou de quem tenha qualidade para representá-lo, em decorrência do princípio da disponibilidade da ação penal, inclusive com relação ao perdão que pode conceder até o trânsito em julgado da sentença (art. 51 do CPP). Em se tratando de ação privada subsidiária da pública, a situação é outra, isto é, pode o Ministério Público insurgir-se também contra o mérito da sentença absolutória, dela recorrendo. Assim deixa transparecer os termos do art. 29 do CPP.

2.2. Legitimidade do ofendido habilitado, ou não, como assistente do Ministério Público, de seu representante legal e das pessoas enumeradas no art. 31 do CPP. O art. 268 do CPP diz que poderá intervir como assistente do Ministério Público, em todos os termos da ação penal pública, o ofendido ou seu representante legal, ou, no caso de morte ou quando declarado ausente por decisão judicial, qualquer das pessoas arroladas no art. 31: cônjuge, ascendente, descendente ou irmão. E, segundo aquele mesmo artigo, o ofendido ou qualquer dessas pessoas poderão intervir como assistente, enquanto não transitar em julgado a sentença condenatória ou absolutória.

Parte da doutrina e da jurisprudência se inclina no sentido de que o interesse do assistente, como, ademais, do ofendido não habilitado, ou de seu representante legal, ou, ainda, de seus sucessores (art. 598), cinge-se ao interesse de ordem patrimonial, isto é, a interesse à reparação do dano advindo do crime. Até pode haver esse interesse, mas nem por isso fica excluído outro interesse, que em última análise é a sentença condenatória visando a um justo apenamento que, por vezes, é o que move, primordialmente, o interesse inicial à assistência.

Com a máxima vênia daqueles que entendem que o ofendido, ou seu representante legal ou seus sucessores somente podem apelar quando houver dano a ser reparado, pensamos não se vislumbrar qualquer dúvida no sentido de que pode também apelar para agravar a pena aplicada ao réu, quando inadequada.

Não há nenhuma disposição legal no sentido de que o recurso do ofendido se restrinja, tão-somente, aos casos em que haja interesse de ordem patrimonial. Ao contrário, a lei deixa clara a possibilidade de interposição de apelação por parte do ofendido, visando à majoração da pena, bem como a de recorrer em sentido estrito, das decisões de impronúncia; que decretar a prescrição ou julgar, por outro modo, extinta a punibilidade (art. 581, IV e VIII), tendo em vista o disposto no § 1º, do art. 584 do CPP, que diz: "Ao recurso interposto de sentença de impronúncia ou no caso do nº VIII do art. 581, aplicar-se-á o disposto nos arts. 596 e 598." E, a partir daí, como corolário, dependendo de cada decisão judicial, poderão emergir possibilidades para a interposição de outros recursos, como recurso em sentido estrito da decisão que denegar a apelação; carta testemunhável da decisão que denegar o recurso em sentido estrio; embargos de declaração; recursos especial e extraordinário, agravo e embargos infringentes.

Não se pode olvidar também que a nossa legislação processual penal ao admitir interpretação extensiva e aplicação analógica, amplia a possibilidade recursal do ofendido, como na hipótese de absolvição sumária com fundamento no art. 411 do CPP. Nesse caso, a par do interesse na condenação com um apenamento merecido e justo que poderia ocorrer, fosse o réu pronunciado e posteriormente submetido a julgamento pelo Tribunal do Júri, o que evidentemente não ocorreu, não deixa de haver interesse de ordem patrimonial, que também legitima o ofendido a recorrer. E este interesse algumas vezes predomina à pretensão a uma sentença condenatória por parte do ofendido, embora não seja o único. No caso, embora não haja previsibilidade expressa na legislação processual penal para o ofendido recorrer de absolvição sumária, entendemos não estar de toda afastada essa possibilidade, uma vez que pode ser estendida à hipótese, as disposições do art. 581, VI, c/c o art. 584, § 1º, do CPP, por força do art. 3º, que admite a interpretação extensiva e aplicação analógica. Até mesmo da sentença de pronúncia que não reconhece qualificadora descrita na peça acusatória cabe recurso por parte do assistente, uma vez que, negada a existência da qualificadora descrita na denúncia, equivale, neste aspecto, a decisão de impronúncia.[18]

A lei não subtrai do ofendido habilitado ou não como assistente, ou de seu representante legal, ou daquelas pessoas indicadas no art. 31 do CPP, o direito de apelar também para o agravamento da pena. E o direito de apelar do ofendido ou de seus sucessores, nesse sentido, ou seja, visando ao agravamento da pena, com ou sem interesse de ordem patrimonial, encontra respaldo no próprio art. 598 do CPP, ao prever que "Nos crimes da competência do Tribunal do Júri, ou do juiz singular, se da sentença não for interposta apelação pelo Ministério Público no prazo legal, o ofendido ou qualquer das pessoas enumeradas no art. 31, ainda que não se tenha habilitado como assistente, poderá interpor apelação, que não terá, porém, efeito suspensivo."

Não se vislumbra nesse artigo, qualquer vedação ao recurso de apelação do ofendido ou de seus sucessores, caso não apele o Ministério Público.

Ora, o art. 598 ao dizer que cabe apelação da sentença, não faz qualquer distinção entre sentença condenatória ou absolutória. Logo, não há como se negar a possibilidade de que o apelo do ofendido possa ser também da sentença condenatória, se entender que o apenamento não foi adequado, ou seja, ficou aquém daquele previsto em lei, por não ter sido levada em consideração, por exemplo, determinada qualificadora.

Ainda que seja detentor de interesse próprio, o ofendido habilitado ou não como assistente ou seus sucessores, torna-se um litisconsórcio na pretensão resultante do ilícito. Seu direito subjetivo público, assim, não encontra restrição nenhuma na lei. E se a lei o admite com apenas algumas limitações, arts. 29, 271, 584, § 1º, e 598 do CPP, outras não podem ser reconhecidas, sob pena de ferir-lhe o direito de defesa, vale dizer, oportunidade de alegar e provar dentro do processo de conhecimento, bem assim ver aplicação correspondente da lei ao comportamento típico, antijurídico e culpável, reconhecidos na decisão judicial.

---

[18] PORTO, Hermínio Alberto Marques. *Júri*. São Paulo: RT, 1980, p. 299.

Se fosse vedado ao ofendido habilitado ou não como assistente, bem como ao seu representante legal e seus sucessores, interpor recurso de apelação também de sentença condenatória para majorar a pena, não se poderia, por certo, admitir interesse em apenamento do acusado quando agisse na hipótese prevista no art. 5º da CF e art. 29 do CPP, ou seja, quando a ação penal pública se transmuda para ação penal privada subsidiária por não ter o Ministério Público ofertado denúncia no prazo legal. Neste particular, o interesse primeiro do ofendido é, sem dúvida, a busca de uma condenação e, alcançando-a, não se conformando com a pena aplicada, poderá, sem qualquer obstáculo, apelar pleiteando a majoração. Assim, se neste caso há legítimo interesse no agravamento da pena, entendemos não se poder negar esse mesmo interesse quando age naquelas condições permitidas no art. 598. E não se diga que o interesse neste caso é de ordem patrimonial apenas, porque não faria sentido pleitear condenação no crime com esse fim, apenas, quando se sabe que necessário se faz a busca da verdade real, com provas mais consistentes, portanto. Obviamente que é muito mais difícil buscar uma condenação no crime, do que pleitear na esfera civil a reparação do dano, onde a verdade pode ser formal e, por conseguinte, muito mais fácil de obtê-la.

O interesse à justa punição do réu pode também emergir em algumas contravenções, quando alguém for diretamente atingido.

Aliás, não poderia ser diferente, uma vez que o art. 268 do CPP abre a possibilidade de o ofendido se habilitar como assistente do Ministério Público, "em todos os termos da ação pública". Ainda que não habilitado, o art. 598, neste sentido, também não faz restrição à apelação do ofendido, de seu representante legal e de seus sucessores.

A ação penal em decorrência de contravenção é pública e é promovida pelo Ministério Público, segundo o disposto no art. 129, I, da CF. Logo, quando houver pessoa física ofendida pela contravenção, e isto pode ocorrer quando o sujeito passivo não for o Estado, tão-somente – como as vias de fato, perigo de desabamento, emissão de fumaça, vapor ou gás, omissão de cautela na guarda ou condução de animais, dentre outras – pode haver a figura do ofendido visando à condenação, quer para se ressarcir de eventual dano por intermédio da sentença condenatória, quer para pleitear apenas a aplicação de pena adequado.

Há que se registrar, também, que quando da sentença absolutória apela o Ministério Público, quer se trate de crime ou de contravenção, não importa, não podem o ofendido, seu representante legal ou seus sucessores simultaneamente recorrer pelo mesmo motivo. Nesse sentido é claro o art. 598 do CPP. Mas, ressalte-se, não pode apelar o assistente quando o apelo tiver o mesmo fim, visar ao mesmo objetivo do recurso interposto pelo Ministério Público. Quando não houver identidade de objeto, comporta também o apelo do ofendido, vez que pode se tratar de ponto relevante da sentença que não foi atingido pelo recurso do órgão da lei. Pode ocorrer que o Ministério Público interponha apelação de parte, apenas, da sentença, especificando o ponto de sua inconformidade e, assim, deixar de apelar de parte do julgado. O art. 599 do CPP permite esse proceder de forma expressa.

Por exemplo, o Ministério Público apela da decisão do Tribunal do Júri, com fundamento no art. 593, III, "a", do CPP, mas não apela de outro capítulo da mesma sentença, quando poderia fazê-lo com fundamento na alínea d, também do art. 593, III. Ora, a omissão do Ministério Público neste aspecto significa inexistência de apelação. Logo, entendemos não existir vedação alguma para o apelo do ofendido ou de seus sucessores, inclusive de seu representante legal.

Mas se o Ministério Público apelar de forma a abranger todo o julgado, obstaculizando, assim, o recurso do ofendido, mesmo assim, a este é permitido oferecer as razões nos termos do art. 271.

Assim, quer esteja o ofendido habilitado ou não como assistente do Ministério Público, nos autos do processo, ou quaisquer daquelas pessoas enumeradas no art. 31, ou seja, do cônjuge, ascendentes, descendentes ou irmão, na hipótese de falecimento do ofendido ou quando declarado ausente por decisão judicial, poderá apelar, se da sentença o Ministério Público não interpuser apelação, conforme preceitua o art. 598 do CPP. Poderá também recorrer em sentido estrito, da decisão que impronunciar o réu (art. 581, IV); da decisão que julgar extinta a punibilidade do agente, pela prescrição ou por outra causa (art. 581, VIII, do CPP), tudo por força do art. 584, § 1º, do CPP.

Mas o interesse e legitimidade do ofendido habilitado, ou não, como assistente, de seu representante legal e das pessoas indicadas no art. 31 do CPP, para recorrer, dependendo do recurso que interpuserem, outras possibilidades recursais surgirão. Se o recurso for de apelação nos casos autorizados pelo art. 598 do CPP e o juiz decidir pela denegação ou pela deserção, é cabível o recurso em sentido estrito, conforme o disposto no art. 581, XV, do CPP, por princípio de lógica, de coerência, porque, obviamente, a decisão que denega a apelação ou que a julgue deserta estará obstaculizando o prosseguimento e, conseqüentemente, acarretando prejuízo à parte recorrente. E, além disso, se o magistrado obstaculizar o prosseguimento deste último recurso, ou seja, do recurso em sentido estrito, essa legitimidade e interesse recursais continuam, permanecem, como colorário do recurso anterior; tornando possível, agora, outro recurso: a carta testemunhável, prevista no art. 639, I e II, do CPP.

O assistente e, por via oblíqua, seu representante legal, bem como os seus sucessores, têm interesse e legitimidade para recorrer inclusive extraordinariamente.[19] (v. comentários ao art. 637, nº 4, capítulo X, do recurso extraordinário; do recurso especial, nº 4, e do recurso ordinário-constitucional, nº 9)

O mesmo raciocínio serve para a interposição de recurso especial quando, obviamente, emergir interesse e legitimidade nas causas "decididas em única ou última instância pelos Tribunais Regionais Federais ou pelos Tribunais dos Estados e do Distrito Federal (...)" (art. 105 da CF), porque

(...) se o ofendido ou seu representante legal pode recorrer extraordinariamente e em se considerando que a epítome transcrita é anterior à reforma constitucional levada a efeito no correr de 1988, quando as matérias de ordem constitucional e federal faziam parte daquele recurso excepcional, hoje há de se admitir pela própria função sumular que esse sucumbente pode também se valer do recurso especial, quando houver contrariedade à lei federal ou houver em relação a ela interpretação divergente, na forma preconizada pela alínea c, do inciso III, do art. 105, da Carta da República.[20]

Não estando, porém, esgotados todos os meios recursais legalmente previstos, torna-se insuscetível, em qualquer hipótese, a interposição de recurso extraordinário e especial e, sendo assim, emerge para o ofendido, ou seus sucessores, interesse e legitimidade também para interpor embargos infringentes e de nulidade (parágrafo único do art. 609 do CPP) e, ainda, embargos de declaração (art. 619 do CPP).

2.3. Legitimidade do ofendido (co-réu no mesmo processo). A regra é de que em todos os termos da ação penal pública poderá se habilitar como assistente do Ministério Público, o ofendido, ou seu representante legal, ou, na falta, qualquer das pessoas mencionadas no art. 31 do CPP. Mas ainda que não se tenha habilitado como assistente do Ministério Público, pode também apelar, segundo a regra do art. 598 do CPP.

Casos há, porém, que o ofendido não está legitimado a se habilitar como assistente, em razão de determinadas peculiaridades em decorrência da posição que está assumindo no processo. Muitas vezes o co-réu num mesmo processo, também é vítima (ofendido). Por exemplo: num acidente automobilístico em que estão envolvidos os motoristas de dois automóveis, ambos apresentando lesões corporais em conseqüência do fato, mas que, por falta de elementos mais convincentes capazes de excluir um ou outro, de plano, da condição de acusado, o Ministério Público entende por bem de denunciá-los e, por via de conseqüência, a ação penal é instaurada contra ambos. Embora também ofendidos, no curso da instrução criminal não podem se habilitar como assistente do Ministério Público, uma vez que encontram vedação nas disposições do art. 270 do CPP.

Todavia, pode, a final, o Juiz julgar improcedente a denúncia, absolvendo ambos, por entender estarem amparados por uma daquelas hipóteses previstas no art. 386 do CPP Uma vez absolvidos, perdem a condição de co-réu, colocando-se, apenas, na condição de ofendido, porque fora lesionado em conseqüência de um fato tido como típico na lei penal.

A condição de co-réu é em decorrência, apenas, de interpretação, de convencimento do Ministério Público, por ocasião do oferecimento da denúncia, até por inexistência de prova inicial mais consistente no sentido de excluir, de plano, por exemplo, a autoria do fato, porque, para que a denúncia seja oferecida e recebida, basta o juízo de suspeita, minimamente apoiado em elementos de informação obtidos no inquérito policial, ou por outro meio, suficiente para revelar que a acusação é viável e que não seja mera obra de capricho e de abuso de poder.

A qualidade de ofendido, entretanto, surge em caráter definitivo, no momento, v.g., que o indivíduo é afetado por lesões corporais, devidamente atestadas por laudo pericial. Enquanto que a acusação que o levou a condição de co-réu no mesmo processo, pode não ir além dos limites da formalidade processual.

A ofensa a bem jurídico do indivíduo, como lesões corporais, é uma situação de natureza substancial, material que, uma vez demonstrada, não pode ser desfeita no plano jurídico. Materialmente até pode desaparecer determinada lesão corporal, mas aquele bem jurídico do indivíduo que fora afetado, ou seja, a sua integridade corporal, física considerada indisponível, sempre há de persistir.

O direito de apelar do ofendido (antes co-réu), após transitada em julgado a sentença absolutória para o Ministério Público, entendemos que se torna inquestionável, tendo em vista que, na hipótese, há que se reconhecer que são também ofendidos por le-

---

[19] Assim é o enunciado da Súmula 210 do STF, estabelecendo que "(...) O assistente do Ministério Público pode recorrer, inclusive extraordinariamente, na ação penal, nos casos dos arts. 584, § 1º, e 598 do Código de Processo Penal. Segundo o mesmo Pretório Excelso, não pode, entretanto, o assistente recorrer, extraordinariamente, quando a decisão for concessiva de *habeas corpus* (Súmula 208).

[20] MOSSIN, Heráclito. *Recursos em matéria criminal*. São Paulo: Atlas, 1996, p. 52.

sões recíprocas, levadas a efeito na pessoa do outro e vice-versa. São autores de fatos delituosos praticados, um contra o outro e, ao mesmo tempo, ofendidos mutuamente. E em face da absolvição, a condição anterior de réu não mais persiste. Assim, não há como lhes negar a situação de ofendidos tão-somente, que se tornou incontestável; emergindo, por isso, o direito de apelar nos termos do art. 598 do CPP. Se ambos foram absolvidos, ambos poderão apelar, um contra o outro. Ou, até mesmo, se um foi absolvido, entendemos que poderá apelar também para exacerbar a pena daquele que foi condenado, se a pena aplicada não foi adequado.

2.4. Legitimidade do ofendido menor de 18 anos ou doente mental. Ao ofendido menor de 18 anos de idade, ou mentalmente enfermo ou retardado mental, que não tiver representante legal ou colidirem os interesses deste com os daquele, o juiz nomear-lhe-á curador de ofício, ou a requerimento do Ministério Público, para exercer o direito de queixa (art. 33 do CPP). Embora diga esse regramento que o curador especial nomeado pelo juiz é para exercer o direito de queixa, não obrigatória mas facultativamente, não parece haver dúvida de que o mesmo curador especial, ou outro nomeado pelo juiz, deverá continuar atuando no processo.

Para estar em juízo, não basta a capacidade de ser parte. O absolutamente incapaz tem capacidade de ser parte, porque sujeito de direitos e obrigações, mas para estar em juízo tem de ter também capacidade processual. Por não poder atuar no processo, a incapacidade terá de ser suprida, em regra, pela representação, nos termos das disposições da lei civil, que autoriza alguém a atuar em nome de outrem

2.5. Legitimidade do querelante. Querelante é aquele que ocupa lugar no pólo ativo da relação processual. Querelante é, portanto, o ofendido ou quem tenha qualidade para representá-lo ou, no caso de sua morte, ou de ter sido declarado ausente por decisão judicial, o cônjuge, ascendente, descendente ou irmão.

A posição de querelante que assume o ofendido restringe-se aos casos de ação privada exclusiva e de ação privada subsidiária da pública. "A ação de iniciativa privada é promovida mediante queixa do ofendido ou de quem tenha qualidade para representá-lo" (art. 100, § 2º, do CP e art. 30 do CPP), e a "ação de iniciativa privada pode intentar-se nos crimes de ação pública, se o Ministério Público não oferece denúncia no prazo legal" (art. 5º, LIX, da CF; art. 100, § 3º, do CP; art. 29 do CPP). Em ambos os casos, ocorrendo a morte ou ausência do ofendido, antes de iniciada a ação penal, podem promovê-la, no prazo legal (art. 100, § 4º, do CP e art. 38 do CPP), e, da mesma forma, nela prosseguir, exceto quando se tratar de direito personalíssimo, no caso previsto no art. 236, parágrafo único, do CP, em que a ação penal é exclusiva do ofendido, não tendo legitimidade para agir aquelas pessoas indicadas no art. 31 do CPP e no art. 100, § 4º, do CP.

O querelante está autorizado a recorrer, pelo art. 577 do CPP, quer quando se trate de ação penal privada exclusiva, quer quando se trate de ação privada subsidiária da pública. Seria ilógico, incoerente, que a lei admitisse o querelante a dar início à ação penal privada exclusiva, ou subsidiária, e nela prosseguir, e lhe vedasse a possibilidade de interposição de recurso. O poder de prosseguir na ação penal significa, evidentemente, prosseguir até o trânsito em julgado da sentença, inclusive com a possibilidade de interposição de recurso de apelação e outros, porque o querelante age como titular do *jus accusationis*, ou seja, do direito de acusar, do direito de invocar a prestação jurisdicional. E a legitimidade do querelante para apelar estende-se àquelas pessoas arroladas no art. 31 do CPP, e art. 100, § 4º, do CP, com exceção apenas da hipótese prevista no art. 236, parágrafo único, do CP, em caso de morte ou ausência do titular do *jus accusationis*.

E a apelação tanto pode ser de sentença absolutória quanto de sentença condenatória. Neste caso, somente quando a pena aplicada tenha sido inadequada, que não corresponda à realidade do fato criminoso, conforme o previsto na lei penal, porque a pena nada mais é do que "retribuição", ou seja, é aplicada como um mal, "(...) Ela atende à suprema exigência de que o mal praticado deva exigir a inflição de um castigo proporcionado à gravidade do malefício",[21] anota Bettiol. Daí resulta que a pena aplicada aquém do necessário enseja o apelo por parte do querelante ou de seus sucessores, quando for o caso, para ajustá-la à medida da extensão lesiva do direito.

2.6. Legitimidade na ação penal privada personalíssima. Se o querelante for um dos cônjuges na ação penal privada personalíssima, somente ele tem legitimidade e interesse para interpor recurso, com exclusividade, assim como também para promover a ação penal e nela prosseguir, sem excluir, evidentemente, o Ministério Público na condição de custos legis.

No CP, existe apena um caso de ação penal privada personalíssima: induzimento a erro essencial e ocultação de impedimento (art. 236 do CP e seu parágrafo único.

---

[21] BETTIOL, Giuseppe. *Direito penal, v. III*. São Paulo: RT, 1976, p. 121.

O parágrafo único do art. 236 do CP estabelece que: "A ação penal depende de queixa do contraente enganado e não pode ser intentada senão depois de transitar em julgado a sentença que, por motivo de erro ou impedimento, anule o casamento".

Pelo próprio enunciado destas regras, infere-se com suficiente clareza que está afastada a possibilidade de outra pessoa que não seja o ofendido promover ação penal mediante queixa-crime e nela prosseguir, quando se tratar daquele crime tipificado no art. 236 do CP. Sendo, portanto, inaplicáveis as regras previstas nos arts. 31 e 33 do CPP. O que equivale dizer que, na ausência do cônjuge querelante, outra pessoa não está legitimada a recorrer.

2.7. Legitimidade do Cônjuge menor de 18 anos.

O casamento não supre a incapacidade penal do cônjuge menor de 18 anos. Esta incapacidade é suprida tão-somente para esfera civil. Quanto ao direito de queixa ou de representação, o Direito Processual Penal a fixou aos 18 anos, a idade mínima. Não há interferência do Direito Civil.

Ao querelante em crime de ação privada personalíssima só resta aguardar a maioridade penal. Enquanto não atingir 18 anos, não pode exercer o direito de queixa, porque lhe falta *legitimatio ad processum* e, em decorrência da impossibilidade do exercício desse direito, não há também que se falar em legitimidade para recorrer.

A morte do querelante, na espécie, é causa extintiva da punibilidade do autor da infração penal, ou seja, do ofensor, em razão da inaplicabilidade do art. 31. Não podendo, também, ser nomeado curador especial nem mesmo quando o cônjuge ofendido for incapaz por doença mental, porque a própria lei penal afasta essa possibilidade. Por via de conseqüência, não há que se falar em legitimidade recursal.

2.8. Legitimidade do réu pessoalmente, por seu defensor ou curador, de qualquer pessoa do povo e de quem prestou fiança a seu favor.

Ainda que não tenha habilitação técnica para postular em juízo, poderá o réu pessoalmente recorrer da decisão que lhe for desfavorável, segundo a previsão do art. 577 do CPP. Sua legitimidade, porém, não exclui a de seu defensor, seja ele constituído ou dativo, bem como a do curador nomeado nos termos do art. 262 do CPP, posto que a defesa do réu terá de ser a mais ampla possível, segundo preceito constitucional (art. 5º, LV, da CF).

Por vezes até mesmo quando absolvido, o réu poderá recorrer, desde que haja legítimo interesse na reforma ou modificação da decisão. Quando absolvido, com fundamento no art. 383, VI, do CPP, por exemplo, de algum fato que lhe fora imputado, trata-se de absolvição por não existir prova suficiente para a condenação. Sentença absolutória por esse fundamento não impedirá que a vítima vá postular, no juízo cível, ressarcimento de dano, uma vez que a responsabilidade civil é independente da criminal.

O interesse do réu na reforma ou modificação da sentença emerge, nessa hipótese, porque uma vez absolvido por insuficiência de prova para a condenação, enseja ressarcimento de dano no cível, enquanto se absolvido com fundamento no art. 386, I, por exemplo, do CPP, fica afastada a possibilidade de quem sofreu o dano, pleitear qualquer ressarcimento no cível, por ficar reconhecida na sentença a inexistência material do fato. Ora, se provado que o fato não existiu, ressarcir o quê? Incide, aí, o disposto no art. 66 do CPP.

Não há dúvida de que em alguns casos a sentença absolutória faz coisa julgada no cível, dependendo do fundamento da absolvição e, em conseqüência, não poderá o ofendido pleitear, no cível, ressarcimento de dano, em tese. Diz o art. 65 do CPP: "Faz coisa julgada no cível a sentença penal que reconhecer ter sido o ato praticado em estado de necessidade, em legítima defesa, em estrito cumprimento do dever legal ou no exercício regular de direito." Por outro lado, também o art. 66 veda a propositura de ação civil para ressarcimento de dano, quando na sentença penal absolutória tiver sido reconhecida, categoricamente, a inexistência material do fato. O que equivale dizer que se o juiz absolver o réu com fundamento no art. 386, I e V (nas hipóteses do art. 23 do CP), não cabe, em tese, ao ofendido pleitear no cível a reparação do dano emergente do fato delituoso praticado.

Muitas vezes o ofendido se habilita como assistente do Ministério Público objetivando a condenação do acusado para, com isto, alcançar o título executivo judicial e, em conseqüência, não mais ter que discutir no cível a ocorrência do fato e respectiva autoria, uma vez que, fazendo, como faz coisa julgada no cível, a sentença condenatória irrecorrível, basta que haja a execução, com discussão em sede civil tão-somente do *quantum* a ser apurado.

Ora, quando o ofendido, quer esteja ou não habilitado como assistente, apela de uma sentença absolutória, para ele a sentença condenatória é vista com esse plus, ou seja, com uma carga condenatória também no cível, além da condenação criminal e respectivo apenamento nela fixado. E não se pode negar que a partir do ingresso do ofendido, habilitado ou não como assistente no processo, há reforço na acusação. Nessa hipótese, não é justo que sendo o acusado absolvido seja-lhe obstaculizado o direito de recorrer para mudar a fundamentação da sentença, como, por exemplo, para o art. 386, I, e, assim, evitar um processo civil de ressarcimento de dano. E mesmo que não haja assistente e nem apele o ofendido, nada impede que recorra o réu em busca de outra fundamentação da sentença absolutória, sempre que houver a possibilidade de o ofendido vir a pleitear na esfera civil a reparação de eventual dano. Se, para muitos, o interesse da vítima em apelar de sentença absolutória se cinge, apenas, à reparação do dano, por que negar ao acusado o direito de também alargar sua defesa no crime, de forma a se estender à sede civil, onde poderá sofrer condenação que venha repercutir em seu patrimônio? A supressão desse direito, sem dúvida, afeta o princípio da ampla defesa e do próprio contraditório constitucionalmente assegurado (art. 5º, LV, CF).

Mas há que se admitir também apelação para mudar a fundamentação de sentença absolutória, ainda que não seja para afastar a possibilidade de o ofendido postular no cível a reparação de dano. Ocorre que, se for absolvido no crime por insuficiência de prova, é evidente que o fato criminoso que lhe fora imputado não ficou de todo afastado; sempre irá persistir aos olhos da sociedade, dúvida sobre a sua idoneidade. Como bem observa Carnelutti:

> (...) Então diz a lei, o Juiz absolve por insuficiência de provas; o que isto quer dizer? Não que o acusado seja culpado, mas tampouco é inocente; quando é inocente, o Juiz declara que não cometeu o fato ou que o fato não constitui delito. O Juiz diz que não pode falar nada nestes casos. O processo se encerra com um nada de fato. E parece a solução mais lógica deste mundo...O processo não termina nunca. O acusado continua acusado por toda a vida.[22]

Já a absolvição que se fundamenta no art. 386, III, ou seja, "por não constituir o fato infração penal", por exemplo, apaga, anula a imputação que perdurou por todo o processo, o que é absolutamente diferente da hipótese anterior; nesta, a imputação permanece para sempre, isto é, embora absolvido, o acusado como acusado continuará para o resto da vida. No caso, visível é o interesse, uma vez que absolvido por falta de prova, permanece a suspeita de ter cometido o delito de que é acusada na denúncia

O réu pode apelar, inclusive, de sentença concessiva de perdão judicial, visando a modificá-la, nesse aspecto, porque o perdão judicial não afasta os efeitos civis, ou seja, mesmo perdoado o réu, pelo fato que praticou, persiste o direito subjetivo daquele que sofreu o dano em decorrência do ato ilícito, por força do disposto no art. 927 do CC.

Também tem legitimidade e interesse em recorrer, qualquer pessoa do povo, quando há o arquivamento da representação nos casos de contravenções por jogos de azar (parágrafo único do art. 6º, Lei nº 1.508, de 19.12.51), bem como das contravenções florestais previstas na Lei nº 4.771, de 15.09.65. Nesta última hipótese também, porque o art. 36 dessa Lei estabelece que "(...) O processo das contravenções obedecerá ao rito sumário da Lei nº 1.508, de 19.12.1951, no que couber". Também tem legitimidade e interesse qualquer pessoa (art. 581, XIV, do CPP), na hipótese de alteração da lista geral de jurados (art. 439, parágrafo único, do CPP) e, também, qualquer pessoa do povo que haja prestado fiança a favor do acusado, desde que tenha sido notificada das obrigações e sanções previstas no parágrafo único, do art. 329 do CPP, e que, posteriormente, essas obrigações tenham sido violadas pelo réu, com decisão do Juiz julgando quebrada ou perdido seu valor (art. 581, VII).

PRESSUPOSTOS BÁSICOS

1. **Decisão.** A decisão judicial devidamente fundamentada é o que se pode denominar de pressuposto básico capaz de viabilizar a interposição de recurso, uma vez que é por intermédio dela que a parte toma conhecimento de que o direito subjetivo do qual entende ser o titular foi violado.

É com a decisão que se torna real uma situação, que frustra uma expectativa, causando um gravame, um prejuízo que faz emergir o interesse recursal. Daí o regramento contido no parágrafo único do art. 577 do CPP: "Não se admitirá, entretanto, recurso da parte que não tiver interesse na reforma ou modificação da decisão."

2. **Sucumbência.** A sucumbência tanto pode significar a derrota da parte no processo, que lhe venha acarretar um gravame, um prejuízo, como também pode emergir de uma situação juridicamente viável, cuja expectativa restou frustrada em face de uma decisão judicial, ainda que inexista pedido expresso, mas que vem caracterizar o interesse recursal. Exemplo: o Ministério Público tem a expectativa de que venha o juiz a condenar o acusado à pena máxima abstratamente prevista na norma penal; todavia, a pena fixada na sentença foi muito aquém do esperado, aproximando-se da mínima legalmente prevista. Já a expectativa do acusado era de que sua condenação não ultrapassasse à pena mínima prevista, mas a ultrapassou.[23]

Nessas hipóteses, nenhum deles viu realizada aquela expectativa que alimentaram no curso do processo. A decisão judicial frustrou a expectativa de ambos, ou seja, deu causa a um resultado não espe-

---

[22] CARNELUTTI, Francesco. *As misérias do processo penal*, trad. José Antonio Cardinalli. São Paulo: Canan, 1995, p. 61.

[23] GRECO FILHO, Vicente. *Manual de processo penal*. São Paulo: Saraiva, 1998, p. 357.

rado, a um resultado negativo que, juridicamente, não deixa de ser um prejuízo, resultando daí o interesse em recorrer.

A causa é a decisão judicial que gera uma conseqüência: a sucumbência; e esta, por sua vez é que vai gerar o interesse em recorrer (parágrafo único do art. 577 do CPP), com o intuito de restabelecer aquele gravame, que não era esperado. Se, porém, não houver gravame algum, não haverá interesse em recorrer, obviamente.

Sendo o gravame uma conseqüência negativa da decisão, não é demais afirmar que há um nexo causal entre decisão e resultado gravoso; por outro lado, esse resultado gravoso é que gera o interesse recursal.

Parte da doutrina entende que pode haver interesse em recorrer sem que haja sucumbência.[24] Há que se perguntar, qual é a causa, então, que faz nascer o interesse? Pode-se afirmar que o interesse não surge do nada. Antes há que haver decisão com reflexo lesivo a alguém, que fez gerar o interesse. Se a decisão não causa prejuízo à parte, resta afastado qualquer interesse. Só exsurge o interesse, uma vez existindo a desconformidade entre o que era esperado obter e o que foi dado. E é essa desconformidade com resultado negativo, não esperado, que caracteriza a sucumbência.[25]

Valendo-se do exemplo da absolvição do réu pelo fundamento da legítima defesa putativa e que recorre para mudar o fundamento para legítima defesa real, apesar de respeitáveis opiniões contrárias, ou seja, no sentido de haver interesse sem sucumbência, temos posição divergente, isto é, entendemos que é a sucumbência que dá origem ao interesse de recorrer, também nessa hipótese, porque o réu absolvido por esse fundamento, pode ter excluída a culpabilidade, mas não a ilicitude, o que fica afastada a aplicação do disposto no art. 65 do CPP, que cuida da não reparação do dano no caso de absolvição com fundamento nas excludentes de estado de necessidade, de legítima defesa, de estrito cumprimento do dever legal ou do exercício regular do direito.

Quando ocorre a legítima defesa tratada nessa norma – legítima defesa real – reconhecida na sentença, há exclusão da ilicitude e, por conseguinte, não está o réu sujeito à reparação de dano, porque não é também a legítima defesa considerada ato ilícito no âmbito civil (art. 188, I, do CC). Ademais, o próprio art. 65 do CPP, diz que faz coisa julgada no cível, a sentença penal absolutória, que reconhecer a legítima defesa (real).

Como a legítima defesa putativa ocorre quando alguém erradamente se julga estar diante de uma agressão injusta, atual ou iminente e, por isso, reage entendendo estar autorizado por lei, quando, na realidade, a agressão não existe, trata-se apenas de uma situação imaginária do agente. Se esse agir erroneamente caracteriza erro inevitável, fica afastada a culpa do agente, mas permanece a antijuridicidade (ou ilicitude).

Colocada nesses termos a absolvição quando reconhecida a legítima defesa putativa, diferente da legítima defesa real, emerge o direito de pleitear indenização no cível, porque o ato continua sendo ilícito, ainda que ausente a culpabilidade; ajustando-se, por conseguinte, aos termos do art. 186 do CC. Já, o mesmo não ocorre com a legítima defesa real, uma vez absolvido o réu por esse fundamento, resta excluída a antijuridicidade e, em razão do art. 65 do CPP, o ofendido não tem o direito de pleitear judicialmente a reparação do ano.

Ora, nessas condições, houve sucumbência, o réu sofreu um gravame, que gerou interesse em recorrer, posto que ao ficar reconhecida na sentença a legítima defesa putativa, gerou para o ofendido um direito subjetivo, qual seja, o direito de buscar em juízo a reparação do dano.

Também no exemplo em que o Ministério Público pede a absolvição do réu e o juiz o condena, *data venia*, entendemos que não é tão-somente um mero in-

---

[24] Os exemplos abaixo, sintetizam essa corrente doutrinária, isto é, o entendimento no sentido de que existe interesse recursal sem sucumbência: "Sucumbência é a desconformidade entre o que se pediu e o que foi concedido. Portanto, pode haver interesse em recorrer sem que tenha havido sucumbência. Exemplos: a) o réu pleiteia absolvição e ela lhe é concedida. Porém, foi absolvido por legítima defesa putativa e desejava legítima defesa real. Nesse caso, há interesse do réu em recorrer. (...); b) o Ministério Público pleiteia a absolvição e o réu é condenado, porém, a sentença encontra-se eivada de vício de procedimento ou de julgamento. Nesse caso, surge o interesse da sociedade em reintegrar a ordem jurídica violada através da atuação da instituição que lhe representa: o Ministério Público. Não houve sucumbência, porém há o interesse em recorrer"; RANGEL, Paulo. *Direito processual penal*. Rio de Janeiro: Lúmen Júris, 2003, p. 761. Outros exemplos: a) "(...) O Ministério Público recorrendo em uma queixa-crime e que resultou na condenação injurídica do querelado, o qual não recorreu. Esta apelação será conhecida e julgada. Veja-se neste caso existe interesse do Ministério Público, mas não há sucumbência; b) (...) O réu foi absolvido em ação penal pública, e o Ministério Público não recorreu. Após a sentença e dentro do prazo de 15 dias, o art. 598, parágrafo único, do CPP, é promovida a habilitação do assistente da acusação que como parte processual, muito embora não sucumbente, ingressa com recurso"; CONSTANTINO. Lúcio Santoro de. *Recursos criminais, sucedâneos recursais criminais e ações impugnativas autônomas criminais*. Porto Alegre: Livraria do Advogado, 2004, p. 55.

[25] TOURINHO FILHO. *Fernando da Costa. Processo penal*, v. IV. São Paulo: Saraiva, 1997, p. 289; NORONHA, E. Magalhães. *Curso de direito processual penal*. São Paulo: Saraiva: 1990, p. 342.

teresse da sociedade sem sucumbência, porque tanto como titular da ação penal, como fiscal da lei, o Ministério Público ao ter frustrada uma expectativa – e na hipótese, a expectativa era uma sentença absolutória, mas o juiz não acolheu sua postulação e condenou o réu – obviamente que sofreu um prejuízo extensivo à sociedade; houve uma desconformidade entre a sentença e o que era esperado (absolvição). Estando ou não eivada de nulidade a sentença, foi uma decisão que, em face do gravame, inclusive de ordem social, caracterizou a sucumbência que, por sua vez, gerou o interesse em recorrer.

Não se pode olvidar que o Ministério Público atua em nome do Estado enquanto sociedade, uma vez que o crime produz sempre um dano mediato e imediato a todos os integrantes dessa sociedade que, por isso, são partes no conflito, e uma de suas principais atividades é a de substituir ao particular ofendido, submetendo-se à manifestação de soberania do Estado, como poder jurídico – a jurisdição –, para evitar que o particular faça justiça com as próprias mãos, o que, aliás, é proibido por lei. Daí por que entendemos não ser possível tratar o processo penal da mesma maneira como é tratado o processo civil, segundo alguns doutrinadores.[26] No processo penal não há como se admitir parte, pedido, nem lide, nos mesmos termos empregados no processo civil.

No processo penal, mesmo em se tratando de ação privada em que o Ministério Público atua como fiscal da lei, não fica desnaturada sua qualidade de parte, porque sendo o Estado o titular absoluto do direito de punir, tem no *parquet* o seu representante, com a incumbência de zelar pela correta aplicação da lei penal.

> Assim, quando o ofendido promove a ação penal, porque a lei lhe confere essa iniciativa, age como substituto processual do Estado, no sentido formal, mas materialmente, quem acompanha a ação, para zelar pela pretensão punitiva, é o Ministério Público.[27]

Podendo, por isso, o Ministério Público sofrer gravame, quando o querelado for equivocadamente condenado, ou quando houver erro na aplicação da pena, legitimando-o a interpor recurso, porque na realidade quem sofreu o gravame foi o Estado, enquanto sociedade, ao qual representa, e esse gravame caracteriza a sucumbência, que atinge o Estado, com reflexo na sociedade.

Tanto é assim que CF em seu art. 127, ao traçar o moderno perfil do Ministério Público, confere-lhe a defesa da ordem jurídica, do regime democrático e dos interesses sociais e individuais indisponíveis; tendo como uma das funções institucionais exclusivas a de promover, privativamente, a ação penal pública, na forma da lei (art. 129, I, da CF).

Ainda quanto ao prejuízo, há que se deixar claro que nem sempre se trata de gravame de caráter patrimonial, apenas, mas também jurídico, situação que pode ocorrer sempre que há decisão judicial que frustra a expectativa do Ministério Público, ou do acusado, ou da vítima e de seus sucessores, e sempre que isso vem a ocorrer, emerge o interesse para recorrer, visando ao restabelecimento da ordem jurídica violada. Mas, sem sombra de dúvida, o interesse em recorrer é gerado pela decisão judicial, que não deu à parte o que era esperado.

Há que ser lembrado também que se o órgão do Ministério Público contentar-se com a decisão, abre a possibilidade de o ofendido (habilitado ou não como assistente) ou a seus sucessores, recorrerem (art. 584, § 1º c/c o art. 598 do CPP), tendo em vista que nessa função recursal específica assumem a posição de acusadores, na continuidade da instância, substituindo ao *parquet*. E o interesse deles emerge com a decisão que não lhes concedeu o que esperavam, seja o interesse na condenação do réu absolvido, ou na exasperação da pena aplicada em decorrência da condenação. Mas não se pode negar que esse interesse surge com decisão frustrante daquela expectativa que tinham, que veio a lhes causar prejuízo; lastreando, dessa forma, a sucumbência, pressuposto sem o qual o recurso não pode ser admitido (parágrafo único do art. 577 do CPP).

2.1. Sucumbência única e múltipla. A sucumbência tanto pode ser única como múltipla. Se a decisão frustra a expectativa de uma parte apenas, diz-se que é sucumbência única. Por exemplo: se o juiz não atende ao pedido do réu de extinção da punibilidade pela prescrição da pretensão punitiva estatal, somente ele, o réu, é o sucumbente. No entanto, se a acusação pesa sobre dois ou mais réus, por exemplo, e o juiz, atendendo ao pedido do órgão do Ministério Público, condena a ambos, haverá aí sucumbência múltipla paralela. Nessa mesma hipótese, se o promotor pede a condenação e o juiz os condena, mas concede o sursis, há sucumbência múltipla, paralela

---

[26] "Com inteira maestria o consagrado Professor e Desembargador José Carlos Barbosa Moreira, em sua tese de concurso apresentada em 1968, denominada O *Juízo de admissibilidade no sistema dos recursos civis*, demonstrou cabalmente que a idéia de sucumbência é insuficiente e inadequada ao conceito de interesse em recorrer. Dentre vários argumentos, suscita o interesse que tem o terceiro prejudicado em impugnar uma determinada decisão sem que tenha ele sucumbido, mesmo porque não foi parte na relação processual, não formulou qualquer pedido ou a ele não se opôs. Isto vale também para o processo penal"... JARDIM, Afrânio Silva. *Direito processual penal*. Rio de Janeiro: Forense, 1999, p. 225.

[27] NUCCI, Guilherme de Souza. *Código de processo penal comentado*. São Paulo: RT, 2005, p. 516-517.

e recíproca ao mesmo tempo, porque o Ministério Público não se conforma com a decisão que concedeu o benefício. Nesses casos, todos podem recorrer, porque todos foram sucumbentes.

2.2. Sucumbência direta e reflexiva. A sucumbência pode ser por via direta ou reflexiva. Se a sucumbência recai sobre o acusador ou acusado, ela é direta; se, no entanto, atinge pessoa diversa daquela constante da relação processual, a sucumbência é reflexa. Exemplo: absolvido o réu, "o ofendido ou qualquer das pessoas enumeradas no art. 31 do Código de Processo Penal, ainda que não se tenha habilitado como assistente, poderá interpor apelação (art. 598, do CPP), que se caracteriza como apelação supletiva".

2.3. Sucumbência total e parcial. Pode, ainda, a sucumbência ser total ou parcial. Se o pedido é atendido integralmente, é total; se parcialmente acolhido, evidentemente, passa a ser parcial a sucumbência.

Art. 578. O recurso será interposto por petição ou por termo nos autos, assinado pelo recorrente ou por seu representante.

§ 1º Não sabendo ou não podendo o réu assinar o nome, o termo será assinado por alguém, a seu rogo, na presença de duas testemunhas.

§ 2º A petição de interposição de recurso, com o despacho do juiz, será, até o dia seguinte ao último do prazo, entregue ao escrivão, que certificará no termo da juntada a data da entrega.

§ 3º Interposto por termo o recurso, o escrivão, sob pena de suspensão por 10 (dez) a 30 (trinta) dias, fará conclusos os autos ao juiz, até o dia seguinte ao último do prazo.

1. **Observância das formalidades legais para interposição do recurso.** Quem tiver legitimidade e interesse em face da lesão que entende ter sofrido em seu direito, em razão de uma decisão, por não ter correspondido à expectativa jurídica que concebia como viável, e pretender reverter a situação a seu favor, após convencido da previsibilidade recursal na lei, adequada à espécie, terá de observar a forma pela qual é legalmente autorizada a interposição do recurso. Mas no que diz respeito à adequação do recurso, há que ser observado o princípio da fungibilidade previsto no art. 579, do CPP, que afasta qualquer prejuízo à parte que interpuser um recurso por outro, desde que de boa fé e no mesmo prazo previsto para o recurso adequado.

Pode o recurso ser interposto por "petição" ou "por termo nos autos". Porém, nem todos os recursos dessa forma poderão ser interpostos. Para alguns recursos somente a petição é a forma legalmente adequada, como a carta testemunhável, os embargos infringentes e de nulidade, os embargos declaratórios, os embargos divergentes, o recurso extraordinário, o recurso especial, o agravo de instrumento, o recurso ordinário constitucional, o recurso de apelação previsto na Lei nº 9.099/95, a correição parcial e a reclamação.

O recurso em sentido estrito, a apelação e o protesto por novo júri podem ser interpostos tanto por petição, como por termo nos autos.

Em caso de urgência, quando na iminência de se esgotar o prazo recursal, por ser preclusivo e peremptório, há possibilidade de interposição de recurso até mesmo por fax; devendo, porém, em face do desaparecimento do escrito com o transcurso do tempo, ser feita cópia da mensagem e, oportunamente, entregue em cartório o original para ser juntado aos autos do processo, ainda que fora do prazo legal; porque, pensar-se ao contrário, seria tornar inócuo esse meio recursal.

As razões de recurso é outra formalidade legal imprescindível, principalmente quando o Ministério Público for o recorrente, sob pena de nulidade, conforme a previsão do art. 564 do CPP. (*v. da teoria geral dos recursos criminais, dos pressupostos recursais objetivos, nº 4*)

2. **Recurso sem assinatura do recorrente.** Sendo o réu o próprio recorrente e não sabendo ou não podendo assinar o nome, deve alguém assinar por ele a seu rogo, na presença de duas testemunhas. Hoje, entretanto, com a disponibilidade de avançada tecnologia que permite identificar alguém facilmente pela impressão digital, nada impede que na presença do escrivão, seja utilizado esse meio, isto é, que seja coletada a impressão digital do polegar do recorrente para eventual identificação, se for o caso. É possível a utilização desse meio, também para o advogado, na presença do escrivão, se comprovado que no momento não possa ele firmar a petição ou o termo nos autos.

3. **Certidão da entrega da petição de recurso e punição do escrivão que deixa de encaminhar ao juiz o recurso interposto por termos nos autos, no prazo legal.** A petição de recurso, com o despacho do juiz, será entregue ao escrivão até o dia seguinte do último dia do prazo e, este, de imediato, certificará no termo de juntada a data da entrega.

Quando interposto o recurso por termo nos autos, o escrivão será suspenso por 10 a 30, se não fizer conclusos os autos ao juiz até o dia seguinte ao vencimento do prazo previsto para aquele recurso. Todavia, se o escrivão não cumprir essa determinação legal, a parte não terá prejuízo algum, se o recurso for interposto tempestivamente.[28]

Há que se consignar que o escrivão não pode ser punido sem que seja apurada sua responsabilidade em processo administrativo, onde lhe será oportunizado o contraditório e ampla defesa, nos termos previstos no art. 5º, LV, da CF.

Art. 579. Salvo a hipótese de má-fé, a parte não será prejudicada pela interposição de um recurso por outro.

Parágrafo único. Se o juiz, desde logo, reconhecer a impropriedade do recurso interposto pela parte, mandará processá-lo de acordo com o rito do recurso cabível.

1. **Fungibilidade do recurso**. Um recurso para se adequar a esse princípio insculpido neste regramento, não pode ser interposto de má-fé; embora ausente na legislação um preciso conceito de má-fé, há de se convir que sua aferição não oferece grande dificuldade, tendo em vista a possibilidade de ser examinada à luz de outros princípios norteadores dos recursos em espécie, inclusive dos pressupostos recursais. Está ausente o princípio da fungibilidade, não só quando houver má-fé, como também, quando houver a exigência legal no sentido de que a fundamentação seja vinculada, como, por exemplo, a apelação de decisões do tribunal júri (art. 593, III, *a*, *b*, *c* e *d*, do CPP); recursos extraordinário e especial (arts. 102, III, *a*, *b* e *c*, e 105, III, *a*, *b* e *c*, da CF). Para todas essas espécies de recurso, há que estar presentes os requisitos de admissibilidade que lhes são peculiares. Se, porém, for prescindível a fundamentação vinculada e não constatada a intenção de obter algum benefício e, por isso, não caracterizada a má-fé, é possível ao magistrado receber um recurso por outro, como no caso de apelação, por recurso em sentido estrito e vice-versa; ou recurso em sentido estrito por agravo na execução, ou este, por recurso em sentido estrito. Também o erro grosseiro, uma vez caracterizado, afasta a adoção desse princípio.

A caracterização de erro grosseiro surge em decorrência de circunstâncias de caráter objetivo, isto é, quando a norma prevê o recurso adequado para determinada decisão, dentro de determinado prazo, de forma clara, cristalina, sem qualquer possibilidade de equívoco, por não haver entendimento divergente, quer na doutrina ou na jurisprudência. Sobre essa hipótese também há incidência da primeira parte do artigo, por se caracterizar a má-fé.

Há alguns critérios objetivos que são utilizados para aferir a má-fé na interposição de recurso, como o aproveitamento de um recurso com prazo maior, por já ter ocorrido a preclusão do prazo correspondente ao recurso adequado; o intuito de suscitar divergência jurisprudencial, para assegurar a interposição de outro recurso; a procrastinação do processo com interposição de recurso que por sua natureza, o julgamento seja mais demorado.

A adoção do princípio da fungibilidade só pode ocorrer entre recursos com prazos iguais, ou, então, que o recurso impróprio interposto, tenha menor prazo do que aquele taxativamente previsto e, também, que não seja imprescindível a vinculação ao fundamento legal.

Quando o juiz reconhecer que o recurso impróprio foi interposto no prazo legal, e foi observado pelo recorrente os demais pressupostos imprescindíveis ao juízo de conhecimento da superior instância, mandará processa-lo de acordo com o rito do recurso cabível.

Art. 580. No caso de concurso de agentes (Código Penal, art. 25), a decisão do recurso interposto por um dos réus, se fundado em motivos que não sejam de caráter exclusivamente pessoal, aproveitará aos outros.

1. **Efeito extensivo do recurso em concurso de agentes**. Quando num mesmo processo movido contra dois ou mais agentes por estar caracterizado o concurso de pessoas, nos termos do art. 29, *caput*, do CPP, com a redação determinada pela Lei nº 7.209, de 11.07.84 (antes, concurso de agentes, em face da redação originária do art. 25 do CPP), pode, do recurso interposto por um dos réus, da decisão judicial em determinado caso, emergir o efeito extensivo, beneficiando a todos.

Mas o efeito da decisão somente se estenderá ao co-réu ou partícipe que não recorrer, se fundado em motivos de caráter não exclusivamente pessoal, isto é, se a fundamentação estiver alicerçada em circunstância de caráter geral, objetivo, relacionada com a materialidade do fato criminoso.

Imagine-se que o réu apela e obtém a absolvição junto ao Juízo ou tribunal *ad quem*, em face de algum motivo de caráter geral, como a absolvição com fundamento no art. 386, III (não constituir o fato infração penal), todos os demais que de qualquer modo concorreram para o fato, também se beneficiarão com a mesma absolvição, uma vez que se de um fato

---

[28] Súmula 428 do STF. Não fica prejudicada a apelação entregue em cartório no prazo legal, embora despachada tardiamente. Embora a Súmula faça referência a apelação, não há qualquer dúvida de que se estende a todos os demais recursos. À parte não pode ser prejudicada por eventual despacho tardio do Juiz, desde que tenha interposto o recurso no prazo legal.

que foi tornado certo no curso do processo – o concurso de pessoas – e, por isso, foram condenados, é inadmissível que a instância superior que fora provocada a se manifestar, mediante recurso de um só co-réu, venha reconhecer a atipicidade do fato apenas para ele e não reconhecer para os demais. Daí por que, os efeitos dessa apelação, que é a absolvição de um co-réu, estende-se aos demais co-réus ou partícipes que também foram condenados, mas não apelaram.

Quando o motivo da absolvição, ou da redução da pena, for de caráter exclusivamente pessoal, não há como ser estendido o benefício, isto é, o efeito, aos demais co-réus ou partícipes que não apelaram.

Na hipótese de o réu que apelou e for absolvido com fundamento no art. 386, IV, do CPP, ou seja, for absolvido por não existir prova de ter concorrido com os demais para a infração penal, não aproveitam os demais. O mesmo ocorre quando houver redução da pena daquele acusado que apelou, porque o tribunal ao conhecer e dar provimento ao recurso de apelação, reconheceu alguma circunstância atenuante, que o Juiz de primeiro grau não havia reconhecido, como a de ser o agente menor de 21 anos, na data do fato, ou maior de 70 anos, na data da sentença, conforme o disposto no art. 65, I, do CP. Esses motivos da redução da pena são, também, exclusivamente de caráter pessoal, daí porque os efeitos não se estendem aos demais réus, exceto, nos parece, se algum deles se encontrar na mesma situação do co-réu apelante. (*v. comentários ao art. 585, nº 3, capítulo II, do recurso em sentido estrito, e art. 597, nº 5, capítulo III, da apelação*)

CAPÍTULO II
DO RECURSO EM SENTIDO ESTRITO

Art. 581. Caberá recurso, no sentido estrito, da decisão, despacho ou sentença:

I – que não receber a denúncia ou a queixa;

II – que concluir pela incompetência do juízo;

III – que julgar procedentes as exceções, salvo a de suspeição;

IV – que pronunciar ou impronunciar o réu;

V – que conceder, negar, arbitrar, cassar ou julgar inidônea a fiança, indeferir requerimento de prisão preventiva ou revogá-la, conceder liberdade provisória ou relaxar a prisão em flagrante; (Redação dada pela Lei nº 7.780, de 22.6.1989)

VI – que absolver o réu, nos casos do art. 411;

VII – que julgar quebrada a fiança ou perdido o seu valor;

VIII – que decretar a prescrição ou julgar, por outro modo, extinta a punibilidade;

IX – que indeferir o pedido de reconhecimento da prescrição ou de outra causa extintiva da punibilidade;

X – que conceder ou negar a ordem de *habeas corpus*;

XI – que conceder, negar ou revogar a suspensão condicional da pena;

XII – que conceder, negar ou revogar livramento condicional;

XIII – que anular o processo da instrução criminal, no todo ou em parte;

XIV – que incluir jurado na lista geral ou desta o excluir;

XV – que denegar a apelação ou a julgar deserta;

XVI – que ordenar a suspensão do processo, em virtude de questão prejudicial;

XVII – que decidir sobre a unificação de penas;

XVIII – que decidir o incidente de falsidade;

XIX – que decretar medida de segurança, depois de transitar a sentença em julgado;

XX – que impuser medida de segurança por transgressão de outra;

XXI – que mantiver ou substituir a medida de segurança, nos casos do art. 774;

XXII – que revogar a medida de segurança;

XXIII – que deixar de revogar a medida de segurança, nos casos em que a lei admita a revogação;

XXIV – que converter a multa em detenção ou em prisão simples.

1. **Conceito.** Recurso em sentido estrito é aquele que a lei processual penal permite seja interposto por quem tenha interesse e legitimidade, para provocar o reexame de uma decisão, ou sentença (art. 581 do CPP), pelo próprio juiz prolator, ou pelo órgão judiciário de superior instância, quando a mesma decisão, ou sentença for mantida pelo juízo de primeiro grau.

Se o juiz que prolatou a decisão, ou sentença retratar-se ante o recurso interposto por aquele que tiver legítimo interesse na causa, reformando-a, ou se sustentar a decisão que antes prolatou, nesta última hipótese, mandará instruir o recurso com os traslados que lhe parecerem necessários (art. 589 do CPP).

A omissão dessa decisão de "reforma" ou de "sustentação", enseja a baixa do processo em diligência, pelo tribunal, para essa providência, o que também pode ocorrer quando essa decisão for deficiente.

2. **Taxatividade dos casos enumerados no art. 581.** O art. 581 estabelece em seus incisos as hipóteses sujeitas a recurso em sentido estrito. Parte da

doutrina entende que a enumeração dos casos é taxativa, isto é, segue rigorosamente o princípio da taxatividade recursal, sem admitir analogia; outra parte, porém, entende que a aplicação analógica é admitida e, conseqüentemente, é possível a interposição do recurso em outros casos fora daqueles enumerados.[29]

Entendemos que há casos em que a aplicação analógica se impõe, sem desmerecer o princípio da taxatividade recursal. (*v. da teoria geral dos recursos criminais, dos princípios recursais criminais, nº 1.1*)

3. Hipóteses de recurso em sentido estrito enumeradas no art. 581. A Lei nº 7.210, de 11 de julho de 1984 – Lei das Execuções Penais – conhecida como LEP, fez substancial alteração nas disposições do art. 581, de forma a reduzir os casos sujeitos a recurso em sentido estrito, promovendo verdadeira substituição pelo recurso de agravo na execução, em algumas hipóteses; em outras, delimitando alternativas pela sentença condenatória, isto é, antes do trânsito em julgado da sentença, continua sendo adequado o recurso em sentido estrito; depois do trânsito em julgado, o recurso de agravo na execução. Nos comentários abaixo, definem-se os recursos adequados que se harmonizam a cada decisão proferida pelo juiz de primeira instância.

4. Decisão que não recebe a denúncia ou queixa (art. 581, I). A denúncia é uma petição elaborada pelo Ministério Público, com os requisitos previstos no art. 41 do CPP, nos crimes de ação pública incondicionada ou condicionada à representação, e nas contravenções penais, dirigida ao juiz. Excluídos os crimes de ação privada, somente o Ministério Público, via de regra, tem legitimidade para promover a ação penal, o que equivale dizer que é uma das funções institucionais do Ministério Público "promover, privativamente, a ação penal pública, na forma da lei" (art. 129, I, da CF). Já a queixa, com os mesmos requisitos previstos no art. 41, também é uma petição dirigida ao juiz, mas somente tem legitimidade para ofertá-la o ofendido ou quem tenha qualidade para representá-lo (art. 30 do CPP, § 2º do art. 100 do CP) nos crimes de ação privada, ou na hipótese prevista nos arts. 5º, LIX, da CF e 29 do CPP; isto é, naqueles casos em que o Ministério Público não oferecer denúncia no prazo legal, nos crimes de ação pública; é a denominada ação penal privada subsidiária da pública.

O juiz pode rejeitar ou não a denúncia ou queixa, vai depender de cada caso concreto. O art. 43, I, II, III, do CPP autoriza a rejeição da peça acusatório, nos seguintes casos: quando determinado fato narrado na denúncia ou queixa não constituir crime; quando já estiver extinta a punibilidade, pela prescrição ou outra causa, como, por exemplo, a decadência ou morte do agente; ou, ainda, quando for manifesta a ilegitimidade da parte ou faltar condição exigida pela lei para o exercício da ação penal.

Dependendo do caso, para rejeitar a denúncia ou queixa, faz-se necessário que o juiz atinja o mérito da causa, e assim o faz quando rejeita a denúncia ou queixa com fundamento no art. 43, I, ou seja, quando entender que "o fato narrado evidentemente não constitui crime", ou quando o juiz decretar a prescrição ou julgar, por outro modo, extinta a punibilidade (art. 43, II).

Mas o argumento de que o recurso cabível é o de apelação porque a decisão é "definitiva ou com força de definitiva", como entende alguns, *data venia* não é justificativa convincente. Também não se justifica o argumento de que a rejeição da denúncia ou queixa feita com base no art. 43, I e II, possa ser tratada como rejeição propriamente dita, e a hipótese prevista no inciso III da mesma norma, como "não recebimento" da denúncia ou queixa, apenas porque não faz coisa julgada material.

Parece-nos que não dá para fazer distinção entre recebimento e rejeição. São vocábulos que se equivalem, isto é, que têm o mesmo significado, o mesmo sentido. Rejeição vem do latim: *rejectio*, de *rejicere* (repelir, recusar). Não receber também é recusar, repelir. Mas ainda que seja possível distinguir rejeição

---

[29] "A enumeração feita é taxativa quanto ao espírito do texto legal, mas não quanto às suas expressões literais, quanto à sua forma. De sorte que, embora o novo caso não se identifique pelas suas expressões literais, com os enumerados no texto legal, deve ser contemplado na enumeração taxativa, quando se identifique pelo seu espírito, tanto vale dizer pelos seus fins e efeitos, com qualquer dos casos contemplados no texto legal". ROSA, Inocêncio Borges da. *Processo penal brasileiro*, v. III. Porto Alegre: Globo, 1942, p. 506-7.
Seguindo o posicionamento de Borbes da Rosa, antes da Lei nº 7.780, de 22.06.1989, que deu nova redação ao inc.V, do art. 581, do CPP, o Tribunal de Justiça do Rio Grande do Sul, em brilhante acórdão, deu provimento ao recurso interposto pelo Ministério Público, da decisão que revogou decreto de prisão preventiva (RJTJRGS 103/54). Também neste sentido já decidiu o STF, asseverando que "(...) Em face da Lei nº 6.416/77 ficou estabelecido expressamente o recurso em sentido estrito contra a decisão que indefere requerimento de prisão preventiva ou que relaxa prisão em flagrante. Em ambas as hipóteses vê-se a preocupação de resguardar o interesse público. Ao lado disso, não se pode negar a aproximação, na sua essência, entre essas duas espécies e a revogação da prisão preventiva.
Na esfera do direito processual admite-se a interpretação analógica (art. 3º do CPP). E, no caso, ela se impõe, à vista da identidade de razão. Sendo assim, a melhor exegese é a que admite o recurso em sentido estrito contra decisão revogatória do despacho de prisão preventiva. Recurso extraordinário conhecido, em razão da divergência, mas improvido". RE 103.873-0 – RS, 2ª T., j. em 26/10/84, rel. Min. Djaci Falcão; RT 592/442. Em sentido contrário: RT 520/484, 565/309, 568/280.

de recebimento, entendemos ser admitido, em qualquer caso, o recurso em sentido estrito, até pela possibilidade também de aplicação analógica prevista no art. 3º do CPP.

Ora, o próprio inciso II do art. 593 do CPP, deixa claro que "das decisões definitivas, ou com força de definitivas", cabe recurso em sentido estrito; caberá, todavia, apelação, se não houver previsão para o recurso em sentido estrito, conforme dispõe a segunda parte desse mesmo dispositivo. O que quer dizer que no caso a apelação é subsidiária.

E, por outro lado, há que se reconhecer que o recurso em sentido estrito com relação à apelação pode ser mais favorável ao recorrente em face do princípio de retratação (art. 589 do CPP); em especial ao acusado que poderá ter ampliada sua defesa.

Se o legislador quisesse que o recurso para atacar algumas daquelas hipóteses contempladas no art. 43 fosse o de apelação teria, por certo, estabelecido de forma expressa, como o fez para o não-recebimento da peça inicial acusatória e também para o recebimento, nos crimes de imprensa (Lei nº 5.250, de 09/02/67, art. 44, § 2º), com a seguinte redação: art. 44: "O juiz pode receber ou rejeitar a denúncia ou queixa, após a defesa prévia, e, nos crimes de ação penal privada, em seguida à promoção do Ministério do Ministério Público. § 2º – Contra a decisão que rejeitar a denúncia ou queixa cabe recurso de apelação e, contra a que recebê-la, recurso em sentido estrito sem suspensão do curso do processo." Há, aqui, exceção à regra geral dos recursos, inclusive no que diz respeito ao cabimento do recurso em sentido estrito para o caso de recebimento da denúncia ou queixa; e toda exceção, aliás, deve estar expressa na lei.

Outra exceção é a do art. 82 da Lei nº 9.099/95, que prevê o recurso de apelação para os casos de rejeição da denúncia ou queixa.

5. Rejeição do aditamento da denúncia ou queixa (art. 581, I). Por interpretação analógica permitida pelo art. 3º do CPP, também da decisão que rejeita o aditamento da denúncia ou queixa comporta a mesma espécie de recurso, isto é, a nosso ver, comporta o recurso em sentido estrito. Aliás, seria inconcebível que o Ministério Público, no curso do processo, constatasse a existência de outro crime em razão das provas produzidas, por exemplo, e, em consequência, aditasse a denúncia, mas se o juiz não a recebesse, dessa decisão não coubesse recurso. Trata, a hipótese, de decisão que se equivale ao não recebimento de uma denúncia nova. Logo, está o Ministério Público legitimado a recorrer em sentido estrito, em face do interesse jurídico que daí também deflui. O mesmo ocorre, pensamos, com relação ao não recebimento do aditamento da queixa-crime feito pelo Ministério Público, nos termos do art. 45 do CPP, ou pelo próprio ofendido, quando surgir necessidade de ser imputado formalmente outro crime ao mesmo querelado, ou quando houver necessidade de ser incluído co-autor da mesma infração, no mesmo processo (art. 48 do CPP), para evitar a renúncia tácita ao direito de queixa, com a consequente extinção da punibilidade de todos os autores do crime, uma vez que a renúncia em relação a um, a todos se estenderá (art. 49 do CPP).

6. Que concluir pela incompetência do juízo (art. 581, II). Somente da decisão que concluir pela incompetência do juízo cabe recurso em sentido estrito. Decisão dessa ordem não é em face de provocação de qualquer das partes, mas quando o juiz se julgar incompetente, sem que tenha sido oposta exceção de incompetência[30] – trata-se de decisão de ofício.[31]

Quando a exceção de incompetência for argüida por quem tiver legitimidade e interesse, da decisão positiva do juiz, isto é, da decisão acolhendo a exceção oposta, também cabe o recurso em sentido estrito de quem tiver interesse e legitimidade; todavia, fundado no inc. III do art. 581 do CPP.

7. Que julgar procedente as exceções, salvo a de suspeição (art. 581, III). Quando se tratar de decisão julgando procedente as exceções opostas, salvo a de suspeição, o recurso adequado é o em sentido estrito. Assim, cabe recurso das exceções de incompetência, coisa julgada, ilegitimidade de parte e litispendência, quando a decisão do juiz for procedente. Se julgar improcedente a exceção, porém, não cabe recurso algum;[32] mas pode ser atacada pela via do *habeas corpus*.

Na hipótese de ser acolhida a exceção de suspeição oposta, descabe o recurso em sentido estrito. Terá, porém, o juiz que reconhecer a suspeição e sustar o andamento do processo, mandando juntar aos autos a petição do recusante com os documentos que

---

[30] NORONHA, E. Magalhães. NORONHA, E. Magalhães. *Curso de direito processual penal*. São Paulo: Saraiva: 1990, p. 348.

[31] Entendemos enquadrar-se nessa hipótese, também a decisão do juiz que opera a desclassificação de crime doloso contra a vida, para crime culposo, por exemplo, declinando da competência do tribunal do júri.

[32] É óbvio, quem, no prazo próprio, isto é, por ocasião do interrogatório ou nos três dias seguintes, levantou a exceção poderá, na apelação ou no recurso contra a sentença com que o juiz solucionar a causa principal, atacar a decisão, por emanar de juiz incompetente, cumprindo, então, ao Tribunal de Recursos apreciar o alegação e reconhecer a nulidade, se for o caso, para invalidar os atos decisórios praticados no juízo incompetente. ESPÍNOLA FILHO, Eduardo. *Código de processo penal brasileiro anotado – edição histórica*, v. I, nº 255. Rio de Janeiro: Editora Rio, 1976, p. 287.

a instruam, e por decisão fundamentada, se declarará suspeito, ordenando a remessa dos autos ao substituto.

Todavia, se o juiz não acolher a suspeição, mandará autuar em apartado a petição e decidirá em 3 dias, podendo instruí-la e oferecer testemunhas e, em seguida, determinará sejam os autos da exceção remetidos, dentro em 24 horas, ao juiz ou tribunal a quem competir a decisão. Dessa decisão não cabe recurso, posto que despiciendo, tendo em vista a obrigatoriedade da remessa dos autos à superior instância, que dará a palavra final acerca do pedido de suspeição.

8. Que pronunciar ou impronunciar o réu (art. 581, IV). Nos crimes dolosos contra a vida, consumados ou tentados, "se o juiz se convencer da existência do crime e de indícios de que o réu seja o seu autor, pronunciá-lo-á, dando os motivos do seu convencimento" (art. 408 do CPP). "Se não se convencer da existência do crime ou de indício suficiente de que seja o réu o seu autor, o juiz julgará improcedente a denúncia ou queixa" (art. 409 do CPP). A decisão de impronúncia não faz coisa julgada material, motivo pelo qual não fica afastada a hipótese de vir a ser instaurado processo contra o mesmo réu, pelo mesmo fato delituoso, a qualquer tempo, enquanto não extinta a punibilidade (parágrafo único do art. 409), desde que surjam novas provas.

A pronúncia não é decisão de mérito. Não condena e nem absolve o réu; apenas o encaminha a julgamento pelo tribunal do júri. Da pronúncia ou impronúncia, cabe recurso em sentido estrito. Mesmo impronunciado o réu, nada impede que ele interponha recurso em sentido estrito visando a absolvição sumária, uma vez que da decisão emerge o potencial interesse.

Não se pode cercear o réu do direito de recorrer da sentença de impronúncia, quando manifesto o interesse pela absolvição sumária, fundada numa daquelas hipóteses previstos nos arts. 20, 21, 22, 23, 26 e 28, § 1º, do CP. E, na espécie, pode haver inclusive interesse do réu em se liberar da responsabilidade de caráter patrimonial, como, por exemplo, pleitear a absolvição pelo fundamento da legítima defesa real, que é causa excludente da ilicitude.

Preceitua o art. 65 do CPP que "(...) Faz coisa julgada no cível a sentença penal que reconhecer ter sido o ato praticado em estado de necessidade, em legítima defesa, em estrito cumprimento do dever legal ou no exercício regular de direito". Logo, sendo reconhecida na sentença absolutória a existência de uma dessas causas excludentes de antijuridicidade, nos termos em que estabelece essa norma, não estará o réu, em tese, obrigado a reparar o dano, o que vale dizer que o interesse recursal é manifesto. Negado esse direito haverá cerceamento de defesa (art. 5º, LV, da CF).

Também pelo fato de não ser a impronúncia decisão de mérito, e de não fazer coisa julgada material, pode, a qualquer tempo, enquanto não extinta a punibilidade, vir o réu a ser novamente processado pelo mesmo fato, se novas provas surgirem. Enquanto que na hipótese de absolvição liminar, nos termos do art. 411, a sentença é de mérito, e uma vez transitada em julgado o réu está livre de outro processo pelo mesmo fato.

O recurso do réu, em sentido estrito, cabe inclusive quando se tratar de absolvição equivocada com fundamento no art. 386, III, do CPP, ou seja, quando o juiz o absolver por estar convencido de "não constituir o fato infração penal", em crime da competência do tribunal do júri. Mas o recurso só pode ser admitido se pretender a reforma da sentença para que a absolvição seja com fundamento numa daquelas hipóteses previstas no art. 411.[33]

Há que ser observado também que a exclusão de qualificadora descrita na denúncia, comporta recurso em sentido estrito do Ministério Público, uma vez que se caracteriza, nessa parte, decisão de impronúncia e, de outro lado, também pode recorrer o réu, de parte da decisão da pronúncia que acolher qualificadora constante da peça inicial acusatória. O que não pode é o Ministério Público pretender a inclusão de qualificadora na pronúncia, quando houver omissão na denúncia.[34]

Pode ocorrer também que o juiz decida pela impronúncia, em crime de homicídio, mas opere a desclassificação de tentativa de homicídio – crime conexo àquele objeto da impronúncia –, por exemplo, para lesões corporais graves, tornando-se, por conseguinte, incompetente. Nessa hipótese, cabe recurso

---

[33] O recurso, *in casu*, se justifica, porque a absolvição com fundamento no art. 386, III, se equivale à decisão de impronúncia, quando se tratar de crime, cujo julgamento seja da competência do Tribunal do Júri. Nesse sentido já decidiu o Tribunal de Justiça do Rio Grande do Sul, por sua 1ª Câmara Criminal, em que foi relator o Desembargador Jorge Alberto de Moraes Lacerda: "(...) A sentença que, nos processos de competência do Tribunal do Júri, 'absolve' o réu com base no art. 386, III, do CPP, é, na realidade, não uma decisão absolutória, mas uma sentença de impronúncia (art. 409, do CPP), estando, assim, sujeita apenas a recurso em sentido estrito (art. 581, IV, do CPP), descabendo, portanto, em tal hipótese, o recurso de ofício, previsto unicamente quando a solução absolutória se estribar nos arts. 17, 18, 19, 22 e 24, § 1º, do CP" (RJTJRGS 90/65).

[34] A propósito, da decisão que opera a desclassificação do delito, o recurso cabível é o em sentido estrito, tendo em vista tal desclassificação se equivaler á decisão de impronúncia (RT 540/292, 554/341).

em sentido estrito nos termos do art. 581, II, do CPP, uma vez que a decisão do juiz foi em discordância com a denúncia ou queixa, por se ter convencido da existência de crime diverso dos referidos no art. 74, § 1º, do CPP, ou seja, daqueles crimes da competência do tribunal do júri e, por se tornar incompetente, é que terá de remeter ao juiz que o seja, conforme o disposto no art. 410 do CPP.

Quanto à prisão do réu para recorrer, ainda existe norma nesse sentido, embora de duvidosa constitucionalidade, que tratam da prisão do réu, quando houver recurso em sentido estrito. De conformidade com o art. 585 do CPP, o réu pronunciado, para recorrer terá de se recolher à prisão, salvo se prestar fiança. São afiançáveis os crimes dolosos contra a vida previstos nos arts. 122, 123, 124 e 126 do CP. Mas § 2º do art. 408 do CPP, alterado pela pela Lei nº 5.941, de 22/11/73, estabelece que "(...) Se o réu for primário e de bons antecedentes, poderá o juiz deixar de decretar-lhe a prisão ou revogá-la, caso já se encontre preso". "Se o crime for afiançável será, desde logo, arbitrado o valor da fiança, que constará do mandado de prisão" (§ 3º do art. 408).

Hoje, pode-se dizer que a regra é de o réu recorrer em sentido estrito, também em liberdade, ao ser pronunciado, se não estiver caracterizado nenhum daqueles requisitos e pressupostos exigidos para a prisão preventiva previstos no art. 312 do CPP e, ainda, se preso preventivamente não se encontrar, seja ele primário ou não. (*v. da teoria geral dos recursos criminais, pressupostos recursais objetivos, nº 5.2; comentários ao art. 585, capítulo I, dos recursos em geral, nº 1, e comentários ao art. 597, nº 3, capítulo III, da apelação*)

9. Que conceder, arbitrar, negar, cassar ou julgar inidônea a fiança, deferir requerimento de prisão preventiva ou revogá-la, conceder liberdade provisória ou relaxar a prisão em flagrante (art. 581, V). O inciso V do art. 581, que ora se cuida, teve nova redação emprestada pela Lei nº 7.780, de 22/06/89, que o ampliou com novas hipóteses que comportam também recurso em sentido estrito: decisão que revoga a prisão preventiva e que concede liberdade provisória.

A parte inicial do artigo trata da concessão de fiança, direito do réu (e não faculdade) de prestá-la para responder ao processo em liberdade.[35] O art. 322 do CPP passou a ter nova redação determinada pela Lei nº 6.416, de 24/05/77. Essa mesma norma permite a concessão de fiança pela autoridade policial, nos casos de infração penal punida com detenção ou prisão simples, ou ainda, quando constar a autorização no mandado de prisão expedido pela autoridade judiciária. Nos demais casos do art. 323 do CPP, a fiança será requerida ao juiz, que decidirá em 48 horas (parágrafo único do art. 322 do CPP).

Embora determine o art. 322 que somente nos crimes punidos com detenção ou prisão simples poderá a autoridade policial conceder fiança, não quer significar que seja em todos os casos, porque lhe é vedada a possibilidade de conceder fiança nas contravenções tipificadas nos arts. 59 e 60 da Lei das Contravenções Penais, cujo apenamento cominado é de prisão simples; e nos crimes dolosos com pena privativa da liberdade, se o indiciado já tiver sido condenado por outro crime doloso, em sentença transitada em julgado. Isto por força do disposto no art. 323, II e III, do CPP, porque se ao juiz é vedada a concessão de fiança nesses casos, à autoridade policial com muito mais razão incide tal vedação.

Ao juiz cabe conceder fiança, com exceção daqueles casos previstos nos arts. 323 e 324, como também nas infrações inafiançáveis tipificadas na Lei nº 5.197, de 03/01/67, com as alterações determinadas pela Lei nº 7.653, de 12/02/88, que dispõe sobre a proteção da fauna; no crime de racismo (art. 5º, XLII, da CF, e Lei nº 7.716, de 05/01/89); nos crimes considerados hediondos (art. 5º, XLIII, da CF, e Lei nº 8.072, de 25.07.90) e nos crimes previstos no art. 5º, XLIV, da CF.

A concessão e arbitramento da fiança pela autoridade policial poderá ensejar o recurso em sentido estrito, quando o Juiz a confirmar; ou quando o Juiz conceder a fiança negada pela autoridade policial; o que equivale dizer que em ambos os casos, em última análise, o recurso cabível é da decisão do Juiz. O mesmo ocorre quando houver autorização para concessão de fiança, no mandado de prisão expedido pela autoridade judiciária, encaminhado à autoridade policial ou, mesmo, a outro juízo.[36] É dispensável, pois, que o arbitramento do valor da fiança conste do mandado de prisão, podendo a autoridade policial arbitrá-la quando receber a requisição da prisão, posto que não lhe é vedado fazer avaliação para ver da possibilidade do arbitramento, desde que confirmado posteriormente pelo juiz. Em qualquer caso pode ensejar o recurso em sentido estrito. Se não confirma-

---

[35] Nesse sentido: RTJ 116/139.

[36] Mas a autoridade policial somente poderá conceder fiança quando presidir o auto de prisão flagrante, ou quando cumprir requisição judicial de prisão. Justitia, 99/525. Nesta última hipótese, todavia, deve a autorização para a prestação de fiança constar do mandado de prisão expedido pelo juiz. O mesmo pode ser dito quando a requisição da prisão for dirigida a outro juiz. MÚCCIO, Hidejalma. *Curso de processo penal, v. III*. São Paulo: HM Editora, 2003, p. 737. Trata-se de posição intermediária que melhor se ajusta aos casos concretos.

da, significa decisão denegatória de fiança; cabendo, inclusive, a impetração de *habeas corpus*, se restar configurada a hipótese prevista no art. 648, V, do CPP.

Se a acusação entender que o arbitramento da fiança foi insuficiente, da decisão comporta recurso em sentido estrito, levando em consideração a espécie de crime praticado e respectivo apenamento cominado em abstrato. Mas se entendida pela defesa, como exagerada, o que pode ocorrer, superando até os limites previstos no art. 325 do CPP, da decisão também cabe recurso em sentido estrito, uma vez que emerge daí o interesse recursal. E esse recurso da defesa pode ter cabimento, inclusive, se a fiança não for reduzida, conforme prevê o § 1º, I, e inc. III do § 2º do art. 325, ou se for aumentada nos termos do inc. II do § 1º, e inc. III do § 2º, do mesmo artigo. Por outro lado, uma vez decididas essas questões de arbitramento da fiança favoráveis ao réu, por via de conseqüência, pode surgir para a acusação o interesse de recorrer. Também nas hipóteses dos incisos I e II e III do § 2º do art. 325, conforme o caso, ou seja, quando o juiz conceder e fixar a fiança, que traga inconformidade tanto para a defesa como para a acusação, comporta o recurso em sentido estrito da decisão do juiz.

Prestada a fiança, pode, posteriormente, ser cassada ou julgada inidônea. Em qualquer fase do processo, pode o juiz reconhecer que embora tenha sido concedida a fiança não era cabível na espécie, e a cassará de conformidade com o regramento contido no art. 338 do CPP. Da mesma forma procederá quando, no processo, houver inovação na classificação do delito (art. 339 do CPP). Por outro lado, pode ser reconhecida a inidoneidade da fiança. Em todas essas hipóteses, da decisão cabe o recurso em sentido estrito.

Também é cabível recurso em sentido estrito pela acusação, da decisão que concede a liberdade provisória sem fiança, tendo em vista a redação do inc. V, do art. 581, do CPP. O mesmo ocorre com o relaxamento de prisão em flagrante previsto no art. 310 do CPP, e respectivo parágrafo único.

Quando a prisão for ilegal, "será imediatamente relaxada pela autoridade judiciária" (art. 5º, LXV, da CF), sem qualquer formalismo, e não importa em revogação da liberdade provisória, porque não há compromisso de comparecimento "a todos os atos do processo", como ocorre com a liberdade provisória prevista no art. 310 e respectivo parágrafo do CPP. Tem-se, aí, efeitos diversos mas, para fins de recurso, tanto num quanto no outro caso não há que se fazer distinção: ambos se equivalem e se harmonizam à hipótese do inciso V do art. 581.

10. Que absolver o réu, nos casos do art. 411 do CPP (art. 581, VI). O juiz que absolve o réu denunciado por crime contra a vida está obrigado a levar sua decisão ao tribunal de Justiça a fim de que ela seja reexaminada. É o chamado recurso de ofício previsto no art. 411. Todavia, esse recurso não exclui o recurso em sentido estrito previsto no inciso VI do art. 581, que pode ser interposto pela acusação.

Os crimes de competência do júri, pelo princípio da conexidade e da continência, atraem aqueles da competência do juízo singular, englobando-os na mesma sentença de pronúncia e, por via de conseqüência, são submetidos à apreciação pelo tribunal do júri, em regra. Se o magistrado, ao invés de pronunciar ou impronunciar o réu, absolve-o sumariamente, esta absolvição não pode abranger também aqueles crimes conexos da competência do juízo singular. Deve o magistrado aguardar, antes, a decisão do tribunal de justiça, e somente após o trânsito em julgado, estará em condições de apreciá-los. Se confirmada a sentença de absolvição sumária, remeterá os autos do processo ao juiz competente para apreciar as infrações que nasceram entrelaçadas com o crime, ou crimes, da competência do tribunal do Júri.

Mas tanto na absolvição sumária, como na decisão de impronúncia, ficam excluídas da competência do tribunal do júri as causas conexas ou continentes, as quais serão remetidas ao juízo comum competente. Mas ainda resta a possibilidade recursal, mesmo no que diz respeito ao sobrestamento do julgamento relativo às demais infrações, porque decisão dessa natureza é parte também integrante do mesmo conteúdo decisório. Também não pode ser descartada a possibilidade de recurso em sentido estrito, nos termos do art. 581, II, do CPP, da decisão que concluir, por exemplo, pela desclassificação do crime de tentativa de homicídio para lesões corporais, quando se tratar de crime conexo àquele referente à absolvição sumária, devendo o juiz, que se tornou incompetente, remeter os autos do processo ao juiz que o seja, nos termos do disposto no art. 410 do CPP.

11. Que julgar quebrada a fiança ou perdido o seu valor (art. 581, VII). A fiança é considerada quebrada se intimado para qualquer ato do inquérito, da instrução criminal e do julgamento, o réu deixar de comparecer, salvo se provar motivo plenamente justificável; se mudar de residência, sem prévia autorização judicial, ou ausentar-se por mais de oito dias, de sua residência, sem comunicar aonde possa ser encontrado; se praticar outro fato delituoso na vigência da fiança (arts. 327, 328 e 341 do CPP).

A decisão que julga quebrada a fiança implica o recolhimento do réu à prisão, além da perda da metade do valor respectivo. E se, uma vez condenado, o réu não comparecer à prisão para cumprir a pena, perderá a totalidade da fiança prestada (art. 344 do CPP). Mas para se apresentar à prisão, obviamente que terá de ser dada ciência a ele, da decisão. Por outro lado, expedido o mandado de prisão e não encontrado, também perderá a totalidade do valor da fiança prestada.

Da decisão que julga quebrada ou perdida a fiança, cabe recurso em sentido estrito (art. 581, VII, do CPP).

Quando tiver sido quebrada a fiança, o recurso deve ser processado por instrumento, uma vez que o processo ainda não teve o seu desfecho; devendo, portanto, prosseguir.

12. Que decretar a prescrição ou julgar, por outro modo, extinta a punibilidade (art. 581, VIII). Essa disposição ora em comento, que prevê recurso da decisão que decretar a extinção da punibilidade, pela prescrição ou por outra causa, não é de boa técnica. Bastaria que dissesse: "...que decretar a extinção da punibilidade".

O elenco previsto no art. 107 do Código Penal não esgota todas as causas extintivas da punibilidade. É meramente exemplificativo; muitas outras causas de extinção existem, como por exemplo "a reparação do dano no peculato culposo (art. 312, § 3º, primeira parte, do CP); nas ações de caráter personalíssimo, ou seja, naquelas em que somente tem legitimidade e interesse para oferecer queixa-crime e prosseguir na ação penal o próprio ofendido (crime previsto no art.236 do CP). Nessas hipóteses, a morte do cônjuge ofendido extingue a punibilidade, uma vez que se trata de perempção da ação penal que, embora não se encontre indicada no art. 60, do CPP, é reconhecida doutrinariamente como tal. Mas como somente tem interesse e legitimidade o cônjuge ofendido, "o direito de oferecer queixa e prosseguir na ação" desaparece. Logo, da decisão que decreta a extinção da punibilidade, em tese, não cabe recurso algum.

Observe-se, porém, que advindo a causa extintiva da punibilidade, após sentença condenatória com trânsito em julgado, a impugnação cabível não é o recurso em sentido estrito, mas o agravo na execução, sem efeito suspensivo, nos termos previstos no art. 197 da LEP (Lei nº 7.910/84), uma vez que a decisão de extinção da punibilidade é de competência do juiz das execuções penais (art. 66, II, da LEP).

A regra, todavia, é que da decisão judicial que julga extinta a punibilidade comporta recurso em sentido estrito, desde que ainda não haja sentença. Se houver sentença ainda não trânsita em julgado, o recurso é o apelação, nos termos do art. 593, § 4º, do CPP, em face do princípio da unirrecorribilidade; todavia, se a sentença já transitou em julgado e a causa extintiva da punibilidade se verificou nessa fase, o recurso da decisão que a decreta é o de agravo na execução.

13. Que indeferir o pedido de reconhecimento da prescrição ou de outra causa extintiva da punibilidade (art. 581, IX). Este dispositivo se tornaria absolutamente desnecessário se o legislador usasse apenas "os verbos 'deferir e indeferir', suprimindo o termo 'prescrição', que é causa extintiva da punibilidade", no inciso VIII.[37]

Tudo o que foi dito no inciso anterior serve para este, no que se refere à prescrição ou outra causa extintiva da punibilidade. Assim, sempre que for indeferido pedido de reconhecimento da prescrição ou de qualquer outra causa extintiva da punibilidade, na sentença condenatória não trânsita em julgado, o recurso é o de apelação (art. 593, § 4º, do CPP); se houver indeferimento de pedido depois de transitada em julgado a sentença, o recurso é o de agravo na execução, nos termos do art. 197 da LEP; se a decisão for no curso da instrução, o recurso em sentido estrito é o adequado.

14. Que conceder ou negar ordem de *habeas corpus* (art. 581, X). O juiz, ao decidir pela concessão de *habeas corpus*, tem de recorrer de ofício de sua própria decisão, conforme estabelece o art. 574, I, do CPP. Se é obrigatória para o juiz a interposição desse recurso, na hipótese, para a acusação é facultativo.

Ainda que esteja o juiz obrigado a recorrer de ofício, conforme a disposição legal, podem também as partes recorrer, querendo, o que devem fazer sempre que não estiverem conformadas com a decisão, conforme o disposto no art. 577, parágrafo único, do CPP. Entendemos que também o assistente do Ministério Público tem legitimidade para recorrer de decisão concessiva de *habeas corpus*, inclusive extraordinariamente, a despeito da Súmula 208 do STF.[38] (v. *Comentários ao art. 577, nº 2.2, capítulo I, dos recursos em geral, e do recurso ordinário-constitucional, nº 9*)

Mas decidindo pela não concessão do *habeas corpus*, o recurso cabível é tão-somente o voluntário.

O Ministério Público está legitimado a recorrer tanto da decisão concessiva, como daquela que nega ordem de *habeas corpus*. "Embora o Ministério Público de primeira instância não tenha vista dos autos nos pedidos de *habeas corpus* – o que se explica pelo

---

[37] NOGUEIRA, Paulo Lúcio. *Curso completo de processo penal*. São Paulo: Saraiva, 1991, p. 348.

[38] Súmula 208 do STF. O assistente do Ministério Público não pode recorrer, extraordinariamente, de decisão concessiva de *habeas corpus*.

rito sumaríssimo do remédio – deve ser intimado da sentença que o decide para, se for o caso, dela recorrer, uma vez emergente interesse social. Não há obstáculo algum, ainda que a decisão esteja sujeita ao duplo grau de jurisdição pelo recurso oficial obrigatório, por disposição legal; se fosse assim, a lei não teria previsto recurso em sentido estrito voluntário contra a decisão concessiva da ordem, com a virtude, ainda, de provocar o juízo de retratação previsto no art. 589, do CPP. Acrescente-se, ainda, que pode o órgão do Ministério Público impetrar *habeas corpus* a favor do infrator, quer como qualquer cidadão do povo, quer como órgão do Ministério Público, conforme preceitua o art. 654, do CPP. Se pode impetrar *habeas corpus*, evidente que pode também recorrer, em sentido estrito, quer da decisão concessiva, quanto da decisão que denegar a ordem, até por questão de coerência, de lógica jurídica. (*v. comentários ao art. 654, nº 3, capítulo X, do habeas corpus e seu processo*)

Decisão do juízo de primeiro grau que julga prejudicado o *habeas corpus* impetrado, equivale a decisão denegatória; cabendo, por isso, também o recurso em sentido estrito. Se, porém, a denegação de *habeas corpus* ocorrer em outras instâncias, o recurso adequado é o ordinário constitucional, previsto nos arts. 102, II, *a* e, 105, II, *a*, da CF.

Há que consignar, ainda, que o art. 654 do CPP, confere a qualquer pessoa do povo legitimidade e interesse para a impetração de *habeas corpus*, em seu favor ou de outrem. Se pode impetrar, que é o mais, obviamente que também pode recorrer da denegação, que é o menos. (*v. comentários ao art. 654, nº1, capítulo X, do habeas corpus e seu processo*)

15. Que conceder, negar ou revogar a suspensão condicional da pena (art. 581, XI). O réu condenado à pena privativa de liberdade não superior a dois anos poderá ter a execução dessa pena suspensa por período de dois a quatro anos, mediante determinadas condições de natureza subjetiva e objetiva. Mas também poderá ser suspensa a execução da pena privativa da liberdade não superior a quatro anos, por período de quatro a seis anos, se o condenado for maior de 70 anos de idade (art. 77 e respectivo § 2º do CP).

Se o *sursis*, ou seja, a suspensão condicional da pena, for concedido ou negado na própria sentença condenatória, não cabe recurso em sentido estrito, mas sim recurso de apelação, ainda que seja tão-somente daquela parte da sentença que concedeu ou negou o benefício, porque, em qualquer caso, "quando cabível apelação, não poderá ser usado o recurso em sentido estrito, ainda que somente de parte da decisão se recorra" (§ 4º do art. 593 do CPP).

No entanto, sendo a decisão exclusivamente sobre a concessão ou não do sursis, pelo mesmo juízo da condenação, antes do trânsito em julgado da sentença, se nesta não se pronunciou a respeito, quando da fixação da pena que, em princípio comportava esse favor legal, é adequada a interposição de recurso em sentido estrito, uma vez que ainda não se iniciou o processo de execução. O art. 697 do CPP não obriga a concessão do sursis, mas o juiz terá de se pronunciar, motivadamente, sobre a concessão ou não do benefício.

Assim, se na sentença condenatório, momento apropriado para decidir a respeito, o juiz se omitiu, nada impede que se pronuncie em decisão autônoma, motivadamente, ainda dentro do prazo recursal, isto é, antes de transitar em julgado a sentença; cabendo dessa decisão, recurso em sentido estrito.

Sendo o sursis concedido ou negado já na fase de execução, o recurso cabível é o agravo previsto no art. 197 da Lei nº 7.210, de 11/07/84 (LEP), assim como também o é para os casos de revogação. E não teria sentido que da decisão do juiz de execuções penais não coubesse o recurso de agravo previsto no art. 197, quando o próprio art. 194 da mesma lei estabelece que "(...) O procedimento correspondente às situações previstas nesta lei será judicial, desenvolvendo-se perante o juiz da execução". Por outro lado, diz o art. 66 que "compete ao juiz da execução decidir sobre suspensão condicional da pena" (inc. III, *d*).

16. Que conceder, negar ou revogar livramento condicional (art. 581, XII). O livramento condicional é instituto que está disciplinado no art. 83 do CP, é um benefício legal previsto para o condenado que já cumpriu uma parte da pena que lhe fora imposta, que também estejam satisfeitos os outros requisitos previstos nessa mesma norma penal.

Somente o juiz das execuções penais tem competência para conceder, negar ou revogar o livramento condicional, conforme o disposto no art. 131 da LEP. Dessa decisão concessiva, denegatória e revocatória, cabe o recurso de agravo na execução, ficando afastada qualquer hipótese de interposição de recurso em sentido estrito, a que alude o art. 581, XII, por se tratar de decisão que só pode ocorrer durante a execução da pena, e depois de cumprida parte dela (art. 83 do CP), portanto, depois do trânsito em julgado da sentença.

17. Que anular o processo da instrução criminal, no todo ou em parte (art. 581, XIII). É cabível o recurso em sentido estrito (art. 581, XIII) da decisão de nulidade, quer se trate de nulidade relativa ou absoluta.

Antes, há que se fazer distinção entre ato nulo e anulável, para se chegar à nulidade relativa e absoluta.

O ato nulo não produz efeito algum até que seja convalidado e, se não for convalidável, nunca produzirá efeito. Quando pode ser convalidado, a nulidade é relativa; quando não for convalidável, a nulidade é absoluta

Nulidade relativa não se confunde com anulabilidade.

A nulidade relativa só produz efeito depois de convalidado, isto é, depois de sanada a nulidade; já a anulabilidade, ou seja, o ato anulável, produz efeito até que seja tornado inválido.

Tanto a nulidade relativa, quanto a absoluta, só precisa ser declarada, e os efeitos produzidos pela declaração é desde a data em que o ato foi contaminado pelo vício gerador da nulidade, isto é, os efeitos são *ex tunc*. Já a anulabilidade não pode ser apenas declarada, terá de ser decretada, posto que a decisão é constitutiva, cujos efeitos produzidos são *ex nunc*, ou seja, os efeitos são produzidos a partir do momento em que é proferida a decisão, provocada por quem tiver interesse e legitimidade.[39]

A nulidade absoluta pode ser declarada de ofício pelo Juiz ou tribunal; todavia, não pode ser declarada se vier, em grau de recurso, causar algum prejuízo ao réu, exceto se aferida na decisão em que houve o chamado "recurso de ofício" ou, evidentemente, se tiver sido argüida no recurso interposto pela acusação.[40]

Em qualquer caso, entretanto, quer seja a nulidade relativa ou absoluta, quer seja de decisão quando se tratar de anulabilidade, cabe recurso em sentido estrito por quem tiver interesse e legitimidade.

18. Que incluir jurado na lista geral ou desta o excluir (art. 581, XIV). Anualmente, o juiz-presidente do Tribunal do Júri organiza uma lista geral de jurados, mediante escolha por conhecimento pessoal que tem das pessoas, ou mediante informações fidedignas, de 300 a 500 jurados no Distrito Federal e nas comarcas de mais de 100 mil habitantes, e 80 a 300 nas comarcas ou termos de menor população. Geralmente o juiz requisita às autoridades locais, associações de classe, sindicatos profissionais e repartições públicas, a indicação de pessoas idôneas.

Ainda que publicada definitivamente a lista geral de jurados, pode ser alterada. Aquele, cujo nome constou da lista provisória e que, posteriormente, foi excluído da lista definitiva, poderá reclamar ao juiz e, não sendo atendido, tem legitimidade e interesse para recorrer em sentido estrito ao presidente do tribunal de justiça, no prazo de 20 dias; nesse caso, por óbvio, somente o excluído terá interesse e legitimidade em recorrer.

Da inclusão de jurado na lista, cabe recurso de qualquer pessoa do povo, residente na comarca e, também, do próprio jurado incluído, se pretender a exclusão, por motivo plenamente justificável, como, por exemplo, se for isento, naquelas hipóteses do parágrafo único do art. 436 do CPP.[41]

Também o Ministério Público pode recorrer em sentido estrito, tendo em vista o interesse que possa surgir, mesmo depois de publicada definitivamente a lista geral, uma vez que, sendo os "jurados escolhidos dentre cidadãos de notória idoneidade" (art. 436), poderá ocorrer fato superveniente que altere essa idoneidade ou, até mesmo, que advenha doença mental, ou qualquer outro motivo que impeça o exercício efetivo da função de jurado, e que o juiz indefira requerimento no sentido de que aquela pessoa seja excluída da lista geral. Aliás, não teria sentido que sendo o Ministério Público órgão da lei e fiscal de sua execução, não pudesse recorrer diante de situação dessa natureza.

Por força do parágrafo único (parte final) do art. 439 do CPP, o recurso será interposto no prazo de 20 dias, a partir do dia que tomar ciência do não acolhimento da reclamação, para o presidente do tribunal de justiça, ou do tribunal regional federal, quando se tratar de crime da competência da justiça federal (parágrafo único do art. 582 do CPP).

19. Que denegar a apelação ou a julgar deserta (art. 581, XV). O art. 593 do CPP trata da apelação, que pode ser interposta pelas partes no prazo de 5 dias, em regra, de sentenças e decisões, naqueles casos que arrola nos incisos I, II e III, *a*, *b*, *c* e *d*.

Uma vez interposta a apelação, por petição ou por termos nos autos do processo, pode o juiz entender, por algum motivo, de denegá-la ou de julgá-la deserta.

São vários os motivos pelos quais o juiz pode denegar a apelação, como, por exemplo, ilegitimidade de parte, intempestividade e falta de interesse, dentre outros. Sempre que for denegada, é possível o recur-

---

[39] TORNAGHI, Hélio. *Curso de processo penal*, v. II. São Paulo: Saraiva, 1989, p. 295.

[40] Súmula 160 do STF: "É nula a decisão do tribunal que acolhe, contra o réu, nulidade não argüida no recurso da acusação, ressalvados os casos de recurso de ofício".

[41] "(..) não somente ao jurado incluído na lista, quando se considerar isento do serviço do júri, mas também a quem quer haja reclamado, ao juiz presidente, contra a inclusão de outrem como jurado, se vir, desprezada a sua reclamação, mantido tal nome na lista definitiva". ESPÍNOLA FILHO, Eduardo. *Código de processo penal brasileiro anotado – edição histórica – v. II*. Rio de Janeiro: Editora Rio, 1976, nº 850, p. 351.

so voluntário em sentido estrito da parte que tenha legitimidade e interesse.

A não interposição de recurso da decisão do juiz que denega a apelação, pode acarretar graves conseqüências em razão da coisa julgada material que atinge diretamente a parte, uma vez que daí para a frente, sem que a sentença possa ser examinada pela superior instância, torna-se ela intangível, inalterável, imutável.

Pode, por outro lado, também o juiz julgar deserta a apelação, o que também possibilita o recurso voluntário em sentido estrito (art. 581, XV).

A regra de ordem legal é de que o réu condenado deva recolher-se à prisão para poder apelar. No entanto, poderá apelar em liberdade se primário for e tiver bons antecedentes reconhecidos na sentença condenatória, ou prestar fiança ou, ainda, se for condenado por crime de que se livre solto (art. 594 do CPP). Se recolhido à prisão em decorrência da regra prevista no art. 594, e apelar, mas posteriormente foge antes de examinada e decidida a apelação pela superior instância, o réu perde qualquer direito nesse sentido, uma vez que ocorre a extinção anormal da apelação; ou seja, ocorre a deserção prevista no art. 595 do CPP.

Em face do art 595, uma vez configurada a deserção, pode o juiz decidir pela extinção do recurso de apelação. Mas nem sempre dessa forma procede, uma vez o recurso interposto se insere no contexto do princípio constitucional da ampla defesa, a não ser que a fuga da prisão ocorra mediante violência, o que vem a se configurar o crime previsto no art. 352 do CP; sem violência, entretanto, não há crime, porque é um direito que tem o réu de fugir da prisão, enquanto que o Estado, tem o dever de vigiar e de tomar todas as cautelas necessárias para evitar que a fuga venha ocorrer.

Outros casos de deserção existem, conforme se pode inferir do art. 806, § 2º, do CPP, quando se tratar de ação exclusivamente privada. Segundo este dispositivo, ressalvado o caso do art. 32, nas ações exclusivamente privadas nenhum ato ou diligência se realizará sem que seja depositada em cartório a importância das custas. "A falta do pagamento das custas, nos prazos fixados em lei, ou marcados pelo juiz, importará renúncia à diligência ou deserção do recurso interposto" (§ 2º do art. 806). É evidente que se o acusado for comprovadamente pobre, a falta de pagamento de custas não implica deserção, porque, de conformidade com o art. 32, "(...) Nos crimes de ação privada, o juiz, a requerimento da parte que comprovar a sua pobreza, nomeará advogado para promover a ação", o que significa dizer que não haverá custas a pagar em todo o curso da instrução criminal até final julgamento. Hoje, não mais há necessidade nem mesmo de o acusado ter de comprovar sua pobreza; basta simples afirmação na petição inicial, nos termos do disposto no art. 4º da Lei n.1.060, de 05.02.50.

Por fazer referência a deserção de recurso interposto, deixa claro a regra do § 2º do art. 806 que é de qualquer recurso em crime de ação privada, inclusive do recurso de apelação, e se o juiz decidir pela deserção, cabe o recurso em sentido estrito previsto no art. 581, XV. Se, entretanto, a deserção se verificar em razão de recurso em sentido estrito interposto, cabe carta testemunhável (art. 639, I). Mas carta testemunhável também cabe, quando for denegado o recurso em sentido estrito interposto em virtude da denegação da apelação por não ter sido feito o pagamento de custas, nos crimes de ação privada. (*v. comentários ao art. 595, nºs. 1 e 2, capítulo III, da apelação*)

20. **Que ordenar a suspensão do processo, em virtude de questão prejudicial (art. 581, XVI).** Se o juiz constatar que a decisão sobre a existência de infração penal depender de solução de controvérsia sobre o estado civil das pessoas, que repute séria e fundada, suspenderá o curso da ação penal até a decisão final do litígio no juízo cível, com sentença transitada em julgado, que tenha dirimido a controvérsia. Deverá, entretanto, quando reputar urgente, inquirir testemunhas e produzir outras provas de natureza urgente (art. 92 do CPP).

Torna-se obrigatória a suspensão do processo, quando no cível for questionado o estado das pessoas, porque dependendo da decisão no juízo cível, se improcedente, por exemplo, o crime permanece na sua existência material. É, entretanto, faculdade do juiz sobrestar o processo criminal, quando a questão que influencia a caracterização do crime, não se tratar de questão de estado. Aliás, o próprio art. 93 do CPP revela essa faculdade.

Questão prejudicial, como o próprio nome revela, é toda questão que surge na esfera do Direito Penal ou extrapenal, que verse sobre elemento que compõe o crime e cuja solução, não depende do juiz criminal, por lhe faltar competência, e que, por isso, provoca a suspensão da ação penal proposta. Deve preceder a decisão acerca da questão principal.

E as "questões extrapenais", obviamente, abrangem todas aquelas que fogem da esfera do direito penal, como por exemplo, aquelas de direito civil propriamente dito, de direito comercial, de direito administrativo e outras.

Há que se fazer distinção entre questões prejudiciais e questões preliminares. A prejudicial se cinge ao mérito da ação; é de direito material e autônoma e, via de regra, é solucionada em outro juízo. No crime de bigamia, por exemplo, para que ela se configure, torna-se imprescindível a solução, antes, da ação proposta no juízo civil para anular um dos casamentos, e que seja julgada improcedente, com trânsito em julgado; se, porém, o casamento for anulado, traz como conseqüência, a desconstituição da figura criminosa. A questão preliminar é exclusivamente de direito processual penal; surge no curso do processo criminal e, no próprio processo, é solucionada. Exemplo: argüição de ilegitimidade de parte, e alegação de incompetência do juízo.

As questões prejudiciais podem não ser controvertidas, mas as questões preliminares sempre o são.[42]

Quando surge uma prejudicial, pode o juiz de ofício, ou a requerimento das partes, decidir pela suspensão do curso da ação penal (art. 94). É evidente que a parte que requer a suspensão não terá interesse recursal; este surge, para a parte adversária. No entanto, quando decretada pelo juiz, de ofício, podem, querendo, as partes recorrerem, desde que da suspensão nasça algum interesse, para todas ou para uma delas, apenas.

A lei só admite recurso em sentido estrito da decisão do juiz que suspende o curso da ação em razão da existência de prejudicial; não admite, porém, da decisão que nega o pedido de suspensão, conforme o previsto no § 2º do art. 93 do CPP. A suspensão, conforme o disposto no art. 92 do CPP, é obrigatória; no entanto, pode ocorrer que o juiz não acolha pedido da parte nesse sentido e decida pela não suspensão.[43] Entendemos ser hipótese que possa ser atacada pela via da correição parcial e, até mesmo, pelo *habeas corpus*, caso venha a correr coação ou ameaça de coação na liberdade de locomoção do réu.

No que diz respeito à questão preliminar, do deferimento ou indeferimento, não cabe recurso em sentido estrito; dependendo, porém, do tipo de decisão, ou seja, se se amoldar ao disposto naquelas hipóteses do inc. II do art. 593, poderá caber apelação. Comumente são argüidas nas razões e contra-razões de recurso, assim como também nas defesas prévias e nas alegações finais, antes de ser examinado o mérito da controvérsia. E ao tribunal, caso o juiz não tenha afastado na sentença, ao examinar apelação, cabe em primeiro lugar, examinar a preliminar, porque uma vez acolhida pode afastar o exame de mérito no todo ou em parte.

Também no que diz respeito à suspensão do processo prevista no art. 366, caso a decisão do juiz venha a ser contrária a essa disposição legal, ou seja, quando não suspende o processo, cremos ser a correição parcial o recurso adequado para atacá-la. Suspendendo-o, porém, o recurso em sentido estrito é a via normal para impugná-la, aplicando-se a regra prevista no art. 3º do CPP, que permite a analogia. Há, no entanto, opiniões respeitáveis entendendo ser cabível apelação, o que nos parece não ser o recurso apropriado para atacar decisão dessa natureza, uma vez que não se enquadra naquelas hipóteses de decisão definitiva ou com força de definitiva, previstas no art. 593 do CPP.[44] (*v. da teoria geral dos recursos criminais, princípios recursais criminais, nº 1.1*)

21. **Que decidir sobre unificação de penas (art. 581, XVII).** É o juiz das execuções penais que tem competência para decidir sobre unificação de penas, conforme o disposto no art. 66, III, *a*, da LEP. O recurso cabível das decisões proferidas sobre a unificação de penas é o recurso de agravo também previsto na LEP, em seu art. 197, e não mais o recurso em sentido estrito. O inciso XVII do art. 581 do CPP, foi revogado pela LEP, devendo prevalecer o que estabelece a lei posterior.

Não é por ser a unificação de penas matéria de ordem substantiva tratada na Lei nº 7.209/84, que alterou disposições do CP que irá receber tratamento diversificado e permanecer no âmbito recursal previsto no Código de Processo Penal. Todas as matérias de competência do juízo das execuções mencionadas no art. 66 e previstas nas demais disposições da Lei nº 7.210/84, passaram a ter, sem exceção, o procedimento judicial previsto na nova Lei de Execução Penal, que estabeleceu o recurso de agravo sem efeito suspensivo.

E se é aceito o recurso de agravo para as matérias constantes nos Títulos V-VII da Lei de Execução, não obstante a ausência de regulamentação legal e regimental desse aludido recurso, deve ser aceito como recurso das decisões proferidas em unificação de pena e não o recurso em sentido estrito previsto.

Por todos os ângulos que se queira examinar a LEP, especialmente os arts. 66, III, *a*, 194 e 197, não há como se chegar a outra conclusão: o recurso cabível para as decisões proferidas durante a execução

---

[42] MANZINI, Vicenzo. *Trattato di diritto processuale penale italiano – il nuevo códice*, v. I. Turin, 1931, p. 246.

[43] "Se o caso é de suspensão obrigatória (art. 92), e, apesar da seriedade e do fundamento da argüição, o juiz prepotente, ignorante ou corrupto nega a suspensão, não há recurso. Pode entretanto caber *habeas corpus* se a decisão atentar contra a liberdade de ir e vir do acusado..., há uma "lacuna na lei". Poderia o legislador redigir de outra forma o dispositivo, que comportasse também recurso da decisão denegatória da suspensão. Bastava que dissesse o inciso XVI do art. 581: "Que ordenar ou negar a suspensão do processo em virtude de questão prejudicial". TORNAGHI, Hélio. *Curso de processo penal v. II*. São Paulo: Saraiva, 1989, v. II, p. 328.

[44] "E se o juiz ordenar a suspensão do processo com fulcro no art. 366? Oponível será o apelo, de acordo com o art. 593, II. Assim também se não o suspender, em face das peculiaridades do próprio art. 366". TOURINHO FILHO, Fernando da Costa. *Código de processo penal comentado, v. II*. São Paulo: Saraiva, 1997, p. 278.

da pena, e, em especial, para a unificação de penas, é, na realidade, o de agravo, e não mais o em sentido estrito.

22. Que decidir o incidente de falsidade (art. 581, XVIII). Incidente deriva de incidir, do latim incidire (interromper, sobrevir), o sentido se equivale a de acidente. Trata-se de fato ou de questão superveniente, dito acessório, que incide sobre outro fato ou questão principal.

As questões que surgem incidentalmente no curso do processo são chamadas de causas incidentes ou, simplesmente, questões incidentes. Podem ser cuidadas nos próprios autos do processo principal, de onde surgirem, dependendo das circunstâncias, ou em autos apartados, onde se forma o chamado processo incidente propriamente dito, mas sempre dependente do principal.

Como se trata de falsidade documental, e a regra é de que a prova documental pode ser juntada aos autos do processo em qualquer fase, também a qualquer momento pode o incidente ser argüido pelas partes, ou decidido de ofício pelo juiz da causa.

De conformidade com o disposto no art. 145 do CPP, quando for argüida a falsidade, por escrito, de documento constante dos autos, o juiz mandará autuar em apartado aquela argüição, ouvindo a parte contrária.[45] O Ministério Público, é óbvio, como parte que é no processo penal, sempre será ouvido, mesmo como *custos legis*. E a ouvida da "parte contrária" é para que no prazo de 48 horas apresente resposta. Após, o juiz assina o prazo de três dias às partes para que elas façam prova pertinente às alegações antes oferecidas e, se necessário for, ordenará diligências para o deslinde do incidente.

Reconhecida a falsidade, o juiz determina o desentranhamento da prova falsa e junta aos autos do processo incidente, determinando a remessa ao Ministério Público. Essa mesma providência tomará o juiz se reconhecer qualquer outra infração nos autos do processo principal, ainda que não tenha sido instaurado o processo incidente.[46]

Estabelece o inciso IV do art. 145 que é "irrecorrível" a decisão do juiz que reconhece a falsidade. Mas essa irrecorribilidade na verdade inexiste; ela cede espaço à recorribilidade prevista no inciso XVIII do art. 581, ou seja, é recorrível em sentido estrito a decisão do juiz que resolve o incidente de falsidade documental, quer seja ou não julgada procedente a argüição.

Pode ocorrer que o documento, objeto do incidente, influa na própria existência material do crime. Nessa hipótese, se o juiz entender de suspender o processo até a solução do incidente, da decisão cabe recurso em sentido estrito fundamentado no inc. XVI do art. 581 do CPP.

23. Que decretar a medida de segurança, depois de transitar a sentença em julgado (art. 581, XIX). Das decisões do Juíz das execuções penais cabe agravo na execução, conforme dispõe o art. 197 da Lei nº 7.210 de 11.07.84. A decisão que decreta medida de segurança, após o trânsito em julgado da sentença, está prevista no art. 66, V, *d*, dessa mesma lei. Assim, o recurso cabível é o agravo nas execuções, nos termos do art. 197, da Lei nº 2.710, de 11.07.84. Não cabe mais recurso em sentido estrito, por restar revogado o inc.XIX do art. 581 do CPP.

24. Que impuser medida de segurança por transgressão de outra (art. 581, XX). Não mais cabe recurso em sentido estrito das decisões do juízo das execuções penais. Da decisão que impõe medida de segurança por transgressão de outra, cabe agravo em execução (art. 197, da LEP), tendo em vista o disposto no art. 184, dessa mesma Lei, que deixa transparecer essa possibilidade de substituição quando, por exemplo, o agente demonstra incompatibilidade com a medida antes aplicada – o tratamento ambulatorial – e, por isso, é convertido em internação para o tratamento adequado. O recurso de agravo interposto dessa decisão, não tem efeito suspensivo, podendo, inclusive, subir nos próprios autos, se não houver prejuízo ao andamento do processo.

25. Que mantiver ou substituir a medida de segurança, nos casos do art. 774 (art. 581, XXI). Com o advento da LEP, não mais pode o juiz manter a medida de segurança como poderia fazer antes, ou seja, poderia mantê-la ainda que não mais persistisse a inimputabilidade, em face da recuperação mental devidamente constatada por perícia, desde que entendesse persistir periculosidade, por qualquer outro motivo. Atualmente, somente o inimputável é considerado perigoso, para fins de aplicação de medida de segurança. Não tem mais aplicação o art. 774 do CPP, nesta parte. No que diz respeito à substituição de medida de segurança por transgressão de outra, há possibilidade de se verificar, quando a medida consistir em tratamento ambulatorial e for substituída pela internação, nos termos do art. 184 da LEP. Nessa hipótese o recurso cabível é o de agravo na exe-

---

[45] "(...) A referência à 'parte contrária' não é rigorosamente exata. A argüição pode ser feita, por exemplo, por co-ré a respeito de documento juntado por outro, não se podendo aí falar em 'parte contrária'". MIRABETE, Julio Fabbrini. *Processo penal*. São Paulo: Atlas, 2004, p. 264.

[46] GRECO FILHO, Vicente. *Manual de processo penal*. São Paulo: Saraiva, 1998, p. 190.

cução, posto que revogado também este dispositivo em comento.

26. Que revogar a medida de segurança (art. 581, XXII). Só o Juiz das execuções penais tem competência para revogar medida de segurança, conforme o disposto no art. 66, V, *e*, da LEP. Para decisão dessa natureza o recurso cabível é o agravo previsto no art. 197 da mesma lei. Este inciso, ou seja, o inciso XXII do art. 581, também está revogado a partir da vigência da Lei nº 7.209, de 11.07.84, que determinou nova redação aos arts. 1º a 120 do CP, e, também, pela Lei nº 7.210, de 11.07.84, em especial pelos respectivos arts. 66, V, *e*, 194 e 197. Não cabendo mais, portanto, recurso em sentido estrito da decisão que revogar medida de segurança.

27. Que deixar de revogar a medida de segurança, nos casos em que a lei admita a revogação (art. 581, XXIII). O art. 66, V, *e*, da Lei nº 7.210, de 11/07/84, prevê a possibilidade de revogação da medida de segurança, até mesmo dentro do prazo mínimo estabelecido, desde que constatada, por intermédio de perícia requerida pelo Ministério Público ou pelo próprio agente, seu procurador ou defensor, a cessação da periculosidade (art. 176 da LEP). Realizada a perícia e comprovada a cessação da periculosidade, o juiz determinará a revogação da medida de segurança. Dessa decisão de revogação cabe agravo, assim como também cabe, quando a decisão do juiz não a revogar, com fulcro no art. 197 da LEP. Não cabe mais, portanto, recurso em sentido estrito, tendo em vista que restou revogado o inc. XXIII do art. 581 do CPP. O recurso da decisão que não revoga a medida de segurança requerida, não tem efeito suspensivo.

28. Que converter a multa em detenção ou prisão simples (art. 581, XXIV). A conversão da pena de multa em detenção ou prisão simples não mais subsiste, em face do advento da Lei nº 9.268, de 01.04.96, que alterou a redação ao art. 51 do CP. Com essa nova redação, uma vez transitada em julgado a sentença condenatória, a pena de multa passou a ser considerada dívida de valor, com aplicação das normas relativas à dívida ativa da Fazenda Pública.

Como não mais é possível fazer a conversão, restou prejudicado o dispositivo ora em comento, o que inviabiliza, por via de conseqüência, qualquer decisão nesse sentido. Assim, não mais há que se falar em recurso, quer em sentido estrito, quer agravo na execução.

Art. 582. Os recursos serão sempre para o Tribunal de Apelação, salvo nos casos dos ns. V, X e XIV.

Parágrafo único. O recurso, no caso do nº XIV, será para o presidente do Tribunal de Apelação.

1. Endereçamento do recurso em sentido estrito. A partir da CF de 1946, não só ocorreu a mudança na redação desse art. 582, com a alteração de "tribunal de apelação" para tribunal de justiça, como também houve a supressão da ressalva que faz sobre o endereçamento dos recursos nos casos dos nºs V, X e XIV, e a criação de outros tribunais. Permaneceu, porém, a ressalva que faz no parágrafo único, quando ao endereçamento do recurso em sentido estrito previsto no inc. XIV do art. 581 do CPP, que continua sendo ao presidente do tribunal.

Hoje, com exceção dessa hipótese prevista no inc. XIV do art. 581, os demais recursos em sentido estrito são endereçados aos Tribunais de Justiça, aos Tribunais Regionais Federais, aos Tribunais Militares, aos Tribunais Regionais Eleitorais e às Turmas Recursais dos Juizados Especiais Criminais, de conformidade com a competência prevista nas Constituições Federal e Estaduais e nas leis de organização judiciária, mas é interposto perante o juízo onde foi prolatada a decisão, com exceção do recurso previsto no inc. XIV do art. 581, que é endereçado diretamente ao Presidente do Tribunal competente.

Art. 583. Subirão nos próprios autos os recursos:
I – quando interpostos de ofício;
II – nos casos do art. 581, I, III, IV, VI, VIII e X;
III – quando o recurso não prejudicar o andamento do processo.
Parágrafo único. O recurso da pronúncia subirá em traslado, quando, havendo dois ou mais réus, qualquer deles se conformar com a decisão ou todos não tiverem sido ainda intimados da pronúncia.

1. Forma de encaminhamento. O recurso em sentido estrito pode ser interposto por petição ou por termo nos autos do processo.

Em regra, uma vez interposto, o recurso é encaminhado à superior instância nos próprios autos do processo principal, isto é, quando interposto: a) de ofício; b) da decisão que não receber a denúncia ou queixa; c) da decisão que julgar procedente as exceções, salvo a de suspeição; d) que pronunciar ou impronunciar o réu; e) que absolver o réu, nos termos do art. 411; f) que decretar a prescrição ou julgar, por outro modo, extinta a punibilidade; g) que conceder ou negar a ordem de *habeas corpus*, e quando o recurso não prejudicar o andamento do processo. Há casos, porém, que se torna necessária a formação de instrumento.

Quando se tratar de recurso da pronúncia, havendo apenas um réu, ou mais de um réu, mas todos eles recorrerem, o recurso subirá nos próprios autos. Caso contrário, ou seja, se houver mais de um acusado, mas somente um deles recorrer, ou se os demais não foram intimados, o recurso subirá por traslado, após formado o instrumento.

Art. 584. Os recursos terão efeito suspensivo nos casos de perda da fiança, de concessão de livramento condicional e dos ns. XV, XVII e XXIV do art. 581.

§ 1º Ao recurso interposto de sentença de impronúncia ou no caso do nº VIII do art. 581, aplicar-se-á o disposto nos arts. 596 e 598.

§ 2º O recurso da pronúncia suspenderá tão-somente o julgamento.

§ 3º O recurso do despacho que julgar quebrada a fiança suspenderá unicamente o efeito de perda da metade do seu valor.

1. **Efeitos do recurso em sentido estrito**. São efeitos do recurso em sentido estrito, em geral, o devolutivo e o suspensivo. Entendemos também existir o efeito regressivo e extensivo, o que para algumas respeitáveis opiniões, não se tratam de efeitos, mais de aspectos ou características do efeito suspensivo.[47] (*v. comentários ao art. 597, nºs 1 a 5, capítulo III, da apelação*)

2. **Efeito devolutivo**. O efeito devolutivo é aquele que devolve à superior instância (juízo ad quem, aquele para o qual se recorre) a apreciação da matéria. Efeito suspensivo significa a suspensão do cumprimento da decisão recorrida. Em muitos casos, presentes estão os efeitos devolutivo e suspensivo. Em outros, porém, estes efeitos não se juntam.

3. **Efeito suspensivo**. Tem efeito suspensivo o recurso das decisões referentes à perda da fiança, à concessão de livramento condicional, à denegação da apelação ou a que julgar deserta, à unificação de penas e à conversão da multa em detenção ou em prisão simples.

Na realidade, da decisão que concede, nega ou revoga livramento condicional e que unifica penas não mais cabe recurso em sentido estrito, mas tão-somente o agravo na execução previsto no art. 197 da LEP. (*v. Comentários ao art. 581, XII e XVII, nºs 16 e 21, capítulo II, do recurso em sentido estrito*). Já a conversão da pena de multa em detenção ou prisão simples não mais subsiste, por ter sido mudada a redação do art. 51 do CP, pela Lei nº 9.268, de 01.04.96. Diz esta Lei que a pena de multa passou a ser dívida de valor, com o trânsito em julgado da sentença condenatória, devendo ser aplicada a legislação relativa à dívida ativa da Fazenda Pública. (*v. Comentários ao art. 581, XXIV, nº 28, capítulo II, do recurso em sentido estrito*)

O § 1º do art. 584 do CPP, diz que, "ao recurso interposto de sentença de impronúncia ou no caso do nº VIII do art. 581, aplicar-se-á o disposto nos arts. 596 e 598", o que significa dizer que o réu impronunciado que estiver preso é posto imediatamente em liberdade, ainda que haja recurso da sentença que o impronunciou. Da mesma forma procede-se se for decretada a prescrição ou for julgada, por outro modo, extinta a punibilidade. Nestes mesmos casos, se o Ministério Público não recorrer, aquelas pessoas enumeradas no art. 31, ou o ofendido, ainda que não estejam habilitados, poderão fazê-lo, sem que haja efeito suspensivo. (*v. Comentários ao art. 577, nº 2.2, capítulo I, dos recursos em geral*)

Quando se tratar de recurso da sentença de pronúncia, ficará suspenso o julgamento tão-somente com relação ao réu recorrente ou recorrido.

Pode no mesmo processo haver mais de um réu e, se em relação a ele não houver recurso da pronúncia, será submetido a julgamento pelo tribunal do júri, sem qualquer obstáculo, mesmo antes da apreciação do recurso relativo ao réu recorrente ou recorrido. Neste caso, aquele recurso, se o juiz confirmar sua decisão, subirá à superior instância por instrumento.

Já da decisão que julgar quebrada a fiança, a suspensividade em razão do recurso é tão-somente em relação à perda da metade do seu valor. Não exclui, porém, a obrigatoriedade de o réu recolher-se à prisão.

Art. 585. O réu não poderá recorrer da pronúncia senão depois de preso, salvo se prestar fiança, nos casos em que a lei a admitir.

1. **Efeito suspensivo em crime inafiançável**. Há também que se reconhecer o efeito suspensivo quando o réu recorre da sentença de pronúncia, ainda que não seja primário, que não tenha bons antecedentes e que não seja o crime afiançável, embora ainda exis-

---

[47] Parte da doutrina refere, ainda, o efeito *extensivo* e o *regressivo* (ou *diferido*, ou *iterativo*). O primeiro seria o aproveitamento da decisão favorável a um co-réu que não recorreu se o benefício obtido por outro foi fundado em motivos que não sejam de caráter exclusivamente pessoal (art. 580). O segundo, a característica do recurso no sentido estrito e do agravo de permitir que o juiz reforme a própria decisão, evitando, assim, a subida dos autos ao tribunal. As duas hipóteses existem, mas não são efeitos especiais ou diferentes dos recursos. São, apenas, aspectos do próprio efeito. GRECO FILHO, Vicente. *Manual de processo penal*. São Paulo: Saraiva, 1998, p. 363. Mesmo sentido: GRINOVER, Ada Pellegrini; GOMES FILHO, Antonio Magalhães; FERNANDES, Antonio Scarance. *Recursos no processo penal*. São Paulo: RT, 1996, 56-7.

ta este regramento legal no sentido de que o réu para recorrer da pronúncia tenha antes que ser recolhido à prisão. (*v. da teoria geral dos recursos criminais, dos pressupostos recursais objetivos, nº 5.2, e comentários ao art. 597, nº 3, capítulo III, da apelação*)

2. **Efeito regressivo.** Inicialmente o recurso em sentido estrito tem efeito regressivo, isto é, após interposto e satisfeitas as demais formalidades, os autos em que for processado, retornam ao Juiz que prolatou a decisão objeto do recurso, para se pronunciar novamente (juízo de sustentação e de retratação) – mantendo-a ou reformando-a –, mandando instruir o recurso com o traslado que se lhe parecer. Somente se mantida a decisão, ou se houver recurso da nova decisão, que reformar a anterior, é que é dado ao recurso o efeito devolutivo e, quando for o caso, também o efeito suspensivo. Sem o novo pronunciamento – nova decisão mantendo ou reformando a decisão anterior – há nulidade, uma vez que se caracteriza omissão de formalidade, que constitui elemento essencial do ato, nos termos do art. 564, IV, do CPP. O efeito regressivo está vinculado ao juízo de sustentação e juízo de retratação no recurso em sentido estrito e no agravo. (*v. comentários ao art. 589, nº 1, capítulo II, do recurso em sentido estrito*)

3. **Efeito extensivo.** Nos comentários ao art. 580, *nº 1, capítulo I, dos recursos em geral*, foi examinado o efeito extensivo, assim como também nos comentários ao art. 597, nº 5, *capítulo III, da apelação*. Este efeito significa a extensão da decisão do Tribunal *ad quem*, aos demais co-réus ou partícipes que não recorreram, quando for favorável ao réu recorrente, e a decisão tiver como fundamento motivos que não sejam de caráter exclusivamente pessoal, nas hipótese de concurso de pessoas, nos termos do art. 29, *caput*, do CP, com a redação determinada pela Lei nº 7.209, de 11.07.84; antes, na redação originária do art. 25 do CP, tido como concurso de agentes.

O recurso em sentido estrito, por exemplo, interposto da decisão que indefere pedido de prescrição no curso do processo, e a superior instância conhece e dá provimento ao único recurso interposto, extinguindo a punibilidade do recorrente. Nesta hipótese, parece-nos não haver dúvida de que em se tratando de apenamento em abstrato igual para todos, e não havendo circunstância de caráter exclusivamente pessoal que venha agravar a situação de qualquer um deles (dos que não recorreram), a extinção da punibilidade se estenderá a todos.

Art. 586. O recurso voluntário poderá ser interposto no prazo de 5 (cinco) dias.

Parágrafo único. No caso do art. 581, XIV, o prazo será de 20 (vinte) dias, contado da data da publicação definitiva da lista de jurados.

1. **Prazo do recurso em sentido estrito.** Em regra, o prazo para a interposição de recurso em sentido estrito é de 5 dias. Porém existem outros prazos mais dilatados: da decisão que inclui ou exclui jurado da lista geral, o prazo é de 20 dias, contado da data da publicação definitiva da lista de jurados (art. 586, parágrafo único, do CPP); da sentença de impronúncia e da decisão que decretar a prescrição, ou julgar, por outro modo, extinta a punibilidade, o prazo é de 15 dias, e correrá do dia em que terminar o prazo para o Ministério Público (art. 584, § 1º, combinado com o art. 598, parágrafo único, ambos do CPP), quando o recorrente for o ofendido não habilitado como assistente, ou uma daquelas pessoas indicadas no art. 31 do CPP.

Para o assistente do Ministério Público, devidamente habilitado, o prazo é de 5 dias para recorrer; mas se for intimado antes do Ministério Público, o prazo passa a correr do dia em que transitar em julgado a decisão para aquele órgão.[48] Se, porém, a intimação se efetivar depois, os 5 dias passam a contar desta intimação, e, também, se intimado no mesmo dia em que o foi o Ministério Público, o prazo só passa a correr a contar da data em que se esgotar o prazo para este órgão da lei. (*v. da teoria geral dos recursos criminais, pressupostos recursais objetivos, tempestividade e intimação, nºs 2 e 3*)

Art. 587. Quando o recurso houver de subir por instrumento, a parte indicará, no respectivo termo, ou em requerimento avulso, as peças dos autos de que pretenda traslado.

Parágrafo único. O traslado será extraído, conferido e concertado no prazo de 5 (cinco) dias, e dele constarão sempre a decisão recorrida, a certidão de sua intimação, se por outra forma não for possível verificar-se a oportunidade do recurso, e o termo de interposição.

1. **Encaminhamento do recurso em sentido estrito por instrumento.** O instrumento é formado pelas peças trasladadas dos autos do processo principal. Quando o instrumento tiver de obrigatoriamente ser formado, a parte recorrente indicará no próprio recurso as peças que devam ser trasladadas, ou fará essa indicação em requerimento separado, mas que deve ingressar em juízo junto com o recurso, quer seja ele por petição ou por termo nos autos (art. 587

---

[48] Súmula 448 do STF.

do CPP), para facilitar o processamento na oportunidade devida.

Efetuado o traslado, é conferido e concertado no prazo de 5 dias, devendo sempre constar, dentre as peças indicadas, a decisão recorrida, a certidão da intimação do recorrente – se não houver outra forma de poder verificar-se a oportunidade do recurso – e o termo de interposição, se por termo foi interposto, evidentemente; se interposto por petição, esta será a peça inicial, a peça primeira do traslado.

O parágrafo único deste artigo estabelece que "(...) O traslado será extraído, conferido e 'concertado' (...)". Na linguagem jurídica, concerto "designa o ato pelo qual se autentica, pela conferência ou comparação, documento extraído por funcionário ou serventuário da Justiça. Um deles o extrai; o outro o confere, e pondo sua conformidade, decorrente da comparação entre o original e a cópia, promove o concerto.

Art. 588. Dentro de 2 (dois) dias, contados da interposição do recurso, ou do dia em que o escrivão, extraído o traslado, o fizer com vista ao recorrente, este oferecerá as razões e, em seguida, será aberta vista ao recorrido por igual prazo.

Parágrafo único. Se o recorrido for o réu, será intimado do prazo na pessoa do defensor.

1. **Razões do recurso em sentido estrito.** O recorrente tem 2 dias para oferecer as razões, contados da interposição do recurso, ou do dia em que o escrivão, extraído o traslado, o fizer com vista ao recorrente. Entregues em cartório as razões, será aberta vista ao recorrido para oferecer as contra-razões.

À primeira vista, parece serem obrigatórias as razões, até mesmo para que o Juiz, ao examinar o recurso interposto possa, servindo-se dos argumentos do recorrente, retratar-se da decisão anterior. E também não se pode olvidar que o recurso interposto pelo acusado faz parte de sua ampla defesa, e as razões serviriam para ampliá-la. Mas há que se reconhecer que uma vez não recebido o recurso por falta de razões, fere o dispositivo constitucional (art. 5º, LV, da CF) que lhe confere o direito à defesa plena. Por outro lado, uma vez interposto o recurso visando à reforma ou mudança da decisão, resta aperfeiçoado o ato jurídico de recorrer e, por isso, embora ausentes as razões, não pode por esse motivo deixar o recurso de ser conhecido.

Mas em se tratando de recurso interposto pelo Ministério Público, as razões se fazem necessárias, uma vez que com o recurso é reativado o procedimento e, por conseguinte, a acusação continua até a apreciação do recurso em caráter definitivo; o que nos leva a crer que, embora aperfeiçoado o recurso com a própria interposição, a motivação se torna imprescindível para que o recorrido tome conhecimento e possa fazer a sua plena defesa, sob pena também de violar o art. 5º, LV, da CF. Por outro lado, não sendo conhecido o recurso interposto pelo Ministério Público, por falta de razões, induz ao entendimento de que houve desistência tácita, com violação ao art. 576 do CPP. Ressalte-se, também, que o Ministério Público terá de atuar em todos os termos da ação penal pública por ele intentada, ou pelo ofendido, quando se tratar de crime de ação pública, sob pena de nulidade (art. 564, III, *d*, do CPP; e, além disso, também por ser pressuposto objetivo, a observância de formalidades legais – e as razões de recurso estão dentre elas. (*v. Observância das formalidades legais, nº 4, pressupostos recursais objetivos, da teoria geral dos recursos criminais*)

2. **Contra-razões de recurso em sentido estrito.** As contra-razões de recurso em sentido estrito são prescindíveis, quando o réu for o recorrido. Neste sentido, aliás, deixa claro o art. 589, ao estabelecer que, "com a resposta do recorrido ou sem ela, será o recurso concluso ao juiz, que dentro de dois dias reformará ou sustentará o seu despacho, mandando instruir o recurso com os traslados que lhe parecerem necessários". Para o Ministério Público, entretanto, entendemos que as contra-razões são imprescindíveis, posto que também nesta hipótese incide o disposto no art. 564, III, *d*, do CPP, isto é, ocorrerá a nulidade por omissão desse ato, tendo em vista a obrigatoriedade de sua intervenção em todos os termos da ação penal por ele intentada e nos da intentada pela parte ofendida, quando se tratar de crime de ação pública.

Se o juiz reformar a decisão recorrida, pode a parte contrária, desta decisão, recorrer, se lhe causou algum gravame; sem necessidade, agora, de arrazoar, se antes havia oferecido as contra-razões. Se, porém, não as ofereceu, cremos não haver obstáculo algum no sentido de que com o recurso que interpuser da nova decisão, que lhe fora desfavorável, possa dar a sua motivação, isto é, oferecer as razões para serem apreciadas pela superior instância, já que o Juiz que prolatou a decisão, não mais pode se pronunciar a respeito.

3. **Intimação.** Embora estabeleça o parágrafo único do artigo ora em exame que sendo recorrido o réu, basta a intimação de seu defensor para oferecer as contra-razões, entendemos ser esta intimação insuficiente, uma vez que se faz necessário tome o acusado conhecimento do recurso interposto pela parte contrária para, se quiser, mudar de defensor para atuar nesse prolongamento de instância, que também faz parte do contraditório e da ampla defesa. (*v. Intimação, nº 3, pressupostos recursais objetivos, da teoria geral dos recursos criminais*)

Art. 589. Com a resposta do recorrido ou sem ela, será o recurso concluso ao juiz, que, dentro de 2 (dois) dias, reformará ou sustentará o seu despacho, mandando instruir o recurso com os traslados que lhe parecerem necessários.

Parágrafo único. Se o juiz reformar o despacho recorrido, a parte contrária, por simples petição, poderá recorrer da nova decisão, se couber recurso, não sendo mais lícito ao juiz modificá-la. Neste caso, independentemente de novos arrazoados, subirá o recurso nos próprios autos ou em traslado.

1. **Juízo de sustentação e juízo de retratação.** A despeito de o recurso em sentido estrito ser endereçado, via de regra, à superior instância, num primeiro momento tem como destinatário o próprio juiz prolator da decisão, quer seja por termo nos autos ou por petição, tendo em vista sua competência para rever a decisão que prolatou: sustentar ou modificá-la. É o chamado "despacho" de "sustentação" ou de "reforma" obrigatório.

Mas nem sempre o mesmo magistrado que proferiu a decisão poderá sustentar, ou reformar, no primeiro momento em que o recurso for interposto. Ocorre que aquele juiz que decidiu pode ter sido substituído por outro. Mas, de qualquer forma, a competência é daquele mesmo juízo, com a mesma jurisdição, e por isso poderá rever, sustentar ou modificar a decisão, objeto do recurso interposto.

E dessa nova decisão a parte que se sentir prejudicada e tiver interesse e legitimidade poderá também recorrer, sem necessidade, agora, de oferecer razões, bastando, para tanto, uma simples petição de recurso. Diante deste novo recurso, o juiz não mais poderá reformar sua decisão; terá de encaminhar o recurso à instância superior competente para ser reexaminado. (v. Comentários ao art. 588, nºs 1 e 2)

Há, portanto, dois casos em que obrigatoriamente os autos principais ou aqueles em que foi formado o instrumento terão de ter prosseguimento para que o recurso seja apreciado pela instância superior: quando o juiz sustentar sua decisão e, quando a reforma e houver recurso dessa segunda decisão.

2. **Caso de não-cabimento de recurso em sentido estrito da nova decisão.** Mas nem sempre da segunda decisão, isto é, da decisão que reforma a primeira, pelo mesmo juízo, cabe recurso da parte que sofreu o gravame, que se sentir prejudicada. Da decisão que rejeita a denúncia ou queixa, com fundamento numa daquelas hipóteses do art. 43 do CPP, ou por qualquer outro fundamento, cabe recurso em sentido estrito (v. Comentários ao art. 581, I, nº 4). No entanto, dessa decisão em que houver inconformidade e, por conseguinte, a interposição de recurso, pode o juiz modificar seu posicionamento anterior e reformá-la, equivalendo, assim, ao recebimento da denúncia. Mas como do recebimento da denúncia não cabe recurso em sentido estrito, por uma conclusão lógica, não pode o então indiciado, agora réu, ou acusado, interpor, desta segunda decisão, recurso para que sua inconformidade seja levada à apreciação da instância superior. Pode, apenas, oferecer contra-razões de recurso; mas recorrer da decisão que reforma a anterior, não, por falta de previsão legal. E as contra-razões oferecidas pelo acusado, nessa hipótese, é um direito que faz parte de sua ampla defesa prevista na CF (art. 5º, IV); porque embora ainda não citado, já está sendo acusado desde o momento em que a denúncia ou queixa está sendo oferecida e, também, no momento em que recorre o Ministério Público, uma vez que nada mais visa ao recurso senão formalizar aquela acusação. E o interesse do denunciado em oferecer contra-razões, por exemplo, reside em ver confirmada a decisão que rejeitou a denúncia.

3. **Intimação do denunciado.** A lei não prevê expressamente seja intimado o denunciado ou querelado para oferecer as contra-razões; porém, trata-se de ato indispensável, sob pena de nulidade, a fim de que seja preservado o constitucional princípio da ampla defesa; uma vez que há possibilidade de o Juiz levar em consideração os argumentos expostos nas contra-razões oferecidas e sustentar a decisão anterior de rejeição da denúncia ou queixa, que fora objeto do recurso interposto pela acusação.[49]

4. **Legitimidade.** Estão legitimados a interpor recurso em sentido estrito o Ministério Público, o ofendido habilitado ou não como assistente do Ministério Público, as pessoas indicadas no art. 31 do CPP; o querelante; o réu pessoalmente, o seu defensor; o curador; qualquer pessoa do povo e quem prestou fiança a favor do réu. (v. Comentários ao art. 577, nºs 1 a 2.8, capítulo I, dos recursos em geral)

Art. 590. Quando for impossível ao escrivão extrair o traslado no prazo da lei, poderá o juiz prorrogá-lo até o dobro.

1. **Prorrogação do prazo para extrair o traslado.** O escrivão tem o prazo de 5 dias para extrair o traslado (parágrafo único do art. 587 do CPP) das peças processuais que se fizerem necessárias (quando não for caso de subida do recurso à superior instância nos autos principais), indicadas pelo recorrente, dentre elas devendo fazer parte do instrumento, as

---

[49] "Constitui nulidade a falta de intimação do denunciado para oferecer contra-razões ao recurso interposto da rejeição da denúncia, não a suprindo a nomeação de defensor dativo". Enunciado da Súmula 707 do STF.

peças obrigatórias, como a decisão recorrida; a certidão de sua intimação, se por outra forma não for possível ser verificada a tempestividade do recurso, e o termo ou petição de interposição do recurso. Todas as peças trasladadas serão conferidas e concertadas também no prazo de 5 dias, com possibilidade de ser prorrogado esse prazo até o dobro pelo juiz, quando se tornar impossível ao escrivão extraí-lo no prazo previsto em lei, por motivo plenamente justificável mediante certidão constante nos próprios autos.

Nenhuma medida de caráter punitivo específica está prevista nessa disposição legal; todavia, poderá ser o escrivão responsabilizado em caso de desídia ou má-fé ante omissão dessa natureza, nos termos do art. 799, do CPP, isto é, estará sujeito à pena de multa e de suspensão do cargo por 30 dias, em caso de reincidência, após submetido a processo administrativo em que lhe seja assegurado o contraditório e ampla defesa, em face do disposto no art. 5º, LV, da CF.

Art. 591. Os recursos serão apresentados ao juiz ou tribunal *ad quem*, dentro de 5 (cinco) dias da publicação da resposta do juiz *a quo*, ou entregues ao Correio dentro do mesmo prazo.

1. **Apresentação do recurso à superior instância.** Se o juiz não se retratar da decisão anterior ante o recurso em sentido estrito interposto, isto é, se mantida a decisão anterior, nos 5 dias depois da publicação da nova decisão, os autos principais ou o instrumento, quando for o caso, serão entregues na secretaria do tribunal, em cuja sede também se localiza a comarca onde foi proferida a decisão.

O mesmo ocorre quando o juiz reforma a decisão anterior, e se dessa nova decisão proferida for interposto recurso, conforme a previsão do parágrafo único do art. 589 do CPP; na hipótese, o prazo também é de 5 dias, por analogia ao regramento do art. 586 do CPP, porém, neste caso, entendemos, em face da omissão da lei, que o prazo deva ser contado do despacho do juiz na petição que requer a subida do recurso à superior instância.

Quando se tratar de comarca fora da sede do tribunal, o prazo passa a correr da data em que os autos ou o instrumento der entrada no correio.

Art. 592. Publicada a decisão do juiz ou do tribunal *ad quem*, deverão os autos ser devolvidos, dentro de 5 (cinco) dias, ao juiz *a quo*.

1. **Retorno dos autos ao juiz *a quo*.** Uma vez publicação a decisão prolatada pelo juiz ou tribunal *ad quem*, os autos permanecerão junto à câmara ou turma do tribunal, aguardando eventual recurso, como embargos infringentes; embargos de nulidade; embargos declaratórios; agravo regimental e, excepcionalmente, recurso especial e/ou recurso extraordinário. Somente depois de preclusos todos os prazos recursais é que, em 5 dias, os autos serão devolvidos ao juiz *a quo*.

CAPÍTULO III
DA APELAÇÃO

Art. 593. Caberá apelação no prazo de 5 (cinco) dias: (Redação dada pela Lei nº 263, de 23.2.1948)

I – das sentenças definitivas de condenação ou absolvição proferidas por juiz singular; (Redação dada pela Lei nº 263, de 23.2.1948)

II – das decisões definitivas, ou com força de definitivas, proferidas por juiz singular nos casos não previstos no Capítulo anterior; (Redação dada pela Lei nº 263, de 23.2.1948)

III – das decisões do Tribunal do Júri, quando; (Redação dada pela Lei nº 263, de 23.2.1948)

a) ocorrer nulidade posterior à pronúncia; (Redação dada pela Lei nº 263, de 23.2.1948)

b) for a sentença do juiz-presidente contrária à lei expressa ou à decisão dos jurados; (Redação dada pela Lei nº 263, de 23.2.1948)

c) houver erro ou injustiça no tocante à aplicação da pena ou da medida de segurança; (Redação dada pela Lei nº 263, de 23.2.1948)

d) for a decisão dos jurados manifestamente contrária à prova dos autos. (Redação dada pela Lei nº 263, de 23.2.1948)

§ 1º Se a sentença do juiz-presidente for contrária à lei expressa ou divergir das respostas dos jurados aos quesitos, o tribunal *ad quem* fará a devida retificação. (Incluído pela Lei nº 263, de 23.2.1948)

§ 2º Interposta a apelação com fundamento no n. III, *c*, deste artigo, o tribunal *ad quem*, se lhe der provimento, retificará a aplicação da pena ou da medida de segurança. (Incluído pela Lei nº 263, de 23.2.1948)

§ 3º Se a apelação se fundar no n. III, *d*, deste artigo, e o tribunal *ad quem* se convencer de que a decisão dos jurados é manifestamente contrária à prova dos autos, dar-lhe-á provimento para sujeitar o réu a novo julgamento; não se admite, porém, pelo mesmo motivo, segunda apelação. (Incluído pela Lei nº 263, de 23.2.1948)

§ 4º Quando cabível a apelação, não poderá ser usado o recurso em sentido estrito, ainda que somente de parte da decisão se recorra. (Parágrafo único renumerado pela Lei nº 263, de 23.2.1948)

1. **Origem da apelação.** A apelação é um recurso que tem origem na *appellatio*, que significa dirigir a

palavra, existente no Império Romano. Consistia no poder de veto conferido a magistrado hierarquicamente superior, ou do mesmo nível daquele que proferia a sentença; poder que também era conferido a tribuno.

Nesse mesmo período surgiu a *provocatio*, que tinha por fim oportunizar à parte a levar a sentença à apreciação de um juiz superior, quando se sentisse prejudicada, com o poder de mantê-la ou reformá-la. Esta *provocatio* passou a tomar, aos poucos, o lugar da apellatio primitiva, substituindo-a. Mais tarde, porém, passou a se chamar *appellatio*. Daí para frente, no Direito Romano, a sentença somente passava em julgado quando, por qualquer motivo, não mais era possível a apelação, tal como ainda o é hoje.[50]

2. **Conceito.** A *appellatio* do povo romano, em linhas gerais é mantida ainda em nossos dias com a mesma significação, isto é, tem o mesmo sentido que se atribui ao recurso de apelação, termo que expressa o meio pelo qual se utiliza quem tem interesse e legitimidade para levar ao conhecimento do órgão judiciário de grau superior (segundo grau), uma sentença ou uma decisão definitiva ou com força de definitiva, proferida por outro órgão judiciário de grau inferior (primeiro grau), quando não couber recurso em sentido estrito, em regra, a fim de que seja reexaminada; aquele, composto por pessoas mais experientes, via de regra, em final de carreira, que formam um colegiado; este, juízo singular, às vezes em início de carreira, com menos experiência e, por conseguinte, mais suscetível a erros e equívocos; ou também, juízo coletivo, composto por pessoas do povo, quando se tratar de tribunal do júri.

Até mesmo no Direito Canônico, a apelação tem esse mesmo significado, isto é, significa a manifestação de vontade de reclamar a intervenção de instância superior.[51]

O art. 593 prevê as hipóteses de sentenças e decisoes apeláveis, conforme segue: apelação das sentenças definitivas de condenação ou absolvição proferidas por Juiz singular (inc.I); das decisões definitivas, ou com força de definitivas, proferidas por juiz singular nos casos não previstos no Capítulo anterior (inc.II); das decisões do tribunal do júri: a) quando ocorrer nulidade posterior à pronúncia; b) for a sentença do Juiz-Presidente contrária à lei expressa ou à decisão dos jurados; c) quando houver erro ou injustiça no tocante à aplicação da pena ou da medida de segurança: d) quando for a decisão dos jurados manifestamente contrária à prova dos autos.

As sentenças condenatórias ou absolutórias proferidas por Juiz singular (Juiz de primeira instância), de conformidade com as disposições CPP, a regra é de que são apeláveis. Mas em se tratando de decisões definitivas ou com força de definitivas, nem todas são apeláveis. Nestas hipóteses a apelação é recurso residual, isto é, só cabe apelação quando não couber recurso em sentido estrito e nem agravo na execução, tendo em vista a ressalva que faz o inc. II, do art. 593, ao prever apelação das decisões somente naqueles casos "não previstos no Capítulo anterior". O capítulo anterior é o que cuida dos recursos em sentido estrito, ressalvadas, entretanto, aquelas hipóteses de cabimento de agravo, indicadas no art. 581, ou seja, quando a decisão for prolatada pelo juízo das execuções penais, por força do art. 197 da LEP.

3. **Decisões judiciais recorríveis.** As decisões judiciais em sentido amplo, passíveis de recurso, classificam-se em sentença, decisões definitivas e decisões com força de definitivas.

4. **Sentença.** Sentença é o ato do Juiz que põe fim ao processo com a decisão de mérito da causa, resolvendo a lide. É decisão definitiva de condenação ou de absolvição em que, com a sentença, o juiz termina a jurisdição, esgota a instância. A partir daí, o juiz somente poderá, em regra, conduzir o processamento de eventual recurso interposto.

É condenatória a sentença quando o juiz exterioriza sua decisão sobre o mérito da causa, por estar convencido, à luz da prova existente nos autos do processo, que é verdadeira a imputação feita ao réu na peça acusatória, de fato típico, antijurídico e culpável, aplicando-lhe, por fim, uma pena. A sentença condenatória terá de seguir os requisitos previstos no art. 387, I a VI, do CPP, ressalvada a parte final do inc.III e os incs. IV, V e VI, por estarem revogados.

É absolutória a sentença, quando o Juiz forma a sua convicção, ao interpretar as provas carreadas aos autos, à luz da lei, concluindo pela existência de uma causa daquelas indicadas no art. 386, I a VI, do CPP; ou, quando a absolvição for sumária de conformidade com o disposto no art. 411 do CPP, mencionando-a na parte dispositiva da sentença. Nesta hipótese, porém, não cabe apelação, posto que previsto o recurso em sentido estrito (art. 581, VI, do CPP).

5. **Apelação de sentenças definitivas de condenação ou absolvição, proferidas por Juiz singular (593, I, do CPP).** Embora o artigo faça referência a sentença definitiva de condenação ou absolvição, não há que se confundir com sentença transitada em

---

[50] LIMA, Alcides de Mendonça. *Introdução aos recursos cíveis.* São Paulo: RT, 1976, p. 7.

[51] "Cân.1628 – A parte que se julgar prejudicada por alguma sentença, bem como o Promotor de Justiça e o defensor do vínculo nas causas em que se requer sua presença, têm o direito de apelar da sentença ao Juiz superior, salva a prescrição do cân. 1629". *Código de direito canônico.* São Paulo: Edições Loyola, 1987, p. 699.

julgado. Trata-se de sentença terminativa porque, com a sentença de mérito que prolatou, condenando ou absolvendo o acusado, o Juiz termina sua jurisdição, pondo fim ao processo, podendo sua decisão se manter em caráter definitivo, caso transite em julgado, sem a interposição de apelação; ou se houver apelação, for mantida a sentença tal qual fora prolatada.

A sentença condenatória ou absolutória proferida por juiz singular só pode ser modificada pela segunda instância, que se torna competente quando há provocação de quem tiver interesse e legitimidade para interpor apelação. A lei não autoriza a superior instância a avocar processo para modificar decisão prolatado pelo juízo *a quo*. E a apreciação pelo segundo grau, da apelação interposta, não deve ir além daquela matéria levada a seu conhecimento pelo recorrente inconformado, em regra; conceber-se de forma diferente, ou seja, que o juízo *ad quem* aprecie matéria estranha àquela objeto do recurso, equivaleria a julgamento de matéria por avocação de ofício.

6. Decisões definitivas proferidas por Juiz singular. Decisões definitivas são aquelas que põem termo à relação processual, com o julgamento do mérito, definindo o juízo; não condenam e nem absolvem; são as chamadas decisões definitivas de mérito *stricto sensu*. Contra essas decisões somente cabe apelação se não couber recurso em sentido estrito. Num primeiro momento examina-se a possibilidade de interposição de recurso em sentido estrito para impugnar decisão dessa natureza, tendo em vista a ressalva que faz o inc. II, do art. 593, em sua parte final. Se, porém, a decisão não se identificar com algumas daquelas hipóteses elencadas no art. 581, é apelável. Alguns exemplos de decisões definitivas apeláveis: rejeição da denúncia ou queixa por estar extinta a punibilidade pela prescrição, pelo Juizado Especial Criminal (art. 82 da Lei nº 9.099/95; a que indefere pedido de justificação, requerido com base no art. 423 do CPP; a que resolve o incidente de restituição de coisa apreendida, nos termos do art. 120, § 1º, do CPP; a que ordena o seqüestro de bens imóveis, ou a que determina o seu levantamento, conforme o disposto nos arts. 126 e 131 do CPP, respectivamente; que indefere pedido de explicação em juízo nos termos previstos no art. 144 do CP.

7. Decisões com força de definitiva terminativa *stricto sensu*. São as interlocutórias mistas terminativas. Não julgam o mérito, põem fim à relação processual, ou a uma etapa do procedimento, não condenam e nem absolvem. Alguns exemplos de decisões com força de definitivas terminativas apeláveis: que julgam improcedentes pedidos de levantamento de seqüestro; que remetem as partes ao juízo civil no pedido de restituição de coisas apreendidas.

8. Decisões com força de definitiva não terminativas *stricto sensu*. São as "interlocutórias mistas não terminativas". Não julgam o mérito, também não condenam e nem absolvem e põem termo "a uma etapa do procedimento". Exemplo de decisões interlocutórias mistas não terminativas: a que encerra a instrução criminal, no procedimento ordinário, determinando a apresentação de alegações finais pelas partes, nos termos do art. 500 do CPP, sem obediência ao disposto no art. 499 do CPP.

9. Apelação das decisões do tribunal do júri. Das decisões do tribunal do júri cabe apelação quando a) "ocorrer nulidade posterior à pronúncia; b) for a sentença do juiz-presidente contrária à lei expressa ou à decisão dos jurados; c) houver erro ou injustiça no tocante à aplicação da pena ou da medida de segurança; d) for a decisão dos jurados manifestamente contrária à prova dos autos".

A apelação de decisões do tribunal do júri é de fundamentação restrita àquelas hipóteses do art. 593, III, *a*, *b*, *c* e *d*, do CPP, tendo em vista a soberania dos veredictos do júri popular, conferido pelo art. 5º, XXXVIII, da CF; delimitando, por via de conseqüência, a apreciação da matéria objeto do apelo, feita pelo juízo *ad quem*.

10. Apelação em face de nulidade posterior à pronúncia. A pronúncia não é "sentença de mérito". É decisão que não condena e nem absolve o réu, apenas o encaminha a julgamento pelo tribunal do júri – aquele tribunal composto de sete juízes leigos.

Se depois da decisão de pronúncia ocorrer alguma nulidade, sendo absoluta, deverá ser declarada pelo Juiz, de ofício, ou por provocação das partes, a qualquer momento. O ato absolutamente nulo, não só não convalesce, como contamina de nulidade absoluta todos os demais atos que se sucederão. Já a nulidade relativa, depois da decisão de pronúncia, o momento oportuno para argüi-la é logo depois de o Juiz anunciar o julgamento pelo tribunal do júri (art. 571, V, do CPP), uma vez que não sendo argüida nessa oportunidade, o ato nulo convalesce. (*v. Comentários ao art. 581, nº 17, capítulo II, do recurso em sentido estrito*)

Como bem observa Gilberto Niderauer Correa,

(...) Para tanto, há a exigência de que a nulidade seja posterior à pronúncia, pois se entende que as anteriores ficam sanadas ou pela ausência de recurso ou pelo desacolhimento da preliminar. Esta é a regra que comporta, entretanto, exceção de índole doutrinária, pois é evidente que se a nulidade anterior à pronúncia for das que afetam a garantia individual do contraditório ou da plena defesa, não poderá ter seu conhecimento afastado por regra legal de categoria inferior a que estabelece a garantia (...).[52]

---

[52] CORREA, Gilberto Niderauer. *Fascículos de ciências penais, ano 2, v. II.* Porto Alegre: Fabris, 1989, p. 25.

Obviamente que eventual nulidade absoluta ocorrida antes da decisão de pronúncia poderá, mesmo depois do julgamento pelo tribunal do júri, ser argüida via apelação, no prazo legal, ou seja, de 5 dias, a despeito de o art. 593, III, *a*, dizer que pode ser utilizado este recurso quando a nulidade for posterior à pronúncia. Se a nulidade somente foi percebida depois do julgamento, não há como impedir que seja argüida na apelação, visando a declaração de nulidade do ato viciado e os subseqüentes, a fim de que, declarada a nulidade, os atos sejam refeitos e novo julgamento seja realizado.

Seria nulo, absolutamente, por exemplo, ato processual essencial praticado antes da pronúncia, por juiz em disponibilidade. E não seria admissível que tais atos, ao serem identificados posteriormente, após o julgamento, não pudessem ensejar apelo da parte que tiver legitimidade e interesse.

Mas a regra é, segundo o dispositivo (art. 593, III, *a*), que a apelação é cabível se existir nulidade posterior à decisão de pronúncia; como, por exemplo, a não intimação de testemunha arrolada regularmente para ser ouvida em plenário; libelo que não contém os requisitos previstos no art. 417 do CPP; a não-intimação de perícia elaborada em face de requerimento constante do libelo ou da contrariedade.

Embora tenha a parte que recorrer, quando perceber nulidade posterior à pronúncia, de fundamentar a apelação nos termos previstos no art. 593, III, *a*, do CPP; entendemos que sendo apelante o réu, e se assim não proceder no apelo que interpuser, em obediência ao princípio constitucional da ampla defesa, deve ser admitido venha o motivo delimitado nas razões, ou, ainda, que possa o tribunal aferi-lo no conteúdo destas, desde que, ao menos, esteja indicado o art. 593, III, do CPP, e que as razões tenham sido oferecidas dentro do prazo da apelação, isto é, no prazo de 5 dias. Embora não pareça de todo correto esse entendimento, é de se convir que apenas se está dando uma interpretação um pouco mais extensiva àquela disposição legal, sem, contudo, desvirtuá-lo; ao contrário, se está dentro dos limites do princípio da defesa plena constitucionalmente assegurada ao acusado.

11. **Apelação das decisões do Tribunal do Júri, quando a sentença do Juiz-Presidente for contrária à lei expressa ou à decisão dos jurados**. Ao juiz-presidente do tribunal do júri é vedado prolatar sentença que contrarie a lei expressa ou a própria decisão dos jurados. Nesses casos também caberá apelação no prazo de 5 dias (art. 593, III, *b*) pela parte que demonstrar legitimidade e interesse recursal.

Não pode o juiz-presidente afrontar a lei expressa, inclusive também à superior instância está obrigada a respeitar o julgamento feito pelos jurados, corrigindo, apenas, a sentença do juiz-presidente, nos limites do apelo, sem, contudo, anular o veredicto, soberanamente expresso pelo voto sigiloso da maioria ou unanimidade do conselho de sentença.

O juiz-presidente contraria a lei expressa quando, por exemplo, a decisão dos jurados é no sentido de que o réu cometeu homicídio simples (*caput* do art. 121 do CP) – e por isso o condena –, e no entanto, ao prolatar a sentença, acolhe o veredicto e fixa a pena em seis anos de reclusão (pena mínima), mas concede ao réu condenado a suspensão condicional da pena. Ora, a concessão do sursis, nessa hipótese, é contrária à lei expressa (art. 77 do CP), uma vez que a pena fixada na sentença foi superior a dois anos.

Pode, assim, a acusação apelar com fundamento no art. 593, III, *b*, primeira parte, ainda que seja apenas de parte da sentença, tendo em vista o disposto no art. 599 do CPP.

Por outro lado, a sentença do juiz-presidente contraria a decisão dos jurados, quando for desprezada uma qualificadora constante da decisão de pronúncia, por exemplo, prevista no inciso I do § 2º do art. 121, mas ele, afrontando o veredicto neste sentido, ao fixar a pena, leva essa qualificadora em consideração para agravá-la. Em assim se pronunciando o Juiz, está violando a soberania do conselho de sentença; motivo pelo qual a sentença é apelável, tanto pelo réu, quanto pelo Ministério Público.

Não cabe à superior instância anular o julgamento, quando for interposta apelação com fundamento no art. 593, III, *b*, em face do princípio da soberania do veredicto do Conselho de Sentença e, também, em face do disposto no § 1º desse mesmo artigo. Ao juízo *ad quem* cabe fazer a devida retificação da pena, nos termos da decisão do conselho de sentença.

12. **Apelação das decisões do tribunal do júri, quando houver erro ou injustiça no tocante à aplicação da pena ou da medida de segurança**. Da sentença do juiz-presidente do tribunal do júri cabe apelação quando "houver erro ou injustiça no tocante à aplicação da pena ou medida de segurança", conforme dispõe o art. 593, III, *c*. Cuida a hipótese de *error in judicando*, isto é, erro do Juiz ao aplicar a pena ou medida de segurança e, por isso, a impugnação via apelação, não é da decisão dos jurados, mas sim da decisão do Juiz que a contrariou. Assim, se o tribunal *ad quem*, no caso, der provimento ao apelo, retificará "a aplicação da pena ou a medida de segurança" (art. 593, § 2º, do CPP); sendo-lhe, vedado, suprimir ou acrescentar qualificadora.

Situação absolutamente diferente é quando, por exemplo, uma qualificadora constar da decisão de pronúncia e, por via de conseqüência, do libelo, obriga o juiz-presidente a formular quesito nesse sentido e submetê-lo a julgamento pelo conselho de sentença; caso contrário, o julgamento torna-se inquinado de nulidade absoluta,[53] tendo em vista tratar-se de quesito obrigatório.

Por se tratar de formulação desse quesito, sob pena de nulidade do julgamento, e se for respondido no sentido de acolher a qualificadora, é óbvio que tanto o juiz-presidente como o tribunal *ad quem* têm que se curvar a tal decisão. Caso ocorra retificação para desconsiderá-la, entendemos que não há dúvida, fere o princípio constitucional da "soberania dos veredictos" (art. 5º, XXXVIII, *c*, da CF). Todavia, há entendimento contrário, inclusive do STF, isto é, no sentido de que pode ser incluída ou excluída determinada qualificadora ou agravante pela superior instância, mesmo quando reconhecida pelo tribunal do júri.[54]

Da decisão do tribunal do júri reconhecendo uma qualificadora, até pode caber apelação para que haja retificação no que diz respeito ao quantum da pena aplicada pelo juiz-presidente, se houver erro, como, por exemplo, na hipótese de ser o réu primário e de bons antecedentes, e a pena aplicada para o crime de homicídio qualificado for por demais exacerbada. Mas, aí, a apelação com fundamento no art. 593, III, *c*, é tão-somente no que diz respeito a erro ou injustiça na aplicação da pena, que deve ser retificada para menos, conforme o disposto nesse mesmo artigo, em seu § 2º, ou, então, para mais, se for o caso, ou seja, se o apenamento for aquém do previsto. Mas nessa hipótese, não fere a soberania do veredicto popular, uma vez que o erro ou injustiça que ocorreu foi por ato do juiz-presidente, sem atingir a soberania do julgamento popular.

Pode, também, ocorrer erro ou injustiça na aplicação da medida de segurança, emergindo, em conseqüência, o direito recursal das partes, visto que a medida de segurança está prevista em lei. Não pode ser aplicada simultaneamente com a pena. A aplicação de uma exclui a outra. Este é o sistema vicariante, em contraposição ao sistema do duplo binário, que foi extinto. Por este sistema, poderia ser aplicada pena e medida de segurança, cumulativa e sucessiva.

Pelo sistema atual, se for semi-imputável o agente, de conformidade com o parágrafo único do art. 26 do CP, e o fato que cometeu é típico e antijurídico, deverá ser aplicada pena reduzida ou medida de segurança. Se, no entanto, forem aplicadas ambas, cumulativamente, é evidente que estará contrariando a lei, e aí cabe apelação com fundamento no art. 593, III, *b*. Mas se o juiz não substituir a pena por medida de segurança, quando o condenado necessitar de especial tratamento, internando-o ou determinando o tratamento ambulatorial, há, na hipótese, injustiça, e por via de conseqüência cabe apelação com fundamento no art. 593, III, *c*, e, da mesma forma, é apelável a sentença do juiz-presidente que, nestas mesmas condições em que se encontra o condenado, se o Juiz aplicar pena e deixar de reduzi-la.

13. Apelação da sentença do tribunal do júri, quando a decisão dos jurados for manifestamente contrária à prova dos autos. Muitos julgamentos feitos pelo tribunal do júri são anulados pelo tribunal *ad quem*, de conformidade com o disposto no art. 593, § 3º, do CPP, quando a apelação é com fundamento no inciso III, *d*, desse mesmo artigo, ou seja, quando entende o apelante que "a decisão dos jurados é manifestamente contrária à prova dos autos".

A despeito da soberania dos veredictos prevista no art. 5º, XXXVIII, *c*, da CF, pode o tribunal *ad quem* anular o julgamento que entender tenha contrariado a prova dos autos, e determinar seja realizado novo julgamento, quando o primeiro resultar claramente ter sido manifestamente contrário à prova dos autos. Assim, somente quando a decisão anterior for absolutamente contrária à prova dos autos é que poderá ser o julgamento anterior anulado.[55]

Quando o tribunal *ad quem* anula um julgamento dessa natureza, não está afrontando a soberania do júri popular, porque não se pode admitir soberania que venha afrontar a própria instituição do júri, que deve ser preservada íntegra em todos os sentidos e, principalmente, no que tange à seriedade da decisão, quer condenando ou absolvendo o acusado. Se for admitido julgamento contrário à prova dos autos, com a intangibilidade amparada por lei, por certo muitos culpados seriam considerados inocentes;

---

[53] É absoluta a nulidade do julgamento, pelo júri, por falta de quesito obrigatório (Súmula 156 do STF).

[54] Matéria pertencente ao âmbito da aplicação da pena, e não ao fato do crime. Erro quanto a seu julgamento que, portanto, importa erro na aplicação da reprimenda. Possibilidade de desclassificação pelo tribunal em grau de apelação fundada no art. 5 93, III, *c*, do CPP. Decisão que não fere a soberania do julgamento do Tribunal do Júri (RT 635/423) – 2ª Turma do STF. Nesse mesmo sentido: qualificadora do motivo fútil – não é nulo o acórdão do tribunal *ad quem* que, em provendo apelação da defesa, retificou a pena imposta pelo Tribunal do Júri, desclassificando o crime de homicídio qualificado para homicídio simples, pois essa decisão encontra respaldo no item III, *c*, do art. 593, do Código de Processo penal, combinado com o § 2º do mesmo artigo ... (RT 635/424) – 1ª Turma do STF.

[55] Nem a hipótese de concorrência de duas versões dá ensejo à renovação do julgamento, consoante entendimento reiterado da jurisprudência (...) (RT 636/279).

mas, o pior, é que muitos inocentes também poderiam ser considerados culpados. Mesmo assim, essas assertivas não ficam de todo afastadas. Ocorre que, pelo mesmo motivo, não pode haver mais de uma apelação (§ 3º do art. 593), o que significa que, no segundo julgamento, se a decisão contraria à prova dos autos, o veredicto é acatado, ainda que seja condenado um inocente. E ainda que o apelante na segunda oportunidade seja a parte contrária, e se a apelação é baseada no mesmo motivo de que fora a anterior, ou seja, motivo contrário à prova dos autos, a vedação persiste. Isto, até mesmo por coerência, por lógica, porque se o tribunal *ad quem* acolheu a primeira apelação, convencido de que o julgamento do conselho de sentença foi contrário à prova dos autos, como poderá apreciar a segunda apelação por esse mesmo motivo, e também acolhê-la? Se assim se manifestasse no segundo julgamento, a superior instância estaria negando o julgamento anterior.

Consigne-se, porém, que não cabe apelação pelo mesmo motivo, por mais de uma vez, tão-somente quando o fundamento for o art. 593, III, *d*, ou seja, quando a decisão dos jurados contrariar a prova dos autos. Nas outras hipóteses, nada impede que haja apelação pelo mesmo motivo. Aliás, nem teria sentido que não pudesse haver apelação pelo mesmo motivo, por exemplo, quando houvesse erro ou injustiça na aplicação da pena; ou quando houvesse má formulação de quesitos, que viesse acarretar nulidade do julgamento. Nessas hipóteses, a situação é absolutamente diferente, porque o provimento de uma apelação não implica negação do provimento da apelação anterior, como ocorreria se fosse admitida mais de uma apelação, quando se tratasse de julgamento contrário à prova dos autos, interposta primeiro por uma parte, depois pela parte contrária.

Ressalte-se que das decisões do tribunal do júri, quando cabível apelação, ainda que somente de parte da decisão, não poderá ser utilizado o recurso em sentido estrito (§ 4º do art. 593).

14. **Prazos**. Em regra, da sentença condenatória ou absolutória cabe recurso de apelação no prazo de 5 dias, conforme o disposto no art. 593. Se, porém, o apelante for Defensor Público, o prazo é contado em dobro, isto é, o prazo é de 10 dias, nos termos dos arts. 44, I; 89, I, e 128, I, todos da Lei Complementar nº80, de 12.01.94.

A contagem do prazo é feita de acordo com o disposto no art. 798, §§ 1º e 5º, do CPP, ou seja, não se computa nos prazos o dia do começo, incluem-se, porém, o dia do vencimento; passando a correr, exceto os casos previstos expressamente em lei, a) da intimação; b) da audiência ou sessão em que for proferida a decisão, se ela estiver presente a parte; c) do dia em que a parte manifestou nos autos ciência inequívoca da sentença ou decisão. (*v. Intimação, nº 6.10.1, pressupostos recursais objetivos, da teoria geral dos recursos criminais*)

Em se tratando de ofendido habilitado como assistente do Ministério Público, o prazo para interpor apelação é de 5, e não de 15 dias; não havendo incidência, portanto, do disposto no parágrafo único do art. 598 do CPP; do contrário, estaria o assistente com o triplo do prazo do assistido – prazo privilegiado. Quando, porém, o apelante for o ofendido não habilitado, ou qualquer daquelas pessoas indicadas no art. 31 do CPP, ou de seu representante legal, aí sim, o prazo é de 15 dias, conforme o disposto no parágrafo único do art. 598 do CPP, contados do trânsito em julgado da sentença para o Ministério Público. (*v. Comentários ao art. 598, nº2, capítulo III, da apelação*)

Art. 594. O réu não poderá apelar sem recolher-se à prisão, ou prestar fiança, salvo se for primário e de bons antecedentes, assim reconhecido na sentença condenatória, ou condenado por crime de que se livre solto. (Redação dada pela Lei nº 5.941, de 22.11.1973)

1. **Recolhimento do réu à prisão para apelar**. Nos termos do art. 594 do CPP, para apelar, o réu tem de recolher-se à prisão, se não for primário e se não tiver bons antecedentes, ou prestar fiança, se for o caso, ou, ainda, se condenado por crime de que se livre solto. Mas essa regra em face do princípio da ampla defesa constitucionalmente assegurada ao réu, está sendo mitigada, com a admissão da apelação sem que haja prisão, exceto quando preso se encontrar e que ainda persista os motivos da prisão provisória decretada antes da sentença.

Como este artigo envolve controvérsia acerca do efeito suspensivo, para melhor compreensão é também analisado em conjunto com o art. 597. (*v. comentários ao art. 597, neste capítulo III, nº 3*)

Art. 595. Se o réu condenado fugir depois de haver apelado, será declarada deserta a apelação.

1. **Deserção por fuga da prisão**. A deserção é uma sanção imposta ao réu que fugir da prisão depois de interposta a apelação, enquanto não for apreciada pelo órgão julgador competente: a segunda instância.

A deserção extingue de forma anormal o recurso. O normal da extinção é depois de apreciado pela superior instância, quer conhecendo da apelação e dando provimento, quer conhecendo e negando provimento, ou, ainda, não conhecendo. Ocorrendo a deserção, se ainda não foi encaminhada a apelação à superior instância, o próprio juiz a declara, e ainda que seja o réu recapturado, logo após, a deserção persiste. Se, a fuga do réu ocorrer quando a apelação já se encontrar junto à superior instância, mas ainda não foi apreciado, também será declarada sua anormal extinção pelo próprio órgão do tribunal competente para julgá-la. Se, porém, o réu foge depois de apreciado o recurso, não há que se falar em deserção.

Não se pode olvidar que este regramento está em desarmonia com o art. 5°, LV, da CF, que assegura aos litigantes, em processo judicial ou administrativo, e aos acusados em geral, o contraditório e a ampla defesa, com os meios e recursos a ela inerentes.

O réu, desde que não faça uso de violência, pode fugir da prisão, sem incorrer em crime, conforme deixa transparecer o art. 352 do CP. Esta norma criminaliza apenas a fuga com violência, como bem observa Rangel:

> Sancionar o réu por exercer um direito é inverter o ônus da responsabilidade pela fuga. A responsabilidade é do Estado, que não adotou as cautelas devidas para evitar a fuga. O réu tem direito ao recurso e este deve ser conhecido. Trata-se da aplicação da teoria do garantismo penal.[56]

2. Deserção por falta de preparo. Dispõe o § 2° do art. 806 do CPP, que "(...) A falta do pagamento das custas, nos prazos fixados em lei, ou marcados pelo juiz, importará renúncia à diligência requerida ou deserção do recurso interposto", naquelas ações intentadas mediante queixa (art. 806).

A norma faz referência a recurso, que tanto pode ser de apelação como em sentido estrito e outros, desde que a ação penal tenha sido intentada mediante queixa do ofendido ou de quem legalmente o represente, e desde que não seja ele pobre, conforme o disposto na primeira parte do art. 806 do CPP.

Nas hipóteses previstas no § 2° do art. 806, quer seja querelante ou querelado que se omitir ao "pagamento de custas, nos prazos fixados em lei, ou marcados pelo juiz, importará renúncia à diligência requerida ou deserção do recurso interposto".

O querelado não está isento do pagamento de custas em face do princípio constitucional da ampla defesa, quando tem condições de arcar com as despesas referentes a atos que requer no interesse de sua defesa, porque a própria norma que prevê pagamento de custas, faz a ressalva isentando-o, quando for de condições pobres (§ 1° do art. 806 do CPP), que está em harmonia com o art. 5°, LXXIV, da CF.

Em ação privada, deserção também será declarada, quando houver interposição de recurso extraordinário e especial e, ainda, em agravo de instrumento nos termos do art. 28 da Lei n° 8.038 de 28.05.90, se a parte recorrente não fizer o preparo, salvo nos casos de isenção. Diz o § 1° do art. 59 do RISTF, que "(...) Nenhum recurso subirá ao Supremo Tribunal Federal, salvo caso de isenção, sem a prova do respectivo preparo e do pagamento das despesas de remessa e retorno, no prazo legal". A isenção a que se refere este dispositivo é aquela prevista no § 1°, inc. I, do art. 61, do mesmo Regimento, que diz ser isento de preparo "os conflitos de jurisdição, os *habeas corpus* e os demais processos criminais, salvo a ação penal privada". Infere-se daí que somente os recursos em ação penal privada estão sujeitos a preparo e, por conseguinte, sujeitos também à deserção, quando não cumprida essa imposição legal. No entanto, mesmo em se tratando de recurso em ação penal privada, há isenção quando presente a hipótese prevista no art. 32, conjugado com o art. 806, primeira parte, todos do CPP, e, também, inciso LXXIV do art. 5° da CF, ou seja, quando a parte recorrente comprovar ser de condições pobres.

A deserção do recurso junto ao STF poderá ser declarada pelo presidente, pelo relator, pelo plenário ou pela turma, nos termos do art. 65, I, II e III, do RISTF. O parágrafo único desse mesmo artigo prevê agravo regimental da decisão que declarar a deserção.

No STJ, conforme estabelece o art. 112 do RISTJ: "(...) não serão devidas custas no processo de sua competência originária ou recursal." No entanto, a Súmula n° 187 desse mesmo Tribunal diz que "(...) É deserto o recurso interposto para o STJ, quando o recorrente não recolhe, na origem, a importância das despesas de remessa e retorno dos autos", o que caracteriza também deserção em crime de ação privada, ressalvada hipótese de isenção prevista no art. 5°, LXXIV, da CF.

Para o Ministério Público não há deserção; até porque lhe é defeso desistir do recurso que interpõe, por força de disposição legal (art. 576 do CPP).

Art. 596. A apelação da sentença absolutória não impedirá que o réu seja posto imediatamente em liberdade. (Redação dada pela Lei n° 263, de 23.2.1948)

Parágrafo único. A apelação não suspenderá a execução da medida de segurança aplicada provisoriamente. (Redação dada pela Lei n° 5.941, de 22.11.1973)

1. Efeitos da apelação da sentença absolutória. O efeito previsto neste artigo é exclusivamente devo-

---
[56] RANGEL, Paulo. *Direito processual penal* Rio de Janeiro: Lumen Juris, 2003, p. 766.

lutivo. Aliás não haveria qualquer justificativa para que o réu preso por medida de caráter meramente processual permanecesse preso, quando absolvido, aguardando o julgamento de recurso interposto.

Quanto à medida de segurança de caráter provisória não mais existe em nossa legislação processual penal após a reforma do CPP promovida em 1984. O parágrafo único que cuidava dessa espécie de medida de segurança foi tacitamente revogado.

Art. 597. A apelação de sentença condenatória terá efeito suspensivo, salvo o disposto no art. 393, a aplicação provisória de interdições de direitos e de medidas de segurança (arts. 374 e 378), e o caso de suspensão condicional de pena.

1. **Efeitos da apelação de sentença condenatória.** Além do efeito devolutivo, que é a regra, a sentença condenatória irradia outros efeitos, como o efeito suspensivo; dilatório procedimental e extensivo.

2. **Efeito devolutivo.** No recurso de apelação, o efeito devolutivo é a regra, porque a matéria objeto da decisão recorrida é devolvida ao Juízo ou tribunal *ad quem* para ser reapreciada nos limites do recurso interposto. Mas para o reexame da matéria delimitada no recurso, todo o conteúdo de caráter material e processual que estabeleça relação com a decisão recorrida, obviamente, terá também de ser reexaminada em toda sua extensão; sem contudo, violar o princípio *tantum devolutum quantum appellatum*, em regra, que terá de se circunscrever à pretensão do recorrente, isto é, aos limites de sua inconformidade estabelecidos na apelação, que pode ser plena, isto é, apelação da decisão em toda sua extensão, ou parcial, limitada a determinado capítulo da decisão. A instância superior ao julgar o recurso interposto, se necessário for examina todo conteúdo processual, como, por exemplo, verifica a existência ou não de eventual nulidade, ainda que seja parcial a inconformidade, posto que em se tratando de nulidade absoluta, ainda que não argüida pelo recorrente, pode ser declarada de ofício, exceto se vier em prejuízo do réu.[57] (v. *Reformatio in mellius, nº 1.8, da teoria geral dos recursos criminais, dos princípios recursais criminais*)

3. **Efeito suspensivo.** Além do efeito devolutivo, a apelação de sentença condenatória tem também o efeito suspensivo. De acordo com os termos literais do art. 594, só tem efeito suspensivo a apelação se o réu "for primário e de bons antecedentes, assim reconhecido na sentença condenatória, ou condenado por crime de que se livre solto". Porém, a CF/88, ao esboçar o princípio da presunção de inocência, ou da não culpabilidade, em seu art. 5º, LVII, exigiu uma interpretação mais liberal de algumas disposições da lei processual penal, a fim de se adequarem a ela. E Isso ocorreu, em especial, com relação ao art. 594 do CPP. Todavia, ainda existe resistência de alguns órgãos judiciais que insistem em interpretá-lo na sua literalidade, ainda que de duvidosa constitucionalidade, porque as disposições da lei de execução penal ao vedar a execução provisória da pena, nada mais objetiva senão preservar a presunção do estado de inocência do acusado.

Enquanto for possível a interposição de recurso da sentença condenatória, obviamente que há a possibilidade de ser modificada a decisão condenatória, ou seja, de ser parcialmente modificada ou totalmente rescindida e, por conseguinte, ficar reduzida ou afastada a condenação do réu. Um eventual recurso extraordinário interposto no prazo legal, por exemplo, pode ser acolhido pelo STF e, por conseguinte, absolver o réu; mas como ainda se trata de sentença condenatória sem trânsito em julgado definitivo, fica evidente que estando ele preso, ocorre irreparável dano ao jus libertatis e afronta, não só as disposições da Lei nº 7.210/84 (LEP), que veda a execução provisória da sentença, como também, o princípio constitucional da presunção do estado de inocência.

Da leitura do art. 105 da LEP, conclui-se que é vedada a execução provisória da pena, por prever a expedição de guia para o recolhimento do réu condenado à pena privativa da liberdade somente depois de transitar em julgado a sentença condenatória. Também leva a essa mesma conclusão o art. 160, ao prever a audiência admonitória a respeito da suspensão condicional da pena, tão-somente depois de transitar em julgado a sentença condenatória.

O Pretório Excelso tem acenado com mudança no sentido de ser admitido o efeito suspensivo ao recurso extraordinário de sentença condenatória, até o trânsito em julgado, ainda que seja mediante fiança, mas de forma muito tímida e em alguns casos bastante específicos.[58]

---

[57] Súmula 160, do STF: "É nula a decisão do tribunal que acolhe, contra o réu, nulidade não argüida no recurso da acusação, ressalvados os casos de recurso de ofício".

[58] Uma vez admitido o recurso extraordinário pelo juízo ou Tribunal de Justiça, com efeito suspensivo, ainda que os autos do processo não tivesse chegado ao STF, por maioria, essa Colenda Corte, reconhecendo a possibilidade de o Presidente do Tribunal *a quo* atribuir efeito suspensivo a recurso extraordinário criminal, julgou procedente reclamação ajuizada contra decisão do Vice-Presidente do Tribunal de Justiça do Rio de Janeiro que deferia pedido de reconsideração para cassar efeito suspensivo atribuído a recurso extraordinário criminal (concedido anteriormente, quando o despacho de admissibilidade do mesmo). Vencido o Min. Octavio Gallotti, relator, que julgava improcedente a ação. RCL 1.509-PB, rel. orig. Min. Octavio Gallotti, redator p/o acórdão Min. Sepúlveda Pertence, 20.6.2000. (RCL –1509). Informativo do STF nº 194.

A tendência é de que aos poucos, tanto o STF como o STJ vão amoldando as disposições do art. 594 do CPP, ao princípio da presunção de inocência ou de não culpabilidade, enquanto não houver o trânsito definitivo da sentença condenatória. Para isso, há que ser harmonizada de forma mais consistente a regra contida nesse artigo, quanto aos efeitos suspensivos da sentença condenatória recorrível, à luz das disposições constitucionais, a fim de ser mantido o apelante encarcerado tão-somente se preso estiver como medida precautória e se persistirem os motivos que ensejaram a prisão que, em última análise, são aqueles que estão inseridos nas disposições do art. 312 do CPP; desde, porém, que haja real necessidade para a permanência da custódia, devidamente demonstrada na sentença.

Pelo art. 594 do CPP, a regra é de que para apelar, o réu terá de se recolher à prisão. Todavia, tem o direito de apelar em liberdade, desde que satisfeitas as condições seguintes:

a) se for primário e de bons antecedentes, a condenação pode ser por qualquer crime, isto é, crime afiançável ou inafiançável, posto que a lei não faz qualquer restrição nesse sentido, ressalvadas as hipóteses de leis especiais, como a Lei n.8072/90, que dispõe sobre crimes hediondos.

b) pode também apelar, obviamente, naqueles casos em que se livra solto;

c) pode, por outro lado, apelar em liberdade se for reincidente e se não tiver bons antecedentes; porém, nesses casos, terá de prestar a fiança que for fixada. Nesta última hipótese, cremos que para ser preservado os princípios constitucionais da presunção de inocência, da ampla defesa e do duplo grau de jurisdição, há que ser admitida a prestação de fiança para apelar em liberdade de sentença condenatória por qualquer crime, isto é, crimes considerados ou não afiançáveis, se não houver motivo para prisão cautelar. No art. 594 do CPP não há qualquer vedação nesse sentido. Por outro lado, embora não primário e com maus antecedentes, pode o réu estar respondendo ao processo em liberdade, por força do disposto no parágrafo único do art. 310 do CPP, sem que lhe tenha sido exigido o pagamento de fiança, isto é, encontra-se em liberdade provisória porque o juiz ao examinar o auto de prisão em flagrante, constatou a inocorrência de qualquer das hipóteses que autorizam a prisão preventiva previstas no art. 312 do CPP, seja a infração afiançável ou inafiançável.[59]

Mas, também, se estiver respondendo a processo em liberdade mediante fiança, sendo condenado e não houver motivo novo para o encarceramento cautelar, da mesma forma solto deve permanecer para apelar.

Se nesses casos o réu pode responder ao processo em liberdade sem que haja presunção de descumprimento das condições que lhe foram impostas, de conformidade com o disposto no art. 310 do CPP, por que motivo iria fazê-lo depois de condenado por sentença ainda recorrível, quando ainda tem a possibilidade de ver essa sentença reformada? A possibilidade de fuga é muito maior se houver a certeza de que para apelar terá de recolher-se à prisão, porque sabe que sem interpor apelação, tão logo transite a sentença em julgado, preso será. E é isso que tem ocorrido, isto é, o réu foge para não ser recolhido à prisão logo em seguida, porque se apelar, sabe que não terá a mesma sorte de permanecer em liberdade. Prefere, posteriormente, ingressar com pedido de revisão criminal, mesmo sabendo que as dificuldades para reverter a condenação são bem maiores.

Cremos que o instituto da fiança é uma solução bastante eficaz para que o réu permaneça em liberdade até o trânsito em julgado definitivo da sentença, podendo sempre apelar nessas condições, com ressalva, apenas, de alguns casos, como "as práticas de racismo; tortura; tráfico ilícito de entorpecentes e drogas afins; o terrorismo e os definidos como crimes hediondos; a ação de grupos armados, civis ou militares, previstos os incisos XLII, XLIII e XLIV, do art. 5º, da CF, que, a nosso ver, seguindo a respeitável opinião de Jairo Sadi, são os únicos crimes inafiançáveis, hoje ainda existentes em nosso ordenamento jurídico".[60] Mesmo nessas hipóteses, em alguns casos, o réu poderá apelar em liberdade, se o juiz assim entender, mediante decisão fundamentada. Assim o são, por exemplo, os crimes mencionados no art. 2º da Lei n. 8.072/90, isto é, os crimes hediondos, a prática de tortura, o tráfico ilícito de entorpecentes e drogas afins e o terrorismo, por força do § 2º desse mesmo artigo.

Se o réu for impedido de apelar, por não ser primário e por ter maus antecedentes, ou por qualquer outro motivo, estão sendo violados outros princípios constitucionais, além da presunção de inocência,

---

[59] Não sendo necessária a manutenção no cárcere daquele que foi preso em flagrante, a liberdade provisória se impõe, como respeito à dignidade do homem. As únicas restrições ficam ilhadas nos crimes hediondos, nos termos do art. 2º, II, da Lei nº 8.072, de 1990, nos crimes contra a economia popular e de sonegação fiscal, de acordo com a Lei nº 8.035, de 1990, nos crimes contra a fauna e, finalmente, nas hipóteses tratadas na Lei nº 9.034/95. TOURINHO FILHO, Fernando da Costa. *Código de processo penal anotado*, v. I. São Paulo, 1997, p. 310.

[60] Entende o autor que os crimes inafiançáveis hoje se limitam àqueles previstos no art. 5º, XLII, XLIII e XLIV, da CF. SADI, Jairo. A nova lei de lavagem de dinheiro e sua constitucionalidade. *Caderno de direito tributário*. São Paulo: ano 6, nº 23, abr./jun, 1998.

como o da defesa ampla e o do duplo grau de jurisdição. Por outro lado, se essas condições, isto é, de não primariedade e de maus antecedentes, fossem admitidas como presunção de fuga do réu condenado não definitivamente, e sendo esse o motivo pelo qual não pode apelar em liberdade, estar-se-ia aceitando uma inversão da ordem jurídica, com prevalência da lei ordinária sobre a Carta Constitucional, o que é absolutamente inadmissível. A presunção de inocência sempre irá se sobrepor em qualquer circunstância.

Quanto à aplicação provisória de medida de segurança e de interdições de direitos, que não eram suspensas com a apelação, não mais podem ser consideradas em razão da nova redação que foi dada à Parte Geral do Código Penal pela Lei nº 7.209, de 11.07.84. Também no que tange à ressalva feita pelo art. 597, sobre a suspensão condicional da pena, não mais está vigente essa regra, uma vez que a partir do advento da Lei nº 7.210/84, a audiência admonitória somente pode ser realizada depois do trânsito em julgado da sentença condenatória (art. 160 da LEP), o que significa dizer que antes do trânsito em julgado não pode ter início o período do sursis. Continua, entretanto, em vigor, a parte inicial do art. 597, que tem como regra o efeito suspensivo da apelação.

A hipótese prevista no inciso II do art. 393 do CPP, não mais pode ser considerada como efeito da sentença condenatória recorrível, isto é, de "ser o nome do réu lançado no rol dos culpados", por força o disposto no art. 5º, LVII, da CF, que diz: "Ninguém será considerado culpado até o trânsito em julgado da sentença penal condenatória".

4. Efeito dilatório procedimental. Outro efeito da apelação, que deve também ser evidenciado, é o de prolongar a formação efetiva da coisa julgado, tido como efeito da dilação procedimental.

Para Correa, o eventual retardamento na prisão do réu, quando o juiz reconhece na sentença o direito de apelar em liberdade, "não é conseqüência da apelação, mas efeito dilatório da apelação". A seguir, exemplifica o autor, tomando por base um acusado que deva ser intimado da sentença condenatória por edital, pelo prazo de 90 dias, porque não fora encontrado para a intimação pessoal, diz o autor:

"... Muito provavelmente ficará em liberdade por mais de cem dias, sem que tenha havido qualquer apelação, tão só pelo efeito de ausência da coisa julgada, imprescindível para a execução da sentença. Isso, parece-me, demonstra, que não é a interposição do recurso, mas a dilação procedimental, retardadora da formação da coisa julgada, que impede a eficácia da sentença".[61]

É respeitável a opinião do autor; mas a dilação procedimental, embora deva ser considerada como efeito, ela não tem força para desfigurar o efeito suspensivo que continua também subsistindo, e sempre em função da apelação interposta, mas tão-somente nos casos em que for permitido ao acusado apelar em liberdade; enquanto que a dilação procedimental ocorre em todos os casos de condenação em que for interposta apelação, e tanto faz que o acusado apele ou não em liberdade, porque em ambos os casos vai se protrair no tempo a ineficácia temporária da condenação, isto é, ineficácia até o advento da coisa julgada, após o julgamento da apelação.

Na hipótese do exemplo dado acima, vai, na realidade, ocorrer um prolongamento da liberdade do réu, até a formação da coisa julgado, em caso de não provimento da apelação. Mas esse período a mais que permanecer em liberdade o acusado, em face da intimação por edital pelo prazo de 90 dias, não significa que em liberdade continuará se não apelar da sentença. Então, é a apelação que vai dar sustentação ao efeito suspensivo da sentença até se tornar eficaz com a formação da coisa julgada.

5. Efeito extensivo. Há também que se reconhecer que pode da apelação, em determinados casos, emergir o efeito extensivo, quando houver concurso de pessoas e todos forem condenados por um mesmo fato tido como delituoso.

Havendo apelação de um réu dentre os vários condenados e, se em decorrência desse recurso, o réu recorrente for absolvido, os demais co-réus condenados pelo mesmo crime, no mesmo processo, poderão ser beneficiados também com a absolvição, ainda que não tenham apelado, desde que os motivos da absolvição, ou de qualquer outra vantagem obtida com o apelo, não sejam exclusivamente de caráter pessoal, conforme o disposto no art. 580, do CPP.

Assim, se o co-réu apela e obtém a absolvição junto à superior instância, em face de algum motivo de caráter geral, como a absolvição com fundamento no art. 386, I (estar provada a inexistência material do fato), todos os demais que de qualquer modo concorreram para o fato, também serão beneficiados.

Sendo o motivo da absolvição de caráter exclusivamente pessoal, não se estenderá àqueles que não apelaram. Na hipótese de o apelante condenado obter a absolvição junto ao juízo *ad quem*, com fundamento no art. 386, IV, do CPP, ou seja, foi absolvido por não existir prova de ter concorrido com os demais para a infração penal. Nesse caso, obviamente, não pode haver efeito extensivo.

Também não há o efeito extensivo no caso de redução da pena do acusado que apelou, operado pela

---

[61] CORREA, Gilberto Niderauer. *Fascículo de ciências penais*, v. 2, n.3. Porto Alegre: Fabris, p. 46.

superior instância, por ter sido reconhecida circunstância atenuante, que o Juiz de primeiro grau não a reconheceu, como a de ser o agente menor de 21 anos, na data do fato, ou maior de 70 anos, na data da sentença, conforme o disposto no art. 65, I, do CP. Esses motivos da redução da pena são, também, de caráter exclusivamente pessoal, não se estendendo, por isso, aos demais co-réus ou partícipes.

Art. 598. Nos crimes de competência do Tribunal do Júri, ou do juiz singular, se da sentença não for interposta apelação pelo Ministério Público no prazo legal, o ofendido ou qualquer das pessoas enumeradas no art. 31, ainda que não se tenha habilitado como assistente, poderá interpor apelação, que não terá, porém, efeito suspensivo.

Parágrafo único. O prazo para interposição desse recurso será de 15 (quinze) dias e correrá do dia em que terminar o do Ministério Público.

1. Legitimidade para apelar do ofendido habilitado ou não, como assistente do Ministério Público, de seu representante legal e das pessoas enumeradas no art. 31 do CPP. De conformidade com o disposto no art. 268 do CPP, o ofendido ou seu representante legal, ou, no caso de morte ou quando declarado ausente por decisão judicial, qualquer das pessoas enumeradas no art. 31 do CPP, poderão se habilitar no processo como assistente do Ministério Público.

Parte da jurisprudência de nossos tribunais e algumas opiniões doutrinárias respeitáveis inclinam-se no sentido de que o ofendido só pode ser admitido como assistente do Ministério Público, quando houver interesse de natureza patrimonial, ou seja, somente quando houver interesse à reparação do dano proveniente do crime. Assim pensam também com relação ao ofendido não habilitado, ou a quem o represente, e às pessoas indicadas no art. 31 do CPP, para interpor apelação.

Parece-nos impróprio vincular o direito de apelar do ofendido, ou de quem o represente, bem como daquelas pessoas indicadas no art. 31 do CPP, a interesse de caráter eminentemente patrimonial. Pensamos não se vislumbrar qualquer dúvida no sentido de que essas pessoas têm interesse e legitimidade para apelar inclusive para agravar a pena aplicada ao réu, quando inadequada.

O art. 598 não faz qualquer restrição no sentido de que o recurso do ofendido deva ser tão-somente nos casos em que haja interesse de ordem patrimonial. Essa norma não só deixa clara a possibilidade de o ofendido ou seus sucessores, quando for o caso, apelarem visando a exasperação da pena, como também

a possibilidade de recorrerem em sentido estrito, das decisões de impronúncia; que decretar a prescrição ou julgar, por outro modo, extinta a punibilidade (art. 581, IV e VIII), por força do § 1º do art. 584 do CPP, que permite expressamente a aplicação das disposições dos arts. 596 e 598 do CPP, quando se tratar de recurso interposto de sentença de impronúncia ou no caso do nº VIII do art. 581, com a possibilidade de serem interpostos, ainda, outros recursos, como, por exemplo, o recurso em sentido estrito da decisão que denegar a apelação; da carta testemunhável interposta da decisão que denegar o recurso em sentido estrio; dos embargos de declaração; dos recursos extraordinário e especial, do agravo e, também, dos embargos infringentes e de nulidade.

Afastar interesse e legitimidade do ofendido habilitado ou não como assistente, bem como ao seu representante legal e seus sucessores, para majorar a pena, quando não apelar o Ministério Público, não se pode também, por mais paradoxal que pareça, admitir interesse em apelar para aumentar a pena do acusado quando age na hipótese prevista no art. 5º da CF e art. 29 do CPP, isto é, quando a ação penal pública se transmuda para ação penal privada subsidiária, ante a omissão do Ministério Público em não oferecer denúncia no prazo legal. Nesta Hipótese, o interesse primeiro que move ao ofendido é, sem dúvida, a condenação do acusado e, ao obtê-la, não se conformando, por entender inadequada a pena, nada impede que apele pleiteando a majoração. Se neste caso há legitimidade e interesse para apelar em busca do agravamento da pena, parece-nos haver impossibilidade de ser negado esse mesmo interesse quando age naquelas condições permitidas no art. 598. (*v. Comentários ao art. 577, nº 2.2, capítulo I, dos recursos em geral*)

2. Prazos para o ofendido apelar. Em regra, da sentença condenatória ou absolutória cabe recurso de apelação no prazo de 5 dias, conforme o disposto no art. 593. Se, porém, o apelante for Defensor Público, o prazo é contado em dobro, isto é, o prazo é de 10 dias, nos termos dos arts. 44, I; 89, I, e 128, I, todos da Lei Complementar nº80, de 12.01.94.

Quando se tratar de ofendido não habilitado como assistente do Ministério Público, de seu representante legal ou de qualquer daquelas pessoas indicadas no art. 598, c/c o art. 31 do CPP, o prazo para apelar, conforme dispõe o parágrafo único desse mesmo artigo é de 15 dias. Se, porém, habilitados estiverem como assistente, o prazo é de 5 dias, o mesmo para o Ministério Público. Se forem intimados antes do Ministério Público, o prazo passa a correr do dia em que transitar em julgado a decisão para aquele órgão.[62]

---

[62] Súmula 448 do STF.

Mas se a intimação se efetivar depois, os 5 dias passam a contar desta intimação, e, também, se intimados no mesmo dia em que o foi o Ministério Público, o prazo só passa a fluir da data em que se esgotar o prazo para este órgão da lei. (v. *Tempestividade e intimação, dos pressupostos recursais objetivos, nºs 6.10 e 6.10.1, da teoria geral dos recursos criminais*)

Art. 599. As apelações poderão ser interpostas quer em relação a todo o julgado, quer em relação a parte dele.

1. **Apelação total ou parcial**. Esta disposição legal possibilita à parte recorrer voluntariamente de todo o julgado ou de parte dele, desde que haja interesse e legitimidade. Pode o réu apelar de toda a sentença condenatória, por exemplo, pleiteando a absolvição; o Ministério Público pode interpor apelação total da sentença absolutória, postulando a condenação, podendo o mesmo ocorrer com o ofendido habilitado ou não como assistente, nos termos do art. 598 do CPP; mas nada impede que também recorram de parte da sentença, apenas, isto é, pode o réu apelar para reduzir a pena aplicada, por exemplo, assim como também pode o Ministério Público apelar para incluir alguma qualificadora, que o Juiz a desconsiderou, com o conseqüente aumento de pena; podendo, nesta mesma hipótese também apelar o ofendido, caso não apele o Ministério Público.

Esta disposição legal está em consonância com § 4º do art. 593 do CPP, que diz caber apelação, inclusive de parte da sentença, ainda que a decisão seja daquelas que se harmonizam ao recurso em sentido estrito. (*v. comentários ao art. 581, XI, nº 15, capítulo II, do recurso em sentido estrito*)

Art. 600. Assinado o termo de apelação, o apelante e, depois dele, o apelado terão o prazo de 8 (oito) dias cada um para oferecer razões, salvo nos processos de contravenção, em que o prazo será de 3 (três) dias.
§ 1º Se houver assistente, este arrazoará, no prazo de 3 (três) dias, após o Ministério Público.
§ 2º Se a ação penal for movida pela parte ofendida, o Ministério Público terá vista dos autos, no prazo do parágrafo anterior.
§ 3º Quando forem dois ou mais os apelantes ou apelados, os prazos serão comuns.
§ 4º Se o apelante declarar, na petição ou no termo, ao interpor a apelação, que deseja arrazoar na superior instância serão os autos remetidos ao tribunal *ad quem* onde será aberta vista às partes, observados os prazos legais, notificadas as partes pela publicação oficial. (Incluído pela Lei nº 4.336, de 1º.6.1964)

1. **Razões e contra-razões de apelação**. Depois de interposta a apelação no prazo legal, o apelante dispõe, em regra, do prazo de 8 dias para arrazoar e, posteriormente, o apelado, do mesmo prazo para oferecer as contra-arrazões. Já nos processos de contravenção o prazo é de 3 dias para cada um.

Para o assistente do Ministério Público, o prazo para arrazoar é de 3 dias, assim como também o é para o Ministério Público, quando a ação penal for movida pelo ofendido, isto é, quando se tratar de ação privada, e este interpuser apelação (§§ 1º e 2º deste artigo). E quando forem dois ou mais os apelantes ou apelados, os prazos serão comuns (§ 3º deste artigo), não podendo, nessa hipótese, os autos saírem do cartório, como é permitido nos demais casos (arts. 2º e 3º da Lei nº 3.836, de 14.12.60).

Poderá, entretanto, quem tiver legitimidade e interesse em apelar, arrazoar o recurso junto ao tribunal *ad quem*; devendo, porém, declarar no termo ou na petição que quer arrazoar junto à superior instância, hipótese em que os autos serão remetidos ao tribunal onde será aberta vista ao recorrente, com observância do prazo legal, sendo intimado pela publicação no órgão oficial, conforme o disposto no § 4º deste artigo.

Oferecidas as razões junto à superior instância, o Ministério Público é intimado pessoalmente para apresentar as contra-razões. Entendemos que podem ser oferecidas tanto pelo Promotor da Comarca de origem, para onde deve ser encaminhado o processo, como por qualquer outro Promotor de Justiça designado pela Procuradoria-Geral de Justiça. E deve ser o Promotor de Justiça, e não o Procurador de Justiça que atua junto à Câmara ou Turma do Tribunal, porque sendo a apelação uma fase do processo que terá de ser praticada junto à primeira instância, e sendo também as razões um complemento dessa fase, nada mais coerente, mais lógico, do que ser feita a remessa dos autos do processo ao Ministério Público da Comarca de origem, a fim de que seja pessoalmente intimado para oferecer as contra-razões de apelação. Este procedimento quer nos parecer ser o mais apropriado, porque também preserva o princípio do Promotor natural e do contraditório, em todos os seus termos, no primeiro grau de jurisdição.

Ao assistente do Ministério Público, ou ao ofendido sem estar habilitado, não há vedação de ordem legal para arrazoar a apelação junto ao órgão judiciário de segundo grau, desde que no momento que a interpuser, manifeste expressamente esse interesse (art. 600, § 4º, deste artigo).

No entanto, em se tratando de apelação interposta pelo Ministério Público, as razões terão de ser ofertadas na comarca de origem, uma vez que suas atribuições, em regra, estão circunscritas ao primeiro grau de jurisdição onde atua. Por outro lado, tornar-se-ia inviável, na prática, um membro do Ministério Público de uma distante comarca do interior, deslocar-se até o tribunal, na capital, para arrazoar a apelação interposta, sempre que fizer declaração nesse sentido.

Embora existam os prazos estabelecidos no Código para a apresentação de razões e contra-razões de apelação, a ausência delas não significa que o apelo não deva ser conhecido, embora se deva reconhecer que não só a apelação interposta pelo acusado faz parte de sua defesa, como também, e com muito mais abrangência, as próprias razões que estão ao seu alcance. Mas, por outro lado, há que se admitir que uma vez não recebida ou não conhecida a apelação por falta de razões, resta violado o disposto no art. 5º, LV, da CF, que confere ao acusado direito à ampla defesa. E, além disso, uma vez interposta a apelação visando à reforma ou mudança da decisão pelo acusado, o ato jurídico de recorrer se aperfeiçoa e, por isso, embora ausentes as razões, não pode por esse motivo deixar o recurso de ser recebido ou conhecido, exceto se o recorrente for o Ministério Público. Nesta hipótese, as razões se fazem necessárias, tendo em vista que o recurso do Ministério Público reativa o procedimento e prolonga a instância, continuando, por via de conseqüência, a acusação até a apreciação do recurso em caráter definitivo pela superior instância. Assim, acreditamos que para o Ministério Público, o recurso só se aperfeiçoa com o oferecimento das próprias razões, posto que a motivação se torna imprescindível para que o recorrido dela tome conhecimento e possa, com as contra-razões, completar na primeira instância, o ciclo do contraditório, e ampliar, por conseguinte, a sua defesa, sob pena de violação do art. 5º, LV, da CF. (*v. Comentários ao art. 588, nºs. 1 e 2, capítulo II, do recurso em sentido estrito*)

Há que se consignar também que a ausêcia de razões de apelação do Ministério Público, leva a se concluir que ocorreu uma tácita desistência, com violação, por conseguinte, do disposto no art. 576 do CPP.

O órgão do Ministério Público terá de intervir em todos os termos da ação penal pública, sob pena de nulidade, conforme o disposto no art. 564, III, *d*, do CPP, tendo em vista que as razões também são pressupostos recursais objetivos, por se tratar de formalidade legal. (*v. Observância das formalidade legais, nº 4, pressupostos recursais objetivos, da teoria geral dos recursos criminais*)

2. Juntada de prova documental com as razões ou contra-razões. Também como garantia da defesa plena, podem as partes, com as razões ou contra-razões de apelação, fazer a juntada de provas documentais, desde que, obviamente, não se trate de prova já debatida nos autos. Mas a parte contrária sempre terá de tomar conhecimento para, querendo, se manifestar a respeito, ainda que seja juntada com as contra-razões.

O Código não cuida em disposição expressa da possibilidade de as partes fazerem a juntada de prova documental nas razões e contra-razões. Mas os arts. 231 e 400 do CPP, deixam transparente essa possibilidade, ao prever que em qualquer fase do processo as partes poderão juntar documento, com exceção daqueles caso cuja vedação está expressa na lei, como, por exemplo, o disposto no § 2º do art. 406 do CPP, que veda a juntada de documento com as alegações finais, nos processos de crimes da competência do tribunal do júri; também no tribunal do Júri, durante o julgamento, não é permitida a juntada de prova documental que não tiver sido comunicada à parte contrária, com antecedência, pelo menos de 3 dias, compreendendo nessa proibição, inclusive a leitura de jornal ou qualquer escrito, cujo conteúdo versar sobre matéria de fato constante do processo (art. 475 do CPP).

Tanto a apelação como as respectivas razões e contra-razões fazem parte do conteúdo de mais uma fase processual junto ao primeiro grau de jurisdição, uma vez que o recurso de apelação é, também, o meio pelo qual a instância judicial é reativada e prolongada e, por isso, tornam-se plenamente aplicáveis as disposições dos arts. 231 e 440 do CPP.

Art. 601. Findos os prazos para razões, os autos serão remetidos à instância superior, com as razões ou sem elas, no prazo de 5 (cinco) dias, salvo no caso do art. 603, segunda parte, em que o prazo será de 30 (trinta) dias.

§ 1º Se houver mais de um réu, e não houverem todos sido julgados, ou não tiverem todos apelado, caberá ao apelante promover extração do traslado dos autos, o qual deverá ser remetido à instância superior no prazo de 30 (trinta) dias, contado da data da entrega das últimas razões de apelação, ou do vencimento do prazo para a apresentação das do apelado.

§ 2º As despesas do traslado correrão por conta de quem o solicitar, salvo se o pedido for de réu pobre ou do Ministério Público.

1. Forma de interposição de apelação. Assim como o recurso em sentido estrito, a apelação também é interposta por termo nos autos do processo ou por petição, no prazo previsto no art. 593 do CPP, exceto se o apelante for o ofendido, seu representante legal, ou aquelas pessoas indicadas no art. 31, em que o prazo é o previsto no parágrafo único do art. 598, ou seja, de 15 dias, se não estiver habilitado nos autos como assistente do Ministério Público. Se devidamente habilitado, o prazo é também de 5 dias. Em se tratando de apelação junto ao Juizado Especial Criminal, o prazo é de 10 dias, conforme dispõe o art. 82 do Lei nº 9.099/95. Neste caso, a apelação é interposta por petição, tão-somente, com o acompanhamento das razões.

Quanto ao termo inicial, via de regra, é contado da intimação. Em se tratando de julgamento pelo tribunal do júri, o prazo passa a fluir da publicação da sentença no dia do julgamento. (v. *Intimação, nº 3, pressupostos recursais objetivos, da teoria geral dos recursos criminais*)

A apelação é endereçada ao juízo *ad quem*, mas num primeiro momento tem como destinatário o juízo *a quo*, ou seja, o juízo de onde partiu a decisão. A petição ou o termo nos autos é dirigida a ele, que vai examinar, em primeiro plano, os pressupostos de admissibilidade, como legitimidade, interesse do apelante e previsão legal para o recurso.

O juízo *ad quem* ao qual é endereçado o recurso de apelação são os Tribunais de Justiça, Tribunais Regionais Federais, Tribunal do Distrito Federal, Tribunais Regionais Eleitorais e Tribunais Militares dos Estados, que têm competência prevista nas Constituições Federal e Estaduais, Leis Complementares e Leis de Organização Judiciária. Em se tratando de Juizado Especial Criminal, a competência é das Turmas Recursais, nos termos do art. 82 da Lei n. 9.099/95.

O juízo *a quo* pode admitir ou não o recurso de apelação, após examinar os pressupostos de admissibilidade; porém, não lhe é permitido operar qualquer modificação nas sentenças ou decisões (art. 593 do CPP), ressalvada a hipótese prevista no art. 382 do CPP, dentro dos limites e prazos fixados nessa norma; ou seja, quando a sentença apresentar obscuridade, ambigüidade, contradição ou omissão, e aquele que tiver legitimidade e interesse haja interposto embargos declaratórios, no prazo de 2 dias, requerendo ao juiz que preste os esclarecimentos devidos. Nessa hipótese, embora não haja regramento próprio na lei processual penal, o prazo para a interposição de apelação se interrompe, nos termos do art. 538, *caput*, do CPC, com a nova redação que lhe emprestou a Lei nº 8.950/94, por aplicação analógica, nos termos do disposto no art. 3º do CPP. Não, porém, quando se tratar de procedimento regulado pela Lei n. 9.099/95, em que o prazo para a interposição de apelação fica suspenso, ante eventuais embargos, por força do art. 83, § 2º, do art. 83. (v. *Comentários ao art. 620, nº 9, capítulo VI, dos embargos*)

2. **Providências para suprir omissão relativa às razões da defesa**. Antes do encaminhamento dos autos do processo à superior instância, vencido o prazo sem que a defesa tenha oferecido as razões, entendemos que para ser preservado o princípio da ampla defesa, torna-se necessária a intimação do réu pessoalmente para, querendo, constituir outro defensor. Mesmo assim, continuando a omissão, o magistrado deve supri-la, nomeando defensor dativo para esse ato, ou valer-se da Defensoria Pública, e não interpretar isolada e literalmente, apenas, a arcaica redação do art. 601 do CPP, encaminhando os autos ao juízo *ad quem*, sem as razões de recurso. Ao interpretar a lei, o magistrado deve adequá-la às disposições constitucionais pertinentes, uma vez que o Direito Processual Penal, pode-se afirmar, está inteiramente constitucionalizado, e sendo o nosso Código anterior à CF, exige ainda mais cautela na interpretação para o ajuste constitucional necessário à garantia dos direitos individuais e coletivos, dentre os quais, se incluem o contraditório e a ampla defesa do acusado.

Sendo do Ministério Público a omissão, quer nos parecer que deva ser intimado o substituto do titular para oferecer as razões, tendo em vista tratar-se de peça obrigatória e, por isso, a ausência dela acarreta a nulidade do processo por força do art. 564, III, *d*, do CPP. (v. *Comentários ao art. 600, nº 1, neste capítulo III, da apelação*)

3. **Súmula impeditiva de recurso de apelação**. A Lei nº 11.276, de 7 de fevereiro de 2006, fez algumas alterações específicas no Código de Processo Civil, dentre as quais, acrescentou ao art. 518, o § 1º, com a seguinte redação: "juiz não receberá o recurso de apelação quando a sentença estiver em conformidade com súmula do Superior Tribunal de Justiça ou do Supremo Tribunal Federal". Pode ser qualquer súmula, desde que pertinente à adequação da sentença, seja ela proveniente do STJ ou do STF. Quando se tratar de súmula da Corte Suprema, pode ser também súmula vinculante, pensamos.

Uma vez harmonizada sentença e súmula, ao Juiz é concebido o poder de impedir o seguimento da apelação, depois de oferecida a resposta do apelado, no prazo de 5 dias. Se, porém, se convencer que sua decisão contraria alguma súmula, dará seguimento ao recurso.

Acreditamos que a chamada súmula impeditiva, a nosso sentir, é inaplicável na esfera processual penal. Não cabe, sequer, aplicação analógica nos termos do permissivo do art. 3º do CPP, tendo em vista que a sentença criminal sempre tem em seu conteúdo, matéria de direito penal; não podendo, por isso, serem violados alguns princípios garantistas de ordem constitucional, como o direito do réu ao duplo grau de jurisdição; ao contraditório e à defesa plena.

Sem a plenitude da jurisdição a que têm direito as partes no processo penal, com todas as garantias constitucionais, o Estado não consegue restabelecer a paz social, por intermédio do devido processo legal.

Todo crime além da lesão a um bem jurídico protegido; afeta, lesa, também a um dever do sujeito, que é o de se comportar de conformidade com as normas sociais preestabelecidas. Mas ao mesmo indivíduo que descumpre o dever, o direito penal não pode desamparálo, tendo em vista que ao *jus libertatis*, também protege o direito penal, por se tratar de um bem que, depois da vida, é o bem jurídico mais precioso que exite. Mas isso não quer significar que não deva o acusado ser punido, mas punido à proporção de sua culpabilidade, depois de submetido ao devido processo legal, com todas as garantias constitucionais, dentre as quais, o direito ao contraditório e a ampla defesa, nos termos do art. 5º, LV, da CF.

Todavia, se a apelação for interrompida em seu curso normal em razão da chamada súmula impeditiva de recurso, a jurisdição, por via de conseqüência, resta mutilada, tendo as partes suprimido o direito constitucional de ver esgotadas todas as instâncias, com a utilização dos "meios e recursos" inerentes a sua ampla defesa.

E a acusação, em especial o Ministério Público (sem qualquer demérito à acusação particular), estará impedida de prosseguir com a ação penal, de cumprir o seu papel, não simplesmente o de acusar por acusar, apenas, mas o de preservar a "...defesa da ordem jurídica" (art. 127 da CF). Com sua atuação independente, pode na superior instância, vir o Ministério Público, ao examinar o conteúdo do processo, em decorrência da apelação interposta, opinar pela absolvição do acusado condenado no juízo *a quo*; o que não ocorreria se fosse obstaculizado o normal andamento da apelação, com a conseqüente supressão do segundo grau de jurisdição, pela aplicação da chamada súmula impeditiva. Por outro lado, é suprimido também o direito das partes de produzir prova documental, com as razões de recurso (arts. 231 e 400 do CPP), a ser apreciada pelo tribunal.

Assim, cremos ser de todo inviável no processo penal a aplicação das disposições da Lei nº 11.216/06, que disciplinam a súmula impeditiva do recurso de apelação no processo civil, sem ferir o consagrado direito do acusado, ao duplo grau de jurisdição.

Art. 602. Os autos serão, dentro dos prazos do artigo anterior, apresentados ao tribunal *ad quem* ou entregues ao Correio, sob registro.

1. **Remessa dos autos à superior instância.** A apelação, quer seja interposta por petição, ou por termo, será apresentada à superior instância nos próprios autos do processo, ou entregue ao correio, mediante registro. Somente naqueles casos previstos no § 1º, do art. 601, do CPP, é que a apelação segue em autos formados por peças trasladadas dos autos principais, ou seja, "se houver mais de um réu, e não houverem todos sido julgados, ou não tiverem todos apelado, caberá ao apelante promover extração do traslado dos autos, o qual deverá ser remetido à instância superior no prazo de trinta dias, contado da data da entrega das últimas razões de apelação, ou do vencimento do prazo para a apresentação das do apelado" (art. 601, § 1º). "As despesas do traslado correrão por conta de quem o solicitar, salvo se o pedido for de réu pobre ou do Ministério Público" (art. 601, § 2º).

Art. 603. A apelação subirá nos autos originais e, a não ser no Distrito Federal e nas comarcas que forem sede de Tribunal de Apelação, ficará em cartório traslado dos termos essenciais do processo referidos no art. 564, III.

1. **Permanência de cópia do processo em cartório.** A regra é que a apelação interposta é discutida, processada e, por fim, encaminhada ao juízo *ad quem* competente, nos autos originais. Se, porém, não for no Distrito Federal e nem nas comarcas onde está sediado o tribunal, de parte dos autos são trasladados os termos essenciais a que se refere o art. 564, III, do CPP, devendo permanecer em cartório, como medida de segurança, aguardando o retorno dos autos principais. Há quem entenda tratar-se de cautela desnecessária, posto que "...Hoje, o serviço está devidamente organizado e dificilmente um processo se perde nesse trâmite".[63] Mesmo com a avançada tecnologia hoje existente, com serviços de transporte mais seguros, e com certa dificuldade, até mesmo de espaço físico, para a guarda do traslado, entendemos ser necessária a preservação dessa cautela, porque se o risco de perda de um processo, ainda que mínimo, existe, há que ser mantida essa tradição nos termos da lei. Ademais, o espaço que ocupa em cartório, não vai além do mesmo espaço ocupado, antes, pelo processo principal.

---

[63] NUCCI, Guilherme de Souza. *Código de processo penal comentado*. São Paulo: RT, 2005, p. 925.

Art. 604. (Revogado pela Lei nº 263, de 23.02.1948)
Art. 605. (Revogado pela Lei nº 263, de 23.02.1948)
Art. 606. (Revogado pela Lei nº 263, de 23.02.1948)

CAPÍTULO VI
DO PROTESTO POR NOVO JÚRI

Art. 607. O protesto por novo júri é privativo da defesa, e somente se admitirá quando a sentença condenatória for de reclusão por tempo igual ou superior a 20 (vinte) anos, não podendo em caso algum ser feito mais de uma vez.
§ 1º Não se admitirá protesto por novo júri, quando a pena for imposta em grau de apelação (art. 606).
§ 2º O protesto invalidará qualquer outro recurso interposto e será feito na forma e nos prazos estabelecidos para interposição da apelação.
§ 3º No novo julgamento não servirão jurados que tenham tomado parte no primeiro.

1. **Conceito.** O protesto por novo júri é recurso privativo da defesa, quando houver condenação do réu à pena igual ou superior a 20 anos de reclusão pelo tribunal do júri, e só pode ser interposto uma única vez (art. 607 do CPP). Trata-se de recurso ordinário específico de condenação pelo tribunal do Júri, interposto apenas pela defesa e para a mesma instituição.[64]

No dizer de Borges da Rosa, a única justificativa encontrada para a existência do protesto por novo júri é a tradição vinda do império quando determinados crimes eram punidos com pena de morte e galés perpétuas, "única que, por sua suma gravidade, parecia justificar tão esquisita espécie de recurso, que atualmente representa uma complicação desnecessária".[65]

Atualmente, além de não mais se justificar essa espécie de recurso vindo dos tempos do Império, quando existia penas de morte e de prisão perpétua, há também a necessidade de ser preservada a soberania dos veredictos do júri popular assegurada no art. 5º, XXXVII, c, da CF, que é de certa forma violada, principalmente naqueles casos em que o Juiz encontra dificuldade para aplicar pena inferior a 20 anos.

A conservação dessa espécie de recurso em nossa legislação processual penal não teve outro intuito senão o de beneficiar o acusado, isto é, foi mantido mais como um favor *libertatis* do que como recurso propriamente dito,[66] porque é um recurso que garante um novo julgamento por outro conselho de sentença, com a possibilidade de apelar da decisão do segundo julgamento, sem correr o risco de se confrontar com algum obstáculo, como a vedação, por exemplo, de uma segunda apelação pelo mesmo motivo, já que o protesto por novo júri independe de qualquer motivação, e o novo julgamento ocorrido em face do protesto, só impede novo protesto.

2. **Pressupostos do protesto por novo júri.** a) Condenação do réu pelo tribunal do júri à pena igual ou superior a 20 anos de reclusão, b) Pena imposta por um só crime, c) Não ter havido outro protesto por condenação anterior referente ao mesmo fato, d) Ser interposto o protesto exclusivamente pela defesa, ou pelo próprio réu, dirigido ao juiz-presidente do tribunal do júri, e) Tempestividade.

3. **Protesto por novo júri em concurso material de crimes.** Se a pena de 20 ou mais anos de reclusão for aplicada ao réu em decorrência de condenação pelo tribunal do júri, em concurso material de crimes (art. 69 do CP), não comporta protesto por novo júri, salvo se algum dos crimes alcançar a quantidade de pena prevista pelo legislador porque, as penas privativas de liberdade em concurso material são aplicadas cumulativamente e, desta forma, a soma das penas, ainda que igual ou superior a 20 anos, inviabiliza o protesto, tendo em vista o regramento do art. 608 do CPP, que prevê o recurso de apelação para a condenação por outro crime que não caiba protesto. Obviamente que a apelação aludida por essa norma, quando a pena fica aquém do previsto para o protesto, está a indicar que as penas não podem ser somadas para essa espécie de recurso.

A apelação, quando for o caso, terá de ser interposta no mesmo prazo, isto é, no prazo de 5 dias, conforme o disposto no § 2º do art. 607 do CPP, a fim de que seja evitada a preclusão. Todavia, ficará suspensa até o advento da nova decisão provocada pelo protesto, ou seja, pelo novo julgamento realizado pelo tribunal do júri.

A regra de que a pena de 20 ou mais anos de reclusão deva ser imposta por um só crime e de que a condenação deva ser pelo tribunal do júri, quer nos parecer que, em concurso material, não significa que

---

[64] Protesto por novo Júri é a provocação feita da sentença de um júri para outro, a fim de julgar a causa de novo. ACOSTA, Walter P. *O processo penal.* Rio de Janeiro: Editora do Autor, 1977, p. 363.
[65] ROSA, Inocêncio Borges da. *Processo penal brasileiro*, v. IV. Porto Alegre: Globo, 1942, p. 46.
[66] "... para interpô-lo não é necessário invocar qualquer erro da decisão; basta que a pena aplicada seja de reclusão por tempo não inferior a 20 anos. É, portanto, uma oportunidade de reexame fundada na gravidade da pena". TORNAGHI, Hélio. *Curso de processo penal*. São Paulo: Saraiva, 1989, p. 346.

o crime deva ser, necessariamente, doloso contra a vida.

A despeito de respeitável entendimento em sentido contrário,[67] não vemos vedação legal alguma para o cabimento do protesto, quando se tratar de condenação, cuja pena de reclusão aplicada alcance 20 ou mais anos, por crime que não seja, por sua natureza, da competência do tribunal do júri; desde que, evidentemente, conexo com algum outro crime doloso contra a vida, consumado ou tentado (no art. 78, I, do CPP), ainda que o conselho de sentença absolva o acusado pelo crime contra a vida e o condene, tão-somente, pelo crime conexo àquele.[68] Não, porém, se houver desclassificação do crime contra vida (tentativa de homicídio, por exemplo, para lesões corporais, da competência do Juiz singular); nesta hipótese, os demais crimes conexos que não sejam dolosos contra vida, também serão julgados pelo juiz-presidente do tribunal do júri, por incidência do art. 492, § 2º, do CPP, e não pelo conselho de sentença.

As disposições do CPP que tratam do protesto por novo júri deixam transparecer que a pena de 20 ou mais anos deva ser de reclusão por crime doloso e em virtude de condenação pelo tribunal do júri; não fazem qualquer referência a crime doloso contra a vida. Daí por que não se pode subtrair ao réu, o direito de interpor protesto por novo júri, por qualquer outro crime doloso conexo, desde que a condenação seja igual ou superior a 20 anos de reclusão.[69]

4. Protesto por novo júri em concurso formal de crimes. Quando se tratar de concurso formal de crime (art. 70, do CP) ou de crime continuado (art. 71, do CP), desde que presentes os pressupostos legais, cabe o protesto por novo júri. No concurso formal, cabe o protesto, porque é considerada a existência de uma unidade delitual, isto é, há uma só ação ou omissão, embora como conseqüência, sobrevenha dois ou mais resultados puníveis, idênticos ou não. Nesse caso, aplica-se a mais grave das penas; porém, se forem iguais, somente uma delas, aumentada, em qualquer caso, de um sexto até a metade (primeira parte do art. 70 do CP).

Todavia, em se tratando de concurso formal impróprio, isto é, quando há uma só ação, também com o advento de dois ou mais resultados puníveis, mas com desígnios autônomos (segunda parte do art. 70 do CP), não há como se deixar de adotar o mesmo tratamento dado ao concurso material (art. 69 do CP), ou seja, só admitir-se o protesto quando a pena de um só crime implementar o pressuposto de 20 ou mais anos de reclusão, porque nessa hipótese, também se aplicam cumulativamente as penas privativas de liberdade, em que haja incorrido o agente.

5. Protesto por novo júri em crime continuado. Com relação a crime continuado (art. 71 do CP), é admissível o protesto, porque, por ficção jurídica é também considerado um só crime; até porque, se forem idênticos, aplicam-se a pena de um só deles, ou a mais grave se diversas, aumentada, em qualquer caso, de um sexto a dois terços, assim como ocorre com o concurso formal.

Art. 608. O protesto por novo júri não impedirá a interposição da apelação, quando, pela mesma sentença, o réu tiver sido condenado por outro crime, em que não caiba aquele protesto. A apelação, entretanto, ficará suspensa, até a nova decisão provocada pelo protesto.

1. Protesto por novo júri e apelação do Ministério Público, do assistente, do defensor e do próprio réu. O protesto por novo júri não obsta ao Ministério Público, ou ao assistente da acusação, o direito de interpor apelação em razão de outro crime imputado ao mesmo réu, do qual fora absolvido ou, até mesmo condenado, se for para aumentar a pena.

Também o defensor ou o próprio réu, pessoalmente, pode apelar, desde que caracterizada aquela hipótese prevista no art. 608, que diz: "O protesto por novo júri não impedirá a interposição da apelação quando, pela mesma sentença, o réu tiver sido condenado por outro crime em que não caiba aquele protesto. A apelação, entretanto, em qualquer caso, ficará suspensa, até a nova decisão provocada pelo protesto".

Acolhido o protesto por novo júri, submetido o réu a novo julgamento, a apelação eventualmente interposta, que estava suspensa, com relação a outro ou

---

[67] "Havendo um crime de júri e um conexo somente se poderá considerar o doloso contra a vida e sua pena exclusivamente". GRECO FILHO, Vicente. *Manual de processo penal*. São Paulo: Sariaiva, 1198, p. 378.

[68] "Se o júri absolver o réu no que diz respeito ao crime prevalente, é de considerar que o referido tribunal julgou o caso (pois absolver é julgar), e, nesta hipótese, deve o mesmo colegiado, e não o Juiz que o presidir, julgar também o crime não-prevalecente..."JESUS, Damásio E. de. *Código de processo penal anotado*. São Paulo: Saraiva, 1996, p. 350.

[69] "Assim, a título de exemplo, se o réu responde em conexão objetiva (art. 76, II, do CPP) a dois crimes: extorsão mediante seqüestro com resultado morte por uma vítima (art. 159, § 3º do CP) e homicídio qualificado por outra vítima (art. 121, § 2º, II, do CP), sendo condenado a 24 anos pela extorsão e 15 anos pelo homicídio, caberá protesto em relação somente à extorsão e não em relação ao homicídio. Pois a pena que ultrapassou os 20 anos de reclusão, a autorizar o protesto, foi a da extorsão. Nessa hipótese, o réu interpõe o protesto em relação à extorsão e apela em relação ao homicídio, em obediência à regra do art. 608 do CPP". RANGEL, Paulo. *Direito processual penal* Rio de Janeiro: Lumen Juris, 2003, p. 791.

outros crimes, poderá ser arrazoada, se ainda não o foi, conjuntamente com as razões de apelação interposta em razão da absolvição do segundo julgamento ou, até mesmo, de nova condenação para aumentar a pena. E, da mesma forma, deverá ser o procedimento do réu ou de seu defensor, se tiver apelado daquela parte da decisão que não cabia o protesto e, também, de eventual condenação no segundo julgamento.

Insta acentuar que se o Ministério Público havia apelado para agravar a pena do réu em face da condenação que ensejou o protesto, no momento em que este é acolhido pelo juiz-presidente do tribunal do júri, o recurso de apelação fica prejudicado nesta parte, tão-somente, tendo em vista o disposto no § 2º do art. 607 do CPP, que diz: "o protesto invalidará qualquer outro recurso interposto...". Com relação ao crime que não foi objeto do protesto, o apelo é válido, ficando, porém, suspenso até o final do julgamento provocado pelo protesto; tendo após, normal seguimento, depois de arrazoado e contra-arrazoado, caso ainda não o tenha sido feito, inclusive com o processamento de outros eventuais recursos interpostos em virtude desse novo julgamento.

2. **Apelação da decisão do novo julgamento.** Não há vedação alguma prevista em lei para a interposição de recurso de apelação da decisão do novo julgamento, quer da defesa, quer da acusação, uma vez que o julgamento anterior em nenhum aspecto se reflete no segundo, salvo para obstaculizar outro protesto por novo júri.

Sendo o réu condenado novamente, poderá apelar por qualquer daqueles motivos previstos do inciso III do art. 593, assim como também o Ministério Público se assim o entender.

E se a superior instância acolher esta apelação interposta com fundamento no art. 593, III, d, do CPP, por exemplo, anulando o julgamento, o réu será novamente julgado, inclusive com relação ao crime que não coube protesto, se também foi anulado pelo Tribunal ad que.

3. **Protesto por novo júri quando a pena for imposta em grau de apelação (§ 1º do art. 607 do CPP).** Se a pena agravada em virtude de apelação da acusação chegar a 20 ou mais anos de reclusão, diz o § 1º do art. 607 do CPP: "não se admitirá protesto por novo júri, quando a pena for imposta em grau de apelação (art. 606)".

A despeito dessa vedação legal, há controvérsia na doutrina e na jurisprudência com relação ao cabimento ou não do protesto em caso de agravamento da pena pela superior instância, em face de recurso da acusação.

A divergência é toda ela calcada na vigência ou não do § 1º do art. 607 CPP, em face da menção que faz em sua parte final, ao art. 606, conforme a descrição seguinte: "...§ 1º. Não se admitirá protesto por novo júri, quando a pena for imposta em grau de apelação (art. 606)".

Parte da doutrina entende que a Lei n.263, de 23.02.48, ao revogar o art. 606, do CPP, fulminou o § 1º do art. 607. Nesse sentido GRINOVER, GOMES FILHO e FERNANDES consignam o seguinte:

(...) na redação original do CPP, tal artigo previa a possibilidade de reforma da decisão de jurados pelo tribunal de segundo grau, quando não encontrasse apoio na prova dos autos. Ora, com a superveniência da Constituição Federal de 1946, que proclamou a soberania dos veredictos popular, essa e outras previsões passaram a ser inconstitucionais, pelo que a citada Lei n.263, adaptando o código ao novo texto constitucional, introduziu-lhe alterações em alguns artigos e revogou expressamente outros, como o mencionado art. 606.[70]

Em linhas gerais, esses aludidos autores seguem a mesma doutrina esposada por MARQUES e PORTO, isto é, o entendimento de que a Lei n.263, de 23.02.48, ao revogar o art. 606, viabilizou o protesto por novo júri, quando a instância superior aumentar a pena imposta ao acusado, em face de recurso da acusação, para 20 ou mais anos de reclusão.[71]

O art. 606 do CPP tinha a seguinte redação:

Se a apelação se fundar no n. III, letra b, do art. 593 e o Tribunal de Apelação se convencer de que a decisão dos jurados não encontra apoio algum nas provas dos autos, dará provimento à apelação para aplicar a pena legal, ou absolver o réu, conforme o caso.

Foi revogado o art. 606, mas não o seu parágrafo único, com a redação que segue:

Interposta a apelação com fundamento no n. III, letra c do art. 593, o Tribunal de Apelação, dando-lhe provimento, retificará a aplicação da pena ou da medida de segurança.

Era possível, sim, o tribunal de justiça condenar o acusado e aplicar pena igual ou superior a 20 anos de reclusão; daí a expressa vedação contida no § 1º do art. 607 do CPP, para inviabilizar, em caso como esse, a interposição de protesto. E é por isso que alguns, e muito poucos, entendem que uma vez revogado o art. 606, não existe mais empecilho para ser interposto protesto quando a pena de 20 ou mais anos de reclusão for em virtude de elevação feita pelo tri-

---

[70] GRINOVER, Ada Pellegrini; GOMES FILHO, Antonio Magalhães; FERNANDES, Antonio Scarance. Recursos no processo penal. São Paulo: 1996, p. 245.

[71] MARQUES, José Frederico. Elementos de direito processual penal, v. IV. Rio de Janeiro: Forense, 1965, p. 302; PORTO, Hermínio Marques. Júri, v. III. São Paulo: RT, 1982, p. 305.

bunal de justiça, quando houver recurso da acusação para agravar a pena.

O estranho é que pretendem dar ao art. 606, *caput* do CPP, revogado, o alcance que na realidade nunca teve, posto que sua redação, isoladamente, nada significou para a subsistência do protesto por novo júri; ao contrário, servia apenas de reforço ao entendimento de que este recurso somente era viável quando a pena aplicada ao acusado fosse em decorrência de condenação pelo tribunal popular, porque interpretado em conjunto com o § 1º do art. 607 do CPP, poderia assim ser entendido:

> Não se admitirá protesto por novo júri, quando a pena for imposta em grau de apelação, nos termos do art. 606 e respectivo parágrafo único do CPP.

E aí, obviamente, estava incluído o parágrafo único, que não foi revogado. E, por isso, esse empecilho ainda hoje permanece, e foi em face da mesma lei que revogou o *caput* do art. 606 do CPP, isto é, da Lei n.263, de 23.02.1948, que determinou a redação dos §§ 1º, 2º, 3º e 4º do art. 593 do CPP. E, no caso, o que mais nos interessa é § 2º que diz:

> (...) Interposta apelação com fundamento no nº III, d, deste artigo, o tribunal *ad quem*, se lhe der provimento, retificará a aplicação da pena ou da medida de segurança.

Infere-se daí que a vedação não deixou de existir, persiste ainda hoje, porque, nessa hipótese, havendo recurso da acusação, pode também o tribunal de justiça retificar e elevar a pena aplicada de forma a atingir 20 ou mais anos de reclusão, conforme foi visto acima (*v. Comentários ao art. 593, nº 10 e 11, capítulo III, da apelação*) sem, contudo, ensejar o protesto, conforme bem observa Tourinho Filho:

> Assim, se o parágrafo único do art. 606 não foi revogado, apenas sofreu um deslocamento, em virtude de técnica legislativa, persiste a proibição do § 1º do art. 607: não será cabível o protesto, se a pena for imposta em grau de apelação.[72]

Há que ser salientado, também, que o § 1º do art. 607, por si só, se sustenta. A remissão que faz ao art. 606 é, apenas, como um reforço, "o que, pela técnica legislativa era despicienda, já que a adoção do parágrafo somente pode ser levada a efeito quando excepcionar o regramento do caput ou dar-lhe direcionamento diverso",[73] lembra MOSSIN.

Não se pode olvidar, por outro lado, que a admissão de protesto em face de aumento de pena pelo tribunal de justiça, ao prover apelação do Ministério Público, desnatura, absolutamente, essa espécie de recurso, por uma série de motivos que se alinham a seguir:

1º O protesto é um recurso específico do tribunal do júri.

2º Terá de ser interposto pela defesa (ou pelo réu, pessoalmente) para a mesma instituição.

3º Se o tribunal de justiça aumenta a pena, implementando o requisito quantitativo, é em virtude de recurso da acusação e não da defesa.

4º O juiz-presidente do tribunal do júri para acolher o protesto não examina o mérito.

5º O Tribunal *ad quem* terá de examinar o mérito para aumentar a pena e, se assim o fizer, estará impossibilitado de encaminhar o acusado a novo julgamento, porque não há protesto por novo júri *ex officio*. E, se apenas devolver os autos à instância de origem, com a pena aumentada para 20 ou mais anos, a defesa ou o acusado não poderá mais interpor o protesto, tendo em vista o obstáculo causado pela imutabilidade da coisa julgada, por força do disposto no § 2º do art. 607 do CPP, que só permite a interposição do protesto no mesmo prazo da apelação, ou seja, até 5 dias após a intimação, que é feita naquela mesma sessão do julgamento pelo tribunal do júri. E ainda que o juiz-presidente acolha o protesto, por já ter transitado em julgado o acórdão, "o júri não pode rever aquela decisão".[74]

6º Não pode o tribunal de justiça conhecer, dar provimento ao recurso de apelação interposto pela acusação, aumentar a pena para 20 ou mais anos de reclusão e, logo seguir, anular sem respaldo na lei, a sua própria decisão para encaminhar o acusado a novo julgamento pelo tribunal do júri, também, *ex officio*.

4. Forma de interposição de protesto por novo júri e competência para decidir. A forma e prazo para ser interposto o protesto são os mesmos previstos para o recurso de apelação, conforme dispõe o § 2º do art. 607. É interposto por petição ou por termo nos autos, no prazo de 5 dias, tendo como destinatário o juiz-presidente do tribunal do júri. As razões e contra-razões são dispensáveis, desde que presentes os pressupostos legalmente previstos. A falta de um só dos pressupostos enseja a denegação do protesto, uma vez que é com base exclusivamente neles que a lei prevê essa espécie de recurso da defesa. Se, porém, presentes estiverem, não terá o juiz-presidente motivo para deixar de acolhê-lo, devendo deferi-lo, invalidando, por conseguinte, o júri anteriormente realizado.

5. Recurso cabível da decisão que denega o protesto. Se o juiz-presidente do tribunal do júri inde-

---

[72] TOURINHO FILHO, Fernando da Costa. *Processo penal*, v. IV. São Paulo: Saraiva, 1997, p. 408.
[73] MOSSIN, Heráclito Antônio. *Curso de processo penal*, v. IV. São Paulo: Atlas, 1998, p. 339.
[74] ACOSTA. WALTER P. *O processo penal*. Rio de Janeiro: Editora do Autor: 1977, p. 364.

ferir o protesto, a doutrina predominante é no sentido de que o réu poderá se valer da carta testemunhável, de conformidade com o art. 639, I, do CPP.[75] Há, entretanto, alguma opinião divergente dizendo que é cabível o *habeas corpus*, como a de MARQUES, por entender que o protesto por novo júri sendo recurso interposto de juízo *a quo* para juízo *a quo*, a carta testemunhável não é o recurso adequado porque esta espécie de recurso tem a finalidade de fazer chegar à superior instância o exame da matéria impugnada.[76] Também a opinião de GRECO FILHO é no sentido de cabimento do *habeas corpus*, mas porque o "recurso" a que faz referência o art. 639, I, do CPP é o em sentido estrito e não a carta testemunhável.[77]

A carta testemunhável parece-nos ser o recurso apropriado, tendo em vista que o art. 639, I, do CPP faz referência à "denegação de recurso", de forma indeterminada, isto é, sem especificar qual o recurso denegado; e o protesto por novo júri é recurso e, como para essa decisão não há recurso específico em lei, a carta testemunhável é o recurso cabível, assim como o é para o recurso em sentido estrito e para o agravo na execução, também denegados.

6. O conselho de sentença do novo julgamento. O § 3º do art. 607 não deixa transparecer qualquer dúvida no sentido de que no novo julgamento não pode servir jurado que tenha tomado parte no primeiro.

Mas não é só na hipótese de novo julgamento em decorrência de deferimento de protesto por novo júri que não poderá servir jurado que tenha participado do julgamento anterior. De conformidade com orientação já consolidada pelo Pretório Excelso na Súmula 206, é "nulo o julgamento anterior pelo júri com participação de jurado que funcionou em julgamento anterior do mesmo processo". Assim, submetido o acusado a novo julgamento pelo júri popular, em qualquer caso não pode integrar o conselho de sentença, jurado que tenha participado do julgamento anterior sobre o mesmo fato, nem mesmo quando se tratar de co-réu que, por algum motivo, não tenha sido ainda julgado. Essa vedação encontra justificativa no § 1º do art. 458 do CPP, que impõe ao Juiz a obrigatoriedade de advertir os jurados, no sentido de que, uma vez sorteados, não poderão se comunicar com outrem, nem manifestar sua opinião sobre o processo, sobe pena de exclusão do conselho e multa.

Sendo assim, é óbvio que o jurado que tenha participado de julgamento anterior sobre o mesmo processo, estaria absolutamente livre para se comunicar com quem bem entendesse, antes do novo julgamento, com melhor conhecimento da causa e, talvez, com opinião já formada, até por influência de terceiros; vindo, por conseguinte, se tornar inócua a advertência feito pelo magistrado, por ocasião do novo julgamento.

7. Fungibilidade do recurso interposto. Também para os casos de condenação que enseja o recurso de protesto por novo júri não exclui o princípio da fungibilidade previsto no art. 579 do CPP. Há a possibilidade do acusado apelar numa das quatro hipóteses indicadas no art. 593, III, do CPP; mas se a apelação se fundamentar na decisão dos jurados manifestamente contrária à prova dos autos, é mais conveniente para ele protestar por novo júri, o que lhe propiciará duas oportunidades de novo julgamento; isso porque, se a nova decisão também for contrária à evidência dos autos, ele poderá dela apelar. Por esse motivo pode a superior instância converter o primeiro recurso de apelação em protesto por novo júri, amparado pelo art. 579 do CPP, se manifestada expressamente nas razões de recurso a intenção do acusado de ser submetido a novo julgamento, sem que haja má fé na interposição de um recurso por outro. Nesse caso, o acusado será encaminhado a novo julgamento pelo tribunal popular.

CAPÍTULO V
DO PROCESSO E DO JULGAMENTO DOS RECURSOS EM SENTIDO ESTRITO E DAS APELAÇÕES NOS TRIBUNAIS DE APELAÇÃO

Art. 609. Os recursos, apelações e embargos serão julgados pelos Tribunais de Justiça, câmaras ou turmas criminais, de acordo com a competência estabelecida nas leis de organização judiciária. (Redação dada pela Lei nº 1.720-D, de 3.11.1952)

Parágrafo único. Quando não for unânime a decisão de segunda instância, desfavorável ao réu, admitem-se embargos infringentes e de nulidade, que poderão ser opostos dentro de 10 (dez) dias, a contar da publicação de acórdão, na forma do art. 613. Se o desacordo for parcial, os embargos serão res-

---

[75] MIRABETE, Julio Fabbrini. *Processo penal*. São Paulo: Atlas, 2004, p. 717; RANGEL, Paulo. *Direito processual penal*. Rio de Janeiro: Lumen Juris, 2003, p. 799; TOURINHO Filho, Fernando da Costa. *Processo penal*, v. IV. São Paulo: Saraiva, 1997, p. 414.

[76] MARQUES, José Frederico. *Elementos de direito processual penal*, v. IV. Rio de Janeiro: Forense, 1965, p. 312. No mesmo sentido, isto é, entendendo que não cabe carta testemunhável uma vez que o protesto por novo júri não cabe para a segunda instância, já que é apreciado pelo próprio juiz *a quo*, o que frustra a função precípua da carta. CAPEZ, Fernando. *Curso de processo penal*. São Paulo: Saraiva, 1997, p. 399.

[77] GRECO FILHO, Vicente. *Manual de processo penal*. São Paulo: Saraiva, 1998, p. 379.

tritos à matéria objeto de divergência. (Incluído pela Lei nº 1.720-B, de 3.11.1952)

1. **Competência recursal**. O artigo em exame regula a competência recursal. Esse regramento embora modificado pela Lei nº 1.720-B, de 03/11/52, faz referência, apenas, a tribunal de justiça.

Com a Constituição Federal de 1946, o tribunal de apelação que existia quando da promulgação do CPP de 1942, hoje ainda vigente com algumas modificações, passou a ser denominado de tribunal de justiça, permanecendo ainda com essa denominação. Mas no decorrer dos tempos, outros tribunais foram criados, como o Tribunal de Alçada[78] em alguns Estados; os Tribunais Regionais Federais; os Tribunais do Distrito Federal, assim como também os Tribunais Regionais do Trabalho, Tribunais Militares e Tribunais Regionais Eleitorais. Por isso, pode-se dizer que hoje, na justiça comum, os recursos, apelações e embargos são julgados, não apenas pelos Tribunais de Justiça, mas também pelos Tribunais Regionais Federais, Tribunais do Distrito Federal, de conformidade com a competência estabelecida nas Constituições Federal e Estadual; nas Leis de Organização Judiciária e nos Regimentos Internos dos Tribunais. Cada tribunal funciona em plenário, seção, câmara ou turma.

Este regramento faz referência a julgamento de recursos, apelações e embargos. Ora, apelação e embargos também são recursos. Logo, essa redação longe está de ser tecnicamente perfeita. Por outro lado, não especifica quais os recursos a que se refere, o que leva a se concluir que, além do recurso em sentido estrito, a esses órgãos judiciários, compete também o julgamento de qualquer outro recurso interposto de decisões de primeira instância, como o agravo na execução, por exemplo (*v. Dos agravos, nº 4, procedimento e prazo*), que, aliás, entendemos ter o mesmo procedimento do recurso em sentido estrito, além dos embargos de seus próprios julgados.

2. **Embargos infringentes e de nulidade**. A possibilidade de oposição de embargos infringentes e de nulidade nasce com a decisão não unânime de câmara ou turma do tribunal *ad quem*, proferida em recursos em sentido estrito e de apelação. Se a decisão por maioria for parcial, os embargos se restringirão apenas à matéria objeto da divergência (art. 609, parágrafo único, do CPP). Se, porém, a divergência do voto vencido for desfavorável ao réu, não cabe essa espécie de recurso da decisão da câmara ou turma.

Da decisão não unânime da câmara ou turma junto à superior instância que tiver pelo menos um voto favorável ao acusado, quando apreciar o recurso em sentido estrito ou de apelação, contra os demais votos desfavoráveis, são cabíveis embargos infringentes ou de nulidade, por se tratar de decisão desfavorável por maioria de votos, nos termos do disposto no parágrafo único do art. 609 do CPP.

Porém, se houver um voto favorável ao réu e dois votos desfavoráveis, mas divergentes entre si, deve, na prática, ser considerada a média dos votos. Como, por exemplo, se o réu apela da sentença que o condenou, e a Turma ou Câmara do Tribunal, ao apreciar o recurso, por seus integrantes, profere um voto (o do relator) para absolvê-lo, outro voto (o do revisor) para submetê-lo a novo julgamento e, por fim, o terceiro voto (do Presidente) nega provimento ao apelo. Trata-se aí de decisão em que cada voto é diferente, todos divergentes entre si. Doutrina e jurisprudência têm entendido, nessa hipótese, de tomar a média dos votos e, dentre eles, optar pelo intermediário, que seria, no caso, o de encaminhar o réu a novo julgamento.

3. **Distinção entre embargos de divergência e de nulidade**. O parágrafo único do art. 609 do CPP faz referência a embargos infringentes e de nulidade, o que significa dizer que sendo a decisão por maioria de votos e desfavorável ao réu, que corresponda ao mérito da causa, cabe o recurso de embargos infringentes, visando à modificação do acórdão; se, porém, a decisão for referente à matéria de ordem processual, o recurso cabível é o de embargos de nulidade, para anular o acórdão. São essas circunstâncias, isto é, circunstâncias de caráter material e processual, respectivamente, que distinguem os embargos infringentes dos embargos de nulidade.

4. **Decisões passíveis de embargos infringentes e de nulidade**. Tanto a doutrina quanto a jurisprudência inclinam-se no sentido de que somente comportam embargos infringentes e de nulidade as decisões proferidas em apelação e em recursos em sentido estrito. Há entendimento doutrinário, no entanto, no sentido de que os embargos cabem em qualquer outro recurso ordinário.[79]

---

[78] O art. 4º da Emenda Constitucional nº 45, de 30 de dezembro de 2004, extinguiu os Tribunais de Alçada, passando, seus membros a integrar os Tribunais de Justiça dos Estados respectivos.

[79] É nossa opinião deva compreender-se como decisão de segunda instância, para efeito do atual parágrafo único do art. 609 do Código de Processo Penal, a proferida no julgamento de recursos ordinários, o que exclui a revisão criminal, salvo quando se apresentar prescrevendo o cabimento dos embargos ao acórdão nela proferido, regra expressa, como a do art. 194, nº I, letra 'd', no Regimento Interno do Supremo Tribunal Federal. ESPÍNOLA FILHO, Eduardo. *Código de processo penal brasileiro anotado*, v. II, n. 1.276. Rio de Janeiro: Editora Rio, 1976, p. 330-31. Deixa transparecer o autor que, com exceção da revisão criminal, afora alguns casos específicos, das demais decisões, seja qual for o recurso ordinário, desde que proferidas nos termos do parágrafo único do art. 609, são admissíveis embargos infringentes e de nulidade.

Os embargos infringentes e de nulidade foram introduzidos no art. 609 pela Lei nº 1.720-B, de 03/11/52. Registra TORNAGHI que:

> essa lei não mudou a epígrafe do Capítulo V; continua ele a disciplinar 'o processo e o julgamento dos recursos em sentido estrito e das apelações'. Se no corpo do capítulo está dito que cabem os embargos quando não for unânime a decisão de segunda instância desfavorável ao réu, deve entender-se, e até subentender-se, que se trata de decisões proferidas em grau de apelação ou de recurso em sentido estrito, pois disso é que trata o capítulo.[80]

É neste sentido que tem se inclinado a doutrinária, seguida por nossos tribunais, com poucas divergências.

Ressaltamos, contudo, que muitas das decisões elencadas no art. 581, do CPP, estão sujeitas a recurso de agravo, por força do disposto no art. 197, da Lei nº 7.210/84 (LEP), e não mais a recurso em sentido estrito. Pode-se dizer que houve uma substituição recursal. Logo, não parece ser um despropósito admitir-se, também, a interposição de embargos infringentes e de nulidade, nas decisões prolatadas em agravo na execução. É verdade que a epígrafe do Capítulo V cuida do processo e do julgamento dos recursos em sentido estrito e das apelações; todavia, diz também o art. 609 que "os recursos, apelações e embargos serão julgados pelos tribunais de justiça, câmaras ou turmas criminais, de acordo com a competência estabelecida nas leis de organização judiciária".

O agravo também é um recurso. Logo, seu julgamento não unânime poderá contrariar interesse do acusado e ensejar a interposição de embargos infringentes, na hipótese de voto que lhe seja favorável; ficando, dessarte, abrangido pela expressão recursos, do art. 609. Interpretação que nos parece mais adequada, posto que se harmoniza com o princípio constitucional da plena defesa do acusado.

Nesse mesmo sentido está esboçada a redação do RITJRGS, no Título XIII, que trata dos recursos criminais, em seu art. 344, ao prescrever que "...não sendo unânime a decisão de segundo grau, desfavorável ao réu, admitir-se-ão embargos infringentes e de nulidade...", deixa transparecer o cabimento de embargos infringentes e de nulidade para qualquer outro recurso, além dos recursos em sentido estrito e de apelação.

5. Embargos infringentes e de nulidade nos Juizados Especiais Criminais. Na Lei nº 9.099/95, que trata do Juizado Especial Criminal não estão previstos embargos infringentes e de nulidade das decisões do colegiado, ainda que o julgado trate de apelação, uma vez que as turmas recursais criminais não têm status de tribunal. Mas essa omissão legal está em desarmonia com o princípio constitucional da ampla defesa[81] e, por isso, entendemos devam ser aplicadas as disposições do CPP, para que também sejam estendidos os embargos infringentes e de nulidade às decisões proferidas pelas Turmas Recursais dos Juizados Especiais Criminais, por força do disposto no art. 92 da Lei nº 9.099/95.

6. Legitimidade para interpor embargos infringentes e de nulidade. No que diz respeito à legitimidade, infere-se do CPP que os embargos infringentes e de nulidade são privativos da defesa. Todavia, entendemos que ante o novo conceito de Ministério Público, não se pode afastar sua legitimidade, como órgão da lei e fiscal de sua execução, para a interposição de embargos infringentes ou de nulidade a favor do réu, quando este se omitir ante uma situação concreta que lhe seja prejudicial. Nessa hipótese, estará o Ministério Público defendendo a ordem jurídica nos termos propostos pelo art. 127, da CF. Por outro lado, se pode interpor apelação a favor do réu para diminuir a pena ou para absolvê-lo de uma condenação injusta, e, até mesmo impetrar *habeas corpus* (art. 654, do CPP) a seu favor, por que não poderá interpor embargos infringentes, ou de nulidade, para preservar o status libertatis e o status dignitatis? Também não se pode olvidar que o art. 538, do CPPM, permite a interposição de embargos tanto pela defesa, como pelo Ministério Público. Assim, entendemos que se pode perante a Justiça especial, nada obsta que assim proceda também, perante a justiça comum.

7. Prazo para a oposição de embargos infringentes e de nulidade. O prazo para oposição de embargos é de 10 dias a contar da publicação do acórdão.[82] O Ministério Público e o assistente, se houver, também serão intimados para fins de oferecimento de contra-razões. O Ministério Público é sempre pessoalmente intimado, conforme dispõe o art. 41, IV, da Lei nº 8.625, de 12/02/93 (Lei Orgânica Nacional do Ministério Público). Também recebe intimação pessoal a Defensoria Pública, nos termos do art. 128, I, da Lei Complementar nº 80, de 12/01/94. (v. Inti-

---

[80] TORNAGHI, Hélio. *Curso de processo penal* v. II. São Paulo: Saraiva, 1989, p. 351.

[81] Neste sentido, aliás, bem adverte Giacomolli, ao consignar que "(...) Não admitir EI, previstos para as demais infrações criminais, é lançar mão do utilitarismo legal e judicial contra os acusados e contra as garantias isonômicas". GIACOMOLLI, Nereu José. *Juizados especiais criminais*. Porto Alegre: Livraria do Advogado, 2002, p. 163.

[82] Não há necessidade de intimação pessoal, conforme já decidiu o Pretório Excelso (RTJ 71/335). A intimação é feita pelo órgão oficial, através de nota de expediente.

mação, nº 3, pressupostos recursais objetivos, da teoria geral dos recursos criminais)

8. Efeitos dos embargos infringentes e de nulidade. Em tese, os embargos opostos não têm efeito suspensivo. Se o acusado estiver solto, solto permanecerá, porque o disposto no art. 594 se aplica tão-somente quando o recurso interposto for de apelação ou, no caso de recurso em sentido estrito da pronúncia, de conformidade com o disposto no art. 585 do CPP. Mas, como registra Mossin, "...sendo tais embargos um complemento do recurso que os admite, seu efeito deve seguir aquele recurso que os originou".[83] Assim, os efeitos, quer sejam eles devolutivos tão-somente, ou devolutivo e suspensivo que tiverem os recursos, por via de conseqüência, dos embargos infringentes ou de nulidade que deles se originaram, emergirão os mesmos efeitos. Poderão, inclusive, surgirem efeitos regressivo e extensivo. Efeito regressivo, porque no julgamento dos embargos há também magistrado que participou do julgamento do recurso que a eles deu origem, podendo ocorrer o juízo de retratação; e o efeito extensivo poderá emergir também, caso haja concurso de agentes e todos sofrerem condenação pelo mesmo fato tido como delituoso, sem que haja motivo de caráter pessoal.

Se apenas um dos réus, dentre os demais condenados, ingressar com embargos infringentes e obtiver, por exemplo, redução da pena, ou até mesmo a absolvição, parece-nos que os demais co-réus ou partícipes condenados pelo mesmo crime, no mesmo processo, poderão também ser contemplados com a redução da pena ou eventual absolvição, ainda que não tenham ingressado com embargos infringentes, se os motivos não forem de caráter pessoal. (*v. Comentários ao art. 584, nº 1, capítulo II, do recurso em sentido estrito, e comentários ao art. 597, nº 5, capítulo III, da apelação*)

9. Processamento e julgamento dos embargos infringentes e de nulidade. Os embargos são dirigidos ao relator do acórdão embargado, com as razões anexas, dentro do prazo de 10 dias a contar da publicação no órgão oficial. Por disposição legal, somente o defensor pode opor os embargos, e, salvo se tiver formação jurídica e estiver inscrito na Ordem dos Advogados do Brasil, também terá capacidade postulatória, o réu.

O CPP não disciplina de forma clara e detalhada o processamento dos embargos. O parágrafo único do art. 609 do CPP, faz referência ao art. 613, estabelecendo a mesma forma de processamento e julgamento das apelações. Assim, os embargos são processados e julgados de conformidade com o disposto no art. 613 que, por sua vez, faz remissão à forma estabelecida no art. 610. Mas são os Regimentos Internos dos Tribunais que complementam a forma de processamento e julgamento. Assim, por exemplo: o Regimento Interno do Tribunal Federal da 4ª Região, no Título VIII, Capítulo I, trata dos recursos admissíveis e da competência para o seu julgamento.[84]

Sempre que o defensor tiver de opor embargos infringentes ou de nulidade, é recomendável que examine o Regimento Interno do Tribunal competente para conhecer a forma em que é feito o processamento e julgamento desse recurso, além, evidentemente, dos arts. 609, 610 e 613 do CPP, porque podem alguns tribunais estabelecer formas diversas, desde que não contrariem as disposições constantes desses artigos.

Art. 610. Nos recursos em sentido estrito, com exceção do *habeas corpus*, e nas apelações interpostas das sentenças em processo de contravenção ou de crime a que a lei comine pena de detenção, os autos irão imediatamente com vista ao procurador-geral pelo prazo de 5 (cinco) dias, e, em seguida, passarão, por igual prazo, ao relator, que pedirá designação de dia para o julgamento.
Parágrafo único. Anunciado o julgamento pelo presidente, e apregoadas as partes, com a presença destas ou à sua revelia, o relator fará a exposição do feito e, em seguida, o presidente concederá, pelo prazo de 10 (dez) minutos, a palavra aos advogados ou às partes que a solicitarem e ao procurador-geral, quando o requerer, por igual prazo.

1. Processamento e julgamento dos recursos em sentido estrito e de apelação nos processos de contravenção ou de crime a que a lei comine pena de detenção, nos Tribunais. Nos recursos em sentido

---

[83] MOSSIN, Heráclito Antônio. *Recursos em matéria criminal*. São Paulo: Atlas, 1996, p. 387.

[84] Diz o art. 251 desse mesmo Regimento: "Das decisões do tribunal, de seus órgãos julgadores ou de seus presidentes e relatores, são admissíveis os seguintes recursos para o próprio Tribunal: (...) II – Para as Turmas Reunidas: (...) c) embargos infringentes ou de divergência das decisões das Turmas." E o art. 270 estabelece: "Juntada aos autos a petição de recurso, serão os autos conclusos ao relator do acórdão embargado, que o indeferirá, se intempestivo, incabível ou se contrariar nas questões predominantemente de direito, súmula do Tribunal, do Superior Tribunal de Justiça, ou do Supremo Tribunal Federal. § 1º. Do despacho que não admitir os embargos, caberá agravo para as Turmas Reunidas (art. 254). § 2º. Se os embargos forem admitidos, far-se-á o sorteio do relator, sempre que possível dentre os juízes que não tiverem tomado parte do julgamento anterior (art. 67). § 3º. Independentemente de conclusão, a secretaria dará vista dos autos ao Ministério Público Federal, pelo prazo de 10 dias. § 4º. Devolvidos os autos, o relator, em 10 dias, lançando relatório nos autos, os encaminhará ao revisor, se for o caso, que, em igual prazo, pedirá dia para julgamento."

estrito e nas apelações, referentes aos processos de contravenção ou de crime a que a lei comine pena de detenção, os autos são encaminhados com vista ao Procurador-Geral, pelo prazo de 5 dias e, logo após, ao relator, por igual prazo, que pedirá designação de dia para o julgamento (art. 610 do CPP). No dia e na hora aprazados, o presidente anuncia o julgamento. As partes são apregoadas, e com ou sem presença delas, o relator fará a exposição do processo e, de imediato, o presidente concederá o prazo de 10 minutos aos advogados ou às partes que houverem solicitado a palavra e ao Procurador-Geral, quando o requerer, por igual prazo.

As partes são intimadas para o julgamento, em regra, pela imprensa, exceto o Ministério Público e o Defensor Público, cuja intimação é pessoal. A omissão da intimação, por óbvio, acarreta a nulidade do julgamento. Se no mesmo processo forem vários os recorrentes, com os mesmos defensores constituídos, é suficiente, na intimação pela imprensa, que conste o nome de apenas um deles, com a expressão, logo a seguir, "e outro", ou "outros". A incorreção do nome do advogado na nota de expediente publicada, intimando-o, pode acarretar também a nulidade do julgamento.

O art. 610 faz referência a "Procurador-Geral", na prática, entretanto são, via de regra, os Procuradores de Justiça (último degrau da carreira do Ministério Público) que atuam em nome do Procurador-Geral, por delegação deste.

A parte do art. 610 que faz exceção com relação ao *habeas corpus* não pode mais ser considerada, uma vez que o Decreto-Lei nº 552, de 25.04.69, revogou o art. 611.

Entendemos que esse mesmo processamento se estende ao agravo na execução, posto que se trata também de recurso, sem procedimento próprio junto aos tribunais.

Art. 611. (Revogado pelo Decreto-Lei nº 552, de 25.04.69)

Art. 612. Os recursos de *habeas corpus*, designado o relator, serão julgados na primeira sessão.

1. Processamento e julgamento dos recursos de *habeas corpus*. Não só o recurso em sentido estrito interposto de decisão que concede ou denega ordem de *habeas corpus* (art. 581, X, do CPP), como também o *habeas corpus* originário, não é colocado em pauta para julgamento. Os autos do processo vão com vista ao Ministério Público para parecer e, tão logo retorne, é posto de imediato em mesa pelo relator, para julgamento, dispensada a intimação, em face da natureza da matéria que exige urgência.

Art. 613. As apelações interpostas das sentenças proferidas em processos por crime a que a lei comine pena de reclusão, deverão ser processadas e julgadas pela forma estabelecida no art. 610, com as seguintes modificações:

I – exarado o relatório nos autos, passarão estes ao revisor, que terá igual prazo para o exame do processo e pedirá designação de dia para o julgamento;

II – os prazos serão ampliados ao dobro;

III – o tempo para os debates será de um quarto de hora.

1. Processamento e julgamento das apelações nos procedimentos dos processos por crime a que a lei comina pena de reclusão. Em se tratando de apelação interposta de sentenças proferidas em processos por crime a que a lei comina pena de reclusão, o processamento e julgamento é pela mesma forma estabelecida no art. 610, isto é, segue o mesmo procedimento estabelecido para os processos de rito sumário. O Ministério Público tem o prazo de 10 dias para lançar parecer, e igual prazo tem o Relator para exarar relatório. A seguir, passarão os autos ao revisor, que terá o mesmo prazo para examinar o processo e pedir designação de dia para a realização do julgamento e a inclusão na pauta respectiva.

Por se tratar de procedimento ordinário, com maior complexidade, tendo em vista a gravidade do crime, é que os prazos são ampliados ao dobro, com o tempo de quinze minutos estabelecido para a sustentação oral.

Art. 614. No caso de impossibilidade de observância de qualquer dos prazos marcados nos arts. 610 e 613, os motivos da demora serão declarados nos autos.

1. Observância dos prazos para o julgamento do recurso. Quando não houver a observância dos prazos previstos nos arts. 610 ou 613 do CPP, o responsável pelo atraso terá de declarar nos próprios autos do processo, o motivo que ensejou o atraso.

Não há qualquer conseqüência de caráter punitivo para o eventual desrespeito a este regramento; todavia, há que se reconhecer o efeito moral que resulta do não atendimento dessa disposição legal, uma vez que a declaração lançada no processo, por se tornar pública, obriga moralmente o responsável a fazê-la de forma a merecer crédito, não só de seus pares, como também das partes e das demais pessoas que têm acesso aos autos do processo.

Art. 615. O tribunal decidirá por maioria de votos.

§ 1º Havendo empate de votos no julgamento de recursos, se o presidente do tribunal, câmara ou turma, não tiver tomado parte na votação, proferirá o voto de desempate; no caso contrário, prevalecerá a decisão mais favorável ao réu.

§ 2º O acórdão será apresentado à conferência na primeira sessão seguinte à do julgamento, ou no prazo de duas sessões, pelo juiz incumbido de lavrá-lo.

1. **Votação e decisão.** A votação obedece a ordem seguinte: em primeiro lugar vota o revisor, a seguir o relator e, por fim, os demais integrantes do tribunal, câmara ou turma, pela ordem decrescente de antiguidade.

A decisão do tribunal é por maioria de votos, mas havendo empate, se o presidente do tribunal, câmara ou turma não tiver tomado parte na votação, proferirá o voto de desempate; caso contrário, prevalecerá a decisão mais favorável ao réu.

Depois do julgamento, o relator lavrará o acórdão, se o seu voto for vencedor. Caso contrário, ficará com essa incumbência o magistrado que proferiu o primeiro voto vencedor, ou conforme dispuser o Regimento Interno do Tribunal. O Desembargador ou Juiz vencido terá de fundamentar seu voto. Assim, se da decisão comportar embargos infringentes ou de nulidade, e forem opostos, a fundamentação desses votos será objeto de discussão e considerado no julgamento para conduzir à procedência ou improcedência dos embargos. (*v. Comentários ao art. 609, nº 1 a 9, capítulo V, do processo e do julgamento dos recursos em sentido estrito e das apelações, nos tribunais de apelação*)

Art. 616. No julgamento das apelações poderá o tribunal, câmara ou turma proceder a novo interrogatório do acusado, reinquirir testemunhas ou determinar outras diligências.

1. **Possibilidade de diligências com ressalva de direitos do acusado.** Antes de julgado o recurso de apelação, segundo o disposto neste regramento, o tribunal, câmara ou turma poderá proceder a novo interrogatório do réu, determinar diligências, inclusive, se for o caso, e a reinquirir testemunhas. Mas em se tratando de recurso exclusivamente da defesa, entendemos não caber a conversão do julgamento em diligência para fazer prova contra o réu ou que, de qualquer maneira, venha prejudicá-lo, ainda que seja para confirmar a decisão da qual ele recorreu, uma vez que a sua expectativa, quando recorre, é no sentido de que o recurso que interpõe venha trazer-lhe algum benefício; se não a absolvição, por exemplo, numa sentença condenatória, pelo menos a redução da pena. O reexame da matéria pela superior instância, nos parece, deve se cingir aos elementos já coligidos junto ao primeiro grau de jurisdição, salvo se em benefício do acusado, a fim de que não seja violado o princípio da proibição da reformatio *in pejus*.

O pedido de conversão do julgamento em diligência pode ser feito antes ou durante o julgamento, e pode partir de qualquer um dos desembargadores ou juízes do tribunal, câmara ou turma. Faz-se necessário, porém, seja assinado prazo para a realização das diligências, a fim de evitar retardamento injustificado na realização do julgamento e até para evitar que réu preso venha a sofrer constrangimento ilegal por excesso de prazo.

Art. 617. O tribunal, câmara ou turma atenderá nas suas decisões ao disposto nos arts. 383, 386 e 387, no que for aplicável, não podendo, porém, ser agravada a pena, quando somente o réu houver apelado da sentença.

1. **Proibição da reformatio *in pejus*.** Quando o recurso for exclusivamente da defesa não pode o juízo *ad quem* reformar a decisão do juízo *a quo* para agravar a situação do réu. Trata, a hipótese, de proibição da reformatio *in pejus* ao qual o órgão julgador deve irrestrita obediência.

Esse princípio é corolário do sistema acusatório que veda em qualquer hipótese, o agravamento da pena concretizada na sentença, quando a apelação for interposta tão-somente pela defesa. Este princípio da reformatio *in pejus* direta, assim como a reformatio *in pejus* indireta e da *reformatio in mellius*, foi tratado exaustivamente. (*v. Princípios recursais criminais, nºs. 1.6; 1.7 e 1.8, da teoria geral dos recursos criminais*)

Art. 618. Os regimentos dos Tribunais de Apelação estabelecerão as normas complementares para o processo e julgamento dos recursos e apelações.

1. **Normas complementares para o processo e julgamento dos recursos.** Em que pese o artigo fazer referência a tribunais de apelação, na realidade todos os demais tribunais hoje existentes em nosso país, inclusive a mais alta corte e os tribunais superiores, criam normas complementares. O que significa dizer que essa disposição se estende, nesse sentido, tanto ao STF (Suprema Corte), como os tribunais superiores: STJ, TSE, STM, TST e, também, aos tribunais de segundo grau de jurisdição, como o TRF e o TJ. Sem exceção, todos podem estabelecer normas com-

plementares para o processo e julgamento de recursos, ou como diz impropriamente o artigo, "recursos e apelações". Apelação também é recurso. Logo, há na expressão impropriedade técnica.

As normas complementares aludidas no artigo são aquelas que fazem parte dos Regimentos Internos de todos os tribunais, isto é, são editadas pelos próprios tribunais, que nesse aspecto, colocam-se na função anômala de legisladores. Mas pela epígrafe específica do Capítulo VI do CPP, que tem início com o art. 619, há que se observar que as regras complementares tratadas no art. 618, em exame, referem-se a todos os recursos, mas quando forem decididos em segunda instância, ou seja, decididos pelos Tribunais Regionais Federais; pelos Tribunais do Distrito Federal e pelos Tribunais de Justiça dos Estados.

CAPÍTULO VI
DOS EMBARGOS

Art. 619. Aos acórdãos proferidos pelos Tribunais de Apelação, câmaras ou turmas, poderão ser opostos embargos de declaração, no prazo de 2 (dois) dias contado da sua publicação, quando houver na sentença ambigüidade, obscuridade, contradição ou omissão.

1. **Conceito**. Embargos de declaração é um recurso que consiste em um pedido de esclarecimento de ambigüidade, obscuridade, contradição ou omissão, que houver no acórdão lavrado pelos tribunais, câmaras ou turmas. Esses embargos estão previstos no art. 619. Mas há, também, os embargos declaratórios de sentença prolatada pelo juízo de primeiro grau de jurisdição (art. 382).

Os embargos declaratórios têm alcance limitado, não possibilitando correções ou alterações que vão além de esclarecimentos de ambigüidade, obscuridade, contradição ou omissão, nunca podendo implicar aumento ou diminuição de pena. Nada impede, porém, que o magistrado faça correções quando se tratar de erro material evidente, como a troca ou omissão de um número em cálculos aritméticos, ou até mesmo de uma palavra, sem, contudo, alterar o sentido e o conteúdo da decisão.

Os embargos de declaração são uma espécie de recurso que pode ser interposto por quaisquer das partes, inclusive pelo assistente do Ministério Público. Junto à superior instância estão incluídos no Título II, do CPP, que cuida dos recursos em geral; reforçando, assim, a sua natureza recursal.

2. **Decisões embargáveis**. Os arts. 382 e 619 do CPP prevêem expressamente embargos declaratórios de sentenças e acórdãos. Sem, contudo, excluir a possibilidade de interposição de embargos declaratórios contra qualquer decisão judicial, desde que aferidas "obscuridade, ambigüidade, contradição e omissão". De outra forma não se pode conceber, tendo em vista que poderá surgir a impossibilidade prática de execução de uma decisão, por não estar suficientemente clara. Por outro lado, sendo recorrível a decisão, poderá a falta de clareza impedir a interposição de recurso adequado.

3. **Prazo**. O prazo para oposição de embargos é de 2 dias, contados da publicação do acórdão no órgão oficial. Alguns tribunais, porém, estabelecem outros prazos em seus Regimentos Internos, como, por exemplo, o Regimento Interno do TRF da 4ª Região, que adotou o prazo de 5 dias (art. 265 do RI). No STJ, o prazo é de 2 dias (art. 263 do RI, com a redação determinada pela Emenda Regimental nº 4, de 02/12/93; no STF é de 5 dias (art. 337, § 1º, do RI). No Juizado Especial Criminal o prazo também é de 5 dias, conforme o disposto no art. 83, § 1º, da Lei nº 9.099/95.

Art. 620. Os embargos de declaração serão deduzidos em requerimento de que constem os pontos em que o acórdão é ambíguo, obscuro, contraditório ou omisso.

§ 1º O requerimento será apresentado pelo relator e julgado, independentemente de revisão, na primeira sessão.

§ 2º Se não preenchidas as condições enumeradas neste artigo, o relator indeferirá desde logo o requerimento.

1. **Interrupção do prazo para interposição de outro recurso**. Os embargos declaratórios interrompem o prazo para a interposição de outro recurso, conforme dispõe o art. 538 do CPC, com a redação que lhe deu a Lei nº 8.950/94, por aplicação analógica, tendo em vista que o Código de Processo Penal não tem disposição expressa neste sentido. Antes, ocorria a suspensão de prazo para a interposição de outros recursos, conforme dispunha esse mesmo artigo do CPC.

Interrupção do prazo significa que após a publicação do acórdão referente ao julgamento dos embargos, passa a correr novo prazo por inteiro para a interposição de outro recurso, como o extraordinário e o especial. Já a suspensão do prazo, que estava correndo, como era antes, fica suspenso com a interposição dos embargos e, quando houver a intimação do acórdão da decisão dos embargos, passa a correr o prazo, que vai se somar ao tempo transcorrido antes. Exemplificando: Imagine-se que ao serem opostos embargos ao acórdão proferido por uma das câmaras do tribunal de justiça, já havia transcorrido um dia, daqueles 15 dias do prazo para a interposição de recurso extraordinário ou especial (art. 26, da Lei nº 8.038, de 28.05.90). Este "um dia" vai ser contado para integralizar os 15 dias; restando, assim, o prazo de apenas 14 dias, a partir da publicação do acórdão relativo ao julgamento dos embargos, para a interposição de recurso extraordinário ou especial.

O benefício emergente da interrupção do prazo não é tão-somente para a parte recorrente. Esse benefício estende-se a todas as partes que tiverem interesse e legitimidade para interpor outro recurso.

2. Processamento dos embargos declaratórios. A petição é endereçada ao relator, e nela devem constar "os pontos em que o acórdão é ambíguo, obscuro, contraditório ou omisso". Na primeira sessão, o relator apresenta os embargos e é feito o julgamento, independentemente de revisão. O próprio relator, ao constatar a inexistência das condições previstas no art. 620, de plano, indeferirá o requerimento. Mas dessa decisão caberá agravo regimental.

Não há previsão legal para que deva haver manifestação da Procuradoria Geral de Justiça, ou de outra parte contrária para impugnar os embargos, exceto quando da decisão nova houver possibilidade de infringência dos embargos. (*v. Comentários ao art. 620, neste capítulo VI, nº 3*)

3. Caráter de infringência dos embargos de declaração. O caráter de infringência dos embargos declaratórios não tem sido pacificamente aceito, quer pela doutrina ou pela jurisprudência. No entanto, há situações que não permitem afastar essa possibilidade de ser atribuído caráter infringente aos embargos declaratórios. Por ocasião do julgamento de embargos declaratórios interpostos para declarar algum ponto obscuro do acórdão, se da decisão ficar evidenciada a extinção da punibilidade pela prescrição da pretensão punitiva estatal, não estará o órgão julgador impossibilitado de decretá-la. Caso contrário, ou seja, se não a decretar, estará mantendo alguém sob constrangimento ilegal, embora, na realidade, não haja propriamente infringência do julgamento, mas uma nova decisão que, de qualquer forma, favorece ao réu, por não ter sido antes examinada a matéria pela decisão objeto dos embargos.

Quando houver essa possibilidade de mudança, isto é, possibilidade de admissão de caráter infringente aos embargos declaratórios, torna-se conveniente seja ouvida a parte contrária para, querendo, se manifestar, oferecendo contra-razões.[85]

4. Embargos de declaração em decisão de embargos de declaração. Pode ocorrer que a decisão prolatada nos embargos de declaração apresente "ambigüidade, obscuridade, contradição ou omissão". Obviamente que a parte legitimada, e com interesse, não poderá ficar prejudicada, impedida, até a de interpor outro recurso à instância superior, por qualquer desses motivos. Assim, desde que não sejam das "ambigüidade, obscuridade, contradição ou omissão" existentes no acórdão objeto dos anteriores embargos, e que não tenham sido apontados naquela oportunidade, não há obstáculo algum para interposição de novos embargos declaratórios.

5. Indeferimento liminar dos embargos de declaração. No Regimento Interno do tribunal de justiça do Estado do Rio Grande do Sul os embargos de declaração em matéria criminal seguem, no que for aplicável, às mesmas disposições previstas para os embargos de declaração no cível, conforme determina o art. 338 do RITJRGS. Nestas disposições está prevista a interposição de agravo regimental contra decisão do relator que negar seguimento aos embargos, nas seguintes hipóteses: "quando a petição não indicar o ponto que deva ser declarado ou corrigido" e "quando forem manifestamente protelatórios" (art. 324, I e II, parágrafo único, do RITJRGS). Nos Regimentos Internos dos demais tribunais que houver omissão quanto ao agravo regimental, cremos não haver obstáculo algum a que, por analogia, seja aplicado o disposto no art. 317 do RISTF, referente a esse recurso, quando a decisão proferida por presidente do tribunal, por presidente de turma ou pelo relator, causar prejuízo ao direito da parte, preservando-se, desta forma, o princípio da ampla defesa constitucionalmente assegurado (art. 5º, LV, da CF).

6. Legitimidade para interposição de embargos de declaração. O Ministério Público, o querelante, a defesa e o ofendido, habilitado ou não como assistente do Ministério Público, bem como as pessoas indicadas no art. 31 do CPP, estão legitimados a interpor embargos de declaração. É plenamente justificável a legitimidade do ofendido e de seus sucessores, ainda que não estejam habilitados, pelo simples fato de poderem recorrer nos casos previstos em lei (arts. 584, § 1º, e 598 do CPP). Até porque, poderá surgir a necessidade de interposição de recurso extraordinário ou especial e, para tanto, necessário

---

[85] Neste sentido é a Súmula 151, das Mesas de Processo Penal da USP, com a redação seguinte: "A vista à parte contrária, antes do julgamento dos embargos de declaração, embora não prevista em lei, é necessária para a preservação do contraditório, sempre que se vislumbre possibilidade de infringência do julgado".

também se torna a busca de esclarecimento de acórdãos referentes a pontos ambíguos, obscuros, contraditórios etc. Aliás, a própria Súmula 210 do STF, prevê, de forma expressa, a interposição de recurso extraordinário pelo assistente. E para a interposição de recurso especial não se pode pensar diferente. Logo, em quaisquer dessas hipóteses, não há como se subtrair do ofendido, habilitado ou não como assistente, a legitimidade para interpor embargos declaratórios, quando for o caso. (*v. Comentários ao art. 577, n° 2.2, capítulo I, dos recursos em geral*)

7 Embargos de declaração na Lei n° 9.099/95. Prevê o art. 83 da Lei n° 9.099/95, embargos de declaração "quando, em sentença ou acórdão, houver obscuridade, contradição, omissão ou dúvida".

O § 3° do art. 83 da Lei n° 9.099/95 diz expressamente que "(...) Os erros materiais podem ser corrigidos de ofício". Deve, entretanto, a parte provocar a correção ante eventual omissão do juiz neste sentido, a fim de que a prestação jurisdicional venha, efetivamente, cumprir sua finalidade de pacificação social. Não há prazo previsto; a qualquer tempo pode o magistrado fazer a devida correção do erro material.

8. Forma de oposição, destinatário e prazo no Juizado Especial Criminal. Os embargos de declaração poderão ser interpostos por "escrito ou oralmente, no prazo de 5 dias, contados da ciência da decisão" (art. 83, § 1°, da Lei n° 9.099/95).

A referência que faz a norma legal em oposição de embargos de declaração "por escrito ou oralmente" significa que a oposição por escrito é aquela por petição dirigida ao julgador (da sentença, dirigida ao juiz; do acórdão, dirigida ao relator), ao passo que a oposição feita oralmente é reduzida a termo pelo serventuário. Assim, tanto uma forma quanto a outra não deixam de ser por escrito, salvo se houver gravação da forma oralmente oposta. Em ambos os casos é imprescindível que a parte indique o ponto da sentença ou do acórdão que pretende seja declarado, corrigida omissão e dissipada dúvida.

O prazo é de 5 dias, contado da ciência da decisão (sentença ou acórdão). No CPP o prazo é de 2 dias (arts. 382 e 619).

9. Suspensão ou interrupção do prazo no Juizado Especial criminal? Os embargos de declaração previstos na Lei n° 9.099/95, suspendem o prazo para interposição de outro recurso pelas partes. Diz expressamente o § 2° do art. 83 da citada lei que, "(...) Quando opostos contra sentença, os embargos de declaração suspenderão o prazo para o recurso", mas suspenderá também quando opostos contra acórdão, tendo em vista que tornada clara a sentença por força dos embargos declaratórios, poderão emergir algumas daquelas hipóteses previstas no art. 102, III, *a*, *b* e *c*, da CF, possibilitando, por via de conseqüência, a interposição de recurso extraordinário para o STF, contra aquele julgado. (v. Capítulo VII, n° 5.11).

Junto ao Juizado Especial Criminal os embargos opostos de sentença ou acórdão suspendem o prazo para interposição de outro recurso, diferente, portanto, das disposições do CPP (arts. 382 e 619) que interrompem o prazo recursal, tendo em vista a aplicação analógica do disposto no art. 538 do CPC, com a nova redação emprestada pela Lei n° 8.950/94. Com a redação anterior desse artigo, o prazo para a interposição de outro recurso ficava suspenso. Assim, a Lei n° 9.099/95 ao prever a suspensão do prazo recursal, neste aspecto retrocedeu, por adotar a redação antiga do art. 538 do CPC, mais prejudicial às partes.

CAPÍTULO VII
DA REVISÃO

Art. 621. A revisão dos processos findos será admitida:

I – quando a sentença condenatória for contrária ao texto expresso da lei penal ou à evidência dos autos;

II – quando a sentença condenatória se fundar em depoimentos, exames ou documentos comprovadamente falsos;

III – quando, após a sentença, se descobrirem novas provas de inocência do condenado ou de circunstância que determine ou autorize diminuição especial da pena.

1. Natureza jurídica da revisão criminal. A revisão criminal está posicionada no Código de Processo Penal, no Capítulo VII do Título II, que cuida dos recursos em geral. Mas apesar de algumas divergências doutrinárias tradicionais, entendendo-a como recurso,[86] tem-se atualmente, quase que a una-

---

[86] "A revisão criminal é um recurso *misto*, e *sui generis*" NORONHA, E. Magalhães. *Curso de direito processual penal*. São Paulo: Saraiva, 1990, p. 380. "É recurso por meio do qual se pede novo exame do caso julgado ou processo findo, no intuito de se conseguir a sua reforma total ou parcial". ROSA, Inocêncio Borges da. *Processo penal brasileiro*, RT, 1982, p. 735. "É um recurso interposto perante o Supremo Tribunal Federal, a favor de réus condenados, em casos permitidos por lei, para a reparação de injustiças e erros cometidos em sentença já passada em julgado". WHITAKER, Firmino. *Júry*. São Paulo: Duprat, 1910, p. 221.

nimidade na moderna doutrina, a revisão criminal como verdadeira ação.[87]

Para nós, a revisão criminal é ação – ação autônoma impugnativa *sui generis* de sentença penal condenatória já trânsita em julgado, de caráter constitutivo, de competência originária dos tribunais, que visa à restituição do *statu quo ante*. É *sui generis* porque, diferente das demais ações, pode ser interposta mesmo depois de ter sido extinta a punibilidade do agente pela prescrição da pretensão executória estatal, e nasce, em regra, da sentença condenatória em decorrência de erro judiciário. Não é recurso, porque este nasce no curso do processo e só pode ser interposto antes do trânsito em julgado da sentença, quer se trate de sentença condenatória ou absolutória. Não cabe revisão criminal no curso do processo; um de seus pressupostos, aliás, é a existência de sentença penal condenatória com trânsito em julgado; ou de sentença absolutória imprópria (em medida de segurança); de sentença absolutória própria não cabe revisão criminal. O condenado que fora sujeito passivo na relação processual, agora, na revisão criminal passa à condição de autor da ação de revisão criminal.

2. Admissibilidade da revisão. A revisão somente pode ser requerida depois de esgotadas todas as possibilidades recursais e quando já findo o processo por sentença condenatória com trânsito em julgado, que revele contradição ao texto expresso da lei penal ou à evidência dos autos, ou quando fundada em depoimentos, exames ou documentos comprovadamente falsos ou, finalmente, quando forem descobertas novas provas de inocência do condenado ou de circunstância que determine ou autorize diminuição especial da pena. Uma vez revelada a injustiça da condenação por erro judiciário, a sentença que passou a ser intangível, porque transitou em julgado, fazendo lei entre as partes, se assenta em outra realidade, qual seja, a de se adequar à nova situação do condenado, ficando vulnerável concretamente a uma nova ação – a ação revisional – capaz de reconstituir o *statu quo ante*.[88]

Mas se houver ofensa à literal disposição de lei penal, quando o juiz profere sentença condenatória, baseada em texto de lei de interpretação controvertida nos tribunais, não é razão suficiente para ser admitida revisão criminal.[89]

3. Revisão criminal de condenação pelo tribunal do júri. Da sentença condenatória proferida pelo tribunal do júri, trânsita em julgado, cabe revisão, sem ferir a soberania dos veredictos do conselho de sentença, porque o direito amplo à defesa deve prevalecer. E a própria soberania do júri popular prevista na CF (art. 5º, XXXVII, *c*) também visa a garantia à ampla defesa do acusado.

Essa mesma questão sobre soberania do veredicto do conselho de sentença e revisão criminal também fora discutida com o advento da Carta Magna de 1946, e, por fim, reconhecido pelo STF que o pedido de revisão dos veredictos do júri popular fosse considerado para julgá-lo como de direito, o que passou a ser seguido pelos demais tribunais.

Em se tratando de revisão criminal, a soberania absoluta dos veredictos não pode se sobrepor sob pena de violentar a própria defesa do réu. Fosse assim, nem mesmo quando houvesse julgamento contrário à prova dos autos e, por conseguinte, uma condenação injusta, poderia o acusado recorrer pleiteando novo julgamento. A soberania, nessa hipótese, viria a se sobrepor ao princípio, também constitucional, da ampla defesa, o que seria inconcebível, uma vez que eventual erro no julgamento não poderia mais ser desfeito.

4. Revisão criminal de sentença condenatória contrária ao texto expresso da lei penal. Sentença

---

[87] "...é ação penal de natureza constitutiva que tem por objetivo rescindir sentença condenatória transitada formalmente em julgado quando viciada por *erro in procedendo ou in iudicando*. MOSSIM, Heráclito Antônio. *Comentários ao código de processo penal*. São Paulo: Manole, 2005, p. 1278. "...é uma ação penal de natureza constitutiva e *sui generis*, de competência originária dos tribunais, destinada a rever decisão condenatória, com trânsito em julgado, quando ocorreu erro judiciário". NUCCI, Guilherme de Souza. *Código de processo penal comentado*. São Paulo: RT, 2005, p. 943. "É uma ação de conhecimento de caráter constitutivo, destinada a corrigir a decisão judicial de que não caiba recurso". MIRABETE, Julio Fabbrini. *Processo penal*. São Paulo: Atlas, 2004, p. 732 "... a revisão criminal .é uma verdadeira ação autônoma de impugnação , ditada pelo processo de conhecimento, constitutiva negativa, pois o que se faz é voltar-se, primeiro, contra a coisa julgada formal, ou seja, aquela que impede qualquer tentativa de reexame da causa". RANGEl, Paulo. *Direito processual penal*. Rio de Janeiro: Lumen Juris, 2003, p. 846. "...*a revisão criminal* não é recurso; é uma ação autônoma de impugnação da sentença transitada em julgado, de competência originária dos tribunais". BRANCO, Tales Castelo. *Teoria e prática dos recursos criminais*. São Paulo: Saraiva, 2003, p. 135. "No Processo Penal Brasileiro, embora embutido no capítulo atinente aos recursos, a revisão é, também, verdadeira ação autônoma destinada ao desfazimento dos efeitos produzidos por uma sentença condenatória transita em julgado". TOURINHO FILHO, Fernando da Costa. *Código de processo penal comentado, v. II*. São Paulo: Saraiva, 1997, p. 363.

[88] Como bem ressalta Florian, ao interesse social de que a coisa julgada seja respeitada e intangível como presunção absoluta da verdade, se sobrepõe ao interesse individual e social ao mesmo tempo, de que a verdade efetiva triunfe e que a inocência não seja imolada sobre o altar de uma justiça simbólica e aparente. FLORIAN, Eugenio. *Elementos de derecho procesal penal*, trad. L. Prieto Castro. Barcelona: Bosch, Casa Editorial, 1933, p. 459-60.

[89] Nesse sentido é a Súmula 343 do STF: "Não cabe ação rescisória por ofensa a literal disposição de lei, quando a decisão rescindenda se tiver baseado em texto legal de interpretação controvertida nos tribunais".

contrária ao texto expresso da lei penal é aquela que, evidentemente, nega a sua existência, ou seja, os elementos que contém nos autos deixam transparecer a previsão de uma determinada situação, mas a sentença a contraria.

A lei penal a que faz referência o dispositivo em análise, pode ser também a lei processual penal, porque tanto uma quanto a outra – lei penal e lei processual penal – se não houver rigorosa observância, poderá acarretar graves conseqüências ao réu, inclusive injusta condenação, como, por exemplo, réu condenado por crime de lesões corporais graves previstas no art. 129, § 1º, II, do CP – perigo de vida –, sem que tivesse sido atestado por critérios objetivos comprobatórios de efetivo perigo real de vida a que ficou sujeita a vítima, ainda que por breve tempo. Não é suficiente apenas o risco potencial constatado pela natureza e localização das lesões; não bastando que o laudo afirme o perigo de vida, apenas, é absolutamente necessária a descrição minuciosa dos sintomas, de forma objetiva, porque o perigo de vida não pode ser presumido.

Outro exemplo que bem caracteriza condenação contrária ao texto expresso da lei penal é quando ela ocorre sem que haja determinada prova específica exigida em lei, como o réu condenado por crime de lesões corporais graves por incapacidade para as ocupações habituais por mais de 30 dias (art. 129, § 1º, I, do CP), sem que tenha sido elaborado o auto de exame complementar, logo depois do decurso do prazo de 30 dias, contado da data do crime, nos termos do disposto no art. 168, § 2º, do CPP. Condenação do réu com base nessa qualificadora, isto é, pela incapacidade para as ocupações habituais por mais de 30 dias, sem respaldo na respectiva prova pericial pertinente (laudo complementar), depois que transitar em julgado a sentença, a nosso sentir, é motivo suficiente para ser requerida a revisão criminal, porque outra prova, como a testemunhal por exemplo, não supre a falta de laudo complementar.[90]

5. **Revisão de sentença condenatória contra a evidência dos autos**. Contra a evidência dos autos é uma sentença condenatória que se afasta por completo do contexto probatório favorável ao réu, como por exemplo, prova pericial, testemunhal e documental reveladora de que não foi ele o autor do fato e, mesmo assim, o juiz o condena com base exclusivamente no depoimento da vítima, pessoa de duvidosa conduta, com evidente interesse em prejudicar o réu.

Imaginem também o réu condenado por crime ou contravenção, mas à evidência dos autos é de que crime ou contravenção inexiste; o que na realidade existiu foi um ilícito civil, apenas.

Nessas hipóteses, uma vez tornado inequívoco o erro judiciário, a procedência da ação de revisão criminal se impõe para absolver o condenado, vítima do erro.

6. **Revisão de sentença condenatória fundada em depoimentos, exames ou documentos comprovadamente falsos**. Para que seja admitida revisão criminal no contexto desse regramento, a condenação do réu terá que estar baseada em depoimentos, exames ou documentos comprovadamente falsos, isto é, o juiz os levou em consideração para proferir a sentença como se verdadeiros fossem.

O depoimento falso é difícil de ser provado isoladamente. O simples fato de surgir outro depoimento no sentido contrário ao anterior não significa que aquele anterior seja falso. A prova testemunhal torna-se concreta mediante a palavra, a comunicação, o dito, a manifestação expressa de uma pessoa. Às vezes a testemunha falseia e mente sem saber que está mentindo, porque pode ter tido uma imagem distorcida do fato que presenciou, ou daquilo que ouviu dizer. Uma pessoa nem sempre tem a visão absoluta do real, até pode se dizer que quase sempre não o tem, quer por distração, quer por deficiência visual e, mesmo, pela inobservância correta do fato em seus principais detalhes ou pela dificuldade auditiva.

Se para a própria testemunha que depôs é difícil transmitir uma visão que teve do ocorrido, ainda mais difícil se torna prestar um novo depoimento desfazendo o anterior. O tempo se encarrega de apagar da memória das pessoas detalhes que talvez pudessem ser úteis à convicção do juiz, na época da condenação, ou, por outro lado, diante de dúvidas, criar algumas particularidades, fruto, apenas, da imaginação. Assim, desfazer-se um depoimento prestado anteriormente, por intermédio de outro, não parece ser meio seguro. Porém, uma perícia bem-elaborada, ou uma prova documental que surja no correr dos tempos, inequívoca, poderá desfazer depoimento, exames ou documentos que deram suporte à convicção do juiz para condenar o acusado. Obviamente que há de ser prova nova.

7. **Justificação judicial em revisão criminal**. Há a possibilidade de ser comprovada a falsidade do de-

---

[90] "O exame complementar não é suprível pela prova testemunhal, ficando a incidência do § 3º do art. 168 do CPP afastada pelo § 2º do mesmo artigo, que determina seja o exame complementar realizado logo que decorrido o prazo de trinta dias; a regra excepcional do art. 167 do CPP somente é observável nas hipóteses em que a infração deixa vestígios, mas desaparecem, sem que, para tanto, haja concorrido a vítima (STF, RTJ 147/227). Não pode ser reconhecida só com base nas declarações da vítima, sem exame complementar (STF, RTJ 116/116) ou se o exame foi feito fora do prazo (TJMG, RT 672/338)". DELMANTO, Celso; DELMANTO, Roberto; DELMANTO JUNIOR. *Código penal comentado*. São Paulo: Renovar, 2000, p. 255.

poimento de uma testemunha, ou de um exame pericial ou de um documento, por intermédio de depoimento de outras pessoas, ou por qualquer outro meio eficaz, obtido em processo de justificação criminal, por exemplo, conforme preceitua o art. 423 do CPP.

A justificação criminal pode ser feita em qualquer procedimento. Mas quando se destinar à revisão criminal, terá de ser requerida junto ao juízo da condenação, no processo originário. Ocorre que essa espécie de prova a ser produzida na justificação, terá de passar pelo crivo do contraditório, com a intervenção do Ministério, para alcançar consistência necessária a ilidir outra prova tida como falsa, existente nos autos do processo, que enseje o erro judiciário, porque o processo de revisão é sumaríssimo e não comporta instrução. Se não houver justificação terá de ser considerada apenas a prova que instrui a inicial, complementada, por vezes, com eventual diligência determinada no juízo revisional, quando alguma dúvida se fizer necessária seja esclarecida. Mas não está vedado ao juízo revisional determinar ao Juízo da condenação da instância inferior a coletar prova, inclusive testemunhal e pericial, excepcionalmente.

A justificação no âmbito penal segue o mesmo procedimento previsto nos arts. 861 a 866 do Código de Processo Civil, tendo em vista que o Código de Processo Penal apenas a menciona nos arts. 423 e 513, sem disciplinar a forma pela qual deve ser processada.

8. Revisão criminal quando descobertas novas provas de inocência do condenado ou de circunstância que determine ou autorize diminuição da pena, depois do trânsito em julgado da sentença. A sentença condenatória transitada em julgado se torna intangível. É o ponto culminante do processo. Com ela o juiz termina a jurisdição, e uma vez publicada lhe é vedado operar qualquer modificação de ofício. Mesmo depois de irrecorrível, com aquela garantia da *res judicata*, a lei prevê a possibilidade, ainda, de ser restabelecida a justiça, desde que haja provocação por parte do condenado ou daquelas pessoas enumeradas no art. 623 do CPP, com prova consistente e nova (com relação àquelas existentes e examinadas no processo), que efetivamente demonstre o erro ocorrido no julgamento, quer no que diz respeito à injustiça da condenação, quer no que diz respeito a erro ou injustiça na aplicação da pena.

Com a revisão, o condenado pode ser absolvido, ou ter a sua situação penal minorada.

Neste particular, a verdade real, como imperativo de justiça, sobrepõe-se a tudo, inclusive ao regramento constitucional: "A lei não prejudicará o direito adquirido, o ato jurídico perfeito e a coisa julgada" (art. 5º, XXXVI, CF). Mas há que ser harmonizada a decisão, ao princípio constitucional de humanidade e da ampla defesa, para que seja restabelecendo o *jus libertatis* e o *jus dignitatis*.

A prova já examinada pelo juízo de primeiro grau não serve para embasar pedido de revisão. Não se trata aí de prova nova e, muito menos, de recurso de apelação, em que a prova possa ser reexaminada. Obviamente que o juízo da revisão vai cotejar as provas novas com aquelas que deram suporte à sentença condenatória, a fim de estabelecer juízo de valor que poderá acolher, ou não, a pretensão do requerente.

As provas novas, para justificar a revisão, terão de ser produzidas em juízo e obedecer o princípio do contraditório, em procedimento próprio (processo de justificação, se for o caso). Seria um contra senso que o réu, com provas extrajudiciais viesse a requerer revisão criminal, e o tribunal a acolhesse, julgando essas provas mais eficazes do que aquelas que passaram pelo crivo do contraditório. Como, por exemplo, uma simples declaração, ainda que firmada em tabelionato, não é prova que tenha força suficiente para embasar pedido de revisão criminal. Caso fosse admitida prova nesse sentido, como prova nova, estaria havendo total desprezo ao princípio do contraditório, com o cerceamento do direito da acusação em participar de sua produção.

As novas provas poderão servir não só para demonstrar a inocência do condenado, mas também para demonstrar circunstâncias que determinem ou autorizem diminuição especial da pena.

Podem existir circunstâncias que autorizem a diminuição da pena, mas que não foram levadas em consideração pelo juiz ao condenar o réu, como também pode o juiz numa apreciação errônea, ter levado em conta agravante inexistente, e considerar agravada, assim, a situação penal do réu.

A prova que demonstre circunstância que determine ou autorize diminuição especial da pena, novas provas, ou que demonstre a inocência do sentenciado, na observação de TORNAGHI, opinião que nos filiamos, tanto podem ser aquelas que já estão identificadas mas, que por qualquer motivo não foram antes trazidas aos autos do processo, como também aquelas que já estavam nos autos mas que o juiz não percebeu e, portanto, não as apreciou.[91]

9. Revisão criminal depois da sentença absolutória imprópria transitar em julgado. Também a sentença absolutória imprópria, isto é, quando o juiz absolve o réu mas, reconhece estar comprovada a inimputabilidade prevista no art. 26 do CP, e lhe aplica medida de segurança, com fundamento no art. 386, parágrafo único, III, do CPP, comporta revisão

---
[91] TORNAGHI, Hélio. *Curso de processo penal*. São Paulo: Saraiva, 1989, p. 366.

criminal, desde que a medida de segurança afronte ao texto expresso da lei penal ou à evidência dos autos, ou seja, quando a decisão do magistrado se fundar em depoimentos, exames ou documentos comprovadamente falsos, por exemplo. Na hipótese, poderá, mediante novos elementos, depois do trânsito em julgado da sentença absolutória imprópria, ser comprovada, v.g., a inexistência material do fato, ou que os novos elementos demonstrem que o fato não constitui infração penal, ou outro motivo relevante capaz de comprovar o erro judiciário; caso em que poderá, em face da revisão criminal, ser o agente absolvido pelos fundamentos do art. 386, I, ou III, do CPP, respectivamente.

Na realidade, a sentença que impõe ao acusado medida de segurança, não é sentença absolutória, porque a medida de segurança, na prática, não deixa de ser também uma sanção imposta ao agente. Como bem consigna NORONHA, essa Lei "... Não obstante os dizeres desse artigo, a verdade é que sentença que impõe medida de segurança não é absolutória, pois essa medida também é sanção penal. Não há diferença ontológica entre ela e a pena; a diferença é somente quantitativa".[92]

Por isso, uma vez transitada em julgado a sentença, cabe a revisão criminal para que o agente possa também, nessa hipótese, restabelecer o *jus dignitatis*.

Art. 622. A revisão poderá ser requerida em qualquer tempo, antes da extinção da pena ou após.
Parágrafo único. Não será admissível a reiteração do pedido, salvo se fundado em novas provas.

1. **A revisão criminal pode ser pedida a qualquer tempo, inclusive quando extinta a pena e a punibilidade.** O pedido de revisão criminal pode ocorrer a qualquer tempo, desde que depois do trânsito em julgado de sentença penal condenatória, ou depois do trânsito em julgado da sentença penal absolutória imprópria. Pode ocorrer depois de extinta a pena e depois de extinta a punibilidade no que se diz respeito à pretensão executória estatal, isto é, a extinção da punibilidade depois de satisfeito o requisito do trânsito em julgado da sentença penal condenatória.

A extinção da pena a que faz referência o artigo que está sendo examinado, embora possa significar o seu desaparecimento por ter o Estado, titular do *jus puniendi*, cumprido sua pretensão executória, sem que antes se tenha verificado alguma causa capaz de frustrar essa pretensão, deve ser entendida num sentido bem mais amplo de forma a abranger também a extinção da punibilidade depois do trânsito em julgado definitivo da sentença condenatório, como, por exemplo, a extinção pela prescrição em face do decurso do tempo sem que o Estado tenha executado a pena, ou porque qualquer outra causa o impeça de executá-la, exceto quando houver a descriminalização do tipo penal ao qual se enquadra o fato delituoso pelo qual o réu foi condenado.

Nessas condições, a qualquer tempo é admitido o pedido de revisão criminal do réu condenado por se ter revelado erro judiciário nos termos do art. 621, I, II e III, do CPP.

Se a extinção da punibilidade ocorrer depois de proferida sentença penal condenatória, mas antes do trânsito em julgado, é inviável a revisão criminal, por faltar esse pressuposto, isto é, o pressuposto da coisa julgada. Assim, quer nos parecer, *data venia*, que não cabe a revisão criminal, no caso, não por "declarar exatamente aquilo que o réu pretende obter com a revisão".[93] Há que se considerar que pode o réu pretender obter com a revisão o restabelecimento do *status dignitatis*, por exemplo, o que poderia ocorrer também quando houvesse a extinção da punibilidade, sem o trânsito em julgado da sentença, caso não houvesse a exigência deste pressuposto para o ajuizamento dessa espécie de ação.

2. **Revisão criminal de processo findo com a superveniência de indulto, graça e anistia.** Mesmo depois de ter sido o sentenciado beneficiado pela graça, indulto ou anistia, cabe a revisão criminal, uma vez que o fim precípuo da revisão criminal é de demonstrar o inequívoco erro judiciário e de obter o *statu quo ante*. Mas quer nos parecer que se a revisão for tão-somente para reduzir a pena aplicada, exacerbada em face de erro judiciário, por exemplo, não faz sentido seja requerida quando o réu for beneficiário de indulto, graça ou anistia, porque os benefícios daí decorrentes, vão bem além: extinguem a punibilidade do condenado (art. 107, II, do CP).

Com o indulto e graça persistem os efeitos do crime, não retornando o condenado à condição de primário.

Já a anistia, além de excluir a punibilidade, conforme dispõe o art. 107, II, do CP, primeira parte, tem como conseqüência o total esquecimento de certas infrações penais; faz cessar os efeitos penais da sentença condenatória com trânsito em julgado; permanecendo, porém, o efeito civil de reparar o dano, podendo ser executada no juízo civil a sentença penal condenatória (art. 63, do CPP).

Quer nos parecer que em se tratando de anistia imprópria, isto é, a anistia depois de sentença penal

---
[92] NORONHA, E. Magalhães. *Curso de direito processual penal*. São Paulo: Saraiva, 1990, p. 386.
[93] NUCCI, Guilherme de Souza. *Código de processo penal*. São Paulo: Saraiva, 2005, p. 951.

condenatória com trânsito em julgado, cabe a revisão criminal, porque a razão final da revisão não é apenas a de impedir que o condenado cumpra pena injusta que lhe fora imposta, mas também e sobretudo, tem por finalidade restabelecer o *status dignitatis*. E a anistia, apesar de apagar tudo, ou quase tudo (permanece o efeito civil de reparar o dano), não diz que o réu não é culpado, nem tampouco que seja inocente, o que perante a sociedade é uma mácula em sua vida e de seus familiares, uma vez que a anistia ao apagar os efeitos penais, não apaga os efeitos sociais, isto é, embora anistiado vai ter sempre a pecha de um réu condenado, de um réu criminoso. O que não ocorre com a revisão criminal, que ao declarar a inocência, absolvendo o réu, faz desaparecer essa mácula, essa pecha degradante que o avilta perante o contexto social, até mesmo pelo preconceito que se estende inclusive a seus familiares.

Se nem mesmo a morte do condenado, ou a extinção da pena, ou a extinção da punibilidade num sentido mais abrangente, depois de transitado em julgado a sentença condenatória (desaparecimento do poder de punir do Estado), por exemplo, coíbe o pedido de revisão, é inconcebível que não seja admitida em sede de anistia imprópria (quando definitivamente condenado o réu). E sendo possível a obtenção da absolvição do réu, com a declaração de sua inocência, após a condenação, via revisão criminal, leva-nos a crer que se for esta inviabilizada pela anistia, há violação do art. 5º, XXXV, da CF, que diz que "a lei não excluirá da apreciação do Poder Judiciário lesão ou ameaça de direito".

Tratando-se, porém, de anistia antes do trânsito em julgado da sentença penal condenatória – anistia própria – não pode haver revisão por faltar o pressuposto do trânsito em julgado da sentença penal condenatória.

A nosso sentir, a *abolitio criminis* por se diferenciar da anistia, não cabe revisão criminal. Ocorre que na abolitio criminis há extinção do tipo penal incriminador, isto é, o fato praticado pelo agente pode permanecer como ilícito civil, mas não como crime, o que quer dizer que o réu condenado pelo crime, posteriormente abolido, deixa de ostentar a pecha de criminoso, como continuará ostentando em caso de anistia, porque nesta, o fato que praticara e pelo qual fora condenado, continua na lei, definido como crime, isto é, a anistia apaga o fato cometido, mas continua a subsistir a norma penal incriminadora. Por isso entendemos que estando o réu impedido de requerer a revisão criminal em caso de anistia, há lesão ou ameaça de direito, uma vez que o fim da revisão é a absoluta reparação do erro judiciário, como bem registra Tornaghi, pode "ser pedida não somente para evitar o cumprimento da pena, mas também para reabilitação moral da vítima do erro, mesmo depois de extinta a pena".[94] Diferente situação, porém, é com *abolitio criminis*, por extinguir o tipo incriminador que, por si só, reabilita moral e socialmente a vítima do erro, sem necessitar da revisão criminal para que isso venha a acontecer.

Nem mesmo o argumento de que a revisão criminal em caso de anistia se justifica porque possibilita a obtenção de indenização. Esta tem cabimento não só quando o condenado esteve preso, mas também pelo fato de ter havido condenação, por se tratar de direito consagrado pela CF. Assim, mesmo sem que haja revisão criminal, cabe o ajuizamento cível de ação de indenização, quer por dano material ou moral, conforme o disposto no art. 5º, X c/c o art. 37, 6º, da CF.

3. Revisão criminal de sentença concessiva do perdão judicial. O perdão judicial significa benevolência, clemência, indulgência, brandura. Sua natureza jurídica é tida por parte da doutrina como sentença condenatória, porque só pode ser concedido nos casos legalmente previstos e quando for reconhecido na sentença que houve uma conduta típica, antijurídica e culpável. E só depois de examinar em determinados crimes a gravidade das conseqüências que sofreu o réu é que o juiz tem condições de avaliar ser ele é merecedor ou não do perdão. A culpabilidade do agente quer nos parecer, é o ponto nuclear da questão, porque somente chegando nela mediante um raciocínio lógico é que o juiz tem como conceder clemência. A inocência, por óbvio não enseja clemência.

Outros entendem ser de natureza declaratória de extinção da punibilidade. Com esse enfoque, baseado na jurisprudência majoritária é que o STJ pretendeu solucionar a controvérsia com a edição da Súmula 18,[95] posição, aliás, que se harmoniza ao art. 107, IX, do CP.

Mas quer nos parecer que não é tão-somente adotando a primeira posição que se pode concluir pela viabilidade da ação de revisão criminal, mas quando é adotada a segunda posição, também, que reconhece ser a natureza jurídica do perdão, sentença declaratória de extinção da punibilidade, porque, neste caso, não fica extinta a responsabilidade civil do perdoado, que pode sofrer as conseqüências de uma ação cível de reparação de danos materiais e morais. Mas

---

[94] TORNAGHI, Hélio. *Curso de processo penal, v. II*. São Paulo: Saraiva, 1989, p. 367.

[95] Súmula 18 do STJ: "A sentença concessiva do perdão judicial é declaratória da extinção da punibilidade, não subsistindo qualquer efeito condenatório".

não é só, em ambos os casos, ou seja, quer se adote a primeira posição ou a segunda, não fica solucionada por inteiro a lesão ao *status dignitatis* do réu, se houver erro judiciário; não há, em nenhum desses casos, á reabilitação moral automática, o que é conquistada apenas com a absolvição.

No segundo caso, na verdade, a Súmula do STJ não reconhece ser de caráter condenatório a sentença que concede o perdão, mas ontologicamente não parece haver diferença entre erro judiciário proveniente de sentença condenatória e de sentença concessiva do perdão judicial; em ambos os casos somente a revisão criminal é capaz de fazer emergir a reabilitação moral do sujeito que sofreu as conseqüências do erro, e de restabelecer o *jus dignitatis*. Daí a pertinente observação que faz RANGEL:

> O erro judiciário não pode se perpetuar só porque a sentença não é condenatória, pois a *ratio* da revisão é exatamente expurgar da ordem jurídica a decisão que não atende aos anseios da liberdade e, que, lamentavelmente, já transitou em julgado, afrontando ao devido processo legal e criando uma instabilidade nas relações jurídicas.[96]

4. **Reiteração do pedido de revisão criminal**. Via de regra a revisão criminal não pode ser reiterada pelos mesmos fundamentos. Mas é possível que uma vez rejeitado o pedido anterior, porque insuficientemente instruído, outro possa ser feito com lastro no mesmo suporte legal, como, por exemplo, se o pedido indeferido teve como motivação a sentença condenatória fundada em depoimentos falsos, mas as provas produzidas foram de duvidosa idoneidade, incapazes, portanto, de comprovar o alegado, nada impede que novo pedido seja feito, consubstanciado no mesmo suporte legal, instruído com farta documentação que revele com absoluta segurança que ocorreu erro judiciário, por ter sido a condenação do réu fundamentada em depoimentos de induvidosa falsidade.

Se o pedido indeferido teve como suporte jurídico outra disposição legal (Inciso I do art. 621), isto é, por ter sido a sentença condenatória contrária ao texto expresso da lei penal ou à evidência dos autos, mas não devidamente comprovada na oportunidade, é possível seja renovado o pedido com novas provas que foram descobertas, reveladoras da inocência do réu (inciso III do art. 621).

Art. 623. A revisão poderá ser pedida pelo próprio réu ou por procurador legalmente habilitado ou, no caso de morte do réu, pelo cônjuge, ascendente, descendente ou irmão.

1. **Legitimidade do réu pessoalmente e por procurador para pedir revisão criminal**. Pessoalmente e sem habilitação profissional adequada, o artigo em exame deixa transparecer que o réu pode postular pessoalmente em juízo quando se tratar de pedido de revisão criminal. No entanto, quer nos parecer que esse regramento constante do Código, vindo de 1941, não mais é aplicável em sua plenitude, tendo em vista substancial alteração que sofreu ao longo dos tempos, começando com a CF/88[97] e, posteriormente, pelo Estatuto da OAB em vigor (art. 1º da Lei nº 8.906/94), que conferiu ao advogado o exercício privativo da advocacia; cabendo-lhe, nessa condição, com exclusividade, a postulação perante qualquer órgão do Poder Judiciário e dos juizados especiais.[98]

O Estatuto da Ordem dos Advogados do Brasil (OAB), parece-nos, deixa suficientemente claro que não mais é permitido pessoalmente, sem habilitação profissional, o condenado ou seus sucessores, ajuizar ação de revisão criminal. Se não for advogado devidamente inscrito na OAB terá de constituir profissional da advocacia ou, então, se valer da defensoria pública para ingressar em juízo com o pedido de revisão ou, ainda, requerer ao juiz a nomeação de advogado dativo para representa-lo em juízo, se não houver defensor público na localidade.

Se fosse permitido agir pessoalmente, o Estatuto teria excepcionado assim como excepcinou em relação ao *habeas corpus*[99] (art. 1º, I, da Lei nº 8.906/94). Exceção, neste caso, que se justifica, porque mesmo sendo também ação a natureza jurídica do *habeas corpus*, nem sempre o paciente tem condições de procurar um profissional do direito para agir em seu favor, em busca do pronto restabelecimento do statu quo ante; daí a conveniência de agir em nome próprio, sem procurador, ou por intermédio de outra pessoa sem habilitação profissional adequada. E, por outro lado, o procedimento da revisão criminal é bem mais complexo, tendo em vista que se trata sempre de impugnação da res judicata, e por já ter ultrapassado o crivo do contraditório e da ampla defesa, as dificuldades são bem maiores para ser revertida a situação do condenado.

---

[96] RANGEL, Paulo. *Direito processual penal*. Rio de Janeiro: Lumen Juris, 2003, p. 858.

[97] Art. 133 da CF: "O advogado é indispensável à administração da justiça, sendo inviolável por seus atos e manifestações no exercício da profissão, nos limites da lei".

[98] Art. 1º da Lei nº 8.906/94 (Estatuto da OAB): "São atividades privativas de advocacia: I – a postulação a qualquer órgão do Poder Judiciário e aos juizados especiais".

[99] Art. 1º, I, § 1º, da Lei nº 8.906/94: "Não se inclui na atividade privativa de advocacia a impetração de *habeas corpus* em qualquer instância ou tribunal".

2. Legitimidade do cônjuge, ascendente, descendente ou irmão. Mesmo depois de morto pode o réu condenado ter revisada a sentença por iniciativa do cônjuge, ascendente, descendente ou irmão, mas por intermédio de profissional da advocacia devidamente habilitado – constituído ou, se de condições pobres o sucessor, por intermédio de defensor público ou, até mesmo, por advogado dativo – .

A enumeração é taxativa, ou seja, na falta dessas pessoas, outra não pode pedir a revisão criminal, exceto a companheira ou companheiro, se reconhecida a união estável como entidade familiar, nos termos previstos no art. 226, § 3º, da CF. Mas quando já iniciada a ação e no curso do processo falecer o réu, se manifestado o desinteresse dos sucessores ou se não houver sucessor capaz, cabe ao presidente do tribunal nomear curador para prosseguir com a ação até final julgamento. (*v. comentários ao art. 631, nº 1, neste capítulo VII, da revisão*)

3. Legitimidade da companheira ou companheiro. Quer nos parecer que a partir da CF/1988 a companheira ou companheiro tem legitimidade para pleitear em juízo a revisão criminal em favor do condenado que falecer na constância da união estável devidamente comprovada. Ocorre que de conformidade com o art. 226, § 3º, da CF, "...Para efeito da proteção do Estado, é reconhecida a união estável entre homem e a mulher como entidade familiar...". Também o art. 1.723 do CC, reconhece como entidade familiar a união estável entre o homem e a mulher, o que nos leva a concluir que deve ser feita interpretação extensiva do art. 623 do CPP, de forma a abranger também a companheira ou companheiro para requerer a revisão criminal, em caso de falecimento de um ou de outro, que estiver condenado, aplicando-se na hipótese, o regramento do art. 3º do CPP, que permite a interpretação extensiva e aplicação analógica.

4. Legitimidade do Ministério Público. Não há legitimidade do Ministério Público para requerer a revisão criminal contra o réu. A lei não permite a revisão pro societate e nem prevê expressamente que o Ministério Público pleiteie revisão a favor do réu. Mas ante o novo conceito de Ministério Público, não parece afastada a hipótese de estar também legitimado, como órgão da lei e fiscal de sua execução, a agir em nome do réu condenado para atacar uma sentença, por exemplo, por haver erro ou injustiça na aplicação da pena. E assim agindo, também estará defendendo a ordem jurídica e os interesses sociais e individuais indisponíveis, insculpidos no art. 127 da CF. Por outro lado, se pode apelar a favor do réu para reduzir a pena e, até, para absolvê-lo, como foi visto nos *comentários ao art. 577, nº 2.1, capítulo I*, por que não pode, também, requerer a revisão criminal para preservar o *statu quo ante* e o *status dignitatis dele*, condenado? Ademais, se a própria autoridade da coisa julgada assegurada na CF, art. 5º, XXXVI, cede lugar à revisão criminal, é porque o erro judiciário, seja de que forma for, é pernicioso aos mais elementares princípios dos direitos humanos, e, por isso, a própria sociedade tem interesse em que seus direitos sejam protegidos. Qual o mal que advém ao indivíduo ou à sociedade, no fato de o Ministério Público pleitear o restabelecimento da ordem jurídica violada? Ao contrário, é proteção que todos certamente gostariam de ter. Um réu condenado de forma injusta é uma injustiça feita à própria sociedade, e por conseguinte há violação da ordem jurídica, cuja preservação está a cargo do Ministério Público (art. 127 da CF). Ademais, se pode também o Ministério Público impetrar *habeas corpus* a favor de quem estiver sofrendo ou na iminência de sofrer coação ilegal, não há porque lhe ser suprimida a legitimidade para requerer revisão criminal.

Assim, a nosso ver, cabe ao Ministério Público ingressar em juízo com ação de revisão criminal a favor do condenado, sempre que convencido da existência de erro judiciário.

Art. 624. As revisões criminais serão processadas e julgadas: (Redação dada pelo Decreto-lei nº 504, de 18.3.1969)

I – pelo Supremo Tribunal Federal, quanto às condenações por ele proferidas; (Redação dada pelo Decreto-lei nº 504, de 18.3.1969)

II – pelo Tribunal Federal de Recursos, Tribunais de Justiça ou de Alçada, nos demais casos. (Redação dada pelo Decreto-lei nº 504, de 18.3.1969)

§ 1º No Supremo Tribunal Federal e no Tribunal Federal de Recursos o processo e julgamento obedecerão ao que for estabelecido no respectivo regimento interno. (Incluído pelo Decreto-lei nº 504, de 18.3.1969)

§ 2º Nos Tribunais de Justiça ou de Alçada, o julgamento será efetuado pelas câmaras ou turmas criminais, reunidas em sessão conjunta, quando houver mais de uma, e, no caso contrário, pelo tribunal pleno. (Incluído pelo Decreto-lei nº 504, de 18.3.1969)

§ 3º Nos tribunais onde houver quatro ou mais câmaras ou turmas criminais, poderão ser constituídos dois ou mais grupos de câmaras ou turmas para o julgamento de revisão, obedecido o que for estabelecido no respectivo regimento interno. (Incluído pelo Decreto-lei nº 504, de 18.3.1969)

1. Competência para julgar a revisão criminal. A revisão criminal não está afeta a juízo singular comum ou especial ou a tribunal do júri, nem a juizado especial ou a turma recursal do juizado especial criminal, mas tão-somente ao tribunal competente para conhecer do recurso interposto de sentença de primeiro grau ou que poderia ter sido interposto e não o foi, ou aquele tribunal que proferiu o acórdão em razão de recurso interposto, ou em ação originária, ainda que tenha havido recurso extraordinário ao Supremo Tribunal Federal sem que este tenha se manifestado sobre o mérito; nesta hipótese, permanece a competência do tribunal *a quo*, para julgar a revisão criminal, sede onde houve a discussão da matéria de fato e de direito.

2. Competência do Supremo Tribunal Federal (STF). A CF diz que cabe ao STF "processar e julgar originariamente a revisão criminal de seus julgados" (art. 102, I, "j"). Os julgados a que se refere essa disposição constitucional, abrange os processos criminais findos em que a condenação tiver sido por ele proferida ou mantida no julgamento de ação penal originária, em regra, ou quando se tratar de recurso extraordinário e recurso criminal ordinário (art. 263 do RI do STF). Se, porém, não houver exame do mérito de recurso interposto de decisão proferida por outro tribunal, a Suprema Corte não se torna competente para julgar revisão criminal.[100]

O art. 102, I, j, estabelece a competência do STF para julgar as revisões criminais de julgados seus. E o art. 6º, I, *b*, de seu RI diz que compete ao Plenário o julgamento da revisão criminal de julgados do Tribunal. Também cuidam da revisão criminal no STF os arts. 23, II; 77 e 263 a 272, de seu respectivo Regimento Interno.

3. Competência do Superior Tribunal de Justiça (STJ). Com a CF/1988, foi alterado o inciso II, do art. 624, que previa também a competência do Tribunal Federal de Recursos, além dos Tribunais de Justiça ou de Alçada, nos demais casos.

O Tribunal Federal de Recursos deixou de existir. A atual Constituição Federal extinguiu-o e criou o Superior Tribunal de Justiça e os Tribunais Regionais Federais. Os Tribunais de Alçada, que ainda existia em algumas capitais, foi extinto pelo art. 4º da Emenda Constitucional nº 45/04.

A CF diz que compete ao STJ, originariamente, julgar "a revisão criminal de seus julgados" (art. 105, I, *e*). E o art. 11, V, do seu respectivo RI, estabelece que compete sua corte especial, processar e julgar as revisões criminais de seus próprios julgados, e às seções, competem processar e julgar as revisões de seus julgados e, também, "das turmas que compõem a respectiva área da especialização" (arts. 12, II, e 239, do RISTJ). Também disciplinam o processamento e julgamento da revisão criminal, os arts. 35, III, 240, 241, 242, e 243, do mesmo RI.

4. Competência dos Tribunais Regionais Federais. Também os Regimentos Internos dos Tribunais Regionais Federais é que disciplinam a competência para o processamento e julgamento da revisão criminal. Em regra, quando se tratar de competência originária desses tribunais, é ao plenário que compete o processamento e julgamento da revisão criminal. Nos demais casos, ou seja, quando o órgão competente do tribunal (turma) julgar recurso interposto de sentença de juiz de primeiro grau, ou quando era competente para julgá-lo, mas não julgou, porque não foi interposto recurso por quem tinha legitimidade e interesse, compete, na hipótese, via de regra, às seções, inclusive de seus próprios julgados.

O RITRF da 4ª Região no Rio Grande do Sul, segue a regra geral de competência conferida aos demais Tribunais Regionais Federais, isto é, estabelece competência ao plenário para processar e julgar as revisões de suas próprias decisões, e às seções, para processar e julgar as revisões criminais de julgados seus, das turmas e dos juízes de primeiro grau.

5. Competência dos Tribunais de Justiça dos Estados e do Distrito Federal. Nos Tribunais de Justiça dos Estados e do Distrito Federal (o Tribunal de Alçada foi extinto)[101] –, o processamento e julgamento da revisão criminal é da competência das seções, quando a revisão for em decorrência de erro de julgados proferidos por juiz de primeiro grau, por câmara ou pela própria seção, tendo em vista o disposto no art. 101, da Lei Complementar nº 35, de 14.03.1979 – Lei Orgânica da Magistratura Nacional (LOMAN) –, que hierarquicamente se sobrepõe à lei ordinária. Os Regimentos Internos dos Tribunais geralmente seguem essa linha de regramento, complementando-o, e à medida do possível, vão se adequando às disposições do §§ 2º e 3º do art. 624.

O RITJRGS estabelece que o órgão especial é competente para julgar as revisões relativas às suas própria condenações (art. 7º, *h*, do RI), e aos grupos criminais competem julgar os demais pedidos de re-

---

[100] Assim decidiu o pretório excelso: "A existência de anterior julgamento de recurso extraordinário não afasta a competência do Tribunal de Justiça Estadual para julgar revisão criminal se o STF não examinou o mérito da acusação, apenas afastando a hipótese de continuidade delitiva" (RT 637/247). No mesmo sentido: RT 649/330.

[101] Os tribunais de alçada, que ainda existiam em algumas capitais, foram extintos pelo art. 4º da Emenda Constitucional nº 45/04; atualmente nos Estados existem apenas os tribunais de justiça, com a competência ampliada, tanto na área criminal como civil.

visão criminal (art. 22 do RI). O RITJSP também disciplina a matéria nessa mesma linha.

6. Competência para o processamento e julgamento de revisão criminal de decisões de turmas recursais e de juízes togados de juizados especiais criminais (Lei nº 9.099/95). Tanto as decisões condenatórias de turmas recursais quanto de juizados especiais criminais togados estão sujeitas a erro e, portanto, suscetíveis à revisão criminal, assim como qualquer outra decisão condenatória de caráter jurisdicional, uma vez satisfeitos os pressupostos legais, como a coisa julgada e outros.

Quer nos parecer que a se seguir o mesmo critério adotado para o processamento e julgamento de *habeas corpus* em face de coação ou ameaça de coação ilegal proveniente de atos de turmas recursais, de acordo com o enunciado da Súmula 690 do STF, se poderia também chegar à conclusão de que o STF seria também competente para processar e julgar revisão criminal em razão de erro em decisão de turmas recursais de juizados especiais criminais. Todavia, essa não é a nossa posição, ou seja, entendemos que não cabe à turma recursal processar e julgar revisão criminal e nem o STF. Turma recursal têm competência tão-somente para processar e julgar recursos interpostos de decisões proferidas por Juiz togado de juizado especial criminal e não ação como é a revisão, e muito menos de seus próprios julgados. Trata-se de competência recursal taxativa, por estar expressa no inciso I do art. 98 da CF, que às "turmas de juízes de primeiro grau" compete o julgamento de recursos.

Infere-se dessa disposição constitucional que as turmas recursais são formadas por juízes de primeiro grau, sem competência para julgar qualquer espécie de ação. E a natureza jurídica da revisão criminal é ação e não recurso (*v. neste capítulo VI da revisão criminal, natureza jurídica da revisão criminal, nº 1*). E por não ser tribunal a turma recursal de juizado especial criminal, mas juízo de grau recursal, apenas, também examinando-se por este prisma, chega-se à conclusão de que ainda que fosse competente para julgar ação, e não somente recurso, como o é, não poderia processar e julgar a revisão criminal.

Juízo de primeiro grau não tem competência para processar e julgar revisão criminal, e nem outro órgão, ainda que colegiado, que não seja integrante de tribunal, porque como bem lembra MIRABETE,

(...) a competência para o processo de revisão é do Tribunal que proferiu o acórdão revidendo em ação penal originária ou em razão de recurso, ou, se não houve recurso do processo originário de primeiro grau, do Tribunal que seria o competente para conhecer do recurso interposto contra a sentença a ser rescindida (...)[102]

Essa parece ser a mais coerente interpretação que se poderia fazer do art. 624 e seus respectivos incisos e parágrafos, devidamente atualizados de conformidade com a CF/88 e Emenda Constitucional nº 45/04.[103] Nessa perspectiva de interpretação, isto é, de que o tribunal competente para processar e julgar a revisão é o mesmo para julgar o recurso que foi interposto do processo originário de primeiro grau ou, se não houve recurso, mesmo assim seria o competente para processar e julgá-lo, pode-se chega-se a uma lógica conclusão de que o STF é competente também para o processamento e julgamento da revisão criminal, não só quando julgou, mas também quando poderia ter julgado recurso interposto de turma recursal, tendo em vista que é essa mesma Suprema Corte que nos termos do art. 102, II, compete "julgar, mediante recurso extraordinário, as causas decididas em única ou última instância...". E a turma recursal, embora não seja tribunal, julga em "última instância" os recursos originários dos juizados especiais criminais, razão pela qual de suas decisões cabe recurso extraordinário para o STF. (*v. Comentários ao art. 638, nº 3, capítulo VIII, do recurso extraordinário*)

Mas, a nosso sentir, essa não parece ser ainda a melhor solução para o sério problema da competência para processar e julgar revisão criminal de decisões provenientes de Turmas Recursais.

O mais apropriado, cremos, e não parece ser um despropósito, é atribuir competência aos tribunais de justiça para processar e julgar a revisão criminal, ainda que parte da doutrina e da jurisprudência entenda que juizados especiais criminais e respectivas turmas recursais não têm vinculação jurisdicional com os tribunais de justiça. Argumento que a nosso ver não é de todo aceitável, posto que nos casos em que não houver incompatibilidade, as disposições do CPP são aplicáveis subsidiariamente, solucionando, dessa forma, aparentes lacunas existentes na Lei nº 9.099/95, como é o caso de aplicação subsidiária do art. 624, II, que prevê o processamento e julgamento das revisões criminais pelo "...Tribunal de Justiça ou de Alçada, nos demais casos (o Tribunal de Alçada foi extinto pela Emenda Constitucional nº 45/05).

Ocorre que o magistrado de primeiro grau que conduz o processo e profere sentença condenatória pode praticar ato que se configure crime comum re-

---

[102] MIRABETE, Julio Fabbrini. *Processo penal.* São Paulo: Atlas, 2004, p. 740.

[103] O art. 4º da Emenda Constitucional nº 45/2004, extinguiu os Tribunais de Alçada, ficando, por conseguinte, também suprimido do contexto do CPP.

lacionado a erro judiciário que venha a ensejar pedido de revisão criminal. Nessa perspecitva, quer nos parecer que em se tratando de Juiz togado de juizado especial criminal, assim como de Juiz integrante de turma recursal, a competência originária para processar e julgar criminalmente é, sem qualquer dúvida, do Tribunal de Justiça, por força do disposto no art. 96, III, da CF. E, por isso, entendemos que até por coerência, não pode ser outro órgão judiciário o competente também para processar e julgar a revisão criminal, senão o mesmo que é competente para processar e julgar o magistrado pelo crime que cometeu relacionado ao erro judiciário.

Não se pode olvidar, também que o art. 125, § 1º, da CF, estabelece que "...A competência dos tribunais será definida na Constituição do Estado..." E o Rio Grande do Sul, em cumprimento a essa disposição da Lei Maior, inseriu em sua Constituição Estadual o art. 95, XI, com o seguinte regramento: "compete ao Tribunal de Justiça processar e julgar nas infrações comuns, inclusive nas dolosas contra a vida, e nos 'crimes de responsabilidade', os Deputados Estaduais, os juízes estaduais, os membros do Ministério Público estadual, os Prefeitos Municipais, o Procurador-Geral do Estado, os Secretários de Estado, ressalvado, quanto aos dois últimos, o disposto nos incisos VI e VII do art. 53".

Ora, tanto o juiz togado de juizado especial criminal quanto os juízes integrantes de turma recursal, são juízes de direito e estão, portanto, diretamente submetidos à jurisdição em única instância, do Tribunal de Justiça, o que, em linha de princípio, o eventual ilícito penal que praticarem, relacionado ao erro judiciário, que ensejar revisão criminal, também deve ser apreciado pelo mesmo Tribunal.

Não se pode olvidar também o princípio da hierarquia que revela art. 624, I e II, do CPP e que, por isso, não cabe à turma recursal julgar ato de juiz togado de juizado especial criminal, por ser também composta de juiz de primeiro grau, do mesmo nível hierárquico-funcional, todos igualmente sujeitos à jurisdição do Tribunal de Justiça. E, além disso, por força do art. 92 da Lei nº 9.099/95, o art. 624, II, do CPP, tem aplicação subsidiária para estabelecer a competência do Tribunal de Justiça para processar e julgar revisão criminal, tendo em vista que as turmas recursais estão revestidas de competência recursal apenas e não para processar e julgar ação, como é a revisão criminal, quer se trate de suas próprias decisões, quer se trate de decisões dos juízes togados dos juizados especiais criminais, tendo em visto o disposto no art. 98, I, da CF.

Em razão de todos esses regramentos de caráter constitucional e infraconstitucional, cremos que a competência do Tribunal de Justiça se impõe para processar e julgar revisão criminal, tanto de sentença proferida pelos Juízes togados dos juizados especiais criminais, como proferida por turmas recursais. E com muito mais vantagem para a vítima do erro judiciário, uma vez que enseja espaço também para a interposição de outros eventuais recursos, inclusive extraordinário e especial.

Art. 625. O requerimento será distribuído a um relator e a um revisor, devendo funcionar como relator um desembargador que não tenha pronunciado decisão em qualquer fase do processo.

§ 1º O requerimento será instruído com a certidão de haver passado em julgado a sentença condenatória e com as peças necessárias à comprovação dos fatos argüidos.

§ 2º O relator poderá determinar que se apensem os autos originais, se daí não advier dificuldade à execução normal da sentença.

§ 3º Se o relator julgar insuficientemente instruído o pedido e inconveniente ao interesse da justiça que se apensem os autos originais, indeferi-lo-á *in limine*, dando recurso para as câmaras reunidas ou para o tribunal, conforme o caso (art. 624, parágrafo único).

§ 4º Interposto o recurso por petição e independentemente de termo, o relator apresentará o processo em mesa para o julgamento e o relatará, sem tomar parte na discussão.

§ 5º Se o requerimento não for indeferido *in limine*, abrir-se-á vista dos autos ao procurador-geral, que dará parecer no prazo de 10 (dez) dias. Em seguida, examinados os autos, sucessivamente, em igual prazo, pelo relator e revisor, julgar-se-á o pedido na sessão que o presidente designar.

1. **Requerimento, endereçamento e distribuição da petição de revisão**. A petição formulada pelo procurador do réu condenado, devidamente habilitado ou, ainda, no caso de morte do sentenciado, pelo cônjuge, ascendente, descendente ou irmão, também por intermédio de profissional da advocacia habilitado, é dirigida ao presidente do tribunal. A seguir, é distribuída ao relator e revisor.

É necessário que a petição seja instruída com a certidão da condenação e de trânsito em julgado da sentença e, também, com outros elementos que justifiquem o pedido de revisão, além de cópia autentica das peças essenciais do processo, ou do próprio processo, até para evitar maiores delongas, com eventual determinação do relator para que seja o pedido apensado aos autos principais, caso não venha a obstaculizar a execução da pena.

O relator não pode ter se pronunciado antes em qualquer fase do processo que ensejou a condenação do requerente,[104] tendo em vista a necessidade de ser preservado o princípio da imparcialidade que deve preponderar em todos os julgamentos. E o magistrado que já tenha participado de alguma decisão anterior pode sofrer influência, por qualquer motivo, sem que ele mesmo conscientemente queira que isso venha a ocorrer e, assim, poderá acarretar prejuízo ao julgamento da revisão.

2. Indeferimento *in limine* do pedido. O pedido bem instruído poderá evitar o indeferimento liminar pelo relator. Mas pode o relator indeferi-lo in limine se entender que não está devidamente instruído com a documentação pertinente, ou seja, com a certidão da sentença penal condenatória revidenda e de outros elementos que venham a dar suporte aos fatos alegados. Nada impede, porém que o relator determine a realização de diligências requeridas, quando houver motivação necessária revelando a impossibilidade de o postulante conseguir realizá-las por meios próprios.

A lei processual penal não prevê expressamente a conversão do pedido de revisão em diligência, porém não há obstáculo algum para que os Regimentos Internos dos Tribunais assim estabeleçam, a exemplo do STF (art. 267 do RISTF).

3. Recurso de ofício do indeferimento *in limine* e do indeferimento de diligência para obtenção de prova. Se o relator de ofício indeferir liminarmente o requerimento de revisão por não se encontrar suficientemente instruído, o recurso cabível da decisão é o agravo regimental previsto geralmente nos Regimentos Internos dos tribunais.

O RITJRGS diz em seu art. 232: "Ressalvadas as exceções previstas neste Regimento, caberá agravo regimental, no prazo de cinco (5) dias, de decisão do Presidente, dos Vice-Presidentes ou do Relator, que causar prejuízo ao direito da parte". Ora, o indeferimento liminar da revisão criminal é decisão que pode causar prejuízo à parte. Logo, se houver algum prejuízo, surge o interesse recursal, e o recurso adequado para atacar decisão dessa natureza é o agravo regimental.

Por outro lado, se houver indeferimento de pedido de diligência, entendemos que o agravo regimental é também recurso que se impõe, quando previsto no Regimento Interno do tribunal.

Outra hipótese é o indeferimento de apensamento dos autos do processo originário que o § 3º do art. 625 faz referência e que deixa a falsa impressão de que também se trata de indeferimento *in limine* do pedido de revisão. O indeferimento *in limine* é tãosomente quando o pedido estiver insuficientemente instruído, mas não quando o relator indeferir o apensamento dos autos do processo por entender inconveniente ao interesse da justiça, como, por exemplo, na hipótese de no mesmo processo existir outro coréu foragido que ainda não foi julgado. Do indeferimento do apensamento não cabe ao relator recorrer de ofício, uma vez que não significa indeferimento do pedido de revisão; mas quer nos parecer que poderá o requerente que se sentiu prejudicado, que sofreu gravame, interpor agravo regimental da decisão, se o motivo do indeferimento não for o possível prejuízo a julgamento de outro réu.

4. Retratação do relator ou encaminhamento do agravo ao órgão que for competente para julgar a revisão. O relator, destinatário do agravo, se o receber, poderá se retratar ou, então, sem examinar o mérito, encaminhar ao órgão que for competente para julgar a revisão, sem poder tomar parte no julgamento do recurso regimental.

Se não houver indeferimento liminar, ou se houver e for acolhido o recurso de agravo regimental interposto, o órgão competente do tribunal apreciará o pedido e, inclusive, se necessário for, convertê-lo-á em diligência[105] se entender que se trata de matéria relevante à realização de um justo julgamento, mormente quando alguma dúvida existir com relação a possível erro judiciário ocorrido no julgamento do processo originário.

5. Recursos cabíveis da decisão de procedência ou improcedência da revisão criminal. Os recursos cabíveis da decisão de procedência ou improcedência da revisão criminal são: embargos de declaração e de nulidade; recurso extraordinário para o STF (art. 102, III, "a", "b", "c", da CF), e recurso especial para o STJ (art. 105, III, "a", "b", "c", da CF). Mesmo quando favorecido pela revisão postulada, pode o requerente ter também interesse em interpor recurso da decisão, se o pedido de revisão não for atendido integralmente, isto é, se for parcialmente acolhido pelo órgão julgador do tribunal, por entender, por exemplo, que não é caso de absolvição, mas sim de alteração da classificação do crime. Na hipótese, o condenado é favorecido, mas pode emergir daí o interesse em recorrer para alcançar a absolvição que

---

[104] Porém, já decidiu o STF que "(...) Essa proibição não impede que, vencido o relator e o revisor, seja designado, para lavrar o acórdão indeferitório da revisão, o desembargador que tenha funcionado como relator da apelação, por ter sido o autor do primeiro voto" (HC 61.916-9-SP, 1ª T., j. em 14/08/84, rel. Min. Soares Muñoz – DJU 06/09/84 – RT 597/389).

[105] Já decidiu o então Tribunal de Alçada Criminal de São Paulo, por seu 1º Grupo de Câmaras, no sentido de que "é tranquilamente reconhecido caber ao relator e ao órgão julgador de revisão a faculdade de, através de diligências, determinar providências instrutórias para apuração da matéria relevante". FRANCESCHINI, J.L.V. de Azevedo. *Jurisprudência do tribunal de alçada criminal de são paulo*, v. IV. São Paulo: Universitária de Direito, 1976, p. 183. No mesmo sentido: RT 400/317 e 326, 402-283. Sentido contrário: 622/259.

fora postulada, quando for o caso. Já o interesse do Ministério Público emerge com a decisão desfavorável a sua opinião manifestada no parecer – favorável ou desfavorável ao condenado – . Mas para a interposição do recurso – extraordinário ou especial, há que estarem satisfeitos os pressupostos necessários ao cabimento, de conformidade com os regramentos constitucionais acima aludidos.

6. **Parecer do Ministério Público**. Não havendo indeferimento liminar, é aberta vista ao Ministério Público (Procuradoria-Geral de Justiça) para lançar parecer no prazo de 10 dias, na defesa da ordem jurídica e dos interesses sociais e individuais indisponíveis; parecer imparcial, portanto, uma vez que não há outro interesse a não ser o de que seja consubstanciada no julgamento do pedido de revisão, a verdadeira justiça. É até possível que no entendimento do parquet a justiça só seja alcançada com a manutenção da sentença revidenda; porém, o contrário também poderá ocorrer, isto é, ter a convicção de que houve erro judiciário e, por isso, opinar favoravelmente à revisão nos termos do pedido. (*v. Comentários ao art. 577, nº 2.1, capítulo II, do recurso em sentido estrito*)

A seguir, os autos serão examinados, sucessivamente, pelo relator e revisor, também no prazo de 10 dias, e, por fim, será julgado o pedido na sessão que o presidente designar.

7. **Sustentação oral no julgamento da revisão criminal**. Não há previsão legal para a sustentação oral no julgamento do pedido de revisão, no Código de Processo Penal, porém o RISTF deixa transparecer no parágrafo único do art. 265 essa possibilidade, ao estabelecer que "(...) Aplica-se ao processo de revisão o disposto nos incisos I e III do art. 191 deste Regimento". E o inciso I, do art. 191 está suficientemente claro ao dizer que compete ao órgão julgador "sendo relevante a matéria, nomear advogado para acompanhar e *defender oralmente* (grifamos) o pedido, se o impetrante não for diplomado em direito"

Nada obsta que os demais tribunais assim também estabeleçam em seus respectivos Regimentos Internos. Mas, de qualquer forma, não havendo proibição expressa no Regimento, acreditamos ser possível ao postulante da revisão fazer a sustentação oral.

Art. 626. Julgando procedente a revisão, o tribunal poderá alterar a classificação da infração, absolver o réu, modificar a pena ou anular o processo.

Parágrafo único. De qualquer maneira, não poderá ser agravada a pena imposta pela decisão revista.

1. **Conseqüências provenientes da procedência da ação de revisão**. Quando a ação de revisão for julgada procedente, o órgão julgador competente poderá acolher o pedido total ou parcial, reconhecendo uma das hipóteses elencadas neste artigo em exame, isto é, poderá alterar inclusive a classificação do crime que ensejou a condenação, uma vez que não é defeso proceder a uma nova adequação típica, ou seja, é permitido novo enquadramento jurídico em revisão criminal. É cabível também a absolvição do condenado; a modificação da pena aplicada, ou anulação do processo.

2. **Nulidade do processo em decisão de revisão**. Quando se tratar de nulidade absoluta da sentença ou do processo originário, isto é, do processo que ensejou a condenação, não poderá ser declarada de ofício se vier em prejuízo do condenado. Casos há, porém, que a nulidade do processo poderá favorecê-lo, como, por exemplo, quando se tratar de ação penal privada, em que já ocorreu a extinção da punibilidade pela decadência do direito de queixa. Neste particular, pode ser de ofício declarada a nulidade; porém, se o pedido estiver suficientemente instruído e visar a absolvição pelo fundamento da atipicidade do fato, parece-nos viável a interposição de recurso, como agravo regimental; recurso extraordinário; ou recurso especial, para obtê-la, tendo em vista que em razão da nulidade da sentença condenatória persistiu ainda, um gravame, isto é, perante a sociedade, permanecerá à mácula de "criminoso", pecha que não se apaga com a nulidade do processo, nem mesmo com a extinção da punibilidade; não havendo, portanto, a reabilitação moral plena do condenado, assim como poderia ocorrer com a absolvição, dependendo da motivação, como o reconhecimento de ter sido o fato atípico, ou a inexistência material do fato e, até mesmo, não ter sido o condenado autor do crime que lhe fora imputado.

O mesmo pode ocorrer também em crime de ação penal pública, quando impossível reiniciar o processo, por já estar extinta a punibilidade do agente pela prescrição da pretensão punitiva estatal, quando for anulado o processo. Assim, entre a absolvição e a nulidade, deve o órgão julgador, sempre que possível, optar por aquela, por ser mais favorável ao condenado, por ensejar-lhe o *retorno ao statu quo ante*, com o restabelecimento do *status dignitatis*.

Se o processo for declarado nulo por algum vício insanável, mas que não houve ainda a extinção da punibilidade, o processo terá de ser refeito e seguir até final julgamento. Nesta hipótese, não cabe ao órgão julgador proferir nova decisão, posto que se assim fizer, estará suprimindo o duplo grau de jurisdição, ainda que seja tornada nula tão-somente a sentença.

3. *Reformatio in pejus* **em revisão criminal**. Em nenhum caso poderá ser agravada a situação do condenado pela decisão revista, isto é, há proibição à reformatio *in pejus*. Obviamente que uma vez decidin-

do pelo agravamento da pena do sentenciado, o órgão julgador do tribunal estaria violando o princípio da proibição da reformatio *in pejus* direta e, por conseguinte, estaria o condenado correndo o risco, sempre, de ver sua situação agrava na hipótese de se vislumbrar a possibilidade de requerer revisão para minorar a situação que entende ser injusta, em face da sentença que o condenou padecer de algum vício insanável. (*v. Reformatio in pejus, da teoria geral dos recursos criminais, princípios recursais, n°s. 6.6 e 6.7*)

É vedado também a *reformatio in pejus* indireta, que pode ocorrer, por exemplo, se depois de declarada nula a sentença em sede de revisão criminal, por algum vício insanável, outra sentença é prolatada, pelo mesmo ou por outro juiz, com pena exasperada, ou seja, com pena mais grave, mais exacerbada do que a fixada anteriormente, no juízo da condenação.

Em qualquer caso, e seja por qual for o motivo, não pode o beneficiário da revisão criminal ter a situação agravada, posto que o parágrafo único do art. 626 diz expressamente que "De qualquer maneira, não poderá ser agravada a pena imposta pela decisão revista".

4. Efeito extensivo a outros condenados na ação de revisão criminal. Os direitos restabelecidos em face da absolvição em revisão criminal requerida por um dos réus condenado, poderá se estender a co-réu ou partícipe, no mesmo processo, que não tenha feito a mesma postulação, desde que a decisão revisada seja fundamentada em motivos que não sejam de caráter exclusivamente pessoal, conforme dispõe o art. 580 do CPP, ao prever o efeito extensivo no caso de concurso de pessoas (originariamente, concurso de agentes). (*v. Comentários ao art. 580, n° 1, capítulo I, dos recursos em geral*)

Embora a revisão seja tida como ação – e esta é sua natureza jurídica – seus efeitos favoráveis obtidos pelo requerente, estende-se aos demais condenados que não tiveram a mesma iniciativa, isto é, aos demais condenados que não pediram a revisão, porque como é em benefício destes, e mesmo não se tratando de recurso, é perfeitamente admissível a aplicação do art. 580 do CPP, por extensão, tendo em vista o disposto no art. 3° do CPP.[106] E se o órgão julgador do tribunal dispuser de todos os elementos necessários a dirimir qualquer dúvida acerca da extensão a outros condenados, cujo processo tenha sido cindido e, por isso, parte dele se encontra, por exemplo, em vara de execução distinta, parece-nos inquestionável que por ofício deva ser comunicado ao juiz das execuções criminais, a extensão do benefício aos demais condenados, quando for o caso, para serem tomadas as devidas providências com relação à liberação, se por outro motivo não estiverem presos. O mais seguro, entretanto, nos parece, é a requisição pelo juízo revisional, do processo referente aos demais beneficiários, para um exame mais aprofundado da situação de cada um deles para, em fim, serem tomadas as medidas legais pertinentes.

Art. 627. A absolvição implicará o restabelecimento de todos os direitos perdidos em virtude da condenação, devendo o tribunal, se for caso, impor a medida de segurança cabível.

1. **Direitos restabelecidos com a absolvição**. A absolvição do réu em revisão criminal restabelece todos os direitos perdidos em virtude da condenação. Além da condenação – efeito principal –, que deixa de existir, também os seus efeitos secundários desaparecem: como o nome do réu registrado no livro do rol dos culpados; os pressupostos da reincidência; a obrigação de reparar o dano mediante execução, em face da desconstituição do título executivo no cível, que fora formado pela sentença condenatória trânsita em julgado; o cargo, função ou mandato perdidos, quando for o caso; a perda capacidade para o exercício do pátrio poder, tutela ou curatela, também quando for o caso; a inabilitação para conduzir veículo; a suspensão dos direitos políticos enquanto cumpria a pena; o confisco de instrumento, de produto, quando for o caso; enfim, não persistirá nenhum efeito mais em decorrência da condenação, sendo o beneficiário da revisão reintegrado ao *statu quo ante*, havendo absoluta reabilitação moral.

Uma vez absolvido o condenado em sede de revisão criminal, no âmbito civil a sentença absolutória criminal trânsita em julgado, desconstitui a sentença condenatória, também no que diz respeito a sua executoriedade, posto que o título deixa de ser líquido, certo e exigível, (arts. 583, 584, II e 586, do CPC). Por outro lado, se em andamento a execução, terá de ser anulada, (art. 618, I, do CPC), por ter sido desfeito o título executivo judicial (sentença penal condenatória). Se, porém, já estiver findada a execução e paga ao credor a importância devida, o interessado tem todo o direito de obter a restituição pela via adequada.

Mas dependendo do fundamento que alicerçar a absolvição em revisão, poderá a vítima obter reparação do dano, quando for o caso, em ação civil própria no juízo civil competente.

---

[106] "Nunca nos pareceu suscetível de dúvida que o princípio do art. 580 se aplique ao julgamento de revisões criminais". ESPÍNOLA FILHO, Eduardo. *Código de processo panal brasileiro anotado*, v. II, anotação 1.205. Rio de janeiro: Editora Rio, 1976, p. 74.

2. Decisão absolutória de revisão criminal com imposição de medida de segurança. Quer nos parecer que em sede de revisão criminal o órgão julgador encontra limitação no próprio fundamento em que se louvar para absolver o condenado para impor-lhe medida de segurança, ainda que reconheça a inimputabilidade por doença mental, desenvolvimento mental incompleto ou retardo mental (art. 26 do CP). A medida de segurança, em alguns casos pode ser imposta, em decisão de revisão criminal, como, por exemplo, "quando o juiz por alguma razão, condenou pessoa inimputável à época dos fatos, quando deveria tê-la absolvido",[107] como observa NUCCI; ou como consigna TOURINHO FILHO: "...Assim, se o réu for condenado, nada impede possa ele, no juízo revidendo, demonstrar que, à época do fato, era inimputável. Neste caso, a instância revidenda o absolverá, mas lhe imporá medida de segurança".[108]

Mas para a imposição de medida de segurança, em qualquer hipótese, terá de coexistir necessariamente, os seguintes pressupostos: a) a prática de fato definido como crime; b) e a periculosidade do agente (periculosidade presumida: agente inimputável, art. 26, *caput*, do CP, e periculosidade real ou judicial: no caso de semi-imputabilidade do agente, parágrafo único do art. 26 do CP; neste último caso é aferida pelo juiz). Assim, ainda que haja prova inequívoca da inimputabilidade ou da semi-imputabilidade do condenado, não cabe no juízo revidendo a aplicação de medida de segurança se faltar um desses pressupostos.

Se a ação de revisão for julgada procedente para absolver o condenado por ficar categoricamente comprovada a inexistência material do fato delituoso; ou se ficar demonstrado não constituir o fato infração penal; ou no caso de ter sido reconhecida a exclusão da ilicitude, por exemplo, cremos não haver como a absolvição ser substituída por medida de segurança.

E em todas essas hipóteses, não cabe a medida de segurança por faltar o pressuposto do ilícito definido como crime", inclusive se a absolvição ocorrer pelo fundamento de exclusão da ilicitude porque, neste caso, o fato não pode ser considerado um ilícito penal e, por via de conseqüência, não se pode falar "em fato praticado definido como crime", uma vez que o ilícito penal (ou antijuridicidade), para a concepção analítica de crime – consagrada na doutrina –, é um de seus elementos seqüenciais, ou seja, "o crime é uma ação típica, antijurídica e culpável". E o inimputável, o absolutamente incapaz de entender o caráter ilícito do fato ou de determinar-se de acordo com esse entendimento, também pode praticar fato típico e antijurídico, faltando, porém, o elemento "culpável", em face da inimputabilidade. Assim, quer nos parecer que se houver alguma causa excludente da ilicitude (ou antijuridicidade), a figura tida como criminosa se desintegra e, por isso, inviabiliza a imposição de medida de segurança.

Art. 628. Os regimentos internos dos Tribunais de Apelação estabelecerão as normas complementares para o processo e julgamento das revisões criminais.

1. Normas complementares impostas pelos regimentos internos dos tribunais. Os regimentos internos de todos os tribunais (e não só do tribunal de apelação, que nem existe mais com essa denominação) poderão disciplinar mediante normas complementares, para o processo e julgamento das revisões criminais, desde que não venham a contrariar norma processual que estabeleça regramento aplicável à ação de revisão. Os tribunais, sem exceção, têm em seus Regimentos Internos regras próprias, especialmente no que diz respeito à competência interna para processar e julgar a revisão criminal.

Art. 629. À vista da certidão do acórdão que cassar a sentença condenatória, o juiz mandará juntá-la imediatamente aos autos, para inteiro cumprimento da decisão.

1. Cumprimento da decisão de revisão. Uma vez julgada procedente a ação de revisão e tão-logo transite em julgado o acórdão, deve o próprio relator do órgão judicial que procedeu ao julgamento, por ofício, ou por qualquer outro meio mais rápido de comunicação, levar ao conhecimento do juiz das execuções criminais, com a determinação do imediato cumprimento da decisão, mormente quando se tratar de absolvição de condenado que esteja cumprindo pena. À comunicação deve seguir anexa a certidão do acórdão que cassar a sentença condenatória, devendo o juiz, por sua vez, determinar a imediata juntada aos autos, desse documento indispensável ao cumprimento da decisão.

Art. 630. O tribunal, se o interessado o requerer, poderá reconhecer o direito a uma justa indenização pelos prejuízos sofridos.

§ 1º Por essa indenização, que será liquidada no juízo cível, responderá a União, se a condenação ti-

---

[107] NUCCI, Guilherme de Souza. *Código de processo penal comentado*. São Paulo: RT, p. 627.
[108] TOURINHO FILHO, Fernando da Costa. *Código de processo penal comentado*, v. II. São Paulo: Saraiva, 1997, p. 382.

ver sido proferida pela justiça do Distrito Federal ou de Território, ou o Estado, se o tiver sido pela respectiva justiça.

§ 2º A indenização não será devida:

a) se o erro ou a injustiça da condenação proceder de ato ou falta imputável ao próprio impetrante, como a confissão ou a ocultação de prova em seu poder;

b) se a acusação houver sido meramente privada.

1. **Indenização reconhecida pelo tribunal**. Se pretender o requerente lhe seja concedida indenização, deve fazer o pedido na própria petição da revisão. O tribunal poderá reconhecer o direito a uma justa indenização pelos prejuízos sofridos. Quando o pedido de indenização for formulado no próprio requerimento da revisão, o tribunal a reconhece na própria decisão de procedência a ser liquidada, porém, no juízo cível.

Por não ser automática a indenização é que não sendo requerida com o pedido de revisão, o tribunal não pode de ofício concedê-la, embora absolva o condenado, porque ainda que venha a ocorrer a absolvição por erro judiciário, não há a concretização do direito à obtenção de indenização, mas uma mera faculdade de pedir, a ser discutida e avaliada em processo civil próprio de conhecimento. Assim, não fica a vítima do reconhecido erro judiciário impedida de ingressar com ação no juízo civil (contra a Fazendo Pública federal ou estadual), postulando a indenização, se não tiver feito o pedido na mesma ação de revisão criminal.

2. **Indenização aos sucessores**. Ainda que falecido o sentenciado, as pessoas que ele estava obrigado a prestar alimento fazem jus à indenização. Haverá transmissão desse direito, podendo, por isso, o interessado ingressar no processo para dar prosseguimento à ação de revisão, visando a obtenção de indenização, caso seja julgada procedente. Na hipótese de procedência da revisão, sem a concessão da respectiva indenização, por não ter sido requerida, nada impede postule o interessado na via civil, por intermédio de ação própria.

3. **A responsabilidade objetiva da pessoa jurídica de direito público**. Atualmente não há mais dúvida com relação ao direito à indenização, quer em virtude de condenação por erro judiciário, quer em virtude de alguém ficar preso além do tempo fixado na sentença, tendo em vista o amparo de natureza constitucional (art. 5º, LXXV, da CF).

Responderá a União, se a condenação tiver sido proferida pela justiça federal; o Estado, se o erro judiciário ocorreu em julgamento proferido pela justiça estadual.

Mas quando a justiça estadual absolver o réu, e em virtude de recurso extraordinário ou especial, for ele condenado e, posteriormente, for reconhecido o erro judiciário em sede de revisão, obviamente que a responsabilidade de indenizar se desloca para a União Federal.

A responsabilidade objetiva decorre da disposição do § 6º do art. 37 da CF, que atribui às pessoas jurídicas de direito público e às de direito privado prestadoras de serviços públicos, a obrigação de indenizar "pelos danos que seus agentes, nessa qualidade, causarem a terceiros, assegurado o direito de regresso contra o responsável nos casos de dolo ou culpa". Assim, do erro judiciário que, posteriormente, lastreia a absolvição do condenado no juízo revisional, em regra, nasce o dever de indenizar do Estado, inclusive com relação a danos morais, seja o ato jurisdicional praticado de forma lícita ou ilícita pelo magistrado; mas não quando o próprio condenado deu causa ao erro judiciário.

4. **Indenização em face de erro por ato ou falta imputável ao próprio condenado, e quando se tratar de acusação meramente privada**. O juízo condenatório não pode ser plasmado apenas na confissão do acusado, isto é, não deve haver condenação sem que haja outro meio de prova consistente produzida no curso da instrução criminal que venha efetivamente a tornar seguro um decreto condenatório. Para a apreciação da confissão "o juiz deverá confrontá-la com as demais provas do processo, verificando se entre ela e estas existe compatibilidade ou concordância" (art. 197 do CPP).

A confissão judicial nem sempre é confiável; pode o acusado ter confessado um crime de menor potencial ofensivo ocorrido no mesmo momento em que outro crime foi praticado, bem mais grave, do qual é o verdadeiro autor (um crime hediondo, por exemplo) – em ambos os casos a autoria permanecia ignorada –, isto é, confessa a prática de um fato delituoso, cuja pena é insignificante, para acobertar a autoria do outro fato e, assim, não se submeter a uma possível condenação com pena bem mais elevada.

Pode também o sujeito atribuir-se maioridade penal – 18 anos, por exemplo – quando preso em flagrante por um determinado crime e, mesmo sendo inimputável (tinha na realidade 17 anos), é processado e condenado. Posteriormente, beneficiado com a nulidade do processo, em sede revisional, por ter demonstrado que à época da condenação era inimputável, não terá direito à indenização, por ter ocorrido erro judiciário imputável a ele, que durante toda a fase do inquérito e da instrução criminal ocultou sua própria idade.

Mas o mesmo não se pode dizer do réu que confessa mediante tortura, e com base nessa confissão, venha a ser condenado. Confissão obtida mediante violência ou coação não exclui o Estado da obrigação de indenizar, quando absolvido em sede revisional.

Em face da responsabilidade objetiva do Estado, atualmente não mais parece ser possível a aplicação do disposto na alínea "b" do § 2º do art. 630. Nesta hipótese também se houver erro judiciário e a culpa não for do querelante, a obrigação de indenizar do Estado se impõe por força do art. 5º, LXXV, c/c o art. 37, § 6º, da CF, uma vez que não é o querelante quem condena, mas o Estado que é o titular o *jus puniendi*; exceto se o querelante induziu o juiz em erro.

Art. 631. Quando, no curso da revisão, falecer a pessoa, cuja condenação tiver de ser revista, o presidente do tribunal nomeará curador para a defesa.

1. **Nomeação de curador.** Ainda que haja procurador constituído nos autos do processo pelo condenado, com o falecimento deste, extingue os poderes que lhe foram conferidos, impossibilitando-o de continuar com a representação. Diante de tal circunstância, quer nos parecer que cabe a nomeação de curador pelo presidente do tribunal, quando falecer o condenado, no curso do processo revisional, mas tão-somente se houver desinteresse de seus sucessores (art. 623 do CPP) em prosseguir com a ação para o restabelecimento do *status dignitatis* do falecido, ou quando não houver sucessor capaz de assumir a condução do processo até final julgamento. E a nomeação de curador em revisão criminal, nessas circunstâncias, se justifica plenamente, porque visa a alcançar a reabilitação moral do condenado, tal qual ele desejava, que fora violada por erro que não se lhe possa atribuir.

Quer nos parecer que a nomeação de curador para o exercício da curatela pode recair sobre qualquer pessoa capaz, mas só poderá agir pessoalmente em juízo se for advogado devidamente habilitado; caso contrário, isto é, se não tiver essa habilitação profissional, deverá constituir advogado ou se valer da defensoria pública para prosseguir com a ação, até final julgamento. (*v. Comentários ao art. 623, nº 1, neste capítulo VII*)

CAPÍTULO VIII
DO RECURSO EXTRAORDINÁRIO

Art. 632. (Revogado pela Lei nº 3.396, de 02.06.1958)
Art. 633. (Revogado pela Lei nº 3.396, de 02.06.1958)
Art. 634. (Revogado pela Lei nº 3.396, de 02.06.1958)
Art. 635. (Revogado pela Lei nº 3.396, de 02.06.1958)
Art. 636. (Revogado pela Lei nº 3.396, de 02.06.1958)

Art. 637. O recurso extraordinário não tem efeito suspensivo, e uma vez arrazoados pelo recorrido os autos do traslado, os originais baixarão à primeira instância, para a execução da sentença.

1. **Origem.** O Decreto nº 848, de 24.10.90, ao criar o STF criou, também, o recurso conhecido como constitucional. Posteriormente, esse recurso passou a ser denominado de recurso extraordinário, no Regimento Interno de 08.08.91 do STF.

O recurso extraordinário foi criado à semelhança do *writ of error* norte-americano, "com a precípua finalidade de manter a autoridade e a unidade da Constituição e das leis federais, pelo seu proclamado guardião, o Supremo Tribunal Federal".[109]

2. **Conceito.** O recurso extraordinário é aquele que se interpõe para o STF das decisões proferidas em "única ou última instância", conforme o disposto no art. 102, III, da CF: a) que contrarie dispositivo da Constituição Federal; b) que declarem a inconstitucionalidade de tratado ou lei federal; c) que julguem válida lei ou ato de governo local contestado em face da Constituição Federal; d) que julgue válida lei local contestada em face da CF (este dispositivo foi acrescentado pela Emenda Constitucional nº 45/04).

Assim, o recurso extraordinário se cinge a questões de caráter constitucional tão-somente, desde a promulgação da atual Constituição, tendo em vista a criação do Superior Tribunal de Justiça, que passou a julgar em recurso especial, interposto daquelas decisões proferidas em única ou última instância, pelos Tribunais Regionais Federais ou pelos Tribunais dos Estados, do Distrito Federal e Territórios, que contrariarem tratado ou lei federal, ou negar-lhes vigência; que julgarem válidas leis ou atos de governo local contestados em face de lei federal; e que derem à lei federal interpretação divergente da que lhe haja atribuído outro Tribunal. Estas questões, antes da atual Constituição, estavam afetas ao STF, que julgava em recurso extraordinário.

3. **Pressupostos específicos.** Há que se observar que além dos pressupostos gerais a que estão sujeitos os demais recursos, o recurso extraordinário está subordinado, também a pressupostos específicos, com o esgotamento de toda e qualquer via recursal ordi-

---
[109] TUCCI, Rogério Lauria; TUCCI, José Rogério Cruz e. *Constituição de 1988 e processo, nota de rodapé.* São Paulo: Saraiva, 1989, p. 112.

nária nas demais instâncias e prequestionamento de questão constitucional federal:

3.1. Exaurimento de todas as possibilidades recursais da decisão impugnada na Justiça de origem. Enquanto couber recurso da decisão impugnada na Justiça de origem, é inadmissível o recurso extraordinário.[110] O exaurimento dos recursos da decisão impugnada na justiça de origem é um dos pressupostos para a interposição do recurso extraordinário, quando se tratar de decisão de última ou única instância.

3.2. Prequestionamento de matéria constitucional federal. Outro pressuposto é o prequestionamento de matéria constitucional federal enfrentada pelo tribunal e que conste do acórdão impugnado. A decisão recorrida há que ter contrariado disposição da Constituição Federal; declarada a inconstitucionalidade de tratado ou lei federal; ou julgada válida lei ou ato de governo local contestado em face da Constituição (art. 102, III, "a", "b", "c" e "d", da CF).

Pode, porém, ocorrer que a parte recorrente não tenha ventilado questão constitucional federal, mas que em sua decisão o tribunal envolva questão dessa ordem, constando claramente do acórdão. Tal hipótese, cremos, equivale ao prequestionamento dessa mesma questão decidida que, na realidade, ainda que não prequestionada, violou disposição de caráter constitucional, acarretando gravame à parte recorrente.

Mas ainda que tenha sido ventilada questão constitucional federal, é inadmissível o recurso extraordinário se o tribunal não cuidar de tal questão, ou seja, se houver na decisão recorrida essa omissão.[111] Entretanto, se em razão dessa omissão a parte interpuser embargos de declaração no prazo legal e, em conseqüência, o tribunal enfrentar a questão, passa a ser admissível o recurso extraordinário.[112]

Os embargos declaratórios visam o esclarecimento no sentido de que sejam espancadas dúvidas, omissões ou contradições. Se com os embargos o ponto omisso não foi aventado, o recorrente nada pode alegar posteriormente no recurso extraordinário, por faltar o prequestionamento da matéria. (v. *Prequestionamento nº 3, c, do recurso especial*)

Com a atual CF, "argüição de relevância de questão federal", deixou de existir, como existia antes. Não havia mais limitações que se encontravam no art. 325 do RISTF. As limitações somente passaram a ocorrer quando não se tratasse de questão constitucional federal, ou seja, quando não estivessem presentes aquelas hipóteses previstas nas alíneas "a", "b" e "c" do art. 102, III, da CF, ressaltadas pela parte e ventiladas no acórdão, de forma clara. Todavia, com o surgimento da Emenda Constitucional n.45/2004, reapareceu a limitação das decisões sujeitas a recurso extraordinário; posto que foi acrescentado ao art. 102 da CF, o § 3º, que trata da repercussão geral, que é a mesma "argüição de relevância de questão federal".

3.3. Repercussão geral. A Emenda Constitucional nº45/2004, criou a repercussão geral ao acrescentar o § 3º, no art. 102 da CF, estabelecendo que "...No recurso extraordinário o recorrente deverá demonstrar a repercussão geral das questões constitucionais discutidas no caso, nos termos da lei, a fim de que o Tribunal examine a admissão do recurso, somente podendo recusá-lo pela manifestação de dois terços de seus membros".

A repercussão geral corresponde a mesma "relevância de questão federal" que fez parte do ordenamento jurídica até a CF/1988, deste 12 de junho de 1975, quando foi introduzida por emenda regimental editada pelo STF, que passou a regular a matéria nos arts.327 a 329 do RISTF, tendo em vista a competência que lhe fora conferida pela CF/1969 (Emenda Constitucional nº1) para estabelecer as causas nas alíneas *a* a *d*, do art. 119, III, da mesma Constituição, de cabimento de recurso extraordinário. Os casos de cabimento eram os seguintes: a) quando a decisão recorrida contrariar dispositivo da Constituição ou negar vigência de tratado ou lei federal; b) Quando declarar a inconstitucionalidade de tratado ou lei federal; c) quando julgar válida lei ou ato de governo local constatado em face da Constituição ou de lei federal; d) Quando der à lei federal interpretação divergente da que lhe tenha dado outro Tribunal ou o próprio Supremo Tribunal Federal.

O art. 327 do RISTF tinha a seguinte redação: Ao Supremo Tribunal Federal, em sessão de Conselho, compete privativamente o exame da "argüição de relevância da questão federal", e seu § 1º, diz: "Entende-se relevante a questão federal que, pelos reflexos na ordem jurídica, e considerados os aspectos morais, econômicos, políticos ou sociais da causa, exigir a apreciação do recurso extraordinário". Essa redação no que diz respeito à repercussão geral, nada difere da redação do atual § 3º, do art. 102, da atual

---

[110] Nesse sentido a Súmula 281 do STF: "É inadmissível recurso extraordinário quando couber, na justiça de origem, recurso ordinário da decisão impugnada".

[111] Nesse sentido a Súmula 282 do STF: "É inadmissível o recurso extraordinário quando não ventilada, na decisão recorrida, a questão federal suscitada".

[112] A propósito, a Súmula 356 do STF: "O ponto omisso da decisão, sobre o qual não foram opostos embargos declaratórios, não pode ser objeto de recurso extraordinário, por faltar requisito do prequestionamento."

CF, a não ser quanto à expressão, "na forma da lei"; o que significa dizer que sua vigência passa a fluir a partir da data que estabelecer a lei regulamentadora infraconstitucional.

No âmbito penal também quer nos parecer que depende de lei regulamentadora para ser observada, posto que a Lei n°11.418, de 19 de dezembro de 2006, que a regulamentou, se cinge, apenas, ao recurso extraordinário no direito extrapenal, quando a questão constitucional nele versada oferecer repercussão geral, ao criar disposições específicas no Código de Processo Civil, nesse sentido.

O § 1º do novel art. 543-A do CPC, estabelece que "para efeito da repercussão geral, será considerada a existência, ou não, de questões relevantes do ponto de vista econômico, político, social ou jurídico, que ultrapassem os interesses subjetivos da causa. Ao recorrente caberá "demonstrar, em preliminar do recurso, para apreciação exclusiva do Supremo Tribunal Federal, a existência da repercussão geral" (§ 2º do mesmo artigo). E o § 3º diz que "haverá repercussão geral sempre que o recurso impugnar decisão contrária á súmula ou jurisprudência dominante do Tribunal".

A nosso sentir, a repercussão geral das questões constitucionais discutidas, cuja argüição é exigida no § 3º do art. 102 da CF, para a interposição de recurso extraordinário no crime, embora não esteja ainda delineada em regulamentação, quando surgir a necessidade real de ser interposto o recurso extraordinário, é recomendável, *ad cautelam*, que o recorrente demonstre preliminarmente, para apreciação exclusiva do STF, a existência de repercussão geral, ou seja, a existência de questões relevantes "do ponto de vista econômico, político, social ou jurídico, que ultrapasse o interesse subjetivo da causa", nos termos do § 1º do art. 543-A do CPC, tendo em vista a possibilidade de haver entendimento no sentido de que cabe aplicação analógica desse regramento, de acordo com o permissivo do art. 3º do CPP. E sempre que o recurso de decisão que tenha contrariado súmula ou jurisprudência dominante do tribunal, haverá caracterização de repercussão geral.

Uma vez satisfeito também esse pressuposto da repercussão geral, quando interpuser recurso extraordinário, o recorrente inviabiliza motivo dessa ordem para que o recurso não seja admitido, o que poderá ocorrer na hipótese de o STF rejeitar por dois terços de seus membros.

Assim, aos requisitos que já existiam no art. 102,III, alíneas *a*, *b* e *c* e "d", esta última, acrescentada pela Emenda Constitucional n.45/2004, deve também o recorrente observar mais o pressuposto § 3º, acrescentado por essa mesma Emenda, ao art. 102,III, da CF, destacando e demonstrando em preliminar, a fim de que seja examinado e admitido a recurso pelo STF.

4. **Legitimidade**. A parte sucumbente tem legitimidade para recorrer extraordinariamente, ou seja, o Ministério Público, o ofendido habilitado ou não como assistente, o réu, o querelante, quando vencidos na causa.

Quando se tratar do Ministério Público, somente o Procurador-Geral de Justiça, no âmbito estadual, ou qualquer outro membro da instituição que atue junto à Justiça de segundo grau, poderá interpor recurso extraordinário. Na justiça federal tem legitimidade o Procurador da República que atua junto aos tribunais federais. Também o assistente do Ministério Público tem legitimidade para recorrer.[113] Pode recorrer inclusive o ofendido não habilitado. (*v. Comentários ao art. 577, dos recursos em geral, capítulo I, nº 2.2, e recurso especial, nº 4*)

5. **Efeitos do recurso extraordinário**. A Lei nº 8.038, de 28.05.90, em seu art. 27, § 2º, diz que "os recursos extraordinário e especial serão recebidos no efeito devolutivo". Aliás, também o próprio art. 637 do CPP, estabelece que o recurso extraordinário não tem efeito suspensivo, o que quer dizer que o efeito é tão-somente devolutivo. De conformidade com essa previsão legal, se o réu estiver em liberdade até o julgamento da apelação, por estar amparado pelo art. 594, isto é, por ser primário e de bons antecedentes, assim reconhecido na sentença, e improvido o apelo, é recolhido à prisão, e o recurso extraordinário que vier a interpor, eventualmente, não suspende a execução da pena.[114]

O entendimento é de que o art. 594 tem aplicação tão-somente quando se tratar de recurso de apelação. Até mesmo novo julgamento pode ser realizado enquanto estiver sendo aguardada decisão do STF no recurso extraordinário interposto de acórdão que tenha anulado julgamento anterior.

Os que entendem que o recurso extraordinário não tem efeito suspensivo, sustentam que diante do art. 5º, LVII, da CF, em que há o princípio do estado de inocência, não é concedido o efeito suspensivo porque "a prisão decorrente de sentença condenatória recorrível (CPP, art. 393), tanto quanto a prisão do condenado para poder apelar (CPP, art. 594), é de natureza processual, compatibilizando-se, por isso, com o princípio inscrito no art. 5º, LVII, da CF de

---

[113] Nesse sentido, a Súmula 210 do STF: "O assistente do Ministério Público pode recorrer, inclusive extraordinariamente, em ação penal, nos casos dos arts. 584, § 1º, e 598 do Código de Processo Penal."
[114] Assim já julgou o STF (RTJ 92/129). No mesmo sentido: RT 716/542 e 721/550.

1988, segundo o qual ninguém será considerado culpado até o trânsito em julgado da decisão condenatória.

6. Efeito suspensivo. Há, porém, opiniões divergentes (à qual nos filiamos) no sentido de que interposto o recurso extraordinário no prazo legal e admitido pelo tribunal *a quo*, a sentença condenatória permanece, evidentemente, recorrível e, portanto, sentença condenatória sem trânsito em julgado. Assim, havendo a prisão do réu que estava em liberdade, passará a ocorrer a execução provisória da sentença, afrontando os princípios contidos na Lei nº 7.210/84, que deixam transparecer que somente poderá haver execução de sentença condenatória depois de irrecorrível, ou seja, depois do trânsito em julgado. De outra forma não se pode interpretar o seu art. 105, que prevê a expedição de guia para o recolhimento à prisão do réu condenado à pena privativa da liberdade somente depois de transitar em julgado a sentença condenatória. Também leva a essa mesma conclusão o art. 160 (da LEP) ao estabelecer que a audiência admonitória a respeito da suspensão condicional da pena somente poderá ser realizada depois de transitar em julgado a sentença condenatória. (*v. Comentários ao art. 597, nº 3, capítulo III, da apelação, e do recurso especial, nº 6*)

7. Efeito extensivo. Quando houver concurso de pessoas, isto é, quando dois ou mais réus ou partícipes forem condenados pelo mesmo crime e um só deles recorre extraordinariamente e obtém sucesso, podem os demais que não recorreram também se beneficiarem na mesma medida do aproveitamento do recorrente, ou seja, o efeito do recurso a todos se estenderá se não for fundado em motivo de caráter exclusivamente pessoal, isto é, se os fundamentos estiverem plasmados em circunstância de caráter geral, objetivo, relacionados à materialidade do fato criminoso. (*v. comentários ao art. 580, nº1, capítulo I, dos recursos em geral*)

8. Prazo. O recurso extraordinário deverá ser interposto no prazo de 15 dias perante o presidente do tribunal recorrido. Antes da CF/88, o recurso já existia no art. 637 do CPP, cujo prazo para interposição era de 10 dias, por força do disposto no art. 2º da Lei n. 3.396, de 02.06.58, posteriormente sumulado pelo STF;[115] hoje não mais vigora, por ter sido estabelecido o prazo de 15 dias pelo art. 26 da Lei nº 8.038 de 28.05.90. Neste mesmo prazo, pode também, simultaneamente, ser interposto recurso especial, se for o caso, ou seja, se a decisão do tribunal, além de questão constitucional, ofender também matéria infraconstitucional, conforme estabelece o art. 105, III, "a", "b", "c", da CF. Para ambos os casos, denegado o recurso (extraordinário ou especial), caberá agravo de instrumento no prazo de 5 dias para o STF ou para o STJ (art. 28 da Lei nº 8.038, de 28.05.90).

A Lei nº 8.950/94, que alterou alguns dispositivos do CPC, não alterou o prazo recursal no crime, previsto na Lei nº 8.038/90. Muito pelo contrário, ao restabelecer os arts. 541 e 546 do CPC, em seu art. 2º, a Lei nº 8.950/94 confirmou que o prazo de 5 dias não fora alterado com essa mudança. Ocorre que a Lei nº 8.038/90, que antes havia revogado os arts. 541 e 546 e, também, a Lei nº 3.396/58 (que dispunha sobre o recurso extraordinário, especial e agravo no crime), agora não mais vigora para os recursos no Código de Processo Civil; somente para os recursos criminais. Esse também é o entendimento de Nery Júnior e de Andrade Nery, ao consignarem que "...em se tratando de RE e REsp interposto no 'processo penal', continuam válidas as disposições sobre procedimentos previstas na LR".[116]

9. Juízo de admissibilidade. O juízo de admissibilidade, também conhecido como juízo de "prelibação", é levado a efeito em duas fases. A primeira fase se verifica no juízo *a quo*, quando o presidente ou o vice-presidente do tribunal, conforme dispuser as Leis de Organização Judiciária dos Estados, ou o Regimento Interno dos tribunais, admitir ou não o recurso interposto. No tribunal de justiça do Estado do Rio Grande do Sul, compete ao 1º vice-presidente "despachar as petições de recursos extraordinário e especial, decidindo sobre sua admissibilidade" (alínea "a", inc. VIII do art. 44 do RITJRGS). Nesta primeira fase, é examinado o cabimento do recurso pelo tribunal de origem (pelo presidente ou vice-presidente), se é tempestivo, se o recorrente é parte legítima, se quem firmou o recurso tem capacidade postulatória, se estão enfim presentes, todos os pressupostos necessários à admissibilidade.

Se o recurso extraordinário for interposto por mais de um fundamento, a admissão por um deles tão-somente, não prejudica seja ele conhecido por qualquer dos outros.[117] Assim, se o recurso for admitido na

---

[115] Súmula 602 do STF: "Nas causas criminais, o prazo de interposição de recu4rso extraordinário é de 10 (dez) dias. Não mais vigora, em face do disposto no art. 26, da Lei n.8038, de 28.05.1990.

[116] NERY JÚNIOR, Nelson; ANDRADE NERY, Rosa Maria. *Código de processo civil comentado*. São Paulo: RT, 1996, p. 2.316.

[117] Nesse sentido é o enunciado da Súmula 292 do STF. Também a Súmula 528 do mesmo Pretório Excelso diz que: "Se a decisão contiver partes autônomas, a admissão parcial, pelo presidente do tribunal *a quo*, de recurso extraordinário que sobre qualquer delas se manifestar, não limitará a apreciação de todas pelo Supremo Tribunal Federal, independentemente de interposição de agravo de instrumento."

primeira fase, isto é, junto ao juízo *a quo*, parcialmente, o STF não fica limitado ao julgamento de apenas essa parte.

A segunda fase do juízo de admissibilidade do recurso é efetivada pelo Pretório Excelso, sendo também conhecida como juízo de delibação. Admitindo-o, o STF conhecerá do recurso e passará ao julgamento da causa, isto é, ao julgamento de procedência ou improcedência. Não examinará a questão de fato; apenas se aterá ao exame de questões de direito.[118]

10. **Denegação do recurso extraordinário no juízo *a quo*.** Depois de examinados os pressupostos recursais gerais e específicos, constatando o presidente ou vice-presidente do tribunal *a quo*, a seu juízo, ser o recurso inadmissível, proferirá decisão fundamentada, denegando-o. Dessa decisão denegatória do recurso extraordinário cabe agravo de instrumento com fundamento no art. 28 da Lei nº 8.038/90 no prazo de 5 dias.

Art. 638. O recurso extraordinário será processado e julgado no Supremo Tribunal Federal na forma estabelecida pelo respectivo regimento interno.

1. **Processamento e julgamento do recurso extraordinário.** O processamento e julgamento do recurso extraordinário estão previstos no RISTF; porém, em face de alterações verificadas no decorrer dos tempos, mister se faz sejam harmonizadas as disposições desse Regimento à Lei nº 8.038, de 28.05.90, que passou também a regular a matéria.

A petição de recurso, dirigida ao presidente ou vice-presidente do tribunal *a quo*, conterá a exposição do fato e do direito, devendo o recorrente demonstrar o cabimento e, junto, oferecer as razões do pedido de reforma da decisão recorrida (art. 26, I, II e III, da Lei nº 8.038/90).

Recebida a petição pela secretaria do tribunal, e aí protocolada, o recorrido é intimado, abrindo-se-lhe vista pelo prazo também de 15 dias para contra-arrazoar o recurso. Depois de findar o prazo para o recorrido oferecer as contra-razões, os autos do processo serão conclusos para o juízo de admissibilidade, no prazo de 5 dias. Denegado o recurso, caberá agravo de instrumento da decisão denegatória, também no prazo de 5 dias, para o STF. Se admitido o recurso, os autos do processo serão encaminhados ao STF.

Se forem simultaneamente interpostos recursos extraordinário e especial, uma vez admitidos pela instância *a quo*, os autos serão encaminhados, inicialmente ao STJ e, após concluído o julgamento do recurso especial, serão remetidos ao STF "para apreciação do recurso extraordinário, se este não estiver prejudicado" (§ 4º do art. 27 da Lei nº 8.038, de 28.05.90).

Pode ocorrer, entretanto, que o relator considere que o recurso especial seja prejudicial ao recurso extraordinário; em decisão irrecorrível, sobrestará o julgamento (do recurso especial), e remeterá os autos do processo ao STF, para julgamento do recurso extraordinário. Por outro lado, pode ocorrer que o relator do recurso extraordinário considere que o recurso especial não seja prejudicial, como entendeu o relator deste, determinará, então, o retorno dos autos ao STJ, em decisão irrecorrível, para ser proferido julgamento em primeiro lugar.

Se for interposto agravo de instrumento da decisão denegatória do recurso extraordinário, o recorrente deverá indicar as peças referidas no § 1º do art. 544, do CPC (com a nova redação instituída pela Lei nº 8.950/94).

No STF, distribuído o agravo de instrumento, o relator proferirá decisão e, se der provimento e o instrumento contiver as peças capazes de fornecer os elementos necessários ao julgamento do mérito, determinará sua inclusão em pauta, desde logo, sendo admitida sustentação oral pelas partes, se assim desejarem.

Da decisão do relator que negar seguimento ou provimento ao agravo de instrumento, caberá agravo para o órgão julgador no prazo de cinco dias (§ 5º do art. 28 da Lei nº 8.038/90).

Da decisão de Turma, em recurso extraordinário ou em agravo de instrumento, que divergir de julgado de outra Turma ou do Plenário na interpretação de direito federal, cabem embargos de divergência (art. 330 do RISTF). E a divergência será comprovada pela forma indicada no art. 322, também do RISTF, segundo o disposto no art. 331 do mesmo RI.

A divergência indicada no recurso extraordinário deverá ser comprovada por certidão ou cópia autenticada, ou mediante citação do repositório de jurisprudência, oficial ou autorizado, com a transcrição dos trechos que configurem o dissídio, mencionadas as circunstâncias que identifiquem ou assemelhem os casos confrontados" (art. 322 do RISTF). E o parágrafo único desse mesmo dispositivo diz que: "Se o repositório de jurisprudência, embora autorizado, for de circulação restrita ou de difícil acesso, o relator poderá mandar que a parte interessada junte cópia, cuja autenticidade se presumirá, se não for impugnada.

O recurso extraordinário ao dar entrada no STF será distribuído; o relator, depois de aberta vista dos autos ao Procurador-Geral da República, com ou sem

---

[118] Aliás, o enunciado da Súmula 279 deixa claro que "para simples reexame de prova não cabe recurso extraordinário".

o parecer deste pedirá dia para julgamento. No julgamento será verificado, preliminarmente, se é cabível o recurso. Se a decisão dessa preliminar for negativa, a turma ou o plenário não conhecerá do recurso; caso contrário, ou seja, se for este admitido, a causa será julgada procedente ou improcedente (art. 324 do RISTF).

O recurso extraordinário ao ingressar no STF é distribuído a uma das turmas e terá seguimento, desde a origem, nos autos do processo, em traslado, e os autos originais baixarão à primeira instância para a execução da sentença, segundo o disposto no art. 637 do CPP. Neste aspecto, porém, o art. 637, para alguns, não mais vigora, em face do entendimento de que não há execução provisória da sentença condenatória.

2. Custas e deserção. Só haverá necessidade de preparo se o recurso extraordinário for interposto de decisão em processo de crime de ação privada, por força do art. 806, § 2º, do CPP, e art. 61, § 1º, I, (final), do RISTF. O não-pagamento, nessa hipótese, das custas processuais implicará deserção do recurso extraordinário interposto, que somente poderá ser declarada pelo presidente, antes da distribuição, pelo relator, pelo plenário ou pela turma, ao conhecer do recurso (art. 65 do RI do STF). Mas do despacho que declarar a deserção caberá agravo regimental (parágrafo único do art. 65 do RISTF), no prazo de 5 dias (art. 317 do RISTF).

Para os demais processos criminais há absoluta isenção de preparo, a teor do que dispõe o § 1º, I, do art. 61 do RI do STF. Assim, pode a parte recorrer extraordinariamente ou interpor outro recurso, em decorrência deste, como o agravo de instrumento, por exemplo, sem despesa, quando a decisão recorrida não for em processo de crime de ação privada. Nesta hipótese, entretanto, se a parte comprovar seu estado de pobreza, também será isenta, conforme dispõe o art. 32: "Nos crimes de ação privada, o juiz, a requerimento da parte que comprovar a sua pobreza, nomeará advogado para promover a ação penal". E, também, o art. 5º, LXXIV, da CF, estabelece que "o Estado prestará assistência jurídica integral e gratuita aos que comprovarem insuficiência de recursos". Ressalte-se, por outro lado, que também a Lei nº 1.060, de 05.02.50, com a redação emprestada ao art. 4º, pela Lei n.7.510, de 04.07.86, socorre ao necessitado, independente de comprovação, bastando apenas que declare na petição inicial a insuficiência de recurso para prover as despesas processuais.

3. Recurso extraordinário nos Juizados Especiais Criminais. A Lei nº 9.099/95 não prevê expressamente recurso extraordinário, nem especial, contra decisão de Turma Recursal do Juizado Especial. No entanto, da redação do art. 102, III, "a", "b" e "c", da CF, infere-se que é cabível recurso extraordinário, por se tratar de "questão decidida em última instância". Diz o art. 102, III, que "(...) Compete ao Supremo Tribunal Federal, precipuamente, a guarda da Constituição, cabendo-lhe (...) III – julgar, mediante recurso extraordinário, as causas decididas em única ou última instância, quando a decisão recorrida: a) contrariar dispositivo desta Constituição; b) declarar a inconstitucionalidade de tratado ou lei federal; c) julgar válida lei ou ato de governo local contestado em face desta Constituição".

O aludido dispositivo constitucional não exige que a decisão seja proferida por tribunal, mas tão-somente que "sejam as causas decididas em única ou última instância" para possibilitar o recurso extraordinário. A decisão proferida pela Turma Recursal do Juizado Especial Criminal, evidentemente, é decisão de última instância. Logo, não há obstáculo algum para a interposição de recurso extraordinário, quando se configurar qualquer uma daquelas hipóteses arroladas nas alíneas "a", "b" e "c", inc. III do art. 102 da CF.

DO RECURSO ESPECIAL

1. Origem. O CPP não trata do recurso especial. Foi a CF/88 promulgada a 05.10.88 que criou o STJ com competência, dentre outras, para julgar em recurso especial as causas decididas em única ou última instância, pelos Tribunais Regionais Federais ou pelos Tribunais dos Estados, do Distrito Federal e Territórios, quando a decisão recorrida contrariar tratado ou lei federal ou negar-lhe vigência; julgar válida lei ou ato de governo local contestado em face de lei federal, e der à lei federal interpretação divergente da que lhe haja atribuído outro tribunal (art. 105, III, "a", "b" e "c", da CF). Assim, parte da competência que antes era do STF passou para a competência do STJ.

O recurso especial, instituído no momento da criação do STJ, versa sobre questões infraconstitucionais que eram da competência do STF para julgar em recurso extraordinário.[119] Hoje, o STF, órgão máximo do Poder Judiciário, julga em recurso tão-somente questões constitucionais federais, conforme prevê

---

[119] "(...) Trata-se de solução que se afigurou aos constituintes como a mais plausível para a chamada 'crise do STF', que outra não é senão a mesma que aflige todo o Poder Judiciário e que se caracteriza pela desproporcionalidade, sempre crescente, entre a quantidade de feitos e o número de julgadores". Galvão, Ilmar Nascimento et al. Recursos no superior tribunal (poder judiciário, reforma de 1988). São Paulo: Saraiva, 1991, p. 83.

o art. 102, II, "a", "b" e "c" da CF. É o guardião da Constituição Federal.

O recurso especial é o mesmo recurso extraordinário que até a promulgação da CF/1988 era da competência do STF. Logo, a origem do recurso especial pode-se dizer que é a mesma do recurso extraordinário *(v. Comentários ao art. 637, n° 1, capítulo VIII, do recurso extraordinário)*, criado sob a inspiração do *writ of error* norte-americano, inicialmente conhecido como recurso constitucional e, posteriormente, com o RISTF, passou a ser designado de recurso extraordinário, como ainda o é hoje. Mas com o *nomem juris* atual, isto é, "recurso especial", a origem é a CF/88.

2. **Conceito**. É, o recurso especial também recurso extraordinário ou, pelo menos, uma modalidade de recurso extraordinário que se destina à manutenção da unidade e da autoridade do direito federal infraconstitucional, dando supremacia ao interesse de ordem pública com relação aos interesses de ordem particular. Este recurso é o instrumento através do qual são levadas as questões federais enumeradas no art. 105, III, *a, b* e *"c"*, da CF, ao STJ, quando os Tribunais Regionais Federais ou os Tribunais dos Estados, do Distrito Federal e dos Territórios proferirem, em única ou última instância, decisões que a elas se compatibilizem, ou seja, quando contrariarem "tratado ou lei federal, ou quando negar-lhes vigência, e que julgarem válidos leis ou atos de governo local contestado em face de lei federal e derem à lei federal interpretação divergente da que lhe haja atribuído outro tribunal. Como bem observa DINAMARCO,

> (...) Tanto quanto o recurso extraordinário, porém, também o especial tem uma destinação institucional e um significado sistemático que transcendem a mera função de dar efetividade à ordem jurídica. Ele é "um recurso", no sentido integral do vocábulo. Tanto quantos os demais recursos, ele constitui uma oportunidade a mais para o vencido. Serve de canal através do qual a parte contrariada veicula ao órgão mais elevado o seu inconformismo e pedido de nova decisão, na esperança de obter melhor resultado. Por isso se desaconselham interpretações muito restritivas quanto a sua admissibilidade, que frustrem ao recorrente as expectativas de acesso ao grau superior e à ordem jurídica justa, com infração à cláusula *due process of law*.[120]

Por estar previsto no texto constitucional, e por versar tão-somente sobre matéria de direito federal infraconstitucional, o recurso especial é um "recurso constitucional" não-ordinário. "Não é um recurso de terceiro grau de jurisdição, inexistente em nosso sistema, pois não basta a sucumbência da parte para legitimá-lo; é preciso mais, ou seja, o preenchimento de um dos requisitos constitucionais ou causa para que o recurso possa ser interposto",[121] observa SANTOS.

3. **Pressupostos específicos de admissibilidade**. Os pressupostos específicos de admissibilidade do recurso especial estão previstos na própria CF/88, conforme seguem:

a) Decisões proferidas por tribunais regionais federais ou por tribunais estaduais e do Distrito Federal, em causas de única ou última instância

Obviamente que os pressupostos comuns aos demais recursos devem estar presentes, como a tempestividade, a legitimidade recursal e a sucumbência. Mas há que se observar e expor com suficiente clareza no momento da interposição, todos os pressupostos específicos previstos para o cabimento do recurso especial.

As decisões recorríveis devem ser proferidas pelos Tribunais Regionais Federais ou pelos Tribunais dos Estados, do Distrito Federal e Territórios, em causas de única ou última instância. Não cabe recurso especial contra decisões dos Tribunais Trabalhista, Eleitoral e Militar Federal. Dos Tribunais Militares Estaduais, porém, como não há restrição de ordem constitucional nem na lei ordinária, é possível o cabimento desse recurso, posto que assim deixa transparecer o art. 105, III, da CF.

Tais decisões devem: "*a*) contrariar tratado ou lei federal, ou negar-lhes vigência; *b*) julgar válida lei ou ato de governo local contestado em face de lei federal; *c*) dar à lei federal interpretação divergente da que lhe haja atribuído outro tribunal" (art. 105, III, da CF).

b) Exaurimento de todos os recursos no tribunal de origem

Assim como para o recurso extraordinário hão também de estar esgotadas todas as possibilidades de cabimento de recurso da decisão impugnada na justiça de origem. Sem esse pressuposto o recurso especial é inadmissível. Aliás, existe a respeito matéria sumulada pelo STF, aplicável também ao recurso especial junto ao STJ.[122] Por outro lado, o próprio STJ tem entendimento também sumulado no sentido de

---

[120] DINAMARCO, Cândido Rangel. *Revista AJURIS* 51/50.

[121] SANTOS, Francisco Cláudio de Almeida. *Recurso no superior tribunal de justiça (recurso especial, visão geral)*. São Paulo: Saraiva, 1991, p. 51.

[122] Súmula 281 do STF: É inadmissível o recurso extraordinário quando couber, na justiça de origem, recurso ordinário da decisão impugnada.

ser inadmissível a interposição de recurso especial, quando couber da decisão do Tribunal *a quo*, embargos infringentes.[123]

c) Prequestionamento de questões relacionadas às hipóteses previstas no art. 105, III, "a", "b" e "c", da CF.

Também o prequestionamento de matéria que configure as hipóteses previstas no art. 105, III, "a", "b" e "c", da CF, é pressuposto para cabimento do recurso especial. Mas, a essa regra, também há exceção. Pode ocorrer que a parte não tenha ventilado questão que se ajuste a esse dispositivo constitucional, mas o tribunal, ao apreciar a decisão recorrida e proferir nova decisão, examine e faça constar do acórdão questão dessa ordem, violando, por conseguinte, algumas daquelas hipóteses que dão sustentação ao recurso especial. Nesse caso, embora não ventilada a questão federal infraconstitucional, parece-nos que decisão nesse sentido comporta recurso especial, posto que em confronto com uma daquelas disposições do art.105, III, *a, b* e *c*, da CF.

Por outro lado, se ventilada questão federal e dela não cuidar o tribunal, não cabe recurso especial. Porém, se em razão dessa omissão a parte interpuser embargos de declaração e, conseqüentemente, o tribunal enfrentar tal questão, decidindo de forma a se configurar uma daquelas hipóteses do art. 105, III, "a", "b" e "c", da CF, o recurso especial passa a ser cabível.[124] Mas ainda que tenham sido interpostos embargos declaratórios, se a questão não for examinada pelo tribunal *a quo*, é inadmissível o recurso especial.[125] Daí resulta que enquanto não houver exaurimento de todos os recursos da decisão impugnada não cabe recurso especial.

Não se pode também chegar ao exagero da exigência imprescindível de que a decisão deva fazer referência expressa a determinada disposição legal, posto que para o recurso especial o que interessa é a questão de direito que terá de ser cogitada e não o artigo de lei. Pode ser citado a título de exemplo, o réu que foi condenado pela prática de crime de lesões corporais dolosas, porque, na concepção do julgador, causou lesões ao ofendido, resultando, em conseqüência, incapacidade para as ocupações habituais por mais de 30 dias. Na decisão foi valorada prova pericial elaborada 60 dias depois do crime consumado, quando o ofendido já estava em perfeitas condições de saúde para o exercício de sua atividade laboral. Obviamente que embora a decisão não tenha feito referência expressa a artigo de lei federal, houve contrariedade a disposição legal expressa, porque diz o § 2º do art. 168 do CPP, que "(...) Se o exame tiver por fim precisar a classificação do delito no art. 129, § 1º, I do CP, deverá ser feito logo que decorra o prazo de 30 dias, contado da data do crime". Como não foi feito o exame no prazo previsto na lei, a condenação com base nessa classificação não poderá prosperar, porque contrariou lei federal.

Ocorre que o CPP ainda mantém alguns resquícios do sistema legal de apreciação da prova, que não foi de todo abolido pelo nosso ordenamento jurídico; por isso, não sendo o exame pericial complementar realizado logo depois de transcorridos os 30 dias depois da data do crime, se confirmada a decisão pela segunda instância, sem levar em consideração a inconformidade do apelante, nesse aspecto, obviamente que é cabível o recurso especial, porque a decisão do tribunal *a quo* contraria o disposto no art. 105, III, "c", da CF.

Outro exemplo de prova legal é a certidão de óbito do acusado para fins de ser declarada extinta a punibilidade (art. 62 do CPP). Se a decisão impugnada admitir outro meio de prova para esse fim, obviamente que contraria lei federal, sendo, por via de conseqüência, cabível o recurso especial com base no art. 105, III, "a", da CF.

Quando a lei exige um meio de prova determinado para fato determinado e a decisão do tribunal *a quo* o desconsiderar, aceitando outro meio qualquer não especificado em lei, é ofensiva ao direito federal.

Em se tratando de questão de fato não enseja recurso especial. O STJ não poderá examinar prova que se relacione com matéria de fato; esta deverá ser examinada pelo tribunal que proferiu a decisão impugnada. A prova somente poderá ser examinada no aspecto pertinente ao erro de direito, isto é, quando houver erro na valoração.

Assim, o recurso especial é cabível também para ser pleiteada a reavaliação de determinada prova – que erroneamente foi admitida no julgamento da causa –, quando deveria ser outra a prova a ser produzida para demonstrar determinado fato; ou quando foi prescindida prova imprescindível à espécie, como a certidão de óbito para provar a morte do acusado (art. 62); a certidão de sentença trânsita em julgado para provar a reincidência, ou dos antecedentes do acusado que comprove essa circunstância.

---

[123] Súmula 207 do STJ: É inadmissível recurso especial quando cabíveis embargos infringentes contra o acórdão proferido no tribunal de origem.

[124] Nesse caso é aplicável, também, a Súmula 356 do STF, que estabelece: "O ponto omisso da decisão, sobre o qual não foram opostos embargos declaratórios, não pode ser objeto de recurso extraordinário, por faltar requisito do prequestionamento."

[125] Súmula 211 do STJ: Inadmissível recurso especial quanto à questão que, a despeito da oposição de embargos declaratórios, não for apreciada pelo tribunal *a quo*.

Ao recorrente cabe provar o dissídio jurisprudencial que deu interpretação divergente à lei federal, da decisão impugnada.[126] Essa prova, evidentemente, também é examinada pelo STJ, porém quanto ao aspecto de admissibilidade ou não do recurso, em preliminar (art. 257 do RISTJ). Decisões do mesmo tribunal não autorizam interposição do recurso.

Antes da atual Constituição Federal era exigida a comprovação de questão federal, em alguns casos, para a interposição de recurso extraordinário. A anterior Constituição autorizava ao STF limitar os casos de cabimento de recurso extraordinário, através do RI, em razão da natureza da causa, espécie, valor pecuniário e "relevância da questão federal" (art. 119, § 1º, da Emenda Constitucional nº 1/69).

Hoje, qualquer que seja a infração penal bem como a pena cominada, cabe recurso especial para o STJ, desde que se caracterizem aquelas hipóteses previstas no art. 105, III, "a", "b" e "c", da CF.

4. Legitimidade. Tanto para interpor recurso extraordinário como recurso especial, estão legitimados o acusado, o Ministério Público, o querelante e o assistente, quando vencidos na causa, inclusive o ofendido que não estiver habilitado, quando for o caso. *(v. Comentários ao art. 577, nºs. 1 a 2.8, capítulo I, dos recursos em geral).*

O órgão do Ministério Público de primeira instância não tem legitimidade para interpor recurso especial de decisão do segundo grau de jurisdição. Somente o Procurador-Geral de Justiça, no âmbito estadual, ou o Procurador-Geral da República, na esfera federal, ou outro membro do Ministério Público que atue junto à superior instância, poderá interpor recurso especial.

O assistente do Ministério Público tem legitimidade para recorrer, inclusive extraordinariamente, em ação penal, nos casos dos arts. 584, § 1º, e 598, do CPP, segundo o enunciado da Súmula 210 do STF. Se pode o assistente recorrer extraordinariamente, é evidente que pode, também, interpor recurso especial. Essa Súmula do STF é perfeitamente aplicável ao recurso especial, até porque a própria Lei nº 8.038/90, instituiu procedimentos semelhantes para ambos os recursos: extraordinário e especial.

Inclusive o ofendido não habilitado poderá recorrer, se não recorrer o Ministério Público. Não haveria justificativa alguma se, vencido na apelação, não pudesse o ofendido interpor recurso especial, quando se sabe que não há obstáculo algum nesse sentido, de ordem legal. Ao contrário, possibilitando a lei interponha apelação, ou outro recurso, presume-se que possa continuar insistindo nos demais recursos possíveis e cabíveis até que não mais haja qualquer possibilidade recursal capaz de satisfazer sua pretensão.

Mesmo da decisão concessiva de *writ*, a despeito da Súmula 208 do STF, entendemos ter o ofendido habilitado ou não como assistente, legitimidade para interpor recurso, não só especial, como também o extraordinário, quando for o caso, a par da legitimidade do Ministério Público e, também, do querelante, neste caso, quando se tratar de ação privada. *(v. Comentários ao art. 637, nº 4, capítulo VIII, do recurso extraordinário e Comentários ao art. 577, nº 2.2, capítulo II).*

No entendimento do STF, porém, o assistente do Ministério Público não pode recorrer de decisão concessiva de *habeas corpus*.[127] Todavia, não se pode olvidar que tanto o assistente da acusação quanto àquelas pessoas indicadas no art. 598 do CPP, a partir do momento que interpuserem recurso, quando não recorrer o Ministério Público, assumem a posição de interessados principais visando a uma justa punição ao réu, proporcional ao bem jurídico lesado, sem que haja, contudo, qualquer condicionamento de ordem legal.

É certo, parte da doutrina e da jurisprudência entende que o interesse do assistente, como também do ofendido não habilitado no processo, ou de seu representante legal, ou, ainda, de seus sucessores (art. 598), é de ordem exclusivamente patrimonial. Com o que, ousamos discordar desse entendimento; pensamos não se vislumbrar qualquer dúvida no sentido de que podem também recorrer não só para perseguir uma condenação, em caso de absolvição, como para agravar a pena imposta ao réu, quando entender inadequada. Não só o réu tem direito a uma decisão justa, como também a própria vítima que, ao recorrer, busca a adequação da pena à lesão sofrida, posto que esta pode ser considerada como a medida do dano social causado pelo crime.

---

[126] Nesse sentido é o § 1º do art. 255 do RISTJ: "A comprovação de divergência, nos casos de recursos fundados na alínea 'c' do inc. III do art. 105 da Constituição, será feita: *a)* por certidões ou cópias autenticadas dos acórdãos apontados, discordantes da interpretação de lei federal adotada pelo recorrido; *b)* pela citação de repositório oficial, autorizado ou credenciado, em que os mesmos se achem publicados."
O § 2º do art. 255 do RISTJ estabelece que em todos os casos deverá o recorrente "transcrever os trechos dos acórdãos que configurem o dissídio, mencionando as circunstâncias que identifiquem ou assemelhem os casos confrontados". O § 3º desse mesmo artigo esclarece quais são os repositórios oficiais de jurisprudência, autorizados ou credenciados. Oficiais: Revista Trimestral de Jurisprudência do Supremo Tribunal Federal, Revista do Superior Tribunal de Justiça e Revista do Tribunal Federal de Recursos. Autorizados ou credenciados: são os repositórios de jurisprudência habilitados de conformidade com o art. 134 e parágrafo único do RISTJ.

[127] Súmula 208 do STF: O assistente do Ministério Público não pode recorrer, extraordinariamente, de decisão concessiva de *habeas corpus*.

Pensamos que o recurso do ofendido habilitado ou não como assistente do Ministério Público, não se restringe tão-somente aos casos em que haja interesse de ordem patrimonial.

A lei abre a possibilidade de apelação, não só visando a condenação, como também para majorar a pena, assim como também para recorrer em sentido estrito, das decisões de impronúncia e da decisão que decretar a prescrição ou julgar, por outro modo, extinta a punibilidade (art. 581, IV e VIII), em face das disposições do § 1º do art. 584 do CPP, que diz: "Ao recurso interposto de sentença de impronúncia ou no caso do nº VIII do art. 581, aplicar-se-á o disposto nos arts. 596 e 598." E, a partir daí, como corolário, dependendo de cada decisão judicial, poderão emergir outras possibilidades recursais, como recurso em sentido estrito da decisão que denegar a apelação; carta testemunhável da decisão que denegar o recurso em sentido estrio; embargos de declaração; recursos especial e extraordinário, agravo e embargos infringentes e de nulidade. Tudo como desdobramento do recurso originário interposto. (v. Comentários ao art. 577, nº 2, capítulo I, dos recursos em geral).

Sendo possível ao ofendido ou a seus sucessores recorrerem nessas hipóteses, não há como ser descartada a possibilidade de também interpuserem recurso extraordinário ou especial, se presentes estiverem os requisitos gerais e específicos, ante uma decisão do tribunal, ainda que seja concessiva de *habeas corpus,* julgando extinta a punibilidade do réu, por exemplo. Seria ilógico obstacularizar recurso dessa natureza, isto é, recurso extraordinário ou especial, como deixa antever o STF, na Súmula 208, em hipótese como essa. Seria cercear o direito da vítima de perseguir a justa punição ao réu, uma vez que não está afastada a hipótese de eventual erro ou equívoco na decisão do órgão julgador. De outro lado, não se pode também olvidar a possibilidade de interpretação extensiva e aplicação analógica nos termos do art. 3º do CPP, em face das disposições do art. 584, § 1º do CPP, que admitem a interposição de recurso por parte daquelas pessoas enumeradas no art. 598 do CPP.

Não parece ser mais importante a forma pela qual se chega à decisão, do que o próprio conteúdo que a decisão encerra; se na hipótese da decisão de primeiro grau, por exemplo, que decretou a extinção da punibilidade, há a possibilidade recursal por parte do ofendido e de seus sucessores, se não recorrer o Ministério Público, há que também se admitir essa possibilidade, em decisão concessiva de *habeas corpus* prolatada pela superior instância, quando a decisão for desdobramento de outro recurso anteriormente interposto. Nessa mesma linha de raciocínio, entendemos ser possível também estender-se a interposição de recurso extraordinário ou especial nas decisões concessivas de mandado de segurança no crime.

Assim, parece-nos não ter a Súmula 208 do STF, o alcance ilimitado que aparenta ter, no que diz respeito à possibilidade recursal de parte do assistente, nas decisões concessivas de *habeas corpus.*

5. Efeitos do recurso especial. Dispõe o art. 27, § 2º, da Lei nº 8.038 de 28.05.90 que o recurso especial será recebido tão-somente no efeito devolutivo. O que já foi dito para o recurso extraordinário referente aos efeitos, aplica-se ao recurso especial. *(v. Comentários ao art.637, nºs. 5, 6 e 7, capítulo VIII, do recurso extraordinário).*

6. Efeito suspensivo. O art. 27, § 2º, da Lei nº 8.038 de 28.05.90 tem sido interpretado em sua literalidade para todos os casos de recurso especial, isto é, tem sido interpretado restritivamente tal qual expressam suas palavras, mesmo contrariando princípios de ordem constitucional.

Não se justifica que venha a ser preso o réu apenas por não ter sido dado provimento à apelação e por ter, por via de conseqüência, interposto recurso especial quando antes se encontrava em liberdade. Essa disposição legal rezando que o recurso especial só tem efeito suspensivo, evidentemente que é equivocada, posto que se sobrepõe à norma constitucional que agasalha o *jus libertatis*, por desconsiderar a culpabilidade do réu, até o trânsito em julgado definitivo da sentença condenatória (art. 5º, LVII da CF). Ofende também o princípio insculpido no inc. LIV do art. 5º da CF que diz: *ninguém será privado da liberdade* sem o *devido processo legal.* Ora, mesmo condenado o réu, enquanto não existir o trânsito em julgado definitivo da sentença, sua culpabilidade é ainda potencial, é presumida, podendo ser modificada com o recurso interposto. E, por outro lado, se a decisão comporta recurso, obviamente que o *devido processo legal* ainda não findou e, por isso, não estará o réu suscetível à *privação da liberdade.* Logo, a se admitir tão-somente o efeito devolutivo ao recurso especial, não resta a menor dúvida de que o art. 27, § 2º da Lei nº 8.038/90, está paradoxalmente se sobrepondo a regramento constitucional.

Enquanto for viável interposição de recurso da sentença condenatória, não se pode olvidar que há sempre a possibilidade de obtenção de reforma total ou parcial, podendo o réu alcançar a absolvição ou ter a pena reduzida de forma que possa até mesmo ser executada sem ter de se recolher à prisão. E o recurso especial, ou mesmo o extraordinário é a via adequada ao restabelecimento do *status libertatis* do réu; mas como ainda se trata de sentença condenatória sem trânsito em julgado definitivo, fica evidente que estando ele preso, não há mais como ser recomposto o *status dignitatis.*

A se admitir o efeito tão-somente devolutivo ao recurso especial, quando o réu se encontra em liberdade por não estar caracterizado qualquer motivo justificável à prisão cautelar, afronta, não só o princípio da presunção de inocência consagrado constitucionalmente, como também as disposições da Lei nº 7.210/84 (LEP), que veda a execução provisória da sentença. E da simples leitura que se faz do art. 105 da LEP, emerge sem qualquer dúvida a proibição da execução provisória da pena, tendo em vista que somente ante a sentença condenatória com trânsito em julgado é que se torna viável a expedição de guia para o recolhimento do réu à prisão. E o regramento do art. 160 da LEP ao prever a audiência admonitória necessária à suspensão condicional da pena, somente depois do trânsito em julgado da sentença condenatória, é outro obstáculo à prisão antes da condenação definitiva, posto que não há disposição legal algum permitindo a execução provisória da sentença.

A interpretação das disposições da Lei nº 8.038/90, há que se adequar à realidade dos regramentos constitucionais, quanto ao efeito suspensivo da sentença condenatória recorrível, a fim de ser mantido o recorrente encarcerado tão-somente se preso estiver como medida precautória, caso ainda persista motivo que tenha ensejado a prisão cautelar que, em última análise, são aqueles motivos que estão expressos no art. 312 do CPP; desde, porém, que haja real necessidade para a permanência da custódia, devidamente demonstrada na sentença e no acórdão. Mas o certo é que também ficam excluídos dessa hipótese a continuidade do encarceramento do réu, "por conveniência da instrução criminal" ou "para assegurar a aplicação da lei penal" (art. 312 do CPP), porque se já é possível a interposição de recurso especial, é porque há muito se encerrou a instrução criminal, bem como também fora aplicada uma pena, que só poderá ser executada com o trânsito em julgado definitivo da sentença.

7. Efeito extensivo. O efeito extensivo também pode ocorrer desde que outros réus se encontrem condenados pelo mesmo fato delituoso, isto é, se houve condenação de outros réus em face de concurso de pessoas, desde que não sejam os motivos de caráter exclusivamente pessoal. *(v. Comentários ao art. 580, nº 1, capítulo I, do recurso em sentido estrito).*

8. Prazo. Diz o art. 26 da Lei nº 8.038 de 28.05.90, que "os recursos extraordinário e especial, nos casos previstos na Constituição Federal, serão interpostos no prazo comum de 15 dias, perante o Presidente do tribunal recorrido, em petições distintas, que conterão: I – exposição do fato e do direito; II – a demonstração do cabimento do recurso interposto; III – as razões do pedido de reforma da decisão recorrida".

Pode, simultaneamente, e no mesmo prazo, ser interposto, também, recurso extraordinário, se for o caso, ou seja, se além da matéria infraconstitucional prevista no art. 105, III, "a", "b" e "c", da CF, verificarem-se aquelas hipóteses previstas no art. 102, III, "a", "b" e "c", também da Carta Magna.

Como o recurso especial surgiu com a CF/88, teve o prazo disciplinado tão-somente pelo art. 26, da Lei nº 8.038/90; diverso, portanto, do recurso extraordinário, que já existia antes da atual Constituição, conforme prevê o art. 637 do CPP; e o prazo para interposição era de 10 dias, por força do art. 2º da Lei nº 3.396 de 02.06.58, que passou também a ser objeto da Súmula 602, do STF;[128] hoje, porém, revogada por imposição do disposto no art. 26 da Lei nº 8.038/90.

Para ambos os casos, uma vez denegado o recurso (extraordinário ou especial), caberá agravo de instrumento no prazo de 5 dias para o STF ou para o STJ (art. 28 da Lei nº 8.038 de 28.05.90). *(v. Comentários ao art. 637, nº 10, capítulo VIII, do recurso extraordinário).*

9. Juízo de admissibilidade. O juízo de admissibilidade, também conhecido como juízo de "prelibação", verifica-se em duas fases, ou seja, primeiro no tribunal *a quo*, depois, no tribunal *ad quem*.

Na primeira fase, isto é, no juízo de "prelibação", o tribunal recorrido examina a tempestividade, a legitimidade da parte recorrente, se quem firmou o recurso tem capacidade postulatória, se foi ventilada questão federal jurídica antes da decisão recorrida, se estão presentes, enfim, todos os pressupostos gerais e específicos necessários à admissibilidade do recurso.

Havendo denegação parcial do recurso interposto pelo tribunal *a quo*, desnecessário se faz o agravo de instrumento, porque o tribunal *ad quem* apreciará toda a matéria objeto da inconformidade do recorrente.[129]

Na segunda fase - juízo de "delibação" - quem examina a admissibilidade do recurso especial é o STJ. Ao admiti-lo, estará simultaneamente, conhecendo-o, porém não significa que terá de dar provimento. O provimento ou improvimento é dado num segundo momento, ou seja, quando a causa, propriamente dita, for julgada. É o julgamento de procedência ou improcedência da causa, também conhecido como juízo de "delibação". Nessa fase não haverá

---

[128] Súmula 602 do STF: "Nas causas criminais, o prazo de interposição de recurso extraordinário é de 10 (dez) dias".

[129] Nesse sentido são os enunciados das Súmulas 292 e 528 do STF, aplicáveis, também, ao recurso especial.

apreciação de matéria de fato, mas tão-somente de direito.[130]

10. Denegação. Quando denegado o recurso especial pelo presidente ou vice-presidente do tribunal *a quo*, dessa decisão cabe agravo de instrumento para o STJ, no prazo de 5 dias, conforme o disposto no art. 28 da Lei nº 8.038/90. *(v. A seguir, nº 14, Agravo de instrumento criminal).*

11. Processamento. A petição de recurso, dirigida ao presidente ou vice-presidente do tribunal recorrido, terá de conter a exposição do fato e do direito, e nela o recorrente demonstrará o cabimento e oferecerá as razões, desde logo, com o pedido de reforma da decisão recorrida (art. 26, I, II e III da Lei nº 8.038 de 28.05.90). Se o "recurso se fundar em dissídio entre a interpretação da lei federal adotada pelo julgado recorrido e a que lhe haja dado outro tribunal, o recorrente fará a prova da divergência mediante certidão, ou indicação do número e da página do jornal oficial, ou do repertório autorizado de jurisprudência, que o houver publicado" (parágrafo único do art. 26 da Lei nº 8.038 de 28.05.19). Por força da Emenda Regimental nº 1 de 23.05.91, o § 1º do art. 255 do RISTJ, foi modificado em sua redação, passando a dispor, nas alíneas "a" e "b", que a comprovação da divergência deva ser feita da seguinte forma: "por certidões ou cópias autenticadas dos acórdãos apontados, discordantes da interpretação de lei federal adotada pelo recorrido", e, também, "pela citação de repositório oficial, autorizado ou credenciado, em que os mesmos se achem publicados". Dispõe, por outro lado, o § 2º desse mesmo art. 255, que "(...) Em qualquer caso, o recorrente deverá transcrever os trechos dos acórdãos que configurem o dissídio, mencionando as circunstâncias que identifiquem ou assemelhem os casos confrontados" (também com nova redação emprestada pela Emenda Regimental nº 1 de 23.05.91). E o § 3º, também desse art. 255, especifica o que são repositórios oficiais de jurisprudência, autorizados ou credenciados.[131]

Entregue a petição com as razões respectivas na secretaria do tribunal, será protocolada e intimado o recorrido para, no prazo de 15 dias, apresentar suas contra-razões, se quiser. A seguir, os autos do processo serão conclusos pelo prazo de 5 dias à presidência do tribunal, para o juízo de admissibilidade ou não do recurso. Não admitido o recurso, caberá agravo de instrumento para o STJ, no prazo de 5 dias (art. 28 da Lei nº 8.038/1990).

Se for interposto agravo de instrumento da decisão denegatória do recurso especial, o recorrente indicará, para formar o instrumento, o acórdão recorrido e as demais peças a que faz referência o § 1º do art. 544 do CPC, com a nova redação introduzida pela Lei nº 10.352/01, além da petição de interposição do recurso especial, as respectivas razões e contra-razões. As peças a que alude essas disposições do CPC, ou seja, a decisão agravada, a certidão da respectiva intimação e a procuração outorgada ao advogado do agravante, salvo se outra instruir a petição de agravo, serão obrigatoriamente trasladadas.

É conveniente que o agravante indique para traslado todas as peças contidas nos autos do processo, necessárias e capazes de fornecer os elementos imprescindíveis ao julgamento não só do agravo, pelo tribunal *ad quem*, como também do próprio recurso interposto junto ao tribunal *a quo*, cujo seguimento fora denegado. Isto porque, se o relator der provimento ao agravo e se o instrumento contiver os elementos necessários ao julgamento da matéria de direito objeto do recurso especial, "determinará, desde logo, sua inclusão em pauta, observando-se, daí por diante, o procedimento relativo àqueles recursos, admitida a sustentação oral" (§ 3º do art. 28 da Lei nº 8.038, de 28.05.90). Por outro lado, segundo o § 5º dessa mesma Lei, "da decisão do relator que denegar seguimento ou provimento ao agravo de instrumento, caberá agravo para o órgão julgador no prazo de cinco dias".

Há, também, no art. 29 dessa mesma Lei, a previsão de embargos, no prazo de 15 dias, da decisão da turma que, em recurso especial, divergir do julgamento de outra turma, da seção ou do órgão especial, do mesmo tribunal, com a observância do procedimento estabelecido no RISTJ (arts. 266 e 267).

Se admitido o recurso especial pelo Tribunal *a quo*, e se tiver sido interposto simultaneamente com o recurso extraordinário, também admitido pelo mesmo tribunal, os autos serão encaminhados ao STJ, e somente depois de efetuado o julgamento do recurso especial é que os mesmos autos serão encaminhados ao STF para o julgamento do recurso extraordinário, se não restar prejudicado (§ 4º do art. 27 da Lei nº 8.038, de 28.05.90). Poderá ocorrer, porém, que o relator considere que, se o recurso especial for julgado antes, prejudicará o posterior julgamento do recurso extraordinário. Nessa hipótese, sobrestará o julga-

---

[130] Súmula 279 do STF: "Para simples reexame da prova não cabe recurso extraordinário". Esta mesma Súmula é perfeitamente aplicável ao recurso especial.

[131] São repositórios oficiais de jurisprudência, para o fim do § 1º, *b*, deste artigo, a Revista Trimestral de Jurisprudência do Supremo Tribunal Federal, a Revista do Superior Tribunal de Justiça e a Revista do Tribunal Federal de Recursos, e, autorizados ou credenciados, os habilitados na forma do art.134 e seu parágrafo único deste Regimento.

mento do recurso especial e encaminhará os autos ao STF, em decisão irrecorrível, para que o recurso extraordinário seja julgado antes. Mas poderá ocorrer, também, que o relator do recurso extraordinário entenda diferente do relator do recurso especial, ou seja, de que o julgamento, antes, do recurso especial não prejudicará o julgamento do extraordinário, caso em que, em decisão irrecorrível, determinará o retorno dos autos ao STJ, para ser proferido o julgamento em primeiro lugar.

Ao dar entrada no STJ o recurso especial é distribuído, e o relator, após vista ao Ministério Público pelo prazo de 20 dias, pedirá dia para o julgamento (art. 256 do RI do STJ), ou, então, negará seguimento ao recurso manifestamente intempestivo ou incabível por qualquer outro motivo, quando por exemplo, contrariar a súmula do tribunal, ou for evidente a incompetência deste (art. 34, parágrafo único, do RI do STJ).

Diz o art. 257 do mesmo RISTJ que, "no julgamento do recurso especial, verificar-se-á, preliminarmente, se o recurso é cabível. Decidida a preliminar pela negativa, a turma não conhecerá do recurso; se pela afirmativa, julgará a causa, aplicando o direito à espécie".

Se houver entendimento no sentido de que o recurso especial, assim como o recurso extraordinário, não tenha efeito suspensivo, mas tão-somente o efeito devolutivo (§ 2º do art. 27 da Lei nº 8.038, de 28.05.1990), terá seguimento desde o tribunal recorrido, por traslado, e os autos originais baixarão à primeira instância para a execução da sentença (o entendimento de alguns, a que nos filiamos, é de que não cabe execução provisória da sentença e, por conseguinte, cabe efeito suspensivo. (*v. Comentários ao art.637, nº 6, capítulo VIII, do recurso extraordinário*). Assim, para os que entendem não ter efeito suspensivo o recurso especial, tem aplicação analógica o disposto no art. 637 do CPP, que diz: "o recurso extraordinário não tem efeito suspensivo, e uma vez arrazoado pelo recorrido os autos do traslado, os originais baixarão à primeira instância, para a execução da sentença." Enquanto, para os que entendem ter efeito suspensivo, não mais vigora o disposto no art. 637, e recurso, assim, poderá ser encaminhado ao juízo *ad quem* nos autos principais.

12. Deserção. Dispõe o art. 112 do RISTJ que, "no tribunal, não serão devidas custas nos processos de sua competência originária ou recursal". E quando se tratar de crime de ação privada, o presidente ou o relator, a requerimento da parte interessada, nomeará advogado para prosseguir no processo que se encontra em grau de recurso (art. 116 do RISTJ). Como bem ressalta o Ministro Sálvio de Figueiredo Teixeira, trata-se de medida que "atende aos princípios da economia e da celeridade, além de contribuir para evitar que inúmeras postulações recursais não sejam apreciadas pelo simples recolhimento extemporâneo das custas, causado, muitas vezes, por circunstâncias compreensíveis, a exemplo do que se dá com a normalmente mal compreendida contagem dos prazos processuais".[132] Mas o próprio STJ tem matéria sumulada no sentido de que é deserto o recurso se o recorrente não recolhe na origem as despesas correspondentes às despesas de remessa e retorno dos autos.[133] Todavia, seria inadmissível que por ser pobre, o réu estivesse impedido de recorrer, tendo em vista que a própria CF em seu art. 5º, *caput*, garante a todos a igualdade de direitos. Se pobre for, estará amparado pelo benefício à assistência judiciária gratuita, inclusive referente às despesas com a remessa e retorno dos autos, por força do art. 3º, I, da Lei nº 1.060/50.

13. Recurso especial no Juizado Especial Criminal (Lei nº 9.099/95). O recurso especial de decisões de turmas do Juizado Especial Criminal é inviabilizado pelo próprio art. 105, III, "a", "b" e "c" da CF, ao estabelecer que o Superior Tribunal de Justiça julga, "em recurso especial, as causas decididas, 'em única ou última instância, pelos Tribunais Regionais Federais ou pelos Tribunais dos Estados, do Distrito Federal e Territórios', quando a decisão recorrida: *a)* contrariar tratado ou lei federal, ou negar-lhes vigência; *b)* julgar válida lei ou ato de governo local contestado em face de lei federal; *c)* der à lei federal interpretação divergente da que lhe haja atribuído outro tribunal".

Turma recursal de juizado especial não é tribunal. É órgão composto "por três juízes com exercício no primeiro grau de jurisdição" (art. 82 da Lei nº 9.099/95). Logo, ainda que sobre sua decisão incida aquelas hipóteses previstas no art. 105, III, "a", "b" e "c" da CF, não cabe recurso especial. Cabe, porém, quando for o caso, recurso extraordinário, tendo em vista a redação do inc. III do art. 102 da CF, que prevê o julgamento de recurso extraordinário pelo STF, das "causas decididas em *única ou última instância*, quando a decisão recorrida: ...", sem fazer referência a "tribunal", como o faz o regramento contido no art.105, III; ficando, afastada, por isso, a competên-

---

[132] TEIXEIRA, Sálvio de Figueiredo et al. *Recurso no superior tribunal de justiça (o recurso especial e o superior tribunal de justiça)*. São Paulo: Saraiva, 1991, p. 75.

[133] Súmula 187 do STJ: "É deserto o recurso interposto para o Superior Tribunal de Justiça, quando o recorrente não recolhe, na origem, a importância das despesas de remessa e retorno dos autos."

cia do STJ para processar e julgar recurso interposto de decisões de turmas recursais de juizados especiais criminais.

14. Agravo de instrumento criminal previsto na Lei n° 8.038/90. A Lei n° 8.038 de 28.05.90, que institui normas procedimentais para os processos que especifica perante o STF e o STJ, prevê o agravo de instrumento no art. 28, para as decisões denegatórias de recurso extraordinário e de recurso especial, proferidas pela presidência do tribunal *a quo*, sem a possibilidade de ser denegado o seguimento, seja por que motivo for. Porém, se algum obstáculo vier a ocorrer, a nosso sentir, da decisão denegatória do seguimento do agravo, cabe reclamação dirigida ao STF e ao STJ, a fim de que seja preservada a competência desses mesmos tribunais, conforme os termos do art. 13 da Lei n° 8.038/90.

O § 5° do art. 28, também da Lei n° 8.038/90, prevê agravo (inominado) da decisão do relator, junto ao STF ou ao STJ, que negar seguimento ou provimento ao agravo de instrumento que fora interposto junto ao juízo *a quo*.

Da decisão que denegar seguimento ao recurso ordinário-constitucional ou recurso criminal ordinário-constitucional e mandado de segurança criminal, cremos que também cabe agravo de instrumento, quando for o caso, para o STF ou para o STJ. *(v. Do recurso ordinário-constitucional, n°s. 7 e 8)*.

SÚMULA COM EFEITO VINCULANTE

1. Criação da Súmula vinculante. A Emenda Constitucional n°45/2004 acrescentou à CF, o art. 103-A, criando a súmula com efeito vinculante com o intuito de dar validade, interpretação e eficácia a normas legais, naquelas questões controvertidas que ocorreram ao longo do tempo, e ainda vêm ocorrendo, entre órgãos do Poder Judiciário ou entre esses e a administração pública em geral, ao ser aplicada a lei aos casos concretos; e, assim, evitar grave insegurança jurídica e relevante multiplicidade de processos sobre idêntica situação.

Essa emenda esboçou a reforma do judiciário com a criação e alterações de regramentos constitucionais, muitos dos quais dependendo de regulamentação por leis infraconstitucionais.

2. Competência para elaborar a súmula vinculante. O art. 103-A da CF, ao criar a súmula com efeito vinculante atribuiu competência exclusiva ao STF para elaborar e aprovar de ofício ou por provocação, mediante decisão de dois terços dos seus membros, depois de reiteradas decisões sobre matéria constitucional. Posteriormente, o Congresso Nacional aprovou a Lei n° 11.417, de 19 de dezembro de 2006, regulamentando essa disposição constitucional. Foi sancionada pelo Presidente da Republico, publicada no D.O.U, em 20.12.2006, e passou a viger 60 dias depois dessa data, com efeito vinculante em relação aos demais órgãos do Poder Judiciário e à administração pública direta e indireta, nas esferas federal, estadual e municipal.

3. Legitimidade para propor a súmula vinculante. Ao STF de ofício ou por provocação, depois de reiteradas decisões sobre matéria constitucional, compete editar enunciado de súmula que, a partir de sua publicação na imprensa oficial, terá efeito vinculante em relação aos demais órgão do Poder Judiciário e à administração pública em geral, direta e indireta (art. 2° da Lei 11.417/06).

Estão legitimados a propor a edição, revisão ou o cancelamento de enunciado de súmula com efeito vinculante: a) o Presidente da República; b) a Mesa do Senado Federal; c) o Procurador-Geral da União; d) o Conselho Federal da Ordem dos Advogados do Brasil; e) Defensor Público-Geral da União; f) partido político com representação no Congresso Nacional; g) confederação sindical ou entidade de classe de âmbito nacional: h) a Mesa de Assembléia Legislativa ou Câmara Legislativa do Distrito Federal; i) o Governador de Estado ou do Distrito Federal; j) os Tribunais Superiores, os Tribunais de Justiça de Estados ou do Distrito Federal e Territórios, os Tribunais Regionais Federais, os Tribunais Regionais do Trabalho, os Tribunais Regionais Eleitorais e os Tribunais Militares.

Terceiras pessoas não estão legitimadas a propor edição, revisão ou cancelamento de enunciado de súmula vinculante, mas para o procedimento, o relator poderá admitir por decisão irrecorrível para, tão-somente, se manifestar, nos termos do RISTF. No que diz respeito à irrecorribilidade, se justifica em questões dessa natureza, não só por se tratar de uma faculdade do relator em admitir terceiros, mas também porque terceiros não estão legitimados a propor a edição, revisão ou cancelamento de súmula.

Tratam-se, a nosso ver, não de terceiros sem qualquer interesse jurídico no procedimento, mas tão-somente daqueles terceiros, que são ou poderão ser atingidos pelos efeitos da coisa julgada. A Lei n°11.417/06, art. 2°, § 2°, prevê apenas a manifestação de terceiros, mas depende de regulamentação do STF em seu RISTF, não só definir quem serão esses "terceiros" a que alude a disposição legal, mas também qual o limite de sua atuação no procedimento.

4. Eficácia da súmula vinculante. Por disposição legal a regra é de que tenha imediata eficácia a súmula com efeito vinculante, depois de aprovada e publicada no D.O.U; mas por decisão de 2/3 dos membros do STF, seus efeitos poderão sofrer alguma restrição se houver decisão no sentido de que só tenha eficácia a partir de outro determinado momento, na hipótese de se evidenciar razões de segurança jurídica ou de excepcional interesse público que, aliás, também fazem parte dos fins que fundamentaram sua criação.

Mas poderá ser revogada ou modificada a súmula com efeito vinculante, pelo STF, de ofício ou por provocação de quem legitimado estiver, nos termos do art. 3°, da Lei n° 11.417/06, cabendo, também, quando for o caso, proceder a sua revisão ou cancelamento.

5. Medida cautelar para a suspensão de processo. Quando proposta a edição, revisão ou cancelamento de enunciado de súmula com efeito vinculante, é vedada a suspensão do processo em que é discutida questão da mesma natureza; do contrário, implicaria aplicação do enunciado da súmula, em alguns casos, sem ainda ter sido editada, assim como também, poderia ocorrer aplicação retroativa, contrariando o regramento do art. 4° da Lei n° 11.417/06, que estabelece eficácia imediata, para o futuro, isto é, eficácia *ex nunc*, ressalvados aqueles casos em que por 2/3 de seus membros, o próprio STF poderá restringir os efeitos vinculantes da súmula, bem como, se for o caso, decidir que só tenha eficácia a partir de outro momento, por questões de segurança jurídica ou de excepcional interesse público.

Em alguns casos até é possível que a não suspensão do processo recrudeça ainda mais a grave insegurança jurídica já existente. Mas em hipótese alguma seria prudente que viesse o próprio STF adotar em um único processo, medida cautelar, durante o procedimento de edição, revisão ou cancelamento da súmula, porque além de estar se antecipando ao procedimento, por não ter sido ainda aprovado e nem publicado o verbete da súmula e, nem mesmo, ter certeza de que venha a ser aprovada de acordo com a lei.

6. Súmula vinculante no sistema penal. A Emenda Constitucional n°45/2004, acrescentou à CF o art. 103-A, §§ 1°, 2° e 3°, criando a súmula com efeito vinculante; regulamentada, posteriormente, pela Lei n°11.417/2006. A parte final da redação do art. 103-A da CF, tem o teor seguinte: "...a partir da sua publicação na imprensa oficial, terá efeito vinculante em relação aos demais órgãos do Poder Judiciário e à administração pública direta e indireta, nas esferas federal, estadual e municipal...". Desse dispositivo constitucional e da lei que o regulamentou deflui-se que a súmula com efeito vinculante deve ser obrigatoriamente observada a sua aplicação, em todos os graus de jurisdição, assim como, nos órgãos da administração pública direta e indireta em geral, ou seja, nas esferas federal, estadual e municipal, tanto no âmbito do sistema penal, como do direito civil, processual civil, administrativo, fiscal, etc.

Na esfera do sistema penal (direito penal e processual penal), a súmula com efeito vinculante vai ter aplicação bastante restrita e, ainda assim, vai exigir redobrada prudência do magistrado.

Por não ser o direito penal, a exemplo das demais esferas do direito em geral, uma ciência exata, na prática dificilmente se pode esperar decisões constitucionais reiteradas no mesmo sentido, capaz de viabilizar a súmula com efeito vinculante, sem ferir o princípio da motivação, depois de serem criteriosamente apreciadas todas as questões apresentadas, sem qualquer omissão, de forma a cumprir rigorosamente todas as teses formuladas pelas partes, por disposição constitucional (art. 93, IX); posto que decisão deficientemente motivada, ou sem motivação, não atende a esse mandamento constitucional e, por isso, é decisão nula.[134] A principal dificuldade está no fato de que cada caso, embora semelhante, se apresenta com algumas peculiaridades distintas. E nosso direito penal e processual penal considerados em seu universo, pouco está constitucionalizado, tendo em vista que, por ser antiga a nossa legislação, comparada à existência da CF, dificilmente será colocada na sua totalidade, nesse nível. E isto está sendo demonstrado nos dias atuais, porque as súmulas do STF, ainda sem efeito vinculante no crime, se inserem quantitativamente num âmbito de abrangência significativamente restrito. Dificuldade maior ainda vai ser a do aperfeiçoamento de uma súmula com efeito vinculante, pelos reiterados julgados de caráter constitucional, consubstanciandos num só verbete todas as características dos casos julgados ao longo do tempo, de forma a abranger todas as suas peculiaridades.

À súmula vinculante foi atribuída destacada importância no cenários jurisprudencial que, sem a devida prudência, não só na elaboração, como também na aplicação, pode se constituir num instrumento arbitrário na aplicação do direito.

A se considerar a longa existência do STF, poucas são ainda as súmulas sem efeito vinculante em nosso sistema que, em breve, podem alcançar o *status* de súmula com efeito vinculante, por decisão de 2/3 dos membros da Corte Suprema, por força das dispo-

---

[134] Nesse sentido já se posicionou o STF, ao ressaltar que a "decisão judicial deve analisar todas as questões suscitadas pela defesa do réu. Reveste-se de nulidade o ato decisório que, descumprindo o mandamento constitucional que impõe a qualquer juiz ou Tribunal o dever de motivar a sentença ou o acórdão, deixa de examinar, com sensível prejuízo par o réu, fundamento relevante em que se apóie a defesa técnica do acusado: RTJ 164/971, relator Min. Celso de Mello.

sições constitucionais e infraconstitucionais (art. 103-A da CF e art. 2º da Lei nº 11.417/06).

A partir da data em que se tornar eficaz a súmula com efeito vinculante, todos os órgãos do Poder Judiciário, indistintamente, terão obrigatoriamente de a ela se subordinarem.

Obviamente que, a rigor, fica comprometido o princípio da íntima convicção motivada do juiz, existente em nosso sistema jurídico.

Mas claro também está que a obrigação do magistrado em adequar suas decisões à súmula parece, numa primeira leitura, ser obrigatória mas, na realidade, não deixa de ser relativa e, de certa forma, pode ser considerada até mesmo uma faculdade. Se descumprir, e sempre que quiser poderá fazê-lo, não está e nem poderia estar sujeito a qualquer sanção, posto que é livre para interpretar a lei e os fatos à luz do conteúdo do processo – "cada caso é um caso" –. Imposição de sanção desta natureza, por não se subordinar à súmula com efeito vinculante, ao levar em consideração aspectos que o conduzam à convicção diferente, significaria aceitar a tipificação de crime de hermenêutica, e ver mutilada a íntima convicção, ou da persuasão racional – baluarte da independência do Poder Judiciário como um todo.

RECLAMAÇÃO

1. **Síntese histórica da reclamação**. Em nosso ordenamento jurídico, a "reclamação", criada com a Lei nº 1.301, de 28.12.50, teve o intuito de substituir à correição que subsistia desde Decreto nº 9.623, de 1911 – mesmo Decreto que tratava da organização judiciária do antigo Distrito Federal. Mas a correição parcial não deixou de existir, ao contrário, teve predominância nos regimentos internos dos tribunais estaduais.

A 2 de outubro de 1957, a reclamação passou a constar do RISTF, por ocasião da reforma, cujo objetivo foi o de avocar o conhecimento de processo quando se evidenciasse manifesta usurpação da competência ou desrespeito à decisão proferida pelo STF.

A reclamação continuou existindo e, ainda hoje, consta do RISTF, esboçada no art. 156, com a seguinte redação: "Caberá reclamação do procurador-geral da República, ou do interessado na causa, para preservar a competência do tribunal ou garantir a autoridade das suas decisões."

O mesmo ocorre com o STJ que no art. 187 do RISTJ prevê a reclamação "para preservar a competência do tribunal ou garantir a autoridade das suas decisões", que poderá ser interposta pela parte interessada ou pelo Ministério Público.

Até 1988 a reclamação constava apenas no regimento interno dos tribunais, em especial do STF. Com a CF/1988, passou a ter assento constitucional, ao atribuir competência aos STF e STJ, para o processo e julgamento da reclamação ajuizada para preservar sua competência e garantir a autoridade de suas decisões, nos termos em que dispõem os arts. 102, I, *l*, e 105, I, *f*, da CF. Mas foi a Lei nº 8.038/90 que regulamentou o procedimento no STF e no STJ, em seu Capítulo II.

2. **Reclamação e o enunciado da súmula com efeito vinculante**. O art. 103-A da CF criado pela Emenda Constitucional nº 45/04, disciplinou também a reclamação na esfera judicial e administrativa, estabelecendo que poderá ser utilizada, perante o STF, sempre que a "decisão judicial ou ato administrativo contrariar enunciado de súmula com efeito vinculante, negar-lhe vigência ou aplicá-lo indevidamente". Por via de conseqüência, essas disposições se estenderam à reclamação já esboçada no art. 102, I, *l*, da CF, dando-lhe maior abrangência e, por fim, houve a regulamentação prevista no art. 7º da Lei 11.417, de 19 de dezembro de 2006, estabelecendo que cabe reclamação ao STF, sem prejuízo dos recursos da decisão judicial que contrariar enunciado de súmula vinculante, negar-lhe vigência ou aplicá-lo indevidamente.

3. **Natureza jurídica**. Não se pode negar hoje as características mais de ação do que de recurso, da reclamação, que defluem da CF e da legislação infraconstitucional regulamentadora. Não se pode negar que a reclamação tem muitas características de recurso, como a sucumbência que resulta da decisão judicial, em alguns casos, que faz emergir, por via de conseqüência, o interesse em recorrer para restabelecer o *statu quo ante*. Ocorre que com a novel legislação, ficou claro que cabe reclamação de decisões judiciais e de atos administrativos, sem prejuízo de interposição de recurso, que contrariarem enunciado de súmula vinculante; que lhe negue vigência, ou que seja ele aplicado indevidamente. Constitui-se em verdadeiro gravame às partes e interessados no processo judicial, não há dúvida, e em atos administrativos (este, porém, de pouca utilidade para o tema que ora se examina). E as hipóteses de interesse que emerge da decisão judicial deixam transparecer a viabilidade recursal, posto que em decorrência da sucumbência.

Antes da Emenda Constitucional nº45/2004 e da Lei nº11.417/06, os ponderáveis argumentos refutando a natureza jurídica de recurso, parece-nos não mais se justificar satisfatoriamente, hoje. Ocorre que por disposições dos regimentos internos do STF e do STJ e na Lei nº 8.038/90, cabia reclamação nos casos de usurpação de competência e quando houvesse a necessidade de garantia da autoridade das decisões[135] do tribunal. Nessas hipóteses, ainda que se admita a existência de sucumbência, não parece, via de regra, o interesse daí emergente, estar sempre suficiente claro e revestido dos requisitos para alicerçar recurso; mormente quando for para garantir a autoridadede da decisão do tribunal, situação que interessa tão-somente ao vencedor da demanda principal. Nessa perspectiva, parece não haver dúvida de que a natureza jurídica da reclamação é de verdadeira ação, posto que também presentes os seus pressupostos, como, aliás, ocorre em todos os casos que comportam reclamação, ou seja, a existência de: a) partes (reclamante e reclamado); b) pedido (a causa de pedir, ou seja, a busca de uma decisão capaz de assegurar a competência do tribunal, ou que garanta o cumprimento de seu julgamento); b) a causa de pedir (a usurpação da competência ou o descumprimento da decisão do tribunal).

Mas mutações sociais existem e com elas urge que também o ordenamento jurídico seja realinhado para se harmonizar as suas necessidades. E foi assim que se verificou com a edição da recente Lei nº11.417/06, que ao ampliar o regramento do art. 102, I, *l*, da CF, estendeu a reclamação também a novas situações como nos casos de a decisão contrariar enunciado de súmula vinculante, negar-lhe vigência ou aplicá-lo indevidamente. São hipóteses que se caracterizam como sucumbência e, por via de conseqüência, dela emerge o interesse em ver reformada a decisão, embora por via oblíqoua, tendo em vista que o tribunal (STF) para o qual é feita a reclamação, ainda que não possa ele próprio proceder a substituição da decisão, tem o poder de determinar seja ela cassada e que outra seja proferida, com ou sem aplicação da súmula, conforme o caso. Este é um dos aspectos que faltava, quer nos parecer, para dar consistência à sucumbência e, assim, aperfeiçoar a natureza jurídica da reclamação, mas de forma ainda tímida, uma vez que as hipótes anteriores persistem e devem continuar sendo objeto de impugnação, constituindo-se em situações diversas a serem impugnadas pela reclamação.

E é no contexto dessas distintas situações, que entendemos não ser possível a concepção de natureza jurídica diversa para um só instituto. Não é viável se pretender atribuir diferente natureza jurídica num mesmo instituto, para cada caso, ou seja, não se pode conceber que tenha a reclamação natureza jurídica de recurso, para alguns casos, e de ação para outros.

Antes da Lei nº 11.417/2006, ponderáveis fundamentos doutrinários acerca da natureza jurídica da reclamação foram elaborados. Observam que a reclamação não pode ser considerada recurso porque não visa a uma "reforma ou invalidação";[136] nem tem por finalidade "corrigir os erros processuais cometidos pelos juízes quando, para o caso, não houver recurso, mas sim a de "preservar a integridade da competência ou assegurar a autoridade de julgado",[137] registra ARAGÃO.

Mesmo com os acréscimos que ocorreram de hipóteses que podem ser objeto de reclamação judicial ou, mesmo, de ato administrativo, quando a decisão contrariar enunciado de súmula com efeito vinculante, negar-lhe vigência ou quando for aplicado de forma indevida, não tem força suficiente para impedir a formação de coisa julgada e, por outro lado, o órgão judiciário *ad quem* que a acolher, não conhece e dá provimento para desconstituir a decisão e prolatar outra, substituindo-a, como se recurso fosse. Nos termos do disposto na legislação constitucional e infraconstitucional, o órgão judicial para o qual houve a reclamação, julga procedente ou improcedente a reclamação, termos característicos da ação, cassando a decisão judicial impugnada e determinando que outra seja proferida pelo mesmo órgão judicial reclamado, em substituição a anterior, o que afasta, ainda mais, as características de recurso. Por outro lado, os vocábulos "procedente" e "improcedente", somente usados no processo para caracterizar o acolhimento ou não da ação, já consagrado no ordenamento jurídico, tem assento constitucional, com regulamentação em lei infraconstitucional (§ 3º do art. 103-A da CF, por força do acréscimo feito pela Emenda Constitucional nº 45/2004, e § 2º da Lei 11.417/06).

Se ainda não houve trânsito em julgado do ato judicial em que é alegado desrespeito à decisão (Súmula 734 do STF), a Corte Suprema examina a reclamação ajuizada pelo Ministério Público ou pela parte interessada[138] e, conforme o caso, determina que o órgão judicial responsável pela decisão impugnada, se subordine à vontade da lei, conforme o caso. O mesmo procedimento é também em relação ao STJ, nos limites de sua competência, nas hipóteses previstas na Lei nº 8.038/90, sem ficar excluída, também nesses casos, a competência do STF.

---

[135] Lei nº 8.038/1990, art. 13 da "... Para preservar a competência do Tribunal ou garantir a autoridade das suas decisões, caberá reclamação da parte interessada e do Ministério Público".

[136] NERY JÚNIOR, Nelson. *Princípios fundamentais – teoria geral dos recursos*. São Paulo: RT, 2000, p. 91.

[137] ARAGÃO, E. D. Moniz de. *Correição parcial*. Curitiba: Impressa na Universidade Federal do Paraná, 1969, p. 91.

[138] Súmula 734 do STF: não cabe reclamação quando já houver transitado em julgado o ato judicial que se alega tenha desrespeitado decisão do Supremo Tribunal Federal.

Numa interpretação restrita e isoladamente da Lei nº 11.417/06, até se poderia considerar a natureza jurídica da reclamação como verdadeiro recurso, uma vez que presente o interesse emergente da cucumbência; não se pode olvidar, contudo, outros aspectos essenciais, que se estendem à outras hipóteses, para se harmonizarem entre si, no caso, por exemplo, da reclamação na Lei nº 8.038/90, com *status* de ação, em decorrência do processo e da competência originária, do mesmo matiz do *habeas corpus,* mandado de injunção e *habeas data,* todos no Título I, Capítulos II e IV e V. Já os verdadeiros recursos, como o extraordinário, especial, ordinário, apelação e agravo, estão ordenados nessa mesma lei, mas em títulos e capítulos diferentes, isto é, próprios dos recursos: Título II, Capítulos I, II, III e IV.

Ademais, pode, simultaneamente à impugnação da decisão pela via da reclamação, ser interposto recurso ou ser utilizado outro meio admissível de impugnação, como a própria ação de *habeas corpus* ou de mandado de segurança.

A natureza jurídica da reclamação, embora se revista de algumas controvérsias, com o advento da Lei nº11.417/06, é um instituto que passará a ter maior utilização, tendo em vista as grandes transformações que vem ocorrendo na legislação de um modo geral, de alguns institutos e, por via de conseqüência, faz com que eles adquiram maior amplitude, como ocorreu com a reclamação e a súmula com efeito vinculante.

A reclamação não se trata de mera medida de caráter disciplinar, como acenam alguns, porque não é esse o sentido que deixa transparecer as disposições constitucionais que cuidam da reclamação (arts.102, I, *l*, e 105, I, *f*, da CF); não há previsão punitiva dessa natureza nos regimentos internos dos STF e STJ, nem na Lei nº 8.038/90, nem na Lei nº 11.417/06. Não se pode, também, atribuir à reclamação caráter correcional, uma vez que a correição também, em alguns casos, se vincula à medida punitiva, podendo o corregedor impor sanções aos responsáveis pelos enganos, erros ou omissões, o que fará mediante provimento que expedirá; situação que não se compatibiliza à hipótese, isto é, com a reclamação.

A reclamação tem, em alguns casos, muitas características de recurso e, por vezes, reúne até mesmo todos os requisitos que deixam transparecer ser essa a sua natureza jurídica; mas como não há essa caracterização em todas as hiptóses, a nosso sentir, não pode ser atribuída a natureza jurídica de recurso. Todavia, a caracterização da reclamação como ação, quer nos parecer que sempre é possível alcançá-la, quer antes ou depois da Lei 11.417/06, que proporcionou maior amplitude à disposição constitucional do instituto.

Como acreditamos não se viabilizar em qualquer instituto, uma natureza jurídica híbrida, com contornos jurídicos distintos, concluímos que a reclamação é uma verdadeira ação mandamental, bastante próxima da ação de mandado de segurança, e do próprio *habeas corpus*, que também são ações, todos com assento na CF, daí porque, são todos tratados como ação mandamental constitucional.

4. Procedimento da reclamação. O procedimento da reclamação está disciplinado no Capítulo II da Lei nº 8.038/90 e, também, nos regimentos internos do STF e do STJ. É endereçada ao presidente do STF ou do STJ, instruída com prova documental, devendo ser autuada e distribuída ao relator da causa principal, sempre que possível.

Ao despachar a reclamação, o relator poderá requisitar informações à autoridade responsável pelo ato impugnado, que as prestará no prazo de 10 dias. Qualquer interessado poderá impugnar a reclamação, e o Ministério Público terá vista do processo pelo prazo de 5 dias, após transcorrido o prazo para as informações, caso não tenha sido ele seu autor.

Uma vez julgada procedente a reclamação, o tribunal cassará a decisão exorbitante de seu julgado ou determinará medida adequada à preservação de sua competência. O presidente determinará o imediato cumprimento da decisão, devendo o acórdão ser lavrado posteriormente.

No que diz respeito à impugnação da decisão por descumprimento do enunciado de súmula vinculante regulamentada pela Lei nº 11.417/06, somente o STF é competente para julgá-la, procedente ou improcedente; julgando procedente, cassará a decisão e determinará que outra seja proferida, com ou sem aplicação da súmula, conforme o caso.

O processamento da reclamação prevista para os casos de decisão judicial que descumpre a súmula com efeito vinculante é o mesmo adotado para a reclamação regulamentada na Lei nº 8.038/90, com adoção também, no que couber, dos regramentos previstos na Lei 11.417/06.

5. Prazo para interpor reclamação. A lei não prevê prazo para ajuizar reclamação; há, porém, que ser respeitado o enunciado da Súmula 734 do STF, com a redação seguinte: "não cabe reclamação quando já houver transitado em julgado o ato judicial que se alega tenha desrespeitado decisão do Supremo Tribunal Federal". Assim, há esse limite temporal que não deixa de ser prazo, que terá de ser observado pelo reclamante. E o mesmo tratamento deve ser dado quando se tratar de reclamação dirigida ao presidente do STJ, nos casos previstos em lei.

6. Efeito suspensivo. Há que se considerar, quando necessário for, para evitar dano irreparável, seja ordenada liminarmente a suspensão do processo ou tão-somente do ato impugnado.

7. **Efeito extensivo**. Há hipótese em que pode ter efeito extensivo, caso a decisão impugnada esteja prejudicando outro co-réu ou partícipe, colocando-o em situação idêntica a do reclamante, desde que não haja motivo de caráter exclusivamente pessoal.

CAPÍTULO IX
DA CARTA TESTEMUNHÁVEL

Art. 639. Dar-se-á carta testemunhável:
I – da decisão que denegar o recurso;
II – da que, admitindo embora o recurso, obstar à sua expedição e seguimento para o juízo *ad quem*.

1. **Conceito**. A carta testemunhável é o recurso utilizado pela parte interessada contra decisão que denegar o recurso em sentido estrito, protesto por novo júri e agravo na execução, ou contra decisão que, mesmo admitindo esses recursos, obstar seguimento para a instância superior.

A opinião dominante na doutrina é de que a carta testemunhal é efetivamente recurso. Assim também entendemos, não apenas por estar inserida no Título II dos Recursos em Geral do CPP, mas sobretudo porque é oponível a uma decisão de juízo *a quo* para juízo *ad quem*, em razão do gravame que causa a uma das partes, ao denegar o recurso interposto previsto em lei ou, embora admitindo, obstar a sua expedição e seguimento, conforme dispõe o art. 639, I e II, do CPP.

2. **Cabimento**. Da decisão que denegar o recurso de apelação não cabe carta testemunhável porque há recurso específico previsto, isto é, há o recurso em sentido estrito para pleitear o reexame da decisão que denegar a apelação, conforme o disposto no art. 581, XV, do CPP. Da decisão que denegar o recurso em sentido estrito é cabível a carta testemunhável; mas cabe também carta testemunhável da decisão que denega o protesto por novo júri; da decisão que converte a apelação em protesto por novo júri, bem como da decisão que denega o agravo na execução, interposto com fundamento no art. 197 da Lei nº 7.210/1984.

Em todas essas hipóteses não há obstáculo algum para a interposição de carta testemunhável, uma vez que o art. 639, I e II, faz referência a recurso denegado, de forma genérica, isto é, não especifica qual o recurso a ser interposto. Como para esses casos não há previsão legal de cabimento de outro recurso, parece-nos ser adequada a carta testemunhável.

Já das decisões denegatórias de embargos infringentes e de declaração, não é oponível a carta testemunhável. O recurso previsto é o agravo regimental existente nos Regimentos Internos dos tribunais.

Também não cabe carta testemunhável de decisão que indefere pedido de revisão criminal, porque revisão é ação e não recurso, e o art. 639 não prevê hipótese que não seja a decisão denegatória de recurso, ou que obste a sua expedição e seguimento para o juízo *ad quem*. Ademais, diz o § 3º do art. 625: "Se o relator julgar insuficientemente instruído o pedido e inconveniente ao interesse da justiça que se apensem os autos originais, indeferi-lo-á in limine, dando recurso para as câmaras reunidas ou para o tribunal, conforme o caso."

Art. 640. A carta testemunhável será requerida ao escrivão, ou ao secretário do tribunal, conforme o caso, nas 48 (quarenta e oito) horas seguintes ao despacho que denegar o recurso, indicando o requerente as peças do processo que deverão ser trasladadas.

1. **Contagem do prazo para o requerimento e formação do instrumento**. A parte que tiver interesse e legitimidade requererá carta testemunhável ao escrivão, nas 48 horas seguintes ao despacho que denegar o recurso, indicando o requerente as peças do processo que deverão ser trasladadas.

O prazo de 48 horas para requerer a carta testemunhável passa a fluir da intimação da denegação do recurso, ou da ciência que tomar a parte por qualquer outro meio. Há, porém, entendimento contrário, isto é, no sentido de que o prazo para requerer a carta testemunhável conta da decisão denegatória do recurso, e não da intimação da parte.

Mas nos dias atuais é inconcebível que o defensor, ou até mesmo o próprio réu, não se afaste do cartório, aguardando a decisão do Juiz para dela tomar ciência e não perder o prazo para a eventual interposição de carta testemunhável.

Embora deixe transparecer o art. 640 que a contagem do prazo seja feita a partir "do despacho que denegar o recurso", entendemos que há que se seguir as correntes jurisprudencial e doutrinária mais liberais, ou seja, a orientação no sentido de que o prazo passa a fluir da intimação da parte (art. 798, § 5º, "a"), por serem as que melhor se harmonizam ao princípio constitucional da ampla defesa (art. 5º, LV, da CF). A não ser que a decisão de indeferimento seja proferida na presença da parte que tenha legitimidade e interesse recursal; aí sim, pode o prazo de 48 horas ser contado da hora em que foi proferido o despacho, conforme a previsão do art. 640 do CPP.[139]

Fluindo o prazo a partir da intimação, e é o que melhor se harmoniza à realidade, assim entendemos, deve ser contado em dia e não em hora. Assim, em vez de 48 horas, a partir da decisão que denegar o recurso, será de 2 dias a partir da intimação dessa decisão; salvo se a decisão for prolatada na frente da parte que tenha legitimidade e interesse recursal e o julgador consignar a hora, a fim de que fique definido o minuto inicial das 48 horas.

É com o traslado das peças do processo que a parte requereu que será formado, pelo escrivão, o instrumento para o julgamento da carta testemunhável. As peças indicadas devem ser todas aquelas necessárias ao julgamento da carta e do mérito do recurso denegado, ou que não foi dado seguimento para o juízo *ad quem*. É imprescindível a certidão da decisão de indeferimento, assim como também o é a certidão da intimação dessa mesma decisão. O escrivão terá o prazo de 5 dias para formar o instrumento e fazer entrega ao testemunhante, que terá o prazo de 2 dias para oferecer suas razões.

Art. 641. O escrivão, ou o secretário do tribunal, dará recibo da petição à parte e, no prazo máximo de 5 (cinco) dias, no caso de recurso no sentido estrito, ou de 60 (sessenta) dias, no caso de recurso extraordinário, fará entrega da carta, devidamente conferida e concertada.

1. **Obrigatoriedade de entrega do recibo da petição e da carta conferida e concertada**. Nos casos de denegação de recurso em sentido estrito; de protesto por novo júri; de decisão que converte a apelação em protesto por novo júri e da decisão que denega o agravo na execução ao fazer entrega da petição em cartório, o escrivão é obrigado a fornecer recibo ao testemunhante. Diz este artigo que o escrivão deverá entregar a carta no prazo de 5 dias, em se tratando de recurso em sentido estrito, ou em 60 dias quando se tratar de recurso extraordinário.

Este artigo em exame, a nosso sentir, não pode ser interpretado isoladamente, isto é, terá de ser vinculado ao art. 639, I e II, do CPP, porque conforme já examinado neste *capítulo IX, nº 2*, cabe carta testemunhavel não só da decisão denegatória de recurso em sentido estrito, como também das decisões que denegam protesto por novo júri; ou que convertem a apelação em protesto por novo júri, ou as que denegam o agravo na execução. Logo, também nestas hipóteses, o escrivão deverá entregar a carta ao testemunhante no prazo de 5 dias.

Quanto à decisão que não admite o recurso extraordinário, junto ao tribunal *a quo*, o recurso previsto é o agravo de instrumento, de conformidade com o disposto no art. 28 da Lei nº 8.038, de 28.05.90, para o STF e, da mesma forma, para o STJ, quando se tratar de denegação de recurso especial, no prazo de 5 dias. Esta disposição legal deixa inequívoca a revogação da parte do art. 641, que faz referência a recurso extraordinário.

A parte final do artigo diz que o escrivão entregará a carta "conferida" e "concertada...". Na linguagem jurídica "concerto" significa o ato pelo qual uma cópia extraída por funcionário ou serventuário da justiça é autenticada, depois de feita a conferência ou comparação com o original. Um funcionário extrai a cópia e outro confere, fazendo a comparação, autenticando-a, finalmente. Tem-se aí, "concerto".

Art. 642. O escrivão, ou o secretário do tribunal, que se negar a dar o recibo, ou deixar de entregar, sob qualquer pretexto, o instrumento, será suspenso por 30 (trinta) dias. O juiz, ou o presidente do Tribunal de Apelação, em face de representação do testemunhante, imporá a pena e mandará que seja extraído o instrumento, sob a mesma sanção, pelo substituto do escrivão ou do secretário do tribunal. Se o testemunhante não for atendido, poderá reclamar ao presidente do tribunal *ad quem*, que avocará os autos, para o efeito do julgamento do recurso e imposição da pena.

1. **Sanção ao escrivão ou a seu substituto**. Negando-se a fornecer o recibo ou deixar, sob qualquer pretexto, de entregar o instrumento, o escrivão será suspenso por 30 dias, pelo juiz ou pelo presidente do tribunal, ante representação do testemunhante. Será também determinado, sob a mesma pena, que o substituto do escrivão extraia o instrumento.

Mas a punição administrativa a que faz referência o artigo só pode ser imposta ao escrivão da vara, isto é, ao funcionário do juízo de primeiro grau, depois de submetido ao competente processo administrativo em que lhe é assegurado o contraditório e a ampla defesa, nos termos do art. 5º, LV, da CF.

---

[139] "(...) Se o despacho de indeferimento é feito à vista da parte, assim que apresentar o requerimento, o prazo deve ser computado a partir desse ato. Entretanto, se assim não for, o prazo deve ser computado somente a partir da sua intimação, garantindo-se-lhe o direito à ampla defesa, pois não se pode obrigar ao procurador da parte que fique diuturnamente no foro para verificar se, e quando, o juiz vai indeferir o pedido ou obstar o seu seguimento". MIRABETE, Julio Fabbrini. *Processo penal*. Processo penal. São Paulo: Atlas, 2004, p. 764.

Quanto ao secretário do tribunal a que faz referência o artigo, impondo responsabilidade administrativa e respectiva sanção, quando não fizer entrega do recibo ou do instrumento ao testemunhante, é expressão que se tornou absolutamente inócua, uma vez que não mais é admissível carta testemunhável da denegação do recurso extraordinário, a partir da Lei nº 8.038/90, que passou a prever em seu art. 28 a interposição de agravo de instrumento para a denegação do recurso extraordinário ou especial, no prazo de 5 dias, para o STF ou para o STJ, conforme o caso.

2. **Avocação dos autos.** Se depois de todas as providências, ao testemunhante não for entregue pelo escrivão ou por seu substituto o recibo da petição, ou deixar de entregar, sob qualquer pretexto o instrumento, o testemunhante, mediante petição, poderá reclamar ao Presidente do Tribunal ad quem, e este, avocará os autos para efeito de julgamento do recurso (da carta testemunhável) e, também, para as providências necessárias à punição do serventuário faltoso, isto é, para a instauração do processo administrativo, assegurados o contraditório e ampla defesa, nos termos da CF.

Art. 643. Extraído e autuado o instrumento, observar-se-á o disposto nos arts. 588 a 592, no caso de recurso em sentido estrito, ou o processo estabelecido para o recurso extraordinário, se deste se tratar.

1. **Razões e contra-razões.** Embora diga o artigo que depois de autuado o instrumento será observado o disposto nos arts. 588 a 592, quando se tratar de recurso em sentido estrito, ou o processo estabelecido para o recurso extraordinário, se deste se tratar, voltamos a reafirmar que não existe mais a possibilidade de interposição de carta testemunhável quando for denegado o recurso extraordinário; o recurso hoje existente, nesse caso, é o agravo previsto no art. 28 da Lei nº 8.038/90. Por outro lado, não mais é com relação tão-somente a recurso em sentido estrito que deve ser extraído e autuado o instrumento; mas também quando se tratar de decisão denegatória de protesto por novo júri; ou que converte a apelação em protesto por novo júri, ou da decisão que denega o agravo na execução, uma vez que o art. 639, I, do CPP, ao dizer que cabe carta testemunhável da decisão que denegar o "recurso", não está especificando qual o "recurso" denegado. Como para as hipóteses acima aludidas não há previsão de outro recurso, entendemos que as disposições deste artigo a elas também se estendem, isto é, o recurso cabível quando a decisão for denegatória, é a carta testemunhável. (*v. Comentários ao art. 639, nº 2, neste capítulo IX, da carta testemunhável*)

Uma vez extraído o traslado, o escrivão abre vista ao testemunhante para, em 2 dias, oferecer as razões e, em seguida, à parte contrária, para apresentar as contra-razões, se quiser. (*v. comentários ao art. 588, nº 1 e 2, capítulo II, do recurso em sentido estrito*)

2. **Retratação.** Depois de se pronunciar a parte contrária, ou sem pronunciamento no prazo legal, os autos da carta testemunhável são encaminhados ao juiz, que poderá se retratar no prazo de 2 dias, a teor do que dispõe o art. 589 do CPP, determinando o normal prosseguimento do recurso que antes fora interposto e que ensejou a carta testemunhável. Mas em se tratando de carta testemunhável interposta de decisão denegatória de protesto por novo júri, o próprio juiz que se retrata, ou seja, que reforma a decisão anterior, é quem determina seja o réu testemunhante submetido a novo julgamento pelo júri popular. (*v. Comentários ao art. 589, nº 1, capítulo II, do recurso em sentido estrito*)

Se, porém, o juiz confirmar a decisão anterior denegatória, determinará a remessa dos autos à superior instância para o julgamento da carta testemunhável interposta de decisão denegatória de recurso em sentido estrito, de protesto por novo júri, ou de agravo na execução.

3. **Prazo para extrair o traslado.** O prazo para o escrivão extrair o traslado é o mesmo previsto para o recurso em sentido escrito (parágrafo único do art. 587 do CPP), isto é, de 5 dias; devendo fazer parte obrigatória do instrumento, a decisão recorrida, a certidão do requerente de intimação, se por outra forma não for possível ser verificada a tempestividade do recurso, e o termo ou petição de interposição do recurso.

Depois de extraído, o traslado será conferido e concertado, também dentro do mesmo prazo de 5 dias. Este prazo, porém, poderá ser prorrogado até o dobro pelo juiz, quando impossível ao escrivão extrai-lo no prazo legal.

Hoje, apesar do grande volume de serviço cartorário, tendo em vista o desenvolvimento tecnológico, com muito mais facilidade as peças processuais podem ser trasladadas, por intermédio de fotocopiadoras; o que não ocorria num passado não muito distante, quando eram muito maiores as dificuldades, com demanda de longo tempo para extrair o traslado, posto que tinha de ser datilografado pelo escrivão ou funcionário do cartório para, após, ser conferido e concertado. (*v. comentários art. 587, nº 1, capítulo II, do recurso em sentido estrito*)

4. **Encaminhamento da carta testemunhável à superior instância e posterior devolução.** O encaminhamento da carta testemunhável e posterior devolução, segue as disposições dos arts. 591 e 592 do CPP. Após à decisão do juiz *a quo*, se não houver retratação, isto é, se mantida a decisão anterior, nos 5

dias depois da publicação da nova decisão, o instrumento formalizado com a carta testemunhável será entregue à superior instância, se o juiz da comarca que prolatou a decisão se localizar na sede do tribunal; quando se tratar, porém, de comarca fora da sede do tribunal, a carta testemunhável é posta no correio dentro do mesmo prazo de 5 dias.

Se o juiz se retratar da decisão anterior, determina o encaminhamento do recurso interposto – recurso em sentido estrito ou agravo na execução –, devendo ser entregue na secretaria do tribunal, em cuja sede se encontra a comarca da decisão, ou então, em se tratando de comarca do interior do Estado, será entregue no correio também no prazo de 5 dias.

Quando, porém, se tratar de carta testemunhável interposta em face de denegação de protesto por novo júri, e o juiz se retratar, reformando a decisão anterior, encaminha o testemunhante a novo julgamento pelo tribunal popular, posto que este é o objetivo da carta testemunhável; não faria qualquer sentido o encaminhamento do protesto por novo júri à superior instância ante a nova decisão.

Depois de decidida a carta testemunhável pela instância superior, só é devolvida ao juiz *a quo*, no prazo de 5 dias, depois de preclusos todos os demais prazos para a interposição de outros eventuais recursos, como embargos declaratórios; embargos infringentes e de nulidade; agravo regimental; recurso extraordinário e recurso especial.

Art. 644. O tribunal, câmara ou turma a que competir o julgamento da carta, se desta tomar conhecimento, mandará processar o recurso, ou, se estiver suficientemente instruída, decidirá logo, *de meritis*.

1. **Processamento e julgamento.** Estando suficientemente instruída a carta testemunhável, poderá "o tribunal, câmara ou turma a que competir o julgamento da carta", conhecer do recurso e decidir o mérito, desde logo, ou seja, julgar o recurso denegado pelo juízo a quo que ensejou a interposição da carta. Caso contrário, determinará o normal processamento da carta e a julgará, admitindo ou não o recurso denegado.

Art. 645. O processo da carta testemunhável na instância superior seguirá o processo do recurso denegado.

1. **Competência e procedimento.** Se o juiz *a quo* não se retratar da decisão que ensejou a carta testemunhável, esta será encaminhado ao mesmo tribunal que seria competente para julgar o recurso denegado. Na segunda instância, o processamento também é o mesmo para o recurso denegado, como recurso em sentido estrito; o agravo na execução e o protesto por novo júri.

Art. 646. A carta testemunhável não terá efeito suspensivo.

1. **Efeito.** Embora diga o artigo que "a carta testemunhável não tem efeito suspensivo", entendemos que se trata de regramento não recepcionado pela CF/88 em face de princípios nela esboçados que melhor dimensionaram o conceito de liberdade, antes não reconhecidos. E se ainda cabe recurso – e a carta testemunhável como já visto é um recurso – parece-nos que estando o réu preso em face de condenação por sentença ainda não trânsita em julgado, há que ser observado o princípio da presunção de inocência, bem como o da ampla defesa e o do devido processo legal, que irá se refletir no *jus libertatis*, amparando, por conseguinte, o efeito suspensivo da carta testemunhável. (*v. Comentários aos arts. 584, 585, nº 1 e 3, capítulo II, do recurso em sentido estrito, e art. 597, capítulo III, da apelação*)

CAPÍTULO X
DO *HABEAS CORPUS* E SEU PROCESSO

Art. 647. Dar-se-á *habeas corpus* **sempre que alguém sofrer ou se achar na iminência de sofrer violência ou coação ilegal na sua liberdade de ir e vir, salvo nos casos de punição disciplinar.**

1. **Resumo histórica.** A essência do *habeas corpus* nos legou o admirável povo romano. É aí que se encontram suas raízes, essencialmente porque, sendo a liberdade considerada um bem público, era tutelada pelo *interdictum* de *libero homine exhibendo*, ação privilegiada por intermédio da qual o coato ou qualquer cidadão poderia dela se valer para reclamar a exibição do homem livre ilegalmente retido. Esse interdito, como bem registra Sidou, "surgiu como um consectário lógico da infra-estrutura romana dividida em classes – dos patrícios, clientes, escravos e estrangeiros".[140] Assim, a gênese do *habeas corpus*, consigna Guimarães, "vem desse povo admirável que lançou as bases de quase todas as criações de Direito – o romano – onde já se entrevê as primeiras garantias individuais".[141]

---

[140] SIDOU, J.M. Othon. *Habeas corpus, ação popular, mandado de segurança*. Rio de Janeiro: Forense, 1977, p. 109.

[141] GUIMARÃES, Aureliano. O *habeas corpus – doutrina e prática – jurisprudência*. São Paulo: Saraiva, 1925, p. 5.

Alguns relatos histórico-doutrinários, porém, deixam transparecer que o *habeas corpus* tem origem no direito inglês, na Magna Charta Libertatum.[142]

A controvérsia que paira sobre a verdadeira origem do *habeas corpus* por certo continuará, e sua verdadeira história, como lembram Cunha e Silva, "talvez nunca possa ser escrita, ficando ao alvedrio de cada escritor realçar este ou aquele aspecto do instituto e sua origem".[143]

Mas não se pode negar que é no *interdicutum de libero homine exhibendo* dos romanos – utilizado tanto na esfera criminal quanto na civil – que se tem o germe do *habeas corpus*, o que nos leva a concluir que se tem aí a origem remota, mediata e, na Magna Charta Libertatum dos ingleses, a origem próxima, imediata, onde consta a primeira formulação escrita[144] e específica do instituto, no âmbito criminal, como tutela ao direito de ir, vir e ficar, quando alguém viesse a sofrer ou se achasse na iminência de sofrer violência ou coação ilegal na sua liberdade de locomoção.

João Sem Terra, quando alcançou o poder em substituição a seu sobrinho Ricardo I, em 1199, passou a exercer o poder com despotismo. Depois de 14 anos, porém, condes e barões, energicamente, decidiram obter do Rei, sob forte pressão, carta de liberdade. Formaram o chamado Exército de Deus e entraram em Londres em 24.05.1215, e quase um mês depois, em 19 de junho, o Rei assinou a *Magna Charta Libertatum*, no Campo de Runnymead. Este documento foi a grande conquista, porque se constituiu no verdadeiro fundamento da liberdade do povo inglês.

A seção 29 da Carta Magna inglesa garantiu a proibição de qualquer cerceamento à liberdade. Somente após condenado de conformidade com as leis do país, e por seus pares, é que o homem livre poderia ser preso ou detido, a partir daí.

A razão primeira da Carta Magna de 1215 foi o interesse dos condes e barões que, num esforço comum, procuraram dominar o despotismo do soberano.

Escrita de conformidade com a petição dos condes e barões, foi um marco fixador de conquista das liberdades individuais e coletivas. Declarou-se expressamente que nenhum homem livre poderia ser preso ou detido sem que fosse antes condenado por seus pares e de acordo com as leis do país.

Por isso que parte da doutrina aponta a origem do *habeas corpus* no Capítulo XXIX da Carta Magna. Outros, porém, afirmam que o instituto nasceu na Espanha, quando reinava Carlos II. "O certo é que ele se difundiu por todas as nações da Europa, chegando aos Estados Unidos da América do Norte e passando a ser conhecido na maioria dos países civilizados".[145]

No Brasil, o Príncipe Dom Pedro, tão-logo assumiu a Regência, emitiu o Alvará de 23 de maio de 1821, onde ressaltava que pessoa alguma, daí para a frente, pudesse ser presa sem ordem escrita do magistrado criminal de território, ou sem que houvesse flagrante delito. E mesmo o magistrado criminal não poderia expedir ordem de prisão sem que houvesse culpa formada. E quando preso o réu, teria, de imediato, de ser formado processo e concluído em 48 horas peremptoriamente, contadas do momento da prisão, facilitando-lhe meios de justa defesa, sendo ressalvados os casos que, provados, merecessem pena de morte, cujo procedimento seguia o disposto no Alvará de 31.03.1742.[146]

Tacitamente, o *habeas corpus* foi incluído na Constituição Imperial de 1824. Consta textualmente em seu art. 179, § 8º que:

(...) Ninguém poderá ser preso sem culpa formada, exceto nos casos declarados em lei; e nestes, dentro de 24 horas, contadas da entrada na prisão, sendo em cidades, vilas ou outras povoações próximas aos lugares da residência do juiz, e nos lugares remotos, dentro de um prazo razoável, que a lei marcará, atenta à extensão do território, o juiz

---

[142] "O *habeas corpus* é, no Direito inglês do qual se origina, uma ordem de apresentação pessoal de lguém, um mandado de condução...". TORNAGHI, Hélio. *Curso de processo penal*, v. II. São Paulo: Saraiva, 1990l, p.382. "...na 'Magna Charta Libertatum', outorgada em 1215, por JOÃO SEM TERRA, à nação inglesa, como uma verdadeira consagração da liberdade fundamental, pode ver-se o gérmen, ou o fundamento, desse remédio...". ESPÍNOLA FILHO, Eduardo. *Código de processo penal brasileiro anotado – edição histórica* – v. III. Rio de Janeiro: Editora Rio, 1976, p. 8. "Garantia máxima da liberdade de locomoção do ser humano, o *habeas corpus* deita suas raízes na *Magna Charta Libertatum*, outorgada em Inglaterra, no ano de 1215, pelo monarca João, filho de Henrique II, e que se tornou famoso como *João Sem Terra*. TUCCI, Rogério Lauria; TUCCI, José Rogério Cruz e. *Constituição de 1988 e processo*. São Paulo: Saraiva, 1989, p. 124. "Os doutrinadores, de modo geral, entendem que as suas origens remontam à *Magna Charta Libertatum*, promulgada por João SemTerra, cedendo às pressões do clero, condes e barões". TOURINHO FILHO, Fernando da Costa. *Manual de processo penal*. São Paulo: Saraiva, 2001, p. 643. "Historiadores e juristas apontam a origem do *habeas corpus* na *Magna Charta* do Rei João-Sem-Terra, obrigado a outorgá-la sob a pressão dos 'barões de ferro', em 19 de junho de 1215, nos campos de Runnymead. Encontram seus princípios fundamentais no Capítulo XXIX dessa carta". NORONHA, E. Magalhães. *Curso de direito processual penal*. São Paulo: Saraiva, 1990, p. 407.

[143] CUNHA, Mauro; Silva, Roberto Geraldo Coelho. *Habeas corpus no direito brasileiro*. Rio de Janeiro: Aide, 195, p. 29.

[144] SILVA, José Afonso. *Curso de direito constitucional positivo*. São Paulo: Malheiros, 2005, p. 404.

[145] MIRABETE, Júlio Fabbrini. *Processo penal*. São Paulo: Atlas, 2004, p. 770.

[146] SIDOU, J. M. Othon. *Habeas corpus, ação popular, mandado de segurança*. Rio de Janeiro: Forense, 1977, p. 160.

por uma nota por ele assinada fará constar ao réu o motivo da prisão, o nome do seu acusador e os das testemunhas, havendo-as.

Na lei ordinária, porém, foi o Código Criminal de 16.12.1830 que pela primeira vez fez menção expressa ao *habeas corpus*. Assim estabelecia o art. 183:

Recusarem os juízes a quem for permitido passar ordem de *habeas corpus*, concedê-las quando lhes forem regularmente requeridas, nos casos em que podem ser legalmente passadas, retardarem sem motivo sua concessão, ou deixarem de propósito, e com conhecimento de causa, de as passar independentemente de petição, nos casos em que a lei determinar.

Também os arts. 184 a 188 desse mesmo Código faziam expressa referência ao *habeas corpus*, e a violação desses dispositivos, que implicasse cerceamento da liberdade de alguém, estava sujeita a sanção em forma de multa.

Por sua vez, o Código de Processo Criminal de 29.11.1832 regulamentou o *habeas corpus* de forma mais objetiva, específica, estabelecendo no art. 340 que,"Todo cidadão que entender que ele ou outrem sofre uma prisão ou constrangimento ilegal em sua liberdade tem o direito de pedir uma ordem de *habeas corpus* em seu favor".

O prazo era de duas horas para o juiz conceder a ordem, exceto se estivesse evidente que a parte não pudesse obter fiança e nem de outra maneira ser posta em liberdade, conforme dispunha o art. 342 do aludido Código.

Outras leis surgiram ainda no Império, entre 1832 e 1871, de fundamental importância para o aperfeiçoamento do *habeas corpus*, como a Lei nº 261, de 03.12.1841, que promoveu profunda reforma no Código de Processo Criminal, oportunidade em que foi criado o recurso *ex officio* das decisões concessivas da ordem. O Regulamento nº 120, de 1842, que manteve o recurso *ex officio*, e a Lei nº 2.033, de 20.09.1871, que estendeu o *habeas corpus* também aquele que estivesse ameaçado de sofrer constrangimento corporal, afastou a vedação de o estrangeiro requerer, para si, ordem de *habeas corpus*, "nos casos em que esta tem lugar" (art. 18, § 8º, da Lei nº 2.033). Foi afastada, assim, qualquer discriminação ao direito de ir, vir e ficar, até então existente, posto que estendeu-se à qualquer pessoa.

Anota TORNAGHI que, "(...) Na República, antes mesmo da Constituição, dois decretos do Governo Provisório (com força de lei) previram o *habeas corpus*: o 510, de 22 de junho, e o 914-A, de 23 de outubro, ambos de 1890".[147]

Constou também na Constituição de 1891, a primeira republicana, e em todas as demais Constituições. Na Constituição atual consta no art. 5º, LXVIII, com a seguinte redação:

Conceder-se-á *habeas corpus* sempre que alguém sofrer ou se achar ameaçado de sofrer violência ou coação em sua liberdade de locomoção, por ilegalidade ou abuso de poder.

E no CPP está regulamentado nos arts. 647 a 667. Diz o art. 647 que:

(...) Dar-se-á *habeas corpus* sempre que alguém sofrer ou se achar na iminência de sofrer violência ou coação ilegal na sua liberdade de ir e vir, salvo nos casos de punição disciplinar.

2. Conceito de *habeas corpus*. O mandado era um documento expedido pelo juiz, como ainda hoje o é. Nele constavam as palavras iniciais *habeas corpus*, que significa "toma o corpo". A ordem continha o teor seguinte: "Toma o corpo deste detido e vem submeter ao Tribunal o homem e o caso". "Por onde se vê que era preciso produzir e apresentar à Corte o homem e o negócio, para que pudesse a justiça, convenientemente instruída, estatuir sobre a questão, e velar pelo indivíduo".[148]

O *habeas corpus*, como instituto jurídico que é, tem como finalidade precípua a proteção e garantia da liberdade de locomoção, ou seja, a proteção e garantia à pessoa com relação a qualquer violência ou coação ilegal que venha a sofrer ou que se achar na iminência de sofrer, na sua liberdade de ir, vir, sair, entrar, mover-se e ficar.

3. Modalidades de *habeas corpus* na Inglaterra. Na Inglaterra, o *habeas corpus* nada mais era do que um mandado de condução que continha ordem do juiz para apresentação pessoal de alguém. Essa ordem escrita, o *writ* para apresentação do corpo da pessoa, por ter vários fins é que se desdobra, por via de consequência, em diversos tipos, em modalidades diferentes, como o *habeas corpus ad respondendum*, que se expedia quando alguém tinha ação a exercer contra outrem que se encontrava preso por ordem de algum tribunal inferior. Nessa situação o *writ* se destinava a transferir o preso para ser submetido a julgamento pela corte suprema; o *habeas corpus ad satisfaciendum*, quando em um processo fosse proferida sentença contra um preso, e o impetrante solicitava que o mesmo fosse transferido para uma corte superior, perante a qual devia seguir a execução; o *habeas corpus ad consequendum, ad testificandum, ad deliberandum*, era expedido quando necessário fosse – transferia o preso para assistir aos termos de uma ação, para depor como testemunha, ou para exame de seu processo na jurisdição onde o fato tivesse

---

[147] TORNAGHI, Hélio. *Curso de processo penal*, v. II. São Paulo: Saraiva, 1989, p. 384.

[148] PONTES DE MIRANDA, Francisco Cavalcante. *História e prática do habeas corpus*. Rio de Janeiro: Konfino, 1951, p. 23.

lugar – ; o *habeas corpus ad faciendum et recipiendem*, também chamado *habeas corpus cum causa*, expedido por quaisquer das cortes de justiça de Westminster, quando uma pessoa acionada em uma jurisdição inferior desejasse levar a ação perante a corte superior. Por este *writ* se ordenava aos juízes inferiores que apresentassem o réu e declarassem ao mesmo tempo em que dia e por que causa foi ele preso e detido, para fazer e receber o que a Corte Real decidisse sobre este ponto; o *writ* de *habeas corpus ad subjiciendem*, dirigido à pessoa que detinha a outra, intimando-a a que apresentasse o preso e que declarasse, ao mesmo tempo, em que dia e por que causa tinha ele preso, para fazer consentir com submissão e receber tudo o que o juiz ou a Corte resolvesse. Este *writ* era prerrogativa real, só era expedido pela Corte do Rei, a favor de todo preso sem causa legítima, detido em qualquer prisão, ou retido de qualquer modo, ainda que fosse por ordem do Rei, ou do conselho privado, ou da mais alta autoridade.

Esta última modalidade de *habeas corpus* protegia a liberdade pessoal, ou a liberdade de locomoção (o *jus manendi ambulandi, eundi ultro citroque*).

4. Habeas corpus no Brasil. No Brasil, o *habeas corpus* significa a ordem de soltura determinada por juízes e tribunais de quem estiver sofrendo constrangimento ilegal, ou a concessão de "salvo-conduto" a quem estiver sendo ameaçado de sofrê-la. Há, assim, duas espécies de *habeas corpus*: liberatório e o preventivo ou repressivo.

Em se tratando de ameaça de constrangimento ilegal de alguém na sua liberdade de locomoção, por ilegalidade ou abuso de poder, cabe a impetração da ordem de *habeas corpus* preventivo com assento no art. 5º, LXVIII, da CF, e no art. 647 do CPP, ressalvada a hipótese de punição disciplinar.

Constatada a iminência da coação ilegal, o juiz ou tribunal expedirá a ordem de *habeas corpus*, que se denomina de "salvo-conduto". Porém, se já verificada a coação com base nessas disposições legais, a impetração da ordem de *habeas corpus* visa a obter do juiz ou tribunal, ordem de *habeas corpus* liberatória. Concedida a ordem, é expedido o alvará de soltura.

A CF em seu art. 5º, LXI, diz que "ninguém será preso senão em flagrante delito ou por ordem escrita fundamentada de autoridade judiciária competente, salvo nos casos de transgressão militar ou crime propriamente militar, definido em lei"; e o inciso LXII desse mesmo artigo estabelece que "a prisão de qualquer pessoa e o local onde se encontre serão comunicados imediatamente ao juiz competente e à família do preso ou à pessoa por ele indicada".

Outras garantias, e são várias, da liberdade das pessoas estão elencadas em vários outros incisos do art. 5º, CF, mas não quer significar que deva a autoridade policial e seus agentes deixar de cumprir seus misteres quando se depararem com alguém portador de um salvo-conduto; deve agir sempre que necessário for, mas dentro dos limites legais. E o salvo-conduto não tem outra finalidade a não ser a de resguardar os direitos das pessoas, dentre eles, o de ir, vir e ficar, sem violentar o dever da polícia de agir de forma a cumprir satisfatoriamente as suas tarefas.

5. Natureza jurídica. A previsão legal do *habeas corpus* na lei ordinária está no art. 647 do CPP, que diz: "Dar-se-á *habeas corpus* sempre que alguém sofrer ou se achar na iminência de sofrer violência ou coação ilegal na sua liberdade de ir e vir, salvo nos casos de punição disciplinar." E este dispositivo está inserido no Título II do Livro III, que cuida "dos recursos em geral". A despeito dessa posição que ocupa no Código, muito já foi discutida sua natureza jurídica.

A regra é de que o recurso nasce no curso do processo e, por isso, trata-se de direito de natureza processual, tendo como pressuposto o duplo grau de jurisdição, isto é, tem por objetivo levar a decisão ao reexame pela superior instância e, além disso, só pode ser interposto ante a inexistência de coisa julgada. Já o *habeas corpus* não pressupõe, necessariamente, a existência de processo; há hipóteses em que pode ser impetrado antes de instaurada a ação penal; mas pode ser impetrado no curso do processo e, até mesmo depois de transitada em julgado eventual sentença condenatória. O sujeito passivo de qualquer ilegalidade, antes, durante e, até mesmo depois do processo instaurado, passa à condição de autor, postulando a declaração a seu favor de inexistência do direito de punir, ou que se lhe seja reconhecido o direito à liberdade, por ser incabível a persecução criminal ou a coação processual.

Há que ser observado, também, que o recurso só pode ser interposto de decisão judicial; enquanto que o *habeas corpus* pode ser impetrado tanto contra ato de autoridade judicial, como de autoridade administrativa, e até mesmo de particular.

Esses são alguns aspectos diferenciadores que levam à conclusão de que o *habeas corpus* não é recurso, mas uma verdadeira ação autônoma de impugnação contra ato de coação ilegal exercido por autoridade judiciária, administrativa ou por particular. Neste sentido se inclina a doutrina brasileira, com pouca discrepância.

Para ESPÍNOLA FILHO, o *habeas corpus* é "recurso de caráter especial (misto) e objetivo específico".[149]

---

[149] ESPÍNOLA FILHO, Eduardo. *Código de processo penal brasileiro anotado – edição histórica – v. III*. Rio de Janeiro: Editora Rio, 1976, p. 47.

Para NORONHA é um misto de recurso e de ação, por haver a possibilidade de ser impetrado contra ato de autoridade judiciária de grau inferior, para que o juízo superior reveja a decisão.[150]

O *habeas corpus* é, sem dúvida, ação. Filiamo-nos à corrente doutrinária que entende ser ação autônoma de impugnação. Mas, indo além, entendemos que sua verdadeira natureza jurídica é ação autônoma sui generis popular constitucional, porque se trata de uma forma de "ação mutilada",[151] tanto que o próprio juiz, de ofício, pode conceder *habeas corpus* e, por outro lado, qualquer pessoa do povo pode impetrá-lo em favor de outrem, o que vem a caracterizar sua natureza jurídica como ação, mas "ação popular constitucional *sui generis*". Constitucional porque sua fonte, sua vertente, vem esboçada no art. 5º, LXVIII, da CF/1988 e, além disso, o inciso LXXVII desse mesmo artigo ao dizer que "são gratuitas as "ações" de *habeas corpus*...", põe fim a qualquer controvérsia acerca de sua natureza jurídica.

6. Admissibilidade de *habeas corpus*. O *habeas corpus* é admissível sempre que alguém sofrer ou se achar na iminência de sofrer violência ou coação na sua liberdade de ir e vir, exceto os casos de punição disciplinar, segundo esta norma em exame. A norma constitucional é mais abrangente, uma vez que se refere à concessão de *habeas corpus* quando alguém sofrer ou estiver ameaçado de sofrer violência ou coação em sua liberdade de "locomoção" (art. 5º, LXVIII, CF). Esta liberdade de locomoção implica liberdade de ir, vir, mover-se, parar, permanecer.

O artigo em análise faz ressalva ao não cabimento de *habeas corpus* nos casos de punição disciplinar. Neste mesmo sentido, porém, de forma mais específica, dispõe o § 2º do art. 142 da CF, ao estabelecer: "(...) Não caberá *habeas corpus* em relação a punições disciplinares militares."

7. *Habeas corpus* em punição disciplinar. Quando se tratar de punição disciplinar, entendemos não pode ser essa expressão interpretada de forma literal e restritivamente, posto que há casos concretos que se torna inviável essa vedação, como, por exemplo, numa punição disciplinar, que emanar de autoridade sem atribuição para tal; ou que não haja previsão legal para a imposição da punição; ou que seja cabível mas que não tenha sido observada determinada formalidade legal; ou, ainda, por haver excesso de prazo na duração da punição imposta. São hipóteses que só o *habeas corpus* pode afastar a ameaça de violência ou coação ilegal, de imediato, que alguém estiver sofrendo, por ilegalidade ou abuso de poder.

Art. 648. A coação considerar-se-á ilegal:
I – quando não houver justa causa;
II – quando alguém estiver preso por mais tempo do que determina a lei;
III – quando quem ordenar a coação não tiver competência para fazê-lo;
IV – quando houver cessado o motivo que autorizou a coação;
V – quando não for alguém admitido a prestar fiança, nos casos em que a lei a autoriza;
VI – quando o processo for manifestamente nulo;
VII – quando extinta a punibilidade.

1. Coação ilegal por falta de justa causa. Não há causa justa se, ao fato, falta a tipicidade, ou seja, se o fato imputado a alguém não estiver tipificado em lei como crime, que não se harmonizar aos termos do disposto no art. 5º, XXXIX, da CF e, também, do art. 1º do CP, que diz: não há crime sem lei anterior que o defina, nem pena sem prévia cominação legal.

Também falta justa causa quando pode o preso livrar-se solto independentemente de prestar fiança, nos casos previstos no art. 321, I e II, do CPP, ressalvado o disposto no art. 323, III e IV, do mesmo código, e lhe for negado este direito; ou nos casos em que tiver o direito de prestá-la, e também lhe for negado. Justa causa também inexiste quando extinta a punibilidade; quando for decretada a prisão preventiva sem os requisitos legais previstos; quando alguém for preso por equívoco, ou seja, quando a pessoa que for presa não for a mesma que delinqüiu. Cada caso concreto é que vai revelar a existência ou não de justa causa.

A contrário senso, a justa causa se caracteriza pelo exercício do poder coercitivo que tem a autoridade competente, ou com atribuição, com estrita observância da licitude que envolve o ato.

2. Coação ilegal por prisão além do tempo previsto em lei. É coação ilegal quando alguém estiver preso por mais tempo do que determina a lei.

A regra é que o inquérito policial com indiciado preso deve terminar e ser remetido à Justiça no prazo de 10 dias, contado da data que for executada a prisão em flagrante, ou a prisão preventiva decretada pela autoridade judiciária. Ultrapassado o prazo legal, sem que o inquérito seja enviado à justiça, cabe a impetração de *habeas corpus*, por se caracterizar o constrangimento ilegal em face da prisão permanecer por mais tempo do que o previsto em lei. Mas também há constrangimento ilegal, ainda que o inquérito seja remetido à justiça no prazo legal, se o in-

---
[150] NORONHA, E. Magalhães. *Curso de direito processual penal*. São Paulo: Saraiva, 1986, p. 411.
[151] GUSMÃO, Sady de. *Código de processo penal*. Rio de Janeiro: Livraria Jacinto, 1942, p. 214.

diciado for mantido preso por mais tempo do que determina a lei, por não ter o Ministério Público oferecido denúncia no prazo de 5 dias, contado da data em que receber o inquérito com "vista" (art. 46 do CPP). Não sendo oferecida a denúncia no prazo legal, não há que se falar em nulidade; apenas haverá irregularidade, com o constrangimento à liberdade, impondo-se, aí, a liberação do preso. Mas há entendimento no sentido de que se houver excesso de prazo no oferecimento da denúncia e, no entanto, a instrução criminal terminar dentro do prazo legal, não haverá constrangimento ilegal, uma vez que não ficou preso, o réu, por mais tempo do que determina a lei.[152]

O prazo para o término do processo ordinário é de 81 dias, ou seja, 10 dias para conclusão e remessa do inquérito policial à Justiça (art. 10 do CPP); 5 dias para o oferecimento da denúncia (art. 46 do CPP); 3 dias para a defesa preliminar (art. 395 do CPP); 20 dias para a inquirição das testemunhas (art. 401, do CPP); 2 dias para as diligências (art. 499 do CPC); 10 dias para o despacho do requerimento para a realização de diligências (art. 499 c/c o art. 800, § 3º, do CPP); 6 dias para as alegações finais das partes (art. 500 do CPP); 5 dias para algumas diligências eventuais determinadas de ofício pelo juiz (art. 502 c/c o art. 800, II, do CPP) e 20 dias para a sentença (art. 800, § 3º, do CPP). Esse prazo, evidentemente, é considerado para a hipótese de réu preso, e uma vez ultrapassado configura-se constrangimento ilegal porque, assim, o réu permanecerá preso por mais tempo do que determina a lei.

O CPP não estabelece prazo para a inquirição das testemunhas da defesa e, por isso, há entendimento de que o prazo também é de 20 dias e deverá, assim, ser acrescentado aos 81 dias, perfazendo um total de 101 dias para o término do processo.

3. **Coação ordenada por quem não tem competência**. A prisão decretada por quem não tem competência caracteriza, obviamente, constrangimento ilegal.

Ressalvada a hipótese de transgressão militar ou de crime propriamente militar, somente pode ocorrer prisão em flagrante ou por decisão fundamentada da autoridade judiciária competente (art. 5º, LXI, da CF). Fora desses casos, se alguma prisão ocorrer, haverá constrangimento ilegal reparável por via de *habeas corpus*. Quanto à prisão "por transgressão militar" ou em razão de "crime propriamente militar", é possível o cabimento de *habeas corpus*, quando a autoridade que a decretar não tiver atribuição (autoridade administrativa) ou competência (autoridade judiciária) ou, também, por que não foram satisfeitas as formalidades legais, ou, ainda, por não ter a autoridade que a decretou obedecido o prazo de duração da punição.

No que diz respeito à prisão administrativa, também em face do art. 5º, LXI, da CF, deixou de existir, tendo em vista que, sendo decretada pela autoridade judiciária competente, não mais se configura "prisão administrativa". Se alguma autoridade administrativa, porém, determinar a prisão de alguém, este ato será revestido de absoluta ilegalidade e, por conseguinte, caberá o remédio heróico – o *habeas corpus* –. Da mesma forma é a prisão civil decretada por autoridade incompetente, ou mesmo competente, neste caso quando não for cabível, que pode ser atacada pela via do *habeas corpus*.

4. **Quando já cessado o motivo que autorizou a coação**. Cessado o motivo que autorizou a coação, considerar-se-á ilegal, se ela permanecer. Como, por exemplo, o condenado que, mesmo obtido o *sursis* ou o livramento condicional, é mantido preso; ou quando o auto de prisão em flagrante for anulado, sem que seja decretada prisão preventiva.

5. **Quando não for admitido alguém a prestar fiança prevista em lei**. Trata-se de coação ilegal, também, quando não for alguém admitido a prestar fiança, nos casos em que a lei a autoriza. Os arts. 322, 323, 324 e 335 do CPP prevêem os casos em que cabe fiança. E o art. 5º, LXVI, da CF, veda a hipótese de prisão de alguém quando a lei admitir a liberdade provisória com fiança, ou sem ela.

6. **Processo manifestamente nulo**. Nos casos em que o processo for manifestamente nulo, também é causa para a coação ilegal. E a nulidade do processo poderá ocorrer quando se verificarem as hipóteses previstas no art. 564 do CPP, desde que não seja dado causa pela própria parte que dela pretenda se beneficiar (art. 565 do CPP). Mesmo depois de transitada em julgado a sentença condenatória, poderá ser reconhecida a nulidade via *habeas corpus*, se preso estiver o réu, por se tratar de meio bem mais célere do que a revisão criminal que seria a ação apropriada, no caso, mas de indiscutível morosidade em face de sua peculiaridade que, muitas vezes, depende inclusive de justificação judicial para coleta de prova e, também, de eventuais diligências determinadas de ofício pelo relator ou requerida pelo interessado. Mas mesmo antes do trânsito em julgado da sentença, a pendência de eventual recurso não exclui a impetração

---

[152] Julgados têm entendido que o prazo para oferecimento da denúncia não pode ser contado isoladamente, mas sim pela totalidade do tempo, que se estende, por exemplo, da prisão em flagrante ao término da instrução (RT 526/363, 611/379, 615/284). Em sentido contrário, de que a contagem não pode ser feita globalmente: RTJ 56/157, 99/647; RT 555/454. Se, porém, o excesso é ocasionado pela defesa, não há constrangimento ilegal. *Habeas corpus* denegado: RT 591/398, 636/292, 638/323.

de *habeas corpus* para anular o processo, quando for o caso, isto é, quando houver urgência em face de estar preso o réu, por exemplo, e os argumentos e elementos apresentados deixarem suficientemente claro que a nulidade é indiscutível e, por isso, a espera até o desfecho do recurso acarretará sérios prejuízos ao acusado.

7. Coação quando extinta a punibilidade. Se houver alguma causa capaz de extinguir a punibilidade, a coação também é considerada ilegal, caso nenhuma providência de natureza jurisdicional tenha sido tomada nesse sentido. O *habeas corpus* é admissível para que seja decretada a extinção da punibilidade tanto pela prescrição da pretensão punitiva estatal – antes, durante e depois da instrução criminal –, como também da pretensão executória, isto é, depois do trânsito em definitivo da sentença penal condenatória. Seja qual for a causa da extinção da punibilidade, enquanto não declarada judicialmente, a coação ilegal persiste. Até mesmo quando houver *abolitio criminis*, ou anistia, a impetração de *habeas corpus* se faz necessário para eliminar o registro de condenação, caso ainda persista como antecedentes do beneficiário, a despeito da Súmula 695 do STF.[153]

Art. 649. O juiz ou o tribunal, dentro dos limites da sua jurisdição, fará passar imediatamente a ordem impetrada, nos casos em que tenha cabimento, seja qual for a autoridade coatora.

1. Síntese conceitual de jurisdição e competência. Numa síntese bastante apertada pode se afirmar que a competência é a medida da jurisdição. Assim, a competência conferida a juiz ou tribunal está circunscrita, delimitada dentro da esfera jurisdicional, que é muito mais ampla. Só quem tem jurisdição é o magistrado, isto é, o integrante do poder judiciário; em princípio o magistrado tem o poder de tudo decidir; porém, a lei estabelece limites em seu poder judicante, que se denomina competência. E é dentro desse limite, isto é, no âmbito da competência legalmente estabelecida que o tanto o juiz como o tribunal farão passar imediatamente a ordem de *habeas corpus*, nos casos em que tenha cabimento, seja qual for a autoridade coatora. Acrescente-se, aí, também, o particular quando dele partir a coação ilegal, uma vez que mesmo não sendo autoridade pública, pode cometer ato ilegal que pode ser reparado pelo *habeas corpus*. E a Constituição Federal admite a impetração de *habeas corpus* não só quando houver abuso de poder, mas também quando a coação for por ilegalidade, que também pode ser cometida por qualquer pessoa física.

Art. 650. Competirá conhecer, originariamente, do pedido de *habeas corpus*:

I – ao Supremo Tribunal Federal, nos casos previstos no Art. 101, I, *g*, da Constituição;

II – aos Tribunais de Apelação, sempre que os atos de violência ou coação forem atribuídos aos governadores ou interventores dos Estados ou Territórios e ao prefeito do Distrito Federal, ou a seus secretários, ou aos chefes de Polícia.

§ 1º A competência do juiz cessará sempre que a violência ou coação provier de autoridade judiciária de igual ou superior jurisdição.

§ 2º Não cabe o *habeas corpus* contra a prisão administrativa, atual ou iminente, dos responsáveis por dinheiro ou valor pertencente à Fazenda Pública, alcançados ou omissos em fazer o seu recolhimento nos prazos legais, salvo se o pedido for acompanhado de prova de quitação ou de depósito do alcance verificado, ou se a prisão exceder o prazo legal.

1. Competência do Supremo Tribunal Federal (STF). A competência do STF e dos demais tribunais: tribunais de apelação a que alude o CPP (art. 650), sofreu alteração com a CF de 1988. O art. 102, I, alínea "d", estabelece a competência do STF para processar e julgar, originariamente, o *habeas corpus*, quando "paciente qualquer das pessoas referidas nas alíneas anteriores". E as pessoas indicadas nas alíneas anteriores, isto é, nas alíneas *b* e *c*, do inc. I, do art. 102 da CF, são: o Presidente da República, o Vice-Presidente da República, os membros do Congresso Nacional, os Ministros do próprio STF, os Ministros de Estado, o Procurador-Geral da República, os Ministros dos Tribunais Superiores, os do Tribunal de Contas da União e os chefes de missão diplomática de caráter permanente. Cuida, aí, o dispositivo constitucional, de competência originária por prerrogativa de função.

E esse mesmo art. 102 diz também, no inc. I, alínea "i", que é do STF a competência para processar e julgar, originariamente, o "*habeas corpus*, quando o coator for Tribunal Superior,[154] ou quando o coator ou paciente for autoridade ou funcionário cujos atos estejam sujeitos diretamente à jurisdição do Suprema Tribunal Federal, ou quando se tratar de crime sujeito à mesma jurisdição em uma única instância". Esta redação está modificado pela Emenda Constitu-

---

[153] O STF entende que "Não cabe *habeas corpus* quando já extinta a pena privativa da liberdade" (Súmula 695).

[154] Súmula 691 do STF: Não compete ao Supremo Tribunal Federal conhecer de *habeas corpus* impetrado contra decisão do relator que, em *habeas corpus* requerido a tribunal superior, indefere liminar.

cional nº 22/1999. Antes, isto é, com a redação original, era do STF a competência para processar e julgar o *habeas corpus*, quando o coator ou paciente fosse "qualquer tribunal", indistintamente, inclusive tribunais de justiça dos Estados e tribunal de alçada.[155]

Atualmente, a despeito da Súmula 691 do STF dizer expressamente que "...Não compete ao Supremo Tribunal Federal conhecer de *habeas corpus* impetrado contra decisão do relator que, em *habeas corpus* requerido a tribunal superior, indefere a liminar", essa mesma suprema corte, em decisão colegiada e, também, monocrática do relator, ainda que incompetente, a nosso ver, tem concedido liminar em *habeas corpus*, quando o mesmo *mandamus* já fora impetrado perante o STJ e, negada a liminar, mas ainda pendente da decisão de mérito.[156] São, porém, casos isolados, tratados como exceção que, embora tenha entrado em confronto com a Súmula 691, não a desconstituiu; mas, de qualquer forma, ainda que a decisão tenha origem no STJ, o que é mais estranho, não deixa de ser inconstitucional, posto que fere o disposto no art. 102, I, *i*, da CF, tendo em vista que nem sequer foi julgado o mérito naquele tribunal superior, denegando a ordem. Houve, no caso, verdadeira supressão de instância.

Há que se observar, ainda, que há entendimento no sentido de que o STF é competente para processar e julgar originariamente *habeas corpus* quando a coação ilegal for de turma recursal de juizado especial criminal. Trata-se de matéria já sumulada por essa corte suprema.[157] Pensamos diferente (*v. nº 13, abaixo*).

Quanto à competência recursal em matéria de *habeas corpus*, do STF, está prevista no art. 102, II, "a", da CF. O recurso cabível é o ordinário-constitucional, quando houver denegação da ordem. (*v. Do recurso ordinário-constitucional nº 2*)

2. **Competência do Superior Tribunal de Justiça (STJ)**. O art. 105, I, c, da CF é que define a competência do STJ para processar e julgar originariamente *habeas corpus*, quando a autoridade coatora ou paciente for qualquer das pessoas mencionadas na alínea "a", inc. I do art. 105 da CF, ou quando o coator for tribunal sujeito a sua jurisdição, Ministro de Estado, ou Comandante da Marinha, do Exército ou da Aeronáutica, ressalvada a competência da Justiça Eleitoral. Esta é a redação dada pela Emenda Constitucional nº 23/1999.

As pessoas a que alude a alínea "a" são os Governadores dos Estados e do Distrito Federal, os Desembargadores dos Tribunais de Justiça dos Estados e do Distrito Federal, os membros dos Tribunais de Contas dos Estados e do Distrito Federal, os dos Tribunais Regionais Federais, dos Tribunais Regionais Eleitorais e do Trabalho, os membros dos Conselhos ou Tribunais de Contas do Municípios e os do Ministério Público da União que oficiem perante Tribunais.

A competência recursal em *habeas corpus* está prevista no art. 105, II, "a", da CF. O recurso cabível é o ordinário-constitucional. (*v. Do recurso ordinário-constitucional nº 4*)

3. **Competência do Superior Tribunal Militar (STM)**. Quando a autoridade coatora for autoridade militar federal e a violência ou coação tiver vinculação com crime da competência da justiça militar, é competente o STM para processar e julgar originariamente o *habeas corpus*. A impetração terá de ser feita perante o STM, tendo em vista que a justiça militar de primeiro grau, ou seja, os Conselhos de Justiça não estão revestidos de competência para julgar *habeas corpus*. No entanto, se a violência ou coação estiver relacionada com crime comum ou de responsabilidade, a competência é do tribunal regional federal, por força dos arts. 108, I, "a".

4. **Competência do Tribunal Superior Eleitoral (TSE)**. É competente originariamente para julgar pedido de *habeas corpus*, o tribunal superior eleitoral, quando se tratar de constrangimento relacionado à matéria eleitoral e a coação partir de ato do Presidente da República, de Ministros de Estado ou de tribunal regional eleitoral, tendo em vista que o Código Eleitoral foi recepcionado pela CF, enquanto lei complementar não dispuser sobre competência dos tribunais, nos termos expressos no art. 121 da CF. Assim, correta é a aplicação do art. 22, I, "e", do Código Eleitoral, quanto à competência do TSE para processar e julgar *habeas corpus*.

5. **Competência do Tribunal Superior do Trabalho (TST)**. Antes da Emenda Constitucional nº 45/2002, a competência para processar e julgar *habeas corpus* quando a coação fosse proveniente de TRT e de seus membros, era do STJ, conforme o disposto no art. 105, I, "a", c/c a alínea "c", da CF; porém, atualmente, há que se observar que com o advento dessa Emenda 45, foi imposta alteração ao art.

---

[155] O art. 4º, *caput*, da Emenda Constitucional nº 45/2004, extinguiu os tribunais de alçada que ainda exitiam em alguns Estados.

[156] Recentemente, o STF deferiu liminar no *HC* nº 86864, para conceder a liberdade provisória a Flávio Maluf, com efeito extensivo a seu pai, Paulo Salim Maluf. Antes havia sido denegada liminar pelo STJ, onde foi impetrado originariamente, sem que o mérito do *writ* tivesse sido julgado por esta corte superior.

[157] Súmula 690 do STF: Compete originariamente ao Supremo Tribunal Federal o julgamento de *habeas corpus* contra decisão de turma recursal de juizados especiais criminais".

114 da CF, com o acréscimo de vários incisos, dentre os quais o inciso IV, que atribui competência da justiça do trabalho para processar e julgar *habeas corpus*, "quando o ato questionado envolver matéria sujeita a sua jurisdição". Por outro lado, também foi acrescentado ao art. 111-A, § 1º da CF, com a redação seguinte:"... A lei disporá sobre a competência do Tribunal Superior do Trabalho". Mas o TST que deveria ser competente para processar e julgar *habeas corpus* proveniente de ato de coação de TRT ou de seus membros, a rigor, levando-se em consideração esse dispositivo, ainda não parece ser competente para processar e julgar *habeas corpus*, por ato de coação ilegal proveniente de TRT.

Mas como há uma certa dubiedade entre essas disposições constitucionais supramencionadas, ou seja, de um lado o § 1º do art. 111-A da CF, dizendo que "...a lei disporá sobre a competência do Tribunal Superior do Trabalho"; e de outro, o art. 114 da mesma Constituição estabelecendo que "compete à Justiça do Trabalho processar e julgar: ...IV-os mandados de segurança, *habeas corpus* e *habeas data*, quando o ato questionado envolver matéria sujeita a sua jurisdição", parece-nos que o espírito desta última disposição constitucional,isto é, do inciso IV do art. 114,é que deve prevalecer, tendo em vista que define a competência da Justiça do Trabalho para processar e julgar também *habeas corpus*, sem excluir o TST; enquanto que o § 1º, do art. 111-A, embora não especifique, quer nos parecer que se trata de competência recursal do TST a ser regulamentada, isto é, competência para processar e julgar recurso ordinário-constitucional interposto de decisão denegatória de habeas corpus proferida por TRT, ou por seus membros, quando o ato questionado se referir a matéria relacionada a sua jurisdição.

6. Competência dos Tribunais Regionais Eleitorais (TRE). Os tribunais regionais eleitorais têm competência para processar e julgar *habeas corpus* em matéria criminal, impetrado "contra ato de autoridades que respondam perante os tribunais de justiça por crimes de responsabilidade" (art. 29, I, "e", do Código Eleitoral).

A CF estabelece em seu art. 125, § 1º, que "(...) A competência dos tribunais será definida na Constituição do Estado (...)". É, pois, a Constituição dos Estados que deve estabelecer a competência dos tribunais para o julgamento de "crimes de responsabilidade" que alude o Código Eleitoral. No Rio Grande do Sul, a Constituição Estadual diz, em seu art. 95, XI, que compete ao tribunal de justiça "processar e julgar nas infrações comuns, inclusive nas dolosas contra a vida, e nos 'crimes de responsabilidade', os Deputados Estaduais, os juízes estaduais, os membros do Ministério Público estadual, os Prefeitos Municipais, o Procurador-Geral do Estado, os Secretários de Estado, ressalvado, quanto aos dois últimos, o disposto nos incisos VI e VII do art. 53".

Assim, é competente o tribunal regional eleitoral para processar e julgar *habeas corpus* quando a violência ou coação ilegal em matéria eleitoral provier dessas aludidas autoridades, por força do disposto no art. 95, XI, da Constituição Estadual, combinado com o art. 29, I, *e*, do Código Eleitoral.[158]

7. Competência dos Tribunais Regionais Federais (TRF). Os tribunais regionais federais têm competência para processar e julgar originariamente *habeas corpus* quando a autoridade coatora for juiz federal (art. 108, I, "d").

Quando a coação era proveniente de juiz do trabalho, até a edição da Emenda Constitucional nº45/2004, que emprestou nova redação ao art. 114, acrescentando, dentre outros, o inciso IV,[159] a competência era do tribunal regional federal, porque não tinha a justiça do trabalho competência para processar e julgar *habeas corpus*.

Atualmente é competente o tribunal regional do trabalho para processar e julgar *habeas corpus* impetrado contra ato de violência ou coação praticado por juiz do trabalho de primeiro grau, porque a Emenda Constitucional nº45/2004, ao alterar o art. 114 da CF, estabeleceu competência à justiça do trabalho para processar a julgar também *habeas corpus*, quando o ato questionado envolver matéria sujeita a sua jurisdição. Trata-se de competência em razão da matéria, apenas.

Assim, a competência dos tribunais regionais federais, em princípio, segue as mesmas regras adotadas para os demais tribunais, ou seja, sua competência relaciona-se às pessoas que estão sujeitas à sua jurisdição criminal. E a coação exercida contra alguém poderá estar vinculada a um ato ilegal e, até mesmo, abuso de poder, que pode se configurar crime. E a pessoa apontada como "autoridade coatora", caso haja praticado crime em razão desse ato de coação ilegal, estará sujeita a uma determinada jurisdição para responder pelo crime que cometeu. Assim, a jurisdição vai ser a mesma para restabelecer a liber-

---

[158] O art. 29, I, *e*, do Código Eleitoral, diz que compete aos tribunais regionais eleitorais processar e julgar originariamente "o *habeas corpus* ou mandado de segurança em matéria criminal contra ato de autoridades que respondam perante os tribunais de justiça por crime de responsabilidade..."

[159] O art. 114 da CF, por força da Emenda Constitucional nº 45, de 30 de dezembro de 2004, passou a ter a seguinte redação: "Compete à justiça do trabalho processar e julgar: I...; II...; III...; IV – os mandados de segurança, *habeas corpus* e *habeas data*, quando o ato questionado envolver matéria sujeita a sua jurisdição".

dade de locomoção, consumada ou ameaçada de violência ou coação.

Os tribunais regionais federais são competentes para processar, originariamente, as pessoas indicadas no art. 108, I, "a", da CF. Logo, quando a autoridade apontada como coatora for uma daquelas relacionadas nesse dispositivo constitucional, "os juízes federais, incluídos os da justiça militar e da justiça do trabalho, nos crimes comuns e de responsabilidade, e os membros do Ministério Público da União, ressalvada a competência da Justiça Eleitoral", é do Tribunal Regional Federal a competência para processar e julgar, também, *habeas corpus*. Excetuando a competência do TRT para processar e julgar ação de *habeas corpus*, quando a autoridade coatora for juiz do trabalho, limitada a ato de coação envolvendo exclusivamente matéria sujeita a sua jurisdição, nos termos do art. 114, IV, da CF, modificado pela Emenda Constitucional nº 45/2004. Trata-se, portanto, de competência *ratione matéria*.

Há que se ressalvar, porém, que os órgãos do Ministério Público que atuam junto aos tribunais regionais federais estão sujeitos à jurisdição do STJ e, por isso, quando forem coatores ou pacientes, o *habeas corpus* impetrado contra ou a favor deles é da competência do STJ, excetuando-se, evidentemente, a competência da Justiça Eleitoral, até porque assim também define o art. 105, I, *c*, da CF.

Outra ressalva que também deve ser feita é com relação aos juízes da justiça militar, quando a coação se relacionar a crime militar, o órgão judiciário competente para processar e julgar originariamente o *habeas corpus*, é o STM, e não o TRF. Denegada a ordem de *habeas corpus* pelo STM, cabe o recurso ordinário-constitucional para o STF (*v. Do recurso ordinário-constitucional, nº 2*)

8. **Competência dos Tribunais de Justiça dos Estados (TJ)**. Se a coação ilegal partir do Ministério Público de primeiro grau, como, por exemplo, quando requisita a instauração de inquérito policial, essa hipótese o torna autoridade coatora, sendo competente para processar e julgar o pedido de *habeas corpus*, o tribunal de justiça.

A própria CF diz, em seu art. 125, § 1º, que "a competência dos tribunais será definida na Constituição do Estado, sendo a lei de organização judiciária de iniciativa do Tribunal de Justiça". Ora, se é a Constituição do Estado que define a competência, nada impede que a estenda também ao processamento e julgamento de *habeas corpus*, quando o membro do Ministério Público, de primeiro e de segundo graus, for a autoridade coatora. E até mesmo a lei de organização judiciária pode assim estabelecer, ou seja, definir a competência do tribunal de justiça para processar e julgar *habeas corpus* originado de coação tida como ilegal, exercida por membros do Ministério Público.

Assim, a partir do dia em que passou a vigorar a atual CF, ou seja, a CF de 1988, nos Estados onde existe lei estabelecendo a competência da superior instância para processar e julgar *habeas corpus*, quando membro do Ministério Público for autoridade coatora, é perfeitamente constitucional, uma vez que, atualmente, as prerrogativas dos membros do Ministério Público são praticamente as mesmas dos integrantes do Poder Judiciário. E até por coerência, porque nada justifica que o membro do Ministério Público detenha as prerrogativas previstas no art. 96, III, da CF; art. 38 e seguintes da Lei nº 8.625, de 12.02.93, e art. 87 do CPP, além daquelas enumeradas no art. 129 da CF, e, quando pratica ato que se configure coação ilegal ou ameação de coação contra alguém, venha este ato a ser apreciado pelo juiz de primeiro grau. Por acaso não é a superior instância que aprecia e julga os membros do Ministério Público, quando praticam atos tidos como criminosos? O art. 96, III, da CF, diz que sim; o art. 40, IV, da Lei nº 8.625, de 12.02.93 e art. 87 do CPP, também. Logo é injustificável que o ato praticado por membro do Ministério Público, tido como ilegal, seja apreciado por juiz de primeiro grau, apenas porque atacado pela via da ação de *habeas corpus*.

A Constituição do Estado do Rio Grande do Sul, promulgada em 1989, define em seu art. 95, XII, "a", competência para processar e julgar os *habeas corpus* quando o coator ou o paciente for membro do Poder Legislativo estadual, servidor ou autoridade cujos atos estejam diretamente submetidos à jurisdição do tribunal de justiça, quando se tratar de crime sujeito a esta mesma jurisdição em única instância, ou quando houver perigo de se consumar a violência antes que outro juiz ou tribunal possa conhecer do pedido.

Assim, não parece haver dúvida de que todas essas pessoas quer sejam pacientes ou coatoras, estão sujeitas a jurisdição do tribunal de justiça do Estado, para o processamento e julgamento de *habeas corpus*, incluindo-se aí, juízes e Promotores que, além do mais, são autoridades. Como bem consigna Tourinho Filho: "Nem se diga que o promotor não é autoridade. Se pode requisitar instauração de inquérito, autoridade é. Por outro lado, se a CF (art. 96, III), as Constituições Estaduais e art. 87 do CPP proclamam a competência do Tribunal de Justiça para processar e julgar os membros do Ministério Público, não teria sentido pudesse o juiz apreciar pedido de *habeas corpus*, quando o promotor fosse autoridade coatora".[160]

---

[160] TOURINHO FILHO, Fernando da Costa. *Processo penal*, v. IV. São Paulo: Saraiva, 1997, p. 507-8.

9. **Competência dos Tribunais de Justiça Militar dos Estados (TJM).** Há Estado que tem seu tribunal militar, como Minas Gerais, São Paulo e Rio Grande do Sul. Nesses Estados, quando a coação partir de autoridade militar estadual e se relacionar com crime militar, a competência para decidir *habeas corpus* é do tribunal de justiça militar estadual. Nos Estados onde não há tribunal militar, a competência é do tribunal de justiça do estado respectivo.

10. **Competência da justiça federal de primeiro grau.** A competência dos juízes federais é residual para processar e julgar *habeas corpus*, e só se manifesta quando a coação ou o constrangimento ilegal relacionar-se com infração criminal de sua competência, ou quando provier de autoridade cujo ato não esteja sujeito a outra jurisdição (art. 109, VII, da CF).

11. **Competência da justiça eleitoral de primeiro grau.** Os juízes eleitorais são competentes para processar e julgar *habeas corpus* em matéria eleitoral quando outro órgão de instância superior da justiça eleitoral não for competente. Assim é o que estabelece o art. 35, III, do Código Eleitoral.

E da decisão concessiva ou não do habeas corpus caberá recurso em sentido estrito para o tribunal regional eleitoral, com fundamento no art. 581, X, do CPP, tendo em vista que o art. 364 do Código Eleitoral, manda aplicar as disposições do Código de Processo Penal, supletivamente, inclusive em recurso.

12. **Competência da justiça estadual de primeiro grau.** Quando a coação ilegal partir de ato proveniente de autoridade policial, ou de ato de outra autoridade que não esteja sujeito, de acordo com a lei, à jurisdição de instância superior ou, ainda, quando se tratar de ato de particular, a competência para apreciação, conceder ou não a ordem é do juiz de primeiro grau.

Se a coação exercida pela autoridade policial for em razão de instauração de inquérito ou de lavratura de prisão em flagrante, enquanto os autos estiverem na delegacia, a competência é do juiz da comarca. Porém, se já remetidos à Justiça, a competência passa a ser do tribunal, porque o juiz passou a ser a autoridade coatora. Se o inquérito for instaurado em razão de requisição do juiz, assume este a condição de autoridade coatora passando, assim, a competência para apreciar o pedido de *habeas corpus* ao tribunal. Da mesma forma é autoridade coatora o juiz de primeiro grau se deferir requerimento do Ministério Público para indiciamento de alguém em inquérito policial, ou se deferir requerimento para instauração de inquérito policial, o que dá no mesmo. Porém, o mero despacho de expediente do juiz no inquérito policial concedendo dilação de prazo pedido pela autoridade policial não o torna autoridade coatora. Logo, neste caso, é sua a competência para apreciar pedido de *habeas corpus*.

O *habeas corpus* deve ser impetrado perante a autoridade judiciária superior àquela da qual partiu a coação. A competência do juiz cessará sempre que a violência ou coação provier de autoridade judiciária de igual ou superior jurisdição. E, frise-se, tão-somente a autoridade judiciária é competente para conceder ou denegar ordem de *habeas corpus*. Pode o juiz conceder, inclusive de ofício, ordem de *habeas corpus*, porém lhe é vedado quando tiver de cassar sua própria decisão, porque aí passa ele a ser o próprio coator e, por isso, passa a ser competente o tribunal de justiça.

13. **Competência para processar e julgar *habeas corpus* relativo a ato de juiz e de turma recursal de juizado especial criminal (Lei nº 9.099/95).** Por ser o *jus libertatis* constitucionalmente assegurado a todos, a Lei nº 9.099/95, evidentemente, não poderia fazer qualquer restrição neste particular. O *habeas corpus* pode ser impetrado contra ato do juiz com exercício em juizado especial ou de turmas recursais, perante a instância competente.

O entendimento de que o STF é competente para processar e julgar *habeas corpus* impetrado contra ato de coação ou ameaça de coação ilegal proveniente de turmas recursais do juizado especial criminal é matéria já sumulada,[161] mesmo com o advento da Emenda Constitucional nº 22/1999, que emprestou nova redação ao art. 102, I, *i*, da CF. Mas o fulcro da questão reside, quer nos parecer, no fato de que as turmas recursais têm competência, tão-somente para processar e julgar recursos, não ação, como o é o *habeas corpus*, por força do disposto no art. 98, I. E, por outro lado, turma recursal não é tribunal – turma recursal é formada por juízes de primeiro grau – (*in fine* do inciso I do art. 98 da CF).

Parece-nos que no campo doutrinário ainda comporta alguma discussão em torno da competência atribuída ao STF, tendo em vista que há Estados, como o Rio Grande do Sul, que se valendo das prerrogativas conferidas pelo art. 125, § 1º, da CF, introduziu na CE regramentos que deixam transparecer ser do Tribunal de Justiça do Estado a competência para processar e julgar *habeas corpus*, sem estabelecer qualquer exceção que exclua os atos de coação ou ilegalidade praticados por turma recursal ou por juiz togado do juizado especial criminal. E pelo que se pode inferir da Súmula 690 do STF, aparentemente ficou solucionado o problema relacionado à compe-

---

[161] Súmula 690 do STF: "Compete originariamente ao Supremo Tribunal Federal o julgamento de *habeas corpus* contra decisão de turma recursal de juizados especiais criminais".

tência para o processamento e julgamento de *habeas corpus* impetrado contra ato de turma recursal (de colegiado), deixando, porém, em aberto o problema de competência para processar e julgar *habeas corpus* referente a ato praticado por juiz togado de juizado especial criminal.

Parece-nos que o problema pode ser solvido a partir do art. 125, § 1º, da CF, que diz: "(...) A competência dos tribunais será definida na Constituição do Estado, sendo a lei de organização judiciária de iniciativa do Tribunal de Justiça)".

Seguindo essa linha de princípio, a Constituição Estadual do Rio Grande do Sul passou a estabelecer em seu art. 95, XI, a competência do Tribunal de Justiça para "processar e julgar nas infrações comuns, inclusive nas dolosas contra a vida, e nos 'crimes de responsabilidade', os Deputados Estaduais, os juízes estaduais, os membros do Ministério Público estadual, os Prefeitos Municipais, o Procurador-Geral do Estado, os Secretários de Estado, ressalvado, quanto aos dois últimos, o disposto nos incisos VI e VII do art. 53". E complementa essa disposição, o inciso XII, alínea a, do mesmo art. 95 da CE, ao estabelecer que compete ao Tribunal de Justiça processar e julgar os *habeas corpus*, quando o coator ou o paciente for membro do Poder Legislativo estadual, servidor ou autoridade cujos atos estejam diretamente sumetidos à jurisdição do Tribunal de Justiça, quando se tratar de crime sujeito a esta mesma jurisdição em única instância, ou quando houver perigo de se consumar a violência antes que outro Juiz ou Tribunal possa conhecer do pedido". Essa mesma previsão vem também esboçada no art. 8º, V, do RITJRGS. Por outro lado, o art. 96, III, da CF não deixa pairar qualquer dúvida quanto à competência do Tribunal de Justiça para processar e julgar juiz de direito.

Ora, tanto o Juiz togado de juizado especial criminal quanto os Juízes integrantes de turma recursal, são juízes de direito e, por isso, estão diretamente submetidos à jurisdição em única instância, do Tribunal de Justiça. Logo, o ato de coação ou ameaça de coação ilegal praticado por qualquer um desses órgãos do Juizado Especial Criminal, quer nos parecer que é competente para processar e julgar *habeas corpus*, o Tribunal de Justiça do Estado.

Não se pode desconsiderar também o art. 650, § 1º, do CPP, que revela o princípio da hierarquia, o que faz com que a competência do juiz cessará sempre que a violência ou coação provier de autoridade judiciária de igual ou superior jurisdição. No caso, tanto o juiz togado quanto os juízes integrantes do colegiado (turma recursal) continuam a integrar os quadros da magistratura de primeiro grau, sem ascendência hierárquica, portanto, de um sobre o outro. Além disso, o art. 98, I, da CF afasta a competência de turmas recursais para julgamento de qualquer espécie de ação. Como é ação a natureza jurídica do *habeas corpus*, a turma recursal carece de competência para processar e julgar *habeas corpus* impetrado contra ato seu e, também, quando o ato for praticado por juízo togado do juizado especial criminal.

Em face de todos esses regramentos constitucional e infra-constitucionais, quer nos parecer que é competente o Tribunal de Justiça para processar e julgar *habeas corpus* impetrado contra ato de juiz de juizado especial criminal ou de turma recursal, por estarem diretamente submetidos à jurisdição do Tribunal de Justiça, em única instância. Até porque, se o Tribunal denegar a ordem de *habeas corpus*, haverá, ainda, a viabilidade de ser interposto recurso ordinário-constitucional, por força do art. 105, II, "a", da CF, o que é mais favorável ao paciente.

Mesmo quando a Constituição Estadual ou legislação ordinária nada dispuser a respeito, quando o coator for juiz de juizado especial criminal ou de turma recursal, a competência, à despeito da Súmula 690 do STF, quer nos parecer, data vênia, também é do Tribunal de Justiça, por ser este Tribunal o competente para processar e julgar os juízes estaduais e do Distrito Federal, bem como os membros do Ministério Público, nos crimes comuns e de responsabilidade, por força do art. 96, III, da CF.

Nessa perspectiva, seria icompreensível que um magistrado do juizado especial ou integrante de turma recursal viesse a praticar um ato ilegal que se configurasse algum delituo e, por isso, tenha obrigatoriamente que se sumeter à jurisdição do Tribunal de Justiça para o processo e julgamento do crime que cometeu e, inobstante, o *habeas corpus* impetrado em decorrência do mesmo ato que praticou, venha a ser processado e julgado por outra jurisdição, como a do STF. Assim, quer nos parecer, *data venia*, que a Súmula 690 do STF não foi totalmente consubstanciada em princípios constitucionais adequados à necessária consistência, mormente quando se está na iminência de imposição da súmula com efeito vinculante, já aprovada pela Emenda Constitucional nº 45/2004.

14. **Habeas corpus e prisão administrativa ou ato administrativo que caracterize ilegalidade ou abuso de poder**. Quanto ao que alude o § 2º do artigo ora em comento, proibindo a impetração de *habeas corpus* contra prisão administrativa, hoje não faz mais sentido, posto que a prisão administrativa que se encontra no art. 319, do CPP, não foi recepcionada pela CF, em face da redação do inciso LXVII, do art. 5º, vedando a prisão civil. Mas ainda que existisse, a partir da CF/88 seria perfeitamente cabível *habeas corpus*, uma vez que esse mesmo art. 5º em seu inciso

LXVIII, diz que cabe o *writ*, quando houver ilegalidade ou abuso de poder, o que muito bem pode ocorrer se houver prisão administrativa, ameaça de prisão ou, até mesmo, ato administrativo que caracterize qualquer outra ilegalidade ou abuso de poder, como, v. g., ser o funcionário público submetido a sindicância sem justa causa, apenas por mero sentimento de vingança de superior hierárquico, com o intuito de lhe causar prejuízo relacionado a eventual benefício que esteja na iminência de obter.

Art. 651. A concessão do *habeas corpus* não obstará, nem porá termo ao processo, desde que este não esteja em conflito com os fundamentos daquela.

1. **Concessão de *habeas corpus* e obstáculo à continuidade da ação penal**. A concessão do *habeas corpus* no curso do processo, em regra não obstaculiza seu andamento, como por exemplo, o acolhimento do pedido para libertar o réu que se encontra preso por tempo significativamente superior ao razoável a seu término. Mas há exceção. Imaginem se por ocasião da impetração ficar evidenciada a inexistência de justa causa para a imputação feita ao réu na denúncia, e nesse mesmo sentido decidir o magistrado, concedendo a ordem, determinando o trancamento da ação penal; por óbvio, neste caso, o processo é paralisado.

Art. 652. Se o *habeas corpus* for concedido em virtude de nulidade do processo, este será renovado.

1. **Renovação do processo depois de declarada nulidade**. Quando for observado algum vício que evidencia a nulidade do processo, quer se trate de processo já findo, ou ainda em curso, a coação ilegal também se torna manifesta, conforme o disposto no art. 648, VI, do CPP, o que plenamente justifica a impetração do mandamus. A nulidade além de ser evidente, manifesta, inquestionável, terá de ser declarada tanto em processo em curso, como em processo findo; porém a declaração é feita a partir do ato nulo, e aqueles cuja nulidade fora declarada, terão de ser refeitos, seguindo rigorosamente o devido processo legal, caso não tenha se verificado algum obstáculo que venha a impedir o prosseguimento da instrução criminal, como a extinção da punibilidade pela prescrição da pretensão punitiva estatal ou por outro causa.

Art. 653. Ordenada a soltura do paciente em virtude de *habeas corpus*, será condenada nas custas a autoridade que, por má-fé ou evidente abuso de poder, tiver determinado a coação.
Parágrafo único. Neste caso, será remetida ao Ministério Público cópia das peças necessárias para ser promovida a responsabilidade da autoridade.

1. **Condenação da autoridade coatora em custas processuais, por má-fé ou abuso de poder, depois de ordenada a soltura do paciente**. Embora ainda exista no CPP esse regramento, não foi totalmente recepcionada pela CF/88, tendo em vista que em seu art. 5º, LXXVII dispõe que "são gratuitas as ações de *habeas corpus*...". Se é gratuita a impetração da ação, por óbvio, a autoridade coatora, ainda que tenha agido de má-fé ou com abuso de poder não tem qualquer responsabilidade com pagamento de custas. Todavia, não fica excluída eventual responsabilidade criminal, cujo procedimento inicial está previsto no parágrafo único deste mesmo artigo em exame, isto é, deverá ser remetida cópia ao Ministério Público das peças necessárias para ser apurada a responsabilidade da autoridade coatora – mas responsabilidade criminal, apenas –, mediante o devido processo legal.

Art. 654. O *habeas corpus* poderá ser impetrado por qualquer pessoa, em seu favor ou de outrem, bem como pelo Ministério Público.
§ 1º A petição de *habeas corpus* conterá:
a) o nome da pessoa que sofre ou está ameaçada de sofrer violência ou coação e o de quem exercer a violência, coação ou ameaça;
b) a declaração da espécie de constrangimento ou, em caso de simples ameaça de coação, as razões em que funda o seu temor;
c) a assinatura do impetrante, ou de alguém a seu rogo, quando não souber ou não puder escrever, e a designação das respectivas residências.
§ 2º Os juízes e os tribunais têm competência para expedir de ofício ordem de *habeas corpus*, quando no curso de processo verificarem que alguém sofre ou está na iminência de sofrer coação ilegal.

1. **Legitimidade de qualquer pessoa**. Qualquer pessoa está legitimada a impetrar *habeas corpus*, em seu favor ou de outrem, bem como o Ministério Público.
É desnecessário que o impetrante tenha ou não habilitação profissional adequada, ou seja, não há exigência de que seja advogado devidamente habilitado para a profissão, quer seja para impetrar a ordem a seu favor ou a favor de outrem. Nesta hipótese, nem mesmo procuração se faz necessária, inclusive para recorrer da decisão que indefere o pedido. Pode ser

impetrado por maior, menor, nacional ou estrangeiro e, até, por pessoa jurídica; neste caso, tendo em vista a referência que o artigo faz a "qualquer pessoa". Mas em se tratando de pessoa jurídica, aquele que a representa legalmente terá de comprovar esta condição.

2. **Legitimidade do próprio preso**. O próprio preso está legitimado a impetrar pessoalmente a seu favor, ou a favor de outrem, ainda que a prisão seja provisória, temporária, ou definitiva.[162] Mas ainda que não esteja presa, em qualquer circunstância e qualquer vítima de coação ou de ameaça de coação tem legitimidade para impetrar *habeas corpus* pessoalmente.

3. **Legitimidade do Procurador da República e do Promotor de Justiça dos Estados**. O Procurador da República de primeiro grau e o Promotor de Justiça estão legitimados a impetrar *habeas corpus*, não só como membro do Ministério Público, mas também como "qualquer pessoa". E nesta condição, isto é, como pessoa física, em caso de denegação do *habeas corpus* pelo tribunal, não parece haver dúvida de que também poderão interpor recurso ordinário-constitucional, tendo em vista a previsão do art. 654, do CPP, no sentido de que "o *habeas corpus* poderá ser impetrado por qualquer pessoa...".[163]

Hoje não há mais espaço para controvérsia nesse sentido, uma vez que o inciso I do art. 32 da Lei nº 8.625 de 12.02.93 (Lei Orgânica Nacional do Ministério Público), estabelece que além de outras funções cometidas nas Constituições Federal e Estadual, na Lei Orgânica e nas demais leis, compete aos Promotores de Justiça, dentro de suas esferas de atribuições, impetrar *habeas corpus* e mandado de segurança, e requerer correição parcial, inclusive perante os tribunais locais competentes. Se está legitimado a impetrar, não se lhe poderá negar legitimidade também para interpor recurso ordinário-constitucional, nos termos do art. 105. II, "a", da CF, de decisão denegatório do tribunal, em *habeas corpus*.

4. **Legitimidade do funcionário público**. O funcionário público, de um modo geral, está legitimado a impetrar *habeas corpus*. Não, porém, o serventuário da Justiça junto à serventia onde atua,[164] sob pena de estar praticando crime de advocacia administrativa (art. 321 do CP); ressalvada a hipótese de ser ele a vítima de coação ou de ameaça de coação, quando, então, estará legitimado a impetrar *habeas corpus* em seu favor. Por outro lado há que ser respeitado o princípio hierárquico em relação ao juiz, na hipótese de ser este a autoridade coatora, se o serventuário não for o próprio paciente, sob pena de o magistrado ter um subordinado intervindo para desfazer ato seu, em pleno exercício da judicatura.

5. **Petição de *habeas corpus***. "A petição de *habeas corpus* conterá: a) o nome da pessoa que sofre ou está ameaçada de sofrer violência ou coação e o de quem exerce a violência, coação ou ameaça; b) a declaração da espécie de constrangimento ou, em caso de simples ameaça de coação, as razões em que funda o seu temor; c) a assinatura do impetrante, ou de quem a seu rogo, quando não souber ou não puder escrever, e a designação das respectivas residências", assim estabelece o § 1º do artigo em exame.

A petição deve ser encaminhada em duas vias, para que uma delas seja remetida juntamente com o pedido de informações ao impetrado; porém, não é motivo para que seja denegada a ordem, se feito o pedido numa só via. Ratificando tal condição, ressalte-se que pode ser impetrada a ordem de *habeas corpus* por telex com ou sem autenticação da assinatura do impetrante, como têm revelado alguns julgados de nossos tribunais.[165]

---

[162] "Os presos e condenados estão, diariamente, encaminhando pedidos de *habeas corpus*, mesmo em favor de outrem, e deles conhecem os tribunais".ESPÍNOLA FILHO, Eduardo. *Código de processo penal brasileiro anotado* – edição histórica, v. III. Rio de Janeiro: Editora Rio, 1076, p. 232.

[163] Assim já decidiu o STF: "*Habeas corpus* impetrado por promotor perante o Tribunal de Justiça. Não conhecimento do pedido por este, ao fundamento de que tal representante do Ministério Público só pode atuar perante juízo monocrático (1º grau), e não perante órgão colegiado (tribunal), exceto o do júri, mesmo em sua competência originária. Recurso ordinário interposto pelo impetrante não admitido pela presidência do tribunal pela mesma razão (já que não oferecido pela Procuradoria Geral de Justiça). Agravo de instrumento apresentado pelo recorrente. Decisão do relator no STF que, considerando como impetrante, recorrente e agravante a pessoa física, enquanto cidadão, e não como Promotor de Justiça, manda subir o recurso de *habeas corpus*. Provimento deste pela Turma do STF para que o *habeas corpus* seja examinado na instância de origem como impetrado por 'qualquer pessoa' (art. 654 do CPP)" *RHC* 65.649-8- GO, 1ª T., j. em 30/10/87, rel. Min. Sidney Sanches, DJU de 11/12/87 (RT 626/394). Mesmo sentido: Guerra, João Batista Cordeiro. O Ministério Público nos processos de mandado de segurança e *habeas corpus*, RT 547/441. DELMANTO, Celso. *Da impetração de habeas corpus por juízes, promotores e delegados*, RT 552/284.

[164] *Justitia* 103/272; JTACrimSP 39/86.

[165] (RT 620/297, 626/298) ou mesmo sem autenticação (RT 637/343); por telegrama, fonograma e até por telefone, conforme decidiu a 1ª Câmara Criminal do então Tribunal de Alçada do Rio Grande do Sul, nos seguintes termos: "Admissível a impetração de *habeas corpus* por telefone, meio de comunicação que está, hoje, inserido de forma notável nas comunicações das pessoas humanas. Assim, recebido o telefonema pela secretaria do tribunal e reduzido a termo, presumem-se sua autenticidade e sua veracidade" HC 288083983 – 1ª Câm. Crim., rel. Juiz Nério Letti (RT 638/333).

O pedido de *habeas corpus* deve ser instruído com provas que demonstrem o constrangimento ou ameaça de constrangimento ilegal na liberdade de locomoção do paciente. Na verdade, não é de boa técnica proceder a autoridade judiciária, exame aprofundado da prova; mas para a apreciação ou não da justa causa, por vezes o exame da prova, não aprofundado, se faz necessário.[166] Até porque, o § 2º do art. 660 diz que "(...) se os documentos que instruírem a petição evidenciarem a ilegalidade da coação, o juiz ou tribunal ordenará que cesse imediatamente o constrangimento".

E é esse dispositivo que também dá embasamento à concessão de liminar no processo de *habeas corpus* preventivo ou liberatório, sempre que for constatada extrema urgência. (*v. Comentários ao art. 660, nº 2, capítulo X, do habeas corpus e seu processo*)

6. Habeas corpus de ofício e a não legitimidade do juiz para impetrar a ordem em favor outrem. Em se tratando de magistrado, doutrina e jurisprudência têm entendido que não está autorizado a impetrar *habeas corpus* em favor de outrem; porém, nada impede que impetre em benefício próprio, quando for paciente. Limitação que a nosso sentir não se justifica apenas por não ser "função do magistrado a de postular, mas, exclusivamente, a de judicar",[167] como bem registra MOSSIM; mas principalmente porque o artigo ora em análise, em seu § 2º, confere ao magistrado poderes para, no curso do processo, conceder ordem de *habeas corpus* de ofício, quando verificar que alguém sofre ou está na iminência de sofrer coação ilegal. Hipótese em que o juiz deverá recorrer de ofício à superior instância (art. 574, I, do CPP), mas tão-somente o juiz de primeiro grau recorre de ofício, porque ao tribunal falta previsão legal nesse sentido.

7. Legitimidade passiva. A legitimidade passiva, diz-se da autoridade coatora e, por vezes, também do particular. Pela leitura que se faz dos arts. 649, 650, § 1º, 653, 655, 660, § 5º, 662 e 665, todos do CPP, à primeira vista parece que tão-somente a autoridade pública pode ser a "autoridade coatora". Mas hoje, a opinião dominante é no sentido de que o particular também pode ter legitimidade passiva, quando exercer coação de forma a ameaçar ou cercear a liberdade de locomoção de alguém. Na verdade, ato dessa natureza se configura crime de constrangimento ilegal (art. 146 do CP), ou de ameaça (art. 147 do CP), ou de seqüestro ou cárcere privado (art. 148 do CP). Mas o crime cometido não afasta o constrangimento ou ameaça de constrangimento ilegal. Assim, a via adequada para fazer cessá-lo é a impetração de *habeas corpus*.

8. Legitimidade passiva do particular. O art. 5º, LXVIII, estabelece que cabe *habeas corpus* quando a violência ou coação resultar de "ilegalidade ou abuso de poder". Abuso de poder pratica a autoridade, tão-somente, mas a ilegalidade também o particular pratica. Logo, não há como se negar o cabimento de *habeas corpus* contra ato ilegal do particular que restrinja ou que ameace à liberdade de alguém.

Pode ocorrer, v.g., que alguém seja indevidamente internado por familiar em hospital psiquiátrico. Obviamente que não sendo pessoa que necessite de tratamento dessa natureza e estando internado contra sua vontade, configura-se constrangimento ilegal e, por via de conseqüência, aplicável é o disposto no art. 5º, LXVIII, da CF. Ou seja: com base nesse dispositivo o próprio paciente ou terceiro poderá impetrar *habeas corpus* contra o diretor do hospital, que passou a ser o responsável pela ilegalidade. Também pode ser citado como exemplo alguém que, por dívida, é retido num imóvel rural pelo proprietário, o credor, até que a dívida seja quitada.

9. Legitimidade passiva da autoridade pública. A autoridade coatora, via de regra integra os quadros da Polícia Civil e do Poder Judiciário, mas outras autoridades públicas podem, também, exercer coação contra alguém, ameaçando ou tolhendo a liberdade de locomoção, desde que investida em cargo ou função pública.

A CF de 1988 em seu art. 5º, LXI, diz que "ninguém será preso senão em flagrante delito ou por ordem escrita e fundamentada da autoridade judiciária competente, salvo nos casos de transgressão militar ou crime propriamente militar, definidos em lei". Esse dispositivo afastou a hipótese de prisão administrativa decretada por autoridade não judiciária. Assim, se alguma prisão administrativa for decretada por autoridade que não seja a judiciária competente, cabível é o *habeas corpus*, porque, aí, a prisão se reveste de ilegalidade.

A autoridade policial – Delegado da Polícia Federal e Delegado da Polícia Civil – é tida como coatora quando, de ofício, ou a requerimento do se dizente ofendido, v.g., instaura inquérito policial contra alguém, sem justa causa. Se, porém, o inquérito policial é instaurado mediante requisição da autoridade judiciária, esta será apontada como autoridade coatora, uma vez que o delegado de Polícia não pode recusar-se a cumprir a requisição. Da mesma forma, ou seja, também é o juiz a autoridade coatora quando de-

---

[166] Já decidiu o STF que o exame aprofundado das provas e dos fatos é meio processual inadequado para a apreciação do *habeas corpus* (RT 595/452). No mesmo sentido: RT 580/414, 584/466, 627/338. No sentido de que a prova pode ser examinada para apurar a existência ou inexistência de justa causa: RT 606/304, 609/352, 615/285, RTJ 40/270.

[167] MOSSIM, Heráclito Antônio. *Habeas corpus*. São Paulo: Manole, 2005, p. 339.

fere requerimento formulado pelo Ministério Público para instauração de inquérito policial.

Por ser o inquérito policial peça eminentemente investigatória, qualquer pessoa, havendo fundadas suspeitas de ter cometido algum crime, pode estar sujeita a investigação. Portanto, a regra é que as investigações não podem ser impedidas ou trancadas pela via do *habeas corpus*. Contudo, trata-se de regra que também não foge à exceção e, desde que a atividade policial se revista de arbitrariedade na coleta de elementos que chegue às raias da ilegalidade, pode, sem dúvida, ser impetrado *habeas corpus*, e o juiz deve conceder a ordem para trancar o inquérito policial.

O Promotor de Justiça também pode se tornar autoridade coatora, quando requisita a instauração de inquérito policial, porque a requisição por não se tratar de mero requerimento, mas uma determinação, é de cumprimento obrigatório que não pode a autoridade policial deixar de atender.

O coator é, assim, o sujeito passivo no *habeas corpus* que, por ato omissivo ou comissivo, faz alguém sofrer ou o coloca na iminência de sofrer violência ou coação ilegal em sua liberdade de locomoção. E tanto pode ser a autoridade pública como o particular.

Art. 655. O carcereiro ou o diretor da prisão, o escrivão, o oficial de justiça ou a autoridade judiciária ou policial que embaraçar ou procrastinar a expedição de ordem de *habeas corpus*, as informações sobre a causa da prisão, a condução e apresentação do paciente, ou a sua soltura, será multado na quantia de duzentos mil-réis a um conto de réis, sem prejuízo das penas em que incorrer. As multas serão impostas pelo juiz do tribunal que julgar o *habeas corpus*, salvo quando se tratar de autoridade judiciária, caso em que caberá ao Supremo Tribunal Federal ou ao Tribunal de Apelação impor as multas.

1. **Multa por embaraço e procrastinação à expedição de ordem de Habeas corpus e outras penalidades.** A ordem de *habeas corpus* deve ser concedida de imediato, por isso a lei procura impor sanção ao funcionário ou autoridade que de qualquer forma der causa à demora à expedição da ordem. No entanto, em face do decurso do tempo sem atualização da multa de acordo com a inflação, houve absoluto desaparecimento do valor aludido nessa disposição. Mas se essa espécie de sanção não mais é possível ser aplicada, há que ser responsabilizado aquele que der causa à demora injustificada, quer por embaraçar ou procrastinar a expedição de ordem de *habeas corpus*, quer com relação às informações sobre a causa da prisão, sobre a condução e apresentação do paciente, ou a sua soltura, pelo crime previsto no art. 4°, *i*, da Lei n° 4.898, de 09.12.65 ou, quando for o caso, pelo crime de prevaricação nos termos do art. 319 do CP ou, ainda, por outra infração, dependendo do comportamento comissivo ou omissivo cometido.

Art. 656. Recebida a petição de *habeas corpus*, o juiz, se julgar necessário, e estiver preso o paciente, mandará que este lhe seja imediatamente apresentado em dia e hora que designar.
Parágrafo único. Em caso de desobediência, será expedido mandado de prisão contra o detentor, que será processado na forma da lei, e o juiz providenciará para que o paciente seja tirado da prisão e apresentado em juízo.

1. **Apresentação do preso se necessário for, e sanção ao responsável por descumprimento de ordem judicial.** Ao receber a petição de *habeas corpus*, incontinenti se o juiz entender necessário e se preso estiver o paciente, ordenará lhe seja este apresentado em dia e hora que designar. Se essa ordem judicial for desobedecida, de imediato, diz o parágrafo único do artigo em comento: "será expedido mandado de prisão contra o detentor, que será processado na forma da lei, e o juiz providenciará para que o paciente seja tirado da prisão e apresentado em juízo". Providência que não mais é admitida como está expressa.

Ocorre que expedição de mandado de prisão, simplesmente, sem a observância das garantias constitucionais, atualmente é medida arbitrária, sem qualquer amparo legal, uma vez que a prisão em flagrante do infrator, por crime de desobediência (art. 330 do CP) é a providência adequada, visto só existir prisão em flagrante, ou por decisão fundamenta da autoridade judiciária, sem prejuízo do devido processo legal, com as garantias do contraditório e ampla defesa.

A apresentação do preso é providência que está em desuso, até pela dificuldade de transporte para a apresentação. Atualmente, a prática tem demonstrado que a medida mais adequada é a de requisitar informações à autoridade coatora acerca da situação do preso ou, de plano, conceder medida liminar para cessar o constrangimento ilegal, quando for o caso. Mas nada impede que o magistrado adote essa providência, ordenando a apresentação do preso para melhor aferir o alegado constrangimento ilegal.

Art. 657. Se o paciente estiver preso, nenhum motivo escusará a sua apresentação, salvo:
I – grave enfermidade do paciente;

II – não estar ele sob a guarda da pessoa a quem se atribui a detenção;

III – se o comparecimento não tiver sido determinado pelo juiz ou pelo tribunal.

Parágrafo único. O juiz poderá ir ao local em que o paciente se encontrar, se este não puder ser apresentado por motivo de doença.

1. **A não apresentação do paciente.** A regra é que o paciente deve ser apresentado quando o magistrado assim determinar. Há, porém, que ser considerado que nem sempre é possível ser feita a apresentação, tanto que o próprio *caput* do artigo em comento traz as ressalvas expressas, como a) estar o paciente acometido de grave enfermidade; b) quando não estiver sob a guarda da pessoa a quem é atribuída a detenção; c) se o comparecimento não tiver sido determinado pelo juiz ou pelo tribunal. Na hipótese de não ser apresentado o paciente por estar enfermo é facultado ao magistrado ir ao local onde ele se encontra.

Se ante a requisição do juiz o paciente não for apresentado por outro motivo além dos já aludidos, entendemos que a pessoa a quem é atribuída a detenção incorrerá em crime de desobediência previsto no art. 330 do CP, podendo, inclusive, o responsável pela detenção do paciente, ser preso em flagrante por esse comportamento omissivo, e ser submetido ao devido processo legal.

Art. 658. O detentor declarará à ordem de quem o paciente estiver preso.

1. **Dever do detentor dizer à ordem de quem está preso o paciente.** Quase sempre detentor e coator são as mesmas pessoas; mas pode acontecer que detentor seja um e o coator outro. Por isso, tão-logo o magistrado receba o pedido de *habeas corpus* deve, de imediato, determinar a apresentação do preso, ou, então, requisitar informações acerca dos motivos que ensejaram o alegado constrangimento ilegal, bem como quem são detentor e o coator, caso em que havendo omissão na prestação das declarações requisitadas, o responsável poderá ser preso em flagrante e ser submetido ao devido processo legal por crime de desobediência tipificado no art. 330 do CP; mesmo que não seja ele que mantém o paciente sob custódio e, também, que não seja o responsável pela detenção. Ocorre que, sem as informações acerca da situação do paciente, não tem como o magistrado aferir a legalidade ou ilegalidade da prisão para, se for o caso, conceder a ordem de *habeas corpus*.

Art. 659. Se o juiz ou o tribunal verificar que já cessou a violência ou coação ilegal, julgará prejudicado o pedido.

1. **Falta de interesse para agir.** Cabe ao juiz ou ao tribunal julgar prejudicado o pedido de *habeas corpus* se verificar que já cessou a violência ou coação ilegal. Neste caso, uma vez cessada a violência ou coação, fica prejudicado o *writ*, porque como ação que é, faz-se necessário estejam satisfeitas todas as condições, e uma vez cessada a violência ou coação ilegal, ao paciente, por conseguinte, falta o legítimo interesse para agir. Mas se agiu, ou seja, se impetrou o *habeas corpus* sem esse interesse, ou se o interesse cessou antes do julgamento, fica da mesma forma afastada essa condição e, por conseguinte, prejudicado terá de ser julgado o *mandamus*.

Art. 660. Efetuadas as diligências, e interrogado o paciente, o juiz decidirá, fundamentadamente, dentro de 24 (vinte e quatro) horas.

§ 1º Se a decisão for favorável ao paciente, será logo posto em liberdade, salvo se por outro motivo dever ser mantido na prisão.

§ 2º Se os documentos que instruírem a petição evidenciarem a ilegalidade da coação, o juiz ou o tribunal ordenará que cesse imediatamente o constrangimento.

§ 3º Se a ilegalidade decorrer do fato de não ter sido o paciente admitido a prestar fiança, o juiz arbitrará o valor desta, que poderá ser prestada perante ele, remetendo, neste caso, à autoridade os respectivos autos, para serem anexados aos do inquérito policial ou aos do processo judicial.

§ 4º Se a ordem de *habeas corpus* for concedida para evitar ameaça de violência ou coação ilegal, dar-se-á ao paciente salvo-conduto assinado pelo juiz.

§ 5º Será incontinenti enviada cópia da decisão à autoridade que tiver ordenado a prisão ou tiver o paciente à sua disposição, a fim de juntar-se aos autos do processo.

§ 6º Quando o paciente estiver preso em lugar que não seja o da sede do juízo ou do tribunal que conceder a ordem, o alvará de soltura será expedido pelo telégrafo, se houver, observadas as formalidades estabelecidas no art. 289, parágrafo único, *in fine*, ou por via postal.

1. **Interrogatório do paciente.** Na prática do dia-a-dia forense, os juízes não interrogam o paciente, em regra, para decidirem fundamentadamente, dentro de 24 horas, conforme a previsão legal. Se for o caso, requisitam informações à autoridade apontada

como coatora, à semelhança do que estabelece o art. 662 do CPP, ou seja, da mesma forma como procede o presidente do tribunal nos casos de competência desta corte para processar e julgar os pedidos de *habeas corpus*.

Sendo favorável a decisão, o paciente, se não estiver preso por outro motivo, será posto imediatamente em liberdade. A decisão, obviamente, pode ser com base nas informações prestadas pela autoridade apontada como coatora, que tem esse dever inquestionável, dentro do prazo fixado pelo juiz. Em casos excepcionais, poderá ser posto em liberdade o paciente, sem as informações, desde que o pedido traga as declarações e outros elementos que revelem com clareza a ilegalidade do constrangimento.

2. Liminar em *habeas corpus*. Não há dispositivo algum no CPP que diga expressamente que pode ser concedida liminar pelo juiz ou tribunal, ao despachar a petição de *habeas corpus*. Mas há algumas disposições no CPP que acena com essa possibilidade, como o art. 649: "O juiz ou o tribunal, dentro dos limites da sua jurisdição, fará passar imediatamente a ordem impetrada, nos casos em que tenha cabimento, seja qual for a autoridade coatora"; nesse mesmo sentido é também o § 2º, do artigo em comento: "Se os documentos que instruírem a petição evidenciarem a ilegalidade da ação, o juiz ou tribunal ordenará que cesse imediatamente o constrangimento". Quer se trate de instância inferior ou superior, por vezes a ordem é liminarmente concedida, independentemente de requisição ou de qualquer informação, para fazer cessar, de imediato, a coação ilegal ou a ameaça de coação.

Pode também ser estabelecida simetria da concessão de liminar com o disposto no art. 654, § 2º, do CPP, que expressamente diz: "Os juízes e os tribunais têm competência para expedir de ofício ordem de *habeas corpus*, quando no curso de processo verificarem que alguém sofre ou está na iminência de sofrer coação ilegal".

Ora, se o magistrado pode o mais, pode também o menos. Ademais, não há dispositivo algum que proíba a concessão de liminar. Em mandado de segurança é concedida para garantir direito líquido e certo, mesmo relacionado a interesse de caráter patrimonial, com base no art. 7º da Lei nº 1.533, de 31.12.51, por isso muito mais se justifica a concessão para garantia do direito à liberdade individual, ou às liberdades públicas, que é de maior relevância no contexto social.

Na RTJ 33/590 encontra-se o precedente de concessão de liminar em *habeas corpus* e, por paradoxal que possa parecer, foi pelo STM, quando estava em vigor o regime militar, em 31 de agosto de 1964. Quem o impetrou foi Arnoldo Wald em favor do então paciente Evandro Moniz Corrêa de Menezes, e quem decidiu pela concessão da liminar foi o então Ministro Almirante de Esquadra, José Espínola.

A liminar nada mais é do que um adiantamento da tutela imediata, antecipada e provisória à preservação do *jus libertatis*, podendo na apreciação e julgamento final do *habeas corpus* ser ou não confirmada a medida.

Em regra, os Regimentos Internos dos tribunais disciplinam a matéria. Cuidam expressamente da medida liminar no *habeas corpus*, inclusive preventivo.[168] E se é permitida a concessão em *habeas corpus* preventivo, que se trata de ameaça, apenas, de coação na liberdade de locomoção de alguém, é evidente que com mais razão poderá ser concedida em *habeas corpus* liberatório, quando o sujeito já está sofrendo a coação.

A concessão de liminar em *habeas corpus* hoje é ponto pacífico tanto na doutrina quanto na jurisprudência, quer seja ela de caráter preventivo, quer seja de caráter liberatório. Há que se ressaltar, no entanto, que, em se tratando de antecipação de tutela, como o é a liminar, para sua concessão é necessário que estejam presentes os requisitos *fumus boni iuris* e o *periculum in mora*, exigidos para a concessão dessa medida em mandado de segurança, por aplicação analógica.

3. Diligências requisitadas. Perante o juiz de primeiro grau, impetrado o *habeas corpus* serão, de imediato, requisitadas as informações e, logo que recebidas estas, o juiz profere, em 24 horas, decisão concessiva ou não da ordem.

---

[168] A concessão da liminar está prevista no art. 21, IV, do RISTF, nos seguintes termos: "São atribuições do relator: (...) IV – submeter ao Plenário ou à Turma, nos processos da competência respectiva, medidas cautelares necessárias à proteção de direito suscetível de grave dano de incerta reparação, ou ainda destinadas a garantir a eficácia da ulterior decisão da causa." E continua o inciso V, desse mesmo artigo: "Determinar, em caso de urgência, as medidas do inciso anterior, *ad referendum* do Plenário ou da Turma." Por fim, no Título VII, que trata das garantias constitucionais, no Capítulo I, que cuida especificamente do *habeas corpus,* o art. 191 tem a seguinte redação: "O relator requisitará informações do apontado coator e, sem prejuízo do disposto no art. 21, IV e V, poderá: (...) IV – no *habeas corpus* preventivo, expedir salvo-conduto em favor do paciente, até decisão do feito, se houve grave risco de consumar-se a violência."
Por sua vez, o art. 201, IV, do RI do STJ, diz que "poderá o relator, no *habeas corpus* preventivo, expedir salvo-conduto em favor do paciente, até decisão do feito, se houver grave risco de consumar-se a violência". O RI do Tribunal de Justiça do Estado do Rio Grande do Sul, no parágrafo único do art. 277, reza que "o relator poderá conceder medida liminar em favor do paciente até decisão do feito se houver grave risco de violência, convocando-se sessão especial, se necessário".

Sendo *habeas corpus* liberatório, com decisão favorável ao paciente, "será logo posto em liberdade, salvo se por outro motivo dever ser mantido na prisão" (§ 1º). Em casos excepcionais, poderá a autoridade judiciária decidir sem diligências e sem informações da autoridade coatora, concedendo liminarmente a ordem para cessar a coação ou ameaça de coação ilegal do paciente. (*v. Comentários ao art. 660, capítulo X, do habeas corpus e seu processo*).

4. Ilegalidade pela não admissão de fiança. Pode a ilegalidade decorrer do fato de não ter sido o paciente admitido a prestar fiança. Nessa hipótese, depois de examinar o pedido, o juiz, se for o caso de prestação de fiança, arbitrará o valor respectivo, que poderá ser prestada perante ele, remetendo, nesse caso, à autoridade os respectivos autos, para serem anexados aos do inquérito policial ou aos do processo judicial (§ 3º do art. 660).

5. Concessão preventiva ou liberatória da ordem de *Habeas Corpus*. Feito o pedido de *habeas corpus*, uma vez concedida a ordem para fazer cessar a ameaça de violência ou de coação ilegal, antes que se consume, ao paciente é entregue salvo-conduto (*habeas corpus* preventivo), ou alvará de soltura, se já consumada (*habeas corpus* liberatório), assinado pelo juiz (§ 4º do art. 660) e, incontinenti, será encaminhada cópia da decisão à autoridade que tiver determinado à prisão ou que tiver o paciente sob sua disposição, para ser juntada aos autos do inquérito ou do processo, quando for o caso (§ 5º do art. 660), por ofício, assinado pelo juiz.

Porém, em se tratando de *habeas corpus*, cujo paciente se encontre em outro lugar que não seja a sede do juízo ou tribunal que conceder a ordem, "o alvará de soltura será expedido por telégrafo, observadas as formalidades legais estabelecidas no art. 289, parágrafo único, *in fine*, ou por via postal" (§ 6º do art. 660), ou por outro meio mais moderno, como fax e fonograma ou, até mesmo, por *e-mail*, dependendo do caso.

Art. 661. Em caso de competência originária do Tribunal de Apelação, a petição de *habeas corpus* será apresentada ao secretário, que a enviará imediatamente ao presidente do tribunal, ou da câmara criminal, ou da turma, que estiver reunida, ou primeiro tiver de reunir-se.

1. Competência originária dos tribunais. O artigo em exame faz referência à competência originária de "Tribunal de Apelação". Esse é ainda o texto originário do CPP, de 1941. Atualmente, e isto a partir da CF/1946, denomina-se Tribunal de Justiça. No curso do tempo, porém, além dos tribunais de justiça dos Estados, foram criados outros tribunais, como o Superior Tribunal de Justiça; O Superior Tribunal Militar; o Tribunal Superior Eleitoral; o Tribunal Superior do Trabalho; os Tribunais Regionais Federais; os Tribunais Regionais Eleitorais; os Tribunais Regionais do Trabalho; os Tribunais Militares Estaduais (este em poucos Estados), e o Tribunal de Alçada, este recentemente extinto pela Emenda Constitucional nº45/2004.

Quer se trate de competência originário desses tribunais em razão da pessoa (*ratione personae*) ou em razão da matéria (*ratione materiae*), quase sempre o procedimento está disciplinado no RI de cada tribunal. A petição é dirigida ao presidente ou vice-presidente do tribunal competente, conforme o caso, é protocolada e, a seguir, é encaminhada à apreciação do destinatário (presidente ou vice-presidente, conforme dispuser o RI) e, dependendo do caso concreto, poderá ser concedida liminar, incontinenti.

A justiça do trabalho (assim entendida o Tribunal Superior do Trabalho; o Tribunal Regional do Trabalho e a Justiça do Trabalho de primeiro grau), com a Emenda Constitucional nº 45/2004, passou a ter competência para processar e julgar *habeas corpus* em razão da matéria (ratione materiae). Ao art. 114 da CF, foram acrescidos vários incisos, dentre os quais o inciso IV, que prevê a competência da justiça do trabalho para processar e julgar "os mandados de segurança, *habeas corpus* e *habeas data*, quando o ato questionado envolver matéria sujeita a sua jurisdição".

Art. 662. Se a petição contiver os requisitos do art. 654, § 1º, o presidente, se necessário, requisitará da autoridade indicada como coatora informações por escrito. Faltando, porém, qualquer daqueles requisitos, o presidente mandará preenchê-lo, logo que lhe for apresentada a petição.

1. Aferição dos requisitos da petição e requisição de informações. A petição de *habeas corpus* deverá conter os requisitos que especifica o art. 654, § 1º, do CPP. O presidente do tribunal, vice-presidente, ou o relator, conforme dispuser o RI, examinará a petição, e se constatar a ausência de algum daqueles requisitos, incontinenti, determinará ao impetrante seja preenchido. E, se for o caso, isto é, se houver necessidade, requisitará à autoridade coatora informações por escrito.

Poderá, entretanto, não haver necessidade para a formação de um juízo de convicção acerca da existência ou inexistência de coação ou ameaça de coação ilegal, de outras informações além daquelas que instruem a inicial, hipótese em que, de imediato, haverá decisão pela concessão ou não, liminarmente, da ordem impetrada, isto é, poderá a ordem ser deferida ou indeferida, in limine. (v. Comentários ao art. 660, nº 2, capítulo X, do habeas corpus e seu processo)

Art. 663. As diligências do artigo anterior não serão ordenadas, se o presidente entender que o habeas corpus deva ser indeferido in limine. Nesse caso, levará a petição ao tribunal, câmara ou turma, para que delibere a respeito.

1. **Dispensa de diligência e indeferimento in mine do habeas corpus.** Se o presidente ou vice-presidente do tribunal ou de outro órgão colegiado, conforme dispuser o RI de cada tribunal, depois de examinar os elementos que já dispuser, entender de dispensar as diligências a que alude o art. 662, por estar faltando algumas das condições da ação, como a possibilidade jurídica do pedido, legitimidade de parte, ou por qualquer outro motivo que impossibilite a concessão da ordem, poderá decidir pelo indeferimento in limine do habeas corpus. Nessa hipóte, de ofício, encaminhará o processo com a decisão à apreciação do órgão colegiado competente, para deliberar a respeito, isto é, para confirmar o indeferimento ou deferir a ordem. Mas nada impede que o presidente ou vice-presidente assine prazo razoável para que o impetrante satisfaça algum equívoco ou omissão existente no pedido.

Art. 664. Recebidas as informações, ou dispensadas, o habeas corpus será julgado na primeira sessão, podendo, entretanto, adiar-se o julgamento para a sessão seguinte.
Parágrafo único. A decisão será tomada por maioria de votos. Havendo empate, se o presidente não tiver tomado parte na votação, proferirá voto de desempate; no caso contrário, prevalecerá a decisão mais favorável ao paciente.

1. **Julgamento do habeas corpus.** Recebidas as informações requisitadas, ou dispensadas estas ou, ainda, suprido algum equívoco ou omissão, já com o parecer do Ministério Público, é dever do relator, independentemente de publicação da Pauta,[169] colocar em julgamento na primeira sessão; podendo, entretanto, ser adiado o julgamento para a sessão seguinte, se houver motivo capaz de justificar o adiamento.

O julgamento poderá ocorrer por maioria de votos e, se houver empate, e o presidente não tiver tomado parte na votação, proferirá, agora, voto de desempate. Se, porém, o presidente tiver, antes, tomado parte na votação, o empate persistirá, mas a decisão terá de ser a mais favorável ao impetrante.

Os RI dos tribunais assim disciplinam a matéria, inclusive o RISTF ao estabelecer no parágrafo único do art. 146 que, "..No julgamento do habeas corpus, pelo plenário, o Presidente não terá voto, salvo em matéria constitucional, proclamando-se na hipótese de empate, a decisão mais favorável ao paciente". E o § 3º do art. 150, desse mesmo RI prevê que "...Nos habeas corpus e recursos em matéria criminal, exceto o recurso extraordinário, havendo empate, prevalecerá a decisão mais favorável ao paciente"

A Lei nº 9.756, de 18.12.98, acrescentou o art. 41, na Lei nº 8.038, de 28.05.90, estabelecendo em seu parágrafo único que em julgamento de habeas corpus, originário ou recursal, pelo STJ, se houver empate, prevalecerá a decisão mais favorável ao paciente.

2. **Intervenção do Ministério Público em habeas corpus.** Na primeira instância não há previsão legal relacionada à intervenção do Ministério Público, antes de proferida a decisão pelo juiz, a não ser que seja ele o impetrante ou paciente. É, porém, intimado da decisão que defere ou indefere o habeas corpus, por força do art. 41, IV, da Lei nº 8.625, de 12.02.93 (Lei Orgânica Nacional do Ministério Público), que dispõe sobre a obrigatoriedade de intimação dos membros do Ministério Público dos Estados "em qualquer processo".

A despeito de não haver previsão legal expressa para a intervenção do Ministério Público de primeiro grau, no processo de habeas corpus, antes da decisão, na prática, em geral, essa intervenção ocorre, porque ao ser intimado – e a intimação do Ministério Público é pessoal – os autos são enclaminhados ao Promotor, que tem o dever de se manifestar e firmar seu posicionamento. E isso vem em benefício da própria justiça, uma vez que esse órgão poderá contribuir com informações, que são de seu conhecimento, a respeito do paciente, da autoridade coatora, ou até mesmo, com outros elementos que disponha para melhor formar a convicção do julgador. Nossa opinião, portanto, é no sentido de que sempre se faz necessária a intervenção efetiva do Ministério Público, antes da decisão do juiz, para melhor lastrear suas razões em eventual recurso que venha a interpor, com fundamento art. 581, X, do CPP, ou as contra-razões de recurso interposto pelo próprio paciente, quando for o caso.

Perante a superior instância o órgão do Ministério Público intervém no processo de habeas corpus com apoio nas disposições do Decreto-Lei nº 552, de 25.04.69 e dos Regimentos Internos dos respectivos tribunais. No Tribunal de Justiça do Rio Grande do Sul, por força do art. 278 de seu RI, o Ministério Pú-

---

[169] Súmula 431, do STF: "É nulo o julgamento de recurso criminal, na segunda instância, sem prévia intimação ou publicação da pauta, salvo em habeas corpus".

blico é ouvido, ou seja, exara seu parecer, depois de recebidas as informações ou depois de dispensadas estas e, posteriormente, de conformidade com o art. 279 do mesmo RI, por ocasião do julgamento, terá a oportunidade de sustentar ou de impugnar o pedido de *habeas corpus*.

3. **Intervenção do querelante em *habeas corpus*.** Também o querelante, nos casos de *habeas corpus* em decorrência da ação penal em que é o autor, tem interesse e legitimidade para se manifestar oralmente, quando figurar como paciente o próprio querelado. O art. 279 do RITJRGS, dispõe expressamente nesse sentido. (*v. comentários ao art. 577, nº 5*).

4. **Efeito extensivo do *habeas corpus*.** Entendemos que também na ação de *habeas corpus* há o efeito extensivo quando se relacionar a crime praticado em concurso de pessoas, nos termos do art. 29 do CP, e desde que a decisão esteja fundamentada em motivos que não sejam de caráter exclusivamente pessoal, e que os demais réus estejam em situação idêntica a do impetrante. Nesta hipótese, há que ser feita aplicação analógica do art. 580 do CPP, nos termos do art. 3º também do CPP, por se tratar de norma que cuida do efeito extensivo em recurso criminal, e o *habeas corpus* tem outra natureza jurídica: é ação. (*v. Natureza jurídica do habeas corpus, nº 5, capítulo X, do habeas corpus, comentários ao art. 647*)

Art. 665. O secretário do tribunal lavrará a ordem que, assinada pelo presidente do tribunal, câmara ou turma, será dirigida, por ofício ou telegrama, ao detentor, ao carcereiro ou autoridade que exercer ou ameaçar exercer o constrangimento.

Parágrafo único. A ordem transmitida por telegrama obedecerá ao disposto no art. 289, parágrafo único, *in fine*.

1. **Forma de transmissão da ordem de *habeas corpus*.** Deferido o pedido, o secretário lavrará a ordem de *habeas corpus* e, depois de assinada pelo presidente do tribunal, câmara ou turma, será dirigida, por ofício ou telegrama, ao detentor, ao carcereiro ou à autoridade que exercer ou está ameaçando de exercer o constrangimento.

A ordem, quando transmitida por telegrama, diz o artigo – obedecerá o disposto no art. 289, parágrafo único, *in fine*, do CPP, isto é, o original, levado à gerência telegráfica, será autenticada a firma do signatário, devendo esta circunstância ser mencionada no telegrama. Atualmente, porém, existem outros meios pelos quais são também comunicadas as ordens, como o fax, telex e fonograma, sem ficar descartada a possibilidade de transmissão por e-mail, desde que se revista de absoluta segurança.

Art. 666. Os regimentos dos Tribunais de Apelação estabelecerão as normas complementares para o processo e julgamento do pedido de *habeas corpus* de sua competência originária.

1. **Normas complementares para o processo e julgamento do *habeas corpus*.** São os Regimentos Internos dos tribunais que estabelecem as normas complementam para o julgamento de *habeas corpus*. Embora a norma faça referência a tribunais de apelação, que seriam os tribunais de segundo grau, atualmente não mais existem tribunais com essa designação, isto é, tribunais de apelação. Os tribunais atualmente existentes são aqueles que foram mencionados neste *capítulo X, nºs. 2 a 9, comentários ao art. 650*, ou seja, são os tribunais de segundo grau de jurisdição e os tribunais superiores. Tribunais de segundo grau: Tribunais de Justiça dos Estados e do Distrito Federal; Tribunais de Alçada (extinto pela Emenda Constitucional nº 45); Tribunais Militares Estaduais (em alguns Estados); Tribunais Regionais Federais; Tribunais Regionais Eleitorais; Tribunais Regionais do Trabalho. Tribunais superiores: Superior Tribunal de Justiça; Tribunal Superior Eleitoral; Superior Tribunais Militar e o Tribunal Superior do Trabalho.

Os Regimentos Internos dos tribunais como legislação *interna corporis* que são, não podem estar em desarmonia com a legislação federal, isto é, só podem complementá-la para estabelecer normas de caráter procedimental para o julgamento de pedido de *habeas corpus*, sem contrariá-la, posto que esta se posiciona em nível hierarquicamente superior.

Art. 667. No processo e julgamento do *habeas corpus* de competência originária do Supremo Tribunal Federal, bem como nos de recurso das decisões de última ou única instância, denegatórias de *habeas corpus*, observar-se-á, no que lhes for aplicável, o disposto nos artigos anteriores, devendo o regimento interno do tribunal estabelecer as regras complementares.

1. **Regramentos referentes a processo e julgamento de ação de *habeas corpus* e de recurso de decisão denegatória no STF e no STJ.** O artigo 667 do CPP menciona tão-somente o STF, o que plenamente se justifica, uma vez que o Código é de 1941, e o STJ foi criado com a CF/1988. Mas a Lei nº 8.038, de 28.05.90, em seu art. 23, determinou que sejam aplicadas "ao *habeas corpus* perante o Superior Tribunal de Justiça" as normas do Livro III, Título II, Capítulo X do Código de Processo Penal". Com isso, restou suficientemente claro que todas as normas referentes a *habeas corpus* constantes do Código de

Processo Penal, quando cabíveis, são aplicadas também aos processos e julgamentos no STJ e, em se tratando de recurso ordinário de decisão denegatória do mandamus, proferida pelos tribunais regionais federais ou pelos tribunais dos Estados e do Distrito Federal, os arts. 31 a 33 da Lei nº 8.038/90, também estabelecem as diretrizes básicas para o processamento e respectivo julgamento.

Assim, quer se trate de ação ou de recurso ordinário de decisão denegatória proferida em *habeas corpus*, aplicam-se os regramentos tratados nos artigos anteriores do Código de Processo Penal, isto é, dos artigos 647 a 666, naquilo que for aplicável, mas com o complemento de seus respectivos Regimentos Internos.

O RISTF cuida nos arts. 6º, 9º, 21, XI, 52, VII, 61, § 1º, I, 68, 69, 77, parágrafo único, 83, § 1º, III; 145, I; 146, parágrafo único; 149, I; 150, § 3º; 188 a 199, da impetração, processamento e julgamento de ações de *habeas corpus*, e os arts. 310 a 312, do processamento e julgamento de recursos ordinários de decisões denegatórias de única instância, proferidas pelos tribunais superiores, nos termos do art. 102, II, *a*, da CF.

O RISTJ disciplina em seus arts. 11,II; 12, I; 13, I, a e b, 64, III, 71, 83, § 1º, 91, I, 177, II, 180, II, 181, § 4º, 201 a 210 a impetração, processamento e julgamento de ações de *habeas corpus*, e os arts. 13,II, a, 244 a 246, de recursos ordinários de decisões denegatórias, proferidas em única ou última instância pelos tribunais regionais federais, ou pelos tribunais dos Estados e do Distrito Federal, de conformidade com o art. 105, II, *a*, da CF.

Os recursos ordinários constitucionais de decisões denegatórias de *habeas corpus* para o STF e para o STJ foram tratados *nos nºs. 1 a 6, do recurso ordinário-constitucional*.

DO TRANCAMENTO DE INQUÉRITO E DE AÇÃO PENAL MEDIANTE "HABEAS CORPUS"

1. Trancamento de inquérito policial. O trancamento de inquérito policial por meio de *habeas corpus* é medida excepcional.[170] Não existindo justa causa para o indiciamento, e que essa circunstância fique cabalmente demonstrada nos autos do inquérito, por inexistir qualquer resquício de prova indiciária, o *habeas corpus* é a via adequada para fazer cessar a coação ilegal. Mas há que se revestir de muita cautela a decisão do juiz, quando se tratar de *habeas corpus* impetrado para alcançar o trancamento do inquérito policial, porque em sede de *habeas corpus* nem sempre é recomendável a apreciação aprofundada da prova.

Mas para se concluir pela inexistência de justa causa em inquérito policial, o exame aprofundado da prova poderá se impor, com os cuidados necessários, para não se configurar eventual absolvição do indiciado, sem processo.[171] Por outro lado, recebendo o inquérito, ao Ministério Público cabe formar sua *opinio delicti* acerca da propositura ou não da ação penal (se não se tratar de crime de ação privada); e, ao juiz, cabe rejeitar ou não a denúncia.

Mas vale lembrar que alguém poderá estar sendo injustamente perseguido pela autoridade policial, por mero capricho, até mesmo por vingança, e acabar sendo indiciado, sem que o inquérito seja remetido à Justiça; mesmo o sendo, até que o Ministério Público requeira o arquivamento, ou que o juiz rejeite a denúncia oferecida, o constrangimento ilegal estará ocorrendo. E esse constrangimento sem justa causa por si só pode justificar a impetração de *habeas corpus* para trancar o inquérito policial, e a prova, na hipótese, deve ser examinada se evidenciar a ausência de fato típico, ainda que não aprofundadamente como o seria, por exemplo, para absolver ou condenar alguém.

No caso, a petição deve estar instruída com documentação pertinente capaz de demonstrar a ilegalidade da coação. E, obviamente, essa documentação é meio de prova que deve ser examinada pela autoridade judiciária. Aliás, o próprio art. 660, § 2º, diz que: "Se os documentos que instruírem a petição evidenciarem a ilegalidade da coação, o juiz ou o tribunal ordenará que cesse imediatamente o constrangimento." Ora, se a lei permite que a petição seja instruída com documentos; logo, não há como não se admitir sejam eles examinados pelo juiz ou tribunal, para formar sua convicção e decidir pela concessão ou não da ordem.

2. Trancamento da ação penal. O trancamento da ação penal, quer seja ela pública ou privada, é possível pela via do *habeas corpus*, quando ausente a justa causa.

A ação penal pública, proposta pelo Ministério Público, ou a ação privada, proposta pelo ofendido ou por quem legalmente o represente, se subordina a condições genéricas (possibilidade jurídica do pedido; interesse de agir e legitimatio ad causam, isto é, legitimidade para a causa) e, por vezes, também a condições específicas (representação exigida para algumas infrações penais; requisição do Ministro da Justiça, quando for o caso; trânsito em julgado da sentença que por motivo de erro ou impedimen-

---

[170] "Somente cabível e admissível quando verificada desde logo a clamorosa atipicidade do fato investigado ou a evidente impossibilidade de o indiciado ser seu autor" (RT 649/267).

[171] Nesse sentido: RTJ 92/910, RT 446/435, 464/401.

to, anule o casamento – art. 236, parágrafo único, do CP).

Da decisão do juiz que não recebe a denúncia ou queixa cabe recurso em sentido estrito; todavia, é irrecorrível a decisão que recebe essas peças acusatórias. Mas ao tomar ciência do recebimento da denúncia ou queixa e constatar, o denunciado ou querelado que o pedido é juridicamente impossível, por exemplo, ou que ao Ministério Público ou querelante falta legítimo interesse para agir ou, ainda, que falta legitimidade para a causa, pode impetrar *habeas corpus* por estar caracterizado o constrangimento ilegal.

Imaginem alguém sendo denunciado por fato atípico, isto é, por fato não considerado criminoso, porque quando se verificou não estava descrito na lei penal como crime e com previsão da respectiva sanção cominada em abstrato. Foi violado o chamado princípio da reserva legal (não há crime sem lei anterior que o defina; não há pena sem prévia cominação legal) – *nullun crimen, nulla poena sine praevia lege* – esboçado no art. 5º, XXXIX, da CF e, também, no art. 1º do CP).

Assim, para que haja a configuração de crime quando determinado fato é praticado por alguém, não basta que seja imoral, que seja socialmente reprovável a conduta do agente. Se faltar a tipificação do fato na lei penal, por evidente, a instauração da ação penal contra seu autor se torna inviável, posto que falta justa causa; o pedido é juridicamente impossível e, por isso, fica configurado o constrangimento ilegal que ampara a impetração de *habeas corpus* para o trancamento da ação penal.

Mas pode também ocorrer que o fato praticada reúna todos os elementos da conceitução analítica de crime, isto é, crime como ação típica, antijurídica e culpável; porém, quem propõe a ação penal está despido de legitimidade, ou seja, falta-lhe a *legitimatio ad causam*. Exemplo: o órgão do Ministério Público, desatento, oferece denúncia contra o indiciado em inquérito policial por crime de ação penal privada – crime de injúria (art. 139 do CP), sem a incidência do parágrafo único do art. 145 do CP – e o juiz a recebe; trata-se de outra condição genérica da ação penal, que foi violada (a *legitimatio ad causam*), porque, na hipótese, o crime de injúria é de ação penal privada, e quem tem legitimidade para propor a ação penal, mediante queixa-crime, é tão-somente o ofendido ou quem legalmente o represente. Houve, no caso, invasão de atribuição por parte do Ministério Público e, por conseguinte, resultou em constrangimento ilegal do denunciado, com séria ameaça de violação ao *jus libertatis*, cuja reparação pode ser feita pela via do *habeas corpus*, com o trancamento da ação penal que fora inadequadamente proposta e acolhida pelo magistrado.

Outra condição genérica que obstaculiza a propositura da ação penal, caso não seja observada, é o interesse de agir, que se caracteriza pela necessidade de utilização dos meios judiciais adequados para a aplicação do direito penal no caso concreto.

Por intermédio da ação penal é que se chega ao devido processo legal, meio adequado para ser imposta a *sanctio juris*. Contudo, há que existir o interesse de agir lastreado em elementos idôneos necessários ao impulso inicial, e regular continuidade do devido processo legal, até final julgamento, com a possibilidade de ser imposta a sanção penal ao autor da infração.

A acusação formal não se legitima apenas com a propositura da ação mediante a denúncia do Ministério Público, ou queixa-crime do ofendido. A peça acusatória não se aperfeiçoa apenas com os requisitos formais a ela inerentes; mister se faz esteja agasalhada por elementos mínimos, por meio dos quais fique demonstrada, com certa razoabilidade, a autoria e a materialidade do fato, para haver acolhimento da acusação pelo órgão judicial competente.

O órgão da acusação, se não existir materialmente o crime e respectiva autoria, é carecedor de interesse jurídico para postular ao juiz a punição de alguém. E a ausência de elementos idôneos, não só para formar a sua *opinio delicti* numa perspectiva de certa razoabilidade, mas também para convencer o magistrado ao acolhimento da pretensão acusatória, no mundo jurídico significa a inexistência do crime e, por via de conseqüência, a inexistência de interesse de agir. Hipótese em que mesmo assim agindo, isto é, agindo sem interesse, e o juiz acolher a acusação, evidencia-se o constrangimento ilegal, porque não se vislumbra a justa causa, o que vem a propiciar espaço à impetração de *habeas corpus* para o trancamento da ação penal.

Mas ainda que satisfeitas todas as condições genéricas da ação, se não forem satisfeitas as condições específicas, em determinados casos, também ocorre constrangimento ilegal quando não observadas. Tratam-se de condições exigidas para alguns casos, apenas e, por isso, têm a denominação de condições específicas.

Há determinadas ações cujo exercício fica subordinado a certas condições, além daquelas condições genéricas (possibilidade jurídica do pedido, *legitimatio ad causam* e interesse de agir), as denominadas condições específicas, como a representação do ofendido ou de quem legalmente o represente, quando a lei exigir como condição de procedibilidade, como ocorre, por exemplo, com o crime de calúnia praticado contra funcionário público, em razão de suas funções (art. 138, c/c o parágrafo único, segunda parte do art. 145 do CP); com o crime de ameaça (parágrafo único do art. 147 do CP); com os crimes de lesões corporais leves e lesões corporais culposas (art. 129, caput e art. 129, § 6º, do CP), por força do disposto no art. 88 da Lei nº 9.099/95, dentre outros.

A requisição do Ministro da Justiça também é condição específica de procedibilidade, como, por exemplo, nos crimes praticados por estrangeiro contra brasileiro fora do Brasil (art. 7º, §, 3º, *b*, do CP); nos crimes praticados contra o Presidente da República, conforme a previsão do parágrafo único, primeira parte, do art. 145 do CP.

Também a comprovação, mediante certidão do trânsito em julgado da sentença que, por motivo de erro ou impedimento, anule o casamento, é elemento indispensável à propositura da ação penal. Neste caso, trata-se de ação penal privada e, sem essa condição, isto é, sem o trânsito em julgado da sentença que anular o casamento, não pode ser proposta pelo contraente enganado. Se o for e o juiz acolher, fica caracterizado o constrangimento ilegal contra o indigitado infrator, o que também oportuniza a impetração de *habeas corpus* para o trancamento da ação penal.

A ação penal também pode ser trancada por vários outros motivos, como a extinção da punibilidade da pretensão punitiva estatal. As causas de extinção da punibilidade estão indicadas no art. 107, do CP, porém de forma exemplificativa, uma vez que além dessas, outras causas de extinção existem, como aquelas ações penais personalíssimas (crimes de induzimento a erro essencial e ocultação de impedimento – art. 236 do CP), quando houver a morte do cônjuge ofendido; o ressarcimento do dano no crime de peculato culposo, desde que feito antes do trânsito em julgado da sentença (art. 312, § 3º, do CP).

O trancamento da ação penal pela via do *habeas corpus* só pode ocorrer após o recebimento da denúncia, nos crimes de ação pública, e da queixa, quando se tratar de ação privada exclusiva, ou personalíssima, ou subsidiária da pública, até a sentença. Depois da sentença condenatória, se ainda pendente de recurso, cabe habeas corpus, às vezes até mesmo para interpor apelação em liberdade, quando foi determinada a prisão na sentença, mas não para o trancamento da ação penal.

REITERAÇÃO DO PEDIDO DE HABEAS CORPUS

1. **Reiteração do pedido de *habeas corpus* perante o mesmo juízo ou tribunal competente.** O pedido de *habeas corpus* pode ser reiterado perante o mesmo juiz ou tribunal competente, por qualquer pessoa, ou seja, pela mesma que impetrou anteriormente, ou por outra, desde que formulada a impetração com novos documentos e novos argumentos.[172]

O argumento principal que respalda a reiteração do pedido de *habeas corpus* é o de que a sentença denegatória do *mandamus* não faz coisa julgada material. Mas há que se convir que na reiteração do pedido, parece-nos improvável o deferimento, se forem os mesmos motivos e argumentos que ensejaram a impetração anterior, exceto se houver alguma mudança na composição do órgão julgador. Até porque, denegado o *habeas corpus* há possibilidade de interposição de recurso, inclusive o recurso ordinário-constitucional para o STJ, quando a decisão denegatória for proferido por tribunal de justiça, ou por tribunal regional federal, por exemplo, e até mesmo para o STF, quando for o caso. (*v. Do recurso ordinário-constitucional, recurso ordinário-constitucional para o STF, nº 2 e do recurso ordinário-constitucional para o STJ, nº 4*)

Ora, se pode ser interposto recurso, ainda que pelos mesmos fundamentos que alicerçaram o *habeas corpus* originário, e via de regra o são, é inconcebível que o pedido seja reiterado junto à mesma instância que denegou o anterior, quando não houver inovação de fatos e de novos elementos; isso ocorrendo, poderá se eternizar reiteração sobre reiteração, sem a obtenção de qualquer resultado positivo capaz de restabelecer eventual direito violado do paciente.

RECURSO ORDINÁRIO-CONSTITUCIONAL

1. **Conceito.** O recurso ordinário que está elencado específica e restritivamente na CF, se destina a levar a matéria de fato e de direito a reexame do STF ou do STJ, por quem tiver legitimidade e interesse, aferido à luz do regramento dos arts. 102, II, "a" e "b", e 105, "a" e "b", da CF. Os casos enumerados nessas normas são taxativos e o reexame da causa, objeto do recurso, é de exclusiva competência do STF ou STJ, determinada pela origem da decisão do juiz *a quo*. Diferencia-se dos recursos extraordinário e especial, mas não deixa de ser, também, uma espécie de recurso "especial", e até mesmo "especialíssimo", poder-se-á dizer, porque além de ser cabível tão-somente das decisões denegatórias de *habeas corpus*, habeas data, mandado de segurança, mandado de injunção e das decisões em crimes políticos, sejam elas condenatórias ou absolutórias, há devolução de toda a matéria de fato e de direito ao reexame do juízo *ad quem*: STF ou STJ. Tem abrangência inclusive sobre matéria que, em outros casos, poderia

---

[172] Nesse sentido: RTJ 112/1.109; RT 570/429; 597/357; 616/299; 625/390; 632/298; 653/295. Há julgado no sentido de que até pelos mesmos fundamentos pode ser deferido: RT 594/331 e 636/295. Nesta última hipótese, porém, é evidente que deverá ter por base novos e fortes elementos probatórios que antes não foram produzidos.

ser objeto de recurso especial e, em se tratando de decisão do STJ, matéria que poderia ensejar recurso extraordinário ao STF.

> Art. 102, da CF. Compete ao Supremo Tribunal Federal, precipuamente, a guarda da Constituição, cabendo-lhe:
> (...)
> II Julgar em recurso ordinário:
> a) *Habeas corpus*, o mandado de segurança, o habeas data e o mandado de injunção decididos em única instância pelos Tribunais Superiores, se denegatória a decisão;
> b) o crime político

2. Recurso ordinário-constitucional para o STF. Diz o art. 102, II, da CF que ao STF compete julgar também em recurso ordinário: "a) o *habeas corpus*, o mandado de segurança, o *habeas data* e o mandado de injunção decididos em "única instância" pelos tribunais superiores, se denegatória a decisão", e "b) o crime político".

Tratam-se de casos taxativos e, como visto, somente da decisão denegatória de *habeas corpus*, do mandado de segurança, do *habeas data* e do mandado de injunção, em "única instância proferida por tribunais superiores", é que caberá essa espécie de recurso. Nessa decisão de "única instância" não está incluído o crime político; este tem regramento próprio (alínea "b", inc. II, do art. 102 da CF).

Os "tribunais superiores" a que alude a Carta Magna são o STJ, o TSE, o TST e o STM. E é da decisão originária desses tribunais, ou seja, da decisão de "única instância", nos casos catalogados no art. 102, II, "a", da CF, que caberá o recurso ordinário-constitucional

Há, assim, a possibilidade de ser interposto recurso ordinário para o STF, na esfera criminal, das decisões proferidas em única instância, pelo STJ (art. 105, I, "c", da CF); pelo TSE (art. 121, § 3º, da CF), pelo STM (art. 124, parágrafo único, da CF), denegatórias de *habeas corpus* e, também, quando for o caso, de mandado de segurança no crime (art. 102, "a", da CF). Quanto ao TST, embora seja tribunal superior, quer nos parecer que enquanto não for regulamentado o § 1º, do art. 111-A, da CF, falta-lhe competência para processar e julgar recurso ordinário interposto de decisão denegatória de TRT, quando o ato questionado envolver matéria sujeita a sua jurisdição.

3. Recurso criminal ordinário-constitucional. É também da competência do STF o julgamento, em recurso criminal ordinário-constitucional, de decisões em processo por "crime político" (art. 102, II, "b", da CF), isto é, aqueles crimes previstos na Lei de Segurança Nacional (Lei nº 7.110/83), denegatórias de recurso já interposto de decisão de juiz federal para o Tribunal Regional Federal, ou, ainda, de decisão desse mesmo tribunal, ou seja, de decisão denegatória de Tribunal Regional Federal, em "única instância", quando se tratar de infração cometida por aquelas pessoas indicadas no art. 108, "a", da CF – pessoas com direito a foro especial.

Dessarte, para a hipótese prevista na alínea "b" do inciso II do art. 102 da CF, o recurso ordinário cabível é conhecido como recurso criminal ordinário-constitucional, mas não necessariamente de decisão de única instância, posto que essa alínea não faz qualquer referência nesse sentido, assim como é feita expressamente pela alínea "a". O que quer dizer que em se tratando de crime político – e é o de que cuida esse regramento constitucional -isto é, daqueles crimes contra a segurança nacional, cujo julgamento, antes, era da competência da Justiça Militar (art. 129, § 1º, da Emenda Constitucional de 1967), com recurso para o STM, hoje da competência da Justiça Federal comum (art. 109, IV, da CF/88), com recurso de apelação para o TRF e, por fim, com recurso ordinário para o STF.

Assim, das decisões dos Tribunais Regionais Federais, sejam elas originárias ou já em grau de recurso de apelação da decisão de Juiz Federal de primeiro grau; sejam essas decisões condenatórias ou absolutórias, o recurso cabível é o criminal ordinário-constitucional para o STF. O que leva a se concluir, que nessa hipótese, a Suprema Corte funciona como terceiro grau de jurisdição.

> Art. 105, da CF. Compete ao Superior Tribunal de Justiça:
> (...)
> II julgar, em recurso ordinário:
> a) os *habeas corpus* decididos em única ou última instância pelos Tribunais Regionais Federais ou pelos Tribunais dos Estados, do Distrito Federal e Territórios, quando a decisão for denegatória;
> b) os mandados de segurança decididos em única instância pelos Tribunais Regionais Federais, pelos Tribunais dos Estados, do Distrito Federal e Territórios, quando a decisão for denegatória.

4. Recurso ordinário-constitucional para o STJ. Conforme o art. 105, II, da CF, é da competência do STJ o julgamento em recurso ordinário de a) *habeas corpus*, quando a decisão for em última ou única instância proferida pelos Tribunais Regionais Federais ou pelos Tribunais dos Estados, do Distrito Federal e Territórios, e tiver sido denegatória; b) mandado de segurança decidido tão-somente em única instância pelos Tribunais Regionais Federais ou pelos Tribunais dos Estados, do Distrito Federal e Territórios, quando, também, a decisão for denegatória; e c) as causas em que forem partes Estado estrangeiro ou organismo internacional, de um lado, e, do outro, município ou pessoa residente ou domiciliada no País.

Quando se tratar de decisão concessiva de *habeas corpus* e de mandado de segurança proferida por Tribunais Regionais Federais, ou pelos Tribunais Estaduais, do Distrito Federal e Territórios, poderá caber recurso especial a ser interposto pela acusação, mas nunca o recurso ordinário, uma vez que o regramento constitucional expressamente prevê o cabimento desse recurso tão-somente quando a decisão for denegatória ("a" e "b", inc. II, art. 105 da CF). Acreditamos, também, ser da competência do STJ, a decisão de *habeas corpus* de TRT, quando denegatória, e quando o ato questionado envolver matéria sujeita a sua jurisdição, tendo em vista que ainda não foi regulamentado o § 1º do art. 111-A da CF, quanto à competência recursal do TST.

Mas além da decisão denegatória em *habeas corpus* e mandado de segurança, entendemos ensejar também recurso ordinário, a decisão de não conhecimento, posto que o regramento das alíneas "a" e "b" do inc. II do art. 105 da CF, que prevê o julgamento do recurso ordinário-constitucional em caso de *habeas corpus* e de mandado de segurança, pelo STJ, não deve ser interpretada de forma tão restritiva a ponto de não alcançar a decisão que não conhece do *mandamus*. Uma interpretação assim tão restrita seria absolutamente incompatível com o princípio da defesa ampla (art. 5º, LV, da CF), porque há possibilidade de ocorrência de erro ou equívoco do magistrado, ou até mesmo de abuso contra o acusado, que pode estar tanto no julgamento do mérito como na apreciação de pressupostos extrínsicos ou intrínsicos.

5. Substituição do recurso ordinário constitucional por *habeas corpus* originário. Da decisão denegatória em recurso de *habeas corpus* ou em mandado de segurança pelo tribunal *a quo* – quando se tratar de tribunais federais, estaduais ou do Distrito Federal – entendemos não ser possível a substituição de recurso ordinário constitucional para o STJ por impetração originária de *habeas corpus* para o STF, uma vez que em se tratando de recurso ordinário expressamente previsto na CF, substituição dessa natureza fraudaria a jurisdição constitucional do STJ.

Todavia, se a substituição do recurso ordinário-constitucional por *habeas corpus* originário for para o próprio STJ, entendemos ser possível, tendo em vista a natural morosidade na interposição do recurso, que só pode ocorrer depois de publicado o acórdão da decisão denegatória, sem contar o posterior processamento, encaminhamento e julgamento do recurso pelo tribunal *ad quem*. Da mesma forma cremos que pode haver substituição do recurso ordinário constitucional, pelo *habeas corpus* originário para o STF, pelos mesmos motivos acima alinhados, se houver denegação de *habeas corpus* por um dos tribunais superiores.

6. Procedimento e prazo do recurso ordinário-constitucional em *habeas corpus*, mandado de segurança e em recurso criminal ordinário-constitucional para o STF. O recurso ordinário-constitucional é interposto por petição dirigida ao presidente do tribunal que proferiu a decisão denegatória ou de "não conhecimento" em *habeas corpus* e em mandado de segurança.

Tratando-se de decisão em processo por crime político (art. 102, II, "b", da CF), o recurso cabível é o criminal ordinário-constitucional, também interposto por petição.

Em ambos os casos, isto é, quer se trate de recurso ordinário-constitucional, ou recurso criminal ordinário-constitucional, as razões devem acompanhar a petição de recurso.

O prazo para a interposição do recurso é de 5 dias, quando se tratar de decisão denegatória de *habeas corpus* (art. 310 do RISTF, e Súmula 319). Aplica-se analogicamente o disposto no art. 30 da Lei n. 8.038/90, que estabelece o prazo de 5 dias para o recurso ordinário-constitucional interposto ao STJ. Obviamente que esse prazo passa a contar da intimação do recorrente. Tão logo seja recebido o recurso, o presidente do tribunal determinará a juntada aos autos do *habeas corpus* e vista ao Ministério Público, para se manifestar no prazo de 2 dias, conforme o disposto no Decreto-Lei nº 552, de 25.04.69, que diz em seu art. 1º: "Ao Ministério Público será sempre concedida, nos tribunais federais ou estaduais, vista dos autos relativos a processos de *habeas corpus*, originário ou em grau de recurso pelo prazo de dois dias."

O art. 311 do RISTF também estabelece o prazo de 2 dias depois de distribuído o processo para que a secretaria faça os autos com vista ao Ministério Público. Assim, parece-nos não haver dúvida de que o prazo para o Ministério Público se manifestar é de 2 dias, inclusive junto ao STF, conforme prevê o art. 31 da Lei nº 8.038, de 28.05.90, por aplicação analógica, visto que essa disposição trata de recurso ordinário para o STJ e omite, no caso, o recurso ordinário para o STF.

Juntado aos autos do *habeas corpus*, o recurso ordinário é encaminhado ao presidente do tribunal para o juízo de admissibilidade, e uma vez admitido, é encaminhado ao STF, onde será protocolado, distribuído pela secretaria, a uma das turmas e, simultaneamente, ao Ministro relator, o qual determinará o encaminhamento à Procuradoria-Geral da República para se manifestar no prazo de 2 dias. Retornado os autos da Procuradoria, o relator submeterá o recurso a julgamento na primeira sessão da turma; podendo o advogado, se quiser, fazer a sustentação oral por 15 minutos.

Em se tratando de mandado de segurança criminal denegado, o prazo para a interposição do recurso ordinário-constitucional para o STF é de 15 dias, por aplicação analógico das disposições do art. 33 da Lei nº 8.038/90, que cuida do recurso ordinário-constitucional para o STJ. A petição de recurso, requisitos de admissibilidade e o procedimento no tribunal recorrido, aplicam-se as regras previstas no art. 34, dessa mesma lei, isto é, as regras relativas ao recurso de apelação previstas no CPC. Na hipótese de ser denegado o mandado de segurança pelo presidente do tribunal *a quo*, enseja também agravo de instrumento, e entendemos, com o mesmo procedimento previsto para o agravo quando denegado o recurso ordinário em *habeas corpus*, inclusive com o mesmo prazo, conforme visto acima, posto que não há procedimento específico para a hipótese em comento.

Quando se tratar de recurso criminal ordinário-constitucional interposto de decisão em processo por crime político (art. 102, II, "b", da CF), o prazo para interposição é de 3 dias (art. 307 do RISTF). Na verdade, a redação desse artigo ainda é do tempo da anterior CF, ou seja, da Emenda Constitucional nº 1/69, quando o julgamento dos crimes políticos era da competência da Justiça Militar, mas ante a ausência de norma estabelecendo de forma diversa, esse prazo de 3 dias ainda vigora.

O procedimento para o recurso criminal ordinário-constitucional, nessa hipótese de decisão em processo por crime político, difere um pouco do procedimento para o recurso de decisão denegatório de *habeas corpus*. Para a espécie, somente depois de recebido o recurso é que "abrir-se-á vista às partes, sucessivamente, por 5 dias, para o oferecimento de razões, na instância de origem" (art. 308 do RISTF). Também este era o procedimento previsto antes da atual Constituição para os julgamentos de única e última instância da Justiça Militar, nos casos do art. 129, §§ 1º e 2º, da Constituição anterior (Emenda Constitucional nº 1/69), constante ainda no RISTF.

Como já visto, antes da atual Constituição Federal era da competência da Justiça Militar o julgamento dos crimes políticos. Hoje, a competência é da Justiça Federal comum. Mas o julgamento dos crimes militares, por evidente, permaneceu sendo da competência da Justiça Militar (art. 124 da CF), daí a existência do procedimento para o recurso ordinário previsto nos arts. 307, 308 e 309 do RISTF, o mesmo ainda aplicável ao atual recurso ordinário para os crimes políticos, uma vez que outra lei não foi produzida nesse sentido. A Lei nº 8.038/90, embora tenha instituído normas procedimentais para os processos que especifica perante o STJ e o STF, cuidou nos arts. 30, 31 e 32 apenas do procedimento para o recurso ordinário em *habeas corpus* interposto para o STJ, sem fazer qualquer referência ao recurso ordinário para o STF, daí o procedimento ser aquele estabelecido pelo RISTF.

7. Agravo de instrumento da decisão que não admite recurso ordinário-constitucional e recurso criminal ordinário-constitucional para o STF. Pode ocorrer que o presidente do tribunal *a quo* decida pela inadmissibilidade do recurso ordinário-constitucional e recurso criminal ordinário-constitucional. Hipótese em que cabe agravo de instrumento, conforme a regra do art. 313, II, do RISTF, interposto perante o próprio tribunal de origem para o STF.

Mas diz o art. 314 do RISTF que no juízo ou tribunal de origem, o agravo de instrumento obedecerá às normas da legislação processual vigente. Como no CPP não há regramento que cuide do procedimento em agravo de instrumento, entendemos que o procedimento é o mesmo do agravo de instrumento quando denegados recursos extraordinário ou especial pelo tribunal *a quo*, por aplicação analógica das disposições do art. 28 da Lei nº 8.038/90. Devendo, portanto, ser interposto o agravo no prazo de 5 dias.

8. Procedimento e prazo do recurso ordinário-constitucional em *habeas corpus*, em mandado de segurança e em recurso criminal ordinário-constitucional para o STJ. Os arts. 30, 31 e 32 da Lei nº 8.038, de 28/05/90, prevêem o procedimento para o recurso ordinário em *habeas corpus*, interposto das decisões proferidas pelos Tribunais Regionais Federais ou pelos Tribunais dos Estados e do Distrito Federal. Esse recurso ordinário-constitucional poderá ser interposto no prazo de 5 dias, para o STJ, com as razões do pedido de reforma, acompanhando a petição de recurso dirigida ao presidente do tribunal *a quo*.

A secretaria do Tribunal, depois de distribuído o recurso, de imediato fará os autos com vista ao Ministério Público, pelo prazo de 2 dias. Permanecendo inalterado o prazo previsto no art. 1º do Decreto-Lei nº 552, de 25.04.69, de 2 dias, para o Ministério Público manifestar-se, querendo.

As demais regras aplicáveis em relação aos pedidos originários de *habeas corpus* serão aplicadas também, no que couber, ao processo e julgamento do recurso ordinário-constitucional em *habeas corpus* (art. 32 da Lei nº 8.038/90).

Assim, aplicam-se subsidiariamente as regras previstas no CPP para os pedidos originários de *habeas corpus* e, também, aquelas previstas no RISTJ (arts. 244, 245 e 246).

Com relação ao recurso ordinário-constitucional em mandado de segurança, cabe tão-somente quando a decisão for de "única instância" proferida pelos Tribunais Regionais Federais ou pelos Tribunais dos Estados, do Distrito Federal e Territórios, quando denegatória a decisão (art. 105, II, "b", da CF. O prazo de interposição é de 15 dias, com as razões do pedido de reforma. Quanto aos requisitos de admissibilidade são aplicadas as regras do CPC relativas à apelação. Uma vez distribuído o recurso, a Secretaria, imediatamente, fará os autos com vista ao Ministério Público pelo prazo de 5 dias para exarar parecer (art. 35 da Lei nº 8.038/90).

Inadmitido o recurso ordinário-constitucional pelo tribunal *a quo*, cabe agravo de instrumento.

9. Legitimidade para interpor recurso ordinário-constitucional, recursos extaordinário e especial em caso de concessão de *habeas corpus*. Qualquer pessoa do povo poderá impetrar *habeas corpus*, em seu favor ou de outrem, bem como, o Ministério Público (art. 654 do CPP); o Defensor Público e o querelado. É evidente que quem impetrar não estará tolhida de recorrer ordinariamente da decisão denegatória, seja para o STF ou para o STJ, conforme o caso.

Quando, porém, a decisão for concessiva do *writ*, fica afastada a hipótese de recurso ordinário-constitucional; mas poderá ensejar recurso extraordinário ou recurso especial. No caso, têm legitimidade o Ministério Público e querelante (este, quando se tratar de ação privada); não, porém, o assistente do Ministério Público, no entender do STF.[173] Mas há que se reconhecer que tanto o ofendido habilitado ou não como assistente, quanto àquelas demais pessoas mencionadas no art. 598, do CPP, a partir do momento em que interpuserem recurso, quando não recorrer o Ministério Público, assumem a posição de interessados principais visando a uma justa punição ao réu, proporcional ao bem jurídico lesado, sem que haja, contudo, qualquer condicionamento de ordem legal; ainda que parte da doutrina e da jurisprudência tenha entendido que o interesse em recorrer é exclusivamente de caráter patrimonial.

Pensamos, porém, não se vislumbrar qualquer dúvida no sentido de que podem também recorrer não só para perseguir uma condenação, em caso de absolvição, em busca de uma pena justa, como também para agravar a pena imposta ao réu, quando entender inadequada; porque não só o réu tem direito a um apenamento justo, proporcional ao crime que cometeu, como também a própria vítima que, ao recorrer, busca a adequação da pena à lesão sofrida, posto que esta pode ser considerada como a medida do dano social causado pelo crime; embora possa também haver interesse de ordem patrimonial, mas não necessariamente.

O que a lei apenas limita é à natureza da decisão, conforme estabelece o § 1º do art. 584, c/c o art. 598, ambos do CPP, pelo que se conclui que é admitido recurso de apelação de sentença absolutória ou, quando for o caso, de sentença condenatória para majorar a pena; bem como recurso em sentido estrito, das decisões de impronúncia e da decisão que decretar a prescrição ou julgar, por outro modo, extinta a punibilidade. E, a partir daí, como corolário, dependendo de cada decisão judicial, poderão emergir outras possibilidades recursais, como o recurso em sentido estrito da decisão que denegar a apelação; carta testemunhável da decisão que denegar o recurso em sentido estrio; embargos de declaração; recursos especial e extraordinário, agravo e embargos infringentes e de nulidade. Tudo como continuação do recurso originriamente interposto.

Se nessas hipóteses pode o ofendido, habilitado ou não recorrer, como negar-lhe o mesmo direito, se presentes estiverem os requisitos gerais e específicos, ante uma decisão do tribunal, concessiva de *habeas corpus*, por entender extinta a punibilidade do réu, por exemplo? Sendo inadmissível o recurso extraordinário ou especial, como deixa antever o STF, na Súmula 208, em hipótese como essa, há supressão do direito da vítima na busca da justa punição ao réu.

Ante a possibilidade de interpretação extensiva e aplicação analógica, há que se concluir que se numa decisão de primeiro grau, por exemplo, que decretar a extinção da punibilidade, pode o assistente recorrer, se não recorrer o Ministério Público, há que também ser admitida essa mesma possibilidade, isto é, a interposição de recurso extraordinário ou especial, em decisão concessiva de *habeas corpus* prolatada pela superior instância, também extinguindo a punibilidade do réu, quando a decisão for em razão da continuidade de outro recurso anteriormente interposto. Assim, parece-nos ser insuficiente o alcance da Súmula 208 do STF.

---

[173] Súmula 208, do STF: O assistente do Ministério Público não pode recorrer, extraordináriamente, de decisão concessiva de *habeas corpus*.

Reabilitação
(arts. 743 a 750)

Marcus Vinicius Boschi

Mestre em Ciências Criminais pela Pontifícia Universidade Católica do Rio Grande do Sul,
Professor dos Cursos de Graduação e Pós-Graduação da ULBRA, da FARGS e da
Escola Superior da Defensoria Pública do Rio Grande do Sul e advogado criminalista militante.

Os artigos 668 a 733, Titulos I a III do Livro IV – Da Execução, estão prejudicados pela superveniência da Lei nº 7.210, de 11 de julho de 1984 (LEP).

TÍTULO IV
DA GRAÇA, DO INDULTO, DA ANISTIA E DA REABILITAÇÃO

CAPÍTULO I
DA GRAÇA, DO INDULTO E DA ANISTIA

Os artigos 734 a 742 deste Capítulo também estão prejudicados pela superveniência da Lei de Execuções Penais.

CAPÍTULO II
DA REABILITAÇÃO

Art. 743. A reabilitação será requerida ao juiz da condenação, após o decurso de 4 (quatro) ou 8 (oito) anos, pelo menos, conforme se trate de condenado ou reincidente, contados do dia em que houver terminado a execução da pena principal ou da medida de segurança detentiva, devendo o requerente indicar as comarcas em que haja residido durante aquele tempo.

1. **Conceito**. A reabilitação criminal pode ser definida como sendo uma decisão que decreta o sigilo sobre dados criminais constantes na folha de antecedentes do reabilitado.[1]

2. **Eficácia jurídica da decisão**. Entendemos que a decisão concessiva de reabilitação criminal tem, como eficácia jurídica preponderante, a constitutiva negativa. Não se ignora que haja uma carga eficacial declaratória, mas, com a reabilitação, o que ocorre é a desconstituição de uma situação levada a efeito por força da sentença condenatória.

3. **Conseqüências da reabilitação**. As conseqüências advindas da decisão que concede a reabilitação criminal ao condenado são mínimas, pois, no entender acertado da doutrina, com o cumprimento da pena, estas seriam de manifestação automática. Assim, NUCCI, quando discorre sobre o instituto, afirma que "o único efeito da condenação passível de recuperação através da reabilitação, é o previsto no artigo 92, III, do Código Penal (inabilitação para dirigir veículo quando for utilizada como meio pra a prática de crime doloso). Não há outro".[2]

Mas seria de indagar-se acerca da manutenção ou não dos dados constantes da folha de antecedentes. Seria imprescindível a concessão de reabilitação para que o condenado pudesse ver extraídos da folha de antecedentes os dados relativos à condenação? Como bem afirma o autor, nos comentários ao artigo 748 do CPP, a reabilitação é dispensável para se garantir o sigilo sobre a folha de antecedentes, isto porque o artigo 202 da Lei de Execuções Penais determina que, cumprida ou extinta a pena, o sigilo acerca das informações é automático.

---

[1] REABILITAÇÃO. CONCEITO. COMPETÊNCIA. EFEITOS. SIGILOS DOS REGISTROS. 1. A reabilitação é uma medida de política criminal que tem por finalidade restaurar a dignidade social do condenado, possibilitando, em uma sociedade estigmatizante, o pleno exercício de seus direitos civis, sacrificados pela condenação, diante do preenchimento dos pressupostos legais. Requerida ao próprio Juiz da condenação e não ao da execução, diante da reforma de 1984, deixou de se constituir em perdão ou extinção da punibilidade para limitar-se, tão-só, a ato judicial que determina o sigilo dos registros penais anteriores (Recurso Criminal Ex Officio nº 2002.052.00024, 3ª Câmara Criminal do TJRJ, Rel. Des. Álvaro Mayrink da Costa. j. 13.05.2003).

[2] NUCCI, Guilherme de Souza. *Código de Processo Penal Comentado*. São Paulo: RT, 2005, p. 1022.

4. **Juízo competente**. Nos termos da lei, o juízo competente para processar e julgar o pedido de reabilitação é o da própria condenação, não tendo, neste âmbito, qualquer influência o juízo da execução penal, ainda que a causa transite em julgado junto ao Supremo Tribunal Federal.

Art. 744. O requerimento será instruído com:
I – certidões comprobatórias de não ter o requerente respondido, nem estar respondendo a processo penal, em qualquer das comarcas em que houver residido durante o prazo a que se refere o artigo anterior;
II – atestados de autoridades policiais ou outros documentos que comprovem ter residido nas comarcas indicadas e mantido, efetivamente, bom comportamento;
III – atestados de bom comportamento fornecidos por pessoas a cujo serviço tenha estado;
IV – quaisquer outros documentos que sirvam como prova de sua regeneração;
V – prova de haver ressarcido o dano causado pelo crime ou persistir a impossibilidade de fazê-lo.

1. **Documentos para a reabilitação**. No âmbito desse dispositivo, há que se fazer uma leitura em conjunto com o artigo 94 do Código Penal, pois ali também há referência a determinados documentos que devem instruir o pedido de reabilitação criminal (ter domicílio no país, demonstração de bom comportamento público e privado, ressarcimento do dano). Discordamos do eminente processualista NUCCI quando sustenta que, em face do artigo 94 do Código Penal, estaria, ainda, em vigor o 744 do CPP, uma vez que na opinião do autor, os documentos exigidos por ambos os dispositivos são essencialmente os mesmos. A questão, ao nosso ver não se estriba na semelhança ou não dos requisitos legais, mas sim na coexistência de normas, tendo em vista que não há revogação do CPP pelo CP. É uma questão eminentemente de hermenêutica jurídica.

2. **Reparação do dano**. Entendemos que a reparação do dano como requisito à concessão de reabilitação criminal somente é exigível em sendo possível, pois se assim não for, os condenados extremamente pobres jamais farão jus a este instituto, pois não poderiam arcar com as conseqüências do dano. É uma tentativa de minimizar a influência monetária no âmbito do sistema criminal, máxime quando a multa e a pena pecuniária, não raro, são suportadas por pessoas diversas daquelas condenadas. Nesse sentido, manifestou-se a jurisprudência.[3]

3. **Reincidência**. Como bem afirmado por DELMANTO, a reabilitação não afasta a reincidência criminal, haja vista que para o seu desaparecimento é necessário o transcurso de cinco anos após a extinção da pena (artigo 64 do CPP), e não de apenas dois como determina o artigo 94 do Código Penal.[4] Aliás, revogado está, por incompatibilidade absoluta, o prazo lançado pelo artigo 743 que autorizava o requerimento de reabilitação após o decurso de quatro ou oito anos. A vigência, neste particular é a do artigo 94, *caput*, do CP.

4. **Reiteração do pedido**. Nos termos do parágrafo único do artigo 94 do CP, negada a reabilitação por falta de *comprovação* dos requisitos da lei, a qualquer tempo novo pedido poderá ser formulado, o que indica, portanto, que a decisão denegatória faz mera coisa julgada formal. Porém, em sendo negado o pleito ao argumento de que o requerente não *preenche* os requisitos elencados, vedado é o novo pedido.

Art. 745. O juiz poderá ordenar as diligências necessárias para apreciação do pedido, cercando-as do sigilo possível e, antes da decisão final, ouvirá o Ministério Público.

1. **Realização de diligências pelo Juiz**. Questão das mais debatidas na atualidade é aquela que indaga se pode ou não o magistrado, sob o argumento da busca da verdade real, determinar, de ofício, a realização de diligências. Particularmente pensamos, com amparo de doutrina abalizada, que vedada é a atividade jurisdicional *ex officio*. O sistema acusatório, baseado eminentemente na separação entre as funções de acusar e julgar, determina que o Juiz permaneça na posição de terceiro eqüidistante, donde a busca da prova é tarefa atribuída apenas à acusação. Não pode o Juiz abandonar sua posição de julgador, para *ex officio*, auxiliar, quer a defesa, quer o Ministério Público. A busca da prova apenas pelas partes está intimamente relacionada ao ônus da prova, de forma que se assim não se reconhecer, tal regramento perde sua importância de ser.

---

[3] TJRS-263824) REABILITAÇÃO CRIMINAL – CONCESSÃO – RECURSO DE OFÍCIO – PREENCHIMENTO DOS REQUISITOS DOS ARTIGOS 94 DO CP E 744 DO CPP. Sentença de reabilitação e declaratória, preenchidos os requisitos do art. 94 CP é deferido. Ausência de prova de reparação do dano só impede a reabilitação quando o reabilitando, tendo condições de ressarcir, não o faz. Recurso improvido. (Recurso de Ofício nº 70007378706, 3ª Câmara Criminal do TJRS, Constantina, Rel. Des. Elba Aparecida Nicolli Bastos. j. 13.11.2003).

[4] DELMANTO, Celso *et all. Código Penal Comentado*. Rio de Janeiro: Renovar, 2000, p. 167.

Por isso, firmamos posição no sentido da impossibilidade de aplicação plena do disposto neste artigo, onde se autoriza o Juiz a ordenar as diligências necessárias para a apreciação do pedido.

Art. 746. Da decisão que conceder a reabilitação haverá recurso de ofício.

1. **Recurso.** Da decisão que concede reabilitação, deverá o Juiz recorrer de ofício da sua própria decisão, lançando nos autos, simples despacho no qual se determina a sua remessa à Superior Instância. É situação idêntica à contemplada pelo Código de processo Civil, ao que tange ao chamado reexame necessário. Cabe referir apenas como forma de complementar à informação a que dada que o recurso de ofício também tem previsão nas hipóteses de absolvição sumária nos feitos de competência do Júri, quando se arquiva inquérito ou se absolve condenado por crime contra a economia popular, da Lei n.º 1.521/51.

2. **Apelação.** A existência do recurso de ofício, que por si só determina a subida dos autos, não impede a interposição de Apelação por parte do Ministério Público, nos termos do artigo 593 e seguintes do Código de Processo Penal. Não se trata de Recurso em Sentido Estrito ou Agravo em Execução porque a decisão que concede a reabilitação não encontra previsão expressa e taxativa nos incisos do artigo 581 do CPP.

Art. 747. A reabilitação, depois de sentença irrecorrível, será comunicada ao Instituto de Identificação e Estatística ou repartição congênere.

1. **Comunicação ao Instituto de Identificação e Estatística.** Passada em julgado a sentença concessiva de reabilitação criminal, caberá ao Juiz oficiar o Instituto de Identificação e Estatística para fins de registro da decisão e, por via de consequência, impor o sigilo sobre os dados criminais do reabilitado.

Art. 748. A condenação ou condenações anteriores não serão mencionadas na folha de antecedentes do reabilitado, nem em certidão extraída dos livros do juízo, salvo quando requisitadas por juiz criminal.

1. **Omissão de dados constantes na folha de antecedentes.** Em leitura com o artigo anterior, e atentando-se para o que já foi dito, percebe-se que não há qualquer razão ou utilidade para na vigência do presente artigo de lei porque não é necessário que se formule pedido de reabilitação para que então seja determinado o sigilo referido. É ele efeito automático do cumprimento da pena, e por assim ser, dispensa qualquer providência suplementar.

Art. 749. Indeferida a reabilitação, o condenado não poderá renovar o pedido senão após o decurso de 2 (dois) anos, salvo se o indeferimento tiver resultado de falta ou insuficiência de documentos.

1. **Revogação parcial.** Pelo simples cotejo entre os artigos 94 do CP e 749 do CPP, percebe-se que o prazo de dois anos exigido para a *renovação* do pedido, não mais subsiste. É que, ao disciplinar a matéria, o artigo 94 do CP – que é posterior ao CPP –, qualquer menção fez a lapso temporal, donde se conclui, então, que o condenado pode reapresentar o pedido de reabilitação a qualquer tempo.

Art. 750. A revogação de reabilitação (Código Penal, art. 120) será decretada pelo juiz, de ofício ou a requerimento do Ministério Público.

1. **Revogação da reabilitação.** Conforme refere a lei, a revogação da reabilitação poderá ser determinada pelo Juiz, de ofício ou mediante prévio requerimento o Ministério Público. É necessário que se diga, embora não o tenha feito a lei, que a defesa não necessita ser intimada previamente à decisão para justificar a ocorrência de qualquer circunstância que cause a revogação do benefício. Isto porque, nos termos do artigo 95 do Código Penal – atual dispositivo de regência – a reabilitação será revogada se o condenado tornar-se reincidente por decisão passada em julgado e que não seja condenatória de multa. Desta forma, por não ser a reincidência comprovada ou justificável através de prova testemunhal, mas por mera certidão cartorária, bastará que o Juiz, na sua posse, constate a reincidência e revogue o benefício.

TÍTULO V
DA EXECUÇÃO DAS MEDIDAS DE SEGURANÇA

Os artigos 751 a 779, deste Título, estão prejudicados pela superveniência da Lei de Execuções Penais.

Relações Jurisdicionais com Autoridade Estrangeira
(arts. 780 a 790)

Ângelo Roberto Ilha da Silva

Doutor pela Faculdade de Direito da USP. Procurador da República.
Professor do Programa de Pós-Graduação daUlbra/Canoas. Professor da Unisinos (1998 a 2004).
Professor da PUC/RS (2004 a 2005). Porfessor da Escola Superior da Magistratura Federal (ESMAFE).
Professor da Escola Superior do Ministério Público da União (ESMPU) e Ex-Coordenador do núcleo estadual no Rio Grande do Sul da Escola Superior do Ministério Público da União.
Membro da Associação Nacional de Ciências Penais (ANPCP).

CONSIDERAÇÕES SOBRE A COOPERAÇÃO PENAL INTERNACIONAL NO CONTEXTO ATUAL

1. **Considerações iniciais.** Lá se vão já alguns anos (1989) em que o mundo testemunhou perplexo a queda – pouco antes, impensável – do muro de Berlim. Surge, então, de forma mais aguda, um processo de aceleração do que conhecemos hoje como globalização. Porém, a idéia não é nova, bastando recordar o que foi a amplitude do Império Romano – ressalvados as proporções e o contexto da época, evidentemente –, isso para citar só um dentre outros possíveis exemplos. Não é diferente no que diz com o espectro do crime. Talvez a nota mais significativamente distintiva seja a maior celeridade da criminalidade, em comparação com outros tipos de queda de barreiras entre os países. Já nos idos da década de 1930, QUINTILIANO SALDAÑA falava em suas conferências proferidas em Paris, Roma e Haia sobre a evolução da criminalidade nacional para uma criminalidade internacional, conferências cujo conteúdo serviu de base à publicação do livro *La Defensa Social Universal*, em 1936.[1] Hoje, o que se vê são as raízes do crime plenamente consolidadas em termos globais, não respeitando limites territoriais.

A profusão da incidência criminosa para além fronteiras dos diversos Estados – ainda tidos por soberanos – tem provocado não pouca inquietação, na medida em que não se logrou de forma satisfatória auferir os meios de enfrentamento dessa realidade. ARAUJO JÚNIOR, com apoio em DONNEDIEU DE VABRES, refere que o interesse no julgamento de crimes cometidos fora de seu âmbito territorial pelos Estados, surge, em termos legislativos, com o advento dos códigos francês e alemão, ambos do século XIX, surgindo, a partir daí, o desenvolvimento teorético relativamente à aplicação extraterritorial da lei penal, o qual resultou no reconhecimento tanto nas legislações nacionais como também pelo próprio direito internacional.[2]

Porém, bem antes disso, como refere GRECO FILHO, foi a partir do século XI que decisões provenientes de determinado território passaram a poder serem executadas alhures. A homologação de sentença estrangeira, ato de cooperação internacional por excelência, foi objeto de estudo do ínclito citado autor. Refere o professor que o Direito Romano, pródigo em arquitetar instituições jurídicas, não conheceu o problema, sendo que os "contornos mais definidos do instituto, porém, foram dados concomitantemente ao nascimento do Direito Internacional Privado, isto é, por obra de Bartoldo de Saxoferrato e Baldo de Ubaldis, entre outros, que realizavam a difícil tarefa de extrair dos textos romanos o seu espírito, as normas implícitas que representasse os ideais de justiça para a época, mantendo o embasamento no Direito Romano comum".[3]

---

[1] LYRA, Roberto. *Comentários ao código de processo penal*. V. VI. Rio de Janeiro: Forense, 1944, p. 433-434.

[2] ARAUJO JUNIOR, João Marcello de. Cooperação internacional na luta contra o crime. Transferência de condenados. Execução de sentença penal estrangeira. Novo conceito. *Revista brasileira de ciências criminais*. V. 10, p. 105, abr./jun. 1995.

[3] GRECO FILHO, Vicente. *Homologação de sentença estrangeira*. São Paulo: Saraiva, 1978, p. 5-6.

Contudo, qualquer interesse estatal em solucionar algum litígio criminal – ou mesmo litígio não-criminal – esbarraria no óbice da soberania de Estado em relação a outro. Ensina FARIA COSTA que o "mundo era, assim, concebido como um conjunto de articuladas mónadas, praticamente autónomas. E tais unidades de sentido – com um território, um povo, uma cultura e uma língua – a nada e a ninguém tinham que responder sobre o que se passava em seu território. E a conflitualidade, sobretudo por causa de territórios, entre esses Estados mónadas só podia ser resolvida pelo discurso da guerra. Discurso este que, para alguns, cinicamente ou talvez nem tanto, não era mais do que a continuação do discurso político da paz".[4]

Diante da intransponível barreira da soberania, surge, como alternativa, a via da cooperação internacional, visto que no mundo, mesmo antes da globalização, os fatos delituosos, por vezes, repercutiam para além fronteiras. Nesse contexto de necessária cooperação, insere-se o Livro V do CPP ao tratar "Das Relações Jurisdicionais com Autoridade Estrangeira –, cuidando, em seu Título Único, das "Disposições Gerais" (Capítulo I – arts. 780 a 782), "Das Cartas Rogatórias" (Capítulo – arts. 783 a 786) e "Da homologação das sentenças estrangeiras" (Capítulo III – arts. 787 a 790), cujos preceitos, à evidência, ressentem-se de atualidade.

2. **Ações de cooperação**. As relações jurisdicionais com autoridades estrangeiras referem-se aos diversos atos a serem cumpridos no escopo de dar seguimento ao curso do processo, tais como a expedição da carta rogatória para dar cumprimento à citação, a inquirições, dentre outras diligências, bem como à homologação de sentenças penais estrangeiras, sem prejuízo de convenções ou tratados que venham a ampliar esse espectro, como ocorre hoje no campo da cooperação investigativa. Ademais, com a Emenda Constitucional nº 45, de 2004, que acrescentou o atual § 3º ao art. 5º da Constituição Federal, os tratados e convenções internacionais sobre direitos humanos que forem aprovados, em cada Casa do Congresso Nacional, em dois turnos, por três quintos dos votos dos respectivos membros, serão equivalentes às emendas constitucionais.

Segundo LUISI, a doutrina reconhece três níveis de cooperação judiciária internacional em sentido amplo: um primeiro, relativo a notificações, medidas instrutórias, como oitiva de testemunhas, e as perícias; um segundo, mais relevante, relativo às medidas suscetíveis de causar dano às pessoas, caso dos embargos, seqüestros, entrega de objetos e outras medidas semelhantes; um terceiro, consistente na extradição.[5]

O conceito de cooperação judiciária penal internacional nos traz CERVINI, entendendo, num esquema funcional, "como um conjunto de atividades processuais (cuja projeção não se esgota nas simples formas), regulares (normais), concretas e de diverso nível, cumpridas por órgãos jurisdicionais (competentes) em matéria penal, pertencentes a distintos Estados soberanos, que convergem (funcional e necessariamente) em nível internacional, na realização de um mesmo fim, que não é senão o desenvolvimento (preparação e consecução) de um processo (principal) da mesma natureza (penal), dentro de um estrito marco de garantias, conforme o diverso grau e projeção intrínseco do auxílio requerido".[6] Do conceito apresentado dos ilustres autores deve-se observar, porém, que a cooperação penal internacional não se restringe ao palco das autoridades judiciárias, incluindo-se, também, as administrativas, como adiante se verá.

3. **Fundamentos da cooperação internacional**. Relativamente ao fundamento da cooperação internacional, destaco os seguintes: o primeiro fundamento consiste na cortesia internacional ou *comitas gentium*. Segundo este entendimento, a cooperação internacional não seria mais do que uma liberalidade entre os Estados. Contudo, GRECO FILHO afirma, com acerto, que a doutrina da *comitas gentium*, possui, hoje, valor meramente histórico, acrescentando, com MARNOCO E SOUZA, ser vaga, variável e incerta a noção de cortesia internacional.[7] Um segundo fundamento preconiza que a cooperação internacional não se assenta na mera cortesia entre os Estados, mas na necessidade de garantir, mediante assistência recíproca, a própria efetividade da atividade jurisdicional. Não seria, assim, uma mera faculdade, havendo verdadeira obrigação entre os Estados do convívio internacional, obrigação, ainda que moral, propiciadora de perda de prestígio do Estado descumpridor, bem como outros efeitos maléficos em seu relacionamento com os demais.[8] Há também o entendimento segundo o qual o fundamento da coo-

---

[4] FARIA COSTA, José Francisco de. A globalização e o direito penal (ou o tributo da consonância ao elogio da incompletude). *Revista de estudos criminais*. V. 6, p. 27, 2002.

[5] LUISI, Luiz, p. 9, no prólogo do livro *Princípios de cooperação judicial penal internacional no protocolo do mercosul,* dos autores Raul Cervini e Juarez Tavares. São Paulo: RT, 2000.

[6] CERVINI, Raúl; TAVARES, Juarez. *Princípios de cooperação judicial penal internacional no protocolo do mercosul.* São Paulo: RT, 2000, p. 51.

[7] GRECO FILHO, Vicente. *Homologação de sentença estrangeira.* São Paulo: Saraiva, 1978, p. 8.

[8] OTAVIO, Rodrigo. *Direito internacional privado.* Rio de Janeiro: Freitas Bastos, 1942, p. 115.

peração reside no respeito ao processo,[9] além de outros elencados pela doutrina. Todavia, dentre os mencionados, parece prevalecer hoje o entendimento segundo o qual o fundamento da cooperação internacional é o de conferir *efetividade* à jurisdição dos diversos Estados.

4. **Natureza jurídica**. Quanto à natureza jurídica da cooperação, CERVINI salienta o seu interesse prático, visto que a noção repercute no alcance do instituto. O autor destaca três posturas teóricas: a primeira, jurisdição própria, significa que existe jurisdição própria da sede requerida em auxílio, ou seja, a *"jurisdição do Juiz requerido, no que aos atos procedimentais da cooperação, lhe é própria e original;* por segundo, fala-se em delegação de jurisdição, a significar que a jurisdição à qual foi requerido o auxílio atuaria como comissionada pela jurisdição requerente, corrente um tanto criticada; por terceiro, tem-se a interação processual-funcional internacional, sobre a qual reproduzimos a seguinte passagem do autor referido: "Em nosso critério, o Juiz chamado a prestar cooperação penal internacional só pode dar trâmite em implementar aquelas medidas que não se encontrem proibidas, por suas lei internas. Este princípio está consagrado em Convênios bilaterais firmados por alguns países membros do Mercosul, caso do Uruguai, e inclusive no Direito Internacional Privado de fonte uruguaia. Neste âmbito, entram em julgamento também os princípios fundamentais do dogma penal, que é justamente tarefa dos penalistas velar pela sua observância. Finalmente, pode-se admitir que, diante de um pedido expresso e fundamentado de uma Corte requerente, o Juiz de Estado requerido cumpra a assistência de acordo com formalidades ou procedimentos especiais, mas isso será possível sempre que estas formas ou procedimentos adjetivos não forem incompatíveis com os parâmetros essenciais da lei interna. Esta é uma clara manifestação do Princípio de Respeito à Lei Interna Substancial e Processual do Estado requerido (formas e garantias)".[10]

5. **Cooperação internacional e ordem pública**. Nos dias atuais, sobreleva a relevância de os Estados prestarem cooperação no que diz respeito às chamadas medidas executórias, ao que infelizmente o Supremo Tribunal Federal não se sensibilizou. O autor MADRUGA,[11] ilustre professor em matéria de cooperação internacional, faz uma justa crítica a jurisprudência do Pretório Excelso, que era competente para proceder à homologação de sentenças estrangeiras e a conceder o *exequatur* às cartas rogatórias, até a edição da já mencionada Emenda nº 45, que fez com que a matéria fosse transferida para o âmbito da competência do Superior Tribunal de Justiça (art. 105, I, *i*, da Constituição Federal), tribunal do qual se espera um posicionamento mais condizente com nossa época, mesmo porque há fortes fundamentos jurídicos para que assim o seja.

Rememorando, o fato é que o STF nunca possibilitou um avanço no campo da cooperação quando se tratava de efetivar medidas ditas executórias. São vários os precedentes. Na Carta Rogatória nº 10.484 (decisão monocrática), julgada em 23.10.2003, em que a autoridade judiciária suíça solicitava informações sobre contas bancárias no escopo de desvendar um tráfico internacional de mulheres, o exequatur foi negado sob alegação de que a quebra de sigilo de dados era atentadora contra a ordem pública por possuir caráter executório. De notar-se que no referido caso o parecer da Procuradoria-Geral da República, modificando antigo entendimento, havia sido favorável à concessão. Na prática, em matéria de cooperação internacional, torna-se mais fácil restringir a liberdade de uma pessoa, como acontece com a extradição, por exemplo, do que indisponibilizar seus bens e ter acesso a seus dados bancários.

Veja-se a lição de MADRUGA: "Não faz sentido dizer que a concessão de *exequatur* em cartas rogatórias para o cumprimento de decisões judiciais estrangeiras fere, *per se*, a ordem pública, como aduziu o STF na Carta Rogatória 10.484, ou a soberania nacional, a teor do que dispôs o pretório constitucional na Carta Rogatória 7.154 (decisão monocrática). A professora Nadia de Araújo, da Pontifícia Universidade Católica do Rio de Janeiro, também critica a posição do Supremo, nos seguintes termos: 'Se a proibição da concessão de medidas de caráter executório não é fundada na lei, mas decorre da análise da ordem pública pelo STF, deveria haver maior incursão no mérito da questão, e, caso a caso, o pedido poderia ser deferido ou não. (...) O óbice da ordem pública não pode ter caráter absoluto e precisa ser reapreciado.' O Supremo se contradiz nesse argumento quando admite cartas rogatórias homologatórias, desde que previstas em acordos internacionais. (...) Se a

---

[9] CERVINI, Raúl; TAVARES, Juarez. *Princípios de cooperação judicial penal internacional no protocolo do mercosul*. São Paulo: RT, 2000, p. 53.

[10] Idem, p. 56-57.

[11] MADRUGA, Antenor. O Brasil e a jurisprudência do STF na idade média da cooperação jurídica internacional. *Revista brasileira de ciências criminais*. São Paulo, nº 54, p.291-311, mai./jun. 2005.

concessão de *exequatur* a cartas rogatórias que pedem homologação de decisões judiciais estrangeiras fere a ordem pública ou a soberania nacional, como entendeu o STF na linha de decisão das Cartas Rogatórias 7.154 e 10.484, não se poderia admiti-la nem mesmo quando prevista em tratados internacionais, na esteira da exceção reconhecida pelo Supremo nas CR 7.613 e 7.618. *Um tratado internacional não poderia autorizar medidas contrárias à ordem pública ou à soberania* (g.n.)".[12]

Mais ainda: mesmo em caso de cooperação a ser prestada por país estrangeiro, cooperação ativa, portanto, o STF já se negou a proporcionar os meios a possibilitá-la, consoante nos relata MADRUGA: "Num desses casos, um juiz federal brasileiro enviou carta rogatória à Alemanha solicitando documentos bancários que seriam usados como prova em processo-crime por lavagem de dinheiro, pedindo, ainda, o bloqueio cautelar dos fundos depositados na conta especificada. A autoridade judiciária alemã acatou a rogatória e determinou o congelamento dos bens, mas pediu os documentos que indicavam a titularidade da conta, para verificar a ocorrência de lavagem de dinheiro na Alemanha. Enviou esse pedido ao Brasil pelo mesmo caminho – carta rogatória. Analisada pelo Supremo, a resposta foi padrão: "a quebra de sigilo de dados, na carta rogatória, alcança contornos executórios, o que inviabiliza a pretendida concessão de 'exequatur'" (STF, Carta Rogatória 10.692, Min. Maurício Corrêa, decisão monocrática em 01.08.2003): 'Por outro lado, conforme consta à fl 187, 'a exordial acusatória faz menção a valores de movimentação financeira, a números de contas bancárias e a comunicações telefônicas interceptadas que, ao menos em tese, consubstanciam informações acobertadas por sigilo, nos termos do art. 3º da Lei 9.034/95 e do art. 8º da Lei 9.296/96'. Assim sendo, esta Corte firmou entendimento de que a quebra de sigilo de dados, na carta rogatória, alcança contornos executórios, o que inviabiliza a pretendida concessão de *exequatur*. Nesse sentido Cartas Rogatórias 6.779 e 6.681, Octavio Gallotti, DJU de 13.03.1995 e 06.04.1995, respectivamente, e 8.622, Velloso, DJU de 05.10.1999".[13] Com se observa, no caso relatado o país a quem foi solicitada a cooperação, a Alemanha, não se negou a cooperar, antes pelo contrário, tomou as providências devidas, só que na solicitação de envio de documentos que fez para instruir o feito, se valeu, por sua vez de rogatória, mas o país favorecido, o Brasil, não pode cooperar...

Ocorre que, nesse campo, o STF, com a vênia devida, fundamenta-se em equivocada interpretação de alguns autores clássicos como Amilcar de Castro, Haroldo Valadão, Oscar Tenório, Rodrigo Octávio, dentre outros. Isso porque o entendimento segundo o qual é vedada a medida executória de sentença estrangeira a ser cumprida no Estado brasileiro sem que haja homologação pela Justiça de nosso país referia-se às *relações de direito internacional privado,* e não à cooperação entre Estados. Portanto, a vedação a que a doutrina se referia dizia respeito a relações de cunho privado. Porém, a isso não atentou o STF, passando a decidir todo e qualquer pedido de cooperação entre Estados soberanos, no escopo de dar efetividade à persecução penal, sempre, e sem distinção, de modo denegatório, sob argumento de que eventual deferimento vulneraria a ordem pública.

Outra peculiaridade que não deve ser olvidada está em contextualizar a lição de Rodrigo Octávio, em seu livro *Direito de Estrangeiro no Brazil,* de 1909, porquanto, naquela época o *exequatur* era concedido pelo Poder Executivo, e, nesses termos, o óbice a eventual medida executória que algum país pretendesse de nós haver, justificaria-se na medida em que se fazia ausente o crivo do judiciário, o que, à evidência, afrontaria tanto a soberania nacional, como o devido processo legal, isso no caso de tratar-se de medida executória. Com efeito, assim dispunha a Lei nº 221, de 1824, em seu art. 12, § 4º: "As rogatórias emanadas de autoridades estrangeiras serão cumpridas sómente depois que obtiverem o *exequatur* do Governo Federal, sendo exclusivamente competente o juiz seccional do Estado onde tiverem de ser executadas as diligências deprecadas (...)".[14] Porém, com a transferência da competência para si, o STJ tem a oportunidade de contribuir para um real avanço nessa matéria.

6. **Ampliação das vias cooperativas.** Hoje a cooperação internacional tende a transcender a intervenção estritamente jurisdicional para incluir a cooperação diretamente entre autoridades administrativas, resguardado, evidentemente, o acesso ao judiciário para garantir-se a preservação dos direitos fundamentais que possam vir a ser vulnerados. Exemplo, dentre tantos outros, encontramos no Decreto nº 3.810, de 2 maio de 2001, o qual Pro-

---

[12] MADRUGA, Antenor. O Brasil e a jurisprudência do STF na idade média da cooperação jurídica internacional. *Revista brasileira de ciências criminais.* São Paulo, nº 54, p.291-311, mai./jun. 2005, p. 297-298.

[12] Ibidem.

[14] Confira-se, ainda, no excelente texto de: MADRUGA, Antenor. O Brasil e a jurisprudência do STF na idade média da cooperação jurídica internacional. *Revista brasileira de ciências criminais.* São Paulo, nº 54, p.291-311, mai./jun. 2005, p. 304.

mulga o Acordo de Assistência Judiciária em Matéria Penal entre o Governo da República Federativa do Brasil e o Governo dos Estados Unidos da América, celebrado em Brasília, em 14 de outubro de 1997, corrigido em sua versão em português, por troca de notas, em 15 de fevereiro de 2001. Assim como outros, o acordo prevê a assistência judiciária mútua, com tomada de depoimentos ou declarações de pessoas; fornecimentos de documentos, registros e bens; localização ou identificação de pessoas ou bens; entrega de documentos; transferência de pessoas sob custódia para prestar depoimento ou outros fins; execução de pedidos de busca e apreensão; assistências em procedimentos relacionados a imobilização e confisco de bens, restituição, cobrança de multas; e qualquer outra forma de assistência não proibida pelas leis do Estado Requerido. Como se vê o acordo prevê uma cooperação muito além daquele entendimento esposado pelo STF em matéria de Carta Rogatória com caráter executório. Além disso, o envio e o recebimento das solicitações serão feitos pela Autoridade Central de cada país. No caso do Brasil, a Autoridade Central é o Ministro da Justiça, ao passo que a dos Estados Unidos é o Procurador-Geral da República daquele país. Além do acordo que trouxemos como exemplo, há vários outros, firmados com diversos Estados estrangeiros, o que bem demonstra que a cooperação internacional está em franca ascendência. Como assevera PEREIRA NETO,[15] "logo se observa a *insuficiência* das regras processuais penais internas ancoradas no Código de Processo Penal para fazer frente aos desafios do crime transnacional e da demanda da cooperação internacional".

Nessas nossas breves considerações introdutórias, pensamos ter restado definitivamente consignado que a cooperação penal internacional não fica restrita ao Código de Processo Penal, havendo uma ampla gama de instrumentos materializados nos acordos e tratados internacionais hoje à disposição dos Estados soberanos. Assim, ao comentarmos os artigos de nosso vetusto diploma, há que se ter em conta suas limitações, sendo certo que o CPP não é o único instrumento de cooperação, antes pelo contrário, convive com diversos outros, quiçá, em sua maioria muito mais aptos a proporcionarem uma melhor cooperação.

7. Cooperação e o Tribunal Penal Internacional. Ainda, uma palavra sobre o Tribunal Penal Internacional. O Estatuto de Roma, aprovado, em julho de 1998, após não poucas discussões, instituiu o Tribunal Penal Internacional, o qual possui competência para julgamento de crimes como genocídio, os crimes contra a humanidade e os crimes de guerra. Por sua vez, com a Emenda Constitucional nº 45, "O Brasil se submete à jurisdição de Tribunal Penal Internacional a cuja criação tenha manifestado adesão" (Constituição Federal, art. 5º, § 4º). Em face de nossa Lei Maior, a doutrina (CERNICCHIARO e LUIZI, por exemplo) opõe várias críticas à submissão do Brasil ao Tribunal Penal Internacional, na esteira da qual haveria inconstitucionalidades, tais como a ilegítima extradição de brasileiro para ser julgado fora de nosso país, exercício da jurisdição do TPI em desrespeito às imunidades e prerrogativas de foro, não respeito à coisa julgada, prisão perpétua e a imprescritibilidade da pretensão punitiva.

Às críticas responde REALE JÚNIOR,[16] entendendo-as superáveis, pelos seguintes motivos: a) não se trata de extradição de nacional a ser entregue para julgamento para outro país, pois o Tribunal Penal Internacional é ratificado pelo Brasil, que é seu *instituidor* e *membro;* b) o foro especial é prerrogativa da sociedade, no escopo de que o julgamento seja feito por órgão imparcial; c) a revisão a coisa julgada é *excepcional*, apenas para os casos em que se verifique que o agente delituoso foi submetido a uma farsa e não a um julgamento efetivo; d) a prisão perpétua poderá redundar em prisão de 25 anos, bastando que a ratificação se dê acompanhada de declaração interpretativa, consignando-se que a ratificação ocorre com a condição de que a pena não supere o máximo legal à prevista para o direito interno; e) a previsão de imprescritibilidade não é inconstitucional pelo simples fato de não constar no elenco do art. 5º da Constituição Federal como direito fundamental. Assim, ao ver do autor não há óbice ao fato de o Brasil ter aderido à jurisdição do Tribunal Penal Internacional.

Por derradeiro, não obstante tratar-se o presente texto de comentários ao Código de Processo Penal, não deve o leitor olvidar da realidade por nós mencionada de um espectro bem mais amplo de cooperação penal internacional do que o previsto em nosso estatuto processual. Porém, o tratamento de tal matéria há de ser feito em obras mais detidas e específicas, para não haver distanciamento dos objetivos deste trabalho. Não obstante, pensamos que alguns indicativos incipientes foram lançados neste intróito, como contribuição a um primeiro passo nesse percurso.

---

[15] PEREIRA NETO, Pedro Barbosa. Cooperação penal internacional nos delitos econômicos. *Revista brasileira de ciências criminais.* São Paulo, nº 54, p. 153-168, mai./jun. 2005, p. 160.

[16] REALE JÚNIOR, Miguel. *Instituições de direito penal.* Vol. I. 2ª ed. Rio de Janeiro: Forense, 2004, p. 120-121.

LIVRO V
DAS RELAÇÕES JURISDICIONAIS COM AUTORIDADE ESTRANGEIRA

TÍTULO ÚNICO

CAPÍTULO I
DISPOSIÇÕES GERAIS

Art. 780. Sem prejuízo de convenções ou tratados, aplicar-se-á o disposto neste Título à homologação de sentenças penais estrangeiras e à expedição e ao cumprimento de cartas rogatórias para citações, inquirições e outras diligências necessárias à instrução de processo penal.

1. **Convenções, tratados e níveis de cooperação internacional.** O artigo inicia ressalvando as convenções e tratados internacionais, os quais, consoante visto na introdução, se acrescem às regras dispostas no diploma processual penal. A Constituição de 1988, originalmente, consagrou, em seu art. 5º, § 2º, a norma segundo a qual os direitos e garantias nela expressos não excluem outros decorrentes do regime e dos princípios por ela adotados, ou dos tratados internacionais em que a República Federativa do Brasil seja parte. Depois, ao tratar da eficácia dos tratados e convenções internacionais no âmbito territorial brasileiro, estabeleceu a Emenda Constitucional nº 45, de 2004, que, versando referidos documentos sobre direitos humanos, tendo sido aprovados, em cada Casa do Congresso Nacional, em dois turnos, por três quintos dos votos dos respectivos membros, serão equivalentes às emendas constitucionais, gozando, dessa forma, de *status* constitucional (art. 5º, § 3º). Assim, o presente artigo revela-se em perfeita consonância com a Constituição.

Art. 781. As sentenças estrangeiras não serão homologadas, nem as cartas rogatórias cumpridas, se contrárias à ordem pública e aos bons costumes.

1. **Ordem pública e bons costumes.** Conquanto não se possa hoje prescindir da cooperação judicial em matéria penal, o direito interno impõe limites há observar, exercendo o Estado cooperador controle do ato demandado pelo Estado requerente, mediante a utilização de certos critérios. A par da norma disposta no presente artigo, a Lei de Introdução ao Código Civil, aplicável ao direito interno de modo geral, estabelece em seu art. 17 que as leis, atos e sentenças de outro país, bem como quaisquer declarações de vontade, não terão eficácia no Brasil quando ofenderem a soberania nacional, a ordem pública e os bons costumes. O atendimento aos reclamos de soberania nacional é pressuposto tão lógico quanto evidente. Porém, o fio condutor em que se maneja a cooperação é a ordem pública, conceito deveras amplo, mas que deve ser delimitado pelo órgão responsável no caso concreto, atendendo, evidentemente, a suas condições peculiares, sempre resultantes dos princípios constitucionais consagrados na Constituição. Prescindi-se de um maior esforço em se buscar resguardar especifica e diretamente a soberania nacional, porquanto por certo que essa resultaria atingida à medida que a ordem pública ou mesmo os costumes pátrios assim o fossem. O art. 216 do Regimento Interno do Supremo Tribunal Federal também dispõe a necessidade de resguardo da soberania nacional, da ordem pública e dos bons costumes. Porém, com a Emenda Constitucional nº 45, de 2004, a homologação de sentenças estrangeiras e a concessão de *exequatur* às cartas rogatórias, passaram a ser da competência do Superior Tribunal de Justiça (art. 105, I, *i*).

Art. 782. O trânsito, por via diplomática, dos documentos apresentados constituirá prova bastante de sua autenticidade.

1. **Prova da autenticidade.** O dispositivo assevera que o trâmite de documentos pela via diplomática os faz, só por esse fato, autênticos. Assim, nenhuma providencia necessitará ser tomada com vistas a conferir legitimidade a documentos que tenham seu trânsito nesses termos.

CAPÍTULO II
DAS CARTAS ROGATÓRIAS

Art. 783. As cartas rogatórias serão, pelo respectivo juiz, remetidas ao Ministro da Justiça, a fim de ser pedido o seu cumprimento, por via diplomática, às autoridades estrangeiras competentes.

1. **Cartas rogatórias.** A carta precatória constitui-se no meio mediante o qual o juiz de determinada Comarca (no caso da Justiça Estadual) ou Subseção Judiciária (no caso da Justiça Federal) solicita a um juiz de Comarca ou Subseção Judiciária diversa o cumprimento de determinado ato. Já a carta rogatória é uma contribuição que se opera entre juízes de países diversos. Ademais, *mutatis mutandis*, como a necessidade de tradução, por exemplo, e observadas as restrições próprias advindas em razão da soberania nacional, possui idêntica finalidade. Consoante consigna o dispositivo, deve a carta rogatória ser enca-

minhada pelo juiz do feito ao Ministro da Justiça, o qual providenciará o encaminhamento da carta ao Estado estrangeiro, pela via diplomática. Os diplomas que disciplinam a matéria são: a Convenção Internacional sobre Cartas Rogatórias, celebrada no Panamá, em 30 de janeiro de 1975, promulgada pelo Decreto nº 1.899, de 9 de maio de 1996; o Decreto nº 2.022, de 7 de outubro de 1996, que promulgou o Protocolo Adicional à Convenção Interamericana sobre Cartas Rogatórias, que fora celebrado em Montevidéu, aos 8 de maio de 1979.[17]

> **Art. 784.** As cartas rogatórias emanadas de autoridades estrangeiras competentes não dependem de homologação e serão atendidas se encaminhadas por via diplomática e desde que o crime, segundo a lei brasileira, não exclua a extradição.
>
> § 1º As rogatórias, acompanhadas de tradução em língua nacional, feita por tradutor oficial ou juramentado, serão, após *exequatur* do presidente do Supremo Tribunal Federal, cumpridas pelo juiz criminal do lugar onde as diligências tenham de efetuar-se, observadas as formalidades prescritas neste Código.
>
> § 2º A carta rogatória será pelo presidente do Supremo Tribunal Federal remetida ao presidente do Tribunal de Apelação do Estado, do Distrito Federal, ou do Território, a fim de ser encaminhada ao juiz competente.
>
> § 3º Versando sobre crime de ação privada, segundo a lei brasileira, o andamento, após o *exequatur*, dependerá do interessado, a quem incumbirá o pagamento das despesas.
>
> § 4º Ficará sempre na secretaria do Supremo Tribunal Federal cópia da carta rogatória.

1. **Carta rogatória passiva.** Chama-se carta rogatória passiva aquela advinda do exterior pleiteando cumprimento no Brasil. Com a Emenda Constitucional nº 45, a concessão do *exequatur* ou do "cumpra-se" (até então da competência do Supremo Tribunal Federal) passou a ser do Superior Tribunal de Justiça, a teor do que dispõe o art. 105, I, *i*, da Constituição Federal.

2. **Processamento.** Não obstante o fato de a concessão do *exequatur* ser da competência do Superior Tribunal de Justiça, aplicam-se os dispositivos do Regimento Interno do Supremo Tribunal Federal (RISTF), até o momento em que lacuna no Regimento do STJ venha a ser suprida. Havendo o trâmite pela via diplomática e, desde que acompanhada a carta por tradução para português, fica dispensada a exigência do art. 784, § 1º, do CPP, que determina seja a tradução feita por tradutor oficial ou juramentado. Isso porque o art. 782 do CPP confere autenticidade aos documentos que tenham seu trâmite pela via diplomática. A concessão do *exequatur* competirá ao presidente do STJ (art. 225 do RISTF). Recebida a rogatória, o interessado residente no país será intimado, podendo impugná-la no prazo de cinco dias (art. 226, *caput*, do RISTF). Findo esse prazo, será aberta vista ao Procurador-Geral da República, que também poderá impugnar o cumprimento da rogatória (art. 226, § 1º, do RISTF). Não havendo impugnação, ou sendo julgada improcedente, o presidente do STJ encaminhará os autos ao presidente do Tribunal Regional Federal (a competência para o cumprimento da rogatória é da Justiça Federal, conforme art. 109, X, da Constituição Federal), cujo território abranger o local onde deva ser cumprida a carta (art. 784, § 2º, do CPP), o qual, por sua vez, encaminhará ao Juiz Federal da Subseção Judiciária (vinculado ao respectivo TRF) em que deverá ser cumprida a carta. Cumprida a rogatória, será devolvida ao STJ, no prazo de dez dias, sendo por este devolvida, por via diplomática, ao Juízo ou Tribunal de origem. Da decisão que concede ou que denega o *exequatur* caberá agravo regimental (art. 227, parágrafo único, do RISTF), cabendo, ainda, embargos relativos a quaisquer atos que lhe sejam referentes, no prazo de dez dias (art. 228 do RISTF), sendo a decisão dos embargos, sujeita a agravo regimental (art. 228, parágrafo único, do RISTF).

> **Art. 785.** Concluídas as diligências, a carta rogatória será devolvida ao presidente do Supremo Tribunal Federal, por intermédio do presidente do Tribunal de Apelação, o qual, antes de devolvê-la, mandará completar qualquer diligência ou sanar qualquer nulidade.

1. **Competência do Superior Tribunal de Justiça e dos Tribunais Regionais Federais.** Consoante já se afirmou, os Tribunais de Apelação a que se refere o CPP não mais existem. No âmbito da Justiça Estadual há os Tribunais de Justiça, ao passo que no da Justiça Federal existem os Tribunais Regionais Federais. Assim, onde se lê Tribunal de Apelação, leia-se Tribunais Regionais Federais, visto que as cartas rogatórias tramitam na Justiça Federal, a teor do que estabelece o art. 109, X, da Constituição Federal. Cumpre, portanto, ao presidente do Tribunal Regional Federal que abranger o local onde a carta deve tramitar, ou seja, do tribunal a que o Juiz Federal estiver vinculado, encaminhar a carta ao presi-

---

[17] Conforme: MIRABETE, Julio Fabbrini. *Processo penal.* 16ªed. São Paulo: Atlas, 2004, p. 805.

dente do Superior Tribunal de Justiça (e não mais ao Supremo Tribunal Federal), o qual fará a carta seguir seu trâmite, porquanto, consoante a Emenda Constitucional nº 45, a concessão do *exequatur* (ou seja, do "cumpra-se") às cartas rogatórias agora é da competência deste Tribunal Superior (art. 105, I, *i*, da Constituição Federal).

Art. 786. O despacho que conceder o *exequatur* marcará, para o cumprimento da diligência, prazo razoável, que poderá ser excedido, havendo justa causa, ficando esta consignada em ofício dirigido ao presidente do Supremo Tribunal Federal, juntamente com a carta rogatória.

1. **Prazo para o cumprimento da rogatória.** O que pretende o dispositivo é proporcionar o mais célere processamento no cumprimento da carta rogatória, mesmo porque, com a Emenda Constitucional nº 45, o trâmite de qualquer processo judicial (e também administrativo) passou a constituir direito fundamental (art. 5º, LXXVIII, da Constituição Federal).

CAPÍTULO III
DA HOMOLOGAÇÃO DAS SENTENÇAS ESTRANGEIRAS

Art. 787. As sentenças estrangeiras deverão ser previamente homologadas pelo Supremo Tribunal Federal para que produzam os efeitos do art. 7º do Código Penal.

1. **Homologação de sentença estrangeira.** Quanto aos efeitos, no campo penal a sentença estrangeira sofre sérias restrições, isso por reclamos de soberania nacional. Assim, apenas para os fins previstos no art. 9º do CP, e ainda assim somente nos casos em que a aplicação da lei brasileira produz as mesmas conseqüências, é que a sentença estrangeira poderá ser homologada, a saber: a) para obrigar o condenado à reparação do dano, a restituições e a outros efeitos civis; b) para sujeitar o imputado à medida de segurança. Ademais, a homologação depende de cumprimento das exigências do parágrafo único, letras *a* e *b*, do mencionado art. 9º. Outrossim, em razão da Emenda Constitucional nº 45, a competência para a homologação também passou a ser do Superior Tribunal de Justiça (art. 105, I, *i*, da Constituição Federal).

Art. 788. A sentença penal estrangeira será homologada, quando a aplicação da lei brasileira produzir na espécie as mesmas conseqüências e concorrem os seguintes requisitos:

I – estar revestida das formalidades externas necessárias, segundo a legislação do país de origem;

II – haver sido proferida por juiz competente, mediante citação regular, segundo a mesma legislação;

III – ter passado em julgado;

IV – estar devidamente autenticada por cônsul brasileiro;

V – estar acompanhada de tradução, feita por tradutor público.

1. **Requisitos para a homologação de sentença estrangeira.** O que os requisitos dispostos no artigo traduzem na realidade é exigência do devido processo legal, que, à evidência, deve se revestir das formalidades legais, mediante sentença de juiz competente, com trânsito em julgado, devidamente autentica e com tradução, cujos aspectos principais serão comentados ao proceder-se às observações ao artigo seguinte.

Art. 789. O procurador-geral da República, sempre que tiver conhecimento da existência de sentença penal estrangeira, emanada de Estado que tenha com o Brasil tratado de extradição e que haja imposto medida de segurança pessoal ou pena acessória que deva ser cumprida no Brasil, pedirá ao Ministro da Justiça providências para obtenção de elementos que o habilitem a requerer a homologação da sentença.

§ 1º A homologação de sentença emanada de autoridade judiciária de Estado, que não tiver tratado de extradição com o Brasil, dependerá de requisição do Ministro da Justiça.

§ 2º Distribuído o requerimento de homologação, o relator mandará citar o interessado para deduzir embargos, dentro de 10 (dez) dias, se residir no Distrito Federal, de 30 (trinta) dias, no caso contrário.

§ 3º Se nesse prazo o interessado não deduzir os embargos, ser-lhe-á pelo relator nomeado defensor, o qual dentro de 10 (dez) dias produzirá a defesa.

§ 4º Os embargos somente poderão fundar-se em dúvida sobre a autenticidade do documento, sobre a inteligência da sentença, ou sobre a falta de qualquer dos requisitos enumerados nos arts. 781 e 788.

§ 5º Contestados os embargos dentro de 10 (dez) dias, pelo procurador-geral, irá o processo ao relator e ao revisor, observando-se no seu julgamento o Regimento Interno do Supremo Tribunal Federal.

§ 6º Homologada a sentença, a respectiva carta será remetida ao presidente do Tribunal de Apelação do Distrito Federal, do Estado, ou do Território.

§ 7º Recebida a carta de sentença, o presidente do Tribunal de Apelação a remeterá ao juiz do lugar de residência do condenado, para a aplicação da medida de segurança ou da pena acessória, observadas as disposições do Título II, Capítulo III, e Título V do Livro IV deste Código

1. Pedido e processamento da homologação de sentença estrangeira. A petição inicial deverá ser feita pelo Procurador-Geral da República, bem como pela parte interessada (e legitimada), no caso da reparação civil (art. 790). Se a homologação tiver por escopo a sujeição do imputado à medida de segurança, estabelece o art. 9º, II, *b*, do CP, a necessidade de existência de tratado de extradição com o país de cuja autoridade judiciária emanou a sentença, ou, na falta de tratado, de requisição do Ministro da Justiça. Até que advenha regramento específico ao Superior Tribunal de Justiça, devem ser aplicadas as regras previstas no Regimento Interno do Supremo Tribunal Federal (RISTF), que detinha até o advento da Emenda Constitucional nº 45, a competência para a homologação. Assim, após o requerimento, instruído com certidão ou cópia do texto integral devidamente autenticada da sentença estrangeira, pelo cônsul brasileiro e acompanhada de tradução oficial (art. 217, IV, do RISTF), inserindo-se neste caso também aquela feita pela via diplomática, incluindo outros documentos indispensáveis, além das indicações constantes da lei processual (art. 218 do RISTF), o requerido será citado, por oficial de justiça, após o que terá quinze dias para contestar (art. 220 do RISTF). A contestação somente poderá versar sobre a autenticidade dos documentos, a inteligência da sentença e a observância dos requisitos indicados nos arts. 217 e 218 (art. 221 do RISTF). Denegada a homologação da sentença estrangeira, caberá agravo regimental ao plenário (parágrafo único do art. 222 do RISTF).

Art. 790. O interessado na execução de sentença penal estrangeira, para a reparação do dano, restituição e outros efeitos civis, poderá requerer ao Supremo Tribunal Federal a sua homologação, observando-se o que a respeito prescreve o Código de Processo Civil.

1. **Aplicação da regra ao Superior Tribunal de Justiça.** Consoante acima visto, cabe hoje ao Superior Tribunal de Justiça a homologação de sentença estrangeira (art. 105, I, *i*, da Constituição Federal). Portanto, no caso de reparação civil, cabe ao legitimado a provocação desse tribunal, aplicando-se as mesmas regras previstas para o artigo anterior.

Disposições Gerais
(arts. 791 a 811)

David Medina da Silva

Promotor de Justiça no Rio Grande do Sul, Pós-Graduado em Direito Público e Professor da Escola Superior do Ministério Público.

INTRODUÇÃO

1. **Normas gerais do processo penal**. Encerrando o Código de Processo Penal, o Livro VI trata de normas gerais sobre a realização dos atos processuais, como audiências, sessões judiciais e prazos. É bom lembrar, contudo, que tais normas estão complementadas, em cada Estado da Federação, pelas respectivas leis de organização judiciária, que são leis de iniciativa do Tribunal de Justiça e aprovadas pela Assembléia Legislativa de cada Estado, não prevalecendo, pois, sobre o Código de Processo Penal, devendo, isto sim, ter aplicação supletiva. No Rio Grande do Sul, a matéria está tratada na Lei n° 7.356, de 1° de dezembro de 1980, com suas alterações posteriores (Código de Organização Judiciária do Estado – COJE).

LIVRO VI
DISPOSIÇÕES GERAIS

Art. 791. Em todos os juízos e tribunais do crime, além das audiências e sessões ordinárias, haverá as extraordinárias, de acordo com as necessidades do rápido andamento dos feitos.

1. **Audiência e sessões**. Em sentido amplo, *audiência* constitui qualquer encontro do Juiz, nessa condição, com pessoas interessadas em assuntos correlatos ao Poder Judiciário, na sua esfera de competência; em sentido estrito, *audiência* é o ato processual, presidido pelo juiz, podendo ocorrer apenas para a coleta de prova (audiência de instrução) ou culminar com o julgamento do processo, como ocorre nos procedimentos concentrados, de que é exemplo o rito sumário (art. 538, § 2°, do CPP). Sessão é a denominação da audiência realizada nos tribunais.

As audiências e sessões ordinárias são as que se realizam de acordo com o andamento normal da pauta judicial, enquanto as extraordinárias são as que se realizam em virtude da necessidade do serviço, às vezes sem observância da respectiva pauta.

Art. 792. As audiências, sessões e os atos processuais serão, em regra, públicos e se realizarão nas sedes dos juízos e tribunais, com assistência dos escrivães, do secretário, do oficial de justiça que servir de porteiro, em dia e hora certos, ou previamente designados.

§ 1º Se da publicidade da audiência, da sessão ou do ato processual, puder resultar escândalo, inconveniente grave ou perigo de perturbação da ordem, o juiz, ou o tribunal, câmara, ou turma, poderá, de ofício ou a requerimento da parte ou do Ministério Público, determinar que o ato seja realizado a portas fechadas, limitando o número de pessoas que possam estar presentes.

§ 2º As audiências, as sessões e os atos processuais, em caso de necessidade, poderão realizar-se na residência do juiz, ou em outra casa por ele especialmente designada.

1. **Publicidade das audiências e sessões**. A Constituição Federal consagra o princípio da publicidade dos atos judiciais (art. 93, IX), dizendo que todos os julgamentos dos órgãos do Poder Judiciário serão públicos. Logicamente, tal princípio não é absoluto, havendo ressalva no próprio dispositivo constitucional citado, ao permitir que a lei restrinja a presença, em determinados atos, às próprias partes e a seus advogados, ou somente a estes, em casos nos quais a preservação do direito à intimidade do interessado no sigilo não prejudique o interesse público à informação (Redação dada pela Emenda Constitucional n° 45, de 2004).

O art. 792, atendendo ao princípio da publicidade, determina que as audiências, sessões e os atos processuais sejam públicos e realizados nas sedes dos juízos ou tribunais, com assistência dos funcionários encarregados do serviço judicial, em dia e hora certos, ou previamente designados. O § 1º autoriza o Magistrado, de ofício ou a requerimento da parte ou do Ministério Público, a determinar que o ato seja secreto, limitando o número de pessoas que possam estar presentes. Este dispositivo foi, evidentemente, recepcionado pelo artigo 93, IX, da Constituição Federal, para os casos em que a publicidade for incompatível com o interesse público, como ocorre quando se vai colher o depoimento de uma vítima de crime sexual, por exemplo, a quem não se pode obrigar a compartilhar com o público sua vergonha, ou nos casos de testemunhas que estejam sob a custódia dos serviços de proteção.

2. Retirada do réu da audiência ou sessão. Em princípio, o réu tem o direito de assistir os depoimentos prestados no processo, mas o artigo 217 do Código de Processo Penal permite ao juiz retirá-lo, se concluir que a presença do acusado poderá influenciar no ânimo da testemunha, de modo prejudicial à verdade do depoimento.[1] No mesmo sentido, estabelece o artigo 796 que o Magistrado poderá, ainda, retirar do recinto o acusado que não se portar convenientemente, sem prejuízo da realização do ato processual, com a presença do defensor do réu, ficando este, ainda, sujeito a processo por desobediência, resistência ou desacato, conforme o caso. A retirada do réu do recinto é medida salutar, ainda que excepcional, para que o juiz possa conciliar os princípios da publicidade e da ampla defesa com outros, igualmente importantes, como o devido processo legal, a celeridade e a verdade real, pois não se pode permitir que o acusado, com seu comportamento, crie obstáculos à instrução processual.

Art. 793. Nas audiências e nas sessões, os advogados, as partes, os escrivães e os espectadores poderão estar sentados. Todos, porém, se levantarão quando se dirigirem aos juízes ou quando estes se levantarem para qualquer ato do processo.
Parágrafo único. Nos atos da instrução criminal, perante os juízes singulares, os advogados poderão requerer sentados.

1. **Locais das audiências e sessões.** As audiências e sessões devem ser realizadas no prédio do foro ou do tribunal respectivo, mas a lei autoriza que, excepcionalmente, sejam realizadas em outros lugares, como ocorre com testemunha ou réu enfermo (arts. 220 e 403), podendo o ato realizar-se, inclusive, na residência do juiz. Pessoas que detêm cargos especiais podem ser ouvidos em local ajustado entre elas e o juiz (Presidente e Vice-presidente da República, senadores, deputados, etc), consoante dispõe o art. 221.

2. **Respeito aos Magistrados.** As pessoas assistirão às audiências sentadas, mas ficarão em pé quando se dirigirem aos magistrados ou quando estes se levantarem para algum ato processual. O COJE-RS dispõe que: "Salvo o caso de inquirição de testemunhas ou permissão do Juiz, os servidores, as partes, ou quaisquer outras pessoas, excetuados o agente do Ministério Público e os advogados, manter-se-ão de pé enquanto falarem ou procederem a alguma leitura" (art. 180). Por outro lado, constitui direito do advogado falar, sentado ou em pé, em juízo ou tribunal (art. 7º, XII, da Lei nº 8.906/94). A norma destina-se a preservar a reverência e o respeito que se deve manter em relação ao Poder Judiciário.

Art. 794. A polícia das audiências e das sessões compete aos respectivos juízes ou ao presidente do tribunal, câmara, ou turma, que poderão determinar o que for conveniente à manutenção da ordem. Para tal fim, requisitarão força pública, que ficará exclusivamente à sua disposição.

1. **Poder de polícia.** Os juízes e presidentes de tribunal, câmara ou turma exercem a polícia das audiências ou sessões a seu cargo, o que significa que são os responsáveis pela manutenção da ordem e da disciplina, podendo requisitar força pública, que ficará exclusivamente à sua disposição.

Art. 795. Os espectadores das audiências ou das sessões não poderão manifestar-se.
Parágrafo único. O juiz ou presidente fará retirar da sala os desobedientes, que, em caso de resistência, serão presos e autuados.

1. **Disciplina do público.** Os espectadores das audiências e sessões devem permanecer em silêncio durante os trabalhos, de molde a não prejudicar a ordem e a disciplina, podendo o juiz providenciar na retirada de quem não se portar adequadamente, sem pre-

---

[1] "Inexiste nulidade na determinação do juiz, a pedido da testemunha, de que o réu não esteja presente no depoimento. Absolutamente nenhuma irregularidade ou violação do artigo 217 do CPP e do devido processo legal, permanecendo o defensor na audiência" (Recurso em sentido estrito nº 70012554424, Terceira Câmara Criminal do Tribunal de Justiça do Rio Grande do Sul, Rel. Des. Elba Aparecida Nicolli Bastos, Julgado em 15.09.2005).

juízo da prisão e autuação em caso de desobediência, resistência ou desacato.

Art. 796. Os atos de instrução ou julgamento prosseguirão com a assistência do defensor, se o réu se portar inconvenientemente.

1. **Retirada do réu por mau comportamento.** O Magistrado poderá, ainda, retirar do recinto o acusado que não se portar convenientemente, sem prejuízo da realização do ato processual, com a presença do defensor do réu. Nesse caso, o réu também estará sujeito às penas de desobediência, resistência e desacato, se for o caso. Trata-se de dispositivo que complementa o artigo 217, o qual estabelece que "Se o juiz verificar que a presença do réu, pela sua atitude, poderá influir no ânimo da testemunha, de modo que prejudique a verdade do depoimento, fará retirá-lo, prosseguindo na inquirição, com a presença do seu defensor. Neste caso deverão constar do termo a ocorrência e os motivos que a determinaram". Como já referido nos comentários ao artigo 792, trata-se de medida salutar, ainda que excepcional, para que o juiz possa conciliar os princípios da publicidade e da ampla defesa com outros, igualmente importantes, como o devido processo legal, a celeridade e a verdade real, pois não se pode permitir que o acusado, com seu comportamento, crie obstáculos à instrução processual.

Art. 797. Excetuadas as sessões de julgamento, que não serão marcadas para domingo ou dia feriado, os demais atos do processo poderão ser praticados em período de férias, em domingos e dias feriados. Todavia, os julgamentos iniciados em dia útil não se interromperão pela superveniência de feriado ou domingo.

1. **Realização de atos processuais em domingos e feriados.** A lei não proíbe que, em havendo necessidade, sejam realizadas audiências e sessões em férias, domingos e feriados, a menos que se trate de julgamento. Todavia, o julgamento poderá ser realizado nessas circunstâncias se tiver iniciado em dia útil. Suponha-se, por exemplo, que um julgamento pelo Tribunal do Júri tenha começado na sexta-feira e, por circunstâncias imprevistas, não se tenha encerrado até o término desse dia. Nesse caso, não haverá interrupção, devendo continuar até a prolação da sentença, ainda que seja no sábado ou até mesmo no domingo.

Art. 798. Todos os prazos correrão em cartório e serão contínuos e peremptórios, não se interrompendo por férias, domingo ou dia feriado.

§ 1º Não se computará no prazo o dia do começo, incluindo-se, porém, o do vencimento.

§ 2º A terminação dos prazos será certificada nos autos pelo escrivão; será, porém, considerado findo o prazo, ainda que omitida aquela formalidade, se feita a prova do dia em que começou a correr.

§ 3º O prazo que terminar em domingo ou dia feriado considerar-se-á prorrogado até o dia útil imediato.

§ 4º Não correrão os prazos, se houver impedimento do juiz, força maior, ou obstáculo judicial oposto pela parte contrária.

§ 5º Salvo os casos expressos, os prazos correrão:
a) da intimação;
b) da audiência ou sessão em que for proferida a decisão, se a ela estiver presente a parte;
c) do dia em que a parte manifestar nos autos ciência inequívoca da sentença ou despacho.

1. **Prazo e termos.** Prazo é o espaço de tempo dentro do qual deve ser realizado um determinado ato processual, constituindo um intervalo entre dois termos: termo inicial (*dies a quo*) e termo final (*dies ad quem*). Com efeito, determinada ou facultada a realização de um ato judicial, este não deve ser realizado antes do termo inicial, nem após o termo final.

2. **Espécies de prazos.** Os prazos prorrogáveis são os que admitem dilatação do termo final e os improrrogáveis ou peremptórios, que não admitem essa alteração. No processo penal, só se admite a prorrogação de prazo judicial se não houver prejuízo ao acusado, podendo haver, por exemplo, com a concordância do Ministério Público, ampliação do prazo para apresentação do rol de testemunhas de defesa, mormente quando o réu está preso e tem dificuldade de contatar seu defensor.

Os prazos classificam-se, ainda, em *legais*, quando são fixados em lei (arts. 46, 395, 406, etc.), *judiciais*, quando fixados pelo juiz, a seu critério (arts. 10, § 3°, 364, 787, etc.), *convencionais*, quando ajustados entre as partes, desde que não haja prejuízo ao acusado ou tumulto da marcha processual. Os prazos são, em regra, *particulares*, quando são contados isoladamente para cada uma das partes (arts. 46, 395, 499, 500, etc.). Mas também existem os prazos *comuns*, em que as partes têm o mesmo termo final (art. 406, § 1°).

3. **Princípios dos prazos.** Os prazos processuais são regidos pelos seguintes princípios: a) *princípio da irredutibilidade,* no sentido de que o prazo não pode ser reduzido pelo juiz; b) *princípio da preclusão,* no sentido de que, findo o prazo, resta precluso o direito de praticar o ato; c) *princípio da brevidade,* pelo qual os prazos não devem ser demasiadamente longos, para que não se retarde a marcha processual;

d) princípio da utilidade, que complementa o princípio da brevidade, no sentido de que o prazo deve ser proporcional à relevância do ato a ser praticado, ou seja, maior para atos mais importantes e menor para os atos menos importantes, sem prejudicar, contudo, a busca da verdade real; e) *princípio da igualdade* significa que, em matéria prazal, a regra é o tratamento igualitário, concedendo-se idêntico prazo para ambas as partes, com a ressalva de situações especiais e justificadas, como a Defensoria Pública, cujos profissionais, diferentemente dos defensores particulares, não escolhem sua demanda, ficando, no mais das vezes, sobrecarregados, o que justifica a concessão de prazo em dobro pelo art. 5º, § 5º, da Lei nº 1.060/59.

4. Contagem dos prazos. No processo penal, conforme estabelece o § 1º do artigo 798, não se computa o dia do começo, incluindo-se, porém, o último dia. Assim, o dia da intimação (*dies a quo*) não é contado, sendo que o dia seguinte é o primeiro e assim sucessivamente, incluindo-se, como da parte, o último dia (*dies ad quem*). Imagine-se, pois, um prazo de cinco dias, cuja intimação ocorreu dia 10 (*dies a quo*). O primeiro dia será o dia 11 e, o último, dia 15, ou seja, a parte poderá realizar o ato desde a primeira hora útil do dia 11 até o último horário de expediente do dia 15.

Os prazos relativos ao direito material são contados de forma diversa, incluindo-se o dia do começo e excluindo-se o dia do final, de acordo com o artigo 10 do Código Penal, já que esta forma de contagem é mais favorável ao acusado, por abreviar o prazo em um dia. Há consenso doutrinário e jurisprudencial de que os prazos previstos no Código Penal e no Código de Processo Penal, como o prazo decadencial da ação penal privada, por exemplo, são considerados prazos penais, sujeitando-se ao referido artigo 10.

Consoante o § 5º do art. 798, salvo casos expressos, os prazos correrão da intimação, da audiência ou da sessão em que for preferida a decisão, se presente a parte, bem como do dia em que a parte manifestar nos autos ciência inequívoca da sentença ou do despacho. Com efeito, a data da ciência é a data de abertura do prazo. Não há que se confundir, porém, com o início da contagem. É que o dia de ciência nunca é um dia inteiro para a parte, não podendo, pois, ser computado. A intimação, assim como as outras formas de ciência, constitui um marco de abertura do prazo, não o seu primeiro dia, que será, sempre, o dia seguinte ao da intimação.

A Súmula 310 do STF estabelece que "quando a intimação tiver lugar na sexta-feira, ou a publicação com efeito de intimação for feita nesse dia, o prazo judicial terá início na segunda-feira imediata, salvo se não houver expediente, caso em que começará no primeiro dia útil que se seguir". O Código de Processo Civil, aplicável analogicamente ao processo penal, diz que "os prazos somente começam a correr no primeiro dia útil após a intimação" (art. 184, § 2º, com a redação da Lei nº 8.979/90). Além disso, o art. 240, parágrafo único, do mesmo diploma, estabelece que "as intimações consideram-se realizadas no primeiro dia útil seguinte, se tiverem ocorrido em dia em que não tenha havido expediente forense".

A jurisprudência diverge se o início do prazo deve fluir da efetiva intimação ou da juntada aos autos do mandado ou da carta precatória de intimação, por analogia com o art. 241 do CPC, com a redação da Lei nº 8.710/93. Posteriormente, em 24.09.2003, o STF aprovou a Súmula 710, com o seguinte teor: "No processo penal, contam-se os prazos da data da intimação, e não da juntada aos autos do mandado ou da carta precatória ou de ordem".[2]

Consoante entendimento do STF, "o dia da intimação, para os efeitos do art. 798, § 5º, letra a, e § 1º, do CPP, é o dia em que circula o Diário Oficial que publica a decisão, segundo a regra do art. 4º da Lei nº 1.048, de 09-8-1951" (RTJ 78/971).

Ainda que se trate de prazo peremptório, deve ser prorrogado o termo inicial ou final quando cair num dia em que não há expediente forense ou este for reduzido, pois a parte deve receber o dia inteiro. Assim, ocorrendo a intimação no sábado, a contagem começa na segunda-feira, se for dia útil, ou no primeiro dia útil após a intimação; se o *dies ad quem* cair num sábado, domingo ou feriado, estará prorrogado, também, para o primeiro dia útil seguinte. Conforme o § 3º do art. 798, "o prazo que terminar em domingo ou dia feriado considerar-se-á prorrogado até o primeiro dia útil imediato" (art. 798). Veja-se que, embora a lei fale em domingos, o dispositivo se estende ao sábado, já que, para fins judiciais, equivale a feriado, pois não há expediente regular.

Conforme já decidiu o STJ, "a contagem do prazo recursal é contínua, não se interrompendo nos feriados".[3] Com efeito, os dias em que não há expediente judicial só influenciam o prazo se coincidirem com o termo final, caso em que deve haver prorrogação (item 8, *supra*). Do contrário, é de se preservar a continuidade do prazo processual. Todavia, a própria lei

---

[2] "PROCESSO PENAL. PRAZO. SÚMULA 710 STF. Contam-se os prazos, no processo penal, da efetiva intimação e não da juntada da carta precatória. Precedentes desta Corte. (Embargos Infringentes Nº 70007511728, Segundo Grupo de Câmaras Criminais, Tribunal de Justiça do RS, Relator: Gaspar Marques Batista, Julgado em 12/03/2004)".
[3] JSTJ 34/7.

admite exceções, estabelecendo que os prazos não correrão se houver impedimento do juiz, força maior ou obstáculo judicial oposto pela parte contrária. Nesse caso, se o termo inicial coincidir com uma dessas circunstâncias, o prazo não começa a correr, ficando suspenso; se o prazo tiver iniciado e uma das circunstâncias descritas verificar-se durante o seu curso, a contagem será interrompida, recomeçando assim que cessar o impedimento. O impedimento do juiz não deve ser entendido como a impossibilidade jurídica de atuar (CPP, art. 112), mas como a impossibilidade física, que pode ser doença, greve dos servidores, etc. A força maior é qualquer situação externa que torne impossível a realização dos atos judiciais, como um incêndio no prédio do foro. O obstáculo judicial oposto pela parte contrária pode ocorrer deliberadamente ou por descuido, como deixar de devolver os autos em cartório, por exemplo.

A Emenda Constitucional 45 aboliu as chamadas "férias forenses", tornando despicienda a discussão, outrora travada, sobre a suspensão dos prazos processuais na sua intercorrência. Conforme a atual redação do artigo 93, XII, da Constituição Federal, "a atividade jurisdicional será ininterrupta, sendo vedado férias coletivas nos juízos e tribunais de segundo grau, funcionando, nos dias em que não houver expediente forense normal, juízes em plantão permanente".

5. **Prova do término do prazo**. A prova do término do prazo é a certidão nesse sentido, lançada pelo escrivão, atendendo ao disposto no § 2º do art. 798. Todavia, admite-se que, estando provado o dia do começo, seja reconhecido o término do prazo, ainda que omitida a certidão. Ressalte-se que a dúvida intransponível deve, sempre, beneficiar a parte.

6. **Prazo do Ministério Público**. Quanto à prova do prazo do Ministério Público, já dissemos alhures que pode haver divergência entre o "ciente" do agente ministerial e a certidão de ciência lavrada pelo cartório. Nesse caso, há três posições: 1) prevalece a data em que houve ciência inequívoca do membro do Ministério Público (STJ, HC, 25177, 6ª Turma, Rel. Ministro Paulo Gallotti, 04.11.2003); 2) prevalece a data da efetiva entrega dos autos com vista (STJ, Resp 585356/SP, 5ª Turma, Relator Min. José Arnaldo da Fonseca); 3) prevalece a data do registro de recebimento dos autos no protocolo do Ministério Público (RESP 628621/DF, Corte Especial, Rel. Min. Carlos Alberto Menezes Direito, DJ de 06.09.2004).

Entendemos que a primeira posição é a mais consentânea com o cotidiano dos agentes do Ministério Público, que nem sempre têm condições de examinar os autos no dia em que estes saem do cartório judicial ou que ingressam no serviço da Instituição. Imagine-se que um Promotor de Justiça realize um extenso julgamento pelo Tribunal do Júri, ficando vários dias – do estudo dos autos até o plenário – sem comparecer no seu gabinete. Nesse caso, é evidente que não poderá ter ciência dos autos. O mesmo ocorrerá com um Promotor de Justiça que receba, numa só carga, uma centena de inquéritos policiais para exame, sendo evidente que não terá efetiva vista dos cem inquéritos no mesmo dia. Não se olvide que, em face do princípio da obrigatoriedade da ação penal e do notório crescimento da demanda penal, a sobrecarga de juízes, promotores e defensores públicos é uma inarredável realidade. Assim, a intimação do Ministério Público deve ser considerada a partir de sua ciência efetiva dos autos, sem prejuízo de responsabilização por eventual abuso ou irregularidade.

7. **Prazos em cartório**. Quanto aos chamados prazos "em cartório", remetemos ao exame do art. 803.

Art. 799. O escrivão, sob pena de multa de cinqüenta a quinhentos mil-réis e, na reincidência, suspensão até 30 (trinta) dias, executará dentro do prazo de 2 (dois) dias os atos determinados em lei ou ordenados pelo juiz.

1. **Prazo dos servidores**. Em face do acúmulo dos serviços cartorários, costuma haver uma tolerância generalizada em relação aos atrasos na tramitação dos processos, mas a lei estabelece que o escrivão dispõe de dois dias para realizar os atos determinados em lei ou ordenados pelo juiz. As sucessivas alterações monetárias em âmbito nacional tornaram obsoleta a disposição sobre a multa, mas a falta injustificada por parte do servidor pode gerar responsabilidade administrativa. O artigo em comento aplica-se ao Escrivão Judicial responsável pelo serviço cartorário ou quem suas vezes fizer.

Art. 800. Os juízes singulares darão seus despachos e decisões dentro dos prazos seguintes, quando outros não estiverem estabelecidos:

I – de 10 (dez) dias, se a decisão for definitiva, ou interlocutória mista;

II – de 5 (cinco) dias, se for interlocutória simples;

III – de 1 (um) dia, se se tratar de despacho de expediente.

§ 1º Os prazos para o juiz contar-se-ão do termo de conclusão.

§ 2º Os prazos do Ministério Público contar-se-ão do termo de vista, salvo para a interposição do recurso (art. 798, § 5º).

§ 3º Em qualquer instância, declarando motivo justo, poderá o juiz exceder por igual tempo os prazos a ele fixados neste Código.

§ 4º O escrivão que não enviar os autos ao juiz ou ao órgão do Ministério Público no dia em que assinar termo de conclusão ou de vista estará sujeito à sanção estabelecida no art. 799.

1. **Prazos dos Magistrados.** O artigo em comento estabelece os prazos a serem observados pelo juiz, quando não houver previsão especial. Sabe-se que a atual situação de sobrecarga experimentada por muitos juízes impede uma estrita observância dos prazos, mesmo com a ressalva do §3º do artigo 800. É bem de ver, contudo, que não pode haver tolerância em se tratando de processos com réus presos, de sorte que, no máximo, é dado ao juiz, justificadamente, exceder em dobro o prazo, nos termos do citado parágrafo. Os prazos para o juiz são contados do termo de conclusão.

2. **Início do prazo do Ministério Público.** Os prazos para o Ministério Público começam a correr do termo de vista. O dispositivo faz ressalva ao prazo para a interposição de recurso, remetendo ao artigo 798, § 5º. Tal ressalva não tem razão de ser, diante do disposto no art. 41, IV, da Lei nº 8.625/93 (LONMP), estabelecendo que a intimação do membro do Ministério Público deve ser pessoal, com entrega dos autos com vista. Quanto à prova do início do prazo, convém consultar os comentários ao 798, item 5.

3. **Prazo da Defensoria Pública.** De outra parte, a Lei nº 7.871/89 inseriu o § 5º no art. 5º da Lei nº 1.060/50, nos seguintes termos: "nos Estados onde a Assistência Judiciária seja organizada e por eles mantida, o Defensor Público, ou quem exerça cargo equivalente, será intimado pessoalmente de todos os atos do processo, em ambas as Instâncias, contando-se-lhes em dobro todos os prazos".

Art. 801. Findos os respectivos prazos, os juízes e os órgãos do Ministério Público, responsáveis pelo retardamento, perderão tantos dias de vencimentos quantos forem os excedidos. Na contagem do tempo de serviço, para o efeito de promoção e aposentadoria, a perda será do dobro dos dias excedidos.

1. **Descumprimento dos prazos.** Não realizado o ato no prazo legal, além das sanções processuais respectivas, como a preclusão, prevê a lei sanções aplicáveis ao juiz ou ao membro do Ministério Público que derem causa ao retardamento. Tal sanção não tem aplicação na prática, pois se tornou comum o atraso em face da conhecida sobrecarga de serviço. Nada impede que os casos injustificados sejam objeto de sanção disciplinar, mediante procedimento administrativo próprio.

Art. 802. O desconto referido no artigo antecedente far-se-á à vista da certidão do escrivão do processo ou do secretário do tribunal, que deverão, de ofício, ou a requerimento de qualquer interessado, remetê-la às repartições encarregadas do pagamento e da contagem do tempo de serviço, sob pena de incorrerem, de pleno direito, na multa de quinhentos mil-réis, imposta por autoridade fiscal.

1. **Inaplicabilidade do desconto nos subsídios da Magistratura e do Ministério Público.** Está completamente em desuso o artigo em comento, pelas mesmas razões já expostas em relação ao artigo anterior. Além disso, a constitucionalidade do dispositivo é discutível, já que afronta a irredutibilidade de subsídios de magistrados e membros do Ministério Público.

Art. 803. Salvo nos casos expressos em lei, é proibida a retirada de autos do cartório, ainda que em confiança, sob pena de responsabilidade do escrivão.

1. **Prazos "em cartório".** O artigo 798, *caput*, diz que os prazos correm em cartório, o que significa que as partes não podem retirar os autos em carga, devendo examiná-los no balcão da serventia. A norma ora em comento, a seu turno, enfatiza a proibição de retirada dos autos do cartório, ressalvados os casos expressos em lei. Tais ressalvas estão previstas no próprio CPP e em legislação esparsa. Assim, o Ministério Público tem direito a receber os autos com vista (41, IV, da Lei nº 8.625/93), bem como a Defensoria Pública (art. 44, VI, da Lei Complementar 80/94). A Lei nº 8.906/94 (Estatuto da Advocacia e da OAB), a seu turno, garante ao advogado "ter vista dos processos judiciais ou administrativos de qualquer natureza, em cartório ou na repartição competente, ou retirá-los pelos prazos legais" (art. 7º, XV). Finalmente, o artigo 40, III, do CPC, aplicável analogicamente, dispõe que o advogado tem direito de retirar os autos do cartório ou secretaria, pelo prazo legal, sempre que lhe competir falar neles por determinação do juiz, nos casos previstos em lei. Tal prerrogativa do advogado é limitada pelo próprio Estatuto da Advocacia "quando existirem nos autos documentos originais de difícil restauração ou ocorrer circunstância relevante que justifique a permanência dos autos no cartório, secretaria ou repartição, reconhecida pela autoridade em despacho motivado, proferido de ofício, mediante repre-

sentação ou a requerimento da parte interessada" (Lei nº 8.906/94, §1º, 2).

Art. 804. A sentença ou o acórdão, que julgar a ação, qualquer incidente ou recurso, condenará nas custas o vencido.

1. **Custas processuais.** Sendo o processo uma atividade dispendiosa, tem um custo. A expressão "custas" designa o valor desembolsado pela parte a título de remuneração dos atos praticados no processo ou indenização das despesas destinadas à sua realização. O artigo em comento determina que a sentença ou o acórdão que julgar ação, incidente ou recurso, condene o vencido nas custas judiciais.

O Ministério Público, no caso de absolvição, não poderá ser condenado em custas, ante a natureza da Instituição e da própria ação penal pública, que não está sujeita ao princípio da oportunidade, e sim da obrigatoriedade. Com efeito, sendo a ação penal pública um ato vinculado, seria uma aberração impor custas à Instituição, pois esta não poderia, em tese, deixar de praticá-lo. Portanto, na ação penal pública, as custas são impostas ao réu, apenas, em caso de condenação. Havendo absolvição, não há custas pela parte acusadora, a menos que se trate de ação penal privada, caso em que as custas recaem sobre o querelante. Havendo litisconsórcio entre vencidos, as custas serão rateadas. No caso de a ação penal privada ser julgada parcialmente procedente, o juiz pode distribuir as custas entre o querelante e o querelado.

Não havendo espontâneo pagamento das custas, o condenado sujeita-se à cobrança judicial nas vias adequadas. Também pode ser condenado em custas o juiz, na hipótese de exceção de suspeição (art. 101), a autoridade coatora, em *hábeas corpus*, que se houver com má-fé evidente ou abuso de poder (art. 653), bem como a testemunha faltosa (art. 219).

2. **Pobreza do réu.** A pobreza do réu não impede a fixação de custas na sentença, devendo a insolvência ser resolvida no processo de execução específico das custas. Mesmo a parte assistida por Defensoria Pública está obrigada ao pagamento de custas, por interpretação do artigo 12 da Lei 1.060/50: "A parte beneficiada pela isenção do pagamento das custas ficará obrigada a pagá-las, desde que possa fazê-lo, sem prejuízo do sustento próprio ou da família. Se dentro de cinco anos, a contar da sentença final, o assistido não puder satisfazer tal pagamento, a obrigação ficará prescrita".

3. **Custas e extinção da punibilidade.** Havendo extinção da punibilidade antes do trânsito em julgado da sentença, não são cabíveis custas. Registre-se, ainda, que não se pode condicionar a concessão de qualquer benefício, como suspensão da pena, por exemplo, ao pagamento das custas.

4. **Honorários advocatícios.** Os honorários do defensor dativo são arcados pelo Estado ou pelo querelante, no caso de ação penal privada. Já se assentou a "possibilidade de o magistrado fixar honorários ao defensor dativo em processos criminais onde inexiste serviço de assistência judiciária gratuita aos necessitados" (JTAERGS, 89/65). No mesmo sentido: RJTJERGS 149/211.

5. **Utilização da fiança para pagamento de custas.** Conforme já se decidiu, nada obsta que, havendo condenação do réu, o valor da fiança prestada seja utilizado para o pagamento das custas.[4]

Art. 805. As custas serão contadas e cobradas de acordo com os regulamentos expedidos pela União e pelos Estados.

1. **Regimento de Custas.** No Rio Grande do Sul, o regulamento a que se refere o dispositivo é o Regimento de Custas (Lei Estadual nº 8.121/85).

Art. 806. Salvo o caso do art. 32, nas ações intentadas mediante queixa, nenhum ato ou diligência se realizará, sem que seja depositada em cartório a importância das custas.

§ 1º Igualmente, nenhum ato requerido no interesse da defesa será realizado, sem o prévio pagamento das custas, salvo se o acusado for pobre.

§ 2º A falta do pagamento das custas, nos prazos fixados em lei, ou marcados pelo juiz, importará renúncia à diligência requerida ou deserção do recurso interposto.

§ 3º A falta de qualquer prova ou diligência que deixe de realizar-se em virtude do não-pagamento de custas não implicará a nulidade do processo, se a prova de pobreza do acusado só posteriormente foi feita.

1. **Custas na ação privada.** O dispositivo em comento determina que as diligências requeridas na ação penal privada, bem como os atos processuais que exijam custas, só serão realizados mediante o recolhimento devido pela parte interessada, quer se tra-

---

[4] "A fiança prestada, a teor do art. 336 do Código de Processo Penal, em caso de condenação do acusado, fica sujeita ao pagamento das custas, da indenização do dano e da multa, a serem apuradas após o transito em julgado da sentença condenatória" (Apelação-Crime nº 70002657898, Oitava Câmara Criminal, Tribunal de Justiça do RS, Relator: Marco Antônio Ribeiro de Oliveira, Julgado em 15/08/2001).

te do querelante ou do querelado, sob pena de presumir a renúncia à diligência ou a deserção do recurso interposto. Mas há entendimento peremptoriamente contrário à fixação de custas na ação privada, a despeito da autorização legal.[5] Ante a clareza do dispositivo em comento, não há que se falar de sua aplicação à ação penal pública.

A ressalva do dispositivo ao artigo 32 do CPP remete ao caso em que o juiz perfaça a nomeação de advogado para promover a ação penal privada em favor da parte que demonstrar pobreza. Nesse caso, não há exigência das custas. O mesmo ocorre em favor do querelado, se estiver ao abrigo da assistência judiciária gratuita, nos termos da Lei nº 1.060/50.

Art. 807. O disposto no artigo anterior não obstará à faculdade atribuída ao juiz de determinar de ofício inquirição de testemunhas ou outras diligências.

1. **Diligências de ofício.** O juiz não está impedido de, nas ações privadas, independentemente de custas, determinar, de ofício, a realização de diligências e a inquirição de testemunhas, como corolário do princípio da verdade real. O contrario implicaria cercear, indevidamente, a imprescindível liberdade do juiz na condução do processo.

Art. 808. Na falta ou impedimento do escrivão e seu substituto, servirá pessoa idônea, nomeada pela autoridade, perante quem prestará compromisso, lavrando o respectivo termo.

1. **Escrivão "ad hoc".** Cuida o dispositivo da faculdade de nomeação de pessoa idônea para desempenhar as funções de escrivão, mediante compromisso, no caso de impedimento ou falta desse funcionário e de seu substituto. A medida é aplicável, por analogia, ao inquérito policial.

Art. 809. A estatística judiciária criminal, a cargo do Instituto de Identificação e Estatística ou repartições congêneres, terá por base o *boletim individual*, que é parte integrante dos processos e versará sobre:

I – os crimes e as contravenções praticados durante o trimestre, com especificação da natureza de cada um, meios utilizados e circunstâncias de tempo e lugar;

II – as armas proibidas que tenham sido apreendidas;

III – o número de delinquentes, mencionadas as infrações que praticaram, sua nacionalidade, sexo, idade, filiação, estado civil, prole, residência, meios de vida e condições econômicas, grau de instrução, religião, e condições de saúde física e psíquica;

IV – o número dos casos de co-delinquência;

V – a reincidência e os antecedentes judiciários;

VI – as sentenças condenatórias ou absolutórias, bem como as de pronúncia ou de impronúncia;

VII – a natureza das penas impostas;

VIII – a natureza das medidas de segurança aplicadas;

IX – a suspensão condicional da execução da pena, quando concedida;

X – as concessões ou denegações de *habeas corpus*.

§ 1º Os dados acima enumerados constituem o mínimo exigível, podendo ser acrescidos de outros elementos úteis ao serviço da estatística criminal.

§ 2º Esses dados serão lançados semestralmente em mapa e remetidos ao Serviço de Estatística Demográfica Moral e Política do Ministério da Justiça. (Redação dada pela Lei nº 9.061, de 14.6.1995)

§ 3º O *boletim individual* a que se refere este artigo é dividido em três partes destacáveis, conforme modelo anexo a este Código, e será adotado nos Estados, no Distrito Federal e nos Territórios. A primeira parte ficará arquivada no cartório policial; a segunda será remetida ao Instituto de Identificação e Estatística, ou repartição congênere; e a terceira acompanhará o processo, e, depois de passar em julgado a sentença definitiva, lançados os dados finais, será enviada ao referido Instituto ou repartição congênere.

1. **Estatística criminal.** Segundo Jorge Figueiredo Dias e Manuel da Costa Andrade, "desde sempre e sobretudo depois da chamada escola franco-belga, as estatísticas criminais têm representado um instrumento básico e imprescindível da investigação criminológica".[6] Ao dispor sobre providências relacionadas à estatística criminal, o dispositivo em comento presta homenagem à criminologia, que faz do método estatístico um importante instrumento de estudo dos fenômenos da criminalidade.

É válida, contudo, a advertência de Jason Albergaria: "As estatísticas criminais são instrumentos de medição da criminalidade. Somente medem a criminalidade aparente (conhecida pela polícia) e a criminalidade legal (resultante das condenações). Real-

---

[5] RT 693/357.

[6] DIAS, Jorge Figueiredo; ANDRADE, Manuel da Costa. *Criminologia.* Coimbra: Coimbra Editora, 1992, p. 130.

mente, a estatística criminal não traduz toda a delinqüência. R. Hood e R. Sparks dizem que numerosos trabalhos de investigação mostram que a conduta criminal é muito mais extensa do que é indicada pela estatística oficial".[7]

Os dados estatísticos serão objeto de mapa semestral e remetidos ao Serviço de Estatística Demográfica Moral e Política do Ministério da Justiça, de acordo com a atual redação do § 2° (Lei n° 9.061/95). Cumpre notar que o boletim individual publicado com o CPP, referido no § 3°, foi substituído, nos termos do Decreto-lei n° 3.992/41.

Art. 810. Este Código entrará em vigor no dia 1º de janeiro de 1942.

1. **Direito intertemporal**. Em matéria processual penal, vigoraram no Brasil as disposições coloniais, especialmente as Ordenações, que foram substituídas pelo Código de Processo Criminal do Império, de 1832, sob a égide da Constituição de 1824. Com a promulgação da República e a Constituição de 1891, os Estados passaram a ter suas próprias constituições e leis processuais, mas poucos utilizaram a faculdade de legislar. A legislação processual penal foi unificada com a Constituição de 1934. Em face do longo tempo transcorrido desde a promulgação do atual Código de Processo Penal, não se verificam mais problemas de direito intertemporal relacionados às leis anteriores à sua vigência, ocorrida em 1° de janeiro de 1942.

Art. 811. Revogam-se as disposições em contrário.

1. **Revogação expressa.** Com o advento da Constituição de 1937, foi promulgado o atual Código de Processo Penal – Decreto-Lei n° 3.689/41 – fortemente influenciado pelo Código Rocco italiano, revogando expressamente as disposições em contrário.

Rio de Janeiro, em 3 de outubro de 1941; 120° da Independência e 53° da República.

GETÚLIO VARGAS
Francisco Campos

---

[7] ALBERGARIA, Jason. *Noções de Criminologia.* Belo Horizonte: Mandamentos, 1999, p. 43.

Índice sistemático

ÁTILO ANTONIO CERQUEIRA
Arts 1º a 23
Disposições Preliminares e Inquérito Policial

1. Primórdios do Processo Penal 11
1.2. A transmutação do processo penal: de instrumento de dominação a instrumento assecuratório da liberdade 11

LIVRO I – DO PROCESSO EM GERAL
TÍTULO I – DISPOSIÇÕES PRELIMINARES

Art. 1º 12
1. Princípio da territorialidade 12
2. Crimes de responsabilidade e *impeachment* 13
3. Justiça Militar, crimes de imprensa e a legislação especial 13

Art. 2º 13
1. A lei processual no tempo 13

Art. 3º 13
1. Emprego da analogia 13
2. Emprego dos princípios gerais de direito 13
1. Considerações iniciais a respeito do inquérito policial 13
1.1. O modelo de investigação criminal previsto no CPP 13
1.2. A necessidade de preservação do inquérito policial ante o surgimento de uma nova criminalidade 14
1.3. O termo circunstanciado 15

TÍTULO II – DO INQUÉRITO POLICIAL

Art. 4º 15
1. A instituição polícia judiciária 15
2. O inquérito policial 16
3. Autoridade policial 16
4. Atribuição 16
5. Valoração do inquérito policial 16

Art. 5º 16
1. Procedimento do inquérito policial 17
2. Instauração do inquérito policial 17
3. Requisição de instauração 17
4. Representação da vítima 18
5. Instauração de inquérito policial concernente a crimes de ação privada 18
6. Indeferimento do requerimento de abertura de inquérito policial 18
7. Instauração de inquérito policial mediante auto de prisão em flagrante 18

Art. 6º 18
1. Instrução do inquérito policial 19
2. Busca e apreensão 19

2.1. Apreensão de bens móveis e imóveis ou valores produtos de crimes previstos na Lei de Tóxicos 20
3. Inquirição 20
4. Interrogatório 20
5. Interrogatório de relativamente incapaz 21
6. Indiciado analfabeto 21
7. Reconhecimentos 21
8. Acareação 21
9. Reconstituição de crime 21
10. Exames periciais 21
11. Tradutores e intérpretes 22
12. Indiciação. Identificação datiloscópica 22
13. Indiciação indireta 22
14. O civilmente identificado 22
15. Apuração da vida pregressa 22

Art. 7º 22

Art. 8º 22

Art. 9º 23
1. Forma do inquérito policial 23

Art. 10 23
1. Prazos 23
2. Prorrogação de prazo para conclusão do inquérito policial 23
3. Prazo em inquérito realizado pela Polícia Federal – indiciado preso 23
4. Prazo em inquérito policial por crime de tóxicos – indiciado preso 23
5. Formas de contagem dos prazos 23
6. Indicação de localização de testemunhas 24
7. Relatório 24
8. Relatório na hipótese de crime de tóxicos 24
9. Representação pela prisão preventiva ou temporária 24
10. Solicitação de ingresso no Programa de Assistência a Vítimas e Testemunhas 24
11. Assistência à mulher em situação de violência doméstica e familiar 24
12. Arquivamento de autos de inquérito policial 24
13. Remessa de dados acerca do indiciado 24

Art. 11 25
1. Destino dos objetos apreendidos nos autos de inquérito policial 25

Art. 12 25
1. Destino do inquérito policial 25

Art. 13 25
1. Demais atribuições cometidas à autoridade policial 25

Art. 14 25
1. Diligências requeridas pela vítima ou pelo indiciado 26

Código de Processo Penal Comentado **669**

Índice sistemático

Art. 15 26
1. Indiciado relativamente incapaz 26

Art. 16 26
1. Vista do inquérito policial ao Ministério Público 26

Art. 17 26

Art. 18 26
1. Novas diligências realizadas após o arquivamento de inquérito policial 26
2. Retomada de inquérito policial já arquivado 26

Art. 19 26
1. Remessa de inquérito policial na hipótese de crime de ação penal privada 26

Art. 20 27
1. Sigilo do inquérito policial 27
2. Sigilo no fornecimento de atestados de antecedentes criminais 27

Art. 21 27
1. Incomunicabilidade do indiciado 27
2. Inconstitucionalidade da decretação da incomunicabilidade 27

Art. 22 28
1. Mobilidade da autoridade policial 28
2. Avocação de inquérito policial 28

Art. 23 28

JOSÉ ANTONIO PAGANELLA BOSCHI
Arts. 24 a 62 – Ação penal

1. Comentários gerais 29
2. Os órgãos estatais de representação 30
3. Os sistemas inquisitivo e acusatório 30
4. Ação como poder-dever e ação como direito 31
5. Teorias sobre a natureza da ação 31
6. Ação, jurisdição e processo 32
7. Ação e pretensão 32
8. Classificação da ação penal 32
9. Sujeitos da ação 33
10. As condições da ação 34
11. Os princípios jurídicos 34
12. Os princípios da ação 37

TÍTULO III – DA AÇÃO PENAL

Art. 24 37
1. A ação pública e o princípio da obrigatoriedade 37
2. A representação 38
3. A representação em caso de morte ou declaração judicial de ausência do ofendido 39
4. A requisição 39

Art. 25 40
1. A irretratabilidade da representação 40
2. A retratação da retratação 40
3. Colisão de interesses 40
4. A requisição e a retratação 40

Art. 26 40
1. Revogação 40

Art. 27 41
1. Iniciativa pública 41

Art. 28 41
1. As alternativas do MP ao receber os autos do inquérito ou peças de informações 41
2. O arquivamento 41

3. O desarquivamento 41
4. A continuidade das investigações 42
5. Declaração da extinção da punibilidade 42
6. Divergência judicial quanto ao arquivamento 42
7. Arquivamento de inquérito por fato da competência originária de Tribunal 42
8. O artigo 28, a Suspensão do processo e a Transação 42

Art. 29 43
1. Origem da ação subsidiária 43
2. Princípios da ação penal privada subsidiária 43
3. Titular da ação penal privada subsidiária 43
4. Razões da constitucionalização explícita da ação privada subsidiária 43
5. A intervenção do MP na ação subsidiária 43

Art. 30 44

Art. 31 44

Art. 32 44
1. O direito de acesso ao Poder Judiciário 44
2. A pobreza, na acepção legal 45
3. A prova da miserabilidade 45

Art. 33 45
1. Ofendido menor 45
2. Hipóteses de colidências de interesse 45
3. Deveres do Curador nomeado 46
4. A prevenção 46

Art. 34 46
1. A maioridade e o novo código Civil 46

Art. 35 46

Art. 36 46

Art. 37 46
1. As pessoas jurídicas e o exercício da ação 46

Art. 38 47
1. Prazo para a queixa e a representação 47
2. O início do prazo 47
3. O exercício do direito de queixa ou representação pelo ofendido e por seu representante legal. Prazos 47
4. Ausência de prazo para a requisição 48
5. Prazo para a ação privada subsidiária 48
6. Prazo para os sucessores do ofendido 48

Art. 39 49
1. A representação por procurador 49
2. Requisito essencial do instrumento de mandato 49
3. Destinatários da representação 49
4. Formas da representação 49
5. Conteúdo da representação 49
6. A representação e o controle sobre a atribuição da autoridade policial 49
7. O juiz como destinatário da representação 50
8. A representação e as provas constitutivas de justa causa 50

Art. 40 50
1. Obrigatoriedade da notícia de crime de ação pública 50

Art. 41 50
1. A descrição do fato com suas circunstâncias 50
2. A qualificação do acusado 52
3. A classificação do crime 53
4. O rol de testemunhas 53
5. Forma 54
6. Endereçamento 54
7. Idioma 55

Índice sistemático

8. Assinatura 55
9. Pedido de condenação 55
Art. 42 56
1. A indisponibilidade como princípio da ação pública 56
Art. 43 56
1. Condições da ação. Generalidades 56
2. As condições da ação no processo civil. Natureza 56
3. As condições da ação no processo penal 60
4. A condição genérica da possibilidade jurídica do pedido em matéria penal 60
5. A condição genérica do interesse de agir em matéria penal 63
5.1. Interesse de agir e prescrição pela pena projetada 64
5.2. Interesse de agir e excludente de ilicitude 64
5.3. Interesse de agir e fato bagatelar 65
6. A condição genérica da legitimidade de partes, em matéria penal 65
6.1. A parte ativa 65
6.2. A parte passiva 66
6.3. A pessoa jurídica como sujeito passivo da ação 68
7. As condições específicas em matéria penal 69
8. As condições da ação 69
Art. 44 70
1. Nome do querelado 70
2. Menção do fato 70
3. Ausência de menção do fato. Conseqüências 70
Art. 45 70
1. Ação privada e aditamento pelo Ministério Público 70
Art. 46 71
1. Oferecimento da denúncia. Prazos 71
2. Intempestividade da denúncia. Conseqüências 71
3. Acusação lastreada em peças de informações: prazo 71
4. Prazo para o aditamento ministerial à queixa 71
Art. 47 72
1. O poder de requisição do M.P. 72
2. Destinatários da requisição ministerial 72
3. Descumprimento à requisição. Conseqüências 72
4. Requisição e requerimento. Distinção 72
Art. 48 73
1. A indivisibilidade da ação penal de iniciativa privada 73
2. Prazo para o aditamento ministerial 73
3. A indivisibilidade da ação penal pública 73
Art. 49 73
1. Violação do princípio da indivisibilidade na ação privada. Conseqüências 73
2. Crimes contra a honra cometidos por meio de advogado. A Indivisibilidade 73
Art. 50 74
1. Renúncia. Ato unilateral 74
2. Renúncia expressa 74
3. Renúncia tácita 74
Art. 51 74
1. Perdão. Natureza jurídica 74
2. Perdão. Ato bilateral 74
3. Perdão na co-autoria e participação 74
Art. 52 74
1. Perda da eficácia normativa 74
Art. 53 75
1. Perdão e sua aceitação 75
Art. 54 75

1. Aceitação do perdão 75
Art. 55 75
1. Perdão e procurador com poderes especiais 75
Art. 56 75
1. Perdão extraprocessual 75
Art. 57 75
1. Perdão e renúncia tácita. Meios de prova 75
Art. 58 75
1. Perdão expresso nos autos 75
2. Aceitação do perdão. Conseqüências 76
Art. 59 76
1. Perdão extraprocessual 76
Art. 60 76
1. Perempção pelo não andamento do processo 76
2. Perempção por não promoverem os representantes do ofendido morto ou incapaz o andamento do processo 76
3. Perempção pela ausência aos atos do processo 76
4. Perempção por ausência de pedido de condenação nas alegações finais 77
5. Perempção por ausência de sucessor da pessoa jurídica 77
Art. 61 77
1. Causa extintiva da punibilidade. Dever judicial de declaração de ofício 77
2. Causa extintiva da punibilidade. Requerimento da parte 77
Art. 62 78
1. Prova da morte 78

MARCUS VINICIUS BOSCHI
Arts. 63 a 68 – Ação Civil

TÍTULO IV – DA AÇÃO CIVIL

Art. 63 79
1. Separação das instâncias 79
2. Legitimidade para propositura da ação cível 79
3. Estinção da punibilidade pela prescrição 79
Art. 64 79
1. Legitimidade passiva para a ação civil 80
2. Suspensão da ação civil 80
Art. 65 80
1. Causas de exclusão da ilicitude 80
Art. 66 80
1. Reconhecimento da inexistência do fato 80
2. Coisa julgada no crime 81
Art. 67 81
1. Causas que não impedem a propositura de ação cível 81
2. Despacho de arquivamento do inquérito ou peças de informação 81
3. Decisão que julgar extinta a punibilidade 81
4. Decisão absolutória que decidir que o fato imputado não constitui crime 81
Art. 68 82
1. Pobreza e legitimidade do Ministério Público 82

DELMAR PACHECO DA LUZ
Arts. 69 a 91 – Competência

Disposições Preliminares sobre Competência 83
1. Conceito de Competência 83
2. Jurisdição e Competência 83

Índice sistemático

3. Princípios que regem a Jurisdição 84
4. Critérios para o estabelecimento das regras de Competência 85
5. Competência e atuação do Ministério Público 86
6. Quem deve resolver os conflitos de Competência 86
7. Competência da justiça criminal de primeiro grau 86
7.1. Competência da Justiça Militar Federal 87
7.2. Competência da Justiça Militar Estadual 88
7.3. Competência da Justiça Eleitoral 90
7.4. Competência da Justiça (Comum) Federal 90
7.5. Competência da Justiça (Comum) Estadual 93
8. Delegação de Competência da Justiça Federal 93
9. Alteração da Competência da Justiça Federal na Emenda Constitucional nº 45 93
10. Competência absoluta e competência relativa 94
11. Competência Funcional 95
11.1. Competência funcional horizontal por fases do processo 95
11.2. Competência funcional horizontal por objeto do juízo 95
11.3. Competência funcional vertical em razão dos recursos 95
11.4. Competência funcional vertical originária *ratione personae* 96
11.5. Competência funcional vertical originária *ratione materiae* 96
12. Conclusão 97

TÍTULO V – DA COMPETÊNCIA
Art. 69 97
1. Critérios de fixação da competência 97

CAPÍTULO I – DA COMPETÊNCIA PELO LUGAR DA INFRAÇÃO
Art. 70 97
1. Regra geral 98
2. Crimes qualificados pelo resultado 98
3. Cheque sem fundos 98
4. Cheque como meio fraudulento 98
5. Saque bancário com uso de senha e cartão 98
6. Lugar da infração na Lei de Imprensa 98
7. Crimes à distância 99
8. Prevenção e incerteza quanto ao limite territorial 99
9. Prevenção e infração cometida na divisa de duas ou mais jurisdições 99
10. Prevenção e ato de autoridade judiciária 99

Art. 71 99
1. Crime continuado 99
2. Crime permanente 99

CAPÍTULO II – DA COMPETÊNCIA PELO DOMICÍLIO OU RESIDÊNCIA DO RÉU
Art. 72 100
1. Foro supletivo 100
2. Réu com mais de um domicílio ou residência 100
3. Réu sem residência conhecida 100

Art. 73 100
1. Foro alternativo 100
2. Réus com domicílios ou residências diversos 100

CAPÍTULO III – DA COMPETÊNCIA PELA NATUREZA DA INFRAÇÃO
Art. 74 100
1. Competência pela lei de organização judiciária 101

2. Competência pela natureza da infração na Constituição Federal 101
3. Competência do Tribunal do Júri 101
4. Competência do Júri e crimes conexos 101
5. Exceções à competência do Júri 101
6. Tribunal do Júri e justiças especiais 102
7. Desclassificação e remessa dos autos ao juízo competente 102
8. Desclassificação na fase da pronúncia 102
9. Desclassificação no plenário de julgamento 103

CAPÍTULO IV – DA COMPETÊNCIA POR DISTRIBUIÇÃO
Art. 75 103
1. Distribuição como critério de fixação do juízo competente 103
2. Distribuição de medida preparatória e prevenção do juízo 104

CAPÍTULO V – A COMPETÊNCIA POR CONEXÃO OU CONTINÊNCIA
Art. 76 104
1. Conexão como causa determinante da modificação da competência 104
2. Classificação da conexão 104
3. Conexão material ou substantiva 104
4. Conexão processual, probatória ou instrumental 105

Art. 77 105
1. Continência como causa determinante da modificação da competência 105
2. Continência por cumulação subjetiva 106
3. Continência por cumulação objetiva 106

Art. 78 107
1. Regras de determinação da competência prevalente 107
2. Prevalência do tribunal do júri 107
3. Competência do júri e infração de menor potencial ofensivo 108
4. Competência e jurisdições da mesma categoria 108
5. Competência e jurisdições de categorias diversas 109
6. Jurisdição especial prevalece sobre a comum 110
7. Súmula nº 122 do STJ 110

Art. 79 111
1. Regra geral nos casos de conexão ou continência 111
2. Separação entre jurisdição comum e militar 111
3. Separação entre jurisdição comum e da infância e juventude 112
4. Cisão do processo por superveniência de doença mental 112
5. Cisão do julgamento do réu revel 112
6. Cisão do julgamento pela recusa de jurados 112

Art. 80 112
1. Separação facultativa dos processos 112
2. Separação dos processos e competência para o julgamento 113

Art. 81 113
1. Perpetuação da jurisdição 113
2. Perpetuação da jurisdição e tribunal do júri 113
3. Desclassificação do art. 410 do CPP 114

Art. 82 114
1. Avocação dos processos pelo juízo prevalente 114
2. Remessa do processo pelo juízo não prevalente 114
3. Unidade dos processos após o julgamento 114

CAPÍTULO VI – DA COMPETÊNCIA POR PREVENÇÃO
Art. 83 114
1. Prevenção é matéria jurisdicional 115
2. Medidas que previnem a competência 115

3. Outras hipóteses de fixação da competência pela prevenção 115
4. Competência por prevenção: nulidade relativa 115
5. Prevenção e *hábeas-córpus* 116

CAPÍTULO VII – DA COMPETÊNCIA PELA PRERROGATIVA DE FUNÇÃO
Art. 84 116
1. Foro por prerrogativa de função 116
2. Histórico do dispositivo 117
3. Casos de foro pela prerrogativa de função 117
4. Foro pela prerrogativa de função e cessação do exercício da função pública 118
5. Foro pela prerrogativa de função e ação de improbidade 118

Art. 85 119
1. Foro por prerrogativa de função e exceção da verdade 119
2. Processamento da exceção da verdade 119
3. Julgamento da exceção 120

Art. 86 120
1. Matéria constitucional 120

Art. 87 121
1. Novas regras constitucionais 121
2. Foro por prerrogativa da função prevista na Constituição Estadual 121
3. Foro por prerrogativa da função e justiça federal 121
4. Foro por prerrogativa da função e justiça eleitoral 122

CAPÍTULO VIII – DISPOSIÇÕES ESPECIAIS
Art. 88 122
1. Casos de extraterritorialidade 122
2. Competência em razão da matéria 122
3. Foro da Capital do Estado 123
4. Foro da Capital da República 123

Art. 89 123
1. Crimes cometidos a bordo de embarcações 123
2. Competência da Justiça Militar 123

Art. 90 124
1. Crimes cometidos a bordo de aeronaves 124
2. Competência da Justiça Militar 124
3. Passagem inocente 124

Art. 91 124
1. Regra supletiva: a prevenção 124
2. Aplicação do foro pela prerrogativa de função 125

ÂNGELO ROBERTO ILHA DA SILVA
Arts. 92 a 154 – Incidentes processuais

Considerações doutrinárias acerca dos Incidentes Processuais 127
1. Considerações introdutórias 127
2. Dos processos incidentes 128
3. Das questões prejudiciais 128
4. Das exceções processuais 130
5. Incompatibilidades e impedimentos 131
6. Jurisdição e competência 131
7. Restituição de coisas apreendidas 131
8. Medidas assecuratórias 131
9. Incidente de falsidade 132
10. Insanidade mental do acusado 132

TÍTULO VI – DAS QUESTÕES E PROCESSOS INCIDENTES
CAPÍTULO I – DAS QUESTÕES PREJUDICIAIS
Art. 92 134
1. Prejudicial heterogênea 134
2. Prejudicial referente ao estado civil das pessoas e suspensão obrigatória do processo penal 134
3. Suspensão da prescrição 135
4. Propositura da ação civil pelo Ministério Público 135

Art. 93 135
1. Questões diversas das relativas ao estado da pessoa 135
2. Inteligência do dispositivo 135

Art. 94 136
1. Suspensão *ex officio* ou a requerimento das partes 136

CAPÍTULO II – DAS EXCEÇÕES
1. Conceito de exceção 136

Art. 95 136
1. Conceito de exceção 136
2. Suspeição e impedimento 136
3. Incompetência de juízo 136
4. Litispendência 136
5. Ilegitimidade de parte 136
6. Coisa julgada 137

Art. 96 137
1. Precedência da argüição de suspeição e de impedimento 137

Art. 97 137
1. Declaração de suspeição *ex officio* 137
2. Discordância do substituto e suscitação de conflito 137
3. Cabimento da declaração de suspeição durante o inquérito policial 137

Art. 98 137
1. Recusa do juiz pelas partes 137
2. Recusa dirigida ao juiz 138
3. Número de testemunhas 138

Art. 99 138
1. Reconhecimento da suspeição pelo juiz 138
2. Recurso 138

Art. 100 138
1. Trâmite da exceção de suspeição 138
2. Manifesta improcedência da suspeição 138

Art. 101 138
1. Procedência da suspeição 138

Art. 102 139
1. Sustação do processo principal por requerimento da parte contrária 139

Art. 103 139
1. Aplicação da regra ao STF e aos demais tribunais 139
2. Declaração de suspeição *ex officio* de membro de tribunal 139
3. Argüição da suspeição pelas partes 139

Art. 104 139
1. Suspeição do órgão do Ministério Público 139
2. Julgamento 140

Art. 105 140
1. Suspeição dos peritos e outros auxiliares do juízo 140

Art. 106 140
1. Exceção de suspeição dos jurados 140

Art. 107 140
1. Suspeição das autoridades policiais 140

Índice sistemático

2. Suspeição do membro do Ministério Público que atuou na fase investigativa 140
Art. 108 140
1. Exceção de incompetência 141
2. Intervenção do Ministério Público 141
3. Reconhecimento da incompetência pelo juiz 141
4. Juiz que recebe os autos também não reconhece ser competente 141
5. Exceção intempestiva 141
6. Recurso 142
Art. 109 142
1. Reconhecimento da incompetência *ex officio* 142
Art. 110 142
1. Exceções de litispendência, ilegitimidade de parte e coisa julgada 142
2. Aplicação do disposto sobre a exceção de incompetência do juízo para os casos de litispendência, ilegitimidade de parte e coisa julgada, *mutatis mutandis* 142
3. Oposição de duas ou mais exceções 142
4. Delimitação do objeto da exceção de coisa julgada 142
Art. 111 143
1. Processamento em autos apartados 143

CAPÍTULO III – DAS INCOMPATIBILIDADES E IMPEDIMENTOS

Art. 112 143
1. Incompatibilidades e impedimentos 143
2. Declaração de incompatibilidade e impedimento 143

CAPÍTULO IV – DO CONFLITO DE JURISDIÇÃO

Art. 113 143
1. Resolução do conflito de jurisdição ou de competência 143
Art. 114 144
1. Ocorrência do conflito de jurisdição ou de competência 144
Art. 115 144
1. Suscitação do conflito 144
Art. 116 144
1. Suscitação do conflito de competência por representação e por requerimento 144
2. Intervenção do Ministério Público 145
3. Reconhecimento da incompetência pelo juiz 145
4. Juiz que recebe os autos também não reconhece ser competente 145
5. Exceção intempestiva 145
6. Recurso 145
Art. 117 145
1. Avocatória e reclamação 145

CAPÍTULO V – DA RESTITUIÇÃO DAS COISAS APREENDIDAS

Art. 118 146
1. Restituição de coisas apreendidas 146
Art. 119 146
1. Coisas que não podem ser, em regra, restituídas 146
Art. 120 146
1. Restituição feita pela autoridade policial 147
2. Restituição feita pela autoridade judicial 147
3. Coisas deterioráveis 147
4. Intervenção do Ministério Público 147
Art. 121 147
1. Coisas adquiridas com os proventos da infração 147
Art. 122 147
1. Destinação dos bens de que trata o art. 91 do Código Penal 147
Art. 123 148
1. Destinação dos bens lícitos 148
Art. 124 148
1. Instrumentos do crime 148

CAPÍTULO VI – DAS MEDIDAS ASSECURATÓRIAS

Art. 125 148
1. Seqüestro 148
Art. 126 148
1. Indícios veementes 148
Art. 127 148
1. Legitimidade ativa e delimitação temporal 148
2. Seqüestro *ex officio* e sistema acusatório 149
Art. 128 149
1. Inscrição no registro de imóveis 149
2. Registro do seqüestro de bem que não esteja formalmente em nome do imputado 149
Art. 129 149
1. Autuação em apartado e embargos de terceiro 149
Art. 130 149
1. Legitimação ativa para opor-se os embargos de terceiro 149
2. Oportunidade da decisão 150
Art. 131 150
1. Levantamento do seqüestro 150
Art. 132 151
1. Seqüestro de bens móveis adquiridos pelo agente delituoso com os proventos da infração 151
Art. 133 151
1. Trânsito em julgado da sentença condenatória e venda dos bens seqüestrados 151
Art. 134 151
1. Hipoteca legal 151
2. Legitimação 151
Art. 135 151
1. Especialização da hipoteca 152
Art. 136 152
1. Seqüestro, arresto ou pré-cautela relativa à hipoteca legal: a controvérsia terminológica 152
2. Alteração legislativa 153
Art. 137 153
1. Arresto subsidiário 153
Art. 138 154
1. Autuação em apartado da hipoteca legal e do arresto 154
2. Alteração legislativa 154
Art. 139 154
1. Aplicação do Código de Processo Civil 154
2. Alteração legislativa 154
Art. 140 154
1. Extensão do ressarcimento do dano 154
Art. 141 154
1. Levantamento do arresto e cancelamento da hipoteca 154
2. Alteração legislativa 154
Art. 142 154
1. O Ministério Público como sujeito ativo nos procedimentos incidentes de hipoteca e arresto 154

Art. 143 154
1. Remessa dos autos de hipoteca ou arresto ao juízo cível 154
2. Alteração legislativa 154
Art. 144 154
1. Responsabilidade civil e responsabilidade penal 154

CAPÍTULO VII – DO INCIDENTE DE FALSIDADE
Art. 145 155
1. Incidente de falsidade 155
2. Processamento 155
Art. 146 155
1. Argüição feita por procurador com poderes especiais 155
Art. 147 155
1. Incidente de falsidade *ex officio* 155
Art. 148 155
1. Limites da decisão 155

CAPÍTULO VIII – DA INSANIDADE MENTAL DO ACUSADO
Art. 149 156
1. Incidente de insanidade mental do imputado 156
2. Processamento 156
Art. 150 156
1. Internação do imputado 156
Art. 151 157
1. Inimputabilidade ao tempo da infração 157
Art. 152 157
1. Inimputabilidade superveniente 157
Art. 153 157
1. Autuação em apartado
Art. 154 157
1. Inimputabilidade ocorrida no curso da execução penal 157

CHARLES EMIL MACHADO MARTINS
Arts. 155 a 250 – Prova

Considerações preliminares acerca da Prova Criminal 159
1. A importância da prova 159
2. O conceito de prova 160
3. O alcance possível da prova (da certeza, da verdade e da justiça no processo penal) 160
4. O objetivo da prova 161
5. O direito à prova e a sua natureza jurídica 161
6. Objeto da prova 161

TÍTULO VII – DA PROVA
CAPÍTULO I – DISPOSIÇÕES GERAIS
Art. 155 162
1. Meios de prova 162
2. Classificação da prova 162
3. Prova emprestada 162
4. Prova policial 162
5. O princípio da liberdade probatória 163
6. As provas ilícitas, ilegítimas e irregulares 164
7. Da inadmissibilidade da prova ilícita 165
8. A (in)admissibilidade da prova lícita derivada da prova ilícita 165
Art. 156 168
1. Ônus da prova 168
2. Inversão do ônus da prova (excludentes do crime) 169
3. Inversão do ônus da prova (álibi) 169
4. Inversão do ônus da prova (flagrante) 169
5. Inversão do ônus da prova (apreensão da *res furtiva*) 169
6. Inversão do ônus da prova (revisão criminal) 170
7. O poder instrutório do juiz 170
Art. 157 172
1. Da análise da prova 172

CAPÍTULO II – DO EXAME DO CORPO DE DELITO, E DAS PERÍCIAS EM GERAL
Art. 158 174
1. Exame de corpo de delito e perícias em geral 174
2. Corpo de delito e exame de corpo de delito 174
3. Exame de corpo de delito e a confissão 174
Art. 159 175
1. Peritos oficiais e peritos leigos 175
2. Necessidade de dois peritos 175
Art. 160 176
1. Laudo pericial 176
Art. 161 176
1. Momento da realização do exame 176
Art. 162 176
1. Autópsia 176
Art. 163 177
1. Exumação 177
Art. 164 177
1. Fotografias do cadáver 177
Art. 165 177
1. Esquemas e desenhos 177
Art. 166 177
1. Identificação do cadáver exumado 177
Art. 167 177
1. Corpo de delito indireto 177
Art. 168 178
1. Exame complementar 178
Art. 169 178
1. Preservação do local da infração penal 178
Art. 170 179
1. Perícias de laboratório 179
Art. 171 179
1. Destruição, rompimento e escalada 179
Art. 172 179
1. Laudo de avaliação 179
Art. 173 180
1. Perícia no caso de incêndio 180
Art. 174 180
1. Perícia grafotécnica 180
Art. 175 180
1. Exame dos instrumentos do crime 181
Art. 176 181
1. Oferecimento de quesitos 181
Art. 177 181
1. Exame por precatória 181
Art. 178 181
1. Requisição do exame de corpo de delito aos peritos oficiais 181
Art. 179 182
1. Exame de corpo de delito por peritos leigos 182

Índice sistemático

Art. 180 182
 1. Divergência entre peritos 182
Art. 181 182
 1. Laudos ineptos, omissos ou contraditórios 182
Art. 182 182
 1. Apreciação da prova pericial 182
 2. Laudo pericial em crime de ação penal privada 182
Art. 183 182
 1. Perícia no caso de exclusiva ação penal privada 182
Art. 184 183
 1. Indeferimento de perícia 183

CAPÍTULO III – DO INTERROGATÓRIO DO ACUSADO

Art. 185 183
 1. O interrogatório e a sua natureza jurídica 183
 2. Obrigatoriedade do interrogatório 183
 3. Interrogatório por precatória 184
 4. O interrogatório da pessoa jurídica 185
 5. O interrogatório de réu preso 186
 6. A necessidade de defensor e a sua entrevista com o réu, antes do interrogatório 186
Art. 186 187
 1. Qualificação 187
 2. O direito ao silêncio 187
 3. Conseqüências do silêncio 188
 4. O direito ao silêncio no Tribunal do Júri 188
 5. Direito de mentir 188
Art. 187 189
 1. Interrogatório de individualização ou interrogatório subjetivo 189
 2. Interrogatório de mérito ou interrogatório objetivo 190
 3. Procedimento do interrogante 191
Art. 188 191
 1. Esclarecimentos solicitados pelas partes 191
Art. 189 192
 1. Indicação de provas 192
Art. 190 192
 1. Motivos da confissão 192
 2. Delação 192
Art. 191 193
 1. Pluralidade de interrogandos 193
Art. 192 193
 1. Interrogatório de surdos, mudos, surdos e surdo-mudos 194
Art. 193 194
 1. Utilização de intérprete 194
Art. 194 194
 1. Outros incapazes 194
Art. 195 194
 1. Redução a termo 194
Art. 196 195
 1. Novo interrogatório 195

CAPÍTULO IV – DA CONFISSÃO

Art. 197 195
 1. Conceito 195
 2. Espécies de Confissão 195
 3. O valor probatório da confissão 196
 4. O valor da confissão no Tribunal do Júri 197
 5. Valor da confissão policial 198

Art. 198 198
Art. 199 198
 1. Confissão fora do interrogatório 198
Art. 200 198
 1. Divisibilidade 198
 2. Retratação 198

CAPÍTULO V – DAS PERGUNTAS AO OFENDIDO

Art. 201 198
 1. Ofendido 198
 2. Das perguntas ao ofendido 199
 3. Valor probatório da palavra do ofendido 199
 4. Palavra da vítima x versão do acusado 200

CAPÍTULO VI – DAS TESTEMUNHAS

Art. 202 200
 1. Testemunha e informante 200
 2. Testemunha instrumentária 200
 3. Testemunha de viveiro 200
 4. Testemunha abonatória ou de antecedentes 200
 5. Valor probatório das testemunhas 200
 6. Características da prova testemunhal 201
 7. Quem pode ser testemunha 201
Art. 203 202
 1. Compromisso de falar a verdade 203
 2. Qualificação da testemunha 203
Art. 204 203
 1. Depoimento oral 203
Art. 205 203
 1. Dúvida sobre a identidade da testemunha 203
Art. 206 203
 1. Dever de depor 204
Art. 207 204
 1. Proibição de depor 204
Art. 208 204
 1. Impedimento de compromisso 204
 2. Informante e falso testemunho 204
Art. 209 205
 1. Testemunha do juízo e testemunhas referidas 205
 2. Testemunhas não computadas 205
Art. 210 205
 1. Depoimentos separados 205
 2. Advertência à testemunha 205
Art. 211 205
 1. Requisição de inquérito policial por falso testemunho 205
 2. Prisão em flagrante por falso testemunho 206
Art. 212 206
 1. Perguntas das partes 206
Art. 213 207
 1. Objetividade no depoimento 207
Art. 214 207
 1. Contradita 207
 2. Parentes da vítima 207
Art. 215 208
 1. Redação do depoimento 208
Art. 216 208
 1. Redução a termo 208
 2. Assinatura do termo 208

Art. 217 208
1. Retirada do réu da sala de audiências 208
Art. 218 209
1. Intimação regular 209
2. Condução coercitiva 209
Art. 219 209
1. Sanções cabíveis à testemunha faltosa 209
2. Crime de desobediência 209
Art. 220 209
1. Testemunhas impossibilitadas de comparecer ao fórum 209
Art. 221 210
1. Autoridades com audiência ajustada e o depoimento por escrito 210
2. Depoimentos de militares e funcionários públicos 210
Art. 222 210
1. Testemunho por precatória 210
Art. 223 211
1. Obrigatoriedade do intérprete 211
2. Depoimento de surdo-mudo 211
Art. 224 211
1. Comunicação de mudança de residência 211
Art. 225 211
1. O depoimento *ad perpetuam rei memoriam* 211

CAPÍTULO VII – DO RECONHECIMENTO DE PESSOAS E COISAS

Art. 226 211
1. Natureza jurídica e definição 211
2. Reconhecimento fotográfico 212
3. Reconhecimento formal 212
4. Reconhecimento informal 212
5. Reconhecimento em juízo e em plenário do júri 213
Art. 227 213
1. O reconhecimento de coisa 213
Art. 228 213
1. Reconhecimentos separados 213

CAPÍTULO VIII – DA ACAREAÇÃO

Art. 229 213
1. Conceito e natureza jurídica 213
2. Valor probatório 214
3. Faculdade judicial 214
5. Pressupostos e procedimento 214
Art. 230 214
1. Acareação por precatória 214

CAPÍTULO IX – DOS DOCUMENTOS

Art. 231 214
1. Natureza jurídica e conceito 215
2. Valor da prova documental 215
3. Juntada de documentos ao processo 215
Art. 232 215
1. Espécies de documentos 215
2. Original e cópia 215
Art. 233 216
1. Carta particular 216
2. A interceptação e a violação da correspondência particular 216
3. Exibição de carta particular pelo destinatário 217

Art. 234 217
1. Juntada de ofício 217
Art. 235 217
1. Autenticidade do documento 217
Art. 236 217
1. Tradução de documentos em idioma estrangeiro 217
Art. 237 217
1. Pública-forma 218
Art. 238 218
1. Restituição de documentos 218

CAPÍTULO X – DOS INDÍCIOS

Art. 239 218
1. Natureza jurídica e conceito 218
2. Presunção 218
3. Ficções jurídicas 219
4. Circunstâncias 219
5. O valor probatório dos indícios 219

CAPÍTULO XI – DA BUSCA E DA APREENSÃO

Art. 240 220
1. Natureza jurídica e conceito 220
2. Exibição e arrecadação 220
3. Oportunidade para realização 220
4. Busca domiciliar 220
5. Rol taxativo ou exemplificativo 221
6. Busca e apreensão de cartas 221
7. Fundadas razões e fundadas suspeitas 222
8. Busca pessoal 222
Art. 241 222
1. Busca domiciliar sem mandado 222
Art. 242 223
1. Iniciativa da busca e apreensão 223
Art. 243 223
1. Requisitos do mando de busca domiciliar 223
2. Busca no escritório do defensor 223
Art. 244 223
1. Busca pessoal 224
Art. 245 224
1. Do cumprimento da busca domiciliar 224
Art. 246 225
1. Locais equiparados ao domicílio 225
2. Busca em repartição pública 225
Art. 247 225
1. Comunicação dos motivos da diligência 225
Art. 248 225
1. Molestamento indispensável
Art. 249 225
1. Busca pessoal em mulher 225
Art. 250 225
1. Apreensão em território alheio 226
2. Imprecisões terminológicas do dispositivo 226

ÁTILO ANTONIO CERQUEIRA
Arts. 251 a 267 – Sujeitos do processo

O Juiz, o Ministério Público, o Acusado e seu Defensor 227
1. Considerações iniciais 227

Índice sistemático

TÍTULO VIII – DO JUIZ, DO MINISTÉRIO PÚBLICO, DO ACUSADO E DEFENSOR, DOS ASSISTENTES E AUXILIARES DA JUSTIÇA
CAPÍTULO I – DO JUIZ

Art. 251 227
1. Poderes do juiz 227

Art. 252 228
1. Capacidade do juiz 228
2. Capacidade subjetiva 228
3. Capacidade objetiva 228
4. Capacidade processual 228
5. Impedimento do juiz 228

Art. 253 228
1. Juízos coletivos 228

Art. 254 228
1. Suspeição do juiz 228
2. Amizade íntima ou inimizade capital 229
3. Aconselhamento 229

Art. 255 229
1. Dissolução do casamento como término do impedimento e da suspeição 229

Art. 256 229
1. Suspeição provocada pela parte 229

CAPÍTULO II – DO MINISTÉRIO PÚBLICO

Art. 257 229
1. O Ministério Público como instituição 229
2. Atribuições do Ministério Público 229
3. Princípios institucionais do Ministério Público 230

Art. 258 230
1. Impedimento e suspeição de membros do Ministério Público 230

CAPÍTULO III – DO ACUSADO E SEU DEFENSOR

Art. 259 230
1. O Acusado 230
2. Correta identificação do réu 230

Art. 260 231
1. Condução coercitiva do acusado 231
2. Decretação de prisão preventiva 231

Art. 261 231
1. O defensor 231
2. Obrigatoriedade da realização de defesa 232
3. Defesa técnica 232
4. Réu foragido 232

Art. 262 232
1. Revogação do art. 194 do CPP 232
2. Acusado declarado relativamente incapaz 232

Art. 263 232
1. Nomeação de defensor dativo 232
2. Pluralidade de réus 232
3. Defensor constituído 233

Art. 264 233
1. Exercício de advocacia dativa 233

Art. 265 233
1. Abandono do processo por defensor constituído 233
2. Abandono do processo por defensor dativo 233
3. Nomeação de advogado substituto 233

Art. 266 233
1. Constituição de defensor independentemente de instrumento 233

Art. 267 233
1. Causas de impedimento do defensor 233

MARCUS VINICIUS BOSCHI
Arts. 268 a 281 – Sujeitos do Processo

Assistentes, Funcionários da Justiça, Peritos e Intérpretes 235
1. Do Juiz 235
2. Dos advogados 235
3. Do Ministério Público 236
4. Do Assistente da Acusação 236

CAPITULO IV – DOS ASSISTENTES

Art. 268 237
1. Conceito de assistente 237
2. Inconstitucionalidade do assistente 237
3. Função da assistência 237
4. Possibilidades conferidas ao assistente 237

Art. 269 237
1. Admissão do assistente 237
2. Assistência no âmbito dos Juizados Especiais Criminais 238

Art. 270 238
1. Intervenção de co-réu 238

Art. 271 238
1. Possibilidades conferidas ao assistente 238
2. Prévia oitiva do Ministério Público 238
3. Dispensa de intimação 238

Art. 272 238
1. Prévia oitiva do Ministério Público 238

Art. 273 239
1. Irrecorribilidade da decisão 239

CAPÍTULO V – DOS FUNCIONÁRIOS DA JUSTIÇA

Art. 274 239
1. Extensão das causas de impedimento e suspeição 239

CAPÍTULO VI – DOS PERITOS E INTÉRPRETES

Art. 275 239
1. Sujeição às mesmas regras 239

Art. 276 239
1. Nomeação do perito 239

Art. 277 240
1. Aceitação do encargo de perito 240
2. Aplicação de multa 240

Art. 278 240
1. Condução do perito 240

Art. 279 240
1. Impedimento ao exercício das funções de perito 240

Art. 280 240
1. Extensão das hipóteses de suspeição 240

Art. 281 241
1. Intérpretes e peritos 241

MARCUS VINICIUS BOSCHI
Arts. 282 a 350 – Prisões Cautelares

1. Considerações iniciais 243
2. O possível conflito principiológico 244

Índice sistemático

3. A prisão em fragrante delito 245
4. A prisão preventiva 246
5. A prisão temporária 247
6. A prisão por pronúncia 247
7. A prisão por força de sentença condenatória recorrível 247

TÍTULO IX – DA PRISÃO E DA LIBERDADE PROVISÓRIA
CAPÍTULO I – DISPOSIÇÕES GERAIS

Art. 282 248
1. Prisão cautelar e decisão judicial 248
2. Fundamentação 248

Art. 283 248
1. Momento de execução da ordem de prisão 248
2. Hipótese de flagrante delito 249

Art. 284 249
1. Prisão e abuso de força 249
2. Conceituação de preso 249
3. Tipificação do excesso 249

Art. 285 250
1. Requisitos do mandado de prisão 250
2. Omissão de requisitos 250
3. Atribuições para o cumprimento do mandado de prisão 250

Art. 286 250
1. Mandado e duplicata 250
2. Certificação do dia e hora da prisão 250

Art. 287 251
1. Exibição do mandado ao preso 251
2. Exibição do mandado em crimes inafiançáveis 251

Art. 288 251
1. Apresentação do mandado e recibo 251

Art. 289 251
1. Prisão em comarca diversa 251
2. Urgência na prisão 251

Art. 290 252
1. Pessoa perseguida 252
2. Perseguição 252
3. Apresentação do conduzido 252

Art. 291 252
1. Momento da prisão 252

Art. 292 252
1. Terceiros e resistência à prisão 252
2. Tipificação da resistência 252

Art. 293 253
1. Ingresso em casa e prisão 253
2. Recusa na entrega 253

Art. 294 253
1. Flagrante e ingresso em casa 253

Art. 295 253
1. Prisão especial e princípio da igualdade 254

Art. 296 255
1. Prisão especial 255

Art. 297 255
1. Reprodução de mandados 255

Art. 298 255
1. Pessoa em local diverso 255
2. Utilização de qualquer meio hábil de comunicação 255

Art. 299 255
1. Prisão especial 255

Art. 300 256
1. Prisão provisória e separação 256
2. Prisão temporária 256
3. Separação obrigatória 256

CAPÍTULO II – DA PRISÃO EM FLAGRANTE

Art. 301 256
1. Conceito de Flagrante 256
2. Previsão Normativa 256
3. Obrigatoriedade 256
4. Prisão em Flagrante e ação penal privada 256
5. Necessidade de prévio expediente instaurado 257
6. Prisão em flagrante em delitos do juizado especial criminal 257
7. Flagrante e imunidade material 257

Art. 302 257
1. Flagrante próprio (I) 257
2. Flagrante próprio (II) 257
3. Flagrante impróprio ou imperfeito (III) 258
4. Flagrante presumido (IV) 258
5. Flagrante preparado 258
6. Flagrante esperado 258
7. Flagrante retardado ou diferido 259
8. Flagrante forjado 259

Art. 303 259
1. Crime continuado 259
2. Crime habitual 259
3. Crime permanente 259

Art. 304 260
1. Requisitos formais do auto de prisão em flagrante 260
2. Oitivas 260
3. Ordem de inquirição e assinatura 260
4. Inobservância aos requisitos formais do auto 261
5. Relaxamento da prisão e observância de condições 261

Art. 305 261
1. Substituição do escrivão 261

Art. 306 261
1. Nova redação 261
2. Nota de culpa. Requisitos e prazo 261
3. Ausência de requisitos da nota de culpa 262

Art. 307 262
1. Autoridade condutora 262

Art. 308 262
1. Apresentação do preso 262

Art. 309 262
1. Livrar-se solto 262

Art. 310 262
1. Remessa do auto ao poder judiciário e decisões possíveis 262
2. Liberdade provisória. Hipótese I 263
3. Liberdade provisória. Hipótese II 263
4. Liberdade provisória e crimes hediondos 263

CAPÍTULO III – DA PRISÃO PREVENTIVA

Art. 311 263
1. Prisão preventiva. Cabimento 263
2. Prisão temporária 264

Art. 312 264
1. Função 264
2. Requisitos materiais para a prisão 264
3. Garantia da ordem pública 264
4. Garantia da ordem econômica 265

Código de Processo Penal Comentado **679**

Índice sistemático

5. Conveniência da instrução criminal 265
6. Assegurar a aplicação da lei penal 265
7. Transposição dos requisitos das cautelares do processo civil ao âmbito criminal 265

Art. 313 265
1. Cabimento da prisão preventiva. Espécies de infrações 266
2. Lei 11340/06 (Lei Maria da Penha) 266

Art. 314 266
1. Preventiva e exclusão da ilicitude 266

Art. 315 266
1. Prisão e ordem fundamentada 266
2. Fundamentação concreta 266

Art. 316 266
1. Liberdade provisória e revogação da prisão 266

CAPÍTULO IV – DA APRESENTAÇÃO ESPONTÂNEA DO ACUSADO

Art. 317 267
1. Apresentação espontânea do acusado e prisão preventiva 267

Art. 318 267
1. Apresentação espontânea e apelo em liberdade 267

CAPÍTULO V – DA PRISÃO ADMINISTRATIVA

Art. 319 267
1. Vigência da prisão administrativa 267
2. Cabimento da prisão administrativa 267

Art. 320 268
1. Execução da ordem de prisão 268
2. Depositário infiel. Divergência jurisprudencial 268
3. Impugnação da ordem de prisão 268

CAPÍTULO VI – DA LIBERDADE PROVISÓRIA, COM OU SEM FIANÇA

Art. 321 268
1. A Fiança diante do artigo 310 do Código de Processo Penal 268
2. Fiança. Cabimento 269

Art. 322 269
1. Atribuição para a concessão de fiança 269
2. Natureza da fiança 269

Art. 323 269
1. Delitos em que é cabível fiança 269
2. Fiança em concurso de crimes 269
3. Vedações à fiança e critérios 270
4. Crimes hediondos 270
5. Demais delitos inafiançáveis 270

Art. 324 271
1. Hipóteses de não-cabimento de fiança 271
2. Quebramento de fiança 271
3. Prisão determinada por juiz cível 271
4. *Sursis* e livramento condicional 271
5. Fiança e cabimento de prisão preventiva 271

Art. 325 271
1. Critérios de fixação da fiança 271
2. Crimes inafiançáveis 271
3. Valor da fiança 272
4. Redução e aumento do valor 272

Art. 326 272
1. Critérios para fixação da fiança 272

Art. 327 272
1. Fiança e comparecimento 272

Art. 328 272
1. Hipóteses de quebramento fiança 272
2. Mudança residência 273
3. Oitiva defesa 273

Art. 329 273
1. Manutenção de registros 273
2. Diligências 273

Art. 330 273
1. Prestação fiança 273
2. Hipoteca e títulos 273
3. Pagamento por qualquer pessoa 273

Art. 331 273
1. Destino fiança prestada 273

Art. 332 273
1. Prisão em flagrante e fiança 274
2. Decreto de prisão e fiança 274
3. Importância da fiança frente ao artigo 310 do Código de Processo Penal 274

Art. 333 274
1. Intimação do Ministério Público 274
2. Recurso 274
3. Ausência de intimação do Ministério Público. Irregularidade 274

Art. 334 274
1. Momento de prestação da fiança 274
2. Restabelecimento da prisão 275

Art. 335 275
1. Demora no arbitramento da fiança 275

Art. 336 275
1. Destino da fiança 275
2. Prescrição 275

Art. 337 275
1. Restituição da fiança. Hipóteses 275
2. Desconto 275

Art. 338 275
1. Cassação da fiança 275
2. Recurso 275

Art. 339 275
1. Cassação da fiança. Hipóteses 276

Art. 340 276
1. Reforço da fiança já prestada 276
2. Nova classificação do delito 276

Art. 341 276
1. Quebramento da fiança ante o não-comparecimento do acusado aos termos do processo 276
2. Cautelas 276

Art. 342 276
1. Quebramento da fiança e recurso 276
2. Juízo de retratação 277

Art. 343 277
1. Quebramento fiança. Conseqüências 277

Art. 344 277
1. Perdimento da fiança. Apresentação do condenado 277

Art. 345 277
1. Recolhimento do valor da fiança 277

Art. 346 277
1. Destino do valor da fiança 277

Art. 347 277

1. Restituição da fiança 277
Art. 348 277
1. Fiança hipotecária 277
2. Competência do juízo cível 277
Art. 349 278
1. Fiança e venda dos bens 278
Art. 350 278
1. Concessão de liberdade provisória sem fiança. Réu pobre 278
2. Revogação do benefício e prévia justificação 278

DAVID MEDINA DA SILVA
Arts. 351 a 372 – Citações e Intimações

TÍTULO X – DAS CITAÇÕES E INTIMAÇÕES
CAPÍTULO I – DAS CITAÇÕES
Art. 351 279
1. Observância contraditório e ciência acusação 279
2. Forma 280
Art. 352 280
1. Requisitos 280
Art. 353 280
1. Carta precatória 280
Art. 354 281
1. Requisitos da carta 281
Art. 355 281
1. Trâmite da precatória 281
Art. 356 281
1. Expedição por outros meios 281
Art. 357 281
1. Requisitos da citação por mandado 281
2. Não localização do réu 282
Art. 358 282
1. Citação de militar 282
Art. 359 282
1. Citação de funcionário publico 282
Art. 360 282
1. Citação de réu preso 282
Art. 361 283
1. Citação por edital 283
2. Prazo edital 283
Art. 362 283
1. Ocultação 283
Art. 363 284
1. Outras hipóteses de citação por edital 284
Art. 364 284
1. Inacessibilidade 284
Art. 365 284
1. Requisitos edital 284
2. Publicação 284
Art. 366 285
1. Revelia 285
2. Suspensão do processo 285
3. Prisão preventiva 286
4. Aplicação parcial da lei 286
5. Impugnação pela via recursal 286
Art. 367 287
1. Revelia 287
2. Conseqüências 288

Art. 368 288
1. Citação por carta rogatória 288
Art. 369 288
1. Citação em legações estrangeiras 288

CAPÍTULO II – DAS INTIMAÇÕES
Art. 370 288
1. Distinção entre citação e intimação 288
2. Intimação pela via oficial 289
3. Intimação do Ministério Público 289
4. Início do prazo 289
Art. 371 289
1. Intimação através da própria petição 289
Art. 372 290
1. Intimação em audiência 290

Arts. 373 a 380 – Interdição de Direitos e Medidas de Segurança Revogados pelos artigos 147, 171 e 172 da Lei de Execução Penal (Lei nº 7.210/84) 291

DAVID MEDINA DA SILVA
Arts. 381 a 393 – Sentença

1. Introdução 293
2. Classificação das sentenças em sentido próprio 293
3. Sentença em sentido amplo 293

TÍTULO XII – DA SENTENÇA
Art. 381 293
1. Requisitos da sentença 293
2. Relatório 294
3. Fundamentação 294
4. Conclusão 294
5. Nulidade da sentença 294
6. Sentença no Tribunal do Júri 295
7. Sentença no JECRIM 295
Art. 382 295
1. Embargos de declaração 295
2. Caráter não-infringente 295
3. Processamento e efeitos 295
4. Embargos declaratórios no JECRIM 296
Art. 383 296
1. *Emendatio libelli* 296
2. *Emendatio libelli* e Desclassificação 296
3. Dispensa de manifestação das partes 296
4. *Emendatio libelli* na ação penal privada 296
5. Descrição implícita 296
6. *Emendatio libelli* em segundo grau 296
7. Nova classificação jurídica do fato e incompetência do juízo 296
Art. 384 296
1. *Mutatio libelli* 297
2. Distinção entre *mutatio* e *emendatio libelli* 297
3. *Mutatio libelli* sem aditamento 297
4. *Mutatio libelli* 297
5. Desclassificação de crime doloso para crime culposo 297
6. *Mutatio libelli* e *mutatio actionis* 297
7. *Mutatio libelli* em segunda instância 297
8. *Mutatio libelli* em ação penal privada 298
9. *Mutatio libelli* e sentença 298
10. Outras hipóteses de aditamento 298
11. Nova classificação jurídica do fato e incompetência do juízo 298

Índice sistemático

Art. 385 298
1. Pedido de absolvição e sentença condenatória 298
2. Agravantes não articuladas 298

Art. 386 298
1. Hipóteses de absolvição 298
2. Sentença absolutória imprópria 299
3. Menoridade do réu 299
4. Causas de isenção de pena 299
5. Perdão judicial 299
6. Efeitos da Sentença absolutória 299
7. Conseqüências civis da absolvição 299
8. Apelação do réu absolvido 300

Art. 387 300
1. Sentença condenatória e seus efeitos 300
2. Princípio da individualização da pena 300
3. Dosimetria da pena 301
4. Fixação da pena de multa 302
5. Penas restritivas de direitos 302
6. Proibição de *reformatio in pejus* 302
7. Outras providências 302

Art. 388 302
1. Assinatura do juiz 302

Art. 389 302
1. Publicação da sentença 302
2. Imutabilidade e retificação 302

Art. 390 303
1. Intimação do Ministério Público 303

Art. 391 303
1. Intimação do querelante e do assistente 303

Art. 392 303
1. Intimação do réu e seu defensor 303
2. Intimação em audiência 304

Art. 393 304
1. Efeitos da condenação 304

JOSÉ CARLOS TEIXEIRA GIORGIS
Arts. 394 a 405 – Instrução Criminal

Considerações acerca dos procedimentos 305
1. Notas iniciais 305
2. Processo e procedimento 305
3. Direito ao procedimento 306
4. Competência 306
5. Formas de procedimentos 307
6. Critérios para a diversidade de procedimentos 308
7. Procedimentos especiais e a Lei 9.099/95 309
8. Adoção de procedimento diverso 311
9. Cumulação de ações com ritos diversos 311
10. Do procedimento ordinário 311

LIVRO II – DOS PROCESSOS EM ESPÉCIE
TÍTULO I – DO PROCESSO COMUM
CAPÍTULO I – DA INSTRUÇÃO CRIMINAL

Art. 394 311
1. Denúncia 311
1.1. Exposição do fato criminoso 312
1.2. Qualificação do agente 313
1.3. Classificação do crime 313
1.4. Rol de testemunhas 314
1.5. Outras formalidades da denúncia 314
1.6. Prazo para oferecimento da denúncia 314
1.7. Recebimento da denúncia 315
2. Queixa 315
2.1. Legitimidade 316
2.2. Exposição do fato criminoso 316
2.3. Qualificação do querelado 316
2.4. Classificação do crime 317
2.5. Outras formalidades da queixa 317
2.6. Aditamento da queixa 317
2.7. Prazo para oferecimento da queixa 317
2.8. Indivisibilidade da queixa 318
2.9. Reconvenção 318
2.10. Honorários 318
2.11. Citação 318
2.12. Citação real 318
2.13. Citação ficta 319
2.14. Citação militar 319
2.15. Citação do funcionário público 319
2.16. Acusado preso 319
2.17. Citação do hanseniano 320
2.18. Citação de incapaz 320
2.19. Citação de pessoa jurídica nos crimes ambientais 320
2.20. Citação por hora certa 320
2.21. Comparecimento espontâneo do acusado 320
2.22. Notificação do Ministério Público 320

Art. 395 320
1. Interrogatório 320
2. Natureza jurídica 320
3. Obrigatoriedade do interrogatório 321
4. Ocasião para o interrogatório 321
5. Local do interrogatório 321
6. Interrogatório da pessoa jurídica 321
7. Direito ao silêncio 321
8. Presença do Defensor 322
9. Presença do curador 322
10. Interrogatório por precatória 323
11. Interrogatório virtual 323
12. Interrogatórios especiais 323
13. Defesa prévia 324
13.1. Assinatura da defesa prévia 324
13.2. Obrigatoriedade da defesa prévia 324
13.3. Nulidade por falta de defesa prévia 324
14. Intimação do defensor dativo 324
15. Intimação do defensor constituído 325
16. Interrogatório por precatória 325

Art. 396 325
1. Testemunhas e outras diligências 325
2. Ausência do acusado no interrogatório 325
3. Presença do acusado na audiência 325
4. Presença do defensor 325
5. Presença do Ministério Público 326
6. Ordem dos depoimentos e inversão da ordem 326
7. Comparecimento das testemunhas 326
8. Testemunha inquirida por precatória 326
9. Assinaturas 327

Art. 397 327
1. Testemunha não encontrada 327

Art. 398 327
1. Número de testemunhas 327

Art. 399 327
1. Diligências 327
Art. 400 328
1. Documentos 328
Art. 401 328
1. Prazo para audiência das testemunhas 328
2. prazo para encerramento da instrução 328
Art. 402 328
1. Retardamento da instrução 328
Art. 403 329
1. Enfermidade do acusado ou do seu defensor 329
Art. 404 329
1. Desistência da ouvida de testemunhas 329
Art. 405 329
1. Substituição da testemunha arrolada pela defesa 329

ARAMIS NASSIF
MÁRCIO KEPPLER FRAGA
Arts. 406 a 497 – Júri

Nota introdutória 331
1. Histórico do júri 331
2. Procedimento do júri 332
3. Prós e contras do Júri 332
4. Soberania dos veredictos 334
5. Sigilo das votações 335
6. Júri como direito ou garantia individual e plenitude defensiva 336
7. Competência do Tribunal do Júri 336

CAPÍTULO II – DO PROCESSO DOS CRIMES
DA COMPETÊNCIA DO JÚRI
SEÇÃO I – DA PRONÚNCIA, DA IMPRONÚNCI
E DA ABSOLVIÇÃO SUMÁRIA

Art. 406 337
1. Procedimento do Júri 338
2. Prazo em cartório 338
3. O querelante no procedimento do júri 338
4. Juntada de documentos 338
5. Ausência de alegações 338
Art. 407 339
1. Diligências determinadas pelo Juiz 339
Art. 408 339
1. Pronúncia. Natureza 339
2. Linguagem da pronúncia e do acórdão que confirma a pronúncia ou a proclama 340
3. Pressupostos da pronúncia: existência do crime e indícios da autoria 341
4. Pronúncia e qualificadoras 342
5. Pronúncia e agravantes, atenuantes, majorantes e mionorantes 343
6. Pronúncia e os crimes conexos aos dolosos contra a vida 344
7. Pronúncia e a interrupção da prescrição 345
8. Pronúncia. Rol dos culpados. Prisão. Fiança 345
9. Pronúncia e alteração da classificação do crime descrito na peça vestibular 346
10. Pronúncia com alteração dos fatos imputados – para outro doloso contra a vida – sem descrição na denúncia 346
11. Pronúncia e aditamento da denúncia em relação a co-réus 347

Art. 409 347
1. Impronúncia. Natureza 347
2. Linguagem 348
3. Hipóteses de cabimento e ausência de dolo 348
4. Impronúncia e crimes conexos 349
5. Provas novas 349
6. Impronúncia e efeitos civis 349
7. Despronúncia 349
Art. 410 349
1. Desclassificação. Natureza 350
2. Distinção da desclassificação para outro crime doloso contra a vida e da desclassificação em plenário. Desclassificação própria e imprópria 350
3. Desclassificação e delito conexo 350
4. Desclassificação sem remessa ao Juiz singular 350
5. Preclusão e conflito de competência 351
6. Reabertura da instrução e providências 351
Art. 411 352
1. Absolvição sumária. Natureza e constitucionalidade 352
2. Hipóteses de cabimento. Causas supra-legais 352
3. Absolvição sumária e crimes conexos 353
4. Recurso de Ofício 353
5. Absolvição sumária e efeitos civis 354
6. Absolvição sumária imprópria e pronúncia 354
Art. 412 354
1. Ausência de varas privativas do Júri 354
Art. 413 355
1. Intimação da pronúncia 355
2. Possibilidade de cisão do processo 355
Art. 414 355
1. Intimação por crime 355
Art. 415 355
1. Intimação no crime afiançável 356
Art. 416 356
1. Vista ao Ministério Público para oferecimento do libelo 356
2. Circunstância superveniente que modifica a classificação do crime e o procedimento 357
Art. 417 357
1. Conceito e natureza jurídica 357
2. Requisitos 358
3. Vinculação à decisão de pronúncia 358
4. Aditamento em face de circunstância superveniente 358
5. Concurso de pessoas e libelo 358
6. Testemunhas 358
7. Fonte dos quesitos 359
8. Libelo bifronte 359
Art. 418 359
1. Não recebimento do libelo 359
Art. 419 359
1. Atraso na apresentação do libelo e recusa em oferecer novo libelo 359
Art. 420 359
1. Libelo em casos de queixa 359
Art. 421 360
1. Providências posteriores ao recebimento do libelo 360
2. Contrariedade ao libelo 360
3. Ausência de recebimento expresso do libelo 360
Art. 422 360

Índice sistemático

1. Nomeação de defensor dativo ante ausência de advogado após o recebimento do libelo 360
Art. 423 361
1. Diligências deferidas 361
2. Justificação 361
Art. 424 361
1. Desaforamento. Conceito 361
2. Legitimados a requerer o desaforamento 361
3. Competência para apreciar e julgar o desaforamento. Procedimento 362
4. Hipóteses legalmente admitidas para o desaforamento 363
5. Desaforamento e produção de provas 363
Art. 425 364
1. Diligências para sanar nulidades ou para esclarecer fato relevante para a decisão do processo 364
2. Determinação de ofício 364
3. Intimações 364
4. Remessa ao Juiz Presidente 365
Art. 426 365
1. Reuniões 365
2. Distinção entre reunião e sessão 365
Art. 427 365
1. Convocação do júri 365
Art. 428 365
1. Sorteio dos 21 jurados 366
2. Inobservância de formalidades no sorteio 366
Art. 429 366
1. Publicação do edital 366
2. Convocação dos jurados 366
Art. 430 367
1. Proibição de desconto em virtude de serviço público relevante 367
Art. 431 367
1. Ordem de preferência no julgamento pelo Tribunal do Júri 367
2. Critério não é absoluto 367
Art. 432 367
1. Pauta de julgamento. Edital 367

SEÇÃO II – DA FUNÇÃO DO JURADO
Art. 433 367
1. Composição do Júri 367
Art. 434 368
1. Obrigatoriedade do serviço do júri 368
2. Jurado maior de sessenta anos 368
3. Jurado menor de 21 anos 368
4. Pessoas que não poderão servir como jurados 368
Art. 435 369
1. A sanção de perdas dos direitos políticos 369
Art. 436 369
1. Notória idoneidade 369
2. Isentos do serviço do júri 369
3. Mulheres com ocupação doméstica 369
4. Isenção por um ano 369
5. Médicos, farmacêuticos, parteiras e ministros religiosos 369
Art. 437 370
1. Vantagens conferidas aos jurados 370
2. Efetivo exercício da função 370
Art. 438 370

1. Responsabilidade criminal por equiparação dos jurados aos juízes de ofício 370

SEÇÃO II – DA ORGANIZAÇÃO DO JÚRI
Art. 439 370
1. Confecção da lista geral 370
2. Recurso contra a inclusão ou exclusão de jurado 371
Art. 440 371
1. Publicação da lista geral 371
Art. 441 371
1. Lista de jurados suplentes 371

SEÇÃO IV – DO JULGAMENTO PELO JÚRI
Art. 442 371
1. Abertura dos trabalhos do Júri em plenário 371
Art. 443 372
1. Punição ao jurado faltoso sem justificativa 372
2. Motivo relevante para escusa 372
3. Valor e aplicabilidade da multa 372
Art. 444 372
1. Procedimento para cobrança da multa 372
Art. 445 372
1. Sorteio de suplentes 373
2. Ausência de jurado, jurado dispensado e sorteio automático para a próxima reunião 373
3. Ausência de jurado faltoso ou dispensado na próxima reunião do Júri 373
4. Não realização do sorteio dos suplentes no início do julgamento anterior 373
Art. 446 373
1. Extensão aos jurados suplentes 373
Art. 447 374
1. Pregão do julgamento 374
2. Prazo para admissão do Assistente de acusação em plenário 374
Art. 448 374
1. Ausência do Promotor de Justiça 374
2. Promotor que se retira do plenário 374
Art. 449 374
1. Apresentação do réu 374
2. Desnecessidade de curador 374
3. Ausência de advogado 375
4. Adiamento do julgamento por uma vez 375
5. Adiamento a pedido 375
Art. 450 375
1. Comunicação a OAB da ausência imotivada do advogado 375
Art. 451 375
1. Ausência do réu e suas consequências 375
2. Ausência do acusador particular e do assistente da acusação 376
3. Direito ou não do réu de não comparecer ao julgamento 376
4. Ausência do réu e segregação cautelar 376
Art. 452 376
1. Ausência nos casos de ação penal privada subsidiária da pública 376
Art. 453 376
1. Consequências para a testemunha faltosa 376
2. Inaplicabilidade da pena de multa 376

Índice sistemático

3. Processo por desobediência e possibilidade de condução coercitiva 376
4. Proibição de desconto dos vencimentos 377

Art. 454 377
1. Separação das testemunhas 377
2. Quebra da incomunicabilidade 377

Art. 455 377
1. Ausência de testemunhas e conseqüências para o julgamento 377
2. Ausência de testemunha residente fora da comarca e arrolada como imprescindível 377

Art. 456 378
1. Certidão do pregão 378

Art. 457 378
1. Providência inicial para formação do Conselho de Sentença 378

Art. 458 378
1. Impedimentos e incompatibilidades por suspeição 378
2. Incomunicabilidade dos jurados 379
3. Efeitos da quebra da incomunicabilidade em relação aos jurados 380

Art. 459 380
1. Procedimento do sorteio dos jurados 381
2. Recusas 381
3. Estouro de urna 381

Art. 460 381
1. Argüição de suspeição 381

Art. 461 382
1. Procedimento de sorteio dos jurados quando há co-réus 382
2. Co-réus com o mesmo defensor ou com defensores distintos e número de recusas 382

Art. 462 383
1. Impedimentos 383

Art. 463 383
1. Mais de um processo julgado na mesma sessão 383

Art. 464 383
1. Tomada de compromisso dos jurados 383

Art. 465 384
1. Interrogatório 384

Art. 466 384
1. Rolatório do Juiz Procidonto 384
2. Leitura de peças 385
3. Distribuição de cópias de peças do processo aos jurados 385

Art. 467 385
1. Inquirição de testemunhas da acusação 385
2. Forma de inquirição das testemunhas 386
3. Desistência do depoimento de testemunha 386

Art. 468 386
1. Inquirição de testemunhas de Defesa 386
2. Inquirição de co-réu como testemunha 386

Art. 469 387
1. Redução a escrito, em resumo, dos depoimentos 387

Art. 470 387
1. Acareação no Plenário do Júri 387
2. Falso testemunho no Júri 387

Art. 471 388
1. Leitura do libelo 388
2. Pedido de absolvição pelo Ministério Público 388

3. Casos de ação penal privada 388
4. Manifestação do assistente à acusação 388

Art. 472 389
1. Apartes 389
2. Pedido de condenação por parte do defensor e defesas contraditórias 389
3. Depoimento pessoal do advogado 389
4. Jurado que dorme ao longo dos debates 389

Art. 473 389
1. Direito à réplica 389
2. Direito à tréplica 390
3. Réplica do assistente à acusação 390
4. Reinquirição de testemunha ao longo da réplica e da tréplica 390
5. Tréplica e tese defensiva nova 390

Art. 474 390
1. Tempo destinado às partes ao longo dos debates 391
2. Divisão do tempo no caso de mais de um acusador e mais de um defensor 391
3. Tempo destinado ao Assistente à Acusação 391
4. Extrapolação do tempo e conseqüências 392

Art. 475 392
1. Conceito de documento 392
2. Contagem do prazo para a juntada de documentos 392
3. Conseqüências da inobservância da regra 393
4. Jornais, revistas e repertórios de jurisprudência 393

Art. 476 393
1. Exame dos autos e dos instrumentos do crime pelos jurados 393
2. Pedido de esclarecimento efetuado pelo jurado à parte 393

Art. 477 393
1. Verificação de fato essencial para o julgamento e dissolução do conselho de sentença 393
2. Realização das diligências e reabertura dos debates 394

Art. 478 395
1. Consulta aos jurados 395

Art. 479 395
1. Leitura dos quesitos que serão levados à votação 395
2. Explicação dos quesitos 396
3. Requerimentos, reclamações das partes e preclusão 396

Art. 480 397
1. Anúncio do julgamento 397

Art. 481 397
1. Presença sem intervenção nas votações 397
2. Sala secreta 397
3. Presença de estudantes 398

Art. 482 398
1. Consulta pelos jurados antes de dar o voto 398

Art. 483 398
1. Proibição de interferência das partes 398
2. Pena de multa 398

Art. 484 398
1. Questionário e quesito 399
2. Redação e ordem dos quesitos 399
3. Fato principal 399
4. Quesitos de Defesa 400
5. Quesitos sobre excludentes 401
6. Quesitos sobre desclassificação 402
7. Quesitos nos casos de concurso de pessoas e de crime 402

Código de Processo Penal Comentado **685**

Índice sistemático

8. Quesitos sobre qualificadoras e causas de aumento ou diminuição da pena 403
9. Quesitos sobre agravantes 404
10. Quesitos sobre atenuantes 404

Art. 485 405
1. Distribuição das cédulas 405

Art. 486 405
1. Procedimento de votação dos quesitos 405

Art. 487 405
1. Contagem e registro dos votos 405
2. Registro da decisão unânime e sigilo das votações 406

Art. 488 406
1. Decisão por maioria de votos 406

Art. 489 406
1. Contradição nas respostas aos quesitos e desvinculação dos votos vencidos 406
2. Necessidade ou não do preceito 407

Art. 490 407
1. Relação de prejudicialidade entre os quesitos 407

Art. 491 407
1. Assinatura do termo de votação 407

Art. 492 408
1. Particularidades da lavratura da sentença no Tribunal do Júri 408
2. Sentença condenatória e aplicação de agravantes e atenuantes. Obrigatoriedade 408
3. Sentença condenatória e aplicação de minorantes. Obrigatoriedade 408
4. Sentença absolutória: própria e imprópria 409
5. Decisão desclassificatória: própria e imprópria. Reflexo em relação aos crimes conexos 409
6. Desclassificação e benefícios da Lei 9.099 410

Art. 493 411
1. Fundamentação da sentença de decisões do Tribunal do Júri 411
2. Leitura e publicação na sessão de julgamento 412

Art. 494 412
1. Ata do julgamento 412

Art. 495 412
1. Conteúdo da ata do julgamento 413
2. Inciso XVII – divisão da causa – erro de redação ou não 413

Art. 496 413
1. Responsabilidade do escrivão pela falta da ata 413

SEÇÃO V – DAS ATRIBUIÇÕES DO PRESIDENTE DO TRIBUNAL DO JÚRI

Art. 497 414
1. Poder de polícia 414
2. Uso de algemas 414
3. Regular debates 414
4. Questões de incidentes 415
5. Réu indefeso e dissolução do conselho de sentença 415
6. Ineficiência da acusação 416
7. Retirada do plenário do réu que tumultua os trabalhos 416
8. Suspensão e interrupção dos trabalhos 417
9. Determinar diligências para evitar nulidade ou para esclarecimento da verdade 417

JOSÉ CARLOS TEIXEIRA GIORGIS
Arts. 498 a 562 – Procedimentos

CAPÍTULO III – DO PROCESSO E DO JULGAMENTO DOS CRIMES DA COMPETÊNCIA DO JUIZ SINGULAR

Art. 498 419
1. Referência 419

Art. 499 419
1. Diligências 419
2. Diligências acatadas 419
3. Prazo para requerimento de diligências 419
4. Supressão e omissão do prazo 420
5. Indeferimento de diligência 420
6. Retirada dos autos do cartório 420
7. Instrução criminal invalidada 420

Art. 500 420
1. Alegações finais escritas e diligências 420
2. Conteúdo das razões finais 420
3. Falta das alegações finais 421
4. Falta da assinatura do defensor 421
5. Intimação das partes 421
6. Retirada dos autos do cartório 421

Art. 501 421
1. Nulidade por ausência de intimação 421

Art. 502 422
1. Diligências. despacho saneador e diligências 422

TÍTULO II – DOS PROCESSOS ESPECIAIS
CAPÍTULO I – DO PROCESSO E DO JULGAMENTO DOS CRIMES DE FALÊNCIA

Arts. 503 a 512 (Revogados pela Lei 11.101/2005) 422

CAPÍTULO II – DO PROCESSO E DO JULGAMENTO DOS CRIMES DE ESPONSABILIDADE DOS FUNCIONÁRIOS PÚBLICOS

Art. 513 422
1. Crimes próprios e impróprios 422
2. Funcionário público 422
3. Rito especial 423
4. Inquérito policial e peças de informação 423

Art. 514 423
1. Notificação prévia 423
2. Prazo para a sua concessão 424
3. Nomeação de defensor dativo 424
4. Acusado que deixa a função 424

Art. 515 424
1. Localização dos autos 424

Art. 516 425
1. Rejeição da denúncia ou da queixa 425

Art. 517 425
1. Notificação prévia 425
1. Rito 425

CAPÍTULO III – DO PROCESSO E DO JULGAMENTO DOS CRIMES DE CALUNIA E INJÚRIA, DE COMPETÊNCIA DO JUIZ SINGULAR

Art. 519 425
1. Considerações iniciais 425
2. Competência 426
3. Pessoas com prerrogativa de funções 426
4. Difamação contra funcionários públicos 426

Índice sistemático

5. Pedido de explicações 426
6. Número de testemunhas 426
Art. 520 426
1. Audiência de conciliação 426
2. Natureza jurídica da audiência 426
3. Comparecimento das partes 427
4. Queixa inepta 427
Art. 521 427
1. Participação da defesa técnica 427
Art. 522 427
1. Composição 427
Art. 523 427
1. Exceção da verdade 427
2. Cabimento das exceções 427
3. Procedimento das exceções 428

CAPÍTULO IV – DO PROCESSO E DO JULGAMENTO DOS CRIMES CONTRA A PROPRIEDADE IMATERIAL
Art. 524 428
1. Considerações iniciais e procedimento 428
2. Crimes de ação privada 429
3. Crimes de ação pública 429
Art. 525 429
1. Crimes que deixam vestígio 429
Art. 526 429
1. Indícios mínimos e ação penal 429
Art. 527 429
1. Diligências e peritos 430
2. Impugnação do laudo 430
Art. 528 430
1. Conclusão dos autos ao Juiz 430
Art. 529 430
1. Queixa crime e prazo 430
Art. 530 431
1. Prisão em flagrante e queixa-crime 431
Art. 530-A 431
1. Aplicação dos artigos 524 a 530 431
Art. 530-B 431
1. Intervenção de ofício pela autoridade policial 431
Art. 530-C 431
1. Lavratura de termo 431
Art. 530-D 431
1. Realização do exame técnico 432
2. Inexistência de laudo 432
Art. 530-E 432
1. Depósito dos bens apreendidos 432
2. Depositário 432
Art. 530-F 432
1. Destruição do corpo de delito 432
Art. 530-G 432
1. Destino dos bens apreendidos 432
Art. 530-H 432
1. Legitimidade para se figurar como assistente 432
Art. 530-I 432
1. Adoção do procedimento ordinário 432
Arts 531 a 537 prejudicados pelo artigo 129, I da Constituição Federal 433

CAPÍTULO V – DO PROCESSO SUMÁRIO
Art. 538 433
1. Considerações gerais 433
2. Adoção do Rito Ordinário em lugar do sumário 434
3. Denúncia 434
3.1. Exposição do fato 434
3.2. Qualificação do acusado 434
3.3. Classificação do crime 435
3.4. Rol de testemunhas 435
4. Outros requisitos 435
5. Queixa 435
6. Exposição do fato 435
7. Qualificação do agente 435
8. Classificação do crime 435
9. Outros requisitos 435
10. Aditamento da queixa 436
11. Audiência de instrução e julgamento 436
12. Citação 436
13. Citação de véspera 436
14. Requisitos do mandado 436
Art. 539 436
1. Procedimento 436
Art. 540 436
1. Interrogatório 436
2. Nomeação de defensor dativo 436
3. Defesa prévia 436
4. Oportunidade para diligências 436
5. Audiência das testemunhas da acusação 436
6. Inversão da prova 437
7. Saneamento 437
8. Despacho saneador atípico 437
9. Identidade física do juiz 437
10. Audiência de testemunha além do número 437
11. Intimação do defensor 437
12. Presença do Ministério Público 437
13. Supressão da audiência 437
14. Oportunidade nos debates 437
15. Defensor *ad hoc* 438

Processo de restauração de autos extraviados ou destruídos 438
1. Nota doutrinária 438

CAPÍTULO VI – DO PROCESSO DE RESTAURAÇÃO DE AUTOS EXTRAVIADOS OU DESTRUÍDOS
Art. 541 438
1. Procedimento para a restauração de autos 439
Art. 542 439
1. Oitiva das partes 439
Art. 543 439
1. Diligências 439
Art. 544 440
1. Prazo 440
Art. 545 440
1. Pagamento de custas 440
Art. 546 440
1. Responsabilidade 440
Art. 547 440
1. Substituição de autos 440
Art. 548 440
1. Restauração e recurso 440

Código de Processo Penal Comentado **687**

Arts. 549 a 555, prejudicados pela reformada Parte Geral do Código Penal (Lei 7.209/84) 440

TÍTULO III – DOS PROCESSO DE COMPETÊNCIA DO SUPREMO TRIBUNAL FEDERAL E DOS TRIBUNAIS DE APELAÇÃO
CAPÍTULO I – DA INSTRUÇÃO

Arts. 556-560. (Revogados pela Lei 8.658/93) 441

CAPÍTULO II – DO JULGAMENTO

Arts. 561 e 562. (Revogados pela Lei 8.658/93) 441

JOSÉ ANTONIO PAGANELLA BOSCHI
Arts. 563 a 573 – Nulidades

1. Considerações gerais 443
2. As nulidades no contexto do direito penal de garantias: processo e atos do processo obedientes aos pressupostos processuais 444
3. Os pressupostos de existência do processo 444
4. Os pressupostos de validade 445
5. A tipicidade dos atos, na órbita dos pressupostos de validade do processo. Nulidade. Conceito 446
6. As manifestações de atipicidade 446
7. A inexistência 446
8. A irregularidade 447
9. A anulabilidade 447
10. A nulidade 448
11. Classificação e fontes das nulidades 448
12. Fontes das nulidades 448
13. A Constituição como fonte das nulidades absolutas 449
14. O princípio (reitor) do devido processo legal 449
15. O devido processo legal e as irradiações na órbita das nulidades absolutas 451
16. O devido processo legal. A casuística das irradiações 451
17. Primeira irradiação: *modelo acusatório de processo* 451
18. Segunda irradiação: *a presunção de inocência* 452
19. Terceira irradiação. *O direito de não se auto-incriminar* 454
20. Quarta irradiação. *Direito à tramitação do processo em tempo razoável* 455
21. Quinta irradiação: *Acusação por fato certo e explícito* 456
22. Sexta irradiação. *Juízo natural* 457
23. Sétima irradiação. *A proibição do uso de provas ilícitas e ilegítimas* 458
24. Oitava irradiação. *Direito contra a indevida publicidade dos atos do processo* 459
25. Nona irradiação. *A ampla defesa* 460
26. Décima irradiação. *Direito ao Contraditório* 463
27. Décima-primeira irradiação. *A fundamentação das decisões judiciais* 463
28. Décima-segunda irradiação. *Direito ao duplo grau* 465
29. Décima-terceira irradiação. *A intangibilidade da coisa julgada* 465
30. Fonte infraconstitucional das nulidades absolutas. O Código de Processo Penal 466

LIVRO III – DAS NULIDADES E DOS RECURSOS EM GERAL
TÍTULO I – DAS NULIDADES

Art. 563 466
1. Breve referência 466

Art. 564 466
1. A incompetência, a suspeição e o suborno do juiz 467
2. A ilegitimidade de parte 469
3. A falta da denúncia ou queixa e da representação e, nas contravenções penais, da portaria ou do auto de prisão em flagrante 473
4. A falta do exame do corpo de delito 474
5. A falta de nomeação de defensor ao réu presente, que o não tiver, ou ao ausente, e de curador ao réu menor de 21 anos 475
6. A falta de intervenção do Ministério Público na ação penal de sua iniciativa 475
7. A falta da citação e do interrogatório do acusado presente 476
8. A falta da sentença de pronúncia, do libelo e da entrega de cópia ao réu 478
9. Falta da presença de pelo menos 15 jurados 480
10. A falta do sorteio dos jurados em número legal e a incomunicabilidade 480
11. A falta dos quesitos e das respectivas respostas 480
12. Falta da acusação e da defesa na sessão do julgamento 481
13. A falta da sentença 483
14. A falta do recurso de ofício 489
15. A falta da intimação das partes para ciência de sentenças e despachos recorríveis 490
16. Falta de *quorum* legal no STF e Tribunais de apelação 490
17. *Deficit* dos quesitos ou das respostas e contradição entre estas 490
18. Fonte das nulidades relativas 491
18.1. Falta de intervenção do M.P. na ação penal privada subsidiária 491
18.2. Falta de prazos concedidos à acusação e à defesa 492
18.3. Falta de intimação do réu para a sessão do Júri 492
18.4. Falta de intimação das testemunhas arroladas no libelo e na contrariedade 493
18.5. Falta de formalidade que constitua elemento essencial do ato 493
19. Por uma nova classificação: nulidades declaráveis e nulidades não-declaráveis. As impeditivas de declaração 494
20. Elenco das impeditivas de declaração das nulidades (absolutas e relativas) 495

Art. 565 496
Art. 566 498
Art. 567 502
1. Alcance das nulidades 502
Art. 568 503
1. Considerações gerais 503
Art. 569 503
1. Omissões 503
Art. 570 504
1. Distinções 504
Art. 571 504
1. Momento da declaração 505
Art. 572 505
1. Rol 505
Art. 573 506
1. Sedes para a declaração da nulidade: o processo, o *habeas corpus* ou a revisão criminal 507

CESAR ANTONIO DA SILVA
Arts. 574 a 667 – Recursos e Ações de Impugnação

Da teoria geral dos recursos criminais 509
1. Conceito de recurso 509

Índice sistemático

2. Síntese de jurisdição 509
3. Grau de jurisdição, instância, juízo *a quo* e juízo *ad quem* 509
4. Fundamentos do recurso 510
5. Natureza jurídica do recurso 511

Princípios recursais 511
1. Princípios recursais criminais 511
  1.1. Princípio da taxatividade 511
  1.2. Princípio da unirrecorribilidade 513
  1.3. Princípio da voluntariedade 513
  1.4. Princípio da compulsoriedade 513
  1.5. Princípio da fungibilidade 513
  1.6. Princípio da proibição da reformatio in pejus direta 514
  1.7. Princípio da proibição da Reformatio *in pejus* indireta 514
  1.8. Princípio da proibição da *reformatio in mellius* 515

Pressupostos recursais objetivos 516
1. Previsão legal 516
2. Tempestividade 516
3. Intimação 518
4. Observância das formalidades legais 519
5. Inexistência de fatos impeditivos 520
  5.1. Renúncia 520
  5.2. Recolhimento do acusado à prisão para recorrer 520
  5.3. Preclusão 521
  5.4. Desistência 521

TITULO II – DOS RECURSOS EM GERAL
CAPÍTULO I – DISPOSIÇÕES GERAIS

Art. 574 521
1. Recurso voluntário 521
2. Recurso de ofício 522
3. Hipóteses legais de recurso de ofício 522

Art. 575 522
1. O não seguimento ou não apresentação do recurso no prazo legal por falta ou erro do funcionário 522

Art. 576 523
1. Impossibilidade de desistência do recurso pelo Ministério Público 523

Art. 577 523

Pressuposto subjetivos 523
1. Pressuposto subjetivos 523
2. Legitimidade recursal 523
  2.1. Legitimidade do Ministério Público 523
  2.2. Legitimidade do ofendido habilitado, ou não, como assistente do Ministério Público, de seu representante legal e das pessoas enumeradas no art. 31, do CPP 524
  2.3. Legitimidade do ofendido (co-réu no mesmo processo 527
  2.4. Legitimidade do ofendido menor de 18 anos ou doente mental 528
  2.5. Legitimidade do querelante 528
  2.6. Legitimidade na ação penal privada personalíssima 528
  2.7. Legitimidade do Cônjuge menor de 18 anos 529
  2.8. Legitimidade do réu pessoalmente, por seu defensor ou curador, de qualquer pessoa do povo e de quem prestou fiança a seu favor 529

Pressupostos básicos 530
1. Decisão 530
2. Sucumbência 530
  2.1. Sucumbência única e múltipla 532
  2.2. Sucumbência direta e reflexiva 533
  2.3. Sucumbência total e parcial 533

Art. 578 533
1. Observância das formalidades legais para interposição do recurso 533
2. Recurso sem assinatura do recorrente 533
3. Certidão da entrega da petição de recurso e punição do escrivão que deixa de encaminhar ao juiz o recurso interposto por termos nos autos, no prazo legal 533

Art. 579 534
1. Fungibilidade do recurso 534

Art. 580 534
1. Efeito extensivo do recurso em concurso de agentes 534

CAPÍTULO II – DO RECURSO EM SENTIDO ESTRITO

Art. 581 535
1. Conceito 535
2. Taxatividade dos casos enumeradas no art. 581 535
3. Hipóteses de recurso em sentido estrito enumeradas no art. 581 536
4. Decisão que não recebe a denúncia ou queixa (art. 581, I) 536
5. Rejeição do aditamento da denúncia ou queixa (art. 581, I) 537
6. Que concluir pela incompetência do juízo (art. 581, II) 537
7. Que julgar procedente as exceções, salvo a de suspeição (art. 581, III) 537
8. Que pronunciar ou impronunciar o réu (art. 581, IV) 538
9. Que conceder, arbitrar, negar, cassar ou julgar inidônea a fiança, deferir requerimento de prisão preventiva ou revogá-la, conceder liberdade provisória ou relaxar a prisão em flagrante (art. 581, V) 539
10. Que absolver o réu, nos casos do art. 411 do CPP (art. 581, VI) 540
11. Que julgar quebrada a fiança ou perdido o seu valor (art. 581, VII) 540
12. Que decretar a prescrição ou julgar, por outro modo, extinta a punibilidade (art. 581, VIII) 541
13. Que indeferir o pedido de reconhecimento da prescrição ou de outra causa extintiva da punibilidade (art. 581, IX) 541
14. Que conceder ou negar ordem de *habeas corpus* (art. 581, X) 541
15. Que conceder, negar ou revogar a suspensão condicional da pena (art. 581, XI) 542
16. Que conceder, negar ou revogar livramento condicional (art. 581, XII) 542
17. Que anular o processo da instrução criminal, no todo ou em parte (art. 581, XIII) 542
18. Que incluir jurado na lista geral ou desta o excluir (art. 581, XIV) 543
19. Que denegar a apelação ou a julgar deserta (art. 581, XV) 543
20. Que ordenar a suspensão do processo, em virtude de questão prejudicial (art. 581, XVI) 544
21. Que decidir sobre unificação de penas (art. 581, XVII) 545
22. Que decidir o incidente de falsidade (art. 581, XVIII) 546
23. Que decretar a medida de segurança, depois de transitar a sentença em julgado (art. 581, XIX) 546
24. Que impuser medida de segurança por transgressão de outra (art. 581, XX) 546
25. Que mantiver ou substituir a medida de segurança, nos casos do art. 774 (art. 581, XXI) 546
26. Que revogar a medida de segurança (art. 581, XXII) 547
27. Que deixar de revogar a medida de segurança, nos casos em que a lei admita a revogação (art. 581, XXIII) 547

Código de Processo Penal Comentado **689**

Índice sistemático

28. Que converter a multa em detenção ou prisão simples (art. 581, XXIV) 547
Art. 582 547
1. Endereçamento do recurso em sentido estrito 547
Art. 583 547
1. Forma de encaminhamento 547
Art. 584 548
1. Efeitos do recurso em sentido estrito 548
2. Efeito devolutivo 548
3. Efeito suspensivo 548
Art. 585 548
1. Efeito suspensivo em crime inafiançável 548
2. Efeito regressivo 549
3. Efeito extensivo 549
Art. 586 549
1. Prazo do recurso em sentido estrito 549
Art. 587 549
1. Encaminhamento do recurso em sentido estrito por instrumento 549
Art. 588 550
1. Razões do recurso em sentido estrito 550
2. Contra-razões de recurso em sentido estrito 550
3. Intimação 550
Art. 589 551
1. Juízo de sustentação e juízo de retratação 551
2. Caso de não cabimento de recurso em sentido estrito da nova decisão 551
3. Intimação do denunciado 551
4. Legitimidade 551
Art. 590 551
1. Prorrogação do prazo para extrair o traslado 551
Art. 591 552
1. Apresentação do recurso à superior instância 552
Art. 592 552
1. Retorno dos autos ao juiz *a quo* 552

CAPÍTULO III – DA APELAÇÃO
Art. 593 552
1. Origem da apelação 552
2. Conceito 553
3. Decisões judiciais recorríveis 553
4. Sentença 553
5. Apelação de sentenças definitivas de condenação ou absolvição, proferidas por Juiz singular (593, I, do CPP 553
6. Decisões definitivas proferidas por Juiz singular 554
7. Decisões com força de definitiva terminativa *stricto sensu* 554
8. Decisões com força de definitiva não terminativas *stricto sensu* 554
9. Apelação das decisões do tribunal do júri 554
10. Apelação em face de nulidade posterior à pronúncia 554
11. Apelação das decisões do Tribunal do Júri, quando a sentença do Juiz-Presidente for contrária à lei expressa ou à decisão dos jurados 555
12. Apelação das decisões do tribunal do júri, quando houver erro ou injustiça no tocante à aplicação da pena ou da medida de segurança 555
13. Apelação da sentença do tribunal do júri, quando a decisão dos jurados for manifestamente contrária à prova dos autos 556
14. Prazos 557

Art. 594 557
1. Recolhimento do réu à prisão para apelar 557
Art. 595 557
1. Deserção por fuga da prisão 557
2. Deserção por falta de preparo 558
Art. 596 558
1. Efeitos da apelação da sentença absolutória 558
Art. 597 559
1. Efeitos da apelação de sentença condenatória 559
2. Efeito devolutivo 559
3. Efeito suspensivo 559
4. Efeito dilatório procedimental 561
5. Efeito extensivo 561
Art. 598 562
1. Legitimidade para apelar do ofendido habilitado ou não, como assistente do Ministério Público, de seu representante legal e das pessoas enumeradas no art. 31, do CPP 562
2. Prazos para o ofendido apelar 562
Art. 599 563
1. Apelação total ou parcial 563
Art. 600 563
1. Razões e contra-razões de apelação 563
2. Juntada de prova documental com as razões ou contra-razões 564
Art. 601 564
1. Forma de interposição de apelação 564
2. Providências para suprir omissão relativa às razões da defesa 565
3. Súmula impeditiva de recurso de apelação 565
Art. 602 566
1. Remessa dos autos à superior instância 566
Art. 603 566
1. Permanência de cópia do processo em cartório 566
Art. 604. (Revogado pela Lei nº 263, de 23.02.1948) 567
Art. 605. (Revogado pela Lei nº 263, de 23.02.1948) 567
Art. 606. (Revogado pela Lei nº 263, de 23.02.1948) 567

CAPÍTULO VI – DO PROTESTO POR NOVO JÚRI
Art. 607 567
1. Conceito 567
2. Pressupostos do protesto por novo júri 567
3. Protesto por novo júri em concurso material de crimes 567
4. Protesto por novo júri em concurso formal de crimes 568
5. Protesto por novo júri em crime continuado 568
Art. 608 658
1. Protesto por novo júri e apelação do Ministério Público, do assistente, do defensor e do próprio réu 568
2. Apelação da decisão do novo julgamento 569
3. Protesto por novo júri quando a pena for imposta em grau de apelação (§ 1º, do art. 607, do CPP) 569
4. Forma de interposição de protesto por novo júri e competência para decidir 570
5. Recurso cabível da decisão que denega o protesto 570
6. O conselho de sentença do novo julgamento 571
7. Fungibilidade do recurso interposto 571

CAPÍTULO V – DO PROCESSO E DO JULGAMENTO DOS RECURSOS EM SENTIDO ESTRITO E DAS APELAÇÕES NOS TRIBUNAIS DE APELAÇÃO
Art. 609 571

Índice sistemático

1. Competência recursal 572
2. Embargos infringentes e de nulidade 572
3. Distinção entre embargos de divergência e de nulidade 572
4. Decisões passíveis de embargos infringentes e de nulidade 572
5. Embargos infringentes e de nulidade nos Juizados Especiais Criminais 573
6. Legitimidade para interpor embargos declaratórios 573
7. Prazo para a oposição de embargos infringentes e de nulidade 573
8. Efeitos dos embargos infringentes e de nulidade. Em tese, os embargos opostos não têm efeito suspensivo 574
9. Processamento e julgamento dos embargos infringentes e de nulidade 574

Art. 610 574
1. Processamento e julgamento dos recursos em sentido estrito e de apelação nos processos de contravenção ou de crime a que a lei comine pena de detenção, nos Tribunais 574

Art. 611. (Revogado pelo Decreto-lei nº 552, de 25.04.1969) 575

Art. 612 575
1. Processamento e julgamento dos recursos de *habeas corpus* 575

Art. 613 575
1. Processamento e julgamento das apelações nos procedimentos dos processos por crime a que a lei comina pena de reclusão 575

Art. 614 575
1. Observância dos prazos para o julgamento do recurso 575

Art. 615 576
1. Votação e decisão 576

Art. 616 576
1. Possibilidade de diligências com ressalva de direitos do acusado 576

Art. 617 576
1. Proibição da reformatio *in pejus* 576

Art. 618 576
1. Normas complementares para o processo e julgamento dos recursos 576

CAPÍTULO VI – DOS EMBARGOS

Art. 619 577
1. Conceito 577
2. Decisões embargáveis 577
3. Prazo 577

Art. 620 577
1. Interrupção do prazo para interposição de outro recurso 577
2. Processamento dos embargos declaratórios 578
3. Caráter de infringência dos embargos de declaração 578
4. Embargos de declaração em decisão de embargos de declaração 578
5. Indeferimento liminar dos embargos de declaração 578
6. Legitimidade para interposição de embargos de declaração 578
7. Embargos de declaração na Lei nº 9.099/95 579
8. Forma de oposição, destinatário e prazo no Juizado Especial Criminal 579
9. Suspensão ou interrupção do prazo no Juizado Especial criminal? 579

CAPÍTULO VII – DA REVISÃO

Art. 621 579
1. Natureza jurídica da revisão criminal 579
2. Admissibilidade da revisão 580
3. Revisão criminal de condenação pelo tribunal do júri 580
4. Revisão criminal de sentença condenatória contrária ao texto expresso da lei penal 580
5. Revisão de sentença condenatória contra a evidência dos autos 581
6. Revisão de sentença condenatória fundada em depoimentos, exames ou documentos comprovadamente falsos 581
7. Justificação judicial em revisão criminal 581
8. Revisão criminal quando descobertas novas provas de inocência do condenado ou de circunstância que determine ou autorize diminuição da pena, depois do trânsito em julgado da sentença 582
9. Revisão criminal depois da sentença absolutória imprópria transitar em julgado 582

Art. 622 583
1. A revisão criminal pode ser pedida a qualquer tempo, inclusive quando extinta a pena e a punibilidade 583
2. Revisão criminal de processo findo com a superveniência de indulto, graça e anistia 583
3. Revisão criminal de sentença concessiva do perdão judicial 584
4. Reiteração do pedido de revisão criminal 585

Art. 623 585
1. Legitimidade do réu pessoalmente e por procurador para pedir revisão criminal 585
2. Legitimidade do cônjuge, ascendente, descendente ou irmão 586
3. Legitimidade da companheira ou companheiro 586
4. Legitimidade do Ministério Público 586

Art. 624 586
1. Competência para julgar a revisão criminal 586
2. Competência do Supremo Tribunal Federal (STF) 587
3. Competência do Superior Tribunal de Justiça (STJ) 587
4. Competência dos Tribunais Regionais Federais 587
5. Competência dos Tribunais de Justiça dos Estados e do Distrito Federal 587
6. Competência para o processamento e julgamento de revisão criminal de decisões de turmas recursais e de juízes togados de juizados especiais criminais (Lei nº 9.099/1995) 588

Art. 625 589
1. Requerimento, endereçamento e distribuição da petição de revisão 589
2. Indeferimento *in limine* do pedido 590
3. Recurso do ofício do indeferimento in limine e do indeferimento de diligência para obtenção de prova 590
4. Retratação do relator ou encaminhamento do agravo ao órgão que for competente para julgar a revisão 590
5. Recursos cabíveis da decisão de procedência ou improcedência da revisão criminal 590
6. Parecer do Ministério Público 591
7. Sustentação oral no julgamento da revisão criminal 591

Art. 626 591
1. Conseqüências provenientes da procedência da ação de revisão 591
2. Nulidade do processo em decisão de revisão 591
3. *Reformatio in pejus* em revisão criminal 591
4. Efeito extensivo a outros condenados na ação de revisão criminal 592

Art. 627 592
1. Direitos restabelecidos com a absolvição 592
2. Decisão absolutória de revisão criminal com imposição de medida de segurança 593

Código de Processo Penal Comentado **691**

Índice sistemático

Art. 628 593
1. Normas complementares impostas pelos regimentos internos dos tribunais 593

Art. 629 593
1. Cumprimento da decisão de revisão 593

Art. 630 593
1. Indenização reconhecida pelo tribunal 594
2. Indenização aos sucessores 594
3. A responsabilidade objetiva da pessoa jurídica de direito público 594
4. Indenização em face de erro por ato ou falta imputável ao próprio condenado, e quando se tratar de acusação meramente privada 594

Art. 631 595
1. Nomeação de curador 595

CAPÍTULO VIII – DO RECURSO EXTRAORDINÁRIO

Art. 632. (Revogado pela Lei nº 3.396, de 02.06.1958) 595
Art. 633. (Revogado pela Lei nº 3.396, de 02.06.1958) 595
Art. 634. (Revogado pela Lei nº 3.396, de 02.06.1958) 595
Art. 635. (Revogado pela Lei nº 3.396, de 02.06.1958) 595
Art. 636. (Revogado pela Lei nº 3.396, de 02.06.1958) 595

Art. 637 595
1. Origem 595
2. Conceito 595
3. Pressupostos específicos 595
3.1. Exaurimento de todas as possibilidades recursais da decisão impugnada na Justiça de origem 596
3.2. Prequestionamento de matéria constitucional federal 596
3.3. Repercussão geral 596
4. Legitimidade 597
5. Efeitos do recurso extraordinário 597
6. Efeito suspensivo 598
7. Efeito extensivo 598
8. Prazo 598
9. Juízo de admissibilidade 598
10. Denegação do recurso extraordinário no juízo *a quo* 599

Art. 638 599
1. Processamento e julgamento do recurso extraordinário 599
2. Custas e deserção 600
3. Recurso extraordinário nos Juizados Especiais Criminais 600

Do Recurso Especial 600
1. Origem 600
2. Conceito 601
3. Pressupostos específicos de admissibilidade 601
4. Legitimidade 603
5. Efeitos do recurso especial 604
6. Efeito suspensivo 604
7. Efeito extensivo 605
8. Prazo 605
9. Juízo de admissibilidade 605
10. Denegação 606
11. Processamento 606
12. Deserção 607
13. Recurso especial no Juizado Especial Criminal (Lei nº 9.099/95) 607
14. Agravo de instrumento criminal previsto na Lei nº 8.038/90 608

Súmula com efeito vinculante 608
1. Criação da Súmula vinculante 608
2. Competência para elaborar a súmula vinculante 608
3. Legitimidade para propor a súmula vinculante 608
4. Eficácia da súmula vinculante 608
5. Medida cautelar para a suspensão de processo 609
6. Súmula vinculante no sistema penal 609

Reclamação 610
1. Síntese histórica da reclamação 610
2. Reclamação e o enunciado da súmula com efeito vinculante 610
3. Natureza jurídica 610
4. Procedimento da reclamação 612
5. Prazo para interpor reclamação 612
6. Efeito suspensivo 612
7. Efeito extensivo 613

CAPÍTULO IX – DA CARTA TESTEMUNHÁVEL

Art. 639 613
1. Conceito 613
2. Cabimento 613

Art. 640 613
1. Contagem do prazo para o requerimento e formação do instrumento 613

Art. 641 614
1. Obrigatoriedade de entrega do recibo da petição e da carta conferida e concertada 614

Art. 642 614
1. Sanção ao escrivão ou a seu substituto 614
2. Avocação dos autos 615

Art. 643 615
1. Razões e contra-razões 615
2. Retratação 615
3. Prazo para extrair o traslado 615
4. Encaminhamento da carta testemunhável à superior instância e posterior devolução 615

Art. 644 616
1. Processamento e julgamento 616

Art. 645 616
1. Competência e procedimento 616

Art. 646 616
1. Efeito 616

CAPÍTULO X – DO HABEAS CORPUS E SEU PROCESSO

Art. 647 616
1. Resumo histórica 616
2. Conceito de *habeas corpus* 618
3. Modalidades de *habeas corpus* na Inglaterra 618
4. *Habeas corpus* no Brasil 619
5. Natureza jurídica 619
6. Admissibilidade de *habeas corpus* 620
7. *Habeas corpus* em punição disciplinar 620

Art. 648 620
1. Coação ilegal por falta de justa causa 620
2. Coação ilegal por prisão além do tempo previsto em lei 620
3. Coação ordenada por quem não tem competência 621
4. Quando já cessado o motivo que autorizou a coação 621
5. Quando não for admitido alguém a prestar fiança prevista em lei 621
6. Processo manifestamente nulo 621
7. Coação quando extinta a punibilidade 622

Art. 649 622
1. Síntese conceitual de jurisdição e competência

Art. 650 622

Índice sistemático

1. Competência do Supremo Tribunal Federal (STF) 622
2. Competência do Superior Tribunal de Justiça (STJ) 623
3. Competência do Superior Tribunal Militar (STM) 623
4. Competência do Tribunal Superior Eleitoral (TSE) 623
5. Competência do Tribunal Superior do Trabalho (TST) 623
6. Competência dos Tribunais Regionais Eleitorais (TRE) 624
7. Competência dos Tribunais Regionais Federais (TRF) 624
8. Competência dos Tribunais de Justiça dos Estados (TJ) 625
9. Competência dos Tribunais de Justiça Militar dos Estados (TJM) 626
10. Competência da justiça federal de primeiro grau 626
11. Competência da justiça eleitoral de primeiro grau 626
12. Competência da justiça estadual de primeiro grau 626
13. Competência para processar e julgar *habeas corpus* relativo a ato de juiz e de turma recursal de juizado especial criminal (Lei nº 9.099/1995) 626
14. *Habeas corpus* e prisão administrativa ou ato administrativo que caracterize ilegalidade ou abuso de poder 627

Art. 651 628
1. Concessão de *habeas corpus* e obstáculo à continuidade da ação penal 628

Art. 652 628
1. Renovação do processo depois de declarada nulidade 628

Art. 653 628
1. Condenação da autoridade coatora em custas processuais, por má fé ou abuso de poder, depois de ordenada a soltura do paciente 628

Art. 654 628
1. Legitimidade de qualquer pessoa 628
2. Legitimidade do próprio preso 629
3. Legitimidade do Procurador da República e do Promotor de Justiça dos Estados 629
4. Legitimidade do funcionário público 629
5. Petição de *habeas corpus* 629
6. *Habeas corpus* de ofício e a não legitimidade do juiz para impetrar a ordem em favor outrem 630
7. Legitimidade passiva 630
8. Legitimidade passiva do particular 630
9. Legitimidade passiva da autoridade pública 630

Art. 655 631
1. Multa por embaraço e procrastinação à expedição de ordem de Habeas corpus e outras penalidades 631

Art. 656 631
1. Apresentação do preso se necessário for, e sanção ao responsável por descumprimento de ordem judicial 631

Art. 657 631
1. A não apresentação do paciente 632

Art. 658 632
1. Dever do detentor dizer à ordem de quem está preso o paciente 632

Art. 659 632
1. Falta de interesse para agir 632

Art. 660 632
1. Interrogatório do paciente 632
2. Liminar em *habeas corpus* 633
3. Diligências requisitadas 633
4. Ilegalidade pela não admissão de fiança 634
5. Concessão preventiva ou liberatória da ordem de *Habeas Corpus* 634

Art. 661 634

1. Competência originária dos tribunais 634

Art. 662 634
1. Aferição dos requisitos da petição e requisição de informações 634

Art. 663 635
1. Dispensa de diligência e indeferimento in mine do *habeas corpus* 635

Art. 664 635
1. Julgamento do *habeas corpus* 635
2. Intervenção do Ministério Público em *habeas corpus* 635
3. Intervenção do querelante em *habeas corpus* 636
4. Efeito extensivo do *habeas corpus* 636

Art. 665 636
1. Forma de transmissão da ordem do *habeas corpus* 636

Art. 666 636
1. Normas complementares para o processo e julgamento do *habeas corpus* 636

Art. 667 636
1. Regramentos referentes a processo e julgamento de ação de *habeas corpus* e de recurso de decisão denegatória no STF e no STJ 636

Do trancamento de inquérito e de ação penal mediante "habeas corpus" 637
1. Trancamento de inquérito policial 637
2. Trancamento da ação penal 637

Reiteração do pedido de "habeas corpus" 639
1. Reiteração do pedido de *habeas corpus* perante o mesmo juízo ou tribunal competente 639

Recurso ordinário-constitucional 639
1. Conceito 639
2. Recurso ordinário-constitucional para o STF 640
3. Recurso criminal ordinário-constitucional 640
4. Recurso ordinário-constitucional para o STJ 640
5. Substituição do recurso ordinário constitucional por *habeas corpus* originário 641
6. Procedimento e prazo do recurso ordinário-constitucional em *habeas corpus*, mandado de segurança e em recurso criminal ordinário-constitucional para o STF 641
7. Agravo de instrumento da decisão que não admite recurso ordinário-constitucional e recurso criminal ordinário-constitucional para o STF 642
8. Procedimento e prazo do recurso ordinário-constitucional em *habeas corpus*, em mandado de segurança e em recurso criminal ordinário-constitucional para o STJ 642
9. Legitimidade para interpor recurso ordinário-constitucional, recursos extraordinário e especial em caso de concessão de *habeas corpus* 643

Arts. 668 a 733, Títulos I a III do Livro IV – Da Execução, estão prejudicados pela superveniência da Lei nº 7.210, de 11 de julho de 1984 (LEP) 645

MARCUS VINICIUS BOSCHI
Arts. 743 a 750 – Reabilitação

TÍTULO IV – DA GRAÇA, DO INDULTO, DA ANISTIA E DA REABILITAÇÃO
CAPÍTULO I – DA GRAÇA, DO INDULTO E DA ANISTIA

Arts. 734 a 742 Prejudicados pela superveniência da Lei de Execuções Penais 645

CAPÍTULO II – DA REABILITAÇÃO
Art. 743 645
1. Conceito 645
2. Eficácia jurídica da decisão 645
3. Conseqüências da reabilitação 645
4. Juízo competente 646

Art. 744 646
1. Documentos para a reabilitação 646
2. Reparação do dano 646
3. Reincidência 646
4. Reiteração do pedido 646

Art. 745 646
1. Realização de diligências pelo Juiz 646

Art. 746 647
1. Recurso 647
2. Apelação 647

Art. 747 647
1. Comunicação ao Instituto de Identificação e Estatística 647

Art. 748 647
1. Omissão de dados constantes na folha de antecedentes 647

Art. 749 647
1. Revogação parcial 647

Art. 750 647
1. Revogação da reabilitação 647

TÍTULO V – DA EXECUÇÃO DAS MEDIDAS DE SEGURANÇA
Arts. 751 a 779 Prejudicados pela superveniência da Lei de Execuções Penais 647

ÂNGELO ROBERTO ILHA DA SILVA
Arts. 780 a 790 – Relações Jurisdicionais com Autoridade Estrangeira

Considerações sobre a cooperação penal internacional no contexto atual 649
1. Considerações iniciais 649
2. Ações de cooperação 650
3. Fundamentos da cooperação internacional 650
4. Natureza jurídica 651
5. Cooperação internacional e ordem pública 651
6. Ampliação das vias cooperativas 652
7. Cooperação e o Tribunal Penal Internacional 653

LIVRO V – DAS RELAÇÕES JURISDICIONAIS COM AUTORIDADE ESTRANGEIRA
TÍTULO ÚNICO
CAPÍTULO I – DISPOSIÇÕES GERAIS
Art. 780 654
1. Convenções, tratados e níveis de cooperação internacional 654

Art. 781 654
1. Ordem pública e bons costumes 654

Art. 782 654
1. Prova da autenticidade 654

CAPÍTULO II – DAS CARTAS ROGATÓRIAS
Art. 783 654
1. Cartas rogatórias 654

Art. 784 655
1. Carta rogatória passiva 655

2. Processamento 655

Art. 785 655
1. Competência do Superior Tribunal de Justiça e dos Tribunais Regionais Federais 655

Art. 786 656
1. Prazo para o cumprimento da rogatória 656

CAPÍTULO III – DA HOMOLOGAÇÃO DAS SENTENÇAS ESTRANGEIRAS
Art. 787 656
1. Homologação de sentença estrangeira 656

Art. 788 656
1. Requisitos para a homologação de sentença estrangeira 656

Art. 789 656
1. Pedido e processamento da homologação de sentença estrangeira 656

Art. 790 657
1. Aplicação da regra ao Superior Tribunal de Justiça 657

DAVID MEDINA DA SILVA
Arts. 791 a 811 – Disposições Gerais

Introdução 659
1. Normas gerais do processo penal 659

LIVRO VI – DISPOSIÇÕES GERAIS
Art. 791 659
1. Audiência e sessões 659

Art. 792 659
1. Publicidade das audiências e sessões 659
2. Retirada do réu da audiência ou sessão 660

Art. 793 660
1. Locais das audiências e sessões 660
2. Respeito aos Magistrados 660

Art. 794 660
1. Poder de polícia 660

Art. 795 660
1. Disciplina do público 660

Art. 796 661
1. Retirada do réu por mau comportamento 661

Art. 797 661
1. Realização de atos processuais em domingos e feriados 661

Art. 798 661
1. Prazo e termos 661
2. Espécies de prazos 661
3. Princípios dos prazos 661
4. Contagem dos prazos 661
5. Prova do término do prazo 663
6. Prazo do Ministério Público 663
7. Prazos em cartório 663

Art. 799 663
1. Prazo dos servidores 663

Art. 800 663
1. Prazos dos Magistrados 664
2. Início do prazo do Ministério Público 664
3. Prazo da Defensoria Pública 664

Art. 801 664
1. Descumprimento dos prazos 664

Art. 802 664

Índice sistemático

1. Inaplicabilidade do desconto nos subsídios da Magistratura e do Ministério Público 664
Art. 803 664
1. Prazos "em cartório" 664
Art. 804 665
1. Custas processuais 665
2. Pobreza do réu 665
3. Custas e extinção da punibilidade 665
4. Honorários advocatícios 665
5. Utilização da fiança para pagamento de custas 665
Art. 805 665
1. Regimento de Custas 665

Art. 806 665
1. Custas na ação privada 665
Art. 807 666
1. Diligências de ofício 666
Art. 808 666
1. Escrivão "ad hoc" 666
Art. 809 666
1. Estatística criminal
Art. 810 667
1. Direito intertemporal 667
Art. 811 667
1. Revogação expressa 667

Impressão:
Evangraf
Rua Waldomiro Schapke, 77 - P. Alegre, RS
Fone: (51) 3336.2466 - Fax: (51) 3336.0422
E-mail: evangraf.adm@terra.com.br